B

Handelsgesetzbuch

Kommentar
von

Dr. Ingo Koller
o. Professor
an der Universität Regensburg
vormals Richter am
Oberlandesgericht München

Dr. Wulf-Henning Roth
o. Professor
an der Universität Bonn

Dipl.-Kfm. Dr. Winfried Morck
Wirtschaftsprüfer und Steuerberater

3. Auflage

Verlag C. H. Beck München 2002

Es haben bearbeitet:

Dr. Ingo Koller
§§ 59–83, 105–237, 355–357, 363–372, 407–475 h

Dr. Wulf-Henning Roth
Einl., §§ 1–58, 84–104, 343–354 a, 358–362, 373–406

Dipl.-Kfm. Dr. Winfried Morck
§§ 238–342 a

ISBN 3 406 48148 5

© 2002 Verlag C. H. Beck oHG
Wilhelmstraße 9, 80801 München
Druck: fgb · freiburger graphische betriebe
Bebelstraße 11, 79108 Freiburg
Satz: Druckerei C. H. Beck Nördlingen
Gedruckt auf säurefreiem, alterungsbeständigem Papier
(hergestellt aus chlorfrei gebleichtem Zellstoff)

Vorwort

Zahlreiche Gerichtsurteile, eine ständig wachsende Literatur, aber auch einige Gesetzesänderungen haben eine Aktualisierung der Kommentierung notwendig gemacht. Die Kommentierung wurde in allen Teilen überarbeitet und befindet sich nunmehr auf dem Stand vom 1. Juli 2001.

Wie schon in den vorhergehenden Auflagen wendet sich die Neuauflage des Kommentars an alle Personen, die sich in der Ausbildung oder in der täglichen Praxis mit Fragen des Handelsrechts befassen, vor allem im bilanzrechtlichen Teil auch an Steuerberater und Wirtschaftsprüfer. Dem Juristen soll ebenso wie dem mit Rechtsfragen befaßten Nichtjuristen eine klare und knappe Erläuterung der wesentlichen Anwendungsprobleme geboten werden. Dabei haben sich die Kommentatoren bemüht, auf engem Raum möglichst viele Informationen zu liefern. Der Schwerpunkt der Kommentierung liegt bei einer Aufbereitung der Rechtsprechung. Die Darstellung geht aber auch, soweit dies im gegebenen Rahmen möglich ist, auf abweichende Meinungen ein und bietet eigene Stellungnahmen zu den in Literatur und Judikatur vertretenen Ansichten an. Materien, die im wesentlichen außerhalb des HGB geregelt sind, wie das Arbeitsrecht, werden nur gestreift; das Seehandelsrecht wird nicht kommentiert. Der weitgehende Verzicht auf Abkürzungen erlaubt einen schnellen Überblick; das ausführliche Sachregister ermöglicht einen raschen Zugriff auf die maßgeblichen Vorschriften und Erläuterungen.

Die Autoren bedanken sich schon jetzt für Anregungen, Verbesserungen und Kritik.

August 2001

Ingo Koller, Regensburg
Wulf-Henning Roth, Bonn
Winfried Morck, Hamburg

Inhaltsverzeichnis

Abkürzungsverzeichnis XI
Einleitung vor § 1 3

Erstes Buch. Handelsstand (§§ 1–104)

Erster Abschnitt. Kaufleute (§§ 1–7) 12
Zweiter Abschnitt. Handelsregister (§§ 8–16) 33
Dritter Abschnitt. Handelsfirma (§§ 17–37 a) 92
Vierter Abschnitt. Handelsbücher *(aufgehoben)*
Fünfter Abschnitt. Prokura und Handlungsvollmacht (§§ 48–58) ... 153
Sechster Abschnitt. Handlungsgehilfen und Handlungslehrlinge (§§ 59–83) 187
Siebenter Abschnitt. Handelsvertreter (§§ 84–92 c) 198
Achter Abschnitt. Handelsmakler (§§ 93–104) 259

Zweites Buch. Handelsgesellschaften und stille Gesellschaft (§§ 105–237)

Erster Abschnitt. Offene Handelsgesellschaft (§§ 105–160) 283
  Erster Titel. Errichtung der Gesellschaft (§§ 105–108) 283
  Zweiter Titel. Rechtsverhältnis der Gesellschafter untereinander (§§ 109–122) 323
  Dritter Titel. Rechtsverhältnis der Gesellschafter zu Dritten (§§ 123–130 b) 357
  Vierter Titel. Auflösung der Gesellschaft und Ausscheiden von Gesellschaftern (§§ 131–144) 385
  Fünfter Titel. Liquidation der Gesellschaft (§§ 145–158) 427
  Sechster Titel. Verjährung. Zeitliche Begrenzung der Haftung (§§ 159, 160) 443
Zweiter Abschnitt. Kommanditgesellschaft (§§ 161–229) 447
Dritter Abschnitt. Stille Gesellschaft (§§ 230–237) 522

Drittes Buch. Handelsbücher (§§ 238–342 a)

Erster Abschnitt. Vorschriften für alle Kaufleute (§§ 238–263) 549
  Erster Unterabschnitt. Buchführung, Inventar (§§ 238–241) 549
  Zweiter Unterabschnitt. Eröffnungsbilanz, Jahresabschluß (§§ 242–256) 564
    Erster Titel. Allgemeine Vorschriften (§§ 242–245) 564
    Zweiter Titel. Ansatzvorschriften (§§ 246–251) 572
    Dritter Titel. Bewertungsvorschriften (§§ 252–256) 606

Inhaltsverzeichnis

Dritter Unterabschnitt. Aufbewahrung und Vorlage (§§ 257–261) 633
Vierter Unterabschnitt. Landesrecht (§§ 262, 263) 638

Zweiter Abschnitt. Ergänzende Vorschriften für Kapitalgesellschaften (Aktiengesellschaften, Kommanditgesellschaften auf Aktien und Gesellschaften mit beschränkter Haftung) sowie bestimmte Personengesellschaften (§§ 264–335 b) 638

Erster Unterabschnitt. Jahresabschluß der Kapitalgesellschaft und Lagebericht (§§ 264–289) 638

Erster Titel. Allgemeine Vorschriften (§§ 264, 265) 638
Zweiter Titel. Bilanz (§§ 266–274 a) 661
Dritter Titel. Gewinn- und Verlustrechnung (§§ 275–278) 699
Vierter Titel. Bewertungsvorschriften (§§ 279–283) 715
Fünfter Titel. Anhang (§§ 284–288) 721
Sechster Titel. Lagebericht (§ 289) 743

Zweiter Unterabschnitt. Konzernabschluß und Konzernlagebericht (§§ 290–315) 745

Erster Titel. Anwendungsbereich (§§ 290–293) 745
Zweiter Titel. Konsolidierungskreis (§§ 294–296) 749
Dritter Titel. Inhalt und Form des Konzernabschlusses (§§ 297–299) 763
Vierter Titel. Vollkonsolidierung (§§ 300–307) 768
Fünfter Titel. Bewertungsvorschriften (§§ 308, 309) 780
Sechster Titel. Anteilmäßige Konsolidierung (§ 310) 784
Siebenter Titel. Assoziierte Unternehmen (§§ 311, 312) 785
Achter Titel. Konzernanhang (§§ 313, 314) 791
Neunter Titel. Konzernlagebericht (§ 315) 800

Dritter Unterabschnitt. Prüfung (§§ 316–324) 801

Vierter Unterabschnitt. Offenlegung (Einreichung zu einem Register, Bekanntmachung im Bundesanzeiger), Veröffentlichung und Vervielfältigung. Prüfung durch das Registergericht (§§ 325–329) 838

Fünfter Unterabschnitt. Verordnungsermächtigung für Formblätter und andere Vorschriften (§ 330) 848

Sechster Unterabschnitt. Straf- und Bußgeldvorschriften. Zwangsgelder (§§ 331–335 b) 850

Dritter Abschnitt. Ergänzende Vorschriften für eingetragene Genossenschaften (§§ 336–339) 856

Vierter Abschnitt. Ergänzende Vorschriften für Unternehmen bestimmter Geschäftszweige (§§ 340–341 o) 860

Erster Unterabschnitt. Ergänzende Vorschriften für Kreditinstitute und Finanzdienstleistungsinstitute (§§ 340–340 o) 860

Erster Titel. Anwendungsbereich (§ 340) 860
Zweiter Titel. Jahresabschluß, Lagebericht, Zwischenabschluß (§§ 340 a–340 d) 862
Dritter Titel. Bewertungsvorschriften (§§ 340 c–340 g) 866

Inhaltsverzeichnis

Vierter Titel. Währungsumrechnung (§ 340 h) 872
Fünfter Titel. Konzernabschluß, Konzernlagebericht, Konzernzwischenabschluß (§§ 340 i, 340 j) 873
Sechster Titel. Prüfung (§ 340 k) 876
Siebenter Titel. Offenlegung (§ 340 l) 878
Achter Titel. Straf- und Bußgeldvorschriften, Zwangsgelder (§§ 340 m–340 o) 881

Zweiter Unterabschnitt. Ergänzende Vorschriften für Versicherungsunternehmen (§§ 341–341 o) 884

Erster Titel. Anwendungsbereich (§ 341) 884
Zweiter Titel. Jahresabschluß, Lagebericht (§ 341 a) 885
Dritter Titel. Bewertungsvorschriften (§§ 341 b–341 d) 887
Vierter Titel. Versicherungstechnische Rückstellungen (§§ 341 e–341 h) 889
Fünfter Titel. Konzernabschluß, Konzernlagebericht (§§ 341 i, 341 j) 893
Sechster Titel. Prüfung (§ 341 k) 895
Siebenter Titel. Offenlegung (§ 341 l) 896
Achter Titel. Straf- und Bußgeldvorschriften, Zwangsgelder (§§ 341 m–341 o) 897

Fünfter Abschnitt. Privates Rechnungslegungsgremium, Rechnungslegungsbeirat (§§ 342, 342 a) 900

Viertes Buch. Handelsgeschäfte (§§ 343–475 h)

Erster Abschnitt. Allgemeine Vorschriften (§§ 343–372) 903
Zweiter Abschnitt. Handelskauf (§§ 373–382) 963
Dritter Abschnitt. Kommissionsgeschäft (§§ 383–406) 997
Vierter Abschnitt. Frachtgeschäft (§§ 407–452 d) 1034

Erster Unterabschnitt. Allgemeine Vorschriften (§§ 407–450) 1034
Zweiter Unterabschnitt. Beförderung von Umzugsgut (§§ 451–451 h) 1074
Dritter Unterabschnitt. Beförderung mit verschiedenartigen Beförderungsmitteln (§§ 452–452 d) 1078

Fünfter Abschnitt. Speditionsgeschäft (§§ 453–466) 1081
Sechster Abschnitt. Lagergeschäft (§§ 467–475 h) 1090

Fünftes Buch. Seehandel (§§ 476–905; *nicht kommentiert*)

Sachverzeichnis 1099

Abkürzungsverzeichnis

a	auch
aA	anderer Ansicht
aaO	am angegebenen Ort
abgedr	abgedruckt
ABl	Amtsblatt der EG
abl	ablehnend
Abs	Absatz
Abschn	Abschnitt
Abt	Abteilung
AbzahlG	Gesetz betr die Abzahlungsgeschäfte v 16. 5. 1894, RGBl 450, BGBl III 4 Nr 402–2 mit Änderungen
abw	abweichend(e)
AcP	Archiv für die civilistische Praxis, Zeitschrift (Band, Seite)
ADS *Bearbeiter*	Adler/Düring/Schmaltz, Rechnungslegung und Prüfung der Unternehmen, 6. Aufl 1995 ff (bis § 315 HGB); 5. Aufl 1987 ff (§§ 316 bis 330 HGB)
ADSp	Allgemeine Deutsche Spediteurbedingungen idF v 1. 1. 1999 (BAnz Nr 130/1998; Nr 18/1999)
ADHGB	Allgemeines Deutsches Handelsgesetzbuch v 1861
aF	alte Fassung
AG	Aktiengesellschaft bzw Aktiengesellschaft, Zeitschrift (Jahr, Seite)
AGB	Allgemeine Geschäftsbedingungen
AGB/BKS	Allgemeine Geschäftsbedingungen der Bundesfachgruppe Schwertransporte und Kranarbeiten (abgedr Koller, Transportrecht [4. Aufl])
AGBG	Gesetz zur Regelung des Rechts der Allgemeinen Geschäftsbedingungen v 9. 12. 1976, BGBl I 3317 mit Änderungen
AIG	Gesetz über den Vertrieb ausländischer Investmentanteile und über die Besteuerung der Erträge aus ausländischen Investmentanteilen v 28. 7. 1969, BGBl I 988
AktG	Gesetz über Aktiengesellschaften und Kommanditgesellschaften auf Aktien (Aktiengesetz) v 6. 9. 1965, BGBl I 1089 mit Änderungen
allg	allgemein(e)
Alt	Alternative
Altmeppen	Altmeppen, Disponibilität des Rechtsscheins (1993)
AnfG	Anfechtungsgesetz in der Bekanntmachung v 20. 5. 1898, RGBl 709 mit Änderungen
Anh	Anhang
Anl	Anlage

XI

Abkürzungen

Anm	Anmerkung
AO	Abgabenordnung v 16. 3. 1976, BGBl I 613 mit Änderungen
AP	Arbeitsgerichtliche Praxis, Loseblattsammlung
ArbG	Arbeitsgericht
ArbGG	Arbeitsgerichtsgesetz idF v 2. 7. 1979, BGBl I 853, ber 1036, mit Änderungen
ArbNErfG	Arbeitnehmererfindungsgesetz v 25. 7. 1957, BGBl I 756
ArbStättVO	Arbeitsstättenverordnung v 20. 3. 1975, BGBl I 729
arg e	argumentum e
Art	Artikel
Aufl	Auflage
Augbg	Augsburg
ausdr	ausdrücklich
ausf	ausführend(er)
AVm	Anscheinsvollmacht
AWG	Außenwirtschaftsgesetz v 28. 4. 1961, BGBl I 481, BGBl III 7 Nr 7400–1
BAG	Bundesarbeitsgericht bzw amtliche Sammlung des Bundesarbeitsgerichts (Band, Seite)
BAK	Bundesaufsichtsamt für das Kreditwesen
Bambg	Bamberg
BAnz	Bundesanzeiger (Jahr, Seite)
BankrHdb *Bearbeiter*	Schimansky/Bunte/Lwowski, Bankrechts-Handbuch, 2. Aufl. 2001
BauHefermehl	Baumbach/Hefermehl, Wettbewerbsrecht, 20. Aufl 1998
BauHopt	Baumbach/Hopt, Kommentar zum HGB, 30. Aufl 2000
BauHueck	Baumbach/Hueck, GmbHG, Kommentar, 17. Aufl 2000
BAV	Bundesaufsichtsamt für das Versicherungswesen
BayObLG	Bayerisches Oberstes Landesgericht bzw Entscheidungssammlung des Bayerischen Obersten Landesgerichts (Jahr, Seite)
BB	Betriebs-Berater, Zeitschrift (Jahr, Seite)
BBiG	Berufsbildungsgesetz v 14. 8. 1969, BGBl I 208 mit Änderungen
Bd, Bde	Band, Bände
BdF	s BMF
BDSG	Gesetz zum Schutz vor Mißbrauch personenbezogener Daten bei der Datenverarbeitung (Bundesdatenschutzgesetz) v 27. 1. 1977, BGBl I 201 mit Änderungen
Beck-BilKomm *Bearbeiter*	Beck'scher Bilanz-Kommentar, Handels- und Steuerrecht – §§ 238 bis 339 HGB –, 4. Aufl, München 1999

Abkürzungen

Beck Vers-Komm *Bearbeiter*	Beck'scher Versicherungsbilanz-Kommentar, Handels- und Steuerrecht – §§ 341 bis 341 o HGB –, München 1998
begr	begründet
Beil	Beilage, Sonderbeilage
ber	berichtigt
BerlinFG	Gesetz zur Förderung der Berliner Wirtschaft (Berlinförderungsgesetz) v 2. 2. 1990, BGBl I 173
BErzGG	Gesetz zum Erziehungsgeld und zur Elternzeit (Bundeserziehungsgeldgesetz) v 31. 1. 1994, BGBl I 180 zuletzt geändert 12. 10. 2000, BGBl I 1426
bes	besonders, besondere(n)
BesitzGes	Besitzgesellschaft
betr	betreffend(e)
BetrAVG	Gesetz zur Verbesserung der betrieblichen Altersversorgung (Betriebsrentengesetz) v 19. 12. 1974, BGBl I 3610
BetrVG	Betriebsverfassungsgesetz v 15. 1. 1972, BGBl I 13 mit Änderungen
BeurkG	Beurkundungsgesetz v 28. 8. 1969, BGBl I 1513 mit Änderungen
BFH	Bundesfinanzhof
BFHE	Entscheidungen des Bundesfinanzhofs (Jahr, Seite)
BGB	Bürgerliches Gesetzbuch v 18. 8. 1896, RGBl 195, BGBl III 4 Nr 400–2 mit Änderungen
BGB-Ges	BGB-Gesellschaft
BGBl	Bundesgesetzblatt (Jahr, Seite)
BGH	Bundesgerichtshof bzw Entscheidungen des Bundesgerichtshofes in Zivilsachen (Band, Seite)
BinSchG	Binnenschiffahrtsgesetz v 20. 3. 1898, RGBl 868 mit Änderungen (zT abgedr bei Koller, Transportrecht [4. Aufl])
BiRiLiG	Bilanzrichtlinie-Gesetz v 19. 12. 1985, BGBl I 2355 bzw Biener/Berneke, Bilanzrichtlinie-Gesetz, Textausgabe mit Materialien, 1986
BMF	Bundesministerium der Finanzen
BNotO	Bundesnotarordnung v 24. 2. 1961, BGBl I 97 mit Änderungen
BoHdR	Bonner Handbuch der Rechnungslegung, hrsg von Hofbauer (Kupsch, Loseblatt)
BörsG	Börsengesetz idF v 27. 5. 1908, BGBl III 4110–1 mit Änderungen
BRAO	Bundesrechtsanwaltsordnung v 1. 8. 1959, BGBl I 565
BRD	Bundesrepublik Deutschland
Brdbg	Brandenburg
BR-Drs	Bundesrats-Drucksache, Legislaturperiode (Nummer, Seite)
Brem	Bremen

Abkürzungen

Brox.	Brox, Handelsrecht und Wertpapierrecht, 14. Aufl 1999
Brschw.	Braunschweig
BSchG	s BinSchG
BSG	Bundessozialgericht
Bsp	Beispiel(e)
BStBl	Bundessteuerblatt
BT-Drs.	Bundestags-Drucksache, Legislaturperiode (Nummer, Seite)
BundesärzteO.	Bundesärzteordnung idF v 14. 10. 1977, BGBl I 1885
BUrlG	Bundesurlaubsgesetz v 8. 1. 1963, BGBl I 2 mit Änderungen
BVerfG.	Bundesverfassungsgericht bzw Entscheidungen des Bundesverfassungsgerichts (Band, Seite)
bzgl	bezüglich
bzw	beziehungsweise
ca.	circa
Canaris.	Canaris, Handelsrecht, 23. Aufl 2000
cic	culpa in contrahendo
CIM	Einheitliche Rechtsvorschriften über die internationale Eisenbahnbeförderung von Gütern (BGBl 1985 II 224; geändert durch BGBl 1990 II 1662 und 1991 II 679)
CISG	Convention on Contracts for the International Sale of Goods, s UNÜ
CMR.	Convention on the Contract for the International Carriage of Goods by the Road, BGBl 1961 II 1119 mit Änderungen
CR	Computer und Recht, Zeitschrift (Jahr, Seite)
Dauner-Lieb.	Dauner-Lieb, Unternehmen in Sondervermögen, 1998
DB.	Der Betrieb, Zeitschrift (Jahr, Seite)
DBGrG	Deutsche Bahn Gründungsgesetz v 27. 12. 1993, BGBl I 2386
DBP	Deutsche Bundespost
DDR.	Deutsche Demokratische Republik
dementspr	dementsprechend
Denkschrift	Denkschrift zu dem Entwurf eines Handelsgesetzbuches, in: Hahn/Mugdan, Materialien zum HGB (1897)
DepG.	Depotgesetz v 4. 2. 1937, RGBl 171 mit Änderungen
dgg	dagegen
dgl.	dergleichen
dh	das heißt
diff.	differenzierend
DM	Deutsche Mark
DNotZ	Deutsche Notar-Zeitschrift (Jahr, Seite)
Dresd.	Dresden

Abkürzungen

DRS	Deutsche Rechnungslegungsstandards
DStR	Deutsches Steuerrecht, Zeitschrift (Jahr, Seite)
Duisb	Duisburg
Düss	Düsseldorf
DVm	Duldungsvollmacht
DZWir	Deutsche Zeitschrift für Wirtschaftsrecht (Jahr, Seite)
EBJ *Bearbeiter*	Ebenroth/Boujong/Joost, Kommentar zum HGB, 2001
eG	eingetragene Genossenschaft
EG	EG-Vertrag idF v 2. 10. 1997, BGBl 1998 II 387 idF der Bek. v 28. 4. 1999, BGBl II 416; Europäische Gemeinschaft
EGBGB	Einführungsgesetz zum Bürgerlichen Gesetzbuch v 18. 8. 1896, RGBl 604 mit Änderungen
EGHGB	Einführungsgesetz zum Handelsgesetzbuch v 10. 5. 1897, RGBl 437 mit Änderungen
EGInsO	Einführungsgesetz zur Insolvenzordnung (InsO) v 5. 10. 1994, BGBl I 2911
EGStGB	Einführungsgesetz zum Strafgesetzbuch v 2. 3. 1974, BGBl I 469 mit Änderungen
Eifler	Grundsätze ordnungsmäßiger Bilanzierung für Rückstellungen, 1976
Einl	Einleitung
einschl	einschließlich
einschr	einschränkend
einstw	einstweilig(e)
EinV	Einigungsvertrag
Em	Emmerich
entgg	entgegen
entspr	entsprechend
EntwLStG	Entwicklungsländer-Steuergesetz in der Bek v 21. 5. 1979, BGBl I 564
ERA	Einheitliche Richtlinien und Gebräuche für Dokumenten-Akkreditive
ER/CIM	Einheitliche Rechtsvorschriften für den Vertrag über die internationale Eisenbahnbeförderung von Gütern, BGBl 1985 II 224 mit Änderungen
ErbbauVO	Erbbaurechtsverordnung v 15. 1. 1919, BGBl I 72 mit Änderungen
erforderl	erforderlich
Erl	Erläuterungen
Erman *Bearbeiter*	Erman, Handkommentar BGB, 9. Aufl 1993
ErstrG	Erstreckungsgesetz v 23. 4. 1992, BGBl I 938
EStDV	Einkommensteuerdurchführungsverordnung i d Bek v 24. 7. 1986, BGBl I 1299 mit Änderungen
EStG	Einkommensteuergesetz v 7. 9. 1990, BGBl I 1897 mit Änderungen
EStR	Einkommensteuer-Richtlinien
etc	et cetera

Abkürzungen

EU	Europäische Union
EuGH	Europäischer Gerichtshof bzw Sammlung der Entscheidungen des Europäischen Gerichtshofs (Jahr, Seite)
EuGVÜ	EWG-Übereinkommen über die gerichtliche Zuständigkeit und die Vollstreckung gerichtlicher Entscheidungen in Zivil- und Handelssachen v 27. 9. 1968 (BGBl 1972 II 774) idF v 9. 10. 1978 u. 25. 10. 1982
EuZW	Europäische Zeitschrift für Wirtschaftsrecht (Jahr, Seite)
EVO	Eisenbahnverkehrsordnung v 8. 9. 1938, RGBl II 633 mit Änderungen
evtl	eventuell
EWG	Europäische Wirtschaftsgemeinschaft
EWGV	Vertrag zur Gründung der Europäischen Gemeinschaft v 25. 3. 1957, BGBl II 766
EWiR	Entscheidungen zum Wirtschaftsrecht, Zeitschrift (Jahr, Seite)
EWIV	Europäische wirtschaftliche Interessenvereinigung
EWIV-VO	EWIV-Verordnung Nr 2137/85, EG-ABl 1985 L 199/1
EWIVG	Gesetz über die Europäische wirtschaftliche Interessenvereinigung v 14. 4. 1988, BGBl 1988 I 514
EWR	Europäischer Wirtschaftsraum
EWS	Europäisches Wirtschafts- und Steuerrecht, Zeitschrift (Jahr, Seite)
ex lege	kraft Gesetzes
f	folgende
Fachgutachten	Fachgutachten und Stellungnahmen des Instituts der Wirtschaftsprüfer auf dem Gebiet der Rechnungslegung und Prüfung, ab 1993
FAMA	Fachausschuß für moderne Abrechnungssysteme
Fbg	Freiburg
FernAbsG	Fernabsatzgesetz v 27. 6. 2000, BGBl 2000 I 887, 1139
Fezer	Fezer, Markenrecht, 1997
ff	folgende (mehrere)
Ffm	Frankfurt am Main
FGG	Gesetz über die Angelegenheiten der freiwilligen Gerichtsbarkeit idF v 20. 5. 1898, RGBl 771 mit Änderungen
Flume	Flume, Allgemeiner Teil des Bürgerlichen Rechts, Bd II, Das Rechtsgeschäft, 4. Aufl 1992
FlumePersGes	Flume, Allgemeiner Teil des Bürgerlichen Rechts, Bd I 1, Die Personengesellschaft, 1977
Fn	Fußnote
FN-IDW	IDW-Fachnachrichten, Zeitschrift (Jahr, Seite)
FrachtF	Frachtführer
fragw	fragwürdig

Abkürzungen

FreTh	Fremuth/Thume, Kommentar zum Transportrecht, 2000
Friedrich	Grundsätze ordnungsmäßiger Bilanzierung für schwebende Geschäfte, 1975
FS	Festschrift
Fußn	Fußnote
GaststättenG	Gaststättengesetz v 5. 5. 1970, BGBl I 465 mit Änderungen
GBl	Gesetzblatt der DDR
GBO	Grundbuchordnung idF v 5. 8. 1935, RGBl I 1073 mit Änderungen
GbR	Gesellschaft bürgerlichen Rechts (§§ 705 ff BGB)
gem	gemäß
Gen	Genossenschaft
GenG	Gesetz betr die Erwerbs- und Wirtschaftsgenossenschaften idF der Bekanntmachung v 20. 5. 1898, RGBl 369, 810 mit Änderungen
gerichtl	gerichtlich
Ges	Gesellschaft(en)
ges	gesetzlich(er)
GesAnteil	Gesellschaftsanteil
GeschmG	Geschmacksmustergesetz – Gesetz über das Urheberrecht an Mustern und Modellen v 11. 1. 1876, RGBl 11 mit Änderungen
GesR	Gesellschaftsrecht
GesVertrag	Gesellschaftsvertrag
GesZweck	Gesellschaftszweck
GeßlerHefermehl	Geßler/Hefermehl/Eckardt/Kropff, Aktiengesetz, Kommentar, 1973
GewO	Gewerbeordnung idF v 1. 1. 1987, BGBl I 425 mit Änderungen
GG	Geschäftsgrundlage bzw Grundgesetz für die Bundesrepublik Deutschland v 23. 5. 1949, BGBl I
gg	gegen
ggf	gegebenenfalls
GH Roth	G. H. Roth, Handelsrecht, 5. Aufl 1998
v. GierkeSandrock	v. Gierke/Sandrock, Handels- und Wirtschaftsrecht, 9. Aufl 1975
Gj	Geschäftsjahr
GK *Bearbeiter*	Gemeinschaftskommentar zum Handelsgesetzbuch, 6. Aufl 1999
Glade	Glade, Rechnungslegung und Prüfung nach dem Bilanzrichtlinien-Gesetz (1986)
GmbH	Gesellschaft mit beschränkter Haftung
GmbHG	Gesetz betr die Gesellschaften mit beschränkter Haftung idF v 20. 5. 1898, RGBl 369 mit Änderungen
GmbHR(schau)	GmbH-Rundschau, Zeitschrift (Jahr, Seite)
GoA	Geschäftsführung ohne Auftrag
GoB	Grundsätze ordnungsmäßiger Buchführung

Abkürzungen

GottwaldHaas InsHdB	Gottwald/Haas, Insolvenzrechts-Handbuch, 2000
grdl	grundlegend
grds	grundsätzlich
GroßK	Großkommentar zum HGB, 3. Aufl 1967 ff
GüKG	Güterkraftverkehrsgesetz idF v 3. 11. 1993, BGBl I 1839 mit Änderungen
GüKUMB	Bedingungen für den Umzugsverkehr und die Beförderung von Handelsmöbeln in besonderen für die Möbellieferung eingerichteten Fahrzeugen im Güterfernverkehr und Güternahverkehr
gutgl	gutgläubig
GuV.	Gewinn- und Verlustrechnung
GVG	Gerichtsverfassungsgesetz idF v 9. 5. 1975, BGBl I 1077 mit Änderungen
GWB	Gesetz gegen Wettbewerbsbeschränkungen (Kartellgesetz) idF der Bek v 26. 8. 1998, BGBl I 2546
h	herrschend(e)
Hachenburg *Bearbeiter*	Hachenburg, Kommentar zum GmbH-Gesetz, 8. Aufl 1992
HandwO	Gesetz zur Ordnung des Handwerks (Handwerksordnung) idF v 28. 12. 1965, BGBl 66 I 1, BGBl III 7 Nr 7110–1 mit Änderungen
Hann	Hannover
Hauptbsp	Hauptbeispiel
Hdbg	Heidelberg
HdHandelsG *Bearbeiter*	Handbuch der Handelsgeschäfte, hrsg Pfeiffer, 1999
HdJ	Handbuch des Jahresabschlusses in Einzeldarstellungen, hrsg v. Wysocki/Schulze-Osterloh, ab 1984
HdPersGes	Handbuch der Personengesellschaften (Loseblatt)
HdR	Handbuch der Rechnungslegung, hrsg von Küting/Weber, 3. Aufl 1990
Hey *Bearbeiter*	Heymann, Kommentar zum HGB, 1. Aufl 1989 ff, 2. Aufl 1995 ff
HGB	Handelsgesetzbuch v 10. 5. 1897, RGBl 219 mit Änderungen
HintO	Hinterlegungsordnung v 10. 3. 1937, RGBl I 285 mit Änderungen
HK-HGB *Bearbeiter*	Heidelberger Kommentar zum Handelsgesetzbuch, 5. Aufl 1999
hL	herrschende Lehre
HM	Handelsmakler
hM	herrschende Meinung
Hmbg	Hamburg
Hofmann	Handelsrecht, 10. Aufl 2000
HoldingGes	Holdinggesellschaft
Hopt	Hopt, Handelsvertreterrecht, 1992
HRefG	Gesetz zur Neuregelung des Kaufmanns- und Firmenrechts und zur Änderung anderer handels- und

Abkürzungen

	gesellschaftsrechtlicher Vorschriften (Handelsrechts-reformgesetz v 22. 6. 1998, BGBl I 1474)
hrsg	herausgegeben
HRV	Handelsregisterverfügung v 10. 8. 1937, RMBl 15
HS	Halbsatz
HV	Handelsvertreter
HVm	Handlungsvollmacht
HVR	Handelsvertreterrechtliche Entscheidungen und Gutachten, hrsg v Forschungsverband für den Handelsvertreter- und Handelsmaklerberuf
HV-RiLi	Richtlinie 86/853 EWG, EG-ABl 1986 L 382/17
HWiG	Gesetz über den Widerruf von Haustürgeschäften und ähnlichen Geschäften v 16. 1. 1986, BGBl I 122
HwO	s HandwO
IAS	International Accounting Standards
IASC	International Accounting Standards Committee
idF	in der Fassung
idR	in der Regel
IDW	Institut der Wirtschaftsprüfer in Deutschland e. V.
IDW-HFA	Hauptfachausschuß des Instituts der Wirtschaftsprüfer in Deutschland e. V.
IDW PS	IDW Prüfungsstandards
ie	im einzelnen
iE	im Ergebnis
ieS	im engeren (eigentlichen) Sinne
IHK	Industrie- und Handelskammer
insbes	insbesondere
insges	insgesamt
InsO	Insolvenzordnung v 5. 10. 1994, BGBl I 2866
int	international
IntHK	Internationale Handelskammer
IPR	Internationales Privatrecht (vgl insbes Art 3 ff EGBGB)
IPrax	Praxis des Internationalen Privat- und Verfahrensrechts, Zeitschrift (Jahr, Seite)
iSd	im Sinn des (der)
iSv	im Sinn von
iü	im übrigen
iVm	in Verbindung mit
iZw	im Zweifel
JA	Juristische Arbeitsblätter, Zeitschrift (Jahr, Seite) bzw Jahresabschluß, Jahresabschlüsse
Jau *Bearbeiter*	Jauernig, Othmar, Bürgerliches Gesetzbuch, 9. Aufl 1999
JMBl	Justizministerialblatt
JR	Juristische Rundschau, Zeitschrift (Jahr, Seite)
jur	juristisch(er)
Jura	Juristische Ausbildung, Zeitschrift (Jahr, Seite)
JuS	Juristische Schulung, Zeitschrift (Jahr, Seite)
JW	Juristische Wochenschrift (Jahr, Seite)

Abkürzungen

JZ	Juristenzeitung, Zeitschrift (Jahr, Seite)
KA	Konzernabschluß, Konzernabschlüsse
KAGG	Gesetz über Kapitalgesellschaften idF v 14. 1. 1970, BGBl I 127 mit Änderungen
Kap	Kapitel
KapAEG	Gesetz zur Verbesserung der Wettbewerbsfähigkeit deutscher Konzerne an Kapitalmärkten und zur Erleichterung der Aufnahme von Gesellschafterdarlehen (Kapitalaufnahmeerleichterungsgesetz) v 20. 4. 1998 (BGBl I 707)
KapCoRiLiG	Kapitalgesellschaften & Co-Richtlinie-Gesetz v 24. 2. 2000
KapGes	Kapitalgesellschaft(en)
Karlsr	Karlsruhe
Kass	Kassel
Kblz	Koblenz
KeidelSchmatz Stöber	Keidel/Schmatz/Stöber, Registerrecht, 6. Aufl 1996
kfm Bschr	kaufmännisches Bestätigungsschreiben
Kfz	Kraftfahrzeug
KG	Kommanditgesellschaft oder Kammergericht
KGaA	Kommanditgesellschaft auf Aktien
KI	Kreditinstitut(e)
Kindl	Kindl, Rechtsscheintatbestände und ihre rückwirkende Beseitigung, 1999
Kkorrent	Kontokorrent
Kln	Köln
K/T	Küstner/Thume, Handbuch des gesamten Außendienstrechts, Bd 1, Das Recht des Handelsvertreters, 3. Aufl 2000
KO	Konkursordnung idF v 20. 5. 1898, RGBl 369 mit Änderungen
Ko TR	Koller, Transportrecht, Kommentar zu Gütertransport und Spedition, 4. Aufl 2000
KonTraG	Gesetz zur Kontrolle und Transparenz im Unternehmensbereich v 27. 4. 1998 (BGBl I 786)
KostO	Gesetz über die Kosten in Angelegenheiten der freiwilligen Gerichtsbarkeit (Kostenordnung) idF v 26. 7. 1957, BGBl I 960 mit Änderungen
krit	kritisch
Kruse/GoB	Kruse, Grundsätze ordnungsmäßiger Buchführung, Rechtsnatur und Bestimmung, 1970
KTS	Zeitschrift für Konkurs-, Treuhand- und Schiedsgerichtswesen (Jahr, Seite)
KütingWeber Ia	Küting/Weber, Handbuch der Rechnungslegung, Kommentar zur Bilanzierung und Prüfung, 4. Aufl, Bd Ia, Stuttgart 1995
KVO	Kraftverkehrsordnung für den Güterfernverkehr mit Kraftfahrzeugen (Beförderungsbedingungen) i d Bek v 23. 12. 1958, BAnz Nr 249 mit Änderungen

Abkürzungen

KWG	Gesetz über das Kreditwesen idF v 3. 5. 1976, BGBl I 1121 mit Änderungen
Leffson, GoB	Leffson, Grundsätze ordnungsmäßiger Buchführung, 7. Aufl 1987
Lit	Literatur
LM	Lindenmayer-Möhring, Nachschlagewerk des Bundesgerichtshofs, Loseblatt
LöschG	Gesetz über die Auflösung und Löschung von Gesellschaften und Genossenschaften v 9. 10. 1934, RGBl I 914
LöV	VO über die Löschung der Entschuldungsvermerke (Löschungsverordnung) v 31. 1. 1962, BGBl I 67
LS	Leitsatz
Lüb	Lübeck
LuftVG	Luftverkehrsgesetz idF v 14. 1. 1981, BGBl I 61 mit Änderungen
LutHo	Lutter/Hommelhoff, GmbH-Gesetz, Kommentar, 15. Aufl 2000
LZ	Leipziger Zeitschrift für Deutsches Recht (Jahr, Seite)
MantelG	Mantelgesellschaft bzw Mantelgesetz v 21. 6. 1990, BGBl I 357
MarkenG	Markengesetz v 24. 10. 1994, BGBl I 3082
maW	mit anderen Worten
MDR	Monatsschrift für Deutsches Recht (Jahr, Seite)
m	mit
mat	materiell (e)
mE	mit Einschränkungen bzw meines Erachtens
MedicusAT	Medicus, Allgemeiner Teil des Bürgerlichen Rechts, 7. Aufl 1997
MHbeG	Gesetz zur Beschränkung der Haftung Minderjähriger v 25. 8. 1998, BGBl I 2487
Michalski	Michalski, OHG-Recht, 2000
MKBGB *Bearbeiter*	Münchener Kommentar zum Bürgerlichen Gesetzbuch, 3. Aufl 1992 ff; 4. Aufl 2000 ff
MKHGB *Bearbeiter*	Münchener Kommentar zum Handelsgesetzbuch, 1996 ff
MKHGBE *Bearbeiter*	Münchener Kommentar zum Handelsgesetzbuch, Ergänzungsband, 1999
Mü	München
MüHdBGesR-*Bearbeiter*	Münchner Handbuch des Gesellschaftsrechts, 1., 2. Band 1991, 1995
mwN	mit weiteren Nachweisen
mWv	mit Wirkung vom
NachhBG	Nachhaftungsbegrenzungsgesetz v 18. 3. 1994, BGBl I 560
Nachw	Nachweis(e)
Naumb	Naumburg
Neust	Neustadt

Abkürzungen

nF	neue Fassung
NJW	Neue Juristische Wochenschrift (Jahr, Seite)
NJW-RR	NJW-Rechtsprechungs-Report (Jahr, Seite)
Noack, GesRecht	Kübler/Prütting/Noack, InsO, Gesellschaftsrecht, 1999
Nr(n)	Nummer(n)
Nürnb	Nürnberg
NZA	Neue Zeitschrift für Arbeitsrecht (Jahr, Seite)
NZA-RR	NZA-Rechtsprechungs-Report Arbeitsrecht (Jahr, Seite)
NZG	Neue Zeitschrift für Gesellschaftsrecht (Jahr, Seite)
o	oben
oä	oder ähnliches
obj	objektiv
öffentl	öffentlich(er)
öHGB	Österreichisches Handelsgesetzbuch
ÖJZ	Österreichische Juristenzeitung (Jahr, Seite)
örtl	örtlich(en)
OHG	Offene Handelsgesellschaft
Oldbg	Oldenburg
OLG	Oberlandesgericht
OLGR	OLG-Report des jeweiligen OLG
OLGZ	Entscheidungen der Oberlandesgerichte in Zivilsachen einschließlich der freiwilligen Gerichtsbarkeit (Band und Seite)
OLSchVO	Orderlagerscheinverordnung v 16. 12. 1931, RGBl I 763
OWiG	Gesetz über Ordnungswidrigkeiten v 24. 5. 1968, BGBl I 481 mit Änderungen
Pal *Bearbeiter*	Palandt, Kommentar zum BGB, 60. Aufl 2001
PartGG	Gesetz über Partnergesellschaften Angehöriger Freier Berufe v 25. 7. 1994, BGBl I 1744
PatG	Patentgesetz idF v 16. 12. 1980, BGBl 1981 I 2 mit Änderungen
PersGes	Personengesellschaft(en)
PershandelsGes	Personenhandelsgesellschaft(en)
pFV	positive Forderungsverletzung
phG	persönlich haftender Gesellschafter
PostG	Gesetz über das Postwesen v 28. 7. 1969, BGBl I 1006
PostUmwG	Postumwandlungsgesetz v 14. 9. 1994, BGBl I 2339
probl	problematisch
ProdHaftG	Gesetz über die Haftung für fehlerhafte Produkte v 15. 12. 1989, BGBl I 2198 mit Änderungen
PublG	Gesetz über die Rechnungslegung von bestimmten Unternehmen und Konzernen (Publizitätsgesetz) v 15. 8. 1969, BGBl I 1189
PublikumsGes	Publikumsgesellschaft
pVV	positive Vertragsverletzung

Abkürzungen

RabelsZ	Zeitschrift für ausländisches und internationales Privatrecht (ab Bd 26. 1961: Rabels Zeitschrift für ...) (Jahr, Seite)
RAG	Reichsarbeitsgericht bzw amtliche Sammlung der Entscheidungen des Reichsarbeitsgerichts (Band, Seite)
rechtl	rechtlich(e)
RegBegr	Regierungsbegründung
RegE	Regierungsentwurf
RegVBG	Registerverfahrensbeschleunigungsgesetz v 20. 12. 1993, BGBl I 2182
RGSt	Entscheidungen des Reichsgerichts in Strafsachen (Band, Seite)
RG	Reichsgericht bzw Entscheidungen des Reichsgerichts in Zivilsachen (Band, Seite)
RM *Bearbeiter*	Reithmann, Christoph/Martiny, Dieter, Internationales Vertragsrecht, Das internationale Privatrecht der Schuldverträge, 5. Aufl 1996
RGBl	Reichsgesetzblatt
Rili	Richtlinie
RIW	Recht der Internationalen Wirtschaft, Zeitschrift (Jahr, Seite)
Ro	Rostock
ROHG	Reichsoberhandelsgericht bzw Entscheidungssammlung (Band, Seite)
ROHGE	Entscheidungen des Reichsoberhandelsgerichts (Band, Seite)
RothAltm	Roth/Altmeppen, GmbHG, 3. Aufl 1997
Rottw	Rottweil
RPfl	Der Rechtspfleger, Zeitschrift (Jahr, Seite)
RPflG	Rechtspflegergesetz v 5. 11. 1969, BGBl I 2065
Rspr	Rechtsprechung
RVO	Reichsversicherungsordnung v 19. 7. 1911, RGBl 509 i d Bek v 15. 12. 1924, RGBl I 779 mit Änderungen
RvW *Bearbeiter*	Röhricht/v Westphalen, Handelsgesetzbuch, 1998
Rz	Randziffer
S	Satz
s	siehe
sa	siehe auch
Saarbr	Saarbrücken
s o	siehe oben
ScheckG	Scheckgesetz v 14. 8. 1933, RGBl I 597 mit Änderungen
ScheinGes	Scheingesellschaft
SchG	s ScheckG
Schl *Bearbeiter*	Schlegelberger, Kommentar zum HGB, 5. Aufl 1982 ff
Schlesw	Schleswig
SchlHOLG	Schleswig-Holsteinisches Oberlandesgericht

Abkürzungen

Schmidt, EstG	Ludwig Schmidt, Kommentar zum Einkommensteuergesetz, 19. Aufl 2000
Schmidt, GesR	Karsten Schmidt, Gesellschaftsrecht, 3. Aufl 1997
Schmidt	Karsten Schmidt, Handelsrecht 5. Aufl 1999
Scholz	Scholz, Kommentar zum GmbHG, 8. Aufl 1993 ff
SeuffA	Seufferts Archiv für Entscheidungen der obersten Gerichte in den deutschen Staaten (Band, Seite)
SGB	Sozialgesetzbuch
Soe *Bearbeiter*	Soergel, Bürgerliches Gesetzbuch, 12. Aufl 1988 ff
sog	sogenannt(e)
st	ständig(e)
StBauFG	Gesetz über städtebauliche Sanierungs- und Entwicklungsmaßnahmen in den Gemeinden (Städtebauförderungsgesetz) in der Bek v 18. 8. 1976, BGBl I 2318
St *Bearbeiter*	Staub, Großkommentar zum HGB, 4. Aufl 1983 ff
Staud *Bearbeiter*	Staudinger, Kommentar zum BGB, 12. Aufl 1978 ff, 13. Aufl 1994
StBerG	Steuerberatungsgesetz v 4. 11. 1975, BGBl I 2735 mit Änderungen
stdg	ständige
stdg Rspr	ständige Rechtsprechung
Stgt	Stuttgart
str	strittig
stRspr	ständige Rechtsprechung
subj	subjektiv
Sudh *Bearbeiter*	Sudhoff, GmbH Co KG (5. Aufl 2000)
TestVollstrecker	Testamentsvollstrecker
TestVollstreckung	Testamentsvollstreckung
Thür	Thüringen
TipkeKruse AO	Tipke/Kruse, Kommentar zur Abgabenordnung, Finanzgerichtsordnung, Loseblatt, 15. Aufl 1994
TranspR	Transportrecht, Zeitschrift (Jahr, Seite)
TRG	Transportrechtsreformgesetz v 25. 6. 1998, BGBl I 1588
TVG	Tarifvertragsgesetz idF v 25. 8. 1969, BGBl I 1323 mit Änderungen
u	unten, unter bzw und
ua	und andere bzw unter anderem
uä	und ähnliches
uam	und andere(s) mehr
UBGG	Gesetz über Unternehmensbeteiligungsgesellschaften v 17. 12. 1986, BGBl I 2488, zuletzt geändert am 24. 3. 1998, BGBl I 529
UmwG	Umwandlungsgesetz v 28. 10. 1994, BGBl I 3210
UmwStG	Umwandlungssteuergesetz v 28. 10. 1994, BGBl I 3267
unstr	unstreitig
UntRefG 1997	Gesetz zur Fortsetzung der Unternehmenssteuerreform v 29. 10. 1997, BGBl I 2590

Abkürzungen

UNÜ............	Wiener UN-Übereinkommen über Verträge über den internationalen Warenkauf v 11. 4. 1980, BGBl 1989 II 588
unzutr	unzutreffend
uö	und öfter
usf..............	und so fort
usw	und so weiter
uU..............	unter Umständen
UWG	Gesetz gegen den unlauteren Wettbewerb v 7. 6. 1909, RGBl 1909 499; BGBl III 43–1 mit Änderungen
v	von
va...............	vor allem
VAG	Gesetz über die Beaufsichtigung der privaten Versicherungsunternehmungen und Bausparkassen (Versicherungsaufsichtsgesetz) idF v 13. 10. 1983, BGBl I 1262 mit Änderungen
vAw.............	von Amts wegen
VBGL	Vertragsbedingungen für den Güterkraftverkehrs- und Logistikunternehmer (BAnz Nr 136/1998; Nr 169/1998)
VerbrKrG........	Verbraucherkreditgesetz v 17. 12. 1990, BGBl I 2840 mit Änderungen
VerglO..........	Vergleichsordnung v 26. 2. 1935, RGBl I 321, BGBl III 3 Nr. 311–1 mit Änderungen
VerlagG	Gesetz über das Verlagsrecht v 19. 6. 1901, RGBl 217
VermBG.........	Vermögensbildungsgesetz v 19. 1. 1989, BGBl I 953 mit Änderungen
VersBiRiLiG	Versicherungsbilanzrichtlinien-Gesetz
VersR............	Versicherungsrecht, Zeitschrift (Jahr, Seite)
VerwG	Verwaltungsgericht
vgl..............	vergleiche
VO	Verordnung
Voraufl..........	Vorauflage
VU	Versicherungsunternehmen
VVaG...........	Versicherungsverein auf Gegenseitigkeit
VVG	Gesetz über den Versicherungsvertrag v 30. 5. 1908, RGBl 263 mit Änderungen
WA	Warschauer Abkommen (Abkommen v 12. 10. 1929 zur Vereinheitlichung von Regeln über die Beförderung im internationalen Luftverkehr, ggf in der Fassung des Protokolls v 28. 9. 1955; abgedr und kommentiert bei Koller, Transportrecht [4. Aufl]) bzw Westdeutsche Arbeitsrechtspraxis
WaffG	Waffengesetz idF v 8. 3. 1976, BGBl I 432 mit Änderungen
WährG..........	Währungsgesetz v 20. 6. 1948, WiGBl Beil 5 1
Warn	Die Rechtsprechung des Reichsgerichts auf dem Gebiet des Zivilrechts, hrsg v Warneyer (Jahr, Nr)

Abkürzungen

WEG	Wohnungseigentumsgesetz v 15. 3. 1951, BGBl I 175 mit Änderungen
wg	wegen
WG	Wechselgesetz v 21. 6. 1933, RGBl I 399
WiB	Wirtschaftsrechtliche Beratung, Zeitschrift (Jahr, Seite)
Wj	Wirtschaftsjahr(e)
WM	Wertpapier-Mitteilungen (Teil IV B), Zeitschrift (Jahr, Seite) bzw Wohnungswirtschaft und Mietrecht, Zeitschrift (Jahr, Seite)
wNachw	weitere Nachweise
WO	Wechselordnung v 3. 6. 1908, RGBl 326; außer Kraft getreten am 21. 6. 1933, RGBl I 409
WP	Wertpapier(e)
WP/WPG	Wirtschaftsprüfer/Wirtschaftsprüfungsgesellschaft
Wpg	Die Wirtschaftsprüfung, Zeitschrift (Jahr, Seite)
WPHdb	Wirtschaftsprüfer-Handbuch, Band I, 12. Aufl 2000
WpHG	Wertpapierhandelsgesetz v 9. 9. 1998, BGBl I 2708
WpK-Mitt.	Wirtschaftsprüferkammer-Mitteilungen, Zeitschrift für Berufspolitik, Berufsrecht und berufliche Praxis, Zeitschrift (Jahr, Seite)
WPO	Wirtschaftsprüferordnung idF v 5. 11. 1975, BGBl I 2803
WRP	Wettbewerb in Recht und Praxis, Zeitschrift (Jahr, Seite)
WuB	Entscheidungssammlung zum Wirtschafts- und Bankrecht (Loseblatt)
Wuppt	Wuppertal
WuW-E	Wirtschaft und Wettbewerb – Entscheidungen
WZG	Warenzeichengesetz idF v 2. 1. 1968, BGBl I 29
z	zum
ZAP	Zeitschrift für die Anwaltspraxis (Jahr, Seite)
zB	zum Beispiel
ZBR	Zurückbehaltungsrecht(e)
ZEuP	Zeitschrift für Europäisches Privatrecht (Jahr, Seite)
ZEV	Zeitschrift für Erbrecht und Vermögensnachfolge (Jahr, Seite)
ZfB	Zeitschrift für Betriebswirtschaft
ZGB	Zivilgesetzbuch der DDR v 19. 6. 1975, GBl I 465
ZGR	Zeitschrift für Unternehmens- und Gesellschaftsrecht (Jahr, Seite)
ZHR	Zeitschrift für das gesamte Handels- und Wirtschaftsrecht (Band, Seite)
Ziff	Ziffer(n)
ZIP	Zeitschrift für Wirtschaftsrecht (Jahr, Seite)
ZonenRFG	Gesetz für Förderung des Zonenrandgebietes (Zonenrandförderungsgesetz) v 5. 8. 1971, BGBl I 1237
ZPO	Zivilprozeßordnung v 12. 9. 1950, BGBl 535 mit Änderungen
zT	zum Teil

Abkürzungen

zutr	zutreffend(er)
zw	zweifelhaft, zweifelnd
Zweibr.	Zweibrücken
ZweipersonenGes.	Zweipersonengesellschaft
ZZP	Zeitschrift für Zivilprozeß (Jahr, Seite)

Handelsgesetzbuch

(ohne Seerecht)

Vom 10. Mai 1897 (RGBl. S. 219)
Zuletzt geändert durch Gesetz vom 28. 5. 2001 (BGBl. I S. 1983)

Erstes Buch. Handelsstand

Einleitung vor § 1

Übersicht

	Rz.
I. Begriff und Gegenstand	
1. Begriff	1
2. Anwendungsbereich	2
3. Sonderrecht	3
4. Nebengebiete und Abgrenzungen	4
II. Charakteristika	
1. Selbstverantwortlichkeit	5
2. Schnelligkeit und Einfachheit	6
3. Gesteigerter Verkehrsschutz	7
4. Schutzanliegen	8
III. Adressatenkreis	
1. Kaufmann	9
2. Unternehmen	10
3. Gewerbebetrieb	11
4. Freie Berufe	12
5. Analoge Anwendung auf Nichtkaufleute	13
IV. Rechtsquellen	
1. Gesetzesrecht	14
2. Gewohnheitsrecht	15
3. Handelsbrauch	16
4. AGB, Handelsklauseln	17
5. Europäische Einflüsse	18
V. Verfahrensrecht	
1. Streitige Gerichtsbarkeit	19
2. Freiwillige Gerichtsbarkeit	20
3. Schiedsgerichtsbarkeit	21
VI. Interlokales Handelsrecht	
1. Handelsrecht der DDR	22
2. Intertemporale und interlokale Aspekte	
a) Neufälle	23
b) Altfälle	24
VII. Internationales Handelsrecht	
1. Internationales Einheitsrecht	26
2. Internationales Privatrecht	27
3. Internationales Handelsgewohnheitsrecht	29
VIII. Reform	30

Einleitung vor § 1

I. Begriff und Gegenstand

Lit: *Kommentare:* *Baumbach/Hopt,* HGB (30. Aufl 2000); *Gemeinschaftskommentar zum HGB* (6. Aufl 1999); *Heidelberger Kommentar zum HGB* (5. Aufl 1999); *Großkommentar zum HGB* (3. Aufl 1967 ff); *Heymann,* HGB (1. Aufl 1989; 2. Aufl 1995 ff); *Münchener Kommentar zum HGB* (1996 ff); *Röhricht/v. Westphalen,* HGB (1998); *Schlegelberger,* HGB (5. Aufl 1982 ff); *Staub,* Großkommentar zum HGB (4. Aufl 1983 ff).

Lehrbücher: *Brox,* Handelsrecht (14. Aufl 1999); *Bülow,* Handelsrecht (3. Aufl 1999); *Canaris,* Handelsrecht (23. Aufl 2000); *Hofmann,* Handelsrecht (10. Aufl 2000); *U. Hübner,* Handelsrecht (4. Aufl 2000); *Oetker,* Handelsrecht (2. Aufl 1999); *G. H. Roth,* Handelsrecht (5. Aufl 1998); *K. Schmidt,* Handelsrecht (5. Aufl 1999).

1 **1. Begriff.** Handelsrecht ist das Sonderrecht für Kaufleute u wirtschaftlich tätige Unternehmen. Die verbreitete Charakterisierung als „Sonderprivatrecht der Kaufleute" trifft zwar (noch) das Wesentliche, ist aber zu eng. Zum Handelsrecht rechnen auch öffentl-rechtl eingefärbte, im HGB geregelte Materien wie das Recht des Handelsregisters, der Firma u der Handelsbücher. Das HGB kennt eine Vielzahl von Bestimmungen, die sich an Unternehmen bzw Gewerbetreibende richten bzw sich auf sie beziehen (§§ 91, 262, 415 III Nr 2, 453 III, 467 III); s iü Rz 11.

2 **2. Anwendungsbereich.** Das deutsche Handelsrecht folgt dem **subjektiven** System: Die Geltung handelsrechtlicher Normen ist nicht vom Gegenstand des Geschäfts (obj System; so etwa das Scheck- u Wechselrecht), sondern von der Person der beteiligten Rechtssubjekte abhängig. Von daher steht der **Kaufmann** (Rz 9) ganz im Zentrum des HGB (§§ 1 ff). Dies bestätigt die Begriffsbestimmung des Handelsgeschäfts in § 343, wird allerdings durch die Figur des einseitigen Handelsgeschäfts (§ 345) relativiert (vgl iü vor § 343 Rz 2). Die Rechtsentwicklung (HRefG, TRG 1998) ist durch eine Ausdehnung des Anwendungsbereichs für einzelne Vertragstypen auch auf den nichtkaufmännischen **Kleingewerbetreibenden** (Rz 11) geprägt.

3 **3. Sonderrecht.** Handelsrecht ieS ist (im wesentlichen) Teil des Privatrechts. Es geht als Sonderrecht dem BGB vor, Art 2 I EGHGB. Es enthält Ausnahmeregelungen (§§ 348–350), hat vielfach ergänzenden (zB §§ 383 ff) oder modifizierenden (§§ 377–378) Charakter u bleibt iü (oft mangels eigenständiger Anspruchsgrundlage) mit dem BGB engstens verknüpft. Einige im HGB geregelte Materien sind in ihrem Kern allgemeinprivatrechtlicher Natur (zB § 354 a; § 355; mit Ausnahme der Zinseszinsregelung), andere Normen enthalten eine spezifisch kaufmännische Prägung aus dem BGB bekannter Institute (Prokura/Vollmacht; Kommission/Geschäftsbesorgung). Weitgehende Eigenständigkeit ggüber dem BGB zeigen das Handelsregister- u zT auch das Firmenrecht. Sondervorschriften für Kaufleute, u damit spezifisches

Einleitung vor § 1

Handelsrecht, enthalten auch Gesetze außerhalb des HGB: § 53 BörsG, §§ 29 II, 38 I ZPO. Neuere Gesetzgebung vermeidet den Kaufmannsbegriff (§ 1031 ZPO; § 24 S 1 Nr 1 AGBG) u ersetzt ihn durch den Begriff des Unternehmers (§ 14 BGB).

4. Nebengebiete und Abgrenzungen. a) Nicht mehr zum Handelsrecht ieS zählt heute das **Gesellschaftsrecht**. Obwohl das Recht der OHG, KG u der stillen Ges im HGB geregelt ist u über § 6 das Handelsrecht u GesR verschränkt sind, ist das GesR als eine **eigenständige Materie** zu begreifen. **Wechsel- und Scheckrecht** folgen dem obj System; sie bestimmen ihren Anwendungsbereich danach, ob ein Wechsel oder Scheck vorliegt. Das **Bankvertragsrecht** ist größtenteils allg bürgerliches Recht (die im DepotG geregelte Effektenkommission-Verwahrung ist ein Unterfall der §§ 383 ff u §§ 416 ff). Der Sache nach gilt dies auch für das Versicherungsvertragsrecht, das im VVG eine weitgehende Sonderregelung gefunden hat. Zum Handelsrecht (auch in einem weitverstandenen Sinne) zählen nicht mehr das Wettbewerbs- (UWG u Nebengesetze) u Kartellrecht (GWB; Artt 81, 82 EG). **b) Verbraucherschutzrecht** u Handelsrecht (zur Abgrenzungsfrage Preis ZHR 1994, 567) sind von unterschiedlichen Regelungszielen geprägt. Eine Aus- u Abgrenzung erfolgt zunehmend über das Kriterium (nicht-)gewerblicher Tätigkeit (§ 13 BGB; § 6 Nr 1 HWiG; § 1 I VerbrKrG; § 1 I ProdHaftG). Mit dem TRG realisiert das HGB im Fracht-, Speditions- u Lagerrecht originären Verbraucherschutz (§§ 414 III, 449, 451 g, 451 h, 455 III, 466, 475 h).

II. Charakteristika

Handelsrecht als Sonderprivatrecht der Kaufleute (Rz 2–3) ist auf die Bedürfnisse des Handelsverkehrs zugeschnitten. Dadurch erklären sich die Abweichungen ggüber dem reinen Zivilrecht.

1. Selbstverantwortlichkeit. Von Kaufleuten wird aufgrund typischer Geschäftserfahrung selbstverantwortliches Handeln erwartet. Deshalb werden zB die Schutznormen des BGB in §§ 348–350 für Kaufleute zurückgenommen.

2. Schnelligkeit und Einfachheit. Bei den Handelsgeschäften geht es um Senkung von Transaktionskosten: Verzicht auf Formalien beim Vertragsschluß (§ 350), Typisierung der Vertretungsmacht (§§ 48 ff), der rechtsgeschäftlichen Erklärungen u des Vertragsinhalts durch Heranziehung von Handelsbräuchen (§ 346) sowie vereinfachte Einbeziehung der AGB (vor § 343 Rz 4). Ablehnungsobliegenheit bei §§ 75 h, 91 a, rechtsgeschäftliche Bedeutung des Schweigens by § 362 u kurze Fristen bei der Untersuchungs- u Anzeigenobliegenheit der §§ 377, 378 zielen auf schnell zu verwirklichende Rechtsklarheit.

3. Gesteigerter Verkehrsschutz. Informations- u damit auch geschäftliche Risiken werden durch die handelsregisterrechtliche Publizität reduziert (§§ 8 ff). Damit geht Hand in Hand der Schutz des Ver-

Einleitung vor § 1

trauens in den Inhalt des Handelsregisters (§§ 5, 15), der seinerseits nur einen Ausschnitt aus der allg Rechtsscheinhaftung darstellt (s § 15 Rz 36 ff). Gesteigertem Verkehrsschutz dienen auch der Schutz des guten Glaubens an die Verfügungsbefugnis (§ 366) sowie die zwingende Festlegung des Umfangs der Prokura.

8 4. **Schutzanliegen** werden in unterschiedlicher Richtung realisiert. **a)** Das Fracht-, Speditions- u Lagerrecht enthält spezifischen **Verbraucherschutz** (Rz 4). **b)** Das **Handelsvertreterrecht** ist geprägt von zwingenden Normen zugunsten des als schutzbedürftig angesehenen Handelsvertreters (zB § 89 IV). **c)** Ein Unikum (besser: gesetzgeberischer Mißgriff): § 354 a.

III. Adressatenkreis

Lit.: *Henssler*, Gewerbe, Kaufmann und Unternehmen, ZHR 161 (1997) 13; *Preis,* Der persönliche Anwendungsbereich der Sonderprivatrechte, ZHR 158 (1994) 567; *Treber,* Der Kaufmann als Rechtsbegriff im Handels- und Verbraucherrecht, AcP 199 (1999) 524.

9 1. **Kaufmann. a)** Im Zentrum des HGB steht seit jeher der Kaufmann. Daran hat die jüngste HGB-Reform (1998) nicht gerührt; sie hat allerdings die Anwendung handelsrechtlicher Normen vielfach auf nichtkaufmännische Gewerbetreibende erstreckt. Das HGB arbeitet mit einem **formellen** u einem **materiellen** Kaufmannsbegriff. Kaufmann kraft Rechtsform, § 6 II, sind die AG, GmbH u eGenossenschaft unabhängig von ihrer Tätigkeit (§ 6 Rz 6). § 6 I erklärt die für Kaufleute geltenden Vorschriften für anwendbar. Die EWIV „gilt" kraft. Gesetzes als OHG (§ 1 EWIVG, BGBl 1988 I S 514). Auf einem materiellen Kaufmannsbegriff basiert das Recht des Einzelkaufmanns, § 1 I, sowie das Recht der OHG u KG („wer ein Handelsgewerbe betreibt"), §§ 105 I, 161 I. **b)** Der Kaufmann ist zwar **primärer Adressat** handelsrechtlicher Normen. Doch reicht deren **Anwendungsanspruch weiter.** Das gilt seit jeher etwa für die sog. einseitigen Handelsgeschäfte, § 345, bei denen nur ein Partner Kaufmann zu sein braucht (der andere auch Verbraucher sein kann), aber auch für § 91 I, wo das Gesetz den Begriff des Kaufmanns durch den des **Unternehmers** substituiert. Die Reform des HGB durch das HRefG u das TRG hat den Anwendungsbereich handelsrechtlicher Normen auf nichtkaufmännische **Gewerbetreibende** (die vormals allerdings als Minderkaufleute anzusehen waren) erweitert (§§ 84 IV, 93 III, 383 II, 407 III Nr 2, 453 III, 467 III) u damit dazu geführt, daß Handelsrecht in weitem Umfang auch auf die **Rechtsbeziehungen zwischen Nichtkaufleuten** Anwendung findet.

10 2. **Unternehmen.** Das HGB hat immer schon die Begriffe **Unternehmen** u **Unternehmer** verwendet (zB §§ 2 aF, 3 II, III aF, 84 I, 91, 262 aF uö), ohne ihnen allerdings feste Konturen zu geben (*Schmidt* § 4

Einleitung vor § 1

I 2). Unternehmen meint hier die **wirtschaftliche Organisation,** mittels derer deren Träger (der Unternehmer) am Markt tätig wird u ist insoweit mit dem Begriff des Gewerbebetriebs austauschbar. Das HRefG u das TRG haben zu einer inflationären Verwendung des Unternehmensbegriffs geführt (zB § 1 II, 2, 84 IV, 93 III, 407 III Nr 2, 453 III, 467 III), ohne den Kaufmannsbegriff durch den des Unternehmens ersetzen zu wollen (RegBegr BR-Dr 340/97 S 22 f). § 14 I BGB enthält eine Legaldefinition des Unternehmers („... gewerblichen oder selbständigen beruflichen Tätigkeit"); das HGB engt seinen Adressatenkreis – in Ausgrenzung (frei-)beruflicher Tätigkeit – auf *gewerblich* betriebene Unternehmen ein (§§ 2 S 1, 407 II Nr 2, 453 III, 467 III).

3. Gewerbebetrieb. Obwohl das HGB (noch) am Kaufmannsbegriff festhält (Rz 9) u diesen über den Begriff des Handelsgewerbes definiert, § 1 I, ist mit der weitgreifenden Einbeziehung der sog. Kleingewerbetreibenden in das HGB der **Gewerbebetrieb** (verdeckter) **Grundtatbestand** des HGB geworden (*RvW Röhricht* Einl 90: Gewerbe als Zentralbegriff; *Canaris* § 1 40). Bei entspr Größe des Geschäftsbetriebs ist dessen Träger kraft Gesetzes Kaufmann („Istkaufmann", § 1 II). Ein **Kleingewerbetreibender** kann durch Anmeldung Kaufmann werden („Kannkaufmann", § 2), ohne weitere Voraussetzungen erfüllen zu müssen, unterliegt aber auch ohne Eintragung in das Handelsregister vielfach dem HGB (§§ 84 IV, 93 III, 407 III Nr 2, 453 III, 467 III, sowie Rz 13).

4. Freie Berufe. Nach gegenwärtigem HGB kommt dem Begriff des Gewerbes (dazu § 1 Rz 3 f) Ab- u Ausgrenzungsfunktion ggüber den **freiberuflichen** Tätigkeiten (§ 1 Rz 12 f) zu, die kraft Tradition nicht als gewerblich angesehen werden. Um die freien Berufe aus dem Adressatenkreis des HGB herauszunehmen, böte es sich an, vergleichbar mit § 3 I nicht etwa den Betrieb eines Gewerbes, sondern allein den eines Handelsgewerbes zu verneinen. Genau diesen Weg geht § 1 I S 2 PartGG, wenn dort klargestellt wird, daß die Partnerschaft kein Handelsgewerbe betreibt. Ein solcher Weg ist jedoch durch § 14 BGB versperrt, in dem eindeutig zwischen gewerblicher u beruflicher Tätigkeit differenziert wird (s iü RegBegr BR-Dr 340/97 S 34: kein Bedürfnis zur Einbeziehung in das HGB). Die Negierung gewerblicher Tätigkeit steht einer analogen Anwendung einzelner Vorschriften des HGB auf freiberuflich Tätige nicht im Wege (Rz 13).

5. Analoge Anwendung auf Nichtkaufleute. a) Seit langem hat die Rspr zu Zwecken des **Verkehrsschutzes** einzelne Vorschriften des HGB auf **Nichtkaufleute** angewendet, wenn diese in ähnlicher Weise wie ein Kaufmann im Verkehr teilnehmen u von ihnen erwartet werden kann, daß sie nach kaufmännischer Sitte verfahren (zB § 346 Rz 6, 24 f). Damit sind der Sache nach die nachteiligen Konsequenzen des § 2 aF korrigiert u handelsrechtliche Normen auf freiberufliche Tätigkeit erstreckt worden (§ 346 Rz 24). Methodisch geht es um eine **analoge**

Einleitung vor § 1

Anwendung einzelner, auf den Handelsverkehr bezogener Normen (weitergehend *Schmidt* § 3 II; ablehnend *StKoller* vor § 343 40 a).
b) Eine Erstreckung handelsrechtlicher Institute u Normen auf Nichtkaufleute ist va zu erwägen für **Kleingewerbetreibende**, für **freiberuflich** sowie für **land- bzw forstwirtschaftlich** Tätige. Ihr steht die jüngste Reform des HGB mit der Umwandlung des Minderkaufmanns in einen nichtkaufmännischen Gewerbetreibenden (Kannkaufmann) u der gesetzlich angeordneten Erstreckung einzelner Vorschriften des HGB auf Kleingewerbetreibende nicht entgegen (*MKHGBSchmidt* § 1 70; *HdHandelsGPfeiffer* § 1 116 f; aA *Krebs* DB 96, 2015): Die RegBegr selbst will einige als probl empfundene Konsequenzen der Abschaffung des Minderkaufmanns durch eine analoge Anwendung von HGB-Normen korrigiert sehen (BR-Dr 340/97 S 30). Iü ist eine analoge Anwendung handelsrechtlicher Normen auf freiberufliche Tätigkeit dort geboten, wo Selbständige in Ausübung ihrer beruflichen Tätigkeit Gewerbetreibenden gleichzusetzen sind (vgl RegBegr BR-Dr 340/97 S 47 zu § 24 AGBG). Eine solche Gleichsetzung findet sich nicht nur in § 24 S 1 Nr 1 AGBG u § 1031 V 3 ZPO, sondern auch im HGB selbst, wenn es um die Ausgrenzung des Verbrauchers geht (zB § 414 III iVm § 13 BGB). Zum Kriterium einer kaufmannsähnlichen Teilnahme am Geschäftsverkehr, s § 1 Rz 38. Zur öffentl Hand s § 1 Rz 30.

IV. Rechtsquellen

14 **1. Gesetzesrecht.** Handelsrecht unterfällt der konkurrierenden Zuständigkeit des Bundes, Art 74 Nr 11 GG. Für Landesrecht bleibt nur wenig Raum: Art 15, 18 EGHGB. Das HGB von 1897, RGBl S 219 ff (mit zahlreichen Änderungen, s *BauHopt* Einl vor § 1 11–15), gilt als Bundesrecht fort, Art 125 GG. Zum Recht in den neuen Bundesländern s Rz 17.

15 **2. Gewohnheitsrecht.** Handelsgewohnheitsrecht entsteht durch längere ständige Übung mit dem Bewußtsein der Rechtsgeltung (nicht schon bei stRspr). Es mag aus Handelsbrauch oder Richterrecht erwachsen, ist aber von beiden streng zu trennen.

16 **3. Handelsbrauch.** Als **Verkehrssitte** des Handels (BGH NJW 66, 502) sind Handelsbräuche für die (normativierte) Auslegung von Willenserklärungen, für die Vertragsauslegung u -ergänzung (vgl § 359 I) heranzuziehen. Zu den Einzelheiten s § 346 Rz 1 ff.

17 **4. AGB, Handelsklauseln.** Sie beherrschen den nationalen u int Handelsverkehr. Sie sind keine Rechtsnormen, haben aber normähnliche Wirkungen. Sie bedürfen vertraglicher Einbeziehung. Zu beachten ist § 24 S 2 HS 2 AGBG. S iü § 346 Rz 18 ff.

18 **5. Europäische Einflüsse.** Zur Auslegung nationalen Rechts ist auf Zielvorgaben von (zwischen Privaten nicht unmittelbar anwendbaren; EuGH 94, I-3356) **Richtlinien** der EG (etwa bei §§ 13 d–g, 15 III, 84 ff, 238 ff) zu achten; dies auch bei „überschießender" Umsetzung

Einleitung vor § 1

(EuGH 97, I-4304). Das Gebot richtlinienkonformer Auslegung nationalen Rechts folgt aus Art 10 II EG (EuGH 90, I–4160); bei Zweifeln bzgl der Auslegung einer Richtlinienbestimmung (zB Divergenzen in den verschiedenen Sprachfassungen) ggf **Vorlage** (evtl -pflicht) **zum EuGH** gem Art 234 II, III EG. Bsp: BGH DB 94, 1868, EG-**Verordnungen** (zB die EWIV–VO) sind unmittelbar anzuwenden. Auch hier ggf Vorlage.

V. Verfahrensrecht

1. Streitige Gerichtsbarkeit. Handelsrechtliche Streitigkeiten sind bürgerliche Rechtsstreitigkeiten iSv § 13 GVG. Gerichtsstandsvereinbarungen: §§ 29 II, 38 I ZPO. Die **int Zuständigkeit** deutscher Zivilgerichte ist nach den örtl Zuständigkeitsnormen zu beurteilen (Doppelfunktionalität; BGH 94, 157), soweit nicht Staatsverträge vorgehen (zB Art 31 I CMR; Art 28 WA). Wichtig sind va das EuGVÜ idF des 4. Beitrittsübereinkommens, BGBl 1998 II S 1412, u das Lugano-Übereinkommen, BGBl 1994 II S 2658. **Lit:** *Kropholler,* Europäisches Zivilprozeßrecht[6] (1998); *Geimer/Schütze,* Europäisches Zivilverfahrensrecht (1997). 19

2. Freiwillige Gerichtsbarkeit. Maßgebend in Fragen des Handelsregisters (§§ 8 ff), der Firma (§§ 17 ff) u in Gesellschaftssachen; §§ 125 ff FGG. S auch Handelsregisterverfügung (HRV): Abdruck bei *BauHopt* 2. Teil (4). 20

3. Schiedsgerichtsbarkeit. Sie spielt im Handelsverkehr eine große Rolle. Eingehend *RMHausmann* 2297 ff; zum neuen deutschen Schiedsverfahrensrecht *Schütze,* Schiedsgericht u Schiedsverfahren[2] (1998); *Lachmann,* Handbuch für die Schiedsgerichtspraxis (1998). 21

VI. Interlokales Handelsrecht

1. Handelsrecht der DDR. In der DDR wurde das BGB durch das Zivilgesetzbuch (ZGB) vom 19. 6. 1975, GBl I S 465 (ab 1. 1. 1976) abgelöst. Dgg ist das HGB nie außer Kraft getreten. Für die volkseigene Wirtschaft galt das Vertragsgesetz (Gesetz über das Vertragssystem in der sozialistischen Wirtschaft) vom 25. 2. 1965, GBl 1965 I S 107, für Verträge mit dem Ausland (auch der BRD) das Gesetz über int Wirtschaftsverträge vom 5. 2. 1976, GBl 1976 I S 61 (Hinweise u Teilabdruck bei *StaudFirsching*[10/11] vor Art 12 EGBGB 23 b–c), soweit nach DDR-Recht kollisionsrechtlich zur Anwendung berufen. Vom 1. 7. 1990 an galten die Bücher 1–4 des HGB-BRD, mit Ausnahme der §§ 59–83, aufgrund des § 16 MantelG, GBl 1990 I S 357. Gem Art 9 I EinV sind mit dem 3. 10. 1990 diese Gesetze außer Kraft getreten. Gem Art 8 EinV iVm Sachgebiet D Abschn III wurde das HGB der DDR idF von 1990 sowie das BGB gem Anl 1 Sachgebiet B Abschn II in den Beitrittsgebieten zum 3. 10. 1990 in Kraft gesetzt. Ausgenommen sind die §§ 62 II–IV, 63, 22

Einleitung vor § 1

64, 73, 75 III, 75 b S 2, 82 a, 83 HGB; zum Handelsvertreterrecht s vor § 84 Rz 2. Insoweit existiert ein in seinem geografischen Anwendungsbereich auf die alten Bundesländer beschränktes Handels-(Arbeits-)Recht.

23 **2. Intertemporale und interlokale Aspekte. a) Neufälle.** Mit dem Inkrafttreten des HGB (u des BGB) in den neuen Bundesländern ist weitgehende Rechtseinheit im Bereich des Handelsrechts verwirklicht. Für Schuldverhältnisse, die mit oder nach dem 3. 10. 1990 entstanden sind (sog **„Neufälle"**; Art 232 § 1 EGBGB), können an interlokale Konfliktlagen erinnernde Probleme nur dort entstehen, wo die Geltung einzelner Normen des Bundesrechts auf die alten Bundesländer beschränkt ist (s Rz 22). Partikulares Bundesrecht ist von allen Gerichten (in den alten u neuen Bundesländern) unter Zwischenschaltung des interlokalen Verweisungsrechts (Art. 3 ff EGBGB analog) anzuwenden (BGH WM 94, 158).

24 **b) Altfälle. aa)** Für sog „Altfälle" (Verträge, die vor dem 3. 10. 1990 geschlossen wurden) bestimmt Art 232 § 1 EGBGB als intertemporale Kollisionsnorm, daß für das Gebiet der neuen Bundesländer das dort bisher geltende Recht (s Rz 22) zur Anwendung kommt. Für Handelsvertreterverträge, die vor dem 1. 7. 1990 nach dem Gesetz über int Wirtschaftsverträge (Rz 22) begr worden sind, soll dieses Gesetz jedoch nurmehr bis zum 31. 12. 1993 angewendet werden (Anl I zum EinV, Sachgebiet D, Abschn III 2 b; vor § 84 Rz 2).

25 **bb)** Für die sog Altfälle ist **vorrangig** zu entscheiden, ob das Rechtsverhältnis dem Recht der früheren DDR (nur dann kommt Art 232 § 1 EGBGB zur Anwendung) oder dem Recht der BRD untersteht. Der EinV enthält zum sog interlokalen Privatrecht keine Aussagen. Art 236 § 1 EGBGB betrifft nur das **internationale** Privatrecht (Verhältnis zu anderen Staaten) u bestimmt, daß die Gerichte in den neuen Bundesländern auf abgeschlossene Vorgänge (zu diesem Begriff *PalHeldrich* Art 220 EGBGB 2–3) das IPR der früheren DDR (einschl der Staatsverträge), also vornehmlich das Rechtsanwendungsgesetz vom 5. 2. 1975 (RAG), GBl 1975 I S 748 (abgedr bei *Staud-Firsching*[10/11] vor Art 12 EGBGB 23 f), anzuwenden haben. Bis zum 3. 10. 1990 war das **interlokale** Privatrecht gespalten: Die frühere DDR wendete auch im Verhältnis zur BRD das RAG an, während Gerichte der BRD im Verhältnis zur DDR die Art 3 ff EGBGB (nur) entspr anwendeten. Aus Art 8 EinV ist zu folgern, daß seit dem 3. 10. 1990 die Gerichte der früheren DDR das interlokale Kollisionsrecht der BRD (also Art 3 ff EGBGB entspr) anzuwenden haben (BGH WM 94, 158; str). Art 236 § 1 EGBGB ist unanwendbar. Für eine analoge Anwendung fehlt die Lücke. Rechtseinheit wird nur so verwirklicht (BGH NJW 95, 319; *PalHeldrich* Art 236 EGBGB 4 mwN).

Einleitung vor § 1

VII. Internationales Handelsrecht

1. Internationales Einheitsrecht (mit evtl Vorrang vor deutschem 26
Kollisionsrecht) existiert ua für grenzüberschreitende Kaufverträge, für
den int Gütertransport- u Luftverkehr: **Wiener UN-Übereinkommen** über Verträge über den int Warenkauf **(CISG)** vom 11. 4. 1980,
BGBl 1990 II S 588 (in Kraft seit 1. 1. 1991), s vor § 373 Rz 3; Genfer
Übereinkommen vom 19. 5. 1956 über den Beförderungsvertrag im int
Straßengüterverkehr (CMR), BGBl 1961 II S 1119; Warschauer Übereinkommen vom 22. 10. 1929 zur Vereinheitlichung von Regeln über
die Beförderung im int Luftverkehr (WA), BGBl 1964 II S 1295. Der
Anwendungsbereich ist jeweils verschieden.

2. Internationales Privatrecht. **Lit:** *RMMartiny* 44 ff. **a)** Ob deut- 27
sches oder ausländisches (Handels-)Recht zur Anwendung kommt, ist
für **nach** dem 3. 10. 1990 geschlossene **Verträge** nach dem EGBGB zu
entscheiden. **Vertragsstatut:** Art 27 ff EGBGB; für zwingendes Handelsvertreterrecht gilt ggf eine Sonderanknüpfung (s § 92 c Rz 1). **Vollmacht:** Recht des Landes, in dem (nach Willen des Vollmachtgebers)
die Vollmacht gebraucht werden soll (BGH NJW 82, 2733); oft ist dies
das Recht am Sitz der Niederlassung des Vertreters (BGH RIW 90,
833). Dies gilt auch für Rechtsscheinvollmacht. Einseitige (für Dritten
erkennbare) Rechtswahl hat Vorrang. Für Prokura gilt nach hL das
Recht am Sitz des Kaufmanns bzw. der Ges. Das Vertragsstatut bestimmt, ob **Sondervorschriften** des Handelsrechts anzuwenden sind.
Soweit diese auf die Kaufmannseigenschaft abstellen, ist str, wie diese
anzuknüpfen ist. Für das Recht am Ort der gewerblichen Niederlassung: *MKBGB Ebenroth*[2] nach Art 10 EGBGB 30 ff; vorzugswürdig ist
das Vertragsstatut (mit Prüfung im Sachrecht, ob Kaufmannseigenschaft
am Ort der Niederlassung im wesentlichen äquivalent): *MKBGBKindler*[3] IntGesR 101. Zum int Firmenrecht s § 17 Rz 26–27. Gesetzliche
Haftung gem § 25 I 1, 3 bezieht sich auf Unternehmen mit Sitz in der
BRD (Eintragungspflicht); ebenso auf Niederlassungen ausländischer
Ges (über § 6 I; Düss NJW-RR 95, 1185).

b) Für **vor** dem 3. 10. 1990 geschlossene Verträge („abgeschlossener 28
Vorgang" iSv Art 236 § 1) ist die Tragweite des Art 236 § 1 EGBGB str.
Überblick: *Mördorf-Schulte/Otte* ZIP 93, 15. Abzulehnen ist die lex-fori-
Theorie, wonach sich Art 236 § 1 nur an die Gerichte der Beitrittsländer
wendet, die dann das RAG anzuwenden haben (Gerichte der alten BRD
wenden Art 3 ff EGBGB an; für sie gibt es kein „bisheriges" IPR).
Einwände: forum shopping; keine Rechtseinheit; die Art 231 ff EGBGB
wenden sich auch an die Gerichte der Alt-BRD; welches IPR sollen
ausländische Gerichte bei Verweis auf das Recht der BRD anwenden?
Ob über Art 236 § 1 EGBGB das RAG anzuwenden ist, bedarf vielmehr
einer von allen Gerichten (auch des Auslands) vorgeschalteten kollisionsrechtlichen Vorprüfung. Diese ist nach einheitlichen Regeln (BGH WM
94, 158) des deutschen interlokalen Privatrechts vorzunehmen (*PalHel-*

drich Art. 236 6; aA *Rauscher* DtZ 91, 21 – „Prinzip der engsten Verbindung"; *Schurig* FS Lorenz (1991) 517, 521 f).

29 3. **Internationales Handelsgewohnheitsrecht** ist möglich (Nachw ua in der Praxis int Schiedsgerichte); größere Bedeutung haben int **Handelsbräuche** (§ 346 Rz 10) u **Handelsklauseln** (§ 346 Rz 18 ff) die, zT auch publiziert (zB Incoterms), von organisierten Schiedsgerichten einheitlich ausgelegt werden; Überblick: *HeyHorn* Einl III (dort auch zur lex mercatoria; *StKoller* vor § 373 12–98, 748–770). Von zunehmender Relevanz (für die Praxis der Schiedsgerichte) sind die von UNIDROIT 1994 veröffentlichten *Principles of International Commercial Contracts.* Lit: *Wichard* RabelsZ 60, 269; *Boele-Woelki* IPRax 97, 161. Zur Anwendung nationaler Handelsbräuche s § 346 Rz 9.

VIII. Reform

Lit: Bundesministerium der Justiz (Hrsg), Reform des Handelsrechts und Handelsregisterrechts (1994); *Schmidt,* Bemerkungen und Vorschläge zur Überarbeitung des Handelsgesetzbuchs, DB 1994, 515; *ders,* Das Handelsrechtsreformgesetz, NJW 1998, 2161; *P. Bydlinski,* Zentrale Änderungen des HGB durch das Handelsrechtsreformgesetz, ZIP 1998, 1169; *Heinemann,* Handelsrecht im System des Privatrechts, FS Fikentscher (1998), 349; *Krebs,* Reform oder Revolution? – Zum Referentenentwurf eines Handelsrechtsreformgesetzes, DB 1996, 2013.

30 Durch das HRefG u das TRG von 1998 ist das HGB reformiert worden. Mit dem TRG wurde das in vielen anderen Vorschriften verstreute Normenmaterial des Transportrechts in das HGB zurückgeholt u nachhaltig modernisiert. Das HRefG hat va das als überaltet geltende System der Kaufmannsbegriffe reformiert (§ 1 Rz 2) u das Firmenrecht liberalisiert (s § 17 Rz 1). Mit der Streichung der in § 1 Nr 1–9 aF aufgezählten Grundhandelsgewerbe ist dem „Handels"recht seine schon lange Zeit nicht mehr bestehende Beschränkung auf „Handels"gewerbe endgültig abhanden gekommen. Handelsrecht ist – wie schon nach § 2 aF – das Recht der **Gewerbetreibenden** (Rz 11). Eine Reform des Handelsregisterverfahrens steht noch aus. Dazu § 8 Rz 1.

Erster Abschnitt. Kaufleute

§ 1 [Istkaufmann]

(1) **Kaufmann im Sinne dieses Gesetzbuches ist, wer ein Handelsgewerbe betreibt.**

(2) **Handelsgewerbe ist jeder Gewerbebetrieb, es sei denn, daß das Unternehmen nach Art oder Umfang einen in kaufmännischer Weise eingerichteten Geschäftsbetrieb nicht erfordert.**

Erster Abschnitt. Kaufleute § 1

Übersicht

Rz.

I. Kaufmannsbegriff
   1. Allgemeines
      a) Funktion 1
      b) Reform 2
   2. Gewerbe
      a) Begriff 3
      b) Definition 4
      c) Selbständigkeit 5
      d) Erkennbarkeit 6
      e) Planmäßigkeit 7
      f) Gewinnerzielungsabsicht 8
      g) Wirksamkeit und Klagbarkeit 11
      h) Freiberufliche, wissenschaftliche und künstlerische Tätigkeiten 12
   3. Handelsgewerbe 16
   4. Betreiben
      a) Grundsatz 17
      b) Einzelfälle 18
      c) Gegenständlicher Umfang 24
      d) Beginn und Ende der Kaufmannseigenschaft 25
   5. Personenkreis
      a) Natürliche Personen 26
      b) Juristische Personen 27
      c) Formkaufleute 28
      d) Personengesellschaften 29
      e) Staat, Kommunen, öffentliche Unternehmen 30
   6. Kaufmannsähnliche Personen; Analogie 38

II. „Istkaufmann", II
   1. Grundsatz 39
   2. Voraussetzungen 40
      a) Gewerbliches Unternehmen 41
      b) Erforderlichkeit kaufmännischer Einrichtungen ... 42
   3. Konsequenzen 46

I. Kaufmannsbegriff, I

Lit: *Dreher,* Der neue Handelsstand, in: Die Reform des Handelsstandes 1
und der Personengesellschaften (1999), 1; *Kaiser,* Reform des Kaufmannsbegriffs – Verunsicherung des Handelsverkehrs ?, JZ 1999, 495

1. Allgemeines. a) Funktion. In **I** wird der **Kaufmann** als (primärer; vgl § 345) Normadressat des HGB definiert. Wer ein „Handelsgewerbe" betreibt, wird in §§ 1 II, 2 u 3 II, III, 5 bestimmt. **I** basiert auf dem Normtyp des **Einzel**kaufmanns, der natürliche oder jur Person sein kann. Ihm an die Seite gestellt sind in § 6 HandelsGes u Formkaufleute. Daß PersonenhandelsGes (OHG, KG) ein Handelsgewerbe

§ 1

betreiben müssen, ergibt sich aus §§ 105 I, 161 I (Ausnahme: Vermögensverwaltung). Dgg sind KapitalGes u sonstige Vereine iSv § 6 II von den Voraussetzungen des **I** entbunden. Damit **fehlt** dem HGB ein **einheitlicher Kaufmannsbegriff**. Der Kaufmannsbegriff entscheidet über die Anwendung des HGB (zB §§ 29, 238 ff, 343 ff). Jedoch werden viele Normen auch auf nichtkaufmännische Gewerbetreibende angewendet (zB §§ 84 IV, 93 III, 407 III Nr. 2, 453 III, 467 III). Zur analogen Anwendung s Rz 38 u vor § 1 Rz 13. Der Kaufmannsbegriff gilt auch für Regelungen außerhalb des HGB (zB § 53 BörsG).

2   **b) Reform. aa) Altes Recht.** Das HRefG hat die **Systematik** des Kaufmannsrechts gründlich reformiert. § 1 II Nr 1–9 aF enthielt einen (veralteten) Katalog von Grundhandelsgewerben, deren Betrieb die Kaufmannseigenschaft konstituierte, korrigierte diese Entscheidung aber durch eine nur eingeschränkte Anwendung des Handelsrechts auf den Minderkaufmann (§§ 4 I, 351). § 2 aF ergänzte § 1 II aF durch eine Auffangregelung von generalklauselartigem Charakter, wonach Gewerbetreibende, die heute unter § 1 II nF fallen, verpflichtet waren, sich (mit konstitutiver Wirkung) in das Handelsregister eintragen zu lassen. Damit wurde eine sachgerechte Öffnung des HGB für Gewerbe aller Art erreicht, sofern sie nicht in Form eines Kleingewerbes betrieben wurden. **bb) Neues Recht.** Das HRefG hat mit diesem Regelungsansatz in doppelter Richtung **gebrochen:** (1) die **Generalklausel** des § 2 aF wanderte nach § 1 II nF, wobei die Kaufmannseigenschaft **ex lege**, also ohne Eintragung in das Handelsregister erworben wird („Istkaufmann"). Dies wird bewußt mit einem **Verlust an Rechtssicherheit** (*Kaiser* JZ 99, 498) erkauft: Das Gesetz mutet dem Rechtsverkehr zu, sich über die Erforderlichkeit kaufmännischer Organisation beim Vertragspartner Gedanken zu machen (die Beweislastumkehr in **II** entlastet davon nicht). (2) Der Katalog der Grundhandelsgewerbe (u mit ihm der Minderkaufmann) wurde ersatzlos gestrichen. Dem **Kleingewerbetreibenden** wird jetzt – in Abweichung zu § 2 u § 4 I aF – die Möglichkeit eröffnet, sich in das Handelsregister eintragen zu lassen u damit **unbeschränkt** dem Handelsrecht (Firmen-, Bilanzrecht etc) zu unterstehen, § 2 nF („Kannkaufmann"). Der nichtkaufmännische Kleingewerbetreibende wird vielfach Handelsrecht unterworfen (s vor § 1 Rz 11). Wie nach altem Recht setzt die Kaufmannseigenschaft voraus, daß ein **Gewerbe** (Rz 3 ff) **betrieben** (Rz 17) wird. Ein **Handelsgewerbe** liegt vor, wenn die Voraussetzungen der §§ 1 II, 2, 3 II oder 5 erfüllt sind. „Handel" ist ein funktionsloses Tatbestandsmerkmal.

3   **2. Gewerbe. a)** Der **Begriff** des Gewerbes wird in zahlreichen Gesetzen verwendet, aber nicht definiert. Wg unterschiedlicher Zielsetzung fehlt es an einem einheitlichen Begriff (BGH 33, 327; *MKHGBE-Schmidt* § 1 18 ff). Rspr zu § 196 I, II BGB läßt sich auch für **I** heranziehen. Iü ist auf den Gesetzeszweck, die Verkehrsanschauung u den Sprachgebrauch abzustellen.

b) Definition. Unter <u>Gewerbe</u> versteht die Rspr jede selbständige, 4
außengerichtete u planmäßige Tätigkeit in Gewinnerzielungsabsicht
(BGH 33, 324; 74, 276 – jeweils zu § 196 I BGB; *StBrüggemann* § 1
5 ff). Zu den Tatbestandsmerkmalen ie:

c) Gewerbe iSv **I** setzt rechtl (nicht: wirtschaftliche) **Selbständigkeit** 5
des Inhabers voraus. Legaldefinition in § 84 I 2; nicht erfüllt bei Arbeitnehmern. Selbständige Tätigkeit ist auch bei Handeln in fremdem
Namen möglich (Handelsvertreter u -makler). Sog Scheinselbständig-
keit steht nicht entgegen (*MKHGBESchmidt* § 1 23; *HdHandelsGPfeiffer*
§ 1 68 f).

d) Der Betrieb des Gewerbes verlangt **marktorientiertes** Tätigwer- 6
den: Angebot von Waren oder Leistungen; bloße Bedarfsdeckung reicht
nicht. Marktbezug (Rz 10) fehlt bei reinen Selbstversorgungseinrich-
tungen (*Schmidt* § 9 IV 2 b bb) u bei auf Mitglieder beschränkten
Leistungen eines Vereins (*HdHandelsGPfeiffer* § 1 80); Entgeltlichkeit u
größerer Umfang der Leistungen begründen Marktbezug. Unternehmerische Tätigkeit muß nach außen **erkennbar** sein. Daran fehlt es,
wenn sie ganz im Privatbereich verbleibt: Spekulation an der Börse
(ROHG 22, 303); dies ergibt auch die Verkehrsanschauung (Rz 3).
Ebenso bei Verwaltung eigenen Vermögens (zur Abgrenzung Rz 7).

e) Die Tätigkeit muß **planmäßig** erfolgen u auf eine **unbestimmte** 7
Vielzahl von Geschäften als Ganzes ausgerichtet sein (in Wieder-
holungsabsicht ausgeübte Tätigkeit; BGH WM 82, 1430; WM 86,
1466). Beschränkung der Tätigkeit auf einen kurzen Zeitraum schadet
nicht (Würstchenbude bei Volksfest). Das Geschäftsvolumen ist irrelevant, ebenso, ob es sich um eine Nebentätigkeit handelt (BGH 74, 276).
An planmäßiger Tätigkeit fehlt es bei Gelegenheitsgeschäften (RG 66,
52). Die Rspr (zu § 196 BGB) setzt vielfach planmäßig mit berufsmäßig
gleich (RG 66, 51; BGH 33, 324: „berufsmäßig fließende Einnahme-
quelle"; BGH 74, 276), verschränkt dieses Kriterium aber auch mit
Gewinnerzielungs- bzw Erwerbsabsicht (BGH 95, 157). Dies führt
nicht weiter. Berufsmäßig als Kriterium paßt weder bei §§ 105 I, 161 I
(*Schmidt* § 9 IV 2 a bb) noch bei Tätigkeiten mit zeitlicher Beschränkung. Probl ist die **Abgrenzung** zur bloßen nichtgewerblichen **Verwaltung eigenen Vermögens** (eingehend *RvWRöhricht* vor § 1 21).
Bei Vermietung u Verpachtung von Wohn- oder Geschäftshäusern stellt
die Rspr darauf ab, ob bloße Nutzung des Eigentums als Kapitalanlage
(BGH 74, 276 f) oder Tätigkeit im Umfange jenseits üblicher Haus-
haltsführung erforderl ist (vgl KG WuW 92, 541; auch BGH NJW 67,
2353: Errichtung eines Wohnkomplexes; BB 73, 499: umfangreiche
Tätigkeit). Ob noch private Kapitalanlage gegeben, soll sich nach Verkehrsanschauung richten (*RvWRöhricht* vor § 1 21; weiterführend *Schön*
DB 98, 1173: Risikostruktur als Kriterium). Bei **Betriebsaufspaltung**
ist die Verpachtung seitens der BesitzGes kein Gewerbe (BGH WM 90,
586; Hamm NJW 94, 393; aA *BauHopt* § 1 18). § 105 II öffnet (auch
ohne Gewerbe) den Weg in die OHG bzw KG. Halten eines

§ 1 Erstes Buch. Handelsstand

(GmbH-) *Geschäftsanteils* als bloße Vermögensverwaltung: BGH NJW 96, 2158.

8 **f) Gewinnerzielungsabsicht** ist nach stRspr (BGH 33, 324; 57, 199 uö; krit Mü NJW 88, 1037) für den Gewerbebegriff konstitutiv.

9 **aa)** Es kommt dabei nur auf die **Absicht** an, nicht darauf, ob tatsächlich Gewinne gemacht werden (BGH 95, 158 f). Für entgeltliche Geschäfte von Privatpersonen wird Gewinnerzielungsabsicht vermutet. Tätigkeiten mit dem Ziel bloßer Kostendeckung oder mit gemeinnützigen Zwecken sind kein Gewerbe (BGH 36, 276). Das Kriterium hat Ausgrenzungsfunktion: Aus dem Gewerbebegriff ausgeklammert werden karitative Vereinigungen. Bei **freiberuflichen** Tätigkeiten wird gemeinhin angenommen, daß das Streben nach Gewinn hinter der Erbringung höherer Dienste zurücktritt (BGH 33, 325; BVerfG 17, 239; *SchlHildebrandt* § 1 25; s Rz 12 f). Bei **öffentl Unternehmen** wird der Nachweis verlangt, daß die Tätigkeit nicht allein der Erfüllung der öffentl Aufgabe, sondern auch der Gewinnerzielung dient (BGH 57, 199; Stgt NJW-RR 99, 1557); BGH 95, 158 f schwächt hier die Anforderungen an den Nachweis der Absicht dauernder Gewinnerzielung ab: Ausreichen soll eine auf „die Erzielung laufender Einnahmen gerichtete" Tätigkeit; zusätzlich wird auf die Verkehrsanschauung abgestellt (BGH 95, 160).

10 **bb)** Das Schrifttum will das Kriterium der Gewinnerzielungsabsicht durch das Merkmal **entgeltlicher Tätigkeit am Markt** ersetzen (*Schmidt* § 9 IV 2 d; *Canaris* § 2 14; vgl auch Hamm WM 93, 1797) u ggf Verkehrsanschauung u Führung nach betriebswirtschaftlichen Grundsätzen berücksichtigen (*BauHopt* § 1 16). Dieser Position ist grds zuzustimmen (*StKoller* vor § 343 4; krit *Baumann* AcP 184, 51). Gewinnerzielungsabsicht ist ein reines Internum, das Differenzierungen im Geschäftsverkehr nicht rechtfertigt. Dasselbe gilt auch vom Kriterium wirtschaftlicher Betriebsführung. Bei öffentl Unternehmen (s Rz 30) steht die Erfüllung einer öffentl Aufgabe nicht im Wege (BGH 95, 157); anders bei hoheitlicher Natur der Tätigkeit.

11 **g) Wirksamkeit und Klagbarkeit** der abgeschlossenen Geschäfte gelten verbreitet als Voraussetzungen für ein Gewerbe (BayObLG NJW 72, 1327 – § 656 BGB; *GKNickel* § 1 9), dies va im Hinblick auf §§ 238 ff u § 109 I GVG (eingetragener Kaufmann als Handelsrichter) (*StBrüggemann* § 1 17). Der Einschränkung ist nicht zu folgen (hL; *Schmidt* § 9 IV 2 b cc; *Canaris* § 2 13; *BauHopt* § 1 21). Sie gilt nicht für gewerbepolizeiliche Vorschriften, die unter § 7 fallen, aber auch nicht bei Tätigkeiten, die unter §§ 134, 138 (Schmuggel, Glücksspiel) fallen. Bestellung zum Richter (§ 109 I GVG) kann von Gesetzmäßigkeit der Tätigkeit abhängig gemacht werden; ebenso Eintragung in das Handelsregister.

12 **h) Freiberufliche Tätigkeiten** werden **kraft Tradition** nicht als Gewerbe behandelt (stRspr; BGH 33, 325).

aa) Für einzelne Berufsgruppen ist gesetzlich verfügt, daß sie nicht 13
Gewerbe sind: § 2 II BRAO (Rechtsanwälte; BGH 72, 287; BVerfG
NJW 92, 1615); § 2 II Patentanwaltsordnung (Patentanwalt); § 1 II
WPO (Wirtschaftsprüfer; BGH 94, 69); § 1 II Verordnung vom 20. 11.
1938 (öffentl bestellter Vermessungsingenieur; BGH 97, 245); § 32 II
StBerG (Steuerberater; BGH 72, 324); §§ 130 I, 1 II WPO (vereidigter
Buchprüfer); § 1 II BundesärzteO (Arzt; BGH 33, 325; 86, 320); § 2
S 3 BNotO (Notar) uam. **Berufsrecht und Kammergebundenheit**
sind für die freien Berufe charakteristisch (**Lit:** *Michalski,* Das Gesell-
schafts- u Kartellrecht der freien Berufe, 1989; *Taupitz,* Die Standes-
ordnungen der freien Berufe, 1991). Hier entscheidet allein das Berufs-
bild, nicht die Tätigkeit im Einzelfall. Ergänzend ist auf die **Verkehrsanschauung** abzustellen (*RvWRöhricht* vor § 1 38; enger Schmidt DB
98, 62). Ausgeprägte Kreativität u höchstpersönliche Leistung (Dienste
höherer Art) sind Anhaltspunkte für freiberufliche Tätigkeit (Bsp: Ar-
chitekten; BGH WM 79, 559). Eine sehr weitreichende, an § 18 I
EStG orientierte Aufzählung **freier Berufe** enthält § 1 II PartGG. Sie
präjudiziert jedoch nicht den handelsrechtlichen Gewerbebegriff
(*MKHGBESchmidt* § 1 31; *MKBGBUlmer* § 1 PartGG 15; aA *Oetker*
§ 2 B II 4; *HdHandelsGPfeiffer* § 1 88). Vielmehr soll sie im Über-
schneidungsbereich zwischen gewerblicher u (frei)beruflicher Tätigkeit
(iSv § 18 I EStG) ein Wahlrecht zwischen OHG u Partnerschaft eröffnen u stellt klar, daß eine *eingetragene* Partnerschaft *kein* Handelsgewerbe
betreibt. **Stellungnahme:** Die freiberufliche Tätigkeit erfüllt die
Merkmale des **Gewerbebegriffs** iSv Rz 3–11 (*Raisch* FS Rittner
(1991), 481). Für § 13 II Nr 1 UWG ist seit langem anerkannt, daß
Freiberufler als Gewerbetreibende anzusehen sind (BGH GRUR 76,
370; Ffm GRUR 62, 323). Die **Sonderstellung** der freien Berufe läßt
sich nicht mit fehlender Gewinnerzielungsabsicht (so aber BGH 33,
325), sondern nur **historisch** erklären (*Canaris* § 2 9). Heute besteht
kein Grund mehr, an dieser Sonderstellung in vollem Umfang festzuhalten (so bereits *Wieland* Handelsrecht I (1921) § 10 IV 2 d; *Treber*
AcP 199, 669; aA *Henssler* ZHR 161, 24 f), doch ändert dies nichts an
der Gesetzeslage (zuletzt RegBegr BR-Dr 340/97 S 34). Die Sonderstellung bezieht sich indessen nur auf den **engen Bereich** der **historisch tradierten** freien Berufe (so iE *MKHGBESchmidt* § 1 30). Für
die anderen Tätigkeiten wird die dem HGB zugrundeliegende Unterscheidung zwischen *Gewerbe* u *Handelsgewerbe* wichtig: mit einer Anerkennung als Gewerbe ist die Anwendung handelsrechtlicher Institute
nicht notwendig verknüpft. Die Begrenzung der freien Berufe auf einen
engen Bereich hat zur Konsequenz, daß bei den sonstigen Berufen, die
durch kreative Tätigkeit charakterisiert sind (Chemiker, Journalisten,
Unternehmensberater, Ingenieure, Programmierer usw), zwar gewerbliche Tätigkeit (für Zwecke nur des HGB! aA zB *RvWRöhricht* vor § 1
38), **nicht aber zugleich Handelsgewerbe** gegeben ist, solange die
individuelle Leistung ganz im Vordergrund steht (u damit § 1 II nicht
erfüllt ist). Wo solche Dienste aber massenförmig erbracht werden

(Übersetzerbüros etc), entscheidet § 1 II, ob ein Handelsgewerbe vorliegt. Berufliche (nicht aber frei-)Tätigkeit ist gewerbsmäßig. Diesen Personen steht der Weg ins Handelsrecht, sofern nicht § 1 II gegeben ist, nach eigener Wahl offen (§ 2); ebenso in das HandelsgesR (§ 105 II). Gründen sie eine Partnerschaft, betreiben sie kein Handelsgewerbe. Rechts- u Patentanwälte können im Rahmen einer Rechtsanwalts- bzw PatentanwaltsGes tätig werden, § 59 c BRAO, § 52 c PatAnwO.

14 bb) Für marktbezogene **wissenschaftliche** u **künstlerische** Tätigkeiten läßt sich Gewinnerzielungsabsicht nicht bestreiten. Hier fehlt es an Kammer- u Berufsrecht. Kraft Tradition u Verkehrsanschauung gibt es nur einen ganz **schmalen Bereich** nichtgewerblicher Tätigkeit (Opernsänger, Schauspieler, Solisten etc). Aus aa) folgt, daß (wiederum: für Zwecke des HGB!) ansonsten Gewerbe gegeben ist (*MKHGBE-Schmidt* § 1 29). Über das Vorliegen eines **Handelsgewerbes** entscheiden die Kriterien des § 1 II. Konsequenz: bei Massenproduktion (-forschung) u Kunstgewerbe (Design) kann – je nach Art u Umfang des Geschäfts – § 1 II erfüllt sein, nicht dgg bei individueller Forschung, künstlerischer oder auch pädagogischer Tätigkeit. Diesen Personen steht aber der Weg in handelsrechtliche Institutionen u Rechtsfolgen offen (§§ 2, 105 II).

15 cc) Die Ausgrenzung freier Berufe (iSv Rz 13) u einiger wissenschaftlich-künstlerischer Tätigkeiten aus dem Gewerbebegriff gilt **nur** für die Erbringung der höheren Dienste selbst. Bei **Mischtätigkeit** ist zunächst zu prüfen, ob eine **Trennung** der Tätigkeiten möglich ist (Rz 24). Ansonsten ist darauf abzustellen, welche Tätigkeit dominiert. Gewerbe zu bejahen: Arzt betreibt Sanatorium (RG 109, 75 f; anders bei Arztpraxis: Nürnb NJW 73, 1414; auch bei aufwendiger apparativer Ausstattung: Düss NJW 88, 1519) oder Altersheim; Architekt betreibt Hausverwaltung, technisches Büro oder ist als Erschließungsträger tätig (BGH WM 79, 559; BB 67, 1224); Künstler geht zu Serienproduktion über (BGH 33, 335). Beim Apotheker ist die Leistungserbringung nicht höchstpersönlich; bei ihm steht die gewerbliche Tätigkeit ganz im Vordergrund, so daß Gewerbe u Kaufmannseigenschaft gegeben sind (BGH 8, 160; BVerfG 17, 239); vgl auch § 8 des Gesetzes vom 15. 10. 1980, BGBl I, S 1995 (Gründung einer OHG möglich). Auch bei Privatschule u Privatkrankenhaus dominiert idR die organisatorisch-technische Leistung (aA *Canaris* § 2 11).

16 3. **Handelsgewerbe.** Der Begriff des Handelsgewerbes iSv **I** baut auf dem **Gewerbebegriff** auf. Wann ein **Handels**gewerbe vorliegt, sagt das Gesetz in II, § 2 u § 3 II, III u § 5. § 3 I u § 1 I S 2 PartGG bringen weitreichende Einschränkungen.

17 4. **Betreiben. a) Grundsatz.** Das Merkmal des „Betreibens" schafft den Zusammenhang zwischen Handelsgeschäft u Inhaber: Kaufmann ist, in dessen Namen das Gewerbe betrieben wird, nicht dgg derjenige, der in fremdem Namen auftritt (s aber § 84). Unerheblich ist, ob der

Erster Abschnitt. Kaufleute **§ 1**

Betrieb durch den Inhaber selbst oder durch einen Vertreter geführt wird, ob der Handelnde für eigene oder fremde Rechnung tätig ist, ob er Eigentümer der Betriebsmittel ist oder nicht.

b) Einzelfälle. aa) Kaufmann ist (bei Abschluß im eigenen Namen) 18 der **Pächter** eines Betriebes (BayObLG 78, 6), der **Nießbraucher** (BayObLG 73, 171), der **Treuhänder,** der **Franchisenehmer,** auch der **Strohmann,** str. Gehört das Handelsgeschäft zum Gesamtgut einer Gütergemeinschaft (§§ 1415 ff BGB), hängt die Kaufmannseigenschaft davon ab, wer das Gesamtgut verwaltet (BayObLG 78, 7). Im Fall der rechtsgeschäftlichen oder ges Stellvertretung ist nicht der Vertreter, sondern der Vertretene Betreibender.

bb) Organe der AG, GmbH etc u **Angestellte** sind nicht selbst 19 Kaufleute (BGH NJW 93, 1126; NJW 96, 2158). Wg Geschäftskunde dieser Personen für analoge Anwendung sich auf Handelsgeschäfte beziehender Normen (zB § 350): *MKHGBESchmidt* § 1 79 ff. Dgg spricht: Geschäftskunde schadet dem Kaufmann auch bei Privatgeschäften nicht (§ 343); sa BGH WM 00, 515.

cc) In der Insolvenz bleibt der **Schuldner** Kaufmann. Der **Insol-** 20 **venzverwalter** ist es nicht (*Canaris* § 2 19; *MKHGBESchmidt* § 1 54).

dd) Bei **Testamentsvollstreckung** über einen Nachlaß, zu dem ein 21 Handelsgeschäft gehört, ergeben sich nur schwer lösbare Konflikte zwischen Erbrecht (das die Verpflichtungsmacht des Testvollstreckers auf den Nachlaß beschränkt, §§ 2206 ff BGB) u Handelsrecht (das die Führung eines einzelkaufmännischen Unternehmens mit beschränkter Haftung nicht toleriert; RG 132, 144). **Lit:** *Muscheler,* Die Haftungsordnung der Testamentsvollstreckung (1994); *Dauner-Lieb,* Unternehmen in Sondervermögen (1998), 270 ff. Eine Testvollstreckung an einem Handelsgeschäft ist nach hL unzulässig (*MKHGBLieb* § 27 23). Um dem Erblasserwillen gerecht zu werden, hat die Praxis zwei Lösungen entwickelt (krit *Hey/Emmerich* § 1 31), zwischen denen der Testvollstrecker (mangels Anordnung des Erblassers) nach pflichtgemäßem Ermessen (BGH 12, 102) wählen muß. Der Testvollstrecker kann das Geschäft als Bevollmächtigter des Erben führen (**„Vollmachtslösung";** Einwände bei *Canaris* § 9 32). Dazu muß er vom Erben Vollmacht erhalten (ggf einzuklagen gem § 2208 II BGB) u das Geschäft unter dessen Namen führen (BGH 12, 102; *StHüffer* vor § 22 75). Erbe haftet für **Alt**schulden gem § 27, für die **Neu**schulden dgg unbeschränkt; er, nicht der Testvollstrecker ist Kaufmann u daher ein das Handelsregister einzutragen. Oder der Testvollstrecker betreibt das Geschäft in eigenem Namen (mit eigener Haftung; str. ob auf Nachlaß beschränkt), aber auf Rechnung (Befreiungsanspruch gem. § 670 BGB) des Erben **(„Treuhandlösung").** Hier ist der Testvollstrecker Kaufmann u daher auch im Handelsregister einzutragen. Er kann die Übertragung des Geschäfts auf sich verlangen (BGH 24, 112). Haftung für Altschulden: § 27 I, 25 II. Für die **„Testvollstreckerlösung"** – Erbe ist Geschäftsinhaber, Kaufmann u ins Handelsregister einzutragen. Testvollstrecker wird als solcher

§ 1 Erstes Buch. Handelsstand

tätig u verpflichtet nur den Nachlaß – plädiert *Canaris* § 9 II 3 (ebenso *BauHopt* § 1 44; *Muscheler* 392 ff; für eine Übergangszeit *HeyEmmerich* § 1 31; aA hL; *Dauner-Lieb* 302 ff.).

22 ee) Auch eine Erbengemeinschaft kann Träger eines (ererbten) Unternehmens sein (BGH 92, 262), ohne daß Umwandlung in eine OHG erfolgen müßte (§ 105 Rz 8); ohne zeitliche Begrenzung. Die Miterben sind Kaufleute (*BauHopt* § 1 37; *HdHandelsGPfeiffer* § 1 97); Eintragung „in Miterbengemeinschaft".

23 ff) Die Kaufmannseigenschaft einer jP erstreckt sich nicht auf ihre Gesellschafter (BGH ZIP 97, 837). Die Gesellschafter von **Kapitalgesellschaften** (Aktionäre; GmbH-Gesellschafter) betreiben keine gewerbliche Tätigkeit (BGH NJW 96, 2158), sondern Vermögensverwaltung (auch bei Einmann-GmbH). Bei **Personengesellschaften** geht die Rspr davon aus, daß die persönlich haftenden Gesellschafter die Geschäfte der Ges „betreiben" (BGH 34, 296 f; 45, 284; str); ebenso die Liquidatoren, nicht die Kommanditisten (wg §§ 164 S 1, 170; BGH 45, 285). Rechtsgeschäfte im Namen des Gesellschafters (zB Bürgschaft für die Ges) fallen aber nicht in die Gesellschaftssphäre, § 343 (BGH BB 68, 1053; vgl auch BGH ZIP 86, 1457). Die heute anerkannte weitgehende Verselbständigung von OHG u KG hat dgg zur Konsequenz, daß die Ges u nicht die Gesellschafter das Gewerbe „betreiben" (§ 105 Rz 30; *BauHopt* § 1 50; § 105, 19, 22; *MKHGBSchmidt* § 1 54; aA *Canaris* § 2 20: „Zirkelschluß"; tendenziell *HdHandelsGPfeiffer* § 1 94 ff). Aus § 128 folgt nichts Gegenteiliges. Frage spielt keine Rolle, wenn für Ges gehandelt wird; bei Handeln in eigenem Namen wird kein Geschäft der Gesellschaft betrieben; Geschäftskunde des Gesellschafters irrelevant (aA *MKHGBSchmidt* § 1 110 ff; Rz 19). §§ 38 I, 29 II ZPO unanwendbar. Anders vom Zweck der Norm her: § 109 GVG (*BauHopt* § 105 20).

24 c) **Gegenständlicher Umfang.** Die Kaufmannseigenschaft hat Bedeutung nur für das **betriebene** Handelsgewerbe. Bei organisatorisch getrennt geführten Unternehmen (Betrieben) ist Gewerbe- u Kaufmannseigenschaft *gesondert* zu prüfen. Hinsichtlich des einzelnen Betriebs gilt: Anders als nach altem Recht ist eine Differenzierung nach verschiedenen Gewerbearten nicht mehr nötig u möglich. § 1 II ist auf Unternehmen als organisatorische Einheit zu beziehen. Ein Kaufmann kraft § 1 II ist für alle mit Bezug auf dieses Unternehmen betriebenen gewerblichen Geschäfte als Kaufmann anzusehen. Abgrenzung der Kaufmannseigenschaft: (1) Sie wirkt **nicht** für den **Privatbereich**; vgl § 344 I. (2) Werden gewerbliche u freiberufliche (bzw künstlerische) Tätigkeiten bei einheitlicher Organisation betrieben, entscheidet Schwerpunkt (Gesamtbild; BGH NJW 99, 2968). Dasselbe gilt wg § 3 I bei Zusammentreffen mit Land- u Forstwirtschaft.

25 d) **Beginn und Ende der Kaufmannseigenschaft** sind nach Art des betriebenen Handelsgewerbes unterschiedlich: Im Bereich von **II** wird der maßgebliche Zeitpunkt für den **Beginn** durch die Aufnahme

Erster Abschnitt. Kaufleute **§ 1**

des Geschäftsbetriebs (auch schon Vorbereitungsgeschäfte; BGH 10, 96) bestimmt, sofern von Anfang an ein den Anforderungen des **II** entspr Gewerbebetrieb **geplant** ist (BayObLG DB 85, 271; Rz 42). Erwerb durch Übernahme eines Unternehmens: BGH NJW 96, 3217. Bei §§ 2 u 3 liegt der Beginn bei der Eintragung im Handelsregister (wenn noch Betrieb gegeben). Die Kaufmannsstellung **endet** mit endgültiger **Einstellung** des Betriebs (einschl seiner Abwicklung; zur Insolvenz s Rz 20). Fall des § 31 II 1; bei Betriebsaufgabe ist § 5 unanwendbar; § 15 ist zu beachten. Sinkt Gewerbebetrieb auf Kleingewerbe herab, greift § 5; auf Antrag findet Löschung statt, § 2 S 3. Damit endet Kaufmannsstellung.

5. Personenkreis. Als „Betreibende" iSv **I** kommen in Frage: **26**
a) natürliche Personen. Minderjährige (§ 2 BGB) können Kaufleute sein. Beschränkt Geschäftsfähige können uU Handelsgewerbe selbst führen, §§ 112, 1629, 1673, 1793 BGB; §§ 112 I 2, 1643, 1821 BGB sind zu beachten. Ansonsten kann das Geschäft auch dadurch betrieben werden, daß der ges Vertreter im Namen des beschränkt Geschäftsfähigen handelt. Ebenso bei Geschäftsunfähigen.

b) Jur Personen des Privatrechts, zB Stiftung (§§ 80 ff BGB), Wirt- **27** schaftsverein (§ 22 BGB), Idealverein (bei § 21 BGB Nebenzweckprivileg; *RvWRöhricht* vor § 1 62). Betreibt ein nichtrechtsfähiger Verein ein kaufmännisches Gewerbe iSv **II**, ist er OHG, § 105 I (BGH 22, 244); bei kleinkaufmännischem Geschäftsbetrieb ist er BGB-Gesellschafter; der Weg in die OHG steht offen, § 105 II.

c) Formkaufleute iSv § 6 II (AG, KGaA, GmbH, eG) sind unab- **28** hängig von **I** Kaufleute kraft Gesetzes, auch wenn sie kein Handelsgewerbe betreiben. Da es bei einer Vor-GmbH oder Vor-AG an einer Eintragung fehlt, haben sie Kaufmannseigenschaft, wenn ein Gewerbe iSv **II** betrieben oder ein Handelsgeschäft eingebracht wird.

d) Personengesellschaften. Einzelheiten bei § 105 Rz 10. **29**

e) Staat, Kommunen, öffentl Unternehmen. Die Gebietskörper- **30** schaften u andere jur Personen des öffentl Rechts können für ihre geschäftliche Tätigkeit (Regie- u Eigenbetriebe, zB Wasserversorgung, Schlachthof), soweit sie nicht öffentl-rechtlich ausgestaltet ist, Kaufmannseigenschaft erwerben (BGH 48, 260). Die Verfolgung öffentl Aufgaben stört nicht, solange die Tätigkeit auf „Erzielung laufender Einnahmen" gerichtet ist (BGH 95, 158); die Rspr verlangt Gewinnerzielungsabsicht, die im Einzelfall positiv festzustellen ist (BGH 57, 199; KG NJW-RR 99, 1557; s Rz 8–10). Ist Gewinnerzielung (durch Satzung) ausgeschlossen, liegt kein Gewerbe vor (Stgt NJW-RR 99, 1558). Analoge Anwendung der §§ 343 ff (dazu Rz 38) ist aber möglich (*Canaris* § 23 9 ff; *StKoller* vor § 343 41; s a BGH NJW 64, 1223). Gleichstellung mit Kaufleuten in § 354 a, § 38 I ZPO. Zum Mischbetrieb: Rz 24.

Roth 21

§ 1 Erstes Buch. Handelsstand

31 **aa) Deutsche Bundesbahn.** Mit dem 1. 1. 1994 ist die Bundesbahn in eine AG („Deutsche Bahn AG") umgewandelt worden, § 1 I DBGrG, u daher Kaufmann kraft Gesetzes.

32 **bb) Deutsche Bundespost.** Ab dem 1. 1. 1995 sind die drei Postunternehmen als AG's organisiert; § 1 I PostUmwG.

33 **cc)** Die **Deutsche Bundesbank** ist Kaufmann.

34 **dd) Öffentl-rechtliche Versicherungsunternehmen** soll unter Hinweis auf § 151 VAG die Kaufmannseigenschaft fehlen (*HeyEmmerich* § 1 52). Dies überzeugt nicht. Der „**reine**" **VVaG,** der nur Mitglieder versichert, betreibt kein Gewerbe, wird aber gem § 16 VAG teilweise wie ein Kaufmann behandelt (davon ausgenommen sind die „kleinen" VVaG, § 53 VAG). Der „**gemische**" **VVaG** ist, soweit er Nichtmitglieder versichert, Gewerbetreibender.

35 **ee)** Soweit **Sparkassen** auch das Bankgeschäft betreiben, sind sie unstr Kaufmann (RG 116, 229). Für das Einlagengeschäft wird bei Gemeinnützigkeit Gewerbe u damit Kaufmannseigenschaft verneint (BGH BB 52, 480). Dies ist im Hinblick auf Rz 10 abzulehnen.

36 **ff)** Der **öffentl-rechtliche Rundfunk** ist bei der Programmausstrahlung nicht marktbezogen tätig (BVerfG 31, 329; BGH 57, 200). Anderes gilt für die Werbung, die auch nicht völlig hinter der Programmausstrahlung zurücktritt. Hierfür ist Kaufmannseigenschaft (**II**) zu bejahen. Geschäfte auf der Beschaffungsseite sind insges dem kaufmännischen Bereich zuzuordnen.

37 **gg)** Bei **öffentl Versorgungsunternehmen**, soweit sie nicht Formkaufleute, § 6 II, sind, hat die Praxis das Vorliegen einer Gewinnerzielungsabsicht gesondert geprüft u bei Gemeinnützigkeit Gewerbe verneint (BGH 49, 260; 53, 223); anders, wenn kaufmännische Gesichtspunkte zu wahren sind (BGH NJW 91, 2134).

38 **6. Kaufmannsähnliche Personen; Analogie. a)** Die **Rspr** hat vor dem HRefG eine Korrektur, insbes eine Erweiterung des Kaufmannsbegriffs abgelehnt (BGH 59, 182 f). Stattdessen ist sie den Weg der (vorsichtigen) Analogie einzelner Vorschriften, die auf Nichtkaufleute angewendet werden, gegangen, wenn diese in ähnlicher Weise wie ein Kaufmann am Verkehr teilnehmen u von ihnen erwartet werden kann, daß sie nach kaufmännischer Sitte verfahren (zu Handelsbräuchen s § 346 Rz 6; zum kaufmännischen Bestätigungsschreiben s § 346 Rz 24–25; vgl auch § 362 Rz 5; § 94 Rz 9; § 95 Rz 3). Dabei ist freilich das maßgebliche Kriterium „kaufmannsähnlich" **unscharf** geblieben. Für eine analoge Anwendung handelsrechtlicher Vorschriften bei beruflichem Auftreten am Markt, *Hopt* AcP 183, 669 ff; noch weitergehend *Schmidt* § 3 II 3 (aA *StKoller* vor § 343 35). Eine analoge Anwendung abgelehnt hat der BGH bei § 25 I (BGH WM 91, 1917) u § 28 (BGH 31, 400). Das HRefG steht nicht entgegen (vor § 1 Rz 13). S iü *Canaris* § 21 II. **b)** Eine **analoge Anwendung** einzelner, auf Handelsgeschäfte bezogener Normen bietet sich für Kleingewerbetrei-

Erster Abschnitt. Kaufleute § 1

bende, Freiberufler (einschl Partnerschaften) u Land- u Forstwirte für deren marktbezogene Tätigkeit (ohne die Einschränkungen der Rspr; *MKHGBSchmidt* § 1 99; aA Canaris § 23 3; kritisch ggüber Analogie *Dreher* 18) an. **Für** eine Analogie eignen sich: §§ 54, 56, 346, 354 a, 362 (aA RegBegr BR-Dr 340/97 S 30); **nicht:** §§ 5, 25, 27, 48–53, 348–350, 352, 353, 373 ff; Firmenrecht, Rechnungslegung, §§ 29 II, 38 I ZPO. Zu § 28: Rz 5, 9. **c)** Zu einer Anwendung handelsrechtlicher Vorschriften auf Nichtkaufleute führen auch die Rechtsscheingrundsätze **(Scheinkaufmann);** dazu § 15 Rz 36 ff.

II. „Istkaufmann", II

1. Grundsatz. II bestimmt (neben §§ 2, 3 u 5), welche Gewerbe als Handelsgewerbe iSv **I** anzusehen sind. Anders als bei §§ 2, 3 u 5 ist derjenige, der ein Gewerbe betreibt, **kraft Gesetzes** Kaufmann ("Istkaufmann"), ohne daß es auf eine Eintragung im Handelsregister ankommt (diese hat nur **deklaratorische** Bedeutung). Anders als nach altem Recht entscheidet über den „Istkaufmann" nicht mehr der Gewerbezweig, in dem dieser tätig ist, sondern die Erforderlichkeit kaufmännischer Einrichtungen, die damit zu einem **konstitutiven Unterscheidungsmerkmal** zwischen kaufmännischer u nichtkaufmännischer Tätigkeit geworden ist. Die zu §§ 2, 4 I aF entwickelten Kriterien u Grundsätze können übernommen werden (Rz 42–45). **II** statuiert eine (widerlegbare) **Vermutung** (*Dreher* 7; *Treber* AcP 199, 533), daß Gewerbebetrieb Handelsgewerbe ist. Darlegungs- u Beweislast für fehlende Erforderlichkeit kaufmännischer Einrichtungen liegt bei demjenigen, der fehlende Kaufmannseigenschaft behaupten will (Rz 46). **Kleingewerbetreibenden,** die nicht unter **II** fallen, eröffnet § 2 den Weg in die Kaufmannsstellung (u § 105 II in die OHG u KG). Die **Land- und Forstwirtschaft** ist über § 3 I von der Anwendung des **II** ausgenommen (str; § 3 Rz 1). Zu Beginn u Ende der Kaufmannsstellung, s Rz 25.

2. Voraussetzungen. Die Kaufmannseigenschaft hängt allein von Voraussetzungen materieller Art ab: Gewerbebetrieb; Erforderlichkeit kaufmännischer Einrichtungen.

a) Gewerbliches Unternehmen. Es muß ein **Gewerbe** iSd zu § 1 I entwickelten Kriterien betrieben werden (s § 1 Rz 3–11). Der Begriff des **Unternehmens** hat keine festen Konturen (*Schmidt* § 4 I 2; s vor § 1 Rz 11). Unternehmen ist die wirtschaftliche Organisation, mittels derer der Träger am Markt tätig wird. Jeder Gewerbebetrieb ist Handelsgewerbe, es sei denn kaufmännische Einrichtungen sind nicht erforderlich.

b) Erforderlichkeit kaufmännischer Einrichtungen. aa) Entscheidend ist nicht, ob kaufmännische Einrichtungen vorhanden, sondern nur, ob sie (nicht) **erforderl** sind (BGH BB 60, 917; WM 60, 935). Das Vorhandensein kann allerdings als Indiz für die Erforderlich-

§ 1 Erstes Buch. Handelsstand

keit herangezogen werden. Bei Unternehmensgründung entscheidet der **geplante Zuschnitt** (Rz 25). Um Rechtssicherheit zu erreichen, sollte primär auf die Erforderlichkeit kaufmännischer Buchführung abgestellt werden (*Canaris* § 3 9; weitergehend *StKoller* vor § 343 8: ausschließlich).

43 bb) Zu **kaufmännischen Einrichtungen** des Geschäftsbetriebs zählen: Buchführung, Finanzierung u Inventarisierung, Aufbewahrung der Korrespondenz, Firmenführung, kaufmännische Vertretung, Beschäftigung kaufmännisch vorgebildeten Personals, Lohnbuchhaltung.

44 cc) Daß solche Einrichtungen erforderl sind, muß sich aus **Art** und (nicht: oder) **Umfang** des Gewerbes ergeben (s *Kögel* DB 98, 1804 f), daß sie **nicht** erforderlich sind **(Wortlaut des II)**, aus Art oder Umfang des Gewerbes. aaa) **Qualitative** Kriterien: Organisation des Unternehmens, insbes Größe der Geschäftslokale, Zahl der Betriebsstätten, Zahl u Funktion der Beschäftigten (Ffm BB 83, 335); Inanspruchnahme von Kredit; Art der gewerblichen Tätigkeit (Produktpalette; lokaler Radius); Vielfalt u Internationalität der Geschäftsbeziehungen; Teilnahme am Wechselverkehr. bbb) **Quantitative** Kriterien: Umfang der Geschäftstätigkeit, insbes Zahl u Art der Geschäftsabschlüsse, Umsatz (BGH BB 60, 917; Celle NJW 63, 540: hoher Umsatz steht Kleingewerbe nicht notwendig entgegen; Kapitaleinsatz; Umfang der Werbung u Lagerhaltung. Das Gewicht von Umsatzgrößen (u ihre Bestimmung) ist str (einerseits *Krebs* DB 96, 2018; *Kögel* DB 98, 1805; *RvWRöhricht* Einl 131; andererseits *Canaris* § 3 9; *Treber* AcP 199, 566). ccc) Die **Erforderlichkeit** bezieht sich auf **Art und Umfang** des Gewerbes, wobei das Gesamtbild entscheidet. Erforderlichkeit entfällt bei Erfüllung nur eines der beiden Kriterien. Iü kommt es auf eine Gesamtwürdigung der Verhältnisse des konkreten Betriebes an (BGH WM 66, 195; Ffm BB 83, 335). Je **vielgestaltiger** die Geschäftstätigkeit, desto eher ist Erforderlichkeit anzunehmen; anders bei einfach strukturierten Betrieben (zB Ein-Mann-Galerie) trotz hoher Umsätze (sa Celle NJW 63, 540).

45 dd) **Beispiele** (wN bei *HeyEmmerich* § 2 14–15; *RvWRöhricht* § 4 7–8): Erforderlichkeit kaufmännischer Einrichtungen **bejaht** für Optikermeister (Umsatz DM 170 000,–; 2000 Kunden; kompliziertes Abrechnungsverfahren; Hamm OLG 69, 131); Steinbruch (Umsatz DM 512 000,–; Eigenkapital DM 250 000,–; 20 Arbeitnehmer; Hann BB 69, Beil 10, 4); große Diskothek (hoher Umsatz; BGH NJW 82, 577); Erforderlichkeit **verneint**: Bundeswehrkantine (Celle NJW 63, 540); Grundstücksverwaltung (Umsatz DM 110 000,–; Verwaltung von 17 Verträgen; Ffm BB 83, 335). Zu beachten ist, daß Judikatur als jüngerer Zeit fehlt, die Bsp daher nur bedingt aussagekräftig sind. Die Umsätze aus früherer Rspr sind auf heutige Verhältnisse anzupassen.

46 **3. Konsequenzen. a)** Sind die materiellen Voraussetzungen von **II** erfüllt, ist der Gewerbetreibende Kaufmann **ex lege.** Daran knüpft sich die **Pflicht**, die (**deklaratorisch** wirkende) Eintragung der Firma in

Erster Abschnitt. Kaufleute § 2

das Handelsregister herbeizuführen, §§ 29, 33, 106 I. Zwangsgeld: § 14, §§ 132 ff FGG. **b)** Wer die Vermutung des **II** widerlegen will, trägt die Darlegungs- u **Beweislast** für die fehlende Erforderlichkeit kaufmännischer Einrichtungen (*MKHGBESchmidt* § 1 64). Die Vermutung des **II** wirkt auch zugunsten des (Klein-)Gewerbetreibenden (BR-Dr 340/97 S 48; *BauHopt* § 1 25; *Hübner* § 1 6; str). Der Geschäftspartner wird auf § 15 I verwiesen (s § 15 Rz 5); er erhält Kenntnis iSv § 15 I, wenn Kaufmann „e. K." etc (§ 19 I Nr 1) in Geschäftsbriefen (§ 37 a I) etc verwendet. Die Beweislastregel findet im Registerverfahren modifizierte Anwendung. Wg Amtsermittlungsgrundsatz, § 12 FGG, keine Darlegungslast; für materielle Beweislast gilt die Vermutung des **II** (*MKHGBESchmidt* § 1 64). Zu § 2 S 3 (Löschungsantrag) u §§ 14, 29 (Erzwingung einer Anmeldung) ie *von Olshausen* RPfl 01, 55 f. **c)** Fehlt es am Erfordernis kaufmännischer Organisation, wird Gewerbetreibender auf seinen Antrag (sonst § 5) aber eingetragen, liegt ein Fall des § 2 vor. Entfällt das Erfordernis kaufmännischer Organisation ohne Eintragung, verliert Gewerbetreibender die Kaufmannsstellung ex lege; bei Eintragung: § 5 (str; aA: Fall des § 2 S 1). Soll gelöscht werden: § 2 S 2.

§ 2 [Kannkaufmann]

¹**Ein gewerbliches Unternehmen, dessen Gewerbebetrieb nicht schon nach § 1 Abs. 2 Handelsgewerbe ist, gilt als Handelsgewerbe im Sinne dieses Gesetzbuchs, wenn die Firma des Unternehmens in das Handelsregister eingetragen ist.** ²**Der Unternehmer ist berechtigt, aber nicht verpflichtet, die Eintragung nach den für die Eintragung kaufmännischer Firmen geltenden Vorschriften herbeizuführen.** ³**Ist die Eintragung erfolgt, so findet eine Löschung der Firma auch auf Antrag des Unternehmers statt, sofern nicht die Voraussetzung des § 1 Abs. 2 eingetreten ist.**

1. Reform. Anders als nach altem Recht (§ 1 Rz 2 u § 4 Rz 1) sind 1 Kleingewerbetreibende ohne Unterschied Nichtkaufleute; ihnen steht aber aufgrund entspr Wahl der Weg in das Handelsregister offen („Kannkaufmann"). Mit Eintragung unterliegen sie ohne jede Einschränkung dem Handelsrecht gleich den Kaufleuten gem § 1 II (Rechnungslegung; Firmenrecht etc). Mit § 2 korrespondiert § 105 II, wonach PersGes, die ein Kleingewerbe betreiben, als Rechtsform auch die OHG oder KG (§ 161 II) wählen können.

2. Anwendungsbereich, S 1. a) Unter § 2 fallen nur Personen, die 2 ein **Gewerbe** (§ 1 Rz 3 ff) betreiben u nicht Kaufmann ex lege („Istkaufmann"), § 1 II, sind. Das bedeutet, daß es sich um Kleingewerbetreibende handeln muß, für deren Betrieb eine kaufmännische Organisation (§ 1 Rz 43) nicht erforderl (§ 1 Rz 44) ist. Erfaßt werden auch **Kleinst**gewerbe ohne jede Größenanforderung. Ausgeschlossen sind freiberuflich tätige Personen sowie land- u forstwirtschaftlich Tätige (str; § 3 Rz 1). **b)** Zu den in a) genannten Anforderungen kommt keine weitere materielle Voraussetzung (aA *Canaris* § 3 24: Existenz eines „Unternehmens"), sondern nur die beantragte (s Rz 3), hier **konstitutiv** wirkende Eintragung im Handelsregister hinzu, um die Kaufmannsstellung entstehen zu lassen.

3 **3. Kannkaufmann, S 2. a)** S 2 schafft für Gewerbetreibende iSv Rz 2 die Möglichkeit (nicht: Verpflichtung) einer Eintragung in das Handelsregister. Der Gewerbetreibende hat ein (voraussetzungsloses) **Wahlrecht,** dessen Ausübung durch **Antrag** auf Eintragung (wie bei § 3 II) nicht nur verfahrensrechtliche Voraussetzung für die Eintragung, sondern zugleich **materielles Tatbestandsmerkmal** bei § 2 ist (*RvWRöhricht* § 3 20; *Canaris* § 3 19). **b)** Die im Antrag liegende Ausübung des Wahlrechts ist **Willenserklärung** (*BauHopt* § 2 3; *Lieb* NJW 99, 36; aA *Schmidt* ZHR 163, 92: reine Verfahrenshandlung; *Treber* AcP 199, 583). Diese liegt nicht ohne weiteres in Anmeldung zur Erfüllung der Pflicht aus §§ 29, 1 II (eingehend *Canaris* § 3 21–22). Auslegung aus Sicht des Registergerichts (BayObLG BB 00, 1316); dieses hat bei Zweifeln nachzufragen (*BauHopt* § 2 7). Fehlt es an einem Antrag oder ist Willenserklärung nichtig, wird aber eingetragen: Erwerb der Kaufmannseigenschaft nicht nach § 2 (obwohl der Wortlaut („gilt") dies zuließe; s auch *GH Roth* § 4 5 c), sondern § 5 (§ 5 Rz 1). Bis zur Eintragung ist Antrag frei widerrufbar; nicht anfechtbar (§ 12 Rz 2). **c)** Will das Registergericht die Firma löschen, weil die Voraussetzungen des § 1 II entfallen sind, kann der Kaufmann der Löschung **widersprechen;** der Widerspruch ist Ausübung des Wahlrechts nach **S 2** (Willenserklärung). Von der Löschung ist dann Abstand zu nehmen (*BauHopt* § 2 6).

4 **4. Rechtsfolgen. a)** Mit **Eintragung** (nicht erst: Bekanntmachung; fehlt sie: § 15 I) erwirbt der Gewerbetreibende die Kaufmannsstellung, **S 1** iVm § 1 I. Der Gewerbetreibende unterliegt (wie der Kaufmann ex lege, § 1 II) uneingeschränkt dem Handelsrecht (zur Möglichkeit des Rückzugs s Rz 5). **b) S 1** („gilt"; übernommen aus § 2 aF, dort hatte Wortwahl historische Gründe) ist keine Fiktion. Mit wirksamem Antrag u Eintragung liegt Handelsgewerbe vor. Bei fehlendem oder nichtigem Antrag gilt § 5. **c)** Ist der Gewerbetreibende als Kaufmann eingetragen, die Eintragung aber noch **nicht bekanntgemacht,** kann sich Dritter nach § 15 I analog auf fehlende Kenntnis von der Kaufmannsstellung berufen (§ 15 Rz 5–6; *BauHopt* § 15 5; *vOlshausen* ZHR 141, 101 f – jeweils zu § 3 II; vgl auch RegBegr BR-Dr 3440/97 S 48); dies hat Bedeutung etwa bei §§ 352, 353, 377.

5 **5. Löschung, S 3. a)** Eine Löschung der Eintragung ist zu beantragen (§ 31 II) bzw vAw vorzunehmen, wenn der Betrieb eingestellt oder das Gewerbe aufgegeben wird. **b)** Gem **S 3** kann der Kaufmann die Löschung der Firma beantragen (Willenserklärung als actus contrarius, *BauHopt* § 2 9), wenn nicht die Voraussetzungen des § 1 II erfüllt, er ein Istkaufmann (geworden) ist. Löschung führt (auch ohne

Erster Abschnitt. Kaufleute **§ 3**

Antrag) zum Verlust der Kaufmannseigenschaft. Bei fehlender Bekanntmachung der Löschung schützt § 15 I (*Canaris* § 3 25).

§ 3 [Land- und Forstwirtschaft; Kannkaufmann]

(1) Auf den Betrieb der Land- und Forstwirtschaft finden die Vorschriften des § 1 keine Anwendung.

(2) Für ein land- oder forstwirtschaftliches Unternehmen, das nach Art und Umfang einen in kaufmännischer Weise eingerichteten Geschäftsbetrieb erfordert, gilt § 2 mit der Maßgabe, daß nach Eintragung in das Handelsregister eine Löschung der Firma nur nach den allgemeinen Vorschriften stattfindet, welche für die Löschung kaufmännischer Firmen gelten.

(3) Ist mit dem Betrieb der Land- oder Forstwirtschaft ein Unternehmen verbunden, das nur ein Nebengewerbe des land- oder forstwirtschaftlichen Unternehmens darstellt, so finden auf das im Nebengewerbe betriebene Unternehmen die Vorschriften der Absätze 1 und 2 entsprechende Anwendung.

Lit: *v Olshausen*, Die Kaufmannseigenschaft der Land- und Forstwirte, ZHR 141, 93.

1. Allgemeines. § 3 I privilegiert die Land- u Forstwirtschaft: Da 1 beides Gewerbe im handelsrechtlichen Sinne sind (§ 1 Rz 3 ff; *HdHandelsGPfeiffer* § 1 127; anders BR-Dr 340/97 S 33), wäre an sich § 1 II anwendbar. **I** nimmt die Land- u Forstwirtschaft von § 1 II aus (kein Kaufmann ex lege). **II** verweist auf § 2 u damit auf die Möglichkeit, durch Eintragung in das Handelsregister die Kaufmannseigenschaft zu erwerben (**"Kannkaufmann"**), eröffnet dieses **Wahlrecht** abw von § 2 S 1 aber nur für solche Unternehmen, die (wie bei § 1 II) eine **kaufmännische Organisation** erfordern (also nicht für Kleinland- u -forstwirte). Unabhängig von **II** kann § 2 nicht angewendet werden, da der Gesetzgeber den bisherigen Rechtszustand nicht ändern wollte (s BR-Dr 340/97 S 33, 34, 49; *Oetker* 2 E; kritisch dazu *vOlshausen* RPfl 01, 53 f; aA hL; *Canaris* § 3 36 mit Verweis auf Gleichheitssatz). Bei Eintragung spielt Abgrenzung der Land- u Forstwirtschaft (Rz 2) zu § 1 II solange keine Rolle, wie eine kaufmännische Organisation erforderl ist (aA *Schmidt* NJW 98, 2163); fehlt es daran, kann Eintragung nur für Kleingewerbetreibende, die nicht Land- oder Forstwirte sind, erfolgen. Soweit **I** auch § 1 I ausschließt, handelt es sich um ein **Versehen** des Gesetzgebers, da über **II** ein Handelsgewerbe betrieben werden kann (*Canaris* § 3 30; *MKHGBESchmidt* § 3 4).

2. Begriffe. a) Landwirtschaft umfaßt die Gewinnung pflanzlicher 2 u tierischer Rohstoffe durch Landbau sowie deren Weiterverarbeitung. Entscheidend ist eigene Bodennutzung; nicht notwendig, daß es sich um eigenen Grund handelt. Zur Landwirtschaft zählen Anbau von Feldfrüchten, Obst, Gemüse u Wein, auch Baumschulen u Gärtnereien (Düss NJW-RR 93, 1126; *RvWRöhricht* § 3 7), soweit sie (vorwiegend)

§ 3 Erstes Buch. Handelsstand

selbstgezogene Früchte verkaufen; auch bei Anbau in Gewächshäusern u Behältern (BGH NJW 97, 665 zu § 1 HöfeO). Ebenso die Weiterverarbeitung selbstgewonnener Rohstoffe wie Imkerei u Viehzucht (mit eigenem Futter; geringfügiger Zukauf schadet nicht); bei organisatorischer Verselbständigung: **III. Keine** Landwirtschaft sind: Weiterverarbeitung angekaufter Produkte, zB Großmolkerei; Tiermästerei (gekauftes Futter); Vogelzucht; Geflügelfarmen; Fischwirtschaft u -zucht; Gewinnung anorganischer Bodenbestandteile (Kies, Sand; sog Urproduktion); ggf Nebengewerbe iSv **III. b) Forstwirtschaft** umfaßt die Gewinnung von Waldprodukten durch planmäßiges Auf- u Abforsten u deren Verwertung. **c) Gemischte Betriebe:** § 1 Rz 24.

3   **3. Hauptbetrieb.** Unter den Voraussetzungen des **II** – Erforderlichkeit einer kaufmännischen Organisation (§ 1 Rz 42–45) – sind Land- u Forstwirte wie bei § 2 **berechtigt** (aber nicht verpflichtet), eine Eintragung ins Handelsregister zu bewirken, **II S 2 (Wahlrecht;** Antrag ist Willenserklärung; dazu § 2 Rz 3; aA auch hier *MKHGBESchmidt* § 3 13). Mit Eintragung wird der Land- bzw Forstwirt Kaufmann, sein Gewerbe ist **Handelsgewerbe** iSv § 1 I); ein freiwilliger Rückzug aus der Kaufmannsstellung ist versperrt.

4   **4. Nebenbetrieb. a) Zweck.** § 3 III erstreckt die in § 3 I liegende Privilegierung auf Nebenbetriebe: Der Land- bzw Forstwirt soll für einen Nebenbetrieb, der unter § 1 II fällt, nicht schon kraft Gesetzes Kaufmann sein. Vom Zweck des Privilegs her ist eine **Abhängigkeit** des Nebenbetriebs vom Hauptbetrieb vonnöten.

5   **b) Begriff. aa)** Ein Nebenbetrieb setzt eine organisatorische u sachliche **Selbständigkeit** ggüber dem land- bzw forstwirtschaftlichen Hauptbetrieb voraus (sonst § 3 I; s § 1 Rz 24). Dies ist nur bei **gesonderter Betriebsstätte** (mit eigenem Personal) erfüllt, nicht bei bloßen Hilfsbetrieben für den Hauptbetrieb (etwa einer Verkaufsstelle); dort gilt § 3 I, II. **bb)** Der Betrieb muß vom land- bzw. forstwirtschaftlichen Hauptbetrieb in der Weise **abhängig** sein, daß eine Verwertung der Produkte des Hauptbetriebes (überwiegender Drittbezug schadet) stattfindet oder der Hauptbetrieb gefördert wird. Unerheblich sind die Größenverhältnisse von Haupt- u Nebenbetrieb. Höherer Umsatz beim Nebenbetrieb schadet nicht. Bsp: Brauerei (BGH WM 66, 195); Geflügelzucht; Sägewerk. **cc)** Ein Nebenbetrieb liegt nur vor, wenn der **Inhaber** des Neben- u Hauptbetriebs **identisch** ist.

6   **c) Inhalt.** § 3 III bestimmt, daß über § 3 I für den Nebenbetrieb § 1 II **unangewendet** bleibt, aber über § 3 II eine Eintragungsmöglichkeit eröffnet wird. Dabei gilt das Wahlrecht **gesondert** sowohl für den Haupt- wie für den Nebenbetrieb. Für beide ist das Erfordernis kaufmännischer Organisation **gesondert** festzustellen.

7   **5. Konsequenzen.** Mit **Eintragung** (nicht: Bekanntmachung; für den Zwischenraum gilt evtl § 15 I analog zugunsten Dritter) wird der Land- bzw Forstwirt für den Haupt- oder/u Nebenbetrieb (zur

Erster Abschnitt. Kaufleute §§ 4, 5

Wahlmöglichkeit Rz 6) Kaufmann. Das **Wahlrecht** (Rz 3) **erlischt.** Der Verbrauch des Wahlrechts gilt auch für die Rechtsnachfolge, wenn der neue Inhaber die Firma fortführt (hL). Für die **Löschung** der Firma gelten die allgemeinen Grundsätze; dh eine Löschung der Firma ist vorzunehmen bei Aufgabe des Gewerbebetriebs, § 31, oder wenn Betrieb zu einem Kleingewerbe herabsinkt (hier entfällt die Voraussetzung des Wahlrechts nach **II**).

§ 4 [Minderkaufmann] *(aufgehoben)*

§ 5 [Kaufmann kraft Eintragung]

Ist eine Firma im Handelsregister eingetragen, so kann gegenüber demjenigen, welcher sich auf die Eintragung beruft, nicht geltend gemacht werden, daß das unter der Firma betriebene Gewerbe kein Handelsgewerbe sei.

1. Allgemeines. a) Funktion. aa) § 5 will die mit dem Kriterium 1
der Erforderlichkeit kaufmännischer Einrichtungen verbundenen Unsicherheiten für den Rechtsverkehr, aber auch für den Gewerbetreibenden selbst (nicht aber für den Registerrichter) beseitigen (BGH 32, 313): Die Eintragung schafft Klarheit, daß das Gewerbe als **Handelsgewerbe** betrieben wird. Es wird damit außer Streit gestellt, ob kaufmännische Einrichtungen (nicht) erforderl sind. Mit der Abschaffung des Minderkaufmanns (4 I aF) u der Einführung des Kannkaufmanns (§ 2) hat § 5 einen Funktionsverlust erlitten, ist damit aber **nicht bedeutungslos** (*BauHopt* § 5 2; aA *Bydlinski* ZIP 98, 1172; *Schmidt* NJW 98, 2164). § 5 greift ein bei irrtümlicher Anmeldung iSv § 29, 1 II (*Canaris* § 3 49; aA *MKHGBESchmidt* § 2 10), oder wenn nach Eintragung ein Gewerbebetrieb gem § 1 II zu einem Kleingewerbe herabsinkt (*Oetker* § 2 D; *Lieb* NJW 99, 36): Da die Anmeldung gem §§ 29 I, 1 II nicht zugleich die für den Antrag nach § 2 S 1 u 2 erforderl Willenserklärung (§ 2 Rz 3) enthält (dabei Auslegung aus der Sicht des Registergerichts geboten: BayObLG BB 00, 1316), sind die Voraussetzungen für eine Kaufmannsstellung kraft § 2 (trotz des insoweit weitergreifenden Wortlauts von S 1) nicht (mehr) erfüllt. Bei Absinken zum Kleingewerbe kann im Unterlassen der Stellung eines Löschungsantrags gem § 2 S 3 nicht der erforderliche Antrag gem § 2 S 2 gesehen werden (*MKHGBELieb* § 5 4; aA *Schmidt* ZHR 163, 93 ff). Der Kaufmann ist Fiktivkaufmann nach § 5. Dasselbe gilt im Falle des § 3 II, wenn die tatbestandlichen Voraussetzungen für die Eintragung (Erforderlichkeit kaufmännischer Organisation) nicht (mehr) gegeben sind.
bb) Normzweck ist Verkehrsschutz u Rechtssicherheit (BGH NJW 82, 45). Diese Zwecke rechtfertigen es, § 5 auch in Fällen fehlender (Rz 6, 7) oder nichtiger Anmeldung nach § 2 (dessen Wortlaut in S 1 zu weit greift; § 2 Rz 4) u § 3 II anzuwenden (*vOlshausen* ZHR 141, 107 f; *StBrüggemann* § 3 22; § 5 89).

§ 5 Erstes Buch. Handelsstand

2 **b) Systematik.** § 5 ist keine Rechtsscheinvorschrift (BGH NJW 82, 45). § 5 hat mit der Lehre vom Scheinkaufmann nichts zu tun (hL; insoweit irreführend BGH 32, 307 2. LS). ZT wird davon ausgegangen, daß der Eingetragene bei Erfüllung der Voraussetzungen des § 5 Kaufmann im Rechtssinne ist, allerdings ohne das Recht, es zu bleiben (*Schmidt* JuS 77, 212). Vorzugswürdig ist es, von einer Fiktion (*Canaris* § 3 52; *BauHopt* § 5 1) auszugehen (**„Fiktivkaufmann"**), weil die **Wirkungen** des § 5 **beschränkt** sind u sich nicht auf die Buchführungspflichten der §§ 238 ff (Celle NJW 68, 2119) u das Strafrecht (§§ 283 ff StGB) erstrecken. IE ist der Streit ohne praktische Relevanz. Das Registergericht ist an die Eintragung nicht gebunden, § 142 FGG.

3 **2. Voraussetzungen. a) Gewerbebetrieb.** Es muß ein **Gewerbe** im handelsrechtlichen Sinne (s § 1 Rz 3 f; auch Land- u Forstwirtschaft: § 3 Rz 1) **betrieben** (s § 1 Rz 17 f) werden: Unternehmen (nach hL auch freiberufliche Tätigkeit; dazu § 1 Rz 9, 12 f) reicht nicht (BGH 32, 313; *Canaris* § 3 56); s aber Rz 9. Nach Betriebseinstellung wird § 5 unanwendbar.

4 **b) Eintragung.** § 5 verlangt **nur Eintragung** der Firma (des Gewerbetreibenden; der OHG, KG) in das Handelsregister, **nicht** auch Bekanntmachung iSv § 10 (s Rz 10).

5 **c) Identität.** Da nur der das Gewerbe Betreibende über § 5 zum Kaufmann wird, setzt dies Identität von Eingetragenem u Gewerbetreibendem voraus (Düss NJW-RR 95, 93; *MKHGBLieb* § 5 10); bei fehlender Identität: § 15 III.

6 **d) Keine weiteren Voraussetzungen. aa)** Ob die eingetragene Firma **zulässig** ist u worauf die Eintragung beruht, spielt keine Rolle. Letzteres gilt auch für den Fall einer Eintragung **ohne Antrag** iSv § 2 bzw § 3 II (*vOlshausen* ZHR 141, 109; *RvWRöhricht* § 5 2; *Canaris* § 3 2); § 3 II 2 ist allerdings unanwendbar. **bb)** Auf die Gut- oder Bösgläubigkeit der Beteiligten kommt es nicht an (BGH NJW 82, 45); ebensowenig auf Kausalität der Eintragung (da § 5 auch zugunsten des Eingetragenen wirkt). **cc)** Entgegen dem (mißglückten) Wortlaut ist die Norm vAw anzuwenden (aA *Oetker* § 2 F). Die Parteien können ihre Unbeachtlichkeit vereinbaren (*MKHGBLieb* § 5 2).

7 **3. Rechtsfolgen. a) Allgemeines.** Der eingetragene Gewerbetreibende gilt als Kaufmann bzw als HandelsGes (§ 6 I). **aa)** § 5 schließt die Einwendung aus, die materiellen Voraussetzungen der Eintragung gem § 1 II lägen nicht (mehr) vor; ein Antrag gem §§ 2 S 2, 3 II, III, 105 II 2 sei nicht gestellt worden. **bb)** Aus dem in Rz 3–6 Gesagten folgt, daß § 5 folgende Einwendungen zuläßt: Es liege kein Gewerbe vor bzw ein solches werde nicht mehr betrieben (BAG ZIP 87, 1447); Eingetragener u Gewerbetreibender seien nicht identisch; die Ges bestehe nicht (mehr).

8 **b) Wirksamkeitsgrenzen. aa) Subjektiv.** § 5 wirkt für u gg jedermann, also anders als bloße Verkehrsschutznormen **auch zugunsten**

Erster Abschnitt. Kaufleute § 6

des Eingetragenen; ebenso zwischen Gesellschaftern (BGH NJW 82, 45), auch zugunsten von Bösgläubigen (Grenze: §§ 242, 138 BGB; Rechtsmißbrauch); gilt auch für Minderjährige u Geschäftsunfähige (str; fehlende Einwilligung des gesetzl Vertreters wird nicht überbrückt).
bb) Objektiv. § 5 gilt nur für das Privat- u Prozeßrecht, nicht im Verwaltungs-, Steuer- u Strafrecht. Eine Fiktiv-OHG kann unter ihrer Firma verklagt werden, §§ 5, 124 I; Zwangsvollstreckung in das Gesellschaftsvermögen ist möglich, § 124 II. Nach hL gilt § 5 für Ansprüche aus Delikt u ungerechtfertigter Bereicherung nur, wenn sie mit dem **Geschäftsverkehr** zusammenhängen (*Canaris* § 3 58). Da § 5 Rechtssicherheit u nicht Vertrauensschutz realisieren will, ist die Einschränkung auf den Geschäftsverkehr abzulehnen (*GKNickel* § 1 8; *Schmidt* § 10 III 3 b).

4. Analoge Anwendung. Entgegen dem eindeutigen Wortlaut **9** kommt eine korrigierende Auslegung des § 5 („Unternehmen" statt „Gewerbe"; *Schmidt* § 10 III 2) nicht (Rz 3), uU aber eine analoge Anwendung in Frage (dazu *MKHGBLieb* § 4 f). Nachdem das HRefG für Vermögensverwaltung den Weg in die OHG/KG geöffnet hat, § 105 II, geht es jetzt va um freiberuflich Tätige. Die primäre Zielrichtung von § 5, das Erfordernis kaufmännischer Organisation außer Streit zu stellen (Rz 1), eignet sich kaum als Analogiebasis; eher: Verkehrsschutz wg der Unsicherheiten der Grenzziehung u möglichen Überschneidungen von freiberuflicher u gewerblicher Tätigkeit (§ 1 II PartGG; Mischtätigkeiten; s § 1 Rz 13, 14; *MKHGBLieb* § 5 4). Angesichts der klaren Aussage von § 5 ist aber ein Schutz des Rechtsverkehrs über § 15 I, III bzw die allg Rechtsscheingrundsätze zu bevorzugen.

5. Rechtsscheinschutz. § 5 hat **zugunsten** Dritter Vorrang vor **10** § 15 I, III u allg Rechtsscheingrundsätzen (*Schmidt* § 10 III 5). Fehlt Bekanntmachung, kann sich Dritter **gg § 5** auf § 15 I analog berufen, daß Gewerbetreibender kein Kaufmann sei (obwohl keine „einzutragende" Tatsache, darf Dritter nicht schlechter stehen als bei §§ 1 II, 2, 3 II; 15 Rz 5–6).

§ 6 [Handelsgesellschaften; Formkaufmann]

(1) **Die in betreff der Kaufleute gegebenen Vorschriften finden auch auf die Handelsgesellschaften Anwendung.**

(2) **Die Rechte und Pflichten eines Vereins, dem das Gesetz ohne Rücksicht auf den Gegenstand des Unternehmens die Eigenschaft eines Kaufmanns beilegt, bleiben unberührt, auch wenn die Voraussetzungen des § 1 Abs. 2 nicht vorliegen.**

1. Allgemeines. § 6 hat eine teils **klarstellende** (soweit sie die **1** OHG u KG erfaßt) u eine teils darüber **hinausreichende** Funktion, soweit sie Ges, die kein Handelsgewerbe betreiben, auf eine Stufe mit dem Kaufmann kraft Handelsgewerbe (§ 1 I) stellt **(„Kaufmann kraft Rechtsform")**.

§ 6   Erstes Buch. Handelsstand

2   **2. Handelsgesellschaften als Kaufleute, I. a) Begriff:** Alle Ges, die als solche in das Handelsregister eingetragen werden. Dazu gehören AG (§ 3 AktG), KGaA (§§ 278 III, 3 AktG), GmbH (§ 13 III GmbHG), OHG, KG u EWIV. Auch ausl KapitalGes (Düss NJW-RR 95, 1184). **Nicht:** Genossenschaft (vgl aber § 17 II GenG), stille Ges, GbR, Partnerschaft, VVaG, Verein, Stiftung, öffentl-rechtl Körperschaften, Anstalten (evtl. Kaufmann gem §§ 1 II ff).

3   **b) Personenhandelsgesellschaften.** OHG u KG setzten bisher voraus, daß ein Handelsgewerbe betrieben wird (§§ 105 I, 123 I, 161 I iVm § 1 II). Das HRefG eröffnet nun für bloße vermögensverwaltende wie auch für kleingewerbliche Ges den Weg zur OHG/KG (§ 105 II). Ohne § 6 I wäre § 1 I anzuwenden; § 6 I stellt klar, daß die Ges **selbst** Kaufmannseigenschaft besitzen. Die EWIV (EG-ABl 1985 L 199/1; EWIV-AusführungsG, BGBl 1988 I S 514) ist – subsidiär – kraft Gesetzes OHG-Recht unterworfen, ohne daß ein Handelsgewerbe betrieben würde. Sie ist kraft Gesetzes HandelsGes u Kaufmann kraft Rechtsform.

4   **c) Kapitalgesellschaften.** S unten Rz 6. Die **Vor-Gesellschaften** (Vor-GmbH, Vor-AG) sind (mangels Eintragung) Kaufmann nur dann, wenn sie ein Gewerbe in dem von § 1 II bezeichneten Umfang betreiben (aA die hL); dabei ist auf den zukünftigen Zuschnitt der Ges abzustellen. Bei Rechtsnachfolge in das Unternehmen eines Formkaufmanns durch einen Nichtformkaufmann ist die Kaufmannseigenschaft nach § 1 I bzw §§ 105, 161 zu beurteilen (BGH 59, 183; § 105 Rz 10).

5   **d) Auswirkungen.** Aus § 6 I folgt, daß für Kaufleute kraft Rechtsform, die **kein Gewerbe** betreiben, im Hinblick auf Vorschriften, die auf einen Gewerbebetrieb abheben (§ 196 II, I Nr 1 BGB), das Merkmal des Gewerbebetriebs **zu fingieren** ist (BGH 49, 263; 66, 50); auch bei Rechtsanwalts- u PatentanwaltsGes mbH, § 59 c BRAO, § 57 c PatAnwO (trotz § 1 Rz 12 ff). Ges, die nicht unter § 6 I fallen, können trotzdem dem Handelsrecht unterliegen, wenn sie als Kaufmann kraft Handelsgewerbe (§ 1 I) anzusehen sind: dazu zählen Vor-GmbH, Vor-AG, Verein, Stiftung, öffentl-rechtl Körperschaften, Anstalten. Für den VVaG enthält § 16 VAG eine Sonderregelung.

6   **3. Formkaufmann, II. a)** § 6 II bezieht sich auf solche Ges („Vereine"), denen kraft Gesetzes Kaufmannseigenschaft ohne Rücksicht auf den Gegenstand des Unternehmens zukommt: § 17 II GenG (eingetragene Genossenschaft), § 3 I AktG (AG), 278 III, 3 (KGaA), 13 III GmbHG (GmbH). Für andere jur Personen gelten die §§ 1–3 (s auch §§ 33–35). Kein Formkaufmann ist der VVaG (§ 16 VAG verweist nur 1. u 4. Buch des HGB, nimmt aber §§ 1–7 aus). **b)** Da Formkaufleute überhaupt kein Handelsgewerbe zu betreiben brauchen, kann es auf die Erfordernisse des § 1 II nicht ankommen. § 6 II gilt nicht für OHG u KG (keine „Vereine").

§ 7 [Kaufmannseigenschaft und öffentliches Recht]

Durch die Vorschriften des öffentlichen Rechtes, nach welchem die Befugnis zum Gewerbebetrieb ausgeschlossen oder von gewissen Voraussetzungen abhängig gemacht ist, wird die Anwendung der die Kaufleute betreffenden Vorschriften dieses Gesetzbuchs nicht berührt.

1. Inhalt und Zweck. § 7 stellt klar, daß der Kaufmannsstatus u die darauf beruhende Anwendung des Handelsrechts nicht von öffentlrechtl Vorschriften (Bsp: GewO, HandwO, GaststättenG, KWG, VAG, WaffG), insbes der gewerberechtlichen Rechtmäßigkeit des Betriebs abhängt (Ffm OLG 83, 419). Davon zu unterscheiden ist die ganz andere Frage der zivilrechtlichen Wirksamkeit der getätigten Handelsgeschäfte (§ 134 BGB). 1

2. Prüfungsrecht des Registergerichts? Vom Zweck des § 7 her, Rechtsklarheit zu schaffen, berechtigt die gewerberechtliche Unzulässigkeit das Registergericht nicht, die Eintragung zu verweigern (BayObLG 78, 46; Celle BB 72, 145; aA Düss BB 85, 1933, bei offenkundiger Unzulässigkeit des Betriebs) noch dazu, eine Löschung vAw vorzunehmen (Ffm BB 84, 14). Das Registergericht hat ein Prüfungsrecht (u eine -pflicht) nur, soweit dies gesetzlich bes angeordnet ist: § 8 I Nr 6 GmbHG (Vorlage staatlicher Genehmigungsurkunde); ebenso §§ 37 IV Nr 5, 278 III AktG. 2

Zweiter Abschnitt. Handelsregister

§ 8 [Führung des Registers]
Das Handelsregister wird von den Gerichten geführt.

Lit: *J. Hager,* Das Handelsregister, Jura 1992, 57; *Keidel/Schmatz/Stöber,* Registerrecht[6] (1996).

I. Das Handelsregister

1. Funktion. Das Handelsregister ist ein von den Amtsgerichten geführtes öffentl Register, das über im Handelsverkehr rechtserhebliche Tatsachen Auskunft gibt. Es dient der **Offenlegung** wichtiger Tatsachen u Rechtsverhältnisse des Kaufmanns in seinem Interesse u zum Schutze des Rechtsverkehrs. Die Prüfung der formellen u materiellen Eintragungsvoraussetzungen (Rz 22 ff) soll die **Richtigkeit** der Eintragung gewährleisten (BayObLG BB 01, 13). Diskutiert wird über eine Verlagerung der Führung auf die IHK; dann ist bzgl Eintragungen in Abteilung B (KapitalGes) abzuraten. **Lit:** Bund-Länder-Arbeitsgruppe „Handelsrecht u Handelsregister" – Abschlußbericht (1995); *Gustavus* GmbHR 98, 528; *Stober* ZRP 98, 224; *Lindhorst* CR 98, 590; *Stumpf* 1

§ 8

BB 98, 2381; *Schöpe* ZRP 99, 449; *Dieckmann* ZRP 00, 44; *Ulmer* ZRP 00, 47.

2 **2. Gesetzliche Grundlagen. a)** Einrichtung u Führung des Handelsregisters: §§ 8–14, 16; §§ 1 ff, 125 ff FGG; Handelsregisterverfügung (HRV) vom 12. 8. 1937. Abdruck auch in *MKHGB* Anh § 8; *BauHopt*, 2. Teil (4) HRV. Zwei Abteilungen (§ 3 I HRV); Abt A: Einzelkaufleute, jur Personen iSv § 33, OHG, KG, EWIV; Abt B: AG, GmbH, KGaA, VVaG.

3 **b)** Eintragungsfähige u -pflichtige Tatsachen u Eintragungswirkung: zahlreiche Vorschriften im HGB (zB §§ 1 II, 2, 3 II, 5, 15, 25 II, 28 II, 29, 31–34, 53, 106–108) sowie AktG, GmbHG. S Rz 7 ff.

II. Eintragungsfähige Tatsachen

4 **1. Begriff.** Die **Publizitätsfunktion** wird nur erfüllt, wenn das Register über Umstände Auskunft gibt, die für den Eingetragenen wie für den Rechtsverkehr von **bes** Bedeutung sind. Um Unübersichtlichkeit zu vermeiden, muß sich das Register auf solche Umstände beschränken (Hamm NJW-RR 97, 415). Ziel ist nicht lückenloses Bild (KG NJW-RR 96, 227).

5 **a)** Als eintragungsfähige **Tatsachen** sind nicht nur rein Tatsächliches, sondern auch **Rechtsverhältnisse,** zB die Beschränkung der ges Vertretungsmacht, anzusehen (hL).

6 **b) Eintragungsfähig** sind solche Tatsachen, hinsichtlich derer eine Anmelde**pflicht** oder aber wenigstens ein Eintragungs**recht** besteht. Dabei liegt es weder im Ermessen des Gerichts noch im Belieben der Beteiligten, welche Eintragungen vorgenommen werden sollen (BayObLG AG 88, 382).

7 **2. Einzutragende Tatsachen. a)** Eintragungspflichtig sind solche Tatsachen, die aufgrund **Gesetzes** angemeldet werden müssen. Bsp aus dem **HGB:** §§ 1 II, 13 ff, 29, 31, 33, 34 I, 53 I, III, 106, 107, 125 IV, 143, 144 II, 148, 150, 157, 162, 175; **AktG:** §§ 36 ff, 45, 81, 181, 184, 188, 195, 201, 210, 223, 227, 239, 263, 266, 273, 277, 289; **GmbHG:** §§ 7 ff, 39, 54, 57, 58, 65, 67 (weitere Bsp bei *StHüffer* § 8 28–30). Das Ende der Vertretungsmacht bei Entfall der Organstellung des Geschäftsführers gem § 6 II 1 GmbHG aufgrund Eintritts der Geschäftsunfähigkeit ist eintragungspflichtig; die Geschäftsunfähigkeit ist nicht eintragbar (BGH WM 91, 1467; *W-H Roth* JZ 90, 1030). Wandelt sich eine KG wg Entfalls der Gewerbetätigkeit (s aber § 105 II) in eine BGB-Ges, ist das Erlöschen der Firma anmeldepflichtig, § 31 II 1 (verkannt von BAG NJW 88, 223).

8 **b)** Der Kreis anmeldepflichtiger u damit einzutragender Tatsachen kann über den ges Wortlaut u seine Auslegung (auch im Hinblick auf EG-Richtlinien; EuGH 74, 1207; BGH 87, 62 zu §§ 8 III, 10 I 2 GmbHG) hinaus durch Analogie bei dringendem Bedürfnis (konstitutive Wirkung der Eintragung bei Rechtsfortbildung; Rz 9) erweitert werden (BGH 105, 343 f; DB 92, 829); wg der strengen Formalisierung des Registerrechts ist **Zurückhaltung** geboten. § 14 HGB steht nicht entgegen, weil das Zwangsgeld nicht Strafe, sondern Beugemittel ist. Bedenken im Hinblick auf § 15 HGB (*Canaris* § 4 10) sind ggf durch restriktive Anwendung dieser Norm Rechnung zu tragen (BGH DB 92, 31). **Bsp: aa)** Änderungen hinsichtlich eingetragener Tatsachen (zB Personalien; str). **bb)** Eintragung einer Satzungsänderung u eines Unternehmensvertrags (BGH DB 88, 2626; DB 92, 829). **cc)** Erteilung einer Generalvollmacht (*Canaris* § 4 11; str). **dd)** Tatsächlich erteilte (nicht: künftig mögliche; Hamm NJW-RR 97, 415) Befreiung von Beschränkungen des § 181 BGB für Geschäftsführer der GmbH; dafür sprechen schon §§ 10 I 2, 8 IV GmbHG u das Gebot richtlinienkonformer Auslegung (s BGH 87, 62; Düss WM 94, 2113); Befreiung für den Fall, daß aus einer mehrgliedrigen Ges später eine Einmann-Ges wird (BayObLG NJW-RR 90, 420). **ee)** Bestellung des Geschäftsleiters für eine Zweigniederlassung eines ausländischen Kreditinstitutes, § 53 II Nr 1 KWG (BayObLG NJW 73, 2162), u des Hauptbevollmächtigten eines ausländischen Versicherungsunternehmens, § 106 III 4 VAG nF. **ff)** Eintragung einer Satzungsänderung u eines Unternehmensvertrages (BGH DB 88, 2626; DB 92, 829).

3. Eintragungsfähig ohne Anmeldepflicht sind kraft Gesetzes nur wenige Tatsachen: §§ 2 S 2, 3 II, 25 II, 28 II. Eintragungsfähigkeit kann durch Analogie u richterrechtliche Rechtsfortbildung begr werden. **Bsp:** Ermächtigung des Prokuristen zur Veräußerung u Belastung von Grundstücken (§ 49 Rz 8); Befreiung von § 181 für Komplementär (Hbg BB 86, 1255); für Prokurist (Hamm BB 83, 791; BayObLG BB 80, 1488); für Geschäftsführer der GmbH in der GmbH & Co KG (BayObLG DB 00, 37); Löschung *anfänglich* unrichtiger Tatsachen (KG NJW-RR 99, 1342).

4. Nicht eintragungsfähig sind güterrechtliche Beschränkungen u Beschränkungen (RG 63, 249); ges Vertreter von Minderjährigen; Handlungsvollmacht (s aber Rz 9); Entfall der Geschäftsfähigkeit (BGH WM 91, 1466 f); Anordnung des Einwilligungsvorbehalts iSd § 1903 I BGB; Verfügungsbeschränkungen; Testvollstreckung bei der KG (KG NJW-RR 96, 227; str; § 177 Rz 7); Nacherbenvermerk; privatrechtliches Treuhandverhältnis (Hamm NJW 63, 1554); Aufstockungsbeschluß einer GmbH (soweit nicht in Form einer Satzungsänderung, str; BayObLG GmbHR 92, 43); in der Zukunft liegende Tatsache (Düss NJW-RR 00, 703).

III. Wirkungen der Eintragung

1. Soweit die Eintragung eine außerhalb des Handelsregisters bereits **eingetretene** Tatsache nur verlautbart, wirkt sie **deklaratorisch;** zB Eintragung des Istkaufmanns, § 1 II; Erteilung u Widerruf der Prokura,

§ 53 I, III; §§ 107, 123 II, 143. Die deklaratorisch wirkende Eintragung kann ihrerseits Rechtsfolgen zeitigen; zB § 15.

12 2. Macht das Gesetz dgg den Eintritt einer bestimmten Rechtsfolge von der Eintragung in das Handelsregister abhängig, hat diese eine **konstitutive** Wirkung; zB §§ 2, 3 II, III, 123 I; §§ 41 I, 181 AktG; §§ 11 I, 54 III GmbHG. Welche Wirkung (deklaratorisch/konstitutiv) die Eintragung im Einzelfall haben soll, ergibt sich aus dem Gesetz.

13 3. Von 1. u 2. zu unterscheiden sind (an sich) rechtsbekundende Eintragungen mit rechtsbegründender Wirkung: §§ 5, 25 II, 28 II, 174, 176.

14 4. Die Eintragung **nichteintragungsfähiger** Tatsachen ist für sich ohne Wirkung, kann aber als Rechtsscheingrundlage dienen (s § 15 Rz 39 ff; vgl BGH WM 91, 1466 f).

15 5. **Vermutungswirkung?** Die beweisrechtliche Bedeutung eines Handelsregistereintrags ist str (*RvWAmmon* § 8 57). Das HGB kennt keine ges Vermutung für die sachliche Richtigkeit der Eintragung. Da das Registergericht sich idR auf eine Prüfung der Eintragungsunterlagen beschränkt u keine tatsächlichen Ermittlungen anstellt, sind (nur) die Grundsätze über den **Beweis des ersten Anscheins** heranzuziehen (*StHüffer* § 8 83; weitergehend *HeySonnenschein/Weitemeyer* § 8 31: widerlegbare Vermutung). Anders nur in Fällen, in denen sich die zu beweisende Tatsache schon aus der Anmeldung selbst u deren Eintragung ergibt; Bsp: Prokura.

IV. Das Registergericht

16 Das Handelsregister wird gem § 8 von den **Gerichten** (nicht: der Verwaltung) geführt. Registerführung ist Handelssache iSd FGG.

17 1. **Zuständigkeit. a) Sachlich:** Amtsgericht, § 125 I FGG.

18 **b) Örtlich:** ausschließliche Zuständigkeit; keine einheitliche Regelung, zB §§ 29, 106, 161 II, § 14 AktG, § 7 GmbHG. IdR liegt sie beim Amtsgericht, in dessen Bezirk sich die Niederlassung (bzw der Sitz) des Kaufmanns befindet (Übersicht: *StHüffer* § 8 Anh II). § 125 II FGG ermöglicht die Zusammenfassung mehrerer Amtsgerichtsbezirke.

19 2. **Mitteilungs- und Mitwirkungspflichten.** § 125 a I FGG statuiert eine Mitteilungspflicht anderer Gerichte, der Staatsanwaltschaft, der Gemeinden u Notare hinsichtlich unrichtiger, unvollständiger oder unterlassener Anmeldung. Steuerbehörden sind hinsichtlich der steuerlichen Verhältnisse von Kaufleuten u Unternehmen beschränkt auskunftspflichtig, § 125 II FGG. Zur Mitwirkungspflicht der Industrie- u Handelskammern, Handwerks- u Landwirtschaftskammern s § 126 FGG.

20 3. **Verfahren. a)** Eintragung erfolgt idR nur auf **Anmeldung. aa) Rechtsnatur** s § 12 Rz 2. **bb) Anmeldeberechtigung:** In dessen Angelegenheiten die Eintragung erfolgt; zur Vertretung s § 12 Rz 6 f.

Anmeldepflichtige Person wird durch Gesetz festgelegt. **cc) Form:** öffentl Beglaubigung iSd § 12 I (§§ 129 I BGB, 39 ff BeurkG), auch bei Vollmacht, § 12 II (abw von § 167 II BGB). **dd) Erzwingung:** Erhält Gericht Kenntnis von nicht angemeldeter, aber anmeldepflichtiger Tatsache, muß es durch Zwangsgeld **zur Anmeldung** anhalten, § 14 iVm §§ 132 ff FGG; Ersetzung durch Urteil gem §§ 16 I, 894 ZPO.

b) Eintragungen (Löschungen) erfolgen nur ausnahmsweise **von** 21 **Amts wegen** (Kein Anspruch auf Einleitung des Verfahrens gem § 142 I FGG; Düss NJW-RR 99, 107): **aa) Erlöschen** einer **Firma,** § 31 II 2. **bb) Eröffnung des Insolvenzverfahrens,** § 32. **cc) Löschung unzulässiger** Eintragungen (durch Eintragung eines Vermerks), §§ 142, 143 FGG. Bei deklaratorisch wirkenden Eintragungen (Rz 11) Löschung nur, wenn Eintragung **sachlich** unrichtig; nicht bei Mangel des Eintragungsverfahrens (KG WM 86, 1248). Anders bei konstitutiv wirkenden Eintragungen: hier kann Verfahrensmangel Zulässigkeit der Eintragung in Frage stellen, zB bei §§ 2, 3 II. § 142 FGG analog bei **nachträglicher Unzulässigkeit** der Eintragung, zB Aberkennung des Doktortitels (RG 169, 151); Erlöschen des Amts als Geschäftsführer einer GmbH aufgrund Geschäftsunfähigkeit (BayObLG BB 89, 1009); aufgrund gewandelter Rechtsauffassung (BGH 65, 105); Änderung tatsächlicher Verhältnisse bei geographischem Firmenzusatz (Stgt BB 82, 1195); Nachfolgezusatz in Firma, um Täuschung zu vermeiden. Löschung nur nach Amtsaufklärung u bei zweifels- u bedenkenfreier Sach- u Rechtslage. Amtslöschung steht im Ermessen des Registergerichts, § 142 I FGG (BayObLG DB 80, 71), kann (soll) unterbleiben, wenn Unrichtigkeit gering im Verhältnis zu gravierenden Nachteilen des Eingetragenen (Hamm BB 69, 1196: unzutr gewordene Firmierung; Ffm WM 79, 1049). Keine Amtslöschung eines Unternehmensvertrages vor rechtskräftiger Entscheidung im Anfechtungsprozeß, wenn schwere wirtschaftliche Nachteile drohen (Zweibr ZIP 89, 241). Bei Unzulässigkeit der Firma kann Gericht auch nach § 37 I verfahren. **dd)** Löschung von **Kapitalgesellschaften:** §§ 144 FGG (gesetzes- oder sittenwidriger Unternehmensgegenstand; zur Anwalts-GmbH BayObLG RPfl 97, 118), 275, 276 AktG, 75, 76 GmbHG; Feststellung von Satzungsmängeln mit Auflösungsfolge: §§ 144 a, b FGG.

4. Prüfungsrecht und -pflicht. a) In formeller Hinsicht. Prü- 22 fung bzgl Anmeldung nach allg Grundsätzen: Zuständigkeit des Gerichts (Rz 17–18), Berechtigung des Antragstellers (Identität, Vertretungsmacht etc), Form der Anmeldung, Eintragungsfähigkeit (Rz 4 f) der Tatsache.

b) In materieller Hinsicht. Prüfungsrecht u -pflicht reichen gleich 23 weit (*RvWAmmon* § 8 13). **aa) Grundlage** str; § 12 FGG (*SchlHildebrandt* § 8 21); besser: allg Grundsatz der Gesetzmäßigkeit staatlichen Handelns (vgl *StHüffer* § 8 54); §§ 13 III 2, 13 c II 2, 13 h II 4 bestäti-

§ 8 Erstes Buch. Handelsstand

gen dies mittelbar. **bb)** Umfang. Aus der Funktion des Handelsregisters (Rz 1) ergibt sich – vorbehaltlich ges Regelungen – ein **Prüfungsrecht** hinsichtlich der Rechtmäßigkeit (sa Rz 21) u materiellen Richtigkeit der angemeldeten Tatsachen (BayObLG BB 01, 13). Hinsichtlich der Prüfungs**intensität** läßt sich abstufen: Jede Anmeldung ist zunächst darauf zu prüfen, ob die mitgeteilten Tatsachen die Eintragung rechtfertigen; Tatsachen müssen glaubhaft gemacht werden. Bei *deklaratorischen* Eintragungen ist nur bei begründeten Zweifeln genauere Nachprüfung, evtl durch Gutachten, § 23 S 2 HRV, erforderl (ie BayOBLG NJW 73, 2069; Düss RPfl 95, 166; vgl auch Kln NJW-RR 97, 418). Dies gilt etwa für Ordnungsgemäßheit der Bestellung des Geschäftsführers u seiner Abberufung (str). Noch enger Düss NJW-RR 99, 107 („grundsätzlich" keine Überprüfung, ob für Prokurabestellung Beschluß gem § 46 Nr 7 GmbHG vorliegt). Weitergehende Prüfungspflicht bei *konstitutiver* Bedeutung der Eintragung. Die Rechtmäßigkeit des Unternehmensgegenstands (BayObLG 94, 358 zur Anwalts-GmbH) u Wirksamkeit der angemeldeten Rechtsverhältnisse ist voll nachzuprüfen (BGH 105, 330: Unternehmensvertrag). Bei Anmeldung von GmbH u AG gilt dies auch für GesVertrag u Satzung, §§ 9 c I GmbHG, 38 I AktG (BayObLG WM 83, 248); ebenso bei Vertrags- oder Satzungsänderung (Hbg WM 84, 1155; BayObLG GmbHR 92, 41). §§ 9 c II GmbHG, 38 III AktG, 11 a III GenG konkretisieren u **beschränken** Umfang der Prüfung (*Stumpf* BB 98, 2381). Eine Zweckmäßigkeitskontrolle ist ausgeschlossen; ebenso eine allg Rechts- u Unklarheitenkontrolle. Gericht prüft (nur eingeschränkt) Rechtmäßigkeit der **Firma,** zB §§ 18 II (S 2: wenn Irreführung **„ersichtlich"**), 30; bei Bedenken ist uU das Anmeldeverfahren auszusetzen, um Entscheidung nach § 37 I abzuwarten (BayObLG NJW-RR 89, 100), da in der Anmeldung bereits Firmengebrauch liegt (§ 37 Rz 4). Irrelevant ist, ob durch die Eintragung in Rechte Dritter eingegriffen wird. Die Wahrung ihrer Rechte ist diesen selbst überlassen (§ 37 II, §§ 14, 15 MarkenG). Unanfechtbar gewordene **Beschlüsse** sind einzutragen, ebenso nur anfechtbare Beschlüsse (Kln BB 82, 579), da Wirkungen sofort eintreten (BGH 31, 300). Formelle u materielle Mängel sind durch Anfechtungsklage geltend zu machen (BayObLG BB 01, 13 f; anders bei 1-Mann-GmbH). Hier bei Klageerhebung; ggf § 127 FGG (Karlsr NJW-RR 97, 169). Etwas anderes gilt bei §§ 319 III 2, 345 II 1, 359 II, 360 II AktG, die bei Anmeldung eine Negativerklärung über die **Bestandskraft** des Beschlusses verlangen u daher als Eintragungssperre wirken (dazu BGH 112, 12 ff): § 127 FGG entspr. Vor Bestandskraft ist eine Eintragung nur möglich, wenn eine Anfechtungsklage evident unschlüssig, unbegründet oder sonst rechtsmißbräuchlich ist (BGH 112, 24). Bei anderen Beschlüssen gilt: Das Registergericht hat nach Klageerhebung die Befugnis zu voller Inzidentprüfung; Eintragung, wenn Klage (mit erheblicher Wahrscheinlichkeit; Ffm WM 90, 595) aussichtslos; ansonsten Aussetzung entspr § 127 FGG oder Ablehnung der Eintragung. Zur Prüfung gewerberechtl Vorschriften: § 7 Rz 2.

Zweiter Abschnitt. Handelsregister § 8 a

5. **Entscheidungen des Registergerichts.** Verfügung der **Eintragung,** § 25 I 1 HRV. **Ablehnung,** § 26 S 1 HRV, mit Gründen; teilweise Ablehnung ist unzulässig (BayObLG WM 87, 503). Ordnungsgem Anmeldung darf nicht zurückgewiesen werden, um die Erfüllung anderer Registerpflichten durchzusetzen (BGH NJW 77, 1879; BayObLG WM 88, 710). **Zwischenverfügung** zur Behebung von Eintragshindernissen, § 26 S 2 HRV. **Aussetzung der Verfügung,** § 127 FGG. **Kosten:** KostO; Höhe begrenzt bei KapitalGes: EuGH 93, I-6829 ff; WM 00, 2544 f; BayObLG ZIP 99, 363; Kln BB 00, 370; *Fabis* ZIP 99, 1041. — 24

6. **Rechtsmittel. a)** Die **Eintragung** (oder Löschung) ist nicht rechtsmittelfähig. Grund: Publizität des Handelsregisters (erhöhter Bestandsschutz; *StHüffer* § 8 86); Beschwerde (Erinnerung) möglich, wenn Publizitätswirkung nicht berührt (BGH NJW 88, 1840). Korrektur nur durch neuen Antrag bzw vAw gem §§ 142 ff FGG (zur Umdeutung in eine Anregung zum Amtslöschungsverfahren: BayObLG WM 85, 480). Die anderen Entscheidungen (iSv Rz 28) sind rechtsmittelfähig. — 25

b) Erinnerung, § 11 RPflG, gg Entscheidungen des Rechtspflegers; **einfache Beschwerde** gg Entscheidungen des Richters, §§ 19, 20 FGG; **sofortige Beschwerde,** § 22 FGG iVm §§ 139 ff FGG; **weitere Beschwerde,** § 27 FGG. — 26

c) Beschwerdeberechtigung: § 20 FGG: jeder, dessen Recht durch die Verfügung beeinträchtigt ist (weit auszulegen); § 126 FGG: Organe des Handelsstandes ua Stände. — 27

7. **Schadensersatz.** Das Registergericht ist „in Ausübung eines ihm anvertrauten öffentl Amtes" tätig. Amtshaftungsansprüche, § 839 BGB, Art 34 GG. Amtspflichten bestehen ggüber dem Anmeldenden (RG 131, 14) wie auch ggüber anderen Personen, deren Rechte u Interessen durch eine gesetzwidrige Eintragung beeinträchtigt werden können (RG 140, 184; BGH 84, 287), zB bei Eintragung ohne Anmeldung. Die Amtspflicht zur Löschung besteht allein im öffentl Interesse (BGH 84, 287 f); ggf Hinweispflicht des Registergerichts auf Gefahren einer persönlichen Haftung (BGH 84, 290). — 28

§ 8 a [Ermächtigung der Landesregierungen; automatisierte Dateien]

(1) ¹**Die Landesregierungen können durch Rechtsverordnung bestimmen, daß und in welchem Umfang das Handelsregister einschließlich der zu seiner Führung erforderlichen Verzeichnisse in maschineller Form als automatisierte Datei geführt wird.** ²**Hierbei muß gewährleistet sein, daß**

1. **die Grundsätze einer ordnungsgemäßen Datenverarbeitung eingehalten, insbesondere Vorkehrungen gegen einen Datenverlust getroffen sowie die erforderlichen Kopien der Datenbestände mindestens tagesaktuell gehalten und die originären**

§ 8 a

Datenbestände sowie deren Kopien sicher aufbewahrt werden,
2. die vorzunehmenden Eintragungen alsbald in einen Datenspeicher aufgenommen und auf Dauer inhaltlich unverändert in lesbarer Form wiedergegeben werden können,
3. die nach der Anlage zu § 126 Abs. 1 Satz 2 Nr. 3 der Grundbuchordnung erforderlichen Maßnahmen getroffen werden.

[3] Die Landesregierungen können ferner durch Rechtsverordnung bestimmen, daß die Einreichung von Jahres- und Konzernabschlüssen, von Lageberichten sowie sonstiger einzureichender Schriftstücke in einer maschinell lesbaren und zugleich für die maschinelle Bearbeitung durch das Registergericht geeigneten Form zu erfolgen hat; die Bestimmung kann auch für einzelne Handelsregister getroffen werden. [4] Die Landesregierungen können durch Rechtsverordnung die Ermächtigung nach den Sätzen 1 oder 3 auf die Landesjustizverwaltungen übertragen.

(2) Eine Eintragung wird wirksam, sobald sie in den für die Handelsregistereintragungen bestimmten Datenspeicher aufgenommen ist und auf Dauer inhaltlich unverändert in lesbarer Form wiedergegeben werden kann.

(3) [1] Die zum Handelsregister eingereichten Schriftstücke können zur Ersetzung der Urschrift auch als Wiedergabe auf einem Bildträger oder auf anderen Datenträgern aufbewahrt werden, wenn sichergestellt ist, daß die Wiedergaben oder die Daten innerhalb angemessener Zeit lesbar gemacht werden können. [2] Bei der Herstellung der Bild- oder Datenträger ist ein schriftlicher Nachweis über ihre inhaltliche Übereinstimmung mit der Urschrift anzufertigen.

(4) Das Gericht kann gestatten, daß die zum Handelsregister einzureichenden Jahresabschlüsse und Konzernabschlüsse und die dazugehörenden Unterlagen sowie sonstige einzureichende Schriftstücke in der in Absatz 3 Satz 1 bezeichneten Form eingereicht werden.

(5) Die näheren Anordnungen über die maschinelle Führung des Handelsregisters, die Aufbewahrung von Schriftstücken nach Absatz 3 und die Einreichung von Abschlüssen und Schriftstücken nach Absatz 1 Satz 3 und Absatz 4 sowie deren Aufbewahrung trifft die Landesjustizverwaltung, soweit nicht durch Rechtsverordnung nach § 125 Abs. 3 des Gesetzes über die Angelegenheiten der freiwilligen Gerichtsbarkeit Vorschriften erlassen werden.

1   **1. Automatisierte Datei. a)** I 1 ermächtigt die Landesregierungen, die Führung des Handelsregisters u der Hilfsverzeichnisse (zB Firmen- u Namenskarteien) in maschineller Form als automatisierte Datei vor-

Zweiter Abschnitt. Handelsregister § 8 a

zusehen. Die Umstellung, die sich auch auf Teile des Handelsregisters beschränken u zeitlich gestuft (insbes hinsichtlich des Altbestandes an Daten) vorgenommen werden kann, bedarf einer Rechtsverordnung, die Zeitpunkt u Umfang der Umstellung bestimmt. **I 3** ermächtigt dazu, die Einreichung von Jahres- u Konzernabschlüssen etc in elektronischer Form verlangen zu können.

b) Die automatisierte Datei muß den in **I 2 Nr 1–3** aufgeführten **Mindestanforderungen** an die technische u organisatorische Ausstattung entsprechen, die die Registerdaten gg Verlust u unbefugten Zugriff außenstehender Dritter sichern u ihre Speicher- u jederzeitige Wiedergabefähigkeit garantieren soll. Wesentliche Fragen sind in der Anlage zu § 9 S 1 BDSG, BGBl I 2954 normiert. **I** enthält keine Vorgaben für den Einsatz moderner Kommunikationstechniken, derer sich das Registergericht bedienen mag.

2. Die **Eintragung** wird wirksam nicht schon mit der Eingabe u Speicherung der Daten, sondern erst mit dem Zeitpunkt ihrer **Abrufbarkeit, II.** Dies entspricht der auf Publizität angelegten Funktion des Handelsregisters. **I 2 Nr. 2** bezieht sich auch auf **II;** die automatisierte Datei muß daher den Zeitpunkt der Abrufbarkeit überprüfbar machen.

3. Aufbewahrung, III. a) Zweck der Vorschrift ist es, den Registergerichten die Aufbewahrung dadurch zu erleichtern, daß die Urschrift durch eine Wiedergabe auf einem Bild- oder anderen Datenträger ersetzt werden kann (BT-Drs 10/4268 S 94). Dazu zählen va Mikrofilme u elektronische Datenverarbeitung. Auch künftige technische Möglichkeiten sind erfaßt. **b) Voraussetzung** für die Ersetzung ist eine **Anordnung** der **Landesjustizverwaltung, V,** soweit nicht Vorschriften durch eine Rechtsverordnung aufgrund von § 125 III FGG erlassen werden (hier in Form der HRV; Rz 6). Dadurch sollen ein einheitliches Verfahren u übereinstimmende Grundsätze gewährleistet werden. Die Übereinstimmung mit der Urschrift ist zur Sicherung der Beweiskraft durch schriftlichen Nachw zu bestätigen, **III 2.** Wiedergabe u Daten müssen in angemessener Zeit (nicht sofort) lesbar gemacht werden können; dabei kann die Hilfe anderer staatlicher Stellen in Anspruch genommen werden.

4. Einreichung, IV. Für Jahres- u Konzernabschlüsse sowie dazugehörige Unterlagen u sonstige einzureichende Schriftstücke kann das Registergericht die Einreichung bereits verfilmter/gespeicherter Unterlagen stets nach **IV** gestatten u aufgrund einer VO gem **I 3** verlangen. Die Vorlage der Urschrift ist nicht erforderl. **IV** setzt eine Anordnung der Landesjustizverwaltung voraus, **V.** Damit wird gleichmäßige Ermessensausübung gewährleistet.

5. Ausführungsvorschriften, V. Die HRV wurde mit Verordnung v. 6. 7. 1995, BGBl I 911 um Vorschriften für das maschinell geführte Handelsregister (§§ 47–71) ergänzt.

§ 9 [Einsicht des Handelsregisters; Abschriften; Bescheinigungen]

(1) Die Einsicht des Handelsregisters sowie der zum Handelsregister eingereichten Schriftstücke ist jedem gestattet.

(2) ¹Von den Eintragungen und den zum Handelsregister eingereichten Schriftstücken kann eine Abschrift gefordert werden. ²Werden die Schriftstücke nach § 8 a Abs. 3 aufbewahrt, so kann eine Abschrift nur von der Wiedergabe gefordert werden. ³Die Abschrift ist von der Geschäftsstelle zu beglaubigen, sofern nicht auf die Beglaubigung verzichtet wird. ⁴Wird das Handelsregister in maschineller Form als automatisierte Datei geführt, so tritt an die Stelle der Abschrift der Ausdruck und an die Stelle der beglaubigten Abschrift der amtliche Ausdruck.

(3) ¹Der Nachweis, wer der Inhaber einer in das Handelsregister eingetragenen Firma eines Einzelkaufmanns ist, kann Behörden gegenüber durch ein Zeugnis des Gerichts über die Eintragung geführt werden. ²Das gleiche gilt von dem Nachweis der Befugnis zur Vertretung eines Einzelkaufmanns oder einer Handelsgesellschaft.

(4) Das Gericht hat auf Verlangen eine Bescheinigung darüber zu erteilen, daß bezüglich des Gegenstandes einer Eintragung weitere Eintragungen nicht vorhanden sind oder daß eine bestimmte Eintragung nicht erfolgt ist.

1 1. Das **Prinzip der Öffentlichkeit** ergibt sich aus dem allg Einsichtsrecht, **I**, dem Recht auf Erteilung von Abschriften, **II 1 u 2**, sowie der vorgesehenen Bekanntmachung, § 10. Das deutsche Recht erfüllt mit §§ 9 II u 10 die durch Art 3 III u 4 der Rili 68/151/EWG, ABl 1968 L 65/8, gesetzten Vorgaben. Soweit diesbzgl eine Überprüfung an Hand deutscher Grundrechte überhaupt möglich ist, wird man die Registerpublizität jedenfalls als mit dem Grundrecht auf **informationelle Selbstbestimmung** aus Art 2 I GG (BVerfG 65, 1) vereinbar ansehen müssen (*Canaris* § 4 4; *Hirte*, CR 90, 633; kein Verstoß gg Art 12 GG: Kln GmbHR 91, 424; für Verfassungswidrigkeit [jedenfalls bei GmbH]: *Friauf* GmbHR 91, 397 ff).

2 2. **Einsichtsrecht, I. a) I** gewährt jedem ein Recht auf Einsicht in das Handelsregister, ohne dieses (anders als § 34 FGG) von bes Voraussetzungen abhängig zu machen (BGH 108, 36). Daher kommt es nicht darauf an, zu welchem Zweck Einsicht (oder Abschrift gem **II**; Art 3 III der Rili 68/151/EWG kennt insoweit keine Einschränkung) gefordert wird (Kln WM 91, 1614). Kommerzielle Zwecke (private Datenverbreitung; dazu *Windbichler* CR 88, 447) stehen nicht entgegen (Kln aaO; Hamm CR 91, 278; *Kollhosser* NJW 88, 2413). Die Einsicht umfaßt das Recht zur Anfertigung eigener Abschriften u Fotokopien. Einsichtnahme liegt nicht vor, wenn es darum geht, den gesamten Bestand abzulichten, um ihn als eigene Datei gewerblich zu verwerten

Zweiter Abschnitt. Handelsregister **§ 9**

(BGH 108, 36; str). Nach hL unterliegt das Einsichtsrecht dem Verbot des **Rechtsmißbrauchs** (§ 242 BGB); es dürfen keine rechtswidrigen Zwecke vefolgt werden (Kln WM 91, 1614). **Reform:** Der Entwurf eines Gesetzes über elektronische Register (ER JuKoG, BR-Drs. 339/01) sieht vor, daß Einsicht nur „zu Informationszwecken" genommen werden darf.

b) Das Recht auf Einsicht ist nicht auf einzelne Eintragungen beschränkt. Es bezieht sich auf das ganze Register (BGH aaO; Hamm aaO) u die eingereichten Schriftstücke (zB Anmeldungen zur Eintragung, Firmen- u Unterschriftszeichnungen, Gesellschaftsverträge, Gesellschafterliste, Unternehmensverträge, Jahresabschlüsse, Geschäftsberichte), die für jedes Registerblatt in einem **Sonderband** zusammengefaßt sind (§ 8 II HRV), **nicht** aber auf solche im Hauptband befindlichen Schriftstücke, die auf der Tätigkeit des Registergerichts beruhen (Gutachten, Verfügungen). Insoweit besteht ein Einsichtsrecht nur nach § 34 FGG (Glaubhaftmachung eines berechtigten Interesses). Bei maschinell geführtem Register ist zur Gewährung der Einsicht ein Bildschirmgerät (mit entspr Unterweisung) bereitzuhalten. **3**

c) Zuständige Stelle für die Gewährung des Einsichtsrechts ist der Urkundsbeamte der Geschäftsstelle, §§ 10, 29, 30 HRV. Dieser bestimmt auch über Art u Weise der Einsicht im Einzelfall (Mü CR 88, 1000). **Ort u Zeit:** § 10 HRV; einem Rechtsanwalt auch im AG seines Kanzleisitzes (Dresd NJW 97, 668; in seinen Büroräumen nur ausnahmsweise). Urkundsbeamter u nicht Behördenleiter hat Antrag auszulegen, ob Einsicht (oder etwas anderes) gewollt (Karlsr NJW 91, 182). Die Einsicht ist gebührenfrei, § 90 KostO. **4**

d) Rechtsmittel gg Verweigerung des Einsichtsrechts: Antrag auf Entscheidung durch Richter, § 29 II HRV, § 4 II Nr 3 RPflG; dgg Beschwerde, § 19 FGG; dgg weitere Beschwerde, § 27 FGG. **5**

3. Das Recht auf **Erteilung von Abschriften, II 1,** erstreckt sich auf dieselben Gegenstände (Eintragungen, eingereichten Schriftstücke) u besteht in demselben Umfang wie das Recht auf Einsicht; sonst: § 34 I FGG. Da **II 1** auf Art 3 II der Rili 68/151/EWG beruht, hat über die Reichweite des Rechts auf Erteilung von Abschriften (Gesamtinhalt?) der EuGH (Vorlage, Art 234 EG) zu entscheiden. Sind Schriftstücke nach § 8 a I auf Bild- oder Datenträger gespeichert, kann die Abschrift nur von der Wiedergabe verlangt werden, **II 2.** Die Abschrift wird – außer im Falle eines Verzichts („einfache Abschrift") – beglaubigt, **II 3;** Form, **II 4** HRV. **II 4** ersetzt bei maschinell geführtem Register die Abschrift durch den maschinell erstellten (einfachen bzw amtlichen) **Ausdruck. Zuständig** für Abschriften ist der Urkundsbeamte der Geschäftsstelle, §§ 29 ff HRV, für die Beglaubigung ausschließlich (Hamm OLG 67, 338). **Gebühren:** §§ 136, 89 KostO. **Rechtsmittel:** wie Rz 5. **6**

§ 9 a   Erstes Buch. Handelsstand

7   **4. III** gibt jedermann – auch ohne Nachw eines berechtigten Interesses – einen Anspruch auf Erteilung eines **Zeugnisses** über den (gegenwärtigen) Inhalt bestimmter Eintragungen **(positive Bescheidung)**. Der **Inhalt** ist beschränkt auf die in **III 1, 2** genannten Tatsachen; darüber hinaus: die eingetragenen Vertretungsverhältnisse aller registerfähigen Personen, Ges u Verbände. **Beweiswirkung** des Zeugnisses (bezogen auf den Zeitpunkt der Ausstellung) ggüber Behörden (Gerichte, Verwaltung) ist str; ebenso wie bei Registereintrag (s § 8 Rz 15) ist von einem prima-facie-Beweis auszugehen (*Gierke/Sandrock* § 11 III 1; diff *StHüffer* § 9 16). Für Grundbuchverkehr gilt § 32 GBO, bei Identität von Grundbuchamt u Registergericht § 34 GBO. **Zuständigkeit** u **Form:** §§ 29 I Nr 2, 31 HRV; Notar: §§ 21, 22 a BNotO; **Kosten:** §§ 89 II, 136 I Nr 1 KostO.

8   **5. IV** gibt jedermann ein Recht auf eine Bescheinigung, daß eine eintragungsfähige Tatsache **nicht** eingetragen ist **(negativer Test)**. Der Gegenstand der Bescheinigung reicht damit über **III** hinaus. Bedeutung hat **IV** va wg § 15 I. Beweiswirkung, Zuständigkeit, Form u Kosten: s Rz 7.

9   **6. Auskunft.** Eine über § 9 hinausreichende Pflicht des Registergerichts zur Auskunftserteilung besteht nicht. Das Gericht kann (unverbindliche) Rechtsauskünfte über die Zulässigkeit einer Anmeldung erteilen.

10   **7. Rechtshilfe.** Ggüber Behörden u Gerichten bestehen Auskunftspflichten gem §§ 2 FGG, 157–168 GVG, Art 35 GG.

§ 9 a [Zulässigkeit des automatisierten Verfahrens; Genehmigung; Datenschutz; Gebühren]

(1) **Die Einrichtung eines automatisierten Verfahrens, das die Übermittlung der Daten aus dem maschinell geführten Handelsregister durch Abruf ermöglicht, ist zulässig, wenn der Abruf von Daten auf die Eintragungen in das Handelsregister beschränkt ist und insoweit die nach § 9 Abs. 1 zulässige Einsicht nicht überschreitet.**

(2) ¹Die Einrichtung eines automatisierten Verfahrens nach Absatz 1 bedarf der Genehmigung durch die Landesjustizverwaltung. ²Die Genehmigung darf erteilt werden

1. öffentlichen Stellen, soweit der Abruf von Daten ausschließlich zur Erfüllung der ihnen gesetzlich zugewiesenen Aufgaben erfolgt,
2. nicht öffentlichen Stellen, soweit der Abruf von Daten zur Wahrnehmung eines berechtigten beruflichen oder gewerblichen Interesses des Empfängers erfolgt und kein Grund zu der Annahme besteht, daß die Daten zu anderen als zu den vom Empfänger dargelegten Zwecken abgerufen werden.

(3) **Die Genehmigung setzt ferner voraus, daß**

Zweiter Abschnitt. Handelsregister § 9 a

1. diese Form der Datenübermittlung wegen der Vielzahl der Übermittlungen oder wegen ihrer besonderen Eilbedürftigkeit angemessen ist,
2. auf seiten des Empfängers die Grundsätze einer ordnungsgemäßen Datenverarbeitung eingehalten werden und
3. auf seiten der speichernden Stelle die technischen Möglichkeiten der Einrichtung und Abwicklung des Verfahrens gegeben sind und eine Störung ihres Geschäftsbetriebs nicht zu erwarten ist.

(4) Die Genehmigung kann auch für den Abruf der Daten aus mehreren oder allen in einem Land maschinell geführten Handelsregistern erteilt werden.

(5) [1]Die Genehmigung ist zu widerrufen, wenn eine der Voraussetzungen nach den Absätzen 1 bis 3 weggefallen ist. [2]Sie kann widerrufen werden, wenn die Anlage mißbräuchlich benutzt worden ist.

(6) Anstelle der Genehmigung kann ein öffentlich-rechtlicher Vertrag oder eine Verwaltungsvereinbarung geschlossen werden.

(7) [1]Die Verantwortung für die Zulässigkeit des einzelnen Abrufs trägt der Empfänger. [2]Die speichernde Stelle prüft die Zulässigkeit der Abrufe nur, wenn dazu Anlaß besteht. [3]Sie hat zu gewährleisten, daß die Übermittlung personenbezogener Daten zumindest durch geeignete Stichprobenverfahren festgestellt und überprüft werden kann.

(8) [1]Soweit in dem automatisierten Abrufverfahren personenbezogene Daten übermittelt werden, darf der Empfänger diese nur für den Zweck verwenden, zu dessen Erfüllung sie ihm übermittelt worden sind. [2]Bei der Genehmigung nach Absatz 2 Satz 2 Nr. 2 ist der Empfänger darauf hinzuweisen.

(9) Ist der Empfänger eine nicht öffentliche Stelle, gilt § 38 des Bundesdatenschutzgesetzes mit der Maßgabe, daß die Aufsichtsbehörde die Ausführung der Vorschriften über den Datenschutz auch dann überwacht, wenn keine hinreichenden Anhaltspunkte für eine Verletzung dieser Vorschriften vorliegen.

(10) [1]Das Bundesministerium der Justiz wird ermächtigt, durch Rechtsverordnung mit Zustimmung des Bundesrates Gebühren für die Einrichtung und die Nutzung eines automatisierten Abrufverfahrens nach Absatz 1 zu bestimmen. [2]Die Gebührensätze sind so zu bemessen, daß der mit der Einrichtung und Nutzung des Verfahrens verbundene Personal- und Sachaufwand gedeckt wird; hierbei kann daneben die Bedeutung, der wirtschaftliche Wert oder der sonstige Nutzen für den Begünstigten angemessen berücksichtigt werden.

§ 9a

1. Allgemeines. § 9a will die Möglichkeit eröffnen, das elektronische Handelsregister durch einen unmittelbaren **externen** Abruf von Daten („**Online-Anschluß**") nutzbar zu machen. Die in § 9 normierten Grundsätze des Einsichtsrechts bleiben unangetastet; dessen Schranken wird in § 9a ebenso Rechnung getragen wie dem Schutz personenbezogener Daten. § 9a schafft eine **Ermächtigungsgrundlage** für die Länder, das Einsichtsrecht in anderer Weise als durch § 9 zu gewähren. Die Errichtung eines Online-Anschlusses bedarf einer **Genehmigung**, II, III, eines öffentl-rechtl Vertrages oder einer Verwaltungsvereinbarung, **VI**.

2. Zulässigkeit des Online-Anschlusses. a) Umfang des **Abrufrechts, I.** Die Errichtung eines Online-Anschlusses ist nur zulässig, wenn **(1)** die Abrufbarkeit **beschränkt** ist auf Eintragungen im (maschinell geführten) Handelsregister, also die im Sonderbd (§ 8 II HRV) geführten Schriftstücke (Gesellschaftsverträge etc) nicht abgerufen werden können (für diese verbleibt es bei § 9; s § 9 Rz 3). Ob dies mit der Rili 68/115/EWG vereinbar ist, erscheint zweifelhaft (bejahend BT-Drs 360/93 S 312). **(2)** Der Zugriff muß sich im Rahmen des § 9 I halten. Es muß (durch entspr Programme) sichergestellt sein, daß nicht der gesamte Bestand abgerufen wird (s § 9 Rz 2; BGH 108, 36). Der Online-Anschluß verschafft dem Benutzer den unmittelbaren Zugriff auf die automatisierte Datei, ohne daß das Registergericht eingeschaltet wäre (vgl aber **VII**). Die Abrufmöglichkeit gibt das Recht, Ausdrucke aus dem Register zu fertigen.

b) Den Kreis der **Abrufberechtigten,** denen ein Online-Anschluß genehmigt werden kann, ist beschränkt auf **öffentl Stellen** (zB Gerichte, Behörden, Handwerkskammern; Notare; vgl § 2 BDSG), soweit der Abruf ausschließlich der Erfüllung der ihnen gesetzlich zugewiesenen Aufgaben dient, **II S 2 Nr 1,** sowie auf solche **nicht öffentl Stellen** (zum Begriff: § 2 BDSG), für den der Abruf der Wahrnehmung eines **berechtigten** beruflichen oder gewerblichen Interesses dient, **II S 2 Nr 2.** Ob die Prüfung des berechtigten Interesses im Hinblick auf die Rili 68/151/EWG möglich ist, erscheint zweifelhaft (bejahend BR-Drs 360/93 S 313; *RvWAmmon* § 9a 14). **c) III** formuliert sachliche Voraussetzungen einer Genehmigung für den in **II** umschriebenen Kreis der abrufberechtigten Stellen. **Nr 1** präzisiert die schon nach § 10 I BDSG zum Schutze personenbezogener Daten vorzunehmende **Angemessenheitsprüfung. Nr 2** u **Nr 3** formulieren Voraussetzungen technischer Natur.

3. Genehmigung. a) Um die Einhaltung der in Rz 2–3 genannten Voraussetzungen eines Online-Anschlusses sicherzustellen, bedarf der Anschluß einer Genehmigung der Landesjustizverwaltung, **II 1** (auch für mehrere oder alle im Land befindlichen Handelsregister, **IV**). Öffentl-rechtlicher Vertrag bzw. Verwaltungsvereinbarung: **VI. b) Voraussetzungen** des Widerrufs: **V.** Die Genehmigung ist **zwingend** zu widerrufen, wenn die Genehmigungsvoraussetzungen gem **I** bis **III**

entfallen sind. Bei **Mißbrauch** der Anlage ist die Genehmigung **widerrufbar.**

4. Abruf. a) Der einzelne Abruf wird nicht (vom Registergericht) kontrolliert. Für seine **Zulässigkeit** ist allein der Empfänger verantwortlich, **VII 1.** Das Registergericht ist nur zu einer Anlaßkontrolle verpflichtet, muß aber ein Stichprobenverfahren (s § 67 III HRV) einrichten, **VII 2, 3. b)** Daß die Benutzung der automatisierten Datei durch **unbefugte Dritte** verhindert werden muß, ergibt sich aus § 8 I S 2 Nr 3.

5. Datenschutz. a) Die aus dem Handelsregister gewonnenen personenbezogenen Daten sind vom Empfänger **zweckbezogen** zu verwenden. Darauf ist bei der Erteilung der Genehmigung gesondert hinzuweisen, **VIII. b)** Nicht öffentl Stellen iSv **II S 2 Nr 2** unterliegen der Aufsicht nach § 38 BDSG. Im Interesse des Datenschutzes ist es erforderl, daß auch anlaßunabhängige Kontrollen durchgeführt werden können, **IX.**

6. Gebühren: X

7. Reform: Der Entwurf eines Gesetzes über elektronische Register (ER JuKoG) will die Absätze 2–10 durch die folgenden Absätze 2–4 ersetzen.

„(2) Der Nutzer ist darauf hingewiesen, daß er die übermittelten Daten nur zu Informationszwecken verwenden darf. Die zuständige Stelle hat (z. B. durch Stichproben) zu prüfen, ob sich Anhaltspunkte dafür ergeben, daß die nach Satz 1 zulässige Einsicht überschritten oder übermittelte Daten mißbraucht werden.

(3) Die zuständige Stelle kann einen Nutzer, der die Funktionsfähigkeit der Abrufeinrichtung gefährdet, die nach Absatz 2 Satz 1 zulässige Einsicht überschreitet oder übermittelte Daten mißbraucht, von der Teilnahme an automatisierten Abrufverfahren ausschließen; dasselbe gilt bei drohender Überschreitung oder drohendem Mißbrauch.

(4) Zuständige Stelle ist die Landesjustizverwaltung. Örtlich zuständig ist die Behörde, in deren Bezirk das betreffende Registergericht liegt. Die Zuständigkeit kann durch Rechtsverordnung der Landesregierung abweichend geregelt werden. Sie kann diese Ermächtigung durch Rechtsverordnung auf die Landesjustizverwaltung übertragen."

Lit: *Noack,* BB 01, 1261.

§ 10 [Bekanntmachung der Eintragungen]

(1) ¹**Das Gericht hat die Eintragungen in das Handelsregister durch den Bundesanzeiger und durch mindestens ein anderes Blatt bekanntzumachen.** ²**Soweit nicht das Gesetz ein anderes vorschreibt, werden die Eintragungen ihrem ganzen Inhalte nach veröffentlicht.**

§ 11 Erstes Buch. Handelsstand

(2) Mit dem Ablaufe des Tages, an welchem das letzte der die Bekanntmachung enthaltenden Blätter erschienen ist, gilt die Bekanntmachung als erfolgt.

§ 11 [Bezeichnung der Amtsblätter]

(1) **Das Gericht hat jährlich im Dezember die Blätter zu bezeichnen, in denen während des nächsten Jahres die in § 10 vorgesehenen Veröffentlichungen erfolgen sollen.**

(2) **Wird das Handelsregister bei einem Gerichte von mehreren Richtern geführt und einigen sich diese über die Bezeichnung der Blätter nicht, so wird die Bestimmung von dem im Rechtszug vorgeordneten Landgerichte getroffen; ist bei diesem Landgericht eine Kammer für Handelssachen gebildet, so tritt diese an die Stelle der Zivilkammer.**

1   1. **Zweck** der **Bekanntmachung:** Einsichtsrecht, § 9 I; Publizität des Handelsregisters. Ihr **Gegenstand** ist der volle Inhalt der Eintragung, I 2.

2   2. **Besonderheiten: a) Zusätzliche** Angaben sind bekanntzumachen bei der AG (§§ 40, 45 III AktG uö), der GmbH (§§ 10 III, 54 II 2 GmbHG) u dem VVaG (§§ 33, 40 II VAG). **b) Nicht vollständig** bekanntzumachen sind die Eintragung einer KG (Keine Angabe zu den Kommanditisten, § 162 II) sowie Eintragungen im Register der Zweigniederlassung (§§ 13 VI, 13 c II 3). **c) Nicht** bekanntzumachen: Ein- u Austritt eines Kommanditisten; Erhöhung bzw Herabsetzung der Hafteinlage, §§ 162 III, 175 S 2; durch Euro-Umstellung bedingte Anmeldungen, Art 41 I 2 EGHGB. **d)** Bekanntmachungen im Insolvenzverfahren erfolgen durch das Insolvenzgericht; **Eintragung** in das Handelsregister: §§ 32, 34 V; **Bekanntmachung:** §§ 9, 23, 30 InsO.

3   3. **Publikationsorgane** sind der Bundesanzeiger (BAnz) u mindestens ein anderes Blatt, §§ 10 I 1, 11 I. Bezeichnung iSv **I:** § 11 HRV. Auswahl in richterlicher Unabhängigkeit; Kriterien: Celle BB 97, 2293; zur Anzahl: Berlin BB 97, 955 mAnm *Müther;* Beschwerde, § 19 FGG (Celle BB 97, 2293; str).

4   4. **Verfahren,** §§ 25, 27, 28, 32–34 HRV. Funktionelle Zuständigkeit: §§ 3 Nr 2 d, 17 RPflG, § 25 I HRV.

5   5. **Wirkungen** der Bekanntmachung: §§ 15, 25 II, 27 I, 28 II. **a)** § 10 II entscheidet nicht über den Zeitpunkt des Eintritts der Rechtswirkungen, soweit Gesetz Eintragungen in das Register ausreichen läßt (zB §§ 2, 3 II, III) oder aber gesonderte Regelung trifft (§ 15 II 2). **b)** Maßgebend ist der **Erscheinungstag;** nach § 10 II der Tag, an dem das letzte Blatt erscheint.

6   6. **Mitteilung** der Bekanntmachung hat zu erfolgen: **a)** ggüber Antragsteller, § 130 II FGG (verzichtbar); **b)** ggüber Industrie- u Handelskammer, § 37 I HRV; **c)** ggüber Finanzamt, § 8 KVStDV; **d)** ggüber

Zweiter Abschnitt. Handelsregister § 12

Gericht der Hauptniederlassung bei Eintragung oder Aufhebung einer Zweigniederlassung, § 13 IV, V; **e)** ggüber Gericht der Zweigniederlassung, § 13 a III.

§ 12 [Anmeldungen; Zeichnung von Unterschriften; Nachweis der Rechtsnachfolge]

(1) **Die Anmeldungen zur Eintragung in das Handelsregister sowie die zur Aufbewahrung bei dem Gerichte bestimmten Zeichnungen von Unterschriften sind in öffentlich beglaubigter Form einzureichen.**

(2) [1]**Die gleiche Form ist für eine Vollmacht zur Anmeldung erforderlich.** [2]**Rechtsnachfolger eines Beteiligten haben die Rechtsnachfolge soweit tunlich durch öffentliche Urkunden nachzuweisen.**

Lit: *Gustavus,* Handelsregister – Anmeldungen[3] (1996).

1. Zweck: Identitäts- oder Echtheitsprüfung, nicht Überprüfung der sachlichen Berechtigung. **1**

2. Anmeldung, I. a) Anmeldung ist die Erklärung, daß eine bestimmte Tatsache in das Handelsregister eingetragen werden soll. Wird wirksam mit Zugang bei Gericht (Düss NJW-RR 00, 703). Davon zu unterscheiden sind die der Anmeldung beigefügten Unterlagen. **b)** Die **Rechtsnatur** der Anmeldung ist str. Sie ist immer Verfahrenshandlung (Celle NJW-RR 00, 702), kann aber auch Doppelnatur haben, wenn ihr materiellrechtliche Bedeutung zukommt (Willenserklärung: §§ 2, 3 II; *RvWRöhricht* § 3 20; *BauHopt* § 12 1; organschaftlicher Akt: *StHüffer* § 8 43; aA *Schmidt* ZHR 1999, 92; s § 2 Rz 3). IE besteht Einigkeit, daß Vorschriften über Rechtsgeschäfte nur soweit angewendet werden können, als verfahrens- u organisationsrechtliche Erwägungen nicht entgegenstehen. §§ 104 ff, 130 I, II BGB sind (entspr) anwendbar. Auslegung aus der Sicht des Registergerichts (BayObLG BB 00, 1316). Die Anmeldung kann (auch wenn zugleich Willenserklärung, zB bei § 3 II) **nicht** angefochten oder bedingt (befristet) vorgenommen werden. Sie ist **bis** zur Eintragung (Unterschrift des Urkundsbeamten; Düss RPfl 89, 201) frei u formlos widerruflich. Nach Eintragung ist neue Anmeldung in der Form des § 12 erforderl. **c)** Anmeldung ist einzureichen durch den Anmeldepflichtigen bzw -berechtigten. **d)** Anmeldepflicht: § 8 Rz 20. **2**

3. Zeichnung einer Unterschrift (Unterschriftsprobe) ist von der Anmeldung zur Eintragung strikt zu trennen. Die Eintragung darf nicht von der Zeichnung abhängig gemacht werden; letztere ist selbständig zu erzwingen, § 14. Zeichnungspflicht besteht gem §§ 13 II, 13 a V, 13 b III, 29, 35, 53 II, 108 II, 148 III, 153 iVm 161 II; §§ 37 V, 81 IV, 266 V, 283 Nr 1 AktG; §§ 8 V, 39 IV, 67 V GmbHG. Die Zeichnung wird in den Registerakten (§ 8 II HRV) aufbewahrt. **3**

§ 12 Erstes Buch. Handelsstand

4 **4. Form, I:** Öffentl Beglaubigung. **a) Anmeldung:** öffentl beglaubigte schriftliche Erklärung, §§ 129 I 1 BGB iVm 40 BeurkG oder beglaubigte Abschrift davon, § 42 BeurkG (BayObLG 75, 140). Persönliche Anmeldung bei Gericht ist nicht (mehr) möglich. Eine Beglaubigung ist entbehrlich bei Anmeldung durch jur Person des öffentl Rechts, die eine von ihr als öffentl Behörde ausgestellte öffentl Urkunde einreicht (BayObLG 75, 230; BGH 45, 366). Auch: notarielle Beurkundung der Erklärung, § 129 II BGB (ersetzbar durch gerichtl protokollierten Vergleich, § 127 a BGB). **b) Unterschriftszeichnung:** § 41 BeurkG. **c)** Zur Vorlage **ausländischer** Urkunden s *StHüffer* § 12 29 ff. **d) I** ist unanwendbar auf durch Euro-Umstellung bedingte Anmeldungen, Art 43 I 1 EGHGB.

5 **5. Anmeldung durch Vertreter. II 1** bezieht sich nur auf die Anmeldung, nicht auf die Unterschriftszeichnung. Letztere ist höchstpersönlich. Zulässigkeit der Bevollmächtigung wird von **II 1** vorausgesetzt; vgl § 13 S 2 FGG. **II 1** betrifft nicht die ges Vertretung. Lit: *Schaub* MittBayNot 99, 539

6 **a) Vollmacht. aa)** Jede Vollmacht einer anmeldeberechtigten Person, aus der sich ergibt, daß sie die Anmeldung iSv § 12 mit einschließt; auch postmortale Vollmacht (BayObLG 75, 142). Eine Prokura deckt Anträge zum Handelsregister (BGH RPfl 92, 201), nicht jedoch Anträge, die die rechtl Grundlagen des eigenen Unternehmens betreffen (BGH aaO; *Joost* ZIP 92, 463). **bb) Form, II 1.** Abw von § 167 II BGB bedarf die Vollmachterteilung derselben Form wie die Anmeldung nach **I. cc)** Rechtsgeschäftliche Vertretung ist **unzulässig,** wenn die Anmeldung Erklärungen enthält, für deren Richtigkeit der Anmeldende in zivilrechtlicher (§§ 46, 48 AktG; §§ 9a, 57a IV GmbHG) u strafrechtlicher Hinsicht (§§ 399 AktG, 82 GmbHG) verantwortlich ist (BayObLG BB 86, 1533). Ges Vertretung s Rz 7. **dd)** Der **Notar** gilt unter den Voraussetzungen des § 129 FGG als ermächtigt, die Eintragung im Namen des Anmeldepflichtigen zu beantragen (widerlegliche Vermutung). **II 1** ist nicht anwendbar; anders, wenn der Notar als Bote des Anmeldepflichtigen fungiert (*StHüffer* § 12 13).

7 **b) Gesetzlicher Vertreter, Vertreter kraft Amtes, organschaftliche Vertretung.** Ges Vertreter muß Befugnis bzw Bestallung u evtl notwendige vormundschaftsgerichtl Genehmigung nachweisen. Hierfür besteht **kein** Formzwang. **aa)** Kraft Amtes sind Testvollstrecker, Insolvenz- u Nachlaßverwalter zur Anmeldung befugt. Nachw: §§ 56 II InsO, 2368 BGB. **bb) Handelsgesellschaften.** S Erl zu §§ 106–108; **II 1** unanwendbar. Nachw der Vertretungsmacht gem § 9 III 2. **cc) Aktiengesellschaft** u **GmbH** handeln durch ihre Organe in vertretungsberechtigter Zahl. Neu bestellter Geschäftsführer ist anmeldeberechtigt (Düss NJW-RR 00, 703). Antragsteller ist die Ges, nicht das Organ (BGH 105, 328; aA BayObLG AG 88, 380 in stRspr); bedeutsam für § 20 II FGG. In den Fällen der §§ 36 AktG u 78 GmbHG ist

Zweiter Abschnitt. Handelsregister **§ 13**

ein Handeln sämtlicher Vorstandsmitglieder oder Geschäftsführer erforderl. Bevollmächtigung bei Anmeldung der KapGes unzulässig, s Rz 6. **dd)** Bei ges Vertretung **zeichnet** der ges Vertreter.

6. Rechtsnachfolge, II 2. a) Bedeutung. Bei der vAw vorzuneh- 8
menden Überprüfung des Eintragungsantrags (s § 8 Rz 22 f) hat das Registergericht gem § 12 FGG die erforderl Ermittlungen anzustellen u Beweise aufzunehmen. **II 2** enthält eine Beschränkung der Beweismittelfreiheit auf öffentl Urkunden. Damit soll sichergestellt werden, daß Anmeldungen zum Handelsregister nur durch materiell berechtigte Personen vorgenommen werden. **b)** Rechtsnachfolge umfaßt Einzelwie Gesamtrechtsnachfolge: Erbfolge, Unternehmensveräußerung, Umwandlung, Verschmelzung. **c)** Der Begriff der **öffentl** Urkunde ist in § 415 I ZPO definiert. **d) Tunlich** meint, daß Nachw in dieser Form für den Antragsteller möglich u zumutbar sein muß (*HeySonnenschein/Weitemeyer* § 12 23). Bei (größeren) Schwierigkeiten muß sich Gericht mit anderen Nachw begnügen (vgl Hbg NJW 66, 986). Bei ges Erbfolge ist idR Vorlage eines Erbscheins erforderl (Hamm RPfl 86, 140). Verlangen des Nachw kann untunlich sein, wenn sich Rechtsnachfolge aus den Akten des Registergerichts selbst oder aus Nachlaßakten ergibt, die bei demselben Gericht geführt werden (BayObLG WM 83, 1093; Hamm RPfl 86, 140).

§ 13 [Zweigniederlassungen von Unternehmen mit Sitz im Inland]

(1) ¹**Die Errichtung einer Zweigniederlassung ist von einem Einzelkaufmann oder einer juristischen Person beim Gericht der Hauptniederlassung, von einer Handelsgesellschaft beim Gericht des Sitzes der Gesellschaft zur Eintragung in das Handelsregister des Gerichts der Zweigniederlassung anzumelden.** ²**Das Gericht der Hauptniederlassung oder des Sitzes hat die Anmeldung unverzüglich mit einer beglaubigten Abschrift seiner Eintragungen, soweit sie nicht ausschließlich die Verhältnisse anderer Niederlassungen betreffen, an das Gericht der Zweigniederlassung weiterzugeben.**

(2) **Die gesetzlich vorgeschriebenen Unterschriften sind zur Aufbewahrung beim Gericht der Zweigniederlassung zu zeichnen; für die Unterschriften der Prokuristen gilt dies nur, soweit die Prokura nicht ausschließlich auf den Betrieb einer anderen Niederlassung beschränkt ist.**

(3) ¹**Das Gericht der Zweigniederlassung hat zu prüfen, ob die Zweigniederlassung errichtet und § 30 beachtet ist.** ²**Ist dies der Fall, so hat es die Zweigniederlassung einzutragen und dabei die ihm mitgeteilten Tatsachen nicht zu prüfen, soweit sie im Handelsregister der Hauptniederlassung oder des Sitzes eingetragen sind.** ³**Die Eintragung hat auch den Ort der Zweignieder-**

Roth

§ 13

lassung zu enthalten; ist der Firma für die Zweigniederlassung ein Zusatz beigefügt, so ist auch dieser einzutragen.

(4) ¹Die Eintragung der Zweigniederlassung ist von Amts wegen dem Gericht der Hauptniederlassung oder des Sitzes mitzuteilen und in dessen Register zu vermerken; ist der Firma für die Zweigniederlassung ein Zusatz beigefügt, so ist auch dieser zu vermerken. ²Der Vermerk wird nicht veröffentlicht.

(5) Die Vorschriften über die Errichtung einer Zweigniederlassung gelten sinngemäß für ihre Aufhebung.

(6) Die Bekanntmachung von Eintragungen im Handelsregister des Gerichts der Zweigniederlassung beschränkt sich auf

1. die Errichtung und Aufhebung der Zweigniederlassung,
2. die Firma,
3. den Zusatz, wenn der Firma für die Zweigniederlassung ein Zusatz beigefügt ist,
4. den Ort der Zweigniederlassung,
5. den Ort der Hauptniederlassung oder den Sitz und
6. die Tatsachen, die nur die Verhältnisse der Zweigniederlassung betreffen.

1 **1. Allgemeines. a) Inhalt.** §§ 13–13 h sind registerrechtliche Vorschriften, die die Anmeldepflicht für eine **Zweigniederlassung** festlegen. Materiellrechtliche Fragen werden nicht geregelt. Die bisher auf mehrere Gesetze verstreuten registerrechtlichen Vorschriften über Zweigniederlassungen (§§ 42–44 AktG, 12 GmbHG, 13 c aF) wurden durch das Gesetz v 22. 7. 1993, BGBl I S 1282, den Vorgaben der Rili 89/666/EWG, ABl 1989 L 395/36, angepaßt u durch das Gesetz v 18. 1. 2001, BGBl I S 123, ergänzt. § 13 konzentriert das Registrierverfahren beim Gericht der Hauptniederlassung.

2 **b) Systematik.** Das Gesetz trennt zwischen Vorschriften über **Zweigniederlassungen** von Unternehmen mit Sitz im Inland (§§ 13–13 c) u Unternehmen mit Sitz im Ausland (§§ 13 d–13 g) sowie der Verlegung der **Hauptniederlassung** im Inland (§ 13 h), nicht aber in das Inland oder aus dem Inland heraus. §§ 13–13 c sind auf Gesellschaften deutschen Rechts („GmbH", „AG") zugeschnitten. Dies setzt einen Verwaltungssitz im Inland voraus (§ 13 d Rz 3; § 106 Rz 2); ebenso eine Eintragung im Handelsregister der Hauptniederlassung bzw des Satzungssitzes (im Inland). Die Normgruppen sind in sich abgeschlossene Regelungskomplexe; sie ergänzen sich nicht (*Seibert* DB 93, 1705; *Kindler* NJW 93, 3302). Die §§ 13 d–13 g sind im Lichte der Rili 89/666/EWG auszulegen (ggf Vorlage zum EuGH, Art 234 EG).

3 **c)** Für **Publizitätswirkungen** kommt es auf die Eintragung u Bekanntmachung durch das Gericht der **Zweigniederlassung** an, § 15 IV; s aber § 15 Rz 35.

§ 13 Zweiter Abschnitt. Handelsregister

2. Zweigniederlassung. a) Begriff. aa) Die Begriffe der Zweig- 4
niederlassung, Hauptniederlassung u Niederlassung werden **nicht definiert**. Wird der Begriff der Niederlassung verwendet, entscheidet der Normzweck, ob damit die Haupt- oder/u Zweigniederlassung gemeint ist (**II 2 HS, §§** 29, 31 I, 50 III, 126 III).

bb) Die **Hauptniederlassung** ist der (einzige) räumliche Mittel- 5
punkt des Unternehmens, von dem aus die Geschäfte dauerhaft geleitet werden. Betreibt der Kaufmann mehrere Handelsgeschäfte (s § 1 Rz 24), bestehen mehrere Hauptniederlassungen (*StHüffer* vor § 13 8). Bei HandelsGes bezeichnet das Gesetz die Hauptniederlassung als **Sitz** (§ 106 Rz 2). Bei jur Personen wird der Sitz durch Satzung bzw Vertrag festgelegt (§ 23 III Nr 1 AktG; § 3 I Nr 1 GmbHG). Das Unternehmen kann nur einen Sitz haben (str; *BauHueck* § 3 7). Dieser ist dann Hauptniederlassung, auch wenn der Mittelpunkt des Unternehmens an einem anderen Ort ist (str).

cc) Eine **Zweigniederlassung** muß (auf Dauer) so eingerichtet 6
sein, daß sie auch ohne Hauptniederlassung als selbständiges Unternehmen weitergeführt werden kann (BayObLG BB 80, 335). Folgende Merkmale sind wichtig: **(1)** Die Zweigniederlassung muß **sachlich** die gleichen, wenn auch nicht alle Geschäfte der Hauptniederlassung betreiben. **(2)** Räumliche Trennung. **(3)** Selbständiges Auftreten im Geschäftsverkehr: Unabhängigkeit von der Hauptniederlassung; nicht bloße Hilfs- u Ausführungsgeschäfte (Lager, Vertriebsstätten, Agenturen). **(4)** Organisatorische Selbständigkeit: gesondertes Geschäftsvermögen (str); gesonderte Buchführung, die aber auch zentral geführt werden kann (BGH NJW 72, 1860; BayObLG BB 80, 335); idR eigenes Bankkonto. **(5) Personelle** Selbständigkeit: Die Zweigniederlassung muß einen Leiter haben, der Geschäfte **selbständig** abschließen kann (zumindest Handlungsvollmacht), vorbehaltlich: **(6)** Weisungsgebundenheit im Innenverhältnis, die freilich nicht allumfassend sein darf.

b) Errichtung u **Auflösung** der Zweigniederlassung sind rein tat- 7
sächliche Vorgänge. Die Eintragung hat nur deklaratorische Bedeutung (BayObLG DB 79, 1936).

c) Die **Firma** der Zweigniederlassung kann – ohne Zusatz (RG 113, 8
218) – die der Hauptniederlassung sein; anders bei § 30 III. Sie kann abweichen, wobei die Zweigniederlassung durch bloßen Zusatz markiert, aber auch ein anders lautender Firmenkern gewählt werden kann (arg § 50 III); bisher notwendig, daß Firma der Hauptniederlassung in einem Zusatz auftaucht (BayObLG BB 92, 944; aA RG 113, 218). Da Grundsatz der Firmeneinheit zu überdenken (§ 17 Rz 15), ist daran nicht festzuhalten. Mehrere Niederlassungen können unterschiedliche Firmen führen. S auch § 13 a Rz 2.

d) Vertretung. Die Zweigniederlassung hat keinen eigenen Vertre- 9
ter (anders: § 106 III 1 VAG; § 53 II Nr 1 KWG). Die Vertretungs-

§ 13 Erstes Buch. Handelsstand

macht kann auf den Betrieb einer Zweigniederlassung beschränkt oder der Betrieb der Zweigniederlassung von der Vertretungsmacht ausgenommen werden, wenn die Zweigniederlassung eine eigene Firma (s Rz 8) führt: §§ 50 III (Prokura; entspr gilt bei anderen Vollmachten), 126 III, 161 II. Dies gilt nicht für Organe der AG (§ 82 I AktG), GmbH (§ 37 II GmbHG) u Genossenschaft (§ 27 GenG).

10 e) Die Zweigniederlassung ist Teil des jeweiligen Unternehmens u als solche **nicht rechtsfähig.** Sie ist weder partei- (BGH 4, 65), noch insolvenz- noch grundbuchfähig (*MKHGBBokelmann* § 13 20: Einzelkaufmann kann nur mit Namen eingetragen werden); aber: bei abw Firma einer Zweigniederlassung einer HandelsGes kann Eintragung unter dieser Firma erfolgen (RG 62, 10; Bonn NJW 70, 570). Bei Umschreibung von Zweig- auf Hauptniederlassung (u umgekehrt): Grundbuchberichtigung. Sie kann aber unter ihrer Firma klagen u verklagt werden (BGH 4, 65). Träger des der Zweigniederlassung zugewiesenen Vermögens ist der Träger des Unternehmens.

11 3. **Eintragung. a)** I 1 begr eine **Pflicht** zur Anmeldung der **Errichtung** (Rz 7; **nach** Errichtung: § 13 c) der Zweigniederlassung (Rz 6). **b) Anmeldepflichtig:** Einzelkaufmann; vertretungsberechtigte Gesellschafter der OHG, KG (§§ 125, 161 II), Vorstand der AG (§ 13 a II 1), Geschäftsführer der GmbH (§ 13 b II 1). **c)** § 13 bezieht sich auf die Zweigniederlassung eines Unternehmens **mit Sitz im Inland** (Rz 5; für Sitz im Ausland: §§ 13 d–13 g). Die Zweigniederlassung muß im Inland belegen sein; im Ausland belegene Zweigniederlassungen können im deutschen Handelsregister nicht eingetragen werden. **d) Form** der Anmeldung: § 12. **Inhalt:** § 8 Rz 5 ff. Zusätzliche Unterlagen bei AG u GmbH: §§ 13 a, 13 b; s auch § 33. **e) Örtl zuständig** für die Anmeldung, **I 1,** u Zeichnung der Unterschriften, II: **Gericht der Hauptniederlassung** bzw des Sitzes. Ebenso für die Erzwingung der Anmeldung, § 14. **f) Prüfung.** Das Gericht der Hauptniederlassung nimmt (mit Ausnahme der in **III 1** angesprochenen Punkte) eine umfassende Prüfung der Anmeldung in formeller u materieller Hinsicht (s § 8 Rz 22–23; einschl Firma der Zweigniederlassung; BayObLG DB 95, 1456) vor u gibt dann die Anmeldung mit beglaubigter Abschrift der Eintragungen, **I 2,** an das Gericht der Zweigniederlassung weiter. Dieses prüft (**III 1;** ausschließlich), ob eine Zweigniederlassung (Rz 6) tatsächlich errichtet worden ist u ob die Firma den Anforderungen des § 30 III (Firmenunterscheidbarkeit) entspricht (dazu § 23 HRV; Karlsr RPfl 97, 482). Das Gericht der Zweigniederlassung übernimmt die ihm mitgeteilten Eintragungen **ohne** eigene Nachprüfung, **III 2** (BayObLG WM 88, 1266), bei Unrichtigkeit bzw Bedenken (zB fehlende Kaufmannseigenschaft) soll Mitteilung an das Gericht der Hauptniederlassung erfolgen (BayObLG DB 95, 1456; Karlsr RPfl 97, 482). **g) Eintragung** der Zweigniederlassung erfolgt auf gesondertem Registerblatt (§ 13 IV HRV) mit Ort der Zweigniederlassung, **III 2, 1 HS,** u Firma, wenn von Firma der Hauptnieder-

Zweiter Abschnitt. Handelsregister § 13 a

lassung verschieden, **III 2, 2 HS**, sowie den vom Gericht der Hauptniederlassung mitgeteilten Tatsachen. **h) Bekanntmachung: VI**, Begrenzung von Doppelbekanntmachungen, s iü §§ 10, 11. **i) Mitteilung** der Eintragung der Zweigniederlassung an das Gericht der Hauptniederlassung; dieses veranlaßt einen Vermerk: **IV**.

4. Die **Aufhebung** der Zweigniederlassung, **V**, erfolgt in demselben Verfahren wie die Errichtung; die Anmeldung erfolgt beim Gericht der Hauptniederlassung (Rz 5). Die Prüfung des Gerichts der Zweigniederlassung beschränkt sich darauf festzustellen, ob die Niederlassung nicht mehr den Kriterien iSv Rz 6 entspricht. 12

5. Zur **Verlegung** s § 13 c Rz 5. 13

§ 13 a [Zweigniederlassungen von Aktiengesellschaften mit Sitz im Inland]

(1) Für Zweigniederlassungen von Aktiengesellschaften gelten ergänzend die folgenden Vorschriften.

(2) ¹**Die Errichtung einer Zweigniederlassung ist durch den Vorstand anzumelden.** ²**Der Anmeldung ist eine öffentlich beglaubigte Abschrift der Satzung beizufügen.**

(3) Die Eintragung hat auch die Angaben nach § 39 des Aktiengesetzes zu enthalten.

(4) Die Vorschriften über die Zweigniederlassungen von Aktiengesellschaften gelten sinngemäß für die Zweigniederlassungen von Kommanditgesellschaften auf Aktien, soweit sich aus den Vorschriften der §§ 278 bis 290 des Aktiengesetzes oder aus dem Fehlen eines Vorstands nichts anderes ergibt.

1. **Allgemeines.** § 13 a ergänzt § 13 für inländische Zweigniederlassungen inländischer AGs, **I.** 1

2. **Zweigniederlassung. a) Begriff:** § 13 Rz 6. **b) Errichtung** (§ 13 Rz 7): Akt der Geschäftsführung, der den vertretungsberechtigten Organen zusteht (Vorstand; Bindung an die Zustimmung des Aufsichtsrats möglich, § 111 IV AktG). **c) Firma:** § 13 Rz 8. Muß in die Satzung aufgenommen werden, wenn nicht bloßer Zusatz, sondern (im Kern) abw Firma gewählt wird (BayObLG 90, 158; 92, 61 f, str); wichtig wg Prüfungsrechts des Registergerichts. 2

3. **Eintragung. Anmeldung** durch den Vorstand, **II 1**, §§ 76 ff AktG, in öffentl beglaubigter Form, § 12 Rz 4. Satzung: **II 2.** Iü s § 13 Rz 11. Anzumelden u einzutragen sind auch die in § 39 AktG genannten Angaben (Sitz; Unternehmensgegenstand; Höhe des Grundkapitals; Tag der Feststellung der Satzung; Vorstandsmitglieder; Vertretungsbefugnis; uU genehmigtes Kapital; Dauer der Ges), **III.** 3

4. **Bekanntmachung:** § 13 VI. Bekanntgabe: §§ 10, 11. Daneben: § 25 AktG. 4

5. Für die KGaA gelten die §§ 13, 13 a sinngemäß, **IV.** 5

Roth 55

§§ 13 b, 13 c

§ 13 b [Zweigniederlassungen von Gesellschaften mit beschränkter Haftung mit Sitz im Inland]

(1) Für Zweigniederlassungen von Gesellschaften mit beschränkter Haftung gelten ergänzend die folgenden Vorschriften.

(2) ¹Die Errichtung einer Zweigniederlassung ist durch die Geschäftsführer anzumelden. ²Der Anmeldung ist eine öffentlich beglaubigte Abschrift des Gesellschaftsvertrages und der Liste der Gesellschafter beizufügen.

(3) Die Eintragung hat auch die in § 10 Abs. 1 und 2 des Gesetzes betreffend die Gesellschaften mit beschränkter Haftung bezeichneten Angaben zu enthalten.

1 1. **Allgemeines.** § 13 b ergänzt § 13 für inländische Zweigniederlassungen inländischer GmbHs, **I**.

2 2. **Zweigniederlassung. a) Begriff:** § 13 Rz 6. **b) Errichtung** (§ 13 Rz 7): Akt der Geschäftsführung, der den Geschäftsführern zusteht, §§ 35 I, 37 II GmbHG (GesVertrag kann mit Wirkung für das Innenverhältnis einen Gesellschafterbeschluß verlangen).

3 3. **Eintragung.** Anmeldung durch die Geschäftsführer, **II 1**, in öffentl beglaubigter **Form,** § 12 Rz 4. Anzumelden sind GesVertrag, Gesellschafter sowie die in §§ 10, 11 I GmbH genannten Angaben (Firma; Sitz; Gegenstand; Stammkapital; Tag des Abschlusses des Ges-Vertrages; Geschäftsführer; Vertretungsbefugnis; ggf Zeitdauer), **III. Prüfung** durch Gericht der Zweigniederlassung: nicht weiter als bei § 13 III (BayObLG DB 95, 1456).

4 4. **Bekanntmachung:** § 13 IV. Bekanntgabe: §§ 10, 11.

§ 13 c [Bestehende Zweigniederlassungen von Unternehmen mit Sitz im Inland]

(1) Ist eine Zweigniederlassung in das Handelsregister eingetragen, so sind alle Anmeldungen, die die Hauptniederlassung oder die Niederlassung am Sitz der Gesellschaft oder die eingetragenen Zweigniederlassungen betreffen, beim Gericht der Hauptniederlassung oder des Sitzes zu bewirken; es sind so viel Stücke einzureichen, wie Niederlassungen bestehen.

(2) ¹Das Gericht der Hauptniederlassung oder des Sitzes hat seine Eintragung unverzüglich mit einem Stück der Anmeldung von Amts wegen den Gerichten der Zweigniederlassungen mitzuteilen. ²Die Gerichte der Zweigniederlassungen haben die Eintragung ohne Nachprüfung in ihr Handelsregister zu übernehmen. ³Eintragungen im Register der Zweigniederlassungen werden von den Gerichten der Zweigniederlassungen nur bekannt gemacht, soweit sie die in § 13 Abs. 6 angeführten Tatsachen betreffen. ⁴Im Bundesanzeiger wird die Eintragung

Zweiter Abschnitt. Handelsregister § 13 c

im Handelsregister der Zweigniederlassung nicht bekanntgemacht. [5] Sind für mehrere Zweigniederlassungen von demselben Gericht übereinstimmende Eintragungen bekanntzumachen, ist in der Bekanntmachung die Eintragung nur einmal wiederzugeben und anzugeben, für welche einzelnen Zweigniederlassungen sie vorgenommen worden ist.

(3) [1] Betrifft die Anmeldung ausschließlich die Verhältnisse einzelner Zweigniederlassungen, so sind außer dem für das Gericht der Hauptniederlassung oder des Sitzes bestimmten Stück nur so viel Stücke einzureichen, wie Zweigniederlassungen betroffen sind. [2] Das Gericht der Hauptniederlassung oder des Sitzes teilt seine Eintragung nur den Gerichten der Zweigniederlassungen mit, deren Verhältnisse sie betrifft. [3] Die Eintragung im Register der Hauptniederlassung oder des Sitzes wird in diesem Fall nur im Bundesanzeiger bekanntgemacht.

(4) Absätze 1 bis 3 gelten sinngemäß für die Einreichung von Schriftstücken und die Zeichnung von Unterschriften.

1. Allgemeines. Die Vorschrift ergänzt § 13 für Anmeldungen, die eine **eingetragene** Zweigniederlassung betreffen. Sie verwirklicht (wie § 13) den Grundsatz der **Konzentration** des Verfahrens beim Gericht der Hauptniederlassung (s § 13 Rz 1). Durch Ausschluß jeglicher Prüfungstätigkeit des Gerichts der Zweigniederlassung, **II 2,** soll jede wg § 15 IV (Maßgeblichkeit des Registers der Zweigniederlassung) bedeutsame Abweichung in den Registern vermieden werden. Das Register der Zweigniederlassung soll erschöpfend Auskunft geben über die Rechtsverhältnisse der Zweigniederlassung, nicht aber über die anderen (Haupt-)Niederlassungen. 1

2. Verfahren. a) Anmeldung. I–III betreffen alle eintragungsfähigen Tatsachen (s § 8 Rz 4 f) unabhängig davon, ob sie die Zweigniederlassung oder die Hauptniederlassung betreffen. **aa)** Die Anmeldung ist in so vielen Stücken einzureichen wie Niederlassungen bestehen, **I 2 HS** (Ausnahme: **II 1, 2**), zzgl eines, das beim Gericht des Sitzes verbleibt; auch wenn für die Haupt- u Zweigniederlassung dasselbe Gericht zuständig ist (BayObLG RPfl 70, 287). **bb) Form:** § 12; Mehrstücke auch in beglaubigter Abschrift. **cc) Zuständigkeit:** Gericht der Hauptniederlassung bzw des Sitzes (ausschließliche Zuständigkeit), auch wenn sich Anmeldung auf Zweigniederlassung bezieht, **I 1 HS.** Beim Gericht der Hauptniederlassung liegt (anders als bei § 13) die **ausschließliche Prüfungszuständigkeit;** dies auch für Firmenänderung nur bei der Zweigniederlassung (Nbg RPfl 84, 218). **dd) Eintragung:** im Register der **Hauptniederlassung** (bzw des Sitzes). **Bekanntmachung** dieser Eintragung: §§ 10, 11. Im Falle von **III 1** erfolgt Bekanntmachung nur im BAnz: **III 3. ee) Mitteilung** der Eintragung (unverzüglich); **II 1**) durch das Gericht der Hauptniederlassung an Gericht(e) der **Zweigniederlassung,** dessen (deren) Verhältnisse betroffen sind, **III 2,** unter Beifügung eines Stückes der An- 2

Roth 57

meldung, **II 1**. Das Gericht der Zweigniederlassung übernimmt die **Eintragung** ohne **Nachprüfung** in das Register, **II 2**, u sorgt für **Bekanntmachung** im Rahmen des **II 3**, § 13 VI, gem §§ 10, 11 in den Zusatzblättern, nicht aber im BAnz, **II 4**. Sind für mehrere Zweigniederlassungen im Registerbezirk wortgleiche Eintragungen bekanntzumachen, gilt zur Vereinfachung **II 5**. ff) Bei einer Anmeldung, die nur die Verhältnisse einer **einzelnen** Niederlassung betrifft (zB Filialprokura), gilt **III** betr Stückzahl der Anmeldungen u Mitteilung. Die Eintragung im Register der Hauptniederlassung (des Sitzes) wird (abw von **I–II**) nur im BAnz, nicht aber in den Blättern iSv § 11 bekanntgemacht, **III 3**.

3 b) **Schriftstücke** u **Unterschriftszeichnungen** sind beim Gericht der Hauptniederlassung (des Sitzes) einzureichen, **IV** iVm **I**; erforderl Anzahl u Weiterleitung, **IV** iVm **II, III**. Mehrstücke von Unterschriftszeichnungen nur als beglaubigte Kopie (§ 39 BeurkG), da es auf individuellen Schriftzug ankommt.

4 3. **Löschung** vAw im Register der Zweigniederlassung ist vom Gericht der Hauptniederlassung (des Sitzes) zu veranlassen. Letzteres ist auch für Zwangsmaßnahmen nach § 14 zuständig. Nichtexistente Zweigniederlassung ist vom Gericht der Zweigniederlassung zu löschen, § 13 III 1 iVm § 142 FGG.

5 4. **Verlegung** einer Zweigniederlassung: vom Gesetz nicht geregelt; § 13 c analog (*RvWAmmon* § 13 c 13; *MKHGBBokelmann* § 13 c 7; aA Stgt BB 63, 1152: § 13 h analog); Grund: Verfahrenskonzentration.

§ 13 d [Sitz oder Hauptniederlassung im Ausland]

(1) Befindet sich die Hauptniederlassung eines Einzelkaufmanns oder einer juristischen Person oder der Sitz einer Handelsgesellschaft im Ausland, so haben alle eine inländische Zweigniederlassung betreffenden Anmeldungen, Zeichnungen, Einreichungen und Eintragungen bei dem Gericht zu erfolgen, in dessen Bezirk die Zweigniederlassung besteht.

(2) Die Eintragung der Errichtung der Zweigniederlassung hat auch den Ort der Zweigniederlassung zu enthalten; ist der Firma der Zweigniederlassung ein Zusatz beigefügt, so ist auch dieser einzutragen.

(3) Im übrigen gelten für die Anmeldungen, Zeichnungen, Einreichungen, Eintragungen und Bekanntmachungen, die die Zweigniederlassung eines Einzelkaufmanns, einer Handelsgesellschaft oder einer juristischen Person mit Ausnahme von Aktiengesellschaften, Kommanditgesellschaften auf Aktien und Gesellschaften mit beschränkter Haftung betreffen, die Vorschriften für Hauptniederlassungen oder Niederlassungen am Sitz der Gesellschaft sinngemäß, soweit nicht das ausländische Recht Abweichungen nötig macht.

Zweiter Abschnitt. Handelsregister **§ 13 d**

1. Allgemeines. §§ 13 d–g enthalten eine abgeschlossene Regelung 1
für Eintragungen betr inländische Zweigniederlassungen von Unternehmen mit **Sitz** (Hauptniederlassung) **im Ausland**. Es handelt sich um fremdenrechtliche (nicht: Kollisions-) Normen. Sie gehen davon aus, daß der Kaufmann, die jur Person bzw. die Ges nicht unter §§ 13–13 c fallen u daher eine Eintragung im Handelsregister bei einem inländischen Gericht nicht vorliegt.

a) Inhalt. § 13 d gilt für alle Unternehmen (mit Einschränkungen in 2
III), ergänzt durch § 13 e für KapitalGes, § 13 f für AGs u § 13 g für GmbHs. Die inländische Zweigniederlassung wird registerrechtlich wie eine inländische Hauptniederlassung behandelt (BayObLG RIW 86, 296; RIW 87, 52), mit der Konsequenz, daß die Anmeldung der Zweigniederlassung wie eine Hauptniederlassung vorzunehmen u vom Gericht der Zweigniederlassung (abw von §§ 13, 13 a) voll zu überprüfen ist. Da Registerrecht Verfahrensrecht ist, wenden deutsche Gerichte grds deutsches Recht an (BayObLG 73, 209, soweit nicht ausländisches Recht noch strengere Formen vorschreibt). Lit: Rinne, Zweigniederlassungen ausländischer Unternehmen im deutschen Kollisions- u Sachrecht (1998).

b) Ausländisches Recht kommt ins Spiel: **aa)** Bei Inbezugnahme 3
durch die Sachnorm, **III. bb)** Im Wege der **Substitution:** ausländische Ges sind vergleichbaren deutschen Gesellschaftstypen zuzuordnen (etwa bei Eintragung in Abteilung A oder B des Registers). **cc)** Die Eintragung einer Zweigniederlassung einer jur Person setzt „Anerkennung" der **Rechtsfähigkeit** voraus, über die mittels kollisionsrechtlicher Verweisung das Gesellschaftsstatut urteilt. Die Rspr folgt der sog **Sitztheorie** (BGH 78, 334; ZIP 00, 967; BayObLG NJW-RR 99, 401), die die Rechtsordnung des effektiven Verwaltungssitzes (BGH 97, 272) zur Anwendung beruft (einschl des Kollisionsrechts: BGH NJW 94, 940; Weiter- u Rückverweisung sind zu beachten). Die Maßgeblichkeit ausländischen Rechts wird in **III** vorausgesetzt. Die Vereinbarkeit der Sitztheorie mit Art 43, 48 EG ist str (bejahend: Brdbg ZIP 00, 1617; Überblick: *MKGBGBKindler*[3] IntGesR 358–373). EuGH 1988, 5483 („Daily Mail") ist ausgewichen; EuGH 1999, I-1459 („Centros") hat die Frage nicht entschieden (sehr str; *Zimmer* ZHR 164, 23; *W-H Roth* ZGR 00, 311). Die Probleme liegen im wesentlichen im Sachrecht (*W-H Roth* ZEuP 94, 18 ff) s § 13 h Rz 4.

2. Grundbegriffe. a) Zweigniederlassung. Da § 13 d der Umset- 4
zung der Rili 89/666/EWG dient, entscheidet (autonom auszulegendes) EG-Recht über den Begriff: Die Rili definiert ihn nicht, geht aber von einem einer TochterGes vergleichbaren wirtschaftlichen u sozialen Einfluß aus (6. Erwägung); die Rspr zu Art 5 Nr 5 EuGVÜ kann herangezogen werden (zB EuGH 78, 2193; 81, 828: „Mittelpunkt geschäftlicher Tätigkeit, der auf Dauer als Außenstelle eines Stammhauses hervortritt"). IE dürften die in § 13 Rz 6 genannten Merkmale das Richtige treffen (ggf Vorlage, Art 234 EG).

§ 13 d   Erstes Buch. Handelsstand

5 **b) Hauptniederlassung: effektiver Verwaltungssitz** (im Sinne der Sitztheorie; s BGH 97, 272); Rili 89/666/EWG insoweit nicht relevant. Nachweis durch Handelsregisterauszug (soweit möglich) oder Gründungsbescheinigung (certificate of incorporation); BayObLG 85, 276; *MKHGBBokelmann* § 13 d 5 ff.

5 a **c)** Für die Begriffe **Einzelkaufmann, juristische Person** u **Handelsgesellschaft** ist (von der Rili 89/666/EWG nicht beeinflußtes) deutsches Sachrecht maßgeblich. Die **Kaufmannseigenschaft** ist nach den Kriterien der §§ 1 ff zu beurteilen; dabei sind ausländische Rechtsinstitute zu substituieren, die Eintragung in ein ausländische Register gleichzustellen. Kennt das Sitzrecht den Kaufmannsbegriff (bzw die Eintragung in ein Register) nicht, entscheidet § 1 II. Für die in III genannten AG, KGaA u GmbH kommt es darauf an, ob es sich um Ges mit vergleichbarer Rechtsform handelt; bei Ges mit Sitz in der EU u dem EWR ist Vorgaben der Rili 68/151/EWG zu folgen (*Kindler* NJW 93, 3303). Iü ist Vergleichbarkeit im Wege rechtsvergleichender **Qualifikation** zu ermitteln (Vergleichbarkeit nach Struktur, Kapital, Haftung etc).

6 **3. Verfahren. a) Zuständigkeit.** Alle die inländische Zweigniederlassung betr Anmeldungen, Zeichnungen u Einreichungen haben beim örtl zuständigen Gericht der Zweigniederlassung zu erfolgen, **I. b)** Für die **Anmeldung** (in deutscher Sprache) gelten, ebenso wie für Zeichnungen u Eintragungen, die Vorschriften für die inländische Hauptniederlassung (Sitz) sinngemäß, **III**, dh soweit nicht das ausländische Recht zu Abweichungen nötigt (kein Anpassungszwang; BayObLG 86, 356). Ausdr ausgenommen sind der AG, KGaA u GmbH vergleichbare Ges; für sie gelten §§ 13 e–g. Eingehend zu Umfang u Grenzen der Anmeldeunterlagen BayObLG RIW 87, 52. **Form:** § 12. **c) Anmeldepflichtig** (u dem Zwangsgeld nach § 14 unterworfen) sind der Einzelkaufmann u bei Ges diejenigen Personen, die nach dem maßgeblichen Recht (Gesellschaftsstatut) den nach dem deutschen Recht Anmeldepflichtigen gleichstehen: bei PersonenhandelsGes sämtliche Gesellschafter; bei jur Personen alle Mitglieder des Vorstands (BayObLG DB 85, 2670); s aber § 13 e Rz 3. Str (aber zu verneinen) ist die Anmeldepflicht des verantwortlichen Leiters der Zweigniederlassung (*StHüffer* § 13 b 22). **d) Eintragungsfähigkeit.** Geschäftsleiter gem § 53 II Nr 1 KWG sind eintragbar (BayObLG 73, 209 f; Ffm WM 79, 957), ebenso Hauptbevollmächtigter gem § 106 III 4 VAG nF. **e) Prüfung.** Das Gericht prüft wie bei der Eintragung einer Hauptniederlassung (BayObLG NJW 99, 654), ob die Voraussetzungen für die Eintragung vorliegen, etwa die Wirksamkeit der Gründung. Keine Bindung an ausländische Entscheidungen u Registereintragungen (BayObLG RIW 86, 297). Die Rechtsfähigkeit wird auf Grundlage deutschen Kollisionsrechts (Sitztheorie) ermittelt. Verbleiben trotz § 12 FGG hinsichtlich des Verwaltungssitzes Zweifel, muß der Anmelder die Voraussetzungen für eine nach ausländischem Recht zu beurteilende

Rechtsfähigkeit (u damit: Verwaltungssitz im Ausland) nachweisen. Iü gebietet **III** Rücksichtnahme auf zwingende Erfordernisse des ausländischen Rechts. Soweit das Gesellschaftsstatut Fragen der Struktur der Ges, des Gründungsvorgangs u der Rechte der Organe dem ausländischen Recht unterstellt, ist das Registergericht daran gebunden (vgl auch BayObLG RIW 87, 53). Es können aber Angaben verlangt werden, die das Heimatrecht nicht verlangt. **f) Eintragung u Bekanntmachung** sind nach allg Grundsätzen vorzunehmen, zusätzlich sind Ort u evtl Firmenzusätze einzutragen, **II**.

4. Firma. Maßgebendes Recht beim Einzelkaufmann: Ort der 7 Hauptniederlassung; bei Ges: Gesellschaftsstatut (Verwaltungssitz). Ob die (nach ausländischem Recht) wirksam gebildete Firma auch für die inländische Zweigniederlassung verwendet werden kann, entscheidet deutsches Recht als Recht des Gebrauchsorts; §§ 30 III u 13 d II sind anzuwenden, evtl auch der ordre public (Art 6 EGBGB). Ein eine ausländische Gesellschaftsform andeutender Zusatz kann verlangt werden, nicht aber der Zusatz AG oder GmbH. Die Firma mußte bisher Zweigniederlassung erkennen lassen; im Hinblick auf § 13 Rz 7, § 17 Rz 15 wohl nicht mehr. Sie muß § 18 genügen (BayObLG DB 86, 1325; dabei großzügiger Maßstab vonnöten). Für ausländische Unternehmen mit Sitz in der EU (u dem EWR) ist zu beachten, daß Art 43 EG (bzw Art 31 EWRV) zu einer bes zurückhaltenden Anwendung deutscher Maßstäbe des Firmenrechts zwingt (EuGH 1999 I-2835 – „Pfeiffer"; *Bokelmann* ZGR 94, 340 ff). Zum int Firmenrecht s iü § 17 Rz 26–27.

5. Vereinbarkeit mit Art 43 EG. § 13 d behandelt Zweignieder- 8 lassungen ausländischer Unternehmen formal anders als solche inländischer Unternehmen. Ein Verstoß gg Art 43 EG ist trotzdem zu verneinen, weil es an einer materiellen Diskriminierung fehlt (vgl EuGH EuZW 95, 179) u iü das Allgemeininteresse am Verkehrsschutz die Regelung rechtfertigt. Die diff Behandlung von Zweigniederlassungen u bloßen Betriebsstätten ist im Hinblick auf Verkehrsschutzinteressen ebenfalls mit Art 43 EG zu vereinbaren.

§ 13 e [Zweigniederlassungen von Kapitalgesellschaften mit Sitz im Ausland]

(1) Für Zweigniederlassungen von Aktiengesellschaften und Gesellschaften mit beschränkter Haftung mit Sitz im Ausland gelten ergänzend zu § 13 d die folgenden Vorschriften.

(2) [1] Die Errichtung einer Zweigniederlassung einer Aktiengesellschaft ist durch den Vorstand, die Errichtung einer Zweigniederlassung einer Gesellschaft mit beschränkter Haftung ist durch die Geschäftsführer zur Eintragung in das Handelsregister anzumelden. [2] Bei der Anmeldung ist das Bestehen der Gesellschaft als solcher und, wenn der Gegenstand des Unternehmens

§ 13 e

oder die Zulassung zum Gewerbebetrieb im Inland der staatlichen Genehmigung bedarf, auch diese nachzuweisen. [3]Die Anmeldung hat auch die Anschrift und den Gegenstand der Zweigniederlassung zu enthalten. [4]In der Anmeldung sind ferner anzugeben

1. das Register, bei dem die Gesellschaft geführt wird, und die Nummer des Registereintrags, sofern das Recht des Staates, in dem die Gesellschaft ihren Sitz hat, eine Registereintragung vorsieht;
2. die Rechtsform der Gesellschaft;
3. die Personen, die befugt sind, als ständige Vertreter für die Tätigkeit der Zweigniederlassung die Gesellschaft gerichtlich und außergerichtlich zu vertreten, unter Angabe ihrer Befugnisse;
4. wenn die Gesellschaft nicht dem Recht eines Mitgliedstaates der Europäischen Gemeinschaften oder eines anderen Vertragsstaates des Abkommens über den Europäischen Wirtschaftsraum unterliegt, das Recht des Staates, dem die Gesellschaft unterliegt.

(3) Die in Absatz 2 Satz 4 Nr. 3 genannten Personen haben jede Änderung dieser Personen oder der Vertretungsbefugnis einer dieser Personen zur Eintragung in das Handelsregister anzumelden.

(4) Die in Absatz 2 Satz 4 Nr. 3 genannten Personen oder, wenn solche nicht angemeldet sind, die gesetzlichen Vertreter der Gesellschaft haben die Eröffnung oder Ablehnung der Eröffnung eines Insolvenzverfahrens oder ähnlichen Verfahrens über das Vermögen der Gesellschaft zur Eintragung in das Handelsregister anzumelden.

(5) [1]Errichtet eine Gesellschaft mehrere Zweigniederlassungen im Inland, so brauchen die Satzung oder der Gesellschaftsvertrag sowie deren Änderungen nach Wahl der Gesellschaft nur zum Handelsregister einer dieser Zweigniederlassungen eingereicht zu werden. [2]In diesem Fall haben die nach Absatz 2 Satz 1 Anmeldepflichtigen zur Eintragung in den Handelsregistern der übrigen Zweigniederlassungen anzumelden, welches Register die Gesellschaft gewählt hat und unter welcher Nummer die Zweigniederlassung eingetragen ist.

1 **1. Allgemeines.** § 13 e enthält spezielle Regelungen für die Errichtung inländischer Zweigniederlassungen einer AG bzw GmbH mit Sitz (Hauptniederlassung; § 13 d Rz 5) im Ausland. Die Norm ergänzt § 13 d.

2 **2. Kapitalgesellschaften. a)** § 13 e gilt ausweislich **I** für die AG u GmbH (u über § 13 f VIII auch für die KGaA; *Kindler* NJW 93, 3303).

Zweiter Abschnitt. Handelsregister **§ 13 f**

Da es um Ges mit Sitz im Ausland geht, können mit **I** nur Ges gemeint sein, die der (deutschen) AG, GmbH u KGaA nach Struktur u Organisation im wesentlichen **vergleichbar** u damit **substituierbar** sind. Ie ist nach dem Sitz der Ges in einem (anderen) EU- bzw EWR-Staat u in einem Drittstaat zu unterscheiden. **b) EU-/EWR-Sitz.** Als AG, GmbH u KGaA zu behandeln sind alle von der Rili 68/151/EWG (idF der Beitrittsverträge 1973, 1980 u 1986 sowie des EWR-Vertrages) erfaßten Gesellschaftsformen (Art 1 I Rili 89/666/EWG), darüber hinaus die Ges iSv Art 1 Rili 89/667/EWG (ie *Kindler* NJW 93, 3303 f). **c) Drittstaat-Sitz.** Die Vergleichbarkeitsprüfung erfolgt wg Art 7 I Rili 89/666/EWG nach Maßstäben des **Gemeinschaftsrechts** in zwei Richtungen: **(1)** „AG" iSv **I** ist zu verstehen is der deutschen AG **und** der ihr in der Rili 68/151/EWG (u der modifizierten EWR-Fassung) als vergleichbar zugeordneten Rechtsformen. **(2)** Die Vergleichbarkeitsmaßstäbe werden iü durch (zu konkretisierendes; ggf Vorlage, Art 234 EG) Gemeinschaftsrecht festgelegt.

3. Verfahren. a) Anmeldung. Abw von § 13 d Rz 6 genügt gem **II 1** die Anmeldung (in deutscher Sprache) durch Geschäftsführer bzw Vorstandsmitglieder in vertretungsberechtigter Zahl. Mit der Anmeldung sind das Bestehen der Ges (Gründungsvertrag; Registereintragung) u evtl inländische Tätigkeitsgenehmigungen (hinsichtlich konkreter Tätigkeit) nachzuweisen, **II 2** (*Thür* RIW 00, 57). Ferner sind gem **II 3, 4** Angaben erforderl über Anschrift u Gegenstand der Zweigniederlassung, Register u Registernummer des Heimatstaates, Rechtsform der Ges u anwendbares Recht (soweit die Ges nicht EU- bzw EWR-Recht unterliegt), sowie über die zur Vertretung befugten Personen u den Umfang ihrer Befugnisse. Die Vollmacht untersteht dem Gesellschaftsstatut. Die Erteilung einer Prokura bzw Handlungsvollmacht für die inländische Niederlassung unterliegt deutschem Recht (RG 78, 60; BGH 43, 26). Iü gelten §§ 13 f, g. **b) Prüfung** durch das Gericht s § 13 d Rz 6. §§ 37, 38 I AktG sind nicht anwendbar.

4. Änderungen bei den zur Vertretung befugten Personen iSv **II 4 Nr 3** u bei der Vertretungsbefugnis sind anmeldepflichtig, **III**, ebenso die Eröffnung (bzw Ablehnung der Eröffnung) eines Insolvenz- oder ähnlichen Verfahrens, **IV**.

5. Hat ein Unternehmen **mehrere Zweigniederlassungen** im Inland, kann eine von ihnen zur „Hauptniederlassung" bestimmt werden mit der Folge, daß nur bei dieser die Satzung/der GesVertrag u ggf Änderungen einzureichen sind, **V 1**. Einzelheiten in **V 2**. Mit **V** korrespondiert § 325 a I 2 für die Rechnungslegung.

§ 13 f [Zweigniederlassungen von Aktiengesellschaften mit Sitz im Ausland]

(1) **Für Zweigniederlassungen von Aktiengesellschaften mit Sitz im Ausland gelten ergänzend die folgenden Vorschriften.**

§ 13 f Erstes Buch. Handelsstand

(2) ¹Der Anmeldung ist die Satzung in öffentlich beglaubigter Abschrift und, sofern die Satzung nicht in deutscher Sprache erstellt ist, eine beglaubigte Übersetzung in deutscher Sprache beizufügen. ²Die Vorschriften des § 37 Abs. 3, 5 und 6 des Aktiengesetzes finden Anwendung. ³Soweit nicht das ausländische Recht eine Abweichung nötig macht, sind in die Anmeldung die in § 23 Abs. 3 und 4, §§ 24, 25 Satz 2 des Aktiengesetzes vorgesehenen Bestimmungen, Bestimmungen der Satzung über die Zusammensetzung des Vorstandes und, wenn die Anmeldung in den ersten zwei Jahren nach der Eintragung der Gesellschaft in das Handelsregister ihres Sitzes erfolgt, auch die Angaben nach § 40 Abs. 1 Nr. 1, 2 und 3 des Aktiengesetzes aufzunehmen. ⁴Der Anmeldung ist die für den Sitz der Gesellschaft ergangene gerichtliche Bekanntmachung beizufügen.

(3) Die Eintragung der Errichtung der Zweigniederlassung hat auch die Angaben nach § 39 des Aktiengesetzes sowie die in § 13 e Abs. 2 Satz 4 vorgeschriebenen Angaben zu enthalten.

(4) In die Bekanntmachung der Eintragung sind außer deren Inhalt auch die Angaben nach § 40 Abs. 1 Nr. 1, 2 und 3 des Aktiengesetzes aufzunehmen, soweit sie nach den vorstehenden Vorschriften in die Anmeldung aufzunehmen sind.

(5) ¹Änderungen der Satzung der ausländischen Gesellschaft sind durch den Vorstand zur Eintragung in das Handelsregister anzumelden. ²Für die Anmeldung gelten die Vorschriften des § 181 Abs. 1 und 2 des Aktiengesetzes sinngemäß, soweit nicht das ausländische Recht Abweichungen nötig macht.

(6) Im übrigen gelten die Vorschriften der § 81 Abs. 1, 2 und 4, § 263 Satz 1, § 266 Abs. 1, 2 und 5, § 273 Abs. 1 Satz 1 des Aktiengesetzes sinngemäß, soweit nicht das ausländische Recht Abweichungen nötig macht.

(7) Für die Aufhebung einer Zweigniederlassung gelten die Vorschriften über ihre Errichtung sinngemäß.

(8) Die Vorschriften über Zweigniederlassungen von Aktiengesellschaften mit Sitz im Ausland gelten sinngemäß für Zweigniederlassungen von Kommanditgesellschaften auf Aktien mit Sitz im Ausland, soweit sich aus den Vorschriften der §§ 278 bis 290 des Aktiengesetzes oder aus dem Fehlen eines Vorstands nichts anderes ergibt.

1 1. **Allgemeines.** § 13 f ergänzt §§ 13 d, 13 e speziell für Zweigniederlassungen von AGs mit Sitz im Ausland. Zum Begriff der (ausländischen) AG s § 13 e Rz 2.

2 2. Die **Anmeldung** hat a) die Satzung in öffentl beglaubigter Abschrift, § 129 BGB, 40 BeurkG u (ggf) eine beglaubigte Übersetzung in deutscher Sprache zu enthalten, **II 1** (s auch § 13 d Rz 6, § 13 e Rz 3). **b)** Die Vertretungsbefugnis der Vorstandsmitglieder ist anzugeben; diese haben ihre Unterschrift zu zeichnen, **II 2**. Auf § 37 II AktG wird nicht verwiesen. **c)** Die Anmeldung hat ferner zu enthalten: Firma; Sitz u Gegenstand des Unternehmens; Höhe des Grundkapitals; Nennbeträge der Aktien (ihre Zahl u Gattungen); Ausgabe von Inhaber- u/oder Namensaktien; ein evtl existierendes Umwandlungsrecht; Zahl der Vorstandsmitglieder; Form der Bekanntmachungen; **II 3;** dies jeweils, soweit nicht ausländisches Recht zu Abweichungen nötigt (kein Anpassungszwang, BayObLG 86, 356). **d)** Zusätzliche Angaben gem § 40 I Nr 1–3 AktG, wenn die Zweigniederlassung innerhalb von zwei Jahren nach Eintragung der Ges in das Handelsregister ihres Sitzes erfolgt, **II 4**.

3. Eintragung. a) Ort u Firma der Zweigniederlassung: § 13 d II; **b)** die Angaben nach § 39 AktG (Firma; Sitz; Gegenstand; Grundkapital; Tag der Feststellung der Satzung; Vorstandsmitglieder u ihre Vertretungsbefugnis; ggf Dauer der Ges; genehmigtes Kapital); das auf die Ges anwendbare Recht (soweit der Sitz nicht in einem EU-/EWR-Staat liegt), **III**.

3

4. Die **Bekanntmachung** umfaßt den Inhalt der Eintragung (Rz 3) u, wenn anzumelden (Rz 2), die Angaben iSv § 40 I Nr 1–3 AktG. Bekanntgabe: §§ 10, 11. Daneben: § 25 AktG.

4

5. Änderungen der Satzung (Einzelheiten in § 181 I, II AktG), der Zusammensetzung des Vorstands u der Vertretungsbefugnis (dazu § 81 I, II, IV AktG) sind anmeldepflichtig, ebenso die Auflösung der Ges, die Abwickler u ihre Vertretungsbefugnis sowie der Schluß der Abwicklung, **VI**.

5

6. Aufhebung einer Zweigniederlassung: **VII**.

6

7. Für die KGaA (mit Sitz im Ausland) gelten **I–VII** sinngem, **VIII;** über **I** kommt § 13 e zur Anwendung.

7

§ 13 g [Zweigniederlassungen von Gesellschaften mit beschränkter Haftung mit Sitz im Ausland]

(1) Für Zweigniederlassungen von Gesellschaften mit beschränkter Haftung mit Sitz im Ausland gelten ergänzend die folgenden Vorschriften.

(2) ¹**Der Anmeldung ist der Gesellschaftsvertrag in öffentlich beglaubigter Abschrift und, sofern der Gesellschaftsvertrag nicht in deutscher Sprache erstellt ist, eine beglaubigte Übersetzung in deutscher Sprache beizufügen.** ²**Die Vorschriften des § 8 Abs. 1 Nr. 2, Abs. 4 und 5 des Gesetzes betreffend die Gesellschaften mit beschränkter Haftung sind anzuwenden.** ³**Wird die Errichtung der Zweigniederlassung in den ersten zwei Jahren nach der Eintragung der Gesellschaft in das Handelsregister ihres Sitzes angemeldet, so sind in die Anmeldung auch die nach § 5 Abs. 4 des Gesetzes betreffend die Gesellschaften mit beschränkter Haftung getroffenen Festsetzungen aufzunehmen,**

§ 13 g Erstes Buch. Handelsstand

soweit nicht das ausländische Recht Abweichungen nötig macht.

(3) **Die Eintragung der Errichtung der Zweigniederlassung hat auch die Angaben nach § 10 Abs. 1 und 2 des Gesetzes betreffend die Gesellschaften mit beschränkter Haftung sowie die in § 13 e Abs. 2 Satz 4 vorgeschriebenen Angaben zu enthalten.**

(4) **In die Bekanntmachung der Eintragung sind außer deren Inhalt auch die in § 10 Abs. 3 des Gesetzes betreffend die Gesellschaften mit beschränkter Haftung bezeichneten Bestimmungen aufzunehmen, die dort nach § 5 Abs. 4 Satz 1 getroffenen Festsetzungen je nur dann, wenn die Eintragung innerhalb der ersten zwei Jahre nach der Eintragung in das Handelsregister des Sitzes der Gesellschaft erfolgt.**

(5) ¹Änderungen des Gesellschaftsvertrages der ausländischen Gesellschaft sind durch die Geschäftsführer zur Eintragung in das Handelsregister anzumelden. ²Für die Anmeldung gelten die Vorschriften des § 54 Abs. 1 und 2 des Gesetzes betreffend die Gesellschaften mit beschränkter Haftung sinngemäß, soweit nicht das ausländische Recht Abweichungen nötig macht.

(6) **Im übrigen gelten die Vorschriften des § 39 Abs. 1, 2 und 4, § 65 Abs. 1 Satz 1, § 67 Abs. 1, 2 und 5, § 74 Abs. 1 Satz 1 des Gesetzes betreffend die Gesellschaften mit beschränkter Haftung sinngemäß, soweit nicht das ausländische Recht Abweichungen nötig macht.**

(7) **Für die Aufhebung einer Zweigniederlassung gelten die Vorschriften über ihre Errichtung sinngemäß.**

1 1. **Allgemeines.** § 13 g ergänzt §§ 13 d, 13 e für Ges mbH (mit Sitz im Ausland; dazu § 13 e Rz 2), **I.**

2 2. Die **Anmeldung** hat den GesVertrag in öffentl beglaubigter Abschrift, § 129 BGB, 40 BeurkG, u (ggf) eine beglaubigte Übersetzung in deutscher Sprache zu enthalten, **II 1.** Beizufügen sind die Legitimation der Geschäftsführer, ihre Vertretungsbefugnis u Unterschrift, **II 2,** sowie, wenn die Eintragung der Zweigniederlassung innerhalb von zwei Jahren nach Eintragung der GmbH in das Handelsregister ihres Sitzes erfolgt, die die Sacheinlage betr Angaben iSv § 5 IV GmbHG, wenn nicht ausländisches Recht entgegensteht. Nicht: die Versicherung gem § 8 III GmbHG.

3 3. **Eintragung. a)** Ort u Firma der Zweigniederlassung: § 13 d II; **b)** die Angaben gem § 10 I, II GmbHG: Firma u Sitz der Ges; Gegenstand; Stammkapital; Tag des Abschlusses des GesVertrages; Geschäftsführer u ihre Vertretungsbefugnis; ggf Zeitdauer der Ges; das auf die GmbH anwendbare Recht (soweit der Sitz nicht in einem EU-/EWR-Staat liegt), **III.**

Zweiter Abschnitt. Handelsregister § 13 h

4. Die **Bekanntmachung** umfaßt den Inhalt der Eintragung (Rz 3) 4
u, wenn anzumelden (Rz 2), die Angaben gem § 5 IV 1 GmbHG, ggf
auch Bestimmungen über die öffentl Bekanntmachung, **IV** iVm § 10
GmbHG. Bekanntgabe: §§ 10, 11.

5. Änderungen des GesVertrages (dazu § 54 I, II GmbHG), in der 5
Person(en) des Geschäftsführers u der(en) Vertretungsbefugnis (§ 39 I,
II, IV GmbHG) sind anmeldepflichtig, **V**, ebenso die Auflösung, die
Liquidatoren u ihre Vertretungsbefugnis, **VI**. Bücher u Schriften der
Zweigniederlassung sind nach Beendigung der Liquidation entspr § 74
I 1 GmbHG zu verwahren.

6. Aufhebung der Zweigniederlassung: **VII**. 6

§ 13 h [Verlegung des Sitzes einer Hauptniederlassung im Inland]

(1) Wird die Hauptniederlassung eines Einzelkaufmanns oder einer juristischen Person oder der Sitz einer Handelsgesellschaft im Inland verlegt, so ist die Verlegung beim Gericht der bisherigen Hauptniederlassung oder des bisherigen Sitzes anzumelden.

(2) ¹Wird die Hauptniederlassung oder der Sitz aus dem Bezirk des Gerichts der bisherigen Hauptniederlassung oder des bisherigen Sitzes verlegt, so hat dieses unverzüglich von Amts wegen die Verlegung dem Gericht der neuen Hauptniederlassung oder des neuen Sitzes mitzuteilen. ²Der Mitteilung sind die Eintragungen für die bisherige Hauptniederlassung oder den bisherigen Sitz sowie die bei dem bisher zuständigen Gericht aufbewahrten Urkunden beizufügen. ³Das Gericht der neuen Hauptniederlassung oder des neuen Sitzes hat zu prüfen, ob die Hauptniederlassung oder der Sitz ordnungsgemäß verlegt und § 30 beachtet ist. ⁴Ist dies der Fall, so hat es die Verlegung einzutragen und dabei die ihm mitgeteilten Eintragungen ohne weitere Nachprüfung in sein Handelsregister zu übernehmen. ⁵Die Eintragung ist dem Gericht der bisherigen Hauptniederlassung oder des bisherigen Sitzes mitzuteilen. ⁶Dieses hat die erforderlichen Eintragungen von Amts wegen vorzunehmen.

(3) ¹Wird die Hauptniederlassung oder der Sitz an einen anderen Ort innerhalb des Bezirks des Gerichts der bisherigen Hauptniederlassung oder des bisherigen Sitzes verlegt, so hat das Gericht zu prüfen, ob die Hauptniederlassung oder der Sitz ordnungsgemäß verlegt und § 30 beachtet ist. ²Ist dies der Fall, so hat es die Verlegung einzutragen.

1. Allgemeines. a) Inhalt. § 13 h betrifft die registerrechtliche Be- 1
handlung der Verlegung der Hauptniederlassung (zum Begriff § 13
Rz 5) bzw des Gesellschaftssitzes (nicht der Zweigniederlassung; dazu
Rz 3) **im Inland**. Für die AG: § 45 AktG. Auf den Verein ist § 13 h
nicht analog anwendbar (Oldbg NJW-RR 92, 1533). Die Anmelde-

§ 13 h

pflicht ergibt sich aus §§ 31 I, 34 I, 107. § 13 h regelt die Zuständigkeit des Gerichts der bisherigen Hauptniederlassung (des Sitzes) für die Anmeldung u das Zusammenwirken mit dem Gericht der neuen Hauptniederlassung (des Sitzes), wobei zwischen der Verlegung innerhalb des Gerichtsbezirks, **I, III,** § 45 IV AktG, u aus dem Gerichtsbezirk heraus, **I, II,** § 45 II AktG, unterschieden wird. Zur Verlegung ins Ausland s Rz 6. **b) Rechtswirkungen.** Die Bedeutung der Eintragungen ist **unterschiedlich. aa)** Die Verlegung der Hauptniederlassung bei Einzelkaufmann u PersHandelsGes (vertraglich festgelegter Sitz insoweit nicht relevant) ist ein tatsächlicher Vorgang, die Eintragung hat nur deklaratorischen Charakter. **bb)** Bei KapitalGes wird die Hauptniederlassung durch Satzungssitz fixiert; Sitzverlegung nur durch Satzungsänderung bzw Änderung des GesVertrages (§§ 179 AktG, 53 GmbHG), die zu ihrer Wirksamkeit der Eintragung in das Handelsregister bedürfen (konstitutive Wirkung; §§ 45 II 5, IV 3, 181 III AktG; § 54 III GmbHG); der Wechsel des Verwaltungssitzes ist keine Sitzverlegung iSd § 13 h.

2   **2. Verfahren. a)** Verlegung **innerhalb des Gerichtsbezirks.** Vereinfachtes Verfahren gem **III,** § 45 IV AktG, da die Zuständigkeit des Gerichts erhalten bleibt. Die Anmeldung wird nach formeller u materieller Prüfung, **III 1** (im Hinblick auf § 30; tatsächliche Verlegung der Hauptniederlassung bzw Wirksamkeit der Beschlüsse gem §§ 53 GmbHG, 179 AktG betr Sitzverlegung), eingetragen, **III 2,** u bekanntgemacht, § 10. § 13 c ist zu beachten. **b)** Verlegung **in anderen Gerichtsbezirk. aa)** Für die **Anmeldung** ist das Gericht der bisherigen Hauptniederlassung (des alten Sitzes) zuständig, **I,** § 45 I AktG. **bb) Form:** § 12. **cc)** Das Gericht prüft (nur) die formellen Voraussetzungen der Anmeldung (Hamm DB 91, 1509), insbes Vertretungsmacht, u teilt die Verlegung dem Gericht der neuen Hauptniederlassung (des neuen Sitzes) mit, **II 1,** § 45 II 1 AktG. Die Registerakten werden vollständig abgegeben, **II 2. dd)** Das Gericht der **neuen** Hauptniederlassung (des neuen Sitzes) nimmt die mit der Anmeldung verbundene materielle Prüfung vor (Hamm DB 91, 1509); diese beschränkt sich auf die mit der Verlegung u § 30 zusammenhängenden Fragen, **II 3,** § 45 II 3 AktG. Bei Einzelkaufmann u PersHandelsGes (Hbg RPfl 92, 301) nur der tatsächliche Vorgang der Verlegung u § 30. Bei GmbH u AG auch die formelle u sachliche Ordnungsgemäßheit der Satzungs**änderung** (Kln BB 84, 1066) in den Grenzen der §§ 9 c III GmbHG, 38 III AktG. Die mitgeteilten Eintragungen sind ohne Nachprüfung zu übernehmen, **II 4,** § 45 II 4 AktG (Hamm NJW-RR 97, 168; auch wenn unrichtig bzw unwirksam). Der Nachw der Gewerbeanmeldung am neuen Sitz kann nicht verlangt werden (*Ziegler* RPfl 92, 301; aA Hbg RPfl 92, 301). Erst nach Eintragung ggf Verfahren gem §§ 142, 143 FGG. **ee) Bekanntmachung:** §§ 10 ff. **Eintragung** der Verlegung in das Register der Zweigniederlassung: § 13 a. **ff)** Werden Verlegung u **weitere** eintragungspflichtige Tatsachen zusammen

Zweiter Abschnitt. Handelsregister **§ 13 h**

angemeldet, liegt es im Ermessen des Gerichts des bisherigen Sitzes, ob es die Eintragung noch vornimmt u dann die Akten übersendet (aA Mannh RPfl 90, 301: örtl Zuständigkeit entscheidet) oder die Eintragung dem Gericht des neuen Sitzes überläßt. Dieses ist für die materielle Prüfung (auch) zuständig (KG RPfl 97, 217 mwN). **gg)** Die Eintragung der Verlegung ist dem bisher zuständigen Gericht **mitzuteilen, II 5,** § 45 II 6 AktG, das die Löschung gem § 20 HRV vornimmt, **II 6,** § 45 II 7 AktG. Bekanntmachung: § 10. **c) Zwangsgeld:** § 14, gg Einzelkaufmann u PersonenhandelsGes, nicht gg AG u GmbH bzw Vorstand u Geschäftsführer, §§ 407 II AktG, 79 II GmbHG (Grund: Satzungsänderung wird erst **mit** Eintragung wirksam).

3. Verlegung einer Zweigniederlassung: Tatsächlicher Vorgang, 3 der vom Gesetz nicht geregelt u von der Aufhebung u Errichtung einer Zweigniederlassung zu unterscheiden ist. § 13 c ist analog anwendbar (Verfahrenskonzentration; *StHüffer* § 13 a 10; aA § 13 h analog: Stgt BB 63, 1152).

4. Verlegung ins Ausland. a) Einzelkaufmann. Verlegung der 4 Hauptniederlassung ins Ausland bedeutet Geschäftsaufgabe im Inland; Firma erlischt, § 31 II 1. Anmeldepflicht, § 31 II 2. Löschung vAw möglich. Für im Inland verbliebene Zweigniederlassung gilt § 13 d. **b) Personengesellschaft.** Sitztheorie (§ 13 d Rz 3) führt zur Anwendbarkeit des Rechts am neuen (Verwaltungs-)Sitz (einschl des IPR). Folgt dieses der Gründungstheorie, ist diese Rückverweisung auf deutsches Recht zu beachten, Art 4 I 1 EGBGB (Ffm DB 90, 1225). Tritt dgg Statutenwechsel ein, ist noch ungeklärt, ob deutsches Recht Liquidation anordnet (so *StHüffer* § 13 c 11; dgg *Beitzke* ZHR 127, 38 ff). **c) Kapitalgesellschaft.** Führt die Verlegung (nur) des Verwaltungssitzes (aufgrund Rückverweisung) nicht zum Statutenwechsel, ist dies für den Bestand der Gesellschaft unschädlich (Hamm BB 01, 745). Anders bei Statutenwechsel (zB bei Verlegung auch des Satzungssitzes); dann tritt nach deutschem (ungeschriebenem) **Sachrecht** Auflösung ein (BayObLG NJW-RR 93, 44; dies gilt auch nach „Centros" (§ 13 d Rz 3): Hamm BB 01, 745; Düss ZIP 01, 791; zu Recht krit *MKHGBBokelmann* § 13 d 28; zu den Einzelheiten *MKBGBKindler*[3] IntGesR 390 ff). Vereinbarkeit dieser Lösung mit Art 43 EG zweifelhaft, weil unnötig restriktiv (*W-H Roth* ZEuP 94, 20). EuGH 88, 5512 verneint EG-Widrigkeit der Sitztheorie u des die Sitzverlegung betreffenden Sachrechts: Art 43 EG gebe Ges kein Recht, das nationale Rechtskleid mitzunehmen. Zutreffend: Förderpflicht der Staaten, rechtsfähigkeitserhaltende Umwandlung zuzulassen (Art 10 EG). Darauf zielt Rili-Vorentwurf (1997) ZIP 97, 1721; (unzulässige) Vorlage Hdbg ZIP 00, 1617.

5. Verlegung ins Inland. a) Einzelkaufmann. Pflicht zur Anmel- 5 dung nach § 29. **b) Personengesellschaft.** Untersteht fortan den §§ 105 ff, 161 ff. Ausländische Ges in Liquidation wird zur werbenden OHG/KG; Anmeldepflicht, § 106 I. **c) Kapitalgesellschaft.** Verlegung des Verwaltungssitzes führt zu Statutenwechsel. Deutsches Sach-

Roth

§ 14

recht verlangt Neugründung; ausländischer Ges soll Rechts- u Parteifähigkeit fehlen (BGH IPRax 00, 423). Vorzugswürdig: Sofern ausländisches Recht nicht die Auflösung der Ges anordnet (evtl aber EG-widrig), wandelt sich Ges des ausländischen Rechts in OHG, GbR oder Vorgesellschaft des deutschen Rechts um (*Schmidt* ZGR 99, 22 f; *W-H Roth* ZIP 00, 1597; verkannt von Düss JZ 00, 203; BGH ZIP 00, 967). Vereinbarkeit mit EG-Recht zweifelhaft. **Lit:** *Kruse,* Sitzverlegung von KapitalGes innerhalb der EG (1997); *Zimmer,* Internationales GesR (1996).

§ 14 [Festsetzung von Zwangsgeld]

¹ **Wer seiner Pflicht zur Anmeldung, zur Zeichnung der Unterschrift oder zur Einreichung von Schriftstücken zum Handelsregister nicht nachkommt, ist hierzu von dem Registergericht durch Festsetzung von Zwangsgeld anzuhalten.** ² **Das einzelne Zwangsgeld darf den Betrag von fünftausend Euro nicht übersteigen.**

1. Allgemeines. Eine **fehlende Anmeldung** darf nur über § 14 erzwungen werden. Der Begriff Zwangsgeld stellt klar, daß es sich um ein **Beugemittel** handelt, mittels dessen zu einem bestimmten Verhalten angehalten werden soll. Weitere **Ermächtigungsgrundlagen** für die Ausübung von Registerzwang: §§ 37, 125 a 2, 177 a, 335 sowie die Aufzählung in § 132 I FGG. Verhältnis zur **Amtslöschung** (§ 142 FGG; zum Verfahren: BayObLG DB 94, 976; § 43 II KWG) iü str; Zwangsmittel wird für unzulässig (Hamm JMBlNRW 53, 186) bzw nur subsidiär anwendbar (*StHüffer* § 14 10) gehalten; eine aA geht von einem Nebeneinander aus, wobei Zwangsgeld (zurecht *BauHopt* § 14 1 wg § 31 II 2) oder Amtslöschung (aus Gründen der Praktikabilität; *SchlHildebrandt* § 14 4) der Vorzug gegeben werden soll.

2. Voraussetzungen des Zwangsgeldes: Bestehen einer in **S 1** genannten öffentl-rechtl Pflicht, die sich aus einzelnen Vorschriften des HGB (s § 8 Rz 7) u aus anderen Ges ergibt, aber auch aufgrund Analogie bzw Rechtsfortbildung (Bsp s § 8 Rz 8) bestehen kann. Ausnahmen: §§ 175 S 3; 407 II 1 AktG, 79 II GmbHG. Bei bloß eintragungsfähigen Tatsachen ohne Anmeldepflicht (iSv § 8 Rz 9) kann § 14 nicht angewendet werden (BGH DB 88, 2626, zur Satzungsänderung u zum Unternehmensvertrag).

3. Adressaten. a) Diejenigen (natürlichen) Personen, die die ges Pflicht zur Anmeldung trifft. **b)** Soweit die Anmeldepflicht die HandelsGes bzw jur Personen die Organe bzw Gesellschafter trifft, zB §§ 106–108, 407 I AktG, 78 GmbHG, wird das Zwangsgeld gg sie persönlich (u nicht gg die Ges) festgelegt (hL; BayObLG 73, 208; NJW-RR 86, 1480; BGH DB 88, 2623). **c)** Ggüber rechtsgeschäftlichen Vertretern (Prokurist) scheidet Zwangsgeld aus (BayObLG BB 82, 1076). **d)** In der Insolvenz trifft die Anmeldepflicht den Insolvenzverwalter (vgl BGH NJW 81, 822). **e)** Bei Säumigkeit nur einzelner Anmeldepflichtiger darf Zwangsgeld nur gg sie festgesetzt werden.

4. Höhe des Zwangsgeldes: bis zu 5000 Euro, S 2. **4**

5. Verfahren. a) Festsetzung des Zwangsgeldes gem §§ 132–139 **5** FGG. Sobald das Gericht glaubhaft Kenntnis von einem Sachverhalt erhält, der Einschreiten rechtfertigt, ist es verpflichtet (BGH BB 77, 1222), den Beteiligten **(1)** unter **Androhung** eines bezifferten Zwangsgeldes aufzugeben, **(2)** innerhalb einer bestimmten **Frist** der **genau** zu bezeichnenden (BayObLG 67, 463 f) Verpflichtung nachzukommen oder die Unterlassung mittels Einspruch zu rechtfertigen, § 132 I FGG. Wird die Verpflichtung weder erfüllt noch Einspruch erhoben, ist das angedrohte Zwangsgeld festzusetzen u die frühere Verfügung unter Androhung eines erneuten Zwangsgeldes zu wiederholen, usf, § 132 I, II FGG. **b) Zwangsvollstreckung:** Justizbeitreibungsordnung vom 11. 3. 1937 (RGBl I 298) iVm Landesrecht. Erfüllung der Verpflichtung macht Vollstreckung unzulässig; Festsetzung des Zwangsgeldes ist aufzuheben, § 18 I FGG. **c) Rechtsbehelfe.** Gg Androhung iSv § 132 I FGG nur Einspruch, §§ 134 I, 132 I FGG, nicht Beschwerde, § 132 II FGG (Umdeutung möglich). Klärung des Sachverhalts erfolgt im Einspruchsverfahren. Ist Einspruch begr, ist Verfügung aufzuheben, § 135 I FGG, ansonsten zu verwerfen u Zwangsgeld festzusetzen, § 135 II FGG. Gg Beschluß: sofortige Beschwerde, § 139 I FGG.

§ 15 [Publizität des Handelsregisters]

(1) **Solange eine in das Handelsregister einzutragende Tatsache nicht eingetragen und bekanntgemacht ist, kann sie von demjenigen, in dessen Angelegenheiten sie einzutragen war, einem Dritten nicht entgegengesetzt werden, es sei denn, daß sie diesem bekannt war.**

(2) [1] **Ist die Tatsache eingetragen und bekanntgemacht worden, so muß ein Dritter sie gegen sich gelten lassen.** [2] **Dies gilt nicht bei Rechtshandlungen, die innerhalb von fünfzehn Tagen nach der Bekanntmachung vorgenommen werden, sofern der Dritte beweist, daß er die Tatsache weder kannte noch kennen mußte.**

(3) **Ist eine einzutragende Tatsache unrichtig bekanntgemacht, so kann sich ein Dritter demjenigen gegenüber, in dessen Angelegenheiten die Tatsache einzutragen war, auf die bekanntgemachte Tatsache berufen, es sei denn, daß er die Unrichtigkeit kannte.**

(4) [1] **Für den Geschäftsverkehr mit einer in das Handelsregister eingetragenen Zweigniederlassung ist im Sinne dieser Vorschriften die Eintragung und Bekanntmachung durch das Gericht der Zweigniederlassung entscheidend.** [2] **Für Zweigniederlassungen von Unternehmen mit Sitz im Inland gilt dies nur für die in § 13 Abs. 6 angeführten Tatsachen.**

Übersicht

Rz.

- I. Allgemeines
  1. Zweck 1
  2. Inhalt 2
  3. Verhältnis zur Rechtsscheinhaftung 3
  4. Anwendungsbereich 4
- II. Negative Publizität, I
  1. Inhalt 5
  2. Voraussetzungen 6
  3. Rechtsfolgen 14
- III. Wirkung eingetragener und bekanntgemachter Tatsachen, II
  1. Allgemeines 17
  2. Satz 1
     a) Inhalt 18
     b) Voraussetzungen 19
     c) Rechtsfolge 20
  3. Satz 2
     a) Inhalt 21
     b) Voraussetzungen 22
     c) Rechtsfolge 23
  4. Rechtsscheinhaftung und II 24
- IV. Positive Publizität, III
  1. Allgemeines 25
  2. Inhalt 26
  3. Voraussetzungen 27
  4. Rechtsfolge 34
- V. Zweigniederlassungen, IV 35
- VI. Anhang: Allgemeine Rechtsscheingrundsätze
  1. Allgemeines 36
     a) Bürgerliches Recht 37
     b) Handelsrecht 38
  2. Voraussetzungen
     a) Rechtsscheintatbestand 43
     b) Veranlassung 53
     c) Zurechenbarkeit 54
     d) Gutgläubigkeit 55
     e) Kenntnis 56
     f) Kausalität 57
  3. Rechtsfolge
     a) Grundsatz 58
     b) Zwingendes Recht 59
     c) Beeinträchtigung von Drittinteressen 60
     d) Irrtumsanfechtung 61

I. Allgemeines

1. Zweck. Das Handelsregister (u die Bekanntmachungen) hat die 1
Aufgabe, die für den Verkehr bedeutsamen Tatsachen kundzutun (§ 8
Rz 2). Ähnlich dem Grundbuch genießt es öffentlichen Glauben.
Zweck des § 15 ist es, die zivilrechtliche Relevanz richtiger u unrichtiger Eintragungen u Bekanntmachungen sowie des Unterlassens von
gebotenen Eintragungen u Bekanntmachungen zu regeln. Dabei wird
der Schutz des Vertrauens in das Handelsregister in differenzierter Weise
(Rz 2) verfolgt.

2. Inhalt. Das Handelsregister hat für den Rechtsverkehr eine ver- 2
trauens**zerstörende** u vertrauens**schützende** Wirkung. **II** 1 formuliert
(eingeschränkt durch **II** 2) den Grundsatz, daß eine eintragungspflichtige Tatsache einem Dritten entgegengehalten werden kann, wenn sie
eingetragen u bekanntgemacht ist: Publizität **zerstört** das evtl bestehende Vertrauen auf eine vormalig bestehende Rechtslage. **I** u **III**
hingegen **schützen** das Vertrauen des gutgl Verkehrs. Im Hinblick auf
das Schweigen des Handelsregisters bzw der maßgeblichen Bekanntmachungsorgane iSv § 10 I über eine eintragungspflichtige Tatsache
schützt **I** das Vertrauen in das **Nichtvorliegen** der Tatsache (sog **negative** Publizität; ebenso §§ 68, 1412 BGB). Umgekehrt sichert **III** das
Vertrauen des Verkehrs in die Richtigkeit bekanntgemachter Tatsachen
(sog **positive** Publizität; ähnlich §§ 892, 893 BGB). **IV** stellt klar, daß
im Geschäftsverkehr mit einer Zweigniederlassung (§ 13 Rz 4, 6) die
Eintragung u Bekanntmachung durch das Gericht der Zweigniederlassung für Zwecke der **I–III** den Ausschlag geben sollen.

3. Verhältnis zur Rechtsscheinhaftung. I, III, II 2 sind eine bes 3
Ausprägung der allg Rechtsscheinhaftung (Rz 36 f), deren Anwendungsgrundsätze allerdings zT gravierend **modifiziert** werden. In **III**
ist Rechtsscheingrundlage der Inhalt der Bekanntmachung, in **I** sind es
das Handelsregister u die entspr Publikationsorgane, allerdings nicht mit
dem, was sie publik machen, sondern gerade mit dem, worüber sie
schweigen.

4. Anwendungsbereich. Als Ausprägung der allg Rechtsschein- 4
grundsätze kann § 15 nur zur Anwendung kommen, wenn der Vertrauenstatbestand (abstrakt) kausal geworden sein kann. Daher ist die Vorschrift auf Ansprüche zu begrenzen, die mit dem **Geschäftsverkehr** in
Zusammenhang stehen. Darauf stellt ausdr **IV** ab, der ebenso weit
reichen muß wie **I–III.** § 15 ist anwendbar auf den rechtsgeschäftlichen
Verkehr u das Prozeßrecht (nicht Prozeßfähigkeit: Hamm NJW-RR 98,
470), einschl der Vollstreckungsmaßnahmen (BGH NJW 79, 42; hL),
ebenso für Ansprüche aus pVV u cic, ungerechtfertigte Bereicherung
(nur Leistungskondiktion; *J Hager* Jura 92, 62), GoA u deliktische
Ansprüche, soweit diese mit dem Geschäftsverkehr zusammenhängen
(Stgt WRP 87, 200; str). Im reinen „Unrechtsverkehr", zB bei Verkehrsunfällen (RG 93, 240), ist § 15 unanwendbar, ebenso im Steuer-

recht (BFH NJW 78, 1944). **Überschneidungen** können sich mit § 5 ergeben, der als lex specialis anzusehen ist; s § 5 Rz 10.

II. Negative Publizität, I

5 **1. Inhalt.** I schützt nicht das **Vertrauen** in die Richtigkeit einer Eintragung oder Bekanntmachung, sondern hinsichtlich des **Schweigens** des Handelsregisters: das Vertrauen darauf, daß eine eintragungspflichtige (u bekanntzumachende) Tatsache nicht gegeben (zB Kaufmannsstellung) oder nicht eingetreten ist (zB Widerruf der Prokura). Entgegen seinem Wortlaut wird I in seinem Anwendungsbereich verkürzt, wenn die Norm das Vertrauen nur in den **Fortbestand** einer Rechtslage (*StHüffer* § 15 15) statt auch in ein schon anfängliches Nichtvorliegen einer (eintragungspflichtigen) Tatsache schützen soll. Noch weitergehend wird I eingeschränkt, wenn sich das Vertrauen in den Fortbestand einer Rechtslage auf eine (zunächst richtige) Primäreintragung beziehen soll (*MKHGBLieb* § 15 17f, 26; *StHüffer* § 15 15; *GKNickel* § 15 14 a), also „einzutragende" Tatsache nur eine Sekundärtatsache sein soll. Dem ist zu widersprechen (ebenso *BauHopt* § 15 5; *MKHGBESchmidt* § 1 67; beiläufig BGH NJW 79, 42). Auch bei Primärtatsachen (Erwerb der Kaufmannsstellung) besteht schützenswertes Vertrauen in das (Fort-)Bestehen der ges Normallage (zB keine Kaufmannsstellung). Dritte brauchen nicht mit der Anwendung der §§ 352, 353 zu rechnen, solange der Gewerbetreibende nicht eingetragen bzw Kaufmannsstatus nicht bekanntgemacht ist. Im Hinblick auf § 1 II, der (anstelle von §§ 1 II, 2 aF) Unsicherheiten für den Rechtsverkehr bringt, ist die Anwendung von I auf sog Primärtatsachen (Erwerb der Kaufmannsstellung gem § 1 II) geboten (so auch RegBegr, BR-Dr 340/97 S 48; *Canaris* § 5 9; aA *MKHGBELieb* § 15 6); ebenso bei §§ 2, 3 II, III, wenn Eintragung erfolgt ist, es aber an Bekanntmachung fehlt (§ 2 Rz 4; § 3 Rz 7). Für eine teleologische Reduktion ist (zumindest nach neuem Recht) kein Raum. Iü schützt I auch das Vertrauen in das **Bestehen** (nicht nur: Fort-) der ges Regel (*Canaris* § 5 5): Gründet jmd einen Betrieb mit geplantem Zuschnitt iSv § 1 II, so ist dies für Dritte nicht ohne weiteres erkennbar. Auch hier muß sich Dritter auf I berufen können. Das Vorliegen einer unrichtigen Eintragung ist nicht dem Fehlen einer (richtigen) Eintragung gleichzusetzen (RG 142, 105).

6 **2. Voraussetzungen. a) Einzutragende Tatsache** iSv I ist auf jeden Fall (s aber cc) eine eintragungs**pflichtige** (u bekanntzumachende) Tatsache (BGH 55, 272 f). **aa)** Die Eintragungspflicht folgt der **Anmeldepflicht** (Bsp bei § 8 Rz 7). Bei nicht kodifizierter Eintragungspflicht kraft Rechtsfortbildung (§ 8 Rz 8) ist I anwendbar erst ab dem Zeitpunkt, zu dem der Rechtsverkehr auf die Eintragung (abstrakt) vertrauen konnte (BGH DB 92, 31). **bb)** Die Folgen der Nichteintragung bloß eintragungs**fähiger** Tatsachen sind zT gesondert geregelt, § 25 II, 28 II. **cc)** I gilt für **deklaratorisch** (zB § 52 I iVm § 53 III) u

konstitutiv (§§ 2, 3 II, III) wirkende (bloß eintragungsfähige) Eintragungen. In den Fällen der §§ 2, 3 II, III wird der Gewerbetreibende bereits mit Eintragung Kaufmann. Der Rechtsverkehr bedarf des Schutzes (s Rz 5) bis zur u durch die **Bekanntmachung;** solange diese nicht erfolgt, greift **I.** Zwar paßt der Wortlaut von **I** für konstitutive Eintragungen nicht ganz, doch rechtfertigt der intendierte Verkehrsschutz die (analoge) Anwendung der Norm (zutr *vOlshausen* ZHR 141, 101 f; *BauHopt* § 15 5; *RvWAmmon* § 15 8; aA *MKHGBLieb* 15 19). Ggü § 5 kann sich Dritter bei fehlender Bekanntmachung auf **I** analog berufen (§ 5 Rz 10). **dd) I** gilt **nicht** für den **Insolvenzvermerk,** § 32 II. Der Grund dafür liegt in den konfligierenden Zwecken dieser Verfahren.

b) I schützt den Rechtsverkehr auch dann, wenn nur die **Bekanntmachung** fehlt, die Tatsache aber **eingetragen** ist. Dies gilt auch in Fällen konstitutiv wirkender Eintragungen (Rz 6). **I** greift nicht, wenn Bekanntmachung nicht erforderlich, zB **IV S 2** iVm § 13 VI, §§ 162 II, III, 175 S 2. Maßgebender Zeitpunkt für die Nichteintragung bzw Nichtbekanntmachung ist der Zeitpunkt des anspruchbegründenden Vorgangs (des Vertragsschlusses etc). 7

c) Die Rechtsnachteile des **I** treffen denjenigen, **in dessen Angelegenheiten** die Tatsache einzutragen ist, dh zu dessen Vorteil die Eintragung wirken würde. Das ist der Unternehmensträger wie auch sein Rechtsnachfolger (BGH 55, 272 f); bei der PershandelsGes alle Gesellschafter, auch (später) eintretende Gesellschafter ab Zeitpunkt des Eintritts. Reflexwirkungen zu Lasten Unbeteiligter sind möglich (*StHüffer* § 15 30). 8

d) Voreintragung. aa) Str ist, ob **I** in Fällen Anwendung finden kann, in denen weder die eintragungspflichtige noch die dazugehörige voreintragungspflichtige Tatsache im Handelsregister eingetragen ist. Bsp: Eine wirksam erteilte, aber nicht eingetragene Prokura wird widerrufen, der Widerruf aber nicht eingetragen. Rspr (BGH 55, 272; DB 92, 31) u hL (*MKHGBLieb* § 15 20, 22; *Canaris* § 5 12; *Oetker* § 3 D II 3) wenden **I** auch an, wenn die Voreintragung **fehlt** (arg: Wortlaut des **I**). Die Gegenansicht (*Schilken* AcP 187, 8; *StHüffer* § 15 20) verlangt Voreintragung; sie will unbillige Ergebnisse vermeiden (Kaufmann erteilt u widerruft Prokura am selben Tage); iü verwirkliche **I** (abstrakten) Vertrauensschutz u dieser lasse sich ohne einen potentiell vertrauensbildenden Scheintatbestand nicht begründen (iü sollen die allg Grundsätze der Rechtsscheinhaftung angewendet werden; dazu Rz 38 f). Der hL ist zu folgen. Das von **I** geschützte Vertrauen bezieht sich **allein** auf das **Schweigen** des Handelsregisters, **nicht** aber auf (Vor-)Eintragungen. Solche Elemente der positiven Publizität sind **I** fremd. Der Dritte kann von der voreintragungspflichtigen Tatsache auf anderem Wege erfahren haben (BGH DB 92, 31; *BauHopt* § 15 11). Unbillige Ergebnisse lassen sich durch teleologische Restriktion des **I** in solchen Fällen vermeiden, in denen die voreintragungspflichtige Tatsache ein Internum geblieben ist u daher das Schweigen nicht (abstrakt) 9

§ 15
Erstes Buch. Handelsstand

kausal gewesen sein kann (*Schmidt* § 14 II 2 b; *J Hager* Jura 92, 60; aA *MKHGBLieb* § 15 22), wofür der Anmeldepflichtige die Beweislast trägt (*Canaris* § 5 12). **bb) I** greift auch ein, wenn es an einer Eintragung der Firma fehlt. Bsp: Prokurawiderruf durch (nicht eingetragenen) Kaufmann, kaufmännische Vor-GmbH; Ausscheiden eines Gesellschafters aus nicht eingetragener OHG (aA Oldbg BB 87, 1622).

10 **e) Veranlassung. I** verzichtet auf das Erfordernis der Zurechenbarkeit des Unterbleibens der Eintragung oder Bekanntmachung (BGH WM 91, 1467); **„reines Rechtsscheinprinzip"**. Grund: Verzögerungen u Fehler des Registergerichts gehören (wie auch anderswo) zum Organisationsrisiko des Unternehmens u sollen nicht auf den Verkehr abgewälzt werden (vgl *StHüffer* § 15 21). UU Amtshaftungsanspruch, Art 34 GG, § 839 BGB.

11 **f) I** findet Anwendung auch **zu Lasten nicht vollgeschäftsfähiger** Personen (BGH NJW 91, 2567; hL; aA *J Hager* Jura 92, 60). Grund: Geschäftsunfähigkeitsschutz hat nicht generell Vorrang vor Verkehrsschutz (*Schmidt* JuS 90, 517). Da es bei **I** auf Veranlassung nicht ankommt (Rz 10), muß auch der Minderjährigenschutz zurücktreten. Das Organisationsrisiko des Unternehmens muß der nicht voll geschäftsfähige auch tragen, wenn ein ges Vertreter handelt (bzw zu handeln unterläßt).

12 **g) Gutgläubigkeit des Dritten. aa) Dritter** iSv **I** ist jeder, der von der einzutragenden Tatsache nicht selbst betroffen bzw nicht Gesellschafter oder Organperson der betroffenen Ges ist. Ob für Gesellschafter eine Ausnahme gemacht werden kann, wenn sie der Ges „wie Dritte" rechtsgeschäftlich gegenübertreten, ist str, aber im Hinblick auf § 126 II abzulehnen (*J Hager* Jura 92, 61). **bb)** Dem Dritten schadet nur **positive Kenntnis**, nicht fahrlässige Unkenntnis der einzutragenden Tatsache. Kenntnis des Vertreters wird zugerechnet, § 166 I BGB. Aus dem Wortlaut des **I** („es sei denn") ergibt sich, daß der Anmeldepflichtige den Gegenbeweis antreten muß. Maßgebender Zeitpunkt für die Unkenntnis ist (wie auch für die Nichteintragung u Nichtbekanntmachung) der Zeitpunkt des Vorgangs (etwa des Vertragsschlusses), aus dem Rechte hergeleitet werden. Die Kenntnis muß sich auf die einzutragende Tatsache beziehen; nicht ausreichend ist bloße Kenntnis der Umstände, aus denen sich die Tatsache ergibt. Verwendung des Firmenbestandteils „eingetragener Kaufmann", „e.K." etc vermittelt (auch ohne Eintragung) Kenntnis.

13 **h) Kausalitätsfragen. aa)** Es kommt **nicht** darauf an, ob der Dritte das Register u die Bekanntmachungsblätter eingesehen bzw gelesen u damit konkret im Vertrauen auf die gesetzl Rechtslage oder die **unverändert** gebliebene Rechtslage gehandelt hat (RG 128, 181; BGH 65, 311). Kausalität muß aber potentiell möglich sein (*MKHGBLieb* § 15, 31). **I** schützt insoweit **abstraktes Vertrauen** (*Schmidt* § 14 II 2 b). Kenntnis des Registerinhalts bzw der Bekanntmachungsblätter u Kausalität des Schweigens für das Verhalten des Dritten werden insoweit unterstellt (*vOlshausen* AcP 189, 239; *M Reinicke* JZ 85, 276) bzw unwiderleglich vermutet (*StHüffer* § 15 25; *J Hager* Jura 92, 61). **bb) Kenntnis von der früheren Rechtslage** auf Seiten des Dritten u Kausalität dieser Kenntnis für sein Handeln sind nach dem Wortlaut von **I** nicht vonnöten (*StHüffer* § 15 25; aA bedenkenswert *Canaris* § 5 17: Anmeldepflichtiger ist Gegenbeweis zu gestatten, daß Dritter die vertrauensbildende Tatsache nicht gekannt hat).

3. Rechtsfolge. a) I bestimmt, daß dem Dritten die verschwiegene **14** Tatsache nicht entgegengehalten werden kann (Bsp: Die widerrufene Prokura gilt als fortbestehend, wenn der Widerruf nicht eingetragen bzw bekanntgemacht ist; Gewerbetreibender wird, trotz § 1 II, weiter als Nichtkaufmann behandelt). Bei beendeter OHG führt **I** nicht zur Fortexistenz (Fiktion) der OHG, wohl aber zur Haftung der Gesellschafter über § 128, 15 I. Betreibt die eingetragene Ges nurmehr ein Kleingewerbe, kommt § 5 zur Anwendung. Betreibt sie überhaupt kein Gewerbe mehr, ist über **I** von einer OHG auszugehen. Der Wortlaut des **I** greift insoweit zu kurz, als die Norm auch zugunsten anderer Personen, die ihre Rechte vom „Dritten" ableiten (etwa bei Abtretung einer Forderung oder Eigentumsübertragung), Wirkungen entfalten kann (*Canaris* § 5 23), sofern sich der Dritte auf **I** beruft.

b) Wahlrecht des Dritten. I schafft einen Einwendungsausschluß **15** zu Lasten des anmeldepflichtigen Unternehmens: Nur der Dritte, nicht der Anmeldepflichtige kann sich auf **I** berufen (hL). **I** enthält ein Wahlrecht (hL; *Altmeppen* 185 ff; aA *Schmidt* § 14 II 4 b: Prüfung vAw): Der Dritte kann sich auf **I**, aber auch auf die wahre Rechtslage berufen (BGH 55, 273; WM 90, 639). Die Einzelheiten hinsichtlich der **Ausübung** des Wahlrechts sind noch ungeklärt. Jedenfalls ist **I** nur anzuwenden, wenn sich der Dritte – zumindest konkludent – auf die Norm beruft (indem er die entspr Rechtsfolgen geltend macht).

c) Rosinentheorie? aa) Sind **mehrere** eintragungspflichtige Tatsachen durch das Register oder die Bekanntmachungsorgane verschwiegen, die dem Dritten teils günstig, teils ungünstig sind, kann sich der Dritte für die ihm ungünstigen Tatsachen auf **I**, für die ihm günstigen auf die wahre Rechtslage berufen (*M Reinicke* JZ 85, 274 f; *vOlshausen* AcP 189, 240). Dies ergibt schon der Wortlaut des **I**, aber auch sein Schutzzweck: Das von **I** geschützte abstrakte Vertrauen unterstellt die Einsicht des Dritten in das Registers bzw das Lesen der Bekanntmachungsblätter hinsichtlich der verschwiegenen Tatsache (Rz 13). Dabei kann aber nicht davon ausgegangen werden, daß alle relevanten Tatsachen zur Kenntnis genommen werden (richtig *vOlshausen* AcP 189, 240). U Bekanntmachungen beziehen sich auf den einzelnen Vorgang. **bb)** Höchst str ist das hinsichtlich **einzelner** Tatsachen selektiv ausgeübte Wahlrecht, wenn die verschwiegene, dem Dritten günstige Tatsache **zugleich** mit einer dem Dritten ungünstigen zusammenhängt. Bsp (BGH 65, 309): Bei einer KG mit zwei nur gesamtvertretungsberechtigten Komplementären scheidet einer von ihnen aus, ohne daß dies eingetragen u bekanntgemacht wird; danach schließt der andere (einzelvertretungsberechtigt gewordene) Gesellschafter einen Vertrag mit einem Dritten, der später den Ausgeschiedenen in Anspruch nimmt. Die wohl hL (*M Reinicke* JZ 85, 278; *Schilken* AcP 187, 10 f; *Canaris* § 5 26; *Altmeppen* 164 ff) verneint ein schutzwürdiges Vertrauen: Es gebe keinen Grund, den Dritten besserzustellen, als wenn die scheinbare Rechtslage der Wirklichkeit entspräche. Die Rspr (BGH 65, 310) u ein Teil der Lehre (*StHüffer* § 15 27; *vOlshausen* AcP 189, 240 f; *Schmidt* § 14 II 4 c; *J Hager* Jura 92, 63; *RvWAmmon* § 15 21) lassen eine selektive Berufung auf **I** zu; *dies zu Recht,* weil der Dritte, eine Kenntnisnahme des Registers unterstellt, die Einsicht nur im Hinblick auf die ihm günstige Tatsache (Gesellschafterbestand) nehmen mag, während er sich hinsichtlich der Vertretungsverhältnisse auf Mitteilungen anderer oder auf eigene Erfahrungen verläßt (zutr *vOlshausen* AcP 189, 241; vgl auch *J Hager* Jura 92, 63; aA *MKHGBLieb* § 15 37: **treuwidrige** Ausübung eines doppelten Wahlrechts). Im obigen Bsp: Anspruch gg die KG besteht (evtl rechtskräftig festgestellt!); § 15 I greift nur für Gesellschafterstellung.

III. Wirkung eingetragener und bekanntgemachter Tatsachen, II

17   **1. Allgemeines. I** u **II** stehen in einem engen Zusammenhang. Bis zur Eintragung **und** Bekanntmachung einer eintragungspflichtigen Tatsache wird der Dritte bei Unkenntnis geschützt, **I.** Mit Eintragung u Bekanntmachung endet dieser Schutz, der Dritte muß sich die Tatsache auch bei Unkenntnis entgegenhalten lassen, **II 1.** Davon macht wiederum **II 2** eine Ausnahme, der den Vertrauensschutz des **I** unter der verschärften Voraussetzung unverschuldeter Unkenntnis für eine Frist von 15 Tagen **nach** Bekanntmachung **verlängert** (Schonfrist). Danach wird der Dritte so behandelt, als habe er von der einzutragenden Tatsache Kenntnis genommen.

18   **2. Satz 1. a) Inhalt.** Daß die tatsächliche Rechtslage geltend gemacht werden kann, wenn die Voraussetzungen des **I** nicht (mehr) vorliegen, ist eine Selbstverständlichkeit. Eigenständige Bedeutung gewinnt **II 1** insoweit, als Eintragung u Bekanntmachung ein Mittel sind, um einen Vertrauenstatbestand, das Vertrauen in die ges Normallage, zu zerstören. Darüber hinaus kann **II 1** bei Regelungen eingreifen, bei denen es auf Kenntnisgabe bzw -nahme ankommt: Eintragung u Bekanntmachung der Prokura gem **II 1** ersetzt (fingiert) die Kenntnisgabe des Vollmachtgebers iSv § 174 S 2 BGB (BAG ZIP 92, 501; zu § 407 BGB vgl *G H Roth* § 2 2 e).

19   **b) Voraussetzungen. aa) II 1** bezieht sich nur auf **eintragungspflichtige** Tatsachen (s § 8 Rz 7); dies ergibt sich aus dem Wortlaut („die Tatsache") u dem Regelungszusammenhang mit **I** (hL). Für **eintragungsfähige** Tatsachen enthalten §§ 25 II, 28 II Sonderregelungen.

Zweiter Abschnitt. Handelsregister § 15

bb) Eintragung u **Bekanntmachung** (gem § 10 I 1 in BAnz u weiterem Blatt) müssen **kumulativ** vorliegen, um einen Vertrauensschutz auszuschließen. **cc)** I 1 greift nicht in den Fällen der §§ 162 II, III, 175 S 2, sowie **IV S 2** iVm § 13 VI.

c) Rechtsfolge. II 1 wirkt (soweit nicht II 2 vorliegt) zuungunsten 20 des Dritten. Auf **II 1** berufen kann sich derjenige, in dessen Angelegenheiten die Tatsache einzutragen war; er muß es aber nicht. **II 1** ist abdingbar; wohl nicht durch von Dritten gestellte AGB (vgl *MKHGBLieb* § 15 56).

3. Satz 2. a) Inhalt. S 2 ist Ausnahme zu II 1 u verlängert die 21 Rechtsfolgen des **I** für einen Zeitraum von 15 Tagen über den Zeitraum der Bekanntmachung (§ 10 II) hinaus, sofern auf seiten des Dritten nicht ein Fall der Kenntnis oder fahrlässigen Unkenntnis vorliegt. **II 2** setzt insoweit Art 3 V 2 der Rili 68/151/EWG (Rz 25) um.

b) Voraussetzungen. aa) Die eintragungspflichtige Tatsache ist 22 eingetragen u bekanntgemacht. **bb)** Vornahme der Rechtshandlung innerhalb von 15 Tagen nach Bekanntmachung, § 10 II. **cc)** Guter Glaube des Dritten, den dafür auch die Beweislast trifft. Kenntnis u fahrlässige Unkenntnis schaden. Den Rechtsverkehr trifft eine weitreichende **Informationsobliegenheit:** Wer sich über Eintragungen im Register nicht unterrichtet bzw Bekanntmachungen nicht zur Kenntnis nimmt, handelt idR fahrlässig (BGH NJW 72, 1419; BB 76, 1480, für Kaufleute; allgemein *MKHGBLieb* § 15 54); unverschuldete Unkenntnis liegt nur in bes Lagen vor, etwa bei Wohnsitz des Dritten im Ausland u verspäteter Auslieferung des Bekanntmachungsorgans. Einer Abschwächung dieser unrealistischen Sorgfaltsanforderungen (*Canaris* § 5 32; *StHüffer* § 15 37: Orientierung an der Bedeutung des Geschäfts sowie Differenzierung zwischen Kaufmann u Nichtkaufmann) steht wohl der strikte Wortlaut des Art 3 V 2 der Rili 68/151/EWG (Rz 1) entgegen („... Dritten ... nicht möglich war, die Urkunden oder Angaben zu kennen"; ggf Vorlage zum EuGH, Art 234 EG; aA *BauHopt* § 15 14). Bei laufender Geschäftsbeziehung kann der Unternehmer allerdings zu individueller Benachrichtigung verpflichtet sein (s Rz 24).

c) Rechtsfolge. Bei Nachw unverschuldeter Unkenntnis muß der 23 Dritte die Änderung der Rechtslage trotz Eintragung u Bekanntmachung nicht gg sich gelten lassen.

4. Rechtsscheinhaftung und II. a) Die Grundsätze der Rechts- 24 scheinhaftung (Rz 36 f) können **ausnahmsweise** auch **gg** den Registerinhalt zur Anwendung kommen (*Schmidt* § 14 I 2; hL); die Rspr hilft mit dem Einwand des Rechtsmißbrauchs (§ 242 BGB), zT unter Berücksichtigung der Umstände des Einzelfalls (BGH NJW 72, 1419; WM 81, 239). Dies gilt in Fällen, in denen ein **bes** Vertrauenstatbestand geschaffen worden ist (*Canaris* § 5 38 f). Schutzwürdigkeit ist situationsbezogen zu prüfen. **b) Fälle. aa)** Führung einer vom Handelsregister abw Firma, die die Haftungsbegrenzung (GmbH) nicht erkennen läßt (BGH NJW 81, 2569; NJW 90, 2679) bzw gg § 19 II verstößt (vgl BGH 71, 356). Verwendung einer Firma ohne „e. K.". **bb)** Im Rahmen ständiger Geschäftsbeziehungen trifft den Geschäftspartner die Pflicht, auf eine Änderung der Rechts- u Registerlage (Widerruf der Prokura; Umwandlung einer Gesellschafterstellung) hinzuweisen (BGH NJW 87, 3125; krit *MKHGBLieb* § 15 55: Entwertung des Handelsregisters). Unterlassene Registereinsicht ist nicht notwendig fahrlässig (Rz 55). **cc)** Verwendung von Briefköpfen, die die alte Rechtslage (zB „e. K." uä) widerspiegeln. **dd)** Bei Bekanntgabe der Erteilung einer Prokura (bzw Ausstellung einer Urkunde darüber) wird **II 1** durch die §§ 171, 172 BGB eingeschränkt. **ee)** § 25 Rz 19.

IV. Positive Publizität, III

25 1. **Allgemeines.** III wurde 1969 aufgrund der Rili 68/151/EWG eingefügt. **III** geht (zulässig) über den Anwendungsbereich der Rili (KapitalGes) hinaus u erfaßt auch PersHandelsGes u Einzelkaufleute. Vorlage gem Art 234 EG im überschießenden Bereich möglich; EuGH 1997, I-4161. Vorher galten zwei von der Rspr u Lehre entwickelte, gewohnheitsrechtliche **Ergänzungssätze** zu **I**: **(1)** Wer eine unrichtige Anmeldung zum Handelsregister abgibt, muß sich an seiner Erklärung ggüber gutgl Dritten festhalten lassen (RG 142, 104 f). **(2)** Wer eine nicht veranlaßte, unrichtige Eintragung im Handelsregister schuldhaft nicht beseitigen läßt, kann an der Eintragung von gutgl Dritten festgehalten werden (RG 131, 14 f). Durch **III** haben diese Sätze viel an Bedeutung verloren; sie kommen nurmehr zur Anwendung, soweit **III** nicht eingreift (Rz 44).

26 2. **Inhalt.** Im Gegensatz zu **I** schützt **III** das Vertrauen auf die Richtigkeit einer bekanntgemachten Tatsache, sog **positive Publizität**. Es ist ein Fall der Rechtsscheinhaftung, der abw von den gewohnheitsrechtlichen Ergänzungssätzen zu **I** (Rz 25) nicht an der Eintragung, sondern als Konsequenz des Art 3 VI 3 der Rili 68/151/EWG an der **Bekanntmachung** ansetzt.

27 3. **Voraussetzungen. a) Einzutragende Tatsachen** sind eintragungspflichtige Tatsachen (§ 8 Rz 7). Hinsichtlich bloß eintragungsfähiger Tatsachen können die allg Rechtsscheingrundsätze eingreifen (für Analogie *MKHGBLieb* § 15 66). Während einzutragende Tatsachen iSv **I** real existierende sein müssen, gebietet es der Zweck des **III** (Verkehrsschutz), die Bekanntmachung auch einer bloß **abstrakt** eintragungspflichtigen Tatsache (bei Unterstellung ihrer Richtigkeit) ausreichen zu lassen (Bsp: Bekanntmachung einer unwirksam erteilten Prokura; die Erteilung ist – ihre Wirksamkeit unterstellt – einzutragen, § 53 I).

28 **b) Unrichtige Bekanntmachung.** III erfaßt nur den Fall unrichtiger Bekanntmachung (wie auch Art. 3 VI der Rili 68/151/EWG), nicht unrichtiger Eintragung. Insoweit ist der Wortlaut eindeutig. Die Bekanntmachung (auch nur in einem der Publikationsorgane) ist unrichtig, wenn sie mit der wirklichen Sach- u Rechtslage nicht übereinstimmt. **aa)** III gilt in **allen** Fällen unrichtiger Bekanntmachung (*Canaris* § 5 46). Während Art 3 VI der Rili 68/151/EWG nur den Fall der Abweichung von der richtigen Eintragung im Auge hat, ist der Gesetzgeber bewußt (BT-Drs V/3862 S 11) u in zulässiger Weise darüber hinausgegangen. III ist auch anwendbar, wenn die Eintragung ganz fehlt oder unrichtig ist, gleichgültig, ob die unrichtige Bekanntmachung mit der Eintragung übereinstimmt oder nicht (hL). **bb)** In den Fällen **unrichtiger Eintragung** ohne Bekanntmachung oder mit richtiger Bekanntmachung (nur theoretisch) ist **III** von seinem Wortlaut her nicht anwendbar. Gesetzgeber u hL gehen hier von der Anwendung der allg Rechtsscheingrundsätze aus (BT-Drs V/3862 S 11; *StHüffer* § 15 51; *SchlHildebrandt* § 15 21). Vorzugswürdig ist eine analoge Anwendung des **III**, um Wertungswidersprüche zu vermeiden (*BauHopt* § 15 18; *MKHGBLieb* § 15 65).

c) Str ist, ob III eine **Veranlassung** der Unrichtigkeit der Bekanntmachung durch den Betroffenen voraussetzt. Der Wortlaut verlangt dies nicht; die Entstehungsgeschichte ist nicht eindeutig (BT-Drs V/3862 S 10–11). Art 3 VI der Rili 68/151/EWG regelt den Fall der Abweichung der Bekanntmachung von der Eintragung u verzichtet (nur) insoweit auf eine Veranlassung (ggf Vorlage zum EuGH, Art 234 EG). Die hL (*Canaris* § 5 52; *MKHGBLieb* § 15 74) plädiert im Hinblick auf die weitreichenden Haftungsfolgen für unbeteiligte Dritte zu Recht für eine Einschränkung des **III** auf eine **veranlaßte** Bekanntmachung, sieht die Veranlassung schon in der **Anmeldung** u will iü die allg Rechtsscheingrundsätze eingreifen lassen (*StHüffer* § 15 48). Eine Mindermeinung will auf Veranlassung verzichten (*Gierke/Sandrock* § 11 III 3c). Fehler des Registergerichts können Amtshaftungsansprüche begründen. 29

d) Zurechenbarkeit. Die hL wendet III zu Lasten nicht voll Geschäftsfähiger an (*Brox* 132; *StHüffer* § 15 55). Dem ist nicht zu folgen, da **III** auf dem Veranlassungsprinzip beruht (Rz 29) u daher auch der Minderjährigen- u Geschäftsunfähigenschutz greifen kann (*Canaris* § 5 54). Die Rili 68/151/EWG steht nicht entgegen, da sie nur für Kapital-Ges Anwendung findet. 30

e) Der **Dritte** darf die wahre Rechtslage (nicht: die Unrichtigkeit der Bekanntmachung; *StHüffer* § 15 56) **nicht gekannt** haben (wie Rz 12). Fahrlässige Unkenntnis schadet nicht. Die Unkenntnis des Dritten wird widerlegbar vermutet. Maßgeblich sind der Zeitpunkt des Vorgangs, aus dem Rechte hergeleitet werden, u des Erscheinens des Publikationsorgans, das die unrichtige Bekanntmachung enthält. Der Rechtsschein **endet** mit der berichtigten Bekanntmachung, **II 1**, wobei **II 2** zu beachten ist. 31

f) Kenntnis des Dritten von der Bekanntmachung u Nachweis der **Kausalität** für sein Handeln werden (abw ggü Rechtsscheinsgrund- 32 sätzen) von **III** nicht verlangt (hL; wie Rz 13; aA *Canaris* § 5 49), vielmehr unwiderleglich vermutet (*MKHGBLieb* § 15 31). **III** schützt abstraktes Vertrauen. Potentielle (mittelbare) Kausalität aber vonnöten (wohl BGH ZIP 99, 2097; *BauHopt* § 15 21). Das in Frage stehende Verhalten des Dritten muß der Bekanntmachung nachfolgen.

33 **g) Anwendungsbereich.** **III** gilt im Prozeß- u Privatrechtsverkehr für alle Ansprüche (aus Vertrag, Delikt, GoA, Kondiktion, cic, pVV), die mit dem rechtsgeschäftlichen Verkehr (vgl BGH ZIP 99, 2097) im Zusammenhang stehen.

34 **4. Rechtsfolge.** Der Dritte kann sich wahlweise auf die bekanntgemachte Tatsache oder die wahre Rechtslage berufen (hL; BGH WM 90, 639; aA *Schmidt* § 14 III 3 c). **III** greift nur zugunsten des Dritten, nicht zu seinem Nachteil ein.

V. Zweigniederlassung, IV

35 Weichen Eintragung oder Bekanntmachung für die Hauptniederlassung u die Zweigniederlassung (§ 13 Rz 4, 6) voneinander ab (was im Hinblick auf §§ 13–13 g kaum praktisch wird), kommt es für den Geschäftsverkehr mit der Zweigniederlassung ausschließlich auf die Eintragung in deren Register u die Bekanntmachungen aus diesem an, **S 1**. Zugleich bestimmt **S 1** den Zeitpunkt, ab dem die Eintragung bzw Bekanntmachung Dritten entgegengehalten werden kann. Soweit gem § 13 VI Tatsachen zwar eintragungs-, nicht aber bekanntmachungspflichtig sind, können Publizitätswirkungen der **I–III** nicht greifen. **S 2** begrenzt **S 1** daher auf Tatsachen iSv § 13 VI. Iü ist die vom Gericht der Hauptniederlassung veranlaßte Bekanntmachung maßgeblich.

VI. Anhang: Allgemeine Rechtsscheingrundsätze

36 **1. Allgemeines.** Die Anwendung der Rechtsscheingrundsätze setzt einen vom Betroffenen zurechenbar gesetzten Rechtsscheintatbestand voraus, auf den ein Dritter vertrauen durfte u der ihn zu einer Disposition veranlaßt hat; daran knüpft sich als Rechtsfolge die Gleichstellung von Rechtsschein u Rechtswirklichkeit.

37 **a) Im bürgerlichen Recht** findet sich eine ges Ausprägung der Rechtsscheingrundsätze in den §§ 170–173 BGB. Die Rspr zur DVm u AVm (BGH NJW 88, 1200; NJW 81, 1728; s vor § 48 Rz 7 f) basiert auf dem Rechtsscheinprinzip. Dogmatische Begründung u Reichweite dieser praeter legem entwickelten Rechtsscheingrundsätze als eines die rechtsgeschäftliche Bindung u Haftung ersetzenden u ergänzenden Prinzips (grdl *Canaris,* Die Vertrauenshaftung im deutschen Privatrecht (1971) 411 ff) kreisen um die Frage, ob u in welchen Fällen es gerechtfertigt ist, bei Vorliegen eines bloßen Rechtsscheintatbestands die gleichen Rechtsfolgen anzunehmen, wie sie bei rechtsgeschäftlichem Handeln eintreten. Für das bürgerliche Recht wird zT bezweifelt, ob jenseits der §§ 170 ff BGB die zurechenbare Setzung eines Rechtsscheins

Zweiter Abschnitt. Handelsregister **§ 15**

(etwa bei der AVm) eine rechtsgeschäftliche Bindung ersetzen kann, anstatt (wie bei § 179 II BGB) bloß Ansatzpunkt für eine Haftung auf das negative Interesse zu sein (*Flume* § 49 4; *Canaris*, aaO, 48 ff). Die Möglichkeit einer Willenserklärung kraft Rechtsscheins wird zunehmend bejaht (*PalHeinrichs* § 130 4; *Medicus* AT 266; str). Eine die rechtsgeschäftliche Bindung ersetzende Wirkung des Rechtsscheins führt aber nur dann zu überzeugenden Ergebnissen, wenn eine Anfechtung (des Rechtsscheins) analog § 119 I BGB (mit Folge des § 122 BGB) möglich ist (*Medicus* AT 947 mwN zu §§ 171 I, 172 I BGB; *Kindl* 99; aA hL; sa vor § 343 Rz 7–8). Konkordanz mit BGH 91, 329: Wenn dort aus Verkehrsschutzgründen für das Vorliegen einer Willenserklärung auf eine zurechenbar gesetzte Erklärung abgestellt u auf Erklärungsbewußtsein verzichtet wird, ist die Nähe zum Rechtsscheinprinzip unverkennbar (bes deutlich BGH WM 95, 537). Da BGH 91, 329 eine Anfechtung analog § 119 I wg fehlenden Erklärungsbewußtseins zuläßt, leuchtet nicht ein, warum dies bei Anwendung der Rechtsscheingrundsätze (insbes bei der DVm) grds anders sein soll. S iü Rz 61.

b) Für das **Handelsrecht** sind die weitreichenden, eine rechts- **38** geschäftliche Bindung ersetzenden Wirkungen der Rechtsscheingrundsätze allg akzeptiert.

Bsp: aa) Die Lehre vom **Scheinkaufmann** (Rz 45–49) ist als Fall **39** der **allgemeinen Rechtsscheingrundsätze** anerkannt. Überholt ist die Formulierung: „Wer als Kaufmann auftritt, gilt als Kaufmann" (*Staub*, Kommentar zum HGB[6/7] Anh § 5 1; auch RG 65, 413). Kein Scheinkaufmann ist der Kaufmann kraft Eintragung iSv § 5 (*Schmidt* JuS 77, 211 f; s § 5 Rz 2). Ein Rückgriff auf die Lehre vom Scheinkaufmann ist in den Fällen des § 15 nicht erforderl.

bb) Scheingesellschaft u **Scheingesellschafter:** s § 105 Rz 29. **40** Zu den einzelnen Tatbeständen, auf denen dieser Rechtsschein beruhen kann, s Rz 43 ff. Nach hM findet die Rechtsscheinhaftung keine Anwendung auf fehlerhafte Ges, während nach aA die Außenbeziehungen der fehlerhaften Ges nach Rechtsscheinregeln zu beurteilen sind; dazu § 105 Rz 25 ff.

cc) Die allg Grundsätze über **DVm-** u **AVm** (s vor § 48 Rz 7, 8) **41** wurden zunächst für den Handelsverkehr entwickelt (zB RG 100, 49). Sie gelten auch für den **Umfang** einer rechtsgeschäftlich erteilten Vollmacht (BGH 86, 275). Wg des Erfordernisses ausdr Erteilung (§ 48 I) gibt es nach hL keine Duldungsprokura (s aber § 48 Rz 26). Eine Anscheinsprokura ist möglich (*BauHopt* § 48 3; s § 48 Rz 40, 41), ebenso eine Duldungs- u Anscheinshandlungsvollmacht (§ 54 Rz 20, 21).

dd) Weitere Fälle: Rechtsschein unbeschränkter Haftung aufgrund **42** Führung einer Firma ohne gebotenen Rechtsformzusatz (BGH WM 90, 601 f; NJW 91, 2627 mit Anm *Canaris*); fehlerhafte Eintragung im Handelsregister (ohne oder mit [abw] Bekanntmachung, s Rz 28); Ein-

§ 15 Erstes Buch. Handelsstand

tragung bzw Bekanntmachung einer nicht eintragungspflichtigen oder nicht bekanntzumachenden (§§ 162 II, III, 175 S 2) Tatsache (Rz 27); Rechtsschein fortbestehender Geschäftsfähigkeit eines noch eingetragenen Organs (BGH NJW 91, 2567); unveränderte Fortführung des Namens bzw der Geschäftsbezeichnung bei Übergang eines nichtkaufmännischen Geschäfts: Haftung des alten Inhabers für Neuverbindlichkeiten (BGH NJW 66, 1916; Hamm NJW-RR 95, 418).

43 **2. Voraussetzungen. a) Rechtsscheintatbestand:** Vertrauenstatbestand jedweder Art, sei es eine ausdr oder – wie meist – eine konkludente Erklärung, sei es ein Verhalten, aus dem der Rechtsverkehr auf eine bestimmte Tatsache oder Rechtslage schließen darf.

44 **Bsp: aa)** Die ungeschriebenen, zu Gewohnheitsrecht erstarkten **Ergänzungssätze** zu I (Rz 25) beziehen sich auf die (unrichtige) **Eintragung** im Handelsregister, die insoweit die Rechtsscheingrundlage darstellt. Für eintragungsfähige, aber nicht eintragungspflichtige Eintragungen gilt dasselbe (Rz 27), ebenso für die ihr folgende **Bekanntmachung** (die von III nicht erfaßt wird). Das Handelsregister kann auch eine **Rechtsscheinbasis** für (abstrakt) **nicht eintragbare** Tatsachen abgeben: Das Fortbestehen der zunächst richtigen Eintragung eines geschäftsunfähig gewordenen GmbH-Geschäftsführers begr den Rechtsschein seiner Geschäftsfähigkeit (BGH NJW 91, 2567; *W-H Roth* JZ 90, 1030; *Schmidt* JuS 91, 1002).

45 **bb) Erklärungen** an die Öffentlichkeit (nicht schon im Steuerstrafverfahren; Oldbg NJW-RR 96, 286), zB die Behauptung, Kaufmann zu sein (*RvWRöhricht* Anh § 5 10) durch Verwendung des „e. K." etc (§ 19 I Nr 1) auf Geschäftspapier (nicht: „Dipl.-Kaufmann"); Einverständnis der Gesellschafter einer BGB-Ges, daß der handelnde Gesellschafter Wechsel für eine „KG" akzeptiert (BGH 61, 64 f); ähnlich der (bereits von § 171 I BGB erfaßte) Fall einer an Dritte gerichteten Erklärung über eine bereits erfolgte (allerdings unwirksame) Erteilung einer Prokura (sog Rechtsscheinprokura).

46 **cc)** Bedient sich jemand einer **Einrichtung,** die von Rechts wg nur Kaufleuten zur Verfügung steht, wird der Rechtsschein der Kaufmannseigenschaft („Scheinkaufmann") gesetzt, so zB wenn ein Nichtkaufmann eine „Prokura" erteilt (§ 48 Rz 2, 11) oder dem Auftreten eines Angestellten als Prokuristen nicht entgegenwirkt (*StBrüggemann* Anh § 5 21; krit *vOlshausen* FS Raisch (1995) 155).

47 **dd) Fälle unzulässiger Firmenführung.** Der Gebrauch einer Firma ist gem § 17 I Kaufleuten vorbehalten. Die Rspr hält – zu weitgehend – jede firmenähnliche Geschäftsbezeichnung von Nichtkaufleuten („Grafik-Service H. W.", Ffm VersR 80, 1029), insbes die Verwendung eines Inhaber- oder Nachfolgerzusatzes (im Hinblick auf § 22; Ffm BB 74, 1366; aA aber Stgt BB 87, 147), für unzulässig, weil der Verkehr dadurch getäuscht werden könne. Diese Praxis ist aufzugeben (§ 17 Rz 8). Soweit die Geschäftsbezeichnungen von Nichtkaufleuten

Zweiter Abschnitt. Handelsregister § 15

zulässigerweise geführt werden, begründen sie keinen Rechtsscheintatbestand. Verwendung des „e. K." in der Firma ist Rechtsscheingrundlage (Rz 45); ebenso das Weglassen des „e. K." entgegen § 19 I Nr 1 (**Schein-Nichtkaufmann;** *BauHopt* § 5 10; *MKHGBELieb* § 5 10; aA *Kaiser* JZ 99, 500; *Canaris* § 6 19) vorbehaltlich Art. 38, 39 EGHGB (Übergangsvorschriften).

ee) Bedient sich ein Nichtkaufmann „typisch kaufmännischer" Instrumente – Briefköpfe mit Bank-, Telefax- u Telegrammverbindungen, Eintragung in das Branchenverzeichnis des Telefonbuchs, Verwendung allg Geschäftsbedingungen –, soll dies den Rechtsschein der Kaufmannseigenschaft begründen (*StBrüggemann* Anh § 5 21). Dies ist abzulehnen, da sich heute Kleingewerbetreibende u Freiberufler verbreitet dieser Instrumente bedienen u daher ein Vertrauen in eine Kaufmannsstellung nicht entstehen kann (*Canaris* § 6 17; *MKHGBLieb* § 15 89; etwas weitergehend *RvWRöhricht* Anh § 5 6). 48

ff) Unterhält das Unternehmen eine **kaufmännische Organisation** iSv § 1 I (§ 1 Rz 43), so mag dies Indiz für seine Erforderlichkeit iSv § 1 II (§ 1 Rz 42) sein; als Rechtsscheinbasis für Kaufmannseigenschaft reicht sie nicht aus (*MKHGBLieb* § 15 89; *Kaiser* JZ 99, 500). 49

gg) Durch **Weglassen** eines die **Haftungsbeschränkung kenntlich machenden Zusatzes** wird der Rechtsschein unbeschränkter Haftung begr (BGH 64, 17; NJW 91, 2627). Es geht va um die ges vorgeschriebenen „GmbH"– (§ 4 GmbHG) u „GmbH & Co KG"-Zusätze (§ 19 II; seit BGH 62, 226 f; 71, 356 f). § 15 II 1 sperrt in diesen Fällen nicht (Rz 24; BGH WM 90, 601). Der Rechtsscheintatbestand wird (jedenfalls bei relativ kurzfristigen Vertragsabschlüssen) idR noch *nicht* durch *mündliche* Erklärungen, bei denen die Firma oft in Kurzform Verwendung findet, gesetzt (BGH NJW 81, 2570; Hamm, GmbHR 95, 661; für Vorverhandlungen: BGH NJW-RR 88, 478 f); Vertrauen wird (zumeist) erst bei schriftlichem Geschäftsabschluß geweckt. Firmenführung ohne Rechtsformzusatz läßt wg § 19 I keinen zwingenden Rückschluß auf Rechtsform zu; wg § 19 II (u § 4 GmbHG, § 4 AktG) darf Geschäftsverkehr aber auf jeden Fall persönliche Haftung (des Kaufmanns, der Gesellschafter) erwarten (*Canaris* § 6 45). Handelt ein **Vertreter,** der durch sein Verhalten den Eindruck erweckt, er sei der Inhaber des Unternehmens, kann ein Fall rechtsgeschäftlicher Verpflichtung vorliegen, wenn es dem Vertragspartner auf die Person des Handelnden ankommt, ansonsten kann eine Verpflichtung des Handelnden kraft Rechtsscheinhaftung entstehen (BGH NJW 91, 2627; Düss DB 92, 570). Handelt ein Vertreter, ohne sich als Inhaber zu gerieren u ohne sein Vertreterhandeln ausdr offenzulegen, ist bei *unternehmensbezogenen* Geschäften iZw davon auszugehen, daß Vertragspartei der Inhaber des Unternehmens u nicht der Handelnde werden soll (BGH 62, 219; NJW 91, 2627; s vor § 48 Rz 4). In diesen wie auch in den Fällen offengelegter Vertretung, in denen der Vertreter den Anschein setzt, er handele für einen *unbeschränkt* haftenden Unterneh- 50

§ 15   Erstes Buch. Handelsstand

mensträger, führt dies zu einer eigenen (Rechtsschein-)Haftung des Vertreters entspr § 179 BGB (BGH NJW 96, 2645; aA *Canaris* § 6 54: es gehe um den Rechtsgedanken des § 179 BGB u nicht um Rechtsscheinhaftung ieS; sa *Haar* NJW 97, 2855; *Derleder* FS Raisch (1995) 31 ff), wobei der Vertreter grds auf das Erfüllungsinteresse (§ 179 I BGB) als Gesamtschuldner (mit dem Unternehmensträger zusammen) u nicht bloß subsidiär haftet (BGH NJW 90, 2679; ZIP 98, 1224). Auf den Rechtsgedanken des § 179 II BGB – Haftung des Vertreters beschränkt auf das Negativinteresse – läßt sich nur zurückgreifen, wenn der Vertreter nicht weiß (Beweislast bei ihm), daß durch Handeln für das Unternehmen ohne den Zusatz „GmbH" oder „GmbH & Co KG" der Anschein unbeschränkter Haftung des Unternehmensträgers hervorgerufen wird.

51 **hh) Stehenlassen des Anscheins** einer nicht mehr zutr Rechtslage (Bsp: Verwendung alter Briefbögen; BGH NJW 91, 1225). Wird die Änderung der Rechtslage in das Handelsregister eingetragen u bekanntgemacht, bleibt wg **II 1** Raum für die allg Rechtsscheinhaftung nur, wenn ein **bes** Vertrauenstatbestand geschaffen worden ist (Rz 24). Bei Bestehen ständiger Geschäftsbeziehungen zwischen dem Unternehmen u dem Dritten wird von der Rspr eine individuelle Information über die Änderung der Rechtslage – zB Ausscheiden eines Gesellschafters; Amtsniederlegung des Geschäftsführers; nachträglich eintretende Haftungsbeschränkung; Änderung der Geschäftsführungs- u Vertretungsregelung – verlangt (BGH NJW 72, 1419; NJW 87, 3125; vgl auch BGH NJW 66, 1916 bei Unternehmensverkauf).

52 **ii) Vortäuschen einer Unternehmensidentität.** Wickelt ein Unternehmen einen Vertrag betr eines anderen fast namensgleichen Unternehmens jahrelang selbständig als eigene Angelegenheit ab, so gibt dieses Verhalten einen ausreichenden Anschein für die Passivlegitimation (BGH DB 87, 628: venire contra factum proprium; s auch BGH DB 90, 1281).

53 **b) Veranlassung.** Der Rechtsschein muß vom Betroffenen durch eigenes Verhalten positiv **veranlaßt** sein, ohne daß es dabei auf ein Verschulden ankommt (BGH NJW 62, 2197 f); dem steht Kennen u Dulden gleich (s vor § 48 Rz 7). Oder der Betroffene muß einen ihn betr, aber von ihm **nicht veranlaßten** Rechtsschein in **schuldhafter** Weise nicht zu beseitigen versucht haben (BGH 5, 116; s auch vor § 48 Rz 8). Die Abgrenzung kann probl sein. Bsp: Ist der im Handelsregister eingetragene Geschäftsführer von Anfang an geschäftsunfähig, ist die durch die Eintragung vermittelte Rechtsscheinbasis, daß die für das Amt erforderl persönlichen Voraussetzungen vorliegen, von den Gesellschaftern schon durch die Bestellung veranlaßt. Auf Erkennbarkeit kommt es nicht an (anders BGH NJW 91, 2567). Anders aber, wenn der Geschäftsführer erst während seiner Organtätigkeit geschäftsunfähig wird; dann kommt es für die Zurechenbarkeit auf die Erkennbarkeit auf seiten der Gesellschafter an (BGH NJW 91, 2567; aA *Lutter/Gehling* JZ

92, 155, die in der zunächst richtigen Anmeldung die Veranlassung sehen wollen). Nach aA soll die Zurechenbarkeit durch Grundsätze einer angemessenen Risikoverteilung bestimmt werden (*Canaris* § 6 69).

c) Eine Zurechnung ist bei nicht voll Geschäftsfähigen als Betroffene der Rechtsscheinhaftung ausgeschlossen (BGH NJW 77, 623, zu §§ 171 I, 172 I BGB): Anders als bei § 15 I geht deren Schutz nach ganz hL dem Verkehrsschutz vor. Geht das Handeln eines Minderjährigen zu Lasten eines Dritten (zB Geschäftsführer handelt für GmbH), ist die Rechtsscheinhaftung nicht ausgeschlossen (BGH NJW 91, 2567). **54**

d) Gutgläubigkeit des Dritten. Der Dritte ist nicht gutgl, wenn er Kenntnis von der wahren Rechtslage hat oder sie ihm infolge zumindest **grober Fahrlässigkeit** unbekannt ist (*HdHandelsGPfeiffer* § 1 153; Beweislast trifft Erzeuger des Rechtsscheins; diff *RvWRöhricht* Anh § 5 21). Ob auch leichte Fahrlässigkeit schadet, ist str (bejahend *BauHopt* § 5 12; *Frey* ZHR 00, 218), aber iE nicht von wesentlicher Bedeutung. Denn den Dritten trifft eine Nachforschungsobliegenheit nur aufgrund bes Umstände (etwa bei größerem Geschäftsumfang; bes Anlaß zu Mißtrauen; Hamm NJW-RR 95, 419). Die Rspr bestimmt (zu Recht) die Schutzwürdigkeit des Dritten durch eine Abwägung zwischen der Zumutbarkeit einer Überprüfung der wahren Rechtslage durch den Dritten u der Pflicht des für den Rechtsschein Verantwortlichen, sich an der durch sein Verhalten geschaffenen Situation festhalten zu lassen (BGH JZ 71, 334; s auch BGH NJW 87, 3126). Umstände, die dabei eine Rolle spielen, sind die Bedeutung der Vereinbarung, die Eindeutigkeit der den Rechtsschein begründenden Umstände, der Aufwand, den weitere Erkundigungen bereitet hätten, u die Zeit, die dafür zur Verfügung stand (BGH JZ 71, 335). Zum Vertrauensschutz gg das Handelsregister s Rz 24. Die Rechtsscheinhaftung endet (nicht rückwirkend), wenn die Gutgläubigkeit des Dritten entfällt (Kenntnis von der wahren Rechtslage oder Zumutbarkeit einer Nachprüfung nach einem gewissen Zeitablauf), jedoch nicht schon mit dem Wegfall der den Rechtsschein begründenden Tatsachen (BGH 17, 17). **55**

e) Kenntnis. Der Dritte muß in **Kenntnis** des **Rechtsscheintatbestandes** gehandelt haben; er muß nicht nur die den Rechtsschein begründenden Tatsachen, sondern auch den dadurch erweckten Rechtsschein kennen. Anders als bei **I** u **III** trägt der Dritte die Beweislast für seine Kenntnis (*Canaris* § 6 76). Es ist allerdings nicht erforderl, daß der Dritte genaue Kenntnis von den Einzelheiten des Rechtsscheintatbestandes hat (BGH 61, 64). Beruht die Rechtsscheinhaftung auf einem Verstoß gg eine ges Offenbarungspflicht (§ 19 II; § 4 GmbHG), ist die Beweislast umzukehren (BGH 64, 19). **56**

f) Kausalität. Der Dritte muß eine Disposition getroffen haben, für die der Rechtsscheintatbestand kausal geworden ist. Die Beweislast trifft **57**

§ 15 Erstes Buch. Handelsstand

den Dritten, wobei ihm uU eine tatsächliche Vermutung helfen soll (BGH NJW 66, 1917; BGH 17, 19 für einen auf nicht öffentl Erklärungen begründeten Rechtsschein). Bei Kaufmann kraft Rechtsscheins oft nicht nachweisbar (zutr *vOlshausen* FS Raisch (1995) 160). Im Falle der Rechtsscheinhaftung als Folge eines Verstoßes gg eine ges Offenbarungspflicht (§ 19 II; § 4 GmbHG) wird die Beweislast dafür, daß der Rechtsschein für den Dritten keine Rolle spielte, dem für den Rechtsschein Verantwortlichen auferlegt (BGH 64, 19; NJW 81, 2570). Teile der Lit sprechen sich für eine generelle Beweislastumkehr aus (*StBrüggemann* Anh § 5 36). Das Kausalitätserfordernis schließt die Haftung für vor Entstehung des Rechtsscheintatbestandes begründete Ansprüche idR (BAG NJW 88, 223), aber nicht gänzlich aus (BGH NJW 81, 2570: Haftung bei Vertreterhandeln ohne GmbH-Zusatz für vor Entstehung des Rechtsscheins begründete Verbindlichkeit ist abhängig davon, wie der Dritte auf eine spätere korrekte Zeichnung reagiert hätte, etwa mit sofortiger Kündigung). In diesen Ausnahmefällen hat freilich der sich auf den Rechtsschein Berufende die Beweislast für die Kausalität zu tragen (BGH NJW 81, 2570).

58 **3. Rechtsfolge. a) Grundsatz.** Der für den Rechtsschein Verantwortliche muß sich im Bereich des Geschäftsverkehrs von einem gutgl Dritten so behandeln lassen, als ob die scheinbare Rechtslage der Wirklichkeit entspräche (vgl BGH ZIP 98, 1224). Der Dritte ist nicht auf das negative Interesse beschränkt. **aa)** Dabei hat (nur) der Dritte die **Wahl** zwischen der Rechtslage, wie sie sich aufgrund des Rechtsscheins darstellt, u der wirklichen Rechtslage (BGH 36, 278; WM 90, 639 zu **III**; *StBrüggemann* Anh § 5 43). Bei der **AVm** soll nach BGH NJW 83, 1308, das Wahlrecht *entfallen* (hL, zB *SoeLeptien* § 179 3; *Schmidt* FS Gernhuber (1993) 435). Daß dies ihre bes Verkehrserheblichkeit (*Bau-Hopt* § 5 15) rechtfertigt, überzeugt nicht, da sowohl bei **III** wie auch bei den gewohnheitsrechtlichen Ergänzungssätzen zu **I** ein Wahlrecht anerkannt ist. Iü führt der Ausschluß des Wahlrechts für den Dritten uU zu unbilliger Rechtsunsicherheit, da letztlich über das Vorliegen der tatsächlichen Voraussetzungen erst im Prozeß entschieden wird (*Canaris* § 16 21; zum Ganzen *Altmeppen* 125 ff). **bb)** Übt der Dritte sein Wahlrecht (auch konkludent) aus u beruft er sich auf den Rechtsschein, können (anders als bei § 15 I; s Rz 16) **Reflexwirkungen** auch **zugunsten** des Rechtsscheinverantwortlichen entstehen (*Oetker* § 2 G). **Bsp:** Der als Scheinkaufmann in Anspruch genommene beruft sich auf § 354. **cc)** Auf den **Scheinkaufmann** finden nach hL die §§ 49, 54, 59 ff, 343–347, 352, 353, 362, 373, 375–378 HGB u § 196 I Nr 1 BGB Anwendung (*Nickel* JA 80, 576 mwN). **dd)** Die Rechtsscheinhaftung ist keine subsidiäre Ausfallhaftung. Der aufgrund der wirklichen Rechtslage Verpflichtete u der aufgrund Rechtsscheins Haftende sind Gesamtschuldner, § 421 BGB; ggf Ausgleich im Innenverhältnis (Hamm NJW-RR 95, 419).

Zweiter Abschnitt. Handelsregister **§ 15**

b) Zwingendes Recht. Probl ist, ob u in welchen Fällen zwingende 59
Schutzvorschriften, die zugunsten von Nichtkaufleuten eingreifen,
durch Anwendung der allg Rechtsscheingrundsätze unanwendbar werden können (Bsp: Anwendung des § 350 auf den Scheinkaufmann?).
Die Rspr tendiert dazu, dem Verkehrsschutz den Vorrang zu geben
(Ffm BB 74, 1367, zu § 38 I ZPO; dgg betrifft BGH 36, 278 Fall, in
dem sich Dritter auf wahre Rechtslage berief). Dgg besteht ein Teil der
Lehre auf dem Vorrang der zwingenden Schutznormen (*StBrüggemann*
Anh § 5 45). Allg anerkannt ist der Vorrang des Schutzes Geschäftsunfähiger (s Rz 54). Iü sind jetzt die Wertungen des HRefG maßgebend: Zwar nehmen §§ 407 III 2 HS 2, 453 III 2 HS 2, 467 III 2
HS 2 Kleingewerbetreibende ausdr von §§ 348–350 aus, doch besteht,
seitdem das HRefG über § 2 *allen* Kleingewerbetreibenden den Weg in
das HGB geöffnet hat, kein Anlaß mehr, zwingende Schutznormen
zulasten des Verkehrsschutzes durchzusetzen (ebenso *Canaris* § 6 23; aA
BauHopt § 5 16). Auch Land- u Forstwirte u Freiberufler, die als
Scheinkaufmann auftreten, genießen (aus Gründen der Gleichbehandlung) keinen bes Schutz (aA *StKoller* vor § 343 38). Für **nichtunternehmerisch** tätige Personen unterbleibt es dgg bei der Anwendung der
Schutznormen (zutreffend *Canaris* § 6 25). Zur Prokura § 48 Rz 2.

c) Beeinträchtigung von Drittinteressen. Die Rechtsschein- 60
grundsätze wirken auch nicht zu Lasten unbeteiligter Dritter
(*RvWRöhricht* Anh § 5 29). Grund: Die Rechtsscheinhaftung betrifft
nur das Verhältnis des Rechtsscheinverantwortlichen zu seinem auf den
Rechtsschein vertrauenden Partner. Aber: Nachteilige (Reflex-)Wirkungen als Konsequenz der Berufung auf Rechtsschein sind von unbeteiligten Dritten hinzunehmen. Str ist, ob gutgl Erwerb vom Scheinkaufmann gem § 366 I zu Lasten des Dritten möglich ist (dgg *BauHopt*
§ 5 16; Düss NJW-RR 99, 616). Dies trifft zu: Rechtsverlust auf seiten
des Dritten ist Konsequenz zurechenbarer Publizität des Besitzes
(*HdHandelsGPfeiffer* § 1 153). Iü verliert der wahre Berechtigte sein
Recht ohne weiteres, wenn der Scheinkaufmann als **Eigentümer** auftritt (*Canaris* § 6 26).

d) Irrtumsanfechtung. Eine Anfechtung scheidet nicht aus, weil 61
die Zurechnung des Rechtsscheins willensunabhängig erfolgt. Für eine
(analoge) Anwendbarkeit der §§ 119 ff BGB spricht, daß die Setzung
des Rechtsscheins nicht strenger bindern sollte als die Willenserklärung
(*MKBGBSchramm* § 167 41). Aber bes Gründe des Verkehrsschutzes
können die Berufung auf §§ 119 ff (nicht: § 123) ausschließen; s vor
§ 343 Rz 5 ff. Nach hL berechtigt zumindest ein Irrtum über die
Bedeutung des maßgeblichen Verhaltens als Rechtsscheintatbestand
nicht zu einer Anfechtung gem § 119 I 1 BGB (*GierkeSandrock* § 12 III
2 a; zur DVm u AVm *SoeLeptien* § 167 22; *PalHeinrichs* § 173 13, 19; aA
Kindl 99, 118). Die Begründung, es handele sich bloß um einen Irrtum
über ex lege eintretende Rechtsfolgen, überzeugt nicht; es besteht
Wertungsgleichheit mit den Fällen fehlenden Erklärungsbewußtseins,

§ 16
Erstes Buch. Handelsstand

bei denen eine Anfechtung analog § 119 I BGB von BGH 91, 329 zugelassen wird (Rz 37). Entscheidend ist vielmehr: Dem Kaufmann (auch: Scheinkaufmann) ist aus Gründen **gesteigerten Verkehrsschutzes** eine Berufung auf § 119 I BGB zu versagen (*MKBGBKramer* § 119 59; *BauHopt* § 5 11).

§ 16 [Entscheidung des Prozeßgerichts]

(1) ¹Ist durch eine rechtskräftige oder vollstreckbare Entscheidung des Prozeßgerichts die Verpflichtung zur Mitwirkung bei einer Anmeldung zum Handelsregister oder ein Rechtsverhältnis, bezüglich dessen eine Eintragung zu erfolgen hat, gegen einen von mehreren bei der Vornahme der Anmeldung Beteiligten festgestellt, so genügt zur Eintragung die Anmeldung der übrigen Beteiligten. ²Wird die Entscheidung, auf Grund deren die Eintragung erfolgt ist, aufgehoben, so ist dies auf Antrag eines der Beteiligten in das Handelsregister einzutragen.

(2) Ist durch eine rechtskräftige oder vollstreckbare Entscheidung des Prozeßgerichts die Vornahme einer Eintragung für unzulässig erklärt, so darf die Eintragung nicht gegen den Widerspruch desjenigen erfolgen, welcher die Entscheidung erwirkt hat.

1 **1. Allgemeines. a) Inhalt.** § 16 regelt Spezialfragen des Verhältnisses von Register- u Prozeßgericht. In I geht es um die Ersetzung der Mitwirkung eines (aufgrund Privatrechts) zur Anmeldung Verpflichteten durch Entscheidung des Prozeßgerichts, während II davon handelt, wann der Widerspruch eines Beteiligten eine Eintragung in das Register verhindern kann.

2 **b) Verhältnis von I zu § 894 ZPO. aa) Anmeldepflichten** mehrerer Beteiligter gibt es va im GesR, zB §§ 108, 125 IV, 143, 144 II, 148, 157, 161 II, 162, 175, § 81 AktG uö. Der daraus resultierende Mitwirkungsanspruch kann vor Zivilgerichten eingeklagt u nach Vorschriften der ZPO vollstreckt werden: Obwohl die Anmeldung zum Handelsregister primär Verfahrenshandlung ist (§ 12 Rz 2), findet § 894 ZPO Anwendung (*StHüffer* § 16 2) mit der Maßgabe, daß die Anmeldungserklärung durch die rechtskräftige Entscheidung des Prozeßgerichts ersetzt wird. Die Zeichnung von Unterschriften u die Einreichung von Unterlagen wird nach § 888 ZPO vollstreckt.

3 **bb) I 1, 2** bringt ggüber § 894 ZPO eine zweifache **Erweiterung:** **(1)** Eine Eintragung kann schon **vor** Rechtskraft einer Entscheidung erfolgen. Ein vorläufig vollstreckbares Urteil u eine einstw Verfügung reichen aus; anders, wenn die Eintragungen nicht zu beseitigende Folgen haben, wie bei Löschung einer Firma, Auflösung einer Ges. **(2)** I 1 erfaßt auch Feststellungs- u Gestaltungsentscheidungen.

4 **c) Verhältnis zu § 127 FGG.** Um unnötige Ermittlungen u widersprüchliche Entscheidungen des Register- u Prozeßgerichts zu vermei-

den, gibt § 127 FGG dem Registerrichter die Möglichkeit, das Verfahren bis zur rechtskräftigen Entscheidung des Rechtsstreits auszusetzen (S 1), oder, wenn ein Rechtsstreit noch nicht anhängig ist, einem der Beteiligten eine Frist zur Erhebung der Klage zu setzen (S 2). Das Registergericht hat die Befugnis zur vollen Inzidentprüfung. Zur Behandlung von Beschlüssen in der AG u GmbH s § 8 Rz 23. § 16 I (u II) führen zu einer Einengung des dem Registergericht in § 127 FGG eingeräumten Ermessens.

2. I 1. a) Voraussetzungen. aa) I 1 setzt voraus, daß **mehrere** 5 **Beteiligte** zur Anmeldung verpflichtet sind; er betrifft daher Handels-Ges, nicht aber den Einzelkaufmann, dessen Anmeldung durch Registerzwang, § 14, herbeizuführen oder im Wege der Zwangsvollstreckung, § 894 ZPO, zu ersetzen ist. **I 1** ist unanwendbar, wenn **alle** Beteiligten die Anmeldung verweigern. **bb)** Es muß eine **vollstreckbare** Entscheidung des Prozeßgerichts vorliegen. Dazu gehören: rechtskräftige (§ 325 ZPO) u vorläufig vollstreckbare (§§ 708 ff ZPO) Urteile sowie einstw Verfügungen (§§ 932, 936, 944 ZPO; BayObLG ZIP 86, 94); nicht: Prozeßvergleiche, vollstreckbare Urkunden, Schiedssprüche (anders bei rechtskräftiger Vollstreckbarkeitserklärung; BayObLG WM 84, 810), Entscheidungen der freiwilligen Gerichtsbarkeit (da kein „Prozeßgericht"). **cc) Entscheidungsinhalt.** Die Entscheidung muß eine privatrechtliche Mitwirkungspflicht oder ein Rechtsverhältnis, bzgl dessen eine Eintragung zu erfolgen hat, **feststellen;** auch Leistungs- oder Gestaltungsurteile, aus denen sich die Feststellung ergibt (*StHüffer* § 16 13).

b) Rechtsfolgen. aa) I 1 bestimmt, daß zur Eintragung die Anmel- 6 dung der **übrigen** Beteiligten genügt. Die Anmeldung muß iü alle sonstigen Voraussetzungen (s § 12 Rz 2 ff) erfüllen. **bb) I 1** ersetzt nur die Mitwirkung des Verurteilten. Prüfungsrecht u -pflicht des Registergerichts besteht wie sonst (s § 8 Rz 22 f), begrenzt durch die Bindungswirkung einer rechtskräftig gewordenen Entscheidung: Gestaltungsurteil (zB §§ 117, 127, 133, 140, 142; §§ 241 ff, 275 AktG), entspr einstw Verfügung (zB § 127; BayObLG ZIP 86, 94), Urteil bzgl Abgabe einer Willenserklärung (§ 894 ZPO). Leistungs- u Feststellungsurteile sind bindend nur innerhalb der persönlichen Grenzen der Rechtskraft (§§ 325 ff ZPO). Das Registergericht kann hier Interessen Dritter u der Allgemeinheit berücksichtigen u – auch nach Aussetzung gem § 127 FGG – zu einer abw Entscheidung kommen (*BauHopt* § 16 1; *SchlHildebrandt* § 16 5); dies insbes, wenn neue Tatsachen bekannt werden.

c) Eintragung u **Bekanntmachung:** §§ 8, 10. Vermerk gem § 18 7 HRV, daß Eintragung aufgrund einer rechtskräftigen oder vollstreckbaren Entscheidung des Prozeßgerichts erfolgt.

3. I 2 betrifft den Fall, daß mit der Aufhebung einer vorläufig voll- 8 streckbaren Entscheidung oder einstw Verfügung die Grundlage für die Eintragung wegfällt. **a) Voraussetzungen. aa)** Die Entscheidung nach

§ 17 Erstes Buch. Handelsstand

I 1 muß **aufgehoben** sein. Dies ist auch dann der Fall, wenn die Entscheidung in ihrem für **I 1** wesentlichen Teil abgeändert worden ist. Iü muß diese Entscheidung **Grundlage** der Eintragung sein, dh der Verurteilte darf wg der Verurteilung nicht selbst tätig geworden sein. **bb)** Eintragung nach **I 2** erfolgt nur auf **Antrag**, der in der Form des § 12 zu stellen ist. **b) Rechtsfolge.** Das Registergericht vermerkt die Aufhebung der Entscheidung (ohne sachliche Überprüfung der Richtigkeit) gem § 18 S 2 HRV in der Spalte der Eintragung (keine Löschung). Damit wird der Rechtsverkehr gewarnt u auf die Möglichkeit späterer Löschung hingewiesen.

9   **4. Vorbeugender Rechtsschutz, II.** Die Vorschrift dient der Durchsetzung einer die Eintragung für unzulässig erklärenden Entscheidung. **a) Voraussetzungen. aa)** Rechtskräftige (Rz 6) oder vollstreckbare Entscheidung (Rz 6) des Prozeßgerichts. **bb) Inhalt:** Entscheidung muß Vornahme einer Eintragung für unzulässig erklären; Feststellung eines Rechtsverhältnisses reicht nicht aus. **cc) Widerspruch** (formlos möglich) des Klägers. **b) Rechtsfolgen. aa)** Eintragung darf nicht erfolgen. Das Registergericht ist an die Entscheidung des Prozeßgerichts in demselben Umfang wie bei **I 1** gebunden (s Rz 8): Soweit die Bindungswirkung reicht, darf es die Rechtmäßigkeit der Entscheidung nicht nachprüfen. **c)** Erfolgt der Widerspruch nach der Eintragung, kann keine Löschung verlangt werden. Bei Eintragung nach Widerspruch steht dem Widersprechenden die Beschwerde, §§ 19, 20 FGG, (ausnahmsweise; s allg § 8 Rz 27) mit dem Ziel der Löschung zu, weil sie sich nicht gg die Eintragung, sondern gg die Nichtbeachtung des Widerspruchs richtet.

Dritter Abschnitt. Handelsfirma

§ 17 [Begriff]

(1) **Die Firma eines Kaufmanns ist der Name, unter dem er seine Geschäfte betreibt und die Unterschrift abgibt.**

(2) **Ein Kaufmann kann unter seiner Firma klagen und verklagt werden.**

Lit.: *Bokelmann*, Das Recht der Firmen- und Geschäftsbezeichnungen[4] (1997); *Möller*, Neues Kaufmanns- und Firmenrecht (1998); *W.-H. Roth*, Das neue Firmenrecht, in: Die Reform des Handelsstandes und der Personengesellschaften (1999) 31; *Wamser*, Die Firmenmehrheit (1997).

I. Allgemeines

1   **1. Reform.** Das HRefG hat das Firmenrecht tiefgreifend reformiert. Die wesentlichen Änderungen sind: (1) Liberalisierung der Firmenbildung; Abschied vom Zwang zur Personen- (§§ 18 I aF, 19 I aF, 4

Dritter Abschnitt. Handelsfirma **§ 17**

GmbH aF) bzw Sachfirma (§§ 4, 279 I AktG aF); Zulässigkeit der Bildung von Fantasiefirmen, § 18 I. Dgg bringen § 59 k I BRAO, § 52 k PatAnwO (betr Rechtsanwalts- u PatentanwaltsGes mbH) Zwang zur Personenfirma. (2) Anerkennung des (bisher schon geltenden) die ganze Firma umfassenden Irreführungsverbots, mit materiell- u verfahrensrechtlichen Einschränkungen, § 18 II. (3) Rechtsformpublizität für kaufmännisch Gewerbetreibende, § 19 I Nr 1–3, II.

2. Begriff. I enthält eine **Legaldefinition:** Die Firma ist der Handelsname des Kaufmanns als Unternehmensträger, nicht das Unternehmen selbst (anders der Sprachgebrauch). **a)** Die Firma ist als **Name** Bezeichnung einer (natürlichen; jur) Person (ebenso: Gesamthand; § 124 I) u weist als solche auf den Träger des Unternehmens hin. HandelsGes haben nur eine Firma, keinen Namen. **b)** Als **Handelsname** ist die Firma in das Handelsregister einzutragen, § 29, u im Geschäftsverkehr zu führen (Rz 22). Bei Geschäften unter der Firma wird der jeweilige Unternehmensträger berechtigt u verpflichtet (BGH 62, 219; 64, 14; vor § 48 Rz 4). **c) Firmenfähig** (dh: dem Firmenrecht u den daraus resultierenden Pflichten unterworfen) sind: **aa)** der Kaufmann (§ 1 I; einschl § 33); **nicht:** kleingewerblich Tätige (vor § 1 Rz 11; § 1 Rz 42 ff; zur analogen Anwendung Rz 6), Kaufmann kraft Rechtsscheins (§ 1 Rz 38), Freiberufler; **bb)** HandelsGes (Begriff: § 6 Rz 2 f); **cc)** die ein Handelsgewerbe iSv § 1 I betreibenden Vereine (dazu §§ 33–35), öffentl Unternehmen sowie Vor-GmbH (BGH ZIP 93, 145) u Vor-AG (wenn sie unter § 1 II fallen; mit „iGr" in das Handelsregister einzutragen, wenn Gesellschafter einer OHG oder KG). 2

3. Rechtsnatur der Firma: absolutes subjektives Recht (Schutz: § 37 II). Es hat nach hL *Doppelnatur:* Persönlichkeits-(Namens-)recht (darauf beschränkt in RG 158, 230) u Kennzeichnungs-(Immaterialgüter-)recht (auf letzteres will es *Fezer* ZHR 1997, 55 beschränken). Die Firma als Namensrecht des Unternehmensträgers ist zu unterscheiden vom bürgerlichrechtl Namensrecht; den Schutz des letzteren bezwecken §§ 22 I, 24 II. Das Firmenrecht unterscheidet sich vom Namensrecht hinsichtlich seiner Entstehung u seines Erlöschens (Rz 18 f); es ist, anders als das Namensrecht, vererblich (vgl § 22 I). Soll der Name eines Gesellschafters in die Firma aufgenommen werden, bedarf dies der **Gestattung** des namensgebenden Gesellschafters; formlos, aber unzweideutig (vgl § 22 Rz 3). Die Gestattung kann zeitlich beschränkt, insbes auf die Zugehörigkeit des Gesellschafters zur Ges begrenzt sein (auch konkludent; Frage der Auslegung); daran schließt § 24 II an. GesVertrag kann anderes vorsehen (RG 158, 232). 3

4. Zweck des Firmenrechts. Das Firmenrecht behandelt spezifisch namensrechtl Probleme; iü ist es *Ordnungsrecht,* das die Öffentlichkeit vor täuschender Firmenführung u vor Verwechslungen (§ 30) schützen u über Haftungsverhältnisse informieren will. 4

§ 17 Erstes Buch. Handelsstand

5 **5. Andere Bezeichnungen. a) Überblick.** Von der Firma iSv I werden traditionell unterschieden: **aa) Kurzbezeichnungen, Firmenschlagworte** zB BMW, DVZ, Magirus (vgl BGH 4, 169; 19, 28 ff; WM 88, 431); sie können heute auch Firma sein (Rz 6). Zu ihrem Gebrauch bei abw Firma: Rz 7. Schutz nach § 12 BGB, § 15 MarkenG, wenn Namensfunktion gegeben u Unterscheidungskraft bzw Verkehrsgeltung gegeben. **bb) Marken (Warenzeichen).** Sie kennzeichnen die Herkunft der Ware aus einem Unternehmen. Bildung: § 3 I MarkenG. Schutz: § 14 MarkenG. **cc) Geschäfts- und Etablissementsbezeichnungen** sind Zeichen mit Namensfunktion außer Firma u Name. Sie beziehen sich nicht auf den Inhaber (enthalten nicht dessen Namen; Zweibr DB 90, 37), sondern auf das Unternehmen bzw Geschäft als solches, zB bei Gaststätten, Hotels, Fahrschulen usw. Bsp: Parkhotel (BGH DB 76, 2057); Weißer Hirsch (RG JW 29, 1226); Teppichhaus; Fahrschule Merkur (Karlsr DB 91, 272). Sie können auch von Nichtkaufleuten verwendet werden. Schutz: §§ 5 II 1, 15 MarkenG u bei entspr Unterscheidungskraft § 12 BGB. **dd) Geschäftsabzeichen u sonstige Einrichtungen** zur Kennzeichnung des Geschäftsbetriebs, zB Telegrammadressen, Telexkennungen (BGH NJW-RR 86, 524), Fernsprechnummern (BGH 8, 389), bildliche Abzeichen, einheitliche Fassadengestaltung. Schutz: §§ 5 II 2, 15 MarkenG. **ee)** Name der Partnerschaft für Freiberufler: § 2 I, II PartGG. Schutz: § 2 II PartGG iVm § 37 I, II.

6 **b) Einfluß des Firmenrechts. aa)** Im Hinblick auf das liberalistische Firmenrecht (§ 18 I) können die in Rz 5 genannten Bezeichnungen auch **Firma** (zu ergänzen durch Rechtsformzusatz, § 19 I, „AG" etc) sein. Für ihre Bildung gilt dann § 18 I, II. Ihre Verwendung *neben* einer Firma ist möglich; ihre Bildung ist frei (BGH NJW 91, 2024). Verwendung durch **Nichtkaufleute:** Rz 8. Für die in Rz 5 genannten Bezeichnungen sind die Vorschriften über Firmenbildung nicht (unmittelbar) anwendbar. Für ihre Bildung gelten zB § 3 I MarkenG bzw § 2 II PartGG; üi ist sie frei (BGH NJW 91, 2024). Die Bezeichnungen können (soweit nicht Teil einer Firma) nicht ins Handelsregister eingetragen werden.

7 **bb)** Der **Gebrauch** von Bezeichnungen iSv Rz 5 durch Kaufleute ist firmen-(ordnungs-)rechtl nur unzulässig, wenn sie in **firmenähnlicher** Weise **verwendet** werden, dh nach der Verkehrsauffassung in der Führung einer Bezeichnung die Benennung des Geschäftsinhabers liegt: Erwartet der Verkehr die Führung einer Firma, muß der Unternehmensträger die volle Firma (einschließlich des Rechtsformzusatzes) verwenden (**Firmenführungspflicht;** Rz 22): im rechtsgeschäftlichen Verkehr, etwa bei Briefbögen (§§ 37 a, 125 a), Preisverzeichnissen, anderen Geschäftspapieren (Stgt WRP 60, 322), Eintragung in Telefonbüchern (BayObLG 60, 352) u Adreßbüchern. Weniger streng ist die Rspr bei **Werbung,** zB in Katalogen, Zeitschriften etc. Hier kann Unternehmensträger von der Firma abw Bezeichnungen oder Schlag-

worte (Stgt BB 91, 993) verwenden. Unzutreffende Rückschlüsse des Verkehrs auf vermeintliche Firma sind hinzunehmen (BGH NJW 91, 2023). Zur Firmierung im Franchisesystem Brem NJW 94, 1292; *Ullmann* NJW 94, 1255. Immer ist darauf zu achten (auch beim Gebrauch von Marken), daß nach den Umständen die konkrete Verwendung vom Verkehr nicht als Hinweis auf den Inhaber, also als Firma verstanden wird. Sonst Verstoß gg Grundsatz der Firmeneinheit (Rz 15; BGH NJW 91, 2024; *W-H Roth* ZGR 92, 635; aA *Frey* DB 93, 2170). Verwendung des Rechtsformzusatzes ist Indiz für nichtfirmenmäßigen Gebrauch, mehr nicht (s § 19 Rz 1).

6. „Minderfirma". a) Nichtkaufleute sind nicht firmenfähig. Die **8** von ihnen geführten Namen u Geschäftsbezeichnungen (Rz 5) unterfallen dem Schutz von §§ 12 BGB, 15 MarkenG. **b)** Nach altem Recht hat die Rspr die Verwendung **firmenähnlicher** Bezeichnungen durch **Nicht-(Minder-)kaufleute** als unzulässig angesehen (zB Bbg DB 73, 1990; Karlsr DB 91, 273). Dies ging in der Sache oftmals zu weit (*Schmidt* § 12 I 2b bb; zurückhaltend Stgt BB 87, 147). Mit dem Wegfall des Erfordernisses der Personenfirma u dem in §§ 37a, 19 I Nr 1, 125a statuierten Publizitätserfordernis ist die Basis für diese Praxis entfallen, zumal Kaufleute jetzt Geschäftsbezeichnungen ohne weiteres als Firma führen können (Rz 6). Die Abgrenzung zwischen kaufmännischer Firma u (nichtkaufmännischer) Geschäftsbezeichnung verläuft heute **primär** über den in § 19 I Nr 1–3 statuierten Rechtsformzusatz: Fehlt ein solcher, liegt idR keine firmenmäßige Verwendung vor (aber § 19 Rz 1; *Bokelmann*, GmbHR 98, 58; *W-H Roth* 48). Dies gilt für Nichtkaufmann wie für Kaufmann mit abw Firma (Rz 7). Nichtkaufleute können für ihre Geschäftsbezeichnung verwenden: Familien- u Vornamen, geschäftsbeschreibende Zusätze, Inhaber- u Nachfolgezusätze, Hinweise auf familiäre Beziehungen („Gebrüder", „Geschwister"), aber auch Verbindungskürzel wie „& Co" u „& Cie", die bisher im Verkehr als Hinweis auf eine Kaufmannsstellung verstanden wurden. Verwenden Nichtkaufleute einen Rechtsformzusatz iSv § 19 I (zB „e. K."; „OHG"), greift § 37 I ein; evtl die allgemeinen Rechtsscheingrundsätze (§ 15 Rz 47). Die frühere Praxis hat Geschäftsbezeichnungen auch dem Grundsatz der Firmenwahrheit unterworfen u § 37 I (analog) angewendet (*MKHGBBokelmann* § 4 11). Dies läßt sich heute angesichts des Zwecks der Neufassung des § 18 II 2, das Registerverfahren zu entlasten, wohl nicht mehr aufrechterhalten. Rechtsschutz wird über § 37 II, §§ 3 UWG, 15 IV MarkenG, 12 BGB, evtl 15b GewO sichergestellt (so früher schon *MKHGBLieb/Krebs* § 37 6; *MKHGBKrebs* § 37 2; aA RegBegr BR-Dr 340/97 S 55; *Canaris* § 11 49; *BauHopt* § 17 15). Analoge Anwendung der §§ 18 I (iVm § 37 I), 22, 24 auf Geschäftsbezeichnungen möglich (zu § 24 bei GbR: Mü NZG 00, 367; Nürnb NJW-RR 00, 700); § 37 (BayObLG NJW 99, 297). Nicht § 25: dort Rz 3.

II. Grundbegriffe

9 **1.** Die Firma besteht aus zwei Elementen: (1) in ihrem den Kaufmann **kennzeichnenden Teil** können Namen, Geschäftsgegenstand u Fantasieworte verwendet u beliebig miteinander kombiniert werden; (2) hinzukommen muß der **Rechtsformzusatz** iSv § 19 I Nr 1–3.

10 **2.** Die **Personenfirma** ist dadurch charakterisiert, daß der Firmenkern durch den Namen des Kaufmanns gebildet wird. Die Verwendung des Namens in der Firma hat Bedeutung im Insolvenzverfahren (Rz 25) sowie bei §§ 22 I, 24 II. In der **Sachfirma** wird auf einen Unternehmensgegenstand („Kohlehandlung"; „Hüttenwerke") Bezug genommen. Die **Fantasiefirma** verwendet Worte bzw Zeichen, die sich weder als Personen- noch als Sachfirma eignen.

11 **3. Einzelfirma** u **Gesellschaftsfirma** unterscheiden sich nach dem jeweiligen Unternehmensträger.

12 **4. Ursprüngliche** Firma ist der mit erstmaligem Gebrauch bzw Eintragung geschützte Name des Kaufmanns (der HandelsGes); eine **fortgeführte** Firma gibt den früheren Inhaber an, §§ 22–24.

III. Ordnungsrechtliche Firmengrundsätze

13 **1. Der Grundsatz der Firmenwahrheit** ist in § 18 II verankert. Danach ist eine Irreführung des Publikums durch die Firma zu vermeiden (§ 18 Rz 5 f). Das in § 23 statuierte Verbot der Veräußerung der Firma ohne das Handelsgeschäft soll Fehlvorstellungen des Verkehrs vermeiden. Einschränkungen erfährt der Grundsatz durch §§ 22 u 24, sowie durch die materiellrechtliche („wesentlich") u verfahrensrechtliche („ersichtlich") Restriktion im Tatbestand des § 18 II.

14 **2.** Der in der Firma liegende wirtschaftliche Wert wird über §§ 21, 22, 24 zulasten der Firmenwahrheit (Rz 13) dadurch abgesichert, daß die Firma fortgeführt werden kann; sog **Firmenbeständigkeit** (eingehend *Canaris* § 11 17 ff). Dieser Grundsatz findet seine unübersteigbare Schranke im Grundsatz der **Rechtsformpublizität**, § 19 I, II.

15 **3.** Der Grundsatz der **Firmeneinheit** ist nicht durch eine spezifische Norm vorgegeben. Er wird aus dem Grundsatz der Firmenwahrheit abgeleitet (*Brox* 146; iü *Wamser* 68 ff) u besagt, daß für *einen* Betrieb immer nur *eine* Firma geführt werden darf (BGH NJW 91, 2024). Damit soll der Rechtsverkehr vor Irreführung (betr der Unternehmensträger) bewahrt werden. Nach **hL** bedeutet dies: der Einzelkaufmann kann nicht für ein u dasselbe Unternehmen mit zwei Firmen arbeiten (BGH NJW 91, 2024), aber auch nicht für getrennte Sparten unterschiedlich firmieren (aA zu Recht *Canaris* § 11 35; ebenso *W-H Roth* 54). Betreibt er mehrere organisatorisch getrennte Betriebe (Unternehmen), sind mehrere Firmen möglich u uU sogar erforderl (RG 116, 284; *HeyEmmerich* § 17 24); letzteres läßt sich nicht mehr begründen (zB bei Fantasiefirmen; *W-H Roth* 52 f; *BauHopt* § 17 8). Der Grundsatz

Dritter Abschnitt. Handelsfirma **§ 17**

der Firmeneinheit sollte künftig an wirtschaftlicher Tätigkeit (statt Unternehmensorganisation) ausgerichtet werden. HandelsGes dürfen immer nur eine Firma führen, auch bei mehreren Unternehmen (BGH 67, 167; *Schmidt* § 12 II 2 c; *BauHopt* § 17 8). Grund: Firma als *alleiniger* Name der Ges (kaum überzeugend *Wamser* 112); Eindruck mehrerer Haftungsträger (*Canaris* § 11 39; dgg: §§ 125 a HGB, 80 AktG, 35 a GmbHG sorgen für Publizität) Zur Mehrfachfirma bei Sparkassen BayObLG DB 01, 1361. Für **Zweigniederlassungen** gilt: bei §§ 30 III, 50 III, 126 III sind **Zusätze** erforderl. Die Firmen können (zB im Falle der Übernahme der Firma eines Handelsgeschäfts für den Betrieb der Zweigniederlassung) verschieden sein. Bisher erforderte Firmenwahrheit einheitlichen Firmenkern oder für Firma der Zweigniederlassung Zusatz, der auf das Hauptgeschäft hinweist (BayObLG DB 92, 1081); dies ist aufzugeben. IE ist der Grundsatz der Firmeneinheit auf seine Tragweite zu überdenken (*W-H Roth* 54 ff).

4. Firmenklarheit und – unterscheidbarkeit. Die Firma soll den Unternehmensträger individualisieren. Zu diesem Zweck verlangt § 18 I Kennzeichnungs- u Unterscheidungskraft. Um Verwechslungen zu vermeiden, stellt § 30 die Anforderung, daß sich Firmen am selben Ort deutlich unterscheiden müssen, ohne daß es (wie im MarkenG) auf Branchennähe ankommt. **16**

5. Firmenpublizität. Die Firma muß gem §§ 19 I, 4 AktG, 4 GmbHG die Rechtsform des Unternehmensträgers ausweisen; dies auch in den Fällen der §§ 21, 22, 24. Damit korrespondieren die Publizitätserfordernisse in Geschäftsbriefen, §§ 37 a, 125 a, 35 a GmbHG, 80 AktG. Der Kaufmann bzw die HandelsGes müssen ihre Firma im Handelsregister publik machen, §§ 29, 31, 33, 34, 106 ff, §§ 7 ff GmbHG, §§ 36 ff, 278 III AktG, §§ 10 ff GenG. **17**

IV. Entstehen, Erlöschen, Änderung, Übertragung, Gebrauch

1. Das Firmenrecht entsteht **a)** bei Einzelkaufleuten (einschl jur Person iSv § 33) u PersonenhandelsGes, die ein Handelsgewerbe iSv § 1 II in kaufmännischer Weise betreiben wollen, mit Geschäftsbeginn u tatsächlichem Gebrauch oder – ebenso wie in den Fällen der §§ 2, 3 II, III, 105 II (vorher: Rz 8) – mit Eintragung in das Handelsregister. **b)** Bei HandelsGes iü entsteht das Firmenrecht mit Eintragung. **c)** Ein Konzern ist nicht firmenfähig. **d)** Firma ist anzumelden, § 29. Erzwingung: § 14. **18**

2. Erlöschen: a) beim **Einzelkaufmann: aa)** bei (endgültiger) **Einstellung** des Betriebes auf Dauer (BayObLG RPfl 90, 56); bei Betriebsveräußerung ohne Übertragung der Firma (anders wenn Kaufmann mit verbliebenen Betriebsteilen Gewerbe fortführt oder aber neuen Betrieb aufbaut); bei reiner Besitzverwaltung nach Betriebsaufspaltung (s Hamm RPfl 94, 169); nicht: bei Fortbenutzung durch Repräsentanten (BGH BB 94, 1240). **bb)** Durch endgültige **Aufgabe** **19**

Roth

§ 17 Erstes Buch. Handelsstand

der Firma selbst (solange diese nicht im Handelsregister eingetragen ist); nach Eintragung besteht Firmenführungspflicht hinsichtlich der eingetragenen Firma (BayObLG BB 92, 943). Erlöschen der Firma durch Firmenänderung oder Löschung im Handelsregister. **cc)** Wechsel zu freiberuflicher Tätigkeit (§ 5 unanwendbar); Absinken zu Kleingewerbe (§ 1 Rz 25), wenn Firma nicht eingetragen (wenn Firma eingetragen: Firma bleibt bestehen, § 5; Firma ist aber zu löschen) **dd) Nicht:** bei Tod des Kaufmanns (die Firma ist vererblich); bei nur vorübergehender Einstellung des Geschäftsbetriebs (RG 170, 274)

20 **b) OHG, KG:** Die in Rz 19 aufgeführten Grundsätze gelten nur eingeschränkt; für Betriebsaufspaltung ist § 105 II zu beachten; bei Aufgabe des Gewerbebetriebs erlischt Firma erst mit Ende der Liquidation (Vermögenslosigkeit; Schlußverteilung) bzw Löschung im Handelsregister. **c)** HandelsGes iü: Die Firma erlischt mit Ende der Abwicklung bzw Liquidation; bis dahin Liquidationszusatz (zB „iL"), §§ 269 VI, 278 III AktG, § 85 III GenG, § 68 II GmbHG. **d)** Anmeldung zur **Eintragung** ins Handelsregister: §§ 31 II, 157 I; §§ 273 I, 279 III AktG; bei GmbH entspr (str); § 78 II GenG. **Erzwingung** gem § 14 oder Löschung vAw, § 141 FGG.

20 a **3. Änderung:** ist wie Aufgabe der alten Firma (Rz 19, 20) u Bildung einer neuen Firma zu behandeln (Stgt NJW-RR 00, 1129); nicht wie Übertragung.

21 **4. Übertragung** der Firma. **a) Von Todes wegen:** die Firma ist vererblich, § 1922 BGB. **b) Unter Lebenden:** Veräußerung, Verpachtung etc nur zusammen mit dem Handelsgeschäft, § 23. **c) Bei Insolvenz:** Zur Zustimmung des Namensträgers s Rz 25.

22 **5. Gebrauch. a)** HandelsGes können nur unter ihrer Firma agieren, iü §§ 125 a, 80 AktG, 35 a GmbHG. Der Einzelkaufmann kann unter seinem bürgerlichen Namen zeichnen; ansonsten trifft ihn über § 37 a hinausgehend eine **Firmenführungspflicht** (Rz 7; BayObLG 60, 348) im Geschäftsverkehr in Situationen, in denen der Verkehr einen Hinweis auf den Inhaber erwartet. Verwendung der Firma hat Bedeutung für § 344 I. Eintragung ins Grundbuch u andere öffentl Register erfolgt beim Einzelkaufmann mit bürgerlichem Namen (BayObLG 81, 686), bei HandelsGes mit Firma; ebenso Anmeldung zum Handelsregister. **b)** Die Firma ist so zu gebrauchen, wie sie im Handelsregister eingetragen ist (BayObLG BB 92, 943); Abkürzungen sehen §§ 19 I, 4 AktG, G GmbHG vor.

V. Die Firma im Prozeß, in der Zwangsversteigerung und der Insolvenz

23 **1. Erkenntnisverfahren. a)** Der Einzelkaufmann kann (nicht: muß) unter seiner Firma klagen u verklagt werden, **II.** Für Formkaufleute u HandelsGes ist die Firma die einzig mögliche Parteibezeichnung. Die Firma als Name ist nicht Prozeßpartei (Ffm BB 85, 1219), sie individualisiert den Unternehmensträger als Prozeßpartei: Kläger ist, wer bei Klageerhebung (§§ 253, 261 ZPO) *Geschäftsinhaber* ist (RG 157, 375; Kln NJW-RR 96, 292). Dasselbe gilt für die Beklagtenseite, auch wenn Inhaber unbekannt (RG 86, 65; 159, 350; Mü NJW 71, 1615); der bürgerliche Name interessiert nicht (BGH NJW 90, 908). Bei späterem Unternehmensverkauf mit Firmenfortführung handelt es sich um Parteiwechsel. **b) II** begr die **Zulässigkeit,** nicht Verpflichtung zu firmenmäßiger Parteibezeichnung (anders für Formkaufleute u HandelsGes). Sie setzt voraus, daß der Rechtsstreit den der Firma zuzuordnenden Geschäftsverkehr trifft (*StHüffer* § 17 45; dafür spricht eine Vermutung).

2. Zwangsvollstreckung. a) II bewirkt, daß im Urteil die Parteien firmenmäßig benannt sind. Daher genügt dies auch für die Zwangsvollstreckung (Titel, Klausel; § 750 ZPO; BayObLG NJW 56, 1800). Der Titel wirkt (bei fortgeführter Firma) nur gg den *Inhaber* im Zeitpunkt der Klageerhebung. **b)** Die Firma ist, obwohl Immaterialgüterrecht, unpfändbar, weil nicht selbständig verwertbar, § 23, u weil das Unternehmen als Ganzes nicht gepfändet werden kann (RG 95, 237; BGH 85, 223).

3. Insolvenz. a) Obwohl unpfändbar fällt die Firma in die Insolvenzmasse (hL; BGH 85, 222), weil die Insolvenz (anders als die Zwangsvollstreckung) das Handelsgeschäft als Vermögensmasse u damit die Firma als Immaterialgüterrecht (Rz 3) erfaßt. Der Insolvenzverwalter ist zur Führung der Firma berechtigt. **b) Verwertungsbefugnis.** Ob der Insolvenzverwalter, der mit dem Geschäft auch die Personenfirma (Rz 10) veräußern will, der Zustimmung des Gemeinschuldners gem § 22 bedarf, ist wg des persönlichkeitsrechtlichen Charakters der Firma str (Überblick: *Schmidt* § 12 I 3 b–d). Die Interessen der Insolvenzgläubiger streiten für eine Eingrenzung des Zustimmungsvorbehalts, die aber nicht auf Kosten des Namensrechts gehen darf (BGH 32, 108 f). Da nach neuem Recht, §§ 18 I, 19 I, der Zwang, den Namen in der Firma zu verwenden, für Einzelkaufmann u PersGes entfallen ist, ist die Zustimmung des Namensträgers, wie schon bisher bei KapitalGes (s *Joussen* GmbHR 94, 159; BGH 85, 223; NJW 90, 1607 für die GmbH & Co KG), nun *generell nicht* mehr erforderl (*Steinbeck* NZG 99, 136; *Uhlenbruck* ZIP 00, 402 ff; aA *BauHopt* § 17 47): Kein Konflikt mit Namensrecht des Insolvenzschuldners aus § 12 BGB (Erwerber handelt nicht „unbefugt"; iE *Schmidt* § 12 I 3 c; aA *Canaris* § 10 69, 76: Erwerber muß Nachfolgezusatz verwenden).

VI. Internationales

1. Die **Bildung** der Firma unterliegt dem Sitzrecht des Gewerbetreibenden bzw der Ges (BGH NJW 71, 1523; BayObLG IPRax 86, 369; *MKBGBKindler*[3] IntGesR 145 ff.): Firmenordnungsrecht (Eintragungspflicht etc) gilt für Kaufleute mit Sitz in der BRD. Für den Gebrauch der Firma gilt das Recht des Gebrauchsorts; die nach ausländischem Recht zulässig gebildete Firma (Überblick: *Möller* EWS 93, 22) ist in der BRD zu führen, auch wenn sie nach deutschem Firmengründungsrecht unzulässig wäre (Gießen GmbHR 90, 353); Schranken (über Art 6 EGBGB) sind Firmenunterscheidbarkeit, -wahrheit u -klarheit (Stgt WRP 91, 526; Hamm WRP 92, 355). IE ebenso für Kreditinstitute: Art 5 Rili 77/780/EWG. Für die EU sind iü die Art 28, 43 u 49 EG zu beachten. Nationales Firmenrecht kann einheitliches Erscheinungsbild verhindern; Rechtfertigung (über Art 6 EGBGB) durch Allgemeininteresse (Schutz ggüber Irreführung; Verwechslungsgefahr) möglich (wenn geeignet u erforderl) (EuGH 99, I-2861-„Pfeiffer"; *Bokelmann* ZGR 94, 340 f). Sie gebieten eine möglichst restriktive Anwendung von Art 6 EGBGB. Aufgrund der Neufassung erscheint eine Berücksichtigung des § 18 II unprobl. Die Firmenbildung einer im Inland gegründeten TochterGes unterliegt deutschem Recht (Gießen GmbHR 90, 352), die einer (unselbständigen) Zweigniederlassung dem Recht am Ort der Hauptniederlassung (*StBrüggemann* vor § 1 42; iü § 13 d Rz 3); § 30 III ist als Gebrauchsortrecht zu beachten.

27 2. Schutz. a) Für den Schutz der Firma (als **Immaterialgüterrecht**) gilt das sog **Schutzlandprinzip:** Anwendbar ist dasjenige Recht, für dessen Gebiet der Schutz der Firma in Anspruch genommen wird (*MKKreuzer*[3] nach Art 38 EGBGB Anh II Rz 39, 49); Verweisung auf ausländisches Recht ist Gesamtverweisung, Art. 4 I EGBGB. **b) Fremdenrecht. aa)** Im Geltungsbereich der **PVÜ** (Verbandsländer in BGBl, Fundstellennachw B, zum 31. 12. jeden Jahres) gilt der Grundsatz der **Inländerbehandlung,** Art 2 I, 8 PVÜ, unabhängig vom Firmenschutz des Heimatstaates (BGH NJW 95, 2986; evtl durch Art 12 EG geboten, vgl EuGH NJW 94, 375 f). Bei Inlandsgeschäften müssen die Schutzvoraussetzungen nach deutschem Recht gegeben sein (BGH NJW 73, 2153; NJW 95, 2986); entspr gilt bei Anwendbarkeit ausländischen Rechts. **bb)** Außerhalb der PVÜ kommt das jeweilige Fremdenrecht zur Anwendung. Deutsches Firmen- u Namensrecht läßt den (auch: wettbewerbs- u markenrechtl) Schutz nicht von der Gegenseitigkeit abhängen (BGH NJW 71, 1523); dies gilt jetzt auch für den wettbewerbsrechtlichen u markenrechtlichen Schutz. **c)** Die Verletzung einer nach ausländischem Recht geschützten Firma im Ausland kann auch in der BRD geltend gemacht werden, wenn der Verletzer einen Gerichtsstand im Inland hat (Stgt RIW 91, 954).

§ 18 [Firma des Einzelkaufmanns]

(1) **Die Firma muß zur Kennzeichnung des Kaufmanns geeignet sein und Unterscheidungskraft besitzen.**

(2) **Die Firma darf keine Angaben enthalten, die geeignet sind, über geschäftliche Verhältnisse, die für die angesprochenen Ver-**

Dritter Abschnitt. Handelsfirma § 18

kehrskreise wesentlich sind, irrezuführen. **Im Verfahren vor dem Registergericht wird die Eignung zur Irreführung nur berücksichtigt, wenn sie ersichtlich ist.**

I. Allgemeines

I enthält die wesentlichen Grundsätze für die Neubildung bzw. Än- 1
derung der Firma eines Einzelkaufmanns. Die Norm gewinnt über
§ 6 I (HandelsGes) u § 33 (jur Personen) Bedeutung für das gesamte
Firmenrecht (RegBegr, BR-Dr 340/97 S 52). I basiert auf dem –
ungeschriebenen – Prinzip der Firmen**gestaltungsfreiheit** (§ 17
Rz 1). Die in §§ 18 I, 19 I, 4 AktG, 4 GmbHG (jeweils aF) festgelegten Bindungen (Personen- bzw Sachfirma) sind einer weitreichenden
Freiheit gewichen. Damit entfallen die Zwänge u Schwierigkeiten, die
sich bisher bei der Beteiligung von Ges an einer OHG bzw KG, insbes
in der GmbH & Co KG ergeben haben (Überblick: *MKHGBBokelmann*
§ 19 43 ff). Die §§ 18 ff, 30 (auch die Firmengrundsätze iSv § 17
Rz 13–17) normieren Schranken aus ordnungspolitischen Gründen. I
wird ergänzt durch §§ 19 I, 4 AktG, 4 GmbHG, § 18 II 2 VAG, wonach die Firma **zwingend** einen Rechtsformzusatz enthalten muß.
Positive Anforderungen an die Gestaltungsfreiheit sind die in **I** normierte **Kennzeichnungs**- u **Unterscheidungskraft**. II enthält das für
das gesamte Firmenrecht grundlegende **Irreführungsverbot**. Firmen,
die gg die guten Sitten bzw die öffentl Ordnung verstoßen, sind von
der Eintragung ausgeschlossen (analog § 8 I Nr 5 MarkenG; *Jung*
ZIP 98, 681). Ges Einschränkungen ergeben sich aus § 59 k I BRAO
(für GmbH, nicht AG; BayObLG NJW 00, 1648), § 52 k I PatAnwO
(§ 17 Rz 1). Landesrecht sieht Schutz von Berufsbezeichnungen vor
(Rz 15; s Ffm NJW-RR 01, 172).

II. Namensfunktion

1. Grundsatz. Für das Firmenrecht aller Kaufleute, §§ 1 I, 6 I, gilt, 2
daß die Firma zur **Kennzeichnung** des Kaufmanns geeignet sein u
Unterscheidungskraft (Nähe zu § 15 MarkenG beachten) besitzen
muß. Die Grenze zwischen beiden Kriterien fließen.

2. Die Eignung zur **Kennzeichnung** umschreibt die **Namensfunk-** 3
tion der Firma. Namensfunktion haben nur **Sprach**- (nicht: Bild-;
BGH 14, 159) **zeichen,** die unmittelbar oder mittelbar auf den Kaufmann als Rechtsträger hinweisen. Dazu geeignet sind alle Zeichen, die
im Verkehr als Name verstanden werden, also (Familien-, Vor-) Namen
aller Art, Pseudonyme, Fantasie- u Künstlernamen, Abkürzungen (s
BGH GRUR 01, 344), Fantasieworte. Desweiteren gehören dazu Beschreibungen des Unternehmensgegenstands wie auch reine Fantasiebezeichnungen. Da nach neuem Recht die sog Geschäfts- u Etablissementbezeichnungen („Hotel zur Post") mit einem Rechtsformzusatz
versehen werden müssen, wird der Verkehr auch diese als Namen der

§ 18
Erstes Buch. Handelsstand

Firma verstehen (vgl RegBegr BR-Dr 360/97 S 54). Zahlen- u Buchstabenkombinationen kann Namensfunktion zukommen, wenn u soweit aussprechbar (KG NJW-RR 01, 173; *Canaris* § 10 15; *Lutter/Welp* ZIP 99, 1078) u einprägsam („BMW"; „ 17 und 1"). Daran kann es bei Buchstaben- u Zahlenreihen fehlen (Celle NJW-RR 99, 543; s aber BGH GRUR 01, 344). Fremdsprachigkeit stört nicht; lateinische Schreibweise ist erforderl. Graphische Gestaltung wird nicht Firmenbestandteil (KG NJW-RR 01, 173); ebensowenig ist das @-Zeichen eintragbar (Brschw WRP 01, 288; BayObLG GmbHR 01, 476).

4 **3. Unterscheidungskraft. a)** Die Firma (Kern u Zusätze) muß abstrakt u generell (*Canaris* § 10 18) geeignet sein, den Unternehmensträger von anderen zu unterscheiden. Dies **fehlt** idR bei Allerweltsnamen (Müller; Schmidt; anders zusammen mit Vornamen), Gattungs- u Branchenbezeichnungen (BGH 11, 217 – „Kaufstätten für alle"; BayObLG RPfl 97, 531), Worten der Umgangssprache u der Fachsprache (BGH NJW 87, 438 – „VIDEO-Rent"), geographischen Bezeichnungen, gängigen Kürzeln, allgemeinen Beschreibungen des Unternehmensgegenstandes (BGH GRUR 91, 556 – „Leasing-Partner"; NJW-RR 94, 1255 – „Schwarzwald-Sprudel"). An die Unterscheidungskraft sind im Hinblick auf das Bedürfnis anderer Kaufleute, dieselben Begriffe zu verwenden (sog **Freihaltebedürfnis**), hohe Anforderungen zu stellen. Bsp bei *Fezer* § 15 41–42; *PalHeinrichs* § 12 12. Individualisierende **Zusätze** (nicht: Gesellschaftszusatz; hL) können jeweils Unterscheidungskraft begründen. **b) Unterscheidungskraft** gewinnen kann die Firma va, wenn **Fantasie**bezeichnungen benutzt werden; aufgrund Kombination von Bezeichnungen; bei Verwendung von Worten der Umgangssprache in einem unüblichen Zusammenhang (BGH 21, 89 – „Spiegel"; hier auch kein Problem mit Freihaltebedürfnis). Mehrfache Verwendung einer Bezeichnung an verschiedenen Orten stört nicht, wenn ortsgebunden einmalige Verwendung typisch (BGH DB 76, 2056 – „Parkhotel"). Geschäftsbezeichnungen können Unterscheidungskraft auch durch **Verkehrsgeltung** (beachtlicher Teil des Verkehrs versteht Bezeichnung als die eines *bestimmten* Unternehmens) gewinnen (*Fezer* § 15 44). Für Firmenbildung im neuen Firmenrecht kaum mehr relevant (s früher BGH GRUR 55, 95 – „Buchgemeinschaft"), weil umfangreicherer Geschäftsbetrieb zur Firmenpflicht führt, ohne daß Verkehrsgeltung entstehen kann; bei kleingewerblichem Unternehmen wird sich letztere nicht bilden; dgg bei Firmenänderung von Bedeutung, wenn Firma an Marke angepaßt wird.

III. Irreführungsverbot

5 **1. Allgemeines.** Neben der Einführung der Firmengestaltungsfreiheit (Rz 1) bedeutet die Modifizierung des **II** durch das HRefG eine zweite wichtige Neuerung des Firmenrechts (s § 17 Rz 1). Die Norm ist Ausprägung des Grundsatzes der Firmenwahrheit (§ 17 Rz 13), nimmt aber die Kontrolldichte in materiell- u verfahrensrechtlicher

Hinsicht ggü der früheren Rechtslage zurück. Damit soll (unter Inkaufnahme der Irreführung des Publikums) einer „Versteinerung" des Firmenrechts vorgebeugt werden (RegBegr BR-Dr 340/97 S 35, 36).

2. Grundsätze. a) Umfassende Geltung. Die Norm gilt für das 6 gesamte Firmenrecht (einschl der Firmen von KapitalGes u jur Personen iSv § 33), für die Firma als Ganzes wie in ihren Bestandteilen, für ihre Bildung wie ihre Führung; Einschränkung durch § 22. In seiner Formulierung lehnt sich **II 1** in Teilen an §§ 3, 13a UWG an.

b) Irreführung. Eine Angabe (Aussage) ist irreführend, wenn sie bei 7   obj. den maßgeblichen Verkehrskreisen eine unrichtige Vorstellung hervorruft. Hierfür ist entscheidend, daß die Angabe zur Täuschung *geeignet* ist (Absicht nicht erforderl; RG 156, 22), nicht, daß letztere tatsächlich eingetreten ist. Irreführend sind idR Angaben, die einen obj falschen Tatbestand behaupten (zB Zugehörigkeit eines Nichtgesellschafters zur Ges; Rz 15), im Einzelfall uU aber auch obj richtige Angaben. Für die Irreführung kommt es auf die Verkehrsauffassung an. Maßgeblich sind die angesprochenen Verkehrskreise (BayObLG NJW-RR 00, 111). Dabei ist (unter Beachtung von Rz 9) nach Kundenkreisen (Endverbraucher; industrielle Abnehmer), aber auch nach regionalen Auffassungen zu differenzieren.

c) Die irreführende Angabe muß sich auf **geschäftliche Verhält-** 8 **nisse** beziehen. Das sind Umstände, die den Geschäftsbetrieb des Firmenträgers, zB Art, Umfang u Branchenbezug des Betriebs, den Inhaber des Betriebs u seine Verhältnisse betreffen (s Rz 12 ff; vgl zu § 3 UWG *BauHefermehl* § 3121 ff).

d) Die irreführenden Angaben iSv Rz 7–8 müssen für die angespro- 9 chenen Verkehrskreise **wesentlich** sein. Während nach altem Recht schon die nicht ganz entfernt liegende Möglichkeit einer Irreführung bei einem nicht unbeachtlichen Teil der durch die Firma angesprochenen Verkehrskreise ausreichte (st Rspr; BGH BB 73, 60; BayObLG BB 93, 458), kommt es nach neuem Recht (orientiert an § 13a UWG) auf zweierlei an: (1) Die Angabe muß von einiger **wettbewerblicher Relevanz** sein, dh für die angesprochenen Kundenkreise in ihrer Wertschätzung für den Unternehmensträger von Gewicht sein (*BauHefermehl* § 13a 5). (2) Hierbei kommt es auf die Sicht des **durchschnittlichen** Angehörigen des angesprochenen Personenkreises an (RegBegr, BR-Dr 340/97 S 53; *BauHefermehl* § 13a 5), sog **Durchschnittsauffassung** (anders die frühere Rspr zu § 3 UWG: Verständnis eines nicht völlig unbeachtlichen Teils der Verkehrskreise maßgeblich: *BauHefermehl* § 3 27; jüngere Rspr differenziert zunehmend: BGH WRP 99, 1159; WRP 00, 517 ff). Damit wird eine Divergenz der Prüfungsstandards ggü § 3 UWG bewußt in Kauf genommen, eine „Feinsteuerung" des Firmenrechts über § 3 UWG aber nicht ausgeschlossen (RegBegr BR-Dr 340/97 S 53). Unverkennbar (u gewollt) ist die Annäherung an europäische Standards (EuGH 98, I-4691 Rz 31; 00, I-117 Rz 32: abzustellen sei auf mutmaßliche Erwartungen eines durchschnittlich in-

Roth

§ 18 Erstes Buch. Handelsstand

formierten, aufmerksamen u verständigen Verbrauchers; Stgt DB 01, 698). Die Orientierung am Durchschnittsverbraucher „bei verständiger Würdigung" (RegBegr BR-Dr 340/97 S 53) enthält ein stark normativierendes Element, das Verkehrsbefragungen (im Verfahren nach § 37 II) oftmals überflüssig machen wird (s EuGH 98, I-4692 Rz 35: nur bei bes Umständen; *Canaris* § 11 8; *Spätgens* WRP 00, 1027 f iü Rz 10).

10 **3. Verfahren, II 2.** Bei der Eintragung oder Änderung der Firma, §§ 29, 31 I, dem Mißbrauchsverfahren, § 37 I, sowie dem Amtslöschungsverfahren, § 142 FGG (nicht: § 37 II; § 3 UWG) wird die Eignung zur Irreführung, **II 1**, nur berücksichtigt, wenn sie **ersichtlich ist.** Dieser von § 37 III MarkenG her bekannte Ansatz (zur Parallele *Fezer* ZHR 161, 63) ist gewiß Voraussetzung für jede registergerichtl Beanstandung (*Weber/Jacob* ZRP 97, 154). Er reduziert die gerichtl Prüfung auf ein „Grobraster", das nicht zu oberflächlicher Prüfung (Amtsermittlung, § 12 FGG) des Tatbestandes führen, wohl aber von umfangreichen Beweisaufnahmen entlasten soll (RegBegr BR-Dr 340/97 S 54). **Ersichtlich** ist, was dem Gericht aufgrund eigener Sachkenntnis u verfügbarer Informationsquellen als iSv **II 1** irreführend erkennbar ist (zum MarkenG: *Fezer* § 37 23). Die „Feinsteuerung" erfolgt – wie im Markenrecht – über die zivilrechtliche Unterlassungsklage (§ 37 II, § 3 UWG; RegBegr BR-Dr 340/97 S 54).

11 **4. Einzelheiten. a)** Im Hinblick auf die zurückgenommene Prüfungsintensität bei **II 1** („wesentlich") kann auf die bisherige Rspr zur täuschenden Firma nur mit *größter Vorsicht* zurückgegriffen werden (Stgt DB 01, 698). Immer ist auf die wettbewerbliche Relevanz (Rz 9) bes zu achten. Unter diesem Vorbehalt stehen die folgenden Hinweise.

12 **b) Art des Geschäfts. aa) Amtlicher Charakter.** Zusätze, die auf Beziehungen zum Staat bzw öffentl Einrichtungen hinweisen, können unzulässig sein, wenn sie nicht bestehen. Täuschungsgeeignet sind etwa „Dienst", „öffentlich", „Universität", „Staat", „Stadt", „Land" (Verkehrsanschauung maßgebend). Bei „Stadtbäckerei" (BayObLG NJW-RR 87, 1520) dürfte wettbewerbsrechtliche Relevanz fehlen; uU „Anstalt", „Stelle", „Kammer" (vgl Hamm WRP 91, 497), „Polizei" (Ffm WM 83, 1372). „Kirchlich" deutet Zusammenhang mit kirchlichen Stellen an (Brem BB 61, 501; zum Namensschutz für „katholisch" s BGH NJW 94, 245). **bb) Wissenschaftlicher Charakter.** „Institut", „Akademie", „Seminar" können wissenschaftliche Tätigkeit (mit wissenschaftlichem Personal) u öffentl Einrichtung nahelegen (BayObLG BB 68, 313; anders bei „Beerdigungs-", „Schönheits-", „Heiratsinstitut"; BGH NJW-RR 87, 735). Täuschungseignung, wenn gewerblicher Charakter sich nicht eindeutig (GmbH-Zusatz allein reicht nicht; Kln RPfl 92, 112) aus der Firma ergibt, insbes bei Sitz in der Universitätsstadt (BayObLG NJW-RR 90, 1126). Ggf ist Firmenzusatz erforderl. „Institut" weist idR auf umfangreichere personelle u materielle Ausstattung, die bei normalem Facharzt fehlt (Düss WRP 76, 319; WRP 77, 797). **cc) Gesetzlich geschützte Zusätze.** „Bank", „Bankier", „Volks-

Dritter Abschnitt. Handelsfirma § 18

bank", „Bausparkasse" können nur von Unternehmen verwendet werden, die die §§ 39 ff KWG erfüllen; vgl auch Art 5 Rili 77/780/EWG. „Kapitalanlage", „Invest", „Investment", „Investor" können nur von Unternehmen gem § 7 I KAGG geführt werden (BayObLG NJW-RR 99, 1639); Abschwächung in § 7 III KAGG. Daran hat das HRefG nicht gerührt. Zu Berufsbezeichnungen s Rz 13. **dd) Spezialisierung.** „**Fach-**", „**Spezialgeschäft**" kann Eindruck gesteigerter Leistungsfähigkeit erwecken. Erforderl ist reichhaltiges Warenangebot, fachkundige Beratung, entspr Geschäftsaufmachung (Stgt BB 74, 197; Kblz WRP 82, 45). „**Technik**" legt höhere Kompetenz in Planung u Ausführung der Arbeiten nahe (Ffm BB 81, 1669). Verknüpfung mit Warenbezeichnung („Möbel-...") bezeichnet Ausrichtung ohne Qualitätsanspruch. „**Studio**" ist heute ohne bes Gehalt, etwa kreative Tätigkeit (Stgt NJW-RR 87, 739). „**Klinik**" verlangt nach einer personellen u apparativen Mindestausstattung (Stgt WRP 91, 528; sa BGH GRUR 96, 803). **ee) Branchenbezug.** Die bisherige Praxis forderte, daß der Firmenzusatz nicht über die betriebene Tätigkeit hinausgreifen durfte. Bei Sachfirmen bestand ein Entlehnungsgebot. Dies ist abgeschafft. Durchschnittserwartung wohl dahingehend, daß (lockerer) Zusammenhang besteht; ggf fehlt Wettbewerbsrelevanz. Die folgenden Bsp sind eher zweifelhaft geworden: „Weinkellerei" verlangt Weinausbau, -abfüllung u -handel; „Anlageberatung" nicht bei bloßer Versicherungsvermittlung; „Kredit" nicht bei bloßer Kreditvermittlung; „Finanzdienstleistungen" nur, wenn Anlage- u Kreditgeschäft zusammen betrieben (Nürnb RPfl 96, 252); „Treuhand" nur, wenn fremdes Vermögen im eigenen Namen verwaltet wird (BayObLG BB 89, 728). „Introducing Broker" nicht, wenn keine Beteiligung am Börsenhandel in Deutschland oder den USA besteht (Düss NJW-RR 92, 172). **ff) Produktion.** Mit „Fabrik", „Fabrikation", „Industrie" verbindet sich die Vorstellung eines industriellen, fabrikmäßigen Herstellungsbetriebs mit Maschineneinsatz, Arbeitsteilung, eigener Verkaufsorganisation, großem Produktumfang (Karlsr BB 62, 387; Celle BB 66, 1245); nicht: handwerklicher oder Handelsbetrieb. „Werk" weist zumeist auf großindustriellen Betrieb hin (Ffm BB 65, 803); anders in der Holz- u Steinverarbeitung (Stgt BB 81, 1670). Oft wird die Wettbewerbsrelevanz (Rz 9) fehlen. **gg) Marktstufe.** „Großmarkt" ist wohl nicht mehr unzulässig im Einzelhandel; ebensowenig „Großhandel" bzw „Großhandlung"; großes Warenlager ist nicht nötig. Wichtig: § 6 a UWG als typisierender Gefährdungstatbestand (Eignung zur Irreführung nicht notwendig). „Hersteller" nicht bei Handel. „Herstellung u Vertrieb" verlangt Eigenproduktion (BGH DB 76, 143). **hh)** Fanatasiezusätze, die geeignet sind, auf verschiedene Unternehmensgegenstände hinzuweisen („Meditec"), besitzen keine Irreführungseignung über geschäftl Verhältnisse, die iSv § 18 II wesentlich sind (BayObLG NJW-RR 00, 111 LS).

c) Umfang und Größe des Geschäfts. aa) „Börse" wies früher 13 auf marktmäßige Zusammenführung von Interessenten hin (Ffm

§ 18
Erstes Buch. Handelsstand

BB 66, 1245); der Begriff hat zunehmend seinen Gehalt verloren (*Bokelmann* GmbHR 83, 238). **bb) „Haus"** hat früher auf im Vergleich zu Wettbewerbern (wenn einziges Geschäft am Ort: sonstige am Ort allg betriebene Geschäfte; BayObLG NJW-RR 90, 672) überdurchschnittliche Größe u Bedeutung („Einrichtungshaus"; „Kaufhaus") hingewiesen (BGH DB 82, 1769; BayObLG NJW-RR 90, 672: eindeutige Spitzenstellung ist aber nicht zu fordern), insbes bei Verbindung mit Ortsnamen („Autohaus ..."; Ffm BB 66, 1242); anders immer schon, wenn nur auf Spezialisierung (Rz 10) hingewiesen wird („Schuh-", „Reformhaus"). Heute ist Verwendung des Zusatzes „-haus" allg wohl unprobl (aA *BauHopt* § 18 30). **cc) „Lager"** deutete auf dauernde überdurchschnittliche Vorratshaltung hin (RG 156, 22; Hbg WRP 68, 119), **„Markt"** auf übliches Einzelhandelsgeschäft von gewisser Größe u Angebotsvielfalt (BGH WM 83, 1319); wohl weitgehender Bedeutungsverlust. **dd) „Zentrale", „Zentrum", „Center"** bezeichnen traditionell ein Unternehmen mit deutlich hervorgehobener Stellung ggü Konkurrenten (Kln, WRP 79, 575); heute Bedeutung verloren (vgl BGH NJW 87, 63; *BauHopt* § 18 30). **ee) „Deutsch", „europäisch", „international"**, Rz 14.

14 **d) Geographische Hinweise. aa) Orts- und Gebietsangaben** kennzeichnen idR das Tätigkeitsgebiet u werden als Hinweis auf den Sitz des Unternehmens aufgefaßt (BayObLG BB 93, 458). Sie kennzeichnen auch einen Ballungsraum (Stgt DB 01, 698). Sie können, insbes wenn vorangestellt (KG NJW 69, 1539; Hamm BB 91, 2107), eine Spitzen-, zumindest eine herausragende Stellung des Unternehmens am Ort bzw im Gebiet suggerieren (BGH BB 89, 2349; RPfl 89, 76). Für ein solches Verkehrsverständnis besteht aber weder eine Vermutung noch ein Erfahrungssatz (BGH BB 89, 2350); Täuschungseignung ist branchenbezogen (u bei entspr Durchschnittsverständnis) festzustellen (BGH RPfl 90, 76; Hamm RPfl 92, 203). Abgrenzung zu bloßer (oftmals: nachgestellter) Ortsangabe (als Hinweis auf Unternehmenssitz) wichtig. Eine gesteigerte Bedeutung kann sich aus der Verbindung mit anderen Attributen ergeben (BayObLG DB 90, 876). Eine über das geographische Gebiet hinausgehende Tätigkeit ist idR nicht täuschend (Ffm DB 92, 2541); anders, wenn der Verkehr der regionalen Begrenztheit des Namens Bedeutung zumißt. Ob bloße Orts- oder Sitzangabe Wettbewerbsrelevanz hat, erscheint fraglich (Stgt DB 01, 698). **bb) „Deutsch", „national"** als (vorangestellter) Firmenzusatz ließ bisher erwarten, daß das Unternehmen gegenwärtig nach Kapital, Aufgabenstellung, Größe u Umsatz auf den ganzen deutschen Markt zugeschnitten ist (BGH 53, 343; NJW-RR 87, 1178; Mü NJW-RR 88, 812; Düss GRUR 92, 187). Darüber hinausreichende Anforderungen lassen sich bei Anpreisungen wie zB „beispielhaftes" (Düss NJW-RR 93, 298), „prägendes" Unternehmen (Düss GRUR 92, 187) oder „Sonderstellung schlechthin" (Mü NJW-RR 88, 812) *nicht* mit entspr Verkehrserwartung begründen (*StHüffer* § 18 60; aA *Bokelmann* 127).

Inländische Töchter ausländischer Mütter können mit „deutsch" firmieren, ebenso im Ausland tätige Töchter inländischer Mütter. **cc)** „**Euro**", „**europäisch**" vermittelte bisher idR die Erwartung, es handele sich um ein nach Größe u Marktstellung den Anforderungen des europäischen Marktes entspr Unternehmen (BGH 53, 343; Stgt WRP 91, 527) bzw eine Organisation europäischen Zuschnitts (Hamm WRP 91, 498). Angesichts der weiten Verbreitung von „Euro"-Zusätzen ist heute davon nicht mehr auszugehen (Hamm NJW-RR 99, 1711), vielmehr das Durchschnittsverständnis branchenabhängig (so schon BGH NJW 97, 2818) zu ermitteln. Fraglich, ob man noch grenzüberschreitende Aktivitäten von einigem Gewicht wird fordern dürfen. In jedem Fall ist die Wettbewerbsrelevanz zu prüfen (auch dazu BGH NJW 97, 2819). **dd)** Bei **inter(national), kontinental etc** war grenzüberschreitende Tätigkeit von einiger Bedeutung vonnöten (BayObLG 72, 391; Stgt NJW-RR 87, 101); heute wohl abzuschwächen (Stgt BB 00, 1213); darüber hinausgehende Anforderungen nur bei entspr Verkehrserwartung in der Branche.

e) Verhältnisse des Unternehmensträgers. aa) Vereinigung. Täuschung ist möglich bei Gruppenbezeichnung in der Firma (BGH RPfl 90, 366), aber Wettbewerbsrelevanz fraglich. „Team" verlangt mindestens zwei Beteiligte. „Verband" ist idR für einzelnen Unternehmensträger unzulässig. „Gruppe", „Pool", „Ring" begr Erwartung einer bedeutenderen Vereinigung. „Ingenieurgesellschaft" läßt nicht auf mehrere Ingenieure als Gesellschafter schließen (Hamm RPfl 97, 312). **bb) Akademischer Grad** u Professorenbezeichnung (eingehend *Hönn* ZHR 153, 386) sind zulässig, wenn sie dem Unternehmensträger bzw Gesellschafter zustehen (BGH 53, 67; NJW 91, 753; Kblz WRP 88, 622). „Doktor"-Titel ohne Fakultätszusatz kann täuschend wirken, wenn der Verkehr aus dem betriebenen Geschäft auf die Fakultätszugehörigkeit schließt u damit bes wissenschaftliche Fähigkeiten u Kenntnisse auf dem Gebiet des Geschäfts erwartet (BGH 53, 67; NJW 91, 753; DB 92, 519, jeweils zu § 3 UWG). Zur Firmenfortführung s § 22 Rz 16 f. **cc) Berufsbezeichnungen** wie „Arzt" (§ 2 a BÄO), „Rechtsanwalt" (§ 12 BRAO), „Steuerberater", „Steuerbevollmächtigter" (§ 43 IV StBerG), „Wirtschaftsprüfer", „-gesellschaft" (§§ 1, 18, 132 f WiPO), „Architekt" (Landesrecht) sind gesetzlich geschützt. Iü gelten bei Verwendung von Berufsbezeichnungen dieselben Grundsätze wie bei akademischen Graden (BGH, GRUR 65, 611; „Diplom-Ingenieur": BGH NJW 91, 753; „Börsenmakler": Düss NJW-RR 92, 171). **dd) Namensverwendung.** Bei Verwendung eines Namens geht Verkehrserwartung dahin, daß damit der Unternehmensträger identifiziert wird; bei Gesellschaftsfirmen, daß Gesellschafter genannt werden (dies bestätigt mittelbar § 21). Die (probl) Abschaffung des § 19 IV aF (keine Aufnahme in die Firma von Gesellschaftern, die nicht persönlich haften) steht Anwendung des **II 1** nicht entgegen (*Canaris* § 11 4). Aufnahme von Nichtgesellschaftern in die Firma ist

§ 19 Erstes Buch. Handelsstand

nicht per se unzulässig (arg e contr § 2 I 3 PartGG), aber idR irre führend. Immer ist Wettbewerbsrelevanz zu prüfen (Rz 9); diese wird oft angestrebt sein. Daher Vermutung für Wesentlichkeit gerechtfertigt (*Jung* ZIP 98, 681; krit *Körber* Jura 98, 455; *Lutter/Welp* ZIP 99, 1081). Bei AG dgg wohl zu verneinen (krit zum neuen Recht *Kögel* BB 97, 796). Bei OHG u KG tritt Irreführung über Haftungsverhältnisse hinzu; idR unzulässig. Dasselbe wohl bei Aufnahme des Namens eines Kommanditisten in die Firma (*Lutter/Welp* ZIP 99, 1081; enger *Canaris* § 11 5). Zum **Namenswechsel** s § 21. Bei Einzelkaufleuten ist Anklang eines Gesellschaftsverhältnisses („Ingenieurgesellschaft") unprobl, weil Rechtsformzusatz zwingend. Die Praxis zu den verwirrenden Zusätzen in Gesellschaftsfirmen („OHGmbH", Hamm NJW-RR 87, 990; auf „-ag" endende Bezeichnungen, die den Anschein einer AG erwecken, BGH 22, 90 – „INDROHAG"; KG NJW 65, 255 – „Delbag"; BayObLG DB 82, 2129 – „BAG") ist zu überdenken, aber nicht obsolet. „GbRmbH" ist unzulässig (BGH NJW 99, 3483). **ee) Gesellschaftszusätze.** Die Ges kann, wenn sie eine Namensfirma wählt, mit einem, mehreren oder allen Namen der Gesellschafter firmieren; bisherige Rspr weitgehend obsolet. Der Zusatz „u Partner" (ebenso: „+", „& Partner") ist durch § 11 I PartGG der Partnerschaft zur ausschließlichen Verwendung vorbehalten (BGH WM 97, 1102; Stgt NJW-RR 00, 1129). Altfirmen genießen Bestandsschutz, wenn sie Rechtsformzusatz hinzufügen (ab 1. 7. 1997), § 11 S 3 PartGG. Gebräuchlich: „& Co". Immer muß Rechtsformzusatz hinzukommen, § 19 I. Mehrere Rechtsformzusätze in einer Firma sind geeignet, den Rechtsverkehr irrezuführen (Ausnahme: GmbH & Co KG wg Üblichkeit); Bsp: „L. AG Maschinen GmbH & Co KG" (Stgt BB 01, 15; s aber Hamm NJW-RR 99, 1710; BayObLG ZIP 00, 1215); s iü § 19 Rz 4; § 22 Rz 17; § 24 Rz 5.

16 **f) Fremdsprachlicher Zusatz.** Bei Unternehmen mit Sitz im Ausland richtet sich das Firmenrecht nach dem Recht des Sitzes (§ 17 Rz 26; Hamm WRP 91, 498: Gründungsrecht). Sie können daher ihre fremdsprachige Firma auch im Inland verwenden (vorbehaltlich Täuschungseignung); so für Kreditinstitute Art 5 Rili 77/780/EWG. Bei Unternehmen mit Sitz im Inland mag bei fremdsprachigen Zusätzen Täuschungseignung hinsichtlich ausländischem Sitz bestehen; anders soweit es sich um in den deutschen Wortschatz übernommene Begriffe („nonfood") handelt oder aber ein entspr deutscher Begriff fehlt („consulting").

§ 19 [Bezeichnung der Firma bei Einzelkaufleuten, einer OHG oder KG]

(1) Die Firma muß, auch wenn sie nach den §§ 21, 22, 24 oder nach anderen gesetzlichen Vorschriften fortgeführt wird, enthalten:

Dritter Abschnitt. Handelsfirma **§ 19**

1. bei Einzelkaufleuten die Bezeichnung „eingetragener Kaufmann", „eingetragene Kauffrau" oder eine allgemein verständliche Abkürzung dieser Bezeichnung, insbesondere „e. K.", „e. Kfm." oder „e. Kfr.";
2. bei einer offenen Handelsgesellschaft die Bezeichnung „offene Handelsgesellschaft" oder eine allgemein verständliche Abkürzung dieser Bezeichnung;
3. bei einer Kommanditgesellschaft die Bezeichnung „Kommanditgesellschaft" oder eine allgemein verständliche Abkürzung dieser Bezeichnung.

(2) Wenn in einer offenen Handelsgesellschaft oder Kommanditgesellschaft keine natürliche Person persönlich haftet, muß die Firma, auch wenn sie nach den §§ 21, 22, 24 oder nach anderen gesetzlichen Vorschriften fortgeführt wird, eine Bezeichnung enthalten, welche die Haftungsbeschränkung kennzeichnet.

I. Allgemeines

§ 19 bestimmt in Ergänzung zu § 18 I, daß die Firma zwingend **1** einen Kaufmanns- bzw Rechtsformzusatz enthalten muß. Insoweit ist die Norm Ausdruck des Grundsatzes der Firmenpublizität (§ 17 Rz 17). Zur AG: § 4 AktG; GmbH: § 4 GmbHG; Genossenschaft: § 3 GenG; Versicherungsverein auf Gegenseitigkeit: § 18 II 2 VAG. § 19 hat Bedeutung sowohl für die Firmenbildung wie für die Firmenfortführung. Ggüber dem alten Recht hat das HRefG zwei Neuerungen gebracht: bei OHG u KG muß sich die Gesellschaftsform jetzt aus der Firma ergeben; für den Einzelkaufmann ist eine Bezeichnung eingeführt worden, die dem Rechtsverkehr die Unterscheidung zum kleingewerblich Tätigen ermöglichen soll u zugleich die Abgrenzungsprobleme der Geschäftsbezeichnung hin zur Firma (§ 17 Rz 8) entschärfen soll. Gebrauch der Firma ohne Rechtsformzusatz: § 37 Rz 5. Bei nichteingetragenem Kaufmann: Bezeichnung ohne „e. K." idR als Firma anzusehen. Für Altfirmen gilt eine Übergangsfrist bis zum 31. 3. 2003 (Art 38 I EGHGB); der Rechtsformzusatz allein bedarf keiner Anmeldung zur Eintragung in das Handelsregister (Art 38 II EGHGB).

II. Kaufmanns-, Rechtsformzusatz, I

1. Für **Einzelkaufleute** (natürliche Personen u jur Personen iSv **2** § 33) schreibt **I Nr 1** die Aufname von „eingetragener Kaufmann", „eingetragene Kauffrau" oder einer allgem verständlichen Abkürzung vor; Bsp (nicht abschließend): „e. K.", „e. Kfm.", „e. Kfr." Da gesetzlich vorgesehen, wird diesen Abkürzungen nicht der Einwand aus § 18 II 1 entgegengehalten werden können. Frauen werden wohl „eingetragener Kaufmann" bzw „e.Kfm." verwenden können, da Geschlechtszugehörigkeit ohne Wettbewerbsrelevanz bei § 18 II 1 (§ 18 Rz 9); Männer aber nicht „eingetragene Kauffrau". Der noch nicht eingetragene Ist-

§ 19

Kaufmann kann noch nicht Zusatz iSv **I Nr 1** verwenden; stattdessen: „einzutragender Kaufmann", „Ist-Kaufmann" „Einzelkaufmann" (s *Zimmer* ZIP 98, 2052; *W-H Roth* 39; aA *BauHopt* § 19 4).

3 **2. OHG, KG.** In die Firma ist die Bezeichnung „offene Handelsgesellschaft" bzw „Kommanditgesellschaft" oder eine allgem verständliche Abkürzung aufzunehmen. „OHG" bzw „KG" sind unprobl, aber nicht vorgeschrieben. Mischformen sind verbreitet; sie müssen § 18 II genügen. Bei Beteiligung von Ges ist auf Klarheit zu achten (nicht: „GmbH KG", vielmehr ein „& Co" dazwischen zu schieben; BGH NJW 80, 2084); vgl auch *Kögel* BB 1998, 1646.

3 a **3. Juristische Personen** Soweit sie § 1 II erfüllen oder gem §§ 2, 3 II, 5 eingetragen sind, unterfallen sie **I Nr. 1** (soweit nicht Kaufmann kraft Rechtsform). Eingetragener Verein, Kommunen, Sparkassen etc., müssen mit „e. K." firmieren, zB „. . . e. V. e. K." (*W-H Roth* 40 f; *ders* FS Lutter (2000) 651; *BauHopt* § 19 5).

III. Haftungsbeschränkungszusatz, II

4 **1.** Die Norm bezweckt **Information** der Gläubiger über die Haftungsbeschränkung des (der) persönlich haftenden Gesellschafter(s); sie schreibt frühere (umstrittene) Rspr (BGH 62, 226; 65, 105; BB 77, 1222) fest: Die Firma einer OHG oder KG, bei der *keine* natürliche Person phG ist, muß eine die Haftungsbeschränkung deutlich machende Bezeichnung enthalten. Dies gilt auch für fortgeführte Firmen (§§ 21, 22, 24 HGB; Vorrang der Firmenwahrheit). **Bsp:** „GmbH & Co"; „GmbH & Co KG" (allg üblich); **unzulässig,** weil irreführend: „W & R KG-GmbH & Cie" (BGH NJW 79, 1987: vermittelt Eindruck, daß eine KG Komplementärin ist); „K & Co GmbH & Co KG" (BGH NJW 81, 343); „HM & Sohn GmbH & Co" (BGH NJW 85, 737, wg Anscheins eines weiteren HandelsGes **neben** der GmbH); „X OHG mbH" (Hamm NJW-RR 87, 990); „X GmbH & Co OHG" (KG DB 88, 1689); „U & Co GmbH & Co" (Oldbg DB 90, 519). Bei **Verstoß** gg **II** kann Gesellschafter die Rechtsscheinhaftung (§ 15 Rz 50) treffen; ebenso den in Vertretung der KG Handelnden gem § 179 BGB entspr (BGH NJW 90, 2679; NJW 91, 2628).

5 **2. Bei mehrstufigen Gesellschaften** (Gesellschafter ist Ges, deren Gesellschafter wiederum Ges sind etc) stellt **II** klar, daß die Haftungsbeschränkung nur in die Firma aufgenommen werden muß, wenn auf *keiner* der weiteren Stufen einer der phG eine natürliche Person ist (RegBegr, BR-Dr 340/97; bisher str, s *Ahrens* DB 97, 1065).

Dritter Abschnitt. Handelsfirma §§ 20–22

§ 20 [Firma der AG bzw. KGaA] *(aufgehoben)*

§ 21 [Fortführung bei Namensänderung]
Wird ohne eine Änderung der Person der in der Firma enthaltene Name des Geschäftsinhabers oder eines Gesellschafters geändert, so kann die bisherige Firma fortgeführt werden.

1. Allgemeines. § 21 regelt als Ausprägung des Grundsatzes der **Firmenbeständigkeit** (unter Einschränkung des Grundsatzes der Firmenwahrheit) den Fall der Fortführung einer Personenfirma trotz Änderung des bürgerlichen Namens (ohne Inhaberwechsel; sonst § 22). Hauptanwendungsfall ist die Namensänderung des Ehegatten bei Heirat (§ 1355 I 2, 2 II BGB). § 21 begr nur ein Recht, keine Pflicht zur Firmenfortführung. 1

2. Anwendungsbereich. § 21 gilt für die Firma des Einzelkaufmanns u der PershandelsGes; ebenso für die Firmen anderer Unternehmensträger, die eine Personenfirma führen können (zB GmbH; GmbH & Co KG). 2

3. Voraussetzungen. a) Eine Firmenfortführung ist nur zulässig, wenn **zur Zeit** der Änderung des bürgerlichen Namens die Firma **besteht;** so wenn die Firma im Handelsregister eingetragen oder wenn (auch ohne Eintragung) ein unter § 1 II fallendes Gewerbe betrieben wird (str). Nicht bei Geschäftsaufgabe oder (nicht nur vorübergehendem) Herabsinken auf kleingewerbliches Niveau. Dies gilt auch für PersGes sowie für die Vorgesellschaft. **b) Namensänderung** betrifft den Vor- oder Familiennamen der namensgebenden natürlichen Person; Bsp: Eheschließung (§ 1355 BGB); Adoption (§§ 1756, 1757 II BGB); Verfahren nach dem Namensänderungsgesetz (vom 5. 1. 1938, RGBl I 9). Ebenso bei Namensänderung der namensgebenden Ges. 3

4. Umwandlung: § 200 UmwG. 4

Lit: Kögel, GmbHR 96, 168.

§ 22 [Fortführung bei Erwerb des Handelsgeschäfts]
(1) Wer ein bestehendes Handelsgeschäft unter Lebenden oder von Todes wegen erwirbt, darf für das Geschäft die bisherige Firma, auch wenn sie den Namen des bisherigen Geschäftsinhabers enthält, mit oder ohne Beifügung eines das Nachfolgeverhältnis andeutenden Zusatzes fortführen, wenn der bisherige Geschäftsinhaber oder dessen Erben in die Fortführung der Firma ausdrücklich willigen.
(2) Wird ein Handelsgeschäft auf Grund eines Nießbrauchs, eines Pachtvertrags oder eines ähnlichen Verhältnisses übernommen, so finden diese Vorschriften entsprechende Anwendung.

Lit: Götting, Persönlichkeitsrechte als Vermögensrechte (1995).

§ 22

Erstes Buch. Handelsstand

I. Allgemeines

1 § 22 eröffnet in den Fällen des endgültigen, **I,** bzw vorübergehenden Inhaberwechsels, **II,** die Möglichkeit (nicht: Pflicht; BayObLG NJW-RR 90, 869) zur Firmenfortführung durch den Erwerber mit u ohne Nachfolgezusatz. Damit kann der Firmenwert erhalten bleiben. § 22 verwirklicht den Grundsatz der **Firmenbeständigkeit,** der den Grundsatz der Firmenwahrheit (§ 17 Rz 13) einschränkt, aber am Täuschungsverbot, § 18 II, seine Grenze findet. § 22 gilt für alle (Personen-, Sach-) Firmen (OHG, KG: § 6 I; §§ 4, 279 I AktG; § 4 GmbH; jeweils mit Ergänzung; § 2 II PartGG). Die Fortführung der **Firma** setzt ihre Übertragung voraus (Rz 4), die von der Unternehmensübertragung strikt zu trennen ist; sa § 23. Soll Firma beim Veräußerer verbleiben, gelten die in § 17 Rz 19 f angesprochenen Grundsätze.

II. Voraussetzungen

2 **1. Handelsgeschäft. a)** Die Fortführung der Firma setzt voraus, daß es sich um ein **kaufmännisch** betriebenes Unternehmen handelt (Rz 5). Das Unternehmen muß zumindest in seinem **Kern** (BGH WM 77, 893) u den für die Betriebsführung **wesentlichen Einrichtungen** (RG 68, 295) übertragen werden, so daß die geschäftliche Tradition des Vorgängers fortgesetzt werden kann (BGH NJW 91, 1354 zu § 23). Bei Liquidation oder Insolvenz sind im Interesse sinnvoller Verwertung nicht zu strenge Maßstäbe anzulegen (BGH aaO). **b) Mehrere Unternehmen, Zweigniederlassung.** Betreibt ein Kaufmann mehrere Unternehmen, gilt § 22 für jedes Unternehmen; ebenso bei Veräußerung der Zweigniederlassung ohne die Hauptniederlassung, da die Zweigniederlassung selbständig am Geschäftsverkehr teilnimmt (RG 169, 139; BGH WM 57, 1154). **c)** Spätere Einstellung nach Übertragung stört nicht (Rz 15).

3 **2. Bestehen** des Handelsgeschäfts ist gem § 22 Voraussetzung der Firmenfortführung; ein noch nicht begonnener Betrieb (auch Scheingründung) kann nicht „fortgeführt" werden (RG 152, 367). Kein Fortführen bei Einstellung, da ansonsten die Firma erlischt (§ 17 Rz 19) u zudem § 23 sperren würde. Nur vorübergehende Einstellung der Betriebstätigkeit (zB bei Krankheit) stört nicht, solange die Betriebsfähigkeit gegeben, dh aufgrund Betriebsorganisation, Kundenstamm, Bezugsquellen etc eine Wiederaufnahme ohne weiteres möglich ist (BGH 32, 312; BB 73, 210). Eintritt in das Liquidationsstadium (Karlsr NJW-RR 95, 1310) bzw Insolvenz (des Unternehmensträgers (!), nicht des Betriebes) stehen nicht entgegen. Bei jur Personen hat Betriebseinstellung keinen Einfluß auf die Firma, vielmehr erst Löschung im Handelsregister. Dies ermöglicht sog **Mantelübertragung** (dazu *MKHGBBokelmann* § 22 9 f; *Schmidt* GesR § 4 III 3).

3. Erwerbsformen. a) Erwerb unter Lebenden. Auf die rechts- 4
geschäftliche Ausgestaltung kommt es nicht an. Die Art des Verpflichtungsgeschäftes (Kauf, GesVertrag) ist gleichgültig. Für den „Erwerb" ist alleine entscheidend, daß der Erwerber in die Lage versetzt ist, die unternehmerische Tätigkeit fortzusetzen u der Veräußerer davon ausgeschlossen ist. Auch Treuhandübertragung. Nießbrauch, Pacht uä: **II.
b) Von Todes wegen** aufgrund ges Erbfolge oder Testament. Führen alle Erben (Erbengemeinschaft) das Geschäft fort, entfällt das Zustimmungserfordernis; anders bei Fortführung durch einzelne Miterben. Bei vollständiger Nachlaßteilung müssen die Erben eine Ges gründen u das Geschäft übertragen; § 22 anwendbar. **c) Nicht: aa) Umwandlung;** ist kein Erwerbstatbestand, sondern Rechtsformwechsel. Neuregelung in § 200 UmwG. **bb)** Erwerb sämtlicher Anteile an einer KapGes ist kein Fall des § 22, da Ges Träger des Unternehmens bleibt; ebenso bei Auswechslung aller Gesellschafter einer OHG (BGH BB 77, 1016 läßt offen). **cc) Verschmelzung:** § 18 UmwG; **Aufspaltung:** § 125 UmwG.

4. Firmenfortführung. a) Der Veräußerer muß **firmenfähig,** dh 5
Kaufmann sein (Rz 2; aA *Schmidt* § 12 III 2 b). Bei § 1 II kommt es nicht auf eine Eintragung in das Handelsregister an. Von einem Nichtkaufmann kann kein Recht zur Firmenfortführung abgeleitet werden. Ist eingetragen, obwohl Voraussetzungen des § 1 II nicht (mehr) erfüllt sind, gilt zwar § 5; dieser wirkt nicht ggü dem Registergericht (§ 5 Rz 2), das die Anmeldung des Inhaberwechsels zurückweisen, die Firma gem § 142 FGG löschen u gg ihren Gebrauch durch den Erwerber nach § 37 I vorgehen kann. Es reicht nicht, wenn der neue Inhaber die Voraussetzungen der Firmenführung schafft (BayObLG DB 88, 2559). **b)** Der Veräußerer muß die Firma **rechtmäßig,** also entspr §§ 18, 19, 22, 24, § 4 AktG, § 4 GmbHG, geführt haben (BGH 30, 291; BayObLG 78, 184); nicht bei „& Partner", weil Verstoß gg § 11 I PartGG (BGH NJW 97, 1854; Karlsr NJW 98, 1161). Ein rechtswidriger Zustand wird durch den Erwerb idR nicht beseitigt; anders, wenn ein zunächst täuschender Zusatz seine Täuschungseignung verliert (vgl BGH WM 85, 165; Rz 17).

5. Einwilligung. a) Bei Firmenfortführung ist zu unterscheiden 6
(dazu *W-H Roth* 60 f): (1) die **Übertragung** der Firma. Sie ist (formlose) Verfügung gem §§ 398, 413 BGB über ein Immaterialgüterrecht (BGH NJW 94, 2026; *StHüffer* § 22 24 mwN; aA RG 107, 33: obligatorisches Gestattungsgeschäft). (2) Das (unübertragbare) **Namensrecht** verbleibt beim Veräußerer. Die Benutzung dieses Namens (als Teil der Firma) bedarf der **Einwilligung** (Gestattung; vgl a § 24 Rz 10); diese liegt konkludent in der Übertragung der Firma, § 398 BGB. § 22 bezieht sich wohl auf beides. Gestattung entfällt, wenn Name des Veräußerers nicht in Firma enthalten (zB Sach- u Fantasiefirma). (3) Bei Erwerb des Unternehmens von Todes wegen fällt die Firma (vorbehaltlich anderweitiger Verfügungen des Erblassers; *MKHGBBokelmann* § 22

§ 22 Erstes Buch. Handelsstand

46) in den Nachlaß u geht auf die Erben über, § 1922 BGB; *Canaris* § 10 32, 34: Auslegungsregel, daß Firma iZw nicht mitübertragen wird; anders wenn Name des Veräußerers nicht in Firma enthalten. Das Namensrecht des Erblassers erlischt.

7 b) „**Ausdrückliche**" Einwilligung meint **Eindeutigkeit** der (uU auch stillschweigenden) Einigung (BGH NJW 94, 2026); es genügt jede Form, in welcher eine Äußerung erfolgen kann. Bloße Duldung des Firmengebrauchs reicht nicht aus (Düss HRR 36 Nr 407); ebensowenig die bloße Übertragung des Unternehmens (BGH NJW 94, 2026; *BauHopt* § 22 8; *Canaris* § 10 24: Fortführung der Firma durch Erben hängt nicht von Einwilligung des Erblassers ab).

8 c) Da gem § 23 die Firma nicht ohne das Handelsgeschäft übertragen werden kann, muß die Übertragung der Firma in einem engen zeitlichen **Zusammenhang** mit der Unternehmensübertragung erfolgen.

9 d) Einwilligen (Rz 6) muß der **bisherige** Geschäftsinhaber. **aa)** Bei der **Einzelfirma** ist dies der Einzelkaufmann oder sein(e) Erbe(n). **bb)** Für die **Gesellschaftsfirma** gilt: Bei OHG u KG ist die Einwilligung aller Gesellschafter notwendig (RG 158, 230), da Grundlagengeschäft (aA *StHüffer* § 22 31). Der GesVertrag mag abweichen; namensgebender Gesellschafter muß stets einwilligen (arg § 12 BGB). Im Liquidationsstadium ist die Einwilligung aller nötig. Bei KapitalGes muß das vertretungsberechtigte Organ einwilligen; Zustimmungserfordernis in § 179 a AktG bezieht sich nicht auf Übertragung, sondern nur auf Verpflichtungsgeschäft.

10 e) **Bedingung, Befristung** der Einwilligung ist, wenn auflösend, zulässig (RG 76, 265; 102, 22). Insbes kann Zugehörigkeit zur Ges als zeitliche Schranke der Gestattung der Namensbenutzung vereinbart werden. Dgg **scheitert** eine **aufschiebende** Bedingung bzw Befristung nach § 23, wenn der notwendige zeitliche Zusammenhang (Rz 8) zwischen Unternehmensübertragung u Wirksamwerden der Einwilligung verloren geht.

11 f) **Umfang** der Einwilligung (Gestattung; Rz 6): Richtet sich nach Parteivereinbarung (Gestattungsvertrag). Übertragung der Firma als Immaterialgüterrecht ist davon zu unterscheiden (hier gilt § 137 S 1 BGB); weiter übertragbar. Namensrechtliche Gestattung deckt iZw: Weiterübertragung des Unternehmens mit Firma; Errichtung neuer Zweigniederlassungen; iZw nicht: Recht zur Vervielfältigung durch getrennte Veräußerung der Zweigniederlassungen auf Dritte (RG 67, 95; 104, 343; BGH DB 80, 2434); Übertragung der Firma auf neugegründete GmbH (Hamm BB 91, 87; ZIP 98, 746). Eine Aufspaltung oder Vervielfältigung der Firma (zB Veräußerer behält das Firmenrecht für einen Teil seiner Produktion) ist unzulässig (arg § 23); uU kann der Veräußerer aufgrund schuldrechtl Erlaubnis des Erwerbers die Firma noch für begrenzte Zeit benutzen (BGH NJW 91, 1354).

Dritter Abschnitt. Handelsfirma § 22

g) Widerruf der Einwilligung: betreff Übertragung der Firma (Rz 6 unter 5. a) (1)) mangels Verfügungsberechtigung nicht möglich. Da Namensrecht beim Veräußerer verblieben (Rz 6), kommt bei schwerem Eingriff in namensrechtliche Interessen Widerruf der Gestattung u Unterlassungsanspruch aus § 12 BGB in Betracht (*Canaris* § 10 38); ggf auch auf vertraglicher Grundlage, *W-H Roth* 62. 12

h) Insolvenz. Die Firma als Immaterialgüterrecht fällt in die Insolvenzmasse. Zur Verwertungsbefugnis des Insolvenzverwalters s § 17 Rz 25. 13

i) Testamentsvollstreckung. Ob der Testvollstrecker oder die Erben die Einwilligung nach § 22 erteilen, hängt davon ab, ob die Vollstreckung aufgrund einer Bevollmächtigung oder Treuhandlösung erfolgt (s § 1 Rz 21); im ersten Fall müssen die Erben, im zweiten der Testvollstrecker einwilligen. 14

6. Fortführung des Handelsgeschäfts. Der Erwerber muß das Handelsgeschäft fortführen (spätere Einstellung schadet nicht); dies zumindest in seinem Kern (Rz 2). Andernfalls erlischt die Firma (BayObLG 71, 165). Keine Fortführung bei sofortiger Weiterveräußerung (-verpachtung). Umgestaltung steht Fortführung nicht entgegen (aA bei grundlegender Umgestaltung: *HeyEmmerich* § 22 17; *RvWAmmon* § 22 35). 15

III. Fortführung der Firma

1. Die **Rechtsstellung des Erwerbers** im Verhältnis zum Veräußerer ergibt sich aus dem Übertragungsvertrag (Einwilligung; Rz 6, 11). Bei Personenfirma kann der Veräußerer gg den Erwerber nach § 37 II vorgehen, ansonsten ein Verfahren nach § 37 I anregen. 16

2. Die **Zulässigkeit** der Fortführung hängt von folgenden Voraussetzungen ab: **a)** Zulässigkeit der übernommenen Firma (Rz 5; BGH 30, 291). Ändern sich die Verhältnisse, ist die jetzige Situation maßgebend: Unzulässiger „& Co"-Zusatz wird zulässig, wenn Erwerber eine OHG bzw KG ist. Bisher zulässige Firma kann wg Einigung zur Irreführung unzulässig werden. **b)** Der Erwerber muß – vorbehaltlich des unter c) Gesagten – die Firma grds **unverändert** fortführen (RG 152, 367), dh er darf der Firma nichts hinzufügen oder etwas weglassen. Grund: Die Firma ist Ausdruck der Unternehmenskontinuität. Eine Einwilligung des Veräußerers ist insoweit ohne Belang. **Unschädlich** ist kraft Gesetzes der (fakultative) Nachfolgervermerk („Nachf", „Erben", „vormals"). (Nach der Verkehrsanschauung) **Unwesentliche** Änderungen, zB in der Schreibweise, sind unprobl (ebenso: Streichung eines abgekürzten Vornamens; RG 113, 309; Berlin NJW-RR 94, 609; nach neuem Recht auch Weglassen des gesamten Namens; Augbg RPfl 99, 449; Kblz DB 01, 530; enger *Busch* RPfl 99, 547) Anpassung an Praxis zu § 25 (Rz 6) wünschenswert. **Wesentliche** Änderungen sind nur ausnahmsweise zulässig, wenn im Interesse der 17

§ 22 Erstes Buch. Handelsstand

Allgemeinheit oder bei berechtigtem Interesse des Erwerbers (BGH 44, 120; *MKHGBBokelmann* § 22 70), zB bei Vereinigung von Firmen (abl RG 152, 368; 159, 220), wenn kein Zweifel an der Firmenidentität entsteht. **c)** Die fortgeführte Firma darf nicht **irreführen** gem § 18 II 1. Besteht (wesentliche) Irreführungsgefahr, ist die fortgeführte Firma zu ändern (nicht: eine Firma neu zu bilden). **aa) Akademischer Grad,** den Erwerber nicht innehat, ist beim fortgeführten Namen des Veräußerers wegzulassen, wenn mit dem Grad bes Zugkraft verbunden ist u Irreführungseignung besteht (BGH 53, 67; NJW-RR 92, 368), ansonsten durch Nachfolger-Zusatz zu neutralisieren (BGH NJW 98, 1151). **bb) Ortsangabe** ist zu ändern, wenn Unternehmen an einem anderen Ort fortgeführt wird u Verknüpfung mit Ortsangabe von wesentlicher Bedeutung. **cc) Inhaberzusatz** beim Namen des Vorinhabers ist wegzulassen. **dd) Änderung der Rechtsform. aaa)** Führt OHG bzw KG Handelsgeschäft eines Einzelkaufmanns fort, bedarf es einer Änderung durch Rechtsformzusatz gem § 19 I Nr 2–3. Bei Fortführung durch GmbH & Co KG: § 19 II; Fortführung durch AG, KGaA, GmbH: §§ 4, 279 AktG, 4 GmbHG. „OHG", „KG" ist zu streichen (BGH 68, 12). **bbb)** Bei Fortführung des Geschäfts einer PersGes durch eine andere ist der Rechtsformzusatz in der alten Firma zu streichen u ein Nachfolgezusatz zu verwenden. **ccc)** Bei Übertragung des Geschäfts von einer Handelsgesellschaft auf einen Einzelkaufmann ist Rechtsform- bzw Gesellschaftszusatz zu streichen oder durch Nachfolgezusatz zu neutralisieren (RG 104, 342; BGH 44, 286; NJW 85, 737) u durch eine Bezeichnung gem § 19 I Nr 1 zu ergänzen. **ddd)** Kumulierung von Rechtsformzusätzen kann irreführen (Stgt BB 01, 15). **ee)** Bei Firmenänderung ist § 30 zu beachten.

IV. Vorübergehende Unternehmensübernahme, II

18   Bei nur vorübergehender Unternehmensübernahme – Nießbrauch, Pacht – findet **I** entspr Anwendung, **II.** Statt Übertragung der Firma liegt Lizenz näher (§ 23 Rz 2 unter c). Auch **II** begr keine Pflicht zur Firmenfortführung. Die Bildung einer neuen Firma ist jederzeit möglich.

V. Verfahren

19   Bei bereits eingetragener Firma ist die Fortführung von den Beteiligten anzumelden, wenn die Voraussetzungen des § 22 vollständig erfüllt sind (BayObLG NJW-RR 90, 869). Zwangsgeld: § 14; Verfahren: §§ 132 ff FGG. Der Veräußerer hat mitzuwirken (RG 65, 15). Der Inhaberwechsel wird auf dem bestehenden Registerblatt eingetragen. Bei nichteingetragener Firma ist die Anmeldung nachzuholen. Wird die Firma nicht fortgeführt, hat der Veräußerer das Erlöschen der Firma anzumelden, § 31 II 1.

Dritter Abschnitt. Handelsfirma §§ 23, 24

§ 23 [Veräußerungsverbot]

Die Firma kann nicht ohne das Handelsgeschäft, für welches sie geführt wird, veräußert werden.

1. Normzweck. § 23 normiert ein Verbot der **Leerübertragung**, 1 dh der Übertragung der Firma ohne das Handelsgeschäft, das sich allerdings auch schon aus § 22 (s § 22 Rz 2, 15) ergibt. Eine Leerübertragung ist täuschungsgeeignet, weil der Verkehr bei Firmenfortführung eine **Kontinuität** des Unternehmens erwartet. Die abw Regelung im Markenrecht, § 27 II MarkenG, kann nicht entspr angewendet werden (BGH WM 94, 1450 zu § 8 II WZG; ZIP 94, 1807); wohl aber bei der Übertragung anderer geschäftlicher Bezeichnungen.

2. Voraussetzungen. a) Die Veräußerung iSv § 23 bezieht sich auf 2 die **Übertragung** der Firma gem § 398 (§ 22 Rz 6) wie auch auf den Firmen**lizenzvertrag** (als Umgehung; *HeyEmmerich* § 23 2; s aber c). Der sog **Mantelkauf** (Erwerb der Firma mit Rechtsperson) fällt nicht unter § 23 (s § 22 Rz 3; differenzierend *Beater* GRUR 00, 119). **b)** § 23 ist gegeben, wenn es an einem engen zeitlichen Zusammenhang (§ 22 Rz 8) zwischen Firmen- u Unternehmensübertragung **fehlt** oder ein Unternehmen nicht in seinem Kern übertragen wird (s § 22 Rz 2). **c)** Firmen**lizenzen** sind nur zulässig, wenn der Geschäftsbetrieb übertragen (BGH GRUR 85, 567) u Doppelnutzung (vertraglich) ausgeschlossen wird (*MKHGBBokelmann* § 23 11; Ausnahme: BGH NJW 91, 1354; § 22 Rz 11). Anders als bei Übertragung der Firma gem §§ 398, 413 BGB erwirbt Lizenznehmer kein abgeleitetes Recht u damit nicht die Priorität des Lizenzgebers. Er kann sich aber gem § 986 I BGB auf Priorität des Gestattenden (als Einwendung) berufen (BGH NJW 93, 2237).

3. Rechtsfolgen. a) § 23 ist **ges Verbot** iSv § 134 BGB; der Üb- 3 ertragungsvertrag ist nichtig. Für das zugrundeliegende schuldrechtliche Geschäft gilt § 306 BGB. **b)** Bei Bekanntmachung der Firmenübertragung trotz Verstoßes gg § 23 kann § 15 III eingreifen.

4. Verfahren. Das Registergericht kann eine trotz Verstoßes gg § 23 4 eingetragene Firma löschen, § 142 FGG, u den Firmengebrauch gem § 37 I iVm § 140 FGG untersagen.

§ 24 [Fortführung bei Änderungen im Gesellschafterbestand]

(1) Wird jemand in ein bestehendes Handelsgeschäft als Gesellschafter aufgenommen oder tritt ein neuer Gesellschafter in eine Handelsgesellschaft ein oder scheidet aus einer solchen ein Gesellschafter aus, so kann ungeachtet dieser Veränderung die bisherige Firma fortgeführt werden, auch wenn sie den Namen des bisherigen Geschäftsinhabers oder Namen von Gesellschaftern enthält.

(2) Bei dem Ausscheiden eines Gesellschafters, dessen Name in der Firma enthalten ist, bedarf es zur Fortführung der Firma

§ 24 der ausdrücklichen Einwilligung des Gesellschafters oder seiner Erben.

I. Allgemeines

1 § 24 regelt – neben §§ 21, 22 – Fälle der Firmenfortführung, bei denen eine OHG oder KG beteiligt ist. **I** bezweckt Erhaltung des Firmenwerts bei gesellschaftsrechtlichen Veränderungen, während **II** va dem Schutz des namensgebenden Gesellschafters dient. § 24 begr ein Recht, keine Pflicht zur Fortführung der Firma. Analoge Anwendung bei GbR: Nürnb NJW-RR 00, 700; Mü NZG 00, 367.

II. Firmenfortführung gemäß I

2 **1. Voraussetzungen. a) I** setzt **Kontinuität** des Unternehmens voraus. Der nach **I** maßgebliche Vorgang muß ein **bestehendes** Handelsgeschäft (dh kaufmännisches Gewerbe) betreffen. Das Unternehmen muß seine bisherige Tätigkeit mit den für die Betriebsführung wesentlichen Einrichtungen fortsetzen (s § 22 Rz 2). **b)** Die alte Firma muß rechtmäßig geführt worden sein (§ 22 Rz 5). Auf eine Eintragung kommt es nicht an.

3 **2. Anwendungsfälle. a) Gründung** einer OHG bzw KG durch Aufnahme eines Gesellschafters in ein bestehendes Handelsgeschäft, **I 1. Fall.** Die Einbringung des Unternehmens (als Sacheinlage) bedarf der Übertragung auf die OHG bzw KG. Dies ist auch ein Fall des § 22 I; **I** entbindet vom Einwilligungserfordernis. Unerheblich ist, ob der bisherige Einzelkaufmann Komplementär oder Kommanditist wird. Die Firma muß (anders als nach altem Recht) die Gesellschaftsbezeichnung aufnehmen, § 19 I Nr 2 u 3; evtl § 19 II.

4 **b) Eintritt** eines Gesellschafters in eine bestehende Handelsgesellschaft, **I 2. Fall.** Die Firmenfortführung ist hier unprobl; dies auch bei Auswechslung aller Gesellschafter: Solange die Ges bestehen bleibt, ist dies kein Fall des § 22, uU ist **II** zu beachten. Bei Übertragung aller GesAnteil auf einen Dritten: § 22. Die Firma ist zu ändern, wenn eine OHG zur KG wird (statt „OHG" nun zB „KG"), § 19 I Nr 3.

5 **c) Ausscheiden** eines Gesellschafters, **I 3. Fall. aa)** Bei Fortbestehen der Ges gilt das in Rz 4 Gesagte. **I** schränkt § 18 II für den Fall ein, daß ein namensgebender Gesellschafter ausscheidet (lex sp). Daß die Ges der Einwilligung des Gesellschafters für die Fortführung bedarf, ist eine andere Frage (Rz 8 f). Änderung des Gesellschaftszusatzes („KG"), wenn aus einer KG eine OHG wird, § 19 I Nr 2 (anders Hamm NJW-RR 99, 1710; implizit BayObLG ZIP 00, 1215). **bb)** Bei Anwachsung des GesAnteile auf einen einzigen Gesellschafter endet die Ges. Dann liegt Wechsel des Handelsgeschäfts auf einen neuen Unternehmensträger (= Einzelkaufmann) u damit § 22 vor. § 24 hat aber Vorrang (iE BGH NJW 89, 1799 zu **II;** str). Der Gesellschaftszusatz ist zu streichen u die Bezeichnung gem § 19 I Nr 1 anzufügen.

Dritter Abschnitt. Handelsfirma § 24

d) Die **Änderung** des Status vom Komplementär zum Kommanditi- 6
sten u umgekehrt ist in **I** nicht geregelt. Vorbehaltlich **II** ist eine
Firmenfortführung möglich. Wird in einer OHG ein phG zu einem
Kommanditisten, ist ein „OHG"-Zusatz durch die Bezeichnung
„Kommanditgesellschaft" bzw. „KG" zu ersetzen.

3. Rechtsfolge. Soll die Firma fortgeführt werden, wozu keine 7
Pflicht besteht, ist sie – mit Ausnahme der nach Rz 3–6 notwendigen
Änderungen – grds **unverändert** zu lassen. Ein Nachfolgezusatz ist
immer zulässig. Unwesentliche Änderungen sind möglich (s § 22
Rz 17); iü auch dann, wenn Firma unzulässig bzw irreführend. **Ausnahmsweise** ist eine Änderung möglich, wenn dadurch einem tatsächlichen Firmengebrauch Rechnung getragen wird, an dem durch jahrelange Übung ein schutzwürdiger Besitzstand erwachsen ist (Mü DB 90,
1659) oder ein sachlich berechtigtes Anliegen gegeben ist (BGH 44,
120) u kein Zweifel an der Identität der übernommenen Firma besteht
(s § 22 Rz 17).

III. Erfordernis der Einwilligung, II

1. Allgemeines. Das in **II** statuierte Erfordernis der Einwilligung 8
betrifft den Fall des Ausscheidens des **namensgebenden** Gesellschafters
aus einer PershandelsGes; ebenso das Ausscheiden aus einer zweigliedrigen Ges ohne Liquidation (BGH NJW 89, 1799). Nach altem Recht
zog **II** die Konsequenz aus § 19 I, II aF, wonach der persönlich haftende
Gesellschafter gezwungen war, seinen Namen für die Firma der Ges
herzugeben. Dieser Zusammenhang ist mit § 18 I nF entfallen. Auf
KapitalGes hat die Rspr **II** nicht angewandt, weil sie eine Sachfirma
bilden können (zur GmbH: BGH 85, 224; NJW-RR 92, 368; Mü
GmbHR 93, 102; zur GmbH & Co: BGH DB 90, 780). Anders jetzt
bei Rechts- u Patentanwaltsgesellschaft mbH, § 59 k I BRAO, § 52 k I
PatAnwO. Für unter altem Recht gebildete Firmen behält **II** seine
bisherige Bedeutung (aA BayObLG BB 00, 1212). Für Neufirmen ist
der Zwang zur Personenfirma entfallen. Hier ist bei Namensverwendung in der Firma (konkludente) namensrechtliche Gestattung vonnöten. Auslegung (Rz 10): Sie wird erteilt entweder mit zeitlicher Begrenzung bis Ausscheiden aus der Ges; dann greift § 24 II ein. Oder
(was näher liegen wird) über den Zeitpunkt des Ausscheidens hinaus
erteilt sein; dann hat § 24 II keine Bedeutung (*W-H Roth* 58; für
Unanwendbarkeit von **II** auf OHG, KG *Steinbeck* NZG 99, 137; dgg
Kern BB 99, 1717). Täuschende Zusätze (zB „Doktor"-Titel) bleiben
nach § 18 **II** unzulässig (BGH NJW-RR 92, 368). Die Unanwendbarkeit des II auf KapitalGes (unstr; BGH 58, 325; die Reform hat nichts
geändert; aA *Kern* BB 99, 1719) hindert nicht eine Anwendung des
§ 15 MarkenG (Mü GmbHR 93, 103 zu § 16 UWG aF).

2. Voraussetzungen. Der (bürgerliche) Name des ausscheidenden 9
Gesellschafters muß zur Firmenbildung („Firmenstifter") verwendet
worden sein. Bloße Gleichnamigkeit genügt nicht (BGH NJW 87,

2081). Insbes ist der in die Ges eintretende Erbe nicht seinerseits als Firmenstifter anzusehen (bei seinem Ausscheiden ist daher **II** nicht anzuwenden; eingehend BGH NJW 89, 1799); anders nur, wenn der namensgleiche Erbe des Firmengründers die Firma in eine neugegründete Ges eingebracht hat u aus dieser später ausscheidet (BGH 92, 82). „Gebrüder A" enthält die Namen aller Brüder: **II** ist anwendbar (RG 65, 382); dgg nicht bei „Louis B.'s Söhne" (RG 156, 366). Der Grund für das Ausscheiden des Gesellschafters – zB Austritt, Tod, Ausschluß – ist gleichgültig.

10   **3.** Die nach **II** erforderl **Einwilligung** ist eine *einseitige,* schuldrechtl, iZw endgültige (BGH 100, 79 f), formlose Gestattung (BayObLG NJW 98, 1159). Sie kann im GesVertrag vorab erklärt werden (RG 158, 232). **II** verlangt eine **ausdr** Einwilligung, dh eine **eindeutige** (auch konkludente; BGH 68, 276) Erklärung. Die Reichweite der Einwilligung ist durch **Auslegung** zu ermitteln. IZw kann Ges Firma auch bei späterer Änderung des Gesellschafterbestandes weiterführen; Übertragung des Unternehmens mit der Firma ist gedeckt (BayObLG aaO); iZw nicht die Neugründung von Zweigniederlassungen, auch nicht die Weiterübertragung der Firma (Hamm BB 91, 87). Die Einwilligung hat der ausscheidende Gesellschafter oder dessen Erben (BGH NJW 89, 1799) zu erklären; **nicht:** der Insolvenzverwalter des Gesellschafters; Testvollstrecker.

IV. Rechtsfolgen

11   Eine Verweigerung der Einwilligung hat zur Folge, daß die Ges eine **neue** Firma (unter Beachtung der §§ 18, 19) annehmen muß; Nachfolgezusatz ist dann nicht zulässig. Bei Firmenfortführung ohne Einwilligung kann das Registergericht gem § 37 I, der ausscheidende Gesellschafter gem § 37 II vorgehen.

§ 25 [Haftung des Erwerbers bei Firmenfortführung]

(1) [1]**Wer ein unter Lebenden erworbenes Handelsgeschäft unter der bisherigen Firma mit oder ohne Beifügung eines das Nachfolgeverhältnis andeutenden Zusatzes fortführt, haftet für alle im Betriebe des Geschäfts begründeten Verbindlichkeiten des früheren Inhabers.** [2]**Die in dem Betriebe begründeten Forderungen gelten den Schuldnern gegenüber als auf den Erwerber übergegangen, falls der bisherige Inhaber oder seine Erben in die Fortführung der Firma gewilligt haben.**

(2) **Eine abweichende Vereinbarung ist einem Dritten gegenüber nur wirksam, wenn sie in das Handelsregister eingetragen und bekanntgemacht oder von dem Erwerber oder dem Veräußerer dem Dritten mitgeteilt worden ist.**

(3) **Wird die Firma nicht fortgeführt, so haftet der Erwerber eines Handelsgeschäfts für die früheren Geschäftsverbindlichkei-**

ten nur, wenn ein besonderer Verpflichtungsgrund vorliegt, insbesondere wenn die Übernahme der Verbindlichkeiten in handelsüblicher Weise von dem Erwerber bekanntgemacht worden ist.

Lit: *Beuthien,* Zu zwei Mißdeutungen des § 25 HGB, NJW 1993, 1717; *Canaris,* Unternehmenskontinuität als Haftungs- und Enthaftungsgrund im Rahmen von § 25 HGB?, FS Frotz (1993) 11; *U. Huber,* Die Schuldenhaftung beim Unternehmenserwerb und das Prinzip der Privatautonomie, FS Raisch (1995) 85; *Lieb,* Zu den Grundgedanken der §§ 25 ff HGB, FS Börner (1992), 747; *Müller-Feldhammer,* Die Erwerberhaftung bei rechtsgeschäftlicher Unternehmensübertragung (2001); *Schleifenbaum,* Die Unternehmenshaftung bei Unternehmensübertragungen (2000); *Schmidt,* Haftungskontinuität als unternehmensrechtliches Prinzip, ZHR 145 (1981), 2; *Theißen,* Die Schuldenhaftung nach § 25 HGB beim Erwerb von unselbständigen Unternehmensteilen (2000).

I. Allgemeines

1. Inhalt. § 25 regelt einige, das **Außenverhältnis** betr Fragen im Gefolge eines rechtsgeschäftlichen Unternehmenserwerbs bei Fortführung der Firma durch den Erwerber. Letzterer haftet unter den Voraussetzungen des **I 1** für **Altverbindlichkeiten** des Veräußerers. Der Schuldner wird bei Zahlung an den Erwerber für **Altforderungen** von seiner Verpflichtung befreit, **I 2.** Verhältnis zu § 28: s § 28 Rz 9.

2. Zweck der Norm ist **Verkehrsschutz.** Iü ist der Leitgedanke des I 1 str (Überblick: *Schmidt* § 8 I 2). **a)** Die **Erklärungstheorie** sieht in der Firmenfortführung (auch mit Nachfolgezusatz) eine an die Öffentlichkeit gerichtete **rechtsgeschäftliche Erklärung** des Erwerbers, in die Geschäftsbeziehungen des früheren Geschäftsinhabers möglichst weitgehend einzutreten (RG 149, 28; BGH NJW 82, 578; NJW-RR 90, 1253; Mü BB 96, 1683; zu einer rechtsgeschäftlichen Begründung der Haftung *Säcker* ZGR 73, 272 f). Dies läuft aber auf die Fiktion einer Willenserklärung hinaus. **b)** § 25 wird mit **Rechtsscheingrundsätzen** erklärt (*Hueck* ZHR 108, 8; *GKNickel* § 25 1 mwN; BGH 18, 250; 38, 47; Düss NJW-RR 99, 333: Fortführung der Firma erwecke Eindruck, der Erwerber sei zur Übernahme der Verbindlichkeiten bereit); dies aber zu Unrecht, da **I 1** eine Haftung trotz Nachfolgezusatzes entstehen läßt u iü eine Disposition des Altgläubigers im Vertrauen auf den Rechtsschein nicht verlangt wird. **c)** Die **Haftungsfondstheorie** (*Schricker* ZGR 72, 150 f: den Gläubigern des Veräußerers soll das im Unternehmen gebundene Vermögen zum Zwecke der Vollstreckung erhalten bleiben) kann nicht erklären, warum **I 1** auch einen Zugriff auf das Privatvermögen des neuen Geschäftsinhabers eröffnet. Sie versagt in all den Fällen, in denen die Firma nicht fortgesetzt wird u ist mit **II** kaum zu vereinbaren. **d)** Die These von der **Haftungskontinuität** bei Unternehmenskontinuität (*Schmidt* ZHR 145, 2 ff) ist de lege ferenda diskutabel (im Hinblick auf übertragende Sanierung

— typische Rechtsscheinhaftung als Sanktion für nicht unerheblich unklare Stellung.

aber probl; s *Canaris* § 7 13 ff; *Lieb* FS Vieregge (1995) 559 f). Ihr steht de lege lata **II** sowie der Umstand entgegen, daß eine Haftung nach **I 1** in jedem Fall Firmenfortführung voraussetzt. In jüngster Zeit hebt die Rspr auf Unternehmenskontinuität ab, die durch Fortführung der Firma in Erscheinung tritt (BGH NJW 01, 1352; ebenso *BauHopt* § 25 1). Daß **I 1** eine Fortführung des Handelsgeschäfts (dies betont BGH NJW 96, 2867 nachdrücklich) verlangt, ist selbstverständlich, da nur so die Firma fortgesetzt werden kann. **e)** Vorzugswürdig ist es, in **I 1** eine (dogmatisch nicht befriedigende) reine **Zweckmäßigkeits**entscheidung zu sehen (*HeyEmmerich* § 25 8; ähnlich *MKHGBLieb* § 25 9), die auf eine Verkehrsauffassung Rücksicht nimmt, die (rechtl unzutr) die Firma selbst als Trägerin der durch den Handelsbetrieb begründeten Rechte u Pflichten ansieht (Denkschrift 36) u bei Firmenfortführung von einer Unternehmensübernahme mit allen Aktiven u Passiven (im Innenverhältnis) ausgeht (dies erklärt auch **II**). Daran knüpft sich eine **ges** Haftung (*StHüffer* § 25 30; anders BGH NJW-RR 90, 1253) des Erwerbers für Altverbindlichkeiten, **I 1**, wie auch der Schutz des an den Erwerber zahlenden Gläubigers, **I 2**, ohne daß ein Übergang der Verbindlichkeiten u Forderungen angeordnet wird.

II. Haftung des Erwerbers, I 1, II, III

3 **1. Voraussetzungen. a)** Auf Seiten des **Veräußerers. aa)** Im Zeitpunkt des Erwerbs muß ein Handelsgeschäft (kaufmännisches Gewerbe) betrieben werden (BGH NJW 92, 113) oder ein Fall des § 5 vorliegen (BGH 22, 240). Es reicht nicht, wenn erst Erwerber (über §§ 2, 3 II) zum Kaufmann wird. Im Fall des § 1 II ist Eintragung nicht erforderl. Beweislastregel in § 1 II greift zugunsten des Gläubigers ein. Für analoge Anwendung auf Nichtkaufleute (s vor § 1 Rz 13) ist (zB bei Geschäftsbezeichnungen; Hamm NJW-RR 97, 733) mangels Eintragungsmöglichkeit gem **II** kein Raum (BGH NJW 92, 113; Brdbg NJW-RR 99, 395; aA *Schmidt* § 8 II 1 a). **bb)** Das Handelsgeschäft muß vom Veräußerer schon u noch **betrieben** werden (Planung reicht nicht; Ffm, OLG 73, 22); vorübergehende Stillegung des Betriebs stört nicht (BayObLG WM 84, 53), solange innere Organisation u Geschäftsbeziehungen so aufrechterhalten bleiben, daß jederzeitige Wiederaufnahme des Betriebs möglich. Ist Unternehmen liquidiert, es bei Erwerb nicht um Fortführung, sondern Neuaufbau (*Lieb* FS Vieregge (1995) 563). **cc)** Der Veräußerer muß eine **Firma** (§ 17 Rz 2) führen; ihre Eintragung in das Handelsregister ist nicht vonnöten (BGH NJW 82, 577). Ob die Firma bisher zulässig (zB gem § 18 I aF) geführt worden ist, spielt keine Rolle (RG 113, 308; BGH NJW 01, 1352). Die Rspr will **I** auch noch *nach* Löschung der Firma im Handelsregister eingreifen lassen (BGH NJW 92, 911). Dies ist von **I** nur bei tatsächlicher Firmenführung gedeckt; ggf Rechtsscheinhaftung (§ 15 Rz 38 ff). **dd)** Der Veräußerer muß sich (in Abgrenzung zu § 28) des Unternehmens gänzlich entledigen (*MKHGB Lieb* § 25 18).

§ 25

b) Der **Erwerb** muß im Wege der **Einzelrechtsnachfolge unter Lebenden** (sonst: § 27) erfolgen. **aa) Erwerb** meint Übernehmensübertragung in anderer Weise als durch Erbfolge (enger: derivativ-rechtsgeschäftlicher Erwerb *Canaris* § 7 23; *MKHGBLieb* § 25 40), also *Wechsel in der* (tatsächlichen) Trägerschaft, zB bei Unternehmensveräußerung, -verpachtung (BGH NJW 82, 1647; aA Hamm NJW-RR 97, 734) u Nießbrauch; ebenso Übernahme einer KG durch eine Gesellschafterin (Mü NJW-RR 96, 229; BAG NJW 99, 967). Erneuter Erwerb, wenn der Verpächter den Geschäftsbetrieb vom Pächter wieder übernimmt (BGH NJW 84, 1186), (bei sofortiger Neuverpachtung) der Neupächter vom Altpächter „erwirbt" (BGH NJW 84, 1187) oder (da Gesetz *unmittelbaren* Erwerb nicht fordert) im Rahmen eines Franchisevertrages die Person des Franchisenehmers ausgewechselt wird (Düss DB 92, 833; aA Hamm NJW-RR 97, 734). Für den Erwerb ist Existenz des Handelsgeschäfts Voraussetzung (Rz 3 unter bb). Fehlt es an einem **Wechsel** des Unternehmensträgers (so im Falle des § 142 aF), ist **I 1** nicht anwendbar (BayObLG DB 88, 389). Wechsel meint Verlust der (alten) Rechtsträgerschaft; dies schließt Beteiligung am neuen Träger nicht aus. Zur probl Abgrenzung zu § 28 s § 28 Rz 9. **bb)** Für § 25 ist auf die **tatsächliche** einverständliche Übernahme des Geschäftsbetriebs (in seinem Kern; Rz 5) abzustellen (Karlsr NJW-RR 95, 1310; Mü BB 96, 1683). Unwirksamkeit des Übernahme- (Kauf,- Pacht-) vertrags bzw einzelner Verfügungen stört ebensowenig (aA *Canaris* § 7 24) wie das Fehlen eines Rechtsgrundes (BGH 22, 239). Die Rspr verzichtet sogar auf jegliche Vertragsbeziehungen zwischen dem früheren Betreiber u dem Erwerber (BGH NJW 92, 912; Mü BB 96, 1683). Dies überzeugt vom Zweck der Norm her (Rz 2 unter e), da der Verkehr keinen Einblick in die Vertragsverhältnisse hat (iE auch *Schmidt* JuS 97, 1070) u dem Erwerber die Möglichkeit der Haftungsbeschränkung nach **II** bleibt (Rz 8). Wird vom Veräußerer das Unternehmen in (verdeckter) Treuhandschaft fortgeführt, greift § 25 nicht ein (BGH WM 82, 556). **cc)** Beim Erwerb vom **Insolvenzverwalter** soll (trotz **II** !) **I 1** unangewendet bleiben (BGH NJW 88, 1912; Düss NJW-RR 99, 1556; hL; so auch § 25 IV öHGB). Grund: Erlös kommt Insolvenzgläubigern zugute. Diese teleologische Restriktion greift nicht beim Erwerb vom überschuldeten Veräußerer außerhalb des Insolvenzverfahrens bzw bei Abweisung der Insolvenzeröffnung mangels Masse (§ 26 InsO; BGH NJW 92, 911; krit *Canaris* FS Frotz 11); ebensowenig bei Sicherungsmaßnahmen gem § 21 ff InsO (s BGH 104, 155; Brem NJW-RR 89, 423; str), wenn sich kein Insolvenzverfahren anschließt; **II** genügt. **dd)** § 25 findet keine Anwendung auf **Umwandlungen** nach UmwG; dafür §§ 20, 36, 125 UmwG. **ee)** Fehlt es an einem Erwerb iSv aa) u bb), kommt uU Rechtsscheinhaftung in Frage (§ 15 Rz 38 ff); hier ist idR Kausalität (Altverbindlichkeiten!) zweifelhaft.

c) Der **Erwerber** muß die für **I 1** notwendige nach außen dokumentierte **Kontinuität** durch Fortführung des Unternehmens u der

§ 25 Erstes Buch. Handelsstand

Firma verwirklichen. **aa) Unternehmenskontinuität. aaa) I 1** verlangt nicht die Übertragung des Unternehmens als ganzes, sondern nur die für die Fortführung des Geschäftsbetriebs notwendigen Teile (Düss NJW-RR 93, 45), also den den Schwerpunkt des Unternehmens bildenden **wesentlichen Bestand** (BGH 18, 250; NJW 92, 911); zB Weiternutzung der bisherigen Büroeinrichtungen aufgrund eines neuen Mietvertrages (Düss NJW-RR 93, 45); teilweise Übernahme des Personals (Mü BB 96, 1683); Eintritt in bestehende Aufträge (BGH NJW 86, 581; Celle MDR 94, 263 f). Gleiche Fax- u Telefonnummern allein reichen nicht (Hamm NJW-RR 95, 735). Die Übernahme einer organisatorisch verselbständigten **Zweigniederlassung** (mit getrennter Buchhaltung u eigenständigem Geschäftszweig) genügt für **I 1** (BGH NJW 72, 1859; DB 79, 1125; zur Repräsentanz eines ausländischen Unternehmens: Düss NJW-RR 95, 1185); die Haftung des Erwerbers beschränkt sich dann auf die von der Niederlassung begründeten Verbindlichkeiten. **bbb)** Das Handelsgeschäft muß vom Erwerber **tatsächlich fortgeführt** werden; dies zumindest in seinem Kern. Bei sofortiger Stillegung greift **I 1** nicht. Kurzzeitige Betriebsunterbrechung stört nicht (Düss NJW-RR 99, 333). Eingliederung steht Fortführung nicht entgegen (*MKHGBLieb* § 25 60), da es für Verkehrerwartungen nicht auf interne Strukturen ankommen kann. Bei sofortiger Weiterveräußerung (-verpachtung) wirkt **I 1** nicht zu Lasten des Zwischen-, evtl aber des Enderwerbers (bzw: -pächters) (vgl RG 143, 371). Der Rechtsschein einer Unternehmensfortführung reicht nicht (vgl BayObLG NJW-RR 88, 870; aA Ffm NJW 80, 1398); evtl Rechtsscheinhaftung des Erwerbers (Kausalität genau zu prüfen).

6 **bb) Firmenkontinuität. aaa)** Die bisherige (auch: unzulässige; BGH BB 01, 694) Firma (nicht: Geschäftsbezeichnung; Hamm NJW-RR 97, 733; keine analoge Anwendung, Rz 3) des Veräußerers muß **fortgeführt** werden. Dies ist für die Haftung nach **I 1** unverzichtbar (BGH BB 01, 694; aA *Schmidt* § 8 II 1 c; Berlin ZIP 93, 1478). Der Nachfolgezusatz wahrt die Firmenkontinuität (insbes im Falle einer Gleichnamigkeit des Erwerbers; BGH NJW 92, 912). **bbb) Fortführung** einer Firma verlangt keine wort- u buchstabengetreue Übereinstimmung von alter u neuer Firma. Entscheidend ist, ob der Verkehr die neue Firma noch mit der alten identifiziert (BGH NJW 92, 912). Dies setzt voraus, daß die Firma zumindest im **Kern** (in ihrem prägenden Teil; BGH BB 01, 694) unverändert übernommen wird (BGH NJW 86, 582; NJW 92, 912). Zum Kern zählen (von § 18 aF geprägt) der Name u die Bezeichnung des Geschäftszweigs; Veränderungen bei letzteren werden hingenommen, wenn sie der Konkretisierung dienen („A-Maschinenfabrik" in „A-Agrartechnik"; Hamm NJW-RR 99, 397). Hinzufügen, Weglassen oder Änderung eines Gesellschaftszusatzes ist irrelevant (BGH NJW 82, 1647; NJW 92, 912: Unternehmenskontinuität); Zweck des **I 1** (Rz 2) deckt Erkennbarkeit des Wechsels des Unternehmensträgers ab. Erhöhte Bedeutung des Rechtsformzusatzes

Dritter Abschnitt. Handelsfirma § 25

gem § 19 I ist ohne Einfluß (aA *Canaris* § 7 30). Irrelevant auch die Änderung (Weglassen, Zufügen) anderer Zusätze (etwa dem Vornamen), die farblos bzw ohne Individualisierungskraft sind. **Bsp:** Firmenfortführung **bejaht:** „Elektro S-AS" wird zu „Elektro-S-GmbH" (BGH NJW 86, 581); „Druckerei H-St" zu „Druckerei H-St, Inhaber W-F" (BGH NJW 84, 1186); „Anton v. A" zu „v. A.-GmbH & Co, Gaststättenbetriebs- u Vertriebs-KG" (BGH NJW 82, 577). Beibehaltung des Familiennamens, Wegfall des Vornamens, Hinzufügung von „Tiefbau" u „GmbH" (Düss NJW-RR 99, 332 LS). Firmenfortführung **verneint:** „Eugen Mutz & Co." wird zu „Eumuco AG" (RG 145, 278); „Gewebe- u Teppich-Importf. D." zu „Gewebe- u Teppich-Import GmbH" (Bremen NJW 63, 111); „E & Co" zu „F & Co, vormals E" (BGH WM 64, 297); „F & Sohn GmbH" zu „F-Fleisch GmbH" (BGH NJW 87, 1633); Weglassen des Vor- u Familiennamens (Kblz NJW 95, 797). Um eine Haftung zu vermeiden, muß Erwerber bei Wahl der Firma für den nötigen Abstand sorgen (BGH NJW 92, 912). **ccc)** Für die Haftung nach **I 1** ist es unerheblich, ob die Firma im Handelsregister eingetragen oder gelöscht worden ist, sofern tatsächliche Firmenführung gegeben (BGH NJW 92, 911), ob die Firma selbst zulässig ist (BGH 22, 237), ob Zusätze fehlen oder geboten wären (BGH NJW 86, 582), ob die notwendige Einwilligung des Veräußerers vorliegt (anders als **I 2**), insbes ob die Firma wirksam übertragen worden ist (s § 22 Rz 5). **ddd)** Die Firma muß **tatsächlich** (zumindest kurzfristig) **geführt** werden. Für **I 1** kommt es nicht darauf an, welche Erklärung der Erwerber dem Registergericht ggüber abgibt, sondern allein auf das Auftreten am *Markt* (Hamm NJW-RR 97, 734); der Verkehr muß davon ausgehen können, es handele sich um die vom Unternehmer gewählte Firma (BGH NJW 87, 1633). Für **I 1** kommt es weder auf die Zulässigkeit der Firmenfortführung (BGH BB 01, 694) noch auf die Einwilligung des Veräußerers an (e contrario **I 2**); auch anwendbar, wenn Veräußerer Firma weiterverwendet (Hamm NJW-RR 99, 397).

2. Rechtsfolgen. a) I 1 ordnet einen **ges Schuldbeitritt** (hL; *StHüffer* § 25 50; aA *Lieb*, FS Börner 754 ff; *Schmidt* § 8 I 6 b: Vertragsüberleitung; dies abl für Mietvertrag BGH DB 01, 1301, iü offenlassend) mit **unbeschränkter** persönlicher Haftung an. Daran hat § 26 nF nichts geändert (aA *Nitsche* ZIP 94, 1923). Die Haftung ist vom Innenverhältnis (ebenso von der (Un-)Kenntnis des Gläubers; Mü BB 96, 1683) unabhängig. **b)** Die Haftung bezieht sich auf alle **„im Betriebe des Geschäfts"** (s § 344) begründeten, aber auch dem Veräußerer bei Geschäftsgründung oder -erwerb entstandenen **Alt**verbindlichkeiten (auch aus Delikt, Steuerschulden, Vertragsstrafe). Es reicht aus, wenn der Rechtsgrund vor dem Unternehmensübergang gelegt wurde (zB bei Unterlassungspflichten; RG 96, 173); dies gilt zB auch bei Vertragsstrafen (BGH NJW 96, 2867), Mietzinsansprüchen, nicht aber Anspruch aus § 557 BGB (BGH DB 01, 1302). **c)** Bei Ansprüchen aus **Dauerschuldverhältnissen** mit wiederkehrenden Leistungen (aus der Rspr: BGH DB 01, 1302; Nürnb NJW 65, 1920 f; Stgt NJW-RR 96, 1379) ist zu differenzieren. **aa)** Hat Dritter vertragstyp Leistung zu erbringen (Grundstücksverpachtung), so kommt es darauf an, ob unternehmensbezogen geleistet wird. Dies ist nicht der Fall, wenn Veräußerer bei Übertragung des Unternehmens Grundstück ausspart (*Canaris* § 7 38; offen BGH NJW-RR 90, 1253; str). Bei unternehmensbezogener Leistung ergibt sich für Erwerber Erfüllungszuständigkeit aus **I 2** u insoweit Gleichlauf mit **I 1**, ohne daß gesetzl Vertragsüberleitung anzunehmen wäre (so aber *MKHGBLieb* § 25 83). **bb)** Ist Veräußerer zu vertragstypischer Leistung (auch Unterlassung) verpflichtet, wird oft (aber nicht bei „lästigen" Pflichten) Schuldübernahme vorliegen; konkludente Genehmigung des Dritten durch Abnahme der Leistung möglich, setzt aber Mitteilung der Schuldübernahme voraus, § 415 I 2 BGB. Ansonsten Erfüllungsübernahme, § 329 BGB, die durch Anspruch des Dritten aus **I 1** (neben fortbestehendem Anspruch ggü Veräußerer) ergänzt wird. Damit korrespondiert (konkludente) Abtretung der Ansprüche gg Dritten. **I 1** gilt auch für Gewährleistungsansprüche, Schadensersatz wg Nichterfüllung; ebenso für deliktische u Bereicherungsansprüche sowie Steuerschulden. Bei Veräußerung nur einer **Zweigniederlassung** (Rz 5) treffen den Erwerber nur die in der Niederlassung begründeten Ansprüche (BGH BB 63, 748). **d)** Der Erwerber kann die dem Veräußerer ggüber dem Gläubiger im Zeitpunkt des Geschäftsübergangs zustehenden **Einreden** (zB Stundung) geltend machen. Für die Zeit danach gelten die §§ 422 ff BGB. **e)** Der **Veräußerer** haftet neben dem Erwerber für Altverbindlichkeiten (auch auf Erfüllung; Gewährleistung) fort **(Gesamtschuld)**. Die Haftung bleibt auch für Ansprüche aus Dauerschuldverhältnissen bestehen, die in der Zeit nach dem Geschäftsübergang fällig werden, jedoch begrenzt durch § 26 I. Für vom Erwerber begründete **Neuverbindlichkeiten** haftet der **Veräußerer** nur, wenn der Inhaberwechsel im Handelsregister nicht eingetragen wurde, § 15 I.

8   **3. Ausschluß der Haftung, II.** Der Erwerber kann eine Haftung für Altverbindlichkeiten vermeiden, indem er die alte Firma in ihrem Kern **nicht fortführt** (Rz 6) oder aber mit dem Veräußerer eine **Vereinbarung** über einen Haftungsausschluß trifft, der in den Formen des **II** kundgetan wird. **a) Zweck.** Daß **II** eine **Vereinbarung** zwischen Veräußerer u Erwerber verlangt (statt sich mit einer einseitigen Erklärung des Erwerbers zufrieden zu geben), erklärt sich aus der vom Gesetzgeber als Regelfall angenommenen Ausgestaltung des Innenverhältnisses (s Rz 2). In Fällen, in denen **I 1** eine Haftung des Erwerbers (Zweitpächters) begr, ohne daß vertragliche Beziehungen zum *vormaligen* Inhaber (zB Erstpächter) bestehen, reicht für Zwecke des **II** eine **einseitige Erklärung** des neuen Inhabers (*Wilhelm* NJW 86, 1798; offen in BayObLG DB 88, 389). **b)** Der **Inhalt** der Vereinbarung muß auf den Ausschluß des von **I 1** angeordneten Schuldbeitritts gerichtet sein. Die Vereinbarung kann sich auf einzelne Forderungen beziehen (hL). Bestimmbarkeit u Erkennbarkeit (Verzeichnis beim Register) sind vonnöten. Eine Freihaltevereinbarung genügt nicht (BGH BB 89, 1364, zu § 28), ebensowenig eine Erfüllungsübernahme. **c) Publizierung** der Vereinbarung: **aa)** durch formlose (zugangsbedürftige) Mitteilung (des Erwerbers oder Veräußerers) an einen Gläubiger; mit Wirkung nur für diesen; **bb)** durch (vom Veräußerer oder Erwerber zu veranlassende; *Huber* FS Raisch 99; aA hL) Eintragung in das Handelsregister u Bekanntmachung; Wirkung ggüber **allen** Gläubigern. Das Registergericht hat die Vereinbarung einzutragen, wenn Haftung gem **I 1** ernsthaft als möglich erscheint (Hamm NJW-RR 99, 398). **cc) Kenntnis** eines Dritten von der Vereinbarung ohne Publizierung gem **II** führt nicht zu einem Haftungsausschluß (BGH 29, 4; str). **d)** Die Publizierung muß **rechtzeitig**, aber nicht schon vor dem tatsächlichen Akt der Übernahme erfolgen (Stgt NJW-RR 00, 1423 LS). **Unverzüglich** nachfolgende Anmeldung beim Registergericht (bzw Absendung der Mitteilung an den Dritten) reicht aus, wenn Eintragung u Bekanntmachung in angemessenem Zeitabstand folgen (BGH 29, 2) bzw die Mitteilung alsbald (nicht mehr als sechs Wochen; RGZ 75, 140) zugeht; Erwerber trägt Risiko unverschuldeter Verzögerungen (RG 131, 14; Hamm NJW-RR 94, 1121; zu recht krit *Canaris* § 7 35). Bei Zwischenverfügung muß, um Antragsteller nicht rechtlos zu stellen, längerer Zeitraum hingenommen werden (Hamm, NJW-RR 99, 398: 5 Monate noch angemessen). Das Registergericht muß einen offensichtlich verspäteten Eintragungsantrag ablehnen (BayObLG WM 84, 1535). **e) Rechtsfolgen. II** betrifft nur die Haftung aus **I 1**, nicht die aus anderen Gründen.

4. Besonderer Verpflichtungsgrund, III. Führt der Erwerber das 9 Handelsgeschäft unter anderer Firma fort, haftet er nur bei bes Verpflichtungsgrund, etwa bei Bürgschaft, Betriebs- (§ 613 a BGB) oder Schuldübernahme (die iü auch neben § 25 I 1 eingreifen können; RG 131, 31; BGH 27, 262; Kblz NJW-RR 89, 421). **III** hat nur Hinweisfunktion. Dies gilt auch für die in **III** erwähnte Bekanntmachung („Kundmachung"; s § 26 I 1) der Haftungsübernahme in handelsüblicher Form (etwa durch Rundschreiben), die als eine einseitige, nicht annahmebedürftige Verpflichtungserklärung des Erwerbers zu werten, aber weitgehend ohne praktische Bedeutung geblieben ist.

III. Forderungsübergang, I 2, II

1. Allgemeines. a) I 2 bezweckt **Schuldnerschutz** (*Altmeppen* 10 123; *Canaris* § 7 65). Dies gilt sowohl bei unveränderter Firmenfortführung, wenn der Schuldner davon ausgeht, er leiste an den alten Inhaber der Forderung, wie auch in Fällen, in denen der Schuldner (etwa bei einem Nachfolgezusatz) vom Inhaberwechsel weiß, die Firmenfortführung aber eine Übernahme aller Aktiva u Passiva signalisiert (s Rz 2 unter e). **b)** Welcher **dogmatische Ansatz** dem **I 2** zugrundeliegt, ist str (Überblick: *Hausmann* JR 94, 133): **aa)** Umfassend

§ 25 Erstes Buch. Handelsstand

wirkende Legalzession (Denkschrift 37); **bb)** relative Legalzession (arg: „den Schuldnern ggüber"; *Gierke/Sandrock* § 16 I 3 b bb); **cc)** unwiderlegbare Vermutung einer rechtsgeschäftlichen Abtretung (*Hausmann* JR 94, 136) bzw Fiktion (*StHüffer* § 25 69), jeweils im Verhältnis zum Schuldner (iE BGH WM 92, 738); **dd)** Rechtsscheintatbestand (*Canaris* § 7 66), verbunden mit einer widerlegbaren Vermutung zugunsten des Erwerbers. **ee)** Gesetzlich vertypte Abtretung (*Schmidt* AcP 198, 516). **ff) Stellungnahme.** I 2 ist keine Ausprägung des Rechtsscheinprinzips (Firma mit Nachfolgezusatz! s aber Rz 19), sondern eine am Schuldnerschutz orientierte **Zweckmäßigkeitsregelung,** die sich an Verkehrserwartungen (Rz 2 unter c) orientiert. Diese Erwartungen zu schützen besteht kein Anlaß, wenn fehlende Abtretung dem Schuldner bekannt (Rz 14). Diesem Schutzziel entspricht am ehesten die Annahme einer widerleglichen Vermutung eines Forderungsübergangs (vgl *Lieb* JZ 92, 1030). Wortlaut („den Schuldnern ggüber") streitet iü gg Lösungen, die die Gläubiger des Erwerbers begünstigen.

11 **2. Voraussetzungen.** I 2 knüpft hinsichtlich der tatbestandlichen Voraussetzungen (tatsächliche Übernahme; Handelsgeschäft; Firmenfortführung; Rz 3–6) an **I 1** an (weitergehend *Bau Hopt* § 25 22: kein Haftungsausschluß nach **II**). Der Veräußerer muß (anders bei **I 1**) seine (auch konkludent mögliche) **Einwilligung** zur Firmenfortführung erteilt haben. Damit wird ein Ausgleich zwischen Verkehrsschutz- u Veräußererinteresse versucht. Die Einwilligung muß wirksam sein; nur dann ist dem Veräußerer die Firmenfortführung des Erwerbers zuzurechnen. Kenntnis des Schuldners von der Einwilligung ist irrelevant (*RvWAmmon* § 25 36).

12 **3. Rechtsfolgen. a)** Der in I 2 vorgesehene Forderungsübergang erfaßt nur **betriebsbezogene** Forderungen (§§ 343, 344 anwendbar), einschl deliktischer Ansprüche u Vertragsstrafen. Sie dürfen keinem Abtretungsverbot unterliegen (hL; aA zu Recht *Canaris* § 7 70, wenn Firma ohne Nachfolgezusatz fortgeführt wird) u müssen formfrei übertragbar sein (*StHüffer* § 25 67; teilweise aA *Canaris* § 7 71).

13 **b)** I 2 ist eine am Ziel des Schuldnerschutzes orientierte, darauf beschränkte u (zugunsten des Schuldners) widerlegbare **Vermutung des Forderungsübergangs.** I 2 hat **Bedeutung** nur für den Fall, daß die Forderung bei Geschäftsübernahme **nicht an den Erwerber abgetreten** worden, also der Veräußerer Forderungsinhaber geblieben ist. In diesem Fall gilt:

14 **aa)** Der **Schuldner** kann an den **Erwerber** schuldbefreiend (also mit Wirkung ggüber dem Veräußerer) leisten; er kann sich zugleich auf §§ 404, 406 BGB berufen. Der Erwerber ist insoweit einziehungsermächtigt (auch Stundung, Verzicht, Vergleich) u prozeßführungsbefugt (*J Hager* GS Helm (2001) 702 f). Der Schuldnerschutz des **I 2** findet seine Grenze im Falle des **II** (Rz 19) sowie bei sicherer (iSv beweisbarer; Gedanke des Art. 40 III WG; *Canaris* § 7 72) **Kenntnis** von der Nichtabtretung der Forderung str; BGH WM 92, 738, läßt offen; BGH 29, 4: kollusives Zusammenwirken). Der **Erwerber** kann sich nicht auf **I 2** berufen (da Schuldnerschutzvorschrift; MKHGB *Lieb* § 25 105; aA Denkschrift 37; RG 72, 436), muß also Abtretung beweisen. Bei **Dauerschuldverhältnissen** mit wiederkehrenden Leistungen gilt **I 2** für bereits entstandene Ansprüche; bzgl künftig zu erbringender Leistungen, die nur Erwerber mittels des erworbenen Unternehmens erbringen kann, wird eine (konkludente) Abtretung der Zahlungsansprüche anzunehmen sein; insoweit greift **I 2** nicht ein (Rz 18). Hat Dritter die vertragstypische Leistung zu erbringen, ist zu differenzieren. Bei personenbezogener Leistung (an den Veräußerer) greift **I 1** u **I 2** von vorneherein nicht ein. Bei unternehmensbezogener Leistung ist zunächst §§ 571 BGB, 613a BGB, 151 II VVG zu beachten. Iü gilt: Bei Leistungen, mit denen nur der Erwerber als Unternehmensträger etwas anfangen kann, ist idR von (konkludenter) Abtretung auszugehen. Ansonsten hilft **I 2** in den aufgezeigten Grenzen.

bb) Im Verhältnis **Schuldner – Veräußerer** gilt: Der Schuldner 15 kann jederzeit schuldbefreiend an den Veräußerer als Forderungsinhaber leisten; **I 2** als Schuldnerschutzvorschrift steht nicht entgegen (str). Der Veräußerer kann seine Forderung ggüber dem Schuldner geltend machen, wenn **I 2** (wg **II** bzw sicherer Kenntnis, Rz 14, des Schuldners von der Nichtabtretung der Forderung) nicht eingreifen kann (für den letzten Fall offenlassend BGH WM 92, 738). Entgegen der Lehre von der unwiderlegbaren Vermutung des **I 2** (s Rz 10), die dem Veräußerer jede Geltendmachung der Forderung *abschneidet* (so BGH WM 92, 738; *Hausmann* JR 94, 133; *StHüffer* § 25 69; s auch Denkschrift 37), um ihn auf den Weg des **II** zu verweisen, reicht es für Zwecke des Schuldnerschutzes aus, dem Veräußerer die Beweislast dafür aufzuerlegen, daß er trotz Unternehmensübergangs Gläubiger geblieben ist (*Lieb* JZ 92, 1030; *RvWAmmon* § 25 35). Weitergehende Wirkungen greifen ohne Grund in die Forderungszuständigkeit des Veräußerers ein.

cc) Im Verhältnis **Veräußerer – Erwerber** entfaltet **I 2** keine Wirkungen. Der Erwerber, an den der Schuldner aufgrund von **I 2** schuldbefreiend leistet, ist Nichtberechtigter iSv § 816 II BGB. 16

dd) Im Verhältnis zu den **Gläubigern** des Erwerbers u Veräußerers 17 hat **I 2** keine Bedeutung: In der Zwangsvollstreckung u in der Insolvenz gehört die Forderung zum Vermögen des Veräußerers (*StHüffer* § 25 68; *Canaris* § 7 64; aA *Schmidt* AcP 198, 531).

c) Hat der Veräußerer die Forderung wirksam an den Erwerber abgetreten, ist für **I 2** kein Raum. Bei Leistung an den Veräußerer ist ggf § 407 I BGB anzuwenden; ausgenommen ist der Fall positiver Kenntnis der den Forderungsübergang begründenden Tatsachen. Kenntnis von der Übertragung des Geschäftsbetriebs reicht nicht (da nicht notwendig mit einer Abtretung verknüpft). Keinen Einfluß hat daher auch die Eintragung u Bekanntmachung des Unternehmerwechsels nach § 15 II 18

§ 26 — Erstes Buch. Handelsstand

(*Canaris* § 7 79; *MKHGBLieb* § 25 100; aA *StHüffer* § 25 71 als Konsequenz der unwiderleglichen Fiktion).

19 4. Die Wirkungen des **I 2** können durch eine eigenständige **Vereinbarung** zwischen Veräußerer u Erwerber **ausgeschlossen** werden (anders *BauHopt* § 25 22: **I 2** unanwendbar bei Ausschluß des **I 1** durch **II**; dgg: **II** läßt sich auf einzelne Schulden beschränken), sofern die Publizitätserfordernisse des **II** beachtet sind. Anmeldung der Vereinbarung beim Handelsregister bzw Absendung der Mitteilung an den Dritten müssen **unverzüglich** im Anschluß an den Geschäftsübergang erfolgen (s Rz 8; BGH WM 92, 738; *Schmidt* AcP 198, 530 – als Konsequenz der Legalzession; aA zu Recht Mü DB 92, 518; *MKHGBLieb* § 25115). Wird die Firma **ohne** Nachfolgezusatz fortgeführt, liegt ein vom Veräußerer mitverursachter (Zustimmung zur Firmenfortführung) Rechtsscheintatbestand (dahingehend, daß kein Inhaberwechsel stattgefunden hat) vor, der zu einer restriktiven Auslegung des **II** zwingt u § 15 II 1 unanwendbar macht (*Canaris* § 7 73; § 15 Rz 24). Von der Abbedingung der **Wirkungen** des **I** durch Vereinbarung zu unterscheiden ist iü die für den Veräußerer jederzeit bestehende Möglichkeit, dem Schuldner **positive** Kenntnis davon zu verschaffen (Folge: Rz 14), daß die Forderung(en) nicht abgetreten worden ist (sind) (von BGH WM 92, 738, nicht entschieden). Dafür reicht eine bloße Mitteilung des Veräußerers (da bloße Behauptung) ebensowenig aus wie die Erhebung einer Zahlungsklage. Vielmehr bedarf es der Kenntnisverschaffung bzgl aller Tatsachen, die einen Forderungsübergang ausschließen.

§ 26 [Verjährung gegen den früheren Inhaber; Fristen]

(1) ¹Ist der Erwerber des Handelsgeschäfts **auf Grund der Fortführung der Firma oder auf Grund der in § 25 Abs. 3 bezeichneten Kundmachung** für die früheren Geschäftsverbindlichkeiten haftbar, so haftet der frühere Geschäftsinhaber für diese Verbindlichkeiten nur, wenn sie vor Ablauf von fünf Jahren fällig und daraus Ansprüche gegen ihn gerichtlich geltend gemacht sind; bei öffentlich-rechtlichen Verbindlichkeiten genügt zur Geltendmachung der Erlaß eines Verwaltungsakts. ²Die Frist beginnt im Falle des § 25 Abs. 1 mit dem Ende des Tages, an dem der neue Inhaber der Firma in das Handelsregister des Gerichts der Hauptniederlassung eingetragen wird, im Falle des § 25 Abs. 3 mit dem Ende des Tages, an dem die Übernahme kundmacht wird. ³Die für die Verjährung geltenden §§ 203, 206, 207, 210, 212 bis 216 und 220 des Bürgerlichen Gesetzbuches sind entsprechend anzuwenden.

(2) **Einer gerichtlichen Geltendmachung bedarf es nicht, soweit der frühere Geschäftsinhaber den Anspruch schriftlich anerkannt hat.**

Dritter Abschnitt. Handelsfirma § 26

I. Allgemeines

1. § 26 gilt in der durch das NachhBG, BGBl 1994 I 560, **veränderten Fassung** seit dem 26. 3. 1994 (dazu *Reichold* NJW 94, 1617). Für **vor** diesem Tag entstandene Verbindlichkeiten gilt (gem Art 37 EGHGB) § 26 nF nur, wenn der neue Inhaber am 26. 3. 1994 oder später eingetragen wird bzw seine Haftung kundtut u die Verbindlichkeiten nicht später als vier Jahre nach der Eintragung bzw Kundmachung fällig werden. Bei späterer Fälligkeit bleibt es dgg bei § 26 aF mit der Maßgabe, daß die Verjährungsfrist ein Jahr beträgt (Art 37 I 2 EGHGB). Liegt die Eintragung bzw Kundmachung vor dem 26. 4. 1994, ist § 26 aF anzuwenden. Ausführlich zur komplexen Rechtslage *MKHGBLieb* § 26 20–58; *Canaris* § 7 42 ff. § 26 statuiert eine **Ausschlußfrist**, nicht Verjährung.

2. Zweck. § 26 bezweckt, die neben § 25 I 1, III fortbestehende Haftung des **Veräußerers** zeitlich zu limitieren. Damit soll seinem **Enthaftungsinteresse** Rechnung getragen werden. § 26 aF versuchte dies mittels einer Sonderverjährung von fünf Jahren zu erreichen, die bei Dauerschuldverhältnissen ihr Ziel kaum erreichen konnte. § 26 nF löst letzteres Problem im Sinne einer **strikten Enthaftung** des Veräußerers. Allerdings vermag die undifferenzierte, an § 160 angepaßte Lösung kaum zu befriedigen (berechtigte verfassungsrechtliche Bedenken bei *Canaris* § 7 45 f): Bei langfristigen Kredit- oder Leasingverträgen ist die Enthaftung des Veräußerers eine probl Benachteiligung des Gläubigers, die nur aufgrund der Dispositivität der Regelung erträglich erscheint; *Canaris* § 7 49 will im Falle des **I 1** dem Gläubiger einen Anspruch auf Sicherheitsleistung analog § 22 UmwG geben. Zur teleologischen Reduktion des **I 1** s Rz 9.

II. Voraussetzungen

1. Auch wenn der Erwerber des Handelsgeschäfts aufgrund von § 25 I 1, III für vor dem Übergang begründete Verbindlichkeiten einzustehen hat, bleibt die **Haftung des Veräußerers** bestehen; anders nur bei befreiender Schuldübernahme (§§ 414 f BGB), sowie bei vertraglicher bzw einseitiger Entlassung aus der Haftung durch den Gläubiger.

2. § 26 gilt **zugunsten** des Veräußerers nur für die Erwerberhaftung nach § 25 I 1, III, nicht für kumulativen Schuldbeitritt (str). § 26 greift nicht ein, wenn Haftungsausschluß gem § 25 II gegeben. § 26 findet nur Anwendung, soweit die Haftung des Erwerbers aus § 25 I 1, III reicht (BGH 42, 384). Die Erwerberhaftung des § 25 I 1, III betrifft nur Altverbindlichkeiten; dies sind bei Dauerschuldverhältnissen nur solche, die sich ohne Hinzutreten weiterer rechtsgeschäftlicher Handlungen ergeben (BAG ZIP 92, 1555). § 26 unterscheidet nicht nach Art der Verbindlichkeiten (gilt auch für deliktische Ansprüche); bei

§ 26　　　　　　　　　　　　　　　　Erstes Buch. Handelsstand

solchen aus Arbeitsverhältnissen hat § 613 a BGB Vorrang (*MKHGBLieb* § 26 7–8; aA BAG EzA § 28 Nr 1).

5　**3.** § 26 ist (durch Vereinbarung zwischen Gläubiger u Veräußerer) **abdingbar** (wichtig für langfristige Pacht- u Kreditverträge), die Ausschlußfrist also verlängerbar (§ 160 Rz 4; aA *MKHGBLieb* § 26 12: nur bzgl Erfordernis gerichtl Geltendmachung); auch durch AGB, ohne gg § 9 AGBG zu verstoßen (arg Rz 2). § 225 BGB findet (mangels Verweisung in **I** 3) keine Anwendung (§ 160 Rz 4).

III. Rechtsfolgen

6　**1. Allgemeines. I** verwirklicht eine einheitliche, umfassende Enthaftungslösung, die auf eine Sonderverjährung gänzlich verzichtet u nicht auf Ansprüche aus Dauerschuldverhältnissen beschränkt ist (dazu *Ulmer/Timmann* ZIP 92, 4 ff). Da der Gesetzgeber erkennbar die Problematik der Dauerschuldverhältnisse geregelt hat, ist die hierzu von der Rspr entwickelte Kündigungstheorie (dazu 2. Aufl § 26 Rz 6; BGH 70, 136) überholt (§ 160 Rz 6; *MKHGBLieb* § 26 5; zu § 160: BGH NJW 00, 210). Berufung auf die allgemeinen Verjährungsvorschriften bleibt möglich.

7　**2. Enthaftung, I, II.** Haftet der Erwerber aufgrund von § 25 I 1, III für Altverbindlichkeiten, wird die Haftung des Veräußerers in doppelter Weise begrenzt: (1) Der Veräußerer haftet **nicht** für Ansprüche, die erst **nach** Ablauf von fünf Jahren fällig werden; dies hat einschneidende Folgen bei langfristigen (Kredit-, Pacht- etc.) Verträgen sowie bei Spätschäden in der Produzentenhaftung (*MKHGBLieb* § 26 6). Frist läuft im Falle des § 25 I seit Ende des Tages der *Eintragung* des neuen Inhabers in das Handelsregister der Hauptniederlassung bzw im Falle des § 25 III seit Ende des Tages, an dem die Übernahme kundgemacht wurde, **I 2.** (2) **Davor** fällig werdende Ansprüche müssen vom Gläubiger vor Ablauf der Fünfjahresfrist **gerichtl geltend** gemacht, **I 1 1. HS,** oder vom Veräußerer schriftlich **anerkannt** werden, **II.** Im Falle öffentl-rechtlicher Verbindlichkeiten reicht die Geltendmachung des Anspruchs durch Verwaltungsakt, **I 1 2. HS**; ansonsten erlöschen die Ansprüche. Gem **I 3** finden die §§ 203, 206, 207, 210, 212 bis 216, 220 BGB entspr Anwendung. Wird der Anspruch nur wenige Tage vor Ablauf der Fünfjahresfrist fällig, ist dem Gläubiger zur Erhaltung seines Anspruchs die rechtzeitige Erhebung einer Klage auf künftige Leistung, §§ 257–259 ZPO, zu empfehlen.

8　**3.** Als **Ausschlußfrist** führt **I 1** zum **Erlöschen** der Verbindlichkeiten u damit zum **Wegfall** der für sie bestellten **Sicherheiten.** Analoge Anwendung des § 223 I BGB ist durch **I 3** gesperrt; iü würde der Zweck des **I 1** durch ansonsten entstehende Rückgriffsansprüche unterlaufen (*Canaris* FS Odersky (1996) 760 f).

9　**4.** In Fällen der Betriebsverpachtung, die zwar zu einer Haftung des Pächters nach § 25 I führen können, bei denen aber das Unternehmensvermögen beim Verpächter verbleibt, ist zum Schutze der Gläubiger eine **teleologische Reduktion** von I 1 geboten (Enthaftung des Verpächters vom Zweck der Norm nicht gedeckt; *MKHGBLieb* § 26 18; *BauHopt* § 26 4; aA zur Betriebsaufspaltung *Canaris* § 7 58: § 134 II, III UmwG analog). Ebenso für Ansprüche des Gläubigers, die auf Vorsatz des Veräußerers beruhen u bei deliktischen Ansprüchen (*Canaris* § 7 54).

§ 27 [Haftung des Erben bei Geschäftsfortführung]

(1) **Wird ein zu einem Nachlasse gehörendes Handelsgeschäft von dem Erben fortgeführt, so finden auf die Haftung des Erben für die früheren Geschäftsverbindlichkeiten die Vorschriften des § 25 entsprechende Anwendung.**

(2) ¹**Die unbeschränkte Haftung nach § 25 Abs. 1 tritt nicht ein, wenn die Fortführung des Geschäfts vor dem Ablaufe von drei Monaten nach dem Zeitpunkt, in welchem der Erbe von dem Anfalle der Erbschaft Kenntnis erlangt hat, eingestellt wird.** ²**Auf den Lauf der Frist finden die für die Verjährung geltenden Vorschriften des § 206 des Bürgerlichen Gesetzbuchs entsprechende Anwendung.** ³**Ist bei dem Ablaufe der drei Monate das Recht zur Ausschlagung der Erbschaft noch nicht verloren, so endigt die Frist nicht vor dem Ablaufe der Ausschlagungsfrist.**

Lit: *Hueck*, Schuldenhaftung bei Vererbung eines Handelsgeschäfts, ZHR 108 (1942), 1; *Schmidt*, Handelsrechtliche Erbenhaftung als Bestandteil des Unternehmensrechts, ZHR 157 (1993), 600.

I. Allgemeines

1. Zweck. § 27 ergänzt § 25 für den Fall des Wechsels des Unternehmensträgers von Todes wegen. Die Vorschrift nimmt Rücksicht auf Verkehrserwartungen, wonach bei Wechsel des Unternehmensträgers die Kontinuität der Firma mit einer unbeschränkten Haftung einhergeht (*HeyEmmerich* § 27 1; vgl auch BGH 32, 62). Da gem § 1967 BGB die Verbindlichkeiten des Erblassers ex lege auf den Erben übergehen, der Erbe seine Haftung aber gem §§ 1973, 1975 ff, 1990, 2013 BGB auf den Nachlaß beschränken kann, liegt die Bedeutung des **I** weniger in der Begründung einer **eigenständigen** Haftungsgrundlage, als in der Begrenzung der erbrechtl Möglichkeiten der Haftungsbeschränkung (§§ 1973, 1975 ff, 1990 BGB). Daß die Altgläubiger damit auch auf das Privatvermögen des Erben zugreifen können, ist notwendige Konsequenz, rechtspolitisch aber nicht unbedenklich (*Canaris* § 7 101 ff). **I** stellt den Erben dem Erwerber unter Lebenden gleich. Wg der bes Lage des Erben gibt **II 1, 3** eine **Bedenkzeit**, innerhalb derer der Erbe durch **Einstellung** des Handelsgeschäfts die Haftung nach **I, § 25 vermeiden** kann, um allein der BGB-Erbenhaftung zu unterstehen. Eine Verweisung auf § 25 I 2 fehlt, da die Forderungen auf den Erben im Wege des § 1922 BGB übergehen. 1

§ 27 Erstes Buch. Handelsstand

2 2. Die **Haftung** für Altverbindlichkeiten gem **I**, § 25 I kann der Erbe dadurch **vermeiden,** daß er (1) das Handelsgeschäft unter einer anderen Firma fortführt (str; zur Frist Rz 10); (2) das Handelsgeschäft (nach dem Erbfall) sofort oder innerhalb der Bedenkzeit des **II** einstellt oder veräußert; (3) seine Haftung gem § 25 II ausschließt.

II. Voraussetzungen, I

3 1. Der Erblasser muß ein **Handelsgeschäft** (kaufmännisches Gewerbe) betrieben haben (s § 25 Rz 3). Auf Gesellschaftsbeteiligungen ist § 27 nicht anwendbar. Eine **analoge** Anwendung auf nichtkaufmännische Gewerbe verbietet sich wie bei § 25 (s § 25 Rz 3; aA *MKHGBLieb* § 27 47; *Schmidt* § 8 IV 2 a).

4 2. **Übergang** des Handelsgeschäfts aufgrund **Erbfalls,** § 1922 BGB (zur Ausschlagung Rz 7); auch Vorerbe (Rz 13); auch Erbe nach Ausschlagung durch Erstberufenen. Für den Vermächtnisnehmer gilt nur § 25. Eine entspr Anwendung des § 27 ist geboten, wenn in einer Zwei-Mann-PersHandelsGes ein Gesellschafter stirbt, die Ges dadurch beendet wird u der andere (frühere) Gesellschafter das Gesellschaftsvermögen im Wege der Gesamtrechtsnachfolge übernimmt (BGH DB 91, 327; *Lieb* ZGR 91, 576 f). Analoge Anwendung auch auf den vermeintlichen Erben.

5 3. Der Erbe muß das **Handelsgeschäft und die Firma fortführen.** **a)** Tatsächliche Fortführung des Handelsgeschäfts durch Erben oder ihm zurechenbare Dritte, wie ges Vertreter, Bevollmächtigter (BGH 30, 395; 35, 19), Testvollstrecker bei Vollmachtslösung (RG 132, 144; BGH 12, 103), vorläufiger Insolvenzverwalter (da nicht auf Einstellung gerichtet). Keine **Fortführung** gegeben bei Insolvenzverwalter (BGH 35, 17), Nachlaßverwalter, Nachlaßpfleger (str), Testvollstrecker als Treuhänder (RG 132, 144) sowie bei sofortiger Veräußerung (Rz 9). **b)** I setzt **Firmenfortführung** voraus (str); dazu § 25 Rz 6 (Nachfolgezusatz steht nicht entgegen). Dies ergibt der Verweis auf § 25 (Rechtsgrundverweisung; aA *Schmidt* § 8 IV 2 b: Rechtsfolgenverweisung) u der Gesetzeszweck (Rz 1; *Canaris* § 7 109; aA *MKHGBLieb* § 27 32). Die aus dem alten Firmenrecht (§ 18 I) resultierenden Schwierigkeiten sind durch das HRefG entfallen. Zur Anwendbarkeit des **II 1** auf die Firmen**änderung** s Rz 10.

III. Rechtsfolgen

6 1. **Haftung. a)** Der Erbe haftet – sofern nicht ein Ausschlußgrund vorliegt (Rz 7 ff) – gem **I** iVm § 25 wie ein Erwerber **unbeschränkt** u **unbeschränkbar** (§§ 1973, 1975 ff, 1990, 2013 BGB finden **keine** Anwendung) für **frühere Geschäftsverbindlichkeiten** des Erblassers (zum Begriff § 25 Rz 7) sowie für die vom Vorerben, dem Erstberufenen u vermeintlichen Erben begründeten Verbindlichkeiten. Für aus Fortführung des Unternehmens begründete Neuverbindlichkeiten haf-

Dritter Abschnitt. Handelsfirma § 27

tet der Erbe als Eigenschulden. **b)** Liegen die Voraussetzungen des **I** iVm § 25 I nicht vor, haftet der Erbe nur nach BGB-Grundsätzen; hierzu *Dauner-Lieb* 156 ff; anders wenn ein **bes Verpflichtungsgrund** (etwa Begründung der Verbindlichkeit durch Bekanntmachung) vorliegt, I iVm § 25 III. Die Bedenkzeit des **II** gilt hier nicht.

2. Ausschluß der Haftung gem I. a) Die Ausschlagung der Erbschaft durch den Erben, §§ 1942 ff BGB, läßt die Haftung nach I („Erbe") entfallen. Bis dahin gilt § 1958 BGB. Im Rahmen vorläufiger Geschäftsfortführung begründete Verbindlichkeiten treffen den Ausschlagenden als Eigenschulden. In der vorläufigen Geschäftsfortführung liegt (noch) keine Annahme der Erbschaft; vgl **II 3.**

b) Haftungsausschluß durch Erklärung. I verweist auf § 25 II (hL; aA *Schmidt* § 8 IV 3 a; *MKHGBLieb* § 27 50: **II** als lex sp) u eröffnet dem Erben die Möglichkeit, die Haftung aus **I** auszuschließen, ohne den Weg der Geschäftseinstellung gehen zu müssen. An Stelle der in § 25 II vorgesehenen Vereinbarung (zwischen Veräußerer u Erwerber) tritt (als „entspr" Anwendung) eine **einseitige Erklärung** des Erben (*Brox* 187; *StHüffer* § 27 22; str), die unverzüglich entspr § 25 II (§ 25 Rz 8) kundzumachen ist. Der Erbe haftet über § 1967 (beschränkbar) mit seinem Nachlaß u (unbeschränkt) für Neuverbindlichkeiten.

c) Geschäftseinstellung, II. aa) Die Haftung nach **I** setzt eine Fortführung des Unternehmens voraus (Rz 5). Sie tritt nicht ein, wenn der Erbe den Geschäftsbetrieb **innerhalb von drei Monaten** nach Kenntniserlangung vom Anfall der Erbschaft **einstellt.** Grund für diese auf Kosten des Verkehrsschutzes gehende Regelung ist die (im Vergleich zum Erwerber bei § 25 I völlig anders geartete) Lage des Erben, dem Bedenkzeit eingeräumt werden muß (Denkschrift 38). **bb)** Als **Einstellung** iSd **II 1** sind anzusehen die Aufgabe werbender Tätigkeit (so daß Abwicklungsgeschäfte nicht unter die Dreimonatsfrist fallen), Eröffnung des Insolvenzverfahrens, Veräußerung bzw Verpachtung des Unternehmens (mit Firma) (*Canaris* § 7 108; *Schmidt* § 8 IV 3 b; aA hL u RG 56, 199). **cc)** Ist Erbe nicht voll geschäftsfähig u ohne ges Vertreter, beginnt Bedenkzeit erst mit Geschäftsfähigkeit bzw Bestellung des ges Vertreters zu laufen, **II 2** iVm § 206 I 2 BGB. **dd)** Die Bedenkzeit endet nicht, solange die Erbschaft noch nicht angenommen ist, **II 3,** bzw noch ausgeschlagen werden kann (Rz 7). Die Ausschlagungsfrist beträgt sechs Wochen; der Fristbeginn ist in § 1944 II BGB abw von **II 1** bestimmt.

ee) Die Einstellung berührt nicht die Haftung des Erben für Neuverbindlichkeiten nach BGB-Grundsätzen (dazu eingehend *Dauner-Lieb* 164 ff).

d) Firmenänderung. Im Wortlaut des **II 1** kommt die Absicht des Gesetzgebers, Bedenkzeit auch für eine evtl Änderung der Firma zu gewähren (Denkschrift 38), nur unvollkommen zum Ausdruck. Vom

Gesetzeszweck her, dem Erben eine Überlegungsfrist (auf Kosten des Verkehrs) einzuräumen, ist eine **Analogie** geboten (*Canaris* § 7 110; *MKHGBLieb* § 27 35; aA *StHüffer* § 27 26). Fügt der Erbe der Firma einen Nachfolgezusatz an oder führt er sie in nur leicht geänderter Weise fort (s § 25 Rz 6 ff), ist eine spätere Berufung auf **II 1** ausgeschlossen.

IV. Miterbengemeinschaft

11 1. Bei **Fortführung** des Handelsgeschäfts trifft die Haftung aus **I** nur solche Miterben, die im Unternehmen tätig sind bzw der Fortführung des Handelsgeschäfts (als Erbengemeinschaft; dazu KG NJW-RR 99, 881; als OHG) zugestimmt bzw den handelnden Erben bevollmächtigt haben (BGH 30, 394; 35, 19). Eine vom Erblasser erteilte Prokura erlischt, § 52 III, da die Erbengemeinschaft keine Prokura erteilen kann (BGH 30, 397). Die Miterben haften gem § 2058 BGB. Die Einrede aus §§ 2059, 2060 ff BGB greift nicht ein (*HeyEmmerich* § 27 13).

12 2. **Haftungsausschluß** ist möglich: **a)** durch **Erklärung** gem **I** iVm § 25 II aufgrund (Mehrheits-)Beschlusses mit Wirkung für alle Miterben oder durch den einzelnen Miterben nur für seine Person (ohne Mehrheitsbeschluß); **b)** durch Einstellung gem **II**; dies erfordert Mehrheitsbeschluß, § 2038 II BGB. Dem einzelnen Miterben steht **II** nicht offen; ihm bleibt die Auseinandersetzung, § 2042 BGB, oder **I** iVm § 25 II (Rz 8). Die Dreimonatsfrist läuft (einheitlich) ab Kenntnis sämtlicher Miterben vom Erbfall.

V. Vor- und Nacherbe

13 1. Die Haftung des **I** trifft **a)** den **Vorerben** unabhängig davon, ob der Nacherbe der Fortführung zugestimmt hat. Er haftet wie ein Alleinerbe. **b)** Im Nacherbfall haftet der **Nacherbe** gem **I** nur, wenn auch er das Handelsgeschäft u die Firma fortführt; anders zB wenn das Handelsgeschäft nicht mehr zum Nachlaß gehört (BGH 32, 62). Die Haftung erstreckt sich auch auf die vom Vorerben begründeten Verbindlichkeiten (BGH 32, 66). Die Haftung des Vorerben aus **I** dauert fort (§§ 2139, 2145 BGB unanwendbar). Soweit der Nacherbe gem **I** unbeschränkt haftet, ist § 26 analog anwendbar (*Schmidt* ZHR 157, 619).

14 2. **Haftungsausschluß: a)** durch **Erklärung** des **Vorerben** gem **I**, § 25 II möglich; wirkt nicht für den Nacherben, der aber seinerseits eine Erklärung nach § 25 II abgeben kann. **b)** Mittels Einstellung gem **II**: durch Vorerben ohne Zustimmung des Nacherben; Nacherbe kann ebenfalls den Weg des **II** gehen (*Schmidt* ZHR 157, 168).

§ 28 [Eintritt in das Geschäft eines Einzelkaufmanns]

(1) [1]**Tritt jemand als persönlich haftender Gesellschafter oder als Kommanditist in das Geschäft eines Einzelkaufmanns ein, so**

Dritter Abschnitt. Handelsfirma **§ 28**

haftet die Gesellschaft, auch wenn sie die frühere Firma nicht fortführt, für alle im Betriebe des Geschäfts entstandenen Verbindlichkeiten des früheren Geschäftsinhabers. ²Die in dem Betriebe begründeten Forderungen gelten den Schuldnern gegenüber als auf die Gesellschaft übergegangen.

(2) **Eine abweichende Vereinbarung ist einem Dritten gegenüber nur wirksam, wenn sie in das Handelsregister eingetragen und bekanntgemacht oder von einem Gesellschafter dem Dritten mitgeteilt worden ist.**

(3) ¹Wird der frühere Geschäftsinhaber Kommanditist und haftet die Gesellschaft für die im Betrieb seines Geschäfts entstandenen Verbindlichkeiten, so ist für die Begrenzung seiner Haftung § 26 entsprechend mit der Maßgabe anzuwenden, daß die in § 26 Abs. 1 bestimmte Frist mit dem Ende des Tages beginnt, an dem die Gesellschaft in das Handelsregister eingetragen wird. ²Dies gilt auch, wenn er in der Gesellschaft oder einem ihr als Gesellschafter angehörenden Unternehmen geschäftsführend tätig wird. ³Seine Haftung als Kommanditist bleibt unberührt.

Lit: *Lieb,* Die Haftung für Altschulden bei „Eintritt" eines Gesellschafters in ein nicht- oder minderkaufmännisches Einzelunternehmen, FS Westermann (1974) 309; *ders,* Zu den Grundgedanken der §§ 25 ff HGB, FS Börner (1992) 747; *Schmidt,* Haftungskontinuität als unternehmensrechtliches Prinzip, ZHR 145 (1981), 2.

I. Allgemeines

1. Inhalt. § 28 regelt einige, das Außenverhältnis betr Fragen in **1** Folge einer (im Gesetz laienhaft als „Eintritt in das Geschäft" umschriebenen) Gründung einer PershandelsGes (OHG, KG), in die der Einzelkaufmann sein Geschäft (als Einlage; Rz 5) einbringt. Die Nähe zu § 25 ist unverkennbar (zur Abgrenzung Rz 9); es geht um einen Wechsel des Unternehmensträgers (Kaufmann-OHG/KG), wobei der neue Träger eine neugegründete Ges (mit dem bisherigen Träger als Gesellschafter) ist („Umwandlung" eines Ein-Mann-Trägers in eine Ges). Insoweit stellt **I** maßgeblich auf **Inhaber-** u nicht Firmen**kontinuität** ab.

2. Zweck der Norm ist **Verkehrsschutz. a)** Iü ist ihre dogmatische **2** Einordnung str. Die zu § 25 vertretenen Ansichten finden sich auch hier (s § 25 Rz 3; Überblick bei *StHüffer* § 28 3–4). Hinzu tritt eine auf **I 1** abgestellte Deutung als unentbehrliche Gläubigersicherung, weil bei Einbringung des Geschäfts in die Ges den Altgläubigern nurmehr die Vollstreckung in den GesAnteil (anstelle des Unternehmens) unter Hintansetzung ggüber den Neugläubigern der Ges verbleibt (*Lieb* FS Börner 750; ders, FS Westermann 314 ff; *Canaris* § 7 83), die jedoch an der lex scripta des **II** scheitern muß (anders *MKHGBLieb* § 28 3, 35, der **II** als sinnwidrige Norm einstuft; freilich hat das HRefG hier nichts bereinigt). Die Rspr betont die Parallele zu § 130; sie geht davon aus, daß dem Gläubiger die Haftungsmasse erhalten bleiben soll (BGH NJW 61, 1766; NJW 66, 1918). **b) Stellungnahme.** § 28 schützt Erwartungen des Verkehrs, wonach die vom Einzelkaufmann begründeten Rechte u Pflichten bei Einbringung seines Geschäfts in eine von ihm gegründete Ges auf diese übergehen (Denkschrift 39; s Rz 15), u dies unabhängig davon, ob die Firma fortgeführt wird oder nicht (*HeyEmmerich* § 28 8). Die Stellung der Vorschrift im Firmenrecht ergibt sich aus dem engen systematischen Bezug zu § 25 (der Eintritt in die Ges entspricht dem Erwerb). Der gänzliche Verzicht auf das Merkmal der Firmenkontinuität erklärt sich aus der (mit heutiger Praxis nicht übereinstimmenden) Annahme des Gesetzgebers, schon die Hinzufügung eines Gesellschaftszusatzes stelle keine Firmenfortführung mehr dar (Denkschrift 39).

II. Haftung der Gesellschaft, I 1, II

3   **1. Voraussetzungen. a) „Eintritt"** in das Geschäft des Einzelkaufmanns ist ungenau formuliert. In der Sache geht es um einen zweistufigen Sachverhalt: (1) Gründung einer PershandelsGes, an der der Altunternehmer als Gesellschafter, auch Kommanditist (arg **III**), beteiligt ist. (2) Einbringung des Handelsgeschäfts des Altunternehmers als Einlage (Rz 7). Mängel des GesVertrages stehen **I 1** nicht entgegen, wenn die Ges in Vollzug gesetzt worden ist (BGH NJW 61, 1765; NJW 72, 1467), auch nicht Geschäftsunfähigkeit des Beitretenden oder arglistige Täuschung zu seinen Lasten. Diese Gründe verhindern aber seine Haftung als Gesellschafter (*HeyEmmerich* § 28 18); ggf haftet er aufgrund Rechtsscheins (*Canaris* § 7 90). Fehlt es an einem Vertragsschluß, kommt es aber zu einer Eintragung u/oder Bekanntmachung, greifen § 15 III bzw die allgem Rechtsscheingrundsätze ein (s § 15 Rz 36 ff).

4   **b) Beteiligte Personen. aa) Einzelkaufmann** iSv **I 1** kann eine natürliche oder jur Person sein; ebenso HandelsGes (nicht GbR), nicht AG, GmbH (str) oder Vor-Ges (BGH NJW 00, 1193 f). Keine analoge Anwendung (Rz 9). **bb)** Der **„Eintretende"** (Rz 3) muß nicht Kaufmann, er kann auch jur Person sein (RG 123, 289). **cc)** Aus aa)–bb) folgt, daß **I 1** auch zB das Zusammengehen zweier HandelsGes durch Neugründung einer dritten erfaßt.

5   **c) Handelsgeschäft. aa)** Das einzubringende Geschäft muß bei Abschluß des GesVertrages schon bzw noch **bestehen** (§ 25 Rz 3). Eine nur vorübergehende Stillegung schadet nicht (BGH NJW 61, 1766). **bb)** Geschäft eines **Einzelkaufmanns**, dh **Handelsgeschäft** (wie bei § 25 I), also §§ 1 II, 2 (wenn eingetragen), 3 II, III, 5. Nach Wortlaut (Kaufmann, Firma) unanwendbar auf kleingewerbliche Unternehmen; die entstehende Ges ist GbR (vgl BGH WM 72, 22). **Analoge** Anwendung auf GbR scheidet aus (BGH NJW 00, 1193 läßt

offen), weil abw Vereinbarung iSv **II** nicht im Handelsregister eintragbar (*HeyEmmerich* § 28 14; aA *MKHGBLieb* § 28 11, der **II** für „sinnwidrig" erklärt). Analogie möglich, wenn bei Eintritt OHG/KG zum Entstehen kommt (*BauHopt* § 28 2; *Canaris* § 7 88; aA BGH 31, 400). Der Eintragungsantrag muß in engem zeitlichen Zusammenhang mit der Gründung gestellt werden.

d) Die **Einbringung** des Handelsgeschäfts entspricht dem „Erwerb" 6
iSv § 25 I 1 (§ 25 Rz 4); sie kann durch dingliche Übertragung des Gesellschaftsvermögens, aber auch in Form eines Nutzungs- oder Pachtvertrages erfolgen. Unwirksamkeit der Verträge (zu unterscheiden von Rz 3) schadet nicht (str; aA *MKHGB Lieb* § 28 23). Entscheidend ist die **tatsächliche** Geschäftsfortführung.

e) **Unternehmenskontinuität** (s § 25 Rz 5) muß gewahrt sein. 7
Dies erfordert, (1) daß der den Schwerpunkt des Unternehmens bildende wesentliche Kern in die Ges eingebracht wird. (2) Fortführung des Unternehmens zumindest in einem wesentlichen Kern. Sofortige Stillegung ist keine Fortführung. Invollzugsetzen der neuen Ges reicht, spätere Einstellung ist unerheblich. Fortführung auch, wenn Eingliederung in ein (von anderem Gesellschafter eingebrachtes) Unternehmen vollzogen wird (*MKHGBLieb* § 28 17; aA *Canaris* § 7 87): Auf innere Abläufe kann es nicht ankommen.

f) Einer **Firmenfortführung** bedarf es **nicht**. 8

g) **Abgrenzung zu § 25 I. aa)** I 1 handelt von der Einbringung 9
des Unternehmens in eine zu diesem Zweck *gegründete* Ges. Ist der bisherige Unternehmensträger nicht an der Ges beteiligt, ist **I 1** nicht, ggf § 25 I anwendbar. **bb)** Bei Einbringung eines Unternehmens in eine bereits *bestehende* Ges, *fehlt* es an einer Neugründung (u einem „Eintritt" in das Handelsgeschäft durch die Ges); ggf § 25 I anwendbar. Gg analoge Anwendung von **I 1** spricht, daß hier die Interessen der Altgläubiger der bestehenden Ges auf dem Spiel stehen (*Canaris* § 7 98; *StHüffer* § 28 30); iü wird Analogie im Hinblick auf **II** nicht viel bringen. **cc)** Einbringung des Unternehmens in eine (neu gegründete oder bestehende) KapGes ist vom Wortlaut des **I 1** nicht gedeckt (dasselbe gilt für Vorgesellschaft (BGH NJW 00, 1193 f). Ggf § 25 I. Analoge Anwendung des **I 1** liegt wg Inhaberkontinuität u vollstreckungsrechtl Problemen nahe (*MKHGBLieb* § 28 5; *ders* JZ 00, 1010); dies reicht nicht, weil **I 1** bewußt nur Fortsetzung mit PershandelsGes regelt u insoweit ungereimte Ergebnisse in Kauf nimmt (*HeyEmmerich* § 28 9).

2. Rechtsfolgen. a) I 1 ordnet einen **ges Schuldbeitritt** (BGH 10
WM 89, 1221; aA *Schmidt* FS Medicus (1999) 559 ff: Vertragsübergang) an: Die neugegründete Ges haftet zusammen mit dem bisherigen Inhaber als Gesamtschuldner für alle „im Betriebe des Geschäfts" begründeten (auch nicht fälligen, bedingten, betagten; BGH DB 01, 1302) Verbindlichkeiten (zu den Einzelheiten s § 25 Rz 7) des früheren Inhabers.

§ 28 Erstes Buch. Handelsstand

Zur Zwangsvollstreckung in das Gesellschaftsvermögen ist ein Titel gg die Ges nötig, §§ 124 II, 161 II; eine Titelumschreibung vom bisherigen Inhaber auf die Ges analog § 729 II ZPO ist möglich (hL).

11 b) Die **Gesellschafter** haften für die Altschulden der Ges u damit auch für die Verbindlichkeiten aus **I 1** über §§ 128, 171 ff; dies gilt sowohl für den bisherigen Inhaber (der ggf aber nur als Kommanditist haftet) wie für den neu Eintretenden (hL; aA *Canaris* § 7 92). Für die Zwangsvollstreckung gg den Gesellschafter bedarf es eines eigenen Titels; eine Titelumschreibung analog § 729 II ZPO scheitert an § 129 IV.

12 c) Der **bisherige Inhaber** haftet als Schuldner (Unternehmensträger) **unverändert** weiter; die Haftung als Gesellschafter (Rz 11) tritt hinzu. Die Haftung als (früherer) Unternehmensträger erlischt ggf gem § 613a BGB (zutr *MKHGBLieb* § 28 31; aA BAG EzA § 28 Nr 1). Wird er in der neuen Ges Kommanditist (wobei geschäftsführende Tätigkeit nicht schadet, **III 2**), ist die Nachhaftung des bisherigen Inhabers (auch für Verbindlichkeiten aus Dauerschuldverhältnissen) auf fünf Jahre nach Eintragung der Ges in das Handelsregister **beschränkt, III 1**; die Haftung als Gesellschafter (Rz 11) bleibt von **III 1** unberührt, **III 3**. Zum zeitlichen Anwendungsbereich des **III 1** s Art 37 EGHGB (s § 26 Rz 1). Für das **alte Recht** ist str, ob § 26 aF zugunsten des alten Inhabers analog angewendet werden kann (ablehnend BGH 78, 119); dies ist zu bejahen, da die Einbringung des Unternehmens in die Ges dem Erwerb iSv § 25 I 1 gleichzustellen u der alte Inhaber auch nicht mehr am Unternehmen, sondern an der Ges beteiligt ist.

13 d) Für **Neuverbindlichkeiten** der Ges ist **I 1** nicht anwendbar. Es gilt die gesellschaftsrechtliche Haftung. Eine Haftung des bisherigen Inhabers kann daneben aus § 15 I gegeben sein.

14 e) **Besonderer Verpflichtungsgrund.** § 613a BGB findet Anwendung (*MKHGBLieb* § 28 39 mwN).

15 3. **Haftungsausschluß, II.** Die Haftung nach **I 1** ist dispositiv. **II** bestätigt den an Verkehrserwartungen ausgerichteten Haftungsgrund des **I 1** (Rz 2; aA *MKHGBLieb* § 28 35: „sinnwidrige Norm"; teleologische Reduktion: Nur Ausschluß der Haftung der anderen Gesellschafter). Die zwischen dem bisherigen Inhaber u der Ges zu schließende Vereinbarung, die nicht nur eine Regelung des Innenverhältnisses bezwecken darf (BGH BB 89, 1364), hat Außenwirkung nur, wenn sie in das Handelsregister eingetragen u bekanntgemacht oder von einem Gesellschafter dem Dritten unverzüglich mitgeteilt wird (s § 25 Rz 8). Der Haftungsausschluß (wirkt wg §§ 128, 130 auch zugunsten der Gesellschafter; *Canaris* § 7 84; str). Er kann auch auf einzelne Gesellschafter beschränkt werden (Celle OLG 81, 1; aA *Schmidt* § 8 III 3 b). **II** betrifft nur die Haftung aus **I 1**, nicht aus einem bes Verpflichtungsgrund.

Dritter Abschnitt. Handelsfirma **§ 29**

III. Forderungsübergang, I 2

1. Allgemeines. I 2 entspricht § 25 I 2. Zu Zweck u dogmatischem 16
Ansatz s § 25 Rz 10.

2. Voraussetzungen. I 2 knüpft an die tatbestandlichen Vorausset- 17
zungen des I 1 an (Rz 3–8). Firmenfortführung ist nicht erforderl.

3. Rechtsfolgen. a) I 2 ist eine am Ziel des Schuldnerschutzes 18
orientierte (widerlegbare) **Vermutung** eines Forderungsübergangs (hL;
aA *Schmidt* AcP 198, 520 ff: Legalzession; *ders* FS Medicus (1999) 569 ff:
Vertragsübergang). I 2 hat Bedeutung **nur,** wenn die dem Altinhaber
zustehenden Forderungen nicht an die Ges abgetreten worden sind. Zu
den Einzelheiten s § 25 Rz 12 f. **b)** Die Wirkungen des I 2 können
durch eine **Vereinbarung** zwischen Altinhaber u Ges **ausgeschlossen**
werden, sofern die Publizitätserfordernisse des II erfüllt sind (dazu § 25
Rz 19). **c)** I 2 ist nicht anwendbar, wenn der Altinhaber später dem
Schuldner **sichere (iSv beweisbarer) Kenntnis** davon verschafft, daß
die Forderungen nicht abgetreten worden sind (s § 25 Rz 19; Mü
DB 92, 518).

§ 29 [Anmeldung der Firma]

Jeder Kaufmann ist verpflichtet, seine Firma und den Ort seiner Handelsniederlassung bei dem Gericht, in dessen Bezirke sich die Niederlassung befindet, zur Eintragung in das Handelsregister anzumelden; er hat seine Namensunterschrift unter Angabe der Firma zur Aufbewahrung bei dem Gericht zu zeichnen.

1. Allgemeines. § 29 begr die Pflicht des Kaufmanns (gem § 1 II) 1
zur **Anmeldung** der Firma u des Orts seiner Handelsniederlassung
sowie zur **Zeichnung** der Namensunterschrift. Dies dient dem Interesse der Allgemeinheit an Rechtsklarheit (kein Schutzgesetz iSv
§ 823 II BGB; RG 72, 411). Durchsetzung: § 14 (Zwangsgeld). Änderung der Firma bzw Verlegung der Niederlassung: § 31 I; Erlöschen
der Firma: § 31 II. Für Zweigniederlassungen gelten §§ 13 ff, für PersonenhandelsGes §§ 106, 108, 162, für jur Personen §§ 33–35. Sondervorschriften für GmbH, AG, Genossenschaft u VVaG in §§ 7 ff
GmbHG, 36 ff AktG, 10 ff GenG u 30 I VAG.

2. Anmeldung. a) Anmelde**pflicht** besteht für kaufmännische Un- 2
ternehmen iSv § 1 II, wobei bei Gründung der geplante Zuschnitt
entscheidet (hL; BGH 32, 311). In den Fällen der §§ 2, 3 II, III besteht
Anmeldeberechtigung. Die Anmeldepflicht trifft grds den Inhaber des
Handelsgeschäfts, bei Verpachtung den Pächter (Kln NJW 63, 541), bei
jur Personen die Organe der Ges. **b)** Die Anmeldung ist notwendige
Voraussetzung für die Eintragung in das Handelsregister. Bei Eintragung ohne Anmeldung: § 5; ggf § 839 BGB, Art 34 GG. **Form:** § 12.
Inhalt: Firma (§ 17) u Ort der Niederlassung (iSv Verwaltungssitz).

§ 30 Erstes Buch. Handelsstand

Angabe des Geschäftszweiges u der Lage der Geschäftsräume ist nicht obligatorisch; vgl aber § 24 II HRV.

3 **3. Zeichnung.** Der Kaufmann hat seine Namensunterschrift in der Form des § 12 (öffentl beglaubigt) persönlich u handschriftlich zum Zwecke der Aufbewahrung bei Gericht zu zeichnen. Die Firma wird nur mehr angegeben, nicht mehr gezeichnet; 2. Hs.

4 **4. Prüfung und Eintragung.** Das Registergericht (Zuständigkeit: § 8 Rz 17 ff) hat die Zeichnung auf ihre Ordnungsmäßigkeit (Rz 3) u die Anmeldung auf ihre formelle u materielle Richtigkeit zu überprüfen (s § 8 Rz 22 ff), ua Zulässigkeit der angemeldeten Firma gem §§ 18 ff (BayObLG NJW-RR 89, 100; str), Vorliegen eines Gewerbebetriebs bei § 2 u Erforderlichkeit kaufmännischer Einrichtungen bei § 3 II. Da in der Anmeldung Firmengebrauch liegt, ist in den Fällen des § 18 II 2 statt einer Zurückweisung des Antrags das Anmeldeverfahren auszusetzen, bis im Firmenmißbrauchsverfahren entschieden ist (BayObLG NJW-RR 89, 100). Für die Eintragung gilt § 40 HRV.

5 **5. Durchsetzung.** Anmelde- u Zeichnungspflicht können im Wege des § 14 durchgesetzt werden. Da beide Pflichten voneinander unabhängig sind, kann die Eintragung der Firma nicht von der Zeichnung abhängig gemacht werden (kein Registerzwang).

§ 30 [Unterscheidbarkeit]

(1) **Jede neue Firma muß sich von allen an demselben Ort oder in derselben Gemeinde bereits bestehenden und in das Handelsregister oder in das Genossenschaftsregister eingetragenen Firmen deutlich unterscheiden.**

(2) **Hat ein Kaufmann mit einem bereits eingetragenen Kaufmanne die gleichen Vornamen und den gleichen Familiennamen und will auch er sich dieser Namen als seiner Firma bedienen, so muß er der Firma einen Zusatz beifügen, durch den sie sich von der bereits eingetragenen Firma deutlich unterscheidet.**

(3) **Besteht an dem Orte oder in der Gemeinde, wo eine Zweigniederlassung errichtet wird, bereits eine gleiche eingetragene Firma, so muß der Firma für die Zweigniederlassung ein der Vorschrift des Absatzes 2 entsprechender Zusatz beigefügt werden.**

(4) **Durch die Landesregierungen kann bestimmt werden, daß benachbarte Orte oder Gemeinden als ein Ort oder als eine Gemeinde im Sinne dieser Vorschriften anzusehen sind.**

I. Allgemeines

1 § 30 ist, wie § 18 I, Ausdruck des Grundsatzes der **Firmenunterscheidbarkeit** (-ausschließlichkeit). Als firmenordnungsrechtliche Vorschrift (RG 103, 392) bezweckt sie den Schutz des Verkehrs vor Ver-

Dritter Abschnitt. Handelsfirma § 30

wendung verwechslungsfähiger Firmen, **nicht** den Schutz des Firmenrechts als Immaterialgüterrecht (dazu § 17 Rz 3). § 30 ist daher zwingend (BGH 46, 11). Dem Individualschutz des Inhabers der (älteren) Firmen dienen §§ 12 I BGB, 14, 15 MarkenG, die allerdings **strengere** Anforderungen an die notwendige Unterscheidungskraft stellen als § 30 (BGH WM 79, 923; offen BGH NJW 93, 2236; ebenso Düss NJW-RR 96, 938). Der Unterlassungsanspruch aus § 37 II dient allein dem öffentl Interesse an der Verwendung unterscheidbarer Firmen. Bedeutung gewinnt § 30 auch, wenn Firma der GmbH in der Firma der (GmbH & Co) KG verwendet werden soll (BGH 46, 10).

II. Firmenunterscheidbarkeit, I

I verpflichtet den Inhaber einer neuen Firma, diese so zu gestalten, daß keine Verwechslungsgefahr mit älteren Firmen besteht. 2

1. Anwendungsbereich. a) Örtlich. Anders als § 15 MarkenG 3 gilt **I** nur im Verhältnis zu anderen Firmen **am selben Ort** (Verkehrsanschauung entscheidet; auch mehrere „Gemeinden") bzw **derselben Gemeinde** (iSd Kommunalrechts). Branche ist irrelevant. Gem **IV** kann die zuständige Landesregierung Firmenbezirke iSd **I** schaffen (s Anlage 5 zur HRV). **b) Sachlich. I** gilt für alle **Firmen,** auch von AG, GmbH, Genossenschaft u va iSv 33. Ebenso im Verhältnis zu (älteren) Vereinsnamen (str; es wird oft an der Verwechslungsgefahr fehlen). Umgekehrt (ältere Firma – jüngerer Vereinsname) gilt § 57 II BGB.

2. Prioritätsgrundsatz. Gem **I** trifft die Pflicht zur Unterscheidung 4 den Inhaber der **neuen Firma.** Ie gilt: **a)** Welche Firma „neu" (jünger) ist, entscheidet sich allein nach dem **Zeitpunkt der Eintragung** in das Handelsregister, nicht danach, wann die Firmen entstanden (dazu § 17 Rz 18) sind (anders – mangels Eintragung – bei §§ 12 BGB u 15 MarkenG). Bei mehreren Anmeldungen entscheidet die Reihenfolge ihres Eingangs beim Registergericht. Der Prioritätsgrundsatz wirkt nur zugunsten bereits **eingetragener** Firmen. **b)** Die ältere Firma muß noch **bestehen** (zum Erlöschen s § 17 Rz 19). Eine im Handelsregister zu Unrecht (noch) eingetragene Firma hindert die Eintragung einer anderen Firma nicht. Ob die ältere Firma firmenrechtlich **zulässig** ist, spielt vom Schutzzweck des § 30 (s Rz 1) her keine Rolle (*StHüffer* § 30 11; aA hL), zumal wenn Korrektur der älteren Firma möglich ist, ohne die Verwechslungsgefahr zu beseitigen. **c)** „**Neue**" Firmen iSv **I** sind im Falle der **Sitzverlegung** auch solche, die an anderen Orten eingetragen sind. Im Falle der **Firmenänderung** verliert die ältere Firma ihre Priorität. **d)** Dgg ist **I** unanwendbar in den Fällen der Änderung der Gemeindegrenzen (Eingemeindung) bzw der Schaffung eines Firmenbezirks iSv **IV**. Hier ist Bestandsschutz geboten (str). **e)** Wirksame Übertragung der Firma (§ 22 Rz 5) wirkt prioritätswahrend; bloße Gestattung der Firmenführung (Firmenlizenz) dgg nicht (§ 23 Rz 2). **f)** Das Prioritätsprinzip wird eingeschränkt durch **Verwirkung,** wenn der

§ 30 Erstes Buch. Handelsstand

prioritätsjüngere Inhaber sich unter der Firma einen Besitzstand erworben hat u der ältere dies toleriert hat (*Canaris* § 11 29; *MKHGBLieb/Krebs* § 37 52).

5 **3.** I verlangt **deutliche Unterscheidbarkeit** der neuen Firma in der konkreten Situation. Damit geht I über die Anforderung des § 18 I (bloße Unterscheidungskraft) hinaus („deutlich"). Die für § 18 II 2 bzgl der Irreführung vorgesehene Reduzierung der Prüfung auf Ersichtlichkeit gilt nicht für § 30; str. **a)** Jede Verwechslungsgefahr (auch die sog „erweiterte" hinsichtlich organisatorischer oder wirtschaftlicher Beziehungen zwischen den Unternehmen) muß ausgeschlossen sein. Allerdings sind die registerrechtlichen Anforderungen geringer als beim materiellen Firmenschutz (s Rz 1; aber c). Entscheidend ist der **Gesamteindruck** der (vollständigen) Firma, dh das Klangbild, wie es sich Ohr u Auge einprägt (RG 104, 342; BGH 46, 12), wobei auf das allgem Publikum abzustellen ist. **b)** Ie gilt: **aa)** Bei **Personenfirmen** wird bei gleichem Familiennamen Unterscheidbarkeit durch verschiedene Vornamen hergestellt (BGH DB 93, 1234), nicht dgg durch bloßen Gesellschaftszusatz (BGH 46, 13; BayObLG 79, 318). **bb)** Bei **Sachfirmen** greift I mangels hinreichender Individualisierungskraft nicht ein bei Beschreibung des Geschäftsgegenstandes in der Firma („Video-Rent"; BGH NJW 87, 439) bzw Gattungs- oder Branchenbezeichnungen („Brauerei"). Iü ist bei Sachfirmen ein größerer Abstand zu bestehenden Firmen einzuhalten, was durch Hinzufügung (nach Wortsinn, -klang u -bild) unterscheidungskräftiger Zusätze ohne weiteres möglich ist (s BGH NJW-RR 88, 95). Bei GmbH & Co KG ist in die KG-Firma ein zusätzlicher Bestandteil aufzunehmen (A & B GmbH & Co **Industrieverwaltung** KG). Ungenügend: „Handelsgesellschaft" (BayObLG BB 80, 69); ausreichend: „Verkaufsgesellschaft" (sa *Kögel* RPfl 98, 320 ff). **cc)** Zur Unterscheidungskraft von Ortsnamen *MKHGBLieb* § 30 16. **c)** Anders als im Markenrecht spielt für die Verwechslungsgefahr die Branchenzugehörigkeit der Unternehmen keine Rolle, str.

d) Bei **Fantasiefirmen** ist größerer Abstand zu wahren.

III. Gleichnamigkeit, II

6 Bei gleichem Familiennamen sorgt ein abw (nicht ganz alltäglicher; BGH NJW 93, 2236) Vorname für hinreichende Unterscheidungskraft iSv **I** (s Rz 5). Bei auch gleichem Vornamen ist der jüngeren Firma ein unterscheidungskräftiger Zusatz zuzufügen, etwa der Geschäftsgegenstand.

IV. Zweigniederlassung, III

7 Die Firma einer neuen Zweigniederlassung muß sich von älteren Firmen iSv **I** deutlich unterscheiden. Dies kann durch einen entspr

Dritter Abschnitt. Handelsfirma   § 31

unterscheidungskräftigen Zusatz erfolgen, wobei „Zweigniederlassung"
nicht ausreicht.

V. Verfahren

Das Registergericht prüft § 30 bei Antrag auf Eintragung der Firma 8
(§ 29 Rz 4); ebenso im Verfahren nach § 37 I. Der prioritätsältere
Firmeninhaber hat Unterlassungsanspruch gem § 37 II.

§ 31 [Änderung der Firma: Erlöschen]

(1) **Eine Änderung der Firma oder ihrer Inhaber sowie die
Verlegung der Niederlassung an einen anderen Ort ist nach den
Vorschriften des § 29 zur Eintragung in das Handelsregister
anzumelden.**

(2) **¹Das gleiche gilt, wenn die Firma erlischt. ²Kann die Anmeldung des Erlöschens einer eingetragenen Firma durch die
hierzu Verpflichteten nicht auf dem in § 14 bezeichneten Wege
herbeigeführt werden, so hat das Gericht das Erlöschen von
Amts wegen einzutragen.**

1. Allgemeines. § 31 regelt, ergänzend zu § 29, die **Anmelde-** 1
pflicht betr bestimmter **Änderungen** (betr Inhaber, Firma). Die in I
angesprochene Verlegung der Hauptniederlassung ist in § 13 h geregelt.
Für die Verlegung der Zweigniederlassung gilt § 13 c (s § 13 Rz 6).
§ 31 gilt auch für PersonenhandelsGes (§ 6) u über §§ 3 AktG, 13 III
GmbHG für die AG u die GmbH. Sondervorschriften in §§ 34, 107,
143, 161 II, §§ 181 AktG, 54 GmbHG.

2. Firmenänderung, I. a) Eine Firmenänderung iSv I setzt eine 2
(schon u noch) bestehende (s § 17 Rz 18–19) Firma voraus; nach Erlöschen kann die Firma nicht mehr geändert werden (Hamm DB 93,
1816). Voreintragung ist nicht erforderl (*StHüffer* § 31 6); sie ist mit
dem Änderungsvermerk nachzuholen. **b) Jede** Änderung ist anzumelden, auch bloße Zusätze. Sie muß firmenrechtlich gem §§ 18 ff zulässig
sein. Ist die Firma unzulässigerweise eingetragen (zB Freiberufler), ist
Löschung vAw vorzunehmen, § 142 FGG. Ist die Firma wg Wegfalls
des Erfordernisses kaufmännischer Einrichtungen iSv § 1 II zu löschen,
ist trotz § 5 eine Firmenänderung ausgeschlossen (Hamm DB 93,
1816). Bei AG u GmbH ist Firmenänderung nur bei Satzungsänderung
möglich, § 23 III Nr 1 AktG, § 3 I Nr 1 GmbHG. **I** wird daher durch
§ 181 AktG, § 54 GmbHG verdrängt. **c)** Die **Anmeldepflicht** trifft
den Inhaber des Geschäfts, nach Eröffnung des Insolvenzverfahrens wg
der Massezugehörigkeit der Firma (§ 22 Rz 13) den Insolvenzverwalter.

3. Inhaberwechsel, I. a) Die **Änderung** des Inhabers (unter Le- 3
benden u von Todes wegen) ist auch bei gleichbleibender Firma anzumelden (wichtig für Altinhaber, um Haftung für Neuverbindlichkeiten
zu vermeiden; § 15 I, II). Der neue Inhaber hat gem § 29 zu zeichnen.

Roth   145

§ 32   Erstes Buch. Handelsstand

Inhaberwechsel liegt vor: bei Übergang von Pacht zu Eigentum (Nürnb BB 76, 810); Nießbrauchbestellung; § 28 I bzw Entstehen eines Einzelhandelsunternehmens aus Ges durch Erbfolge oder Übernahme ohne Liquidation. **b)** Die **Anmeldepflicht** trifft: bei Wechsel unter Lebenden den alten u neuen Inhaber; bei Erwerb von Todes wegen den (die) Erben; bei Eintritt des Nacherbfalls den Vorerben (bzw seine Erben) u Nacherben; bei Testvollstreckung den Testvollstrecker, wenn Treuhandlösung gewählt ist (s § 1 Rz 21), sonst die Erben.

4   **4. Verlegung der (Haupt-, Zweig-) Niederlassung, I:** § 13 h, c (s § 13 h Rz 1 ff, 5).

5   **5. Erlöschen der Firma, II. a)** II 1 gilt für Einzelkaufmann, PersonenhandelsGes (bei Beendigung nach Liquidation haben §§ 157, 161 II Vorrang), GmbH (str; aA § 273 I AktG analog); nicht für die AG wg § 273 I AktG. **b)** Die Firma erlischt, wenn der Geschäftsbetrieb endgültig (nicht nur: vorübergehend; BayObLG BB 00, 1212) eingestellt wird (s § 17 Rz 19). Die Liquidationsgesellschaft ist iü unabhängig vom Umfang des noch vorhandenen Gewerbebetriebs firmenbefugt bis zur Vermögenslosigkeit bzw Schlußverteilung. Bei Wegfall der Erfordernisses kaufmännischer Einrichtungen iSv § 1 II erlischt die Firma wg § 5 bis zur (konstitutiv wirkenden) Löschung nicht. Indessen ist hier **II 1** analog anwendbar. **c)** Die **Anmeldepflicht** trifft: den bisherigen Träger der erloschenen Firma; bei § 22 den Veräußerer, wenn der Erwerber die Firma nicht fortführt; im Erbfall den (die) Erben, sofern er (sie) das Geschäft einstellt(-stellen); in der Insolvenz den Insolvenzverwalter; bei Liquidation die Liquidatoren, §§ 157, 161 II. Zur AG s § 273 I AktG

6   **6. Verfahren.** Die Anmeldepflicht des **I** u **II 1** ist im Zwangsgeldverfahren nach § 14 iVm §§ 132 bis 140 FGG durchzusetzen. Ist dieses Verfahren voraussichtlich wirkungslos (zB unbekannter Aufenthalt des Anmeldepflichtigen), ist im Falle des **II 1** subsidiär vAw zu löschen, **II 2,** § 141 FGG.

§ 32 [Insolvenzverfahren]

(1) **Wird über das Vermögen eines Kaufmanns das Insolvenzverfahren eröffnet, so ist dies von Amts wegen in das Handelsregister einzutragen. Das gleiche gilt für**

1. **die Aufhebung des Eröffnungsbeschlusses,**

2. **die Bestellung eines vorläufigen Insolvenzverwalters, wenn zusätzlich dem Schuldner ein allgemeines Verfügungsverbot auferlegt oder angeordnet wird, daß Verfügungen des Schuldners nur mit Zustimmung des vorläufigen Insolvenzverwalters wirksam sind, und die Aufhebung einer derartigen Sicherungsmaßnahme,**

3. **die Anordnung der Eigenverwaltung durch den Schuldner und deren Aufhebung sowie die Anordnung der Zustim-**

Dritter Abschnitt. Handelsfirma § 33

mungsbedürftigkeit bestimmter Rechtsgeschäfte des Schuldners,

4. die Einstellung und die Aufhebung des Verfahrens und
5. die Überwachung der Erfüllung eines Insolvenzplans und die Aufhebung der Überwachung.

(2) Die Eintragungen werden nicht bekanntgemacht. Die Vorschriften des § 15 sind nicht anzuwenden.

1. Mit Eröffnung des Insolvenzverfahrens gehen die **Verwaltungs-** u 1 **Verfügungsbefugnisse** des Kaufmanns auf den Insolvenzverwalter über, § 80 I InsO. Deswegen ordnet I 1 Eintragung vAw an. Eigenverwaltung (§ 270 InsO) durch den Schuldner: **I 2 Nr 3**.

2. Einzutragen sind: Eröffnungsbeschluß, **I 1**; Aufhebung des 2 Eröffnungsbeschlusses, **I 2 Nr 1**; Einstellung u Aufhebung des Verfahrens, **I 2 Nr 4**; Bestellung eines vorläufigen Insolvenzverwalters unter den in **I 2 Nr 2** genannten Voraussetzungen (vgl §§ 21 Nr 1 u Nr 2, 22 InsO); Insolvenzplanüberwachung u deren Aufhebung, **I 2 Nr 5** (vgl §§ 217 ff, 260; 268 InsO). Bei Eigenverwaltung, §§ 270 ff InsO, die in **I 2 Nr 3** genannten Maßnahmen.

3. § 32 gilt über § 6 I auch für **Handelsgesellschaften**. Bei der 3 OHG u KG führt die Insolvenz zur Auflösung, §§ 131 Nr 3, 161 II. Zur AG u GmbH: §§ 3, 262 I Nr 3 AktG; 60 I Nr 4, 13 III GmbHG. Für jur Personen iü verweist § 34 V auf § 32.

4. Eine **Anmeldepflicht** besteht **nicht**. Die Eintragung erfolgt vAw 4 (aufgrund Mitteilung des Insolvenzgerichts, §§ 31, 277 III 2 InsO). Eine **Bekanntmachung** durch das Registergericht erfolgt nicht, **II 1**; sie obliegt dem Insolvenzgericht, § 30 I InsO.

5. Die Wirkungen des Insolvenzverfahrens bestimmen sich abschlie- 5 ßend nach §§ 21 ff, 80 ff, 277 ff InsO. Sie sollen nicht durch den Verkehrsschutz des § 15 konterkariert werden. § 15 ist daher ausgeschlossen, **II 2**.

§ 33 [Juristische Person]

(1) **Eine juristische Person, deren Eintragung in das Handelsregister mit Rücksicht auf den Gegenstand oder auf die Art und den Umfang ihres Gewerbebetriebes zu erfolgen hat, ist von sämtlichen Mitgliedern des Vorstandes zur Eintragung anzumelden.**

(2) [1]**Der Anmeldung sind die Satzung der juristischen Person und die Urkunden über die Bestellung des Vorstandes in Urschrift oder in öffentlich beglaubigter Abschrift beizufügen.** [2]**Bei der Eintragung sind die Firma und der Sitz der juristischen Person, der Gegenstand des Unternehmens und die Mitglieder des Vorstandes anzugeben.** [3]**Besondere Bestimmungen der Satzung über die Befugnis des Vorstandes zur Vertretung der juri-**

§ 34

stischen Person oder über die Zeitdauer des Unternehmens sind gleichfalls einzutragen.

(3) **Die Errichtung einer Zweigniederlassung ist durch den Vorstand unter Beifügung einer öffentlich beglaubigten Abschrift der Satzung anzumelden.**

1 **1. Allgemeines.** Jur Personen, die § 1 II erfüllen, sind anmeldepflichtig, § 29. §§ 33–35 regeln nur die Formalien. Diese gelten auch in den Fällen der §§ 2, 3 II, III (Anmeldeberechtigung). Wortlaut des **I** („Gegenstand") orientiert sich noch an §§ 1 ff aF. §§ 33–35 gelten (da § 1 I nicht auf natürliche Personen beschränkt; § 1 Rz 1) für alle jur Personen des öffentl u des Privatrechts, die **nicht** Formkaufmann kraft Gesetzes iSv § 6 II (AG, GmbH, KGaA, eG) sind u die ein Handelsgewerbe betreiben. § 33 regelt Einzelheiten der **Anmeldung**. § 34 ergänzt. Für VVaG: §§ 30 ff VAG.

2 **2. Adressaten.** Als jur Personen iSv § 33 kommen in Betracht: Idealverein (Nebentätigkeitsprivileg), § 21 BGB; Wirtschaftsverein, § 22 BGB; privatrechtliche Stiftungen, §§ 80 ff BGB; Kommunen; (öffentliche) Sparkassen (BayObLG NJW-RR 01, 27; NJW-RR 01, 28); öffentl-rechtl Körperschaften, Anstalten, Stiftungen, § 89 BGB. Ausländische jur Personen, die im Inland ein Handelsgewerbe betreiben, fallen unter §§ 13 d, e, f (aA BayObLG DB 86, 1328: § 33 anwendbar).

3 **3. Die Anmeldung** der jur Person hat zu erfolgen durch sämtliche Mitglieder des Vorstands, **I**. Bei kommunalen Eigenbetrieben ist Landesrecht maßgegend; *Boos* DB 00, 1063 ff. Form: § 12. Zuständiges Gericht: § 29. Den **Inhalt** der Anmeldung regelt **II 1**. Die Errichtung einer **Zweigniederlassung** ist entspr **III** beim Gericht der Hauptniederlassung anzumelden. § 40 Nr 3 HRV ist zu beachten.

4 **4. Eintragung.** Das Gericht prüft die Anmeldung in formeller u materieller Hinsicht (s § 29 Rz 4). Zur Eintragung s **II 2, 3** (Sitz von Sparkassen: BayObLG NJW-RR 01, 28; Mehrfachsitz: Ffm DB 01, 861; zu Vertretungsregelungen: BayObLG NJW-RR 01, 27). Wirkungen: § 5. Anmeldepflichtige Vorgänge iSv **II 2, 3** sind einzutragende Tatsachen iSv § 15 I, II. Eintragungen im Vereinsregister reichen nicht.

5 **5. Firmenrecht** Soweit § 1 II oder §§ 2, 3 II, III erfüllt, ist Firma gem §§ 18 I, II, 19 I zu bilden. S § 19 Rz 3 a. Zur Mehrfachfirma bei Sparkassen BayObLG DB 01, 2360.

6 **6. Reform.** Der Entwurf eines Gesetzes über elektronische Register plant redaktionelle Änderungen des **II** hinsichtlich der Angabe der Vertretungsmacht u einen neuen **IV**, der § 37 a für entspr anwendbar erklärt.

§ 34 [Anmeldung und Eintragung von Änderungen]

(1) **Jede Änderung der nach § 33 Abs. 2 Satz 2 und 3 einzutragenden Tatsachen oder der Satzung, die Auflösung der juristi-**

schen Person, falls sie nicht die Folge der Eröffnung des Insolvenzverfahrens ist, sowie die Personen der Liquidatoren und die besonderen Bestimmungen über ihre Vertretungsbefugnis sind zur Eintragung in das Handelsregister anzumelden.

(2) Bei der Eintragung einer Änderung der Satzung genügt, soweit nicht die Änderung die in § 33 Abs. 2 Satz 2 und 3 bezeichneten Angaben betrifft, die Bezugnahme auf die bei dem Gericht eingereichten Urkunden über die Änderung.

(3) Die Anmeldung hat durch den Vorstand oder, sofern die Eintragung erst nach der Anmeldung der ersten Liquidatoren geschehen soll, durch die Liquidatoren zu erfolgen.

(4) Die Eintragung gerichtlich bestellter Vorstandsmitglieder oder Liquidatoren geschieht von Amts wegen.

(5) Im Falle des Insolvenzverfahrens finden die Vorschriften des § 32 Anwendung.

1. Allgemeines. § 34 regelt für jur Personen (s § 33 Rz 2) die 1 Anmeldepflicht betr bestimmter Änderungen u entspricht damit § 31.

2. Anmeldepflichtig sind nach I Änderungen betr Firma, Sitz, 2 Gegenstand u Vorstandsmitglieder (vgl § 33 II 2), Satzungsänderungen betr Vertretung u Zeitdauer des Unternehmens (vgl § 33 II 3), sonstige Satzungsänderungen gem **I**, Auflösung (außerhalb des Insolvenzverfahrens; dafür gilt **V** iVm § 32), Bestellung von Liquidatoren u deren Vertretungsbefugnis; Erlöschen der Firma: § 31 II entspr.

3. Die Anmeldepflicht trifft den (Gesamt-)Vorstand oder die Liqui- 3 datoren, **III.**

4. Eintragung **von Amts** wegen ist vorgesehen für gerichtl bestellte 4 Vorstandsmitglieder u Liquidatoren, **IV,** sowie für die Insolvenz, **V** iVm § 32. Erlöschen der Firma: § 31 II 2 entspr.

5. Reform. Der Entwurf eines Gesetzes über elektronische Register 5 plant Änderungen des Absatzes 1.

§ 35 [Unterschriftszeichnung]

Die Mitglieder des Vorstands und die Liquidatoren einer juristischen Person haben ihre Unterschrift zur Aufbewahrung bei dem Gerichte zu zeichnen.

1. § 35 begr die Zeichnungspflicht aller Vorstandsmitglieder bzw 1 Liquidatoren. Zeichnung erfolgt durch Namensunterschrift (ebenso: §§ 37 V AktG, 8 V GmbHG). Form: § 12. Durchsetzung: § 14.

2. § 35 regelt **nicht,** wie im Geschäftsverkehr zu zeichnen ist (vgl 2 §§ 79 AktG, 35 III GmbHG). Es gilt § 164 I BGB.

§§ 36, 37

§ 36 [Unternehmen öffentlicher Körperschaften] *(aufgehoben)*

§ 37 [Unzulässiger Firmengebrauch]

(1) **Wer eine nach den Vorschriften dieses Abschnitts ihm nicht zustehende Firma gebraucht, ist von dem Registergerichte zur Unterlassung des Gebrauchs der Firma durch Festsetzung von Ordnungsgeld anzuhalten.**

(2) [1] **Wer in seinen Rechten dadurch verletzt wird, daß ein anderer eine Firma unbefugt gebraucht, kann von diesem die Unterlassung des Gebrauchs der Firma verlangen.** [2] **Ein nach sonstigen Vorschriften begründeter Anspruch auf Schadensersatz bleibt unberührt.**

1   1. **Allgemeines.** § 37 dient dem **öffentl Interesse** an einer korrekten Firmenführung. Dies gilt sowohl für **I** wie auch für die Unterlassungsklage gem **II 1,** die die private Initiative dem Allgemeininteresse an der Beachtung firmenrechtlicher Vorschriften nutzbar macht (BGH 53, 70). § 37 gewährt nur **formellen** Firmenschutz. Der **materielle** Firmenschutz richtet sich nach §§ 12 BGB, 14, 15 MarkenG.

2   2. **Unbefugter Firmengebrauch. a) Adressatenkreis.** Der Firmenschutz des § 37 wirkt ggüber jedermann, auch (u va) ggüber **Nichtkaufleuten,** die eine Firma unbefugt gebrauchen.

3   **b) Firma. aa)** § 37 gilt für alle Firmen, auch Gesellschaftsfirmen, §§ 13 III GmbHG; 278 III AktG; 16 VAG; 17 II GenG. **bb)** § 37 iVm §§ 18 I, 22, 24 findet analoge Anwendung auf Geschäfts- u Etablissementsbezeichnungen (BayObLG NJW 99, 297 für Freiberuflersozietätsbezeichnung; s § 17 Rz 5, 8). Erfolgt ihr Gebrauch **firmenähnlich,** kann dgg vorgegangen werden (Düss NJW-RR 96, 937; § 17 Rz 8).

4   **c) Firmengebrauch. aa)** Ein solcher liegt in jeder Handlung, die unmittelbar auf den Betrieb des Geschäfts Bezug hat u den Willen des Geschäftsinhabers bekundet, auf Dauer die Bezeichnung als Firma, dh zur **Individualisierung** des **Geschäftsinhabers,** zu verwenden (BGH NJW 91, 2024). Maßgebend ist dabei die *Verkehrsanschauung,* insbes ob der Geschäftsverkehr bei bestimmten Handlungen die Verwendung der Firma (u nicht eine sonstige Bezeichnung) *erwartet* (Tatfrage: Ffm, OLG 75, 109). **bb)** Bsp für Firmengebrauch: Anmeldung zum Handelsregister (BayObLG NJW-RR 89, 100); Duldung der Eintragung der Firma; Handlungen mit unmittelbarem Bezug zum Geschäftsverkehr, insbes bei Abschluß von Rechtsgeschäften, Briefunterzeichnung, Briefköpfe (§ 37 a), Türschilder; s § 17 Rz 7. Für den Bereich der **Werbung** gelten nicht dieselben strengen Maßstäbe (Düss DB 70, 924; NJW-RR 96, 938: kein Firmengebrauch; s § 17 Rz 7).

5   **d) Unbefugter** Gebrauch der Firma: **aa)** Eine firmenrechtlich **unzulässige** Firma wird verwendet (angemeldet). Maßstab für die Zulässigkeit der Firma: §§ 18 ff HGB mit wichtiger Einschränkung in

Dritter Abschnitt. Handelsfirma **§ 37**

§ 18 II 2; fehlende Einwilligung bei §§ 22, 24 II (*Canaris* § 11 43); auch §§ 4, 279 AktG, 4 GmbHG, 3 GenG etc; **nicht:** §§ 12 BGB, 14, 15 MarkenG. Eintragung der Firma in das Handelsregister beseitigt nicht Unzulässigkeit. **bb)** Von Eintragung im Handelsregister **abw** Gebrauch (BayObLG BB 92, 943); die Firmenführungspflicht (§ 17 Rz 7, 22) verbietet gleichfalls Abkürzungen (Hbg BB 73, 1457). Bei Werbung ist sorgfältig zu prüfen, ob überhaupt Firmengebrauch vorliegt, also der Bezeichnung der Individualisierung des Inhabers dient (Rz 4). Gebrauch einer geänderten Firma ist zulässig erst ab Eintragung nach § 31 I. **cc)** Verwendung von Geschäftsbezeichnungen durch Nichtkaufleute (mit „e. K."-Zusatz; zur Irreführung: § 17 Rz 8). **dd)** Für Unzulässigkeit iSv aa) bis cc) genügt ein **objektiver Verstoß**. Verschulden ist nicht erforderl, Gutgläubigkeit ist irrelevant (RG, JW 03, 342).

3. Mißbrauchsverfahren, I. a) Das Gericht wird **vAw** tätig. Kein **6** Anspruch auf Einschreiten, auch nicht für den nach **II** Klageberechtigten (RG 132, 314). Anregung möglich. Bzgl Verfahrenseinl hat das Gericht grds keinen Ermessensspielraum (Wortlaut des **I**: „ist"; str); nur unter engen Voraussetzungen kann das Gericht Abstand nehmen, zB bei unverhältnismäßigem Eingriff, wenn durch langen Gebrauch ein schutzwürdiger Besitzstand gegeben ist (Stgt NJW 60, 1866; KG NJW 65, 255; BayObLG 86, 154).

b) Verfahren: § 132 bis 140 FGG. Die Verbotsverfügung richtet **7** sich auf **Unterlassung** des unzulässigen Gebrauchs einer bestimmten Firma (insges; nicht nur einzelner Teil); unzulässig ist eine Gebotsverfügung. Ordnungsstrafe bei (schuldhaftem) Verstoß gg Verfügung: §§ 140, 132, 139 FGG. Daneben kann das Gericht Amtslöschung, §§ 142, 144a FGG, betreiben.

4. Unterlassungsklage, II 1. a) Allgemeines. Die Klagebefugnis **8** nach **II** dient dem öffentl Interesse an der Durchsetzung des formellen Firmenrechts. Von daher ist „in seinen Rechten" iSv **II** weit auszulegen; es soll nur eine Popularklage verhindern.

b) Klagebefugnis. Erforderl, aber auch genügend ist eine unmittel- **9** bare Verletzung rechtlicher Interessen wirtschaftlicher Art (BGH 53, 70; NJW 91, 2023; hL). Dazu zählen Namens- u Firmenrechte des Klägers, ebenso Marken- u Patentrechte. Ausreichend ist: Konkurrenzverhältnis der Parteien am selben Ort; Klagebefugnis der Verbände gem § 13 I a UWG.

c) Unbefugter Firmengebrauch: Rz 5. Mit Klage nach **II** kann **10** *nur* Verstoß gg Firmenrecht, §§ 18 ff (§ 18 II 2 hier nicht einschlägig), 30, geltend gemacht werden. **Nicht:** gg §§ 12 BGB, 14, 15 MarkenG, 1, 3 UWG (str). Klagebefugnis nach § 13 II Nr. 2 UWG nicht auf Anspruch aus § 37 II (BGH NJW 97, 2819).

d) Inhalt des Antrags. aa) Unterlassung eines unbefugten Ge- **11** brauchs (iSv Rz 5). Vollstreckung: § 890 ZPO. **bb)** Unterlassung der Anmeldung einer unzulässigen Firma. **cc)** Beseitigung der Eintragung

Roth

§ 37 a Erstes Buch. Handelsstand

durch Anmeldung der Löschung der Firma (insges). Vollstreckung: § 894 ZPO.

12 **e) Verwirkung** des Schutzes nach **II** ist wg Schutzzwecks der Norm (Rz 8) ausgeschlossen (str; offen BGH DB 93, 1277).

13 **5. Schadensersatz, II 2.** Die Norm stellt klar, daß **II 1** Schadensersatzansprüche aufgrund anderer Vorschriften, zB §§ 1 UWG, 15 MarkenG, 823 I, II BGB, nicht ausschließt.

§ 37 a [Angaben auf Geschäftsbriefen]
(1) **Auf allen Geschäftsbriefen des Kaufmanns, die an einen bestimmten Empfänger gerichtet werden, müssen seine Firma, die Bezeichnung nach § 19 Abs. 1 Nr. 1, der Ort seiner Handelsniederlassung, das Registergericht und die Nummer, unter der die Firma in das Handelsregister eingetragen ist, angegeben werden.**
(2) **Der Angaben nach Absatz 1 bedarf es nicht bei Mitteilungen oder Berichten, die im Rahmen einer bestehenden Geschäftsverbindung ergehen und für die üblicherweise Vordrucke verwendet werden, in denen lediglich die im Einzelfall erforderlichen besonderen Angaben eingefügt zu werden brauchen.**
(3) **Bestellscheine gelten als Geschäftsbriefe im Sinne des Absatzes 1. Absatz 2 ist auf sie nicht anzuwenden.**
(4) **Wer seiner Pflicht nach Absatz 1 nicht nachkommt, ist hierzu von dem Registergericht durch Festsetzung von Zwangsgeld anzuhalten. § 14 Satz 2 gilt entsprechend.**

1 **1. Allgemeines.** Die Vorschrift wurde durch das HRefG eingeführt. Sie soll Informationsdefizite kompensieren helfen, die beim Einzelkaufmann durch das neue Firmenrecht, §§ 18 ff, insbes die allgem Zulässigkeit von Sach- u Fantasiefirmen, entstehen können. Vorbild: § 125 a; auch §§ 35 a GmbHG, 80 AktG, 25 a GenG.

2 **2. Anwendungsbereich. a) Persönlicher. I** gilt für Geschäftsbriefe des Kaufmanns. Für KapitalGes u OHG, KG: Rz 1 als leges speciales. Damit hat **I** Bedeutung für Einzelkaufleute als natürliche Personen u jur Personen iSv § 33. **b) Sachlicher. aa)** Die Pflichtangaben (Rz 3) sind für Geschäftsbriefe (nicht: Telefonate) aller Art (Rechnungen, Quittungen), einschl Fax u e-mail, vorgesehen, soweit sie an einen *bestimmten* Empfänger gerichtet sind, **I**; nicht: Postwurfsendungen, allgemeine Rundschreiben. **bb)** Mitteilungen u Berichte im Rahmen bestehender Geschäftsverbindungen, für die üblicherweise **Vordrucke** verwendet werden, sind nicht als Geschäftsbriefe anzusehen, **II. cc)** Bestellscheine gelten gem **III** als Geschäftsbriefe, nicht als Vordrucke.

3 **3. Pflichtangaben.** Sie ergeben sich aus **I**: Firma iSv § 17, einschl der (wohl ausgeschriebenen) Bezeichnung nach § 19 I Nr 1 (zum nicht

eingetragenen Ist-Kaufmann: § 19 Rz 2); Ort der Niederlassung; Registergericht; Nummer im Handelsregister. **Nicht:** Unternehmensträger; Familien- u Vorname (Grund: Gleichstellung mit PersonenhandelsGes; § 125 a I 1 nF).

4. Rechtsfolgen. a) Die Verpflichtung nach I ist mit Zwangsgeld, § 14, durchzusetzen. **b)** Bei Verwendung einer unvollständigen Firma (ohne den Zusatz gem § 19 I Nr 1) wird **Rechtsschein** fehlender Kaufmannsstellung gesetzt (§ 15 Rz 42: Schein-Nichtkaufmann), der sich gg § 15 II 1 durchsetzen kann (§ 15 Rz 24). **c)** Fehlende oder fehlerhafte Angaben können **Anfechtung** gem § 119 II begründen; evtl **c. i. c.** Ob Schutzges iSv § 823 II BGB probl (abl *BauHopt* § 37 a 8; *MKHGBKrebs* § 37 a 12). 4

Vierter Abschnitt. Handelsbücher

§§ 38–47 b *(aufgehoben)*

Fünfter Abschnitt. Prokura und Handlungsvollmacht

Vorbemerkungen zu §§ 48–58

I. Vertretung im Handelsrecht

1. Allgemeines. Die grundlegenden Vorschriften über das Recht der Stellvertretung sind im BGB enthalten (§§ 164–181 BGB). Das HGB beschränkt sich auf teils ergänzende, teils modifizierende Regelungen für die rechtsgeschäftliche Vertretung des Kaufmanns. Die handelsrechtlichen Vollmachten dienen dem gesteigerten Bedürfnis nach Rechtsklarheit u der dadurch geförderten Erleichterung des Geschäftsverkehrs. 1

2. Arten handelsrechtlicher Vollmachten. a) Prokura, §§ 48–53; **b) Handlungsvollmacht,** §§ 54–58; **c)** Vertretungsmacht des **Ladenangestellten,** § 56. **d)** Ein Kaufmann kann auch, soweit nicht § 54 I eingreift, eine (BGB-) Vollmacht gem §§ 167 ff BGB erteilen, so zB eine **„Generalvollmacht"** (dazu *MKHGBLieb/Krebs* vor § 48 71 ff), die in ihrem Umfang sogar noch über die Prokura hinausgeht. Anmeldepflichtig analog § 53 I, § 8 Rz 8 (*Canaris* § 4 11; *BauHopt* vor § 48 2; aA hL); Erlöschen: § 53 III. Die Abgrenzung zu den handelsrechtlichen Vollmachten, etwa der Generalhandlungsvollmacht iSv § 54 I, kann schwierig sein (KG BB 91, 2039). **e) Lit:** *Hofmann,* Der Prokurist, 7. Aufl (1996); *Spitzbarth,* Vollmachten im Unternehmen, 3. Aufl (1999); *Müller* JuS 98, 1000. 2

Vor §§ 48–58

II. Grundsätze des bürgerlichen Rechts

3   **1. Allgemeines.** Die Grundsätze der Stellvertretung gelten für **Willenserklärungen,** die für den Vertretenen **abgegeben (aktive** Stellvertretung), wie auch für diejenigen, die für ihn entgegengenommen werden **(passive** Stellvertretung; § 164 III BGB). Entspr Anwendung auf geschäftsähnliche (zB Mahnung), nicht aber auf tatsächliche Handlungen. Wirksame Stellvertretung setzt Handeln im Namen des Vertretenen (Rz 4) u Vertretungsmacht (Rz 5) voraus. Stellvertretung liegt nur vor, wenn der Handelnde eine **eigene** Willenserklärung abgibt oder (bei passiver Stellvertretung) eine Willenserklärung entgegennimmt, nicht aber dort, wo der Handelnde eine fremde Willenserklärung einem anderen überbringt **(Erklärungsbote)** bzw zur Weiterleitung an einen anderen entgegennimmt **(Empfangsbote).**

4   **2.** Wirksame Stellvertretung setzt voraus, daß nach außen **im Namen des Vertretenen** gehandelt wird **(Offenheitsprinzip;** § 164 I 1 BGB), wobei es ausreicht, daß die Fremdbezogenheit aus den Umständen erkennbar ist, § 164 I 2 BGB. Bei Abschluß eines Rechtsgeschäfts, das einen (eindeutigen; Hamm NJW-RR 96, 802) **Unternehmensbezug** aufweist (Ort des Vertragsschlusses; ständige Geschäftsbeziehungen; Zeichnung mit der Firma; für den Betrieb bestimmte Leistung), wird iZw (als Auslegungsregel; BGH ZIP 98, 1224; NJW 00, 2984) der Betriebsinhaber berechtigt u verpflichtet (BGH NJW 90, 2678; NJW 95, 44). Anders aber, wenn Eigenverpflichtung des Handelnden für den anderen Teil interessengerecht (zB Schuldbeitritt des Geschäftsführers bzgl Verpflichtung der GmbH; BGH NJW 00, 2984). Fehlvorstellungen über die Person des Inhabers (Falschbezeichnung; Partner hält Vertreter für Inhaber; letzterer tritt wie Inhaber auf) ändern nichts (BGH ZIP 98, 1224), können aber uU zur Anfechtung, § 119 II BGB, berechtigen (Hanau NJW-RR 00, 1421). Vertreter haftet nach § 179 BGB, wenn Unternehmensträger nicht existiert; iü nach Rechtsscheingrundsätzen, wenn Haftungsbeschränkung beim Vertretenen nicht offengelegt (§ 15 Rz 50). Will der Handelnde unter diesen Umständen ein Eigengeschäft tätigen, muß er dies kundtun. Bei nicht auszuräumenden Zweifeln am Unternehmensbezug liegt Handeln in eigenem Namen vor, § 164 I BGB (BGH NJW 95, 44). Das **Offenheitsprinzip** wird eingeschränkt durch die Grundsätze des **offenen** u **verdeckten Geschäfts für den, den es angeht.** Im ersten Fall tritt der Handelnde als Vertreter auf, läßt aber die Person des Vertretenen noch offen (BGH NJW 89, 166). Im zweiten Fall ist Voraussetzung, daß der Handelnde, wenn auch nicht nach außen erkennbar, für einen anderen handeln will u dem Geschäftsgegner die Person des Vertragspartners gleichgültig ist (BGH NJW 55, 590; Bargeschäfte des täglichen Lebens).

5   **3.** Fremdwirkung des Handelns setzt **Vertretungsmacht** voraus. Sie kann beruhen auf Rechtsgeschäft (Vollmacht), Rechtsschein oder Gesetz (zB §§ 1629 I 1, 1902 BGB).

Fünfter Abschnitt. Prokura und Handlungsvollmacht **Vor §§ 48–58**

a) Die Vollmacht ist ein einseitiges Rechtsgeschäft. Die (empfangs- 6
bedürftige) Erklärung erfolgt (ausdr oder stillschweigend) ggüber dem
zu Bevollmächtigenden **(Innenvollmacht)** bzw ggüber einem Dritten
(Außenvollmacht); auch durch öffentl Bekanntmachung. Den **Umfang** der Vollmacht bestimmt der Vollmachtgeber. Eine ges Typisierung
im BGB fehlt. IdR ist die Vollmacht **formfrei**, § 167 II BGB; anders
bei § 766 S 1 BGB (BGH NJW 96, 1468) u § 313 BGB (BGH
NJW 79, 2306); dazu *Rösler* NJW 99, 1150.

b) Duldungsvollmacht (DVm). aa) Voraussetzungen. Eine 7
DVm ist gegeben, wenn der Handelnde als Vertreter auftritt, der Vertretene dies weiß u duldet u der Dritte diese Duldung dahin wertet u
ohne Fahrlässigkeit werten darf, daß eine Vollmacht erteilt worden ist
(BGH LM § 167 Nrn 4, 13; NJW 97, 314; *PalHeinrichs* § 173 11;
*MKBGBSchramm*⁴ § 167 46; anders *MKHGBLieb/Krebs* vor § 48 47,
die als Rechtsscheinträger allein das Auftreten des Vertreters ansehen
wollen). **bb)** Die **rechtsdogmatische Grundlage** ist str. Die Rspr
geht von einem **Rechtsscheintatbestand** aus (BGH NJW-RR 90,
404; ebenso *Canaris* § 16 I 3), weil dem Vertretenen der Wille zur
Bevollmächtigung fehlt. In der Lit wird das Wissen vom u das Dulden
des Vertreterhandelns zT als schlüssige Bevollmächtigung qualifiziert
(*PalHeinrichs* § 173 11; *Flume* § 49 3; *JauJauernig* § 167 8; iE ähnlich
BGH NJW 88, 1200, wo ein Entschluß verlangt wird, gg das Vertreterhandeln nicht einzuschreiten). Seitdem die Rspr für das Vorliegen einer
Willenserklärung nicht mehr einen Erklärungswillen verlangt, sondern
sich mit der Zurechenbarkeit der Erklärung begnügt (BGH 91, 327),
sind die Konsequenzen auch für die DVm zu ziehen (iE ebenso *BauHopt*
§ 48 5): Wo das Verhalten des *Vertretenen* auf eine Bevollmächtigung
schließen läßt, ist dies als eine **rechtsgeschäftliche** Vollmachtserteilung
zu qualifizieren. Dies gilt va bei Übertragung einer Tätigkeit bzw Zuweisung einer Stellung, die nach der Verkehrsauffassung mit einer (bestimmten) Vollmacht verbunden ist (BGH NJW 82, 1390; NJW 90, 514;
unscharf daher BGH ZIP 96, 2172). Wenn es daran fehlt (zB Kundgabe
betr einer früher erteilten, aber unwirksamen Vollmacht, BGH 102, 64;
Hinnahme von vom Vertreter eingegangenen Verträgen, BGH ZIP 96,
2172; Fälle, in denen Dritter von Innenvollmacht ausgeht, *Canaris*
§ 16 I 3) kommt eine Rechtsscheinvollmacht in Betracht (bzw §§ 171 ff
BGB). Die Unterschiede sind nicht groß, wenn man auch bei Annahme
eines Rechtsscheintatbestands eine Anfechtung bei Irrtum über die Bedeutung des Verhaltens zuläßt (dafür *MKBGBSchramm*⁴ § 167 52; aA
hL). Bei Kaufleuten ist jedoch eine Berufung auf § 119 I BGB zu versagen (*Kindl* 245; vor § 343 Rz 7). Die DVm wirkt nicht zu Lasten nicht
(voll) Geschäftsfähiger (BGH 53, 215). Das vom Vertetenen veranlaßte
Vertrauen muß für das Handeln des Dritten kausal geworden sein.

c) Anscheinsvollmacht (AVm). aa) Eine AVm liegt vor, wenn der 8
Handelnde als Vertreter auftritt, der Vertretene dies **nicht weiß**, aber
bei pflichtgem Sorgfalt hätte erkennen u verhindern können u der

Vor §§ 48–58 Erstes Buch. Handelsstand

Dritte ohne Verschulden aufgrund des idR mehrfachen Auftretens (BGH NJW 98, 1855: „gewisse Häufigkeit u Dauer") des Vertreters davon ausgehen darf, daß der Vertretene das Handeln des Vertreters kenne u billige (BGH NJW 81, 1728; VersR 92, 991; *PalHeinrichs* § 173 14; *JauJauernig* § 167 9). **bb)** Die AVm ist nicht Rechtsgeschäft (aA *Pawlowski* JZ 96, 128), sondern beruht auf dem **Rechtsscheinprinzip** (s § 15 Rz 36 ff). Die AVm wirkt nicht zu Lasten nicht (voll) Geschäftsfähiger. Das vom Vertreter veranlaßte Vertrauen muß für das Handeln des gutgl Dritten kausal geworden sein. **cc)** Im **kaufmännischen Verkehr** u für kaufmannsähnliche Personen (vor § 1 Rz 13; § 1 Rz 38) steht nach hL die AVm einer rechtsgeschäftlichen Vollmacht gleich (*Canaris* § 16 17–18: Begründung mit betrieblichen Organisationsrisiko; *Pawlowski* JZ 96, 128). Die Rspr wendet die (iü aus §§ 170–173 BGB bekannten) Rechtsscheingrundsätze auch zu Lasten von Nichtkaufleuten an, während umgekehrt ein Teil der Lit (*Flume* § 49 4; *Medicus* BGB AT 101) auch im Handelsverkehr nur eine Haftung auf das Vertrauensinteresse (aus cic) annehmen will. **dd)** Obwohl die AVm ein Fall der Rechtsscheinhaftung ist, will die Rspr (BGH 86, 275) u hL dem Dritten **kein Wahlrecht** zwischen Vertretungswirkung u §§ 177 ff einräumen; dazu § 15 Rz 58. **ee)** Zur Anfechtbarkeit der AVm s § 15 Rz 61; vor § 343 Rz 7.

9 **4. Außen- und Innenverhältnis; Abstraktionsgrundsatz. a)** Die Vollmacht betrifft das **Außenverhältnis** des Vertretenen/Vertreters zum Dritten: Es geht um die Rechtsmacht des Vertreters, mit Wirkung für den Vertretenen am Rechtsverkehr (durch Abschluß von Verpflichtungs- u Verfügungsgeschäften) teilzunehmen. Davon zu unterscheiden ist das **Innenverhältnis** zwischen Vertreter u Vertretenem, in dem oft ein Grundgeschäft, etwa ein Dienst-, Arbeits- oder Geschäftsbesorgungsvertrag abgeschlossen wird. Das Grundgeschäft entscheidet, ob u in welcher Weise der Vertreter von der Vollmacht Gebrauch machen **darf** (nicht: kann). Die Vollmacht ist als selbständiges Rechtsgeschäft ausgestaltet u ist vom Innenverhältnis strikt zu trennen (vgl § 168 BGB; sog **Trennungsgrundsatz**). Sie kann auch ohne Vorliegen eines Grundgeschäfts erteilt werden (sog isolierte Vollmacht). **b)** Nach hL ist die Vollmacht **abstrakt**, dh Mängel, die das Grundgeschäft (Innenverhältnis) betreffen, schlagen nicht unmittelbar auf die Vollmacht durch. Häufig tritt ein u derselbe Mangel bei beiden Rechtsgeschäften auf. Iü ist uU § 139 BGB zu beachten, wenn nach dem Willen der Parteien (Innen-)Vollmacht u Grundgeschäft eine Einheit bilden sollen (hL; aA *StJoost* vor § 48 38–40).

III. Haftung des Vertreters

10 Der Vertreter **ohne Vertretungsmacht** haftet gem § 179 BGB auf das Erfüllungsinteresse bzw auf das negative Interesse. Eine Eigenhaftung des **bevollmächtigt** handelnden Vertreters kann sich aus cic ergeben (*PalHeinrichs* § 276 92–96), wenn er entweder dem Vertrags-

Fünfter Abschnitt. Prokura und Handlungsvollmacht **§ 48**

gegenstand bes nahesteht u bei wirtschaftlicher Betrachtung „gleichsam in eigener Sache handelt" (BGH NJW 90, 1908; bloßes wirtschaftliches Eigeninteresse reicht nicht; BGH NJW-RR 91, 1313) oder wenn er ggüber dem Verhandlungspartner in bes Maße persönliches Vertrauen in Anspruch genommen u dadurch die Vertragsverhandlungen beeinflußt (BGH 56, 83), etwa den Eindruck vermittelt hat, er werde persönlich mit seiner Sachkunde die ordnungsgem Abwicklung des Geschäftes selbst dann gewährleisten, wenn der Kunde dem Geschäftsherrn nicht oder nur wenig vertraut (BGH 126, 183: **Sachwalter;** NJW 90, 389: GmbH-Geschäftsführer). **Lit:** *Neuner* JZ 99, 126. Zur Rechtsscheinhaftung des Vertreters bei unternehmensbezogenem Handeln s Rz 4 u § 15 Rz 50.

§ 48 [Erteilung der Prokura; Gesamtprokura]

(1) **Die Prokura kann nur von dem Inhaber des Handelsgeschäfts oder seinem gesetzlichen Vertreter und nur mittels ausdrücklicher Erklärung erteilt werden.**

(2) **Die Erteilung kann an mehrere Personen gemeinschaftlich erfolgen (Gesamtprokura).**

I. Allgemeines

Die Prokura ist eine rechtsgeschäftlich erteilte Vertretungsmacht, 1 deren weitreichender Umfang gesetzlich zwingend festgelegt ist, §§ 49 f. Der damit verwirklichte Schutz des Geschäftsverkehrs geht zu Lasten des Kaufmanns, der sich durch Weisungen nur unvollkommen absichern kann. Wg der bes Bedeutung der Prokura macht das Gesetz ihre Erteilung in **I** von bes Voraussetzungen abhängig. Damit korrespondieren die freie Widerruflichkeit der Prokura, § 52 I, sowie ihre Unübertragbarkeit, § 52 II.

II. Erteilung der Prokura, I

1. Voraussetzungen auf seiten des Vollmachtgebers. Nur der 2 Inhaber des Handelsgeschäfts u sein ges Vertreter können Prokura erteilen, **I. a) Inhaber. aa)** Er muß **Kaufmann** sein (§§ 1 II, 2, 3 II, 5). Im Falle des § 1 II ist Eintragung der Firma nicht Voraussetzung, trotz § 53 I; anders bei §§ 2, 3 II. Der Kaufmann kraft Eintragung, § 5, kann Prokura erteilen (*StJoost* § 48 6). Dem Scheinkaufmann (s § 15 Rz 39, 45 f) ggüber können sich gutgl Dritte auf eine erteilte Prokura berufen (*HdHandelsGHammer* § 3 6; enger *Canaris* § 14 3). Ein Nichtkaufmann kann durch Erteilung einer als „Prokura" bezeichneten Vollmacht den Rechtsschein eines Kaufmanns erwecken (*Canaris* § 6 16). Zu der von einem Kaufmann erteilten Prokura kraft Rechtsscheins s Rz 23 f. Eine **Miterbengemeinschaft** kann Inhaber iSv **I** sein (Stgt WM 76, 702). **bb) Handelsgesellschaften** sind Kaufleute, § 6 I,II, u können daher eine Prokura erteilen. **cc)** Ob eine **Vorgesellschaft**

§ 48 Erstes Buch. Handelsstand

(Vor-GmbH; Vor-AG) Prokura erteilen kann, war zum alten Recht str (*StJoost* § 48 10 mwN); die gg Prokurafähigkeit sprechende Gründe (va mangelnde Erzwingbarkeit der Eintragung; *MKHGBLieb/Krebs* § 48 7) bestehen fort, sind aber nicht gravierend (auch der nichteingetragene Kaufmann gem § 1 II kann Prokura erteilen). **dd)** Für die in **Liquidation** befindliche AG u GmbH kann nach heute hL eine Prokura bestellt werden. Angesichts des auf die Liquidation begrenzten GesZwecks sowie der begrenzten Vertretungsmacht der Liquidatoren, § 149, soll dies bei einer **Personengesellschaft** anders sein (RG 72, 122 f). Dem kann nicht gefolgt werden, da auch bei der Liquidation Geschäfte aller Art zu tätigen sind. Die Prokura ist allerdings in ihrem Umfang durch § 149 beschränkt (*Schmidt* BB 89, 229). **ee)** Die eingetragene **Genossenschaft** erteilt Prokura gem § 42 GenG. **ff)** Die **öffentl Hände** (Bund, Länder, Kommunen, Kommunalverbände) können für ihre unselbständigen Unternehmen Kaufmann sein u daher Prokura erteilen. **gg)** Die **Apotheke** ist, auch wenn Handelsgewerbe nach § 1 II oder § 2, kraft Apothekenrechts nicht prokurafähig (s *MKHGBLieb/Krebs* § 48 14).

3 **b) Ges Vertreter, I. aa)** Begriff umfaßt Eltern, Vormund, Betreuer, Gesellschafter u Organe jur Personen sowie die in cc) genannten Personen. **bb)** Der ges Vertreter des nicht voll geschäftsfähigen Inhabers kann mit Wirkung für den Inhaber eine Prokura erteilen. Er bedarf dafür der (vorherigen) Genehmigung des Vormundschaftsgerichts, §§ 1643 I, 1822 Nr 11, 1831 BGB. Dasselbe gilt im Falle der Betreuung, §§ 1896 ff, 1908 i BGB. Eine ohne vormundschaftsgerichtl Genehmigung erteilte Prokura ist unwirksam, § 1831 BGB. Die Eintragung in das Handelsregister führt nicht zur Heilung (RG 127, 158). § 15 III kann zugunsten gutgl Dritter nicht eingreifen (s § 15 Rz 30). Zu den (sonst genehmigungsbedürftigen) einzelnen Geschäften bedarf der Vertreter keiner des Genehmigung des Vormundschaftsgerichts (RG 106, 186; *MKBGBSchwab* § 1822 68). **cc) Verwaltung des Handelsgeschäfts.** Ein **Testvollstrecker** (bei der „Treuhandlösung"; s § 1 Rz 21), ein **Nachlaßpfleger** (§ 1960 BGB) wie auch ein **Nachlaßverwalter** (§§ 1975, 1981, 1985 BGB; KG NJW 59, 1086) führen das Handelsgeschäft u können Prokura erteilen. Der **Insolvenzverwalter** kann nach hL wg des begrenzten Insolvenzzwecks keine Prokura erteilen (BGH WM 58, 431; zurecht aA *Schmidt* § 16 III 2 d; *StJoost* § 48 17). **dd)** Ein **gewillkürter** Vertreter des Inhabers des Handelsgeschäfts kann keine Prokura erteilen (*MKHGBLieb/Krebs* § 48 15); ebensowenig der Prokurist.

4 **2. Voraussetzungen auf seiten des Vollmachtnehmers. a)** Prokura kann nur **natürlichen,** nicht jur Personen erteilt werden (hL; *Schmidt* § 16 III 2 b; aA *GKNickel* § 48 15): Das Gesetz geht von einer bes Vertrauensstellung des Prokuristen aus (*Müller* JuS 98, 1002), die in der Unübertragbarkeit der Prokura ihren Ausdruck findet, § 52 II.

b) Die Prokura kann einer in der Geschäftsfähigkeit beschränkten 5
Person eingeräumt werden (vgl § 165 BGB); ebenso einem Geschäftsunfähigen (aA hL; von Bedeutung im Falle (unbekannter) Drogenabhängigkeit; vgl § 54 Rz 5).

c) Die Erteilung einer Prokura setzt (wie bei der BGB-Vollmacht) 6
Personenverschiedenheit von Prokurist u Inhaber voraus. Erteilung an nicht alleinvertretungsberechtigten Gesellschafter einer OHG, KG oder Geschäftsführer ist möglich (*Schmidt* § 16 III 2 c; abweichend *MKHGBLieb/Krebs* § 48 29 ff).

3. Erteilung. a) Form. Die Prokura kann **mündlich** erteilt werden, aber nur mittels **ausdr** Erklärung, I. Stillschweigende Erteilung 7
reicht nicht. Das Wort Prokura muß nicht fallen, es reicht Ermächtigung zur Zeichnung „ppa". Zur Frage, ob I einer Prokura kraft Rechtsscheins entgegensteht, s Rz 23 f.

b) Empfänger der Erklärung kann gem § 167 I BGB der Prokurist 8
oder ein Dritter sein (str), aber auch die Allgemeinheit (bei öffentl Bekanntmachung; von § 171 BGB zu unterscheiden, etwa bei Eintragungs*antrag* zum Handelsregister (RG 133, 233)). Die ggüber einem Dritten abgegebene Erklärung wirkt ggüber jedermann. Die Erklärung als einseitiges Rechtsgeschäft bedarf keiner Annahme durch den Bevollmächtigten.

c) Die Erteilung ist zum **Handelsregister** anzumelden, § 53 I. Die 9
Wirksamkeit der Prokura hängt nicht von ihrer Eintragung ab (s § 53 Rz 1).

d) Anfechtung. Die Prokuraerteilung kann mit Wirkung ex tunc, 10
§ 142 I BGB, wg Willensmängeln angefochten werden, §§ 119 ff BGB. Dies gilt auch, wenn der Prokurist schon Geschäfte abgeschlossen hat (*PalHeinrichs* § 167 3; str). Dritte werden nach §§ 170 ff BGB u über § 15 III geschützt.

4. Umdeutung. Eine nicht wirksam erteilte Prokura läßt sich (so- 11
weit nicht die Grundsätze über den Scheinkaufmann zur Anwendung kommen; s Rz 2) in eine **BGB-** oder **Handlungsvollmacht** gem § 54 umdeuten (§ 140 BGB). Bsp: Prokuraerteilung durch rechtsgeschäftlichen Vertreter (Generalbevollmächtigter; Prokurist); durch Nichtkaufmann; an jur Person; fehlende Genehmigung des Vormundschaftsgerichts, § 1822 Nr 11 BGB.

III. Gesamtprokura, II

1. Begriff und Zweck. Der Inhaber des Handelsgeschäfts kann, um 12
sich vor den Gefahren der unbeschränkbaren Prokura zu schützen, auch mehreren Personen zusammen eine Prokura in der Weise erteilen, daß diese nur gemeinschaftlich ausgeübt werden kann. Die **Gesamtprokura** ist ein Fall der – ungeregelt gebliebenen – Gesamtvertretungsmacht, die für die Gesellschafter einer OHG in § 125 II eine bes Ausprägung erfahren hat.

§ 48 Erstes Buch. Handelsstand

13 **2. Gestaltungen.** Die Gesamtprokura kann als **allseitige** (alle Prokuristen können nur gemeinsam handeln) u als **halbseitige** erteilt werden, letztere in der Weise, daß ein Vertreter Einzelprokura hat, während der andere nur in Gemeinschaft handeln kann. Praktisches Bedürfnis für rechtgeschäftliches Handeln nicht erkennbar; wohl zur Entgegennahme von Willenserklärungen (für Zulässigkeit BGH 62, 170 f; *Canaris* § 14 28; aA *Beuthien/Müller* DB 95, 462; *Krebs* ZHR 159, 656 ff, 660). Zu den Fällen gemischter Gesamtvertretung, die nicht unter **II** fallen, s Rz 18 f.

14 **3.** Für die **Erteilung** der Gesamtprokura gelten die in Rz 2–10 dargestellten Grundsätze. Die Beschränkung als Gesamtprokura muß **ausdr** erfolgen; ansonsten werden Einzelprokuren erteilt. Für die Erteilung der Gesamtprokura reicht die Erklärung ggüber *einem* Prokuristen aus. Die Gesamtprokura ist eintragungspflichtig, § 53 I 2. Die Eintragung hat auch hier nur deklaratorische Bedeutung. Bei fehlender Eintragung können Dritte von Einzelprokura ausgehen, § 15 I.

15 **4. Rechtsfolgen.** Die Gesamtprokura bewirkt keine sachliche, sondern nur eine personelle Beschränkung der Vertretungsmacht. **a) Aktivvertretung. aa)** Die (ungeschriebenen) Grundsätze der bürgerlich-rechtlichen Gesamtvertretung (dazu *MKBGBSchramm*[4] § 164 82) finden Anwendung. Die Prokuristen müssen gemeinschaftlich, aber nicht notwendig gleichzeitig handeln. **bb) Zustimmung** zu einzelnen Rechtsgeschäften (Einwilligung, Genehmigung, §§ 182 ff BGB) ist möglich (§§ 125 II 2, 78 IV AktG analog); bei einseitigen Rechtsgeschäften ist § 180 BGB zu beachten. **cc)** Ein Gesamtprokurist kann dem anderen **Vollmacht** erteilen, ein einzelnes Rechtsgeschäft oder eine bestimmte Art von Geschäften allein vorzunehmen (RG 106, 269). Eine umfassende Vollmacht ist wg **I,** § 52 II unzulässig. **dd)** Ein Schriftformerfordernis wird durch die Unterschrift des einen Prokuristen gewahrt, wenn er auch für den anderen tätig wird (RG 118, 170). Die Zustimmung ist formfrei, § 182 II BGB. **ee)** Willensmängel, Kenntnis u Kennenmüssen eines Gesamtprokuristen wirken für u gg beide (vgl RG 53, 231). **ff)** § 181 BGB gilt auch für den Gesamtprokuristen (*StJoost* § 48 136). **b) Passivvertretung.** Analog §§ 125 II 3, III 2, 28 II BGB, 78 II 2 AktG, 35 II 3 GmbHG ist die Entgegennahme einer Willenserklärung durch einen der Gesamtprokuristen ausreichend. Dasselbe gilt für geschäftsähnliche Handlungen u prozessuale Zustellungen. Kennen oder Kennenmüssen bereits *eines* Vertreters wird dem Vertretenen zugerechnet (§ 166 BGB).

16 **5. Erweiterung der Vertretungsmacht.** Einem Gesamtprokuristen kann (etwa durch den Inhaber; nicht durch die Gesamtprokuristen) zusätzlich (auch stillschweigend) eine (Einzel-, Gesamt-)Handlungsvollmacht in allen möglichen Gestaltungen erteilt werden (BGH WM 64, 151). Tritt ein Gesamtprokurist im Rechtsverkehr so auf, als habe er Einzelvertretungsmacht, können die Rechtsscheingrundsätze eingreifen (Anscheinsprokura; s Rz 23 f; vor § 48 Rz 7–8).

6. Wegfall eines Prokuristen. Die Gesamtprokura des verbleiben- 17
den Prokuristen erstarkt **nicht** zur Einzelprokura; der Prokurist kann
nicht aktiv, sondern nur passiv vertreten. Aktivvertretung ist nur bei
(ausdr) Erteilung einer Einzelprokura möglich.

IV. Unechte (gemischte) Gesamtprokura

1. Begriff. Als unechte Gesamtprokura bezeichnet man die **Be-** 18
schränkung einer Prokura durch Gesamtvertretung mit einer Person,
deren Vertretungsmacht auf anderer Grundlage beruht. Bsp ist etwa die
gemischte Gesamtvertretung mit einem Gesellschafter einer OHG. **Lit:**
Krebs ZHR 159 (1995) 635.

2. Zulässigkeit. a) Organschaftlicher Vertreter. aa) § 125 III 1 19
sieht die Beschränkung der Vertretungsbefugnis eines OHG-Gesellschafters durch Mitwirkung eines (seinerseits nicht notwendig einem
Gesamtvertretungserfordernis unterliegenden) Prokuristen vor (vgl auch
§§ 25 II GenG; 78 III AktG; Ffm NJW-RR 01, 178); zulässig nur,
wenn noch weitere(r) Gesellschafter ohne Prokurist vertreten kann
(können) (Selbstorganschaft; § 125 Rz 4). Ebenso für Geschäftsführer
einer GmbH. § 125 III 1 läßt gemischte Vertretung für Gesamtvertreter
(Prokurist tritt an die Stelle eines anderen Gesellschafters; Gesamtprokurist tritt neben Gesamtvertretung), nicht für einen alleinvertretungsberechtigten Gesellschafter zu (BGH WM 87, 107). Für den Umfang
der Vertretungsmacht des Prokuristen gilt die Regelung für das Gesell-
schaftsorgan (BGH 99, 81; § 49 Rz 6), nicht § 49. **bb)** Aus § 125 III
wird allg auf die Zulässigkeit der Bindung des Prokuristen entgegen
§ 50 I geschlossen (BGH 99, 78; *Canaris* § 14 III 4 b; aA *Beuthien/
Müller* DB 95, 461); dies gilt zunächst für eine gemischte Prokura mit
einem Gesamtvertreter (dazu *Canaris* § 14 26). Der Prokurist kann auch
Einzelprokurist sein (BayObLG NJW 71, 810; aA *MKHGBLieb/Krebs*
§ 48 86). All dies bewegt sich im Rahmen zulässiger Analogie zu **II.**
Zulässig ist aber auch halbseitige Gesamtprokura mit alleinvertretungs-
berechtigtem Gesellschafter (BGH 62, 170; Stgt BB 98, 2546). Für den
Umfang der Prokura verbleibt es bei § 49, da es sich um einen nach **II**
(analog) zu behandelnden Fall handelt. **cc)** Ob gemischte Gesamtprokura gem § 125 III oder § 48 II vorliegt, hängt vom Parteiwillen ab
(dazu *Canaris* § 14 16).

b) Eine unechte Gesamtprokura mit dem **Inhaber** ist als **halbseitig** 20
gemischte Vollmacht, die den Inhaber nicht beschränkt u es für den
Umfang der Vertretungsmacht des Prokuristen bei § 49 beläßt, zulässig
(Hamm NJW 71, 1370; *StJoost* § 48 104; *Bärwaldt/Hadding* NJW 98,
1104; aA BayObLG NJW 98, 1162; *Beuthien/Müller* DB 95, 464).
Dabei handelt es sich (da Inhaber sich nicht selbst bevollmächtigen
kann) um eine Ausübungs-(nicht: Inhalts-)beschränkung der Prokura
(§ 50 II sperrt nicht; aA *Canaris* § 14 29).

§ 49 Erstes Buch. Handelsstand

21   c) Die Anordnung einer Gesamtvertretung mit einem **Handlungsbevollmächtigten** ist unzulässig (BGH BB 64, 151); arg: der Handlungsbevollmächtigte kann nicht ins Handelsregister eingetragen werden (vgl BayObLG NJW 94, 2965); dasselbe bei Vertreter mit BGB-Vollmacht. Bindungen im Innenverhältnis sind möglich. Unzulässig ist die Bindung eines Prokuristen an die Zustimmung eines unternehmensfremden *Dritten,* zB Geschäftsführer einer Komplementär-GmbH (BayObLG NJW 94, 2965; Ffm NJW-RR 01, 178: Bindung an GmbH aber möglich).

22   **3. Rechtsfolgen.** s Rz 15.

V. Prokura kraft Rechtsscheins

23   Von der von einem Scheinkaufmann erteilten Prokura (s Rz 2) zu unterscheiden sind solche Fallgestaltungen, in denen einen Kaufmann aufgrund der Registerpublizität oder der allg Rechtsscheingrundsätze die Wirkungen einer Prokura treffen.

24   **1.** Die **Fortwirkung** einer erloschenen (oder in ihrem Umfang durch Ausschluß der Immobiliargeschäfte iSv § 49 II reduzierten) Prokura über § 15 I ist möglich, solange noch keine Eintragung u Bekanntmachung erfolgt ist. Iü ist Schonfrist des § 15 II 2 zu beachten.

25   **2. Unwirksame Erteilung einer Prokura** (etwa bei wirksamer Anfechtung): Ist die Prokura (nur) im Handelsregister eingetragen, greifen zumindest die allg Rechtsscheingrundsätze (s § 15 Rz 36 ff; besser: § 15 III analog). Bei Bekanntmachung greift § 15 III ein. Zur unwirksamen Beschränkung einer Prokura gem § 50 I u zur Anwendung des § 139 BGB s § 50 Rz 3 f.

26   **3. Duldungsprokura.** Aus § 48 I („ausdrückliche" Erklärung) wird vielfach gefolgert, daß es eine Duldungsprokura nicht geben könne (zB *Schmidt* § 16 III 2 e). Dies ist, soweit im Dulden eine echte rechtsgeschäftliche Vollmacht zu sehen ist (s vor § 48 7), zutreffend; ggf ist aber von einer Rechtsscheinvollmacht (im Umfang einer Prokura) auszugehen (*Canaris* § 16 14). Darin liegt kein Widerspruch zu § 48 I, da die Rechtsscheingrundsätze Verkehrsschutz bezwecken u nur bei gutem Glauben des Dritten eingreifen.

27   **4. Anscheinsprokura.** Eine AVm (s vor § 48 Rz 8) mit dem Umfang einer Prokura wird durch § 48 I nicht ausgeschlossen (hL).

§ 49 [Umfang der Prokura]

(1) **Die Prokura ermächtigt zu allen Arten von gerichtlichen und außergerichtlichen Geschäften und Rechtshandlungen, die der Betrieb eines Handelsgewerbes mit sich bringt.**

(2) **Zur Veräußerung und Belastung von Grundstücken ist der Prokurist nur ermächtigt, wenn ihm diese Befugnis besonders erteilt ist.**

Fünfter Abschnitt. Prokura und Handlungsvollmacht § **49**

I. Allgemeines

§§ 49 u 50 legen zum Schutz des Rechtsverkehrs den Umfang der 1
Prokura **zwingend** fest (BGH NJW 92, 975). Diese Regelungen gelten
für das Verhältnis zu Dritten. Im Verhältnis zum Inhaber kann der
Prokurist engeren Bindungen unterliegen, die nur ganz ausnahmsweise
auf das Außenverhältnis durchschlagen (s § 50 Rz 10 f).

II. Umfang der Prokura, I

1. Betrieb eines Handelsgewerbes. a) Der gegenständliche Um- 2
fang der Prokura ist bezogen auf das **Handelsgeschäft** des Kaufmanns;
betreibt der Kaufmann mehrere, kann die Prokura auf eines beschränkt
werden (kein Fall des § 50 III). Der Umfang erstreckt sich auf alle
Geschäfte, die (ohne Beschränkung auf den Unternehmensgegenstand)
in einem **Zusammenhang** mit (irgendeinem) Handelsgewerbe stehen
(können). Dies umfaßt **außergewöhnliche** sowie **branchenfremde**
Geschäfte. **b) Nicht** von der Prokura gedeckt sind: Geschäfte des Kaufmanns,
die nicht Handelsgeschäfte iSv §§ 343, 344 I sind (Privatbereich);
Rechtshandlungen, die die (gesellschafts-)rechtlichen **Grundlagen**
des kaufmännischen Unternehmens betreffen (zB Firmenänderung,
-löschung; Sitzverlegung; Liquidation, str; nicht: Errichtung u
Aufhebung einer Zweigniederlassung); Veräußerung oder Verpachtung
des Unternehmens (BGH BB 65, 1374); Änderung des GesVertrages
(zB durch Neuaufnahme eines Gesellschafters; Änderung des Unternehmensgegenstandes).
c) Der Prokurist einer PersGes kann nur für die
Ges, nicht für die Gesellschafter handeln.

2. Rechtsgeschäftlicher Verkehr. a) Auf die Vertretungsmacht des 3
Prokuristen kommt es nur bei Rechtshandlungen mit Wirkung für das
Außenverhältnis an. Bei **rein tatsächlichen Handlungen** spielt die
Vertretungsmacht keine Rolle. Etwas anderes gilt, wenn es um die
Umsetzung durch Rechtsgeschäft geht. Die Prokura deckt den Abschluß
von **Rechtsgeschäften** für das Handelsgewerbe, etwa Einkauf u
Verkauf von Waren, Aufnahme von Darlehen, Zeichnung von Wechsel
u Scheck, Einstellung u Kündigung von Personal, Einräumung von
Vollmachten (nicht: Prokura), Bürgschaft, Erwerb von Beteiligungen
bzw Handelsgeschäften, Schenkungsversprechen, Kreditaufnahme u
-vergabe. Der Prokurist ist gleichfalls zur Vornahme (bzw Entgegennahme)
rechtsgeschäftsähnlicher Handlungen befugt.

3. Prozeßhandlungen. a) Die Prokura ermächtigt zu gerichtl 4
Handlungen, die einen Bezug zum Handelsgeschäft (Rz 2–3) aufweisen,
soweit der Gegenstand des Rechtsstreits von der Vertretungsmacht
erfaßt wird (RG 66, 243). Dazu gehören: Vertretung des Unternehmensträgers
im Prozeß (nicht bei Rechtsstreit mit Geschäftsführer einer
GmbH; Ffm NJW-RR 97, 31); Einl von Verfahren; Stellung von Anträgen
im Bereich der freiwilligen Gerichtsbarkeit (BGH NJW 92,

§ 49 Erstes Buch. Handelsstand

975); Erteilung einer Prozeßvollmacht; Stellung von Strafanträgen. **b)** Bei **Anmeldungen zum Handelsregister** ist danach zu unterscheiden, ob sie zum Betrieb des Handelsgeschäfts gehören (dann Befugnis gegeben; *GKNickel* § 49 5) oder nicht. Anmeldungen, die **Grundlagenentscheidungen** des Unternehmens betreffen (Rz 2), werden von der Prokura nicht umfaßt (BGH NJW 92, 975). Anderes gilt für Anmeldungen im Zusammenhang mit einem Beteiligungserwerb (sofern dieser nicht in den Privatbereich des Kaufmanns fällt), wenn der Prokurist in Vertretung des Unternehmensinhabers in dessen Eigenschaft als Gesellschafter einer anderen Ges handelt (BGH, aaO; anders BayObLG 82, 200).

5 **4. Schranken der Prokura** ergeben sich aus der Begrenzung des sachlichen Anwendungsbereichs (Rz 2). Iü gilt: **a)** Kraft ges Anordnung sind eine Reihe von Geschäften dem Inhaber des Handelsgeschäfts vorbehalten: Veräußerung u Belastung von Grundstücken, **II** (Rz 7); Erteilung einer Prokura, § 48 I; Unterzeichnung des Jahresabschlusses, § 245. **b)** Das Verbot des Selbstkontrahierens, § 181 BGB, gilt auch für Prokuristen. Eine Befreiung vom diesem Verbot kann (auch stillschweigend) für den Einzelfall erteilt werden; auch generell, aber nur ausdr (da Umfang der Prokura erweitert wird); eintragungspflichtige Tatsache, § 53 I (BayObLG BB 80, 1487).

6 **5. Erweiterung der Prokura.** Bei der **gemischten Gesamtvertretung** gem §§ 125 III, 78 III AktG erweitert sich der Umfang der Prokura auf die Vertretungsmacht des Gesellschafters bzw Organs mit der Folge, daß der Prokurist gemeinsam auch über Grundeigentum verfügen oder einen Prokuristen bestellen kann (RG 134, 306; BGH 99, 81); § 48 Rz 19.

III. Grundstücksgeschäfte, II

7 **1. Inhalt. a)** Aus II ergibt sich eine **gegenständliche Beschränkung** der Prokura: Die Veräußerung u Belastung von Grundstücken (bei Wohnungseigentum u Erbbaurecht: II analog) durch den Prokuristen bedarf einer gesonderten Ermächtigung, ebenso die Bestellung u Übertragung einer Eigentümergrundschuld (str; *HdHandelsGHammen* § 3 13). **b)** Unter **II** fallen **nicht:** Erwerb eines Grundstücks; Verfügung über Grundpfandrechte (*BauHopt* § 49 4); Entlastung von Grundstücken; Vermietung u Verpachtung; jedwede Verfügung über **fremde** (nicht dem Kaufmann gehörende) Grundstücke. **c)** Von seinem Zweck her, dem Inhaber das Grundvermögen zu erhalten, ist **II** über den Wortlaut hinausgehend auch auf **Verpflichtungsgeschäfte** zu erstrecken, die auf eine Veräußerung oder Belastung eines Grundstücks abzielen; ebenso auf die Bestellung einer Vormerkung.

8 **2.** Die in **II** vorgesehene **Ermächtigung** des Prokuristen zur Veräußerung u Belastung eines Grundstücks („Immobiliarklausel") ist keine eigenständige Vollmacht, sondern eine **Erweiterung** des Umfangs der

Prokura; sie bedarf einer **ausdr** Erklärung, § 48 I, u ist im Handelsregister einzutragen, § 53 I (BayObLG NJW 71, 810; hL). Dem Prokuristen kann eine bes BGB-Vollmacht (auch stillschweigend) zur Vornahme einzelner Grundstücksgeschäfte erteilt werden.

§ 50 [Beschränkung des Umfanges]

(1) **Eine Beschränkung des Umfanges der Prokura ist Dritten gegenüber unwirksam.**

(2) **Dies gilt insbesondere von der Beschränkung, daß die Prokura nur für gewisse Geschäfte oder gewisse Arten von Geschäften oder nur unter gewissen Umständen oder für eine gewisse Zeit oder an einzelnen Orten ausgeübt werden soll.**

(3) [1]**Eine Beschränkung der Prokura auf den Betrieb einer von mehreren Niederlassungen des Geschäftsinhabers ist Dritten gegenüber nur wirksam, wenn die Niederlassungen unter verschiedenen Firmen betrieben werden.** [2]**Eine Verschiedenheit der Firmen im Sinne dieser Vorschrift wird auch dadurch begründet, daß für eine Zweigniederlassung der Firma ein Zusatz beigefügt wird, der sie als Firma der Zweigniederlassung bezeichnet.**

I. Inhalt

I enthält den **Grundsatz,** daß der durch § 49 festgelegte sachliche 1 Umfang der Prokura nicht durch Rechtsgeschäft mit Wirkung ggüber Dritten eingeschränkt werden kann. Eine Ausnahme gilt für die Niederlassungsprokura, **III** (Rz 7). Unberührt bleiben **ges** Beschränkungen der Prokura (Rz 6). **II** bestätigt die für die Prokura wichtige Unterscheidung zwischen Außen- u Innenverhältnis (s auch vor § 48 Rz 9). Zur unechten Gesamtprokura s § 48 Rz 18–22.

II. Unbeschränkbarkeit der Prokura, I, II

1. Grundsatz. Der Umfang der Prokura, § 49, ist aus Gründen des 2 Verkehrsschutzes durch **I** zwingend festgelegt. Er kann rechtsgeschäftlich nicht beschränkt werden, auch nicht durch Vereinbarung mit Dritten (hier aber Rz 10 f). **II** enthält eine (nicht abschließende) Aufzählung von Beschränkungen, die den **Umfang** der Prokura gem **I nicht berühren.** Die Beschränkungen können sich aus dem Grundverhältnis (Arbeits-, Dienst-, Geschäftsbesorgungsvertrag) zwischen Kaufmann u Prokurist ergeben, auf bes Abreden zwischen ihnen oder auf einer Weisung des Kaufmanns beruhen.

2. Rechtsfolgen. Eine Beschränkung der Prokura in ihrem Umfang 3 ist **unwirksam, I.** Die Tragweite dieser Anordnung ist je nachdem unterschiedlich, ob die Beschränkung sich unmittelbar auf den Umfang der Prokura bezieht oder sich nur aus dem Grundverhältnis ergibt.

§ 50   Erstes Buch. Handelsstand

4   **a) Schuldrechtliche Beschränkungen** der Ausübung der Prokura, die zB dem Grundverhältnis entstammen, werden in ihrer Wirksamkeit von **I** nicht berührt (*Schl/Schröder* § 50 7). Sie verpflichten den Prokuristen dazu, von der Prokura in einer bestimmten Weise nicht Gebrauch zu machen. Ein Verstoß kann Schadensersatzansprüche aus pVV sowie ein Recht zur Kündigung begründen. Aufgrund des Trennungsprinzips (s vor § 48 Rz 9) ist die Prokura selbst davon nicht tangiert. Diese Differenzierung zwischen Innen- u Außenverhältnis spiegelt sich in der beschränkten Rechtsfolgeanordnung des **I** wider („Dritten ggüber"). „Unwirksam" bedeutet hier nichts anderes als „unbeachtlich".

5   **b)** Von den schuldrechtlichen Bindungen aus dem Grundverhältnis zu unterscheiden sind **Beschränkungen** des Umfangs der Prokura, die der Kaufmann bei Erteilung der Prokura vorzunehmen versucht. Solche Beschränkungen sind, mit Ausnahme der Niederlassungsprokura, **III**, **unwirksam, I.** Sie können nicht im Handelsregister eingetragen werden. Nach hL berühren die Beschränkungen nicht die Wirksamkeit der Prokura iü, die mit gesetzlich vorgegebenem Umfang, § 49 I, existiert (vgl *MKHGBLieb/Krebs* § 50 6 mit Verweis auf Verkehrsschutz; *StJoost* § 50 4; ggf kommen die Grundsätze über den Mißbrauch der Vertretungsmacht zur Anwendung; s Rz 10). Die hL übersieht indessen § 139 BGB. Danach führt die unwirksame Beschränkung zur Unwirksamkeit der Prokura insges, wenn der Kaufmann die Prokura nicht auch ohne die Beschränkung erteilt hätte. § 139 BGB wird von **I** nicht verdrängt: **I** regelt den zwingenden Umfang der wirksam erteilten Prokura, § 139 BGB die Wirksamkeit des Rechtsgeschäfts insges. Eine aufgrund **I**, § 139 BGB unwirksame Prokura kann in eine Handlungsvollmacht umgedeutet werden, § 140 BGB. Iü können die §§ 170 ff BGB sowie die allg Rechtsscheingrundsätze (s § 15 Rz 36) eingreifen. Bei Eintragung der unwirksam erteilten Prokura in das Handelsregister: § 15 III analog; bei ihrer Bekanntmachung: § 15 III.

6   **3. Ges Beschränkungen** der Prokura, wie etwa aus § 181 BGB, bleiben von **I** unberührt.

III. Niederlassungsprokura, III

7   **1.** Die Prokura bezieht sich auf den **gesamten Bereich** des vom Kaufmann betriebenen Handelsgeschäfts (bei mehreren Handelsgeschäften: § 49 Rz 2) u damit auch auf sämtliche Zweigniederlassungen. **III 1** läßt hiervon eine Ausnahme unter bestimmten **Voraussetzungen** zu: **a)** Der Kaufmann muß das Handelsgeschäft über mehrere Niederlassungen betreiben. **b)** Die Niederlassungen müssen unter **verschiedenen** Firmen betrieben werden. Nach **III 2** genügt es, daß der Firma einer Niederlassung ein Zusatz beigefügt wird, der sie als Firma der Zweigniederlassung bezeichnet.

8   **2.** Für die **Erteilung** der Prokura gelten die allg Grundsätze (s § 48 Rz 2). Die Beschränkung auf die jeweilige Niederlassung ist **ausdr**

Fünfter Abschnitt. Prokura und Handlungsvollmacht **§ 50**

(§ 48 I) zu erklären. Die Prokura kann sich auf die Hauptniederlassung, eine Zweigniederlassung oder auf mehrere Niederlassungen (inkl der Hauptniederlassung) beziehen. Gesamtprokura ist möglich: § 48 II. Eintragung in das Handelsregister der (Zweig-) Niederlassung: §§ 13 c, 53, ohne Zusatz, der diese Beschränkung vermerkt; BGH 104, 64. Beschränkung auf Hauptniederlassung ist eintragungspflichtig (*Canaris* § 14 19).

3. Rechtsfolge. Der Prokurist hat Prokura nur für die jeweilige 9 Niederlassung. Er kann nur unter der Firma dieser Niederlassung handeln. Der Inhaber des Handelsgeschäfts haftet mit seinem gesamten Vermögen, also nicht beschränkt auf die Niederlassung.

IV. Mißbrauch der Prokura

1. Problemstellung. Die das Vertretungsrecht kennzeichnende Un- 10 terscheidung zwischen dem Grundverhältnis (dem rechtl Dürfen) u der Vollmacht (dem rechtl Können) ist verknüpft mit dem Grundsatz, daß Bindungen im Grundverhältnis die Vertretungsmacht nicht berühren: Das Risiko pflichtwidrigen Verhaltens des Vertreters trägt der Vertretene. Von diesem Grundsatz wird unter bestimmten Voraussetzungen eine **Ausnahme** gemacht.

2. Kollusion. Wirkt der Vertreter mit dem Geschäftspartner zu 11 eigenem Vorteil (oder zum Vorteil naher Angehöriger) u zum Nachteil des Vertretenen zusammen, ist das Rechtsgeschäft gem § 138 I BGB nichtig (RG 136, 360; BGH NJW 89, 27). Iü haften beide gem §§ 826, 840 BGB auf Schadensersatz.

3. Voraussetzungen u Folgen einer Modifizierung der den Vertrete- 12 nen treffenden Risikobelastung in Fällen des **Mißbrauchs** einer **BGB-Vollmacht** sind iü str (s *MKBGBSchramm*[4] § 164 106–128).

a) Voraussetzungen. aa) Der **Vertreter** muß pflichtwidrig zum Nachteil des Vertretenen unter Verletzung des Innenverhältnisses gehandelt haben. Vorsatz ist nach der Rspr nicht erforderl (BGH NJW 88, 3013; hL). **bb)** Der **Dritte** muß das pflichtwidrige Handeln entweder erkannt haben, oder die Erkenntnis davon hätte sich dem Dritten zumindest aufdrängen müssen (BGH NJW-RR 92, 1136). Notwendig ist eine massive Verdachtsmomente voraussetzende obj Evidenz des Mißbrauchs (BGH NJW 94, 2083). Dies soll unabhängig davon gelten, ob der Vertreter vorsätzlich gehandelt hat oder nicht (BGH NJW 88, 3013).

b) Rechtsfolgen. aa) Die Rspr geht, zT gestützt auf § 242 BGB 13 (exceptio doli), davon aus, daß sich der Dritte nicht auf die Vertretungsmacht des Vertreters berufen kann (BGH NJW 84, 1462; NJW 66, 1911) bzw der Vertretene das Geschäft nicht gg sich gelten lassen muß (BGH NJW 90, 385). Dogmatisch überzeugend ist die analoge Anwendung der §§ 177 ff BGB, die dem Vertretenen die Möglichkeit der Genehmigung des Rechtsgeschäfts verschafft (*JauJauernig* § 164 8;

§ 51 Erstes Buch. Handelsstand

Schmidt § 16 III 4 b aa). **bb)** Fällt dem Vertretenen hinsichtlich des Vertreterhandelns pflichtwidriges Verhalten zur Last (etwa Unterlassen zumutbarer Kontrollmaßnahmen), will BGH 50, 114 die nachteiligen Folgen gem §§ 254, 242 BGB zwischen dem Vertretenen u dem Dritten mit der Folge verteilen, daß der Schutz des Vertretenen ganz oder teilweise entfällt. Dgg wird zu Recht eingewendet, daß § 254 BGB auf Schadensersatz-, nicht auf Erfüllungsansprüche abstellt, bei unteilbaren Leistungen nicht paßt u iü das Vertretergeschäft nur wirksam oder unwirksam sein kann (*HeySonnenschein/Weitemeyer* § 50 29). Ein evtl Mitverschulden des Vertretenen ist im Rahmen eines Anspruchs aus cic zu berücksichtigen.

14 **4. Prokura.** Bei der Prokura hat die Rspr die **zwingende** Ausgestaltung der Vertretungsmacht zum Anlaß genommen, die unter Rz 12 dargestellten Grundsätze zu modifizieren. **a) Voraussetzungen. aa)** Die Rspr verlangt, daß der Vertreter pflichtwidrig **zum Nachteil** des Vertretenen handelt u dies **vorsätzlich** tut („bewußt zum Nachteil"; BGH 50, 114; NJW 84, 1462; **anders** uU bei der organschaftlichen Vertretungsmacht: BGH NJW 84, 1462; NJW 88, 2243; vorsätzlich pflichtwidriges Handeln [ohne Nachteil für den Vertretenen] reicht aus: BGH NJW 90, 385). Im Schrifttum besteht keine Einigkeit, ob obj Pflichtwidrigkeit schon ausreicht (*Schmidt* § 16 III 4 b bb) oder Schädigung u entspr Vorsatz hinzutreten müssen (Überblick bei *GKNickel* § 50 2 ff). **bb)** Auf seiten des **Dritten** läßt BGH 50, 114 einfache Fahrlässigkeit hinsichtlich des Mißbrauchs der Vertretungsmacht ausreichen; einschr BGH NJW 88, 2243, wonach es sich dem Geschäftspartner „aufdrängen" muß, daß der Vertreter (Geschäftsführer) die Grenzen im Innenverhältnis mißachtet. Jüngst hat der BGH zutr auf **grobe Fahrlässigkeit** abgestellt (BGH NJW 90, 385; ebenso zB *Canaris* § 14 36; positive Kenntnis verlangen *HeySonnenschein/Weitemeyer* § 50 27). **cc) Stellungnahme.** Eine am Zweck von **I, II** orientierte Lösung legt folgende Differenzierung nahe: (1) Obj pflichtwidriges Handeln des Prokuristen ist unabdingbar; abw von Rz 12 auch Kenntnis des Vertreters von der Pflichtwidrigkeit (*GKNickel* § 50 2; aA *Schmidt* § 16 III 4 b bb). Nachteiligkeit des Geschäfts für Mißbrauch keine Voraussetzung, wenn Dritter Pflichtwidrigkeit kennt (*Canaris* § 14 38: Nähe zur Kollusion). (2) Iü Mißbrauch, wenn Geschäft obj nachteilig u Prokurist mit Schädigungsvorsatz handelt (*MKHGBLieb/Krebs* vor § 48 69) u **Dritter** grobfahrlässig (bei Evidenz) Pflichtwidrigkeit u Schädigungsvorsatz verkennt.

15 **b) Rechtsfolgen:** s Rz 13.

§ 51 [Zeichnung des Prokuristen]

Der Prokurist hat in der Weise zu zeichnen, daß er der Firma seinen Namen mit einem die Prokura andeutenden Zusatze beifügt.

Fünfter Abschnitt. Prokura und Handlungsvollmacht **§ 52**

1. Inhalt. Die Norm will der Rechtsklarheit u damit der Erleichte- 1
rung des Handelsverkehrs dienen. Zu diesem Zweck soll der Prokurist
bei schriftlichen Erklärungen (auch nichtrechtsgeschäftlicher Art) in der
in § 51 beschriebenen Weise zeichnen. Verlangt wird: (1) (vollständige)
Firma (auch durch Stempel; im Hinblick auf § 53 II nun unprobl);
(2) **Familienname** des Prokuristen (eigenhändig; BGH NJW 66,
1077); (3) ein die Prokura andeutender **Zusatz** („pp", „ppa", „Prokurist").
Hinweis auf Gesamtprokura nicht erforderl (str).

2. Bedeutung. a) § 51 ist bloße **Ordnungsvorschrift**. Ihre Nicht- 2
einhaltung führt nicht zur Nichtigkeit der Erklärung. Ist anderorts
Formzwang bestimmt, richten sich die Anforderungen u Rechtsfolgen
nach den den Formzwang aufstellenden Vorschriften, nicht nach § 51.
Ob das Geschäft für den Vertretenen wirkt, entscheidet sich allein nach
§ 164 BGB. **b)** Hält der Prokurist die Anforderungen des § 51 nicht
ein, besteht im Hinblick auf das Prinzip der Offenkundigkeit im Recht
der Stellvertretung (§ 164 I 1 BGB) die Gefahr, daß der Prokurist selbst
Vertragspartner wird. Zu den sog unternehmensbezogenen Geschäften s
vor § 48 Rz 4.

§ 52 [Widerruflichkeit; Unübertragbarkeit; Tod des Inhabers]

(1) **Die Prokura ist ohne Rücksicht auf das der Erteilung zugrunde liegende Rechtsverhältnis jederzeit widerruflich, unbeschadet des Anspruchs auf die vertragsmäßige Vergütung.**

(2) **Die Prokura ist nicht übertragbar.**

(3) **Die Prokura erlischt nicht durch den Tod des Inhabers des Handelsgeschäfts.**

I. Widerruf der Prokura, I

1. Voraussetzungen. Die Prokura ist jederzeit, ohne jede Be- 1
gründung u ohne Rücksicht auf das ihr zugrunde liegende Rechtsverhältnis (abw von § 168 S 2 BGB) widerrufbar (Düss NJW-RR 99,
107). Das Widerrufsrecht ist unabdingbar (*Canaris* § 14 9). Eine für den
Fall des Widerrufs vereinbarte Vertragsstrafe ist unwirksam (*StJoost* § 52
25; str). Ist die Prokura einem Gesellschafter einer OHG als Sonderrecht
eingeräumt, gilt für den Widerruf § 127 entspr (BGH 17, 394). Die
Erweiterung der Prokura gem § 49 II („Immobiliarklausel") kann
unter Aufrechterhaltung der Prokura widerrufen werden; ebenso kann
eine sich auf mehrere Niederlassungen erstreckende Prokura auf einzelne (eine) Niederlassung(en) begrenzt werden.

2. Erklärung. Der Widerruf erfolgt durch einseitige, ausdr (*StJoost* 2
§ 52 13), formlose, unbefristete u unbedingte Erklärung ggüber dem
Prokuristen (§ 130 I BGB), der Öffentlichkeit (Möglichkeit der Kenntnisnahme für Wirksamwerden ausreichend; zB Eintragung in das Handelsregister, Düss NJW-RR 99, 108) oder ggüber einem Dritten (letz-

§ 52 Erstes Buch. Handelsstand

teres str); ein Widerruf der Prokura ggüber einem Dritten hat Wirkung ggüber jedermann.

3 **3. Berechtigung.** Zum Widerruf der Prokura berechtigt ist diejenige Person, die im maßgeblichen Zeitpunkt die Prokura erteilen kann (s § 48 Rz 2–3). Beim minderjährigen Kaufmann ist der Widerruf nicht an eine Genehmigung des Vormundschaftsgerichts gebunden. Bei Erbengemeinschaft kann jeder Miterbe widerrufen (*HKRuß* § 52 3).

4 **4. Rechtsfolgen.** Mit Wirksamwerden des Widerrufs erlischt die Vertretungsmacht des Prokuristen. Handeln im Namen des Kaufmanns führt zur Anwendung der §§ 177 ff BGB u damit zur Haftung gem § 179 BGB. Das Erlöschen der Prokura ist zum Handelsregister anzumelden, § 53 III. Solange es an einer Eintragung u Bekanntmachung fehlt, greift zugunsten gutgl Dritter § 15 I ein. Bei Bekanntmachung ist die Schonfrist des § 15 II 2 zu beachten. Der Widerruf einer Gesamtprokura ggü nur einem Prokuristen läßt die Vertretungsmacht der anderen Gesamtprokuristen unberührt; bei einem allein übrigbleibenden (Gesamt-)Prokuristen bleibt dieser zur passiven (nicht: aktiven) Vertretung berechtigt (*HeySonnenschein/Weitemeyer* § 52 12; str). Der Widerruf läßt iü das Grundverhältnis unberührt (Ffm, EWiR § 126 HGB 1/90, 1103). Über die Auflösung dieses Verhältnisses entscheiden die für den jeweiligen Vertragstyp geltenden Kündigungsbestimmungen.

III. Unübertragbarkeit, II

5 Die Prokura ist **nicht übertragbar,** auch nicht mit Zustimmung des Kaufmanns. Das angestrebte Ziel läßt sich nur durch Widerruf der Prokura u Neuerteilung für einen anderen erreichen. Aus II ergibt sich auch die **Unvererblichkeit** der Prokura.

IV. Erlöschen der Prokura, III

6 Eine **allg Regelung** über das Erlöschen der Prokura fehlt. **III** stellt klar, daß durch den Tod des Kaufmanns die Prokura nicht erlöschen soll. Die Erlöschensgründe sind vielfältig.

7 **1. Beendigung des Grundverhältnisses.** Über § 168 S 1 BGB ist die Prokura vom Bestand des Grundverhältnisses abhängig: Endet dieses (durch Kündigung, Anfechtung), erlischt auch die Prokura, bei der Anfechtung mit Wirkung ex tunc. Die Grundsätze betr das fehlerhafte Arbeitsverhältnis haben hierauf keinen Einfluß (*StJoost* § 52 30; str).

8 **2. Gründe auf seiten des Prokuristen. a)** Abw von §§ 168 S 1, 673 S 1 BGB erlischt die Prokura wg der bes Vertrauensstellung des Prokuristen mit dessen **Tod** (Rz 5). Der nachträgliche Eintritt der beschränkten Geschäftsfähigkeit bzw Geschäftsunfähigkeit (s § 48 Rz 5; str; s. auch § 54 Rz 5) führt ebensowenig wie die Insolvenz des Prokuristen zum Erlöschen der Prokura. **b) Entfällt** die **Personenver-**

Fünfter Abschnitt. Prokura und Handlungsvollmacht § 52

schiedenheit von Kaufmann u Prokurist (§ 48 Rz 6; zB: Prokurist beerbt den Kaufmann), erlischt die Prokura (bei Nacherbschaft erst bei Eintritt des Nacherbfalls; BGH 30, 67). Der Miterbe kann Prokurist bleiben (*Schmidt* § 16 III 5 e; aA BGH 30, 398). Dasselbe gilt, wenn der Prokurist voll vertretungsberechtigter Gesellschafter der OHG (oder Komplementär) wird. **c)** Eine **einseitige Niederlegung** (Verzicht) der Prokura durch den Prokuristen ist vom Gesetz nicht vorgesehen, aber möglich (*Flume* § 51 3; *Larenz/Wolf* § 47 70; *MKBGBSchramm*[4] § 168 8; str).

3. Gründe auf seiten des Kaufmanns. a) Widerruf der Prokura 9 durch den Inhaber, **I** (Rz 1–4). **Tod** des Kaufmanns führt kraft ausdr, nicht abdingbarer (KG, JW 27, 2433) Bestimmung in **III nicht** zum Erlöschen der Prokura (die Vertretungsmacht wirkt für u gg die Erben; diese haben das Widerrufsrecht); ebensowenig der Eintritt der beschränkten Geschäftsfähigkeit oder Geschäftsunfähigkeit. **b) Herabsinken** eines Gewerbebetriebs iSv § 1 II ohne Eintragung zu einem kleingewerblichen Unternehmen (aber Umdeutung in Generalvollmacht, § 140 BGB); zu beachten § 15 I (auch ohne Voreintragung; § 15 Rz 9). Bei Eintragung: § 5; Prokura bleibt bestehen. **c) Verlust** der Kaufmannseigenschaft, weil kein Gewerbe mehr: § 5 unanwendbar; § 15 I zu beachten. **d) Betriebseinstellung** führt auf seiten des Inhabers zum Verlust der Kaufmannseigenschaft u zum Erlöschen der Firma. Zugleich erlischt damit auch die Prokura, die den Betrieb eines Handelsgewerbes voraussetzt, § 49 I. Kein Schutz durch § 5, wohl aber § 15 I iVm § 31 II. **e) Änderung der Firma** hat **keinen** Einfluß auf den Bestand der Prokura; anders ihre Löschung. **f) Insolvenz** des Kaufmanns führt bei Auftrag zum Erlöschen der Prokura, § 168 S 1 BGB iVm § 115 I InsO (BGH WM 58, 431); iü (bei Dienstvertrag) ist die vom Inhaber abgeleitete Vertretungsmacht des Prokuristen unvereinbar mit § 80 I InsO (str). Gutglaubensschutz: § 15 ist durch § 32 II 2 ausgeschlossen; §§ 81, 82, 91 InsO sind zu beachten. **g) Liquidation.** Bei KapitalGes wird die Prokura durch die Liquidation nicht tangiert. Dasselbe gilt für PershandelsGes (str; s § 48 Rz 2), wobei sich der Umfang der Vertretungsmacht auf die Vertretungsmacht der Liquidatoren beschränkt. **h) Unternehmensveräußerung** durch den Kaufmann: Die Prokura erlischt (BayObLG BB 71, 239; str), da sie gem **II** unübertragbar u iü **nur** für das vom Inhaber betriebene Handelsgeschäft begr ist; (dingliche) Übertragung des Unternehmens ist Betriebseinstellung iSv d). **i)** Bei formwechselnder **Umwandlung** nach UmwG **kein** Erlöschen der Prokura (Kln RPfl 97, 29). **Anders** bei Einbringung eines Einzelunternehmens in eine OHG (KG), § 28, wie auch bei Umwandlung einer Erbengemeinschaft in eine OHG (BayObLG BB 71, 239). **k)** Bei **Betriebsübergang** iSv § 613a BGB ist zu unterscheiden: Liegt Unternehmensveräußerung vor, gilt das zu h) Gesagte unabhängig davon, ob der Prokurist widerspricht. Bei Übergang von Betrieben bzw Betriebsteilen bleibt die Prokura bestehen, wenn das

§ 53

Grundverhältnis von § 613a BGB nicht erfaßt wird oder der Prokurist dem Übergang widerspricht. Ansonsten erlischt die Prokura gem § 168 S 1 BGB (*Köhler* BB 79, 913). Eine Niederlassungsprokura (§ 50 III) erlischt, wenn der veräußerte Betrieb mit der Niederlassung identisch ist. **l) Gesellschafterwechsel** in der PershandelsGes berührt die Prokura nicht.

§ 53 [Anmeldung der Erteilung und des Erlöschens; Zeichnung des Prokuristen]

(1) ¹**Die Erteilung der Prokura ist von dem Inhaber des Handelsgeschäfts zur Eintragung in das Handelsregister anzumelden.** ²**Ist die Prokura als Gesamtprokura erteilt, so muß auch dies zur Eintragung angemeldet werden.**

(2) **Der Prokurist hat seine Namensunterschrift unter Angabe der Firma und eines die Prokura andeutenden Zusatzes zur Aufbewahrung bei dem Gericht zu zeichnen.**

(3) **Das Erlöschen der Prokura ist in gleicher Weise wie die Erteilung zur Eintragung anzumelden.**

I. Inhalt

1 Die Vorschrift enthält Anmelde- u Zeichnungspflichten, die den Zweck verfolgen, die Vertretungsverhältnisse offenzulegen u den Schutz Dritter nach § 15 zu gewährleisten. § 53 ist eine **Ordnungsvorschrift.** Weder Erteilung noch Erlöschen der Prokura sind von einer Eintragung in das Handelsregister abhängig (RG 134, 307). Letztere hat damit nur rechtsbekundende **(deklaratorische)** Bedeutung.

II. Anmeldepflicht, I, III

2 **1. Anmeldepflichtige Tatsachen** sind die **Erteilung, I,** die **Änderung** u das **Erlöschen** der Prokura, **III. a) Erteilung, I 1. aa)** Nur die (wirksame; KG NJW 59, 1087) Erteilung einer **Prokura** ist eine anmeldepflichtige Tatsache. Analoge Anwendung auf **Generalvollmacht** geboten (vor § 48 Rz 2). Für andere Vollmachten (etwa Handlungsvollmacht) gilt **I 1** nicht. Eine Anmeldepflicht kann sich auch aufgrund anderer Vorschriften ergeben, zB §§ 106 III 4 VAG, 53 II Nr 1 KWG. **bb) Besonderheiten** der Prokura sind ggf anzumelden; **I 2** stellt dies für die Gesamtprokura klar. Gleiches gilt für die gemischte Gesamtvertretung (BGH 62, 173; s § 48 Rz 18). Zur Niederlassungsprokura s § 50 Rz 8. **b) Änderung.** Eine Erweiterung der Prokura auf Grundstücksgeschäfte iSv § 49 II (BayObLG NJW 71, 811), auf mehrere (statt zunächst einer) Niederlassung(en) sowie durch Befreiung vom Verbot des Selbstkontrahierens, § 181 BGB (BayObLG DB 80, 2233f), ist anmeldepflichtig; ebenso eine entspr Beschränkung der Prokura. **c) Erlöschen, III;** dies auch, wenn die Erteilung der Prokura oder

Fünfter Abschnitt. Prokura und Handlungsvollmacht **§ 53**

selbst die Firma nicht eingetragen ist. Ebenso bei Anfechtung (§ 48 Rz 10). Nicht bei formwechselnder Umwandlung nach UmwG (Kln RPfl 97, 29). **d)** Bei Neuerteilung der Prokura besteht Anmeldepflicht auch dann, wenn die ursprünglich erteilte Prokura eingetragen u zwischenzeitlich nicht gelöscht worden ist (hier Eintragung, daß Prokura bestehen bleibt; BayObLG BB 71, 239).

2. Person des Anmeldepflichtigen. a) Gem I 1 trifft die Anmel- 3 depflicht für die Erteilung der Prokura den **Inhaber** des Handelsgeschäfts (oder seinen ges Vertreter). Iü sind die zur Erteilung der Prokura berechtigten Personen (s § 48 Rz 2–3; zB Nachlaßverwalter) zur Anmeldung verpflichtet. Der Prokurist selbst ist zur Anmeldung nicht berechtigt; anders, wenn ihm der Inhaber eine bes Vollmacht dazu erteilt hat. **b)** Bei **Kapitalgesellschaften** sind die vertretungsberechtigten Organe zur Anmeldung verpflichtet (Mainz NJW-RR 00, 1567). Bei **Personenhandelsgesellschaften** trifft diese Pflicht (abw von § 108 I) nur die vertretungsberechtigten Gesellschafter. Bei gemischter Gesamtvertretung durch einen Prokuristen (s § 48 Rz 18) kann dieser an einer Anmeldung nur im Falle des § 125 II 3 (wenn die Prokura in ihrem Umfang auf die organschaftliche Vertretung erweitert ist) teilnehmen (mit Ausnahme der Anmeldung seiner eigenen Prokura; BayObLG NJW 73, 2068; krit *Bärwaldt* NJW 97, 1404).

3. Zur **Anmeldung** s § 12; §§ 40 Nr. 4, 43 Nr. 5 HRV (Düss 4 WM 94, 1443). Anmeldung des Erlöschens der Firma (§ 31 I) schließt § 53 III ein (Oldbg NJW-RR 96, 1180); ebenso wenn bisheriger Prokurist als neuer Geschäftsführer angemeldet wird (*HKRust* § 53 1).

4. Zur **Eintragung** s § 8 Rz 7, 11; zur materiellrechtlichen Nach- 5 prüfung durch das Registergericht s § 8 Rz 23; Beachtung des § 46 Nr. 7 GmbHG wird nicht nachgeprüft (BGH 62, 169). Zur Eintragung einer Niederlassungsprokura ohne Beschränkungsvermerk BGH 104, 64 u § 13 c Rz 1.

5. Kosten: §§ 26 V, VI, 79 KostO. Bei Anmeldung durch Kapitalge- 5 a sellschaft sind wg Art. 10 lit c RiLi 69/335/EWG die Gebühren in Höhe real entstehender Kosten zu bestimmen (Köln ZIP 00, 312; sehr probl, über EuGH 97, I-6833 Tz 27 hinausgehend).

6. Verstoß gegen I und III. a) Das Registergericht kann gg den 6 Anmeldepflichtigen ein Zwangsgeld verhängen, § 14. **b)** Zivilrechtliche Konsequenzen eines Verstoßes gg **III** ergeben sich aus § 15 I.

III. Zeichnung, II

1. Die Vorschrift wurde durch das HRefG neu gefaßt. Der Prokurist 7 hat nur seinen Namen **handschriftlich** (eigenhändig) zur Aufbewahrung bei dem Gericht zu zeichnen. Für die Firma reicht Stempel bzw Schreibmaschine (vgl auch § 29 2. HS).

§ 54 Erstes Buch. Handelsstand

8 2. Bei **Firmenänderung** ist wohl auch nach neuem Recht (trotz Fehlens einer diesbezgl Vorschrift) eine erneute Zeichnung vorzunehmen. Nur so wird dem Zweck des **II**, die Prüfung der Echtheit der Unterschrift zu ermöglichen, Rechnung getragen (Hamm OLG 83, 266). Dasselbe gilt bei Namensänderung des Prokuristen (str).

§ 54 [Handlungsvollmacht]

(1) **Ist jemand ohne Erteilung der Prokura zum Betrieb eines Handelsgewerbes oder zur Vornahme einer bestimmten zu einem Handelsgewerbe gehörigen Art von Geschäften oder zur Vornahme einzelner zu einem Handelsgewerbe gehöriger Geschäfte ermächtigt, so erstreckt sich die Vollmacht (Handlungsvollmacht) auf alle Geschäfte und Rechtshandlungen, die der Betrieb eines derartigen Handelsgewerbes oder die Vornahme derartiger Geschäfte gewöhnlich mit sich bringt.**

(2) **Zur Veräußerung oder Belastung von Grundstücken, zur Eingehung von Wechselverbindlichkeiten, zur Aufnahme von Darlehen und zur Prozeßführung ist der Handlungsbevollmächtigte nur ermächtigt, wenn ihm eine solche Befugnis besonders erteilt ist.**

(3) **Sonstige Beschränkungen der Handlungsvollmacht braucht ein Dritter nur dann gegen sich gelten zu lassen, wenn er sie kannte oder kennen mußte.**

I. Allgemeines

1 1. **Begriff. a)** Handlungsvollmacht (HVm) ist eine von einem Kaufmann mit Bezug zu seinem Handelsgewerbe erteilte (BGB-)Vollmacht, die nicht Prokura ist. **b)** Die **Abgrenzung** zur **Prokura** fällt nicht schwer, da letztere ausdr erteilt werden muß (§ 48 I). Fehlt es daran, kann nur eine HVm vorliegen. Für die Abgrenzung zur **BGB-Vollmacht** ist davon auszugehen, daß sich die *Erteilung* der HVm nach §§ 167 ff BGB richtet, die §§ 54 ff nur den *Umfang* betreffen u dieser an die Kaufmannsstellung u den Bezug zum Handelsgeschäft (s § 344) gebunden wird. Vom Zweck der Norm her, den Handelsverkehr zu erleichtern, kann es auf einen irgendwie gearteten Willen, eine HVm zu erteilen, nicht ankommen (*StJoost* § 54 6). Die HVm bezieht sich **nicht** auf Tätigkeiten mit Bezug zum **privaten Lebensbereich** des Kaufmanns (aber § 344 I entspr). Insoweit ist auf §§ 167 ff BGB zurückzugreifen. Dasselbe gilt, wenn die erteilte Vollmacht in ihrem Umfang entweder hinter der Spezial-HVm zurückbleibt (sie bezieht sich nur auf eine bestimmte Rechtshandlung) oder über die General-HVm hinausgeht (sog „Generalvollmacht"). Im letzteren Fall greift die Vermutung des **I** nicht ein (keine Sperrwirkung; aA *Krebs* ZHR 159, 652 ff). **c)** § 54 setzt (als Basis für die Vermutung iSv Rz 2; s *Krebs* ZHR 159, 650) voraus, daß der Bevollmächtigte **organisatorisch** in das **Unternehmen** des Kaufmanns eingebunden ist (e contrario § 55) u daher „von innen heraus" handelt (*Schmidt* § 16 IV 1 a; *Oetker* § 5 C I; aA *StHüffer* § 54 9 f; anders auch Denkschrift 50). Betreibt der Kaufmann mehrere Geschäfte, entscheidet organisatorischer Bezug über Reichweite der HVm. Die Vollmacht für einen Rechtsanwalt, Vertragshändler oder Makler ist nicht HVm (auch nicht nach § 55; *BauHopt* § 55 1). Zum Vertreter im Außendienst s § 55 Rz 1. **d)** Die HVm kann nicht in das Handelsregister eingetragen werden. § 15 ist unanwendbar.

2. Unsicherheiten bestehen in der **dogmatischen Einordnung** des 2 § 54: **I** als **dispositive Regelung** des Umfangs der Vertretungsmacht (zB *Brox* 219; *MKHGBLieb/Krebs* § 54 4 f) oder (zutreffend) als **widerlegliche Vermutung** hinsichtlich des vom Kaufmann gewollten Umfangs der erteilten Vertretungsmacht (Denkschrift 50; *Canaris* § 15 2). **III** iVm **I** ist Fall einer Rechtsscheinhaftung, soweit der Umfang der tatsächlich erteilten HVm hinter dem **I** in typisierten Umfang zurückbleibt (*Canaris* § 15 11; *StJoost* § 54 3, 70).

II. Erteilung, I

1. Vollmachtgeber. a) I ist (ex lege) anwendbar, wenn der Träger 3 des Unternehmens Kaufmann (auch Kaufmann kraft Eintragung, § 5) ist u er, sein ges Vertreter oder ein Prokurist (BGH DB 52, 949) Vollmacht (ohne Bezug zum privaten Lebensbereich; sonst nur BGB-Vollmacht) für eine Person iSv **I 1 c** (Rz 1) erteilen, ohne daß es auf einen Willen, eine HVm zu erteilen, ankommt. Da Kap- u PershandelsGes eine Privatsphäre nicht kennen, ist jede von ihren Organen, Gesellschaftern oder Prokuristen erteilte Vollmacht (für Personen iSv **I 1 c**) HVm; ebenso bei Unternehmen der öffentl Hand sowie VorGes, wenn sie Kaufmann sind. Dasselbe gilt für Nachlaßverwalter u Testvollstrecker, soweit sie ein Handelsgeschäft führen, für Insolvenzverwalter sowie für Liquidatoren u Handlungsbevollmächtigte, soweit deren Vollmacht jeweils reicht. Für die Genossenschaft gilt § 42 II GenG.

b) § 54 beschränkt seine Anwendung auf **Kaufleute.** Damit ist eine 4 analoge Anwendung auf Kleingewerbetreibende nicht ausgeschlossen (s vor § 1 Rz 13; § 1 Rz 38). Normzweck ist Verkehrsschutz; dieser wird durch Analogie gefördert. Daß Gesetzgeber Kleingewerbetreibende nicht für generell schutzbedürftig erachtet, zeigt iü § 2. Beschränkte Verweisung auf Handelsrecht in §§ 84 IV, 93 III etc für Kleingewerbetreibende steht nicht entgegen, da RegBegr zum HRefG bei § 56 Analogie erwägt (BR-Dr 340/97 S 30). Für § 54 kann nichts anderes gelten (*BauHopt* § 54 6; *MKHGBKrebs* §§ 54, 55 1; *Schmidt* § 16 IV 2 a aa; zu kaufmannsähnlichen Personen *Canaris* § 15 32; aA *HdHandelsGHammen* § 3 34; *StJoost* § 54 12). Entscheidend ist, daß § 91 I ausdr eine Anwendung von §§ 55, 54 für HV im Außendienst zu Lasten

§ 54

nichtkaufmännischer Unternehmen anordnet. Dies ist auf Handlungsgehilfen im Außen- u Innendienst zu erstrecken (s § 55 Rz 3).

5 **2. Bevollmächtigte.** Da die HVm nur ein Unterfall der BGB-Vollmacht ist, gelten die allg Regeln. Bevollmächtigt können werden: **a) Natürliche Personen,** auch beschränkt Geschäftsfähige (§ 165 BGB), sogar Geschäftsunfähige (arg e contrario §§ 6 II 1 GmbHG; 76 III 1 AktG; *SchlSchröder* § 54 2; str), die, solange sie geschäftsunfähig sind, keine wirksamen Willenserklärungen abgeben (§ 105 BGB) oder entgegennehmen können (§ 131 I BGB). Die Frage ist keineswegs gegenstandslos: Entfällt die Geschäftsunfähigkeit (Drogenabhängiger nach Kur), bedarf es keiner erneuten Bevollmächtigung. **b) Jur Personen,** da bei der HVm, anders als bei der Prokura, kein bes Vertrauensverhältnis vorausgesetzt wird (*Schmidt* § 16 IV 1 a). Es fehlt aber idR am Merkmal organisatorischer Eingliederung (Rz 1 unter c); darauf verzichtet § 55 beim HV. **c)** Der für das Vertretungsrecht allg geltende Grundsatz der **Personenverschiedenheit** (§ 48 Rz 6) ist auch hier zu beachten. Bei PersonenhandelsGes sperrt dieser Grundsatz nicht, wenn der Gesellschafter von der Einzelvertretungsmacht ausgeschlossen ist. Bei organschaftlichen Vertretern ist HVm möglich, soweit sie nicht Einzelvertretungsbefugnis haben. Bei Aufsichtsratsmitgliedern ist die Schranke des § 105 I AktG (bei GmbH analog) zu beachten. Beim Prokuristen ist HVm (nur) möglich, soweit sie über die Prokura hinausgeht bzw der Prokurist durch eine Niederlassungs- oder echte bzw unechte Gesamtprokura beschränkt ist.

6 **3. Rechtsgeschäft. a)** Für die – **formlose** – Erteilung der Vollmacht gelten die allg Grundsätze. **b) Empfänger** kann gem § 167 I BGB der zu Bevollmächtigende oder ein Dritter sein (BGH WM 76, 769). Möglich ist auch eine öffentl Bekanntmachung. **c) I** gilt auch in Fällen **schlüssiger** Bevollmächtigung, ohne daß es darauf ankommt, ob der Kaufmann eine HVm erteilen will. Eine **Erteilung** einer HVm liegt va bei der **Zuweisung** einer Stellung in der betrieblichen Organisation vor, die nach der Verkehrsauffassung (§ 157 BGB) typischerweise mit einer (Innen-)Vollmacht verbunden ist (Rz 20). Wird der Vertreter ohne eine entspr Zuweisung tätig, können die Rechtsscheingrundsätze eingreifen (s vor § 48 Rz 7 f). **d) I** kann auch durch **Umdeutung,** § 140 BGB, einer unwirksamen Prokura zur Anwendung kommen (§ 48 Rz 11; § 50 Rz 5; § 52 Rz 9). **e)** Eine **Anfechtung** der Erteilung der Vollmacht wg (Inhalts-)Irrtums über ihren Umfang ist ausgeschlossen. § 54 I ist nur eine widerlegbare Vermutung. Iü steht Zweck des § 54 III entgegen (*BauHopt* § 54 10).

III. Inhalt und Umfang

7 **1. Inhalt. a)** Die HVm bezieht sich nur auf Geschäfte mit Bezug zum **Handelsgewerbe,** in das der Bevollmächtigte eingebunden ist (Rz 1). Der Privatbereich des Kaufmanns bleibt ausgespart; ebenso die

Fünfter Abschnitt. Prokura und Handlungsvollmacht **§ 54**

sog Grundlagengeschäfte (dazu § 49 Rz 2). **b)** Die HVm als Vollmacht bezieht sich nur auf den rechtsgeschäftlichen Verkehr im Außenverhältnis, nicht auf rein tatsächliches Handeln.

2. Umfang. a) Die Vermutung des **I** bestimmt nur den Umfang der **8** HVm (s Rz 2); sie gilt weder für das Bestehen einer HVm (dafür §§ 170 ff BGB sowie DVm u AVm; vor § 48 Rz 7–8) noch für das Vorliegen einer der drei in **I** genannten Formen, eines bestimmten Typus von Spezial- bzw Art-HVm, noch für das Vorliegen eines „gewöhnlichen" Geschäfts (*Canaris* § 15 7–8). Der Kaufmann kann den Umfang der Vollmacht über **I** hinaus ausdehnen (*HdHandelsGHammen* § 3 37); dann greift Vermutung des **I** (Rz 2) nicht (*Oetker* § 5 C II). Ebenso ist Einschränkung möglich (arg **III**); diese muß nicht „nach obj Maßstäben" (so Düss DB 92, 2080, mit (unverständlichem) Verweis auf **III**) vorgenommen werden. Fehlt es an einer Konkretisierung, ist der Umfang der HVm nach **I** zu bestimmen. Dieser richtet sich nach der Art der erteilten Vollmacht. Fehlt es an einer ausdr Bestimmung des Vollmachtgebers, ist die **Art** der Vollmacht durch **Auslegung** zu ermitteln.

b) Arten. aa) Die **Generalhandlungsvollmacht** ermächtigt zu al- **9** len zum Betriebe gehörenden Geschäften. Sie kann auf einzelne Niederlassungen beschränkt sein. Von ihr ist die **Generalvollmacht** als reine BGB-Vollmacht (Bevollmächtigung auch für außergewöhnliche Geschäfte u Geschäfte iSv **II**) zu unterscheiden (vor § 48 Rz 2). **bb)** Die **Arthandlungsvollmacht** ermächtigt nur zur Vornahme einer bestimmten zu einem Handelsgewerbe gehörenden **Art** von Geschäften. Die Art der Geschäfte bestimmt (uU in schlüssiger Weise) der Kaufmann. Kriterien: Rechtsnatur der Geschäfte, Größenordnung, Zeit u Ort ihrer Vornahme. Aus der Zuweisung bestimmter Aufgaben im Organisationsbereich des Unternehmens (Einkauf im Gebrauchtwagenhandel; Schalterdienst bei der Bank) folgt (mangels konkreter Vorgaben) eine Ermächtigung zur Vornahme solcher Geschäfte, die nach der Verkehrsanschauung mit der Stellung verbunden sind. **cc)** Die **Spezialhandlungsvollmacht** ermächtigt nur zur Vornahme einzelner (zum Handelsgeschäft gehörender) Geschäfte; ihre Zahl muß nicht bestimmt sein.

c) Gesamthandlungsvollmacht. Alle Arten der HVm können **10** auch als Gesamt-HVm an zwei oder mehrere Personen erteilt werden. Eine halbseitige HVm (vgl bei der Prokura § 48 Rz 13) ist ebenso möglich wie unterschiedliche Kombinationen der HVm (A hat Alleinart-HVm u zusammen mit B Gesamtgeneral-HVm). Unechte Gesamt-HVm (mit Prokurist oder Gesellschafter) ist möglich, aber nur in halbseitiger Weise (nicht zu Lasten des Prokuristen). Der Umfang der HVm erweitert sich dadurch nicht. Die Erteilung einer GesamtHVm ist keine „Beschränkung". Zum Gutglaubensschutz Rz 14.

d) Zuschnitt des Geschäfts. aa) Die HVm ermächtigt nur zu **11** Geschäften, die der Betrieb eines „derartigen" Handelsgewerbes mit sich bringt. Die HVm deckt keine **branchenfremden** Geschäfte. Für die Branchenfremdheit kommt es nicht auf das konkrete Handelsgeschäft, sondern auf das Handelsgewerbe ganz allg an (*StJoost* § 54 45). **bb)** Die HVm (auch die General-HVm) deckt nur **gewöhnliche,** also übliche Geschäfte. Kriterien: Bedeutung des Geschäfts (im Hinblick auf die Größe des Unternehmens), seine finanzielle u wirtschaftliche Tragweite für den Kaufmann, Vertragsbedingungen. Bsp für ungewöhnliche Geschäfte: langfristige Kreditierung; Forderungsverzicht; Ausschließlichkeitsbindung (Düss DB 88, 1063); Automatenaufstellvertrag bei Gaststätte (Celle BB 83, 1495: im Hinblick auf den prägenden Charakter).

IV. Beschränkungen, II

12 **1. Durch Gesetz. II** nimmt einige Geschäfte, die für den Kaufmann typischerweise mit Gefahren verbunden sind, vom Regelumfang der HVm nach **I** aus. **a)** Die Aufzählung in **I** ist abschließend; keine Ausdehnung auf andere Geschäfte, da der Kaufmann die HVm beschränken kann (Rz 13). Die ges Beschränkungen gelten für Verpflichtungs- u Verfügungsgeschäfte u unabhängig davon, ob das Geschäft branchenüblich ist. **b)** Von **I** ausgenommen sind: **aa) Veräußerung** u **Belastung** von **Grundstücken** (einschl der Verpflichtungsgeschäfte); s § 49 Rz 7. **bb) Wechselverbindlichkeiten** (Akzept, Indossament, Wechselbürgschaft); nicht: Scheckverbindlichkeiten. **cc) Aufnahme von Darlehen** unabhängig von der Höhe; auch Überziehung eines Bankkontos. **dd) Prozeßführung:** alle einen Rechtsstreit betr Prozeßhandlungen (nicht: Anmeldung zu Registern) in allen Gerichtszweigen, einschl Schiedsgerichten; auch Prozeßvergleich u Gerichtsstandsvereinbarungen. **c)** Vertreter kann zur Vornahme von Rechtshandlungen iSv **II ermächtigt** werden. Diese (auch konkludente) Ermächtigung ist eine HVm, so daß außergewöhnliche Geschäfte idR nicht erfaßt sind.

13 **2. Rechtsgeschäftlich.** Der Kaufmann kann von **I** abweichen u die HVm beschränken (s Rz 8). Zum Schutz gutgl Dritter greift **III** ein.

V. Gutglaubensschutz, III

14 **1. Inhalt. a)** Gem **III** braucht ein gutgl Dritter „sonstige Beschränkungen" (außer **I** u **II**) nicht gg sich gelten zu lassen. Gemeint sind **Einschränkungen der** (Innen-)**Vollmacht** (Rz 13) selbst, nicht Schranken, die sich aus dem Grundverhältnis (Vertrag oder Weisung) für die Ausübung der Vollmacht ergeben u sich darauf beschränken (BGH ZIP 82, 589; *Bork* JA 90, 250; str); dies ergibt die Parallele zu § 50 I (s § 50 Rz 3–5) u die Systematik des Gesetzes, die das Außenverhältnis (§§ 48 f) vom Innenverhältnis (§§ 59 f) scheidet. **III** betrifft nicht Fälle des Mißbrauchs der Vertretungsmacht (*ThHonsell* JA 84, 22). **b)** Der Kaufmann kann von vornherein den Inhalt der Vollmacht eigenständig festlegen (s Rz 8). Der Begriff der **Beschränkung** bezieht sich

demgegenüber allein auf den in **I** vermuteten **Umfang** der HVm (dazu Rz 8): Soweit die individuell erteilte Vollmacht hinter diesem Regelumfang zurückbleibt, liegt eine „Beschränkung" iSv **III** vor (*StJoost* § 54 71). Aus der Systematik der §§ 48 II, 49 II ergibt sich, daß in der Erteilung einer Gesamt-HVm (Rz 10) keine „Beschränkung" iSv **III** liegt, ein Gutglaubensschutz hinsichtlich des Vorliegens einer Einzel-HVm daher nicht eingreift (*MKHGBLieb/Krebs* § 54 22; aA *Canaris* § 15 9).

2. Tragweite. a) III unterstreicht den **Verkehrsschutzcharakter** 15 der in **I** vorgenommenen Typisierung des **Umfangs** der HVm. Indessen ist die Schutzwirkung beschränkt: Sie bezweckt allein den Schutz des guten Glaubens an den „gewöhnlichen" Umfang einer wirksam erteilten HVm, **nicht** dgg an die Erteilung der Vollmacht u deren Wirksamkeit oder an das Vorliegen eines bestimmten Typus einer Art-HVm (*Canaris* § 15 6). **III** hilft nicht bei branchenfremden oder außergewöhnlichen Geschäften noch bei Geschäften iSv **II**. Eine gewisse u über § 167 BGB hinausgehende Bedeutung kommt **I** u **III** in den Fällen zu, in denen eine Art-HVm kraft Zuweisung (s Rz 6) einer organisatorischen Stellung im Unternehmen gem § 157 BGB anzunehmen ist (Kassierer, Ein- u Verkäufer).

3. Voraussetzungen. Der Dritte braucht den ggüber dem Regel- 16 typus des **I** eingeschränkten Umfang der HVm nur gg sich gelten zu lassen, wenn er die Einschränkung kannte oder kennen mußte. Einfache Fahrlässigkeit schadet (*Canaris* § 15 27). Aushänge in Kassenräumen u Aufdrucke auf Bestellscheinen muß der Dritte zur Kenntnis nehmen (*StJoost* § 54 76). Eigene Nachforschungen sind aber im Hinblick auf den von **I** intendierten Verkehrsschutz nicht geboten (*HdHandelsGHammen* 3 45; insoweit der groben Fahrlässigkeit angenähert); etwas anderes mag sich aus den Umständen ergeben.

4. Wirkungen. III dient dem Drittschutz. Daher eröffnet **III** eine 17 Wahlmöglichkeit für den Dritten, sich auf die wahre Rechtslage (dann § 178 BGB (Widerrufsrecht) oder § 179 BGB gg den falsus procurator) oder den guten Glauben an das Bestehen der Vertretungsmacht zu berufen (*StJoost* § 54 77; *Altmeppen* 179; aA *MKHGBLieb/Krebs* § 54 45). Der Kaufmann kann genehmigen, § 177 I BGB.

VI. Erlöschen

Es gelten die allg Regeln der Vollmacht: Die HVm erlischt mit 18 Beendigung des Grundverhältnisses, § 168 S 1 BGB, bei Widerruf (soweit nicht abbedungen), § 168 S 2 BGB, bei Betriebseinstellung, Insolvenzeröffnung sowie bei Verlust der Kaufmannseigenschaft; ebenso bei Verzicht oder bei Tod des Bevollmächtigten. Nicht: bei Eintritt seiner Geschäftsunfähigkeit; bei Tod des Inhabers, §§ 168 S 1, 672 S 1, 675 BGB.

§ 55 Erstes Buch. Handelsstand

VII. Mißbrauch der Vertretungsmacht

19 Ein Mißbrauch der HVm setzt voraus, daß im Innenverhältnis (aufgrund bes Abreden bzw Weisung) Schranken für die Ausübung der gem I weiterreichenden HVm bestehen. Eine solche Divergenz kommt kaum vor, wenn die HVm als Innenvollmacht, wohl aber dann, wenn sie ggüber Dritten bzw durch öffentl Mitteilung erklärt wird. Zu den Grundsätzen s § 50 Rz 11, 14 f. Auch bei der HVm schaden dem Dritten nur Kenntnis u grobfahrlässige Unkenntnis (*StJoost* § 54 80). Für analoge Anwendung des III *Canaris* § 15 28; im Hinblick auf Rz 16 ist Unterschied gering.

VIII. Rechtsscheinvollmacht

20 1. Für eine Rechtsscheinvollmacht im Umfang einer HVm gelten die allg Grundsätze (s vor § 48 Rz 7 f). In der Praxis sind die Grenzen zwischen einer HVm kraft schlüssigen Verhaltens u einer DVm unscharf (Bsp bei *StJoost* § 54 24–25, 93). Da eine wirksame (aber anfechtbare; zur Einschränkung der Irrtumsanfechtung bei Kaufleuten s vor § 343 Rz 8) Willenserklärung schon dann vorliegt, wenn die zurechenbar gesetzte Erklärung gem § 157 BGB als rechtl bindend zu verstehen ist (ohne daß es eines Erklärungsbewußtseins bedarf), liegt in der **Zuweisung einer Stellung**, die nach der Verkehrsauffassung mit einer HVm verbunden ist (Bankschalter, Reparaturannahme; vor § 48 Rz 7), eine stillschweigende, rechtsgeschäftliche Bevollmächtigung (Innenvollmacht) u keine DVm (*BauHopt* § 54 4; anders die hL).

21 2. Der **Rechtsschein** kann sich beziehen auf **a)** die Vollmachtserteilung an sich (Fall einer unwirksamen Vollmacht; Auftreten ohne Bevollmächtigung); **b)** die „Art" der wirksam erteilten Vollmacht (iSv I); auch die Gruppe von Geschäften innerhalb der Art-HVm; **c)** Geschäfte iSv **II. d)** Bei bes **Mitteilung** an einen Dritten gilt § 171 I BGB analog. **e)** Bei **Erlöschen** der HVm (zB durch Widerruf) bleibt die Vollmacht unter den Voraussetzungen der §§ 170–173 BGB bestehen (*StJoost* § 54 85, 95).

§ 55 [Abschlußvertreter]

(1) Die Vorschriften des § 54 finden auch Anwendung auf Handlungsbevollmächtigte, die Handelsvertreter sind oder die als Handlungsgehilfen damit betraut sind, außerhalb des Betriebes des Prinzipals Geschäfte in dessen Namen abzuschließen.

(2) Die ihnen erteilte Vollmacht zum Abschluß von Geschäften bevollmächtigt sie nicht, abgeschlossene Verträge zu ändern, insbesondere Zahlungsfristen zu gewähren.

(3) Zur Annahme von Zahlungen sind sie nur berechtigt, wenn sie dazu bevollmächtigt sind.

(4) **Sie gelten als ermächtigt, die Anzeige von Mängeln einer Ware, die Erklärung, daß eine Ware zur Verfügung gestellt werde, sowie ähnliche Erklärungen, durch die ein Dritter seine Rechte aus mangelhafter Leistung geltend macht oder sie vorbehält, entgegenzunehmen; sie können die dem Unternehmer (Prinzipal) zustehenden Rechte auf Sicherung des Beweises geltend machen.**

I. Inhalt

Die Vorschrift enthält eine klarstellende Regelung für Handelsvertreter (HV) u Handlungsgehilfen, die ermächtigt sind, **außerhalb** der Niederlassung des Kaufmanns Geschäfte in seinem Namen abzuschließen: Da hier der Rechtsverkehr nur schwer beurteilen kann, ob unselbständige (§ 54 Rz 1 unter c) oder selbständige Gehilfen tätig sind, wird auch für HV auf § 54 I verwiesen. **I** betrifft nur den *Umfang* der HVm (§ 54 Rz 8). **II** u **III** *beschränken* den Umfang der Abschlußvollmacht, **IV** *erweitert* ihn. § 55 wird ergänzt durch §§ 75 g, h, 91, 91 a, 92. Für Versicherungsvertreter kommen §§ 43 ff VVG zur Anwendung. 1

II. Voraussetzungen, I

1. Persönliche Voraussetzungen. a) Anwendungsbereich: Handlungsbevollmächtigte, die HV oder Handlungsgehilfen sind. Vollmacht für andere Personen: § 54. **b) Handelsvertreter** ist gem § 84 I, wer als selbständiger Gewerbetreibender ständig damit betraut ist, für einen anderen Unternehmer Geschäfte zu vermitteln oder in dessen Namen abzuschließen (Abgrenzungen s vor § 84 Rz 5 ff); auch der Kleingewerbliche HV iSv § 84 IV. **c) Handlungsgehilfe** ist, wer (unselbständig u weisungsabhängig) in einem Handelsgewerbe zur Leistung kaufmännischer Dienste gg Entgelt angestellt ist, § 59. 2

2. Vertretener. a) Ein HV kann gem § 84 I auch für einen Nichtkaufmann tätig werden. Indessen setzt die HVm iSv **I**, § 54 I, Bezug zu einem Handelsgewerbe u damit Handeln für einen Kaufmann voraus. Handelt der HV für einen **Nichtkaufmann**, ist § 55 (u damit auch § 54) über **§ 91 I** anzuwenden. **b)** Für den Handlungsgehilfen ergibt sich schon aus § 59 S 1 („Handelsgewerbe"), daß er für einen Kaufmann tätig ist. Für einen angestellten Abschlußvertreter, der für einen nichtkaufmännischen Unternehmer tätig ist, gilt § 91 I analog (*StJoost* § 55 15; str). 3

3. Außendienst. Der Handlungsbevollmächtigte iSv Rz 2 muß damit betraut sein, Geschäfte „außerhalb des Betriebs" abzuschließen. Dieses Erfordernis bezieht **I** zwar nur auf Handlungsgehilfen, es gilt jedoch auch für den HV; str. „Betrieb" iSv **I** meint die **Niederlassung** des Kaufmanns. Für den im Innendienst Tätigen gilt § 54 (§ 54 Rz 1). 4

4. Abschlußvollmacht. Dem Vertreter muß HVm in Form einer Abschlußvollmacht (nicht: Vermittlungsvollmacht) erteilt sein (**I** be- 5

§ 55
Erstes Buch. Handelsstand

gründet eine solche nicht). **a)** Für die **Erteilung** der HVm gelten die allg Grundsätze, s § 54 Rz 6. **b)** Das Erfordernis der Abschlußvollmacht gilt (in Korrektur des Wortlauts des **I**) auch für den HV (*StJoost* § 55 24).

III. Umfang der Vollmacht, I–III

6 **1. Verweisung auf § 54. a)** Für den Umfang der Vollmacht ist maßgeblich der Inhalt der rechtsgeschäftlichen Erklärung; in zweiter Linie kommt es auf die Vermutung des § 54 I an, auf die **I** verweist. Ob eine General-, Art- oder Spezial-HVm erteilt worden ist, muß die Auslegung ergeben. **b)** Die **Beschränkung** des Vollmachtumfangs durch § 54 II gilt auch bei § 55.

7 **2. Vertragsänderung, II.** Die Abschlußvollmacht als HVm enthält (anders als die HVm nach § 54 I) **nicht** die Befugnis, auch selbst abgeschlossene Verträge zu ändern. **a)** Von der Vollmacht ausgeschlossen ist jede Änderung des Vertrages in seinem **Bestand** (zB durch Kündigung; Anfechtung; Rücktritt; auch Ablehnungsandrohung mit Fristsetzung iSv §§ 326 I, 634 I BGB; Aufhebungsvertrag) oder **Inhalt** (Vertragsbedingungen, zB Fälligkeit, Preis, Lieferbedingungen), auch die nachträgliche Gewährung einer **Zahlungsfrist**. Erklärungen, die nur der Durchführung des Vertrages bzw der Erhaltung von Rechten dienen, fallen nicht unter **II** (zB Mängelanzeige, § 377; Mahnung). **b) II** ist abdingbar. Eine Bevollmächtigung zu Rechtshandlungen iSv **II** kann auch schlüssig erteilt werden. **c)** Bei **II** handelt es sich um eine ges Beschränkung der HVm (§ 54 III unanwendbar). Evtl können Rechtsscheingrundsätze eingreifen.

8 **3. Annahme von Zahlungen, III. a)** Die Vollmacht des Handlungsbevollmächtigten umfaßt nicht die Annahme von Zahlungen (Bargeld, Barschecks). Dies gilt auch, wenn eine Ermächtigung iSv **II**, etwa zur Stundung des Kaufpreises, vorliegt. **b) III** läßt § 370 BGB unberührt, wonach der Überbringer einer **Quittung** als ermächtigt gilt, die Leistung zu empfangen, sofern nicht die dem Leistenden bekannten Umstände der Annahme einer solchen Ermächtigung entgegenstehen. Der Schuldner trägt das Fälschungsrisiko. **c)** Die Ermächtigung zur Entgegennahme von Zahlungen (Inkassovollmacht) kann auch stillschweigend erteilt werden. **d) III** als ges Begrenzung der HVm wirkt auch ggü gutgl Dritten; evtl sind Rechtsscheingrundsätze anwendbar (BGH WM 76, 716).

9 **4. Rechtsgeschäftliche Beschränkungen:** s § 54 Rz 13. Gutgläubensschutz: § 54 Rz 14 f.

IV. Erweiterungen, IV

10 **1. IV 1 HS** erweitert den Umfang der **Abschlußvollmacht** der Vertreter im Außendienst um die Ermächtigung, Erklärungen entgegenzunehmen, die ein Dritter im Zusammenhang mit **mangelhaf-**

ten Leistungen des Kaufmanns abgibt (Empfangsvollmacht bez Mängelanzeige, Wandlungsverlangen, Rücktritt, Mahnung). Erklärt der Dritte, die Ware zur Verfügung stellen zu wollen, kann sie der Bevollmächtigte entgegennehmen. Ob der Bevollmächtigte den Vertrag abgeschlossen hat oder ein anderer Vertreter, ist gleichgültig (*HeySonnenschein/Weitemeyer* § 55 19; str). Die Entgegennahme von Erklärungen, die der Durchführung des Vertrages dienen (zB Ausübung einer Wahlschuld, § 263 BGB), ist von der Abschlußvollmacht über **I** iSv § 54 I gedeckt. Die Empfangsvollmacht, **IV**, kann eingeschränkt werden; zugunsten gutgl Dritter greift **I**, § 54 III ein (*SchlSchröder* § 55 11; vgl § 91 II 2). **IV** enthält keine Ermächtigung zur Abgabe bindender Erklärungen im Zusammenhang mit der mangelhaften Leistung (zB Anerkenntnis). Auch hier kommt eine **Rechtsscheinvollmacht** in Betracht.

2. IV 2 HS stellt klar, daß der Bevollmächtigte die dem Unternehmer zustehenden Rechte auf Sicherung des Beweises (im Zusammenhang mit der mangelhaften Leistung) geltend machen kann, §§ 485 ff ZPO. **11**

V. Vertretung ohne Vertretungsmacht

Bei fehlender oder überschrittener Abschlußvollmacht ergeben sich die Rechtsfolgen aus §§ 177 ff BGB. Als **Sonderregelungen** sind für den Handlungsgehilfen § 75 h I, II u für den HV § 91 a I, II zu beachten, wonach der Abschluß des Vertrages als genehmigt gilt, wenn nicht der Unternehmer, nachdem er von ihm erfahren hat, das Geschäft unverzüglich ablehnt. **12**

§ 56 [Angestellte in Laden oder Warenlager]
Wer in einem Laden oder in einem offenen Warenlager angestellt ist, gilt als ermächtigt zu Verkäufen und Empfangnahmen, die in einem derartigen Laden oder Warenlager gewöhnlich geschehen.

I. Allgemeines

1. **Zweck.** Die Vorschrift zielt auf einen bes Schutz des Geschäftsverkehrs, der erwartet, daß das in einem Laden bzw offenen Warenlager beschäftigte Personal Vollmacht zu gewöhnlichen Empfangnahmen u Verkäufen hat. Von daher läßt sich eine weite Auslegung (RG 69, 309), nicht aber eine Analogie für den Fall des Ankaufs (eingehend BGH NJW 88, 1209 f) rechtfertigen. Für (analoge) Anwendung bei Dienstleistungen: *MKHGBEKrebs* § 56 4. § 56 hat Bedeutung sowohl für die **Erteilung** (anders § 54) wie auch für den **Umfang** der Vollmacht (Rz 2). **1**

2. Die **dogmatische Deutung** des § 56 ist str: **a)** Fall einer rechtsgeschäftlichen Bevollmächtigung (DVm; *Flume* § 49 3) durch schlüssi- **2**

ges Verhalten (*SchlSchröder* § 56 1); Rechtsscheinhaftung (*Canaris* § 16 5; *GKNickel* § 56 1); unwiderlegbare (RG 69, 309;) Vermutung (BGH NJW 88, 2110); Kombination aus Vermutung u Rechtsscheinhaftung (*Schmidt* § 16 V 2 a; *StJoost* § 56 7); ges Vertretungsmacht (*Th Honsell* JA 84, 22; *MKHGBLieb/Krebs* § 56 5); weitere Deutungen bei *StJoost* § 56 4. **b)** Im **Kontext** der §§ 54 ff läßt sich § 56 als **widerlegbare Vermutung** für eine Einräumung u den Umfang der Vollmacht deuten (*BauHopt* § 56 4; *Canaris* § 16 6): In der „Anstellung" liegt idR die konkludente **Erteilung** einer (Innen-) Vollmacht (kraft **Zuweisung** einer typischerweise mit einer Vollmacht verbundenen **Stellung**; vgl § 54 Rz 6, 20). § 56 bestimmt für diese Vollmacht (wie bei § 54 I) den **Umfang**, ebenso wie für eine ausdr erteilte (Innen-)Vollmacht, die eine Tätigkeit in einem Laden oder Warenlager betrifft. Iü ist § 56 (iVm § 54 III analog) ein Fall der **Rechtsscheinhaftung**, wenn die Vermutung widerlegt wird (*Altmeppen* 175). **c)** § 56 greift unabhängig davon ein, ob es sich um Fremdbesucher oder Dauerkunden handelt (BGH NJW 75, 2191).

II. Voraussetzungen

3   **1. Auf seiten des Vertretenen.** Nach altem Recht war § 56 auf § 1 II Nr 1 aF u damit auf den Voll- u Minderkaufmann zugeschnitten. Daraus erklärt sich, daß der Wortlaut keinen Bezug auf ein Handelsgewerbe nimmt. Das HRefG hat mit § 1 II nF diesen Zusammenhang bei Kleingewerbebetreibenden aufgelöst. Die RegBegr denkt va an analoge Anwendung (BR-Dr 340/97 S 30). Dies trifft (wie bei § 54; vgl dort Rz 4) zu (*MKHGBEKrebs* § 56 3; sehr str); einer vom Wortlaut möglichen direkten Anwendung steht entgegen, daß § 56 als bes Ausgestaltung einer HVm gem § 54 I gilt. Ist der Kaufmann minderjährig, ist die Bevollmächtigung nur wirksam, wenn ein Fall des § 112 BGB gegeben ist oder der ges Vertreter zustimmt. Die Rechtsscheingrundsätze (Rz 2) greifen nicht zu Lasten Minderjähriger ein; anders, wenn der Rechtsschein durch den ges Vertreter gesetzt wird (*HeySonnenschein/Weitemeyer* § 56 17).

4   **2. Auf seiten des Vertreters. a)** Zur Geschäftsfähigkeit s § 54 Rz 5. **b)** Für die **Anstellung** iSv § 56 ist entscheidend, daß die Person mit Wissen u Wollen des Inhabers (**Funktionszuweisung;** *ThHonsell* JA 84, 22) tätig wird (RG 108, 49; BGH NJW 75, 2191). Nur so läßt sich eine Bevollmächtigung vermuten (Rz 2). Auf das Innenverhältnis kommt es nicht an; es kann reine Gefälligkeit vorliegen. **c)** Die **Stellung,** in der die Person tätig wird, muß geschäftlichen Verkehr mit dem Publikum beinhalten (RG 108, 49; str). § 56 ist auf Reinigungspersonal u Packer unanwendbar. Werden diese als „Verkaufspersonal" tätig, sind ggf die allg Rechtsscheingrundsätze einschlägig (Rz 12).

5   **3. Laden, Warenlager.** Der Vertreter muß in einem Geschäftslokal des Inhabers tätig sein (also nicht: Außendienst). **a) Laden** ist jede dem

Fünfter Abschnitt. Prokura und Handlungsvollmacht **§ 56**

Publikum zugängliche, nicht notwendig dauerhafte Verkaufsstätte; auch ein offener Verkaufsstand (RG 69, 308), Zelt, Messestand. Nicht: Büro- (Ffm WM 99, 794) u Fabrikationsräume. **b)** Als **offenes Warenlager** ist eine Stätte anzusehen, die zur Lagerung von Waren dient u dem Publikum für Geschäftsabschlüsse zugänglich ist.

III. Vertretungsmacht

1. Für die Vollmacht iSv § 56 gelten die **allg Grundsätze**. Schließt 6 der Kaufmann die Vollmacht aus, ist die Vermutung des § 56 widerlegt. Zum Schutze Dritter greifen § 15 iVm § 54 III analog ein (Rz 2). Anfechtung (wg Inhaltsirrtums bzgl Bedeutung der Ausstellung) ist aufgrund des Zwecks des § 56 zu versagen (*Kindl* 227 ff; *Schmidt* § 16 V 3 d; vgl § 54 Rz 6; vor § 343 Rz 7).

2. Umfang. a) Ort der Geschäftstätigkeit. Die Vertretungsmacht 7 bezieht sich nur auf Geschäftsabschlüsse u Empfangnahmen **im** Laden oder Lager. Telefonische Abschlüsse werden von § 56 gedeckt, wenn sich die angestellte Person im Laden oder Lager befindet. Eine bloße Geschäftsanbahnung in diesem Bereich reicht aus, wenn das Geschäft im unmittelbaren örtl Zusammenhang (etwa auf einem anliegenden Ausstellungsgelände) abgeschlossen wird (str).

b) Die Vollmacht umfaßt **Verkäufe**. Verkauf meint das gesamte 8 Umsatzgeschäft, also Kaufvertrag gem § 433 BGB u Übereignung (BGH NJW 88, 2109); Vermittlung eines solchen Umsatzgeschäfts (BGH WM 75, 310); Umtausch (str); auch (analoge Anwendung): Werkvertrag, Leasing (*BauHopt* § 56 4), Dienstleistungen (*MKHGBE-Krebs* § 56 4; aA implizit Ffm WM 99, 794). § 56 gilt **nicht**: für den Ankauf von Waren (BGH NJW 88, 2109 mit eingehender Begründung; auch nicht analog wg unterschiedlicher Interessenlage); für die Rückabwicklung eines Absatzgeschäfts (auch bei Anfechtung).

c) Empfangnahme umfaßt die Entgegennahme von Zahlungen 9 wie auch von gelieferter (mangelhafter) Ware; auch Mängelanzeigen.

d) § 56 bezieht sich nur auf solche Verkäufe u Empfangnahmen, die 10 in einem **derartigen** Laden oder Warenlager **gewöhnlich** geschehen. Abzustellen ist dabei auf das Geschäft an sich (Typ) wie auch auf den konkreten Inhalt (Rabattgewährung; Zusicherung); es kommt insoweit auf Üblichkeit in vergleichbaren Geschäftslokalen an.

3. Beschränkungen der Vollmacht abw von § 56 sind nur bei einer 11 ausdr erteilten Vollmacht denkbar. Zum Schutze gutgl Dritter ist dann § 54 III analog anzuwenden (hL; s § 54 Rz 14–17). Aushänge im Laden oder Warenlager muß Dritter zur Kenntnis nehmen. Dritter hat Wahlrecht (*Altmeppen* 177; str). Bei Beschränkungen im Innenverhältnis (zB Weisungen) greifen uU die Grundsätze über den Mißbrauch der Vertretungsmacht ein (s § 50 Rz 11, 14; § 54 Rz 14, 19).

§§ 57, 58 Erstes Buch. Handelsstand

IV. Rechtsscheinvollmacht

12 Fehlt es an einer Anstellung (Funktionszuweisung; Rz 4; BGH NJW 88, 2110), greifen uU die allg Rechtsscheingrundsätze (DVm, AVm) ein (vor § 48 Rz 7, 8).

§ 57 [Zeichnung des Handlungsbevollmächtigten]
Der Handlungsbevollmächtigte hat sich bei der Zeichnung jedes eine Prokura andeutenden Zusatzes zu enthalten; er hat mit einem das Vollmachtsverhältnis ausdrückenden Zusatze zu zeichnen.

1 **1. Zweck.** Die Vorschrift dient dem Verkehrsschutz. Es sollen Verwechslungen der HVm mit der Prokura vermieden werden.

2 **2. Inhalt.** § 57 gilt für alle schriftlichen Erklärungen des Handlungsbevollmächtigten (§ 54 I; auch bei §§ 55, 56). Die Norm verbietet ihm, einen die Prokura andeutenden Zusatz („pp") zu verwenden. Er hat mit einem das Vollmachtsverhältnis andeutenden Zusatz zu zeichnen („i. V."; „i. A."; „in Vertretung" uä). Dieser ist der Firma des Inhabers hinzuzufügen. Iü gelten die bei § 51 erörterten Grundsätze.

3 **3. Rechtsfolgen. a)** § 57 ist **Ordnungsvorschrift**. Ein Verstoß beeinflußt die Wirksamkeit des Geschäfts nicht. **b)** Wird das Vertretungsverhältnis nicht offengelegt, kann sich aus den Umständen ein Handeln für den Kaufmann ergeben (sog unternehmensbezogenes Geschäft; vor § 48 Rz 4). Ansonsten liegt ein Eigengeschäft des Vertreters vor (s § 164 II BGB).

§ 58 [Unübertragbarkeit der Handlungsvollmacht]
Der Handlungsbevollmächtigte kann ohne Zustimmung des Inhabers des Handelsgeschäfts seine Handlungsvollmacht auf einen anderen nicht übertragen.

1 **1. Inhalt.** § 58 klärt, daß die „Übertragung" der HVm nicht von der HVm selbst gedeckt ist u daher der Zustimmung des Kaufmanns bedarf.

2 **2.** § 58 gebraucht den Begriff **Übertragung** im untechnischen Sinn; gemeint ist eine **Ersatzbevollmächtigung. a)** Eine BGB-Vollmacht ist keine Rechtsstellung, die rechtsgeschäftlich (etwa im Wege der Abtretung) auf einen anderen „übertragen" werden könnte (*MKBGB-Schramm*[4] § 167 93). Dies gilt auch für die Handlungsvollmacht (*StJoost* § 58 2). **b)** Eine Ersatzbevollmächtigung geschieht mittels (nicht notwendig deckungsgleicher, aber nicht weitreichenderer) Bevollmächtigung eines Dritten durch den Erstbevollmächtigten im Namen des Kaufmanns u durch (konkludenten) Verzicht des Erstbevollmächtigten. **c)** Für die **Zustimmung** des Inhabers (bzw seines ges Vertreters) gelten die §§ 182 ff BGB. Sie kann formlos, auch schlüssig erteilt werden.

3. **Abgrenzungen. a)** § 58 betrifft nicht die (umgangssprachliche) 3
„Übertragung" durch den Kaufmann selbst. Diese ist **Neuerteilung**
der Vollmacht an einen Dritten u Widerruf ggüber dem Erstbevollmächtigten (*BauHopt* § 58 1). **b)** § 58 geht vom Erlöschen der Vollmacht in der Person des Erstbevollmächtigten (durch Verzicht) aus.
Davon zu unterscheiden ist die **Unterbevollmächtigung**, bei der die
ursprüngliche HVm fortbesteht. Der Kaufmann kann die Ermächtigung
zur Unterbevollmächtigung selbst (negativ, positiv) regeln, auch in den
Fällen des § 54 II (dazu Mü WM 84, 835). Iü ist entscheidend, ob die
Unterbevollmächtigung zu den gewöhnlichen Geschäften iSv § 54 I
gehört. Dies setzt idR voraus, daß die Untervollmacht (räumlich,
gegenständlich) schmaler als die Vollmacht des Handlungsbevollmächtigten ist (*SchlSchröder* § 58 3). Die Untervollmacht kann auf keinen Fall
weiter reichen als die HVm selbst.

Sechster Abschnitt. Handlungsgehilfen und Handlungslehrlinge

§ 59 [Handlungsgehilfe]

[1] **Wer in einem Handelsgewerbe zur Leistung kaufmännischer Dienste gegen Entgelt angestellt ist (Handlungsgehilfe), hat, soweit nicht besondere Vereinbarungen über die Art und den Umfang seiner Dienstleistungen oder über die ihm zukommende Vergütung getroffen sind, die dem Ortsgebrauch entsprechende Dienste zu leisten sowie die dem Ortsgebrauch entsprechende Vergütung zu beanspruchen.** [2] **In Ermangelung eines Ortsgebrauchs gelten die den Umständen nach angemessenen Leistungen als vereinbart.**

Lit *Schaub,* Arbeitsrechtshandbuch.

1. **Allgemeines.** Die §§ 59–83 enthalten Splitter arbeitsrechtlicher 1
Natur für eine bes Gattung von Arbeitnehmern, die kaufmännischen
Angestellten, die vom HGB Handlungsgehilfen genannt werden. Die
Vorschriften der §§ 59 ff sind durch sonstige arbeitsrechtliche Regeln,
zB die §§ 611 ff BGB, TVG, BUrlG, BetrVG zu ergänzen.

2. **Begriff des Handlungsgehilfen.** Arbeitgeber muß ein Kauf- 2
mann iSd §§ 1–6 sein. Der Gehilfe muß unselbständig beschäftigt, also
Arbeitnehmer sein. Er muß verpflichtet sein, Dienste zu leisten, die
nach der Verkehrsauffassung im Schwerpunkt kaufmännischer und
nicht mechanischer oder technischer Natur sind.

3. **Vergütung.** § 59 steht unter dem Vorbehalt, daß die Arbeitsver- 3
tragsparteien nicht tarifgebunden sind, daß keine Betriebsvereinbarung
oder betriebliche Übung existiert.

§§ 60, 61

§ 60 [Gesetzliches Wettbewerbsverbot]

(1) **Der Handlungsgehilfe darf ohne Einwilligung des Prinzipals weder ein Handelsgewerbe betreiben noch in dem Handelszweige des Prinzipals für eigene oder fremde Rechnung Geschäfte machen.**

(2) **Die Einwilligung zum Betrieb eines Handelsgewerbes gilt als erteilt, wenn dem Prinzipal bei der Anstellung des Gehilfen bekannt ist, daß er das Gewerbe betreibt, und der Prinzipal die Aufgabe des Betriebs nicht ausdrücklich vereinbart.**

1 Das Wettbewerbsverbot gilt grds nur während der Dauer des Arbeitsverhältnisses (vgl §§ 74 ff HGB, 628 II BGB [BAG ZIP 99, 296]), auch wenn der Gehilfe seine Dienste nicht erbringt (BAG BB 70, 214; Ausnahme BErzGG), es sei denn, daß sich der Arbeitgeber im Annahmeverzug befindet (str). Der Arbeitgeber kann auch während des Kündigungsschutzprozesses Unterlassung von Wettbewerb fordern, muß aber analog §§ 74 II, 75 I Entschädigung anbieten (LAG Kln MDR 96, 78). Verboten ist der (mittelbare) Betrieb eines Handelsgewerbes (§§ 1 ff) in der Branche des Arbeitgebers (BAG AP 4, 6, 7 zu § 60). Vorbereitungshandlungen sind erlaubt, sofern sie den Arbeitgeber nicht unmittelbar schädigen (BAG AP 5, 6 zu § 60). Ferner ist jede spekulative, auf Gewinn gerichtete Teilnahme am Geschäftsverkehr in der Branche des Arbeitgebers untersagt (BAG AP 3, 5 zu § 60). Weitergehende Verbote können, soweit ein berechtigtes Interesse existiert (Art 12 GG), vereinbart werden.

§ 61 [Verletzung des Wettbewerbsverbots]

(1) **Verletzt der Handlungsgehilfe die ihm nach § 60 obliegende Verpflichtung, so kann der Prinzipal Schadensersatz fordern; er kann statt dessen verlangen, daß der Handlungsgehilfe die für eigene Rechnung gemachten Geschäfte als für Rechnung des Prinzipals eingegangen gelten lasse und die aus Geschäften für fremde Rechnung bezogene Vergütung herausgebe oder seinen Anspruch auf die Vergütung abtrete.**

(2) **Die Ansprüche verjähren in drei Monaten von dem Zeitpunkt an, in welchem der Prinzipal Kenntnis von dem Abschlusse des Geschäfts erlangt; sie verjähren ohne Rücksicht auf diese Kenntnis in fünf Jahren von dem Abschlusse des Geschäfts an.**

1 Der Arbeitgeber kann, falls der Verstoß als wichtiger Grund anzusehen ist, gemäß § 626 BGB außerordentlich kündigen, bei schuldhaftem Verhalten von Arbeitnehmern jeglicher Art Ersatz des konkreten Schadens fordern (§§ 628 BGB, 61 I HGB; Hamm BB 00, 1842), Unterlassung verlangen (Düss DB 72, 878) oder statt Schadensersatz sein Eintrittsrecht ausüben. Tritt er ein, so wird er nicht Vertragspartner des

Sechster Abschnitt. Handlungsgehilfen §§ 62, 63

Dritten. Der Gehilfe muß die Ansprüche gg den Dritten (§§ 666, 667, 670, 687 II BGB analog) bzw bei Geschäften auf fremde Rechnung (vgl § 383) die Vergütung herausgeben. Das gilt auch, wenn der Gehilfe ein Handelsgewerbe betreibt (BAG, AP 1 zu § 61), nach hM nicht aber, wenn der Gehilfe bloß Gesellschafter oder Geschäftsführer einer Gesellschaft ist (BAG AP 1 zu § 61; str, vgl § 112 Rz 4). Die kurze Verjährung des § 61 II erfaßt alle Ansprüche im Zusammenhang mit einem Verstoß gg § 60 (BAG NJW 01, 172).

§ 62 [Fürsorgepflicht des Arbeitgebers]

(1) **Der Prinzipal ist verpflichtet, die Geschäftsräume und die für den Geschäftsbetrieb bestimmten Vorrichtungen und Gerätschaften so einzurichten und zu unterhalten, auch den Geschäftsbetrieb und die Arbeitszeit so zu regeln, daß der Handlungsgehilfe gegen eine Gefährdung seiner Gesundheit, soweit die Natur des Betriebs es gestattet, geschützt und die Aufrechterhaltung der guten Sitten und des Anstandes gesichert ist.**

(2) **Ist der Handlungsgehilfe in die häusliche Gemeinschaft aufgenommen, so hat der Prinzipal in Ansehung des Wohn- und Schlafraums, der Verpflegung sowie der Arbeits- und Erholungszeit diejenigen Einrichtungen und Anordnungen zu treffen, welche mit Rücksicht auf die Gesundheit, die Sittlichkeit und die Religion des Handlungsgehilfen erforderlich sind.**

(3) **Erfüllt der Prinzipal die ihm in Ansehung des Lebens und der Gesundheit des Handlungsgehilfen obliegenden Verpflichtungen nicht, so finden auf seine Verpflichtung zum Schadensersatze die für unerlaubte Handlungen geltenden Vorschriften der §§ 842 bis 846 des Bürgerlichen Gesetzbuchs entsprechende Anwendung.**

(4) **Die dem Prinzipal hiernach obliegenden Verpflichtungen können nicht im voraus durch Vertrag aufgehoben oder beschränkt werden.**

§ 62 ist eine gesetzliche Ausprägung der allg Fürsorgepflicht des Arbeitgebers (vgl die arbeitsrechtliche Spezialliteratur). Demselben Zweck dienen zahlreiche Vorschriften des öffentlichen Arbeitnehmerschutzrechts (zB ArbStättVO). Eigentum des Gehilfen wird nicht geschützt (BAG AP 26 zu § 611 BGB). Die Pflichten aus § 62 sind, mittelbar auch über § 273 BGB, erzwingbar (BAG DB 96, 2446). Die Schadensersatzpflicht, auch aus den §§ 823, 847 BGB (hM), ist regelmäßig durch § 636 RVO ausgeschlossen. 1

§ 63 [Dienstverhinderung]

(aufgehoben)

Koller

§§ 64–73

§ 64 [Gehaltszahlung]

¹Die Zahlung des dem Handlungsgehilfen zukommenden Gehalts hat am Schlusse jedes Monats zu erfolgen. ²Eine Vereinbarung, nach der die Zahlung des Gehalts später erfolgen soll, ist nichtig.

1   Nur feste, laufende Vergütung.

§ 65 [Provision]

Ist bedungen, daß der Handlungsgehilfe für Geschäfte, die von ihm geschlossen oder vermittelt werden, Provision erhalten solle, so sind die für die Handelsvertreter geltenden Vorschriften des § 87 Abs. 1 und 3 sowie der §§ 87 a bis 87 c anzuwenden.

1   Provision ist das auf den Umsatz bezogene Entgelt. § 65 gilt zwingend. Mindestumsatzgrenzen oder Provisionszusagen, die sich ausschließlich auf volle Kalenderjahre beziehen, sind unwirksam, weil sie unzulässige Kündigungsschranken enthalten; ergänzende Vertragsauslegung ist möglich (BAG NJW 97, 541). Das Risiko der obj fehlenden Absatzmöglichkeit trägt der Arbeitgeber (BAG BB 98, 1796). Verjährung gem § 196 I 8 BGB (BAG NJW 96, 1693).

§§ 66–72 *(aufgehoben)*

§ 73 [Anspruch auf Zeugnis]

¹Bei der Beendigung des Dienstverhältnisses kann der Handlungsgehilfe ein schriftliches Zeugnis über die Art und Dauer der Beschäftigung fordern. ²Das Zeugnis ist auf Verlangen des Handlungsgehilfen auch auf die Führung und die Leistungen auszudehnen.

1   Dem einfachen Zeugnis müssen sich in gehöriger Form (BAG NZA 00, 257) Name des Arbeitgebers und Gehilfen, die konkrete Art der Tätigkeiten sowie Anfangs- und Endtermin entnehmen lassen. Auf Verlangen ist ein qualifiziertes Zeugnis auszustellen, das wahrheitsgetreu alle für die Gesamtbeurteilung bedeutsamen Tatsachen enthält. Auch ungünstige Tatsachen müssen erwähnt werden, wenn sie erheblich sind. Verpflichtet ist der letzte Arbeitgeber, selbst wenn er in Konkurs gefallen ist (BAG DB 67, 471). Der Gehilfe kann bei unrichtigen (Beweislast für Richtigkeit: Arbeitgeber; BAGE 9, 289) Zeugnissen Ausstellung eines vertragsgemäßen Zeugnisses, bei Verschulden Schadensersatz verlangen. Der Anspruch wird im allg nicht durch eine Ausgleichsquittung ausgeschlossen (Düss BB 95, 2064). Andererseits darf der Arbeitgeber ein unrichtiges Zeugnis widerrufen. Dritte können den Arbeitgeber, der (vorsätzlich) ein unrichtiges Zeugnis ausgestellt oder nicht berich-

Sechster Abschnitt. Handlungsgehilfen §§ 74–74 b

tigt hat, aus § 826 BGB oder Vertrauenshaftung in Anspruch nehmen (BGH NJW 79, 1882).

§ 74 [Vertragliches Wettbewerbsverbot; bezahlte Karenz]

(1) Eine Vereinbarung zwischen dem Prinzipal und dem Handlungsgehilfen, die den Gehilfen für die Zeit nach Beendigung des Dienstverhältnisses in seiner gewerblichen Tätigkeit beschränkt (Wettbewerbsverbot), bedarf der Schriftform und der Aushändigung einer vom Prinzipal unterzeichneten, die vereinbarten Bestimmungen enthaltenden Urkunde an den Gehilfen.

(2) Das Wettbewerbsverbot ist nur verbindlich, wenn sich der Prinzipal verpflichtet, für die Dauer des Verbots eine Entschädigung zu zahlen, die für jedes Jahr des Verbots mindestens die Hälfte der von dem Handlungsgehilfen zuletzt bezogenen vertragsmäßigen Leistungen erreicht.

Erl nach § 75 d. 1

§ 74 a [Unverbindliches oder nichtiges Verbot]

(1) [1]Das Wettbewerbsverbot ist insoweit unverbindlich, als es nicht zum Schutze eines berechtigten geschäftlichen Interesses des Prinzipals dient. [2]Es ist ferner unverbindlich, soweit es unter Berücksichtigung der gewährten Entschädigung nach Ort, Zeit oder Gegenstand eine unbillige Erschwerung des Fortkommens des Gehilfen enthält. [3]Das Verbot kann nicht auf einen Zeitraum von mehr als zwei Jahren von der Beendigung des Dienstverhältnisses an erstreckt werden.

(2) [1]Das Verbot ist nichtig, wenn der Gehilfe zur Zeit des Abschlusses minderjährig ist oder wenn sich der Prinzipal die Erfüllung auf Ehrenwort oder unter ähnlichen Versicherungen versprechen läßt. [2]Nichtig ist auch die Vereinbarung, durch die ein Dritter an Stelle des Gehilfen die Verpflichtung übernimmt, daß sich der Gehilfe nach der Beendigung des Dienstverhältnisses in seiner gewerblichen Tätigkeit beschränken werde.

(3) Unberührt bleiben die Vorschriften des § 138 des Bürgerlichen Gesetzbuchs über die Nichtigkeit von Rechtsgeschäften, die gegen die guten Sitten verstoßen.

Erl nach § 75 d. 1

§ 74 b [Zahlung und Berechnung der Entschädigung]

(1) Die nach § 74 Abs. 2 dem Handlungsgehilfen zu gewährende Entschädigung ist am Schlusse jedes Monats zu zahlen.

§§ 74 c, 75

(2) ¹Soweit die dem Gehilfen zustehenden vertragsmäßigen Leistungen in einer Provision oder in anderen wechselnden Bezügen bestehen, sind sie bei der Berechnung der Entschädigung nach dem Durchschnitt der letzten drei Jahre in Ansatz zu bringen. ²Hat die für die Bezüge bei der Beendigung des Dienstverhältnisses maßgebende Vertragsbestimmung noch nicht drei Jahre bestanden, so erfolgt der Ansatz nach dem Durchschnitt des Zeitraums, für den die Bestimmung in Kraft war.

(3) Soweit Bezüge zum Ersatze besonderer Auslagen dienen sollen, die infolge der Dienstleistung entstehen, bleiben sie außer Ansatz.

1 Erl nach § 75 d.

§ 74 c [Anrechnung anderweitigen Erwerbs]

(1) ¹Der Handlungsgehilfe muß sich auf die fällige Entschädigung anrechnen lassen, was er während des Zeitraums, für den die Entschädigung gezahlt wird, durch anderweite Verwertung seiner Arbeitskraft erwirbt oder zu erwerben böswillig unterläßt, soweit die Entschädigung unter Hinzurechnung dieses Betrags den Betrag der zuletzt von ihm bezogenen vertragsmäßigen Leistungen um mehr als ein Zehntel übersteigen würde. ²Ist der Gehilfe durch das Wettbewerbsverbot gezwungen worden, seinen Wohnsitz zu verlegen, so tritt an die Stelle des Betrags von einem Zehntel der Betrag von einem Viertel. ³Für die Dauer der Verbüßung einer Freiheitsstrafe kann der Gehilfe eine Entschädigung nicht verlangen.

(2) Der Gehilfe ist verpflichtet, dem Prinzipal auf Erfordern über die Höhe seines Erwerbes Auskunft zu erteilen.

1 Erl nach § 75 d.

§ 75 [Unwirksamwerden des Wettbewerbsverbots]

(1) Löst der Gehilfe das Dienstverhältnis gemäß den Vorschriften der *§§ 70 und 71* wegen vertragswidrigen Verhaltens des Prinzipals auf, so wird das Wettbewerbsverbot unwirksam, wenn der Gehilfe vor Ablauf eines Monats nach der Kündigung schriftlich erklärt, daß er sich an die Vereinbarung nicht gebunden erachte.

(2) ¹In gleicher Weise wird das Wettbewerbsverbot unwirksam, wenn der Prinzipal das Dienstverhältnis kündigt, es sei denn, daß für die Kündigung ein erheblicher Anlaß in der Person des Gehilfen vorliegt oder daß sich der Prinzipal bei der Kündigung bereit erklärt, während der Dauer der Beschränkung dem Gehilfen die vollen zuletzt von ihm bezogenen vertragsmäßigen Leistungen zu gewähren. ²Im letzteren Falle finden die Vorschriften des § 74 b entsprechende Anwendung.

(3) *Löst der Prinzipal das Dienstverhältnis gemäß den Vorschriften der §§ 70 und 72 wegen vertragswidrigen Verhaltens des Gehilfen auf, so hat der Gehilfe keinen Anspruch auf die Entschädigung.*

Erl nach § 75 d. 1

§ 75 a [Verzicht des Prinzipals auf Wettbewerbsverbot]

Der Prinzipal kann vor der Beendigung des Dienstverhältnisses durch schriftliche Erklärung auf das Wettbewerbsverbot mit der Wirkung verzichten, daß er mit dem Ablauf eines Jahres seit der Erklärung von der Verpflichtung zur Zahlung der Entschädigung frei wird.

Erl nach § 75 d. 1

§ 75 b [Ausnahmen von der Entschädigungspflicht]

(*aufgehoben;* BGBl 2000 I 2010).

§ 75 c [Vertragsstrafe]

(1) ¹Hat der Handlungsgehilfe für den Fall, daß er die in der Vereinbarung übernommene Verpflichtung nicht erfüllt, eine Strafe versprochen, so kann der Prinzipal Ansprüche nur nach Maßgabe der Vorschriften des § 340 des Bürgerlichen Gesetzbuchs geltend machen. ²Die Vorschriften des Bürgerlichen Gesetzbuchs über die Herabsetzung einer unverhältnismäßig hohen Vertragsstrafe bleiben unberührt.

(2) Ist die Verbindlichkeit der Vereinbarung nicht davon abhängig, daß sich der Prinzipal zur Zahlung einer Entschädigung an den Gehilfen verpflichtet, so kann der Prinzipal, wenn sich der Gehilfe einer Vertragsstrafe der in Absatz 1 bezeichneten Art unterworfen hat, nur die verwirkte Strafe verlangen; der Anspruch auf Erfüllung oder auf Ersatz eines weiteren Schadens ist ausgeschlossen.

Erl nach § 75 d. 1

§ 75 d [Abweichende Vereinbarungen]

¹Auf eine Vereinbarung, durch die von den Vorschriften der §§ 74 bis 75 c zum Nachteil des Handlungsgehilfen abgewichen wird, kann sich der Prinzipal nicht berufen. ²Das gilt auch von Vereinbarungen, die bezwecken, die gesetzlichen Vorschriften über das Mindestmaß der Entschädigung durch Verrechnungen oder auf sonstige Weise zu umgehen.

§ 75 d

Erläuterungen zu den §§ 74–75 d

I. Wettbewerbsverbot kraft Gesetz nach Beendigung des Arbeitsverhältnisses

1 Wettbewerbsbeschränkungen können sich aus den §§ 1 UWG, 823, 826 BGB ergeben; ggf aus § 242 BGB, wenn der Arbeitnehmer (Gehilfe) Ruhegehalt bezieht und gleichwohl für den Arbeitgeber ruinösen Wettbewerb betreibt.

II. Wettbewerbsverbot kraft Vereinbarung

2 **1. Allgemeines.** Grds können Arbeitgeber und Gehilfen (Arbeitnehmer) in beliebiger Weise Wettbewerbsverbote für die Zeit nach Beendigung des Arbeitsverhältnisses vereinbaren (Ausnahme: §§ 5 I, 19 BBiG). Zur Auslegung BAG BB 97, 1797. Abreden, die vor, während oder bei Beendigung des Arbeitsverhältnisses (BAG BB 94, 2282) getroffen werden und durch die Arbeitnehmer (mittelbar) gehindert werden sollen, ihr Erfahrungswissen (teilweise) zu nutzen (zB auch Kundenschutzklauseln; Kln NZA-RR 00, 19), sind jedoch zugunsten des Gehilfen (§ 75 d) einer Reihe von Schranken unterworfen. Sie sind auf Arbeitnehmer, die sich weder auf § 133 f GewO noch auf §§ 5, 19 BBiG berufen können (§ 83), analog anzuwenden (BAG AP 24, 26 zu § 611 BGB Konkurrenzklausel), zT auch auf Arbeitnehmer iSd § 133 f GewO, auf arbeitnehmerähnliche Personen (BAG BB 97, 1797; Kln NZA-RR 00, 19) und sehr eingeschränkt auf Geschäftsführer einer GmbH (BGH NJW 92, 1893; Schlesw NZG 00, 894; Düss NZG 00, 737; *Bauer* GmbHR 99, 895).

3 **2. Schranken der Vertragsfreiheit. a) Tarifvertrag.** Die zugunsten der Gehilfen durch die §§ 74 ff statuierten Schranken können durch Tarifvertrag erhöht, nicht aber abgebaut werden (§ 75 d). Soweit die §§ 74 ff auf andere Arbeitnehmer als Handlungsgehilfen analog angewandt werden, gelten sie nur tarifdispositiv (BAG AP 28 zu § 74). Jedenfalls ist § 4 TVG zu beachten.

4 **b) Schriftform (§ 74 I).** Die Abrede bedarf der Schriftform (§ 126 BGB); zusätzlich muß die Urkunde, die sämtliche Abreden enthält, unverzüglich ausgehändigt werden.

c) Karenzentschädigung (§ 74 II). Wird bei Abschluß der Wettbewerbsvereinbarung nicht eindeutig (BAG BB 96, 962) irgendeine Karenzentschädigung zugesagt, so ist das Wettbewerbsverbot nichtig (BAG AP 1 zu § 74; BB 94, 2283). Dort, wo die Entschädigung unter Berücksichtigung sämtlicher Einkommensbestandteile, die als Entgelt für die Arbeitsleistung anzusehen sind, nicht die Grenze des § 74 II (Hälfte des Jahreseinkommens; Ffm DB 91, 709) erreicht, kann der Gehilfe bei Ende des Arbeitsverhältnisses oder des über das Wettbewerbsverbot geführten Rechtsstreits (BAG BB 87, 2166) wählen, ob er sich an das Verbot hält und die vereinbarte (str; BAG NJW 90, 1870) Entschädigung verlangt oder ob er die Freiheit zum Wettbewerb in Anspruch nimmt (§ 75 d). **d) Minderbesoldete (§ 74 a II 1).** Die Vorschrift ist nichtig (BAG AP 14 zu § 75 b). **e) Minderjährige, Ehrenwort, Dritte (§ 74 a II 2).** In allen diesen Fällen ist die Abrede selbst bei vormundschaftsgerichtlicher Genehmigung gänzlich nichtig. **f) §§ 138 BGB, 5 BBiG.** Von den in § 5 BBiG geregelten Ausnahmen abgesehen sind Wettbewerbsvereinbarungen mit Personen nichtig, die in einem Berufsausbildungsverhältnis stehen. Da primär die §§ 74 ff anzuwenden sind, greift § 138 BGB nur ausnahmsweise, etwa bei Knebelung oder Unbestimmtheit (Düss BB 97, 319), ein. **g) Interesse des Arbeitgebers (§ 74 a I).** Der Arbeitgeber hat ein berechtigtes Interesse, wenn er Anlaß hat, den Einbruch seines Gehilfen in seinen Kunden- oder Lieferantenstamm oder die Weitergabe von Informationen zu fürchten, nicht aber in Hinblick auf künftige Kunden oder auf die Verhinderung der Stärkung seiner Wettbewerber (BAG BB 96, 379). Fehlt das Interesse, so erwirbt der Gehilfe ein Wahlrecht. Er kann sich auf die Unverbindlichkeit berufen; er kann sich aber auch zur Einhaltung des Verbots entschließen und Karenzzahlungen verlangen. **h) Unbillige Erschwerung (§ 74 a I).** Es ist zwischen der Entschädigung und den Beschränkungen abzuwägen (BAG AP 19 zu § 133 f GewO). Ist die Beschränkung unbillig, so erwirbt der Gehilfe ein Wahlrecht (s o Rz 4). **i) Bedingte Wettbewerbsverbote.** Bedingt ist eine Wettbewerbsabrede, wenn der Arbeitgeber (mittelbar) entschädigungsfrei darüber entscheiden kann, ob er sich auf das Wettbewerbsverbot berufen will oder nicht (BAG AP 36, 42 zu § 74; BB 91, 625). Dem Gehilfen steht hier bei Beginn der Karenzzeit ein Wahlrecht zu (oben Rz 4; BAG BB 91, 625), uU kann er die Wahl hinausschieben. Die Wahl muß nicht erklärt werden; der Arbeitgeber kann den Gehilfen analog § 264 BGB zur Erklärung auffordern (BAG BB 91, 625).

3. Lossagerecht des Gehilfen (§ 75). Nur bei einer wirksamen außerordentlichen Kündigung (§ 626 BGB) seitens des Gehilfen kann sich dieser unter den in § 75 I genannten Voraussetzungen lossagen. Die Fristen sind immer einzuhalten (BAG AP 4 zu § 75). Der Zugang der Lossageerklärung (§ 130 BGB) führt zur ex-nunc-Nichtigkeit des Verbots. Gleiches gilt, wenn der Arbeitgeber ohne erheblichen Grund und, ohne bei Kündigung erhöhte Zahlungen zuzusagen, ordentlich kündigt (§ 75 II). Dies soll bei Aufhebungsverträgen auch zugunsten von GmbH-Geschäftsführern gelten (Schlesw NZG 00, 894); allg einschr Kln NZG 00, 740. Der Arbeitnehmer kann unter den Voraussetzungen der §§ 325, 326 BGB von der Vereinbarung zurücktreten.

4. Lossagerecht des Arbeitgebers. Kündigt der Arbeitgeber außerordentlich (§ 626 BGB), so steht ihm die Möglichkeit offen, sich vom Wettbewerbsverbot in der Frist des § 75 I loszusagen (BAG BB 99, 215). Gleiches gilt, wenn der Arbeitgeber zwar ordentlich kündigte oder einen Aufhebungsvertrag schließt, obwohl er außerordentlich hätte

§ 75 d

kündigen können (BAG AP 21, 25 zu § 74; 2, 4 zu § 75). Dies soll auch für GmbH-Geschäftsführer gelten (Schlesw NZG 00, 894). Erfüllt der Gehilfe nicht seine Pflicht, Wettbewerb zu unterlassen, so kann der Arbeitgeber im Rahmen der §§ 325, 326 BGB von der Vereinbarung zurücktreten. § 75 III ist verfassungswidrig (BAG NJW 99, 1886).

9 **5. Ende des Wettbewerbsverbotes. a) Zwei Jahre (§ 74 a I).** Spätestens (§ 75 d) nach 2 Jahren erlischt das Wettbewerbsverbot. **b) Einseitiger Verzicht (§ 75 a), Lossagung.** Die schriftliche (§ 126 BGB), unbedingte Erklärung iSd § 75 a muß spätestens zusammen mit der Kündigung oder bei der Vereinbarung über die Aufhebung des Arbeitsverhältnisses (Auslegung: Kln BB 97, 1328) abgegeben werden. Das Wettbewerbsverbot entfällt sofort. Ein Verzicht kann gg § 242 BGB verstoßen (BAG DB 79, 1184). Lossagung, Rz 7. **c) Aufhebungsvertrag.** Aufhebungsverträge sind jederzeit formlos möglich (BAG NJW 89, 2149); iZw werden sie nicht durch bloßes Schweigen geschlossen. **d) Persönliche Unfähigkeit zum Wettbewerb.** Davon ist iZw auch auszugehen, wenn der Gehilfe die Tätigkeit beim Arbeitgeber nicht aufgenommen hat (BAG ZIP 92, 1763).

10 **6. Pflichten des Gehilfen, Sanktionen.** Der Gehilfe hat erzwingbar (§ 890 ZPO) Wettbewerb (Rz 2) zu unterlassen (BAG BB 70, 801). Tut er dies nicht, so entfällt zeitanteilig sein Karenzanspruch (§§ 320, 323 BGB; BAG BB 60, 1326). Unter den Voraussetzungen der §§ 325, 326 BGB kann der Arbeitgeber zurücktreten oder Schadensersatz verlangen (BAG NJW 86, 1192). Der Gehilfe hat sich außerdem zumutbar um anderweitige Beschäftigung zu bemühen (§ 74 c; BAG NZA 95, 631 [Wohnsitzverlegung]). Dies hindert ihn nicht, in Altersruhestand zu treten (BAG BB 91, 911) oder uU ein Studium zu beginnen (BAG NJW 96, 2677). Vertragsstrafenabreden sind im Rahmen des § 75 c zulässig.

11 **7. Pflichten des Arbeitgebers, Sanktionen.** Der Arbeitgeber hat erzwingbar für die Dauer des Wettbewerbsverbots (BAG BB 91, 911) die versprochene Karenzentschädigung (zu deren Gültigkeit, Rz 4) zu zahlen. Ist nichts besonderes geregelt, sondern wird nur auf § 74 verwiesen, so sind unabhängig von der Fälligkeit (BAG NJW 90, 1870) sämtliche, auch die widerrufbaren Einkommensbestandteile zu berücksichtigen, die als Gegenleistung für die Arbeitstätigkeit anzusehen sind (zB Lohnfortzahlung, Leistungszulagen, Provision [§ 74 b II], grds auch feste Spesen [§ 74 b III; BGH NJW 84, 2544], nicht aber Vergütung gem ArbnErfG, Krankenversicherungszuschuß). Der Gehilfe muß sich (teilweise; § 74 c) anrechnen lassen, was er während des Entschädigungszeitraums (BAG NJW 94, 2042 f) anderweitig aus unselbständiger Beschäftigung erwirbt, auch Arbeitslosengeld (BAG BB 90, 2337; aA *Plagemann* ZIP 91, 1121), nicht aber Übergangsgeld (BAG DB 90, 889), Abfindung (BAG DStR 95, 1036). Einkommen, das er auch bei Fortbestand des Arbeitsverhältnisses hätte erzielen können, braucht er sich nicht anrechnen zu lassen. Bei selbständiger Tätigkeit sind Abschläge für Kapitaleinsatz, Unternehmerrisiko und eigene Erfindungen zu machen (*Schaub* § 58 V 4). Gleiches gilt für Einkünfte, die er redlicherweise (BAG AP 7 zu § 74 a) hätte erzielen können. IZw braucht der Gehilfe nicht berufsfremd zu arbeiten. Zum Wohnortwechsel, BAG BB 95, 884; 00, 165. Fälligkeit, § 74 b I (nicht Kalendermonat). Nichtzahlung, §§ 320, 326 BGB. Verjährung, § 196 BGB (BAG NJW 84, 2544). Tarifliche Ausschlußfristen berühren nicht das Stammrecht (BAG DB 85. 658); formularmäßige Ausschlußfrist, BAG NJW 98, 1732.

§ 75 e *(aufgehoben)*

§ 75 f [Sperrabrede unter Arbeitgebern]

¹Im Falle einer Vereinbarung, durch die sich ein Prinzipal einem anderen Prinzipal gegenüber verpflichtet, einen Handlungsgehilfen, der bei diesem im Dienst ist oder gewesen ist, nicht oder nur unter bestimmten Voraussetzungen anzustellen, steht beiden Teilen der Rücktritt frei. ²Aus der Vereinbarung findet weder Klage noch Einrede statt.

§ 75 f gilt auch für nichtkaufmännische Angestellte und bei der Arbeitnehmerüberlassung analog (BGH AP 2 zu § 75 f; NJW 74, 1330). Die Abrede iSd § 75 f verstößt im Licht des heutigen Verständnisses des Art 12 GG gegen § 138 BGB (str). Übt eine der Parteien Druck aus, so kann der Gehilfe gemäß § 826 BGB Ersatz verlangen. Die Grundsätze über den arbeitsrechtlichen Kontrahierungszwang (*Schaub* § 32 V) bleiben unberührt. 1

§ 75 g [Vermittlungsgehilfe]

¹§ 55 Abs. 4 gilt auch für einen Handlungsgehilfen, der damit betraut ist, außerhalb des Betriebes des Prinzipals für diesen Geschäfte zu vermitteln. ²Eine Beschränkung dieser Rechte braucht ein Dritter gegen sich nur gelten zu lassen, wenn er sie kannte oder kennen mußte.

§ 75 g erstreckt § 55 IV auf den Fall, daß der Gehilfe lediglich vermittelt (vgl § 93). 1

§ 75 h [Unkenntnis des Mangels der Vertretungsmacht]

(1) Hat ein Handlungsgehilfe, der nur mit der Vermittlung von Geschäften außerhalb des Betriebes des Prinzipals betraut ist, ein Geschäft im Namen des Prinzipals abgeschlossen, und war dem Dritten der Mangel der Vertretungsmacht nicht bekannt, so gilt das Geschäft als von dem Prinzipal genehmigt, wenn dieser dem Dritten gegenüber nicht unverzüglich das Geschäft ablehnt, nachdem er von dem Handlungsgehilfen oder

dem Dritten über Abschluß und wesentlichen Inhalt benachrichtigt worden ist.

(2) Das gleiche gilt, wenn ein Handlungsgehilfe, der mit dem Abschluß von Geschäften betraut ist, ein Geschäft im Namen des Prinzipals abgeschlossen hat, zu dessen Abschluß er nicht bevollmächtigt ist.

1 § 75 h erweitert die §§ 54, 56. Anders als im Fall des § 54 wird der Gutgläubige aber nur geschützt, wenn der vertretene Prinzipal nicht unverzüglich (§ 121 BGB) seiner Obliegenheit zu widersprechen nachkommt. Das Schweigen ist nicht anfechtbar (vgl § 362 Rz 11).

§§ 76–82 *(aufgehoben)*

§ 82 a [Wettbewerbsverbot des Volontärs]

Auf Wettbewerbsverbote gegenüber Personen, die, ohne als Lehrlinge angenommen zu sein, zum Zwecke ihrer Ausbildung unentgeltlich mit kaufmännischen Diensten beschäftigt werden (Volontäre), finden die für Handlungsgehilfen geltenden Vorschriften insoweit Anwendung, als sie nicht auf das dem Gehilfen zustehende Entgelt Bezug nehmen.

1 Gegenstandslos geworden durch § 19 BBiG (hM).

§ 83 [Andere Arbeitnehmer]

Hinsichtlich der Personen, welche in dem Betrieb eines Handelsgewerbes andere als kaufmännische Dienste leisten, bewendet es bei den für das Arbeitsverhältnis dieser Personen geltenden Vorschriften.

1 Vgl die §§ 105 ff GewO, 611 ff BGB. Die §§ 74 ff sind auf nichtkaufmännische Angestellte in weitem Umfang analog anzuwenden (§§ 74–75 d Rz 2).

Siebenter Abschnitt. Handelsvertreter

Lit: *Ankele,* Handelsvertreterrecht (1993); *Eberstein,* Der Handelsvertretervertrag, 8. Aufl (1999); *Hopt,* Handelsvertreterrecht, 2. Aufl (1999); *Küstner/Thume,* Handbuch des gesamten Außendienstrechts, Bd 1 – Das Recht des Handelsvertreters, 3. Aufl (2000); Bd 2 – Der Ausgleichsanspruch des Handelsvertreters, 6. Aufl (1995); *Martinek,* Vom Handelsvertreterrecht zum Recht der Vertriebssysteme, ZHR 161 (1997) 67.

I. Gesetzliche Grundlagen

1 **1. EU-Recht.** Teile der ges Regelung beruhen auf der Richtlinie vom 18. 12. 1986, 86/853/EWG, ABl 1986 L 382/17 (HV-Rili), die

Siebenter Abschnitt. Handelsvertreter **Vor § 84**

sich ihrerseits stark am deutschen Recht orientiert hat. Überblick: *Westphal* EWS 96, 43; *Grundmann,* Europäisches Schuldvertragsrecht (1999) 3.80. Sie bezieht sich auch auf rein nationale Sachverhalte. Umsetzung: *von Westphalen,* Handbuch des Handelsvertreterrechts in EU-Staaten u der Schweiz (1995). Die §§ 84 ff sind richtlinienkonform auszulegen (EuGH NJW 00, 3268). Trotz ihrer Nähe zum deutschen Recht ist die HV-Rili **autonom** auszulegen; gleichlautende Begriffe haben nicht notwendig dieselbe Bedeutung (ie *Lutter* JZ 92, 593). Bei Generalklauseln (§ 86 Rz 1, 6, 9) sollte EuGH nur den Rahmen festlegen, die Konkretisierung dem nationalen Recht überlassen (*W-H Roth* FS Drobnig (1998) 139 ff; ähnlich *Hopt* § 86 22; *Franzen,* Privatrechtsangleichung in der EG (1999) § 16; *Canaris* § 17 21 f, 46; anders aber wohl EuGH NJW 00, 2571-„Océano Grupo"). Für Zweifelsfragen: vor § 1 Rz 13. Abweichungen von der Rili sind nur möglich, wo ausdr vorgesehen (EuGH 98, I-2191-„Bellone"). Die Rili bezweckt nicht nur Schutz des HV, sondern auch Wettbewerbsgleichheit; so erklärt sich Art 5 (umgesetzt in §§ 86 IV, 86 a III). Zu weiteren Fragen *Schmidt* ZHR 156, 512; *Fock* ZEuP 00, 108. Zu Konsequenzen für das IPR s § 92 c Rz 1.

2. Der HV-Vertrag unterliegt, wenn er **vorformuliert** ist u die 2 weiteren Voraussetzungen des § 1 I AGBG erfüllt, der Kontrolle durch das **AGB-Gesetz.** Die §§ 2, 10 u 11 AGBG finden keine Anwendung, § 24 S 1 AGBG. Große Bedeutung hat die Inhaltskontrolle gem § 9 AGBG (zB BGH BB 96, 1189; DB 00, 84). Eingehend *Preis/Stoffels* ZHR 160, 442.

3. Kartellrecht. a) Der HV ist, soweit er Dienstleistungen anbietet, 3 **Unternehmen** iSv §§ 1, 16 GWB (BGH NJW 91, 491). Ein Wettbewerbsverbot zu Lasten des HV ist eine Beschränkung iSv § 16 I Nr 2 GWB, wenn es über die dem HV-Vertrag wesenseigene u zur sachgerechten Interessenwahrnehmung notwendige Bindung hinausgeht (BGH 112, 222). Auf das Weisungsrecht des Unternehmers findet § 14 GWB mangels Zweitvertrages keine Anwendung (BGH 97, 321). Etwas anderes gilt, wenn der Vertreter wirtschaftlich einem Eigenhändler nahekommt (BGH 97, 322).

b) Zum **europäischen** Kartellrecht verneint EuGH die Unternehmenseigenschaft des HV, wenn er (als Alleinvertreter) in die Organisation des beauftragenden Unternehmens integriert ist (EuGH 66, 388). HV, der als Eigenhändler (EuGH 75, 2024) oder für mehrere Auftraggeber (EuGH 87, 3828) tätig ist („Doppelprägung"), wird als Unternehmen für Zwecke des Art 81 EG angesehen. Art 1 lit g VO Nr 2790/99, ABl 1999 L 336/21 behandelt HV als Unternehmen. Die Leitlinien für vertikale Beschränkungen, ABl 2000 C 291/1 machen zur Voraussetzung, daß HV das finanzielle oder geschäftliche Risiko trägt („unechter HV-Vertrag"; Einzelheiten Tz 13–20). Zu Wettbewerbsverboten s Art 5 lit a VO Nr 2790/99.

II. Abgrenzung zu anderen Hilfspersonen des Kaufmanns

Lit: Martinek/Semler (Hrsg), Handbuch des Vertriebsrechts (1996); Sandrock, Kaufmännische Vertriebsorganisation und ihre Einordnung in die Systematik des HGB, FS Raisch (1995) 167.

5 1. Der **Handelsmakler,** §§ 93 ff, ist **nicht ständig** mit dem Abschluß von Geschäften in fremdem Namen betraut. Er wird als unparteiischer Vermittler im Interesse beider Parteien tätig.

6 2. Der **Kommissionär,** §§ 383 ff, schließt im Gegensatz zum HV Geschäfte **in eigenem Namen** ab (wenn auch auf fremde Rechnung); s § 383 Rz 1. Bei ständiger Betrauung ist er **Kommissionsagent,** s § 383 Rz 4.

7 3. Der **Vertrags-(Eigen-)händler** wird im eigenen Namen u auf eigene Rechnung tätig. Er ist idR durch einen (gemischttypischen) Rahmenvertrag („Vertragshändlervertrag") auf Dauer an den Hersteller gebunden u (wie ein HV) in sein Vertriebsnetz eingegliedert.

8 a) Eine **ges Regelung** fehlt. Für eine **analoge** Anwendung einzelner Vorschriften (Rz 10) des HV-Rechts ist Voraussetzung, daß die rechtl Stellung des Vertragshändlers im Innenverhältnis der eines HV angenähert ist (BGH 29, 87; NJW-RR 88, 1305): Rahmenvertrag, der über die bloße Käufer-Verkäufer-Beziehung hinausgeht; Eingliederung in Absatzorganisation in der Weise, daß der Händler wirtschaftlich in erheblichem Umfang Aufgaben zu erfüllen hat, die sonst einem HV obliegen (BGH NJW 00, 1413; produktbezogen zu analysieren: BGH WM 98, 1256); Kontroll- u Überwachungsbefugnisse des Unternehmers (BGH NJW-RR 92, 422); konkretisierte Vertriebs- (BGH NJW-RR 93, 679; DB 88, 2404) u Berichtspflichten (Hamm NJW-RR 96, 226) des Händlers; Wettbewerbsverbot (BGH NJW 83, 2878). Nicht erforderl ist ein Alleinvertriebsrecht mit Gebietsschutz (BGH NJW 82, 2819; DB 86, 1069).

9 b) Der Vertragshändler handelt auf **eigene Rechnung.** Daher passen nicht: §§ 86 b, 87 (zu II: BGH NJW 84, 2411; bei III zweifelhaft), 87 c, 88 a, 91, 91 a, 92–92 b. Bei Vertragsende: Rückforderungsanspruch des Händlers betr restlichem Warenlager (BGH NJW 95, 525; Saarbr NJW-RR 99, 106: AGBfest; anders bei unberechtigter Vertragsbeendigung durch Händler: Mü NJW-RR 98, 1564).

10 c) **Analogiefähigkeit** ist zu bejahen für: §§ 86 (Interessenwahrungs-, Loyalitätspflicht; Wettbewerbsverbot; BGH NJW 84, 2102), 86 a (BGH NJW 58, 1138), 88, 89, 89 a (BGH NJW 62, 1107; NJW-RR 93, 683; NJW 94, 723; § 626 II BGB von § 89 a verdrängt: Saarbr NJW-RR 99, 1339), 90, 90 a (BGH NJW-RR 87, 613 – Franchisenehmer). Offen bei § 87 II (BGH NJW 94, 1061) u § 87 III (BGH NJW 00, 1192). Das HV-Recht dient insoweit auch als Leitbild im Rahmen der Inhaltskontrolle von Vertragshändlerverträgen gem § 9 AGBG (BGH NJW-RR 88, 1080). **Praktisch bes bedeutsam**

ist die **analoge Anwendung** des § 89b (Ausgleichsanspruch). Sie setzt neben den in a) genannten Kriterien **zusätzlich** voraus, daß der Vertragshändler *verpflichtet* ist, spätestens nach Vertragsbeendigung dem Vertragspartner seinen Kundenstamm zu übertragen, so daß sich dieser die Vorteile des Kundenstamms sofort u ohne weiteres nutzbar machen kann (BGH NJW 00, 1413 hält an st Rspr betr Verpflichtung fest; str); unerheblich ist, ob diese Pflicht schon während der Vertragszeit durch Unterrichtung des Herstellers (zB auch Meldepflicht bez Vertragsabschlüssen; BGHZ 135, 17; NJW 00, 1413; Kln BB 97, 2451: Übersendung der Registrierungskarten) oder erst bei Vertragsbeendigung zu erfüllen ist (BGH NJW 97, 657). Sind Kundendaten Dritten zu überlassen, fehlt es an Übertragung an Vertragspartner, wenn HV Recht auf Löschung hat (BGH NJW 96, 2159; NJW-RR 98, 390); anders, wenn Hersteller Zugriff hat (BGH NJW-RR 98, 1331). Auf Zweck der Begründung einer Offenbarungspflicht (BGH NJW 00, 1413), tatsächliche Nutzung des Kundenstamms (BGH NJW-RR 94, 100), bes Schutzbedürftigkeit des Händlers im Einzelfall (BGH 29, 88) oder fehlendem eigenen Kapitaleinsatz (BGH 34, 282) kommt es nicht an (BGH 68, 344). Die Sogwirkung einer Marke schließt die Mitursächlichkeit der Tätigkeit des Händlers nicht aus, führt aber zu einem Abzug gem § 89b I Nr 3 (BGH NJW 83, 2879; s § 89b Rz 11). § 89b III Nr 1 (BGH DB 93, 1970) u § 89b III Nr 2 (BGH NJW 84, 2102) sind analog anwendbar. Zur Berechnung des Ausgleichsanspruchs s BGH 29, 91; NJW 96, 2300; NJW 96, 2302f (insbes zur Vergleichbarkeit von Rabatten u Provision; BGH NJW 00, 1414); ZIP 97, 842 (zum Stammkunden); bedenkenswert *Ekkenga* AG 92, 345; zuletzt *Kainz/Lieber/Puszkajler* BB 99, 434; *Reufels/Lorenz* BB 00, 1586; *Niebling* WPR 01, 506. Krit zur Analogie *Stumpf* NJW 98, 12; *Kirsch* NJW 99, 2779. Kollisionsrechtl Behandlung der Analogie ist offen; zum HV s § 92 Rz 1. EG-Recht macht hier keine Vorgaben; Gleichbehandlung des Vertragshändlers mit HV liegt nahe.

4. Franchisenehmer werden im eigenen Namen u auf eigene 11 Rechnung unter Beachtung des Werbe- u Organisationskonzepts des Franchisegebers gg entgeltliche Nutzung des Franchise-Pakets tätig.

Lit: *Martinek,* Franchising (1987). Zur Selbständigkeit Düss NJW 98, 2978; *Horn/Henssler* ZIP 98, 589. Zur analogen Anwendung der §§ 84ff, die nur für das vertikale Franchising zu erwägen ist: Hamm NJW-RR 94, 243; *Canaris* § 20 23ff; *Martinek* NJW 88, 1362; *Schmidt* § 28 III; zum Ausgleichsanspruch gem § 89b insbes *Köhler* NJW 90, 1689; *Bodewig* BB 97, 637; *Canaris* § 20 29ff; offengelassen von BGH NJW 97, 3308; NJW 97, 3311. § 14 GWB ist anwendbar, BGH ZIP 99, 938. Europäisches Kartellrecht: an die Stelle von VO Nr 4087/88 ist VO Nr 2790/99, ABl 1999 L 336/21, getreten; s Leitlinien, ABl 2000 C 291/1 Tz 199–201.

§ 84 [Begriff des Handelsvertreters]

(1) ¹**Handelsvertreter ist, wer als selbständiger Gewerbetreibender ständig damit betraut ist, für einen anderen Unternehmer (Unternehmer) Geschäfte zu vermitteln oder in dessen Namen abzuschließen.** ²**Selbständig ist, wer im wesentlichen frei seine Tätigkeit gestalten und seine Arbeitszeit bestimmen kann.**

(2) **Wer, ohne selbständig im Sinne des Absatzes 1 zu sein, ständig damit betraut ist, für einen Unternehmer Geschäfte zu vermitteln oder in dessen Namen abzuschließen, gilt als Angestellter.**

(3) **Der Unternehmer kann auch ein Handelsvertreter sein.**

(4) **Die Vorschriften dieses Abschnittes finden auch Anwendung, wenn das Unternehmen des Handelsvertreters nach Art oder Umfang einen in kaufmännischer Weise eingerichteten Geschäftsbetrieb nicht erfordert.**

I. Allgemeines

1 I 1 enthält eine **Begriffsbestimmung** des HV. Damit wird zugleich der **Anwendungsbereich** der das HV–Verhältnis als Vertragsverhältnis bestimmenden Regelungen der §§ 85 ff festgelegt. Für ihre Anwendung kommt es nicht auf die Parteibezeichnung, sondern auf die Ausgestaltung der Rechtsstellung im Vertrag u die praktische Handhabung an (Rz 3). **I 1** stimmt mit Art 1 II der HV-Rili weitgehend überein; letztere bezieht sich (ohne Auswirkungen auf **I 1**) nur auf den An- u Verkauf von Waren. Der HV ist (abw zu früher) Kaufmann, wenn § 1 II erfüllt (Vermutung); ansonsten mit Eintragung gem § 2. Zu den Kriterien kleingewerblicher Tätigkeit s § 1 Rz 43 f; speziell zum HV s Oldbg HVR Nr 603; Rottw HVR Nr 490 (Mehrunternehmensvertreter mit Jahresprovision über DM 60 000,–, mehr als 200 Kunden: kfm Organisation erforderl). Jur Personen: Rz 2. **I** umschreibt den HV als **Typus** eines **Gewerbetreibenden.** Abschluß des HV–Vertrages als Vorbereitungsgeschäft (§ 1 Rz 25) ist Handelsgeschäft iSv § 343 (was Kaufmannsstellung erfordert; ähnlich RegBegr, BR-Dr 340/97 S 62). **IV** erstreckt die §§ 84 ff auch auf die Tätigkeit kleingewerblicher HV. Dies erfordert schon die HV-Rili (vor § 84 Rz 1), ist aber auch deshalb sinnvoll, weil §§ 84 ff den HV–Vertrag normieren. Anders als zB bei § 407 III S 2 wird nicht auf §§ 343 ff verwiesen. Dies steht einer analogen Anwendung einzelner HGB-Normen (ausgenommen: §§ 348–350) nicht entgegen (vor § 1 Rz 13; *BauHopt* § 84 28; *StKoller* vor § 343 32; aA *MKHGBvHoyningen-Huene* § 84 80). Da gem **I** Unternehmer nicht Kaufmann zu sein braucht, kommen über **IV** §§ 84 ff auch für HV–Vertrag zwischen Nichtkaufleuten zur Anwendung (*Canaris* § 17 7).

II. Begriff, I 1

1. Gewerbetreibender. Zum Gewerbebegriff s § 1 Rz 3 ff. Eine 2
jur Person (AG, GmbH) kann ebenso wie die OHG oder KG HV sein
(Münster BB 82, 1748).

2. Selbständigkeit ist konstitutiv für den HV. Vorgabe in Art 1 II 3
Rili (vor § 84 Rz 1). **a)** Maßgebend ist die **persönliche,** nicht: wirtschaftliche Selbständigkeit (die zB beim Einfirmenvertreter oftmals fehlen mag), **I 2.** Sie bezieht sich auf die Gestaltung sowie Einteilung u
Dauer der Tätigkeit. Entscheidend ist die *Möglichkeit* zu eigenständiger
Bestimmung (BAG ZIP 99, 549) sowie das **Gesamt**bild der vertraglichen Ausgestaltung u der tatsächlichen Handhabung (BVerfG NJW 78,
365; BGH NJW 98, 2058; LAG Nürnb ZIP 98, 621 ff; BAG ZIP 00,
631; 809). Die Bezeichnung durch die Parteien ist wenig aussagekräftig.
Indizien **für** Selbständigkeit: kein Arbeitsplan; keine Mindestarbeitszeit
sowie Unabhängigkeit von diesbzgl Weisungen (BAG NJW 66, 903);
Tragung der Kosten u Risiken der Geschäftstätigkeit (BGH VersR 64,
331), insbes eigene Geschäftsräume; Mehrfachvertretung. Beschränkungen aus der Eigenart der Tätigkeit schaden nicht notwendig, zB Öffnungszeiten eines Auslieferungslagers (BGH aaO), organisatorische Anleitung bei Reisebüro (BGH WM 82, 1153). **Gegen** Selbständigkeit:
feste Vergütung (nicht schon: Mindestprovision; Celle MDR 58, 341);
Abführung von Lohnsteuern; Sozialabgaben; Einbindung in betriebliche Organisation; Weisungsgebundenheit bzgl Gestaltung u Dauer der
Tätigkeit (zetilicher Mindestumfang; BAG ZIP 00, 810; geringfügige
Anwesenheitspflicht schadet nicht; BAG ZIP 00, 632; ebenso nicht:
fachlicher Bezug; § 86 Rz 9; ArbG Lüb BB 96, 178). § 7 IV Satz 2
Viertes Buch SGB aF läßt **I 2** unberührt. Irrelevant: Zuweisung eines
Bezirks (arg § 87 II; BAG ZIP 00, 811); Tätigkeit als Einfirmenvertreter; Wettbewerbsverbot (BAG BB 00, 933); Berichtspflicht (arg
§ 86 II); Fehlen einer angemessenen (Innen-, Außen-)Organisation
(arg § 84 IV). **b)** Fehlt es an der Selbständigkeit iSv **I 1, 2,** gilt die
Hilfsperson als **Angestellter** (sog unselbständiger HV), wenn die weiteren Voraussetzungen der **II** erfüllt sind. Es gilt Arbeitsrecht. **II** will
Existenz einer Zwischengruppe vermeiden, die weder HV noch Arbeitnehmer ist. **c)** Für Hilfspersonen, die die Kriterien des **I 2** erfüllen,
aber wirtschaftlich vom Unternehmer abhängig sind (sog „arbeitnehmerähnliche" HV) können uU arbeitsrechtl Bestimmungen (Urlaubsrecht; vgl BAG DB 79, 1708) entspr Anwendung finden; vgl auch
§ 92 a. **d)** Sozialversicherungsrechtl Wirkungen (wie in § 2 Nr. 9
SGB VII u § 7 IV SGB IV) bleiben unberücksichtigt (LAG Nbg ZIP
99, 770; *Canaris* § 17 10; *BauHopt* § 84 85; str). **Lit:** *Reinicke* ZIP 98,
581; *Hopt* DB 98, 863; *Hanau/Strick* DB 98 Beilage 14.

3. Vermittlung oder Abschluß von Geschäften in fremdem 4
Namen. a) Die Tätigkeit der Hilfsperson muß auf das **Zustandekommen** von Verträgen gerichtet sein; nicht bloß Nachw von Gelegenhei-

§ 84

ten zu Geschäftsabschlüssen, Kundenbetreuung (BGH NJW 83, 42) oder Werbetätigkeit (BGH NJW 84, 2695). Entscheidend ist die Förderung (Vorbereitung, Ermöglichung, Herbeiführung) des Geschäftsabschlusses durch **Einwirkung auf den Dritten** (BGH NJW 83, 42; Mitursächlichkeit reicht aus: BGH NJW 80, 1793). Persönliche Mitwirkung ist nicht vonnöten (BGH 56, 293; 59, 93: Generalvertreter betraut Untervertreter). Der HV–Vertrag verpflichtet iZw nur zur **Förderung von Abschlüssen**, zu ihrer Vornahme nur bei bes Auftrag. Die Unterscheidung zwischen **Vermittlungs-** u **Abschluß**vertreter hat Bedeutung va für das Außenverhältnis. Wirksamer Geschäftsabschluß setzt HVm voraus (§§ 55 I, 54); bei Überschreiten: § 91 a. **b)** Die **Art des Geschäfts** ist unerheblich. Keine Beschränkung auf Waren; auch Rechte u Dienstleistungen. Es kommt jegliche Absatzmittlung in Betracht: Losverkauf (BGH 59, 87); Reiseverträge (BGH 82, 221); Transportvermittlung; Grundstücksgeschäfte (BGH BB 82, 1876); Vertrieb von Kapitalanlagen (**nicht**: reine Beratung).

5 **4. Für einen anderen Unternehmer. a)** Der HV handelt in fremdem, nicht in eigenem Namen (sonst: Kommissionär; vor § 84 Rz 6). Er kann Hilfsperson nicht nur für einen Kaufmann, sondern für jede Person sein, die einen **Erwerbszweck** verfolgt („Unternehmer"). Der Begriff des Unternehmers ist weit auszulegen (BGH 43, 109). Ihm unterfallen alle Gewerbetreibende, Freiberufler, Anstalten u Körperschaften des öffentl Rechts, soweit sie privatrechtl tätig werden (BGH 43, 111), auch HV, **III,** s Rz 7. Über **IV** kommen §§ 84 ff auf einen HV–Vertrag auch zwischen zwei Nichtkaufleuten zur Anwendung. Zur analogen Anwendung einzelner HGB-Normen s Rz 1. **b)** Zwischen HV u Unternehmer darf keine (rechtl oder wirtschaftliche) **Identität** bestehen; keine Identität: HV als Gesellschafter einer PersonenGes wird für diese tätig (BGH BB 85, 823); Ges als HV wird für Gesellschafter tätig. **c)** Untervertretung, **III:** s Rz 7.

6 **5. Ständige Betrauung. a)** Betrauung meint **Beauftragung.** Der HV–Vertrag ist Dienstvertrag mit Geschäftsbesorgungscharakter, aus dem sich **Pflicht zum Tätigwerden** ergibt (BGH 59, 93; BB 82, 1877); dies ist der wesentliche Unterschied zum Makler (BGH WM 84, 557), s § 93 Rz 16. **b)** Für die **ständige** Betrauung ist entscheidend, ob die Parteien eine Bindung auf Dauer planen (BGH NJW 92, 2819); eine kurze Dauer (zB für eine Ausstellung, Messe; Nürnb NJW 57, 1720) reicht aus, wenn die Beauftragung auf eine unbestimmte Anzahl von Abschlüssen gerichtet ist (Bambg BB 65, 1167).

III. Untervertretung, III

7 **1. Echte** Untervertretung. **a)** Der Untervertreter soll für den Generalvertreter (u nicht den Hauptunternehmer) tätig werden. Zwischen Haupt- u Untervertreter gilt HV-Recht (BGH 91, 373), dies auch bei stark dienstvertraglicher Prägung (Düss DB 93, 733). Im Verhältnis zum

Hauptunternehmer ist Untervertreter Erfüllungsgehilfe des Hauptvertreters, § 278 BGB (BGH 59, 92). Der Hauptvertreter erhält die Provisionen aus der Tätigkeit des Untervertreters; Provisionsteilung steht der Untervertretung nicht entgegen (BGH MDR 84, 908). **b) Innen- u Außenverhältnis** sind strikt **zu trennen:** Ob ein HV–Verhältnis zwischen Haupt- u Untervertreter besteht, ist unabhängig davon, in wessen Namen der Untervertreter (als Abschlußvertreter) agiert u ob der Hauptunternehmer evtl dem Untervertreter Vollmacht erteilt hat. **c) Geschäfte des Untervertreters,** die dieser im Namen des Hauptunternehmers abschließt, binden diesen auch dann, wenn der Untervertreter (nur) Untervollmacht hat (*Schmidt* § 27 VI 1 c), aber das Geschäft auch von der Hauptvertretungsmacht gedeckt ist. Fehlt es an der Untervollmacht, haftet der Untervertreter nach § 179 BGB. Bei Mangel der Hauptvollmacht ist § 179 BGB nur anzuwenden, wenn der Untervertreter die Mehrstufigkeit der Vertretung nicht aufgedeckt hat (BGH 68, 395).

2. Unechte Untervertretung. Hier besteht das Vertragsverhältnis **8** (unmittelbar) zwischen Untervertreter u Hauptunternehmer gem **I.** Dem „Generalvertreter" (Bezeichnung mehrdeutig: BGH NJW 70, 1040) mögen Weisungsrechte u Koordinierungsaufgaben im Verhältnis zu den „Untervertretern" eingeräumt sein.

§ 85 [Vertragsurkunde]

¹**Jeder Teil kann verlangen, daß der Inhalt des Vertrages sowie spätere Vereinbarungen zu dem Vertrag in eine vom anderen Teil unterzeichnete Urkunde aufgenommen werden.** ²**Dieser Anspruch kann nicht ausgeschlossen werden.**

1. Formfreiheit. Der HV–Vertrag unterliegt keinem Formerfordernis. Insoweit steht schon die HV-Rili entgegen (EuGH 98, I-2191; NJW 00, 3268). Konkludenter Vertragsschluß möglich; § 154 II BGB ist zu beachten. **Ausnahmen:** Die Parteien können eine Vereinbarung über Form (zB Beurkundung) treffen mit der Folge, daß die Wirksamkeit des Vertrages von der Einhaltung der Form abhängen soll (§ 127 BGB; vgl BGH BB 87, 221). Bei Verstoß: Vollzug führt zu fehlerhaftem Vertragsverhältnis mit Auflösbarkeit ex nunc (*Hopt* § 85 1; aA *Canaris* § 17 27); sa § 89 Rz 1, § 89 b Rz 3. Verlangt eine Partei Schriftlichkeit vor Vertragsschluß, ist es eine Frage der Auslegung, ob die Partei schon gebunden sein will (*Hopt* § 85 5). **Formzwang** besteht für die **einzelne Klausel** bei Übernahme der Delkredere-Haftung, § 86 b I 3, u bei nachvertraglichem Wettbewerbsverbot, § 90 a I 1.

2. Vertragsurkunde. § 85 entspricht Art 13 I HV-Rili. **a)** Jede Partei hat **Anspruch** auf Aufnahme des Vertragsinhalts in eine von der anderen Partei zu unterzeichnende Urkunde, **S 1.** Der Anspruch ist unabdingbar, **S 2.** Er entsteht ab Vertragsschluß; ebenso mit jeder Vertragsänderung oder -ergänzung; bis zur vollen Beendigung des Vertrages

§ 86

(*Hopt* 85 6; str). Verjährung: vier Jahre; § 88. **b)** Der Anspruch kann mittels **Leistungsklage,** § 253 ZPO, geltend gemacht u gem § 888 ZPO (nicht § 894 ZPO, da keine Willenserklärung abzugeben ist) vollstreckt werden (str); vgl auch § 883 ZPO. IdR wichtiger Grund für fristlose Kündigung, § 89 a (*MKHGBvHoyningen-Huene* § 85 25). **c)** Die Urkunde begr eine widerlegbare Vermutung ihrer Richtigkeit u Vollständigkeit.

§ 86 [Pflichten des Handelsvertreters]

(1) Der Handelsvertreter hat sich um die Vermittlung oder den Abschluß von Geschäften zu bemühen; er hat hierbei das Interesse des Unternehmers wahrzunehmen.

(2) Er hat dem Unternehmer die erforderlichen Nachrichten zu geben, namentlich ihm von jeder Geschäftsvermittlung und von jedem Geschäftsabschluß unverzüglich Mitteilung zu machen.

(3) Er hat seine Pflichten mit der Sorgfalt eines ordentlichen Kaufmanns wahrzunehmen.

(4) Von den Absätzen 1 und 2 abweichende Vereinbarungen sind unwirksam.

I. Allgemeines

1   **1. EU-Recht.** § 86 entspricht im wesentlichen Art 3 u 5 HV-Rili. Art 3 I HV-Rili, wonach der HV „sich nach den Geboten von Treu u Glauben zu verhalten" hat, ist nicht in das HGB übernommen worden; es gilt § 242 BGB. Zur Konkretisierung durch den EuGH: vor § 84 Rz 1.

2   **2. Rechtsnatur des HV–Vertrages. a)** Der HV–Vertrag ist **Dienstvertrag mit Geschäftsbesorgungscharakter,** §§ 611, 675 BGB. Soweit nicht §§ 84 ff Regelungen enthalten, kommt Dienstvertrags- u Auftragsrecht zur Anwendung. Ie sind anwendbar: §§ 613, 615, 618, 625, 665, 666 bis 670, 672 bis 674 BGB. Unanwendbar sind §§ 613 a, 620 II, 621, 622, 626 bis 628, 629, 630 BGB (außer, wenn HV arbeitnehmerähnlich). Handelsbräuche können die ges Regeln ergänzen, § 346. **b)** Der Vertrag ist ein **Dauerschuldverhältnis.** Bei dauernder Arbeitsunfähigkeit des HV werden die §§ 275, 323 BGB ersetzt durch die Kündigung (Brschw NJW-RR 94, 35; str).

II. Pflichten des HV

3   **1. Vermittlung oder Abschluß von Geschäften, I HS 1.** Den HV trifft die Pflicht, sich um das Zustandekommen von Geschäften zu bemühen; § 84 Rz 4. Dies ist Hauptpflicht, § 84 I (die „eigentliche Aufgabe"; BGH 30, 102). **a)** Die **Bemühenspflicht** des HV umfaßt: Beobachtung des Marktes; Gewinnung neuer u die Pflege alter Kunden;

sie kann durch Weisungen konkretisiert werden. Ob nur Vermittlung oder auch Abschluß von Verträgen geschuldet ist, ergibt sich aus dem Vertrag. **b)** Der **Gegenstand** der Bemühungen des HV erstreckt sich ohne bes Absprache auf das gesamte Sortiment des Unternehmers (BGH DB 81, 1772). **c)** Die **Intensität** der Bemühenspflicht geht auf das Angemessene (Art. 3 II a HV-Rili): Sie richtet sich nach den Umständen. Optimaler Einsatz ist nicht geschuldet. Bloß gelegentliches Tätigwerden genügt nicht; es sind angemessene Umsätze zu erzielen. Der HV kann, vorbehaltlich vertraglicher Vereinbarungen, anderen Tätigkeiten nachgehen u weitere Vertretungen wahrnehmen; zu Wettbewerbsverboten s Rz 6. **d) Nicht** zur ges Bemühenspflicht gehören: **allg** Markt- oder Produktpflege (Hopt § 86 13); Werbung; Lagerhaltung. **e)** Die ges Bemühenspflicht kann im Rahmen des **IV** durch Vertrag **konkretisiert** (zB Mindestumsätze), erweitert (zB Lagerhaltung; Inkasso) oder beschränkt werden. Zu den Grenzen vertraglicher Regelungen s Rz 11. Zu Weisungen s Rz 9.

2. Interessenwahrung, I HS 2. a) Die Pflicht zur Wahrnehmung 4 der Interessen des Unternehmers bezieht sich nicht nur auf die Vermittlung u den Abschluß von Geschäften, sondern auf die Tätigkeit des HV insges, Art. 3 I HV-Rili: Der HV muß alles tun, was die Interessen des Unternehmers fördert u alles unterlassen, was ihnen widerspricht (BGH 42, 61); nicht: Förderung der Geschäfte durch Schmiergeldzahlungen (Saarbr NJW-RR 99, 1197). In der Pflicht zu **umfassender** Interessenwahrung unterscheidet sich der HV vom Makler (BGH BB 79, 242); deshalb kann der HV im Verhältnis zum Kunden nicht gleichzeitig Makler sein (BGH NJW 74, 137).

b) Einzelheiten. Zu den Pflichten iSv **I HS 2** gehören die Pflicht, 5 **Nachrichten** zu geben, **II,** das Verbot der Verwertung von **Geschäfts- und Betriebsgeheimnissen** (vgl § 90), sowie die Pflicht zur Befolgung von **Weisungen,** § 666 BGB. Darüber hinaus treffen den HV die (ungeschriebenen) Pflichten zur **Verschwiegenheit** (Rz 10) u **Wettbewerb zu unterlassen** (BGH 97, 326); s Rz 6.

c) Wettbewerbsverbot. aa) Allgemeines. Dem HV ist eine Tätig- 6 keit für andere Unternehmen oder in eigenem Betrieb grds möglich. Die Pflicht zur **Einfirmenvertretung** ergibt sich nur aufgrund **bes Vereinbarung** (RG 87, 442). Dgg folgt aus der Interessenwahrungspflicht, daß der HV dem Unternehmer auf dessen Geschäftsgebiet **keine Konkurrenz** machen darf (BGH 52, 177; BAG ZIP 00, 813; Nachw bei K/T I 458 Fn 63), die geeignet ist, die Interessen des Geschäftsherrn zu beeinträchtigen (BGH 112, 221). HV hat den Unternehmer zu unterrichten (BGH ZIP 95, 1003). Dies gilt nur für die Dauer des Vertragsverhältnisses. Für die Zeit danach bedarf es einer bes Abrede, § 90 a. Ob diese Grundsätze im Hinblick auf Art. 3 I HV-Rili zu modifizieren sind, bleibt abzuwarten (Vorlage zum EuGH, Art 234 EG; zu dessen Konkretisierungsbefugnis s vor § 84 Rz 1. Zum Kartellrecht s unter ff). **bb)** Das Wettbewerbsverbot gilt nur für **konkurrie-**

rende Waren oder Leistungen. Für die gegenständliche Abgrenzung ist entscheidend, ob die angesprochenen Kundenkreise die Produkte als austauschbar ansehen. Räumlich maßgebend ist das gesamte Absatzgebiet des Unternehmens. Bei nachträglicher Sortimentsausweitung eines Unternehmens entscheidet die Priorität der Vertretung. **cc)** Ein **Verstoß** gg das Wettbewerbsverbot liegt schon in der Übernahme der Vertretung (BGH MDR 77, 289). Bloße Kontaktaufnahme durch den HV ist zulässig (BGH 42, 62). Die Rspr verlangt eine **Interessenbeeinträchtigung** (BGH 112, 221). **dd) Schranken** können sich aus § 242 BGB (BGH 52, 177) im Hinblick auf Erforderlichkeit u Verhältnismäßigkeit (*Canaris* § 17 42) ergeben. Etwa wenn vertretener Unternehmer das vermittelte Geschäft ablehnt (*BauHopt* § 86 28; str). Jüngste Rspr betont, daß es kein „umfassendes Wettbewerbsverbot schlechthin" gebe (BGH 112, 221). Dies zu Recht: Ist die Tätigkeit des HV wirtschaftlich nur sinnvoll, wenn er konkurrierende Unternehmen vertritt oder der Verkehr dies erwartet, greift das ges Wettbewerbsverbot nicht ein. **ee)** Die **Zustimmung** des Unternehmers entbindet den HV vom Wettbewerbsverbot; auf sie besteht grds kein Anspruch; anders nur in Ausnahmefällen (BGH BB 68, 60). **ff) Verhältnis zum Kartellrecht** 3–4 s vor § 84 Rz 5. Art 1 lit g VO Nr 2790/1999, ABl 1999 L 336/21, behandelt HV als Unternehmen; dies zumindest, soweit sie echtes *Risiko* iSv Tz 13 ff der Leitlinien, ABl 2000 C 291/1, tragen. Wettbewerbsverbote fallen uU unter Art 81 EG u sind gem Art 5 lit a VO Nr 2790/1999 nicht freigestellt, wenn von unbestimmter oder mehr als 5 jähriger Dauer (*Thume* WRP 00, 1038).

7   **3. Informationspflichten. a)** Gem Art 3 II b HV-Rili muß der HV dem Unternehmer die erforderl, ihm zur Verfügung stehenden Informationen übermitteln. Dem entspricht **II** sowie die aus der Interessenwahrungspflicht des **I** u aus §§ 675, 666 BGB folgende Pflicht, Nachrichten u Auskünfte zu geben. Gem **II** ist von jeder Vermittlung bzw jedem Abschluß (unverzüglich; § 121 BGB) Mitteilung zu machen. Darüber hinaus sind Zweifel über Bonität von Kunden (BGH BB 69, 1196) u andere Tatsachen, die für die Durchführung des Geschäfts wichtig sind, mitzuteilen, ebenso konkrete Marktentwicklungen, Umsatzrückgänge etc. Keine allg Marktbeobachtungspflicht. Umfang, Art u Häufigkeit solcher Berichte bestimmen sich nach den Umständen, wobei der Unternehmer (zumutbare) Anforderungen (auch betr Form) stellen kann (BGH NJW-RR 88, 287), die Stellung eines selbständigen HV aber beachten muß (BGH WM 89, 1062: tägliche Berichtspflicht probl). **b)** Nach Durchführung eines Auftrags hat der HV **Rechenschaft** gem § 666 BGB zu legen. **c)** Hinsichtlich laufender Tätigkeit besteht **Auskunft**spflicht, § 666 BGB.

8   **4. Obhuts- und Herausgabepflicht.** Vom Unternehmer überlassene Unterlagen iSv § 86a I (Musterkollektionen etc) hat der HV sorgfältig aufzubewahren (höhere Anforderungen bei steigendem Wert; BGH NJW-RR 93, 926) u spätestens bei Vertragsbeendigung herauszugeben, § 667 BGB (BGH ZIP 93, 705). Vereinbarung einer Sicherheit oder Kaution ist möglich. Der HV ist nicht verpflichtet, Unterlagen zu versichern (*K/T* I 621 f; aA Hann MDR 84, 1028). Soweit der HV aus der Geschäftsbesorgung etwas erlangt hat (einkassierte Gelder; Schmiergelder), muß er dies dem Unternehmer herausgeben, § 667 BGB.

5. Die Pflicht zur **Befolgung von Weisungen** des Unternehmers 9 ergibt sich mittelbar aus § 665 BGB. Ob damit Art 3 II c HV-Rili ausreichend umgesetzt ist, ist fraglich. **a)** Der **Umfang** der Weisungsbefugnis des Unternehmers kann durch Vertrag konkretisiert werden. Sie kann sich auf den Inhalt der Geschäfte (Verwendung von Formularen; Konditionen; Preise; Lieferung auf Kredit; BGH BB 60, 574) u auf die Tätigkeit des HV (Vertriebspolitik; BGH DB 81, 1772; Abnehmerkreis) beziehen. **b) Grenzen.** Der HV ist nur an **„angemessene"** Weisungen gebunden, Art 3 II c HV-Rili (gemeinschaftsrechtl Standard, wohl aber nur für Konturen; ggf Vorlage, Art 234 EG; Konkretisierung durch nationale Gerichte). Von der Weisungsbefugnis nicht gedeckt sind Anordnungen, die die von § 84 I 2 vorausgesetzte Selbständigkeit des HV aufheben würden (BGH NJW 66, 883). Ggü Abschlußvertretern reicht die Weisungsbefugnis weiter als ggü Vermittlungsvertretern. Zu Tätigkeiten, die dem HV nicht obliegen, kann er nicht angewiesen werden. Preisweisungen verstoßen nicht gg § 14 GWB (BGH 97, 317). Iü kann der HV gem § 665 BGB uU von Weisungen abweichen bzw dazu sogar verpflichtet sein (*PalThomas* § 665 12).

6. Den HV trifft eine umfassende, über § 90 hinausreichende **Ver-** 10 **schwiegenheitspflicht** hinsichtlich aller geschäftlichen u persönlichen Belange des Unternehmers. Sie ist Ausprägung der Interessenwahrungs- (Rz 4) u Treuepflicht (Rz 1) des HV. Sie erstreckt sich auf alle Umstände, deren Bekanntwerden dem Unternehmer nachteilig sein können (*HeySonnenschein* § 86 20).

III. Vertragliche Vereinbarungen, IV

Die Pflichten des HV aus I u II können weder erweitert noch 11 beschränkt werden; vgl Art 5 HV-Rili. IV hindert nicht eine **Konkretisierung** des Inhalts der Pflichten zur Interessenwahrnehmung u Information durch Vertrag (hL). Vertragsklauseln sind an den in Art 3 I, II HV-Rili genannten Maßstäben von Treu u Glauben, der Angemessenheit u Erforderlichkeit (gemeinschaftsautonome Generalklauseln; Konkretisierung durch nationale Gerichte; *Roth* FS Drobnig (1998) 135) zu überprüfen. Die Kontrolle geht über § 9 AGBG (zum Transparenzgebot Mü NJW-RR 95, 293) hinaus u betrifft auch Individualverträge.

§ 86 a   Erstes Buch. Handelsstand

IV. Pflichtverstoß

12   **1. Sorgfaltsmaßstab, III.** Der HV hat die Sorgfalt eines ordentlichen Kaufmanns zu beachten. **III** ist nicht Anspruchsgrundlage, sondern nur eine Regelung des Pflichtenmaßstabs.

13   **2. Rechtsfolgen.** Der Unternehmer hat Anspruch auf Erfüllung (bei Verstoß gg Wettbewerbsverbot: auf Unterlassung); bei Verstoß gg Hauptpflichten §§ 325, 326 BGB (Rücktritt; Schadensersatz wg Nichterfüllung), ansonsten Schadensersatz wg pVV. Fristlose Kündigung: § 89 a. Bei Verstoß gg das Wettbewerbsverbot: fristlose Kündigung auch ohne Schaden (BGH ZIP 95, 1003); iü besteht Schadensersatzpflicht, auch auf entgangenen Gewinn (Berechnung anhand des für Konkurrenten getätigten Geschäftsvolumens; BGH NJW 96, 2098; diesbezügl Anspruch auf Auskunft; iü § 287 ZPO); nach hL keine analoge Anwendung der §§ 61, 113 (BGH NJW 64, 817; Hamm NJW-RR 87, 1115; aA bedenkenswert *Canaris* § 17 44). Vertragsstrafe nur bei entspr Vereinbarung, auch in AGB (BGH ZIP 93, 706); idR Obergrenze geboten (Mü NJW-RR 96, 1181); bzgl Herausgabe von Kundenanschriften kann Verstoß in jedem Einzelfall Vertragsstrafenanspruch auslösen (BGH ZIP 95, 1261, hier ohne Obergrenze); iü § 348 Rz 4.

§ 86 a [Pflichten des Unternehmers]

(1) **Der Unternehmer hat dem Handelsvertreter die zur Ausübung seiner Tätigkeit erforderlichen Unterlagen, wie Muster, Zeichnungen, Preislisten, Werbedrucksachen, Geschäftsbedingungen, zur Verfügung zu stellen.**

(2) [1]**Der Unternehmer hat dem Handelsvertreter die erforderlichen Nachrichten zu geben.** [2]**Er hat ihm unverzüglich die Annahme oder Ablehnung eines vom Handelsvertreter vermittelten oder ohne Vertretungsmacht abgeschlossenen Geschäfts und die Nichtausführung eines von ihm vermittelten oder abgeschlossenen Geschäfts mitzuteilen.** [3]**Er hat ihn unverzüglich zu unterrichten, wenn er Geschäfte voraussichtlich nur in erheblich geringerem Umfange abschließen kann oder will, als der Handelsvertreter unter gewöhnlichen Umständen erwarten konnte.**

(3) **Von den Absätzen 1 und 2 abweichende Vereinbarungen sind unwirksam.**

1   **1. Allgemeines.** § 86 a regelt einige **Nebenpflichten** des Unternehmers. Die in **I** u **II** enthaltenen Pflichten sind Ausprägungen der allg Treu-, Rücksichtnahme- u Unterstützungspflicht, die den Unternehmer ggüber seinem HV trifft (BGH 26, 164 f); vgl Art 4 I HV-Rili. **II** u **III** sind den Vorgaben der Art 4 II, 5 HV-Rili angepaßt.

2   **2. Pflichten des Unternehmers. a)** Die Pflicht zur (kostenlosen; *RvWKüstner* § 86 a 3) **Ausstattung mit Unterlagen, I,** bezieht sich auf die gesamte Laufzeit des HV-Vertrages. **I** enthält eine nur beispielhafte Aufzählung. Zu den Unterlagen gehört alles, was zur Anpreisung der Waren etc des Unternehmers nötig ist (insbes Musterkollektionen, s *Thume* BB 95, 1913). Auch Kundenlisten, soweit vorhanden. Die Ausstattungspflicht (Bringschuld; hL) bezieht sich nicht auf den Gewerbebetrieb des HV oder den Warenvorrat (Düss BB 90, 1087). Die Ausstattung bleibt Eigentum des Unternehmers. (Auch individualvertragl) Entgeltvereinbarung für Ausstattung verstößt gg III (Mü BB 99, 2321; aA *BauHopt* § 86 a 6; vgl Saarbr NJW-RR 97, 100: Verstoß gg §§ 3, 9 AGBG). Option zum Ankauf ist möglich. Rückgabe spätestens bei Vertragsende, § 667 BGB; Obhutspflicht: § 86 Rz 8; Pflichtverstoß: § 86 Rz 13.

b) Informationspflichten. aa) Den Unternehmer trifft eine allg Informationspflicht, **II 1;** vgl Art 4 II b HV-Rili. Erforderl sind Nachrichten über alles, was für die Tätigkeit des HV von Belang ist: Ausweitung oder Einschränkung des Produktionsprogramms; Umstellung des Vertriebssystems; Änderungen im Kundenkreis (BGH 49, 44); Umstellungen in der Fabrikation (BGH DB 72, 525); Veräußerung eines Betriebsteils samt Kundenstamm (vgl BGH NJW-RR 87, 873); Betriebsstillegung (BGH NJW 74, 795); qualitative Veränderungen bei der Ware (BGH 26, 167); kein Geschäftsabschluß mit bestimmten Kunden mehr (BGH NJW-RR 87, 873). Der maßgebliche Zeitpunkt für das Entstehen der Informationspflicht ist durch Interessenabwägung unter Berücksichtigung des unternehmerischen Eigen- (insbes Geheimhaltungs-)interesses zu bestimmen (zB künftige Produktentwicklung). **bb)** Annahme, Ablehnung oder **Nichtausführung des Geschäfts, II 2,** muß der Unternehmer unverzüglich (§ 121 BGB: ohne schuldhaftes Zögern) mitteilen. Dies gilt beim Vermittlungs- (nicht: Abschluß-)vertreter u in den Fällen des § 91 a. Zur Entschließungsfreiheit des Unternehmers s Rz 4. **cc)** Sind **Geschäftsabschlüsse in erheblich geringerem Umfang, II 3,** zu erwarten, ist dies dem (Vermittlungs-)Vertreter unverzüglich mitzuteilen. Bsp: Lieferschwierigkeiten wg Rohstoffmangels (BGH BB 59, 865) oder Produktionsausfalls; iü s Rz 4. 3

c) Treuepflichten. aa) Der Unternehmer unterliegt in seinem Verhältnis zum HV einer aus § 242 BGB zu entnehmenden **Treuepflicht** (so ausdr Art 4 I HV-Rili; zur Konkretisierung s vor § 84 Rz 1) bzw Pflicht zur **Rücksichtnahme**, die seine **kaufmännische Entschließungsfreiheit** nur locker begrenzt: es ist grds Sache des Unternehmers, die Geschäftspolitik zu bestimmen, über Herstellungsmethoden, Qualität der Ware, Preis etc zu entscheiden, auch Risiken einzugehen (Schockwerbung; BGH BB 97, 1860). Grenze: Unternehmer darf Interessen des HV nicht willkürlich zuwiderhandeln (BGH 26, 163 f; WM 93, 1725); uU Pflicht zur Änderung einer Strategie, die HV obj erkennbar schädigt (BGH BB 97, 1860). Unternehmer kann das vom HV vermittelte Geschäft ablehnen. Der HV ist insoweit von der Geschäftsführung des Unternehmers abhängig. Dies gilt erst recht für Investitionen, die dem 4

§ 86 b

Interesse des HV dienen (BGH WM 93, 1726). **bb)** Der HV ist so frühzeitig als möglich zu **informieren** (über die Fälle **II 2, III** hinausgehend), damit dieser seinerseits disponieren kann. Vermittelte Geschäfte dürfen nur aus **vernünftigen Gründen** abgelehnt werden (BGH 26, 165; BGH 49, 44; vgl auch § 87a Rz 4f). **cc)** Eine allg Pflicht zur **Gleichbehandlung** besteht **nicht** (*Hopt* § 86 10). Eine willkürliche Benachteiligung ist pflichtwidrig. Der Unternehmer darf sich nicht grundlos über die schutzwürdigen Belange des HV hinwegsetzen (BGH WM 93, 1726); evtl § 20 II GWB. Unterliegt der HV der (zulässigen) Preisbindung, besteht eine Verpflichtung des Unternehmers, anderen im Gebiet tätigen HV ein Unterbieten der Preise zu verbieten (BGH 97, 327f; krit *Oehler* BB 87, 765). **dd)** Die **Treuepflicht** verbietet eine Anschwärzung des HV bei der Kundschaft (Karlsr BB 59, 1006; Freibg BB 66, 999); ebenso das Abwerben von Arbeitnehmern (BGH 42, 62; DB 82, 1269) u Untervertretern (BGH WM 82, 537). **ee)** Der Unternehmer kann im Gebiet des HV grds auch **Eigengeschäfte** betreiben (anders bei Alleinvertretung; vgl BGH NJW-RR 93, 683); er muß vor Aufnahme des Direktvertriebs den HV unterrichten (Mü BB 93, 1473). Die Treuepflicht verbietet aber Abwerbung von Stammkunden des HV (BGH BB 59, 720) bzw systematische Schädigung.

5 **3. Vertragliche Vereinbarungen.** Die in **I, II** geregelten Pflichten sind **zwingend, III**. Dies gilt auch für die in **II, III** vorausgesetzte Treuepflicht gem § 242 BGB (arg Art 4 I HV-Rili). Die Pflichten können **weder beschränkt** noch (überraschend: nicht zum Vorteil des HV; für restriktive Auslegung *Sonnenschein*, FS Boujong (1996) 488; s aber vor § 84 Rz 1) **erweitert** werden. **IV** u Art 5 HV-Rili stehen einer vertraglichen **Konkretisierung** der Treuepflicht des Unternehmers nicht entgegen; da **I** nur Beispiele bringt, sind Erweiterungen möglich. **Lit:** *Hopt* ZIP 96, 1533.

6 **4. Pflichtverstoß. a) Sorgfaltsmaßstab:** § 347 I. **b) Rechtsfolgen:** Anspruch auf Schadensersatz aus pVV (vgl BGH 49, 39); kann wg **III** nicht ausgeschlossen werden. Zur Darlegungs- u Beweislast s BGH WM 88, 1234. Recht zur fristlosen Kündigung: § 89a.

§ 86 b [Delkredereprovision]

(1) ¹**Verpflichtet sich ein Handelsvertreter, für die Erfüllung der Verbindlichkeit aus einem Geschäft einzustehen, so kann er eine besondere Vergütung (Delkredereprovision) beanspruchen; der Anspruch kann im voraus nicht ausgeschlossen werden.** ²**Die Verpflichtung kann nur für ein bestimmtes Geschäft oder für solche Geschäfte mit bestimmten Dritten übernommen werden, die der Handelsvertreter vermittelt oder abschließt.** ³**Die Übernahme bedarf der Schriftform.**

(2) **Der Anspruch auf die Delkredereprovision entsteht mit dem Abschluß des Geschäfts.**

Siebenter Abschnitt. Handelsvertreter **§ 86 b**

(3) ¹**Absatz 1 gilt nicht, wenn der Unternehmer oder der Dritte seine Niederlassung oder beim Fehlen einer solchen seinen Wohnsitz im Ausland hat.** ²**Er gilt ferner nicht für Geschäfte, zu deren Abschluß und Ausführung der Handelsvertreter unbeschränkt bevollmächtigt ist.**

1. Allgemeines. a) Zweck. Den HV trifft die Pflicht, die Bonität 1 der Kunden zu prüfen (§ 86 Rz 7). Darüber hinausgehend kann sich der HV verpflichten, **verschuldensunabhängig** für die Erfüllung der Verbindlichkeit (beim Einkaufsvertreter: Warenlieferung; beim Verkaufsvertreter: Kaufpreiszahlung) **einzustehen** („Delkredere"). Er erhält dafür zum Ausgleich einen Anspruch auf Delkredereprovision, **I 1**. **b) Rechtsnatur.** Den Parteien steht es frei, die Delkrederehaftung als Garantievertrag, Schuldbeitritt oder Bürgschaft auszugestalten; iZw liegt Bürgschaft vor (*StBrüggemann* § 86 b 3, 4; hL).

2. Begründung des Delkredere. a) Nur durch **Vereinbarung.** 2 Dabei muß die Erklärung des HV unzweideutig das Einstehen-Wollen als eigene Verpflichtung erkennen lassen. Der Terminus Delkredere muß nicht gebraucht werden.

b) Form. Die Übernahmeerklärung des HV bedarf (unabhängig 3 von ihrer Rechtsnatur) der Schriftform, **I 3** (Vorrang vor § 350). Ausnahmen von **I 3** in **III.** Heilung entspr § 766 S 2 BGB ist möglich.

c) Bestimmtheit. Die Einstandspflicht kann begr werden: **aa)** für 4 ein bestimmtes, auch zukünftiges Geschäft, **I 2 1. Alt.** Die Haftungsvereinbarung muß im Hinblick auf Art u Umfang der Leistung, Name des Kunden u Rechnungsbetrag individualisiert sein. Das Geschäft muß nicht durch den HV selbst oder seinen Untervertreter vermittelt bzw abgeschlossen worden sein (*K/T* I 586); **bb)** für Geschäfte mit bestimmten Dritten, **I 2 2. Alt.** Hier geht es nur um zukünftige Geschäfte, die noch unbestimmt sein können. Entscheidend ist die Bestimmtheit der Person des Geschäftspartners. Da hier die Bonitätsprüfung des Kunden von entscheidender Bedeutung ist, setzt das Gesetz voraus, daß das Geschäft vom HV oder seinem Untervertreter vermittelt oder abgeschlossen wird.

d) Inhalt. Der Anspruch geht auf Zahlung (der Kaufpreisforderung) 5 oder Lieferung (bei Warenschuld); evtl auch Anspruch auf Schadensersatz, letzteres ist Frage der Auslegung. HV hat Einreden aus §§ 768, 770 BGB (Rz 1); ebenso Einrede der Vorausklage, § 771 BGB, bei § 84 IV; wenn Kaufmann ebenso (trotz § 349) wg Treuepflicht des Unternehmers (vorbehaltlich abw Vereinbarung); hL.

3. Delkredereprovision, I 1. a) Rechtsgrund. Die Delkredere- 6 provision tritt neben den Provisionsanspruch aus § 87. Sie wird kraft Gesetzes geschuldet u stellt einen Anwendungsfall des § 354 dar.

b) Anspruch. aa) Entstehen, II. Der Anspruch setzt eine **wirk-** 7 **same Haftungsübernahme** u eine **wirksame Kundenverbindlichkeit** voraus. Er entsteht mit Abschluß des Geschäfts bzw (wenn dieses

§ 86 b

schon abgeschlossen ist) mit Abschluß der Haftungsvereinbarung (ex nunc). **bb) Wegfall:** Bei wirksamer Anfechtung des Kundengeschäfts, § 142 BGB. **Nicht** bei Rücktritt nach § 326 BGB oder aufgrund Vertrages (str), weil dieser nur mit Wirkung ex nunc erfolgt, der HV die Haftung bereits getragen hat.

8 c) **Höhe:** Nach Vereinbarung, sonst § 87 b I entspr; ggf §§ 315 ff BGB.

9 d) **Fälligkeit,** § 271 BGB (sofort).

10 e) **Unabdingbarkeit, I 1,** bezieht sich nur auf den Verzicht des HV **vor** Entstehung des Anspruchs ("im voraus"). Maßgebender Zeitpunkt ist das wirksame Zustandekommen des Geschäfts, bei aufschiebender Bedingung deren Eintritt. Ist das Geschäft schon abgeschlossen, muß Verzicht auf Provision der Haftungsvereinbarung nachfolgen.

11 **4. Ausnahmen, III. a) Die Tatbestände. aa) Auslandsgeschäfte** sind Geschäfte, bei denen entweder der Unternehmer oder/u der Dritte seine Niederlassung (Wohnsitz) im (auch: EG-)Ausland hat. Voraussetzung für die Anwendung des § 86 b III ist, daß deutsches Recht zur Anwendung kommt (gem Art 27 ff EGBGB). Grund für die Regelung: in grenzüberschreitenden Fällen ist es für Unternehmen schwerer, die Bonität des Kunden einzuschätzen. Die (zu vereinbarende) Übernahme des Delkredere ist daher schon mit der normalen Provision abgegolten (abw Vereinbarung möglich). **III** wird von HV-Rili nicht berührt. Zur Vereinbarkeit mit EG-Recht iü (Art 12, 28, 43, 49 EG) s *Ankele* § 86 b 10; *Masing* BB 95, 2591 ff. Diskriminierung inländischer Unternehmen ist unprobl. Iü keine Erschwerung grenzüberschreitender Transaktionen.

12 **bb) Unbeschränkte Vollmacht, III 2:** Hier bedarf der HV als Abschlußvertreter typischerweise **keines Schutzes.** Auf wirtschaftliche Überlegenheit des HV kommt es nicht an (BGH BB 66, 1322). „Unbeschränkte" Vollmacht meint nicht Alleinbevollmächtigung (BGH, aaO), sondern Freiheit des Geschäftsabschlusses betr Person des Vertragspartners, Inhalt des Vertrages, Kreditgewährung etc. Hier besteht auf seiten des Unternehmers ein Bedürfnis, daß der HV die Delkrederehaftung übernimmt. Bsp: Tankstelle (Essen DB 61, 425); Reisebüro (BGH BB 82, 2009).

13 **b) Bedeutung. aa) Form.** In den Ausnahmefällen des **III 1** bedarf die Übernahme einer Delkrederehaftung **nicht** der Schriftform des **I 3.** Ist sie Bürgschaft, gilt § 766 BGB, wenn der HV kein Kaufmann ist; ansonsten § 350. **bb)** Der **Bestimmtheitsgrundsatz** (Rz 4) ist nicht anwendbar. **cc)** Der Anspruch auf **Delkredereprovision,** der sich (mangels Anwendbarkeit des **I 1**) aus § 354 ergibt (*Canaris* § 17 51), kann vertraglich im voraus ausgeschlossen werden. Der HV erhält dann keine Provision, auch nicht aus § 354 (BGH BB 66, 1322).

§ 87 [Provisionspflichtige Geschäfte]

(1) ¹Der Handelsvertreter hat Anspruch auf Provision für alle während des Vertragsverhältnisses abgeschlossenen Geschäfte, die auf seine Tätigkeit zurückzuführen sind oder mit Dritten abgeschlossen werden, die er als Kunden für Geschäfte der gleichen Art geworben hat. ²Ein Anspruch auf Provision besteht für ihn nicht, wenn und soweit die Provision nach Absatz 3 dem ausgeschiedenen Handelsvertreter zusteht.

(2) ¹Ist dem Handelsvertreter ein bestimmter Bezirk oder ein bestimmter Kundenkreis zugewiesen, so hat er Anspruch auf Provision auch für die Geschäfte, die ohne seine Mitwirkung mit Personen seines Bezirkes oder seines Kundenkreises während des Vertragsverhältnisses abgeschlossen sind. ²Dies gilt nicht, wenn und soweit die Provision nach Absatz 3 dem ausgeschiedenen Handelsvertreter zusteht.

(3) ¹Für ein Geschäft, das erst nach Beendigung des Vertragsverhältnisses abgeschlossen ist, hat der Handelsvertreter Anspruch auf Provision nur, wenn

1. er das Geschäft vermittelt hat oder es eingeleitet und so vorbereitet hat, daß der Abschluß überwiegend auf seine Tätigkeit zurückzuführen ist, und das Geschäft innerhalb einer angemessenen Frist nach Beendigung des Vertragsverhältnisses abgeschlossen worden ist oder

2. vor Beendigung des Vertragsverhältnisses das Angebot des Dritten zum Abschluß eines Geschäfts, für das der Handelsvertreter nach Absatz 1 Satz 1 oder Absatz 2 Satz 1 Anspruch auf Provision hat, dem Handelsvertreter oder dem Unternehmer zugegangen ist.

²Der Anspruch auf Provision nach Satz 1 steht dem nachfolgenden Handelsvertreter anteilig zu, wenn wegen besonderer Umstände eine Teilung der Provision der Billigkeit entspricht.

(4) Neben dem Anspruch auf Provision für abgeschlossene Geschäfte hat der Handelsvertreter Anspruch auf Inkassoprovision für die von ihm auftragsgemäß eingezogenen Beträge.

I. Allgemeines

1. Überblick. a) Die §§ 87–87d behandeln die Vergütung des HV. § 87 I–III regelt die provisionspflichtigen Geschäfte, § 87a I–III, V die Voraussetzungen des Entstehens des Provisionsanspruchs, § 87b seine Höhe u Berechnung, § 87a IV seine Fälligkeit. Damit werden im wesentlichen die Vorgaben der Art 6–12 HV-Rili umgesetzt. **b)** Für bes Leistungen sehen § 86b (Delkredere) u § 87 IV (Inkasso) eine eigene Provision vor. Der Aufwendungsersatz bestimmt sich nach § 87d. **c)** Für Versicherungsvertreter enthält § 92a eine Sonderregelung.

§ 87 Erstes Buch. Handelsstand

2 **2. Rechtsnatur.** Beim HV–Vertrag als gegenseitigem Vertrag iSv §§ 320 ff BGB ist die Provision die (erfolgsabhängige) Vergütung für die nach § 86 I geschuldete Tätigkeit des HV. Darüber hinausgehende Leistungen des HV sind gesondert zu vergüten (zB §§ 86 b, 87 IV). Für bes Tätigkeiten des HV gilt iü § 354 (BGH BB 62, 1345: Abwehr von Mängelrügen).

3 **3. Abdingbarkeit.** §§ 87, (probl im Hinblick auf Art 7 HV-Rili; *Schmidt* ZHR 156, 519), 87 b, 87 d sind dispositiv, §§ 87 a, 87 c sind (halb-)zwingend ausgestaltet. Mit Abbedingung des **I 1** darf aber nicht § 89 b umgangen werden (BGH NJW 99, 2669).

4 **4.** In der **Insolvenz** des Unternehmers sind Provisionsansprüche aus *vor* der Insolvenzeröffnung abgeschlossenen Geschäften einfache Insolvenzforderungen, auch wenn der Insolvenzverwalter gem § 103 InsO Erfüllung wählt (s BGH NJW 90, 1665). *Nach* Insolvenzeröffnung abgeschlossene Geschäfte begründen Masseanspruch, § 55 I Nr 1 InsO.

II. Provisionsanspruch

5 **1. Entstehung. a)** Der Provisionsanspruch ist erfolgs-, nicht tätigkeitsbezogen; provisionspflichtig ist **nur** das abgeschlossene Geschäft. Der Anspruch auf Provision entsteht **aufschiebend bedingt** (Bedingung: Ausführung des Geschäfts; § 87 a) mit dem Zustandekommen des Vertrages zwischen Unternehmer (evtl vertreten durch den HV) u dem Dritten während der Vertragszeit, **auflösend bedingt** mit dem Feststehen der Nichtleistung des Dritten, § 87 a II (BGH NJW 90, 1665). Das Geschäft muß wirksam u endgültig abgeschlossen sein (zum Kauf auf Abruf: BGH NJW-RR 91, 156). Wirksame Anfechtung (jedes Vertragspartners), wirksamer Widerruf u auflösende Bedingung (zB bei Vereinbarung, daß nicht benötigte Reste gg volle Bezahlung zurückgenommen werden; BGH NJW-RR 91, 156) beseitigen den Provisionsanspruch; anders nur, wenn Prinzipal die Unwirksamkeit zu vertreten hat (*Canaris* § 17 57). **b)** Im **Vorfeld** des Abschlusses eines HV–Vertrages kann ein Provisionsanspruch aus § 354 entstehen (BGH 62, 81, wo Auftrag angenommen wird). Beim **fehlerhaften,** in Vollzug gesetzten HV–Vertrag sind die Rechtsfolgen der Nichtigkeit auf die Geltendmachung **ex nunc** zu beschränken (§ 85 Rz 1); der Provisionsanspruch besteht aufgrund §§ 87 ff. **c)** Die **Entstehung** des Provisionsanspruchs ist grds abhängig von der **Ausführung** des Geschäfts durch den Unternehmer (§ 87 a Rz 3) oder Dritten (§ 87 a Rz 2). Das vom HV vermittelte Geschäft kann der Unternehmer ablehnen, s § 86 a Rz 4. Zum Provisionsanspruch im einzelnen § 87 a.

6 **2. Mitverursachung.** Die Tätigkeit des HV muß für den Geschäftsabschluß (mittelbar) ursächlich geworden sein. Enger § 92 III für den Versicherungsvertreter. **a)** Gem **I 1 1. Alt** muß der HV den Kunden zum Geschäftsabschluß motiviert, zB den Entschluß dazu hervorgerufen (zB auch Offenhalten einer Tankstelle) oder Widerstand dgg überwunden haben (Kln BB 71, 103; BAG BB 71, 492). Beim Abschlußvertreter ist Kausalität eindeutig gegeben, beim Vermittlungsvertreter bedarf sie des Nachw. Mitursächlichkeit reicht aus, so daß auch der Direktabschluß zwischen Unternehmer u Drittem erfaßt sein kann (BAG DB 69, 266), zB bei Empfehlung des HV ggüber dem Dritten. Mitursächlichkeit ist uU gegeben bei Abschluß durch Niederlassung oder Tochterunternehmen des „Beworbenen" (wenn Einwirkungsmöglichkeit gegeben; BGH BB 57, 9; BB 60, 111; anders bei bloßer Weiterempfehlung zwischen unverbundenen Unternehmen); ebenso bei Abschluß durch ein vom Unternehmer beherrschtes Unternehmen (BGH WM 87, 547). **b)** Gem **I 1 2**. **Alt** entsteht der Provisionsanspruch auch, wenn das Geschäft mit einem Kunden abgeschlossen wird, den der HV für *Geschäfte der gleichen Art* geworben hat. Das Gesetz unterstellt insoweit mittelbare Ursächlichkeit der Tätigkeit für das erste Geschäft bei Nachbestellungen. An ihr selbst braucht der HV nicht mitzuwirken; ein zeitlicher u sachlicher Zusammenhang ist erforderl. Zu einem vom HV eingeräumten Optionsrecht Düss NJW-RR 98, 1594.

3. Zeitraum. Das Geschäft muß **während** der Laufzeit des HV- 7 Vertrages abgeschlossen worden sein, **I 1**. Eine spätere Ausführung des Geschäfts schadet nicht (sog Überhangprovision; BGH NJW 97, 317; WM 98, 724); ebenfalls nicht der spätere Abruf beim Sukzessionslieferungsvertrag (BGH NJW 58, 180); entspricht Art 7, 10 HV-Rili (krit *Stoffels* JR 97, 379). Nicht zwingend (Rz 3). Ausschluß in AGB wohl zulässig; muß aber § 87a III, V beachten (BGH WM 98, 725). Für Geschäftsabschluß **nach** Beendigung des HV-Vertrages gilt **III;** s Rz 13–15. Zu Geschäftsabschlüssen im Vorfeld s Rz 5.

4. Inhalt. Die Provision geht auf Zahlung einer Geldsumme, die 8 sich in ihrer Höhe nach § 87b bestimmt. Andere Vergütung (Fixum; Prämien; Gewinn-, Umsatzbeteiligung) kann vereinbart werden; §§ 87–87d sind dann unanwendbar.

5. Tätigkeit mehrerer HV. Da Mitursächlichkeit ausreicht, könnte 9 (berechtigte) Tätigkeit mehrerer HV uU zu einem **mehrfachen Provisionsanspruch** führen. **a)** Dem beugt **I 2** vor, soweit die HV **nacheinander** tätig werden: Der Nachfolger hat einen Provisionsanspruch nur, wenn ein solcher nicht nach **III** dem Vorgänger zusteht. **b)** Für die Tätigkeit mehrerer HV **nebeneinander** fehlt eine ges Regelung. Eine **vertragliche** Regelung ist **dringend geboten.** Fehlt es daran, ist str, ob eine Teilung der Provision vorzunehmen ist (*K/T* I 811) oder der Anspruch ungekürzt entsteht (*SchlSchröder* § 87 16a). Eine **stillschweigende** Teilungsabrede (iZw § 420 BGB) ist (mit *Hopt* § 87 21) nur dann anzunehmen, wenn der HV in einem Vertriebssystem arbeitet, das erkennbar auf mitursächliche Beiträge angelegt ist; ansonsten volle Provision.

III. Bezirks-, Kundenkreisprovision, II

10 1. **Allgemeines. a)** Die **Zuweisung** eines Bezirks oder Kundenkreises erfolgt durch (auch schlüssige) **Vereinbarung** des Unternehmers mit dem HV, die auch die örtl oder/u personelle Abgrenzung vornimmt. **b)** Die Zuweisung bedeutet nicht notwendig, daß der HV in seiner Tätigkeit auf den Bezirk/Kundenkreis beschränkt ist (Auslegung). Der Bezirksvertreter erhält nicht zugleich die Alleinvertretung (BGH NJW 58, 180). Bei letzterer ist HV vor Direktabschlüssen des Unternehmers oder/u vor konkurrierender Tätigkeit anderer HV geschützt. **c)** Den Bezirksvertreter trifft die **Pflicht**, den ihm zugewiesenen Bezirk/Kundenkreis **zu betreuen** (BGH 41, 295). Damit korrespondiert der Provisionsanspruch die **II 1. d)** Auf den Versicherungsvertreter ist **II** unanwendbar, § 92 III 2.

11 2. **Provisionsanspruch. a)** Er entsteht im Gegensatz zu I 1 auch, wenn die Tätigkeit des HV für den Geschäftsabschluß **nicht ursächlich** geworden ist (BGH BB 78, 1137); Art 7 II HV-Rili (EuGH 1996, I-6643). Insoweit ist er die **Gegenleistung** für die **Pflicht**, den Bezirk oder Kundenkreis **zu betreuen**. Untätigkeit des HV: Anspruch entfällt gem §§ 323 ff BGB; anders zB bei Arbeitsunfähigkeit (BGH 41, 295; Brschw NJW-RR 94, 35), nach Kündigung (BGH WM 92, 1141; auch keine Minderung des Anspruchs nach § 615 S 2 BGB, auch wenn verschuldet). Evtl pVV gg HV. **b) Umfang.** Der Anspruch des HV entsteht hinsichtlich aller Geschäfte mit Personen, die zu seinem Kundenkreis zählen bzw im Bezirk ansässig sind. Bei Bestellungen durch Ges ist der Ort ihrer tatsächlichen geschäftlichen Tätigkeit maßgebend (EuGH 1996, I-6643 zu Art 7 II HV-Rili). Bei Bestellung durch Zweigniederlassungen entscheidet deren Sitz, nicht der der Hauptniederlassung (vgl BGH BB 78, 1137). An wen geliefert werden soll, ist gleichgültig. Bei Sitzverlegung des Kunden entfällt **I** (Nürnb BB 01, 1170). **c) Zeitraum:** Geschäftsabschlüsse (BGH NJW 90, 1665; WM 98, 723) während der Laufzeit des HV–Vertrages. Einschränkung: **II 2**. Geschäftsabschlüsse nach Vertragsende: **III**.

12 3. **Tätigkeit mehrerer Handelsvertreter. a) Nacheinander: II 2. b) Nebeneinander.** Da die Tätigkeit des Bezirksvertreters nicht (mit-)ursächlich zu sein braucht, liegt die Gefahr der Provisionskonkurrenz (etwa bei Sitzwechsel des Kunden) nahe. Es gelten die in Rz 9 dargelegten Grundsätze, wobei von stillschweigender Teilungsabrede nur auszugehen ist, wenn das Absatzsystem des Unternehmers erkennbar nach Bezirken (bzw Kundenkreis) strukturiert ist.

IV. Geschäftsabschluß nach Vertragsende, III

13 1. **Zweck.** Die auf Art 8 HV-Rili beruhende Regelung sorgt für eine angemessene Berücksichtigung der Interessen des ausgeschiedenen HV hinsichtlich solcher Geschäfte, die, obzwar **nach** Vertragsende

Siebenter Abschnitt. Handelsvertreter § 87 a

abgeschlossen, ihm gleichwohl **zuzurechnen** sind. Die Regelung hat Relevanz für den Vermittlungs- u den Abschlußvertreter. Steht dem ausgeschiedenen HV ein Provisionsanspruch gg den Unternehmer zu, geht dies zu Lasten des neuen HV, **I 2** u **II 2**; ggf haben beide nur einen Anspruch auf anteilige Provision, **III 2**.

2. Entstehen des Anspruchs. a) III 1 Nr 1: Die Provisionspflicht 14 entsteht unter zwei Voraussetzungen: **aa)** Der HV muß das Geschäft entweder vermittelt (hier oft schon **Nr 2**) oder so eingeleitet u vorbereitet haben, daß der Abschluß **überwiegend** auf seine Tätigkeit zurückzuführen ist (zB durch Kauf von Mustern; BGH BB 57, 1086); in letzterem Fall muß die Tätigkeit des Nachfolgers von geringerem Gewicht sein. Darunter fallen nicht Folgeaufträge iSv **I 1 2. Fall;** evtl aber **III 1 Nr 2. bb)** Abschluß des Geschäfts innerhalb angemessener Frist; letztere bemißt sich nach den Gepflogenheiten der Branche sowie der Bedeutung des Geschäfts. Frist läuft ab Vertragsende (BGH DB 57, 1068; *Ankele* § 87 40; aA *RvWKüstner* § 87 29: ab HV-Tätigkeit). **b) III 1 Nr 2:** Das bindende Angebot des Dritten ist **vor** Ende des HV–Vertrages dem Unternehmer oder dem HV zugegangen (§ 130 BGB). Iü müssen die Voraussetzungen des **I 1** oder **II 1** vorliegen.

3. Provisionsteilung, III 2. Bes Umstände, die eine Provisionstei- 15 lung rechtfertigen, liegen in einer substantiellen Mitwirkung des Nachfolgers. Der Anteil an der Provision entspricht dem Grad der Mitwirkung.

V. Inkassoprovision, IV

IV stellt klar, daß die Einziehung von Forderungen nicht zu den 16 üblichen Aufgaben gehört, daher auch nicht mit der Provision abgegolten ist. Der Provisionsanspruch setzt Inkassoauftrag u -vollmacht (§ 55 III) voraus. Auch im voraus abdingbar.

§ 87 a [Fälligkeit der Provision]

(1) [1]**Der Handelsvertreter hat Anspruch auf Provision, sobald und soweit der Unternehmer das Geschäft ausgeführt hat.** [2]**Eine abweichende Vereinbarung kann getroffen werden, jedoch hat der Handelsvertreter mit der Ausführung des Geschäfts durch den Unternehmer Anspruch auf einen angemessenen Vorschuß, der spätestens am letzten Tag des folgenden Monats fällig ist.** [3]**Unabhängig von einer Vereinbarung hat jedoch der Handelsvertreter Anspruch auf Provision, sobald und soweit der Dritte das Geschäft ausgeführt hat.**

(2) **Steht fest, daß der Dritte nicht leistet, so entfällt der Anspruch auf Provision; bereits empfangene Beträge sind zurückzugewähren.**

(3) [1]**Der Handelsvertreter hat auch dann einen Anspruch auf Provision, wenn feststeht, daß der Unternehmer das Geschäft**

§ 87 a

ganz oder teilweise nicht oder nicht so ausführt, wie es abgeschlossen worden ist. ²Der Anspruch entfällt im Falle der Nichtausführung, wenn und soweit diese auf Umständen beruht, die vom Unternehmer nicht zu vertreten sind.

(4) **Der Anspruch auf Provision wird am letzten Tag des Monats fällig, in dem nach § 87 c Abs. 1 über den Anspruch abzurechnen ist.**

(5) **Von Absatz 2 erster Halbsatz, Absätzen 3 und 4 abweichende, für den Handelsvertreter nachteilige Vereinbarungen sind unwirksam.**

I. Allgemeines

1 § 87 a setzt Art 10 I, II, 11 III HV-Rili um. Die Norm ist zugunsten des HV (weitgehend) halbzwingend ausgestaltet, **V.** Sonderregelungen gelten für den Versicherungsvertreter, § 92 IV, u den HV im Nebenberuf, § 92 b I S 3. S iü § 87 Rz 1. In Ergänzung zu § 87 regelt § 87 a die für die Entstehung des Provisionsanspruchs maßgeblichen Voraussetzungen. Keine entspr Anwendung auf Versicherungsmakler (Ffm VersR 99, 440).

II. Provisionsanspruch bei Ausführung des Geschäfts, I, II

2 **1. Ausführung durch den Dritten, I 3.** Die Regelung hat (va) Bedeutung bei Vorleistung des Dritten oder wenn die Parteien eine von **I 1** abweichende Vereinbarung getroffen haben. **a) Ausführung** (Begriff in Art 10 I HV-Rili) meint Erbringung der vertraglich geschuldeten Leistung. Maßgeblich ist die Leistungshandlung, nicht der -erfolg; auch Vorausleistung (BGH 85, 138). Eine mangelhafte Leistung genügt (wenn nicht zurückgewiesen; bei Wandlung gilt **III 1**); ebenso Leistung an Erfüllungsstatt (RG 121, 126: Wertpapiere statt Geld; BGH 85, 138: Scheck mit Einlösung; Nürnb BB 63, 1313: Inzahlunggabe eines Gebrauchtwagens) oder andere Erfüllungssurrogate, zB Aufrechnung, § 281 BGB, Zahlung durch Versicherung (Ffm WM 91, 871), Zahlung von Schadensersatz wg Nichterfüllung (BGH DB 57, 185; NJW-RR 91, 158). **b) Bei Teilausführung** durch Dritten entsteht Anspruch auf Teilprovision („soweit"). **c)** Der Anspruch ist unbedingt. Die Nichtleistung durch den Unternehmer hat keinen Einfluß auf den Provisionsanspruch; der Anspruch entfällt nur, wenn der Dritte seine Leistung nach § 323 BGB zurückhält. **d) I 3** ist zwingend; vgl Art 10 II, IV HV-Rili.

3 **2. Durch den Unternehmer, I 1, 2. a) Ausführung:** Wie Rz 2; gleichgültig, ob Unternehmer die Leistung oder Gegenleistung (bzw Surrogate) erbringt. Mangelhafte Leistung ist Ausführung nur, wenn als Erfüllung angenommen. Bei Geltendmachung von Gewährleistungsrechten durch Dritte gilt **III**. Mit Ausführung des Geschäfts durch den Unternehmer kann HV Zahlung der Provision verlangen, auch wenn

Siebenter Abschnitt. Handelsvertreter § 87 a

Dritter noch nicht geleistet hat; aber **II. b)** Bei **Teilausführung** durch Unternehmer entsteht anteiliger Provisionsanspruch. **c)** Von **I 1** abw **Vereinbarung** ist möglich, **I 2**, u in der Praxis die Regel, zB daß Anspruch erst mit Ausführung des Geschäfts durch Dritten (Zahlung des geschuldeten Kaufpreises) entsteht. Jedoch entsteht **zwingend** ein Anspruch auf angemessenen Vorschuß, wenn der Unternehmer ausführt; anders bei § 92 II u § 92 b II, IV. Vertragliche Festlegung ist im Rahmen des Angemessenen möglich. **d)** Der mit **Ausführung** des Geschäfts durch den Unternehmer entstandene Provisionsanspruch **entfällt** (auflösende Bedingung; BGH NJW 90, 1665), wenn die **Nichtleistung** durch den Dritten **feststeht**; nur diesen Fall regelt **II 1. HS**; nicht bloße Annahme- oder Erfüllungsverweigerung. Lehnt Dritter vor Ausführung durch den Unternehmer ab, gilt **III** (BGH DB 83, 2135). **aa)** Nichtleistung des Dritten muß aufgrund **objektiver Kriterien** feststehen. Bloße Vermutungen reichen nicht. Ggf muß Unternehmer im Klagewege u durch Vollstreckung vorgehen (Zweibr NJW-RR 96, 285); Grenze: Unzumutbarkeit (*K/T* I 1138), zB bei unverhältnismäßigen Kosten oder Eigenart des Geschäfts (BGH BB 71, 1430: Zeitschriftenvertrieb mit Kleinkunden; DB 83, 2136). **II 1. HS** ist zugunsten des HV (halb-)zwingend, **V.** Bei Insolvenz: Provisionsanspruch richtet sich nach Insolvenzquote. **bb) Rückgewähr,** II 2. **HS**: Rückzahlungsanspruch folgt aus dem HV-Vertrag, §§ 346 ff BGB, nicht §§ 812 ff BGB, daher ist § 818 III BGB nicht anwendbar. Verzinsung: §§ 353, 354 II; 5%, § 352 I; Verjährung: § 88. Bei Anfechtung des ausgeführten Geschäfts: §§ 812 ff BGB; BAG NJW 00, 2373. **e)** Unternehmer kann Provisionszahlung uU **verweigern,** wenn HV zahlungsunfähig ist u daher Rückgewährungsanspruch nach **II 2. HS** gefährdet wäre (BGH DB 75, 497).

III. Provisionsanspruch trotz Nicht- oder Andersausführung, III

1. Allgemeines. III betrifft den Provisionsanspruch bei Nicht- oder 4
Andersausführung des Geschäfts **durch den Unternehmer.** Bei Teilausführung gilt **I 1** hinsichtlich des ausgeführten Teils, **III 1** für den Rest. Hat der Dritte geleistet, greift **I 3** ein. Jedoch kann der Dritte in den Fällen des **III 2** seine Leistung nach § 323 III BGB zurückfordern; dann entfällt auch der Provisionsanspruch nach **I 3** (*Ankele* § 87 a 44). **Ratio** des **III**: Provisionsanspruch des HV soll nicht von vom Unternehmer zu vertretenden Leistungsstörungen abhängen. Soweit eine Nichtleistung des Dritten eine Folge der Nicht- oder Andersleistung des Unternehmers ist, greift **III,** nicht **II** ein (*StBrüggemann* § 87 a 21).

2. Nicht-, Teil-, Andersausführung. a) III 1 stellt auf die **Aus-** 5
führung durch den Unternehmer ab. **Nichtausführung** (Begriff in Art 11 I HV-Rili) ist vollständiges oder teilweises Ausbleiben der Leistung zum vereinbarten Zeitpunkt. **Andersausführung:** Lieferung mangelhafter Ware. **b)** Die Nicht-, Teil- oder Andersausführung muß **objektiv** feststehen; Darlegungs- u Beweislast trägt HV (BGH ZIP 89,

§ 87 a
Erstes Buch. Handelsstand

706). Bsp: obj Unmöglichkeit; Vertragsaufhebung; einseitige u nachhaltige Erfüllungsverweigerung seitens des Unternehmers; Wandlung durch Dritten (dann statt **I 1** nun **III 1**). Minderung ist wie Teilausführung zu behandeln. Verspätung ist Nichtausführung (BGH WM 98, 725). Dritter braucht seine Rechte aus §§ 361 BGB, 376 HGB, 325, 326 BGB noch nicht geltend gemacht zu haben (*Ankele* § 87 a 49). Der Provisionsanspruch entsteht in dem Zeitpunkt, in dem der Unternehmer hätte leisten müssen. **c)** Bei Nichtleistung des Dritten ist **II** anwendbar; dasselbe gilt in Fällen, in denen Dritter zB von §§ 325, 326 BGB Gebrauch macht, aber unabhängig von der Nichtleistung des Unternehmers selbst nicht geleistet haben würde, zB wg Zahlungsunfähigkeit (*StBrüggemann* § 87 a 27).

6 **3. Einschränkung des Provisionsanspruchs. III 2** schafft eine Ausnahme zu **III 1** für den Fall der vom Unternehmer **nicht zu vertretenden** Nichtausführung (Begriff in Art 11 I HV-Rili; zum Problem der Konkretisierung: vor § 84 Rz 1). **a) Nichtausführung** iSv **III 2** umfaßt die Fälle der Teil- u der verspäteten Lieferung (str), nicht aber die Anderslieferung (bei der das Gesetz implizit das Vertretenmüssen unterstellt). **b) Vertretenmüssen** iSv III 2 umfaßt: Verschulden iSv § 276 BGB, Einstehenmüssen iSv § 279 BGB (bei Gattungsschuld), Einstehenmüssen für dem Unternehmer zurechenbare Risiken (Ffm WM 91, 870); zB Lieferschwierigkeiten der Vorlieferanten, Kapazitätsengpässe, ausgeschöpfte Einfuhrquoten (Mü, VersR 96, 1011), Überlastung, Rohstoffmangel (BGH BB 59, 865), berechtigter Rücktritt des Dritten vom Vertrag (BGH 58, 142); Stornierung des Auftrags bzw. Rücknahme der Ware aus Kulanz (BGH NJW-RR 98, 1562); Unternehmer muß (auch ausgeschiedenem) HV Nachbearbeitung gefährdeter Verträge gestatten (Mainz NJW-RR 00, 1916: AGBfest). **Nicht zu vertreten** iSv **III 2**: Leistungsverweigerung des Unternehmers nach § 321 BGB; Streik, Naturereignis; unvorhersehbare hoheitliche Eingriffe, denen der Unternehmer nicht ausweichen kann (*Hopt* § 87 a 28); anders, wenn der Unternehmer (auch stillschweigend) das Risiko übernommen hat (LAG Düss BB 60, 1075; aA Ffm WM 91, 870). Die **Darlegungs- und Beweislast** für das Nichtvertretenmüssen trägt der Unternehmer (BGH ZIP 89, 706). **c) III 2** gilt auch für den Fall der unzumutbar gewordenen Nichtausführung (BGH ZIP 89, 706); Bsp: Kln NJW-RR 94, 227. Eine in zu vertretender Weise unmöglich gewordene Leistung ist nicht unzumutbar (BGH 58, 142).

7 **4. Abdingbarkeit.** Von **III** kann nur zugunsten des HV abgewichen werden, **V**.

IV. Fälligkeit, IV

8 **IV** bindet die Fälligkeit an die nach § 87 c I vorzunehmende Abrechnung: Die Provisionsansprüche werden am letzten Tag des Monats, in

Siebenter Abschnitt. Handelsvertreter § 87 b

dem der Unternehmer über sie abzurechnen hat, (einheitlich) fällig. **IV** ist zugunsten des HV (halb-)zwingend, **V.**

§ 87 b [Höhe der Provision]

(1) **Ist die Höhe der Provision nicht bestimmt, so ist der übliche Satz als vereinbart anzusehen.**

(2) ¹**Die Provision ist von dem Entgelt zu berechnen, das der Dritte oder der Unternehmer zu leisten hat.** ²**Nachlässe bei Barzahlung sind nicht abzuziehen; dasselbe gilt für Nebenkosten, namentlich für Fracht, Verpackung, Zoll, Steuern, es sei denn, daß die Nebenkosten dem Dritten besonders in Rechnung gestellt sind.** ³**Die Umsatzsteuer, die lediglich auf Grund der steuerrechtlichen Vorschriften in der Rechnung gesondert ausgewiesen ist, gilt nicht als besonders in Rechnung gestellt.**

(3) ¹**Bei Gebrauchsüberlassungs- und Nutzungsverträgen von bestimmter Dauer ist die Provision vom Entgelt für die Vertragsdauer zu berechnen.** ²**Bei unbestimmter Dauer ist die Provision vom Entgelt bis zu dem Zeitpunkt zu berechnen, zu dem erstmals von dem Dritten gekündigt werden kann; der Handelsvertreter hat Anspruch auf weitere entsprechend berechnete Provisionen, wenn der Vertrag fortbesteht.**

1. **Allgemeines.** § 87 b legt den **Satz** u die **Berechnungsgrund-** 1 **lage** für die Provision fest. **I** entspricht dem (ausführlicheren) Art 6 I 1 HV-Rili. **I–III** sind **abdingbar.** Schranke für Provisionsvereinbarungen ist § 138 BGB („Hungerprovisionen"; Düss NJW 98, 2980); bei bes grobem Mißverhältnis zwischen Leistung des HV u Provision kann verwerfliche Gesinnung des Unternehmers vermutet werden (vgl BGH NJW 90, 569); **Lit:** *Evers* BB 92, 1365.

2. Ist der **Provisionssatz** nicht vereinbart, gilt der übliche, **I.** Dabei 2 kommt es auf den Ort der Tätigkeit des HV an. Ist Üblichkeit nicht nachweisbar (Beweislast beim HV), ist der Provisionsanspruch nach billigem Ermessen zu ermitteln; §§ 315, 316 BGB. Art 6 I 2 HV-Rili verlangt Anspruch auf angemessene Vergütung, bei der alle mit dem Geschäft zusammenhängenden Faktoren zu berücksichtigen sind.

3. **Berechnung. a) Entgelt,** II 1. Der nach **I** zu bestimmende Satz 3 (in %) bezieht sich nur auf das bei Vertragsschluß vereinbarte Entgelt als Bemessungsgrundlage, das der Dritte (als Käufer etc) oder der Unternehmer (bei der Einkaufsvertretung) schuldet (nicht auf ein Surrogat). Bei Sachleistungen (Tausch uä) ist der Geldwert der Leistung des Dritten maßgeblich (*StBrüggemann* § 87 b 5; str). **b) Entgeltbestandteile, II 2, 3. aa) Nachlässe.** Barzahlungsrabatte (Skonti) mindern das Ergebnis nicht (Mü NJW-RR 94, 103), wohl aber sonstige (von vorneherein vereinbarte) Rabatte; abw Abreden sind möglich. **bb) Nebenkosten,** die bes berechnet werden, zählen nicht zum Entgelt als Bemessungsgrundlage; anders, wenn sie im vereinbarten Preis enthalten sind.

Roth 223

cc) Gesondert ausgewiesene **Mehrwertsteuer** zählt zum Entgelt, auf das die Provision zu zahlen ist, **II 3**.

4 **4. Bei Dauerschuldverhältnissen** paßt II 1 nicht immer. **a)** Bei Gebrauchsüberlassungs- u Nutzungsverträgen (Miete; Pacht; Lizenzverträge), aber (in entspr Anwendung) auch bei anderen Verträgen, die für eine **bestimmte** Dauer abgeschlossen werden, bestimmt sich die Provision nach dem Gesamtentgelt; **III 1.** Bei Fortsetzung des Vertrages entsteht ein neuer Provisionsanspruch. **b)** Bei **unbestimmter** Dauer ist für die Provision maßgebend das Entgelt, das bis zum ersten zulässigen Kündigungstermin (seitens des Dritten) zu zahlen ist. Für die Zeit danach entsteht der Provisionsanspruch jeweils neu; **III 2. c)** Bei vorzeitiger Beendigung des Vertrages gilt § 87 a III entspr (*Hopt* § 87 b 16; str). **d)** II I ist unanwendbar, wenn das Entgelt **ergebnisbezogen** ausgestaltet ist. **e)** Bei **Ende** des HV–Vertrages gilt: **aa)** Bei einem Vertrag auf bestimmte Zeit, der vor Beendigung des HV–Vertrages geschlossen ist, steht die Provision dem HV für die gesamte Zeit zu; bei Fortsetzung nach Ende gilt § 87 III. **bb)** Bei unbestimmter Dauer ist eine Fortdauer über den Kündigungstermin hinaus, der dem Ende des HV–Vertrages nachfolgt, nach § 87 III zu behandeln (*StBrüggemann* § 87 b 11; aA Hamm DB 84, 674; Düss DB 77, 817).

§ 87 c [Abrechnung über die Provision]

(1) ¹**Der Unternehmer hat über die Provision, auf die der Handelsvertreter Anspruch hat, monatlich abzurechnen; der Abrechnungszeitraum kann auf höchstens drei Monate erstreckt werden.** ²**Die Abrechnung hat unverzüglich, spätestens bis zum Ende des nächsten Monats zu erfolgen.**

(2) **Der Handelsvertreter kann bei der Abrechnung einen Buchauszug über alle Geschäfte verlangen, für die ihm nach § 87 Provision gebührt.**

(3) **Der Handelsvertreter kann außerdem Mitteilung über alle Umstände verlangen, die für den Provisionsanspruch, seine Fälligkeit und seine Berechnung wesentlich sind.**

(4) **Wird der Buchauszug verweigert oder bestehen begründete Zweifel an der Richtigkeit oder Vollständigkeit der Abrechnung oder des Buchauszuges, so kann der Handelsvertreter verlangen, daß nach Wahl des Unternehmers entweder ihm oder einem von ihm zu bestimmenden Wirtschaftsprüfer oder vereidigten Buchsachverständigen Einsicht in die Geschäftsbücher oder die sonstigen Urkunden so weit gewährt wird, wie dies zur Feststellung der Richtigkeit oder Vollständigkeit der Abrechnung oder des Buchauszuges erforderlich ist.**

(5) **Diese Rechte des Handelsvertreters können nicht ausgeschlossen oder beschränkt werden.**

Siebenter Abschnitt. Handelsvertreter § 87 c

I. Allgemeines

Die Vorschrift regelt die Pflicht des Unternehmers zur Abrechnung 1
über den Provisionsanspruch des HV, **I,** u dessen Möglichkeiten zur
Durchsetzung des Anspruchs, **II–IV.** Sie greift nur bei Erfolgsvergütung
iSv § 87 ein (sonst §§ 666, 675, 259 BGB; Karlsr BB 66, 1169).
Auch in mehrstufigen Vertriebssystemen. **I–IV** sind zugunsten des HV halbzwingend, **V.** Die Hilfsansprüche aus § 87 c werden gegenstandslos
(entfallen), wenn Provisionsanspruch verjährt oder sonst undurchsetzbar
(BGH NJW 96, 2101; Kln BB 97, 2130: auch zur Vorbereitung für
§ 89 b).

II. Abrechnung, I

1. Den Unternehmer trifft die **Pflicht,** nach den Vorgaben von **I** 2
eine (schriftliche) **Abrechnung** über die geschuldeten Provisionen zu
geben. Einer bes Aufforderung des HV dazu bedarf es nicht.

2. Rechtsnatur. Die Abrechnung ist ein abstraktes Schuldaner- 3
kenntnis, §§ 781, 782 BGB (BGH WM 90, 711). Ihre jahrelange
widerspruchslose Hinnahme durch den HV ist (wg §§ 87 a V, 87 c V)
nicht als Einverständnis anzusehen, auch nicht als Verzicht auf weitere
Provisionen (BGH NJW 96, 589; Kln BB 97, 2130; Hbg BB 98, 971);
entspr AGB-Klausel verstößt gg § 9 I AGBG (vgl BGH BB 64, 409).
Ob **ausdr** Annahme durch HV zugleich ein negatives Schuldanerkenntnis iSv § 397 II BGB beinhaltet, ist durch Auslegung zu ermitteln
(BGH 56, 296). Ein solches bleibt auch nach BGH NJW 96, 589
möglich (aA *Scherer* BB 96, 2205 f).

3. Inhalt. Die Abrechnung muß alle für die Berechnung der Pro- 4
vision wesentlichen Angaben enthalten (Art 12 I 2 HV-Rili), in klarer
u vollständiger Zusammenstellung, um dem HV eine Überprüfung zu
ermöglichen (BGH WM 89, 1074). Aufzunehmen (vgl BGH WM 90,
711) sind die gezahlten Vorschüsse; alle ausgeführten Geschäfte, auch
soweit noch auflösend bedingt; Geschäfte nach § 87 a III 1. **Nicht:**
abgeschlossene Geschäfte, die noch nicht ausgeführt sind (dafür **II**) oder
bei denen § 87 a II vorliegt.

4. Der **Zeitraum,** über den abzurechnen ist, beträgt einen Monat, 5
I 1, u kann auf höchstens drei Monate verlängert werden. Die Abrechnung hat dann unverzüglich, § 121 BGB, u ohne Aufforderung seitens
des HV, spätestens bis zum Ende des nächsten Monats zu erfolgen; bei
Vertragsbeendigung: unverzüglich, unabhängig vom Abrechnungszeitraum.

5. Durchsetzung: Klage auf Abrechnung (nicht: Abrechnung in 6
bestimmter Weise) möglich (BGH WM 90, 710). Vollstreckung nach
§ 887 ZPO (Kln NJW-RR 96, 100); aA: § 888 ZPO (Mü BB 60, 188;
Neust NJW 65, 257).

III. Buchauszug, II

7 **1. Zweck.** Das in **II** verankerte Recht, einen Buchauszug zu verlangen, soll dem HV die Möglichkeit verschaffen, sich über alle (möglicherweise) provisionspflichtigen Geschäfte zu informieren (BGH NJW-RR 94, 1271).

8 **2.** Der Buchauszug ist, anders als die Abrechnung, nur auf **Verlangen** des HV (formlos; Begründung nicht erforderl) zu erteilen, **II**. Provisionsansprüche müssen zumindest möglich sein; pauschale Behauptung reicht nicht aus (BGH WM 77, 1382). Die (evtl auch hohen) Kosten trägt der Unternehmer (BGH 56, 296); Grenze: Mißbrauch.

9 **3. Zeitpunkt.** „Bei Abrechnung" meint (vom Zweck des **II** her) frühestens mit der Abrechnung, aber auch später (BAG BB 83, 196). Der Anspruch auf Erteilung des Buchauszugs erlischt mit Einigung über die Abrechnung (BGH NJW 81, 457); für letztere ist eine eindeutige Willenserklärung des HV erforderl (BGH WM 82, 153; NJW 96, 588).

10 **4. Inhalt.** Sämtliche Angaben (insbes Rechnungen), die für die Berechnung, Höhe, Fälligkeit der Provision gem Vertrag sowie ges Regelungen (§§ 87, 87 a, 92) von Bedeutung sind, in klarer, übersichtlicher u vollständiger Weise (BGH WM 80, 1449; WM 82, 153); alle schriftlichen Zeugnisse über vermittelte Geschäfte (vgl **IV**); BGH DB 01, 1410); auch vollständige Korrespondenz (Kln NJW-RR 99, 833). Anschriften der Vertragspartner, Vertragsinhalt (bei Versicherung), gelieferte Mengen, Preise, Nebenabreden, Gründe für Retouren; Geschäfte iSv § 87 a III (mit Gründen für Nichtausführung; BGH WM 96, 311); auch aufschiebend bedingte (BGH ZIP 89, 708) u str Ansprüche (Einzelheiten bei Hamm NJW-RR 97, 1323). Eine Abrechnung iSv **I**, die dies auch enthält, ist auch als Buchauszug anzusehen (BGH NJW-RR 91, 159).

11 **5. Durchsetzung.** Klage auf Buchauszug; Vollstreckung nach § 887 ZPO iVm **IV** (Kln NJW-RR 96, 100 mwN); bei bloßer Unklarheit oder Unvollständigkeit des Buchauszugs Anspruch gem **III, IV** (BGH BB 64, 409; aA Kblz NJW-RR 94, 358 f: Ergänzung über § 887 ZPO).

IV. Auskunftsrecht, III

12 **1. Zweck.** Der Auskunftsanspruch hat eine die Ansprüche aus **I** u **II** **ergänzende** Funktion.

13 **2. Inhalt.** Der Anspruch betrifft alle für den Provisionsanspruch wesentlichen Umstände, die sich nicht aus den Büchern des Unternehmers (u dem Buchauszug) ergeben. Es kann nicht allg Rechenschaft, sondern nur Auskunft über **bestimmte** Umstände begehrt werden (Hamm DB 67, 593), etwa bei unklarem oder unvollständigem Buchauszug. Der Anspruch endet mit Einigung über den Provisionsanspruch.

Siebenter Abschnitt. Handelsvertreter § 87 d

3. Durchsetzung im Klagewege, wobei konkrete Umstände zu be- 14
nennen sind, über die Auskunft erteilt werden soll. Vollstreckung nach
§§ 887, 888 ZPO (s Hamm NJW-RR 94, 490). Überprüfung des
Wahrheitsgehalts einer Auskunft: Bucheinsicht gem **IV,** eidesstattliche
Versicherung, §§ 259, 260 BGB, nicht Klage auf Buchauszug (Ffm
NJW-RR 95, 352).

V. Einsichtsrecht, IV

1. Zweck der Bucheinsicht ist es, dem HV die Möglichkeit zu 15
geben, die Abrechnung bzw den Buchauszug zu überprüfen.

2. Inhalt. a) Ein Recht auf Einsichtnahme besteht nur, wenn der 16
Auszug verweigert wird oder begr (zu substantiierende) Zweifel (auch
nur in einem Punkt; Kln DB 00, 2269) an der Vollständigkeit u der
Richtigkeit der Abrechnung oder des Buchauszugs bestehen (erst recht,
wenn Buchauszug obj falsch). Der Zweck der Bucheinsicht begrenzt
ihre Reichweite. **b)** Die Einsicht ist nach Wahl des Unternehmers
auszuüben entweder durch den HV selbst (er kann Hilfspersonen zu-
ziehen) oder durch einen vom HV zu bestimmenden Wirtschaftsprüfer
oder vereidigten Buchsachverständigen. Die Kosten dafür trägt der HV
(der evtl einen Schadensersatzanspruch gg den Unternehmer hat; BGH
NJW 59, 1964; BGH 32, 306 f; Mü NJW-RR 88, 290).

3. Durchsetzung: Klage auf Gestattung der Einsicht. Vollstreckung: 17
§ 887 ZPO.

§ 87 d [Ersatz von Aufwendungen]

**Der Handelsvertreter kann den Ersatz seiner im regelmäßigen
Geschäftsbetrieb entstandenen Aufwendungen nur verlangen,
wenn dies handelsüblich ist.**

1. Allgemeines. § 87 d betrifft den **Aufwendungsersatz** des HV. 1
Da der HV für seine Tätigkeit in Erfüllung seiner übernommenen
Pflichten Provision erhält, muß er die im regelmäßigen Geschäftsbetrieb
entstehenden Aufwendungen selbst tragen. Für überobligationsmäßige
Leistungen gilt § 670 BGB. Ansonsten besteht ein Anspruch nur, wenn
der Aufwendungsersatz **handelsüblich** (Rz 4) oder **vereinbart** (zB
Pauschale) ist.

2. Aufwendungen iSv § 87 d sind Auslagen des HV; nicht: unfrei- 2
willige Vermögensopfer (anders bei § 110, § 670 BGB), da nicht zum
„regelmäßigen" Geschäftsbetrieb gehörig. Dafür dann ggf § 670 BGB.

3. Zum regelmäßigen Geschäftsbetrieb gehört alles, was der HV 3
in Erfüllung seiner ges Pflichten tätigt (Geschäftsraummiete; Kfz-Ko-
sten; Reise-, Bürokosten usf; **nicht:** Warenlager, -auslieferung; Werbung; Marktanalyse) oder wozu er sich vertraglich verpflichtet (zB die
vorgenannten Aufgaben). Nicht unter § 87 d fallen Aufwendungen für

§§ 88, 88a

Leistungen, die Unternehmer gem § 86a schuldet; ebensowenig Aufwendungen aufgrund von Weisungen (dafür § 670 BGB).

4 4. Ein **Ersatzanspruch** besteht für Aufwendungen iSv Rz 2–3 nur, wenn dies **handelsüblich** ist. Hierfür kommt es auf die Bräuche in der Branche an.

5 5. **Schmiergelder** als Aufwendungen (vgl BGH 94, 272): Ihre Ortsüblichkeit (va im Ausland) hat nichts mit der Handelsüblichkeit ihres Einsatzes zu tun (aA *HeySonnenschein/Weitemeyer* § 87d 6); vielmehr steht in Frage, ob sie (noch) als zum regelmäßigen Geschäftsbetrieb gehörig (u daher von Provisionen abgedeckt) anzusehen sind. Dies ist idR zu bejahen (*Hopt* § 87d 4). Ersatz nur, wenn ein solcher (in der BRD!) branchenüblich, § 87d, oder vereinbart.

§ 88 [Verjährung der Ansprüche]
Die Ansprüche aus dem Vertragsverhältnis verjähren in vier Jahren, beginnend mit dem Schluß des Jahres, in dem sie fällig geworden sind.

1 1. **Allgemeines.** In Abweichung von §§ 195 ff BGB unterwirft § 88 Ansprüche beider Partner aus dem HV–Vertrag einer einheitlichen vierjährigen Verjährungsfrist.

2 2. **Anwendungsbereich.** § 88 gilt für **alle** Ansprüche aus dem HV–Vertrag, auch auf Schadensersatz (BGH WM 82, 636), einschl der Hilfsansprüche aus § 87c (BGH NJW 81, 457); Rückzahlung von Vorschüssen. Nicht für Ansprüche aus Delikt (BGH BB 77, 415) u Bereicherung (Kblz DB 88, 497).

3 3. **Verjährungsfrist. a) Beginn** mit Abschluß des Jahres, in dem der Anspruch fällig (§ 87a IV) geworden ist. Für die Hilfsansprüche ist der Beginn jeweils *selbständig* festzustellen (BGH NJW 82, 235). Für den Anspruch auf Bucheinsicht, § 87c IV, beginnt die Frist am Ende des Jahres zu laufen, in dem der Buchauszug erteilt worden ist (BGH NJW 79, 764). **b) Dauer:** vier Jahre. Ablauf zum Jahresschluß. **c)** § 88 ist **dispositiv;** vgl § 225 S 2 BGB. Abkürzung darf **nicht einseitig** zu Lasten des HV gehen (BGH 75, 218; Hamm NJW-RR 99, 1713); iü angemessene Verkürzung bei billigenswertem Interesse. Frist von sechs Monaten ab Kenntnis von der Anspruchsentstehung zulässig (BGH NJW-RR 91, 35); zwölf Monate ab Fälligkeit ohne Kenntnis (auch wenn individuell ausgehandelt) dgg nicht (BGH BB 96, 1189; Mü BB 96, 980). **d)** Berufung auf Verjährungseinrede kann **unzulässige Rechtsausübung,** § 242 BGB, darstellen, zB wenn Unternehmer nur unvollständige Abrechnung erteilt hat (vgl Karlsr BB 73, 1600).

§ 88a [Zurückbehaltungsrecht]
(1) **Der Handelsvertreter kann nicht im voraus auf gesetzliche Zurückbehaltungsrechte verzichten.**

Siebenter Abschnitt. Handelsvertreter **§ 89**

(2) Nach Beendigung des Vertragsverhältnisses hat der Handelsvertreter ein nach allgemeinen Vorschriften bestehendes Zurückbehaltungsrecht an ihm zur Verfügung gestellten Unterlagen (§ 86a Abs. 1) nur wegen seiner fälligen Ansprüche auf Provision und Ersatz von Aufwendungen.

1. Allgemeines. a) Die Vorschrift betrifft die ges Zurückbehaltungsrechte des HV: § 369 u § 273 BGB. Auf vertragliche Zurückbehaltungsrechte ist § 88a nicht anwendbar. **b) I** will den HV vor dem (möglicherweise) wirtschaftlich überlegenen Unternehmer schützen, während **II** dem Interesse des Unternehmers dient, der nach Vertragsbeendigung auf die dem HV zur Verfügung gestellten Unterlagen für den Nachfolger angewiesen ist. 1

2. Abdingbar, I. Der HV kann auf seine ges Zurückbehaltungsrechte (Rz 1) nicht (einseitig oder vertraglich) im voraus (bei Vertragsschluß oder durch spätere Abreden) verzichten. Bzgl **entstandener** Zurückbehaltungsrechte ist Verzicht möglich. 2

3. Vertragsbeendigung, II. a) Während der Laufzeit des Vertrages sind die Zurückbehaltungsrechte des HV an den ihm überlassenen Unterlagen (§ 86a) durch Pflichten aus dem HV–Vertrag eingeschränkt (§ 369 III; ebenso bei § 273 BGB): zB sind Muster den Kunden vorzulegen bzw vorzuführen. Diese Beschränkungen entfallen mit Vertragsende (Düss BB 90, 1087). **b)** Bei Vertragsbeendigung ist das Zurückbehaltungsrecht an Unterlagen beschränkt auf fällige (§ 87a IV) Ansprüche auf Provision u Ersatz von Aufwendungen (nicht: Ausgleichsanspruch, § 89b). 3

§ 89 [Kündigung des Vertrages]

(1) ¹Ist das Vertragsverhältnis auf unbestimmte Zeit eingegangen, so kann es im ersten Jahr der Vertragsdauer mit einer Frist von einem Monat, im zweiten Jahr mit einer Frist von zwei Monaten und im dritten bis fünften Jahr mit einer Frist von drei Monaten gekündigt werden. ²Nach einer Vertragsdauer von fünf Jahren kann das Vertragsverhältnis mit einer Frist von sechs Monaten gekündigt werden. ³Die Kündigung ist nur für den Schluß eines Kalendermonats zulässig, sofern keine abweichende Vereinbarung getroffen ist.

(2) ¹Die Kündigungsfristen nach Absatz 1 Satz 1 und 2 können durch Vereinbarung verlängert werden; die Frist darf für den Unternehmer nicht kürzer sein als für den Handelsvertreter. ²Bei Vereinbarung einer kürzeren Frist für den Unternehmer gilt die für den Handelsvertreter vereinbarte Frist.

(3) ¹Ein für eine bestimmte Zeit eingegangenes Vertragsverhältnis, das nach Ablauf der vereinbarten Laufzeit von beiden Teilen fortgesetzt wird, gilt als auf unbestimmte Zeit verlängert. ²Für die Bestimmung der Kündigungsfristen nach Absatz 1

§ 89

Satz 1 und 2 ist die Gesamtdauer des Vertragsverhältnisses maßgeblich.

1 **1. Allgemeines. a)** § 89 betrifft die **ordentliche Kündigung** eines auf **unbestimmte** Zeit eingegangenen, **I,** oder sich verlängernden HV–Vertrages, **III**. Keine Anwendung auf HV im Nebenberuf, § 92 b I 1, 2. Die Vorschrift ist im Hinblick auf Art 14, 15 HV-Rili neugefaßt. Das Recht zur ordentlichen Kündigung ist **abdingbar**. Grenzen: §§ 138, 242 BGB (BGH NJW 95, 2351); § 9 I AGBG (Mü NJW-RR 97, 1057). **b)** Ein Rückgriff auf **Kündigungsvorschriften** der §§ 620 ff BGB ist nur möglich, soweit diese den Dienstvertrag regeln u §§ 89 ff nicht spezieller ist: Anwendbar sind §§ 620 I, 624 BGB (jeweils für den HV–Vertrag auf bestimmte Zeit), § 625 BGB (soweit nicht **III** anwendbar). Kündigung ersetzt §§ 275, 323 BGB bei Arbeitsunfähigkeit des HV (Brschw NJW-RR 94, 35). **c) Vertragsbeendigung. aa)** Bei HV–Vertrag auf bestimmte Zeit durch Zeitablauf, § 630 I BGB. **bb)** Tod des HV (iZw, §§ 675, 673 BGB). Nicht (iZw) bei Tod des Unternehmers, §§ 675, 672 BGB (aber wichtiger Grund iSv § 89 a I). **cc) Insolvenz** des Unternehmers, § 116 InsO (Saarbr NJW-RR 97, 354 zu § 23 II KO aF); nicht: des HV (aber wichtiger Grund iSv § 89 a I). **dd) Anfechtung** eines HV–Vertrages wg Irrtums, Drohung oder arglistiger Täuschung, §§ 119 ff BGB, wirkt ex tunc, § 142 I BGB. Anders, wenn Vertrag bereits **in Vollzug** gesetzt; dann nurmehr Kündigung mit Wirkung ex nunc (BGH ZIP 95, 1002 im Hinblick auf § 89 b; *Hopt* § 89 5; aA *Canaris* § 17 27; sa *Herbert* BB 97, 1317). Tragweite von EuGH 98, I-2191, NJW 00, 3268 (noch) unklar. **ee)** Durch **Aufhebungsvertrag.**

2 **2. Ordentliche Kündigung. a) I** kommt nur bei Verträgen, die auf **unbestimmte** Zeit geschlossen sind, zur Anwendung; nicht für HV im Nebenberuf, § 92 b I 1. Der HV–Vertrag auf **bestimmte** Zeit endet mit dem vereinbarten Termin bzw entspr dem Zweck der zu leistenden Dienste, § 620 I BGB. Während der vereinbarten Zeitdauer ist die ordentliche Kündigung ausgeschlossen (ausgenommen in den Fällen, in denen die Kündigung an die Stelle der §§ 275, 323 BGB tritt). Für einen HV–Vertrag mit Verlängerungsklausel gilt **I,** ebenso für ein unbefristetes Vertragsverhältnis mit Widerrufsvorbehalt (*Hopt* § 89 20), für Kettenverträge (BGH VersR 59, 129 zu § 89 aF), für Vertrag auf Probe nach Ablauf der Probezeit, wenn nicht gekündigt.

3 **b) Kündigungserklärung. aa)** Sie ist empfangsbedürftige Willenserklärung. Zugang: §§ 130–132 BGB. Formlos möglich. Erklärung muß unzweideutig sein. **bb)** Die Kündigung bedarf keines bes Grundes. Schranken ihrer Wirksamkeit ergeben sich aus §§ 134, 138, 242 BGB (zB BGH NJW 70, 855). **cc) Teilkündigung** ist bei einheitlichem HV–Vertrag unzulässig (BGH BB 77, 964); anders, wenn es sich in der Sache um mehrere Verträge handelt. Vereinbarung in AGB verstößt gg § 9 I AGBG (BGH DB 00, 86: wg § 89 b). **dd) Änderungskündigung** ist (bei Einhaltung der Fristen) möglich (BGH BB

Siebenter Abschnitt. Handelsvertreter § 89 a

84, 235); Schweigen auf das damit gemachte Angebot ist idR keine Annahme (BGH BB 55, 1009).

c) Fristen. aa) Die Staffelung der Kündigungsfristen ist an 4 Art 15 II, III HV-Rili angepaßt: Für das erste Vertragsjahr einen Monat, für das zweite Jahr zwei Monate, für das (angefangene) dritte bis fünfte Vertragsjahr drei Monate, **I 1;** bei Vertragsdauer von fünf u mehr Jahren beträgt die Frist sechs Monate, **I 2. bb)** Die Fristen können nicht (auch nicht zu Lasten des Unternehmers) verkürzt, wohl aber verlängert werden, **II 1. HS.** Dabei darf die Frist für den Unternehmer nicht kürzer sein als für den HV. Bei Verstoß gilt **II 2. cc)** Kündigungstermin ist (abdingbar) Ende des Monats, **I 3. dd)** Fristlauf beginnt mit Zugang der Kündigung. Berechnung: §§ 186 ff BGB (mit Ausnahme des § 193 BGB).

d) Wirkungen. Die Kündigung führt zur Vertragsbeendigung am 5 Kündigungstermin. Zwischenzeitliche außerordentliche Kündigung ist möglich. Leistungspflichten der Vertragspartner bestehen bis zum Vertragsende fort. Zum Ausgleichsanspruch vgl § 89 b. Zur Herausgabe der dem HV überlassenen Unterlagen s § 86 Rz 8.

3. Fortgesetzter Zeitvertrag, III. Wird ein Zeitvertrag nach Ab- 6 lauf des Termins von beiden Seiten fortgesetzt, gilt der Vertrag als auf unbestimmte Zeit verlängert, **III 1** (vgl Art 14 HV-Rili). Für die Bestimmung der Fristen (Rz 4) ist die Gesamtvertragsdauer entscheidend, **III 2.**

§ 89 a [Fristlose Kündigung]

(1) ¹**Das Vertragsverhältnis kann von jedem Teil aus wichtigem Grunde ohne Einhaltung einer Kündigungsfrist gekündigt werden.** ²**Dieses Recht kann nicht ausgeschlossen oder beschränkt werden.**

(2) **Wird die Kündigung durch ein Verhalten veranlaßt, das der andere Teil zu vertreten hat, so ist dieser zum Ersatz des durch die Aufhebung des Vertragsverhältnisses entstehenden Schadens verpflichtet.**

I. Allgemeines

§ 89 a regelt die **außerordentliche** Kündigung eines befristeten 1 oder unbefristeten HV-Vertrages. Art 16 HV-Rili macht keine Vorgaben. § 89 a verdrängt als Sonderregelung die §§ 626 ff BGB. Die Vorschrift gilt für alle (selbständigen) HV (einschl § 92 b) u gibt jedem Vertragspartner das Kündigungsrecht.

II. Außerordentliche Kündigung

1. Erklärung. a) Die (formlose) Kündigung muß **unzweideutig** 2 erkennen lassen, daß sie als außerordentliche („fristlos"; „mit sofortiger

§ 89 a

Wirkung") erklärt wird; evtl mit Auslauffrist (BGH ZIP 99, 278). **b)** Die Angabe eines wichtigen Grundes ist nicht erforderl (BGH 27, 225; str); § 626 II 3 BGB (schriftliche Mitteilung der Gründe auf Verlangen) gilt entspr (*Hopt* § 89 a 14). Werden Gründe in der Kündigungserklärung genannt, können andere **zur Zeit** der Kündigung gegebene Gründe **nachgeschoben** werden (BGH 27, 225); anders, wenn sich der Gekündigte nach Treu u Glauben darauf verlassen darf, daß andere als die genannten Gründe keine Rolle spielen. **Nach** Ausspruch der Kündigung entstandene Gründe können **nicht mehr** herangezogen werden (BGH ZIP 99, 280). Im Nachschieben kann eine **erneute** (konkludente) außerordentliche Kündigung liegen.

3   **2. Wichtiger Grund. Lit:** *K/T* I 1736 ff., 1830 ff (eingehende Übersicht) **a) Grundsatz.** Der Begriff wird in § 89 a nicht definiert. Er ist inhaltsgleich mit dem in § 89 b III Nr. 2 (BGH BB 00, 736). Maßgebend ist, ob die den Grund tragenden Tatsachen u Umstände es für den Kündigenden **unzumutbar** erscheinen lassen, den Vertrag bis zur Vertragsbeendigung mittels ordentlicher Kündigung durchzuführen (BGH WM 01, 1032). Dabei sind alle Umstände des Einzelfalls (vgl BGH BB 56, 95), insbes Art u Gewicht der Vertragsverletzung, bisherige Vertragsdauer u Dauer bis zum Vertragsende bei ordentlicher Kündigung (BGH BB 00, 737), Grad des Verschuldens u Interessen der Parteien zu würdigen u abzuwägen. Abzustellen ist auf den Zeitpunkt des Ausspruchs der Kündigung (BGH ZIP 99, 280). Dabei spielt uU eine Rolle, ob eine vorherige Abmahnung möglich u nötig (BGH DB 81, 987) oder ob ein wichtiger Grund vorhersehbar ist (BGH NJW 86, 1931). Bei Setzung einer Ablauffrist kann es an der Unzumutbarkeit oder einem wichtigen Grund fehlen (aber Rz 7). Die tatsächlichen Voraussetzungen eines wichtigen Grundes können vertraglich (auch in AGB) festgelegt werden (BGH WM 92, 1441; str). Darlegungs- u Beweislast für wichtigen Grund trifft denjenigen, der sich auf Wirksamkeit der Kündigung beruft (BGH NJW-RR 99, 540).

4   **b) Kündigung durch Unternehmer.** Ein wichtiger Grund liegt in einer nachhaltigen schuldhaften Verletzung wesentlicher Verpflichtungen des HV, die durch evtl gebotene (Mü NJW-RR 94, 104) u erfolglose (Mü NJW-RR 95, 293) **Abmahnung** nicht abgestellt wird. Abmahnung idR erforderl (BGH NJW-RR 99, 540), aber entbehrlich, wenn Vertrauensgrundlage *endgültig* zerstört (BGH ZIP 99, 1309).

aa) Nichterfüllung wesentlicher Vertragspflichten, insbes Absatzförderungspflicht; unberechtigte Weigerung, für den Unternehmer tätig zu werden; Umsatzrückgang bzw schlechte Geschäftsergebnisse des HV nur, wenn von ihm verschuldet (Kln NJW-RR 97, 101: „gravierende" Fahrlässigkeit); dabei ist er gehalten, den Betrieb so zu organisieren, daß er seinen Pflichten ordnungsgemäß nachkommen kann (BGH WM 82, 633); Insolvenz des HV; Geschäftseinstellung auf seiten des HV (auch unverschuldet); Geschäftsveräußerung. **bb) Mißachtung** von **Weisungen:** betr Lieferung auf Kredit (BGH BB 60, 574); Ausweitung des Warensortiments (BGH DB 81, 1772); Ausfüllen von Versicherungsanträgen (BGH VersR 86, 1072). **cc) Verletzung** von **Mitteilungspflichten:** bei Umwandlung in GmbH (BGH BB 78, 982); Geschäftsabschlüsse u Aussicht darauf (Kln BB 71, 543); Vertragsverletzungen eines Kunden (BGH BB 79, 242); bei drohender Interessenkollision (Düss BB 69, 330). **dd)** Verletzung des **Wettbewerbsverbots** (s § 86 Rz 6): bei Vertrieb konkurrierender Ware; Übernahme einer Vertretung eines Konkurrenzunternehmens ohne Zustimmung (BGH 87, 57; ZIP 99, 1309: Heimlichkeit nicht erforderl). Ein Schaden ist nicht erforderl. Rechtsirrtum schließt Verschulden idR nicht aus (BGH WM 72, 1096). Der wichtige Grund liegt hier im Vertrauensbruch (BGH BB 74, 714); anders, wenn der Unternehmer die Tätigkeit des HV genehmigen müßte (BGH VersR 69, 995). Bei sonstigen Nebentätigkeiten kommt es auf Einzelfall an (BGH WM 01, 1034). **ee) Vertrauensbruch, sonstige Pflichtverstöße:** Abwerbung eines HV für ein anderes Unternehmen (BGH BB 77, 1170); Verrat von Geschäftsgeheimnissen; Beleidigung oder Herabsetzung des Unternehmers; sofortige Klageerhebung ohne vorherigen Klärungsversuch (Saarbr NJW-RR 99, 1340); mangelnde Zuverlässigkeit; Trunkenheit des HV (Celle VersR 61, 507); tiefgreifendes Zerwürfnis; Verletzung der Aufsichtspflicht bzgl Eigentum des Unternehmers (Celle BB 58, 894); versuchte Straftat zum Nachteil des Prinzipals (wenn Verdacht hinreichend erhärtet; KG NJW-RR 00, 1566). Verhalten von Hilfspersonen: § 278 BGB nicht anw (BGH 29, 278); anders bei Ehepartner, der im Pflichtenkreis des HV tätig ist (Saarbr NJW-RR 99, 1340). **ff) Betriebsbezogene Gründe** beim Unternehmen ergeben nur **ganz ausnahmsweise** einen wichtigen Grund für die Kündigung durch den Unternehmer; Betriebseinstellung oder neues Sortiment idR nicht, weil vorhersehbar u daher ordentliche Kündigung möglich (vgl BGH NJW 86, 1931).

c) Kündigung durch HV. Kündigungsgründe: **aa)** (va) eine 5 schwerwiegende schuldhafte **Verletzung der Vertragspflichten** seitens des Unternehmers; (geplante) Geschäftseinstellung (auch unverschuldet); (wiederholtes) unberechtigtes Einbehalten der Vergütung (BGH ZIP 89, 711) bzw ihre Kürzung (BGH WM 74, 870). **bb) Mangelhafte Ausführung** der vermittelten Geschäfte (BGH WM 86, 623). **cc)** Unberechtigte **Bezirksverkleinerung** (BGH WM 71, 562 f). **dd) Treuepflichtverletzung** durch unzulässigen Wettbewerb (BGH NJW-RR 93, 683: paralleler Direktvertrieb) bzw Abwerbung von Untervertretern des HV (BGH BB 82, 1626). **ee) Gründe in der Person des HV:** zB Geschäftseinstellung; in Dauer nicht absehbare Erkrankung (BGH ZIP 95, 1002).

3. Ausschluß des Kündigungsrechts. a) Vertraglicher Ausschluß 6 ist gem **I 2** unzulässig. Dies gilt auch für Umgehung durch Umkehr der Beweislast hinsichtlich wichtigem Grund (Karlsr, VersR 73, 858). Dgg ist eine vertragliche Konkretisierung des wichtigen Grundes möglich

(BGH WM 74, 351). **b) Eigene Vertragsuntreue** schließt außerordentliche Kündigung idR aus; anders, wenn im Hinblick auf Pflichtverstoß des Vertragspartners die (befristete) Fortsetzung des Vertragsverhältnisses unzumutbar ist (BGH 44, 275; Saarbr NJW-RR 99, 1340). **c) Verfristung. aa)** Die Zwei-Wochen-Frist des § 626 II BGB findet **keine** Anwendung (BGH ZIP 99, 1310). Dem zur Kündigung Berechtigten ist eine angemessene Überlegungsfrist zuzugestehen. Dauer: Umstände des Einzelfalls; idR kürzer als zwei Monate (BGH ZIP 99, 1310).) Bei zu langem Warten *entfällt* für den Kündigungsgrund die *Wichtigkeit* (Rz 3). Der Versuch, im Wege von Verhandlungen zu einer gütlichen Einigung zu kommen, schadet dgg nicht. **bb) Vertragliche** Vereinbarung einer Frist ist möglich; Frist muß (auch wg **I 2**) angemessen sein. **d) Verwirkung** setzt voraus, daß das Kündigungsrecht illoyal verspätet geltend gemacht wird, so daß der Vertragspartner nicht mehr damit zu rechnen brauchte. Dann ist idR Wichtigkeit iSv aa) entfallen.

III. Folgen der Kündigung

7   1. **Vertragsbeendigung. a)** Bei **wirksamer** Kündigung wird der Vertrag sofort oder bei Setzung einer Auslauffrist mit deren Ablauf beendet. Auslauffrist evtl bei unzumutbarer Härte einer fristlosen Kündigung geboten (*Canaris* § 17 92); kann aber nicht vom Gericht bestimmt werden (BGH ZIP 99, 278). Statt dessen: Umdeutung in ordentliche Kündigung gem § 140 BGB (*Canaris* § 17 92). Eine „Rücknahme" der wirksam gewordenen (§ 130 I BGB) Kündigungserklärung ist nicht möglich; Vertragsfortsetzung setzt einverständliche Wiederbegründung des Vertrages voraus. **b) Fehlt** ein wichtiger Grund für die Kündigung, kann die damit unwirksame außerordentliche Kündigung uU *für den Gekündigten* ein wichtiger Grund für eine außerordentliche Kündigung sein (BGH ZIP 99, 279). Gem § 140 BGB kann die unwirksame außerordentliche Kündigung in eine ordentliche Kündigung **umgedeutet** werden (BGH WM 92, 1441). Der HV behält seinen Vergütungsanspruch gem § 615 BGB, wenn er dem Unternehmer seine Leistung anbietet u ihn dadurch in Annahmeverzug setzt.

8   2. **Schadensersatz. a)** Bei **berechtigter** Kündigung: **II** greift ein bei berechtigter außerordentlicher Kündigung, die durch schuldhaftes (§ 276 BGB) Verhalten des anderen Teils veranlaßt wurde, bei ordentlicher Kündigung (an Stelle einer möglichen außerordentlichen Kündigung) u bei einvernehmlicher Vertragsaufhebung (BGH NJW 82, 2432). **II** entfällt, wenn auch der andere Vertragspartner hätte kündigen können (BGH 44, 277; 122, 15). Schadensersatz ist nach §§ 249 ff BGB zu gewähren; umfaßt gem § 252 BGB als entgangenen Gewinn den *Provisionsverlust* (BGH WM 86, 623); bezieht sich auf den Zeitraum zwischen der Kündigung u dem von vornehrein vereinbarten oder durch ordentliche Kündigung herbeigeführten Ver-

tragsende (arg Schutzzweck der Norm; BGH 122, 12, 14 f). **b)** Bei **unberechtigter** Kündigung kann Schadensersatz aus pVV geltend gemacht werden (BGH WM 91, 197); **II** ist nicht anwendbar. §§ 249, 252 BGB geht ua auf den entgangenen (höheren) Ausgleich nach § 89 b (BGH 53, 152; WM 82, 633); evtl § 254 BGB u Vorteilsanrechnung.

§ 89 b [Ausgleichsanspruch]

(1) ¹Der Handelsvertreter kann von dem Unternehmer nach Beendigung des Vertragsverhältnisses einen angemessenen Ausgleich verlangen, wenn und soweit

1. der Unternehmer aus der Geschäftsverbindung mit neuen Kunden, die der Handelsvertreter geworben hat, auch nach Beendigung des Vertragsverhältnisses erhebliche Vorteile hat,
2. der Handelsvertreter infolge der Beendigung des Vertragsverhältnisses Ansprüche auf Provision verliert, die er bei Fortsetzung desselben aus bereits abgeschlossenen oder künftig zustande kommenden Geschäften mit den von ihm geworbenen Kunden hätte, und
3. die Zahlung eines Ausgleichs unter Berücksichtigung aller Umstände der Billigkeit entspricht.

²Der Werbung eines neuen Kunden steht es gleich, wenn der Handelsvertreter die Geschäftsverbindung mit einem Kunden so wesentlich erweitert hat, daß dies wirtschaftlich der Werbung eines neuen Kunden entspricht.

(2) Der Ausgleich beträgt höchstens eine nach dem Durchschnitt der letzten fünf Jahre der Tätigkeit des Handelsvertreters berechnete Jahresprovision oder sonstige Jahresvergütung; bei kürzerer Dauer des Vertragsverhältnisses ist der Durchschnitt während der Dauer der Tätigkeit maßgebend.

(3) Der Anspruch besteht nicht, wenn

1. der Handelsvertreter das Vertragsverhältnis gekündigt hat, es sei denn, daß ein Verhalten des Unternehmers hierzu begründeten Anlaß gegeben hat oder dem Handelsvertreter eine Fortsetzung seiner Tätigkeit wegen seines Alters oder wegen Krankheit nicht zugemutet werden kann, oder
2. der Unternehmer das Vertragsverhältnis gekündigt hat und für die Kündigung ein wichtiger Grund wegen schuldhaften Verhaltens des Handelsvertreters vorlag oder
3. auf Grund einer Vereinbarung zwischen dem Unternehmer und dem Handelsvertreter ein Dritter anstelle des Handelsvertreters in das Vertragsverhältnis eintritt; die Vereinbarung kann nicht vor Beendigung des Vertragsverhältnisses getroffen werden.

§ 89 b

(4) ¹Der Anspruch kann im voraus nicht ausgeschlossen werden. ²Er ist innerhalb eines Jahres nach Beendigung des Vertragsverhältnisses geltend zu machen.

(5) ¹Die Absätze 1, 3 und 4 gelten für Versicherungsvertreter mit der Maßgabe, daß an die Stelle der Geschäftsverbindung mit neuen Kunden, die der Handelsvertreter geworben hat, die Vermittlung neuer Versicherungsverträge durch den Versicherungsvertreter tritt und der Vermittlung eines Versicherungsvertrages es gleichsteht, wenn der Versicherungsvertreter einen bestehenden Versicherungsvertrag so wesentlich erweitert hat, daß dies wirtschaftlich der Vermittlung eines neuen Versicherungsvertrages entspricht. ²Der Ausgleich des Versicherungsvertreters beträgt abweichend von Absatz 2 höchstens drei Jahresprovisionen oder Jahresvergütungen. ³Die Vorschriften der Sätze 1 und 2 gelten sinngemäß für Bausparkassenvertreter.

I. Allgemeines

1 1. **Zweck.** Bei Beendigung des Vertrages verliert der HV den von ihm aufgebauten Kundenstamm an den Unternehmer (bzw an den nachfolgenden HV), ohne daß er für neu abgeschlossene Geschäfte eine Provision erhält. § 89 b gibt dem HV zum Ausgleich eine zusätzliche Vergütung für die im Aufbau des Kundenstamms liegende u damit zum Vorteil des Unternehmers weiterwirkende Leistung des HV (BGH NJW 81, 1961; NJW 85, 861; *Schmidt* § 25 V: Kapitalisierung noch ausstehender Vergütungen). Der Ausgleichsanspruch ist Vergütungs- (nicht: Schadensersatz- oder Versorgungs-)anspruch (BGH 24, 222) mit sozialpolitischem Einschlag (soziale Absicherung des HV; BVerfG NJW 96, 381), der dem HV neben anderen Ansprüchen (zB aus § 89 a II) zusteht. Er entsteht mit Vertragsbeendigung. Als künftige Forderung ist er abtretbar (vgl allg BGH NJW 88, 3204), pfändbar, verpfändbar u vererbbar (BGH 24, 223).

2 2. **Anwendungsbereich.** § 89 b gilt für alle HV (auch bei jur Personen), auch für den Generalvertreter (BGH 56, 294; BB 71, 887) u den Untervertreter (Anspruch gg seinen HV; BGH BB 69, 510); **nicht** für den HV im Nebenberuf, § 92 b I 1, u nicht für den unselbständigen HV iSv § 84 II. Entspr Anwendung auf den Vertragshändler: s vor § 84 Rz 10. § 89 b entspricht im wesentlichen den Vorgaben der Art 17 bis 19 HV-Rili. Zu den Einzelheiten s Rz 8, 10, 11, 13, 15, 16. § 89 b ist eine **int zwingende** Norm iSv Art 34 EGBGB (s § 92 c Rz 2).

II. Anspruchsvoraussetzungen

3 1. **Beendigung des HV–Vertrages. a)** Der Ausgleichsanspruch setzt die Beendigung des HV–Vertrages voraus. In Betracht kommen alle Beendigungsgründe, Zeitablauf, Kündigung (gleich aus welchem Grund; s aber **III**), Tod des HV (Art 17 IV HV-Rili; §§ 675 I, 673

BGB; BGH 24, 222), Insolvenz des Unternehmers (§ 116 InsO), einvernehmliche Aufhebung (BGH NJW 89, 36). Beendigung liegt in der Kündigung eines fehlerhaften, in Vollzug gesetzten HV–Vertrages (s § 89 Rz 1); in Anfechtung wg arglistiger Täuschung des HV, § 123 BGB (BGH NJW 95, 1958); ebenso wenn Nichtigkeitsgrund von Anfang an vorliegt (BGH NJW 97, 657; 3308; 3311; *Hopt* § 89 b 8; aA *Canaris* § 17 120), da fehlerhafter Vertrag nur mit Wirkung ex nunc beendigt wird. **b)** Eine wirksame **Teilbeendigung** (zur Unzulässigkeit der Teilkündigung s § 89 Rz 3) des Vertrages fällt unter **I** (str; offen in BGH NJW 94, 193; BB 00, 86), zB bei Bezirksverkleinerung, nicht bei Ausklammerung nur einzelner Versicherungsverträge (BGH aaO). Ebenso die Fortführung des Vertrages des HV im Nebenberuf, § 92 b. Analoge Anwendung des **I** bei Sitzverlegung eines Kunden, wenn Provisionseinbuße erheblich (Nürnb BB 01, 1169). **c)** HV hat **Darlegungs- u Beweislast** dafür, daß Voraussetzungen des § 89 b I Nr 1–3 erfüllt sind (BGH NJW 96, 2300; zum Ausmaß der Darlegungslast BGH NJW 00, 1414). Dafür reicht durchschnittliche Jahresprovision iSv **II** nicht (Saarbr NJW-RR 97, 353; Rz 12).

2. Vorteile des Unternehmers, I 1 Nr. 1. Auf seiten des Unternehmers müssen erhebliche Vorteile entstehen, die aus einer Geschäftsbeziehung zu Kunden resultieren, die der HV während seiner (auch kurzzeitigen; Fbg NJW-RR 00, 110) Vertragszeit neu geworben oder zu denen er die Geschäftsbeziehung wesentlich erweitert hat. Als Bemessungsgrundlage können die in den letzten 12 Monaten verdienten Provisionen dienen (BGH NJW 98, 2877), ausnahmsweise auch ein anderer Zeitraum (BGH NJW 97, 1503; NJW 99, 2668). 4

a) Geschäftsverbindungen mit Kunden. aa) Neue Kunden, I 1 Nr. 1. Als **Kunde** ist anzusehen, wer eine **Bestellung** aufgibt (auch im Namen eines anderen: ZB Architekt; bloße Werbung genügt nicht: BGH NJW-RR 91, 157 f). Es geht um **Stammkunden** („Geschäftsverbindung") u nicht um bloße Laufkunden (BGH NJW 82, 1758); dies setzt *Bindungen* voraus, die produktorientiert bzw branchenbezogen zu bestimmen sind. Bei Reisevermittlung wiederholte Buchung vonnöten (BGH NJW 74, 1243); bei langlebigen Wirtschaftsgütern reicht einmaliger Kauf, wenn mit Wiederholungskauf (trotz Wechsel des HV) zu rechnen ist (BGH ZIP 97, 842; Kln BB 97, 62: zur Berechnung aufgrund Erfahrungen aus Vorjahren; Kln NJW-RR 97, 102). Eine „Geschäftsverbindung" ist nur hergestellt, wenn innerhalb eines **überschaubaren** Zeitraums mit **Nachbestellungen** zu rechnen ist (BGH NJW 99, 2668), die Kunden mehr als nur einmal ein Geschäft mit dem Unternehmer abgeschlossen haben oder abschließen werden (BGH NJW 00, 1414). Bei langlebigen Gütern ist der Zeitraum entspr länger (BGH NJW 85, 859). Im Tankstellengeschäft alle (voraussichtlichen) Mehrfachkunden (BGH ZIP 97, 1834): gelegentliche Folgegeschäfte reichen aus; mehrere Bezugsquellen schaden nicht (BGH ZIP 97, 1837); krit aus prozessualer Sicht *Schreiber* NJW 98, 3738 f. Keine 5

§ 89 b
Erstes Buch. Handelsstand

Stammkunden sind solche, die (infolge Gewöhnung an den HV) bei Ende des HV–Vertrages nicht auf den Nachfolger wechseln (BGH NJW 85, 861). **Neue** Kunden sind solche, die der HV seit Beginn seiner Tätigkeit hinzugeworben hat. Dazu gehören **nicht** die vom Vorgänger (gg Abschlagzahlung) übernommenen Kunden (BGH NJW 85, 58). **bb) Alte Kunden, I 2.** Der Werbung neuer Kunden steht es gleich, wenn die Geschäftsbeziehungen mit einem vorhandenen Kunden durch den HV wesentlich (durch Umsatzsteigerung oder Erweiterung der Produktpalette) **erweitert** werden. Die in I 2 enthaltene Präzisierung, daß die Erweiterung wirtschaftlich der Erwerbung eines neuen Kunden gleichkommen müsse, findet sich nicht in Art 17 II HV-Rili, dürfte aber mit der Vorgabe der „wesentlichen" Erweiterung übereinstimmen. Bei Umsatzsteigerungen entscheidet ein Vergleich mit den bisherigen Umsätzen. Bei für längere Zeit unterbrochenen Geschäftsbeziehungen liegt in der Neuanbahnung die Werbung eines Kunden iSv **I 1 Nr 1.** Mittels sog „Neukundenregelung" werden (gg Einstandszahlung) Altkunden als Neukunden behandelt (Mü BB 97, 223; s Rz 19).

6 **b) Ursächlichkeit.** Die Werbung neuer Kunden bzw die Ausweitung der Geschäftsbeziehungen muß auf den HV zurückgehen, wobei (auch geringe) **Mitursächlichkeit** ausreicht (BGH NJW 96, 2304; bei Tankstellen reicht schon das bloße Offenhalten: BGH ZIP 97, 1835; § 87 Rz 6). Dies gilt auch im Hinblick auf Werbung des Unternehmers (zB mit Preisnachlaß; BGH aaO) u die Sogwirkung einer Marke (BGH WM 87, 1465). Ursächlichkeit fehlt bei zur Bestellung bereits fest entschlossenen Kunden (auch, wenn diese von Dritten bestimmt sind). Bezirksvertreter (§ 87 II) kann nur für geworbene Kunden liquidieren. Die Beweislast für Ursächlichkeit liegt beim HV; bei Umsatzsteigerung Beweis des ersten Anscheins, daß diese auf Bemühungen des HV zurückzuführen ist (vgl BGH 56, 245).

7 **c) Erhebliche Vorteile. aa)** Der **Vorteil** für den Unternehmer liegt va in der **Nutzung der Geschäftsbeziehung,** also in der Aussicht auf Gewinn ohne Provisionszahlungspflicht. Da es um künftige Nutzung geht, ist eine **Prognose** über die künftige Entwicklung der Verhältnisse vonnöten, wobei auf den *Zeitpunkt der Beendigung* des HV-Vertrags abzustellen ist (BGH NJW 96, 2102: kein Auskunftsanspruch hinsichtlich späterer Entwicklungen; ZIP 97, 1844: letztere sind nur zu berücksichtigen, soweit abzusehen; *Thume* BB 99, 2310; krit *Rittner* DB 98, 458). Entscheidend ist, ob u wie lange es zu Nachbestellungen der Kunden unter Berücksichtigung des Neubedarfs (BGH NJW 85, 859: 5 Jahre) wahrscheinlich kommen wird. Dabei sind die Besonderheiten der jeweiligen Branche (zum Möbelversandhandel Hamm BB 78, 1686), die Marktverhältnisse, Wettbewerbsbedingungen, Kundenfluktuation u die Art der Tätigkeit zu berücksichtigen (BGH WM 93, 393). Umfang der zu erwartenden Umsätze richtet sich iZw nach Erfahrungen während der Vertragszeit (BGH ZIP 97, 841; 1834; NJW 99,

2670). Für Anteil am Umsatz, der auf Stammkunden entfällt, trägt HV Darlegungs- u Beweislast (dabei uU Rückgriff auf statistisches Material: BGH ZIP 97, 1835). Zur Abwanderung geworbener Stammkunden: Rz 10. Ein Vorteil liegt auch in der Verwertung des Kundenstamms durch **Veräußerung** (BGH NJW 60, 1292; BB 96, 1026: Übernahme bestehender Vertriebsstrukturen; s *Westphal* BB 98, 1432) oder **Verpachtung** des Unternehmens bzw Kundenstamms. **bb) Umsatzrückgang** aus vom HV nicht zu vertretenden Gründen, wie zB Rezession u Änderungen im Nachfrageverhalten der Kunden, **mindern** den Vorteil. Dies gilt auch, wenn der Unternehmer aufgrund eigener unternehmerischer Entscheidung die Geschäftsbeziehung nicht nutzt, zB Betriebs- oder Produkteinstellung (BGH BB 59, 864; s *Ende* BB 96, 2264 f; nicht schon bei Einstellung einer Textil-Kollektion; Mü NJW-RR 96, 992 f); ebenso bei Änderungen des Vertriebssystems (BGH 49, 42; BB 86, 1318) u bei Insolvenz des Unternehmens (Saarbr NJW-RR 97, 354); **anders** aber, wenn der Unternehmer (Insolvenzverwalter) noch mittelbaren Nutzen ziehen kann (BGH NJW 84, 2696), etwa wenn der Betrieb auf ein anderes Konzernunternehmen übertragen wird (BGH NJW 86, 1931). Rückgang des Gesamtumsatzes (Kundenschwund) steht Vorteilen aus Geschäften mit Neukunden nicht entgegen (BGH BB 64, 1400; evtl aber **I 1 Nr. 3**). Fortdauernde Vorteile werden durch negatives Betriebsergebnis des Unternehmers jedenfalls in Höhe der Provisionsverluste des HV nicht ausgeschlossen (BGH WM 91, 603). **cc)** Die **Erheblichkeit** der Vorteile hängt von den Umständen des Einzelfalls ab (BGH BB 91, 1210). Abzustellen ist allein auf den vom HV neu gewonnenen Kundenstamm. Irrelevant ist ein Gesamtvergleich zwischen dem vom HV übernommenen u hinterlassenen Kundenstamm. **dd) Darlegungs- und Beweislast:** Rz 3. Für den Fortbestand der Geschäftsbeziehungen mit neu geworbenen Kunden spricht eine **widerlegbare Vermutung** (BGH NJW 85, 859; NJW-RR 91, 157); iü ist eine Schätzung gem § 287 II ZPO möglich (BGH NJW 00, 1415). Pauschales Bestreiten des Unternehmers, daß es sich nicht um Neukunden handelt, genügt nicht, wenn nähere Angaben möglich u zumutbar (BGH NJW 99, 2670).

3. Der **Provisionsverlust** auf seiten des HV, **I 1 Nr 2**, ist idR die **8** Kehrseite der dem Unternehmer entstehenden Vorteile. **a)** Art 17 II a HV-Rili erlaubt eine Berücksichtigung solcher Verluste nur im Rahmen der Billigkeitsprüfung (Rz 11), während **I 1 Nr 2** den Verlust zu einer eigenständigen Anspruchsvoraussetzung erhebt. Hier ist eine richtlinienkonforme Auslegung in der Weise geboten (vgl *Hopt* § 89 b 32; *Canaris* § 17 110), daß auf **Nr 2** zu verzichten ist, wenn dies der Billigkeit entspricht.

b) Provision ist (wohl auch nach Art 17 II a HV-Rili) nur das Ent- **9** gelt, das für **werbende,** dh Vermittlungs- u Abschlußtätigkeit gezahlt wird (BGH NJW 79, 653). Ihr entspricht der dem Vertragshändler (vor § 84 Rz 10) gewährte Rabatt (BGH NJW 00, 1414). Bei Vergütung

§ 89 b

mit Festbetrag ist aufzuschlüsseln, welches Entgelt für die werbende Tätigkeit bestimmt ist (BGH 43, 158). Ebenso bei einer Superprovision (BGH 59, 128). Die Bezirksvertreterprovision ist nur insoweit Verlust iSv **Nr 2**, als sie für werbende Tätigkeit gezahlt wird (BGH ZIP 89, 634; WM 92, 1442). **Nicht** zu berücksichtigen ist das Entgelt für sog **verwaltende** Tätigkeit, dh solche, die für Funktion des HV nicht wesentlich u für Werbung des Kundenstamms keine entscheidende Bedeutung hat (s BGH NJW 85, 861). Rspr grenzt branchenbezogen ab (BGH ZIP 97, 1836). Verwaltend idR: Bestandspflege; Inkasso; Lagerhaltung (BGH 56, 248; NJW 96, 2300; anders bei Tankstellen: ZIP 97, 1836; zu Recht krit *Rittner* DB 98, 457 f); HVuntypische Leistungen (wie Überbürdung des Absatzrisikos auf HV; BGH NJW 96, 2303); Werbung (BGH NJW 96, 2304); Auslieferung (BGH NJW 85, 861; anders bei Tankstellen: BGH ZIP 97, 1836); Delkredere; bei Bezirksprovisionen Provisionsanteile, die an Stellvertreter weiterzuleiten sind (BGH ZIP 89, 634, probl; s BGH NJW 98, 1071). Darlegungs- u Beweislast: Rz 3; -umkehr, wenn Unternehmer höheren Betrag herausrechnen will als HV (BGH NJW 96, 2300; ZIP 97, 845).

10   c) Der **Umfang** des Provisionsverlusts bestimmt sich danach, was der HV ohne Vertragsbeendigung erhalten hätte. Wird Provision weitergezahlt, tritt kein Provisionsverlust ein. Bei pauschal abgeltender Einmalprovision entgeht nichts. **aa)** Dabei ist die Fortsetzung des HV–Vertrags zu fingieren u die Entwicklung so zu betrachten, als hätte HV Tätigkeit für Unternehmer gleichbleibend fortgesetzt (BGH NJW 98, 1070; NJW 99, 2669 zu im Rotationssystem eingesetzten HV). Spätere Arbeitsunfähigkeit, Tod, auch Selbstmord des HV, Betriebseinstellung bleiben (aus Billigkeitsgründen) unberücksichtigt (BGH NJW 98, 1070 mwN); ebenso erhebliche wirtschaftliche Verluste auf seiten des HV (BGH ZIP 87, 1386); Gründe für Vertragsbeendigung. Nur dieser Ansatz entspricht den Vorgaben des Art 17 II a HV-Rili. **bb)** Eine Provision entgeht aus **vor** Vertragsbeendigung **abgeschlossenen** Geschäften nur, soweit entgegen § 87 ein Anspruch auf sog Überhangprovision (§ 87 Rz 7) vertraglich ausgeschlossen wurde (vgl BGH NJW 97, 317). Für **danach** abgeschlossene sowie **zukünftige** Geschäfte entgeht dem HV Provision va bei Nachbestellungen der von ihm neu geworbenen oder erfolgreich bearbeiteten alten Kunden. Daß solche Nachbestellungen eine weitere Tätigkeit des HV erfordert hätten, schadet nicht (BGH 24, 226; 29, 92; 30, 103). Entscheidend ist, daß die vom HV geschaffene Geschäftsbeziehung noch **(mit-)ursächlich** ist. Zum Einsatz eines Untervertreters s BGH 52, 5. Zur Prognose Rz 7. **cc)** Der Provisionsverlust korrespondiert mit den Vorteilen für den Unternehmer. Umsatzminderung durch **Abwanderung** neu geworbener Stammkunden im Prognosezeitraum (Rz 6–7) ist zu berücksichtigen. Diese sog Abwanderungsquote (BGH ZIP 87, 1387) ist im Hinblick auf Kundenbewegungen während der Vertragszeit zu ermitteln (BGH ZIP 97, 845). Zur Zulässigkeit schematisierender Berechnung u

Siebenter Abschnitt. Handelsvertreter § 89 b

ihren Grenzen BGH NJW-RR 00, 109. **dd)** Auszugehen ist von Bruttoprovisionen (BGH 41, 134) unter Einbeziehung der MWSt (BGH 61, 113; NJW-RR 88, 44). Ersparte Unkosten mindern nicht, sind aber bei **I 1 Nr 3** zu berücksichtigen (vgl Kln BB 97, 62). **ee)** Ausgleichssumme ist abzuzinsen (unabhängig davon, zu welchem Zeitpunkt die Zahlung des Ausgleichs bewirkt wird; Kln BB 97, 63). **ff)** Zur Berechnung des Ausgleichsanspruchs bei im sog *Rotationssystem* eingesetzten HV: BGH NJW 99, 2669 ff; *Schaefer* NJW 00, 320.

4. Billigkeit, I 1 Nr 3. Der Ausgleichsanspruch besteht nur, wenn u 11 soweit die Zahlung unter Berücksichtigung aller Umstände des Einzelfalls der Billigkeit entspricht. Die Billigkeitsprüfung setzt voraus, daß Vorteile u Verluste nach **I 1 Nr 1** u **Nr 2** feststehen (BGH NJW 97, 656) u schließt hieran an (BGH ZIP 99, 280; BB 00, 737). Der Anspruch kann nicht höher sein als die Vorteile des Unternehmers oder der Provisionsverlust für den HV (BGH 29, 93). Für Abzüge gilt § 287 ZPO (BGH NJW 96, 2304; ZIP 97, 845). **a)** Relevant sind: **vertragsbezogene** Umstände; (mit geringerem Gewicht) die wirtschaftliche Lage der Parteien (auch des Unternehmers); ihre soziale Lage (BGH 43, 162; enger *Hopt* § 89 b 34); Alter u Erwerbsfähigkeit des HV.

b) Anspruchsmindernd wirken: **aa) Vertragsverletzung** des HV (sofern kein Fall des **III Nr 1**; s BGH BB 00, 736), wobei einmaliger Verstoß idR nicht ausreicht (BGH, VersR 85, 265) u iü Verschulden zu berücksichtigen ist (BGH 29, 280); **bb) Tod** des HV nur nach Maßgabe des Einzelfalls (BGH 24, 223), ebenso Selbstmord (BGH 45, 388; 60, 351) u Unfall (BGH 41, 132); **cc) Mindestvergütung** des HV, wenn damit ein Ausgleich schon vorweggenommen oder das Geschäftsrisiko auf den Unternehmer verlagert worden ist (BGH 43, 159; NJW 67, 249); **dd)** Freiwillige **Versorgungsleistungen** des Unternehmers (BGH 55, 58) jedoch nur, wenn diese den praktischen Zweck einer Ausgleichszahlung übernehmen (BGH ZIP 94, 455: nicht bei Fälligkeit erst nach 21 Jahren; Düss NJW-RR 96, 225); **ee)** außergewöhnliche **Aufwendungen** des Unternehmers, die umsatzfördernd wirken (BGH 56, 245); auch **Sogwirkung** der Marke (BGH NJW 96, 2304; Kln NJW-RR 97, 102); **ff) Rückgang** des Gesamtumsatzes (BGH 42, 247); **gg)** Aufnahme einer **Konkurrenzvertretung,** wenn Kundenstamm mitgenutzt werden kann (BGH DB 81, 1773; NJW 97, 656; ZIP 97, 845: Schätzung nach § 287 ZPO); Billigkeit schließt Ausgleichsanspruch nicht von vornherein aus, wenn HV keine Verdiensteinbußen erlitten hat (BGH NJW-RR 93, 998). **hh)** Anonymität des Kundenstamms (vgl BGH BB 64, 1400); **c) Nicht anspruchsmindernd** wirken: **aa)** der Verlust **alter** Kunden (BGH NJW 90, 2891; anders nur bei bes Umständen); **bb)** anderweitige Einkünfte beim Mehrfirmenvertreter (BGH NJW 97, 656) bzw aus anderen Tätigkeiten (vorbehaltlich Pflichtverletzung bei Verstoß gg Bemühenspflicht, § 86 Rz 3). **cc)** Verstoß gg nachvertragliches Wettbewerbsverbot; dafür gilt allein § 90 a; str; **dd)** Provisionspflicht ggüber nachfolgendem HV

§ 89 b

(BGH BB 64, 1400); **ee)** kurze Vertragsdauer (BGH NJW 97, 656).
d) Zugunsten des HV wirkt uU lange Vertragsdauer (BGH 55, 56); ebenso umfängliche Aufwendungen bei Einführung einer neuen Ware.

III. Höhe des Ausgleichsanspruchs, II

12 Die Höhe des Ausgleichsanspruchs ist zunächst nach **I 1 Nr 1–3** als Bemessungsgrundlage zu bestimmen (BGH ZIP 99, 280: Rohausgleichsbetrag). Der Höchstbetrag da **II** dient ausschließlich der Begrenzung des nach **I** zu ermittelnden u ziffernmäßig zu bestimmenden Ausgleichsbetrages (BGH NJW 97, 656). Billigkeitsprüfung nach **I 1 Nr 3** kann daher nicht bei Höchstbetrag iSv **II** ansetzen (BGH ZIP 99, 280).

13 **1. Angemessener Ausgleich, I 1.** Neben den in **I 1 Nr 1–3** festgelegten Anspruchsvoraussetzungen gibt die Norm einen Anspruch nur auf „angemessenen" Ausgleich. Da Art 17 II a HV-Rili eine solche Einschränkung neben dem Verweis auf Billigkeit nicht enthält, wird man die Angemessenheit nicht auf den Anspruchsinhalt, sondern auf den **Vollzug** des Ausgleichs beziehen müssen, der von Art 17 HV-Rili nicht geregelt ist. Hierzu gehört etwa, daß der Ausgleichsanspruch wg Vorverlegung der Fälligkeit abzuzinsen ist (BGH WM 91, 604).

14 **2. Obergrenze. a)** Sie beträgt eine Jahresprovision (Bruttobetrag: BGH NJW 97, 317), berechnet nach dem Durchschnitt der letzten fünf Jahre, bei kürzerer Vertragsdauer nach dem Durchschnitt während der Dauer der Tätigkeit. **b) II** umfaßt alle (auch nicht gezahlte, verjährte; BGH NJW 97, 317) dem HV zustehenden (auch: Überhang-; BGH aaO; arg § 87 Rz 7) Provisionen einschl der für verwaltende Tätigkeiten, also auch Inkasso, Lagerhaltung, Auslieferung, Materialpflege (BGH 55, 53; 56, 249 f; NJW 85, 861); nicht: Folgeprovisionen (Mü NJW-RR 93, 358).

IV. Ausschluß des Ausgleichsanspruchs, III

15 **1. Allgemeines. a)** Der völlige Ausschluß des Ausgleichsanspruchs gem **III** ist eine Konkretisierung des Billigkeitsgedankens des **I 1 Nr 3**. Billigkeitserwägungen können aber den Ausschluß des Anspruchs nicht einschränken (BGH ZIP 99, 280; Rz 17). Als abschließende Ausnahmevorschrift ist **III** eng auszulegen (BGH 52, 14; BB 00, 738). **b) III** entspricht Art 18 a–c HV-Rili. Dies (u der schon bei **I 1 Nr 3** zu prüfende Billigkeitsgedanke; BGH ZIP 87, 1385) steht einer erweiternden Auslegung des **III** entgegen (evtl Vorlage zum EuGH, Art 234 EG). **c)** Zweifel an der **Verfassungsmäßigkeit** des **III Nr 2** sind unbegr (Hamm NJW-RR 92, 365), solche an **III Nr 1** hinsichtlich Art 12 GG hat BVerfG NJW 96, 381 ausgeräumt.

16 **2. Kündigung durch HV, III Nr 1. Lit:** *Saenger,* Der Ausgleichsanspruch des Handelsvertreters bei Eigenkündigung (1997); *ders* DB 00, 129. **a)** Bei (ordentlicher, außerordentlicher) Kündigung durch den HV

Siebenter Abschnitt. Handelsvertreter **§ 89 b**

entfällt (vorbehaltlich der im Gesetz genannten Ausnahmen) der Ausgleichsanspruch. Der tragende Gedanke dafür – der HV bewirkt das Vertragsende selbst – leuchtet im Hinblick auf Rz 1 wenig ein, ist aber hinzunehmen. Kündigung, um sich beruflich zu verändern, ist Fall des **III.** Der Kündigung steht gleich die Ablehnung einer Vertragsofferte bei Kettenvertrag (BGH NJW 96, 849; str; von Art 18 lit b HV-Rili gedeckt), nicht aber Beendigung des Vertrags durch Unternehmer mit Aufforderung, sich um neuen Vertrag zu bewerben (Kln BB 97, 62). **Nr 1** greift **nicht** ein bei einvernehmlicher Vertragsaufhebung, auch wenn auf Initiative des HV (BGH 52, 14) bzw wenn sie der Kündigung nachfolgt (aA BGH VersR 60, 1112); ebenso nicht, wenn Tod des HV den Vertrag (trotz Kündigung) beendet (str); ebensowenig bei Vertragsende wg Kündigung des Untervertreters (BGH NJW 98, 1071). **b) Ausnahmen. aa)** Der Anspruch des HV **entfällt nicht,** wenn (auch unverschuldetes bzw rechtmäßiges; BGH NJW 96, 849) Verhalten des Unternehmers **begründeten Anlaß** für die Kündigung gibt. Der Begriff „Anlaß" ist weit auszulegen (nicht nur wichtiger Grund; BGH NJW 84, 2529); dies auch im Hinblick auf Art 18 b HV-Rili, wo bloß auf „Umstände, die dem Unternehmer zuzurechnen sind", abgestellt wird. Auf das Merkmal kann aber (schon wg Art 18 lit b) HV-Rili) nicht verzichtet werden (aA *Saenger* 37 ff). Ursächlichkeit des Verhaltens u Kenntnis des HV davon sind nicht erforderl (Art 18 b HV-Rili spricht nur von Rechtfertigung). Für den **begründeten** Anlaß reicht ein Umstand aus, der aus der Sphäre des Unternehmers kommt u eine Fortsetzung des Vertrages für den HV als obj unzumutbar erscheinen läßt (BGH NJW 87, 778; NJW 96, 849). Fehleinschätzung geht zu Lasten des HV (aA *Saenger* 31 ff). Als Anlaß genügen **betriebliche** Gründe wie Betriebsstillegung (BGH NJW 76, 671), Produktionseinschränkung (BGH NJW 67, 2153), Sortimentserweiterung des Unternehmers (wg Interessenkollision; BGH NJW 87, 778); ebenso **Vertragsverstöße** des Unternehmers, zB unberechtigte Provisionskürzung bzw -einbehaltung (BGH WM 89, 1062), unberechtigte außerordentliche Kündigung durch den Unternehmer (BGH NJW 67, 248); Einführung parallelen Direktvertriebs durch den Unternehmer ohne Ankündigung (Mü BB 93, 1473); uU auch **rechtmäßiges** Verhalten des Unternehmers (BGH NJW 84, 2529; NJW 87, 778), zB nachteilige Provisionsabrechnungsmethode (BGH NJW 96, 849). Begr Anlaß entfällt nicht dadurch, daß HV unberechtigt (weil ohne wichtigen Grund) fristlos gekündigt hat (BGH NJW 84, 2529). **bb)** Der Anspruch des HV **entfällt nicht,** wenn eine Fortsetzung des HV–Vertrages dem HV wg Alters (idR: Pensionsalter) oder Krankheit (BGH ZIP 95, 1002) nicht zugemutet werden kann. Der Begriff der Krankheit umfaßt wg Art 18 b HV-Rili auch Gebrechen (Berufsbehinderungen). Ursächlichkeit ist auch hier nicht nötig. Unzumutbarkeit verlangt, daß die Krankheit die Berufsausübung erheblich beeinträchtigt (*Hopt* § 89 b 62). Diese Grundsätze gelten auch für OHG/KG u Ein-Mann-GmbH als HV, nicht für GmbH iü (vgl *Thume* BB 99, 2313 f). Eine Aufgabe der

§ 89 b

Tätigkeit durch den HV bzw deren erhebliche Reduzierung nach Vertragsende ist nicht Voraussetzung für das Bestehenbleiben des Ausgleichsanspruchs, wohl aber im Rahmen des **I 1 Nr 3** zu berücksichtigen (BGH NJW-RR 93, 998).

17 **3. Kündigung durch den Unternehmer, III Nr 2.** Der Anspruch des HV entfällt, wenn der Unternehmer (ordentlich oder außerordentlich) kündigt **und** ein wichtiger Grund wg schuldhaften Verhaltens des HV gegeben ist (BGH 24, 35; NJW-RR 88, 287). **a)** Der Wortlaut der **Nr 2** verlangt Kündigung (bloße Möglichkeit zur Kündigung reicht nicht aus; BGH NJW 84, 2529). Geht Kündigung wg vorheriger Vertragsbeendigung (zB Kündigung durch HV) ins Leere, soll **III Nr 2** nicht eingreifen können (BGH ZIP 95, 1002; aber Berücksichtigung bei **I 1 Nr 3;** zu Recht krit *Herbert* BB 97, 1322 f; *Scherer* DB 96, 1710 f); ebensowenig bei einverständlicher Vertragsaufhebung (str), weil **IV** Abreden über Ausgleichsanspruch zuläßt. **b) Wichtiger Grund:** inhaltsgleich mit § 89 a I (BGH ZIP 99, 280), obwohl Orientierung an Zumutbarkeit bei § 89 a I hier nicht überzeugt (BGH BB 00, 738); s § 89 a Rz 3 ff. Fehlt wichtiger Grund, kommt evtl **I 1 Nr 3** in Betracht (BGH ZIP 99, 280; BB 00, 736). **c) Ursächlichkeit** des wichtigen Grundes für die Vertragsbeendigung ist notwendig (Art 18 lit a HV-Rili: „wegen"; „because"; *Canaris* § 17 119; *Oetker* 131; iE BGH NJW 90, 2890; vgl auch Mü NJW-RR 94, 104; aA noch BGH 40, 15); fehlt Kausalität evtl **I 1 Nr 3. d) Verschulden** des HV: § 276 BGB; Verschulden der Erfüllungsgehilfen iSv § 278 BGB ist nicht zurechenbar (BGH 29, 278), anders als bei **I 1 Nr 3. e)** Ausschluß des Anspruchs ist nicht durch Billigkeitserwägungen zu korrigieren (BGH ZIP 99, 280; BB 00, 736 f).

18 **4. Eintritt eines Dritten, III Nr 3.** Der Ausgleichsanspruch entfällt, wenn ein Dritter Rechte u Pflichten des HV aufgrund einer Vereinbarung zwischen Unternehmer u HV übernimmt. Eine solche mehrseitige Vereinbarung kann erst **mit** Beendigung des Vertrages geschlossen werden, **III Nr 3, 2. HS.** Es kommt nicht darauf an, ob der Dritte dem HV Ausgleich zahlt. **Lit:** *Küstner/von Manteuffel* BB 90, 1713; *Thume* BB 91, 490.

V. Abweichende Vereinbarungen, IV 1

19 Der Ausgleichsanspruch kann nicht **im voraus** ausgeschlossen werden. Damit folgt **IV 1** der Vorgabe des Art 19 HV-Rili. Zulässig ist Abrede, die *mit* Beendigung des HV–Vertrags getroffen wird; anders wenn Beendigung des HV–Vertrags erst *später* wirksam werden soll (BGH NJW 96, 2868). **IV 1** gilt: für eine Vereinbarung, die den Ausgleichsanspruch faktisch beschränkt (BGH 55, 126; NJW-RR 91, 158) oder bestimmt, daß der Ausgleich vom Nachfolger des HV zu zahlen ist (BGH BB 67, 935); für einen Verzicht des HV nach Kündigung, aber vor Vertragsbeendigung (BGH NJW 90, 2889); für eine Beschränkung der Vererblichkeit des Anspruchs; für Anrechnungsabreden hinsichtlich Sondervergütungen, erhöhter Provisionszahlung, sofern nicht Unternehmer nachweisen kann, daß ohne Abrede keine höhere Provision gezahlt worden wäre (BGH 58, 69). **IV 1** ist **nicht** anwendbar auf die vertragliche (auch AGB-)Vereinbarung bestimmter tatsächlicher Voraussetzungen für die Berechtigung zur fristlosen Kündigung (BGH WM 92, 1441). Ebenso nicht auf Vereinbarung einer Einstandszahlung zusammen mit sog „Neukundenregelung" (Mü BB 97, 223). Eine schematische Berechnung des Ausgleichsanspruchs ist mit **IV 1** vereinbar, soweit damit eine Mindesthöhe festgelegt wird (BGH NJW-RR 91, 158). Zur Umgehung des Ausgleichsanspruchs (durch Einstandszahlung, Vertretungsübernahmegebühr etc) *Küstner* FS Trinkner (1995) 199 ff.

VI. Ausschlußfrist, IV 2

Der Ausgleichsanspruch wird **fällig** mit Beendigung des Vertrages. Ab dann läuft die **einjährige** Ausschlußfrist des **IV 2**. Mit Fristablauf erlischt der Anspruch, wenn der HV ihn nicht vorher geltend gemacht hat. Die gerichtl wie (unzweideutige) außergerichtl (BGH 50, 88) Geltendmachung ist an keine bes Form gebunden. Eine Bezifferung ist nicht erforderl. Für die Erben des HV verlängert sich die Frist auf 18 Monate, § 207 BGB entspr (BGH 73, 102). Als Ausschlußfrist führt **IV 2** – anders als die Verjährung – zu einem **Erlöschen** des Anspruchs, so daß eine spätere Aufrechnung nicht mehr möglich ist (Karlsr WM 85, 236; § 390 S 2 BGB unanwendbar). Im Einzelfall kann die Berufung des Unternehmers auf **IV 2** treuwidrig sein (BGH BB 87, 22 f). 20

VII. Versicherungs- und Bausparkassenvertreter, V

1. Für die **Vorteile** des Unternehmers iSv **I 1 Nr 1** ist (statt der Geschäftsverbindung mit neuen Stammkunden) die Vermittlung neuer Versicherungs- bzw Bausparverträge maßgebend, **V 1**. Ein Vertrag ist **neu**, wenn bei Altkunden ein bisher nicht gedecktes Risiko gedeckt oder nach Vertragsende die Deckung erneuert wird. An die Stelle der wesentlichen Erweiterung der Geschäftsverbindung iSv **I 3** tritt die wesentliche Erweiterung eines Versicherungsvertrages, wenn sie wirtschaftlich der Vermittlung eines neuen Vertrages gleichsteht, **V 1**. 21

2. Provisionsverlust iSv **I 1 Nr 2** liegt im Entgang künftiger **Abschluß**provisionen; ansonsten nur, wenn Provisionen auch bei den Folgeprämien (als Abschlußfolgeprovision) gezahlt werden (zu Provisionsverzichtsklauseln Ffm BB 78, 728) u diese nicht bloße Verwaltungsleistungen abdecken (BGH 55, 49; Mü NJW-RR 93, 358). Bei Einmalprovisionen, die bei der ersten Prämie ausgezahlt worden sind, fehlt es an einem Provisionsverlust (BGH 30, 106; Ffm NJW-RR 96, 549); anders bei Folgeabschlüssen nach Beendigung des HV–Vertrages, wenn sie sich als Fortsetzung oder Erweiterung der vermittelten Verträge 22

Roth

darstellen (BGH 34, 317; 55, 52; 59, 131). Zur Prognose BGH WM 96, 1818.

23 3. Die **Obergrenze** des Ausgleichsanspruchs, **V 2**, ist (statt auf eine, **II**) auf drei Jahresprovisionen begrenzt.

24 4. **Abweichende Vereinbarungen** zu Lasten des HV sind vor Vertragsende nicht zulässig, **V 1** iVm **IV 1**. Dies gilt auch (Ffm BB 86, 896) für die in der Praxis verbreitet angewendeten (zwischen den Verbänden der Versicherungswirtschaft u der Versicherungsvermittler ausgehandelten) „Grundsätze zur Errechnung der Höhe des Ausgleichsanspruchs" (abgedr bei *Hopt* Anh IV), die nicht als Handelsbrauch anzusehen sind (Ffm NJW-RR 96, 549; *Hopt* § 89 b 96; aA Mü, VersR 74, 288). Bei Vertragsende können die „Grundsätze" (zulässig) vereinbart werden (BGH VersR 75, 808); es kommt aber das AGB-Gesetz zur Anwendung. Iü bieten die „Grundsätze" Anhaltspunkte für eine Schätzung gem § 287 ZPO sowie ggf für die Angemessenheit iSv **I** (Abg VersR 93, 476). Zum Ganzen *von Westphalen* DB 00, 2255.

§ 90 [Geschäfts- und Betriebsgeheimnisse]

Der Handelsvertreter darf Geschäfts- und Betriebsgeheimnisse, die ihm anvertraut oder als solche durch seine Tätigkeit für den Unternehmer des Vertragsverhältnisses nicht verwerten oder anderen mitteilen, soweit dies nach den gesamten Umständen der Berufsauffassung eines ordentlichen Kaufmannes widersprechen würde.

1 1. **Geschäfts- oder Betriebsgeheimnis** ist jede Tatsache, die mit dem Geschäftsbetrieb des Unternehmers zusammenhängt, der Allgemeinheit noch nicht bekannt (offenkundig) ist, die der Unternehmer geheimhalten will u an deren Geheimhaltung ein berechtigtes wirtschaftliches Interesse des Unternehmers besteht (Kblz NJW-RR 87, 97). Bsp: Fabrikationsverfahren (einschl der Tatsache ihrer Verwendung), Kalkulationsunterlagen, Bezugsquellen, Angebote, Kundenlisten.

2 2. Die **Geheimhaltungspflicht** bezieht sich: **a)** nur auf Tatsachen etc, die dem HV durch seine Tätigkeit für den Unternehmer als Geheimnis (auf jedem beliebigen, auch unbefugten Weg) bekannt, insbes anvertraut worden sind. Der Geheimnischarakter muß dem HV erkennbar sein. **b)** Die **Dauer** der nachvertraglichen Geheimhaltungspflicht ist unabhängig von dem Grund, aus dem der HV–Vertrag beendet wurde. Sie kennt keine **zeitliche** Schranke u ist allein begrenzt durch den Geheimhaltungszweck. **c)** Die Geheimhaltungspflicht schützt gg **unbefugte** Mitteilung (Weitergabe an Dritte in jedweder Form) bzw (wirtschaftliche) Verwertung des Geheimnisses durch den HV. Unbefugt ist die Weitergabe nur, wenn sie der Berufsauffassung eines ordentlichen Kaufmanns widerspricht. Die Geheimhaltungspflicht *während* der Vertragslaufzeit (§ 86 Rz 5, 10) reicht weiter als *nach* Beendigung des

Siebenter Abschnitt. Handelsvertreter § 90 a

Vertrages, da der HV nach Vertragsende (vorbehaltlich eines Wettbewerbsverbots) sein Wissen u seine Fähigkeiten soll verwerten können (BGH ZIP 93, 704). Geboten ist eine Interessenabwägung. Dabei spielt keine Rolle, ob der HV einen Ausgleichsanspruch gem § 89 b hat. Eine Weitergabe von Kundenlisten an den neuen Auftraggeber (zumindest derselben Branche) ist pflichtwidrig (Kblz NJW-RR 87, 98). Eine eigene Verwertung der Kundenanschriften ist möglich, soweit es sich nicht um Stammkunden handelt (u damit auch nicht § 89 b eingreifen kann) bzw um (Stamm-)Kunden, deren Anschriften er im Gedächtnis behalten hat (BGH NJW-RR 99, 1132).

3. Rechtsfolgen. Bei Verletzung seiner Pflichten haftet der HV 3 aufgrund von pVV (iVm § 90, § 276 BGB) auf Schadensersatz; ebenso auf Beseitigung u Unterlassung. Bei entspr Vereinbarung Vertragsstrafe (BGH ZIP 93, 705). UU bestehen Ansprüche auch aus § 823 I BGB (Eingriff in den Gewerbebetrieb) u § 1004 BGB; ggf auch § 823 II BGB, §§ 17, 19, 1 UWG. Aus pflichtwidriger Verwertung erzielter Gewinn kann nach § 687 II BGB abgeschöpft werden.

§ 90 a [Wettbewerbsabrede]

(1) ¹Eine Vereinbarung, die den Handelsvertreter nach Beendigung des Vertragsverhältnisses in seiner gewerblichen Tätigkeit beschränkt (Wettbewerbsabrede), bedarf der Schriftform und der Aushändigung einer vom Unternehmer unterzeichneten, die vereinbarten Bestimmungen enthaltenen Urkunde an den Handelsvertreter. ²Die Abrede kann nur für längstens zwei Jahre von der Beendigung des Vertragsverhältnisses an getroffen werden; sie darf sich nur auf den dem Handelsvertreter zugewiesenen Bezirk oder Kundenkreis und nur auf die Gegenstände erstrecken, hinsichtlich deren sich der Handelsvertreter um die Vermittlung oder den Abschluß von Geschäften für den Unternehmer zu bemühen hat. ³Der Unternehmer ist verpflichtet, dem Handelsvertreter für die Dauer der Wettbewerbsbeschränkung eine angemessene Entschädigung zu zahlen.

(2) Der Unternehmer kann bis zum Ende des Vertragsverhältnisses schriftlich auf die Wettbewerbsbeschränkung mit der Wirkung verzichten, daß er mit dem Ablauf von sechs Monaten seit der Erklärung von der Verpflichtung zur Zahlung der Entschädigung frei wird.

(3) Kündigt ein Teil das Vertragsverhältnis aus wichtigem Grund wegen schuldhaften Verhaltens des anderen Teils, kann er sich durch schriftliche Erklärung binnen einem Monat nach der Kündigung von der Wettbewerbsabrede lossagen.

(4) Abweichende für den Handelsvertreter nachteilige Vereinbarungen können nicht getroffen werden.

§ 90 a

I. Allgemeines

1 **1. Regelungszweck.** Der HV unterliegt **während** der Vertragszeit einem weitgehenden Wettbewerbsverbot (§ 86 Rz 6); **nach** Vertragsbeendigung ist er frei, dem Unternehmer Konkurrenz zu machen (BGH BB 80, 13). Ausnahmen ergeben sich nur aus § 90 a u § 1 UWG. Für den Unternehmer mag ein uU nachhaltiges Interesse bestehen, den HV durch entspr vertragliche Abreden daran zu hindern, das erworbene know how zum Nachteil des Unternehmers einzusetzen. Solche die Zeit **nach** Vertragsbeendigung betr Abreden sind grds möglich, aber zum Schutz des HV nur in den Grenzen des **I.** Vorgaben in Art 20 II, III HV-Rili.

2 **2. Anwendungsbereich.** § 90 a gilt für alle HV iSv § 84 I, einschl der in §§ 92–92 b genannten, unabhängig von der Rechtsform, in der der HV seine Tätigkeit betreibt. Zur Anwendung auf den Vertragshändler s vor 84 Rz 10.

3 **3. Kartellrechtliche Schranken** s vor § 84 Rz 4. Halten sich die **Wettbewerbsabreden** im Rahmen des § 90 a I 2, dürften sie bei § 16 GWB unter den Immanenzvorbehalt fallen. Europäisches Kartellrecht: Unterscheidung zwischen echtem u unechtem HV–Vertrag (Leitlinien, ABl 2000 C 291/1 Rz 12 ff) hier wohl irrelevant. Art 81 EG anw; Art 5 lit b VO Nr 2790/1999, ABl 1999 L 336/21 zu beachten (Jahresfrist).

II. Wettbewerbsabrede

4 **1. Begriff.** Eine Wettbewerbsabrede ist eine Vereinbarung, die dem HV **nach** Beendigung seines Vertrages in seiner gewerblichen Tätigkeit beschränkt, **I 1.** Die Abrede kann unabhängig vom HV–Vertrag, muß aber vom Schutzzweck der Norm her **vor** Vertragsbeendigung vereinbart werden (BGH 51, 187; 53, 91). Ihrem Inhalt nach muß sie den HV in seinen wirtschaftlichen bzw beruflichen Aktionsmöglichkeiten (als HV, Gesellschafter u sogar Arbeitnehmer) beschränken, soweit diese im Verhältnis zum Unternehmer **Wettbewerbscharakter** haben.

5 **2.** Die Wettbewerbsabrede bedarf der **Schriftform** u der **Aushändigung einer Urkunde** an den HV, **I 1**, binnen angemessener Zeit (ansonsten kann HV Entgegennahme ablehnen). Verweigert HV unberechtigt die Entgegennahme, ist die Aushändigung als erfolgt anzusehen (*Ankele* § 90 a 20).

6 **3. Inhaltliche Beschränkungen. a)** Die Wettbewerbsabrede ist **zeitlich** begrenzt auf höchstens zwei Jahre von der Beendigung des HV-Vertrages an, **I 2.** Keine Unterbrechung durch Krankheit. Verlängerung ist möglich, da insoweit **I 2** nicht eingreift. **b)** Die Abrede darf sich nur auf den dem HV zugewiesenen Kundenkreis oder Bezirk sowie auf Gegenstände erstrecken, auf die sich seine Bemühenspflicht bezogen hat. „Zugewiesener" Bezirk ist weit zu verstehen (nicht iSv § 87 II) als

Arbeitsbereich; kann die gesamte BRD sein. Fehlt geographische Beschränkung (Versicherungsvermittler) ist Bezirk das schwerpunktmäßig bearbeitete Gebiet (*Küstner* BB 97, 1754).

4. Karenzentschädigung. a) Der Entschädigungsanspruch, **I 3**, ist **7** **nicht** notwendig ein **Bestandteil** der Wettbewerbsabrede. Fehlt eine Vereinbarung darüber, entsteht der Anspruch kraft Gesetzes. Seiner **Funktion** nach handelt es sich um ein Entgelt für die vereinbarte Wettbewerbsenthaltung des HV (BGH 63, 355). **b)** Die Entschädigung muß **angemessen** im Hinblick auf die zeitliche Dauer u wirtschaftliche Bedeutung der Wettbewerbsenthaltung sein. Ihre **Höhe** wird bestimmt von dem Verlust, den der HV durch die Wettbewerbsenthaltung erleidet, den Vorteilen, die dem Unternehmer zuwachsen, sowie Art u Umfang der auferlegten Beschränkung. Ein anderweitiger Verdienst des HV kann als ein Umstand unter mehreren berücksichtigt werden (BGH 63, 356), nicht dgg der Ausgleichsanspruch nach § 89 b. **c)** Der Anspruch **entsteht** mit Beendigung des HV–Vertrages; sofort fällig, § 271 I BGB. Ob der Anspruch in voller Höhe oder in mehreren Teilbeträgen zu zahlen ist, ist eine Frage der Angemessenheit, **I 3**, wobei die Interessen des HV u des Unternehmers gegeneinander abzuwägen sind. **d)** Die **Leistung** besteht, soweit der Anspruch kraft Gesetzes entsteht, in der Zahlung einer Geldsumme. Eine Zuwendung anderer Vermögenswerte kann vereinbart werden (BGH NJW 62, 1346). **e)** Der Entschädigungsanspruch **entfällt**, wenn u solange der HV gg das Wettbewerbsverbot verstößt (BAG NJW 64, 1643); ggf hat der Unternehmer einen Schadensersatzanspruch gg den HV aus pVV. Der Schaden kann aus dem vertragswidrig erlangten Umsatz berechnet werden (*Hey-Sonnenschein/Weitemeyer* § 90 a Rz 20).

III. Verzicht, Kündigung aus wichtigem Grund

1. Verzicht des Unternehmers. II gibt dem Unternehmer die **8** Möglichkeit, auf die Wettbewerbsbeschränkung zu verzichten. **a)** Der Verzicht muß **schriftlich,** § 126 BGB, erfolgen. Er ist eine einseitige, empfangsbedürftige Willenserklärung, bedingungsfeindlich u wg seiner Gestaltungswirkung nicht einseitig zurücknehmbar. Ein Teilverzicht ist möglich (zB Teil der Karenzzeit). **b)** Der Verzicht kann nur **vor** Ende des Vertragsverhältnisses (auch während des Laufs der Kündigungsfrist) erklärt werden (sonst evtl Angebot zum Abschluß eines Aufhebungsvertrages). **c)** Ein **wirksam** gewordener (Teil-)Verzicht entbindet den HV (teilweise) von der Wettbewerbsabrede. Der Unternehmer wird von der Entschädigungspflicht sechs Monate ab Erklärung des Verzichts frei, **II 1.** Der Entschädigungsanspruch bezieht sich nur auf den (kürzeren) Zeitraum ab Vertragsbeendigung. Ein Teilverzicht führt zu einer entspr Herabsetzung des Entschädigungsanspruchs.

2. Eine **vertragliche Aufhebung** bzw **zeitliche Begrenzung** des **9** Wettbewerbsverbots ist jederzeit u formfrei möglich. Für die Entschädi-

§ 91 Erstes Buch. Handelsstand

gungspflicht u ihren evtl Wegfall gelten die vertraglichen Vereinbarungen.

10 Kündigt ein Vertragspartner (außerordentlich oder ordentlich) aus **wichtigem Grund** (Aufhebungsvertrag ist gleichzustellen), kann er sich bei schuldhaftem Verhalten des anderen Teils durch schriftliche (Willens-)Erklärung, § 126 BGB, von der Wettbewerbsabrede innerhalb eines Monates nach Kündigung lossagen. Die Bindung an die Wettbewerbsabrede entfällt mit Zugang der Erklärung beim anderen Teil. Zugleich entfällt der Entschädigungsanspruch iSv **I 3**. Unterläßt Unternehmer Kündigung, kann Minderung des auf angemessene Entschädigung gehenden Anspruchs wg schuldhaften Verhaltens des HV gerechtfertigt sein (RegBegr, BR-Dr 340/97 S 62).

IV. Unabdingbarkeit, IV

11 1. **Allgemeines.** Die I bis III sind (halb-)zwingende Normen, von denen nicht zum Nachteil, wohl aber zum Vorteil des HV abgewichen werden kann. **IV** greift (nur) ein für Abreden **vor** Inkrafttreten der Wettbewerbsabrede, selbst wenn es nur um wenige Tage geht (BGH 53, 91).

12 2. **Nachteilig** ist jede die Rechtsposition des HV im Vergleich zu **I–III** verschlechternde Vereinbarung; Bsp: Rückzahlungsverpflichtung hinsichtlich erhaltener Inkassoprovisionen bei Kündigung durch den HV (BGH 59, 390); vertragliche Fixierung einer Entschädigung, die nicht angemessen (s Rz 7) ist. Dgg ist die Vereinbarung einer Vertragsstrafe für Zuwiderhandlungen des HV gg die Wettbewerbsabrede möglich (*Hopt* § 90 a 30).

14 3. **Rechtsfolgen.** Von I–III nachteilig abw Vereinbarungen sind nichtig. Abw von § 139 BGB erfaßt die Nichtigkeit nicht den ganzen Vertrag, sondern beschränkt sich auf die einzelne Abrede (BGH 40, 239); ggf ist Teilnichtigkeit dahingehend anzunehmen, daß die Vereinbarung im Umfang des ges Zulässigen aufrecht zu erhalten ist (hL). Der HV kann sich auf ihm nachteilige Vereinbarungen nicht berufen (anders § 75 d).

§ 91 [Vollmachten des Handelsvertreters]

(1) § 55 gilt auch für einen Handelsvertreter, der zum Abschluß von Geschäften von einem Unternehmer bevollmächtigt ist, der nicht Kaufmann ist.

(2) [1]Ein Handelsvertreter gilt, auch wenn ihm keine Vollmacht zum Abschluß von Geschäften erteilt ist, als ermächtigt, die Anzeige von Mängeln einer Ware, die Erklärung, daß eine Ware zur Verfügung gestellt werde, sowie ähnliche Erklärungen, durch die ein Dritter seine Rechte aus mangelhafter Leistung geltend macht oder sich vorbehält, entgegenzunehmen; er kann die dem Unternehmer zustehenden Rechte auf Sicherung des

Siebenter Abschnitt. Handelsvertreter § 91 a

Beweises geltend machen. ²Eine Beschränkung dieser Rechte braucht ein Dritter gegen sich nur gelten zu lassen, wenn er sie kannte oder kennen mußte.

1. **Allgemeines.** § 91 betrifft den Umfang (nicht: Erteilung) einer dem HV eingeräumten Vollmacht: **I** erstreckt § 55 (iVm § 54) auf den **Abschlußvertreter** eines Unternehmers, der nicht Kaufmann ist (vgl § 84 I). **II** enthält für den **Vermittlungsvertreter** (für den auch § 91 a gilt) eine Erweiterung der Vertretungsmacht, die weitgehend dem § 55 IV entspricht.

2. **Abschlußvertreter, I.** Da der Geschäftsverkehr nicht immer erkennen kann, ob der Auftraggeber des HV Kaufmann ist, erstreckt **I** zum Zwecke der Gleichstellung aller HV die den **Umfang** der Vollmacht typisierende Regelung des § 55 auf HV, die von einem **nichtkaufmännischen** Unternehmer zum Abschluß von Geschäften bevollmächtigt worden sind. Dies führt über § 55 I auch zur Anwendung des § 54. Wg § 84 IV bedeutet dies, daß § 55 auch im Verhältnis zweier Nichtkaufleute Anwendung findet. Eine Sonderregelung für **Versicherungsvertreter** mit Abschlußvollmacht enthält § 45 VVG.

3. **Vermittlungsvertreter, II. a)** Für den HV als Vermittlungsvertreter (der nicht unter § 55 IV fällt) erweitert **II 1 1. HS** die Vollmacht (inhaltlich gleichlautend mit § 55 IV) zu einer **Empfangsvollmacht,** bezogen auf die Entgegennahme von Erklärungen Dritter wg Mangelhaftigkeit der Ware bzw Leistung. Der HV braucht die Geschäfte nicht selbst vermittelt zu haben. **II 1 1. HS** enthält keine Ermächtigung zur Abgabe bindender Erklärungen im Zusammenhang mit der mangelhaften Leistung (zB Anerkenntnis). **b) II 1 2. HS** gibt dem HV die Befugnis, dem Unternehmer zustehende **Beweissicherungsrechte** (§§ 485 ff ZPO) hinsichtlich der mangelhaften Leistung geltend zu machen. **c)** Die Regelung des **II 1** ist **dispositiv,** kann also vom Unternehmer durch entspr Erklärung eingeschränkt oder ausgeschlossen werden. Eine solche Beschränkung muß sich ein **Dritter** nur entgegenhalten lassen, wenn er sie kannte oder kennen mußte, **II 2.**

§ 91 a [Mangel der Vertretungsmacht]

(1) **Hat ein Handelsvertreter, der nur mit der Vermittlung von Geschäften betraut ist, ein Geschäft im Namen des Unternehmers abgeschlossen, und war dem Dritten der Mangel an Vertretungsmacht nicht bekannt, so gilt das Geschäft als von dem Unternehmer genehmigt, wenn dieser nicht unverzüglich, nachdem er von dem Handelsvertreter oder dem Dritten über Abschluß und wesentlichen Inhalt benachrichtigt worden ist, dem Dritten gegenüber das Geschäft ablehnt.**

(2) **Das gleiche gilt, wenn ein Handelsvertreter, der mit dem Abschluß von Geschäften betraut ist, ein Geschäft im Namen**

§ 91 a

des Unternehmers abgeschlossen hat, zu dessen Abschluß er nicht bevollmächtigt ist.

1. Allgemeines. § 91 a regelt den Fall des Überschreitens der Vertretungsmacht durch den HV: **I** betrifft den Geschäftsabschluß durch einen Vermittlungsvertreter, **II** durch einen Abschlußvertreter unter Überschreitung des Umfangs seiner Vollmacht. **a)** In diesen Fällen greifen zumindest die §§ **177 ff BGB** ein: Der Unternehmer kann das Geschäft genehmigen bzw die Genehmigung verweigern, § 177 I BGB. Bis zur Genehmigung des Vertretenen kann der andere Teil (wenn er den Mangel der Vollmacht nicht gekannt hat) widerrufen, § 178 BGB, oder aber – so § 177 II BGB – den Vertretenen zur Erklärung über die Genehmigung ihm ggü auffordern. Die zwischenzeitlich dem Vertreter ggü erteilte Genehmigung bzw ihre Verweigerung wird unwirksam. Die Genehmigung kann dann nur innerhalb von zwei Wochen erklärt werden, ansonsten gilt sie als verweigert. **b)** § 91 a knüpft an die Möglichkeit einer Genehmigung nach § 177 I BGB an: Teilt der andere Teil („Dritte") dem Vertretenen den Abschluß u wesentlichen Inhalt des Geschäfts mit, gilt das Geschäft als genehmigt, wenn der Vertretene dem Dritten ggü nicht unverzüglich widerspricht. Lehnt der Vertretene die Genehmigung nach §§ 177, 179 BGB, § 91 a I ab, haftet der Vertreter nach § 179 BGB. **c) Zweck** des § 91 a ist der Schutz des Geschäftsverkehrs hinsichtlich der Existenz, **I,** bzw des Umfangs, **II,** einer Vollmacht. Die Parallele zu § 362 I 2 ist unverkennbar.

2. Vertragsschluß durch Vermittlungsvertreter, I. a) Der Geschäftsabschluß gilt als genehmigt unter folgenden **Voraussetzungen: aa)** Der HV muß **im Namen** des Unternehmers abgeschlossen haben, **ohne** dafür **bevollmächtigt** zu sein. Die Rechtsscheinvollmacht (vor § 48 Rz 7–8) schließt § 91 a nur aus, wenn Dritter sich auf Rechtsschein beruft. Das Geschäft muß sich im Rahmen des § 54 halten. **bb) Keine positive Kenntnis** des Dritten vom Fehlen der Vertretungsmacht; Abschluß des Geschäfts unter Vorbehalt der Genehmigung durch den Unternehmer bedeutet positive Kenntnis (RG 96, 288). Kennenmüssen schadet nicht. **cc)** (Formlose) **Benachrichtigung** des Unternehmers durch den anderen Teil („Dritten") oder den HV über den **Abschluß** u **wesentlichen Inhalt** des Geschäfts (Leistung, Gegenleistung, Lieferfristen, Qualität). Die Mitteilung durch eine sonstige außenstehende Person ist bedeutungslos (*Ankele* § 91 a 6). Ihre Unvollständigkeit löst die Rechtsfolgen des § 91 a I nicht aus. **dd) Keine unverzügliche Ablehnung.** Die Ablehnung durch den Unternehmer (bei entspr Vollmacht auch durch den HV) kann formlos u ohne Angabe von Gründen geschehen. Sie ist eine empfangsbedürftige Willenserklärung. Anfechtung ist grds möglich, aber im Hinblick auf Verkehrsschutz einzuschränken (s vor § 343 Rz 8). **Unverzüglich** meint ohne schuldhaftes Zögern, § 121 I 1 BGB; der Unternehmer muß angemessene Zeit haben, um sich über die Kreditwürdigkeit des anderen Teils etc zu informieren.

b) Rechtsfolgen. aa) Unter den in Rz 2 genannten Voraussetzungen gilt das Geschäft als vom Unternehmer genehmigt. Dabei ist unerheblich, aus welchem Grund der Unternehmer nicht reagiert. Ob es sich um eine Fiktion (*Ankele* § 91 a 4; *Schl/Schröder* § 91 a 15) oder eine (unwiderlegliche) Rechtsvermutung (*StBrüggemann* § 91 a 12; *HeySonnenschein* § 91 a 11) handelt, ist str. Da I Verkehrsschutz (u nicht nur Rechtsscheinschutz) bezweckt, kann sich auch der Unternehmer (wie bei § 362; s dort Rz 10; kfm Bschr: § 346 Rz 32) auf die Norm berufen (kein Wahlrecht des anderen Teils; *Hopt* § 91 a 9; str). **bb)** Der Vertrag wird mit dem Inhalt für den Unternehmer wirksam, den der HV mit dem anderen Teil vereinbart hat (RG 51, 150; 60, 188). Der HV hat einen Provisionsanspruch (hL). Da im Falle des I die Wirksamkeit des Geschäfts auf dem Verhalten des Unternehmers beruht, gehen dessen Schadensersatzansprüche gg den HV (aus pVV) verloren (str). 3

c) Anfechtung. Die (fingierte) Genehmigung nach I ist analog §§ 119 ff BGB anfechtbar (str), nach ganz hL jedoch nicht mit der Begründung, die durch bloße Untätigkeit eingetretene Rechtsfolge sei nicht gewollt (*Kindl* 244). IE ist dem wg des erhöhten Verkehrsschutzes im Handelsverkehr für die Fälle des § 119 I BGB zu folgen (*MKKramer* § 119 Rz 59; s vor § 343 Rz 7–8). 4

3. Abschlußvertreter. II erstreckt die Rechtsfolgen des I auf den Abschlußvertreter, der den Umfang seiner Vollmacht überschreitet. II gilt nicht für das Abweichen von internen Weisungen, da letztere die Vollmacht nicht beschränken. 5

§ 92 [Versicherungs- und Bausparkassenvertreter]

(1) **Versicherungsvertreter ist, wer als Handelsvertreter damit betraut ist, Versicherungsverträge zu vermitteln oder abzuschließen.**

(2) **Für das Vertragsverhältnis zwischen dem Versicherungsvertreter und dem Versicherer gelten die Vorschriften für das Vertragsverhältnis zwischen dem Handelsvertreter und dem Unternehmer vorbehaltlich der Absätze 3 und 4.**

(3) [1]**In Abweichung von § 87 Abs. 1 Satz 1 hat ein Versicherungsvertreter Anspruch auf Provision nur für Geschäfte, die auf seine Tätigkeit zurückzuführen sind.** [2]**§ 87 Abs. 2 gilt nicht für Versicherungsvertreter.**

(4) **Der Versicherungsvertreter hat Anspruch auf Provision (§ 87a Abs. 1), sobald der Versicherungsnehmer die Prämie gezahlt hat, aus der sich die Provision nach dem Vertragsverhältnis berechnet.**

§ 92

Erstes Buch. Handelsstand

(5) **Die Vorschriften der Absätze 1 bis 4 gelten sinngemäß für Bausparkassenvertreter.**

1 1. **Allgemeines.** § 92 bestimmt die grds Anwendbarkeit der §§ 84 ff auf Versicherungs- u Bausparkassenvertreter, **II, V.** Davon werden in **III** u **IV** Ausnahmen gemacht, um Besonderheiten in der Versicherungs- u Bausparkassenbranche Rechnung zu tragen.

2 2. **Begriff.** I enthält eine **Legaldefinition** des **Versicherungsvertreters.** Seine Tätigkeit bezieht sich nicht auf Waren, sondern auf die Vermittlung oder den Abschluß von Versicherungsverträgen (vgl § 1 VVG). Die Bezeichnung (zB Generalvertreter, Hauptagent etc) ist ohne Bedeutung; allein maßgebend ist, ob die Person die für einen HV maßgebenden Kriterien (§ 84 Rz 2–6) erfüllt. Zu § 84 I 2 s BAG ZIP 00, 810 ff; *Hanau/Strick* DB 98 Beilage 14.

3 3. **Vertragsrecht. a)** II bestimmt (deklaratorisch), daß auf den Vertrag zwischen Versicherungsvertreter u Versicherer die §§ 84 ff anwendbar sind. **b) Sondervorschriften** enthalten **III, IV,** §§ 89 b V, 92 a II, 92 b IV für das Innenverhältnis (zum Versicherer) sowie §§ 43 bis 48 VVG für das Außenverhältnis (ggü Dritten; zu § 44 VVG s BGH 102, 194).

4 4. **Provisionsanspruch. a)** III enthält ggüber § 87 I 1 eine **Beschränkung provisionspflichtiger Geschäfte. aa)** Anders als nach § 87 I 1 erhält der Versicherungsvertreter als HV Provision nur für Abschlüsse, an deren Zustandekommen er selbst **mitgewirkt** hat, III 1. Daraus folgt, daß für Folgeaufträge kein Provisionsanspruch entsteht (anders nur bei engem wirtschaftlichen Zusammenhang); ebensowenig für Änderungen alter Verträge (Vertragsverlängerung, BGH NJW-RR 86, 1478; Erhöhung der Versicherungssumme), es sei denn, der Vermittler hat daran mitgewirkt. **bb)** III 2 schließt die Anwendung des § 87 II über die Bezirks- u Kundenschutzprovision für Versicherungsvertreter aus. Die Zuweisung eines Bezirks- bzw Kundenkreises hat lediglich eine Beschränkung der Vollmacht des Vertreters zum Inhalt (§ 46 VVG). **cc)** Von III 1 u 2 abw Vereinbarungen sind möglich.

5 **b)** Abw von § 87 a I 1 stellt **IV** für das **Entstehen** des Provisionsanspruchs nicht auf die (nicht hinreichend bestimmbare) Ausführung des Geschäfts durch den Versicherer, sondern (wie § 87 a I 3) auf die Zahlung der (gesamten Jahres-)Prämie durch den Dritten ab (Stgt NJW-RR 98, 1192). Abw Vereinbarungen (zB Einmalprovision) sind zulässig, auch hinsichtlich der Höhe u Berechnung der Provision.

6 **c)** Für **Störungen** im Vertragsverhältnis gilt § 87 a II bis V (BGH VersR 83, 372; NJW-RR 88, 546). **aa)** Der Provisionsanspruch entsteht nicht, wenn der Vertragsabschluß durch den Versicherer **abgelehnt** wird, § 87 I. **bb)** Bei **vorzeitiger** Beendigung des Versicherungsvertrages gilt nach zutr Ansicht § 87 a III, nicht § 87 a II (wg der von § 87 a I abw Regelung in **IV**) (BGH VersR 83, 372; Kln VersR 74, 287; *StBrüggemann* § 92 14; *Hopt* § 92 10). Für § 87 a III 2 ist zu beachten, daß den Versicherer ggü dem Versicherungsvertreter eine (im Vergleich zum Warenvertreter) weitergehende (Treue-)Pflicht trifft, auf dessen Provisionsinteresse Rücksicht zu nehmen ist (*StBrüggemann* § 92 15): Der Versicherer muß bei Gefährdung des Vertrages (durch den Versicherungsnehmer) zunächst im Rahmen des Zumutbaren dessen Aufrechterhaltung anstreben, statt ihn zu stornieren (Pflicht zur Nachbearbeitung); wohl keine Pflicht zur Klageerhebung (BAG VersR 68, 169; Ffm VersR 81, 481; Karlsr VersR 82, 267).

5. Bausparkassenvertreter. V führt zu einer vollständigen Gleichstellung mit dem Versicherungsvertreter. 7

§ 92 a [Mindestarbeitsbedingungen]

(1) ¹**Für das Vertragsverhältnis eines Handelsvertreters, der vertraglich nicht für weitere Unternehmer tätig werden darf oder dem dies nach Art und Umfang der von ihm verlangten Tätigkeit nicht möglich ist, kann der Bundesminister der Justiz im Einvernehmen mit den Bundesministern für Wirtschaft und für Arbeit nach Anhörung von Verbänden der Handelsvertreter und der Unternehmer durch Rechtsverordnung, die nicht der Zustimmung des Bundesrates bedarf, die untere Grenze der vertraglichen Leistungen des Unternehmers festsetzen, um die notwendigen sozialen und wirtschaftlichen Bedürfnisse dieser Handelsvertreter oder einer bestimmten Gruppe von ihnen sicherzustellen.** ²**Die festgesetzten Leistungen können vertraglich nicht ausgeschlossen oder beschränkt werden.**

(2) ¹**Absatz 1 gilt auch für das Vertragsverhältnis eines Versicherungsvertreters, der auf Grund eines Vertrages oder mehrerer Verträge damit betraut ist, Geschäfte für mehrere Versicherer zu vermitteln oder abzuschließen, die zu einem Versicherungskonzern oder zu einer zwischen ihnen bestehenden Organisationsgemeinschaft gehören, sofern die Beendigung des Vertragsverhältnisses mit einem dieser Versicherer im Zweifel auch die Beendigung des Vertragsverhältnisses mit den anderen Versicherern zur Folge haben würde.** ²**In diesem Falle kann durch Rechtsverordnung, die nicht der Zustimmung des Bundesrates bedarf, außerdem bestimmt werden, ob die festgesetzten Leistungen von allen Versicherern als Gesamtschuldnern oder anteilig oder nur von einem der Versicherer geschuldet werden und wie der Ausgleich unter ihnen zu erfolgen hat.**

§ 92 a enthält eine **Ermächtigungsgrundlage** für den Erlaß einer 1 Rechtsverordnung durch den Bundesminister der Justiz zur Festlegung von **Mindestarbeitsbedingungen** für Einfirmenvertreter, um ihnen das Existenzminimum zu sichern. Eine solche VO ist bisher nicht erlassen worden. § 92 a hat **praktische Bedeutung** nur im Rahmen von Verweisungen, zB § 5 III ArbGG.

§ 92 b [Handelsvertreter im Nebenberuf]

(1) ¹Auf einen Handelsvertreter im Nebenberuf sind §§ 89 und 89 b nicht anzuwenden. ²Ist das Vertragsverhältnis auf unbestimmte Zeit eingegangen, so kann es mit einer Frist von einem Monat für den Schluß eines Kalendermonats gekündigt werden; wird eine andere Kündigungsfrist vereinbart, so muß sie für beide Teile gleich sein. ³Der Anspruch auf einen angemessenen Vorschuß nach § 87 a Abs. 1 Satz 2 kann ausgeschlossen werden.

(2) Auf Absatz 1 kann sich nur der Unternehmer berufen, der den Handelsvertreter ausdrücklich als Handelsvertreter im Nebenberuf mit der Vermittlung oder dem Abschluß von Geschäften betraut hat.

(3) Ob ein Handelsvertreter nur als Handelsvertreter im Nebenberuf tätig ist, bestimmt sich nach der Verkehrsauffassung.

(4) Die Vorschriften der Absätze 1 bis 3 gelten sinngemäß für Versicherungsvertreter und für Bausparkassenvertreter.

1 **1. Allgemeines.** Der HV im Nebenberuf ist nach Auffassung des Gesetzgebers nicht im selben Umfang schutzbedürftig wie der HV im Hauptberuf. I enthält daher von den §§ 84 ff abw Regelungen für Kündigungsfristen, Ausgleichsanspruch u Anspruch auf Provisionsvorschuß. Dies wird von Art 2 II HV-Rili zugelassen.

2 **2. Anwendungsbereich.** Eine **Legaldefinition** des HV im Nebenberuf **fehlt** (ebenso in der HV-Rili). Nach III soll die **Verkehrsauffassung** entscheiden. Durch vertragliche Vereinbarung kann der hauptberuflich tätige HV nicht zu einem HV im Nebenberuf herabgestuft werden (BGH ZIP 98, 2155; *Baums* BB 86, 893). **a)** Tätigkeit im **Nebenberuf** setzt nicht anderweitige (haupt-)"berufliche" Tätigkeit voraus (str). Entscheidend ist, daß der HV aus seiner HV-Tätigkeit nicht den überwiegenden Teil seines Einkommens bezieht (so beim Rentner) bzw (bei unentgeltlicher Haupttätigkeit) nach Zeit u Umfang gemessen die HV-Tätigkeit eine untergeordnete ist (Hausfrauen; Studenten). Die Haupttätigkeit braucht nicht selbständig u auch nicht zeitlich parallel zur Nebentätigkeit ausgeübt zu werden. **b)** Ist der HV für mehrere Unternehmer als HV tätig, liegt unabhängig vom Erfolg in allen Vertragsverhältnissen Tätigkeit im **Hauptberuf** vor (*StBrüggemann* § 92 b 3); dies auch, wenn es sich um unterschiedliche Wirtschaftszweige handelt. Übt der HV ein anderes Gewerbe gleichrangig aus, das zur HV-Tätigkeit in innerem Zusammenhang steht (Großhandel; Spedition), ist § 92 b unanwendbar. **c)** § 92 b findet auch auf jur Personen u PersonenGes Anwendung. **d)** IV erstreckt I bis III auch auf Versicherungs- u Bausparkassenvertreter.

3 **3. Sonderregelungen. a) Kündigung.** § 89 ist unanwendbar, I 1. Bei auf unbestimmte Zeit eingegangenen Verträgen kann abw von

Siebenter Abschnitt. Handelsvertreter § 92 c

§ 89 I mit Monatsfrist auf jeden Kalendermonatsschluß gekündigt werden, I 2. Die Kündigungsfrist (wie auch der Kündigungstermin) ist dispositiv; eine evtl Verlängerung oder Verkürzung muß für beide Teile gleich sein. Bei Verstoß dgg gilt die ges Regelung des I 2. **b) Ausgleichsanspruch.** § 89 b ist unanwendbar, I 1. **c) Provisionsvorschuß.** Der als **zwingende** Regelung ausgestaltete Anspruch auf angemessenen Vorschuß, § 87 a I 2, kann durch Vertrag ausgeschlossen oder eingeschränkt werden (weil die Provision nicht Grundlage für den Lebensunterhalt ist).

4. Geltendmachung. a) Der **Unternehmer** kann sich auf I nur 4 unter zwei Voraussetzungen berufen: **aa)** Der HV muß nach III **tatsächlich** ein HV im Nebenberuf sein (s Rz 2); eine entspr vertragliche Vereinbarung ist irrelevant (Rz 2). **bb)** Der Unternehmer muß den HV **ausdrücklich** als HV im Nebenberuf mit der Vermittlung oder dem Abschluß von Geschäften **betraut haben,** II. Die Betrauung erfolgt durch eindeutige (formlose) Erklärung des Unternehmers bei Vertragsschluß, wodurch letztere Vertragsinhalt wird; im Falle des § 85 ist Aufnahme in die Urkunde geboten. **cc)** II ist zwingend (*Ankele* § 92 b 13). **b)** Der **Handelsvertreter** kann sich auf seine Eigenschaft als HV im Nebenberuf (sofern III erfüllt ist) jederzeit berufen, auch wenn der Unternehmer eine Erklärung nach II nicht abgegeben hat. **c)** Bei **Änderung der tatsächlichen Verhältnisse** während der Vertragsdauer gilt: **aa)** Wird die Tätigkeit nicht mehr nebenberuflich iSv III, sondern als **Hauptberuf** ausgeübt, so gelten uneingeschränkt die §§ 84 ff, wenn der Unternehmer bei Vertragsschluß **keine** Erklärung iSv II abgegeben hat; anderenfalls bleibt es bei der Anwendung des § 92 b (mit Ausnahme des III), es sei denn, die neue Funktion werde mit (auch stillschweigendem) Einverständnis des Unternehmers ausgeführt. **bb)** Wird die Tätigkeit nunmehr **nebenberuflich** ausgeübt, kann sich der HV, nicht aber der Unternehmer auf § 92 b berufen; letzterer nur, wenn er dem HV ggü (mit dessen Einverständis; dessen Verweigerung ist uU treuwidrig) eine Erklärung nach II abgegeben hat.

§ 92 c [Handelsvertreter außerhalb der EG, Schiffahrtsvertreter]

(1) **Hat der Handelsvertreter seine Tätigkeit für den Unternehmer nach dem Vertrag nicht innerhalb des Gebietes der Europäischen Gemeinschaft oder der anderen Vertragsstaaten des Abkommens über den Europäischen Wirtschaftsraum auszuüben, so kann hinsichtlich aller Vorschriften dieses Abschnittes etwas anderes vereinbart werden.**

(2) **Das gleiche gilt, wenn der Handelsvertreter mit der Vermittlung oder dem Abschluß von Geschäften betraut wird, die die Befrachtung, Abfertigung oder Ausrüstung von Schiffen**

§ 92 c

oder die Buchung von Passagen auf Schiffen zum Gegenstand haben.

1. Allgemeines. a) Für den HV–Vertrag gilt Rechtswahlfreiheit, Art 27 EGBGB. Mangels Rechtswahl kommen Art 28 I, II 2 EGBGB, idR das Recht am Ort der Niederlassung des HV zur Anwendung (BGH NJW 93, 2753; str; uU Art 28 V EGBGB: Sitzrecht des Unternehmens). Ist das Recht eines Nicht-EU/EWR-Staates gewählt, sind bei Tätigkeit des HV in der BRD die zwingenden, auf der HV-Rili beruhenden Normen über Art 34 EGBG anzuwenden (EuGH DB 01, 37); für die Tätigkeit des HV in einem anderen EU/EWR-Staat erzwingt HV-Rili Sonderanknüpfung der entspr zwingenden Normen dieses Staates. **b)** § 92 c ist **keine** Kollisionsnorm, sondern **Sachnorm**, die die Anwendbarkeit deutschen Rechts voraussetzt, aber für bestimmte Fallkonstellationen die zwingenden Vorschriften des HV-Rechts in dispositive verwandelt. Damit soll den Parteien die Möglichkeit eröffnet werden, ihre vertraglichen Beziehungen den örtl bzw Branchenverhältnissen im Ausland anzupassen.

2 2. Personenkreis. a) Tätigkeit außerhalb der EU/des EWR. Die zwingenden Normen des HV-Rechts sind abdingbar bei Verträgen mit HV, die **außerhalb** der **EU** u des **EWR** (s Gesetz vom 27. 4. 1993, BGBl I 512) tätig sind, **I.** Zur Tätigkeit innerhalb der EU/des EWR s Rz 1. **aa) I** stellt ab auf das (durch Vertrag festgelegte) Tätigkeitsgebiet des HV, nicht auf seine Niederlassung. Umfaßt das Gebiet auch einen Teil der EU bzw des EWR, gilt **I** beschränkt auf die Drittlandtätigkeit (*Müller* NJW 98, 17 ff für § 89 b; aA die hL). **bb) I** ist mit den Vorgaben der HV-Rili vereinbar (aA *Kindler* RIW 90, 363), da die Rili nur eine Tätigkeit **innerhalb** der Gemeinschaft im Auge hat (implizit auch EuGH DB 01, 11). Iü läßt die Rili das Kollisionsrecht (u damit auch die Möglichkeit der Abwahl des Rechts eines EG-Staates) unangetastet. **cc)** Nach hL (*MKHGBvHoyningen-Huene* § 92 c 16; aA *Kindler* RIW 90, 363) läßt **I** bei Wahl deutschen Rechts den Ausschluß zwingender Normen auch dann zu, wenn das ansonsten anzuwendende Drittlandrecht vergleichbare zwingende Normen kennt. Zweck des § 92 c (Vermeidung von Wettbewerbsverzerrungen) rechtfertigt dies nicht; vorzuziehen ist eine Sonderanknüpfung ausländischer HV-Schutznormen des Tätigkeitsgebiets.

3 b) Bei **Schiffahrtsvertretern, II,** in der See- u Binnenschiffahrt sind die zwingenden Normen der §§ 84 ff ebenfalls abdingbar. Auf das Tätigkeitsgebiet des HV kommt es nicht an. Bei Mehrfachvertretungen eines HV für einen Unternehmer in verschiedenen Branchen kommt es für **II** auf den Schwerpunkt der Tätigkeit an.

4 c) Eine analoge Anwendung des **II** auf den Bereich des **Luftverkehrs** scheidet aus.

Achter Abschnitt. Handelsmakler

§ 93 [Begriff]

(1) Wer gewerbsmäßig für andere Personen, ohne von ihnen auf Grund eines Vertragsverhältnisses ständig damit betraut zu sein, die Vermittlung von Verträgen über Anschaffungen oder Veräußerungen von Waren oder Wertpapieren, über Versicherungen, Güterbeförderungen, Schiffsmiete oder sonstige Gegenstände des Handelsverkehrs übernimmt, hat die Rechte und Pflichten eines Handelsmaklers.

(2) Auf die Vermittlung anderer als der bezeichneten Geschäfte, insbesondere auf die Vermittlung von Geschäften über unbewegliche Sachen, finden, auch wenn die Vermittlung durch einen Handelsmakler erfolgt, die Vorschriften dieses Abschnitts keine Anwendung.

(3) Die Vorschriften dieses Abschnittes finden auch Anwendung, wenn das Unternehmen des Handelsmaklers nach Art oder Umfang einen in kaufmännischer Weise eingerichteten Geschäftsbetrieb nicht erfordert.

Übersicht

	Rz.
I. Allgemeines	
1. Begriffe	
a) Zivilmakler	1
b) Handelsmakler	2
2. Kaufmann	3
3. Anwendbares Maklerrecht	4
II. Handelsmakler: Begriff	
1. Gegenstände des Handelsverkehrs	7
2. Vermittlung	10
3. Gewerbsmäßig	11
4. Nicht ständig betraut	12
III. Handelsmaklervertrag	
1. Vertragsschluß	13
2. Beendigung	14
3. Maklermehrheit	15
IV. Pflichten des Handelsmaklers	
1. Keine Hauptpflichten	16
2. Nebenpflichten	
a) Gegenüber dem Auftraggeber	19
b) Gegenüber dem Geschäftsgegner	24
c) Sonstige Rechtspflichten	25

		Rz.
	d) Rechtsfolge einer Pflichtverletzung	26
V.	Pflichten des Auftraggebers	
	1. Hauptpflicht	27
	2. Nebenpflichten	28
VI.	Provisionsanspruch	
	1. Allgemeines	32
	2. Wirksamer Handelsmaklervertrag	33
	3. Vermittelter Vertrag	34
	4. Inhaltliche und personelle Identität	37
	5. Kein Selbsteintritt	38
	6. Ursächlichkeit	39
	7. Provisionshäufung	40
	8. Höhe des Maklerlohns	41
	9. Aufwendungsersatz	42
VII.	Allgemeine Geschäftsbedingungen	43

I. Allgemeines

1. Begriffe. a) Zivilmakler ist, wer Vertragsabschlüsse gg Provision vermittelt oder die Gelegenheit zum Abschluß eines Vertrages nachweist, § 652 I 1 BGB. **Handelsmakler** ist, wer gewerbsmäßig für andere die Vermittlung von Verträgen über Gegenstände des Handelsverkehrs (s Rz 7) übernimmt, ohne von ihnen ständig damit betraut zu sein. Nach **altem Recht** definierte § 93 I den Handelsmakler als Kaufmann kraft Geschäftstyps iSv § 1 II Nr 7 aF. Kleingewerbliche Handelsmakler waren Minderkaufleute iSv § 4 I aF. Nach **neuem Recht** (HRefG 1998) ist der Handelsmakler nicht notwendig Kaufmann; darüber entscheiden §§ 1 II, 2, 5 bzw 6. **I** fällt es hingegen zu, den „Handelsmakler" als Typ eines Gewerbetreibenden zu umschreiben. **I** ist von seinem *Wortlaut* her nicht auf Kaufleute beschränkt, doch ist über §§ 343, 344 iVm §§ 1 ff Kaufmannseigenschaft Anwendungsvoraussetzung. Damit korrespondiert **III**, der die §§ 93 ff auf *nichtkaufmännische* Handelsmakler für anwendbar erklärt. Die §§ 93 ff regeln zugleich den Handelsmakler*vertrag*. Ein **kaufmännischer Handelsmakler** iSv **I** schließt, wenn der Typus Handelsmaklervertrag nicht getroffen ist (zB bei Grundstücken), einen *Zivilmakler*vertrag (§§ 652 ff BGB), auf den iü Handelsrecht (mit Ausnahme der §§ 93–104) anwendbar ist. Davon zu unterscheiden ist der **kaufmännische Zivilmakler** (Grundstücksmakler, der gem § 1 II Kaufmann ist); s Rz 5. Der Kursmakler, § 30 BörsG, ist Handelsmakler. Der Handelsmakler kann zugleich Zivilmakler sein.

b) Der Begriff des Handelsmaklers ist in mehrfacher Hinsicht **enger** als der des Zivilmaklers: (1) Der Handelsmakler kann nur **Vermittlungsmakler** sein. Der Nachweismakler ist stets Zivilmakler. (2) Nur die Vermittlung von Verträgen über Gegenstände des **Handelsverkehrs** kann Gegenstand eines Handelsmaklervertrags sein. Nicht: unbewegliche Sachen; Unternehmen (Rz 9); s **II**. Dies ist die Tätigkeit eines

Achter Abschnitt. Handelsmakler **§ 93**

(ggf gem §§ 1 II, 2, 5, 6 kaufmännischen) Zivilmaklers. (3) Die Maklertätigkeit muß **gewerblich** (s § 1 Rz 3 ff) erfolgen u zwar gerade im Hinblick auf die Vermittlung der in **I** genannten Verträge. Der **Gelegenheitsmakler** ohne gewerbliche Tätigkeit ist daher stets Zivilmakler, dies auch dann, wenn er Verträge über Gegenstände des Handelsverkehrs vermittelt.

2. Kaufmann. Der Handelsmakler ist Kaufmann, wenn er unter 3 §§ 1 II, 2, 5, bzw 6 fällt. Der *kleingewerbliche* Handelsmakler ist *nicht* Kaufmann, unterliegt den §§ 93 ff, **III,** auch (analog §§ 383 II 2, 407 III 2, 453 III 2, 467 III 2; *Canaris* § 21 6) den §§ 343 ff (ausgenommen §§ 348–350; St*Koller* vor § 343 32). Der Zivilmakler kann Kaufmann gem §§ 1 II, 2, 5, 6 sein, sog kaufmännischer Zivilmakler (Rz 1); §§ 93 ff sind nicht anwendbar, wohl aber Handelsrecht iü, zB § 354.

3. Anwendbares Maklerrecht. Maklerrecht ist Sonderrecht der 4 Maklertätigkeit, Handelsmaklerrecht aber nicht Sonderrecht der kaufmännischen Maklertätigkeit (Rz 1), sondern das Schuldvertragsrecht für die in **I** (u **III**) bezeichneten Vermittlungstätigkeiten. **Zu unterscheiden** ist daher zwischen den Pflichten aus dem Maklervertrag u den Merkmalen des Handelsmaklers als Gewerbetreibenden. Es gelten:

a) für den **kaufmännischen Zivilmakler** neben §§ 652 ff BGB die 5 Vorschriften des HGB, insbes auch § 354 I (BGH 95, 398), nicht aber §§ 93–104;

b) für den **kaufmännischen Handelsmakler** neben §§ 93 ff u dem 6 HGB iü das BGB ergänzend (§ 2 EGHGB), §§ 652 ff BGB allerdings nur insoweit, als dort nicht ein anderer Geschäftsinhalt des vermittelten Vertrages als in **I** vorausgesetzt wird. § 653 I BGB ist für den Handelsmaklervertrag obsolet. Für den **nichtkaufmännischen** Handelsmakler gelten die §§ 93 ff, vgl **III,** daneben (wohl) auch §§ 343 ff (mit Ausnahme von §§ 348–350) für den Maklervertrag, iü §§ 652 ff BGB.

II. Handelsmakler: Begriff

1. Gegenstände des Handelsverkehrs. a) Die Tätigkeit des Han- 7 delsmaklers betrifft die gewerbsmäßige Vermittlung von Verträgen über **Gegenstände des Handelsverkehrs.** Dazu zählen neben den in **I** beispielhaft genannten Waren (zB Edelmetalle, Geldsorten), Wertpapieren, Wechseln, Versicherungen, Güterbeförderungen u Schiffsmiete auch alle sonstigen Gegenstände, die nach der **Verkehrsauffassung** als Gegenstände des Handelsverkehrs angesehen werden; auch Rechte, sofern sie handelbar sind.

b) Bsp: Bankgeschäfte aller Art; Bankkredite (Mü NJW 70, 1925), 8 auch gg hypothekarische Sicherheit (RG 76, 252); gewerbliche Schutzrechte, Filmaufführungslizenzen (Hbg BB 50, 658 LS); Verträge über die Durchführung von Werbemaßnahmen, zB über die Bereitstellung von Werbeflächen; Leasingverträge über bewegliche Sachen (*Schmidt* § 26 I). Aktien sind Gegenstände des Handelsverkehrs, ebenso GmbH-

§ 93 Erstes Buch. Handelsstand

Anteile, wenn sie nach dem GesVertrag (§ 15 V GmbHG) übertragbar sind. Zum Kursmakler s §§ 30 ff BörsG.

9 c) Die **Vermittlung anderer Geschäfte** ist gem II von den §§ 93 ff **ausgenommen:** Geschäfte über unbewegliche Sachen; Unternehmenskauf; Veräußerung u Belastung von Grundstücken; Vermietung u Verpachtung; Vermittlung von Werk- (Konzert- u Theateragenturen) u Dienstverträgen, soweit sie nicht mit der Güterbeförderung zusammenhängen, sowie von Arbeitsverträgen aller Art.

10 2. Aufgabe (nicht: Pflicht; s Rz 16) des Handelsmaklers ist die **Vermittlung** von Verträgen, dh eine auf den Vertragsabschluß gerichtete Tätigkeit, die über den **Nachweis** der Gelegenheit zum Abschluß **hinausgeht. a)** Ein bloßer Hinweis auf Interessenten (zB durch Übergabe entspr Listen; Mü BB 73, 1551) ist noch nicht einmal Nachweis; dafür erforderl sind hinreichende Angaben über den Gegenstand des angestrebten Vertrages u den Vertragspartner, die so bestimmt sein müssen, daß der Auftraggeber von sich aus mit dem ihm bislang unbekannten Dritten in Vertragsverhandlungen treten kann (BGH NJW-RR 88, 1398; NJW 99, 1256). **b) Vermittlung** liegt nur vor, wenn der Makler mit dem Dritten in Kontakt tritt, auf dessen Abschlußbereitschaft hinwirkt (BGH NJW 86, 51; BB 97, 1553) u damit den Vertragsschluß herbeiführt (BGH MDR 81, 211) oder doch zumindest fördert (BGH WM 74, 257; NJW 76, 1844). Dazu zählen zB vorbereitende Besprechungen, Terminvereinbarungen, nicht aber die bloße Annahme u Weiterleitung von Angeboten. Die Benennung eines Vertragspartners genügt, wenn dieser zu den vom Auftraggeber des Maklers genannten Bedingungen zum Abschluß bereit ist (RG, LZ 16, 754). Mitursächlichkeit der Vermittlung für das Zustandekommen des Vertrages reicht; Mitwirkung am Vertragsabschluß ist weder erforderl (BGH WM 74, 257) noch für sich allein genommen ausreichend (Mü BB 74, 1319, für Vertretungstätigkeit des Maklers; Hbg MDR 74, 490). Zu einem Fall indirekter Beeinflussung BGH NJW 84, 358; *Dehner* NJW 97, 21.

11 3. Die (auch erstmalige Übernahme der) Vermittlung ist nur dann **gewerbsmäßig**, wenn sie auf Dauer angelegt der Erzielung von Einnahmen dienen soll (s § 1 Rz 3 f). Tätigkeit im Hauptberuf ist nicht erforderl; als Nebenzweig zu einem kaufmännischen Unternehmen möglich. Der Gelegenheitsmakler fällt weder unter §§ 93 ff noch ist er – mangels gewerblicher Tätigkeit – Kaufmann. Es gelten nur die §§ 652 ff BGB.

12 4. Handelsmakler ist nur, wer **nicht ständig** damit betraut ist, aufgrund eines Vertragsverhältnisses Verträge zu vermitteln (sonst: **Handelsvertreter**, s vor § 84 Rz 7), sondern von Fall zu Fall auf der Grundlage von Einzelaufträgen tätig wird („Augenblicksmittler"). Wiederholte Tätigkeit für ein u denselben Auftraggeber ist oft Folge von Spezialisierung u steht einer Anwendung der §§ 93 ff nicht entgegen („Hausmakler"; vgl BGH WM 86, 211).

III. Handelsmaklervertrag

1. Vertragsschluß. a) Der Vertrag bedarf keiner Form. Iü gelten für 13
den Abschluß die allg Regeln; ausdr wie auch stillschweigend möglich
(BGH DB 70, 582), auch ohne Zugang der Annahmeerklärung gem
§ 151 BGB; auch durch Schweigen des Maklers auf einen ihm erteilten
Auftrag gem § 362 I. Die Grundsätze über das kaufmännische Bestätigungsschreiben
(s § 346 Rz 22) sind anwendbar (Düss NJW-RR 95,
501). **b)** Hinsichtlich der Annahme **schlüssigen Verhaltens** auf seiten
des Interessenten ist **Vorsicht** geboten, wenn der Makler von sich aus
mit Angeboten werbend im geschäftlichen Verkehr auftritt (BGH 95,
395). Kann ein Interessent davon ausgehen, daß der Makler eine Leistung
für den Auftraggeber erbringen will, ist weder eine (unverbindlich
gemeinte) Anfrage beim Makler noch die Entgegennahme u Ausnutzung
der gegebenen Information als konkludente Willenserklärung des
Interessenten bzgl des Abschlusses eines Vertrages (Zweitauftrag) anzusehen.
Die bloße Mitteilung der Provisionshöhe genügt nicht ohne
weiteres (vgl BGH WM 00, 422). Es muß **deutlich** werden, daß die
andere Partei Vertragspartner werden soll (BGH NJW 58, 298; BGH
95, 395). Ein Zivilmakler muß unmißverständlich vor seinem Tätigwerden
klarstellen, daß er auch vom Interessenten **Provision** (kraft
vertraglicher Vereinbarung) verlangen will (BGH WM 00, 421); nichts
anderes gilt für den **Handelsmakler,** auch nicht im Hinblick auf § 354
(s dort Rz 5). Erklärt Interessent, keine Provision zahlen zu wollen, ist
keine Annahme gegeben (BGH NJW-RR 96, 114). Zum Provisionsanspruch
gem § 99 als vertraglichem oder ges Anspruch s § 99 Rz 1.
c) Kann ein Interessent nicht davon ausgehen, daß der die Initiative
ergreifende Makler für einen Anbieter tätig wird, kann die Annahme
stillschweigend dadurch erfolgen, daß sich eine Partei diese Tätigkeit
zunutze macht, oder auch nur gefallen läßt, sofern ihr bekannt ist oder
nach den Umständen bekannt sein müßte, daß der Vermittler gewerbsmäßig
als Handelsmakler tätig ist (BGH DB 70, 582; JR 53, 424).
d) Geht die **Initiative** allein vom **Interessenten** aus (ohne daß der
Makler mit Angeboten geworben hat), kommt ein (entgeltlicher;
§ 354) Vertrag mit dem Tätigwerden des Maklers zustande.

2. Beendigung. a) Durch einvernehmliche Aufhebung ohne wei- 14
teres. **b)** Durch Widerruf: jederzeit u ohne Begründung durch eine der
beiden Parteien. Dieses Widerrufsrecht kann (auch stillschweigend)
eingeschränkt werden (etwa bei Alleinauftrag; hier Ausschluß für einen
angemessenen Zeitraum). **c)** Bei Tod des Handelsmaklers. **d)** Da die
Beendigung ex nunc wirkt, kann ein Provisionsanspruch bestehen,
wenn die Tätigkeit des Maklers ursächlich geworden ist (BGH BB 65,
396; BB 69, 934).

3. Maklermehrheit. a) Solange kein Alleinauftrag erteilt wird, 15
kann der Auftraggeber mehrere Makler einschalten; zur Provisionshäufung
s Rz 40. Der Makler darf die Durchführung des Auftrags iZw

§ 93 Erstes Buch. Handelsstand

nicht einem Dritten übertragen, § 664 I 1 BGB. **b)** Der Makler kann als Erfüllungsgehilfen einen **Untermakler** einsetzen, für den er nach § 278 BGB haftet. Nur der beauftragte Makler u nicht der Auftraggeber steht mit dem Untermakler in Vertragsbeziehungen. Anders beim sog **Zubringergeschäft,** bei dem der Zubringer (Makler), ohne an den Auftraggeber vertraglich gebunden zu sein, diesem einen (Haupt-)Makler zuführt (BGH BB 63, 835; DB 74, 1154). Die Weitergabe des Geschäfts kann bloße Gefälligkeit sein, aber auch (bei vertraglicher Beziehung) einen Anspruch auf eine Provision ggü dem Hauptmakler auslösen.

IV. Pflichten des Handelsmaklers

16 **1. Keine Hauptpflicht. a) Grundsatz.** Der Makler schuldet weder Tätigkeit noch Erfolg. Die Vermittlung ist lediglich Voraussetzung für den Provisionsanspruch. Der Maklervertrag ist daher ein **einseitiger,** nur den Auftraggeber im Falle erfolgreicher Vermittlung verpflichtender Vertrag. Die Pflicht zur Vermittlung eines Vertrages kann vereinbart werden; dann Makler**werk**vertrag, der nach dem Parteiwillen (BGH NJW 88, 968) sowie nach Werkvertrags- u Maklerrecht zu beurteilen ist. Soll schon bloße Vorbereitungstätigkeit honorarpflichtig sein, liegt ein Makler**dienst**vertrag vor, für den subsidiär die §§ 611 ff BGB gelten.

17 **b)** Eine Pflicht zum Tätigwerden trifft den Handelsmakler iZw beim sog **Alleinauftrag** (BGH NJW 88, 968; WM 87, 1044). Hierbei verpflichtet sich der Auftraggeber ggü dem Handelsmakler, keine weiteren Makler mit der Vermittlung zu beauftragen. Dasselbe gilt, wenn der Auftrag „fest an die Hand gegeben" wird (Festofferte). Formbedürftigkeit aufgrund §§ 18, 34 GWB aF (Karlsr WRP 95, 126; krit *Dehner* NJW 97, 24) ist seit 6. GWB-Novelle (nur) für Neuverträge (BGH NJW-RR 99, 689) entfallen. Diese Klausel enthält idR zugleich einen stillschweigenden Widerrufsverzicht zu Lasten des Auftraggebers für eine angemessene Zeit, wobei 6 Monate im Einzelfall noch angemessen sein können (Hamm NJW 66, 887); in AGB vereinbarte längere Bindung ist gem § 9 I AGBG an den Wertungen des § 11 Nr 12a AGBG zu überprüfen. Bei der Festofferte ist (wie beim Alleinauftrag) die Beauftragung anderer Makler ausgeschlossen. Ob auch der Auftraggeber verpflichtet sein soll, nicht selbst abzuschließen, ist Auslegungsfrage, iZw aber zu verneinen (BGH WM 76, 534; LM § 652 BGB Nr 8).

18 **c)** Zum Versicherungsmakler BGH 94, 359; *Dehner* NJW 97, 27.

19 **2. Nebenpflichten. a) Ggüber dem Auftraggeber. aa)** Der Makler ist zur **Information** u **Aufklärung** über alle ihm bekannten Umstände verpflichtet, die für die Entschließung des Auftraggebers bedeutsam sein können (BGH WM 01, 92). Bei erkennbarer Aufklärungsbedürftigkeit besteht bes Hinweispflicht (BGH NJW 81, 2685; anders bei Sachkunde: BGH WM 88, 43). Fehlerhafte Angaben sind

richtig zu stellen. Fehlende Informationsgrundlagen sind zu offenbaren (BGH WM 01, 93). Bei Interessenkonflikten, die sich aus dem ges Treuepflichtverhältnis zur anderen Partei (s Rz 24) ergeben können, muß der Makler seinen Auftraggeber über den Umstand als solchen, nicht über Gründe ie informieren (BGH BB 69, 894) bzw die Tätigkeit aufgeben. Die Beratungspflicht des Handelsmaklers kann sich auch auf Rechtsangelegenheiten beziehen (BGH NJW 81, 2686), einschl der Ausarbeitung von Vertragsentwürfen (BGH NJW 74, 1328), soweit sie in unmittelbarem Zusammenhang mit dem Geschäft seines Gewerbebetriebes stehen, Art. 1 § 5 Nr. 1 RBerG.

bb) Den Handelsmakler trifft grds **keine** allg **Nachprüfungs- und Erkundigungspflicht** (BGH 36, 328; WM 70, 1271); anders bei Vereinbarung oder aufgrund sonstiger Umstände des Einzelfalls; letzteres insbes bei bes Risikoträchtigkeit des Geschäfts, zumindest bei entspr Unerfahrenheit des Auftraggebers.

cc) Den **Versicherungsmakler** treffen in seiner Funktion als treuhänderischer Sachwalter des Versicherungsnehmers umfassende Untersuchungs-, Prüfungs- u Unterrichtungspflichten (BGH 94, 359; *Benkel/Reusch* VersR 92, 1306); daß die Versicherung Courtage entrichtet, ist Besonderheit der Branche. Zur Gleichstellung mit Versicherungsagenten für Zwecke des § 43 VVG: Hamm VersR 92, 1463; abl Kln VersR 95, 947, wenn Makler „im Lager" des Versicherungsnehmers.

dd) Den Handelsmakler trifft die Pflicht, alles zu **unterlassen,** was Abschluß u Durchführung des vermittelten Vertrages **gefährden** könnte (BGH NJW 69, 1628), auch für die Zeit nach Vertragsbeendigung (BGH NJW 83, 1848). Iü besteht eine **Schweigepflicht** bzgl aller dem Makler vom Auftraggeber anvertrauten, erkennbar geheimhaltungsbedürftigen Umstände.

ee) Beim **Zivilmakler** ist **Doppeltätigkeit** als Vermittlungsmakler auch für den Geschäftsgegner des Auftraggebers nur vertragsgem, wenn dies dem Makler vom Auftraggeber ausdr gestattet (BGH 48, 346) oder nach der Verkehrssitte zulässig ist (weitergehend *RvWRöhricht* vor § 93 33; *PalThomas* § 654 8: Doppeltätigkeit grds erlaubt); treuwidrige Doppeltätigkeit führt zur Verwirkung des Provisionsanspruchs, § 654 BGB (BGH WM 00, 423). Bei gestatteter Doppeltätigkeit gilt das Gebot strenger Unparteilichkeit (BGH 48, 348; 61, 22); die Schweigepflicht (Rz 22) tritt hinter die Pflicht zu vollständiger Information zurück. Beim **Handelsmakler** ist (wg der Beschränkung auf Gegenstände des Handelsverkehrs; Rz 7–8) Doppeltätigkeit ohne weiteres möglich (*MKHGBvHoyningen-Huene* § 93 49); anders nur, wenn Abschluß des Zweitvertrages dem Inhalt des Erstvertrages widerspricht oder wenn Neutralität des Maklers gefährdet ist, zB wenn er mit seinem Auftraggeber wirtschaftlich verbunden ist (vgl BGH NJW 74, 1130). Ist der Handelsmakler im Auftrag beider Parteien tätig, verpflichtet ihn dies zu bes strenger Unparteilichkeit.

§ 93

24 **b) G güber dem Geschäftsgegner.** Zum Geschäftsgegner des Auftraggebers besteht (soweit **kein** Doppelauftrag gegeben ist) ein **gesetzliches Schutzverhältnis** (*Canaris* § 21 26; aA hL: Vertrag mit Schutzwirkung für Dritte), das in §§ 94 ff geregelt ist. Insoweit ist die Stellung des Handelsmaklers eine andere als die eines Zivilmaklers: letzterer ist ganz seinem Auftraggeber verpflichtet, ersterer handelt als „ehrlicher Makler" zwischen den Parteien (BGH 48, 350), auch wenn er nur von einer Partei beauftragt worden ist (als Fortwirkung der historisch überkommenen Rolle des amtlichen Maklers als neutralem Vermittler zwischen den Parteien). Das ges Schutzverhältnis zum Geschäftsgegner geht weit über den allg Vertrauensschutz hinaus u beinhaltet nahezu die **gleichen Pflichten** wie das vertragliche Treueverhältnis zum Auftraggeber, insbes auch gleich weitreichende Informationspflichten über alle entscheidungsrelevanten Umstände (BGH WM 63, 433). Zum Provisionsanspruch: § 99. Soll der Handelsmakler **ausschließlich** im Interesse seines Auftraggebers handeln, muß dies **vereinbart** werden. Dann finden die §§ 94 ff, wenn überhaupt, nur mit Einschränkung Anwendung; der Provisionsanspruch gem § 99 ggüber Drittem entfällt (§ 99 Rz 3). Bei pflichtwidriger Tätigkeit auch für Dritten: Verwirkung des Provisionsanspruchs gem § 654 BGB (BGH VersR 00, 183).

25 **c) Sonstige Rechtspflichten.** §§ 94 ff, insbes Pflicht zur Zustellung von Schlußnoten an beide Parteien, § 94, u Tagebuchführungspflicht, § 100.

26 **d) Rechtsfolge einer Pflichtverletzung** durch den Handelsmakler ist ein Schadensersatzanspruch beider Parteien gem § 98, also auch des vertraglich nicht gebundenen Geschäftspartners. § 98 ist ein **ges geregelter Fall der pVV** (zugleich mit Schutzwirkung für Dritte). Für eine Anwendung der pVV neben § 98 besteht weder Anlaß noch Raum (str; s iü § 98 Rz 1 ff).

V. Pflichten des Auftraggebers

27 **1. Hauptpflicht** aus dem Handelsmaklervertrag ist die Pflicht zur Provisionszahlung (s Rz 32). § 354 kommt nur dann in Betracht, wenn die Voraussetzungen des Anspruchs auf Provision dem Grunde nach gegeben sind (s § 354 Rz 3–5).

28 **2. Nebenpflichten. a)** Dem Handelsmakler ist es zu **offenbaren,** wenn der Auftraggeber den zu vermittelnden Vertrag nicht mehr abschließen bzw ausführen will, um nutzlose Bemühungen zu vermeiden.

29 **b)** Den Auftraggeber trifft eine **Schweigepflicht** hinsichtlich der vom Handelsmakler angebotenen Geschäfte, von denen der Auftraggeber keinen Gebrauch gemacht hat (BGH NJW 87, 2432), soweit es sich um Informationen handelt, die der Handelsmakler nur aufgrund seiner speziellen Branchenkenntnis zu geben im Stande ist. Bei Verstoß: Anspruch aus pVV, evtl in Höhe der Provision.

Achter Abschnitt. Handelsmakler **§ 93**

c) Den Auftraggeber trifft **keine Abschlußpflicht** hinsichtlich der 30
ihm angebotenen Geschäfte, dies auch dann nicht, wenn sie den vereinbarten Bedingungen vollständig entsprechen u sogar für den Auftraggeber noch günstiger sind; Schadensersatzanspruch des Handelsmaklers wg entgangener Provision nur, wenn Ablehnung eine bewußte sittenwidrige Schädigung iSv § 826 BGB darstellt. Die Parteien können vereinbaren, daß der Auftraggeber den Abschluß gar nicht oder nur aus bestimmten Gründen verweigern kann, aber wohl nicht in AGB (wg § 9 I AGBG). Die Vereinbarung, wonach der Provisionsanspruch erst mit Ausführung des Geschäfts entsteht, begr keine Abschlußpflicht; ebensowenig die Erteilung eines Allein-(Fest-)auftrags (Hbg BB 55, 847; RG 76, 361). Der Auftraggeber ist nicht verpflichtet, den Handelsmakler nach gescheiterten Verhandlungen erneut zu beauftragen, wenn später neue Verhandlungen aufgenommen werden.

d) Der Auftraggeber schuldet, mangels abw Vereinbarung, dem 31
Makler keinen Aufwendungsersatz, § 652 II 1, 2 BGB.

VI. Provisionsanspruch

1. Allgemeines. Der Anspruch auf Maklerlohn (Courtage) setzt 32
gem § 93, § 652 BGB voraus, daß ein Vertrag zwischen den Parteien infolge (Rz 39) der Vermittlung des Handelsmaklers (Rz 34) zustandegekommen ist. Ist Provision für bloßen Nachweis vereinbart, sind §§ 93 ff nicht anw. Der Anspruch besteht ggü dem Auftraggeber (anders beim Versicherungsmakler kraft Handelsbrauchs: ggüber der Versicherung; Kln VersR 95, 947; *Dehner* NJW 97, 27) auf vertraglicher Grundlage; der Geschäftsgegner schuldet dgg gem § 99, jeweils nur in halber Höhe. Bei **Doppelbeauftragung** gilt § 99 ebenfalls (Rz 40; § 99 Rz 1). Fehlt es an einem wirksamen Maklervertrag, kann sich ein Provisionsanspruch aus §§ 812 I, 818 II BGB, § 354 (RG 122, 232) oder auch aus §§ 683, 679 BGB, § 354 ergeben. Die Rspr sieht in § 354 eine vertragsunabhängige Anspruchsgrundlage (BGH 95, 398; RG 122, 232); s § 354 Rz 5.

2. Ein Provisionsanspruch entsteht nur, wenn im **Zeitpunkt** des 33
Geschäftsabschlusses ein **Handelsmaklervertrag** besteht. Der Maklervertrag darf bis dahin nicht durch Widerruf (Rz 14) beendet worden sein; etwas anderes gilt **ausnahmsweise,** wenn der nach dem Widerruf erfolgte Abschluß durch die bisherige Tätigkeit des Handelsmaklers schon so weit vorbereitet war, daß sich der Abschluß als reine Formsache darstellt (RG JW 37, 1489).

3. Der **vermittelte Vertrag** muß zustandegekommen u wirksam 34
sein. **a)** Der Vertragsschluß erfolgt regelmäßig (davon geht § 94 aus; RG 104, 368; Karlsr BB 75, 487) durch Zugang von Angebot u Annahme beim Handelsmakler (BGH 82, 221) als Erklärungs- u Empfangsbote. IdR wird § 151 S 1 BGB eingreifen.

§ 93
Erstes Buch. Handelsstand

35 **b)** Das Geschäft muß **wirksam** zustandegekommen u nicht wg eines im Vertragsschluß selbst liegenden Mangels wieder beseitigt worden sein. **aa) Kein** Provisionsanspruch besteht daher bei **anfänglichen** Mängeln des Hauptvertrages (§§ 134, 138 BGB; Formverstoß; Anfechtung; BGH WM 01, 960; Ausübung des Vorkaufsrechts, s BGH NJW 96, 654; Genehmigungsbedürftigkeit, BGH WM 01, 962; Naumbg BB 97, 2021) oder wenn dieser noch nicht voll wirksam geworden ist (aufschiebend bedingter Vertragsschluß; s § 652 I 2 BGB). Ebenso wenn Hauptvertrag wg bestehenden Anfechtungsrechts aufgehoben wird (Celle NJW-RR 99, 128; Hbg NJW-RR 99, 351; BGH BB 01, 172). Zwangsversteigerung stört nicht (BGH NJW 97, 1582). **bb)** Die **nachträgliche** Beseitigung eines fehlerfrei zustandegekommenen Vertrages (zB Wandlung; Rücktritt (aufgrund Gesetzes); BGH NJW 86, 1166; Aufhebung; auflösende Bedingung) berührt idR den Provisionsanspruch nicht (BGH BB 01, 171; vgl aber BGH DB 73, 226), insbes wenn Vertragspartner des Maklerkunden Verpflichtungen nicht erfüllt; anders wenn neben Wandlung Anfechtung gem § 123 I BGB möglich (BGH WM 01, 961; offengelassen für § 119 II BGB; aber: § 119 II BGB wird durch Wandlungsrecht verdrängt); anders wenn Makler keinen vertragsgemäßen Nachweis erbracht hat (BGH BB 98, 1028) oder abw Vereinbarung gegeben (BGH NJW-RR 98, 1562). **cc) Vertragliches Rücktrittsrecht** läßt Provisionsanspruch idR **unberührt** (BGH NJW 97, 1583). Anders, wenn Auslegung der Klausel ergibt, daß anfängliche Unvollkommenheit gewollt (bei befristetem „freiem" Rücktrittsrecht; BGH 66, 271; NJW 97, 1582); dann wie aa). Ebenso bei (beiden Parteien bekannt) ausstehender Genehmigung. UU ergänzende Vertragsauslegung im Einzelfall, daß Provisionspflicht entfällt, wenn Zweck des Hauptvertrags verfehlt (BGH NJW 97, 1583; krit *Theobald* JZ 97, 1120).

36 **c)** Der Provisionsanspruch hängt nur vom **Zustandekommen, nicht** von der **Ausführung** (dazu § 87 a Rz 2) des vermittelten Geschäfts ab. Abschluß des Kaufvertrags (ohne Erfüllung) genügt (BGH NJW 97, 1582). Ausführbarkeit des Geschäfts hat keinen Einfluß (s Rz 35 unter bb); Ausnahme bei Genehmigungsbedürftigkeit des Ausführungsvertrags (BGH WM 76, 1133; Naumbg BB 97, 2021). Ist vereinbart, daß die Provision erst **nach** Ausführung des Geschäfts zu zahlen ist, ist str, ob § 87 a III analog anwendbar ist (zurecht abl BGH 2, 284 zu § 88 II aF; BGH BB 66, 516 zu § 87 a III nF; Ffm VersR 99, 439). Primär entscheidet die Vertragsauslegung. Will die Klausel bloß die Fälligkeit des Provisionsanspruchs bestimmen, ist maßgebend, wann unter normalen Umständen mit der Ausführung des Geschäfts gerechnet werden konnte. Ist die Klausel als Bedingung gemeint, soll der Makler das Provisionsrisiko tragen. Dann ist § 162 I BGB anzuwenden (BGH DB 60, 1359): Bedingungseintritt bei treuwidriger Vereitelung. Iü treffen Auftraggeber uU Pflichten aus § 242 BGB (Ffm VersR 99, 440: Stornomitteilung bei Versicherungen). Bei Handelsbrauch, daß

Achter Abschnitt. Handelsmakler **§ 93**

Provisionsanspruch von der Ausführung des Geschäfts abhängen soll, ist zu unterscheiden, ob nur die Fälligkeit betroffen ist (Filmaufführungslizenzen: Hbg BB 50, 658 LS; Seeversicherung: Hbg MDR 61, 945) oder ob es sich um eine (aufschiebende) Bedingung handelt (BGH NJW 66, 502). Kein Provisionsanspruch für **Folgegeschäfte** (anders § 87 I); abw Vereinbarung (Düss NJW-RR 98, 1594) oder Handelsbrauch möglich (*BauHopt* § 93 41).

4. Inhaltliche und personelle Identität. Das vermittelte Geschäft 37 muß bei **wirtschaftlicher Betrachtung** inhaltlich im wesentlichen dem Beabsichtigten entsprechen (*HeyHerrmann* § 93 14–18); entscheidend ist erstrebter wirtschaftlicher Erfolg (BGH WM 98, 1782). An inhaltlicher Identität **fehlt** es bei Erwerb in der Zwangsversteigerung statt durch Kauf (BGH 112, 60; NJW 97, 1582; abw Vereinbarung zul); ebenso bei wesentlich schlechteren Konditionen (BGH NJW 88, 968); immer bei Folgegeschäften des vermittelten Geschäfts. Schließt statt des Auftraggebers eine andere Person das Geschäft ab, ist eine solche Abweichung in der persönlichen Identität unschädlich, wenn der Auftraggeber am Geschäftsabschluß ein eigenes Interesse hat (s *Scheibe* BB 88, 849). Bsp: nahe Familienangehörige (BGH NJW 76, 1845); mit dem Auftraggeber verflochtene Ges (BGH NJW 84, 359). Bei Abschluß des Vertrags nicht mit vermitteltem Kunden, sondern Viertem *fehlt* personelle Identität. Hier ist Vermittlung ggü Viertem zu prüfen (Rz 10 aE).

5. Verflechtung; kein Selbsteintritt. Das Geschäft muß zwischen 38 dem Auftraggeber u einem **Dritten** vermittelt werden. **a)** Der Abschluß des Hauptgeschäfts zwischen dem Handelsmakler u dem Auftraggeber löst **keine** Provisionspflicht aus (BGH BB 71, 1214; WM 74, 59); ebensowenig (mangels eigenständiger Maklerleistung) die Vermittlung des Geschäfts mit einer Partei, die mit dem Makler wirtschaftlich verflochten (Makler beherrscht Dritten, BGH NJW 74, 1131; u umgekehrt, BGH WM 85, 947) oder persönlich eng (Ehegatte; nicht bloße Freundschaft) verbunden ist (BGH NJW 81, 277; NJW 87, 1008 BVerfG NJW 88, 2663); ebenso uU, wenn Makler Arbeitnehmer des Vertragspartners (BGH BB 98, 1504). Anders bei Offenlegung durch Makler bzw Kenntnis des Auftraggebers; hier ggf auch selbständiges Provisionsversprechen (BGH WM 78, 710 f; WM 87, 1140). Zum Ganzen *RvWRöhricht* vor § 93 42–52. **b)** Ein **Recht zum Selbsteintritt** muß gesondert vereinbart werden. Der Selbsteintritt löst keine Provisionspflicht aus; anders bei besonderer Vereinbarung. Der Auftraggeber schuldet keine Provision, wenn er den Anspruch aus § 95 III auf Erfüllung gg den Handelsmakler geltend macht (§ 95 Rz 10).

6. Ursächlichkeit. Der Abschluß des Geschäfts muß „infolge" der 39 **Vermittlung** des Maklers (nicht: bloße Nachweistätigkeit, s Rz 10) zustandegekommen sein. Dies meint zweierlei: **a) Kausalität** der Maklertätigkeit (eingehend *RvWRöhricht* vor § 93 71, 74 f). **Mitursächlichkeit** reicht aus (BGH NJW 77, 42), setzt aber eine wesentliche Leistung

Roth

§ 93
Erstes Buch. Handelsstand

des Maklers voraus. **Vorkenntnis** des Auftraggebers steht der Ursächlichkeit entgegen; für letztere trägt der Makler die Darlegungs- u Beweislast (BGH NJW 79, 869). AGB-Klauseln, die eine Ursächlichkeit der Maklertätigkeit fingieren, verstoßen gg § 9 AGBG (vgl BGH BB 76, 1100). Den Auftraggeber trifft keine Pflicht, seine Vorkenntnis sofort preiszugeben (BGH WM 84, 63; str); Pflichtverletzung bei längerem Verschweigen möglich. Bei engem zeitlichen Zusammenhang zwischen Vermittlungstätigkeit u Geschäftsabschluß wird zugunsten des Maklers fehlende Vorkenntnis vermutet (BGH WM 84, 63). Eine entspr AGB-Klausel ist wirksam. Ein kausalitätsunabhängiges Provisionsversprechen ist nur individualvertraglich möglich. Verspricht Kunde Provision trotz Vorkenntnis, ist Ursächlichkeit nicht vonnöten (Celle NJW-RR 95, 501). **b)** Provisionsanspruch setzt **Kenntnis** des Auftraggebers von der Maklertätigkeit vor Abschluß des Vertrags (Mü NJW 68, 894) voraus. Provision soll bei Verhandlungen noch berücksichtigt werden können. Fahrlässige Unkenntnis des Auftraggebers steht gleich; Pflicht zur Rückfrage bei Drittem nur unter besonderen Umständen (zB Alleinauftrag). Fehlende Kenntnis unerheblich, wenn nicht kausal für Ausgestaltung des vermittelten Vertrags (BGH NJW-RR 94, 1260).

40 **7. Provisionshäufung** tritt ein, wenn der Auftraggeber mehrere Makler beauftragt hat (Rz 15) u deren Vermittlungstätigkeit mitursächlich geworden ist (BGH NJW 77, 42), es sei denn, der Auftraggeber hat sich erkennbar nur zur Zahlung einer Provision insges verpflichten wollen. Für Provisionsteilung: *Knütel* ZHR 144, 309 f (unter Hinweis auf § 660 I 1 BGB). Bei **Doppelbeauftragung** (Rz 23) führt § 99 zu hälftiger Provisionszahlungspflicht (§ 99 Rz 1); anders wenn sich die Parteien (ggf beide) zur Zahlung der vollen Provision verpflichtet haben. Bei treuwidriger Doppeltätigkeit tritt Verwirkung ein, § 654 BGB.

41 **8. Höhe** des Maklerlohns: Vereinbarung; iü Taxe bzw das Übliche, § 354, § 653 II BGB; hilfsweise § 315 III BGB (BGH 94, 104). Die Geltendmachung von Gewährleistungsrechten (Wandlung; Minderung; BGH WM 77, 23) beim vermittelten Geschäft berührt den Provisionsanspruch weder dem Grunde (Rz 35) noch der Höhe nach. Bei außergewöhnlich hoher Provision evtl § 138 BGB (BGH JZ 94, 1075 f mwN). **Fälligkeit:** Abschluß des vermittelten Geschäfts; vorher nur bei entspr Vereinbarung, insbes bei erfolgsunabhängiger Provision. **Verjährung** nach zwei Jahren, §§ 196 I Nr. 1, 7 BGB, bzw, wenn Auftraggeber Kaufmann ist, nach vier Jahren, § 196 II BGB.

42 **9. Aufwendungsersatz** schuldet der Auftraggeber nur, wenn dies bes vereinbart ist, § 652 II 1 BGB.

VII. Allgemeine Geschäftsbedingungen

43 Das Vertragsrecht des Handelsmaklers ist dispositiv. Individualvertragliche Abweichungen sind (in den Grenzen der §§ 134, 138 BGB)

Achter Abschnitt. Handelsmakler § **94**

möglich. Bei Verwendung von AGB kommen die §§ 9–11 AGBG zur Anwendung, wenn der Auftraggeber nicht Kaufmann ist, sonst nur § 9 AGBG (über § 24 AGBG). Problematische Klauseln: Verpflichtung des Auftraggebers zum Abschluß des Geschäfts (s Rz 30) u zum Aufwendungsersatz (BGH 99, 374); erfolgsunabhängige Provision (BGH NJW 77, 624); Provisionsanspruch auch nach Widerruf (BGH NJW 67, 1225); Vorkenntnisklauseln (Rz 39). Einzelheiten bei *HeyHerrmann* vor § 93 29–36; *MKHGBvHoyningen-Huene* § 93 86–95.

§ 94 [Schlußnote]

(1) **Der Handelsmakler hat, sofern nicht die Parteien ihm dies erlassen oder der Ortsbrauch mit Rücksicht auf die Gattung der Ware davon entbindet, unverzüglich nach dem Abschlusse des Geschäfts jeder Partei eine von ihm unterzeichnete Schlußnote zuzustellen, welche die Parteien, den Gegenstand und die Bedingungen des Geschäfts, insbesondere bei Verkäufen von Waren oder Wertpapieren deren Gattung und Menge sowie den Preis und die Zeit der Lieferung, enthält.**

(2) **Bei Geschäften, die nicht sofort erfüllt werden sollen, ist die Schlußnote den Parteien zu ihrer Unterschrift zuzustellen und jeder Partei die von der anderen unterschriebene Schlußnote zu übersenden.**

(3) **Verweigert eine Partei die Annahme oder Unterschrift der Schlußnote, so hat der Handelsmakler davon der anderen Partei unverzüglich Anzeige zu machen.**

1. Allgemeines. I begr (Ausnahme für Kleinverkehr: § 104) eine **Verpflichtung** des Handelsmaklers, nach Abschluß des vermittelten Geschäfts den Parteien eine unterzeichnete **Schlußnote** zuzusenden, aus der sich der wesentliche Inhalt des Vertrages ergibt. **Funktion** der Schlußnote ist es (ähnlich dem kaufmännischen Bestätigungsschreiben; s § 346 Rz 22), den Geschäftspartnern Klarheit über das Zustandekommen u den Inhalt des Vertrages zu verschaffen, va dann, wenn der Vertrag (wie üblich) nicht in Gegenwart beider Parteien ausgehandelt worden ist. 1

2. Schlußnote („Schlußschein"). a) Zum Inhalt der Schlußnote (Formular bei *GKAchilles* § 94 13) gehört die Bezeichnung der Parteien (s aber den Vorbehalt iSv § 95), des Gegenstandes u der Bedingungen des Geschäfts, der Preis u Zeitpunkt der Lieferung, bei Verkäufen von Waren u Wertpapieren deren Gattung u Menge, I. Welche weiteren Angaben, insbes hinsichtlich von Nebenabreden, erforderl sind, ist im Hinblick darauf zu entscheiden, ob die durch sie begünstigte Partei wg der Vermutung der Vollständigkeit in Beweisschwierigkeiten kommen kann, wenn sie der Schlußnote nicht widerspricht. Die Bezugnahme auf frühere Schlußnoten ist möglich. Die Parteien können auf die 2

§ 94

Erteilung einer Schlußnote **verzichten;** keine Pflicht zur Erteilung bei entspr Ortsgebrauch, **I**.

3 **b)** Die vom Handelsmakler (oder dessen Vertreter) unterzeichneten (gleichlautenden) Schlußnoten sind beiden Parteien unverzüglich (§ 121 BGB) nach Abschluß des vermittelten Geschäfts zuzusenden. Einfacher Brief genügt. Mit Absendung hat der Makler seine Pflicht erfüllt. Scheitert die Zustellung, hat der Makler bei Kenntnis einen erneuten Zustellungsversuch zu unternehmen; von dessen Scheitern ist die andere Partei zu informieren, **III** analog.

4 **c) Parteienunterschrift.** Bei nicht sofort erfüllbaren Geschäften (aufschiebend bedingte oder befristete Geschäfte; Termingeschäfte; auch bei Stundung, str; nicht bei Zug-um-Zug-Lieferung, str) bedarf es der Unterschrift der Parteien, **II**. Verweigert eine Partei die Unterschrift, ist die andere durch den Makler unverzüglich zu informieren, **III**. Die unterschriebenen Schlußnoten sind an den Handelsmakler zurückzureichen u von ihm der jeweils anderen Partei zuzustellen. In der Praxis wird **II** weitgehend nicht befolgt; uU hat sich entgegenstehender Handelsbrauch entwickelt.

5 **3. Rechtliche Bedeutung. a) Allgemeines.** Haben die Parteien dem Handelsmakler keine Abschlußvollmacht erteilt, hängt das Zustandekommen des vermittelten Geschäfts allein von ihnen ab. Der Erteilung einer Schlußnote bedarf es dafür nicht (BGH NJW 55, 1916), es sei denn, die Parteien hätten dies vereinbart. Umgekehrt führt die Schlußnote nicht zum Vertragsschluß. Sie zeitigt aber **ähnliche Wirkungen** wie ein **kaufmännisches Bestätigungsschreiben** (s § 346 Rz 32 f): Wird ihr von beiden Parteien nicht widersprochen, kommt der Vertrag mit dem Inhalt der Schlußnote zustande (s Rz 8; Hbg BB 55, 847).

6 **b)** Die Schlußnote ist (nur) **Beweismittel** für das abgeschlossene Geschäft. Formelle Beweiskraft iSv § 416 ZPO hat sie nur für die in ihr enthaltenen Erklärungen des Maklers, nicht für das abgeschlossene Geschäft (RG 90, 168; BGH NJW 55, 1916).

7 **c) Vollständigkeitsvermutung.** Für die Schlußnote gilt (auch bei Widerspruch) die widerlegbare Vermutung, daß sie alles enthält, was die Parteien des vermittelten Geschäfts vereinbart haben.

8 **d) Schweigen** auf die Schlußnote. **aa) Wirkungen.** Unterbleibt unverzüglicher Widerspruch von seiten beider Parteien, gilt kraft Handelsbrauchs (unter den in Rz 9 genannten Voraussetzungen) das Schweigen als **Zustimmung** zum Zustandekommen des Geschäfts zu den in der Schlußnote genannten Bedingungen (RG 59, 350; 123, 99). Ein noch nicht bindend gewordenes Geschäft wird bindend (BGH NJW 55, 1916), dies auch bei Handeln des Maklers als Vertreter ohne Vertretungsmacht. Auf die Wirkungen der Schlußnote können sich beide Parteien berufen. Anfechtbarkeit: § 346 Rz 34.

bb) **Voraussetzungen:** (1) Die Parteien des vermittelten Vertrags sind Kaufleute oder sind ihnen gleichzustellen (s § 346 Rz 24). (2) Die Schlußnoten sind den Parteien zugegangen; Kenntnisnahme ist nicht erforderl. (3) Die Schlußnoten stimmen inhaltlich überein (RG 123, 99). (4) In den Schlußnoten ist kein Vorbehalt einer Partei („Schlußschein des Verkäufers folgt") enthalten (hier kommt Vertrag erst mit unwidersprochen gebliebenem „Schlußschein" des Verkäufers zustande). (5) Der Inhalt der Schlußnote ist nicht soweit vom Inhalt des Vereinbarten entfernt, daß in der vorbehaltlosen Annahme noch eine konkludente Zustimmung gesehen werden kann. 9

e) **Widerspruch.** Will eine Partei die Wirkungen des Schweigens auf die Schlußnote verhindern, muß sie unverzüglich (§ 121 BGB) ggüber dem Vertragspartner (ggüber Handelsmakler nur bei entspr Handelsbrauch; BGH WM 83, 684) widersprechen. Der Makler ist aber auf jeden Fall zur Information der anderen Vertragspartei verpflichtet, **III.** Bei Verspätung (oder Unterlassen): § 98. Der Widerspruch ggüber der Schlußnote ändert nichts am Inhalt eines bindend gewordenen Vertrages. 10

§ 95 [Vorbehaltene Aufgabe]

(1) **Nimmt eine Partei eine Schlußnote an, in der sich der Handelsmakler die Bezeichnung der anderen Partei vorbehalten hat, so ist sie an das Geschäft mit der Partei, welche ihr nachträglich bezeichnet wird, gebunden, es sei denn, daß gegen diese begründete Einwendungen zu erheben sind.**

(2) **Die Bezeichnung der anderen Partei hat innerhalb der ortsüblichen Frist, in Ermangelung einer solchen innerhalb einer den Umständen nach angemessenen Frist zu erfolgen.**

(3) ¹**Unterbleibt die Bezeichnung oder sind gegen die bezeichnete Person oder Firma begründete Einwendungen zu erheben, so ist die Partei befugt, den Handelsmakler auf die Erfüllung des Geschäfts in Anspruch zu nehmen.** ²**Der Anspruch ist ausgeschlossen, wenn sich die Partei auf die Aufforderung des Handelsmaklers nicht unverzüglich darüber erklärt, ob sie Erfüllung verlange.**

1. Zweck. Während im Falle des § 94 die Ausstellung der Schlußnote u ihre Übersendung an die Parteien dem Geschäftsabschluß nachfolgt, verhält es sich bei § 95 umgekehrt: Hier soll die vorab ausgestellte Schlußnote den Geschäftsabschluß erst herbeiführen. Damit wird die Freiheit des Auftraggebers, den vermittelten Geschäftsabschluß abzulehnen (§ 93 Rz 30), wesentlich eingeschränkt. Der Makler kann seinen Auftraggeber auf einen bestimmten Vertragsinhalt festlegen u die Ablehnung des Vertragspartners auf Einwendungen gg die Person beschränken, **I.** Der Auftraggeber erhält im Gegenzug die Möglichkeit, 1 bei fehlgeschlagener Vermittlung den Makler selbst auf Erfüllung in Anspruch zu nehmen, **III**.

2 2. **Voraussetzungen. a) Schlußnote unter Vorbehalt.** Der Makler läßt seinem Auftraggeber eine anonyme Schlußnote zukommen, die zwar den Geschäftsinhalt iSv § 94 I wiedergibt, aber die spätere Nennung des Geschäftsgegners vorbehalten ist („Aufgabe vorbehalten"; „in Aufgabe"; „für Aufgabe"). Bloße Nichtnennung des Vertragspartners in der Schlußnote ist noch kein „Vorbehalt" iSv **I**. Ist dem Auftraggeber die Person des Dritten gleichgültig, findet § 95 keine Anwendung (Hbg MDR 55, 363); ebenso, wenn es dem Makler (für den Auftraggeber erkennbar) nur darauf ankommt, seine geschäftliche Verbindung mit dem Dritten geheimzuhalten u dieser daher ungenannt bleiben soll (RG 97, 262).

3 **b)** Die anonyme Schlußnote muß vom Auftraggeber **angenommen** werden, **I**. In der Zustimmungserklärung liegt das **Angebot** des Auftraggebers, einen Vertrag mit den in der Schlußnote angegebenen Bedingungen mit einem noch zu benennenden Dritten zu schließen, wobei der Makler als Erklärungsbote (u Empfangsbote) fungieren soll. Die Zustimmung kann auch konkludent erfolgen; bei Nichtkaufleuten ist fehlende Zurückweisung nicht ohne weiteres als Zustimmung zu deuten (str). Bei Kaufleuten u ihnen gleichzustellenden Personen (§ 346 Rz 24) gilt **Schweigen** auf eine anonyme Schlußnote als **Zustimmung.**

4 **c)** Ein Aufgabevorbehalt kann auch ohne Verwendung einer Schlußnote **vereinbart** werden. Es gilt dann § 95 analog (RG 103, 69); ebenso im Rahmen eines Handelsvertreterverhältnisses (RG 97, 261 f).

5 3. **Wirkungen.** Benennt der Makler fristgerecht, **II**, den Dritten, ist der Auftraggeber an das zu den Bedingungen der Schlußnote abgeschlossene Geschäft gebunden, sofern er gg den Dritten keine begr Einwendungen erhebt, **I**.

6 **a)** Eine Bindung des Auftraggebers setzt die **Bezeichnung** („Aufgabe") **des Vertragspartners** voraus; diese ist empfangsbedürftige (§ 130 BGB) Mitteilung an den Auftraggeber. Die Bezeichnung des Dritten muß so konkret sein, daß der Auftraggeber in die Lage versetzt wird, sich über die Person zu informieren.

7 **b)** Die **Benennung** des Dritten muß **fristgem** erfolgen. Mangels Vereinbarung gilt gem II die ortsübliche, hilfsweise eine angemessene Frist. Nach Fristablauf: §§ 149, 150 BGB. Schweigen des Auftraggebers auf eine verspätete Bezeichnung ist nicht Zustimmung.

8 **c)** Der **Dritte** muß ggüber dem Makler die **Annahme** zu den Bedingungen der (vom Auftraggeber angenommenen) Schlußnote erklärt haben. Nimmt der Dritte zu anderen Bedingungen an, kommt der Vertrag nicht zustande. Der Makler handelt idR lediglich als Bote bzw Empfangsbevollmächtigter (§ 166 I BGB) der Parteien (*StBrüggemann* § 95 6).

Achter Abschnitt. Handelsmakler **§ 96**

d) Der vermittelte Vertrag kommt wirksam zustande in dem Zeit- 9 punkt, in dem mit der Bezeichnung des Dritten die Annahmeerklärung des Dritten dem Auftraggeber (über den Makler als Boten) zugeht. Der Vertrag steht unter der **auflösenden Bedingung,** daß der Auftraggeber **keine begründeten Einwendungen** erhebt. **aa)** Die Erhebung der Einwendungen erfolgt durch (empfangsbedürftige) Erklärung ggüber dem Vertragsgegner oder dem Makler. **bb)** Sie muß **unverzüglich** (§ 121 BGB) nach Bezeichnung des Vertragspartners erfolgen. **cc)** Zulässig sind nur **Einwendungen,** die sich auf die **Person** des Vertragspartners bzw dessen Firma, **III 1,** beziehen. Es geht um Merkmale mit Geschäftsrelevanz, etwa schlechter Ruf oder Zahlungsunfähigkeit (RG 24, 70), auch Fehlen einer vereinbarten persönlichen Eigenschaft des Dritten (RG 33, 133). Den Vertragsinhalt iü hat der Auftraggeber durch die Annahme der Schlußnote gebilligt u zum Gegenstand seines Angebots gemacht; insoweit können keine Einwendungen geltend gemacht werden. Die Beweislast für das Vorliegen der Tatsachen u ihre Einwendungsberechtigung trägt der Auftraggeber.

4. Eigenhaftung des Handelsmaklers, III. Den Handelsmakler 10 trifft eine verschuldensunabhängige (RG 103, 70) **Erfüllungshaftung** für den Fall, daß er den Dritten nicht fristgerecht benennt oder der Auftraggeber begr Einwendungen erhebt. **a) III 1** gibt dem Auftraggeber ein einseitiges Gestaltungsrecht, das er durch Erklärung ggüber dem Makler ausübt. Dadurch wird von Gesetzes wg ein **Vertragsverhältnis** zwischen Auftraggeber u Makler mit dem in der Schlußnote ausformulierten Inhalt (einschl Schiedsklausel) begründet (BGH NJW 77, 1397); der Makler schuldet Erfüllung, der Auftraggeber (s § 93 Rz 38) aber keine Provision, weil (wie bei Verflechtung; § 93 Rz 38) keine eigenständige Maklerleistung gegeben ist (hL; *RvWRöhricht* § 95 14). **b) III 1** gibt dem Makler kein Recht zum Selbsteintritt (Hbg, OLG 36, 268). Benennt er sich selbst, kann der Auftraggeber ihn als Vertragspartner ohne Angabe von Gründen ablehnen. **c)** Um Klarheit über die Rechtslage zu gewinnen, kann der Makler den Auftraggeber auffordern, sich zu erklären, ob er Erfüllung verlange. Erfolgt eine solche Erklärung nicht unverzüglich (§ 121 BGB), ist der Anspruch auf Erfüllung ausgeschlossen, **III 2. d)** Eine Haftung des Maklers gem § 98 bleibt von der Ausübung des Gestaltungsrechts durch den Auftraggeber unberührt.

§ 96 [Aufbewahrung von Proben]

¹**Der Handelsmakler hat, sofern nicht die Parteien ihm dies erlassen oder der Ortsgebrauch mit Rücksicht auf die Gattung der Ware davon entbindet, von jeder durch seine Vermittlung nach Probe verkauften Ware die Probe, falls sie ihm übergeben ist, so lange aufzubewahren, bis die Ware ohne Einwendung gegen ihre Beschaffenheit angenommen oder das Geschäft in**

§ 97 Erstes Buch. Handelsstand

anderer Weise erledigt wird. ²**Er hat die Probe durch ein Zeichen kenntlich zu machen.**

1 **1. Allgemeines.** Die Norm statuiert eine Pflicht des Maklers zur **Aufbewahrung (S 1)** u **Kennzeichnung (S 2)** der Probe. Zweck der Norm ist es, den Parteien ein Beweismittel zu sichern, da gem § 494 BGB die Eigenschaften der Probe bzw des Musters als zugesichert anzusehen sind.

2 **2. Entstehung, Ende.** Die (dispositiven) Aufbewahrungs- u Kennzeichnungspflichten des Maklers setzen voraus, daß ein vom Makler vermittelter Kauf nach (nicht: auf) Probe bzw Muster iSv § 494 BGB abgeschlossen u die Probe dem Makler übergeben worden ist. Sie enden, wenn Gewährleistungsansprüche durch rügelose Annahme der Ware abgeschnitten sind (zB Unterlassen der gebotenen Rüge nach §§ 377, 378; Verjährung der Gewährleistungsansprüche) oder das Geschäft sich sonstwie (etwa durch Aufhebung des Vertrages) erledigt hat. Vergütung nur bei Vereinbarung.

3 **3.** Beide Parteien haben gg den Makler einen Anspruch auf **Vorlegung** der Probe. Vorlegungsort, Gefahr- u Kostentragung: § 811 BGB.

4 **4.** Mit Ende der Aufbewahrungspflicht (Rz 2) schuldet der Makler **Herausgabe** der Probe gem §§ 667, 675.

5 **5. Haftung.** Ist dem Makler die Herausgabe der Probe unmöglich, greift § 280 I BGB ein. Bei schuldhafter Verletzung der Aufbewahrungs- oder Kennzeichnungspflicht haftet der Makler beiden Parteien gem § 98.

§ 97 [Keine Inkassovollmacht]

Der Handelsmakler gilt nicht als ermächtigt, eine Zahlung oder eine andere im Vertrag bedungene Leistung in Empfang zu nehmen.

1 **1.** Aufgabe (nicht: Pflicht; § 93 Rz 16) des Handelsmaklers ist die **Vermittlung,** nicht der Abschluß u die Durchführung der von ihm vermittelten Geschäfte. Der Makler ist nicht zur Entgegennahme von Erfüllungsleistungen bevollmächtigt, § 97; **Konsequenz:** die dem Makler erbrachte Leistung befreit den Schuldner nicht.

2 **2.** § 97 ist **dispositiv.** Die Parteien können dem Makler (Empfangs-) Vollmacht erteilen. Eine Bevollmächtigung kann sich auch aus entspr Handelsbrauch ergeben (RG 97, 218).

3 **3.** Der Handelsmakler gilt nicht als ermächtigt, Erklärungen der Parteien, die das vermittelte Vertragsverhältnis betreffen, wie etwa Mängelrüge, Anfechtung, Mahnung, entgegenzunehmen. § 91 II ist nicht analog anwendbar.

Achter Abschnitt. Handelsmakler §§ 98, 99

§ 98 [Haftung gegenüber beiden Parteien]

Der Handelsmakler haftet jeder der beiden Parteien für den durch sein Verschulden entstehenden Schaden.

1. Allgemeines. § 98 ist eine ges Regelung der **pVV**. Die Norm 1 begr aber auch eine Haftung des Maklers ggüber derjenigen Partei, die ihn nicht beauftragt hat; dies als Folge des **ges Schutzverhältnisses** (s § 93 Rz 24). Vor wirksamer Beauftragung des Maklers kommt eine Haftung aus cic in Frage.

2. Haftung. Der Handelsmakler haftet ggüber **beiden** Parteien für 2 den Schaden, der durch schuldhafte Verletzung seiner Maklerpflichten entstanden ist. **a)** Zu den Pflichten ggüber seinem **Auftraggeber** s § 93 Rz 16 f. § 98 setzt nicht voraus, daß das vermittelte Geschäft auch zustandegekommen ist. Erfaßt wird auch die schuldhafte Vereitelung eines Geschäftsabschlusses. **b)** § 98 greift zugunsten des Geschäftsgegners (zu den Pflichten s § 93 Rz 24) ein, sobald der Makler ihm ggüber mit der Entfaltung seiner Vermittlungstätigkeit begonnen u dieser sich darauf eingelassen hat (Mü NJW 70, 1925). § 98 **scheidet aus,** wenn der Makler für den Verhandlungspartner erkennbar zu einseitiger Interessenwahrung des Auftraggebers bestellt ist u in dieser Weise auftritt (§ 93 Rz 24). **c)** Der Makler haftet für jedes **Verschulden,** § 276 BGB iVm § 347. Haftung für Erfüllungsgehilfen: § 278 BGB, auch für Zwischenmakler (Hbg OLG 36, 260). Mitwirkendes Verschulden der Parteien: § 254 BGB (Mü NJW 70, 1925). **d)** Zu ersetzen ist der **Schaden,** der auf das pflichtwidrige Verhalten zurückzuführen ist. Keine Begrenzung auf das negative Interesse. Im Falle der Vereitelung des Geschäftsabschlusses kann der Anspruch auch das positive Interesse umfassen (*Schl/Schröder* § 98 4).

3. Abdingbarkeit. § 98 ist abdingbar. Im Verhältnis zum Geschäfts- 3 gegner wird ein stillschweigender Haftungsausschluß naheliegen, wenn dieser die Dienste des Maklers nicht entgegennimmt oder einen eigenen Makler einschaltet.

§ 99 [Lohnanspruch gegen beide Parteien]

Ist unter den Parteien nichts darüber vereinbart, wer den Maklerlohn bezahlen soll, so ist er in Ermangelung eines abweichenden Ortsgebrauchs von jeder Partei zur Hälfte zu entrichten.

1. Allgemeines. § 99 ist (wie auch § 98) Ausfluß der historisch 1 vorgezeichneten Rolle des Handelsmaklers als eines „ehrlichen Mittlers" zwischen den Parteien. Die Bedeutung des § 99 liegt nach hL va darin, für den Makler im Verhältnis zum Geschäftsgegner, dem er durch ein **ges Schutzverhältnis** (s § 93 Rz 24; *Hey/Herrmann* § 99 2: Vertrauensverhältnis aufgrund widerspruchsloser Entgegennahme der Maklerleistung) verbunden ist, einen Provisionsanspruch kraft Gesetzes zu begründen (*RvW/Röhricht* § 99 2 Fn 2; *MK HGB/v.Hoyningen-Huene* § 99

§ 100

3; aA *Canaris* § 21 29; *BauHopt* § 99 1: Erfüllungsanspruch nur bei echtem Doppelauftrag; bedenkenswert). Damit Hand in Hand geht die Kürzung des Provisionsanspruchs gg den Auftraggeber um die Hälfte. § 99 gilt bei **Doppelauftrag** als Auslegungsregel; die Norm macht es iü überflüssig, im Sichgefallenlassen der Vermittlungstätigkeit des Handelsmaklers durch den Geschäftsgegner einen stillschweigenden Vertragsschluß zu sehen (oder: zu fingieren; *StBrüggemann* § 99 7).

2 2. Regelungsinhalt. § 99 regelt weder Grund noch Höhe des Provisionsanspruchs. Dazu ie § 93 Rz 32–41. Trotz widersprüchlicher Formulierung („unter den Parteien" – „entrichten") betrifft § 99 die Provisionszahlungspflicht im **Außenverhältnis**, also ggüber dem Makler. Geregelt wird ein Sonderfall ges Schuldnermehrheit in Form der Teilschuld.

3 3. Voraussetzungen. a) § 99 setzt voraus, daß das vermittelte Geschäft von den Parteien abgeschlossen u damit ein Anspruch auf Provision entstanden ist; s § 93 Rz 34 f. b) § 99 ist **unanwendbar,** wenn der Makler für den Verhandlungspartner erkennbar zu einseitiger Interessenwahrnehmung des Auftraggebers bestellt ist. Liegt dieser Fall nicht vor, greift § 99 unabhängig davon ein, ob der Makler von beiden Geschäftspartnern beauftragt ist oder zum Verhandlungspartner nur ein ges Schutzverhältnis (s Rz 1) anzunehmen ist (Rz 1; str). **c) Abweichende Vereinbarungen** der Parteien mit dem Makler oder zwischen ihnen (aber nur mit Zustimmung des Maklers) haben Vorrang. Bei Doppeltätigkeit des Maklers können sich beide Parteien (aber auch nur eine von ihnen) zur Zahlung der vollen Provision verpflichten. Abw Handelsbrauch geht vor. **d)** Zum Versicherungsmakler s BGH 94, 356; Kln VersR 95, 947.

4 4. Rechtsfolgen. a) Ggüber der (den) den Makler beauftragenden Partei(en) ergibt sich der Provisionsanspruch **aus Vertrag.** Für die Höhe gilt § 354, auch wenn der Auftraggeber nicht Kaufmann ist. Ist die Höhe vertraglich vereinbart, bewirkt § 99, daß der Lohnanspruch des Maklers um (nicht: auf) die Hälfte des üblichen Lohns zu kürzen ist. **b)** Ggüber dem Vertragspartner des Auftraggebers, der zum Makler nur in einem **ges Schutzverhältnis** steht, ergibt sich aus § 99 ein ges Provisionsanspruch (Rz 1; str) in halber Höhe der üblichen Courtage (§ 354). Eine vom Auftraggeber vereinbarte höhere Provision ist auf diesen Anspruch ohne Einfluß.

§ 100 [Tagebuch]

(1) [1]**Der Handelsmakler ist verpflichtet, ein Tagebuch zu führen und in dieses alle abgeschlossenen Geschäfte täglich einzutragen.** [2]**Die Eintragungen sind nach der Zeitfolge zu bewirken; sie haben die in § 94 Abs. 1 bezeichneten Angaben zu enthalten.** [3]**Das Eingetragene ist von dem Handelsmakler täglich zu unterzeichnen oder gemäß § 126a Abs. 1 des Bürgerlichen Gesetzbuchs elektronisch zu signieren.**

Achter Abschnitt. Handelsmakler **§ 101**

(2) **Die Vorschriften der §§ 239 und 257 über die Einrichtung und Aufbewahrung der Handelsbücher finden auf das Tagebuch des Handelsmaklers Anwendung.**

1. Allgemeines. Jeder Handelsmakler (Ausnahme: § 104) ist zur **1** Führung eines **Tagebuchs**, in das die abgeschlossenen Geschäfte einzutragen sind, u zu seiner Aufbewahrung verpflichtet. Diese Pflicht dient va den Beweisinteressen der Parteien (§§ 101–102). Sie hat privatrechtl u öffentl-rechtl Charakter. Ein Pflichtverstoß ist als Ordnungswidrigkeit sanktioniert (§ 103). Trotz der in **II** enthaltenen Verweisung zählt das Tagebuch, in dem fremde, nicht eigene Geschäfte verzeichnet werden, nicht zu den Handelsbüchern iSv §§ 238 ff. Ein Makler hat ggf beide nebeneinander zu führen.

2. In das Tagebuch **einzutragen** sind **alle** abgeschlossenen Geschäfte, **2** auch nichtige oder solche, die rückgängig gemacht worden sind (str). Der **Inhalt** der Eintragung bestimmt sich nach § 94 I, **I 2**. Die Eintragung muß täglich, **I 1**, in der zeitlichen Reihenfolge der Abschlüsse erfolgen. Die Eintragungen können durch Hilfspersonen vorgenommen werden, die **Unterzeichnung** zum Abschluß jeden Tages muß höchstpersönlich erfolgen, **I 3**; alternativ: elektronische Signatur gem § 126 a I BGB.

3. Für die **Einrichtung** u **Aufbewahrung** der Tagebücher verweist **3** **II** auf die Vorschriften über Handelsbücher. Die Eintragungen dürfen nur in einer lebenden Sprache erfolgen u eindeutige Abkürzungen verwenden, § 239 I. Die Aufbewahrungspflicht besteht für 10 Jahre ab Schluß des Kalenderjahres der letzten Eintragung, § 257 IV, V.

4. Pflichtverletzung. Das Fehlen der Eintragung berührt die zivil- **4** rechtl Gültigkeit des Geschäfts nicht. Ggüber den Parteien haftet der Makler bei Verstoß gg § 100 aus § 98, es sei denn, die Parteien hätten auf die Erfüllung der Pflichten aus **I, II** verzichtet. Ggüber Dritten kommt eine Haftung aus §§ 823 II BGB, 100, 103 in Betracht.

§ 101 [Auszüge aus dem Tagebuch]

Der Handelsmakler ist verpflichtet, den Parteien jederzeit auf Verlangen Auszüge aus dem Tagebuche zu geben, die von ihm unterzeichnet sind und alles enthalten, was von ihm in Ansehung des vermittelten Geschäfts eingetragen ist.

1. Der Handelsmakler schuldet seinem Auftraggeber, aber auch der **1** ihn nicht beauftragenden anderen Geschäftspartei **Information** (s § 93 Rz 19) über das vermittelte Geschäft. Darüber hinaus gibt § 810 BGB beiden Geschäftsparteien bei rechtl Interesse (etwa Zweifeln an der Vollständigkeit des Auszugs iSv § 101) ein Recht auf **Tagebucheinsicht**.

2. Auszug. Die Parteien des abgeschlossenen Geschäfts, auch die **2** nicht beauftragende, haben gg den Makler (bzw seinem das Buch verwahrenden Rechtsnachfolger) für die Dauer der Aufbewahrungszeit (s § 100 Rz 3) einen Anspruch auf Erteilung eines Auszugs aus dem

§§ 102, 103

Tagebuch. Der eigenhändig vom Makler zu unterzeichnende Auszug muß alles enthalten, was über das vermittelte Geschäft im Tagebuch eingetragen ist, nicht aber, was gem §§ 100 I, 94 I einzutragen gewesen wäre.

3 3. Eine **Verletzung** der Pflicht aus § 101 macht den Makler schadensersatzpflichtig, § 98. § 103 erstreckt sich nicht auf § 101.

§ 102 [Vorlegung im Rechtsstreit]

Im Laufe eines Rechtsstreits kann das Gericht auch ohne Antrag einer Partei die Vorlegung des Tagebuchs anordnen, um es mit der Schlußnote, den Auszügen oder anderen Beweismitteln zu vergleichen.

1 1. Die **Vorlage** des Tagebuchs kann im Prozeß vom Gericht **vAw** angeordnet werden, dies jedoch nicht zur Beweismittelgewinnung, sondern ausschließlich zur Beweismittelkontrolle, dh zum Vergleich mit bereits angebotenen Beweismitteln. Es ist daher gerechtfertigt, § 102 in jedem Rechtsstreit, also auch mit oder zwischen Dritten, anzuwenden.

2 2. Daneben können die Parteien Beweis durch Vorlage des Tagebuchs antreten. Der Handelsmakler ist als Prozeßgegner unter den Voraussetzungen des § 810 BGB gem §§ 422, 423 ZPO zur Vorlage im Prozeß verpflichtet. Ist er nicht Prozeßpartei, gelten §§ 428, 429 ZPO.

§ 103 [Ordnungswidrigkeiten]

(1) **Ordnungswidrig handelt, wer als Handelsmakler**
1. **vorsätzlich oder fahrlässig ein Tagebuch über die abgeschlossenen Geschäfte zu führen unterläßt oder das Tagebuch in einer Weise führt, die dem § 100 Abs. 1 widerspricht oder**
2. **ein solches Tagebuch vor Ablauf der gesetzlichen Aufbewahrungsfrist vernichtet.**

(2) **Die Ordnungswidrigkeit kann mit einer Geldbuße bis zu zehntausend Deutsche Mark geahndet werden.**

1 Bestimmte Verletzungen der Tagebuchführungs- u -aufbewahrungspflicht werden gem § 103 (idF des Art. 125 EGStGB v 2. 3. 1974, BGBl I 469) als **Ordnungswidrigkeiten** nach dem OWiG v 24. 5. 1968 (BGBl I 481) idF v 19. 2. 1987 (BGBl I 602) geahndet. Voraussetzung ist das Bestehen einer Tagebuchführungs- bzw -aufbewahrungspflicht, **I Nr. 1, 2**. Auf Handelsmakler, die unter § 104 fallen, ist § 103 daher nicht anwendbar. Vernichtung iSv **I Nr. 2** setzt gem § 10 OWiG Vorsatz voraus. § 283 b StGB ist nicht anwendbar, da Tagebücher keine Handelsbücher sind (s § 100 Rz 1).

Achter Abschnitt. Handelsmakler § 104

§ 104 [Krämermakler]
¹ **Auf Personen, welche die Vermittlung von Warengeschäften im Kleinverkehr besorgen, finden die Vorschriften über Schlußnoten und Tagebücher keine Anwendung.** ² **Auf Personen, welche die Vermittlung von Versicherungs- oder Bausparverträgen übernehmen, sind die Vorschriften über Tagebücher nicht anzuwenden.**

1. Von der Verpflichtung, Schlußnoten zu erstellen u Tagebücher zu führen, sind Handelsmakler ausgeschlossen, die Warengeschäfte im **Kleinverkehr** (sog **Krämermakler, S 1**) vermitteln. Für das Vorliegen eines Kleinverkehrs kommt es, anders als bei § 1 II, nicht auf die Größe des Betriebes, sondern darauf an, ob es sich um Warengeschäfte über **geringe Werte** bzw **kleinere Mengen** handelt. Krämermakler können Istkaufleute iSv § 1 II sein. Kleingewerbliche Makler: § 93 III. Von der Tagebuchführungspflicht ausgenommen sind Handelsmakler, die Versicherungs- u Bausparverträge vermitteln. 1

2. Führt ein Handelsmakler, der unter § 104 fällt, freiwillig Tagebücher, sind auf ihn §§ 101, 102, nicht § 103 anwendbar. Hat er sich dazu vertraglich verpflichtet, greift auch § 98 ggüber den Geschäftsparteien ein. Erteilt ein Krämermakler Schlußnoten, sind §§ 94 III, 95 anzuwenden, bei vertraglicher Verpflichtung auch § 98. 2

Zweites Buch. Handelsgesellschaften und stille Gesellschaft

Erster Abschnitt. Offene Handelsgesellschaft

Erster Titel. Errichtung der Gesellschaft

§ 105 [Begriff der OHG; Anwendbarkeit des BGB]

(1) Eine Gesellschaft, deren Zweck auf den Betrieb eines Handelsgewerbes unter gemeinschaftlicher Firma gerichtet ist, ist eine offene Handelsgesellschaft, wenn bei keinem der Gesellschafter die Haftung gegenüber den Gesellschaftsgläubigern beschränkt ist.

(2) ¹Eine Gesellschaft, deren Gewerbebetrieb nicht schon nach § 1 Abs. 2 Handelsgewerbe ist oder die nur eigenes Vermögen verwaltet, ist offene Handelsgesellschaft, wenn die Firma des Unternehmens in das Handelsregister eingetragen ist. ²§ 2 Satz 2 und 3 gilt entsprechend.

(3) Auf die offene Handelsgesellschaft finden, soweit nicht in diesem Abschnitt ein anderes vorgeschrieben ist, die Vorschriften des Bürgerlichen Gesetzbuchs über die Gesellschaft Anwendung.

Übersicht

	Rz.
A. Allgemeines	
I. Bedeutung der OHG	1
II. Überblick	2
1. Zweck der Norm	2
2. Abgrenzung zu anderen Gemeinschaften	2
3. Anwendbares Recht, ausländische Gesellschaften	3
B. Entstehen der Gesellschaft	
I. Voraussetzungen des Entstehens im Verhältnis unter den Gesellschaftern	4
1. Gesellschaftsvertrag	5
a) Vertrag iSd § 705 BGB	5
b) Abschluß, Widerruflichkeit	
c) Form, Verbraucherschutz	6
d) Vertragsauslegung, Inhaltskontrolle	7

§ 105 Zweites Buch. Handelsgesellschaften u. stille Gesellschaft

	Rz.
e) Mindestinhalt des Vertrages	8
aa) Gemeinsamer Zweck	8
bb) Beitrag	9
cc) Handelsgewerbe	10
dd) Firma	11
ee) Haftungsbeschränkung	12
f) Handelsregistereintragung	13
g) Kreis der Gesellschafter	13
aa) Einmann-Gesellschaft	14
bb) Natürliche Personen	15
cc) Ehegatten	16
dd) Juristische Personen	17
ee) OHG, KG	18
ff) BGB-Gesellschaft	19
gg) Treuhänder	20
hh) Unterbeteiligte	21
ii) Nießbraucher	22
jj) Pfandgläubiger, Testamentsvollstrecker, Nachlaßverwalter, Vorerben	23
h) Abweichende Gestaltungen	24
2. Unwirksamkeit, Anfechtbarkeit des Gesellschaftsvertrages, fehlerhafte Gesellschaft	25
a) Allgemeines	25
b) Voraussetzungen im einzelnen	26
c) Rechtsfolgen	27
aa) Regelfall	27
bb) Besonderheiten	28
3. Schein-OHG (KG), Scheingesellschafter	29
4. Umwandlung	29
II. Voraussetzungen des Entstehens der OHG im Verhältnis zu Dritten	29
III. Rechte und Pflichten nach Gründung der Gesellschaft (Überblick)	30
1. Rechte und Pflichten der Gesellschafter untereinander	30
a) Der Gesellschaftsvertrag als Grundlage	30
b) Rechtsstreitigkeiten	30
c) Pflichten im einzelnen	31
aa) Beitrag	31
bb) Leistungsstörungen	31
cc) actio pro socio	34
dd) Treuepflicht	35
ee) Gleichbehandlung	38
d) Rechte im einzelnen	39
2. Rechte und Pflichten der Gesellschaft und der Gesellschafter gegenüber Dritten	39
3. Beherrschungsverhältnisse	39 a

C. Änderung des Gesellschaftsvertrags, der Verhältnisse, der Gesellschaftsaktivitäten, Wegfall der Geschäftsgrundlage 40
1. Änderung des Vertrages 40
2. Änderung der Gesellschaftsaktivitäten 44
3. Änderung der Verhältnisse, Fehlen, Wegfall der Geschäftsgrundlage 45

D. Beitritt, Ausscheiden von Gesellschaftern, Übertragung, Verpfändung, Pfändung des Anteils 46
1. Beitritt 46
2. Ausscheiden 48
3. Übertragung von Gesellschaftsanteilen, Begründung von Pfandrechten 50
   a) Rechtsgeschäftliche Übertragung 50
   b) Verpfändung 53
   c) Pfändung 54

E. Umwandlung in Kommanditbeteiligung 55

F. Umwandlung in Kapitalgesellschaft 56

G. Löschung der Firma, Auflösung, Beendigung der OHG 57

Lit: Kommentare: *Baumbach/Hopt*, HGB (30. Aufl 2000; *zit BauHopt*); *Baumbach/Hueck*, GmbHG (17. Aufl 2000; zit *BauHueck*); *Ebenroth/Boujong/Joost*, HGB (2001; zit EBJBearbeiter); Gemeinschaftskommentar HGB (Hrsg *Ensthaler*, 6. Aufl 2000); Großkommentar zum HGB/Bearbeiter (3. Aufl 1967 ff; *zit* GroßKBearbeiter); Heidelberger Kommentar zum HGB (Hrsg *Glanegger*; 5. Aufl 1999); *Heymann/Bearbeiter*, HGB (2. Aufl 1996; *zit* HeyBearbeiter); *Jabornegg* (Hrsg), öHGB (1997); *Kellermann/Stodolkowitz*, Höchstrichterliche Rechtsprechung zum Personengesellschaftsrecht (3. Aufl 1990); *Michalski*, OHG-Recht (2000; zit *Michalski*); *Röhricht*/Graf von *Westphalen* (Hrsg), HGB (1997); *Schlegelberger/Bearbeiter*, HGB (5. Aufl 1987, 1992; *zit* SchlBearbeiter); *Staub/Bearbeiter*, Großkommentar zum HGB (4. Aufl 1983 ff; *zit* StBearbeiter).
Lehrbücher: *Flume*, Allgemeiner Teil des Bürgerlichen Rechts, Bd. I 1, Die Personengesellschaft [1977] (zit PersGes); *Grunewald*, Gesellschaftsrecht (4. Aufl 2000); G. *Hueck*, Gesellschaftsrecht (19. Aufl 1991); F. *Kübler*, Gesellschaftsrecht (5. Aufl 1998); *Nagel*, Deutsches und europäisches Gesellschaftsrecht (2000); K. *Schmidt*, Gesellschaftsrecht (3. Aufl 1997); *Wiedemann*, Gesellschaftsrecht (Bd. I 1980);
Handbücher: *Blaurock*, Handbuch der stillen Gesellschaft (5. Aufl 1998); Beck'sches Handbuch der Personengesellschaften (1999); Münchener Handbuch des Gesellschaftsrechts, Band I (1995), Band II (1991), Band III (1996), zit jeweils MüHdGesR I etc-Bearbeiter; *Gottwald*, Insolvenzrechtshandbuch (2. Aufl 2000); *Hesselmann/Tillmann*, Handbuch der GmbH & Co (18. Aufl 1997); *Müller/Hense* (Hrsg), Beck'sches Handbuch der GmbH (2000); *Peter/Crezelius*, Gesellschaftsverträge und Unternehmensformen (6. Aufl 1995);

§ 105 Zweites Buch. Handelsgesellschaften u. stille Gesellschaft

Sudhoff, GmbH & Co KG (5. Aufl 2000); *Weigl*, Stille Gesellschaft und Unterbeteiligung (1998); *Westermann* ua, Handbuch der Personengesellschaften (Loseblatt).

A. Allgemeines

I. Bedeutung der OHG

1 Nach Vorstellung des HGB ist die OHG im Schwerpunkt die typische Rechtsform für den gemeinschaftlichen Betrieb eines Handelsgewerbes (§§ 1 ff) auf der Basis einer vollen Haftungsgemeinschaft. Die wirtschaftliche Bedeutung der OHG ist in neuerer Zeit geschwunden, dürfte aber durch die Neufassung des § 105 wachsen, die auch kleingewerblichen Unternehmen oder zum Zweck der reinen Vermögensverwaltung den Zusammenschluß in der Form der OHG erlaubt. Für die **richtige Wahl** der **GesForm** spielen eine Vielzahl von Aspekten (zB steuer-, haftungs-, bilanzrechtlicher, organisatorischer Natur sowie der zweckmäßigen Kapitalausstattung) eine Rolle (*Westermann* Handbuch der Personengesellschaften-Sigloch, Teil II).

II. Überblick

2 **1.** § 105 I regelt die Voraussetzungen des **Entstehens** einer OHG (Rz 4 ff).

2. Abgrenzung zu anderen Gemeinschaften. Die §§ 105 ff setzen das Entstehen einer PersGes (§ 705 BGB) voraus. Demnach beziehen sich die §§ 105 ff HGB nicht auf Gemeinschaften, die **nicht** durch **Rechtsgeschäft** begründet worden sind, wie zB die jur Personen des öffentl Rechts (Körperschaften, Anstalten, Stiftungen des öffentl Rechts), die spezifisch familienrechtlichen Gemeinschaften (s aber Rz 5), die Erbengemeinschaft (§ 2032 BGB), die Zufallsgemeinschaft (§ 741 BGB); ferner nicht auf solche Gemeinschaften, die keine Personenvereinigungen darstellen (zB Stiftung, § 80 BGB) sowie auf solche Gemeinschaften, die nicht vereinbarungsgem auf die Förderung eines **gemeinsamen Zwecks** (Rz 8) gerichtet sind. Die OHG hebt sich von der **AG, KGaA, GmbH, eingetragenen Genossenschaft, vom Versicherungsverein auf Gegenseitigkeit, Verein** ab, weil diese im Unterschied zur OHG voll rechtsfähige jur Personen darstellen und ihre Rechtsgrundlagen in AktG, GmbHG, GenG, VAG, §§ 21 ff BGB zu finden sind. Die volle Rechtsfähigkeit erlangen diese Ges anders als die OHG immer erst aufgrund eines bewußt auf die Errichtung einer derartigen Ges gerichteten Gründungsaktes u einer Eintragung im Handelsregister nach Erfüllung der Eintragungserfordernisse. Nach dem Gründungsakt vor Eintragung entstehen lediglich **VorGes**, die dem OHG-Recht unterworfen sein können (§ 172a Rz 25). Die Abgrenzung zur **BGB-Ges** (§ 705 BGB), zur **stillen Ges** (§ 230), **Reederei** (§ 489 HGB), **Partnerschaft** (PartGG [BGBl 1994 I 1744]) u zur **Europäischen wirtschaftlichen Interessenvereinigung** (EWIV;

Erster Abschnitt. Offene Handelsgesellschaft § 105

BGBl 1988 I 514) erfolgt anhand des bes GesZwecks der OHG sowie der Eintragung im Handelsregister (Rz 10), für die Abgrenzung zur **KG** ist das Fehlen einer Abrede über die Haftungsbeschränkung maßgeblich (§ 161 Rz 5). Schein-OHG (KG), s Rz 29.

3. Anwendbares Recht, ausländische Gesellschaften. § 105 II 3 verweist lückenfüllend auf das Recht der BGB-Gesellschaft (BGB-Ges) in den §§ 705 ff BGB. Zur Umwandlung BGB-Ges in OHG (KG) u zurück s Rz 10, 44. Gem Art 170 EGBGB gilt für **Altverträge** vor 1900 das alte Recht fort, wenn der Vertrag nicht materiell durch Rechtsgeschäft geändert worden ist. Es ist unklar geworden, ob sich das **IPR-Personalstatut** der OHG (KG) nach dem Sitz der Ges (BGH NJW 67, 36; 86, 2194; *PalHeldrich* BGB, Anh Art 12 EGBGB 2, 20; § 106 Rz 2) richtet; der BGH (BB 00, 1106) hat den EuGH angerufen (dazu *Meilicke* GmbHR 00, 693; *Zimmer* BB 00, 1361). Eine ausländische Ges, die ihren Sitz (nicht nur Zweigniederlassung [EuGH DB 99, 625]) nach Deutschland verlegt, wird zur OHG, KG (*Kindler* NJW 99, 1998; sehr str).

B. Entstehen der Gesellschaft

I. Voraussetzungen des Entstehens im Verhältnis unter den Gesellschaftern

Erforderlich u kraft zwingenden Rechts (Rechtsformzwang [Rz 8]) 4 ausreichend (RG 112, 280, 281; BGH NJW 53, 1217; hM) ist die Existenz eines GesVertrags (Rz 5) zwischen mindestens zwei (Rz 14) unbeschränkt (§ 128) haftenden Gesellschaftern (Rz 13 ff), dessen Zweck im maßgeblichen Zeitpunkt auf den Betrieb eines Handelsgewerbes oder eines Unternehmens iSd § 105 II (Rz 10) u nicht auf die Errichtung einer jur Person (Rz 2) gerichtet ist. Zum Wirksamwerden der Ges **ggüber Nichtgesellschaftern (Dritten)** s § 123.

1. GesVertrag. a) Der GesVertrag ist ein **Vertrag iSd § 705 BGB** 5 (näher Rz 8). Fehlt es an Willenserklärungen, die auf einen GesVertrag gerichtet sind, weil die Parteien zB nur zum Schein als Gesellschafter aufgetreten sind, so entsteht keine Ges (s Rz 29). Dgg hindert die bloße Unwirksamkeit der Erklärungen bzw des Vertrages nicht notwendig das Entstehen einer Ges (s Rz 25 ff). Zur Umwandlung eines Unternehmens in eine OHG s Rz 29 a. **b) Abschluß.** Der Vertragsschluß erfolgt nach den allg Regeln (§§ 104 ff BGB). Volljährige Kinder benötigen beim Abschluß eines GesVertrages mit ihren Eltern keinen bes Schutz (abw Mü NJW-RR 95, 1440). Vertretung ist möglich (beachte § 181 BGB). Duldungs-, Anscheinsvollmacht s Rz 46. Konsens ist erst erzielt, wenn die sich deckenden Erklärungen eines jeden Gesellschafters allen übrigen zugegangen sind. **Konsens** kann sich aus konkludentem Verhalten ergeben, wie zB aus einverständlichem Geschäftsbeginn oder aus Anmeldung zum Handelsregister vor Abschluß des endgültigen GesVertrages (BGH NJW 60, 430; 83, 1728; iZw gilt das im Rahmen der

Anmeldung Erklärte [§ 106 Rz 3]). Das nach außen hin gemeinschaftliche Betreiben des Unternehmens deutet selbst bei nicht voller Einigung (BGH NJW 82, 2817) auf einen Vertragsschluß hin (BGH NJW 60, 430; 75, 1116; 83, 1728), anders aber grds die bloße Fortführung des Geschäftes durch Erben (Rz 8) oder die bloße Mitarbeit von Familienangehörigen (BGH NJW 74, 1554, 2045; vgl ferner BGH NJW 86, 1871; NJW-RR 88, 260; 90, 1090) oder die bloße Mitarbeit des Partners einer nicht-ehelichen Lebensgemeinschaft. Zur Beteiligung nicht voll geschäftsfähiger Personen, s § 105 Rz 15; von Ehegatten § 105 Rz 16. Die Vereinbarung einer aufschiebenden **Bedingung oder Zeitbestimmung** ist ohne weiteres zulässig (BGH NJW 83, 2259); ebenso einer auflösenden Bedingung (*Koller/Buchholz* DB 82, 2172). Letztere ist mit rückwirkender Kraft jedoch nur im Innenverhältnis (§ 109) möglich (BGH WM 79, 889; NJW 87, 3186; gänzlich abl *Goette* DStR 95, 1317); beachte § 15 III. Der Vertragsschluß ist **widerruflich,** wenn der Vertrag in der Situation des § 1 HWiG geschlossen worden ist (BGH BB 01, 1652 f; aA *Habersack* ZIP 01, 328). Gleiches gilt, falls der GesBeitrag (Rz 31) iSd §§ 1 II, 3 VerbrKrG entgeltlich gestundet oder iSd § 9 VerbrKrG finanziert worden ist (Karlsr NJW-RR 99 125 [hM]; offen BGH NJW-RR 00, 1577). Zur Rechtsfolge eines Widerrufs nach HWiG, VerbrKrG s Rz 28. Bei Schenkungen können grds Widerrufsvorbehalte vereinbart werden (§ 140 Rz 6). Das **AGBG** ist auch im Licht des EG-Rechts (*Drygalla* ZIP 97, 968; str) nicht anwendbar (§ 23 AGBG), soweit die Abreden mitgliedschaftlicher Natur sind u der Verwirklichung des GesZweckes dienen (BGH NJW-RR 92, 379; BB 94, 2438; vgl aber § 161 Rz 7). Eine **Haftung aus cic** iVm § 708 BGB (§ 105 Rz 37 [§ 276 BGB]) ist denkbar (zur PublikumsKG s § 161 Rz 7); Rechtsfolge s Rz 27 f, § 131 Rz 11.

6 c) Der **Vertragsschluß** bedarf grds keiner gesetzlichen **Form,** es sei denn, es wird eine Verpflichtung eines Gesellschafters oder der Ges zur (bedingten, befristeten) Veräußerung oder zum Erwerb eines Grundstücks, Grundstücksanteils, Erbbaurechts, Wohnungseigentums (§ 313 BGB; § 11 ErbbauVO, § 4 III WEG; BGH NJW 78, 2506; zur Umdeutung BGH WM 67, 951), eines GmbH-Anteils (§ 15 GmbHG) begründet oder es wird die Übernahme einer Bürgschaft (§ 766 BGB; str), die Übertragung eines ganzen Vermögens oder eines Bruchteils (§ 311 BGB; zB GmbH bringt ihr Unternehmen ein) vereinbart. Der Umstand, daß der GesZweck selbst ernsthaft (BGH DNotZ 77, 416) auf den Erwerb und/oder die Veräußerung von Grundstücken etc gerichtet ist, macht den Vertrag nicht formbedürftig, da die Gesellschafter durch das GesRecht hinreichend geschützt sind (BGH NJW 96, 1279; Köln NZG 00, 930: sofern keine unmittelbar bindende Erwerbs- oder Veräußerungsverpflichtung der Ges oder der Gesellschafter selbst begründet wird; aA *Schwanecke* NJW 84, 1588); Ausnahme daher: der GesZweck richtet sich auf eine bestimmte, noch nicht in die

Wege geleitete (BGH NJW 98, 377) Grundstücksübertragung (*Ulmer/ Löbbe* DNotZ 98, 740; *Grunewald* FS Hager S 284). Die §§ 313, 566 BGB, 15 GmbHG etc greifen bei Einbringung von Gegenständen oder Rechten nur dem Werte nach bzw nur zum Gebrauch (Rz 31) nicht ein (BGH WM 67, 951), außer im Fall der Verpflichtung, auch eine unwiderrufliche Verfügungsbefugnis der Ges zu begründen. Wird zB ein Gesellschafter durch „Einbuchung" beteiligt u sind sich die Parteien über die **Unentgeltlichkeit** einig, so kann § 518 BGB zu beachten sein. Die bloße Beteiligung an einer OHG enthält jedoch schon wg der Haftungsübernahme eine Gegenleistung (BGH BB 65, 472; NJW 81, 1957; str). Jedenfalls wird die Formunwirksamkeit der Schenkung spätestens durch das Entstehen von Gesamthandsvermögen infolge der Einräumung der gesellschaftlichen Beteiligung geheilt (BGH NJW 53, 138; 90, 2616; str). PublikumsGes, § 161 Rz 7. Ein Formerfordernis kann sich auch aus § 4 VerbrKrG ergeben. Die **gewillkürte Form** (§ 127 BGB) dient iZw lediglich der Klarstellung, so daß ihre Nichtbeachtung nur Beweisnachteile auslöst; § 125 S 2 BGB (BGH NJW 93, 2101; aA *Kuhn* WM 70, 1503 [hM]). Die Vertragsänderung kann auch die Formvorschrift selbst betreffen, indem formlos (konkludent) mit vertragsändernder Mehrheit (Rz 40) eine abw Handhabung des Formerfordernisses vereinbart wird; zB durch langjährige Praxis (BGH NJW 96, 1680). Fehlte eine solche Vereinbarung, so genügt bei Schriftformklauseln grds die Protokollierung des Abänderungsbeschlusses (BGH 66, 86), außer bei bes Schutzbedürftigkeit von Gesellschaftern (BGH NJW 76, 959; zB Beitragserhöhung). **Rechtsfolge:** Wird ein Formmangel nicht geheilt (zB § 313 S 2 BGB), so ist eine Umdeutung (§ 140 BGB) denkbar (BGH WM 67, 951); andernfalls liegt eine „fehlerhafte Ges" vor (Rz 25 ff; *Wiesner* NJW 84, 98). Zur Anwendbarkeit des § 139 BGB s Rz 26. Auf **Schiedsklauseln** findet § 1031 ZPO Anwendung.

d) Vertragsauslegung, Inhaltskontrolle. Es gelten gem den 7 §§ 105 II HGB, 705 BGB grds die §§ 133, 157 BGB (BGH NJW 96, 1679) unter Beachtung des Gleichbehandlungsgebots (Rz 38) u der Treuepflicht (Rz 35). Auch bei Nichtigkeit einzelner Abreden oder bei Lücken des Vertrages hat die ergänzende Vertragsauslegung Vorrang vor dispositivem Recht (BGH NJW 79, 1705; 93, 3194; BB 95, 693). Diejenige Auslegung ist vorzuziehen, die dem Fortbestand der Ges angemessen Rechnung trägt (BGH BB 77, 1272; *Fischer* LM 3 zu § 138). Der Wille der Gründer verliert mit Zeitablauf an Bedeutung, während die längerfristige einverständliche Vertragspraxis, die mit einer bestimmten Auslegung im Einklang steht, an Gewicht gewinnt (BGH NJW-RR 89, 994). Denkbar ist auch eine konkludente Vertragsänderung durch Übung der Gesellschafter (BGH NJW 96, 1680; Rz 40). **Ausnahme: PublikumsGes** (§ 161 Rz 3), bei der Verträge, uU auch mit Dritten (Hmbg DB 96, 1403) zum Schutz der Anleger (soweit es um Vorteile der Gründer geht, nur nach Maßgabe des schriftlich Festgelegten) obj und iZw im Interesse der Anleger auszulegen sind (BGH NJW-RR 89, 994; 92, 930 f). Die Möglichkeit, zusätzliche Leistungen von den Gesellschaftern zu fordern, ist daher unmißverständlich zu formulieren (BGH NJW 79, 2102). Eine abw Praxis soll bei Publikums-Ges iZw den GesVertrag nicht für die Zukunft abändern (BGH NJW 90, 2685). **Generell weitergehend** *Schmidt* GesR, § 5 I: obj Auslegung überall dort, wo der GesVertrag ohne weiteres die Übertragung des GesAnteils zuläßt bzw eine Regelung iSd § 139 trifft (aA *Grunewald* ZGR 95, 68). Auch danach ist aber das subj Verständnis u die Vertragspraxis nicht irrelevant. Zur **Inhaltskontrolle** s § 109 Rz 6.

8 **e) Mindestinhalt des Vertrages. aa) Gemeinsamer Zweck.** Da der GesVertrag ein Vertrag iSd § 705 BGB ist, müssen sich die Parteien auf einen überindividuellen Verbandszweck iSd § 105 I, II geeinigt haben (Rz 10). Die zum Vertragsschluß führenden Interessen (Motive) können dgg auseinandergehen. Die Gesellschafter müssen nicht immer gerade den Betrieb einer OHG (KG; § 161 II) gewollt haben (BGH 22, 240). Die OHG (KG) entsteht beim einverständlichen (*Kießling* WM 99, 2400; § 123 Rz 4) Betrieb eines Handelsgewerbes (§ 1 II) sogar dann von selbst, wenn die Gesellschafter die Rechtsform einer OHG (KG) vermeiden wollten oder die Rechtsform einer anderen GesForm (Rz 2) verfehlten **(Rechtsformzwang)**. Bei Ges zum Betrieb kleingewerblicher Unternehmen (§ 2), eines Unternehmens der Land-, Forstwirtschaft (§ 3) oder zur reinen Vermögensverwaltung bedarf es allerdings des Willens zur Gründung einer OHG, der im Eintragungsantrag gem §§ 105 II, 106 zum Ausdruck kommt. In der Regel kann vom gemeinsamen Betrieb eines Handelsgewerbes (§ 1 II, nicht § 105 II) auf eine Einigung über den Verbandszweck geschlossen werden (Rz 5), es sei denn, es handelt sich um eine Erbengemeinschaft oder Gütergemeinschaft (hM; BGH NJW 85, 136); denn im zulässigen (nicht der Erbanteilserwerber [KG NJW-RR 99, 881]) Beschluß der Erbengemeinschaft, das Handelsgeschäft fortzuführen, liegt kein Indiz für eine GesGründung (*Canaris* § 9 3; aA *StUlmer* § 105 57), zu deren Vollzug es der Einzelübertragung der Vermögensgegenstände bedürfte (*Goette* DStR 95, 1396). Allerdings soll ergänzend auf GesRecht (zB §§ 125 f, 128 ff, 139) zurückgegriffen werden können (BGH NJW 55, 1227; *Schmidt* NJW 85, 2788; beachte § 27; zutr krit *Canaris* § 9 I 5 ff). Die Gesellschafter müssen nicht zwingend am Erfolg oder Verlust beteiligt sein, weil die Förderung des Verbandszwecks uneigennützig erfolgen kann (BGH NJW 87, 3124, 3125; hM). Zur Abgrenzung ggüber Arbeitsverhältnissen s BGH DStR 93, 956 sowie wNachw bei *Loritz* RdA 92, 313 ff.

9 **bb)** Für die zur Erreichung des gemeinsamen Zwecks notwendige **Beitragsleistung** genügt die Übernahme der mit der Gesellschafterstellung notwendig verbundenen unbeschränkten Haftung (§ 128; hM). Darüber hinaus können die Parteien sowohl nach Art als auch nach der Form ihrer Einbringung (später) beliebig weitere Beiträge vereinbaren.

Erster Abschnitt. Offene Handelsgesellschaft § **105**

Einzelheiten: Rz 31; beachte auch §§ 25, 28 HGB. Die Treuepflicht (Rz 35) ist Teil der Beitragspflicht. Keine Beiträge sind Leistungen, deren Rechtsgrund nicht im GesVertrag, sondern in **bes Austauschverträgen** (zB Kauf, Pacht, Darlehen) mit der Ges liegt. Insoweit steht der Gesellschafter der Ges wie ein außenstehender Dritter ggüber und verfolgt nur eigene Interessen (§ 124 Rz 5). Denkbar ist die Beitragsqualität auch solcher Austauschverträge (Mü NZG 01, 560). Zum Anspruch auf Beitragsleistung, zur Verzögerung, Unmöglichkeit oder Schlechterfüllung der Beitragspflicht s Rz 31 f.

cc) Art des GesZwecks. Das Entstehen der OHG (bzw KG; § 161) **10**
setzt ferner voraus, daß der GesZweck *auf eines der folgenden Ziele* gerichtet ist. **(1)** Betrieb eines **kaufmännisch (§ 1 II) angelegten** (BGH NJW 53, 1218) **Handelsgewerbes** (§ 105 I) oder auf die Fortführung eines nach den §§ 2, 3, 5 bereits eingetragenen Unternehmens, das gem § 28 in die Ges eingebracht worden ist (BGH NJW 79, 1361). Eine BGB-Ges wird zur OHG (BGH BB 01, 375). **(2)** Soll die Ges ein **Gewerbe iSd §§ 2, 3** betreiben u wollen die Gesellschafter eine Eintragung, so entsteht die OHG (KG) zunächst nur im Innenverhältnis (§ 109 Rz 1), dh sind die §§ 109–122 außer § 117 im Verhältnis unter den Gesellschaftern ergänzend zum GesVertrag anwendbar (einschr *StHabersack* § 123 3), während die Ges nach außen hin (§ 123 Rz 1) BGB-Ges (§ 705 BGB) ist (hM; dabei ist BGB-Ges soweit wie möglich an OHG anzunähern; vgl BGH WM 72, 22; NJW 87, 3126) und erst mit Eintragung zur OHG (KG) wird (§ 123 Rz 3). Gleiches gilt bei Übernahme des Geschäfts eines Formkaufmannes (§ 6 II; zB GmbH), der ein Gewerbe iSd §§ 2, 3 betreibt (§ 123 Rz 4). Wurde zunächst ein BGB-GesVertrag (§ 705 BGB) geschlossen, der nicht auf den Betrieb eines Handelsgewerbes gerichtet war, so entsteht im Innenverhältnis (§ 109 Rz 1; z *Außenverhältnis* § 123 Rz 1, 3 f) die mit der BGB-Ges identische OHG (KG) in dem Moment, in dem sich die Gesellschafter einverständlich entscheiden, ein kaufmännisches Handelsgewerbe (§ 1 II) oder die Eintragung eines Gewerbes iSd §§ 2, 3 zu betreiben, jedenfalls spätestens in dem Moment, in dem das von der Ges betriebene Gewerbe einverständlich (*Kießling* WM 99, 2400) oder mit dem Einverständnis der nach dem GesVertrag maßgeblichen Mehrheit (beachte § 217 I UmwG; vgl § 119 Rz 9) einen Umfang iSd § 1 II erlangt oder die Eintragung erfolgt (§§ 2, 3). Eine vorherige Eintragung in die Handwerksrolle ist unter § 2 fallenden Handwerksbetrieben nicht erforderlich (§ 7 IV 2 HandwO). Abw Vereinbarungen sind im Innenverhältnis (§ 109) zulässig (Rz 8; § 109 Rz 1). **(3)** Soll die Ges **nur die Verwaltung eigenen Vermögens** (*Schön* DB 98, 1173 f) betreiben, so entsteht, falls die Gesellschafter die Eintragung wollen (§ 105 II), ebenfalls zunächst nur im Innenverhältnis (§ 109 Rz 1; § 123 Rz 3) eine OHG. Der Umfang der GesAktivitäten ist unerheblich (aA EBJ*Boujong* § 105 22). Die Vermögensverwaltung muß, wie bei BesitzGes, sog doppelstöckigen GmbH & Co KG (krit *Schmidt* ZIP 97, 916) oder

Koller

bloßen HoldingGes (vgl BGH NJW-RR 90, 798 f), der ausschließliche GesZweck sein (BT-Drs 13/8444, S 10 [hM]; aA *Schmidt* NJW 98, 2165), weil sonst alle AußenGes OHG-Qualität erlangen könnten. Es schadet somit jede über die Vermögensverwaltung (zB auch sale and lease back-Vermögen) hinausgehende nicht-gewerbliche (§ 1 Rz 4) Zwecksetzung, es sei denn, daß sie gänzlich in den Hintergrund tritt (*Ammon* DStR 98, 1476; aA *Schlitt* NZG 98, 581). **(4) Andere Zwecke** lassen sich nicht in Form einer OHG (KG) verfolgen. **(5)** Die Ges selbst muß das Gewerbe oder die reine Vermögensverwaltung **im eigenen Namen** betreiben wollen (BayObLG NJW 85, 982). Das ist der Fall, wenn **nach außen** die OHG (KG) als Inhaberin erscheinen soll, so zB durch Eintragung im Handelsregister (§§ 105 II, 123 II). Wirtschaftsprüfer u Steuerberater können eine OHG gründen (§§ 27, 49 StBG), nicht aber Versicherungen (§ 7 VAG), Hypothekenbanken, Bausparkassen, Investmentgesellschaften. Zu **Änderungen** des Geschäftsgegenstandes, insbes zur Aufgabe des kaufmännischen Betriebs s Rz 44.

11 **dd)** Das Unternehmen der Ges muß zur Abgrenzung von der stillen Ges (§ 230) unter einer **gemeinsamen Firma** betrieben werden (§ 105 I, II). Es gelten die §§ 17 ff, insbes die §§ 19, 22, 24 (Beachte § 19 II im Fall des § 1629a BGB). Die Ges besitzt nur eine Firma (BGH NJW 77, 2163). Die Ges entsteht selbst dann, wenn die Firma unzulässig ist, zB wenn die Gesellschafter unter dem Namen eines Gesellschafters ohne GesZusatz auftreten (*StUlmer* § 105 35; aA RG 82, 25), oder wenn sich die Gesellschafter im Vertrag auf keine Firma geeinigt haben, aber nach außen als Ges auftreten wollen (*StUlmer* § 105 36; hM). Auch im Innenverhältnis (Rz 10) ist für das Entstehen der OHG (KG) die Vereinbarung einer Firma unerheblich, sofern man sich einig ist, daß die Ges selbst das Unternehmen betreiben soll (aA die hM).

12 **ee)** Hat einer der Gesellschafter im GesVertrag seine **Haftung beschränkt**, so fällt die Ges zwingend in den Kreis der KG, nicht in den der OHG (§ 161). Wird die Haftungsbeschränkung bei allen Kommanditisten später aufgehoben, so verwandelt sich die Ges automatisch ohne Identitätsänderung in eine OHG. Das Fehlen einer Haftungsbeschränkung ist zu vermuten (BGH NJW 79, 1705: § 105 ist Auffangtatbestand). **ff)** Der GesZweck darf **nicht** auf die **Errichtung einer jur Person (zB GmbH)** gerichtet sein (Rz 2; § 172a Rz 23). Allerdings sind die §§ 105 ff Auffangtatbestand, der erfüllt ist, wenn die Eintragung der jur Person nicht (mehr) ernsthaft verfolgt wird u der Wille auf den Betrieb eines vollkaufmännischen Handelsgewerbes gerichtet ist (§ 172a Rz 25). Zur VorgründungsGes, § 172a Rz 27.

13 **f)** Die **Handelsregistereintragung** ist für das Entstehen einer OHG (KG) im Außenverhältnis nur erforderlich, wenn der Zweck der Ges nicht auf den Betrieb eines kaufmännischen (§ 1 II) Gewerbes gerichtet ist (§ 123 Rz 3 f). **g) Gesellschafter.** Der GesVertrag muß zwischen mindestens zwei Gesellschaftern vereinbart werden (*Baumann* BB 98, 231).

aa) Es gibt anders als bei jur Personen **keine Einmann-OHG/KG** 14 (BayObLG BB 00, 1212; Hamm NJW-RR 00, 482; *Eckardt* NZG 00, 450). Vereinigen sich alle Mitgliedschaftsrechte in einer Hand, so wandelt sich die Ges in ein einzelkaufmännisches Unternehmen (§ 140 Rz 5; Ausnahmen: Vorerbe, TestVollstreckung [§ 139 Rz 4, 15; § 177 Rz 6 f]; Nachlaßinsolvenzverfahren, Nießbrauch, Pfandrecht [§ 124 Rz 2], Treuhand, weil Dritter nur auf Zeit involviert ist [*Wiedemann* FS Zöllner, [1998] S 650]; weitergehend Weimar ZIP 97, 1769; *T. Schmidt* Einmann-Personengesellschaften [1998]).

bb) Gesellschafter können grds alle **natürlichen Personen** (§ 1 15 BGB: In- und Ausländer) werden. Außer im Fall des § 112 BGB werden **nicht (voll)geschäftsfähige** Personen (§§ 104, 106, 114 BGB) beim Abschluß des GesVertrages von ihren ges Vertretern vertreten, die § 181 BGB zu beachten haben (BGH NJW 61, 724; 72, 2262). Wird bloß die Zustimmung eines Vertreters den anderen Gesellschaftern ggüber erklärt, so greift § 181 BGB nicht ein (str, *SoeLeptien* BGB, § 181, 31) Die ges Vertreter müssen auch bei nur beschränkt geschäftsfähigen Gesellschaftern mitwirken (§§ 107, 108 BGB). Dies gilt selbst bei Kommanditisten (§ 161); denn es entstehen zumindest Haftungs-, Mitverwaltungs- u Treuepflichten (*StSchilling* § 161 26; *Brox,* FS Bosch [1976], S 80; hM), die allerdings bei Minderjährigen durch die §§ 723 I BGB nF, 1629 a BGB begrenzt werden (§§ 128 Rz 4, 133 Rz 1). Außerdem bedarf es immer, auch bei Kommanditisten (BGH NJW 55, 1067) oder bei „unentgeltlicher" Beteiligung (Hamm OLG 74, 158; hM), der Genehmigung des Vormundschaftsgerichts (§§ 1643, 1822 Nr 3, 10 BGB). Dieselben Regeln gelten bei Bestellung eines Nießbrauchs am GesAnteil (Rz 22) zugunsten oder zu Lasten eines Minderjährigen (aA *Teichmann* ZGR 73, 43 bei Schenkung eines Anteils unter Nießbrauchsvorbehalt). Erbfolge s §§ 131, 139, 177.

cc) Ehegatten können grds unbeschränkt Gesellschafter werden. Im 16 Fall des ges Güterstandes der **Zugewinngemeinschaft** (§§ 1363 ff BGB) ist § 1365 BGB zu beachten, demzufolge der Abschluß des GesVertrags der Zustimmung des anderen Ehegatten bedarf, wenn der Gegenstand des Beitrages (Rz 31) das ganze Vermögen oder einzelne Sachen, Rechte etc darstellt, die das wesentliche Vermögen des Gesellschafter-Ehegatten bilden und dies den andern Gesellschaftern bekannt ist (s Erl z § 1365 BGB). Leben die Ehegatten in **Gütergemeinschaft** (§§ 1415 ff BGB) u soll die gesvertragliche Beitragsleistung mit dem Gesamtgut erbracht werden, so ist zu berücksichtigen, daß die Gesamthandsgemeinschaft der Eheleute nicht Gesellschafter werden kann. Mit Dritten können die Ehegatten eine Ges gründen, ohne zuvor das für die Gründung erforderliche Gut zum Vorbehaltsgut erklärt zu haben (BayObLG DB 81, 519; str). Unter sich können sie die Ges aber nur durch Begründung von Vorbehaltsgut errichten (BGH NJW 75, 1775). IZw

§ 105 Zweites Buch. Handelsgesellschaften u. stille Gesellschaft

ist der GesAnteil Sondergut (§ 1417 BGB; BGH NJW 72, 48; str aA BFH BB 69, 572). Keine familienrechtlichen Probleme entstehen bei Eheleuten, die **Gütertrennung** (§ 1414 BGB) vereinbart haben.

17 dd) **Jur Personen** aller Art können Gesellschafter einer OHG/KG werden (bei Stiftung str). Bei Beteiligung einer **ausländischen** Ges, die einer jur Person gleichzuerachten bzw als solche in Deutschland anerkannt ist (BayObLG NJW 86, 3029), muß diese nach ihrem ausländischen Personalstatut (*PalHeldrich* BGB, Anh Art 12 EGBGB 2 ff) fähig sein, sich an PersonenhandelsGes zu beteiligen (Saarbr NJW 90, 647; EBJ*Boujong* § 105 98; weiter *BauHopt* Anh § 177 a 11; enger *Großfeld/ Strotmann* IPRax 90, 298; *Schmidt-Hermesdorf* RIW 90, 707; *Ebenroth-Auer* DNotZ 90, 139). Das ausländische Recht darf nicht unmittelbar die Beteiligung verbieten (deshalb kann sich schweizerische AG an deutscher KG beteiligen; Saarbr NJW 90, 647; aA *EbenrothAuer* DNotZ 90, 167; EBJ*Henze* § 177 a Anh A 23). Ist dies nicht der Fall, so wird die ausländische Ges durch Organe nach dem Sitzrecht dieser Ges vertreten.

18 ee) Eine **OHG/KG, EWIV, PartnerschaftsGes** (Rz 2) kann Gesellschafterin einer anderen OHG/KG sein (§§ 125 a I 3, 172 a IV 2). Nach heute ganz hM kann auch eine notariell beurkundete, aber noch nicht eingetragene **Vor-GmbH** oder **Vor-AG** Gesellschafterin werden (BGH NJW 81, 1373; 85, 736; vgl § 172a Rz 23), jedenfalls wenn dem Geschäftsführer zB in der GmbH-Satzung eine über die GmbH-Gründungsgeschäfte hinausgehende Vollmacht erteilt wurde oder die GmbH- bzw AG-Gesellschafter dem OHG (KG)-GesVertrag zugestimmt haben (*Ulmer* ZGR 81, 616).

19 ff) Dgg können nach hM mangels Registerpublizität eine **BGB-Ges** (BGH NJW-RR 87, 416; aA BayObLG BB 00, 2380; *Wertenbruch* BB 01, 737 [Kommanditist]; vgl auch BGH BB 01, 374), ein **nicht-rechtsfähiger Verein** (§ 54 BGB [hM]) **nicht** Gesellschafter einer OHG oder KG werden. Gleiches gilt vor Auflösung der Ges (§ 131 Rz 20) für die **Erbengemeinschaft** (BGH NJW 77, 1339; aA *SchlSchmidt* § 105 78), weil die Erbengemeinschaft (§ 2032 BGB) auf Auseinandersetzung gerichtet ist (vgl § 139 Rz 5).

20 gg) Ein Gesellschafter kann (zugleich [BGH NJW-RR 91, 1441]) **Treuhänder** sein, der mit einem Dritten (Treugeber) in Hinblick auf den GesAnteil einen Treuhandvertrag geschlossen hat (Lit: *Armbrüster*, Treuhänderische Beteiligung an Gesellschaften [2001]). Er bedarf dazu nicht der Zustimmung der übrigen Gesellschafter, wenn die Treuhand nicht zur Einbeziehung des Treugebers in den GesVerband, zB durch Einräumung unmittelbarer Informations- und Kontrollrechte, führen soll (BGH NJW 53, 1548; St*Ulmer* § 105 103; str). Andererseits können im GesVertrag Treuhandvereinbarungen verboten werden (uU zustimmungspflichtig; vgl Rz 50; str). Zur Begründung der Treuhand durch Übertragung des GesAnteils auf den Treuhänder s Rz 50. Der Treuhandvertrag ist nichtig, wenn er zur Selbstentmündigung des Treugebers oder Treuhänders führt (§ 138 BGB; BGH NJW 65, 2147; s § 109 Rz 2), grds nicht deshalb, weil er von einem minderjährigen Treugeber ohne Genehmigung gem § 1822 BGB geschlossen wurde (Analogiefeindlichkeit des § 1822 BGB; aA *Reimann* DNotZ 99, 188; s auch unten). Der Treuhänder ist nach hM Träger eines einheitlichen GesAnteils, auch wenn er für mehrere Treugeber tätig wird (Düss WM 76, 1263; vgl aber §§ 119 Rz 7, 124 Rz 2). Als Gesellschafter stehen ihm grds allein die gesellschaftlichen Mitwirkungs-, Informationsrechte (§§ 109 ff) u Rechte zur Abänderung des Vertrages (Rz 40) zu. Diese Rechte sind vom Treuhänder im Innenverhältnis zum Treugeber in dessen Interesse unter Beachtung der Treuepflicht ggüber der Ges u zu den Mitgesellschaftern (Rz 35) auszuüben. Stimmbindungsvertrag § 119 Rz 4 f. Im Verhältnis zum Treugeber besteht regelmäßig ein Vertrag iSd § 675 bzw § 662 BGB (BGH NJW 80, 1164; anders eigennützige Treuhand). Ein Verstoß gg die Pflichten im Innenverhältnis ist für die Ges grds unerheblich (BGH WM 77, 527; vgl auch § 161 Rz 10), selbst bei evidenten Verstößen (BGH DB 68, 932; aA EBJ *Boujong* § 105 108), weil die Ges an der Treuhandabrede nicht beteiligt ist. Der Treugeber hat dem Treuhänder idR Aufwendungsersatz zu leisten (§ 670 BGB). Informationsrechte stehen ihm nur ggüber dem Treuhänder zu (§ 666 BGB), der seinerseits die Geheimhaltungsinteressen der Ges zu wahren hat (Rz 35). Schutz des Treugebers BGH NJW 68, 1471; WM 77, 525 (str), §§ 47 InsO, 771 ZPO. Das Treuhandverhältnis wird gem §§ 671, 675 BGB beendet mit der Konsequenz, daß GesAnteil, soweit rechtlich zulässig (§ 105 Rz 50), auf den Treugeber zu übertragen ist (BGH NJW 79, 1504). Volljährig gewordenen Treugebern ist ebenso wie ihren Treuhändern (abw BGH JZ 68, 791 m Anm *Huber*) ein Kündigungsrecht entspr § 723 I BGB (§ 132 Rz 5) zumindest in Fällen offener Treuhand zuzubilligen. Mit Zustimmung aller Gesellschafter können dem Treugeber an sich nicht abspaltbare (§ 717 BGB; § 109 Rz 3) gesrechtliche Verwaltungs-, Informations-, Veto-, Kontroll- oder Klagebefugnisse in der Ges (auch den Treuhänder verdrängend) eingeräumt werden, weil er wirtschaftlich gesehen Gesellschafter ist (BGH NJW 53, 1548; 87, 2677; OLG Kblz BB 89, 170). In einem solchen Fall ist der Treuhandvertrag mit einem nicht voll geschäftsfähigen Treugeber dem § 1822 BGB unterworfen (*StUlmer* § 105 106; str). Der Treugeber ist ebenfalls der gesrechtlichen Treuepflicht (Rz 36) unterworfen; er kann ausgeschlossen werden (§ 140). Der Treugeber, dem auch Verwaltungs- etc -rechte zustehen, haftet den Gläubigern ebenso wie der Treuhänder gem §§ 128 ff bzw §§ 171 ff (*StUlmer* § 105 102; *Kübler* GesR, § 20 II 3 c; aA Düss DB 91, 1274; *Schl/Martens* § 106 10; *Schmidt* GesR, § 61 III 3 b; *Weipert* ZHR 157 [1993] 515; einschr *Fleck* EWiR 91, 801). Tritt der Treugeber nach außen als Gesellschafter in Erscheinung, so haftet er jedenfalls nach den Regeln der ScheinGes (§ 105 Rz 29) gem § 128 bzw §§ 171 ff (*Schiemann* FS Zöllner I [1998] S 511).

§ 105 Zweites Buch. Handelsgesellschaften u. stille Gesellschaft

21 **hh) Der Unterbeteiligte** ist selbst nicht Gesellschafter der OHG (BGH BB 94, 1597 f [Abgrenzung z Treuhand]). Er steht regelmäßig nur in einer BGB-Ges (§ 705 BGB) zum Gesellschafter, seinem Vertragspartner (näher § 230 Rz 4). Anders ist die Situation bei offener mit Zustimmung der Gesellschafter der HauptGes eingegangenen Unterbeteiligung; sie kann dem Unterbeteiligten ähnlich einem offenen Treugeber (Rz 20) Mitwirkungsrechte in der HauptGes gewähren u ihn mit Haftpflichten belasten.

22 **ii)** Nach hM ist der **Nießbrauch** am GesAnteil trotz des Abspaltungsverbots (§ 717 BGB; BGH 108, 199; BFH, NJW 95, 1919) jedenfalls dann zulässig, wenn alle Gesellschafter der (formlosen) Bestellung (§ 1069 I BGB) eines Nießbrauchs (§ 1068 BGB) zugestimmt haben (*StUlmer* § 105 115; *Schön* ZHR 158 [1994], 253 f; aA MüHdBGesR II-*Weipert* S 268: Übertragbarkeit genügt). Lediglich der Nießbrauch an den gem § 717 S 2 BGB abspaltbaren Rechten (§ 109 Rz 3) bedarf keiner Zustimmung. Der Besteller des Nießbrauchs am GesAnteil bleibt Gesellschafter; der Nießbraucher am GesAnteil wird, soweit dies mit der Ausübung des Nießbrauchs verbunden ist, ebenfalls materiell Gesellschafter (*Schmidt* GesR, § 19 III 4; abw BGH NJW 99, 572). Der Nießbraucher am GesAnteil ist neben dem Besteller im Handelsregister einzutragen (*Flume* PersGes § 17 VI; aA *Klose* DStR 99, 807); er erwirbt iZw, den Besteller verdrängend, eigene Mitverwaltungs- (zB § 114) u Informationsrechte (Wertung der §§ 1036, 1066 BGB; *StUlmer* § 105 127 mNachw z Streitstand; offen BGH NJW 99, 572), eigene Stimmrechte (z Streitstand *Schmidt* ZGR 99, 606 f), beides aber nur in Hinblick auf laufende Angelegenheiten (*StUlmer* § 105 126 mNachw; aA Kblz DB 92, 1468 [GmbH]; einschr *Petzold* DStR 92, 1173 f: nur bei Kommanditanteil; insges sehr str), jedenfalls nicht in Hinblick auf Grundlagengeschäfte (§ 114 Rz 2; BGH NJW 99, 572; krit *Schmidt* ZGR 99, 605 f) u ihnen gesvertraglich gleichgestellten Geschäften (BGH NJW 99, 572). Insoweit verbleibt das Informationsrecht beim Besteller (*Hermanns* MittRhNotK 99, 237). Der Nießbraucher hat Anspruch auf Gewinn (§ 1030 BGB; BGH 58, 321; nur auf im Zeitraum des Nießbrauchs entnahmefähige Gewinne iSd §§ 120, 122 [BGH 58, 320; DNotZ 75, 735]), *nicht* auf Substanz oder Entnahme iSd § 122 I 1. Alt (*Petzold* DStR 92, 1175) oder auf Beteiligung an stillen Reserven (BGH BB 75, 295; aA *Schön* aaO, S 242 ff), an außerordentlichen Erträgen (§ 1039 I BGB analog) oder offenen Rücklagen. Ein Nießbrauch am Gewinnstammrecht ist undenkbar, da solches nicht existiert (hM; *Petzold* DStR 92, 1177). Bei Liquidation erstreckt sich der Nießbrauch auf den Auseinandersetzungsanspruch (§ 1068 BGB; abw *Schön* aaO, S 246 f). Bei Anteils- bzw Kapitalerhöhung erwirbt der Nießbraucher am GesAnteil kein Recht auf einen eigenen GesAnteil, selbst wenn die Erhöhung aus stillen Reserven oder Rücklagen der Ges erfolgt ist (BGH 58, 316; WM 82, 1433). Der Nießbrauch erfaßt jedoch den ganzen (erhöhten) Anteil (vgl aber § 124 Rz 2); der Bestel-

Erster Abschnitt. Offene Handelsgesellschaft § 105

ler kann die Nutzungen verlangen, soweit die Kapitalerhöhung auf neuen Einlagen beruht (BGH WM 82, 1434; *Blaurock* Unterbeteiligung [1981], S 146; hM). Am Verlust (§ 120 Rz 3) ist der Nießbraucher nicht beteiligt. Vor einer ordentlichen Kündigung (§ 132) oder Stimmabgabe des Bestellers zu Änderungen des GesVertrages ist der Nießbraucher am GesAnteil gem § 1071 BGB geschützt (diff *Schön* aaO S 267 f). Der Nießbraucher haftet, falls er eigene Mitspracherechte besitzt, nach außen wie ein Gesellschafter (§§ 128 ff, 171 ff; StUlmer 105 126; *Schön* aaO, S 256; aA die hM; *Schmidt* GesR, § 61 II 3); anders, wenn zulässigerweise nur ein Nießbrauch am Gewinn- und/oder am Auseinandersetzungsanspruch (§ 1074 f BGB analog) bestellt wurde (§ 717 S 2 BGB; BGH BB 75, 295) oder der Nießbraucher nur als Bevollmächtigter mitwirkt. Zur steuerrechtlichen Position als Mitunternehmer, BFH NJW 95, 1918.

jj) Keine materielle Gesellschafterposition erwerben **Pfandgläubiger** (Rz 53 f) am GesAnteil, da sie nur das Recht zur Verwertung des Anteils erlangen. Zum **TestVollstrecker** s § 139 Rz 15; § 177 Rz 7; zur **Nachlaßverwaltung,** § 139 Rz 16; § 177 Rz 8. Der **Vorerbe** kann dgg Gesellschafter werden (§ 139 Rz 4; § 177 Rz 6). Erfüllt er seine Einlagepflicht mit Nachlaßgegenständen, so gehört der GesAnteil zum Nachlaß (BGH NJW 90, 515). 23

h) Abweichende Gestaltungen. Die Ges muß nicht dem ges Typus der (voll) mitarbeitenden Unternehmergemeinschaft entsprechen (§ 109). Es ist daher ohne weiteres möglich, atypische Gestaltungen zu wählen, zB die OHG stärker kapitalistisch auszugestalten. Schranken ergeben sich angesichts der unbeschränkten Haftung vor allem aus dem Verbot der Selbstentmündigung (BGH NJW 60, 1997). Näher Erl zu § 109. **i) Beweislast.** Der Anspruchsteller hat zu beweisen, daß eine nach außen gerichtete Ges die in § 105 I, II (Rz 10) genannten Zwecke verfolgt; der Anspruchsgegner hat zu beweisen, daß keine OHG, sondern eine andere Art von Ges gewollt war (s Rz 12). 24

2. Unwirksamkeit, Anfechtbarkeit des GesVertrags, Verschulden bei Vertragsschluß, fehlerhafte Ges. a) Allgemeines. Nach stdg Rspr (BGH NJW 52, 97; 71, 375; 74, 498, 1201) lassen sich die Probleme der **Anfechtbarkeit** (§§ 119, 123 BGB [Anfechtungsgegner: alle Mitgesellschafter; BGH BB 76, 528]), des **Dissenses** (§ 154 BGB), sonstiger **Willensmängel** (§ 118 BGB), des **Formmangels** (§ 125 BGB), der anfänglichen **Unmöglichkeit** (§ 306 BGB), des **Gesetzes**- bzw **Sittenverstoßes** (§§ 134, 138 BGB), des Fehlens der **GG** (BGH NJW 74, 1656 Rz 45) u des Mangels der vollen **Geschäftsfähigkeit** (§§ 104 ff BGB) bzw der **Verfügungsbefugnis** (§ 1365 BGB) mit Hilfe der einschlägigen BGB-Vorschriften nicht angemessen regeln. Die vom BGB angeordnete rückwirkende Nichtigkeit bzw Anfechtbarkeit (§ 142 BGB) trägt nicht ausreichend dem Umstand Rechnung, daß eine, wenn auch **fehlerhaft** begründete, aber tatsächlich vollzogene Leistungsgemeinschaft in der Regel nicht mehr rückwirkend für nicht 25

§ 105   Zweites Buch. Handelsgesellschaften u. stille Gesellschaft

existent erklärt und rückwirkend abgewickelt werden kann. Gleiches soll für einen auf cic iVm § 249 BGB gestützten Anspruch auf Rückabwicklung gelten (BGH NJW 93, 2108; BB 00, 1855). In der Lit werden die Ergebnisse der Rspr im wesentlichen gebilligt (aA *Canaris* Vertrauenshaftung [1971], S 172). Streit herrscht nur noch über die maßgeblichen Wertungen. Die Ansicht, daß eine Organisation, die über Organe u Gesamthandsvermögen verfüge, vom Recht anerkannt u nicht rückwirkend aus der Welt geschafft werden könne, dringt vor.

26   **b) Voraussetzungen im einzelnen.** Alle Gesellschafter oder im Fall des § 177 BGB ein Teil von ihnen (BGH NJW 88, 1321) müssen zurechenbar (BGH NJW 88, 1321) Willenserklärungen zum Abschluß eines GesVertrages abgegeben haben, die alle oder zT **nichtig** oder **anfechtbar** sind. Haben einzelne Mitgesellschafter keine Erklärungen abgegeben, so ist dies bei einem Beitritt irrelevant, wenn die für den Beitritt Stimmenden u der Beitretende den Beitritt für wirksam gehalten u ihn tatsächlich vollzogen haben (BGH NJW 88, 1321). Im Fall des verdeckten Dissenses oder einer mangelhaften Vertretung der Altgesellschafter genügt es, daß die Parteien schlechthin einen GesVertrag abschließen wollten u ihn für wirksam hielten (BGH BB 92, 385). Der Anfechtbarkeit steht ein Verschulden bei Vertragsschluß gleich (BGH BB 00, 1854). Derjenige, der durch einen Vertreter ohne Vertretungsmacht vertreten wurde, ist ähnlich dem Minderjährigen zu behandeln (Rz 28; aA Ffm NJW-RR 94, 1322). Wurden überhaupt keine Willenserklärungen abgegeben (zB beim Scheingeschäft [§ 117 BGB; BGH 11, 191; aA *Flume* PersGes § 2 III] oder kam es zum offenen Dissens [BGH WM 61, 1024]), so sind allenfalls die bes Regeln über die ScheinGes (Rz 29) heranzuziehen. Der dem GesVertrag anhaftende Mangel darf **nicht geheilt** worden sein, so zB gem § 313 S 2 BGB durch Eintragung (BGH LM 19 zu § 105) oder durch Bestätigung des Rechtsgeschäfts. Sind lediglich einzelne Klauseln des GesVertrages unwirksam (vgl BGH NJW 70, 1540), so greifen die Regeln der fehlerhaften Ges nur ein, wenn die **gesamte Vertrag nichtig** wäre. Dies ist **entgegen § 139 BGB** iZw nicht der Fall (BGH NJW 68, 1378; 82, 877), so daß einzelne unwirksamen Klauseln primär im Wege der Umdeutung (§ 140 BGB), der ergänzenden Vertragsauslegung (Rz 7, 28) bzw des dispositiven Rechts zu ersetzen sind (zu Ersetzungsklauseln in GesVerträgen, *Michalski* NZG 98, 7). – Die bes Rechtsfolgen der fehlerhaften Ges sind ferner **nur** einschlägig, wenn der Vertrag **vollzogen** worden ist, dh entweder die Ges nach außen hin (vorbereitend) tätig geworden ist (BGH NJW 52, 97), Vermögen (§ 124) gebildet hat (BGH NJW 54, 1562; 92, 1502; weitergehend BGH 116, 40 unter Hinweis auf *Schmidt* GesR, § 6 III 1), ein gesvertragliches Recht ausgeübt (BGH BB 00, 1855) oder der GesAnteil abgetreten (BGH BB 00, 1487) worden ist. Die Handelsregistereintragung genügt (aA die hM). Ist dieses Stadium noch nicht erreicht worden, so ist der GesVertrag gem den §§ 104 ff, 118, 119,

123, 125, 134, 138, 142, 154, 242, 306, 1365 BGB uneingeschränkt nichtig bzw anfechtbar.

c) Rechtsfolgen bei der vollzogenen fehlerhaften Ges. aa) Regelfall: Die Ges ist nach außen u innen auch ggüber Bösgläubigen (str) grds wie eine Ges zu behandeln, die mit denjenigen Gesellschaftern, die eine Willenserklärung abgegeben haben, wirksam zustandegekommen ist (BGH NJW 52, 97; 66, 207; 83, 748). An die Stelle einer mangelhaften Bestimmung tritt, soweit ausschließlich das Innenverhältnis (§ 109) tangiert ist, eine angemessene Regelung (§ 157 BGB; BGH NJW 58, 668; 67, 1963). Formunwirksame, noch nicht erfüllte Verpflichtungen bleiben unbeachtlich (BGH NJW 77, 1820 f). Der zur Anfechtung berechtigte Gesellschafter ist bzw im Fall der Unwirksamkeit des GesVertrages sind alle Gesellschafter berechtigt, den Mangel im Wege der §§ 133, 140 bzw der gesvertraglichen Abwandlungen dieser Rechte (vgl § 133 Rz 4; BGH NJW 73, 1604) geltend zu machen (BGH 3, 285). Beachte § 145 Rz 3. Anfechtungserklärungen, Rücktritte sind iZw als Kündigungen auszulegen (Rz 28); die Berufung auf Formfehler kann gg § 242 BGB verstoßen (BGH BB 00, 1487). Der fortbestehende Mangel gilt immer als wichtiger Grund (BGH NJW 52, 97; hM; aA *Schmidt* GesR § 6 III 2), es sei denn, daß die Berufung auf den Mangel arglistig ist (aA Mü ZIP 00, 2301; Stgt ZIP 01, 698 [angemessene Frist]). Außerdem können grds gg Mitgesellschafter im Innenverhältnis nach allg Regeln (zB § 826 BGB; cic) selbst vor Auflösung der Ges Schadensersatzansprüche erhoben werden; wenn alle Mitgesellschafter schadensersatzpflichtig sind, auch auf Aufhebung des Ges Vertrages (§ 249 BGB; § 131 Rz 3; Faust). Zur Haftung der Mitgesellschafter und der Ges bei der PublikumsGes § 161 Rz 7. Ansprüche gg die Ges sind vor Beendigung der Ges (§ 131) oder Austritt (Rz 28) ausgeschlossen (BGH BB 00, 1855; Stgt ZIP 01, 697) Abw Vereinbarungen sind nur in Hinblick auf das Innenverhältnis möglich. 27

bb) Besonderheiten gelten bei Arglist u dort, wo der Anerkennung der fehlerhaften Ges vorrangige schutzwürdige Interessen entgegenstehen. Dies ist beim Handeln eines **falsus procurators** (keine Zurechenbarkeit; aA Ffm, NJW-RR 94, 1322 f), ferner ohne Rücksicht auf § 1629a BGB (*Grunewald* ZIP 99, 600) bei der Beteiligung **nicht voll Geschäftsfähiger** (§§ 104, 105 II, 106 BGB) der Fall, wenn die Zustimmung des ges Vertreters oder des Vormundschaftsgerichts (Rz 15) fehlt (BGH, NJW 55, 1067; 83, 748; BB 92, 665; einschr *SchlSchmidt* § 105 211 mNachw). Eine fehlerhafte Ges entsteht, wenn mindestens zwei geschäftsfähige Gesellschafter beteiligt sind, ohne den nicht voll Geschäftsfähigen (BGH, NJW 83, 748). Dieser haftet grds nicht aus Rechtsschein (wohl aber uU aus § 15 III [§ 15 Rz 30]) und kann gem §§ 812 ff, 987 ff BGB Herausgabe seiner Einlage fordern. Eine Gewinnbeteiligung nach Maßgabe des GesVertrages steht ihm nicht zu, da dem Gewinn das Haftungsrisiko entspricht (aA *MKGitter* vor § 104 19 gg *StUlmer* § 105 348). Wurde ein **Widerrufsrecht** nach dem HWiG 28

§ 105

(Rz 5) wirksam ausgeübt, so ist der Widerrufende nicht als Gesellschafter zu behandeln; es gilt § 361 a BGB (aA BGH BB 01, 1654; wie hier Stgt ZIP 01, 323; Ro BB 01, 906). Gleiches gilt, falls wirksam ein Widerruf gem §§ 7 VerbrKrG, 361 a I BGB erklärt worden ist (aA *KrohnSchäfer* WM 00, 118; beachte BGH BB 01, 1654). Im Fall des Widerrufs eines iSd § 9 VerbrKrG finanzierten GesVertrages hat sich der Kreditgeber idR (§ 9 II 4 VerbrKrG) wg Rückzahlung der Einlage an die Ges zu halten (vgl BGH NJW 96, 3415 zu § 9 VerbrKrG aF; abw *Habersack* ZIP 01, 329); vom Gesellschafter kann er entnommene Gewinne etc zurückverlangen (§ 361 a II BGB). **Einwendungen** gem **§ 9 III VerbrKrG** (zB § 131 Rz 9 f; § 145 Rz 3; § 149 Rz 2; *Westermann* WuB I G 5.17.00) können iü dem Kreditgeber allenfalls entgegengehalten werden, soweit sie gg die Ges geltend gemacht werden können (BGH BB 00, 1854 f; Stgt ZIP 01, 697; einschr *Edelmann* BB 00, 1856; weiter *Reich* EWiR 01, 450). Ein **Formverstoß** gem § 4 VerbrKrG verhindert wg vorrangigen Verbraucherschutzes den Erwerb einer auch nur fehlerhaften Gesellschafterstellung. Eine weitere Ausnahme von Rz 27 gilt, wenn der GesZweck **gesetz- oder sittenwidrig** ist (BGH 74, 1201; NJW 80, 638; 87, 67; einschr *Schmidt* GesR, § 6 III 3), so daß die rechtliche Anerkennung der Ges im Widerspruch zur Rechtsordnung steht (Schutz unerfahrener Gesellschafter, § 128 Rz 4). Im Fall eines Verstoßes gg **§ 1365 BGB** ist allerdings nur die Einlageverpflichtung unwirksam (*StUlmer* § 105 352; str). Sind ein oder mehrere Gesellschafter bloß **getäuscht, bedroht oder sittenwidrig benachteiligt** worden oder wg cic schadensersatzberechtigt, so sind die Grundsätze der fehlerhaften Ges (Rz 27) ebenfalls anzuwenden (hM; BGH BB 75, 758; 80, 1855; abw BGH NJW 71, 377 bei bes günstigem Gewinn- u Liquidationsanteil). Den Interessen der Getäuschten etc ist mit Hilfe ergänzender Vertragsauslegung (Rz 7) u von Schadensersatzansprüchen (§ 826 BGB; cic) gg Mitgesellschafter Rechnung zu tragen (Rz 27). Außerdem ist auch dort, wo grds eine Auflösungsklage erforderlich ist, dem Geschädigten bei groben Täuschungen ein durch einseitige Erklärung ausübbares Ausschluß- bzw Übernahmerecht (BGH NJW 67, 1963) sowie mit Wirkung ex nunc ein **Austrittsrecht** (Rechtsfolgen auch bzgl Schadensersatz vgl § 131 Rz 10 ff) zuzubilligen, es sei denn, daß nahezu alle Gesellschafter getäuscht worden sind (BGH NJW 58, 668; dann Rz 27). Gleiches gilt in Fällen sittenwidriger Übervorteilung (BGH NJW 70, 1540; DB 75, 1161), auch bei bes grober Sittenwidrigkeit (hM; aA BGH NJW 71, 377: Nichtigkeit). Die Anfechtung ist iZw als Austrittserklärung zu interpretieren (BGH NJW 93, 2108; einschr Celle NJW-RR 99, 1338). Der Austritt muß nicht binnen angemessener Frist erfolgen (aA Mü ZIP 00, 2301), darf aber auch nicht arglistig verzögert werden. Bei **PublikumsGes** (§ 161 3) steht vor der Auflösung (§ 131; BGH NJW 79, 765) immer allen arglistig Getäuschten ein fristloses Austrittsrecht (z Umdeutung von Anfechtungen s o) mit ex-nunc-Wirkung (BGH NJW 75, 1022; 77, 2160) zu, es sei denn, daß nahezu alle Gesellschafter betroffen sind (BGH NJW 78, 378 [dann Rz 27]; vgl auch § 161 Rz 20). Zum Adressaten der Erklärung § 161 Rz 20; z Haftung, § 161 Rz 7.

3. Scheingesellschaft(er). Treten Personen nach außen als OHG/ KG-Gesellschafter auf, obwohl sie sich weder wirksam noch fehlerhaft (Rz 25 ff) gesvertraglich binden wollten (zB § 117 BGB, bloße Behauptung einer Gesellschafterposition; probl Firmierung [§ 15 Rz 43 ff, § 19]), so gelten im Innenverhältnis die §§ 812 ff BGB (BGH NJW 53, 1220; 54, 231). Im Verhältnis zu außenstehenden Dritten greift die allg konkrete Rechtsscheinhaftung (§ 15 Rz 37 ff) ein, wonach sich Scheingesellschafter, nicht die „Ges" als solche (aA *Canaris* § 6 III 3), ggüber Gutgläubigen (BGH NJW 55, 985; Fahrlässigkeit schadet), die auf die Existenz einer OHG/KG konkret vertraut u deshalb mit ihr Geschäfte getätigt, Forderungen gestundet bzw gg sie Prozesse geführt haben, nach deren Wahl (Anh § 15 Rz 58; aA BGH NJW 99, 3041 [Grundsätze der Anscheinsvollmacht]) auch in der Insolvenz so behandeln lassen müssen, als hätte die OHG (KG) existiert u als wären sie normale OHG-Gesellschafter (BGH NJW 80, 784) bzw Komplementäre (§ 161 II), Kommanditisten (§ 171 Rz 10; § 176 Rz 7, 8). Voraussetzung ist immer, daß der Rechtsschein von den Haftenden durch Tun zurechenbar erzeugt worden ist (zB Zustimmung zur Geschäftsaufnahme; BGH NJW 73, 1693) oder daß sie fahrlässig nicht eingeschritten sind. Gleiches gilt, wenn der Rechtsschein entstanden ist, daß der Haftende Gesellschafter einer bestehenden Ges ist. Die Geschäftsführer der Scheingesellschafter haften nicht analog § 179 I 1 HGB. Der konkrete Rechtsschein einer Schein-OHG kann auch dadurch entstehen, daß eine BGB-Ges (§ 705 BGB) als HandelsGes auftritt (vgl § 15 Rz 43 ff, § 19), obwohl sie weder ein Handelsgewerbe (§ 1 II) betreibt noch die Voraussetzungen des § 105 II nF oder § 5 erfüllt sind (BGH NJW 73, 1693; 91, 922), oder daß bei Neubildung einer Firma der Anschein einer zweiten Firma hervorgerufen wird. Ein Vertrag mit der BGB-Ges kommt nicht zustande (*WagnerSommer* WM 95, 563 f; str). Der konkrete Rechtsschein endet individuell erst, wenn der Vertrauende Kenntnis erlangt oder wenn sich der Vertrauende konkret hätte informieren müssen (BGH NJW 55, 986). Daneben kann § 15 HGB einschlägig sein, insbes wenn sich OHG (KG) in BGB-Ges verwandelt hat (Rz 44). Zur ScheinGes im Prozeß *Lindacher* ZZP 96 (1983), 486; in der Insolvenz § 93 InsO analog (§ 128 Rz 7); zur ScheininlandsGes, *Fischer* IPRax 91, 100. Zur Eintragung einer BGB-Ges ohne Willen aller Gesellschafter s § 5. 29

4. Umwandlung. Eine OHG/KG kann auch nach Maßgabe der §§ 16, 23 ff UmwG durch Umwandlung aus einer AG, GmbH, KGaA, Gen entstehen. Denkbar ist das Entstehen einer OHG auch dadurch, daß die Kommanditisten einer KG die volle Haftung übernehmen (Rz 12) oder daß eine BGB-Ges zur OHG (KG) wird, wenn sie kauf- 29 a männisch (§ 1 II) tätig wird (Rz 10) oder wenn sie sich gem § 105 II in das Register eintragen läßt (Rz 10; § 123 Rz 3).

II. Voraussetzungen des Entstehens der OHG im Verhältnis zu Dritten

Siehe Erl zu § 123.

III. Rechte und Pflichten nach Gründung der Ges (Überblick)

30 1. **Rechte und Pflichten der Gesellschafter untereinander. a) Der GesVertrag als Grundlage.** Der OHG (KG)-Vertrag ist eine bes Form des GesVertrages iSd § 705 BGB (arg e § 105 III; Rz 10). Die Rechtsbeziehungen zwischen den Gesellschaftern sind somit **schuldrechtlicher Natur** (§§ 241 ff BGB, 109 ff HGB). Sie unterliegen allerdings nicht voll den Regeln für Austauschverträge, da die persönliche Interessengemeinschaft prägend ist. Der GesVertrag fällt vielmehr in die Kategorie der **Dauerschuldverhältnisse** u der **Organisationsverträge.** Er ist selbst regelmäßig kein Handelsgeschäft (§ 343), selbst wenn man annimmt, daß die **Gesellschafter** durch die Errichtung der OHG zu **Kaufleuten** werden (§ 1 Rz 23; § 343 Rz 6). Der GesVertrag ist die Grundlage der Rechtsbeziehungen unter den Gesellschaftern. Er ist scharf von der Geschäftsführung (§ 114 Rz 2) zu unterscheiden. **b) Rechtsstreitigkeiten** über die Grundlagen des Ges-Verhältnisses (§ 114 Rz 2; zB Gesellschafterstellung; Zusammensetzung des Beirats), über die Mitverwaltungs- u Informationsrechte oder Wirksamkeit von Beschlüssen sind daher selbst bei PublikumsGes (§ 161 Rz 3) grds zwischen den streitenden (Ausnahme: §§ 117, 127, 133, 140; weiter Hmbg NZG 00, 421) Gesellschaftern (nicht bloß Anwartschaftsberechtigten [aA Dresd NZG 01, 403]), nicht aber zwischen Gesellschafter u Ges auszutragen (BGH NJW 67, 2159; NJW 99, 3115 [Publikums-KG]; krit *Bork* ZGR 91, 125 ff, s a § 119 Rz 11). Das in dem Rechtsstreit zwischen den Gesellschaftern ergangene Urteil ist für die Ges verbindlich (BGH NJW 67, 2159); Parteiwechsel, BGH NJW 84, 2104. Mehrere Gesellschafter sind idR keine notwendigen Streitgenossen (BGH NJW 59, 1684; 99, 572; aA Mü NZG 99, 440). Frist, Verwirkung, § 119 Rz 11. Zu Treugeber, Nießbraucher s § 105 Rz 20 ff. **Anders** ist die Lage bei den aus dem GesVerhältnis resultierenden vermögensrechtlichen Sozialansprüchen der Ges gg die Gesellschafter (zB auf Beitragsleistung, Schadensersatz; zur actio pro socio Rz 34) bzw bei Sozialverbindlichkeiten der Ges ggüber ihren Gesellschaftern (zB § 110). Hier sind Rechtsstreitigkeiten zwischen Ges und Gesellschaftern zu führen (uU Klage auch gg Mitgesellschafter; *StUlmer* § 105 214; § 109 68). Zum Teil wird die Ansicht vertreten, daß die Ges auch in Hinblick auf nicht-vermögensrechtliche Angelegenheiten (zB Auskunft, Unterlassung) passivlegitimiert sei (*Wiedemann* WM 92 Beil 7, S 6). Zur zulässigen Vereinbarung der generellen Notwendigkeit

Erster Abschnitt. Offene Handelsgesellschaft **§ 105**

einer Klage gg die Ges oder einer **Anfechtungsklage** BGH NJW 83, 1056; 99, 3115; BB 95, 692. Die Vereinbarung darf nicht über § 157 BGB fingiert werden (abw Celle EWiR 98, 983; vgl auch Mü NZG 01, 559). **Einstw Verfügungsverfahren** (§§ 935, 940 ZPO) sind zulässig (*Damm* ZHR 154 [1990], 433; *v Gerkan* ZGR 85, 167). Zum **Schiedsgericht,** das auch bei Beteiligung einer GmbH als Gesellschafterin vereinbart werden kann (Hamm DB 92, 2180), s Rz 6, 51; § 124 Rz 9.

c) Pflichten im einzelnen. aa) Beitrag: Vgl Rz 9. Bei der OHG **31** gelten uneingeschränkt die §§ 267, 271, 362 ff, 389 ff, 398 ff BGB (anders bei KG [§ 171 Rz 4, 13 ff]). Es besteht ohne bes Abrede keine Nachschußpflicht (§ 707 BGB; BGH NJW 53, 102; 57, 591; 76, 958; 83, 164; s aber Rz 42). Die Einlage ist ein Beitrag in Form eines Vermögensgegenstandes, dessen wirtschaftlicher Wert feststellbar ist (vgl § 27 III AktG [BGH BB 00, 1643]; str, ob auch bilanzfähig) u nicht mit irgendwelchen Gegenleistungs- oder Rückgewähransprüchen verknüpft ist (vgl § 171 Rz 4, 12). Der Anspruch auf Einlage ist abtretbar u pfändbar (hM); die Einlagepflicht ist Bringschuld. IZw sind **gleiche Beiträge** zu leisten (§ 706 BGB; § 105 III HGB). Die Vereinbarung von Darlehen, stillen Einlagen etc kann Beitragsqualität besitzen u damit gesrechtlicher Natur sein (BGH NJW 85, 974; vgl auch § 172 a Rz 18). Bei der Leistung vertretbarer (§ 91 BGB) oder verbrauchbarer (§ 92 BGB) Sachen oder bei Einbringung nach Schätzung wird vermutet, daß **Übereignung** geschuldet ist (§ 706 BGB, § 105 III HGB; Verzinsung § 111). Gutgläubiger Erwerb erfordert die Gutgläubigkeit aller Gesellschafter (BGH BB 59, 318; 00, 2592; str). Beachte bei Einbringung von Unternehmen die §§ 25, 28. Bei **Einbringung dem Werte** nach bleibt der Gesellschafter Rechtsinhaber; im Innenverhältnis (§ 109 Rz 1) wird der Gegenstand aber wie Eigentum der Ges (§ 124 Rz 3) behandelt (BGH DStR 98, 1105). Welche Art von Einlage geschuldet ist, ergibt die Auslegung des Vertrages (Auslegungsregel: § 706 II BGB). Die Behandlung in der Bilanz ist ohne Bedeutung (BGH DB 65, 1246). Bei Vereinbarung der **Einbringung zum Gebrauch** (§ 535 BGB analog) ist durch Auslegung zu bestimmen, wer die Unterhaltungskosten zu tragen hat. Der Ges steht ein Besitzrecht zu (§ 986 BGB; weitergehend *Wiedemann* WM 92 Beil 7, S 15). Zum Erfinderrecht BGH NJW 55, 542. Beachte § 114 Rz 6 f.
bb) Im Fall von **Leistungsstörungen** ist die Anwendbarkeit der §§ 320–327 BGB äußerst umstritten, weil der GesVertrag nicht zu den Austauschverträgen zählt (vgl *StUlmer* § 105 148 ff; *Hüttemann* Leistungsstörungen bei Personengesellschaften [1998] S 67 ff mNachw). **§ 320 BGB** ist mit der hM nicht anwendbar, weil sonst die Ges von einem Gesellschafter lahmgelegt werden könnte (BGH BB 54, 92; DB 58, 1418). Eine Analogie zu § 320 BGB ist jedoch bei Zwei-Personen-Ges zuzulassen (*SoeHadding* § 705 44; aA EBJ*Boujong* § 105 78). Denkbar ist dann auch der Arglisteinwand (BGH NJW 58, 669) oder die

§ 105 Zweites Buch. Handelsgesellschaften u. stille Gesellschaft

Berufung auf den Gleichbehandlungsgrundsatz (Rz 38). **§ 321 BGB** (analog) eröffnet ein Leistungsverweigerungsrecht, wenn angesichts der Vermögensverhältnisse der Ges eine Beitragsleistung unzumutbar ist (BGH WM 68, 876; aA neuere Lit).

32 Ist die Beitragsleistung eines Gesellschafters **nachträglich objektiv oder subjektiv unmöglich** geworden, so wird der Schuldner, der dies nicht zu vertreten hat (§ 708 BGB; Ausnahmen, Rz 37), frei (§ 275 BGB), es sei denn, im Weg ergänzender Vertragsauslegung ist anzunehmen, daß ein Ersatz geschuldet (*SoeHadding* § 705 45; BGH DB 72, 2201) oder der Vertrag im Rahmen der Treuepflicht anzupassen (Rz 42) ist. Wenn die Ges die Unmöglichkeit zu vertreten hat (§ 708 BGB; Ausnahmen, Rz 37), so ist § 324 BGB analog anzuwenden (aA EBJ*Boujong* § 105 81). Die Ges kann bei ihrem Geschäftsführer Regreß nehmen (§ 114 Rz 7). Dort, wo weder die Ges noch der beitragspflichtige Gesellschafter die Unmöglichkeit vertreten muß, werden die anderen Gesellschafter auch bei der Zwei-PersonenGes nicht analog § 323 BGB von ihrer Verpflichtung frei (*SoeHadding* § 705 45; aA RG 158, 321). Insoweit ist zu berücksichtigen, daß der GesZweck auf Errichtung eines Verbandes gerichtet ist, der auf Dauer angelegt ist u daß der Gesellschafter einen Beitrag in Form der Haftungsübernahme leistet (Rz 7). Die Rechtsfolgen sind daher den §§ 133, 140 zu entnehmen, soweit nicht die Treuepflicht eine Anpassung der GesVerträge erlaubt (Rz 42; BGH DB 72, 2201). Hat der Gesellschafter die Unmöglichkeit zu vertreten (§ 708 BGB; Ausnahmen, § 105 Rz 37), so haftet er gem § 280 BGB. Außerdem kommt die Anwendung der §§ 133, 140 in Betracht (BGH WM 67, 419). Damit ist eine Analogie zu § 325 BGB ausgeschlossen (offen *Schmidt* GesR, § 20 III 3). Davon ist auch bei der Zwei-PersonenGes keine Ausnahme zu machen, weil bei ihr das Bedürfnis nach Rechtssicherheit nicht geringer ist. Bei anfänglicher objektiver Unmöglichkeit gilt grds § 306 BGB (zur fehlerhaften Ges Rz 25); bei anfänglichem Unvermögen haftet der Gesellschafter verschuldensunabhängig auf Schadensersatz (hM).

33 Der **Verzug** (§§ 284, 285, 708 BGB; Ausnahmen, Rz 37) eröffnet der Ges einen Ersatzanspruch (§ 286 BGB). Auch hier wird § 326 BGB durch die §§ 133, 140 verdrängt, jedenfalls wenn die Ges in Vollzug (Rz 26) gesetzt worden ist (vgl BGH WM 67, 420; NJW 83, 1188; einschr *Wertenbruch* NZG 01, 306). Im Fall der **positiven Forderungsverletzung** (§ 708 BGB; Ausnahmen, Rz 37) erwirbt die Ges nach allg Regeln Ersatzansprüche (BGH NJW 83, 1188). Soweit ein Mitgesellschafter einen zusätzlichen individuellen Schaden erleidet, ist er aktivlegitimiert. Weist die an die Ges zu übereignende Sache **Mängel** auf, so greifen nach verbreiteter Ansicht die §§ 459 ff BGB modifiziert ein: An die Stelle der Wandlung treten die §§ 133, 140 u ergänzende Vertragsauslegung; die Ges kann nach wohl noch immer hM die Wertdifferenz oder im Rahmen der Treuepflicht (Rz 35 ff) unter Rückgabe der Sache deren Wert im mangelfreien Zustand verlangen (aA zutr St*Ulmer* § 105 154; EBJ*Boujong* § 105 84: grds nur §§ 133, 140, weil verschul-

densunabhängige Wertersatzpflicht unbillige Härten mit sich bringe). Schuldet der Gesellschafter als Beitragsleistung nur die Überlassung zum Gebrauch, so haftet er für Fehler der Sache analog den §§ 537 ff BGB mit denselben Einschränkungen wie bei der Pflicht zur Übereignung der Beitragsleistung (hM; aA *StUlmer* § 105 155). Die Schlechterfüllung von der Ges geschuldeten Dienstleistungen oder sonstigen Leistungen, für die kein Gewährleistungsrecht existiert, verpflichten bei Verschulden zum Schadensersatz (BGH NJW 83, 1189); ggf greifen die §§ 133, 140 ein. Die Ansprüche auf Beitragsleistung u Schadensersatzforderungen können von der Ges (§ 124) geltend gemacht werden (Aktivlegitimation).

cc) actio pro socio. Außerdem ist jeder Gesellschafter (Treugeber mit dessen Ermächtigung) unabhängig von Geschäftsführungs- u Vertretungsmacht befugt, diese Beitragsansprüche u alle anderen der Ges gg ihre Gesellschafter aus dem GesVerhältnis zustehenden Ansprüche (BGH DB 01, 586) einschl von Schadensersatzforderungen wg Treuepflichtverletzung (Rz 37) u Erstattungsansprüchen (BGH NJW 00, 506), nicht aber Geschäftsführungsmaßnahmen (Rz 37) gg Mitgesellschafter im eigenen Namen auf Leistung an die Ges geltend zu machen. Eine Vertreterklausel, kraft derer sich mehrere Gesellschafter durch einen gemeinsamen Vertreter vertreten lassen müssen (§ 119 Rz 2), steht nicht entgegen (BGH, NJW 67, 827). Jeder Gesellschafter kann auch verlangen, daß wirksame Beschlüsse der GesOrgane durchgeführt werden (BGH BB 70, 226). Ist eine andere OHG/KG Mitgesellschafter, so kann die actio pro socio auch gg deren Gesellschafter gerichtet werden (BGH NJW 73, 2198); gleiches gilt in anderen Fällen mittelbarer Beherrschung (Rz 36). Zum Anspruch auf Unterlassung, Rz 37. Umstritten ist, ob der Gesellschafter im Rahmen der actio pro socio einen eigenen gesvertraglichen Anspruch geltend macht (BGH NJW 57, 1358; 73, 2198; offen BGH NJW 85, 2831) oder ob er (richtigerweise) eine der Gesamthand (§ 124 Rz 1) als Inhaberin der Sozialansprüche zustehende Forderung als Prozeßstandschafter geltend macht (so die neuere Lehre). Die actio pro socio dient auch dem Minderheitenschutz. Deshalb darf sie im GesVertrag nur soweit abbedungen werden, als kein Grund zur Annahme unredlicher Geschäftsführung besteht (*SchlMartens* § 119 25; hM; offen BGH NJW 85, 2830). Grds setzt sie keinen Gesellschafterbeschluß voraus (BGH NJW 57, 1358; aA *Grunewald* Gesellschafterklage [1990], S 49 ff), es sei denn, daß hiervon auch der Anspruch der Ges abhängt (zB § 113 II). Die actio pro socio ist nur dann unzulässig, wenn sie treuwidrig mißbraucht wird (BGH NJW 85, 2831), weil nur so schlagkräftig Versäumnisse korrigiert werden können u weil Dritte nicht gefährdet werden (enger EBJ*Boujong* § 105 153; *Brandner* FS Lutter [2000], S 326). Ihr steht nicht entgegen, daß der Anspruchsteller seinerseits im Weg der actio pro socio in Anspruch genommen werden kann (BGH NJW 00, 506). Die Tatsache, daß der Gesellschafter im Wege der actio pro socio geklagt hat, erzeugt keine

34

Rechtskraftwirkung im Verhältnis zur Ges (hM; BGH NJW 81, 1097). Allerdings kann der Gesellschafter den Anspruch nur so geltend machen, wie ihn die Ges noch selbst besitzt (BGH NJW 85, 2831). Es ist jedoch zu beachten, daß der Verzicht auf die Forderung durch die Ges oder eine sonstige Einschränkung (nicht aber die Abtretung) als Änderung des GesVertrages (Rz 40) zu qualifizieren ist u nicht bloß als Geschäftsführungsmaßnahme (BGH NJW 85, 2831; aA: § 116 II greift ein). Die actio pro socio bleibt nach **Auflösung** der Ges zulässig (BGH 10, 101 f), auch hinsichtlich der Beiträge (Rz 31; hM; aA *Goette* DStR 93, 1228), sofern die Leistung für die Liquidation benötigt wird; s auch § 145 Rz 3. In der Insolvenz bleibt das Recht zur actio pro socio ebenfalls bestehen (KG DStR 00, 1617 [*Haas*]). Ansprüche der Ges **gg Nichtgesellschafter** sowie gg Mitgesellschafter, soweit diese wie **Dritte** der Ges ggüberstehen (Rz 9), dürfen grds nur von den Organen der Ges geltend gemacht werden (§ 124 Rz 3).

35 **dd) Treuepflicht.** Anerkanntermaßen ist jeder Gesellschafter sowie qualifizierte Treugeber (§ 105 Rz 20) bei **uneigennützigen** Mitgliedschaftsrechten (zB §§ 114–116, 117, 127) ggüber der OHG bzw KG u den Mitgesellschaftern verpflichtet, den im GesVertrag fixierten Interessen der Ges, zu denen regelmäßig das Interesse an Bestandssicherung u hohen Gewinnen gehört, den absoluten Vorrang einzuräumen (BGH NJW 86, 584). Er darf nicht seinen mit den Interessen der Ges konfligierenden Nutzen oder den Vorteil anderer im Auge haben u darf nicht konkrete Geschäftschancen der Ges an sich ziehen (BGH NJW 89, 2688; einschr BGH NJW 93, 193 in Hinblick auf den wirtschaftlichen Alleingesellschafter) oder Informationen weitergeben. Das Handeln muß von einem sachlich gerechtfertigten Grund getragen sein (BGH NJW-RR 92, 167). Das gilt auch in Hinblick auf Minderheiten schützende Rechte (Hmbg NJW-RR 91, 673). Es gibt aber keine Pflicht zu objektiv zweckmäßigen Entscheidungen, wenn ein Ermessens- oder Prognosespielraum besteht, auch nicht die Pflicht, mit der Ges Austauschverträge zu schließen (BGH [*Goette*], DStR 94, 1622). Zum Wettbewerbsverbot s §§ 112 f, 165.

36 Die Treuepflicht trifft **insbes Personen, die (mittelbar) herrschenden Einfluß** (vgl § 17 I AktG) auf die Ges ausüben können (BGH 89, 165; 107, 14 f; St*Ulmer* Anh § 105 52; einschr *Schl/Martens* Anh § 105 28). Treuwidrig ist zB ein Verhalten, durch das ein beherrschender Gesellschafter ohne gleichwertige Gegenleistung Vorteile erhält. Dazu gehört auch der Erwerb einer beherrschenden Stellung (§§ 114 I, 125 I allein genügen nicht; notwendig auch Beherrschung im Bereich § 116 II) ohne ausreichenden Ausgleich, es sei denn, alle übrigen Gesellschafter haben zugestimmt (aA *Laule* FS Semler [1993], S 551; zu Mehrheitsbeschlüssen § 109 Rz 4; § 119 Rz 9). Analog § 18 I AktG ist zu vermuten, daß der beherrschende Gesellschafter, der auch anderweitig unternehmerisch (weitergehend BGH ZIP 97, 889) oder wesentlich kapitalmäßig engagiert ist (*Ulmer* FS Schilling [1989],

Erster Abschnitt. Offene Handelsgesellschaft **§ 105**

S 37; zutr einschr *Laule* FS Semler [1993], S 546), die Ges unter seine einheitliche Leitung gestellt hat, also die Ges als Teil eines **Konzernganzen** behandelt (hM; aA *Schl/Schmidt* Anh § 105 8; *Laule* FS Semler [1993], S 549). Kann diese Vermutung nicht widerlegt werden oder ergibt sich aus den Umständen, daß der h Gesellschafter die Geschäftspolitik der Ges mit der eines anderen Unternehmens (teilweise) abstimmt, so liegt darin eine Änderung des GesZweckes, da der Ges eine uneingeschränkt eigenständige Zweckverfolgung nicht mehr möglich ist. Diese Änderung des GesZwecks muß durch eine Änderung des GesVertrages in Form eines Konzernierungsbeschlusses (§ 109 Rz 4) legitimiert werden. *Ohne* einen solchen *Konzernierungsbeschluß* ist daher schon die Unterstellung unter eine einheitliche Leitung u deren Realisierung, selbst wenn sie nicht zur Eingliederung führt, treuwidrig (ebenso weitgehend iE BGH NJW 80, 231: Vermutung treuwidriger Schädigung; vgl auch *Henze* BB 96, 497 f). In diesem Fall kommt eine Unterlassungspflicht (Rz 37; § 112 Rz 2), eine Haftung des (mittelbar) h Gesellschafters (Rz 37; *Röhricht* WPg 92, 777) u zusätzlich eine Verlustübernahmepflicht ohne Rücksicht auf Verschulden in Betracht (vgl § 172 a Rz 6; *Röhricht* WPg 92, 777; *Schmidt* GesR § 43 III 4). Im Vorfeld trifft den Gesellschafter eine Informationspflicht (*Henze* BB 96, 498). *Hat* die Ges mit dem h Unternehmer-Gesellschafter einen *Beherrschungsvertrag abgeschlossen* (§ 109 Rz 4) oder einen *Konzernierungsbeschluß (§ 109 Rz 4) gefaßt*, so haftet das h Unternehmen gem § 276 BGB mit Beweislastumkehr für alle Maßnahmen, die das Bestandsinteresse der Ges mißachten oder nicht durch das überwiegende Konzerninteresse gedeckt sind (vgl § 317 II AktG). Außerdem erwirbt die Ges einen verschuldensunabhängigen (*St/Ulmer* Anh § 105 75; EBJ*Lange* Anh § 105 48 [sehr str]) Anspruch auf Verlustausgleich (BGH NJW 80, 232) ohne Rücksicht darauf, ob die Ges weitgehend eingegliedert worden ist oder nicht ([str]; *St/Ulmer* Anh § 105 74: Risikohaftung; zutr *Hommelhoff* FS Goerdeler [1987] S 609: Analogie zu § 302 AktG; mit guten Gründen krit *Bitter* ZIP 01, 271, 278). Der Verlust ist nicht auszugleichen, wenn der h Gesellschafter beweisen kann, daß der Verlust nicht durch die Beherrschung verursacht worden sein kann (vgl auch § 172 a Rz 6). Bei faktischer qualifizierter Konzernierung gelten die Regeln des GmbH-Konzerns (§ 172 a Rz 6; aA *Laule* FS Semler [1993], S 553 ff) auch zugunsten der OHG (KG). Vgl ferner § 128 Rz 16.

Soweit ein **Gesellschafter** (oder Treugeber etc; § 105 Rz 20 ff) **36 a Rechte ausübt, die ihm primär im eigenen Interesse** u nicht zur Förderung des Verbandszweckes verliehen sind (zB §§ 110, 118, 120 f; Grundlagengeschäfte § 114 Rz 2), braucht er seine Interessen nicht hinter die der Ges u Mitgesellschafter zurücktreten zu lassen (BGH 34, 83), solange er nicht willkürlich (BGH NJW-RR 86, 256) oder unverhältnismäßig schädigend (BGH NJW 60, 434; Köln NZG 00, 835) handelt (*Soe/Hadding* § 705 60; *St/Ulmer* § 105 240; vgl BGH NJW 78, 1316). Bei der Abwägung spielen ua die Intensität der Nachteile (BGH

§ 105 Zweites Buch. Handelsgesellschaften u. stille Gesellschaft

NJW 60, 434; 85, 974; LM 10 zu § 142) u des Einflusses (vgl BGH NJW 76, 191) sowie die Intensität des Zusammenschlusses (BGH NJW 85, 973 f: lose bei PublikumsGes [*Picot* BB 93, 16]) eine Rolle, ausnahmsweise auch in der Privatsphäre der Mitgesellschafter gelegene Interessen (BGH NJW 67, 1081). Unter Umständen genügt die konkrete Gefahr einer unverhältnismäßigen Schädigung (vgl BGH NJW 95, 196). Die Treuepflicht gilt selbst dort, wo der Gesellschafter gg die Ges **wie ein außenstehender Dritter** Forderungen erworben hat (BGH NJW-RR 92, 543; § 128 Rz 2; anders in Hinblick auf Zwang, Austauschverträge zu schließen BGH [*Goette*], DStR 94, 1622) doch besteht eine Pflicht, die Liquidation zu vermeiden, nur, wenn die Forderung ohnehin wertlos ist (*Grunewald* FS Großfeld [1999], S 321). Zur Treuepflicht im **Liquidationsstadium** s § 145 Rz 2.

37 **Rechtsfolgen bei Treuepflichtverletzungen: Treuwidrige Maßnahmen** sind, soweit sie sich nur unter den Gesellschaftern auswirken, rechtlich **unbeachtlich** (RG 158, 310; BGH BB 79, 1522; einschr *Wiedemann* WM 92 Beil 7, S 22 f); der (mittelbare) Gesellschafter hat treuwidrig getroffene Maßnahmen **rückgängig** zu machen (BGH BB 71, 759) u bei Verschulden der Ges ihren **Schaden zu ersetzen** (BGH NJW 86, 584; 84, 1351; Aktivlegitimation Rz 33 f). Es gilt der Maßstab des § 708 BGB (*StUlmer* § 109 11), demzufolge nur für eine Verletzung der eigenüblichen Sorgfalt, jedenfalls bei grober Fahrlässigkeit (§ 277 BGB) gehaftet wird. Dies gilt auch in Hinblick auf konkurrierende Ansprüche aus § 823 BGB u zugunsten jur Personen (str). Beweislast, vgl § 114 Rz 7. An die Stelle des § 708 BGB treten jedoch die §§ 276 BGB, 43 GmbHG im Straßenverkehr (BGH NJW 67, 558 [str]), mangels personalen Vertrauensverhältnisses (BGH NJW 80, 589; KG NZG 99, 201) bei MassenGes, insbes PublikumsGes (BGH NJW 95, 1354 f; § 161 Rz 3; weiter EBJ*Boujong* § 105 136) u zu Lasten von Komplementär-GmbH-Geschäftsführern (§ 172 a Rz 20 f; einschr *StUlmer* § 114 62) sowie von beherrschenden Unternehmer-Gesellschaftern (§ 17 f AktG) mit Beweislastumkehr im Konzern (§ 18 AktG) als Korrelat zur erhöhten Gefahr einer Schädigung (BGH NJW 80, 232; *StUlmer* Anh § 105 51; weitergehend *Wiedemann* FS Heinsius [1991], S 959). Ein geschädigter Gesellschafter kann auch Ersatz seines unmittelbaren Schadens fordern (BGH LM 12 zu § 705 BGB). Auf § 320 BGB darf sich weder ein Mitgesellschafter noch die Ges berufen (BGH BB 54, 92). Zu Entlastungsbeschlüssen, § 120 Rz 2. Soweit das Treuegebot **zum Handeln** (zB zur Zustimmung) verpflichtet, besteht außerdem ein gerichtlich durchsetzbarer Erfüllungsanspruch (zB § 894 ZPO; BGH NJW-RR 87, 285), den die Gesellschafter unter sich durchsetzen (BGH NJW 99, 572 [offen, ob § 62 ZPO]). Einstw Verfügungen sind denkbar (Hmbg NJW 92, 186). Treuwidrig verweigerte Handlungen (zB Stimmabgaben) können nur dann als vorgenommen unterstellt werden, wenn gewichtige Interessen im Spiel sind und eine Klage auf Zustimmung zu schwerfällig ist (BGH NJW 60, 434; 85, 974; NJW-RR 87, 286; BB 87, 506 [PublikumsGes]; aA *StUlmer* § 119 58).

Erster Abschnitt. Offene Handelsgesellschaft **§ 105**

Es kann auch ohne Rücksicht auf Verschulden auf **Unterlassung** geklagt werden, grds nicht aber in Hinblick auf Geschäftsführungsakte (BGH NJW 80, 1465; aA Hamm BB 93, 165; *Wellkamp* DZWiR 94, 224 f; diff *StUlmer* § 114 74; *Grunewald* NZG 00, 476). Die Treuepflicht gilt auch zu Lasten von Zessionaren (§ 404 BGB; GroßK*Fischer* § 128 Anm 46; aA: hM). Bei **groben Verstößen** kommt immer die Anwendung der §§ 117, 127, 133, 140 in Betracht.

ee) Gleichbehandlung. Den Gesellschaftern und der Ges ist die **38** willkürliche Ungleichbehandlung verboten (BGH WM 65, 1286; Mü NZG 01, 560) dies gilt auch im Fall des § 140 (BGH NJW-RR 90, 530). Ausnahme: abw Vereinbarung durch alle Gesellschafter; bei Mehrheitsbeschlüssen mit Zustimmung des Betroffenen (Einzelfälle: BGH WM 74, 1151; NJW 60, 2142; BB 72, 894; 77, 1022). Gg das Gleichbehandlungsgebot verstoßendes Verhalten führt bei Verschulden (Rz 37) zur Schadensersatzpflicht (Aktivlegitimation, Rz 33), ausnahmsweise zur Besserstellung (BGH BB 72, 894); Beschlüsse sind unwirksam (§ 119 Rz 11), Klagen mißbräuchlich. **ff) Pflichten des herrschenden Gesellschafters, Konzern,** s Rz 36; **gg) Sonstige Pflichten.** Zur Geschäftsführungspflicht, § 114; Pflicht zur Unterlassung des Wettbewerbes § 112; zur Herausgabe § 114 Rz 7; zur Liquidation, § 146.

d) Rechte der Gesellschafter im einzelnen. GesAnteil (§ 124 **39** Rz 2); Recht auf Geschäftsführung, Vertretung, Mitsprache, §§ 114 ff; Mitwirkung bei Handelsregisteranmeldung, § 108; Information, Kontrolle, § 118; Gewinn, Entnahme, §§ 120 ff; Aufwendungsersatz, § 110; Kündigung, Auflösung, Ausschluß, Übernahme, §§ 131 ff. Eigentum, Besitz s Erl § 124 Rz 3 f.

2. Rechte und Pflichten der Ges und der Gesellschafter ggüber Dritten. Näher § 124 Rz 5; §§ 128 f.

3. Beherrschungsverhältnisse. Zur Ges als abhängiges Unterneh- **39 a** men s § 105 Rz 36, 38; § 109 Rz 4; § 112 Rz 2; § 118 Rz 3; § 128 Rz 15.

C. Änderung des GesVertrags, der GesAktivitäten, der Verhältnisse; Wegfall der Geschäftsgrundlage

1. Änderung des Vertrages. a) Voraussetzungen. Die Gesell- **40** schafter (nicht Dritte; s § 109 Rz 4) können vor der Vollbeendigung (§ 157; Ausnahme: § 131 Rz 4, 5 f) jederzeit einstimmig ausdrücklich oder stillschweigend den GesVertrag ändern oder einer Änderung später zustimmen (BGH NJW-RR 90, 799; NJW 98, 1226). Der GesVertrag kann Mehrheitsbeschlüsse zulassen (s § 119 Rz 9). Die Änderung ist **Rechtsgeschäft,** für das die allg Regeln gelten (Rz 4 ff sowie § 119 Rz 6 ff). Konkludente Änderung ist zB bei langjähriger, vom ursprünglichen GesVertrag abw Praxis (BGH NJW 66, 826; 78, 1001; 96, 1680 [einschr Karlsr NZG 99, 879]; anders bei PublikumsGes; BGH BB 90, 871), bei Verhalten im Einklang mit einer Änderungsabrede

§ 105 Zweites Buch. Handelsgesellschaften u. stille Gesellschaft

(BGH NJW-RR 86, 779) oder bei Mitwirkung zur Anmeldung zum Handelsregister (§ 106 Rz 3) widerleglich zu vermuten, nur ausnahmsweise durch vertragsdurchbrechende Gesellschafterbeschlüsse (weiter Hmbg NZG 00, 422). Insoweit können Feststellungsklagen (§ 105 Rz 30) am Platz sein. Zur **Formbedürftigkeit** Rz 6; der Umstand, daß die Ges bereits Grundbesitz hat, führt nicht zur Anwendung des § 313 BGB (BGH NJW 83, 1110). Vertragliches Erfordernis der **Zustimmung** durch Außenstehende, s § 109 Rz 4. Der (ges) **Vertreter,** der selbst an der Ges beteiligt ist, hat § 181 BGB zu beachten (§ 119 Rz 7); Ausnahme: der Vertretene muß zustimmen (zB Treuepflicht [Rz 42], das Selbstkontrahieren ist gestattet [vgl § 170 Rz 2] oder die Änderung bringt dem Vertretenen lediglich Vorteile [BGH NJW 72, 2262]). **Minderjährige,** die an der Ges beteiligt sind, müssen ges vertreten sein bzw mit Einwilligung ihrer ges Vertreter handeln (§ 105 Rz 15). Eine vormundschaftliche Genehmigung ist überflüssig (hM; BGH NJW 62, 2346; 92, 301) mit Ausnahme zu einer Verpflichtung des Minderjährigen iSd § 1821 Nr 4, zum Beitritt, zum einverständlichen Ausscheiden (Rz 48) des Minderjährigen (nicht anderer Gesellschafter [BGH NJW 61, 724]), der Fortsetzung einer aufgelösten Ges (§ 131 Rz 7; str), zu einer Umwandlung der Kommanditisten- in eine Komplementärstellung, sonstigen Umwandlung iSd UmwG, Vereinbarung eines Erwerbszwecks oder einer sonstigen Erweiterung der Haftung (BGH NJW 92, 301; § 1822 Nr 3 HS 1, Nr 10 BGB; diff *Hilsmann,* Minderjährigenschutz durch das Vormundschaftsgericht [1993], S 72 ff). Im Fall der Zugewinngemeinschaft kann § 1365 BGB nur eingreifen, wenn vermögensrechtliche Positionen des **Ehegatten** berührt sind (näher *ErmanHeckelmann* BGB, § 1365 16). **Beirat,** § 114 Rz 4. Zum **Vorerben,** s § 177 Rz 6; z **Treuhänder** BGH, WM 77, 525, 527. Erklärungen des **Nießbrauchbestellers** sind nur im Rahmen des BGB (Rz 22) wirksam (nicht bei §§ 133, 139, 140, wohl aber bei die Ges als Ganzes betreffenden Beschlüssen; str). Einzelne Gesellschafter kann eine **Aufklärungspflicht** treffen, zB bei erkennbar fehlender Geschäftserfahrung eines anderen Gesellschafters oder bei persönlichem Vertrauensverhältnis (BGH NJW 92, 302).

41 **b) Inhalt der Änderung.** Die Änderung des GesVertrages kann sich zB auf dessen Modalitäten, auf die Gesellschafter (BGH NJW 98, 1226; Rz 15 ff, 46 ff), auf Einführung, Änderung eines Beirats (§ 114 Rz 4; BGH BB 70, 226), die Gewinnverteilung (BGH NJW 66, 826; BB 67, 1307; NJW-RR 87, 285 f), die Bestellung von Abschlußprüfern (Hamm DStR 99, 1824), auf das Mitwirken von Treugebern (Rz 20), auf die Gestattung von Wettbewerb, den Wechsel aus der Stellung eines voll haftenden in die eines beschränkt haftenden Gesellschafters durch Vereinbarung einer Haftungsbeschränkung (§ 161 Rz 5; § 128 Rz 14) oder umgekehrt (BGH NJW 87, 3186), auf die Umwandlung in eine BGB-Ges jeweils unter Beibehaltung der Identität der Ges (BGH NJW 60, 1664; WM 75, 99), auf die Umwandlung gem UmwG sowie auf

Erster Abschnitt. Offene Handelsgesellschaft **§ 105**

die Beendigung der Ges (§ 131 Nr 2) beziehen. Sie kann im Innenverhältnis (§ 109 Rz 1) rückwirkend erfolgen (BGH NJW 78, 267; s Rz 5).

c) Verpflichtung zur Zustimmung. Im Rahmen der **Treuepflicht** (Rz 35) können die Gesellschafter zur Vertragsänderung gehalten sein, wenn die Änderung, ggf gg Ausgleichsleistungen, ultima ratio (BGH NJW 95, 195 f) u zumutbar ist, also dem Verhältnismäßigkeitsgrundsatz entspricht u zur Erhaltung wesentlicher Werte oder Vermeidung wesentlicher Verluste oder der Existenzgefährdung eines Gesellschafters dringend erforderlich ist (hM; BGH NJW 61, 724; NJW-RR 86, 256 [Fortsetzung der Ges, falls Abfindung u Schuldbefreiung des Ausscheidenden wie bei Liquidation sicher ist u beachtliche wirtschaftliche Werte erhalten werden]; BGH NJW 75, 1410 [zu § 140]; BGH NJW 60, 434 [zu § 131 I Nr 2]; BGH NJW 74, 1656; 87, 952; BB 79, 1522; *Weipert* ZGR 90, 142 [Fortsetzung, Nachfolge]; BGH NJW 85, 972, 974 [Verzinsung]; BGH NJW 85, 972 f; Mü NZG 01, 560 [Gewinn]; BGH BB 54, 456 [Geschäftsführung, Gewerbeerlaubnis]; BGH NJW 65, 1960; 77, 2072; WM 78, 1231 [Vergütung]; BGH NJW 74, 1656 [Wegfall des Anlasses einer Nachfolgeklausel wg Scheidung]; BGH NJW 95, 194 [Informationsrecht]; Mü DB 97, 567 [Übertragung des GesAnteils]; einschr BGH NJW 90, 1916 [GmbH]; ganz abl *Kollhosser* FS Westermann, S 284; aA *Flume* PersGes, S 278 ff: ergänzende Vertragsauslegung). Weitergehend ist es denkbar, eine Vertragsabänderungspflicht immer schon dann zu bejahen, wenn eine formale Rechtsposition übermäßig ausgenutzt wird (vgl BGH 136, 161; *Canaris* FS Zöllner [1998], S 1074). Der Erhöhung der Einlage anderer Gesellschafter ist zuzustimmen, wenn dies für den Zustimmenden keine Nachteile bringt; sonst nur, wenn eine Ablehnung unverhältnismäßig ist (*Grunewald* FS Großfeld [1999], S 333). Bes Zurückhaltung ist bei der Auferlegung zusätzlicher Gesellschafterpflichten geboten. UU kann eine Änderungspflicht nur bejaht werden, wenn gleichzeitig ein Austrittsrecht begründet wird (§ 161 Rz 17; *Röhricht* FS Kellermann [1991], S 379). Bei Beschlüssen sind treuwidrig abgegebene Gegenstimmen als Zustimmung zu zählen (Rz 37), wenn existentielle Interessen, insbes die Funktionsfähigkeit der Ges, auf dem Spiel stehen (BGH NJW 85, 973, 974; aA *StUlmer* § 119 58); sonst Klage auf Zustimmung (BGH NJW-RR 87, 286). 42

d) Fehlerhaftigkeit der Vertragsänderung. Ist die Vertragsänderung nach den allg BGB-Vorschriften **unwirksam oder anfechtbar,** so sind bei „Vollzug" der Änderung die Grundsätze über die fehlerhafte Ges (Rz 25 ff) analog heranzuziehen, soweit sich die Änderung nicht lediglich auf schuldrechtliche Innenbeziehungen erstreckt (hM; EBJ *Boujong* § 105 208 mNachw; aA BGH NJW 74, 498: nur bei Bedarf an Bestandsschutz keine Nichtigkeit; anders aber bei Beherrschungsvertrag [BGH 103, 1, 4]). Der Fehler ist analog § 133 durch Klage auf 43

§ 105 Zweites Buch. Handelsgesellschaften u. stille Gesellschaft

Rückgängigmachung der Änderung bzw im Sinn einer Änderung, wie sie ohne Irrtum erfolgt wäre (vgl BGH BB 64, 619), zu beheben.

44 **2. Änderung der GesAktivitäten.** Erfordert das Gewerbe nicht nur vorübergehend keinen kaufmännischen (§ 1 II) Geschäftsbetrieb mehr oder wird auf Dauer überhaupt kein Gewerbe (s Erl § 1) mehr betrieben (zB Verpachtung; BGH NJW 71, 1698), so verwandelt sich die **nicht im Handelsregister eingetragene** Ges zwingend automatisch (aA *Kießling* WM 99, 2395) in eine identische (vgl Rz 10) BGB-Ges (§ 705 BGB) mit iZw unveränderter, ggf beschränkter Vertretung u Geschäftsführung (BGH NJW 60, 1664; 87, 3126; vgl auch BB 01, 375; zutr unter Hinweis auf BGH NJW 99, 3483 *Dauner-Lieb* FS Lutter [2000], S 842). Für Schulden der OHG haften die Gesellschafter gem § 128 fort (*Mülbert* AcP 199, 82). Bei Umwandlung in eine BGB-Ges gelten im Innenverhältnis (§ 109 Rz 1) iZw die §§ 110 ff fort (BGH NJW 60, 1664; 71, 1698; WM 76, 1053). Die Gesellschafter können (uU müssen [Rz 42]) die Eintragung in das Handelsregister gem § 105 II beschließen. Beachte trotz fehlender Voreintragung § 15 I (§ 143 Rz 2). War die Ges gem §§ 29, 105 I, 106 im Handelsregister **eingetragen,** so greift idR § 5 ein (BT-Drs 13/8444 S 64; *Canaris* § 3 I 2d; § 5 Rz 1 [str]). Dort, wo die gem §§ 105 I, 106, 162 eingetragene Ges nur noch vermögensverwaltend oder freiberuflich tätig ist, wird sie zur BGB-Ges, ohne daß § 5 zum Tragen kommt (§ 5 Rz 3; str). Beachte § 15 I (§ 143 Rz 1). Die gem § 105 II 1 eingetragene Ges bleibt OHG/KG, solange sie gewerblich oder ausschließlich vermögensverwaltend aktiv ist.

3. Die Löschung im Handelsregister kann jederzeit beantragt werden, wenn kein kaufmännisches Unternehmen (§ 1 II) betrieben wird (§ 105 II 2, § 2 S 3). Sie hat im Fall des § 105 II die Umwandlung in eine BGB-Ges zur Folge (BT-Drs 13/8444 S 64).

4. Denkbar ist auch Umwandlung in eine **Miteigentümergemeinschaft** (BGH EWiR 86, 667).

45 **5. Änderung der Verhältnisse, Fehlen, Wegfall der Geschäftsgrundlage.** Fehlt die GG oder fällt sie nachträglich weg, so ist primär zu prüfen, inwieweit dem mit Hilfe der ergänzenden Vertragsauslegung (BGH LM 19 zu § 105; *Dauner-Lieb* ZHR 158 [1994], 277 f) u sekundär mit Hilfe einer Pflicht zur Vertragsänderung (Rz 42) bzw mit den Regeln über den Wegfall der GG Rechnung getragen werden kann (BGH NJW 74, 501; 74, 1656). Ist das nicht möglich, so greifen die §§ 133, 140 ein (BGH NJW 53, 1548). Auch ein Recht zum Austritt kommt in Betracht (*Röhricht* FS Kellermann [1991], S 379).

D. Beitritt, Ausscheiden von Gesellschaftern, Übertragung, Verpfändung, Pfändung des Anteils

46 **1. Beitritt. a) Voraussetzungen.** Der Beitritt zur Ges ist eine Vertragsänderung (Rz 40) in Form eines Vertrages zwischen allen (BGH

Erster Abschnitt. Offene Handelsgesellschaft **§ 105**

NJW 98, 1226) Altgesellschaftern u dem Beitretenden. Er kann unter einer aufschiebenden Bedingung oder Zeitbestimmung iSd § 158 BGB erfolgen, wohl auch unter einer auflösenden Bedingung (näher § 105 Rz 5). Stellvertretung (§ 164 BGB) ist zulässig; Vollmachten sind weder weit noch eng auszulegen (aA Ffm NJW-RR 94, 1322). Die Regeln über Duldungs- u Anscheinsvollmacht sind anzuwenden (aA Ffm NJW-RR 94, 1322). Die OHG (KG) oder einzelne bzw die Mehrheit von Mitgesellschaftern, nicht aber Außenstehende oder ein mit Außenstehenden besetzter Beirat (vgl § 114 Rz 4), können von den Gesellschaftern in den Schranken des Mißbrauchsverbotes aufgrund des GesVertrages oder eines (uU mehrheitlich gefaßten [§ 119 Rz 9]) Gesellschafterbeschlusses (§ 119 Rz 6) das Recht zur Aufnahme im eigenen Namen erhalten (BGH NJW 78, 1000; 79, 2102: Ermächtigung; abw *Wiedemann* ZGR 96, 296). Ein Recht zu sonstigen Änderungen des GesVertrages ist damit iZw nicht verbunden (vgl BGH NJW 83, 1118). Zur Aufnahmepflicht vgl § 139 Rz 19. Für den Beitritt nicht voll Geschäftsfähiger oder von Ehegatten gelten die Regeln der Gründung der OHG/KG (Rz 15 f; aA *Brox* FS Bosch [1976], S 82). Dgg bedarf die Eintritt in eine Ges, an der bereits wirksam nicht voll Geschäftsfähige (BGH 38, 27; aA MK*Schwab* § 1822 Rz 28) oder andere Ehegatten beteiligt sind, nicht der vormundschaftsgerichtlichen Genehmigung (vgl BGH NJW 62, 2346; hM) bzw Genehmigung der Ehegatten dieser Mitgesellschafter (hM). Zum Beitritt des Treuhänders s Rz 20. Der Beitritt ist denselben Formvorschriften wie die Gründung einer OHG/KG unterworfen (Rz 6; aA *Mock* FS Bezzenberger [2000], S 547). Allein die Tatsache, daß die Ges Grundbesitz hat, führt nicht zur Anwendung des § 313 BGB (BGH NJW 83, 1110); § 518 I BGB ist grds unanwendbar (BGH WM 59, 720), weil der Beitretende auch ohne Einlage Pflichten übernimmt. Zum Widerspruchsrecht nach dem HWiG u VerbrKrG s Rz 5; z schenkungsrechtlichen Widerrufsrechten, -vorbehalten, § 140 Rz 6.

b) Rechtsfolge. Die Identität der Ges bleibt unberührt (BGH NJW 75, 167). Der Beitretende erwirbt unmittelbar seinen Anteil am GesVermögen; der GesAnteil (§ 124 Rz 2) der übrigen verringert sich nominal und uU auch wertmäßig im Weg der Abwachsung. Ihn treffen iZw dieselben Pflichten wie die bisherigen Gesellschafter. Er haftet für Altschulden gem § 130 (Kommanditist: § 173); für Neuschulden gem § 128 (Kommanditist: §§ 176 bzw 171 [§ 176 Rz 9]). Im Innenverhältnis (§ 121 Rz 3) ist er an den vor seinem Beitritt entstandenen Verlusten nicht beteiligt (BGH NJW 84, 435). IZw hat der Beitretende eine angemessene Einlage zu leisten. Wirksamwerden des Beitritts im Außenverhältnis, § 123 Rz 5; Eintragung in das Handelsregister: §§ 107, 162 III. Ist der **Beitritt** bei Mitwirkung aller Altgesellschafter u des Beitretenden **fehlerhaft** oder **anfechtbar** (Rz 25 ff), so gelten nach Vollzug (weitere Aktivitäten der Ges oder Verhalten des Gesellschafters [so BGH NJW 92, 1502: auch Unterlassen]) die Regeln der fehler-

47

haften Ges (Rz 26 ff; BGH BB 00, 1854) auch in Hinblick auf Altgläubiger (§ 130; str); der Beitretende wird Gesellschafter. Gleiches gilt, falls einzelne Altgesellschafter nicht mitgewirkt, den Beitritt aber mitvollzogen haben (BGH NJW 88, 1323), nicht aber ohne weiteres bei PublikumsGes (aA MKBGB*Ulmer* § 705 282). Ausnahmsweise besteht ein Leistungsverweigerungsrecht (BGH NJW 58, 66).

48 **2. Ausscheiden. a)** Auch die **vereinbarungsgemäße** Aufgabe der Gesellschafter-Stellung ist eine Vertragsänderung (Rz 40), die im Fall von austrittswilligen, nicht voll Geschäftsfähigen der Einschaltung der ges Vertreter (beachte § 181) u des Vormundschaftsgerichts bedarf (§ 1822 Nr 3 BGB; Rz 40). Das Vormundschaftsgericht muß aber beim Ausscheiden eines voll Geschäftsfähigen nicht allein deshalb eingeschaltet werden, weil der Ges ein Minderjähriger angehört (BGH NJW 61, 724; 62, 2346; aA MK*Schwab* § 1822 28). Vorerbe, § 177 Rz 6; Ehegatte: § 1365 BGB ist anwendbar (hM; *ErmanHeckelmann* BGB, § 1365 18 mNachw). Der Vertrag über das Ausscheiden ist nicht formbedürftig (Ausnahme § 125 S 2 BGB; formbedürftige Sondervereinbarungen [§ 105 Rz 6]). Eintragung: §§ 143 II, 162 III. Über Vorgänge, die sich nicht in der Buchhaltung niedergeschlagen haben, ist zu informieren (BGH DStR 00, 2195). Es kann eine Pflicht bestehen, dem Ausscheiden zuzustimmen (BGH NJW 61, 724; Rz 42). Zu schenkungsrechtlichen Widerrufsrechten, -vorbehalten, § 140 Rz 6. Denkbar ist auch der Verkauf (Hamm BB 00, 1803) u die Übertragung des GesAnteils (Rz 50) an Mitgesellschafter; ferner die Begründung eines gesvertraglichen durch Erklärung ausüübbaren **Austrittsrechts** (§ 131 III 5; § 132 Rz 4) oder eines Austrittsrechts aus wichtigem Grund (vgl § 133 Rz 3; § 105 Rz 28, 42; § 161 Rz 20). Der Austritt ist iZw den Mitgesellschaftern ggüber zu erklären. Bei Ehegatten gelten die Regeln über das Ausscheiden durch Vertrag (*PalDiederichsen* § 1365 6), nicht aber bei nicht voll Geschäftsfähigen (hM). **Rechtsfolge:** Beim Ausscheiden, Austritt bleibt die Identität der Ges gewahrt, sofern die Ges mindestens zwei Gesellschafter behält; das Vermögen des Ausgeschiedenen wächst den verbleibenden Gesellschaftern an (§ 738 I 1 BGB; § 131 Rz 9). Firma, § 24. Der Ausgeschiedene erwirbt Ansprüche gg die Ges gem §§ 738 ff BGB (§ 131 Rz 10) bzw ist zum Verlustausgleich verpflichtet (§ 131 Rz 15). Er verliert seine Geschäftsführungs-, Vertretungs-, Stimm-, Informations- u Kontrollrechte (§ 131 Rz 9). Die Beitragspflicht (Rz 31) entfällt, die Treuepflicht wird eingeschränkt (nachwirkende Treuepflicht; zB vorübergehende Belassung von zur Nutzung überlassenen Gegenständen). Haftung ggüber GesGläubigern, § 128 Rz 10. Handelsregister, § 143. Vereinbaren die Gesellschafter, daß alle bis auf einen ausscheiden, so gehen die Aktiva u Passiva analog § 140 I 2 auf den verbleibenden Gesellschafter (Übernehmer) über; die Ges erlischt (§ 140 Rz 6). Zum Austritt aller Gesellschafter bis auf einen s § 140 Rz 5. Bei **fehlerhaftem** (Rz 25) **Ausscheiden** sind nach Vollzug die Regeln der fehlerhaften Ges mit ihren Ausnahmen

Erster Abschnitt. Offene Handelsgesellschaft **§ 105**

(Rz 26 ff) anzuwenden (BGH NJW 69, 1483; hM). Der Ausgeschiedene hat nur Anspruch auf Wiederaufnahme mit schuldrechtlicher Rückwirkung im Innenverhältnis (BGH NJW 69, 1483; DB 75, 1161 f). Die Vereinbarung über das Ausscheiden eines nicht voll Geschäftsfähigen ohne Zustimmung seiner ges Vertreter oder ohne Genehmigung des Vormundschaftsgerichts ist dgg voll unwirksam (BGH BB 92, 664).

b) Automatisches Ausscheiden kraft Gesetzes oder gesell- 49
schaftsvertraglicher Regelung, s Erl zu §§ 131, 140.

3. Rechtsgeschäftliche Übertragung von GesAnteilen, Be- 50
gründung von Pfandrechten. a) Übertragung. aa) Voraussetzungen. Die Gesellschafter sind berechtigt, aufgrund u nach Maßgabe des GesVertrages oder mit späterer Zustimmung der Mitgesellschafter (§§ 180 ff BGB; BGH NJW 54, 1155 [hM]) ihren GesAnteil ganz oder teilweise, nicht aber der Anteil an einzelnen der Ges gehörenden Gegenständen (§ 719 BGB), durch Verfügungsvertrag zwischen Veräußerer u Erwerber (§ 413 BGB [hM]) auf einen Dritten zu übertragen. Das gilt auch bei Übertragung auf Treuhänder. Der Übertragung steht es nicht entgegen, daß sie nicht offengelegt werden soll (aA BGH NJW 91, 2566); denn auch ohne Anmeldung haftet der Erwerber Dritten ggüber, so daß die Ges in ihrem Charakter als AußenGes nicht tangiert wird (s auch § 123 II). Es ist denkbar, daß unter Wahrung der Identität der Ges (BGH NJW 66, 499) gleichzeitig alle Anteile von allen Gesellschaftern an mehrere Dritte übertragen werden (BGH NJW 78, 1525; BB 79, 397; NJW-RR 90, 799). Erwirbt ein einziger Gesellschafter oder Dritter (auch BGB-Ges) alle (übrigen) Anteile, so ist die Ges vollbeendet (§ 157) u der Erwerber wird analog § 140 I 2 zum Träger aller Aktiva u Passiva (§ 140 Rz 5). Die Einwilligung zur Übertragung ist iZw widerruflich (BGH NJW 80, 2709). Zur Anfechtung der Einwilligung bzw Zustimmung, BGH BB 76, 529. Dgg bedarf die bloße Verpflichtung zur Übertragung des GesAnteils nicht der Zustimmung der Mitgesellschafter (BGH BB 58, 57 f), erst recht nicht die Übertragung von Rechten iSd § 717 S 2 BGB oder sonst abspaltbarer Gesellschafterrechte (§ 109 Rz 3). Insoweit sind grds auch bedingte, widerrufliche Rechtsgeschäfte möglich (vgl hierzu u zu schenkungsrechtlichen Widerrufsrechten BGH NJW 90, 2618; *Jülicher* ZGR 96, 102 [str]; einschr BGH BB 96, 714). Es kann ein *Recht zur Übernahme* des GesAnteils begründet werden (Hamm OLGR 99, 214). **Einzelheiten:** Läßt der GesVertrag allg die Übertragung zu, so muß der Veräußerer einen zumutbaren Erwerber auswählen (BGH WM 82, 235; 83, 170). Dort, wo die Übertragung der beherrschende Stellung eines Gesellschafters begründet, bedarf es der Zustimmung aller Gesellschafter, es sei denn, daß sie im Interesse der Ges liegt (vgl BGH 80, 74; str). Ist (allg) die Zustimmung der Mitgesellschafter zur Übertragung erforderlich, so sind diese uU dem Veräußerer ggüber (OLG Celle GmbHR 95, 830) dazu verpflichtet (s Rz 42); vgl auch BGH BB 61, 347; Mü DB

§ 105   Zweites Buch. Handelsgesellschaften u. stille Gesellschaft

97, 567; Hamm NJW-RR 01, 111. Die Zustimmung zur Übertragung des ganzen Anteils erstreckt sich iZw nicht auf teilweise Übertragungen (BGH BB 67, 1307). Die Zustimmung zur Sicherungsabtretung (anders Schenkung; BGH NJW 90, 2618) umfaßt iZw die Zustimmung zum Rückerwerb, die auch bei Vorliegen wichtiger Gründe nicht widerruflich ist, wenn die wichtigen Gründe nur dem Sicherungsgeber oder nur dem Sicherungsnehmer oder keinem von beiden vorwerfbar sind (BGH NJW 80, 2709 f; WM 85, 1144). Die Zustimmung durch außenstehende Dritte darf nicht vereinbart werden (§ 109 Rz 4). Die Genehmigung der Mitgesellschafter heilt rückwirkend die schwebend unwirksame Übertragung (§ 184 I BGB; BGH NJW 54, 1155; aA *SoeHadding* § 719 14). Der Übertragung können bei Beteiligung von Ehegatten bzw nicht voll Geschäftsfähigen die §§ 1365 (*ErmanHeckelmann* BGB, § 1365 18 mNachw), 1822 Nr 3 BGB (ganzer GesAnteil) entgegenstehen. Dies gilt auch beim unentgeltlichen Erwerb durch nicht voll Geschäftsfähige (OLG Hamm OLG 74, 161; aA KG NJW 62, 54; *Glöckner* ZEV 01, 50). Der Erwerb ist trotz der §§ 723 I, 1629 a BGB wg § 128 nicht mit einem lediglich rechtlichen Vorteil iSd §§ 107, 181 BGB verbunden. Dies gilt auch für Kommanditanteile (Zweibr NJW-RR 01, 146; Rz 15). In Hinblick auf Ehegatten des Veräußerers gelten die Regeln des Ausscheidens (Rz 48) u auf Ehegatten des Erwerbers die Regeln über den Beitritt (Rz 46). Die Übertragung bedarf als Verfügungsgeschäft nicht der Form; Verfügungsverbote, die nicht im GesVertrag enthalten sind, verstoßen gg § 137 BGB; kein Schutz des gutgläubigen Erwerbers (BGH NJW 97, 861). Auch der entgeltliche Verpflichtungsvertrag ist nicht formbedürftig, selbst dann nicht, wenn das GesVermögen im wesentlichen aus Grundbesitz oder GmbH-Anteil etc besteht (BGH NJW 83, 1110; Ausnahmen: Umgehung; Kombination mit formbedürftigen Verträgen). Zur Schenkung *BrandnerBergmann* FS Sigle (2000), S 327. Vorerbe, § 177 Rz 6.

51   bb) Rechtsfolge. Ist die Übertragung wirksam, so tritt idR der Erwerber, grds auch bei Sicherungsabtretung (*Rümker* WM 73, 626; *Vossing* BB, Beil 5/88), in vollem Umfang an die Stelle des Veräußerers, der ohne Abfindung seitens der Ges ausscheidet (BGH NJW 66, 499; NJW-RR 87, 287); Ausnahme vgl § 139 Rz 4. Schiedsgerichtsabreden gelten zu Lasten des Erwerbers (BGH BB 97, 2447). Die Identität der Ges bleibt erhalten. Firma, § 24. Beachte § 143; eine Versicherung des Inhalts, daß keine Abfindung aus dem GesVermögen gezahlt wurde bzw wird, ist bei der OHG (zur KG § 172 Rz 26) funktionslos u darf nicht gefordert werden (*Michel* DB 88, 1985; aA die hM [§ 143 Rz 4]). Die GesAnteile vereinigen sich grds (Ro ZIP 01, 1051; Ausnahme § 124 Rz 2) in der Hand des Erwerbers, der bereits Gesellschafter war. Ein Komplementär, der einen Kommanditanteil hinzuerwirbt, bleibt Komplementär (BGH 101, 129); beim Erwerb eines Komplementäranteils durch einen Kommanditisten ist es eine Frage der Auslegung, ob der Kommanditist notwendig einheitlich (BGH BB 89, 1363; § 124

Erster Abschnitt. Offene Handelsgesellschaft § 105

Rz 2; str) zum Komplementär wird (BGH DB 75, 2113) oder einheitlich Kommanditist bleibt. Erwirbt ein Gesellschafter oder Dritter (auch BGB-Ges) alle (übrigen) Anteile, so geht die Ges unter (§ 140 Rz 5); der Erwerber wird im Weg der Gesamtrechtsnachfolge Inhaber aller Aktiva u Passiva (BGH NJW 90, 51; BAG NJW 91, 1973; aA *Baumann* BB 98, 230); ein gutgläubiger Erwerb findet nicht statt (BGH NJW 97, 861). Bei den dem GesVerhältnis entspringenden selbständig übertragbaren (§ 717 S 2 BGB) Ansprüchen des Veräußerers gg die Ges u Ansprüchen der Ges gg den Veräußerer aus dem GesVerhältnis, die schon entstanden sind, wird vermutet (BGH NJW-RR 88, 419), daß sie (nur) insoweit auf den Erwerber übergehen, als sie sich bei Vertragsschluß bereits im Rechenwerk der Ges niedergeschlagen haben (zB Buchung von entnahmefähigem Gewinn auf Privatkonto; BGH NJW 73, 328; NJW-RR 88, 419; Kln ZIP 00, 1729; aA *Flume* PersGes § 17 II; *StUlmer* § 105 321; nicht offene Rücklagen [§ 167 Rz 3]). Für nicht bilanzierte Gewinne gilt § 101 Nr 2 BGB (vgl BGH BB 95, 691). Abw Vereinbarungen sind zulässig (BGH NJW 66, 1307; NJW-RR 87, 286; aA *StUlmer* § 105 321). Frühere Verfügungen (zB § 398 BGB) über bereits entstandene Ansprüche iSd § 717 S 2 BGB bleiben wirksam (BGH NJW 89, 458); dgg werden frühere Verfügungen über noch nicht entstandene Ansprüche iSd § 717 S 2 BGB wirkungslos (BGH NJW 84, 492; 86, 1991; aA *Marotzke* ZIP 88, 1509). Keine frühere Verfügung ist der erbrechtliche Anfall dieser Ansprüche bei der Erbengemeinschaft (§ 139 Rz 5, 6), so daß der Anfall auch bei späteren Verfügungen über den GesAnteil wirksam bleibt (BGH NJW-RR 87, 989; krit *Stodolkowitz* FS Kellermann [1991], S 445; aA *Raddatz* Nachlaßzugehörigkeit [1991], S 128). Nach der Übertragung entstehende Ansprüche u Verpflichtungen begünstigen u belasten uneingeschränkt den Erwerber. Höchstpersönliche Rechte (Auslegung des GesVertrages) des Veräußerers erlöschen (zu Mitverwaltungsrechten, § 139 Rz 4). Der voll haftende Erwerber haftet im Außenverhältnis nach Maßgabe der §§ 128, 130, der Veräußerer als Ausgeschiedener (§ 128 Rz 10). Zur Haftung bei Veräußerung eines Kommanditanteils § 171 Rz 7, 26. Der Veräußerer, der von GesGläubigern in Anspruch genommen wurde, hat iZw einen Regreßanspruch aus dem Kausalgeschäft gg den Erwerber (BGH NJW 75, 167), nicht aber von vornherein einen Freistellungsanspruch (BGH NJW 81, 1096). Außerdem kann er wie sonstige Ausgeschiedene bei der Ges u den Gesellschaftern Regreß nehmen (§ 128 Rz 12). Anmeldung zum Handelsregister, §§ 143, 107.

cc) Auf die **fehlerhafte** (Rz 25) **Übertragung** finden bei bzw nach 52 wirksamer Zustimmung der übrigen Gesellschafter zur Übertragung bzw bei Zulassung der Übertragung im GesVertrag die Regeln über die fehlerhafte Ges (Rz 26 ff) entspr Anwendung (BGH NJW 88, 1324 [anders BGH NJW 90, 1915 zur GmbH]; hM; aA *Schmidt* BB 88, 1059). Der Veräußerer kann nur Rückübertragung verlangen (BGH NJW 88, 1325; aA bei genereller Zustimmung im GesVertrag *StUlmer*

§ 105 377). Die Mitgesellschafter dürfen sich auf den Fehler nur berufen, wenn ihn die durch den Fehler beeinträchtigte Partei geltend macht oder der Nichtigkeitsgrund auch dem Schutz der Mitgesellschafter dient (BGH NJW 88, 1324). Zum **nicht voll Geschäftsfähigen,** der rechtsunwirksam veräußert Rz 48; der erwirbt Rz 46.

53 b) **Verpfändung.** Der GesAnteil ist formlos verpfändbar (§§ 1273, 1274 I BGB; str). Die Verpfändung bedarf nicht der Anzeige iSd § 1280 BGB (str). Ebenso wie bei der Übertragung (Rz 50) ist auch hier die Zustimmung der Mitgesellschafter oder die Zulassung im GesVertrag erforderlich. Fehlt es daran, so ist die Verpfändung des Anteils in eine Verpfändung der Ansprüche iSd §§ 717 S 2, 738 BGB umzudeuten, soweit diese nicht ohnehin zusätzlich verpfändet sind (§ 1280 BGB; § 122 Rz 2). Der Pfandgläubiger wird nicht Gesellschafter (Hamm NJW-RR 91, 1388). Die Verpfändung belastet nur alle Vermögensrechte des Gesellschafters mit dem Pfandrecht, nicht die der Ges. Der Pfandgläubiger ist auch nicht vor ihn benachteiligenden Gesellschafterbeschlüssen analog § 1276 BGB (aA *Roth* ZGR 99, 210) oder § 145 II HGB (hM) geschützt (RG 139, 227 ff; aA *StUlmer* § 105 291), es sei denn, daß diese nur den verpfändeten Anteil betreffen (*Flume* PersGes, § 17 VII). Er erwirbt auch nicht analog § 1258 BGB Mitverwaltungs- und/oder Stimmrechte, weil dies der Verbandssouveränität (§ 109 Rz 4) zuwiderläuft (*StUlmer* § 105 294 mNachw [str]; zu Stimmbindungsvereinbarungen u Vollmachten s § 119 Rz 4 f). Es sind ihm aber analog § 1258 BGB die Informations- u Kontrollrechte zuzubilligen, die er zur Durchsetzung seines Pfandrechts benötigt (*Roth* ZGR 99, 210). Er haftet daher anders als der Nießbraucher auch nicht gem § 128. Das Pfandrecht aus der Verpfändung des GesAnteils bleibt durch eine spätere Übertragung oder spätere Verpfändung (§ 1209 BGB), Pfändung (Rz 54) des GesAnteils unberührt (BGH 97, 394; 104, 353). Die Verwertung des verpfändeten GesAnteils erfolgt gem § 1277 BGB (Einzelheiten str). Zur Vorausabtretung der Ansprüche iSd §§ 717 S 2, 738 BGB s Rz 54. Zur analogen Anwendung der §§ 30 ff, 32 a GmbHG s § 172a Rz 12. Sind künftig entstehende Auseinandersetzungs- oder Abfindungsansprüche (§ 717 BGB; § 131 Rz 10; § 155 Rz 2) verpfändet worden, so gelten die Regeln des Durchgangserwerbes, so daß das Pfandrecht uU nur belastet entstandene Ansprüche erfaßt bzw die Ansprüche bei Insolvenz des Gesellschafters in dessen Insolvenzmasse fallen (Stgt DB 00, 2009).

54 c) **Pfändung.** Die Pfändung des GesAnteils (BGH BB 76, 1176; NJW 86, 1992) ist gem den §§ 859, 857, 829 ff ZPO immer zulässig (BFH NJW 87, 2703; hM; diff *Schmidt* GesR § 45 IV 2 b), ebenso der Ansprüche iSd § 717 S 2 BGB (s Erl zu § 135). Die Übertragbarkeit des Anteils ist hierfür nicht erforderlich. Der Beschluß über die Pfändung des Anteils kann anstatt allen Gesellschaftern auch der Ges, vertreten durch ihre Organe (§ 125), zugestellt werden (vgl BGH JZ 99, 45 [str]). Der Pfandgläubiger erwirbt ein Pfandrecht (Rz 53) an dem

Anteil u damit an den zum GesAnteil gehörenden gegenwärtigen u künftigen Vermögensrechten iSd § 717 S 2 BGB (BGH NJW 86, 1992) einschl der Beträge auf Gesellschafterkonten (§ 120 Rz 5 f), nicht aber an den der Ges gehörenden Vermögenswerten. Die Mitwirkungs- u Kontrollrechte sowie die Kündigungsrechte gem den §§ 132–134 bzw aus GesVertrag bleiben voll beim Anteilsinhaber (vgl BGH NJW 92, 832). § 1258 BGB ist nicht analog anwendbar (RG 95, 233). Hatte der Gesellschafter bereits vor der Pfändung des GesAnteils seine künftigen Ansprüche iSd §§ 717 S 2, 738 BGB an einen Dritten abgetreten, so entstehen diese Ansprüche nach der Pfändung belastet mit dem Pfandrecht (vgl BGH NJW 89, 458; Rz 51, 53). Auskunftsansprüche ergeben sich aus den §§ 840, 836 III ZPO (weitergehend: §§ 810, 242 BGB). Der Pfändungsgläubiger kann das Pfand nach § 135 verwerten. Er kann sich ferner den GesAnteil überweisen lassen (§ 835 ZPO; hM), so daß er (nur) Zahlung der Gewinnanteile etc (§ 717 S 2 BGB) des Schuldners an sich fordern kann. Ist der GesAnteil übertragbar (Rz 50), so ist eine Verwertung gem § 857 V ZPO denkbar. Vgl im übrigen oben Rz 53. Lit. *Wösner* Die Pfändung des GesAnteils (2000).

E. Umwandlung in Kommanditbeteiligung und zurück

Die Identität der Ges, die infolge der Haftungsbeschränkungsabrede (Rz 40) zur KG geworden ist (Rz 12), bleibt bestehen. Der Kommanditist hat sein Ausscheiden als persönlich haftender Gesellschafter eintragen zu lassen (§ 143 Rz 4). Zur Haftung s § 128 Rz 14. 55

F. Umwandlung in Kapitalgesellschaft

Die OHG/KG, auch eine Ges iSd § 105 II kann im Wege einer Umwandlung nach Maßgabe des UmwG in eine KapitalGes umgewandelt werden. **Übersicht:** *Kallmeyer* ZIP 94, 1746; *Schwarz* DStR 94, 1694. Denkbar ist auch die Umwandlung einer GmbH Co KG dadurch, daß die GmbH die Anteile aller Kommanditisten erwirbt oder das Geschäft analog § 140 I 2 übernimmt (*Kallmeyer* ZIP 94, 1748). 56

G. Löschung der Firma, Auflösung, Beendigung der OHG

Siehe §§ 131 ff. Die OHG kann in den Fällen des § 105 II auch durch Löschung der Firma (§ 2 S 3) in eine BGB-Ges umgewandelt werden. Zu sonstigen Umwandlungen in eine BGB-Ges, Rz 44. 57

§ 106 [Anmeldung zum Handelsregister]

(1) **Die Gesellschaft ist bei dem Gericht, in dessen Bezirke sie ihren Sitz hat, zur Eintragung in das Handelsregister anzumelden.**

§ 106 Zweites Buch. Handelsgesellschaften u. stille Gesellschaft

(2) **Die Anmeldung hat zu enthalten:**
1. **den Namen, Vornamen, Geburtsdatum und Wohnort jedes Gesellschafters;**
2. **die Firma der Gesellschaft und den Ort, wo sie ihren Sitz hat;**
3. **den Zeitpunkt, mit welchem die Gesellschaft begonnen hat.**

1 1. § 106 ist eine gesrechtliche Modifikation des § 29 u dient der Erleichterung der **Prüfung** der Zulässigkeit der OHG, ferner der **Publizität**, vor allem zur besseren **Durchsetzung der Haftung** aus § 128. **Weitere** OHG- u KG-spezifische **Eintragungsvorschriften** enthalten die §§ 107 f, 125, 143, 144, 148, 150, 157, 162, 175. Sie werden durch die allg Vorschriften der §§ 9–15, 18–28, 31, 32, 53 ergänzt. Je nach Art des Gewerbes bestehen außerdem gewerberechtliche u wirtschaftsrechtliche Anzeigepflichten u in Hinblick auf bestimmte Tätigkeiten Genehmigungsvorbehalte.

2 2. Die öffentlich-rechtliche Anmeldepflicht gem § 106 entsteht für eine OHG iSd § 105 I im Zeitpunkt des § 123 II (str); sie entfällt mit der Erledigung der eintragungspflichtigen Tatsache; wg § 15 I kann Eintragungsfähigkeit fortbestehen (Oldbg DB 87, 1527). Die Gesellschafter dürfen im Innenverhältnis einen früheren Zeitpunkt vereinbaren. Bei Ges iSd § 105 I sind sie außerdem einander, nicht der Ges (BGH WM 83, 786) ggüber, einklagbar verpflichtet, an der im gemeinsamen Interesse liegenden Anmeldung mitzuwirken (BGH, NJW 74, 499). Kein Zurückbehaltungsrecht (KG-Report 95, 242). Im **Fall des § 105 II** besteht nur ein Recht zur Anmeldung (§ 2 S 2). Die Gesellschafter müssen daran nur mitwirken, wenn der GesVertrag (mittelbar) eine entspr Pflicht vorsieht. **Anzumelden** sind bei natürlichen Personen als Gesellschafter (§ 105 Rz 15) der Vor- u Zuname (§ 12 BGB), nach Wunsch auch Firma (§§ 18, 19 I 1; BayObLG BB 73, 397), grds ab 1. 1. 1999 (Art 3 MHbeG) das Geburtsdatum (wichtig wg § 1629 a BGB; fehlende Eintragung: § 15 I [str; § 128 Rz 4]; fehlerhafte Bekanntmachung: § 15 III [§ 128 Rz 4]); die Gemeinde des tatsächlichen, dauernden Aufenthalts, bei jur Personen, Vor-GmbH (§ 172 a Rz 23) sowie PersonenhandelsGes deren Name (§ 12 BGB [Firma; § 17]) u Sitz; ferner die Firma der Ges (§§ 19 ff) u der Ort der tatsächlichen Verwaltung der Ges (Sitz). An diesem Ort hat die Ges (auch während der Liquidation) ohne Rücksicht auf den Willen der Gesellschafter oder Organe (§ 125) oder die Eintragung im Handelsregister ihren **Sitz** (BGH BB 57, 799; 69, 329; KG DB 97, 222 [str]; die Ges kann nur einen Sitz haben [BGH BB 57, 799; hM]); ferner den Beginn iSd § 123 I oder II. Treugeber, Unterbeteiligte, denen in der daher gem § 128 haften (str; § 105 Rz 20, 21), sowie Nießbraucher (str; § 105 Rz 22) u TestVollstrecker (§ 177 Rz 7), sind ebenfalls im Handelsregister einzutragen (*StUlmer* § 106 17; aA *SchlMartens* § 106 10), nicht aber Tatsachen, die nur im Innenverhältnis der Gesellschafter von Interesse sind. Die Befreiung von § 181

BGB kann freiwillig (aA *BauHopt* § 125 26; EBJ*Boujong* § 106 18: muß) angemeldet werden (Hmbg BB 86, 1255); z Fortsetzungsbeschluß s § 131 Rz 7; weiter Erl zu § 8.

3. Eintragungsverfahren, s Erl zu §§ 8–16. Rechtsmittel, Bay- 3 ObLG BB 88, 88. Die **Eintragung und Bekanntmachung wirken** im Fall des § 105 II **konstitutiv** (§ 123 II); immer sind sie bzw das Fehlen einer Eintragung für die **Rechtsscheinshaftung** (§ 15) sowie für die Haftung gem den **§§ 25, 28** von Bedeutung. IZw ist anzunehmen, daß die Gesellschafter das Erklärte zugleich auch im **Verhältnis untereinander** wollen (§§ 133, 157 BGB; BGH BB 76, 528; NJW-RR 86, 29; Ausnahme PublikumsGes [BGH NJW 90, 2684]). Im Rahmen der §§ 119 ff BGB kann das Erklärte ggüber den anderen Gesellschaftern angefochten werden (BGH BB 76, 598).

§ 107 [Anzumeldende Änderungen]

Wird die Firma einer Gesellschaft geändert oder der Sitz der Gesellschaft an einen anderen Ort verlegt oder tritt ein neuer Gesellschafter in die Gesellschaft ein, so ist dies ebenfalls zur Eintragung in das Handelsregister anzumelden.

§ 107 ergänzt § 106, um dem Register bis zur Vollbeendigung der 1 Ges (§ 157 Rz 1) Aktualität zu verleihen. Der Anmeldezwang gem § 107 gilt auch in den Fällen des § 105 II (nur) für jegliche Änderung der Firma (§§ 19 ff), der Gemeinde des Sitzes (§ 106 Rz 2 [zur Verlegung des Sitzes ins Ausland s § 105 Rz 3]), für den Beitritt eines Gesellschafters (§ 105 Rz 46), auch in Form der Rechtsnachfolge (§ 139 Rz 4; § 105 Rz 51), für Änderungen in der Person der in § 106 Rz 2 genannten Arten von Treugebern, Unterbeteiligten, Nießbrauchern etc; ferner für die Umwandlung der Stellung eines Kommanditisten in die eines persönlich voll haftenden Gesellschafters u umgekehrt (BayObLG BB 70, 940). Die Rechtsnachfolge bzw Umwandlung sollte als solche u nicht als Ein- u Austritt eingetragen werden. Nicht anzumelden sind Änderungen von Name u Wohnort eines Gesellschafters (hM), da Gläubiger diese selbst ermitteln können (aber Eintragungsfähigkeit). Das Registergericht kann die Rechtsnachfolge prüfen u zB einen Erbschein verlangen (Hamm RPfleger 86, 139). Die Eintragung der Änderung des Gesellschafterbestandes darf nicht von der Berichtigung der Firma (BayObLG NJW-RR 88, 1307), die der Firma nicht von der Zeichnung gem § 108 II (Hamm DB 83, 984), wohl aber bei Rechtsnachfolge von der Voreintragung des Rechtsvorgängers (Hamm DB 93, 878), abhängig gemacht werden. **Verfahren** § 106 Rz 3. **Löschung,** § 143.

§ 108 [Anmeldung durch alle Gesellschafter; Aufbewahrung der Unterschriften]

(1) **Die Anmeldungen sind von sämtlichen Gesellschaftern zu bewirken.**

(2) **Die Gesellschafter, welche die Gesellschaft vertreten sollen, haben ihre Namensunterschrift unter Angabe der Firma zur Aufbewahrung bei dem Gericht zu zeichnen.**

1 1. **§ 108 I. a) Zweck.** § 108 I ergänzt die §§ 106, 107. Die Anmeldung durch alle Gesellschafter einschließlich der Kommanditisten soll weitgehend sicherstellen, daß die angemeldeten Tatsachen der Realität entsprechen, so daß das Gericht die Prüfung auf Fälle begründeten Zweifels beschränken kann; außerdem soll angesichts des § 15 III Schutz vor fehlerhaften Anmeldungen durch Mitgesellschafter erreicht werden. Schließlich sollen in den Fällen des § 105 II die Gesellschafter gewarnt werden. **b) Voraussetzungen.** Bei der Anmeldung ggüber dem Gericht (Auslegung, BGH BB 76, 529), die nicht notwendig gleichzeitig von allen Gesellschaftern vorgenommen werden muß (BayObLG BB 79, 185), ist Vertretung zulässig (§ 12 II 1), auch grds Generalvollmacht (*Gustavus* GmbHR 78, 220 [aA EBJ*Boujong* § 108 13]; Prokura genügt nicht); § 181 BGB greift nicht ein (BayObLG DB 77, 1085). Form, Nachweise: § 12. Zum unter Gesellschaftern ergangenen Urteil auf Mitwirkung (s § 106 Rz 2) s § 16. Zum Kreis der Gesellschafter § 106 Rz 2; zum Ausscheiden eines Gesellschafters s § 143 Rz 4; im Fall der Erbschaft braucht bei der Anmeldung (anders in Hinblick auf Erblasser [§ 143 Rz 4]) nur der Erbe, der Gesellschafter geworden ist, mitzuwirken (aA Hamm DB 89, 821; hM: alle Erben); zum TestVollstrecker, § 139 Rz 15; § 177 Rz 7. Die Anmeldung ist bis zur Eintragung widerruflich aber nicht anfechtbar (BayObLG DB 90, 168; § 12 Rz 2). Sie läßt grds vermuten, daß die anmeldenden Gesellschafter mit dem Eintragungsinhalt einverstanden sind (§ 106 Rz 3). Verstoß gg § 108 I sowie sonstige Verfahrensvorschriften werden durch Eintragung geheilt.

2 2. **§ 108 II. a) Zweck.** Die Vorschrift dient dem Schutz vor Fälschungen, §§ 12 I, 125. **b) Einzelheiten.** Erforderlich ist die Namensunterschrift sämtlicher (str) vertretungsberechtigter Gesellschafter (§ 125; BT-Drs 13/8444, S 64) sowie der vertretungsberechtigten Organe der jur Person, die vertretungsberechtigte Gesellschafterin ist (BayObLG BB 72, 1525; NJW 88, 2051; bei Änderungen Hamm DB 83, 984). Die Firma muß nicht unmittelbar bei der Unterschrift angegeben werden, wenn diese in der Anmeldung eindeutig der Firma zugeordnet wird (Kln NJW-RR 00, 1422). Im rechtsgeschäftlichen Verkehr ist die Zeichnung iSd § 108 II nicht bindend.

Zweiter Titel. Rechtsverhältnis der Gesellschafter untereinander

§ 109 [Gesellschaftsvertrag]
Das Rechtsverhältnis der Gesellschafter untereinander richtet sich zunächst nach dem Gesellschaftsvertrage; die Vorschriften der §§ 110 bis 122 finden nur insoweit Anwendung, als nicht durch den Gesellschaftsvertrag ein anderes bestimmt ist.

1. Zweck. § 109 ordnet den Vorrang der Privatautonomie im Verhältnis der Gesellschafter untereinander an (**Innenverhältnis** im scharfen Gegensatz zum Außenverhältnis der §§ 123 ff). Damit geht grds der GesVertrag (dazu sowie zu dessen [konkludenter] Änderung § 105 Rz 5 ff, 40) den §§ 110–122 sowie den §§ 105 III HGB, 705 ff BGB vor. Zum Beginn der Anwendbarkeit der §§ 109 ff s § 105 Rz 10. Die Vereinbarung eines früheren Zeitpunkts ist im Innenverhältnis zulässig (BGH LM 39 zu § 105). 1

2. Schranken der Privatautonomie. a) Allg Schranken ergeben sich aus den §§ 134, 138 BGB (zB Übervorteilung [BGH WM 75, 325]; Abhängigkeit [RG 91, 168; 151, 327; 163, 391]; Selbstentmündigung [vgl § 723 III BGB; BGH NJW 65, 2147; 73, 1602; 93, 1190]; Sich-Aussetzen der potentiellen Willkür anderer Gesellschafter, zB infolge eines Hinauskündigungsrechts [§ 140 Rz 4] oder des Rechts der Mehrheit, den GesAnteil in einen Kommanditanteil umzuwandeln [aA noch BGH NJW 73, 651]); zu den Rechtsfolgen unwirksamer Abreden vgl § 105 Rz 25. 2

b) Spezifisch gesellschaftsrechtliche Schranken zwingender Natur. aa) Abspaltungsverbot (§ 717 S 1 BGB). Mitgliedschaftliche Verwaltungs- u Informationsrechte (zB Stimmrechte), Zustimmungsvorbehalte sowie Kündigungs- u Ausschlußrechte dürfen nach ganz hM trotz Zustimmung aller Gesellschafter nicht an Dritte oder Mitgesellschafter übertragen werden (BGH BB 53, 926; WM 74, 175; DStR 95, 1276 f [*Goette*]; *StUlmer* § 109 26), um die Unternehmensstruktur funktionsfähig zu halten (*Schön* ZHR 158 [1994], 257). Dritten können aber grds die Verwaltungsrechte mit Zustimmung der Mitgesellschafter zur Ausübung überlassen werden (vgl § 114 Rz 3 f; § 119 Rz 4), aber nicht in den Gesellschafter verdrängender bzw unwiderruflicher Weise; es können Dritten auch Einflußmöglichkeiten eröffnet werden (Rz 4). Treugeber, Unterbeteiligte, Nießbraucher u TestVollstrecker sind im Unterschied zu bloß Anwartschaftsberechtigten (aA Dresd NZG 01, 403) vom Abspaltungsverbot nicht betroffen, weil sie Rechte am GesAnteil besitzen (*Ulmer* FS Fleck [1988], S 383; § 105 Rz 20 ff). Bei ges Vertretung erfolgt ebenfalls keine Abspaltung. Zu rechtsgeschäftlichen Vertretern vgl § 119 Rz 4; § 114 Rz 5; § 118 Rz 3. Rein vermögensrechtliche Ansprüche, zB auf Gewinn (§ 121 Rz 1), Auseinanderset- 3 zungs- bzw Abfindungsguthaben (§ 131 Rz 10; § 155 Rz 2), Aufwendungsersatz (§ 110), sind mangels abw Vereinbarung frei abtretbar, verpfändbar oder mit einem Nießbrauch belastbar (§ 717 S 2 BGB; BGH WM 81, 648).

4   bb) Verbandssouveränität. Die Entscheidung über den GesVertrag darf grds allein vom Willen der Gesellschafter abhängig gemacht werden, eingeschr auch vom Willen des Testvollstreckers (§§ 139 Rz 15; 177 Rz 7), nur mit Zustimmung aller Gesellschafter außerdem vom Willen der Treugeber, Unterbeteiligten, Nießbraucher am GesAnteil (Verbot der Selbstentmündigung; BGH NJW 60, 1997; KG DB 78, 1922). Lediglich für Pattsituationen kann **Außenstehenden volles Stimmrecht** erteilt werden (BGH NJW 60, 963; aA EBJ *Goette* § 119 15 mNachw). Dadurch wird das Abspaltungsverbot nicht berührt, da lediglich ein zusätzliches Mitspracherecht begründet wird. Der GesVertrag kann **zusätzliche Mitspracherechte Außenstehender** im Rahmen der Ges zulassen (BGH NJW 60, 963; 70, 706; *StUlmer* § 109 33, 55 f; sehr str), mit der Ausnahme der Geschäfts-führung, Vertretung der Ges durch Dritte als Organe (§ 114 Rz 5; § 125 Rz 2) u der Änderung des GesVertrages. Diese Mitwirkungsrechte erzeugen kein Sonderrecht gesvertraglicher Natur (§ 35 BGB); denn das Recht der Gesellschafter zur Änderung des GesVertrages (§ 105 Rz 40) muß unberührt bleiben (BGH NJW 70, 706; WM 84, 29; hM). Gleichwohl kann die Stellung Außenstehender Organqualität erlangen, wenn die Nicht-Gesellschafter im GesVertrag oder durch einen mit vertragsändernder Mehrheit gefaßten Beschluß eingesetzt sind u mit organschaftlicher Kompetenz (nicht bloßer Beratung) betraut sind (vgl BGH BB 80, 546 f; vgl § 114 Rz 4). Zur Geschäftsführung, Beratung, Kontrolle, Auswahl, Stimmrechtsausübung, Vertragsänderung etc durch einen Beirat, Unterbeteiligte, Nießbraucher, Treugeber s näher § 105 Rz 20 ff; § 114 Rz 3 f; § 119 Rz 2; § 125 Rz 2. Mit einem **herrschenden Unternehmen** (vgl § 17 AktG) bzw einem h Unternehmens-Gesellschafter kann ein Beherrschungsvertrag abgeschlossen werden (auch bereits als Teil des GesVertrages; krit *Laule* FS Semler [1993], S 549 f) durch den die Ges unter die Leitung des h Unternehmens gestellt, ggf sogar weitgehend eingegliedert wird (§ 105 Rz 36). Ein derartiger Vertrag verstößt nicht gg das Verbot der Selbstentmündigung (so aber *Schneider* ZGR 80, 519), solange das h Unternehmen das Bestandsinteresse, also auch die Solvenz der Ges zu wahren hat (hM; *StUlmer* § 105 12 ff); die Treuepflichten bleiben unberührt (§ 105 Rz 36); Komplementäre können von mittelbar h Gesellschaftern die Haftungsübernahme verlangen. Der Beherrschungsvertrag muß mit den Stimmen aller Gesellschafter beschlossen werden (zu Mehrheitsbeschlüssen Rz 5 u § 119 Rz 9). Er ist formlos (aA *Jaeger* DStR 97, 1815) gültig u bedarf der deklaratorischen Eintragung ins Handelsregister (*SchlMartens* Anh § 105 39; *StUlmer* § 105 62: § 294 AktG analog). Gleiches gilt für den Konzernierungsbeschluß (Rz 5), durch den der GesZweck an der Verfolgung des

Erster Abschnitt. Offene Handelsgesellschaft § **109**

Konzerninteresses (§ 105 Rz 36) orientiert wird (aA *SudhoffLiebscher*, S 1037 ff).

cc) Nach hM muß bei Änderungen des GesVertrags, außer (aA EBJ *Henze* § 177 a Anh B 37) bei der PublikumsGes (BGH NJW 83, 1056; *StUlmer* § 119 49; modifizierend dgg BGH NJW 85, 973, 974; *Kort* DStR 93, 439), der **Kernbereich** derjenigen Mitgliedschaftsrechte respektiert werden, die nach der Realstruktur der Ges die individuelle rechtliche u vermögensmäßige Position des Gesellschafters maßgeblich prägen (BGH NJW 95, 195). Dazu werden in der Regel Sonderrechte, das Stimm-, Gewinn-, Informations-, Liquidationserlös-, Beschlußkontrollrecht (BGH BB 95, 692), die freie (§ 105 Rz 50) Abtretbarkeit des GesAnteils, die Haftung (§§ 128, 171) die Konzernierung (Rz 4), das Geschäftsführungsrecht sowie die Erhöhung der Beitragsleistung (vgl § 707 BGB, § 53 III GmbHG) gehören (BGH NJW 85, 973, 974; 95, 195; 96, 1679; *Löffler* NJW 89, 256 mNachw; aA *HennerkesBinz* BB 83, 716). Gänzlich unverzichtbar sind das ges Informationsrecht iSd § 118 II (s auch § 166 Rz 7), das Recht an Gesellschafterversammlungen teilzunehmen, das Klagerecht als solches (§ 105 Rz 30), § 133 (s auch § 132 Rz 4), grds auch die actio pro socio (§ 105 Rz 34) u das Stimmrecht (§ 119 Rz 2). Im übrigen bedürfen unmittelbare Eingriffe in den Kernbereich der Zustimmung der Betroffenen, es sei denn, daß diese kraft ihrer konkreten Treuepflicht (§ 105 Rz 35) zustimmen müssen (BGH NJW 85, 972; 95, 195; *Schmidt* GesR, § 5 IV 4; aA *StUlmer* § 119 44). Die Zustimmung kann auch vorweg in einer dem Bestimmtheitsgrundsatz (§ 119 Rz 9) genügenden Form im GesVertrag erteilt werden (BGH 20, 369; WM 75, 663), sofern sie das Ausmaß und den Umfang des zulässigen Eingriffs erkennen läßt (BGH NJW 96, 1679 [zu §§ 120, 122]; Stgt MDR 00, 778). Gleiches soll für andere grundlegende Vertragsänderungen, wie GesZweck, Vertragsdauer, gelten (*KellermannSto-dolkowitz* Höchstrichterliche Rechtsprechung, S 16: bei gesetzestypischen Ges; weitergehend *StUlmer* § 119 43, 46). Ausnahme, falls Spezialgesetze eingreifen, zB UmwG.

dd) Eine allg **Inhaltskontrolle** der GesVerträge auf ihre Angemessenheit hin ist im AGBG nicht vorgesehen (§ 105 Rz 5). Sie sollte außer bei PublikumsGes (BGH NJW 75, 1318; 82, 2303; 88, 1904; § 161 Rz 7) angesichts des § 109 auch nicht auf § 242 BGB gestützt praktiziert werden (EBJ*Boujong* § 105 74; aA *Wiedemann* GesR I, S 173; vgl auch BGH LM 13 zu § 23 AGBG m Anm *Basedow*). **ee)** Zur Schranke der **Treuepflicht** u des **Gleichbehandlungsgrundsatzes** § 105 Rz 35 ff; des **Bestimmtheitsgrundsatzes** bei Vertragsänderungen § 119 Rz 9, zum Stimmrecht s Erl zu § 119.

3. Rechte und Pflichten der Gesellschafter im Innenverhältnis. Siehe insbes § 105 Rz 31 ff, §§ 110 ff; zu Rechtsstreitigkeiten § 105 Rz 30.

§ 110 [Ersatz für Aufwendungen und Verluste]

(1) **Macht der Gesellschafter in den Gesellschaftsangelegenheiten Aufwendungen, die er den Umständen nach für erforderlich halten darf, oder erleidet er unmittelbar durch seine Geschäftsführung oder aus Gefahren, die mit ihr untrennbar verbunden sind, Verluste, so ist ihm die Gesellschaft zum Ersatze verpflichtet.**

(2) **Aufgewendetes Geld hat die Gesellschaft von der Zeit der Aufwendung an zu verzinsen.**

1 **1. Zweck.** § 110 HGB trägt nach heute hM dem Veranlassungsprinzip Rechnung, demzufolge derjenige für freiwillige Vermögensopfer u Risiken einzustehen hat, in dessen Interesse sie eingegangen worden sind (BGH NJW 60, 1568).

2 **2. Aufwendungsersatz. Voraussetzungen.** Tätigkeit irgendeines Gesellschafters. Fehlende Verpflichtung ggüber der Ges, die Aufwendung vorzunehmen, da sonst die Aufwendung nicht freiwillig gemacht wurde. Daher begründet § 110 keinen Anspruch auf Entgelt für gem § 114 geschuldete Tätigkeiten. Ferner ist willentliche Tätigkeit in Ges-Angelegenheiten u nicht im unmittelbaren eigenen Interesse erforderlich (BGH NJW 60, 1568). Dazu zählt auch die Erfüllung von gg die Ges gerichteten Ansprüchen, sogar von angeblichen Ansprüchen, wenn sie der Gesellschafter für existent halten durfte (str). Wollte der Gesellschafter für die Ges tätig werden, lag die Tätigkeit aber objektiv nicht in deren Interesse oder war er zur Tätigkeit nach der Geschäftsverteilung (§ 114 Rz 3) oder als Notgeschäftsführer (§ 114 Rz 8) nicht befugt, so genügt es, daß er sich ohne Verschulden (grds § 708 BGB; § 105 Rz 37) für befugt u die Aufwendungen für erforderlich halten durfte (Parallele zu § 670 BGB [EBJ*Goette* § 110 7]; sehr str).

3 **Einzelfälle:** Haftung für u Bezahlung von GesSchulden, weil sie ggüber der Ges nicht geschuldet ist (§ 707 BGB; BGH NJW 84, 2290 f; s auch § 128 Rz 8); nicht aber die Kosten der Teilnahme an Gesellschafterversammlung (str), Beitragsleistung (§ 105 Rz 31), Geschäftsführung iSd § 114 oder eigene Steuern. **Rechtsfolge:** Aufwendungsersatz; § 257 BGB. Ausgeschiedene Gesellschafter sind nur in Hinblick auf Aufwendungen, die sie während ihrer Zugehörigkeit zur Ges getätigt haben, **aktivlegitimiert** (hM). Bei späteren Aufwendungen greifen die Regeln der GoA (§§ 677 ff BGB) ein; Ausnahme: Bezahlung von GesSchulden (§ 128 Rz 13). **Passivlegitimation:** Der Anspruch auf Ersatz bzw auf Freistellung von Verbindlichkeiten richtet sich nur gg die Ges (BGH 37, 299), nicht gg Geschäftsführer oder andere Gesellschafter; s auch § 128 Rz 2. Verfügt die Ges über kein ausreichendes Vermögen, so kann der Gesellschafter den Anspruch grds erst im Rahmen der Liquidation (§ 155) oder bei seinem Ausscheiden (§ 131 Rz 10) durchsetzen, da § 707 BGB eingreift (BGH NJW 62, 1863; NJW-RR 89, 866; aA *Grunewald* GesR S 108); das Ausscheiden kann im Weg des § 133 erzwungen werden. **Ausnahmen:** Vereinbarung (BGH NJW 80,

339); auch bei Vorwegnahme der Schlußabrechnung (§ 739 BGB, BGH NJW 62, 1863; abw WM 74, 749); Regreß im Fall des § 128 (§ 128 Rz 8); weitergehend *SchlMartens* § 110 7 f. Durfte der Gesellschafter Aufwendungen nicht für erforderlich oder sich nicht für befugt (aA: war obj nicht befugt [Rz 2]) halten, so greifen die §§ 683, 670 oder 684, 812 ff BGB ein (BGH NJW 80, 340; aA *Wiedemann* WM 92 Beil 7, S 35).

3. Schäden eines Gesellschafters sind von der Ges im Rahmen der §§ 249–253, 844 f BGB zu ersetzen, soweit das Eingehen des Risikos im Interesse der Ges lag oder der Gesellschafter dies annehmen durfte (§ 708 BGB, § 105 Rz 37) u soweit der Gesellschafter im obj oder vermuteten (Rz 2) Interesse der Ges ein Risiko auf sich genommen hatte, das die Gefahr von Schäden im Vergleich zum privaten Lebensbereich klar erhöhte (hM). Kein Ersatz bei Eigenverschulden (hM: § 254 BGB) u grds bei Strafen (hM). Konkurrieren Ansprüche aus § 110 mit Ersatzansprüchen gg Dritte, so sind im Rahmen der Treuepflicht (§ 105 Rz 35) primär diese geltend zu machen (aA *BauHopt* § 110 6), im übrigen gem § 255 BGB abzutreten. 4

§ 111 [Verzinsungspflicht]

(1) Ein Gesellschafter, der seine Geldeinlage nicht zur rechten Zeit einzahlt oder eingenommenes Gesellschaftsgeld nicht zur rechten Zeit an die Gesellschaftskasse abliefert oder unbefugt Geld aus der Gesellschaftskasse für sich entnimmt, hat Zinsen von dem Tage an zu entrichten, an welchem die Zahlung oder die Ablieferung hätte geschehen sollen oder die Herausnahme des Geldes erfolgt ist.

(2) Die Geltendmachung eines weiteren Schadens ist nicht ausgeschlossen.

Zweck. Parallelvorschrift zu §§ 110 II, 353. **Voraussetzungen.** Geld, auch WP (hM); nicht zu Unrecht erfolgte Kapitalrückzahlungen (*Schmidt* BB 84, 1592 gg hM); Verzug oder Bösgläubigkeit ist nicht erforderlich. **Rechtsfolge.** Verzinsung gem § 352, soweit nicht § 286 BGB oder pFV einen höheren Anspruch eröffnet. Ausnahme: § 301 BGB. 1

§ 112 [Wettbewerbsverbot]

(1) Ein Gesellschafter darf ohne Einwilligung der anderen Gesellschafter weder in dem Handelszweig der Gesellschaft Geschäfte machen noch an einer anderen gleichartigen Handelsgesellschaft als persönlich haftender Gesellschafter teilnehmen.

(2) Die Einwilligung zur Teilnahme an einer anderen Gesellschaft gilt als erteilt, wenn den übrigen Gesellschaftern bei Eingehung der Gesellschaft bekannt ist, daß der Gesellschafter an einer anderen Gesellschaft als persönlich haftender Gesellschaf-

ter teilnimmt, und gleichwohl die Aufgabe dieser Beteiligung nicht ausdrücklich bedungen wird.

§ 113 [Verletzung des Wettbewerbsverbots]

(1) **Verletzt ein Gesellschafter die ihm nach § 112 obliegende Verpflichtung, so kann die Gesellschaft Schadensersatz fordern; sie kann statt dessen von dem Gesellschafter verlangen, daß er die für eigene Rechnung gemachten Geschäfte als für Rechnung der Gesellschaft eingegangen gelten lasse und die aus Geschäften für fremde Rechnung bezogene Vergütung herausgebe oder seinen Anspruch auf die Vergütung abtrete.**

(2) **Über die Geltendmachung dieser Ansprüche beschließen die übrigen Gesellschafter.**

(3) **Die Ansprüche verjähren in drei Monaten von dem Zeitpunkt an, in welchem die übrigen Gesellschafter von dem Abschlusse des Geschäfts oder von der Teilnahme des Gesellschafters an der anderen Gesellschaft Kenntnis erlangen; sie verjähren ohne Rücksicht auf diese Kenntnis in fünf Jahren von ihrer Entstehung an.**

(4) **Das Recht der Gesellschafter, die Auflösung der Gesellschaft zu verlangen, wird durch diese Vorschriften nicht berührt.**

1   **1. Zweck, Anwendungsbereich.** § 112 konkretisiert die Treuepflicht (§ 105 Rz 35) für alle (BGH NJW 84, 1352; abw BGH 38, 314) voll (§ 128) haftenden Gesellschafter (BGH BB 57, 874), weil abstrakt die Gefahr besteht, daß diese Gesellschafter ihren Einfluß (§§ 114, 116) u insbes (aA *Armbrüster* ZIP 97, 266) ihre weitreichenden Informationsmöglichkeiten (§ 118; Oldbg NZG 00, 1040) im eigenen Wettbewerbsinteresse zu Lasten der Ges nutzen. In der Liquidationsphase (§ 131) gilt grds § 112 nicht mehr (BGH BB 61, 616 [str]), wohl aber das allg Treuegebot (§ 105 Rz 35); ebenso nach Ausscheiden (näher § 131 Rz 24). § 1 GWB, Art 85 EGV stehen dem Wettbewerbsverbot bei einer typischen Ges, bei der der betroffene Gesellschafter an der Geschäftsführung beteiligt ist u deren Zweck nicht in der Wettbewerbsbeschränkung liegt, nicht entgegen (BGH 70, 336; BGH NJW 82, 938). Zur KG, § 165.

2   **2. Voraussetzungen des Wettbewerbsverbotes.** § 112 erfaßt **nur die OHG-Gesellschafter bzw Komplementäre** einer KG, auch soweit diese jur Personen sind ([hM]; außerdem deren beherrschende [§ 105 Rz 36] Gesellschafter; BGH 89, 167; einschr *SchlMartens* § 112 3 f), es sei denn, daß die (beherrschenden) Gesellschafter von der Geschäftsführung u (aA *Armbrüster* ZIP 97, 266 ff) dem Zugang zu Informationen so ausgeschlossen sind, daß keine Gefahr für die Ges zu befürchten ist. Den Gesellschaftern stehen Nießbraucher, Treugeber u Unterbeteiligte mit Informationsrechten (§ 105 Rz 20 ff), nicht aber

Vertreter von Gesellschaftern (insoweit Interessenwahrungspflicht im Verhältnis Vertreter-Vertretener sowie § 667 BGB) gleich. Das Wettbewerbsverbot iSd §§ 112 f endet mit dem Ausscheiden (OLG Düss NJW-RR 89, 1305; vgl aber § 131 Rz 24). Der Ges muß abstrakt (BGH BB 57, 874) Wettbewerb (vgl BGH ZIP 01, 959) u damit Entzug von Geschäftschancen auf ihrem sachlichen u örtlichen Beschaffungs- und/oder Absatzmarkt des tatsächlichen (BGH BB 57, 874) u vereinbarten (§ 105 Rz 8, 40; *Armbrüster* ZIP 97, 263; enger EBJ*Goette* § 112 9) weit verstandenen Unternehmensgegenstandes drohen (BGH NJW 78, 1001; 84, 1351; weitergehend *Röhricht* Wpg 92, 770), es sei denn, die Geschäftschance war bei Abschluß des GesVertrages bereits dem Gesellschafter zugeordnet (BGH NJW 98, 1226). Die bloße anderweitige unternehmerische Tätigkeit des Gesellschafters auf anderen Märkten genügt mithin nicht (*Armbrüster* ZIP 97, 262 [hM]), selbst wenn der Gesellschafter in einem anderen Unternehmen Herrschaftsmacht besitzt (hierzu § 105 Rz 36). Allerdings können Gesellschafter auf diesen Märkten (zB für Hilfsgeschäfte) treuwidrig (§ 105 Rz 35) agieren, wenn sie der Ges konkrete (zB Vertragsverhandlungen; Angebote an Ges; für Ges wesentlich) Geschäftschancen (BGH NJW-RR 89, 1255; KG NZG 01, 129 z GmbH) nehmen (*Armbrüster* ZIP 97, 264; Rechtsfolge: § 105 Rz 37 nicht § 113 [hM]). Unerheblich ist es, ob die Wettbewerbsgeschäfte im eigenen oder fremden Namen oder durch Strohleute betrieben werden (BGH NJW 78, 1001; Nürnb BB 81, 452). Der Wettbewerb kann auch in Form einer Beteiligung als persönlich haftender Gesellschafter (einschr *Armbrüster* ZIP 97, 268; hM) als atypischer Kommanditist, atypischer stiller Gesellschafter oder in Form einer maßgeblichen sonstigen Beteiligung erfolgen, wenn diese dem Zweck des § 112 (Rz 1) zuwiderläuft (BGH NJW 84, 1351; *Röhricht* Wpg 92, 768; str).

Ausnahmen: § 112 II (nicht bei Wettbewerbsverbot im GesVertrag; 3 BGH NJW-RR 97, 925) sowie bei sonstigen Formen der Einwilligung durch alle Gesellschafter (einschließlich der Kommanditisten) bzw aufgrund des Kernbereich u den Bestimmtheitsgrundsatz respektierenden (§ 109 Rz 5; § 119 Rz 9), treuekonformen (§ 105 Rz 35 [BGH 80, 74]) Mehrheitsbeschlusses, die (auch nachträglich) konkludent erfolgen können (EBJ*Goette* § 112 28). Das Treuegebot (§ 105 Rz 35) des Wettbewerb treibenden Gesellschafters bleibt unberührt. Steht die Liquidation der Ges bevor, so darf mit Vorbereitung künftiger anderweitiger Tätigkeit begonnen werden; anders, wenn nur Ausscheiden (§ 105 Rz 48) bevorsteht (aA Oldbg NZG 00, 1040).

3. Rechtsfolgen. Immer (aA EBJ*Goette* § 113 34) verschuldens- 4 unabhängig **Unterlassungsanspruch,** der auch im Weg der actio pro socio (§ 105 Rz 34; Nürnb BB 81, 452) geltend gemacht werden kann; ferner Rechte aus §§ 117, 127, 133, 140 sowie aus § 113. – Die Verfolgung der Rechte aus § 113 I (Schadensersatz, Eintritt), auch per actio pro socio (§ 105 Rz 34), setzt gem § 113 II treuegemäße (§ 105

Rz 35) **Wahl** voraus (BGH NJW 81, 1512). Zuständigkeit: die übrigen Gesellschafter (§ 119 [BGH 89, 172]); aufgrund GesVertrags auch ein Beirat (§ 114 Rz 4); die Wahl des Eintrittsrechts ist bindend. – Der **Schadensersatzanspruch** ist verschuldensabhängig (§ 708 BGB [Ausnahmen: § 105 Rz 37]; § 282 BGB gilt analog, § 114 Rz 7). Umfang des Ersatzanspruchs: §§ 249 ff BGB, 287 ZPO. Zum Ersatzanspruch gg den Geschäftsführer der Komplementär-GmbH s § 172a Rz 21. Der Schädiger hat über den Umfang seiner Wettbewerbstätigkeit **Auskünfte** zu erteilen (BGH DB 83, 1865). – Das **Eintrittsrecht** soll Schwierigkeiten der Schadensberechnung beseitigen. Voraussetzung ist ebenfalls Verschulden. Der Anspruch erfaßt nur konkrete Geschäfte oder die Gewinne aus einer bestimmten Beteiligung (hM; einschr *SchlMartens* § 112 9); der betroffene Gesellschafter darf Aufwendungsersatz verlangen (§§ 665–667, 670 BGB; BGH NJW 63, 646; 84, 1353). – **Weitere denkbare Anspruchsgrundlagen und Rechte:** § 114 Rz 7; §§ 117, 127, 133, 140 HGB, §§ 687 II, 713, 667 BGB. **Verjährung** (nicht Delikt, Unterlassung [str]): § 113 III, soweit sich das geswidrige Verhalten im bloßen Wettbewerbsverstoß erschöpft (BGH LM 2 zu § 113); bei wettbewerbswidrigen Dauerschuldverhältnissen kommt es auf die Teilakte an (anders hM).

5 **4. GesVertrag.** Vertragliche Verschärfungen des Wettbewerbsverbotes sind im Rahmen der §§ 1 GWB, 138 BGB, Art 85 EGV insbes zur Abwehr von Interessenkonflikten (zB §§ 17 ff AktG) möglich; auch Wettbewerbsverbote nach Ausscheiden aus der Ges; zB bei Abfindungsvereinbarung (BGH WM 86, 1282; § 131 Rz 24). Zur Verpflichtung, die volle Arbeitskraft für die Ges einzusetzen, § 114 Rz 8. Eine totale Freistellung vom Wettbewerbsverbot darf nicht vereinbart werden (Rz 3).

§ 114 [Geschäftsführung]

(1) **Zur Führung der Geschäfte der Gesellschaft sind alle Gesellschafter berechtigt und verpflichtet.**

(2) **Ist im Gesellschaftsvertrage die Geschäftsführung einem Gesellschafter oder mehreren Gesellschaftern übertragen, so sind die übrigen Gesellschafter von der Geschäftsführung ausgeschlossen.**

I. Zweck

1 § 114 betrifft **nur** das **Verhältnis unter den Gesellschaftern,** während die Bedeutung von rechtsgeschäftlichen Geschäftsführungsmaßnahmen im Verhältnis zu Außenstehenden (Dritten) in den §§ 124 ff geregelt ist. Der dispositive § 114 I orientiert sich am Modell der gleichberechtigt mitarbeitenden Unternehmer. § 114 II enthält eine Auslegungsregel. § 114 wird durch die §§ 115, 116 HGB, 713 BGB (§ 105 III HGB) ergänzt.

Erster Abschnitt. Offene Handelsgesellschaft § 114

II. Begriff der Geschäftsführung

Handlungen jeglicher Art, die zum Betrieb des konkreten Handels- 2
gewerbes gehören, einschließlich der Buch- u Prozeßführung (§§ 6 I,
238 ff), Erfindertätigkeit. **Auszuklammern** sind solche Tätigkeiten,
die keinen Bezug zum GesZweck besitzen oder die auf die **Grundlagen der Tätigkeit,** Organisation u Zusammensetzung der Ges (hM)
bzw auf die Rechtsbeziehungen der Gesellschafter untereinander bezogen sind, zB auf den GesVertrag (§ 105 Rz 5 ff, 41); Wahl der Ges-
Organe einschließlich der Abschlußprüfer (BGH NJW 80, 1690;
Hamm DStR 99, 1824); Ausübung des Stimmrechts, soweit die Ges-
Grundlagen tangiert sind (§ 119 Rz 1); Konzernierung (§ 105 Rz 36);
Beiträge (§ 105 Rz 31; KG OLGR 96, 234 [str]); Feststellung der
Bilanz (§ 120 Rz 2); Beschluß über Entnahme (§ 122 Rz 4); Übertragung des gesamten Vermögens der Ges (RG 162, 370; BGH BB 95,
374); nicht u Verpflichtung dazu (beachte §§ 1643, 1822 Nr 3 BGB
[hM]); unentgeltliche Vermögensübertragung auf einen Gesellschafter
(BGH NJW-RR 86, 1418); Erlaß ggüber Gesellschafter; Ausgliederung
auf TochterGes (vgl BGH 83, 122 [Strukturänderung]); sonstige fakti-
sche Strukturänderungen wie Unternehmenspacht (Hmbg DB 00,
315); Klage aus § 113 (nicht sonstige Ersatzansprüche); Vergütung für
Geschäftsführung (*Goette* DStR 93, 1229); Auflösung (§ 131 I Nr 2);
Kündigung (BGH LM § 142 HGB 7); Änderung der Firma; atypischer
Vertrag iSd § 230 (BGH DB 79, 644 f; vgl § 230 Rz 12, § 234 Rz 1).
Zur Vornahme von Grundlagengeschäften § 119 Rz 8, 9.

III. Geschäftsführungsbefugnis und -pflicht

1. Kreis der Geschäftsführer. Grds **alle** Gesellschafter, soweit der 3
GesVertrag (Rz 8) nichts Abweichendes vorsieht, auch Minderjährige
oder jur Personen, OHG, KG, an deren Stelle deren ges Vertreter (RG
123, 299 [hM];) bzw Organe (zB bei Komplementär-GmbH deren
Geschäftsführer) tätig werden (§ 112 BGB ist anwendbar); iZw auch
Erbe (BGH NJW 59, 192) und uU auch Treugeber (§ 105 Rz 20),
Nießbraucher (§ 105 Rz 22) sowie Unterbeteiligte (§ 105 Rz 21).
Dem steht nach hM das Abspaltungsverbot (§ 717 S 1 BGB; § 109
Rz 3) nicht entgegen. Notgeschäftsführung, Rz 8.

2. Mit der Geschäftsführung, auch mit Grundlagengeschäften (Rz 2; 4
BGH NJW 96, 1679; aA *Thümmel* DB 95, 2463), kann, soweit Mehr-
heitsherrschaft möglich ist (§ 119 Rz 9), ein ausschließlich mit Gesellschaftern besetzter **Beirat** betraut werden. Einem für Außenstehende
offenen (aA *SchlMartens* § 161 116, 119: überwiegend Dritte) Beirat als
GesOrgan (BGH BB 70, 226; BB 80, 546 f; § 109 Rz 4; vgl auch BGH
ZIP 85, 32) oder einzelnen Dritten können dgg wg des Prinzips der
Verbandssouveränität u der Selbstorganschaft (§ 109 Rz 4) gesvertraglich nur Beratungs-, Schlichtungs-, Kontrollfunktionen (BGH NJW 85,
1900), die Zustimmung zu Geschäftsführungsmaßnahmen (BGH NJW

Koller

60, 964), die Entscheidung in Pattsituationen über die Gewinnverwendung, die Erhebung von Sozialansprüchen (§ 105 Rz 31) sowie Auswahlentscheidungen (BGH LM 8 zu § 109) übertragen werden, *nicht* jedoch unter Ausschluß der Gesellschafter die (gesamte) Geschäftsführung oder Weisungsrechte (*StUlmer* § 109 55; *Reuter* FS Steindorff [1990], S 229 ff; aA *Haak* BB 93, 1609 [Ausnahme Kernbereich; § 109 Rz 5]; *Vollmer* WIB 95, 581 [Grundlagengeschäfte; § 114 Rz 2]; MüHdBGesR II-*Riegger* S 226; BGH NJW 85, 972: wenn die Gesellschafter mit der nötigen Mehrheit die Beschlüsse des Beirats korrigieren können; *Weber* Privatautonomie [2000] S 337), erst recht nicht die Änderung des GesVertrages (anders bei PublikumsGes [BGH NJW 85, 973]), Konzernierung oder die Wahrung der Rechte der Gesellschafter (*Thümmel* DB 95, 2463 f). Zu den Außenstehenden zählen auch stille Gesellschafter der Ges (aA *Wiedemann* FS Schilling [1973], S 111) nicht aber Kommanditisten (Schranken: § 164 Rz 3). Immer gilt, daß eine konkurrierende Zuständigkeit der Gesellschafter nur ausgeschlossen werden darf, wenn sicher ist, daß der Beirat (Dritte) effizient tätig werden kann u dem GesInteresse verpflichtet ist. Der geschäftspolitische Einfluß der Gesellschafter darf nicht gänzlich ausgehöhlt werden. Werden diese Schranken beachtet, so kann jeder Gesellschafter die Respektierung des Beirats fordern (BGH BB 70, 226; hM), selbst gg den Willen der Gesellschaftermehrheit. Es steht allerdings den Gesellschaftern immer mit vertragsändernder Mehrheit (§ 105 Rz 40) frei, den Beirat abzuschaffen oder bestimmte Angelegenheiten an sich zu ziehen (hM). Einzelne Beiratsmitglieder können nicht die Rechte des Beirats geltend machen (BGH BB 92, 1025). Die Bestellung der Beiratsmitglieder erfolgt bei der Zulassung von Mehrheitsbeschlüssen (§ 119 Rz 9) mit einfacher Mehrheit. Streitigkeiten unter den Gesellschaftern über die Pflicht (§ 105 Rz 35) u die Wirksamkeit der Bestellung sind unter diesen zu führen (BGH BB 68, 145; DB 77, 1086 [auch zur GmbH & Co]; § 105 Rz 30); keine Ersatzbestellung entspr. §§ 29 BGB, 104 AktG (Hamm NJW-RR 00, 1284). Hat der Beirat primär zu kontrollieren, so dürfen dem Beirat nicht die zu kontrollierenden Personen angehören (vgl § 105 AktG; *StUlmer* § 109 58). Für Beiratsbeschlüsse gelten die Erl zu § 119 sinngemäß (Rechtsstreit unter den Gesellschaftern; Karlsr EWiR 98, 751). Beiratsbeschlüsse sind nur wirksam, soweit sie das GesInteresse vertretbar berücksichtigen. Sie können iZw nur durch vertragsändernde Gesellschafterbeschlüsse (§ 105 Rz 40) aufgehoben werden (BGH BB 70, 226). Zur Abberufung von Beiräten bedarf es der für die Bestellung maßgeblichen Mehrheit (BGH BB 68, 145). War die Bestellung im GesVertrag erfolgt, so ist iZw für eine Abberufung, auch aus wichtigen Gründen (BGH NJW 70, 706), eine GesVertragsänderung nötig (BGH LM 8 zu § 109; s § 105 Rz 42). Beiratsmitglieder können immer analog § 712 BGB ihr Amt niederlegen. Die Stellung als Beiratsmitglied kann für Gesellschafter ein Sonderrecht sein (§ 35 BGB). Die Pflichten von Gesellschaftern als Beiratsmitglieder ergeben sich aus dem GesVertrag, insbes aus der Treuepflicht

Erster Abschnitt. Offene Handelsgesellschaft § 114

(§ 105 Rz 35; abw *Rinze* NJW 92, 2795), von Dritten aus einer bes schuldrechtlichen Abrede (§§ 662 ff, 675 BGB; BGH NJW 85, 1900; *Rinze* NJW 92, 2794). Sie bestehen iZw nur ggüber der Ges ohne Schutzwirkung für Dritte (BGH NJW 85, 1900; aA *Hüffer* ZGR 80, 354; BGH NJW 75, 1318 f), so zB Auskunftspflicht (Karlsr GmbHR 98, 647). Haftungsmaßstab: § 708 BGB außer bei bes Geschäftsbesorgungsvertrag (§ 276 BGB) sowie PublikumsGes (§ 105 Rz 37). Freizeichnungen sind im GesVertrag möglich (*Turner* FS Sigle[2000}, S 118). Denkbar ist es auch, einen Beirat als Organ von Gesellschaftergruppen zu errichten (BGH ZIP 85, 32) oder als externen Beirat der Ges mit Beratungsfunktion (§ 675 BGB) oder dem Beirat Schiedsgerichtsfunktionen zuzuweisen (Hamm NZG 99, 1099). Zur PublikumsGes s auch § 164 Rz 6.

3. Außenstehende Nicht-Gesellschafter dürfen wg der Haftung 5 der Gesellschafter gem § 128 **nicht Geschäftsführer** werden (Selbstorganschaft; BGH NJW 82, 877; krit *Westermann* FS Lutter [2000], S 956). Die Ges kann freilich Dritte teilweise (Hamm NZG 99, 1099; § 105 Rz 30) oder umfassend mit der Geschäftsführung betrauen (nicht [faktisch] übertragen; BGH NJW 62, 738), sofern dadurch die Geschäftsführungsbefugnis der Gesellschafter nicht in ihrem Kern beeinträchtigt wird, insbes nicht (faktisch) unkündbar „entzogen" wird (BGH NJW 82, 1817; NJW-RR 94, 98; *Huber* ZHR 152 [1988], 1; str). Betriebsführungsverträge mit Dritten sind deshalb jedenfalls dann zulässig, wenn sich diese am Interesse der Ges zu orientieren haben u den Gesellschaftern ausreichende Kontroll-, Eingriffs- u Kündigungsrechte verbleiben (BGH NJW 82, 878; 82, 1817; 82, 2496). Es kann aber, zB wg Ausbeutung, § 138 BGB (BGH NJW 82, 1817; *Windbichler* ZIP 87, 825; str) oder der Konzernschutz (§ 105 Rz 36) eingreifen.

4. Rechte des Geschäftsführers. Jeder Gesellschafter ist als Ge- 6 schäftsführer berechtigt, im Rahmen seiner Pflichten u der §§ 115, 116 ungestört die tatsächlichen u rechtsgeschäftlichen Maßnahmen zu treffen, die nach seinem besten Ermessen (vgl BGH 135, 253) optimal dem Erwerbszweck der Ges dienen (BGH NJW 86, 584) u dem Haftungsrisiko (§ 128) angemessen Rechnung tragen. Eine Klage gg widersprechende Mitgesellschafter ist möglich (BGH WM 55, 1585, 1586; 70, 1223, 1224). Dieses Recht wird durch die **§§ 115, 116 beschränkt.** Eine weitere Beschränkung kann sich aus einer gesvertraglichen Aufgabenverteilung ergeben, die auch einen Beirat oder außenstehende Dritte einbeziehen kann (näher Rz 4). Eine **Übertragung** der Geschäftsführungsbefugnisse ist nie, die umfassende Betrauung Dritter ist iZw nicht erlaubt (näher Rz 5), auch nicht eines Betreuers (§§ 1896 ff BGB; aA Hamm MDR 79, 848), immer aber die Zuziehung von **Gehilfen** (Mü DB 96, 568), die regelmäßig in einem Dienst- oder Werkvertragsverhältnis zur Ges stehen werden, sowie eine sehr weitgehende Delegation (Rz 5). Dem Geschäftsführer steht ein Anspruch auf Ersatz von Aufwendungen u Schäden (§ 110), jedoch ohne bes

Vereinbarung kein **Geschäftsführergehalt** zu, weil er gem § 114 zur Geschäftsführung verpflichtet ist (BGH 17, 299; BB 73, 1369; Ausnahme: Treuepflicht [GroßKo*Fischer* § 114 13]). Wird im GesVertrag eine Vergütung (Gewinnvoraus) vereinbart, so sind auf den gesvertraglichen Anspruch gg die Ges (Kblz BB 80, 855: nicht § 128) die §§ 611 ff BGB analog anzuwenden (BGH NJW 53, 1548; 63, 1052; aA Kblz BB 80, 856 f; *StUlmer* § 114 49). Die Festsetzung der Vergütung kann auch einem mit Außenstehenden besetzten Beirat (Rz 4) übertragen werden. IZw ist auch in Verlustjahren zu zahlen. Leistungsverweigerungsrecht, § 105 Rz 31 f. **Anpassung** der Vergütung, § 105 Rz 42. IZw ist anzunehmen, daß eine angemessene Vergütung (BGH 111, 224) geschuldet u entspr anzupassen ist (BGH BB 77, 1271 f). Dort, wo die Stellung des Geschäftsführers der eines **Arbeitnehmers vergleichbar** ist, sind die arbeitsrechtlichen Normen analog heranzuziehen (*Loritz* RdA 92, 310; abw *v Hoyningen-Huene* NJW 00, 3233). Denkbar ist auch, ungeachtet der Pflichten aus § 114, der zusätzliche Abschluß eines selbstständigen Dienstvertrages (aA *StUlmer* § 114 20) oder bei sozialer Abhängigkeit sogar eines Arbeitsvertrages (§ 611 BGB; BGH NJW 73, 328 Indizien dafür: Regelung außerhalb des GesVertrages, Abhängigkeit von Weisungen der Ges [*v Hoyningen-Huene* NJW 00, 3236]; nicht bloß geringe Beteiligung (Kln BB 01, 539); dgg: geringe feste Vergütung, im wesentlichen gewinn- oder kapitalanteilabhängige Vergütung; beachte § 5 I 3 ArbGG). Zum **faktischen Anstellungsvertrag** s § 164 Rz 2. Der Geschäftsführer kann unabdingbar aus wichtigem Grund **zurücktreten** (hM; §§ 105 III HGB, 712 II BGB; *Schmidt* DB 88, 2241). Rechtsfolgen: vgl § 117 Rz 4. Rechtsstreitigkeiten s § 105 Rz 30; Kblz BB 80, 855.

7 **5. Pflichten des Geschäftsführers.** Es gilt das Prinzip der Mitunternehmerschaft. Jeder Gesellschafter (uU mittels seiner Organe, ges Vertreter) hat daher nach dispositivem Recht als Alleingeschäftsführer (§ 115 I 1) eigenverantwortlich (Rz 6) alles Zumutbare mit verkehrserforderlicher Sorgfalt zu tun, um im Rahmen der §§ 115, 116 unter Berücksichtigung des Haftungsrisikos (§ 128) treuegemäß (§ 105 Rz 35) **die Erreichung des GesZwecks** (abw *StUlmer* § 114 39) **zu fördern**. An Interessen eines h Gesellschafters bzw h Unternehmens (§§ 17 ff AktG) darf er die Geschäftspolitik nur bei einem Konzernierungsbeschluß (§ 109 Rz 4) ausrichten (§ 105 Rz 36). Seine Arbeitskraft hat der Geschäftsführer einzusetzen, soweit dies die Interessen der Ges erfordern (BGH 37, 384) u ihm dies zumutbar ist (Mü DB 97, 568). Bei Minderjährigen ist an eine ergänzende Vertragsauslegung zu denken (*StUlmer* § 114 27). Der Geschäftsführer hat sämtliche Geschäftschancen der Ges wahrzunehmen (BGH NJW 86, 585; 89, 2688; einschr *Merkt* ZHR 159 [1995], 434), andere Geschäftsführer zu überwachen (BGH BB 73, 1506; BGH 65, 19), mit ihnen vertrauensvoll zusammenzuarbeiten (§ 115 Rz 2) u sie zu diesem Zweck ausreichend zu unterrichten. Änderung der Pflichten, s § 105 Rz 40. An **Weisungen** ist er

Erster Abschnitt. Offene Handelsgesellschaft § 114

nur im Rahmen des § 116 u des GesVertrages (Gesellschafterbeschlüsse) gebunden. Gem §§ 105 III HGB, 713, 666 f BGB ist er von sich aus zur **Informationserteilung** u auf Verlangen zur **Auskunft** u **Rechenschaft** (§ 259 BGB) verpflichtet. Dieser Anspruch, auch gg den Ausgeschiedenen (Hamm NZG 01, 74), steht nur der Ges zu; die Zulässigkeit einer actio pro socio ist str (§ 166 Rz 2); s aber auch § 115 Rz 2. Die **Herausgabepflicht** (§§ 105 III HGB, 713, 667 BGB) erfaßt alles, was im Rahmen der Tätigkeit für die Ges erlangt worden ist, einschließlich der Schmiergelder (RG 164, 98). Soweit der Geschäfts-führer diesen Pflichten schuldhaft (§ 105 Rz 37) nicht nachkommt, **haftet** er der Ges (BGH DStR 96, 31; zur actio pro socio, § 105 Rz 34). Dies gilt auch bei bloßer (BGH NJW 97, 314) schuldhafter (§ 105 Rz 37; beachte Rz 9) Überschreitung der Geschäftsführungsbefugnis (Rz 4, 6) oder Beeinträchtigung von Geschäftschancen (BGH NJW-RR 88, 996; KG NZG 01, 129; *Goette* DStR 95, 66 mNachw [str]; nicht §§ 678, 687 BGB [BGH NJW-RR 89, 1256]). Die Ges wird gem § 125 vertreten (aA Karlsr GmbHR 01, 395 bei GmbH Co: § 46 Nr 8 GmbHG). Andere Gesellschafter haften bei Anstiftung u Beihilfe, selbst wenn sie nicht geschäftsführungsberechtigt sind (BGH NJW 73, 2198). Die Beweislast für Schadensverursachung durch Verhalten des Geschäftsführers obliegt der Ges (BGH BB 85, 1753; NJW-RR 88, 996; aA *Schl/Martens* § 114 38; *Ausnahmen:* mangelhafte Buchführung [BGH BB 85, 1754; einschr BGH WM 71, 126; Stgt GmbHR 00, 1050], Entnahmen [BGH NJW-RR 94, 996], Buchfehlbestände [BGH BB 91, 232], Pflichtverletzung h Gesellschafter [näher § 105 Rz 36]); allerdings trifft den Geschäftsführer eine weitreichende Substantiierungspflicht (BGH NJW 99, 3486). Die Beweislast für die Sorgfalt trägt der Geschäftsführer (BGH LM 1 zu § 116; BB 85, 1754). Zur Klage auf Unterlassung von Geschäftsführungsmaßnahmen (§ 105 Rz 37). Entlastung, § 120 Rz 2. Rücktritt (Rz 6); Erlaß (Rz 2); Verjährung, § 195 BGB (aA *StUlmer* § 114 65).

6. GesVertrag. Aus § 109 ergibt sich, daß die Bestimmung der 8 Geschäftsführer (vgl § 114 II), der Umfang der Geschäftsführungsmacht (§ 115 II), die Ressortverteilung u alle sonstigen Rechte sowie Pflichten durch GesVertrag abweichend von § 114 I geregelt werden können. Die Grenze der Privatautonomie ergibt sich insbes aus dem Prinzip der Selbstorganschaft u dem Abspaltungsverbot (§§ 105 III HGB, 717 BGB; s Rz 5 f sowie Erl zu § 109) sowie dem Schutz des Kernbereichs (§ 109 Rz 5). Beirat, Rz 4. Die Auslegungsregel des § 114 II, die iZw auch für die Vertretungsmacht (§ 125) gilt (§ 157 BGB), ist bei einer sachlichen Aufgabenverteilung zwischen den Geschäftsführern analog anzuwenden. Soweit Zustimmungsvorbehalte zugunsten von Mitgesellschaftern begründet werden, sind diese auch bei der Einflußnahme auf ein von der Ges beherrschtes Unternehmen zu beachten (BGH BB 73, 213). Ist der Gesellschafter durch Geschäftsführungsaufgaben nicht voll ausgelastet, so darf er nicht vertraglich verpflichtet werden, anderweitig nicht tätig zu werden (§ 138 BGB; Art 12 GG; BGH 37, 384).

9 7. Von der **Geschäftsführung ausgeschlossene Gesellschafter** können im Innenverhältnis unabdingbar selbständig im eigenen Namen die zur Erhaltung von Gegenständen der Ges notwendigen Maßregeln treffen (**Notgeschäftsführung**; §§ 744 II BGB, 110 HGB; BGH 17, 181). Dies gilt auch für die Geltendmachung von Rechten der Ges (BGH BB 91, 2180). Aus § 744 II BGB folgt aber keine Berechtigung, die Ges zu vertreten (BGH 17, 184), wohl aber uU eine Pflicht, zu genehmigen (§ 177 BGB). Beachte §§ 677 ff BGB. Zur actio pro socio s § 105 Rz 34 sowie § 124 Rz 3.

§ 115 [Geschäftsführung durch mehrere Gesellschafter]

(1) Steht die Geschäftsführung allen oder mehreren Gesellschaftern zu, so ist jeder von ihnen allein zu handeln berechtigt; widerspricht jedoch ein anderer geschäftsführender Gesellschafter der Vornahme einer Handlung, so muß diese unterbleiben.

(2) Ist im Gesellschaftsvertrage bestimmt, daß die Gesellschafter, denen die Geschäftsführung zusteht, nur zusammen handeln können, so bedarf es für jedes Geschäft der Zustimmung aller geschäftsführenden Gesellschafter, es sei denn, daß Gefahr im Verzug ist.

1 **1. Zweck.** § 115 I 1 dient der Flexibilität der Ges; § 115 I 2 schwächt wg des Haftungsrisikos (§ 128) die Gefahren einsamer Entscheidungen ab u realisiert die Gleichberechtigung der Geschäftsführer. § 115 II enthält eine Auslegungsregel; die Vertretungsmacht bleibt grds unberührt (s Erl zu § 126).

2 **2. Alleingeschäftsführung** (§ 114 Rz 2) ist iZw das Recht u die Pflicht eines jeden Geschäftsführers (s Erl zu § 114). Sie berechtigt nicht, Mitgeschäftsführer bei wichtigen Maßnahmen zu übergehen (BGH BB 71, 759; NJW 84, 1461). Deshalb besteht eine Pflicht zur rechtzeitigen Information der anderen, wenn anzunehmen ist, daß die Mitgeschäftsführer hierauf Wert legen (vgl § 105 Rz 35; § 114 Rz 7). **Weitere Schranken:** §§ 115 I 2, 116 II, III; uU GesVertrag.

3 **3. Widerspruch** ist nur seitens anderer geschäftsführungsberechtigter (§ 114 Rz 3) Gesellschafter im Rahmen ihrer Geschäftsführungsmacht bzw -aufgabe (auch über die interne Aufgabenverteilung hinaus) gg zumindest der Art nach bestimmte (RG 84, 136; aA *Schl/Martens* § 115 7) Geschäftsführungsmaßnahmen (§ 114 Rz 2), nicht bloßes Unterlassen, möglich. Er muß vor (hM) deren Ausführung erfolgen (§ 130 BGB); bei mangelnder vorheriger Information (Rz 2) kann der Widerspruch grds auch noch später erhoben werden. IdR ist zumindest auf Verlangen eine Begründung notwendig (BGH NJW 72, 863; aA *StUlmer* § 115 18). Kein Widerspruch gg einen Widerspruch (BGH LM 2 zu § 115). Für den Widerspruch eines Gesamtgeschäftsführers gilt,

Erster Abschnitt. Offene Handelsgesellschaft § 116

wenn keine Pflicht zum Widerspruch bestand, § 115 II entspr (hM). Der GesVertrag kann den Widerspruch Dritter zulassen (BGH LM 6 zu § 109; vgl § 114 Rz 4, § 109 Rz 4). Der Widersprechende hat im Rahmen seiner Treuepflicht (§ 105 Rz 35; § 114 Rz 7) einen Ermessensspielraum (§ 114 6), da der Widerspruch ein Akt der Geschäftsführung ist (BGH NJW-RR 88, 996). Bei eindeutig unvertretbaren Maßnahmen besteht sogar eine Pflicht zum Widerspruch (§ 114 Rz 7).
Ausnahmen: Ein Widerspruch ist treuewidrig u deshalb unbeachtlich (§ 105 Rz 37), zB wenn er willkürlich oder bei obj Sorgfalt mit dem GesInteresse unter keinen Umständen vereinbar ist (BGH NJW 86, 844; enger *StUlmer* § 115 7) bzw primär dem mit dem GesInteresse konfligierenden Interesse des Widersprechenden dient (BGH BB 56, 92; 74, 996), sich auf einen Anspruch, Rechtsstreit gg den Widersprechenden bezieht (BGH BB 74, 996), der Widersprechende vorher zugestimmt hat oder der Widerspruch trotz Verlangens nicht begründet wird (BGH NJW 72, 863; aA *StUlmer* § 115 18). Beweislast: wer sich auf Treueverstoß beruft. Schadensersatzpflicht, § 105 Rz. 37; Rechtsstreit, § 105 Rz 30.

Rechtsfolge wirksamer Widersprüche: Die Maßnahme muß, 4 soweit der GesVertrag nichts abweichend regelt (§ 109), unterbleiben, selbst wenn Gefahr in Verzug ist (RG 109, 56), außer im Fall des § 744 II BGB. Maßnahmen, die gleichwohl getroffen worden sind, sind, soweit dies ohne Schädigung der Ges möglich ist, rückgängig zu machen; ebenso bei unterlassener Information der Mitgesellschafter (BGH BB 71, 759). Zuwiderhandlung: § 114 Rz 7. Einstw Verfügung auf Unterlassen ist möglich. Die Vertretungsmacht bleibt grds unberührt (BGH 16, 398; 26, 330; § 126 Rz 1 f).

4. Bei Gesamtgeschäftsführung bedarf es grds der bis zur Aus- 5 führung unwiderruflichen (Ausnahme; Änderung der Verhältnisse), formlosen (stillschweigenden) Zustimmung (§ 182 BGB) der anderen Gesamtgeschäftsführer, damit ein einzelner Gesamtgeschäftsführer handeln darf. Eine Generalzustimmung ist unzulässig (vgl BGH 34, 27). Die Zustimmung muß treuegemäß (§ 105 Rz 35) erfolgen (Verwirkung, BGH LM 7 zu § 709 BGB). Sie muß nicht (anders bei § 125 II) eingeholt werden, wenn die konkrete Gefahr eines Schadens droht (§ 115 II), außer es handelt sich um außergewöhnliche Geschäfte (§ 116 II). § 115 I HS 2 gilt auch bei Gefahr im Verzug. § 744 II bleibt unberührt (§ 114 Rz 9).

5. GesVertrag. Siehe § 114 Rz 9.

§ 116 [Umfang der Geschäftsführungsbefugnis]

(1) **Die Befugnis zur Geschäftsführung erstreckt sich auf alle Handlungen, die der gewöhnliche Betrieb des Handelsgewerbes der Gesellschaft mit sich bringt.**

§ 116 Zweites Buch. Handelsgesellschaften u. stille Gesellschaft

(2) **Zur Vornahme von Handlungen, die darüber hinausgehen, ist ein Beschluß sämtlicher Gesellschafter erforderlich.**

(3) ¹**Zur Bestellung eines Prokuristen bedarf es der Zustimmung aller geschäftsführenden Gesellschafter, es sei denn, daß Gefahr im Verzug ist.** ²**Der Widerruf der Prokura kann von jedem der zur Erteilung oder zur Mitwirkung bei der Erteilung befugten Gesellschafter erfolgen.**

1 **1. Zweck.** § 116 dient insbes angesichts des § 128 dem Schutz der Gesellschafter bei sämtlichen Formen der Geschäftsführung; er betrifft nur die Geschäftsführung (§ 114 Rz 2). Zur Vertretungsmacht s §§ 125 f. § 116 ist abdingbar (§ 109).

2. Zum gewöhnlichen Betrieb (§ 116 I) zählen alle Maßnahmen, die weder nach Inhalt u Zweck noch nach Bedeutung u Risiken den aktuellen gewöhnlichen Rahmen des Geschäftsbetriebes der konkreten (nicht typischen; anders bei Abhängigkeitsverhältnissen [Rz 2]) Ges überschreiten (BGH 76, 162), die also von Zeit zu Zeit zu erwarten sind.

2 **3. Außergewöhnliche Geschäfte** (§ 116 II) gehen über die Geschäfte des gewöhnlichen Betriebs der konkreten Ges (Rz 1) hinaus; zB in der Regel Geschäfte bes großen Umfangs oder zu ganz ungewöhnlichen Risiken oder Bedingungen (BGH LM 1 zu § 116); Abweichung von langjähriger Geschäftspolitik (BGH BB 91, 714 [GmbH]); schwerer, nicht gebilligter Interessenkonflikt (BGH LM 2 zu § 116; BGH 76, 163; anders daher bei Abbedingung des § 181 BGB [*Goette* DStR 95, 67]); Klage gg Gesellschafter wg fehlerhafter Geschäftsführung (BGH WM 97, 1431; nicht Klage aus Drittgeschäft [§ 124 Rz 5]); Vertrag iSd § 230 (RG 153, 373; str, ob bei atypischer stiller Ges nicht schon Grundlagengeschäft; § 230 Rz 12); Zustimmung zu außergewöhnlichen Geschäften bei der TochterGes, wenn sie bei der Ges ungewöhnliche Risiken zeitigen (weiter *StSchilling* § 164 3; BGH LM 2 zu § 116); ferner die Unterstellung der Ges unter die einheitliche Leitung eines Unternehmer-Gesellschafters (§ 18 AktG; *StUlmer* Anh § 105 83; richtig: Grundlagengeschäft, § 114 Rz 2); Geschäfte mit h (§ 105 Rz 36) Gesellschaftern, die zugleich anderweitig unternehmerisch tätig sind (BGH BB 73, 213; *Reuter* AG 86, 131), es sei denn, daß die Gefahr einer Benachteiligung der Ges ausgeschlossen ist (*StUlmer* Anh § 105 47). Zu *Grundlagengeschäften,* die grds ebenfalls der Zustimmung aller Gesellschafter bedürfen, s § 114 Rz 2. Der Kreis der Geschäfte iSd § 116 II ist grds vertraglich abänderbar (§ 109 Rz 2 ff); die Freistellung von § 116 II muß eindeutig erfolgen (BGH LM 2 zu § 116). **Rechtsfolge:** Maßnahmen bedürfen der Zustimmung aller (§ 119 I), auch der nicht geschäftsführungsbefugten (zB Kommanditisten), sofern nicht bloße Mehrheit genügt (§ 119 II) oder sonstige vertragliche Regelungen getroffen sind (zB Zustimmung durch Beirat, Dritte; BGH BB 73, 214; § 114 Rz 4 f) oder ein Fall der Notgeschäftsführung iSd § 744 II BGB (§ 114 Rz 9) vorliegt. Zu Treuhand, Unterbeteiligung,

Nießbrauch s § 105 Rz 20 ff. Unter Umständen ist auch die Zustimmung der Gesellschafter der OberGes erforderlich (BGH LM 2 zu § 116; *SchlMartens* Anh § 105 17). Dem Treuegebot (§ 105 Rz 35) kann die Pflicht zur Zustimmung oder Ablehnung entspringen (BGH WM 73, 1291, 1294). Die treuewidrig unterlassene Zustimmung wird nach hM als erteilt fingiert (BGH WM 73, 1294; vgl aber § 105 Rz 37). Ein Urteil auf Zustimmung ersetzt nur Zustimmung als solche (BGH NJW-RR 89, 1056), nicht aber deren Ausspruch. Die Vertretungsmacht entfällt nicht deshalb, weil die Zustimmung fehlt (§ 126; Ausnahmen: § 126 Rz 2). Ein Verstoß gg § 116 II ist Treuepflichtverletzung (§ 105 Rz 35; § 114 Rz 7; BGH NJW-RR 88, 995); ferner die Nichtvornahme der beschlossenen Maßnahmen, es sei denn, daß sich die Entscheidungsgrundlage wesentlich geändert hat. Zum Geltendmachen der Unwirksamkeit der Zustimmung, § 119 Rz 11.

4. Prokura (§ 48). Im Innenverhältnis (§ 109) bedarf nach dispositivem Recht (BGH WM 73, 1291) die Erteilung u Erweiterung der Prokura der Zustimmung wie im Fall des § 115 II. § 116 II gilt nicht (anders hM). Bei Widerruf ist ein Widerspruch (§ 115 I 2) unerheblich. Zur Gesellschafterprokura § 170 Rz 1. § 116 III hat grds keine Bedeutung für das Verhältnis zum Prokuristen oder sonstigen Dritten (§ 126 Rz 1 f). Keine Anwendung des § 116 III im Fall des § 54 oder in Hinblick auf den der Prokura zugrunde liegenden Dienstvertrag, selbst wenn er zusammen mit der Prokuraerteilung geschlossen wird (str; beachte insoweit aber § 116 II). Zur Erteilung der Prokura nach Widerruf, RG 163, 35. 3

§ 117 [Entziehung der Geschäftsführungsbefugnis]

Die Befugnis zur Geschäftsführung kann einem Gesellschafter auf Antrag der übrigen Gesellschafter durch gerichtliche Entscheidung entzogen werden, wenn ein wichtiger Grund vorliegt; ein solcher Grund ist insbesondere grobe Pflichtverletzung oder Unfähigkeit zur ordnungsmäßigen Geschäftsführung.

1. Zweck. § 117 dient der Sicherung der angemessenen Geschäftsführung der Ges. Angesichts der Bedeutung der Geschäftsführungsmacht für den Gesellschafter erfolgt die Entziehung aus Rechtssicherheitsgründen im Weg einer Gestaltungsklage. Zur Vertretungsmacht: § 127; GmbH & Co: § 164 Rz 5. 1

2. Geschäftsführung. Alle Arten der Geschäftsführungsbefugnisse (§ 114 Rz 2) von Gesellschaftern sind entziehbar, auch die des einzigen persönlich haftenden Gesellschafters (BGH NJW 84, 173), nicht aber die persönlichen Befugnisse von ges Vertretern eines Gesellschafters (BGH NJW 84, 173; str) oder anderer GesOrgane (zB Beirat; § 114 Rz 4) oder Trägern u Formen anderer Mitwirkungsrechte (hM). Das Verhalten von ges Vertretern (zB GmbH-Geschäftsführern) ist im Rahmen des § 117 allerdings dem Vertretenen zuzurechnen (BGH NJW 2

§ 117 Zweites Buch. Handelsgesellschaften u. stille Gesellschaft

84, 173). Dienstverträge (§ 611 BGB) werden nach den allg Regeln gekündigt (vgl § 114 Rz 5 f).

3 3. **Wichtiger Grund** liegt vor, wenn die weitere Geschäftsführung unter Abwägung aller Interessen u der langjährigen Beziehungen unter den Gesellschaftern sowie des Verhaltens der übrigen Gesellschafter (BGH LM 1 zu § 117) wg erheblicher Gefährdung der GesBelange im Zeitpunkt der letzten mündlichen Verhandlung unzumutbar geworden ist. Verschulden ist nicht erforderlich, aber schwerwiegend. Beispiele: RG 162, 388; 164, 257; RGSt 45, 388; BGH LM 1 zu 117; 2 zu 144; 7 zu § 709 BGB; NJW 84, 174; NJW 77, 1013: Unfähigkeit; Verstoß gg die Organisationsordnung; Fortsetzung von Fehlverhalten während des Prozesses; unzumutbare Herrschaft durch Unternehmen (§ 105 Rz 36) oder einheitliche Leitung ohne Konzernierungsbeschluß (§ 109 Rz 4) bzw unzumutbare Leitung bei Konzernierungsbeschluß (*StUlmer* Anh § 105 45, 78). Der wichtige Grund für den Entzug der Geschäftsführung fehlt immer, wenn weniger einschneidende, zumutbare Lösungen möglich sind (BGH NJW 84, 173), zB eine bloße Beschränkung (Mü NZG 00, 1175).

4 4. **Antrag, Entzug.** In Parallele zu § 140 (BGH NJW 84, 173) Klage der übrigen Gesellschafter (näher § 140 Rz 3) auf Entzug bzw Beschränkung (*Papst* BB 78, 896). Eine Klage auf Zustimmung (vgl § 140 Rz 3) kann mit ihr verbunden werden. § 110 ist anwendbar. Mit Rechtskraft des Gestaltungsurteils ist die Geschäftsführungsbefugnis, nicht aber das Stimmrecht (§ 119) entspr dem Urteil entzogen oder beschränkt (hM). Falls der Entzug den einzigen zur Geschäftsführung Befugten trifft, so ist vorläufig bis zur Neuordnung (§ 105 Rz 40, 42) Gesamtgeschäftsführung (notfalls auch der Kommanditisten) die Folge (BGH 51, 198), weil anderweitige Einzelgeschäftsführung nicht gewollt ist. Pflicht zur Anpassung von Geschäftsführung, Vergütung u Gewinn, § 105 Rz 42. Möglich ist auch eine **einstweilige Verfügung** (§§ 935, 938, 940 ZPO; *Reichert/Winter* BB 88, 990), in der sogar ein Dritter einstw zum Geschäftsführer u Vertreter ernannt werden kann (BGH NJW 60, 1997; *Damm* ZHR 413 [1990], 425). Schadensersatzansprüche (§ 105 Rz 37) bleiben unberührt. Zur Vertretungsmacht s § 127.

5 5. Durch **GesVertrag** kann die Entzugsmöglichkeit abbedungen werden (§ 109; Privatautonomie), da die Rechte aus den §§ 133, 140 unberührt bleiben (hM; aA *Hey/Emmerich* § 117 25 a). Die Entzugsvoraussetzungen u -verfahren können auch sonst erschwert oder erleichtert werden. So kann ein bloßer (Mehrheits)Beschluß der Gesellschafter (§ 119 [BGH NJW 73, 651]; vgl aber § 140 Rz 4; § 109 Rz 5) oder ein Schiedsurteil (§ 105 Rz 6) genügen, das mangels bes Abreden vollstreckbar sein muß (BayObLG 84, 809), ohne bes Vereinbarungen aber nicht einstw Verfügungen im Schiedsverfahren. Bei der **PublikumsGes** (§ 161 Rz 3) muß die Abberufung aus wichtigem Grund mit einfacher

Mehrheit möglich sein (BGH NJW 88, 971; näher *ReichertWinter* BB 88, 981).

§ 118 [Kontrollrecht der Gesellschafter]

(1) **Ein Gesellschafter kann, auch wenn er von der Geschäftsführung ausgeschlossen ist, sich von den Angelegenheiten der Gesellschaft persönlich unterrichten, die Handelsbücher und die Papiere der Gesellschaft einsehen und sich aus ihnen eine Bilanz und einen Jahresabschluß anfertigen.**

(2) **Eine dieses Recht ausschließende oder beschränkende Vereinbarung steht der Geltendmachung des Rechtes nicht entgegen, wenn Grund zu der Annahme unredlicher Geschäftsführung besteht.**

1. Zweck. Das Informationsrecht gem § 118 **ergänzt** (str; *HeyEmmerich* § 118 5) die Informationsrechte aus den unabdingbaren §§ 105 III HGB, 713, 666 BGB (§ 114 Rz 7), § 258 HGB. Es ist Hilfsmittel einer sachgerechten Entscheidung u Instrument der Kontrolle der Geschäftsführung durch die Gesellschafter, insbes seitens der Minderheit (BGH NJW 84, 2470). Erlangte Informationen dürfen nur treuegemäß (§ 105 Rz 35) eingesetzt werden, insbes nicht, um der Ges konkrete Geschäftschancen zu entziehen (*Armbrüster* ZIP 97, 267). 1

2. Aktiv- und Passivlegitimation. Anspruchsberechtigt ist ohne Rücksicht auf die Leistung der Einlage (nur) jeder einzelne Gesellschafter für die Zeit, in der er Gesellschafter ist (BGH WM 82, 710), auch während Liquidation (§ 156; BayObLG NJW-RR 88, 547; anders Insolvenz), jedoch nicht mehr *nach Ausscheiden* (BGH LM 1 zu § 740 BGB; NJW 89, 225; 89, 3272; str; einschr BGH BB 70, 187: bis Ende Auseinandersetzung) u damit auch nicht nach Übertragung des GesAnteils (Hamm NJW-RR 94, 934). Nach dem Ausscheiden dürfen Informationsrechte auch in Hinblick auf den Zeitraum vor dem Ausscheiden (BayObLG BB 93, 1548; hM) nur noch gem § 810 BGB (BGH 26, 31; 55, 203; BB 61, 1341; DB 88, 2090) bzw hilfsweise gem § 242 BGB (BGH 10, 386 f; 14, 59; 55, 203; BB 90, 98; Hamm NJW-RR 94, 934), § 258 BGB (BGH NJW 89, 3272), in der Insolvenz nach Insolvenzrecht (Karlsr NJW-RR 96, 1059; § 131 Rz 4) ausgeübt werden. Das gilt auch für Erben. **Anspruchsgegner** sind die Ges u die Geschäftsführer (BGH BB 62, 899; NJW 84, 2470; aA BayObLG BB 91, 1590; 95, 215 [nur Ges]), weil § 118 eine Sozialverpflichtung begründet, sowie 100 %-TochterGes (BGH NJW 84, 2470; weitergehend *Jäger* DStR 97, 1776). Zum Auskunftsanspruch gg den Beirat s § 114 Rz 4. Das Informationsrecht ist **nicht abtretbar** (§ 717 BGB), auch nicht an den Zessionar des Gewinnanteils (BGH BB 76, 11); dieser erwirbt nur Anspruch auf Mitteilung der Höhe des Gewinns. Zu **Treugebern, Unterbeteiligten, Nießbrauchern** s § 105 Rz 20 ff. Das Recht wird durch **Leistungsklage** vor den ordentlichen Gerichten 2

§ 118 Zweites Buch. Handelsgesellschaften u. stille Gesellschaft

durchgesetzt. Einstw Verfügungen (§ 940 ZPO) sind möglich (str). **Vollstreckung:** § 888 ZPO (BayObLG NJW-RR 97, 489 [str]).

3 3. **Anspruchsinhalt. a) Angelegenheiten der Ges** sind auch Angelegenheiten von Tochterunternehmen (BGH NJW 57, 1555; 84, 2470; BB 84, 1271). **b)** Die Gesellschafter können GesRäume u -anlagen **besichtigen,** alle **Bücher** (§ 238), in denen Geschäfte der Ges, gleichgültig welcher Art (nicht Bücher von Tochterunternehmen [BGH BB 84, 1271; NJW 84, 2470] außer bei 100 %-Töchtern [BGH 25, 115, 121] oder uU im Fall des § 118 II [BGH NJW 84, 2470]; weitergehend SchlMartens Anh § 105 21]) aufgezeichnet sind, sowie alle sonstigen Papiere u EDV-Aufzeichnungen im Original **einsehen** (vgl BGH NJW 84, 2470) u selbst Abschriften/Kopien (vgl Kln WM 86, 36) machen (ausnahmsweise: Aushändigung); beachte auch §§ 258 HGB, 422 ZPO. Soweit die Angaben, die der Gesellschafter benötigt, um sich Klarheit zu verschaffen u seine Rechte auszuüben, nicht aus den Aufzeichnungen der Ges ersichtlich sind, kann er **zusätzlich** bestimmbar (Düss NJW-RR 96, 414) **Auskunft verlangen** (BGH NJW 57, 1555; 84, 2470; BB 84, 1272; weitergehend *Schiessl* GmbHR 85, 111; s auch Rz 1). Auskunft über Tochterunternehmen kann er fordern, soweit erhebliche Auswirkungen auf Ges zu erwarten sind (BGH NJW 84, 2470). Dabei ist zu berücksichtigen, daß der Gesellschafter seine Rechte sachgerecht ausüben u sein Haftungsrisiko jederzeit einschätzen können muß (*Huber* ZGR 82, 546). Beherrschende Gesellschafter (§ 105 Rz 36) haben über ihre unternehmerischen Aktivitäten außerhalb der Ges zu unterrichten (vgl BGH NJW 80, 231; DB 83, 1865). Die Informationen sind **höchstpersönlich** bzw durch ges Vertreter oder Betreuer (BGH NJW 65, 1961) einzuholen; bei wichtigem Grund kann ein vertrauenswürdiger Dritter beauftragt werden (BGH NJW 57, 1555; keine verdrängende Vollmacht [vgl § 119 Rz 4]). Unterstützende Zuziehung eines kraft Berufs zur Verschwiegenheit verpflichteten, neutralen Sachverständigen ist im Rahmen der Treuepflicht (§ 105 Rz 35) immer zulässig (BGH NJW 57, 1555; BB 62, 899 f). § 145 FGG ist analog anwendbar (BGH BB 70, 187). Die **Kosten** trägt der Gesellschafter (BGH BB 70, 187); Ausnahme: Verschulden der Ges oder deren Geschäftsführer; Mü BB 54, 669. **Zeit, Ort** (BGH BB 62, 900; NJW 84, 2470; Kln BB 61, 953). **c) Schranken:** Treuepflicht (§ 105 Rz 36; vgl *Henze* BB 96, 495); fehlende Erforderlichkeit (BGH NJW 84, 2471; 92, 1892; krit *Wiedemann* WM 92, Beil 7, S 44 f); dargelegte schutzwürdige Interessen der Ges oder Dritter (*StUlmer* § 118 18a), zB wenn mangels Wettbewerbsverbotes überwiegendes Interesse der Ges an (begrenzter) Geheimhaltung (BGH 14, 53; BB 79, 1316: Notwendigkeit der Beiziehung eines neutralen zur Verschwiegenheit verpflichteten Sachverständigen; vgl § 51 a II 1 GmbHG [Ffm BB 95, 1868]) oder berechtigte Interessen von TochterGes (BGH NJW 84, 2470) bestehen oder wenn der vom Gesellschafter beigezogene Sachverständige unzumutbar oder evident überflüssig ist (Beweis: Ges; BGH 14, 59; BB 77, 1169). Die Information darf auch nicht zur Unzeit gefordert werden u darf der Ges nicht unverhältnismäßige Kosten verursachen.

4. Durch GesVertrag können die Informationsrechte erweitert, **4** aber auch grds unter Respektierung des Kernbereichs (§ 109 Rz 5) abbedungen oder eingeschränkt werden, außer in Fällen, in denen aufgrund konkreter Tatsachen Anlaß zu Mißtrauen besteht (§ 118 II; substantiierte Behauptung genügt), zB bei grundloser Auskunftsverweigerung (BGH NJW 84, 2471). Unzulässig ist es generell, die Ausübung des Informationsrechts durch ges Vertreter bzw Pfleger zu verbieten (BGH NJW 65, 1961) u Auskünfte zu verweigern, wenn sie für die Ausübung des Stimmrechts benötigt werden. Dort, wo die Ges von einem Gesellschafter beherrscht wird, der auch anderweit unternehmerisch tätig ist (§ 105 Rz 36), bleiben die vollen Informationsrechte der Minderheit erhalten, wenn im Verhältnis zum h Unternehmen eine Interessenkollision nicht ausgeschlossen werden kann (*Schneider* ZGR 75, 290; hM). In Parallele zu § 51a GmbHG wird man weitergehend sogar eine Einschränkung der Informationsrechte grds nur dann anerkennen dürfen, soweit (vgl BGH NJW 95, 196) die Gefahr besteht, daß sie zu gesfremden Zwecken verwendet werden u die Ges dadurch geschädigt wird (vgl BGH NJW 89, 225 f; *Wiedemann* WM 92 Beil 7, S 45; einschr EB*JMayen* § 118 33; aA *StUlmer* § 118 42 [hM]). Es ist aber möglich, Informationsrechte zugunsten eines Beirats (§ 114 Rz 4), Sachverständiger (*Hirte* BB 85, 2210), Treugeber, Vertreter einer Gruppe von Gesellschaftern u Unterbeteiligter (§ 105 Rz 20 f) zu begründen u zugleich in Parallele zur verdrängenden Ausübung des Stimmrechts durch Vertreter (§ 119 Rz 2) die individuellen Kontrollrechte der Gesellschafter entspr einzuschränken (Hamm BB 97, 1499; BGH NJW 84, 2471; Grenze: § 118 II; *StUlmer* § 109 56; enger *Reuter* FS Steindorff [1990], S 242).

§ 119 [Beschlußfassung]

(1) **Für die von den Gesellschaftern zu fassenden Beschlüsse bedarf es der Zustimmung aller zur Mitwirkung bei der Beschlußfassung berufenen Gesellschafter.**

(2) **Hat nach dem Gesellschaftsvertrage die Mehrheit der Stimmen zu entscheiden, so ist die Mehrheit im Zweifel nach der Zahl der Gesellschafter zu berechnen.**

1. Zweck. Der weitgehend dispositive § 119 ist Ausdruck der **1** Gleichheit aller Gesellschafter (§ 105 Rz 38) einschließlich der Kommanditisten. Das Stimmrecht als solches dient der kollektiven Willensbildung u schützt vor Selbstentmündigung (§ 109 Rz 2).

2. Beschlüsse (mehrseitiges Rechtsgeschäft [Rz 7]; BGH BB 92, 595) sind möglich u zT ges auf der Ebene der **Geschäftsführung** (§ 114 Rz 2; zB §§ 113 II, 115 II, 116 II, III) vorgesehen; sie sind dort vertragsähnliche Sozialakte. Soweit Beschlüsse unmittelbar den GesVertrag berühren (§ 114 Rz 2), sind sie als normale Abänderungsverträge (§ 305 BGB; § 105 Rz 40; *Ulmer* FS Niederländer [1991], S 427) zu qualifizieren; ähnlich Beschlüsse, die die Voraussetzungen für Klagen iSd §§ 117, 127, 133, 140, 141 schaffen oder die Grundlagen der Ges konkretisieren (§ 120 Rz 3; § 114 Rz 2). Auch hier können grds (§ 119 Rz 9) Mehrheitsbeschlüsse vorgesehen werden.

2 **3. Stimmrecht. a)** Es steht grds (nur) **allen Gesellschaftern** zu, aufgrund GesVertrages beschränkt auch Treugebern (BGH 10, 49; § 105 Rz 20), Unterbeteiligten, Nießbrauchern (§ 105 Rz 20 ff) oder einem organschaftlichen (§ 109 Rz 4) nur mit Gesellschaftern besetzten Beirat (*StUlmer* § 109 53; § 114 Rz 3 f). Zu sonstigen Dritten (§§ 109 Rz 4; 114 Rz 4). Bei der EinheitsGes (§ 161 Rz 2) kann der Komplementär-GmbH die Vertretung der KG in Hinblick auf die Stimmrechte der GmbH entzogen u auf die Kommanditisten übertragen werden (BGH NJW 93, 2100). Vertraglich können die Gesellschafter nach Maßgabe des Bestimmtheitsprinzips (Rz 9; ohne diese Schranke die hM) darüber hinaus auf ihr **Stimmrecht** nur (aA *StUlmer* § 119 69) **verzichten,** wenn sie beschränkt haften (BGH 20, 266: Kommanditisten; *Brandes* WM 94, 575; GmbH bei personengleicher GmbH & Co [§ 161 Rz 2]; offen BGH NJW 93, 2100 zu sonstigen GmbH als Gesellschafter; [bejahend Mü NJW-RR 99, 474 f für GmbH ohne Kapitalanteil]). Die Zustimmungserfordernisse im Kernbereich (§ 109 Rz 5) bleiben auch bei Verzicht bestehen (ohne diese Schranke bei personengleicher GmbH & Co KG [§ 161 Rz 2] BGH NJW 93, 2100; weitergehend *StUlmer* § 119 69). Der GesVertrag kann auch die **einheitliche Ausübung mehrerer Stimmrechte durch einen Vertreter** vorschreiben (BGH NJW 67, 826 f; hM), sofern die Reichweite der Vertretungsmacht hinreichend bestimmt ist (BGH NJW 73, 1602; vgl Rz 9), der Vertreter weisungsgebunden (*Schmidt* ZHR 146 [1982], 531) sowie aus wichtigem Grund abberufbar ist (str; weiter EBJ*Henze* § 177 a Anh B 83). Der GesVertrag kann vorsehen, daß jedes Gruppenmitglied Weisungen erteilen kann. IZw können außerhalb des Kernbereichs (§ 109 Rz 5; BGH 119, 355) Weisungen aufgrund von Mehrheitsentscheidungen der Gruppe ergehen (BGH NJW 73, 1602; aA MüHdB-GesR II-*Weipert* S 262). Die Person des Vertreters kann im GesVertrag nicht auf Dauer vorgegeben werden (Hamm BB 97, 1499); die Bestellung des Vertreters kann nach hM (BGH 46, 295) nur einstimmig erfolgen. Die Praktikabilität spricht aber für eine Analogie zu § 745 I BGB (BGH 119, 354 nach Erbfall; ferner *Schmidt* GesR § 21 II 5; aA MüHdBGesR II-*Weipert* S 260 [Analogie zu § 753 BGB]; zur einstw Verfügung, Düss NJW-RR 95, 171). Dies alles gilt auch bei Grundlagengeschäften (§ 114 Rz 2; str). Die Abberufung erfolgt iZw ebenfalls durch Mehrheitsentscheidung (*StSchilling* § 163 17; aA *SchlMartens* § 161 86). Die Vertreter haften den Vertretenen aus pFV (§§ 662, 675 BGB). Auch kraft Treuepflicht (§ 105 Rz 35; BGH NJW 70, 706) oder

Erster Abschnitt. Offene Handelsgesellschaft **§ 119**

bei Wohnsitz im Ausland (Mü DB 96, 1667) kann ein Gesellschafter gehalten sein, sich vertreten zu lassen. Dieselben Regeln gelten, wenn mehrere Gesellschafter kraft GesVertrags nur einheitlich abstimmen dürfen (vgl Kln BB 94, 2306).

b) Stimmrechtsausschluß. Das Stimmrecht desjenigen Gesell- **3** schafters ist analog § 47 IV GmbHG zwingend ausgeschlossen, der oder dessen Vertreter (Rz 7), Mittäter (Düss GmbHR 00, 1052), Treugeber (§ 105 Rz 20; str) oder sonst (faktisch) Weisungsberechtigter (Karlsr NZG 00, 265; Brdbg NZG 01, 130) bzw dessen von ihm abhängige (§ 17 AktG) Unternehmen entlastet, unmittelbar (Mü NZG 99, 839) von einer Verbindlichkeit befreit oder gg den ein Anspruch bzw eine Klage erhoben werden soll (BGH NJW 74, 1555; WM 83, 60) oder der aus wichtigem Grund ausgeschlossen bzw abberufen werden soll (BGH NJW 69, 1483; Verbot des Richtens in eigener Sache). Das Stimmrecht entfällt ferner bei Geschäften der Ges mit Gesellschafter (RG 136, 245; *Schmidt* GesR § 21 II 2; *StUlmer* § 119 66), dessen Stimmvertreter (Rz 7), Treugeber (§ 105 Rz 20; BGH 56, 53; str), mit vom Gesellschafter beherrschten (Hmbg DB 00, 315) oder mit die Gesellschafter beherrschenden Unternehmen (einschr Kalsr NZG 01, 31), *nicht* aber bei der Organisation der Ges, Anstellungsvertrag mit Geschäftsführer (Ausnahme: TestVollstrecker; BGH 51, 217), Beschluß über die Veräußerbarkeit des Anteils (*Michel* ZGR 91, 418) und sonstigen „Grundlagengeschäften" (§ 114 Rz 2; Hmbg DB 00, 315), weil insoweit eine Selbstorganisation der Gesellschafter erfolgt (BGH NJW 91, 172; beachte § 181 BGB [Rz 7]). Der Gesellschafter darf deshalb auch dort mitstimmen, wo es um die Begründung einer Abhängigkeit der Ges zu ihm geht (hM; aA *Hüffer* aaO, S 354). Kein generelles Stimmverbot resultiert daraus, daß die Ges am Gesellschafter (zB GmbH) maßgeblich beteiligt ist (BGH NJW 93, 1267). Die Stimmabgabe kann immer wg Treueverstoß (§ 105 Rz 35) unwirksam sein. Vertraglicher Stimmrechtsausschluß, Rz 2. Einstw Verfügung ist möglich, *Damm* ZHR 154 (1990), 433.

c) Das isolierte **Stimmrecht ist zwingend unübertragbar** (§ 717 **4** S 1 BGB; BGH NJW 60, 963 [s § 109 Rz 3]; einschr *Lutter* AcP 180, 151 bei Mitgesellschafter; weitergehend *Michalski* § 119 Rz 50). Zu Nießbrauch, Treuhand, Unterbeteiligung s § 105 Rz 20 ff. Unwirksam sind Umgehungsformen wie die (faktisch) unwiderrufliche, den Gesellschafter aufgrund eines Stimmrechtsverzichts **verdrängende Vollmacht** (BGH 20, 363; NJW 52, 178) oder die Vollmacht mit der Verpflichtung des Gesellschafters, von seinem Stimmrecht nur mit Willen des Bevollmächtigten Gebrauch zu machen (BGH 20, 363; BGH NJW 70, 468). **Ausnahmen:** Gesvertragliche Pflicht, sich vertreten zu lassen (Rz 2); Treuhand (BSG ZIP 97, 1122; einschr BGH BB 77, 12); grds unwiderrufliche, aber nicht verdrängende Vollmacht, wenn die Mitgesellschafter zugestimmt haben (BGH NJW 70, 468; Rz 5).

§ 119 Zweites Buch. Handelsgesellschaften u. stille Gesellschaft

5 **d) Schuldrechtliche Stimmbindungsverträge** mit Mitgesellschaftern oder Dritten (jedenfalls zB Pfandnehmern, Treugebern, Nießbrauchern) sowie Abreden über **widerrufliche** bzw zwar „**unwiderrufliche**", aber **nicht-verdrängende Vertretung** (Rz 4, 7) sind auch in Hinblick auf Satzungsänderungen (str; § 109 Rz 4 f) zulässig, sofern § 138 BGB nicht entgegensteht (zB Stimmenkauf; Umgehung von Stimmverboten oder der Unübertragbarkeit des GesAnteils bzw des Stimmrechts) u sofern die Treuepflicht (§ 105 Rz 35) gewahrt ist (hM; BGH BB 77, 12; aA EBJ*Goette* § 119 22 bei Dritten; weitergehend abl *Flume* PersGes § 14 VI; *Schmidt* GesR § 21 II 4). Ihre Einhaltung kann durch Klage u durch einstw Verfügung erzwungen werden (*Damm* ZHR 154 [1990], 434 [str]). Abgegebene Stimmen sind selbst bei evidenten Verstößen gg die Stimmbindung wirksam (BGH WM 73, 844; einschr Hamm GmbHR 00, 674; str) u verpflichten nur zum Schadensersatz; Ausnahme: alle Gesellschafter haben sich gebunden (BGH NJW 83, 1911). Es gelten immer die allg Schranken der Stimmrechtsausübung (Rz 3, 7). Die Stimmbindung kann zur Konzernierung führen (§ 105 Rz 36).

6 **4. Voraussetzungen wirksamer Beschlüsse. a)** Eine **Gesellschafterversammlung** ist nur nötig, wenn sie im GesVertrag vorgesehen ist (BayObLG BB 87, 713) oder gem §§ 43, 217 UmwG. Ist dies der Fall, so kann sie iZw jeder Gesellschafter einberufen (aA St*Ulmer* § 119 18), jedenfalls bei wichtigem Grund (Kln ZIP 87, 1120; BGH NJW 88, 970). Ladung (§§ 130 f BGB) erfolgt iZw formlos ohne Mitteilung der Tagesordnung (BGH DB 98, 1128; einschr BGH NJW 95, 1356 bei überraschenden oder gravierenden Punkten; abw KG NJW-RR 95, 1443) binnen angemessener Frist. Zu Ladungsfehlern Rz 11. Den Gesellschaftern steht unabdingbar ein **Teilnahmerecht** zu (hM); im Rahmen der Treuepflicht (§ 105 Rz 35, 37) sind sie zur Teilnahme verpflichtet. Eine Aussprache ist nicht erforderlich, solange sie kein Gesellschafter verlangt (aA KG NJW-RR 95, 1444). Dort, wo die Einberufungsregeln des GesVertrages dem GmbHG nachgebildet sind, gilt dieses analog (*Goette* DStR 93, 1229). Wird treuewidrig (§ 105 Rz 35) die Beschlußunfähigkeit herbeigeführt, so kann auch die beschlußunfähige Versammlung entscheiden (Hmbg NJW-RR 91, 673). Berufsmäßig zur Verschwiegenheit verpflichtete **Beistände** sind ausnahmsweise im Rahmen der Treuepflicht (§ 105 Rz 35) zur Teilnahme zuzulassen (Kln BB 75, 343), zB, wenn ein Gesellschafter ohne Beistand nicht sachgerecht abstimmen kann. Im Kernbereich (§ 109 Rz 5) darf dies nicht abbedungen werden (*Saenger* NJW 92, 348). Zu Vertretern s unten. Bei **PublikumsGes** (§ 161 Rz 3) ist § 50 III GmbHG analog heranzuziehen (BGH NJW 88, 969).

7 **b) Stimmabgabe,** auch in Form der Gegenstimme oder Enthaltung (*Ulmer* FS Niederländer [1991], S 419), ist eine empfangsbedürftige, widerrufliche (Rz 10) Erklärung iSd **§§ 104 ff BGB;** sie kann, solange die Abstimmung nicht abgeschlossen ist, grds auch im Umlaufverfahren

ggüber allen Mitgesellschaftern (EBJ *Goette* § 119 40) (Gesellschafterversammlung s oben) und/oder konkludent erfolgen, es sei denn, daß der GesVertrag eine Form iSd § 125 S 2 BGB vorschreibt (BayObLG BB 87, 713). Auf das Formerfordernis kann verzichtet werden (s § 105 Rz 6, 40). Zum Widerruf der Stimmabgabe, Rz. 10. Die Stimme muß **treuekonform** (§ 105 Rz 35) abgegeben werden (zu Rechtsfolgen von Treueverstößen § 105 Rz 37), zB bei Treuhändern auch bei Annahme eines einheitlichen GesAnteils (§ 124 Rz 2), für mehrere Treugeber jedoch nicht notwendig **einheitlich** (Kln NJW-RR 97, 488; *Armbrüster* FS Bezzenberger [2000], S 20 [str]). Zum Schutz des Vertrauens unter den Gesellschaftern muß grds die Stimme **höchstpersönlich** abgegeben werden (BGH 65, 99). **Ausnahmen:** Urteil, demzufolge eine bestimmte Erklärung abgegeben ist, § 894 ZPO (BGH NJW-RR 89, 1056); gesvertragliche Pflicht zur Bestellung eines gemeinsamen **Vertreters** oder zur einheitlichen Stimmabgabe (Rz 2); ges Vertretung bei jur Personen, nicht voll Geschäftsfähigen, Betreuer (BGH NJW 65, 1961); Vertretung einer Gesellschaftergruppe (BGH 46, 291, 296); PublikumsGes (§ 161 Rz 3). Eine Vertretung aufgrund Vollmacht (§ 164 BGB) kann außerdem in den Grenzen des Abspaltungsverbotes (Rz 4 f) generell oder für den Einzelfall im GesVertrag u muß von den Mitgesellschaftern im Rahmen des Treuegebots (§ 105 Rz 35 f; weitergehend MüHdBGesR I-*Weipert* S 946 ff) zugelassen werden (BGH NJW 70, 706; zB persönliche Verhinderung). Dabei ist eine Vertretung durch Mitgesellschafter eher als durch außenstehende Dritte zu gestatten (MüHdBGesR II-*Weipert* S 309: immer). Jedenfalls muß der Vertreter zumutbar sein (BGH NJW 70, 706). Der GesVertrag kann außer im Kernbereich (§ 109 Rz 5; *Saenger* NJW 92, 348) Vertretung verbieten. **§ 181 BGB** greift nur bei Beschlüssen ein, bei denen die Gesellschafter typischerweise ihr Handeln nicht primär am gemeinsamen GesInteresse orientieren (zB Vertragsänderung, Grundlagengeschäfte [§ 114 Rz 2]; BGH NJW 91, 692; 76, 49). § 181 BGB gilt deshalb auch im Fall des § 35 IV GmbHG (aA *Reimann* DNotZ 99, 198) nicht bei normalen Geschäftsführungsbeschlüssen (BGH NJW 91, 692). Beachte, daß § 181 BGB ferner nicht anzuwenden ist, wenn eine Zustimmungspflicht bestand (zB § 105 Rz 35; BGH NJW 61, 724) oder eine (konkludente) Gestattung des Selbstkontrahierens vorlag (BGH 66, 86). Die Stimmabgabe ist gem §§ 119 ff, 142 BGB **anfechtbar** (BGH 14, 267). Beistand, Rz 6.

c) Einstimmigkeit (§ 119 I) liegt im Zugang (§ 130 BGB; zur 8 Widerruflichkeit, Rz. 10) der Einverständniserklärung eines jeden Stimmberechtigten bei allen übrigen Stimmberechtigten bzw dem zur Entgegennahme ermächtigten (BGH WM 57, 1130) Versammlungsleiter; ausnahmsweise ist treuewidrige Nichtzustimmung wie Zustimmung zu behandeln (BGH NJW-RR 87, 286; § 105 Rz 35, 37, 42).

d) Gilt, was grds außerhalb des Kernbereichs (näher § 109 Rz 5) 9 zulässig ist, gesvertraglich (§ 105 Rz 7, 40; zur PublikumsGes § 161

§ 119 Zweites Buch. Handelsgesellschaften u. stille Gesellschaft

Rz 12) das **Mehrheitsprinzip**, so entscheidet iZw die Mehrheit vorhandener Stimmen (BGH NJW 98, 1948; anders bei PublikumsGes: abgegebene Stimmen), iZw berechnet no Köpfen. Voraussetzung ist, daß jeder Gesellschafter zur Beschlußfassung aufgefordert war u die Möglichkeit besaß, zuvor gehört zu werden. Zum **Schutz der Minderheit** setzen nach hM gültige Mehrheitsbeschlüsse voraus, daß sie nach Sinn u Zweck des GesVertrages (§ 157 BGB) in Hinblick auf den konkreten Beschlußgegenstand unzweideutig, wenn auch nicht notwendig ausdrücklich, zugelassen sind (**Bestimmtheitsgrundsatz;** stdg Rspr, hM; BGH 85, 351, 355; NJW 88, 411; Ausnahmen: Publikums-Ges (§ 161 Rz 3; BGH NJW 91, 692); KG mit größerer Anzahl von Gesellschaftern [BGH NJW 83, 1058]; zu Recht den Bestimmtheitsgrundsatz abl *StUlmer* § 119 38 mNachw; einschr *Schmidt* ZHR 158 [1994], 224; *Goette* FS Sigle [2000], S 145). Daher gilt nach hM die Mehrheitsklausel iZw nur für die Geschäftsführung im engeren Sinn (§ 114 Rz 2); bei nicht näher spezifizierter, aber unzweideutiger vertraglicher Erstreckung auf Vertragsänderung u sonstige Grundlagengeschäfte (§ 114 Rz 2) iZw nur für übliche Maßnahmen (BGH NJW 85, 2830); bei außergewöhnlichen Vertragsänderungen (zB Umwandlung; Fortsetzungsbeschluß; Ausschließung eines Gesellschafters) nur, wenn ein derartiger Punkt im GesVertrag eindeutig, wenn auch nicht notwendig ausdrücklich, genannt ist (BGH NJW 53, 102; 67, 2157; 88, 411; NJW-RR 86, 1417; 87, 295; LM 15 zu § 119; beachte § 217 UmwG). Abschlußprüfer, BGH NJW 80, 1689. **Weitere Schranken:** Der Mehrheitsbeschluß muß die §§ 134, 138 BGB (§ 109 Rz 2), das Verbot der Selbstentmündigung (§ 109 Rz 2), die Wertung des § 723 III BGB (vgl § 132 Rz 4; zu eng BGH NJW 73, 1602), den Kernbereich (§ 109 Rz 5), den Gleichbehandlungsgrundsatz (§ 105 Rz 38), etwaige Stimmverbote (Rz 3), voll entstandene, abtretbare Rechte (BGH NJW 85, 974; zB § 122 Rz 2) sowie Sonderrechte (§ 35 BGB analog; zB Recht zur Leitung der Versammlung, erhöhtes Stimmrecht) respektieren u mit der Treuepflicht (§ 105 Rz 35 ff, 42) im Einklang stehen. Die Regeln über das Beschlußverfahren (Rz 6 ff) müssen eingehalten werden.

10 e) Die Stimmabgabe ist grds nur nach Maßgabe des § 130 I 2 BGB **widerruflich** (*StUlmer* § 119 27; abw EBJ*Goette* § 119 43). § 147 BGB gilt nicht (abw *StUlmer* § 119 26), wenn der Beschluß sukzessive gefaßt werden soll. Die Bindung bleibt dann innerhalb angemessener Frist bis zur letzten Stimmabgabe bestehen (BGH NJW-RR 90, 798). Im Rahmen der Treuepflicht (§ 105 Rz 35) muß zB bei für die Ges wichtigen neuen Informationen ein späterer Widerruf der Stimmabgabe hingenommen werden (weitergehend *StUlmer* § 119 27). Zur **Auslegung** des Beschlusses *Frey* EWiR 89, 1167; zum Erfordernis der Klarheit des Beschlusses s *Emde* ZIP 00, 60.

11 **5. Mangelhafte Beschlüsse** sind nichtig, wenn die erforderliche Mehrheit nicht durch eine ausreichende Anzahl gültiger, gesetzes- u gesvertragskonformer (Rz 6 ff) Stimmen erreicht wurde oder wenn das Beschlußverfahren schwerwiegend (*StUlmer* § 119 84 ff) mangelhaft war u dies für den Beschluß kausal (vgl BGH NJW 98, 684; str) sein konnte (BGH NJW 87, 1263, 3121; NJW 95, 1355 f [Dispositionsschutz; Vorbereitung; Teilnahme beeinträchtigt]; einschr BGH BB 70, 170; zu mangelhaften, den GesVertrag ändernden Beschlüssen s § 105 Rz 40 f). Die Berufung auf die Nichtigkeit kann treuwidrig sein (§ 105 Rz 35; BGH NJW 87, 1263; Mü NZG 01, 559), zB bei einer Verpflichtung zur Zustimmung oder bei Abstimmung ohne vorherige Rüge erkennbarer Formfehler (aA KG NJW-RR 95, 1443; Dresd NZG 00, 784). Die Nichtigkeit ist mangels abw Abreden, auch bei der PublikumsGes (§ 161 Rz 3; § 105 Rz 30), durch **Feststellungsklage** unter den (einzelnen; str; s § 105 Rz 30) Gesellschaftern (nicht bloß Anwartschaftsberechtigte [aA Dresd NZG 01, 403]) geltend zu machen. Grds besteht für die Klagen keine **starre Frist** (BGH NJW 99, 3114 [auch PublikumsGes]). Im GesVertrag können aber zumutbare (BGH NJW 95, 1219; Stgt NZG 00, 836 [6 Monate]) Fristen, nicht unter einem Monat, zur Geltendmachung der Unwirksamkeit bestimmt werden (§ 109; BGH NJW 88, 413), die auch dort maßgeblich sind, wo die Gesellschafter die Rechte von Mitgesellschaftern verletzende Beschlüsse fassen (einschr BGH NJW 77, 1293: Parallele zum Bestimmtheitsprinzip). Die Klagefrist beginnt erst zu laufen, wenn dem Kläger die Adressen der Mitgesellschafter zugänglich sind (ähnlich BGH NJW 88, 413: § 270 III ZPO analog). **Verwirkung,** wenn der Gesellschafter zurechenbar den Eindruck erweckt hat, sich mit dem Beschluß abzufinden (BGH NJW 99, 3114); ansonsten venire contra factum proprium (vgl KG NJW-RR 95, 1444) denkbar oder Schranke der Treuepflicht (§ 105 Rz 35; BGH WM 91, 510; Mü DB 01, 1408). Die **Beweislast** trägt, wer den Beschluß für wirksam hält u sich darauf stützt, sofern der andere Teil die Nichtigkeit konkret behauptet bzw, wer seinen Anspruch auf die Nichtigkeit stützt (BGH NJW 95, 1356). **Einstw Verfügungen** sind grds zulässig, Stgt NJW 87, 2449; v *Gerkan* ZGR 85, 167.

§ 120 [Gewinn und Verlust]

(1) **Am Schlusse jedes Geschäftsjahrs wird auf Grund der Bilanz der Gewinn oder der Verlust des Jahres ermittelt und für jeden Gesellschafter sein Anteil daran berechnet.**

(2) **Der einem Gesellschafter zukommende Gewinn wird dem Kapitalanteile des Gesellschafters zugeschrieben; der auf einen Gesellschafter entfallende Verlust sowie das während des Geschäftsjahrs auf den Kapitalanteil entnommene Geld wird davon abgeschrieben.**

1. Zweck. § 120 I regelt das Verfahren der Gewinn- u Verlustermittlung, § 120 II die Legaldefinition des Kapitalanteils, der in den §§ 121, 122, 155, 167–169 eine Rolle spielt.

§ 120 Zweites Buch. Handelsgesellschaften u. stille Gesellschaft

1 a   **2. Die Buchführung sowie die Aufstellung, dh der Entwurf einer unterschriftsreifen Bilanz** (§§ 6 I, 242 ff), ist nicht die Pflicht der Ges (BGH NJW 85, 1468; str), sondern die öffentlich-rechtliche u zugleich gesrechtliche gemeinsame Pflicht aller Geschäftsführer (§ 114; BGH NJW 96, 1678; BGH 76, 338, 342; auch geschäftsführender Kommanditisten), die sie unter sorgfältiger u treuekonformer (§ 708 BGB; § 105 Rz 37) Wahrung der Interessen der Ges u Gesellschafter (BGH NJW 96, 1681) entspr den §§ 238 ff zu erfüllen haben u für deren Erfüllung sie haften. Keine notwendige Streitgenossenschaft bei Klage auf Aufstellung (BGH WM 83, 1280). Zur Abrede „Handelsbilanz ist gleich Steuerbilanz" BGH BB 86, 772; NJW 96, 1680. Streitigkeiten über die Richtigkeit von Ansätzen sind im Rahmen der Feststellung (Rz 2) auszutragen (BGH BB 80, 122).

2   **3. Feststellung der Bilanz** (*StUlmer* § 120 16) ist einschl der Wahl des Abschlußprüfers (§ 114 Rz 2) ein treuegebundenes (§ 105 Rz 35) Grundlagengeschäft (§ 114 Rz 2; BGH NJW 96, 1678; 99, 572) in Form eines Feststellungsvertrages (BGH LM 2 zu § 122) u kausalen Schuldanerkenntnisses (*StUlmer* § 120 19; aA BGH BB 60, 188; Karlsr DB 95, 264). Die Feststellung kann iZw durch Schweigen (BGH LM 2 zu § 122) u muß iZw mit den Stimmen aller Gesellschafter (§ 119 I; unabhängig von der Art der Gewinnbeteiligung auch der Kommanditisten; BGH NJW 96, 1678; Karlsr NZG 99, 878), nicht aber der Nießbraucher am GesAnteil (BGH NJW 99, 572) erfolgen. Läßt der GesVertrag in einer dem Bestimmtheitsgrundsatz (§ 119 Rz 9) entspr u den Kernbereich (§ 109 Rz 5 [aA *StUlmer* § 119 45]) respektierenden Weise Feststellungen mit Mehrheit zu, so kann die Feststellung mit der im Vertrag vorgesehenen Mehrheit vorgenommen werden; auch durch Beirat (§ 114 Rz 4; BGH NJW 96, 1679), der möglicherweise nur einen Teil der Gesellschafter repräsentiert. Soweit es um notwendige Rücklagen geht, genügt es, daß der GesVertrag allg Vertragsänderungen mit Mehrheit erlaubt (BGH NJW 96, 1680). Beweislast für Wirksamkeit: Gesellschafter (BGH NJW 82, 2065). Im Rahmen der Feststellung haben die Gesellschafter die Bilanz grds so hinzunehmen, wie sie aufgestellt worden ist (Rz 1a), es sei denn, sie ist obj fehlerhaft oder sie bewegt sich nicht im Rahmen des zulässigen (treuekonformen) Bilanzierungsermessens (zB Ansatz- u Bewertungswahlrechte; BGH NJW 96, 1681). Die Gesellschafter können im Rahmen der Treuepflicht (§ 105 Rz 35) die Zustimmung auch deshalb verweigern, weil sie mit Bilanzierungsentscheidungen nicht einverstanden sind, die in der Sache eine Ergebnisverwendung darstellen (BGH NJW 96, 1681). Zu den in der Sache ergebnisverwendenden Bilanzierungsmaßnahmen zählen dem BGH (NJW 96, 1681) zufolge die Bildung offener Rücklagen (zutr aA *Huber* FS Knobbe-Keuk [1997] S 203, weil offene Rücklage nicht Feststellung der Bilanz, sondern Gewinnverwendung), Abschreibungen gem § 253 IV, Aufwandsrückstellungen (§ 249 I 3, II; aA *StUlmer* § 120 37), steuerliche Abschreibungen, die über die handelsrechtlichen hinausgehen (§ 254; aA *StUlmer* § 120 39), wohl auch Posten iSd § 247 III (*HoffmannSauter* DStR 96, 970), *nicht* aber zB die Bemessung der Herstellungskosten (*StUlmer* § 120 38), Fälle § 253 II, III, IV (*StUlmer* § 120 38), der Zinsfuß für Pensionsrückstellungen (BGH NJW 96, 1680). Zutr krit zur Differenzierung zwischen „normalen" u in der Sache ergebnisverwendenden Bilanzierungsentscheidungen *BinzSorg* DB 96, 971; *HoffmannSauter* DStR 96, 969; *Müller* LM § 119 Nr 34; *Schön* FS Beisse [1997], S 486. Die Zustimmung zur Feststellung wird treuwidrig verweigert, wenn eine verdeckte Rücklagenbildung abgelehnt wird, obwohl sie nötig ist, um die Ges widerstandsfähig zu erhalten (BGH NJW 96, 1681; abw *Ulmer* FS Lutter [2000], S 945); ansonsten besteht nur ausnahmsweise eine Pflicht, der Bildung stiller Reserven zuzustimmen (BGH NJW 96, 1681). Siehe auch § 122 Rz 4. Weigern sich Gesellschafter ohne Rechtsgrund treuwidrig, in die Feststellung oder Berichtigung einzuwilligen, so sind sie auf Zustimmung zu verklagen (BGH NJW 99, 572 [offen, ob notwendige Streitgenossenschaft]). Zum Vergleich über Bilanzansätze s BGH NJW-RR 95, 414. Auch sonst dürfen die Gesellschafter vertragsändernd (§ 105 Rz 40) Bewertungsmaßstäbe festsetzen (BGH 17, 130, 134: [grds] Einstimmigkeit, wenn dadurch Änderung des Gewinnanteils; s § 109 Rz 5), an die sie iZw auch in der Liquidation gebunden sind (BGH BB 59, 92). Die Klage auf Berichtigung gg diejenigen, die die Bilanz aufgestellt haben, ist möglich (*SchlMartens* § 167 8). Anfechtung (§§ 119, 123 BGB) einer Bilanzfeststellung: BGH BB 60, 188; 66, 474. Für die Wahl der **Abschlußprüfer** sind diejenigen Personen zuständig, die die Bilanz festzustellen haben (BGH NJW 80, 1689). Abschlußprüfer dürfen nur einstimmig oder aus sachlich gerechtfertigtem Grund ausgewechselt werden (BGH NJW-RR 92, 167). In der Feststellung der Bilanz liegt regelmäßig zugleich eine **Entlastung** (dh Verzicht auf für alle Gesellschafter erkennbare [aA *StUlmer* § 114 70: evident] Ansprüche gg Geschäftsführer sowie auf §§ 117, 140; BGH NJW-RR 87, 870; NJW 95, 1356). Auf die Entlastung besteht kein Anspruch (BGH 94, 328 [GmbH]; str). Die Geschäftsführer können bei Berühmung von Ersatzansprüchen negative Feststellungsklage (§ 256 ZPO) erheben.

4. Gewinn- und Verlustermittlung, Gewinnverwendung. Gewinn (Verlust) ist die Differenz des bilanzmäßigen GesVermögens am Anfang u Ende des Geschäftsjahres (RG 73, 423, 426; Jahresüberschuß, Jahresfehlbetrag [EBJ*Weipert* § 169 4]). Einkommen der Gesellschafter unmittelbar aus anderen Quellen zählt nicht zum Gewinn (BGH NJW 95, 1089 [Erstattung Körperschafts- im Unterschied zur Kapitalertragssteuer]). Das Geschäftsjahr beginnt mangels Vereinbarung gem § 123 (§ 242 I). Der ermittelte Gewinn wird gem § 122 verwandt, sofern im GesVertrag nichts Abweichendes geregelt ist (§ 109) oder nicht im Einzelfall mit der für gewöhnliche Vertragsänderungen erforderlichen Mehrheit (§ 119 Rz 9) bestimmt worden ist (BGH BB 75, 295). Zur

§ 120 Zweites Buch. Handelsgesellschaften u. stille Gesellschaft

Abrede der Identität von Steuer- u Handelsbilanz, BGH NJW-RR 86, 709.

4 **5. Kapitalanteil (§ 120 II). a) Wesen.** Der Kapitalanteil ist ein Posten in der Bilanz der Ges, der nicht in einer Verhältniszahl (zB 1 : 1), sondern in einer bestimmten Geldgröße ausgedrückt wird. Er gibt nicht den obj Verkehrswert des GesAnteils wieder, sondern ist lediglich eine Rechnungsziffer, die den Maßstab für die Berechnung der Rechte aus §§ 121 f, 155, 167–169 (entspr GesVertrag auch anderer Rechte) liefert u in Relation zu den Kapitalanteilen der anderen Gesellschafter das Verhältnis der Beteiligungen der Gesellschafter nur (zu pauschal OGH NZG 00, 985) widerspiegelt, wenn der Gewinn nach Kapitalanteilen verteilt wird (§ 155; *Schmidt* GesR, § 47 III 2; vgl auch BGH NJW 99, 2438). Der Kapitalanteil ist mithin weder mit dem Ges- noch mit dem Vermögensanteil (§ 124 Rz 2) identisch (hM), noch ein übertragbares Recht (*Huber*, ZGR 88, 5; aA GroßKo*Fischer* § 120 22). Unschädliche Fehlbezeichnungen sind häufig. Der Kapitalanteil (Kapitalkonto) kann **negativ (passiv)** werden. Daraus resultiert keine Forderung (BGH NJW 99, 2438). Wg § 707 BGB entsteht erst bei Auflösung bzw beim Ausscheiden (§§ 131, 145 ff) eine Ausgleichspflicht (§ 131 Rz 15; § 155 Rz 4; BGH 26, 133). Bei negativem Kapitalanteil entfällt ein Anspruch aus §§ 121 I, 122 I 1 (Vordividende), nicht aber der Gewinnanspruch nach §§ 121 III, 122 I 2 (für Analogie zu § 168 II *HeyEmmerich* § 120 26; abw EBJ*Ehricke* § 120 74). **GesAnteile ohne Kapitalanteil** können durch GesVertrag geschaffen werden. Damit entfallen grds die Einlagepflicht, die Verlustbeteiligung u die Rechte aus §§ 121 f, 155, 167 ff.

5 **b) Variable Kapitalanteile.** Bei gesetzestypischen Ges sind die Anteile variabel (§ 120 II). Sie verändern sich entspr den Zu- u Abschreibungen auf dem Kapitalkonto. Auszugehen ist iZw von den geleisteten Einlagen; dh solchen Beiträgen, deren Leistung das Vermögen der Ges vermehrt hat u die nicht mit Gegenleistungs- oder Rückgewähransprüchen verbunden sind (vgl § 171 Rz 4, 12). Im Verhältnis unter den Gesellschaftern herrscht Bewertungsfreiheit bis zur Grenze des § 138 BGB (BGH 17, 130, 135; BB 70, 1070). Bewertungsvereinbarungen sind iZw auch noch im Rahmen der Liquidation verbindlich (BGH BB 59, 92). Die Gewinne (§ 121) werden den Einlagen zugeschrieben, zulässige (str) Entnahmen (§ 122) u Verluste (§ 121) werden abgeschrieben. Maßgeblich ist der Stand des Kapitalanteils entspr der zuletzt festgestellten Bilanz (Rz 2). Soweit Beträge auf anders benannten Konten verbucht werden, diese Beträge aber aus Gewinnen stammen, die **automatisch** mit evtl Verlusten zu verrechnen sind u nur unter erschwerten Bedingungen abgezogen werden können, handelt es sich ebenfalls um Kapitalkonten (Eigenkapital) iSd §§ 121 f, 155, 167 ff (BFH NJW-RR 01, 325; Kln ZIP 00, 1727). Die Bezeichnung ist grds unerheblich (BGH LM 1 zu § 120; BB 52, 478; BFH NJW-RR 01, 325 [Indiz auch, ob Konto bei Ermittlung des Abfindungsanspruchs zu

berücksichtigen ist, ob auf Konto Einlagen, Entnahmen zu verbuchen sind, ob Höchstbeträge für Kapitalüberlassung, Sicherheiten, Tilgungsvereinbarungen]). IZw weisen aber „Darlehenskonten" (Rz 6), auch bei Entnahmebeschränkungen, echte Forderungen der Gesellschafter an die Ges (Fremdkapital) bzw bei negativem Saldo Forderungen der Ges aus (BGH BB 78, 631; § 167 Rz 3; abw BFH BB 96, 2564). Unrichtige u später nicht gebilligte Buchungen sind unbeachtlich; zum Nießbrauch BGH NJW 72, 1755.

c) Meist werden durch GesVertrag **feste Kapitalanteile** (Kapitalkonto I) eingeführt und zugleich in ihrer Höhe (zB in Höhe der Einlagen [s o]) fixiert (*Huber* ZGR 88, 49). Sie können nur durch GesVertrag verändert werden (§ 105 Rz 40). Gewinne u Verluste, Entnahmen werden dann auf ein oder mehrere gesonderte variable Konten gebucht, zB auf Kapitalkonto II und/oder Privat- bzw Sonder- bzw Darlehenskonto. Für die Rechte aus den §§ 121 f, 155, 167–169 sind iZw nur die Buchungen auf dem festen Kapitalkonto I maßgeblich (aA *Huber* ZGR 88, 52). Die auf Kapitalkonto II gebuchten Posten müssen nicht notwendig entnahmefähig sein (BGH BB 75, 295; Kln ZIP 00, 1728); gleichwohl (*Oppenländer* DStR 99, 941; § 169 Rz 3) stellen sie grds echte Forderungen gg die bzw der Ges dar (BGH BB 78, 630). Soweit sie aber dem GesVertrag zufolge **automatisch** unmittelbar oder mittelbar mit Verlusten zu verrechnen sind, haben die Konten Einlagennatur, sind also der Sache nach ebenfalls (Eigen)Kapitalkonten (BFH BB 81, 721; Kln ZIP 00, 1727; *Huber* ZGR 88, 32, 70; *Oppenländer* DStR 99, 941). Ohne Bedeutung für die Qualifikation der Konten ist ihre Behandlung in der Bilanz (Kln ZIP 00, 1728), ihr Einfluß auf Mitwirkungsrechte der Gesellschafter (aA Kln ZIP 00, 1728) oder die Art der Verzinsung (aA Kln aaO). Siehe auch § 167 Rz 3. **d) Quoten.** Beteiligung kann auch gesvertraglich durch feste Quoten bestimmt werden (RG DR 41, 1299). 6

§ 121 [Verteilung von Gewinn und Verlust]

(1) ¹**Von dem Jahresgewinne gebührt jedem Gesellschafter zunächst ein Anteil in Höhe von vier vom Hundert seines Kapitalanteils.** ²**Reicht der Jahresgewinn hierzu nicht aus, so bestimmen sich die Anteile nach einem entsprechend niedrigeren Satze.**

(2) ¹**Bei der Berechnung des nach Absatz 1 einem Gesellschafter zukommenden Gewinnanteils werden Leistungen, die der Gesellschafter im Laufe des Geschäftsjahrs als Einlage gemacht hat, nach dem Verhältnisse der seit der Leistung abgelaufenen Zeit berücksichtigt.** ²**Hat der Gesellschafter im Laufe des Geschäftsjahrs Geld aus seinem Kapitalanteil entnommen, so werden die entnommenen Beträge nach dem Verhältnisse der bis zur Entnahme abgelaufenen Zeit berücksichtigt.**

§ 121 Zweites Buch. Handelsgesellschaften u. stille Gesellschaft

(3) **Derjenige Teil des Jahresgewinns, welcher die nach den Absätzen 1 und 2 zu berechnenden Gewinnanteile übersteigt, sowie der Verlust eines Geschäftsjahrs wird unter die Gesellschafter nach Köpfen verteilt.**

1 **1. Zweck.** § 121 ergänzt vorbehaltlich abw **Vereinbarungen** (dazu Erl zu § 109) u späterer Vertragsänderungen (§ 105 Rz 40) den § 120 II, indem er definiert, was unter Gewinn- u Verlustanteil der einzelnen Gesellschafter zu verstehen ist. Zugleich (aA *StUlmer* § 121 2) sagt § 121, daß mit der Bilanzfeststellung (§ 120 Rz 2) der einzelne Gesellschafter einen Anspruch gg die Ges (BGH NJW 96, 1678 f) auf den anteiligen Gewinn erwirbt, der gem § 195 BGB verjährt (BGH NJW 81, 2563). Der Anspruch begründet freilich ein **Entnahmenrecht** (Fälligkeit) nur nach Maßgabe des § 122 bzw des GesVertrages (§ 109). Der Gewinnanspruch ist (auch im voraus) abtretbar u pfändbar (§ 717 S 2 BGB; § 109 Rz 3). **Zessionare und Pfandgläubiger** müssen sich mangelnde Entnahmefähigkeit u bei antizipierter Zession spätere Änderungen des GesVertrages (Ausnahme § 138 BGB) oder die Abtretung des GesAnteils (§ 105 Rz 51) entgegenhalten lassen (§ 404 BGB; BGH WM 81, 649 f). Außerdem muß die Entnahme nach Entstehen des Anspruchs rechtzeitig (§ 122) geltend gemacht worden sein (uU vom Zessionar; *StUlmer* § 122 17). Zum Auskunftsrecht, § 121 Rz 2; zur Verpfändung, Pfändung des GesAnteils, § 105 Rz 53 f. Ein **Gewinnstammrecht** existiert nicht (hM; offen BGH BB 75, 296).

2 **2. Gewinn.** Soweit ein Gewinn festgestellt u nicht den Rücklagen zugewiesen worden ist (§ 120 Rz 1), gebührt jedem Gesellschafter 4% seines Kapitalanteils des Geschäftsjahresanfangs als **Vordividende**. Hinzu kommen zeitanteilig 4% seiner weiteren Einlagen (§ 120 Rz 5) im abgelaufenen Geschäftsjahr bzw sind zeitanteilig 4% seiner Entnahmen abzuziehen. Inhaber negativer Kapitalanteile (§ 120 Rz 4) erhalten keine Vordividende, brauchen aber auch keinen Abzug hinnehmen. Der die Vordividende **übersteigende Gewinn** wird iZw (§ 109) zu gleichen Anteilen nach Köpfen verteilt. Deckt der Gewinn nicht voll die 4 %-Vordividende, so mindert sie sich entsprechend. Buchgewinne sind nicht auszuschütten (BGH NJW-RR 86, 709). Zu Streitigkeiten über die Gewinnverteilung, BGH WM 74, 178; § 105 Rz 30.

3 **3. Verluste** werden, weil jeder Gesellschafter gleich haftet (§ 128), nach dispositivem Recht (§ 109) zu gleichen Teilen auf die Gesellschafter verteilt, indem sie von deren Kapitalanteil abgeschrieben werden (§ 120 II). Verluste aus der Zeit vor dem Beitritt gehen nicht zu Lasten des Beigetretenen (BGH NJW 84, 435). Eine Zahlungspflicht besteht vor Auflösung (§ 155 Rz 4) oder Ausscheiden (§ 138 Rz 11) nur bei Sondervereinbarung (§ 707 BGB; § 155 Rz 1; RG 166, 65, 68); sie liegt nicht schon in Vereinbarung fester Kapitalanteile (§ 120 Rz 6) oder einer Verzinsung (Düss DB 91, 1163).

4 **4. GesVertrag.** § 121 ist in vollem Umfang abdingbar (Rz 1). So können feste Verzinsungen (EBJ*Ehricke* § 121 17) oder Vorweggewinne

vereinbart werden, die Tätigkeitsvergütungen oder Risikoausgleich oder beides darstellen können (Mü OLGR 00, 52). Abreden über Rücklagen etc betreffen nicht die Gewinnermittlung sondern die Gewinnverwendung (§ 120 Rz 2; § 122 Rz 4).

§ 122 [Entnahmen]

(1) Jeder Gesellschafter ist berechtigt, aus der Gesellschaftskasse Geld bis zum Betrage von vier vom Hundert seines für das letzte Geschäftsjahr festgestellten Kapitalanteils zu seinen Lasten zu erheben und, soweit es nicht zum offenbaren Schaden der Gesellschaft gereicht, auch die Auszahlung seines den bezeichneten Betrag übersteigenden Anteils am Gewinne des letzten Jahres zu verlangen.

(2) Im übrigen ist ein Gesellschafter nicht befugt, ohne Einwilligung der anderen Gesellschafter seinen Kapitalanteil zu vermindern.

1. Zweck. Kompromiß zwischen Sicherung des zur Erreichung des GesZwecks erforderlichen Vermögens u des Bedarfs der Gesellschafter.

2. Entnahme ist jegliche Leistung aus dem Vermögen der Ges an Gesellschafter in dieser Eigenschaft (nicht zB Rückzahlung von Gesellschafterdarlehen) oder mit deren Ermächtigung an Dritte (BGH NJW 95, 1089 f). Das **Entnahmerecht** entsteht ausschließlich (§ 128 Rz 2) ggüber der nicht aufgelösten (§§ 131, 155 II 3; BGH WM 68, 698) Ges in Hinblick auf den Gewinn (z Einfluß einer Betriebsprüfung BGH WM 86, 356) mit der Feststellung der Bilanz (§ 120 Rz 2). Das Entnahmerecht erlischt (§ 120 II) mit Feststellung der nächsten Bilanz, sofern es nicht bereits vorher geltend gemacht worden ist (BGH LM 2 zu § 122). Es ist nach seinem Zweck nur **abtretbar** u (ver)pfändbar, soweit es sich auf den Gewinn iSd §§ 121 III, 122 I 2. Alt bezieht u der Gewinnanspruch mitabgetreten bzw (ver-)gepfändet wird (hM; RG 67, 15 ff; s auch § 121 Rz 1). Beschränkungen des Entnahmerechts muß sich der Zessionar entgegenhalten lassen (§ 404); andererseits muß ihm die Ges den Gewinn mitteilen (BGH BB 76, 11; § 118 Rz 2). Bei der **Zahlung** muß die Ges vertreten (§ 125 Rz 2) werden (beachte § 181 HS 2 BGB). Zahlt die Ges auf Aufforderung nicht, so greifen die §§ 284 ff BGB ein (BGH NJW-RR 90, 170). Auf Zahlung ist die Ges, nicht (EBJEhricke § 122 15) aber wahlweise der zuständige Gesellschafter, der die Zahlung verweigert (so aber BGH WM 70, 1224), zu **verklagen.** Die Mitgesellschafter können auf Feststellung verklagt werden, daß eine Entnahme zulässig ist (Kblz BB 80, 855). **Beweislast:** der klagende Gesellschafter (BGH NJW 82, 2065), wobei den anderen Teil eine Pflicht zum substantiierten Bestreiten treffen kann (BGH NJW 99, 580, 3486). **Kann die Ges mangels Vermögen nicht bezahlen,** so darf der Gesellschafter wg § 707 BGB die Mitgesellschafter erst in der Liquidation (§ 155) oder nach dem Ausscheiden (§ 131 Rz 14 f) in

§ 122 Zweites Buch. Handelsgesellschaften u. stille Gesellschaft

Anspruch nehmen (BGH NJW-RR 89, 866; str). **Unberechtigte Entnahmen,** zB aufgrund falsch berechneter Gewinne oder verdeckter Gewinnausschüttung, sind samt Zinsen (§ 111) sofort zu erstatten (BGH BB 60, 188;, DB 73, 467; *Wiedemann* WM 92 Beil 7, S 11, 34). § 172 V gilt nicht analog, wohl aber § 818 III BGB; beachte § 105 Rz 37. Die Beweislast für die Höhe der Entnahme trägt die Ges, auch für die fehlende Rechtsgrundlage (Ausnahme: der Gesellschafter hat eigenmächtig entnommen [BGH NJW 00, 506]). Siehe § 105 Rz 33 f. Ein **Vorschuß** ist iZw rückzahlbar, soweit er das Entnahmerecht übersteigt (BGH 48, 70, 74). Entnahmerecht der **Vorerben,** BGH 78, 177, 188, § 177 Rz 6; der **Nießbraucher** BGH 58, 316; WM 82, 1433; § 105 Rz 22.

3 3. a) **Minimum der zulässigen Entnahme** beträgt 4% des positiven Kapitalanteils (§ 120 II) des letzten Geschäftsjahres, auch wenn kein Gewinn erzielt wurde (BGH LM 2 zu § 122; insoweit nicht Nießbraucher). Schranke: Treuepflicht (§ 105 Rz 35). Bei festen Kapitalanteilen (§ 120 Rz 6) entfällt Entnahmerecht, soweit es nicht durch Guthaben auf dem Kapitalkonto II gedeckt ist. Kraft Treuepflicht kann Recht zur Entnahme der laufenden Einkommensteuer bestehen (hM; *StUlmer* § 122 21; aA BGH NJW 96, 1681). b) **Zulässiges Maximum der Entnahme:** Gewinnanteil iSd § 121 III, auch bei negativem Kapitalanteil, es sei denn (dilatorische Einrede; *StUlmer* § 122 18), daß die Zahlung des Betrages iSd § 122 I HS 2 zum offenkundigen wesentlichen Schaden der Ges gereicht (vgl auch BGH NJW 96, 1681: Lebensu Widerstandsfähigkeit der Ges; einschr EBJ*Ehricke* § 122 45).

4 4. **GesVertrag.** § 122 ist generell oder im Einzelfall abdingbar (§ 109), weil die Gläubiger durch § 128 geschützt sind. Im Recht der OHG/KG gibt es daher grds keine unzulässige Entnahme, „verdeckte" oder sonst übermäßige Gewinnausschüttung, sofern sie dem GesVertrag entspricht (Ausnahme, GmbH & Co [§ 172a Rz 8 ff, 33 ff]). Das Recht, die Höhe der Entnahme zu bestimmen, kann den Gesellschaftern (§ 119; Grundlagengeschäft [§ 114 Rz 2]) oder einem Beirat (§ 114 Rz 4) übertragen werden. Bei Zulässigkeit von Mehrheitsbeschlüssen (§ 119 Rz 9) genügt iZw die einfache Mehrheit (BGH NJW 82, 2065; aA *StUlmer* § 122 36). Soll die Entnahme von einem Liquiditätsüberschuß abhängig sein, so können die Gesellschafter über die Existenz ausreichender Liquidität nur treuegemäß (§ 105 Rz 35) beschließen (BGH NJW 82, 2066). Die Notwendigkeit, Gewinne u das GesVermögen zu versteuern, kann Verpflichtung der Gesellschafter begründen, entspr Entnahmen zuzulassen (BGH NJW 96, 1682; NJW-RR 90, 170; § 105 Rz 35). Ein allg Steuerentnahmerecht existiert mangels Abreden im GesVertrag nicht (BGH NJW 96, 1681; zutr aA *StUlmer* § 122 31 [hM]). Eine Thesaurierungspolitik, die die Ausschüttungsinteressen der Gesellschafter ggüber den Bedürfnissen der Selbstfinanzierung u Zukunftssicherung unverhältnismäßig vernachlässigt, insbes zum „Aushungern" der Minderheit führt, ist jedenfalls

Erster Abschnitt. Offene Handelsgesellschaft § 123

treuwidrig (BGH NJW 96, 1681; *BinzSorg* DB 96, 972). Wurde der entnahmefähige Gewinn auf ein Darlehenskonto verbucht, das keine Eigenkapitalqualität besitzt (§ 120 Rz 6), so kann der Betrag nach den Regeln der §§ 607 ff BGB unter Beachtung der Treuepflicht (§ 105 Rz 35) abgezogen werden (aA *Schuck* DStR 94, 1352).

Dritter Titel. Rechtsverhältnis der Gesellschafter zu Dritten

§ 123 [Wirksamkeit im Verhältnis zu Dritten]

(1) **Die Wirksamkeit der offenen Handelsgesellschaft tritt im Verhältnis zu Dritten mit dem Zeitpunkt ein, in welchem die Gesellschaft in das Handelsregister eingetragen wird.**

(2) **Beginnt die Gesellschaft ihre Geschäfte schon vor der Eintragung, so tritt die Wirksamkeit mit dem Zeitpunkte des Geschäftsbeginns ein, soweit nicht aus § 2 oder § 105 Abs 2 sich ein anderes ergibt.**

(3) **Eine Vereinbarung, daß die Gesellschaft erst mit einem späteren Zeitpunkt ihren Anfang nehmen soll, ist Dritten gegenüber unwirksam.**

1. **Zweck.** Die §§ 105 ff unterscheiden scharf zwischen dem Innenverhältnis u dem Außenverhältnis, die von einander unabhängig sind. Als **Innenverhältnis** bezeichnet man die Beziehungen der Gesellschafter untereinander sowie die der Gesellschafter zur Ges (§§ 109–122; Rechtsstreitigkeiten § 105 Rz 30). Zum Entstehen der Ges im Innenverhältnis, § 105 Rz 10; § 109 Rz 1. Das **Außenverhältnis** bezieht sich dgg auf das Verhältnis der Ges zu außenstehenden Dritten (§§ 124–127) sowie auf das Verhältnis der Gesellschafter zu Dritten (§§ 128–130). Auch Gesellschafter können, wenn sie zB der Ges ein Darlehen geben, die Rolle von Dritten einnehmen. Wg der Haftung gem § 128 wird die Ges im Außenverhältnis nicht schon mit ihrem Entstehen im Innenverhältnis (§ 105 Rz 4 ff), sondern nur nach Maßgabe des § 123 wirksam. § 123 ist zugunsten Dritter zwingender Natur (§ 123 III). Zum **Beitritt** (§ 105 Rz 46) s Rz 5, § 130 Rz 1; zur **ScheinGes** s § 105 Rz 29 sowie Erl zu § 5. 1

2. **Entstehen der Ges.** Im Außenverhältnis (Rz 1) gelten anfangs grds nur die §§ 705 ff BGB (BGH 116 10; § 105 Rz 10); die Ges kann auf dieser Basis (abw BayObLG NJW-RR 86, 30) im Grundbuch eingetragen werden; sie kann auch eine wirksame Auflassungserklärung abgeben, die wg der Identität (BGH BB 01, 375) der BGB-Ges mit der späteren OHG (KG) auch für diese wirkt (iE BayObLG NJW 84, 497). 2

3. **Spätester** (§ 123 III) Zeitpunkt des Entstehens als OHG (KG) im **Außenverhältnis** ist gem § 123 I der Zeitpunkt der (mangelhaften; § 5) **Eintragung** (§§ 106, 162). Wirksamwerden iSd § 123 3

Koller 357

§ 123   Zweites Buch. Handelsgesellschaften u. stille Gesellschaft

heißt, daß sich im Außenverhältnis (Rz 1) die BGB-Ges (§ 105 Rz 10) automatisch ohne Rücksicht auf den Willen der Gesellschafter in eine mit ihr identische (BGH NJW 77, 1683; 92, 242) OHG (bzw KG, § 161 I) umwandelt, so daß nunmehr die §§ 124 ff zum Tragen kommen. Bei Gewerben iSd §§ 2, 3 entsteht die OHG (KG) <u>im **Außenverhältnis**</u> (Rz <u>1) immer erst mit der Eintragung</u> (§ 123 II; BGH NJW 92, 242). Sie muß gesvertraglich vereinbart sein (wenn nein: § 5 [*Schön* DB 98, 1175]). Gleiches gilt gem § 105 II bei einem GesZweck, der ausschließlich auf Vermögensverwaltung gerichtet ist (§ 105 Rz 10; auch bei eingetragenen AltGes ab 1. 7. 1998 [*Schön* DB 98, 1176]). Nie genügt der bloße Wille, eine OHG (KG) zu gründen. Haben die Gesellschafter bei einem Gewerbe iSd § 1 II in der Anmeldung (§ 106 Nr 3) einen früheren Zeitpunkt des Geschäftsbeginns (Rz 4) angegeben, so dürfen sie sich Dritten ggüber im Rahmen von Rechtsgeschäften nicht auf die Unrichtigkeit der Angabe berufen (GroßKo*Fischer* § 123 5; aA *SchlSchmidt* § 123 6). Andere öffentl Bekanntmachungen sind nur im Rahmen von § 123 II (Rz 4) relevant, außerdem unter dem Aspekt der Schein-OHG/KG (§ 105 Rz 29; aA hM). Beachte § 15.

4   **4. Ein früherer Zeitpunkt** des Entstehens als OHG (bzw KG, § 161 II) im Außenverhältnis (Rz 1) ist nur beim kaufmännischen Gewerbe iSd § 1, nicht aber bei Tätigkeiten iSd § 105 II denkbar. Gem § 123 II ist, sofern die Eintragung noch nicht erfolgt ist, der Moment maßgeblich, in dem die Ges im eigenen Namen unter ihrer Firma (§ 105 Rz 11) oder sonst im Namen der Ges durch ihre Organe (§ 125) zu Dritten in Rechtsbeziehungen tritt, um ihr kaufmännisch (§ 1 II) angelegtes (BGH NJW 53, 1218) Handelsgewerbe zu fördern (BGH NJW 92, 242; zB Kundenwerbung, Vorbereitungsgeschäfte [BGH NJW-RR 90, 799]; Fortführung eines kaufmännischen Gewerbes [§§ 1, 5; BGH 59, 179, 183 zur GmbH; str]). Zu bloßen Kundgebungen, Rz 3. Ein **kaufmännisches** Handelsgewerbe wird auch in Fällen „begonnen", in denen ein nach §§ 2, 3, 5 eingetragenes Unternehmen gem § 28 unter Firma der OHG (KG) fortgeführt wird (BGH NJW 79, 1361 [hM]), nicht dgg bei Fortführung eines nicht-kaufmännischen Gewerbes eines Formkaufmannes (§ 6 II; BGH NJW 72, 1660; BGH 73, 220 [hM]). Bei Handwerksbetrieben ist eine vorherige Eintragung in die Handwerksrolle unerheblich. § 123 II greift ferner ein, wenn die Ges zunächst nicht in kaufmännischer Weise (§ 1 II) oder in sonstiger Weise als BGB-Ges (§ 705 BGB) tätig war, dann aber kaufmännischen Umfang (§ 1 II) erlangt (BGH BB 01, 375). Ein noch früherer Zeitpunkt kann ebenso wenig wie ein späterer (§ 123 III) vereinbart werden. <u>Immer ist erforderlich</u>, daß <u>alle</u> Gesellschafter dem Beginn der Geschäfte iSd § 1 II (konkludent) zugestimmt haben (§ 108 analog; hM; aA *SchlSchmidt* § 123 10). Die Zustimmung kann auch nachträglich mit Wirkung für die Zukunft erklärt werden. **Rechtsfolge:** Die BGB-Ges wandelt sich im Außenverhältnis (Rz 1) zwingend in eine mit ihr identische OHG (KG, § 161 II) um. Diese wird automatisch zum Träger der Rechte und Pflichten der BGB-Ges. Ein dieser Rechtsfolge entgegenstehender Wille ist irrelevant (Rechtsformzwang, § 105 Rz 8). Haben **nicht alle Gesellschafter zugestimmt,** so müssen sich diejenigen, die zugestimmt haben, als Schein-OHG (bzw KG)-Gesellschafter behandeln lassen (§ 105 Rz 29). Die Gesellschafter, die nicht zugestimmt haben, können sich auf die §§ 177 ff BGB berufen.

5. Der **Beitritt** (§ 105 Rz 46) wird auch im Außenverhältnis grds unabhängig von der Zustimmung zur Fortführung der Geschäfte (vgl BGH NJW 82, 884) u einer Eintragung im Handelsregister im Moment des Abschlusses des Beitrittsvertrages wirksam. Aufschiebende Bedingungen lassen den Beitritt erst nach deren Eintritt wirksam werden.

6. **Ende der Wirksamkeit iSd § 123.** Siehe § 105 Rz 44, § 131 Rz 7; § 140 Rz 4 f; § 157 Rz 1.

§ 124 [Rechtliche Selbständigkeit; Zwangsvollstreckung in Gesellschaftsvermögen]

(1) ¹**Die offene Handelsgesellschaft kann unter ihrer Firma Rechte erwerben und Verbindlichkeiten eingehen.** ²**Eigentum und andere dingliche Rechte an Grundstücken erwerben, vor Gericht klagen und verklagt werden.**

(2) **Zur Zwangsvollstreckung in das Gesellschaftsvermögen ist ein gegen die Gesellschaft gerichteter vollstreckbarer Schuldtitel erforderlich.**

I. Wesen der OHG

1. **Teilrechtsfähigkeit.** § 124 HGB zufolge soll die OHG (KG, § 161 II) im **Außenverhältnis** (§ 123 Rz 1) weitgehend die Selbständigkeit einer jur Person besitzen (BGH 50, 312). Dabei sind die in der Ges verbundenen Gesellschafter als Gruppe in ihrer gesamthänderischen Verbundenheit (§§ 718, 719 BGB) nicht bloß Träger eines Sondervermögens, sondern die Ges ist ein rechtsfähiges (§ 14 BGB; BGH BB 01, 376) Subjekt, das eigene Rechte u Pflichten besitzt (BGH NJW 81, 1213). Die Ges ist somit ggüber den einzelnen Gesellschaftern u anderen von denselben Gesellschaftern gegründeten Ges völlig selbständig u handelt durch ihre Organe (§ 124; *Flume* ZHR 136, 177; *Schmidt* GesR § 46 II; enger *StUlmer* § 105 40 f). Verträge mit der Ges können auch zugunsten der Gesellschafter wirken (BGH 110, 129). § 124 kommt auch im Rahmen der Beziehungen zwischen der Ges u ihren Gesellschaftern zum Tragen, selbst wenn diese zum **Innenverhältnis** (§ 123 Rz 1) gehören.

2. Die Ges ist **Kaufmann** (§ 6 I; zur Kaufmannseigenschaft der Gesellschafter § 105 Rz 30; § 1 Rz 23), so daß zB auch die §§ 343 ff heranzuziehen sind.

§ 124 Zweites Buch. Handelsgesellschaften u. stille Gesellschaft

3. Ges-, Vermögensanteil. Wg § 719 BGB u der Selbständigkeit der Ges ggüber ihren Gesellschaftern gibt es unabdingbar keine Anteile der Gesellschafter an einzelnen Gegenständen des GesVermögens, auch keine auf das Vermögen beschränkten Anteile (*StUlmer* § 105 284 f [str]; jedenfalls ist der Vermögensanteil nicht vom GesAnteil trennbar). Der GesAnteil ist vielmehr das Bündel (Inbegriff) der Rechte u Pflichten des Gesellschafters aus dem GesVerhältnis (einschl seines [etwaigen] Anteils am GesVermögen; § 719 BGB; BGH BB 72, 11; *Steinbeck* DB 95, 762 [str]). GesAnteile, bei denen der Gesellschafter keinen Kapitalanteil besitzt, sind denkbar. Ein Gesellschafter kann im Außenverhältnis (§§ 123 ff) grds immer **nur einen einheitlichen GesAnteil** innehaben (BGH 24, 106, 108; NJW 84, 363 [aA *Priester* DB 98, 59; *Baumann* BB 98, 229]; *Ausnahmen:* Vorerbe [§ 139 Rz 4]; TestVollstreckung [§ 177 Rz 7]; Nachlaßinsolvenzverfahren [EBJ*Boujong* § 105 34; offen BGH 113, 137]; Nießbrauch, Pfandrecht [EBJ*Boujong* § 105 34; *Wiedemann* FS Zöllner [1998], S 649 f; *FettBrand* NZG 99, 53 bei Nießbrauch; aA Düss NJW-RR 99, 620; wohl auch BGH BB 99, 176]; auch bei Erwerb des GesAnteils offengelegter Treuhand [EBJ*Boujong* § 105 34; aA: hM]; § 226 UmwG [*Schöne* FS Lutter [2000], S 913]), der als **sonstiges Recht iSd § 823 BGB** zu qualifizieren ist (BGH NJW 90, 2877; *StHabersack* § 124 9; aA *Reuter* FS Lange [1992], S 707). Zur mittelbaren Schädigung des Gesellschafters in seinen GesInteressen s Rz 3. Zur **Übertragung** von Anteilen § 105 Rz 50; **Erbfolge** § 139 Rz 4; von dem **GesAnteil entspringenden Rechten**, s § 717 S 2 BGB; zum **Nießbrauch** § 105 Rz 22; zur **Pfändung** § 105 Rz 54; zum **Ausscheiden,** § 105 Rz 48.

II. Rechte und Verbindlichkeiten der Ges

3   **1. Rechte** iSd § 124 I sind sämtliche Rechte, gleichgültig, ob dinglicher Art (zB Eigentum), Forderungen, Vollmachten, GesAnteile (zB GmbH-Anteile [BGH NJW 95, 1751]), Patente oder Rechte öffentlich-rechtlicher Natur. **Träger der Rechte** ist **ausschließlich** die Ges (§ 14 II BGB; Rz 1), auch soweit sie von einer Zweigniederlassung (§ 13) erworben worden sind (Celle NJW-RR 00, 701). Die einzelnen Rechte stehen dem einzelnen Gesellschafter daher weder ganz noch anteilig zu; sie sind scharf von seinem Privatvermögen zu trennen (zum GesAnteil Rz 2). Umgekehrt braucht die Ges nicht für Verpflichtungen ihrer Gesellschafter einzustehen. Das Vermögen der Ges ist als Haftungssubstrat für die GesGläubiger reserviert. Die Ges, vertreten durch ihre Organe oder Bevollmächtigte (§ 125 Rz 2), erwirbt die Rechte nach den allg für den abgeleiteten Erwerb geltenden (zB Verträgen, §§ 398 ff, 873, 925, 929 ff BGB) oder ursprünglichen (zB §§ 718, 99, 946 ff, 281, 812 ff, 823 ff BGB, 25 WZG) Erwerb durch natürliche Personen (§ 1 BGB) geltenden Regeln. Dies gilt auch für Gesellschafterbeiträge (§ 718 BGB; § 105 Rz 31). Im Grundbuch wird daher nur die Ges eingetragen. Denkbar ist, daß Rechte zugleich auch oder

ausschließlich zugunsten der Gesellschafter begründet werden (vgl BGH NJW 90, 1181: vgl auch § 105 Rz 31). Ausschließlich die Organe (§§ 125, 149) der Ges bzw rechtsgeschäftliche Vertreter der Ges (§ 125 Rz 2) dürfen Rechte der Ges übertragen bzw sonst darüber **verfügen**. Gleiches gilt für die außergerichtliche u gerichtliche **Durchsetzung** von Forderungen u sonstigen Rechten der Ges (BGH NJW 73, 2198; BB 91, 2180). § 432 BGB ist unanwendbar (BGH NJW 73, 2198; BB 91, 2180 [str]). Ausnahmen: actio pro socio bei Forderung gg Mitgesellschafter (§ 105 Rz 34); ferner gg Dritte, wenn die Organe der Ges rechtsmißbräuchlich nicht tätig werden und der Dritte daran beteiligt ist (Düss NZG 00, 475) oder dies weiß (*Grunewald* NZG 00, 476) oder wenn ein Fall des § 744 II BGB vorliegt (§ 114 Rz 9). Einzelne Gesellschafter können von der Ges zur Klage gg Dritte im eigenen Namen ermächtigt werden (BGH NJW 88, 1585). Eine Verfügung durch die Organe der Ges ist selbst bei Übertragung von Gegenständen der Ges an eine personengleiche andere Ges, nicht aber bei Umwandlung der Ges in eine BGB-Gesellschaft (§ 105 Rz 44) erforderlich. Wird ein **Gesellschafter geschädigt** (zB § 823 BGB) u dadurch mittelbar die Ges geschädigt, so kann, sofern der Ges kein eigener Anspruch zur Verfügung steht (zB Vertrag mit Schutzwirkung für Dritte; vgl BGH NJW 88, 556), der Gesellschafter den Schaden der Ges im Weg der Drittschadensliquidation geltend machen (BGH NJW 77, 1283; zu Recht krit *Kübler* GesR § 23 IV). Dies muß konsequenterweise auch bei Schädigung des Gesellschafters einer Komplementär-GmbH für den Schaden gelten, der sich bei der GmbH bzw KG niederschlägt. Umgekehrt erwirbt der Gesellschafter bei unmittelbarer Schädigung der Ges keinen eigenen Ersatzanspruch wg Wertverlusts seiner Beteiligung, außer wenn Ges den Anspruch nicht verfolgt oder nicht mehr realisieren kann (vgl BGH NJW 88, 413 f).

2. Der Ges stehen auch ihre **vermögenswerten tatsächlichen Beziehungen** wie die Kundenbeziehungen u das know how zu.

3. Besitzer (§ 854 BGB) ist die Ges (BGH JZ 68, 69; hM), wobei die tatsächliche Herrschaft durch die Geschäftsführer (§ 114) ausgeübt wird (BGH NJW 72, 43). Besitzübertragungen müssen von Organen iSd § 125 oder deren Beauftragten (§ 855 BGB) vorgenommen werden (BGH NJW 72, 43).

4. Verbindlichkeiten. Als teilrechtsfähiges Subjekt kann die Ges sowohl Verbindlichkeiten rechtsgeschäftlicher Natur (zB durch Vertrag; es gelten die §§ 343 ff) als auch ges Art (zB §§ 812, 823 ff BGB, 1 ff UWG) begründen. Sie ist auch Adressat öffentl-rechtl Pflichten. Die Gesellschafter können sich selbständig (zB § 765 BGB) neben der Ges verpflichten (§ 128 Rz 9). Die Ges kann auch mit ihren Gesellschaftern so wie mit jedem Dritten Verträge (sog Drittgeschäfte, zB Darlehen) schließen (vgl § 126 Rz 3). Die Gesellschafter werden zu sogenannten Drittgläubigern. Ihre Position ist im Vergleich zu Dritten durch die Treuepflicht abgeschwächt (§ 128 Rz 2; *Wiedemann* WM 92, Beil 7

§ 124 Zweites Buch. Handelsgesellschaften u. stille Gesellschaft

S 9; *Grunewald* FS Großfeld [1999], S 320; § 105 Rz 36a). § 23 AGBGB greift nicht ein (BGH 103, 222). Zu eigenkapitalersetzenden Darlehen von Kommanditisten, § 171 Rz 11 ff. Soweit es um rechtsgeschäftliche oder rechtsgeschäftsähnliche Handlungen mit Wirkung für die Ges geht, muß diese durch ihre Organe **vertreten** werden (§ 125). Deren **Kenntnis und Kennen-Müssen** ist maßgeblich (§ 166 BGB analog [hM]; aA § 31 BGB), auch wenn einzelne Organe bei Einzelvertretung nicht mitgewirkt (offen, ob weitergehend BGH NJW 95, 2160; 99, 286) haben oder schon ausgeschieden (aA BGH NJW 95, 2160) waren, jedenfalls dann, wenn das Wissen typischerweise aktenmäßig festgehalten wird u es sachgerecht gewesen wäre, auf das Aktenmaterial zuzugreifen (BGH NJW 96, 1340 f; 99, 286; BB 00, 2592 [hM]; krit *Koller* JZ 98, 75). Unter dieser Voraussetzung ist der Ges auch das Wissen sonstiger Mitarbeiter sowie von Personen, auf die die Ges einen Teil ihres Aufgabenbereichs ausgegliedert hat, zuzurechnen (BGH BB 00, 2592). Zur Gesamtvertretung s § 125 Rz 4. Soweit Organ einer Ges eine jur Person (zB GmbH) ist, hat sich die Ges unter diesen Voraussetzungen (weitergehend BGH NJW 90, 975 in Hinblick auf das Zusammenrechnen des Wissens der Organe der jur Person) die Kenntnisse bzw Kenntnismöglichkeiten der Organe dieser jur Person, auch einzelner Gesamtvertreter u von Wissensvertretern der Organe, zurechnen zu lassen (vgl BGH BB 96, 607). Denkbar ist auch, daß sich die Ges die Kenntnisse u Kenntnismöglichkeiten der Mitglieder der KomplementärGes zurechnen lassen muß, insbes bei EinmannGes (RG 126, 46; 143, 431). Wenn sich die Ges das Wissen sonstiger Mitarbeiter zurechnen lassen muß, so erfaßt die Zurechnung nicht zugleich die Organe u Gesellschafter in Person (BGH BB 00, 2593). Im Rahmen von Leistungsstörungen, cic muß sich die Ges das Verhalten ihrer Geschäftsführer (§ 114) analog § 31 BGB zurechnen lassen (aA § 278 BGB), anderer Personen gem § 278 BGB. Zu **Leistungsstörungen** im GesVerhältnis s § 105 Rz 31 ff.

6 Die Ges haftet bei **unerlaubten Handlungen** (zB §§ 823 ff BGB, UWG) für ihre Gesellschafter, soweit ein innerer Zusammenhang mit deren Geschäftsführung (Erl zu §§ 114, 164) besteht, analog § 31 BGB (BGH NJW 52, 538). Sie muß sich deshalb ohne Exculpationsmöglichkeit das Handeln ihrer Einzel- oder Gesamtgeschäftsführer (BGH DB 73, 718; BB 74, 297; zur mittelbaren Schädigung BGH 109, 297; *Brüggemeier* AcP 191, 37) u darüber hinaus sonstiger Personen zurechnen lassen, denen bedeutsame, wesensmäßige Funktionen der Ges zur selbständigen Erfüllung zugewiesen sind u die daher die Ges repräsentieren. Gleiches gilt bei **Obliegenheitsverletzungen**, zB Mitverschulden (§ 254 BGB; BGH NJW 52, 538). Soweit im Rahmen der **Erfüllung** (§§ 362 ff BGB) Rechtsgeschäfte oder rechtsgeschäftsähnliche Handlungen vorgenommen werden müssen (zB Tilgungsbestimmung), sind die Organe (§ 125) zuständig (Rz 3).

III. Die OHG/KG im Prozeß, Zwangsvollstreckung, Insolvenz, Vergleich

1. Zivilprozeß. a) Die **Parteifähigkeit** der Ges ist uneingeschränkt 7 zu bejahen (BGH 62, 133) auch bei Ablehnung der Eröffnung bzw Einstellung des Insolvenzverfahrens mangels Masse (BGH, NJW 95, 196). Die Ges kann unter ihrer Firma (Inhaberangaben sind zweitrangig [BGH NJW 99, 1871]) klagen u verklagt werden, selbst neben ihren Gesellschaftern oder durch bzw gg ihre Gesellschafter (zu Streitigkeiten unter Gesellschaftern § 105 Rz 30). Die Firmenangabe ist für die Identitätsfeststellung nicht unbedingt erforderlich. Die Ges bleibt bis zur Vollbeendigung (§ 157 Rz 1) oder bis zu dem Zeitpunkt, in dem alle Gesellschafter bis auf einen ausgeschieden sind (§ 140 Rz 4 f; BGH NJW-RR 88, 478), in ihrer Parteifähigkeit unberührt (§ 156; beachte § 15). Der Gesellschafterwechsel, das Ausscheiden einzelner Gesellschafter ist daher ebenso wie die Auflösung der Ges (§ 131) unerheblich u führt uU nach Maßgabe der §§ 240, 241 I, 246 ZPO zur Unterbrechung des Prozesses (vgl BGH DB 82, 2562). Ist die Ges voll beendet (§ 157 Rz 1; § 140 Rz 4 f), so wird der Prozeß gg die nicht mehr existierende Ges unzulässig (BGH NJW 79, 1592); Ausnahme: § 140 Rz 4 f. War die Klage gg die Ges bis zur Vollbeendigung der Ges begründet, so ist die Hauptsache erledigt (BGH NJW 82, 238). Im Wege u im Rahmen des gewillkürten Parteiwechsels (vgl Erl zu § 263 ZPO) kann der Prozeß gg die Gesellschafter (§ 128 [§ 171 I]) fortgeführt werden (BGH NJW 74, 750 f [str]). Trotz Ende der Parteifähigkeit kann noch eine Erledigungserklärung gem § 91 a ZPO mit der Folge der Haftung gem § 128 (§ 171 I) abgegeben werden (BGH NJW 82, 238). In den Fällen der Gesamtrechtsnachfolge (§ 140 Rz 4 f) greift § 239 ZPO ein (BGH NJW 71, 1844 [hM]). **b)** Die Ges wird im Prozeß durch ihre Organe (§§ 125, 126, 149) **vertreten** (§§ 130 Nr 1, 313 I 1 ZPO; BGH 17, 181). Die §§ 56 f ZPO sind entspr anwendbar, falls die KG kein Organ besitzt, zB wenn die Komplementär-GmbH als einziger vertretungsberechtigter Gesellschafter wg Vermögenslosigkeit gelöscht worden ist (§ 60 I 7 GmbHG [*Schmidt* GmbHR 94, 833 f]). Zustellung, § 171 I ZPO, § 125 II 3 HGB. **c)** Die organschaftlich vertretungsberechtigten Gesellschafter (§ 125) sowie Organe von vertretungsberechtigten Gesellschaftern (zB Geschäftsführer der GmbH; BGH, BB 75, 983) bzw die Liquidatoren (§ 146) sind **Partei** iSd § 445 ZPO, alle anderen Personen, insbes die Kommanditisten, **Zeugen** (BGH, NJW 65, 2253). **d)** Der allg **Gerichtsstand** befindet sich am Sitz (§ 106 Rz 2) der Ges (§§ 17, 22 ZPO). **e) Prozeßkostenhilfe:** § 116 S 1 Nr 2 ZPO (str). **f)** Die Gesellschafter können als **Streitgenossen** beitreten (§ 66 ZPO; § 128 Rz 6).

2. Zwangsvollstreckung (§ 124 II). Es ist ein Titel gg die Ges 8 erforderlich, der er vertreten durch ihre Organe zuzustellen ist (§ 185 ZPO, wenn Komplementär Anspruch gg die Ges erhebt [Celle NJW-RR 00, 485; str]). Ein Titel gg alle Gesellschafter genügt auch

§ 125 Zweites Buch. Handelsgesellschaften u. stille Gesellschaft

nach Auflösung der Ges (§ 131) nicht, um in das GesVermögen zu vollstrecken (Ausnahme: eine BGB-Ges wurde zur OHG/KG; BGH, BB 01, 379). Aus einem Titel gg die Ges kann wg § 129 nicht, auch nicht im Weg der Umschreibung (§ 727 ZPO; Ausnahme: § 140 Rz 4 f), in das Privatvermögen der Gesellschafter vollstreckt werden (vgl § 128 Rz 6).

3. Insolvenzverfahren. Die Ges ist insolvenzfähig (§§ 131 I Nr 3 HGB, 11 II Nr 1 InsO). Insolvenzgrund, § 17 InsO (Zahlungsunfähigkeit); dort, wo keine natürliche Person (mittelbar) persönlich haftet, auch § 130 a HGB, § 19 III InsO (Überschuldung). Gemeinschuldner ist die Ges (BT-Drs 12/2443, S 113; Schmidt ZGR 98, 642). Beachte aber auch § 93 InsO (§ 128 Rz 4) u § 101 I 1, 2 InsO (Auskunfts- u Mitwirkungspflicht der Gesellschafter iSd § 125, auch soweit in den letzten zwei Jahren ausgeschieden) sowie § 101 I 3 InsO (Unterhaltsanspruch der Gesellschafter). Die Teilrechtsfähigkeit gem § 124 wird durch Ablehnung der Eröffnung des Insolvenzverfahrens mangels Masse (§ 26 InsO) nicht berührt (hM); sie führt nur uU zur Auflösung (§ 131 II 1) u mangels Vermögens immer auch ohne Löschung (§ 131 Rz 4 ff) zur Vollbeendigung (§ 157 Rz 1).

4. Schiedsgericht. Die Ges ist schiedsgerichtsfähig. Eine Schiedsgerichtsvereinbarung der Ges mit Dritten gilt auch zugunsten u zu Lasten der voll haftenden Gesellschafter (§ 128; aA *StHabersack* § 128 Rz 29), nicht aber für u gg Kommanditisten (hM; § 128 Rz 6).

§ 125 [Vertretung der Gesellschaft]

(1) **Zur Vertretung der Gesellschaft ist jeder Gesellschafter ermächtigt, wenn er nicht durch den Gesellschaftsvertrag von der Vertretung ausgeschlossen ist.**

(2) ¹**Im Gesellschaftsvertrage kann bestimmt werden, daß alle oder mehrere Gesellschafter nur in Gemeinschaft zur Vertretung der Gesellschaft ermächtigt sein sollen (Gesamtvertretung).** ²**Die zur Gesamtvertretung berechtigten Gesellschafter können einzelne von ihnen zur Vornahme bestimmter Geschäfte oder bestimmter Arten von Geschäften ermächtigen.** ³**Ist der Gesellschaft gegenüber eine Willenserklärung abzugeben, so genügt die Abgabe gegenüber einem der zur Mitwirkung bei der Vertretung befugten Gesellschafter.**

(3) ¹**Im Gesellschaftsvertrage kann bestimmt werden, daß die Gesellschafter, wenn nicht mehrere zusammen handeln, nur in Gemeinschaft mit einem Prokuristen zur Vertretung der Gesellschaft ermächtigt sein sollen.** ²**Die Vorschriften des Absatzes 2 Satz 2 und 3 finden in diesem Falle entsprechende Anwendung.**

(4) **Der Ausschluß eines Gesellschafters von der Vertretung, die Anordnung einer Gesamtvertretung oder eine gemäß Absatz 3 Satz 1 getroffene Bestimmung sowie jede Änderung in der**

Erster Abschnitt. Offene Handelsgesellschaft **§ 125**

Vertretungsmacht eines Gesellschafters ist von sämtlichen Gesellschaftern zur Eintragung in das Handelsregister anzumelden.

1. Zweck. § 125 regelt abschließend die kombinierbaren Formen 1 der organschaftlichen (stdg Rspr) Vertretung der Ges im Außenverhältnis (§ 123 Rz 1) vor ihrer Auflösung (§ 131). Nach Auflösung s § 149. Zur Umwandlung von OHG (KG) in BGB-Ges s § 105 Rz 44.

2. Die Tragweite der Vertretungsmacht ergibt sich aus § 126, deren zwangsweise Entziehung aus § 127. Zu beachten ist, daß jeder Akt der Vertretung im Innenverhältnis (§ 109 Rz 1) ein Akt der Geschäftsführung (§§ 114 ff) ist.

3. Kreis der Vertreter iSd § 125. Nur voll haftende Gesellschafter 2 (BGH NJW 82, 817; NJW-RR 94, 98: Selbstorganschaft; hM), **außer** in Fällen der §§ 146 HGB, 57 ZPO u während Prozessen gem §§ 127, 140 [hM], nicht aber allg Notvertretung analog § 29 BGB (BGH 51, 200). Eine jur Person als Gesellschafterin (zB GmbH) wird ihrerseits durch ihre Organe (zB Geschäftsführer, § 35 GmbHG), nicht voll geschäftsfähige Gesellschafter werden durch ihre ges Vertreter vertreten. Der gute Glaube an die **Geschäftsfähigkeit** ist nicht geschützt (vgl BGH NJW 91, 2567; vgl aber § 15 Rz 42). Die Bestellung von Betreuern ist zulässig (Hamm MDR 79, 848). Die vertretungsberechtigten Gesellschafter können jederzeit nach den allg Regeln **andere rechtsgeschäftliche Vertreter** (§§ 167 BGB, 48, 54 HGB, Generalvollmacht; BGH NJW 65, 1960) beauftragen. Dies kann, wenn zumindest die Möglichkeit des Widerrufs aus wichtigem Grund (BGH NJW 82, 1817; § 54 Rz 18) existiert (vgl § 114 Rz 5), auch schon im GesVertrag erfolgen. Solche Vertreter werden in der Regel im Namen der Ges, nicht im Weg der Untervertretung bestellt. Andererseits sind Vertreter als Gesellschafter zu behandeln, wenn sie sich unwiderruflich Vertretungsmacht iSd § 126 geben lassen. Die Erteilung verdrängender Vollmacht ist unwirksam (hM). Ausschluß von der Vertretung, Rz 3.

4. Art der Vertretung. a) IZw sind **alle voll haftenden Gesell-** 3 **schafter** (Komplementäre), auch jur (Rz 2) u nicht voll geschäftsfähige Personen, die ohne Rücksicht auf §§ 1643, 1821 f BGB durch ihre ges Vertreter vertreten werden (hM), **je für sich allein** zur Vertretung iSd § 125 berufen. § 165 BGB ist unanwendbar, nach hM wohl aber § 112 BGB. **b)** Die Vertretungsregelung kann nur in den in § 125 I–III genannten Formen vom Prinzip der Einzelvertretungsmacht abweichen (§ 105 Rz 7). **c)** Der **Ausschluß von der Vertretung** ist möglich, wg des Prinzips der Selbstorganschaft (Rz 2) aber nicht gleichzeitig aller Gesellschafter. Werden einzelne Gesellschafter als vertretungsberechtigt benannt, so sind iZw die übrigen ausgeschlossen (*StHabersack* § 125 33; str); vgl § 114 Rz 8. Der Ausschluß muß umfassend sein (§ 126 II); er gilt auch in Notfällen (Rz 2; § 744 II BGB gibt aber Befugnis zum Handeln im eigenen Namen [BGH NJW 55, 1027]); ebenso bei rechtsmißbräuchlichem Zusammenwirken (§ 124 Rz 3). Von der Vertretung

§ 125 Zweites Buch. Handelsgesellschaften u. stille Gesellschaft

ausgeschlossene Gesellschafter können von der Ges rechtsgeschäftliche Vollmacht, zB Prokura, erhalten (vgl § 170 Rz 1). Zum Entzug der Vertretungsmacht bzw zum Wegfall des einzigen vertretungsberechtigten Gesellschafters s § 127 Rz 2.

4   **d)** Ist im GesVertrag **Gesamtvertretung** (auch mit Kommanditisten möglich; BGH 26, 332) angeordnet, so erfordert die Abgabe (anders der Empfang: § 125 II 3) von Erklärungen immer das aufeinander bezogene, nicht notwendig gleichzeitige Handeln aller Gesamtvertreter, es sei denn, ein Gesamtvertreter ist gem § 125 II 2 von den anderen Gesamtvertretern formlos ermächtigt worden. Das Wissen eines Gesamtvertreters wird den anderen zugerechnet (BGH NJW 99, 286; BB 00, 2592). Die jederzeit widerrufliche, notwendig auf den Einzelfall oder auf einen bestimmten eng beschränkten Kreis (BGH NJW-RR 86, 778) von Geschäften bezogene **Ermächtigung** läßt die Gesamtvertretungsmacht zur Alleinvertretungsmacht erstarken (BGH NJW 75, 1117; aA *Schwarz* NZG 01, 535). Der ermächtigte Gesamtvertreter verstößt gleichwohl bei Rechtsgeschäften im Namen der Ges mit einem anderen Gesamtvertreter gg § 181 BGB (hM; *Reinicke* NJW 75, 1185; aA BGH NJW 75, 1117). Die §§ 174, 180 BGB sind analog anwendbar. **Fällt ein Gesamtvertreter fort** (zB Ausscheiden, § 181 BGB), so bleibt iZw (§ 157 BGB) Gesamtvertretung bestehen (BGH NJW 64, 1624); uU durch alle übrigen vertretungsberechtigten Gesellschafter. Ein Gesamtvertreter wird iZw nur dann alleinvertretungsberechtigt, wenn er der einzige denkbare Vertretungsberechtigte ist (vgl § 170, BGH NJW 64, 1624; einschr NJW-RR 91, 1441 bei § 181 BGB; str) oder eine (konkludente) GesVertragsänderung (§ 105 Rz 40) erfolgt ist (BGH WM 83, 60). Ebenso bei Klage gg Mitgesellschafter falls Gesamtvertretung durch alle Gesellschafter (BGH WM 83, 60). Bei bloß tatsächlicher Verhinderung bleibt die gesvertragliche Regelung unberührt (BGH 34, 29). Der allein ohne Ermächtigung oder entgegen § 181 BGB handelnde Gesamtvertreter ist **falsus procurator,** dessen Handeln genehmigt werden kann (§ 177 BGB; BGH BB 94, 165) und uU muß (§ 105 Rz 35). Wird nicht genehmigt, so haftet die Ges dem Dritten ggüber uU aus §§ 826, 31 BGB (BGH NJW 86, 2939). Die Gesamtvertretung kann **neben der Einzelvertretung** angeordnet werden. **e) Gemischte Vertretung** (§ 125 III) ist nur zulässig, wenn zumindest ein (oder zusammen mehrere) Gesellschafter die Ges auch ohne Mitwirkung eines Prokuristen vertreten kann (BGH 26, 332; § 48 Rz 19). Die Koppelung von Prokurist u Vertreter (Organ) eines Gesellschafters ist unzulässig (Ffm NJW-RR 01, 178). Die Vertretungsmacht des Prokuristen wird durch § 126 u die Mitwirkung des Gesellschafters begrenzt (aA *BeuthienMüller* DB 95, 461).

5   **5. Eintragung in das Handelsregister (§ 125 IV).** Jede Abweichung von der Einzelvertretung iSd § 125 I mit Ausnahme der Ermächtigung gem § 125 II 2 bedarf der Anmeldung (§§ 108 I, 16) durch zweifelsfreie Erklärung (Ffm BB 78, 926) zum Handelsregister. Eintra-

Erster Abschnitt. Offene Handelsgesellschaft **§ 125 a**

gung u Bekanntmachung besitzen lediglich deklaratorische Bedeutung u Beweisfunktion (§ 9 III 2). Solange sie nicht erfolgt sind, greift § 15 I ein (weitergehend: § 15 II 2; Regeln der Anscheinsvollmacht [BGH BB 86, 1736]). Form, § 12. Zu fehlerhaften Eintragungen u Bekanntmachungen vgl Erl zu § 15 III. Die Befreiung von § 181 BGB ist eintragungsfähig (§ 106 Rz 2) aber nicht eintragungspflichtig (Hamm BB 83, 859; str).

6. Änderungen der Vertretung sind nach den Regeln der Vertragsänderung (§ 105 Rz 40) zulässig. Sie können auch durch Wegfall eines Vertreters erfolgen (Rz 4), durch Niederlegung der Vertretung analog § 712 II BGB (hM; aA *StHabersack* § 127 5) oder durch Entzug der Vertretungsmacht (§ 127). Die Vertretungsmacht der übrigen Gesellschafter bleibt unberührt (BGH 41, 367, 368). Änderungen sind wie erstmalige Abweichungen von § 125 I anzumelden (Rz 5). Siehe auch § 143. 6

7. Verschulden, Wissen, Wissen-Müssen, insbes Irrtum, Gutgläubigkeit, Arglist: § 124 Rz 5 f sowie § 125 II 3. 7

8. Persönliche Verhältnisse eines Gesellschafters sind zB im Rahmen des AnfG der Ges ohne Rücksicht auf Vertretungsmacht zuzurechnen (BGH 34, 293, 297). **9. Deliktische Haftung der Ges.** § 124 Rz 6. 10. Zur Vertretungsmacht bei der aufgelösten Ges (§ 131) s § 149.

§ 125 a [Angaben auf Geschäftsbriefen]

(1) [1] **Auf allen Geschäftsbriefen der Gesellschaft, die an einen bestimmten Empfänger gerichtet werden, müssen die Rechtsform und der Sitz der Gesellschaft, das Registergericht und die Nummer, unter der die Gesellschaft in das Handelsregister eingetragen ist, angegeben werden.** [2] **Bei einer Gesellschaft, bei der kein Gesellschafter eine natürliche Person ist, sind auf den Geschäftsbriefen der Gesellschaft ferner die Firmen der Gesellschafter anzugeben sowie für die Gesellschafter die nach § 35 a des Gesetzes betreffend die Gesellschaften mit beschränkter Haftung oder § 80 des Aktiengesetzes für Geschäftsbriefe vorgeschriebenen Angaben zu machen.** [3] **Die Angaben nach Satz 2 sind nicht erforderlich, wenn zu den Gesellschaftern der Gesellschaft eine offene Handelsgesellschaft oder Kommanditgesellschaft gehört, bei der ein persönlich haftender Gesellschafter eine natürliche Person ist.**

(2) **Für Vordrucke und Bestellscheine ist § 37 a Abs 2 und 3, für Zwangsgelder gegen die zur Vertretung der Gesellschaft ermächtigten Gesellschafter oder deren organschaftliche Vertreter und die Liquidatoren ist § 37 a Abs. 4 entsprechend anzuwenden.**

Der Begriff „Geschäftsbrief" ist weit auszulegen (*Schaffland* BB 80, 1502). Er umfaßt daher auch e-mails (aA *Mutter* GmbHR 01, 336), 1

§ 126   Zweites Buch. Handelsgesellschaften u. stille Gesellschaft

mangels bestimmten Empfängers nicht aber zB die Homepage, Prospekte. Im Fall des § 125 a I 3 genügt es, daß eine natürliche Person mittelbar persönlich voll haftet (BayObLG NJW-RR 95, 172; einschr KG NJW-RR 89, 33). Übergangsregelung: Art 39 EGHGB. Die Nichtbeachtung des § 125 a kann eine Haftung aus cic, § 823 II BGB sowie Anfechtung nach § 119 II BGB (aA *Michalski* § 125a 15) auslösen. Siehe auch § 15 Rz 50.

§ 126 [Umfang der Vertretungsmacht]

(1) **Die Vertretungsmacht der Gesellschafter erstreckt sich auf alle gerichtlichen und außergerichtlichen Geschäfte und Rechtshandlungen einschließlich der Veräußerung und Belastung von Grundstücken sowie der Erteilung und des Widerrufs einer Prokura.**

(2) **Eine Beschränkung des Umfanges der Vertretungsmacht ist Dritten gegenüber unwirksam; dies gilt insbesondere von der Beschränkung, daß sich die Vertretung nur auf gewisse Geschäfte oder Arten von Geschäften erstrecken oder daß sie nur unter gewissen Umständen oder für eine gewisse Zeit oder an einzelnen Orten stattfinden soll.**

(3) **In betreff der Beschränkung auf den Betrieb einer von mehreren Niederlassungen der Gesellschaft finden die Vorschriften des § 50 Abs. 3 entsprechende Anwendung.**

1   1. **Zweck.** Verkehrssicherheit. 2. **Wirkung der Vertretungsmacht.** §§ 164–166 I analog. Zum **Wissen** s § 125 Rz 7. Geschäftsunfähigkeit, beschränkte **Geschäftsfähigkeit** s § 125 Rz 2.

1 a 3. **Umfang der Vertretungsmacht. a) Grundsatz.** Der Gesellschafter vertritt unabdingbar die Ges umfassend im Rahmen seiner Vertretungsmacht gem § 125 (nicht zB §§ 48, 54) ohne Rücksicht auf das Innenverhältnis (§§ 109, 114–116), auf die Zugehörigkeit Minderjähriger zur Ges (BGH NJW 71, 375) oder auf Widersprüche anderer Gesellschafter (BGH NJW 74, 1555), selbst wenn das Geschäft nichts mit der gewerblichen Tätigkeit der konkreten Ges oder mit irgendeiner gewerblichen Tätigkeit zu tun hat.

2   **b) Ausnahmen. aa)** In Hinblick auf die **Grundlagen des GesVerhältnisses** (vgl § 179a AktG; BGH BB 95, 374; *StHabersack* § 126 14 ff [krit *Hadding* FS Lutter [2000] S 851]; zutr gg Ausdehnung auf alle grundlagenrelevanten [§ 114 Rz 2] Geschäfte, *Grunewald* JZ 95, 577), den Abschluß eines atypischen stillen GesVertrages (§ 230 Rz 12), die Verpachtung des Unternehmens oder auf den GesVertrag selbst fehlt es schon an Kompetenz der Ges iSd § 125 (BGH BB 65, 14; DB 79, 644 f; DB 95, 373 f); insoweit ist deshalb Vertretung nur aufgrund gesonderter Vollmacht durch die betroffenen Gesellschafter oder, soweit zulässig, aufgrund Gesellschafterbeschlusses (§ 119 Rz 1) denkbar (anders in Hinblick auf Übereignung von Gegenständen des GesVermögens; BGH

NJW 91, 2565; BB 95, 374). **bb) Insichgeschäft; § 181 BGB** analog. Ein (konkludenter; BGH 107, 11) Zustimmungsbeschluß (Vertragsänderung [§ 105 Rz 40]) heilt (Hmbg EWiR 86, 119), ebenso Genehmigung nach allg Regeln (§§ 170, 180 BGB). Zum Gesamtvertreter s § 125 Rz 4. Ein Geschäft ist nicht deshalb in der Person eines Prokuristen der Ges ein Insichgeschäft, weil es dies in der Person des Gesellschafters wäre, wenn dieser es tätigen würde u weil der Gesellschafter den Prokuristen bestellt hatte (BGH NJW 84, 2085). Zur Gestattung von Insichgeschäften bei der GmbH & Co KG s § 170 Rz 2. **cc) Mißbrauch der Vertretungsmacht.** Grds entfällt die Vertretungsmacht nicht deshalb, weil der außenstehende Dritte erkennen kann, daß der Gesellschafter nicht im Einklang mit den ihm im Innenverhältnis gesetzten Schranken handelt. Anders jedoch nach allg Meinung im Fall des mißbräuchlichen Zusammenwirkens von Gesellschafter u Drittem. Ob darüber hinaus ein Mißbrauchseinwand anzuerkennen ist, ist str. Die Rspr schwankt (BGH NJW 66, 1911; WM 80, 953, 954; BGH 50, 112, 114). Ein Mißbrauch ist zu bejahen, wenn der Gesellschafter für den Dritten evident (hM) pflichtwidrig zum Nachteil der Ges handelt (Dresd NJW-RR 95, 804). Im Fall des Mißbrauchs ist das Rechtsgeschäft analog den §§ 177 ff BGB unwirksam (str).

dd) Fehlendes Schutzbedürfnis des Dritten als Insider. Dies **3** wird typisierend in den Fällen bejaht, in denen ein Gesellschafter ein Rechtsgeschäft mit der Ges schließt (BGH NJW 62, 2344; LM 37 zu § 105; 10 zu § 119). Es ist hier dem BGH zufolge § 714 BGB ohne Rücksicht auf ein Kennen-Müssen des Gesellschafters (str) analog anzuwenden, so daß die Vertretungsmacht nicht weiter geht als die Geschäftsführungsmacht (§§ 114 ff). Gleiches gilt bei Rechtsgeschäften zwischen der Ges u einer von einem Gesellschafter beherrschten Ges (BGH DB 79, 644 f) sowie der Ges u einer TochterGes oder einem gesellschaftergleichen Treugeber etc (§ 105 Rz 20 ff; weiter EBJ*Hillmann* § 126 18), nicht aber bei Geschäft mit bereits ausgeschiedenen Gesellschaftern (BGH NJW 74, 1555). **ee) Niederlassung (§ 126 III).** Vgl Erl zu § 50 III. Die Beschränkung bedarf der Eintragung in das Handelsregister analog § 125 IV.

§ 127 [Entziehung der Vertretungsmacht]

Die Vertretungsmacht kann einem Gesellschafter auf Antrag der übrigen Gesellschafter durch gerichtliche Entscheidung entzogen werden, wenn ein wichtiger Grund vorliegt; ein solcher Grund ist insbesondere grobe Pflichtverletzung oder Unfähigkeit zur ordnungsgemäßen Vertretung der Gesellschaft.

1. Zweck. Parallelvorschrift zu § 117. In der Regel wird die Klage **1** aus § 117 mit der aus § 127 verbunden, auch wenn dies nicht ausdrücklich gesagt ist (BGH 51, 198 f). § 127 bezieht sich auf jede Art der Vertretungsmacht iSd § 125, nicht zB §§ 48, 54 HGB, 167 BGB.

2. Voraussetzungen des Entzugs. Vgl § 117 Rz 3.

3. Antrag, Entzug. Die Klage muß von den übrigen Gesellschaftern (bei KG auch Kommanditisten) erhoben werden (§ 117 Rz 4). Der Entzug oder die zulässige Beschränkung (str) der Vertretungsmacht in dem Rahmen der §§ 125 II, III, 126 III erfolgt durch rechtskräftiges Gestaltungsurteil. Wird dem derzeit einzigen vertretungsberechtigten Gesellschafter die Vertretungsmacht voll entzogen, so werden alle übrigen (aA: alle [hM]) voll haftenden (§ 128) Gesellschafter zu Gesamtvertretern (§ 125 II; BGH 33, 107 f). Während des Prozesses ist kraft einstw Verfügung (§§ 935, 938, 940 ZPO) auch Vertretung durch einen anderen voll haftenden Gesellschafter uU auch durch Nichtgesellschafter möglich (vgl BGH 33, 110; aA *Michalski* § 127 8). Sind jedoch die übrigen Gesellschafter Kommanditisten, die keine organschaftliche Vertretungsmacht erlangen können (§ 170 HGB), so darf dem einzigen vertretungsberechtigten persönlich haftenden Gesellschafter nur die Geschäftsführungsbefugnis, nicht aber auf Dauer die Vertretungsmacht entzogen werden (BGH NJW 98, 1226; aA *Wiedemann* JZ 69, 471). Es bleibt dann nur die Möglichkeit des § 140 (BGH 6, 113; 51, 201; aA *StHabersack* § 127 8) bzw der Vertragsänderung (§ 105 Rz 42), uU der Eintritt (§ 105 Rz 46) eines vertretungsberechtigten Gesellschafters (zB GmbH; BGH NJW 98, 1226) vor oder zugleich mit dem Entzug der Vertretungsmacht. Der (teilweise) Entzug ist anzumelden (§§ 125 IV, 16; beachte § 15).

4. Niederlegung der Vertretungsmacht ist analog § 712 II BGB zulässig (str; § 125 Rz 6).

5. GesVertrag. § 127 ist dispositiver Natur. Der Entzug kann zwar nicht erschwert (BGH NJW 98, 1226; str) wohl aber im Rahmen der Treuepflicht (§ 105 Rz 35) erleichtert werden. Zur PublikumsGes (§ 161 Rz 3) s § 117 Rz 5.

§ 128 [Persönliche Haftung der Gesellschafter]

¹**Die Gesellschafter haften für die Verbindlichkeiten der Gesellschaft den Gläubigern als Gesamtschuldner persönlich.** ²**Eine entgegenstehende Vereinbarung ist Dritten gegenüber unwirksam.**

§ 129 [Einwendungen des Gesellschafters]

(1) **Wird ein Gesellschafter wegen einer Verbindlichkeit der Gesellschaft in Anspruch genommen, so kann er Einwendungen, die nicht in seiner Person begründet sind, nur insoweit geltend machen, als sie von der Gesellschaft erhoben werden können.**

(2) **Der Gesellschafter kann die Befriedigung des Gläubigers verweigern, solange der Gesellschaft das Recht zusteht, das ihrer Verbindlichkeit zugrunde liegende Rechtsgeschäft anzufechten.**

Erster Abschnitt. Offene Handelsgesellschaft **§§ 128, 129**

(3) **Die gleiche Befugnis hat der Gesellschafter, solange sich der Gläubiger durch Aufrechnung gegen eine fällige Forderung der Gesellschaft befriedigen kann.**

(4) **Aus einem gegen die Gesellschaft gerichteten vollstreckbaren Schuldtitel findet die Zwangsvollstreckung gegen die Gesellschafter nicht statt.**

Übersicht

	Rz.
I. Allgemeines	1
II. Haftung der OHG-Gesellschafter bzw Komplementäre einer KG	2
1. Voraussetzungen	2
2. Rechtsfolge	5
3. Prozeß, Zwangsvollstreckung	6
4. Insolvenz	7
5. Rückgriff gegen Mitgesellschafter	8
6. Haftung aus anderem Rechtsgrund	9
III. Haftung ausgeschiedener OHG-Gesellschafter bzw KG-Komplementäre	10
1. Grundsatz	10
2. Vorzeitige Enthaftung, Verjährung	11
3. Prozeß, Insolvenz	12
IV. Haftung bei Umwandlung in Kommanditbeteiligung	13
V. Haftung bei Auflösung	14
VI. Haftung bei Abhängigkeitsverhältnissen und im Konzern	15
VII. Scheingesellschaft, Scheingesellschafter	16

Erläuterungen zu den §§ 128, 129

I. Allgemeines

Die §§ 128 f regeln die Grundstruktur der OHG u mit den in den §§ 161, 171 ff genannten Einschränkungen auch die der KG. Entgegenstehende Vereinbarungen mit Gläubigern sind anders als unter den Gesellschaftern auch konkludent zulässig (Kln DB 93, 1667), iZw aber zu verneinen (*Wilhelm* LM 74 § 705 BGB). Nach heute hM haftet die teilrechtsfähige (§ 124 Rz 1) Ges gem § 124 (§ 161 II) als Hauptschuldnerin. Die Gesellschafter haften bürgenähnlich (§ 705 BGB; akzessorisch) u sichern damit auf eine für Gläubiger rechtssichere Weise den Kredit der Ges; damit wird auch der Umstand ausgeglichen, daß unbeschränkt GesVermögen auf die Gesellschafter übertragen werden kann. Zur Haftung von **Treugebern, Unterbeteiligten, Nießbrauchern** § 105 Rz 20 ff; von **Konzernen** etc, Rz 15. Der Haftung aus 1

§§ 128, 129 Zweites Buch. Handelsgesellschaften u. stille Gesellschaft

§ 128 sind auch andere Ges ausgesetzt, die die Gesellschafter zur **Umgehung** von Verpflichtungen der Ges gegründet bzw benutzt haben (BGH BB 75, 1037).

II. Haftung der OHG-Gesellschafter bzw Komplementäre einer KG

2 1. **Voraussetzungen. a) GesVerbindlichkeit.** Die Gesellschafter (§ 105 Rz 15 ff, 29; beachte auch § 15) haften akzessorisch (BGH NJW-RR 88, 479) für **alle** Verbindlichkeiten der im Außenverhältnis entstandenen (§ 123) Ges einschl der deliktischen, öffentlich-rechtlichen, steuerrechtlichen Verbindlichkeiten über das Ende der Ges hinaus (§ 157 Rz 1). Das gilt auch für Ansprüche aus § 28 (aA *Canaris* § 7 III 4) sowie für **Ansprüche von Gesellschaftern**, soweit diese der Ges wie **Außenstehende** ggüberstehen (zB als Verkäufer; § 124 Rz 5; § 105 Rz 9); diese Gesellschafter müssen freilich aus Treuepflicht (§ 105 Rz 36a) zuerst bei der Ges Erfüllung suchen (hM) u dürfen sich nur hilfweise unter Abzug ihres Verlustanteils (§ 121 III) auf § 128 (bzw ggüber Kommanditisten auf die §§ 171 ff) stützen (BGH NJW 83, 749; str). Die Grundsätze über die Behandlung eigenkapitalersetzender Darlehen (§ 172 a 11) sind nicht analog heranzuziehen (aA *Schmidt* ZIP 91, 1). **Kein** Anspruch aus § 128 besteht dgg bei Ansprüchen von Gesellschaftern gg die Ges **aus dem GesVerhältnis** (§ 707 BGB; vgl § 105 Rz 31; § 110 Rz 3; § 122 Rz 2; BGH NJW-RR 89, 866); auch nicht bei Bezahlung von GesSchulden (s Rz 8); wohl aber (mittelbar) bei Ansprüchen **ausgeschiedener** Gesellschafter; s Rz 12; § 131 Rz 10. **b) Zeitraum.** Die Wurzeln der Verbindlichkeit müssen zu einem Zeitpunkt gelegt worden sein (vgl Rz 10), in dem der in Anspruch genommene Gesellschafter als OHG-Gesellschafter (bzw Komplementär) der Ges (scheinbar [§ 105 Rz 29]) angehörte (vgl Rz 10, 14). Zu davor begründeten Forderungen s § 130, zu danach begründeten Forderungen s § 143 Rz 5.

3 c) **Einwendungen und Einreden der Ges.** Gem § 129 I dürfen die Gesellschafter alle Einwendungen vorbringen, die der Ges (noch) zustehen (BGH 139, 217). Unter Einwendungen sind auch Einreden zu verstehen. Die §§ 422 (str), 423, 424 (str), 425 f BGB sind nach hM unanwendbar, da die Gesellschafter akzessorisch schulden (vgl BGH NJW 88, 1977; NJW-RR 88, 479). **Beispiele für zulässiges Vorbringen:** Nichtigkeit; Erfüllung (auch durch Gesellschafter [§ 774 I BGB analog; aA § 422 BGB]); vollzogene Aufrechnung (§ 389 BGB); erklärte Anfechtung (§ 142 BGB); Erlaß (§ 397 BGB; BGH NJW 67, 2155); Verlust der Aktivlegitimation (zB §§ 398, 412 BGB); Vergleich mit Ges (§ 779 BGB); Gläubigerverzug (nicht Gläubigerverzug ggüber einem Gesellschafter; aA § 424 BGB); mangelnde Fälligkeit; Stundung; Zurückbehaltungsrechte der Ges; erklärte Kündigung durch Ges; Freiwerden infolge von Leistungsstörungen (§§ 275, 323; Wegfall der GG), wobei es ausschließlich auf die Ges ankommt; Schiedsgerichtsabrede

Erster Abschnitt. Offene Handelsgesellschaft **§§ 128, 129**

(§ 124 Rz 9); eingetretene Verjährung bzw abgelaufene (tarifliche) Ausschlußfrist, soweit sich Ges nach allg Regeln der §§ 194–225 BGB sowie von Spezialvorschriften wie § 439 HGB (noch) auf diese berufen darf (BGH NJW 79, 1361; BAG DB 85, 1536; aA *StHabersack* § 129 7), selbst wenn sie sich noch nicht darauf berufen hat (Ausnahme: die Verjährung wurde bereits vorher durch Klage gg den in Anspruch genommenen Gesellschafter unterbrochen [BGH NJW 88, 1977; str; anders zur Bürgschaft BGH 139, 214] oder der Gesellschafter wurde bereits rechtskräftig verurteilt [BGH NJW 81, 2579; anders zur Bürgschaft BGH ZIP 00, 1577]). Andererseits dürfen Gesellschafter, da § 425 BGB nicht eingreift, zB nicht vorbringen, daß nicht sie, sondern die Ges die Leistungsstörung verschuldet hat, daß die Ges nicht mehr existiert (BGH NJW-RR 88, 479) oder daß der Insolvenzverwalter der Ges sein Recht aus § 103 InsO ausgeübt hat (Rz 7). Eine Vereinbarung der Ges mit Gläubigern (in AGB idR Verstoß gg § 9 AGBG [BGH BB 99, 2154; *Reiff* ZIP 99, 1337]), daß (bestimmte) Gesellschafter nicht haften (Rz 1), begründet Einwendung; der Verzicht der Ges auf Einwendungen gilt auch für den Gesellschafter (BGH 139, 217). Eine Berufung der Gesellschafter auf noch ausübbare **Gestaltungsrechte** der Ges ist nur im Rahmen des § 129 II, III (analog) zulässig. Die Möglichkeit der Anfechtung (§§ 119, 123 BGB) u analog § 129 II des Rücktritts (zB §§ 346 ff BGB), der Wandlung oder Minderung (§§ 459 ff BGB) eröffnet somit nur ein Leistungsverweigerungsrecht. Gleiches gilt im Fall der Aufrechnungslage (§§ 387 ff BGB), wobei es entgegen dem Wortlaut des § 129 III ausschließlich auf die Aufrechnungsbefugnis der Ges ankommt (BGH NJW 65, 627). **Die Rechtskraft eines Urteils** bzw Vollstreckungsbescheides (SchlHOLG OLGR 98, 123) zugunsten der Ges wirkt auch für die Gesellschafter; die Rechtskraft zu Lasten der Ges schneidet auch den Gesellschaftern die Einwendungen der Ges ab (BGH NJW 96, 658), soweit die Rechtskraft reicht, d. h. die Einwendungen vor dem Zeitpunkt des § 767 II ZPO entstanden sind (beachte Rz 4). Deshalb ist eine Feststellungsklage gg Gesellschafter neben der Ges unzulässig (BGH NJW 51, 887). Die weder vom Insolvenzverwalter noch von den vertretungsberechtigten Gesellschaftern (§ 101 I 1 InsO iVm §§ 125, 170 HGB; aA *BauHopt* § 128 46 [alle Gesellschafter]; ebenso *Bork* Kölner Schrift zur InsO [2000], S. 1345; BGH BB 61, 426 zur KO; vgl auch BGH 107, 96 [keine Rechtskraft zu Lasten des Bürgen]) bestrittene, rechtskräftige Feststellung im **Insolvenzverfahren** (§§ 178 II, III, 201 II InsO) schneidet dem Gesellschafter (nur) die Einwendungen der Ges ab.

d) Einwendungen und Einreden aus der Person des Gesellschafters sind **zusätzlich** zu beachten, soweit sie dem Gesellschafter unmittelbar persönlich oder in seiner Rolle als akzessorischem Schuldner (Rz 5) zustehen. **Beispiele:** Erfüllung u -surrogate (zB § 389 BGB) durch den Gesellschafter (Mitgesellschafter s Rz 3); Erlaß ggüber dem in Anspruch genommenen Gesellschafter (iZw auch ggüber Mitgesell-

4

Koller 373

schaftern [§ 423 BGB]); Vereinbarung mit Gesellschafter (mit Ges [Rz 3]) über Nichthaftung; Verwirkung; Zurückbehaltungsrecht; Gläubigerverzug (ggüber Mitgesellschafter, Rz 3); sittenwidriges Verhalten (BGH NJW 96, 658: kollusives Zusammenwirken); rechtsmißbräuchliches Verhalten (zB Wissen, daß jemand unter Ausnutzung seiner schutzwürdigen Schwäche Gesellschafter wurde [Mü NJW-RR 95, 1441]). Diese Einwendungen u Einreden werden durch ein Urteil gg die Ges (Rz 3) nicht abgeschnitten. In der Insolvenz der Ges müssen sie nicht allen GesGläubigern entgegengehalten werden können (aA *GottwaldHaas* InsHdB, § 94 66), so daß die Höhe der Inanspruchnahme von Gesellschafter zu Gesellschafter unterschiedlich ausfallen kann. Eine Parallele zur Haftsumme bei der KG ist verfehlt. Soweit Verbindlichkeiten vor Eintritt der **Volljährigkeit** des Gesellschafters begründet (Rz 10) worden sind, kann (nur: § 1629a III BGB) der Gesellschafter außer im Fall des § 112 BGB den Einwand der Haftungsbeschränkung gem § 1629a BGB erheben, weil die Haftung gem § 128 (§ 171) für alle Arten von Forderungen (*Grunewald* ZIP 99, 598) auf den Erwerb der Gesellschafterstellung durch Rechtsgeschäft oder von Todes wg zurückzuführen ist (*Habersack* FamRZ 99, 3; *Grunewald* ZIP 99, 598). Das gilt auch bei Verbindlichkeiten aus Dauerschuldverhältnissen, die nach Volljährigkeit fällig werden, aber davor begründet worden sind, es sei denn, daß der volljährig Gewordene innerhalb der Frist des § 1629a IV BGB ihre Entstehung durch Kündigung hätte vermeiden können (sonst nur § 1629a IV BGB; str). Die Haftungsbeschränkung kann in Form der Dürftigkeitseinrede (§ 1900 BGB; *Eckebrecht* MDR 99, 1250), notfalls muß sie im Prozeß geltend gemacht werden (§§ 1629a I 2, 1990 f BGB, 786 ZPO; *Behnke* NJW 98, 3079; *Muscheler* WM 98, 2284 ff). Bei Urteilen vor dem 1. 7. 99 ist kein Vorbehalt gem § 780 I ZPO erforderlich (Art 3 MHbeG), ebenso nicht bei Urteilen im Stadium der Minderjährigkeit (*Habersack* FamRZ 99, 5), weil sonst die ges Vertreter faktisch eine unbegrenzte Haftung des Minderjährigen begründen könnten (beachte §§ 767, 785 f ZPO). Beachte § 19 II, der uU zu einem Firmenzusatz zwingt (*Habersack* FamRZ 99, 3; einschr *Eckebrecht* MDR 99, 1252); sowie die Eintragung des Geburtsdatums im Register (§ 106 Rz 2) mit der Folge, daß § 15 eingreift (*Eckebrecht* MDR 99, 1251; aA *Behnke* NJW 98, 3081; *Muscheler* WM 98, 2283; *Haertlein* JA 01, 990; einschr Erl zu § 15).

5 **2. Rechtsfolge. a) Inhalt der Haftung.** Grds kann der Gläubiger auch ohne vorherige Inanspruchnahme der Ges (Ausnahme, Rz 2) **Erfüllung** in gleicher Weise wie von der Ges verlangen (Sicherungsinteresse des Gläubigers; BGH NJW 87, 2367; str). Demnach schuldet der Gesellschafter Erfüllung in Hinblick auf die Lieferung (Herausgabe, Übereignung) *vertretbarer Sachen* (§ 91 BGB; Vollstreckung: §§ 884, 894, 897 ZPO; notfalls § 283 BGB); ohne Rücksicht auf die Besitzverhältnisse die Lieferung (Herausgabe, Übereignung) *bestimmter Sachen* (Vollstreckung; §§ 883, 885, 894, 897 ZPO; notfalls § 283 BGB), außer wenn dies zu unzumutbaren Eingriffen in die Privatsphäre des Gläubigers führt (BGH NJW 87, 2369; aA *StHabersack* § 128 28 f). Ferner schuldet er Erfüllung *vertretbarer Handlungen* iSd § 887 ZPO (zB unpersönliche Werkleistungen [BGH NJW 79, 1362]; Vollstreckung: § 887 ZPO), *nicht* aber die Erfüllung *unvertretbarer Handlungen,* bei denen nur von der Ges Erfüllung gefordert und nur gem § 888 ZPO gg die Ges u ihre Organe vollstreckt werden kann. Beispiele: Erklärungen (BGH WM 83, 220 f); Duldung, Unterlassung (*StHabersack* § 128 38; Karlsr OLGR 98, 383 [UWG]), auch seitens der Gesellschafter, die der Ges ggüber zur Duldung etc verpflichtet (hL; aA BGH NJW 57, 871; BB 74, 482) oder geschäftsführungsberechtigt (§ 114) sind (hL; aA BGH NJW 57, 871; beachte, daß bei Verstößen der Ges ein Titel gg die Ges zu Zwangsmaßnahmen gg die Geschäftsführer berechtigt [§ 888 ZPO]). Es kann auch nicht ohne weiteres von einer „Umgehung" der Unterlassungspflichten der Ges gesprochen werden (hL; aA BGH NJW 72, 142; BB 74, 482; WM 75, 777 f). Vielmehr ist zu prüfen, ob sich der Gesellschafter neben der Ges vertraglich (konkludent) gebunden hat (*StHabersack* § 128 39) oder ob der Gesellschafter selbst (zB gem den §§ 1004 BGB [analog], 1, 3 UWG) zur Unterlassung verpflichtet ist. Dies ist vor allem dort von Bedeutung, wo eine andere Ges zu unterlassen hat, an der der Gesellschafter ebenfalls beteiligt ist. Beachte Rz 9. Bei Insolvenz (Rz 7) gilt § 45 InsO (str). **b) Umfang der Haftung.** OHG-Gesellschafter (bzw Komplementäre der KG) haften akzessorisch (BGH NJW-RR 88, 479); sie haben mangels eigener Einwendungen etc (Rz 4) so zu erfüllen, wie die Ges (noch) haftet, so zB infolge Erfüllungsablehnung des Insolvenzverwalters gem § 103 InsO (BGH 48, 203) oder wg verschuldeter Unmöglichkeit gem §§ 280, 325 BGB (BGH 36, 224, 227). **c) Gesamtschuldner persönlich.** Im Verhältnis der Gesellschafter untereinander (anders im Verhältnis zur Ges; näher Rz 1, 3; hM) greifen die §§ 421–425 BGB uneingeschränkt ein. Zu § 426 BGB s Rz 8.

3. Prozeß, Zwangsvollstreckung. Für den Gerichtsstand ist neben dem allg Gerichtsstand des Gesellschafters (§§ 12 ff ZPO) der Erfüllungsort für die Schuld der Ges bzw der Gerichtsstand der unerlaubten Handlung der Ges maßgeblich (RG 32, 44; BayObLG 80, 13), in Arbeitssachen sind die Arbeitsgerichte zuständig (BAG NJW 80, 1170; bei Kommanditisten die ordentlichen Gerichte [BAG DB 93, 843 f; krit *Grunsky* EWiR 92, 1160]; außer gem § 2 II ArbGG). Die Gesellschafter haften für die Gerichtskosten (Kln AnwBl 96, 416). Voll haftende Gesellschafter (anders Kommanditisten; § 171) sind selbst den Schiedsgerichts- u Gerichtsstandsvereinbarungen der Ges mit Dritten unterworfen (BGH NJW 81, 2646; NJW-RR 91, 424; einschr *Schmidt* DB 89, 2315); der Wechselprozeß ist zulässig, falls der Wechsel im Namen der Ges gezeichnet worden ist (BGH BB 60, 341). Die Ges u die Gesellschafter sind einfache Streitgenossen (§§ 59, 60 ZPO; BGH NJW 88, 2113); der Gesellschafter ist Nebenintervenient iSd § 69 ZPO.

§§ 128, 129 Zweites Buch. Handelsgesellschaften u. stille Gesellschaft

Tenor des Urteils gg Ges u Gesellschafter lautet: wie Gesamtschuldner (BAGE 36, 183). Zur **Vollstreckung** bedarf es eines Titels gg den Gesellschafter (§ 129 IV), auch nach Vollbeendigung (§ 157) der Ges (hM). Kann der Gesellschafter seine Haftung gem § 1629a BGB beschränken, so ist grds § 786 iVm § 780 I ZPO zu beachten; der Zugriff von Neugläubigern auf das bei Volljährigkeit vorhandene Vermögen muß uU analog § 784 II ZPO abgewehrt werden (str). Wird bei einem Gesellschafter aufgrund eines Titels gg die Ges vollstreckt, so kann dieser gem den §§ 766, 771 ZPO vorgehen. Im Rahmen der Klage gem § 771 ZPO kann der Gläubiger nach hM aber die Haftung des Gesellschafters (§ 128) einwenden (MüHdBGesR II-*Neubauer* § 29 8). Zu öffentl-rechtl Verbindlichkeiten Frankfurt/O NJW 98, 3513. Die Pfändung einer Forderung aus § 128 bedarf nur der Zustellung an den Gesellschafter (BGH NJW 98, 2904).

7   **4. Insolvenz.** *Insolvenzverfahren über das Vermögen der Ges:* Siehe § 124 Rz 9. Die Ansprüche aus § 128 können in voller Höhe angemeldet werden (§ 43 InsO). § 128 greift grds nur in Hinblick auf Altverbindlichkeiten ein; die Haftung erfaßt auch Schadensersatzansprüche gem § 103 II 1 InsO (vgl BGH NJW 67, 2203 f) sowie Ansprüche aus § 54 I 1 InsO (*GottwaldHaas* InsHdB, § 94 64; str), nicht aber Forderungen iSd §§ 22 I 2; 55 I 1, 3, II 1 InsO (Ausnahmen: eröffnungsunabhängige Verwaltungskosten; §§ 108, 109, 123 InsO [vgl BGH 116, 158; zu Recht str]). Ausschließlich der Insolvenzverwalter ist aktivlegitimiert (§ 93 InsO; Prozesse werden unterbrochen [§§ 16 ff AnfG analog]); das Aufrechnungsrecht des GesGläubigers besteht fort (*Hasselbach* DB 96, 2217; aA *GottwaldHaas* InsHdB, § 94 60). Der Insolvenzverwalter kann grds, insbes in der Insolvenz des Gesellschafters (*SchmidtBitter* ZIP 00, 1083), die Forderung der GesGläubiger in voller Höhe (§ 43 InsO; nicht nur pro rata) ggüber jedem Gesellschafter geltend machen (*SchmidtBitter* ZIP 00, 1083 anders 1087). Allerdings darf er gem § 242 BGB gg Gesellschafter, die nicht insolvent sind, nur soweit vorgehen, als das GesVermögen eine Deckungslücke aufweist (hM; *SchmidtBitter* ZIP 00, 1083; *Fuchs* ZIP 00, 1090). Zu Einwendungen, Einreden des Gesellschafters s Rz 3 f. Zur Verbraucherinsolvenz des Gesellschafters s *Fuchs* ZIP 00, 1089. Besonderheiten gelten, wenn ein Gesellschafter dem GesGläubiger neben § 128 auch aus einem anderen Rechtsgrund haftet (§ 128 Rz 9). Die Aktivlegitimation des GesGläubigers hinsichtlich der Ansprüche aus einem anderen Rechtsgrund wird durch § 93 InsO nicht berührt (hM; *Theisen* ZIP 98, 1626; *SchmidtBitter* ZIP 00, 1082). Hat ein Gesellschafter für eine GesSchuld eine Personalsicherheit (zB Bürgschaft) gestellt u der GesGläubiger seine Forderung im Insolvenzverfahren der Ges angemeldet, so darf entgg der hM dort, wo der Gesellschafter ebenfalls insolvent ist, die Forderung aus § 128 nicht im Insolvenzverfahren des Gesellschafters angemeldet werden (§ 44 InsO analog; *SchmidtBitter* ZIP 00, 1084 anders 1087). Wurden für GesSchulden dingliche Sicherheiten gestellt (Sicherungsübereignung, -abtretung;

§§ 1113, 1191 BGB etc), so greift § 52 InsO analog ein (*SchmidtBitter* ZIP 00, 1084 anders 1087). Zur Feststellung der Forderung im Insolvenzverfahren (§§ 178, 201 II InsO) s Rz 3. § 189 I InsO ist auf bestrittene Gesellschafterverbindlichkeiten analog anzuwenden. Zu Auskunfts- u Mitwirkungspflichten s § 101 I InsO; zur Verschärfung der Insolvenzanfechtung s §§ 130 III, 131 II 2, 133 II, 138 II. Der Gesellschafter kann gg Ansprüche aus § 128 nicht mit Ansprüchen gg die Ges aufrechnen, weil die Ansprüche der GesGläubiger nicht materiell der Masse der Ges zugewiesen sind (str), jedenfalls nicht mit Ansprüchen iSd Rz 8. Leistet ein Gesellschafter in Unkenntnis der Insolvenzeröffnung an den GesGläubiger, so sind die §§ 407, 412, 816 BGB (analog) anzuwenden (*Schlitt* NZG 98, 758). *In der Insolvenz des Gesellschafters*, die nicht mit einer Insolvenz der Ges einhergeht, greift § 131 III 2 ein. Die Ges haftet (§ 124 Rz 5) dann neben dem Gesellschafter in voller Höhe (§ 43 InsO); § 93 InsO ist unanwendbar (*SchmidtBitter* ZIP 00, 1081). Zum Regreß des Gesellschafters s Rz 8, 12; zur Haftungsbegrenzung durch Insolvenzplan sowie zur Restschuldbefreiung s §§ 217, 227, 286 ff InsO (*GottwaldHaas* InsHdB, § 94 69, 83).

5. Rückgriff gg die Ges und Mitgesellschafter. Erfüllt ein Ge- **8** sellschafter seine (scheinbare) Verbindlichkeit aus § 128 (beim Kommanditisten § 171), so hat er treuegemäß (§ 105 Rz 35) primär nach Maßgabe des § 110 (§ 110 Rz 2) bei der Ges Ausgleich bzw vor der Erfüllung Freistellung zu suchen (BGH NJW 84, 2290 f). Daneben kann er die von ihm wirksam (Rz 7) erfüllte Forderung des Gläubigers gg die Ges geltend machen, die samt Sicherheiten analog § 774 I BGB auf ihn übergegangen ist (*Wiedemann* WM 92 Beil 7, S 36; aA: hM [BGH 39, 323]). Allerdings ist in der Insolvenz § 93 InsO zu beachten (§ 44 InsO [*SchmidtBitter* ZIP 00, 1080] sowie § 242 BGB: „... quod statim redditurus est" [*Theisen* ZIP 98, 1627]). Zum Anspruch Ausgeschiedener, Rz 12; von Kommanditisten § 171 Rz 9, 16. Verfügt die Ges über keine ausreichenden liquiden Mittel oder ist sie insolvent (*SchmidtBitter* ZIP 00, 1086), so kann der Gesellschafter, soweit er zur Leistung verpflichtet war (Rz 3), gem § 426 I BGB Rückgriff bei seinen **Mitgesellschaftern** nehmen (BGH NJW 80, 340) bzw Freistellung verlangen (Kblz DB 95, 421). Die Mitgesellschafter haften nicht gesamtschuldnerisch, sondern mangels bes Abreden (*Schmidt* DB 95, 1382) nur pro rata ihrer Verlustbeteiligung (§ 121 III, bei Kommanditisten §§ 167 III, 168 II); im Verhältnis Komplementär-Kommanditist u Kommanditisten untereinander letztere maximal, soweit sie im Außenverhältnis hafteten (§§ 171 ff; *Schmidt* DB 95, 1382; EBJ*Strohn* § 171 35; aA Kblz DB 95, 421). Der regreßnehmende Gesellschafter hat vorweg seinen Verlustanteil (§ 121 III, 168 II) abzuziehen (BGH 37, 299; NJW 80, 339, 340; hM). Aus dem GesVertrag kann sich ergeben, daß Regreß (primär) bei bestimmten Gesellschaftern zu nehmen ist (*Schmidt* DB 95, 1382. Zur Erstattung bei KG s § 167 Rz 5). Gleiches gilt für den

Anspruch des GesGläubigers aus § 128, der gem §§ 774 I (analog), 412, 401 BGB auf den Gesellschafter übergegangen ist (*StHabersack* § 128 49; hM: § 426 II). Bereits **ausgeschiedene Gesellschafter** dürfen nicht in Regreß genommen werden, wenn die GesSchuld im Rahmen der §§ 738, 739 BGB (§ 131 Rz 9 f) berücksichtigt worden ist (BGH NJW 81, 1096). Im Fall des Ausscheidens aufgrund Übertragung des GesAnteils (§ 105 Rz 50) nehmen mangels bes Abreden (BGH NJW 81, 1096) der Ausgeschiedene (Veräußerer) u der Erwerber als Gesamtschuldner in Höhe des Verlustanteils des veräußerten GesAnteils am Ausgleich teil (im Innenverhältnis zw diesen gilt der Veräußerungsvertrag). Zur Inanspruchnahme durch Gesellschafter aus Forderungen gg die Ges, die sie wie **Außenstehende** begründet haben, Rz 2 a. **Gerichtsstand:** §§ 13 ff, 22 ZPO (BayObLG BB 78, 1685).

9 **6. Haftung aus anderem Rechtsgrund.** Die Gesellschafter können daneben selbständig auch aus anderen Rechtsgründen, zB Bürgschaft, § 823 BGB, haften (BGH NJW 86, 2308). Denkbar ist auch, daß die Gesellschafter dem Vertrag mit der Ges beigetreten sind (**Doppelverpflichtung;** § 157 BGB), zB bei unvertretbaren Leistungen der Ges (zB Unterlassung; *Schmidt* GesR § 49 III 2). Die Haftung endet nicht mit dem Ausscheiden aus der Ges; § 160 greift nicht ein. Maßgeblich sind ausschließlich die für den „anderen Rechtsgrund" geltenden Regeln. Der Ges ggüber können Freistellungs- u Ersatzansprüche bestehen, die auch gem § 128 erhoben werden können (Rz 1). Vgl § 171 Rz 10, § 172 a Rz 22.

III. Haftung ausgeschiedener OHG-Gesellschafter bzw KG-Komplementäre

10 **1. Grundsatz.** Unabhängig von der Art des Ausscheidens (§ 160 Rz 2) u ungeachtet eines (späteren) Erlöschens der Ges (Rz 15; § 140 Rz 4 ff) haftet der Ausgeschiedene grds im Rahmen der §§ 128 ff (nur) für alle Ansprüche weiter, die bei seinem Ausscheiden bereits **begründet** waren (BGH WM 82, 585); denn der Gesellschafter kann sich nicht durch Ausscheiden dem Zugriff der Gläubiger entziehen (s Erl zu §§ 128–130). Gleiches gilt im Rahmen der §§ 15 I, 143 für Forderungen, die zwar nach dem Ausscheiden, aber vor dessen Eintragung u Bekanntmachung begründet worden sind (§ 143 Rz 4); beachte ferner § 15 II (§ 15 Rz 21) u Rechtsscheinshaftung (§ 15 Rz 24). Für die Begründung des Anspruchs genügt es, daß dessen Rechtsgrund (zB bindendes Angebot des GesGläubigers, Rückgriffsanspruch) gg die Ges so gelegt war (BGH 55, 269; NJW 86, 1690; BFH BB 78, 1051; DB 86, 2419 [Vorsteuern]; Rz 5; hM; aA *MollHottgenroth* RdA 94, 224 ff mNachw), daß die Hauptverbindlichkeit ohne weitere rechtsgeschäftliche (aA BGH DB 01, 1302 [Vertragsverstoß]) Akte (zB Annahme einer Option [KG NZG 01, 165]; nicht bloße Erfüllungshandlungen; str; *KiehteRömer* DStR 93, 1069, 1106) des GesGläubigers entsteht (BGH 73, 220; BAG NJW 92, 3255 [Sozialplan]; BB 90, 1068 [Kapitalisierung

kraft Gesetzes; krit *Kollbach* GmbHR 94, 168]). Die spätere Fälligkeit (zB bei Dauerschuldverhältnissen [*Lieb* GmbHR 94, 660; vgl auch BGH NJW 00, 209]) ist unerheblich (Ro ZIP 01, 1050), ebenso bei Folgeansprüchen die Notwendigkeit der Ausübung eines Gestaltungsrechts (zB Erklärung des Rücktritts) oder die spätere Valutierung eines Darlehens (Wegfall einer Einwendung, Einrede; str). Beim Kkorrent (§ 355) haftet der Gesellschafter nach hM in Höhe des Tagessaldos im Zeitpunkt des Ausscheidens, maximal bis zum niedrigsten zwischenzeitlichen Abschlußsaldo (§ 356 Rz 6). **Inhalt der Haftung,** Rz 5; BGH NJW 87, 2367. Die Haftung ist akzessorisch (*Hadding* ZGR 73, 137; vgl BGH 36, 227), so daß die §§ 422 ff BGB unanwendbar sind (Rz 3 f). Der Ausgeschiedene darf deshalb zB nicht vorbringen, ihn treffe anders als die Ges kein Verschulden (BGH 48, 203; NJW 62, 1536) oder die Leistungsstörung oder die Eröffnung des Insolvenzverfahrens habe sich erst nach seinem Ausscheiden ereignet (BGH NJW 67, 2203). Mahnungen, Fristsetzungen ggüber der Ges wirken auch zu Lasten des Ausgeschiedenen (aA RG 65, 26). Anders als normale Gesellschafter darf sich der Ausgeschiedene jedoch auf solche Einwendungen stützen, auf die sich die Ges wg eines gg sie ergangenen rechtskräftigen Urteils nicht mehr berufen darf, sofern er vor Klageerhebung (BGH NJW 66, 499) ausgeschieden u nicht in die Rolle eines Geschäftsführers der Komplementär-GmbH übergewechselt war (BGH 78, 114, 121). Der Ausgeschiedene wird nämlich häufig vom Prozeß nichts erfahren; er kann ihn jedenfalls nicht beeinflussen. Deshalb unterbricht nach dem Ausscheiden die Klage gg die Ges nicht mehr die Verjährung der Forderung aus § 128 (vgl BGH 79, 1361 [hM]) u ist ein späterer Verzicht der Ges auf Einwendungen u Einreden dem Ausgeschiedenen ggüber unwirksam (*Brandes* FS Stimpel, S 120). Beachte §§ 143, 15. Zur Haftung aus anderem Rechtsgrund s Rz 9.

2. Vorzeitige Enthaftung, Verjährung. Siehe Erl zu § 160. **3. Prozeß, Insolvenz.** Der Ausgeschiedene ist einfacher Streitgenosse (§ 59 ZPO). § 93 InsO greift nach seinem Zweck auch ggüber ausgeschiedenen Gesellschaftern unabhängig davon ein, ob die Ges fortbesteht (*Gerhardt* ZIP 00, 2182). Der Ausgeschiedene darf sich auf Einwendungen etc der Ges selbst dann berufen, wenn diese von den vertretungsberechtigten Gesellschaftern (Rz 3) nicht vorgebracht worden sind. Da der Ausgeschiedene im Insolvenzverfahren der Ges nicht Schuldner ist (§§ 11 II 1, 15, 97 ff InsO), kommt ihm ggüber § 201 II InsO nicht zum Tragen. Es ist eine Sondermasse zugunsten der Altgläubiger (Rz 10) zu bilden. § 52 InsO ist grds nicht analog anwendbar (Rz 7). § 227 InsO gilt nicht für ausgeschiedene Gesellschafter (vgl BGH NJW 70, 1921). 11

4. Regreß. Der Ausgeschiedene, der an GesGläubiger mit Rechtsgrund (weitergehend *Preuß* ZHR 160, 166) leistet, kann von der **Ges** bzw dem Übernehmer (§ 140 Rz 5 f) abzüglich seines nach der Abfindungsregelung bzw gem § 739 BGB von ihm zu tragenden Verlust- 12

§§ 128, 129 Zweites Buch. Handelsgesellschaften u. stille Gesellschaft

anteils gem § 738 I 2 BGB (*StHabersack* § 128 45) u analog § 774 I BGB (Übergang der Sicherheiten; dazu *Preuß* ZHR 160, 170 ff) Ersatz verlangen (*Schmidt* GesR, § 51 III 2; aA BGH 39, 323; *Büscher/Klusmann* ZIP 92, 16 f: nur § 426 II BGB [Übergang der Sicherheiten; §§ 412, 401 BGB]; BGH DB 78, 627: § 670 BGB). Er kann auch schon vorher Freistellung fordern (§ 738 I 2 BGB). Es gilt das Gesamtabrechnungsprinzip, falls die Abfindung noch nicht gezahlt ist (§ 131 Rz 11). Bei Ausscheiden durch Übertragung des GesAnteils greift § 670 iVm § 774 I BGB ein. Zur Insolvenz der Ges s Rz 8. Im Verhältnis zu den **verbliebenen Gesellschaftern** greifen § 426 I BGB sowie die §§ 774 II (analog) iVm 426 II BGB ein (iE ebenso die hM). Umstritten ist, ob ein Rückgriff (Rz 8) gg die verbliebenen u neuen voll haftenden Gesellschafter nur pro rata des Verlustanteils (§ 121 III) der in Anspruch genommenen Gesellschafter (*StHabersack* § 128 50) oder gesamtschuldnerisch in voller Höhe (zutr: hM) zulässig ist. Für den Regreßanspruch muß iE gleiches gelten (BGH BB 71, 1530) wie für den Abfindungsanspruch (§ 131 Rz 10), für den die verbliebenen Gesellschafter in voller Höhe haften. Der Ausgeschiedene braucht nicht zunächst Regreß bei der Ges suchen, da seine Treuepflicht erloschen ist (BGH NJW 80, 340; aA *StHabersack* § 128 50). Im Fall des Ausscheidens durch Übertragung des GesAnteils (§ 105 Rz 50) muß er sich aber uU Einwendungen des Erwerbers aus dem Veräußerungsvertrag entgegenhalten lassen. Nimmt der früher Ausgeschiedene (auch) beim später ausgeschiedenen, noch (§ 160) gem §§ 128 ff, 171 ff haftenden Gesellschafter Regreß, so müssen sich dieser u die in der Ges verbliebenen Gesellschafter so behandeln lassen, als wäre der **später Ausgeschiedene** noch Gesellschafter (aA *Michalski* § 131 35; *StHabersack* § 128 51). Dieser kann nach den allg Regeln seinerseits bei den verbliebenen Gesellschaftern Regreß nehmen (s o). Erfolgte das spätere Ausscheiden im Rahmen einer Übertragung des GesAnteils, haften Veräußerer u Erwerber dem früher Ausgeschiedenen als Gesamtschuldner (Rz 10), außerdem die übrigen Gesellschafter. Der später Ausgeschiedene ist auch als Regreßgläubiger in Hinblick auf den früher Ausgeschiedenen so zu behandeln, als wäre er noch Mitglied der Ges, so daß ihm uU der Regreß versperrt ist (Freistellungspflicht der Ges; Haftung dafür gem § 128 [§ 131 Rz 10]; aA *StHabersack* § 128 51). **Kommanditisten,** die der Ges angehören, brauchen im Verhältnis untereinander im Verhältnis zum Komplementär maximal nur nach den Regeln Ausgleich zu leisten, die allg für den Regreß bei Kommanditisten gelten (Rz 10). Soweit Kommanditisten bereits ausgeschieden waren, kommen die oben für voll haftende Gesellschafter entwickelten Regeln unter Berücksichtigung der §§ 171 ff z Tragen.

IV. Haftung bei Umwandlung in Kommanditbeteiligung

13 Der Gesellschafter haftet nach Umwandlung (Vereinbarung der Haftungsbeschränkung; § 161 I) für Alt- u Neuschulden nach Maßgabe

der §§ 171–175. Die Pflichteinlage iSd § 171 gilt in Höhe des Buchwerts des Anteils, maximal in Höhe des obj Werts des Anteils als geleistet (vgl BGH NJW 87, 3185; § 171 Rz 15), so daß bei einer Festsetzung der Haftsumme bis zum obj Wert des Anteils (§ 171 Rz 15) die Haftung des Gesellschafters als Kommanditist erloschen ist. **Zusätzlich** haftet der Gesellschafter für alle vor der Umwandlung begründeten (Rz 10) **Altforderungen** nach den bei § 160 erläuterten Regeln. Im Rahmen von § 15 muß er sich ggüber Gutgläubigen bei Forderungen, die nach der Umwandlung aber vor der Eintragung u Bekanntmachung des „Ausscheidens" als voll haftender Gesellschafter (§ 143 Rz 4 f) sowie vor Eintragung der Haftsumme (§§ 162 III, 172) begründet worden sind, so behandeln lassen, als sei er Komplementär geblieben (§ 143 Rz 4 f). Im Unterschied zu den Ausgeschiedenen (Rz 10) muß er sich die Rechtskraft eines ggüber der Ges ergangenen Urteils immer entgegenhalten lassen (*Schmidt* GesR § 51 III 1). § 176 II ist unanwendbar (§ 176 Rz 9). Ferner haftet der nunmehrige Kommanditist bei Neuforderungen trotz Eintragung u Bekanntmachung der Haftungsbeschränkung gem den §§ 128 f ggüber gutgläubigen ständigen Altgeschäftspartnern, die nicht gezielt auf die Haftungsbeschränkung hingewiesen worden sind (§ 15 Rz 24, 51).

V. Haftung bei Auflösung

Weder die Auflösung noch die Vollbeendigung der Ges (§§ 157, 158) lassen die Haftung der OHG-Gesellschafter (bzw Komplementäre der KG) für die bis zur Vollbeendigung begründeten (Rz 10) Forderungen gem den §§ 128 ff oder für akzessorische Verbindlichkeiten (zB aus Bürgschaft für Ges; BGH NJW 82, 895) erlöschen (§§ 156, 157 Rz 1). Es greift nur die Sonderverjährung des § 159 ein. Solange die Vollbeendigung (§ 157 Rz 1) entgegen den §§ 157, 158 nicht eingetragen u bekanntgemacht wurde, kommt für die nach der Vollbeendigung begründeten Forderungen eine Rechtsscheinshaftung gem § 15 in Betracht, die ebenfalls nach § 159 verjährt, sofern die Auflösung (§ 131) eingetragen worden war. Zum Regreß §§ 145 Rz 3, 155 Rz 4.

VI. Haftung bei Abhängigkeitsverhältnissen und im Konzern

Soweit das h Unternehmen (§ 17 AktG [analog]) selbst Gesellschafter ist, haftet es gem § 128. Ist das h Unternehmen mittelbar über eine von ihm abhängige Person an der Ges beteiligt, haftet nur diese Person gem § 128. Diese Person kann aber vielfach bei dem h Unternehmen Regreß nehmen (zur GmbH vgl § 172 a Rz 3 ff). Außerdem trifft das h Unternehmen uU ggüber der Ges eine Haftung wg Treuepflichtverletzung (§ 105 Rz 36) sowie uU eine Verlustübernahmepflicht im Verhältnis zur Ges (§ 105 Rz 36). Bei Beendigung des Konzernverhältnisses ist eine Analogie zu § 303 AktG zu ziehen, aufgrund derer auch Zahlungsansprüche bei Vermögenslosigkeit der Ges eröffnet sein können (*StUlmer* Anh § 105 79).

VII. Scheingesellschaft, Scheingesellschafter

16 Siehe §§ 105 Rz 29, 170 Rz 1.

§ 129 a [Rückgewähr von Darlehen]

¹**Bei einer offenen Handelsgesellschaft, bei der kein Gesellschafter eine natürliche Person ist, gelten die §§ 32 a und 32 b des Gesetzes betreffend die Gesellschaften mit beschränkter Haftung sinngemäß mit der Maßgabe, daß an die Stelle der Gesellschafter der Gesellschaft mit beschränkter Haftung die Gesellschafter oder Mitglieder der Gesellschafter der offenen Handelsgesellschaft treten.** ²**Dies gilt nicht, wenn zu den Gesellschaftern der offenen Handelsgesellschaft eine andere offene Handelsgesellschaft oder Kommanditgesellschaft gehört, bei der ein persönlich haftender Gesellschafter eine natürliche Person ist.**

1 Vgl Erl zu § 172a.

§ 130 [Haftung des eintretenden Gesellschafters]

(1) **Wer in eine bestehende Gesellschaft eintritt, haftet gleich den anderen Gesellschaftern nach Maßgabe der §§ 128 und 129 für die vor seinem Eintritte begründeten Verbindlichkeiten der Gesellschaft, ohne Unterschied, ob die Firma eine Änderung erleidet oder nicht.**

(2) **Eine entgegenstehende Vereinbarung ist Dritten gegenüber unwirksam.**

1 1. *Voraussetzung*. Beitritt (§ 105 Rz 46), auch fehlerhafter (§ 105 Rz 47, 52; BGH NJW 88, 1323), als voll haftender Gesellschafter (§§ 128, 161 II) in eine schon bestehende (anders § 28) Ges, wenn die Ges eine OHG (KG) ist oder spätestens (hM; aA *Schmidt* GesR, § 49 IV 2: auch danach) durch den Eintritt zur OHG (KG) wird oder als OHG (KG) zu behandeln ist (§§ 5, 123; BGH NJW 82, 45). Dem Eintritt steht der (fehlerhafte [§ 105 Rz 52; aA EBJ*Hillmann* § 130 7] Erwerb des GesAnteils (§ 105 Rz 50) gleich, ferner der Verbleib (§ 139) des Erben als persönlich voll haftender Gesellschafter (BGH NJW 82, 45), insoweit ohne die Möglichkeit einer Haftungsbeschränkung nach Erbrecht, weiterhin die Umwandlung der Kommanditistenstellung in die Position eines persönlich voll Haftenden (BGH NJW 87, 3186). Einer Zustimmung zur Fortführung der Geschäfte oder Eintragung bedarf es nicht (*StHabersack* § 130 13; str). Zur erbrechtlichen Haftungsbeschränkung bei Auflösung der Ges infolge (§ 131 Rz 20) oder nach dem Erbfall s § 139 Rz 18; zur im Moment des Todes bereits aufgelösten Ges s BGH NJW 95, 3315. § 130 greift nicht ein, wenn die Ges aufgelöst wird (§§ 131, 145 ff) u eine neue Ges mit dem „Eintretenden" gegründet wird. Dann kommt nur § 25 in Betracht. Auf die

Erster Abschnitt. Offene Handelsgesellschaft **§ 130 a**

BGB-Ges ist § 130 nicht anzuwenden (BGH NJW 79, 1821 [vgl aber BGH BB 01, 379]; aA *Schl/Schmidt* § 130 5 bei unternehmenstragender BGB-Ges), auch nicht bei Umwandlung von BGB-Ges in OHG/KG (§ 123 Rz 3 f). Ist eine kein Gewerbe u auch nicht ausschließlich Vermögensverwaltung betreibende BGB-Ges im Zeitpunkt des Beitritts noch als OHG (KG) eingetragen, so muß sich das der Beitretende, der im Register fälschlich als OHG (KG)-Gesellschafter eingetragen wird, zwar nicht gem § 15 I (BAG NJW 88, 223), wohl aber gem § 15 III (aA BAG NJW 88, 223), jedenfalls aber nach den Regeln der allg Rechtsscheinshaftung (vgl § 105 Rz 29) entgegenhalten lassen. Vgl im übrigen zur Schein-OHG § 105 Rz 29. **Kommanditisten:** Siehe Erl zu § 173.

2. Rechtsfolge. Zwingende Haftung ohne Rücksicht auf Kenntnis 2 der Gläubiger nach Maßgabe der §§ 128 f ab Vollwirksamkeit des (fehlerhaften, Rz 1) Beitritts. Für die Frage, ob die Forderung vor dem Beitritt begründet worden ist, kommt es maßgeblich darauf an, wann ihr Rechtsgrund gelegt worden ist (§ 128 Rz 10). Abw Vereinbarungen mit Gläubigern sind zulässig, ebenso mit Wirkung nur im Innenverhältnis (§ 109 Rz 1) unter den Gesellschaftern.

§ 130 a [Antragspflicht bei Zahlungsunfähigkeit oder Überschuldung]

(1) ¹**Wird eine Gesellschaft, bei der kein Gesellschafter eine natürliche Person ist, zahlungsunfähig oder ergibt sich die Überschuldung der Gesellschaft, so ist die Eröffnung des Insolvenzverfahrens zu beantragen; dies gilt nicht, wenn zu den Gesellschaftern der offenen Handelsgesellschaft eine andere offene Handelsgesellschaft oder Kommanditgesellschaft gehört, bei der ein persönlich haftender Gesellschafter eine natürliche Person ist.** ²**Antragspflichtig sind die organschaftlichen Vertreter der zur Vertretung der Gesellschaft ermächtigten Gesellschafter und die Liquidatoren.** ³**Der Antrag ist ohne schuldhaftes Zögern, spätestens aber drei Wochen nach Eintritt der Zahlungsunfähigkeit oder der Überschuldung der Gesellschaft zu stellen.**

(2) ¹**Nachdem die Zahlungsunfähigkeit der Gesellschaft eingetreten ist oder sich ihre Überschuldung ergeben hat, dürfen die organschaftlichen Vertreter der zur Vertretung der Gesellschaft ermächtigten Gesellschafter und die Liquidatoren für die Gesellschaft keine Zahlungen leisten.** ²**Dies gilt nicht von Zahlungen, die auch nach diesem Zeitpunkt mit der Sorgfalt eines ordentlichen und gewissenhaften Geschäftsleiters vereinbar sind.**

(3) ¹**Wird entgegen Absatz 1 die Eröffnung des Insolvenzverfahrens nicht oder nicht rechtzeitig beantragt oder werden den entgegen Absatz 2 Zahlungen geleistet, nachdem die Zahlungsunfähigkeit der Gesellschaft eingetreten ist oder sich ihre Über-**

schuldung ergeben hat, so sind die organschaftlichen Vertreter der zur Vertretung der Gesellschaft ermächtigten Gesellschafter und die Liquidatoren der Gesellschaft gegenüber zum Ersatz des daraus entstehenden Schadens als Gesamtschuldner verpflichtet. [2] Ist dabei streitig, ob sie die Sorgfalt eines ordentlichen und gewissenhaften Geschäftsleiters angewandt haben, so trifft sie die Beweislast. [3] Die Ersatzpflicht kann durch Vereinbarung mit den Gesellschaftern weder eingeschränkt noch ausgeschlossen werden. [4] Soweit der Ersatz zur Befriedigung der Gläubiger der Gesellschaft erforderlich ist, wird die Ersatzpflicht weder durch einen Verzicht oder Vergleich der Gesellschaft noch dadurch aufgehoben, daß die Handlung auf einem Beschluß der Gesellschafter beruht. [5] Satz 4 gilt nicht, wenn der Ersatzpflichtige zahlungsunfähig ist und sich zur Abwendung des Insolvenzverfahrens mit seinen Gläubigern vergleicht oder wenn die Ersatzpflicht in einem Insolvenzplan geregelt wird. [6] Die Ansprüche aus diesen Vorschriften verjähren in fünf Jahren.

(4) **Diese Vorschriften gelten sinngemäß, wenn die in den Absätzen 1 bis 3 genannten organschaftlichen Vertreter ihrerseits Gesellschaften sind, bei denen kein Gesellschafter eine natürliche Person ist, oder sich die Verbindung von Gesellschaften in dieser Art fortsetzt.**

§ 130 b [Strafvorschriften]

(1) **Mit Freiheitsstrafe bis zu drei Jahren oder mit Geldstrafe wird bestraft, wer es entgegen § 130 a Abs. 1 oder 4 unterläßt, als organschaftlicher Vertreter oder Liquidator bei Zahlungsunfähigkeit oder Überschuldung der Gesellschaft die Eröffnung des Insolvenzverfahrens zu beantragen.**

(2) **Handelt der Täter fahrlässig, so ist die Strafe Freiheitsstrafe bis zu einem Jahr oder Geldstrafe.**

Erläuterungen zu den §§ 130 a, 130 b

1   **1. Allgemeines.** Bei der gesetzestypischen Ges ist nur die Zahlungsunfähigkeit Grund für die Eröffnung des Insolvenzverfahrens (§ 17 InsO). § 19 III InsO erweitert bei Ges (OHG [KG]), bei denen nicht zumindest eine natürliche Person (§ 1 BGB) (mittelbar) unbeschränkt mit dem ganzen Vermögen haftet, die Eröffnungsgründe. § 130 a (KG: § 177a) statuiert eine Insolvenzantragspflicht. Lit: *GottwaldHaas* Insolvenzrechts-Handbuch (2000), § 94.

2   **2. Antragspflicht. Zahlungsunfähigkeit:** §§ 17 f InsO; **Überschuldung:** § 19 II InsO (vgl § 172a Rz 22). Es ist nicht Voraussetzung, daß sich die Überschuldung erst bei Aufstellung einer Bilanz ergibt (BGH NJW 84, 2958) oder daß sie erkennbar ist (str). Rangrücktritt eines Gesellschafters, BGH NJW 87, 1697. Jeder organschaftliche Vertreter (zB § 35 GmbHG; vgl § 15 InsO) eines Gesellschafters mit

Vertretungsmacht bzw der Gesellschafter mit Gesamtvertretungsmacht iSd § 125 II ist für sich antragspflichtig (BGH BB 94, 1164); ebenso ein faktischer organschaftlicher Vertreter (BGH NJW 84, 2958; 88, 1789; Düss NJW 88, 3166; sehr str). Die **Frist** ist Höchstfrist (BGH 75, 96, 108). Zur Schadensersatzpflicht wg Nichteinhaltung der Frist s Rz 3.

3. Zahlungsverbot. § 130a II (§ 177a) ist eine Parallelvorschrift zu § 64 II GmbHG. Geschäfte aller Art, die die Masse verringern (Hmbg NJW-RR 95, 1506 f; Kln DB 95, 2595). Maßgeblich ist der obj Zeitpunkt der Zahlungsunfähigkeit bzw Überschuldung (Hmbg NJW-RR 95, 1506). Näher § 172a Rz 20 ff. **4. Haftung.** § 130a III [§ 177a] HGB (Fahrlässigkeit; Altgläubigerschaden [*GottwaldHaas* InsHdB, § 94 22; § 172a Rz 20 f]), § 823 II BGB iVm §§ 130a I 2, 130b; vgl § 172a Rz 21 f (BGH ZIP 95, 32; Kln DB 95, 2595; BGH [*Goette*] DStR 94, 1053; 95, 1279). **5. Dritte,** die nicht antragspflichtig sind, können uU nach § 830 II BGB haften (*StHabersack* § 130a 43). Zu faktischen Geschäftsführern s § 172a Rz 22. **6. § 130 b.** Parallele zu § 84 GmbHG. Voraussetzung ist im Fall des § 130b I Kenntnis der Antragspflicht, im Fall des § 130b II fahrlässige Unkenntnis der Antragspflicht (vgl BGH NJW 94, 2223 f). Vgl § 172a Rz 20 f. 3

Vierter Titel. Auflösung der Gesellschaft und Ausscheiden von Gesellschaftern

§ 131 [Auflösungsgründe]

(1) Die offene Handelsgesellschaft wird aufgelöst:
1. durch den Ablauf der Zeit, für welche sie eingegangen ist;
2. durch Beschluß der Gesellschafter;
3. durch die Eröffnung des Insolvenzverfahrens über das Vermögen der Gesellschaft;
4. durch gerichtliche Entscheidung.

(2) ¹Eine offene Handelsgesellschaft, bei der kein persönlich haftender Gesellschafter eine natürliche Person ist, wird ferner aufgelöst:
1. mit der Rechtskraft des Beschlusses, durch den die Eröffnung des Insolvenzverfahrens mangels Masse abgelehnt worden ist;
2. durch die Löschung wegen Vermögenslosigkeit nach § 141 a des Gesetzes über die Angelegenheiten der freiwilligen Gerichtsbarkeit. ²Dies gilt nicht, wenn zu den persönlich haftenden Gesellschaftern eine andere offene Handelsgesellschaft oder Kommanditgesellschaft gehört, bei der ein persönlich haftender Gesellschafter eine natürliche Person ist.

§ 131 Zweites Buch. Handelsgesellschaften u. stille Gesellschaft

(3) ¹Folgende Gründe führen mangels abweichender vertraglicher Bestimmung zum Ausscheiden eines Gesellschafters:
1. Tod des Gesellschafters,
2. Eröffnung des Insolvenzverfahrens über das Vermögen des Gesellschafters,
3. Kündigung des Gesellschafters,
4. Kündigung durch den Privatgläubiger des Gesellschafters,
5. Eintritt von weiteren im Gesellschaftsvertrag vorgesehenen Fällen,
6. Beschluß der Gesellschafter. ²Der Gesellschafter scheidet mit dem Eintritt des ihn betreffenden Ereignisses aus, im Falle der Kündigung aber nicht vor Ablauf der Kündigungsfrist.

Übersicht

	Rz.
I. Allgemeines	1
II. Auflösung	
1. Allgemeines	1a
2. Auflösungsgründe	2
a) Zeitablauf, Bedingung (§ 131 I 1)	3
b) Gesellschafterbeschluß (§ 131 I 2)	3
c) Insolvenzverfahren über das Vermögen der Gesellschaft (§ 131 I 3)	4
d) Gerichtliche Entscheidung (§ 131 I 4)	4
e) Ablehnung der Eröffnung des Insolvenzverfahrens mangels Masse (§ 131 II 1 Nr 1)	5
f) Löschung gem § 141a FGG (§ 131 II 1 Nr 2)	6
g) Vereinbarte Auflösungsgründe	6
3. Rechtsfolgen	7
III. Ausscheiden (§ 131 III)	
1. Tod eines Gesellschafters (§ 131 III 1 Nr 1)	8
a) Dispositives Recht	8
aa) Voraussetzungen	8
bb) Rechtsfolgen des Ausscheidens	9
(1) Anwachsung	9
(2) Haftung	9
(3) Rückgabe	9
(4) Schuldbefreiung	9
(5) Abfindungsansprüche (§ 738 I 2 BGB)	10
(a) Schuldner	10
(b) Ermittlung	11
(c) Feststellung der Bilanz	12
(d) Höhe	12
(e) Fälligkeit, Verzinsung	13
(f) Durchsetzung, Verjährung	14
(g) Grundsatz der Gesamtabrechnung	14

	Rz.
(h) Schwebende Geschäfte	14
(i) Abtretbarkeit	14
(6) Verlustausgleich	15
b) Gesellschaftsvertrag	16
aa) Abfindung	16
(1) Ermittlung	16
(2) Schranken	17
(a) Totaler Ausschluß	17
(b) Buchwertklauseln (ähnliche Klauseln).	18
(c) Stundungs-, Ratenzahlungsvereinbarungen	19
(d) Rechtsfolge	19
bb) Vereinbarung der Auflösung	20
cc) Sonstige Absprachen	21
2. Auflösung, Vollbeendigung, Löschung etc einer juristischen Person bzw OHG/KG	22
3. Gesellschafterinsolvenz (§ 131 III 1 Nr 2)	23
a) Voraussetzungen	23
b) Rechtsfolgen	23
c) Gesellschaftsvertrag	23
4. Kündigung des Gesellschafters (§ 131 III 1 Nr 3)	24
a) Voraussetzungen	24
b) Rechtsfolgen	24
c) Gesellschaftsvertrag	24
5. Kündigung durch den Privatgläubiger (§ 131 III 1 Nr 4)	25
6. Im Gesellschaftsvertrag vorgesehene Fälle (§ 131 III 1 Nr 5)	26
7. Beschluß der Gesellschafter (§ 131 III 1 Nr 6)	27

I. Allgemeines

1. Inkrafttreten des § 131 nF; Übergangsvorschrift. § 131 1 wurde durch Art 3 Nr 29 HRefG v 22. 6. 98 (BGBl I 98, 1474) u mit Wirkung ab 1. 1. 99 durch Art 38 Nr 5 EGInsO iVm Art 19 HRefG geändert. Art 41 EGHGB (Art 4 Nr 3 HRefG) enthält eine Übergangsregelung, derzufolge die §§ 131–142, 177 HGB aF mangels vertraglicher *(Schmidt* BB 01, 4) Abreden weiter anzuwenden sind, wenn ein Gesellschafter bis zum 31. 12. 2001 ggüber der Ges die Fortgeltung der §§ 131–142, 177 HGB aF schriftlich verlangt, bevor innerhalb dieser Frist ein zur Auflösung oder zum Ausscheiden führender Grund (zB Zugang der Kündigungserklärung, die nicht erkennbar auf Auflösung zielt [abw *Schmidt* BB 01, 5]) eintritt. Dieses Verlangen kann durch Gesellschafterbeschluß zurückgewiesen werden. Art 41 EGHGB läßt Art u Zeitpunkt des Beschlusses offen. Im Interesse der Rechtssicherheit muß die Zurückweisung unverzüglich (§ 121 BGB) u iZw durch einstimmigen (§ 119 I) Beschluß (Düss ZIP 00, 970; *Schmidt* BB 01, 2) der

§ 131 Zweites Buch. Handelsgesellschaften u. stille Gesellschaft

Gesellschafter erfolgen. Es ist zu beachten, daß der GesVertrag in außergewöhnlicher Weise geändert wird (§ 119 Rz 9) u allgemein, daß die Treuepflicht eine Anpassung gebieten kann (§ 105 Rz 42; *Schmidt* BB 01, 6). Bei Fortgeltung des § 131 aF gelten die zu den vereinbarten Auflösungsgründen entwickelten Regeln (Rz 20, 24).

2. Die Anordnung des **Ausscheidens** durch § 131 III nF dient dem Erhaltungsinteresse der Ges u betont die Verselbständigung des Verbandes (BR-Drs 340/97, S 65). Das Ausscheiden ändert nichts am Ges-Zweck; denn die Ges wird werbend von den Verbliebenen fortgeführt; uU gehen die Aktiva u Passiva der Ges auf den einzig Verbliebenen über (§ 140 Rz 4 f). Der Katalog des § 131 III ist nicht abschließender Natur. Er kann durch Analogie erweitert werden (BR-Drs 340/97, S 66).

II. Auflösung

1 a **1. Allgemeines.** § 131 I, II enthält eine nicht abdingbare, aber ergänzbare Aufzählung der Gründe für eine Auflösung der Ges (OHG u KG; § 161 II), dh für die Überführung der Ges in die Liquidationsphase (§ 145 Rz 2). Neben § 131 können Spezialgesetze (zB KWG) sowie der Umstand, daß eine KG ihren Komplementär verliert (§ 140 Rz 3), die Ges auflösen. **Keine Auflösung** iSd § 131 ist die Umwandlung einer OHG in eine KG (§ 161 Rz 5) oder umgekehrt bzw die Umwandlung einer OHG (KG) in eine BGB-Ges (näher § 105 Rz 44) oder in eine KapitalGes nach UmwG oder die Vereinigung aller Ges-Anteile in einer Hand (§ 140 Rz 4 f; § 105 Rz 14).

2 **2. Auflösungsgründe. a) Zeitablauf, Bedingung (§ 131 I 1)**, zB Wiederverheiratung (BGH BB 65, 1167). Die Frist darf nicht bloß Mindestfrist (§ 132 Rz 4; § 134) sein; eine auflösende Bedingung stellt einen vereinbarten Auflösungsgrund dar.

3 **b) Gesellschafterbeschluß (§ 131 I 2)**, der zB in dem (formlosen, auch nur konkludenten) Beschluß (§ 119 Rz 6) liegen kann, das Unternehmen oder die einzige Produktionsstätte zu liquidieren (BGH NJW 73, 1604 f; Hamm DB 89, 815; abw KG NJW-RR 96, 103). Grundlagengeschäft (§ 109 Rz 5; § 114 Rz 2; § 119 Rz 2 ff). Denkbar ist ein Mehrheitsbeschluß (beachte § 119 Rz 9), auch ein Auflösungsvertrag (§ 131 Rz 20; § 105 Rz 40). Der Beschluß, kein kaufmännisches Handelsgewerbe (§ 1 II) mehr zu betreiben, führt grds nur zur Umwandlung in eine BGB-Ges (beachte § 105 Rz 44); ebenso der Beschluß, das Unternehmen an Dritte zu veräußern, wenn mit dem Entgelt zwar kein Handelsgewerbe weiterbetrieben, wohl aber andere gemeinsame Zwecke verfolgt werden sollen (BGH NJW 60, 434; 58, 299; beachte § 105 Rz 44). Vormundschaftsgerichtliche Genehmigung ist nicht erforderlich (vgl BGH NJW 70, 33 f; hM; beachte aber § 1823 BGB); wohl aber Genehmigung nach § 1365 BGB (*Beitzke* DB 61, 21; vgl § 105 Rz 48). Treuepflicht (§ 105 Rz 42), aber grds keine Verpflichtung, am GesZweck fest-

zuhalten (vgl BGH 76, 353; *Henze* ZIP 95, 1475 f). Ein fehlerhafter (§ 105 Rz 25) Auflösungsbeschluß ist nach Vollzug wie ein wirksamer zu behandeln (hM). Analog § 133 kann auf zumutbare Fortsetzung geklagt werden.

c) Insolvenzverfahren über das Vermögen der Ges (§ 131 I 3). 4 Vgl §§ 11 II, 17 f, 19 III, 27 ff InsO, 130 a HGB. Der bloße Antrag auf Eröffnung des Insolvenzverfahrens (§ 13 InsO), die Anordnung von Sicherungsmaßnahmen oder die Bestellung eines vorläufigen Insolvenzverwalters führen nicht zur Auflösung. Auch bei Ablehnung der Insolvenzeröffnung mangels Masse (§ 26 InsO) wird die Ges nicht aufgelöst (BGH 75, 179; NJW 95, 196), es sei denn, daß es sich um eine Ges iSd § 131 II handelt (Rz 5, 6). Die Ges ist erloschen, wenn sie über keinerlei Vermögen mehr verfügt (Rz 5). **d) Gerichtliche Entscheidung (§ 131 I 4).** Siehe § 133 (Ausnahme: GesVertrag erlaubt Kündigung aus wichtigem Grund, es sei denn, es besteht Anlaß zur Massenkündigung [§ 133 Rz 4]).

e) Ablehnung der Eröffnung des Insolvenzverfahrens mangels 5 **Masse (§ 131 II 1 Nr 1).** Parallele zu § 60 I 5 GmbHG. Zur Ablehnung mangels Masse, § 26 InsO; zur Rechtskraft des Beschlusses, §§ 3 I InsO, 22, 27, 29 FGG. § 131 II 1 greift nur ein, wenn keine natürliche Person (§ 1 BGB) zumindest mittelbar (§ 131 II 2) gem § 128 (§ 161 I) für die GesSchulden haftet. Abwicklung: §§ 145 ff (hM). Die Ges kann uU fortgesetzt werden (*Schlitt* NZG 98, 762). Verfügt die Ges über keinerlei Vermögen mehr, so ist sie vollbeendet (§ 157 Rz 1).

f) Löschung gem § 141 a FGG (§ 131 II 1 Nr 2). Parallelvor- 6 schrift zu § 60 I 7 GmbHG. Zum Ausschluß der zumindest mittelbaren (§ 131 II 2) Haftung iSd § 128 einer natürlichen Person s Rz 5. Die Löschung gem § 141 a FGG setzt voraus, daß sowohl die Ges als auch die persönlich haftenden Gesellschafter vermögenslos sind. Die rechtskräftige Löschung führt gleichwohl nur dann zur Auflösung, wenn die Ges in Wirklichkeit noch über Vermögen verfügt (§ 145 III; *Schmidt* GmbHR 94, 831), denn mit der Vermögenslosigkeit ist die Ges vollbeendet (§ 157 Rz 1).

g) Vereinbarte Auflösungsgründe sind uneingeschränkt zulässig. Vgl unten Rz 20.

3. Rechtsfolgen. Siehe Erl zu §§ 143, 145 ff, 15; Notgeschäfts- 7 führung: §§ 727 ff BGB iVm § 105 III. Die „werbende", dh auf aktive wirtschaftliche Tätigkeit gerichtete Ges wandelt sich durch die Auflösung immer, selbst bei einer ZweipersonenGes (BGH NJW-RR 89, 866), in eine mit ihr identische LiquidationsGes (§§ 145, 156), deren Ziel die Vollbeendigung ist (§ 145 Rz 2). Sie kann grds vor ihrer Vollbeendigung (§ 157 Rz 1) durch (konkludenten; BGH BB 95, 1762) vertragsändernden (§ 105 Rz 40), auslegungsfähigen (BGH NJW 95, 3314), anmeldepflichtigen (§ 144 II analog) **Fortsetzungsbeschluß** (§ 119 Rz 1) aller Liquidationsgesellschafter jederzeit ohne Identitäts-

§ 131 Zweites Buch. Handelsgesellschaften u. stille Gesellschaft

änderung ex nunc in eine werbende Ges zurückverwandelt werden, an der alle oder nur einzelne Gesellschafter beteiligt sind (BGH NJW 53, 102). Ausnahmen: §§ 131 I 3, II, 145 II, es sei denn, daß § 144 I eingreift. Mehrheitsbeschlüsse sind denkbar (§ 105 Rz 40). Beachte bei Minderjährigen die §§ 181, 1822 Nr 3 BGB (RG 127, 153; str). Rückwirkungen können im Innenverhältnis (§ 109 Rz 1) vereinbart werden. Tritt in der Person eines Gesellschafters nach Auflösung ein Grund iSd § 131 III ein, so scheidet dieser aus (Rz 8), so daß die übrigen Gesellschafter über die Fortsetzung entscheiden. Der fehlerhafte Wille zur Fortsetzung oder der unwirksame Auflösungsbeschluß (§ 119 Rz 11) ist (nur) nach den Regeln der fehlerhaften Ges (§ 105 Rz 25) irrelevant (jedenfalls ScheinOHG [KG], § 105 Rz 29). §§ 1365, 1821 f BGB greifen nicht ein (str). Zur Pflicht zur Fortsetzung, ggf unter Ausscheiden einzelner Gesellschafter, aufgrund Treuepflicht s § 105 Rz 42, 48. Vgl auch zu vereinbarten Auflösungsgründen Rz 20, 24.

III. Ausscheiden (§ 131 III)

8 **1. Tod eines Gesellschafters (§ 131 III 1 Nr 1). a) Dispositives Recht. aa) Voraussetzungen.** Tod eines gem § 128 *voll haftenden* Gesellschafters (beim Tod eines Kommanditisten: § 177). Ist der Ges-Vertrag vor dem 1. 7. 98 geschlossen worden, so können die §§ 131 aF, 136–138 aF, 141, 142 zum Tragen kommen (Rz 1). Enthält der Vertrag eine Klausel. derzufolge die Ges mit allen oder einzelnen Erben fortgesetzt werden soll **(Nachfolgeklausel),** so liegt ein Fall des § 139 vor. § 131 III 1 Nr 1 greift auch bei **zweigliedrigen** Ges ein (§ 140 Rz 5). Die Existenz eines **Eintrittsrechts** zugunsten eines Dritten oder Erben (§ 139 Rz 19) ändert nichts an der Anwendbarkeit des § 131 III 1 Nr 1. Unerheblich ist, daß die Ges im Todeszeitpunkt **aufgelöst** war (vgl BGH WM 64, 1086; BB 65, 1167; *SchlSchmidt* § 138 3; aA *StHabersack* § 156 13). Ist der **einzige Komplementär** gestorben u existiert keine Nachfolgeklausel (oder ist er sonst ausgeschieden), so kann die Ges als werbende KG nur fortgesetzt werden, wenn ein neuer Komplementär eintritt; andernfalls ist sie aufgelöst (§ 145; BayObLG BB 00, 1212); die Kommanditisten haften gem §§ 156, 171 (Schutz der Gläubiger durch § 15 iVm §§ 143, 148; § 153 u analog § 19 II). Der Komplementär-Erbe wird nicht Gesellschafter der LiquidationsGes (*Eckardt* NZG 00, 454; aA *Frey/v Bredow* ZIP 98, 1621). IZw ist eine ergänzende Auslegung dahingehend geboten, daß die Kommanditisten zumutbare Anstrengungen unternehmen müssen, um die Auflösung der Ges zu verhindern (zB Gründung einer GmbH, die in die Ges als Komplementärin eintritt; BGH JZ 87, 95; NJW 79, 1706). Führen die Kommanditisten die Ges ohne (neuen) Komplementär werbend fort, so wird die Ges regelmäßig zur OHG (BGH NJW 79, 1705). Zur zweigliedrigen KG s § 140 Rz 4 f.

Erster Abschnitt. Offene Handelsgesellschaft **§ 131**

bb) Rechtsfolgen des Ausscheidens. (1) Anwachsung. Der An- 9
teil des Ausgeschiedenen wächst bei Wahrung der Identität der Ges u
Firma (§ 24 I; Ausnahme: § 24 II) ohne bes Übertragungsakte u ohne
Rücksicht auf TestVollstreckung, Nachlaßverwaltung oder Nachlaßinsolvenz den verbleibenden Gesellschaftern (bei nur einem „verbliebenen" Gesellschafter, § 140 Rz 4 f) im Verhältnis ihrer bisherigen Ges-Anteile (§ 124 Rz 2) an (§ 738 I 1 BGB; RG 136, 99); der Gewinnanteil des Ausgeschiedenen im Verhältnis der Gewinnanteile der Verbleibenden. Der Kapitalanteil (§ 120) des Ausgeschiedenen wächst, soweit er nicht durch die Abfindung (Rz 10) aufgezehrt wird, iZw den verbleibenden Gesellschaftern nach Maßgabe ihrer (festen) Kapitalanteile an. Besitzt ein Gesellschafter keinen Kapitalanteil, so erwirbt er iZw auch keinen (Mü NJW-RR 99, 474). Das Stimmrecht des Ausgeschiedenen wird iZw hinweggedacht, so daß sich bei Mehrheitsprinzip (§ 119 Rz 9) das relative Gewicht der Stimmen verschieben kann. Soweit der GesAnteil einem Kommanditisten anwächst, haftet dieser nur gem den §§ 171–173. § 176 II greift nicht ein (§ 176 Rz 19). Die Haftsumme des durch die Anwachsung begünstigten Kommanditisten erhöht sich nicht. Die Ges wird nicht aufgelöst. Der Ausgeschiedene (Erblasser) verliert seine Gesellschafterposition im Moment des Todes (§ 131 III 2). Die Beitragspflichten (§ 105 Rz 31; § 171 Rz 4) erlöschen (zum negativen Kapitalanteil, Verlust s Rz 15). Gleiches gilt für das Informationsrecht (§ 118 Rz 2) u die Geschäftsführung (Ausnahme: §§ 105 III HGB, 727 II BGB analog).

(2) Die Haftung der Erben für Schulden des ausgeschiedenen Erblassers gem § 128 (§ 128 Rz 10) sowie für Ansprüche der Ges gg den Erblasser (BGH NJW 74, 1555) ist erbrechtlich beschränkbar. Zur Verjährung, Enthaftung s Erl zu § 160. Zur Haftung der gem § 131 III 1 Nr 2–6 Ausgeschiedenen für vor dem Ausscheiden begründete Forderungen s § 128 Rz 10, § 171 Rz 21; zur Haftung der Erben u der gem § 131 III 1 Nr 2–6 Ausgeschiedenen für Neuschulden wg Nichteintragung u -bekanntmachung des Ausscheidens s § 143 Rz 5. Zur Haftung, wenn alle Gesellschafter bis auf einen ausscheiden, s § 140 Rz 4 f.

(3) Rückgabe der zur Benutzung überlassenen Gegenstände (§ 738 I 2 BGB). Die Ausgeschiedenen (bzw Erben) können aus nachwirkender Treuepflicht gehalten sein, den Gegenstand der Ges vorübergehend unentgeltlich zu belassen (vgl BGH NJW 89, 1031); umgekehrt hat die Ges das, was sie bislang unentgeltlich nutzte u weiter nutzen darf, zu vergüten (BGH NJW 89, 1031). Zurückbehaltungsrecht, BGH BB 98, 1811.

(4) Schuldbefreiung. Die Ges u die verbliebenen Gesellschafter haben grds bereits vor Aufstellung einer Abschichtungsbilanz (BGH NJW 74, 899 f) die fälligen Forderungen zu erfüllen bzw Entlastungserklärungen seitens der Gläubiger herbeizuführen (§ 738 I 2 BGB; BGH BB 00, 735 [Beweislast]). Vom Ausgeschiedenen (Erblasser) gestellte Sicherheiten (auch Bürgschaft; aA BGH 51, 207) sind abzulösen (BGH NJW 74, 899). Für nicht fällige Forderungen sind Sicherheiten zu leisten (§§ 738 I 3, 232 BGB). Die interne Schuldübernahmevereinbarung genügt nicht (BGH NJW 99, 2440). Ausnahmen gelten für streitige Forderungen (RG 60, 158) u im Fall des § 739 BGB (BGH NJW 99, 2439: § 273 BGB). Der Verlustausgleich (Rz 15) bleibt unberührt.

10 (5) **Abfindungsansprüche (§ 738 I 2 BGB).** (a) **Schuldner** sind die Ges (BGH WM 72, 1400) u im Rahmen der §§ 128 ff bzw 171 ff die verbliebenen sowie neu beigetretenen Gesellschafter (BGH BB 71, 1530 f; 01, 1653), da der Ausgeschiedene (bzw Erbe) nunmehr Außenstehender ist. Gläubiger ist der Ausgeschiedene bzw Erbe (Miterben: § 2032 BGB). Der Abfindungsanspruch fällt in den Nachlaß (BGH NJW-RR 87, 989). War der Abfindungsanspruch abgetreten worden (§ 717 S 2 BGB), dann entsteht er in der Person des Zessionars nur, wenn und so wie der Anspruch – die Zession hinweggedacht – in der Person des Ausgeschiedenen (Erben) entstanden wäre (BGH 88, 205; 104, 353; NJW 89, 453; BB 01, 223 [stGes]; § 105 Rz 51), so daß die Zession zB unwirksam ist, wenn der Zedent seinen GesAnteil vor Entstehen des Abfindungsanspruchs rechtsgeschäftlich (BGH NJW 97, 3371) übertragen hatte.

11 (b) **Ermittlung.** Zur Ermittlung des **Umfangs des Anspruches** ist nach hM eine **Abschichtungsbilanz** aufzustellen (BGH LM 7 zu § 138; einschr BGH DStR 96, 31 [*Goette*], wenn nur Verlustverteilung; aA *Schulze-Osterloh* ZGR 86, 552: diese habe im Rahmen des Ertragswertverfahrens allenfalls noch Hilfsfunktion), soweit ohne sie wahrscheinlich eine exakte Berechnung der Abfindung unmöglich ist (BGH WM 80, 1363). In Hinblick auf Ansprüche gg die Ges u Ansprüche der Ges gilt der **Grundsatz der Gesamtabrechnung** (BGH BB 00, 1487; 99, 1498; Einzelheiten § 145 Rz 3). Wg § 128 (Rz 10) werden Ansprüche unter den Gesellschaftern (zB aus cic) nicht in Gesamtabrechnung einbezogen (aA MKBGB*Ulmer* § 738 13). Zur Aufstellung der Abschichtungsbilanz sind ohne bes Verlangen (aA Kln NZG 00, 835) die Ges u diejenigen Gesellschafter verpflichtet, die hierzu am besten in der Lage sind (BGH LM 6 zu § 138; BB 73, 441; str). Diese sind keine Streitgenossen iSd § 62 ZPO (BGH WM 83, 1279). Der Ausgeschiedene bzw der Erbe (bei Miterben: § 146 I 2 analog; nicht ein Zessionar [BGH WM 81, 648]) sowie die anderen Gesellschafter können immer unter Beiziehung von Sachverständigen (BGH 25, 115, 123; BB 59, 505) mitwirken. Er kann gem §§ 810, 242 BGB Einsicht nehmen u Auskunft verlangen (BGH NJW 89, 225, 3272; § 118 Rz 2; § 166 Rz 3), uU auch von danach Ausgeschiedenen (BGH DB 00, 1271). Im Streitfall muß daher der Ausgeschiedene bzw Erbe Bilanzansätze substantiiert bestreiten (BGH WM 65, 975; einschr NJW 99, 3486 [Beweisvereitelung]). In der Bilanz sind sämtliche Vermögenswerte einschl des Geschäftswerts unter Aufdeckung der offenen u stillen Reserven mit ihrem wahren Wert im Rahmen des fortzuführenden Unternehmens ohne Rücksicht auf steuerrechtliche Gesichtspunkte (BGH 17, 130, 136; BGH LM 7 zu § 138 HGB) anzusetzen. Ziel ist es, bezogen auf den Moment des Ausscheidens (Ausnahme: §§ 140 II, 142) den **Verkaufswert des gesamten lebenden Unternehmens** am Markt zu ermitteln oder jedenfalls zu schätzen (BGH WM 73, 287). Es besteht keine Einigkeit über die Wertermittlungsmethoden. In der neueren Rspr liegt der Schwerpunkt bei der Ertragswertmethode (BGH NJW 85, 193: die zu erwartenden (BGH NJW 99, 284) Erträge werden prognostiziert u kapitalisiert; nicht betriebsnotwendiges Vermögen wird gesondert bewertet u addiert); zT wird der Wert aber auch auf der Basis des Zukunftserfolgswertes ermittelt (BGH WM 79, 432; Einzelheiten: *Korth* BB 92, Beil Nr 19; krit *Müller* FS Bezzenberger [2000], S 705). Vor allem, wenn der Substanzwert bei nicht betriebsnotwendigem Vermögen erhöhte Bedeutung besitzt, ist die Ertragswertmethode mit der Substanzwertmethode zu kombinieren, bei der der Geschäftswert der einzelnen Gegenstände im lebenden Unternehmen, nicht der Anschaffungswert u nicht notwendigerweise der Wiederbeschaffungswert unter Abzug von Abschreibungen (BGH WM 73, 286) zugrunde zulegen ist (BGH NJW 82, 2441; NJW 93, 2102; krit *Haack* DStR 94, 440). Die Untergrenze ergibt sich aus dem anteiligen Liquidationswert (vgl BayObLG BB 95, 1760). Verbindlichkeiten der Ges sind je nach dem Grad der Gewißheit anzusetzen. In der Regel ist bei Streit die Einholung von Gutachten erforderlich (BGH NJW 85, 193). Auf dieser Basis sind die Werte notfalls zu schätzen (§ 738 II BGB). Beweislast: Anspruchsinhaber. **12**

(c) Feststellung der Bilanz. Sie dient dazu, die in die Bilanz aufgenommenen Posten im Weg eines Feststellungsvertrages (§ 779 BGB analog) zwischen dem Ausgeschiedenen (Erben) u den verbleibenden Gesellschaftern bzw der Ges zu fixieren (einschr zu Recht BGH BB 60, 754 bei unbekannten Schadensersatzansprüchen der Ges gg den Ausscheidenden). Eine Pflicht zur Feststellung besteht nicht (BGH NJW-RR 86, 1419; str). Bei Streit über die Richtigkeit der Bilanz ist unmittelbar auf Zahlung zu klagen (BGH NJW 58, 57). Zum **Vergleich** (Vertrag) über Bilanzansätze u die Höhe des Abfindungsguthabens s BGH NJW-RR 95, 413; LM 49 § 44 LwAnpG. **(d) Höhe.** Zunächst ist der Abschichtungsgewinn (= Differenz zwischen der letzten Jahresbilanz u der Abschichtungsbilanz) zu ermitteln (vgl § 155 Rz 2) u nach Maßgabe des beim Ausscheiden geltenden Gewinnverteilungsschlüssels (§ 121) den Kapitalanteilen (§ 120 Rz 4 ff: iZw Summe der Eigenkapitalkonten) der verbleibenden Mitgesellschafter sowie des Erben (bzw Ausgeschiedenen) gutzuschreiben (BGH 17, 133; 19, 47; hM). Abschichtungsverluste werden nach Maßgabe des Verlustschlüssels (§ 121) abgebucht. Der Abfindungsanspruch ist anhand folgender Formel zu errechnen: GesVermögen (Rz 11) × Kapitalanteil des Ausgeschiedenen dividiert durch die Summe aller positiven Kapitalanteile einschl des Kapitalanteils des Erben (Ausgeschiedenen) (§ 738 I 2 BGB; § 155 HGB). **Ausnahmen:** § 740 BGB (Rz 14); Unterbewertung von Einlagen oder Beiträgen (BGH NJW-RR 86, 454 f); Ansprüche, die nicht im Rahmen der Gesamtabrechnung zu berücksichtigen sind (§ 145 Rz 3). IZw ist anzunehmen, daß auch einem später beigetretenen Gesellschafter der volle Abfindungsanspruch zusteht (BGH NJW 81, 1561). Zum Vergleich s Rz 16.

13 **(e) Fälligkeit, Verzinsung.** Der Anspruch wird gem § 271 BGB grds sofort fällig. Ist eine Abschichtungsbilanz oder ein Gutachten erforderlich, um die Höhe der Abfindung festzustellen, tritt Fälligkeit in dem Moment ein, in dem mit zumutbarem Aufwand die erforderlichen Feststellungen hätten gemacht werden können (*Schl/Schmidt* § 138 44; aA BGH DB 77, 89: sofort Beträge, die unter den Gesellschaftern unstreitig sind; *Rasner* NJW 83, 2906: immer sofort; aA: Aufstellung der Bilanz). Ausnahmsweise (Gefährdung der Ges) sind Abfindungsforderungen gg Sicherheit zu stunden (Groß*K Ulmer* § 138 69) oder bei der GmbH & Co dem § 30 GmbHG unterworfen (§ 172 a Rz 35). Sie sind nicht gem § 353 zu verzinsen (str). § 273 BGB ist auch vor Fälligkeit anwendbar (BGH 91, 83; Ausnahme: BGH NJW 90, 1172).

14 **(f) Durchsetzung, Verjährung.** Zulässig ist die sofortige bezifferte Zahlungsklage (BGH NJW-RR 87, 1386; beachte Grundsatz der Gesamtabrechnung; § 145 Rz 3) sowie die Klage auf Aufstellung der Bilanz (§ 887 ZPO; str), am besten im Weg der Stufenklage (§ 254 ZPO) gg die Ges (BGH LM 6 zu § 138 HGB; s § 128 Rz 2). Es kann auch in Hinblick auf konkrete Bilanzposten Feststellungsklage (§ 256 ZPO) erhoben werden (BGH NJW 85, 1898), nicht aber Klage auf Zustimmung zur Feststellung der Bilanz (BGH NJW 58, 57; vgl auch WM 86, 1144; str). Verjährung: § 195 BGB. **(g) Schwebende Geschäfte** (§ 740 BGB) sind außerhalb der Gesamtabrechnung (ggf gleichzeitig oder früher) abzurechnen (BGH NJW 93, 1194 f). Dazu zählen alle beiderseits nicht vollständig erfüllten unternehmensbezogenen Umsatzgeschäfte (nicht zB Anlagevermögen), an die die Ges im Moment des Ausscheidens (anders § 140 II) gebunden war (BGH NJW 93, 1194 f; weiter EBJ*Gehrlein* § 235 27), mit Ausnahme von Dauerschuldverhältnissen, weil sonst Abrechnung auf sehr lange Zeit erfolgen müßte (BGH NJW-RR 86, 455, 1160 f; aA *Weipert* EWiR 86, 777). Dies gilt auch, wenn der Abfindungsanspruch auf der Basis der Ertragswertmethode ermittelt wird (aA *Schulze-Osterloh* ZGR 86, 561); denn die schwebenden Geschäfte können bei Ermittlung des Ertragswertes ausgeklammert werden (vgl *Schmidt* DB 83, 2403). Für den Anspruch auf Rechnungslegung gem § 740 II BGB gilt § 259 BGB. **(h) Abtretbarkeit.** § 717 S 2 BGB. Vorausabtretung, Rz 10; Verpfändung s § 105 Rz 53.

15 **(6) Verlustausgleich.** Verbleibt ein Verlust, so ist er vom Ausgeschiedenen der Ges ggüber nach Maßgabe des Verlustverteilungs-

schlüssels (§ 121 Rz 3) auszugleichen (§§ 735, 739 BGB; BGH NJW 75, 1701; 99, 2440; *Burbach* BB 93, 310); vom ehemaligen Kommanditisten nur bis zur Höhe seiner noch offenen Pflichteinlage u rückzahlbarer Entnahmen (§ 167 Rz 4; § 155 Rz 4). Beweislast: Ges (BGH NJW-RR 88, 1059). In Hinblick auf Ansprüche aus § 738 I 2 (Rz 10) besteht ein Zurückbehaltungsrecht (§ 273 BGB; BGH NJW 99, 2439 f). Daneben können Ersatzpflichten (zB Schadensersatz) existieren (BGH DB 74, 1519). Bei Erben ist die Haftung beschränkbar (§§ 1975 ff BGB); bei volljährig Gewordenen beachte § 1629 a BGB; bei GmbH & Co § 172 a Rz 18.

b) GesVertrag. aa) Abfindung. (1) Ermittlung. Um Streitigkeiten über die Höhe der Abfindung zu verringern, die Liquidität der Ges zu schonen u die Bewertung zu vereinfachen, können grds Schiedsgutachten (§§ 317 ff BGB; BGH NJW 57, 1834; *Michalski* ZIP 91, 917) u bestimmte Bewertungsmethoden (vgl *Piltz* BB 94, 1021 f) vereinbart werden. Zum „Stuttgarter Verfahren" (*Moxter* DB 76, 1585) vgl BGH *(Goette)* DStR 94, 1622 f, zB wenn steuerliche Erwägungen im Vordergrund stehen. Die aus der Abfindungsregelung für die verbleibenden Gesellschafter resultierenden Vermögensvorteile werden diesen nicht unentgeltlich zugewandt (BGH WM 71, 1339; *Flume* PersGes, S 176; str). Soll der **Buchwert** (s auch Rz 18) gelten, so soll der Ausgeschiedene iZw zwar an in der Bilanz ausgewiesenen Posten mit Rücklagencharakter (Mü BB 97, 360; Karlsr NZG 00, 1124; weitergehend *Schulze-Osterloh* BB 97, 1787), nicht aber an den stillen Reserven u am good will (Geschäftswert) partizipieren (BGH BB 78, 1333; vgl. auch BB 73, 442). Ein Anspruch auf Aufstellung einer Abschichtungsbilanz entfällt (BGH WM 80, 1362). Der Ausschluß der **Beteiligung an schwebenden Geschäften** (§ 740 BGB) ist zulässig; er erfolgt iZw durch Bezugnahme auf die letzte Jahresbilanz (§ 120). Die schwebenden Geschäfte sind dann im Rahmen des Ertragswertgutachtens (Rz 11) zu berücksichtigen. Ist ein **totaler Abfindungsausschluß** wirksam (Rz 17) vereinbart, so erhalten die verbliebenen Gesellschafter den anwachsenden GesAnteil des Ausgeschiedenen nicht geschenkt, sofern dieser gleichermaßen die Chance der Anwachsung besaß (BGH 22, 186, 194; BGH WM 71, 1339). Im Fall des Todes greift daher § 2301 BGB nicht ein (BGH WM 71, 1338). Wenn die Vereinbarung Schenkungscharakter besitzt, so ist die Schenkung mit der Vereinbarung vollzogen (BGH WM 71, 1339; hM; krit *Schmidt* GesR, § 50 IV 2). Denkbar ist es vorzusehen, daß die Erben statt einer Abfindung die Einräumung eines stillen GesAnteils verlangen können (§ 230).

(2) Schranken. Sie ergeben sich aus den §§ 138 (Knebelung, Gläubigerbenachteiligung), 242 (Rechtsmißbrauch; BGH BB 93, 1392) u 723 III BGB (BGH NJW 94, 2537). **(a) Totaler Ausschluß.** Der volle Ausschluß der Abfindung ist grds sittenwidrig bzw verstößt gg § 723 III BGB (hM), auch im Fall des § 140. Das gilt erst recht dort, wo der Ausschluß praktisch nur im Fall der Gesellschafterinsolvenz, der Kündigung des Minderjährigen (§ 132 Rz 5; *Grunewald* ZIP 99, 599; aA *Glöckner* ZEV 01, 49) oder des § 131 III 1 Nr 4 erfolgt (BGH NJW 75, 1835; hM). In diesen Fällen kommt auch eine Anwendung der §§ 129 ff InsO, 3 AnfG in Betracht. Gültig ist dgg der Abfindungsausschluß beim Tod eines Gesellschafters zu Lasten der Erben u zugunsten der verbliebenen Gesellschafter (BGH 22, 194; offen WM 71, 1338; str), weil wechselseitig eine Chance zugewendet wird, so daß nach hM auch Pflichtteilsergänzungs- u Zugewinnausgleichsansprüche entfallen (aA *Kohl* MDR 95, 872). Jedenfalls greift § 2301 BGB nicht ein (BGH WM 79, 535; *Michalski* ZIP 91, 916). Verzichten nicht alle Gesellschafter auf die Abfindung, so liegt eine Schenkung vor (BGH BB 74, 996), die mit Aufnahme der Abfindungsklausel in den GesVertrag bewirkt ist (BGH WM 71, 1339). Ferner ist es möglich, Gesellschafter ohne Kapitalanteil aufzunehmen (zB Manager), so daß kein Abfindungsanspruch entsteht (*Huber* ZGR 80, 191 ff; aA *Ulmer* NJW 79, 83).

18 **(b) Buchwertklauseln** (Rz 16) u **ähnliche Klauseln** sind nach hM in der Regel (Ausnahmen: Rz 17) wirksam (krit *HeyEmmerich* § 138 49; MK*Ulmer* § 738 44). Entsteht jedoch im Laufe der Zeit ein Mißverhältnis zwischen dem Buchwert oder sonstigem vereinbarten Wert (BGH NJW 94, 2537) u dem vollen Wert des Anteils, so ist dem BGH (BB 93, 2266; krit *Müller* ZIP 95, 1561 ff) zufolge iZw anzunehmen, daß die Gesellschafter dieser Entwicklung, wenn sie sie vorausgesehen hätten, durch eine anderweitige Regelung Rechnung getragen hätten (Ausnahme: Buchwert gilt für alle Gesellschafter im Fall des Todes; Rz 17). Die Vertragslücke ist in erster Linie anhand des Willens, die Abfindung zu begrenzen, des übrigen Vertragsinhalts u der sonstigen Umstände, die einen Rückschluß auf den Willen der Parteien bei Vertragsschluß zulassen, zu schließen. Sofern diese Anhaltspunkte nicht ausreichen, ist der Vertragsinhalt unter obj Abwägung der Gesellschafter- u GesInteressen zu bestimmen. Dabei spielt insbes das Interesse der Ges an ihrem Fortbestand u ihrer Liquidität im Licht ihrer Vermögens- u Ertragsstruktur sowie der Auszahlungsmodalitäten auf der Seite des Ausscheidenden, das Ausmaß des Mißverhältnisses, die Dauer der Mitgliedschaft, der Anteil des Ausgeschiedenen am Aufbau u Erfolg der Ges sowie der Anlaß des Ausscheidens eine Rolle (BGH BB 93, 2267). Der Gedanke, daß das Kündigungsrecht nicht über Gebühr entwertet werden darf, ist zu beachten (BGH BB 93, 2267; weitergehend *Müller* ZIP 95, 1572). Andererseits ist anzunehmen, daß die Gesellschafter im Fall des § 140, aber auch des § 135 (str) eine niedrigere Abfindung vereinbart hätten (BGH BB 93, 2297). Soweit die Parteien die Möglichkeit eines gravierenden Mißverhältnisses vorhergesehen haben, bleibt es bei der Vereinbarung, selbst wenn dadurch die Freiheit zu kündigen, wirtschaftlich eingeschränkt wird (vgl *Dauner-Lieb* ZHR 158 [1994], 289 f; abw BGH NJW 94, 2537). Eine Anpassung scheidet auch aus, wenn u soweit die Parteien das Mißverhältnis vorhersehen mußten (*Rasner* ZHR 158 [1994], 298; zw EBJ*Lorz* § 131 132 mNachw). Dies gilt auch für die atypische stille Ges (aA Mü BB 93, 2398). An diesen Grundsätzen ändert selbst die Tatsache nichts, daß die Beteiligung dem Ausgeschiedenen unentgeltlich eingeräumt worden ist (fragwürdig BGH NJW 89, 2685; hM). Buchwertklauseln u ähnliche Klauseln sind immer unwirksam, wenn sie der Gläubigerbenachteiligung dienen, weil sie vornehmlich für den Fall des Gläubigerzugriffs u nicht zugleich auch im Fall des § 140 (BGH BB 00, 1590) vereinbart worden sind (Rz 17) oder wenn zB nur die Hälfte des Buchwerts ausbezahlt werden soll (§ 138 BGB; BGH NJW 89, 2685; weitergehend *BauHopt* § 131 64). Dabei ist in Hinblick auf die §§ 138, 723 III BGB zu beachten, daß die Verhältnisse bei Vertragsschluß maßgeblich sind (BGH 123, 283 f; *Mecklenbrauck* BB 00, 2003). Die Beschränkung muß bei obj Abwägung der Interessen (s o) grob unbillig sein (BGH 116, 368; zutr diff *Sigle* ZGR 99, 663 ff). Zur Hinauskündigung § 140 Rz 6; zum Zugewinnausgleich BGH NJW 80, 229; DB 86, 2427.

(c) Stundungs-, Ratenzahlungsvereinbarungen. Sie sind sitten- **19** widrig, wenn sie die Kündigungsfreiheit unvertretbar einengen, weil der Gesellschafter mit einem untragbaren u unübersehbaren Inflations- u Insolvenzrisiko belastet wird. Die Vereinbarung kann auch den Wert des Abfindungsanspruchs stark mindern (s Rz 18). Sicherheitsleistung u angemessene Verzinsung sprechen für die Zulässigkeit. Die Gläubigerbenachteiligungsabsicht (Rz 17) führt jedenfalls zur Unwirksamkeit. Zulässig sind jedenfalls Streckungen der Zahlungen bis zu fünf Jahre; unzulässig trotz angemessener Verzinsung über 15 Jahre (BGH NJW 89, 2685; hM: maximal 10 Jahre; enger Drsd DB 00, 1221; krit *Ziegler* DB 00, 2107). **(d) Rechtsfolge.** Die unwirksame Vereinbarung ist, soweit möglich, im Weg der ergänzenden Vertragsauslegung (§ 105 Rz 26) anzupassen (BGH NJW 85, 193; 93, 2103; aA *Geßler* GmbHR 84, 33; diff *Ulmer* NJW 79, 85).

bb) Vereinbarung der Auflösung. Die Gesellschafter können im **20** Fall des Todes die Auflösung (§§ 145 ff) der Ges vereinbaren (Rz 2, 3). Der Erbe hat unverzüglich der Ges den Tod anzuzeigen u, falls der Erblasser Geschäftsführer war, gem §§ 105 III HGB, 727 BGB bei Gefahr in Verzug die Geschäfte fortzuführen. Er tritt im wesentlichen als normaler Liquidationsgesellschafter (§ 145 Rz 2) an die Stelle des Erblassers, Miterben als Erbengemeinschaft (§ 2032 BGB; BGH NJW 82, 46; 95, 3315; aA *Marotzke* AcP 184, 545), weil die werbende Funktion der Ges entfällt. Die erbrechtliche Haftungsbeschränkung (§§ 1975 ff BGB) kommt zum Tragen (BGH NJW 95, 3315 bei Erbfolge nach Auflösung), auch bei Geschäften in der Abwicklungsphase (BGH NJW 82, 46; beachte aber §§ 143, 15); ebenso bei nachträglicher Vereinbarung der Fortsetzung der Ges durch die übrigen Gesellschafter ohne den Erben (zur Pflicht zur Vereinbarung s § 131 Rz 7; § 105 Rz 42, 48). Die **TestVollstreckung** in Hinblick auf die Anteile voll haftender Gesellschafter ist bei der aufgelösten Ges auch ohne Zustimmung der Mitgesellschafter

§ 131 Zweites Buch. Handelsgesellschaften u. stille Gesellschaft

möglich (BGH NJW 81, 750; 86, 2434); ebenso die **Nachlaßverwaltung** (näher *Marotzke* ZHR 156 [1992], 30 ff; einschr BGH 47, 296: nur vermögensrechtliche Ansprüche). Zum **Scheinerben,** *Konzen* ZHR 145 [1981], 29; zur **Nachlaßinsolvenz,** Rz 23. **cc) Sonstige Absprachen.** Es kann auch vorgesehen werden, daß neben dem Erblasser andere Gesellschafter ausscheiden oder daß der Anteil des Erblassers nur bestimmten Gesellschaftern anwachsen soll. Es kann ferner ein Übernahmerecht eines Gesellschafters begründet werden (dazu u zu den Schranken, § 140 Rz 6).

21

22 **2. Auflösung, Vollbeendigung, Löschung etc einer jur Person bzw OHG/KG,** die Gesellschafterin ist. Die bloße Auflösung (§§ 145 ff HGB, 65 ff GmbHG) ist nach hM nicht dem Tod eines Gesellschafters (§ 131 III 1 Nr 1) gleichzusetzen (BGH NJW 80, 233; NJW-RR 88, 478; DStR 93, 1227; aA EBJ*Henze* § 177 a Anh A 219), sondern grds nur die Vollbeendigung (BR-Drs 340/97, S 66), die voraussetzt, daß die Gesellschafterin über kein Vermögen mehr verfügt (§ 157 Rz 1). Das gilt auch bei Löschung einer OHG/KG (§ 145 III; o Rz 6), GmbH (*Schmidt* GmbHR 94, 832). Die Gesellschafterin scheidet deshalb vor Vollbeendigung grds nur im Weg der §§ 131 III 1 Nr 6, 132 f aus der Ges aus. Auch die Verschmelzung, formwechselnde Umwandlung nach UmwG oder ein Fall des § 140 I 2 (analog) läßt die Gesellschafterstellung unberührt (einschr *SchlSchmidt* § 131 33 f), kann aber einen wichtigen Grund iSd §§ 133, 140 darstellen (GroßK*Ulmer* § 131 86) oder Schadensersatzpflichten auslösen. *Ausnahmen:* § 131 III 1 Nr 2; § 141 a FGG iVm § 131 II 1 Nr 2. **GesVertrag.** Die Auflösung oder Löschung kann dem Tod gleichgestellt werden.

23 **3. Gesellschafterinsolvenz** (auch des Kommanditisten; § 131 III 1 Nr 2). **a) Voraussetzungen.** Insolvenz (§§ 17 ff InsO), auch Nachlaßinsolvenz im Fall des § 139 (*HeyEmmerich* § 131 23 a; *Schmidt* FS Uhlenbruck [2000] S 666; aA noch BGH 91, 135), selbst bei aufgelöster Ges (Rz 8). Wird die Eröffnung des Insolvenzverfahrens über das Vermögen des Gesellschafters abgelehnt, so scheidet dieser nicht aus, selbst wenn dies mangels Masse (§ 26 InsO) geschieht (BGH NJW-RR 89, 995; krit *Schmidt* ZHR 153 [1989], 280). Dies gilt auch für eine Komplementär-GmbH (BGH NJW 80, 233; str). Vielmehr müssen die Gläubiger den Weg des § 131 III 1 Nr 4 gehen. **b) Rechtsfolgen.** Der Gesellschafter scheidet mit Rechtskraft des Eröffnungsbeschlusses (§§ 27, 34 II InsO) aus (§ 131 III 1 Nr 2). Im übrigen gilt das oben (Rz 8 ff) für den Erben sowie Erblasser Gesagte auch für den insolventen Gesellschafter mit dem Unterschied, daß der ausgeschiedene Gesellschafter uneingeschränkt (Ausnahmen: §§ 160, 171) für die Altschulden forthaftet (§ 128 Rz 10; § 171 Rz 21). Der Abfindungsanspruch wird vom Insolvenzverwalter geltend gemacht (§ 80 InsO). Die Ges kann trotz des § 96 Nr 1 InsO gg den Abfindungsanspruch aufrechnen (BGH NJW 89, 453). In der Doppelinsolvenz greift § 43 InsO sowie regelmäßig § 735 BGB ein. Zu nachwirkenden Treuepflichten des

Erster Abschnitt. Offene Handelsgesellschaft **§ 131**

Ausgeschiedenen insbes Wettbewerbsverboten, Rz 24. **c) GesVertrag.** Die Gesellschafter können vereinbaren, daß die Ges mit der Ablehnung der Insolvenzeröffnung mangels Masse (§ 26 InsO) über das Vermögen des Gesellschafters aufgelöst ist (§ 145) oder dieser aus der Ges ausscheidet (§ 131 III 1 Nr 5). Sie können ferner vereinbaren, daß das Insolvenzverfahren die Ges immer nur auflöst (§ 145) u später uU einen Fortsetzungsbeschluß fassen (§ 145 II). Dgg sind Abreden unwirksam, denen zufolge die Eröffnung des Insolvenzverfahrens die Ges u die Position des Gesellschafters unberührt läßt; ebenso Abreden, nach denen der Antrag iSd § 13 InsO zum Ausscheiden führt. Die Rechtsfolgen des Ausscheidens können grds abgeändert werden (Rz 17).

4. Kündigung des Gesellschafters (§ 131 III 1 Nr 3). a) Voraussetzungen. Wirksame ordentliche Kündigung (§ 132) oder nach GesVertrag zulässige Kündigung aus wichtigem Grund (§ 133 Rz 4). **b) Rechtsfolgen.** Ausscheiden im Fall des § 132 mit Ablauf der Kündigungsfrist (§ 131 III 2), bei wichtigem Grund mit Zugang (§ 130 BGB) der Kündigung. Dies gilt grds auch bei aufgelöster Ges (Rz 8, § 132 Rz 2). Siehe im übrigen Rz 8 ff. Den Ausgeschiedenen treffen nachwirkende **Treuepflichten** (Kln NJW-RR 97, 161; § 105 Rz 35 ff), uU auch in Hinblick auf Wettbewerb (BGH NJW-RR 90, 542), aber ohne (stillschweigende) Abreden kein **Wettbewerbsverbot** iSd §§ 112 f (BGH DB 65, 1043; OLG Düss NJW-RR 89, 1306; beachte aber § 140 Rz 3). Vertragliche nachwirkende Wettbewerbsverbote müssen sich im Rahmen der §§ 138 BGB, 1 GWB, 85 EGV halten (BGH NJW 91, 699; BB 94, 95), insbes müssen sie sich auf das erforderliche Maß beschränken u dürfen die Berufsfreiheit nicht unverhältnismäßig einengen (BGH BB 00, 1421). IZw dürfen sie keinen über zwei Jahre hinausgehenden Zeitraum umfassen (BGH NJW-RR 96, 742) u nicht für die ganze Branche gelten (*Mayer* NJW 91, 23; Düss BB 01, 956; enger Hamm EWiR 88, 229). Sie können uU auf das billige Maß zurückgeführt werden (BGH NJW 97, 3089; BB 00, 1421). Wurde die Kündigung durch Verschulden von Mitgesellschaftern veranlaßt, so haften diese (§ 105 Rz 35); bei Verschulden alle Mitgesellschafter verstößt Berufung auf Wettbewerbsverbot gg § 242 BGB. Die §§ 74 ff sind nicht (analog) anwendbar (abw Stgt OLGR 98, 276), wohl aber, wenn der Gesellschafter zugleich Arbeitnehmer war (BAG NZG 98, 185). **c) Im GesVertrag** kann Auflösung (§ 145) vereinbart oder die Voraussetzung (§ 132 Rz 4) u die Rechtsfolge des Ausscheidens modifiziert (Rz 16) werden.

5. Kündigung durch den Privatgläubiger (§ 131 III 1 Nr 4). Siehe Erl zu § 135.

6. Im GesVertrag vorgesehene Fälle (§ 131 III 1 Nr 5). Die Vorschrift soll nicht die Ausschließung erleichtern (BR-Drs 340/97, S 66), so daß das Ausscheiden gg den Willen des Ausscheidenden nach hM sachlich gerechtfertigt (aA: wichtiger Grund; aA: immer [MüHdBGesR I-*Piehler* § 67 Rz 7]) sein muß (zB Altersgrenze, Un-

§ 132 Zweites Buch. Handelsgesellschaften u. stille Gesellschaft

fähigkeit zur Mitarbeit, Verlust der Manager-Position [*Wiedemann* FS Lüderitz S 847]; § 140 Rz 4). Ob die Klausel bei aufgelöster Ges gelten soll, ist eine Frage der Auslegung (vgl BGH WM 64, 1086 f). Rechtsfolge des Ausscheidens: Vgl oben Rz 8 ff. Zu nachwirkenden Treuepflichten, Wettbewerbsverbot s Rz 24.

27 7. **Beschluß der Gesellschafter** (§ 131 III 1 Nr 6), der gesvertragsändernder Natur ist (§ 105 Rz 48). Rechtsfolge: vgl. Rz 8 ff. Mehrheitsbeschlüsse sind nur im Rahmen des Bestimmtheitsgrundsatzes (§ 119 Rz 9) u unter Respektierung des Kernbereichs (§ 109 Rz 5) u Einhaltung der in § 140 Rz 6 genannten Schranken zulässig (*Wiedemann* aaO S 852). Zu nachwirkenden Treuepflichten, Wettbewerbsverbot s Rz 24.

§ 132 [Kündigung eines Gesellschafters]

Die Kündigung eines Gesellschafters kann, wenn die Gesellschaft für unbestimmte Zeit eingegangen ist, nur für den Schluß eines Geschäftsjahrs erfolgen; sie muß mindestens sechs Monate vor diesem Zeitpunkte stattfinden.

1 **1. Allgemeines.** § 132, der nur die Kündigung der Ges betrifft, modifiziert § 723 BGB in Hinblick auf Kündigungstermin u -frist. Im übrigen bleibt § 723 BGB über § 105 III anwendbar (BGH LM 2 zu § 132). Dies ist insbes in Hinblick auf die Kündigung durch Gesellschafter, die gerade volljährig geworden sind, von Bedeutung (§ 723 I 3 Nr 2). Näher dazu Rz 5. Zur „*Hinauskündigung*" eines Gesellschafters s § 140 Rz 6.

2. Gesetzliche Kündigung gem § 132. a) Die Ges ist auf **unbestimmte Zeit** eingegangen, wenn ihre Dauer bei Vertragsschluß nicht in etwa kalendermäßig bestimmbar ist (BGH 50, 322: Schutz vor unübersehbarer Bindung) oder sonst so bestimmt ist, daß die Gesellschafter die Dauer einigermaßen übersehen können (Karlsr NZG 00, 305) oder ein Fall des § 134 vorliegt.

2 **b)** Die **Kündigungsfrist** (§§ 188 ff BGB) beträgt sechs Monate zum Geschäftsjahr (§ 120). Bei Verspätung kann § 140 BGB eingreifen. Wird zur Unzeit gekündigt, so ist § 723 II 2 BGB iVm § 105 II HGB anzuwenden (str). **c) Kündigungserklärung,** selbst vor Vollzug (§ 105 Rz 26) der Ges (BGH NJW-RR 95, 1061), erfolgt ggüber allen übrigen Gesellschaftern (nicht Ges [Dresd NZG 01, 405]) formlos, auch konkludent (Dresd NZG 01, 405). Es genügt, daß die Erklärung nur an einen Gesellschafter oder an die Ges gerichtet wird u die anderen informiert werden (BGH NJW 93, 1002). Die Kündigung darf nur solche Bedingungen enthalten, die ausschließlich vom Willen der übrigen Gesellschafter abhängen. In einem Übernahmeverlangen liegt eine Kündigung (anders noch BGH BB 53, 336). Die Kündigung ist nicht deshalb **mißbräuchlich,** weil der Kündigende keine angemessenen Gründe vorbringt oder eigene Vorteile bezweckt (BGH DB 77, 1404),

Erster Abschnitt. Offene Handelsgesellschaft § 132

sondern nur bei sittenwidriger Schädigung (§ 826 BGB; vgl BGH NJW 80, 1278; 88, 1579; weitergehend Groß*KUlmer* § 132 21). Die Kündigung einer aufgelösten Ges ist grds möglich (§ 131 Rz 8), aber regelmäßig rechtsmißbräuchlich, falls sie die Ges treuwidrig mit den Kosten einer Auseinandersetzung belastet, obwohl die Ges in Kürze voll beendet (§ 157 Rz 1) sein wird (anders im Fall des § 140). Die Kündigung bedarf uU wie im Fall des vertraglichen Ausscheidens der Genehmigung des **Ehegatten** (s § 105 Rz 48), uU der Einschaltung eines Ergänzungspflegers (§ 1909 BGB), aber keiner Genehmigung des **Vormundschaftsgerichts** (*PalDiederichsen* § 1822 10; *Reimann* DNotZ 99, 205).

d) **Rechtsfolge.** Seit 1. 7. 98 Ausscheiden (§ 131 III 1 Nr 3) des 3 Kündigenden nach Ablauf der Frist (zu Altverträgen § 131 Rz 1). Zur Kündigung durch alle Gesellschafter bis auf einen, § 140 Rz 5. **e)** Die **fehlerhafte** (§ 105 Rz 25) Kündigung wird nach Vollzug wie fehlerhaftes Ausscheiden (§ 105 Rz 49) behandelt.

3. Abweichende Abreden. § 132 ist weitgehend abdingbar. Ver- 4 tragliche Abreden finden ihre Schranke in den §§ 134 HGB, 138 BGB u insbes zum Schutz vor übermäßiger persönlicher Bindung in den §§ 723 III, 724 BGB iVm § 105 III HGB. Danach darf das ordentliche Kündigungsrecht bei einer auf unbestimmte oder unüberschaubare (BGH NJW 92, 2698) Zeit oder Lebenszeit eingegangenen Ges nicht ganz ausgeschlossen (§ 134; BGH LM 5 zu § 132; NJW 57, 461 zur stillen Ges) oder dessen Ausübung so erschwert werden, daß praktisch eine ordentliche Kündigung oder sonstige Lösung von der Ges (zB § 105 Rz 50) auf überlange oder unübersehbar lange Zeit unmöglich gemacht wird (zB unverhältnismäßig niedrige oder verzögerte Abfindung; vgl § 131 Rz 17 ff); zulässig ist aber die Vereinbarung einer bestimmten festen Mindestvertragsdauer (bis 30 Jahre; BGH NJW 53, 1217; enger *Wiedemann* WM 92, Beil 7 S 51; beachte Wertung des Art 9 GG, §§ 138 BGB, 134 HGB). Die Kündigungsfristen können für einzelne Gesellschafter länger bzw kürzer bestimmt werden. Zu Vereinbarungen über die Höhe des Abfindungsanspruchs § 131 Rz 16. Zur Nichtigkeit vgl § 105 Rz 26 (ergänzende Vertragsauslegung). Die Parteien können vereinbaren, daß eine Kündigung die Ges auflöst (§ 145).

4. Kündigung mit Erreichung der Volljährigkeit. Der Gesell- 5 schafter kann grds gem den §§ 723 I BGB, 105 III HGB unabdingbar (*Glöckner* ZEV 01, 49) binnen drei Monaten durch einfache Erklärung (ähnlich *Grunewald* ZIP 99, 599; aA *Habersack* FamRZ 99, 6; *Eckebrecht* MDR 99, 1249 [§ 133]) kündigen (Ausnahme: § 112 BGB, nicht aber der bloße Haftungsausschluß gem § 171 I [aA *Grunewald* ZIP 99, 600; EBJ*Lorz* § 133 21 f]). Die Frist beginnt mit der Vollendung des 18. Lebensjahres, danach spätestens von dem Zeitpunkt an zu laufen, in dem dem volljährig Gewordenen seine Gesellschafterstellung bekannt sein mußte. Rechtsfolge der Kündigung: § 131 III 1 Nr 3; zu Abfindungsklauseln § 131 Rz 17. Eine Umwandlung der Beteiligung in eine Kommanditeinlage kann nicht gefordert werden (*Grunewald* ZIP 99, 599; str); das Angebot dazu steht der Kündigung nicht im Wege (aA EBJ*Lorz* § 133 23). Zur Haftung ggüber der Ges gem § 739 BGB s § 1629 a BGB, zur Haftung ggüber GesGläubigern § 128 Rz 4.

§ 133 [Auflösung durch gerichtliche Entscheidung]

(1) **Auf Antrag eines Gesellschafters kann die Auflösung der Gesellschaft vor dem Ablaufe der für ihre Dauer bestimmten Zeit oder bei einer für unbestimmte Zeit eingegangenen Gesellschaft ohne Kündigung durch gerichtliche Entscheidung ausgesprochen werden, wenn ein wichtiger Grund vorliegt.**

(2) **Ein solcher Grund ist insbesondere vorhanden, wenn ein anderer Gesellschafter eine ihm nach dem Gesellschaftsvertrag obliegende wesentliche Verpflichtung vorsätzlich oder aus grober Fahrlässigkeit verletzt oder wenn die Erfüllung einer solchen Verpflichtung unmöglich wird.**

(3) **Eine Vereinbarung, durch welche das Recht des Gesellschafters, die Auflösung der Gesellschaft zu verlangen, ausgeschlossen oder diesen Vorschriften zuwider beschränkt wird, ist nichtig.**

1   **1. Allgemeines.** § 133 fordert zur Erhöhung der Rechtssicherheit bei jeder Art von OHG (KG; § 161 II) statt einer Kündigungserklärung ein Gestaltungsurteil. § 723 I S 2, S 3 Nr 1 BGB wird verdrängt, nicht (aA *BauHopt* § 133 7; *Eckebrecht* MDR 99, 1249) aber § 723 I S 3 Nr 2 BGB (Vollendung des **18. Lebensjahres** [str]; dazu § 132 Rz 5). Neben § 133 sind Schadensersatzansprüche denkbar (§ 105 Rz 37; vgl ferner BGH DB 63, 410). Bei grundlegender Umgestaltung der Ges-Verhältnisse steht dem Gesellschafter als ultima ratio auch ein Austrittsrecht zu (Rz 3).

2   **2. Ein wichtiger Grund** liegt vor, wenn dem Gesellschafter oder bei PublikumsGes (§ 161 Rz 3) dem mittelbar beteiligten Anleger (§ 161 Rz 10) im Zeitpunkt der letzten mündlichen Verhandlung bei Abwägung aller Umstände die Fortsetzung der Ges bis zum nächsten ordentlichen Auflösungs- oder Kündigungstermin nicht zumutbar ist, weil zB ein sinnvolles Zusammenwirken der Gesellschafter nicht zu erwarten ist (BGH BB 97, 2340) u auch sonstige im Vergleich zur alsbaldigen Auflösung gem § 133 mildere Mittel (zB §§ 117, 127, 140; GesVertragsänderung [§ 105 Rz 40], Austritt [Rz 3]) den Konflikt nicht zumutbar lösen. Verschulden ist nicht unbedingt erforderlich, aber gewichtig (BGH WM 75, 770). **Für** wichtigen Grund spricht § 133 II (zB Wettbewerb, fehlender Einsatz der Arbeitskraft, Untreue [BGH NJW-RR 97, 925 f]), Verweigerung unerläßlicher Rettungsmaßnahmen (BGH NJW-RR 97, 926), Zerrüttung des Vertrauens (BGH NJW 00, 3491; auch in den Treuhandkommanditisten [BGH 73, 294]); Zweckerrei-

Erster Abschnitt. Offene Handelsgesellschaft § **133**

chung, -vereitelung bei dauernder, offenbarer Unmöglichkeit (BGH NJW 77, 2160; zur Umwandlung in BGB-Ges, § 105 Rz 44); Unfähigkeit zur Geschäftsführung, geschäftsschädigendes Verhalten von Angehörigen (verwandtschaftliche Bindungen sind ambivalent: BGH BB 97, 2341); unzumutbare Einflußnahme durch h Unternehmer-Gesellschafter (§ 105 Rz 36); **dgg** Verschulden oder sonstiges Fehlverhalten des Klägers; (BGH NJW 96, 2574; 00, 3491; BB 97, 2340), Ausschlußklage gg den Kläger (BGH NJW 81, 2302); bloße persönliche Spannungen u gesbezogene Zerwürfnisse (BGH BB 97, 2340), längeres Zuwarten (BGH LM 4 zu § 133; NJW 99, 2821); Verzeihung, Einverständnis (BGH 31, 307); unangemessenes Auseinandersetzungsergebnis (BGH BB 68, 352).

3. Klage durch einzelne oder mehrere (§ 62 ZPO) Gesellschafter 3 (nicht Nießbraucher; § 105 Rz 22), die die Beweislast tragen. Die Ges darf nicht bereits aufgelöst (§ 131) sein (fehlendes Rechtsschutzbedürfnis [str]). § 1365 BGB ist zu beachten (Groß*K Ulmer,* § 133 46). Verklagt werden müssen alle anderen Gesellschafter (§ 62 ZPO), außer denjenigen, die sich verbindlich mit der Auflösung (§§ 143, 145 ff) einverstanden erklärt haben (BGH BB 97, 2340); Ausnahme: PublikumsGes (§ 161 Rz 3; Analogie zu § 61 GmbHG). Die Auflösung (s Erl zu §§ 145 ff) erfolgt erst mit Rechtskraft des Urteils (§ 131 I 4), das im Fall eines wichtigen Grundes der Klage stattgeben muß, es sei denn, daß im GesVertrag eine Fortsetzung der Ges durch die übrigen Gesellschafter vorgesehen ist (§ 131 Rz 7). Mangels wichtigen Grundes kann die Klage uU in eine Kündigung iSd § 132 umgedeutet werden (Rz 4). Vor Auflösung bleiben die gesellschaftlichen Pflichten u Rechte unberührt (SchlHOLG NZG 99, 1215; s §§ 117, 127). Ist nur einem einzelnen Gesellschafter der Verbleib in der Ges nicht zuzumuten, so wird man statt des Auflösungsrechts in Analogie zu § 133 ein **Recht auf Austritt** in Form einer Gestaltungsklage anerkennen müssen (vgl BGH BB 80, 958; *Röhricht* FS Kellermann [1991], S 368, 379; EBJ*Lorz* § 133 6; aA *BauHopt* § 133 1 [bei allen wichtigen Gründen Austritt durch Erklärung möglich]; zum Ausscheiden s § 131 Rz 8 ff). Bei PublikumsGes (§ 161 Rz 3) kann uU ein Austrittsrecht durch einseitige Erklärung ausgeübt werden (BGH 70, 66; NJW 77, 2160; s auch § 105 Rz 28; § 161 Rz 10, 17, 20). Zur Notvertretung, § 125 Rz 2.

4. Abw Vereinbarungen. Zulässig sind nur (str) Erweiterungen, 4 wie die Ersetzung der Klage durch Kündigungserklärung (BGH 31, 295, 299; zur Umdeutung in ordentliche Kündigung BGH BB 98, 1811), iZw mit der Rechtsfolge des § 131 III (s dazu § 131 Rz 8 ff, 24; beachte *Schmidt* BB 01, 5 zu AltGes), die Ersetzung des ordentlichen Gerichts durch ein Schiedsgericht (vgl BayObLG NJW 84, 809; *Vollmer* BB 84, 1774). Die Abrede, daß die Klage gem § 133 zum Ausscheiden führt, ist in ein Kündigungsrecht umzudeuten (abw *SchlSchmidt* § 133 71). Der wichtige Grund muß grds im Moment der Erklärung vorgelegen haben (BGH NJW 00, 3491). Die Kündigung mit der Folge

§§ 134, 135 Zweites Buch. Handelsgesellschaften u. stille Gesellschaft

des Ausscheidens des Kündigenden (§ 131 III) ist angesichts des wichtigen Grundes grds auch bei aufgelösten Ges (§ 145) nicht rechtsmißbräuchlich. Betrifft der wichtige Grund aber nahezu alle Gesellschafter, so würden Kündigungen in kurzen Abständen mit der Rechtsfolge des § 131 III zu unerträglichen Ergebnissen führen, so daß iZw die Kündigung nur die Ges auflöst (§ 145 [§ 105 Rz 28]). Dort, wo Gefahr besteht, daß der Gesellschafter seinen Abfindungsanspruch nicht voll realisieren kann, darf er trotz einer Abrede der Kündigung unter Fortsetzung der Ges (§ 131 III) nach § 133 vorgehen. **Unzulässig:** § 133 III, zB die Klage von der Zustimmung Dritter oder von dem Ablauf einer gewissen Zeit abhängig zu machen. Vgl ferner § 132 Rz 4.

§ 134 [Gesellschaft auf Lebenszeit; fortgesetzte Gesellschaft]

Eine Gesellschaft, die für die Lebenszeit eines Gesellschafters eingegangen ist oder nach dem Ablaufe der für ihre Dauer bestimmten Zeit stillschweigend fortgesetzt wird, steht im Sinne der Vorschriften der §§ 132 und 133 einer für unbestimmte Zeit eingegangenen Gesellschaft gleich.

1   1. **Allgemeines.** Das HGB geht davon aus, daß der Ausschluß der ordentlichen Kündigung (§ 132) auf Lebenszeit unabdingbar unwirksam ist, weil er eine unübersehbare Bindung erzeugt. § 134 deutet die Abrede in den Abschluß auf unbestimmte Zeit iSd § 132 um. Der Vertrag kann im Rahmen der §§ 723 III BGB, 105 III abw Rechtsfolgen vorsehen.

2   2. **Lebenszeit eines Gesellschafters.** Dies muß die Mindestdauer der Ges sein. Es genügt, wenn es auf die Lebenszeit eines der Gesellschafter ankommt (RG 156, 136). Der auf die Dauer einer „anderen Ges" als Gesellschafter eingegangene GesVertrag ist immer auf unbestimmte Zeit geschlossen, wenn die „andere Ges" selbst auf unbestimmte Zeit gegründet worden ist (BGH NJW 68, 2004). § 134 kommt nicht zum Tragen, wenn jederzeit die Umwandlung in eine KapitalGes oder jederzeit der Austritt nach Maßgabe des § 738 BGB verlangt werden kann. Die freie Übertragbarkeit der Anteile steht wg möglicher wirtschaftlicher Hindernisse der Anwendbarkeit des § 134 nicht entgegen (aA *Schmidt* GesR, § 52 III 6).

3   3. Die **Fortsetzung** muß einstimmig konkludent erfolgen. § 134 2. Alt enthält für diesen Fall eine Auslegungsregel für die Dauer der Fortsetzung.

§ 135 [Kündigung durch den Privatgläubiger]

Hat ein Privatgläubiger eines Gesellschafters, nachdem innerhalb der letzten sechs Monate eine Zwangsvollstreckung in das bewegliche Vermögen des Gesellschafters ohne Erfolg versucht ist, auf Grund eines nicht bloß vorläufig vollstreckbaren Schuld-

titels die Pfändung und Überweisung des Anspruchs auf dasjenige erwirkt, was dem Gesellschafter bei der Auseinandersetzung zukommt, so kann er die Gesellschaft ohne Rücksicht darauf, ob sie für bestimmte oder unbestimmte Zeit eingegangen ist, sechs Monate vor dem Ende des Geschäftsjahrs für diesen Zeitpunkt kündigen.

1. Zweck. § 135 soll zwingend (einschr *Roth* ZGR 00, 212 bei Verpfändung [§ 105 Rz 53]) den **Privatgläubigern** (Gläubiger aller Forderungen, die nicht unmittelbar dem GesVerhältnis entspringen, BGH DB 78, 1395) im Weg der Pfändung (§ 105 Rz 54) u Kündigung den alsbaldigen Zugriff auf den Wert des GesAnteils eröffnen, da Privatgläubiger mit einem Titel gg den Gesellschafter nicht in das GesVermögen vollstrecken können. Im Unterschied dazu können GesGläubiger aller Art gem § 124 unmittelbar auf das GesVermögen zugreifen. § 135 ist daher nicht auf GesGläubiger anwendbar; ebenso nicht § 725 BGB. Allg zum Pfandgläubiger s § 105 Rz 54. Zessionare des Auseinandersetzungsanspruchs dürfen sich nicht auf § 135 (analog) stützen (aA *Riegger* BB 72, 116).

2. Voraussetzungen. Nur **Privatgläubiger** (Rz 1) sowie **Nachlaßverwalter** (BGH 91, 136 f; § 139 Rz 16) dürfen kündigen. Sie benötigen einen **Schuldtitel** (§§ 704, 794 ZPO), aufgrund dessen sie den Auseinandersetzungsanspruch (§ 717 S 2 BGB), der nicht bereits vorher an einen Dritten abgetreten oder verpfändet worden war (*Riegger* BB 72, 116), gepfändet u sich zur Einziehung haben überweisen lassen (§§ 829, 835, 857 ZPO; aA *Stodolkowitz* FS Kellermann, [1991], S 446). Bei mehrfachen Pfändungen gilt das Prioritätsprinzip. Die Zustellung des Pfändungsbeschlusses, der nicht durch eine privatrechtliche Abtretung des Auseinandersetzungsanspruchs an den Gläubiger ersetzt werden kann (aA *Riegger* BB 72, 116), erfolgt an die Ges (§ 125 II 3; vgl BGH NJW 86, 1992). Der Titel braucht erst im Zeitpunkt der Kündigung nicht mehr mit ordentlichen Rechtsmitteln anfechtbar geworden zu sein (BGH NJW 82, 2773). Dem auf den Auseinandersetzungsanspruch bezogenen Pfändungs- u Überweisungsbeschluß steht eine **Pfändung** des GesAnteils (§ 105 Rz 54) gleich (BGH BB 72, 10 f) oder, wenn man die Existenz eines Vermögensanteils bejaht (arg e § 725 BGB; § 124 Rz 2), auch des Vermögensanteils. Außerdem muß der Gläubiger oder ein Dritter ohne vollen Erfolg in das bewegliche Vermögen (§§ 803 ff ZPO) des Gesellschafters vollstreckt haben.

3. Kündigung. Im Zeitpunkt der allen Gesellschaftern zugegangenen Kündigung (BGH LM 7 zu § 142 HGB; §§ 15, 106) bzw im Zeitpunkt der einem Gesellschafter zugegangenen Kündigung, sobald dieser die anderen Gesellschafter informiert hat (BGH BB 93, 450), müssen alle nachzuweisenden Voraussetzungen iSd Rz 2 erfüllt gewesen sein. Die Reihenfolge ist gleichgültig (BGH NJW 82, 2773). Es ist nur notwendig, daß innerhalb von 6 Monaten vor der Zustellung des Pfändungs- u Überweisungsbeschlusses (§§ 186 ff BGB; wenn die Rechtskraft des Titels später eingetreten ist: 6 Monate vor Rechtskraft) die Zwangsvollstreckung ohne vollen Erfolg versucht worden ist. Die Kündigung geht ins Leere, falls der Schuldner seinen GesAnteil nach Pfändung des Auseinandersetzungsanspruchs, aber vor Kündigung rechtsgeschäftlich übertragen hatte, es sei denn, daß (auch) der Ges-Anteil vom Gläubiger gepfändet worden war (vgl BGH NJW 89, 458); denn der Auseinandersetzungsanspruch stellt nur einen künftigen Anspruch dar (§ 105 Rz 54). Ein Gläubiger, der zugleich Gesellschafter ist, schuldet (nur) treuegemäß (§ 105 Rz 35) Rücksicht (BGH NJW 69, 505; Mü NJW-RR 99, 473 f). § 1365 BGB greift zugunsten von Ehegatten nicht ein (Hmbg MDR 70, 419). Die Kündigung ist idR rechtsmißbräuchlich, wenn die Ges bereits aufgelöst ist. In solchen Fällen sind auf Gläubiger (Rz 2) auch ohne Kündigung die §§ 145 II, 146 II 2 analog anzuwenden.

4 **4. Rechtsfolge.** Bei nach dem 30. 6. 98 geschlossenen GesVerträgen scheidet der Gesellschafter zum Ende des Geschäftsjahres (§§ 120, 242) aus (§ 131 III 1 Nr 4); sein Anteil wächst den übrigen Gesellschaftern an (näher § 131 Rz 9 ff); zu vor dem 1. 7. 98 geschlossenen GesVerträgen s § 131 Rz 1. Zu zweigliedrigen Ges s § 140 Rz 5. Zu nachwirkenden Treuepflichten u Wettbewerbsverboten s § 131 Rz 24; zur Haftung gem den §§ 128, 171 s § 128 Rz. 10. Die dem Gesellschafter zustehende Abfindung (§ 131 Rz 10 ff) sowie die darüber hinaus gepfändeten Beträge (§ 105 Rz 54) sind in Höhe der Forderung an den Privatgläubiger zu zahlen (§§ 829 ff ZPO), es sei denn, daß der Ges-Anteil vor Kündigung von einem Dritten gepfändet worden ist (BGH 104, 353; aA *Marotzke* ZIP 88, 1509; zur Abtretung des GesAnteils an Dritte, Rz 3). Der Gläubiger kann gem § 836 III ZPO vom Schuldner u außerdem von der Ges Auskunft verlangen (weitergehend *Roth* ZGR 00, 207 f). UU hat der Gesellschafter Verluste auszugleichen (§ 131 Rz 15). Die Kündigung ist unwiderruflich u bleibt auch bei späterer anderweitiger Befriedigung des Gläubigers (zB § 268 BGB) gültig (BGH NJW 59, 1685). Nach Treu u Glauben können die Gesellschafter aber zur Aufnahme des ausgeschiedenen Gesellschafters verpflichtet sein, insbes wenn ein Mitgesellschafter den Privatgläubiger arglistig zur Kündigung veranlaßt hatte (BGH NJW 59, 1685; 82, 2773). **Gesellschaftsvertragliche Abreden,** die nur im Fall des § 135 gelten sollen bzw erst nach Pfändung getroffen wurden (arg e § 145 II), sind unwirksam, wenn sie die Position des Privatgläubigers verschlechtern. Das ist nicht der Fall, wenn die Ges nach dem GesVertrag durch die Kündigung aufgelöst werden soll oder die Abfindungsbeschränkung auch im Fall des § 140 gilt (BGH BB 00, 1590). Beachte §§ 145 II, 146 II, 152; dem Pfändungsgläubiger steht ein Auskunftsrecht zu (*Roth* ZGR 00, 208). Unter Umständen greifen das AnfG sowie die §§ 129 ff InsO, 826 BGB in Hinblick auf gesellschaftsvertragliche Abreden über Auseinandersetzungsansprüche ein (§ 131 Rz 17). § 725 BGB ist unanwendbar.

§ 136 [Schutz unverschuldeter Unkenntnis]
(seit 1. 7. 1998 durch das HRefG aufgehoben; s § 131 Rz 1)

§ 137 [Tod oder Konkurs eines Gesellschafters]
(seit 1. 7. 1998 durch das HRefG aufgehoben; s § 131 Rz 1)

§ 138 [Ausscheiden eines Gesellschafters]
(seit 1. 7. 1998 durch das HRefG aufgehoben; s § 131 Rz 1)

§ 139 [Fortsetzung mit den Erben]
(1) Ist im Gesellschaftsvertrage bestimmt, daß im Falle des Todes eines Gesellschafters die Gesellschaft mit dessen Erben fortgesetzt werden soll, so kann jeder Erbe sein Verbleiben in der Gesellschaft davon abhängig machen, daß ihm unter Belassung des bisherigen Gewinnanteils die Stellung eines Kommanditisten eingeräumt und der auf ihn fallende Teil der Einlage des Erblassers als seine Kommanditeinlage anerkannt wird.

(2) Nehmen die übrigen Gesellschafter einen dahingehenden Antrag des Erben nicht an, so ist dieser befugt, ohne Einhaltung einer Kündigungsfrist sein Ausscheiden aus der Gesellschaft zu erklären.

(3) ¹Die bezeichneten Rechte können von dem Erben nur innerhalb einer Frist von drei Monaten nach dem Zeitpunkt, in welchem er von dem Anfalle der Erbschaft Kenntnis erlangt hat, geltend gemacht werden. ²Auf den Lauf der Frist finden die für die Verjährung geltenden Vorschriften des § 206 des Bürgerlichen Gesetzbuchs entsprechende Anwendung. ³Ist bei dem Ablaufe der drei Monate das Recht zur Ausschlagung der Erbschaft noch nicht verloren, so endigt die Frist nicht vor dem Ablaufe der Ausschlagungsfrist.

(4) Scheidet innerhalb der Frist des Absatzes 3 der Erbe aus der Gesellschaft aus oder wird innerhalb der Frist die Gesellschaft aufgelöst oder dem Erben die Stellung eines Kommanditisten eingeräumt, so haftet er für die bis dahin entstandenen Gesellschaftsschulden nur nach Maßgabe der die Haftung des Erben für die Nachlaßverbindlichkeiten betreffenden Vorschriften des bürgerlichen Rechtes.

(5) Der Gesellschaftsvertrag kann die Anwendung der Vorschriften der Absätze 1 bis 4 nicht ausschließen; es kann jedoch für den Fall, daß der Erbe sein Verbleiben in der Gesellschaft von der Einräumung der Stellung eines Kommanditisten abhängig macht, sein Gewinnanteil anders als der des Erblassers bestimmt werden.

§ 139 Zweites Buch. Handelsgesellschaften u. stille Gesellschaft

I. Zweck, Anwendungsbereich, Abdingbarkeit

1   Das HGB kennt **zwei Formen** des **unmittelbaren erbrechtlichen** (BGH NJW 77, 1339, 1340; 89, 3152; hM) Übergangs von GesAnteilen eines gem § 128 **voll haftenden Gesellschafters** auf seine(n) Erben: einerseits § 139 u andererseits den Übergang des GesAnteils bei gesvertraglich vereinbarter Auflösung der Ges (§ 131 Rz 20). Die OHG (KG [§ 161 II]) bleibt im Fall des § 139 mit den Erben als Gesellschaftern nur dann bestehen, wenn der GesVertrag eine Nachfolgeklausel (Rz 3) enthält, derzufolge die Ges mit (allen) Erben oder bestimmten Personen, die Erben werden, fortgesetzt wird, es sei denn, der einzige persönlich voll haftende Gesellschafter einer KG ist gestorben u der Erbe wählt die Haftungsbeschränkungen (Rz 7) oder durch den Erbfall vereinigen sich alle GesAnteile in der Hand des Erben (Rz 4; § 105 Rz 1). § 139 kommt grds (Rz 2) nur bei nicht iSd § 145 aufgelösten Ges zum Tragen. Zu **keiner unmittelbaren** Nachfolge kommt es dort, wo der GesVertrag den Erben oder sonstigen Dritten lediglich ein **Recht zum Eintritt** eröffnet (Rz 19). Denkbar ist auch eine Nachfolgeklausel unter Lebenden (Rz 20 a), falls im GesVertrag der Nachfolger endgültig bestimmt ist (BayObLG BB 00, 2119) u dieser zugestimmt hat. Enthält der GesVertrag keine Nachfolgeklausel, so scheidet der Erblasser mangels abw Vereinbarung aus (§ 131 III 1 Nr 1) (**Fortsetzung** unter den übrigen Gesellschaftern bzw § 140 Rz 5).

2   § 139 bezweckt bei unmittelbarer Nachfolge in eine werbende Ges einen **Schutz der Erben** vor unbeschränkter Haftung u Mitarbeitspflicht. Dieser Schutz darf **nicht eingeschränkt** (Ausnahme: § 139 V HS 2), wohl aber verstärkt werden. Als Einschränkung ist zB eine Beschneidung der Abfindung im Fall des Ausscheidens gem § 139 II anzusehen, wenn sie nicht für alle Fälle des Ausscheidens gilt. § 139 gilt nur im Erbfall u nicht bei einer bereits aufgelösten Ges (BGH NJW 82, 46 [hM; aA *HeyEmmerich* § 139 38 a]); Ausnahme: die anderen Gesellschafter haben das Recht, über die Fortsetzung mit dem Erben zu beschließen u der Beschluß wurde gefaßt. Die Testierfreiheit bleibt unberührt, zB die Erbeinsetzung unter der Bedingung, daß die Rechte aus § 139 I–IV nicht ausgeübt werden oder letztwillige Auflagen. Zu **Kommanditisten** s § 177.

II. Unmittelbare Fortsetzung mit Erben ohne Auflösung der Ges

3   **1. Fortsetzung mit dem Alleinerben.** Voraussetzung ist im Zeitpunkt des Todes eine **Nachfolgeklausel im GesVertrag**, derzufolge die werbende (Rz 2) Ges mit (bestimmten) Erben fortgesetzt werden soll (s auch Rz 1). Die Klausel erfaßt iZw keine GesAnteile ohne Kapitalanteil (§ 120 Rz 4; Hamm NJW-RR 99, 760); sie kann Bedingungen u (nachträgliche) Bestimmungsbefugnisse enthalten (BGH NJW-RR 86, 28; BB 66, 1123). IZw ist zur Vermeidung von Abfin-

Erster Abschnitt. Offene Handelsgesellschaft **§ 139**

dungsansprüchen von Nachfolgeklauseln, statt von bloßen Eintrittsrechten (Rz 19) auszugehen (BGH NJW 77, 1339). Fehlt eine Nachfolgeklausel, so greift trotz abw testamentarischer Verfügung § 131 III 1 Nr 1 ein. Die Einsetzung eines für die Mitgesellschafter unzumutbaren Erben stellt einen Treueverstoß dar (§ 105 Rz 35), der zum Ausschluß des Erben berechtigt (BGH WM 82, 235). Zur Pflicht zur Änderung der Nachfolgeklausel, § 105 Rz 42. Zum Wegfall der GG, § 105 Rz 45. Die Nachfolgeklausel führt **nur dort** zur automatischen (BGH BB 72, 1474) unmittelbaren Nachfolge (§ 1922 BGB), wo die in der Klausel genannte oder später bestimmte Person kraft Gesetzes oder letztwilliger Verfügung (§§ 2064, 2274 BGB) **Erbe** des verstorbenen Gesellschafters **wird**; auch Vorerbe (BGH NJW 77, 1540; § 177 Rz 6); Nacherbe, wenn die Vorerben die Nachfolgebedingungen erfüllen (BGH NJW-RR 87, 989; vgl auch NJW 90, 515); nicht aber bloßer Scheinerbe mit oder ohne Erbschein (MK*Ulmer* § 727 48; hM) oder Vermächtnisnehmer (Rz 16). Vielfach liegt eine Umdeutung in eine Eintrittsklausel (Rz 19) nahe (BGH NJW 78, 264; 77, 1342 zur Enkel-Generation). § 139 greift auch bei der Erbfolge **minderjähriger** Personen ein, die durch die §§ 723 I 3 Nr 2, 1629a BGB geschützt sind. Eine auf den GesAnteil bezogene isolierte **Ausschlagung** der Erbschaft ist unmöglich.

Der **Erbe rückt** auch bei negativem Kapitalanteil (§ 120 Rz 4) in 4 die **volle Position des Erblassers** ein (§ 1922 BGB); **Ausnahme:** höchstpersönliche Sonderrechte; § 112, solange der Erbe noch Kommanditist werden kann (§ 118 Rz 3]). Im GesVertrag kann angeordnet werden, daß der Erbe als Kommanditist erwirbt (BGH NJW 87, 3185). Primär ist durch (ergänzende) Auslegung des GesVertrages (§ 105 Rz 7, 45) die Vertretungs- u Geschäftsführungsmacht des Erben zu ermitteln (BGH LM 2 zu § 139; WM 82, 1170; str). § 727 II BGB (§ 105 III HGB) greift nicht ein. Der **Scheinerbe** hat keinen Anspruch auf Fortsetzung; im Rahmen des § 2367 BGB gilt die Umwandlungsvereinbarung mit dem Scheinerben aber zu Lasten des wahren Erben (*Schmidt* AcP 186, 437; aA *Konzen* ZHR 145, 61: Grundsätze der fehlerhaften Ges [§ 105 Rz 25 ff]). War der **Erbe bereits Gesellschafter,** so entsteht jedenfalls im Außenverhältnis (§ 123) eine neue einheitliche Beteiligung (vgl § 124 Rz 2); anders, wenn der Erbe nur Vorerbe wird (EBJ*Boujong* § 105 33; Schl*Schmidt* § 105 26; aA *FettBrand* NZG 99, 54; *Timman,* Vor- u Nacherbschaft [2000] S 201) oder TestVollstreckung angeordnet ist (Rz 15; § 177 Rz 7). Der Kommanditist, der einen Komplementäranteil erbt, wird einheitlich Komplementär; er kann die Umwandlung des gesamten Anteils in einen Kommanditanteil betreiben (§ 139 II; anders beim Erben, der bereits Komplementär war). Wird der Antrag abgelehnt, so kann der frühere Kommanditist (nur) mit seinem ererbten Anteil ausscheiden. Bei der **Vereinigung aller Anteile in der Hand eines Vollerben** (zum Vorerben s o; § 177 Rz 6; zur TestVollstreckung Rz 15) wird der Erbe Alleininhaber. Er haftet dann grds für die bisherigen Geschäftsschulden unter den Voraussetzungen des § 27 (auch erbrechtlich) unbeschränkbar (BGH BB 91, 230); bei Einstellung der Geschäfte in der Frist des § 27 II nach Erbrecht (beschränkbar) mit dem Nachlaß (einschl des Werts des ererbten Ges-Anteils) sowie zusätzlich mit dem Wert seines eigenen früheren Ges-Anteils analog § 1480 BGB (*Lieb* ZGR 91, 572; ebenso iE BGH BB 91, 232; *Marotzke* ZHR 1656 [1992], 26 ff). Für Ansprüche gg den Erblasser (§§ 128 ff, 171 ff) haftet der Erbe außerdem erbrechtlich beschränkbar (§§ 1975 ff); soweit er selbst persönlich haftete (§ 128 bzw § 171), bleibt seine Haftung bestehen (§ 160: unanwendbar). Die Haftungsbeschränkung gem § 1629a BGB bleibt unberührt (Rz 1). In die zugunsten des Nacherben gebundene (§ 2113 II BGB) **Vorerbschaft** fällt der GesAnteil mit allen daraus abgeleiteten Ansprüchen, ausgenommen der während der Vorerbschaft ausgeschütteten, entnahmefähigen Gewinne, wohl aber mit den stillen Reserven u Liquidationserlösen (BGH NJW 81, 1561). **Klagen auf Feststellung** der Erbfolge sind gg Mitgesellschafter zu richten (§ 105 Rz 30). **Schiedsklauseln** (§ 105 Rz 6) gelten iZw auch hier (BGH NJW-RR 86, 308). Eintragung in das Register, §§ 107, 143.

5   **2. Fortsetzung mit allen Miterben.** Zur Fortsetzung s zunächst allg Rz 3 f. Die Miterben (Vor-, Nacherben) erwerben, wie der Wortlaut des § 139 I zeigt („jeder Erbe"), den Anteil nicht gemeinsam als Gesamthänder (§ 2032 BGB), sondern **jeder für sich** anteilig im Weg der Sondererbfolge (BGH NJW 99, 572; aA *Weipert* FS Bezzenberger [2000], S 446). Der anteilige GesAnteil ist gleichwohl Teil des Nachlasses (BGH NJW 83, 2377; 89, 3154; hM). Die Größe des Anteils ergibt sich aus der Erbquote (BGH NJW 77, 1342; hM). Voraussetzung für die Erbfolge ist auch hier, daß dem GesVertrag zufolge die Ges mit den Erben fortgesetzt werden soll (Nachfolgeklausel). Die nach dem dispositiven (BGH WM 78, 515) § 717 S 2 BGB selbständig abtretbaren Ansprüche auf Gewinn (nur angemessener Anteil am Gewinn; BGH, NJW 86, 2433) u das Auseinandersetzungs- bzw Abfindungsguthaben bleiben aber im Interesse der Nachlaßgläubiger dem gewöhnlichen Nachlaß, dh den Miterben als Gesamthändern, zugeordnet (BGH 108, 192; NJW-RR 87, 989; Rz 14; aA mit guten Gründen *Marotzke* AcP 187, 233; *Flume* NJW 88, 161 ff; *Ulmer/Schäfer* ZHR 160, 420 ff; wohl auch BGH NJW 96, 1285 f [Zuordnung zu GesAnteil]). Der Erblasser kann diese Ansprüche geteilt den Miterben bzw Dritten vermachen (§ 2147 BGB): Die Abspaltung unterbleibt, wenn sie im GesVertrag ausgeschlossen wurde. Der GesVertrag kann vorsehen, daß die Erben sofort teils Kommanditisten (§ 177 Rz 2), teils (vorläufig; § 139) Komplementäre werden (BGH BB 66, 1123; BB 63, 323), und/oder einen gemeinsamen Vertreter zur einheitlichen Ausübung der Gesellschafterrechte bestellen müssen (§ 119 Rz 2). Eintragung in das Register, §§ 107, 143.

6   **3. Fortsetzung mit ausgewählten (Mit)Erben.** Ordnet der GesVertrag an, daß die werbende (Rz 3) Ges mit bestimmten Personen als

Erster Abschnitt. Offene Handelsgesellschaft § 139

Erben fortgesetzt werden soll oder eröffnet der GesVertrag dem Erblasser bzw einem Dritten ein letztwilliges (§§ 2064, 2274 BGB) Wahlrecht (zB in Nachfolgeklauseln ist allg von Fortsetzung mit Erben die Rede) *und* wählt der Erblasser (Dritte in den Grenzen des § 2065 BGB) letztwillig (§§ 2087 ff BGB) einzelne Miterben aus (auch im Rahmen von Teilungsanordnung; *Priester* DNotZ 77, 561), so geht, sofern der GesVertrag nichts Abweichendes vorsieht, der ganze Anteil (bei mehreren ausgewählten Miterben geteilt; Rz 5) ohne Rücksicht auf § 2306 I 1 BGB (Hamm NJW-RR 91, 839) im Weg der Sondererbfolge auf diese(n) ausgewählten Miterben oder nach Maßgabe der letztwilligen Teilungsanordnungen (§ 2048 BGB; str) über (BGH NJW 77, 1339). In diesem Sinn ist die GesKlausel iZw auch dann auszulegen, wenn später einzelne im GesVertrag als Nachfolger genannte Personen nicht Erben werden (BGH NJW 77, 1342) oder es um die Nachfolge von Vorerben geht. Zur mißglückten Nachfolgeklausel s auch Rz 3, 19. Der GesVertrag kann auch anordnen, daß einzelne Erben entsprechend ihrem Erbanteil (Rz 5) Gesellschafter u die anderen abgefunden werden (§ 131 Rz 10). Die von den ausgewählten Erben **ererbten GesAnteile** (s Rz 3, 5) sind Teil des bes, den gesellschaftsrechtlichen Sonderregelungen unterworfenen Nachlasses (BGH NJW 89, 3154; siehe Rz 3 ff; aA BGH NJW 86, 2433), so daß sie der Pflichtteilsberechnung (§§ 2303 ff BGB) zugrunde zu legen sind. Da die Erbquoten im Verhältnis unter den Miterben unberührt bleiben, ist der Wert der GesAnteile zugunsten der weichenden, nicht gem § 738 BGB abzufindenden Erben bei der Erbauseinandersetzung, ggf in Form von Ausgleichszahlungen, zu berücksichtigen (§ 2048 BGB; BGH 68, 238), es sei denn, daß eine abw letztwillige Verfügung (§§ 2064, 2274 BGB; beachte § 2306 BGB) existiert. Die nach dispositivem Recht (BGH WM 78, 515) selbständig abtretbaren Ansprüche (§ 717 S 2 BGB) auf **Gewinn** (angemessener Anteil; BGH NJW 86, 2433) u **künftiges Auseinandersetzungsguthaben** sind dgg dem gewöhnlichen Nachlaß, dh allen Miterben iSd § 2032 BGB u somit nicht nur den ausgewählten Miterben zugeordnet (BGH 108, 192). Dadurch sind sie auch bei Übertragung des GesAnteils (BGH NJW 85, 1954) dem Zugriff der Privatgläubiger einzelner Gesellschafter-Erben entzogen (BGH NJW-RR 87, 989; abw BGH NJW 86, 2433; mit guten Gründen *Marotzke* AcP 187, 233; *Flume* NJW 88, 161; *Stodolkowitz* FS Kellermann [1991], S 439, 458 f; *Ulmer/Schäfer* ZHR 160, 420 ff). Diese Ansprüche können letztwillig beliebig vermacht werden (§ 2147 BGB), insbes an ausgewählte Erben (vgl *Ulmer* JZ 87, 881 f). Die Abspaltung der Ansprüche iSd § 717 S 2 BGB unterbleibt, wenn sie im GesVertrag untersagt wurde. Zu steuerrechtlichen Konsequenzen s. *MengesStähle* BB 94, 2122; *Gebel* BB 95, 173. Eintragung in das Register, §§ 107, 143.

III. Umwandlung in KG-Anteil

7 1. Voraussetzungen. Der GesVertrag kann eine *automatische Umwandlung* in einen Kommanditanteil mit der Folge des § 139 IV (Rz 11 ff) vorsehen (vgl BGH NJW 87, 3185). *Ist das nicht der Fall,* so bedarf es eines Angebots eines jeden (Mit)Erben für sich (auch Vorerben; [BGH NJW 81, 1561] oder Scheinerben mit Erbschein [§ 2367 BGB]; *nicht* Nachlaß-, Insolvenzverwalters; Erben, der bereits vorher voll haftender Gesellschafter war [Rz 4]) an die Altgesellschafter (BGH NJW 71, 1268), als Kommanditist in der Ges zu bleiben. Hat der Vorerbe kein Angebot abgegeben, so kann es der Nacherbe für sich nachholen (hM). Das Vormundschaftsgericht braucht nicht eingeschaltet werden. Nachlaßverwaltung steht nicht entgegen (BGH NJW 67, 1962); wohl aber Auflösung (§ 131 I, II; BGH NJW 82, 46; str). § 181 BGB greift ein (BGH NJW 71, 1269). Die Gesellschafter (nicht Nießbraucher, § 105 Rz 22) haben über jedes Angebot treuegemäß (§ 105 Rz 42) ohne Rücksicht auf Gleichbehandlung zu entscheiden (BGH NJW 71, 1269: freies Ermessen). Der Erbe wird Kommanditist durch Annahme dieses vertragsändernden (§ 105 Rz 40) Angebots durch alle Altgesellschafter innerhalb angemessener Frist. Befristungen oder auflösende Bedingungen sind unzulässig (BGH NJW 87, 3186). Der GesVertrag kann Mehrheitsentscheidungen vorsehen (§ 119 Rz 9). Die Annahme des Angebots eines Vorerben bindet den Nacherben (BGH NJW 77, 1540). Die Tatsache, daß der Erbe der einzige Komplementär ist, steht der Annahme des Angebots nicht entgegen. Die Ges ist dann allerdings grds zu liquidieren (§§ 145 ff), weil sie zumindest einen Komplementär benötigt (vgl § 131 Rz 8; abw *Frey/v Bredow* ZIP 98, 1623). Denkbar ist auch, daß der Erbe gesellschaftsvertraglich *einseitig* das Recht erhält, die Umwandlung zu erklären.

8 2. Rechtsfolge der Umwandlung. Der Erbe wird vom Zeitpunkt der Annahme des Angebots (Rz 7) an Kommanditist (§ 161), die Ges (spätestens) dadurch zur KG. Alle Rechte u Pflichten, die dem Erblasser nur in seiner Eigenschaft als voll haftender Gesellschafter zustanden, erlöschen. Die Identität der Ges wird hierdurch nicht berührt (§ 105 Rz 41). Firma, § 24. Eintragung in das Register, §§ 107, 162. Die **Pflichteinlage** (§ 171 Rz 4) des Erben entspricht der Summe aus dem Buchwert der Beteiligung des Erblassers (Kapitalanteil; § 120 Rz 4), gleichgültig, ob dieser positiv oder negativ (BGH NJW 71, 1269; WM 82, 710) war, zuzüglich des Betrages der vom Erblasser noch geschuldeten Leistungen (sehr str). Der Erbe muß also das, was der Erblasser der Ges auf Dauer zur automatischen Verrechnung mit Verlusten (vgl § 120 Rz 6; weitergehend *Schmidt* ZGR 89, 462: ohne Entnahmerecht) belassen hatte, vereinbarungsgemäß weiterhin belassen u außerdem ohne erbrechtliche Haftungsbeschränkung (Hmbg BB 94, 238; str) offene Einlagen des Erblassers sowie dessen rechtswidrige Entnahmen bezahlen; denn der Erbe rückt in die Position des Erblassers ein. Bei mehreren Erben entfällt auf jeden von ihnen ein ihrer Erbquote (Rz 5) entspr Teil.

Die Pflichteinlage kann demnach auch unter der vom Erblasser versprochenen u bereits geleisteten Einlage liegen, wenn diese durch Verluste gemindert worden ist (aA *Schmidt* ZGR 89, 462; *HeyEmmerich* § 139 45); denn sonst würde die Ges durch den Tod besser gestellt werden, weil ein Komplementär gem den §§ 120 ff im Gegensatz zum Kommanditisten (§ 169) seinen Gewinn nicht stehen lassen muß, solange seine Einlage durch Verlust gemindert ist. Bei einem **negativen** Kapitalkonto soll *Schmidt* (ZGR 89, 467 ff) zufolge die vom Erblasser ursprünglich vereinbarte Einlage als Einlage iSd §§ 167, 169 anzusehen sein; fehle eine solche Einlage oder würden sich die Parteien nicht einigen, so bleibe dem Erben nur ein Austritt. Auch hier ist einzuwenden, daß der Mechanismus des § 169 selbst bei einem negativen Kapitalkonto Sinn hat; denn das Konto kann dann nicht noch stärker durch Entnahmen in den negativen Bereich geraten (*BauHopt* § 139 42). Freilich werden die anderen Gesellschafter hierdurch im Licht der §§ 739 BGB, 155 HGB möglicherweise benachteiligt, weil sie evtl Ausgleichsansprüche verlieren (§ 167 III). Es erscheint daher hier sachgerecht, mangels des Abreden die bedungene Pflichteinlage iSd §§ 167, 169 auf DM 1,– festzusetzen (aA EBJ*Lorz* § 139 98).

Die **Haftsumme** (§ 171 Rz 5) ist nach dem Buchwert (Aktivsaldo; 9 § 120 Rz 4 [hM]; aA *Weidlich* ZEV 94, 212: Verkehrswert) des vom Erblasser der Ges auf Dauer überlassenen, noch vorhandenen Vermögens (aA: *Schmidt* ZGR 89, 465; *HeyEmmerich* § 139 46: iZw Gleichlauf von Pflichteinlage u Haftsumme) Vermögens (bei Miterben anteilig) zu bestimmen, mindestens auf DM 1,– (*Saßenrath* BB 90, 1211 f; str). Letzteres gilt auch bei Gesellschaftern mit negativem oder ohne Kapitalanteil (aA Hamm NJW-RR 99, 760). Eintragung in das Register, § 162. Diese Lösung bewahrt dem Erben die Chance eines haftungsfreien Beginns u täuscht nicht unzutr Haftungsverhältnisse vor. Nach Ansicht des BGH (NJW 87, 3185; zust *Blaurock* WuB II F § 167 HGB 1.88; hM) kann die Haftsumme ohne Haftungsfolgen (§ 171) in Höhe des objektiven Werts des GesAnteils festgesetzt werden, wobei die unaufgedeckten stillen Reserven berücksichtigt werden können (einschr BGH NJW 90, 1109; aA *Buchner* DNotZ 88, 467; *Saßenrath* BB 90, 1209), selbst wenn der Kapitalanteil negativ war (BGH WM 82, 710; aA: *Schmidt* BB 89, 1707; *Herfs* DB 91, 2123: Haftung erlischt immer, sofern der Erblasser seine Einlage voll erbracht u keine iSd § 122 unzulässigen Entnahmen gemacht hatte). Die **Gewinn- u Verlustbeteiligung** bleibt mangels abw Vereinbarungen unverändert, da Altgesellschafter nicht zustimmen müssen. Allerdings gilt jetzt § 167 III. Zu abändernden Vereinbarungen mit Vorerben, § 177 Rz 6.

IV. Haftung der Erben gegenüber GesGläubigern

1. Vor Entscheidung über die Umwandlung. Der Gesellschafter- 10 Erbe haftet nach dem Sinn des § 139, solange die Frist des § 139 III

(Rz 11, 13) noch nicht abgelaufen ist, nur beschränkbar auf den Nachlaß (§§ 1975 ff BGB) ohne Rücksicht auf die Eintragung dieser Beschränkung (BGH NJW 71, 1268; abw *SchlSchmidt* § 139 103) für Alt- u Neuschulden. Zur Haftung gem §§ 143, 15 s Erl zu § 143; zu Minderjährigen, § 1629 a BGB.

2. Der Erbe bleibt Komplementär der (werbenden [§ 131 Rz 7]) OHG/KG, weil er dies will oder weil er bereits vor dem Erbfall voll haftete (§ 128) oder weil er nicht ausgeschieden ist, obwohl sein Antrag auf Umwandlung nicht angenommen worden ist: Er haftet für alle Schulden, auch Altschulden, unbeschränkbar gem den §§ 128, 130 HGB (BGH NJW 82, 45 f). Zur Haftung von Minderjährigen s § 128 Rz 4. Die Erben, auch diejenigen, die nicht Gesellschafter werden, haften als solche zusätzlich für Altschulden des Erblassers erbrechtlich (§§ 128 HGB, 1975 ff BGB, § 160 HGB [§ 2059 I 1 BGB greift nicht allein wegen der Sondererbfolge ein; EBJ*Lorz* § 139 119; hM]) und uU gem § 1629 a BGB beschränkbar; außerdem können sie für Neuschulden gem den §§ 143, 15 erbrechtlich beschränkt haften (§ 143 Rz 5).

11 **3. Der Erbe wurde Kommanditist** der weiterhin werbenden (Rz 1) Ges (Rz 8). **a) Die Frist des § 139 III**, die zu Lasten der Gläubiger nicht verlängert werden kann, **wurde eingehalten.** Auf die Berechnung der Frist sind die §§ 186 ff, 206 (analog) anzuwenden (BGH NJW 71, 1270). Es kommt auf die Annahme des Angebots (Rz 7) bzw die einseitige Umwandlungserklärung (Rz 7) an. Gleiches gilt bei automatischer Umwandlung (Rz 7). **aa) Schulden des Erblassers** (§ 128) sowie **Schulden der Ges, die zwischen Tod und Umwandlung** begründet worden sind: Alle Erben haften ohne Rücksicht auf ihre Eintragung (BGH 55, 272) erbrechtlich beschränkbar mit dem Nachlaß (§§ 139 IV HGB, 1975 ff BGB; Rz 10). *Zusätzlich* haften diejenigen Erben, die Kommanditisten geworden sind, statt nach den §§ 128, 130 beschränkt gem den §§ 171–173 (Rz 9; *Emmerich* ZHR 150, 210; str). Diese Haftung ist aber regelmäßig erloschen (Rz 9). § 176 ist unanwendbar; kein Schutz des guten Glaubens an die volle Haftung der Erben (vgl BGH NJW 71, 1270). In Betracht kommt aber eine zusätzliche Haftung wg Nichteintragung des Ausscheidens des Erblassers, s § 143 Rz 5. Bei Minderjährigen beachte § 1629 a BGB.

12 **bb) Schulden, die nach Umwandlung** begründet wurden: Haftung gem den §§ 171 ff (s Erl dort). Haftsumme, Rz 9. Der Erbe, der nicht bereits vor dem Erbfall Gesellschafter war (§ 176 Rz 9), haftet darüber hinaus unbeschränkt gem § 176, wenn er nicht innerhalb der Frist des § 139 III u unverzüglich nach der Umwandlung (vgl BGH NJW 83, 2259) seine Eintragung (§§ 107, 162) beantragt hat (*StSchilling* § 176 18; vgl auch § 177 Rz 4). Nach einer in der Lit verbreitet vertretenen Auffassung ist allerdings nicht § 176, sondern nur § 15 auf den Anteilserwerb des Erben anwendbar (*SchlSchmidt* § 176 23). Jedenfalls greift die Haftung gem den §§ 143, 15 immer ein, solange das

Erster Abschnitt. Offene Handelsgesellschaft § 139

Ausscheiden des Erblassers noch nicht eingetragen u bekanntgemacht worden ist (s § 143 Rz 5), nicht aber deswegen, weil sich der Erbe vor der Umwandlung nicht als Komplementär hatte eintragen lassen. Die gleichen Regeln gelten, falls der Erbe unmittelbar kraft GesVertrages (Rz 7) Kommanditist wird.

b) Die Frist des § 139 III wurde überschritten. Der zum Kom- 13 manditisten gewordene (Rz 8) Erbe haftet für Altschulden des Erblassers iSd § 128 erbrechtlich beschränkbar, zusätzlich für alle von der Entstehung der Ges bis zur Umwandlung begründeten Forderungen unbeschränkbar gem den §§ 128, 130 wie bei einer normalen Umwandlung von einem Komplementär- in einen Kommanditanteil (§ 128 Rz 13), für nach der Umwandlung begründete Verbindlichkeiten gem den §§ 176, 171 ff, weitergehend uU aus Rechtsschein (§ 176 Rz 9); denn er ist bis zur Umwandlung endgültig voll haftender Gesellschafter gewesen. Außerdem kommt eine Haftung gem §§ 143, 15 in Betracht (oben Rz 11). Minderjährige, Rz 10 f.

4. Ausscheiden aus Ges, Auflösung der Ges. Siehe Rz 17 f.

5. Weichende Miterben. Siehe Rz 6, § 143 Rz 5. Regreß gg die Ges analog den für Ausgeschiedene geltenden Regeln (§ 128 Rz 13).

6. Scheinerbe haftet nach § 15 III bzw nach allg Rechtsscheinsregeln (Erl zu § 15).

V. Haftung gegenüber sonstigen Nachlaßgläubigern

Die GesAnteils-Erben u sonstigen Erben (Rz 6) haften nach Maß- 14 gabe des Erbrechts (§§ 1975 ff BGB) beschränkbar. Miterben können sich trotz der Sondernachfolge in GesAnteil (Rz 5) auf § 2059 berufen (*Stodolkowitz* FS Kellermann [1991], S 451 ff; hM). Ausschließlich die Nachlaßgläubiger dürfen auf den künftigen Auseinandersetzungsanspruch (§ 738 BGB) u (in angemessenem Umfang) auf den Gewinnanspruch (BGH NJW 86, 2433) zugreifen, wenn die Erbenhaftung beschränkt wurde (§§ 1975 ff) oder wenn sich die Ansprüche gg eine Erbengemeinschaft richten (BGH NJW-RR 87, 989; str; s Rz 5; kein Zugriff dann auf Privatvermögen [§ 2059 I BGB]). Die Nachlaßgläubiger können analog § 135 vorgehen (einschr *Stodolkowitz* aaO, S 446 f). Diese Zugriffsmöglichkeiten entfallen nicht deshalb, weil andere Gläubiger der GesAnteils-Erben bereits den GesAnteil gepfändet haben (§ 105 Rz 54); denn die Ansprüche iSd § 717 S 2 BGB sind auch als künftige Ansprüche nie den Gesellschafter-Erben zugeordnet gewesen (Rz 5; krit *Stodolkowitz* aaO, S 445). Zum Nachlaßverwalter, -insolvenz s Rz 16. Soweit die Ges selbst Nachlaßgläubigerin ist (zB unberechtigte Entnahmen des Erblassers), haften die Miterben (§ 1975 BGB; BGH NJW 77, 1339) wie bei normalen Nachlaßschulden; auch solche Erben, die nicht Gesellschafter geworden sind.

Koller

VI. Testamentsvollstreckung, Nachlaßverwaltung, -insolvenz, Vermächtnis

15 Die **TestVollstreckung** erfaßt den GesAnteil (BGH NJW 96, 1285 f; NJW 98, 1313 f). Das Verwaltungsrecht bezieht sich allerdings nicht auf solche Befugnisse, die unmittelbar die Mitgliedschaft des Erben berühren (BGH NJW 98, 1314: § 125, wohl auch §§ 114, 116 [abw *Weidlich* ZEV 94, 204]), sondern nur auf die mit dem GesAnteil verbundenen Vermögensrechte (weitergehend *Weidlich* ZEV 94, 207), insbes den Anspruch auf künftiges Auseinandersetzungsguthaben (BGH NJW 98, 1314) u Gewinn (angemessener Anteil; BGH NJW 86, 2433; aA EBJ*Lorz* § 139 75). Das Kontrollrecht aus § 118 steht dem TestVollstrecker zu (aA EBJ*Lorz* § 139 74); dem Erben jedenfalls, soweit es unabdingbar ist. Der TestVollstreckung unterliegt ferner die Außenseite des Anteils (zB Verfügung, Pfändung BGH NJW 86, 2433 [hM]; wohl auch BGH NJW 98, 1314; unklar NJW 96, 1285); neben dem TestVollstrecker darf allerdings auch der Erbe die Ges kündigen, weil sich sonst der Erbe nicht eigenverantwortlich neuer Haftung entziehen könnte (EBJ*Lorz* § 139 74; str). Siehe auch Erl Rz 14. Diese Regeln gelten auch in der Frist des § 139 I 3 (aA *Schiemann* FS Medicus [1999] S 524). Weitergehende Verwaltungsrechte über den Anteil eines voll haftenden Gesellschafters können bei entspr Gestaltung des GesVertrages (BGH 68, 241) durch die Pflicht der Erben zu einer treuhänderischen Übertragung des Anteils an den TestVollstrecker (Ersatzkonstruktion) begründet werden (BGH NJW 81, 750 zu einer Vollmacht; BGH DB 96, 468). Eine unwiderrufliche postmortale Vollmacht zugunsten des TestVollstreckers verstößt wg des unabsehbaren Haftungsrisikos des Erben gg § 138 BGB (aA *Ulmer* ZHR 146, 574). Eine uneingeschränkte TestVollstreckung iSd § 2209 BGB ist unzulässig (EBJ*Lorz* § 139 78; hM). Zur TestVollstreckung in der Liquidation, § 146 Rz 4.

16 Eine umfassende **Nachlaßverwaltung** am GesAnteil eines voll haftenden Gesellschafters (zum Kommanditisten, § 177 Rz 8), die für sich die Ges nicht auflöst (§ 131 Rz 1 a, § 135 Rz 2), scheitert bei einer werbenden Ges (vgl § 131 Rz 7) daran, daß der Verwalter ohne Zustimmung der Mitgesellschafter keine persönlichen Mitgliedschaftsrechte geltend machen u den Erben nicht unbeschränkt verpflichten kann (BGH NJW 86, 2433; 89, 3154); sie ist deshalb nur im Rahmen der TestVollstreckung gezogenen Grenzen zulässig. Die Nachlaßverwaltung verhindert daher dort, wo der Erbe bereits Gesellschafter ist, die Verschmelzung der Anteile (Ausnahme: zweigliedrige Ges; *Marotzke* ZHR 156 [1992], 34; aA *SchlSchmidt* § 105 26). Sie erfaßt jedenfalls die Ansprüche iSd § 717 S 2 BGB (BGH NJW 84, 2104) mit Ausnahme des vom Erben selbst erarbeiteten Gewinns. § 2062 BGB gilt schon wg der Sondererbfolge (Rz 5) nicht. Der Nachlaßverwalter kann analog § 135 kündigen (*Brandes* WM 86, Sonderbeil 1, S 11 f; *Stodolkowitz* aaO, S 455; hM). **Nachlaßinsolvenz,** s § 131 Rz 23; **Vermächtnis,** s § 177 Rz 5.

Erster Abschnitt. Offene Handelsgesellschaft § 139

VII. Austritt, Auflösung (§ 139 II)

1. Austritt aus der werbenden Ges. a) Voraussetzungen. Der 17
(Mit)Erbe war nicht bereits vor dem Erbfall oder später endgültig voll
haftender Gesellschafter; zB, weil er einen Verbleib als voll haftender
Gesellschafter zugesagt hatte (Rz 10). Er war nicht automatisch Kommanditist geworden (Rz 4) u die Ges ist nicht aufgelöst (Rz 2). Sein
Angebot auf Umwandlung (Rz 7) ist nicht oder nicht binnen angemessener Frist vor Ablauf der Frist des § 139 III angenommen worden. Der
Erbe erklärt das Ausscheiden binnen der Frist des § 139 III gegenüber
allen Altgesellschaftern (§ 130 BGB). Das Recht dazu ist unabdingbar
(Rz 2). Die Erklärung kann gleichzeitig mit dem Umwandlungsangebot bedingt durch dessen Nichtannahme erfolgen. § 181 BGB ist zu
beachten. Eine vormundschaftsgerichtliche Genehmigung ist nicht erforderlich (§ 132 Rz 2). Dem steht vor Ablauf der Frist des § 139 III
ein Vertrag über sein Ausscheiden (§ 105 Rz 48) gleich, falls der Erbe
sein Recht aus § 139 nicht bereits anderweitig in Anspruch genommen
oder darauf verzichtet hatte (BGH NJW 71, 1260). Sind die Voraussetzungen gem § 139 II nicht erfüllt, so kann der Erbe nur gem den
§§ 132 f HGB, 723 I 3 Nr 2 BGB vorgehen.

b) Rechtsfolgen. Die Ges wird unter den übrigen Gesellschaftern 18
fortgesetzt (bei nur einem verbleibenden Gesellschafter: § 140 I 2 analog). Der Erbe erwirbt einen Anspruch aus den §§ 738 ff BGB (§ 131
Rz 10). **Haftung:** Alle Erben (auch die, die nicht Gesellschafter geworden sind [Rz 6]) haften auf den Nachlaß beschränkbar für Schulden des
Erblassers (§ 128), ebenso erbrechtlich beschränkbar der Ausgeschiedene für Schulden der Ges, die zwischen Tod u Austritt begründet
worden sind (§§ 139 IV HGB, 1975 ff BGB; vgl Rz 10 f). Gegenüber
sonstigen Nachlaßgläubigern wird ebenfalls beschränkt gehaftet (vgl
Rz 14). Die verbliebenen Erben haften gem den §§ 128 ff bzw bei
Umwandlung in Kommanditanteil gem Rz 10 ff. Im Verhältnis unter
den Erben haften für Verbindlichkeiten nach dem Erbfall nur die (ausgeschiedenen) Erben, die Gesellschafter geworden sind. Erfolgt der
Austritt erst nach Ablauf der Frist iSd § 139 III, so ist der ausgeschiedene Erbe wie ein normal ausgeschiedener voll haftender Gesellschafter
zu behandeln (Rz 10; § 128 Rz 10). Zur Haftung aus §§ 143, 15 wg
Nichteintragung u -bekanntmachung des Ausscheidens des Erblassers
und/oder Erben s § 143 Rz 5. Zu Sonderregeln bei Minderjährigen,
§ 128 Rz 4.

2. Auflösung. § 139 IV stellt die Auflösung (§ 145) vor Ablauf der 18 a
Frist des § 139 III (Rz 11) dem Austritt (Rz 17) gleich, weil ein Austritt aus einer aufgelösten Ges nicht mehr notwendig ist. Der Erbe
haftet nur gem § 1975 BGB (BGH NJW 82, 45 f). Beachte §§ 143, 15
HGB, bei Minderjährigen § 1629 a BGB (§ 128 Rz 4).

Koller

VIII. Recht auf Beitritt (Eintrittsklausel), rechtsgeschäftliche Nachfolge

19 1. Voraussetzungen. Typischerweise GesVertragsklausel, die beim Tod eines Gesellschafters unter Fortsetzung der Ges unter den übrigen Gesellschaftern (§ 131 III 1 Nr 1) den Erben und/oder Nichterben nach deren freien Ermessen einen Anspruch auf Beitritt (§ 105 Rz 46) als Komplementär (oder Kommanditist) binnen angemessener Frist gibt. Die Person des Beitrittsberechtigten kann im GesVertrag bestimmt sein; die Bestimmung darf auch dem Erblasser lebzeitig oder letztwillig (§§ 2064, 2274 BGB) oder einem Dritten vorbehalten werden. Die Zustimmung der Mitgesellschafter kann nachträglich erfolgen (§ 105 Rz 46). IZw ist von einer erbrechtlichen Nachfolgeklausel auszugehen (Rz 3). Die großzügige Umdeutung einer verunglückten Nachfolgeklausel (Rz 3) in eine Eintrittsklausel liegt nahe (BGH NJW-RR 87, 989; Ffm NJW-RR 88, 1251). Eine Pflicht zum Beitritt entsteht nur durch Vertrag mit dem Beitrittsberechtigten (BGH 68, 232 f). **Der Eintritt erfolgt** nach Maßgabe der Klausel; iZw durch einseitige Annahme des in der Eintrittsklausel liegenden Beitrittsangebots gegenüber allen übrigen Gesellschaftern binnen angemessener Frist (BGH NJW 78, 266; NJW-RR 87, 989) bzw bei endgültig zweigliedriger Ges (§ 140 Rz 5) durch Abschluß eines GesVertrages (§ 28). Der Eintritt ist iZw nur möglich, wenn gleichzeitig die Einlage (Rz 8) erbracht wird (BGH NJW 78, 266). Dies kann uU durch Verrechnung mit dem Abfindungsanspruch der Erben (§ 131 Rz 10) erfolgen. Dabei ist zu beachten, daß im Interesse der Nachlaßgläubiger der selbständig abtretbare Abfindungsanspruch (§§ 717 S 2, 738 BGB) grds dem normalen Nachlaß, dh bei mehreren Erben diesen als Miterben (§ 2032), zugeordnet ist (BGH NJW-RR 87, 989, str; s Rz 6). Die Ansprüche können letztwillig dem Eintretenden vermacht (§ 2147 BGB) oder an ihn antizipiert abgetreten worden sein. Der GesVertrag kann auch (ergänzend) dahin auszulegen sein, daß der Abfindungsanspruch der Erben ausgeschlossen (§ 131 Rz 16 f) oder durch den Beitritt auflösend bedingt ist u daß die künftigen Gewinn- u Auseinandersetzungsansprüche, die dem durch den Beitritt entstehenden GesAnteil entspringen, unmittelbar in der Person der übrigen Erben u nicht des Beitretenden entstehen (BGH NJW-RR 87, 989; *Brandes* WM 90, 1226; aA *Raddatz* Nachlaßzugehörigkeit [1977], S 135 ff). Dem GesVertrag zufolge können der Abfindungsanspruch auch lediglich ausgeschlossen (§ 131 Rz 16 f) u die übrigen Gesellschafter verpflichtet sein, die ihnen zugewachsenen Anteile ohne Gegenleistung auf den Eintretenden zu übertragen. Es besteht mithin im weitesten Umfang Vertragsfreiheit.

20 2. Rechtsfolge der Eintrittsklausel Die GesVertragsklausel ist Grundlage eines Anspruchs aus § 328 BGB auf Aufnahme in die Ges, uU zu nach Treu u Glauben modifizierten gesellschaftsvertraglichen Konditionen (§ 157 BGB; BGH BB 73, 957). Zugleich enthält sie iZw, wenn die Nachfolgekonditionen nicht konkretisierungsbedürftig sind

(BGH NJW 78, 264), ein Angebot der übrigen Gesellschafter zum Abschluß eines Beitrittsvertrages (§ 105 Rz 46). § 2301 BGB greift nicht ein (BGH WM 79, 536). Der Anteil des Erblassers wächst mit dem Tod zunächst den übrigen Gesellschaftern an (§ 131 Rz 9; BGH NJW 78, 266). Zum Abfindungsanspruch s Rz 19. Mit dem Beitritt kommt es zur Abwachsung an den Beitretenden (§ 105 Rz 47). Für den Beitritt, insbes seine Wirksamkeit u die Haftung des Beitretenden, gelten auch beim Beitritt eines Scheinerben (BGH NJW 77, 433) die allg Regeln (§ 105 Rz 47; § 176 Rz 9; § 177 Rz 10). Eine Schiedsabrede im GesVertrag muß sich der Eintretende nur entgegenhalten lassen, wenn die Form des § 1031 ZPO (s § 105 Rz 6) gewahrt ist (aA BGH NJW 80, 1797). § 139 ist nicht analog anzuwenden (str), außer wenn der Erblasser zugunsten der Altgesellschafter testamentarisch einen „Anspruch" auf Beitritt des Eintrittsberechtigten begründet hatte (Vermächtnis, Auflage). Erwirbt nur ein ausgewählter Miterbe das Eintrittsrecht, so hat er nach hM iZw gem § 2048 BGB bzw §§ 2050 ff BGB auszugleichen (Ausnahme zB Vorausvermächtnis; BGH NJW 78, 266; aA *Marotzke* AcP 184, 579). Alle Erben des Verstorbenen haften wie im Fall des § 131 III 1 Nr 1 (§ 131 Rz 9). Die Nachlaßgläubiger können auf den Abfindungsanspruch zugreifen, es sei denn, daß dieser ausgeschlossen oder abgetreten wurde (§ 131 Rz 16 f). Der Ausschluß des Abfindungsanspruches umfaßt iZw auch den Ausschluß des Anspruches aus § 739 BGB.

3. Rechtsgeschäftliche Nachfolgeklausel Im GesVertrag ist geregelt, daß mit dem Erbfall der Anteil automatisch auf einen Dritten übergeht. Diese Abrede ist wirksam, wenn der Dritte Mitgesellschafter ist (BGH 68, 234). Sie enthält eine Übertragung des GesAnteils (§ 105 Rz 50) unter Lebenden aufschiebend bedingt durch den Erbfall. Der GesAnteil fällt deshalb nicht in den Nachlaß (BayObLG BB 00, 2119). Beachte §§ 2050, 2316, 2325 BGB. 20 a

IX. Nachfolge unter Lebenden, Übernahmerecht

Grds ist es möglich, den Anteil auf den Tod des Erblassers befristet und durch das Überleben des Nachfolgers bedingt auf jemanden, der (nicht) Erbe wird, zu übertragen (§ 105 Rz 50). Die Übertragung ist nur wirksam, wenn das Angebot vor dem Tod abgegeben worden ist (§ 130 I 2 BGB) u der Nachfolger zugestimmt hat (BGH 68, 231 ff), da ihm kein GesAnteil mit Haftungsfolgen aufgedrängt werden darf. Je nach Gestaltung des Einzelfalls kann § 2301 BGB eingreifen. Eine Auslegung als Eintrittsklausel bei nicht-erbrechtlichen Nachfolgeklauseln liegt nahe (BGH 68, 299 ff). Zum Übernahmerecht auf den Todesfall Hamm OLGR 99, 214 (zw). 21

§ 140 [Ausschließung eines Gesellschafters]

(1) ¹Tritt in der Person eines Gesellschafters ein Umstand ein, der nach § 133 für die übrigen Gesellschafter das Recht begründet, die Auflösung der Gesellschaft zu verlangen, so kann vom Gericht anstatt der Auflösung die Ausschließung dieses Gesellschafters aus der Gesellschaft ausgesprochen werden, sofern die übrigen Gesellschafter dies beantragen. ²Der Ausschließungsklage steht nicht entgegen, daß nach der Ausschließung nur ein Gesellschafter verbleibt.

(2) Für die Auseinandersetzung zwischen der Gesellschaft und dem ausgeschlossenen Gesellschafter ist die Vermögenslage der Gesellschaft in dem Zeitpunkte maßgebend, in welchem die Klage auf Ausschließung erhoben ist.

1 1. **Zweck.** Der Ausschluß, auch nach Auflösung (§ 145; BGH LM 20 zu § 142; NJW 51, 650; BB 68, 230 f), ist ein Mittel, um unter Erhaltung des Unternehmens Schaden abzuwenden. Er ist ultima ratio u daher erst zulässig, wenn zB nicht mit den §§ 117, 127, mit einem zumutbaren Angebot zur Umwandlung in Kommanditistenposition, Einsetzung von Treuhändern, Ausschluß des Stimmrechts oder mit Übertragung des Anteils auf Angehörige geholfen werden kann (krit *Piehler* DStR 91, 688 mNachw); vgl § 133 Rz 1. Zur **Hinauskündigung** eines Gesellschafters, s Rz 6.

2 2. **Voraussetzungen.** Der wichtige Grund (§ 133 Rz 2) muß im Moment der letzten mündlichen Verhandlung in der Person des beklagten Gesellschafters selbst (BGH BB 58, 57 f), seines Organs (BGH DStR 93, 1598) oder seines ges Vertreters, uU auch eines Dritten (*Piehler* DStR 91, 686 mNachw; str) liegen, nicht aber des Erblassers (BGH 1, 330). Die Anforderungen an den wichtigen Grund sind im übrigen nicht schärfer als bei § 133 (EBJ*Lorz* § 140 5; aA BGH 4, 110). **Für Ausschluß:** gravierendes Verschulden (BGH *[Goette]* DStR 01, 495), erheblicher Schaden (BGH LM 2 zu § 140; NJW-RR 97, 925 f), beides aber nicht unbedingt erforderlich (§ 133 II) oder ausreichend, es kann dringender Verdacht genügen (BGH NJW 60, 625); je besser die Abfindung (§ 131 Rz 10), desto eher ist der Ausschluß gerechtfertigt (BGH LM 4 zu § 133 HGB [vgl aber auch § 131 Rz 18; Nürnb GmbHR 01, 109]). **Gg Ausschluß** spricht: Ausschluß ist nicht ultima ratio (Rz 1); Verdienste für die Ges (BGH LM 2 zu § 140); Existenzgrundlage (BGH 6, 118); weniger schwerwiegende persönliche Spannungen u Meinungsverschiedenheiten (BGH BB 95, 215; 97, 2341); der Beklagte hat wenig Einfluß (BGH BB 97, 2341); der Kläger hat Verhalten des Beklagten längere Zeit ohne Not hingenommen (BGH NJW 66, 2160; 99, 2821), ihm erstmalig wenig Gewicht beigemessen (BGH NJW 98, 1227) oder längere Zeit den Ausschluß nicht betrieben (BGH NJW 99, 2821); ihn bzw seinen Rechtsvorgänger (BGH NJW-RR 90, 532) trifft selbst überwiegendes Verschulden; in der Person eines (hM) der Kläger liegt auch ein wichtiger Grund vor (BGH

Erster Abschnitt. Offene Handelsgesellschaft **§ 140**

NJW 81, 2302; 99, 3780: dann ggf § 133 oder § 140 auch gg diesen Kläger); Fehlverhalten des Klägers, das das Verhalten des Auszuschließenden in milderem Licht erscheinen läßt (BGH BB 97, 2340); Ges erlischt (Rz 4) infolge des Ausschlusses (BGH NJW 52, 461 [hM]; zutr aA *Schmidt* GesR, § 50 III 2); der Ausschließende kann nicht das Unternehmen fortführen und somit nicht die Abfindung zahlen (BGH NJW 69, 794; DB 77, 1454). Gleichbehandlungsgrundsatz (§ 105 Rz 38). Der Verzicht eines Gesellschafters auf das Klagerecht ist nur im Rahmen des Treuegebots (§ 105 Rz 35) wirksam.

3. Rechtsfolge. a) Nach Ausschließung verbleiben mehrere **3**
Gesellschafter:. Gestaltungsklage durch alle nicht auf Ausschluß beklagten (BGH NJW 75, 1410) Gesellschafter (nicht Nießbraucher, § 105 Rz 22) gg einen oder mehrere (*Papst* BB 78, 896) auszuschließende Gesellschafter als notwendige Streitgenossen (§ 62 ZPO). Diejenigen, die sich bindend mit dem Ausschluß einverstanden erklärt haben, brauchen sich nicht an der Klage zu beteiligen (BGH BB 97, 2340; str). Nicht einverstandene Gesellschafter können aus Treuepflicht (§ 105 Rz 42; Mü NZG 99, 594), nicht immer aber schon bei jedem wichtigen Grund, von jedem Gesellschafter (hilfsweise) auf Mitwirkung verklagt werden (BGH NJW 75, 1410; 84, 173); dies kann prozeßökonomisch mit der Ausschlußklage verbunden werden (BGH NJW 77, 1013; 84, 173; sehr str). Ausschluß mit Rechtskraft des Urteils (Eintragung in das Register, § 143 II). Erst dann wird die Ges unter den übrigen Gesellschaftern fortgesetzt, denen der Anteil des Ausgeschlossenen anwächst (BGH BB 57, 1031). Die Abfindung (§ 131 Rz 10 ff) des Ausgeschlossenen ist rückwirkend nach Werten bei Klageerhebung zu bemessen (§ 140 II; anders bei nachgeschobenen Gründen; BGH NJW 72, 1320). Verzinsung: 5%. Der Ausgeschlossene, der schuldhaft gehandelt hat, hat Schadensersatz zu leisten, ggf auch in Form eines Wettbewerbsverbots (*Paefgen* ZIP 90, 839; BGH 90, 1777; zu Wettbewerbsverboten vgl im übrigen § 131 Rz 24). Wird der einzige Komplementär ausgeschlossen (BGH NJW 52, 875), so ist die KG, bestehend aus den übrigen Gesellschaftern, aufgelöst (§ 131 Rz 8); in der Aufnahme eines neuen Komplementärs (§ 105 Rz 42) liegt ein Fortsetzungsbeschluß (§ 131 Rz 8; ähnlich BGH 51, 200); bei einvernehmlicher werbender Fortsetzung ohne Komplementär erfolgt Fortsetzung als OHG (§ 131 Rz 8). Zur einstw Verfügung § 117 Rz 4; § 125 Rz 2; zur Notvertretung § 125 Rz 2.

b) Nach Ausschließung verbleibt nur ein Gesellschafter: **4**
§ 140 I 2 nF übernimmt die Funktion des § 142 I aF (BR-Drs 340/97, S 67). Gestaltungsklage, die nicht in Auflösungsklage (§ 133) oder Kündigung umgedeutet werden darf (BGH WM 65, 426; Hilfsanträge [§ 139 ZPO]). Mit Rechtskraft des Urteils erlischt die Ges. Der Ausschließende wird ähnlich dem Erben automatisch, formlos mit Ausnahme höchstpersönlicher Rechte u Pflichten **einziger Träger aller Aktiva und Passiva der Ges** (BR-Drs 340/97, S 67; Anwachsung;

§ 140 Zweites Buch. Handelsgesellschaften u. stille Gesellschaft

BGH NJW 00, 1119; BAG DB 98, 2426; hM; besser Gesamtrechtsnachfolge nach Ges; *Marotzke* ZHR 156 [1992], 22; BGH NJW 99, 925), so wie sie bei Ausschluß bestanden. Eine Ausnahme gilt bei Vorerbschaft, TestVollstreckung, Nachlaßinsolvenz, Pfandrecht, Nießbrauch (§ 105 Rz 14; weitergehend *Weimar* ZIP 97, 1769; *Baumann* DB 98, 225). Gutgläubiger Erwerb ist ausgeschlossen (*Schmid* AcP 191 [1991], 521; str). Vollmachten (zB § 48) bestehen zugunsten u zu Lasten des Übernehmers fort. Der Bürge haftet iZw nur für Altschulden der Ges (BGH NJW 93, 1918). Der Übernehmer kann sich nicht auf § 160 berufen (BAG DB 98, 2427), bei Übernahme einer werbenden Ges auch nicht auf § 159 oder als früherer Kommanditist auf § 171 (BGH NJW 00, 1119). Deshalb ist auch § 140 I 2 lex specialis ggüber § 25 (MKHGB*Lieb* § 25 27; aA Mü NJW-RR 96, 229). Für Privatschulden des Ausscheidenden haftet der Übernehmer nicht (BGH NJW 91, 2565; 92, 112). Im Prozeß kommt es zu Parteiwechsel kraft Gesetzes (§§ 239, 246 ZPO; BGH NJW 00, 1120); gg die Ges ergangene Titel sind umzuschreiben (§ 727 ZPO); für die Firma gelten die §§ 22, 24, 18 (BayObLG BB 00, 1212). Dies gilt auch zugunsten u zu Lasten von Übernehmern, die nur Kommanditisten waren (BGH NJW 67, 2205; hM; aA *Buchner* AcP 169, 496), weil diese auf Auflösung (§ 133) hätten klagen können. Der Ausgeschlossene haftet gem den §§ 128 ff, 160 bzw gem §§ 171 ff, 160 fort (§ 128 Rz 19; § 171 Rz 29). Es entsteht zu seinen Gunsten ein Rückgabe- u Abfindungsanspruch (§ 131 Rz 10 ff) auf Basis der Werte bei Klageerhebung (§ 140 II analog; BGH WM 65, 426; vgl Rz 3) bzw zu seinen Lasten die Verpflichtung zu Ausgleichszahlungen gem § 739 BGB. Es gilt der Grundsatz der Gesamtabrechnung (§ 145 Rz 3; BGH NJW 99, 3557). Zur Anmeldung des Ausscheidens s § 143, des Inhaberwechsels s § 31; beachte § 15 (§ 143 Rz 5). Schadensersatzansprüche der Ges wg Treuepflichtverletzung etc (§ 105 Rz 37) bleiben bestehen. Zu Wettbewerbsverboten, Rz 3. In der Insolvenz des verbleibenden Gesellschafters greift § 93 InsO ein (§ 128 Rz 11; § 171 Rz 9).

5 c) Andere Fälle des Ausscheidens, in denen nur ein Gesellschafter verbleibt. Die zu § 140 I 2 entwickelten Regeln (Rz 4) gelten grds auch in allen anderen Fällen, in denen Gesellschafter gem § 131 III ausscheiden u nur ein Gesellschafter verbleibt, oder in denen sich aus **sonstigen Gründen** die Zahl der Gesellschafter auf einen einzigen Gesellschafter (BGH BB 91, 230; NJW 00, 1119) reduziert (zB Erwerb von GesAnteilen; vertragliche Übernahme mit Aktiva u Passiva [BGH NJW-RR 93, 1444; OGH NZG 00, 986]; Erbschaft [§ 139 Rz 4]; Ausübung eines vertraglichen Übernahmerechts; ungenau Düss BB 97, 1710: Übertragung des Unternehmens auf einen Gesellschafter). Die Übernahmevereinbarung ist im selben Umfang wie eine Übertragungsvereinbarung (§ 105 Rz 50) genehmigungsbedürftig (§§ 1365, 1822 BGB). Die Berufung auf § 27 ist bei Eigenhaftung gem § 128 sinnlos (§ 139 Rz 4). **Anders** kann die Situation sein, wenn der

Erster Abschnitt. Offene Handelsgesellschaft **§ 140**

zuletzt verbliebene Gesellschafter **Kommanditist** war. Ein Übergang des GesVermögens samt einer unbegrenzten Haftung für alle Passiva (BGH NJW 00, 1119) ist dann nur angemessen, wenn der Kommanditist aus eigenem Entschluß in der „Ges" verblieben ist (zB Erwerb des Anteils des bzw der anderen Gesellschafters(s) [§ 105 Rz 50]; Ausübung eines vertraglichen Übernahmerechts; Vereinbarung der Übernahme [BGH NJW-RR 93, 1444]). Dort, wo sich die Aktiva auf den zuletzt verbliebenen Kommanditisten vereinigen, weil der andere Gesellschafter stirbt (§ 131 III 1 Nr 1; beachte § 131 Rz 8), alle anderen Gesellschafter (§ 131 III 1 Nr 3; aA wohl BGH NJW 00, 1119) oder deren Privatgläubiger (§ 131 III 1 Nr 4) gekündigt haben oder ausgetreten sind (§ 133 Rz 3) oder über das Vermögen der anderen Gesellschafter das Insolvenzverfahren eröffnet worden ist (§ 131 III 1 Nr 2), muß dem Kommanditisten eine Möglichkeit eröffnet werden, sich vor der unbegrenzten Haftung für alle Passiva zu schützen. In Analogie zu § 27 (vgl BGH BB 91, 231) hat deshalb der zuletzt verbliebene Kommanditist für alle Passiva nur einzustehen, wenn er über die Frist des § 27 II hinaus die Geschäfte fortführt (ähnlich *Eckardt* NZG 00, 455; EBJ*Lorz* § 140 42). Stellt er die Geschäfte ein, so haftet er lediglich mit dem Wert des GesVermögens (BGH BB 91, 231; § 139 Rz 4) u zusätzlich gem §§ 171 ff. Daneben haften die Ausgeschiedenen (§§ 128 ff, 171 ff) bzw die an die Stelle der Ausgeschiedenen tretenden Erben (§ 131 Rz 9). Außerdem kommt eine Haftung gem §§ 143, 15 in Betracht (§ 143 Rz 5). Zum Parteiwechsel *Eckardt* NZG 00, 456.

4. GesVertrag. Der Ausschluß kann wg § 133 grds beliebig er- **6** schwert (aA *Grunewald* Ausschluß [1987], S 237) oder abbedungen (aA *Goette* DStR 97, 1093; 97, 1259) werden. Jedenfalls kann der Ausschluß aus *wichtigem Grund* erleichtert werden, zB Ausschluß durch treuekonformen (§ 105 Rz 35), auf wichtigen Grund gestützten (Hmbg WiB 97, 362) Gesellschafterbeschluß (BGH NJW-RR 97, 925, wobei der Auszuschließende nicht mitstimmen darf [§ 119 Rz 3], aber anzuhören [BGH DB 96, 1274] ist); ferner durch Organe der Ges oder automatischer Ausschluß bei Eintritt bestimmter, den wichtigen Grund konkretisierender Ereignisse (EBJ*Lorz* § 140 52). Das gilt sogar, wenn alle Gesellschafter bis auf einen ausgeschlossen werden sollen. Insbes kann auch vereinbart werden, daß (nur [BGH *[Goette]* DStR 01, 495]) eine **einseitige Erklärung** zur Übernahme der Aktiva u Passiva (Rz 4) genügt (BGH BB 90, 444; BAG NJW 91, 1973; im Fall des Rz 4 ist dies selbstverständlich, wenn das Erfordernis der Klage abbedungen ist [Hamm NJW-RR 00, 482]). Die Erleichterung muß eindeutig angeordnet sein (BGH NJW 77, 1292); bei der Zulässigkeit von Mehrheitsbeschlüssen kommt es iZw auf die Mehrheiten an, die bei der Auflösung (§ 131 Rz 3) gelten. Es ist bei wichtigem Grund treuekonform (Rz 3) dem Ausschluß zuzustimmen (BGH WiB 97, 981; DStR 01, 495). Ein Ausschluß- bzw Übernahmerecht ist jedoch allg der Schranke des Treuegebots unterworfen (§ 105 Rz 35); es wird verletzt, wenn der

Übernehmer treuwidrig die Übernahmevoraussetzungen geschaffen hat. Herauskündigungs- bzw Übernahmerechte *nach freiem Ermessen* verstoßen nach hM gg § 138 BGB, weil sie der Willkürherrschaft Vorschub leisten (BGH NJW 85, 2422; 88, 1903 [PublikumsGes]; 89, 834; NJW 94, 1156 [atypische stille Ges]), es sei denn, es liegen außergewöhnliche Verhältnisse oder ein sachlich gerechtfertigter Grund vor (BGH NJW 81, 2565; 89, 834; 94, 1157; zu Recht zw *Behr* ZGR 90, 381 mNachw; *Kübler* FS Sigle [2000], S 183) oder das an den Eintritt bestimmter Umstände (zB Tod) gebundene Recht kann nur binnen kurzer Frist ausgeübt werden (BGH NJW 89, 834; aA *Behr* ZGR 90, 385). Unbegrenzte Ausschlußrechte können in zulässig befristete bzw aus wichtigem Grund umgedeutet werden (BGH NJW 89, 834; 89, 2681); ebenso unangemessene Abfindungsfolgen in angemessene (§ 131 Rz 18 f).**Übernahmevereinbarungen** sind immer möglich (Rz 5; § 105 Rz 48, 50). Weitergehend können grds **Ansprüche auf (Rück)Überlassung** des GesAnteils (§ 105 Rz 50) begründet werden (zB im Rahmen von Schenkungen; BGH NJW 90, 2618; *Jülicher* ZGR 96, 102; [str]; einschr BGH BB 96, 714; *Brandner-Bergmann* FS Sigle [2000], S 336). Zur Klage auf Feststellung der Unwirksamkeit des Ausschlusses, § 105 Rz 30. Die (schieds)gerichtliche Kontrolle darf nicht ausgeschlossen werden (BGH 31, 299); Eintragung in das Register (§ 143) schon vor Ende des Rechtsstreites (Karlsr NJW-RR 97, 169). Zu den *Rechtsfolgen* des wirksamen Ausschlusses s grds Rz 3 ff. Abw Vereinbarungen sind im Innenverhältnis unter den Gesellschaftern, insbes zur Abfindung (§ 131 Rz 16), möglich, nicht jedoch zur Haftung gegenüber GesGläubigern (§ 128 S 2) oder zur Gesamtrechtsnachfolge (insoweit nur schuldrechtliche Abreden [hM]). Ausscheiden (Übernahme) aufgrund Vereinbarung, s § 105 Rz 48.

§ 141 [Fortbestehen bei Gläubigerkündigung oder Konkurs]

(seit 1. 7. 1998 durch das HRefG aufgehoben; zur Übergangsregelung s § 131 Rz 1)

§ 142 [Übernahme des Geschäfts durch einen Gesellschafter]

(seit 1. 7. 1998 durch das HRefG aufgehoben; zur Übergangsregelung s § 131 Rz 1)

§ 143 [Anmeldung von Auflösung und Ausscheiden]

(1) ¹**Die Auflösung der Gesellschaft ist von sämtlichen Gesellschaftern zur Eintragung in das Handelsregister anzumelden.** ²**Dies gilt nicht in den Fällen der Eröffnung oder der Ablehnung der Eröffnung des Insolvenzverfahrens über das Vermögen der Gesellschaft (§ 131 Abs. 1 Nr. 3 und Abs. 2 Nr. 1).** ³**In diesen Fällen hat das Gericht die Auflösung und ihren Grund von Amts**

Erster Abschnitt. Offene Handelsgesellschaft **§ 143**

wegen einzutragen. [4]Im Falle der Löschung der Gesellschaft (§ 131 Abs. 2 Nr. 2) entfällt die Eintragung der Auflösung.

(2) Absatz 1 Satz 1 gilt entsprechend für das Ausscheiden eines Gesellschafters aus der Gesellschaft.

(3) Ist anzunehmen, daß der Tod eines Gesellschafters die Auflösung oder das Ausscheiden zur Folge gehabt hat, so kann, auch ohne daß die Erben bei der Anmeldung mitwirken, die Eintragung erfolgen, soweit einer solchen Mitwirkung besondere Hindernisse entgegenstehen.

1. Zweck. Verkehrssicherheit; Beseitigung des Rechtsscheins, grds auch bei fehlerhaften Ges (§ 105 Rz 25). Wollen die Gesellschafter einer Ges iSd § 105 II die OHG (KG) in eine BGB-Ges umwandeln, so haben sie den Antrag auf Löschung der Firma zu stellen (§§ 105 II; 2 S 3). 1

2. Auflösung (§ 143 I). a) Anmeldepflicht besteht in allen Fällen der Auflösung (insbes § 131) einer OHG, KG, unabhängig von der Voreintragung; Ausnahmen: § 131 I 3, II 1, 2 [§ 143 I 2, 3]. Verbleibt nur ein Gesellschafter (§ 140 Rz 4, 5) oder treffen Auflösung und Vollbeendigung (§ 157) zusammen, so greifen außerdem (str) § 143 II u § 31 ein (EBJ*Lorz* § 143 4). Bei Umwandlung in BGB-Ges (§ 105 Rz 44) sollte § 157 analog herangezogen werden (aA: § 31). Zur Umwandlung in KG s § 162, in KapitalGes s UmwG. Die Anmeldepflicht trifft alle Gesellschafter einschl der Kommanditisten, alle Erben von Gesellschaftern, selbst wenn sie nicht Gesellschafter geworden sind, den TestVollstrecker (BGH NJW 89, 3153; diff. EBJ*Lorz* § 143 10). Zur Vollbeendigung der Ges s § 157; sie kann mit der Auflösung zusammenfallen (§ 143 I 3 analog; aA: kumulativ).

b) Voraussetzungen der Eintragung. Anmeldung (nicht notwendig gleichzeitig) durch alle Verpflichteten (Rz 1) beim Registergericht, nicht unbedingt unter Angabe des Auflösungsgrundes (aA GroßK*Ulmer* § 143 31), auch ohne gleichzeitige Anmeldung der Liquidatoren (BayObLG DB 01, 1241). Das Urteil ersetzt im Fall des § 16 die Anmeldung. Sie ist unnötig im Fall des § 143 III (Auslandsaufenthalt, Erbe ist unbekannt; langwieriges Erbscheinsverfahren). Form: § 12. Das Gericht darf formal richtige Anmeldungen nur bei begründeten Bedenken gg deren Inhalt zurückweisen. **c)** Die Eintragung des Vermerks gem § 143 II 2, 3 steht der Eintragung der Auflösung gleich (BGH NJW 82, 2443). 2

d) Folgen der Nicht- bzw verspäteten Anmeldung § 14. Die Wirksamkeit der Auflösung bleibt unberührt. Klage eines Anmeldepflichtigen gg einen anderen auf Mitwirkung (§ 16), auf Schadensersatz. Vertrauenshaftung: Gutgläubige brauchen sich die Auflösung nicht entgegenhalten zu lassen, solange sie nicht eingetragen u bekanntgemacht (§ 10) ist (§ 15 I; beachte: § 15 II). Eine spätere Eintragung läßt die nach § 15 zuvor begründeten Rechte nicht erlöschen; 3

§ 143 Zweites Buch. Handelsgesellschaften u. stille Gesellschaft

sie führt aber zu ihrer Verjährung analog § 159. Erben können ihre Haftung uU auf den Nachlaß beschränken (§ 131 Rz 20; § 139 Rz 18).

4 3. Ausscheiden (§ 143 II). §§ 131 III, 139 II, 140 sowie sonstige Fälle, in denen ein Gesellschafter aufgrund Vertrages seine Gesellschafterposition vor Liquidation der Ges verliert, ohne Rücksicht auf Voreintragung (Oldbg GmbHR 88, 140) oder Streit über Wirksamkeit des Ausscheidens (Karlsr NJW-RR 97, 169). Es genügt zB Ausscheiden als Vorerbe, der Wechsel in die Position eines Kommanditisten (§ 128 Rz 14) sowie die Übertragung des GesAnteils (§ 105 Rz 50) oder der Tod (KG DB 00, 2011; § 131 Rz 8; § 139 Rz 10 ff [auch im Fall des § 139 IV mit dem Tod; aA *HeyEmmerich* § 139 56; *GroßKUlmer* § 139 157]), ferner § 105 Rz 48. **a) Die Anmeldepflicht** trifft alle Gesellschafter (§ 108 Rz 1) einschl des Ausgeschiedenen oder später ausgeschiedener Gesellschafter (BayObLG DB 78, 1832), bei Ausscheiden durch Tod auch alle Erben einschl solcher, die nicht die Gesellschafterposition geerbt haben (BayObLG BB 93, 386), bzw den Test-Vollstrecker (BGH NJW 89, 3153; diff EBJ*Lorz* § 143 10), auch ohne gleichzeitige Anmeldung der als Erben nachfolgenden Gesellschafter (str). Bei der Gesellschafterinsolvenz (§ 131 III 2) hat der Insolvenzverwalter statt des Ausgeschiedenen mitanzumelden (BGH LM 2 zu § 143 HGB; NJW 81, 822). Es besteht kein Zurückbehaltungsrecht (§ 273 BGB [Mü NJW-RR 99, 474]). Bei der Rechtsnachfolge in Kommanditanteile ist grds auch ein Nachfolgevermerk einzutragen (vgl § 171 Rz 26; § 177 Rz 4). Hierfür ist nicht Voraussetzung die Versicherung, daß der Ausgeschiedene von der Ges keinerlei Abfindung erhalten hat oder wird (Ro ZIP 01, 1050; aA Zweibr DB 00, 1908; Oldbg NJW-RR 91, 292), weil der Nachfolgevermerk bereits zeigt, daß kein Fall des Ausscheidens (§ 105 Rz 48) unter Beitritt (§ 105 Rz 46) eines neuen Gesellschafters vorliegt. **b) Voraussetzungen der Eintragung** s § 108 Rz 1. Die Eintragung darf nicht von der Berichtigung der Firma abhängig gemacht werden (BayObLG NJW-RR 88, 715), wohl aber von der Voreintragung des Ausscheidenden (Hamm DB 93, 878). **c) Nichtanmeldung** s Rz 3, 5.

5 d) Vertrauenshaftung. Haftung wg Nichteintragung bzw Nichtbekanntmachung des Ausscheidens u ggf der Rechtsnachfolge (Rz 4) im Rahmen des § 15 für nach dem Ausscheiden aber vor Eintragung u Bekanntmachung (§ 10) bzw innerhalb der Frist des § 15 II begründeter (vgl § 128 Rz 10) Forderungen. Die Anmeldepflichtigen (auch Erben, die nicht den GesAnteil geerbt haben) müssen sich so behandeln lassen, als ob der Ausgeschiedene (voll haftender) Gesellschafter geblieben wäre (BGH NJW 76, 848). Ist gem § 15 I, II davon auszugehen, daß der Erblasser noch Gesellschafter ist, so wird bei den Erben nur eine Nachlaßschuld begründet (BGH NJW 71, 1270; 76, 849). Außerdem ist zu beachten, daß derjenige Erbe, der die Eintragung seines Ausscheidens aus der Ges nicht unverzüglich betrieben hat (hM, um § 139 IV nicht

Erster Abschnitt. Offene Handelsgesellschaft **§§ 144, 145**

leerlaufen zu lassen; vgl § 139 Rz 12), auch in Hinblick auf GesSchulden vor dem Ausscheiden (§§ 128, 130) erbrechtlich unbeschränkbar (aA MüHdBGesR I-Klein S 1292) analog § 15 I, II für den Rechtsschein einzustehen hat, daß er Komplementär der Ges geblieben ist. Derjenige Erbe, der in die Position eines Kommandisten gewechselt ist (§ 139 Rz 11), haftet ferner uU wegen Nichteintragung der Umwandlung gem § 176 II (§ 139 Rz 12; str).

§ 144 [Fortsetzung nach Insolvenz der Gesellschaft]

(1) Ist die Gesellschaft durch die Eröffnung des Insolvenzverfahrens über ihr Vermögen aufgelöst, das Verfahren aber auf Antrag des Schuldners eingestellt oder nach der Bestätigung eines Insolvenzplans, der den Fortbestand der Gesellschaft vorsieht, aufgehoben, so können die Gesellschafter die Fortsetzung der Gesellschaft beschließen.

(2) Die Fortsetzung ist von sämtlichen Gesellschaftern zur Eintragung in das Handelsregister anzumelden.

§ 144 stellt eine der Analogie fähige Ausprägung des Gedankens dar, 1 daß die Gesellschafter zwar nicht während des, aber nach Beendigung des Insolvenzverfahrens (§§ 207, 212 f InsO) die Freiheit besitzen, die gem § 131 I Nr 3 aufgelöste, jedoch noch nicht vollbeendete (§ 157 Rz 1) Ges als werbende Ges fortzusetzen (BGH NJW 95, 196; § 131 Rz 7). Zum Beschluß s § 131 Rz 7, 27. Erforderlich ist, daß die Insolvenz der Ges überwunden ist (*GottwaldHaas* InsHdB § 94 37 [str]). Im Fall eines Insolvenzplans muß dieser die Fortsetzung der Ges vorsehen (§ 248 InsO). Zur Anmeldung s §§ 15, 144 II.

Fünfter Titel. Liquidation der Gesellschaft

§ 145 [Notwendigkeit der Liquidation]

(1) Nach der Auflösung der Gesellschaft findet die Liquidation statt, sofern nicht eine andere Art der Auseinandersetzung von den Gesellschaftern vereinbart oder über das Vermögen der Gesellschaft das Insolvenzverfahren eröffnet ist.

(2) Ist die Gesellschaft durch Kündigung des Gläubigers eines Gesellschafters oder durch die Eröffnung des Insolvenzverfahrens über das Vermögen eines Gesellschafters aufgelöst, so kann die Liquidation nur mit Zustimmung des Gläubigers oder des Insolvenzverwalters unterbleiben; ist im Insolvenzverfahren Eigenverwaltung angeordnet, so tritt an die Stelle der Zustimmung des Insolvenzverwalters die Zustimmung des Schuldners.

(3) Ist die Gesellschaft durch Löschung wegen Vermögenslosigkeit aufgelöst, so findet eine Liquidation nur statt, wenn

§ 145 Zweites Buch. Handelsgesellschaften u. stille Gesellschaft

sich nach der Löschung herausstellt, daß Vermögen vorhanden ist, das der Verteilung unterliegt.

1 **1. Zweck.** § 145 I verweist idR im Fall der Auflösung der Ges (OHG/KG) (§ 131 I, II; nicht bloß des Unternehmens; nicht § 140 I 2) auf die §§ 146 ff, die dem Abwicklungszweck Rechnung tragen. Bei einer Insolvenz der Ges erfolgt die Abwicklung im Rahmen der InsO, selbst wenn ein Überschuß verbleibt (§ 199 S 2 InsO), sofern nicht die §§ 254 ff InsO, 144 HGB eingreifen. § 145 III ist Parallelvorschrift zu § 66 V GmbHG. Zur **Umwandlung** in KapitalGes etc s §§ 3 III, 39, 119 III, 124 II, 214 II UmwG.

2 **2. Liquidation** (Abwicklung, Art der Auseinandersetzung) ist der Vorgang der Befriedigung der Gläubiger aus dem GesVermögen (§ 149) u der Verteilung des Rests auf die Gesellschafter (§ 155), der zur Vollbeendigung der Ges (§ 157) führt (abw *Schmidt* ZHR 153 [1989], 275 ff). Besitzt die Ges bei Auflösung kein Vermögen, so findet keine Liquidation statt (arg e § 145 III; BGH BB 57, 489); die Ges ist sofort voll beendet (§ 157 Rz 1). Gleiches gilt, falls sich alle GesAnteile oder das GesVermögen samt Passiva in der Hand eines Gesellschafters oder Dritten vereinigen (§ 140 Rz 4 ff). Die Ges ist während der Liquidation mit der Ges vor der Auflösung (§ 131) identisch (§ 156 Rz 1), so daß die Beziehungen zu Dritten fortbestehen; die Ges hat nur den Erwerbszweck aufgegeben (abw *Schmidt* ZHR 153 [1989], 282), ohne daß sie die Firma u die Fähigkeit verliert, werbende Geschäfte vorzunehmen (zum Schutz der Gläubiger s § 149 Rz 4, § 156 Rz 1), zu klagen u verklagt zu werden sowie Handlungsbevollmächtigte (§ 54) zu bestellen (§ 156). Sie bleibt HandelsGes (§ 156). Eine Änderung des Kreises der Gesellschafter findet nicht statt, wohl aber deren Geschäftsführungs- u Vertretungsmacht (§§ 146 ff; beachte §§ 105 III HGB, 727 ff BGB), des Entnahmerechts (§ 122) u des Rechts, Ansprüche gg die Ges zu erheben (Rz 3). Bei Auflösung durch Tod tritt an die Stelle des Erblassers der Erbe bzw die Miterbengemeinschaft (§ 131 Rz 20). Die Prokura erlischt (RG 72, 122; str). Prozesse werden nicht unterbrochen, sofern Liquidatoren (§ 146) existieren. Die Liquidation ist ausschließlich an den Interessen der Gesellschafter u der in § 145 II genannten Personen zu orientieren. Die Treuepflicht (§ 105 Rz 35) der Gesellschafter bleibt bestehen (§ 156; BGH NJW 71, 802; 80, 1629). Die Gesellschafter können auf Liquidation klagen (§ 105 Rz 30). Ist das Insolvenzverfahren eröffnet (§§ 11 ff InsO; § 130 a HGB), so ist die Ges, vertreten durch die Liquidatoren (§ 146), Gemeinschuldnerin (*GottwaldHaas* InsHdB § 94 29). Beachte § 199 S 2 InsO.

3 **3. Ansprüche unter den Gesellschaftern** aus dem GesVerhältnis einschl evtl Schadensersatzansprüche sowie Ansprüche aller Art aus dem **Verhältnis Ges – Gesellschafter** einschl von Rückzahlungsforderungen (BGH NJW 99, 2439) können grds nicht mehr selbständig geltend gemacht werden (**Grundsatz der Gesamtabrechnung;** BGH NJW 80, 1628; 99, 3557; NJW-RR 92, 543; *Kellermann* AcP 190 [1990],

Erster Abschnitt. Offene Handelsgesellschaft **§ 145**

659 f). Dieser Grundsatz wird vom BGH entgegen der Wertung des § 273 BGB auf Ansprüche ausgedehnt, die der Gesellschafter wie ein Dritter (§ 124 Rz 5) gg die Ges erworben hat (BGH WM 78, 90; ebenso Düss BB 91, 946). Dem BGH ist insoweit nur im Rahmen der Treuepflicht (§ 105 Rz 35) zuzustimmen (*Kellermann* AcP 190 [1990], 660). Die in die Gesamtabrechnung fallenden Ansprüche sind unselbständige Rechnungsposten in der Auseinandersetzung (§§ 155 HGB, 735 BGB; BGH NJW 85, 1898) bzw bei der Berechnung der Abfindung (BGH WM 81, 487). Feststellungsklagen in Hinblick auf einzelne streitige Posten sind immer zulässig; Leistungsklagen (auch Stufenklagen [BGH NJW 95, 189]) enthalten zugleich einen Feststellungsantrag (BGH BB 95, 1763), so daß trotz unzulässiger Leistungsklage auf Feststellung zu verurteilen ist (BGH BB 00, 1487). **Ausnahmsweise** ist eine Klage des Gesellschafters auf Leistung an sich möglich, wenn der GesVertrag dies erlaubt (BGH NJW 98, 376); sicher ist, daß der Kläger, zB nach Ab- u Verrechnung der streitigen Posten (*Goette* DStR 00, 2194) jedenfalls die eingeklagte Leistung (zB die Einlage, wenn Ausgeschiedener nicht am Verlust beteiligt ist; BGH [*Goette*] DStR 95, 1844) fordern darf (BGH NJW 99, 3557; 98, 376: selbst wenn deren Höhe bei Klageerhebung noch nicht feststand); wenn andere Gesellschafter ohne Gegenleistung wesentliche Teile des GesVermögens nutzen (so wohl BGH NJW-RR 95, 1182); wenn es nur um Verteilung des letzten Aktivpostens geht (BGH NJW 99, 3557); wenn der Beklagte die Liquidation absichtlich verzögert (BGH NJW 68, 2005; WM 71, 130 f) oder sonstige Treuepflichtverletzungen (BGH NJW 98, 376) begeht; wenn zu liquidierendes GesVermögen nicht mehr vorhanden ist (BGH BB 95, 1763); ferner bei actio pro socio (§ 105 Rz 34), wenn dadurch das Ergebnis der Liquidation zulässig vorweggenommen wird (BGH WM 71, 725; einschr *StHabersack* § 149 18); außerdem bei Rückgabe von Gegenständen (§ 732 BGB; Zurückbehaltungsrecht, falls mit großer Wahrscheinlichkeit Gegenansprüche bestehen [BGH BB 98, 1811]). Die Leistung von Schadensersatz an die Ges (actio pro socio) darf der Gesellschafter dgg nicht mehr verlangen, wenn die Leistung nicht zur Befriedigung der GesGläubiger benötigt wird u der Schuldner selbst unter Berücksichtigung seiner Ersatzpflicht noch etwas aus der Liquidationsmasse verlangen kann (Kln NZG 00, 1173). Der Ersatzanspruch wird dann zum unselbständigen Rechnungsposten bei der Auseinandersetzung (BGH NJW-RR 92, 543).

4. Für von den §§ 146 ff **abw Vereinbarungen,** die vor der Auflö- **4** sung getroffen werden, besteht grds (§ 109 Rz 2, 4 f) Vertragsfreiheit, selbst nach (*außer* § 145 II) der Auflösung, zB für Übernahmevereinbarungen (vgl § 140 Rz 6 [str]), für den Austritt aller Gesellschafter bis auf einen (§ 105 Rz 49), für Übertragung des Unternehmens an einen Treuhänder, Realverteilung unter den Gesellschaftern oder für das Aufschieben der Liquidation (BGH 1, 324; einschr *StHabersack* § 145 21 mNachw; zum Wegfall des einzigen Komplementärs, § 131 Rz 8). Die

Vereinbarung ist grds (Ausnahme zB § 313 BGB) formlos gültig; sie bedarf uU der Genehmigung (§§ 1643, 1821 I 1, 1822 Nr 3, 5 BGB [EBJ*Hillmann* § 145 17; str]). Zum Mißbrauch der Haftungsbeschränkung § 171 Rz 19. Grds kann auch die Fortsetzung vereinbart werden (§ 131 Rz 7, 27). Dritte werden durch § 158 vor dem Fortfall der Ges geschützt. Die GesGläubiger werden nur durch die §§ 15 iVm 143, 25, 128 ff, 159, 171 ff sowie das AnfG geschützt, es sei denn, daß außenstehende Gläubiger nach der Auflösung kraft HGB aF (§ 131 Rz 1) oder GesVertrag (§ 131 Rz 23, § 135 Rz 4) einen gesicherten Anspruch auf Auszahlung des anteiligen Liquidationserlöses durch Staatsakt erworben haben (§ 145 II, weitergehend § 149 Rz 2).

§ 146 [Bestellung der Liquidatoren]

(1) ¹**Die Liquidation erfolgt, sofern sie nicht durch Beschluß der Gesellschafter oder durch den Gesellschaftsvertrag einzelnen Gesellschaftern oder anderen Personen übertragen ist, durch sämtliche Gesellschafter als Liquidatoren.** ²**Mehrere Erben eines Gesellschafters haben einen gemeinsamen Vertreter zu bestellen.**

(2) ¹**Auf Antrag eines Beteiligten kann aus wichtigen Gründen die Ernennung von Liquidatoren durch das Gericht erfolgen, in dessen Bezirke die Gesellschaft ihren Sitz hat; das Gericht kann in einem solchen Falle Personen zu Liquidatoren ernennen, die nicht zu den Gesellschaftern gehören.** ²**Als Beteiligter gilt außer den Gesellschaftern im Falle des § 135 auch der Gläubiger, durch den die Kündigung erfolgt ist.** ³**Im Falle des § 145 Abs. 3 sind die Liquidatoren auf Antrag eines Beteiligten durch das Gericht zu ernennen.**

(3) **Ist über das Vermögen eines Gesellschafters das Insolvenzverfahren eröffnet und ist ein Insolvenzverwalter bestellt, so tritt dieser an die Stelle des Gesellschafters.**

1   **1. Zweck.** Regelung des Kreises der Liquidatoren wg bes Interessenlage bei der LiquidationsGes (beachte §§ 158, 145 I). § 146 gilt grds auch bei der GmbH & Co KG, § 273 IV AktG für die Komplementär-GmbH (Hamm DB 96, 2327; EBJ*Henze* § 177a Anh A 223 [str]). Bei PublikumsGes ist § 273 AktG auch auf die KG anzuwenden (Hamm DB 96, 2327). Zur Geschäftsführungs- u Vertretungsbefugnis s § 149 f. Anmeldung, § 148.

2   **2. Gekorene Liquidatoren** sind: **a)** die durch **GesVertrag; b)** auch nach der Auflösung (§ 131) die durch **vertragsändernden Beschluß** (§ 105 Rz 40) bestimmten Personen, wobei Insolvenzwalter u Erben (§ 131 Rz 1, 20) selbst stimmberechtigt sind.

3   **c)** Auf **Antrag** (§ 146 II) eines Gesellschafters (nicht insolventer Gesellschafter; § 146 III), Gläubigers iSd § 135 (beachte § 135 Rz 4), Insolvenzverwalters (§ 146 III; bei Insolvenz der Ges s § 145 I) oder

eines (Mit)Erben (§ 131 Rz 1, 20), im Fall des § 146 II 3 auch eines GesGläubigers (*StHabersack* § 146 43), **nicht** aber eines Nachlaßverwalters (BayObLG BB 88, 791) oder Zessionars des Auseinandersetzungsanspruchs, können unabdingbar, auch schon vor Auflösung, durch das **Amtsgericht** am Sitz (§ 106 Rz 2) der Ges nach pflichtgemäßem Ermessen (einschr: nur im Rahmen des Antrags [hM]) **Liquidatoren bestellt** werden (§§ 145 f FGG), wenn die Interessen des Antragstellers erheblich gefährdet sind, weil zB ein Liquidator unzuverlässig oder parteilich erscheint (BayObLG NJW-RR 98, 471) oder ein feindseliges Verhältnis (KG NJW-RR 99, 831) keine gedeihliche Abwicklung erwarten läßt. Keines wichtigen Grundes bedarf es bei der mangels Vermögens aufgelösten Ges (§ 146 II 3) oder in vergleichbaren Fällen (*StHabersack* § 146 42). Das Gericht darf weder überwachen noch Weisungen erteilen. Einstw Verfügung des Prozeßgerichts in Form der Bestellung oder Abberufung ist unzulässig (str). **d)** Die gekorenen Liquidatoren können aus dem Kreis aller (str) Gesellschafter oder geschäftsfähiger (§§ 104 ff BGB) Außenstehender stammen. Das Prinzip der **Selbstorganschaft** gilt hier **nicht.** Die vom Gericht durch GesVertrag oder Gesellschafterbeschluß bestimmten Liquidatoren brauchen ihr Amt nur anzunehmen, wenn sie sich hierzu verpflichtet haben. Die durch GesVertrag oder Beschluß bestimmten Liquidatoren treten an die Stelle der Liquidatoren iSd § 146 I, die später gerichtlich bestellten Liquidatoren treten neben die bisherigen Liquidatoren, soweit diese nicht abberufen werden (§ 147). Gerichtlich bestellte außenstehende Liquidatoren werden durch Annahme des Amtes Dienstnehmer (§§ 611 ff BGB) der Ges (hM).

3. Geborene Liquidatoren (§ 146 I) sind außer im Fall des **4** § 146 II 3 **hilfsweise** (Rz 2) alle Gesellschafter, auch die nicht-vollhaftenden (BGH DB 82, 2563; einschr *StHabersack* § 146 13), die nicht geschäftsführungs- oder vertretungsberechtigten (zB §§ 117, 127), die nicht voll geschäftsfähigen (vertreten durch ihre ges Vertreter; str) sowie Gesellschafter, deren Anteil gepfändet worden ist (§ 135); **ferner** im Fall des § 146 III statt des insolventen Gesellschafters der (Nachlaß)Insolvenzverwalter (str). Die Funktion des Liquidators übt an Stelle der Miterben (§ 131 Rz 1, 20) eine von diesen bestimmte (§ 2038 II BGB) Person aus (hM; aA *StHabersack* § 146 26). Solange die Bestimmung nicht erfolgt ist, können die übrigen Liquidatoren ohne die Miterben tätig werden (hM). Die Mitwirkung bei der Bestimmung kann nicht unmittelbar erzwungen werden; es droht nur Schadensersatzpflicht. Als Liquidatoren werden an Stelle der Erben (§ 131 Rz 1, 20) der Nachlaßverwalter (*Marotzke* EWiR 91, 156; aA BayObLG DB 91, 33) u der TestVollstrecker (hM: § 2206 BGB) tätig.

4. Das **Amt endet** gem § 147 HGB oder § 712 II BGB durch **5** vereinbarungsgemäßen Übergang zu einer anderen Art der Liquidation (§ 158), durch Fortsetzung (§ 131 Rz 7), durch Tod oder sobald die Ges keine Aktiva mehr besitzt u die Aufgaben gem § 157 erledigt sind,

§§ 147, 148 Zweites Buch. Handelsgesellschaften u. stille Gesellschaft

ohne Rücksicht darauf, ob das Erlöschen der Firma schon früher eingetragen worden ist (BayObLG BB 81, 937), nicht aber durch bloße Löschung der Firma (§ 157 Rz 1).

§ 147 [Abberufung von Liquidatoren]

Die Abberufung von Liquidatoren geschieht durch einstimmigen Beschluß der nach § 146 Abs. 2 und 3 Beteiligten; sie kann auf Antrag eines Beteiligten aus wichtigen Gründen auch durch das Gericht erfolgen.

1   **1. Zweck.** Abweichung von den §§ 117, 127 wg der bes Interessenlage der Beteiligten (§ 146 Rz 3). § 147 2. Alt gilt unabdingbar. Anmeldung, § 148.

2. Abberufung. Verlust der Geschäftsführungs-, Vertretungs- u Kontrollrechte ohne Rückwirkung. Ein Dienstvertrag, der mit einem Liquidator abgeschlossen ist, endet nach §§ 611 ff BGB.

2   **a)** Ein **Beschluß** aller Personen, die gem § 146 II, III antragsberechtigt sind (§ 146 Rz 3) genügt für die Abberufung auch gerichtlich bestellter Liquidatoren oder des Insolvenzverwalters, da alle diese Beteiligten mitstimmen können. Derjenige Abzuberufende, der iSd § 146 II antragsberechtigt ist, darf mitstimmen. Mehrheitsbeschlüsse können im GesVertrag (§ 119 Rz 9) vorgesehen werden; zu Lasten der im Verfahren des § 146 II ernannten Personen nur mit Zustimmung der jeweiligen Antragsteller in diesem Verfahren; bei durch GesVertrag gekorenen Personen nur bei wichtigem Grund. **b) Gericht.** Zur Antragsberechtigung u zum wichtigen Grund s § 146 Rz 3. Zuständigkeit, §§ 145 f FGG. Zur Beschwerde BayObLG BB 88, 791. Einstw Verfügungen sind unzulässig (Ffm NJW-RR 89, 99; vgl aber § 127 Rz 3; *StHabersack* § 147 15).

3. Sonstige Gründe für Amtsende. Siehe § 146 Rz 5.

§ 148 [Anmeldung der Liquidatoren]

(1) ¹**Die Liquidatoren sind von sämtlichen Gesellschaftern zur Eintragung in das Handelsregister anzumelden.** ²**Das gleiche gilt von jeder Änderung in den Personen der Liquidatoren oder in ihrer Vertretungsmacht.** ³**Im Falle des Todes eines Gesellschafters kann, wenn anzunehmen ist, daß die Anmeldung den Tatsachen entspricht, die Eintragung erfolgen, auch ohne daß die Erben bei der Anmeldung mitwirken, soweit einer solchen Mitwirkung besondere Hindernisse entgegenstehen.**

(2) **Die Eintragung gerichtlich bestellter Liquidatoren sowie die Eintragung der gerichtlichen Abberufung von Liquidatoren geschieht von Amts wegen.**

(3) **Die Liquidatoren haben ihre Namensunterschriften unter Angabe der Firma zur Aufbewahrung bei dem Gerichte zu zeichnen.**

1. Zweck. Publizität der Vertretungsverhältnisse bei der Liquidati- 1
onsGes. Parallelvorschrift zu den §§ 106, 108, 125 IV, 143 III. Zur
Rechtsscheinshaftung bis zur Eintragung u Bekanntmachung der Anmeldung bzw bei fehlerhafter Eintragung u Bekanntmachung s § 15.
Im Löschungsverfahren muß die Ges vertreten sein (BayObLG DB 94,
2282).

§ 149 [Rechte und Pflichten der Liquidatoren]

¹**Die Liquidatoren haben die laufenden Geschäfte zu beendigen, die Forderungen einzuziehen, das übrige Vermögen in Geld umzusetzen und die Gläubiger zu befriedigen; zur Beendigung schwebender Geschäfte können sie auch neue Geschäfte eingehen.** ²**Die Liquidatoren vertreten innerhalb ihres Geschäftskreises die Gesellschaft gerichtlich und außergerichtlich.**

1. Zweck. Zusammen mit den §§ 150–155 regelt § 149 die Ge- 1
schäftsführungs- (vgl § 114 Rz 2) u Vertretungsmacht (vgl § 125 Rz 1)
der Liquidatoren (§ 146 f) abw von den §§ 114 ff, 125. Unter Umständen besteht Geschäftsführungsmacht auch gem §§ 727 II, 728 f
BGB iVm § 105 III. Die Treuepflicht gilt auch in der Liquidationsphase
(§ 145 Rz 2).

2. Geschäftsführung. Die Aufzählung in § 149 S 1 ist nicht ab- 2
schließend. Weitere **Aufgaben** ergeben sich aus der Verwaltung der
Ges im Abwicklungsstadium, zB aus den §§ 150 ff sowie aus dem
Steuer- u Verwaltungsrecht. Die Liquidatoren können ohne Gesellschafterbeschluß uU außergewöhnliche Maßnahmen treffen (BGH
WM 59, 323; nicht Grundlagengeschäfte [§ 114 Rz 2; einschr BGH
WM 69, 294; zutr aA *StHabersack* § 149 4]). Insbes haben sie im normalen Geschäftsgang Geschäfte abzuwickeln, die noch nicht voll erfüllt
sind **(laufende Geschäfte)**, ggf hierzu neue Verträge einzugehen (RG
44, 84; 146, 378), Dauerschuldverhältnisse ordentlich zu kündigen,
Geschäfte, die zur Erhaltung des Wertes des GesVermögens wirtschaftlich sinnvoll sind (insbes bei **schwebenden Geschäften**) zu tätigen
(BGH LM 2 zu § 149 HGB), die Gläubiger im Namen der Ges ohne
Zwang der Gleichbehandlung (EBJ*Hillmann* § 149 20) zu befriedigen
(zu Ansprüchen von Gesellschaftern gg die Ges bzw andere Gesellschafter s § 145 Rz 3), das (Rest)Vermögen bestmöglich, nicht so
schnell wie möglich, zu versilbern (die Veräußerung der Firma [§ 17]
bedarf der Zustimmung [§ 22; str]; unverwertbare Gegenstände bleiben
im Gesamthandseigentum der Gesellschafter [§ 719 BGB]) u ggf das
Insolvenzverfahren zu beantragen (§§ 130 a, 177 a). Zu ihren Aufgaben
gehört ferner die Einziehung von Forderungen (§§ 362 ff, 387, 779
BGB), auch gg Gesellschafter, zB Einlagen (§ 105 Rz 31; § 171 Rz 4)

§ 149 Zweites Buch. Handelsgesellschaften u. stille Gesellschaft

oder Forderungen, die daraus resultieren, daß sich Gesellschafter schadensersatzpflichtig (BGH WM 60, 48) oder berechtigt oder unberechtigt Vermögenswerte der Ges nutzbar gemacht haben (BGH NJW 80, 1628) oder sie ihnen aufgrund der Umstände zugefallen sind (BGH NJW 58, 1188). Ein Leistungsverweigerungsrecht wg Fehlverhaltens von Mitgesellschaftern besteht nicht (BGH 26, 330; vgl § 105 Rz 31). **Bei Forderungen aus dem GesVerhältnis,** insbes auf Erbringung der Einlagen, des materiellen Eigenkapitals (§ 172a Rz 18; BGH NJW 81, 2251), (analog) § 30 GmbHG (§ 172a Rz 8, 17, 33, 35) u auf Schadensersatz, gilt nach dispositivem Recht der Grundsatz, daß nur insoweit Erfüllung verlangt werden kann, als dies nach Darlegung der Liquidatoren (BGH BB 78, 1133) zur Deckung der Verbindlichkeiten der Ges benötigt wird (BGH NJW 80, 1522; Grundsatz der Gesamtabrechnung [§ 145 Rz 3; aA *Schmidt* ZHR 153 [1989], 295 f]); der Gesellschafter hat zu beweisen, daß die Leistung nicht benötigt wird (BGH NJW 84, 435; *Kellermann* AcP 190 [1990], 660; str). Einzug nach pflichtgemäßem Ermessen; keine Verpflichtung zum Einzug pro rata (BGH NJW 80, 1523). Zu Nachschüssen, § 155 Rz 4 (str). Zur **actio pro socio,** die grds bis zur Vollbeendigung zulässig ist (Kln NZG 00, 1173), s § 105 Rz 34, § 145 Rz 3. Den Liquidatoren, die zugleich Gesellschafter sind, steht ohne Abrede keine bes **Vergütung** zu (BGH 17, 301). Die Liquidatoren sind im Rahmen des § 152 **weisungsgebunden.** Sie sind gem § 713 BGB (§ 118 Rz 1) bzw §§ 611, 675 BGB (§ 146 II) auskunftspflichtig u haben die **Kontrolle** gem den §§ 118, 166 zu dulden (§ 156). Die Liquidatoren **haften** als Gesellschafter der Ges für Pflichtverletzungen nach den allg Grundsätzen (Düss NZG 00, 475; § 114 Rz 7) bzw als Außenstehende gem den §§ 611, 675, 276 BGB, § 60 InsO im Fall des § 146 II, III. § 149 ist kein Schutzgesetz iSd § 823 II BGB (EBJ*Hillmann* § 145 14; aA *Schmidt* ZHR 153 [1989], 286; *StHabersack* § 145 21 [s Rz 3]; vgl § 171 Rz 19). Die Ges haftet für die Liquidatoren wie für geschäftsführende Gesellschafter (§ 124 Rz 5 f).

3 3. Die **Vertretungsmacht** (§ 150) ist auf Geschäfte mit obj Liquidationszweck (§ 145 Rz 2), der zu vermuten ist (RG 146, 378), beschränkt (BGH NJW 84, 982; mit guten Gründen aA *Schmidt* AcP 184 [1984], 529 ff); **ansonsten** aber, von der Möglichkeit der Gesamtvertretung (§ 150 Rz 2) abgesehen, grds unbeschränkt (§ 151). Dritte dürfen auf die Verfolgung des Liquidationszwecks vertrauen, sofern ihnen keine Fahrlässigkeit zur Last fällt (BGH NJW 84, 982). Der Registerrichter darf Nachweis der Vertretungsmacht verlangen (Zweibr RPfleger 77, 135). Der Mangel der Vertretungsmacht kann durch Genehmigung der Beteiligten iSd § 146 II geheilt werden (nach aA der Gesellschafter). § 181 BGB ist durch GesVertrag (Zweibr NJW-RR 99, 38) oder vertragsändernden Beschluß (§ 146 Rz 2) abdingbar; es kann auch nach allg Regeln genehmigt werden (§§ 177, 180 BGB). § 149 S 2 verdrängt § 125. Zur Prokura s § 48 Rz 2; beachte § 15. Die

Gesellschafter haften für die von den Liquidatoren begründeten Verbindlichkeiten gem §§ 156, 128 (§ 171); bei **unerlaubten Handlungen** der Liquidatoren greift § 31 BGB ein (§ 124 Rz 6).

4. Dritten haften die Liquidatoren außer als Gesellschafter 4 (§§ 156, 128, 171 [weitergehend § 171 Rz 19; weiter *StHabersack* § 145 21]) nur gem §§ 823 I, 823 II (§ 149 ist ebensowenig wie § 131 II ein Schutzgesetz [Rz 2, str]) und uU aus cic. Zum Mißbrauch der Haftungsbeschränkung § 171 Rz 19.

§ 150 [Mehrere Liquidatoren]

(1) **Sind mehrere Liquidatoren vorhanden, so können sie die zur Liquidation gehörenden Handlungen nur in Gemeinschaft vornehmen, sofern nicht bestimmt ist, daß sie einzeln handeln können; eine solche Bestimmung ist in das Handelsregister einzutragen.**

(2) ¹**Durch die Vorschrift des Absatzes 1 wird nicht ausgeschlossen, daß die Liquidatoren einzelne von ihnen zur Vornahme bestimmter Geschäfte oder bestimmter Arten von Geschäften ermächtigen.** ²**Ist der Gesellschaft gegenüber eine Willenserklärung abzugeben, so findet die Vorschrift des § 125 Abs. 2 Satz 3 entsprechende Anwendung.**

1. Zweck. Der Abwicklungszweck kann ohne die Flexibilität einer 1 werbenden Ges erreicht werden. Es besteht daher iZw Gesamtgeschäftsführungs- u Vertretungsmacht (beachte §§ 143, 15). In der Liquidationsphase ist meist die Vertrauensbasis für Einzelgeschäftsführung u -vertretung zerstört.

2. Gesamtgeschäftsführungs- und Vertretungsmacht (§ 150 I 2 **HS 1 1. Alt).** Vgl § 115 Rz 5; § 125 Rz 4; § 149 Rz 3. Zur Pflicht, Weisungen zu befolgen, s §§ 151, 152. § 115 II HS 2 ist analog anwendbar (hM), ebenso § 125 II 3 (Hamm DB 96, 2327), nicht aber § 116. Bei Verhinderung eines Gesamtvertreters ist das Gericht (§ 146 II) einzuschalten (hM; abw *SchlSchmidt* § 150 10). Gg Dritte kann ausnahmsweise ein Gesellschafter allein vorgehen, wenn die Leistung letztlich an ihn auszukehren ist (BGH NJW 53, 1217).

3. Abweichende Bestimmungen (§ 150 I 2. HS) können durch 3 GesVertrag, vertragsändernden Gesellschafterbeschluß (§ 119 Rz 9) oder das Gericht (§ 146 II) getroffen werden. Die Bestimmung u deren Änderung sind mit deklaratorischer Wirkung eintragungspflichtig (§ 148). Vertrauensschutz: § 15. § 115 I ist nicht analog anwendbar.

§ 151 [Unbeschränkbarkeit der Befugnisse]

Eine Beschränkung des Umfanges der Befugnisse der Liquidatoren ist Dritten gegenüber unwirksam.

§§ 152–154   Zweites Buch. Handelsgesellschaften u. stille Gesellschaft

1   1. **Zweck.** Zwingende Parallelvorschrift zu § 126 II (s dort). Das gilt auch in Hinblick auf Weisungen (§ 152).

§ 152 [Bindung an Weisungen]
Gegenüber den nach § 146 Abs. 2 und 3 Beteiligten haben die Liquidatoren, auch wenn sie vom Gerichte bestellt sind, den Anordnungen Folge zu leisten, welche die Beteiligten in betreff der Geschäftsführung einstimmig beschließen.

1   1. **Zweck.** Die Liquidation dient dem Interesse der Beteiligten, dh der Gesellschafter u der sonst Antragsberechtigten iSd § 146 II, III (dort Rz 3). § 152 ist dispositiv, nicht aber nach der Auflösung (BGH 48, 255; str).

2   2. **Weisungen** sind nach dispositivem Recht den Liquidatoren ggüber nur verbindlich, wenn sie sich auf Geschäftsführungsmaßnahmen beziehen, die zu deren Aufgaben gehören (§ 149; aA EBJ*Hillmann* § 152 4). Sie müssen einstimmig (§ 119 Rz 8) erfolgen (BGH LM 2 zu § 149 HGB). Mehrheitsbeschlüsse können vereinbart werden, jedoch nicht zu Lasten der in § 146 II 2, III genannten Personen. Abweichungen von der Weisung sind unter den Voraussetzungen des § 665 BGB erlaubt (hM). Beachte § 151.

§ 153 [Unterschrift]
Die Liquidatoren haben ihre Unterschrift in der Weise abzugeben, daß sie der bisherigen, als Liquidationsfirma zu bezeichnenden Firma ihren Namen beifügen.

1   Ergänzung des § 143. Verstöße berühren nicht unmittelbar die Wirksamkeit der Geschäfte, können aber Anfechtungsrechte aus § 119 II BGB, eine Haftung aus cic u aus § 823 II BGB (str) begründen. Beachte §§ 19 II, 125 a, 177 a. Im Innenverhältnis haben die Liquidatoren den Schaden zu ersetzen. Beachte § 125 a.

§ 154 [Bilanzen]
Die Liquidatoren haben bei dem Beginne sowie bei der Beendigung der Liquidation eine Bilanz aufzustellen.

1   1. **Zweck.** Ermittlung des zu verteilenden Vermögens zur Sicherung einer ordentlichen Liquidation. Mehrere Liquidatoren sind keine Streitgenossen iSd § 62 ZPO (BGH WM 83, 1279). Zur Feststellung der Bilanz s § 120 Rz 2.

2   2. Der **Eröffnungsbilanz** sind die Werte im Moment der Auflösung (§ 131) zugrunde zu legen, sofern die Gesellschafter nicht übereingekommen sind, die Liquidation für absehbare Zeit aufzuschieben (BGH 1, 324). Die Bilanz ist im Interesse der Abwicklung **Vermögensbilanz**, bei der ohne Bilanzkontinuität die Gegenstände des GesVermögens einschl der Forderungen gg Gesellschafter (§ 149 Rz 2) nach Maßgabe

der voraussichtlichen Verwertungsmodalität mit ihrem wirklichen Verkaufs- bzw Realisierungswert anzusetzen sind. Die §§ 252 ff sind insoweit nur mit Einschränkung anwendbar (*FörsterGrönwoldt* BB 87, 580). Für die Gewinnverteilung ist die Vermögensbilanz ohne Bedeutung. Außerdem ist gem § 120 I zum Zeitpunkt der Auflösung eine **Erfolgsbilanz** (Schlußbilanz der werbenden Ges) aufzustellen (GroßK*Schilling* § 154 5; aA EBJ*Boujong* § 154 7, 11; Schl*Schmidt* § 154 13: erst am Ende des Rechnungsjahres).

3. Während der Liquidation besteht eine Buchführungs- u normale Bilanzpflicht gem den §§ 238 ff (St*Habersack* § 154 9 ff; str). Im Verhältnis zur Ges sind die Liquidatoren bei umfangreicheren Abwicklungen zusätzlich gehalten, in Abständen einen Überblick über den aktuellen Status zu geben (BGH NJW 80, 1523) bzw bei längeren Zeiträumen Zwischenbilanzen zu erstellen (BGH BB 83, 1450 f). § 71 GmbHG ist nicht analog anzuwenden, außer bei den in §§ 129 a, 172 a genannten Ges (str).

4. Gem den §§ 713 bzw 675 BGB ist **Rechenschaft** zu legen. 4

5. Der **Schlußbilanz** der aufgelösten Ges ist der Stichtag der Berichtigung der Schulden (§ 155 Rz 1) zugrunde zu legen. Während nach hM die Schlußbilanz iSd § 154 Rechnungslegung gem § 259 BGB ist, soll die Schlußbilanz iSd § 155 I nach zutr aA (EBJ*Boujong* § 154 9) eine Bilanz iSd § 242 (§ 242 Rz 2) sein; beide sind idR identisch. Beachte Grundsatz der Gesamtabrechnung (§ 145 Rz 3). Die Schlußbilanz ist Maßstab für die Berechnung des Liquidationsgewinnes bzw -verlustes (§ 155 Rz 2).

§ 155 [Verteilung des Gesellschaftsvermögens]

(1) **Das nach Berichtigung der Schulden verbleibende Vermögen der Gesellschaft ist von den Liquidatoren nach dem Verhältnisse der Kapitalanteile, wie sie sich auf Grund der Schlußbilanz ergeben, unter die Gesellschafter zu verteilen.**

(2) [1]**Das während der Liquidation entbehrliche Geld wird vorläufig verteilt.** [2]**Zur Deckung noch nicht fälliger oder streitiger Verbindlichkeiten sowie zur Sicherung der den Gesellschaftern bei der Schlußverteilung zukommenden Beträge ist das Erforderliche zurückzubehalten.** [3]**Die Vorschriften des § 122 Abs. 1 finden während der Liquidation keine Anwendung.**

(3) **Entsteht über die Verteilung des Gesellschaftsvermögens Streit unter den Gesellschaftern, so haben die Liquidatoren die Verteilung bis zur Entscheidung des Streites auszusetzen.**

1. Zweck. § 155 betrifft nur die Verteilung von Vermögen. Die 1 Vorschrift ist abdingbar (hM; aA *Schmidt* ZHR 153 [1989], 285); einschr EBJ*Boujong* § 155 12; nach Auflösung ist die Zustimmung der Beteiligten iSd § 146 II, III erforderlich.

§ 155 Zweites Buch. Handelsgesellschaften u. stille Gesellschaft

2. Berichtigung der Schulden (nur) mit dem vorhandenen Vermögen (§ 149 Rz 2; hM; aA *StHabersack* § 155 9 mNachw: auch Anforderung von Nachschüssen), nicht notwendig auch streitiger Schulden, für die ja auch die Gesellschafter persönlich haften (§§ 128, 171 f). Die GesGläubiger besitzen hierauf keinen Anspruch (EBJ*Boujong* § 155 4; aA *Schmidt* ZHR 153 [1989], 284: § 155 II 2 ist Schutzgesetz iSd § 823 II BGB). Beachte Grundsatz der Gesamtabrechnung (§ 145 Rz 3). Außerdem müssen vor der Schlußverteilung die anderen Aufgaben iSd § 149 S 1 nach kaufmännischer Auffassung so erfüllt sein, daß der Vollbeendigung kein wesentliches Hindernis mehr entgegensteht. Eine Schlußbilanz (§ 154 Rz 4) braucht nicht unbedingt aufgestellt zu sein (BGH BB 68, 268; str).

2 **3. Schlußverteilung. a) Grundsatz.** Die Differenz zwischen der letzten Schlußbilanz, dh Erfolgsbilanz vor Auflösung (§ 120; hM; nicht Eröffnungsbilanz iSd § 154 Rz 2), u der Schlußbilanz iSd § 242 (hM) nach Berichtigung der Schulden (§ 154 Rz 4) ist iZw zunächst als **Abwicklungsgewinn bzw -verlust** nach Maßgabe der §§ 121, 120 II bzw des GesVertrages den Kapitalkonten (§ 120 Rz 4) gutzuschreiben bzw abzubuchen (BGH 19, 42, 47; abw *StHabersack* § 155 9 mNachw). Bei festen Kapitalkonten (§ 120 Rz 6) sind iZw alle Konten mit Eigenkapitalcharakter (§ 167 Rz 3) zusammenzurechnen (*Huber* ZGR 88, 62). Denkbar ist aber auch, daß dem GesVertrag zufolge die Verteilung des Abwicklungsgewinns bzw -verlusts nur nach Maßgabe der festen Kapitalkonten erfolgen soll. Das gesamte (BGH WM 72, 213) nach Bezahlung der GesSchulden der Ges (Rz 1) verbleibende Vermögen ist dann von der Ges (nicht § 128) nach Verrechnung der gg Gesellschafter gerichteten Ansprüche (§ 145 Rz 3) in Geld (BayObLG BB 83, 83) nach dem Verhältnis der so fortgeschriebenen positiven Kapitalanteile an die Gesellschafter mit positivem Kapitalanteil auszuschütten (BGH 19, 47). § 73 GmbHG ist bei der GmbH & Co analog anzuwenden (EBJ *Henze* § 177 a Anh A 230; *StHabersack* § 155 17 mNachw [vgl § 172 a Rz 9, 35]; aA: hM). Der Anspruch ist abtretbar (§ 717 S 2 BGB). Zusätzlich entstehen **Ausgleichsansprüche gg die Inhaber negativer Kapitalkonten** (Rz 4), wobei zu beachten ist, daß die Summe der positiven Kapitalanteile abzüglich der Summe der negativen Kapitalanteile dem vorhandenen Reinvermögen bzw der Überschuldung entsprechen muß. Nur **zur Nutzung** überlassene Gegenstände (nicht die Einlagen) sind zurückzugeben (§ 732 BGB; Zurückbehaltungsrecht s § 145 Rz 3), Gegenstände, die quoad sortem überlassen wurden (§ 105 Rz 31) gg Zahlung des Wertes. Widerspricht substantiiert ein Gesellschafter oder entsteht sonst Streit (Grenze: Rechtsmißbrauch), so ist die Verteilung aufzuschieben, es sei denn, daß der strittige Betrag hinterlegt wird (§ 155 III). Der **Streit** ist unter den streitenden Gesellschaftern (Klage auf Zustimmung zur Abrechnung; aA BGH NJW 99, 3486 [Feststellung]) auszutragen; bis zur Erledigung ist die Verteilung insoweit auszusetzen (BayObLG BB 83, 83). Die

Erster Abschnitt. Offene Handelsgesellschaft § 155

Beweislast liegt beim Anspruchsteller; die Anspruchsgegner trifft uU eine Substantiierungslast (BGH NJW 99, 3486; vgl auch § 114 Rz 7). Einzelne Ausschüttungsberechtigte können, sofern der Betrag nicht hinterlegt wurde, ihren Anteil selbst berechnen u bei der Ges (nicht § 128) einklagen (Nürnb BB 69, 1104). Die Liquidatoren können statt der Ges oder neben ihr auf Mitwirkung verklagt werden. Voreilige Ausschüttung verpflichtet nur ggüber der Ges u den Mitgesellschaftern zum Schadensersatz (Ausnahme: § 826 BGB; aA *Schmidt* ZHR 153 [1989], 284). **b) Abw Regelungen** sind zulässig (Rz 1), zB Verzicht auf Barverteilung. Liquidationsvergleich, BGH NJW 58, 299.

4. Die **vorläufige Verteilung (§ 155 II)** hat zu erfolgen, soweit 3 Gelder bei sorgfältiger Prüfung entbehrlich sind (Anspruch gg Ges). Verteilungsmaßstab sind iZw die Kapitalanteile bei Auflösung unter Berücksichtigung der inzwischen eingetretenen Entwicklung. Die Abschlagszahlungen mindern den Kapitalanteil. Zuviel Gezahltes ist nach GesRecht zu erstatten (aA: §§ 812 ff); § 167 III greift nicht ein (*Zacher* DStR 96, 1817 [str]). Beachte Grundsatz der Gesamtabrechnung (§ 145 Rz 3).

5. Sind alle bekannten und unstreitigen (Rz 1) **GesSchulden be-** 4 **friedigt** u – soweit vorhanden – das verbliebene **Vermögen verteilt** (Rz 2 f), so hat **der endgültige Ausgleich** zwischen den Gesellschaftern mit positivem u negativem Kapitalkonto (§ 120 Rz 4) in der Weise zu erfolgen, daß die Inhaber negativer Kapitalkonten unmittelbar an die übrigen Gesellschafter (nicht Ges [BGH NJW 84, 435 [hM]; aA StHabersack § 149 24; § 155 9 mNachw]) nach dem Verhältnis deren positiver Kapitalanteile in Höhe ihres Negativsaldos zahlen (§§ 735 BGB, 105 II HGB; BGH BB 66, 844). Die Geltendmachung der Ausgleichsansprüche kann im GesVertrag den Liquidatoren übertragen werden (BGH NJW 84, 435). Die Ausgleichsansprüche entstehen, sobald sie mit Sicherheit feststehen (Beweislast: Anspruchsteller; BGH NJW 84, 435); jedenfalls nach Aufstellung der Schlußbilanz. Haben volljährig Gewordene mit der Folge der Liquidation gekündigt (§ 132 Rz 5), so ist die Haftung gem § 1629 a BGB beschränkt. Wurde nicht gekündigt, muß nachgewiesen werden, daß die negative Kapitalkonto auf Geschäfte vor Volljährigkeit zurückzuführen ist (§ 1629 a BGB). Nach Zahlung an die Inhaber der positiven Kapitalanteile oder bei Auftauchen unbekannter Schulden sind die Kapitalanteile entspr fortzuschreiben. Nimmt dann ein GesGläubiger einen Gesellschafter in Anspruch, so erwirbt dieser nach den allg Regeln (§ 128 Rz 8, 13) einen Regreßanspruch gg seine Mitgesellschafter. In dem Umfang, in dem die Inhaber positiver Kapitalkonten durch solche Regreßansprüche oder den Vorwegabzug des eigenen Verlustanteils belastet werden, können sie von den Inhabern der noch nicht ausgeglichenen negativen Konten nach dem Verhältnis deren Verlustanteile Regreß verlangen; denn letztlich ist es Sache der Inhaber der negativen Kapitalkonten, im Rahmen der negativen Salden die noch offenen GesSchulden zu begleichen.

Demnach entfällt ein Regreßanspruch, wenn der einzige Inhaber eines negativen Kapitalkontos im Rahmen seines negativen Saldos die Ges-Gläubiger befriedigt. Bei mehreren negativen Kapitalkonten erfolgt der Ausgleich unter deren Inhabern nach dem Verhältnis deren Verlustanteile. Wird ein Kapitalkonto durch Zahlung wieder positiv, so kann der betroffene Gesellschafter von den verbleibenden Inhabern der negativen Kapitalkonten Ausgleich fordern (s o). Ist einer dieser Gesellschafter insolvent, so wird der Ausfall nach Maßgabe des § 735 S 2 BGB auch auf die Inhaber der positiven Kapitalkonten umgelegt. Der Kommanditist braucht grds nichts zu zahlen (Einzelheiten § 167 Rz 4; bei GmbH & Co s auch § 172 a Rz 18). Sind alle Kapitalanteile negativ, so kann jeder Gesellschafter vom anderen verlangen, daß er nach Maßgabe seiner Verlustbeteiligung zur Schuldentilgung beiträgt. Bei Kommanditisten ist auch hier § 167 III sowie bei GmbH & Co § 172 a Rz 18 zu beachten.

§ 156 [Rechtsverhältnisse der Gesellschafter]

Bis zur Beendigung der Liquidation kommen in bezug auf das Rechtsverhältnis der bisherigen Gesellschafter untereinander sowie der Gesellschaft zu Dritten die Vorschriften des zweiten und dritten Titels zur Anwendung, soweit sich nicht aus dem gegenwärtigen Titel oder aus dem Zwecke der Liquidation ein anderes ergibt.

1 1. **Zweck.** § 156 zeigt, daß die Ges in Liquidation mit der Ges vor Auflösung (§ 131) identisch ist (BGH 84, 381).

2. **Uneingeschränkt anwendbar** bleiben die §§ 6 I (hM), 19, 105, 109–111, 118, 122 II, 124, 125 a, 128–130 b, 140, 161, 166, 171–177 a. Zur faktischen Fortführung einer Ges iSd § 131 II s § 171 Rz 19; zu § 823 II BGB s § 149 Rz 4. Die Sonderverjährung beginnt gem § 159 grds mit der Eintragung der Auflösung, spätestens mit der Fälligkeit.

2 3. **Eingeschränkt anwendbar** sind die §§ 107, 108 I bei Änderung des Sitzes u der Firma, der § 112, der § 119 (Ausnahme: § 147), die §§ 120–122, 165, 167–169, soweit sie nicht von den §§ 154, 155 verdrängt werden.

4. **Gänzlich unanwendbar** sind die §§ 106 (außer bei Beitritt), 108 II, 114–117, 125, 126, 127, 131 III, 139, 164, 170.

§ 157 [Anmeldung des Erlöschens; Geschäftsbücher]

(1) **Nach der Beendigung der Liquidation ist das Erlöschen der Firma von den Liquidatoren zur Eintragung in das Handelsregister anzumelden.**

(2) ¹**Die Bücher und Papiere der aufgelösten Gesellschaft werden einem der Gesellschafter oder einem Dritten in Verwahrung gegeben.** ²**Der Gesellschafter oder der Dritte wird in Erman-**

gelung einer Verständigung durch das Gericht bestimmt, in dessen Bezirke die Gesellschaft ihren Sitz hat.

(3) Die Gesellschafter und deren Erben behalten das Recht auf Einsicht und Benutzung der Bücher und Papiere.

1. Erlöschen der Firma (§ 157 I). Obwohl die Ges mit der Auflö- 1 sung (§ 131) nicht mehr werbend u damit regelmäßig nicht mehr gewerblich tätig wird, erlischt die Ges samt Firma (§§ 17 ff) ohne Rücksicht auf Eintragung erst (Hamm DB 96, 2327) u immer dann, **wenn das Vermögen der Ges endgültig voll verteilt** (§ 155) oder hinterlegt ist oder die Ges aus sonstigen Gründen keine Vermögensgegenstände mehr besitzt (BGH NJW 95, 196; Düss DB 94, 2610; abw *SchlSchmidt* § 155 53), nicht aber schon, wenn sich alle GesAnteile in einer Hand vereinigen (§ 140 Rz 4 f; dann zwar Liquidation beendet, aber nicht § 157 [BayObLG BB 00, 1212]). Das gilt auch für die GmbH & Co KG (BGH DB 96, 1668 f). Unerheblich ist, daß Schulden offen sind (§ 128 Rz 15 [str]) oder noch ein Ausgleich gem § 735 BGB (§ 155 Rz 4) zu erfolgen hat (aA *StHabersack* § 155 34 mNachw). Für den Streit um die Vollbeendigung ist die Ges als parteifähig zu behandeln. Stellt sich die Vollbeendigung heraus, so ist die Klage als unzulässig abzuweisen (BGH NJW-RR 88, 477 f). Kommt es darauf an, ob eine Komplementär-GmbH vollbeendet ist oder noch über Vermögen verfügt, so genügt es nicht, daß die GmbH einen GesAnteil besitzt, sondern der GesAnteil muß auch werthaltig sein, dh das Aktivvermögen der KG muß größer sein als das Passivvermögen sein (BGH NJW-RR 88, 478). Die KG aus einer GmbH u einem Kommanditisten erlischt, wenn die GmbH vollbeendet ist (§ 140 Rz 4 f). Die Gesellschafter brauchen in die Ges keine Nachschüsse zu leisten (BGH NJW 84, 435; § 155 Rz 4). Trotz Vollbeendigung haben die Personen iSd § 157 II nachwirkende Pflichten der Ges (zB Grundbuchbewilligungen) zu erfüllen. Sicherheiten Dritter haften weiter für GesVerbindlichkeiten (BGH 82, 323), ebenso die Gesellschafter gem §§ 128, 171 ff. Prozeß, § 124 Rz 7. Das Erlöschen ist ohne Rücksicht auf Voreintragung (EBJ *Boujong* § 157 6) von allen Liquidatoren anzumelden; es genügt Anmeldung durch alle Gesellschafter (BayObLG DB 01, 1241). Bei Insolvenz hat der Insolvenzverwalter anzumelden. Die Eintragung, die ausnahmsweise von Amts wg erfolgen kann (Düss NJW-RR 95, 611; § 141 a FGG), hat nur deklaratorische Wirkung (BGH NJW 79, 1987). Stellt sich heraus, daß weitere Abwicklungsmaßnahmen notwendig werden (zB unbekanntes Vermögen wird entdeckt, auch in Form von Ansprüchen der Ges gg Gesellschafter), so können u müssen die Liquidatoren ohne besondere gerichtliche Bestellung (Ausnahme: PublikumsGes [BayObLG NJW-RR 93, 360]) u ohne Rücksicht auf die verfrühte Löschung im Register tätig werden (BGH NJW 90, 1728). Ausnahmen: Im Fall der §§ 131 II 1 Nr 2, 145 III greift § 146 II 3 ein. Zur Löschung der Löschung BayObLG BB 00, 1055. Vertrauensschutz

Dritter in den Fortbestand der Ges bis zur Eintragung u Bekanntmachung der Vollbeendigung: § 15, nicht § 5. Beachte § 158.

2 **2. Bücher und Papiere (§ 157 II)** bleiben, da unverwertbar, Gesamthandseigentum der Gesellschafter (str). Die Gesellschafter können sich über die Verwahrung verständigen (§ 119); notfalls bestimmt das Gericht (§ 145 f FGG). Der verwahrende Gesellschafter haftet nach § 708 BGB, ein Dritter nach den §§ 688 ff BGB. Verwahrungsfrist: § 257. Die Kosten tragen die Gesellschafter (§ 128). Das Amt des Verwahrers kann wie das des Liquidators beendet werden (§ 146 Rz 5). Beachte § 158.

3 **3. Einsicht.** § 157 III stellt klar, daß die Rechte der Gesellschafter aus § 118 auch in u nach der Liquidation bestehen bleiben. Sind die Bücher mit dem Geschäft veräußert worden, so gilt den Gesellschaftern ggüber ebenso wie ggüber Dritten § 810 BGB (str). Beachte § 158.

§ 158 [Andere Art der Auseinandersetzung]

Vereinbaren die Gesellschafter statt der Liquidation eine andere Art der Auseinandersetzung, so finden, solange noch ungeteiltes Gesellschaftsvermögen vorhanden ist, im Verhältnisse zu Dritten die für die Liquidation geltenden Vorschriften entsprechende Anwendung.

1 **1. Zweck.** § 158, der unabdingbar gilt, ordnet für bes Fälle der anderweitigen Auseinandersetzung (vgl Rz 3) im Interesse Dritter das Fortbestehen der Ges an.

2. Eine andere Art der Auseinandersetzung liegt vor, wenn die Auseinandersetzung nicht im Weg der Befriedigung der Gläubiger aus dem GesVermögen u Verteilung des Rests erfolgt (§ 145 Rz 2, 4), nicht aber bei Verkauf des Unternehmens (*StHabersack* § 145 35 [str]).

2 **3. Rechtsfolgen. a) Unter den Gesellschaftern** gelten soweit zulässig (§ 145 Rz 4) die vertraglichen Vereinbarungen. **b) Gegenüber Dritten** kommen die §§ 124 I, 124 II (str), 128–130 a, 146 I 1, II, III, 147 (hM), 149 S 2, 150, 151 zur Anwendung, solange noch verteilbares, sei es auch nach Auflösung entstandenes, verwertbares Gesamthandsvermögen (§ 157 Rz 1) vorhanden ist, die Ges also noch nicht voll beendet (§ 155) ist. Nach Vollbeendigung gilt § 157.

3 **4.** Wird eine nicht im Handelsregister eingetragene Ges lediglich nicht mehr **kaufmännisch** tätig, so greift § 158 nicht ein. Die OHG/KG hat sich in eine BGB-Ges umgewandelt (näher, auch zur im Handelsregister eingetragenen Ges, § 105 Rz 44). Erfolgt die Auseinandersetzung in der Weise, daß einer der Gesellschafter oder ein Dritter die Gesamtrechtsnachfolge antritt (vgl § 140 Rz 4 f), so ist nicht § 158, wohl aber sind die §§ 31, 143 II, 157 II anzuwenden (abw *StHabersack* § 157 4). Anmeldepflichtig sind hier die Gesellschafter. Dgg ist § 157 I, II auch bei der Insolvenz der Ges heranzuziehen (hM).

Erster Abschnitt. Offene Handelsgesellschaft **§ 159**

Sechster Titel. Verjährung. Zeitliche Begrenzung der Haftung

§ 159 [Ansprüche gegen einen Gesellschafter]

(1) Die Ansprüche gegen einen Gesellschafter aus Verbindlichkeiten der Gesellschaft verjähren in fünf Jahren nach der Auflösung der Gesellschaft, sofern nicht der Anspruch gegen die Gesellschaft einer kürzeren Verjährung unterliegt.

(2) Die Verjährung beginnt mit dem Ende des Tages, an welchem die Auflösung der Gesellschaft in das Handelsregister des für den Sitz der Gesellschaft zuständigen Gerichts eingetragen wird.

(3) Wird der Anspruch des Gläubigers gegen die Gesellschaft erst nach der Eintragung fällig, so beginnt die Verjährung mit dem Zeitpunkte der Fälligkeit.

(4) Die Unterbrechung der Verjährung gegenüber der aufgelösten Gesellschaft wirkt auch gegenüber den Gesellschaftern, die der Gesellschaft zur Zeit der Auflösung angehört haben.

1. Allgemeines. § 159 ist am 26. 3. 94 durch das NachhBG neu **1** gefaßt worden. Das NachhBG hat in der Sache in den Fällen der Auflösung (§ 145) der Ges nichts an der alten Rechtslage geändert; es hat lediglich die §§ 159 aF u 160 aF zum § 159 nF zusammengezogen sowie für die früher in § 159 erwähnten Fälle des Ausscheidens eine Sonderregelung in § 160 nF getroffen.

2. Eintragung der Auflösung in das Handelsregister. § 159 **2** regelt nunmehr ausschließlich Fälle der Auflösung iSd § 131 I, II. Maßgeblich ist unabhängig von Kenntnis des Gläubigers das Ende des Tages, an dem die Auflösung (§ 143 I) bzw der Vermerk über die Eröffnung des Insolvenzverfahrens (§ 32; BGH NJW 82, 2443) eingetragen worden ist; unerheblich sind die Bekanntmachung u die Eintragung der Vollbeendigung (*Seibert* DB 94, 461; *Nitsche* ZIP 94, 1921 [str]). § 15 ist unanwendbar, wenn ein falsches Datum bekanntgemacht wird. Zur Vereinigung aller Anteile in einer Hand bzw Übernahme des Aktiva und Passiva durch den „verbleibenden Gesellschafter" s § 160 Rz 2.

3. Verbindlichkeiten der Ges. Die Verbindlichkeiten der Ges, **3** gleich welcher Art, für die die Gesellschafter gem den §§ 128 ff, 171 ff haften; sie können auch nach Ende des Tages der Auflösungseintragung (Rz 2) begründet worden sein. §§ 159, 160 erfassen zB nicht die Haftung unmittelbar aus § 823 BGB (Eigentumsverletzung durch Gesellschafter). Der Umstand, daß auch die Ges gem § 31 BGB u über § 128 auch der Gesellschafter haften, läßt die unmittelbare Haftung unberührt (*Hardt* ZIP 99, 1542).

4 4. Verjährung. Abw Vereinbarungen mit Gläubigern sind nur im Rahmen des § 225 BGB zulässig. **a) Beginn der Frist.** Primär kommt es darauf an, wie der Anspruch ohne die Auflösung (§ 131) verjährt wäre (§§ 159 I HS 2, 129). Die auflösungsunabhängige Verjährungsfrist beginnt ohne Rücksicht auf § 159 zu laufen. Endet sie vor Ablauf der Fünfjahresfrist des § 159, so ist sie allein maßgeblich (§ 159 I; § 128 Rz 3). Endet die auflösungsunabhängige Verjährungsfrist später, so können sich die Gesellschafter auch in Hinblick auf gg die Ges titulierte Forderungen auf die Sonderverjährung des § 159 berufen. Danach beginnt die Frist der Sonderverjährung mit der Eintragung im Handelsregister (Rz 2) zu laufen; wenn die Forderung erst nach der Eintragung fällig wird, im Zeitpunkt der Fälligkeit (§ 159 III; BGH NJW 82, 2443). Die §§ 199, 200 BGB greifen analog ein (hM). **b) Fristende.** Die Frist endet grds nach fünf Jahren. **Ausnahmen:** Kürzere Normalverjährung (s o); rechtskräftiges Urteil gg Gesellschafter (BGH NJW 81, 2579); Hemmung, Unterbrechung (§§ 202 ff BGB, 129 HGB). Die Unterbrechung zu Lasten eines Gesellschafters wirkt nicht zu Lasten des übrigen. Die wirksame Unterbrechung ggüber der aufgelösten Ges kann allen Gesellschaftern entgegengehalten werden (§ 159 IV; BGH NJW 82, 2443), die im Zeitpunkt der Unterbrechung der Ges angehört haben (§ 128 Rz 10).

5 5. Enthaftung. § 160 ist auf die Gesellschafter, die bei Vollbeendigung (§ 157) der Ges noch angehören, nicht (analog) anwendbar, da bei der Auflösung die Ges als Schuldnerin wegfällt (BT-Drs 12/1868, S 7). Die Möglichkeit einer Kündigung des Gläubigers ist deshalb ebenso wie bei § 160 irrelevant. Es kann sich daher empfehlen, vor oder nach Auflösung die Ges in eine GmbH & Co KG umzuwandeln, um in den Genuß des § 160 zu gelangen. Zur Umwandlung in AG, GmbH s UmwG.

§ 160 [Haftung des ausscheidenden Gesellschafters; Fristen; Haftung als Kommanditist]

(1) ¹**Scheidet ein Gesellschafter aus der Gesellschaft aus, so haftet er für ihre bis dahin begründeten Verbindlichkeiten, wenn sie vor Ablauf von fünf Jahren nach dem Ausscheiden fällig und daraus Ansprüche gegen ihn gerichtlich geltend gemacht sind; bei öffentlich-rechtlichen Verbindlichkeiten genügt zur Geltendmachung der Erlaß eines Verwaltungsakts.** ²**Die Frist beginnt mit dem Ende des Tages, an dem das Ausscheiden in das Handelsregister des für den Sitz der Gesellschaft zuständigen Gerichts eingetragen wird.** ³**Die für die Verjährung geltenden §§ 203, 206, 207, 210, 212 bis 216 und 220 des Bürgerlichen Gesetzbuches sind entsprechend anzuwenden.**

(2) **Einer gerichtlichen Geltendmachung bedarf es nicht, soweit der Gesellschafter den Anspruch schriftlich anerkannt hat.**

(3) ¹Wird ein Gesellschafter Kommanditist, so sind für die Begrenzung seiner Haftung für die im Zeitpunkt der Eintragung der Änderung in das Handelsregister begründeten Verbindlichkeiten die Absätze 1 und 2 entsprechend anzuwenden. ²Dies gilt auch, wenn er in der Gesellschaft oder einem ihr als Gesellschafter angehörenden Unternehmen geschäftsführend tätig wird. ³Seine Haftung als Kommanditist bleibt unberührt.

I. Allgemeines

1994 sind die §§ 159 f durch das NachhBG novelliert worden. Man wollte in Parallele zu den §§ 26, 28 III HGB, 736 BGB, 45 UmwG die Haftung (§ 128) der aus der Ges gänzlich ausscheidenden (§ 105 Rz 48) oder in die Position eines Kommanditisten wechselnden Gesellschafters stärker begrenzen, um die Attraktivität der OHG, KG zu wahren (*Seibert* DB 94, 461). Zur Nachhaftungsbegrenzung bei Umwandlung in **AG, GmbH** etc s UmwG.

II. Ausscheiden, Wechsel in die Position des Kommanditisten

§ 160 greift unabhängig davon ein, ob der Gesellschafter aufgrund Vertrages (§ 105 Rz 48), Veräußerung (§ 105 Rz 50; § 171 Rz 26) oder gem bzw analog den §§ 131 III (aA EBJ*Seibert* § 160 17 bei Tod), 139, 140 aus der Ges ausgeschieden ist, auch dort, wo infolge des Ausscheidens Aktiva u Passiva auf den „verbleibenden Gesellschafter" (§ 140 Rz 4 f) übergehen (BGH NJW 00, 210). § 160 gilt auch im Hinblick auf die erbrechtliche Haftung (§ 139 Rz 10; § 177 4; EBJ *Strohn* § 173 25). Unerheblich ist, ob der Gesellschafter voll oder nur beschränkt haftete, ob der Gläubiger Mitgesellschafter war oder nicht. Dem die Aktiva u Passiva der Ges „übernehmenden Gesellschafter" (§ 140 Rz 4, 5) kommt § 160 nicht zugute. Gem § 160 III wird dem Ausscheiden die Vereinbarung einer Haftungsbeschränkung, durch die der voll haftende Gesellschafter in die Position eines Kommanditisten wechselt, gleichgestellt (§ 161 Rz 5); ebenso bei Umwandlung einer BGB-Ges in eine KG (§ 736 II BGB) für den Kommanditisten.

III. Verjährung

§ 160 nF läßt die Verjährung unberührt. Der Gesellschafter kann daher im Rahmen der §§ 128 f die vor der Enthaftung nach den allg. Vorschriften (§ 128 Rz 3; sofern Ausscheiden aus aufgelöster Ges auch § 159) eingetretene Verjährung geltend machen.

IV. Enthaftung

1. Kein Arbeits-, Ruhestandsverhältnis. Nur akzessorische Verbindlichkeiten iSd §§ 128 ff, 171 ff (§ 159 Rz 3), die *vor* dem Ausscheiden bzw dem Wechsel in die Position eines Kommanditisten begründet

§ 160

Aufgabe der Umdeutungstheorie [margin note]

worden oder kraft Rechtsscheins so zu behandeln sind (§ 128 Rz 10, 13). Verbindlichkeiten aus Dauerschuldverhältnissen sind wie sonstige Verbindlichkeiten zu behandeln (BGH NJW 00, 209). Nach dem 26. 3. 94 (z Situation davor s § 35 EGHGB) begründete Verbindlichkeiten erlöschen bzw bei Wechsel in Position eines Kommanditisten unterliegen der Haftungsbeschränkung der §§ 171 ff mit Ablauf der Frist (§§ 188 II, 193 BGB) von fünf Jahren nach Eintragung (§§ 143 II, 162 III, 172 I [BT-Drs 12/1868 S 8]; nicht Bekanntmachung; aA *Altmeppen* NJW 00, 2533 [Kenntnis; § 15 II]). Eine frühere Kündigungsmöglichkeit des Gläubigers ist unerheblich (BGH NJW 00, 210; aA *Altmeppen* NJW 00, 2535). Forderungen, die erst mehr als fünf Jahre nach Eintragung fällig werden, erlöschen mit dem Ausscheiden bzw unterliegen den Beschränkungen der §§ 171 ff, ohne daß dies durch eine spätere Aufrechnung, eine Klage (zB §§ 256, 259 ZPO) oder durch Anerkenntnis (§ 160 II) verhindert werden kann. Ausscheiden/Wechsel lassen den Fälligkeitszeitpunkt unberührt (*Steinbeck* WM 96, 2403). Dies alles ist von Amts wg zu berücksichtigen. **Ausnahmen:** Bei konkretem Rechtsschein (§ 15 Rz 24) fortbestehender Verhältnisse läuft Frist statt ab Eintragung vom Ende des Rechtsscheins an (§ 15 Rz 55). Der Gläubiger hat bei Fälligkeit innerhalb von fünf Jahren vor Ende der Frist in der in § 209 BGB genannten Weise (allg M) das Gericht angerufen, um den Anspruch endgültig durchzusetzen (beachte § 160 I 3 iVm §§ 212–216), oder der Anspruch ist vorher rechtskräftig festgestellt worden (§ 218 BGB). Es genügt eine Klage iSd § 256 ZPO, wenn der Anspruch noch nicht bezifferbar ist, bei öffentlich-rechtlichen Forderungen der Erlaß eines Verwaltungsaktes (§ 160 I 1). Gleiches gilt bei schriftlichem (§ 126 BGB) Anerkenntnis (§ 160 II; vgl § 208 BGB). Bei mündlichem Anerkenntnis kann die Enthaftung rechtsmißbräuchlich sein (vgl *PalHeinrichs* BGB, § 125 Rz 16 ff). Keine Ausnahme sollte man bei nicht im Zusammenhang mit Verträgen entstandenen Ersatzansprüchen machen, mit denen der Gläubiger innerhalb der 5-Jahresfrist nicht konkret rechnen mußte (aA *Hardt* ZIP 99, 1549; gg *Medicus* FS Lutter [2000], S 891). Die Frist kann gehemmt (§ 160 I 3 iVm §§ 203, 206 f BGB) oder unterbrochen (§ 160 I 3 iVm § 210) sein. Eine gerichtliche Geltendmachung der Forderung unterbricht zugleich die Verjährung, wenn die Verjährungsfrist nicht abgelaufen ist (Rz 3). Die Enthaftung tritt ferner selbst bei Forderungen, die nach mehr als fünf Jahren fällig werden, nicht ein, wenn der Schuldner zeitweise oder endgültig darauf verzichtet hat, sich auf § 160 zu berufen; denn § 160 ist **abdingbar** (*Seibert* DB 94, 462; *Steinbeck* WM 96, 2043 [hM]; aA *StHabersack* § 160 7). § 225 ist nicht analog anwendbar (Umkehrschluß aus § 160 I 3). **Bürgschaften** für oder Beitritte zu Verbindlichkeiten der Ges, Anerkenntnisse des Gesellschafters iSd § 780 BGB werden von § 160 nicht erfaßt.

5 **2. Enthaftung bei Arbeits-, Ruhestandsverhältnissen** Verbindlichkeiten iSd §§ 128 ff, 171 ff, die nach dem 26. 3. 94 begründet

worden sind, erlöschen nach den bei Rz 4 entwickelten Regeln. Bei Insolvenz der Ges hat der Gesellschafter nur den Teil des gem § 95 InsO kapitalisierten Betrages der Betriebsrente zu leisten, der auf den Zeitraum entfällt, für den er keine Enthaftung geltend machen kann. Zu vor dem 27. 3. 94 begründeten Forderungen s §§ 35, 36 EGHGB.

Zweiter Abschnitt. Kommanditgesellschaft

§ 161 [Begriff der KG; Anwendbarkeit der OHG- Vorschriften]

(1) **Eine Gesellschaft, deren Zweck auf den Betrieb eines Handelsgewerbes unter gemeinschaftlicher Firma gerichtet ist, ist eine Kommanditgesellschaft, wenn bei einem oder bei einigen von den Gesellschaftern die Haftung gegenüber den Gesellschaftsgläubigern auf den Betrag einer bestimmten Vermögenseinlage beschränkt ist (Kommanditisten), während bei dem anderen Teile der Gesellschafter eine Beschränkung der Haftung nicht stattfindet (persönlich haftende Gesellschafter).**

(2) **Soweit nicht in diesem Abschnitt ein anderes vorgeschrieben ist, finden auf die Kommanditgesellschaft die für die offene Handelsgesellschaft geltenden Vorschriften Anwendung.**

I. Typen

1. In der den §§ 161 ff als Modell zugrunde liegenden **gesetzestypischen KG** arbeiten natürliche Personen als voll haftende Gesellschafter (**Komplementäre**) mit ihrer ganzen Arbeitskraft unternehmerisch leitend, während eine begrenzte Zahl von Kommanditisten im wesentlichen als Kapitalgeber fungiert. Komplementäre können nicht gleichzeitig Kommanditisten sein (vgl § 177 Rz 3).

2. Die KG kann **kapitalistische** Züge annehmen, wenn dem Ges-Vertrag zufolge die Kommanditisten die Geschicke der KG leiten.

3. Bei der **GmbH & Co KG** u ähnlichen KapitalGes & Co KG-Varianten übernimmt typischerweise eine jur Person die Rolle des voll haftenden Gesellschafters u ermöglicht damit allen natürlichen Personen eine Haftungsbeschränkung gem §§ 161 I, 171 u zugleich mittelbar die Vertretung durch Außenstehende. Dabei können die Kommanditisten und die Gesellschafter der GmbH personengleich sein (zB der einzige Kommanditist ist zugleich der Alleingesellschafter der GmbH); es können aber auch zB die GmbH-Gesellschafter ihre Anteile auf die KG übertragen haben (**EinheitsGes**; *Esch* BB 91, 1129; § 172 VI); ferner kann an die Stelle der Komplementär-GmbH eine weitere GmbH & Co KG treten (**mehrstufige** GmbH & Co KG; krit *Schmidt* DB 90, 93).

§ 161
Zweites Buch. Handelsgesellschaften u. stille Gesellschaft

3   4. Die **PublikumsGes** ist eine KG, die auf den Beitritt einer unbestimmten Vielzahl erst noch zu werbender Geldanleger aufgrund eines vorformulierten GesVertrages angelegt ist. Die geworbenen Gesellschafter, deren Zahl irrelevant ist (BGH NJW 88, 971) wirken bei der Auswahl der weiteren Anleger nicht mit (BGH NJW 88, 1904).

5. **Ausländische Ges & Co.** Siehe § 105 Rz 17.

II. Grundsatz

4   Die KG ist nach dispositivem Recht eine Abart der OHG (§ 105), bei der im Unterschied zur OHG nur ein Teil der Gesellschafter geschäftsführungsbefugt ist u voll haftet (**Komplementäre**, § 128), während einzelne Gesellschafter (**Kommanditisten**) nur beschränkt haften (§§ 161, 171 ff). Es gelten daher die Erl zu den §§ 105 ff, soweit nicht die §§ 162 ff für die Kommanditisten Abweichendes regeln (§ 161 II) oder nach dem GesVertrag Sonderregeln eingreifen.

III. Entstehen der KG

5   1. **Grundregeln. a) Vertragsschluß, -auslegung, Formbedürftigkeit** s § 105 Rz 5 ff. Eine OHG wandelt sich zwingend unter Beibehaltung ihrer Identität in eine KG um, wenn die Gesellschafter vereinbaren, daß einzelne von ihnen (Kommanditisten) nur bis zu einem bestimmten Betrag (§ 161 I) haften sollen (§ 105 Rz 12; § 128 Rz 14; § 162 Rz 1). Das Entstehen einer KG ist auch nach Maßgabe des UmwG denkbar. **b) Zum Mindestinhalt des Vertrages** s § 105 Rz 5 ff; anders als bei der OHG bedarf es einer (konkludenten) Haftungsbeschränkungsvereinbarung (§ 161 I), deren Eintragung im Handelsregister nicht konstitutiv ist (arg e § 176), aber wg § 176 höchst empfehlenswert ist. Beweislast für Haftungsbeschränkungsvereinbarung, § 105 Rz 12. **c) Gesellschafter,** § 105 Rz 13 ff. Die KG muß immer zumindest einen voll haftenden Gesellschafter (Komplementär) besitzen (vgl § 131 Rz 8; § 139 Rz 7; § 140 Rz 4). Der „Kommanditist", der gleichzeitig voll haftet, ist immer mit seinem ganzen GesAnteil ausschließlich Komplementär (Ausnahme: § 124 Rz 2). Zum TestVollstrecker § 177 Rz 7; **d) Firma:** § 19. **e) Unwirksamkeit, Anfechtbarkeit des Vertrages, faktische (fehlerhafte) Ges,** § 105 Rz 25 ff; **f) ScheinKG,** § 105 Rz 29; § 171 Rz 10, § 176 Rz 8.

6   2. **GmbH & Co** (§ 161 Rz 2). Vgl Rz 5 ff. Zusätzlich ist zu berücksichtigen, daß bei Abschluß des GesVertrages derjenige GmbH-Geschäftsführer, der zugleich Kommanditist ist, durch die GmbH von § 181 BGB befreit sein muß (BGH BB 68, 481). Die Vor-GmbH (§ 105 Rz 18) kann voll haftende Gesellschafterin sein; ebenso die VorgründungsGes (§ 172 a Rz 27 ff), wenn sie ihrerseits eine HandelsGes (OHG) darstellt (§ 105 Rz 19; str). Zu beachten ist allerdings, daß der Geschäftsführer der Vor-GmbH uU nur eine beschränkte Vertretungsmacht besitzt (Einzelheiten *BauHueck* GmbHG § 11 19). Zur

Firma der KG s Erl zu § 19 II; bei Verstoß u Umwandlung in eine GmbH & Co KG kommt eine Rechtsscheinshaftung in Betracht (BGH NJW 81, 2569; 91, 2627; NJW-RR 88, 478 f; § 171 Rz 10; § 172 a Rz 22). Die Ges betreibt nicht schon deshalb ein kaufmännisches Gewerbe (§ 105 Rz 10), weil die GmbH Formkaufmann (§ 13 GmbHG) ist (BayObLG BB 85, 79; hM).

3. PublikumsGes (§ 161 Rz 3). **GesVertrag**, vgl Rz 5 ff. **Besonderheiten:** Hier ist über die für die gesetzestypische KG geltenden Regeln hinaus bei solchen Abreden **Schriftform** erforderlich, durch die den Gründern Vorteile eingeräumt werden (BGH NJW 83, 1118; zutr weitergehend *Stimpel* FS Fischer [1979], 772; BGH NJW 76, 1451). Dies gilt auch bei Beteiligung der Anleger über Treuhandkommanditisten (BGH NJW 78, 755; DStR 95, 27). Bes Grundsätze gelten ferner für die **Auslegung** des GesVertrages, § 105 Rz 7. Der GesVertrag ist ebenso wie der Treuhandvertrag gem § 242 BGB einer **Inhaltskontrolle** unterworfen (BGH NJW 75, 1318; 88, 971, 1903; str), die vielfach am AktG (zB §§ 84 III, 93 VI, 116 AktG) sowie am Leitbild ausgewogener Anlegerchancen u -risiken orientiert wird (BGH NJW 82, 2303). Das AGBG greift nicht ein (§ 105 Rz 5). Zu den unwirksamen bzw anfechtbaren Verträgen sowie Vertragsklauseln s § 105 Rz 27 f. Zur Stellung von Vermittlern als Empfangsboten der KG, BGH NJW 85, 1081. Initiatoren, Gründer, Gestalter u maßgebliche Hintermänner (BGH NJW 95, 1025; Karlsr NJW-RR 01, 466) einer PublikumsGes, die auf die Geschicke der KG besonderen Einfluß ausüben u damit für die Herausgabe des Prospekts (mit)verantwortlich sind, sowie diejenigen, die kraft Berufs, Sachkunde oder sonst herausgehobener beruflicher oder wirtschaftlicher Stellung (zB Wirtschaftsprüfer, Rechtsanwälte; nicht notwendig alle Treuhänder [BGH NJW 87, 1264]) nach außen erkennbar (weitergehend BGH DB 00, 2366) Verantwortung tragen, können aus cic oder Beratungsvertrag wg der Unvollständigkeit (es muß aus der Sicht der Interessenten ein zutreffendes Bild von den Vor- und Nachteilen der Beteiligung gezeichnet werden) oder Unrichtigkeit der Angaben, mit denen die unmittelbar oder mittelbar beteiligten (Rz 10) Anleger geworben wurden, oder mangels späterer Richtigstellung (BGH 123, 110) **haftbar** sein. Vgl BGH NJW 80, 41; 80, 1840; 81, 1449; 82, 1095; 84, 865; 84, 2523; 88, 1584; 92, 242; 95, 1354 f [stille Ges]; 00, 3346; NJW-RR 86, 968; 86, 1159; 90, 229; BB 84, 171; 87, 920; 92, 2310 f; DStR 95, 27; 95, 326; DB 00, 1609; 00, 2365 f; krit *Kiethe* NZG 99, 858. Es gilt § 276 BGB (hM; Beweislast: Initiatoren, etc; BGH BB 92, 2310). Das Verschulden der bei der Initiierung des Projektes beteiligten Treuhandkommanditisten brauchen sich Anleger nicht zurechnen zu lassen (Mü EWiR 01, 303). Der Schaden ist zumindest prima facie durch die Verletzung der Aufklärungspflicht verursacht (BGH NJW 00, 3347; *Stodolkowitz* VersR 99, 11). Schadensberechnung: BGH NJW-RR 90, 229. Verjährung: BGH BB 01, 542. Zur Haftung von Banken BGH BB 00, 1854. Keine

§ 161 Zweites Buch. Handelsgesellschaften u. stille Gesellschaft

AGB-Freizeichnung: Hmbg NZG 00, 659. Denkbar sind auch Treuhandverträge zugunsten der Anleger (§ 328 BGB; BGH NJW-RR 86, 1158). Normale Mitanleger u die KG haften nicht (BGH NJW 85, 1469; 87, 2677; Mü NJW-RR 00, 625; KG WM 00, 1331), insbes nicht die KG vor Kündigung auf Erstattung der Einlage (BGH NJW-RR 00, 1578); anders Anlegergesellschafter mit Einfluß auf die Richtigkeit der Angaben (BGH NJW 85, 380; 91, 1608; BB 92, 452). Eine insbes in Hinblick auf die Verjährung schärfere Haftung kommt dort in Betracht, wo persönliches Vertrauen in Anspruch genommen wurde (BGH NJW-RR 90, 230). Denkbar ist auch eine Haftung aus § 823 II BGB iVm § 264a StGB. Anlageberater u -vermittler haften aus Vertrag bzw cic (BGH WM 00, 427 ff; *Heymann* NJW 99, 1579 mNachw) uU auch gem § 823 II BGB iVm § 264a StGB. Der *Treuhandkommanditist* hat sich über Umstände, die für die Beurteilung des von Anfang an in der Hand des Treuhänders entstehenden GesAnteils maßgeblich sind, zu informieren u die Treugeber (Anleger) aufzuklären (BGH NJW 95, 130; einschr Ffm NZG 00, 819). Er ist (Rz 10) für mangelnde oder falsche Aufklärung durch Personen, die er zum Abschluß des Treuhandvertrages eingeschaltet hat, gem § 278 BGB verantwortlich (BGH NJW 82, 2493; 92, 242). Verjährung, BGH BB 92, 2455. Beitritt, Austritt, Anfechtung s Rz 20.

IV. Verhältnis unter den Gesellschaftern

8   **1. Grundregeln.** Soweit die §§ 161 ff keine Sonderregelungen treffen, gelten die §§ 105 ff (§ 161 II). **a) Beitrag** § 105 Rz 31. Die Pflichteinlage des Kommanditisten (§ 171 Rz 4) ist Eigenkapital der KG; dh sie wird automatisch mit etwaigen Verlusten verrechnet (§ 167 Rz 2; § 171 Rz 12) u steht in der Insolvenz voll zur Befriedigung der KG-Gläubiger zur Verfügung (BGH NJW 85, 1468). Zu den das Eigenkapital bildenden Beiträgen können auch „Darlehen" u dgl gehören (BGH NJW 88, 1841; näher § 172a Rz 1). Der Anspruch auf Leistung der Pflichteinlage (§ 171) ist grds abtretbar (näher § 171 Rz 4). **b) Actio pro socio** § 105 Rz 34; **c) Treuepflicht, Gleichbehandlung** § 105 Rz 35 ff; **d) Geschäftsführung,** § 164. **e) Gesellschafterbeschlüsse,** § 119. **f) Herausgabe, Rechenschaft, Information, Kontrolle,** Erl zu den §§ 164, 166. **g) Aufwendungsersatz,** § 110. **h) Entnahme, Gewinn,** Erl zu den §§ 167 ff; **i) GesAnteil,** § 124 Rz 2; **j) Wettbewerbsverbot,** Erl zu § 165) **k) Handelsregister,** §§ 162, 172.

9   **2. GmbH & Co** (§ 161 Rz 2). Für die Rechte u Pflichten gelten die Grundregeln (Rz 8), bei deren Anwendung dem Umstand Rechnung zu tragen ist, daß der Zweck der GmbH (auch) auf ihre Tätigkeit als voll haftende Gesellschafterin gerichtet ist. Es gelten daher nicht nur die allg **Treuegebote** (§ 105 Rz 35 ff), sondern die Gesellschafter der GmbH bzw die Kommanditisten als Vertreter der Einheits-KG (§ 164 Rz 5) sind kraft der ihnen obliegenden Treuepflicht auch gehalten, die

Interessen ihrer Mitgesellschafter in der Rolle als Kommanditisten angemessen zu berücksichtigen (BGH NJW 76, 192; weitergehend: auch der Nur-Kommanditisten [*Stimpel* AG 86, 119; aA EBJ*Henze* § 177 a Anh A 88]). Die GmbH darf selbst dann mitbestimmen, wenn die KG an ihr maßgeblich beteiligt ist (BGH NJW 93, 1267). Kommanditisten dürfen dem Geschäftsführer der GmbH keine Weisungen erteilen. Allg zur **Geschäftsführung** s § 164 Rz 5; die Komplementär-GmbH haftet für Geschäftsführungsfehler gem § 276 (vgl BGH NJW 80, 591; aA: § 43 GmbHG; enger EBJ*Henze* § 177 a Anh A 67 [nur kapitalistisch oder körperschaftlich strukturierte GmbH & Co]); der Anspruch kann im Weg der actio pro socio geltend gemacht werden (§ 105 Rz 34); zur Haftung der **GmbH-Geschäfts-führer** s § 172 a Rz 21; zum Beirat s § 114 Rz 4. Zu **Informations- und Kontrollrechten** s § 166 Rz 4.

3. PublikumsGes (§ 161 Rz 3). **a)** Die **Grundregeln** (Rz 8) 10 können nur modifiziert anwendbar sein, falls die Anleger an der KG nur als Treugeber über einen **Treuhandkommanditisten** beteiligt sind. Dieser ist dann Kommanditist mit normalen Rechten u Pflichten ggüber der KG (BGH NJW 80, 1162; vgl auch § 105 Rz 20). Der Treuhänder ist im Verhältnis zu den Anlegern deren Geschäftsbesorger (§§ 675, 667, 670 BGB; BGH NJW 80, 1163; 85, 1176; NJW-RR 92, 930), wobei die vertraglichen Abreden zwischen den Treugebern u ihm der Inhaltskontrolle gem § 242 unterliegen (BGH NJW 88, 1904; 91, 2907), um zu verhindern, daß ohne ausreichenden sachlichen Grund einseitig die Belange des Treuhänders gewahrt werden u die berechtigten Interessen der Anleger unangemessen beeinträchtigt werden. Pflichtwidriges Verhalten löst nach den allg Regeln des Geschäftsbesorgungsvertrages Schadensersatzansprüche aus. Der Treuhänder kann aus wichtigem Grund mit Mehrheitsbeschluß (hM) abberufen werden (BGH BB 88, 160); der einzelne Anleger kann kündigen (Hamm ZIP 00, 795) u bei groben Pflichtverletzungen des Treuhänders „aus der KG austreten" (vgl § 105 Rz 28; § 133 Rz 3, BGH NJW 79, 1504) bzw den Treuhänder auf Schadensersatz an die KG verklagen (BGH NJW 87, 3121). Siehe auch Rz 20. Im GesVertrag kann vorgesehen sein, daß den Anlegern unmittelbar einzelne an sich nicht abspaltbare (§ 717 BGB) GesRechte (zB Stimmrechte) zugewiesen werden, so daß sie so gestellt sind, als wären sie selbst Kommanditisten (BGH NJW 87, 2677: idR; s § 105 Rz 20), bzw daß Rechte des Treuhänders gg die Anleger an die KG abgetreten werden. Ohne eine solche Abtretung erwirbt die KG keine Rechte gg die Anleger (Düss DB 91, 1274). Zur Anscheinsvollmacht der Komplementärin Hamm ZIP 00, 794. Zur Haftung der Anleger ggüber Gläubigern der KG, § 105 Rz 20; § 172 Rz 35; *Zacher* DStR 96, 1817.

b) Nachschußvereinbarungen u die Abrede, neben der Pflicht- 11 einlage weitere Leistungen zu erbringen, müssen eindeutig getroffen werden; sie sind eng auszulegen (BGH NJW 79, 419, 2102; § 105 Rz 7). **c)** Neben der Kommanditeinlage vereinbarte **Darlehen, stille**

Beteiligungen und dgl sind nach der Rspr regelmäßig materielles Eigenkapital u daher weder isoliert kündbar (BGH 93, 159) noch im Insolvenzverfahren rückzahlbar (näher § 172 a Rz 18). Konsequent werden andererseits Zahlungen auf „Darlehen" auf die Haftsumme (§ 172 I) angerechnet (BGH NJW 82, 2253).

12 **d) Geschäftsführung,** Rz 9; § 164 Rz 2, 6; **e) Beirat,** § 114 Rz 4. IZw muß der Beirat auch analog § 111 AktG überwachen (BGH BB 80, 546). Mitglieder des Beirats oder sonstiger Aufsichtsgremien der Ges haften unabdingbar analog den §§ 93, 116 AktG (BGH NJW 75, 1318; 83, 1675), sofern sie geschäftsmäßig tätig werden. Anspruchsberechtigt ist grds die KG (BGH NJW 85, 1900), es sei denn, daß ausnahmsweise ein Vertrag mit Schutzwirkung für Dritte zu bejahen ist. Zwingend Verjährungsfrist mindestens fünf Jahre (BGH NJW 83, 1676). Zur Vergütung, BGH DB 98, 1129. **f) Gesellschafterbeschlüsse** s § 119 Rz 6 ff; auch ohne bes Regelung gilt das Mehrheitsprinzip (vgl BGH NJW 78, 1382; 98, 1948; aA *Kort* DStR 93, 438), nicht dgg das Bestimmtheitsgebot (§ 119 Rz 9) u die Kernbereichsschranke (§ 109 Rz 5). Bei Einberufung der Gesellschafterversammlung genügt iZw Frist des § 51 I 2 GmbHG; Angabe der Tagesordnungspunkte iZw nicht erforderlich (BGH DB 98, 1128). **g) Information, Kontrolle,** § 166 Rz 4; **h) Rechtsstreitigkeiten,** § 105 Rz 30.

V. Verhältnis zu Dritten (Außenverhältnis)

13 **1. Grundregeln. a) Wirksamwerden,** §§ 161 II, 123; **b)** Die KG ist wie die OHG **Trägerin von Rechten und Pflichten** einschl des **Besitzes** (§§ 161 II, 124; vgl Erl zu § 124). Sie ist Kaufmann (§ 6). **c)** In **Prozeß** u **Zwangsvollstreckung** gilt § 124 II. **d)** Zur **Vertretung** s Erl zu § 170; **e) Haftung** s Erl zu §§ 171 ff; zu unerlaubten Handlungen, Leistungsstörungen s § 124 Rz 4. **f) Firma,** §§ 19, 21 ff. **g)** Die Kommanditisten sind keine Kaufleute (s § 1 Rz 23).

14 **2. GmbH & Co** (§ 161 Rz 2). **a) Wirksamwerden.** Da bereits die Vor-GmbH Gesellschafterin werden kann, kann die KG nach Maßgabe des § 123 entstehen, bevor die GmbH eingetragen ist (BGH NJW 85, 736 f). **b) Träger von Rechten, Besitz und Pflichten, Prozeß, Zwangsvollstreckung:** Es gelten die Grundregeln (Rz 13). Die GmbH ist nur Gesellschafterin. **c) Vertretung der KG,** § 170 Rz 2; **d)** Die GmbH **haftet** als Komplementärin gem § 128 HGB unbeschränkt mit ihrem Vermögen (vgl § 172 a Rz 7 ff). Die Gesellschafter der GmbH, der GmbH-Geschäftsführer u sonstige Dritte können uU (§ 172 a Rz 2 ff) in Anspruch genommen werden. Zur Haftung in der Vor-GmbH u Vorgründungs-GmbH s § 172 a Rz 24 ff. Zur Haftung nach Eintragung der GmbH s § 172 a Rz 7, 25. Zur Arbeitnehmermitbestimmung s § 4 MitbestG. Danach unterfällt die GmbH der Mitbestimmung der Arbeitnehmer im Aufsichtsrat, wenn die KG idR

Zweiter Abschnitt. Kommanditgesellschaft **§ 161**

mehr als 2000 Arbeitnehmer beschäftigt u die Kommanditisten mehrheitlich die Anteile an der GmbH besitzen.

3. PublikumsGes (§ 161 Rz 3). Es gelten die Grundregeln (Rz 13) sowie typischerweise die Sonderregeln der GmbH & Co (§ 172a Rz 1 ff). Haftet ein Treuhandkommanditist, so können die Treugeber den Aufwendungsersatzansprüchen des Treuhandkommanditisten (Rz 10) ihrerseits Schadensersatzansprüche entgegenhalten, selbst wenn dadurch KG-Gläubiger geschädigt werden (aA Düss DB 91, 1275); denn die Gläubiger haben ihr Vertrauen auf die Person des im Register eingetragenen Kommanditisten gesetzt. Zur unmittelbaren Haftung von Treugebern, Rz 10.

VI. Änderung des Gesellschaftsvertrages, der Gesellschaftsaktivitäten

1. Grundregeln s § 105 Rz 40 ff. § 128 Rz 14. Wechselt der einzige Komplementär in die Position eines Kommanditisten oder scheidet er ersatzlos aus, so ist die Ges aufgelöst (§ 131 bzw § 140 [analog]) bzw wird zur OHG (§ 131 Rz 8). Zum Verzicht auf die Haftungsbeschränkung, § 105 Rz 12. **15**

2. GmbH & Co (§ 161 Rz 2). Es gelten die Grundregeln (Rz 15). Der Geschäftsführer der GmbH, der zugleich Kommanditist ist, hat § 181 BGB zu beachten. In dem einstimmigen Beschluß der KG-Gesellschafter zur GesVertragsänderung liegt iZw eine Befreiung von § 181 BGB (BGH NJW 76, 1538). **16**

3. PublikumsGes (§ 161 Rz 3). Siehe Rz 15. Mehrheitsbeschlüsse sind in weitem Rahmen zulässig (§ 119 Rz 9). Soweit nichts Abweichendes geregelt ist, genügt analog § 278 AktG eine 3/4-Mehrheit (vgl BGH NJW 78, 1383; weitergehend St*Schilling* § 161 25). Ausnahme Kernbereich (§ 109 Rz 5); der Kernbereich wird nicht berührt, wenn der Gesellschafter seine Pflichteinlage nur erhöhen kann, aber nicht muß. Es kann Pflicht zur Zustimmung bestehen (§ 105 Rz 42). Ohne vertragsgemäßen Mehrheitsbeschluß besteht keine Pflicht zur Ausweitung von Lasten (BGH NJW-RR 89, 994 f). Im Weg der ergänzenden Vertragsauslegung ist bei wichtigen Änderungen ein Recht der Überstimmten zum fristlosen Austritt zu bejahen (BGH NJW 78, 1383). Die ges u vertraglich vereinbarte Schriftform wird auch durch Protokollierung des Beschlusses gewahrt, nicht aber bei Individualerklärungen von Gesellschaftern (BGH NJW 76, 959; s auch Rz 7). **17**

VII. Beitritt, Ausscheiden, Austritt, Übertragung, Verpfändung, Pfändung des Gesellschaftsanteils

1. Grundregeln. Siehe § 161 II, § 105 Rz 46 ff, § 139, § 171 Rz 29 f, § 173. Das Ausscheiden des letzten voll haftenden Gesellschafters führt zur Auflösung (§ 131 Rz 8), das Ausscheiden des letzten **18**

Koller

§ 161 Zweites Buch. Handelsgesellschaften u. stille Gesellschaft

Kommanditisten ohne Wechsel der Identität der Ges zur OHG (§ 105 Rz 12) bzw zur einzelkaufmännischen Firma (§ 140 I 2 analog). Zum Tod eines Kommanditisten, § 177.

19 **2. GmbH & Co** (§ 161 Rz 2). Es gelten die Grundregeln (Rz 18) u die Erl zu § 172a. Der GmbH-Geschäftsführer kann als Vertreter der GmbH der Übertragung des Kommanditanteils an ihn ohne Befreiung von § 181 BGB zustimmen (BayObLG DB 77, 1085 f). Erstreckt sich die Übertragung auf den GmbH-Anteil, so ist die Verpflichtung dazu insgesamt formbedürftig (§ 15 IV GmbHG; BGH NJW 86, 2642).

20 **3. PublikumsGes** (§ 161 Rz 3). Siehe Grundregeln (Rz 18). Die dem unmittelbaren oder mittelbaren (Rz 10) Beitritt zugrunde liegenden Vertragsbestimmungen bedürfen, soweit sie die Gründer begünstigen, zumindest der Schriftform (näher Rz 7). Kapitalanlagevermittler können Empfangsboten der aufnehmenden Gesellschafter bzw der Ges sein (BGH NJW 85, 1080). Ein Gesellschafter kann außer in den Fällen, die den allg Regeln unterliegen (§ 105 Rz 28, 48), auch durch einseitige Erklärung austreten, wenn er arglistig getäuscht worden ist (§ 105 Rz 28) oder sonst ein wichtiger Grund vorliegt, der nur einzelne Kommanditisten betrifft (BGH NJW 77, 2160; 78, 378), sofern die Ges nicht bereits aufgelöst ist (§ 131; BGH NJW 79, 765) ist (vgl auch § 133 Rz 1, 3). Dies gilt auch bei Beteiligung über einen Treuhandkommanditisten (BGH 73, 299). Die Erklärung kann an alle Gesellschafter oder an die zur Annahme der Beitrittserklärung befugte Person (BGH NJW 75, 1022; Celle NJW-RR 99, 1338) adressiert werden. Ein Übernahmerecht oder Ankaufsrecht nach freiem Ermessen ist gem § 242 BGB unwirksam (s § 140 Rz 6; Mü NJW-RR 87, 925). Zur Haftung der Initiatoren, Gründer, Gestalter, Hintermänner, Banken, Sachwalter, Treuhänder, Sachverständigen s Rz 7.

VIII. Auflösung, Beendigung

21 **1. Grundregeln.** Vgl § 161 II sowie Erl zu §§ 131–160, 177. Scheidet der einzige Komplementär aus, so ist die KG ebenfalls aufgelöst (§ 131 Rz 8). Aus dem GesVertrag, ggf im Weg ergänzender Auslegung, kann sich die Pflicht ergeben, Anstalten zur Fortsetzung der KG zu treffen.

22 **2. GmbH & Co** (§ 161 Rz 2). Es gelten die Grundregeln (Rz 21) u § 172a Rz 18, 31 ff. Die Überschuldung ist idR ein Grund für die Eröffnung des Insolvenzverfahrens (§ 19 III InsO).

3. PublikumsGes (§ 161 Rz 3). § 133 greift nicht ein, wenn durch mehrheitlichen Gesellschafterbeschluß (§ 161 Rz 17) der wichtige Grund noch ausgeräumt werden kann (BGH NJW 77, 2161) oder dem Interesse der betroffenen Gesellschafter ein außerordentliches Recht zum Austritt (§ 133 Rz 3) genügt (BGH NJW 73, 1604). Im übrigen gelten die Regeln für die GmbH & Co. Lit. *Grziwotz* DStR 93, 362.

Zweiter Abschnitt. Kommanditgesellschaft **§§ 162, 163**

§ 162 [Anmeldung zum Handelsregister]

(1) **Die Anmeldung der Gesellschaft hat außer den in § 106 Abs. 2 vorgesehenen Angaben die Bezeichnung der Kommanditisten und den Betrag der Einlage eines jeden von ihnen zu enthalten.**

(2) **Bei der Bekanntmachung der Eintragung der Gesellschaft sind keine Angaben zu den Kommanditisten zu machen; die Vorschriften des § 15 sind insoweit nicht anzuwenden.**

(3) **Diese Vorschriften finden im Falle des Eintritts eines Kommanditisten in eine bestehende Handelsgesellschaft und im Falle des Ausscheidens eines Kommanditisten aus einer Kommanditgesellschaft entsprechende Anwendung.**

1. **Zweck.** Parallelvorschrift zu den §§ 106 ff u Modifikation des 1
§ 10 I 2.

2. **Pflichtanmeldung. a) Der KG, Kommanditisten.** Es gelten
die §§ 106–108 (§ 161 II). Es sind zwingend alle Kommanditisten einzutragen (BGH 10, 44). Die „Bezeichnung des Kommanditisten" ist
iSd § 106 II 1 zu verstehen. Zur Einlage, § 172 I (§ 171 Rz 5). Seit
der Novelle BGBl I 2001 126 erfolgt keine Bekanntmachung zu den
Kommanditisten. **b) Veränderungen (§ 162 III).** Beitritt, Ausscheiden, Übertragung (§ 161 Rz 18); Erbfolge; TestVollstreckung. Dem
steht das Überwechseln in die Kommanditisten- bzw die Komplementärposition gleich (BayObLG DB 88, 851). Die §§ 143 I, 144 II, 157 I,
148 I, 150 gelten auch hier. Der Übergang auf einen Rechtsnachfolger
ist deutlich zu machen, damit nicht der Eindruck des Eintritts eines
neuen Kommanditisten bei Ausscheiden des alten Kommanditisten (u
damit einer Vermehrung der Haftungssubjekte) entsteht (§ 171 Rz 26).
c) Rechtsfolgen. Die Eintragung wirkt von §§ 176, 174 abgesehen
deklaratorisch. Vertrauensschutz, § 15. In Hinblick auf Kommanditisten
fehlerhafte Bekanntmachungen führen nicht zur Anwendbarkeit des
§ 15 (§ 162 II HS 2), uU aber zur allg Rechtsscheinshaftung (§ 15
Rz 36 ff). **d) Komplementäre, Nießbraucher, Treugeber, Unterbeteiligte, TestVollstrecker.** Siehe § 106 Rz 2.

3. **Freiwillige Anmeldung.** Befreiung vom Verbot des Selbstkon- 2
trahierens (BayObLG NJW-RR 00, 562, 1421). Eine Eintragungspflicht besteht nicht (Hmbg ZIP 86, 1187; aA *BauHopt* § 125 26).

§ 163 [Rechtsverhältnis der Gesellschafter untereinander]

Für das Verhältnis der Gesellschafter untereinander gelten in Ermangelung abweichender Bestimmungen des Gesellschaftsvertrages die besonderen Vorschriften der §§ 164 bis 169.

§ 163 ist in Hinblick auf die Kommanditisten die Parallelvorschrift zu 1
§ 109. Siehe dortige Erl zur **Privatautonomie** der Gesellschafter u
deren Grenzen. Die Privatautonomie wird durch die §§ 170 ff weiter

§ 164 Zweites Buch. Handelsgesellschaften u. stille Gesellschaft

begrenzt. Zu den für PublikumsGes geltenden Sonderregeln s Erl zu § 161. Soweit die §§ 164–169 für die Kommanditisten keine Regelungen treffen, greifen die §§ 161 II, 105 III ein. Für die Komplementäre (§ 161 Rz 1) gelten die §§ 161 II, 109 ff.

§ 164 [Geschäftsführung]

¹**Die Kommanditisten sind von der Führung der Geschäfte der Gesellschaft ausgeschlossen; sie können einer Handlung der persönlich haftenden Gesellschafter nicht widersprechen, es sei denn, daß die Handlung über den gewöhnlichen Betrieb des Handelsgewerbes der Gesellschaft hinausgeht.** ²**Die Vorschriften des § 116 Abs. 3 bleiben unberührt.**

1   **1. Zweck.** Die Kommanditisten fungieren bei der gesetzestypischen KG (§ 161 Rz 1) primär als Kapitalgeber.

2. Komplementäre. a) Grundregeln. Es gelten die §§ 161 II, 110, 114–117. Es ist zulässig, alle Komplementäre von der Geschäftsführung (§ 114 Rz 2) ganz oder teilweise durch GesVertrag oder gem § 117 auszuschließen (BGH 51, 201; aA EBJ*Weipert* § 164 5), sofern die Geschäfts-führung den Kommanditisten übertragen wird (näher Rz 3). Die Komplementäre können auch an Weisungen der Kommanditisten gebunden werden (BGH 45, 204; vgl Rz 3).

2   **b) GmbH & Co.** Siehe § 161 Rz 2, 9. Der GmbH-Geschäftsführer (z Auswahl Rz 5) führt als Organ der Komplementärin „GmbH" die Geschäfte der KG. Er kann Angestellter der KG sein (beachte § 170 Rz 2). Sein Vertrag ist dann analog § 622 I 1 BGB kündbar, es sei denn, daß er herrschender Gesellschafter ist (BGH NJW 87, 2073). Ist ein nichtiger Anstellungsvertrag vollzogen, so ist er grds so zu behandeln, als wäre er gültig (BGH NJW 95, 1158). Die Geschäftsführungsbefugnis der GmbH, die durch ihre Geschäftsführer ausgeübt wird, kann gem § 117 entzogen werden (Einzelheiten: BGH NJW 84, 174). Gg den GmbH-Geschäftsführer können die Kommanditisten nicht (*StSchilling* § 164 18; § 38 II GmbHG [hM]) vorgehen. Anders als bei der normalen KG besteht idR eine erweiterte Insolvenzantragspflicht (§ 130 a). Zur Haftung der GmbH u des GmbH-Geschäftsführers s § 161 Rz 9 sowie Erl zu § 172 a. Faktische Geschäftsführer kann dieselbe Verantwortlichkeit wie den ges Geschäftsführer treffen (BGH NJW 88, 1789). **c) PublikumsGes** (§ 161 Rz 3). Die Geschäfte sind treuegemäß mit der Sorgfalt eines ordentlichen Kaufmanns zu führen (BGH NJW 95, 1355). Zusätzlich ist zu beachten, daß zwingend die Abberufung aus wichtigem Grund (§ 117) durch Beschluß (einfache Mehrheit) erfolgen kann (hM; BGH NJW 88, 971). Haftung: § 105 Rz 37.

3   **3. Kommanditisten. a) Grundregeln. aa)** Von der **gewöhnlichen Geschäftsführung** (§ 114 Rz 2) sind die Kommanditisten ausgeschlossen. Ihnen steht auch kein Widerspruchsrecht iSd § 115 I zu (Celle OLGR 00, 80). Das Recht der actio pro socio (§ 105 Rz 34)

Zweiter Abschnitt. Kommanditgesellschaft § **164**

bleibt unberührt. Die Notgeschäftsführung ist zulässig, § 114 Rz 9. Der **GesVertrag** kann die Geschäftsführung den Kommanditisten übertragen (BGH 17, 393; 51, 201; anders Vertretung; s § 170). Es gelten (nur; aA Hamm NZG 01, 74) dann für die Kommanditisten die in der Erl zu § 114 genannten Rechte u Pflichten sowie die §§ 115–117, nicht aber § 114 II. Denkbar ist auch die Eröffnung von Weisungsrechten ggüber den Komplementären. In beiden Fällen müssen den Komplementären (Ausnahme: Komplementäre iSd § 172a) zumindest bei außergewöhnlichen Geschäften (§ 116) Widerspruchsrechte verbleiben (ähnlich *SchlMartens* § 16429; aA BGH 51, 201: voller Ausschluß der Komplementäre zulässig); jedenfalls sind die zwingenden Schranken der Treuepflicht, der Zumutbarkeit u des GesInteresses (§ 105 Rz 35; § 109 Rz 4) zu beachten. Weisungsberechtigte Kommanditisten können, wenn der Komplementär ersichtlich vermögenslos u von einer eigenständigen Geschäftsführung ausgeschlossen ist, Dritten persönlich unbeschränkt haften (*Koller* FS Heinsius [1991], S 370; vgl ferner § 171 Rz 19; enger BGH 45, 204 [hM]). **Vergütung**, § 114 Rz 8. Die Geschäftsführungsmacht ist iZw nicht vererblich (vgl § 139 Rz 4). Zur Altersversorgung s § 17 BetrAVG. Denkbar sind auch selbstständige **Dienstverträge**, die uU nicht losgelöst vom GesVertrag kündbar sind (BAG NJW 79, 999). Ein Arbeitsverhältnis wird nur dann begründet, wenn der Kommanditist weisungsabhängig tätig wird (vgl BAG DStR 98, 1645; § 114 Rz 6).

bb) Außergewöhnliche Geschäfte (§ 116 Rz 2) bedürfen der Zu- 4 stimmung (s Erl zu § 116) der Kommanditisten (allg M). Ausnahme: Prokura (§ 164 S 2; aA *SchlMartens* § 16420; *BauHopt* § 1645: nur, wenn Prokuraerteilung selbst nicht außergewöhnlich ist). Das Zustimmungserfordernis ist durch GesVertrag modifizier- u gänzlich abdingbar (BGH 20, 368; Celle OLGR 00, 80; aA *Kübler* GesR, § 8 II 1). **cc)** An **Grundlagengeschäften** (§ 114 Rz 2) sind die Kommanditisten nach grds abdingbarem Recht uneingeschränkt beteiligt. Siehe § 119 Rz 1, 9. **dd) Verbundene Unternehmen, Konzern,** § 105 Rz 36, § 114 Rz 7.

b) GmbH & Co. Die übrigen KG-Gesellschafter haben auf die 5 Auswahl des GmbH-Geschäftsführers keinen Einfluß. Die GmbH hat aber treuegemäß (§ 105 Rz 35) auszuwählen. Siehe ferner § 161 Rz 9; § 114 Rz 7. Die KG kann mangels Vertrages vom Geschäftsführer der KG nicht Auskunft verlangen (aA Hamm NZG 01, 74), sondern nur von der Komplementär-GmbH. Bei der EinheitsGes (§ 161 Rz 2) ist nach hM zur Abstimmung iSd § 46 GmbHG eine Bevollmächtigung der Kommanditisten durch die KG erforderlich (*Esch* BB 91, 1131; abw *SudhoffLiebscher* § 3 Rz 5).

4. PublikumsGes. Siehe § 161 Rz 3, 10, 12. § 164 S 1, 2. HS ist 6 unpraktikabel. Die Kommanditisten können durch vertragsändernden Mehrheitsbeschluß (§ 161 Rz 17) ein Kontrollorgan einrichten. Das Zustimmungserfordernis kann nicht ganz abbedungen werden, es sei

§§ 165, 166 Zweites Buch. Handelsgesellschaften u. stille Gesellschaft

denn, daß zum Ausgleich ein effizientes Kontrollorgan geschaffen wird (aA *Stimpel* FS Fischer [1979], S 776). Abberufung, § 117 Rz 5.

§ 165 [Wettbewerbsverbot]
Die §§ 112 und 113 finden auf die Kommanditisten keine Anwendung.

1　**1.** Der abdingbare § 165 trägt dem Umstand Rechnung, daß der gesetzestypische Kommanditist gem den §§ 164, 166 nur begrenzt Einblick u Einfluß besitzt.

2　**2. Komplementär. a) Grundregel.** Es gelten die §§ 112–113. **b) GmbH & Co.** Das Wettbewerbsverbot gem § 112 gilt auch zu Lasten der GmbH (BGH NJW 97, 1924), der GmbH-Geschäftsführer (*Armbrüster* ZIP 97, 272) u der beherrschenden GmbH-Gesellschafter (BGH 89, 167; abw *SchlMartens* § 165 24).

3　**3. Kommanditisten.** Sie unterliegen der allg Treuepflicht (§ 105 Rz 35). Sie dürfen daher insbes keine konkreten Informationen der KG u, wenn sie für die KG tätig werden, nicht deren konkrete (*Röhricht* WPg 92, 775) Geschäftschancen für sich verwerten (BGH NJW 89, 2687). § 113 ist insoweit nicht anwendbar (aA *SchlMartens* § 113 2). Weitergehend haben sie abstrakt jeden Wettbewerb zu unterlassen (§§ 112, 113), wenn sie nach innen die Geschicke der KG wesentlich bestimmen können (BGH NJW 84, 1352; 89, 2687; weiter EBJ*Weipert* § 165 7: Geschäftsführungsbefugnis) oder wenn sie erheblich über § 166 hinausgehende Informationsrechte besitzen (aA *Armbrüster* ZIP 97, 271; enger Ffm DB 92, 2940; EBJ*Henze* § 177 a Anh A 95: Rechte iSd § 118 I) oder wenn sie die KG sonst wesentlich gefährden können (*Röhricht* WPg 92, 771). Das Wettbewerbsverbot kann auch eine Konzernmutter treffen (BGH NJW 84, 1351; abw *SchlMartens* § 165 24) sowie nur mittelbar beteiligte Gesellschafter, die die Ges kontrollieren (*StUlmer* Anh § 105 42). Zu Nießbrauchern etc § 113 Rz 2. Ein vertragliches Wettbewerbsverbot kann gg §§ 1 GWB, 85 EGV oder gg § 138 BGB verstoßen (BGH NJW 82, 938). Zum Wettbewerbsverbot nach Ausscheiden s § 131 Rz 24.

§ 166 [Kontrollrecht]
(1) Der Kommanditist ist berechtigt, die abschriftliche Mitteilung des Jahresabschlusses zu verlangen und dessen Richtigkeit unter Einsicht der Bücher und Papiere zu prüfen.

(2) Die in § 118 dem von der Geschäftsführung ausgeschlossenen Gesellschafter eingeräumten weiteren Rechte stehen dem Kommanditisten nicht zu.

(3) Auf Antrag eines Kommanditisten kann das Gericht, wenn wichtige Gründe vorliegen, die Mitteilung einer Bilanz und eines Jahresabschlusses oder sonstiger Aufklärungen sowie die Vorlegung der Bücher und Papiere jederzeit anordnen.

Zweiter Abschnitt. Kommanditgesellschaft **§ 166**

1. Zweck. Mittel zur Kontrolle der Geschäftsführung u Wahrung 1
von Teilhaberechten.

2. Komplementäre. Siehe Erl zu § 118.

3. Ordentliche Informationsrechte der Kommanditisten
(§ 166 I). **a) Grundregeln. aa) Aktiv-, Passivlegitimation.** Vgl
§ 118 Rz 2. **bb) Jahresabschluß.** Siehe §§ 120, 242 III. Darüber hinaus kann der Kommanditist die Abschrift der Steuerbilanz fordern, wenn auf deren Basis die Gewinne ermittelt oder versteuert werden (*Michalski* NZG 99, 880). Die Ansprüche sind unabdingbar. **cc) Recht zur Einsicht in Bücher und Papiere** zur Kontrolle des aufgestellten (§ 120 Rz 1 a) u noch nicht festgestellten (§ 120 Rz 2) Jahresabschlusses etc. Vgl Erl zu § 118 Rz 3. Die KG muß beweisen, daß die Unterlagen zur Kontrolle nicht erforderlich sind (BGH BB 79, 1315 f). Eine Einsicht in Warenbestände, Kasse, Besichtigung der Geschäftsräume oder Teilnahme an Gesprächen zur Bilanzerstellung steht dem Kommanditisten nicht zu, wohl aber die Einsicht in einen Prüfungsbericht (BGH NJW 89, 3273; aA *Michalski* NZG 99, 880; diff *Binz-Freudenberg* BB 91, 786). Abdingbarkeit, Rz 7.

dd) Der Kommanditist kann nach allg Grundsätzen (§ 131 AktG) 2
außerdem **ergänzende Erläuterungen und Auskünfte** verlangen, soweit die schriftlichen Unterlagen nicht ausreichen u soweit er die Informationen für die sachgerechte Beurteilung der Angelegenheiten der Ges benötigt (BGH DB 83, 1865 [hM]). Dies gilt auch für die Angelegenheiten von Tochterunternehmen (§ 118 Rz 3). Im Rahmen der **actio pro socio** (§ 105 Rz 34) kann er Ansprüche aus §§ 713, 666 BGB gg die geschäftsführenden Gesellschafter (§ 114 Rz 7; § 164 Rz 3; *StSchilling* § 166 3; *BinzFreudenberg* BB 91, 787; *Huber* ZGR 82, 550; aM *SchlMartens* § 118 17; *Schmidt* GesR, § 53 III 3) jedenfalls nur erheben, soweit die Mitwirkungsrechte des Kommanditisten und Informationsinteressen der KG (Hamm NZG 01, 74) reichen. Deshalb darf zB der Kommanditist, der nicht geschäftsführungsbefugt (§ 164) ist, im Weg der actio pro socio nicht mittels eines allg Auskunftsrechts Informationen über laufende Geschäfte verlangen (BGH NJW 92, 1892; § 166 II). Abdingbarkeit, Rz 7; Schranken: Siehe § 118 Rz 3. Das Auskunftsrecht kann dort zum **allg Auskunfts- und Einsichtsrecht** erstarken, wo der Kommanditist ohne diese Einsicht bei wichtigen Abstimmungen ins Blaue agieren müßte (offen BGH NJW 92, 1891; zutr bejahend *SchlMartens* § 166 18 f; *StSchilling* § 166 2 [hM]; enger *Hahn* BB 97, 745).

ee) Durchsetzung durch Klage bzw einstw Verfügung (§ 940 ZPO 3
[str]) vor einem ordentlichen Gericht. Das Urteil ergeht auf Erläuterung, Auskunft bzw auf Einsicht schlechthin (BGH 25, 115); im Vollstreckungsverfahren ist zu berücksichtigen, wie weit die Einsicht durch das Informationsrecht gedeckt ist. Der Informationsanspruch ist schiedsfähig (*Weipert* DStR 92, 1102). Daneben greift grds (Rz 7) unabdingbar § 166 III ein (Rz 5). **ff)** Das **Informationsrecht** aus

Koller 459

§ 166 Zweites Buch. Handelsgesellschaften u. stille Gesellschaft

§ 166 endet mit dem Ausscheiden aus der KG bzw mit der Vollbeendigung der KG (§ 118 Rz 2); es entsteht im Rahmen der §§ 810, 242 BGB (BGH NJW 89, 3273).

4 **b) GmbH & Co (§ 161 Rz 2).** Soweit der Kommanditist zugleich GmbH-Gesellschafter ist, steht ihm ggüber der GmbH das Recht aus §§ 51 a, 51 b GmbHG auch in Hinblick auf die KG-Angelegenheiten zu (BGH NJW 89, 226; Karlsr DB 98, 1320). Der Nur-Kommanditist kann sich ausschließlich auf § 166 sowie das ergänzende Auskunftsrecht (Rz 3) berufen (hM). Bei Abhängigkeitsverhältnissen (§§ 15 ff AktG) kann der Kommanditist Auskünfte über den Einfluß des beherrschenden Gesellschafters sowie über Vorgänge bei der TochterGes fordern (BGH BB 84, 1271 f; s o Rz 3 sowie § 118 Rz 3). Haftung, § 164 Rz 2; § 161 Rz 9. Abdingbarkeit, Rz 7. **c) PublikumsGes** (§ 161 Rz 3). § 51 a GmbHG ist analog anzuwenden (*RothAltm* GmbHG, § 51 a Rz 41; aA die hM; *SchlMartens* § 166 42); s Rz 7.

5 **4. Außerordentliches Informationsrecht der Kommanditisten (§ 166 III). a) Grundregeln.** Die Rechte aus § 166 III stehen dem Kommanditisten gg die KG (BayObLG BB 87, 711; 91, 1590: ausschließlich) u gg die geschäftsführenden Gesellschafter (BGH NJW 84, 2470) neben den Rechten aus §§ 166 I HGB, 713 BGB (Rz 2) bzw analog § 131 AktG zu; nach allg Ansicht grds selbst dann, wenn die Rechte aus § 166 I abbedungen sind (s auch Rz 7). Ein wichtiger Grund liegt vor, wenn der konkrete Verdacht besteht, daß die berechtigten Interessen der Kommanditisten gefährdet sind (BGH NJW 84, 2471; BayObLG BB 91, 1590), zB infolge Eingliederung in Konzern (§§ 15 ff AktG [hM]). Die Voraussetzungen des § 118 II müssen nicht erfüllt sein. Der Kommanditist kann Einsicht, Auskünfte oder Erteilung von Zwischenbilanzen bis zu dem Punkt verlangen, an dem erkennbar wird, daß seine Interessen nicht gefährdet sind. Zur Beiziehung von Sachverständigen u Vertretern, § 118 Rz 3. Für die Anordnung der Information ist das Registergericht zuständig (§ 145 FGG; vgl BayObLG NJW-RR 95, 299). Der Einwand der Schiedsgerichtsabrede ist zulässig (BayObLG DB 78, 2405; *Schmidt* ZIP 87, 218). Der Kommanditist kann statt dessen oder daneben vor einem ordentlichen Gericht klagen oder eine einstw Verfügung (§§ 935 ff ZPO [str]) beantragen (BGH NJW 84, 2471; hM; abw BayObLG BB 91, 1590). Die KG u der Geschäftsführer (§ 114), die den Auskunftsanspruch nicht erfüllen, machen sich gem §§ 280, 286, 708 BGB schadensersatzpflichtig.

6 **b) GmbH & Co (§ 161 Rz 2).** Hier kann auch der Nur-Kommanditist gem § 51 a GmbHG Auskunft von der GmbH fordern (*RothAltm* GmbHG, § 51 a Rz 41; aA *HachenburgHüffer* GmbHG, § 51 a Rz 76 [hM]; s auch § 166 Rz 4). Zum Auskunftsrecht des GmbH-Gesellschafters gem § 51 a GmbHG, *BinzFreudenberg* BB 91, 788. Das Auskunftsrecht ggüber der GmbH bezieht sich auch auf Angelegenheiten der KG (BGH DB 88, 2090). **c) PublikumsGes.** Vgl Rz 4, 7.

5. GesVertrag. Die ges Informationsrechte können erweitert werden. Sie dürfen unter Respektierung des Kernbereichs (§ 109 Rz 5) nur eingeschränkt werden, wenn zu befürchten ist, daß der Kommanditist die Informationen zu gesfremden Zwecken verwenden u dadurch der KG oder einem verbundenen Unternehmen einen nicht unerheblichen Nachteil zufügen wird (vgl EBJ *Henze* § 177 a Anh A 109; BGH NJW 89, 225 f: § 51 a GmbHG analog; aA die hM, die zT nur die Rechte aus § 166 III, zT bei wichtigen Gründen [Rz 5] auch die zur Ausübung von Gesellschafterrechten notwendigen Auskunftsrechte [§ 131 AktG analog], zT die Mitteilung der Bilanz für unabdingbar erklärt [*Schmidt* GesR, § 53 III 3; *HeyHorn* § 166 28; zurückhaltend *BinzFreudenberg* BB 91, 787 f]). Das allg Informationsrecht (Rz 2) wird durch die Abbedingung des § 166 I nicht berührt (*Goerdeler* FS Kellermann [1991], S 80). Die Verlagerung des Informations- u Kontrollrechts auf Dritte ist wie bei der OHG zulässig (§ 118 Rz 4). Insbes bei **PublikumsGes** kann daher, uU muß das individuelle Überwachungsrecht durch die Errichtung eines von Kommanditisten wählbaren u kontrollierbaren Überwachungsorgans (vgl BGH NJW 84, 2471; Celle WM 83, 743; § 114 Rz 4) ersetzt werden. Im Fall des § 166 III muß der Kommanditist das individuelle Recht ausüben können, jedenfalls wenn das Kontrollorgan nicht angemessen tätig wird. 7

§ 167 [Gewinn und Verlust]

(1) **Die Vorschriften des § 120 über die Berechnung des Gewinns oder Verlustes gelten auch für den Kommanditisten.**

(2) **Jedoch wird der einem Kommanditisten zukommende Gewinn seinem Kapitalanteil nur so lange zugeschrieben, als dieser den Betrag der bedungenen Einlage nicht erreicht.**

(3) **An dem Verluste nimmt der Kommanditist nur bis zum Betrage seines Kapitalanteils und seiner noch rückständigen Einlage teil.**

1. Zweck. Der Kommanditist soll nicht durch Stehenlassen von Gewinnen sein Gewicht in der KG erhöhen können; er soll ein begrenztes Risiko tragen. § 167 ist abdingbar. 1

2. Komplementäre. Siehe Erl zu den §§ 120 ff.

3. Kommanditisten. a) Es greifen die allg Regeln über **Gewinnermittlung sowie Bilanzauf- und -feststellung** ein (§ 120 Rz 1 a, 2). **b) Kapitalanteil.** Siehe § 120 Rz 4 ff. **aa) Dispositives Recht** (§ 120 II). Der Gewinnanteil (§ 168) wird dem variablen Kapitalkonto (§ 120 Rz 5) zugeschrieben, solange das Kapitalkonto nicht den Betrag der vereinbarten Pflichteinlage (bedungene Einlage; § 171 Rz 4) ausweist (aA *StSchilling* § 167 7: fällige Einlage), sei es, weil die Pflichteinlage noch nicht voll geleistet war, sei es, weil das Kapitalkonto durch Verlust oder Entnahmen (aA *StSchilling* § 169 2: nur zulässige Entnahmen) unter den Betrag der Pflichteinlage gesunken oder sogar negativ 2

§ 167 Zweites Buch. Handelsgesellschaften u. stille Gesellschaft

(Rz 4) geworden war. Maßgeblich ist die Erfolgsbilanz zu fortgeführten Buchwerten (BGH NJW 90, 1109). Sobald der Betrag der Pflichteinlage erreicht ist, darf der Gewinn nur noch auf einem gesonderten (zweiten) Konto verbucht werden oder muß ausbezahlt werden (§ 167 II). Der auf dem zweiten Konto verbuchte Gewinn stellt keine Einlage, sondern eine normale Forderung gg die KG dar (Fremdkapital). Sie kann grds jederzeit, auch nach längerem Stehenlassen, selbst nachdem das Kapitalkonto inzwischen wieder unter den Stand der Pflichteinlage gesunken ist oder nach Auflösung/Ausscheiden (§ 169 Rz 4), erhoben werden (Ausnahmen: Treuepflicht [§ 169 Rz 2]; Funktion als Eigenkapitalersatz [§ 172 a Rz 11 ff]). § 353 gilt nicht.

3 **bb) GesVertrag.** Es kann ein Recht zur Aufstockung des Kapitalkontos vereinbart werden. Die Gesellschafter können ferner (auch nachträglich; Kernbereich [§ 109 Rz 5]) vereinbaren, daß die Gewinne der KG nach Auffüllung des Kapitalkontos als Darlehen verbleiben (Darlehenskonto; § 120 Rz 6), daß die Entnahme beschränkt wird oder daß die Gewinne zum Eigenkapital (§ 171 Rz 4) werden, indem die automatische Verrechnung mit Verlusten zugelassen wird (*Huber* ZGR 88, 29). Die Gesellschafter können auch konkludent Ansprüche auf Vorschuß vereinbaren (*Huber* ZGR 88, 41). In Fällen eines **festen Kapitalkontos** (§ 120 Rz 6) werden auf einem zweiten Konto vielfach fortlaufend Gewinne, Verluste u (verdeckte) Entnahmen verbucht, so daß dieses Konto auch negativ werden kann (zB Kapitalkonto II). Derartige Konten sind, da sie zur automatischen Verlustverrechnung führen, ebenfalls materiell Eigenkapitalkonten (§ 120 Rz 6). Ein Recht zur Entnahme besteht bei diesen Konten nur nach Maßgabe des GesVertrages, hilfsweise gem § 122 analog (§ 169 Rz 3). Ein Debet auf einem Kapitalkonto ist nicht gesondert, auch nicht aus Darlehenskonten (§ 169 Rz 3) auszugleichen (§§ 707 BGB, 167 III HGB; BGH NJW 83, 164), es sei denn, es resultiert aus rückzahlbaren (verdeckten) Entnahmen. IZw ist, wenn das Debet nach dem GesVertrag zu verzinsen ist, der Zinsbetrag auf dem Kapitalkonto zu verbuchen u darf nicht in bar geltend gemacht werden (Düss BB 91, 1230). Werden Gewinne auf Konten gebucht, auf denen sie nicht automatisch mit Verlusten verrechnet werden, so spiegeln sie unabhängig von ihrer Entnahmefähigkeit (§ 169 Rz 3) unentziehbare Forderungen des Gesellschafters gg die Ges (Fremdkapital) wider, selbst wenn sich das Kapitalkonto I oder II im Debet befindet (Kln ZIP 00, 1727; *Huber* ZGR 88, 75; § 169 Rz 3 f). Der Kommanditist hat kein Recht auf Verrechnung mit seinem negativen Kapitalkonto. Zum materiellen Eigenkapital, § 171 Rz 4. Zu Verlustvortragskonten, *Huber* ZGR 88, 86; FS Knobbe-Keuk [1997], S 205; *Oppenländer* DStR 99, 941 f. Auf **Rücklagenkonten** ist dgg Eigenkapital der Ges (keine Forderungen gg die Ges) verbucht, von dem Verluste so lange abzuschreiben sind, bis die Rücklage aufgebraucht ist (*Huber* FS Knobbe-Keuk [1997], S 209 ff). Diese Abbuchungen lassen die Kapital- u Darlehenskonten unberührt. Die Rückla-

Zweiter Abschnitt. Kommanditgesellschaft § 168

gen können, so wie sie gebildet werden, „aufgelöst", dh als normale Gewinne behandelt werden. Im Rahmen des § 172 IV, bei Auflösung der Ges oder bei Ausscheiden sind die Rücklagen nach den für die Verteilung des Eigenkapitals geltenden Regeln zu behandeln (*Huber* FS Knobbe-Keuk [1997], S 214).

c) Verlust. § 167 III besagt iVm § 169 II, daß der Kommanditist **4** nicht nur nicht nachschußpflichtig ist, sondern daß zu seinen Lasten bei seinem Ausscheiden (§ 161 Rz 18) oder bei der Auflösung der Ges (§ 131) auch nicht die §§ 735, 739 BGB gelten, so daß er ggüber den Mitgesellschaftern nicht ausgleichspflichtig wird. Vielmehr verliert der Kommanditist allenfalls seinen positiven Kapitalanteil u hat bei Verlusten, die den Kapitalanteil (Summe der Eigenkapitalkonten; Rz 3) übersteigen, maximal die rückständige Pflichteinlage (§ 171 Rz 4) sowie die rückzahlbaren Entnahmen zu leisten (BGH NJW 83, 877). Materielles Eigenkapital (§ 172 a Rz 18) ist iZw außerhalb der Insolvenz nicht zu verrechnen (*Fleischer* Finanzplankredite [1995], S 222, 237 ff). Die durch Kapitalanteil, rückzahlbare Entnahmen u offene Einlage nicht gedeckten Verluste haben letztlich die Komplementäre u diejenigen Kommanditisten zu tragen, die ihre Pflichteinlage noch nicht erbracht haben oder Entnahmen erstatten müssen (§ 155 Rz 4). Das Kapitalkonto kann deshalb trotz des § 167 III negativ werden (§ 120 Rz 4). Der passive Posten stellt keine Forderung der KG gg den Kommanditisten dar (§ 167 III), es sei denn, daß er auf unrechtmäßigen oder auf Zeit geduldeten Entnahmen beruht (BGH 68, 227). Er ist daher außer bei klaren abw Vereinbarungen (§ 105 Rz 5 ff; Düss NJW-RR 91, 1386) oder Beschlüssen (§ 119 Rz 9) nicht zu verzinsen (BGH BB 82, 2007). Das **negative Kapitalkonto** hat aber zur Konsequenz, daß spätere Gewinne (haftungsfrei: § 172 IV) erst dann ausbezahlt werden können, wenn das Kapitalkonto wieder den Stand der Hafteinlage (§ 171 Rz 25) erreicht hat. Gem § 169 I 2 entsteht auch erst dann wieder ein ausschüttbarer Gewinnanspruch, wenn das Kapitalkonto bis zum Stand der auf die Pflichteinlage (§ 171 Rz 4) erbrachten (§ 169 Rz 2) Leistungen aufgefüllt ist. Spätere Gewinne dienen daher idR zunächst dem Abbau des negativen Kontos. Zu steuerbedingten Abreden, BGH NJW 93, 2610.

4. GmbH & Co KG. Diese Regeln gelten auch bei der GmbH & **5** Co, selbst dann, wenn mit der GmbH vereinbart wurde, daß ihr die KG alle Aufwendungen aus der Geschäftsführung erstattet oder daß der gesamte Verlust auf die Kommanditisten umzulegen ist; denn darin liegt iZw kein Verzicht auf § 167 III u keine Vereinbarung, unbegrenzt für Schulden der GmbH einstehen zu wollen (Karlsr BB 82, 327; *Schmidt* DB 95, 1383; einschr BGH BB 95, 324 f).

§ 168 [Verteilung von Gewinn und Verlust]

(1) **Die Anteile der Gesellschafter am Gewinne bestimmen sich, soweit der Gewinn den Betrag von vier vom Hundert der**

§ 169 Zweites Buch. Handelsgesellschaften u. stille Gesellschaft

Kapitalanteile nicht übersteigt, nach den Vorschriften des § 121 Abs. 1 und 2.

(2) In Ansehung des Gewinns, welcher diesen Betrag übersteigt, sowie in Ansehung des Verlustes gilt, soweit nicht ein anderes vereinbart ist, ein den Umständen nach angemessenes Verhältnis der Anteile als bedungen.

1   1. **Zweck.** § 168 gilt für alle Arten von Gesellschaftern. 2. **Gewinn. a) Vorwegdividende.** Es gilt für alle Gesellschafter § 121 I, II. Entnahme, § 169. **b) Mehrgewinn:** Im Rahmen der Angemessenheit sind das Risiko der vollen Haftung (§ 128), die Mitarbeit, die Höhe der Kapitalanteile zu berücksichtigen. Entnahme, § 169.

2   3. **Verlust.** Angemessen ist iZw die Verteilung nach Kapitalanteilen (§ 167 Rz 2; aA: § 168 II analog). Rechtsfolge bei Komplementären, § 121 Rz 3; bei Kommanditisten § 167 Rz 4. 4. **Streitigkeiten,** § 105 Rz 30; BGH WM 74, 177.

3   5. **GesVertrag.** Durch einen garantierten Gewinn wird die Verlustbeteiligung ausgeschlossen (BGH WM 75, 662). Der Ausschluß eines Komplementärs vom Verlust begründet keine Nachschußpflicht der Kommanditisten (§ 167 Rz 5). Zu Rücklagen, § 167 Rz 2. Grenzen der Vertragsfreiheit, § 109 Rz 2 ff. Änderung, § 105 Rz 40 ff.

§ 169 [Gewinnauszahlung]

(1) ¹§ 122 findet auf den Kommanditisten keine Anwendung. ²Dieser hat nur Anspruch auf Auszahlung des ihm zukommenden Gewinns; er kann auch die Auszahlung des Gewinns nicht fordern, solange sein Kapitalanteil durch Verlust unter den auf die bedungene Einlage geleisteten Betrag herabgemindert ist oder durch die Auszahlung unter diesen Betrag herabgemindert werden würde.

(2) Der Kommanditist ist nicht verpflichtet, den bezogenen Gewinn wegen späterer Verluste zurückzuzahlen.

1   1. **Zweck.** § 169 I dient der Kapitalerhaltung, ist aber voll abdingbar. Gläubiger werden nur durch § 172 IV geschützt. § 169 II dient dem Vertrauensschutz. § 169 betrifft nur richtig ermittelte Gewinne (hM).

2   2. **Entnahme.** Begriff, allg Grundsätze s § 122 Rz 2. **a) Komplementäre.** Siehe §§ 161 II, 122. **b) Kommanditisten. aa) Dispositives Recht.** Ein Zahlungsanspruch gg die KG besteht *nur* in Hinblick auf den festgestellten (§ 167), anteiligen (§ 168) Gewinn, soweit er *nicht* tatsächlich benötigt wird, um das Kapitalkonto bis zum Betrag der tatsächlich durch Leistungen (auch § 364 BGB) oder früher Gewinngutschriften (§ 167 Rz 2) erbrachten Pflichteinlage (§ 171 Rz 4) aufzufüllen oder zu halten (aA EBJ*Weipert* § 169 12). Immer ist die Auszahlung gesperrt, soweit das Kapitalkonto infolge von Verlusten negativ geworden ist. In

Höhe fälliger, nicht geleisteter Pflichteinlagen oder zur Rückzahlung fälliger Entnahmen kann die Ges außerdem aufrechnen (§ 387 BGB). Soweit Gewinne, die gem § 167 II auf dem Kapitalkonto gebucht werden können, weder zur Abdeckung von Verlusten (§ 169 I) gebraucht werden oder zur Deckung fälliger Pflichteinlageansprüchen etc (§ 387 BGB) eingesetzt wurden, dürfen sie binnen der Jahresfrist des § 122 entnommen werden (aA: unbegrenzt [hM]); Rückzahlung, Rz 3. Zu Gewinnen, die gem § 167 II nicht dem Kapitalkonto zuzuschreiben sind, s § 167 Rz 2; Rückzahlungspflicht, Rz 4. Die Treuepflicht begrenzt immer analog § 122 I das Entnahmerecht (str; aA § 105 Rz 36); sie kann zur Gewährung von Vorschüssen verpflichten. Zu Passivlegitimation, Abtretbarkeit, unberechtigten Entnahmen, Vorerben, Nießbrauchers § 122 Rz 2.

bb) GesVertrag. Bei Verbuchung von Gewinnen auf einem reinen 3 Forderungskonto, auf dem keine Verluste gebucht werden (vgl § 120 Rz 5 f; § 167 Rz 2 f), besteht iZw (Ausnahmen: Treuepflicht [§ 105 Rz 36]; Eigenkapitalersatz [§ 172a Rz 11]) ein unbeschränktes Entnahmerecht (Beweislast: Gesellschafter [BGH NJW 82, 2065]). Wenn das Konto als Darlehenskonto bezeichnet wird u damit iZw Forderungen gg die KG verbucht (BGH BB 82, 2007) sind, gilt iZw § 609 BGB (EBJ *Weipert* § 169 28; str). Sofern die Gewinne nicht entnahmefähig sein sollen, ist die Forderung bis zum Ende des GesVerhältnisses betagt oder falls nur für bestimmte Zwecke Entnahmen zulässig sind bedingtbetagt (*Huber* FS Knobbe-Keuk [1997], S 205); sie werden nicht zur Einlage (§ 172 Rz 4; Kln ZIP 00, 1728). Bei Verbuchung auf Kapitalkonto II (§ 167 Rz 3) ist die Entnahme iZw nur analog § 122 zulässig (*Huber* ZGR 88, 52). Das Entnahmerecht kann weiter eingeschränkt (§ 122 Rz 4), aber auch ausgedehnt werden (zB garantierte Gewinne, BGH WM 75, 662; s auch § 172a Rz 31 ff).

3. Spätere Verluste. Keine Gewinnrückzahlung bei zu Recht aus- 4 gezahlten (BGH DB 78, 877) Gewinnen; bei unrechtmäßig ausgezahlten Gewinnen: §§ 812 ff BGB (§ 171 Rz 25; str). „Bezogen" sind auch dem Kommanditisten zustehende und nicht der Sperre des § 169 I HS 2 unterworfene Gewinnanteile, die unabhängig von einem Entnahmerecht auf einem reinen Forderungskonto (§ 167 Rz 2 f) verbucht, aber noch nicht ausbezahlt worden sind (BGH BB 78, 631). Das gilt gleichermaßen beim Ausscheiden des Kommanditisten für Abfindungszahlungen (§ 131 Rz 10 ff).

§ 170 [Vertretung der KG]
Der Kommanditist ist zur Vertretung der Gesellschaft nicht ermächtigt.

1. Zweck. Schutzvorschrift zugunsten der Komplementäre, die das 1 volle Haftungsrisiko laufen. **2. Komplementäre.** §§ 161 II, 125–127 (zwingend; hM). **3. Kommanditisten.** Zwingender Ausschluß von

§ 170

Zweites Buch. Handelsgesellschaften u. stille Gesellschaft

der Vertretungsmacht iSd §§ 125 f (hM). Der Kommanditist, der als kraft seiner Gesellschafterstellung vertretungsberechtigt aufgetreten ist, muß sich nach Rechtsscheinregeln als Komplementär behandeln lassen (zB §§ 128, 171 Rz 10). Vgl ferner § 171 Rz 10. Zu Notfällen und rechtsmißbräuchlichem Verhalten der GesOrgane s § 125 Rz 3. Den vollgeschäftsfähigen (str) Kommanditisten kann ohne Haftungsnachteile Generalvollmacht, Prokura oder sonstige Vollmacht erteilt werden. Der Widerruf einer Prokura ist ungeachtet ihrer Regelung im GesVertrag wirksam (§ 52); im Innenverhältnis (§ 109 Rz 1) ist er grds rechtswidrig, wenn kein wichtiger Grund vorlag (BGH NJW 55, 1394; hM). Bei anderen Vollmachten als der Prokura ist der gesvertragswidrige Widerruf nichtig (§ 126 Rz 3).

2   **4. GmbH & Co.** Die GmbH hat bei der Bestellung ihres Geschäftsführers (§ 35 GmbHG) die Interessen der KG angemessen zu berücksichtigen (§ 105 Rz 35). Sie verliert als Komplementärin, die durch ihre Geschäftsführer (§§ 35 ff GmbHG) oder sonstige Vertreter vertreten wird, die Vertretungsmacht (§ 125) nicht schon dadurch, daß das Insolvenzverfahren über das Vermögen der GmbH mangels Masse nicht eröffnet wird (hM). Die GmbH-Geschäftsführer sind im Prozeß der KG keine Zeugen (§ 124 Rz 7). Der GmbH-Geschäftsführer, der mit der KG (nicht [anderen] Kommanditisten; BayObLG DB 77, 1085) ein Geschäft tätigen will, hat § 181 BGB zu beachten (BGH NJW 95, 1158). Das Selbstkontrahieren können nur die KG, vertreten durch einen anderen Komplementär bzw einen anderen vertretungsberechtigten GmbH-Geschäftsführer (§ 35 GmbHG, § 125), nicht aber die Gesellschafter der GmbH bzw die Kommanditisten gestatten (BGH NJW 72, 623; BB 95, 272; Ausnahme: Anstellungsvertrag GmbH-Geschäftsführer mit KG: uU Vertretung durch GmbH-Gesellschafterversammlung [EBJ*Henze* § 177 a Anh A 76; BGH LM 7 zu § 109; aA *Goette* DStR 93, 1229]). Die Erlaubnis kann aber auch im KG-GesVertrag (BGH BB 95, 536) oder durch einen den KG-GesVertrag abändernden Gesellschafterbeschluß (§ 105 Rz 40) erteilt werden (BGH NJW 72, 623). In Hinblick auf die Abänderung des KG-Vertrages kann die Komplementär-GmbH durch (konkludenten) Gesellschafterbeschluß ihrem Geschäftsführer das Selbstkontrahieren erlauben (BGH NJW 76, 1539; 92, 301); bei Einmann-GmbH bedarf es einer entspr Satzungsklausel (BGH 87, 59; DStR 00, 697 [Goette]). Die Befreiung kann (muß aber nicht [Hmbg ZIP 86, 1187; str]) in das Handelsregister eingetragen werden (§ 162 Rz 2). Zur persönlichen Haftung der GmbH, GmbH-Gesellschafter u des GmbH-Geschäftsführers s § 161 Rz 9, § 172 a Rz 2 ff. Die Kommanditisten sind nicht analog den §§ 117, 127 HGB, 38 I GmbHG berechtigt, die Tätigkeit des GmbH-Geschäftsführers für die KG zu unterbinden (hM: unmittelbar nur der GmbH).

3   **5. PublikumsGes** (§ 161 Rz 3). Siehe Rz 2. Die Vertretungsmacht der GmbH oder sonstiger Komplementäre oder Treuhänder kann unabdingbar aus wichtigem Grund analog § 84 III AktG mit einfacher Mehrheit widerrufen werden (BGH BB 88, 160), selbst, wenn nur ein Komplementär vorhanden ist (*ReichertWinter* BB 88, 989). Einstw Verfügungen sind zulässig (§ 127 Rz 2). Der Komplementär kann von § 181 BGB befreit werden. Existiert ein Beirat, so sollte § 112 AktG analog angewandt werden (*Schneider* JR 80, 467).

§ 171 [Haftung des Kommanditisten]

(1) **Der Kommanditist haftet den Gläubigern der Gesellschaft bis zur Höhe seiner Einlage unmittelbar; die Haftung ist ausgeschlossen, soweit die Einlage geleistet ist.**

(2) **Ist über das Vermögen der Gesellschaft das Insolvenzverfahren eröffnet, so wird während der Dauer des Verfahrens das den Gesellschaftsgläubigern nach Absatz 1 zustehende Recht durch den Insolvenzverwalter oder den Sachwalter ausgeübt.**

§ 172 [Umfang der Haftung]

(1) **Im Verhältnisse zu den Gläubigern der Gesellschaft wird nach der Eintragung in das Handelsregister die Einlage eines Kommanditisten durch den in der Eintragung angegebenen Betrag bestimmt.**

(2) **Auf eine nicht eingetragene Erhöhung der aus dem Handelsregister ersichtlichen Einlage können sich die Gläubiger nur berufen, wenn die Erhöhung in handelsüblicher Weise kundgemacht oder ihnen in anderer Weise von der Gesellschaft mitgeteilt worden ist.**

(3) **Eine Vereinbarung der Gesellschafter, durch die einem Kommanditisten die Einlage erlassen oder gestundet wird, ist den Gläubigern gegenüber unwirksam.**

(4) [1]**Soweit die Einlage eines Kommanditisten zurückbezahlt wird, gilt sie den Gläubigern gegenüber als nicht geleistet.** [2]**Das gleiche gilt, soweit ein Kommanditist Gewinnanteile entnimmt, während sein Kapitalanteil durch Verlust unter den Betrag der geleisteten Einlage herabgemindert ist, oder soweit durch die Entnahme der Kapitalanteil unter den bezeichneten Betrag herabgemindert wird.**

(5) **Was ein Kommanditist auf Grund einer in gutem Glauben errichteten Bilanz in gutem Glauben als Gewinn bezieht, ist er in keinem Falle zurückzuzahlen verpflichtet.**

(6) [1]**Gegenüber den Gläubigern einer Gesellschaft, bei der kein persönlich haftender Gesellschafter eine natürliche Person ist, gilt die Einlage eines Kommanditisten als nicht geleistet, soweit sie in Anteilen an den persönlich haftenden Gesellschaftern bewirkt ist.** [2]**Dies gilt nicht, wenn zu den persönlich haften-**

§§ 171, 172 Zweites Buch. Handelsgesellschaften u. stille Gesellschaft

den Gesellschaftern eine offene Handelsgesellschaft oder Kommanditgesellschaft gehört, bei der ein persönlich haftender Gesellschafter eine natürliche Person ist.

Erläuterungen zu den §§ 171, 172 HGB

Übersicht

	Rz.
I. Zweck	1
II. Komplementäre	2
1. Gesetzestypische KG	2
2. GmbH & Co	2
III. Kommanditisten	3
1. Allgemeines	3
2. Einlage – Haftsumme	3
a) Pflichteinlage	4
b) Haftsumme	5
3. Unmittelbare Haftung gegenüber KG-Gläubigern	7
a) Haftung gemäß § 171 I 1. HS, Regreß gegen Mitgesellschafter	7
b) Haftung aus anderen Rechtsgründen, Schein-KG.	10
4. Haftung mit der Pflichteinlage	11
5. Volles bzw. teilweises Erlöschen der Haftung	12
a) Erlöschen der Haftung gemäß § 171 I 1. HS	12
aa) Aufgrund von Leistungen an die KG	12
bb) Aufgrund von Leistungen an Dritte	16
cc) Leistungen von Dritten	18
dd) Beweislast	19
ee) Mißbrauch	19
b) Erlöschen der Haftung mit der Pflichteinlage	20
e) Erlöschen der Haftung aus anderen Rechtsgründen	21
6. Das Wiederaufleben der Haftung gemäß § 172 IV, V.	22
a) Grundsatz	22
b) Einzelheiten	23
c) Rechtsfolge	27
d) Wiedererlöschen der Haftung	28
7. Ausscheiden aus der KG	29
8. Beitritt zur KG, Übertragung des Gesellschaftsanteils, Erbfolge	30
IV. GmbH & Co KG und PublikumsGesellschaft	31

I. Zweck

1 § 171 regelt iVm den §§ 172–175 die unmittelbare persönliche Haftung der Kommanditisten ggüber den Gläubigern der entstandenen (§§ 161 II, 123) KG bzw die mittelbare Bindung von Eigenkapital der

Kommanditisten (§ 172 IV). Die Haftung gem § 171 I wird unter den in den §§ 171 ff genannten Voraussetzungen beschränkt. Daneben kann der Kommanditist im Innenverhältnis zur KG weitergehend verpflichtet sein, Beiträge zu leisten (§ 171 Rz 4). Insgesamt ist der gesetzliche Gläubigerschutz bei der gesetzestypischen KG im Vergleich zur GmbH schwächer ausgeprägt, weil das Gesetz davon ausgeht, daß der persönlich voll haftende Komplementär stärker für einen vorsichtigen Umgang mit dem Kapital sorgt (BGH NJW 90, 1729) u weil kein Kapitalsicherungsmechanismus zu Lasten des Komplementärs existiert (*Koller* FS Heinsius [1991], S 367 f). **Beachte** § 176.

II. Komplementäre

1. Gesetzestypische KG. Die Komplementäre haften in gleicher 2 Weise wie die Gesellschafter einer OHG (§ 161 II; vgl Erl zu §§ 128–130, 159 f). Regreß gg Mitgesellschafter, § 128 Rz 8; § 167 Rz 5 (EBJ*Strohn* § 171 34).

2. GmbH & Co. Siehe Erl zu § 172 a.

III. Kommanditisten

1. Allgemeines. Bei der Haftung des Kommanditisten ist wie allg 3 im GesRecht scharf zwischen Außen- u Innenverhältnis zu unterscheiden (vgl § 109 Rz 1; § 123 Rz 1). Das Gesetz geht davon aus, daß der Kommanditist grds wie ein Komplementär den KG-Gläubigern unmittelbar persönlich haftet (s Erl zu §§ 128 f), im Unterschied zu den Komplementären jedoch nur insgesamt **maximal** in Höhe der Haftsumme (Rz 5). Diese Haftung **entfällt** in Höhe desjenigen Betrages (Wertes), den der Kommanditist auf seine Einlage, an KG-Gläubiger oder sonst mit Eigenkapitalqualität leistet (Rz 12 ff). Die erloschene Haftung **lebt wieder auf,** soweit dem Kommanditisten aus dem Vermögen der KG ohne vollen Gegenwert Leistungen zufließen, durch die das Kapitalkonto des Kommanditisten (weiter) unter den Betrag der Haftsumme gedrückt wird (Rz 22). Gleiches gilt uU beim Bezug von Gewinnen (Rz 25). Im Fall des § 176 wird **unbeschränkt** gehaftet. Ein Anspruch auf Leistung der Pflichteinlage besteht ausschließlich im Innenverhältnis zwischen KG u Kommanditisten (Rz 4).

2. Einlage – Haftsumme. Obwohl die §§ 171, 172 undifferenziert 4 von „Einlage" sprechen, ist scharf zwischen Pflichteinlage (Einlage) u Haftsumme (Hafteinlage) zu **unterscheiden** (BGH NJW 92, 242). **a) Die Pflichteinlage** (bedungene Einlage iSd §§ 167, 169) betrifft das Innenverhältnis zwischen KG u Kommanditisten. Für die Gläubiger der KG ist sie nur mittelbar von Interesse (Rz 4 aE; 11). Pflichteinlagen sind solche Beiträge (§ 105 Rz 9, 31), die das haftende Vermögen der KG mehren. Auf die Bilanzfähigkeit kommt es nach zutr hM nicht an (BGH BB 00, 1644; *Ekkenga* ZHR 161, 621 f; § 230 Rz 10; aA *SchlSchmidt* § 171 5; EBJ*Strohn* § 171 6). Dazu gehören auch Einlagen

§§ 171, 172 Zweites Buch. Handelsgesellschaften u. stille Gesellschaft

dem Werte nach (§ 105 Rz 31). Nicht jede Pflichteinlage läßt aber die Außenhaftung erlöschen (Rz 14). Im Verhältnis unter den Gesellschaftern besteht Bewertungsfreiheit (vgl aber Rz 14). Die Pflichteinlage kann anders als zB Darlehen insbes in der Insolvenz nicht zurückgefordert oder zurückbehalten werden, soweit sie zur Deckung der Ansprüche der KG-Gläubiger benötigt wird (BGH NJW 85, 1468). Gleiches gilt für anderes materielles Eigenkapital in Form von besonderen Arten des Darlehens, von stillen Beteiligungen, Sicherheiten (näher § 172a Rz 18; weiter EBJ*Strohn* § 171 62 ff; BankrHdb*Stodolkowitz* § 84 118: alle Arten von KG). Eine nicht der Schranke des § 406 BGB unterworfene **Aufrechnung** mit Ansprüchen des Kommanditisten gg die KG ist *vor Eröffnung des Insolvenzverfahrens* immer in Höhe des Nennwertes (BGH NJW 75, 1023) möglich (hM; aA *v Olshausen* ZGR 01, 184); denn der Anspruch auf Leistung der Pflichteinlage als solcher kann, auch mit Wirkung ggüber pfändungswilligen Gläubigern der KG, ohne Eintragung im Handelsregister (nachträglich; § 105 Rz 40) beliebig **gestundet, verrechnet oder erlassen werden** (BGH NJW 92, 242; NJW-RR 92, 930; DStR 96, 29; zur Auswirkung auf Haftung gem § 171 s Rz 15) u die Pflichteinlage kann vor Eröffnung des Insolvenzverfahrens **zurückgezahlt** werden (arg e § 172 III; BGH WM 82, 7; Kblz NJW-RR 95, 487; Grundlagengeschäft; § 114 Rz 2; beachte §§ 129 ff InsO; AnfG; § 172a Rz 18). Deshalb sind vor Eröffnung des Insolvenzverfahrens vereinbarte Rückzahlungsansprüche wirksam (anders uU bei GmbH & Co KG [§ 172a Rz 31 ff]). Die Mitgesellschafter sind im Fall des § 389 BGB nicht schutzwürdig, sofern wirksam (§§ 125 f) eine Gegenforderung begründet worden ist. Dies alles gilt auch dort, wo die Pflichteinlage zur Deckung von Ansprüchen der GesGläubiger benötigt wird (zur PublikumsGes s unten). Die zulässige Aufrechnung gg Pflichteinlageansprüche läßt jedoch nicht zwangsläufig die Haftung aus § 171 I erlöschen (s Rz 14 ff); erst recht nicht der Erlaß der Pflichteinlage. Die Rückzahlung der Pflichteinlage läßt sogar die Haftung uU wieder aufleben (Rz 22 ff). *Nach Eröffnung des Insolvenzverfahrens* wird die Pflichteinlage nur geschuldet, soweit sie zur Gläubigerbefriedigung benötigt wird (§ 131 I 3; § 149 Rz 3; EBJ*Strohn* § 171 91). Der Kommanditist kann zumindest in dem in Rz 15 genannten Umfang aufrechnen. Im Rahmen der §§ 94 ff InsO ist jedoch die Möglichkeit einer weitergehenden Aufrechnung (BGH NJW 81, 2252; *Noack* GesRecht, Rz 458 ff) zum Nennwert anzuerkennen (EBJ*Strohn* § 171 111; aA *v Olshausen* ZGR 01, 181). Diese Aufrechnung beendet allerdings die Haftung aus § 171 II (Rz 8) lediglich in dem in Rz 14 ff dargelegten Rahmen. Bei **PublikumsGes** (§ 161 Rz 3) darf dagg das Eigenkapital (Pflichteinlage; ferner § 172a Rz 18) nie zurückgewährt werden, soweit es zur Deckung der Ansprüche der GesGläubiger benötigt wird (BGH 93, 164). Gleiches gilt grds für die Aufrechnung (BGH 93, 164; Ausnahme: Rz 15). Der Anspruch auf Erbringung der Pflichteinlage kann **abgetreten** werden, wenn die Abtretung zur Sicherung, erfüllungshalber (§ 364 II BGB) oder an Zahlungs Statt (§ 364 I BGB) an einen Gläubiger der KG erfolgt, selbst wenn in das Vermögen der KG kein vollwertiger Gegenwert geflossen ist (BGH 63, 341; NJW 84, 874; *Schmidt*, ZHR 157 [1993], 309 f; unklar BGH NJW 82, 35; beachte Rz 17). Auch zu Lasten dieser Gläubiger gelten die §§ 409 ff BGB. Zur Anfechtbarkeit der Abtretung nach InsO bzw AnfG, BGH NJW 84, 874. Der Anspruch der Ges auf Pflichteinlage kann außerhalb des Insolvenzverfahrens (Rz 8) von den Gläubigern der KG ohne Rücksicht auf die Vollwertigkeit deren Forderung (*Schmidt* ZHR 157 [1993], 309 f) u auf die Haftungsbeschränkung gem §§ 161 I, 171 I **gepfändet** werden (§§ 829, 835, 846 ZPO; vgl BGH NJW 92, 2229; beachte Rz 17). Zum **Erlöschen** des Anspruchs der KG auf Pflichteinlage s oben und Rz 20 ff. Im Erbfall greifen die Regeln der erbrechtlichen Haftungsbeschränkung ein (vom BGH [NJW 95, 3315] bislang nur bei Erbfolge in aufgelöster KG bejaht).

b) Die Haftsumme betrifft das Außenverhältnis eines Kommanditisten zu den Gläubigern der entstandenen (§§ 161 II, 123) KG (§§ 171 I, 161 I, 162). Sie ist der Betrag, in dessen Höhe der Kommanditist maximal den Gläubigern haftet, solange er nicht haftungsbefreiend geleistet hat (Rz 12 ff) oder nachdem die Haftung wieder aufgelebt ist (Rz 22 ff) (Ausnahme: § 176). Die Haftsumme kann höher, aber auch niedriger als die Pflichteinlage festgesetzt werden. IZw belaufen sich Pflichteinlage u Haftsumme auf denselben Betrag (BGH NJW 77, 1821; krit *Schmidt* GesR, § 54 I 2). Der Höhe nach ist für die Haftsumme grds nur der Geldbetrag maßgeblich, der im Handelsregister **eingetragen** ist (§ 172 I; Celle ZIP 85, 100), es sei denn, der Gläubiger wußte, daß ein niedrigerer Betrag vereinbart (§ 161 I; beachte § 108 Rz 1) worden war (*SchlSchmidt* § 171 31; [hM]; aA *Hey-Horn* § 172 3). 5

War weder die Kommanditistenstellung noch die Haftsumme in das Handelsregister eingetragen worden, dem Gläubiger aber bekannt, daß der in Anspruch Genommene Kommanditist ist, oder greift § 176 aus anderen Gründen nicht ein (§ 176 Rz 5; EBJ*Strohn* § 176 18), so ist die Haftung auf die **vereinbarte (§ 161 I) Haftsumme** begrenzt (§ 176 Rz 4). Gleiches gilt ohne Rücksicht auf Kenntnis des Gläubigers, falls zwar die Kommanditistenposition, nicht aber die Haftsumme in das Handelsregister eingetragen worden ist (Rechtsgedanke des § 176 iVm § 15 II). Die vereinbarte Haftsumme ist ferner im Rahmen der Haftung gem §§ 171, 176 maßgeblich, wenn ein Komplementär zum Kommanditisten wird (§ 128 Rz 14; dort auch zur Haftung gem §§ 143, 15). Über den eingetragenen Betrag hinaus kann der Kommanditist analog § 172 II haften, wenn im GesVertrag eine **höhere Haftsumme** als eingetragen vereinbart war (§ 161 I). Im Fall einer späteren Erhöhung der Haftsumme können sich auch die Altgläubiger auf diese Erhöhung berufen, falls sie im Handelsregister eingetragen (Rz 5; §§ 171 I, 173 analog, § 175) oder wenn sie mit Zustimmung des Kommanditisten (BGH 108, 198) in handelsüblicher Weise allg. 6

§§ 171, 172 Zweites Buch. Handelsgesellschaften u. stille Gesellschaft

publik gemacht wurde (zB Rundschreiben, Inserat). Auf eine sonstige Mitteilung darf sich nur derjenige Gläubiger stützen, an den sie die KG oder der Kommanditist gerichtet hatte (BGH NJW-RR 92, 931; DStR 96, 29 [*Goette*]). Eine andere Art der Information kann eine allg Rechtsscheinshaftung (vgl Erl zu § 15) auslösen. Die Haftsumme kann nicht gestundet oder erlassen werden (§ 172 III), aber mit Wirkung für die Zukunft herabgesetzt werden (§§ 174 f). Zur Leistung auf die Haftsumme Rz 13.

7   **3. Unmittelbare Haftung gegenüber KG-Gläubigern. a) Haftung gem § 171 I 1. HS.** Der Kommanditist (uU auch ein Treugeber, Nießbraucher, Unterbeteiligter; § 105 Rz 20 ff) haftet grds für alle Arten von Verbindlichkeiten der entstandenen (§§ 161 II, 123) KG wie ein Komplementär (Rz 2) akzessorisch, gesamtschuldnerisch für Alt– u Neuschulden (§ 173) unmittelbar mit seinem gesamten Vermögen ohne die Möglichkeit, die Gläubiger primär auf das KG-Vermögen zu verweisen (s Erl zu § 128 f). Die Haftung ist hier immer auf Geld gerichtet (hM; aA *Flume* PersGes § 16 III 2; *BauHopt* § 128 11; z Umgehung s § 128 Rz 5). Es gilt im Vergleich zu § 128 nur die Besonderheit, daß diese Haftung niemals die Haftsumme (Rz 5 f; §§ 172 I, II) übersteigen kann, auch nicht bei höheren Leistungen der KG an den Kommanditisten, es sei denn, daß ein Fall des § 176 vorliegt (s Erl zu § 176). Diese Haftungsbeschränkung soll nach hM auch dann gelten, wenn der Kommanditist wirtschaftlich gesehen der einzige Inhaber des Handelsgeschäfts ist (BGH NJW 66, 1309; näher Rz 19). Die Haftung gem § 171 I kann auch ganz oder teilweise **erloschen** sein (Rz 12 ff). Wurde ein GesAnteil in einem Augenblick **übertragen,** in dem die Haftung noch nicht gem § 171 I erloschen oder in dem sie gem § 172 wieder aufgelebt war, so haften sowohl der neue (§ 173) als auch der alte Kommanditist gesamtschuldnerisch (BayObLG BB 83, 334; vgl auch Rz 26). **Zuständigkeit:** Immer ordentliche Gerichte, BAG DB 93, 843 f, keine Bindung an Schiedsgericht [vgl § 128 Rz 6; BGH NJW-RR 91, 424]). Zur **Umwandlung** in einen Kommanditanteil s § 128 Rz 14; zur Haftung der **Erben,** § 177 Rz 4. Zum **Regreß bei KG, Mitgesellschaftern,** Rz 9, 16; § 128 Rz 8.

8   Nach Eröffnung des Insolvenzverfahrens über das Vermögen der KG bzw des an die Stelle der KG getretenen Unternehmensträgers (zB BGB-Ges [§ 105 Rz 44; § 11 II 1 InsO]) ist zur Sicherung einer gleichmäßigen Befriedung der GesGläubiger in Hinblick auf Ansprüche aus §§ 171, 172 (auch aus § 176 [§ 176 Rz 5]) ausschließlich (BGH NJW 72, 482) der Insolvenzverwalter (§ 56 InsO) oder Sachwalter (§ 270 InsO) der KG aktivlegitimiert (§§ 171 II HGB, 93 InsO). Kommanditisten können daher die Gläubiger der KG nicht mehr zu Lasten des Anspruchs aus § 171 II befriedigen, zB aufrechnen (BGH NJW 64, 2409; BFH DStR 84, 660). Zu Leistungen in Unkenntnis der Insolvenz, § 128 Rz 7; aA die hM zu § 171 II aF. Die Aufrechnungsbefugnis des Gläubigers bleibt dgg unberührt (§§ 406, 412 BGB analog; *Hassel-*

bach DB 96, 2217; aA EBJ*Strohn* § 171 112). Vor der Eröffnung des Insolvenzverfahrens anhängige Prozesse gg den Kommanditisten werden analog § 17 AnfG unterbrochen u können vom Insolvenzverwalter oder Sachwalter aufgenommen werden (BGH NJW 82, 885 [str]). Der Kommanditist darf dem Insolvenzverwalter etc (nur) solche Einwendungen entgegenhalten, die alle Gläubiger betreffen, denen er haftet (BGH 113, 216). Der Kommanditist, der gem § 171 II (Haftsumme) in Anspruch genommen wird, kann aber grds mit Forderungen (uU auch Forderungen aus GesVerhältnis [zB Rz 16, 21; BGH NJW 81, 2252; aA *Noack* GesRecht, Rz 526: nur Drittgläubigerforderungen]) gg die KG im Rahmen der §§ 94 ff InsO aufrechnen (BGH NJW 81, 232; zur Höhe s Rz 14 ff [unklar *RvWvGerkan* § 171 69]; weitergehend in Hinblick auf Pflichteinlageansprüche [Rz 4]); denn es decken sich der Kreis der Insolvenzgläubiger der KG u der Kreis der Gläubiger des Kommanditisten (BGH BB 74, 1361). Der Kommanditist kann jedoch mit Ansprüchen gg die KG wg Bestellung von Sicherheiten für KG-Schulden, die *erst nach* der Eröffnung des Insolvenzverfahrens verwertet oder abgelöst worden sind, nicht mehr aufrechnen, selbst wenn die Ansprüche gg die KG die Forderung des Insolvenzverwalters aus § 171 II übersteigen (§ 95 I 3 InsO [*v Olshausen* KTS 00, 4, 12; EBJ*Strohn* § 171 113]; Rz 15; anders zur KO BGH NJW 72, 482). Solche Regreßansprüche kann er im Insolvenzverfahren nur in der Höhe anmelden (§ 174 InsO), in der sie die Haftsumme (Rz 5; nicht Pflichteinlage) übersteigen (BGH 58, 78). Er darf sich immer darauf berufen, daß seine Leistung nicht zur vollständigen Befriedigung der Gläubiger, die am Insolvenzverfahren beteiligt sind (BGH LM 1 zu § 171), benötigt werde (BGH 109, 334; BGH NJW 63, 1873; § 149 Rz 2; Beweislast: Kommanditist [BGH NJW 84, 435; str]). Die erbrechtliche Haftungsbeschränkung ist ohne Bedeutung (§ 177 Rz 4).

Der Insolvenzverwalter etc kann **wählen** (str; Schlitt NZG 98, 761), welchen der (ehemaligen [*Gerhardt* ZIP 00, 2183]) Kommanditisten in welcher Höhe (BGH NJW 90, 1111: kein Zwang zu pro rata) er in Anspruch nimmt, ob er die Haftung gem §§ 171 I HS 1, II HGB, 93 InsO geltend macht, ob er im Rahmen der Treuepflicht (§ 105 Rz 35) den Anspruch der KG auf Pflichteinlage (Rz 4) erhebt (§ 80 InsO) oder ob er sich, soweit sich die Ansprüche der Höhe u dem Inhalt nach decken, auf beide Anspruchsgrundlagen stützt. Bei **ausgeschiedenen Kommanditisten** (Rz 21, 29) kommt es dabei immer auf die Altgläubiger an (vgl § 128 Rz 10), für die eine Sondermasse zu bilden ist (BGH NJW 58, 787; 64, 2409; Ausnahme: Altgläubiger beteiligen sich nicht am Insolvenzverfahren oder werden voll aus der Masse befriedigt [BGH 39, 326: keine Inanspruchnahme der Ausgeschiedenen]; einschr EBJ*Strohn* § 171 108). Unerheblich ist, daß die KG übernommen (§ 140 Rz 4 f) worden ist (*Gerhardt* ZIP 00, 2187). **Zum Insolvenzplan**, §§ 217 ff InsO. Er erfaßt auch Altkommanditisten. § 227 InsO gilt nicht für Kommanditisten, der beschränkt haftet (Schlitt NZG 98, 761; str). Zur **Schein-KG**, Rz 10. Zur Haftung nach Auflösung

§§ 171, 172 Zweites Buch. Handelsgesellschaften u. stille Gesellschaft

(§ 131) s § 156 Rz 1; vgl auch § 128 Rz 15. **Rückgriff des Kommanditisten:** Konkurrieren Erstattungsansprüche gg die Ges, die *vor Eröffnung des Insolvenzverfahrens* entstanden sind mit Ansprüchen von GesGläubigern, so kann, soweit die Pflichteinlage nicht erbracht ist, gg die Ansprüche der KG auf Pflichteinlage aufgerechnet werden (Rz 4), bei höherer, nicht gedeckter Haftsumme (Rz 5) ist das Erstattungsverlangen in dieser Höhe rechtsmißbräuchlich (Rz 13). Ansonsten ist der Gesellschafter normaler Insolvenzgläubiger. Ausgeschiedene Kommanditisten können Erstattungsansprüche geltend machen, wenn die Insolvenzquote vorweg zur Befriedigung aller Altgläubiger verwandt wird (s o; abw BGH 27, 51). Der Regreßanspruch gg die Mitgesellschafter (§ 128 Rz 8, 12) bleibt unberührt. Sind wg § 171 II ausnahmsweise (Rz 8) Erstattungsansprüche *nach Eröffnung des Insolvenzverfahrens* entstanden, so gilt grds Gleiches (aA BGH 27, 54: § 43 InsO analog); beachte § 95 I 3 InsO. Der Kommanditist kann bei Mitgesellschaftern Regreß nehmen (§ 128 Rz 8; abw BGH 93, 249 vor Inkrafttreten des § 93 InsO). Bei ausgeschiedenen Kommanditisten blockiert § 172 IV (aA BGH 39, 327: § 43 InsO analog) Erstattungsansprüche gg die Ges, solange nicht alle Altgläubiger befriedigt sind (anders auf Basis § 43 InsO BGH NJW 69, 796). Zur Doppelinsolvenz s § 43 InsO.

10 **b) Haftung aus anderen Rechtsgründen.** Denkbar ist, daß der Kommanditist zB **außerdem** aus *Bürgschaft* (BGH NJW 86, 2308), *Schuldbeitritt, § 823 BGB* (BGH ZIP 95, 32 z Betrug), *§ 826 BGB* (zB Gläubigergefährdung; BGH ZIP 95, 32) oder, wenn er für die KG verhandelt hat, aus *cic* haftet. Die Haftung aus cic setzt voraus, daß der Kommanditist für sich bes persönliches Vertrauen in Anspruch genommen hat oder an den Geschäften der KG unmittelbar wirtschaftlich interessiert war (äußerst restriktiv BGH BB 94, 1658 f; ZIP 95, 31 f; NJW 95, 399). Der Kommanditist kann die Bürgschaft etc bei Ausscheiden für die Zukunft kündigen (BGH NJW 86, 252). Zahlungen an GesGläubiger aus Bürgschaft etc lassen die Haftung aus § 171 I unberührt; sie begründen wie bei der Stellung von Sicherheiten durch den Kommanditisten uU nur einen begrenzt geltend zu machenden Regreßanspruch gg die KG (Rz 8, 15). § 93 InsO greift nicht ein. Ferner kommt ggüber Gutgläubigen eine unbeschränkte *Haftung aufgrund Rechtsscheins* (vgl Erl zu § 15) in Betracht, zB wenn sich der Kommanditist als Alleininhaber oder als voll haftender Gesellschafter geriert, wenn der Kommanditist unter gleicher Adresse u gleichem Namen eine einzelkaufmännische Firma betreibt (Düss ZMR 72, 307) oder wenn ein Komplementär seine Haftung beschränkt, ohne ständige Geschäftspartner gezielt hierauf hinzuweisen oder wenn der Kommanditist einer GmbH & Co KG sich durch sein Zeichnen dann ausdrücklich als Vertreter einer gesetzestypischen KG (§ 161 Rz 1) geriert (BGH NJW 72, 1418; 96, 2645; NJW-RR 88, 478 f; BB 78, 1026). Siehe auch § 170 Rz 2; § 161 Rz 6; § 19 Rz 4. Zur Haftung des Geschäftsführers der Komplementär-GmbH einer GmbH & Co KG, die gg § 19 II

verstößt s § 172a Rz 22. Treten eine BGB-Ges als KG, BGB-Gesellschafter als Kommanditisten auf bzw haben diese Personen gar keinen GesVertrag abgeschlossen (s § 105 Rz 29), so haften die „Kommanditisten" jedenfalls kraft Rechtsscheins nach Maßgabe der §§ 171, 172 bis zur Höhe des Betrages, auf den sie im Innenverhältnis oder ausweislich des Handelsregisters die Haftung beschränken wollten (BGH NJW 91, 922; 73, 1694). Im Insolvenzverfahren der Schein-KG (§ 11 II 1 InsO) gelten die §§ 171 II HGB, 93 InsO (BGH NJW 91, 922; EWiR 91, 1101), jedenfalls § 93 InsO (s § 128 Rz 7). Zur weitergehenden Haftung s § 176 Rz 7, 8. Zu *eigenkapitalersetzenden Darlehen*, die der Kommanditist der KG gegeben hat, s Rz 25. Zum *Mißbrauch* der Haftungsbeschränkung s Rz 19. Zur Haftung der Kommanditisten in der *GmbH & Co KG*, § 172a Rz 31 ff.

4. Haftung mit der Pflichteinlage. Den KG-Gläubigern steht 11 kein unmittelbarer Anspruch auf Leistung der Pflichteinlage (Rz 4) zu. Diesen Anspruch besitzt die KG. Die Gläubiger der KG können aber den Pflichteinlageanspruch pfänden (Rz 4) oder an sich abtreten (Rz 4) lassen u dann die Leistung der Pflichteinlage an sich fordern. Es gelten die §§ 404 ff BGB. Im **Insolvenzverfahren** fällt der Anspruch, soweit er noch der KG zusteht, in die Insolvenzmasse und wird ausschließlich vom Insolvenzverwalter verfolgt (Rz 9). Im Rahmen der **Liquidation** (§§ 145 ff) bleiben die Pflichteinlageansprüche bestehen, soweit die Pflichteinlage benötigt wird, um Verbindlichkeiten der KG zu erfüllen (§ 149 Rz 2, § 167 Rz 4; zur erbrechtlichen Haftungsbeschränkung Rz 4). Zum Erlöschen des Pflichteinlageanspruchs s Rz 4, 20, 21.

5. Volles bzw teilweises Erlöschen der Haftung. a) Haftung 12 **gem § 171 I HS 1. aa)** Aufgrund **von Leistung an die KG.** Grundsatz: Die Haftung erlischt in Höhe des obj Werts wirksamer, iSd § 27 III AktG einlagefähiger (BGH BB 00, 1644) Leistungen, gleich welchen Gegenstandes oder in welcher Art, an die KG mit der (stillschweigenden) Bestimmung, daß sie **nicht** mit irgendwelchen Gegenleistungsansprüchen oder mit Rückgewähransprüchen verknüpft sind, die ohne Rücksicht auf Verluste der KG in der Insolvenz der KG vom Kommanditisten geltend gemacht werden können (BGH ZIP 81, 1334; Mü BB 90, 1925; Hamm NJW-RR 96, 27; aA die Vertreter der Vertragstheorie, die auf den Willen des Kommanditisten, auf die Pflichteinlage zu leisten, abheben [*Schmidt* GesR, § 54 II 2]). **Einzelheiten:** Die **Leistung** muß mithin in Eigenkapitalqualität erbracht werden (vgl § 167 Rz 3 f). Dies ist jedenfalls immer dann der Fall, wenn eine Vermögenszufuhr mit der Bestimmung (§ 366 BGB; KG DStR 95, 1764 [*Goette*]) erfolgt, den Anspruch der KG auf **Pflichteinlage** (Rz 4) **zu tilgen** (Ausnahme: § 172 VI); iZw erfolgen Leistungen auf die Pflichteinlage (BGH NJW 82, 2254; 85, 1468: gesplittete Einlage; § 172a Rz 18); denn die Zahlung ist primär auf die Einlage mit der weitestgehenden Haftungsbefreiungsfunktion anzurechnen. Dgg genügt es nicht, daß der Kommanditist nur dem Werte nach

§§ 171, 172 Zweites Buch. Handelsgesellschaften u. stille Gesellschaft

(Rz 4; str) oder im Rahmen eines Austauschvertrages (zB Kauf) leistet (str), weil die Leistung dann nicht zur Verrechnung mit etwaigen Verlusten der KG bestimmt ist (hM). Es reicht auch nicht aus, daß er auf stille Reserven der KG verweist (*Buchner* DNotZ 88, 472) oder daß der Kommanditist Gewinnansprüche gg die KG besitzt (Ausnahmen: Gutschrift von Gewinnen auf Kapitalkonto [Rz 14], Rücklagenkonto, Aufrechnung [Rz 15, § 169 Rz 2] oder Aufwandsrückstellung gem § 249 I 3, II [Rz 27]). Gleiches gilt erst recht für nicht-ausgewiesene Gewinne (Stgt OLGR 99, 172).

13 Soweit eine Geldleistung **auf die Haftsumme erbracht** wird (Rz 5), ist ebenfalls die Voraussetzung erfüllt, daß die Leistung in der Insolvenz voll mit Verlusten verrechnet wird, weil im Insolvenzverfahren eine Rückzahlung der Leistung sofort wieder eine Haftung des Kommanditisten entstehen ließe (§ 172 IV) u ein Rückzahlungsverlangen daher rechtsmißbräuchlich wäre (zur Rückzahlung vor Eröffnung des Insolvenzverfahrens, Rz 22). Die Leistung ist auch analog den §§ 387 ff BGB im Weg der Aufrechnung möglich (BGH NJW 72, 482; näher Rz 15; weiter EBJ*Strohn* § 171 52). Ist der Pflichteinlagegeanspruch auf eine Sachleistung gerichtet, so kann die Pflichteinlage von der KG nur Zug um Zug gg Rückzahlung des auf die Haftsumme Geleisteten geltend gemacht werden (Rz 20). **Leistungen des Altkommanditisten** kommen dessen Rechtsnachfolger zugute u umgekehrt (Rz 26).

14 Leistungen, gleich welcher Art, schließen die Haftung gem § 171 I 1. HS **nur im Umfang ihres objektiven Verkehrswertes** im Zeitpunkt der Erbringung aus (BGH 95, 194; Beweislast, Rz 19). Die Leistungen müssen nicht bilanziell aktivierbar (§ 246) sein (BGH BB 00, 1644; aA *Ekkenga* ZHR 161, 618), sofern sie nicht die bloße Verpflichtung zu Dienstleistungen betreffen und sofern sie bei obligatorischen Nutzungsrechten einen feststellbaren wirtschaftlichen Wert haben, weil zumindest die Mindestnutzungsdauer feststeht (BGH BB 00, 1644; einschr *Götting* AG 99, 1). Überbewertete Leistungen lassen die Haftung fortbestehen, soweit die Überbewertung reicht (BGH NJW 87, 3185). Die Regeln der verdeckten Sacheinlage (BGH 110, 47; *Joost* ZIP 90, 549) sind analog heranzuziehen (vgl BGH NJW 73, 1691). Bei einer vereinbarten Unterbewertung der Leistung erlischt die Haftung in Höhe des wahren Werts (hM). Die Vereinbarung unter den Gesellschaftern, daß noch nicht in Fremdkapital umgewandelte (§ 167 2; EBJ*Strohn* § 171 50) **Gewinne** von Gesellschaftern auf die Einlage bzw Haftsumme verrechnet werden oder die Buchung von Gewinnen auf dem Kapitalkonto (§ 167) wirkt jedoch haftungsbegrenzend, selbst wenn die „Gewinnansprüche" gg die KG nicht mehr vollwertig sind (bilanzielle Betrachtungsweise [Rz 22]; *RvWvGerkan* § 171 36). Davon sind Gewinne ausgenommen, die zur Abdeckung von Verlusten auf dem(n) Kapitalkonto(en) (§ 167 Rz 2, 3; § 169 Rz 2) benötigt werden; sie erhalten nur den bereits erreichten Stand der Haftungsbegrenzung (arg e § 172 IV 2). Offene Rücklagen (§ 167

Zweiter Abschnitt. Kommanditgesellschaft §§ 171, 172

Rz 3) sind wie gem § 167 II gutgeschriebene Gewinne zu behandeln, da sie Eigenkapital der KG darstellen.

Die Maßgeblichkeit des Verkehrswertes (nur der Höhe nach [EBJ 15 *Strohn* § 171 49]) gilt auch für sonstige **Aufrechnungsakte** mit aus äquivalenten Leistungen des Kommanditisten stammenden Forderungen oder Ersatzansprüchen (§ 110) des Kommanditisten gg die KG, die im Moment der Aufrechnung nicht mehr vollwertig sind (BGH NJW 85, 2948; Hin- u Herzahlen ist Umgehung). Ausnahmsweise ist die haftungsausschließende Aufrechnung in voller Höhe des Nennwertes mit Ersatzanspruch gem § 110 HGB (Rz 20) bzw § 670 BGB (Rz 21) wg Bezahlung einer GesVerbindlichkeit vor (Rz 8) Eröffnung des Insolvenzverfahrens oder wg Bürgschaftszahlung (Rz 8; *vGerkan* FS Kellermann [1991] S 677; str) oder Gewährung von Sicherheiten an Gläubiger der KG, aus denen sich diese vor Eröffnung des Insolvenzverfahrens (BGH 58, 77) befriedigt haben (Hamm NJW-RR 95, 490, 492), möglich; dies selbst, nachdem der Gläubiger einen Titel erworben hat (Hamm DStR 99, 1916). Zu eigenkapitalersetzenden Darlehen u Sicherheiten, Rz 25; § 172a Rz 11 ff; zur Leistung bzw Verwertung von Sicherheiten nach Eröffnung des Insolvenzverfahrens, Rz 8. Die Einlage wird iSd § 171 I auch geleistet, wenn u soweit ein bei der KG vorhandenes, ohne Haftungsnachteil (zB § 172 IV) jederzeit abziehbares und obj wertmäßig gedecktes Vermögen (§ 738 I 2 BGB) mit Zustimmung aller Gesellschafter zur Pflicht- bzw Hafteinlage des Kommanditisten umgewidmet wird (**Ein- bzw Umbuchung, Wechsel in die Kommanditistenposition;** BGH NJW 84, 435; *Brandes* WM 90, 1227; *SchlSchmidt* § 171 44 f). Stille Reserven können dabei ohne bilanzielle Aufdeckung berücksichtigt werden (BGH NJW 87, 3185; aA *Saßenrath* BB 90, 1209); beachte Rz 22 ([EBJ*Strohn* § 171 46; *Frey* ZGR 88, 289).

bb) Leistungen an Dritte, zB an Komplementär-GmbH bei 16 GmbH & Co (EBJ*Henze* § 177a Anh A 186) lassen die Haftung grds nicht erlöschen (Hamm NJW-RR 96, 27). In Parallele zur Zahlung auf die Haftsumme (Rz 13) erlischt die Haftung jedoch in Höhe der getilgten Forderung, wenn vor Eröffnung des Insolvenzverfahrens (§ 171 II; BGH NJW 72, 480) der Kommanditist oder der Treugeber des Kommanditisten (§ 105 Rz 20) an einen echten (BGH 51, 394) **Gläubiger der KG,** dem der Kommanditist bzw Treugeber gem § 171 I oder als Bürge oder Besteller sonstiger Sicherheiten (Rz 15) haftet, gleichgültig in welcher Form (BGH 51, 393) erfüllend leistet, selbst wenn die Forderung des Gläubigers gg die KG (BGH NJW 85, 2948) oder die zur Aufrechnung gestellte Forderung des Kommanditisten (BGH NJW 69, 1211) nicht mehr vollwertig (vgl BGH BB 94, 883) war. Dies gilt auch dort, wo der Kommanditist schon zur Leistung an einen anderen Gläubiger verurteilt worden ist (str). Die §§ 130a, 177a sind auf Zahlungen in der Krise an KG-Gläubiger analog anzuwenden. Zur Auswirkung der Zahlung an KG-Gläubiger auf die

Pflichteinlageforderung s Rz 20. Der Regreß des Kommanditisten gg die KG (§ 128 Rz 8), der nicht in einer bloßen Aufrechnung gg die Pflichteinlageforderung besteht (Rz 20), führt uU z Wiederaufleben der Haftung (Rz 22; z Insolvenzverfahren, Rz 9). Zum Regreß gg KG, Mitgesellschafter, Rz 7.

17 Hat sich ein **Gläubiger** der KG von der KG den **Pflichteinlageanspruch** (Rz 4) **an Erfüllungs Statt abtreten** lassen (§ 364 I BGB), so erlischt die Haftung in Höhe des Nominalwerts der Forderung des Gläubigers sofort. Unerheblich ist, wann der Kommanditist die Pflichteinlage an den Zessionar leistet (BGH 63, 341; aA *Schl/Schmidt* § 171 47, 51: erst nach Zahlung an Gläubiger u Aufrechnung mit Anspruch aus § 110) u ob die Forderung des Gläubigers noch vollwertig war (Ausnahme: der Gläubiger ist zugleich Schuldner der Einlageforderung oder steht dem Schuldner nahe [vgl § 172a Rz 8]; *Schmidt* ZHR 157 [1993] 313 unter Hinweis auf BGH NJW 85, 2947); denn es läßt sich eine Parallele zu Rz 18 ziehen. Anders ist die Rechtslage bei bloßer **Abtretung erfüllungshalber** (§ 364 II BGB) oder **zur Sicherung** (z Zulässigkeit der Abtretung, Rz 4) oder bei **Pfändung.** Hier kommt es auf die Leistung auf den nun dem Zessionar/Pfändungsgläubiger zustehenden Pflichteinlageanspruch an (BGH NJW 75, 1022). Es genügt auch eine sonstige Rechtshandlung, die dem Gläubiger die Inanspruchnahme der KG unmöglich macht (BGH NJW 84, 874: Erlaß). Dabei spielt es ebenfalls keine Rolle, daß die dem Gläubiger zustehende Forderung gg die KG nicht mehr vollwertig ist (BGH NJW 84, 874; *Schmidt* ZHR 157 [1993], 312 f), es sei denn, der Zessionar/Pfändungsgläubiger ist der Kommanditist oder eine ihm nahestehende Person (s o). In der Insolvenz beachte §§ 50 f InsO. Der Kommanditist ist vor Eröffnung des Insolvenzverfahrens durch die Abtretung etc nicht gehindert, an einen anderen Gläubiger der KG mit der Folge zu leisten, daß seine Haftung gem § 171 erlischt (Rz 16). Dem Zessionar des Pflichteinlageanspruchs ggüber kann er im Rahmen der §§ 404, 406 BGB (BGH NJW 75, 1023) seinen Erstattungsanspruch gg die KG (§ 110) entgegensetzen (Rz 20).

18 cc) Die haftungsbefreiende **Leistung** kann auch **von Dritten** erbracht werden (§ 267 BGB; BGH NJW 95, 129 [GmbH]), selbst von dem Komplementär (BGH NJW 84, 2290; 85, 1776; hM), sofern der Komplementär hierzu nicht (mittelbar) Vermögen der KG verwendet, von der KG Erstattung verlangen kann, notwendig unberechtigte Entnahmen vornehmen muß (BGH NJW 73, 1878; 90, 3146) oder gezielt Gläubiger beeinträchtigt werden sollen (§ 826 BGB). Der Dritte, sogar ein Mitgesellschafter, kann seine werthaltigen Ansprüche gg die KG (zB Guthaben auf einem Darlehenskonto, das nicht als Eigenkapital gebunden ist) zur haftungsbefreienden Leistung verwenden (BGH NJW 84, 2291; 90, 3146; Rz 15). Beachte Anfechtungsmöglichkeit nach InsO, AnfG; § 172a Rz 35.

dd) Die **Beweislast** trifft den Kommanditisten (BGH NJW 87, 3185; abw *StSchilling* § 171 9). **ee)** Die Berufung auf die **Haftungsbeschränkung** ist entgg der hM **mißbräuchlich,** wenn der Komplementär nach der GesVerfassung nichts zu sagen u aus der Sicht des Kommanditisten erkennbar nichts zu verlieren hat (*Huber* ZGR 88, 17; *Blaurock* FS Stimpel [1985], S 569; *Klingberg* Mitarbeitende Kommanditisten [1990], 50 ff; *Koller* FS Heinsius [1991], S 370; aA BGH 45, 204). Dies gilt auch in Hinblick auf Unterlassungspflichten (BGH BB 74, 482). Außerdem kommt ein Anspruch nach den Regeln der Konzernhaftung (§ 105 Rz 36; § 172 a Rz 6), aus den §§ 823 II BGB, 130 a HGB (faktisches Organ [§ 130 a Rz 2; EBJ*Strohn* § 171 26]) sowie aus § 826 BGB (vgl § 172 a Rz 22) in Betracht. Jedenfalls mißbrauchen die Kommanditisten die Haftungsbeschränkung, wenn sie die KG werbend fortführen, obwohl die Ges gem § 131 II aufgelöst ist (vgl auch *Schmidt* ZHR 153 [1989], 286; St*Habersack* § 145 21). Denkbar ist auch eine gesvertragliche Haftung ggüber der KG (*Grunewald* FS Großfeld [1999], S 341).

19

b) Die Haftung mit der Pflichteinlage (Rz 11) als solche **erlischt,** sobald u soweit auf die Pflichteinlage geleistet (§§ 362 ff BGB), Gewinngutschriften erfolgen (§ 167 Rz 2 [sofern sie nicht zum Ausgleich von Verlusten benötigt werden]), gg sie aufgerechnet (§§ 387 ff BGB [beachte Rz 4; BGH NJW 75, 1023]) oder sie sonst verrechnet wird (BGH BB 94, 2376; Rz 4) oder eine Leistung an den GesGläubiger (Rz 15) nach Vereinbarung mit der KG (zugleich) eine Leistung auf den Pflichteinlageanspruch darstellen soll (BGH NJW 84, 2291), wobei insoweit die Werthaltigkeit der Gegenforderung keine Rolle spielt (Rz 4; KG DStR 96, 30 [*Goette*]), ferner, soweit die Pflichteinlage durch GesVertragsänderung erlassen wird (§ 172 III; Rz 4), außerdem uU infolge von Leistungsstörungen (§ 105 Rz 31 ff), *nicht* aber aufgrund der bloßen Eröffnung des Insolvenzverfahrens (BGH NJW 85, 1470; Rz 8) oder eines Austrittsrechts oder wg eines Auflösungsgrundes iSd § 133 (SchlHOLG NZG 99, 1215). Hat der Kommanditist an einen echten Gläubiger der KG, der gem § 171 I HS 1 (Rz 7) gg ihn vorgegangen ist, geleistet, so kann er auch nach Eröffnung des Insolvenzverfahrens in voller Höhe aufrechnen (BGH NJW 75, 1023 [Rz 15 f]). Jedenfalls darf er dem Pflichteinlageversprechen (zB auf Sacheinlage) entgegenhalten, daß ihm die KG Zug um Zug seine Leistung zu erstatten hat (*StSchilling* § 171 8; *SchlSchmidt* § 171 50 [volle Aufrechnung mit Anspruch aus § 110 HGB bzw § 273 BGB]). Zur Abtretung, Verpfändung des Pflichteinlageanspruchs Rz 4, 17.

20

Mit dem **Ausscheiden** des Kommanditisten (§ 105 Rz 48) erlischt der Pflichteinlageanspruch; uU ist der Kommanditist zum Verlustausgleich verpflichtet (Düss NZG 99, 876; § 131 Rz 15; § 167 Rz 4). Soweit der Kommanditist im Moment des Ausscheidens gem § 171 I HS 1 gehaftet hatte, bleibt die Haftung bestehen (vgl § 128 Rz 10). Sie erlischt durch Leistung an die KG (Rz 13: auf Haftsumme; BGH 39,

21

329; aA *StSchilling* § 171 16). Dabei können werthaltige (Rz 14) Ansprüche des Kommanditisten gg die KG, die vor dem Ausscheiden entstanden sind, in eine Leistung an die KG umgewidmet werden (s auch BGH NJW 81, 233). Die Haftung aus § 171 I HS 1 endet ferner vor Eröffnung des Insolvenzverfahrens der KG (einschr *SchlSchmidt* § 171 116), soweit ein Altgläubiger befriedigt wird (BGH NJW 58, 787; 64, 2407). Letzterenfalls geht die Forderung des Gläubigers auf den Kommanditisten über (BGH 93, 247); außerdem erwirbt der Kommanditist Regreßansprüche (§ 128 Rz 12). Verjährung, Enthaftung s Erl zu § 159 f. Zur Insolvenz der KG oder deren Rechtsnachfolger s Rz 9; zum Wiederaufleben der Haftung Rz 29. Der Kommanditist, der aus anderem Rechtsgrund haftet (Rz 10), kann von der Ges Befreiung fordern (Karlsr NZG 00, 1124).

Beitritt zur KG, Übertragung des GesAnteils, Vererbung s § 171 Rz 26; § 176 Rz 9; § 177 Rz 2. **c) Haftung aus anderem Rechtsgrund** (Rz 10). Es gelten die allg Vorschriften (zB §§ 362, 387 BGB).

22 **6. Wiederaufleben der Haftung gemäß § 172 IV, V. a) Grundsatz.** Die Haftung (Rz 7) lebt wieder auf bei jeder Form der (Rück-) Gewähr von Vermögen der KG (vgl Rz 4), soweit dadurch nach Maßgabe der Erfolgsbilanz zu fortgeführten Buchwerten (BGH NJW 90, 1109; Rz 25) ohne Rücksicht auf stille Reserven (BGH NJW 90, 1109) das Kapitalkonto (§ 167 Rz 2 bzw die Summe aller Eigenkapitalkonten [§ 167 Rz 3]) des Kommanditisten – weiter – unter den Betrag der Haftsumme (Rz 5; nicht Pflichteinlage [BGH NJW 82, 2501; *Koller* FS Heinsius [1991], S 365 ff; str]) sinkt (Hamm NJW-RR 95, 490). Dem steht im Fall eines Erlöschens der Haftung durch Befriedigung von KG-Gläubigern (Rz 16) die Erstattung des Geleisteten gem § 110 gleich (Ausnahme: bloße Verrechnung mit Pflichteinlageanspruch [Rz 4, 16, 20]). Die Rückgewähr muß nicht zu einer Unterbilanz der KG geführt haben (aA *Joost* ZGR 87, 384 ff). Feststellungen zur Insolvenztabelle binden nicht (Hamm NZG 01, 360). Unerheblich ist, ob im Innenverhältnis (Rz 4) ein Anspruch auf Leistung bestand oder eine Rückzahlungspflicht (§ 167 Rz 4; § 169 Rz 4) besteht. Zur Rechtsfolge s näher Rz 27; zur GmbH & Co KG s auch Erl zu § 172 a.

23 **b) Einzelheiten. aa)** Demgemäß greift § 172 IV ein bei unmittelbar aus dem Vermögen der KG oder auf Rechnung der KG (werthaltiger Erstattungsanspruch gg KG genügt; BGH 93, 249) erfolgender Zufuhr von Vermögenswerten (auch in Form bloßer Ansprüche [str]; Schuldübernahme; Erlaß) an den Kommanditisten oder mittelbar an einen Dritten (zB Treugeber [BGH NJW 80, 1164]; Kreditgeber des Kommanditisten [BGH NJW 76, 751], an dessen Ehegatten, Kinder [vgl BGH NJW 82, 387] oder Ges, an denen der Kommanditist wesentlich beteiligt ist [*Canaris* FS Fischer [1979], S 57]) ohne obj voll ausgleichende Vermögenszufuhr (insbes [Anspruch auf] Gegenleistung; BGH 39, 331; BAG NJW 83, 1870) an die KG bzw Minderung der

Passiva der KG (BGH NJW 83, 1870; 90, 3146; aA *Schmidt* ZIP 91, 7 bei eigenkapitalersetzenden Darlehen [Rz 25]). Darunter fällt die bilanzneutrale (Rz 22) Veräußerung eines Gegenstandes an den Kommanditisten zum niedrigeren Buchwert jedoch nur, wenn sich die KG in einer existenzgefährdenden Situation befand (vgl BGH NJW 90, 1109). Die ausgleichende Vermögenszufuhr kann in einem später fälligen (EBJ*Strohn* § 172 26 f; aA Düss GmbHR 59, 114; BGH 81, 321 [GmbH]; hM), vollwertigen u vollwertig bleibenden (§§ 252 I 4, 253 III 2; aA EBJ*Strohn* § 172 26) Erfüllungsanspruch bestehen, soweit die Kreditgewähr angemessen vergütet wird (*Schl*/*Schmidt* § 171 69; vgl *Roth*/*Altm* GmbHG, § 30 44, 55). Bei ausreichender Solvenz des Kommanditisten ist auch nicht erforderlich, daß der Anspruch banküblich gesichert ist (aA verbreitet zu § 30 GmbHG). Zum Vergleich (§ 779 BGB) Hamm NZG 01, 360. Bei marktüblich vergüteten Sicherheiten, die die KG zugunsten von Gläubigern des Kommanditisten stellt, ist deshalb nicht auf die Einschränkung der Befriedigungsmöglichkeiten der anderen Gläubiger (so aber BGH NJW 76, 752) abzuheben, sondern lediglich darauf, inwieweit die Sicherheit (wahrscheinlich) in Anspruch genommen wird (vgl *Peltzer*/*Bell* ZIP 93, 1760 f), ohne daß ein vollwertiger Ausgleichsanspruch gg den Kommanditisten entsteht u bestehen bleibt (Vergleich mit Stellung einer Sicherheit zugunsten eines Gesellschaftsfremden; *Mülbert* ZGR 95, 599). Soweit der Kommanditist die KG für die Inanspruchnahme der Sicherheit entschädigt, erlischt die Haftung gem § 172 IV. Die Gegenleistung kann von einem Komplementär stammen (Rz 25). Abzulehnen ist die strenge Vertragstheorie (*Keuk* ZHR 135 [1971], 420), derzufolge § 172 IV nur heranzuziehen ist, wenn die Einlage erstattet u dadurch das Kapitalkonto gemindert wird. Die bloße Erbringung der Einlage (Rz 4) ist keine Gegenleistung, für die haftungsunschädlich etwas zurückgewährt werden dürfte; ebensowenig die Übertragung eines GmbH-Anteils im Fall des § 172 VI.

bb) Haftungsschädlich ist auch die **Umwandlung der Pflichteinlage** (Rz 4) in einen im Insolvenzverfahren zu berücksichtigenden Drittanspruch des Kommanditisten (zB Darlehen), weil damit die Eigenkapitalqualität (Rz 12) der Einlage entfällt (aA hM [BGH NJW 63, 1876]); ebenso die rechtsgeschäftliche Begründung eines Anspruchs auf Rückzahlung der Einlage, da Kommanditist zum potentiellen Insolvenzgläubiger wird.

cc) Erfüllt oder sichert die KG eine Gegenleistungsforderung des Kommanditisten aus einem bei seiner Vornahme obj gleichwertigen **Verkehrsgeschäft** (zB Verkauf an die KG; Dienstvertrag [BAG NJW 83, 1870], nicht bloß Gewinnvoraus aufgrund Tätigkeit für die Ges [*Riegger* DB 83, 1909; aA EBJ*Strohn* § 172 29]; s auch Rz 23), so läßt dies die Haftung selbst dann unberührt, wenn der Anspruch gg die KG nicht mehr vollwertig ist (anders bei Aufrechnung; Rz 15). Eine nach Verkehrswerten zu hohe Vergütung stellt dgg eine verdeckte Gewinnausschüttung u damit einen Fall der Rückgewähr dar (Rz 23). Keine

§§ 171, 172 Zweites Buch. Handelsgesellschaften u. stille Gesellschaft

Rückgewähr erfolgt, wenn zu Lasten eines echten **Forderungskontos** (§ 169 Rz 4) gezahlt wird, auf dem Gewinne gebucht worden sind, nachdem der Betrag der bedungenen Einlage erreicht worden war (§ 167 Rz 2). Rechtsfolge, Rz 27.

25 dd) Die Rückzahlung **eigenkapitalersetzender Darlehen** bzw die Ablösung **eigenkapitalersetzender Sicherheiten** (näher § 172a Rz 11) führt dort, wo § 172a nicht anwendbar ist, nur dann zu einer analogen Anwendung des § 135 InsO, wenn der geschäftsführende oder über 10% beteiligte (§ 32a III 2 GmbHG analog) Kommanditist wissen mußte, daß der Komplementär u die KG nicht über ausreichendes Vermögen verfügt, um die Kreditwürdigkeit der KG zu sichern (*Koller* FS Heinsius [1991], S 371 ff; weitergehend *Schmidt* ZIP 91, 4; BankrHdb*Stodolkowitz* § 84 118; ganz abl *Grunewald* FS Großfeld [1999], S 329; *Kleindieck* FS Lutter [2000], S 888 mNachw). Im Insolvenzverfahren kann unter diesen Voraussetzungen der Darlehensrückzahlungsanspruch nicht geltend gemacht werden (aA *Joost* ZGR 87, 393: generell keine Rückzahlung). ee) Gewinne. § 172 IV 2 knüpft nicht bruchlos an § 169 I HS 2 an. Da es um das Wiederaufleben der Haftung geht, ist „geleistete Einlage" die Summe der Leistungen, die zum (teilweisen) Erlöschen der Haftung geführt haben (Rz 12–19). Maßgeblich ist primär die Entwicklung des Kapitalkontos (§ 120 Rz 5; bei festen Kapitalkonten die Summe aller Eigenkapitalkonten [§ 167 Rz 3]) auf der Basis fehlerfrei aufgestellter Bilanzen, nicht aber stille Reserven oder stille Verluste (BGH NJW 90, 1109) oder Abreden unter den Gesellschaftern. Zu dem auf dem Kapitalkonto gebuchten oder zu buchenden Beträgen sind nach der hier vertretenen Auffassung, soweit dort nicht verbucht, die auf die Haftsumme (Rz 13) u an KG-Gläubiger (Rz 16) erbrachten Leistungen hinzuzurechnen. Befand sich das Kapitalkonto unter Berücksichtigung der hinzuzuzählenden Leistungen im Zeitpunkt des § 120 II infolge von Verlusten unterhalb des Betrages, in dessen Höhe die Haftung erloschen (Rz 12–19) war (hM; EBJ*Strohn* § 172 43), so lebt die Haftung bei der Entnahme (Auszahlung; auch Buchung auf Sonderkonto [§ 167 Rz 4]; EBJ*Strohn* § 172 47, 50; str) von Gewinnen zusätzlich zu der gem § 171 I noch nicht erloschenen Haftung u der gem § 171 IV 1 wiederbegründeten Haftung wieder auf. Unerheblich ist, ob die Haftsumme (Rz 5) höher oder niedriger als die Pflichteinlage (Rz 4) ist, da es nur darauf ankommt, in welchem Umfang die Haftung iSd § 171 erloschen war. Die Haftung lebt in Höhe des entnommenen Gewinns wieder auf, soweit er benötigt wird, um die durch Verlust geminderte „geleistete Einlage" (s o) wieder aufzufüllen (§ 167 Rz 4). Dabei ist zu berücksichtigen, daß nach dem Zeitpunkt des § 120 II erbrachte haftungsausschließende Leistungen (Rz 12–19) iZw primär die noch nicht erloschene Haftung iSd § 171 I, sekundär die Haftung aus § 172 IV 1 (Rz 28) beenden und, soweit sie hierzu nicht gebraucht werden, der Wiederauffüllung der durch Verlust geminderten Einlage dienen. Jedenfalls in Höhe des Betrages dieser

Wiederauffüllung dürfen Gewinne haftungsfrei entnommen werden. Ob im Innenverhältnis unter den Gesellschaftern Gewinne rechtmäßig entnommen wurden (s o) oder der Kommanditist in Hinblick auf § 172 IV gutgläubig war (vgl BGH 84, 386), ist unerheblich (str). Die Entnahme (s o) von **Scheingewinnen,** die bei echten Gewinnen haftungsneutral wäre, weil das Kapitalkonto nicht durch Verluste oder Entnahmen geschmälert war, läßt jedoch die Haftung trotz § 172 IV nicht aufleben, wenn die Bilanz von den geschäftsführenden Komplementären (Hmbg BB 94, 238) ohne grobe Fahrlässigkeit fehlerhaft errichtet worden ist (aA: auch wenn richtig) *und* der Kommanditist bei Bezug des Gewinns nicht grob fahrlässig gehandelt hat (§ 172 V; die Verschuldensintensität ist äußerst str [*StSchilling* § 172 18 mNachw; *Schmidt* GesR, § 54 III 3; bei PublikumsGes nicht § 62 I 2 AktG analog, BGH 84, 386]; im Innenverhältnis gelten aber immer die §§ 812, 818 III BGB [hM; sehr str]). **Verluste,** auch solche aus Sonderabschreibungen, führen dgg nie für sich allein zum Wiederaufleben der Haftung (§ 169 Rz 4). **ff)** Zahlungen aus dem **Vermögen des Komplementärs** oder eines sonstigen Mitgesellschafters lassen, solange diese keinen realisierbaren Erstattungsanspruch gg die KG erwerben, den Haftungsausschluß (Rz 12) unberührt (BGH NJW 85, 1776 f; *Koller* FS Heinsius [1991], S 368 ff; einschr BGH NJW 73, 1878; 76, 752), auch soweit sie durch Verrechnung mit nicht vollwertigen Forderungen erfolgen (BGH NJW 90, 3146); Ausnahmen: §§ 129 ff InsO, AnfG sowie § 172 a Rz 35.

gg) Die Übertragung des GesAnteils des Kommanditisten 26 (§ 105 Rz 50) führt grds zur Haftung des Erwerbers gem §§ 171, 173 (Ro ZIP 01, 1050). Der Veräußerer haftet für Altschulden als ausgeschiedener Kommanditist (Rz 7, 21, 29) fort (Ro ZIP 01, 1050). Soweit jedoch die Haftung des Veräußerers zB wg Erbringung der Einlage erloschen war (Rz 12 ff), bleibt die Haftung sowohl des übertragenden (s unten) als auch des erwerbenden Kommanditisten gem § 171 I erloschen (BGH NJW 81, 2747); sie erlischt durch spätere Leistung (Rz 12 f; *Michel* ZGR 93, 138), wobei dem Veräußerer Leistungen des Erwerbers zugute kommen (EBJ*Strohn* § 173 19; Ro ZIP 01 1050 [bei Vereinigung von Anteilen: § 366 BGB]). Weder der Veräußerung als solche noch ein aus dem Vermögen des Erwerbers an den Veräußerer gezahltes Entgelt stellen eine Rückgewähr der Einlage iSd § 172 IV dar. Bis zu seiner Eintragung im **Handelsregister** haftet allerdings der Erwerber trotz Erbringung der Einlage grds (näher § 176 Rz 9) für **Neuschulden** unbeschränkt, sofern die Übertragung nicht auf den Eintragungszeitpunkt aufschiebend bedingt erfolgt ist. Der Veräußerer haftet im Rahmen der §§ 143 II, 15 I wie ein noch der Ges angehörender Kommanditist ggüber Personen, die vom Gesellschafterwechsel keine Kenntnis erlangt haben, wobei seine Einlage dem Erwerber zugute kommt (BGH 81, 87; schwankend BGH NJW-RR 87, 416, der einerseits vom Schutz Gutgläubiger spricht, andererseits aber vom

§§ 171, 172 Zweites Buch. Handelsgesellschaften u. stille Gesellschaft

Aufleben der Haftung). Für **Altschulden** haftet der Veräußerer Gutgläubigen (§ 15 I) trotz Leistung der Einlage etc und des dadurch bewirkten Erlöschens der Haftung (Rz 12) wie ein ausbezahlter Ausgeschiedener (Rz 21) bis zur Höhe seiner Haftsumme, wenn die Veräußerung nicht mit einem Rechtsnachfolgevermerk (Hinweis, daß Anteil im Weg der Abtretung übergegangen ist) im Handelsregister eingetragen worden ist, weil ohne diesen Vermerk der Anschein (§ 15) entstanden ist, daß der Veräußerer ohne Übertragung des Anteils ausgeschieden (Rz 21) ist (einschr *v Olshausen* FS Knobbe-Keuk [1997], S 274) u weil die vom Veräußerer durch seine Einlage etc bewirkte Haftungsbefreiung infolge der Veräußerung ausschließlich dem Erwerber zugute kommt (*StSchilling* § 173 9 [hM]; ebenso weitgehend iE BGH NJW 81, 2748: § 172 IV analog; unklar BGH NJW-RR 87, 416; Regreß des Veräußerers, § 105 Rz 51). Auf etwaige Einlagen etc, die vor der Veräußerung oder danach vom Erwerber erbracht worden sind, darf sich der Veräußerer im Rahmen des § 15 nicht berufen. Die Eintragung des Sonderrechtsnachfolgevermerks darf nicht von der Versicherung abhängig gemacht werden, daß der Veräußerer keine Abfindung erhalten habe (§ 143 Rz 4 [str]). Eines Nachfolgevermerks bedarf es nicht bei einer Übertragung an einen Komplementär, da sich dieser ohnehin nicht auf eine Haftungsbefreiung berufen kann (Kln DB 92, 1627; [hM]; aA EBJ*Strohn* § 173 41); die §§ 143, 15 bleiben unberührt. Bei **Rückzahlungen der Einlage** durch die KG an den Erwerber haftet wie bei § 31 GmbHG auch den Altgläubigern ausschließlich der Erwerber (*SchlSchmidt* § 173 33; *Michel* ZGR 93, 119 ff; aA BGH NJW 76, 752). Hat die KG die Einlage dem Veräußerer zurückgewährt, so lebt ebenfalls die Haftung gem § 172 IV wieder auf, aber nur (aA KG DB 00, 2011) die des voll an die Stelle des Veräußerers getretenen Erwerbers (diff *Michel* ZGR 93, 126 ff). Ausnahme: Vor Übertragung war ein Anspruch auf „Rückgewähr" begründet worden (Rz 23).

hh) Bei Umwandlung einer KG in Form einer **Spaltung** (§§ 123 ff UmwG) kann dgg § 172 IV eingreifen. § 160 ist insoweit (analog) anwendbar (abw *Naraschewski* DB 95, 1266).

27 c) **Rechtsfolge des § 172 IV, V.** Die Haftung (Rz 7) lebt grds in Höhe des **zurückgewährten** obj (EBJ*Strohn* § 172 21) Werts bzw der ausbezahlten Gewinne auf, **wenn und soweit** das Kapitalkonto (Rz 25), von dem die Rückzahlungen iSd § 172 IV (Rz 23 ff) abzubuchen sind, ohne Rücksicht auf stille Reserven (BGH NJW 90, 1109) aber unter Einberechnung der offenen Rücklagen u Aufwandsrückstellungen gem § 249 I 3, II (*Schulze-Osterloh* BB 97, 1787) sowie sonstiger haftungsausschließender Leistungen (Rz 13, 16), durch die Rückgewähr – weiter – unter den Betrag der Haftsumme (Rz 5; nicht Pflichteinlage [hM; aA *SchlSchmidt* § 172 64] oder materielles Eigenkapital [§ 172a Rz 18; str]) sinkt, bzw **soweit die abgezogenen Gewinne** zur Auffüllung des Kapitalkontos bis zu dem Betrag der „geleisteten Einlage" (§ 172 IV 2; Rz 25) erforderlich gewesen wären bzw im Fall der **haftungsbefreienden Direktleistung** des Kommanditisten an KG-Gläubiger (Rz 16), soweit die KG die Aufwendungen des Kommanditisten erstattet hat (Rz 16). Die Haftung lebt auf, soweit sie erloschen war (Rz 12), *maximal in Höhe der Haftsumme* (Rz 5), selbst bei die Haftsumme übersteigenden Rückzahlungen oder bei Gewinnausschüttungen trotz negativem Kapitalkonto (BGH NJW 73, 1036; *Koller* FS Heinsius [1991], S 366 ff; hM). War die Haftung nur teilweise erloschen (Rz 12), so addieren sich Resthaftung aus § 171 u Haftung aus § 172 IV. Daneben kommt eine Haftung gem §§ 129 ff InsO, AnfG, § 826 BGB in Betracht. **Beweislast:** Gläubiger (*StSchilling* § 172 42; diff *SchlSchmidt* § 171 74). Zum Anspruch auf **Pflichteinlage** Rz 4.

d) Wiedererlöschen der Haftung. Die Haftung erlischt, soweit vor 28 Eröffnung des Insolvenzverfahrens (arg e § 171 II [Rz 8]) wieder in der Form des § 171 I (Rz 12 ff) oder an Gläubiger der KG (Rz 16) geleistet wird oder KG-Gläubiger sich aus den vom Kommanditisten gestellten Sicherheiten befriedigt haben (Rz 15) (Mü BB 90, 1925; Beweislast: Kommanditist [BGH NJW 90, 1111]). Das gilt auch in Fällen, in denen ein die Haftsumme übersteigender Wert iSd § 172 IV zurückgewährt worden ist (Rz 27). Die Tatsache, daß das Kapitalkonto unter Einberechnung der in Rz 27 genannten Beträge nicht wieder bis zur ursprünglichen Höhe der „geleisteten Einlage" (Rz 25) maximal der Haftsumme (Rz 5) aufgefüllt wird, sperrt nur die haftungsunschädliche Auszahlung späterer Gewinne (§ 172 IV Rz 2 [*Koller* FS Heinsius [1991], S 366; aA *Huber* ZGR 88, 15; *HeyHorn* § 172 15]). Zur Aufrechnung nach Eröffnung des Insolvenzverfahrens, Hamm NJW-RR 95, 492.

7. Das Ausscheiden des Kommanditisten läßt die Haftung aus 29 § 171 I 1. HS unberührt u führt nur zu einer vorzeitigen Enthaftung (§ 160). War die Haftung des Kommanditisten im Zeitpunkt des Ausscheidens (§ 105 Rz 48, §§ 131, 140; z Übertragung des GesAnteils s Rz 26) gem § 171 erloschen (Rz 12 ff), so entfällt zwar mit dem Ausscheiden die Eigenkapitalbindung, da die Pflichteinlageansprüche untergehen (s aber § 131 Rz 15). Dies allein führt jedoch nicht zum Wiederaufleben der Haftung (aA *SchlSchmidt* § 171 73); denn die Situation ist mit den Fällen vergleichbar, in denen ein Kommanditist, der keine Pflichteinlage erbringen muß, ausschließlich auf die Haftsumme geleistet hat (Rz 13). Der Kommanditist kann auch nach Ausscheiden auf die Haftsumme leisten (BGH 39, 329; aA Ro ZIP 01, 1050). Daher lebt die Haftung ggüber Altgläubigern (vgl Rz 9; § 128 Rz 10; BGH NJW 58, 787) nach Maßgabe der Rz 27 nur auf, soweit unmittelbar oder mittelbar (Rz 23) an den Ausgeschiedenen aus dem Vermögen der KG oder auf Rechnung der KG (BGH NJW 85, 1777; weiter: BGH NJW 73, 1878; *Kübler* GesR, § 8 III Rz 4: auch aus Vermögen des Komplementärs; vgl aber Rz 25) oder des Übernehmers (§ 140 Rz 4, 5 [BGH 61, 149; weiter EBJ*Strohn* § 172 35]) eine Abfindung (§ 138 Rz 4) gezahlt wird oder sonstige Leistungen (nicht aber bloße Sicherheit, da im Verhältnis zu GesGläubigern exceptio doli; BGH NJW 76,

§ 172 a Zweites Buch. Handelsgesellschaften u. stille Gesellschaft

752) erbracht werden (BGH NJW 80, 1163). Ausnahme: Die Haftung bleibt erloschen, soweit der noch nicht erfüllte Teil der Abfindungsforderung die Haftsumme deckt. Dies gilt anders als im Normalfall (Rz 22) auch dann, wenn die Abfindung nicht nach Buchwerten zu bemessen ist. Wird die Abfindung nach Buchwerten gezahlt, so kommt es darauf an, inwieweit eine gem § 738 BGB ermittelte Abfindungssumme den gezahlten Betrag übersteigt (vgl einerseits BGH NJW 87, 3185 andererseits NJW 90, 1109). Die Stundung der Abfindungsforderung ist haftungsunschädlich; die Verzinsung der Abfindungsforderung oder die Gewinnbeteiligung kann bei Auszahlung analog § 172 IV 2 (Auszahlung von Gewinnen, Rz 25) zum Aufleben der Haftung führen (BGH NJW 63, 1873). Die Umwandlung in ein Darlehen oder stille Beteiligung u damit explizit in Fremdkapital ist dgg haftungsschädlich (*Schmidt* GesR, § 54 III 2 a [volle Aufrechenbarkeit mit Darlehensanspruch in Insolvenz]; aA BGH NJW 63, 1876), da die Gewährung eines Darlehens ebenfalls keine Einlageleistung iSd § 171 I darstellt. Zur Verjährung, Enthaftung s Erl zu § 160 (§ 161 II); zur Leistung an Altgläubiger Rz 21; zur Insolvenz Rz 9. Der Ausgeschiedene kann bei der KG u seinen früheren Mitgesellschaftern Regreß nehmen (vgl § 128 Rz 12; § 171 Rz 25); nimmt er bei der KG Regreß, so lebt die Haftung wieder auf (§ 172 IV; Rz 16).

30 **8. Beitritt zur KG** Siehe Erl zu §§ 173, 176. **Übertragung des GesAnteils,** s § 171 Rz 26, § 176 Rz 4 f. **Vererbung,** s § 177.

IV. GmbH & Co und PublikumsGes

31 Siehe Erl zu § 172 a.

§ 172 a [Rückgewähr von Darlehen]

¹Bei einer Kommanditgesellschaft, bei der kein persönlich haftender Gesellschafter eine natürliche Person ist, gelten die §§ 32 a, 32 b des Gesetzes betreffend die Gesellschaften mit beschränkter Haftung sinngemäß mit der Maßgabe, daß an die Stelle der Gesellschafter der Gesellschaft mit beschränkter Haftung die Gesellschafter oder Mitglieder der persönlich haftenden Gesellschafter der Kommanditgesellschaft sowie die Kommanditisten treten. ²Dies gilt nicht, wenn zu den persönlich haftenden Gesellschaftern eine offene Handelsgesellschaft oder Kommanditgesellschaft gehört, bei der ein persönlich haftender Gesellschafter eine natürliche Person ist.

Übersicht

	Rz.
A. GmbH & Co..	
I. Komplementäre..	1
1. GmbH	2

Zweiter Abschnitt. Kommanditgesellschaft § 172 a

	Rz.
2. Haftung der GmbH-Gesellschafter	2
a) Grundsatz	2
b) Haftung aus besonderen Verpflichtungsgründen	2
c) Durchgriff	3
aa) Sphärenvermischung	4
bb) Materielle Unterkapitalisierung	5
cc) Konzernspezifische Haftung	6
d) Kapitalaufbringung	7
e) Kapitalerhaltung	8
f) Erwerb von Anteilen der GmbH durch die KG	10
g) Eigenkapitalersetzende Darlehen und verwandte Geschäfte	11
aa) Darlehensgewährung	12
bb) Stille Beteiligungen	14
cc) Gebrauchsüberlassungen, Dienstleistungen	15
dd) Leasing	16
ee) Sicherheiten durch GmbH-Gesellschafter oder gleichstehende Personen	16
ff) Analoge Anwendung der §§ 30 f GmbHG	17
h) Materielles Eigenkapital, Finanzplankapital	18
i) Konzernsachverhalte	19
j) Konkursverschleppung	19
3. Haftung des Geschäftsführers, Liquidators der GmbH	20
a) Gegenüber der GmbH	20
b) Gegenüber der KG, Gesellschaftern, Treugebern	21
c) Unmittelbar gegenüber Gläubigern der GmbH	22
d) Haftung gegenüber den GmbH-Gesellschaftern	22
4. Vor-GmbH	23
a) Haftung der Vor-GmbH	24
b) Haftung der Vor-GmbH-Gesellschafter mit ihrem Privatvermögen	25
c) Haftung des Handelnden (§ 11 II GmbHG), Geschäftsführers der Vor-GmbH	26
5. Vorgründungsgesellschaft	27
a) Haftung der Vorgründungsgesellschaft	28
b) Haftung der Vorgründungsgesellschafter	29
c) Haftung der für die Vorgründungsgesellschaft Handelnden	30
II. Kommanditisten	31
1. Grundregeln	31
2. Eigenkapitalersetzende Leistungen	32
a) § 172 a	32
b) Analoge Anwendung der §§ 30 f GmbHG	33
c) Materielles Eigenkapital	34
3. Sonstige Leistungen an Kommanditisten	35
4. Wechselseitige Beteiligung in der GmbH & Co.	36
5. Durchgriff	37

§ 172 a   Zweites Buch. Handelsgesellschaften u. stille Gesellschaft

Rz.

B. Sonstige juristische Personen sowie Handelsgesellschaften
ohne eine natürliche Person als (mittelbare) Gesellschafterin ...   38
   I. Komplementäre   38
  II. Kommanditisten   39

Literatur: Siehe § 105 vor Rz 1; ferner *Baumbach/Hueck,* GmbHG (17. Aufl 2000); Beck'sches Handbuch der GmbH, hrsg *Müller/Hense* (2. Aufl 2000); Beck'sches Handbuch der Personengesellschaften (hrsg *Hoffmann/Müller* 1999); *Hachenburg,* Großkommentar GmbHG (8. Aufl 1990 ff); *Lutter/Hommelhoff,* GmbH-Gesetz (15. Aufl 2000); Münchener Handbuch des Gesellschaftsrechts, Bd III GmbH, hrsg *Priester/Mayer* (1996); *Roth/Altmeppen,* GmbHG (3. Aufl 1997); *Scholz,* GmbHG (9. Aufl 2000); *Sudhoff,* GmbH & Co KG (5. Aufl 2000); *Zacher,* Kapitalsicherung und Haftung bei der GmbH & Co KG (1992).

A. GmbH & Co

I. Komplementäre

1   1. GmbH. Wie normale Komplementäre (§ 171 Rz 2 ff), so haftet auch eine GmbH als Komplementärin einer KG gem § 128 mit ihrem gesamten Vermögen.

2   2. Haftung der GmbH-Gesellschafter. a) Grundsatz. Die Gesellschafter haften dgg gem § 13 GmbHG grds **nicht. b) Haftung aus bes Verpflichtungsgründen.** Ausnahmsweise können neben der GmbH auch deren Gesellschafter haften. Eine unmittelbare Haftung der Gesellschafter kann zum einen auf einer selbständigen Verpflichtung der Gesellschafter aus Vertrag (zB Mitschuldübernahme, Garantie), auf Rechtsscheinshaftung (BGH NJW 72, 1418; BB 77, 1026), auf cic, wenn Dritte den Gesellschaftern ein besonderes persönliches Vertrauen entgegengebracht haben oder diese ein eigenes unmittelbares wirtschaftliches Interesse besessen haben (BGH NJW 89, 292; NJW-RR 90, 614; vgl auch Rz 22), beruhen. Ferner kommt eine Haftung gem den §§ 823 ff BGB in Betracht (BGH BB 92, 873). § 64 GmbHG iVm § 823 II BGB greift nur ein, wenn die Gesellschafter den Geschäftsführer der GmbH zur Verzögerung der Eröffnung des Insolvenzverfahrens angestiftet oder Beihilfe geleistet (§§ 830, 840 BGB, BGH NJW 74, 57; weitergehend *Grunewald* ZGR 86, 594) oder selbst als (faktische) Geschäftsführer agiert haben (Rz 22).

3   c) Durchgriff. In Lit u Rspr wird vielfach in unterschiedlichen Varianten der Gedanke des Durchgriffs auf die Gesellschafter ins Spiel gebracht (Nachw z Meinungsstand, *Hueck/Fastrich* in BauHueck § 13 10 ff; *Hachenburg/Mertens* GmbHG, Anh § 13). Die Rspr hält sich zurück. Der BGH (NJW 74, 1372; ebenso BSG BB 96, 2149; BAG NJW 99, 741) fordert bes qualifizierende Umstände, die die Berufung eines Gesellschafters auf die rechtliche Selbständigkeit der GmbH als

Zweiter Abschnitt. Kommanditgesellschaft § 172 a

Verstoß gg § 242 BGB erscheinen lassen. In NJW-RR 90, 738 f formuliert der BGH sogar, daß die Trennung von GmbH u Gesellschaftern nicht unter Berufung auf Treu u Glauben überspielt werden dürfe. Folgende Fallgruppen kommen in Betracht:

aa) Sphärenvermischung, wenn die Sphären der GmbH u ihrer 4 Gesellschafter bzw die Grenzen zu anderen GmbH's durch eine undurchsichtige Buchführung oder in anderer Weise allg derart verschleiert werden, daß bei der GmbH die Kapitalsicherung unmöglich wird. Dann haften die Gesellschafter der GmbH, die hierfür verantwortlich sind (BGH BB 94, 1095 f), analog den §§ 128 ff. Einwendungen können sie nur vorbringen, soweit sie in ihrer Person begründet sind oder soweit der GmbH Einwendungen zustehen (BGH NJW 86, 188 f). Dort, wo nur einzelne Gegenstände nicht klar bestimmten Sphären zugeordnet werden können, müssen sich die GmbH-Gesellschafter, die dies zu verantworten haben, so behandeln lassen, als ob diese Gegenstände der GmbH zustehen (BGH NJW 85, 740; *Schmidt* GesR, § 9 IV 2 a).

bb) Materielle Unterkapitalisierung liegt vor, wenn das Eigen- 5 kapital der GmbH nicht ausreicht, um den nach Art u Umfang der angestrebten oder tatsächlichen Geschäftstätigkeit der GmbH sowie GmbH & Co unter Berücksichtigung der Finanzierungsmethoden bestehenden, nicht durch Kredite Dritter zu deckenden mittel- oder langfristigen Finanzbedarf zu befriedigen (*Hachenburg/Ulmer* GmbHG, Anh § 30 17). Zumindest bei evidenter Unterkapitalisierung plädiert die in der Lit hM für eine unmittelbare Haftung der Gesellschafter (*Raiser* ZGR 95, 162 ff mNachw; einschr *Schmidt* GesR, § 9 IV 4 b, c). Da es keine anerkannten Grundsätze der Eigenkapitaldeckung gibt, ist eine Durchgriffshaftung wg materieller Unterkapitalisierung abzulehnen (BAG NJW 99, 2299; *Wilhelm* Rechtsform [1981], S 308 ff, 325 ff; offengelassen BGH NJW 97, 1686; 79, 2104; aA BSG NJW 84, 2117; *Banerjea* ZIP 99, 1153) aber eine Haftung ggüber der GmbH wg Unterkapitalisierung zu bejahen (*Wilhelm* aaO, S 336 ff). Es liegt aber immer eine Haftung aus § 826 BGB nahe (vgl BGH BB 92, 873; NJW 94, 197; BAG NJW 99, 2300; Oldbg NZG 00, 556), die auch die Kommanditisten treffen kann; ferner aus cic (*Canaris* FS Giger [1989], S 119 ff; *Weitbrecht* Haftung der Gesellschafter [1990]).

cc) Der Haftungsdurchgriff auf Mehrheits- oder Alleingesellschafter 6 der GmbH kann auch **konzernspezifischer** Natur sein. Im Fall von (auch fehlerhaften) Beherrschungs- u Gewinnabführungsverträgen ist § 302 AktG analog anzuwenden (BGH BB 92, 14). Grds kann auch ohne einen Beherrschungs- oder Gewinnabführungsvertrag die Haftung in einen Konzern (§§ 15 ff AktG) einbezogene GmbH auch für Altschulden (BGH NJW 97, 944) analog § 302 AktG Verlustausgleich bzw analog § 303 AktG Sicherstellung verlangen, wenn eine natürliche oder jur Person (BGH NJW 97, 943) als Gesellschafter oder dessen Treuhänder, Strohmann oder derjenige, mit dem er die Unternehmenspoli-

§ 172 a Zweites Buch. Handelsgesellschaften u. stille Gesellschaft

tik abstimmt (BGH NJW 93, 1202; BB 94, 2304), auch anderweitig maßgeblich unternehmerisch tätig ist (BGH NJW 97, 943; BAG NJW 96, 1492) und die GmbH beherrscht (BGH NJW 89, 1800; 97, 943; BB 00, 2487; BAG NJW 96, 1492 [§ 17 AktG]; aA BAG NJW 99, 741) *und* in obj mißbräuchlicher Ausübung der Macht, die Geschäfte zu leiten, im Interesse des h Unternehmens nicht angemessen auf die Belange der abhängigen Ges Rücksicht nimmt (BGH NJW 97, 943 f [stdg Rspr]), so daß die Ges *deshalb* ihre Schulden nicht begleichen kann (BGH NJW 97, 944), *es sei denn,* daß die Nachteile durch Einzelausgleichsmaßnahmen (BGH BB 00, 2488; BAG NJW 99, 741) kompensiert worden sind oder sich kompensieren lassen (Beweislast: Gläubiger; der h Unternehmer hat den Sachverhalt darzulegen, soweit er ihn im Gegensatz zum Gläubiger kennt u ihm die Darlegung zumutbar ist; BGH NJW 93, 1203). An einem Mißbrauch fehlt es, solange die Ges unter Wahrung ihres Eigeninteresses (fort)geführt wird (BGH BB 94, 2305). Mißbrauch: zB masseloser Zusammenbruch der Ges durch Abzug der Aktiva (BGH NJW 96, 1284). Problemgruppen: *Ensthaler/Kreher* BB 95, 1426 ff; 96, 385. § 322 II, III AktG ist analog anwendbar (BGH BB 94, 2305). Ist mangels Masse mit einer Eröffnung des Insolvenzverfahrens über das Vermögen der GmbH nicht zu rechnen, so können die Gläubiger direkt vom h Gesellschafter Zahlung verlangen (BGH 95, 347; BGH BB 91, 2177; str). Zur Haftung von SchwesterGes BGH DStR 99, 1822 (*Goette*); BAG AG 99, 378. Hat der Gesellschafter die GmbH nicht in der genannten qualifizierten Weise in seinen Konzern einbezogen, so haftet er uU der GmbH deshalb, weil er nicht nachweisen kann, daß die Weisungen, die er der GmbH erteilt hatte, nicht schuldhaft waren (Verletzung der Treuepflicht; *Schmidt* ZIP 91, 1325). Allein das Vertrauen in die Zahlungsbereitschaft des h Gesellschafters begründet keine Haftung (*Lutter* FS Knobbe-Keuk [1997], S 229 ff); anders wenn h Gesellschafter mit GmbH verwechselt werden kann u wird oder der h Gesellschafter bes Vertrauen für sich in Anspruch genommen hat. Gläubiger können den Haftungsanspruch pfänden.

7   **d) Kapitalaufbringung.** Eine Leistungspflicht der GmbH-Gesellschafter u Hintermänner (BGH BB 92, 1374) kommt ferner bei mangelhafter Kapitalaufbringung in Betracht. So haftet nicht nur jeweils ein Gesellschafter für die Aufbringung seiner Stammeinlage, sondern bei **Ausfall dieses Gesellschafters** haften auch alle übrigen Gesellschafter gem § 24 GmbHG. Die Stammeinlage muß außerdem in der Form, wie sie versprochen wurde (§ 19 V GmbHG), aus dem Vermögen der Gesellschafter in das Vermögen der GmbH, nicht bloß in das der KG eingebracht werden (Zu Zahlungen an GmbH-Gläubiger s u). Das ist nicht der Fall, wenn die GmbH selbst (wirtschaftlich) die Mittel zur Zahlung der Stammeinlage zur Verfügung gestellt hat (BGH 28, 78) oder die Geldeinlage wieder gg andere Vermögensgegenstände an den Gesellschafter bzw an eine mit ihm eng verbundene Person (Rz 8)

zurückfließt (Schlesw BB 00, 2015). Derartige **verschleierte (verdeckte) Sacheinlagen** liegen nach fragwürdiger (*Bayer* ZIP 98, 1993) hM vor, wenn zwar formell eine Bareinlage geleistet wird, der Einlagebetrag jedoch materiell nur der Leistung auf eine Forderung eines Gesellschafters aus der Veräußerung sacheinlagefähiger Gegenstände dient oder einem anderen Leistungsverhalten, das dem Zweck des § 19 V GmbHG zuwiderläuft, so daß die Einlage für das Registergericht unerkennbar (BGH BB 97, 1603) der Ges letztlich wirtschaftlich nicht als endgültige (Schlesw BB 00, 2015; BGH DStR 99, 1541 [*Goette*]) Barleistung zufließt (BGH BB 94, 882; 96, 712; NJW 96, 1474). Es genügt, daß das Leistungsverhalten dem Gesellschafter mittelbar zugute kommt (BGH BB 96, 712; vgl Rz 8). Notwendig ist immer eine den wirtschaftlichen Erfolg einer Sacheinlage umfassende Abrede zwischen den Gesellschaftern oder Gesellschafter u Geschäftsführer, die bei engem zeitlichen u sachlichen Zusammenhang vermutet wird (BGH BB 96, 713). Im Fall verschleierter Sacheinlagen besteht die Pflicht zur Erbringung der Stammeinlage fort (BGH NJW 98, 1952). Zur Heilung verschleierter Sacheinlagen BGH NJW 96, 1475 f; *Reuter* BB 99, 217; zur Rückabwicklung gem § 812 BGB nach Saldotheorie BGH NJW 98, 1952 (str). Einseitige **Aufrechnungen** sind nur seitens der GmbH u nur ggüber fälligen, liquiden u vollwertigen (BGH BB 94, 883) Forderungen des Gesellschafters, deren Erfüllung außerdem keine Erstattungsansprüche wg Eigenkapitalersatzes (Rz 11 ff) auslösen darf (BGH NJW 85, 2947), zulässig (§ 19 II GmbHG). Unter den gleichen Voraussetzungen können auch nach Abschluß des GesVertrages (BGH NJW 79, 216) Aufrechnungsabreden getroffen werden. **Leistungen** der Gesellschafter **an GmbH-Gläubiger** (§ 362 II BGB), die die Mindesteinzahlung (§ 7 II GmbHG) übersteigen (BGH NJW 86, 989 [str]), lassen die Stammeinlageforderung nur erlöschen, wenn der GmbH hierdurch vollwertig Kapital zugeführt wird (*Schmidt* GesR, § 37 II 2) u der Gesellschafter die Forderung des Dritten nicht eigenkapitalersetzend so gesichert hat, daß er der GmbH erstattungspflichtig ist (Rz 11 ff; Kln NJW-RR 95, 33). Erreicht der **Wert eines** einzubringenden oder anzurechnenden **Gegenstandes** obj nicht den Betrag, der im GesVertrag festgesetzt worden ist (vgl § 5 IV GmbHG), so hat der Gesellschafter (hilfsweise die übrigen Gesellschafter; § 24 GmbHG) die Differenz in bar zu bezahlen (§ 9 GmbHG). Bei Einbringung eines überschuldeten Unternehmens kann die Differenzhaftung über den im GesVertrag festgesetzten Betrag hinausgehen (*Wilhelm* FS Flume II [1978], S 361 f; einschr *Schmidt* BB 85, 154; str), denn es wird analog § 9 GmbHG gehaftet, soweit das Aktivvermögen (BGH NJW 98, 234) der Vor-GmbH (Rz 25) abzüglich der Passiva einschl eigenkapitalersetzender Darlehen (BGH NJW 94, 725) im Moment der Eintragung der GmbH hinter der Stammkapitalziffer zurückbleibt (Vorbelastungshaftung [Rz 24]). Gläubiger der GmbH können die **Stammeinlageforderung pfänden,** wenn ihr Titel vollwertig ist oder wenn die Aufbringung u Erhaltung der Kapitalgrundlage für die

§ 172 a Zweites Buch. Handelsgesellschaften u. stille Gesellschaft

GmbH u die Gläubigergesamtheit nicht mehr erforderlich ist, weil zB der einzige Gläubiger nach Auflösung des Geschäftsbetriebes pfändet oder wenn mit einer Eröffnung des Insolvenzverfahrens nicht mehr zu rechnen ist (enger BGH NJW 92, 2229: mit geordneter Liquidation). Bei Vorrats- und MantelGes gelten keine Besonderheiten (BayObLG DStR 99, 1038; *Meller-Hannich* ZIP 00, 345; aA BGH 117, 331 [hM]).

8 e) Gläubiger der GmbH werden ferner durch die GmbH-**Kapitalerhaltungsregeln** geschützt (§§ 30 ff GmbHG). Eine Erstattungspflicht besteht danach grds (nur [BGH NJW 99, 2818]) bei allen Arten von „**Leistungen**" **der GmbH** an ihre Gesellschafter ohne obj gleichwertige Gegenleistung (BGH BB 96, 128), durch die bei der GmbH eine (nominale) Unterbilanz herbeigeführt oder dort, wo schon eine Unterbilanz besteht, das GesVermögen real geschmälert wird. Von nominaler Unterbilanz spricht man, wenn die Aktiva der GmbH nicht mehr die Summe aus Stammkapital u echten Verbindlichkeiten der GmbH (ohne Rücklagen [hM]) decken. Maßgeblich sind dabei die normalen fortlaufenden Bilanzansätze, bei denen auch eigenkapitalersetzende Darlehen (Rz 11) als Verbindlichkeiten verbucht werden (BGH NJW 94, 725; Rz 22); im Fall der Überschuldung gilt § 19 InsO. Bei der Besicherung von Gesellschafterschulden zu marktüblichen Konditionen kommt es auf den Zeitpunkt der Inanspruchnahme der Sicherheit an (Mü NJW-RR 99, 261; KG NZG 00, 481; einschr *Steinbeck* WM 99, 887 f), wenn bei der Bestellung vollwertige Regreßansprüche gg den Gesellschafter existierten. *Henze* (GmbHR 00, 1072) zufolge ist § 30 GmbHG bei akuter Gefährdung der Ges durch die Leistung analog heranzuziehen, auch wenn noch keine Unterbilanz besteht. Generell gilt Gleiches für Leistungen an Personen, die den Gesellschaftern zuzurechnen sind (zB Angehörige [BGH 81, 365; Hamm NJW-RR 99, 1413]; Treugeber; an dem Gesellschafter maßgeblich beteiligte Personen; Hintermänner [BGH BB 92, 1374]; krit *Ulmer* ZHR 156, 377], Unternehmen, an denen der Gesellschafter maßgeblich beteiligt ist [BGH NJW 99, 2822], Stille als faktische Gesellschafter [Saarbr ZIP 99, 2151], uU Pfandgläubiger [BGH BB 92, 1946]). Der Erstattungsanspruch, für den § 19 II GmbHG (analog) gilt (BGH BB 01, 165), richtet sich primär gg den (ehemaligen) Gesellschafter, an den oder auf dessen Rechnung geleistet worden ist (BGH BB 96, 128); uU auch gg Dritte (Einzelheiten *Hueck/Fastrich* in *BauHueck* § 31 12 ff; *Roth/Altm* § 30 17 ff; abl BGH DB 98, 1124). Die Beweislast trägt der Gläubiger mit Erklärungslast des anderen Teils (BGH NJW 00, 2578). Das Leistungsversprechen der GmbH ist unwirksam, wenn es nicht unter dem Vorbehalt ausreichenden freien Vermögens abgegeben wird (BGH ZIP 00, 1295); grds nicht aber das Verfügungsgeschäft (BGH BB 97, 1807; aA Mü NZG 01, 412). Bei Leistungen der GmbH an die KG (BGH NJW 73, 1036) haften die Kommanditisten entspr ihren Beteiligungen (*Scholz/Westermann* GmbHG, § 31 16; str). § 812 BGB ist unanwendbar

Zweiter Abschnitt. Kommanditgesellschaft § 172 a

(BGH NJW 97, 2601); der gute Glaube wird nur im Rahmen des § 31 II GmbHG geschützt. Die GmbH-Mitgesellschafter haben gem § 31 III GmbHG bis zur Grenze des satzungsgem Stammkapitals einzustehen (hM; aA *Schmidt* BB 95, 529 [Stammeinlage der insolventen Empfänger]). Dem BGH (NJW 99, 2818) zufolge haften Gesellschafter nicht deshalb unbeschränkt, weil sie schuldhaft dem Verstoß gg die Kapitalerhaltungsregeln zugestimmt oder den Verstoß sonst gefördert haben (Ausnahme: Existenzgefährdung [vgl auch BGH NJW 00, 155; denkbar ist aber ein Anspruch aus § 826 BGB]). Die Erstattungsforderung ist gg vollwertige Gegenleistung, an GmbH-Gläubiger frei, abtretbar (BGH 69, 274); sie ist auch frei pfändbar; sie erlischt selbst dann nicht, wenn die Unterbilanz nachhaltig beseitigt wurde (BGH NJW 00, 2578). § 30 GmbHG ist kein Schutzgesetz (§ 823 II BGB) zugunsten der Gläubiger (BGH NJW 90, 1729 f). Dort, wo § 30 GmbHG nicht eingreift, kann insbes bei verdeckten Gewinnausschüttungen der Ges ein Anspruch aus § 812 BGB zustehen, falls die „Ausschüttung" ohne wirksamen Beschluß (§ 46 GmbHG) erfolgte (BGH BB 96, 129; *HueckFastrich* in *BauHueck* § 29 76). Zur Haftung der Geschäftsführer s Rz 20.

Stammen die **Leistungen aus dem Vermögen der KG,** so können 9 auch diese Leistungen zu einer Unterbilanz bei der GmbH führen (BGH 95, 188; NJW 73, 1036), weil die GmbH als Komplementärin gem § 128 für die KG-Verbindlichkeiten voll einzustehen hat, sofern ihr Erstattungsanspruch (§ 110) gg die KG wg deren Überschuldung nicht vollwertig ist. Außerdem kann der Wert des Kapitalanteils, den die GmbH als Komplementärin bei der KG besitzt, infolge der Vermögensübertragung auf GmbH-Gesellschafter so stark gemindert werden, daß bei der GmbH eine Unterbilanz entsteht. Die Tatsache, daß neben der GmbH natürliche (§ 1 BGB) Personen gem § 128 unbeschränkt haften, hindert nicht immer die Entstehung einer Unterbilanz bei der GmbH. Stammt die Leistung aus dem Vermögen der KG und wurde an einen GmbH-Gesellschafter bzw an eine ihm zuzurechnende Person (Rz 8) geleistet, so steht nach Ansicht des BGH (BGH NJW 73, 1036; 90, 1729) der Erstattungsanspruch gem den §§ 30, 31 GmbHG (der mit evtl Ansprüchen aus § 172 IV konkurrieren kann) der KG zu. Zur actio pro socio der Kommanditisten § 105 Rz 34; zur Leistung von Abfindungen bei Ausscheiden Rz 32; zur Anwendung der §§ 30 f GmbHG auf Nur-Kommanditisten der KG s Rz 35.

f) Erwerb von Anteilen der GmbH durch die KG. Die GmbH 10 wird auf diese Weise gesamthänderische Trägerin (§ 124 Rz 3) von Geschäftsanteilen an ihr selbst. Ist die Stammeinlage nicht voll einbezahlt, so ist § 33 GmbHG analog anzuwenden (zum Streitstand *HueckFastrich* in *BauHueck* § 33 15). In Hinblick auf § 33 II GmbHG kommt es darauf an, ob Leistungen der KG mittelbar das Stammkapital der GmbH angreifen. Beachte auch § 172 VI (s Rz 36).

Koller

§ 172 a Zweites Buch. Handelsgesellschaften u. stille Gesellschaft

11 g) Eigenkapitalersetzende Darlehen und verwandte Geschäfte.
Soweit die GmbH-Gesellschafter ihrer GmbH unmittelbar oder mittelbar eigenkapitalersetzende Leistungen zugeführt (BGH NJW 99, 2810) haben, greifen die §§ 32 a, 32 b GmbHG, 39, 135 InsO, 6 AnfG ein. Gleiches gilt gem § 172 a dort, wo eigenkapitalersetzende Leistungen unmittelbar der KG zugeführt werden, sofern bei dieser KG keine natürliche Person (§ 1 BGB) unmittelbar oder mittelbar gem § 128 haftet. Da § 172 a analog auch auf Fälle zu erstrecken ist, in denen Kommanditisten eigenkapitalersetzende Leistungen an eine Komplementär-GmbH erbringen (*StSchilling* § 172 a 5), ist die Vorschrift auch auf Fälle anzuwenden, in denen eine Komplementär-GmbH iSd § 172 a eigenkapitalersetzende Leistungen von den Gesellschaftern anderer KomplementärGes erhält. Dgg fallen die Leistungen von Komplementären selbst nicht unter § 172 a, da diese ohnehin gem § 128 voll haften (*StHabersack* § 129 a 6 [str]). Eigenkapitalersetzende Leistungen stellen an sich ein legitimes Finanzierungsinstrument dar. Die Gesellschafter, die sich dieses Instruments bedienen, übernehmen allerdings eine bes Finanzierungsfolgenverantwortung in dem Sinn, daß sie in der Krise entweder von der Erbringung eigenkapitalersetzender Leistungen absehen bzw diese Leistungen so schnell wie möglich zurückziehen u damit die GmbH zur Liquidation zwingen müssen oder daß sie, wenn sie dies nicht wollen, diese Leistungen der GmbH bzw KG (§ 172 a) als nachrangiges Eigenkapital zur Verfügung stellen bzw belassen müssen. § 136 InsO ist nicht analog anwendbar, falls der eigenkapitalersetzende Charakter der Leistungen zu verneinen ist (aA *Schmidt* ZIP 81, 697).

12 Einzelheiten. aa) Darlehensgewährung. § 607 BGB, **auch** unechtes Factoring (Kln ZIP 86, 1585), Forderungen aus Austauschgeschäften (BGH NJW 97, 3026), Ersatzansprüche (BGH BB 93, 243), die länger als handelsüblich gestundet wurden (BGH BB 95, 60 f). Entnahmefähige Gewinne (§ 169 Rz 2) nehmen jedenfalls dann Darlehenscharakter an, wenn sie nicht alsbald abgezogen werden. Das Darlehen muß von einem geschäftsführenden (nicht notwendig § 35 GmbHG [hM]) GmbH-Gesellschafter oder von einem sonstigen GmbH-Gesellschafter gewährt worden sein, dessen Beteiligung bei Gewährung oder spätestens im Moment der Krise unmittelbar oder mittelbar (BankrHdb*Stodolkowitz* § 84 26) mehr als 10% (§ 32 a III 2 GmbHG; Umgehung: § 32 a III 1 [*Pentz* GmbHR 99, 446; *Schmidt* GmbHR 99, 1269; *Westermann* DZWiR 00, 5]) betrug oder danach auf mehr als 10% erhöht worden ist. Ist das Darlehen etc unmittelbar der KG zugeflossen, so greift § 32 III 2 GmbHG über § 172 a ein, so daß die GmbH-Gesellschafter grds (Ausnahme: § 32 a III 1 GmbHG [s o]) an der GmbH mit mehr als 10% beteiligt u außerdem die GmbH an der KG mit über 10% beteiligt sein muß (aA *StHabersack* § 129 a 16), sofern sie nicht Geschäftsführer der geschäftsführenden (§ 114) GmbH sind. Diesen qualifizierten Gesellschaftern steht gem § 32 a III 1 GmbHG eine Person gleich, die wirtschaftlich weitgehend die vergleichbare **Gesellschafterposition** innehat (zB wer den Gesellschafter beherrscht

Zweiter Abschnitt. Kommanditgesellschaft **§ 172 a**

[BGH BB 01, 166], wer als Treugeber [BGH 95, 193; BGH BB 92, 306], als dem Gesellschafter verbundenes Unternehmen [vgl §§ 15 ff AktG; BGH BB 01, 166; weitergehend bei wirtschaftlicher Einheit NJW 87, 1081; 88, 3143; 97, 741; aA *Noack* GmbHR 96, 153], BesitzGes [BGH BB 93, 240], als atypischer stiller Gesellschafter, Nießbraucher [diff *HueckFastrich* in BauHueck § 32 a 21 f], als Person, die für die Rechnung des GmbH-Gesellschafters gehandelt [BGH 81, 386; NJW 97, 741] oder sonst einen Freistellungsanspruch gg den GmbH-Gesellschafter erworben hat [BGH NJW 00, 3278; DStR 99, 510 [*Goette*]], nicht aber der Pfandgläubiger [BGH 119, 196 f] ohne (ganz abl BankrHdb*Stodolkowitz* § 84 83) weitreichenden Einfluß auf die Geschicke der Ges oder der bloße Kreditgeber [*Früh* GmbHR 99, 843]). Eine Ausnahme gilt für UnternehmensbeteiligungsGes (§ 24 UBGG). Familienangehörige sind den Gesellschaftern gleichzustellen, wenn die Mittel aus dem Vermögen des GmbH-Gesellschafters stammen (BGH BB 92, 306; einschr *Weber* GmbHR 92, 357 f). Das Ausscheiden aus der Ges nach Abschluß des Darlehensvertrages ist irrelevant (BGH 81, 311; BB 96, 708 f; vgl aber BGH NJW 99, 2810). Die Darlehensgewährung etc, auch nach Ausscheiden, führt zur Anwendung der Regeln über eigenkapitalersetzende Darlehen, wenn diese **Finanzierung** schon vor oder im Zusammenhang mit dem Ausscheiden (auch) zB wg Unkündbarkeit **auf Krisenfinanzierung angelegt** war (BGH 01, 167; weitergehend BB 96, 709; s auch Rz 18). Das Darlehen etc ist ferner eigenkapitalersetzend, wenn u soweit (Hamm ZIP 89, 1398; aA Mü ZIP 97, 1119) es entweder zu einem Zeitpunkt **ausbezahlt** (BGH NJW 99, 2810) worden ist, in dem die GmbH bzw KG (§ 172 a) **kreditunwürdig** war, dh ihren Kapitalbedarf nicht (mehr) zu marktüblichen Bedingungen auf dem Kapitalmarkt hätte decken können (Krise [§ 32 a I 1 GmbHG]; BGH BB 98, 555; 01, 167; BankrHdb*Stodolkowitz* § 84 33, 42: auch Gründung) oder wenn eine **überschuldete** (BGH BB 01, 167; DStR 01, 139; s auch Rz 22) bzw **zahlungsunfähige** (§ 17 f InsO; nur Indiz [BankrHdb*Stodolkowitz* § 84 39]) u damit insolvenzreife Ges durch diese Gesellschafterleistungen am Leben erhalten wird (BGH NJW 90, 1725; 92, 2891; BB 93, 1546). Beweislast: Gläubiger, Insolvenzverwalter mit Darlegungsobliegenheit des Gesellschafters (BGH BB 98, 556; NJW 99, 3121). Die Kreditpolitik der Hausbank und die Überschuldung in der Jahresbilanz sind nicht maßgeblich (BGH BB 92, 594; ZIP 01, 839), aber Indiz. Der Gesellschafter muß in der Lage gewesen sein, die Krise zu erkennen (BankrHdb*Stodolkowitz* § 84 44; aA BGH NJW 95, 459). Ein Darlehen etc ist darüber hinaus eigenkapitalersetzend, wenn der Gesellschafter (anders der bereits Ausgeschiedene; s o) bzw eine ihm gleichstehende Person (s o) das ausbezahlte (*Goette* DStR 99, 1201) Darlehen etc der Ges zu einem Zeitpunkt der Kreditunwürdigkeit, Zahlungsunfähigkeit oder Überschuldung der GmbH bzw KG (§ 172 a) **weiterhin belassen** (BGH BB 94, 883) u darauf verzichtet hatte, die Ges zu liquidieren, obwohl er die tatsächlichen Umstände, die die Krise auslösten, obj kennen mußte

Koller

§ 172a Zweites Buch. Handelsgesellschaften u. stille Gesellschaft

(BGH NJW 96, 722; Hamm GmbHR 95, 384 [Gesellschafter hat Fehlen von Erkenntnismöglichkeiten zu beweisen; BB 98, 1654]) u er das Darlehen etc nach angemessener Überlegungszeit (BGH BB 98, 1654) hätte abziehen oder die Ges hätte liquidieren können (BGH BB 93, 241; 95, 58; 95, 377f; *Habersack* ZHR 161, 470 ff). Wurde das Darlehen etc unmittelbar einer KG gewährt, so kommt es auf deren (fortbestehende) Kreditwürdigkeit bzw Solvenz an. Es existiert weder ein Bankenprivileg noch ein generelles Sanierungsprivileg (BGH 119, 196; hM), außer, wenn der „Darlehensgeber" (Alt- u Neukredite) oder eine TochterGes erst in der Krise Geschäftsanteile zum Zweck (Beweis: Erwerber) einer obj seriösen Sanierung (*GötzHegerl* DB 00, 1388 [str]) erworben hat (§ 32a III 3 GmbHG) u vorher die Regeln des Eigenkapitalersatzes auf ihn nicht anzuwenden waren (*Dauner-Lieb* DStR 98, 1520; zT einschr *Pichler* WM 99, 415ff; abw *Pentz* GmbHR 99, 449) oder wenn das Darlehen etc mit Zustimmung des Insolvenzverwalters gegeben worden ist (*Ullrich* GmbHR 83, 137) oder bei echten (BGH 133, 304) Überbrückungskrediten mit maximal 3-Wochenfrist (§ 64 I GmbHG; großzügiger BGH NJW 84, 1896; 97, 3172). Bei durchgreifender Besserung der Lage verlieren Darlehen ihren eigenkapitalersetzenden Charakter (BGH NJW-RR 97, 607 [Beweis: grds Gesellschafter; Celle NZG 00, 146]; *Bormann* DB 01, 907 [str]), nicht aber bei bloßer Aufgabe der Gesellschafterstellung (BGH NJW 85, 2700; hM).

13 **Rechtsfolge:** Kapitalersetzende Darlehen etc können bis zur Eröffnung des Insolvenzverfahrens frei zurückgefordert werden (zu den Schranken aus §§ 30f GmbHG s u Rz 17), später nur nach Maßgabe des § 39 I 5 InsO (§ 32a I 1 GmbHG). Zum Insolvenzplan, §§ 225, 245f InsO. Im Insolvenzverfahren kann die bereits erfolgte Rückzahlung des Darlehens sowie die Gewährung von Sicherheiten für kapitalersetzende Darlehen angefochten werden (§§ 135, 146 InsO); außerhalb des Insolvenzverfahrens können die GesGläubiger gem § 6 AnfG vorgehen. Dies gilt auch im Fall des § 172a. Sicherheiten Dritter bleiben anders als Sicherheiten der GmbH (*BauHueck* § 32a 59) zugunsten des Darlehensgebers unbeschränkt verwertbar (Hamm BB 98, 1655).

14 **bb) Stille Beteiligungen** (§ 230) an der GmbH stehen dem Darlehen gleich. Dies gilt auch für atypische stille Beteiligungen einer Person, die nicht GmbH-Gesellschafter ist, wenn die stille Beteiligung weitgehend die Befugnisse eines GmbH-Gesellschafters gewährt (BGH 106, 9; § 236 Rz 4). § 32a III 2 ist analog anzuwenden.

15 **cc) Gebrauchsüberlassung von Anlagegegenständen** ist wie die Darlehensgewährung (Rz 12) zu behandeln, wenn kein vernünftiger außenstehender Dritter zu denselben Konditionen zur Überlassung bzw Belassung (Rz 12) bereit gewesen wäre (§ 32a III GmbHG; BGH BB 93, 240 ff; *Goette* DStR 95, 816) oder idR, wenn die Ges im Zeitpunkt der Über- bzw Belassung überschuldet war (BGH NJW 93, 2180;

Rz 12; vgl auch Rz 18 [materielles Eigenkapital]). Erkennbarkeit, Rz 12. Vergütungen für die Gebrauchsüberlassung sind in der Krise (BGH DStR 99, 554 [*Goette*]) nicht durchsetzbar (BGH BB 99, 175 [Parallele zur Stundung]); sie sind zurückzuzahlen (§§ 135 InsO, 6 AnfG) bzw als nachrangig (§ 39 I 5 InsO) zu behandeln (BGH BB 93, 1546; *Real* DStR 94, 778 ff; Rz 13). Das gilt anteilig auch bei bloßem Miteigentum des Gesellschafters (BGH NJW 97, 3027). Außerdem hat der Gesellschafter (Rz 12) der Ges im Rahmen des § 39 I 5 InsO (nicht unentgeltlich [BGH NJW 99, 578; abw NJW 00, 3565]) die Nutzung (ggf den Wert [BankrHdb*Stodolkowitz* § 84 70]) für die vereinbarte Zeit, jedenfalls für einen angemessenen (BGH 127, 11) Mindestzeitraum zu überlassen sowie alle im Gebrauchsüberlassungsvertrag übernommenen Pflichten weiterhin zu erfüllen (BGH NJW 00, 3566). Der Insolvenzverwalter darf Dritten die Nutzung gg Vergütung gestatten (BGH BB 94, 2020 ff, 2158 ff). Sind Grundpfandrechte bestellt oder liegt ein Fall des § 866 ZPO vor (*Habersack* ZGR 99, 437), so gilt dies bis zur Beschlagnahme iSd § 146 ZVG. Ab diesem Zeitpunkt geht unter Beachtung der §§ 1123, 1124 II (analog) das Grundpfandrecht vor (BGH NJW-RR 00, 926; *Pohlmann* DStR 99, 600). Ein Erstattungsanspruch der Ges gg den Gesellschafter resultiert daraus nur, wenn das Grundpfandrecht erst nach dem Zeitpunkt iSd Rz 12 bestellt worden ist (aA *Habersack* ZGR 99, 437). **Dienstleistungen** von Gesellschaftern sind im allg nicht als Eigenkapitalersatz zu qualifizieren (*Priester* DB 93, 1173).

dd) Leasing fällt unter § 32 a III GmbHG, wenn ein GmbH-Gesellschafter oder eine ihm gleichstehende Person (Rz 12) Leasinggeber ist. **ee) Sicherheiten durch GmbH-Gesellschafter oder ihm gleichstehende Person** (§ 32 a II, III, § 32 b GmbHG). Werden eigenkapitalersetzende Kredite (Rz 12), die die GmbH oder KG (§ 172 a) bei Dritten aufnimmt, von GmbH-Gesellschaftern oder diesen gleichstehenden Personen (Rz 12) gesichert (zB Grundpfandrechte, Bürgschaften), so steht dies der Darlehensgewährung gleich, weil dadurch wirtschaftlich Kredit gewährt wird (abw *Schmidt* ZIP 99, 1823). Es gelten daher die oben (Rz 12 f) entwickelten Grundsätze entsprechend, auch für die Belassung von Sicherheiten, die abgezogen werden können oder bei denen die Gesellschafter von der Ges Befreiung fordern können (§ 775 I 1 BGB [analog]; BGH BB 92, 801). Maßgeblich ist der Zeitpunkt der Sicherungsgewährung bzw Sicherungsbelassung (aA *Hueck-Fastrich* in *BauHueck* § 32 a 67). **Rechtsfolgen:** Der außerhalb der GmbH stehende Kreditgeber hat im Insolvenzverfahren selbst bei bloßen Ausfallsicherheiten (BGH NJW 90, 1727) primär (*Schmidt* ZIP 99, 1826) die Sicherheiten der GmbH-Gesellschafter oder der ihnen gleichstehenden Personen zu verwerten (§ 32 a II GmbHG). Soweit er keine Deckung erlangt, kann er seine Forderung im Insolvenzverfahren anmelden (hM; aA *SchmidtBitter* ZIP 00, 1088). Auf Sicherheiten, die die GmbH bzw KG selbst oder ein sonstiger Dritter gestellt haben, kann der Gläubiger ebenfalls zugreifen (BGH NJW 86, 430); er darf aufrechnen. Die Gesellschafter etc sind aber im Verhältnis zur Ges gehalten, diese zuvor freizustellen (BGH NJW 92, 1166); dies hat der Geschäftsführer der GmbH einzufordern. Vor Eröffnung des Insolvenzverfahrens darf der Gläubiger dgg unbeschränkt die Rückgewähr der Darlehen etc fordern u braucht sich nicht auf die Gesellschafter-Sicherheiten verweisen zu lassen. Wenn die GmbH bzw die KG (§ 172 a) bereits den Kredit getilgt hat, sei es auch durch Verwertung einer von der GmbH bzw KG gestellten Sicherheit, so kann die GmbH bzw KG beim Gesellschafter etc, soweit (BGH NJW 97, 3172) dessen Sicherheiten frei geworden sind, vor Eröffnung des Insolvenzverfahrens nur analog den §§ 30 ff GmbHG (Rz 17), im Insolvenzverfahren gem § 32 b GmbHG Regreß nehmen (BGH NJW 85, 858; s auch Rz 17). Das gilt auch bei Kredittilgung durch Aufrechnung (§§ 94 ff InsO) oder Verrechnung (§ 355 [BGH NJW 99, 3781]). Der Rückgriff ist zeitlich begrenzt (§ 32 b S 1 GmbHG; § 146 InsO). Der Rückgriffsanspruch des Gesellschafters gg die GmbH bzw KG aus dem der Sicherungsgewährung zugrunde liegenden Verhältnis (zB §§ 662, 670 BGB) kann im Insolvenzfall als nachrangige Forderung (§§ 32 a I GmbHG, 39 I 5 InsO) geltend gemacht werden (*Schmidt* ZIP 99, 1824). Unter den Gesellschaftern besteht keine Ausgleichspflicht (*Schmidt-WendtZiche* BB 91, 1360).

17 ff) Analoge Anwendung der Kapitalerhaltungsregeln (§§ 30 f GmbHG). Nach stdg Rspr des BGH (NJW 85, 2719; 90, 1727) finden die §§ 30 f GmbHG neben dem § 32 a GmbHG auf eigenkapitalersetzende Leistungen aller Art Anwendung, die der GmbH von ihren Gesellschaftern, die seit dem 20. 4. 98 mit mehr als 10% beteiligt oder geschäftsführend tätig sein müssen (§ 32 a III 2 GmbHG [BT-Drs 13/7141, S 12]) oder ihnen gleichstehenden Personen (Rz 12) gewährt wurden. Erfaßt werden mit Ausnahme der Sanierungsfälle gem § 32 a III 3 GmbHG unter den in Rz 12 genannten Voraussetzungen (BGH NJW 99, 3121) eigenkapitalersetzende Leistungen, soweit u solange bei der GmbH nach fortgeführten Buchwerten eine nominelle oder gar materielle Unterbilanz besteht. In der Höhe des Betrages, um den der Wert der Aktiva der GmbH hinter deren echten Verbindlichkeiten (ohne Rangrücktritt bzw Besserungsabrede; *Schulze-Osterloh* Wpg 96, 97) zuzüglich der Stammkapitalziffer zurückbleibt (nominelle Unterbilanz), sind eigenkapitalersetzende Leistungen als nachrangiges Eigenkapital zu behandeln (BGH NJW 80, 1526; § 39 I 5 InsO). In Höhe dieses Betrages besteht deshalb auch außerhalb des Insolvenzverfahrens trotz weiterlaufender Verzinsungspflicht (BGH BB 96, 710) analog § 30 GmbHG eine Rückzahlungs- u Aufrechnungssperre für Kapital u Zinsen (BGH 95, 191; z Bedeutung der Einwendung für Sicherheiten Dritter, BGH BB 96, 709) sowie das Verbot sonstiger Vermögensminderung; dh in dieser Höhe dürfen die Gesellschafterdarlehen erst zurückbezahlt werden, wenn die Unterbilanz beseitigt ist oder die GmbH liquidiert wird u die Forderungen der außenstehenden Gläubi-

§ 172 a

ger beglichen sind (beachte in der Insolvenz §§ 39 I 5, 225, 245 InsO). Ein Verstoß begründet nach Maßgabe des § 31 GmbHG (Rz 8) eine Erstattungspflicht der empfangenden Gesellschafter (*Groß* BB 91, 2389; z Pfändung durch Gläubiger s Rz 8; z zulässigen actio pro socio [§ 105 Rz 34] *Brandi* ZIP 95, 1395) u der anderen Gesellschafter (BGH NJW 90, 1730 [Ausnahme: Minderheitsgesellschafter iSd § 32a III 2 GmbHG; *Müller* DB 98, 1119; BankrHdb*Stodolkowitz* § 84 100], maximal: Stammkapitalziffer [hM]), ausnahmsweise eine Schadensersatzpflicht (Rz 8). Der Gesellschafter ist nicht verpflichtet, noch versprochene Darlehen auszuzahlen (BGH NJW 96, 3204). Sicherheiten der Ges dürfen nicht verwertet (BGH 81, 318), Freistellungs- u Regreßansprüche des sicherheitsgewährenden Gesellschafters ggüber der GmbH dürfen nicht geltend gemacht werden; vielmehr hat der Gesellschafter die Ges bei Fälligkeit der gesicherten Forderung freizustellen (BGH BB 92, 592). Soweit von Gesellschaftern gestellte Sicherheiten durch Leistungen der GmbH frei werden, haben die Gesellschafter der GmbH den Gegenwert der Sicherheiten zur Verfügung zu stellen (BGH NJW 90, 1727); Verjährung analog § 31 V GmbHG. Die Geschäftsführer der GmbH haften im Rahmen des § 43 III GmbHG; grds nicht aber die den Rückzahlungsbeschluß veranlassenden Gesellschafter (Rz 8). Andererseits sind Gesellschafterdarlehen aus der Sicht der §§ 30f GmbHG in Höhe desjenigen Betrages wie normale Darlehen zu behandeln, um den sie den als Eigenkapital zu qualifizierenden Betrag (s o) übersteigen (BGH 76, 332). Beläuft sich zB die nominelle Unterbilanz auf DM 10000,–, so darf die GmbH die Darlehen im Rahmen des zu Rz 13 Ausgeführten bis auf den Rest von DM 10000,– frei zurückzahlen. Sind die eigenkapitalersetzenden Leistungen (Rz 12ff) **in das Vermögen der KG geflossen**, so gelten grds die gleichen Regeln, soweit die KG überschuldet ist u hierdurch mittelbar bei der GmbH eine Unterbilanz entstanden ist (Rz 9) oder soweit die Unterbilanz durch die Entwertung des von der GmbH an der KG gehaltenen Kapitalanteils verursacht worden ist (BGH NJW 80, 1524; s auch Rz 9). Dabei kommt es nicht darauf an, ob ausschließlich jur Personen die Rolle des Komplementärs übernommen haben oder ob daneben auch natürliche Personen voll (§ 128) haften. § 32a III 2 GmbHG ist nicht in dem Sinn anzuwenden, daß es auf die mittelbare Beteiligung an der KG ankommt (Rz 12), da nicht auf § 172a zurückgegriffen werden muß. Der KG ist die Erstattung der eigenkapitalersetzenden Leistung verboten, bevor das Stammkapital der Komplementär-GmbH auf andere Weise gedeckt ist. Leistungen der KG hat der GmbH-Gesellschafter analog § 31 GmbHG an die KG zurückzuzahlen, soweit sie benötigt werden, um offene, vom übrigen Vermögen der KG u der GmbH nicht gedeckte Verbindlichkeiten zu tilgen (Rz 8). Eine Ausgleichsverpflichtung unter den Gesellschaftern besteht nur nach allg Regeln (aA *Ensthaler* DB 91, 1761).

§ 172 a Zweites Buch. Handelsgesellschaften u. stille Gesellschaft

18 **h) Materielles Eigenkapital, Finanzplankapital,** das im Insolvenzverfahren den GesGläubigern voll zur Verfügung steht, wird nach zw älterer hM dann gebildet, wenn die Pflicht der Gesellschafter der GmbH bzw der KG, Darlehen, stille Einlagen, Gebrauchsüberlassungen etc zu erbringen oder Gewinne langfristig nicht zu entnehmen, eine Pflicht als Gesellschafter der GmbH bzw KG darstellte u das Darlehen etc nach dem Vertragsganzen obj wie eine haftende Einlage behandelt wurde (BGH NJW 78, 376; 80, 1522; 81, 2252; 88, 1842 f; WM 97, 577; zurückhaltend BGH BB 93, 242 f; vgl ferner EBJ*Henze* § 177 a Anh B 106; *Habersack* ZHR 161, 457). Indizien: keine einseitige Kündbarkeit der Darlehen etc, Langfristigkeit; marktunüblicher Zins (aA *Habersack* ZHR 161, 482) u marktunübliche (fehlende) Sicherung; Vereinbarung der Nachrangigkeit (Hamm DB 93, 1715); Einstellung in Bilanz; Unentbehrlichkeit für GmbH bzw KG (*Oppenländer* GmbHR 98, 509; aA *Habersack* ZHR 161, 481). Nach einer neueren Entscheidung des BGH (NJW 99, 2811) soll es ausschließlich auf die nach allg Regeln auszulegende (*Altmeppen* FS Sigle [2000], S 217 f; *Dauner-Lieb* JZ 00, 313; aA *Fleischer* DStR 99, 1176) schuldrechtliche Abrede bzw Satzung (BGH NJW 99, 2811) ankommen, inwieweit das Darlehen, etc als einlageähnlich zu charakterisieren ist, dh, ob die Parteien die Pflicht vereinbart haben, das Darlehen unabhängig von der Krise der GmbH auszuzahlen bzw zu belassen. Ist die Einlageähnlichkeit zu bejahen, so hat der Gesellschafter ohne Rücksicht auf § 32 a III 2 GmbHG in der Insolvenz zu leisten u darf sich nicht auf die §§ 610, 775 I 1 BGB berufen. In der Liquidation (§ 131) sind die Darlehen etc zu zahlen, soweit dies zur Gläubigerbefriedigung erforderlich ist (BGH NJW 80, 1523). Eine Aufhebung der Darlehensabrede ist grds (nur) vor Eintritt der Krise möglich (BGH NJW 99, 2811; *Habersack* ZGR 00, 416; *Fleischer* DStR 99, 1778 [hM]; zutr zw *Dauner-Lieb* JZ 00, 313; BankrHdb*Stodolkowitz* § 84 3, 41; aA *Altmeppen* aaO S 215; *Steinbeck* ZGR 00, 517 f); dem Rückzahlungsanspruch steht dann auch nicht die Treuepflicht entgegen (einschr Hmbg ZIP 83, 573 [str]). Einlageähnliche Darlehen etc können im Insolvenzverfahren über das Vermögen der KG selbst dann nicht zur Tabelle angemeldet werden, sondern nur im Rahmen der Liquidation berücksichtigt werden, wenn sie nicht zur Befriedigung der Gläubiger benötigt werden (BGH NJW 81, 2252). Nach *Stodolkowitz* (BankrHdb § 84 42) ist auch das Finanzplankapital nur nach Kapitalersatzregeln zu behandeln. § 172 II ist nicht analog anwendbar. Bei Rückzahlung greift § 172 IV nicht ein (str; vgl § 172 Rz 27), allenfalls steht der KG ein Rückzahlungsanspruch (s o) zu. Zu Darlehen etc, die nicht einlageähnlich sind, s Rz 12.

19 **i) Konzernsachverhalte.** Siehe Rz 6. **j) Verschleppung der Eröffnung des Insolvenzverfahrens.** Eine Haftung von Gesellschaftern kommt ferner gem den §§ 823 II BGB, 263, 265 b StGB, 826 BGB (*Grunewald* ZGR 86, 597) in Betracht; weiterhin gem den §§ 823 II BGB, 64 GmbHG, 130 a HGB, wenn die Gesellschafter

Zweiter Abschnitt. Kommanditgesellschaft § 172 a

vorsätzlich die Geschäftsführer zur Konkursverschleppung angestiftet oder dabei unterstützt haben (BGH NJW 79, 1829; NJW-RR 95, 290; *Schmidt* JZ 78, 666; weitergehend *Karollus* ZIP 95, 273 f); nach neuerer Ansicht außerdem analog § 43 II GmbHG (*Schulze-Osterloh* in BauHueck § 64 80). **k) Einstellung des Unternehmens** begründet nur ausnahmsweise Haftung gem § 826 BGB (beachte Rz 6; BGH NJW 96, 1283).

3. Haftung des Geschäftsführers der GmbH, Liquidators. 20
a) Gegenüber der GmbH. Der Geschäftsführer einer Mehrpersonen-GmbH haftet unabhängig von der Wirksamkeit seiner Bestellung gem § 43 GmbHG, wenn er obj schuldhaft gg die Standards (*Lutter* GmbHR 00, 301) eines selbständigen uneigennützigen Verwalters fremden Vermögens (BGH NJW-RR 95, 669 f z Überblick über die wirtschaftliche/rechtliche Lage) verstößt (Beweislast: Ges; BGH NJW-RR 94, 806). Die sog „Business Judgment Rule" (BGH ZIP 97, 883) ist zu beachten. Gleiches gilt für faktische Geschäftsführer (BGH NJW 93, 193) u Liquidatoren (§ 71 IV GmbHG). Dabei kommt es grds nicht auf persönliche Eigenschaften des Geschäftsführers an (BGH NJW 80, 591; einschr *Zöllner* in *BauHueck* § 43 10); arbeitsrechtliche Grundsätze sind nicht anwendbar; wohl aber können in der Satzung Freizeichnungen vereinbart werden, es sei denn, daß der Schadensersatz zur Gläubigerbefriedigung erforderlich ist (BGH NJW 00, 576; zutr einschr *Altmeppen* DB 00, 263). Die §§ 43 III, 64 II GmbHG u die Satzung der GmbH (BGH NJW 95, 1357) konkretisieren die Haftungsstandards. Der Geschäftsführer darf sich nicht darauf berufen, daß ihn die Gesellschafter fahrlässig bestellt bzw nicht überwacht haben (BGH NJW 83, 1856; abw *Zöllner* in *BauHueck* § 43 35); er darf sich nur begrenzt auf interne Zuständigkeitsabreden u Delegation (BGH NJW 97, 132; DB 01, 529) berufen, immer aber auf Weisungen der weisungsberechtigten GmbH-Gesellschafter oder auf Gesellschafterbeschlüsse (§ 46 GmbHG), falls diese für ihn bindend waren (BGH NJW 80, 590; *Goette* DStR 94, 1094 f; einschr *Altmeppen* DB 00, 661; weitergehend *Mennicke* NZG 00, 625). Weisungen, durch die zB gg die §§ 30, 31, 41, 64, 85 GmbHG, 138 BGB verstoßen wird oder bei deren Ausführung sich der Geschäftsführer straf– oder haftbar macht, binden zB nicht; ebenso nicht bei Treueverstoß (§ 161 Rz 9) ggüber der KG (EBJ*Henze* § 177 a Anh A 208). Der *Alleingesellschafter* kann sich selbst als Geschäftsführer in zulässigem Umfang formlos Weisungen erteilen (BGH NJW-RR 94, 806 f). Da keine Manipulationsgefahr existiert, ist ein Verstoß gg § 48 GmbHG folgenlos (vgl BGH BB 95, 1103). Bei fahrlässigen Pflichtverstößen des Alleingesellschafters ggüber Dritten (auch ggüber GmbH, soweit nicht § 43 III GmbHG [Karlsr DStR 00, 1024]), durch die er die GmbH Ersatzpflichten aussetzt, haftet er selbst dann nicht gem § 43 GmbHG, wenn dadurch eine Unterbilanz entsteht oder vertieft wird (BGH BB 00, 581; einschr *Altmeppen* DB 00, 661); die Haftung nach Rz 22 bleibt unberührt. Schäden sind der GmbH nach Maßgabe der

§ 172 a Zweites Buch. Handelsgesellschaften u. stille Gesellschaft

§§ 249 ff BGB zu ersetzen. Der Anspruch verjährt gem § 43 IV GmbHG (Ausnahme: Gesellschafter-Geschäftsführer [nur] wg Treuepflichtverstoß [BGH NJW 99, 781]); eine Pflicht zur Unterbrechung der Verjährung besteht bei Alleingesellschafter-Geschäftsführer nicht (Kln DB 01, 32). Die Durchsetzung (BGH NJW 99, 2115) des Anspruchs hängt von einem Gesellschafterbeschluß ab (§ 46 Nr 8 GmbH), es sei denn, daß Gläubiger der GmbH den Anspruch gepfändet haben, der Alleingesellschafter den Anspruch (mittelbar) schriftlich erhebt (BGH NJW 97, 742), der in Anspruch genommene Geschäftsführer (wirtschaftlich) Alleingesellschafter ist (BGH NJW 93, 193) oder die Herbeiführung eines Gesellschafterbeschlusses aus sonstigen Gründen unzumutbar ist (BGH WM 82, 929). Die actio pro socio ist grds (BGH WM 82, 928) unzulässig. Die Minderheit kann grds nur Anfechtungs- u Feststellungsklage erheben sowie von der Mehrheit wg Treuepflichtverletzung Ersatz verlangen (*Zöllner* in *BauHueck* § 46 41 a). Wg Verschleppung des Insolvenzverfahrens (Rz 22) „haftet" bei Zahlungen etc der GmbH (zB Scheckeinzug auf debitorisches Konto) der Geschäftsführer uU gem § 64 II GmbHG (BGH NJW 00, 210; DB 01, 375 f; krit *Bitter* WM 01, 666) im Fall des § 26 I InsO können GmbH-Gläubiger den Ersatzanspruch pfänden (BGH BB 00, 2274). Außerdem kommt eine Haftung gem §§ 823 I, 823 II BGB iVm §§ 82, 84 GmbHG, §§ 266, 266 a StGB (BGH GmbHR 87, 304; NJW 99, 2818; 00, 2993; DB 01, 526; 01, 528) sowie gem den §§ 9 a, 43 a, 57, 64, 71 IV GmbHG in Betracht (Rz 22).

21 **b) Gegenüber der KG, Gesellschaftern, Treugebern** Der Vertrag des Geschäftsführers mit der GmbH ist, wenn die GmbH im wesentlichen die Geschäfte der KG zu führen hat, ein Vertrag mit Schutzwirkung für die KG (BGH NJW 80, 589, 1526; ebenso NJW 95, 1357 [stille Ges]; ähnlich EBJ*Henze* § 177 a Anh A 207), nicht aber für die Gesellschafter der KG u deren Treugeber (aA Düss WM 84, 1087). Der Geschäftsführer haftet der KG daher gem oder analog § 43 GmbHG (*Konzen* NJW 89, 2984; aA MüHdBGesR II-*Wirth* S 166, wenn Geschäftsführer zugleich Kommanditist). Dies gilt auch für Wettbewerbshandlungen zu Lasten der KG, bei denen der KG ein unmittelbares Eintrittsrecht zusteht. Er darf sich (nur) auf bindende Weisungen dritter GmbH-Gesellschafter berufen (BGH NJW 80, 590). Verjährung gem § 43 IV GmbHG, es sei denn, daß der Geschäftsführer zugleich Kommanditist ist (BGH BB 95, 1051; Rz 20). § 43 III GmbHG gilt entspr für den Liquidator einer GmbH & Co, der Vermögen der KG an Gesellschafter oder ihnen gleichstehenden Personen (Rz 12) auszahlt, das entspr § 30 GmbHG (Rz 17) der KG zu verbleiben hat (BGH NJW 90, 1727). Die Geltendmachung des Anspruches der KG setzt keinen Gesellschafterbeschluß bei der GmbH voraus (BGH NJW 80, 1526 f), bei der KG nur, soweit § 116 eingreift; § 46 Nr 8 GmbHG ist analog anwendbar (Karlsr DB 01, 695). Bei Zahlungen (Rz 20) oder sonstigen Verkürzungen der Insolvenzmasse (§ 35 InsO) oder bei Begründung von die Insolvenzquote mindernden Verbindlichkeiten (hM) nach Insolvenz kommen die §§ 130a III, 177a zum Tragen (*Goette* DStR 95, 1279), die einen Anspruch auf Ersatz des Schadens wg Verringerung der Insolvenzquote begründen. Im Rahmen des Insolvenzverfahrens gilt § 92 InsO. Bei masselosen Insolvenzen sind die GesGläubiger unmittelbar aktivlegitimiert (*Schmidt* ZGR 96, 223; *RothAltm* § 43 34; aA BGH NJW 90, 1730 [hM]: nur Pfändung des Ersatz-, Erstattungsanspruchs).

c) Unmittelbare Ansprüche von GesGläubigern. Geschäftsführer können sich den Gläubigern neben der GmbH vertraglich verpflichten (BGH BB 85, 2127f). Außerdem können sie sich, auch als Strohmänner (*SiegmannVogl* ZIP 94, 1821 ff), gem den §§ 823 ff BGB, zB wg mangelhafter Organisation der Geschäfte, haftbar machen (BGH 109, 303; NJW 94, 514; DB 96, 1128; *Groß* ZGR 98, 551 [str]). Ferner ist eine Haftung des (faktischen [BGH NJW 00, 2285]) Geschäftsführers aus § 823 II BGB iVm §§ 82, 84 II GmbHG, 177a, 130b, 331 HGB denkbar. Insbes kommt nach hM eine Haftung aus §§ 823 II BGB, 64 I GmbHG, 130a, 177a HGB in Betracht, wenn Geschäftsführer schuldhaft (BGH NJW-RR 95, 290; NJW 00, 668 [Beweislast für mangelndes Verschulden: der Geschäftsführer]) nicht fristgerecht die Eröffnung eines Insolvenzverfahrens beantragen, obwohl der Eintritt der Zahlungsunfähigkeit (§ 17 InsO) bzw der Überschuldung (§ 19 InsO; Jahresbilanz ist nur Indiz [BGH BB 01, 1005]; eigenkapitalersetzende Forderungen [Rz 11] sind zu passivieren [BGH ZIP 01, 237], nicht aber Forderungen mit qualifiziertem Rangrücktritt [BGH DB 01, 374 f; *HabersackMayer* NZG 01, 365]) erkennbar (str) war (BGH 138, 214; BB 94, 1662; NJW 00, 668 [Beurteilungsspielraum des Geschäftsführers, der auch Darlegungslast trägt]; aA *AltmeppenWilhelm* NJW 99, 681). Diese Haftung trifft auch Liquidatoren u faktische Geschäftsführer (BGH NJW 88, 1789; 00, 2285; *Ehricke* ZGR 00, 380; str) sowie Anstifter u Gehilfen (BGH NJW-RR 95, 290). Verjährung gem § 852 BGB (aA Saarbr NZG 00, 559; diff Stgt NJW-RR 01, 174). In Hinblick auf *Altgläubiger* (Begründung der Forderung vor Ablauf der § 64 GmbHG-, §§ 130a, 177a HGB-Frist) kann grds nur (§§ 92 InsO, 130a III, 177a HGB) der Insolvenzverwalter den Schaden ersetzt verlangen, der aus der schuldhaften (hM) Verringerung der Insolvenzquote resultiert (BGH BB 94, 1659f; NJW 97, 3022; BB 98, 970; DB 98, 978 ff). Bei Nichteröffnung des Insolvenzverfahrens mangels Masse können die Altgläubiger ihren Quotenschaden unmittelbar geltend machen (str; aA Pfändung des Anspruchs der Ges aus §§ 130a, 177a). Später bis zur Eröffnung des Insolvenzverfahrens (BGH NJW 90, 1730) aufgrund von Rechtsgeschäften oder mit ihnen zusammenhängenden Ansprüchen (auch deliktische Ansprüche: zutr *ReiffArnold* ZIP 98, 1898; aA *Haas* NZG 99, 377 [hM]) hinzutretende *Neugläubiger* können dgg auch nach Inkrafttreten des § 92 InsO (hM) nur *selbst* (BGH DB 98, 978; BB 98, 969) gem § 823 II BGB den vollen Vertrauensschaden

§ 172 a   Zweites Buch. Handelsgesellschaften u. stille Gesellschaft

liquidieren, außer bei Mitverschulden (BGH BB 94, 1662; NJW 95, 399). Die Haftung ist ggüber den §§ 129 ff InsO nicht subsidiär (BGH BB 96, 500); aber Leistungen gem § 143 InsO sind anzurechnen (Kln DB 95, 2594). Zu denken ist auch an eine Haftung aus § 823 II BGB iVm § 41 GmbHG (BGH BB 94, 1098). Zur Verjährung BGH NJW 90, 1730, Stgt DZWiR 01, 255. Zu erwägen ist ferner eine Anwendbarkeit der §§ 823 II BGB, 263, 265 b StGB; 826 BGB, wenn der Geschäftsführer trotz absehbarer Zahlungsunfähigkeit gewissenlos Risiken auf die GmbH-Gläubiger verlagert oder systematisch aus dem eigenen Vermögen stammende Sicherheiten durch solche der Ges ersetzt (BGH BB 92, 873; NJW 94, 197; ZIP 95, 32; Rz 5), nicht aber bloß wg Liquidation der Ges mit dem Ziel, die Geschäfte in anderer Form fortzuführen (BGH BB 96, 715) oder wg Einschränkung der Geschäfte (Düss NZG 01, 371). Daneben können sich ggüber Gutgläubigen immer Ansprüche nach Rechtsscheinshaftungsgrundsätzen ergeben, wenn der Geschäftsführer nicht gem § 19 II klargestellt hatte, daß er eine GmbH bzw GmbH & Co KG vertritt, bei der keine natürliche Person unbeschränkt persönlich haftet (§ 19 Rz 4). Eine Eigenhaftung aus cic ist zu bejahen, wenn der Geschäftsführer zB aufgrund bes persönlicher Beziehungen ein bes persönliches Vertrauen in Anspruch genommen hat oder wenn er ein unmittelbares Interesse an dem angestrebten Geschäft besaß. Letzteres wird man nur in Strohmann-Fällen bejahen können (BGH BB 94, 1658 f; DB 95, 1120). Eine weitergehende Haftung kann sich aus dem öffentl Recht (zB Steuerrecht [§ 69 AO]) sowie allg Strafrecht (zB § 266 a StGB bei Nichtabführung von Sozialversicherungsbeiträgen [Rz 20]) ergeben. Zur Erstattung der Kosten des Insolvenzverfahrens s § 26 III 1 InsO. Bei Mantel- u Vorrats-Ges ist eine Haftung analog § 11 II GmbHG abzulehnen (Brdbg NJW-RR 99, 1640; Karlsr NJW 78, 1219 [hM]; aA KG GmbHR 98, 739; *Hueck*/*Fastrich* in *BauHueck* § 3 15). **d) Haftung gegenüber den GmbH-Gesellschaftern.** In Betracht kommt eine Haftung gem § 31 VI GmbHG, ausnahmsweise auch aus Vertrag, ferner aus § 823 II BGB zB iVm § 82 I GmbHG sowie § 826 BGB oder aus § 823 I BGB (zum Streitstand *Zöllner* in *BauHueck* § 43 48 f). Es haftet auch der faktische Geschäftsführer (BGH NJW 00, 2285).

23   4. Vor-GmbH. Von einer Vor-GmbH spricht man in der Phase zwischen dem notariell beurkundeten Abschluß des GmbH-Vertrages u der Eintragung der GmbH in das Handelsregister.

24   a) Haftung der Vor-GmbH. Die Vor-GmbH ist keine jur Person, sondern lediglich eine GesamthandsGes (weitergehend *Scholz*/*Schmidt* GmbHG, § 11 27 ff). Die Vor-GmbH kann aber verklagt, in das Ges-Vermögen kann vollstreckt werden (Hmbg BB 73, 1505). Mit der Eintragung der GmbH (§ 11 GmbHG) gehen die Aktiva u Passiva der Vor-GmbH ohne bes Einzelübertragungsakte auf die GmbH über (BGH NJW 81, 1373). Hat die Vor-GmbH ein Unternehmen als Sacheinlage übernommen, so kann uU § 25 eingreifen (nicht § 28 [BGH

Koller

NJW 00, 1193; str]). Es kommt nach Eintragung in Parallele zur Differenzhaftung (Rz 7) ohne Begrenzung durch die Stammeinlagenziffer eine Vorbelastungshaftung (Deckungslücke, auch wg nicht-operativer Verluste [hM] der GmbH-Gesellschafter (pro rata; § 24 GmbHG analog) in Betracht (BGH 105, 303) bei der der im Zeitpunkt der Eintragung existierende Firmenwert zu berücksichtigen ist (BGH NJW 99, 283; *Fleischer* GmbHR 99, 752).

b) Haftung der Vor-GmbH-Gesellschafter mit ihrem Privatvermögen für alle Arten von Verbindlichkeiten der Ges in Form einer Verlustdeckungshaftung, dh pro rata nach Maßgabe ihrer Stammeinlagen in unbegrenzter Höhe (BGH NJW 97, 1507 ff; BSG NJW-RR 00, 1128; zutr krit *Raab* WM 99, 1596), für Verluste der Vor-GmbH. § 24 GmbHG ist analog anwendbar (*Schmidt* ZIP 97, 672). Die Gesellschafter haften in Höhe der durch das Vermögen der Ges (dazu zählt uU ein Firmenwert; BGH DB 99, 37) ungedeckten Passiva grds nur ggüber der Vor-GmbH. Die Verlustdeckungsansprüche können von Gläubigern der Vor-GmbH gepfändet werden. Sie werden mit der Eröffnung des Insolvenzverfahrens, mit dessen Ablehnung mangels Masse, mit dem Scheitern der Eintragung oder mit dem Beginn der Liquidation fällig (BGH NJW 97, 1509; *Gummert* DStR 97, 1009 f; *Wiegand* BB 98, 1067 f; aA: Entstehen). Sie können von Gläubigern der Vor-GmbH unmittelbar (anteilig; BAG NJW 97, 3333; BSG NJW-RR 00, 1128) gg die Gesellschafter geltend gemacht werden, wenn die Vor-GmbH mit Ausnahme der Verlustdeckungsansprüche vermögenslos ist (BAG GmbHR 00, 1043; BSG NJW-RR 00, 1127), insbes kein Geschäftsführer vorhanden ist oder nur ein einziger Gläubiger existiert (BGH NJW 97, 1509). Letzteres gilt auch für den Gesellschafter der Einmann-Vor-GmbH (BGH BB 01, 900). Haftungsbeschränkungen müssen mit den Gläubigern vereinbart werden; die Firmierung als GmbH oder GmbH i Gr reicht hierzu nicht aus (BGH NJW 97, 1508). Die Verlustdeckungshaftung verwandelt sich mit Eintragung der GmbH in eine Vorbelastungshaftung (Rz 24; BGH NJW 97, 1508). Diese Regeln greifen nicht bei Verwendung eines GmbH-Mantels aus einer Vorratsgründung ein (*Gummert* DStR 97, 1011). Kommt es nicht zur Entstehung der GmbH, weil das **Gründungsziel** nach Errichtung der Vor-GmbH **aufgegeben, unerreichbar** geworden ist oder wird die Eintragung nicht mehr ernsthaft betrieben (Beweislast: Gläubiger), so kommen für die weiterhin werbend (§ 131 Rz 7) tätige Mehrpersonen-Ges die Regeln der BGB-Ges (§ 705 BGB) bzw im Fall eines Handelsgewerbes (§ 1 II) die §§ 128 ff (für Altschulden: § 130 [Oldbg NZG 99, 729]) zum Tragen (BGH 80, 142; BAG NJW 98, 629; BFH NJW 98, 2928; offen, ob nur unmittelbare Haftung ggüber den GesGläubigern entsteht BGH NJW 00, 1194; aA OLG Bremen ZIP 00, 2201 [Haftung ggüber Ges]). Der Einmann-Vor-GmbH-Gesellschafter haftet unbeschränkt persönlich.

§ 172 a Zweites Buch. Handelsgesellschaften u. stille Gesellschaft

26 **c) Haftung des Handelnden (§ 11 II GmbHG), Geschäftsführers der Vor-GmbH.** Handelnder ist derjenige, der als Geschäftsführer (§ 35 GmbHG analog) oder wie ein Geschäftsführer für die künftige GmbH (BGH 91, 149) oder für die Vor-GmbH (*Jula* BB 95, 1599f [hM], aA KG GmbHR 94, 121, wohl auch BGH [NJW 74, 1284]) rechtsgeschäftlich oder rechtsgeschäftsähnlich (Karlsr DB 98, 411; str) tätig wird, da im Rechtsverkehr nicht hinreichend zwischen künftiger GmbH u Vor-GmbH differenziert wird. Wenn für eine KG gehandelt wurde, so greift § 11 II GmbHG allerdings nur ein, falls die Vor-GmbH Komplementärin der KG war u der Handelnde als Organ der Vor-GmbH aufgetreten ist (BGH NJW 81, 1374; KG GmbHR 96, 56). Die bloße Zustimmung zum Handeln Dritter genügt nicht. Die Haftung nach § 11 II GmbHG ist abdingbar, zB durch erkennbaren Abschluß für die künftige GmbH unter der Bedingung ihres Entstehens (BGH NJW 73, 798; *Jula* BB 95, 1597 [zu AGB]). Wird gehaftet, so hat der Handelnde den Gläubiger so zu stellen, als wäre der Vertrag mit der KG (mit Haftung der GmbH gem § 128) abgeschlossen worden. Die Haftung erlischt, wenn die GmbH entsteht, da dann die Verbindlichkeit ohne weiteres auf die GmbH übergeht (BGH NJW 81, 1373), es sei denn, der Handelnde agierte ohne ausreichende Vertretungsmacht (BGH NJW 81, 1373). Der Handelnde kann, soweit er auftragsgemäß gehandelt hat, bei den Gründern Regreß nehmen (Rz 25; BGH NJW 97, 1508). In Betracht kommt auch eine Haftung gem § 823 II BGB iVm § 64 I GmbHG (analog [*Schulze-Osterloh* in *BauHueck* § 64 2; str; s Rz 22]).

27 **5. VorgründungsGes** ist der Zusammenschluß von Gesellschaftern im Rahmen eines Vorvertrages mit dem Ziel, einen notariell beurkundeten GmbH-Vertrag zu schließen. Die VorgründungsGes ist keine notwendige Phase auf dem Weg zur Errichtung einer GmbH. Eine Pflicht zum Abschluß eines GmbH-Vertrages setzt einen notariell beurkundeten Vertrag voraus. Die VorgründungsGes ist grds eine BGB-Ges (§ 705 BGB; BGH NJW 83, 2822), es sei denn, die Ges soll sogleich ein vollkaufmännisches Handelsgewerbe betreiben. Dann kommen die §§ 105 ff zum Tragen (BGH NJW 83, 2823; abw *Schmidt* GmbHR 98, 614 f). Nur diese Variante der VorgründungsGes kann Gesellschafterin einer KG werden; § 105 Rz 19).

28 **a) Haftung der VorgründungsGes** als Gesamthand nach den Regeln der BGB-Ges bzw der OHG (hM; aA Bremen GmbHR 01, 25). Das gilt bei unternehmensbezogenen Geschäften selbst dort, wo im Namen einer GmbH gehandelt worden ist (*Schmidt* GmbHR 98, 616). Die Haftung erlischt nicht durch notariellen GmbH-Vertrag oder das Entstehen der GmbH; denn die VorgründungsGes ist nicht Vorläufer der GmbH, die in der GmbH aufgeht (BGH GmbHR 01, 293). Deshalb müssen die der VorgründungsGes gehörenden Gegenstände durch Einzelübertragungsakte (§§ 398 ff, 873 ff, 929 ff BGB) auf die GmbH bzw Vor-GmbH übertragen u muß die VorgründungsGes nach den einschlägigen Regeln liquidiert werden. Denkbar ist, daß mit den Gläubigern vereinbart wird, daß die Haftung bei Errichtung der GmbH enden soll.

b) Die Haftung der Vorgründungsgesellschafter für rechts- 29 geschäftliche Verpflichtungen ist grds unbeschränkt. Bei der VorgründungsGes als BGB-Ges kann die Haftung der Gesellschafter dadurch beschränkt werden, daß die Begrenzung der Vertretungsmacht auf die Aufgaben der VorgründungsGes für den Geschäftspartner erkennbar gemacht wurde (Stgt NZG 01, 86; *Schmidt* GmbHR 98, 617; vgl aber BGH NJW 99, 3484). Hierfür reicht es aber nicht aus, daß für eine „GmbH in Gründung" gehandelt wird (BGH DB 98, 920). Ist die VorgründungsGes angebliche Komplementärin einer KG geworden, so haften die Gesellschafter nach Rechtsscheinsgrundsätzen (§ 105 Rz 29) unbeschränkt wie Gesellschafter einer OHG (§ 128). Ist die VorgründungsGes eine OHG, so greifen die §§ 128 ff ein. Die Haftung erlischt ebenfalls nicht bei Entstehen der Vor-GmbH bzw der GmbH, es sei denn, daß etwas anderes mit den Gläubigern vereinbart ist (BGH DB 98, 920 f; GmbHR 01, 293). Der bloße Bezug auf die Geschäfte der künftigen GmbH genügt für eine derartige Vereinbarung nicht (BGH NJW 83, 2822).

c) Handelnde haften den Gläubigern der VorgründungsGes nicht 30 gem § 11 II GmbHG (BGH 91, 148), sondern allenfalls gem den §§ 177 ff BGB sowie nach den allg Regeln der §§ 823 ff BGB sowie aus cic (vgl Rz 22).

II. Kommanditisten

1. Grundregeln. Es gelten die Erl zu §§ 171, 172, 173. Ob § 176 31 auch im Fall der GmbH & Co anwendbar ist, ist str (§ 176 Rz 4). Anleger, die über einen Treuhandkommanditisten an der KG beteiligt sind, können nicht unmittelbar in Anspruch genommen werden. Sie sind aber abtretbaren u pfändbaren Ersatzansprüchen des Treuhandkommanditisten ausgesetzt (§§ 675, 670 BGB). Zum GesVertrag, dem zufolge alle Verluste auf die Kommanditisten umzulegen sind, s § 167 Rz 5. Darüber hinaus sind Kommanditisten in den folgenden Fällen mit einer Haftung konfrontiert.

2. Eigenkapitalersetzende Leistungen von Kommanditisten. 32 **a) § 172a.** Die oben (Rz 11 ff) entwickelten Grundsätze der §§ 32 a, 32 b GmbHG, 135 InsO sind auch auf Nur-Kommanditisten anzuwenden, falls bei der KG keine natürliche Person (§ 1 BGB) unmittelbar oder mittelbar gemäß § 128 (zur KG mit natürlicher Person als Komplementär, § 171 Rz 25) oder als Gesellschafter einer Vor-GmbH (Rz 25) (mittelbar) voll haftet. Voraussetzung ist außerdem immer, daß der Kommanditist, von Umgehungsfällen abgesehen (§ 32a III 1 GmbHG), mit mehr als 10% an der KG (BankrHdb*Stodolkowitz* § 84 111; aA *Habersack* § 129a 16; EBJ*Strohn* § 172a 48; grds auch

§ 172 a Zweites Buch. Handelsgesellschaften u. stille Gesellschaft

Lutter § 32 a 72; *BauHopt* § 172 a 32) beteiligt (Gewinn-, Auseinandersetzungsanteil; aA *vGerkan* GmbHR 97, 680; BankrHdb*Stodolkowitz* § 84 111 [Pflichteinlage; unklar, wenn diese fehlt]; *ScholzSchmidt* § 32 a 211 [Kommanditkapital, das aber wg § 120 schwanken kann; daher besser Anteil an Gewinn u Liquidationserlös]) oder geschäftsführungsberechtigt (§ 164 Rz 3) ist (Rz 12) u ferner, daß die eigenkapitalersetzenden Leistungen an die KG erbracht worden sind. § 172 a ist bei Leistungen an eine Komplementärin (zB GmbH) analog heranzuziehen (*StSchilling* § 172 a 5). Die Leistungen müssen von dem Kommanditisten oder einer ihm gleichstehenden Person (Rz 12) stammen. Zum Zeitpunkt der Leistung, s Rz 12. Es genügt, daß der Leistende im Moment der Leistung die qualifizierte Kommanditisten- bzw die ihr gleichstehende Position innehatte (BGH 81, 311). Wird beim Ausscheiden ein ohne Verstoß gg die §§ 30, 31 GmbHG auszahlbares Abfindungsguthaben (unten Rz 35) in ein Darlehen umgewandelt, so stellt dies keine eigenkapitalersetzende Kreditgewährung dar, weil von einem ausgeschiedenen Gesellschafter nicht die Zufuhr von Eigenkapial zu erwarten ist (vgl Rz 12). Für die Frage, ob die Leistungen Eigenkapital ersetzen, kommt es auf die Kreditwürdigkeit bzw Solvenz der KG an (Rz 12). Pflichteinlagen (§ 171 Rz 4), die über die Hafteinlage hinausgehen, sind per se Eigenkapital. Sie können grds unbeschränkt zurückgewährt werden, soweit sie nicht durch Verluste etc verbraucht sind (§ 171 Rz 22). Sollte die KG jedoch insolvent oder kreditunwürdig geworden sein, so ist die Pflichteinlage erst recht wie eine kapitalersetzende Leistung zu behandeln. Gleiches gilt für Leistungen, die mit der Abrede erbracht wurden, daß der Leistende hinter die anderen Gläubiger der KG zurücktreten soll (Rangrücktritt; BGH NJW-RR 90, 291). Im übrigen gelten die Erl bei Rz 11 ff entspr für qualifizierte Kommanditisten bzw die ihm gleichzustellenden Personen.

33   b) Analoge Anwendung der §§ 30 f GmbHG. Bei der normalen KG ist die Haftung der Kommanditisten bei der Rückgewähr von Eigenkapital auf die Haftsumme begrenzt, selbst wenn ein Mehrfaches dieses Betrages an die Kommanditisten zurückgeflossen ist (§ 171 Rz 27). Diese Haftungsbegrenzung ist tragbar, weil bei der gesetzestypischen KG eine natürliche Person unbeschränkt mit ihrem ganzen gegenwärtigen sowie zukünftigen Vermögen haftet u deshalb im eigenen Interesse dafür sorgen wird, daß nicht unvernünftig Kredite aufgenommen werden bzw Leistungen an Gesellschafter erfolgen. Bei einer GmbH & Co KG, bei der keine natürliche Person voll haftet, fehlt dieses Gegengewicht. Es sind daher sogar zu Lasten von Kommanditisten, die nicht zugleich Gesellschafter der Komplementär-GmbH sind (sog Nur-Kommanditisten, auch bei PublikumsGes [str]), die §§ 30 f GmbHG nach den für Leistungen der GmbH an ihre Gesellschafter (Rz 8) u nach den für eigenkapitalersetzende Leistungen von GmbH-Gesellschaftern geltenden Grundsätzen (Rz 17; beachte insoweit die Notwendigkeit einer qualifizierten Beteiligung; Rz 32) heranzuziehen

(BGH NJW 90, 1729; 95, 1961). Daraus folgt, daß an die Kommanditisten keine Leistungen aus dem Vermögen der KG erbracht werden dürfen, wenn dadurch bei der Komplementär-GmbH eine Unterbilanz herbeigeführt oder vertieft wird (BGH NJW 98, 3274), bzw daß eigenkapitalersetzende Leistungen der Kommanditisten nicht zurückgefordert werden dürfen, soweit u solange eine Unterbilanz bzw Überschuldung besteht. Insbes ist zu beachten, daß jede Rückzahlung von Eigenkapital der KG (zB Pflichteinlagen, Guthaben auf Kapitalkonten [§ 167 Rz 2], Kredite mit Rangrücktritt) eine schon bestehende Unterbilanz bei der GmbH vertieft (BGH NJW 78, 160). § 31 III GmbHG ist bei Nur-Kommanditisten nicht analog anwendbar (*Schnelle* GmbHR 95, 854; BankrHdb*Stodolkowitz* § 84 112; abw EBJ*Henze* § 177 a Anh A 194). Der Erstattungsanspruch steht der KG zu (Rz 17) u kann auch im Weg der actio pro socio (§ 105 Rz 34) geltend gemacht werden. Er richtet sich bei Nur-Kommanditisten gg den Kommanditisten, der (mittelbar) die Leistung empfangen hat, uU auch gg Dritte (Rz 8). Grds kommt keine Haftung wg schuldhafter Zustimmung (Rz 8) in Betracht. Verjährung, BGH BB 95, 1050. Die Haftung aus § 172 IV bleibt neben einer Haftung analog den §§ 30 f GmbHG bestehen.

c) Materielles Eigenkapital. Das zu § 172a Rz 18 Gesagte gilt **34** auch in Fällen, in denen Kommanditisten Darlehen, stille Einlagen oder dgl zusätzlich zu Kommanditeinlagen zu erbringen haben. Vgl auch § 171 Rz 12.

3. Sonstige Leistungen an Kommanditisten. Bei einer KG iSd **35** § 172 a darf der begrenzte Haftungsfond der Komplementär-GmbH im Interesse der Gläubiger weder durch Leistungen an die GmbH-Gesellschafter noch an Kommanditisten geschmälert werden (BGH NJW 90, 1729). Den Kommanditisten sind deshalb bei der KG nur insoweit Entnahmen bzw die Entgegennahme von Leistungen erlaubt, als dadurch nicht mittelbar das Stammkapital der GmbH angetastet bzw eine evtl Überschuldung der GmbH vertieft wird. Deckt zB infolge der Entnahme das Aktivvermögen der KG nicht mehr deren echte Verbindlichkeiten oder tritt eine weitere Unterdeckung ein, so verstößt die Entnahme gg § 30 GmbHG, es sei denn, der GmbH verbleibt ein Reinvermögen zumindest in Höhe des Stammkapitals (BGH 110, 358; hM). Vgl Rz 8 f. Rückerstattungspflichtig ist bei Nur-Kommanditisten nur der Kommanditist, der die Leistung (mittelbar) empfangen hat, uU auch Dritte (Rz 8), da § 31 III GmbHG nicht analog heranzuziehen ist (*Schnelle* GmbHR 95, 854; hM; abw EBJ*Henze* § 177 a Anh A 194). § 172 V ist nicht analog anwendbar (aA *LüdickeSchneeweiß* WiB 96, 973 bei Nur-Kommanditist). Diese Grundsätze gelten auch bei Publikums-Ges (§ 161 Rz 3; aA *LüdickeSchneeweiß* WiB 96, 974), da Vorrang des Gläubigerschutzes der GmbH. Die gleichen Grundsätze sind bei der Zahlung von Abfindungen anläßlich des **Ausscheidens** eines Kommanditisten (BGH 69, 274) zu beachten. Wäre die Abfindung im Moment des Ausscheidens ohne Verstoß gg die §§ 30 f GmbHG aus-

§ 172 a   Zweites Buch. Handelsgesellschaften u. stille Gesellschaft

zahlbar gewesen, so greifen diese Vorschriften nicht deshalb später analog ein, weil die Ges zum späteren Auszahlungszeitpunkt überschuldet gewesen ist; denn die frei auszahlbare Abfindungsforderung wird zur echten Fremdverbindlichkeit (BGH 69, 280). Anders ist die Situation dort, wo die Abfindungszahlung bei Ausscheiden eine Unterbilanz der GmbH hervorrufen oder vertiefen würde. Der Auszahlung stehen dann die § 30 f GmbHG solange im Wege, als nach dem Ausscheiden die Gefahr einer Unterbilanz nicht nachhaltig beseitigt worden ist (weitergehend BGH 69, 280). Wird eine solche Abfindungsforderung in ein Darlehen umgewandelt, so stellt erst die Leistung auf die Darlehensforderung die Rückgewähr iSd § 30 GmbHG dar (ähnlich BGH 69, 280). Der Ausgeschiedene darf die Erstattung nicht von einer Gesamtabrechnung abhängig machen (BGH 76, 328).

36   4. Wechselseitige Beteiligung in der GmbH & Co (§ 172 VI). Die Pflicht- bzw Hafteinlage (§ 171 Rz 4 f) in Form eines Anteils an der Komplementär-GmbH führt nicht zum Haftungsausschluß gem § 171 I (§ 171 Rz 12), wenn für die KG-Verbindlichkeiten keine natürliche Person gem § 128 voll haftet (ebenso die „Einbuchung" aus dem GesAnteil der GmbH, *Zacher*, Kapitalsicherung [1992], S 40). Veräußert ein Kommanditist, nachdem er eine Bar- oder Sacheinlage erbracht oder die GmbH die Einlage bezahlt hatte, den GmbH-Anteil einer Komplementär-GmbH oder den GmbH-Anteil vor Entstehen der GmbH & Co KG (*Schmidt* ZGR 76, 343) an die KG, so stellt die Vereinbarung der Vergütung eine Rückgewähr von Eigenkapital dar. Ob dadurch die Haftung wieder auflebt, hängt davon ab, ob hierdurch das Kapitalkonto des Kommanditisten unter die Haftsumme sinkt (§ 171 Rz 22). Gleiches gilt, wenn das Stammkapital der GmbH faktisch zu Lasten des Kapitalkontos des Kommanditisten aufgebracht wird (*Zacher* aaO, S 50). Aus § 172 VI ergibt sich auch, daß die Aufnahme einer von der KG gegründeten GmbH in die KG als Komplementärin unter gleichzeitigem Ausscheiden derjenigen natürlichen Person, die bislang als Komplementär fungierte, als Rückgewähr von Eigenkapital entspr den Anteilen der Kommanditisten anzusehen sein kann; denn die Haftungsmasse der KG soll zumindest aus Stammkapital der Komplementär-GmbH u den Hafteinlagen der Kommanditisten bestehen. Auf den Erwerb von nicht voll eingezahlten Anteilen durch die KG ist § 33 GmbHG analog anzuwenden (EBJ*Strohn* § 172 63 [str]).

37   5. Durchgriff, Verlustausgleich. Siehe Rz 3, § 171 Rz 10. Zur Verlustübernahmepflicht herrschender Kommanditisten s § 105 Rz 36.

B. Sonstige juristische Personen sowie Handelsgesellschaften ohne eine natürliche Person als (mittelbar) voll haftende Gesellschafterin

I. Komplementäre

Grds haften nur die Komplementäre voll. Deren Gesellschafter haften 38 nach Maßgabe des jeweils einschlägigen GesRechts. Bei der AG sind zB die §§ 57, 58 V, 62 AktG zu beachten. Diese Regeln sind auch auf eigenkapitalersetzende Leistungen der Aktionäre analog anzuwenden, wenn die Aktionäre unternehmerisch (idR mindestens 25%) beteiligt sind (BGH 90, 381). Soweit Gesellschafter der Komplementärin der KG an die KG eigenkapitalersetzende Leistungen erbringen, greifen gem § 172 a unabhängig von der Rechtsform der Komplementärin immer die §§ 32 a, 32 b sowie die §§ 135, 146 InsO, 6 AnfG analog ein (s Erl o Rz 11 ff).

II. Kommanditisten

Es gelten gem § 172 a die zu Rz 31 ff entwickelten Regeln. Ergän- 39 zend können nach Maßgabe der Rechtsform der Komplementärin die einschlägigen Kapitalerhaltungsvorschriften analog zum Tragen kommen. Ist eine AG die Komplementärin, so wird dies wohl auch hier nicht davon abhängig sein, daß die Kommanditisten unternehmerischen Einfluß besessen haben (BGH NJW 90, 1729).

§ 173 [Haftung bei Eintritt als Kommanditist]

(1) **Wer in eine bestehende Handelsgesellschaft als Kommanditist eintritt, haftet nach Maßgabe der §§ 171 und 172 für die vor seinem Eintritte begründeten Verbindlichkeiten der Gesellschaft, ohne Unterschied, ob die Firma eine Änderung erleidet oder nicht.**

(2) **Eine entgegenstehende Vereinbarung ist Dritten gegenüber unwirksam.**

1. Komplementäre. §§ 161 II, 130. 1

2. Kommanditisten. a) Voraussetzungen. Eintritt ist jede Form des Erwerbs der Gesellschafterstellung als Kommanditist (s zB § 105 Rz 46, 50 [Ro ZIP 01, 1050]; Erbfolge § 139 Rz 4; § 177) an einer bereits bestehenden KG bzw sonstigen Ges, die spätestens durch den „Eintritt" zur KG (vgl § 130 Rz 1) wird (anders § 28).

b) Rechtsfolge. Für Schulden der Ges, die gem § 173 **vor dem** 2 **Eintritt** in die Ges begründet (§ 130 Rz 2) worden sein müssen, wird ab wirksamem Erwerb der Kommanditistenposition (str) auch im Insolvenzverfahren (BGH ZIP 82, 567) zwingend (nur) im Rahmen der §§ 171, 172 gehaftet (BGH 82, 215). Dies gilt auch, wenn der Kommanditist nicht in das Handelsregister eingetragen wurde; denn die

§§ 174, 175 Zweites Buch. Handelsgesellschaften u. stille Gesellschaft

§§ 15 I, 176 sind in Hinblick auf die Altschulden unanwendbar. Wohl aber kann § 15 III eingreifen (z Eintritt in BGB-Ges, die noch als KG eingetragen ist, vgl § 130 Rz 1). Eine erbrechtliche Haftungsbeschränkung analog § 139 IV ist zu bejahen (§ 177 Rz 4; aA Hmbg NJW-RR 94, 810; hM); erst recht bei Erbfolge in aufgelöster KG (§ 131 Rz 20). In Hinblick auf Schulden, die **nach dem Eintritt** begründet werden, ist § 176 II zu beachten. Zur Übertragung des GesAnteils s § 171 Rz 7, 26; zur Erbfolge s § 177 Rz 4; zur Umwandlung eines Komplementärin einen Kommanditanteil s § 128 Rz 13.

§ 174 [Herabsetzung der Einlage]

Eine Herabsetzung der Einlage eines Kommanditisten ist, solange sie nicht in das Handelsregister des Gerichts, in dessen Bezirke die Gesellschaft ihren Sitz hat, eingetragen ist, den Gläubigern gegenüber unwirksam; Gläubiger, deren Forderungen zur Zeit der Eintragung begründet waren, brauchen die Herabsetzung nicht gegen sich gelten zu lassen.

1   1. Einlage iSd § 174 ist die Haftsumme (§ 171 Rz 5).

2. Zu ihrer **Herabsetzung** bedarf es einer Änderung des GesVertrages (§ 105 Rz 40), die im Innenverhältnis (§ 109) sofort, im Außenverhältnis zu den Neugläubigern aber erst mit der Eintragung wirksam wird. Die Neugläubiger müssen sich allerdings gem § 242 BGB die Kenntnis der Herabsetzungsvereinbarung entgegenhalten lassen (hM; vgl § 171 Rz 5; § 176 Rz 4). Gläubiger, deren Forderungen erst nach Eintragung der Herabsetzung entstanden sind, werden im Rahmen des § 15 geschützt, solange die Herabsetzung nicht bekanntgemacht ist (§ 175 S 2). Zu weitergehender Rechtsscheinhaftung, § 15 Rz 51.

2   3. In Hinblick auf **Altverbindlichkeiten,** die vor dem Wirksamwerden der Herabsetzung begründet (vgl § 128 Rz 10) worden waren, haftet der Kommanditist nach Maßgabe der ursprünglichen Haftsumme. Die Ansprüche erlöschen analog § 160 (heute hM). Zum Haftungsausschluß s § 128 Rz 11 f.

§ 175 [Anmeldung der Änderung einer Einlage]

¹**Die Erhöhung sowie die Herabsetzung einer Einlage ist durch die sämtlichen Gesellschafter zur Eintragung in das Handelsregister anzumelden.** ²**§ 162 Abs. 2 gilt entsprechend.** ³**Auf die Eintragung in das Handelsregister des Sitzes der Gesellschaft finden die Vorschriften des § 14 keine Anwendung.**

1   1. Einlage iSd § 175 ist die Haftsumme (§ 171 Rz 5). Erhöhung, § 171 Rz 6; Herabsetzung, § 174.

§ 176 [Haftung vor Eintragung]

(1) ¹Hat die Gesellschaft ihre Geschäfte begonnen, bevor sie in das Handelsregister des Gerichts, in dessen Bezirke sie ihren Sitz hat, eingetragen ist, so haftet jeder Kommanditist, der dem Geschäftsbeginne zugestimmt hat, für die bis zur Eintragung begründeten Verbindlichkeiten der Gesellschaft gleich einem persönlich haftenden Gesellschafter, es sei denn, daß seine Beteiligung als Kommanditist dem Gläubiger bekannt war. ²Diese Vorschrift kommt nicht zur Anwendung, soweit sich aus § 2 oder § 105 Abs. 2 ein anderes ergibt.

(2) Tritt ein Kommanditist in eine bestehende Handelsgesellschaft ein, so findet die Vorschrift des Absatzes 1 Satz 1 für die in der Zeit zwischen seinem Eintritt und dessen Eintragung in das Handelsregister begründeten Verbindlichkeiten der Gesellschaft entsprechende Anwendung.

I. Komplementäre

Siehe § 171 Rz 2. 1

II. Kommanditisten

1. Zweck. § 176 dient dem abstrakten Vertrauensschutz der Gläubiger (BGH 82, 215; aA *Crezelius* BB 83, 5; *Knobbe-Keuk* FS Stimpel [1985], S 200). Deshalb ist neben § 176 für eine Anwendung des § 15 kein Raum (hM). 2

2. Erstmalige Geschäftsaufnahme bei kaufmännischen Handelsgewerben iSd § 1 II (§ 176 I 1). a) Geschäfte vor Eintragung. Voraussetzungen: Die KG muß zumindest fehlerhaft (§ 105 Rz 25 ff) entstanden sein (§ 161 Rz 5 ff). Zur Schein-KG s Rz 8. Die Ges muß ferner iSd § 123 II mit den Geschäften begonnen haben. Außerdem muß der in Anspruch genommene Kommanditist dem Geschäftsbeginn (auch konkludent, wenn nachträglich mit Wirkung für die Zukunft) zugestimmt haben. Im Fall einer bedingten Zustimmung müssen die Bedingungen erfüllt sein (BGH NJW 83, 2259). Der Kommanditist darf nicht als solcher bei Begründung der Forderung (§ 128 Rz 10) im Handelsregister eingetragen gewesen sein (§ 162). § 176 ist jedoch entgegen seinem Wortlaut nicht unanwendbar, falls ausschließlich die Ges und/oder nur andere Kommanditisten in das Handelsregister eingetragen worden sind. Zumindest ist dann § 176 II analog heranzuziehen; bloße Firmenänderung genügt nicht (aA BAG NJW 80, 1071; EBJ *Strohn* § 176 7). 3

b) Bei Geschäften vor Eintragung (Rz 3) ist das **Vertrauen eines Gläubigers** (auch von Mitgesellschaftern; aA *Schmidt* GesR, § 55 I 2) in eine unbeschränkte Haftung des Gesellschafters gem den §§ 128–130 grds abstrakt schutzwürdig, ohne daß es darauf ankommt, ob der Gläu- 4 biger bei Geschäftsabschluß wußte, daß die in Anspruch genommene Person Gesellschafter war (BGH NJW 82, 884; NJW-RR 87, 416). Das Vertrauen ist jedoch nicht schutzwürdig, wenn dem Gläubiger positiv bekannt war (Beweislast: Kommanditist), daß die in Anspruch genommene Person nur beschränkt haften will, selbst wenn der Gläubiger die Höhe der Haftsumme nicht kennt (einschr *Dauner-Lieb* FS Lutter [2000], S 839). Dem ist der Fall gleichzustellen, daß der Gläubiger alle Tatsachen kannte, aus denen sich ergibt, daß der in Anspruch Genommene Kommanditist sein muß (BGH NJW-RR 87, 416). Dafür genügt jedoch nicht, daß die Übernahme der Kommanditistenposition bekanntgemacht worden war oder daß dem Gläubiger nur bewußt war, es mit einer GmbH & Co zu tun zu haben; denn diese kann auch neben der GmbH andere Personen als Komplementäre aufweisen (BGH NJW 80, 54; zw NJW 83, 2258; aA: hM; EBJ*Henze* § 177 a Anh A 45). Der Gläubiger, der die Kommanditisteneigenschaft kannte, nicht aber die Höhe der Haftsumme, muß sich gem § 171 die vereinbarte, obgleich nicht eingetragene Haftungsbegrenzung (§ 171 Rz 5) entgegenhalten lassen (BGH NJW 77, 1820). § 15 ist unanwendbar (Rz 2).

5   **c) Rechtsfolge.** Der in seinem abstrakten Vertrauen geschützte gutgläubige Gläubiger kann den Kommanditisten für solche GesSchulden (vgl § 128 Rz 2) wie einen Komplementär (BGH NJW 79, 1361; vgl Erl zu den §§ 128 f) in Anspruch nehmen, die aus oder bei Gelegenheit von rechtsgeschäftlichem Kontakt entstehen (vgl BGH NJW 82, 883: keine deliktischen Ansprüche [hM], außer solchen, die mit Rechtsgeschäften im Zusammenhang stehen; ferner nicht öffentlich-rechtliche Forderungen [*Schmidt* GesR, § 55 I 2; aA BSG MDR 76, 259]; insoweit gilt § 171 I; MüHdBGesR II-*Neubauer* § 27 106). Stille Gesellschafter sind als Gläubiger der KG ebenfalls geschützt (aA: hM; diff *SchlSchmidt* § 176 35). Der Anspruch aus § 176 ist nach Eintragung des Kommanditisten oder nach Bekanntwerden der Kommanditistenposition wie ein Anspruch gg einen zu diesem Zeitpunkt unter Eintragung im Handelsregister ausgeschiedenen Komplementär zu behandeln (§ 160), soweit er die Haftung gem § 171 übersteigt (§ 128 Rz 10; BGH NJW 83, 2813). Die Enthaftung analog § 160 wird aber auch durch eine Klage aus § 171 I unterbrochen (BGH NJW 83, 2813). Im Insolvenzverfahren ist § 93 InsO zu beachten; es sind zugunsten der durch § 176 geschützten Gläubiger uU Sondermassen zu bilden (abw *GottwaldHaas* InsHdB § 94 74). Zu § 15 HGB s Rz 2.

6   **3. Geschäftsaufnahme bei Gewerben iSd §§ 2, 3, 105 II vor Eintragung (§ 176 I 2).** Die Ges, die kein Gewerbe iSd § 1 II ausübt, wird erst mit der Eintragung (§§ 162 I, 106 I, 123 I) zur KG. Die Ges ist vor ihrer Eintragung BGB-Ges (§ 705 BGB; § 123 Rz 3). Deshalb kommt **§ 176 I 1 nicht zum Tragen** (§ 176 I 2; BGH NJW 79, 1361). Die „Kommanditisten" haften dann als Gesellschafter der BGB-Ges grds unbeschränkt (BGH BB 01, 379). Die Haftung ist grds auch nicht dadurch begrenzbar, daß die Beschränkung der Vertretungsmacht

Zweiter Abschnitt. Kommanditgesellschaft § 176

des Geschäftsführers eindeutig erkennbar gemacht wird (BGH NJW 99, 3485; anders noch BGH 69, 100; NJW-RR 94, 98). Zur Vor-GmbH s § 172 a Rz 23 ff.

Tritt in den Fällen der §§ 2, 3, 105 II **die BGB-Ges** vor ihrer **7** Eintragung **als KG auf,** so erzeugt sie den Rechtsschein, daß sie KG ist. Gesellschafter, die den Rechtsschein veranlaßt haben oder schuldhaft nicht eingeschritten sind, müssen sich nach hM (BGH NJW 73, 1691; 77, 1684; St*Schilling* § 176 14) nach Wahl der Gläubiger (Erl zu § 15) jedenfalls wie bei einer eingetragenen KG behandeln lassen, so daß die Gesellschafter nach Maßgabe der §§ 171 f haften (Rz 8). Dem BGH (NJW 73, 1691) zufolge sollte § 176 unanwendbar sein, weil der Rechtsschein einer eingetragenen KG entstanden sei. Die GesGläubiger müssen sich jedoch nicht auf den Rechtsschein berufen, sondern können die BGB-Gesellschafter entsprechend der wahren Rechtslage nach den Regeln der BGB-Ges analog § 128 f in Anspruch nehmen. Für Analogie zu § 176 I 1 HS 2 (Kenntnis) mit guten Gründen *Dauner-Lieb* FS Lutter (2000), S 846.

4. ScheinGes (keine Ges oder [eingetragene] Ges, die nicht KG **8** werden kann; § 105 Rz 29). Die Schein-Kommanditisten haften, soweit ihnen der Rechtsschein zugerechnet werden kann (§ 105 Rz 29) grds nach Maßgabe ihrer Abreden im Innenverhältnis beschränkt (§ 161 analog; BGH NJW 91, 922; § 171 Rz 10). Sofern aber die Schein-Gesellschafter nicht als Kommanditisten eingetragen sind, greift im Verhältnis zu Gläubigern auch § 176 ein, selbst wenn diese konkret nur auf die Existenz einer KG vertraut haben (Rz 7; v *Gerkan* ZGR 92, 112 f mNachw; *Dauner-Lieb* aaO, S 844; aA BGH NJW 77, 1684 [hM]). Zu weitgehend bei bloßen Firmenänderungen BAG NJW 80, 1071; zutr *SchlSchmidt* § 176 Rz 6). Die Gläubiger können sich nach ihrer Wahl auch auf die wahre Rechtslage berufen (vgl Anh § 15 Rz 58 sowie oben Rz 7).

5. Eintritt (§ 176 II). Beitritt (§ 105 Rz 46; auch fehlerhafter **9** [BGH NJW 77, 1820]) zu oder Teilnahme an Gründung einer KG (§ 161 Rz 5) als Kommanditist (Rz 6; auch PublikumsGes; BGH 82, 213 [str]. Zur Schein-KG s Rz 8). Grds auch alle anderen Formen des Erwerbs eines Kommanditanteils, insbes im Wege rechtsgeschäftlicher Übertragung (Einzelheiten: § 105 Rz 50 ff) sowie grds (s unten) aufgrund Erwerbs von Todes (§ 177) wg, fallen unter § 176 II (BGH NJW 83, 2259; einschr für Erbfolge BGH NJW 89, 3155; aA: hL), weil der abstrakte Anschein entsteht, daß der neue Gesellschafter unbeschränkt haftet. § 176 II ist deshalb nicht anzuwenden, falls der Gläubiger bösgläubig war (Rz 4) oder mangels Eintritts, falls der Erwerber des Kommanditanteils bereits vor dem Erwerb Gesellschafter der Ges war (zB Umwandlung von Komplementär- in Kommanditanteil oder Erwerb eines Anteils durch jemanden, der bereits eingetragener Kommanditist war; BGH NJW 76, 849). In den zuletzt genannten Ausnahmefällen werden Gläubiger (lediglich) in ihrem Vertrauen auf die Fort-

Koller

haftung des Altgesellschafters gem § 15 geschützt (§ 143 Rz 4). Fallen Beitritt/Erwerb u Eintragung zusammen, weil der Beitritt/Erwerb aufschiebend bedingt vereinbart worden war, so scheidet ebenfalls eine Haftung gem § 176 II aus (BGH NJW 83, 2259). Zu den Sonderregeln beim Erwerb von Todes wg s § 139 Rz 12, 17; § 177 Rz 4. Die unbeschränkte (§ 128) Haftung des Eintretenden hängt nicht davon ab, daß der Eintretende bzw Erwerbende voll geschäftsfähig war (*Schmidt* JuS 90, 519; s § 105 Rz 15), die Fortführung der Geschäfte genehmigt hat oder daß dem Gläubiger die Beteiligung des Gesellschafters bekannt war (BGH NJW 82, 884; einschr *SchlSchmidt* § 176 Rz 31). **Rechtsfolgen:** Für die zwischen Wirksamwerden des Beitritts u der Eintragung begründeten Forderungen gilt das oben Gesagte (Rz 5). Für die nach der Eintragung begründeten (§ 128 Rz 10) Verbindlichkeiten sowie für Verbindlichkeiten, die vor der Eintragung ggüber Personen begründet worden sind, die die Kommanditistenstellung kannten (Rz 4), haftet der eingetretene Kommanditist nur gem den §§ 171 f. Hat der Kommanditist jedoch konkret den Rechtsschein einer unbeschränkten Haftung zurechenbar verursacht (§ 171 Rz 10), so haftet er nach allg Rechtsscheinsgrundsätzen trotz der Eintragung ggüber Gutgläubigen unbeschränkt. Für Schulden, die vor dem Eintritt begründet (§ 128 Rz 10) wurden, gilt immer nur § 173 (BGH ZIP 82, 567).

§ 177 [Tod des Kommanditisten]
Beim Tod eines Kommanditisten wird die Gesellschaft mangels abweichender vertraglicher Bestimmung mit den Erben fortgesetzt.

I. Komplementäre

1   Es gelten die beim Tod eines OHG-Gesellschafters maßgeblichen Regeln (§§ 161 II, 131, 139, 143, 145 ff). Zur Auflösung der Komplementär-GmbH s § 131 Rz 22. Der Anteil an der Komplementär-GmbH ist vererblich (§ 15 GmbHG) u kann der TestVollstreckung unterworfen werden.

II. Kommanditisten

2   **1. Erbfolge.** § 177 ordnet die Vererblichkeit des Kommandit-Anteils u ohne Auflösung (§§ 145 ff) die Fortsetzung der Ges mit dem bzw den Erben oder Vor- bzw Nacherben (Rz 6) nach Maßgabe der Erbquote (§ 139 Rz 3 ff) an. § 131 III Nr 1 wird somit durch § 177 verdrängt, es sei denn, die KG war bereits aufgelöst (BGH NJW 95, 3315). Es ist zulässig, daß der Anteil nur zugunsten ausgewählter Erben vererblich gestellt wird (§ 139 Rz 6). Dies gilt auch bei negativem Kapitalanteil (BGH NJW 71, 1269). Die Wahl eines Erben, der den Mitgesellschaftern nicht zuzumuten ist, stellt einen Treueverstoß dar (§ 105

Zweiter Abschnitt. Kommanditgesellschaft **§ 177**

Rz 35). Der treuewidrig eingesetzte Erbe ist ausschließbar (§ 140; BGH WM 82, 235).

Rechtsfolge bei der im Zeitpunkt des Erbfalls **nicht-aufgelösten** 3 **KG:** Der Alleinerbe tritt unmittelbar an die Stelle des Erblassers (§ 139 Rz 3). Bei einer Mehrheit von Erben kommt es wie bei der OHG oder bei Komplementären zur Sondererbfolge (§ 139 Rz 5; [hM]). Die nach dispositivem Recht (BGH WM 78, 515) selbständig abtretbaren Ansprüche auf Gewinn (angemessener Anteil; BGH NJW 86, 2433) u der Auseinandersetzungs- bzw Abfindungsanspruch (§ 717 S 2 BGB) fallen im Interesse der Nachlaßgläubiger auch ohne Zustimmung der übrigen Gesellschafter in den allg Nachlaß, dh bei Miterben immer in die Miterbengemeinschaft (§ 2032 BGB BGH, NJW-RR 87, 989; unklar BGH NJW 96, 1285 f; str; näher vgl § 139 Rz 5). Die Geschäftsführungs- und/oder Vertretungsmacht des Erblassers erlischt iZw. War der Erbe bereits Kommanditist, so vereinigt sich sein Anteil mit dem ererbten zu einem jedenfalls im Außenverhältnis (§ 123 Rz 1) einheitlichen Anteil (§ 124 Rz 2; Ausnahmen: Rz 6 f). Die Haftsummen u Kapitalanteile addieren sich. War der Erbe vorher Komplementär, so bleibt der Erbe ungeteilt Komplementär (BGH 101, 129), u der Kommanditanteil wandelt sich in einen Komplementäranteil um (näher § 139 Rz 4). Der Kommanditist, der einen Komplementäranteil erbt, wird (zunächst) Komplementär (§ 139 Rz 4). Zur Vereinigung aller GesAnteile in der Hand eines Erben, § 140 Rz 5.

Für die **vor dem Erbfall** entstandenen KG-Schulden (Altschulden) 4 **haften** bei der nicht-aufgelösten KG (zur aufgelösten Ges, § 131 Rz 20) die als Kommanditisten in die KG eingetretenen Gesellschafter-Erben den **KG-Gläubigern** ohne erbrechtliche Haftungsbeschränkung (Hmbg NJW-RR 94, 810; wohl auch BGH 108, 196; EBJ*Strohn* § 173 26; zutr abw *Wilhelm* Anm LM § 173 HGB 1: Analogie zu § 139) gem § 173 (BGH NJW 89, 3155; St*Schilling* § 173 11; aA *Grunewald* GesR, S 143). Die Obergrenze der Haftung aus § 173 ergibt sich auch im Fall des § 176 aus der für den Erblasser maßgeblichen Haftsumme (§ 171 Rz 5), die auf mehrere Erben entspr den Erbquoten aufzuteilen ist. Einlageleistungen etc des Erblassers kommen den Erben zugute. Haftete der Erblasser noch unmittelbar persönlich (§ 171 Rz 7; § 176), so haften für Altschulden **zusätzlich** zur Haftung aus § 173 persönlich alle Erben, selbst wenn sie nicht Gesellschafter geworden sind, nach erbrechtlichen Grundsätzen (§§ 1967, 1975 ff, 2058 BGB, § 160 HGB; hM; zutr krit St*Marotzke* § 1967 62). Für Schulden, die **nach dem Erbfall** begründet worden sind (Neuschulden), haften in der nicht–aufgelösten KG die Gesellschafter-Erben gem den §§ 171 ff erbrechtlich unbeschränkbar (BGH 108, 196), maximal in Höhe der (anteiligen; s o) Haftsumme (EBJ*Strohn* § 173 26 [hM]; zutr abw *Wilhelm* LM § 173 HGB Nr 1: § 139 analog). Soweit diese Schulden vor Eintragung der Erben als Kommanditisten begründet worden sind, haften sie grds (§ 176 Rz 9) ohne erbrechtliche Beschränkung (str) auch gem § 176 II (tendenziell aA BGH NJW 89, 3155). Die Haftung

Koller 517

gem § 176 II für Nachlaßerbenschulden beginnt allerdings immer erst in dem Moment, in dem der Erbe zumutbar den Eintragungsantrag hätte stellen können, aber nicht gestellt hatte (BGH NJW 83, 2259; offen NJW 89, 3155; sehr str). Der Erbe, der unverzüglich die Erbfolge angemeldet hat, braucht mithin § 176 II nicht zu fürchten (Parallele zu § 139; abw *SchlSchmidt* § 139 64). War schon der Erblasser nicht als Kommanditist eingetragen, so beginnt die Haftung für Neuschulden nach Maßgabe des § 176 II bereits mit dem Erbfall (Einzelh Erl zu § 176), die in Analogie zu § 139 IV bis zu dem Zeitpunkt erbrechtlich beschränkbar ist, in dem der Erbe seine Eintragung hätte bewirken können. Die hM will dgg nur in dem zuletzt genannten Ausnahmefall § 176 II anwenden (*HeyHorn* § 176 15; so in der Tendenz auch BGH 108, 197). Die Erben, auch soweit sie nicht Gesellschafter geworden sind, können außerdem, solange das Ausscheiden des Erblassers infolge Todes (§ 143) und/oder die Rechtsnachfolge durch die Gesellschafter-Erben (§ 107) nicht eingetragen u bekannt gemacht ist, gem §§ 15, 171 ff wie ein Veräußerer eines GesAnteils (§ 171 Rz 26) erbrechtlich beschränkbar haften (§ 143 Rz 5; so wohl auch *SchlSchmidt* § 173 44). Zur Haftung, wenn die Erbfolge kraft GesVertrags zur Auflösung führt, § 131 Rz 20. War der **Erblasser Komplementär** u hat er kraft Ges-Vertrages seinen Anteil an einen Erben als Kommanditanteil vererbt, so gilt das gleiche wie bei der Vererbung eines Kommanditanteils (aA *SchlSchmidt* § 173 23). Die Höhe der Pflichteinlage u Haftsumme (§ 171 Rz 4 f) sind grds nach den bei § 139 Rz 8 entwickelten Regeln zu bestimmen (Anmeldung, §§ 143, 162).

5   **2. Besondere Formen letztwilliger Verfügung. a) Der Vermächtnisnehmer** erlangt nur einen Anspruch auf Übertragung des Anteils aus der Hand der Erben (§ 2174 BGB). Der Erbe sollte sich in Hinblick auf die §§ 176, 15 iVm § 143 eintragen lassen (Rz 4). Es gelten daher für die mit dem Vermächtnis beschwerten Erben die normalen Regeln der Erbfolge (Rz 4), für den Vermächtnisnehmer die Regeln der rechtsgeschäftlichen Übertragung eines Kommanditanteils (bzw der Ansprüche iSd § 717 S 2 BGB [BGH WM 76, 252]); § 161 Rz 18; § 171 Rz 26; § 176 Rz 9.

6   **b) Der Vorerbe** ist bis zum Eintritt des Nacherbfalls grds vollwertiger Gesellschafter. War er bereits Gesellschafter, so entsteht eine neue gesonderte Beteiligung (§ 139 Rz 4). Das hindert ihn grds nicht, ganz oder nur in Hinblick auf den geerbten Anteil aus der Ges auszuscheiden (BGH NJW 84, 363). Er ist nach außen (nur) der **Schranke** des § 2113 II BGB unterworfen, der ihm mit Ausnahme der Verfügung über die Früchte des Anteils (§§ arg e 2111, 2133 I 1, 100 BGB; BGH NJW 81, 115) unentgeltliche Verfügungen über den der Vorerbschaft unterworfenen Anteil verbietet. Deshalb kann er nicht über die Zeit der Vorerbschaft hinaus den GesVertrag ändern, sofern dadurch die anderen Gesellschafter ohne objektiv angemessenen Ausgleich Vorteile erhalten u der Vorerbe dies erkennen muß. Der BGH (NJW 81 116; 81, 1560; 84, 364) bejaht einen

angemessenen Ausgleich immer schon dann, wenn die Änderung alle Gesellschafter gleichmäßig trifft oder der Vorerbe davon ausgehen darf, daß die Maßnahme der Erhaltung u Stärkung des Unternehmens dient (aA *Paschke* ZIP 85, 129). Deshalb kann der Vorerbe auch gg angemessene Abfindung (vgl § 138 Rz 4 ff), auf die § 2111 BGB anzuwenden ist (BGH NJW 81, 1560), sein Ausscheiden aus der Ges vereinbaren. Der Angemessenheit steht nicht entgegen, daß die Abfindung anhand vertraglicher Maßstäbe ermittelt worden ist, die Bewertungsstreitigkeiten vermeiden helfen sollen oder die sonst einer ordnungsgemäßen Verwaltung entsprechen (BGH NJW 84, 364). Veräußert der Vorerbe den GesAnteil (§ 161 Rz 18), so steht dem § 2113 II BGB entgegen, falls der Vorerbe den von den Erwerber versprochenen Gegenwert nicht als angemessenes Äquivalent ansehen durfte (gem § 774 BGB; BGH NJW 77, 1540: Leibrentenversprechen als Gegenwert). Der Nacherbe wird mit Eintritt des Nacherbfalls in Hinblick auf den GesAnteil u Surrogate (§ 2111 BGB) mit Ausnahme der schon entstandenen entnahmefähigen Gewinne (BGH WM 82, 709; NJW 90, 515) Rechtsnachfolger des Erblassers. Entscheidungen des Vorerben sind für ihn im oben dargestellten Umfang verbindlich, so auch iSd § 139 I, II. In Hinblick auf die Haftung ist der Nacherbe wie ein Erbe des Vorerben zu behandeln. Anmeldung des Ausscheidens durch den Vorerben bzw dessen Rechtsnachfolger: § 143. Über den schon vor der Vorerbschaft gehaltenen GesAnteil darf der Vorerbe frei verfügen (BGH NJW 84, 362).

c) Die TestVollstreckung über ererbte Kommanditanteile ist 7 möglich (BGH 108, 191 ff), wenn sich die übrigen Gesellschafter damit einverstanden (auch konkludent, zB bei freier Übertragbarkeit des Ges-Anteils) erklärt haben (zur aufgelösten Ges; § 131 Rz 5). Das gilt auch dort, wo der Erblasser bzw der Erbe gem §§ 171 f oder gem § 176 persönlich haftete (BGH 108, 196 f) oder der Kommanditisten-Erbe geschäftsführungsberechtigt ist (*Brandner* FS Kellermann [1991], S 44; einschr *Raddatz* Nachlaßzugehörigkeit [1991], S 159 ff). Zur Haftung des Erben Rz 4; BGH, NJW 89, 3153. War der Erbe bereits Gesellschafter, so erfaßt die TestVollstreckung nur den ererbten Anteil (*Fett-Brand* NZG 99, 51 f; *Schmidt-Diemitz* FS Sigle [2000], S 424; offen BGH 108, 199), jedenfalls aber die zu diesem Anteil gehörenden Ansprüche auf Gewinn u Auseinandersetzungsguthaben (Rz 3; BGH NJW 96, 1286). Der TestVollstrecker hat den Anteil ordnungsgemäß (§ 2216 BGB) zu verwalten (§ 2205 BGB), auch die Ansprüche auf Gewinn u das künftige Auseinandersetzungs- bzw Abfindungsguthaben (Rz 3; BGH NJW 96, 1285 f), ohne daß der TestVollstrecker deshalb ein Kündigungsrecht analog § 135 erwirbt (aA *Ulmer* FS Schilling, S 98). Der TestVollstrecker ist wie der Kommanditist der Treuepflicht (§ 105 Rz 35) unterworfen (*Ulmer* NJW 90, 81). Das Stimmrecht (§ 119 Rz 1 ff) steht jedenfalls außerhalb des Kernbereichs (§ 109 Rz 5) allein dem TestVollstrecker zu (BGH NJW 89, 3155); er allein (*Brandner* FS Kellermann [1991], S 46; aA *Ulmer* NJW 90, 80) kann grds auch sonstige mit der

Mitgliedschaft verbundene Rechte ausüben; zB das Kontrollrecht. Soweit allerdings das Kontrollrecht aus §§ 166 HGB, 242 BGB nicht abdingbar ist, steht es auch dem Erben zu. Der TestVollstrecker darf allein über den Anteil verfügen u die Ges ordentlich kündigen (*Weidlich* ZEV 94, 209); nur Nachlaßgläubiger dürfen den Anteil pfänden. Zu GesVertragsänderungen (§ 105 Rz 40) ist er befugt, soweit dies als ordnungsgemäße Verwaltung anzusehen ist (dazu *Mayer* ZIP 90, 978; enger *Ulmer* NJW 90, 79). Damit nicht im Einklang stehende Abreden braucht der Erbe nicht gg sich gelten zu lassen, wenn für die übrigen Gesellschafter der Mißbrauch der Verwaltungsbefugnisse auf der Hand lag (vgl BGH NJW 89, 3155) u die Stimme des TestVollstreckers ausschlaggebend war (BGH NJW-RR 89, 642; weitergehend *SchlSchmidt* § 177 34). Ein derartiger Mißbrauch liegt insbes bei Eingriffen in den Kernbereich (§ 109 Rz 5) nahe (zB Erhöhung der Haftsumme; BGH NJW 89, 3155; abw *Weidlich* ZEV 94, 208: im Kernbereich sind Erbe u TestVollstrecker stimmberechtigt). Insoweit haben Erbe u TestVollstrecker sich sogar zu einigen (§ 2208 BGB analog; *Ulmer* NJW 90, 81; EBJ*Strohn* § 177 20). Der TestVollstrecker hat zusammen mit den übrigen Gesellschaftern (§ 108 Rz 1; § 143 Rz 4) den durch den Erbfall eingetretenen Gesellschafterwechsel (Ausscheiden des Erblassers, Eintritt des Kommanditisten) sowie Tatsachen im Rahmen seiner Befugnisse zum Handelsregister anzumelden (BGH NJW 89, 3153; KG DB 00, 2012). Daneben hat der Erbe ein Anmelderecht (*Mayer* ZIP 90, 978; aA *Ulmer* NJW 90, 82; diff *SchlMartens* § 108 11). Die TestVollstreckung ist im Handelsregister zu vermerken (*SchlSchmidt* § 177 34 [hM]; aA KG NJW-RR 96, 228). Läßt sich der TestVollstrecker wirksam (s o zur Vertragsänderung; aA *Ulmer* NJW 90, 78) die Einlage zurückzahlen (§ 172 IV), so lebt die Haftung des Erben auf, ohne daß dieser sich auf die §§ 1975 ff BGB stützen darf (BGH NJW 89, 3155: Regreß gg den TestVollstrecker). Die Erben dürfen GesVertragsänderungen nur vornehmen, wenn dadurch die Position des TestVollstreckers nicht verschlechtert wird (str), immer aber aus wichtigem Grund kündigen. Beachte §§ 2206, 2217 BGB.

8   d) **Nachlaßverwaltung** des GesAnteils ist mit Zustimmung der übrigen Gesellschafter zulässig (*Stodolkowitz* FS Kellermann [1991], S 454; aA BGH, NJW 84, 2104; dazu *Ulmer* NJW 90, 74). Bei der aufgelösten KG ist sie dgg nicht erforderlich (§ 131 Rz 20). Fehlt bei der werbenden KG die Zustimmung oder hält man die Nachlaßverwaltung des GesAnteils generell für unzulässig, so erfaßt die Nachlaßverwaltung (nur) die Ansprüche iSd § 717 S 2 BGB (vgl § 139 Rz 16).

9   e) **Auflage, Teilungsanordnung.** Der Erblasser kann nur solche letztwilligen Anordnungen mit unmittelbarer Wirkung für die Ges treffen, die nach dem GesVertrag zulässig sind. Davon unberührt bleibt die erbrechtliche Verpflichtung, dem Erblasserwillen im Rahmen des geltenden GesVertrags nachzukommen. Sind alle Gesellschafter Erben geworden, so sind sie zur GesVertragsänderung verpflichtet (BGH NJW-RR 90, 1445).

3. GesVertrag. § 177 ist ganz oder teilweise abdingbar. Die Vor- 10
schrift ist nicht schon dann stillschweigend abbedungen, wenn dem
Kommanditisten Geschäftsführungsmacht eingeräumt worden war.
Der GesVertrag kann zB die Auflösung (§ 131) oder die Fortsetzung
mit den übrigen Gesellschaftern (§ 131 III) vorsehen; er kann auch
lediglich ein **Eintrittsrecht** zugunsten eines Erben oder eines Dritten
begründen (Einzelheiten § 139 Rz 19). Nach Ausübung des Rechts
haftet der Eintretende nach allg Beitrittsregeln (§ 105 Rz 47; § 176
Rz 9). Der Erbe haftet außerdem wie ein Ausgeschiedener (§ 131
Rz 9; § 139 Rz 20). Vertreterklausel bei Mehrheit von Erben, § 139
Rz 5.

III. GmbH & Co

Die GmbH-Anteile werden nach Maßgabe des § 15 GmbHG unab- 11
dingbar vererbt. Nach hM ist die Anordnung einer automatischen
Einziehung des GmbH-Anteils (§ 34 GmbHG) unzulässig, wohl aber
die Einziehung nach dem Tod eines Gesellschafters aufgrund Gesellschafterbeschlusses oder für den Fall, daß der Erbe nicht auch Kommanditist wird. Zulässig ist auch eine satzungsgemäße Abtretungs-
pflicht, um dafür zu sorgen, daß GmbH-Anteil u KG-Anteil in dieselben Hände übergehen.

§ 177 a [Angaben auf Geschäftsbriefen; Antragspflicht bei
Zahlungsunfähigkeit oder Überschuldung]
[1]**Die §§ 125 a, 130 a und 130 b gelten auch für die Gesellschaft,
bei der ein Kommanditist eine natürliche Person ist, § 130 a
jedoch mit der Maßgabe, daß anstelle des Absatzes 1 Satz 1
zweiter Halbsatz der § 172 Abs. 6 Satz 2 anzuwenden ist.** [2]**Der
in § 125 a Abs. 1 Satz 2 für die Gesellschafter vorgeschriebenen
Angaben bedarf es nur für die persönlich haftenden Gesellschafter der Gesellschaft.**

1. Normadressat. KG, bei der keine natürliche Person gem 1
§§ 161 II, 128 persönlich unbeschränkt haftet (zB typische GmbH &
Co KG). Die §§ 172 a S 2, 125 a I 2 gelten analog. Die Tatsache, daß
ein Kommanditist eine natürliche Person ist, erklärt § 177 a für weitgehend unerheblich.

2. Rechtsfolgen. a) Geschäftsbriefe. Es gilt § 125 a für die
Komplementäre. **b) Insolvenz.** Siehe Erl zu § 130 a. Die Komman-
ditisten besitzen weder ein Antragsrecht noch trifft sie als solche eine
Pflicht.

§§ 178–229 *(aufgehoben)*

Dritter Abschnitt. Stille Gesellschaft

§ 230 [Begriff und Wesen der stillen Gesellschaft]

(1) **Wer sich als stiller Gesellschafter an dem Handelsgewerbe, das ein anderer betreibt, mit einer Vermögenseinlage beteiligt, hat die Einlage so zu leisten, daß sie in das Vermögen des Inhabers des Handelsgeschäfts übergeht.**

(2) **Der Inhaber wird aus den in dem Betriebe geschlossenen Geschäften allein berechtigt und verpflichtet.**

Literatur: Vor § 105.

I. Allgemeines

1   **1. Bedeutung der stillen Ges.** Die stille Ges kann vertraglich vielfältig ausgestaltet werden u deshalb die verschiedensten Funktionen erfüllen. Sie kann im einen Extrem nur der Kreditaufnahme dienen u sich dem Darlehen (§ 607 BGB) annähern; im anderen Extrem kann sie aber auch den Stillen schuldrechtlich am Geschäftsvermögen beteiligen (BGH NJW 52, 1412) u ihm intensive Mitsprache-, Weisungs- u Kontrollrechte eröffnen (Rz 17 f). Die stille Ges kann sogar intern mit Beschlußorganen der stillen Gesellschafter ausgestattet werden u sich in Richtung auf die KG entwickeln. Im Steuerrecht wird der Stille nur dann als Mitunternehmer anerkannt, wenn er gemeinsam mit dem Geschäftsinhaber (auch tätiger Gesellschafter, Komplementär genannt) das Unternehmensrisiko trägt u Mitunternehmerinitiative entfalten kann (**atypische stille Ges**; vgl BFH NJW-RR 94, 423; *Horn/Maertins* GmbHR 95, 817; ferner § 235 Rz 4). Zur stillen Ges als **Publikums-Ges,** BGH NJW 95, 1354 f, 1357; NJW-RR 89, 994; BB 94, 592 (weitgehende Analogie zur PublikumsGes in Form einer KG); BGH DB 98, 1127; Düss NJW-RR 95, 421; *Reusch* Die stille Ges als PublikumspersonenGes (1989), S 1 ff.

2   **2. Typus der stillen Ges. a) Maßgebliche Merkmale.** Das HGB enthält keine Definition. Der Typus der stillen Ges ergibt sich mittelbar aus den §§ 230 ff HGB iVm den §§ 705 ff BGB; § 14 II BGB gilt nicht. Danach ist die stille Ges eine Variante der BGB-Ges (§ 705 BGB). Für eine stille Ges ist der GesVertrag zwischen dem **Inhaber** des Unternehmens (Handelsgeschäfts, Handelsgewerbes) u einem Dritten (stillen Gesellschafter) charakteristisch, aufgrund dessen der Dritte an den Inhaber eine das Unternehmen fördernde Einlage zu erbringen hat u am Gewinn des Unternehmens beteiligt ist (Einzelheiten Rz 10 f; zu atypischen stillen Ges Rz 17 f).

3   **b) Die Abgrenzungen** sind anhand aller Umstände des Einzelfalles, insbes der wirtschaftlichen Ziele der Parteien, vorzunehmen (BGH LM 1, 8 zu § 335 aF). Eine stille Ges mit **Gesamthandsvermögen,**

bei der auch der Stille zwangsläufig nach außen auftritt (Kln NJW-RR 96, 27), ist undenkbar. Ist die Bildung gemeinsamen Vermögens vereinbart, so wird deshalb eine OHG/KG bzw eine BGB-Ges (§ 705 BGB) gegründet. Bei der stillen Ges kann der Dritte allenfalls in Form von Bruchteilseigentum (§§ 1008, 741 ff BGB) am Geschäftsvermögen beteiligt sein (Rz 18). Bei der typischen stillen Ges wird aber weder dinglich noch schuldrechtlich gemeinsames Vermögen gebildet.

Besteht die Beteiligung des Stillen lediglich an einem GesAnteil, so 4 handelt es sich nicht um eine stille Beteiligung an einem Unternehmen, sondern um eine **Unterbeteiligung.**

Die Unterbeteiligung ist idR als BGB-Ges (§ 705 BGB; BGH BB 94, 1598) zu qualifizieren, auf die die §§ 230 ff vielfach analog (weitergehend MüHdBGesR II-*Weipert* S 269) anzuwenden sind (s Erl zu §§ 232–237). Voraussetzung ist der Abschluß eines GesVertrages, mithin die Existenz eines gemeinsamen Zwecks, der auf die Förderung der Rechte an der HauptGes gerichtet ist. Daran fehlt es, wenn der Hauptbeteiligte die Beteiligung nach ihrem wirtschaftlichen Gehalt vollständig für den Unterbeteiligten hält (Treuhand; BGH BB 94, 1597 f). Der Unterbeteiligungsvertrag kann grds formlos abgeschlossen werden (beachte aber § 518 BGB, wobei dem BGH WM 67, 685 zufolge die bloße Einräumung der Unterbeteiligung den Formmangel nicht heilt; vgl zum Parallelproblem Rz 14); bei Minderjährigen kann wie beim Abschluß eines stillen GesVertrages § 1822 BGB eingreifen (Rz 13). Selbst wenn im HauptGesVertrag ein Zustimmungserfordernis statuiert ist, berührt dies nicht die Wirksamkeit der Unterbeteiligungsabrede (Ffm DB 92, 2489); es wird allenfalls gg die Treuepflicht im Hauptbeteiligungsverhältnis verstoßen (aA *SchlSchmidt* § 335 207 bei treuhänderischer Unterbeteiligung). Der Unterbeteiligte erlangt ohne bes Vereinbarungen (vgl § 105 Rz 21) keine Mitwirkungs- u Kontrollrechte bzw -pflichten im Rahmen der HauptGes; denn dort ist allein der Hauptgesellschafter beteiligt (BGH NJW 87, 3185). Der Hauptgesellschafter ist allerdings im Innenverhältnis zum Unterbeteiligten verpflichtet, sein Verhalten soweit möglich u zulässig den mit dem Unterbeteiligten vereinbarten Vertragszweck treuegemäß (vgl § 105 Rz 35) zu fördern. Der Unterbeteiligte erwirbt analog § 233 gg den Hauptgesellschafter einen Anspruch auf umfassende Information, es sei denn, daß sie diesem nicht zugänglich sind oder er sie nicht weitergeben darf (BGH NJW 68, 2003; weitergehend *Schmidt* GesR, § 63 IV 3). Die HauptGes darf die Weitergabe nicht grundlos untersagen. Der Unterbeteiligte unterliegt ebenfalls dem Treuegebot (vgl § 105 Rz 35), aufgrund dessen der Unterbeteiligte auch auf die Interessen der HauptGes u deren Gesellschafter Rücksicht zu nehmen hat (aA MüHdBGesR II-*Weipert* S 270). Er hat Wettbewerb zu unterlassen, wenn er damit über die Ges erlangte Informationen ausnutzen kann (aA *StZutt* § 230 115; vgl BGH 50, 324). Auf die Auflösung sind die §§ 723, 726–728 BGB, §§ 135, 234 I HGB anzuwenden. Im Insolvenzverfahren gilt § 236 (str). **Austauschverträge** (zB Darlehen) können keine stillen GesVerträge darstellen, da es bei ihnen an der Vereinbarung eines gemeinsamen Zwecks (Rz 7) fehlt (BGH BB 54, 174). Gleiches gilt idR für **Franchising**-Verträge (Hamm NZG 00, 1169).

5   **Partiarische Verträge,** bei denen zwar eine erfolgsabhängige Beteiligung, aber keine gemeinsame Zweckverfolgung vereinbart wird, sind nur Austauschverträge iSd §§ 320 ff BGB (aA *Schön* ZGR 93, 211). Der Übergang vom partiarischen Austausch zum GesVerhältnis ist fließend. Für ein stilles GesVerhältnis spricht die Verlustbeteiligung (BGH BB 67, 349), die längere Bindung der Einlage, das Fehlen von Sicherheiten, die Existenz von Mitwirkungs- u intensiven Kontrollrechten (BGH BB 58, 537; NJW 92, 2696; BB 94, 2437; BFH NJW-RR 94, 423 f), die Bezeichnung des Vertrages als Ges; dgg die Festverzinsung, Abtretbarkeit (Dresd NZG 00, 303; Schlesw NZG 00, 1177). **Genußrechte.** Auch hier fehlt typischerweise ein gemeinsamer Zweck (MüHdBGesR II-*Bezzenberger* S 1097).

6   **3. Auf stille Ges anwendbares Recht.** Es gelten, soweit vertragliche Abreden fehlen, die §§ 230–236 HGB, ergänzend die §§ 705 ff BGB. Die Vertragsfreiheit ist nur durch die §§ 233 III, 236, zT durch § 234 eingeschränkt, bei PublikumsGes durch Inhaltskontrolle (Rz 12), nicht aber durch das AGBG (Rz 12).

II. Entstehen der stillen Gesellschaft

7   **1. GesVertrag.** Die stille Ges ist eine InnenGes. Sie entsteht mit dem Abschluß (Rz 12) des GesVertrages iSd § 705 BGB (zum fehlerhaften Vertrag, Rz 15). **a) Gemeinsamer Zweck.** Von Geschäftsinhaber u (mehreren [Rz 9]) Stillen muß gemeinsam die Erzielung von Gewinnen durch eine Förderung des Handelsgewerbes iSd §§ 1–6, 105 II, 161 des Inhabers u mit Hilfe des Handelsgewerbes bezweckt sein. Es ist deshalb notwendig, daß der Geschäftsinhaber im Rahmen seines Handelsunternehmens (Rz 8) mit Gewinnerzielungsabsicht tätig ist. An einer Gewinnerzielungsabsicht fehlt es idR bei einer aufgelösten HandelsGes (§ 131; hM) oder bei ausschließlich ideell tätigen Formkaufleuten (§ 6 II; vgl Rz 8). Ansonsten sind die zum Vertragsschluß führenden Motive irrelevant (vgl § 105 Rz 8). Der Stille darf nach außen in Erscheinung treten (ungenau Kln NJW-RR 96, 28); nicht aber in der Form, daß nach außen die Ges Trägerin des Unternehmens sein soll. Zur ScheinGes § 105 Rz 29. Zur Abgrenzung zu Austauschverträgen vgl auch Rz 5.

8   **b) Handelsgewerbe, HandelsGes.** Der Inhaber muß Träger eines Handelsgewerbes oder als solcher zu behandeln sein (Kln NJW-RR 96, 28). Dabei ist es grds gleichgültig, ob der Inhaber Einzelkaufmann ist oder ob der Inhaber des Unternehmens eine Ges ist. Erforderlich ist ausschließlich, daß das Unternehmen ein Handelsgewerbe iSd §§ 1–6 I, 105 II, 161 betreibt (BGH BB 83, 1515; offengelassen BB 94, 592; abw *Schmidt* GesR § 62 II 1 b, der die Existenz eines Unternehmens fordert

Dritter Abschnitt. Stille Gesellschaft **§ 230**

u genügen läßt). Bei Formkaufleuten (§ 6 II) ist gewerbliche Betätigung nicht erforderlich (BFH DB 83, 1743; BGH BB 94, 592; s Rz 7). Bei Apotheken ist eine stille Beteiligung verboten (§ 8 ApothG), uU auch bei Steuerberatern u Wirtschaftsprüfern (MüHdBGesR II-*Bezzenberger* S 1137 f). Fehlt es an einem Handelsgewerbe oder an der Gewinnerzielungsabsicht (Rz 7), so kann sich eine BGB-Ges in eine stille Ges verwandeln, wenn der Inhaber Kaufmann wird (§ 1 II; Eintragung gem §§ 2, 105 II). Außerdem können bei Nicht-Kaufleuten die §§ 231–233, 234 II (nicht §§ 234 I, 236) analog eingreifen, wenn von einer unmittelbaren oder mittelbaren Beteiligung an einem Unternehmen gesprochen werden kann (*Schl Schmidt* § 335 14; *Blaurock* Handbuch Rz 195).

c) Stiller Gesellschafter, zu dem der Inhaber des Handelsgewerbes **9** bzw der HandelsGes in gesellschaftsvertragliche Beziehungen tritt, kann jeder Träger von Rechten u Pflichten sein, auch eine Erbengemeinschaft oder BGB-Ges (Düss DB 94, 2490). Eine das Handelsgewerbe betreibende Ges (Inhaberin) darf mit ihren Gesellschaftern zusätzlich stille GesVerträge abschließen; dann stehen das GesVerhältnis der Gesellschafter der Inhaberin untereinander u das GesVerhältnis Inhaberin-Stiller nebeneinander. Es können bei einem Unternehmen gleichzeitig mehrere stille Ges existieren (BGH NJW 72, 338; 95, 1355; s Rz 17), die ihrerseits untereinander koordiniert sein können (zB Beirat; BGB-Ges mit Prozeßstandschaft [BGH NJW 95, 1355]). Denkbar ist ferner eine **mehrgliedrige stille Ges,** in der mehrere Stille sich zusammen mit dem Inhaber in einem GesVerhältnis befinden (BGH BB 94, 592; *Schmidt* DB 76, 1705), oder der Zusammenschluß mehrerer Stiller zu einer BGB-Ges (BGH NJW 98, 1946; Düss DB 94, 2489 ff).

d) Der Stille **muß** sich mit einer zumindest bestimmbaren **Vermö- 10 genseinlage** beteiligen, dh grds mit einem auf den Geschäftsinhaber voll (Rz 17) oder zumindest zu Bruchteilseigentum zu übertragenden oder ihm zu belassenden (Rz 16) Vermögenswert, der wie bei der KG (§ 171 Rz 4) nicht bilanzfähig sein muß (BGH NZG 98, 342 [kostenfreie Gebrauchsüberlassung]; BGH NJW 88, 3232; BGH BB 66, 53; einschr BGHZ 7, 181 [erbrachte Dienstleistung]; *StZutt* § 230 14 mNachw; str). Es genügen die „Einbuchung" (hM) oder sonstige Formen der Zuwendung (s Rz 14) sowie sämtliche Arten der Erfüllung, zB auch Aufrechnung. Die Einlagepflicht kann vom Inhaber nachträglich ganz erlassen werden (vgl § 136 InsO; Weimar ZIP 93, 1510; aA *StZutt* § 232 35 [hM]).

e) Ferner stellt die (begrenzte) **Beteiligung** des Stillen **am Bilanz- 11 gewinn** des gesamten oder eines Teils (BFHE 115, 521) des Handelsunternehmens, nicht aber bloß am Gewinn eines einzelnen Geschäfts (BGH BB 64, 12) ein unverzichtbares Wesensmerkmal dar (§ 231 Rz 2; BGH LM 8 zu § 139 BGB; BB 76, 1030 f; § 231 Rz 2). **f)** Die stille Ges wird als reine InnenGes nicht in das **Handelsregister** eingetragen.

Koller

§ 230 Zweites Buch. Handelsgesellschaften u. stille Gesellschaft

12 **2. Abschluß des GesVertrages.** Es gelten, auch in Hinblick auf die cic (insbes Aufklärungspflichten; Kln BB 95, 2025), grds dieselben Regeln wie beim Abschluß eines OHG-Vertrages (§ 105 Rz 5 ff). Das AGBG ist grds unanwendbar (§ 23 I AGBG; BGH BB 94, 2438 f; abw *Basedow* Anm LM 13 zu § 23 AGBG bei „Verbrauchern"); die für eine Vielzahl von stillen Gesellschaftern vorformulierten GesVerträge unterliegen jedoch der Inhaltskontrolle (BGH BB 01, 279). Ist eine OHG/KG Inhaberin des Handelsgewerbes, so können ihre Organe gem §§ 125, 126, 161 II einen stillen GesVertrag abschließen, grds selbst wenn der Vertrag für sie ein außergewöhnliches Geschäft iSd §§ 116, 164 darstellt oder ein Minderjähriger an der OHG/KG beteiligt ist (hM; BGH NJW 71, 375; DB 79, 644 f; beachte § 126 Rz 2, 3). Dort, wo dem Stillen Einfluß auf die Geschäftsführung bei der OHG/KG eingeräumt werden soll, liegt jedoch ein Grundlagengeschäft vor (weiter *SchlSchmidt* § 126 11: auch Vermögensbeteiligung), das die Vertretungsmacht der OHG/KG-Organe überschreitet (§ 126 Rz 2; aA *Grunewald* GesR S 154). Bei der **AG** unterfällt die stille GesVertrag § 292 I 2 AktG, so daß er der Form des § 293 AktG u der Zustimmung der Hauptversammlung bedarf (Celle AG 00, 280; Stgt OLGR 99, 286; hM); bei der **GmbH** greifen die §§ 291 ff AktG nicht analog ein u ist eine Ermächtigung iSd §§ 53 II, 54 GmbHG erst dann erforderlich, wenn der Gewinn weitgehend an den Stillen abfließen oder dieser schuldrechtlich am Vermögen der GmbH beteiligt werden soll oder ihm Mitverwaltungsrechte eingeräumt werden sollen, wie sie ein Kommanditist besitzt (hM; vgl *Jebens* BB 96, 703; abw *Mertens* AG 00, 33 ff; *Schmidt-Ott* GmbHR 01, 182 m Nachw z Streitstand).

13 Bei Verträgen mit **nicht (voll) Geschäftsfähigen** greifen die §§ 104 ff BGB ein. Der schenkweise (§ 516 BGB) Erwerb einer typischen stillen Beteiligung ohne Verlustbeteiligung durch beschränkt Geschäftsfähige ist gem § 107 BGB wirksam (EBJ*Gehrlein* § 230 26 [hM]; aA BFH BStBL II 1974, 290). Ansonsten bedarf er immer der Zustimmung des ges Vertreter, bei Verträgen mit einem ges Vertreter wg § 181 der Zustimmung eines Ergänzungspflegers (§§ 1629, 1795). Die Genehmigung des Vormundschaftsgerichts gem § 1822 Nr 3 BGB ist grds notwendig (aA EBJ*Gehrlein* § 230 27 m Nachw). Sie erübrigt sich, wenn der Stille die Beteiligung unentgeltlich erhält, nicht am Verlust beteiligt ist u außerdem nicht zur Geschäftsführung sowie Einlageerhöhung verpflichtet ist (BGH NJW 57, 672; str). In den anderen Fällen bedarf es einer vormundschaftsgerichtlichen Prüfung, da auch bei stillen Ges erhebliche Risiken bestehen können (*StZutt* § 230 65). Beachte auch §§ 1807 ff, 1821, 1822 Nr 5 BGB, ferner das außerordentliche Kündigungsrecht gem § 723 I 3 BGB u die Haftungsbegrenzung (§ 1629 a BGB).

14 **Formbedürftigkeit.** Es gelten im wesentlichen die zur OHG/KG entwickelten Grundsätze (§ 105 Rz 6; § 161 Rz 5, 7). Der GesVertrag ist auch formbedürftig, wenn eine Verpflichtung begründet wird, bei Auflösung der Ges Grundstücke zu veräußern (RG 166, 165). Der wirtschaftliche Zwang hierzu genügt, wenn er bei Vertragsschluß als unausweichlich erkennbar ist (vgl *PalHeinrichs* BGB, § 313 13). Wie bei der OHG/KG wird die Formnichtigkeit der Schenkung einer Beteiligung als stiller Gesellschafter gem § 518 II BGB jedenfalls durch Zuwendung der Einlage, zB in Form der Einbuchung, geheilt (hL; aA BGH NJW 52, 1412; 53, 139), weil mit der Einbuchung ein Verzicht (§ 397 BGB) auf die Leistung der Einlage verbunden ist, der der Zahlung der Einlage gleichsteht (*BrandnerBergmann* FS Sigle [2000], S 332). Eine Heilung durch Zuwendung des Anteils bzw Einbuchung ist jedenfalls bei atypischen stillen Ges denkbar, bei der die Stille auf diese Weise Mitspracherechte und nicht bloß Ansprüche erhält (*Schmidt* GesR, § 62 III 1). Keine Beteiligung, sondern die Einlage wird wirksam geschenkt, wenn der Inhaber eine GmbH ist u ein GmbH-Gesellschafter dem Stillen die Einlage durch Umbuchung seines Guthabens bei der GmbH schenkt (Düss NZG 99, 652). Soweit Gewinne ausbezahlt werden, ist in Hinblick auf diese Gewinne § 518 II BGB zu beachten. Zur Form bei der stillen Ges mit einer AG oder GmbH s Rz 12.

3. Unwirksame GesVerträge. Dem BGH zufolge finden die allg 15 Grundsätze der fehlerhaften Ges (§ 105 Rz 25) auch auf die stille Ges entspr Anwendung (BGH NJW 93, 2107 [hM]; einschr *SchlSchmidt* § 335 111; *Goette* DStR 96, 269). Die Lösung von der fehlerhaften Ges erfolgt gem § 723 I 2 BGB (§ 234 Rz 3; Celle AG 00, 281), bei mehrgliedrigen stillen Ges (Rz 9) auch durch Austritt (§ 105 Rz 27 f). Der Stille ist auch vor Auseinandersetzung nicht gehindert, gg den Inhaber als seinen Mitgesellschafter nach allg Regeln Ersatzansprüche zu erheben (§ 105 Rz 27; unklar BGH NJW 93, 2108).

4. Atypische stille Ges als PublikumsGes. Die Regeln der als KG organisierten PublikumsGes (§ 161 Rz 7) sind entspr anzuwenden (Rz 1, 9, 12, 17 [BGH BB 01, 279]) insbes auch die Regeln über die Haftung (§ 161 Rz 7; Hmbg NZG 00, 1084).

III. Rechte und Pflichten

1. Der stille Gesellschafter hat die versprochene **Einlage** (näher 16 Rz 10) und/oder weitere Beiträge zu leisten (vgl § 105 Rz 31). Die Parteien können die Einlage frei bewerten (BGH 7, 178; beachte § 518 BGB [Rz 14]). IZw ist der objektive Verkehrswert maßgeblich. Die Einlage kann auch in der Weise erbracht werden, daß sie der Stille vom Inhaber geschenkt erhält (eingebucht wird), dh daß der Stille vertragsgemäß so zu behandeln ist, als ob er Werte übertragen hätte. Zur Form, Rz 14. Der Anspruch auf Einlage kann von Gläubigern des Inhabers gepfändet werden. Da auch die stille Ges eine Ges ist, gelten die **Leistungsstörungs- und Gewährleistungsregeln** der OHG/KG (§ 105 Rz 31 f). An die Stelle der bei der OHG/KG anzuwendenden §§ 133, 140 treten die §§ 234 I 2 HGB, 723, 737 BGB. Der Stille unterliegt ebenfalls der **Treuepflicht** (BGH 4, 367; näher § 105

§ 230 Zweites Buch. Handelsgesellschaften u. stille Gesellschaft

Rz 35), auch ggüber anderen Stillen, falls mehrere stille GesVerträge aufeinander bezogen sind (vgl BGH BB 80, 958; Rz 9). Allerdings ist diese wg der lockereren Bindung nicht so intensiv wie bei der OHG. Haftungsmaßstab, § 105 Rz 37. Der Stille hat wie ein Kommanditist (§ 165 Rz 3) **Wettbewerb** zu unterlassen. Dem Stillen steht nach dispositivem Recht kein Recht zur **Geschäftsführung** oder deren Beeinflussung (zB Widerspruchsrecht analog § 164 [s Rz 20]; einschr *SchlSchmidt* § 335 69) zu. § 110 HGB sowie die §§ 713, 670 BGB sind unanwendbar (str). Zur Haftungsbegrenzung volljährig Gewordener s § 1629 a BGB.

17   Die Parteien können (konkludent) **Abweichendes vereinbaren**, zB wie bei einem Kommanditisten Widerspruchs-, Zustimmungs-, Weisungsrechte begründen. Bei mehreren Stillen können Beschlußorgane (vgl § 114 Rz 4) gebildet u Ansprüche mittels einer zwischengeschalteten BGB-Ges gebündelt (Rz 9) werden. Die Parteien können den Stillen im Rahmen des ges Zulässigen (§ 114 Rz 5) Geschäftsführungsbefugnisse beim Inhaber übertragen. Auf derartige Geschäftsführungsbefugnisse sind die §§ 115 I, 116 ff HGB, 712, 713 BGB analog anzuwenden. Zur PublikumsGes (§ 161 Rz 3) s Rz 1, 9; *Reusch* Die stille Ges als PublikumspersonenGes (1989), S 108 ff. Es können auch vertraglich Rechte zur Vertretung des Inhabers in Form der §§ 167 BGB, 48, 54 HGB begründet werden, sofern diese zumindest aus wichtigem Grund widerruflich sind.

18   Zum **Informationsrecht** § 233. Die stille Ges erwirbt als solche weder **Eigentum** noch **Besitz**. Eigentümer u Besitzer des Geschäftsvermögens ist bei der typischen stillen Ges grds ausschließlich der Inhaber des Handelsgeschäfts (Rz 10). Die Parteien können schuldrechtlich vereinbaren, den Stillen so zu stellen, als ob das Geschäftsvermögen einschließl des Anlagevermögens des Handelsgewerbes gemeinsames Gesamthandsvermögen wäre, oder Bruchteilseigentum (§§ 1008, 741 ff BGB) zu begründen. Der Stille wird auf diese Weise an der Wertsteigerung des Geschäftsvermögens (stille sowie offene Reserven) beteiligt. Die dem Stillen zustehenden nicht-vermögensrechtlichen Rechte sind isoliert nicht übertragbar (Abspaltungsverbot; vgl § 109 Rz 3).

19   Die **Geschäftsschulden** treffen allein den Inhaber (BGH BB 64, 327). Der Stille hat für sie allenfalls mittelbar im Rahmen der §§ 231 f, 236 einzustehen. Eine Ausnahme bilden die Fälle, in denen der Stille eine Bürgschaft etc übernommen hatte, in der er einen Rechtsschein zurechenbar gesetzt hatte (vgl § 15 Rz 36 ff), zB er sei der Inhaber bzw an der InhaberGes als Komplementär oder Kommanditist beteiligt (§ 105 Rz 29; § 171 Rz 10), in denen § 826 BGB eingreift, Rechtsmißbrauch (vgl § 170 Rz 10) oder ein Konzernfall vorliegt (vgl § 105 Rz 36) oder die Regeln der eigenkapitalersetzenden Leistung zum Tragen kommen (§ 172 a Rz 11; § 236 Rz 4).

Dritter Abschnitt. Stille Gesellschaft § 230

2. Der Inhaber des Handelsgeschäfts besitzt einen Anspruch auf 20 **Einlage,** der abtretbar ist. Ihm steht unentziehbar (§ 117 ist nicht analog anwendbar) die Geschäftsführungsbefugnis im Rahmen seines Unternehmens zu (näher Rz 17). Seine Aufwendungen kann er nicht analog § 110 ersetzt verlangen. Der Inhaber ist wie der Stille der **Treuepflicht** (§ 105 Rz 35) unterworfen (Verstoß, Rz 22). Vor allem hat er die Einlage bestimmungsgemäß zu verwenden (BGH NJW 88, 414) und das Handelsgeschäft so zu führen, wie dies dem gemeinsamen Interesse entspricht (BGH NJW 95, 1354); er darf deshalb insbes nicht (mittelbar) auf eigene Rechnung Geschäfte machen, durch die er abstrakt in Wettbewerb zum Handelsgewerbe tritt, auf das der stille GesVertrag bezogen worden ist. § 113 ist unanwendbar (BGH DB 84, 495; str bei atypischer Ges). Bei dem Betrieb des Handelsgewerbes besitzt er einen weiten Beurteilungsspielraum, der vertraglich eingeschränkt sein kann. Er darf keine unangemessenen Privatentnahmen vornehmen oder unangemessene Aufwendungen tätigen (BGH NJW 95, 1355). Das Handelsgeschäft darf er ungeachtet der Wirksamkeit im Verhältnis zu Dritten nur mit Zustimmung des Stillen, die dieser im Rahmen der Treuepflicht (Rz 16) zu erteilen hat, wesentlich **einschränken, erweitern, veräußern oder sonst wesentlich ändern** (einschr *StZutt* § 230 88).

Der Stille kann nachträglich genehmigen, zB durch Forderung der 21 Gewinnbeteiligung. Wird das Handelsgeschäft veräußert, so handelt es sich in Hinblick auf das stille GesVerhältnis um eine Vertragsübernahme, wenn der Erwerber das stille GesVerhältnis fortführen will. Erfolgte die Veräußerung ohne Zustimmung des Stillen, so wird man wg des mitgliedschaftsrechtlichen Charakters der Beteiligung einen automatischen Übergang der aus der stillen Ges entspringenden Rechte u Pflichten auf den Erwerber verneinen müssen (*SchlSchmidt* § 339 45; *Blaurock* Handbuch, Rz 601). Obwohl die gesellschaftsrechtlichen Pflichten u Rechte aus den §§ 230 ff im Verhältnis Altinhaber-Stiller fortbestehen, haftet der das Geschäft Fortführende im Rahmen des § 25 in Hinblick auf die von der Mitgliedschaft abspaltbaren Ansprüche (§ 717 S 2 BGB, zB Gewinn). Mit dieser Einschränkung wird man auch § 28 heranziehen können. Auf § 28 kann jedoch nicht der Übergang des stillen GesVerhältnisses auf die OHG/KG gestützt werden, in die der Inhaber sein Handelsgeschäft eingebracht hatte. Hat der Stille der Aufnahme Dritter im GesVertrag zugestimmt, so liegt hierin ein bindendes Angebot zur Vertragsübernahme. Wird das Inhaberunternehmen im Rahmen einer Fusion (zB §§ 339, 354 ff AktG), nach Maßgabe des UmwG oder gem bzw analog § 140 I 2 umgewandelt, so ist der übernehmende Rechtsträger auch ohne Zustimmung des Stillen Gesamtrechtsnachfolger des früheren Inhabers; das GesVerhältnis geht über (hM). Ggf kann der Stille gem § 234 kündigen. Zur Verschmelzung Bonn EWiR 01, 445. Der **Gesellschafterwechsel** bei der InhaberGes kann allenfalls eine Kündigung iSd § 234 I 1 rechtfertigen.

§ 230 Zweites Buch. Handelsgesellschaften u. stille Gesellschaft

22 Der Stille braucht das Ergebnis von Geschäften, zu denen der Inhaber nicht berechtigt war, nicht gg sich gelten zu lassen (BGH NJW 88, 414; NJW 95, 1354), wenn er sich unverzüglich darauf beruft. Außerdem macht sich der Inhaber, der **treuwidrig Geschäfte** abschließt oder abzuschließen unterläßt bzw das Handelsgeschäft ohne Zustimmung des Stillen wesentlich ändert oder veräußert, wg pFV **schadensersatzpflichtig** (BGH NJW 88, 414 f). Die Ersatzleistung erfolgt grds in Form der Naturalrestitution (§ 249 S 1 BGB: Rückgängigmachung); sie gebührt dem Stillen, soweit die Vermögensbindung keine Rolle spielt (BGH NJW 95, 1356). Haftungsmaßstab s § 105 Rz 37. Sind mehrere Stille beteiligt (Rz 9), so steht einem Stillen grds nicht die actio pro socio für die anderen Stillen zu, wohl aber uU Prozeßstandschaft (BGH NJW 95, 1355). Die §§ 128 ff, 171 ff greifen ein, falls Inhaberin eine OHG/KG ist (BGH LM 7 zu § 128). Bei einer GmbH & Still kann der GmbH-Geschäftsführer den Stillen haften (§ 172 a Rz 21). § 140 ist nicht analog anwendbar, wohl aber uU § 234 S 2.

23 **3. Die stille Ges ist als solche nicht rechtsfähig.** Sie ist weder Trägerin von Rechten noch von Pflichten. Sie ist daher auch im Prozeß weder parteifähig noch mangels Vermögens trotz des § 11 II Nr 1 InsO konkursfähig. Nach außen handelt ausschließlich der Inhaber des Handelsgeschäfts im eigenen Namen, der dadurch allein zum Träger der Rechte (insbes des Vermögens) u der Pflichten wird (Ausnahme: Rz 10, 19). Der Name des Stillen darf deshalb nicht in der Firma des Inhabers erscheinen (BGH DB 64, 476).

IV. Änderungen des GesVertrages, der GesAktivitäten

24 **1. Änderungen des GesVertrages.** Insoweit gelten die allg Regeln über den Vertragsschluß (Rz 12; s auch § 105 Rz 40).
2. Änderung der GesAktivitäten. Die gesetzestypische stille Ges als solche entfaltet keine Aktivitäten. Deshalb kommt nur eine Änderung im Rahmen des Handelsgewerbes oder der personellen Zusammensetzung des Inhabers in Betracht. Insoweit hat der Inhaber die oben (Rz 21) genannten Schranken zu beachten. Zu beachten ist, daß die stille Ges zur BGB-Ges wird, wenn die Kaufmannseigenschaft (§§ 1–6) des Inhabers verlorengeht (§ 234 Rz 5).
3. Wegfall der Geschäftsgrundlage. Siehe § 105 Rz 45.

V. Übertragung, Belastung, Vererbung von Gesellschafterrechten

25 Ohne Zustimmung der anderen Vertragspartei(en) sind nur der Anspruch auf Einlage sowie die in § 717 S 2 BGB genannten Rechte **übertragbar.** Mit Zustimmung des Inhabers, ggf der anderen Stillen (Rz 9), kann auch die stille Beteiligung als solche (aA *SoeHadding* § 705 46: Bündel von Rechten u Pflichten; Vertragsübernahme), auch teilweise, übertragen werden (vgl § 105 Rz 50). **Vererbung,** s § 234

Dritter Abschnitt. Stille Gesellschaft **§ 231**

Rz 7 ff. Der GesAnteil geht ferner bei Umwandlung nach Maßgabe des UmwG über. Die **Belastung** (zB Verpfändung [vgl § 105 Rz 53]; Nießbrauch [vgl § 105 Rz 22]) ist in Hinblick auf Rechte iSd § 717 S 2 BGB immer zulässig, weitergehend nur, soweit der andere Teil zugestimmt hat. Der **Nießbraucher** am GesAnteil übt neben dem Stillen die diesem zustehenden Kontrollrechte (§ 233) aus; er erwirbt die dem Stillen zustehenden Geschäftsführungsrechte beim Inhaber, soweit dies zur Interessensicherung erforderlich ist, nicht aber ein Verfügungsrecht über den Bestand der stillen Ges. Gewinne, §§ 1068, 1030 BGB, soweit diese entnahmefähig sind. Der Auseinandersetzungsanspruch (§ 235) steht dem Stillen zu; § 1079 BGB ist analog heranzuziehen. Im Fall der **Verpfändung** umfaßt das Pfandrecht nur die Vermögensrechte, während die Verwaltungsrechte des Stillen bei diesem verbleiben (sehr str). Bei Pfandreife muß der Pfandgläubiger gem § 1277 BGB vorgehen. Die Beteiligung des Stillen kann auch ohne Zustimmung des Inhabers gem §§ 859 I, 857 ZPO (str), die Rechte iSd § 717 S 2 BGB können gem § 851 ZPO **gepfändet** werden (vgl § 135 Rz 2).

VI. Beendigung

Siehe § 234 Rz 1 ff. 26

VII. Unterbeteiligung

Siehe o Rz 4. Die UnterbeteiligungsGes ist ebensowenig wie die 27 stille Ges Träger von Rechten u Pflichten. Beiträge des Unterbeteiligten sind daher an den Hauptbeteiligten zu leisten.

§ 231 [Gewinn und Verlust]

(1) **Ist der Anteil des stillen Gesellschafters am Gewinn und Verluste nicht bestimmt, so gilt ein den Umständen nach angemessener Anteil als bedungen.**

(2) **Im Gesellschaftsvertrage kann bestimmt werden, daß der stille Gesellschafter nicht am Verluste beteiligt sein soll; seine Beteiligung am Gewinne kann nicht ausgeschlossen werden.**

1. Zweck. Der dispositive § 231 regelt nur die Gewinn- u Verlust- 1 verteilung im Rahmen der stillen Ges, nicht die Gewinn- u Verlustermittlung im Rahmen des Handelsgeschäfts (§ 230 Rz 8) des Inhabers (dazu Erl zu § 232). Für die *Unterbeteiligung* (§ 230 Rz 4) gilt § 231 analog.

2. Gewinnanteil. a) Die Höhe des Gewinnanteils ergibt sich primär 2 aus dem **GesVertrag.** Insoweit herrscht im Rahmen des § 138 BGB Vertragsfreiheit (zur Inhaltskontrolle § 230 Rz 12). Die Gesellschafter können sich daher insbes auf einen prozentualen Gewinn, einen Gewinn im Verhältnis der Einlage (§ 230 Rz 10) zu dem Eigenkapital des Geschäftsinhabers (iZw bei Vertragsschluß), auf einen festen Gewinnvoraus (ohne daß § 609 a BGB eingreift) einigen (vgl § 105 Rz 7). Die Auslegungsregel des § 722 II BGB ist zu beachten (BGH BB 60, 14). Bei unangemessen hoher Gewinnbeteiligung kann § 518 BGB (§ 230 Rz 14) eingreifen. Zulässig ist es auch, die Gewinnbeteiligung des Stillen auszuschließen. § 231 II 2 steht nicht entgegen. Das Rechtsverhältnis ist dann allerdings nicht mehr als stille Ges, sondern als BGB-Ges (§ 705 BGB) oder Darlehen zu qualifizieren. Gleiches gilt bei einer vom Bilanzgewinn des Inhabers völlig unabhängigen Vergütung (zB Zinsen, reine Umsatzbeteiligung, § 230 Rz 11), selbst wenn praktisch nur Verluste zu erwarten sind. Soll eine Umsatzbeteiligung allerdings nur dann anfallen, wenn das Handelsgeschäft ein positives Geschäftsergebnis erzielt hat, so liegt eine Gewinnbeteiligung vor.

3   **b) Mangels jeglicher Vereinbarung** ist die Quote des Stillen unter Berücksichtigung aller Umstände angemessen festzusetzen. Bei den atypischen stillen Ges liegt eine Parallele zu § 168 II nahe. Die §§ 315, 316, 722 I BGB greifen nicht ein, da § 231 lex specialis ist. **c) Berechnung, Auszahlung** s § 232.

4   **3. Verlustbeteiligung. a) Vereinbarung.** Vgl Erl Rz 2, die hier entspr gelten. Mangels Vereinbarung (Beweislast: wer sich auf Vereinbarung beruft) greift § 232 ein. Nachschüsse, § 232 Rz 8. Die Verlustbeteiligung des Stillen kann (Insolvenzverfahren s § 236) gänzlich ausgeschlossen werden. Dies ist nicht schon deshalb zu bejahen, weil die Parteien nur Gewinnabreden getroffen haben (§ 722 II BGB; BGH NJW 92, 2697; Brdbg NJW-RR 96, 157) oder weil der Stille beim Ausscheiden seine Einlage zurückerhalten soll, wohl aber bei Vereinbarung eines Mindestgewinns. Der Stille, der seine Einlage an Erfüllungs Statt (§ 364 I BGB) in Form von Diensten oder Gebrauchsüberlassungen leisten darf, vereinbart damit keinen Verlustausschluß (hM). Besteht nur die Verpflichtung zur Leistung von Diensten etc, so fehlt es an einer stillen Ges (§ 230 Rz 10; str). **b)** Die Parteien, die **keine Verlustregelung** getroffen haben, haben sich Bilanzverluste angemessen zu teilen. Es gilt § 722 II BGB (BGH BB 60, 14).

§ 232 [Gewinn- und Verlustrechnung]

(1) **Am Schlusse jedes Geschäftsjahrs wird der Gewinn und Verlust berechnet und der auf den stillen Gesellschafter fallende Gewinn ihm ausbezahlt.**

(2) [1]**Der stille Gesellschafter nimmt an dem Verluste nur bis zum Betrage seiner eingezahlten oder rückständigen Einlage teil.** [2]**Er ist nicht verpflichtet, den bezogenen Gewinn wegen späterer Verluste zurückzuzahlen; jedoch wird, solange seine Einlage durch Verlust vermindert ist, der jährliche Gewinn zur Deckung des Verlustes verwendet.**

Dritter Abschnitt. Stille Gesellschaft § 232

(3) **Der Gewinn, welcher von dem stillen Gesellschafter nicht erhoben wird, vermehrt dessen Einlage nicht, sofern nicht ein anderes vereinbart ist.**

1. Gewinn-, Verlustermittlung. a) Primär ist die **Vereinbarung** 1 unter den Parteien maßgeblich (OLG Bambg DStR 95, 1843 [*Goette*]). Eine konkludente Vereinbarung kann zu bejahen sein, wenn dem Stillen die Art der Rechnungslegung beim Inhaber bekannt war oder wiederholt einvernehmlich in bestimmter Weise verfahren worden ist. Daraus folgt nicht ohne weiteres, daß die übliche Gewinnermittlung beim Inhaber selbst dort maßgeblich sein soll, wo Willkürreserven oder Reserven iSd § 253 IV gebildet wurden. Entlastung, § 120 Rz 2.

b) Fehlende Vereinbarung. aa) Bilanz. Die Grundlage der Ge- 2 winn- u Verlustermittlung ist iZw die Handelsbilanz des Inhabers (§§ 238 ff).

bb) Zur Gewinn-Verlustrechnung wird der Jahresabschluß bzw 3 die Abrechnung des Inhabers an die bes Verhältnisse der **typischen** stillen Ges so angepaßt, daß sie das Betriebsergebnis des Handelsgewerbes widerspiegelt (BGH BB 60, 14 f; hM; aA *Huber* Vermögensteil, S 317). Deshalb sind **in dieser Abrechnung mit dem Stillen** Aufwendungen u Erträge des Inhabers *nicht* zu berücksichtigen, die nicht durch den **Geschäftsbetrieb** des Inhabers verursacht worden sind, zB Privatgeschäfte; idR Veräußerung des ganzen Handelsgeschäfts oder Teilen davon; grds auch Veräußerung von Anlagevermögen, das nicht regelmäßig ausgetauscht wird (aA MüHdBGesRII-*Bezzenberger* S 1224); ferner Aufwendungen infolge von Fehlverhalten des Inhabers (BGH NJW 95, 1354), *wohl* aber sind zu berücksichtigen Forderungsverzichte von Gläubigern bei Sanierung (hM) oder die Veräußerung von Anlagevermögen, das regelmäßig erneuert wird (EBJ*Gehrlein* § 232 13); Mehrwerte, die durch Einsatz von Mitteln des Geschäftsbetriebs (RG 120, 411) bzw der Einlage des Stillen geschaffen wurden; die Auflösung stiller **Reserven** und **Rücklagen,** wenn u soweit ihre Bildung durch den Inhaber zu Lasten des Gewinnanteils des Stillen gegangen ist (*StZutt* § 232 11 [nicht stille Reserven durch bloße Marktpreissteigerung]; aA: MüHdBGesRII-*Bezzenberger* S 1225). Planmäßige u außerplanmäßige **Abschreibungen** im Rahmen der §§ 253 II, III (nicht § 253 IV; *StZutt* § 232 10; enger MüHdBGesRII-*Bezzenberger* S 1233; *Blaurock* Handbuch, Rz 870) sowie kaufmännisch gebotene Rückstellungen muß der Stille bis zu ihrer Auflösung (s o) gg sich gelten lassen. Ansonsten gehen Rücklagen nicht zu Lasten des Stillen u sind als positives Betriebsergebnis zu berücksichtigen.

Eine **Tätigkeitsvergütung** zugunsten der Gesellschafter oder Ge- 4 schäftsführer des Inhabers darf iZw nicht betriebsergebnismindernd angesetzt werden; wenn die Berücksichtigung vereinbart ist, nur soweit sie angemessen ist. Bei der stillen PublikumsGes gilt § 87 AktG analog. Die beim Geschäftsinhaber persönlich bzw bei dessen Gesellschaftern anfallenden **Ertrags- und Vermögenssteuern** (zB Einkommensteu-

§ 232

Zweites Buch. Handelsgesellschaften u. stille Gesellschaft

er; bei der GmbH mit Ausnahme der auf nicht ausgeschüttete Gewinne entfallenden Steuer) bleiben in der Abrechnung mit dem Stillen außer Betracht (gewinnmindernd anzusetzen sind deshalb zB Umsatz-, Gewerbe-, Grundsteuer [*StZutt* § 232 16]). **Verlust- und Gewinnvorträge** des Inhabers aus der Zeit vor Abschluß der stillen Ges sind aus der Abrechnung mit dem Stillen auszuklammern.

Ist das auf diese Weise berechnete Betriebsergebnis positiv, so entfällt auf den Stillen ein Gewinn; ist es negativ, so entfällt auf ihn ein Verlustanteil. Die Pflicht u das Recht zur **Berechnung** trifft allein den Inhaber u ist innerhalb der Frist des § 243 III zu erfüllen. Die Mitteilung der Berechnung stellt ein Schuldanerkenntnis dar (BGH LM 7 zu § 128). Zur Überprüfung s § 233. Bei der **atypischen stillen Ges** (§ 230 Rz 1), bei der der Stille so zu stellen ist, also ob er am Unternehmensvermögen beteiligt sei, ist der Stille in Hinblick auf die Gewinn- u Verlustermittlung wie ein Kommanditist (näher Erl zu § 167) zu behandeln. **c) Gewinn-, Verlustermittlungszeitraum** ist das Geschäftsjahr (§ 242 II) des Inhabers.

5 2. **Einlagenkonto des Stillen.** Es ist vom Inhaber zu führen. Auf diesem Konto sind die Einlagen (§ 230 Rz 10) zu buchen. Die Einbuchung nicht geleisteten Einlagen beweist iZw den Erlaß der Einlagenforderung. Dies steht der Leistung der Einlage gleich (str). Das Konto ist auch mit den Verlusten (Rz 4) zu belasten. Gleiches gilt für Entnahmen, die nicht durch Gewinnansprüche (Rz 4) gedeckt sind. Gewinne sind, solange die Einlage rückständig ist (aA EBJ*Gehrlein* § 232 19: § 387 BGB) oder der Kontostand durch Verluste unter den Betrag der geleisteten Einlage gemindert ist (§ 169 Rz 2) oder wenn sogar ein negatives Einlagenkonto entstanden war (Rz 8), gutzuschreiben (§ 232 II 2; hM). Ist die Einlage nicht gemindert, so dürfen Gewinne nach dispositivem Recht nicht dem Einlagenkonto gutgeschrieben werden (Rz 6; § 167 Rz 2). Häufig werden Verluste auf einem bes **Verlustkonto** verbucht; dies ist rechtlich ohne Relevanz.

6 3. **Auszahlung der Gewinnbeteiligung.** Der dem Stillen gebührende Anteil (§ 231) des Gewinns (oben Rz 4) ist von dem Inhaber an den Stillen auszuzahlen, es sei denn, daß der Gewinn dem Einlagenkonto gutzuschreiben ist (Rz 5). Der Stille kann ferner keine Auszahlung fordern, wenn dies treuewidrig wäre (vgl § 169 Rz 2). Die abtretbare (§ 717 S 2 BGB) Auszahlungsanspruch wird fällig, sobald die Berechnung des Gewinns erfolgt ist oder erfolgt sein sollte (Rz 4). Ist der Inhaber eine OHG/KG, so greifen die §§ 128 ff, 171 ff ein (BGH LM 7 zu § 128). Der Stille kann auf Berechnung u Zahlung sowie Vorlage der Bücher klagen (§ 254 ZPO). Es gelten die §§ 284 ff BGB, wenn der Stille Kaufmann ist, die §§ 352 f HGB. Verjährung, § 195 BGB (BGH NJW 81, 2563). Ein entstandener, auszahlungspflichtiger, stehengelassener Gewinn kann grds (Rz 7) trotz späterer Verluste abgezogen werden u braucht nicht zurückgezahlt zu werden (vgl § 169 Rz 2).

Dritter Abschnitt. Stille Gesellschaft § 233

Hat der stehengelassene Gewinn aber die Qualität von **Eigenkapi-** 7
talersatz (vgl § 172 a Rz 11 ff) erlangt, so kann dem Auszahlungsanspruch die Einwendung der §§ 30 (analog), 32 a GmbHG entgegenstehen; ausgezahlte Gewinne müssen uU zurückgezahlt werden. Dies setzt voraus, daß der Stille zugleich an einer InhaberGes beteiligt ist, auf die die Regeln der eigenkapitalersetzenden Leistungen anzuwenden sind, oder daß der Stille an einer als GmbH oder KG iSd § 172 a organisierten InhaberGes Mitwirkungsrechte wie ein GmbH-Gesellschafter oder Kommanditist besitzt. Analog § 32 a III 2 GmbHG muß der Stille außerdem in der InhaberGes Geschäftsführungsbefugnisse besitzen oder an der InhaberGes bzw wirtschaftlich an dem Handelsgewerbe der InhaberGes mit mehr als 10% beteiligt sein (Indizien: mehr als 10% des Gewinns, mehr als 10% der Stimmrechte). Einzelheiten: § 172 a Rz 14, 17 f, 31 ff. Zum Insolvenzverfahren s § 236. Im Fall eines zu Unrecht ausgezahlten Gewinns greifen die §§ 812 ff BGB, nicht aber § 172 V ein.

4. Verlustbeteiligung. Der Stille nimmt an dem auf ihn entfallen- 8
den Verlust (§ 231 Rz 4; § 232 Rz 4), der auf dem Einlagenkonto (Rz 5) zu verbuchen ist, auch dann teil, wenn die Einlage bereits durch Verluste aufgezehrt ist. Die Verlustzuweisungen stellen keine Forderungen dar (KG NZG 99, 23). Das Einlagenkonto wird negativ (zu späteren Gewinnen Rz 5), ohne daß eine Pflicht zur Erbringung zusätzlicher Einlagen oder zum Stehenlassen bezogener Gewinne (Rz 6) entsteht (§ 707 BGB). Gläubiger des Inhabers können daher nur auf noch offene Einlageforderungen zugreifen (s auch § 236).

5. Unterbeteiligung. Für die Gewinn- u Verlustermittlung ist aus- 9
schließlich der Gewinn- bzw Verlustanteil des Hauptgesellschafters maßgebend, wozu iZw auch gewinnunabhängige Einkünfte aus dem Anteil gehören, für die keine bes Gegenleistung erbracht wird (zB Verzinsung des Kapitalkontos, nicht eines echten Darlehenskontos [§ 120 Rz 6]).

§ 233 [Kontrollrecht des stillen Gesellschafters]

(1) **Der stille Gesellschafter ist berechtigt, die abschriftliche Mitteilung des Jahresabschlusses zu verlangen und dessen Richtigkeit unter Einsicht der Bücher und Papiere zu prüfen.**

(2) **Die in § 716 des Bürgerlichen Gesetzbuchs dem von der Geschäftsführung ausgeschlossenen Gesellschafter eingeräumten weiteren Rechte stehen dem stillen Gesellschafter nicht zu.**

(3) **Auf Antrag des stillen Gesellschafters kann das Gericht, wenn wichtige Gründe vorliegen, die Mitteilung einer Bilanz und eines Jahresabschlusses oder sonstiger Aufklärungen sowie die Vorlegung der Bücher und Papiere jederzeit anordnen.**

1. Allgemeines. § 233 entspricht § 166 (BGH NJW 84, 2470). Es 1
kann daher auf die Erl zu § 166 verwiesen werden. Im Rahmen des

§ 233 tritt an die Stelle der KG der Inhaber (bei OHG, KG ist § 128 anwendbar).

2 **2. Besonderheiten.** Da es sich bei der stillen Ges nicht um eine HandelsGes handelt, verweist § 233 II nicht wie § 166 II auf § 118 HGB, sondern auf § 716 BGB, ohne daß sich dadurch sachlich etwas ändert. Dem Stillen steht in Parallele zur Position des Kommanditisten ein Recht auf ergänzende Auskünfte zu, soweit er sie zur Kontrolle des Jahresabschlusses oder zur Beurteilung strukturändernder Geschäfte (§ 230 Rz 20) benötigt. Ebenso wie im Rahmen des § 166 bedarf es insoweit keines wichtigen Grundes (aA *Kort* DStR 97, 1375). Existiert bei der stillen Ges ein Beirat oder dgl, so erwirbt iZw auch dieses Gremium das Recht auf Informationen, die es zur Erfüllung seiner Aufgaben benötigt (Düss WM 85, 873). Mit der Auflösung der Ges (§ 234) greifen nur mehr die §§ 810, 242 BGB ein (vgl § 118 Rz 2)

3 **3. GesVertrag.** § 233 III ist wie § 166 III unabdingbar. Ansonsten ist § 233 grds abdingbar. Das Einsichtsrecht kann jedoch nicht gänzlich ausgeschlossen werden, wenn der Charakter als stille Ges beibehalten werden soll (§ 230 Rz 5). Allg gilt, daß iZw entspr einer atypisch gesteigerten Beteiligung des Stillen (zB schuldrechtlich am Geschäftsvermögen) auch die Informations- u Kontrollrechte steigen, damit der Stille seine Befugnisse sachgerecht wahrnehmen kann. Zur Kontrolle durch Beiräte etc s § 166 Rz 7.

4. Unterbeteiligung. Siehe § 230 Rz 4.

§ 234 [Kündigung der Gesellschaft; Tod des stillen Gesellschafters]

(1) ¹**Auf die Kündigung der Gesellschaft durch einen der Gesellschafter oder durch einen Gläubiger des stillen Gesellschafters finden die Vorschriften der §§ 132, 134 und 135 entsprechende Anwendung.** ²**Die Vorschriften des § 723 des Bürgerlichen Gesetzbuchs über das Recht, die Gesellschaft aus wichtigen Gründen ohne Einhaltung einer Frist zu kündigen, bleiben unberührt.**

(2) **Durch den Tod des stillen Gesellschafters wird die Gesellschaft nicht aufgelöst.**

I. Auflösungsgründe

1 **1. Kündigung. a) Ordentliche Kündigung eines Gesellschafters.** Gem § 234 I 1 ist die Ges mit der Frist des § 132 kündbar. Es kommt auf das Geschäftsjahr des Inhabers an. Kündigungserklärung, § 132 Rz 2. Sie kann vom Stillen bzw vom Inhaber oder dessen Organ (kein Grundlagengeschäft, BGH DB 79, 644 f, selbst wenn der stille GesVertrag ein Grundlagengeschäft ist [§ 230 Rz 12]; aA *SchlSchmidt* § 234 33), abgegeben werden. Das gilt iZw auch dann, wenn mehrere stille GesVerhältnisse aufeinander bezogen sind (BGH BB 80, 958). Das

Dritter Abschnitt. Stille Gesellschaft § 234

Weiterbetreiben des Handelsgeschäfts ist allerdings noch keine Fortsetzung der stillen Ges. **Abweichende Abreden** sind grds zulässig. So kann die Vertragsdauer bestimmt sein (§ 132 Rz 1). Die §§ 723 III, 724 BGB (unzumutbare Beschränkung der Kündigungsmöglichkeit; vgl § 132 Rz 4) gelten auch für die stille Ges (BGH BB 67, 309; NJW 92, 2698). Dabei ist zu berücksichtigen, daß die persönliche Bindung relativ gering ist. Ferner greift § 134 analog ein (§ 132 Rz 4). Wenn der Stille zugleich Kommanditist der InhaberGes ist, ist iZw nur eine einheitliche Kündigung zulässig. Zur „Hinauskündigung" bei der PublikumsGes s BGH BB 94, 592; § 140 Rz 6.

b) Kündigung durch Gläubiger. § 135 gilt analog zugunsten der 2 Gläubiger des Stillen. An die Stelle der Ges tritt der Inhaber. Bei mehrgliedriger stiller Ges: Analogie zu § 131 III 1 Nr 4.

c) Die außerordentliche Kündigung in Form einer rechts- 3 geschäftlichen Kündigungserklärung (§§ 104 ff BGB) ist nach Maßgabe des § 723 I 2, 3 BGB unabdingbar (BGH BB 80, 958) auch schon vor Invollzugsetzung der Ges (BGH NJW-RR 95, 1061) zulässig. Dies gilt auch für die Kündigung volljährig Gewordener. Bei einer mehrgliedrigen stillen Ges kann unabdingbar jeder Stille für sich kündigen (BGH BB 80, 958). Zum wichtigen Grund § 133 Rz 2. Es ist zu beachten, daß bei der gesetzestypischen stillen Ges die persönlichen Vertrauensbeziehungen zwischen Stillem u Inhaber weniger intensiv als bei der OHG/KG sind (BGH DB 77, 88). Andererseits können geringe Verdachtsgründe in Hinblick auf die Redlichkeit des Inhabers genügen, da der Stille nur schwache Überwachungsrechte besitzt. Auch wesentliche Veränderungen der wirtschaftlichen Verhältnisse beim Inhaber können einen wichtigen Grund darstellen (BGH BB 80, 959), zB bei Verkauf des Handelsgeschäfts ohne Zustimmung des Stillen (vgl § 230 Rz 21 sowie Rz 10). Die Kündigung aus wichtigem Grund läßt Schadensersatzansprüche (§ 230 Rz 22) unberührt. Eine Kündigung zur Unzeit, dh unter Verletzung der gemeinschaftlichen Interessen der Gesellschafter, ist wirksam, verpflichtet aber zum Schadensersatz, es sei denn, es bestand ein überwiegendes Interesse an sofortiger Lösung des Vertrages (BGH DB 77, 89). Ein wichtiger Grund wird bei Kündigung durch den volljährig Gewordenen fingiert (§ 723 I 3 Nr 3). Erweiterungen des Kündigungsrechts sind zulässig. Bei PublikumsGes (§ 230 Rz 1) wird grds das Kündigungsrecht durch ein Austrittsrecht ersetzt (vgl § 161 Rz 22). Zur Umdeutung in eine ordentliche Kündigung s BGH BB 98, 1811.

d) Ausschließung von Stillen ist bei mehrgliedriger stiller Ges ana- 4 log den §§ 140 ff denkbar, nicht aber eine Ausschließung des Inhabers oder gar ein **Übernahmerecht** des Stillen analog § 140 I 2 (RG 165, 265).

2. Sonstige Auflösungsgründe. a) Zeitablauf, Bedingung. Vgl 5 § 131 Rz 2. **b) Aufhebungsvertrag.** Vertragsfreiheit (BGH NJW-RR 01, 463). **c) Zweckerreichung, -vereitelung.** Es gilt § 726 BGB

(BGH NJW 82, 2821). Voraussetzung ist die dauernde, offenbare Unmöglichkeit. Betreibt der Inhaber nur kein Handelsgewerbe mehr, so wandelt sich die stille Ges iZw in eine BGB-Ges um (*Blaurock* Handbuch Rz 969; EBJ *Gehrlein* § 234 9 [hM]; s auch § 230 Rz 8). Gesplittete Gesellschafterstellungen sind einheitlich zu behandeln (vgl Rz 1).

6 d) **Die Eröffnung des Insolvenzverfahrens** über das Vermögen des Stillen oder des Inhabers führt gem §§ 728 S 1 BGB, 84 InsO zur Auflösung (BGH 51, 351; hM), auch das Nachlaßinsolvenzverfahren (*StZutt* § 234 8; aA BGH 91, 135). Siehe Erl zu § 236. Daran ändert auch ein Insolvenzplan (§ 217 InsO) nichts. Die stille Ges selbst ist mangels Vermögens nicht insolvenzfähig. Die §§ 728 S 2, 729 BGB können in Hinblick auf den Stillen nur bei einer atypischen Ges eingreifen, bei der der Stille Geschäftsführungsmacht besitzt. Fortsetzungsvereinbarungen (§ 736 BGB) sind nur bei mehrgliedrigen stillen Ges zulässig.

7 e) **Tod des Inhabers, Auflösung, Umwandlung des Inhaberunternehmens.** Der Tod führt dem dispositiven § 727 I BGB zufolge zur Auflösung der stillen Ges unabhängig davon, ob das Handelsgeschäft von den Erben des Inhabers fortgeführt wird oder ob die Ges bereits gekündigt war (RG 93, 54). Anzeigepflicht: § 727 II 1 BGB. Beim Tod des Inhabers braucht der gesetzestypische Stille keine Geschäfte zu führen (str). Bei mehrgliedriger stiller Ges ist § 131 III 1 analog anwendbar. Ist der Inhaber eine Ges (zB OHG, GmbH), so steht nicht **schon die Auflösung** der Inhaberfirma dem Tod gleich (BGH NJW 82, 2821). Die Auflösung der stillen Ges erfolgt hier grds (Rz 3) gem § 726 BGB (Rz 5); spätestens mit der Vollbeendigung. Eine verschuldete Auflösung der InhaberGes macht schadensersatzpflichtig (pFV). Bei einer Verschmelzung (§ 2 UmwG) wird der Stille Gesellschafter der neuen Ges (hM). Hat er nicht zugestimmt, so kann ihm neben Schadensersatzansprüchen ein Kündigungsrecht aus wichtigem Grund zustehen. Zur Spaltung s § 123 UmwG. **Tod des Stillen,** Rz 9.

8 f) **Vereinigung** der Pflichten des Inhabers u der Rechte des Stillen in einer Hand.

II. Keine Auflösungsgründe

9 1. **Tod des Stillen.** Die Rechte u Pflichten des Stillen fallen in den Nachlaß des Erben bzw der Erbengemeinschaft (§ 234 II; hM). Dies gilt auch dort, wo der Stille zugleich Kommanditist ist (*StZutt* § 234 39; aA *SchlSchmidt* § 339 6), weil die Kombination keinen Anlaß gibt, das Erbrecht zu durchbrechen. TestVollstreckung ist weie bei der KG (§ 177 Rz 7) zulässig. § 234 ist nicht schon dann abbedungen, wenn der Stille Geschäftsführungsmacht besaß (hM). Die Nachlaßverwaltung löst anders als das Nachlaßinsolvenzverfahren nicht auf.

Dritter Abschnitt. Stille Gesellschaft § 234

2. Verschmelzung, Spaltung. Vgl Rz 7. Erst recht gilt dies bei einer Umwandlung einer OHG in eine KG oder im Fall der Vereinigung des GesVermögens in einer Hand (§ 140 Rz 4 ff). 10

3. Unternehmensveräußerung. Es ist denkbar, daß § 726 bzw § 723 S 2, 3 BGB eingreifen (Rz 5). Grds ist aber der Inhaber verpflichtet, das Unternehmen neu aufzubauen. Siehe auch § 230 Rz 21.

4. Geschäftsunfähigkeit des Inhabers. Die ges Vertreter haben das Handelsgeschäft fortzuführen.

5. Der Inhaber führt kein Handelsgewerbe mehr. Siehe Rz 5, 7, 10. 11

6. Rechtsfolgen. Mangels Auflösung bleibt die Ges als stille Ges bestehen. Die Parteien können ggf aus wichtigem Grund kündigen (§ 723 S 2, 3 BGB) u außerdem Schadensersatzansprüche geltend machen (§ 230 Rz 22). 12

III. Rechtsfolgen der Auflösung

Die Auflösung iSd §§ 234, 235 ist keine Auflösung iSd §§ 131 I, II, 145 ff; denn die typische stille Ges stellt eine InnenGes ohne Gesamthandsvermögen, das verteilt werden muß, u ohne Gesamthandsschulden dar, die aus dem Gesamthandsvermögen beglichen werden müßten. Das GesVerhältnis erlischt daher mit Wirksamwerden des Auflösungsgrundes, bei Kündigung in dem Zeitpunkt, zu dem wirksam gekündigt worden war (BGH NJW 82, 99 f; NJW 90, 574 [hM]). Es enden zB die Ansprüche aus § 233; an ihre Stelle treten Ansprüche aus §§ 810, 242 BGB. Die Beteiligten rechnen ihre rein schuldrechtlichen Ansprüche ab (BGH NJW 82, 99; **Einzelheiten:** Erl zu § 235). Dies gilt auch für die atypische stille Ges, bei der der Stille wie ein Gesamthänder behandelt wird (§ 230 Rz 1, 10), also schuldrechtlich am Vermögenszuwachs beteiligt ist. Im übrigen können abgeschwächt nachwirkende Treuepflichten entstehen, zB auf Unterlassung des Wettbewerbs. Im **GesVertrag** kann vorsorglich im Rahmen des § 138 BGB (§ 140 Rz 6) vereinbart werden, daß bestimmte Ereignisse (zB Tod des Inhabers) nicht zur Auflösung führen, daß der Stille zur Übernahme des Handelsgeschäfts berechtigt ist, bei einer mehrgliedrigen stillen Ges, daß die Ges unter den übrigen Gesellschaftern fortgesetzt wird. 13

IV. Unterbeteiligung

Die für die stille Ges geltenden Regeln sind bei UnterbeteiligungsGes analog heranzuziehen (aA BGH BB 94, 1598: § 723 BGB). Der Tod des Hauptbeteiligten löst die Ges iZw auf, auch wenn die Hauptbeteiligung fortbesteht (§ 727 BGB; hM); ebenso die Veräußerung der Hauptbeteiligung (§ 726 BGB). Wurde vereinbart, daß die Unterbeteiligung so lange wie die Hauptbeteiligung besteht, so greift § 723 I 1 BGB ein. 14

§ 235 [Auseinandersetzung]

(1) **Nach der Auflösung der Gesellschaft hat sich der Inhaber des Handelsgeschäfts mit dem stillen Gesellschafter auseinanderzusetzen und dessen Guthaben in Geld zu berichtigen.**

(2) **¹Die zur Zeit der Auflösung schwebenden Geschäfte werden von dem Inhaber des Handelsgeschäfts abgewickelt. ²Der stille Gesellschafter nimmt teil an dem Gewinn und Verluste, der sich aus diesen Geschäften ergibt.**

(3) **Er kann am Schlusse jedes Geschäftsjahrs Rechenschaft über die inzwischen beendigten Geschäfte, Auszahlung des ihm gebührenden Betrags und Auskunft über den Stand der noch schwebenden Geschäfte verlangen.**

1 **1. Allgemeines.** § 235 ist dispositiv (zu den Schranken vgl § 131 Rz 17). Die Auflösung läßt keine LiquidationsGes entstehen (§ 234 Rz 13). Es werden auch bei der atypischen stillen Ges lediglich schuldrechtliche Ausgleichsansprüche begründet. Es gilt der Grundsatz der **Gesamtabrechnung** (BGH NJW 92, 2697; DB 77, 89; Düss BB 91, 946; hM; näher § 145 Rz 3). Die Ansprüche sind im voraus **abtretbar** (§ 131 Rz 10).

2 **2. Ansprüche des Stillen. a) Abfindungsanspruch.** Ergibt das Einlagenkonto (§ 232 Rz 5) nach Hinzuzählung bzw Abzug der in der **Schlußabrechnung** (s u; Rz 3) ermittelten, dem Stillen anteilig zugute kommenden bzw ihn belastenden Beträge (§ 231) einen *positiven Saldo,* so ist dieser Saldo an den Stillen in Geld auszuzahlen, auch wenn die Einlage zB in Form von Immobilien oder Diensten erfolgt ist (BGH NJW 66, 501). *Ausnahmen:* Insolvenzverfahren (näher Erl zu § 236); der Anspruch kann ferner dort entfallen, wo der Inhaber eine GmbH oder eine KG iSd § 172 a ist u der Stille unmittelbar oder mittelbar Gesellschafter der InhaberGes war bzw Mitwirkungsrechte wie ein Gesellschafter an einer solchen InhaberGes besessen hat, falls die Vermögenswerte den Charakter materiellen Eigenkapitals des Inhabers angenommen haben u der Inhaber seine Gläubiger nicht voll befriedigen kann (Einzelheiten § 172 a Rz 18). Der Anspruch kann bei derartigen InhaberGes, an denen der Stille umittelbar oder mittelbar geschäftsführungsberechtigt oder wesentlich beteiligt ist (§ 32 a III 2 GmbHG [analog]; § 232 Rz 7), auch zum Eigenkapitalersatz geworden u damit den §§ 30 f, 32 a, b GmbHG unterworfen sein (§ 172 a Rz 11 ff, 31 ff). *Fälligkeit:* vgl § 131 Rz 13. *Verzinsung:* §§ 352, 353 HGB bei beiderseitigen Handelsgeschäften; sonst § 288 BGB. Ist der Inhaber eine *OHG/KG,* so greifen die §§ 128 ff, 171 ff ein (BGH LM 7 zu § 128). Zusätzlich sind Gewinne aus *schwebenden Geschäften* anteilig an den Stillen abzuführen (§ 235 II, III). **aa)** Der Stille hat Anspruch darauf, daß der Inhaber (bzw Erbe, Insolvenzverwalter) nach den Regeln der jährlichen Ergebnisabrechnung (§ 232 Rz 3) eine **Schlußabrechnung** für den Zeitraum zwischen der letzten Gewinn- u

Dritter Abschnitt. Stille Gesellschaft § 235

Verlustberechnung iSd § 232 u dem Auflösungsdatum erstellt. Er hat kein Recht, dabei mitzuwirken. Kontrollrechte, s § 233 Rz 2. Eine Abfindungsbilanz ist nicht erforderlich (BGH DB 77, 2041).

bb) Bei der **gesetzestypischen stillen Ges** dient diese **Schluß-** 3 **abrechnung** der Ermittlung des normalen (vgl § 232) Gewinn- u Verlustanteils des Stillen seit der letzten Gewinn/Verlustrechnung iSd § 232, nicht aber der Ermittlung des Geschäftswerts oder der stillen Reserven (BGH NJW 86, 2306; 95, 193), jedenfalls mit Ausnahme solcher stiller Reserven, deren Bildung dem Stillen ggüber unzulässig war (BGH NJW 95, 193; weitergehend MüHdBGesRII-*Bezzenberger* S 1307 ff: stille Reserven sind zu berücksichtigen, soweit sie während der Dauer der Ges gebildet worden sind; ebenso der Geschäftswert; EBJ *Gehrlein* § 235 13 [zutr]: stille Reserven, die aus Geschäftsgewinn gebildet wurden; s auch § 232 Rz 3). Auch Wertminderungen infolge der Auflösung berühren nur den Inhaber. Sie gehen daher nicht in die Schlußrechnung ein. Offene Rücklagen, die während der Laufzeit der stillen Ges gebildet worden sind, sind in der Schlußrechnung zugunsten des Stillen zu berücksichtigen (*StZutt* § 235 11). Der Firmenwert bleibt außer Betracht (RG 120, 410; BGH, GmbHR 86, 347). In die Abrechnung sind im Rahmen der stillen Ges entstandene Schadensersatzansprüche einzubeziehen (BGH NJW 71, 375). **Schwebende Geschäfte** (§ 235 II, III): vgl Rz 2 sowie § 131 Rz 14. Durch die allein vom Inhaber ordnungsgemäß vorzunehmende Abwicklung der schwebenden Geschäfte wird das GesVerhältnis nicht fortgesetzt. Vielmehr handelt es sich nur um nachvertragliche Pflichten (hM). **Stichtag** bei abgeschlossenen Geschäften ist der Tag der wirksamen Auflösung der stillen Ges (§ 234 Rz 1 ff), bei schwebenden Geschäften der Schluß eines jeden Geschäftsjahres (§ 235 III, § 232 Rz 4). In Hinblick auf künftige wahrscheinliche Verluste besteht ein Leistungsverweigerungsrecht.

cc) Atypische stille Ges. § 235 ist dispositiv (BGH BB 94, 2439). 4 Der Stille kann daher umfassend schuldrechtlich am Geschäftsvermögen beteiligt sein (§ 230 Rz 1, 10). Im Fall der Auflösung hat der Inhaber dann den Stillen so zu stellen, als ob dieser Mitinhaber gewesen wäre (BGH NJW-RR 95, 1061). Er hat deshalb in Parallele zu § 738 BGB eine Abschichtungsbilanz aufzustellen. IZw ist der volle Wert einschließlich des Firmenwerts anzusetzen (BGH WiB 94, 906 m krit Anm *Marquardt*; näher § 131 Rz 10 ff). Die Abfindungsquote ergibt sich iZw aus dem Verhältnis der vereinbarten Einlage (§ 230 Rz 10) zu dem wahren Wert des Unternehmens bei Begründung der stillen Ges (BGH NJW 52, 1412; aA GroßK *Ulmer* § 138 62: Gewinnverteilungsschlüssel). Der Ausgleich schwebender Geschäfte (Rz 3) hat auch hier zu erfolgen. Denkbar ist aber auch eine Beteiligung auf Basis des Buchwerts, Mü NJW-RR 94, 162 (beachte § 131 Rz 18).

b) Anerkennung der Schlußabrechnung. Der Stille u der Inhaber 5 können nicht die Anerkennung verlangen (§ 131 Rz 12, 14; BGH

§ 235

NJW-RR 86, 1419; aA die hM). Vor einer Anerkennung hat der Inhaber den Stillen über nicht verbuchte Vorgänge aufzuklären (BGH DStR 00, 2195). **c) Die Rückgabe** der Gegenstände, die der Stille dem Inhaber zum Gebrauch überlassen hat, erfolgt analog § 732 BGB; § 273 BGB ist anwendbar (BGH NJW 98, 1552). Hatte die Überlassung der Gegenstände eigenkapitalersetzende Funktion, so kann daraus das Gebot folgen, die Verwertung der Gegenstände zu dulden (vgl Rz 2; § 172 a Rz 15).

6   **d) Darlehen** sind gem den §§ 607 ff BGB zurückzugewähren. Bei bestimmten Arten von Inhabern können Darlehen die Funktion einer Einlage bzw die Einlageersatzfunktion annehmen, wenn der Stille zugleich unmittelbar oder mittelbar Gesellschafter der InhaberGes ist oder Mitwirkungsrechte wie ein Gesellschafter der InhaberGes besitzt (Rz 2). Insolvenzverfahren s § 236.

7   **e) Sonstige Leistungen** des Stillen, die nicht als Einlagen gewährt worden sind (zB Leasing, Kauf), sind ebenfalls auszugleichen. Auch hier ist zu beachten, daß diese Leistungen Einlageersatzfunktion gehabt oder erlangt haben können (s o Rz 2).

8   **f) Schadensersatzansprüche.** Der Auseinandersetzungsanspruch des Stillen erhöht sich um seine Ersatzansprüche gg den Inhaber im Zusammenhang mit der Ges (Rz 1; BGH NJW 71, 378).

9   **3. Ansprüche des Inhabers. a) Einlage.** Der Anspruch auf Einlage (§ 230 Rz 10) erlischt. Ausnahme: Verlustbeteiligung. Bereits entstandene Ansprüche aus § 286 BGB bleiben unberührt. Rückständige Dienst- oder Gebrauchsüberlassungsleistungen sind in Geld zu erbringen, wenn sie bereits dem Einlagenkonto gutgeschrieben worden waren (*StZutt* § 235 21). Bei volljährig Gewordenen beachte § 1629 a BGB.

10   **b) Verlustbeteiligung.** Ist der Stille am Verlust beteiligt (§ 231 Rz 8), so hat er maximal in Höhe der rückständigen (§ 236 Rz 3) Einlage Verluste zu tragen (Karlsr NJW-RR 86, 1226). Der Verlust ist nach den allg für die Schlußabrechnung u der Verbuchung auf dem Einlagenkonto geltenden Regeln (§ 235 Rz 2 ff) zu ermitteln. Der Stille hat grds Geld zu leisten; er darf Sachleistungen erbringen, wenn eine Einlage in dieser Form vereinbart war (aA EBJ*Gehrlein* § 235 16, 18). Beachte § 236. Verlustanteile aus *schwebenden Geschäften* (Rz 3) hat der Stille zu ersetzen, soweit er aufgrund der Schlußabrechnung etwas erhalten hat und/oder die Einlage noch rückständig war. Spätere Gewinnanteile aus schwebenden Geschäften sind an den Stillen auszuzahlen. *Rechenschaft:* § 235 III HGB, der § 259 BGB entspricht. Zum Recht des Stillen auf *Auskunft, Einsicht* s § 233 Rz 2. Zum *materiellen Eigenkapital* s Rz 2, 5 ff.

11   **c)** Ist die **Beteiligung am Verlust ausgeschlossen,** so erwirbt der Inhaber keinen Anspruch auf Leistung der rückständigen Einlage (BGH NJW 80, 1523). Dies gilt auch in Hinblick auf schwebende Geschäfte (Rz 3). Bei bestimmten Arten von InhaberGes, an denen der Stille

Dritter Abschnitt. Stille Gesellschaft § 236

unmittelbar oder mittelbar als Gesellschafter beteiligt war (Rz 2) oder wie ein GmbH-Gesellschafter Mitwirkungsrechte erworben hatte (Rz 2), können die Einlage oder sonstige Leistungen (zB Darlehen) die Qualität materiellen Eigenkapitals der InhaberGes bzw Eigenkapitalersatzfunktion erworben haben. In solchen Fällen kann der InhaberGes ein Anspruch auf Erbringung der rückständigen Leistung bzw auf Rückgewähr von Auszahlungen zustehen. Einzelheiten: § 172a Rz 11 ff, 18, 31 ff. Zum Insolvenzverfahren s § 236.

4. Prozeß. Im Weg der Stufenklage (§ 254 ZPO) kann auf Schluß- 12 abrechnung bzw Auseinandersetzungsbilanz, Einsicht u Zahlung geklagt werden. Unter den bei § 145 Rz 3 genannten Voraussetzungen bzw nach Vorlage der Schlußabrechnung ist die sofortige Zahlungsklage zulässig (BGH NJW 92, 2697). Die Beweislast liegt beim Kläger. In Fällen eines behaupteten Verlustes der Einlage sollte man von dieser Regel keine Ausnahme machen (aA BGH DB 66, 1644; BB 60, 15), wohl aber dort, wo die Buchführung des Inhabers grob mangelhaft war.

5. Unterbeteiligung. Das zur stillen Ges Gesagte gilt entspr. Bei 13 einer atypischen Unterbeteiligung sind iZw die Auseinandersetzungsvorschriften der HauptGes anzuwenden.

§ 236 [Insolvenz des Inhabers]

(1) Wird über das Vermögen des Inhabers des Handelsgeschäfts das Insolvenzverfahren eröffnet, so kann der stille Gesellschafter wegen der Einlage, soweit sie den Betrag des auf ihn fallenden Anteils am Verlust übersteigt, seine Forderung als Insolvenzgläubiger geltend machen.

(2) Ist die Einlage rückständig, so hat sie der stille Gesellschafter bis zu dem Betrage, welcher zur Deckung seines Anteils am Verlust erforderlich ist, zur Insolvenzmasse einzuzahlen.

1. Insolvenzverfahren. a) Stille Ges. Die stille Ges ist mangels 1 Vermögens als solche nicht insolvenzfähig. **b) Insolvenzverfahren über das Vermögen des Stillen.** § 236 betrifft nicht diesen Fall. Vielmehr greift hier § 728 BGB ein (§ 234 Rz 6).

c) Insolvenzverfahren über das Vermögen des Inhabers. Mit 2 der Eröffnung des Insolvenzverfahrens ist die stille Ges aufgelöst (§ 234 Rz 6). Das gilt auch bei Erstellung eines Insolvenzplans (§ 217 InsO). Die Auseinandersetzung (§ 235) hat nach Maßgabe des stillen GesVertrages außerhalb des Insolvenzverfahrens (§ 84 I InsO; hM) zu erfolgen, soweit der GesVertrag mit § 236 im Einklang steht (näher Rz 3 ff). Es sind nur Verluste, die bei Insolvenzreife aufgelaufen sind, zu berücksichtigen, nicht dgg solche, die Folge der Insolvenz sind (Weimar ZIP 93, 1521). An die Stelle des Inhabers tritt der Insolvenzverwalter (*Gottwald-Haas* InsHdB § 94 105); Mitverwaltungsrechte des Stillen gehen unter. Dies gilt unabdingbar (§ 236).

Koller 543

§ 236 Zweites Buch. Handelsgesellschaften u. stille Gesellschaft

3 **Einzelheiten. aa) Ansprüche des Inhabers,** die vom Insolvenzverwalter geltend gemacht werden (§ 84 InsO): Grds erlischt der Anspruch des Inhabers auf Erbringung der Einlage (§ 230 Rz 10), ausgenommen evtl Ansprüche auf Ersatz von bereits entstandenen Verzugsschäden. Der Inhaber kann ohne bes Vereinbarung auch keine Nachschüsse verlangen (§ 707 BGB). Soweit die Einlage noch nicht geleistet war (Fälligkeit ist unerheblich) *und* soweit die Einlage zur Abdeckung der auf den Stillen entfallenden Verluste (§ 235 Rz 10) benötigt wird, hat der Stille jedoch unabdingbar (§ 236 II) die rückständige Einlage zu leisten. Falls er keine Verluste zu tragen hat (§ 231 Rz 4), braucht er nichts leisten. Bei der Verlustermittlung sind die schwebenden Geschäfte (§ 235 Rz 3) zu berücksichtigen (kein Zurückbehaltungsrecht [EBJ*Gehrlein* § 236 6]), freilich mit der Besonderheit, daß Verluste, die aufgrund der Berufung des Insolvenzverwalters auf § 103 InsO entstanden sind, außer Ansatz bleiben (Rz 1; aA *GottwaldHaas* InsHdB § 94 107). Der Stille hat seine Leistung so an den Insolvenzverwalter zu erbringen, wie sich dies aus dem GesVertrag ergibt (näher § 235 Rz 10). Unwirksam sind Vereinbarungen, denen zufolge die Verlustbeteiligung ausschließlich im Insolvenzfall ausgeschlossen bzw beschränkt wird oder denen zufolge der Verlustanteil nicht an den Insolvenzverwalter zu leisten ist. Die Stellung der Insolvenzgläubiger darf aber ohne weiteres verbessert werden. Weitergehende Ansprüche kann der Insolvenzverwalter aus § 136 InsO (Rz 8) herleiten.

4 In Fällen, in denen **Inhaberin des Handelsgeschäfts eine GmbH bzw eine KG iSd § 172 a ist und der Stille** zugleich unmittelbar oder mittelbar **Gesellschafter der InhaberGes** ist oder **auch nur ein weitreichendes Mitspracherecht** u eine Vermögensbeteiligung (*v Gerkan* EWiR 97, 708) bei der InhaberGes wie ein GmbH-Gesellschafter oder Kommanditist (BGH BB 78, 13; NJW 85, 1079; 89, 983; Hamm NJW-RR 01, 248) besitzt, können die oben dargestellten Regeln durch die Sonderregeln über materielles Eigenkapital (Rz 4 a) u eigenkapitalersetzende Leistungen (Rz 5) überlagert werden (weitergehend *SchmidtHamann* DStR 92, 952 mNachw: schuldrechtliche Beteiligung am Vermögen der InhaberGes genügt [aA zutr Hamm WM 97, 2323; *v Gerkan* EWiR 97, 707], ebenso Beteiligung bzw Mitspracherechte bei KG mit natürlicher Person als Komplementär [auch *Noack* GesRecht, Rz 659]).

4 a Die Einlage hat ohne Rücksicht auf die vereinbarte Verlustbeteiligung u auf den Zeitpunkt ihrer Erbringung die Qualität **materiellen Eigenkapitals** der InhaberGes, wenn die Pflicht zur Erbringung der Einlage **auch** mit der Position als unmittelbarer bzw mittelbarer Gesellschafter der InhaberGes entspringt oder der Stille, der wirtschaftlich wie ein GmbH-Gesellschafter bzw Kommanditist am Vermögen der InhaberGes beteiligt ist (Hamm WM 97, 2323; *v Gerkan* EWiR 97, 708) weitreichend auf die Geschäftsführung u Gestaltung der InhaberGes Einfluß nehmen kann (Hamm WM 97, 2323; *v Gerkan* EWiR 97, 707)

Dritter Abschnitt. Stille Gesellschaft **§ 236**

und in beiden Fallgruppen die stille Einlage nach dem Vertragsganzen wirtschaftlich als materielles Eigenkapital behandelt wird (BGH NJW 85, 1079; einschr BGH NJW 99, 2811 [§ 172a Rz 18]; abw *Fleischer* Finanzplankredite [1995], S 274 ff: nur ähnliche Stellung wie Gesellschafter der GmbH/KG). Rückständige Einlagen mit materieller Eigenkapitalqualität kann der Insolvenzverwalter ohne Rücksicht auf die Höhe der Verlustbeteiligung voll einfordern, sofern sie zur Befriedigung der Gläubiger der InhaberGes benötigt werden. Er braucht sie auch nicht zu erstatten, wenn sich zeigt, daß der auf den Stillen entfallende Verlust geringer ist. Wurde eine Einlage mit materieller Eigenkapitalqualität in der Krise zurückbezahlt, obwohl sie zur Befriedigung der Gläubiger der InhaberGes benötigt wurde, so ist sie dem Insolvenzverwalter zu erstatten.

Die Einlage kann in den in Rz 4 genannten Fällen auch nur als **Ersatz von Eigenkapital** fungiert haben. In dieser Fallgruppe ist analog § 32a III 2 GmbHG außerdem zu berücksichtigen, daß der Stille geschäftsführungsberechtigt gewesen sein muß oder daß seine Beteiligung (§ 232 Rz 7) 10% überstiegen haben muß. Eigenkapitalersatzfunktion kann zu bejahen sein, wenn die stille Einlage auf Krisenfinanzierung angelegt war (§ 172a Rz 12; BGH NJW 88, 982f) oder sich die InhaberGes im Zeitpunkt der Erbringung der Einlage bzw deren Stehenlassen in der Krise befand (§ 172a Rz 12). Rechtsfolge: § 172a Rz 13. Außerdem können in solchen Fällen gg den Stillen die §§ 30, 31 GmbHG geltend gemacht werden, wenn bei der InhaberGes infolge der Rückzahlung eine Unterbilanz entstanden ist (Hamm NZG 01, 126; § 172a Rz 8, 17). Anhand dieser Regeln für eigenkapitalersetzende Einlagen ist auch über andere an den Stillen zurückgewährte eigenkapitalersetzende Leistungen, wie Darlehen, stehengelassenen Gewinne, überlassene Gebrauchsgegenstände, Sicherheiten (näher § 172a Rz 14 ff), zu entscheiden. Insbes kann die InhaberGes vom Stillen Ausgleich verlangen, wenn sie vor Eröffnung des Insolvenzverfahrens oder im Weg der §§ 94 ff InsO Kredite getilgt hat u dadurch eigenkapitalersetzende Sicherheiten des Stillen frei geworden sind (§ 172a Rz 16). Zu Inhabern in Form sonstiger KapitalGes bzw sonstiger KapitalGes & Co KG s Erl zu § 172a Rz 38 f.

bb) Ansprüche des Stillen. Grds kann der Stille gem § 236 I vom Inhaber (bei OHG/KG beachte auch die §§ 128 ff, 171 ff, 93 InsO) die Rückzahlung seiner erbrachten **Einlage** (§ 230 Rz 10) einschl nachträglicher Erhöhungen fordern, soweit sie nicht durch den auf den Stillen vertragsgemäß entfallenden Verlust (§ 232 Rz 4) aufgezehrt worden sind u kein Fall des § 136 InsO (Rz 8) vorliegt. Die stille Einlage stellt mithin normalerweise kein Eigen- sondern Fremdkapital dar (BGH NJW 83, 1856). Sofern nach Maßgabe der zu § 235 entwickelten Regeln ein darüber hinausgehendes **Auseinandersetzungsguthaben** besteht, kann der Stille auch insoweit Auszahlung fordern. Der

§ 236

Zweites Buch. Handelsgesellschaften u. stille Gesellschaft

Stille ist allerdings kraft zwingenden Rechts nur **gewöhnlicher Insolvenzgläubiger** (§§ 38, 174 InsO). Eine Aufrechnung ist im Rahmen der §§ 94 ff InsO zulässig (BGH NJW 83, 1856). Die Zusage einer ausschließlich auf das Insolvenzverfahren bezogenen Verlustfreiheit ist unwirksam; ebenso die Zusage eines Insolvenzvorrechts. Der Stille kann grds auch Schadensersatzansprüche wg schuldhaften Verlusts der Einlage im Insolvenzverfahren (§ 174 InsO) anmelden (BGH NJW 83, 43) bzw taktisch besser vorweg Feststellungsklage erheben (EBJ*Gehrlein* § 236 4). Die Forderungen (§ 38 InsO) auf Auszahlung stehengelassener Gewinne (§ 232 Rz 6) oder Rückzahlung von Darlehen werden grds durch eine Verlustbeteiligung nicht berührt. Soweit der Stille zum Insolvenzgläubiger wird, darf sich der Stille wie jeder andere Insolvenzgläubiger auf die ihm vom Inhaber gewährten Sicherheiten berufen (beachte § 136 InsO [Rz 8]).

7 **Anders** ist die Situation dort, wo der Stille einen **Rangrücktritt** vereinbart hat, zB, daß seine Forderung aus § 236 hinter die der anderen Gläubiger zurücktritt (*Priester* DB 77, 2431) u damit zu Eigenkapital wird. § 236 kommt ferner dort nicht zum Tragen wo **die Inhaberin eine GmbH bzw KG iSd § 172a ist und der Stille** zugleich unmittelbar oder mittelbar Gesellschafter der **InhaberGes** ist oder bei der InhaberGes ein Mitspracherecht samt einer Vermögensbeteiligung wie ein GmbH-Gesellschafter oder Kommanditist besitzt (Rz 4; str). Selbst wenn hier die Parteien keine Verlustbeteiligung vereinbart hatten oder die Verlustbeteiligung die Einlage nicht aufgezehrt hatte, darf der Stille keine Rückzahlung fordern, soweit die stille Einlage nach den oben dargestellten Regeln als materielles Eigenkapital der Inhaberin anzusehen ist (Rz 4a). Unerheblich ist, daß die Einlage in Form der Gebrauchsüberlassung erbracht wurde (vgl BGH BB 89, 2350; § 172a Rz 15). Ferner entfällt im Insolvenzverfahren ein uneingeschränkter Rückzahlungsanspruch in Fällen, in denen die stille Einlage zum Eigenkapitalersatz geworden ist (§ 32a I 1 GmbHG, § 39 I 5 InsO). Zu den Voraussetzungen hierfür im einzelnen s o Rz 5. Gleiches gilt bei der Rückforderung von zum Gebrauch überlassenen Gegenständen, falls sie Eigenkapitalersatz geworden sind (vgl § 172a Rz 15). Darüber hinaus kann sich eine Rückzahlungssperre aus einer Analogie zu § 31 GmbHG ergeben (zu den Voraussetzungen s § 172a Rz 17). Die Regeln der eigenkapitalersetzenden Leistungen sind auch auf die Ansprüche des Stillen auf Zahlung stehengelassener Gewinne, auf Freigabe von Sicherheiten, die der Stille überlassen hat, auf Darlehen des Stillen und dgl anzuwenden, wenn diese Leistungen als Eigenkapitalersatz gedient hatten (Einzelheiten, Rz 5, § 172a Rz 11 ff). Zu den Inhabern in Form **sonstiger KapitalGes** bzw sonstiger KapitalGes & Co KG s Erl zu § 172a Rz 38 f. Gegenstände, die auf den Inhaber ohne Treuhandabrede übertragen worden sind (§§ 398 ff, 873 ff, 989 ff BGB), können nicht **ausgesondert** werden (BGH BB 55, 331).

Dritter Abschnitt. Stille Gesellschaft § 236

2. Das Vergleichsverfahren wird seit 1. 1. 99 durch die InsO 8 geregelt, die ein einheitliches Verfahren für Konkurs u Vergleich vorsieht.

3. Insolvenzanfechtung. a) Zum 1. 1. 99 wurde § 237 HGB durch § 136 InsO ersetzt, der weitgehend dem § 237 HGB aF entspricht (BT–Drs 12/2443, S 161). **b) Allgemeines.** § 136 InsO soll nachträgliche Verkürzungen der Sollmasse durch Insider in der Insolvenz vermeiden. Die Vorschrift stellt eine Variante der §§ 129 ff InsO dar, die neben § 136 InsO lückenfüllend anzuwenden sind. § 136 InsO ist nicht abdingbar. **c) Voraussetzungen der Anfechtung. aa) Existenz einer stillen Ges.** Vereinbarung u Vermögensabfluß müssen im Rahmen einer Ges iSd § 230 (auch fehlerhafte Ges [§ 230 Rz 15]; Hamm NJW-RR 99, 1417) erfolgt sein. Auf eine stille BGB-Ges ist § 136 InsO nicht (analog) anwendbar. **bb) Das Insolvenzverfahren** über das Vermögen **des Inhabers,** nicht bloß über das eines Gesellschafters des Inhabers, muß eröffnet worden sein. Das Verfahren darf noch nicht beendet sein. Von einer **besonderen Vereinbarung** kann nur gesprochen werden, wenn *nach* Abschluß des GesVertrages (BGH WM 71, 184) im letzten Jahr (§ 139 InsO) vor dem Antrag auf Eröffnung des Insolvenzverfahrens oder danach freiwillig (Hamm NJW-RR 99, 1417) zwischen Stillem u Inhaber eine Abrede getroffen worden ist, die dafür kausal ist (BGH NJW 71, 377), daß der Stille seine Einlage (teilweise) zurückerhält bzw daß der vom Stillen zu tragende Anteil am bereits entstandenen Verlust (teilweise) nicht berücksichtigt wird. *Beispiele:* nachträgliche Gewährung eines vorzeitigen Kündigungsrechts; vorzeitige Auflösungsabrede, selbst wenn Austrittsrecht besteht (Hamm NJW-RR 99, 1417; zutr krit *Dauner-Lieb* EWiR 99, 656); Zwangsvollstreckung aufgrund einer Vereinbarung. *Anders:* Bloße Abrede über die Art der Rückgewähr; dem Stillen steht die Leistung schon aufgrund Gesetzes (zB §§ 812, 826 BGB) oder nach Kündigung gem § 234 zu (BGH NJW 71, 377; Stgt OLGR 99, 285 [fehlerhafte Ges]); Rückgewähr aufgrund des ursprünglichen Vertrages (Stgt OLGR 99, 285 [Recht z vorzeitigen Kündigung]).

cc) Benachteiligungsabsicht einer der Parteien ist **nicht** erforder- 8 a lich (BT-Drs 12/2443, S 161). **dd) Rückgewähr der Einlage** ist jede Minderung der dem Inhaber zustehenden Vermögenswerte, auf die dessen Gläubiger zugreifen können. Die Minderung muß ausschließlich dem Stillen zugute kommen; er darf auf sie ohne die bes Vereinbarung keinen Anspruch gehabt haben. Beispiele: §§ 362, 364, 387, 398, 873, 929 BGB, auch Sicherungsgeschäfte wg § 236 II, nicht aber der bloße Erlaß der Einlageforderung (s aber unten). Keine Minderung erfolgt bei gleichwertiger Gegenleistung des Stillen. Die Umwandlung der Einlage in ein Darlehen stellt nur die bes Vereinbarung (Rz 8) dar; zurückgewährt wird erst mit der Rückzahlung des Darlehens innerhalb der Jahresfrist. Die Rückgewähr ist auch anfechtbar, soweit sie den Verlustanteil des Stillen (§ 231) übersteigt (hM); denn die Gläubiger sollen vor

§ 237 Zweites Buch. Handelsgesellschaften u. stille Gesellschaft

Informationsvorsprüngen des Stillen geschützt werden. **ee) Erlaß** des Anteils am **entstandenen Verlust.** Der Verlust muß vor der Erlaßvereinbarung entstanden, nicht notwendig bilanziert worden sein. Im Erlaß der rückständigen Einlage liegt wg § 236 II auch ein Erlaß des Anteils an einem bereits eingetretenen Verlust. **ff)** Die Zahlungsunfähigkeit (§§ 17, 18 InsO) oder Überschuldung (§ 19 InsO) darf nicht durch Umstände ausgelöst worden sein, die erst *nach* der bes Vereinbarung entstanden sind (§ 136 II InsO [BT–Drs 12/2443, S 161]). **gg) Beweislast.** Insolvenzverwalter. Ausnahme: § 136 II InsO.

8 b   **d) Rechtsfolge der Anfechtung (§§ 143 ff InsO).** Der Insolvenzverwalter erwirbt einen Anspruch auf Rückgewähr der vom Stillen erlangten Gegenstände an die Insolvenzmasse, ggf gg Erstattung der vom Stillen erbrachten Gegenleistung (§ 143 InsO). Die Berufung auf § 818 III BGB ist unzulässig (§ 143 I InsO). Sind die Gegenstände nicht mehr vorhanden, so wird grds voller Wertersatz geschuldet (§§ 143 I 2 InsO, 819 BGB). Der Betrag des erlassenen Verlustanteils ist zur Masse zu zahlen. Hat der Stille zurückgewährt, so kann er als Insolvenzgläubiger (§§ 38, 144 II 2 InsO) verlangen, so gestellt zu werden, wie er ohne die Rückgewähr oder Verlustdeckung stünde. Die bes Vereinbarung (Rz 8) ist insoweit als voll wirksam zu behandeln (§ 144 InsO). Der Insolvenzverwalter kann gg den Stillen auf Erfüllung des Rückgewähranspruchs klagen. Frist § 146 I InsO; Zuständigkeit: §§ 13, 38, nicht §§ 22, 29, 32 ZPO. Er kann über die Frist des § 146 I InsO hinaus aus § 136 InsO ein Leistungsverweigerungsrecht ggüber Ansprüchen des Stillen herleiten. **e) Eigenkapitalersetzende Leistungen.** Siehe §§ 236 Rz 4 ff, 135 InsO.

9   **4. Unterbeteiligung.** Die UnterbeteiligungsGes ist als InnenGes nicht insolvenzfähig. § 236 ist analog anzuwenden, nicht hingegen § 136 InsO (hM zu § 237 aF).

§ 237 [Konkursanfechtung]

(aufgehoben)

Siehe § 236 Rz 8.

Drittes Buch. Handelsbücher

Erster Abschnitt. Vorschriften für alle Kaufleute

Erster Unterabschnitt. Buchführung. Inventar

Lit: *Adler/Düring/Schmaltz*, Rechnungslegung und Prüfung der Unternehmen, 6. Auflage, Stuttgart 1995, 5. Auflage, Stuttgart ab 1987; *BauHopt*, Kommentar zum Handelsgesetzbuch, 30. Auflage 2000; *Biener,* Das neue HGB-Bilanzrecht, Köln 2000; *Biener/Berneke,* Bilanzrichtlinien-Gesetz, Textsammlung (mit Materialien), Düsseldorf 1986; *Brebeck/Herrmann,* Zur Forderung des KonTraG-Entwurfs nach einem Frühwarnsystem und zu den Konsequenzen für die Jahres- und Konzernabschlußprüfung, WPg 1997, 381–391; *Budde/Clemm/Ellrott/Förschle/Hoyos,* Beck'scher Bilanz-Kommentar, 4. Auflage, München 1999, einschl Ergänzungskommentar zum KapCoRiLiG, München 2001; *Budde/Förschle,* Ausgewählte Fragen zum Inhalt des Anhangs, DB 1988, 1457–1465; *Budde/Schnicke/Stöffler/Stuirbrink,* Beck'scher Versicherungsbilanz-Kommentar, München 1998; *Bullinger,* Der Ausweis von „Steuererträgen" in der Gewinn- und Verlustrechnung von Kapitalgesellschaften nach dem Bilanzrichtlinien-Gesetz, BB 1986, 844–845; *Busse von Colbe,* Die neuen Rechnungslegungsvorschriften aus betriebswirtschaftlicher Sicht, WPg 1987, 117–126; *Dörner,* Aufwandsrückstellungen – Möglichkeiten und Grenzen der Bilanzpolitik, WPg 1991, 225–229, 264–271; *Ebenroth/Boujong/Joost,* Handelsgesetzbuch, Bd 1 §§ 1–342 a, München 2001; *Eifler,* Grundsätze ordnungsmäßiger Bilanzierung für Rückstellungen, Düsseldorf 1976; *Emmerich,* Fragen der Gestaltung des Jahresabschlusses nach neuem Recht, WPg 1986, 698–709; *Ernsthaler,* Gemeinschaftskommentar zum Handelsgesetzbuch, 6. Auflage, Neuwied 1999; *Federmann,* Zeitbestimmung bei transitorischer Rechnungsabgrenzung in der Handels- und Steuerbilanz, BB 1984, 246–252; *Förschle/Klein,* Zur handelsrechtlichen Bilanzierung und Bewertung der betrieblichen Altersversorgungsverpflichtungen, DB 1987, 241–348; *Friederich,* Grundsätze ordnungsmäßiger Bilanzierung für schwebende Geschäfte, Düsseldorf 1975; *Glanegger ua,* Heidelberger Kommentar zum Handelsgesetzbuch, 5. Auflage, Heidelberg 1999; *Glade,* Rechnungslegung und Prüfung nach dem Bilanzrichtlinien-Gesetz, Herne 1986; *IDW (Hrsg.),* Kapitalgesellschaften- und Co-Richtlinie-Gesetz (KapCoRiLiG), Düsseldorf 2000; *IDW (Hrsg.)* Wirtschaftsprüferhandbuch 2000, Bd I, Düsseldorf 2000; *Janssen,* Überlegungen zum „Going concern concept", WPg 1984, 341–348; *Klingberg,* Der Aktienrückkauf nach dem KonTraG aus bilanzieller und steuerlicher Sicht, BB 1998, 1575–1581; *Kruse,* Grundsätze ordnungsmäßiger Buchführung, Rechtsnatur und Bestimmung, Köln 1970; *Kupsch,* Bilanzierung öffentlicher Zuwendungen, WPg 1984, 369–377; *Küting,* Offene Fragen der Wertaufholung im neuen Bilanzrecht (Teil I), DStR 1989, 227–232, (Teil II) DStR 1989, 270–276; *Kuhn,* Die Berichterstattung über Forschung und Entwicklung im Lagebericht, DStR 1993, 491–496; *Leffson,* Grundsätze ord-

§ 238 Drittes Buch. Handelsbücher

nungsmäßiger Buchführung, 7. Auflage, Düsseldorf 1987; *Maul,* Der Lagebericht nach der 4. EG-Richtlinie und dem Entwurf des Bilanzrichtlinien-Gesetzes, WPg 1984, 187–193; *Moxter,* Aktivierungsgrenzen bei „immateriellen Anlagewerten", BB 1978, 821–825; *Moxter,* Die Vorschriften zur Rechnungslegung und Abschlußprüfung im Referentenentwurf eines Gesetzes zur Kontrolle und Transparenz im Unternehmensbereich, BB 1997, 722–730; *Münchener Kommentar zum Handelsgesetzbuch, Bd 4, §§ 238–342a HGB, München 2001; Niehus,* „Materiality" („Wesentlichkeit") – Ein Grundsatz der Rechnungslegung auch im deutschen Handelsrecht, WPg 1981, 1–14; *Schindler/Rabenhorst,* Auswirkungen des KonTraG auf die Abschlußprüfung, BB 1998, 1886–1893, 1939–1944; *Ludwig Schmidt (Hrsg.),* Kommentar zum Einkommensteuergesetz, München 2000; *Schneeloch,* Bilanzrichtlinien-Gesetz und Besteuerung, WPg 1985, 565–574; *Schülen,* Die Aufstellung des Anhangs, WPg 1987, 223–230; *Tipke/Kruse,* Kommentar zur Abgabenordnung, Finanzgerichtsordnung, Loseblatt, 16. Auflage Köln 1996; *Tjaden,* Bilanzierungsfragen bei Zuwendungen der öffentlichen Hand, WPg 1985, 33–44; *Veit,* Zur Bilanzierung von Organisationsausgaben und Gründungsausgaben nach künftigem Recht, WPg 1984, 65–70; *Ulmer,* Begriffsvielfalt im Recht der verbundenen Unternehmen als Folge des Bilanzrichtlinien-Gesetzes, Festschrift Goerdeler, Düsseldorf 1987, S. 623–648; *Weber,* Bilanzierung und Prüfung von kapitalersetzenden Darlehen an Aktiengesellschaften beim Darlehensgeber, WPg 1986, 1–7; 37–43; *Wiedmann,* Bilanzrecht, München 1999; *Wöhe,* Möglichkeiten und Grenzen der Bilanzpolitik im geltenden und im neuen Bilanzrecht – I –, DStR 1985, 715–721; *Winnefeld,* Bilanzhandbuch, 2. Auflage, München 2000; *Wolz,* Die Erwartungslücke vor und nach Verabschiedung des KonTraG, WPK-Mitt. 1998, 122–135; *Wohlgemuth,* Überblick über das System der verbundenen Unternehmen nach dem AktG und nach dem HGB; DStR 1991, 1495–1500, 1529–1532.

§ 238 Buchführungspflicht

(1) ¹Jeder Kaufmann ist verpflichtet, Bücher zu führen und in diesen seine Handelsgeschäfte und die Lage seines Vermögens nach den Grundsätzen ordnungsmäßiger Buchführung ersichtlich zu machen. ²Die Buchführung muß so beschaffen sein, daß sie einem sachverständigen Dritten innerhalb angemessener Zeit einen Überblick über die Geschäftsvorfälle und über die Lage des Unternehmens vermitteln kann. ³Die Geschäftsvorfälle müssen sich in ihrer Entstehung und Abwicklung verfolgen lassen.

(2) Der Kaufmann ist verpflichtet, eine mit der Urschrift übereinstimmende Wiedergabe der abgesandten Handelsbriefe (Kopie, Abdruck, Abschrift oder sonstige Wiedergabe des Wortlauts auf einem Schrift-, Bild- oder anderen Datenträger) zurückzubehalten.

I. Zur Buchführung verpflichtete Personen

1 **1. Kaufmann.** Zur Führung von Büchern ist **jeder Kaufmann** (näher Erl zu §§ 1 ff) verpflichtet. Buchführungspflichtig sind auch

Erster Abschnitt. Vorschriften für alle Kaufleute **§ 238**

Handelsgesellschaften (s Erl zu § 6 HGB) und eingetragene Genossenschaften (§ 17 II GenG). Zur Erfüllung der Buchführungspflicht sind bei den Handelsgesellschaften und den Genossenschaften die zuständigen Organmitglieder (Vorstand, Geschäftsführer) verantwortlich, bei OHG und KG alle persönlichen haftenden Gesellschafter, soweit sie nicht von der Geschäftsführung ausgeschlossen sind (aA *Budde/Kunz* in Beck-BilKomm § 238 Rz 42, die alle phG – unabhängig von ihrer Geschäftsführungsbefugnis – für verantwortlich halten. Wie hier *Marsch-BarnerGK,* § 238 Rz 10). Bei mehreren verantwortlichen Personen ist eine Arbeitsteilung zulässig; diejenigen, die nach der Geschäftsverteilung nicht unmittelbar für die Erfüllung der Buchführungspflicht zuständig sind, bleiben dennoch für die sorgfältige Auswahl und Überwachung der zuständigen Organmitglieder verantwortlich (BGH, NJW 1986, 55). Bedarf ein Unternehmen nach Art oder nach Umfang keiner kaufmännischen Einrichtungen, liegt kein Handelsgewerbe und damit keine Kaufmannseigenschaft vor (§ 1 II), so daß auf diese Unternehmen die Vorschriften des Dritten Buches über die Handelsbücher keine Anwendung finden.

2. Hilfspersonen. Die Buchführungspflicht ist keine höchstpersönliche Verpflichtung, sie kann auch durch Hilfspersonen erfüllt oder außer Haus geben werden; insoweit besteht lediglich die Verpflichtung zur sorgfältigen Auswahl und Überwachung.

II. Steuerliche Buchführungspflichten

Die steuerlichen Vorschriften knüpfen grundsätzlich an die handels- 2 rechtlichen Verpflichtungen zur Buchführung an (§ 140 AO). Allerdings entsteht für steuerliche Zwecke nach § 141 I AO auch für Nicht-Kaufleute eine Buchführungspflicht, wenn die Umsatzerlöse mehr als 500 000 DM oder der Gewinn aus Gewerbebetrieb oder Land- und Forstwirtschaft mehr als 48 000 DM beträgt.

III. Beginn und Ende der Buchführungspflicht

Die Verpflichtung zur Buchführung beginnt für den sog **Istkauf-** 3 **mann** (s § 1) mit der Aufnahme des Handelsgewerbes, unabhängig davon, ob er bereits im Handelsregister eingetragen ist. Für den sog **Kannkaufmann** (s § 2) entsteht die Verpflichtung wegen des Wahlrechts für die Handelsregistereintragung erst mit der Eintragung der Firma in das Handelsregister. Bei den sog **Formkaufleuten** (s § 6) beginnt die Buchführungspflicht mit der Gründung der Gesellschaft (*Budde/Kunz* in Beck-BilKomm § 238 Rz 49; *Winnefeld,* Bilanz-HB, Kap A Rz 202). Die Buchführungspflicht endet, wenn die Kaufmannseigenschaft nicht mehr besteht; sie endet allerdings auch schon, wenn die Tätigkeit zu einem minderkaufmännischen Betrieb herabsinkt. Beim **Kannkaufmann** endet die Buchführungspflicht mit der Löschung im Handelsregister; bei **Formkaufleuten** nicht bereits mit

§ 238
Drittes Buch. Handelsbücher

der Auflösung der Gesellschaft, sondern erst dann, wenn die Gesellschaft abgewickelt und im Handelsregister gelöscht ist.

IV. Inhalt der Buchführung

4   Buchführung ist die laufende, systematische und in Geldgrößen vorgenommene Dokumentation von Geschäftsvorfällen (*Budde/Karig* in Beck-BilKomm § 238 Rz 59). Nach welchem System die Buchführung einzurichten ist und welche Bücher im einzelnen zu führen sind, läßt das Gesetz offen. Dies bestimmt sich im wesentlichen nach den Grundsätzen ordnungsmäßiger Buchführung (vgl hierzu die Erl zu § 243 Rz 1 ff). Die Buchführung hat den Zweck, das Vermögen des Kaufmanns und dessen Entwicklung übersichtlich und nachprüfbar darzustellen. Handelsbücher erfüllen damit die Funktion von Urkunden iSv §§ 267 ff StGB; sie dienen zum einen dem Gläubigerschutz, erfüllen aber auch Beweissicherungs- und Selbstinformationsfunktionen. Die Auswirkungen auf das Vermögen dokumentieren sich in den Geschäftsvorfällen, die die Grundlage der Buchführung und damit den Inhalt der Handelsbücher darstellen. Aufzeichnungspflichtige Geschäftsvorfälle sind solche Handelsgeschäfte (vgl hierzu Erl zu §§ 343 ff), die zumindest von einer Seite bereits erfüllt ist. Schwebende Geschäfte sind somit nicht aufzeichnungspflichtig, da sie die Vermögenslage des Kaufmanns noch nicht beeinflußt haben (Ausnahme: drohende Verluste aus schwebenden Geschäften; vgl Erl zu § 249 Rz 6).

V. Anforderung an die Buchführung

5   Abs 1 S 1 stellt bestimmte Mindestanforderungen an Form und Inhalt und damit an die Ordnungsmäßigkeit der Buchführung: **a) Sachverständiger Dritter.** Die Buchführung muß so beschaffen sein, daß sich ein sachverständiger Dritter (nicht eine beliebige Privatperson) in angemessener Zeit den im Gesetz geforderten Überblick verschaffen kann. Sachverständige, auch iSv § 145 AO, sind insbesondere Wirtschaftsprüfer, Steuerberater, Buchhalter, Außenprüfer der Finanzverwaltung, aber auch jede andere fachkundige Person, die in der Lage ist Bilanzen zu lesen und zu beurteilen (*ADS*, § 238 Rz 45; *Ellerich* in: *Küting/Weber* I a § 238 Rz 15)

6   **b) Angemessene Zeit.** Der Überblick muß dem sachverständigen Dritten in angemessener Zeit möglich sein. Der für den Überblick notwendige Zeitaufwand hängt vom Umfang des einzelnen Rechenwerks ab; er ist dann angemessen, wenn der Überblick anhand des Buchwerks und der Belege ohne Schwierigkeiten und ohne weitere Auskünfte zügig gewonnen werden kann (*MKHGBBallwieser* § 238 Rz 27).

7   **c) Überblick über die Geschäftsvorfälle und die Lage der Gesellschaft.** Aus der Buchführung soll der Stand des Vermögens und der Schulden des Kaufmanns erkennbar sein und damit die Haftungsmasse, die den Gläubigern zur Erfüllung ihrer Forderungen zur Verfügung

steht. Die Buchführung muß somit auch eine Beweis- und eine Sicherungsfunktion erfüllen.

d) Die zu führenden Handelsbücher. Welche Bücher zu führen sind, ist im Gesetz im einzelnen nicht bestimmt; in der Praxis haben sich Grund-, Haupt- und Nebenbücher zur Erfassung der Geschäftsvorfälle durchgesetzt. **aa) Grundbücher** dienen dem chronologischen und damit vollständigen Erfassen sämtlicher Geschäftsvorfälle; die Anzahl der Grundbücher und die Form, in der diese zu führen sind, hängt vom Umfang und der Struktur der Geschäftsvorfälle ab. Im Grundbuch ist jeder Geschäftsvorfall idR mit folgenden Angaben zu erfassen: Datum, Beleghinweis, Sachverhalt, Konto, Gegenkonto, Betrag. **bb)** In den **Hauptbüchern** sind die Geschäftsvorfälle nach sachlichen Gesichtspunkten geordnet; den Hauptbüchern liegen regelmäßig Sachkonten zugrunde, die in einem den jeweiligen Verhältnissen des Unternehmens entsprechenden Kontenplan erfaßt sind. **cc) Nebenbücher** (auch Hilfsbücher) sollen die Aussagefähigkeit der Hauptbücher in einzelnen Bereichen erhöhen. Wichtigste Nebenbücher sind die Kontokorrentbuchhaltung (Debitoren, Kreditoren), Kassenbuchhaltung, Anlagebuchhaltung, Lohn- und Gehaltsbuchhaltung, Materialbuchhaltung. Die Betriebsbuchhaltung ist zumindest insoweit Handelsbuch iSv § 238, als sie die Grundlage für die ordnungsmäßige Bewertung der unfertigen und fertigen Erzeugnisse und der selbsterstellten Anlagen darstellt.

e) Belegprinzip. Unabdingbare Voraussetzung für eine ordnungsmäßige Buchführung ist die Einhaltung des Belegprinzips („keine Buchung ohne Beleg") (BFH, DB 1962, 1029). Der Beleg ist Dokument und Nachweis der einzelnen Geschäftsvorfalls. Sofern bei EDV-gestützten Buchführungen keine optisch lesbaren Auflistungen erstellt werden, sondern zB Magnetstreifen oder Platten, muß sichergestellt sein, daß die Speichermedien entsprechend haltbar und daß jederzeit ein Zugriff auf den einzelnen Beleg sichergestellt ist.

VI. Folgen der Verletzung der Buchführungspflicht

Die Verletzung der Buchführungspflicht hat zunächst für den Kaufmann keine unmittelbaren Folgen, da in §§ 331 bis 335 b keine entsprechenden Sanktionen vorgesehen sind. Eine nicht vollständige oder nicht vollständig aufbewahrte Buchführung kann allerdings zu einer unrichtigen Darstellung im Jahresabschluß führen und insoweit nach § 331 strafbar sein. Ferner kann die Verletzung der Buchführungspflicht im Falle der Insolvenz strafrechtliche Konsequenzen haben (§§ 283 ff StGB).

VII. Briefkopien (II)

Der Kaufmann ist verpflichtet, von den abgesandten Handelsbriefen entsprechende vollinhaltliche Kopien, Abdrucke, Abschriften oder sonstige Wiedergaben zurückzubehalten und aufzubewahren (§ 257 I

§ 239 Drittes Buch. Handelsbücher

Nr 3). Auch die Speicherung auf anderen Datenträgern als in Schrift oder Bild sind zugelassen; hier ist insbesondere die Mikroverfilmung von praktischer Bedeutung, zunehmend auch die Speicherung auf CD. Als Handelsbriefe gelten sämtliche Schriftstücke, die der Vorbereitung, Durchführung und dem Abschluß oder der Rückgängigmachung eines Geschäfts dienen (*Budde/Kunz* in Beck-BilKomm § 238 Rz 96).

§ 239 Führung der Handelsbücher

(1) **¹Bei der Führung der Handelsbücher und bei den sonst erforderlichen Aufzeichnungen hat sich der Kaufmann einer lebenden Sprache zu bedienen. ²Werden Abkürzungen, Ziffern, Buchstaben oder Symbole verwendet, muß im Einzelfall deren Bedeutung eindeutig festliegen.**

(2) **Die Eintragungen in Büchern und die sonst erforderlichen Aufzeichnungen müssen vollständig, richtig, zeitgerecht und geordnet vorgenommen werden.**

(3) **¹Eine Eintragung oder eine Aufzeichnung darf nicht in einer Weise verändert werden, daß der ursprüngliche Inhalt nicht mehr feststellbar ist. ²Auch solche Veränderungen dürfen nicht vorgenommen werden, deren Beschaffenheit es ungewiß läßt, ob sie ursprünglich oder erst später gemacht worden sind.**

(4) **¹Die Handelsbücher und die sonst erforderlichen Aufzeichnungen können auch in der geordneten Ablage von Belegen bestehen oder auf Datenträgern geführt werden, soweit diese Formen der Buchführung einschließlich des dabei angewandten Verfahrens den Grundsätzen ordnungsmäßiger Buchführung entsprechen. ²Bei der Führung der Handelsbücher und der sonst erforderlichen Aufzeichnungen auf Datenträgern muß insbesondere sichergestellt sein, daß die Daten während der Dauer der Aufbewahrungsfrist verfügbar sind und jederzeit innerhalb angemessener Frist lesbar gemacht werden können. ³Absätze 1 bis 3 gelten sinngemäß.**

§ 239 regelt die äußere Form der zu führenden Handelsbücher und der sonstigen Aufzeichnungen und entspricht weitgehend der Vorschrift des § 146 I, III bis VI AO.

I. Lebende Sprache, Abkürzungen, Ziffern, Buchstaben, Symbole (I)

1   Anders als der JA, der in deutscher Sprache aufzustellen ist (§ 244), reicht für die Führung der Handelsbücher und sonstigen Aufzeichnungen die Verwendung einer **lebenden** Sprache, wobei mit der Formulierung „einer" keineswegs eine anzahlmäßige Begrenzung erfolgen soll; dh Handelsbücher können in mehreren lebenden Sprachen geführt werden. Eine lebende Sprache liegt vor, wenn jederzeit eine Überset-

zung durch erreichbare Dolmetscher möglich ist. Keine lebenden Sprachen sind die lateinische und die altgriechische Sprache, aber auch Kunstsprachen und Kunstschriften. Auch die Verwendung von Abkürzungen, Ziffern, Buchstaben und Symbolen ist dann zulässig, wenn deren Bedeutung eindeutig festliegt, im Zweifel sind sie durch ein entsprechendes Schlüsselverzeichnis nachzuweisen.

II. Vollständigkeit, Richtigkeit, Zeitnähe, Ordnung (II)

Das Gebot der **Vollständigkeit** konkretisiert einen der Grundsätze ordnungsmäßiger Buchführung; es besagt, daß sämtliche Geschäftsvorfälle in den Büchern lückenlos zu erfassen sind. Die Verwendung von Nebenbüchern ist zulässig, wenn diese mit dem Hauptbuch verknüpft und jederzeit abstimmbar sind. Die Eintragungen müssen **richtig** sein, dh die Geschäftsvorfälle sind zutreffend aufzuzeichnen; unzulässig sind falsche oder fiktive Konten und Buchungen. Die Eintragungen haben **zeitgerecht** zu erfolgen; Kassenvorgänge sind danach täglich zu erfassen (§ 146 I 2 AO), bei den übrigen Geschäftsvorfällen reicht es aus, wenn sie in kurzfristigeren Zeiträumen erfaßt werden; bestimmte zeitliche Grenzen sind im Gesetz nicht vorgegeben und haben sich auch nicht als GoB herausgebildet; der BFH geht jedoch davon aus, daß ein Buchungsintervall nicht länger als einen Monat dauern soll, BB 1992, 1964. **Geordnet** werden die Eintragungen dann vorgenommen, wenn die Geschäftsvorfälle auf der Basis eines sinnvollen Kontensystems fachgerecht kontiert und durch Belegnummern oder dgl einwandfrei identifizierbar sind. 2

III. Veränderungen (III)

Änderungen der Eintragungen in den Handelsbüchern sind nur zulässig, wenn ihr ursprünglicher Inhalt feststellbar bleibt; außerdem muß bei jeder Änderung erkennbar sein, daß es sich um eine solche nachträgliche Änderung handelt. Ausgeschlossen sind damit Überschreiben oder Radieren der ursprünglichen Eintragungen. Diese Vorschrift gilt auch für Buchführungen mittels EDV. 3

IV. Andere Formen der Buchführung und deren Anwendungsvoraussetzung (IV)

Die Formulierung in Abs 4 ist relativ allgemein gehalten; damit soll der technischen Entwicklung Rechnung getragen und die Möglichkeiten offengehalten werden, neue Formen der Buchführungen zu entwickeln. Diese sind grundsätzlich einsetzbar, wenn sie den GoB entsprechen. Nach Abs 4 sind auch zulässig die Lose-Blatt-Buchführung, die Offene-Posten-Buchhaltung und die Speicherbuchführung. Zu zwei in diesem Bereich am häufigsten eingesetzten Verfahren sind Schreiben des BdF ergangen, und zwar zur Verwendung von Mikrofilmaufnahmen (BStBl I 1984, 155 ff) und zu den Grundsätzen 4

§ 240 Drittes Buch. Handelsbücher

ordnungsmäßiger DV-gestützter Buchführungssysteme (GoBS) (BStBl I 1995, 738 ff; vgl auch FAMA 1/87 idF 1993). Die dort niedergelegten Grundsätze sind auch für andere EDV-Buchführungen maßgebend. Auch die Buchführung außer Haus ist zulässig; die Beschränkung des § 146 II AO, wonach die Buchführung nur im Inland erfolgen darf, gilt für das Handelsrecht nicht. Da jedoch für steuerliche Zwecke idR keine gesonderte Buchführung erstellt wird, wirkt die steuerliche Vorschrift praktisch auch auf die Erfüllung der handelsrechtlichen Buchführungspflicht. Der Einsatz sämtlicher Buchführungsverfahren setzt voraus, daß sichergestellt ist, daß die Daten während der Dauer der Aufbewahrungsfrist verfügbar sind und jederzeit innerhalb angemessener Frist, also nicht sofort und ständig, lesbar gemacht werden können. Die in Abs 1 bis 3 enthaltenen Grundsätze gelten unter Berücksichtigung der Besonderheiten der EDV (zB Änderungsprotokolle, automatische Buchungslisten ua) auch für diese Buchführungsverfahren.

§ 240 Inventar

(1) **Jeder Kaufmann hat zu Beginn seines Handelsgewerbes seine Grundstücke, seine Forderungen und Schulden, den Betrag seines baren Geldes sowie seine sonstigen Vermögensgegenstände genau zu verzeichnen und dabei den Wert der einzelnen Vermögensgegenstände und Schulden anzugeben.**

(2) ¹**Er hat demnächst für den Schluß eines jeden Geschäftsjahrs ein solches Inventar aufzustellen.** ²**Die Dauer des Geschäftsjahrs darf zwölf Monate nicht überschreiten.** ³**Die Aufstellung des Inventars ist innerhalb der einem ordnungsmäßigen Geschäftsgang entsprechenden Zeit zu bewirken.**

(3) ¹**Vermögensgegenstände des Sachanlagevermögens sowie Roh-, Hilfs- und Betriebsstoffe können, wenn sie regelmäßig ersetzt werden und ihr Gesamtwert für das Unternehmen von nachrangiger Bedeutung ist, mit einer gleichbleibenden Menge und einem gleichbleibenden Wert angesetzt werden, sofern ihr Bestand in seiner Größe, seinem Wert und seiner Zusammensetzung nur geringen Veränderungen unterliegt.** ²**Jedoch ist in der Regel alle drei Jahre eine körperliche Bestandsaufnahme durchzuführen.**

(4) **Gleichartige Vermögensgegenstände des Vorratsvermögens sowie andere gleichartige oder annähernd gleichwertige bewegliche Vermögensgegenstände und Schulden können jeweils zu einer Gruppe zusammengefaßt und mit dem gewogenen Durchschnittswert angesetzt werden.**

I. Pflicht zur Aufstellung eines Inventars (I und II S 1 und 3)

1 **1. Allgemeines.** Jeder zur Buchführung verpflichtete Kaufmann (§ 238) hat zu Beginn seines Handelsgewerbes ein Inventar (Eröffnungs-

Erster Abschnitt. Vorschriften für alle Kaufleute   **§ 240**

inventar) und dann am Ende eines jeden Geschäftsjahrs ein Inventar aufzustellen. **Inventar** ist das auf einen bestimmten Zeitpunkt nach Art und Wert aufgestellte Verzeichnis der einzelnen Vermögensgegenstände und Schulden. Unter Vermögensgegenstände rechnen nach Handelsrecht lediglich die auf der Aktivseite der Bilanz ausgewiesenen Gegenstände, also Grundstücke, Forderungen, flüssige Mittel und die sonstigen Vermögensgegenstände einschließlich der immateriellen Gegenstände. Er ist damit enger gefaßt als der steuerliche Begriff des Wirtschaftsguts, der auch die Posten der Passivseite einschließt (*Budde/Kunz* in Beck-BilKomm § 240 Rz 3; *Schmidt/Weber-Grellet*, EStG § 5 Rz 93). Unter **Inventur** dagegen versteht man den Vorgang der körperlichen Erfassung der einzelnen Vermögensgegenstände und Schulden; deren Bewertung führt dann zum Inventar (*ADS*, § 240 Rz 4).

2. Grundsätze und Verfahren der Inventur. a) Inventurgrund- 2
sätze. Die Aufstellung des Inventars verlangt zumindest für die körperlichen Gegenstände eine körperliche Bestandsaufnahme zum jeweiligen Stichtag. Für die Durchführung der Inventur gelten als Ausprägung der GoB die Grundsätze ordnungsmäßiger Inventur; dies sind im einzelnen (vgl *Winnefeld*, Bilanz-HB, Kap B Rz 30 ff; *Budde/Kunz* in Beck-BilKomm § 240 Rz 17 ff): **aa) Vollständigkeit der Bestandsaufnahme.** Der Kaufmann hat alle ihm wirtschaftlich zuzurechnenden Vermögensposten und Schulden zu erfassen; die Formulierung „seine" Vermögensgegenstände schließt nicht nur die Gegenstände ein, die ihm zivilrechtlich gehören, sondern auch alle diejenigen, an denen lediglich wirtschaftliches Eigentum besteht, zB unter Eigentumsvorbehalt erworbene oder sicherungsübereignete Gegenstände. **bb) Richtigkeit.** Die Richtigkeit der Bestandsaufnahme erfordert eine zutreffende Erfassung der Vermögensgegenstände nach Art (sachgerechte Zuordnung der aufzunehmenden Gegenstände zB nach Materialarten), Menge (Zuverlässigkeit von Meß-, Zähl- oder Wiegevorgängen) und Wert (Ermittlung der richtigen Anschaffungs- oder Herstellungskosten, aber auch sämtlicher für die Bewertung relevanter Faktoren, zB Mängel oder Beschädigungen, Überbestände, Lagerhüter, Bonität). **cc) Einzelerfassung.** Eine ordnungsmäßige Inventur setzt grundsätzlich die Einzelerfassung sämtlicher Bestände voraus, da ansonsten auch der Grundsatz der Einzelbewertung des § 252 I Nr 3 nicht erfüllt werden kann. **dd) Nachprüfbarkeit.** Sowohl das Verfahren (Inventuranweisungen und sonstige Unterlagen) als auch das Ergebnis der Bestandsaufnahmen (beginnend bei den Inventurlisten bis zum fertigen Inventar) sind zu dokumentieren, so daß sich ein sachverständiger Dritter in angemessener Zeit ein Bild über Art, Menge und Wert der aufgenommenen Bestände machen kann.

b) Inventurverfahren. Die zur Aufstellung des Inventars notwendi- 3
gen Inventurverfahren unterscheiden sich nach Art, Zeitpunkt und Umfang (*ADS*, § 240 Rz 26). Das Gesetz geht als Regelfall von der Stichtagsinventur aus (abgeleitet aus Abs 3 S 2), läßt aber als weitere

§ 240
Drittes Buch. Handelsbücher

Verfahren der körperlichen Bestandsaufnahme auch die Stichprobeninventur (§ 241 I), die permanente Inventur (§ 241 II) und die vor- und nachverlagerte Stichtagsinventur (§ 241 III) zu. Nicht ausdrücklich erwähnt ist die Buchinventur; sie ist jedoch insbesondere in den Fällen der unkörperlichen Gegenstände (zB Forderungen, Rechte etc) ein zugelassenes Verfahren zur Bestandsaufnahme. Die körperliche Bestandsaufnahme erfolgt durch Zählen, Messen, Wiegen oder Schätzen. Gleichgültig, ob die Bestandsaufnahme vollständig oder in Stichproben erfolgt, ermöglicht sie zugleich eine Abstimmung mit Buchbeständen, zB bei den flüssigen Mitteln, Wertpapieren und – sofern eine Lagerbuchführung vorhanden ist – auch mit den Materialbeständen. Bei der **Buchinventur** werden die Bestände anhand der Buchführung (Saldenlisten, Offene-Postenlisten, Anlagenkartei etc) ermittelt. Als **Stichtagsinventur** wird die körperliche Bestandsaufnahme zum Abschlußstichtag bezeichnet. Sie bietet eine hohe Gewähr für das Vorhandensein der in die Bilanz zu übernehmenden Bestände und macht eine Fortschreibung oder Rückrechnung auf den Stichtag überflüssig. Eine Pflicht zur körperlichen Aufnahme auf den Abschlußstichtag besteht bei Beständen, bei denen erfahrungsgemäß starke Mengenbewegungen und -differenzen auftreten, bei Beständen mit hohen Werten (zB Edelmetallen) und bei solchen Gegenständen, bei denen ein hohes Risiko von unkontrollierten Abgängen (zB durch Schwund, Diebstahl, Verderb etc) besteht (R 30 III EStR; auch *ADS,* § 240 Rz 37). Da in der Praxis aus betrieblichen oder sonstigen Gründen die körperliche Aufnahme nicht ausschließlich am Abschlußstichtag durchführbar ist, stellt sich die Notwendigkeit, die Bestandserfassung in einem bestimmten Zeitraum vor und nach dem Stichtag durchzuführen. Diese **ausgeweitete Stichtagsinventur** wird allgemein dann als zulässig angesehen, wenn der zeitliche Rahmen nicht mehr als 10 Tage überschritten wird (R 30 I 1 EStR; auch *ADS,* § 240 Rz 38; *Budde/Kunz* in Beck-BilKomm § 240 Rz 43). Zur **permanenten Inventur** und zur **vor- und nachverlagerten Stichtagsinventur** vgl Erl zu § 241. **c) Besonderheiten der Inventarisierung.** Nach Abs 1 hat der Kaufmann **seine** Vermögensgegenstände aufzunehmen und zu inventarisieren. Damit ist im Regelfall auf das bürgerlich-rechtliche Eigentum abzustellen; in Ausnahmefällen ist jedoch das wirtschaftliche Eigentum von Bedeutung. So sind unter Eigentumsvorbehalt erhaltene Gegenstände ebenso in das Inventar aufzunehmen wie sicherungsübereignete Gegenstände oder zur Sicherung abgetretene Forderungen (vgl Erl zu § 246 Rz 1 f). Bei Leasinggegenständen hängt die Inventarisierung davon ab, wem der Leasinggegenstand zuzurechnen ist; ist er dem Leasinggeber zuzurechnen, hat dieser den Gegenstand in sein Inventar aufzunehmen; ist er dem Leasingnehmer zuzurechnen, inventarisiert dieser ihn (vgl im einzelnen Erl zu § 246 Rz 5). Unterwegs befindliche Waren sind dann in das Inventar aufzunehmen, wenn die unmittelbare oder mittelbare Verfügungsmacht über die Gegenstände erlangt worden oder die Preisgefahr übergegangen ist (*Budde/Kunz* in Beck-BilKomm § 240 Rz 58).

3. Frist zur Aufstellung des Inventars. Nach Abs 2 S 3 ist die Aufstellung des Inventars innerhalb einer dem ordnungsgemäßen Geschäftsgang entsprechenden Zeit zu bewirken. Da die Aufstellung des Inventars notwendigerweise der Bilanzerstellung vorausgeht, kann sich diese Frist nicht mit der des § 243 III decken; vielmehr wird das Inventar Wochen vor der Bilanz aufgestellt sein müssen, da die Bilanzerstellung im Regelfall einen höheren Zeitaufwand erfordert als die Aufstellung des Inventars. 4

II. Dauer des Geschäftsjahrs

Nach Abs 2 S 2 darf ein Geschäftsjahr die Dauer von 12 Monaten nicht überschreiten. Als Geschäftsjahr wird dabei die vom Kaufmann festgelegte Rechnungsperiode verstanden (*ADS,* § 240 Rz 68). Mit dieser Bestimmung ist die Höchstdauer für ein Geschäftsjahr festgelegt, allerdings sollen normalerweise die 12 Monate auch nicht unterschritten werden (*Budde/Kunz* in Beck-BilKomm § 240 Rz 60 mwN). Die Festlegung des Geschäftsjahrs hat sowohl handelsrechtliche als auch bilanzsteuerrechtliche Wirkungen (§ 4a I Nr 2 EStG); sie erfolgt üblicherweise bei Errichtung des Unternehmens. Wird das Geschäftsjahr nicht ausdrücklich festgelegt, ist es mit dem Kalenderjahr identisch. Bei Einrichtung seines Unternehmens ist der Kaufmann jedoch frei, auch ein vom Kalenderjahr abweichendes Geschäftsjahr zu bestimmen; seine Dauer darf jedoch auch in diesem Fall 12 Monate nicht überschreiten. In sachlich begründeten Ausnahmefällen (zB bei gesellschaftsrechtlichen Änderungen, Einbringungen, Umwandlungen, Umstellungen des Geschäftsjahrs auf eine saisonal ausgerichtete Tätigkeit) ist eine Änderung des Geschäftsjahrs und damit ein weniger als 12 Monate dauerndes Rumpfgeschäftsjahr zulässig (*Hachenburg/Ulmer,* GmbHG § 53 Rz 111; *ADS,* § 240 Rz 69 mwN). Ein beliebiger oder willkürlicher Wechsel des Geschäftsjahrs ist unzulässig. Steuerlich ist ein Wechsel des Geschäftsjahrs, der zu einem vom Kalenderjahr abweichenden Geschäftsjahr führt, nur wirksam, wenn dies im Einvernehmen mit dem Finanzamt vorgenommen wird (§ 4a I Nr 2 EStG); ein Wechsel von einem abweichenden auf ein mit dem Kalenderjahr identischen Wirtschaftsjahr kann ohne Zustimmung des Finanzamts vorgenommen werden. 5

III. Ausnahmen vom Grundsatz der Einzelerfassung und Einzelbewertung (III und IV)

Vom Grundsatz der Einzelerfassung und Einzelbewertung läßt das Gesetz zwei Ausnahmeregelungen als Wahlrecht zu: 6

1. Festbewertung (III). Der Festwert wird mit dem Wert gebildet, der sich als Wert der betreffenden Gegenstände bei erstmaliger Bildung des Festwerts ergibt. Die Festbewertung ist nur für bestimmte Gegenstände (Sachanlagevermögen und Roh-, Hilfs- und Betriebsstoffe) zulässig, und zwar dann, wenn diese regelmäßig ersetzt werden, ihr

§ 240 Drittes Buch. Handelsbücher

Gesamtwert für das Unternehmen von nachrangiger Bedeutung ist und der Bestand nach Größe, Wert und Zusammensetzung nur geringfügigen Veränderungen unterworfen ist. Hinter dem Erfordernis des **regelmäßigen Ersatzes** steht der Gedanke, daß sich Neuzugänge einerseits sowie Abgänge, Abschreibungen und Verbrauch andererseits in etwa entsprechen. Die **nachrangige Bedeutung** ist für jeden einzelnen Festwert gesondert zu prüfen, darüberhinaus muß auch die Summe aller Festwerte von nachrangiger Bedeutung sein (*ADS*, § 240 Rz 81; *Budde/Kunz* in Beck-BilKomm § 240 Rz 86; aA *Wiedmann* BilR § 240 Rz 27, der eine Gesamtbetrachtung nicht für erforderlich hält). Die Nachrangigkeit als unbestimmter Rechtsbegriff bestimmt sich primär nach der Bedeutung für die Vermögens-, Finanz- und Ertragslage und ist in erster Linie an der Bilanzsumme zu messen; eine Festlegung auf 5% der Bilanzsumme (so BMF, DStR 1992, 542) kann lediglich als Anhaltspunkt, nicht jedoch als absoluter Maßstab für die Bestimmung der Nachrangigkeit angesehen werden (so auch *ADS*, § 240 Rz 79 f). Wertvolle Gegenstände sind somit grundsätzlich von der Festbewertung ausgeschlossen. Die Festbewertung ist als Vereinfachungsregelung anzusehen, insofern sind die Bestände idR nur alle drei Jahre körperlich aufzunehmen. Mengenmäßige Veränderungen führen in Übereinstimmung mit den steuerlichen Regelungen (R 31 IV, 36 IV EStR) auch in der Handelsbilanz zu Anpassungen des Festwerts, wenn der Wert der mengenmäßigen Erhöhung 10% des ursprünglichen Festwerts übersteigt (WPHdb 2000 E Rz 351). Die Anpassung erfolgt in der Weise, daß der bisherige Festwert um die Zugänge des letzten Geschäftsjahrs solange erhöht wird, bis der neue Festwert erreicht ist (R 31 IV 3 EStR). Minderungen des Bestands gegenüber dem bisherigen Festwert sind durch Abschreibungen oder Abgänge zu berücksichtigen.

7 **2. Gruppenbewertung (IV).** Auf gleichartige Gegenstände des Vorratsvermögens sowie andere gleichartige oder andere annähernd gleichwertige bewegliche Gegenstände des Anlage- oder des Umlaufvermögens, insbesondere Wertpapiere, und auf Schulden kann die Gruppenbewertung angewendet werden. Gleichartig sind Vermögensgegenstände dann, wenn sie zur gleichen Warengattung gehören oder in ihrer Verwendbarkeit oder Funktion bei annähernd gleichen Preisen gleich sind. Gleichwertigkeit ist gegeben, wenn die Preise der in der Gruppenbewertung zusammengefaßten Gegenstände nicht wesentlich voneinander abweichen (vgl *Budde/Kunz* in Beck-BilKomm § 240 Rz 135 ff). Die Gruppenbewertung ist zum gewogenen Durchschnittswert (unzulässig: einfache Durchschnittsbewertung) vorzunehmen. Bei der Ermittlung des gewogenen Durchschnitts werden zwei Verfahren unterschieden: einfacher gewogener Durchschnitt und gleitender gewogener Durchschnitt. Beim einfachen gewogenen Durchschnitt werden der aus Menge und Preis ermittelte Anfangsbestand und die Summe der Zugänge des Geschäftsjahrs durch die Summe der Mengen von Anfangsbestand und Zugängen geteilt und insoweit der gewogene

Durchschnitt ermittelt. Beim gleitenden gewogenen Durchschnitt wird nach jedem Zugang ein neuer Durchschnittswert ermittelt und jeder Abgang mit dem zuletzt ermittelten Durchschnittspreis berücksichtigt (Beispielsrechnung zu diesem Verfahren bei *ADS*, § 240 Rz 134). Dem Zweck der Gruppenbewertung als Vereinfachungsregel entspricht die gleitende gewogene Durchschnittsbewertung nicht (*Budde/Kunz* in Beck-BilKomm § 240 Rz 139). Ungeachtet der Vereinfachungsregelung bei der Gruppenbewertung bleibt das Niederstwertprinzip (§ 253 II 3 oder § 253 III) zu beachten, so daß bei sinkenden Marktpreisen nicht der gewogene Durchschnittswert sondern der niedrigere Marktpreis am Bilanzstichtag für die betreffende Gruppe anzusetzen ist. Für Zwecke der Besteuerung ist die Gruppenbewertung seit langem anerkannt und durch die Rechtsprechung immer wieder bestätigt worden (vgl zB BFH, BB 1993, 40); die Finanzverwaltung hat ihre Anwendung in R 36 IV EStR geregelt (im einzelnen vgl *Schmidt/Glanegger*, EStG § 6 Rz 260 ff). Nach Einführung durch das VersBiRiLiG können nunmehr auch Schulden unter den gleichen Voraussetzungen zu Gruppen zusammengefaßt und mit dem gewogenen Durchschnittswert angesetzt werden; Bedeutung dürfte diese Regelung vor allem für gleichartige Währungsverbindlichkeiten haben.

§ 241 Inventurvereinfachungsverfahren

(1) ¹**Bei der Aufstellung des Inventars darf der Bestand der Vermögensgegenstände nach Art, Menge und Wert auch mit Hilfe anerkannter mathematisch-statistischer Methoden auf Grund von Stichproben ermittelt werden.** ²**Das Verfahren muß den Grundsätzen ordnungsmäßiger Buchführung entsprechen.** ³**Der Aussagewert des auf diese Weise aufgestellten Inventars muß dem Aussagewert eines auf Grund einer körperlichen Bestandsaufnahme aufgestellten Inventars gleichkommen.**

(2) **Bei der Aufstellung des Inventars für den Schluß eines Geschäftsjahrs bedarf es einer körperlichen Bestandsaufnahme der Vermögensgegenstände für diesen Zeitpunkt nicht, soweit durch Anwendung eines den Grundsätzen ordnungsmäßiger Buchführung entsprechenden anderen Verfahrens gesichert ist, daß der Bestand der Vermögensgegenstände nach Art, Menge und Wert auch ohne die körperliche Bestandsaufnahme für diesen Zeitpunkt festgestellt werden kann.**

(3) **In dem Inventar für den Schluß eines Geschäftsjahrs brauchen Vermögensgegenstände nicht verzeichnet zu werden, wenn**

1. **der Kaufmann ihren Bestand auf Grund einer körperlichen Bestandsaufnahme oder auf Grund eines nach Absatz 2 zulässigen anderen Verfahrens nach Art, Menge und Wert in einem besonderen Inventar verzeichnet hat, das für einen Tag**

§ 241   Drittes Buch. Handelsbücher

innerhalb der letzten drei Monate vor oder der ersten beiden Monate nach dem Schluß des Geschäftsjahrs aufgestellt ist, und

2. auf Grund des besonderen Inventars durch Anwendung eines den Grundsätzen ordnungsmäßiger Buchführung entsprechenden Fortschreibungs- oder Rückrechnungsverfahrens gesichert ist, daß der am Schluß des Geschäftsjahrs vorhandene Bestand der Vermögensgegenstände für diesen Zeitpunkt ordnungsgemäß bewertet werden kann.

I. Anwendungsgrundsätze

1   Abs 1 und 2 ergänzen die allgemeinen Grundsätze der Aufstellung des Inventars. Die Vereinfachungsverfahren schließen zwar alle Vermögensgegenstände ein, beziehen sich aber in erster Linie auf die Aufnahmeverfahren des Vorratsvermögens; auf andere Vermögensgegenstände (zB Forderungen) sind sie nicht oder nur bedingt anwendbar.

II. Stichprobeninventur

2   § 240 verlangt grundsätzlich eine vollständige körperliche Erfassung sämtlicher Vermögensgegenstände. Unter bestimmten Voraussetzungen kann jedoch der Bestand nach Art, Menge und Wert auch aufgrund von Stichproben ermittelt werden. Voraussetzungen hierfür sind: **(1)** Anwendung anerkannter mathematisch-statistischer Methoden. Diese liegen dann vor, wenn die Verfahren wahrscheinlichkeitstheoretisch abgesichert sind, was eine ausreichend große Grundgesamtheit und die Anwendung der Zufallsauswahl voraussetzt (zu Einzelheiten vgl IdW-HFA 1/1981 idF 1990). **(2)** Beachtung der GoB, wobei insbesondere die Grundsätze der Vollständigkeit, der Richtigkeit und der Nachprüfbarkeit berührt sind. Die Vollständigkeit bezieht sich auf die Stichprobenauswahl; danach muß gewährleistet sein, daß sämtliche Vermögensgegenstände der Grundgesamtheit entsprechend der vorgegebenen Prämisse die Chance haben, in die Zufallsauswahl zu fallen. Dem Grundsatz der Richtigkeit entspricht die Stichprobeninventur dann, wenn die Aussagen mit einer bestimmten Wahrscheinlichkeit (Sicherheitsgrad) und Genauigkeit (Stichprobenfehler) getroffen werden können; als Sicherheitsgrad werden 95%, als Stichprobenfehler 1% verlangt (IdW-HFA 1/1981 idF 1990 S 72). **(3)** Äquivalenz der Aussage. Nach Abs 1 S 3 muß der Aussagewert der Stichprobeninventur dem Aussagewert einer vollständigen körperlichen Bestandsaufnahme entsprechen. Dieser ist dann gegeben, wenn aufgrund der angewandten Inventurverfahren nicht nur ein Gesamt-, sondern auch ein Einzelnachweis erbracht werden kann. Nachdem sowohl § 240 I als auch Abs 1 diesen Einzelnachweis verlangen, kann eine Stichprobeninventur nur dann eingesetzt werden, wenn der Einzelnachweis auf der Grundlage einer zuverlässigen Lagerbuchführung erbracht werden kann (*Budde/ Kunz* in Beck-BilKomm § 241 Rz 25 ff).

III. Andere Inventurverfahren

Nach Abs 2 kann der Bestand nach Art, Menge und Wert auch nach anderen Verfahren ermittelt werden, sofern diese den GoB entsprechen. Ein solches Verfahren ist insbes die **permanente Inventur**. Bei dieser erfolgt die körperliche Aufnahme nicht zum Bilanzstichtag und auch nicht für alle Bestände zu einem bestimmten Stichtag, sondern die Aufnahme wird verteilt über das ganze Geschäftsjahr. Die so erfolgte Bestandsaufnahme ist dann ordnungsgemäß, wenn die Zu- und Abgänge bei jedem einzelnen Gegenstand erfaßt wurden, die einzelnen Bewegungen belegmäßig nachgewiesen werden können und der Buchbestand regelmäßig durch eine körperliche Bestandsaufnahme kontrolliert wird (R 30 EStR). Darüber hinaus muß gewährleistet sein, daß **jeder** Gegenstand in jedem Geschäftsjahr mindestens einmal körperlich erfaßt wird (H 30 Nr 2 EStR). Bei Gegenständen mit unkontrollierten Abgängen (zB Schwund, Verderb, Verdunstung, leichte Zerbrechlichkeit) ist die permanente Inventur nicht anwendbar, ebenso nicht bei besonders wertvollen Beständen (*Budde/Kunz* in Beck-BilKomm § 241 Rz 33). Zu den Verfahren der Einlagerungsinventur und der systemgestützten Werkstattinventur vgl *ADS*, § 241 Rz 29 ff. 3

IV. Vor- und nachgelagerte Stichtagsinventur (III)

Eine vom Bilanzstichtag wegverlagerte Inventur, ohne daß es eine **mengenmäßige** Bestandsfortschreibung zum Bilanzstichtag bedarf, ist dann zulässig, wenn die körperliche Aufnahme bis zu drei Monate vor oder zwei Monate nach dem Bilanzstichtag erfolgt ist und das Inventar nach den allgemeinen Grundsätzen nach Art, Menge und Wert aufgestellt ist. Die vor- oder nachverlagerte Inventur kann als Vollaufnahme oder als Stichprobeninventur erfolgt sein. Die Fortschreibung oder Rückrechnung braucht nicht mengenmäßig, sondern ausschließlich wertmäßig erfolgen. 4

V. Kombination von Inventurverfahren

In der Wahl der Inventurverfahren ist der Kaufmann frei, er kann die Vermögensgegenstände und Schulden nach unterschiedlichen Verfahren ermitteln, selbst bei der Inventur der Vorräte können, wenn diese in organisatorisch selbständigen Einheiten gelagert sind, unterschiedliche Verfahren angewendet werden. Auch ist er nicht an ein einmal gewähltes Inventurverfahren gebunden; die Angabepflichtigen in § 284 II Nr 3 beziehen sich nur auf die Änderungen der Bewertung, nicht jedoch auf das Verfahren zur körperlichen Erfassung der Vermögensgegenstände. 5

§ 242

Drittes Buch. Handelsbücher

Zweiter Unterabschnitt. Eröffnungsbilanz. Jahresabschluß

Erster Titel. Allgemeine Vorschriften

§ 242 Pflicht zur Aufstellung

(1) ¹Der Kaufmann hat zu Beginn seines Handelsgewerbes und für den Schluß eines jeden Geschäftsjahrs einen das Verhältnis seines Vermögens und seiner Schulden darstellenden Abschluß (Eröffnungsbilanz, Bilanz) aufzustellen. ²Auf die Eröffnungsbilanz sind die für den Jahresabschluß geltenden Vorschriften entsprechend anzuwenden, soweit sie sich auf die Bilanz beziehen.

(2) Er hat für den Schluß eines jeden Geschäftsjahrs eine Gegenüberstellung der Aufwendungen und Erträge des Geschäftsjahrs (Gewinn- und Verlustrechnung) aufzustellen.

(3) Die Bilanz und die Gewinn- und Verlustrechnung bilden den Jahresabschluß.

I. Aufstellungspflichten

1   Die in Abs 1 und 2 niedergelegte Verpflichtung trifft sämtliche Kaufleute iS der §§ 1 ff, unabhängig davon, aufgrund welcher Rechtsnorm sie die Kaufmannseigenschaft erlangt haben.

1. Eröffnungsbilanz. Zu Beginn des Handelsgewerbes hat der Kaufmann eine Eröffnungsbilanz aufzustellen, sie wird im Gesetz als ein „das Verhältnis seines Vermögens und seiner Schulden darstellender Abschluß" definiert. Dieser handelsrechtliche Aufstellungsgrundsatz gilt nach § 140 AO auch für steuerliche Zwecke. § 60 I EStDV verpflichtet den Steuerpflichtigen ausdrücklich, die Eröffnungsbilanz seines Unternehmens dem Finanzamt einzureichen. Die Eröffnungsbilanz ist zu **Beginn** des Handelsgewerbes aufzustellen; dieser Zeitpunkt ist nicht allgemein zu bestimmen, sondern hängt von der Kaufmannsart und der Rechtsform des Unternehmens ab. Bei **Istkaufleuten** (§ 1) beginnt das Handelsgewerbe mit der Aufnahme des Geschäftsbetriebs; dies gilt sowohl für Einzelkaufleute wie für PersHandelsGes. Bei **Kannkaufleuten** (§§ 2 u 3) beginnt das Handelsgewerbe mit der Eintragung der Firma in das Handelsregister. Bei **Formkaufleuten** (§ 6), insbes bei KapGes, vollzieht sich deren Gründung in mehreren Phasen, entstanden ist die KapGes erst mit der Eintragung in das Handelsregister, so daß formal auch erst zu diesem Zeitpunkt die Gesellschaft als Handelsgesellschaft existiert. Da das Datum der Handelsregistereintragung jedoch nicht beeinflußbar und von Zufällen abhängig ist, ist nach hM die Eröffnungsbilanz auf den Zeitpunkt aufzustellen, zu dem die Vor-

Erster Abschnitt. Vorschriften für alle Kaufleute **§ 242**

gesellschaft ihren Geschäftsbetrieb aufnimmt, spätestens allerdings mit der Eintragung der Gesellschaft im Handelsregister (vgl *ADS,* § 242 Rz 23 ff mwN). KapGes haben entsprechend § 266 I 1 iV mit Abs 1 S 2 die Eröffnungsbilanz in Kontoform aufzustellen; entsprechendes gilt für PershandelsGes iSv § 264 a I. Für die übrigen Nicht-KapGes existiert eine entsprechende Vorschrift nicht, so daß diese für die Eröffnungsbilanz auch die Staffelform wählen können. In die Eröffnungsbilanz hat der Kaufmann „sein" Vermögen und „seine" Schulden aufzunehmen. Der Wortlaut des Gesetzes („sein" Vermögen) ist nicht dahingehend auszulegen, daß die Eröffnungsbilanz auch das Privatvermögen und die Privatschulden zu enthalten hat, sondern bedeutet, daß die Eröffnungsbilanz lediglich das unternehmerische Vermögen ausweisen soll. Welches Vermögen dem Unternehmenszweck dienen soll und damit in die Eröffnungsbilanz aufzunehmen ist, obliegt der individuellen Entscheidung des Kaufmanns und entzieht sich somit weitgehend allgemein gültigen Kriterien. Die im Steuerrecht geltende Unterscheidung zwischen notwendigem Betriebsvermögen, notwendigem Privatvermögen und gewillkürtem Betriebsvermögen (R 14 III EStR) wird jedoch meist auch für die handelsrechtliche Zuordnung zugrundegelegt. Bei KapGes, Genossenschaften und juristischen Personen des öffentlichen oder privaten Rechts stellen sich derartige Abgrenzungsprobleme nicht; dort sind sämtliche Vermögensgegenstände und Schulden, die diesen Gesellschaften zuzurechnen sind, auch in die Eröffnungsbilanz aufzunehmen. Zu den Besonderheiten der Eröffnungsbilanz bei KapGes vgl *Wiedmann,* BilR § 242 Rz 7. Bei PershandelsGes sind nur solche Vermögensgegenstände in die Eröffnungsbilanz aufzunehmen, die Gesamthandsvermögen darstellen sowie diesen entsprechende Schulden, unabhängig davon, ob die Gegenstände für betriebliche Zwecke genutzt werden oder nicht (anders BFH BStBl II 1988, 420, der eine Bilanzierung des Gesamthandsvermögens nur dann zuläßt, wenn die Vermögensgegenstände für betriebliche Zwecke genutzt werden). Vermögensgegenstände, die steuerlich Sonderbetriebsvermögen darstellen (also solche Gegenstände, die ein Gesellschafter seiner Gesellschaft zur Nutzung überläßt), sind nicht in die Eröffnungsbilanz aufzunehmen, da schuldrechtliche Vereinbarungen zwischen Gesellschaft und Gesellschafter für die handelsrechtliche Bilanzierung ohne Bedeutung sind. Auf die Eröffnungsbilanz sind sämtliche für den JA geltenden Vorschriften, soweit sie sich auf die Bilanz beziehen, entsprechend anzuwenden; dies gilt sowohl für Ausweis- als auch für Bewertungsfragen.

2. Jahresbilanz. Neben der Eröffnungsbilanz haben **alle** Kaufleute 2
für den Schluß eines jeden Geschäftsjahrs eine Bilanz aufzustellen, in der das Vermögen und die Schulden aufzunehmen sind. Zur Rechtsnatur der handelsrechtlichen Jahresbilanz vgl *ADS,* § 242 Rz 29 f. Mit der Aufstellung der Jahresbilanz wird zunächst die öffentlich-rechtliche Verpflichtung des § 242 I erfüllt. Die Jahresbilanz ist jedoch gleichzeitig

§ 243 Drittes Buch. Handelsbücher

auch Rechenschaftslegung gegenüber den Gesellschaftern und Gläubigern und Grundlage für den Gewinnverwendungsbeschluß. Daneben dient die Jahresbilanz steuerlichen Zwecken (§ 5 I 1 EStG, § 140 AO). Aufgrund des Maßgeblichkeitsgrundsatzes des § 5 I EStG ist die nach den handelsrechtlichen GoB aufgestellte Jahresbilanz Grundlage auch für die Besteuerung; mit der umgekehrten Maßgeblichkeit des § 5 I 2 EStG wird die Verknüpfung zwischen Handels- und Steuerbilanz hergestellt (zum Maßgeblichkeitsgrundsatz vgl *Schmidt/Weber-Grellet,* EStG § 5 Rz 26 ff mwN).

3   3. Gewinn- und Verlustrechnung (II). Neben der Bilanz ist zum Schluß eines jeden Geschäftsjahrs eine GuV aufzustellen, wobei das Gesetz diese als eine Gegenüberstellung von Aufwendungen und Erträgen des Geschäftsjahrs definiert; im Gegensatz zur Bilanz ist sie eine periodenbezogene Abrechnung. Für Nicht-KapGes (außer PershandelsGes iSv § 264 a I) gibt das Gesetz kein Gliederungsschema vor; aus den GoB ergibt sich jedoch unbestritten, daß auch die GuV hinreichend aufzugliedern ist, ähnlich wie dies in § 247 I für die Bilanz vorgeschrieben ist (vgl. *Budde/Kunz* in Beck-BilKomm § 242 Rz 11; *ADS,* § 242 Rz 37, WPHdb 2000, E Rz 455). Ob die GuV bei Nicht-KapGes (außer PershandelsGes iSv § 264 a I) in Konto- oder Staffelform aufzustellen ist, ist nicht geregelt; daher werden beide Darstellungsformen ebenso als zulässig angesehen werden müssen wie eine Gliederung entweder nach dem Gesamtkostenverfahren (§ 275 II) oder nach dem Umsatzkostenverfahren (§ 275 III), wenn auch in der Praxis bei kleineren Unternehmen wegen einer unzureichenden Untergliederung des Rechnungswesens eine Darstellung nach dem Umsatzkostenverfahren meist nicht zu realisieren sein wird. Aufgrund der Verpflichtung in Abs 2 zur Aufstellung einer GuV ist faktisch die doppelte Buchführung als Buchführungssystem vorgeschrieben (*ADS,* § 242 Rz 39).

II. Der Jahresabschluß (III)

4   Bilanz und GuV bilden den JA. Mit dieser Legaldefinition ist für alle Kaufleute der Inhalt des JA verbindlich festgelegt. Bei KapGes und bei PershandelsGes iSv § 264 a I gehört neben Bilanz und GuV zusätzlich noch der Anhang zum JA (§ 264 I 1).

§ 243 Aufstellungsgrundsatz

(1) **Der Jahresabschluß ist nach den Grundsätzen ordnungsmäßiger Buchführung aufzustellen.**

(2) **Er muß klar und übersichtlich sein.**

(3) **Der Jahresabschluß ist innerhalb der einem ordnungsmäßigen Geschäftsgang entsprechenden Zeit aufzustellen.**

I. Grundsätze ordnungsmäßiger Buchführung (I)

1. Begriff und Rechtsnatur. Abs 1 verpflichtet den Kaufmann, 1
den JA nach den GoB aufzustellen. Eine gesetzliche Definition dieses
Begriffs gibt es nicht; allgemein werden die GoB es als ein „System von
Regeln, das die gesamte Rechnungslegung umfaßt" (*Budde/Raff* in
Beck-BilKomm § 243 Rz 1) verstanden. Die Anwendung dieser Regeln ist dabei nicht auf die Buchführung im engeren Sinne beschränkt,
sondern umfaßt zum einen die Grundsätze ordnungsmäßiger Aufbewahrung von Büchern und Belegen (§ 257), aber auch die materielle
Buchführung und bezieht somit auch die Grundsätze ordnungsmäßiger
Inventur und ordnungsmäßiger Bilanzierung mit ein. Über die Rechtsnatur der GoB gibt es erhebliche Meinungsunterschiede (hierzu *Kruse,*
GoB, 100 ff; WPHdb 2000, E Rz 5; *Niedner,* HK-HGB, E vor § 242
Rz 8; *ADS,* § 243 Rz 3 ff, die die Entwicklung des Meinungsstreits im
einzelnen darstellen; auch *Budde/Raff* in Beck-BilKomm § 243
Rz 11 ff). Mit der heute hM ist davon auszugehen, daß es sich bei den
GoB um unbestimmte Rechtsbegriffe handelt, also um solche, die nicht
durch einen fest umrissenen Sachverhalt gekennzeichnet sind, sondern
vielmehr der Auslegung und Ausfüllung in der Rechtspraxis in tatsächlicher und rechtlicher Hinsicht bedürfen. Sie bleiben aber als unbestimmte Rechtsbegriffe rechtlich nachprüfbar und unterliegen somit
der revisionsrichterlichen Prüfung (hierauf weisen *Kruse,* GoB, 147 f,
aber auch *ADS,* § 243 Rz 8 ausdrücklich hin).

2. Normierte GoB. Mit der Transformation der 4. EG-Richtlinie 2
durch das BiRiLiG sind zahlreiche Grundsätze in das HGB aufgenommen worden, die bisher schon zu den nicht kodifizierten GoB gerechnet wurden. Dies sind im einzelnen: Grundsatz der Klarheit und Übersichtlichkeit (Abs 2), Grundsatz der Vollständigkeit (§ 246 I), Grundsatz
der Bilanzkontinuität (§ 252 I Nr 1), Stichtagsprinzip (§ 242 I und II,
§ 252 I Nr 5), Verrechnungsverbot (§ 246 II), Going-Concern-Prinzip
(§ 252 I Nr 2), Grundsatz der Einzelbewertung (§ 252 I Nr 3), Grundsatz der Vorsicht mit den Ausprägungen: Imparitätsprinzip (§ 252 I
Nr 4 1. HS), Realisationsprinzip (§ 252 I Nr 4 2. HS), Niederstwertprinzip (§ 253 II u III), Grundsatz der Periodenabgrenzung (§ 252 I
Nr 5), Bewertungsstetigkeit (§ 252 I Nr 6), Anschaffungswertprinzip.
ADS (§ 243 Rz 13 ff) weisen darauf hin, daß auch zukünftig die Notwendigkeit besteht, neben den gesetzlich fixierten GoB nicht kodifizierte GoB zu entwickeln, um der Vielgestaltigkeit und Dynamik des
Wirtschaftslebens Rechnung zu tragen.

3. Das Verhältnis zu § 264 II. Nach § 264 II hat der JA einer 3
KapGes und einer PershandelsGes iSv § 264 a I unter Beachtung der
GoB ein den tatsächlichen Verhältnissen entsprechendes Bild der
Vermögens-, Finanz- und Ertragslage der Gesellschaft zu vermitteln.
Für Einzelkaufleute und PersGes, die nicht solche iSv § 264 a I sind,
gilt diese Anforderung an den JA allerdings nicht, so daß für diese

§ 243 Drittes Buch. Handelsbücher

Gruppe die schon vor Inkrafttreten des BiRiLiG bestehende Möglichkeit weiterbesteht, stille Reserven nach § 253 IV zu bilden, ohne daß dies einen Verstoß gegen die GoB darstellen würde (vgl hierzu im einzelnen *ADS*, § 243 Rz 23).

II. Grundsatz der Klarheit und Übersichtlichkeit (II)

4 Dieser zu den GoB gehörende Grundsatz der Klarheit und Übersichtlichkeit gilt für alle Kaufleute, also neben Einzelkaufleuten und PersGes auch für KapGes und Unternehmen, die dem PublG unterliegen (§ 5 PublG). Der Grundsatz betrifft sowohl die äußere Form als auch den sachlichen Inhalt des JA. Während für KapGes und diesen weitgehend gleichgestellte Unternehmen, wie Versicherungen, Banken und Genossenschaften sowie für PershandelsGes iSv § 264 a I dieser Grundsatz durch ein System von Vorschriften in den §§ 264 bis 288 konkretisiert ist, ist für Nicht-KapGes lediglich in §§ 246 II, 247 I und III eine gewisse Kodifizierung erfolgt. Für Einzelkaufleute und PersGes (soweit diese nicht unter § 264 a I fallen) bedeutet der Grundsatz der Klarheit und Übersichtlichkeit ua, daß ein einmal gewähltes **Gliederungsschema** für Bilanz und GuV beizubehalten ist, es sei denn, zwingende sachliche Gründe verlangen eine Änderung. Für die Auffassung, daß für diesen Kreis der Kaufleute zumindest das Gliederungsschema für kleine KapGes zugrunde zulegen sei, finden sich im Gesetz keine Anhaltspunkte (*Budde/Karig* in Beck-BilKomm § 243 Rz 56; aA *Baetge/D. Frey/G. Frey* in *Küting/Weber* I a, § 243 Rz 55); freiwillig kann dieses Gliederungsschema jedoch angewendet werden. Ferner muß die **Bezeichnung** der einzelnen Posten des JA eindeutig sein; willkürliche Änderungen der Bezeichnungen und/oder ihres Inhalts verstoßen gegen diesen Grundsatz. Schließlich sind auch **Saldierungen** von Aktiv- und Passivposten unzulässig ebenso wie solche von Aufwendungen und Erträgen. Für KapGes und PershandelsGes iSv § 264 a I sind in §§ 266, 275 Gliederungsschemen für Bilanz und GuV vorgeschrieben.

III. Aufstellungsfristen (III)

5 **1. Bedeutung für Einzelkaufleute und Personenhandelsgesellschaften, die nicht unter § 264 a I fallen.** Der JA ist innerhalb eines Zeitraums, der einem ordentlichen Geschäftsgang entspricht, auf einen bestimmten Stichtag aufzustellen. Da für KapGes in § 264 I, für PershandelsGes iSv § 264 a I und für die dem PublG unterliegenden Unternehmen in § 5 I PublG konkrete Fristen genannt sind, betrifft Abs 3 nur Einzelkaufleute und PershandelsGes, die nicht unter § 264 a I fallen oder dem PublG unterliegen. Die gesetzlichen Fristen für die Aufstellung des JA betragen bei AG, KGaA, GmbH und für den PublG unterliegende Unternehmen sowie für PershandelsGes iSv § 264 a I drei Monate nach Abschluß des Geschäftsjahrs (§§ 264 I 2, 5 I PublG);

für kleine KapGes verlängert sich diese Frist auf sechs Monate; Genossenschaften müssen ihren Abschluß innerhalb von fünf Monaten (§ 336 I 2), Kreditinstitute ihren nach drei Monaten (§ 26 I KWG) und Versicherungsunternehmen ihren nach vier Monaten (§ 341 a I) aufstellen. Die in Abs 3 enthaltene Formulierung „in einer einem ordnungsgemäßen Geschäftsgang entsprechenden Zeit" stellt einen unbestimmten Rechtsbegriff dar und bedeutet, daß bei Festlegung der Frist auf die Besonderheiten des Unternehmens und die Anforderungen, die billigerweise an dessen Rechnungswerk gestellt werden können, abzustellen ist (*Budde/Kunz* in Beck-BilKomm § 243 Rz 92). Ob für Einzelkaufleute und nicht unter § 264 a I fallende PersGes auch die 6-Monatsfrist für kleine KapGes gelten soll (so *BauHopt*, § 243 Rz 10), erscheint nicht begründbar; der BFH (BStBl II 1984, 227) hat einen JA, der erst nach Ablauf eines Jahres aufgestellt wurde, als nicht mehr innerhalb eines ordnungsgemäßen Geschäftsgangs aufgestellt bezeichnet, woraus zu folgern ist, daß ein JA spätestens nach 12 Monaten aufgestellt sein muß (einschränkend *ADS,* § 243 Rz 43; *Budde/Kunz* in Beck-BilKomm § 243 Rz 93; *GKMarsch-Barner* § 243 Rz 9).

2. Rechtsfolgen bei Überschreiten der Frist. Eine unmittelbare 6 Sanktionierung für das Überschreiten der Frist enthält das Gesetz nicht. Ein JA, der nicht innerhalb der Frist des Abs 3 aufgestellt wurde, entspricht jedoch nicht mehr den GoB; insofern stellt die verspätete Aufstellung eine Ordnungswidrigkeit iS des § 334 I Nr 1 a dar. Besondere Bedeutung erhalten die Aufstellungsfristen bei einem Unternehmen in der Krise, da dort Gläubigerschutzinteressen in besonderem Maße betroffen sind. In diesen Fällen ist der JA zeitnah und unverzüglich zu erstellen, wobei uU ein Zeitraum von zwei bis drei Monaten ausreichend sein muß (vgl im einzelnen *Budde/Kunz* in Beck-BilKomm § 243 Rz 95).

§ 244 Sprache, Währungseinheit

Der Jahresabschluß ist in deutscher Sprache und in Euro aufzustellen.

I. Sprache

Die Vorschrift bezieht sich ausdrücklich nur auf den JA (§ 242 III); 1 für die Buchführung ist dagegen auch jede andere Sprache zulässig (§ 239 I).

II. Währungseinheit

Der JA ist in **Euro** aufzustellen. Während in der Buchführung Wäh- 2 rungsmittelkonten geführt werden dürfen, sind diese für den JA ebenso in Euro umzurechnen wie ausländische Sach- oder Beteiligungswerte. Hierbei ist sowohl das Nominal-, als auch das Anschaffungskostenprinzip zu beachten; einzel zuordenbare Vermögenswerte sind höchstens

§ 245 Drittes Buch. Handelsbücher

mit ihrem für den Erwerb aufgewandten Euro-Betrag anzusetzen; ist der Kurswert gesunken, ist eine entsprechende Abwertung vorzunehmen. Bei laufenden Verrechnungskonten, zB Bankkonten in ausländischer Währung, bestehen keine Bedenken, wenn diese zum Kurs des Stichtags in Euro umgerechnet werden.

3 Gem Art 42 1 EGHGB sind Jahresabschlüsse, die nach dem 31. 12. 1998 enden, in Euro aufzustellen; übergangsweise dürfen JA und KA noch in DM ausgestellt werden. Die Übergangsregelung gilt letztmalig für das im Jahre 2001 endende Geschäftsjahr. Sofern der JA und KA in DM aufgestellt wird, sind auch die Angaben im Anhang in DM zu machen.

§ 245 Unterzeichnung

¹Der Jahresabschluß ist vom Kaufmann unter Angabe des Datums zu unterzeichnen. ²Sind mehrere persönlich haftende Gesellschafter vorhanden, so haben sie alle zu unterzeichnen.

I. Unterzeichnungspflicht

1 **1. Gegenstand der Unterzeichnung.** Zu unterzeichnen ist der JA, der aus Bilanz und GuV (§ 242 III) und – bei KapGes und bei PershandelsIGes iSv § 264 a I – zusätzlich aus dem Anhang besteht (§§ 264 I, 336 I). Die gleiche Verpflichtung gilt für die Eröffnungsbilanz (§ 242 I 2) sowie für den Konzernabschluß (§ 298 I). Zu unterzeichnen ist das Original des Abschlusses. Bei offenlegungspflichten KapGes und PershandelsGes braucht die zum Handelsregister einzureichende Fassung des JA die Unterschriften nicht zu enthalten, da zum Handelsregister nicht das Original des JA einzureichen ist (*ADS*, § 245 Rz 4); dieses ist vielmehr vom Kaufmann aufzubewahren (§ 257 I Nr 1 III). Die Unterschrift hat den JA abzuschließen, folglich ist die Unterschrift unter die GuV, bei KapGes und PershandelsGes iSv § 264a I unter den Anhang zu setzen. Eine gesetzliche Vorschrift, an welche Stelle die Unterschrift tatsächlich vorzunehmen ist, gibt es jedoch nicht; es wird daher auch nicht zu beanstanden sein, wenn sämtliche Teile des JA unterzeichnet werden (*ADS*, § 245 Rz 6 sehen dies ausdrücklich für den Fall vor, daß die Teile des JA nicht miteinander verbunden sind). Der JA ist unter Angabe des Datums, also mit Tag, Monat und Jahr zu unterzeichnen.

2 **2. Zeitpunkt der Unterzeichnung.** Die Unterzeichnung dient dem Zweck der Dokumentation und Kenntlichmachung der Verantwortlichkeit. Daher ist lediglich die endgültige Fassung des JA zu unterzeichnen. Um die rechtzeitige Aufstellung des JA zu dokumentieren, ist die Unterzeichnung des aufgestellten JA zwar möglich, jedoch nicht notwendig. Erst wenn der JA durch die dafür vorgesehenen Organe festgestellt worden ist, ist er zu unterzeichnen (BGH, BB 1985, 567; *ADS*, § 245 Rz 8; *Wiedmann*, BilR § 245 Rz 1; aA *Budde/Kunz* in Beck-BilKomm § 245 Rz 3, die die Auffassung vertreten, daß an sich der aufgestellte JA zu unterzeichnen sei, es jedoch nicht zu beanstanden sei, wenn erst der festgestellte JA unterzeichnet wird). Lediglich dort, wo mit der Aufstellung des JA dieser zugleich festgestellt ist (zB bei Einzelkaufleuten), ist mit der Unterzeichnung des **aufgestellten** JA die Verpflichtung zur Unterzeichnung erfüllt.

II. Unterzeichnungspflichtige Personen

Der Einzelkaufmann hat den JA höchstpersönlich zu unterzeichnen; 3 er kann sich bei der Unterzeichnung nicht vertreten lassen (GK *Marsch-Barner* § 245 Rz 4). Wird ein Unternehmen von einer Erbengemeinschaft oder von einem Testamentsvollstrecker fortgeführt, haben sämtliche Erben bzw der Testamentsvollstrecker den JA zu unterzeichnen (*ADS,* § 245 Rz 9). Bei PershandelsGes müssen nach S 2 sämtliche phG den JA unterzeichnen, also auch solche phG, die von der Vertretung der Gesellschaft ausgeschlossen sind. Kommanditisten brauchen den JA nicht zu unterzeichnen. Bei der GmbH und Co. KG wird die Unterzeichnung durch die GmbH, vertreten durch deren vertretungsberechtigte Geschäftsführer, vorgenommen. Bei KapGes haben sämtliche Mitglieder des Vorstands bzw alle Geschäftsführer den JA zu unterzeichnen, und zwar auch diejenigen, die mit dem Inhalt des JA nicht einverstanden sind (*ADS,* § 245 Rz 12). Die Verpflichtung zur Unterzeichnung betrifft sämtliche zum Zeitpunkt der Feststellung amtierenden Organmitglieder; soweit Vorstandsmitglieder bzw Geschäftsführer zwischenzeitlich ausgeschieden sind, trifft sie die Verpflichtung zur Unterzeichnung nicht; andererseits haben neu bestellte Verwaltungsmitglieder den JA auch dann zu unterzeichnen, wenn sie zum Zeitpunkt, auf den der JA aufgestellt wird, noch nicht organschaftliche Vertreter der KapGes waren.

III. Rechtsfolgen der Unterzeichnung

Mit der Unterzeichnung erfüllen die verpflichteten Personen eine 4 öffentlich-rechtliche Verpflichtung und bringen damit die Richtigkeit und Vollständigkeit des JA zum Ausdruck. Ein Schuldanerkenntnis zugunsten der in der Bilanz erfaßten Gläubiger ist damit nicht verbunden (*Budde/Kunz* in Beck-BilKomm § 245 Rz 6). Für KapGes und PershandelsGes iSv § 264a I begründet die fehlende Unterschrift eine Ordnungswidrigkeit (§§ 334 I Nr 1 a, 335 b). Für Einzelkaufleute und PershandelsGes, soweit sie nicht unter § 264a I fallen, ergeben sich aufgrund fehlender Unterschriften keine Konsequenzen, wenn der JA an sich ordnungsgemäß aufgestellt worden ist. Die fehlende Unterschrift macht weder bei Einzelkaufleuten noch bei Pershandels- oder KapGes den JA nichtig (OLG Frankfurt, BB 1989, 395); auch ist das Fehlen allein kein Grund, Geschäftsführer oder Vorstandsmitglieder aus ihrer Funktion abzurufen (*ADS,* § 245 Rz 15).

Zweiter Titel. Ansatzvorschriften

§ 246 Vollständigkeit, Verrechnungsverbot

(1) ¹Der Jahresabschluß hat sämtliche Vermögensgegenstände, Schulden, Rechnungsabgrenzungsposten, Aufwendungen und Erträge zu enthalten, soweit gesetzlich nichts anderes bestimmt ist. ²Vermögensgegenstände, die unter Eigentumsvorbehalt erworben oder an Dritte für eigene oder fremde Verbindlichkeiten verpfändet oder in anderer Weise als Sicherheit übertragen worden sind, sind in die Bilanz des Sicherungsgebers aufzunehmen. ³In die Bilanz des Sicherungsnehmers sind sie nur aufzunehmen, wenn es sich um Bareinlagen handelt.

(2) Posten der Aktivseite dürfen nicht mit Posten der Passivseite, Aufwendungen nicht mit Erträgen, Grundstücksrechte nicht mit Grundstückslasten verrechnet werden.

I. Grundsatz der Vollständigkeit

1 Der Grundsatz der Vollständigkeit (Abs 1) bezieht ausdrücklich auch die Posten der Rechnungsabgrenzung ein. Diese stellen jedoch keine Vermögensgegenstände oder Schulden dar, da sie ansonsten nicht neben diesen beiden Begriffen ausdrücklich im Gesetz erwähnt würden (vgl Erl zu § 250); sie dienen lediglich dem Zweck, ein periodengerechtes Ergebnis auszuweisen und Ausgaben bzw Einnahmen der Periode zuzuordnen, in der sie wirtschaftlich verursacht sind. Das Vollständigkeitsgebot legt für sämtliche Vermögensgegenstände und Schulden grundsätzlich eine **Bilanzierungspflicht** fest, die nur durchbrochen werden kann, wenn das Gesetz ein Ansatzwahlrecht gewährt.

2 **1. Die Bilanzierungsfähigkeit von Vermögensgegenständen und Schulden. a) Aktivierung von Vermögensgegenständen.** Die **Aktivierungspflicht** betrifft lediglich den Ansatz des Vermögensgegenstands dem Grunde nach; ausreichend ist daher der Ansatz eines Merkpostens; wie der Vermögensgegenstand zu bewerten ist, ist damit noch nicht geklärt. Über den Begriff des Vermögensgegenstands, der im Gesetz nicht geregelt ist, gibt es immer noch keine einheitliche Auffassung, insbesondere im Hinblick auf die Abgrenzung zu dem im Steuerrecht verwendeten Begriff des Wirtschaftsguts. „Vermögensgegenstand" ist ein ausschließlich handelsrechtlicher Begriff und umfaßt – mit Ausnahme der Rechnungsabgrenzungsposten – nur die auf der Aktivseite der Bilanz auszuweisenden Posten; Vermögensgegenstand kann also sowohl ein körperlicher, als auch ein immaterieller Gegenstand sein. Wesentliches Merkmal des Vermögensgegenstands ist die **selbständige** Verkehrsfähigkeit (*Biener/Berneke*, BiRiLiG, S 66); er muß also erwerbbar bzw veräußerbar sein und somit einen bestimmten

Wert darstellen. Ob die selbständige Verkehrsfähigkeit allerdings nur vorliegt, wenn der Vermögensgegenstand **einzeln** veräußerlich oder erwerbbar ist (so zB IdW-Gutachten, WPg 1967, 667; *Moxter,* DB 1978, 823; *Schneider,* WPg 1971, 608) oder ob es ausreicht, wenn er lediglich zusammen mit anderen Vermögensgegenständen veräußert oder erworben werden kann, ist umstritten (zur Frage, ob der Geschäfts- oder Firmenwert einen Vermögensgegenstand darstellt, vgl *ADS,* § 255 Rz 271 f mwN). Ein Vermögensgegenstand liegt darüberhinaus nur dann vor, wenn er auch selbständig bewertbar ist (*Biener/Berneke,* BiRiLiG, S 66; auch *Kußmaul* in HdR Kap II Rz 170 mwN).

Nach Abs 1 S 1 iVm § 242 I hat der Kaufmann das ihm zuzuordnende, also **sein** Vermögen zu bilanzieren. Grundsätzliches Zuordnungskriterium ist das Eigentum bzw die Inhaberschaft bei Rechten (*Biener/Berneke,* BiRiLiG, S 68). Hierbei ist allerdings nicht ausschließlich auf das zivilrechtliche Eigentum abzustellen, sondern auch die wirtschaftliche Zugehörigkeit („wirtschaftliches Eigentum") in Betracht zu ziehen (*ADS,* § 246 Rz 170; *Budde/Karig* in Beck-BilKomm § 246 Rz 4; WPHdb 2000, E Rz 21; *Niedner* in HK-HGB § 246 Rz 8; *Wiedmann,* BilR § 246 Rz 6; MKHGB*Ballwieser* § 246 Rz 35).

Wirtschaftlicher Eigentümer ist derjenige, der die Verfügungs- 3 gewalt (tatsächliche Sachherrschaft) über einen Gegenstand ausübt, ohne selbst zivilrechtlicher Eigentümer zu sein. Diese Sachherrschaft wird immer dann ausgeübt, wenn der Berechtigte den zivilrechtlichen Eigentümer auf Dauer von jeglicher Einwirkung auf die Sache ausschließen kann, also Besitz, Gefahr, Nutzen und Lasten bei ihm liegen (BFH BStBl II 1977, 629); so sind zB die unter Eigentumsvorbehalt gelieferten Gegenstände beim Käufer zu aktivieren (Abs 1 S 2); erst wenn ernsthaft damit zu rechnen ist, daß der Eigentumsvorbehalt vom zivilrechtlichen Eigentümer geltend gemacht wird, entfällt eine Bilanzierung beim Käufer.

Die gleichen Grundsätze gelten auch bei **Treuhandverhältnissen;** 4 das Treugut ist in der Bilanz des Treugebers, nicht in der des Treuhänders auszuweisen (WPHdb 2000, E Rz 39 f; *ADS,* § 246 Rz 281).

Die handelsrechtliche Bilanzierungspraxis bei **Leasingverträgen** 5 orientiert sich weitgehend an der steuerlichen Behandlung, die in zwei Verwaltungserlassen geregelt ist (BMF vom 19. 4. 1971 zu Mobilien-Leasing, BStBl I 1971, 264; vom 21. 3. 1972 zum Immobilien-Leasing, BStBl I 1972, 188), die auf einer Grundsatzentscheidung des BFH beruhen (BFH BStBl II 1970, 264). Bei Leasingverträgen **ohne Kauf- oder Mietverlängerungsoption** über Mobilien werden die Leasinggegenstände dem Leasinggeber zugerechnet, wenn die Grundmietzeit mindestens 40% und höchstens 90% der betriebsgewöhnlichen Nutzungsdauer beträgt. Bei Leasingverträgen **mit Kaufoption** über Mobilien wird der Leasinggegenstand dann dem Leasinggeber zugerechnet, wenn neben der Grundmietzeit von 40% bis 90% der betriebsgewöhnlichen Nutzungsdauer der Kaufpreis bei Ausübung der Option mindestens dem Buchwert des Objekts, ermittelt unter Anwendung der linearen Abschreibung nach den amtlichen AfA-Tabellen, oder aber

§ 246
Drittes Buch. Handelsbücher

dem niedrigeren gemeinen Wert im Zeitpunkt der Veräußerung entspricht. Bei Leasingverträgen **mit Mietverlängerungsoption** wird der Leasinggegenstand dem Leasinggeber zugerechnet, wenn die Grundmietzeit 40% bis höchstens 90% der betriebsgewöhnlichen Nutzungsdauer ausmacht und die Summe der Anschlußmieten den Wertverzehr für die Zeit der Anschlußmiete deckt, wobei sich der Wertverzehr auf der Grundlage der linearen Abschreibungsmethode ermittelt. Bei Leasingverträgen über **Immobilien** hat die Zurechnung für Grund und Boden und Gebäude getrennt zu erfolgen: Bei **Leasingverträgen über Grund und Boden ohne Kauf- und Mietverlängerungsoption** ist dieser grundsätzlich dem Leasinggeber zuzurechnen. Bei entsprechenden Verträgen über **Gebäude** erfolgt die Zurechnung an den Leasinggeber, wenn die Grundmietzeit mindestens 40% und höchstens 90% der betriebsgewöhnlichen Nutzungsdauer beträgt; bei **Leasingverträgen mit Kaufoption über Grund und Boden und/oder Gebäuden** ist der Gegenstand dem Leasinggeber zuzurechnen, wenn bei Ausübung der Option der Kaufpreis mindestens den Buchwert des Grund und Bodens zuzüglich des sich unter Anwendung der linearen Abschreibungsmethode ergebenden Buchwerts des Gebäudes oder dem niedrigeren gemeinen Wert des Leasingobjekts im Zeitpunkt der Veräußerung ausmacht. Bei **Leasingverträgen mit Mietverlängerungsoption über Grund und Boden** wird dieser dem Leasinggeber zugerechnet. Bei entsprechenden Verträgen über **Gebäude** werden diese dem Leasinggeber zugerechnet, wenn die Anschlußmiete mindestens 75% des üblicherweise für ein nach Art, Lage und Ausstattung vergleichbares Objekt zu zahlenden Mietentgelts beträgt. Liegen die genannten Voraussetzungen nicht vor, sind die Leasinggegenstände dem Leasingnehmer zuzurechnen und bei ihm zu bilanzieren. Bei **Spezial-Leasingverträgen,** bei denen der Leasinggegenstand auf die besonderen Verhältnisse und Anforderungen des Leasingnehmers ausgerichtet und eine sinnvolle anderweitige Verwendung des Gegenstands nicht möglich ist, wird der Leasinggegenstand grundsätzlich dem Leasingnehmer zuzurechnen sein (WPHdb 2000, E Rz 30).

6 Neben der Frage, **wem** ein Vermögensgegenstand zuzurechnen ist, ist zu fragen, ob ein Vermögensgegenstand **überhaupt aktiviert** werden kann. Aktiviert werden können nur solche Vermögensgegenstände, die dem Unternehmensvermögen zuzurechnen sind, ausgeschlossen ist damit das Privatvermögen des Kaufmanns. Die Abgrenzung zwischen Unternehmens- und Privatvermögen bereitet dann keine Schwierigkeiten, wenn ein Gegenstand aufgrund seiner Beschaffenheit lediglich dem Unternehmen des Kaufmanns dienen kann. Kann ein Gegenstand seiner Art nach sowohl Privat- als auch Unternehmensvermögen sein, hängt es handelsrechtlich vorrangig vom Willen des Kaufmanns ab, ob er den Gegenstand dem Privatvermögen oder seinem Unternehmen zurechnen will; dieser Wille muß entsprechend zum Ausdruck kommen, zB durch Erfassung in der Buchhaltung. Ist trotz tatsächlicher Nutzung oder aufgrund anderer Umstände ein Vermögensgegenstand nicht eindeutig zu-

zuordnen, ist auf das Rechtsgeschäft zurückzugreifen, aufgrund dessen der Kaufmann den Vermögensgegenstand erlangt hat. Nach § 344 gilt die allerdings widerlegbare Vermutung, daß die von einem Kaufmann vorgenommenen Rechtsgeschäfte als zum Betriebe seines Handelsgewerbes gehörig anzusehen sind. Im Zweifel ist auf die steuerliche Zuordnung (notwendiges Betriebsvermögen; gewillkürtes Betriebsvermögen und notwendiges Privatvermögen) zurückzugreifen. Einer **PersGes** sind Vermögensgegenstände dann zuzurechnen, wenn diese **Gesamthandsvermögen** darstellen, also zum Gesellschaftsvermögen gehören. Keine Rolle spielt es dabei, ob diese Gegenstände betrieblich genutzt werden oder nicht. Vermögensgegenstände, die einzelnen Gesellschaftern gehören, von der Gesellschaft aber für deren Zwecke genutzt werden, steuerlich also Sonderbetriebsvermögen darstellen, können handelsrechtlich in der Bilanz der Gesellschaft nicht aktiviert werden. KapGes besitzen kein Privatvermögen; daher sind ihr sämtliche Vermögensgegenstände zuzuordnen, die in ihrem Namen erworben wurden.

b) Passivierung von Schulden. Die vollständige Erfassung der Schulden ist insbesondere unter dem Gesichtspunkt des Gläubigerschutzes von Bedeutung. Verbindlichkeiten sind bereits dann in der Bilanz auszuweisen, wenn eine Inanspruchnahme droht, auch wenn ihr Eintritt und/oder ihre Höhe noch nicht genau feststeht. Selbst eine verjährte Verbindlichkeit ist solange zu bilanzieren, als die Einrede der Verjährung nicht geltend gemacht wird. Auch für den Begriff der Schulden ist eine Legaldefinition nicht vorhanden. Aus § 266 ist für die Passivseite zu entnehmen, daß sich die Schulden aus Verbindlichkeiten und Rückstellungen zusammensetzen, daher Schulden als deren Oberbegriff anzusehen sind (*Biener/Berneke*, BiRiLiG, S 69). Wesentliche Merkmale für das Vorliegen einer Schuld sind: **(1) Wirtschaftliche Belastung.** Bei gegenseitigen Verträgen ergibt sich diese, wenn der andere Teil seine Leistung erbracht hat; ansonsten führt die Verwirklichung bestimmter Tatbestände zu Ansprüchen Dritter und damit zu einer wirtschaftlichen Belastung. **(2) Vorliegen einer Leistungspflicht.** Auch ohne rechtliche Verpflichtung können Tatbestände zum Bilanzstichtag vorliegen, die eine Verpflichtung gegenüber Dritten begründet erscheinen lassen; dabei braucht ein Anspruch noch nicht geltend gemacht worden zu sein. Eine Leistungspflicht liegt auch dann vor, wenn sich das Unternehmen aus wirtschaftlichen, sozialen oder sittlichen Gründen der Verpflichtung nicht entziehen kann (zB freiwillige Gewährleistungen; Erfüllung einer Verpflichtung unter Verzicht auf die Einrede der Verjährung). **(3) Quantifizierbarkeit** der Leistung. Diese ist auch dann gegeben, wenn die Leistung in ihrer Höhe noch ungewiß ist. Für die **sachliche Zuordnung** von Schulden gelten grundsätzlich die gleichen Zuordnungskriterien wie bei den Vermögensgegenständen, dh auch hier gilt die widerlegbare Vermutung des § 344, wonach die von einem Kaufmann begründeten Verbindlichkeiten im Zweifel zum Betrieb seines Handelsgewerbes gehören.

§ 246 Drittes Buch. Handelsbücher

8 2. Verpflichtung zur Bilanzierung von Rechnungsabgrenzungsposten. Das Vollständigkeitsgebot des Abs 1 schließt auch die aktiven und passiven Rechnungsabgrenzungsposten ein (vgl in einzelnen Erl zu § 250). Soweit für diese Posten nicht Ansatzwahlrechte bestehen, sind auch sie daher vollständig auszuweisen. Es ist allerdings nicht ernsthaft zu beanstanden, wenn bei sehr niedrigen Beträgen wegen Geringfügigkeit auf den Ausweis ganz verzichtet wird und erst ab einer bestimmten Größenordnung der Ausweis erfolgt (aA *Sarner* in HdR, § 246 3).

9 3. Vollständigkeit der Gewinn- und Verlustrechnung. Der Grundsatz der Vollständigkeit verlangt die unsaldierte Erfassung sämtlicher Aufwendungen und Erträge des betreffenden Geschäftsjahrs in der Buchführung des Unternehmens. Aufgrund des Systems der doppelten Buchführung ergibt sich eine unmittelbare Beziehung zum Vollständigkeitsgebot in der Bilanz. Aufwendungen und Erträge sind dem Unternehmen dann zuzuordnen, wenn diese für Rechnung des Unternehmens angefallen sind (*Budde/Karig* in Beck-BilKomm § 246 Rz 75). Fließen bei Einzelkaufleuten oder bei PersGes dem Unternehmen aus dessen privatem Bereich bzw dem privaten Bereich des Gesellschafters Erträge zu bzw für diesen Aufwendungen ab, sind sie als Einlagen bzw Entnahmen zu behandeln.

10 4. Bilanzierungspflicht, Bilanzierungswahlrecht. Aufgrund des Gebots der Vollständigkeit gilt für sämtliche Vermögensgegenstände und Schulden grundsätzlich eine **Bilanzierungspflicht.** Die Verpflichtung zum Ansatz eines Vermögens- oder Schuldpostens wird nur dort durchbrochen, wo das Gesetz ein Ansatzwahlrecht gewährt, das es dem Bilanzierenden freistellt, ob er bestimmte Vermögensgegenstände, Schulden oder Rechnungsabgrenzungsposten in die Bilanz aufnimmt; hat er sich allerdings für den Ansatz in der Bilanz entschieden, ist er an dieses Wahlrecht und hinsichtlich der Bewertung an die entsprechenden Bewertungsvorschriften gebunden. Im einzelnen gewährt das Gesetz für folgende Positionen **Ansatzwahlrechte: a) Passivposten,** die für Zwecke der Steuern vom Einkommen und vom Ertrag (zB Sonderposten mit Rücklageanteil) gebildet werden (§ 247 III); **b) Rückstellungen für unterlassene Aufwendungen** für Instandhaltungen, soweit sie nach Ablauf der ersten drei Monate des folgenden Geschäftsjahrs, aber noch vor dessen Ablauf nachgeholt werden (§ 249 I 3); **c) Rückstellungen für ihrer Eigenart nach genau umschriebene, dem Geschäftsjahr oder einem früheren Geschäftsjahr zuzuordnende Aufwendungen,** die am Bilanzstichtag sicher oder wahrscheinlich, aber hinsichtlich der Höhe oder des Zeitpunkts ihres Eintritts unbestimmt sind (§ 249 II); **d) Rückstellungen für unmittelbare Pensionszusagen,** sofern der Berechtigte seinen Anspruch vor dem 1. 1. 1987 erworben hat und für mittelbare Pensionszusagen und ähnliche Verpflichtungen (§ 249; Art 28 EGHGB); **e) als Aufwand berücksichtigte Zölle und Verbrauchsteuern,** soweit sie auf am Abschlußstichtag auszuweisende Gegenstände des Vorratsvermögens

Erster Abschnitt. Vorschriften für alle Kaufleute **§ 246**

entfallen sowie als **Aufwand berücksichtigte Umsatzsteuer** auf am Abschlußstichtag auszuweisende oder von den Vorräten offen abgesetzte Anzahlungen (§ 250 I 2); **f) Disagio** als gesonderter Teilbetrag der aktiven Rechnungsabgrenzungsposten (§ 250 III); **g) entgeltlich erworbener Geschäfts- oder Firmenwert** (§ 255 IV); **h) Aufwendungen für die Ingangsetzung** des Geschäftsbetriebs und dessen Erweiterung, soweit sie nicht bilanzierungsfähig sind, als Bilanzierungshilfe (§ 269 1).

5. Eigentumsvorbehalt, Sicherungsübereignung, Pfandrecht. 11
Die Bestimmung des Abs 1 S 2 und 3 hat ausschließlich klarstellenden Charakter. Danach sind Vermögensgegenstände, die gemäß § 455 BGB unter (verlängertem, erweiterten) Eigentumsvorbehalt erworben werden, grundsätzlich beim Käufer zu bilanzieren; ist allerdings vom Verkäufer ein Herausgabeanspruch geltend gemacht worden, darf der Gegenstand nicht mehr in der Bilanz des Käufers erscheinen. Ebenso sind die zur Sicherung übereigneten und abgetretenen Vermögensgegenstände aufgrund ihrer wirtschaftlichen Zugehörigkeit ausschießlich beim Sicherungsgeber zu bilanzieren. KapGes und PersHandelsGes iSv § 264a I haben gem § 285 Nr 1 b im Anhang anzugeben, daß Vermögensgegenstände zur Sicherung von Verbindlichkeiten übereignet wurden. Verpfändete Gegenstände sind beim Pfandrechtsbesteller zu bilanzieren (§§ 1205 ff BGB).

II. Verrechnungsverbot

Das Verrechnungsverbot des Abs 2 knüpft unmittelbar an die Bestimmung des § 243 II an, wonach der JA klar und übersichtlich sein muß. Besondere Bedeutung erlangt das Verrechnungsverbot für solche Unternehmen, denen ein Gliederungsschema gesetzlich nicht vorgegeben ist. Die in §§ 266 und 275 vorgeschriebenen Gliederungen für Bilanz und GuV, die dem Verrechnungsverbot faktisch Rechnung tragen, gelten nur für KapGes und PersHandelsGes iSv § 264a I und haben keine Bindungswirkung für die übrigen Kaufleute. Das Verrechnungsverbot erstreckt sich auf die in der Bilanz und GuV auszuweisenden Posten, nicht auf einzelne Konten. Besteht beispielsweise mit einem anderen Unternehmen ein Kontokorrentverhältnis, so ist eine Verrechnung vorzunehmen und lediglich der Saldo dieser Verrechnung in der Bilanz auzuweisen. Zulässig ist auch die Verrechnung gleichartiger Forderungen und Verbindlichkeiten zwischen denselben Personen oder Unternehmen, wenn sich diese aufrechenbar im Sinne von § 387 BGB gegenüber stehen, wobei die Aufrechnung nicht ausdrücklich erklärt sein muß. Ob allerdings eine Pflicht zur Verrechnung besteht, wenn die entsprechenden Voraussetzungen erfüllt sind, ist fraglich. Bei Vorliegen eines Kontokorrentverhältnisses wird diese idR erfolgen; ansonsten wird die Aufrechnung im Zweifel nicht verlangt werden können, so daß Forderungen und Verbindlichkeiten gesondert auszuweisen sind. 12

Eine Verrechnung setzt voraus, daß **gleichartige** Forderungen und 13
Verbindlichkeiten gegenüber derselben Person bestehen, daher ist es

§ 246

Drittes Buch. Handelsbücher

nicht zulässig, eine Forderung aus einem langfristig gegebenen Darlehen mit einer kurzfristig fälligen Verbindlichkeit aus einer Warenlieferung zu saldieren. Unter das Verrechnungsverbot fallen schließlich stets durch Wechsel, Schecks, Hypotheken oder Grundschulden gesicherte Forderungen und Verbindlichkeiten. Eine Ausnahme vom gesetzlichen Verrechnungsverbot enthält § 268 V 2, wonach erhaltene Anzahlungen von dem Posten „Vorräte" offen abgesetzt werden dürfen. Diese an sich nur für KapGes geltende Vorschrift ist jedoch auch auf Einzelkaufleute und PersGes anwendbar, da diese nach dem Willen des Gesetzgebers nicht strenger behandelt werden sollen als KapGes (*Biener/Berneke,* BiRiLiG S 71). Das Verrechnungsverbot für die GuV wirkt im Zweifel wesentlich strenger und absoluter als für die Bilanz; können in der Bilanz gleichartige Forderungen und Verbindlichkeiten saldiert werden, würde eine Saldierung von Aufwands- und Ertragspositionen zu einer unüberschaubaren Verzerrung der Erfolgsrechnung führen und den Einblick in die Ertragslage des Unternehmens (§ 264 II) nahezu unmöglich machen. In gewissem Umfange sind jedoch auch im Rahmen der GuV Saldierungen zulässig: **a)** Nach § 276 dürfen kleine und mittelgroße KapGes eine Saldierung der Umsatzerlöse, der Bestandsveränderungen, der anderen aktivierten Eigenleistungen und der sonstigen betrieblichen Erträge mit dem Materialaufwand vornehmen und den Saldo als **Rohergebnis** ausweisen. Ob diese Bestimmung auch auf Nicht-KapGes anwendbar ist, erscheint zweifelhaft, da § 276 vor dem Hintergrund der Publizitätspflicht für KapGes zu sehen ist. Nachdem aber Einzelkaufleute und PersGes – mit Ausnahme der PershandelsGes iSv § 264a I – keiner Publizitätspflicht unterliegen, wäre die Anwendung des § 276 auf Nicht-KapGes eigentlich nicht notwendig. Andererseits ist das Gliederungsschema des § 275 für die übrigen Kaufleute nicht zwingend vorgeschrieben, so daß im Zweifel keine Einwendungen gegen den Ausweis eines Rohergebnisses entsprechend § 276 zu erheben sind. **b)** Eine weitere Ausnahme vom Grundsatz des Saldierungsverbots stellt die Bestimmung des § 277 I dar, wonach die Umsatzerlöse um die Erlösschmälerungen zu kürzen sind; diese für KapGes zugelassene Verrechnung ist auch für Nicht-KapGes anwendbar. **c)** Auch die Verrechnung des beim Verkauf von Gegenständen des Anlagevermögens erzielten Verkaufserlöses mit dem Buchwert des Anlagegegenstands und mit den durch die Veräußerung entstandenen Kosten ist zulässig. Der saldierte Posten ist entweder unter „sonstige betriebliche Aufwendungen" oder „sonstige betriebliche Erträge" auszuweisen. Unzulässig ist dagegen eine Saldierung von Buchgewinnen und Buchverlusten aus dem Abgang von Gegenständen des Anlagevermögens. Die Frage, ob Steueraufwendungen des laufenden Geschäftsjahrs mit Steuererstattungen für Vorjahre einerseits oder Erträge aus der Auflösung nicht mehr benötigter Rückstellungen für Steuern andererseits verrechnet werden dürfen, ist umstritten (dagegen: *Biener/Berneke,* BiRiLiG, S 215 Fußn 16; *Glade,* § 275 84, 350; dafür: *Bullinger,* BB 1986, 844, auch *Förschle* in Beck-BilKomm, § 275 Rz 254).

Gegen eine Saldierung spricht der Wortlaut des Abs 2. Eine Steuererstattung, die zB aufgrund eines Verlustrücktrags erfolgt, oder die Auflösung einer Steuerrückstellung stellen nicht – wie behauptet – eine Korrektur von (zu hohen) Aufwendungen dar, sondern einen Ertrag. Eine Saldierung von Steueraufwand und Erträgen aus Steuererstattungen und der Auflösung von Steuerrückstellungen wird dem Erfordernis der Klarheit und Übersichtlichkeit (§ 343 II) eigentlich nicht gerecht. Gleichwohl wird es heute jedoch als allgemein zulässig angesehen, wenn eine derartige Verrechnung vorgenommen wird.

Grundstücksrechte dürfen nicht mit Grundstückslasten verrechnet werden. Nachdem weder Grundstücksrechte noch Grundstückslasten bilanziert werden, dies auch in der Vergangenheit nicht der Fall war, ist der Sinn dieses Verrechnungsverbots nicht ohne weiteres erkennbar. Sofern es sich bei der Aufnahme dieses Verrechnungsverbots in das Gesetz nicht lediglich um ein redaktionelles Versehen handelt, kann dieses nur so verstanden werden, daß die im Bilanzvermerk oder im Anhang anzugebenden Grundstückslasten nicht um etwaige Grundstücksrechte, die nach neuem Recht nicht mehr auszuweisen sind, gekürzt werden dürfen (so auch *Castan* in HdR, B 141, 20). **14**

§ 247 Inhalt der Bilanz

(1) In der Bilanz sind das Anlage- und das Umlaufvermögen, das Eigenkapital, die Schulden sowie die Rechnungsabgrenzungsposten gesondert auszuweisen und hinreichend aufzugliedern.

(2) Beim Anlagevermögen sind nur die Gegenstände auszuweisen, die bestimmt sind, dauernd dem Geschäftsbetrieb zu dienen.

(3) ¹Passivposten, die für Zwecke der Steuern vom Einkommen und vom Ertrag zulässig sind, dürfen in der Bilanz gebildet werden. ²Sie sind als Sonderposten mit Rücklageanteil auszuweisen und nach Maßgabe des Steuerrechts aufzulösen. ³Einer Rückstellung bedarf es insoweit nicht.

I. Allgemeines

§ 247 stellt die grundlegende Vorschrift zum Inhalt der Bilanz für sämtliche Kaufleute dar. Nach dem Vollständigkeitsgebot des § 246 I bestimmt Abs 1, wie und wo die vollständig erfaßten Posten in der Bilanz auszuweisen sind und daß die Posten hinreichend aufzugliedern sind. Abs 1 legt kein Gliederungsschema für die Bilanz fest; die Entscheidung über die Gliederung bleibt allein dem Kaufmann vorbehalten; er hat sich dabei aber an den GoB und dem Grundsatz von Klarheit und Übersichtlichkeit (§ 243 II) zu orientieren. Für KapGes und PershandelsGes iSv § 264a I hat der Gesetzgeber in § 266 ein Gliederungsschema vorgegeben, wobei in § 264c für PershandelsGes iSv § 264a I teilweise gesonderte Gliederungsregeln vorgesehen sind; es ist jedoch nicht erkennbar, daß dieses auch für Bilanzen von Einzelkaufleuten und **1**

§ 247
Drittes Buch. Handelsbücher

die übrigen PershandelsGes zugrundegelegt werden soll. Vielmehr hängt die Gliederung der Bilanz weitgehend vom Einzelfall ab. Das Gliederungsschema des § 266 kann dazu lediglich eine Orientierungshilfe darstellen, wobei eine weitergehende Gliederung als die des § 266 in keinem Fall verlangt werden kann. Die Bilanz wird üblicherweise in Kontoform aufgestellt. Eine dem § 266 I 1 für KapGes entsprechende Vorschrift für andere Kaufleute gibt es indes nicht, so daß diese die Bilanz auch nach der Staffelmethode aufstellen können. Die Kontoform dürfte sich jedoch allgemeinen – insbesondere auch aus Gründen der Übersichtlichkeit – durchgesetzt haben.

II. Gesonderter Ausweis; hinreichende Aufgliederung der Bilanz

2   Nach Abs 1 sind grundsätzlich gesondert auszuweisen:

a) auf der Aktivseite: Anlagevermögen, Umlaufvermögen, aktive Rechnungsabgrenzungsposten (vgl Erl zu § 250);

b) auf der Passivseite: Eigenkapital (vgl Erl zu § 272), Sonderposten mit Rücklageanteil, Schulden, passive Rechnungsabgrenzungsposten.

Darüber hinaus sind diese Posten „hinreichend aufzugliedern". Das bedeutet, eine Bilanz, die lediglich nach diesen Posten gegliedert ist, wird den gesetzlichen Anforderungen im Regelfall nicht gerecht. Eine Mindestgliederung der Bilanz ist jedoch im Gesetz nicht vorgesehen; damit ist im Einzelfall zu entscheiden, wieweit die einzelnen Posten aufzugliedern sind. Maßstab hierfür ist der Grundsatz des § 243 I und II, wonach eine klar und übersichtlich nach GoB gegliederte Bilanz aufzustellen ist. In Anlehnung an WPHdb (2000 E Rz 450) ist für eine Einzelfirma folgende Gliederung der Bilanz denkbar:

Aktivseite	Passivseite
A. **Anlagevermögen** 1. Immaterielle Vermögensgegenstände 2. Sachanlagen 3. Finanzanlagen	A. **Eigenkapital** **Stand 1. 1. 19..** **Einlagen/Entnahme** **Jahresergebnis** **Stand 31. 12. 19..**
B. **Umlaufvermögen** 1. Vorräte 2. Forderungen und sonstige Vermögensgegenstände 3. Wertpapiere 4. Flüssige Mittel einschl. Bankguthaben	B. **Rückstellungen** C. **Verbindlichkeiten** 1. Warenschulden 2. Wechselschulden 3. Bankschulden 4. Sonstige Verbindlichkeiten
C. **Rechnungsabgrenzungsposten**	D. **Rechnungsabgrenzungsposten**

Die allgemeinen Bilanzierungsgrundsätze sind auch auf die von dem Unternehmen gewählte Bilanzgliederung anzuwenden. Danach darf jeder einzelne ausgewiesene Posten nur das enthalten, was er seinem Wortlaut nach bezeichnet; dies erfordert uU eine weitere Aufgliederung, kann aber andererseits auch Zusammenfassungen von Posten als ausreichend erscheinen lassen. Ein einmal gewähltes **Gliederungsschema** ist beizubehalten, ein Abweichen hiervon ist nur in zwingenden Ausnahmefällen zulässig (zB Erweiterung des Unternehmens oder Änderung der Unternehmenstätigkeit). Dieser in § 265 I für KapGes enthaltene Grundsatz gilt als GoB auch für alle anderen Kaufleute. **Leerposten** brauchen nicht aufgeführt zu werden; ein solcher Ausweis ist allerdings auch nicht unzulässig, jedoch nur sinnvoll, wenn bei gleichzeitigem – freiwilligem – Ausweis von Vorjahreszahlen ein entsprechender Posten im Vorjahr vorhanden war.

III. Hinreichende Aufgliederung der Gewinn- und Verlustrechnung

§ 247 erwähnt zwar nur die Bilanz; eine Mindestgliederung der GuV (§ 242 II) folgt aber aus den GoB. Danach sollten zumindest das Ergebnis der gewöhnlichen Geschäftstätigkeit, das außerordentliche Ergebnis sowie die periodenfremden Aufwendungen und Erträge ausgewiesen werden (*ADS*, § 247 Rz 80 ff). 3

IV. Anlagevermögen

Abs 2 erfüllt eine Funktion als Zuordnungskriterium. Da Abs 1 das Vermögen lediglich nach Anlage- und Umlaufvermögen unterscheidet, sind alle Vermögensgegenstände, die nicht dem Anlagevermögen zuzurechnen sind, automatisch Gegenstände des Umlaufvermögens (BFH BStBl II 1972, 744). Als Anlagevermögen sind danach nur solche Gegenstände auszuweisen, die dauernd dem Geschäftsbetrieb zu dienen bestimmt sind. Die wirtschaftliche Zweckbestimmung kann sich zum einen aus der Eigenart des betreffenden Vermögensgegenstands ergeben (zB Fabrikationshalle; Lkw, mit dem die Kunden beliefert werden), andererseits hängt sie vom Willen des Kaufmanns ab. Typische Gegenstände des Anlagevermögens sind in § 266 II A aufgezeigt; diese werden idR dauernd dem Geschäftsbetrieb dienen. Ein Grundstück wird üblicherweise dem Anlagevermögen zuzurechnen sein; erwirbt jedoch ein Immobilienunternehmen ein Grundstück in der Absicht, dieses weiterzuveräußern, ist das Grundstück im Umlaufvermögen auszuweisen. Die steuerliche Rspr (BFH BStBl II 1972, 744) legt die **betriebliche Funktion** eines Vermögensgegenstands als Zuordnungskriterium zugrunde und unterscheidet demzufolge zwischen einem **Gebrauchsgut** (Gegenstand des Anlagevermögens) und einem **Verbrauchsgut** (Gegenstand des Umlaufvermögens). Ein Gebrauchsgut ist ein ständig, zumindest aber mehrfach in irgendeiner Form im betrieblichen Leistungsprozeß eingesetzter Gegenstand, wobei allein die Absicht, den Gegenstand in dieser Weise zu verwenden, zur Klassifizierung als An- 4

§ 247
Drittes Buch. Handelsbücher

lagevermögen ausreicht. Ein Verbrauchsgut ist dagegen ein Gegenstand, der lediglich zur einmaligen Nutzung bestimmt ist, indem er unmittelbar oder mittelbar in die betriebliche Leistung einfließt. Der Begriff **„dauernd"** enthält eine Zeitkomponente, ist jedoch nicht als absoluter Zeitbegriff iSv „immer" oder „für alle Zeiten" zu verstehen. Auch wenn ein Gegenstand nur kurze Zeit dem Geschäftsbetrieb des Unternehmens dient (zB Spezialmaschinen oder -werkzeuge für einen einzigen Großauftrag; Pkw als Vorführwagen), liegt eine solche „Daueranlage" vor; die längere Verweildauer eines Gegenstands im Vermögen des Unternehmens kann lediglich ein Indiz für das Vorliegen einer solchen Daueranlage sein (BFH BStBl II 1971, 51). Die Daueranlage setzt die Nutzung des Gegenstands im **eigenen Betrieb** voraus. Gegenstände, die weiterveräußert oder im Rahmen des Produktionsprozesses weiterverarbeitet werden, erfüllen dieses Erfordernis nicht. Eine **un**mittelbare Nutzung im eigenen Betrieb wird nicht verlangt; so sind zB Leasinggegenstände beim Leasinggeber auszuweisen, da der Zweck des Leasingunternehmens auf die Nutzungsüberlassung gerichtet ist und insofern eine Nutzung im eigenen Betrieb und damit Anlagevermögen vorliegt (vgl hierzu im einzelnen Erl zu § 246).

5 Zum **Umlaufvermögen** gehören demnach alle diejenigen Gegenstände, die nicht Anlagevermögen sind, also nicht bestimmt sind, dauernd dem Geschäftsbetrieb zu dienen, wie Vorräte, Forderungen, sonstige Vermögensgegenstände, Wertpapiere und flüssige Mittel.

V. Sonderposten mit Rücklageanteil

6 Gewinnthesaurierungen und Rücklagenbildungen beeinflussen grundsätzlich nicht das handelsrechtliche und steuerliche Jahresergebnis, da diese im Regelfall aus versteuerten Gewinnen gebildet werden und insofern eine Gewinnverwendung darstellen. Aus finanz-, struktur- und wirtschaftspolitischen Gründen gewährt der Gesetzgeber jedoch steuerliche Vergünstigungen in Form gewinnmindernder Rücklagen. Diese Rücklagen sind in späteren Rechnungsperioden entsprechend der jeweiligen steuerlichen Vorschrift wieder gewinnerhöhend aufzulösen, so daß letztlich nur eine Steuerstundung damit verbunden ist. Steuerlich werden die gewinnmindernden Rücklagen idR nur dann anerkannt, wenn diese auch in der Handelsbilanz entsprechend gebildet worden sind (Ausnahmen: ehemals Preissteigerungsrücklage gem § 74 EStDV, Rücklage nach § 3 Gesetz über die steuerlichen Maßnahmen bei der Stillegung von Steinkohlebergwerken). Abs 3 sieht daher die Bildung derartiger Passivposten in der Handelsbilanz vor; zur Unterscheidung zu den echten Rücklagen sind diese allerdings als „Sonderposten mit Rücklageanteil" zu bezeichnen, und zwar mit Angabe der Vorschrift, wonach sie gebildet wurden. Sind sie nach mehreren Vorschriften gebildet, genügt der Ausweis in einem Betrag (zu den weiteren Ausweis- und Angabepflichten von KapGes vgl Erl zu § 273). Als Sonderposten mit Rücklageanteil kommen in Betracht: Rücklage gem § 6 b

EStG, Rücklage gem § 6 d EStG, Rücklage für Ersatzbeschaffung gem R 35 EStR, Rücklage gem § 1 und § 2 EntwLStG, Rücklage für Zuschüsse gem Abschn 34 IV EStR, Rücklage gem § 6 d EStG („Euro-Umrechnungsrücklage"), Rücklage für Investitionen § 7 g III EStG („Ansparrücklage").

§ 248 Bilanzierungsverbote

(1) **Aufwendungen für die Gründung des Unternehmens und für die Beschaffung des Eigenkapitals dürfen in die Bilanz nicht als Aktivposten aufgenommen werden.**

(2) **Für immaterielle Vermögensgegenstände des Anlagevermögens, die nicht entgeltlich erworben wurden, darf ein Aktivposten nicht angesetzt werden.**

(3) **Aufwendungen für den Abschluß von Versicherungsverträgen dürfen nicht aktiviert werden.**

I. Grundlage

§ 248 ist vor dem Hintergrund des Vollständigkeitsgebots des § 246 I zu sehen, wonach auf der Aktivseite der Bilanz sämtliche Vermögensgegenstände und Rechnungsabgrenzungsposten auszuweisen sind, soweit gesetzlich nichts anderes bestimmt ist. Die Aktivierungsverbote der Abs 1 und 3 gelten für alle Kaufleute. Sie haben allerdings nur klarstellenden Charakter, da Gründungs- und Eigenkapitalbeschaffungskosten und Abschlußkosten für Versicherungsverträge weder Vermögensgegenstände noch Rechnungsabgrenzungsposten darstellen und insoweit eine Aktivierung bereits nach § 246 I nicht in Betracht kommt (*Biener/Berneke*, BiRiLiG, S 75). Abs 2 dagegen ist eine echte Ausnahmeregelung zu § 246 I, da hier Vermögensgegenstände vorliegen, die jedoch entgegen dem Vollständigkeitsgebot nicht aktiviert werden dürfen. 1

II. Kosten für Gründung des Unternehmens und Beschaffung des Eigenkapitals (I)

Gründungskosten werden für die Begründung der rechtlichen Existenz des Unternehmens aufgewendet; hierzu gehören ua Gerichts- und Notariatskosten, Gebühren für Genehmigungen, Eintragungs- und Veröffentlichungskosten, Beratungshonorare für Entwürfe von Gesellschaftsverträgen oder Satzungen, Kosten der Gründungsprüfung. Kosten für die Beschaffung des Eigenkapitals sind solche Kosten, die für die Ausstattung des Unternehmens mit Eigenkapital anfallen, zB Kosten für Aktien, Urkunden und Börsenprospekte, Emissionskosten, Kosten einer Kapitalerhöhung. Für Kosten der Gründung und der Eigenkapitalbeschaffung darf ein Aktivposten nicht angesetzt werden; auch eine Verrechnung mit einem Agio ist unzulässig (*Veit,* WPg 1984, 70; *ADS,* 2

§ 248

Drittes Buch. Handelsbücher

§ 248 Rz 11); sie sind vielmehr in vollem Umfang als Aufwand der entsprechenden Periode in der GuV zu erfassen.

3   Das Aktivierungsverbot bezieht sich seinem Wortlaut nach auf die Kosten der Eigenkapitalbeschaffung, nicht auf die Kosten der Fremdkapitalbeschaffung; daraus könnte geschlossen werden, daß diese aktiviert werden dürfen (so *Budde/Karig* in Beck-BilKomm § 248 Rz 4). Da jedoch auch die Fremdkapitalbeschaffungskosten keine Vermögensgegenstände darstellen, ist eine Aktivierung schon aus diesem Grunde im allgemeinen unzulässig. Das Disagio, das keine „Beschaffungs"-kosten, sondern einen vorweggenommenen Zins und damit Kosten des Kapitals darstellt, fällt nicht unter diese Bestimmung, sondern erfährt in § 250 III eine besondere Regelung. Von den Kosten für Gründung und Eigenkapitalbeschaffung sind die Aufwendungen für Ingangsetzung und Erweiterung des Geschäftsbetrieb zu unterscheiden; letztere sind nach § 269 als Bilanzierungshilfe aktivierungsfähig (vgl Erl zu § 269). Eine plausible Begründung für diese Differenzierung ist indes allerdings nicht erkennbar.

III. Immaterielle Vermögensgegenstände des Anlagevermögens (II)

4   **1. Allgemeines.** Hintergrund des Aktivierungsverbots ist die Schwierigkeit, ohne einen Entgeltsvorgang die Vermögensfähigkeit und damit den Wert derartiger Gegenstände nachzuweisen (vgl *Veit* in HdR, § 148 Rz 15). Zum Begriff und zum Umfang der immateriellen Gegenstände des Anlagevermögens vgl Erl zu § 266. Das Aktivierungsverbot gilt nicht für immaterielle Vermögensgegenstände des Umlaufvermögens (zB EDV-Programme). Auch wenn diese selbst geschaffen wurden, besteht für sie gem § 246 I eine Aktivierungspflicht (vgl *Veit* in HdR § 248 Rz 21 ff; zur Bewertung: vgl Erl zu § 253).

5   **2. Entgeltlichkeit des Erwerbs.** Nur der entgeltliche Erwerb eines immateriellen Anlageguts hat die Aktivierung dieses Gegenstands zur Folge. Entgelt ist alles das, was der Erwerber aufwendet, damit der Gegenstand in sein Vermögen übergeht (BFH BStBl II 1987, 455); dazu gehören auch sämtliche Nebenkosten (BFH BStBl II 1984, 267). Das Entgelt braucht nicht unbedingt in Geld erbracht zu werden (E/B/J *Wiedmann* § 249 Rz 7); es kann auch in Form eines Tauschgegenstands, in der Gewährung von Gesellschafts- oder Beteiligungsrechten oder der Übernahme von Verbindlichkeiten bestehen. Zu den aktivierungspflichtigen immateriellen Gegenständen des Anlagevermögens gehören auch entgeltlich erworbene Erfindungen, Patente und Lizenzen. Für Lizenzen kann die Aktivierung allerdings uU davon abhängig sein, wie diese vergütet werden. Bei einem einmalig zu zahlenden festgelegten Betrag ist die Lizenz mit diesem zu aktivieren. Wird dagegen eine Nutzungsgebühr entweder einmalig oder laufend und in Abhängigkeit von bestimmten Größen, zB Umsatz oder Stückzahl, gezahlt, kommt eine Aktivierung der Lizenz im Anlagevermögen nicht

Erster Abschnitt. Vorschriften für alle Kaufleute § **249**

in Betracht; die laufenden Zahlungen sind als Aufwand zu behandeln, die im voraus gezahlte Nutzungsgebühr ist als aktive Rechnungsabgrenzung zu aktivieren (BFH BStBl II 1984, 267; *Schmidt/Weber-Grellet*, EStG § 5 Rz 192 mwN). Str, ob die an Arbeitnehmer gezahlten Erfindervergütungen als Entgelt anzusehen sind (bejahend *ADS,* § 248 Rz 18 mwN; ablehnend *Glade,* § 248 Rz 17 mwN).

3. Eine **Ausnahme vom Aktivierungsverbot** selbstgeschaffener immaterieller Vermögensgegenstände enthält Art 44 EGHGB; mit Wirkung ab 1. 1. 1999 dürfen (Wahlrecht) Aufwendungen für die Währungsumstellung auf den Euro aktiviert werden. Auch wenn die Vorschrift von einer Bilanzierungshilfe spricht, muß mit den Aufwendungen ein Vermögensgegenstand geschaffen worden sein (zu den Voraussetzungen des Vorliegens eines Vermögensgegenstands vgl § 246 Rz 2); liegt ein solcher nicht vor, kommt eine Aktivierung nicht in Betracht. Der Ausweis dieses Postens in der Bilanz erfolgt vor dem Anlagevermögen unter der Bezeichnung „Aufwendungen für die Währungsumstellung auf den Euro"; er ist in jedem folgenden Geschäftsjahr mit mindestens 25 vH abzuschreiben; eine höhere jährliche Abschreibung ist zulässig. Die Zusammensetzung des Postens ist im Anhang zu erläutern. Für den Fall der Bilanzierung sieht Art 44 I 5 EGHGB eine Ausschüttungssperre vor, dh Gewinne dürfen nur ausgeschüttet werden, wenn die nach Ausschüttung verbleibenden jederzeit auflösbaren Gewinnrücklagen zuzüglich eines Gewinnvortrags abzüglich eines Verlustvortrags mindestens dem angesetzten Betrag des immateriellen Vermögensgegenstands entsprechen. 6

IV. Aufwendungen für den Abschluß von Versicherungsverträgen (III)

Abs 3 ist durch das VersBiRiLiG eingefügt worden; betroffen sind vornehmlich Versicherungsunternehmen. Danach dürfen Provisionen, die für den Abschluß von Versicherungsverträgen gezahlt werden, nicht aktiviert werden, sondern sind in voller Höhe im Jahr der Zahlung als Aufwand zu verrechnen. 7

§ **249** Rückstellungen

(1) ¹**Rückstellungen sind für ungewisse Verbindlichkeiten und für drohende Verluste aus schwebenden Geschäften zu bilden.** ²**Ferner sind Rückstellungen zu bilden für**

1. **im Geschäftsjahr unterlassene Aufwendungen für Instandhaltung, die im folgenden Geschäftsjahr innerhalb von drei Monaten, oder für Abraumbeseitigung, die im folgenden Geschäftsjahr nachgeholt werden,**
2. **Gewährleistungen, die ohne rechtliche Verpflichtung erbracht werden.**

Morck

§ 249

Drittes Buch. Handelsbücher

³Rückstellungen dürfen für unterlassene Aufwendungen für Instandhaltung auch gebildet werden, wenn die Instandhaltung nach Ablauf der Frist nach Satz 2 Nr. 1 innerhalb des Geschäftsjahrs nachgeholt wird.

(2) Rückstellungen dürfen außerdem für ihrer Eigenart nach genau umschriebene, dem Geschäftsjahr oder einem früheren Geschäftsjahr zuzuordnende Aufwendungen gebildet werden, die am Abschlußstichtag wahrscheinlich oder sicher, aber hinsichtlich ihrer Höhe oder des Zeitpunkts ihres Eintritts unbestimmt sind.

(3) ¹Für andere als die in den Absätzen 1 und 2 bezeichneten Zwecke dürfen Rückstellungen nicht gebildet werden. ²Rückstellungen dürfen nur aufgelöst werden, soweit der Grund hierfür entfallen ist.

I. Allgemeines

1 **1. Begriff und Abgrenzung zu anderen Bilanzposten.** Nach hM sind Rückstellungen Passivposten, die Verluste, Verbindlichkeiten oder Aufwendungen berücksichtigen, die in ihrer Entstehung und/oder Höhe noch ungewiß sind; sie dienen dem Zweck, zukünftige Ausgaben in der Periode zu berücksichtigen, in der sie wirtschaftlich verursacht worden sind (*Mayer-Wegelin* in HdR, § 249 Rz 12; *ADS*, § 249 Rz 27 ff; *Clemm/Erle* in Beck-BilKomm, § 249 Rz 1; HGK*Marsch-Barner*, § 249 Rz 4; *Wiedmann*, BilR § 249 Rz 4) und tragen damit dem Imparitätsprinzip (§ 252 I Nr 4) Rechnung, wonach noch nicht realisierte Verluste bereits zu erfassen sind. Der Inhalt des Rückstellungsbegriffs ist je nach der Zielsetzung, die mit der Bilanz verfolgt wird, verschieden. In der Betriebswirtschaftslehre standen bzw stehen sich im wesentlichen zwei Bilanzauffassungen gegenüber. Nach der **statischen** Bilanzauffassung sollen mit Hilfe der Rückstellungen bestehende Verpflichtungen vollständig und richtig dargestellt werden; somit sind als Rückstellungen sämtliche Verpflichtungen auszuweisen, die Dritten gegenüber bestehen oder von deren Bestehen bei vorsichtiger Bilanzierung auszugehen ist, die jedoch wegen der Ungewißheit ihres Bestehens oder ihrer Höhe noch nicht als Verbindlichkeiten ausgewiesen werden können. Ausschlaggebend für die Rückstellungsbildung ist nach dieser Auffassung der Schuldcharakter der Rückstellung; eine solche liegt hiernach auch bereits dann vor, wenn der Gläubiger noch keine Ansprüche geltendgemacht hat (*ADS*, § 249 Rz 21; vgl auch BFH BStBl II 1969, 581). Die **dynamische** Bilanzauffassung stellt dagegen auf die Vergleichbarkeit der Ergebnisermittlung, dh eine zutreffende Ermittlung eines periodengerechten Ergebnisses ab; Aufwendungen und Erträge sind der Periode zuzuordnen, in der sie wirtschaftlich verursacht wurden. Rückstellungen sind nach dieser Auffassung somit eine Art Abgrenzungsposten für solche Aufwendungen, die einer bereits abgelaufenen Periode zuzurechnen sind, jedoch erst zu einem

späteren Zeitpunkt zu Ausgaben führen (zB Großreparaturen oder Generalüberholungen, die lediglich in einem Rhythmus von mehreren Jahren anfallen) und bei denen nicht unbedingt eine Verbindlichkeit einem Dritten gegenüber vorliegen muß. Der Rückstellungsbegriff der dynamischen Bilanzauffassung ist daher weitergehender als der der statischen, da jener auch die Aufwandsrückstellungen einschließt (*ADS*, § 249 Rz 22). Der Gesetzesbestimmung des § 249 liegt kein einheitlicher Rückstellungsbegriff zugrunde; sie umfaßt sowohl Rückstellungen mit Verbindlichkeitscharakter (Rückstellungen für ungewisse Verbindlichkeiten und für drohende Verluste aus schwebenden Geschäften, Abs 1) als auch reine Aufwandsrückstellungen (Rückstellungen für konkrete zukünftige Aufwendungen, Abs 2). Entsprechend dem Gesetzesaufbau regelt § 249 die Bildung von Rückstellungen dem Grunde nach; die Bewertung der Rückstellungen richtet sich nach § 253 I S 2. Abs 1 und 2 stellen einen Katalog zulässiger Rückstellungen auf; diese Aufzählung ist abschließend, weitere Rückstellungen sind nicht zulässig.

Gegenüber anderen Bilanzposten ergeben sich folgende Abgrenzungen: (1) Bei Verbindlichkeiten (§ 266 Abs 2 C) steht der Verpflichtungsgrund und die Höhe der Verpflichtung sowie im Regelfall auch der Zeitpunkt der Fälligkeit fest. (2) Betriebswirtschaftlich sind Rückstellungen Fremdkapital; das gilt nicht nur für Rückstellungen für ungewisse Verbindlichkeiten sondern auch für Aufwandsrückstellungen. Rücklagen dagegen stehen einem Unternehmen dauerhaft und uneingeschränkt zur Verfügung und stellen somit Eigenkapital dar. (3) Sonderposten mit Rücklagenanteil (§ 247 III) sind Passivposten, die aufgrund steuerlicher Vorschriften gebildet werden können (vgl die Erl zu § 247 III) und die wegen der Maßgeblichkeit der Handelsbilanz für die Steuerbilanz größtenteils einen Ansatz auch in der Handelsbilanz erfordern. Soweit die Sonderposten bei Auflösung eine Steuerschuld auslösen, besitzen sie Fremdkapitalcharakter, ansonsten stehen diese Posten dem Unternehmen als Eigenkapital zur Verfügung. (4) Die Rechnungsabgrenzungsposten der Passivseite enthalten vorgezogene Einnahmen, die erst für eine bestimmte Zeit nach dem Bilanzstichtag Ertrag darstellen (§ 250 II). Rückstellungen dagegen stellen Aufwand dar, der bis zum Bilanzstichtag entstanden ist, aber erst zu einem späteren Zeitpunkt zu Ausgaben führt. (5) Rückstellungen beinhalten Aufwendungen, deren Eintritt wahrscheinlich oder sicher ist, deren Höhe jedoch nicht von vornherein genau bestimmt werden kann. Risiken, bei denen zum Bilanzstichtag eine Inanspruchnahme nicht erkennbar ist, stellen Eventualverbindlichkeiten dar und sind als Haftungsverhältnisse unter der Bilanz zu vermerken (§ 251) und ggf im Anhang anzugeben (§ 268 VII). Erst wenn mit einer Inanspruchnahme aus den Eventualverbindlichkeiten zu rechnen ist, sind Rückstellungen bzw – sofern der genaue Betrag der Inanspruchnahme feststeht – Verbindlichkeiten auszuweisen.

2. Passivierungswahlrecht und Passivierungszwang. § 249 unterscheidet zwischen Rückstellungen, die „zu bilden sind" (Passivie-

§ 249 Drittes Buch. Handelsbücher

rungszwang) und solchen, die „gebildet werden dürfen" (Passivierungswahlrecht). Passiviert werden müssen sämtliche Rückstellungen, die Verbindlichkeitscharakter besitzen oder diesem sehr nahe kommen; danach sind ua auch Pensionsverpflichtungen und Aufwendungen für unterlassene Instandhaltungen zu passivieren, wenn diese innerhalb von drei Monaten nachgeholt werden (Abs 1). Für die übrigen im § 249 genannten Rückstellungen – sämtlich Aufwandsrückstellungen – räumt das Gesetz ein Passivierungswahlrecht ein. Dieses kann in jedem einzelnen Fall erneut und gesondert ausgeübt werden. Eine Verpflichtung, ein einmal ausgeübtes Wahlrecht auch in anderen gleichgelagerten Fällen in gleicher Weise auszuüben, besteht nicht (ebenso *ADS,* § 249 Rz 217). Das Wahlrecht des Abs 2 ist ein Ansatzwahlrecht. Ist dieses ausgeübt worden, unterliegt die Rückstellung dem Grundsatz der Bewertungsstetigkeit (§ 252 I Nr 6). Eine derart gebildete Rückstellung darf nur aufgelöst werden, wenn der Grund für die Rückstellung entfallen ist. In keinem Falle ist es zulässig, die Rückstellung zum Ausgleich eines Verlustes aufzulösen.

4 **3. Abgrenzung zwischen handelsrechtlichem und steuerlichem Rückstellungskatalog.** Abs 1 S 1 und 2 verpflichten alle Kaufleute Rückstellungen zu bilden (Passivierungspflicht) für (1) ungewisse Verbindlichkeiten, (2) drohende Verluste aus schwebende Geschäften, (3) im Geschäftsjahr unterlassene Aufwendungen für Instandhaltung, die im folgenden Geschäftsjahr innerhalb von 3 Monaten nachgeholt werden, (4) im Geschäftsjahr unterlassene Aufwendungen für Abraumbeseitigung, die im folgenden Geschäftsjahr nachgeholt werden und (5) Gewährleistungen, die ohne rechtliche Verpflichtung erbracht werden. Ein Passivierungswahlrecht besteht nach Abs 1 S 3 und Abs 2 für (1) unterlassene Aufwendungen für Instandhaltung, wenn diese nach Ablauf von 3 Monaten, aber bis zum Ende des folgenden Geschäftsjahrs nachgeholt wird, (2) ihrer Eigenart nach genau umschriebene, dem Geschäftsjahr oder einem früheren Geschäftsjahr zuzuordnende Aufwendungen, die am Abschlußstichtag wahrscheinlich oder sicher, aber hinsichtlich ihrer Höhe oder dem Zeitpunkt ihres Eintritts unbestimmt sind. Für andere als in den Abs 1 und 2 bezeichneten Zwecke dürfen Rückstellungen nicht gebildet werden (Abs 3). Dieses Verbot bezieht sich vornehmlich auf Aufwandsrückstellungen, die über Abs 2 hinausgehen, zB unterlassene Werbemaßnahmen oder unterlassene Forschungs- und Entwicklungsaufwendungen (*Clemm/Erle* in Beck-BilKomm, § 249 Rz 13). In der Steuerbilanz ist nach § 5 I EStG das Betriebsvermögen anzusetzen, das nach den handelsrechtlichen GoB auszuweisen ist. Damit orientiert sich das Steuerrecht grundsätzlich am handelsrechtlichen Rückstellungsbegriff; lediglich hinsichtlich der Pensionsrückstellungen (§ 6a EStG), der Rückstellung wegen Patentverletzungen (§ 5 III EStG) und der Jubiläumsrückstellungen (§ 5 IV EStG) gelten gesonderte steuerliche Vorschriften; nach § 5 IV a EStG idF des UntRefG 97 v. 29. 10. 97 dürfen Rückstellungen für drohende Verluste aus schwebenden Geschäften für steuerliche Zwecke nicht gebildet werden, vgl ie Rz 6 u 7. Der Maßgeblichkeitsgrundsatz des § 5 I EStG ist durch die Rechtsprechung des BFH in der Weise eingeschränkt worden, daß Passivposten – und damit auch Rückstellungen – in der Steuerbilanz nur dann anzusetzen sind, wenn handelsrechtlich ein Passivierungszwang besteht; Rückstellungen, für die handelsrechtlich ein Passivierungswahlrecht besteht, dürfen in der Steuerbilanz nicht angesetzt werden (BFH BStBl II 1969, 291; II 1992, 336). Der BFH hat in ständiger Rspr (BFH BStBl II 1969, 291; II 1980, 297; II 1981, 266; II 1983, 375; II 1987, 711, 848, II 1988, 430, 592; II 1989, 359; II 1992, 177, 488; II 1993, 89) folgende Voraussetzungen für das Vorliegen einer passivierungspflichtigen Rückstellung aufgestellt: (1) Es muß sich um eine Verbindlichkeit gegenüber einem Dritten handeln (Schuldcharakter der Rückstellung); (2) am Bilanzstichtag muß die Verbindlichkeit entstanden oder zumindest wirtschaftlich verursacht sein; (3) eine Inanspruchnahme des Unternehmens muß wahrscheinlich sein. Damit wurden bisher die in Abs 1 genannten Rückstellungen aufgrund der handelsrechtlichen Passivierungspflicht auch steuerlich anerkannt (die Rückstellung für unterlassene Instandhaltungen, wenn diese innerhalb von 3 Monaten nachgeholt werden, wurde bisher schon entgegen der Rspr des BFH, BStBl II 1984, 277 von der Finanzverwaltung anerkannt, vgl R 31 c (11) EStR). Aufwandsrückstellungen dagegen bleiben, mit Ausnahme der Rückstellungen für unterlassene Instandhaltungen, sofern sie innerhalb von 3 Monaten, und der für Abraumbeseitigungen, sofern sie im Folgejahr nachgeholt werden, sowie nunmehr auch die Drohverlustrückstellung steuerlich ohne Anerkennung.

4. Bildung und Auflösung von Rückstellungen. Rückstellungen 5
für ungewisse Verbindlichkeiten sind dann zu bilden, wenn eine Verbindlichkeit dem Grunde nach entweder bereits entstanden ist oder aber mit großer Wahrscheinlichkeit entsteht oder entstehen wird oder wenn allein oder zusätzlich bezüglich der Höhe dieser Verbindlichkeit noch Ungewißheit besteht (BFH BStBl II 1987, 846). Rückstellungen für drohende Verluste aus schwebenden Geschäften sind dann zu bilden, wenn konkrete Anhaltspunkte für den Eintritt eines Verlustes sprechen (BFH BStBl II 1984, 56; II 1988, 661). Auch für die Bildung der Rückstellungen gilt der Grundsatz der „Wertaufhellung", wonach Tatsachen, die zwischen Bilanzstichtag und Aufstellung der Bilanz bekannt werden, sich aber auf den Zeitraum bis zum Bilanzstichtag beziehen, bei der Bilanzerstellung zu berücksichtigen sind. Stellt sich zu einem späteren Zeitpunkt heraus, daß die Risikoeinschätzung falsch war, so sind grundsätzlich unzureichend dotierte Rückstellungen oder unterlassene Rückstellungen nachzuholen, und zwar idR in dem letzten noch nicht festgestellten JA. Die Möglichkeit zur Nachholung gilt auch für Aufwandsrückstellungen. Rückstellungen dürfen nur aufgelöst werden, wenn der Grund hierfür entfallen ist (Abs 3 S 2). Eine Verrechnung eines aufzulösenden Rückstellungsbetrags mit einer neu zu bildenden

§ 249 Drittes Buch. Handelsbücher

Rückstellung widerspricht dem Grundsatz der Einzelbewertung (§ 252 I Nr 3), dem Grundsatz der Klarheit (§ 243 II) und dem Saldierungsverbot (§ 246 II), selbst wenn die gleiche Aufwandsart betroffen ist.

II. Rückstellungen für ungewisse Verbindlichkeiten und für drohende Verluste aus schwebenden Geschäften

6 **1. Rückstellungen für ungewisse Verbindlichkeiten.** Voraussetzung für eine ungewisse Verbindlichkeit ist das Bestehen einer Verpflichtung gegenüber einem Dritten (Schuldcharakter); diese kann sich aus Vertrag oder aus gesetzlichen Bestimmungen ergeben. Die Rechtsgrundlagen, die zu einer Leistungspflicht führen, können zivilrechtlicher (zB §§ 812, 823 BGB) oder öffentlich-rechtlicher Natur sein (zB die Steuerpflichten, vgl BFH BStBl II 1973, 860; Rückstellungen für Aufstellung und Prüfung des JA, vgl BFH BStBl II 1981, 62). Sind derartige Verpflichtungen bereits rechtlich entstanden, besteht am Schuldcharakter keinerlei Zweifel; hierzu muß diese weder fällig noch geltend gemacht sein (BFH BStBl II 1991, 479), es muß nicht einmal der Dritte von der ihm zustehenden Forderung bereits Kenntnis erlangt haben (zB Rückstellung für Patentverletzungen, § 5 III EStG). Verbindlichkeiten sind stets so lange zu passivieren, als eine Inanspruchnahme durch den Gläubiger möglich ist oder das Unternehmen von sich aus die Leistungspflicht erfüllen wird. Das gilt grundsätzlich auch für verjährte Verbindlichkeiten, solange auf die Einrede der Verjährung verzichtet oder in Fällen der Inanspruchnahme die Leistungspflicht erfüllt wird; gleiches gilt für nicht einklagbare Forderungen (BFH BStBl II 1968, 80). Auch für rechtlich noch nicht entstandene Verbindlichkeiten (in diesen Fällen steht die Person des Gläubigers noch nicht fest) können Rückstellungen für ungewisse Verbindlichkeiten gebildet werden, wenn die Ursache für die später rechtlich wirksam entstehende Verbindlichkeit vor dem Bilanzstichtag liegt (zB Rückstellung für Produzentenhaftung, pauschale Rückstellung für Gewährleistungen und Wechselobligo; vgl *ADS,* § 249 Rz 65 f; *Clemm/Erle* in Beck-Bil-Komm, § 249 Rz 35; BFH BStBl II 1978, 97; BStBl II 1980, 297; BStBl II 1987, 848; BStBl II 1989, 893; BStBl II 1991, 479). Die Rückstellungen schließen nicht nur Verpflichtungen zur Leistung in Geld, sondern auch zu Sach-, Dienst- oder Werkleistungen ein (BFH BStBl II 1971, 85; BStBl II 1983, 670; BStBl II 1986, 788). Die Ungewißheit kann sich darauf beziehen, ob eine Verpflichtung tatsächlich entstanden ist oder noch entstehen wird und/oder in welcher Höhe die Verpflichtung besteht. Ist bei vernünftiger kaufmännischer Beurteilung eine Inanspruchnahme ernsthaft nicht auszuschließen, ist eine Rückstellung zu bilden (BFH BStBl II 1985, 14, BStBl II 1992, 488).

7 **2. Rückstellungen für drohende Verluste aus schwebenden Geschäften.** Schwebende Geschäfte sind auf einen Leistungsaustausch

gerichtete zweiseitig verpflichtende Verträge, die noch von keinem der Vertragspartner erfüllt worden sind. Anzahlungen, die von einer der beteiligten Parteien geleistet werden, beeinflussen den Schwebezustand nicht (*Friederich,* S 1 ff), sie sind reine Finanzierungsvorgänge. Schwebende Geschäfte werden grundsätzlich nicht bilanziert, da man von der Gleichwertigkeitsvermutung von Leistung und Gegenleistung ausgeht (BFH BStBl II 1983, 413; BStBl II 1988, 886). Im Gegensatz zu noch nicht realisierten Gewinnen sind allerdings aufgrund des Imparitätsprinzips noch nicht realisierte Verluste zu antizipieren (vgl Erl zu § 252). Liegen konkrete Anhaltspunkte dafür vor, daß der Wert der eigenen geschuldeten Leistung den Wert der Gegenleistung übersteigen wird, ist in Höhe dieser Differenz eine Rückstellung zu bilden. Schwebende Geschäfte treten sowohl im Beschaffungs- als auch im Absatzbereich auf; sie können auf eine einmalige Leistung oder auf ein Dauerschuldverhältnis gerichtet sein. Bei schwebenden Beschaffungsgeschäften sind Rückstellungen für drohende Verluste dann zu bilden, wenn der Wert des Liefer- oder Leistungsanspruchs niedriger ist als der Wert der vom Unternehmer zu erbringenden Gegenleistung. Als Wert des Lieferanspruchs gilt bei Anschaffungsgeschäften über Gegenstände des Anlage- und des Umlaufvermögens der Wert, mit dem die Gegenstände in der Bilanz anzusetzen wären, wenn sie am Bilanzstichtag bereits geliefert worden wären (Niederstwertprinzip). Steht allerdings fest, daß bestellte Waren zu einem höheren Wert als dem Anschaffungswert weiterveräußert werden können, ist trotz eines gegenüber dem Anschaffungswert niedrigeren Börsen- oder Marktpreises insoweit eine Rückstellung wegen drohender Verluste nicht zu bilden (*Clemm/Erle* in Beck-BilKomm, § 249 Rz 65; *Winnefeld,* Bilanz-HB, Kap D Rz 1135 ff).

Rückstellungen für drohende Verluste aus Absatzgeschäften sind dann zu bilden, wenn der Wert der eigenen vom Unternehmer zu erbringenden Lieferung oder Leistung über dem Wert der Gegenleistung liegt. Der Wert der Gegenleistung wird, wenn es ein Geldanspruch ist, zum Nennwert zu bewerten sein. Für den Wert der eigenen Verpflichtung sind die Kosten der zu erbringenden Lieferung oder Leistung maßgeblich. Bei Gegenständen des Vorratsvermögens, die ausschließlich einem mit Verlust abzurechnenden Auftrag zuzurechnen sind, stellt sich die Frage, ob diese entsprechend niedriger zu bewerten sind oder ob eine Drohverlustrückstellung zu bilden ist. Nach überwiegender Ansicht ist ein drohender Verlust zunächst durch eine Abschreibung beim Vorratsvermögen zu antizipieren. Erst wenn kein Aktivwert mehr verbleibt oder wegen fehlender Anarbeitung der Gegenstände eine Aktivierung nicht erfolgt ist, ist eine Verlustrückstellung zu bilden (*Eifler,* S 124; *Clemm/Erle* in Beck-BilKomm, § 249 Rz 68; *ADS,* § 249 Rz 138). Daß auch bei Dauerschuldverhältnissen (zB Dienst- und Arbeitsverträge, Miet- und Pachtverträge) sämtliche zukünftigen Verluste zu antizipieren sind, ist nicht unbestritten, aber hM (*ADS,* § 249 Rz 148 f; wohl auch BFH BStBl II 1984, 56; BStBl 1988, 57; aA *Biener/Bernecke,* BiRiLiG, S 79; BFH BStBl II 1984, 344).

§ 249 Drittes Buch. Handelsbücher

Für die Bildung der Verlustrückstellung ist erforderlich, daß der Eintritt des Verlustes droht, dh er muß so gut wie sicher sein; die bloße Möglichkeit des Eintritts eines Verlustes allein reicht zur Rückstellungsbildung nicht aus. Eine Verlustrückstellung ist auch dann zu bilden, wenn der Verlust von vornherein absehbar war oder das Geschäft auch im Bewußtsein eines Verlustes eingegangen worden ist. Eine Aufrechnung mit anderen vorteilhaften Geschäften oder mit zukünftigen gewinnträchtigen Folgegeschäften mit dem gleichen Kunden ist nicht zulässig, da sie gegen den Grundsatz der Einzelbewertung verstoßen würde.

Nach § 5 IV a EStG (idF des UntRefG 1997) dürfen in der Steuerbilanz Rückstellungen für drohende Verluste aus schwebenden Geschäften, gleichgültig ob sie sich auf Einzelfälle oder auf Verluste aus Dauerschuldverhältnissen beziehen, nicht mehr gebildet werden. Die Regelung gilt gem § 52 VI a EStG erstmals für Wj, die nach dem 31. 12. 1996 enden; zulässigerweise gebildete Rückstellungen sind gewinnerhöhend aufzulösen, und zwar im ersten nach dem 31. 12. 1996 endenden Wj mit mindestens 25 vH, im zweiten bis sechsten Wj mit mindestens 15 vH; nach BMF (BStBl I 1997, 1021) darf die Restrückstellung nicht höher als der Ansatz in der Handelsbilanz sein. Diese steuerliche Regelung ist unter rein fiskalpolitischen Gesichtspunkten getroffen worden; eine Anwendung auch in der Handelsbilanz würde einen elementaren Verstoß gegen grundlegende Bilanzierungsregeln (Grundsatz der Vorsicht und das Imparitätsprinzip, § 252 I Nr. 4) darstellen. Die Initiatoren dieser steuerlichen Regelung übersehen, daß es sich bei der bisherigen und handelsrechtlich auch weiter geltenden Regelung nicht um eine nachhaltige Steuersubvention handelt, sondern daß tatsächlich entstehende Verluste bereits in der Periode antizipiert werden, in denen sie wirtschaftlich entstanden sind; mit der jetzigen steuerlichen Regelung werden Verluste nicht verhindert, sondern nur in eine spätere Periode verschoben mit der Folge, daß Unternehmen zunächst höhere Gewinne zu versteuern haben, um dann in den Perioden, in denen die Verluste zum Tragen kommen, niedrigere Gewinne oder gar Verluste auszuweisen, die dann im Wege des für die Finanzverwaltung mit erheblich höherem Aufwand verbundenen Verlustrücktrags mit früheren Gewinnen verrechnet werden und zu Steuererstattungen führen oder vorgetragen werden (vgl hierzu insg IdW WPg 1997, 292; *Moxter* DB 1997, 1477).

III. Rückstellungen für unterlassene Aufwendungen für Instandhaltung und für Abraumbeseitigung

8 Die Rückstellung für unterlassene Instandhaltungen erfaßt solche Aufwendungen, denen keine Verpflichtung gegenüber Dritten zugrundeliegt, sondern die der Erhaltung der Funktionsfähigkeit der eigenen Anlagen dienen; hierzu gehören Inspektionen, Wartungsarbeiten, Reparaturen und uU Generalüberholungen. Allerdings darf es sich nur um nicht aktivierungspflichtigen Erhaltungsaufwand handeln; Herstellungsaufwand ist nicht rückstellungsfähig. Unterlassen sind derartige Aufwendungen, wenn sie aus betriebswirtschaftlicher oder technischer Sicht eigentlich notwendig gewesen und unter normalen Umständen auch ausgeführt worden wären. Das Unterlassen muß im abgelaufenen Geschäftsjahr liegen; der Anlaß ist für die Rückstellungsbildung ohne Bedeutung. Ob für Instandhaltungen, die in früheren Geschäftsjahren hätten vorgenommen werden müssen, ein Nachholverbot besteht, ist strittig (bejahend: GK*Marsch-Barner* § 249 Rz 14; ablehnend: *Clemm/ Erle* in Beck-BilKomm § 249 Rz 106; von *ADS* § 249 Rz 177; *Kusterer* in HK-HGB, § 249 Rz 30 b). Die Aufwendungen müssen innerhalb eines Zeitraums von 3 Monaten nachgeholt und innerhalb dieses Zeitraums abgeschlossen werden. Unerheblich ist, ob die Instandhaltungen durch das Unternehmen selbst oder von Dritten ausgeführt werden. Werden die Instandhaltungen nicht innerhalb von drei Monaten nachgeholt, bleibt die Rückstellung in der Handelsbilanz gleichwohl möglich, wenn diese innerhalb des Geschäftsjahrs nachgeholt werden. Dieses in Abs 1 S 3 eingeräumte Wahlrecht führt jedoch dazu, daß die Rückstellung steuerlich keine Anerkennung findet.

Eine Rückstellung für im Geschäftsjahr unterlassene Aufwendungen für Abraumbeseitigung ist dann zu bilden, wenn diese im folgenden Geschäftsjahr nachgeholt werden (Passivierungszwang). Sofern für die Abraumbeseitigung öffentlich-rechtliche oder vertragliche Verpflichtungen bestehen, fallen diese unter die ungewissen Verbindlichkeiten iSv Abs 1 S 1 und sind damit passivierungspflichtig, unabhängig davon, wann diese Verpflichtungen erfüllt werden. Bestehen derartige Verpflichtungen nicht, müssen die Aufwendungen im folgenden Geschäftsjahr nachgeholt werden; ist das folgende Geschäftsjahr ein Rumpfgeschäftsjahr, wird man nicht auf das Ende des Geschäftsjahrs, sondern auf den Ablauf von 12 Monaten abstellen. Werden die Abraumbeseitigungen nicht innerhalb dieses Zeitraums nachgeholt, entfällt die Verpflichtung zur Passivierung; eine Rückstellung nach Abs 2 bleibt allerdings möglich, dh mit einem Ansatzwahlrecht und ohne steuerliche Anerkennung.

IV. Rückstellungen für Gewährleistungen, die ohne rechtliche Verpflichtung erbracht werden

Bei Gewährleistungen ohne rechtliche Verpflichtung handelt es sich um Kulanzleistungen, die der Kaufmann freiwillig im Interesse seines Unternehmens erbringt, da er sich davon geschäftlichen Nutzen verspricht. Die Unterscheidung zwischen Gewährleistungen mit und ohne Rechtspflicht ist allerdings – anders als in § 152 VII AktG 1965 – ohne praktische Bedeutung, da in beiden Fällen eine gesetzliche Passivierungspflicht besteht. Eine Gewährleistung liegt vor, wenn sie der Behebung eines Mangels einer vom Kaufmann erbrachten Lieferung oder Leistung dient und der Mangel dem Kaufmann anzulasten ist und nicht

§ 249 Drittes Buch. Handelsbücher

auf natürlichem Verschleiß oder unsachgemäßer Behandlung durch den Kunden beruht (BFH BStBl III 1965, 383). Die Gewährleistungsverpflichtung beinhaltet die Beseitigung des Mangels, wobei diese durch kostenlose Nacharbeit, Rücknahme der verkauften Sache, Ersatzlieferung oder Wiederholung der Leistung erfolgen kann. Reine Gefälligkeitsarbeiten stellen keine rückstellungsfähige Erfüllung von Gewährleistungspflichten dar, sondern dienen ausschließlich der Kundenpflege und -werbung.

V. Aufwandsrückstellungen

10   **1. Allgemeines.** Aufwandsrückstellungen haben den Zweck, ein periodengerechtes Ergebnis auszuweisen; § 252 I Nr 5 verlangt die Berücksichtigung von Aufwendungen und Erträgen des Geschäftsjahrs im JA, unabhängig vom Zeitpunkt der Zahlung (vgl *Dörner*, WPg 1991, 226). Von den Rücklagen unterscheiden sich diese Rückstellungen dadurch, daß die Rücklage eine allgemeine Vorsorge des Unternehmens darstellt, während die Rückstellung einen ganz bestimmten, vorhersehbaren und in der Vergangenheit begründeten Aufwand berücksichtigt (vgl auch *Biener/Berneke*, BiRiLiG, S 80). Für die Bildung der Rückstellung gewährt Abs 2 ein Wahlrecht; dieses Ansatzwahlrecht bindet den Bilanzierenden in der Weise, daß eine einmal gebildete Rückstellung nicht willkürlich wieder aufgelöst werden kann, wenn der Grund weiter besteht. Ein bisher nicht erfolgter Ansatz einer Rückstellung kann nachgeholt werden. Für die Bewertung gilt dieses Wahlrecht nicht; daher ist eine einmal gebildete Rückstellung unter dem Gesichtspunkt der Bewertungsstetigkeit (§ 252 I Nr 6) in den Folgejahren fortzuführen; das Unterlassen einer notwendigen Zuführung stellt eine Bewertungsänderung dar, die nur in begründeten Ausnahmefällen zulässig ist (§ 252 II). Für jeden Aufwand kann gesondert entschieden werden, ob eine Aufwandrückstellung gebildet werden soll. Gleichgelagerte Fälle sind allerdings gleich zu behandeln, nur bei Vorliegen zwingender Gründe ist eine differenzierte Behandlung zulässig; willkürliche Entscheidungen sind mit den GoB und mit der Generalklausel des § 243 I nicht vereinbar (*Biener/Berneke*, BiRiLiG, S 83 f; *Wiedmann*, § 249 Rz 78; aA *ADS* § 252 Rz 104).

11   **2. Voraussetzungen für die Bildung** von Aufwandsrückstellungen sind: **a)** Aufwandsrückstellungen dürfen nur für ihrer Eigenart nach genau umschriebene Aufwendungen gebildet werden. Das Erfordernis der Bestimmbarkeit der zurückgestellten Aufwendungen ist keine Besonderheit der Aufwandsrückstellung, sondern gilt für sämtliche Rückstellungsarten. Es dient zur Abgrenzung von Vorsorgemaßnahmen für das allgemeine Unternehmerrisiko und für grundsätzlich bestehende, aber nicht genau beschreibbare Risiken einer zukünftigen wirtschaftlichen Entwicklung; für letztere Risiken ist die Bildung von Rückstellungen unzulässig. Der Zweck der Rückstellung muß genau bezeichnet sein, so daß eine Zuordnung zu den später vorzunehmenden

Maßnahmen möglich ist. **b)** Die Aufwendungen müssen dem abgelaufenen oder einem früheren Geschäftsjahr zuzuordnen sein. Dieses Erfordernis bezweckt, Ausgaben der Periode zuzurechnen, in der sie – wirtschaftlich gesehen – dazu beigetragen haben, Erträge zu erzielen. Daher können unterlassene Ausgaben für Forschung und Entwicklung oder Werbung nicht zurückgestellt werden, weil diese – wenn überhaupt – erst in späteren Geschäftsjahren zu Erträgen führen werden.
c) Die zukünftige Inanspruchnahme muß dem Grunde nach wahrscheinlich oder sicher sein. Dies ist die künftige Ausgabe dann, wenn sich der Kaufmann ihr nicht entziehen kann, sofern er sein Unternehmen unverändert fortführen will (*Biener/Berneke*, BiRiLiG S 80). Höhe oder Zeitpunkt der Aufwendungen können dagegen noch unbestimmt sein. Unsicherheit über die Höhe der Aufwendungen besteht beispielsweise dann, wenn die Größenordnung zwar geschätzt, aber wegen des nicht überschaubaren Zeitaufwands für eine bestimmte Maßnahme nicht festgelegt werden kann. Der Zeitpunkt des Eintritts ist unbestimmt, wenn zB eine geplante Großreparatur nach Erreichen bestimmter Produktionsstunden durchgeführt werden muß, jedoch nicht feststeht, wann diese erreicht sein werden.

VI. Das Verbot der Bildung von anderen Rückstellungen (III S 1)

Für andere als die in Abs 1 und 2 bezeichneten Zwecke dürfen keine Rückstellungen gebildet werden. Damit wird der Ausschließlichkeitskatalog der in den Abs 1 und 2 enthaltenen Rückstellungsarten hervorgehoben. Nach Zulassung der Aufwandsrückstellung für bestimmte Zwecke kommt diesem Verbot jedoch keine große Bedeutung mehr zu. Es dient letztlich nur der Abgrenzung von solchen Posten, denen der Verbindlichkeitscharakter bzw der Bezug zum abgelaufenen oder einem früheren Geschäftsjahr fehlt und die in Wirklichkeit der allgemeinen Zukunftsvorsorge dienen und somit Rücklagencharakter besitzen.

VII. Rückstellungen für Pensionen und ähnliche Verpflichtungen

1. Grundlagen. An der Tatsache, daß es sich bei Pensionsverpflichtungen – gleichgültig in welcher Art sie auftreten und ob eine unmittelbare oder mittelbare Verpflichtung vorliegt – um ungewisse Verbindlichkeiten handelt, besteht heute keine Zweifel mehr, auch wenn bei jeder einzelnen Verpflichtung ungewiß bleibt, ob sie überhaupt und ggf ab welchem Zeitpunkt sie zu erfüllen ist, in welcher Höhe die Beiträge zu leisten sind und für welche Dauer die Verpflichtung zu erbringen ist. Auch die den Pensionen ähnlichen Verpflichtungen hängen in irgendeiner Form von der Person des Gläubigers und damit von seiner Existenz ab, so daß auch sie durch die Ungewißheit gekennzeichnet sind. Während vor dem BiRiLiG für diese Verpflichtungen lediglich ein

§ 249 Drittes Buch. Handelsbücher

Bilanzierungswahlrecht bestand, ist mit dem BiRiLiG den immer wieder vorgetragenen Bedenken gegen das Passivierungswahlrecht (vgl IDW, WPg 1983, S 20 f.) zumindest teilweise Rechnung getragen worden. Danach wurde in Art 28 EGHGB für unmittelbare Pensionszusagen („Neuzusagen") eine Passivierungspflicht normiert, während für „Altzusagen" sowie für mittelbare Pensionsverpflichtungen und für pensionsähnliche Verpflichtungen weiterhin ein Wahlrecht besteht.

14 **2. Pensionsverpflichtungen.** Pensionsverpflichtungen sind Verpflichtungen auf unmittelbare Zahlung einmaliger oder wiederkehrender Versorgungsleistungen, die einer natürlichen Person rechtsverbindlich versprochen werden (*Schülen* in HdJ, Abt III/7 Rz 1). Die entweder als laufende Pensionen oder als Einmalzahlungen eines Kapitalbetrags (Kapitalzusage) gestalteten Pensionszusagen werden im Regelfall in Geld geleistet, sie können jedoch auch Sachbezüge (zB Deputate oder freies Wohnen) zum Gegenstand haben. Bis zum Eintritt des Versorgungsfalls besteht lediglich eine aufschiebend bedingte Anwartschaft auf die laufende oder einmalige Pensionszahlung, die sich mit Eintritt des Versorgungsfalls in einen Anspruch umwandelt. Versorgungsfall ist entweder das Erreichen einer bestimmten Altersgrenze, der Eintritt der Invalidität (bei Berufs- oder Erwerbsunfähigkeit) oder der Tod; darüberhinaus können vertraglich weitere Gründe für den Beginn einer Pensionszahlung vereinbart werden. Rechtsgrund einer Pensionsverpflichtung kann sowohl ein Einzelvertrag als auch eine Gesamtzusage an eine Personengruppe im Rahmen einer Versorgungsordnung sein; auch ein Tarifvertrag oder eine Betriebsvereinbarung (§ 77 BetrVG) können eine Pensionsverpflichtung begründen; schließlich kann sie auch auf einer betrieblichen Übung oder auf Gleichbehandlung (§ 1 BetrAVG) beruhen. Bei einer individualrechtlichen Begründung der Pensionsverpflichtung entsteht diese mit dem Abschluß der entsprechenden Vereinbarung, bei kollektiven Pensionsvereinbarungen wird die Versorgungsanwartschaft regelmäßig mit dem Dienstantritt des Arbeitnehmers begründet (BAG, BB 1981, 1338). Für die unmittelbaren Pensionszusagen ist der Zeitpunkt der Begründung der Pensionsverpflichtung von erheblicher Bedeutung. Nach Art 28 I S 1 EGHGB braucht sowohl für laufende Pensionen als auch für Anwartschaften auf eine Pension aufgrund einer unmittelbaren Zusage eine Rückstellung nach Abs 1 S 1 nicht gebildet zu werden, wenn der Pensionsberechtigte seinen Rechtsanspruch vor dem 1. Januar 1987 erworben hat („Altzusagen"). Hieraus folgt, daß Zusagen, bei denen der Rechtsanpruch nach dem 31. Dezember 1986 begründet worden ist („Neuzusagen"), passivierungspflichtig sind. § 6 a IV S 2 und S 3 EStG räumt bei erstmaliger Bildung der Pensionsrückstellung bzw bei erheblichen Erhöhungen der Pensionsleistungen ein Verteilungswahlrecht (Verteilung der Zuführung auf drei Jahre) ein. Dieses Verteilungswahlrecht wird auch für die Handelsbilanz als zulässig angesehen (*Höfer* in HdR § 249 Rz 102). KapGes müssen bei Inanspruchnahme dieses Wahlrechts allerdings den Fehlbetrag im Anhang

angeben (*Höfer* in HdR, § 249 Rz 104). Für Pensionszusagen, die vor dem 1. Januar 1987 erteilt worden sind („Altzusagen"), besteht nach wie vor ein Passivierungswahlrecht. Das für die Steuerbilanz geltende Nachholverbot (§ 6a IV EStG, R 41 XX EStR) gilt für die Handelsbilanz nicht, so daß bisher unterlassene Rückstellungen zu jedem beliebigen Zeitpunkt nachgeholt werden können. Eine bereits passivierte Pensionszusage unterliegt allerdings dem Grundsatz der Bewertungsstetigkeit (§ 252 I Nr 6), so daß Zuführungen zu dieser Rückstellung nicht ohne Grund unterlassen werden können (aA *Höfer* in HdR § 249 Rz 109). Das Passivierungswahlrecht bezieht sich ausdrücklich auch auf Erhöhungen von „Altzusagen", maW wird eine vor dem 1. Januar 1987 gegebene Pensionszusage nach diesem Zeitpunkt erhöht, so unterliegt die Zusage nicht nur im bisherigen Umfang, sondern auch im Umfang der Erhöhung dem Passivierungswahlrecht. Gehen aufgrund einer Gesamtrechtsnachfolge (zB bei Umwandlung oder Verschmelzung) oder bei Betriebsübernahme (§ 613a BGB) Verpflichtungen auf einen neuen Rechtsträger über, liegt idR keine „Neuzusage" vor, da dieser lediglich in bestehende Verbindlichkeiten eintritt und keine eigenen Zusagen erteilt. Bei Übernahme von laufenden Renten durch Einzelrechtsnachfolge liegen dagegen idR passivierungspflichtige Neuzusagen vor, da diese nicht von § 613a BGB erfaßt sind. Sofern aufgrund des Passivierungswahlrechts Pensionsverpflichtungen aus „Altzusagen" nicht passiviert werden, müssen KapGes die in der Bilanz nicht ausgewiesenen Rückstellungen für laufende Pensionen, Anwartschaften und ähnliche Verpflichtungen jeweils im Anhang in einem Betrag angeben (Art 28 II EGHGB); obwohl nicht ausdrücklich geregelt, dürfte dies nach Inkrafttreten des KapCoRiLiG auch für PershandelsGes iSv § 264a I gelten. Die Bildung einer Pensionsrückstellung ist in der **Steuerbilanz** von folgenden Voraussetzungen abhängig (§ 6a I EStG): **(1)** Der Pensionsberechtigte muß einen Rechtsanspruch auf einmalige oder laufende Pensionsleistungen haben, **(2)** die Pensionszusage darf keinen Vorbehalt enthalten, daß die Anwartschaft oder Leistung entzogen werden kann, **(3)** die Pensionszusage muß schriftlich erteilt werden. Daß ein Anspruch auf eine Versorgungsleistung vorliegen muß, ist auch im Handelsrecht Voraussetzung für die Passivierung als ungewisse Verbindlichkeit. Nach der Rechtsprechung des BAG zur betrieblichen Altersversorgung kann sich allerdings auch ohne Zusage arbeitsrechtlich ein Anspruch auf eine Versorgungsleistung ergeben, der handelsrechtlich dann in Form einer Rückstellung zu berücksichtigen wäre (BAG DB 1973, S 1704ff). Die Schriftform ist handels- und arbeitsrechtlich ohne Bedeutung. Weder Abs 1 noch Art 28 EGHGB enthalten hierzu entsprechende Hinweise.

3. Ähnliche Verpflichtungen. Diese tauchen erstmals im BiRiLiG 15 auf; sie sind zusammen mit den Pensionsrückstellungen nach § 266 III B Nr 1 gesondert in der Bilanz der KapGes auszuweisen. Für die ähnlichen Verpflichtungen gilt, gleichgültig ob es sich um unmittelbare

§ 249
Drittes Buch. Handelsbücher

oder mittelbare ähnliche Verpflichtungen handelt, nach Art 28 I 2 EGHGB ein uneingeschränktes Passivierungswahlrecht. Ähnliche Verpflichtungen sind solche, die pensionsähnlich sind, also an Leib und Leben des Berechtigten gebunden sind und durch Ereignisse ausgelöst werden, die auch Pensionsleistungen zur Folge haben (zB Pensionierung, Invalidität); hierzu gehören insbesondere sog Überbrückungsgelder (Übergangsgelder, Gnadengelder uä). Strittig ist dagegen, ob Vorruhestandsgelder zu den ähnlichen Verpflichtungen gehören (bejahend: *Höfer* in HdR § 249 Rz 149; verneinend: *Ellrott/Rhiel* in Beck-BilKomm § 249 Rz 162). Nicht zu den ähnlichen Verpflichtungen sind die aus der Insolvenzsicherung gegenüber dem Pensionssicherungsverein geschuldeten Leistungen zu rechnen, da sie nicht der Altersversorgung aus einer eigenen Zusage dienen. Auch Jubiläumsgelder, Trennungsprämien etc gehören nicht zu den ähnlichen Verpflichtungen.

16 **4. Bildung und Auflösung von Pensionsrückstellungen.** Die Bildung von Pensionsrückstellungen unterliegt den allgemeinen Bilanzierungsgrundsätzen (Bilanzklarheit; Vollständigkeit, diese eingeschränkt durch das Passivierungswahlrecht; Bilanzkontinuität, Stichtagsprinzip und Einzelbewertung). Zu jedem Bilanzstichtag sind die einzelnen Pensionsberechtigten sowie die Höhe ihrer bis dahin entstandenen Ansprüche und Anwartschaften zu ermitteln. Die Zuführung ist bis zu den für die Verpflichtungen ermittelten Werten vorzunehmen. Einmal gebildete Pensionsrückstellungen dürfen nur aufgelöst werden, soweit der Grund für die Rückstellung entfallen ist (§ 249 III S 2), dann sind sie allerdings auch aufzulösen; dies gilt auch für Rückstellungen, die aufgrund der bisherigen Rechtslage freiwillig gebildet worden sind (IdW-HFA 2/1988, Fachgutachten S 163; BFH BStBl II 1977, 798). Sobald aufgrund des Eintritts des Versorgungsfalls mit der Zahlung der Pension begonnen wird, ist die Pensionsrückstellung entsprechend aufzulösen. Nach der versicherungsmathematischen Methode sind die laufenden Pensionsleistungen als Aufwand anzusetzen und die Minderung des Barwerts der Pensionsverpflichtung gegenüber dem Stand des Vorjahrs gewinnerhöhend aufzulösen, wobei es allgemein als zulässig angesehen wird, wenn dieser Auflösungsertrag unmittelbar beim Pensionsaufwand gekürzt wird. Die lange Zeit praktizierte buchhalterische Auflösungsmethode (erfolgsneutrale Verrechnung der Pensionszahlungen gegen die Rückstellung, bis diese aufgebraucht ist) ist heute nicht mehr zulässig (*Förschle/Klein,* DB 1987, 344).

17 **5. Ausweis- und Angabepflichten.** Mittelgroße und große KapGes (§ 267 II und III) müssen die Pensionsrückstellungen nach § 266 III B gesondert unter der Position „Rückstellungen für Pensionen und ähnliche Verpflichtungen" ausweisen. Für kleine KapGes (§ 267 I) ist ein gesonderter Ausweis nicht vorgesehen; sie können mit den Steuerrückstellungen und den sonstigen Rückstellungen in einem Betrag ausgewiesen werden (§ 266 I 3). Gleiche Ausweisregeln gelten für PershandelsGes iSv § 264 a I. Für Einzelkaufleute und die übrigen PersGes ist ein Bilanzgliederungsschema und damit auch ein entsprechender Ausweis der Pensionsrückstellungen nicht vorgeschrieben. Auf der Grundlage der GoB und der Verpflichtung in § 247 I zur hinreichenden Aufgliederung wird zumindest ein Ausweis sämtlicher Rückstellungen in einem Betrag wie bei den kleinen KapGes in Betracht kommen.

§ 250 Rechnungsabgrenzungsposten

(1) ¹**Als Rechnungsabgrenzungsposten sind auf der Aktivseite Ausgaben vor dem Abschlußstichtag auszuweisen, soweit sie Aufwand für eine bestimmte Zeit nach diesem Tag darstellen.** ²**Ferner dürfen ausgewiesen werden**

1. **als Aufwand berücksichtigte Zölle und Verbrauchsteuern, soweit sie auf am Abschlußstichtag auszuweisende Vermögensgegenstände des Vorratsvermögens entfallen,**
2. **als Aufwand berücksichtigte Umsatzsteuer auf am Abschlußstichtag auszuweisende oder von den Vorräten offen abgesetzte Anzahlungen.**

(2) **Auf der Passivseite sind als Rechnungsabgrenzungsposten Einnahmen vor dem Abschlußstichtag auszuweisen, soweit sie Ertrag für eine bestimmte Zeit nach diesem Tag darstellen.**

(3) ¹**Ist der Rückzahlungsbetrag einer Verbindlichkeit höher als der Ausgabebetrag, so darf der Unterschiedsbetrag in den Rechnungsabgrenzungsposten auf der Aktivseite aufgenommen werden.** ²**Der Unterschiedsbetrag ist durch planmäßige jährliche Abschreibungen zu tilgen, die auf die gesamte Laufzeit der Verbindlichkeit verteilt werden können.**

I. Zweck und Inhalt der Rechnungsabgrenzungsposten

Rechnungsabgrenzungsposten dienen der periodengerechten Ermittlung des Ergebnisses. Bei diesen Posten handelt es sich um Ausgaben oder Einnahmen vor dem Bilanzstichtag, bei denen ein Teilbetrag erst nach dem Stichtag zu Aufwendungen oder Erträgen wird (transitorische Posten ieS). Transitorische Posten iwS (also Posten, bei denen die Ausgabe/Einnahme ausschließlich das Folgejahr betrifft) und antizipative Posten (Aufwand/Ertrag vor Auszahlung/Einzahlung) sind keine Rechnungsabgrenzungsposten, sondern sind – sofern die Voraussetzungen hierfür erfüllt sind – als Forderungen bzw Verbindlichkeiten auszuweisen. Sowohl § 246 I als auch § 247 erwähnen die Rechnungsabgrenzungsposten neben Vermögensgegenständen und Schulden, was bedeutet, daß Rechnungsabgrenzungsposten weder Vermögensgegenstände noch Schulden darstellen (*Hoyos/Bartels-Hetzler* in Beck-Bil-Komm § 250 Rz 14; BFH BStBl II 1981, 481; aA wohl *Hüttemann* in HdJ, Abt. II/8 34); ihnen fehlt als eine wesentliche Voraussetzung für einen Vermögensgegenstand die selbständige Verkehrsfähigkeit.

1

§ 250 Drittes Buch. Handelsbücher

II. Die Voraussetzungen für die Bilanzierung von Rechnungsabgrenzungsposten

2 **1. Ausgaben/Einnahmen vor dem Abschlußstichtag.** Die Bildung von Rechnungsabgrenzungsposten setzt grundsätzlich einen Zahlungsvorgang **vor** dem Bilanzstichtag voraus. Die Begriffe „Ausgabe" bzw „Einnahme", die im Gesetz nicht definiert sind, umfassen nicht nur bare und unbare Zahlungsvorgänge, sondern auch die Hergabe oder Entgegennahme von Wechseln und nicht mit Aus- bzw Einzahlungen verbundene Zugänge an Verbindlichkeiten bzw Forderungen (*ADS*, § 250 Rz 25; BFH BStBl II 1981, 669).

3 **2. Aufwand bzw Ertrag nach dem Abschlußstichtag.** Ausgaben bzw Einnahmen müssen Aufwand bzw Ertrag der folgenden Geschäftsjahre darstellen, sie sind also wirtschaftlich einer zukünftigen Periode zuzurechnen. Wird die Gegenleistung in der Zukunft erbracht, ist ein Rechnungsabgrenzungsposten zu bilden (BFH BStBl II 1986, 841). Gleiches gilt auch bei Zahlung von Zuschüssen, wenn aufgrund dessen ein bestimmtes Verhalten des Zahlungsempfängers in der Zukunft erwartet werden kann (BFH BStBl II 1982, 655; BStBl II 1984, 552). Auch bei öffentlichen Abgaben (zB Kfz-Steuer, Beiträge zu Kammern) kommt der Bildung von Rechnungsabgrenzungsposten in Betracht. (leistungsähnliches Verhältnis).

4 **3. Bestimmte Zeit.** Die Ausgaben bzw Einnahmen müssen für eine „bestimmte" Zeit nach dem Abschlußstichtag erfolgt sein. Rspr und Finanzverwaltung vertreten die Auffassung, daß der Zeitraum kalendermäßig bestimmt sein muß (BFH BStBl II 1984, 552; BStBl II 1983, 132; R 31 b II EStR; BMF BStBl I 1982, 810; *ADS*, § 250 Rz 32 und 36), auch eine Schätzung des Zeitraums reicht danach nicht aus (BFH BStBl II 1983, 132; BStBl II 1981, 669; BStBl II 1992, 488; auch *Hoyos/Bartels-Hetzler* in Beck-BilKomm, § 250 Rz 21). Nach einer weitergehenden Ansicht soll eine sachgerechte (nicht: willkürliche) Schätzung des Zeitraums der Erfolgswirksamkeit einer Ausgabe bzw Einnahme grundsätzlich ausreichen, eine Abgrenzung vornehmen zu können (*Schmidt/Weber-Grellet*, EStG § 5 Rz 252; *Kupsch*, WPg 1984, 374; *Federmann*, BB 1984, 256 ff; nunmehr auch: BFH BStBl II 1995, 312). Die „bestimmte" Zeit muß nicht im folgenden Wirtschaftsjahr enden, sie kann grundsätzlich einen beliebig langen Zeitraum umfassen (*Hoyos/Bartels-Hetzler* in Beck-BilKomm, § 250 Rz 21 mwN).

III. Bilanzierungspflicht

5 Für Rechnungsabgrenzungsposten besteht handelsrechtlich grundsätzlich eine Bilanzierungspflicht. Wegen Geringfügigkeit und aus Vereinfachungsgründen kann, wenn der Einblick in die Vermögens- und Ertragslage (§ 264 II S 1) nicht beeinträchtigt ist, auf die Bildung von

Erster Abschnitt. Vorschriften für alle Kaufleute **§ 250**

Rechnungsabgrenzungsposten verzichtet werden (WPHdb 2000, E Rz 197).

IV. Rechnungsabgrenzungsposten besonderer Art

1. Aktive Abgrenzung von Zöllen und Verbrauchsteuern. 6
Abs 1 S 2 Nr 1 entspricht weitgehend der Bestimmung des § 5 V 2 Nr 1 EStG, allerdings mit dem Unterschied, daß in der Steuerbilanz derartige Posten einer Aktivierungspflicht unterliegen, während handelsrechtlich ein Bilanzierungswahlrecht besteht. Das Wahlrecht des Abs 1 S 2 Nr 1 bezieht sich nur auf die Fälle, in denen Zölle und Verbrauchsteuern nicht zu den aktivierungspflichtigen Anschaffungs- oder Herstellungskosten gehören. Zölle und Verbrauchsteuern sind als Aufwand zu berücksichtigen, wenn die Abgabeschuld am Bilanzstichtag bereits entstanden war. Soweit Zölle und Verbrauchsteuern auf Gegenstände des Vorratsvermögens entfallen, die am Bilanzstichtag in der Bilanz ausgewiesen sind, kann ein Rechnungsabgrenzungsposten gebildet werden; sind die Gegenstände veräußert, entfällt eine Aktivierung dieser Abgaben. Das Wahlrecht des Abs 1 S 2 kann in der Handelsbilanz bei jedem Abschluß neu ausgeübt werden. Eine Bindung an ein einmal ausgeübtes Wahlrecht besteht nicht. Ein gesonderter Ausweis der Zölle und Verbrauchsteuern innerhalb der aktiven Rechnungsabgrenzungsposten ist im Gesetz zwar nicht vorgeschrieben, wegen des besonderen Charakters dieses Postens aber empfehlenswert.

2. Aktive Abgrenzung von Umsatzsteuer auf erhaltene An- 7
zahlungen. Nach Abs 1 S 2 Nr 2 darf die als Aufwand berücksichtigte Umsatzsteuer auf am Stichtag auszuweisende oder von den Vorräten offen abgesetzte Anzahlungen als aktive Rechnungsabgrenzungsposten ausgewiesen werden. Die Vorschrift entspricht ihrem Zweck nach der des § 250 I 2 Nr 1 und deckt sich inhaltlich – bis auf das Wahlrecht – mit der steuerlichen Vorschrift in § 5 V 2 Nr 2 EStG. Angesichts der Tatsache, daß nach einhelliger Meinung die Umsatzsteuer als durchlaufender Posten und damit erfolgsneutral zu behandeln ist (IdW-HFA 1/1985 idF 1990, Fachgutachten S 139; BMF BStBl I 1980, 188), erscheint die praktische Bedeutung dieser Vorschrift als äußerst gering. Voraussetzung ist, daß es sich um gezahlte, verrechnete oder geschuldete Umsatzsteuer auf **erhaltene** Anzahlungen (auf **geleistete** Anzahlungen ist die Vorschrift nicht anzuwenden) handelt und daß die Umsatzsteuer als Aufwand gebucht worden ist. Der Abgrenzungsposten ist nur auf solche Anzahlungen zu bilden, die am Abschlußstichtag entweder passiviert oder vom Vorratsvermögen abgesetzt sind. Sobald die Anzahlungen verrechnet werden, ist der Abgrenzungsposten aufzulösen.

3. Aktivierungswahlrecht für den Unterschiedsbetrag aus der 8
Aufnahme von Verbindlichkeiten. Nach Abs 3 darf der Unterschiedsbetrag zwischen dem Ausgabebetrag und dem höheren Rückzahlungsbetrag einer Verbindlichkeit (Disagio oder Damnum) als

§ 250

aktiver Rechnungsabgrenzungsposten ausgewiesen werden; das Disagio ist durch planmäßige – dh jährliche – Abschreibungen zu tilgen, wobei die Abschreibungen auf die gesamte Laufzeit verteilt werden können. Abs 3 bezieht sich auf **alle** Verbindlichkeiten, bei denen der Rückzahlungsbetrag höher ist als der Ausgabebetrag; die Bildung des Abgrenzungspostens ist weder von der Art der Verbindlichkeit noch von einer bestimmten Mindestlaufzeit abhängig. Der Unterschiedsbetrag kann sich sowohl aus einem Auszahlungsverlust als auch aus einem Rückzahlungsaufgeld ergeben. Das Disagio erfüllt nach hM (*Kropff* in Geßler/ Hefermehl AktG, § 156 21; *Hüttemann* in HdJ, Abt III/8 269; *Hoyos/ Bartels-Hetzler* in Beck-BilKomm § 250 Rz 60) die Voraussetzungen für einen transitorischen Abgrenzungsposten ieS, da es als vorweggenommener Zins eine Ausgabe vor dem Abschlußstichtag ist, der Aufwand für eine bestimmte Zeit danach darstellt. Aufgrund der ausdrücklichen Regelung in Abs 3 besteht jedoch keine Aktivierungspflicht, sondern lediglich ein Aktivierungswahlrecht. Im Hinblick auf eine periodengerechte Erfassung dieses Aufwands ist es unter betriebswirtschaftlichen Gesichtspunkten allerdings zweckmäßig, das Disagio zu aktivieren und entsprechend abzuschreiben (*Döllerer*, DB 1965, S 1405 ff). Die Aktivierung wird auch für lediglich einen Teil des Disagios für zulässig erachtet (*ADS*, § 250 Rz 85; WPHdb 2000, E Rz 200; *Hoyos/Bartels-Hetzler* in Beck-BilKomm § 250 Rz 61). Das Aktivierungswahlrecht kann jedoch nur im Jahr der Begründung der Verbindlichkeit in Anspruch genommen werden; eine nachträgliche Aktivierung in einem späteren Geschäftsjahr ist nur dann zulässig, wenn sich die Grundlagen, die für die Ausübung des Wahlrechts bestimmend waren, wesentlich verändert haben. Im Gegensatz zur handelsrechtlichen Regelung ist das Disagio in der Steuerbilanz grundsätzlich zu aktivieren und auf die Laufzeit der Verbindlichkeit zu verteilen (BFH BStBl II 1989, 726; BStBl II 1978, 262; BStBl II 1984, 747, H 37 EStR). Nach Abs 3 S 2 ist der aktivierte Unterschiedsbetrag durch **planmäßige** jährliche Abschreibungen zu tilgen. Die Tilgung kann sich auf die gesamte Laufzeit der Verbindlichkeit erstrecken, in der Handelsbilanz kann jedoch auch eine kürzere Abschreibungsdauer gewählt werden. Insoweit ist die Bindung an die Laufzeit der Verbindlichkeit nur als Obergrenze anzusehen. Ist die Laufzeit der Verbindlichkeit nicht bestimmt, ist der Unterschiedsbetrag unter dem Gesichtspunkt der Vorsicht längstens bis zu dem Zeitpunkt abzuschreiben, zu dem vom Gläubiger erstmals gekündigt werden kann. **Außerplanmäßige** Abschreibungen werden allgemein als zulässig angesehen (GKMarsch-Barner § 250 Rz 12; *ADS*, § 250 Rz 98 ff; WPHdb 2000, E Rz 201; *Hüttemann* in HdJ, Abt III/8 272; *Ettwein* in HdR, B 218 48; mit Vorbehalten: *Hoyos/Bartels-Hetzler* in Beck-BilKomm § 250 Rz 76 f). Sie können dann notwendig werden, wenn die Verbindlichkeit teilweise oder vollständig vorzeitig zurückgezahlt wird. Auch eine wesentliche Reduzierung des Zinsniveaus kann eine außerplanmäßige Abschreibung des Disagios erforderlich machen (*ADS*, § 250 Rz 98). **KapGes,** die den Unterschiedsbetrag gem Abs 3 als Rechnungsabgrenzungsposten in die Bilanz aufgenommen haben, müssen diesen gesondert ausweisen (§ 268 VI), gleiches gilt für PershandelsGes iSv § 264 a I. Disagiobeträge aus mehreren Verbindlichkeiten können zusammengefaßt werden (*Hoyos/Bartels-Hetzler* in Beck-BilKomm § 268 Rz 112). Auf den gesonderten Ausweis in der Bilanz kann verzichtet werden, wenn die entsprechenden Angaben im Anhang erfolgen. Die Pflicht zum gesonderten Ausweis trifft lediglich mittlere und große KapGes und PershandelsGes iSv § 264 a I (§ 266 I S 3).

§ 251 Haftungsverhältnisse

¹Unter der Bilanz sind, sofern sie nicht auf der Passivseite auszuweisen sind, Verbindlichkeiten aus der Begebung und Übertragung von Wechseln, aus Bürgschaften, Wechsel- und Scheckbürgschaften und aus Gewährleistungsverträgen sowie Haftungsverhältnisse aus der Bestellung von Sicherheiten für fremde Verbindlichkeiten zu vermerken; sie dürfen in einem Betrag angegeben werden. ²Haftungsverhältnisse sind auch anzugeben, wenn ihnen gleichwertige Rückgriffsforderungen gegenüberstehen.

I. Ausweispflicht

Die Vermerkpflicht besteht für sämtliche Kaufleute; für KapGes und PershandelsGes iSv § 264 a I gilt ergänzend § 268 VII. Haftungsverhältnisse sind Verpflichtungen, bei denen nicht unmittelbar eine Leistungspflicht besteht und auch nicht unmittelbar droht, also mit einer **konkreten** Inanspruchnahme nicht gerechnet wird, eine mögliche Belastung jedoch auch nicht ausgeschlossen werden kann. Von passivierungspflichtigen Verbindlichkeiten und Rückstellungen unterscheiden sich die Haftungsverhältnisse durch den Grad der Wahrscheinlichkeit der Inanspruchnahme. Ist der Eintritt der Leistungsverpflichtung sicher oder doch wahrscheinlich, ist eine Passivierung – entweder bei den Verbindlichkeiten oder aber bei den Rückstellungen – erforderlich. Nicht zu den Haftungsverhältnissen iSv § 251 gehören Haftungen aufgrund gesetzlicher Vorschriften (zB gesetzliche Pfandrechte) sowie Haftungen aufgrund allgemeiner Geschäftsbedingungen. Unter § 251 fallen nur solche Haftungen, die der Kaufmann durch eigene Willenserklärungen – zumeist als Bestandteil von Verträgen – begründet hat. Haftungsverhältnisse sind „unter der Bilanz" als solche zu vermerken. Liegen bestimmte Haftungsverhältnisse nicht vor, ist kein Negativvermerk aufzunehmen (§ 265 VIII). Bestehen keine Haftungsverhältnisse, kann auf den Vermerk ganz verzichtet werden. Die Haftungsverhältnisse dürfen, müssen aber nicht in einem Betrag ausgewiesen werden (S 1). KapGes und PershandelsGes iSv § 264 a I müssen die Haftungsverhältnisse unter der Bilanz gesondert oder wahlweise im Anhang ausweisen (§ 268 VII). Werden die Haftungsverhältnisse in der Bilanz in einem

Betrag ausgewiesen, kann als Text der vollständige Gesetzeswortlaut übernommen werden, zulässig ist auch, nur die tatsächlich bestehenden Haftungsverhältnisse zu bezeichnen oder lediglich die Kurzbezeichnung „Haftungsverhältnisse" zu verwenden. Der Ausweis wird auch dann nicht hinfällig, wenn gleichwertige Rückgriffsforderungen bestehen. Würde wegen einer vermeintlich gleichwertigen Rückgriffsforderung auf den Ausweis verzichtet, liefe dies faktisch auf eine Saldierung hinaus, die nach S 2 unzulässig ist. Ein Vermerk (Zusatz bei den Haftungsverhältnissen oder auf der Aktivseite unter der Bilanz), in welcher Höhe Rückgriffsforderungen bestehen, ist allerdings zulässig.

II. Die Haftungsverhältnisse im einzelnen

2 **1. Verbindlichkeiten aus der Übertragung und Begebung von Wechseln.** Für Verbindlichkeiten iSd Art 9 und 15 WG ist der Gesamtbetrag des Obligos zu vermerken. Hat das Unternehmen selbst den Wechsel akzeptiert (Art 28 WG), sind die Verpflichtungen zu passivieren. Wechsel, die zum Inkasso eingereicht sind, sind in den Vermerk nicht aufzunehmen, da der Einreichende der letzte in der Reihe der Wechselbeteiligten ist, also nicht mehr indossiert hat und insoweit auf ihn kein Rückgriff gewonnen werden kann. Gleiches gilt für Wechsel, die sich im Bestand des Unternehmens befinden. In den Vermerk aufzunehmen sind sämtliche Wechsel, die am Bilanzstichtag indossiert (Art 15 WG) und noch nicht fällig waren. Erst wenn der Wechsel tatsächlich eingelöst worden ist, ist sicher, daß eine Inanspruchnahme als Wechselschuldner nicht mehr droht. Wird bis zum Zeitpunkt der Bilanzerstellung bekannt, daß aus dem am Bilanzstichtag bestehenden Wechselobligo eine Inanspruchnahme zu erwarten ist, ist diesem Risiko durch eine Rückstellung Rechnung zu tragen. Maßgeblich für die Höhe dieser Rückstellung ist die voraussichtliche Zahlungsverpflichtung. Für die Höhe des Bilanzvermerks spielt die Bonität des Akzeptanten keine Rolle; als Bilanzvermerk ist grundsätzlich der volle Betrag der wechselrechtlichen Haftung anzugeben. Ist aufgrund einer zu erwartenden konkreten Inanspruchnahme eine Rückstellung gebildet worden, entfällt insoweit ein Vermerk beim Wechselobligo.

3 **2. Verbindlichkeiten aus Bürgschaften, Wechsel- und Scheckbürgschaften.** Zu den **Bürgschaften** (§ 765 BGB) gehören alle Arten von Bürgschaften, zB Ausfallbürgschaft (Bürge haftet für den vom Gläubiger nachgewiesenen Ausfall), Kreditbürgschaft (Bürge haftet für einen laufenden oder einen zu gewährenden Kredit), Nachbürgschaft (Bürge haftet für die Verpflichtung des Vorbürgen), Rückbürgschaft (Bürge haftet für die Erfüllung einer Rückgriffsforderung des Hauptbürgen gegen den Hauptschuldner), Mitbürgschaft (Bürge haftet gesamtschuldnerisch mit), Teilbürgschaft (Bürge haftet für einen Teil der Forderung), Kreditauftrag (§ 778 BGB). **Wechselbürgschaften** sind Verpflichtungen iS der Art 30 bis 32 WG. Der Wechselbürge haftet in

gleicher Weise wie derjenige, für den er sich verbürgt hat (Art 32 I WG); wird er als Wechselbürge in Anspruch genommen, erwirbt er die Rechte aus dem Wechsel sowohl demjenigen gegenüber, für den er sich verbürgt hat, als auch gegenüber allen, die diesem wechselmäßig haften (Art 32 III WG). Die **Scheckbürgschaften** (Art 25 bis 27 ScheckG) entsprechen den Regelungen bei Wechselbürgschaften. **Bürgschaftsähnliche Rechtsverhältnisse** sind von der Systematik her als Verbindlichkeiten aus Gewährleistungsverträgen anzusehen und dort zu vermerken (*ADS*, § 251 Rz 64; *Ellrott* in Beck-BilKomm, § 251 Rz 21). Bürgschaften sind unter der Bilanz zu vermerken, wenn die Hauptschuld am Bilanzstichtag noch besteht; dies gilt grundsätzlich auch für Nach- und Rückbürgschaften. Bei Wechsel- und Scheckbürgschaften sind nur solche Verpflichtungen in den Vermerk aufzunehmen, bei denen die Wechsel oder Schecks am Bilanzstichtag noch nicht fällig waren. Ergibt sich bis zur Bilanzerstellung, daß eine Inanspruchnahme aus einer Bürgschaft droht oder gar bereits erfolgt ist, ist die Zahlungsverpflichtung entweder als Rückstellung oder als sonstige Verbindlichkeit zu passivieren.

3. Verbindlichkeiten aus Gewährleistungsverträgen. Unter dem Begriff wird jede vertragliche Verpflichtung verstanden, für einen bestimmten Erfolg oder eine Leistung bzw für den Nichteintritt eines bestimmten Nachteils einzustehen (*Ott* in HdR, B 250 35 mwN). Zu den Verbindlichkeiten aus Gewährleistungsverträgen gehören Gewährleistungen für fremde Leistungen, für eigene Leistungen und für sonstige Gewährleistungen (aA *Kropff* in Geßler/Hefermehl, AktG § 151 135, der die – obligatorische – Vermerkpflicht von Garantien für eigene Leistungen verneint, einen freiwilligen Ausweis allerdings für zulässig hält). 4

4. Haftungverhältnisse aus der Bestellung von Sicherheiten für fremde Verbindlichkeiten. Zu vermerken sind solche Sicherheiten, die zur Sicherung von Verbindlichkeiten Dritter gegeben wurden. Damit soll sichtbar gemacht werden, in welchem Umfang das eigene Vermögen über die ausgewiesenen eigenen Verbindlichkeiten hinaus für Verpflichtungen Dritter haftet. Auszuweisen sind solche Sicherheiten, die auch für eigene Verbindlichkeiten bestellt werden können, zB Hypotheken, Grund- und Rentenschulden, Sicherungsübereignungen, Verpfändungen beweglicher Sachen und Rechte, Sicherungsabtretungen von Forderungen und sonstigen Rechten. Zu vermerken sind auch solche Sicherheiten, die neben der Sicherung eigener Verbindlichkeiten aufgrund einer Vereinbarung mit dem Sicherungsnehmer auch den Sicherung verbundener Unternehmen des Sicherungsgebers dienen (sog Konzernklausel). Der unter der Bilanz zu vermerkende Betrag bestimmt sich nicht nach dem Wert des Sicherungsgegenstands, sondern nach dem Wert der gesicherten Verbindlichkeiten am Bilanzstichtag. 5

§ 252

Dritter Titel. Bewertungsvorschriften

§ 252 Allgemeine Bewertungsgrundsätze

(1) Bei der Bewertung der im Jahresabschluß ausgewiesenen Vermögensgegenstände und Schulden gilt insbesondere folgendes:
1. Die Wertansätze in der Eröffnungsbilanz des Geschäftsjahrs müssen mit denen der Schlußbilanz des vorhergehenden Geschäftsjahrs übereinstimmen.
2. Bei der Bewertung ist von der Fortführung der Unternehmenstätigkeit auszugehen, sofern dem nicht tatsächliche oder rechtliche Gegebenheiten entgegenstehen.
3. Die Vermögensgegenstände und Schulden sind zum Abschlußstichtag einzeln zu bewerten.
4. Es ist vorsichtig zu bewerten, namentlich sind alle vorhersehbaren Risiken und Verluste, die bis zum Abschlußstichtag entstanden sind, zu berücksichtigen, selbst wenn diese erst zwischen dem Abschlußstichtag und dem Tag der Aufstellung des Jahresabschlusses bekanntgeworden sind; Gewinne sind nur zu berücksichtigen, wenn sie am Abschlußstichtag realisiert sind.
5. Aufwendungen und Erträge des Geschäftsjahrs sind unabhängig von den Zeitpunkten der entsprechenden Zahlungen im Jahresabschluß zu berücksichtigen.
6. Die auf den vorhergehenden Jahresabschluß angewandten Bewertungsmethoden sollen beibehalten werden.

(2) Von den Grundsätzen des Absatzes 1 darf nur in begründeten Ausnahmefällen abgewichen werden.

I. Vorbemerkung

1   Den Bewertungsvorschriften für alle Kaufleute (§§ 253–256), unabhängig von Rechtsform, Geschäftszweig und Größe, und den ergänzenden Bewertungsvorschriften für KapGes und bestimmte PersHandelsGes (§§ 279–283) sind in § 252 **allgemeine Bewertungsgrundsätze** vorangestellt. Diese galten bereits bisher im Rahmen der GoB, so daß mit der Kodifizierung durch das BiRiLiG keine materielle Rechtsänderung verbunden ist. Mit der Formulierung „insbesondere gilt folgendes" wird deutlich, daß keine abschließende Aufzählung der Bewertungsgrundsätze erfolgen, sondern einer notwendigen Fortentwicklung der GoB Rechnung getragen werden soll.

II. Allgemeine Bewertungsgrundsätze

1. Grundsatz der Bilanzidentität (Abs 1 Nr 1). Hiermit ist eine 2 lückenlose Verknüpfung aufeinanderfolgender Bilanzen sichergestellt. Dieser Grundsatz gilt uneingeschränkt auch für die Steuerbilanz; bei dieser gibt es nur dann eine Durchbrechung, wenn – etwa nach einer Außenprüfung – die Berichtigung eines falschen Wertansatzes erforderlich wird. Der Grundsatz der Bilanzidentität ist zwar als Bewertungsgrundsatz formuliert, gleichwohl schließt er auch den Bilanzansatz mit ein (*ADS,* § 252 Rz 13). Die Bilanzidentität darf nur in **Ausnahmefällen** unterbrochen werden (zB bei einer Währungsreform), die jedoch ohne große praktische Bedeutung sind.

2. Grundsatz der Unternehmensfortführung (Going-Con- 3 **cern-Prinzip)** (Abs 1 Nr 2). Nur, wenn die Fortführung des Unternehmens aufgrund tatsächlicher oder rechtlicher Gegebenheiten nicht mehr unterstellt werden kann (zB Insolvenzgründe, aber auch eine notwendige stille oder offene Liquidation wegen wirtschaftlicher Schwierigkeiten), sind Veräußerungs- oder Liquidationswerte anzusetzen. Die Fortführung der Unternehmenstätigkeit muß im Einzelfall für einen **überschaubaren** Zeitraum gesichert sein. Eine starre Festlegung auf einen bestimmten Zeitraum ist abzulehnen, man wird diesen Zeitraum jedoch kaum über ein Jahr hinaus ausdehnen können (wie hier: *ADS,* § 252 Rz 24 f; mit Einschränkung: *Budde/Geißler* in Beck-Bil-Komm § 252 Rz 11; MKHGB*Ballwieser* § 252 Rz 10; E/B/J*Wiedmann* § 252 Rz 11; aA *Janssen,* WPg 1984, 346). Die Einhaltung dieses Prinzips bedeutet im Ergebnis, daß Vermögensgegenstände zu ihren Anschaffungs- oder Herstellungskosten anzusetzen sind; sofern es sich um abnutzbare Vermögensgegenstände handelt, vermindern sich diese um planmäßig auf die voraussichtliche Nutzungsdauer verteilte Abschreibungen.

3. Grundsatz der Einzelbewertung zum Abschlußstichtag. 4 Abs 1 Nr 3 enthält zwei allgemeine Bewertungsgrundsätze: Nach dem Grundsatz der **Stichtagsbezogenheit** sind bei der Bewertung die Wertverhältnisse zum Stichtag zugrundezulegen. Alle wertbeeinflussende Faktoren, die sich bis zu diesem Zeitpunkt ergeben haben, sind zu berücksichtigen, alle nach dem Stichtag eintretenden Ereignisse bleiben grundsätzlich unberücksichtigt; Ausnahmen können sich jedoch dann ergeben, wenn mit diesen Ereignissen Wertveränderungen verbunden sind. Hierbei wird zwischen wertbeeinflussende und wertaufhellende Tatsachen unterschieden. **Wertbeeinflussende** Tatsachen sind solche Ereignisse, die erst nach dem Bilanzstichtag eintreten (zB Vernichtung einer Fabrikationshalle durch einen Großbrand im neuen Geschäftsjahr); sie bleiben im Rahmen der Bilanzierung und Bewertung unberücksichtigt. **Wertaufhellende** Tatsachen sind solche Ereignisse, die dem Bilanzierenden zwar erst nach dem Stichtag bekannt werden, deren Ursache aber bereits vor dem Bilanzstichtag gelegt war (zB Forderungsausfall

§ 252 Drittes Buch. Handelsbücher

wegen Insolvenz des Schuldners); derartige Tatsachen müssen bei der Bilanzierung berücksichtigt werden. Eine gesetzliche Ausnahme des Stichtagsprinzips ist in § 253 III 3 vorgesehen, wonach künftige Wertschwankungen antizipiert werden dürfen. Der Grundsatz der **Einzelbewertung** verlangt, daß jeder Vermögensgegenstand und jeder Schuldposten für sich zu bewerten ist. Die Bewertung einer Gesamtheit (zB Maschinenpark, Vorratslager, Forderungsbestand) und damit ein Wertausgleich zwischen den einzelnen Posten ist grundsätzlich ausgeschlossen. Ausnahmen sind Festbewertung (§ 240 III), Gruppenbewertung (§ 240 IV) und Bewertungsvereinfachungsverfahren, soweit sie den GoB entsprechen (wie Durchschnittsbewertung, fifo, lifo). Außerdem sind zulässig pauschale Wertabschläge auf Forderungen (Pauschalwertberichtigung) und pauschalierte Bewertungen, wenn die Einzelbewertung nur mit unvertretbarem Zeit- oder Kostenaufwand möglich ist, zB Garantierückstellungen bei Herstellung von Massenprodukten.

5   4. **Grundsatz der Vorsicht** (Abs 1 Nr 4). Dieser dem Gläubigerschutz dienende Grundsatz soll verhindern, daß sich der Kaufmann zu reich rechnet und damit ein Haftungsvolumen ausweist, das tatsächlich nicht vorhanden ist. Bewerten bedeutet idR Schätzen; dabei soll unter Beachtung des Vorsichtsprinzips bei Aktivposten die untere Grenze, bei Passivposten die obere Grenze des Schätzungsspielraums als Wertansatz gewählt werden. Allerdings darf dieser Grundsatz nicht zu einer willkürlichen Unterbewertung oder zu einer unberechtigten Bildung stiller Reserven führen, da insoweit der Grundsatz der Bilanzklarheit und -wahrheit entgegensteht. Aus dem Vorsichtsprinzip leiten sich das Realisationsprinzip und das Imparitätsprinzip ab. Nach dem **Realisationsprinzip** dürfen Gewinne nur dann ausgewiesen werden, wenn sie am Abschlußstichtag tatsächlich realisiert worden sind; das bedeutet, Vermögensgegenstände sind höchstens mit ihren Anschaffungs- oder Herstellungskosten, eventuell vermindert um Abschreibungen, anzusetzen, mögliche in diesen Gegenständen enthaltene Wertsteigerungen können erst dann berücksichtigt werden, wenn diese durch eine Veräußerung realisiert worden sind. Als Realisationszeitpunkt wird in aller Regel der Übergang der wirtschaftlichen Verfügungsmacht angesehen, der häufig mit der Versendung oder der Übergabe des Gegenstands und damit mit dem Übergang der Preisgefahr zusammenfällt. Bei langfristiger über das Geschäftsjahresende hinausgehender Fertigung tritt die Realisierung idR erst mit der vollständigen Fertigstellung des Objekts ein; da dies bei Unternehmen, bei denen die langfristige Fertigung einen wesentlichen Teil der Tätigkeit ausmacht, unter Umständen zu einem unzutreffenden Bild der Ertragslage führen würde, wird vielfach eine anteilige Gewinnvereinnahmung unter Hinweise auf § 252 II als zulässig angesehen (*ADS,* § 252 Rz 86 ff mwN); unter welchen Voraussetzungen dies möglich sein soll, ist noch weitgehend ungeklärt (hierzu *ADS,* § 252 Rz 88). Aufgrund des **Imparitätsprinzips** sind Gewinne und Verluste verschieden zu behandeln. Während Gewinne nur aus-

Erster Abschnitt. Vorschriften für alle Kaufleute **§ 252**

gewiesen werden dürfen, wenn sie am Abschlußstichtag bereits realisiert wurden, müssen Verluste und sonstige erkennbare Risiken, auch wenn sie noch nicht realisiert sind, im Abschluß bereits berücksichtigt werden (Verlustantizipation). Das Gebot zur Verlustantizipation zwingt somit zum Ansatz niedrigerer Tageswerte für Vermögensgegenstände (Niederstwertprinzip) und höherer Tageswerte für Verpflichtungen (Höchstwertprinzip).

5. Grundsatz der Periodenabgrenzung (Abs 1 Nr 5). Hiernach 6 sind Aufwendungen und Erträge unabhängig vom Zeitpunkt der Zahlung in dem Geschäftsjahr, in dem sie wirtschaftlich verursacht sind, zu berücksichtigen. Von diesem Grundsatz darf nur in begründeten Ausnahmefällen abgewichen werden (Abs 2). Aufgrund der Möglichkeit, durch verschiedene Ansatz- und Bewertungswahlrechte, stille Reserven zu legen oder diese wieder still aufzulösen, ist allerdings insoweit eine Verschiebung wirtschaftlicher Ergebnisse in andere Perioden möglich und somit der Grundsatz der Periodenabgrenzung aufgehoben.

6. Grundsatz der Bewertungsstetigkeit (Abs 1 Nr 6). Dieser ver- 7 langt, daß die auf den vorhergehenden JA angewandten Bewertungsmethoden beibehalten werden. Damit soll die Vergleichbarkeit aufeinanderfolgender JA gewährleistet sein. Die ausdrückliche Formulierung der Bewertungsstetigkeit als Sollvorschrift läßt Ausnahmen zu, die lediglich durch das Willkürverbot begrenzt sind. Hinsichtlich der **Bilanzansatzwahlrechte** (zB Aufwendungen für die Ingangsetzung und Erweiterung des Geschäftsbetriebs, derivativer Geschäfts- oder Firmenwert, latente Steuern, Aufwandsrückstellungen ua) gilt nach hM das Prinzip der Bewertungsstetigkeit nicht (*ADS,* § 252 Rz 110). Verneint wird die Geltung der Bewertungsstetigkeit auch bei den **Wertansatzwahlrechten,** zB außerplanmäßige Abschreibungen auf den niedrigeren beizulegenden Wert für Gegenstände des Anlagevermögens bei vorübergehender Wertminderung (§ 253 II 3); Abschreibungen auf den niedrigeren Wert für Vermögensgegenstände des Umlaufvermögens zur Verhinderung künftiger Änderungen aufgrund von Wertschwankungen (§ 253 III 3); Abschreibungen auf Vermögensgegenstände und aktive Rechnungsabgrenzungsposten im Rahmen vernünftiger kaufmännischer Beurteilung (§ 254 IV); Abschreibungen auf den steuerrechtlich zulässigen niedrigeren Wert (§ 254). Unbestritten gilt dagegen der Grundsatz der Bewertungsstetigkeit für die **Methodenwahlrechte.** Diese beziehen sich auf inhaltliche Abgrenzungen der Anschaffungs- und Herstellungskosten, die Bestimmung der planmäßigen Abschreibungen, die Wahlrechte bei Bewertungsvereinfachungen und die Ermittlung des nach vernünftiger kaufmännischer Beurteilung notwendigen Betrags für Rückstellungen. Strittig wiederum ist, ob bei gleichbleibenden Verhältnissen die im Vorjahr gewählten Bewertungsmethoden auch auf Zugänge gleichartiger Vermögensgegenstände im laufenden Wirtschaftsjahr anzuwenden sind (differenziert: *ADS,* § 252 Rz 129 f).

§ 253 Drittes Buch. Handelsbücher

III. Abweichungen in begründeten Ausnahmefällen

8   Nach Abs 2 darf von den allgemeinen Bewertungsgrundsätzen nur in **begründeten Ausnahmefällen** abgewichen werden. Damit wird klargestellt, daß auch von diesen zwingend formulierten Grundsätzen Abweichungen möglich sind. Welche Sachverhalte als „begründete Ausnahmefälle" anzusehen sind, ist vom Einzelfall abhängig. Außer in den gesetzlichen Ausnahmefällen, sind Abweichungen zulässig, wenn damit der Forderung des § 264 II nach einem besseren Einblick in die Vermögens-, Finanz- und Ertragslage der KapGes Rechnung getragen werden kann. Strittig ist, ob allein **steuerliche Überlegungen** (zB Anpassung an die Ergebnisse einer steuerlichen Betriebsprüfung oder die Rettung eines andernfalls verfallenden steuerlichen Verlustvortrags) eine ausreichende Begründung für eine Durchbrechung des Stetigkeitsgrundsatzes darstellen. Im Zweifel sind derartige bilanzpolitische Gestaltungsmaßnahmen mit dem Grundsatz der Stetigkeit nicht zu vereinbaren. Müssen Unternehmen einen Anhang aufstellen, sind Abweichungen aufgrund der Durchbrechung des Stetigkeitsprinzips im Anhang anzugeben und zu begründen sowie deren Einfluß auf die Vermögens-, Finanz- und Ertragslage gesondert darzustellen (§ 284 II Nr. 3).

§ 253 Wertansätze der Vermögensgegenstände und Schulden

(1) ¹**Vermögensgegenstände sind höchstens mit den Anschaffungs- oder Herstellungskosten, vermindert um Abschreibungen nach den Absätzen 2 und 3 anzusetzen.** ²**Verbindlichkeiten sind zu ihrem Rückzahlungsbetrag, Rentenverpflichtungen, für die eine Gegenleistung nicht mehr zu erwarten ist, zu ihrem Barwert und Rückstellungen nur in Höhe des Betrags anzusetzen, der nach vernünftiger kaufmännischer Beurteilung notwendig ist; Rückstellungen dürfen nur abgezinst werden, soweit die ihnen zugrundeliegenden Verbindlichkeiten einen Zinsanteil enthalten.**

(2) ¹Bei Vermögensgegenständen des Anlagevermögens, deren Nutzung zeitlich begrenzt ist, sind die Anschaffungs- oder Herstellungskosten um planmäßige Abschreibungen zu vermindern. ²Der Plan muß die Anschaffungs- oder Herstellungskosten auf die Geschäftsjahre verteilen, in denen der Vermögensgegenstand voraussichtlich genutzt werden kann. ³Ohne Rücksicht darauf, ob ihre Nutzung zeitlich begrenzt ist, können bei Vermögensgegenständen des Anlagevermögens außerplanmäßige Abschreibungen vorgenommen werden, um die Vermögensgegenstände mit dem niedrigeren Wert anzusetzen, der ihnen am Abschlußstichtag beizulegen ist; sie sind vorzunehmen bei einer voraussichtlich dauernden Wertminderung.

(3) ¹Bei Vermögensgegenständen des Umlaufvermögens sind Abschreibungen vorzunehmen, um diese mit einem niedrigeren

Wert anzusetzen, der sich aus einem Börsen- oder Marktpreis am Abschlußstichtag ergibt. ²Ist ein Börsen- oder Marktpreis nicht festzustellen und übersteigen die Anschaffungs- oder Herstellungskosten den Wert, der den Vermögensgegenständen am Abschlußstichtag beizulegen ist, so ist auf diesen Wert abzuschreiben. ³Außerdem dürfen Abschreibungen vorgenommen werden, soweit diese nach vernünftiger kaufmännischer Beurteilung notwendig sind, um zu verhindern, daß in der nächsten Zukunft der Wertansatz dieser Vermögensgegenstände aufgrund von Wertschwankungen geändert werden muß.

(4) Abschreibungen sind außerdem im Rahmen vernünftiger kaufmännischer Beurteilung zulässig.

(5) Ein niedrigerer Wertansatz nach Absatz 2 Satz 3, Absatz 3 oder 4 darf beibehalten werden, auch wenn die Gründe dafür nicht mehr bestehen.

I. Bewertung von Vermögensgegenständen (I)

Die Bewertungsregel des Abs 1 S 1 gilt gleichermaßen für Anlage- und Umlaufvermögen. Bei den Abschreibungen hingegen wird zwischen denen auf Anlagevermögen (Abs 2) und auf Umlaufvermögen (Abs 3) differenziert; Abs 4 und 5 gelten wiederum gleichermaßen für Anlage- und Umlaufvermögen. Die Bewertung zu **Anschaffungskosten** kommt für diejenigen Vermögensgegenstände in Betracht, die von Dritten erworben, also im Unternehmen nicht selbst hergestellt worden sind. Dies sind idR unbebaute Grundstücke, Finanzanlagen, Roh-, Hilfs- und Betriebsstoffe, Waren, Forderungen und sonstige Vermögensgegenstände, Wertpapiere und flüssige Mittel. Zum Begriff und zum Umfang der Anschaffungskosten vgl Erl zu § 255 I. Werden angeschaffte Vermögensgegenstände im Unternehmen be- oder verarbeitet oder selbst hergestellt, ist zu **Herstellungskosten** zu bewerten; die bisher angefallenen Anschaffungskosten werden Teil der Herstellungskosten. Zu Herstellungskosten bewertet werden die unfertigen Erzeugnisse und Leistungen sowie die fertigen Erzeugnisse, aber auch eigenerstellte Vermögensgegenstände des Anlagevermögens. Zum Begriff und zum Umfang der Herstellungskosten vgl Erl zu § 255 II und III. Nach Abs 1 S 1 sind die Vermögensgegenstände „**höchstens**" mit den Anschaffungs- oder Herstellungskosten anzusetzen; dh die Anschaffungs- oder Herstellungskosten bilden die **Wertobergrenze,** über die in keinem Falle hinausgegangen werden darf; ein Unterschreiten dieser Werte ist dagegen im Rahmen vernünftiger kaufmännischer Beurteilung möglich oder geboten (Abs 4).

II. Bewertung der Schulden (I)

Der Begriff „Schulden" wird im Gesetz als **Oberbegriff** verwendet, und zwar für genau festliegende Verbindlichkeiten und für dem Grunde

§ 253 Drittes Buch. Handelsbücher

und/oder der Höhe nach unbestimmte Verbindlichkeiten. **Verbindlichkeiten** sind am Bilanzstichtag bestehenden Verpflichtungen zu einer Leistung, die in Form einer Geld- oder Sachwertleistung bestehen kann. **Rückstellungen** dagegen sind dem Grunde und/oder der Höhe nach ungewisse Belastungen für das Unternehmen; vgl im einzelnen Erl zu § 249.

3 **1. Bewertung von Verbindlichkeiten.** Verbindlichkeiten sind mit dem Betrag anzusetzen, mit dem die Schuld zu erfüllen ist (Rückzahlungsbetrag). Dieser Wertansatz gilt für alle Verbindlichkeiten; Entstehungsgrund, Sicherheiten und Fälligkeit sind ohne Bedeutung. Maßgeblich ist der Betrag, der bei normalem Geschehensablauf aufzubringen ist, um die Verpflichtung zu erfüllen. Steht der Rückzahlungsbetrag am Abschlußstichtag nicht genau fest und konnte er auch bis zum Tag der Aufstellung des JA nicht endgültig ermittelt werden, ist er vorsichtig zu schätzen (§ 252 I Nr 4). Ist ein höherer Rückzahlungsbetrag zu erwarten (zB bei Währungsverbindlichkeiten) ist der Ausweis des höheren Betrages erforderlich. Gewisse Differenzierungen sind bezüglich der Verzinslichkeit von Verbindlichkeiten zu beachten: **Normal verzinsliche** Verbindlichkeiten oder im normalen Geschäftsgang begründete (meist kurzfristige) unverzinsliche Verbindlichkeiten sind zum Rückzahlungsbetrag zu passivieren. **Unverzinsliche** oder niedrig **verzinsliche** Verbindlichkeiten, bei denen die Unterverzinslichkeit wirtschaftlich als Zinsvorteil angesehen wird, sind grundsätzlich zum Rückzahlungsbetrag anzusetzen. Hat dieser Zinsvorteil seine Ursache in einem wirtschaftlichen Nachteil, zB eine überhöhte Kaufpreiszahlung, so ist der Kaufpreis zum Barwert der Verbindlichkeit anzusetzen; der Unterschiedsbetrag zwischen Barwert und Rückzahlungsbetrag kann wie ein Disagio unter den aktiven Rechnungsabgrenzungsposten ausgewiesen werden. **Überverzinsliche** Verbindlichkeiten sind zum Rückzahlungsbetrag anzusetzen. Sofern mit der Überverzinslichkeit ein wirtschaftlicher Vorteil verbunden ist (zB vom Gläubiger zugesagte günstige Einkaufskonditionen), ist dieser für die Bilanzierung unbeachtlich. Fehlt es allerdings an entsprechenden wirtschaftlichen Vorteilen, kommt bei wesentlichen und länger laufenden Verbindlichkeiten eine Rückstellung unter dem Gesichtspunkt der drohenden Verluste aus schwebenden Geschäften in Betracht. Die sogenannten Null-Kupon-Anleihen **(Zerobonds)** stellen eine besondere Form der Unverzinslichkeit dar. Die Zinszahlung bei diesen an sich unverzinslichen Anleihen liegt wirtschaftlich darin, daß der Ausgabebetrag der Anleihe als diskontierter Betrag des Rückzahlungsbetrages wesentlich unter dem Rückzahlungsbetrag liegt. Beim Emittenten sind diese Anleihen mit dem Auszahlungsbetrag zuzüglich der bis zum Bilanzstichtag aufgelaufenen Zinsen zu passivieren. Bei der Bewertung einzelner Verbindlichkeiten können spezielle Probleme auftreten: **a)** Verbindlichkeiten gegenüber **Kreditinstituten** sind grundsätzlich zum Nennbetrag zu bilanzieren, aufgelaufene Zinsen sind zusätzlich zu berücksichtigen. Ist

der Kredit mit einem niedrigeren als dem Nennbetrag ausgezahlt worden (Auszahlungs-Disagio) oder ist ein höherer als der Nennbetrag zurückzuzahlen (Rückzahlungs-Agio), ist die Verbindlichkeit stets zum Rückzahlungsbetrag anzusetzen. Hinsichtlich des Unterschiedsbetrags kommt der Ausweis als Disagio (Damnum) in Betracht (§ 250 III 1). **Handelsrechtlich** besteht ein Wahlrecht, das Disagio zu aktivieren; in diesem Fall ist der Unterschiedsbetrag durch planmäßige jährliche Abschreibungen zu tilgen; der Verteilungszeitraum darf höchstens die Laufzeit der Verbindlichkeit umfassen. **Steuerrechtlich** gilt ein Aktivierungsgebot mit der Verpflichtung, das Disagio über die Laufzeit in gleichmäßigen Raten zu verteilen. **b) Erhaltene Anzahlungen auf Bestellungen** sind mit dem zur Verfügung gestellten Betrag anzusetzen. Soweit die erhaltenen Anzahlungen einschließlich der Umsatzsteuer ausgewiesen werden (Bruttomethode), dürfen diese **handelsrechtlich** unter den aktiven Rechnungsabgrenzungsposten ausgewiesen werden (Wahlrecht nach § 250 I 2 Nr 2). **Steuerrechtlich** dagegen besteht die Verpflichtung, die Umsatzsteuer unter die aktiven Rechnungsabgrenzungsposten aufzunehmen (§ 5 V 2 Nr 2 EStG). **c)** Für **Währungsverbindlichkeiten und -forderungen** gelten die allgemeinen Bewertungsgrundsätze des Anschaffungswertprinzips sowie des Realisations- und Imparitätsprinzips. Das bedeutet, Kurs**gewinne** sind erst dann auszuweisen, wenn sie realisiert sind; noch nicht realisierte, aber erkennbare Kurs**verluste** sind dagegen bereits zu berücksichtigen, dh Währungsforderungen sind entsprechend abzuwerten, Währungsverbindlichkeiten entsprechend zu erhöhen. Für KapGes und PershandelsGes iSv § 264 a I besteht ferner die Verpflichtung, im Anhang die Grundlagen der EURO-Umrechnung anzugeben (§ 284 II Nr 2). Sinkt der Kurs wieder, darf der Ansatz der Verbindlichkeit im Zeitpunkt der Erstverbuchung nicht unterschritten werden. Folgen Kurssteigerungen spätere Kursrückgänge, kann der höhere Ansatz der Verbindlichkeit beibehalten werden, jedoch ist auch eine Wertherabsetzung bis zum Betrag der Ersteinbuchung zulässig; KapGes und PershandelsGes iSv § 264 a I dagegen müssen in diesem Fall die Verbindlichkeit mit dem Betrag der Ersteinbuchung ansetzen. Maßgeblich sind die Kurse am Abschlußstichtag. Ob eine Kursentwicklung nach dem Bilanzstichtag als wertbeeinflussende neue Tatsache anzusehen sind, ist strittig. **d) Wechselverbindlichkeiten** sind in Höhe der Wechselsumme zu passivieren, Wechselsteuer und Diskontspesen sind im Zeitpunkt ihres Anfalls als Aufwand zu erfassen. **e)** Verbindlichkeiten mit **Wertsicherungsklauseln** (zB Indexklausel, Sachwertklausel, Preisklausel) sind zu den am Abschlußstichtag geltenden Geldverhältnissen anzusetzen. Preisänderungen nach dem Stichtag sind als wertbildende neue Tatsachen grundsätzlich nicht zu berücksichtigen (vgl *ADS,* § 253 Rz 126 ff mwN).

2. Bewertung von Rentenverpflichtungen. Rentenverpflichtungen, für die eine Gegenleistung nicht mehr zu erwarten ist, sind mit 4

§ 253

ihrem Barwert anzusetzen (Abs 1 S 2); mit dem Zusatz „für die eine Gegenleistung nicht mehr zu erwarten ist" soll lediglich klargestellt werden, daß für Anwartschaften noch tätiger Mitarbeiter der Barwert der Verpflichtung nicht angesetzt werden kann. Sind Gegenleistungen für eine Rentenverpflichtung noch zu erwarten, gelten für die bilanzielle Behandlung die Regeln für schwebende Geschäfte. Eine **Rentenverpflichtung** besteht dann, wenn aufgrund eines **einheitlichen Rentenstammrechts** für eine bestimmte Dauer periodisch wiederkehrende gleichmäßige Leistungen in Geld zu erbringen sind. Ist aufgrund der Rentenvereinbarung ein Ablösungsbetrag vorgesehen, ist dieser mit seinem Barwert anzusetzen. Sind dagegen laufende Zahlungen zu leisten, ist der Barwert unter Berücksichtigung von Zins und Zinseszinsen nach finanzmathematischen Grundsätzen unter Zugrundelegung von Sterbetafeln zu ermitteln; persönliche Verhältnisse (zB der Gesundheitszustand des Begünstigten) bleiben unberücksichtigt. Der anzuwendende Kapitalisierungszinssatz wird zwischen 3% als Untergrenze und dem Zinssatz für langfristig aufgenommenes Kapital liegen (für steuerliche Zwecke ist ein Zinssatz von 6% vorgeschrieben), Änderungen des Zinssatzes sind bei Ermittlung des Barwerts zu berücksichtigen. Strittig ist allerdings, ob dies auch für steigenden Zinssatz gilt, da dies zum Ausweis von niedrigeren Verbindlichkeiten und damit zu unrealisierten Gewinnen führt. Ein Wechsel der Sterbetafel sowie des Zinssatzes stellt grundsätzlich eine Änderung der Bewertungsmethode dar, die in begründeten Ausnahmefällen zulässig ist (§ 252 II). KapGes und PershandelsGes iSv § 264a I haben im Anhang die nach § 284 II Nr 3 geforderten Angaben zu machen.

5 **3. Bewertung von Rückstellungen.** Rückstellungen sind in Höhe des Betrags anzusetzen, der nach vernünftiger kaufmännischer Beurteilung notwendig ist (Abs 1 S 2, 2. HS). Damit sind alle Rückstellungen eingeschlossen, deren Ansatz dem Grunde nach in § 249 vorgeschrieben oder zugelassen ist; lediglich für die Rückstellung zur Abgrenzung passiver latenter Steuern ist deren Höhe in § 274 I festgelegt. Der Schätzungscharakter der Rückstellungsbewertung eröffnet einen gewissen **Beurteilungsrahmen,** innerhalb dessen eine objektivierte Wertfindung möglich ist. Andererseits ist weder eine bewußte Legung stiller Reserven (zB durch eine zu hohe Dotierung) noch ein Weglassen erforderlicher Rückstellungen oder deren Unterdotierung zulässig. Maßstab für die Schätzung ist die vernünftige kaufmännische Beurteilung. „Vernünftig" ist diese dann, wenn sie in sich schlüssig ist und von einem sachverständigen Dritten nachvollzogen werden kann. Die Rückstellung ist in der Höhe zu bilden, wie sie aufgrund dieser Einschätzung für notwendig gehalten wird. Hierbei wird es allgemein als zulässig erachtet, wenn aus Gründen der Vorsicht ein pessimistischer Wert zugrundegelegt wird. Nunmehr ausdrücklich geregelt ist, daß Rückstellungen nur dann mit dem Barwert angesetzt werden dürfen, wenn die Verbindlichkeit einen Zinsbestandteil enthält (vgl hierzu

Wiedmann, BilR § 253 Rz 17; aA *Biener/Bernecke*, BiRiLiG, S 100) Bei Rückstellungen für **drohende Verluste** aus schwebenden Geschäften ist der gesamte nicht diskontierte Verlust im Zeitpunkt seiner Erkennbarkeit zu erfassen (einschränkend *ADS*, § 253 Rz 201). Die Bewertung ungewisser Verbindlichkeiten hat mit dem Betrag zu erfolgen, mit dem zur Erfüllung der Verpflichtung gerechnet werden muß. Sofern die wirtschaftliche Verursachung verschiedenen Rechnungsperioden zuzurechnen ist, ist eine zeitanteilige Rückstellungsbildung vorzunehmen. Die Höhe des drohenden Verlustes aus schwebendem Geschäft ermittelt sich nach vernünftiger kaufmännischer Beurteilung, wobei nicht von einer pessimistischen Schätzung auszugehen, sondern grundsätzlich der erwartete Wert anzusetzen ist. Bei den Rückstellungen für **unterlassene Aufwendungen** ist zu unterscheiden, ob eine Passivierungspflicht oder ein Passivierungswahlrecht besteht. Bei Passivierungspflicht ist die Rückstellung in Höhe des Betrags anzusetzen, der nach kaufmännischer Beurteilung notwendig ist, dh der für die Nachholung der Instandhaltung tatsächlich aufgebracht werden muß. Besteht dagegen ein Passivierungswahlrecht, kann die Rückstellung zwischen Null und dem nach vernünftiger kaufmännischer Beurteilung notwendigen Wert liegen. Rückstellungen für **unterlassene Aufwendungen für Abraumbeseitigung** sind passivierungspflichtig, wenn sie im folgenden Geschäftsjahr nachgeholt werden. Die Höhe des Rückstellungsbetrags ergibt sich aus den tatsächlichen Kosten, die auf das Geschäftsjahr entfallen. Rückstellungen für ihrer **Eigenart nach genau umschriebene Aufwendungen** (Aufwandsrückstellungen ieS) dürfen gebildet werden. Inwieweit dieses Wahlrecht nur ein Ansatz- oder auch ein Bewertungswahlrecht beinhaltet, ist strittig. Wenn allerdings schon hinsichtlich des Ansatzes ein Wahlrecht besteht, dürfte dieses auch für die Bewertung gelten (wohl auch *ADS*, § 253 Rz 288 ff mwN), so daß die Rückstellung höchstens in der Höhe zu bilden ist, wie die Aufwendungen im betreffenden Geschäftsjahr wirtschaftlich verursacht sind. Einmal gebildete Rückstellungen sind beizubehalten, solange die Rückstellungsgründe noch bestehen. Die Nachholung einer unterlassenen Aufwandsrückstellung durch eine höhere Dotierung ist zulässig ebenso wie die Anpassung an neue Berechnungsgrundlagen.

III. Abschreibungen beim Anlagevermögen (II)

Gegenstände des Anlagevermögens, deren Nutzung zeitlich begrenzt 6 sind, müssen **planmäßig** abgeschrieben werden. Daneben sind **außerplanmäßige** Abschreibungen auf niedrigere Werte zulässig (Abs 2 S 3, 1. HS) oder zwingend (Abs 2 S 2, 2. HS). Soweit die Nutzungsdauer nicht begrenzt ist, dürfen oder müssen die Wertansätze von Anlagegegenständen um außerplanmäßige Abschreibungen auf die niedrigeren beizulegenden Werte am Bilanzstichtag herabgesetzt werden (s Rz 9). Vermögensgegenstände des Anlagevermögens, die aus wirtschaftlichen oder technischen Gründen **zeitlich nur begrenzt nutzbar** sind, sind

§ 253 Drittes Buch. Handelsbücher

zwingend abzuschreiben. Zu diesen Gegenständen gehören insbesondere die abnutzbaren Sachanlagen (Gebäude, technische Anlagen, Maschinen, Betriebs- und Geschäftsausstattung) sowie die immateriellen Vermögensgegenstände (Konzessionen, gewerbliche Schutzrechte und ähnliche Rechte und Werte sowie Lizenzen an solchen Rechten und Werten und Geschäfts- oder Firmenwerte). Der **Abschreibungsplan** verteilt entsprechend der gewählten Abschreibungsmethode die Anschaffungs- oder Herstellungskosten auf die voraussichtliche Nutzungsdauer. Dieser Plan bindet den Bilanzierenden für die gesamte Nutzungsdauer; ein Abweichen ist nur in begründeten Ausnahmefällen, zB bei einer ursprünglich zu lang festgesetzten Nutzungsdauer, zulässig. Die Festlegung der **Nutzungsdauer** ist eine wesentliche Voraussetzung für die Planmäßigkeit der Abschreibungen. Die Nutzungsdauer ist vorsichtig zu schätzen und hat sich an den Besonderheiten des einzelnen Betriebs (zB Mehrschichtbetrieb) zu orientieren. Bei der Nutzungsdauer wird üblicherweise zwischen der technischen, rechtlichen und wirtschaftlichen Nutzungsdauer unterschieden; grundsätzlich können alle drei Faktoren bedeutsam sein; maßgebend ist idR die kürzeste Nutzungsdauer. Nachträgliche Anschaffungs- oder Herstellungskosten führen nur ausnahmsweise zu einer Verlängerung der Nutzungsdauer; üblicherweise erhöhen die nachträglichen Kosten die ursprünglichen fortgeführten Anschaffungswerte und werden mit diesen innerhalb der Restnutzungdauer abgeschrieben. Ob bei der Bemessung der Abschreibungshöhe ein Restwert zu berücksichtigen ist, ist weitgehend ungeklärt. Die hM bejaht dies (*ADS*, § 253 Rz 415 mwN); aus Gründen der Vorsicht erscheint dies jedoch nur dann gerechtfertigt, wenn der Restwert sicher feststeht, ansonsten sind die Anschaffungs- oder Herstellungskosten in voller Höhe abzuschreiben.

7   Für die **Steuerbilanz** sind die betriebsgewöhnlichen Nutzungsdauern in den amtlichen Afa-Tabellen festgelegt; sie lassen allerdings auch bei betriebsindividuellen Besonderheiten Abweichungen zu. Da die Tabellen für die Verwaltung bindende Wirkung haben, kommt ihnen auch in der handelsrechtlichen Bilanzierungspraxis große Bedeutung zu. In der Steuerbilanz kann bei beweglichen Wirtschaftsgütern des Anlagevermögens auf Zugänge die Vereinfachungsregelung angewandt werden, wonach Zugänge im ersten Halbjahr mit dem vollen, Zugänge im zweiten Halbjahr mit dem halben Satz der Jahresabschreibung abgeschrieben werden dürfen (R 44 II EStR). Die Vereinfachungsregel gilt allerdings für unbewegliche und immaterielle Wirtschaftsgüter nicht; diese sind pro rata temporis abzuschreiben. Geringwertige Wirtschaftsgüter können im Jahr des Zugangs voll abgeschrieben werden (§ 6 II EStG).

8   **Abschreibungsmethoden** werden vom Gesetz nicht vorgeschrieben, die gewählte Methode muß jedoch den GoB entsprechen. In Betracht kommt Zeitabschreibungen mit linearem, degressivem oder progressivem Verlauf sowie leistungsabhängige Abschreibungen. Bei der **linearen** Abschreibungsmethode – vielfach auch als „Normalabschrei-

bung" angesehen – werden die ursprünglichen Anschaffungs- oder Herstellungskosten zu gleichen Anteilen auf die Nutzungsdauer verteilt. Fallende jährliche Abschreibungsbeträge sind die Kennzeichen der **degressiven** Abschreibungsmethoden, bei denen man zwischen der geometrisch-degressiven (gleichbleibender Abschreibungssatz auf den jeweiligen Restbuchwert) und der digitalen Abschreibungsmethode (jährliche Abschreibungsbeträge nehmen um jeweils gleiche Beträge ab) unterscheidet. Bei den **progressiven** Abschreibungen nehmen die Abschreibungsbeträge jährlich um einen gleichen Betrag zu; diese Methode entspricht nur in Ausnahmefällen (zB bei Obstplantagen) den GoB. **Steuerrechtlich** gilt die lineare Abschreibung als Regelfall. So enthalten auch die amtlichen AfA-Tabellen nur lineare Sätze; degressive Sätze werden bereits als Steuervergünstigungen angesehen. Steuerlich zulässig als Abschreibung auf bewegliche Wirtschaftsgüter des Anlagevermögens sind derzeit Sätze, die höchstens das Dreifache des linearen Satzes ausmachen und 30% (ab 1. 1. 2001 20%) insgesamt nicht übersteigen (§ 7 II EStG). Darüberhinaus ist ein Wechsel von der degressiven zur linearen Methode zulässig, nicht aber umgekehrt (§ 7 III EStG). Für **Gebäude** gelten zahlreiche steuerliche Sonderregelungen. Nach § 7 IV EStG dürfen Gebäude, die zu einem Betriebsvermögen gehören, nicht Wohnzwecken dienen und bei denen der Bauantrag nach dem 31. März 1985 gestellt wurde, mit jährlich 4% (ab 1. 1. 2001 3%) abgeschrieben werden. Gebäude, die diese Voraussetzungen nicht erfüllen, sind – soweit sie nach dem 31. Dezember 1924 fertiggestellt wurden – mit jährlich 2%, soweit sie vor dem 1. Januar 1925 fertiggestellt wurden, mit jährlich 2,5% abzuschreiben. Soweit die tatsächliche Nutzungsdauer kürzer ist, können auch für steuerliche Zwecke entsprechend höhere Abschreibungen vorgenommen werden (§ 7 IV 2 EStG). Neben diesen linearen Abschreibungssätzen bestehen als Sonderregelungen eine Reihe von degressiven Staffelsätzen, nach denen Gebäude abgeschrieben werden können (§ 7 V EStG). Mit dem Prinzip der Bewertungsstetigkeit ist es nicht vereinbar, wenn Abschreibungen – wenn auch nur vorübergehend – unterlassen und in dem Folgejahren nachgeholt werden sollen.

Ohne Rücksicht darauf, ob die Nutzung zeitlich begrenzt ist, kommen bei allen Gegenständen des Anlagevermögens **außerplanmäßige Abschreibungen** auf einen niedrigeren Stichtagswert in Betracht. Hierbei ist zwischen Abschreibungswahlrecht und Abschreibungspflicht zu unterscheiden. Eine **Abschreibungspflicht** besteht bei einer voraussichtlich **dauernden** Wertminderung des Anlagegegenstands (Abs 2 S 3 2. HS). Bei einer nur **vorübergehenden** Wertminderung ist ein Abschreibungswahlrecht (Abs 2 S 3 1. HS) (gemildertes Niederstwertprinzip) eingeräumt; bei KapGes und PersHandelsGes iSv § 264 a I ist dieses Wahlrecht allerdings nur bei vorübergehender Wertminderung von Finanzanlagen anwendbar (§ 279 I 2). Die außerplanmäßig vorgenommenen Abschreibungen sind bei KapGes und PersHandelsGes iSv § 264 a I in der GuV gesondert auszuweisen oder im Anhang anzuge-

§ 253
Drittes Buch. Handelsbücher

ben (§ 277 III 1). Der sich aufgrund der außerplanmäßigen Abschreibungen ergebende niedrigere Wertansatz darf beibehalten werden, auch wenn die Gründe dafür entfallen sind (§ 253 V). Für steuerliche Zwecke gilt gem § 6 I Nr 1 S 4 EStG ab 2000 ebenso wie bisher schon für KapGes (§ 280) ein Wertaufholungsgebot, dh ist der Grund für eine außerplanmäßige Abschreigung entfallen, sind die Anschaffungskosten ggf vermindert um die aufgelaufenen Abschreibungen anzusetzen. In der Vergangenheit (vor 2000) vorgenommene außerplanmäßige Abschreibungen sind gewinnerhöhend aufzulösen; allerdings kann eine gewinnmindernde Rücklage in Höhe von $^4/_5$ des durch die Auflösung entstandenen Gewinns gebildet werden, die dann mit mindestens $^1/_4$ über 4 Jahre aufzulösen ist (§ 52 XVI 3 EStG). Das Beibehaltungswahlrecht des Abs 5 gilt somit nur noch für die Handelsbilanz. Über die außerplanmäßigen Abschreibungen hinaus können handelsrechtlich und ohne Auswirkung auf die Steuerbilanz weitere Abschreibungen auf den nach vernünftiger kaufmännischer Beurteilung niedrigeren Wert (Abs 4) oder auf den steuerrechtlich zulässigen niedrigen Wert (§ 254) vorgenommen werden. Dieser niedrigere Wert kann sich ableiten aus niedrigeren Wiederbeschaffungskosten eines vergleichbaren Anlagegegenstands, aus einem voraussichtlich erzielbaren Verkaufserlös oder in Ausnahmefällen aus dem Ertragswert eines Vermögensgegenstands, der sich aus dem Barwert der zukünftig erzielbaren Einzahlungsüberschüsse ergibt.

IV. Bewertung des Umlaufvermögens (III)

10   Die Vermögensgegenstände des Umlaufvermögens sind höchstens mit ihren Anschaffungs- oder Herstellungskosten anzusetzen. Liegt der Tageswert unter den Anschaffungs- oder Herstellungskosten, ist zwingend dieser niedrigere Wert anzusetzen (**strenges Niederstwertprinzip**). Dieser entspricht dem aus einem Börsen- oder Marktpreis abgeleiteten Wert oder – ersatzweise – einem niedrigeren Wert, der dem Gegenstand am Abschlußstichtag beizulegen ist. Der niedrigere Wert darf handelsrechtlich beibehalten werden, auch wenn der Grund für die Abwertung entfallen ist (Abs 5); für steuerliche Zwecke gilt ab 2000 wie bisher schon für KapGes (§ 280) ein Wertaufholungsgebot (§ 6 I Nr 2 S 3 EStG); vgl ie Rz 9. Verstöße gegen das strenge Niederstwertprinzip führen bei AG und KGaA zur Nichtigkeit des JA (§ 256 V AktG). Nach der Rechtsprechung des BGH (BGHZ 82, 341) gilt dies auch für die GmbH und wohl auch für alle übrigen Kaufleute (*ADS*, § 253 Rz 484). Eine allgemein gültige Regel, woraus sich der niedrigere Wert ergibt, besteht nicht; der Börsen- oder Marktpreis kann sowohl aus dem Beschaffungs-, aber auch aus dem Absatzmarkt abgeleitet werden, er kann sich aber auch aus einem Ertragswert ermitteln. Die Orientierung am Beschaffungsmarkt wird hauptsächlich für die Bewertung der Roh-, Hilfs- und Betriebsstoffe in Betracht kommen (hM; Überbestände sollen sich dagegen am Absatzmarkt orientieren;

ADS, § 253 Rz 488, *Ellrott/Scherer* in Beck-BilKomm § 253 Rz 517), aber auch für unfertige und fertige Erzeugnisse, soweit ein Fremdbezug möglich ist, und für Handelswaren und Wertpapiere des Umlaufvermögens (aA: *Leffson*, GoB, 258 ff, der gegen die Beschaffungsmarktorientierung einwendet, daß eine verlustfreie Bewertung ausschließlich durch eine absatzmarktorientierte Bewertung sicherzustellen ist). Eine Orientierung am Absatzmarkt zur Ableitung des niedrigeren Tageswerts ist dann sachgerecht, wenn die voraussichtliche Verwendung am Absatzmarkt erfolgt; dies trifft regelmäßig für die Erzeugnisse, die Überbestände an Roh-, Hilfs- und Betriebsstoffen und die Forderungen zu. Bei Handelswaren ist neben der Ausrichtung auf den Beschaffungsmarkt auch eine Orientierung am Absatzmarkt geboten (doppelte Maßgeblichkeit). Die verlustfreie Bewertung setzt voraus, daß zu erwartende Erlösschmälerungen und noch anfallende Herstellungs- und Vertriebskosten von den möglichen Absatzmarktpreisen abgesetzt werden; der sich dann ergebende positive Betrag entspricht dem niedrigeren Stichtagswert, auf den die bisher höheren Anschaffungs- oder Herstellungskosten abzuschreiben sind. Nach Abs 3 S 3 dürfen (Wahlrecht) Gegenstände des Umlaufvermögens darüberhinaus mit einem niedrigeren als dem Tageswert angesetzt werden, wenn dies nach vernünftiger kaufmännischer Beurteilung notwendig ist, um zu verhindern, daß der Wertansatz von Vermögensgegenständen in nächster Zukunft aufgrund von Wertschwankungen geändert werden muß. Damit sollen zukünftige Wertminderungen antizipiert und so dem Imparitätsprinzip Rechnung getragen werden, zB bei einem zu erwartenden Preisverfall des gesamten Vorratsvermögens oder bei Kursschwankungen von Wertpapieren und möglichen Forderungsverlusten. Steuerlich wird dieser niedrigere Zukunftswert nicht anerkannt, es sei denn, er entspricht dem Teilwert.

V. Abschreibungen im Rahmen vernünftiger kaufmännischer Beurteilung (IV)

Die Anwendung des Abs 4 auf KapGes und PersHandelsGes iSv 11 § 264 a I ist ausgeschlossen (§ 279). Mit dieser Regelung können bei allen anderen Kaufleuten zusätzlich weitere stille Reserven gebildet werden (*ADS*, § 253 Rz 570). Der sachliche Geltungsbereich bezüglich der Bildung stiller Reserven ist auf die Abschreibungen beschränkt. Der Maßstab „vernünftige kaufmännische Beurteilung" setzt voraus, daß die Begründung für die zusätzlichen Abschreibungen durch Dritte nachprüfbar ist. Anerkannt werden derartige Abschreibungen zB dann, wenn damit Mittel zur Durchführung bestimmter Maßnahmen angesammelt werden sollen (zB Investitionen, Abfindungen an ausscheidende Gesellschafter oder Erben, Erbschaftsteuerzahlungen, Verhinderung von gewinnabhängigen Ausschüttungen, um Risikokapital zu schaffen), wenn jährlich gleichbleibende Gewinne ausgewiesen werden sollen oder wenn der Ausweis von Scheingewinnen vermieden werden

§ 253
Drittes Buch. Handelsbücher

soll (im einzelnen *ADS,* § 253 Rz 576 ff). Der Gedanke der allgemeinen Risikovorsorge findet allerdings dort seine Grenze, wo die Treuepflicht gegenüber den Gesellschaftern (§ 105 Rz 35 ff) verletzt ist; insbesondere dürfen diese Abschreibungen nicht als Instrument dazu benutzt werden, einen Gesellschafter aus der Gesellschaft zu treiben (§ 122 Rz 4). Für die Vornahme der Abschreibung nach vernünftiger kaufmännischer Beurteilung besteht ein Wahlrecht, das in jedem Geschäftsjahr neu ausgeübt werden kann. Die Abschreibungen können auf einzelne Gegenstände aber auch in pauschaler Weise vorgenommen werden. Die Abschreibung einzelner Vermögensgegenstände kann entweder durch eine einmalige Abschreibung und eine Verteilung des verminderten Buchwerts auf die Restnutzungsdauer oder eine Verkürzung der Restnutzungsdauer oder eine beschleunigte Abschreibung erfolgen. Die nach vernünftiger kaufmännischer Beurteilung durch Abschreibungen erreichbare weitgehende Unterbewertung wird steuerrechtlich nicht anerkannt, so daß die praktische Bedeutung dieser Vorschrift für Personenunternehmen, wenn sie eine einheitliche Handels- und Steuerbilanz erstellen, relativ gering ist.

VI. Beibehaltungswahlrecht (V)

12 Ein niedriger Wertansatz darf handelsrechtlich (für steuerliche Zwecke gilt ein Wertaufholungsgebot des § 6 I Nr 1 u 2 EStG; vgl Rz 9 u 10) beibehalten werden, auch wenn die Gründe dafür nicht mehr bestehen. Für KapGes und PershandelsGes iSv § 264 a I gilt allerdings auch handelsrechtlich ein Wertaufholungsgebot (§ 280), so daß das Beibehaltungswahlrecht nur den Personenunternehmen zugutekommt. Das Beibehaltungswahlrecht erlaubt das Festhalten an einem niedrigeren Wertansatz, der sich aus einer außerplanmäßigen Abschreibung sowohl auf Gegenstände des Anlage- wie des Umlaufvermögens (Abs 2 S 3, Abs 3 bis 5) ergeben hat. Bestand ein konkreter Abschreibungsgrund von Anfang an nicht, ist insoweit eine Wertbeibehaltungswahlrecht nicht gegeben. Dies trifft vor allem bei steuerrechtlich zulässigen Abschreibungen zu, wenn sich später herausstellt, daß die Voraussetzungen für eine Abschreibungsvergünstigung nicht gegeben waren. Das Beibehaltungswahlrecht besteht nur insoweit, als der konkrete Grund, der zu dieser Abschreibung geführt hat, weggefallen ist; wird vom Beibehaltungswahlrecht kein Gebrauch gemacht, ist eine Zuschreibung vorzunehmen. Bestehen allerdings die Abschreibungsgründe fort, ist ein Zuschreibungswahlrecht nicht gegeben, auch wenn aus bilanzpolitischen Gründen eine Zuschreibung erwünscht wäre. Nach hM kann eine Zuschreibung nur in dem Geschäftsjahr erfolgen, in dem die Gründe für die Abschreibung entfallen sind; eine Fortgeltung des Zuschreibungswahlrechts in späteren JA wird allgemein verneint (*ADS,* § 253 Rz 600 mwN). Für eine Zuschreibung in den Folgejahren müssen vielmehr begründete Ausnahmen iS § 252 II bestehen. Zugeschrieben werden kann höchstens bis zu den fortgeführten Anschaf-

Erster Abschnitt. Vorschriften für alle Kaufleute § 254

fungs- oder Herstellungskosten; die Obergrenze bestimmt sich nach dem Realisationsprinzip, wonach nichtrealisierte Gewinne nicht ausgewiesen werden dürfen. Als Konsequenz aus dem Wertaufholungswahlrecht braucht die Zuschreibung nicht in voller Höhe vorgenommen zu werden, vielmehr ist auch der Ansatz eines Zwischenwertes zulässig; eine weitere Zuschreibung in den Folgejahren ist dann allerdings nur noch bei begründeten Ausnahmen gestattet (§ 252 II). Ist in Ausübung des Zuschreibungswahlrechts eine Wertaufholung vorgenommen worden, erlischt damit das Beibehaltungswahlrecht. Eine Rückkehr zum früheren Wertansatz ist ohne Vorliegen neuer Abschreibungsgründe unzulässig.

§ 254 Steuerrechtliche Abschreibungen

[1] **Abschreibungen können auch vorgenommen werden, um Vermögensgegenstände des Anlage- oder Umlaufvermögens mit dem niedrigeren Wert anzusetzen, der auf einer nur steuerrechtlich zulässigen Abschreibung beruht.** [2] **§ 253 Abs. 5 ist entsprechend anzuwenden.**

§ 254 ermöglicht es grundsätzlich, einen einheitlichen handels- und 1 steuerrechtlichen JA aufzustellen, insofern als steuerrechtliche Vergünstigungen auch in die Handelsbilanz übernommen werden können. Für Einzelkaufleute und PersGes hat diese Vorschrift im Zweifel nur klarstellenden Charakter, da dort Abschreibungen idR bereits durch § 253 IV (im Rahmen vernünftiger kaufmännischer Beurteilung) vorgenommen werden können (*Clemm/Scherer* in Beck-BilKomm, § 254 Rz 7; *ADS*, § 254 Rz 5). Für KapGes und PershandelsGes iSv § 264 a I ergibt sich eine Einschränkung durch § 279 II, wonach S 1 nur dann anzuwenden ist, wenn die Anerkennung steuerrechtlicher Abschreibungen auch deren handelsrechtliche Anerkennung voraussetzt. Unter die Vorschrift des § 254 fallen sämtliche steuerrechtlich zulässigen niedrigeren Wertansätze, insbesondere durch steuerlich erhöhte Absetzungen (zB Abschreibungen nach §§ 7 IV, 7 b, 7 c, 7 d EStG, 82 a, 82g, 82i EStDV), steuerliche Sonderabschreibungen (zB nach §§ 7 f, 7 g, 7 h, 7 i EStG; 81, 82 d, 82 f EStDV; 4 FördergebietsG), steuerlich gebotene Abzüge von den Anschaffungs- oder Herstellungskosten (zB § 6 b EStG, R 34 und 35 EStR), Vereinfachungsabschreibungen (§ 6 II EStG, R 44 II EStR) sowie Teilwertabschreibungen (§ 6 I EStG). KapGes und PershandelsGes iSv § 264 a I können bei steuerlich zulässigen Abschreibungen zwischen einem aktivischen Ausweis (Erhöhung der kumulierten Abschreibungen) und einer passivischen Buchung (Einstellung in einen Sonderposten mit Rücklageanteil gem § 281 I 1) wählen. Die Möglichkeit zur Bildung des Sonderpostens ist zwar in § 281 I 1 nur für KapGes und PershandelsGes iSv § 264 a I vorgesehen; es bestehen jedoch keine Bedenken, den passivischen Ausweis auch für Einzelunternehmen und PersGes zuzulassen (*ADS*, § 254 Rz 39). Nach § 281 I, II und § 285 Nr 5 sind KapGes und PershandelsGes iSv § 264 a I verpflichtet, den

§ 255   Drittes Buch. Handelsbücher

Betrag der steuerlich zulässigen Abschreibungen und das Ausmaß der Beeinflussung des Jahresergebnisses durch diese Abschreibungen im Anhang anzugeben. Vgl im einzelnen hierzu und zu den Auweisfragen Erl zu § 281.

§ 255 Anschaffungs- und Herstellungskosten

(1) ¹Anschaffungskosten sind die Aufwendungen, die geleistet werden, um einen Vermögensgegenstand zu erwerben und ihn in einen betriebsbereiten Zustand zu versetzen, soweit sie dem Vermögensgegenstand einzeln zugeordnet werden können. ²Zu den Anschaffunskosten gehören auch die Nebenkosten sowie die nachträglichen Anschaffungskosten. ³Anschaffungspreisminderungen sind abzusetzen.

(2) ¹Herstellungskosten sind die Aufwendungen, die durch den Verbrauch von Gütern und die Inanspruchnahme von Diensten für die Herstellung eines Vermögensgegenstands, seine Erweiterung oder für eine über seinen ursprünglichen Zustand hinausgehende wesentliche Verbesserung entstehen. ²Dazu gehören die Materialkosten, die Fertigungskosten und die Sonderkosten der Fertigung. ³Bei der Berechnung der Herstellungskosten dürfen auch angemessene Teile der notwendigen Materialgemeinkosten, der notwendigen Fertigungsgemeinkosten und des Wertverzehrs des Anlagevermögens, soweit er durch die Fertigung veranlaßt ist, eingerechnet werden. ⁴Kosten der allgemeinen Verwaltung sowie Aufwendungen für soziale Einrichtungen des Betriebs, für freiwillige soziale Leistungen und für betriebliche Altersversorgung brauchen nicht eingerechnet zu werden. ⁵Aufwendungen im Sinne der Sätze 3 und 4 dürfen nur insoweit berücksichtigt werden, als sie auf den Zeitraum der Herstellung entfallen. ⁶Vertriebskosten dürfen nicht in die Herstellungskosten einbezogen werden.

(3) ¹Zinsen für Fremdkapital gehören nicht zu den Herstellungskosten. ²Zinsen für Fremdkapital, das zur Finanzierung der Herstellung eines Vermögensgegenstands verwendet wird, dürfen angesetzt werden, soweit sie auf den Zeitraum der Herstellung entfallen; in diesem Falle gelten sie als Herstellungskosten des Vermögensgegenstands.

(4) ¹Als Geschäfts- oder Firmenwert darf der Unterschiedsbetrag angesetzt werden, um den die für die Übernahme eines Unternehmens bewirkte Gegenleistung den Wert der einzelnen Vermögensgegenstände des Unternehmens abzüglich der Schulden im Zeitpunkt der Übernahme übersteigt. ²Der Betrag ist in jedem folgenden Geschäftsjahr zu mindestens einem Viertel durch Abschreibungen zu tilgen. ³Die Abschreibung des Geschäfts- oder Firmenwerts kann aber auch planmäßig auf die

Geschäftsjahre verteilt werden, in denen er voraussichtlich genutzt wird.

I. Anschaffungskosten (I)

Anschaffungskosten sind der primäre Bewertungsmaßstab für Gegenstände, die nicht im Unternehmen selbst be- oder verarbeitet worden sind, sondern vom Dritten bezogen wurden; sie stellen Aufwendungen für den Erwerb und zur Erlangung der Betriebsbereitschaft dar. **Anschaffungskosten** setzen sich aus dem Anschaffungspreis abzüglich eventueller Anschaffungspreisminderungen, den Anschaffungsnebenkosten und den nachträglichen Anschaffungskosten zusammen. Der **Anschaffungspreis** ergibt sich im Regelfall aus der Eingangsrechnung oder einem Kaufvertrag. Unerheblich ist, ob dieser Anschaffungspreis im Hinblick auf die Gegenleistung angemessen ist oder nicht. Auch überhöhte Anschaffungspreise sind grundsätzlich als Anschaffungskosten anzusetzen (uU ist eine spätere außerplanmäßige Abschreibung notwendig oder möglich). Besteht keine Vorsteuerabzugsberechtigung (§ 15 UStG), erhöht die Umsatzsteuer die Anschaffungskosten, ansonsten bildet die Umsatzsteuer keinen Bestandteil des Anschaffungspreises. 1

Zu den Anschaffungskosten rechnen auch die **Anschaffungsnebenkosten**, die zusätzlich zum Anschaffungspreis anfallen und dazu aufgewendet werden, den Vermögensgegenstand in einen betriebsbereiten Zustand zu versetzen. Hierzu rechnen im einzelnen **Nebenkosten des Erwerbs** (wie Vermittlungs- und Maklergebühren, Courtagen, Provisionen, Grunderwerbsteuer, Notariats-, Register- und Gerichtskosten, Erschließungsbeiträge und andere öffentliche Abgaben), **Nebenkosten des Transports** (wie Transport- und Speditionskosten, Eingangsfrachten, Wiege- und Rollgelder, Versicherungsprämien für den Transport), **Nebenkosten der Inbetriebnahme** (wie Fundamentierkosten, Anschluß- und Installationskosten, Montagekosten, Kosten für Abnahme und Betriebsgenehmigungen). Auch Nebenkosten, die im Unternehmen selbst anfallen, rechnen zu den Anschaffungsnebenkosten, allerdings müssen diese unmittelbar für den betreffenden Vermögensgegenstand entstanden sein; eine Aktivierung lediglich über einen Verteilungsschlüssel zuzurechnender Gemeinkosten kommt nicht in Betracht. **Nachträgliche** Anschaffungskosten liegen dann vor, wenn der eigentliche Erwerbsvorgang durch die Erlangung der Verfügungsmacht und der Betriebsbereitschaft bereits abgeschlossen war. Hier unterscheidet man nachträgliche Rechnungstellung für ursprüngliche Leistungen (zB Erschließungsbeiträge, Kanalanschlußgebühren, Straßenanliegerbeiträge), nachträgliche Erhöhung der Rechnungen für bereits erbrachte Leistungen (zB Neuvermessung eines Grundstücks, Nachzahlung aufgrund einer im Prozeßwege geltend gemachten Kaufpreiserhöhung) und nachträgliche Aufwendungen für zusätzliche Leistungen (zB anschaffungsnaher Reparaturaufwand von Gebäuden; Sanierungszuschüsse beim Erwerb von Beteiligungen). 2

§ 255 Drittes Buch. Handelsbücher

3 Nach Abs 1 S 3 sind **Anschaffungspreisminderungen** abzusetzen; hierzu gehören Skonti, Rabatte, Boni und andere Minderungen des ursprünglichen Anschaffungspreises. Wird ein am Bilanzstichtag bereits vorhandener, aber noch nicht bezahlter Vermögensgegenstand unter Skontoabzug erworben, sind die Anschaffungskosten unter Abzug des Skontos auszuweisen, die Verbindlichkeit ist entsprechend gekürzt anzusetzen (hM; *Ellrott/Schmidt-Wendt* in Beck-BilKomm § 255 Rz 63); wird von einem möglichen Skontoabzug kein Gebrauch gemacht, kommt eine Minderung des Anschaffunspreises nicht in Betracht.

4 Bei der **Ermittlung des Anschaffungspreises** können sich folgende **Besonderheiten** ergeben: **a)** Bei Anschaffung eines Vermögensgegenstands in **Fremdwährung** ergibt sich die Notwendigkeit einer Umrechnung in EURO ggf in DM. Nach hM ist der Kurs zum Zeitpunkt der Hingabe des EURO- bzw DM-Betrags zugrundezulegen (*ADS*, § 255 Rz 63; *Ellrott/Schmidt-Wendt* in Beck-BilKomm § 255 Rz 54); bei Vereinbarung eines Kurssicherungsgeschäfts sind durch den Terminkurs die Anschaffungskosten des Vermögensgegenstands bestimmt; Wechselkursänderungen nach dem Tag der Ersteinbuchung berühren die Anschaffungskosten grundsätzlich nicht mehr. **b)** Beim Kauf auf **Rentenbasis** entsprechen die Anschaffungskosten grundsätzlich dem Barwert der Rentenverpflichtung im Zeitpunkt des Erwerbs. Der Barwert ist nach finanz- oder versicherungsmathematischen Grundsätzen zu ermitteln. Ein späterer tatsächlich anderer Rentenverlauf hat keinen Einfluß mehr auf die Anschaffungskosten (BFH BStBl II 1984, 109; BStBl II 1969, 334); der Beschaffunsvorgang ist mit Vereinbarung der Rente abgeschlossen. **c)** Bei Erwerb durch **Leasing** hängt der Ausweis davon ab, wem der Gegenstand zuzurechnen ist. Ist er dem Leasinggeber zuzurechnen, ergeben sich bei der Ermittlung der Anschaffungskosten keine Besonderheiten. Ist er dagegen dem Leasingnehmer zuzurechnen, ermitteln sich die Anschaffungskosten aus dem Barwert der Leasingraten. **d)** Die Frage, ob **Zuwendungen** Anschaffungskostenminderungen darstellen, ist strittig; für Minderung: *ADS*, § 255 Rz 56; IdW/HFA 1/84, 614; Tjaden, WPg 1985, 37. Steuerlich ist in Abschn 34 EStR ein Wahlrecht eingeräumt, wonach steuerpflichtige Investitionszuschüsse entweder sofort erfolgswirksam vereinnahmt oder als Anschaffungskostenminderung behandelt werden können. **e)** Sonderfragen ergeben sich bei **anschaffungsähnlichen Vorgängen**, insbesondere bei unentgeltlichen Erwerben, Tauschgeschäften und Erbringung von Sacheinlagen. Hier ist die pagatorische Größe „Ausgaben" durch sog fiktive Anschaffungskosten zu ersetzen. Ein unentgeltlicher Erwerb führt ohne Gegenleistung zu einer Vermögensmehrung; die hM bejaht den Ansatz in der Bilanz zu einem vorsichtig geschätzten Zeitwert (*ADS*, § 255 Rz 84; WPHdb 2000, E 249; steuerlich gilt für einen unentgeltlichen Erwerb § 6 III oder IV EStG). Für immaterielle Vermögensgegenstände des Anlagevermögens, die nicht entgeltlich erworben wurden, ist eine Aktivierung aufgrund § 248 II ausgeschlossen. Beim Tausch wird die Gegenleistung durch die Hingabe eines bewert-

Erster Abschnitt. Vorschriften für alle Kaufleute § 255

baren Vermögensgegenstands abgegolten. Hinsichtlich des Wertansatzes für den eingetauschten Gegenstand besteht nach hM handelsrechtlich ein Wahlrecht zwischen der Buchwertfortführung und der Gewinnrealisierung (*Hofbauer* in BoHdR, § 255 12 ff; *Ellrott/Schmidt-Wendt* in Beck-BilKomm § 255 Rz 142; andere Methoden, auch im Sinne von Zwischenwerten, sind nicht zulässig; *ADS,* § 255 Rz 89 ff). KapGes und PershandelsGes iSv § 264 a I haben die gewählte Methode im Anhang anzugeben (§ 284 II Nr 1). Die **steuerliche Bilanzierung** folgt der Methode der Gewinnrealisierung (H 32 a EStR); der Tausch wird als Umsatzakt verstanden und den Realisationstatbeständen zugeordnet. Die Anschaffungskosten bestimmen sich nach dem gemeinen Wert des hingegebenen Vermögensgegenstands. Bei Wert-, Art- und Funktionsgleichheit ist auch steuerlich eine Buchwertfortführung möglich (BFH, BStBl III 1959, 30).

II. Herstellungskosten (II)

Herstellungskosten sind Aufwendungen, um einen Vermögensgegenstand herzustellen. Sie fallen auch dann an, wenn Vermögensgegenstände erweitert oder über ihren ursprünglichen Zustand hinausgehende wesentliche Verbesserungen erfahren. Hinsichtlich dessen, was unter Verbesserung zu verstehen ist, stimmten handelsrechtlicher und steuerrechtlicher Wortlaut (BFH, BStBl II 1985, 49) nicht vollständig überein. Während in Abs 2 von einer „wesentlichen Verbesserung" die Rede ist, die über den „ursprünglichen Zustand" hinausgehen muß, forderte die steuerliche Regelung lediglich eine „deutliche Verbesserung", nimmt aber die üblichen Modernisierungsmaßnahmen ausdrücklich aus (R 157 III EStR). Zwischenzeitlich hat sich jedoch die Finanzverwaltung der handelsrechtlichen Regelung angeschlossen, so daß man davon ausgehen kann, daß die handelsrechtliche und steuerliche Handhabung deckungsgleich sind (*Ellrott/Schmidt-Wendt* in Beck-BilKomm § 255 Rz 382 ff mwN; *ADS,* § 255 Rz 124 f). Die **Herstellung** ist ein innerbetrieblicher **zeitraumbezogener** Vorgang, liegt also dann vor, wenn der Gegenstand im Unternehmen selbst hergestellt wird. Das Gesetz unterscheidet drei Regelungsbereiche: 5

1. Aktivierungspflichtig sind **Einzelkosten,** also solche Kosten, die dem Erzeugnis direkt zurechenbar sind; hierzu gehören a) **Materialkosten,** zB Roh-, Hilfs- und Betriebsstoffe, halb- und fremdbezogene Teilerzeugnisse, in Anspruch genommene Leistungen, die im Rahmen der Herstellung anfallen, zB Strom (*ADS,* § 255 Rz 143); zu den Herstellungskosten rechnen auch Aufwendungen für die Verpackung, soweit die Produkte durch die Verpackung erst verkaufsfähig werden (zB Milch, Kaffee), und Aufwendungen in unmittelbarem Zusammenhang mit der Produktion (*ADS,* § 255 Rz 144). **b) Fertigungskosten,** zB die der Fertigung dienenden Personalkosten, zu denen auch alle Sonderzulagen (Überstunden-, Feiertags- sowie sonstige Sonderzuschläge), Leistungs- und Abschlußprämien, die Arbeit- 6

§ 255 Drittes Buch. Handelsbücher

geberanteile zur Sozialversicherung und die vom Unternehmen übernommene Lohn- und Kirchensteuer zählen (*Ellrott/Schmidt-Wendt* in Beck-BilKomm § 255 Rz 351). **c) Sonderkosten der Fertigung,** diese umschließen alle direkt zurechenbaren Kosten, die bei der Fertigung speziell für einen bestimmten Vermögensgegenstand, zB Konstruktion von Modellen, Spezialwerkzeugen, Entwürfen, Schablonen usw, anfallen, aber auch Aufwendungen für Materialversuche und Lizenzgebühren, soweit es sich nicht um Vertriebslizenzen handelt (*ADS,* § 255 Rz 149).

7 **2. Aktivierbar** sind angemessene Teile der notwendigen Materialgemeinkosten, der notwendigen Fertigungsgemeinkosten und des durch die Fertigung veranlaßten Wertverzehrs des Anlagevermögens. Kosten der allgemeinen Verwaltung, Aufwendungen für soziale Einrichtungen, freiwillige soziale Leistungen und Leistungen der betrieblichen Altersversorgung brauchen nicht aktiviert zu werden. Ferner können, die zur Finanzierung des Vermögensgegenstands aufgewendeten Fremdkaptialzinsen aktiviert werden, soweit sie auf den Zeitraum der Herstellung entfallen. **Gemeinkosten** sind Aufwendungen, die dem Gegenstand nicht direkt, sondern nur aufgrund einer Schlüsselung zugerechnet werden können. Für jedes der handelsrechtlichen Gemeinkostenbestandteile besteht ein eigenes **Aktivierungswahlrecht,** das einen bilanzpolitisch nutzbaren Spielraum bietet. Die Ausübung dieser Wahlrechte steht jedoch unter dem Gebot der Stetigkeit des § 252 I Nr 6; für KapGes und PersHandelsGes iSv § 264 a I gelten zusätzlich die Angabepflichten im Anhang (§ 284 III Nr 1 und 3). Für den Ansatz der Gemeinkosten gilt der Grundsatz der Angemessenheit, der aus dem Vorsichts- und Realisationsprinzip des § 252 I Nr 2 abgeleitet ist. Das bedeutet, die **Gemeinkostenzurechnung** hat unter vernünftigen kaufmännischen Gesichtspunkten **verursachungsgerecht** zu erfolgen, eine Gemeinkostenschlüsselung beispielsweise nach dem Maßstab des Kostentragfähigkeitsprinzips ist grundsätzlich nicht möglich. Außerdem dürfen nur die im Rahmen der Herstellung **tatsächlich angefallenen Gemeinkosten** in die Herstellungskosten einbezogen werden. Nicht zurechenbar sind weder betriebsfremde, periodenfremde und außergewöhnliche Aufwendungen noch die sog Kosten der Unterbeschäftigung (*ADS,* § 255 Rz 155 ff).

8 Zu den **Materialgemeinkosten** gehören alle mit der Wartung und der Lagerung des Materials in Zusammenhang stehende Aufwendungen (vgl BdF BStBl I 1974, 994). Im einzelnen rechnen hierzu die Kosten der Einkaufsabteilung, der Warenannahme, Material- und Rechnungsprüfung, der Materialverwaltung, des innerbetrieblichen Transports und der Versicherung des Materials. Die **Verrechnung** der Materialgemeinkosten erfolgt idR durch einen **prozentualen Zuschlag** auf das Fertigungsmaterial.

9 Zu den **Fertigungsgemeinkosten** rechnen alle im Bereich der Fertigung anfallenden Gemeinkosten, zB Energiekosten, Sachversiche-

rungen auf Fertigungsanlagen, Instandhaltungsaufwendungen für Betriebsbauten, Betriebseinrichtungen und Maschinen, Aufwendungen für Werkstattverwaltung, Betriebsleitung, Meister, Arbeitsvorbereitung, Fertigungskontrolle, Kosten für den innerbetrieblichen Transport bis zu den Fertiglägern, Post- und Fernsprechgebühren sowie Reisekosten, soweit sie auf den Fertigungsbereich entfallen (*ADS,* § 255 Rz 175; *Ellrott/Schmidt-Wendt* in Beck-BilKomm § 255 Rz 423). Auch **nicht gewinnabhängige Steuern** (Kfz-Steuer, Grundsteuer) rechnen, soweit sie auf die der Fertigung dienenden Betriebsteile entfallen, zu den Fertigungsgemeinkosten. **Gewinnabhängige** Steuern dagegen sind keine Fertigungsgemeinkosten. Nach Abs 2 S 3 dürfen auch angemessene Teile des **Wertverzehrs des Anlagevermögens** in die Herstellungskosten einbezogen werden, soweit er **durch die Fertigung veranlaßt** ist, wobei einschränkend nur der Wertverzehr, der auf den Zeitraum der Herstellung entfällt (Abs 2 S 5), zu berücksichtigen ist. Einzurechnen sind nur die verrechneten planmäßigen Abschreibungen nach § 253 II 1; außerplanmäßige Abschreibungen nach § 253 II 3 dürfen nicht in die Herstellungskosten einbezogen werden (*Ellrott/Schmidt-Wendt* in Beck-BilKomm § 255 Rz 428 f). Außerdem müssen die Abschreibungen auf der Basis einer normalen Kapazitätsauslastung ermittelt sein; soweit eine offensichtliche Unterbeschäftigung vorliegt, sind Abschreibungen insoweit nicht zu berücksichtigen (*ADS,* § 255 Rz 183). Grundlage für die Berechnung der einzubeziehenden Abschreibungen sind die kalkulatorischen Abschreibungen; sofern diese allerdings auf Basis der Wiederbeschaffungskosten ermittelt werden, ist der Ansatz durch die möglichen bilanziellen Abschreibungen begrenzt (*Ellrott/Fitzner* in Beck-BilKomm § 255 Rz 428; *ADS,* § 255 Rz 184). Zu den **nicht durch die Fertigung veranlaßten Abschreibungen** zählen: Abschreibungen auf **nicht benutzte oder stillgelegte Anlagen, überhöhte Abschreibungen** einschließlich der Sofortabschreibung geringwertiger Wirtschaftsgüter, **außerplanmäßige Abschreibungen** (§ 253 II 3), Abschreibungen im Rahmen **vernünftiger kaufmännischer Beurteilung** (§ 253 IV), nur **steuerlich zulässige Abschreibungen** (§ 254 S 1).

Kosten der allgemeinen Verwaltung brauchen nicht in die Herstellungskosten einbezogen zu werden (Abs 2 S 4). Dieses Wahlrecht entspricht R 33 IV EStR. Die Regelung bezieht sich ausschließlich auf die Kosten der allgemeinen Verwaltung; Aufwendungen, die im Bereich der **Verwaltung des Material- und Fertigungsbereichs** anfallen (technische Verwaltung), gehören zu den Materialgemeinkosten bzw zu den Fertigungsgemeinkosten und sind dort zu erfassen (*Ellrott/Schmidt-Wendt* in Beck-BilKomm § 255 Rz 431). Dieser Abgrenzung kommt allerdings handelsrechtlich wegen des in allen Bereichen bestehenden Einbeziehungswahlrechts im Gegensatz zum Steuerrecht keine ausschlaggebende Bedeutung zu.

Zu den Kosten der allgemeinen Verwaltung rechnen insbesondere: **Personalaufwendungen** des allgemeinen Verwaltungsbereichs (zB

§ 255 Drittes Buch. Handelsbücher

Geschäftsleitung, Rechnungswesen, Finanzabteilung, interne Revision, Rechenzentrum, Ausbildungswesen), die **Abschreibungen** auf Gegenstände des allgemeinen Verwaltungsbereichs; **alle anderen Gemeinkosten** des allgemeinen Verwaltungsbereichs (zB Porti, Telefon, Beratungskosten, Kosten für den Aufsichtsrat; Versicherungen, Kosten der Abschlußprüfung). Auch **Aufwendungen für soziale Einrichtungen des Betriebs, für freiwillige soziale Leistungen und für Altersversorgung** brauchen nicht in die Herstellungskosten einbezogen zu werden. Sofern sie einbezogen werden, müssen sie angemessen sein und auf den Zeitraum der Herstellung entfallen (Abs 2 S 5). Damit sind nur solche Aufwendungen einbeziehbar, die einen vertretbaren Umfang nicht übersteigen und tatsächlich im Unternehmen angefallen sind. Zu diesen Aufwendungen gehören: Aufwendungen für Betriebskantine einschließlich der Essenzuschüsse; Aufwendungen für Unfallstationen und Betriebsrat; Jubiläumsgeschenke, Weihnachtszuwendungen; Zuweisungen zu Pensionsrückstellungen, Aufwendungen für Direktversicherungen, Zuweisungen an Pensions- und Unterstützungskassen.

11 3. **Nicht aktiviert** werden dürfen **Vertriebskosten,** und zwar unabhängig davon, ob es sich um Einzelkosten oder um Gemeinkosten handelt. Zu den Vertriebskosten rechnen sämtliche auf den technischen Herstellungsprozeß zeitlich nachfolgende Aufwendungen des Vertriebsbereiches (zB Kosten für jegliche Art von Werbung, Verkäuferschulung, Reisekosten im Vertriebsbereich, Kosten für Muster und Warenproben).

III. Fremdkapitalzinsen (III)

12 Nach Abs 3 S 1 gehören Zinsen für **Fremd**kapital grundsätzlich nicht zu den Herstellungskosten. Diese Regelung muß auch für den Ansatz von kalkulatorischen Zinsen auf das Eigenkapital gelten, da deren Ansatz dem pagatorischem Charakter der bilanziellen Herstellungskosten widersprechen und darüberhinaus gegen das Realisationsprinzip (§ 252 I Nr 4) verstoßen würde. In bestimmten Fällen besteht für die Einbeziehung von Fremdkapitalzinsen allerdings ein **Einbeziehungswahlrecht.** Danach dürfen Fremdkapitalzinsen dann in die Herstellungskosten eingerechnet werden, wenn und soweit das Fremdkapital zur **Finanzierung der Herstellung** eines Vermögensgegenstands verwendet wird und die Zinsen auf den **Zeitraum der Herstellung** entfallen. Das bedeutet, es muß ein wirtschaftlicher und unmittelbarer Zusammenhang zwischen der Aufnahme des Fremdkapitals und der Herstellung eines Vermögensgegenstands bestehen (*Ellrott/Schmidt-Wendt* in Beck-BilKomm § 255 Rz 504).

IV. Geschäfts- oder Firmenwert (IV)

13 Der **Geschäfts- oder Firmenwert** ist derjenige Teil des Ertragswerts eines Unternehmens, der die Summe aller übrigen aktivierbaren

Vermögensgegenstände abzüglich der Schulden übersteigt. Der Geschäfts- oder Firmenwert ist somit ein Sammelposten. Hierzu gehören der Kundenstamm, die Beziehungen zu Lieferanten und anderen Marktteilnehmern, aber auch die Qualifikation der Mitarbeiter, eine wirkungsvolle Organisationsstruktur im Unternehmen und moderne Fertigungsverfahren (*ADS,* § 255 Rz 257; *Ellrott/Schmidt-Wendt* in Beck-BilKomm. § 255 Rz 511). Ein Geschäfts- oder Firmenwert ergibt sich also immer dann, wenn aufgrund nicht bilanzierungsfähiger immaterieller Werte (zB bei Ausbildung, Werbung) oder aufgrund vorhandener Marktaussichten für ein Unternehmen überdurchschnittliche Ertragserwartungen bestehen. Aktiviert werden darf jedoch nur derjenige Geschäfts- oder Firmenwert, der bei „Übernahme eines Unternehmens" entsteht (derivativer Geschäftswert); es muß also ein **entgeltlicher** Vorgang vorgelegen haben. Für den originären Geschäftswert besteht ein Aktivierungsverbot, und zwar deshalb, weil sein Wert mangels Realisierung noch keine Bewertung am Markt erfahren hat. Darüberhinaus muß ein **Unternehmen** übernommen werden. Bei dem Unternehmen muß es sich nicht zwangsläufig um ein rechtlich selbständiges Gebilde handelt, es kann auch ein Teilbetrieb in Betracht kommen, wenn er nur wirtschaftlich selbständig ist (*ADS,* § 255 Rz 302); ein Anteilserwerb allerdings fällt nicht unter das Wahlrecht des Abs 4. Als Geschäfts- oder Firmenwert ist der **Unterschiedsbetrag** zwischen der bewirkten Gegenleistung und dem Wert der übernommenen Vermögensgegenstände abzüglich der Schulden im Übernahmezeitpunkt anzusetzen. Als hingegebener Gegenwert ist im Fall des Kaufs der Kaufpreis, im Fall des Tauschs der Wert der hingegebenen Sache zu betrachten. Der Unternehmenserwerber **kann** somit den Mehrbetrag als Geschäfts- oder Firmenwert aktivieren (Ansatzwahlrecht), anstatt ihn sofort voll als Aufwand buchen. Ein aktiver derivativer Geschäfts- oder Firmenwert ist in jedem folgenden Geschäftsjahr zu **mindestens einem Viertel** durch Abschreibungen zu tilgen (Abs 4 S 2). Diese Abschreibung stellt einen Mindestbetrag dar, sie ist also auch dann vorzunehmen, wenn der Geschäfts- oder Firmenwert einen höheren Zeitwert besitzt (*ADS,* § 255 Rz 260); das bedeutet aber auch zugleich, daß die jährliche Abschreibung höher liegen kann; im Extremfall ist sogar eine sofortige Vollabschreibung möglich (GK*Marsch-Barner* § 255 Rz 34; *Kusterer,* in HK-HGB § 255 Rz 23; *Ellrott/Schmidt-Wendt* in Beck-BilKomm. § 255 Rz 524). Im **Jahr der Aktivierung** des Geschäfts- oder Firmenwerts ist eine **Abschreibung** nach Abs 4 S 2 nicht zwingend vorgeschrieben, wird jedoch allgemein als möglich angesehen (*Biener/Berneke,* BiRiLiG, S 177). Neben der pauschalen Abschreibung nach Abs 4 S 2 kann der Geschäftswert „auch planmäßig auf die Geschäftsjahre verteilt werden, in denen er voraussichtlich genutzt wird" (Abs 4 S 3) Dieses auf Art 37 der 4. EG-Richtlinie zurückgehende Wahlrecht zur planmäßigen Abschreibung des Geschäfts- oder Firmenwerts soll die Einheitlichkeit von Handels- und Steuerbilanz ermöglichen, so daß auch entsprechend § 7 I 3 EStG eine auf 15 Jahre

§ 256 Drittes Buch. Handelsbücher

angelegte Nutzungsdauer in einem handelsrechtlichen Abschluß zugrundegelegt werden kann (*ADS*, § 255 Rz 283; *Ellrott/Schmidt-Wendt* in Beck-BilKomm § 255 Rz 523). Als **Methoden zur planmäßigen Abschreibung** des Geschäfts- oder Firmenwerts kommen sowohl die lineare als auch die degressive Abschreibung in Betracht. Im Gegensatz zur pauschalen Abschreibung nach Abs 4 S 2 muß bei der planmäßigen Abschreibung nach Abs 4 S 3 mit der Abschreibung bereits im **Jahr des Zugangs** des Geschäfts- oder Firmenwerts begonnen werden. Für den Fall, daß der Buchwert des Geschäfts- oder Firmenwerts im Vergleich zur Ertragskraft des Unternehmens **zu hoch** liegt, ist eine außerplanmäßige Abschreibung dieses Wertes möglich. Über den **Charakter des Firmenwerts** besteht keine einheitliche Auffassung. Er wird zwar gem § 266 II A I 2 in der Bilanz unter den „immateriellen Vermögensgegenständen" ausgewiesen, wird jedoch vielfach nicht als Vermögensgegenstand, sondern als Bilanzierungshilfe angesehen. Für die Klassifizierung als Bilanzierungshilfe spricht die Normierung eines Ansatzwahlrechtes in Abs 4 und die Tatsache, daß es sich nicht um einen einzelveräußerbaren Gegenstand handelt, sondern um einen Mehrwert, der sich aus einem Verbund im Unternehmen ergibt (*ADS*, § 255 Rz 258). Für den Charakter als Vermögensgegenstand spricht sein Ausweis in der Bilanz unter den immateriellen Vermögensgegenständen und die Festlegung einer Nutzungsdauer in Abs 4 S 3; außerdem fehlt es an einer bei einer Bilanzierungshilfe üblichen Ausschüttungssperre.

§ 256 Bewertungsvereinfachungsverfahren

[1] **Soweit es den Grundsätzen ordnungsmäßiger Buchführung entspricht, kann für den Wertansatz gleichartiger Vermögensgegenstände des Vorratsvermögens unterstellt werden, daß die zuerst oder daß die zuletzt angeschafften oder hergestellten Vermögensgegenstände zuerst oder in einer sonstigen bestimmten Folge verbraucht oder veräußert worden sind.** [2] **§ 240 Abs. 3 und 4 ist auch auf den Jahresabschluß anwendbar.**

Als Ausnahme vom Grundsatz der Einzelbewertung (§ 253 I Nr 3) läßt das Gesetz unter bestimmten Voraussetzungen die Anwendung von Bewertungsvereinfachungsverfahren zu.

I. Verbrauchs- oder Veräußerungsfolgeverfahren (S 1)

1   Für die Bewertung gleichartiger Vermögensgegenstände des **Vorratsvermögens** kann eine bestimmte Verbrauchs- oder Veräußerungsfolge unterstellt werden; sie sind für alle Kaufleute unabhängig von der Rechtsform anwendbar. Voraussetzung für die handelsrechtliche Anerkennung der Fiktion ist, daß die unterstellten Verfahren den GoB entsprechen; damit soll Mißbräuchen der Verfahrensanwendung vorgebeugt werden. Ein Mißbrauch liegt allerdings nicht vor, wenn die unterstellte Verbrauchs- oder Veräußerungsfolge nicht dem tatsäch-

Erster Abschnitt. Vorschriften für alle Kaufleute § **256**

lichen Verlauf entspricht (*Biener/Berneke,* BiRiLiG, S 122). Aus der Vereinbarkeit mit den GoB ergibt sich ferner, daß **gleichartige Vermögensgegenstände** ohne sachlichen Grund nicht nach unterschiedlichen Verfahren bewertet werden dürfen; dabei bedeutet Gleichartigkeit nicht, daß die Gegenstände hinsichtlich Größe, Funktion oä gleich sein müssen, sondern lediglich „ihrer Art nach"; danach besteht Gleichartigkeit immer dann, wenn die Gegenstände bestimmte, für diesen Typ prägende Eigenschaften besitzen, zB einer gleichen Warengruppe angehören oder die gleiche Funktion erfüllen. Darüberhinaus muß für die Gegenstände annähernde Preisgleichheit gegeben sein (*ADS*, § 256 Rz 22). Der Gesetzeswortlaut spricht von Vorratsvermögen; daher kommen grundsätzlich nur Roh-, Hilfs- und Betriebsstoffe, unfertige und fertige Erzeugnisse bzw Leistungen sowie Waren für eine derartige Bewertung in Betracht. Ob diese Verfahren auch auf andere Gegenstände des Umlaufvermögens – zB auf Wertpapiere und Devisenbestände – anwendbar sind, ist umstritten (ablehnend: *Meyer-Wegelin* in *Küting/Weber* I a, § 256 Rz 35; *Förschle/Kropp* in Beck-BilKomm § 256 Rz 16; bejahend: *ADS,* § 256 Rz 24 f).

Im Gesetz ausdrücklich genannt und bisher schon anerkannt sind die 2 Verfahren, die eine Verbrauchs- oder Veräußerungsfolge nach **zeitlichen Gesichtspunkten** unterstellen. Zu diesen rechnen das Fifo (First in – first out)-Verfahren und das Lifo (Last in – first out)-Verfahren. Das **Fifo-Verfahren** unterstellt, daß die zuerst angeschafften bzw hergestellten Vermögensgegenstände auch zuerst verbraucht oder veräußert werden, so daß die am Abschlußstichtag vorhandenen Bestände gedanklich aus den zuletzt erfolgten Zugängen zum Lager stammen. Bei steigenden Preisen führt dieses Verfahren zu einem höheren Vermögensausweis; bei sinkenden Preisen kann sich wegen Beachtung des strengen Niederstwertprinzips (§ 253 III) ein zusätzlicher Abwertungsbedarf ergeben. Sind innerhalb der Rechnungsperiode keine Einkäufe getätigt worden, ist der Endbestand mit den Werten des Anfangsbestands anzusetzen; wegen fehlender Marktgängigkeit könnte allerdings eine Abwertung (§ 253 III) notwendig sein (*ADS,* § 256 Rz 30). Das **Lifo-Verfahren** bewertet den Material**verbrauch** zu gegenwartsnahen Preisen; das hat zur Folge, daß die **Bestände** am Stichtag mit historischen Preisen angesetzt werden. Dies führt bei steigenden Preisen zu einem niedrigeren, bei fallenden Preisen zu einem höheren Gewinn- und Bestandsausweis. Beide Verfahren sind handelsrechtlich uneingeschränkt zulässig. **Steuerrechtlich** werden die in S 1 genannten Verfahren nur anerkannt, wenn die tatsächliche Verbrauchs- oder Veräußerungsfolge der aufgestellten Fiktion entspricht. Das aber führt letztlich zu einer Ablehnung der Verbrauchs- oder Veräußerungsfiktionen des Handelsrechts durch das Steuerrecht, denn die Ausrichtung auf die in der Realität tatsächlich vorliegende Verbrauchs- oder Veräußerungsfolge macht jede Fiktion überflüssig. Zwar wird das Lifo-Verfahren steuerlich anerkannt (§ 6 I Nr 2 a EStG), die ablehnende Haltung der übrigen handelsrechtlich zulässigen Verbrauchs- oder Veräußerungsfiktionen

§ 256   Drittes Buch. Handelsbücher

wird jedoch damit begründet, daß diese nicht der Bewertungsvorschrift des § 6 EStG entsprechen, nach der eine Bewertung zu Anschaffungs- oder Herstellungskosten vorgeschrieben sei.

3   Statt der Zeitfolgeverfahren können auch **Preisfolgeverfahren** angewendet werden. Hierbei wird unterstellt, daß die Vermögensgegenstände beschaffungspreisbestimmt verbraucht oder veräußert werden. Als Verfahren kommen in Betracht: Hifo (Highest in – first out) und Lofo (Lowest in – first out). Das **Hifo-Verfahren** unterstellt, daß die am teuersten eingekauften Gegenstände zuerst wieder verbraucht oder veräußert werden. Der Bestand wird somit zu niedrigen Anschaffungs- oder Herstellungskosten bewertet. Im Gegensatz hierzu unterstellt die **Lofo-Methode,** daß die am billigsten beschafften Vorräte zuerst verkauft oder verbraucht werden, so daß sich am Bilanzstichtag noch die wertvollsten Vorräte im Bestand befinden. Das Hifo-Verfahren entspricht der in S 1 geforderten „anderen bestimmten Folge" und ist damit handelsrechtlich als zulässig anzusehen. (*Förschle/Kropp* in Beck-BilKomm § 256 Rz 56). Das Lofo-Verfahren führt zwar zunächst zu einem höchstmöglichen Bilanzansatz; da jedoch das Niederstwertprinzip beachtet werden muß, ist eine Überbewertung der Vorräte ausgeschlossen. Daher ist auch dieses Verfahren mit den GoB vereinbar und somit handelsrechtlich zulässig (*Faller,* BB 1985, 2020). Steuerlich werden sowohl das Hifo- als auch das Lofo-Verfahren nicht anerkannt.

4   Im Rahmen der **Konzernrechnungslegung** werden handelsrechtlich die Kifo (Konzern in – first out)-Methode und die Kilo (Konzern in – last out)-Methode als zulässig angesehen. Beim **Kifo-Verfahren** wird unterstellt, daß die zuerst verbrauchten Gegenstände aus eigener Produktion bzw aus der von Konzernunternehmen stammen. Damit besteht der Konzern-Endbestand ganz oder überwiegend aus Drittlieferungen (*Busse v. Kolbe/Ordelheide,* ZfB 1969, 221). Das **Kilo-Verfahren** unterstellt umgekehrt, daß die zuerst verbrauchten oder veräußerten Gegenstände aus Drittlieferungen stammen, so daß sich der Endbestand ganz oder überwiegend aus Gegenständen aus Lieferungen von Konzernunternehmen zusammensetzt. Beide Verfahren haben ausschließlich für die Konzernrechnungslegung Bedeutung. Auch sie werden steuerlich nicht anerkannt.

II. Festbewertung und Gruppenbewertung mit Durchschnittswert (S 2)

5   S 2 läßt die gem § 240 III und IV zulässigen Inventurverfahren als weitere Methoden der Bewertungsvereinfachung auch für den JA zu. Die **Festbewertung** führt sowohl zu einer Vereinfachung der Bestandserfassung als auch der Wertermittlung. Die Festbewertung ist für Gegenstände des Sachanlagevermögens und für Roh-, Hilfs- und Betriebsstoffe zulässig, sofern deren Gesamtwert von nachrangiger Bedeutung ist, die Gegenstände regelmäßig ersetzt werden und die Bestände nur

Erster Abschnitt. Vorschriften für alle Kaufleute § 257

geringen Veränderungen in Menge, Wert und Zusammensetzung unterliegen. Bei gleichartigen Vermögensgegenständen des Vorratsvermögens sowie bei anderen gleichartigen oder annähernd gleichwertigen beweglichen Vermögensgegenständen kann eine **Zusammenfassung zu Gruppen** erfolgen und ein **gewogener Durchschnittswert** angesetzt werden. Die Gruppenbewertung bildet den Regelfall der steuerlich anerkannten Bewertungsvereinfachung (R 36 IV EStR).

Dritter Unterabschnitt.
Aufbewahrung und Vorlage

§ 257 Aufbewahrung von Unterlagen. Aufbewahrungsfristen

(1) **Jeder Kaufmann ist verpflichtet, die folgenden Unterlagen geordnet aufzubewahren:**
1. **Handelsbücher, Inventare, Eröffnungsbilanzen, Jahresabschlüsse, Lageberichte, Konzernabschlüsse, Konzernlageberichte sowie die zu ihrem Verständnis erforderlichen Arbeitsanweisungen und sonstigen Organisationsunterlagen,**
2. **die empfangenen Handelsbriefe,**
3. **Wiedergaben der abgesandten Handelsbriefe,**
4. **Belege für Buchungen in den von ihm nach § 238 Abs. 1 zu führenden Büchern (Buchungsbelege).**

(2) **Handelsbriefe sind nur Schriftstücke, die ein Handelsgeschäft betreffen.**

(3) ¹Mit Ausnahme der Eröffnungsbilanzen, Jahresabschlüsse und der Konzernabschlüsse können die in Absatz 1 aufgeführten Unterlagen auch als Wiedergabe auf einem Bildträger oder auf anderen Datenträgern aufbewahrt werden, wenn dies den Grundsätzen ordnungsmäßiger Buchführung entspricht und sichergestellt ist, daß die Wiedergabe oder die Daten
1. mit den empfangenen Handelsbriefen und den Buchungsbelegen bildlich und mit den anderen Unterlagen inhaltlich übereinstimmen, wenn sie lesbar gemacht werden,
2. während der Dauer der Aufbewahrungsfrist verfügbar sind und jederzeit innerhalb angemessener Frist lesbar gemacht werden können.

²Sind Unterlagen aufgrund des § 239 Abs. 4 Satz 1 auf Datenträgern hergestellt worden, können statt des Datenträgers die Daten auch ausgedruckt aufbewahrt werden; die ausgedruckten Unterlagen können auch nach Satz 1 aufbewahrt werden.

(4) **Die in Absatz 1 Nr. 1 und 4 aufgeführten Unterlagen sind zehn Jahre und die sonstigen in Absatz 1 aufgeführten Unterlagen sechs Jahre aufzubewahren.**

§ 257

(5) **Die Aufbewahrungsfrist beginnt mit dem Schluß des Kalenderjahrs, in dem die letzte Eintragung in das Handelsbuch gemacht, das Inventar aufgestellt, die Eröffnungsbilanz oder der Jahresabschluß festgestellt, der Konzernabschluß aufgestellt, der Handelsbrief empfangen oder abgesandt worden oder der Buchungsbeleg entstanden ist.**

I. Handelsrechtliche und steuerrechtliche Aufbewahrungspflichten

1   Die Aufbewahrungspflichten sind im Zusammenhang mit § 238 zu sehen. Ihr Zweck ist einen möglichst umfassenden Überblick über Geschäftsvorfälle und Lage des Unternehmens im Zeitablauf zu erhalten (*ADS,* § 257 Rz 1). Neben den handelsrechtlichen Aufbewahrungspflichten sind in § 147 AO die steuerlichen Aufbewahrungspflichten geregelt, die sowohl hinsichtlich des verpflichteten Personenkreises als auch hinsichtlich des Umfangs der aufzubewahrenden Unterlagen über die handelsrechtlichen Bestimmungen hinausgehen.

II. Verpflichtete Personen

2   Die Aufbewahrungspflicht betrifft jeden Kaufmann, also neben Einzelkaufleuten auch PershandelsGes und KapGes, außerdem Genossenschaften und juristische Personen iS des § 33 BGB, sofern diese ein Handelsgewerbe betreiben. Die steuerlichen Aufbewahrungspflichten treffen darüberhinaus alle nicht im Handelsregister eingetragene land- und forstwirtschaftliche Betriebe, sonstige Gewerbetreibende und Freiberufler. Die Verpflichtung zur Aufbewahrung trifft den Kaufmann; er kann diese zwar **delegieren,** seine Verantwortlichkeit bleibt davon jedoch unberührt. Die Pflicht zur Aufbewahrung **beginnt** mit der Erlangung der Kaufmannseigenschaft; sie **endet,** wenn die Kaufmannseigenschaft entfällt; die Pflicht zur Aufbewahrung der bis dahin angefallenen Unterlagen bleibt davon jedoch unberührt. Stirbt der Kaufmann, trifft die Aufbewahrungspflicht die Erben, auch wenn diese das Handelsgeschäft nicht fortführen. Zur Auflösung von Handelsgesellschaften (§§ 131, 161 II) s § 157 Rz 2. Bei der AG wird nach deren Löschung im Handelsregister vom Registergericht ein Ort benannt, an dem die Unterlagen zu hinterlegen sind (§ 273 II AktG), bei der GmbH ist nach § 74 II GmbHG ein Gesellschafter oder ein Dritter zur Erfüllung der Aufbewahrungspflicht zu bestimmen.

III. Aufzubewahrende Unterlagen

3   Abs 1 enthält den abschießenden Katalog der aufzubewahrenden Unterlagen. Zu den Handelsbüchern gehören neben dem Hauptbuch auch die Nebenbücher wie Kassenbücher, Wechsel- und Scheckkopierbücher, Lagerbücher sowie die Belege zur Offenen-Postenbuch-

führung. Aufzubewahren sind ferner Jahres- und Konzernabschlüsse einschließlich der Lageberichte, Inventurunterlagen, zu denen insbesondere die Originalaufnahmelisten gehören, sowie die übrigen zum JA führenden Unterlagen (zB Anlageverzeichnis, Saldenlisten der Debitoren und Kreditoren). Zu den aufzubewahrenden Arbeitsanweisungen und Organisationsunterlagen gehören Kontenpläne, Kontierungsanweisungen, Verfahrensdokumentationen bei Einsatz von EDV. Ferner sind empfangene und abgesandte Handelsbriefe aufzuheben; diese sind nach der Legaldefinition des Abs 2 Schriftstücke, die ein Handelsgeschäft betreffen, hierzu gehören ua Aufträge, Auftragsbestätigungen, erhaltene und abgesandte Rechnungen, Reklamationen, Zahlungsbelege, Verträge. Nicht zu den Handelsbriefen gehören demnach Schriftstücke, die nicht zum Abschluß eines Handelsgeschäfts geführt haben, wie zB Angebote, Prospekte, sonstiges Informationsmaterial. Aufzubewahren sind schließlich auch sämtliche Buchungsbelege, wobei es keine Rolle spielt, ob diese von Dritten stammen oder selbst erstellt wurden.

IV. Art der Aufbewahrung

Abs 1 verlangt eine **geordnete** Aufbewahrung der Unterlagen, schreibt aber kein bestimmtes Ordnungssystem vor. Mit Ausnahme der Eröffnungsbilanzen, der JA und der Konzernabschlüsse, die im Original aufzubewahren sind, können sämtliche anderen Unterlagen auch als Wiedergabe auf einem Bildträger oder anderen Datenträgern aufbewahrt werden, Voraussetzung ist lediglich, daß diese Art der Aufbewahrung den GoB entspricht, daß die Wiedergabe oder die Daten mit den Unterlagen bildlich und inhaltlich übereinstimmen, wenn sie lesbar gemacht werden, und daß sie während der Aufbewahrungsfrist verfügbar und jederzeit in angemessener Frist lesbar gemacht werden können. Der BdF hat für diese Art der Aufbewahrung Grundsätze für die Mikroverfilmung von gesetzlich aufbewahrungspflichtigem Schriftgut (Mikrofilmgrundsätze) formuliert, die auch für die Einhaltung der handelsrechtlichen Aufbewahrungspflichten Gültigkeit besitzen (BdF BStBl I 1984, 155 ff). Unterlagen, die auf Datenträgern hergestellt worden sind, kann der Kaufmann gem Abs 3 S 2 ausdrucken und in ausgedruckter Form aufbewahren. Es bleibt ihm überlassen, die für ihn zweckmäßigste Aufbewahrungsform zu wählen; nach hM ist auch ein Wechsel der Aufbewahrungsart zulässig (*ADS*, § 257 Rz 66 mwN).

V. Aufbewahrungsfristen (IV)

Handelsbücher, Inventare, Eröffnungsbilanzen, Jahres- und Konzernabschlüsse einschließlich der Lageberichte, Arbeitsanweisungen und sonstige Organisationunterlagen sowie Buchungsbelege, deren Aufbewahrungsfrist am 24. 12. 1998 noch nicht abgelaufen war (Art. 47 EGHGB), sind 10 Jahre, alle übrigen Unterlagen 6 Jahre aufzubewahren. Für steuerliche Zwecke gelten grundsätzlich die gleichen Auf-

§ 258
Drittes Buch. Handelsbücher

bewahrungsfristen; jedoch läuft die Aufbewahrungsfrist solange und soweit nicht ab, als Unterlagen für Steuern von Bedeutung sind, für welche die Festsetzungsfrist noch nicht abgelaufen ist (§ 147 III AO). Darüber hinaus kann im Falle des § 171 AO die Festsetzungsfrist infolge Ablaufhemmung ruhen, so daß sich damit auch die Aufbewahrungsfristen verlängern. Die Aufbewahrungspflicht beginnt mit dem Schluß des Kalenderjahrs, in dem die letzten Eintragungen in den Handelsbüchern vorgenommen, das Inventar aufgestellt, die Eröffnungsbilanz oder der JA festgestellt bzw der Konzernabschluß aufgestellt, die Handelsbriefe abgesandt oder empfangen oder die Buchungsbelege erstellt worden sind. Nach Ablauf der Aufbewahrungsfrist können die Unterlagen vernichtet werden, ohne daß dies rechtliche Nachteile für den Kaufmann nach sich zieht.

VI. Folgen der Verletzung der Aufbewahrungspflichten

6   Die Verletzung der Aufbewahrungspflichten ist handelsrechtlich nicht sanktioniert. Allerdings ist die Aufbewahrungspflicht Bestandteil der GoB (BFH BStBl II 1976, 819), so daß deren Verletzung ein Verstoß gegen die Buchführungs- und Aufzeichnungspflichten darstellt. Steuerlich könnte dies eine Schätzung der Besteuerungsgrundlagen nach § 152 AO zur Folge haben; im Extremfall kann die Verletzung der Aufbewahrungspflicht als Steuerhinterziehung (§ 370) oder als leichtfertige Steuerverkürzung (§ 378 AO) angesehen werden und insofern strafbar oder zumindest ordnungswidrig sein (*Tipke/Kruse*, AO § 147 Rz 20). Strafrechtliche Konsequenzen kann die vorzeitige Vernichtung von Handelsbüchern vor Ablauf der Aufbewahrungsfrist im Rahmen der Insolvenztatbestände haben (§§ 283 I Nr 6, 283 b I Nr 2 StGB).

§ 258 Vorlegung im Rechtsstreit

(1) **Im Laufe eines Rechtsstreits kann das Gericht auf Antrag oder von Amts wegen die Vorlegung der Handelsbücher einer Partei anordnen.**

(2) **Die Vorschriften der Zivilprozeßordnung über die Verpflichtung des Prozeßgegners zur Vorlegung von Urkunden bleiben unberührt.**

I. Anordnung der Vorlage (I)

1   Im Rahmen eines Rechtsstreits kann das Gericht sowohl auf Antrag als auch von Amts wegen die Vorlage der Handelsbücher (nicht der Handelsbriefe § 257 I) einer Partei, die Kaufmannseigenschaft besitzt, anordnen. Die Vorschrift ist nicht nur auf zivilrechtliche Rechtsstreitigkeiten, sondern auch auf arbeitsrechtliche und schiedsgerichtliche Verfahren anwendbar.

Erster Abschnitt. Vorschriften für alle Kaufleute §§ 259–261

II. Sonstige Vorlagepflichten (II)

Vorschriften in der ZPO zur Vorlage von Urkunden sind in §§ 422, 423 ZPO enthalten; hierunter fallen Handelsbücher, Handelsbriefe und andere kaufmännische Unterlagen. Die Pflichten zur Herausgabe oder Vorlage ergeben sich über § 422 ZPO ua aus §§ 809, 810 BGB. Die Vorlagepflicht für Besteuerungszwecke ergibt sich aus § 97 AO. 2

§ 259 Auszug bei Vorlegung im Rechtsstreit

[1] **Werden in einem Rechtsstreit Handelsbücher vorgelegt, so ist von ihrem Inhalt, soweit er den Streitpunkt betrifft, unter Zuziehung der Parteien Einsicht zu nehmen und geeignetenfalls ein Auszug zu fertigen.** [2] **Der übrige Inhalt der Bücher ist dem Gericht insoweit offenzulegen, als es zur Prüfung ihrer ordnungsmäßigen Führung notwendig ist.**

Ist gem § 258 I die Vorlegung der Handelsbücher angeordnet worden, sind nach S 1 die Stellen aus den Handelsbüchern, auf die sich der Rechtsstreit bezieht, unter **Hinzuziehung der Parteien** einzusehen; sofern die Bücher dafür geeignet sind, ist von ihnen ein Auszug zu fertigen, ansonsten ist der übrige, also der nicht streitige Inhalt der Bücher nur dem Gericht, nicht der gegnerischen Partei offenzulegen, und zwar nur insoweit, als es das Gericht zur Prüfung ihrer Ordnungsmäßigkeit für notwendig hält. Das Gericht kann mit der Einsichtnahme auch einen Sachverständigen beauftragen. 1

§ 260 Vorlegung bei Auseinandersetzung

Bei Vermögensauseinandersetzungen, insbesondere in Erbschafts-, Gütergemeinschafts- und Gesellschaftsteilungssachen, kann das Gericht die Vorlegung der Handelsbücher zur Kenntnisnahme von ihrem ganzem Inhalt anordnen.

Abweichend von § 259 kann das Gericht bei Vermögensauseinandersetzungen isd § 260 nach seinem Ermessen die Vorlage von Handelsbüchern zur Kenntnisnahme von ihrem **ganzen** Inhalt anordnen. 1

§ 261 Vorlegung von Unterlagen auf Bild- oder Datenträgern

Wer aufzubewahrende Unterlagen nur in der Form einer Wiedergabe auf einem Bildträger oder auf anderen Datenträgern vorlegen kann, ist verpflichtet, auf seine Kosten diejenigen Hilfsmittel zur Verfügung zu stellen, die erforderlich sind, um die Unterlagen lesbar zu machen; soweit erforderlich, hat er die Unterlagen auf seine Kosten auszudrucken oder ohne Hilfsmittel lesbare Reproduktionen beizubringen.

§§ 262–264 Drittes Buch. Handelsbücher

1 § 261 ergänzt §§ 238 II, 257 III. Diese Bestimmung gilt auch für Urkundenvorlegung nach §§ 422, 423 ZPO oder Herausgabe von Urkunden nach § 95 StPO.

Vierter Unterabschnitt. Landesrecht

§ 262 *(aufgehoben)*

§ 263 Vorbehalt landesrechtlicher Vorschriften

Unberührt bleiben bei Unternehmen ohne eigene Rechtspersönlichkeit einer Gemeinde, eines Gemeindeverbands oder eines Zweckverbands landesrechtliche Vorschriften, die von den Vorschriften dieses Abschnitts abweichen.

1 Für Unternehmen **mit eigener Rechtspersönlichkeit** einer Gemeinde etc gelten die handelsrechtlichen Vorschriften uneingeschränkt, für Unternehmen **ohne eigene Rechtspersönlichkeit** einer Gemeinde, eines Gemeindeverbands oder eines Zweckverbands jedoch nur, sofern nicht landesrechtliche Vorschriften Abweichendes regeln. Dies trifft insbesondere für kommunale Eigenbetriebe, aber auch für wirtschaftliche Unternehmen ohne eigene Rechtspersönlichkeit von Landesverbänden, Wohlfahrts- und Umlandverbänden zu. Nach Art 30 GG liegt das Eigenbetriebsrecht in der Gesetzgebungskompetenz der Länder, die aufgrund dieser Ermächtigung Eigenbetriebsgesetze und -verordnungen erlassen haben. Unternehmen des Bundes und der Länder werden, unabhängig von ihrer Rechtspersönlichkeit, von der Befreiung des § 263 nicht erfaßt.

Zweiter Abschnitt. Ergänzende Vorschriften für Kapitalgesellschaften (Aktiengesellschaften, Kommanditgesellschaften auf Aktien und Gesellschaften mit beschränkter Haftung) sowie bestimmte Personenhandelsgesellschaften

Erster Unterabschnitt. Jahresabschluß der Kapitalgesellschaft und Lagebericht

Erster Titel. Allgemeine Vorschriften

§ 264 Pflicht zur Aufstellung

(1) ¹Die gesetzlichen Vertreter einer Kapitalgesellschaft haben den Jahresabschluß (§ 242) um einen Anhang zu erwei-

tern, der mit der Bilanz und der Gewinn- und Verlustrechnung eine Einheit bildet, sowie einen Lagebericht aufzustellen. ²Der Jahresabschluß und der Lagebericht sind von den gesetzlichen Vertretern in den ersten drei Monaten des Geschäftsjahrs für das vergangene Geschäftsjahr aufzustellen. ³Kleine Kapitalgesellschaften (§ 267 Abs. 1) brauchen den Lagebericht nicht aufzustellen; sie dürfen den Jahresabschluß auch später aufstellen, wenn dies einem ordnungsgemäßen Geschäftsgang entspricht, jedoch innerhalb der ersten sechs Monate des Geschäftsjahres.

(2) ¹Der Jahresabschluß der Kapitalgesellschaft hat unter Beachtung der Grundsätze ordnungsmäßiger Buchführung ein den tatsächlichen Verhältnissen entsprechendes Bild der Vermögens-, Finanz- und Ertragslage der Kapitalgesellschaft zu vermitteln. ²Führen besondere Umstände dazu, daß der Jahresabschluß ein den tatsächlichen Verhältnissen entsprechendes Bild im Sinne des Satzes 1 nicht vermittelt, so sind im Anhang zusätzliche Angaben zu machen.

(3) Eine Kapitalgesellschaft, die Tochterunternehmen eines nach § 290 zur Aufstellung eines Konzernabschlusses verpflichteten Mutterunternehmens ist, braucht die Vorschriften dieses Unterabschnitts und des Dritten und Vierten Unterabschnitts dieses Abschnitts nicht anzuwenden, wenn

1. alle Gesellschafter des Tochterunternehmens der Befreiung für das jeweilige Geschäftsjahr zugestimmt haben und der Beschluß nach § 325 offengelegt worden ist,
2. das Mutterunternehmen zur Verlustübernahme nach § 302 des Aktiengesetzes verpflichtet ist oder eine solche Verpflichtung freiwillig übernommen hat und diese Erklärung nach § 325 offengelegt worden ist,
3. das Tochterunternehmen in den Konzernabschluß nach den Vorschriften dieses Abschnitts einbezogen worden ist,
4. die Befreiung des Tochterunternehmens im Anhang des von dem Mutterunternehmen aufgestellten Konzernabschlusses angegeben wird und
5. die von dem Mutterunternehmen nach den Vorschriften über die Konzernrechnungslegung gemäß § 325 offenzulegenden Unterlagen auch zum Handelsregister des Sitzes der die Befreiung im Anspruch nehmenden Kapitalgesellschaft eingereicht worden sind.

(4) Absatz 3 ist auf Kapitalgesellschaften, die Tochterunternehmen eines nach § 11 des Publizitätsgesetzes zur Aufstellung eines Konzernabschlusses verpflichteten Mutterunternehmens sind, entsprechend anzuwenden, soweit in diesem Konzernabschluß von dem Wahlrecht des § 13 Abs. 3 Satz 1 des Publizitätsgesetzes nicht Gebrauch gemacht worden ist.

§ 264 Drittes Buch. Handelsbücher

I. Der Geltungsbereich des § 264

1 Der 2. Abschnitt des 3. Buches des HGB (§§ 264 ff) enthält ergänzende Vorschriften für KapGes und für bestimmte PershandelsGes. KapGes sind nach der zum Gesetzestext gehörenden Überschrift des 2. Abschnitts AG, KGaA und GmbH. Mit Inkrafttreten des KapCoRiLiG am 9. 3. 2000 sind die Vorschriften der §§ 264 bis 335 auch auf solche PershandelsGes anwendbar, an denen nicht wenigstens eine natürliche Person oder eine OHG, KG oder andere PersGes mit einer natürlichen Person als phG beteiligt ist (vgl ie Erl. zu § 264 a). Hintergrund für die Anwendung auf diesen Kreis der PershandelsGes ist der Umstand, daß dort faktisch gleiche Haftungsbeschränkungen wie bei KapGes bestehen. Auf eingetragene Genossenschaften sind die §§ 264 II, 265 bis 289 gem § 336 II 1 entsprechend anzuwenden. Eine Anwendung dieser Vorschriften auf Einzelkaufleute und andere PershandelsGes kommt grundsätzlich nicht in Betracht, da dieses dem Gesetzeszweck zuwiderlaufen würde. Einer freiwilligen Anwendung der Vorschriften des 2. Abschnitts auf Nicht-KapGes aufgrund gesellschaftsvertraglicher Vereinbarungen steht allerdings nichts entgegen.

II. Der erweiterte Jahresabschluß der Kapitalgesellschaften (I)

2 **1. Bestandteile des Jahresabschlusses.** Ein JA (§ 242 III) ist von sämtlichen Kaufleuten aufzustellen. Nach Abs 1 S 1 ist der JA der KapGes und der PershandelsGes iSv § 264 a I um einen Anhang zu erweitern. Dieser erläutert Bilanz und GuV und enthält weitere Pflichtangaben über die Gesellschaft (§§ 284 bis 288), er bildet zusammen mit Bilanz und GuV eine Einheit, so daß ein JA solange nicht vorliegt, wie einer dieser Bestandteile fehlt. Damit können Prüfung, Feststellung, Unterzeichnung und Offenlegung nur dann ordnungsgemäß erfolgen, wenn alle drei gesetzlichen Bestandteile des JA einer KapGes vorhanden sind (*Budde/Karig* in Beck-BilKomm § 264 Rz 8). Nur der aus den drei Bestandteilen gebildete JA insgesamt muß ein den tatsächlichen Verhältnissen entsprechendes Bild der Vermögens-, Finanz- und Ertragslage vermitteln; einzelne Bestandteile, wie zB die Bilanz durch Ausübung von Bewertungswahlrechten, brauchen dies nicht, wenn nur insgesamt, zB durch Erläuterungen im Anhang, das gesetzliche Erfordernis erfüllt wird. Demzufolge darf der Vorstand einer AG nach § 131 III Nr 4 AktG die Auskunft über Bilanzierungs- und Bewertungsmethoden verweigern, wenn die Angaben im Anhang über diese Methoden ausreichen, ein den tatsächlichen Verhältnissen entsprechendes Bild der Vermögens-, Finanz- und Ertragslage der AG zu vermitteln.

3 **2. Lagebericht.** Zusätzlich zum erweiterten JA müssen KapGes und PershandelsGes iSv § 264 a I einen Lagebericht aufstellen, der nicht Bestandteil des JA ist. Kleine KapGes können auf die Aufstellung des Lageberichts verzichten. Zum Lagebericht ie die Erl zu § 289.

Zweiter Abschn. Ergänzende Vorschriften für KapitalGes § **264**

3. Aufstellung von Jahresabschluß und Lagebericht. a) Ver- 4
pflichtete Personen. Zur Aufstellung von JA und Lagebericht verpflichtet sind die gesetzlichen Vertreter der KapGes, also der Vorstand der AG (§ 77 I AktG), sämtliche phG einer KGaA (§ 278 II AktG iV mit § 161 II, 114 ff) und die Geschäftsführer einer GmbH (§ 35 I GmbHG). Bei Liquidationsgesellschaften trifft die gleiche Verpflichtung die Liquidatoren (§§ 269, 270, 290 AktG, §§ 70, 71 GmbHG). Als gesetzlicher Vertreter der PershandelsGes iSv § 264 a I gelten die Mitglieder des vertretungsberechtigten Organs der vertretungsberechtigten Ges (§ 264 a II). Prokuristen, Generalbevollmächtigte sowie sonstige rechtsgeschäftlich oder satzungsmächtig bestellte Vertreter sind keine gesetzlichen Vertreter iS des Abs 1. Nach Abs 1 haben „die gesetzlichen Vertreter" den JA aufzustellen, damit sind **sämtliche** Mitglieder der Vertretungsorgane verantwortlich; eine abweichende satzungsmäßige oder gesellschaftsvertragliche Vereinbarung ist Dritten gegenüber unwirksam (*ADS*, § 264 Rz 20). Im Innenverhältnis kann allerdings die Zuständigkeit auf bestimmte Personen übertragen werden, da es sich bei der Aufstellungsverpflichtung nicht um eine höchstpersönliche Verpflichtung handelt. Die Verantwortlichkeit gegenüber den Gesellschaftern und im Außenverhältnis bleibt von einer solchen internen Abrede unberührt. Bei Leitungsgremien, die aus mehr als einer Person bestehen, haben Entscheidungen über den Inhalt des JA und des Lageberichts einstimmig zu erfolgen, es sei denn, Satzung, Gesellschaftsvertrag oder eine Geschäftsordnung sehen Abweichendes vor (*ADS*, § 264 Rz 21). Sofern nicht aufgrund eines Beherrschungsvertrags Weisungen zu befolgen sind, handelt der Vorstand einer AG bei Aufstellung des JA und des Lageberichts eigenverantwortlich. Dagegen hat die Geschäftsführung einer GmbH sowohl satzungsmäßige Bestimmungen den JA betreffend als auch einzelfallbezogene Beschlüsse der Gesellschafterversammlung zu befolgen; Grenzen der Weisungsbefugnis ergeben sich aus Gesetz, GoB und eventuell dem Gesellschaftsvertrag. Der JA und der Lagebericht sind von sämtlichen Mitgliedern des zu Aufstellung verpflichteten Organs zu unterzeichnen (im einzelnen Erl zu § 245).
b) Aufstellungsfristen. Der JA und der Lagebericht sind von den gesetzlichen Vertretern in den ersten drei Monaten des Geschäftsjahrs für das vergangene Geschäftsjahr aufzustellen. Für kleine KapGes verlängert sich die Frist gem Abs 1 S 3 auf bis zu sechs Monate, wenn dies einem ordnungsgemäßen Geschäftsgang entspricht; was hierunter zu verstehen ist, ist strittig (vgl hierzu *ADS*, § 264 Rz 28 a). Es ist jedoch davon auszugehen, daß dies keine generelle Fristverlängerung darstellt, sondern daß vielmehr der JA auch früher aufzustellen ist, wenn dies ohne Schwierigkeiten möglich ist. Bei einem Unternehmen in der Krise wird die beschleunigte Aufstellung des JA zur Verpflichtung. Die Fristen des Abs 1 sind **zwingend**; sie können weder durch Satzung oder Gesellschaftsvertrag noch durch Gesellschafterbeschlüsse verlängert werden (BayObLG, BB 1987, 869). Dagegen dürfte eine Verkürzung der Fristen durch Satzung oder Gesellschaftsvertrag zulässig sein (*Budde/*

§ 264
Drittes Buch. Handelsbücher

Karig in Beck-BilKomm § 264 Rz 17; aA *ADS*, § 264 Rz 33). JA und Lagebericht sind dann **fristgerecht aufgestellt,** wenn diese entsprechend dem gesetzlich vorgegebenen Zeitplan – bei prüfungspflichtigen Gesellschaften – dem Abschlußprüfer (§ 320), ansonsten dem Aufsichtsrat (§ 170 I 1 AktG) bzw der Gesellschafterversammlung (§ 42 a I 1 GmbHG) zur Feststellung vorgelegt werden können.

5 **4. Rechtsfolgen bei Verletzung des Abs 1.** Die gesetzlichen Vertreter einer KapGes, die ihrer Pflicht zur Aufstellung eines JA und eines Lageberichts nicht oder nicht fristgerecht nachkommen, werden vom Registergericht nach § 335 1 Nr 1 iV mit §§ 132 I, 140 a FGG durch Zwangsgeld angehalten. Das Gericht wird jedoch nur auf Antrag tätig; die bisherige Beschränkung des Antragsrechts auf Gesellschafter, Gläubiger und Betriebsrat ist mit Inkrafttreten des KapCoRiLiG entfallen. Das Zwangsgeld darf den Betrag von 5 000 Euro nicht übersteigen. Ansonsten ist die Verletzung der Aufstellungsfrist des Abs 1 nicht sanktioniert. Die Überschreitung der Frist ist jedoch regelmäßig als Verletzung der Sorgfaltspflichten eines ordentlichen und gewissenhaften Geschäftsleiters anzusehen, so daß sich daraus uU Schadensersatzansprüche ergeben können (§ 93 II AktG, § 43 I GmbHG).

III. Das den tatsächlichen Verhältnissen entsprechende Bild der Vermögens-, Finanz- und Ertragslage (II)

6 Nach Abs 2 hat der JA der KapGes ein den tatsächlichen Verhältnissen entsprechendes Bild der Vermögens-, Finanz- und Ertragslage zu vermitteln, allerdings unter Beachtung der GoB.

1. Der Zweck der Vorschrift. Vorbild der aus der 4. EG-Richtlinie transformierten Regelung des Abs 2 ist der englische Grundsatz des „true and fair view" (*Niehus*, DB 1979, 221; *Ludewig*, AG 1987, 13 f). Inwieweit dieser englische Grundsatz Auswirkungen auf die Auslegung des deutschen Rechts hat, ist umstritten und viel diskutiert (*ADS*, § 264 Rz 50 ff mwN). Die Rechnungslegungsvorschriften des HGB für KapGes üben wesentlich eine Gläubigerschutzfunktion aus; dieser Funktion werden die Vorschriften jedoch nur gerecht, wenn sie dem Gläubiger ein möglichst umfassendes Bild von der wirklichen Lage der Gesellschaft vermitteln. Unter diesem Gesichtspunkt ist auch die Diskussion über den Grundsatz von Abs 2 S 1 zu sehen. Von Bedeutung ist letztlich die Frage, ob der Generalklausel des Abs 2 S 1 Primär- oder Subsidiärfunktion zukommt. Die hM geht von der Subsidiaritätsfunktion aus (*Baetge/Commandeur* in Küting/Weber I a § 264 Rz 10; *Busse von Colbe,* WPg 1987, 170; *Schülen,* WPg 1987, 226; *ADS*, § 264 Rz 59). Dies wird zum einen mit der Regelung in Abs 2 S 2 begründet, zum anderen mit den in zahlreichen Einzelvorschriften enthaltenen Wahlrechten; mit der Einräumung derartiger Wahlrechte wird in Kauf genommen, daß gerade solche Bilanzansätze gewählt werden, die nicht die tatsächlichen Verhältnisse der KapGes widerspiegeln. In den Fällen, in denen der JA ein den tatsächlichen Verhältnissen entsprechendes Bild nicht vermittelt, sind nach Abs 2 S 2 zusätzliche Angaben im Anhang zu machen, so daß im Ergebnis insgesamt die Generalnorm erfüllt werden kann (zu dieser Diskussion auch *Budde/Karig* in Beck-BilKomm § 264 Rz 35 ff). Letztlich bedeutet der Zusatz „unter Beachtung der GoB", daß die Einhaltung der GoB immer Vorrang vor einer ungeschminkten Darstellung der tatsächlichen Verhältnisse hat, maW die Beachtung der GoB kann zu einer Beeinträchtigung des Einblicks in die tatsächlichen Verhältnisse der KapGes führen.

2. Darstellung der Vermögens-, Finanz- und Ertragslage (II S 1).

Das Gesetz unterscheidet zwar formal drei Lagen, tatsächlich gibt es jedoch vielfältige Überschneidungen und Wechselbeziehungen, so daß nur in ihrer Gesamtheit dem gesetzlichen Gebot Rechnung getragen werden kann. Die **Vermögenslage** stellt sich primär in der Bilanz dar, in der das Vermögen und die Schulden gegenübergestellt werden. Zusätzliche Informationen liefert der Anhang, in dem Darstellungen über die Fristigkeit der Vermögens- und Schuldposten, über die Bilanzierungs- und Bewertungsmethoden, über Beziehungen zu verbundenen Unternehmen bzw zu Beteiligungsunternehmen, über die Belastung des Vermögens zu Sicherungszwecken, über die ursprünglichen Anschaffungskosten des Anlagevermögens sowie aus der Bilanz nicht erkennbare finanzielle Verpflichtungen enthalten sein müssen. Zu beachten ist auch, daß der JA nicht sämtliche Vermögensgegenstände der Gesellschaft enthält (MKHGB Beater § 264 Rz 24); so unterliegen der selbstgeschaffene Geschäfts- oder Firmenwert und die unentgeltlich erworbenen oder selbstgeschaffenen immateriellen Gegenstände des Anlagevermögens einem strengen Bilanzierungsverbot. Ebenso schränkt die Beachtung des Anschaffungskostenprinzips ohne Berücksichtigung der Inflation die Aussagefähigkeit ein. Die Darstellung der **Finanzlage** bezieht sich schwerpunktmäßig auf die Liquidität der Gesellschaft und soll aufzeigen, ob die Gesellschaft in der Lage ist, ihren finanziellen Verpflichtungen nachzukommen. Die Darstellung der Liquidität ergibt sich vor allem aus der Bilanz sowie aus dem Anhang mit den entsprechenden Angaben über die Restlaufzeiten von Vermögensposten und Schulden sowie den Angaben der flüssigen Mittel. Aus diesen lassen sich die verschiedenen Liquiditätsgrade sowie die Deckungsverhältnisse zwischen Vermögens- und Schuldposten ableiten. Für eine genauere Darstellung der Finanzlage wünschenswert ist darüberhinaus die vergangenheitsbezogene Kapitalflußrechnung sowie ein zukunftsbezogener Finanzplan; beides ist jedoch in Abs 2 S 1 nicht vorgeschrieben. Die Darstellung der **Ertragslage** ergibt sich vor allem aus der GuV, aus der sich sowohl ein Ergebnis der laufenden Geschäftstätigkeit als auch ein außerordentliches und ein periodenfremdes Ergebnis ableiten läßt. Mit dem Gesamtkostenverfahren (§ 275 II) werden die wesentlichen Aufwandsarten gesondert in der GuV ausgewiesen. Bei Darstellung nach dem Umsatzkostenverfahren (§ 275 III) verlangt § 285 Nr 8 zusätzliche

Angaben über Material- und Personalaufwendungen im Anhang. Abs 2 S 1 geht davon aus, daß der JA, wenn er nach §§ 238 ff und unter Beachtung der GoB aufgestellt wird, grundsätzlich bereits ein den tatsächlichen Verhältnissen entsprechendes Bild der Vermögens-, Finanz- und Ertragslage vermittelt. Dies ergibt sich auch daraus, daß er nur in Ausnahmefällen eine Korrektur gem Abs 2 S 2 vorsieht (*ADS,* § 264 Rz 94 f). Abs 2 S 1 ist damit wesentlich nur eine Auslegungshilfe (*Biener/Berneke,* BiRiLiG, S 137; *ADS,* § 264 Rz 103), die für den Fall einer auslegungsbedürftigen oder lückenhaften Gesetzesnorm heranzuziehen ist. Maßstab für die Bilanzierung ist grundsätzlich die vernünftige kaufmännische Beurteilung, wobei der Grundsatz der Vorsicht zu beachten ist und Bewertungsspielräume gleichbleibend zu nutzen sind (*ADS,* § 264 Rz 106), dh es darf bei schlechter Ertragssituation das Ergebnis nicht günstiger, bei guter Ertragssituation das Ergebnis nicht schlechter ausfallen. Die Inanspruchnahme von Bewertungswahlrechten wird durch Abs 2 S 1 nicht eingeschränkt, da als Korrektiv im Anhang über diese zu berichten ist (§ 284 II Nr 1; hM *Biener/Berneke,* BiRiLiG, S 132; *Ludewig,* AG 1987, 14; *Wöhe,* DStR 1985, 720; *ADS,* 264 Rz 107; differenziert *Budde/Karig* in Beck-BilKomm § 264 Rz 30, die eine generelle Bindungswirkung einer einmal getroffenen Wahl für alle nachfolgenden JA bejahen). Bilanzierungshilfen, zB Aufwendungen für die Ingangsetzung und Erweiterung des Geschäftsbetriebs (§ 269) sowie die aufgrund der umgekehrten Maßgeblichkeit in Anspruch genommenen steuerlichen Abschreibungen (§ 279 II), können problemlos in Anspruch genommen werden, da sie im Anhang ausdrücklich zu erläutern sind.

8   **3. Angabepflichten bei besonderen Umständen** (II S 2). Führen trotz der Beachtung der gesetzlichen Vorschriften und der GoB besondere Umstände dazu, daß der JA kein den tatsächlichen Verhältnissen entsprechendes Bild der Vermögens-, Finanz- und Ertragslage vermittelt, verlangt Abs 2 S 2 zusätzliche Angaben im Anhang. Es ist jedoch vertretbar, im Regelfall davon auszugehen, daß ein in JA, der in Übereinstimmung mit den gesetzlichen Bestimmungen und den GoB aufgestellt wurde, dem ersten Anschein nach ein den tatsächlichen Verhältnissen entsprechendes Bild vermittelt (so *Budde/Karig* in Beck-BilKomm § 264 Rz 43). Bei den „besonderen Umständen" wird allgemein unterschieden zwischen solchen, die ein zu günstiges Bild, und solchen, die ein zu ungünstiges Bild entstehen lassen. Ein zu **günstiges** Bild könnte zB entstehen: **a)** bei Betriebsstätten in Ländern mit hohen Inflationsraten, bei denen Scheingewinne im JA enthalten sind; **b)** ungewöhnliche, rein bilanzpolitische Maßnahmen wie Sale-and-Lease-Back-Verfahren; **c)** Wegfall eines nicht finanziell erfaßten Vorteils, zB Auslauf eines selbstgeschaffenen Patents; **d)** strittig, ob besondere Umstände vorliegen, wenn bei Bewertung die Fortführung der Unternehmenstätigkeit unterstellt wurde, obwohl diese noch nicht sicher erscheint, andererseits jedoch noch keine konkreten Anzeichen für eine Beendi-

Zweiter Abschn. Ergänzende Vorschriften für KapitalGes **§ 264**

gung vorliegen (bejahend *Budde/Karig* in Beck-BilKomm § 264 Rz 50; aA *BauHopt,* § 264 Rz 20; *ADS,* § 264, Rz 118). Umstände, die zu einem **ungünstigen** Bild führen, können sein: **a)** langfristige Fertigung in erheblichem Umfang wie zB bei Schiffahrts- oder Anlagebau, bei der die Gewinnrealisierung oft erst nach Jahren mit der endgültigen Abrechnung eintritt und nicht in jedem Fall die Voraussetzungen für eine Teilgewinnrealisierung gegeben sind; **b)** Verzerrung durch das Nominalwertprinzip bei erheblichen Wertsteigerungen, etwa bei Grundstükken (WPHdb 2000, F Rz 559). **Gesellschaftsrechtliche Sonderfälle** dürften nur in Ausnahmefällen bei verdeckter Gewinnausschüttung oder verdeckten Einlagen sowie im Vertragskonzern (§§ 291 ff AktG) und im faktischen Konzern (§§ 311 ff AktG) zu zusätzlichen Angaben nach Abs 2 S 2 im Anhang führen. Die zusätzlichen Angaben nach Abs 2 S 2 sind idR durch verbale Ausführungen zu machen, wobei sie – soweit möglich – mit entsprechendem Zahlenmaterial zu quantifizieren sind.

4. Rechtsfolgen bei Verletzung des Abs 2. Beruht die unrichtige 9 Darstellung der Vermögens-, Finanz- und Ertragslage auf einer Verletzung der gesetzlichen Rechnungslegungsvorschriften und der GoB, so führt dies, wenn diese gravierend ist (zB erhebliche Überbewertung oder unzulässige Unterbewertung) zur Nichtigkeit des JA (§ 256 V AktG, der analog auch auf die GmbH anzuwenden ist) und bei prüfungspflichtigen KapGes oder PershandelsGes iSv § 264 a I zur Versagung des Bestätigungsvermerks durch den Abschlußprüfer; geringere Verstöße gegen Abs 2 führen zur Einschränkung des Testats nach § 322 IV. Ob **alleine ein Verstoß gegen Abs 2,** ohne daß zugleich andere Gesetzesbestimmungen oder die GoB verletzt wären, als selbständiger Nichtigkeitsgrund nach § 256 I Nr 1 AktG anzusehen ist, ist strittig; dies ist wohl nur in Ausnahmefällen denkbar (wie hier: *ADS,* § 264 Rz 138; jetzt auch *Budde/Karig* in Beck-BilKomm § 264 Rz 57; in Voraufl aA § 264 a Rz 59). Für den Vorstand einer AG und die Geschäftsführung einer GmbH kann der Verstoß gegen Abs 2 eine Verletzung der Rechnungslegungspflichten darstellen und insofern zu einer Schadensersatzpflicht nach § 93 II AktG bzw § 43 II GmbHG führen. Ob Abs 2 ein Schutzgesetz iSv § 823 II BGB darstellt, ist strittig (bejahend *Budde/Karig* in Beck-BilKomm § 264 Rz 59; aA *ADS,* § 264 Rz 141). Die Verletzung des Abs 2 könnte bei besonders schwerwiegenden Verstößen den Straftatbestand des § 331 Nr 1 erfüllen; eher dürfte allerdings eine Ordnungswidrigkeit nach § 334 I Nr 1 a vorliegen.

IV. Befreiung für Tochterunternehmen (III, IV)

KapGes, die Tochterunternehmen eines zur Aufstellung eines KA 10 (§ 290) verpflichteten Mutterunternehmens sind, brauchen unter folgenden Voraussetzungen die strengeren Vorschriften für KapGes zur Rechnungslegung (§§ 264–289), über die Prüfung des Jahresabschlusses

§ 264 a

(§§ 316–324) und über die Offenlegung (§§ 325–329) nicht anzuwenden: (1) Sämtliche Gesellschafter stimmen der Befreiung von der Einhaltung dieser Vorschriften zu und reichen diesen Beschluß gem § 325 zum Handelsregister ein; (2) es muß ein Beherrschungs- oder Gewinnabführungsvertrag bestehen, aufgrund dessen das Mutterunternehmen einen Verlust übernehmen muß (§ 302 AktG) oder das Mutterunternehmen übernimmt freiwillig einen Verlust des Tochterunternehmens und reicht diese Verlustübernahmeerklärung zum Handelsregister ein; (3) das Tochterunternehmen muß tatsächlich in den KA einbezogen worden sein; ist es das nicht, obwohl eine solche Verpflichtung besteht, entfällt die Befreiung nach Abs 3; (4) im Anhang des KA des Mutterunternehmens muß die Befreiung des Tochterunternehmens aufgeführt sein und (5) die von dem Mutterunternehmen nach § 325 offenzulegenden Unterlagen sind nicht nur beim Handelsregister des Sitzes des Mutterunternehmens, sondern auch zum Handelsregister der KapGes, die die Befreiung in Anspruch nimmt, einzureichen. Liegt auch nur eine dieser Voraussetzungen nicht vor, kann die KapGes die Befreiung nicht in Anspruch nehmen.

V. Erweiterung der Befreiung nach Abs. 3 (IV)

11 Aufgrund des KapCoRiLiG sind nunmehr auch KapGes, die Tochterunternehmen eines nach § 11 PublG konzernabschlußpflichtigen Mutterunternehmens sind, von der Aufstellung eines JA nach §§ 264 ff befreit. Voraussetzung ist allerdings neben der Erfüllung der Voraussetzungen des Abs. 3, daß im KA nicht von den Erleichterungen des § 13 III PublG (Abwertung von Finanzanlagen auch bei nicht dauernder Wertminderung, § 279 I; Beibehaltungswahlrecht eines niedrigeren Wertansatzes aus steuerlichen Gründen, auch wenn der Grund für die Abwertung entfallen ist, § 280, mit der entsprechenden Anhangangabe, § 214 I Nr. 5; Verzicht auf die Angaben der Gesamtbezüge der Mitglieder von Geschäftsführungsorganen, Aufsichtsrat, Beirat oder ähnlichen Einrichtungen, § 314 I Nr 6) Gebrauch gemacht worden ist, also ein KA entsprechend den Anforderungen der §§ 290 ff aufgestellt worden ist (Biener, HGB-BilRecht, S. 175). In beiden Fällen der Befreiung nach Abs 3 und 4 ist von der KapGes lediglich ein JA nach § 272 aufzustellen.

12 Für die PersHandelsGes iSv § 264 a I enthält § 264 b eine entsprechende Befreiungsregelung.

§ 264 a Anwendung auf bestimmte offene Handelsgesellschaften und Kommanditgesellschaften

(1) **Die Vorschriften des Ersten bis Fünften Unterabschnitts des Zweiten Abschnitts sind auch anzuwenden auf offene Handelsgesellschaften und Kommanditgesellschaften, bei denen nicht wenigstens ein persönlich haftender Gesellschafter**

1. **eine natürliche Person oder**
2. **eine offene Handelsgesellschaft, Kommanditgesellschaft oder andere Personengesellschaft mit einer natürlichen Person als persönlich haftendem Gesellschafter**

ist oder sich die Verbindung von Gesellschaften in dieser Art fortsetzt.

(2) In den Vorschriften dieses Abschnitts gelten als gesetzliche Vertreter einer offenen Handelsgesellschaft und Kommanditgesellschaft nach Absatz 1 die Mitglieder des vertretungsberechtigten Organs der vertretungsberechtigten Gesellschaften.

I. Anwendung auf bestimmte OHG und KG (I)

Die §§ 264 a–c sind durch das KapCoRiLiG eingefügt worden, damit wird die sog GmbH & Co-Richtlinie vom 8. 11. 1990 (Richtlinie 90/605/EWG) in nationales Recht umgesetzt. §§ 264–330 sind danach auf solche OHG und KG anzuwenden, an denen nicht wenigstens eine natürliche Person als phG (Abs 1 Nr 1) oder eine OHG, KG oder andere PersGes mit einer natürlichen Person als phG beteiligt ist (Abs 1 Nr 2) oder sich eine OHG, KG oder andere PerGes mit einer natürlichen Person als phG beteiligt ist (Abs 1 Nr 2) oder sich die Verbindung von Gesellschaften in dieser Art fortsetzt. Die Bestimmung ist streng nach dem Wortlaut auszulegen (RegE). §§ 264 ff finden auf Personengesellschaften, bei denen im Rahmen eines mehrstufigen Gesellschaftsverhältnisses eine natürliche Person phG ist, keine Anwendung. Sind dagegen auf einer Gesellschaftsebene ausschließlich Nicht-Personengesellschaften vertreten, ist §§ 264 ff anwendbar; so wird zB eine OHG, bestehend aus einer GmbH und einer KG, deren einziger phG eine KGaA ist, auch dann nicht von §§ 264 ff befreit, wenn der phG der KGaA eine natürliche Person ist.

Die Regelung des I geht über die GmbH & Co-Richtlinie hinaus; waren danach nur solche PerGes zu erfassen, bei denen ausschließlich KapGes phG sind, so werden mit dieser Bestimmung auch solche OHG oder KG erfaßt, deren einziger phG Nicht-Kapitalgesellschaften (zB Stiftungen, eG) sind.

Über § 335 b finden auf diese Gesellschaften auch die Straf-, Bußgeld- und Zwangs- und Ordnungsgeldvorschriften der §§ 331–335 a Anwendung. 2

II. Gesetzlicher Vertreter (II)

Abs 2 hat klarstellenden Charakter. Da in den Vorschriften des zweiten Abschnitts lediglich auf die gesetzlichen Vertreter einer KapGes Bezug genommen wird, mußte geregelt werden, wer bei einer OHG oder KG nach Abs 1 entsprechend verpflichtet ist (MKHGB Beater § 264 a Rz 8; Förschle in Beck-BilKomm § 264 a Rz 55); dies ist bei einer GmbH & Co der Geschäftsführer der Komplementär-GmbH, bei 3

§ 264 b

einer AG & Co der Vorstand der Komplementär-AG oder bei einer Stiftung & Co der Stiftungsvorstand.

§ 264 b Befreiung von der Pflicht zur Aufstellung eines Jahresabschlusses nach den für Kapitalgesellschaften geltenden Vorschriften

Eine Personenhandelsgesellschaft im Sinne des § 264 a Abs 1 ist von der Verpflichtung befreit, einen Jahresabschluß und einen Lagebericht nach den Vorschriften dieses Abschnitts aufzustellen, prüfen zu lassen und offen zu legen, wenn

1. sie in den Konzernabschluß eines Mutterunternehmens mit Sitz in einem Mitgliedstaat der Europäischen Union oder einem anderen Vertragsstaat des Abkommens über den Europäischen Wirtschaftsraum oder in den Konzernabschluß eines anderen Unternehmens, das persönlich haftender Gesellschafter dieser Personenhandelsgesellschaft ist, einbezogen ist;
2. der Konzernabschluß sowie der Konzernlagebericht im Einklang mit der Richtlinie 83/349/EWG des Rates vom 13. Juni 1983 auf Grund von Artikel 54 Abs. 3 Buchstabe g des Vertrages über den konsolidierten Abschluß (Abl. EG Nr. L 193 S. 1) und der Richtlinie 84/253/EWG des Rates vom 10. April 1984 über die Zulassung der mit der Pflichtprüfung der Rechnungslegungsunterlagen beauftragten Personen (ABl. EG Nr. L 126 S. 20) nach dem für das den Konzernabschluß aufstellende Unternehmen maßgeblichen Recht aufgestellt, von einem zugelassenen Abschlußprüfer geprüft und offen gelegt worden ist;
3. das den Konzernabschluß aufstellende Unternehmen die offen zu legenden Unterlagen in deutscher Sprache auch zum Handelsregister des Sitzes der Personenhandelsgesellschaft eingereicht hat und
4. die Befreiung der Personenhandelsgesellschaft im Anhang des Konzernabschlusses angegeben ist.

1 § 264 b entspricht in seiner Systematik der Bestimmung des § 264 III. Unter bestimmten Voraussetzungen sind PersonenhandelsGes iSv § 264 a I von der Anwendung der §§ 264 bis 335 (Verpflichtung zur Aufstellung eines JA nach den für KapGes geltenden Vorschriften und eines Lageberichts, zur Prüfung und zur Offenlegung derselben) befreit. Die Voraussetzungen sind: **1.** Die PersonenhandelsGes ist in den Konzernabschluß eines Mutterunternehmens mit Sitz in einem Mitgliedstaat der EU oder eines anderen Vertragsstaats des EWR einbezogen. Mutterunternehmen kann eine zur Aufstellung eines Konzernabschlusses verpflichtete KapGes oder ein Unternehmen sein, das nach § 11 PublG einen Konzernabschluß aufstellen muß. Mutterunternehmens

Zweiter Abschn. Ergänzende Vorschriften für KapitalGes § 264 c

kann sowohl der phG der betreffenden OHG oder KG oder ein anderes Mutterunternehmen sein, wenn die betreffende OHG oder KG iSv § 264 a „Enkelunternehmen" des Mutterschaftsunternehmen ist. Darüberhinaus kann auch die Komplementär-Gesellschaft, ohne daß diese Mutterunternehmen sein muß, einen befreienden Konzernabschluß aufstellen. **2.** Aufstellung, Prüfung und Offenlegung des Konzernabschlusses und des Konzernlageberichts müßen im Einklang stehen mit der 7. (KonzernbilanzRiL, umgesetzt durch das BiRiLiG durch Änderung des HGB) und der 8. EGRiL (PrüferRiL) umgesetzt durch das BiRiLiG durch Änderung des HGB bzw. der WPO). **3.** Der Konzernabschluß ist durch das den Konzernabschluß aufzustellende Unternehmen in deutscher Sprache auch zum Handelsregister des Sitzes der PersonenhandelsGes einzureichen (§ 104 Rz 2). **4.** Die Befreiung der PersonenhandelsGes ist im Anhang des Konzernabschlusses anzugeben.

Die Befreiung gilt nur für die Anwendung der strengeren Vorschriften für KapGes (§§ 264 bis 235); das bedeutet, daß die Verpflichtung der PersonenhandelsGes, einen Jahresabschluß nach den für alle Kfl geltenden Vorschriften der §§ 238 bis 263 von der Befreiung des § 264 b unberührt bleibt.   2

§ 264 c Besondere Bestimmungen für offene Handelsgesellschaften und Kommanditgesellschaften im Sinne des § 264 a

(1) ¹**Ausleihungen, Forderungen und Verbindlichkeiten gegenüber Gesellschaftern sind in der Regel als solche jeweils gesondert auszuweisen oder im Anhang anzugeben.** ²**Werden sie unter anderen Posten ausgewiesen, so muß diese Eigenschaft vermerkt werden.**

(2) ¹**§ 266 Abs. 3 Buchstabe A ist mit der Maßgabe anzuwenden, daß als Eigenkapital die folgenden Posten gesondert auszuweisen sind:**

I. Kapitalanteile

II. Rücklagen

III. Gewinnvortrag/Verlustvortrag

IV. Jahresüberschuß/Jahresfehlbetrag.

²**Anstelle des Postens „Gezeichnetes Kapital" sind sie Kapitalanteile der persönlich haftenden Gesellschafter auszuweisen; sie dürfen auch zusammengefaßt ausgewiesen werden.** ³**Der auf den Kapitalanteil eines persönlich haftenden Gesellschafters für das Geschäftsjahr entfallende Verlust ist von dem Kapitalanteil abzuschreiben.** ⁴**Soweit der Verlust den Kapitalanteil übersteigt, ist er auf der Aktivseite unter der Bezeichnung „Einzahlungsverpflichtungen persönlich haftender Gesellschafter" unter den Forderungen gesondert auszuweisen, soweit eine Zahlungsverpflichtung besteht.** ⁵**Besteht keine Zahlungsverpflichtung, so ist**   1

der Betrag als „Nicht durch Vermögenseinlagen gedeckter Verlustanteil persönlich haftender Gesellschafter" zu bezeichnen und gemäß § 268 Abs. 3 auszuweisen. [6] Die Sätze 2 bis 5 sind auf die Einlagen von Kommanditisten entsprechend anzuwenden, wobei diese insgesamt gesondert gegenüber den Kapitalanteilen der persönlich haftenden Gesellschafter auszuweisen sind. [7] Eine Forderung darf jedoch nur ausgewiesen werden, soweit eine Einzahlungsverpflichtung besteht; dasselbe gilt, wenn ein Kommanditist Gewinnanteile entnimmt, während sein Kapitalanteil durch Verlust unter den Betrag der geleisteten Einlage herabgemindert ist, oder soweit durch die Entnahme der Kapitalanteil unter den bezeichneten Betrag herabgemindert wird. [8] Als Rücklagen sind nur solche Beträge auszuweisen, die auf Grund einer gesellschaftsrechtlichen Vereinbarung gebildet worden sind. [9] Im Anhang ist der Betrag der im Handelsregister gemäß § 172 Abs. 1 eingetragenen Einlagen anzugeben, soweit diese nicht geleistet sind.

(3) [1] Das sonstige Vermögen der Gesellschafter (Privatvermögen) darf nicht in die Bilanz und die auf das Privatvermögen entfallenden Aufwendungen und Erträge dürfen nicht in die Gewinn- und Verlustrechnung aufgenommen werden. [2] In der Gewinn- und Verlustrechnung darf jedoch nach dem Posten „Jahresüberschuß/Jahresfehlbetrag" ein dem Steuersatz der Komplementärgesellschaft entsprechender Steueraufwand der Gesellschafter offen abgesetzt oder hinzugerechnet werden.

(4) [1] Anteile an Komplementärgesellschaften sind in der Bilanz auf der Aktivseite unter den Posten A.III.1 oder A.III.3 auszuweisen. [2] § 272 Abs. 4 ist mit der Maßgabe anzuwenden, daß für diese Anteile in Höhe des aktivierten Betrags nach dem Posten „Eigenkapital" ein Sonderposten unter der Bezeichnung „Ausgleichsposten für aktivierte eigene Anteile" zu bilden ist. [3] §§ 269, 274 Abs. 2 sind mit der Maßgabe anzuwenden, daß nach dem Posten „Eigenkapital" ein Sonderposten in Höhe der aktivierten Bilanzierungshilfen anzusetzen ist.

I. Ausleihungen, Forderungen und Verbindlichkeiten gegenüber Gesellschaftern (I)

1 Mit Abs. 1 wird die Vorschrift des § 42 III GmbHG entsprechend auf PerGes iSv § 264a I ausgedehnt. Rechtsbeziehungen zwischen Gesellschaft und ihren Gesellschaftern können sowohl auf der schuldrechtlichen als auch auf der gesellschaftsrechtlichen Ebene vereinbart werden. Während gesellschaftsrechtliche Vereinbarungen regelmäßig die Ergebnisverteilung betreffen, wirken sich schuldrechtliche Vereinbarungen unmittelbar als Aufwendungen und Erträge auf die Ergebnisrechnung aus und berühren insoweit auch die Vermögens-, Finanz- und

Zweiter Abschn. Ergänzende Vorschriften für KapitalGes § 264 c

Ertragslage des Unternehmens. Danach sind Ausleihungen, Forderungen und Verbindlichkeiten gegenüber Gesellschaftern entweder (Wahlrecht) gesondert in der Bilanz auszuweisen oder im Anhang anzugeben (Abs 1 S 1). Erfolgen die Angaben im Anhang, brauchen diese in der Bilanz nicht als gesonderte Posten ausgewiesen zu werden. Werden sie bei entsprechenden Posten ausgewiesen, sind sie durch einen Davon-Vermerk zu kennzeichnen.

II. Eigenkapitalgliederung (II)

Die Gliederung des Eigenkapitals in § 266 III A. ist auf KapGes 2 abgestellt; Abs. 2 paßt diese den Besonderheiten der PershandelsGes an. Danach sind als Eigenkapital mindestens folgende Posten auszuweisen: I. Kapitalanteile, II. Rücklagen, III. Gewinnvortrag/Verlustvortrag, IV. Jahresüberschuß/Jahresfehlbetrag **(a)**. Anstelle des „gekennzeichneten Kapitals" bei KapGes sind die Kapitalanteile der phG und Kommanditisten auszuweisen, wobei die der phG und der Kommanditisten gesondert, in ihrer Gruppe aber jeweils zusammengefaßt werden dürfen. Als Kapitalanteile sind solche Anteile auszuweisen, die gesellschaftsvertraglich vereinbart wurden und Eigenkapitalcharakter haben, dh solche Mittel, die dem Unternehmen auf Dauer zur Verfügung stehen, mit künftigen Verlusten zu verrechnen sind und im Insolvenz- oder Liquidationsfalle erst nach Befriedigung sämtlicher Gläubiger geltend gemacht werden können (RegE). Hat sich der phG zur Leistung einer Einlage verpflichtet, diese jedoch noch nicht voll erbracht, könnte diese Forderung wahlweise entweder entsprechend der Regelung bei KapGes (§ 272 I 2) auf der Aktivseite vor dem Anlagevermögen oder als Forderung gegen Gesellschafter mit einem Davon-Vermerk „Einzahlungsverpflichtungen persönlich haftender Gesellschafter" ausgewiesen werden (Theile BB 2000, 558). Sofern die persönlich haftende KapGes eine Einlage geleistet hat, sind Verluste von dieser Einlage abzuschreiben. Übersteigt der Verlust den Kapitalanteil des phG und besteht zudem eine – gesellschaftsvertraglich vereinbarte – Zahlungsverpflichtung zum Ausgleich des Verlustes, ist dieser Betrag als Forderung unter der Bezeichnung „als Zahlungsverpflichtung persönlich haftender Gesellschafter" auszuweisen. Ist eine Verpflichtung zum Ausgleich von Verlusten nicht vereinbart und werden die Kapitalanteile des phG durch von diesen abzuschreibende Verluste negativ, so ist dieser Betrag als „nicht durch Vermögenseinlagen gedeckter Verlustanteil persönlich haftender Gesellschafter" entsprechend § 268 III am Schluß der Bilanz auf der Aktivseite auszuweisen. Eine Saldierung positiver und negativer Kapitalanteile bei mehreren phG ist mit der hM als unzulässig anzusehen; zusammengefaßt ausgewiesen werden können nur Kapitalanteile mit dem gleichen Vorzeichen (im einzelnen: Theile BB 2000, 557 mwN). Die Regelungen für die Kapitalanteile phG gelten entsprechend auch für die Einlage von Kommanditisten (Abs 2 S 6). Danach ist für jeden Kommanditisten ein Kapitalkonto zu führen, auf dem die gesell-

§ 264 c
Drittes Buch. Handelsbücher

schaftsvertragliche Pflichteinlage (nicht jedoch die im Handelsregister eingetragene Hafteinlage) zu erfassen ist. Auf diesem Konto sollen sowohl Gewinn- als auch Verlustanteile gebucht werden, so daß letztendlich auch die Kapitalkonten der Kommanditisten variable Kapitalkonten darstellen. In der Praxis wird von dieser gesetzlichen Regelung vielfach abgewichen und die Pflichteinlagen als feste Kapitalkonten geführt. Ist die Pflichteinlage noch nicht voll geleistet, besteht eine Forderung der Gesellschaft an die Kommanditisten, die zweckmäßigerweise als „Einzahlungsverpflichtung des Kommanditisten" entsprechend § 272 I 2 vor dem Anlagevermögen auszuweisen ist und entweder durch zukünftige Gewinnanteile der Kommanditisten oder durch Einzahlungen ausgeglichen wird. Sofern der Kommanditist seine Einlageverpflichtung erfüllt hat, ist er grundsätzlich nicht zum Ausgleich von Verlusten verpflichtet, es sei denn, dies ist gesellschaftsvertraglich vereinbart; in diesem Falle ist eine entsprechende Forderung wie bei den phG auszuweisen. Eine Verpflichtung zum Ausweis einer Forderung ist auch dann gegeben, wenn der Kommanditist Gewinnanteile entnimmt, obwohl sein Kapitalanteil durch Verluste unter den Betrag der geleisteten Einlage gesunken ist oder der (vereinbarte) Kapitalanteil durch Entnahmen unter den bezeichneten Betrag herabgemindert wurde.

3   In der Praxis hat sich die Übung herausgebildet, für Kommanditisten mehrere Kapitalkonten zu führen, um auch eine mögliche Haftung nach § 172 IV 2 zu vermeiden. So werden die vertraglich vereinbarten festen Einlagen auf einem sog Kapitalkonto I geführt. Verluste werden auf einem gesonderten Verlustvortrags- oder Verlustverrechnungskonto erfaßt, das mit späteren Gewinnanteilen zu verrechnen ist. Gewinnanteile schließlich werden – soweit sie nicht zur Verlustverrechnung heranzuziehen sind – auf Konten erfaßt, die als Kapitalkonto II oder Gesellschaftsverrechnungs- oder -darlehenskonten bezeichnet sind. Diese unterschiedlichen Konten sind in das Gliederungsschema des Abs 2 einzuordnen. Für die festen Kapitalkonten bietet sich der Ausweis als „Kapitalteile der Kommanditisten" mit entsprechendem Ausweis bei noch nicht geleisteten Teilen der Einlage auf der Aktivseite an. Fraglich ist der Ausweis von Verlusten; diese sollen nach Abs 2 S 3 iVm S 6 vom Kapitalanteil abgeschrieben werden mit der Folge, daß für die Kommanditisten faktisch bewegliche Kapitalanteile auszuweisen sind. Da das Gliederungsschema des Abs 2 jedoch einen Posten „Gewinnvortrag/Verlustvortrag" und „Jahresüberschuß/Jahresfehlbetrag" vorsieht, dürfte entgegen dem Wortlaut des Abs 2 S 3 auch ein Verzicht auf die Verlustrechnung zulässig und ein Ausweis des Jahresverlustes unter dem Posten „Jahresfehlbetrag" und der auf den sog Verlustverrechnungskonten kumulierten Vorjahresverluste, die noch nicht mit Gewinnen verrechnet werden konnten, unter dem Posten „Verlustvortrag" möglich sein; andernfalls wäre die gesonderte Darstellung dieser Posten innerhalb des Eigenkapitals überflüssig.

Der Ausweis eines Jahresüberschusses und eines Gewinnvortrags hängt entscheidend von den gesellschaftsvertraglichen Vereinbarungen ab. Steht dem Kommanditisten aufgrund des Gesellschaftsvertrags ein uneingeschränktes Gewinnentnahmerecht zu, ist für einen Ausweis des Jahresergebnisses innerhalb des Eigenkapitals kein Platz. In diesem Falle besteht eine Verbindlichkeit gegenüber dem Kommanditisten, die als solche in der Bilanz auszuweisen ist. Ein gesonderter Ausweis als Jahresüberschuß oder als Gewinnvortrag kommt nur dann in Betracht, wenn dem Kommanditisten kein Gewinnentnahmerecht zusteht oder bei ihm die Gewinnentnahme erst durch einen Gesellschafterbeschluß festgelegt wird. In diesem Fall ist das Ergebnis des laufenden Geschäftsjahres, sofern es nicht zur Verlustverrechnung verwendet werden muß, als Jahresüberschuß auszuweisen. Eine Verbindlichkeit gegenüber dem Kommanditisten entsteht erst mit dem im Folgejahr zu treffenden Gewinnverwendungsbeschluß. Nicht entnommene Gewinne der Vorjahre sind demzufolge als „Gewinnvortrag" auszuweisen (wie hier auch Theile, BB 2000, 558 f).

(b) Rücklagen. Für PersGes bestehen keine gesetzlichen Verpflichtungen zur Bildung von Rücklagen; daher sind als Rücklagen nur solche Beträge auszuweisen, die aufgrund gesellschaftsvertraglicher Vereinbarungen gebildet worden sind. Danach können Rücklagen dadurch gebildet werden, daß ihnen nicht entnommene Gewinnanteile der Gesellschafter zugewiesen werden oder daß Gesellschafter über die Pflichteinlage hinausgehende Einlagen geleistet haben, die als Rücklagen auszuweisen sind. Rücklagen sind ebenso wie Kapitalanteile einzelnen Gesellschaftern zuzuordnen, in der Bilanz ist jedoch der Ausweis in einer Summe zulässig. Eine Differenzierung nach Kapital- oder Gewinnrücklagen, wie sie für KapGes nach § 272 II bis IV vorgesehen ist, ist für PerGes nicht erforderlich. Sofern nicht durch Gesellschaftsvertrag etwas anderes vereinbart worden ist, ist die Verwendung der Rücklagen – anders vor allem als bei der AG – in das Ermessen der Gesellschafter gestellt, so daß sie auch jederzeit entnahmefähig sind. **4**

III. Privatvermögen der Gesellschafter (III).

Die Bestimmung in Abs 3 S 1 entspricht der Regelung des § 5 IV PublG. Danach darf das sonstige Vermögen der Gesellschafter (Privatvermögen) nicht in die Bilanz der Gesellschaft aufgenommen und die auf dieses Vermögen entfallenden Aufwendungen und Erträge nicht in der GuV der Gesellschaft erfaßt werden. Damit soll insb klargestellt werden, daß die persönlichen Steuern der Gesellschafter nicht als Steueraufwand der Gesellschaft ausgewiesen werden dürfen. Als Steueraufwand der Gesellschaft sind demnach nur solche Steuern auszuweisen, bei denen die Gesellschaft unmittelbar Steuerschuldner ist. Um jedoch eine Vergleichbarkeit mit einer KapGes zu ermöglichen, da bei dieser die Körperschaftsteuer in der GuV bereits ertragsmindernd berücksichtigt wird, darf (Wahlrecht) in Fortführung der GuV nach dem Posten „Jahresüberschuß/Jahresfehlbetrag" ein dem Steuersatz der Komple- **5**

§ 264 c Drittes Buch. Handelsbücher

mentärgesellschaft entsprechender – zwangsläufig fiktiver – Steueraufwand der Gesellschafter offen abgesetzt oder hinzugerechnet werden.

IV. Sonderposten (IV).

6 Hält die PersGes Anteile an der Komplementärgesellschaft, so sind diese Anteile auf der Aktivseite der Bilanz unter „Anteile an verbundenen Unternehmen" (A. III. 1) oder „Beteiligungen"(A. III. 3) auszuweisen (Abs 4 S 1). Entsprechend § 272 IV ist in Höhe des für die Anteile aktivierten Betrages nach dem Posten „Eigenkapital" ein Sonderposten mit der Bezeichnung „Ausgleichsposten für eigene Anteile" zu bilden. Rein formal handelt es sich zwar nicht um „eigene" Anteile an der Personengesellschaft, sondern um Anteile an der rechtlich selbstständigen Komplementär-GmbH. Der Hinweis im RegE, daß in entsprechender Anwendung des § 71 b AktG Anteile einer Gesellschaft, die ein abhängiges oder ein im Mehrheitsbesitz der Gesellschaft stehendes Unternehmen erwirbt, als eigene Anteile gelten sollen, ist jedoch widersprüchlich; nach dem RegE ist bei der typischen GmbH & Co KG die Komplementär-GmbH als herrschendes Unternehmen anzusehen (strittig!), so daß nicht der PerGes, sondern GmbH die Anteile der Komplementärgesellschaft zuzurechnen wären. Dieser auf der Passivseite zu bildende Sonderposten, der eine bei der PersGes nicht vorstellbare ausschüttungsgesperrte Rücklage ersetzt, soll vor allem bei wechselseitigen Beteiligungen der GmbH & Co KG, bei der die Komplementär-GmbH kein weiteres Vermögen besitzt, scheinbare Kapitalvermehrungen vermeiden (RegE), da der Anteil der PerGes an der Komplementär-GmbH bei wirtschaftlicher Betrachtung einen Teil des eigenen Geschäftswertes der Kommanditgesellschaft enthält (RegE). Fraglich ist, zu wessen Lasten dieser Sonderposten zu bilden ist. In Betracht käme eine Bildung zu Lasten des Ergebnisses; da die Bildung des Sonderpostens vornehmlich jedoch die Vermeidung einer Vermehrung des Kapitals zum Zwecke hat und nicht so sehr eine Ausschüttungssperre, wie die Rücklagen für eigene Anteile bei KapGes (§ 272 Abs 4), ist die Bildung zu Lasten der Kapitalkonten der Gesellschafter vorzuziehen. Die Regelung des Abs 4 S 1 und 2 ist nur dann anwendbar, wenn die Anteile an der Komplementärgesellschaft von der PerGes gehalten werden; sind dagegen die Kommanditisten Inhaber der Anteile an der Komplementärgesellschaft, finden diese Regelungen keine Anwendung.

7 Macht eine Personengesellschaft vom Wahlrecht der §§ 269, 274 II Gebrauch und nimmt eine Bilanzierungshilfe in Anspruch, verbessert dies die Eigenkapitalsituation der Gesellschaft. Um zu verhindern, daß das höhere Eigenkapital ausgeschüttet oder entnommen werden kann, ist in Höhe der aktivierten Bilanzierungshilfe nach dem Posten „Eigenkapital" ein Sonderposten zu bilden. Die Zuführung erfolgt erfolgsneutral, das heißt nicht als Auswandsposten über die GuV, sondern über die Gesellschafterkonten, was im Ergebnis bedeutet, daß den Gesellschaftern ein geringeres Entnahmevolumen zur Verfügung steht.

§ 265 Allgemeine Grundsätze für die Gliederung

(1) ¹Die Form der Darstellung, insbesondere die Gliederung der aufeinanderfolgenden Bilanzen und Gewinn- und Verlustrechnungen, ist beizubehalten, soweit nicht in Ausnahmefällen wegen besonderer Umstände Abweichungen erforderlich sind. ²Die Abweichungen sind im Anhang anzugeben und zu begründen.

(2) ¹In der Bilanz sowie in der Gewinn- und Verlustrechnung ist zu jedem Posten der entsprechende Betrag des vorhergehenden Geschäftsjahrs anzugeben. ²Sind die Beträge nicht vergleichbar, so ist dies im Anhang anzugeben und zu erläutern. ³Wird der Vorjahresbetrag angepaßt, so ist auch dies im Anhang anzugeben und zu erläutern.

x(3) ¹Fällt ein Vermögensgegenstand oder eine Schuld unter mehrere Posten der Bilanz, so ist die Mitzugehörigkeit zu anderen Posten bei dem Posten, unter dem der Ausweis erfolgt ist, zu vermerken oder im Anhang anzugeben, wenn dies zur Aufstellung eines klaren und übersichtlichen Jahresabschlusses erforderlich ist. ²Eigene Anteile dürfen unabhängig von ihrer Zweckbestimmung nur unter dem dafür vorgesehenen Posten im Umlaufvermögen ausgewiesen werden.

(4) ¹Sind mehrere Geschäftszweige vorhanden und bedingt dies die Gliederung des Jahresabschlusses nach verschiedenen Gliederungsvorschriften, so ist der Jahresabschluß nach der für einen Geschäftszweig vorgeschriebenen Gliederung aufzustellen und nach der für die anderen Geschäftszweige vorgeschriebenen Gliederung zu ergänzen. ²Die Ergänzung ist im Anhang anzugeben und zu begründen.

(5) ¹Eine weitere Untergliederung der Posten ist zulässig; dabei ist jedoch die vorgeschriebene Gliederung zu beachten. ²Neue Posten dürfen hinzugefügt werden, wenn ihr Inhalt nicht von einem vorgeschriebenen Posten gedeckt wird.

(6) Gliederung und Bezeichnung der mit arabischen Zahlen versehenen Posten der Bilanz und der Gewinn- und Verlustrechnung sind zu ändern, wenn dies wegen Besonderheiten der Kapitalgesellschaft zur Aufstellung eines klaren und übersichtlichen Jahresabschlusses erforderlich ist.

(7) Die mit arabischen Zahlen versehenen Posten der Bilanz und der Gewinn- und Verlustrechnung können, wenn nicht besondere Formblätter vorgeschrieben sind, zusammengefaßt ausgewiesen werden, wenn

1. sie einen Betrag enthalten, der für die Vermittlung eines den tatsächlichen Verhältnissen entsprechenden Bildes im Sinne des § 264 Abs. 2 nicht erheblich ist, oder

§ 265 Drittes Buch. Handelsbücher

2. dadurch die Klarheit der Darstellung vergrößert wird; in diesem Falle müssen die zusammengefaßten Posten jedoch im Anhang gesondert ausgewiesen werden.

(8) Ein Posten der Bilanz oder der Gewinn- und Verlustrechnung, der keinen Betrag ausweist, braucht nicht aufgeführt zu werden, es sei denn, daß im vorhergehenden Geschäftsjahr unter diesem Posten ein Betrag ausgewiesen wurde.

1 § 265 legt allgemeine Grundsätze für die Gliederung des JA fest; sie gelten für KapGes und PershandelsGes iSv § 264 a I, aber auch für unter das PublG fallende Unternehmen (§ 5 I PublG) sowie für Genossenschaften (§ 336 II). Für die sog Formblattunternehmen gelten die Bestimmungen nur im Rahmen der Verordnungen (§ 330). Die Grundsätze für die Gliederung des JA sind auf Nicht-KapGes nicht ohne weiteres anwendbar. Lediglich der Grundsatz der Darstellungsstetigkeit (Abs 1) ist als GoB anzusehen (§ 243 I).

I. Darstellungskontinuität (I)

2 Die Form und Struktur der Darstellung (insbesondere Gliederung von Bilanz und GuV) ist grundsätzlich beizubehalten, nicht aber die Einzeldarstellung im Anhang. Die Darstellungskontinuität soll die Vergleichbarkeit der JA im Zeitablauf sicherstellen; sie bezieht sich vor allem auf die **Ausweiswahlrechte**. So können kleine KapGes und kleine PershandelsGes iSv § 264 a I ihre Bilanz in verkürzter Form darstellen (§ 266 I 3). Alle KapGes und PershandelsGes iSv § 264 a I können bei der GuV zwischen dem Gesamtkostenverfahren (§ 275 II) und dem Umsatzkostenverfahren (§ 275 III) wählen; mittelgroße und kleine KapGes und PershandelsGes iSv § 264 a I dürfen ferner in der GuV ein „Rohergebnis" als Zusammenfassung mehrerer Aufwands- und Ertragsposten ausweisen (§ 276). Die bei erstmaliger Ausübung des Wahlrechts gewählte Form ist grundsätzlich auch zukünftig beizubehalten. Ferner bestehen zahlreiche Wahlrechte zu Angaben, die in der Bilanz oder im Anhang gemacht werden können (zB §§ 265 III 1; 265 VII Nr 2; 268 II 1; 268 II 3; 268 VI; 268 VII; 281 II 1; 281 II 2; 285 Nr 2). Die einmal gewählte Zuordnung ist auch hier beizubehalten. Bei GmbH gilt ein Wahlrecht bezüglich der Darstellung der Beziehungen zu den Gesellschaftern (§ 42 III GmbHG). AG können die Entwicklung der Kapitalrücklage (§ 152 II AktG), der Gewinnrücklage (§ 152 III AktG) und die Entwicklung des Jahresergebnisses zum Bilanzgewinn wahlweise in der Bilanz und GuV oder im Anhang darstellen. Auch die Struktur der Darstellung im Anhang ist beizubehalten. In gewissem Umfang gibt es auch bei der Zuordnung bestimmter Einzelposten Wahlrechte bzw sollte die Zuordnung der Vermögensgegenstände bzw der Aufwendungen und Erträge nach den gleichen Kriterien erfolgen (zB Beteiligungen und Wertpapiere; fertige und unfertige Erzeugnisse, wenn letztere auch veräußert werden; Umsatzerlöse und sonstige be-

triebliche Erträge; Materialaufwand und sonstige betriebliche Aufwendungen; übliche und unübliche Abschreibungen auf Gegenstände des Umlaufvermögens). Abweichungen von der einmal gewählten Darstellungsform dürfen nur in Ausnahmefällen und aufgrund besonderer Umstände vorgenommen werden. Als derartige Ausnahmefälle kommen in Betracht: Änderungen im Gegenstand des Unternehmens; Anpassung an das Gliederungsschema der Muttergesellschaft; die bisherige Darstellungsform genügt nicht mehr den Anforderungen an Klarheit und Unübersichtlichkeit. Abweichungen von der bisherigen Darstellungsform sind im Anhang anzugeben und zu begründen. Die Begründung muß die Notwendigkeit der Abweichungen von der bisherigen Darstellungsform angeben und ihre Verbesserung aufzeigen; pauschale Begründungen reichen nicht aus (*Budde/Geißler* in Beck-BilKomm § 265 Rz 4).

II. Angabe der Vorjahreszahlen (II)

Die Angabe der Vorjahreszahlen in Bilanz und GuV dient der Vergleichbarkeit. Anzugeben sind die Vorjahreszahlen zu jedem Posten der Bilanz und GuV, also auch zu solchen, die über die gesetzlich vorgesehenen Posten freiwillig in den JA aufgenommen worden sind. Soweit der Anhang die Posten von Bilanz und GuV erläutert, gilt § 265 II 1 auch für die Angaben im Anhang (so auch *ADS*, 265 Rz 28). Sofern **Beträge nicht vergleichbar** sind, ist dies im Anhang anzugeben und zu erläutern. Die fehlende Vergleichbarkeit kann sich zB ergeben aus einem Wechsel zwischen Gesamt- und Umsatzkostenverfahren in der Guv, aufgrund eines Wechsels der Größenklasse und der daraus folgenden erst- oder letztmaligen Möglichkeit zur erleichterten Darstellung oder aus Fehlerbeseitigungen (weitere Beispiele *ADS*, 265 Rz 36). Aus den gleichen Gründen kann eine Anpassung der Vorjahreszahlen erforderlich werden; auch dies ist im Anhang anzugeben und zu erläutern (Abs 2 S 3).

Werden JA und KA gem § 244 in Euro aufgestellt, so ist zu jedem Posten der entsprechende Betrag des vorhergehenden Geschäftsjahres in Euro anzugeben, auch wenn dieser in DM aufgestellt war; die Umrechnung hat auch für ein Geschäftsjahr, das vor dem 1. 1. 1999 endet, zu dem vom Rat der EU gem Art 1091 IV 1 des EG-Vertrages unwiderruflich festgelegten Umrechnungskurs zu erfolgen (Art 42 II 1 EGHGB).

III. Vermerk der Mitzugehörigkeit (III)

Bei der vom Gesetz vorgesehenen Bilanzgliederung können bei einzelnen Bilanzposten Überschneidungen auftreten. In solchen Fällen ist der Posten dort auszuweisen, wo die Zugehörigkeit enger ist; bei gleicher Zugehörigkeit besteht ein Wahlrecht, das wiederum dem Gebot der Darstellungskontinuität (§ 265 I) unterliegt. Darüberhinaus besteht nach Abs 3 S 1 eine Vermerk- oder Angabepflicht, wobei zwischen einem **Davon-Vermerk** in der Bilanz oder einer **Angabe im Anhang** gewählt werden kann; auch dieses Wahlrecht unterliegt dem Grundsatz der Darstellungsstetigkeit (§ 265 I). Unbedeutende Fälle der Mitzugehörigkeit allerdings bleiben gemäß dem Grundsatz der „Materiality" unberücksichtigt. Bei Forderungen und Verbindlichkeiten gegen verbundene Unternehmen wird die Auffassung vertreten, daß diese auch in dem jeweils sachbezogenen Bilanzposten ausgewiesen werden können, wenn in einem Davon-Vermerk auf die Mitzugehörigkeit hingewiesen wird (*Budde/Geißler* in Beck-BilKomm § 265 Rz 8; auch *BauHopt*, § 265 Rz 3). Bei der GmbH sind gem § 42 III GmbHG Ausleihungen, Forderungen und Verbindlichkeiten gegenüber Gesellschaftern regelmäßig in der Bilanz gesondert auszuweisen oder im Anhang gesondert anzugeben; ein Vorrang für den Ausweis in der Bilanz ergibt sich aus dem Gesetz nicht (*ADS,* § 265 Rz 42 f; aA *Budde/Geißler* in Beck-BilKomm § 265 Rz 8); werden sie unter anderen Posten ausgewiesen, ist auf die Mitzugehörigkeit hinzuweisen. Eigene Anteile dürfen – unabhängig, ob sie als Daueranlage oder nur vorübergehend gehalten werden – immer nur in der dafür vorgesehenen gesonderten Position im Umlaufvermögen ausgewiesen werden (Abs 3 S 3). Mit dem Ausweis im Umlaufvermögen unterliegen die Anteile zugleich der Bewertung nach dem strengen Niederstwertprinzip (§ 243 III 1 und 2).

IV. Gliederung bei mehreren Geschäftszweigen (IV)

5 Ist die KapGes oder die PersHandelsGes iSv § 264a I in mehreren Geschäftszweigen tätig, bei denen unterschiedliche Gliederungsvorschriften für den JA zugrundezulegen sind, ist diejenige Gliederung zu wählen, die den tatsächlichen Verhältnissen am ehesten entspricht und nach den für die anderen Geschäftszweige vorgesehenen Gliederungen zu ergänzen. Im Regelfall wird der vom Volumen bedeutendste Geschäftszweig für die Gliederung herangezogen, was zumeist mit den geringsten Ergänzungen verbunden ist (*ADS,* § 265 Rz 49); besondere Bedeutung hat diese Vorschrift für Kreditinstitute, Hypothekenbanken, Krankenhäuser, Versicherungs- und Wohnungsunternehmen. Die vorgenommenen Ergänzungen sind im Anhang anzugeben und zu begründen (Abs 4 S 2), wobei es ausreicht, wenn miteinander kombinierte Gliederungsschemen und die insoweit notwendigen Ergänzungen genannt werden und erläutert wird, warum ein bestimmtes Schema als Hauptschema zugrundegelegt worden ist.

V. Weitere Gliederung, neue Posten (V)

6 Die nach §§ 266, 275 vorgesehene Gliederung darf weiter untergliedert werden, wenn dadurch nicht nur der Grundsatz der Bilanzklarheit nicht beeinträchtigt (*ADS,* § 265 Rz 53), sondern der Einblick in

Vermögens-, Finanz- und Ertragslage verbessert wird. Eine Änderung des Gliederungsschemas ist dagegen nicht zulässig. Die Posten der Bilanz oder GuV können weiter aufgeteilt werden.

Als mögliche Untergliederungen sind denkbar:
(1) Aufteilung der Position A II 1 „**Grundstücke**" in
– unbebaute Grundstücke
– bebaute Grundstücke
– grundstücksgleiche Rechte
– Bauten auf eigenen Grundstücken und grundstücksgleichen Rechte
– Bauten auf fremden Grundstücken;

(2) Aufteilung der Position A II 2 „**Technische Anlagen**" in
– Betriebsvorrichtungen
– Werkzeuge
– Maschinen;

(3) Bei der Position A II 2, 4, 6 (**Ausleihungen**) könnte ein Davon-Vermerk in Betracht kommen, in welcher Höhe diese Forderungen grundpfandrechtlich gesichert sind; (4) bei entsprechender Größenordnung ist eine Untergliederung der Sammelposten „**Sonstige Vermögensgegenstände**" und „**Sonstige Verbindlichkeiten**" vorstellbar; (5) auch in den Darstellungen der GuV könnte eine Untergliederung der Sammelposten „**Sonstige betriebliche Erträge**", „**Sonstige betriebliche Aufwendungen**", evtl auch der „**Außerordentlichen Erträge**" und „**Außerordentliche Aufwendungen**" in Betracht kommen, wenn diese Posten von einiger Bedeutung sind und mit der Aufgliederung ein verbesserter Einblick in die Ertragslage verbunden ist.

Eine **Ausweitung der Posten** mit **Großbuchstaben** oder römischen Zahlen ist unzulässig, da sie gegen die Verpflichtung verstoßen würde, die vorgegebene Gliederung zu beachten (Abs 5 S 1 2. HS) (*ADS*, § 265 Rz 60); ferner ist eine Untergliederung unwesentlicher Posten unzulässig. **Neue Posten** dürfen nur hinzugefügt werden, wenn sie inhaltlich von den vorgeschriebenen Posten der Bilanz oder GuV nicht gedeckt sind. Vornehmlich dürften branchenspezifische Hinzufügungen beim Sachanlagevermögen in Betracht kommen, zB Schiffe, Flugzeuge, Bergwerksschächte, Rohstoffvorkommen, Hafenanlagen, Filmrechte, Leasingvermögen bei Leasinggesellschaften. Für **Genossenschaftsanteile** sieht das Gliederungsschema des § 266 keinen gesonderten Posten vor; nach § 271 I 5 gelten sie nicht als Beteiligungen; gehören sie zum Anlagevermögen, könnte unter den „Finanzanlagen" ein entsprechender Posten hinzugefügt werden; gleiches könnte für GmbH-Anteile gelten, wenn sie weder Beteiligungen noch Anteile an verbundenen Unternehmen darstellen. Allgemein wird eine **Pflicht zur Einfügung neuer Posten** bejaht, wenn es sich um wesentliche Beträge handelt, und mit der Einfügung ein besserer Einblick in die Vermögens-, Finanz- und Ertragslage verbunden ist (GK *Marsch-Barner*. § 265 Rz 12; *Niedner* in HK-HGB § 265 Rz 6; *ADS*, § 265 Rz 68).

7

VI. Änderungen der Gliederung und der Bezeichnung der Posten (VI)

8 Die gesetzlich vorgeschriebenen Gliederungsschemen in §§ 266, 275 sind grundsätzlich bindend; sie sind aber wesentlich auf Industrie- und Handelsunternehmen ausgerichtet. Daher läßt Abs 6 eine Änderung dieser Schemen dann zu, wenn dies wegen Besonderheiten der KapGes zur Aufstellung eines klaren und übersichtlichen JA erforderlich ist. Unter dieser Voraussetzung besteht eine Verpflichtung zur Änderung sowohl der Gliederung als auch der Postenbezeichnung. Eine Änderung kommt in Betracht bei Energieversorgung, Bauindustrie, Reedereien, Mineralölindustrie, Bergbau, Brauereien, Dienstleistungsbereiche, Leasingunternehmen und Holdinggesellschaften. Zu beachten ist jedoch, daß **nur die mit arabischen Zahlen** versehenen Posten geändert werden dürfen.

VII. Zusammenfassung von Posten (VII)

9 Die mit arabischen Zahlen versehenen Posten der Bilanz und GuV können bei Unerheblichkeit des Postens und wenn mit der Zusammenfassung die Klarheit der Darstellung vergrößert wird, zusammengefaßt werden (Wahlrecht). Wann ein Posten für die Vermittlung eines den tatsächlichen Verhältnissen entsprechenden Bildes **unerheblich** ist, hängt vom Einzelfall ab; idR bestimmt sich dies nach dem Anteil des Postens an der Gesamtsumme der entsprechenden Bilanzpostengruppe (*Niehus*, WPg 1981, 13). Auch die Frage, wann die **Klarheit** der Darstellung durch eine Zusammenfassung vergrößert wird, bleibt vom Einzelfall abhängig. Die zusammengefaßten Posten sind einschließlich der Vorjahreszahlen im Anhang gesondert auszuweisen. In der GuV sieht das Gliederungsschema weder Großbuchstaben noch römische Zahlen vor, so daß eine Zusammenfassung dort nicht in vorgegebenen Postengruppen erfolgen kann; hier ist eine Zusammenfassung einzelner Posten mit Zwischensummen, beispielsweise Posten 1 bis 8 als „Betriebsergebnis" oder Posten 9 bis 13 als „Finanzergebnis" gebräuchlich. Auch diese Zusammenfassungen sind ggf im Anhang aufzugliedern.

VIII. Leerposten (VIII)

10 Posten der Bilanz oder GuV, die keinen Betrag ausweisen, brauchen nicht aufgeführt zu werden. Dieses Wahlrecht wird jedoch dadurch eingeschränkt, daß es nur dann in Anspruch genommen werden kann, wenn auch im vorausgegangenen JA unter diesem Posten kein Betrag auszuweisen war. Der Verzicht auf den Ausweis von Leerposten ist zwar als Wahlrecht konzipiert, im Regelfall dient das Weglassen von Leerposten jedoch der Klarheit und Übersichtlichkeit, so daß unter dem Gesichtspunkt des § 243 II faktisch ein Gebot zum Weglassen der Leerposten besteht.

IX. Rechtsfolge bei Verletzung der Vorschriften des § 265

Nach § 334 I Nr 1 c ist ein Verstoß durch ein Mitglied des vertretungsberechtigten Organs oder des Aufsichtsrats einer KapGes gegen die Bestimmungen der § 265 II, III, IV und VI bei Aufstellung oder Feststellung des JA als **Ordnungswidrigkeit** sanktioniert. Gleiches gilt für Unternehmen, die nach PublG zur Rechnungslegung verpflichtet sind (§ 20 I Nr 1 d PublG). Gem § 335 b ist die Vorschrift des § 334 auch auf PersHandelsGes iSv § 264 a I anwendbar. Nach § 256 IV AktG führt bei AG und KGaA ein Verstoß gegen § 265 zur Nichtigkeit des JA, wenn dadurch seine Klarheit und Übersichtlichkeit wesentlich beeinträchtigt ist; diese Vorschrift ist auf GmbH entsprechend anzuwenden. 11

Zweiter Titel. Bilanz

§ 266 Gliederung der Bilanz

(1) ¹**Die Bilanz ist in Kontoform aufzustellen.** ²**Dabei haben große und mittelgroße Kapitalgesellschaften (§ 267 Abs. 3, 2) auf der Aktivseite die in Absatz 2 und auf der Passivseite die in Absatz 3 bezeichneten Posten gesondert und in der vorgeschriebenen Reihenfolge auszuweisen.** ³**Kleine Kapitalgesellschaften (§ 267 Abs. 1) brauchen nur eine verkürzte Bilanz aufzustellen, in die nur die in den Absätzen 2 und 3 mit Buchstaben und römischen Zahlen bezeichneten Posten gesondert und in der vorgeschriebenen Reihenfolge aufgenommen werden.**

(2) **Aktivseite**
- **A. Anlagevermögen:**
  - **I. Immaterielle Vermögensgegenstände:**
    1. **Konzessionen, gewerbliche Schutzrechte und ähnliche Rechte und Werte sowie Lizenzen an solchen Rechten und Werten;**
    2. **Geschäfts- oder Firmenwert;**
    3. **geleistete Anzahlungen;**
  - **II. Sachanlagen:**
    1. **Grundstücke, grundstücksgleiche Rechte und Bauten einschließlich der Bauten auf fremden Grundstücken;**
    2. **technische Anlagen und Maschinen;**
    3. **andere Anlagen, Betriebs- und Geschäftsausstattung;**
    4. **geleistete Anzahlungen und Anlagen im Bau;**
  - **III. Finanzanlagen:**
    1. **Anteile an verbundenen Unternehmen;**
    2. **Ausleihungen an verbundene Unternehmen;**

§ 266

3. Beteiligungen;
4. Ausleihungen an Unternehmen, mit denen ein Beteiligungsverhältnis besteht:
5. Wertpapiere des Anlagevermögens;
6. sonstige Ausleihungen.

B. Umlaufvermögen:
  I. Vorräte:
    1. Roh-, Hilfs- und Betriebsstoffe;
    2. unfertige Erzeugnisse, unfertige Leistungen;
    3. fertige Erzeugnisse und Waren;
    4. geleistete Anzahlungen;
  II. Forderungen und sonstige Vermögensgegenstände:
    1. Forderungen aus Lieferungen und Leistungen;
    2. Forderungen gegen verbundene Unternehmen;
    3. Forderungen gegen Unternehmen, mit denen ein Beteiligungsverhältnis besteht;
    4. sonstige Vermögensgegenstände;
  III. Wertpapiere:
    1. Anteile an verbundenen Unternehmen;
    2. eigene Anteile;
    3. sonstige Wertpapiere;
  IV. Kassenbestand, Bundesbankguthaben, Guthaben bei Kreditinstituten und Schecks.

C. Rechnungsabgrenzungsposten.

(3) Passivseite

A. Eigenkapital:
  I. Gezeichnetes Kapital;
  II. Kapitalrücklage;
  III. Gewinnrücklagen:
    1. gesetzliche Rücklage;
    2. Rücklage für eigene Anteile;
    3. satzungsmäßige Rücklagen;
    4. andere Gewinnrücklagen;
  IV. Gewinnvortrag/Verlustvortrag;
  V. Jahresüberschuß/Jahresfehlbetrag.

B. Rückstellungen:
  1. Rückstellungen für Pensionen und ähnliche Verpflichtungen;
  2. Steuerrückstellungen;
  3. sonstige Rückstellungen.

C. Verbindlichkeiten:
  1. Anleihen, davon konvertibel;
  2. Verbindlichkeiten gegenüber Kreditinstituten;
  3. erhaltene Anzahlungen auf Bestellungen;
  4. Verbindlichkeiten aus Lieferungen und Leistungen;

5. **Verbindlichkeiten aus der Annahme gezogener Wechsel und der Ausstellung eigener Wechsel;**
6. **Verbindlichkeiten gegenüber verbundenen Unternehmen;**
7. **Verbindlichkeiten gegenüber Unternehmen, mit denen ein Beteiligungsverhältnis besteht;**
8. **sonstige Verbindlichkeiten,**
   davon aus Steuern,
   davon im Rahmen der sozialen Sicherheit.

D. **Rechnungsabgrenzungsposten.**

Gliederungsgrundsätze

1. Kontoform. Abs 1 S 1 schreibt für die Gliederung der Bilanz 1
ausschließlich die **Kontoform** vor; die vielfach in anderen Ländern
gebräuchliche Staffelform ist nicht zulässig. Bei der Kontoform werden
Aktiva und Passiva gegenübergestellt, und zwar links die Aktivposten
und rechts die Passivposten. Das Gliederungsschema ist für alle KapGes
(AG, KGaA und GmbH) zwingend vorgeschrieben, einschließlich der
Konzernbilanz (§ 298 I); darüberhinaus gilt das Gliederungsschema
auch für Genossenschaften (§ 336 II) und mit Einschränkungen bzgl
der Eigenkapitalgliederung (§ 264 c II) auch für PersHandelsGes iSv
§ 264 a I; Unternehmen, die nach PublG Rechnung zu legen haben,
müssen nach § 5 I 2 PublG die Gliederungsvorschriften sinngemäß
anwenden. Lediglich in Ausnahmefällen sind Abweichungen vom Gliederungsschema
des § 266 zulässig, und zwar bei Vorhandensein mehrerer Geschäftszweige (§ 265 IV); für Untergliederungen und Hinzufügungen
von Posten (§ 265 V); bei Änderungen von Gliederung und
Postenbezeichnung (§ 265 VI); bei der Zusammenfassung von Posten
(§ 265 VII) und bei Leerposten (§ 265 VIII). Die Gliederungsvorschriften
gelten nicht nur für den periodischen JA, sondern auch für Sonderbilanzen
wie Eröffnungsbilanz (§ 242 I 2), Kapitalerhöhungssonderbilanz
(§ 209 II 1 AktG), Liquidationsbilanzen (§ 270 II 2 AktG, § 71
II 2 GmbHG), Zwischenbilanz bei Verschmelzung (§ 63 I Nr 3
UmwG). Die freiwillige Anwendung des Gliederungsschemas ist uneingeschränkt
möglich, insbesondere für Kaufleute, die keine KapGes sind.
Der steuerliche **Maßgeblichkeitsgrundsatz** der Handelsbilanz für die
Steuerbilanz bezieht sich nur auf Ansatzwahlrechte und Bewertung; das
Gliederungsschema des § 266 ist daher steuerlich ohne Belang.

2. Erleichterungen: Kleine KapGes und keine PersHandelsGes iSv
§ 264 a I (§ 267 I) dürfen eine verkürzte Bilanz aufstellen; diese umfaßt
nur die Posten, die mit Buchstaben und römischen Ziffern bezeichnet
sind (Abs 1 S 3). Das Auskunftsrecht des Gesellschafters (§ 131 I 3
AktG, § 51 a I GmbHG) wird durch diese Erleichterung jedoch nicht
eingeschränkt. Für Zwecke der **Offenlegung** räumt § 327 darüberhinaus
den **mittelgroßen KapGes und mittelgroßen PershandelsGes**

§ 266

Drittes Buch. Handelsbücher

iSv § 264a I das Recht ein, die Bilanz nur in der für kleine KapGes vorgeschriebenen Form zum Handelsregister einzureichen. Allerdings müssen bestimmte mit arabischen Ziffern versehene Posten entweder in der Bilanz oder im Anhang gesondert angegeben werden.

II. Aktivseite (II)

2   Dem Gliederungsschema des § 266 liegt kein bestimmtes Merkmal zugrunde. Das Prinzip der **Gliederung nach der Liquidität** ist vor allem auf der Aktivseite maßgebend, wobei die Bilanz unter dem Aspekt der grundsätzlichen Bindungsdauer der Vermögensgegenstände abgebildet wird.

1. Immaterielle Vermögensgegenstände (Aktivseite A I). Voraussetzung für die Aktivierung immaterieller Vermögensgegenstände des Anlagevermögens ist deren **entgeltlicher Erwerb** (§ 248 II); liegt dieser vor, besteht eine Ansatzpflicht (§ 246 I). Die Position „Immaterielle Vermögensgegenstände" umfaßt folgende Untergruppen: **Nr 1: Konzessionen** (öffentlich-rechtliche Erlaubnis zur Ausübung einer bestimmten wirtschaftlichen Tätigkeit, zB Genehmigung für den allgemeinen Güterverkehr, § 8 GüKG; für den Betrieb einer Gaststätte, § 2 GaststättenG), **gewerbliche Schutzrechte** (zB Patente, Gebrauchs- und Geschmacksmuster, Warenzeichen, Markenrechte, Urheber-, Verlags- und Filmrechte), **ähnliche Rechte und Werte** (zB Zuteilungsquoten, Belegungs- und Belieferungsrechte, Brenn- und Braurechte, Nießbrauchsrechte, Durchleitungs- und Wegerechte, Wettbewerbsverbote, EDV-Software, Rezepturen und Fabrikationsverfahren, Optionsrechte zum Aktien- und Beteiligungserwerb) sowie **Lizenzen** (Nutzungsrechte) an solchen Rechten und Werten, wobei die Lizenz als Einmalbetrag für mehrere Jahre aufgewendet worden sein muß; für fortlaufend gezahlte Lizenzgebühren kommt eine Aktivierung idR nicht in Betracht; **Nr 2: Geschäfts- oder Firmenwert** (§ 255 IV); **Nr 3: Geleistete Anzahlungen,** und zwar solche Anzahlungen, die mit dem Erwerb immaterieller Vermögensgegenstände im Zusammenhang stehen.

3   **2. Sachanlagen (Aktivseite A II).** Diese Position enthält folgende Untergruppen: **Nr 1: Grundstücke** sind in einem Posten zusammengefaßt; hierzu gehören betrieblich genutzte Grundstücke, Wohngrundstücke und unbebaute Grundstücke, grundstücksgleiche Rechte, zB Erbbaurecht, Dauerwohn- oder Dauernutzungsrecht (§ 31 WEG), sowie Bauten einschließlich der Bauten auf fremden Grundstücken, wobei bei letzteren für den Ausweis nicht das zivilrechtliche, sondern das **wirtschaftliche Eigentum** (§ 246 Rz 3) entscheidend ist. **Nr 2: Technische Anlagen und Maschinen.** Unter diesem Posten sind solche Anlagegüter auszuweisen, die in einem unmittelbaren Zusammenhang mit der betrieblichen Produktion stehen; hierher gehören im einzelnen Kraft- und Wärmemaschinen, Einrichtungen der Fließferti-

gung, Automatenstraßen, Krafterzeugungs- und verteilungsanlagen, Produktionsanlagen der chemischen Industrie, Kräne und Krananlagen, Hochregellagereinrichtungen, Arbeitsbühnen, Hochöfen, Kokereien einschließlich der erforderlichen Fundamente und Stützen, typengebundene Werkzeuge und Formen. In Einzelfällen treten Abgrenzungsprobleme zu anderen Posten des Sachanlagevermögens auf. Bei fest mit einem Gebäude oder dem Grund und Boden verbundenen Einrichtungen ist auf den Zusammenhang mit dem betrieblichen Leistungsprozeß abzustellen; eine solche Einrichtung ist der Position „Technische Anlagen und Maschinen" zuzuordnen, wenn sie unmittelbar oder überwiegend der **Leistungserstellung** des Unternehmens dient. Hierzu gehören beispielsweise Förderanlagen, Hochregallager, Silos, Tanks, Lastenaufzüge, der Produktion oder Lagerung dienende Klima- und Belüftungsanlagen. **Unselbständige Bestandteile eines Gebäudes** sind hingegen ua Rolltreppen, Fahrstühle, Heizungs-, Beleuchtungs- und Lüftungsanlagen. **Nr 3: Andere Anlagen, Betriebs- und Geschäftsausstattung.** Hierunter sind alle Anlagen auszuweisen, die nicht zu Nr 2 gehören. Zur **Betriebsausstattung** gehören ua Werkstätten, Labor-, Kantinen- und Lagereinrichtungen, Werkzeuge (sofern keine Maschinenwerkzeuge), Modelle, Muster, Fuhrpark, Transportbehälter. Als **Geschäftsausstattung** sind beispielsweise auszuweisen Ausstellungseinrichtungen, EDV-Anlagen und andere Büromaschinen, Anlagen der Telekommunikation. **Nr 4: Geleistete Anzahlungen und Anlagen im Bau.** Die Anzahlungen beziehen sich auf Vorleistungen betreffend das Sachanlagevermögen. Keine Anzahlungen iS dieser Position sind langfristige Mietvorauszahlungen und verlorene Baukostenzuschüsse; diese sind als Rechnungsabgrenzungsposten zu erfassen. Als Anlagen im Bau sind alle zu aktivierenden Aufwendungen für am Bilanzstichtag noch nicht fertiggestellte Sachanlagen auszuweisen. Hierzu zählen auch die Anschaffungskosten für Anlagen, die sich am Stichtag noch nicht in einem betriebsbereiten Zustand befinden (*ADS,* § 266 Rz 64); unerheblich ist, ob es sich um Eigen- oder Fremdleistungen handelt.

3. Finanzanlagen (Aktivseite A III). Bei den Finanzanlagen handelt es sich im Gegensatz zu anderen Gegenständen des Anlagevermögens um **Investitionen** nicht im eigenen Unternehmen, sondern in **fremden Unternehmen.** Es werden ausgewiesen: **Nr 1: Anteile an verbundenen Unternehmen,** wobei es sich sowohl um KapGes, als auch um PersGes (vgl § 105 Rz 2) oder um stille Beteiligungen (§ 230) handeln kann. Kein Bestandteil des Bilanzpostens sind die aus den Anteilen erwachsenden **Gewinnansprüche,** diese sind unter „Forderungen gegen verbundene Unternehmen" im Umlaufvermögen auszuweisen. **Nr 2: Ausleihungen an verbundene Unternehmen.** Ausleihungen sind Forderungen, die durch die Hingabe von Geld entstanden sind, also Darlehen; sie sind idR auf längere Zeit angelegt. Für die Zuordnung zu den Finanzanlagen ist jedoch weder auf die vereinbarte

§ 266
Drittes Buch. Handelsbücher

noch auf die Restlaufzeit abzustellen; vielmehr gelten die allgemeinen Abgrenzungskriterien zwischen Anlage- und Umlaufvermögen (§ 247 II). Aus den Ausleihungen resultierende **Zinsansprüche** sind grundsätzlich unter „Forderungen gegen verbundene Unternehmen" auszuweisen (*ADS*, § 266 Rz 77 a). Zum Begriff der verbundenen Unternehmen vgl Erl zu § 271. **Nr 3: Beteiligungen** (zum Begriff, § 271 I): Hierzu gehören Aktien, GmbH-Anteile, Kapitaleinlagen persönlich haftender Gesellschafter, Kommanditeinlagen; nicht zu den Beteiligungen gehören Genossenschaftsanteile (§ 271 I 5). Kapitalersetzende Darlehen (vgl § 172 a Rz 11 ff) bleiben Darlehen (*Förschle/Kofahl*, Sonderbil Rz 45) und sind daher unter den Ausleihungen auszuweisen (*Weber*, WPg 1986, 5; aA *Schnicke/Gutike* in Beck-BilKomm § 266 Rz 78); gleiches gilt für partiarische Darlehen (vgl § 230 Rz 5). **Gewinnansprüche** aus Beteiligungen sind unter „Forderungen gegen Unternehmen, mit denen ein Beteiligungsverhältnis besteht", auszuweisen (*ADS*, § 266 Rz 81). **Nr 4: Ausleihungen an Unternehmen, mit denen ein Beteiligungsverhältnis besteht:** Hier sind alle Finanz- und Kapitalforderungen auszuweisen, soweit der Schuldner entweder ein Unternehmen ist, an dem eine Beteiligung gehalten wird oder er selbst eine Beteiligung am bilanzierenden Unternehmen hält. **Nr 5: Wertpapiere des Anlagevermögens:** Es handelt sich um solche Wertpapiere, die nicht unter die Nr 1 bis 4 fallen, allerdings dazu bestimmt sind, auf Dauer dem Unternehmen zu dienen. Aufgrund ihrer Funktion sind Schecks, Wechsel, Konnossemente uä nicht unter den Wertpapieren des Anlagevermögens, sondern im Umlaufvermögen auszuweisen. **Nr 6: Sonstige Ausleihungen:** Hierunter fallen sämtliche Finanzanlagen, die nicht unter Nr 1 bis 5 zuzuordnen sind, zB Organkredite gem §§ 89 und 115 AktG, Kautionen für Miet- und Pachtverträge.

5   **4. Vorräte (Aktivseite B I).** Unter den Vorräten werden sowohl die Ausgangsprodukte als auch die Ergebnisse des betrieblichen Leistungsprozesse ausgewiesen. Auch Gegenstände, die unter **Eigentumsvorbehalt** geliefert wurden, bleiben solange in der Bilanz ausgewiesen, bis dieser entweder geltend gemacht wird oder mit seiner Geltendmachung zu rechnen ist. Auch die **Sicherungsübereignung** von Vorräten bleibt unberücksichtigt; die bilanzielle Erfassung erfolgt beim wirtschaftlichen Eigentümer, solange der Verwertungsfall nicht eingetreten ist. Zu den Vorräten gehören: **Nr 1: Roh-, Hilfs- und Betriebstoffe.** Dies sind fremdbezogene Stoffe, die weder verbraucht noch verarbeitet sind. **Rohstoffe** sind solche, die den Hauptbestandteil eines Produktes bilden, wobei es sich sowohl um Produkte der Roherzeugung (Rohöl, Kohle, Erze), als auch um von anderen Unternehmen angeschaffte Erzeugnisse handeln kann, die in eigene Erzeugnisse eingebaut werden (zB Motoren, Chips). **Hilfsstoffe** unterscheiden sich von den Rohstoffen dadurch, daß sie einen untergeordneten Bestandteil des Produkts ausmachen (zB Nägel, Schrauben). **Betriebsstoffe** werden bei der

Zweiter Abschn. Ergänzende Vorschriften für KapitalGes **§ 266**

Erstellung eines Produkts verbraucht (zB Energie, Reinigungs- und Schmiermittel), fließen aber nicht unmittelbar in dieses ein. **Nr 2: Unfertige Erzeugnisse, unfertige Leistungen.** Bei ihnen hat bereits eine Be- oder Verarbeitung stattgefunden, so daß Löhne und Materialkosten zu verrechnen sind; sie sind jedoch noch nicht verkaufsfähig. Unfertige Leistungen sind Dienstleistungen, die am Bilanzstichtag noch nicht abgeschlossen sind. **Nr 3: Fertige Erzeugnisse und Waren.** Fertige Erzeugnisse liegen dann vor, wenn die Produkte verkaufsfähig, dh versandfertig sind. Ist die Gefahr bereits übergegangen, ist dagegen eine Forderung auszuweisen, unabhängig davon, ob diese bereits fakturiert ist. **Waren** sind Handelsartikel und Zubehörteile zu den Fertigerzeugnissen, die ohne wesentliche Be- oder Verarbeitung zur Weiterveräußerung bestimmt sind. Unter diesem Bilanzposten nicht vorgesehen ist der Ausweis **fertiger Leistungen.** Bei diesen ist im Zeitpunkt der Fertigstellung eine Gewinnrealisierung anzunehmen, so daß fertige, jedoch nicht abgerechnete Leistungen unter den Forderungen aus Leistungen auszuweisen sind. **Nr 4: geleistete Anzahlungen:** sie beziehen sich auf Anzahlungen für Roh-, Hilfs- und Betriebsstoffe oder Waren sowie für Dienstleistungen, soweit sie im Zusammenhang mit der Beschaffung von Vorräten oder dem Produktionsprozeß stehen; Anzahlungen auf sonstige Dienstleistungen, zB Beratungen, sind unter „sonstige Vermögensgegenstände" auszuweisen (*Hoyos/Bartels-Hetzler* in Beck-BilKomm § 266 Rz 110).

5. Forderungen und sonstige Vermögensgegenstände (Aktivseite B II). Nr 1: Forderungen aus Lieferungen und Leistungen. 6
Diese resultieren aus der einseitigen Erfüllung von Ansprüchen aus gegenseitigen Liefer-, Werk- oder Dienstleistungsverträgen durch das bilanzierende Unternehmen und der noch ausstehenden Erfüllung durch den Schuldner; sie entstammen aus der Haupttätigkeit des Unternehmens und stellen die sog Umsatzgeschäfte dar. Forderungen, die nicht im Zusammenhang mit der Haupttätigkeit des Unternehmens stehen, sind unter den sonstigen Vermögensgegenständen auszuweisen (zB Verkauf von Gegenständen des Anlagevermögens). Forderungen aus Lieferungen und Leistungen, die über einen längeren Zeitraum **gestundet** sind, verlieren nicht ihren Charakter als Forderung. Nur im Fall der Umwandlung in ein Darlehen mit Zins- und Tilgungsleistungen (Novation) ist eine Umgliederung unter die Ausleihungen vorzunehmen. **Nr 2: Forderungen gegen verbundene Unternehmen.** Unter diesem Posten sind sämtliche Forderungen mit Ausnahme der Ausleihung an verbundene Unternehmen iS von § 271 II auszuweisen, unabhängig davon, woraus sie resultieren (*ADS*, § 266 Rz 129). **Nr 3: Forderungen gegen Unternehmen, mit denen ein Beteiligungsverhältnis besteht.** Mit Ausnahme der Ausleihungen sind sämtliche Forderungen gegen Unternehmen, mit denen ein Beteiligungsverhältnis iS von § 271 I besteht, aber bei dem es sich nicht um ein verbundenes Unternehmen handelt, unter diesem Posten auszuweisen. **Nr 4: Sonstige**

§ 266
Drittes Buch. Handelsbücher

Vermögensgegenstände. Diese Bilanzposition stellt einen Sammelposten für alle Vermögensgegenstände des Umlaufvermögens dar, die keiner anderen Position zuzuordnen sind. Hierunter sind ua auszuweisen Gehalts- und Kostenvorschüsse, Steuererstattungsansprüche, Schadensersatzansprüche, debitorische Kreditoren, Kautionen, Genossenschaftsanteile und GmbH-Anteile, bei denen keine Beteiligungsabsicht besteht, Ansprüche auf Investitionszulagen, Anzahlungen auf nicht aktivierungsfähige Sachverhalte ua.

7 6. Wertpapiere (Aktivseite B III). Hier sind lediglich Wertpapiere des Umlaufvermögens auszuweisen, die sich von denen des Anlagevermögens nur durch ihre Zwecksetzung unterscheiden. **Nr 1: Anteile an verbundenen Unternehmen.** Dies sind solche Anteile, die nicht mit Daueranlageabsicht gehalten werden. **Nr 2: Eigene Anteile.** Die Verpflichtung zum gesonderten Ausweis eigener Anteile unter diesem Posten ist unabdingbar, unabhängig von der Zweckbestimmung der Anteile (§ 265 III 2). Die eigenen Anteile haben sowohl die Eigenschaft echter Vermögenswerte als auch eine **Korrekturfunktion** zum Eigenkapital. Ein Ausweis hat auch dann zu erfolgen, wenn die eigenen Anteile entgegen den Vorschriften der § 71 AktG bzw § 33 GmbHG erworben wurden und damit das **schulrechtliche Geschäft nichtig** ist. In Höhe der aktivierten eigenen Anteile ist eine **Rücklage für eigene Anteile** zu bilden (§ 272 Abs 4). **Nr 3: Sonstige Wertpapiere.** Hierunter sind solche Wertpapiere des Umlaufvermögens auszuweisen, die nicht Anteile an verbundenen Unternehmen oder eigene Anteile darstellen. Dazu gehören ua die als Liquiditätsreserve gehaltenen Wertpapiere in Form von Anteilspapieren (Aktien), Gläubigerpapieren (Obligationen) und sonstige Wertpapiere (Investmentpapiere, Schatzanweisungen, Finanzwechsel, Genußscheine).

8 7. Kassenbestand, Bundesbankguthaben, Guthaben bei Kreditinstituten und Schecks (Aktivseite B IV). Sämtliche flüssigen Mittel sind in einer Position auszuweisen. Der **Kassenbestand** umfaßt die Bestände der einzelnen Kassen des Unternehmens an in- und ausländischem Bargeld einschließlich Brief-, Steuer- und Beitragsmarken. Zu den **Guthaben bei Kreditinstituten** gehören sämtliche Forderungen gegenüber in- und ausländischen Kreditinstituten iS des KWG; auszuweisen sind sowohl täglich fällige als auch Festgelder. Bausparguthaben sind unter den sonstigen Vermögensgegenständen auszuweisen (*Förschle/Kofahl* in Beck-BilKomm § 266 Rz 157; aA *ADS*, § 266 Rz 154). Gleichartige Guthaben und Verbindlichkeiten gegenüber demselben Kreditinstitut sind zu **saldieren,** ansonsten gilt § 246 II. Die aufgrund des Postneuordnungsgesetzes aus der Deutschen Bundespost hervorgegangene Postbank AG ist nach deren Satzung ein Kreditinstitut iS des § 1 I 1 KWG; die Erlaubnis nach § 32 KWG gilt der Postbank als erteilt (§ 64 KWG). Die Postbank ist daher als normales Kreditinstitut anzusehen, so daß für einen gesonderten Ausweis eines „Postgiroguthabens" keine Veranlassung mehr bestand. Zu den **Schecks**

Zweiter Abschn. Ergänzende Vorschriften für KapitalGes **§ 266**

gehören Inhaber- und Orderschecks, Bar- und Verrechnungsschecks, DM- bzw. EURO- und Fremdwährungsschecks sowie Reise- und Tankschecks.

III. Passivseite (III)

1. Eigenkapital (Passivseite A). Sämtliche Eigenkapitalposten einschließlich eines Jahresgewinns oder -verlusts sind unter dieser Position auszuweisen. Lediglich im Falle einer bilanziellen Überschuldung erscheint der Saldo als „nicht durch das Eigenkapital gedeckter Fehlbetrag" auf der Aktivseite. Zum Eigenkapital gehören: **a) Gezeichnetes Kapital** (A I): Hierbei handelt es sich um das Stamm- bzw Grundkapital (§ 272 I S 1). Maßgebend für den Ausweis ist die Höhe des am Bilanzstichtag im **Handelsregister** eingetragenen haftenden Kapitals (wg der Umstellung auf den EURO vgl Erl zu § 272 Rz 3). **b) Kapitalrücklage** (A II). Auszuweisen sind diejenigen Beträge, die von den Gesellschaftern über den Betrag des gezeichneten Kapitals hinaus geleistet wurden. **c) Gewinnrücklagen** (A III). Hier sind solche Beträge auszuweisen, die im abgelaufenen oder einem früheren Geschäftsjahr aus dem Ergebnis gebildet wurden (§ 272 III). Die **gesetzliche Rücklage** (A III 1) ist gemäß § 150 AktG nur für AG und KGaA vorgeschrieben; in sie müssen fünf Prozent des um einen Verlustvortrag aus dem Vorjahr geminderten Jahresüberschusses eingestellt werden, bis die Summe aus Kapitalrücklage und der gesetzlichen Rücklage zehn Prozent des gezeichneten Kapitals erreicht. Die **Rücklage für eigene Anteile** (A III 2) dient als **Ausschüttungssperre** im Hinblick auf die im Umlaufvermögen ausgewiesenen eigenen Anteile bzw Anteile an einem herrschenden oder mit Mehrheit beteiligten Unternehmen (vgl Erl zu § 272 IV). Die Bildung **satzungsmäßiger Rücklagen** (A III 3) erfolgt aufgrund einer Bestimmung in Gesellschaftsvertrag oder Satzung. In die **anderen Rücklagen** (A III 4) sind solche Rücklagen einzustellen, die ua von der Hauptversammlung der AG oder der Gesellschafterversammlung der GmbH ohne gesetzliche oder satzungsmäßige Verpflichtung aus dem Jahresergebnis gebildet werden. **d) Gewinnvortrag/Verlustvortrag** (A IV). Die Höhe dieses Postens ergibt sich aus der **Beschlußfassung** der Haupt- oder Gesellschafterversammlung über die Verwendung des Ergebnisses des **Vorjahres. e) Jahresüberschuß/Jahresfehlbetrag.** (A V). Die Höhe dieses Betrages ergibt sich aus der Gewinn- und Verlustrechnung als wirtschaftliches Ergebnis der abzurechnenden Periode.

2. Rückstellungen (Passivseite B). Während mittelgroße und große KapGes sowie PersHandelsGes iSv § 264a I die Rückstellungen im einzelnen in ihrer Bilanz aufzuführen haben und darüberhinaus die Position „Sonstige Rückstellungen" bei nicht unerheblichem Umfang im Anhang erläutern müssen (§ 285 Nr 12), brauchen kleine KapGes und kleine PersHandelsGes iSv § 264a I die Rückstellungen nur insgesamt in einem Betrag aufzuführen und nicht zu untergliedern. **Nr 1:**

§ 266
Drittes Buch. Handelsbücher

Rückstellungen für Pensionen und ähnliche Verpflichtungen. Auszuweisen sind alle Verpflichtungen, die für laufende Pensionen oder für Anwartschaften auf eine Pension oder für ähnliche Verpflichtungen gebildet werden. Für Altzusagen, die vor dem 1. 1. 1987 erteilt wurden, besteht ein Ansatzwahlrecht (Art 28 EGHGB; § 249 Rz 14). Zu den **Rückstellungen für Pensionen** zählen alle Verpflichtungen aufgrund unmittelbarer Zusagen auf eine Pension sowie die mittelbare Verpflichtung, einen Kassenfehlbetrag einer Unterstützungskasse, die vom Unternehmen zwischengeschaltet wurde, auszugleichen (*ADS*, § 266 Rz 204). Die „ähnlichen" Verpflichtungen umfassen sämtliche übrigen Verbindlichkeiten aus der Altersversorgung (zB Verpflichtungen gegenüber dem Pensionssicherungsverein). **Nr 2: Steuerrückstellungen.** Hier sind sämtliche Steuern auszuweisen, bei denen das Unternehmen Steuerschuldner ist. Liegt ein rechtskräftiger Steuerbescheid für eine konkrete Steuer vor, ist eine Umgliederung in die sonstigen Verbindlichkeiten vorzunehmen. Vertretbar erscheint der sofortige Ausweis des unzweifelhaften Steuerschuldbetrags unter den sonstigen Verbindlichkeiten und die Beschränkung der Steuerrückstellung auf den ungewissen Betrag (*ADS*, § 266 Rz 207). Eine Rückstellung aufgrund erwarteter Steuernachzahlungen aus zukünftigen Betriebsprüfungen ist solange nicht vertretbar, als keine konkreten Anhaltspunkte für eine Steuernachforderung vorliegen (aA *ADS*, § 266 Rz 210). **Nr 3: Sonstige Rückstellungen.** Diese Position umfaßt alle Rückstellungen, die weder Pensions- noch Steuerrückstellungen sind. Mittelgroße und große KapGes und PershandelsGes iSv § 264a I müssen die sonstigen Rückstellungen bei nicht unerheblichem Umfang im Anhang erläutern (§ 285 Nr 12); aufgrund des Gesetzeswortlauts erscheint allerdings auch die Aufgliederung der sonstigen Rückstellungen in der Bilanz als zulässig.

11 **3. Verbindlichkeiten (Passivseite C).** Verbindlichkeiten sind am Stichtag der Höhe und der Fälligkeit nach feststehende Verpflichtungen des Unternehmens; indes ist nicht jede zivilrechtliche Schuld passivierungspflichtig, es muß vielmehr eine **Vermögensbelastung** des Unternehmens vorliegen. Zu vermerken sind Verbindlichkeiten mit einer Restlaufzeit bis zu einem Jahr (§ 268 V). Zu den Verbindlichkeiten gehören im einzelnen: **Nr 1: Anleihen.** Dies sind Verbindlichkeiten, die entweder am inländischen, am nationalen ausländischen oder am internationalen Kapitalmarkt aufgenommen wurden. Unter den Anleihen auszuweisen sind Schuldverschreibungen (Obligationen), Wandel- und Optionsschuldverschreibungen, Gewinnschuldverschreibungen und uU Genußscheine; letztere allerdings nur, soweit das Genußrechtskapital Fremdkapital darstellt (*Clemm/Erle* in Beck-Bil-Komm § 266 Rz 216). Wird bei der Ausgabe von Wandel- oder Optionsanleihen ein über den Rückzahlungsbetrag hinausgehendes **Aufgeld** erzielt, ist dies nach § 272 II Nr 2 in die Kapitalrücklage einzustellen. Nicht zu den Anleihen, sondern zu den Verbindlichkeiten

Zweiter Abschn. Ergänzende Vorschriften für KapitalGes **§ 266**

gegenüber Kreditinstituten oder sonstigen Verbindlichkeiten zählen **Schuldscheindarlehen** und andere langfristige Darlehen, die nicht am Kapitalmarkt aufgenommen wurden (*ADS,* § 266 Rz 220). Die Position der Anleihen ist mit dem **Vermerk „davon konvertibel"** zu ergänzen. Hiermit ist die Umtauschmöglichkeit von Wandel- und Gewinnschuldverschreibungen in Anteile der KapGes (Konversion) angesprochen (*ADS,* § 266 Rz 221). **Nr 2: Verbindlichkeiten gegenüber Kreditinstituten.** Hierunter sind sämtliche Verbindlichkeiten gegenüber in- und ausländischen Kreditinstituten iS des KWG auszuweisen unabhängig von ihrer Laufzeit, einschließlich der bis zum Bilanzstichtag entstandenen Zinsverpflichtungen. Ob auch Verbindlichkeiten gegenüber Bausparkassen unter diesem Posten auszuweisen sind, ist strittig (dafür: *Clemm/Erle* in Beck-BilKomm § 266 Rz 221; GK *Marsch-Barner,* § 266 Rz 60; dagegen *Matschke* in BoHR § 266 Rz 173). **Nr 3: Erhaltene Anzahlungen auf Bestellungen.** Der Posten umfaßt die vereinnahmten Anzahlungen auf Bestellungen für schwebende Geschäfte, bei denen von seiten des Bilanzierenden weder abrechenbare Leistungen noch Teilleistungen erbracht wurden. Soweit die erhaltenen Anzahlungen auf Bestellungen auf Vorräte entfallen, kann eine **offene Absetzung** von der Position „Vorräte" erfolgen (§ 268 V). Der Ausweis der **Umsatzsteuer (USt) auf erhaltene Anzahlungen** kann nach der Brutto- oder Nettomethode erfolgen. Bei der **Brutto-Methode** werden die Anzahlungen einschließlich USt ausgewiesen. Die an den Fiskus abgeführte Ust wird unter den Rechnungsabgrenzungsposten aktiviert. Die **Netto-Methode** führt zum Ausweis der erhaltenen Anzahlung ohne auf die sie entfallende USt. Bis zur Abführung an die Finanzkasse ist die erhaltene USt unter den sonstigen Verbindlichkeiten auszuweisen. Die hM zieht die Netto-Methode vor (IdW/HFA 1/1985 idF 1990; *ADS,* § 266 Rz 225; *Clemm/ Erle* in Beck-BilKomm § 266 Rz 226). **Nr 4: Verbindlichkeiten aus Lieferungen und Leistungen.** In diesem Posten sind sämtliche Verpflichtungen aus vom Vertragspartner bereits erfüllten Lieferungs- und Leistungsgeschäften auszuweisen, es sei denn, es handelt sich beim Vertragspartner um ein verbundenes Unternehmen oder um ein Unternehmen, mit dem ein Beteiligungsverhältnis besteht. Die Einschränkung auf einen unmittelbaren Zusammenhang mit dem betrieblichen Leistunsprozeß gilt hier nicht; vielmehr sind unabhängig von ihrer Entstehungsursache sämtliche Verbindlichkeiten aus Liefer-, Werk-, Dienstleistungs-, Miet- und anderen Verträgen zu erfassen. Forderungen an Lieferanten dürfen nicht mit den Verbindlichkeiten verrechnet werden, sondern sind als **debitorische Kreditoren** unter den sonstigen Vermögensgegenständen auszuweisen (Saldierungsverbot). Die Verbindlichkeiten gegenüber Lieferanten umfassen auch die in Rechnung gestellte Umsatzsteuer. **Nr 5: Verbindlichkeiten aus der Annahme gezogener Wechsel und der Ausstellung eigener Wechsel.** Bestandteile der Wechselverbindlichkeiten sind die als Schuldwechsel auf das Unternehmen gezogenen Wechsel **(Art 1 ff WG)** und die von

§ 267 Drittes Buch. Handelsbücher

der Unternehmung auf sich selbst ausgestellten eigenen Wechsel (**Art 75 WG**). Nicht zu den Wechselverbindlichkeiten gehören die sog **Kautions-, Sicherungs- oder Depotwechsel,** die als Sicherheit hinterlegt werden. Erst mit dem Eintritt des Sicherungsfalles sind die Wechsel zu erfassen; davor sind derartige Wechsel auch nicht nach § 251 unter der Bilanz zu vermerken. **Nr 6: Verbindlichkeiten gegenüber verbundenen Unternehmen.** Hierher gehören sämtliche Verbindlichkeiten gegenüber verbundenen Unternehmen, unabhängig vom zugrundeliegenden Rechtsgeschäft, uU ist die Mitzugehörigkeit zu einem anderen Posten anzugehen. **Nr 7: Verbindlichkeiten gegenüber Unternehmen, mit denen ein Beteiligunsverhältnis besteht.** Vgl Erl zu der entsprechenden Position auf der Aktivseite (Rz 6).

12   **Nr 8: Sonstige Verbindlichkeiten.** Dieser Bilanzposten umfaßt als **Sammelposten** diejenigen Verpflichtungen, die nicht unter einem der Posten Nr 1 bis 7 auszuweisen sind. Hierzu gehören insbesondere noch nicht ausbezahlte Löhne und Gehälter, Verbindlichkeiten aus einbehaltenen Sozialbeiträgen, Steuerschulden, soweit nicht als Steuerrückstellung erfaßt, Beiträge an den Pensionssicherungsverein, kreditorische Debitoren, Einlagen typisch stiller Gesellschafter (§ 230 Rz 1 ff). Die Vermerkpflicht **„davon aus Steuern"** umfaßt nicht nur diejenigen Steuern, für die der Bilanzierende selbst Steuerschuldner ist, sondern auch die Steuerarten, für die er Haftender bzw Entrichtungspflichtiger (Lohn- und Kapitalertragsteuer) ist. Der Vermerk **„davon im Rahmen der sozialen Sicherheit"** steht inhaltlich mit der Position der GuV „soziale Abgaben und Aufwendungen für Altersversorgung und Unterstützung" im Zusammenhang und schließt die durchlaufenden Beträge (Arbeitnehmerbeiträge zur Sozialversicherung) mit ein; auch Beiträge zum Pensionssicherungsverein sind hierunter zu erfassen (WPHdb 2000, F Rz 345; *Clemm/Erle* in Beck-BilKomm § 266 Rz 246).

14   **4. Rechnungsabgrenzungsposten (Passivseite D).** Die Position umfaßt solche Beträge, die als Einnahmen vor dem Bilanzstichtag Erträge für eine bestimmte Zeit nach dem Stichtag darstellen (Vgl Erl zu § 250 II).

§ 267 Umschreibung der Größenklassen

(1) **Kleine Kapitalgesellschaften sind solche, die mindestens zwei der drei nachstehenden Merkmale nicht überschreiten:**

1. **6 720 000 Deutsche Mark Bilanzsumme nach Abzug eines auf der Aktivseite ausgewiesenen Fehlbetrags (§ 268 Abs. 3).**
2. **13 440 000 Deutsche Mark Umsatzerlöse in den zwölf Monaten vor dem Abschlußstichtag.**
3. **Im Jahresdurchschnitt fünfzig Arbeitnehmer.**

Zweiter Abschn. Ergänzende Vorschriften für KapitalGes **§ 267**

(2) Mittelgroße Kapitalgesellschaften sind solche, die mindestens zwei der drei in Absatz 1 bezeichneten Merkmale überschreiten und jeweils mindestens zwei der drei nachstehenden Merkmale nicht überschreiten:
1. 26 890 000 Deutsche Mark Bilanzsumme nach Abzug eines auf der Aktivseite ausgewiesenen Fehlbetrags (§ 268 Abs. 3).
2. 53 780 000 Deutsche Mark Umsatzerlöse in den zwölf Monaten vor dem Abschlußstichtag.
3. Im Jahresdurchschnitt zweihundertfünfzig Arbeitnehmer.

(3) ¹Große Kapitalgesellschaften sind solche, die mindestens zwei der drei in Absatz 2 bezeichneten Merkmale überschreiten. ²Eine Kapitalgesellschaft gilt stets als große, wenn sie einen organisierten Markt im Sinne des § 2 Abs 5 des Wertpapierhandelsgesetzes durch von ihr ausgegebene Wertpapiere im Sinne des § 2 Abs 1 Satz 1 des Wertpapierhandelsgesetzes in Anspruch nimmt oder die Zulassung zum Handel an einem organisierten Markt beantragt worden ist.

(4) ¹Die Rechtsfolgen der Merkmale nach den Absätzen 1 bis 3 Satz 1 treten nur ein, wenn sie an den Abschlußstichtagen von zwei aufeinanderfolgenden Geschäftsjahren über- oder unterschritten werden. ²Im Falle der Umwandlung oder Neugründung treten die Rechtsfolgen schon ein, wenn die Voraussetzungen des Absatzes 1, 2 oder 3 am ersten Abschlußstichtag nach der Umwandlung oder Neugründung vorliegen.

(5) Als durchschnittliche Zahl der Arbeitnehmer gilt der vierte Teil der Summe aus den Zahlen der jeweils am 31. März, 30. Juni, 30. September und 31. Dezember beschäftigten Arbeitnehmer einschließlich der im Ausland beschäftigten Arbeitnehmer, jedoch ohne die zu ihrer Berufsausbildung Beschäftigten.

(6) Informations- und Auskunftsrechte der Arbeitnehmervertretungen nach anderen Gesetzen bleiben unberührt.

I. Die Größenklassen

Das Gesetz legt in Abs 1 bis 3 Größenklassen für Kapitalgesellschaften 1 und PershandelsGes iSv § 264a I fest, deren Merkmale sich nach Bilanzsumme, Umsatzerlöse und Zahl der Arbeitnehmer bestimmen. Die dort festgelegten Merkmale gelten auch für Genossenschaften (§ 336 II 1), während sie für Kreditinstitute (§ 340 a II) und Versicherungsunternehmen (§ 341 a II) keine Anwendung finden. An die Einordnung der KapGes in bestimmte Größenklassen knüpft das Gesetz unterschiedliche Rechtsfolgen bezüglich Aufstellung, Prüfung und Offenlegung von JA und Lageberichten. Die Merkmale sind gegenüber der Fassung des BiRiLiG durch das KapCoRiLiG erstmals angehoben worden; zur Anwendung vgl ie Rz 8.

§ 267 Drittes Buch. Handelsbücher

2   **1. Kleine KapGes (I).** Eine kleine KapGes liegt dann vor, wenn an zwei aufeinanderfolgenden Stichtagen zwei der drei folgenden Merkmale **nicht** überschritten werden:
- Bilanzsumme: DM 6 720 000 (bisher DM 5 310 000)
- Umsatzerlöse: DM 13 440 000 (bisher DM 10 620 000)
- Durchschnittliche Arbeitnehmerzahl 50.

3   **2. Mittelgroße KapGes (II).** Mittelgroße KapGes liegen dann vor, wenn mindestens zwei der drei Merkmale für kleine KapGes überschritten, aber zwei der drei nachfolgenden Merkmale nicht überschritten werden:
- Bilanzsumme: DM 26 890 000 (bisher 21 240 000)
- Umsatzerlöse: DM 53 780 000 (bisher 42 480 000)
- Durchschnittliche Arbeitnehmerzahl 250.

Voraussetzung ist nicht, daß zwei der Merkmale innerhalb der Grenzen liegen; eine mittelgroße KapGes liegt auch dann vor, wenn ein Merkmal unter, ein zweites Merkmal über den Grenzbeträgen liegt: zB Bilanzsumme 14 Mio DM, Umsatzerlöse 55 Mio DM, Arbeitnehmer 45.

4   **3. Große KapGes (III).** Sie liegen vor, wenn zu bestimmten Stichtagen (Rz 8) zwei der drei Merkmale für mittelgroße KapGes überschritten werden. Nach Abs 3 S 2 gilt jede KapGes als große, wenn sie durch Aktien oder andere von ihr ausgebene Wertpapiere (zB Optionsoder Wandelanleihen, Genußscheine) einem organisierten Markt (amtlicher Handel, geregelter Markt und neuer Markt) in Anspruch nimmt oder die Zulassung zum Handel an einem organisierten Markt beantragt worden ist.

II. Die Größenmerkmale

5   **1. Bilanzsumme.** Maßgeblich ist die nach §§ 264 ff auf den betreffenden Abschlußstichtag aufgestellte Bilanz, vermindert um einen auf der Aktivseite ausgewiesenen Fehlbetrag iSv § 268 III. Weitere Korrekturen der Bilanzsumme sind nicht vorzunehmen (aA *Glade*, § 267 Rz 17). Das bedeutet, sämtliche von der Gesellschaft zulässigerweise ausgeübten Bilanzierungs- und Bewertungswahlrechte (zB Aktivierung der Aufwendungen für die Ingangsetzung oder Erweiterung des Geschäftsbetriebs, des Firmen- oder Geschäftswerts, Sofortabschreibungen geringwertiger Anlagegüter, Absetzungen der erhaltenden Anzahlungen auf Bestellungen von den Vorräten) sind für die Bestimmung der Größenklasse zu beachten.

6   **2. Umsatzerlöse.** Sie richten sich nach den in der GuV gem § 275 II Nr 1 oder III Nr 1 ausgewiesenen Beträgen. Zweifelsfragen bezüglich der Zuordnung bestimmter Beträge auf die Umsatzerlöse oder die sonstigen betrieblichen Erträge wirken also unmittelbar auch auf die Bestimmung des Größenklassenmerkmals. Auszugehen ist von den Net-

toerlösen; die bei Handelsunternehmen anzutreffende Handhabung des Ausweises der Umsatzerlöse einschließlich Umsatzsteuer unter offener Absetzung der Umsatzsteuer kann sich in dieser Weise nicht auf die Bestimmung der Größensklasse auswirken. Zugrundezulegen sind die Umsatzerlöse in den letzten 12 Monaten vor dem Abschlußstichtag. Ging diesem ein Rumpfgeschäftsjahr voraus, sind daher die entsprechenden Monate des vorangegangenen Geschäftsjahrs heranzuziehen. Hierbei sind die genauen Monatsumsätze (zB aus den Umsatzsteuervoranmeldungen) zu ermitteln, eine Durchschnittsermittlung oder eine Hochrechnung der Umsatzerlöse des Rumpfgeschäftsjahrs ist nicht zulässig (*Budde/Karig* in Beck-BilKomm § 267 Rz 8; *ADS*, § 267 Rz 12).

3. Zahl der Arbeitnehmer. Zum Begriff der Arbeitnehmer ist auf 7 die allgemeinen Grundsätze des Arbeitsrechts zurückzugreifen. Danach ist Arbeitnehmer jede natürliche Person, die aufgrund eines privatrechtlichen Vertrags einem anderen zur Leistung fremdbestimmter Arbeit in persönlicher Abhängigkeit verpflichtet ist. Dazu gehören auch Heimarbeiter, Schwerbehinderte, wegen Mutterschaftsschutz Beurlaubte, unselbständige Handelsvertreter, wegen einer Wehrübung kurzfristig Freigestellte, Teilzeitbeschäftigte und Personen, die sich in einem Probearbeitsverhältnis befinden. Keine Arbeitnehmer sind gesetzliche Vertreter einer KapGes (Vorstandsmitglieder und Geschäftsführer), Mitglieder eines gesellschaftsrechtlichen Aufsichtsorgans (Aufsichtsrat, Verwaltungsrat oder Beirat), nicht aufgrund eines Dienstvertrags, sondern eines anderen privatrechtlichen Vertrags Beschäftigte, Leiharbeitnehmer, soweit sie Arbeitnehmer des Verleihers sind, den Grundwehrdienst leistende Wehrpflichtige, aufgrund von Vorruhestands- oder Altersfreizeitregelungen ausgeschiedener Mitarbeiter, mitarbeitende Familienangehörige eines Gesellschafters, sofern kein Arbeitsvertrag besteht und zur Berufsausbildung Beschäftigte. Die Zahl der Arbeitnehmer ist aus dem Jahresdurchschnitt zu ermitteln; hierfür sind die Zahlen der Mitarbeiter jeweils zum 31. März, 30. Juni, 30. September und 31. Dezember zugrundezulegen (Abs 5). Dies gilt auch im Fall eines Rumpfgeschäftsjahrs, so daß in einem solchen Fall auf die letzten Stichtage vor Beginn des Rumpfgeschäftsjahrs zurückzugreifen ist. Teilzeitbeschäftige sind nicht voll, sondern nur pro rata temporis ihrer vereinbarten durchschnittlichen Arbeitszeit zu berücksichtigen, da eine uneingeschränkte Pro-Kopf-Zählung zu sachfremden Ergebnissen führen würde (*Budde/Karig* in Beck-BilKomm § 267 Rz 12).

III. Voraussetzungen für den Eintritt der Rechtsfolgen (IV)

Die in Abs 1 bis 3 genannten Größenmerkmale müssen an zwei 8 aufeinanderfolgenden Abschlußstichtagen vorliegen; ist dies der Fall, erfolgt am zweiten Stichtag die Einordnung in die betreffende Größenklasse. Nicht erforderlich ist, daß dieselben zwei Merkmale zu den Stichtagen erfüllt sein müssen; es reicht vielmehr aus, wenn jeweils zwei der drei Merkmale erfüllt sind. Ein erst- oder einmaliges Über- oder Unterschreiten der Grenzwerte ist unbeachtlich. Zur Klassifizierung in die verschiedenen Größenklassen vgl. die Tabelle bei *Budde/Karig* in Beck-BilKomm § 267, Rz 23. Aufgrund der Anhebung der Großmerkmale ergeben sich für die erstmalige Anwendung bestimmte Besonderheiten. Nach Art 48 I EGHGB wird unterschieden zwischen der erstmaligen Anwendung auf PershandelsGes iSv § 264 a I und auf bisher schon erfaßte KapGes. Auf PershandelsGes iSv § 264 a I sind die Vorschriften der §§ 264 bis 335 b erstmals auf JA für die nach dem 31. Dezember 1999 beginnenden Geschäftsjahre anzuwenden (Art. 48 I 1 EGHGB). Die Rechtsfolgen der Merkmale treten nur ein, wenn sie an zwei aufeinanderfolgenden Abschlußstichtagen über- oder unterschritten werden (Abs 4 S 1). Daher sind für die erstmalige Pflichtaufstellung zum 31. Dezember 2000 die Merkmale für diesen Stichtag und die des Vorjahres maßgeblich. Für KapGes, die bereits bisher nach §§ 264 ff Rechnung gelegt haben, waren die erhöhten Schwellenwerte erstmals auf JA für das nach dem 31. Dezember 1998 beginnende Geschäftsjahr anzuwenden, wobei für die Beurteilung, ob am 31. Dezember 1999 die Merkmale an zwei aufeinanderfolgenden Stichtagen unter- oder überschritten sind, die Werte zum 31. Dezember 1998 und zum 31. Dezember 1999 zugrundezulegen waren. Bei **Neugründung** oder **Umwandlung** treten die Rechtsfolgen bereits dann ein, wenn die Voraussetzungen der Abs 1 bis 3 bereits am ersten Abschlußstichtag erfüllt sind (Abs 4 S 2). Bei einer **Neugründung** ergeben sich hinsichtlich der Bilanz keine Besonderheiten, da es sich um eine stichtagsbezogene Größe handelt, so daß von der Bilanz des Rumpfgeschäftsjahrs ausgegangen werden kann. Die Umsatzerlöse sind dagegen eine zeitraumbezogene Größe und umfassen im Regelfall 12 Monate. Bei Neugründung einer Gesellschaft ist das erste Geschäftsjahr jedoch nicht selten ein Rumpfgeschäftsjahr, so daß nur die jeweiligen Monate bis zum Ende des Rumpfgeschäftsjahrs zur Verfügung stehen. In diesem Falle wird eine Hochrechnung auf 12 Monate auf Basis der vorhandenen Umsatzzahlen für sachgerecht gehalten (*ADS*, § 267 Rz 19). In die Berechnung einzubeziehen sind bei Neugründung auch die Umsatzerlöse der Vorgesellschaft, da sie wirtschaftlich der KapGes zuzurechnen sind, auch wenn diese erst mit der Eintragung in das Handelsregister entsteht (*Budde/Karig* in Beck-BilKomm § 267 Rz 23; *ADS*, § 267 Rz 19). Auch die Arbeitnehmerzahl ist als zeitraumbezogene Größe zu ermitteln, so daß für deren Ermittlung die gleichen Grundsätze gelten wie für die Ermittlung der Umsatzerlöse. Für die Ermittlung der Beträge zur Einordnung in die Größenklassen im Falle der **Umwandlung** gelten die gleichen Grundsätze wie bei der Neugründung.

IV. Umrechnung in EURO

9   Für die Umrechnung der Größenmerkmale in Abs. 1 u 2 auf den EURO ist eine ausdrückliche gesetzliche Regelung bisher nicht getrof-

Zweiter Abschn. Ergänzende Vorschriften für KapitalGes **§ 268**

fen worden; es ist daher davon auszugehen, daß die dort genannten DM-Beträge mit dem vom Rat der Europäischen Union unwiderruflich festgelegten Umrechnungskurs umzurechnen sind.

V. Informationsrechte der Arbeitnehmervertretungen (VI)

Abs 6 dient ausschließlich der Klarstellung. 10

§ 268 Vorschriften zu einzelnen Posten der Bilanz. Bilanzvermerke

(1) ¹Die Bilanz darf auch unter Berücksichtigung der vollständigen oder teilweisen Verwendung des Jahresergebnisses aufgestellt werden. ²Wird die Bilanz unter Berücksichtigung der teilweisen Verwendung des Jahresergebnisses aufgestellt, so tritt an die Stelle der Posten „Jahresüberschuß/Jahresfehlbetrag" und „Gewinnvortrag/Verlustvortrag" der Posten „Bilanzgewinn/Bilanzverlust"; ein vorhandener Gewinn- oder Verlustvortrag ist in den Posten „Bilanzgewinn/Bilanzverlust" einzubeziehen und in der Bilanz oder im Anhang gesondert anzugeben.

(2) ¹In der Bilanz oder im Anhang ist die Entwicklung der einzelnen Posten des Anlagevermögens und des Postens „Aufwendungen für die Ingangsetzung und Erweiterung des Geschäftsbetriebs" darzustellen. ²Dabei sind, ausgehend von den gesamten Anschaffungs- und Herstellungskosten, die Zugänge, Abgänge, Umbuchungen und Zuschreibungen des Geschäftsjahrs sowie die Abschreibungen in ihrer gesamten Höhe gesondert aufzuführen. ³Die Abschreibungen des Geschäftsjahrs sind entweder in der Bilanz bei dem betreffenden Posten zu vermerken oder in Anhang in einer der Gliederung des Anlagevermögens entsprechenden Aufgliederung anzugeben.

(3) Ist das Eigenkapital durch Verluste aufgebraucht und ergibt sich ein Überschuß der Passivposten über die Aktivposten, so ist dieser Betrag am Schluß der Bilanz auf der Aktivseite gesondert unter der Bezeichnung „Nicht durch Eigenkapital gedeckter Fehlbetrag" auszuweisen.

(4) ¹Der Betrag der Forderungen mit einer Restlaufzeit von mehr als einem Jahr ist bei jedem gesondert ausgewiesenen Posten zu vermerken. ²Werden unter dem Posten „sonstige Vermögensgegenstände" Beträge für Vermögensgegenstände ausgewiesen, die erst nach dem Abschlußstichtag rechtlich entstehen, so müssen Beträge, die einen größeren Umfang haben, im Anhang erläutert werden.

(5) ¹Der Betrag der Verbindlichkeiten mit einer Restlaufzeit bis zu einem Jahr ist bei jedem gesondert ausgewiesenen Posten zu vermerken. ²Erhaltene Anzahlungen auf Bestellungen sind,

§ 268

Drittes Buch. Handelsbücher

soweit Anzahlungen auf Vorräte nicht von dem Posten „Vorräte" offen abgesetzt werden, unter den Verbindlichkeiten gesondert auszuweisen. ³Sind unter dem Posten „Verbindlichkeiten" Beträge für Verbindlichkeiten ausgewiesen, die erst nach dem Abschlußstichtag rechtlich entstehen, so müssen Beträge, die einen größeren Umfang haben, im Anhang erläutert werden.

(6) Ein nach § 250 Absatz 3 in den Rechnungsabgrenzungsposten auf der Aktivseite aufgenommener Unterschiedsbetrag ist in der Bilanz gesondert auszuweisen oder im Anhang anzugeben.

(7) Die in § 251 bezeichneten Haftungsverhältnisse sind jeweils gesondert unter der Bilanz oder im Anhang unter Angabe der gewährten Pfandrechte und sonstigen Sicherheiten anzugeben; bestehen solche Verpflichtungen gegenüber verbundenen Unternehmen, so sind sie gesondert anzugeben.

I. Bilanzerstellung unter Berücksichtigung der Ergebnisverwendung (I)

1   Für die Eigenkapitalgliederung in der Bilanz sieht das Gliederungsschema in § 266 III A V einen Ausweis ohne Berücksichtigung der Ergebnisverwendung vor, in dem der Jahresüberschuß bzw Jahresfehlbetrag und der Gewinn- oder Verlustvortrag aus dem Vorjahr getrennt auszuweisen sind. Abs 1 räumt der KapGes das Wahlrecht ein, die Bilanz unter Berücksichtigung der vollständigen oder teilweisen Verwendung des Jahresergebnisses aufzustellen. Unter dem Begriff „Ergebnisverwendung" sind aufgrund der Gesetzessystematik Maßnahmen zu verstehen, die die weitere Entwicklung des Jahresüberschusses bzw Jahresfehlbetrags betreffen und daher von der Ergebnisermittlung genau zu trennen sind. Als Vorgänge der Verwendung des Jahresergebnisses sind daher zu verstehen:

– Ausschüttung an die Gesellschafter,
– Einstellung in Gewinnrücklagen,
– Entnahmen aus Kapital- oder Gewinnrücklagen,
– Verrechnung mit einem Ergebnisvortrag aus dem Vorjahr,
– Vortrag auf neue Rechnung.

Abs 1 erfaßt jedoch nur solche Vorgänge, die bei der Bilanzaufstellung schon berücksichtigt werden können; eine Verwendung des Bilanzgewinns durch die Hauptversammlung (§ 174 AktG) oder die beabsichtigte, aber noch nicht beschlossene Ergebnisverwendung stellen keine Ergebnisverwendung iS des Abs 1 dar. Infragekommen vielmehr nur (vgl *ADS*, § 268 Rz 17): **a)** gesetzliche (zB § 58 II, § 150 III und IV AktG) oder satzungsmäßige bzw gesellschaftsvertragliche **Verpflichtungen zur Rücklagendotierung; b)** entsprechende **Er-**

mächtigungen, die es den Geschäftsführungsorganen gestatten, **Rücklagendotierungen** vorzunehmen; c) satzungsmäßige oder gesellschaftsvertragliche **Verpflichtungen zur Auflösung von Rücklagen;** d) entsprechende **Ermächtigungen,** derartige **Auflösungen** vornehmen zu können; e) ein vor der Bilanzaufstellung gefaßter **Gesellschafterbeschluß** zur Ergebnisverwendung (praktisch sehr unwahrscheinlich).

Wird eine **teilweise Ergebnisverwendung** bei der Bilanzaufstellung berücksichtigt, ist der nicht verwendete Teil des Jahresergebnisses mit einem evtl vorhandenen Gewinn- oder Verlustvortrag zu verrechnen und als „Bilanzgewinn/Bilanzverlust" auszuweisen. Die Zusammensetzung ist in der Bilanz oder im Anhang gesondert anzugeben. Einen Sonderfall stellt die Bildung der **Rücklage für eigene Anteile** (§ 272 IV) dar, da sie zwingend bereits bei der Aufstellung der Bilanz zu bilden ist, und zwar auch dann, wenn kein entsprechendes Jahresergebnis vorhanden ist. Eine Aufstellung der Bilanz unter Berücksichtigung der **vollständigen Verwendung des Jahresergebnisses** kann sich im Rahmen von Organschaftsverträgen durch Gewinnabführungen oder durch Erträge aus Verlustübernahmen ergeben, aber auch durch Ausgleich eines Jahresfehlbetrags durch Auflösung von Rücklagen sowie durch Ausgleich eines Verlustvortrags durch den Jahresüberschuß. Voraussetzung für die Berücksichtigung der vollständigen Ergebnisverwendung bei Aufstellung des JA ist stets, daß entweder bei Aufstellung bereits ein bindender Ergebnisverwendungsbeschluß vorliegt oder daß gesetzliche oder gesellschaftsvertragliche Verpflichtungen für das Organ bestehen, das die Bilanz aufzustellen hat. Bei vollständiger Ergebnisverwendung kann es zu einem Bilanzgewinn von Null kommen. Ein evtl auf das nächste Geschäftsjahr vorzutragender Restgewinn ist als „Bilanzgewinn" auszuweisen.

II. Entwicklung des Anlagevermögens (II)

1. Darstellungsweise. Nach Abs 2 ist entweder in der Bilanz oder im Anhang die Entwicklung der einzelnen Posten des Anlagevermögens und der Aufwendungen für die Ingangsetzung und die Erweiterung des Geschäftsbetriebs nach der sog direkten Bruttomethode darzustellen. Diese dem angelsächsischen Recht entstammende Darstellungsweise des Anlagevermögens ist durch das BiRiLiG neu in die deutschen Rechnungslegungsvorschriften eingefügt worden. Basierend auf der Grundlage der historischen Anschaffungs- und Herstellungskosten soll insgesamt das im Anlagevermögen gebundene Kapital, die Altersstruktur des Anlagevermögens und die Entwicklung des Anlagevermögens im Geschäftsjahr dargestellt werden. Für den Aufbau des Anlagespiegels sind in Abs 2 lediglich die Bestandteile aufgezählt; in welcher Reihenfolge die Darstellung zu erfolgen hat, ist nicht vorgeschrieben. In der Praxis hat sich jedoch ein Neunspaltenschema mit folgendem Aufbau weitgehend durchgesetzt:

§ 268

Drittes Buch. Handelsbücher

(1)	(2)	(3)
Anschaffungs- und Herstellungskosten (historisch)	Zugänge (Geschäftsjahr)	Umbuchungen +/./. (Geschäftsjahr)
(4)	**(5)**	**(6)**
Zuschreibungen (Geschäftsjahr)	Abgänge (Geschäftsjahr)	Abschreibungen (kumuliert)
(7)	**(8)**	**(9)**
Stand 31. 12. (Buchwert)	Stand Vorjahr (Buchwert)	Abschreibungen des Geschäftsjahrs (Geschäftsjahr)

Keine Bedenken bestehen gegen eine Zusammenfassung von Spalten, wenn durch eine eindeutige Kennzeichnung (zB „Z" für Zugänge, „A" für Abgänge oder „U" für Umbuchungen in der Zugangs- bzw Abgangsspalte) die exakte Darstellung gewährleistet bleibt.

4 2. Inhalt der einzelnen Bestandteile des Anlagespiegels. a) Anschaffungs- und Herstellungskosten. In der ersten Spalte des Anlagespiegels sind die historischen Anschaffungs- und Herstellungskosten zu erfassen, die für die zu Beginn des Wirtschaftsjahrs vorhandenen Anlagengegenstände aufgewendet worden sind. Bei der erstmaligen Anwendung der Vorschriften des Abs 2 gestattete der Art 24 VI EGHGB bei der Ermittlung der historischen Anschaffungs- und Herstellungskosten gewisse Erleichterungen, wenn die Ermittlung dieser Werte nur mit unverhältnismäßig hohem Aufwand möglich war. **b) Zugänge:** Jede mengenmäßige Erhöhung des vorhandenen Anlagevermögens. Ein Zugang liegt dann vor, wenn die Verfügungsgewalt über den Gegenstand erlangt worden ist. Auszuweisen sind die Zugänge des Geschäftsjahrs mit ihren gesamten Anschaffungs- und Herstellungskosten (vgl im einzelnen die Erl zu § 255). Nachträgliche Änderungen der Anschaffungs- oder Herstellungskosten sind idR als Zugänge auszuweisen (*ADS,* § 268 Rz 52). Nachaktivierungen, zB aufgrund von Ergebnissen einer steuerlichen Betriebsprüfung, bedeuten im Regelfall eine Korrektur von in Vorjahren nicht ausgewiesener Anschaffungs- oder Herstellungskosten; sie sind als Zuschreibungen auszuweisen (aA *Biener/Berneke,* BiRiLiG, S 172). Umgliederungen vom Umlauf- in das Anlagevermögen ließen sich sowohl als Zugänge wie auch als Umbuchungen erfassen; aus Gründen der Bilanzklarheit erscheint ein Ausweis unter Zugängen mit einem entsprechenden Vermerk („davon Umgliederungen aus dem Umlaufvermögen") am zweckmäßigsten (*ADS,* § 268 Rz 51). **c) Umbuchungen:** Sowohl mengen- als auch wertmäßige Umgliederungen zwischen den einzelnen Posten des Anlagevermögens. Wegen des Bruttoprinzips sind diese in Höhe ihrer historischen Anschaffungs- und Herstellungskosten auszuweisen. **d) Zu-**

schreibungen: Reine wertmäßige Erhöhung des Anlagevermögens. Sie sind jeweils in der Höhe in der Spalte des Anlagespiegels auszuweisen, wie sie im Geschäftsjahr vorgenommen worden sind. Sie können sich aus den bereits erwähnten Nachaktivierungen aufgrund einer Betriebsprüfung ergeben, aber auch aus Korrekturen von in Vorjahren zu hoch vorgenommener Abschreibungen (zB Wegfall des Grundes für die Vornahme einer Abschreibung; § 280). **e) Abgänge:** Mengenmäßige Verringerung des Anlagevermögens, bedingt durch Verkauf, Verlust oder Verschrottung. Ein Vermögensgegenstand ist erst dann abgegangen, wenn er rein körperlich aus dem Vermögen der Ges ausgeschieden ist; auszuweisen ist der Abgang in Höhe seiner gesamten historischen Anschaffungs- oder Herstellungskosten. Ein reiner Wertverlust stellt keinen Abgang dar, sondern ist als Abschreibung zu erfassen. **f) Abschreibungen:** Alle wertmäßigen Verminderungen des Anlagevermögens. In dieser Spalte sind sämtliche Abschreibungen, sowohl planmäßige als auch außerplanmäßige und die nur aus steuerlichen Gründen vorgenommenen Abschreibungen (§ 254 iVm § 279 II) auszuweisen. Die Übertragung einer steuerfreien Rücklage (zB nach § 6b EStG) ist – anders als im Steuerrecht – in Form einer Abschreibung vorzunehmen, während der Zugang in voller Höhe mit den Anschaffungs- oder Herstellungskosten im Anlagespiegel auszuweisen ist. Neben den kumulierten Abschreibungen sind auch die Abschreibungen des Geschäftsjahrs gesondert anzugeben. Dies kann in der Bilanz bei den betreffenden Posten oder im Anhang erfolgen. Beim Ausweis im Anhang ist die Darstellung entsprechend der Gliederung des Anlagevermögens vorzunehmen. Es hat sich daher als zweckmäßig erwiesen, dem Anlagespiegel eine weitere Spalte anzufügen und den Ausweis der im Geschäftsjahr vorgenommenen Abschreibungen dort vorzunehmen. Bei Aufstellung des JA in EURO sind gem Art 42 II 3 EGHGB die bisherigen DM-Beträge des Anlagespiegels mit dem unwiderruflich festgelegten Umrechnungskurs in EURO umzurechnen.

III. Besonderheiten beim Bilanzposten Aufwendungen für die Ingangsetzung und die Erweiterung des Geschäftsbetriebs

Bei diesem als Bilanzierungshilfe (§ 269) zu verstehenden Posten können Zugänge nur entstehen, wenn abgrenzbare Aufwendungen in dem betreffenden Geschäftsjahr angefallen sind; Nachaktivierungen für frühere Geschäftsjahre sind nicht möglich. Ist der Posten voll abgeschrieben, ist im gleichen Zeitpunkt im Anlagespiegel aufgrund der Qualifikation als Bilanzierungshilfe ein Abgang zu zeigen. Für die Umrechnung in EURO gilt das Rz 4 Erläuterte entsprechend.

IV. Nicht durch Eigenkapital gedeckter Fehlbetrag (III)

Das auf der Passivseite der Bilanz (§ 266 III) unter der Position A I bis VI ausgewiesene Eigenkapital kann durch Verluste verbraucht und

§ 268 Drittes Buch. Handelsbücher

negativ werden. In diesem Fall ist auf der Passivseite kein Minusbetrag auszuweisen, sondern auf der Aktivseite der Posten „Nicht durch Eigenkapital gedeckter Fehlbetrag". Dieser stellt keinen Vermögensgegenstand dar, da er – anders als ausstehende Einlagen – keine Forderungen an die Gesellschafter beinhaltet, sondern ist ein reiner Korrekturposten zum Eigenkapital und zeigt den Betrag an, um den die Schulden die Vermögensposten übersteigen (bilanzielle Überschuldung).

V. Vermerkpflichten für Forderungen (IV)

7 Nach Abs 4 S 1 ist bei jedem Posten der Forderungen gesondert der Teilbetrag zu vermerken, dessen **Rest**laufzeit mehr als 12 Monate beträgt („davon mit einer Restlaufzeit von mehr als einem Jahr"). Zweck: Einblick in die Liquiditätslage. Kleine KapGes, die die „Forderungen und sonstigen Vermögensgegenstände" gemäß § 266 I 3 ohne Unterteilung in einem Betrag ausweisen, brauchen nur den Gesamtbetrag der Forderungen mit einer Restlaufzeit von mehr als einem Jahr zu vermerken. Ist die Restlaufzeit vertraglich nicht bestimmt oder sind Forderungen bereits überfällig und ist ihr Eingang ungewiß, ist die Restlaufzeit zu schätzen. Bei vereinbarten Ratenzahlungen ist nur der Teil der Raten in den Vermerk aufzunehmen, der nach 12 Monaten zu leisten ist. Unter den **„Sonstigen Vermögensgegenständen"** sind nach Abs 4 S 2 auch solche Posten auszuweisen, die erst nach dem Abschlußstichtag rechtlich entstehen; machen diese einen größeren Umfang aus, sind sie im Anhang zu erläutern. Unter diesen Posten fallen zB Steuererstattungsansprüche für Körperschaft- und Gewerbesteuer bei abweichenden Wirtschaftsjahren, wo die Erstattungsansprüche erst mit Ablauf des Kalenderjahrs entstehen, die Bemessungsgrundlage mit Ablauf des abweichenden Wirtschaftsjahrs aber bereits verwirklicht ist. Ferner können hierunter jahresumsatzbedingte Boni und Schadensersatzansprüche fallen (*Ellrott* in Beck-BilKomm § 268 Rz 95). Voraussetzung für eine Vermerkpflicht ist, daß diese Posten einen größeren Umfang haben.

VI. Vorschriften zu Verbindlichkeiten und Anzahlungen (V)

8 Bei den Verbindlichkeiten ist bei jedem gesondert ausgewiesenen Posten der Betrag mit einer Restlaufzeit bis zu einem Jahr zu vermerken; Zweck: Einblick in die Liquiditätslage der Gesellschaft (vgl Abs 4). Im Anhang sind ferner Angaben über die **Verbindlichkeiten** zu machen, deren Restlaufzeit mehr als fünf Jahre beträgt und die nicht gesichert sind (§ 285 Nr 1). Die Bestimmung der Restlaufzeit erfolgt nach den gleichen Grunsätzen wie bei den Forderungen. Die Angaben können auch in einem sog Verbindlichkeitenspiegel zusammenfassend dargestellt werden (vgl Erl zu § 285). Die **erhaltenen Anzahlungen** auf Bestellungen können wahlweise entweder bei den Vorräten auf der

Zweiter Abschn. Ergänzende Vorschriften für KapitalGes § **269**

Aktivseite offen abgesetzt oder unter den Verbindlichkeiten **gesondert** ausgewiesen werden (Abs 5 S 2). Die Bestimmung des Abs 5 S 3, wonach am Abschlußstichtag rechtlich **noch nicht entstandene Verbindlichkeiten** größeren Umfangs im Anhang zu erläutern sind, wird allgemein als mißglückte Transformation von Art. 21 der 4.EG-Richtlinie bezeichnet, da derartige Fälle faktisch nicht vorkommen (*Clemm/ Erle* in Beck-BilKomm § 268 Rz 108); zum Ausweis einer Verbindlichkeit gehört, daß sie rechtlich entstanden ist, unabhängig vom Zeitpunkt ihrer Fälligkeit (vgl auch *ADS,* § 168 Rz 118).

VII. Disagio (VI)

Sofern nach § 250 III ein Disagio als aktiver Rechnungsabgrenzungsposten aufgenommen wird, ist dieses in der Bilanz gesondert – also neben den übrigen Rechnungsabgrenzungsposten – auszuweisen oder im Anhang anzugeben. Im Falle des Ausweises in der Bilanz kommt ein Davon-Vermerk oder eine Untergliederung innerhalb einer Vorspalte in Betracht. 9

VIII. Haftungsverhältnisse (VII)

Haftungsverhältnisse nach § 251 sind gemäß Abs 7 entweder unter der Bilanz oder im Anhang gesondert aufzuführen; ferner ist anzugeben, welche dinglichen oder sonstigen Sicherheiten hierfür gewährt wurden. Sofern Haftungsverhältnisse gegenüber verbundenen Unternehmen bestehen, sind sie gesondert zu vermerken; dies kann unter der Bilanz mit einem Davon-Vermerk geschehen oder aber im Anhang, selbst wenn die Haftungsverhältnisse unter der Bilanz ausgewiesen sind (*Ellrott* in Beck-BilKomm § 268 Rz 127). 10

§ 269 Aufwendungen für die Ingangsetzung und Erweiterung des Geschäftsbetriebs

¹**Die Aufwendungen für die Ingangsetzung des Geschäftsbetriebs und dessen Erweiterung dürfen, soweit sie nicht bilanzierungsfähig sind, als Bilanzierungshilfe aktiviert werden; der Posten ist in der Bilanz unter der Bezeichnung „Aufwendungen für die Ingangsetzung und Erweiterung des Geschäftsbetriebs" vor dem Anlagevermögen auszuweisen und im Anhang zu erläutern.** ²**Werden solche Aufwendungen in der Bilanz ausgewiesen, so dürfen Gewinne nur ausgeschüttet werden, wenn die nach der Ausschüttung verbleibenden jederzeit auflösbaren Gewinnrücklagen zuzüglich eines Gewinnvortrags und abzüglich eines Verlustvortrags dem angesetzten Betrag mindestens entsprechen.**

§ 269 Drittes Buch. Handelsbücher

I. Aktivierungswahlrecht für Aufwendungen für die Ingangsetzung und Erweiterung des Geschäftsbetriebs (S 1)

1   Aufwendungen für die Ingangsetzung und Erweiterung des Geschäftsbetriebs sind solche Kosten, die normalerweise nicht aktiviert werden können. Bilanzierungspflichtige Vermögensgegenstände, Rechnungsabgrenzungsposten (§ 250) und Aktivierungswahlrechte (zB § 255) scheiden somit grundsätzlich für die Einordnung unter die Ingangsetzungskosten aus. **Ingangsetzungskosten** sind Aufwendungen, die in der Anfangsphase eines Unternehmens für den Aufbau der gesamten Organisation entstehen. Hierzu gehören zB Kosten für Organisationsberatung, Marktstudien, Personalsuche und -schulung und die Anfangswerbung sowie für die Fremdkapitalbeschaffung. Nicht zu den aktivierbaren Ingangsetzungskosten gehören die Kosten für die Eigenkapitalbeschaffung, da für diese ein Aktivierungsverbot (§ 248 I) besteht. Kosten der **Erweiterung des Geschäftsbetriebs** sind alle Aufwendungen, die zu einem späteren Zeitpunkt durch eine räumliche oder sonstige Ausweitung des Betriebs verursacht werden und nicht zu den aktivierungspflichtigen Anschaffungs- oder Herstellungskosten gehören, wie Kosten, die durch eine Kapazitätserweiterung, durch Errichtung einer Zweitniederlassung oder durch Aufnahme einer neuen Produktpalette, der Tätigkeit in einer anderen Branche oder durch die Übernahme von Unternehmen entstehen. Für diese beiden Kostenkategorien räumt das Gesetz als **Bilanzierungshilfe** das Wahlrecht ein, alle Kosten oder nur einen Teil zu aktivieren (Ermessen der Geschäftsleitung) (*Budde/Karig* in Beck-BilKomm § 269 Rz 7).

2   Die Zusammensetzung der aktivierten Ingangsetzungs- und Erweiterungskosten ist im Anhang zu erläutern. Aus dem Gesetz ergibt sich nicht, daß die Aktivierung der Ingangsetzungs- oder Erweiterungskosten nur zur Vermeidung eines Verlustausweises zulässig ist (so aber *Matschke* in BoHR § 269 Rz 19); daher ist die Aktivierung grundsätzlich zulässig, auch bei einer Gewinnsituation (*ADS*, § 269 Rz 16; *Glade*, § 269 Rz 3).

3   Der **Ausweis in der Bilanz** erfolgt **vor** dem Anlagevermögen; seine Entwicklung ist im Anlagespiegel darzustellen (§ 268 II). Da es sich bei der handelsrechtlichen Bilanzierungshilfe um kein Wirtschaftsgut im steuerlichen Sinne handelt, hat die Aktivierung **keine steuerliche Wirkung.** Daher ist nach § 274 I eine Steuerabgrenzung vorzunehmen, dh es ist eine Rückstellung zu bilden, da das steuerliche Ergebnis mit diesen Posten belastet und der Steueraufwand im Vergleich zum Handelsbilanzergebnis zu niedrig ausfällt.

II. Ausschüttungssperre (S 2)

4   Wird eine derartige Bilanzierungshilfe in Anspruch genommen, darf ein Gewinn nur dann ausgeschüttet werden, wenn die nach Ausschüttung jederzeit auflösbaren Gewinnrücklagen zuzüglich eines Gewinn-

vortrags abzüglich eines Verlustvortrags mindestens den Betrag der aktivierten Kosten decken. Diese dem Gläubigerschutz dienende Ausschüttungssperre soll verhindern, daß höhere Gewinne ausgeschüttet werden als in dem Fall, in dem diese Kosten nicht aktiviert, sondern gleich als gewinnmindernde Aufwendungen erfaßt werden.

§ 270 Bildung bestimmter Posten

(1) ¹**Einstellungen in die Kapitalrücklage und deren Auflösung sind bereits bei der Aufstellung der Bilanz vorzunehmen.** ²**Satz 1 ist auf Einstellungen in den Sonderposten mit Rücklageanteil und dessen Auflösung anzuwenden.**

(2) **Wird die Bilanz unter Berücksichtigung der vollständigen oder teilweisen Verwendung des Jahresergebnisses aufgestellt, so sind Entnahmen aus Gewinnrücklagen sowie Einstellungen in Gewinnrücklagen, die nach Gesetz, Gesellschaftsvertrag oder Satzung vorzunehmen sind oder auf Grund solcher Vorschriften beschlossen worden sind, bereits bei der Aufstellung der Bilanz zu berücksichtigen.**

I. Veränderungen der Kapitalrücklage (I S 1)

Die Beträge, die als Kapitalrücklage auszuweisen sind, sind für Kap- 1 Ges in § 272 II aufgezählt. Es handelt sich hierbei um Kapitalzuführungen von außen; sie stehen im Gegensatz zu den Gewinnrücklagen, die aus dem Ergebnis zu dotieren sind. Neben § 272 II kommen als Sondervorschriften für die Zuführung zur Kapitalrücklage in Betracht: §§ 229, 237 V, 232 AktG bei der AG, §§ 26 ff und 42 II GmbHG bei der GmbH. Entsprechende Zuwendungen an die KapGes sind unmittelbar bei Erhalt und nicht erst nach Feststellung des JA in der Buchhaltung als Zugang zur Kapitalrücklage zu erfassen. AG oder KGaA haben diese **Zuführung** in der Bilanz oder im Anhang anzugeben (§ 152 II AktG). Eine erfolgswirksame Buchung des Zuflusses als Ertrag und der Rücklagenbildung als Aufwand ist nicht zulässig (*Budde/Raff* in Beck-BilKomm § 270 Rz 9; *ADS*, § 270 Rz 4). **Entnahmen** aus der Kapitalrücklage stellen eine Ergebnisverwendung dar und sind bei der AG gesondert darzustellen (§ 158 I Nr 2 AktG); außerdem ist die Veränderung der Rücklage in der Bilanz oder im Anhang anzugeben (§ 152 II Nr 2 AktG). AG haben bezüglich der Entnahme aus der Kapitalrücklage die Vorschriften des § 150 III und IV AktG sowie des § 229 II AktG zu beachten. Entsprechende Regelungen für die GmbH fehlen, so daß bei diesen eine Auflösung der Rücklage jederzeit möglich ist. Bei der Kapitalerhöhung aus Gesellschaftsmitteln (§§ 207 ff AktG; §§ 57 c ff GmbHG) liegt ein Fall der Auflösung iS von Abs 1 S 1 vor, so daß bei dieser Auflösung die GuV nicht berührt wird.

II. Veränderungen des Sonderpostens mit Rücklageanteil (I S 2)

2 Sonderposten mit Rücklageanteil (§§ 247 III, 273) sind entsprechend den steuerlichen Vorschriften zu bilden. Ihre **Bildung** ist bei Aufstellung der Bilanz vorzunehmen und unterliegt ausschließlich der Geschäftsführungskompetenz. Für ihre Bildung ist weder die Zustimmung eines Kontrollorgans oder ein Gewinnverwendungsbeschluß erforderlich, auch wenn dadurch das handelsbilanzmäßige Ergebnis gemindert und insoweit eine Ausschüttung ausgeschlossen ist. Die **Auflösung** des Sonderpostens mit Rücklageanteil vollzieht sich regelmäßig nach den entsprechenden steuerlichen Vorschriften; sie ist ebenfalls im Rahmen der Aufstellung der Bilanz vorzunehmen. In der GuV müssen KapGes und PersHandelsGes iSv § 264 a I Einstellungen in und Auflösungen von Sonderposten mit Rücklageanteil unter „sonstige betriebliche Aufwendungen" bzw „sonstige betriebliche Erträge" gesondert ausweisen oder im Anhang angeben (§ 281 II 2).

III. Veränderungen der Gewinnrücklagen (II)

3 Die Bildung von Gewinnrücklagen stellt grundsätzlich eine Gewinnverwendung dar und unterliegt – anders als die Kapitalrücklagen – damit der Dispositionsbefugnis der Gesellschafter (§§ 119 AktG, 29 GmbHG). Sofern allerdings aufgrund zwingender gesetzlicher Bestimmungen (zB §§ 150 II, 300 AktG; § 272 IV iV mit §§ 71 II AktG, 33 II GmbHG: Rücklage für eigene Anteile) oder aufgrund von Satzung oder Gesellschaftsvertrag Einstellungen in die Gewinnrücklagen vorzunehmen sind, sind diese bereits bei Aufstellung der Bilanz vorzunehmen; insoweit ist das Wahlrecht des § 268 I ausgeschlossen (*Budde/Raff* in Beck-BilKomm § 270 Rz 26). Darüberhinaus gewährt § 58 II und II a AktG dem Vorstand zusammen mit dem Feststellungsorgan (idR Aufsichtsrat) die Möglichkeit, bis zu 50% des Jahresüberschusses in die Gewinnrücklagen einzustellen; auch insoweit ist das Ausschüttungsvolumen für die Gesellschafter gemindert.

§ 271 Beteiligungen. Verbundene Unternehmen

(1) [1]**Beteiligungen sind Anteile an anderen Unternehmen, die bestimmt sind, dem eigenen Geschäftsbetrieb durch Herstellung einer dauernden Verbindung zu jenen Unternehmen zu dienen.** [2]**Dabei ist es unerheblich, ob die Anteile in Wertpapieren verbrieft sind oder nicht.** [3]**Als Beteiligung gelten im Zweifel Anteile an einer Kapitalgesellschaft, die insgesamt den fünften Teil des Nennkapitals dieser Gesellschaft überschreiten.** [4]**Auf die Berechnung ist § 16 Abs. 2 und 4 des Aktiengesetzes entsprechend anzuwenden.** [5]**Die Mitgliedschaft in einer eingetragenen Genossenschaft gilt nicht als Beteiligung im Sinne dieses Buches.**

(2) **Verbundene Unternehmen im Sinne dieses Buches sind solche Unternehmen, die als Mutter- oder Tocherunternehmen (§ 290) in den Konzernabschluß eines Mutterunternehmens nach den Vorschriften über die Vollkonsolidierung einzubeziehen sind, das als oberstes Mutterunternehmen den am weitestgehenden Konzernabschluß nach dem Zweiten Unterabschnitt aufzustellen hat, auch wenn die Aufstellung unterbleibt, oder das einen befreienden Konzernabschluß nach § 291 oder nach einer nach § 292 erlassenen Rechtsverordnung aufstellt oder aufstellen könnte; Tochterunternehmen, die nach § 295 oder § 296 nicht einbezogen werden, sind ebenfalls verbundene Unternehmen.**

§ 271 enthält die gesetzlichen Definitionen für die Begriffe „Beteiligungen" und „verbundene Unternehmen", die Grundlage für zahlreiche Anwendungsfälle in anderen Bestimmungen des HGB sind (zB §§ 266 II A III 3 und 4, B II 3 und III C VII; 290 I, 311 I und II; 319 II und III ua). 1

I. Beteiligungen (I)

Der Beteiligungsbegriff in Abs 1 gilt – auch wenn er unter den Regelungen für KapGes enthalten ist – für die JA aller Kaufleute. 2

1. Definitionsmerkmale. a) Unternehmen. Eine Beteiligung liegt nur vor, wenn die Anteile an einem **Unternehmen** bestehen. Die Rechtsform, die das Beteiligungsunternehmen hat, ist unerheblich; es kann sich sowohl um eine KapGes, sonstige juristische Personen, Körperschaften des öffentlichen Rechts, Einzelkaufleute oder PersGes handeln. Lediglich die Mitgliedschaft in einer Genossenschaft gilt nicht als Beteiligung iS des 3. Buches des HGB. Ein Unternehmen liegt nach hM immer dann vor, wenn in abgrenzbarer Weise eigenständige erwerbswirtschaftliche Ziele mittels einer nach außen in Erscheinung tretenden Organisation verfolgt werden (so *Hoyos/Gutike* in Beck-BilKomm § 271 Rz 11; *ADS,* § 271 Rz 12, WPHdb 2000, T Rz 335 ff mwN); daher ist die reine Vermögensverwaltung keine unternehmerische Tätigkeit und zwar auch dann nicht, wenn aufgrund einer Mehrheitsbeteiligung ein entsprechender Einfluß in den Gesellschaftsorganen (zB in der Gesellschafter- oder Hauptversammlung) ausgeübt wird (wie hier WPHdb 2000, T 43; anders wohl BGHZ 69, 334). Auch Bruchteilsgemeinschaften, denen es idR an einer nach außen in Erscheinung tretenden Organisation fehlt, sind nicht als Unternehmen anzusehen.

2. Anteile. Anteile müssen nicht, wie dies Abs 1 S 2 ausdrücklich klarstellt, in Wertpapieren verbrieft sein. Bei Anteilen handelt es sich um Mitgliedschaftsrechte, die sowohl Vermögensrechte (zB Gewinnbezugsrecht, Anspruch auf Liquidationserlös) als auch Verwaltungsrechte (zB Stimmrecht, Informationsrecht, Mitspracherecht) umfassen. 3

Hierher gehören Aktien, GmbH-Anteile, Komplementär- und Komanditeinlagen. Eine stille Beteiligung gilt nur dann als Anteil, wenn im Innenverhältnis Mitverwaltungs- und Mitspracherechte eingeräumt werden, die Verlustbeteiligung allein reicht nicht aus.

4   3. Zweckbestimmung. Beteiligungen liegen nur dann vor, wenn die Anteile an anderen Unternehmen dazu bestimmt sind, dem eigenen Geschäftsbetrieb durch Herstellung einer dauernden Verbindung zu dienen. Es muß sich somit: **a)** zum einen um eine Daueranlage handeln, dh ein nur vorübergehender Erwerb erfüllt die Voraussetzung nicht; **b)** zum anderen muß die dauernde Verbindung zu den anderen Unternehmen mit Hilfe der Anteile angestrebt werden, eine unternehmerische Einflußnahme auf das andere Unternehmen wird allgemein nicht für erforderlich gehalten (*Biener/Berneke*, BiRiLiG, S 185; *Matschke*, BoHR § 271 15; *Hoyos/Gutike* in Beck-BilKomm § 271 Rz 17). Als Zweckbestimmung reicht aus, wenn mit dem Anteil langfristige Lieferungs- und Leistungsbeziehungen gesichert, Kooperationen in bestimmten Unternehmensbereichen (zB Einkauf, Marktforschung, Vertrieb, Entwicklung) oder gemeinsame Finanzierungsstrategien ermöglicht werden sollen. Nicht erforderlich ist, daß die Dauerverbindung unmittelbar zwischen dem eigenen Geschäftsbetrieb und dem anderen Unternehmen besteht; ausreichend ist auch eine mittelbare Verbindung (zB über eine Konzernverbindung), sofern sie dem eigenen Geschäftsbetrieb zu dienen in der Lage ist (*Hoyos/Gutike* in Beck-BilKomm § 271 Rz 19).

5   4. Beteiligungsvermutung (I S 3 und 4). Da in der Praxis der Nachweis der Zweckbestimmung der dauerhaften Anlage zum anderen Unternehmen für den eigenen Geschäftsbetrieb schwerfällt, stellt das Gesetz in Abs 1 S 3 die Vermutung auf, daß bei Anteilen, die mehr als 20% des Nennkapitals der Gesellschaft ausmachen, eine Beteiligung vorliegt. Diese gesetzliche Vermutung ist widerlegbar („im Zweifel"); hierzu bedarf es jedoch konkreter Nachweise. Der Hinweis auf § 16 II AktG besagt, daß bei Ermittlung der Anteilsquote die eigenen Anteile, die von dem anderen Unternehmen oder von einem Dritten für das andere Unternehmen gehalten werden, bei dessen Nennkapital zu kürzen sind. Nach § 16 IV AktG sind dem beteiligten Unternehmen nicht nur die ihm selbst gehörenden Anteile zuzurechnen, sondern auch die, die einem von ihm abhängigen Unternehmen gehören oder die, die für seine Rechnung von einem anderen gehalten werden.

II. Verbundene Unternehmen (II)

6   Mit dem BiRiLiG ist eine von § 15 AktG abweichende Definition in das HGB eingefügt worden, die ausschließlich für die Rechnungslegungsvorschriften des 3. Buches des HGB gilt. Für die übrigen Bereiche des Aktienrechts, beispielsweise § 312 AktG bezüglich des Berichts zu verbundenen Unternehmen, gilt weiterhin die aktienrechtliche Begriffsdefinition (vgl *Ulmer,* FS Goerdeler, S 623 ff; *Wohlgemuth,* DStR 1991, 1495 ff). Der **handelsrechtliche** Begriff des verbundenen Unternehmens hat folgende **Definitionsmerkmale: a) Mutter- und Tochterunternehmen.** Die Definition geht von den Begriffen der Konzernrechnungslegung aus und setzt voraus, daß ein Mutter- und ein Tochterunternehmen vorliegen. Ein **Mutterunternehmen** ist dann vorhanden, wenn es sich um eine die einheitliche Leitung ausübende KapGes oder PershandelsGes iSv § 264a I im Inland handelt. Nicht als Mutterunternehmen zählen demnach Unternehmen, die nicht die Rechtsform einer KapGes besitzen oder PershandelsGes iSv § 264a I sind. Die einheitliche Leitung umfaßt nicht zwangsläufig alle wesentlichen Bereiche der unternehmerischen Tätigkeit; ausreichend ist, wenn vom Gesamtbild her sich die einheitliche Leitung auf die Geschäftspolitik des Unternehmens oder auf sonstige grundsätzliche Fragen der Geschäftsführung bezieht (WPHdb 2000 T Rz 341). Außerdem liegt ein Mutterunternehmen immer dann vor, wenn die Voraussetzungen des § 290 II erfüllt sind (vgl die Erl zu § 290). **Tochterunternehmen** kann jedes beliebige Unternehmen sein; eine bestimmte Rechtsform ist nicht vorgesehen. Es muß nur unter der einheitlichen Leitung des Mutterunternehmens stehen. **b) Einbeziehung in einen Konzernabschluß.** Die Unternehmen müssen nach den Vorschriften über die Vollkonsolidierung in einen Konzernabschluß einzubeziehen sein (§§ 300 bis 307). Ob tatsächlich ein Konzernabschluß erstellt wird, ist unerheblich, ausreichend ist allein, daß die Verpflichtung zur Austellung besteht. Bei Gemeinschaftsunternehmen (§ 310) und bei assoziierten Unternehmen (§ 311 I) besteht keine Verpflichtung zur Aufstellung eines Konzernabschlusses, sie sind daher keine verbundene Unternehmen. **c) Gleichgelagerte Fälle (§§ 295, 296).** Wird aufgrund des Verbots nach § 295 ein Tochterunternehmen nicht in den Konzernabschluß einbezogen oder wird aufgrund des Wahlrechts des § 296 auf eine Einbeziehung in den Konzernabschluß verzichtet, bleibt das Tochterunternehmen gleichwohl verbundenes Unternehmen iSv Abs 2.

§ 272 Eigenkapital

(1) ¹**Gezeichnetes Kapital ist das Kapital, auf das die Haftung der Gesellschafter für die Verbindlichkeiten der Kapitalgesellschaft gegenüber den Gläubigern beschränkt ist.** ²**Die ausstehenden Einlagen auf das gezeichnete Kapital sind auf der Aktivseite vor dem Anlagevermögen gesondert auszuweisen und entsprechend zu bezeichnen; die davon eingeforderten Einlagen sind zu vermerken.** ³**Die nicht eingeforderten ausstehenden Einlagen dürfen auch von dem Posten „Gezeichnetes Kapital" offen abgesetzt werden; in diesem Falle ist der verbleibende Betrag als Posten „Eingefordertes Kapital" in der Hauptspalte der Passivseite auszuweisen und ist außerdem der eingeforderte, aber noch nicht eingezahlte Betrag unter den Forderungen gesondert**

§ 272

auszuweisen und entsprechend zu bezeichnen. [4] Der Nennbetrag oder, falls ein solcher nicht vorhanden ist, der rechnerische Wert von nach § 71 Abs. 1 Nr 6 oder 8 des Aktiengesetzes zur Einziehung erworbenen Aktien ist in der Vorspalte offen von dem Posten „Gezeichnetes Kapital" als Kapitalrückzahlung abzusetzen. [5] Ist der Erwerb der Aktien nicht zur Einziehung erfolgt, ist Satz 4 auch anzuwenden, soweit in dem Beschluß über den Rückkauf die spätere Veräußerung von einem Beschluß der Hauptversammlung in entsprechender Anwendung des § 182 Abs. 1 Satz 1 des Aktiengesetzes abhängig gemacht worden ist. [6] Wird der Nennbetrag oder der rechnerische Wert von Aktien nach Satz 4 abgesetzt, ist der Unterschiedsbetrag dieser Aktien zwischen ihrem Nennbetrag oder dem rechnerischen Wert und ihrem Kaufpreis mit den anderen Gewinnrücklagen (§ 266 Abs. 3 A.III.4.) zu verrechnen; weitergehende Anschaffungskosten sind als Aufwand des Geschäftsjahres zu berücksichtigen.

(2) Als Kapitalrücklage sind auszuweisen

1. der Betrag, der bei der Ausgabe von Anteilen einschließlich von Bezugsanteilen über den Nennbetrag oder, falls ein Nennbetrag nicht vorhanden ist, über den rechnerischen Wert hinaus erzielt wird;
2. der Betrag, der bei der Ausgabe von Schuldverschreibungen für Wandlungsrechte und Optionsrechte zum Erwerb von Anteilen erzielt wird;
3. der Betrag von Zuzahlungen, die Gesellschafter gegen Gewährung eines Vorzugs für ihre Anteile leisten;
4. der Betrag von anderen Zuzahlungen, die Gesellschafter in das Eigenkapital leisten.

(3) [1] Als Gewinnrücklagen dürfen nur Beträge ausgewiesen werden, die im Geschäftsjahr oder in einem früheren Geschäftsjahr aus dem Ergebnis gebildet worden sind. [2] Dazu gehören aus dem Ergebnis zu bildende gesetzliche oder auf Gesellschaftsvertrag oder Satzung beruhende Rücklagen und andere Gewinnrücklagen.

(4) [1] In eine Rücklage für eigene Anteile ist ein Betrag einzustellen, der dem auf der Aktivseite der Bilanz für die eigenen Anteile anzusetzenden Betrag entspricht. [2] Die Rücklage darf nur aufgelöst werden, soweit die eigenen Anteile ausgegeben, veräußert oder eingezogen werden oder soweit nach § 253 Abs. 3 auf der Aktivseite ein niedriger Betrag angesetzt wird. [3] Die Rücklage, die bereits bei der Aufstellung der Bilanz vorzunehmen ist, darf aus vorhandenen Gewinnrücklagen gebildet werden, soweit diese frei verfügbar sind. [4] Die Rücklage nach Satz 1 ist auch für Anteile eines herrschenden oder eines mit Mehrheit beteiligten Unternehmens zu bilden.

§ 272 stellt mit seinem Inhalt vornehmlich auf das Eigenkapital der KapGes (AG, KGaA, GmbH) ab. Nach § 5 II PublG ist § 272 aber auch auf Unternehmen, die nach PublG Rechnung legen müssen, entsprechend anzuwenden. Für Genossenschaften sind in § 337 Sonderregelungen enthalten. Bei Kreditinstituten und Versicherungen ist die Darstellung des Eigenkapitals in Anlehnung nach § 272 in den einzelnen Formblättern vorgeschrieben. Für PershandelsGes iSv § 264a I enthält § 264c II besondere Bestimmungen für das Eigenkapital.

I. Gezeichnetes Kapital und ausstehende Einlagen (I)

1. Begriff des Gezeichneten Kapitals. Die Definition des Abs 1 S 1 ist schlichtweg falsch. Nach §§ 1 I 2 AktG bzw 13 II GmbHG haftet den Gesellschaftsgläubigern für Verbindlichkeiten der Gesellschaft ausschließlich nur das Gesellschaftsvermögen. Selbst wenn die Gesellschafter ihre Einlageverpflichtung noch nicht erfüllt haben, entsteht keine unmittelbare Haftung den Gesellschaftsgläubigern gegenüber (anders als im Fall des § 171); der Gesellschafter bleibt immer nur der Gesellschaft gegenüber verpflichtet. Gemeint ist das Kapital, zu deren Leistung an die Gesellschaft sich die Gesellschafter in der Satzung bzw dem Gesellschaftsvertrag verpflichtet haben. Dies wird bei der AG und KGaA als Grundkapital (§§ 152 I 1, 286 II 1 AktG) und bei der GmbH als Stammkapital (§ 242 I GmbHG) bezeichnet. Nicht zum Gezeichneten Kapital gehören stille Einlagen und Gesellschafterdarlehen, auch wenn sie kapitalersetzenden Charakter (vgl § 172a Rz 11) besitzen.

2. Ausweis des Gezeichneten Kapitals. Das Gezeichnete Kapital ist in der Höhe auszuweisen, wie es im Handelsregister eingetragen ist. Bestehen verschiedene Aktiengattungen, sind die Gesamtnennbeträge der Aktien jeder Gattung anzugeben (§ 152 I 2 AktG). Bestehen noch Mehrstimmrechtsaktien (diese konnten bis 1966 ausgegeben werden), so sind beim Gezeichneten Kapital der Gesamtstimmenzahl der Mehrstimmrechtaktien und die der übrigen Aktien zu vermerken (§ 152 I 4 AktG). Bedingtes Kapital ist mit dem Nennbetrag zu vermerken (§ 152 I 2 AktG). Bei der GmbH sind besondere Vermerk- oder Angabepflichten für das Gezeichnete Kapital nicht vorgesehen.

3. Ausstehende Einlagen. Ausstehende Einlagen zeigen die Beträge, die von den Gesellschaftern noch auf ihre Aktien bzw Geschäftsanteile zu leisten sind. Sie stellen rechtlich eine Forderung des Unternehmens an die Gesellschafter dar. Wirtschaftlich sind ausstehende Einlagen als Korrekturposten zum Eigenkapital anzusehen. Bei den ausstehenden Einlagen kann es sich nur um Bareinzahlungsverpflichtungen der Gesellschafter handeln, da Sacheinlagen sowohl bei der AG (§ 36a II AktG) als auch bei der GmbH (§ 7 III GmbHG) vor Anmeldung zum Handelsregister vollständig an die Gesellschaft zu bewirken sind.

§ 272
Drittes Buch. Handelsbücher

5   **4. Ausweis der ausstehenden Einlagen.** Für die Einlagen, die noch **nicht eingefordert** sind, gewährt das Gesetz in Abs 1 S 3 ein Ausweiswahlrecht. Sie dürfen entweder auf der Aktivseite vor dem Anlagevermögen gesondert ausgewiesen werden oder auf der Passivseite vom Posten „Gezeichnetes Kapital" offen abgesetzt werden; im letzteren Fall ist der verbleibende Betrag des Gezeichneten Kapitals in der Hauptspalte der Passivseite als „Eingefordertes Kapital" auszuweisen. Das **eingeforderte,** jedoch noch nicht eingezahlte Kapital ist unter den Forderungen gesondert auszuweisen und zu bezeichnen. Sofern der Ausweis auf der Aktivseite gewählt wird, reicht bezüglich der eingeforderten Einlage der Vermerk „Davon eingefordert".

6   **5. Veränderungen beim Gezeichneten Kapital.** Veränderungen des Gezeichneten Kapitals können sich aufgrund von **Kapitalerhöhungen** oder **Kapitalherabsetzungen** ergeben. Die **Kapitalerhöhung gegen Einlagen** (§§ 182 bis 191 AktG, §§ 55, 57 GmbHG) wird erst mit der Eintragung in das Handelsregister wirksam (§§ 189 AktG, 54 III GmbHG), die Veränderung beim Stamm- oder Grundkapital kann daher erst ab diesem Zeitpunkt bilanzmäßig berücksichtigt werden. Etwaige bis dahin geleistete Bar- oder Sacheinlagen sind unter einem Sonderposten „Zur Durchführung der beschlossenen Kapitalerhöhung geleistete Einlagen" auszuweisen (*ADS,* § 272 Rz 19). Auch bei der **Kapitalerhöhung aus Gesellschaftsmitteln** vollzieht sich die Umwandlung von Rücklagen in Grund- oder Stammkapital erst mit der Eintragung des Beschlusses über die Kapitalerhöhung im Handelsregister (§§ 211 I AktG, 57c IV iVm 54 III GmbHG). Auch beim **genehmigten Kapital** (§§ 201 I, 205 AktG) erhöht sich das Grundkapital erst mit der Eintragung der Durchführung der Kapitalerhöhung im Handelsregister (§§ 203 III 4, 189 AktG). Bis dahin sind lediglich Angaben über das genehmigte Kapital im Anhang zu machen (§ 160 I Nr 4 AktG). Bei allen **Kapialherabsetzungen,** (ordentliche, vereinfachte und Herabsetzung durch Einziehung) wird die Herabsetzung erst mit der Eintragung in das Handelsregister wirksam, so daß erst ab diesem Zeitpunkt die Veränderung in der Bilanz zu berücksichtigen ist. Zu den einzelnen Voraussetzungen vgl die entsprechenden Regelungen in §§ 222 bis 228 AktG, § 58 GmbHG zu ordentlichen Kapitalherabsetzung, §§ 229 bis 236 AktG zu vereinfachten Kapitalherabsetzung und § 237 AktG zu Kapitalherabsetzung durch Einziehung.

7   **6. Zur Einziehung erworbene eigene Aktien.** Hat eine AG gem § 71 I Nr 6 oder 8 AktG eigene Anteile zur Einziehung erworben, so sind diese mit ihrem **Nennbetrag** oder ihrem **rechnerischen Wert** in einer Vorspalte offen von „Gezeichneten Kapital" als Kapitalrückzahlung anzusetzen; in keinem Fall kommt ein Ausweis unter „eigene Anteile" als Vermögensgegenstand auf der Aktivseite der Bilanz in Betracht. Die Absetzung vom „Gezeichneten Kapital" hat auch dann zu erfolgen, wenn die Aktien zwar nicht zur Einziehung erworben, eine spätere Veräußerung der Aktien jedoch von einem Hauptversamm-

lungsbeschluß mit einer Dreiviertelmehrheit abhängig gemacht worden ist. War der Kaufpreis für die eigenen Aktien höher oder niedriger als der offen abgesetzte Nennbetrag oder rechnerische Wert der eigenen Anteile, so ist die Differenz mit den anderen Gewinnrücklagen iSv § 266 III A. III. 4. zu verrechnen; darüberhinausgehende Anschaffungskosten sind als Aufwand des Geschäftsjahres zu erfassen (Näheres *Klingberg,* BB 1998, 1575 ff).

II. Kapitalrücklage (II)

Abs 2 umschreibt den Inhalt der Kapitalrücklage; sie resultiert aus 8 Einlagen, die nicht Gezeichnetes Kapital oder Einlagen und Kapitalanteile von Gesellschaftern einer PersGes darstellen. Die Rücklagen können stammen aus: **a)** Beträgen, die bei Ausgabe von Anteilen über den Nennbetrag oder ihrem rechnerischen Wert hinaus geleistet werden **(Agio)**. Ausgabekosten der Gesellschaft dürfen hiervon nicht abgezogen werden; **b)** Beträgen, die bei der **Ausgabe von Schuldverschreibungen** über den Rückzahlungsbetrag hinaus für die Wandlungsrechte und Optionsrechte zum Erwerb von Anteilen erzielt werden; **c) Zuzahlungen,** die Aktionäre bzw Gesellschafter für die Gewährung gesellschaftsrechtlicher **Vorzüge,** zB Mehrstimmrechte, Vorzugsdividenden, leisten; **d) anderen Zuzahlungen,** die Gesellschafter in das Eigenkapital leisten, ohne daß ihnen hierfür Vorzüge gewährt werden.

III. Gewinnrücklagen (III)

Im Gegensatz zu den Kapitalrücklagen, die aus Zahlungen von außen 9 stammen, dürfen Gewinnrücklagen nur aus dem Jahresüberschuß oder aus einem Jahresergebnis früherer Geschäftsjahre gebildet werden. Die Gewinnrücklagen umfassen gesetzliche, satzungsmäßige, andere Rücklagen und Rücklagen für eigene Anteile.

1. Arten der Gewinnrücklagen. Nach § 150 I AktG ist eine **gesetzliche Rücklage** zu bilden; sie hat Gläubigerschutzfunktion. In diese sind nach § 150 II AktG 5% des um einen Verlustvortrag aus dem Vorjahr gekürzten Jahresüberschusses einzustellen, und zwar solange, bis die gesetzliche und die Kapitalrücklage nach § 272 II Nr 1 bis 3 zusammen mindestens 10% oder einen in der Satzung entsprechend höheren Teil des Grundkapitals erreicht haben. Eine darüberhinausgehende höhere Zuweisung kann nur von der Hauptversammlung im Rahmen der Gewinnverwendung vorgenommen werden. Das GmbHG enthält keine entsprechende Bestimmung zur Bildung einer gesetzlichen Rücklage. Die Verpflichtung zur Bildung **satzungsmäßiger Rücklagen** ergibt sich aus der Satzung der AG oder aus dem Gesellschaftsvertrag der GmbH. Zu den Einzelheiten vgl die Bestimmungen in § 58 II AktG. Als **andere Gewinnrücklagen** gelten solche Rücklagen, für die lediglich eine Ermächtigung für Vorstand oder Geschäftsführung besteht (zB § 58 II 1 und 2 III AktG; § 29 IV GmbHG).

§ 272 Drittes Buch. Handelsbücher

2. Bildung und Verwendung der Gewinnrücklagen. Sofern nicht aufgrund gesetzlicher oder satzungsmäßiger Verpflichtungen aus dem Jahresüberschuß Rücklagen zu bilden sind oder von einer Ermächtigung Gebrauch gemacht wird, ist die Rücklagenbildung ein Akt der Ergebnisverwendung. Stellen Vorstand und Aufsichtsrat der **AG** den JA fest, so können sie einen Teil des Jahresüberschusses, höchstens jedoch die Hälfte, in andere Gewinnrücklagen einstellen (§ 58 II 1 AktG). Die Hauptversammlung kann im Beschluß über die Gewinnverwendung weitere Beträge in die Rücklage einstellen. Stellt ausschließlich die Hauptversammlung den JA fest, darf sie bei Feststellung des JA nur die Beträge in die Gewinnrücklagen einstellen, die nach Gesellschaftsvertrag oder Satzung einzustellen sind (§ 173 II 2 AktG); im Rahmen der Gewinnverwendung kann sie allerdings weitere Beträge in die Rücklagen einstellen. Bei der **GmbH** stellt die Gesellschafterversammlung den JA fest (§ 46 Nr 1 GmbHG). Im Beschluß über die Gewinnverwendung können die Gesellschafter nach § 29 II GmbHG unbeschränkt Beträge in die Gewinnrücklage einstellen. Mit Ausnahme der Rücklage für eigene Anteile enthält das GmbHG keine Vorschriften über die Verwendung der Rücklagen, so daß sie aufgrund eines Gesellschafterbeschlusses aufgelöst und als Gewinn ausgeschüttet oder zur Verlustverrechnung verwendet werden können. Bei der AG dürfen die gesetzlichen (Gewinn-)Rücklagen und die Kapitalrücklagen nur für **bestimmte Zwecke verwendet** werden, und zwar, wenn sei 10% des Grundkapitals nicht übersteigen, nur zur Verlustdeckung (Einzelheiten: § 158 III AktG), übersteigen sie 10% des Grundkapitals, können sie neben der Verlustdeckung zusätzlich noch zur Kapitalerhöhung aus Gesellschaftsmitteln verwendet werden (Einzelheiten in § 158 IV AktG).

IV. Rücklagen für eigene Anteile (IV)

10 Sofern die KapGes eigene Anteile erworben hat, ist bereits bei Aufstellung der Bilanz in Höhe der aktivierten Anschaffungskosten eine Rücklage für eigene Anteile zu bilden. Mit dieser Rücklagenbildung wird eine Ausschüttungssperre festgelegt, um sicherzustellen, daß der Erwerb der eigenen Anteile nicht zur Rückzahlung von Grund- oder Stammkapital führt. Sofern frei verfügbare Gewinnrücklagen bei Aufstellung der Bilanz bereits vorhanden sind, dürfen diese zur Bildung der Rücklagen für eigene Anteile mit verwendet werden. In diesem Fall erfolgt die Zweckbindung durch Umgliederung innerhalb des Eigenkapitals; ansonsten ist die Rücklage für eigene Anteile zu Lasten des Ergebnisses zu bilden. Die Rücklage ist auch für Anteile an einem herrschenden oder an einem mit Mehrheit beteiligten Unternehmen zu bilden (Abs 4 S 4). Die Rücklage darf nur bei Verkauf, Ausgabe an Belegschaftsmitglieder, Einziehung oder bei Abwertung der eigenen Anteile nach § 253 III aufgelöst werden; die Höhe der Rücklage bleibt somit immer an die Höhe des aktivierten Betrags für die eigenen

Anteile gekoppelt. Wird die Rücklage für eigene Anteile nicht gebildet oder unzulässigerweise aufgelöst, ist der JA der AG nach § 256 I Nr 4 AktG nichtig; die Bestimmung ist auf die GmbH entsprechend anwendbar.

§ 273 Sonderposten mit Rücklageanteil

¹**Der Sonderposten mit Rücklageanteil (§ 247 Abs. 3) darf nur insoweit gebildet werden, als das Steuerrecht die Anerkennung des Wertansatzes bei der steuerrechtlichen Gewinnermittlung davon abhängig macht, daß der Sonderposten in der Bilanz gebildet wird.** ²**Er ist auf der Passivseite vor den Rückstellungen auszuweisen; die Vorschriften, nach denen er gebildet worden ist, sind in der Bilanz oder im Anhang anzugeben.**

Nach § 247 III dürfen für Zwecke der Steuern vom Einkommen und vom Ertrag Passivposten gebildet werden, die als Sonderposten mit Rücklageanteil auszuweisen und nach Maßgabe des Steuerrechts aufzulösen sind. § 273 schränkt diese für alle Kaufleute geltende Vorschrift insoweit ein, als bei KapGes und bei PerhandelsGes iSv § 264 a I die Sonderposten nur gebildet werden dürfen, wenn das Steuerrecht deren Anerkennung von einer gleichlautenden handelsrechtlichen Bilanzierung abhängig macht (sog umgekehrte Maßgeblichkeit). § 273 ist auch auf solche Unternehmen, die nach § 5 I PublG rechnungslegungspflichtig sind, sowie auf Kreditinstitute (§ 340 a) und auf Versicherungsunternehmen (§ 341 a) anzuwenden. 1

I. Bildung des Sonderpostens (S 1)

Nach § 5 I 2 EstG können steuerliche Wahlrechte nur in Übereinstimmung mit der handelsrechtlichen Jahresbilanz ausgeübt werden; damit setzt die Inanspruchnahme steuerlicher Vergünstigungen grundsätzlich eine entsprechende Bilanzierung als Sonderposten in der Handelsbilanz voraus (sog umgekehrte Maßgeblichkeit). Lediglich die Rücklage gem § 3 des Gesetzes über steuerliche Maßnahmen zur Stillegung von Steinkohlebergwerken findet ihre steuerliche Anerkennung auch dann, wenn sie in der Handelsbilanz nicht gebildet worden ist. Für KapGes und PershandelsGes iSv § 264a I bedeutet dies, daß in deren JA eine solche Rücklage – im Gegensatz zu § 247 III – nicht gebildet werden darf (vgl Erl zu § 247 Rz 6). 2

II. Ausweis des Sonderpostens (S 2)

Das Gliederungsschema des § 266 III B enthält den Sonderposten mit Rücklageanteil nicht. Er ist nach S 2 auf der Passivseite vor der Position „Rückstellungen" auszuweisen; ein Ausweis als Unterposten des Eigenkapitals ist unzulässig (*ADS*, § 273 Rz 17). Die Vorschriften, nach denen der Sonderposten gebildet wurde, sind entweder in der 3

Bilanz oder im Anhang anzugeben (S 2 2. HS). Eine betragsmäßige Aufgliederung entsprechend den Vorschriften, nach denen der Sonderposten gebildet wurde, ist nicht erforderlich; ausgenommen die Euroumrechnungsrücklage (§ 6 d EStG), die nach Art 43 I 2 EGHGB unter der Bezeichnung „Sonderposten aus der Währungsumstellung auf den Euro" gesondert nach dem Eigenkapital auszuweisen ist. Für den Ausweis in der GuV ist neben dem Saldierungsverbot des § 246 II die Bestimmung des § 281 II 2 zu beachten, wonach Einstellungen und Auflösungen des Sonderpostens getrennt auszuweisen sind. Dies gilt auch dann, wenn sich Auflösung und Einstellung auf die gleiche steuerliche Vorschrift beziehen; so hat zB die Bildung und Auflösung einer Rücklage nach § 6 b EStG grundsätzlich über die GuV zu erfolgen, eine Übertragung nur innerhalb der Bilanz ist handelsrechtlich nicht zulässig. Die Bestimmung des S 1 führt dazu, daß bestimmte Sonderposten (zB Preissteigerungsrücklage) im handelsrechtlichen JA nicht mehr ausgewiesen werden dürfen; dies hat ein unterschiedliches Ergebnis zwischen Handelsbilanz und der steuerlichen Erfolgsrechnung zur Folge, so daß nach § 274 I S 1 eine Rückstellung für latente Steuern zu bilden ist.

§ 274 Steuerabgrenzung

(1) ¹Ist der dem Geschäftsjahr und früheren Geschäftsjahren zuzurechnende Steueraufwand zu niedrig, weil der nach den steuerrechtlichen Vorschriften zu versteuernde Gewinn niedriger als das handelsrechtliche Ergebnis ist, und gleicht sich der zu niedrige Steueraufwand des Geschäftsjahrs und früherer Geschäftsjahre in späteren Geschäftsjahren voraussichtlich aus, so ist in Höhe der voraussichtlichen Steuerbelastung nachfolgender Geschäftsjahre eine Rückstellung nach § 249 Abs. 1 Satz 1 zu bilden und in der Bilanz oder im Anhang gesondert anzugeben. ²Die Rückstellung ist aufzulösen, sobald die höhere Steuerbelastung eintritt oder mit ihr voraussichtlich nicht mehr zu rechnen ist.

(2) ¹Ist der dem Geschäftsjahr und früheren Geschäftsjahren zuzurechnende Steueraufwand zu hoch, weil der nach den steuerrechtlichen Vorschriften zu versteuernde Gewinn höher als das handelsrechtliche Ergebnis ist, und gleicht sich der zu hohe Steueraufwand des Geschäftsjahrs und früherer Geschäftsjahre in späteren Geschäftsjahren voraussichtlich aus, so darf in Höhe der vorrausichtlichen Steuerentlastung nachfolgender Geschäftsjahre ein Abgrenzungsposten als Bilanzierungshilfe auf der Aktivseite der Bilanz gebildet werden. ²Dieser Posten ist unter entsprechender Bezeichnung gesondert auszuweisen und im Anhang zu erläutern. ³Wird ein solcher Posten ausgewiesen, so dürfen Gewinne nur ausgeschüttet werden, wenn die nach der Ausschüttung verbleibenden jederzeit auflösbaren Gewinnrück-

lagen zuzüglich eines Gewinnvortrags und abzüglich eines Verlustvortrags dem angesetzten Betrag mindestens entsprechen. ⁴Der Betrag ist aufzulösen, sobald die Steuerentlastung eintritt oder mit ihr voraussichtlich nicht mehr zu rechnen ist.

I. Allgemeines

§ 274 berücksichtigt unter dem Begriff „Steuerabgrenzung" inhaltlich zeitliche Verschiebungen des Steueraufwands zwischen Handels- und Steuerbilanz, die sich in späteren Geschäftsjahren wieder ausgleichen. Bei einer voraussichtlichen Steuerbelastung in späteren Geschäftsjahren besteht eine **Verpflichtung zur Bildung einer Rückstellung,** bei einer voraussichtlichen Steuerentlastung in späteren Geschäftsjahren darf als **Bilanzierungshilfe** eine Aktivierung vorgenommen werden. Diese Regelung dient zum einen der periodengerechten Abgrenzung, zum anderen der Darstellung der Vermögenslage, da voraussichtliche Steuermehr- oder -minderbelastungen spätere Geschäftsjahre kenntlich gemacht werden. Die Regelungen gelten von der Gesetzessystematik her nur für KapGes, PershandelsGes iSv § 264 a I und Unternehmen, die unter § 5 I 2 PublG fallen; gegen die Anwendung auf andere Unternehmen bestehen jedoch keine Bedenken (*ADS,* § 274 Rz 7). 1

II. Passive Steuerabgrenzung (I)

Eine passive Steuerabgrenzung kann bei folgenden Sachverhalten notwendig werden: **a)** handelsrechtliche Erträge werden eher erfaßt als sie steuerlich zu einem Gewinn führen, **b)** Aufwendungen entstehen in der Handelsbilanz später als in der steuerlichen Ergebnisrechnung. Im Vergleich zum handelsrechtlichen Ergebnis fällt der Ertragsteueraufwand zu niedrig aus. Als Beispiel ist hier die zwischenzeitlich aufgehobene Preissteigerungsrücklage (§ 74 EStDV) zu nennen; hierher gehört aber auch § 269 I. 2

III. Aktive Steuerabgrenzung (II)

Eine aktive Steuerabgrenzung kann sich ergeben bei folgenden Sachverhalten: **a)** Erträge fallen handelsrechtlich später an als steuerlich, **b)** Aufwendungen mindern das handelsrechtliche Ergebnis eher als das steuerliche. Im Vergleich zum Ergebnis der Handelsbilanz erscheint der Ertragsteueraufwand zu hoch. Beispiele: Nichtaktivierung eines erworbenen Firmenwerts (§ 255 IV 1), der steuerlich zu aktivieren ist, so daß sich der Aufwand über die Abschreibungen auf die Folgeperioden verteilt (§ 7 I 3 EStG); Nichtaktivierung eines Disagios in der Handelsbilanz, das steuerlich jedoch abzuschreiben ist. Auch die Bildung von Aufwandsrückstellungen, die steuerlich nicht anerkannt werden, verursachen den Aufwand handelsrechtlich früher als in der Steuerbilanz. 3

§ 274 a Drittes Buch. Handelsbücher

IV. Berechnung der Steuerabgrenzung

4 Der Steuerabgrenzung, die den zeitlichen Ergebnisunterschieden Rechnung trägt, soll die effektive Steuerbelastung zugrundegelegt werden. Dazu bedarf es genauer Informationen über den Zeitraum, in dem die Ergebnisunterschiede bestehen, über die in den einzelnen Zeitabschnitten geltenden Steuersätze, insbesondere aber auch für die Berechnung der Gewerbeertragsteuer über die jeweils dann geltenden Hebesätze. Ferner war bis zum Veranlagungsjahr 2000 der gespaltene Steuersatz bei der Körperschaftsteuer zu berücksichtigen. Wegen dieser fast nicht lösbaren Schwierigkeiten werden zumeist pragmatische Berechnungsmethoden vorgeschlagen: **a)** durchschnittliche Steuersätze der Vergangenheit, **b)** Pauschalsatz von 50% (*Baumann*, § 274 Rz 30), **c)** Mischsatz aufgrund des bisherigen Ausschüttungsverhaltens (*Hoyos/Fischer* in Beck-BilKomm § 274 Rz 50) (kann ab 2001 aufgrund des einheitlichen Körperschaftssteuersatzes entfallen), **d)** Maximalbelastung (*ADS*, § 274 Rz 24).

Unter dem Gesichtspunkt der Vorsicht spricht zumindest bei der passiven Steuerabgrenzung einiges für die Berechnung auf Basis der Maximalbelastung; jedoch bestehen auch gegen die anderen Verfahren keine Bedenken.

V. Ausweis

5 Für die passive Steuerabgrenzung ist **zwingend** eine Rückstellung zu bilden, die nach § 249 I 1 entweder gesondert in der Bilanz auszuweisen oder im Anhang zu erläutern ist; zulässig ist nach § 265 V aber auch ein Davon-Vermerk bei den Steuerrückstellungen. Für die aktive Steuerabgrenzung **darf** ein aktiver Rechnungsabgrenzungsposten gebildet werden; dieser ist gesondert auszuweisen und im Anhang zu erläutern. Für den Fall der Bildung dieses Postens ist in Abs 2 S 3 eine Ausschüttungssperre vorgesehen, wonach Gewinne nur dann ausgeschüttet werden dürfen, wenn die nach Ausschüttung verbleibenden jederzeit auflösbaren Gewinnrücklagen zuzüglich eines Gewinnvortrags abzüglich eines Verlustvortrags dem angesetzten Betrag der Steuerabgrenzung mindestens entsprechen.

§ 274 a Größenabhängige Erleichterungen

Kleine Kapitalgesellschaften sind von der Anwendung der folgenden Vorschriften befreit:
1. **§ 268 Abs. 2 über die Aufstellung eines Anlagengitters,**
2. **§ 268 Abs. 4 Satz 2 über die Pflicht zur Erläuterung bestimmter Forderungen im Anhang,**
3. **§ 268 Abs. 5 Satz 3 über die Erläuterung bestimmter Verbindlichkeiten im Anhang,**

4. § 268 Abs. 6 über den Rechnungsabgrenzungsposten nach § 250 Abs. 3,
5. § 269 Satz 1 insoweit, als die Aufwendungen für die Ingangsetzung und Erweiterung des Geschäftsbetriebs im Anhang erläutert werden müssen.

Für kleine KapGes und PershandelsGes iSv § 264a I gelten für die Bilanzerstellung gewisse Erleichterungen: Verzicht auf die Aufstellung eines Anlagengitters (§ 268 II), Verzicht auf die Erl von sonstigen Vermögensgegenständen und Verbindlichkeiten, die erst nach dem Bilanzstichtag rechtlich entstehen (§ 268 IV 2, V 3), kein gesonderter Ausweis eines Disagios in den Rechnungsabgrenzungsposten (§ 268 VI), keine Erläuterungspflicht der aktivierten Aufwendungen für die Ingangsetzung und Erweiterung des Geschäftsbetriebs (§ 269 1).

Dritter Titel. Gewinn- und Verlustrechnung

§ 275 Gliederung

(1) ¹Die Gewinn- und Verlustrechnung ist in Staffelform nach dem Gesamtkostenverfahren oder dem Umsatzkostenverfahren aufzustellen. ²Dabei sind die in Absatz 2 oder 3 bezeichneten Posten in der angegebenen Reihenfolge gesondert auszuweisen.

(2) Bei Anwendung des Gesamtkostenverfahrens sind auszuweisen:
1. Umsatzerlöse
2. Erhöhung oder Verminderung des Bestands an fertigen und unfertigen Erzeugnissen
3. andere aktivierte Eigenleistungen
4. sonstige betriebliche Erträge
5. Materialaufwand:
   a) Aufwendungen für Roh-, Hilfs- und Betriebsstoffe und für bezogene Waren
   b) Aufwendungen für bezogene Leistungen
6. Personalaufwand:
   a) Löhne und Gehälter
   b) soziale Abgaben und Aufwendungen für Altersversorgung und für Unterstützung,
   davon für Altersversorgung
7. Abschreibungen:
   a) auf immaterielle Vermögensgegenstände des Anlagevermögens und Sachanlagen sowie auf aktivierte Aufwendungen für die Ingangsetzung und Erweiterung des Geschäftsbetriebs

b) auf Vermögensgegenstände des Umlaufvermögens, soweit diese die in der Kapitalgesellschaft üblichen Abschreibungen überschreiten
8. sonstige betriebliche Aufwendungen
9. Erträge aus Beteiligungen,
davon aus verbundenen Unternehmen
10. Erträge aus anderen Wertpapieren und Ausleihungen des Finanzanlagevermögens,
davon aus verbundenen Unternehmen
11. sonstige Zinsen und ähnliche Erträge,
davon aus verbundenen Unternehmen
12. Abschreibungen auf Finanzanlagen und auf Wertpapiere des Umlaufvermögens
13. Zinsen und ähnliche Aufwendungen,
davon an verbundene Unternehmen
14. Ergebnis der gewöhnlichen Geschäftstätigkeit
15. außerordentliche Erträge
16. außerordentliche Aufwendungen
17. außerordentliches Ergebnis
18. Steuern vom Einkommen und vom Ertrag
19. sonstige Steuern
20. Jahresüberschuß/Jahresfehlbetrag.

(3) Bei Anwendung des Umsatzkostenverfahrens sind auszuweisen:

1. Umsatzerlöse
2. Herstellungskosten der zur Erzielung der Umsatzerlöse erbrachten Leistungen
3. Bruttoergebnis vom Umsatz
4. Vertriebskosten
5. allgemeine Verwaltungskosten
6. sonstige betriebliche Erträge
7. sonstige betriebliche Aufwendungen
8. Erträge aus Beteiligungen,
davon aus verbundenen Unternehmen
9. Erträge aus anderen Wertpapieren und Ausleihungen des Finanzanlagevermögens,
davon aus verbundenen Unternehmen
10. sonstige Zinsen und ähnliche Erträge,
davon aus verbundenen Unternehmen
11. Abschreibungen auf Finanzanlagen und auf Wertpapiere des Umlaufvermögens

Zweiter Abschn. Ergänzende Vorschriften für KapitalGes § 275

12. **Zinsen und ähnliche Aufwendungen, davon an verbundene Unternehmen**
13. **Ergebnis der gewöhnlichen Geschäftstätigkeit**
14. **außerordentliche Erträge**
15. **außerordentliche Aufwendungen**
16. **außerordentliches Ergebnis**
17. **Steuern vom Einkommen und vom Ertrag**
18. **sonstige Steuern**
19. **Jahresüberschuß/Jahresfehlbetrag.**

(4) Veränderungen der Kapital- und Gewinnrücklagen dürfen in der Gewinn- und Verlustrechnung erst nach dem Posten „Jahresüberschuß/Jahresfehlbetrag" ausgewiesen werden.

I. Aufgabe der Gewinn- und Verlustrechnung

Die Gewinn- und Verlustrechnung ist Teil des JA (§ 242 III). Mit ihr wird über das wirtschaftliche Ergebnis Rechenschaft gelegt; sie dient zugleich der Vermittlung des Einblicks in die Ertragslage des Unternehmens (§ 264 II 1) und informiert über die Ermittlung des verteilungsfähigen Ergebnisses. **1**

II. Inhalt und Form der Gewinn- und Verlustrechnung

1. Inhalt der GuV. Die GuV stellt das Jahresergebnis und seine Erfolgsquellen dar. Sie zeigt Aufwendungen und Erträge vollständig und unsaldiert (§ 246 II); aufgrund der zwingenden Gliederung (Abs 1 S 2) werden die Strukturen der Erträge und Aufwendungen erkennbar (Gesamtleistung, Ergebnis der gewöhnlichen Geschäftstätigkeit, Finanzergebnis, außerordentliches Ergebnis). **2**

2. Staffelform. Abs 1 S 1 schreibt für KapGes und für PershandelsGes iSv § 264 a I als einzige Darstellungsform zwingend die Staffelform vor. Gegenüber der – zumindest für Nicht-KapGes zulässigen – Kontoform ist die Staffelform übersichtlicher und läßt die einzelnen Erfolgskomponenten deutlicher erkennen. **3**

3. Mindestgliederung. Nach Abs 1 S 2 sind die Posten in der angegebenen Reihenfolge auszuweisen; damit ist zugleich ein Mindestgliederungsschema vorgegeben, das von allen großen KapGes und PershandelsGes iSv § 264 a I anzuwenden ist; kleine und mittelgroße KapGes und PershandelsGes iSv § 264 a I können die größenabhängigen Erleichterungen des § 276 in Anspruch nehmen, müssen sich aber im übrigen auch an das gesetzlich vorgeschriebene Gliederungsschema halten. Eine gegenüber Abs 2 und 3 weitergehende Gliederung ist gestattet, wenn dadurch der Einblick in die Ertragslage verbessert, zumindestens aber nicht beeinträchtigt wird. § 265 VII gestattet zwar die Posten der GuV mit arabischen Zahlen zusammenzufassen, wenn **4**

§ 275 Drittes Buch. Handelsbücher

dies der Klarheit und Übersichtlichkeit dient oder sie unerheblich sind. Da im Gliederungsschema des § 275 jedoch nur arabische Zahlen vorgesehen sind, wird eine weitergehende Zusammenfassung der Aufwands- und Ertragsposten nicht in Betracht kommen.

5 **4. Gesamtkosten- und Umsatzkostenverfahren.** Aufgrund der Transformation der 4. EG Richtlinie sind durch das BiRiLiG zwei Darstellungsformen der Ergebnisrechnung in das HGB übernommen worden, und zwar das Gesamtkostenverfahren und das Umsatzkostenverfahren. Das Umsatzkostenverfahren ist im Deutschen Recht neu, jedoch international die vorherrschende Darstellungsform der Ergebnisrechnung. Die Darstellungsverfahren sind gleichwertig, sie führen – selbstverständlich – zum gleichen Jahresergebnis und unterscheiden sich nur in der Art der Darstellung. Beim **Gesamtkostenverfahren** werden Ertrag und Aufwand nach Arten gegliedert unabhängig davon, für welche Leistungen Aufwendungen erbracht wurden. Die Rechnung ist periodenbestimmt; dadurch bedingt sind Bestandsveränderungen und aktivierte Eigenleistungen als solche auszuweisen und stellen gemeinsam mit den Umsatzerlösen die Gesamtleistung der Periode dar. Daher wird die Rechnung auch als **Produktionskostenrechnung** bezeichnet (WPHdb 2000 F Rz 379; *ADS,* § 275 Rz 29). Beim **Umsatzverfahren** dagegen werden den Umsatzerlösen die dafür aufgewendeten Herstellungskosten gegenübergestellt, und zwar unabhängig davon, in welchem Geschäftsjahr sie angefallen sind. Im Gegensatz zum Gesamtkostenverfahren erscheinen in dieser Rechnung keine Kosten des Geschäftsjahrs für Produkte oder Leistungen, die am Jahresende nicht verkauft, sondern in die Bestände der aktivierten Erzeugnisse eingegangen sind. Diese Rechnung ist also nicht perioden-, sondern umsatzbezogen. Zu den Vorteilen der beiden Verfahren: *Förschle* in Beck-BilKomm § 275 Rz 34 f, der feststellt, daß es keine Gründe für die Überlegenheit des einen oder des anderen Verfahrens gibt. Die Entscheidung hängt letztlich davon ab, mit welchem Verfahren der Informationszweck der betreffenden Gesellschaft besser erfüllt werden kann. Für die Wahl der Darstellungsform gilt der Grundsatz der Darstellungsstetigkeit, dh ein willkürlicher oder ständiger Wechsel zwischen Gesamtkosten- und Umsatzkostenverfahren ist nicht zulässig.

III. Inhalt der einzelnen Posten nach dem Gesamtkostenverfahren (II)

6 **Nr 1. Umsatzerlöse.** Der Inhalt des Postens bestimmt sich nach § 277 I und ist beim Gesamtkosten- und beim Umsatzkostenverfahren identisch (*Borchert* in Kütting/Weber I a § 277 Rz 111; *Förschle* in Beck-BilKomm § 275 Rz 45). Vgl Erl zu § 277 I. **Nr 2. Erhöhung oder Verminderung des Bestands an fertigen und unfertigen Erzeugnissen.** Vgl Erl zu § 277 II. **Nr 3. Andere aktivierte Eigenleistungen.** Der Posten umfaßt die Eigenleistungen für Gegenstände des Anlagevermögens; selbsterstellte Gegenstände des Vorratsvermögens

Zweiter Abschn. Ergänzende Vorschriften für KapitalGes **§ 275**

sind unter Nr 2 auszuweisen. Dieser Posten enthält im wesentlichen die Aufwendungen, die vom Unternehmen selbst erbracht wurden, insbesondere Lohn-, aber auch eigene Materialaufwendungen; Zulieferungen von Dritten in erheblichem Umfang sind hier nicht auszuweisen. Sofern die Aufwendungen für die Ingangsetzung und Erweiterung des Geschäftsbetriebs aktiviert werden (§ 269), dürfen sie unter diesem Posten ausgewiesen werden (*Förschle* in Beck-BilKomm § 275 Rz 83). **Nr 4. Sonstige betriebliche Erträge.** Unter diesem als Sammelposten anzusehenden Posten sind alle Erträge aus der gewöhnlichen Geschäftstätigkeit zu erfassen, die nicht unter Nr 1 bis 3 oder Nr 9 bis 11 fallen. Hierunter sind ua auszuweisen: Erlöse aus Umsätzen, die nicht unter Nr 1 fallen, wie Mieten, Pachten, Lizenzerträge; Erträge aus Anlagenabgängen oder Zuschreibungen zu Gegenständen des Anlagevermögens, aus der Herabsetzung der Pauschalwertberichtigung, aus der Auflösung von Einzelwertberichtigungen, aus der Auflösung von Rückstellungen; Zahlungseingänge auf abgeschriebene Forderungen; Zuschüsse, Zulagen; Erlaß von betrieblichen Verbindlichkeiten; Schadensersatzleistungen und Versicherungsleistungen; Weiterbelastungen an Tochterunternehmen, Konzernumlagen; Dienstleistungen für Fremde; Kursgewinne; Erträge aus der Heraufsetzung von Festwerten; Erträge aus der Auflösung von Sonderposten mit Rücklageanteilen (diese Erträge sind gesondert auszuweisen (§ 281 II 2) oder im Anhang anzugeben; ausreichend ist auch ein Davon-Vermerk). **Nr 5. Materialaufwand. a) Aufwendungen für Roh-, Hilfs- und Betriebsstoffe und für bezogene Waren.** Hier sind die in den Fertigungsprozeß einfließenden Materialien auszuweisen, auch die Materialaufwendungen, die für den Verwaltungs- und Betriebsbereich getätigt worden sind, so daß im Ergebnis der gesamte Materialauwand in diesem Posten enthalten ist (WPHdb 2000, F Rz 406; *ADS*; § 275 Rz 85). Erfaßt werden unter dieser Position ferner die Inventur- und Bewertungsdifferenzen sowie übliche Abwertungen auf den Materialbestand (zB Abwertungen zur Beachtung des Niederstwertprinzips). Aufwendungen für bezogene Waren stehen den Roh-, Hilfs- und Betriebsstoffen gleich; ein Ausweis als Aufwand erfolgt jedoch erst, wenn sie verbraucht oder abgeschrieben werden, da sie ansonsten noch im Bestand zu Anschaffungskosten bilanziert sind. **b) Aufwendungen für bezogene Leistungen.** Dies sind in erster Linie solche Leistungen, die in die Fertigung eingehen, dh also Leistungen, die wirtschaftlich gesehen dem Materialaufwand gleichgestellt sind. Unter diesem Posten auszuweisen sind auch die Aufwendungen für bezogene Energie (zB Strom, Gas). Andere Fremdleistungen sind bei den sonstigen betrieblichen Aufwendungen auszuweisen. **Nr 6. Personalaufwand. a) Löhne und Gehälter.** Sämtliche Bruttolöhne und -gehälter sowie alle übrigen sonstigen Vergütungen an die Mitarbeiter des Unternehmens, einschließlich der an Vorstand oder Geschäftsführer. Unerheblich ist, in welcher Form und unter welcher Bezeichnung die Vergütungen gewährt werden; **hierzu gehören** zB Sachbezüge wie Deputate, mietfreie Dienstwohnungen, Weihnachts-, Urlaubs- und Feiertagsgelder, Aufwands- und Trennungsentschädigungen, Jubiläumsgelder, Leistungen nach dem VermBG, Überstundenvergütungen, Provisionen an angestellte Reisende, Tantiemen, Sonderzulagen, vom Unternehmen übernommene Lohn- und Kirchensteuer, Lohnfortzahlungen in Krankheitsfällen. **Nicht** zu den Löhnen und Gehältern gehören die Aufsichtsratsvergütungen (Nr 8) und Vergütungen an Arbeitskräfte fremder Firmen. Zweifel könnten hinsichtlich des Ausweises von Abfindungen entstehen; da diese ihren Ursprung jedoch im Arbeitsverhältnis haben, ist ein Ausweis unter diesem Posten vorzuziehen. Gleiches gilt für Verpflichtungen aus einem Sozialplan. Lohnzuschüsse u dgl sind nicht von den Personalaufwendungen zu kürzen, sondern unter Nr 4 auszuweisen. **b) Soziale Abgaben und Aufwendungen für Altersversorgung und für Unterstützung.** Zu den sozialen Abgaben gehören die vom Arbeitgeber zu leistenden Beiträge zur gesetzlichen Sozialversicherung wie Renten-, Kranken-, Arbeitslosen-, Pflegeversicherung, Knappschaft, Berufsgenossenschaft, Beiträge zur Gemeindeunfallversicherung. Hier nicht auszuweisen sind freiwillige soziale Leistungen (diese entweder unter Nr 6 a oder unter Nr 8). Aufwendungen für Altersversorgung sind Pensionszahlungen, Zuführungen zu den Pensionsrückstellungen, Zuweisungen an Unterstützungs- und Pensionskassen sowie Beiträge an den Pensionsversicherungsverein. Auch Vorruhestandsleistungen sind unter dieser Position auszuweisen (vgl. WPHdb 2000, F Rz 421; *Förschle* in Beck-BilKomm § 275 Rz 131). Als Aufwendungen für Unterstützung und Leistungen an tätige und ehemalige Betriebsangehörige und deren Hinterbliebene kommen insbesondere in Betracht Unterstützungszahlungen bei Krankheit, Unfall, Kur- oder Krankenhausaufenthalt, Heirats- und Geburtsbeihilfen. **Nr 7. Abschreibungen: a) auf immaterielle Vermögensgegenstände des Anlagevermögens und Sachanlagen sowie auf aktivierte Aufwendungen für die Ingangsetzung und Erweiterung des Geschäftsbetriebs.** Unter diesem Posten sind grundsätzlich alle Abschreibungen auf die einzelnen Bilanzposten des Anlagevermögens sowie Ingangsetzungs- und Erweiterungskosten auszuweisen, unabhängig davon, ob es sich um planmäßige oder außerplanmäßige Abschreibungen handelt; ebenso alle aus steuerlichen Gründen vorgenommene Abschreibungen. Außerplanmäßige Abschreibungen nach § 253 II 3 oder III 3 sind gesondert auszuweisen oder im Anhang zu erläutern (§ 277 III). Der hier ausgewiesene Betrag muß mit den in der Bilanz oder im Anhang vermerkten Abschreibungen übereinstimmen. Abschreibungen auf Finanzanlagen sind unter Nr 12 auszuweisen. **b) auf Vermögensgegenstände des Umlaufvermögens, soweit diese die in der KapGes üblichen Abschreibungen überschreiten.** Unter diesem Posten sind nur die Abschreibungen auszuweisen, die das übliche Maß der Abschreibungen in der KapGes überschreiten. Das bedeutet, **übliche** Abschreibungen werden zB, soweit Materialbestände betroffen sind, unter Nr 5, übliche Abschreibungen auf Forderungen unter Nr 8 und übliche Abschreibungen auf Wertpapiere unter Nr 12 ausgewiesen. Was unter „üblichen Abschreibungen" zu verstehen ist, läßt sich aus dem Gesetz nicht ableiten. Es ist jedoch eng auszulegen und ermittelt sich primär aus den Verhältnissen der KapGes im Zeitvergleich (*Biener/Berneke,* BiRiLiG, S 213; *ADS,* § 275 Rz 133); ergeben sich hieraus keine Erkenntnisse, kann auch auf einen externen Branchenvergleich zurückgegriffen werden (*Förschle* in Beck-BilKomm § 275 Rz 145). Unübliche Abschreibungen kommen zB bei Abwertungen im Zusammenhang von Sanierungen, Betriebsstillegungen, Katastrophen, aber auch Übergang auf andere Bewertungsmethoden (WPHdb 2000, F Rz 429) in Betracht. **Nr 8. Sonstige betriebliche Aufwendungen.** Dieser Posten ist ein Sammelposten für alle im Zusammenhang mit der gewöhnlichen Geschäftstätigkeit anfallenden Aufwendungen, die nicht unter einem der vorherigen Posten auszuweisen sind. Hierher gehören ua übliche Abschreibungen auf Forderungen, Verluste aus dem Abgang von Gegenständen des Anlagevermögens, Gewährleistungsaufwand, Ausgangsfrachten, Provisionen, Reparaturen, Reisespesen, Büromaterial, Miet- und Pachtaufwendungen, Versicherungsaufwendungen, Prüfungskosten, Konzessionsabgaben, Lizenzgebühren, Beiträge, Post-, Telefon- und Fernschreibkosten, Leasingraten, Aufwendungen für Literatur, Rechts- und Beratungskosten (weitere Beispiele, WPHdb 2000, F Rz 431). Unter diesem Posten sind auch die Einstellungen in Sonderposten mit Rücklageanteil auszuweisen, auch wenn es sich um in den Sonderposten einbezogene steuerliche Abschreibungen handelt (§ 281 I 1). **Nr 9. Erträge aus Beteiligungen.** Dies sind laufende Erträge aus Beteiligungen (§ 271 I) wie Dividenden, Gewinnanteile, Ausschüttungen, Entnahmen aus PersGes, Erträge aus Beherrschungsverträgen nach § 291 I AktG, soweit nicht eine volle Gewinnabführung vorgesehen ist (Nr 9 a). Auszuweisen ist der Bruttoertrag, dh die einbehaltene Kapitalertragsteuer darf von den Beteiligungserträgen nicht abgezogen werden. Unmittelbar verbunden mit dem Dividendenanspruch ist aber auch die anrechenbare Körperschaftsteuer, so daß auch diese zu den Beteiligungserträgen zu rechnen ist. Erträge aus Beteiligungen, die zugleich verbundene Unternehmen darstellen, sind gesondert mit einem Davon-Vermerk zu erwähnen. Erträge aus der Veräußerung von Beteiligungen sind nicht hier, sondern unter Nr 4 auszuweisen. **Nr 9 a. Erträge aus Gewinngemeinschaften, Gewinnabführungs- und Teilgewinnabführungserträgen.** Vgl Erl zu § 277 III 2. **Nr 10. Erträge aus anderen Wertpapieren und Ausleihungen des Finanzanlagevermögens.** Sämtliche Erträge aus Finanzanlagen (§ 266 II A III), die nicht Beteiligungen sind. Sofern sie von verbundenen Unternehmen stammen, sind sie mit einem Davon-Vermerk kenntlich zu machen. **Nr 11. Sonstige Zinsen und ähnliche Erträge.** Soweit Zinsen nicht unter Nr 9 und 10 fallen, sind sie hier auszuweisen. Als Zinserträge kommen in Betracht: Zinsen aus Guthaben, Festgeldern und anderen Einlagen bei Kreditinstituten, Zinsen aus Wertpapieren des Umlaufvermögens, aus Forderungen und aus sonstigen Vermögensgegenständen, Aufzinsungs-

§ 275

Drittes Buch. Handelsbücher

beträge bei unverzinslichen oder niedrigverzinslichen Forderungen des Umlaufvermögens. Zinserträge und Zinsaufwendungen dürfen nicht miteinander verrechnet werden (§ 246 II), auch wenn sie auf demselben Bankkonto entstanden sind. Ähnliche Erträge sind zB Agio, Disagio, Kreditprovisionen, Teilzahlungszuschläge, Kreditgarantien. Vereinnahmte Kreditbearbeitungskosten, Spesen oder Mahngebühren sind nicht hier, sondern unter Nr 4 auszuweisen. **Nr 12. Abschreibungen auf Finanzanlagen und Wertpapiere des Umlaufvermögens.** Sämtliche Abschreibungen auf Finanzanlagen einschließlich der Beteiligungen (§ 266 II A III) und auf Wertpapiere des Umlaufvermögens (§ 266 II B III), gleichgültig aus welchem Grunde diese erfolgen und ob sie üblich oder nicht üblich sind. Außerplanmäßige Abschreibungen auf Finanzanlagen nach § 253 II 3 und Abwertungen nach § 253 III 3 für künftige Wertschwankungen bei Wertpapieren des Umlaufvermögens sind gesondert als Unterposten zu erfassen oder mit einem Davon-Vermerk kenntlich zu machen (§ 277 III 1); sie können auch im Anhang angegeben werden. **Nr 12 a. Aufwendungen aus Verlustübernahme.** Vgl § 277 III 2. **Nr 13. Zinsen und ähnliche Aufwendungen.** Sämtliche Beträge, die für aufgenommenes Fremdkapital geleistet wurden. Im einzelnen kommen in Betracht: Zinsen für geschuldete Kredite jeglicher Art, Kreditprovisionen, Überziehungsprovisionen, Bürgschaftsprovisionen, Bereitstellungsgebühren, Abschreibungen auf ein aktiviertes Disagio, Diskontbeträge bei Wechsel und Schecks. Aufgrund des Verrechnungsverbots des § 246 II ist die Verrechnung von Zinsaufwendungen mit Zinserträgen unzulässig. Zinszahlungen, die an verbundene Unternehmen geflossen sind, sind mit einem Davon-Vermerk anzugeben. **Nr 14. Ergebnis der gewöhnlichen Geschäftstätigkeit.** Mit diesem Posten wird eine Zwischensumme eingefügt, die die unter den Posten Nr 1 bis 13 ausgewiesenen Aufwendungen und Erträge abgrenzt von dem außerordentlichen Bereich und den Steueraufwendungen. Seine betriebswirtschaftliche Aussagekraft ist nicht eindeutig (so auch *Förschle* in Beck-BilKomm § 275 Rz 40). Zulässig ist es eine positive oder negative Zwischensumme auch als „Überschuß" bzw „Fehlleistung" aus der gewöhnlichen Geschäftstätigkeit zu bezeichnen (WPHdb 2000, F Rz 462). **Nr 15. Außerordentliche Erträge.** Vgl Erl zu § 277 IV. **Nr 16. Außerordentliche Aufwendungen.** Vgl Erl zu § 277 IV. **Nr 17. Außerordentliches Ergebnis.** Dieser Posten bildet den Saldo aus den Posten Nr 15 und Nr 16. Werden die außerordentlichen Erträge und außerordentlichen Aufwendungen in der GuV lediglich in einem Betrag zusammengefaßt gezeigt, ist die Zusammensetzung im Anhang gesondert anzugeben (§ 276 2). **Nr 18. Steuern vom Einkommen und vom Ertrag.** Unter diesen Posten fallen nur die Steuern, die die Gesellschaft wirtschaftlich zu tragen hat; die sog Abzugsteuern wie Lohnsteuer, Kirchensteuer, Kapitalertragsteuer uä rechnen nicht hierzu. Unter die Steuern vom Einkommen fallen die Körperschaftsteuer einschließlich aller Arten von Ergänzungsabgaben sowie die von anderen einbehaltene Kapitalertrag-

Zweiter Abschn. Ergänzende Vorschriften für KapitalGes **§ 275**

steuer auf Dividenden, die der Gesellschaft zugeflossen sind. Unter die Steuern vom Ertrag fällt auch die Gewerbeertragsteuer. Die hier auszuweisenden Aufwendungen umfassen sowohl laufende Zahlungen, Zuführungen zu Steuerrückstellungen als auch Nachzahlungen für Vorjahre; bei letzteren könnte evtl ein Hinweis auf die Ursache der Nachzahlung in Betracht kommen, wenn sie größeren Umfangs ist (zB davon Nachzahlung aufgrund einer Betriebsprüfung). Auch Steuererstattungen für frühere Jahre (zB aufgrund eines Verlustrücktrags) sind unter diesem Posten zu erfassen, ebenso die Erträge aus der Auflösung nicht mehr benötigter Steuerrückstellungen; dies kann dazu führen, daß unter dem Steueraufwand ein positiver „Haben"-Saldo erscheint. Aus dem Grundsatz der Klarheit (§ 243 II) ist dieser im Anhang zu erläutern. Unter diesem Posten sind auch die Aufwendungen und Erträge auszuweisen, die sich aus der Bildung, Inanspruchnahme oder Auflösung von Steuerabgrenzungen gem § 274 ergeben. **Nr 19. Sonstige Steuern.** Hierunter fallen alle nicht unter Nr 18 fallende Steuerarten, die von der Gesellschaft zu tragen sind, zB Grundsteuer, Kraftfahrzeugsteuer, Mineralölsteuer, Schenkungsteuer, nicht abzugsfähige oder aktivierbare Umsatzsteuer, Wechselsteuer. **Nr 19 a. Erträge aus Verlustübernahme.** Vgl Erl zu § 277 III. **Nr 19 b. Aufgrund einer Gewinngemeinschaft, eines Gewinnabführungs- oder eines Teilgewinnabführungsvertrags abgeführte Gewinne.** Vgl Erl zu § 277 III. **Nr 20. Jahresüberschuß/Jahresfehlbetrag.** Dieser Posten weist den Saldo aus dem Posten Nr 1 bis 19 aus und zeigt das Ergebnis des abgelaufenen Geschäftsjahrs vor Rücklagenbewegungen. Ist der Überschuß der Erträge und Aufwendungen positiv, liegt ein Jahresüberschuß vor, der Grundlage für die Gewinnverwendung darstellt. Mit dem Posten Nr 20 endet das Gliederungsschema des Abs 2. Zu weiteren Ergänzungen in der GuV vgl Abschnitt V.

IV. Inhalt der einzelnen Posten nach dem Umsatzkostenverfahren (III)

Nr 1. Umsatzerlöse. Dieser Posten stimmt mit dem des Gesamtkostenverfahrens überein. **Nr 2. Herstellungskosten der zur Erzielung der Umsatzerlöse erbrachten Leistungen.** Sämtliche zur Erzielung der Umsatzerlöse entstandenen Herstellungskosten der verkauften Produkte und erbrachten Leistungen. Grundlage der Ermittlung der Herstellungskosten ist eine entsprechend ausgebaute Kostenrechnung. Zur Bestimmung dieser Herstellungskosten ist auf die Definition im § 255 II zurückzugreifen. Zu den Herstellungskosten gehören auch allgemeine Verwaltungskosten, soweit sie dem Herstellungsbereich zuzurechnen sind (WPHdb 2000, F Rz 514). Vertriebskosten dagegen sind ausschließlich unter Nr 4 zu erfassen. Ferner sind Kosten, die im weiteren Sinne dem Herstellungsbereich zuzurechnen sind, aber weder Vertriebs- noch Verwaltungskosten sind, in die Herstellungskosten einzurechnen; zu nennen sind Kosten für Forschung und Entwicklung, für

7

§ 275
Drittes Buch. Handelsbücher

Produkthaftung, Gewährleistungen. Im Anhang ist anzugeben, wie die ausgewiesenen Herstellungskosten ermittelt wurden (§ 284 II Nr 1). **Nr 3. Bruttoergebnis vom Umsatz.** Das Bruttoergebnis vom Umsatz ergibt sich als Saldogröße aus dem Posten Nr 1 und Nr 2. **Nr 4. Vertriebskosten.** Gem § 255 II 6 gehören Vertriebskosten nicht zu den Herstellungskosten; dies gilt auch für den Ausweis in der GuV. Zu den Vertriebseinzelkosten rechnen die direkt dem Produkt zurechenbaren Kosten wie Verpackungsmaterial, Transportkosten, Provisionen, Versandkosten. Zu den Vertriebsgemeinkosten zählen die Personalkosten der Vertriebsabteilung, Kosten für die Marktforschung, für Werbung und Absatzförderung, Kosten für Ausstellungen, Kosten des Fuhrparks ua. **Nr 5. Allgemeine Verwaltungskosten.** Solche Verwaltungskosten, die keinem speziellen Bereich zuzurechnen sind, zB Kosten der Geschäftsführung, des Rechnungswesens, des Rechenzentrums, der Personal-, Finanz-, Rechts-, Steuer- und Revisionsabteilung, des Werkschutzes, des Betriebsrats uä. Auch die Abschreibungen auf Gegenstände, die diesen Bereich zuzurechnen sind, gehören zu diesen Kosten. **Nr 6. Sonstige betriebliche Erträge.** Der Posten deckt sich inhaltlich weitgehend mit dem entsprechenden Posten beim Gesamtkostenverfahren. Hier sind auch die Posten, die als Eigenleistungen oder Bestandserhöhungen aktiviert wurden, auszuweisen (*ADS*, § 275 Rz 242; WPHdb 2000, F Rz 525). **Nr 7. Sonstige betriebliche Aufwendungen.** Als Sammelposten umfaßt er sämtliche Aufwendungen, die in keinen der speziell auszuweisenden Funktionsbereiche Herstellung, Vertrieb und Verwaltung einzuordnen sind. Auch die Einstellung in den Sonderposten mit Rücklageanteil ist hier auszuweisen. Alle übrigen GuV-Posten des Umsatzkostenverfahrens (**Nr 8 bis 19**) stimmen im Regelfall mit denen des Gesamtkostenverfahrens überein. Werden Zinsen und Kostensteuern bei den Posten Nr 2, 4 oder 5 erfaßt, sind sie insoweit bei den Posten Nr 12 bzw. Nr 18 zu kürzen.

V. Veränderungen der Kapital- und Gewinnrücklagen (IV)

8   Nach dem Posten „Jahresüberschuß/Jahresfehlbetrag" dürfen in der GuV die Veränderungen der Kapital- und Gewinnrücklagen ausgewiesen werden. Mit der Ergebnisentstehung, die in der GuV grundsätzlich dargestellt wird, hat diese Darstellung nichts zu tun; sie betrifft vielmehr den Bereich der Ergebnisverwendung; diese kann wahlweise auch im Anhang vorgenommen werden. Für die AG und KGaA enthält § 158 I AktG eine Spezialregelung. Danach ist die GuV im Anschluß an den Posten „Jahresüberschuß/Jahresfehlbetrag" um folgende Posten zu ergänzen:

1. Gewinnvortrag/Verlustvortrag aus dem Vorjahr;

2. Entnahmen aus der Kapitalrücklage;

Zweiter Abschn. Ergänzende Vorschriften für KapitalGes **§ 276**

3. Entnahmen aus Gewinnrücklagen; **a)** der gesetzlichen Rücklage; **b)** aus der Rücklage für eigene Anteile; **c)** aus satzungsmäßigen Rücklagen; **d)** aus anderen Gewinnrücklagen;

4. Einstellungen in Gewinnrücklagen; **a)** in die gesetzliche Rücklage; **b)** in die Rücklage für eigene Aktien; **c)** in satzungsmäßige Rücklagen; **d)** in andere Gewinnrücklagen;

5. Bilanzgewinn/Bilanzverlust. Einstellungen in die Kapitalrücklage sind grundsätzlich ergebnisneutral vorzunehmen, sie sind im Schema des § 158 II AktG daher nicht enthalten.

VI. Rechtsfolgen einer Verletzung von § 275

Mitglieder der Geschäftsführung und/oder des Aufsichtsrats handeln 9 nach § 334 I Nr 1 c ordnungswidrig, wenn sie bei Aufstellung der GuV der Vorschrift des § 275 zuwiderhandeln. Bei AG und KGaA kann darüberhinaus ein Verstoß gegen § 275 die Nichtigkeit des Jahresabschlusses zur Folge haben (§ 256 I Nr 1 oder IV AktG).

§ 276 Größenabhängige Erleichterungen

¹**Kleine und mittelgroße Kapitalgesellschaften (§ 267 Abs. 1, 2) dürfen die Posten § 275 Abs. 2 Nr. 1 bis 5 oder Abs. 3 Nr. 1 bis 3 und 6 zu einem Posten unter der Bezeichnung „Rohergebnis" zusammenfassen.** ²**Kleine Kapitalgesellschaften brauchen außerdem die in § 277 Abs. 4 Satz 2 und 3 verlangten Erläuterungen zu den Posten „außerordentliche Erträge" und „außerordentliche Aufwendungen" nicht zu machen.**

Kleine und mittelgroße KapGes (§ 276 I und II) sowie die entspre- 1 chenden PershandelsGes iSv § 264a I können bereits bei Aufstellung – und nicht erst bei Veröffentlichung – gewisse Erleichterungen für die Gliederung der GuV in Anspruch nehmen, indem sie die Umsatzerlöse mit bestimmten Aufwendungen saldieren und die Differenz als „Rohergebnis" ausweisen. Das Saldierungsverbot des § 246 II gilt insoweit dann nicht. Die Gliederungserleichterung des § 276 ist als Wahlrecht gestaltet, muß also nicht von der Gesellschaft in Anspruch genommen werden. Ob es allerdings zu den Pflichten einer gewissenhaften Geschäftsführung einer kleinen oder mittelgroßen KapGes gehört, von diesem Wahlrecht zumindest in dem dem Aufsichtsrat zugeleiteten JA Gebrauch zu machen (so *ADS,* § 276 Rz 3), wird hier bezweifelt. Unbestritten bleibt das Recht des Aktionärs aus § 131 I 3 AktG, eine Aufgliederung des Rohergebnisses verlangen zu können; ein ähnliches Auskunftsrecht wird man dem Gesellschafter einer GmbH aus § 51a I GmbHG zugestehen müssen. Der Betrag des Postens „Rohergebnis" ist je nach der gewählten Gliederungsform der GuV unterschiedlich; die Beträge sind daher nicht vergleichbar.

§ 277   Drittes Buch. Handelsbücher

2   Folgende Posten dürfen nach § 276 zu dem Posten „Rohergebnis" zusammengefaßt werden:

Gesamtkostenverfahren (§ 275 Abs 2)	Umsatzkostenverfahren (§ 275 Abs 3)
Nr 1 Umsatzerlöse Nr 2 Erhöhung oder Verminderung des Bestands an fertigen und unfertigen Erzeugnissen Nr 3 andere aktivierte Eigenleistungen Nr 4 sonstige betriebliche Erträge Nr 5 Materialaufwand	Nr 1 Umsatzerlöse Nr 2 Herstellungskosten der zu Erzielung der Umsatzerlöse erbrachten Leistungen Nr 3 Bruttoergebnis vom Umsatz Nr 6 sonstige betriebliche-Erträge

Das Rohergebnis nach dem Umsatzkostenverfahren enthält insbesondere einen großen Teil der Personalkosten und der Abschreibungen; Vertriebskosten und allgemeine Verwaltungskosten sind gesondert auszuweisen. Auch der Posten „sonstige betriebliche Erträge" hat je nach Art der Gliederungsform einen unterschiedlichen Inhalt. Für kleine KapGes und PershandelsGes iSv § 264a I entfällt die Erläuterungspflicht der außerordentlichen Erträge und Aufwendungen.

§ 277 Vorschriften zu einzelnen Posten der Gewinn- und Verlustrechnung

(1) **Als Umsatzerlöse sind die Erlöse aus dem Verkauf und der Vermietung oder Verpachtung von für die gewöhnliche Geschäftstätigkeit der Kapitalgesellschaft typischen Erzeugnissen und Waren sowie aus von für die gewöhnliche Geschäftstätigkeit der Kapitalgesellschaft typischen Dienstleistungen nach Abzug von Erlösschmälerungen und der Umsatzsteuer auszuweisen.**

(2) **Als Bestandsveränderungen sind sowohl Änderungen der Menge als auch solche des Wertes zu berücksichtigen; Abschreibungen jedoch nur, soweit diese die in der Kapitalgesellschaft sonst üblichen Abschreibungen nicht überschreiten.**

(3) [1]**Außerplanmäßige Abschreibungen nach § 253 Abs. 2 Satz 3 sowie Abschreibungen nach § 253 Abs. 3 Satz 3 sind jeweils gesondert auszuweisen oder im Anhang anzugeben.** [2]**Erträge und Aufwendungen aus Verlustübernahme und auf Grund einer Gewinngemeinschaft, eines Gewinnabführungs- oder eines Teilgewinnabführungsvertrags erhaltene oder abgeführte Gewinne sind jeweils gesondert unter entsprechender Bezeichnung auszuweisen.**

(4) [1]**Unter den Posten „außerordentliche Erträge" und „außerordentliche Aufwendungen" sind Erträge und Aufwendun-**

gen auszuweisen, die außerhalb der gewöhnlichen Geschäftstätigkeit der Kapitalgesellschaft anfallen. ²Die Posten sind hinsichtlich ihres Betrags und ihrer Art im Anhang zu erläutern, soweit die ausgewiesenen Beträge für die Beurteilung der Ertragslage nicht von untergeordneter Bedeutung sind. ³Satz 2 gilt auch für Erträge und Aufwendungen, die einem anderen Geschäftsjahr zuzurechnen sind.

Umsatzerlöse (I)

Die Legaldefinition der Umsatzerlöse umfaßt nicht nur Leistungen 1 von Produktionsunternehmen sondern auch die aus dem Dienstleistungssektor. Mit dem Bezug auf die gewöhnliche Geschäftstätigkeit werden nur solche Erlöse als Umsatzerlöse bezeichnet, die unmittelbar aus der eigentlichen engeren Geschäftstätigkeit der Gesellschaft resultieren, also die eigentliche Betriebsleistung darstellen. Damit fallen Erlöse, die aus nicht betriebstypischen Nebengeschäften stammen, nicht unter die Umsatzerlöse, wie zB Kantinenerlöse, Investitionszulagen, Erlöse aus Schrott- und Abfallverkäufen, Verkäufe von nicht mehr benötigten Materialien, Versicherungsentschädigungen, Subventionen, Miet- und Pachteinnahmen, es sei denn, es handelt sich um ein Wohnungsunternehmen oder eine Leasinggesellschaft. Damit sind unter dieser Position auszuweisen: Erlöse aus dem Verkauf der Erzeugnisse oder Waren, betriebstypischen Dienstleistungen, Provisionserlöse, sofern die Vermittlungsleistung eine der typischen Leistungen des Unternehmens darstellt. Die Umsatzerlöse sind grundsätzlich in **Höhe** der gestellten Rechnungsbeträge auszuweisen, also einschließlich der fakturierten Nebenleistungen wie Transportkosten oder Verpackungsmaterial. Die Umsatzsteuer gehört nach der Gesetzesbestimmung nicht zu den Umsatzerlösen; allerdings ist der häufig im Handel praktizierter Ausweis der Bruttoerlöse unter offener Absetzung der Umsatzsteuer als zulässig anzusehen (*ADS*, § 277 Rz 37). Nach dem Wortlaut des Gesetzes sind Umsatzerlöse „Erlöse... nach Abzug von Erlösschmälerungen". Damit ergibt sich eine eindeutige Abzugspflicht für **Erlösschmälerungen,** da wirtschaftlich letztlich nur das als Ertrag zu vereinnahmen ist, was dem Unternehmen tatsächlich zugeflossen ist.

Zu den Erlösschmälerungen gehören Skonti, Rabatte, Sondernach- 2 lässe, Treuerabatte und -prämien, Gutschriften für Rückwaren, für Gewichtsmängel, Preisdifferenzen sowie für Fracht- und Verpackungskosten, auch Abzinsungen niedrig- oder unverzinslicher langfristiger Waren- und Leistungsforderungen. Rückstellungen für noch zu gewährende Preisnachlässe sind ebenfalls als Erlösschmälerung im Rahmen der Umsatzerlöse zu erfassen. Allgemein wird es für zulässig gehalten, wenn Preisnachlässe für Vorjahresumsätze bei den Umsatzerlösen gekürzt werden. Zumindest dann, wenn in jedem Geschäftsjahr in gleicher Weise verfahren wird, erscheint dies vertretbar (WPHdb 2000, F Rz 393); ansonsten käme eher, sofern es sich um nennenswerte Beträge handelt,

§ 277

Drittes Buch. Handelsbücher

ein Ausweis unter den sonstigen betrieblichen Aufwendungen in Betracht. Fraglich erscheint, ob Gewährleistungsaufwendungen als eine Schmälerung anzusehen sind; sie sollten im Zweifel unter Nr 8 (sonstige betriebliche Aufwendungen) erfaßt werden.

II. Bestandsveränderungen (II)

3 Dieser unter Nr 2 der GuV als „Erhöhung oder Verminderung des Bestands an fertigen oder unfertigen Erzeugnissen" auszuweisende Posten ermittelt sich im Prinzip aus der Differenz der Bestände der unfertigen und fertigen Erzeugnisse, wie sie in der Schlußbilanz des Vorjahrs und in der am Ende des Geschäftsjahrs aufgestellten Bilanz enthalten sind. Im Bilanzansatz sind zwangsläufig sowohl Änderungen der **Menge** als auch Änderungen des **Werts** (Abs 2 S 1 1. HS) berücksichtigt. Sind allerdings bei den Beständen an fertigen und unfertigen Erzeugnissen Abwertungen vorgenommen worden, die das übliche Maß der Abwertungen in der KapGes bei den Erzeugnissen überschreiten (Abs 2 S 2. HS), ist der unübliche Teil der Abschreibungen nicht unter Nr 2, sondern unter Nr 7 b auszuweisen.

III. Ausweis bestimmter Abschreibungen (III S 1)

4 Außerplanmäßige Abschreibungen gem § 253 II 3 (Abschreibungen auf den niedrigeren beizulegenden Wert am Abschlußstichtag) und Abschreibungen gem § 253 III 3 (Abschreibungen zur Anpassung an künftige Wertschwankungen) sind in der GuV jeweils gesondert auszuweisen oder im Anhang anzugeben. Bei einem Ausweis in der GuV kann dies als Unterposten oder einem Vorspalten-Vermerk erfolgen; auch ein Davon-Vermerk dürfte dem Erfordernis des gesonderten Ausweises gerecht werden.

IV. Erträge und Aufwendungen aus Ergebnisübernahmeverträgen (III S 2)

5 Erträge und Aufwendungen aus bestimmten Ergebnisübernahmeverträgen sind nach Abs 3 S 2 in der GuV jeweils gesondert unter der entsprechenden Bezeichnung auszuweisen. Dies sind im einzelnen: **a)** Erträge aus Gewinngemeinschaften (§ 292 I Nr 1 AktG), Gewinnabführungs- (§ 291 I AktG) und Teilgewinnabführungsverträgen (§ 292 I Nr 2 AktG), **b)** Aufwendungen aus Verlustübernahmen (§§ 302, 324 AktG), **c)** Erträge aus Verlustübernahmen (§ 302 AktG), **d)** auf Grund einer Gewinngemeinschaft, eines Gewinnabführungs- oder eines Teilgewinnabführungsvertrags abgeführte Gewinne.

V. Außerordentliche Erträge und Aufwendungen (IV S 1 und 2)

6 Nach Abs 4 S 1 sind außerordentliche Posten Aufwendungen und Erträge, die außerhalb der gewöhnlichen Geschäftstätigkeit anfallen.

Dabei ist die Geschäftstätigkeit nicht auf den Gesellschaftszweck laut Gesellschaftsvertrag beschränkt, sondern umfaßt das gesamte Unternehmen. Es sind somit solche Posten, die unternehmensfremd und unregelmäßig anfallen (*Förschle* in Beck-BilKomm § 275 Rz 221), als außerordentlich anzusehen. Beispiele: Gewinne und Verluste aus Verschmelzung, Sanierungsgewinne, Gewinne oder Verluste aus Teilbetriebsveräußerungen, Verluste oder Gewinne aus Betriebsstillegungen. Sofern diese Posten im Hinblick auf die Beurteilung der Ertragslage nicht von untergeordneter Bedeutung sind, sind diese Posten ihrer Art nach und betragsmäßig im Anhang zu erläutern (Abs 4 S 2), dies gilt auch für andere Geschäftsjahre zuzurechnende Erträge und Aufwendungen (Abs 4 S 3). Gem § 276 S 2 entfällt die Erläuterungspflicht aus Abs 4 S 2 für kleine KapGes.

VI. Erträge und Aufwendungen aus anderen Geschäftsjahren (IV S 3)

Aufwendungen und Erträge, die einem anderen Geschäftsjahr zuzuordnen sind, sind ebenso wie die außerordentlichen Posten im Anhang hinsichtlich des Betrags und ihrer Art zu erläutern, wenn sie nicht von untergeordneter Bedeutung sind. Periodenfremde Posten werden nach dem gesetzlichen Gliederungsschema nicht mehr gesondert ausgewiesen, sind also in einzelnen Posten enthalten, zu denen sie ihrem Inhalt nach gehören, es sei denn, sie haben außerordentlichen Charakter. Als periodenfremde Posten, der nicht zugleich außerordentlich sind, gelten die Steuernachzahlungen. Für kleine KapGes und für PershandelsGes iSv § 264 a I entfällt diese Erläuterungspflicht (§ 276 S 2). 7

§ 278 Steuern

¹ **Die Steuern vom Einkommen und vom Ertrag sind auf der Grundlage des Beschlusses über die Verwendung des Ergebnisses zu berechnen; liegt ein solcher Beschluß im Zeitpunkt der Feststellung des Jahresabschlusses nicht vor, so ist vom Vorschlag über die Verwendung des Ergebnisses auszugehen.** ² **Weicht der Beschluß über die Verwendung des Ergebnisses vom Vorschlag ab, so braucht der Jahresabschluß nicht geändert zu werden.**

I. Allgemeines

Nach der grundlegenden Änderung der Besteuerung von KapGes durch die Unternehmenssteuerreform verliert die Regelung des § 278 ihre Bedeutung. Das bisher geltende Anrechnungsverfahren mit seinen unterschiedlichen Steuersätzen für ausgeschüttete und thesaurierte Gewinne ist letztmalig für das Veranlagungsjahr 2000 anwendbar. Ab 2001 mit Einführung des sog Halbeinkünfteverfahren versteuert die KapGes ihr Einkommen erstmals mit einem einheitlichen, definitiven Körperschaftsteuersatz von 25% (§ 23 I KStG), bei abweichendem Wirtschafts- 1

§ 278
Drittes Buch. Handelsbücher

jahr ist das neue Verfahren ab dem Veranlagungszeitraum 2002 maßgeblich (§ 34 I a KStG). Insofern ist zukünftig die Steuerbelastung unabhängig vom Ausschüttungsverhalten der Ges. Hinsichtlich der bisher geltenden Besteuerung war die die Gewinnverwendung nur hinsichtlich der Körperschaftsteuer von Bedeutung, da nur bei dieser unterschiedliche Steuersätze für Gewinnthesaurierung und Gewinnausschüttung gelten und es insofern zu einem unterschiedlichen Steueraufwand kommen konnte. Die Gewerbeertragsteuer, die ebenfalls unter der Position „Steuern vom Einkommen und vom Ertrag" auszuweisen ist, war ohnehin von der Ausschüttung unabhängig.

II. Berechnungsgrundlagen

2 § 278 legt folgende Regelung für die Berechnung der Steuern fest:

1. Liegt bereits ein Beschluß über die Gewinnverwendung vor, ist dieser für die Berechnung der Gewinnsteuern zugrundezulegen. Ein solcher Fall dürfte in der Praxis allerdings kaum vorkommen, da ein solcher Beschluß vor Feststellung des JA vorliegen müßte, dieser jedoch sowohl bei der AG (§ 172 AktG) als auch bei der GmbH (§ 46 GmbHG) zeitlich vor dem Beschluß über die Gewinnverwendung gefaßt wird.

2. Liegt ein Gewinnverwendungsbeschluß noch nicht vor, ist für die Berechnung der Gewinnsteuern vom Vorschlag der Verwaltung auszugehen. Bei der AG verpflichtet § 170 II AktG den Vorstand, dem Aufsichtsrat einen Gewinnverwendungsvorschlag zu machen. Bei der GmbH gibt es eine entsprechende Verpflichtung für die Geschäftsführung nicht; sie kann auch nicht in analoger Anwendung aktienrechtlicher Vorschriften unterstellt werden. Da jedoch auch die Geschäftsführung einer GmbH den Steueraufwand berechnen muß, wird sie hierfür die zu erwartende Gewinnausschüttung unterstellen; diese kann als Gewinnverwendungsvorschlag iS des S 1 ausgelegt werden (so auch *ADS*, § 278 Rz 23).

III. Abweichungen des Gewinnverwendungsbeschlusses vom Vorschlag über die Verwendung (S 2)

3 Weicht der Beschluß über die Verwendung des Jahresergebnisses vom Verwendungsvorschlag ab, ergibt sich gegenüber dem festgestellten Abschluß ein abweichender Steueraufwand. Gleichwohl braucht der JA deshalb nicht geändert zu werden. Bei der AG führt ein abweichender Gewinnverwendungsbeschluß nicht zu einer Änderung des festgestellten JA (§ 174 III AktG). Bei der GmbH dagegen wäre eine Änderung des JA möglich (Wahlrecht). Ein geänderter Gewinnverwendungsbeschluß wirkt sich erst im folgenden Geschäftsjahr aus. Ein zusätzlicher Aufwand ist allerdings **nur** in der Bilanz zu berücksichtigen (Erhöhung der Steuerrückstellungen bzw Minderung der Steuerzahlungen), nicht dagegen in der GuV, da der zusätzliche Aufwand nicht als Ergebnis des

Folgejahrs berücksichtigt werden soll. Ein aufgrund des geänderten Gewinnverwendungsbeschlusses zusätzlicher Ertrag soll jedoch im Folgejahr zu einer Ergebniserhöhung führen (hM; vgl *ADS*, § 278 Rz 30 f).

Vierter Titel. Bewertungsvorschriften

§ 279 Nichtanwendung von Vorschriften, Abschreibungen

(1) ¹§ 253 Abs. 4 ist nicht anzuwenden. ²§ 253 Abs. 2 Satz 3 darf, wenn es sich nicht um eine voraussichtlich dauernde Wertminderung handelt, nur auf Vermögensgegenstände, die Finanzanlagen sind, angewendet werden.

(2) **Abschreibungen nach § 254 dürfen nur insoweit vorgenommen werden, als das Steuerrecht ihre Anerkennung bei der steuerrechtlichen Gewinnermittlung davon abhängig macht, daß sie sich aus der Bilanz ergeben.**

§ 279 untersagt KapGes die Anwendung bestimmter Abschreibungs- 1 vorschriften. Die nach den allgemeinen Bewertungsvorschriften eingeräumten Möglichkeiten zur Bildung stiller Reserven stehen KapGes und PershandelsGes iSv § 264 a I daher nicht in vollem Umfang zur Verfügung. Die Einschränkungen des § 279 betreffen ausschließlich Bewertungsvorschriften zur Aktivseite. Die Bewertungsvorschriften zur Passivseite, insbesondere die Vorschriften zur Bewertung von Verbindlichkeiten und Rückstellungen gem § 253 I 2 sind auch bei KapGes und PershandelsGes iSv § 264 a I anzuwenden.

I. Einschränkung allgemeiner Bewertungsvorschriften

Abs 1 S 1 verbietet KapGes die Vornahme von Abschreibungen im 2 Rahmen „vernünftiger kaufmännischer Beurteilung" gem § 253 IV, so daß die Möglichkeit stille Reserven zu bilden erheblich eingeschränkt wird. Durch die Vorschrift des Abs 1 S 1 wird neben der aufgrund der allgemein geltenden Bewertungsvorschriften (§ 253 I 1, II und III) bestehenden Wertobergrenze für den Ansatz von Vermögensgegenständen bei KapGes zugleich eine Wertuntergrenze festgelegt (hM *ADS*, § 279 Rz 8; aA *Glade*, § 279 Rz 4). Die Nichtanwendung des § 253 IV bedeutet für KapGes nicht eine Festlegung auf einen absoluten Fixwert; verboten sind lediglich Abwertungen aufgrund „vernünftiger kaufmännischer Beurteilung". Es bleibt die Möglichkeit, den Wertansatz innerhalb der gesetzlich vorgegebenen Grenzen zu variieren, so daß sich auch für KapGes − wenn auch eingeschränkt − die Möglichkeit zur Bildung stiller Reserven bietet. Abs 1 S 2 schränkt das Abwertungswahlrecht bei nur vorübergehender Wertminderung (§ 253 II 3) ein; KapGes dürfen danach bei vorübergehender Wertminderung (§ 253 II 3) Abschreibungen auf Vermögensgegenstände des Anlagevermögens nur vornehmen, wenn es sich um Finanzanlagen handelt. Unberührt bleibt dagegen die Verpflichtung, bei voraussichtlich dauernder Wertminderung eine Abschreibung vorzunehmen (§ 253 II 3 2. HS). Die praktische Bedeutung der Vorschrift ist zweifelhaft, da vielfach nicht eindeutig festliegt, ob eine Wertminderung von vorübergehender oder dauernder Natur ist; außerdem greifen häufig steuerrechtliche Abschreibungen im Rahmen des § 254 S 1 (*ADS*, § 279 Rz 13 f; *Schneeloch*, WPg 1985, 571 f).

II. Einschränkungen der Anwendung nur steuerrechtlich zulässiger Abschreibungen

3   Nach § 254 können zum Zwecke der Identität zwischen Handels- und Steuerbilanz nur steuerlich zulässige Abschreibungen in den handelsrechtlichen JA übernommen werden. Diese Übernahmemöglichkeit gilt grundsätzlich, ohne daß für den betreffenden Fall die umgekehrte Maßgeblichkeit vorliegen muß; es müssen lediglich die Abschreibungen steuerlich zulässig sein. Für KapGes und PershandelsGes iSv § 264 a I ist dagegen die Übernahme steuerlich zulässiger Abschreibungen durch Abs 2 insoweit eingeschränkt, als die **steuerliche** Anerkennung der entsprechenden Abschreibungen von ihrer **handelsrechtlichen** Vornahme abhängig gemacht wird (umgekehrte Maßgeblichkeit). Diese umgekehrte Maßgeblichkeit ist in § 5 I 2 EStG nunmehr eindeutig klargestellt; danach sind steuerrechtliche Wahlrechte bei der Gewinnermittlung in Übereinstimmung mit der handelsrechtlichen Jahresbilanz auszuüben (vgl *Schmidt/Weber-Grellet* EStG § 5 Rz 26 ff); sie gilt insbesondere bei erhöhten Absetzungen und Sonderabschreibungen.

§ 280 Wertaufholungsgebot

(1) ¹**Wird bei einem Vermögensgegenstand eine Abschreibung nach § 253 Abs. 2 Satz 3 oder Abs. 3 oder § 254 Satz 1 vorgenommen und stellt sich in einem späteren Geschäftsjahr heraus, daß die Gründe dafür nicht mehr bestehen, so ist der Betrag dieser Abschreibung im Umfang der Werterhöhung unter Berücksichtigung der Abschreibungen, die inzwischen vorzunehmen gewesen wären, zuzuschreiben.** ²**§ 253 Absatz 5, § 254 Satz 2 sind insoweit nicht anzuwenden.**

(2) **Von der Zuschreibung nach Absatz 1 kann abgesehen werden, wenn der niedrigere Wertansatz bei der steuerrechtlichen Gewinnermittlung beibehalten werden kann und wenn Voraussetzung für die Beibehaltung ist, daß der niedrigere Wertansatz auch in der Bilanz beibehalten wird.**

(3) **Im Anhang ist der Betrag der im Geschäftsjahr aus steuerrechtlichen Gründen unterlassenen Zuschreibungen anzugeben und hinreichend zu begründen.**

I. Wertaufholungsgebot (I)

Die Wertaufholung ist zwar im Gesetz nicht definiert, sie ergibt sich 1
jedoch unmittelbar aus der gesetzlichen Regelung des Abs 1 S 1 und
liegt vor, wenn die Gründe für die nach § 253 II 3, III oder § 254 S 1
vorgenommenen Abschreibungen nicht mehr bestehen und die außerplanmäßigen Abschreibungen durch Zuschreibungen ausgeglichen werden. Die Aufzählung der **außerplanmäßigen** Abschreibungen ist **abschließend;** Wertminderungen aufgrund planmäßiger Abschreibungen
iSv § 253 II 1 und 2 werden vom Wertaufholungsgebot nicht erfaßt.
Der Wortlaut des Abs 1 bezieht sich auf Abschreibung von „Vermögensgegenständen"; die Bestimmung ist daher nicht anzuwenden auf
Aufwendungen für die Ingangsetzung und Erweiterung des Geschäftsbetriebs (§ 269), aktivische latente Steuern (§ 274 II), Rechnungsabgrenzungsposten einschließlich eines aktivierten Disagios (§ 250), den
entgeltlich erworbenen Geschäfts- oder Firmenwert (§ 255 IV; strittig).
Für eine sinngemäße Anwendung dieser Vorschrift auf Verbindlichkeiten vgl *Küting,* DStR 1989, S 271. Als Voraussetzung für die vorzunehmende Zuschreibung müssen die Gründe für eine vorausgegangene Abschreibung nicht mehr bestehen. Waren mehrere Gründe für
eine Wertminderung gegeben und entfallen einige dieser Gründe, so ist
das Wertaufholungsgebot nur insoweit anzuwenden, wie die Gründe
entfallen sind. Fällt ein Grund für eine Abschreibung weg, wird dafür
aber ein anderer bekannt, kann der niedrige Wertansatz – soweit sich
die Wertminderungen entsprechen – beibehalten werden. Die Wertaufholung ist in dem **Zeitpunkt** vorzunehmen, in dem der Wegfall der
Abschreibungsgründe **bekannt** wird; dies gilt auch, wenn die Gründe
für eine steuerlich begründete Abschreibung nachträglich weggefallen
sind (vgl *Budde/Karig,* in Beck-BilKomm § 280 Rz 9 und 20; *Küting,*
DStR 1989, S 229 f).

Der **Umfang** der Wertaufholung ist begrenzt durch zwei Bedingun- 2
gen, die kumulativ gegeben sein müssen, und zwar durch die vorgenommenen außerplanmäßigen Abschreibungen und durch den Umfang der eingetretenen Werterhöhung unter Berücksichtigung der planmäßigen Abschreibungen, die zwischenzeitlich vorzunehmen gewesen
wären (zu den Berechnungsmethoden vgl im einzelnen *ADS,* § 280
Rz 32 ff). Bei Vermögensgegenständen des nicht abnutzbaren Anlagevermögens und des Umlaufvermögens bilden die Anschaffungs- oder
Herstellungskosten die Obergrenze der Wertaufholung.

II. Wertbeibehaltung (II)

Auf eine Wertaufholung in der Handelsbilanz darf verzichtet werden, 3
wenn ein entsprechender Wertansatz in der Steuerbilanz beibehalten
werden darf, Voraussetzung für dessen steuerliche Anerkennung jedoch
ein gleich hoher Wertansatz in der Handelsbilanz ist. Das bisher geltende steuerliche Beibehaltungswahlrecht (§ 6 I Nr 1 EstG aF) ist durch

§ 281 Drittes Buch. Handelsbücher

das Steuerentlastungsgesetz 1999/2000/2002 aufgehoben und durch ein Wertaufholungsgebot ersetzt worden (§ 6 I Nr 1 S 4 und Nr 2 S 3 EstG). Bei KapGes hat diese steuerliche Zuschreibungsverpflichtung unmittelbare Auswirkung auf die Handelsbilanz, da die Voraussetzung des Abs 2 für die Beibehaltung des niedrigeren Wertansatzes für steuerliche Zwecke nicht mehr besteht, so daß auch in der Handelsbilanz eine Zuschreibung vorgenommen werden muß. Für Einzelkaufleute und PershandelsGes, soweit es sich nicht um solche nach § 264a I handelt, bleibt handelsrechtlich das Wertaufholungswahlrecht des § 253 V erhalten.
Abs 2 ist also zukünftig ohne Bedeutung.

III. Die Angabepflichten im Anhang (III)

4 Soweit von der Ausnahmeregelung des Abs 2 Gebrauch gemacht wurde, ist der Betrag der im Geschäftsjahr aus steuerlichen Gründen unterlassenen Zuschreibungen im Anhang anzugeben und hinreichend zu begründen. Ausreichend ist die Angabe des **Gesamtbetrags** der unterlassenen Zuschreibungen. Die Begründung kann allgemein gehalten werden, allerdings sind andere als steuerliche Gründe nicht zulässig.

IV. Rechtsfolgen bei Verletzung des § 280

5 Wird eine Wertaufholung nach Abs 1 unterlassen, stellt dies ein Ordnungswidrigkeit iSv § 334 I Nr 1b dar. Wird die Angabe- und Begründungspflicht nach Abs 3 nicht erfüllt, ist dies ebenfalls eine Ordnungswidrigkeit (§ 334 I Nr 1d).

§ 281 Berücksichtigung steuerrechtlicher Vorschriften

(1) ¹**Die nach § 254 zulässigen Abschreibungen dürfen auch in der Weise vorgenommen werden, daß der Unterschiedsbetrag zwischen der nach § 253 in Verbindung mit § 279 und der nach § 254 zulässigen Bewertung in den Sonderposten mit Rücklageanteil eingestellt wird.** ²**In der Bilanz oder im Anhang sind die Vorschriften anzugeben, nach denen die Wertberichtigung gebildet worden ist.** ³**Unbeschadet steuerrechtlicher Vorschriften über die Auflösung ist die Wertberichtigung insoweit aufzulösen, als die Vermögensgegenstände, für die sie gebildet worden ist, aus dem Vermögen ausscheiden oder die steuerrechtliche Wertberichtigung durch handelsrechtliche Abschreibungen ersetzt wird.**

(2) ¹**Im Anhang ist der Betrag der im Geschäftsjahr allein nach steuerrechtlichen Vorschriften vorgenommen Abschreibungen, getrennt nach Anlage- und Umlaufvermögen, anzugeben, soweit er sich nicht aus der Bilanz oder der Gewinn- und Verlustrechnung ergibt, und hinreichend zu begründen.** ²**Erträge aus der Auflösung des Sonderpostens mit Rücklageanteil**

Zweiter Abschn. Ergänzende Vorschriften für KapitalGes § 281

sind in dem Posten „sonstige betriebliche Erträge", Einstellungen in den Sonderposten mit Rücklageanteil sind in dem Posten „sonstige betriebliche Aufwendungen" der Gewinn- und Verlustrechnung gesondert auszuweisen oder im Anhang anzugeben.

I. Ausweis als Sonderposten mit Rücklageanteil (I)

1. Bildung des Sonderpostens. Abs 1 räumt das Wahlrecht ein, 1
den Betrag, um den die steuerlich zulässige Abschreibung die handelsrechtliche übersteigt, aktivisch abzusetzen oder in den Sonderposten mit Rücklageanteil einzustellen. Bei der aktivischen Verrechnung werden die nur steuerlich zulässigen Abschreibungen mit den laufenden handelsrechtlichen Abschreibungen zusammengefaßt; dieser Betrag mindert den Buchwert des betreffenden Vermögensgegenstands und wird unter dem Posten „Abschreibungen auf Sachanlagen" in der GuV ausgewiesen. Bei der passivischen Verrechnung wird der Betrag der nur steuerlich zulässigen Abschreibung in einen Sonderposten mit Rücklageanteil eingestellt; der Ausweis in der GuV erfolgt als Einstellung in Sonderposten mit Rücklageanteil unter den „sonstigen betrieblichen Aufwendungen". Dadurch mindern die nur steuerlich zulässigen Abschreibungen den Buchwert des begünstigten Vermögensgegenstands nicht. Die Höhe der steuerlichen Wertberichtigung und damit des Betrags, der in den Sonderposten mit Rücklageanteil einzustellen ist, ergibt sich aus der Differenz der steuerlich zulässigen Abschreibungssumme abzüglich der handelsrechtlich zulässigen Abschreibungssumme.

2. Angabepflicht: Nach Abs 1 S 2 sind die Vorschriften anzugeben, 2
nach denen die Wertberichtigung gebildet wurde; dies kann wahlweise in der Bilanz oder im Anhang geschehen.

3. Auflösung: Der Sonderposten ist aufzulösen oder zu vermindern, 3
wenn der Vermögensgegenstand, für den eine Wertberichtigung gebildet wurde, aus dem Vermögen ausscheidet, und wenn die steuerlichen Wertberichtigungen sukzessive durch handelsrechtliche Abschreibungen ersetzt werden (Abs 1 S 3). Darüberhinaus ist der Wegfall der steuerlichen Begünstigung und bei freiwilligem Verzicht auf die steuerlich bedingte Wertberichtigung der Sonderposten auszulösen (*ADS*, § 281 Rz 42 f). Da die Einstellung in den Sonderposten und seine Auflösung streng objektbezogen sind, ist eine Saldierung des Einstellungs- und Auflösungsbetrags sowohl in der Bilanz als auch in der GuV nach dem Grundsatz der Einzelbewertung (§ 252 I Nr 3) und dem Saldierungsverbot (§ 246 II) nicht zulässig.

II. Angabe- und Erläuterungspflichten (II S 1)

Im Anhang ist der Betrag der allein nach steuerlichen Vorschriften 4
vorgenommenen Abschreibungen anzugeben. Außerdem hat eine Aufteilung dieses Betrags auf das Anlage- und das Umlaufvermögen zu

§ 282 Drittes Buch. Handelsbücher

erfolgen. Darüberhinaus sind die Gründe, die den nur steuerlich zulässigen Abschreibungen zugrundeliegen, im Anhang hinreichend zu erläutern. Die Angabepflicht im Anhang entfällt, wenn der Betrag sich aus der Bilanz oder GuV ergibt. Eine weitere Aufgliederung des Gesamtbetrags der ausschließlich steuerlich zulässigen Abschreibungen, insbesondere die Angabe der für die Bewertung zugrundegelegten steuerlichen Vorschriften, ist nicht erforderlich; im Hinblick auf den damit verbundenen verbesserten Einblick in die Vermögenslage sind zusätzliche Angaben jedoch zulässig.

III. Ausweisgrundsätze für die Gewinn- und Verlustrechnung (II S 2)

5 Erträge aus der Auflösung des Sonderpostens mit Rücklageanteil sind in dem Posten „sonstige betriebliche Erträge", Aufwendungen aus Einstellungen in den Sonderposten mit Rücklageanteil in dem Posten „sonstige betriebliche Aufwendungen" der GuV gesondert (zB durch einen Davon-Vermerk) zu erfassen. Ein Ausweis unter den außerordentlichen Posten ist nicht zulässig. Erträge aus der Auflösung des Sonderpostens dürfen nicht mit Aufwendungen aus der Einstellung in den Sonderposten mit Rücklageanteil saldiert werden, und zwar auch dann nicht, wenn Auflösungen und Einstellungen auf derselben Rechtsgrundlage beruhen.

§ 282 Abschreibungen der Aufwendungen für die Ingangsetzung und Erweiterung des Geschäftsbetriebs

Für die Ingangsetzung und Erweiterung des Geschäftsbetriebs ausgewiesene Beträge sind in jedem folgenden Geschäftsjahr zu mindestens einem Viertel durch Abschreibungen zu tilgen.

1 Sind die nach § 269 aktivierten Kosten für Ingangsetzungs- und Erweiterungsmaßnahmen über mehrere Jahren angefallen, sind nach hM die bis zum Ende eines Geschäftsjahrs aktivierten Aufwendungen für jedes Jahr getrennt abzuschreiben (*Budde/Karig* in Beck-BilKomm § 282 Rz 4; *ADS*, § 282 Rz 7 wollen mit der Abschreibung erst dann beginnen, wenn die Ingangsetzungs- oder Erweiterungsmaßnahme abgeschlossen ist). Die Abschreibungen beginnen grundsätzlich in dem der Aktivierung folgenden Geschäftsjahr, zulässig sind aber auch Abschreibungen im Jahr der Aktivierung (*ADS*, § 282 Rz 5; *Biener/Berneke*, BiRiLiG S 245). Die Abschreibung muß jährlich mindestens in Höhe von 25% des ursprünglich aktivierten Betrags erfolgen; eine höhere oder eine Vollabschreibung ist zulässig. Die Bildung der Bilanzierungshilfe und deren Auflösung berührt die Steuerbilanz nicht, so daß zunächst der nach steuerlichen Vorschriften ermittelte Gewinn niedriger ist als das Handelsbilanzergebnis. Daher ist nach § 274 I 1 eine Rückstellung für latente Steuern zu bilden.

§ 283 Wertansatz des Eigenkapitals
Das gezeichnete Kapital ist zum Nennbetrag anzusetzen.

Die Überschrift ist zu weit gefaßt. Nach seinem Regelungsinhalt 1
bezieht sich § 283 nicht auf das gesamte Eigenkapital (§ 266 III A I bis
V), sondern lediglich auf das „gezeichnete Kapital" gem § 266 III A I
(*ADS,* § 283 Rz 3). Die Kapitalbestandteile des „gezeichneten Kapitals" ergeben sich aus § 272 I 1; es handelt sich um das nominelle
Haftkapital der KapGes (Grundkapital, § 152 I AktG bzw das Stammkapital, § 42 I GmbHG). „Nennbetrag" ist der Wert, der sich aus der
Satzung oder dem Gesellschaftsvertrag ergibt; er ist gleichbedeutend
mit dem im Handelsregister eingetragenen Betrag. Nicht zum Nennbetrag des gezeichneten Kapitals gehört ein Ausgabeaufgeld (Agio); dies
ist unter dem Posten „Kapitalrücklage" (§ 266 III A II) auszuweisen.
Auch Gewinne oder Verluste beeinflussen ebensowenig wie ausstehende
Einlagen auf das gezeichnete Kapital den Nennbetrag des gezeichneten
Kapitals (im einzelnen vgl § 272 I 2). Kapitalveränderungen bleiben
idR bis zur Eintragung im Handelsregister unberücksichtigt; Ausnahmen: Ausgabe von Bezugsaktien bei bedingter Kapitalerhöhung bei AG
und KGaA (§ 200 AktG); Rückwirkung der vereinfachten Kapitalherabsetzung mit gleichzeitig verbundener Kapitalerhöhung (§§ 234, 235
AktG), Kapitalherabsetzung durch Einziehung (§§ 237, 238 AktG). Bei
AG oder KGaA sind nach § 152 I 2 bis 4 AktG – soweit erforderlich –
die gesamten Nennbeträge der Aktien jeder Gattung gesondert anzugeben.

Fünfter Titel. Anhang

§ 284 Erläuterung der Bilanz und der Gewinn- und Verlustrechnung

(1) **In den Anhang sind diejenigen Angaben aufzunehmen, die zu den einzelnen Posten der Bilanz oder der Gewinn- und Verlustrechnung vorgeschrieben oder die im Anhang zu machen sind, weil sie in Ausübung eines Wahlrechts nicht in die Bilanz oder in die Gewinn- und Verlustrechnung aufgenommen wurden.**

(2) **Im Anhang müssen**

1. **die auf die Posten der Bilanz und der Gewinn- und Verlustrechnung angewandten Bilanzierungs- und Bewertungsmethoden angegeben werden;**
2. **die Grundlagen für die Umrechnung in Euro angegeben werden, soweit der Jahresabschluß Posten enthält, denen Beträge zugrunde liegen, die auf fremde Währung lauten oder ursprünglich auf fremde Währung lauteten;**

§ 284 Drittes Buch. Handelsbücher

3. Abweichungen von Bilanzierungs- und Bewertungsmethoden angegeben und begründet werden; deren Einfluß auf die Vermögens-, Finanz- und Ertragslage ist gesondert darzustellen;
4. bei Anwendung einer Bewertungsmethode nach § 240 Abs. 4, § 256 Satz 1 die Unterschiedsbeträge pauschal für die jeweilige Gruppe ausgewiesen werden, wenn die Bewertung im Vergleich zu einer Bewertung auf der Grundlage des letzten vor dem Abschlußstichtag bekannten Börsenkurses oder Marktpreises einen erheblichen Unterschied aufweist;
5. Angaben über die Einbeziehung von Zinsen für Fremdkapital in die Herstellungskosten gemacht werden.

I. Funktion des Anhangs

1 Neben Bilanz und GuV ist ein Anhang aufzustellen, der mit diesen eine Einheit bildet (§ 264 I). Der Anhang soll Bilanz und GuV erläutern und zusätzliche Informationen über die Vermögens-, Finanz- und Ertragslage sowie weitere Informationen geben, die nicht unmittelbar im Zusammenhang mit dem JA stehen. Zusammen mit Bilanz und GuV soll so ein den tatsächlichen Verhältnissen entsprechendes Bild der Vermögens-, Finanz- und Ertragslage vermittelt werden. Nach §§ 284, 285 muß der Anhang zwingend bestimmte Angaben enthalten (Pflichtangaben), andere Angaben können wahlweise im Anhang oder in Bilanz und GuV gemacht werden; darüberhinaus kann die Gesellschaft freiwillig weitere Angaben in den Anhang aufnehmen. Damit ist zumindest ein gewisser Umfang für den Anhang vorgegeben; weitergehende Vorschriften, insbesondere über Aufbau, Struktur und Gliederung sowie die Form des Anhangs enthält das Gesetzt nicht. Die Gesellschaft kann daher den Anhang frei gestalten; zu beachten ist jedoch der Grundsatz der Klarheit und Übersichtlichkeit (§ 243 II); auch gilt hinsichtlich der Gestaltung der Grundsatz der Stetigkeit (*Ellrott* in Beck-BilKomm § 284 Rz 26; *Biener/Berneke*, BiRiLiG S 247; *Emmerich*, WPg 1986, 699; *Schülen* WPg 1987, 224; einschränkend *ADS*, § 284 Rz 27.

II. Inhalt des Anhangs (I)

2 Nach Abs 1 sind in den Anhang diejenigen Angaben aufzunehmen, die zu den einzelnen Posten der Bilanz oder GuV vorgeschrieben sind, und solche Angaben, die in Ausübung eines Wahlrechts nicht in die Bilanz oder GuV aufgenommen worden sind. Beides sind Pflichtangaben; sie unterscheiden sich nur dadurch, daß bezüglich der letzteren ein Wahlrecht über den Ort der Angaben eingeräumt worden ist.

3 **1. Pflichtangaben im Anhang.** Die nachfolgend aufgeführten Pflichtangaben sind im Anhang zu machen (vgl die entsprechende Auflistung im WPHdb 2000, F Rz 565):

Zweiter Abschn. Ergänzende Vorschriften für KapitalGes **§ 284**

HGB:

§ 264 II 2	Zusätzliche Angaben zur Vermittlung des in § 264 II 1 geforderten Bildes
§ 264 c I	Ausleihungen, Forderungen und Verbindlichkeiten gegenüber Gesellschaftern bei PershandelsGes iSv § 264 a I
§ 264 c II 9	Noch nicht geleistete Beträge auf die im Handelsregister gem § 172 I eingetragenen Einlagen
§ 265 I 2	Abweichungen beim Aufbau und bei der Gliederung der Bilanz und der GuV
§ 265 II 2 und 3	Nicht vergleichbare oder angepaßte Vorjahresbeträge
§ 265 IV 2	Gliederung nach verschiedenen Gliederungsvorschriften (bei mehreren Geschäftszweigen)
§ 265 VII Nr 2	Angabe von Posten, die im JA zwecks größerer Klarheit der Darstellung zusammengefaßt sind
§ 268 IV 2	Antizipative Abgrenzungsposten unter den sonstigen Vermögensgegenständen
§ 268 V 3	Antizipative Abgrenzungsposten unter den Verbindlichkeiten
§ 269 1 2. HS	Ingangsetzungs-/Erweiterungsaufwendungen
§ 274 II 2	Aktive Steuerabgrenzungsposten
§ 277 IV 2	Außerordentliche Erträge und Aufwendungen
§ 277 IV 3	Periodenfremde Erträge und Aufwendungen
§ 280 III	Aus steuerrechtlichen Gründen unterlassene Zuschreibungen
§ 284 II Nr 1	Bilanzierungs- und Bewertungsmethoden
§ 284 II Nr 2	Grundlagen für die Umrechnung in Euro bzw Deutsche Mark (Währungsumrechnung)
§ 284 II Nr 3	Abweichungen von Bilanzierungs- und Bewertungsmethoden
§ 284 II Nr 4	Unterschiedsbeträge bei Anwendung von Bewertungsvereinfachungsverfahren
§ 284 II Nr 5	Einbeziehung von Fremdkapitalzinsen in die Herstellungskosten
§ 285 Nr 1	Restlaufzeit der Verbindlichkeiten von mehr als 5 Jahren
§ 285 Nr 3	Nicht aus der Bilanz ersichtliche sonstige finanzielle Verpflichtungen
§ 285 Nr 4	Aufgliederung der Umsatzerlöse
§ 285 Nr 5	Beeinflussung des Jahresergebnisses durch steuerliche Bewertungsmaßnahmen
§ 285 Nr 6	Aufteilung der Ertragsteuerbelastung nach ordentlichem und nach außerordentlichem Ergebnis
§ 285 Nr 7	Zahl der beschäftigten Arbeitnehmer

§ 284
Drittes Buch. Handelsbücher

HGB:

§ 285 Nr 8 a, b	Material- und Personalaufwand bei Anwendung des Umsatzkostenverfahrens
§ 285 Nr 9 a	Bezüge von Organmitgliedern
§ 285 Nr 9 b	Bezüge früherer Organmitglieder und Pensionsverpflichtungen für diesen Personenkreis
§ 285 Nr 9 c	Vorschüsse, Kredite, Haftungsverhältnisse zugunsten von Organmitgliedern
§ 285 Nr 10	Namen der Organmitglieder
§ 285 Nr 11	Unternehmen, an denen ein Anteilsbesitz von 20% oder mehr besteht
§ 285 Nr 11 a	Name und Rechtsform der Unternehmen, an denen die KapGes als phG beteiligt ist
§ 285 Nr 12	Sonstige Rückstellungen
§ 285 Nr 13	Gründe für die planmäßige Abschreibung eines Geschäfts- oder Firmenwertes
§ 285 Nr 14	Mutterunternehmen der Gesellschaft
§ 285 Nr 15	Bei PershandelsGes iSv § 264 a I: Name und Sitz der Ges, die phG sind und deren gezeichnetes Kapital
§ 291 II Nr 3	Ausländisches Mutterunternehmen bei (befreiender) Einbeziehung in dessen Konzernabschluß

EGHGB:

Art. 28 II	Nicht passivierte Pensionsverpflichtungen und ähnliche Verpflichtungen (Fehlbetrag)
Art. 42 III 3	Angabe des gezeichneten Kapitals (DM oder EURO), wenn JA vor Umstellung des gezeichneten Kapitals auf EURO bereits in oder nach Umstellung noch in DM aufgestellt wird
Art. 44 I 4	Aufwendungen für Währungsumstellung auf den Euro

AktG:

§ 158 I 2	Ergebnisvortrag aus dem Vorjahr, Entnahmen und Einstellungen aus Rücklagen, Bilanzergebnis
§ 160 I Nr 1	Vorratsaktien
§ 160 I Nr 2	Eigene Aktien
§ 160 I Nr 4	Genehmigtes Kapital
§ 160 I Nr 5	Wandelschuldverschreibungen und vergleichbare Wertpapiere
§ 160 I Nr 6	Genußrechte, Rechte aus Besserungsscheinen und ähnliche Rechte
§ 160 I Nr 7	Wechselseitige Beteiligungen
§ 160 I Nr 8	Nach § 20 I oder IV AktG oder § 21 I oder I a WertpapierhandelsG mitgeteilte Beteiligungen

Zweiter Abschn. Ergänzende Vorschriften für KapitalGes **§ 284**

AktG:
§ 240 3 Verwendung von Beträgen bei vereinfachter Kapitalherabsetzung
§ 261 I 3 und 4 Weitere Behandlung durch Sonderprüfung festgestellter unzulässiger Unterbewertung.

2. Pflichtangaben, die wahlweise im Anhang oder an anderer 4
Stelle im Jahresabschluß zu machen sind. Hierbei handelt es sich idR um zusätzliche Angaben zu einzelnen Posten der Bilanz oder GuV, die wahlweise im Anhang oder in Bilanz und GuV zu machen sind. Mit der Übernahme der Angaben in den Anhang werden Bilanz und GuV entlastet, so daß ein leichterer und schnellerer Überblick über Bilanz und GuV möglich wird. Es besteht grundsätzlich keine Verpflichtung, im Anhang Vorjahreszahlen anzugeben; da diese Angaben jedoch statt in Bilanz und GuV im Anhang gemacht werden, sind bei Angaben zu Posten der Bilanz oder GuV auch im Anhang die Vorjahreszahlen anzugeben. In den folgenden Fällen besteht das Wahlrecht, Pflichtangaben entweder in Bilanz oder GuV oder im Anhang zu machen:

HGB:
§ 265 III 1 Vermerk der Mitzugehörigkeit zu anderen Posten der Bilanz, wenn zur Aufstellung eines klaren und übersichtlichen JA erforderlich
§ 268 I 2 2. HS Angabe eines Gewinn- oder Verlustvortrags aus dem Vorjahr, wenn die Bilanz unter Berücksichtigung der teilweisen Verwendung des Jahresergebnisses aufgestellt wird
§ 268 II 1 Entwicklung des Anlagevermögens (sog Anlagespiegel)
§ 268 II 3 Vermerk der Abschreibungen des Geschäftsjahrs auf Posten des Anlagevermögens und auf den Posten „Aufwendungen für die Ingangsetzung und Erweiterung des Geschäftsbetriebs"
§ 268 VI Angabe des in einem aktiven Rechnungsabgrenzungsposten ausgewiesenen Disagios/Rückzahlungsagios
§ 268 VII Angabe der in § 251 bezeichneten Haftungsverhältnisse
§ 273 2 2.HS Angabe der Vorschriften, nach denen der Sonderposten mit Rücklageanteil gebildet worden ist
§ 274 I 1 Angabe einer zur Steuerabgrenzung gebildeten Rückstellung
§ 277 III 1 Außerplanmäßige Abschreibungen nach § 253 II 3 und Abschreibungen nach § 253 III

§ 284
Drittes Buch. Handelsbücher

HGB:

§ 281 I 2	Angabe der steuerlichen Vorschriften, wenn steuerliche Abschreibungen (Wertberichtigungen) in den Sonderposten mit Rücklageanteil einbezogen sind
§ 281 II 1	Betrag der allein nach steuerlichen Vorschriften vorgenommenen Abschreibungen, getrennt nach Anlage- und Umlaufvermögen
§ 281 II 2	Erträge aus der Auflösung von und Einstellungen in Sonderposten mit Rücklageanteil
§ 285 Nr 2	Angabe der Sicherheiten für jeden Posten der Verbindlichkeiten
§ 327 Nr 1 2	Angabe bestimmter Bilanzposten, sofern eine mittelgroße KapGes (§ 267 II) von der Möglichkeit Gebrauch macht, die Bilanz nur in der für kleine KapGes vorgeschriebenen Form (§ 266 I 3) zum Handelsregister einzureichen

AktG:

§ 58 II a 2	Angabe der Einstellung des Eigenkapitalanteils von Wertaufholungen ua in andere Gewinnrücklagen
§ 152 II	Angaben zu dem Posten Kapitalrücklage
§ 152 III	Angaben zu den einzelnen Posten der Gewinnrücklagen
§ 160 I Nr 3	Angaben zu verschiedenen Aktiengattungen

GmbHG:

§ 29 IV 2	Angabe der Einstellung des Eigenkapitalanteils von Wertaufholungen ua in andere Gewinnrücklagen
§ 42 III 1. HS	Angabe von Ausleihungen, Forderungen und Verbindlichkeiten gegenüber Gesellschaftern

Ein einmal gewählter Ausweis in Bilanz und GuV oder Anhang ist nach dem Grundsatz der Stetigkeit beizubehalten.

5   **3. Freiwillige Angaben.** Über die gesetzlichen Pflichtangaben hinaus können freiwillig weitere Angaben in den Anhang aufgenommen werden. Der Umfang dieser freiwilligen Angaben findet seine Grenze nur dort, wo Übersichtlichkeit und Klarheit beeinträchtigt werden und die Angaben in keinem Zusammenhang mit dem JA stehen (*Biener/Berneke,* BiRiLiG S 247; auch *Ellrott* in Beck-BilKomm § 284 Rz 81). Als freiwillige Angaben kommen in Betracht: Weitere Erläuterungen der Bilanz- und GuV-Posten, die nicht nach § 285 erläuterungspflichtig sind; Angaben über Struktur der Mitarbeiter; Sozialbilanz; Kapitalfluß-

rechnung; Finanzplan; Angaben über Wiederbeschaffungswerte; Angaben über stille Reserven.

II. Angaben zu Bilanzierungs- und Bewertungsmethoden (II)

Anzugeben sind die auf die Posten der Bilanz angewandten Bilanzierungs- und Bewertungsmethoden. **Bilanzierungsmethoden** umfassen Entscheidungen der Bilanzierung dem Grunde nach, **Bewertungsmethoden** betreffen die Verfahren zur Ermittlung des Wertansatzes. **a) Angaben zu den Bilanzierungsmethoden.** Die Angabepflicht wird allgemein nicht dahingehend verstanden, daß sämtliche Bilanzierungsmethoden darzustellen sind, sondern nur solche, bei denen Alternativen bestehen oder bei denen es sich um Sonderfälle handelt (WPHdb 2000, F Rz 571); anzugeben ist auch, ob die Bilanz vor oder nach vollständiger bzw teilweise Verwendung des Jahresergebnisses aufgestellt wurde (WPHdb 2000, F Rz 572). Im Hinblick auf die Bilanzierung dem Grunde nach bestehen für folgende Sachverhalte Angabepflichten im Anhang: Ansatz eines entgeltlich erworbenen Geschäfts- oder Firmenwerts (§ 255 IV); Einbeziehung eines Disagios in den aktiven Rechnungsabgrenzungsposten (§ 250 III 1); Bildung von Aufwandsrückstellungen (§ 249 II); Unterlassene Bildung von Rückstellungen für laufende Pensionen oder Anwartschaften sowie für mittelbare Pensionsverpflichtungen und ähnlicher Verpflichtungen (Art 28 I EGHGB); Sonderposten mit Rücklageanteil (§ 247 III). Ist die Ausübung eines Bilanzierungswahlrechts unmittelbar erkennbar (zB bei Aktivierung eines Geschäfts- oder Firmenwerts), braucht darüber nicht berichtet zu werden (*Ellrott* in Beck-BilKomm § 284 Rz 89; *ADS*, § 284 Rz 59). Bei unwesentlichen Beträgen kann die Angabe entfallen. Neben der Inanspruchnahme von Bilanzierungswahlrechten ist auch über **Bilanzierungshilfen** zu berichten; zB Aktivierung von Aufwendungen für die Ingangsetzung und Erweiterung des Geschäftsbetriebs (§ 269); aktivierte Posten zur Steuerabgrenzung (§ 274 II 1). 6

b) Angaben der Bewertungsmethoden. Die angewandten Bewertungsmethoden sind darzustellen, insbesondere wie sich die Herstellungskosten ermitteln und ob und in welchem Umfang von den Einbeziehungswahlrechten des § 255 II 3 und 4 Gebrauch gemacht wurde; ein Hinweis auf R 33 EStR kann ausreichend sein. In diesem Zusammenhang sind auch die angewandten Abschreibungsmethoden zu nennen und darüber zu berichten, inwieweit steuerliche Abschreibungen nach § 254 1 iVm § 279 II in Anspruch genommen wurden. Die vorgenommenen Zuschreibungen aufgrund des Wertaufholungsgebots des § 280 I sind darzustellen. Wurden bei der Bewertung der Vorräte bestimmte Verbrauchsfolgeverfahren unterstellt, sind diese zu erläutern. Bei den Pensionsrückstellungen sind in jedem Falle die Bewertungsmethoden anzugeben; ausreichend ist der Hinweis auf die versicherungsmathematische Grundlage der Berechnung. Bei Rückstellungen für drohende Verluste aus schwebenden Geschäften ist 7 darzustellen, ob die Verluste auf Vollkosten- oder Teilkostenbasis ermittelt wurden.

III. Angaben der Grundlagen für die Umrechnung in Euro bzw Deutsche Mark (II Nr 2)

8 Sofern im JA Posten enthalten sind, die ursprünglich auf fremde Währung gelautet haben, sind die Grundlagen für die Umrechnung in Euro bzw DM anzugeben; dies gilt sowohl für Valutaforderungen und Währungsverbindlichkeiten wie auch für Vermögensgegenstände, die ursprünglich in Fremdwährung erworben wurden (zB Ausstattungen, Flugzeuge, Schiffe) sowie ausländische Beteiligungen und ausländische Wertpapiere. Eine verbale Darstellung der Umrechnungsmethoden ist ausreichend (*ADS*, § 284 Rz 96), die Angabe von Währungskursen ist nicht notwendig (*Ellrott* in Beck-BilKomm § 268 Rz 136).

IV. Angabe und Begründung der Abweichungen von Bilanzierungs- und Bewertungsmethoden (II Nr 3)

9 Für die Rechnungslegung gilt grundsätzlich das Gebot der Stetigkeit, und zwar nicht nur für die äußere Darstellung (Gliederung und Aufbau), sondern auch für die Bewertungsmethoden (§§ 252 I Nr 6, 265). Wird dennoch von den Bilanzierungs- und Bewertungsmethoden der Vergangenheit abgewichen, sind die geänderten Bilanzierungs- und Bewertungsmethoden anzugeben und zu begründen sowie den Einfluß dieser Änderungen auf die Vermögens-, Finanz- und Ertragslage der Gesellschaft gesondert darzustellen.

10 Abweichungen von den **Bilanzierungsmethoden** kommen im Rahmen gesetzlicher Bilanzierungswahlrechte in Betracht, für die allerdings das Stetigkeitsgebot nicht gilt, sofern die Wahlrechte im Rahmen vernünftiger kaufmännischer Beurteilung ausgeübt werden. Der Berichtspflicht kommt daher hinsichtlich der Bilanzierungsmethoden nur geringere Bedeutung zu; so ist etwa über eine geänderte Ausübung von Ansatzwahlrechten (zB erstmalige Bildung von Aufwandsrückstellungen) zu berichten; wurde ein Ansatzwahlrecht bisher nicht ausgeübt, so ist zu begründen, warum dieses bei gleichgelagertem Sachverhalt nunmehr ausgeübt wird. Werden Bilanzierungshilfen anders als in Vorjahren in Anspruch genommen, ist hierüber ebenfalls zu berichten.

11 Von größerer Bedeutung ist dagegen die Berichtspflicht im Hinblick auf Abweichungen von den **Bewertungsmethoden.** Eine solche könnte sich ergeben bei Abweichungen vom Grundsatz der Unternehmensfortführung und vom Grundsatz der Einzelbewertung. Besondere Angabepflichten können auch bei einer von der bisherigen Methode abweichenden Ermittlung der Herstellungskosten entstehen. Ferner ist eine anders geartete Handhabung des Realisationsprinzips, zB im Zusammenhang mit der Gewinnrealisierung bei langfristiger Fertigung, berichtspflichtig (*Ellrott* in Beck-BilKomm § 268 Rz 155). Als Bewertungsänderung ist auch eine andere Ausübung von Bewertungswahlrechten sowie die Aufgabe der Festbewertung beim Anlage- oder Umlaufvermögen anzusehen. Auch die Umstellung auf ein anderes Verbrauchsfolgeverfahren oder die Durchschnittsbewertung beim Vorratsvermögen stellt eine Änderung der Bewertungsmethode dar. Zu berichten ist über **jede** Abweichung von den bisherigen Bewertungs- und Bilanzierungsmethoden, unabhängig von der Größenordnung der Abweichung (*ADS*, § 284 Rz 148; WPHdb 2000, F Rz 590). Für die Darstellung der Abweichungen und ihre Begründung reicht eine verbale Beschreibung aus. Darüberhinaus ist der Einfluß der Änderungen auf die Vermögens-, Finanz- und Ertragslage **gesondert** darzustellen. Ob hierfür allein eine verbale Darstellung ausreicht, ist strittig; teilweise wird dies bejaht (*Ellrott* in Beck-BilKomm § 284 Rz 170; *Dörner/Wirth* in Küting/Weber I a §§ 284-288 Rz 116, 121; *Glade* § 249 Rz 33), teilweise wird eine Erläuterung anhand von Zahlenangaben für erforderlich gehalten (*ADS*, § 284 Rz 157; *Biener/Berneke* BiRiLiG S 255; *Budde/Förschle,* DB 1988, 1463). Eine nur verbale Angabe wird nur in Ausnahmefällen ausreichend sein, wenn der Einfluß auf die Vermögens-, Finanz- und Ertragslage ohne weiteres deutlich wird (WPHdb 2000, F Rz 595).

V. Ausweis von Unterschiedsbeträgen (II Nr 4)

Bei der Anwendung von Bewertungsvereinfachungsverfahren (§§ 240 IV, 256 1), wie Gruppenbewertung, Lifo-, Fifo- oder ähnliche Verfahren, können im Vergleich zum letzten vor dem Abschlußstichtag feststellbaren Börsen- oder Marktpreis Bewertungsreserven entstehen; über diese ist zu berichten. Ist ein solcher Börsen- oder Marktpreis nicht feststellbar, muß zwangsläufig eine solche Angabe entfallen. Die Feststellung eines solchen Unterschiedsbetrags setzt eine Vergleichsbewertung voraus; diese ist für jede der einzelnen Vermögensgruppen gesondert durchzuführen. Sie kann nur dann entfallen, wenn der Unterschiedsbetrag unerheblich ist. Die „pauschale" Angabe bedeutet, daß gewisse Auf- und Abrundungen bei der Ermittlung der Unterschiedsbeträge zulässig sein sollen (*ADS*, § 284 Rz 153). 12

VI. Angaben über Einbeziehung von Fremdkapitalzinsen (II Nr 5)

Fremdkapitalzinsen gehören grundsätzlich nicht zu den Herstellungskosten (§ 255 III 1); lediglich dann, wenn die Fremdkapitalzinsen zur Finanzierung der Herstellung eines Vermögensgegenstands verwendet wurden (§ 255 III 2), können sie einbezogen werden. Wird von diesem Aktivierungswahlrecht Gebrauch gemacht, ist dies im Anhang anzugeben. Dabei sind verbale Angaben ausreichend; nur in Ausnahmefällen werden Zahlenangaben in Betracht kommen. Sind Fremdkapitalzinsen 13 nicht aktiviert worden, brauchen keine Angaben im Anhang gemacht zu werden.

§ 285 Sonstige Pflichtangaben

Ferner sind im Anhang anzugeben:
1. zu den in der Bilanz ausgewiesenen Verbindlichkeiten
   a) der Gesamtbetrag der Verbindlichkeiten mit einer Restlaufzeit von mehr als fünf Jahren,
   b) der Gesamtbetrag der Verbindlichkeiten, die durch Pfandrechte oder ähnliche Rechte gesichert sind, unter Angabe von Art und Form der Sicherheiten;
2. die Aufgliederung der in Nummer 1 verlangten Angaben für jeden Posten der Verbindlichkeiten nach dem vorgeschriebenen Gliederungsschema, sofern sich diese Angaben nicht aus der Bilanz ergeben;
3. der Gesamtbetrag der sonstigen finanziellen Verpflichtungen, die nicht in der Bilanz erscheinen und auch nicht nach § 251 anzugeben sind, sofern diese Angabe für die Beurteilung der Finanzlage von Bedeutung ist; davon sind Verpflichtungen gegenüber verbundenen Unternehmen gesondert anzugeben;
4. die Aufgliederung der Umsatzerlöse nach Tätigkeitsbereichen sowie nach geographisch bestimmten Märkten, soweit sich, unter Berücksichtigung der Organisation des Verkaufs von für die gewöhnliche Geschäftstätigkeit der Kapitalgesellschaft typischen Erzeugnissen und der für die gewöhnliche Geschäftstätigkeit der Kapitalgesellschaft typischen Dienstleistungen, die Tätigkeitsbereiche und geographisch bestimmten Märkte untereinander erheblich unterscheiden;
5. das Ausmaß, in dem das Jahresergebnis dadurch beeinflußt wurde, daß bei Vermögensgegenständen im Geschäftsjahr oder in früheren Geschäftsjahren Abschreibungen nach §§ 254, 280 Abs. 2 auf Grund steuerrechtlicher Vorschriften vorgenommen oder beibehalten wurden oder ein Sonderposten nach § 273 gebildet wurde; ferner das Ausmaß erheblicher künftiger Belastungen, die sich aus einer solchen Bewertung ergeben;
6. in welchem Umfang die Steuern vom Einkommen und vom Ertrag das Ergebnis der gewöhnlichen Geschäftstätigkeit und das außerordentliche Ergebnis belasten;
7. die durchschnittliche Zahl der während des Geschäftsjahrs beschäftigten Arbeitnehmer getrennt nach Gruppen;
8. bei Anwendungen des Umsatzkostenverfahren (§ 275 Abs. 3)

a) der Materialaufwand des Geschäftsjahrs, gegliedert nach § 275 Abs. 2 Nr. 5,
b) der Personalaufwand des Geschäftsjahrs, gegliedert nach § 275 Abs. 2 Nr. 6;

9. für die Mitglieder des Geschäftsführungsorgans, eines Aufsichtsrats, eines Beirats oder einer ähnlichen Einrichtung jeweils für jede Personengruppe
   a) die für die Tätigkeit im Geschäftsjahr gewährten Gesamtbezüge (Gehälter, Gewinnbeteiligungen, Bezugsrechte, Aufwandsentschädigungen, Versicherungsentgelte, Provisionen und Nebenleistungen jeder Art). In die Gesamtbezüge sind auch Bezüge einzurechnen, die nicht ausgezahlt, sondern in Ansprüche anderer Art umgewandelt oder zur Erhöhung anderer Ansprüche verwendet werden. Außer den Bezügen für das Geschäftsjahr sind die weiteren Bezüge anzugeben, die im Geschäftsjahr gewährt, bisher aber in keinem Jahresabschluß angegeben worden sind;
   b) die Gesamtbezüge (Abfindungen, Ruhegehälter, Hinterbliebenenbezüge und Leistungen verwandter Art) der früheren Mitglieder der bezeichneten Organe und ihrer Hinterbliebenen. Buchstabe a Satz 2 und 3 ist entsprechend anzuwenden. Ferner ist der Betrag der für diese Personengruppe gebildeten Rückstellungen für laufende Pensionen und Anwartschaften auf Pensionen und der Betrag der für diese Verpflichtungen nicht gebildeten Rückstellungen anzugeben;
   c) die gewährten Vorschüsse und Kredite unter Angabe der Zinssätze, der wesentlichen Bedingungen und der gegebenenfalls im Geschäftsjahr zurückgezahlten Beträge sowie die zugunsten dieser Person eingegangenen Haftungsverhältnisse;

10. alle Mitglieder des Geschäftsführungsorgans und eines Aufsichtsrats, auch wenn sie im Geschäftsjahr oder später ausgeschieden sind, mit dem Familiennamen und mindestens einem ausgeschriebenen Vornamen, einschließlich des ausgeübten Berufs und bei börsennotierten Gesellschaften auch der Mitgliedschaften in Aufsichtsräten und anderen Kontrollgremien im Sinne des § 125 Abs. 1 Satz 3 des Aktiengesetzes. Der Vorsitzende eines Aufsichtsrats, seine Stellvertreter und ein etwaiger Vorsitzender des Geschäftsführungsorgans sind als solche zu bezeichnen;

11. Name und Sitz anderer Unternehmen, von denen die Kapitalgesellschaft oder eine für Rechnung der Kapitalgesellschaft handelnde Person mindestens den fünften Teil der Anteile besitzt; außerdem sind die Höhe des Anteils am

§ 285

Drittes Buch. Handelsbücher

Kapital, das Eigenkapital und das Ergebnis des letzten Geschäftsjahrs dieser Unternehmen anzugeben, für das ein Jahresabschluß vorliegt; auf die Berechnung der Anteile ist § 16 Abs. 2 und 4 des Aktiengesetzes entsprechend anzuwenden; ferner sind von börsennotierten Kapitalgesellschaften zusätzlich alle Beteiligungen an großen Kapitalgesellschaften anzugeben, die fünf vom Hundert der Stimmrechte überschreiten;

11 a. Name, Sitz und Rechtsform der Unternehmen, deren unbeschränkt haftender Gesellschafter die Kapitalgesellschaft ist;

12. Rückstellungen, die in der Bilanz unter dem Posten „sonstige Rückstellungen" nicht gesondert ausgewiesen werden, sind zu erläutern, wenn sie einen nicht unerheblichen Umfang haben;

13. bei Anwendung des § 255 Abs. 4 Satz 3 die Gründe für die planmäßige Abschreibung des Geschäfts- oder Firmenwerts;

14. Name und Sitz des Mutterunternehmens der Kapitalgesellschaft, das den Konzernabschluß für den größten Kreis von Unternehmen aufstellt, und ihres Mutterunternehmens, das den Konzernabschluß für den kleinsten Kreis von Unternehmen aufstellt, sowie im Falle der Offenlegung der von diesen Mutterunternehmen aufgestellten Konzernabschlüsse der Ort, wo diese erhältlich sind

15. soweit es sich um den Anhang des Jahresabschlusses einer Personenhandelsgesellschaft im Sinne des § 264a Abs 1 handelt, Name und Sitz der Gesellschaften, die persönlich haftende Gesellschafter sind, sowie deren gezeichnetes Kapital.

1   Neben den nach § 284 zu machenden Angaben müssen gem § 285 weitere Pflichtangaben in den Anhang aufgenommen werden, die sich teilweise auf einzelne Bilanz- oder GuV-Posten beziehen, teilweise aber allgemeine Angaben zur Gesellschaft betreffen. Liegen einzelne Sachverhalte nicht vor, braucht darüber nicht berichtet oder eine Fehlanzeige vermerkt zu werden.

I. Angaben zu den Restlaufzeiten und Sicherheiten der Verbindlichkeiten (Nr 1)

2   Anzugeben ist der Gesamtbetrag der Verbindlichkeiten mit einer **Restlaufzeit** von mehr als 5 Jahren (Nr 1 a); die Angabepflicht bezieht sich auf alle in § 266 III C 1 bis 8 genannten Posten; Rückstellungen sind darin nicht einzubeziehen. Anzugeben ist die tatsächliche Restlaufzeit; sofern vertragliche Vereinbarungen vorhanden sind, kann die Restlaufzeit anhand dieser ermittelt werden, ansonsten ist die Restlaufzeit zu schätzen. Bei Ratenvereinbarungen ist nur der Teil anzugeben, der

später als 5 Jahre nach dem Abschlußstichtag getilgt wird. Ferner ist nach Nr 1 b der **Gesamtbetrag** der durch Pfandrechte oder ähnliche Rechte gesicherten Verbindlichkeiten anzugeben; dabei sind Art (zB Hypothek, Sicherungsabtretung, Sicherungsübereignung) und Form (Art der Verbriefung) der gewährten Sicherheit zu erläutern. Ob diese Erläuterung zwingend eine betragsmäßige Darstellung erfordert, ist aus dem Gesetz nicht zu entnehmen (*Ellrott* in Beck-BilKomm § 285 Rz 12; aA *Glade*, § 285 Rz 17). Auch über branchenübliche Sicherheiten ist zu berichten (*ADS,* § 285 Rz 17).

II. Aufgliederung des Gesamtbetrags der Verbindlichkeiten mit einer Restlaufzeit von mehr als 5 Jahren sowie der gesicherten Verbindlichkeiten (Nr 2)

Die verlangten Angaben sind für jeden Posten des gesetzlichen Gliederungsschemas zu machen. In der Praxis hat sich die Aufnahme eines Verbindlichkeitenspiegels im Anhang als zweckmäßig erwiesen, in dem sämtliche Angaben zu den Verbindlichkeiten (nach Nr 1 und 2) zusammengefaßt sind. Danach könnten im Kopf des Verbindlichkeitenspiegels folgende Spalten enthalten sein:
– Restlaufzeit bis zu einem Jahr
– Restlaufzeit zwischen 1 und 5 Jahren
– Restlaufzeit von mehr als 5 Jahren
– Gesamtbetrag
– davon durch Pfandrechte gesichert
– Art und Form der Sicherheiten.

In der horizontalen Gliederung sind die einzelnen Posten der Verbindlichkeiten aufzuführen (§ 266 III C 1 bis 8).

III. Gesamtbetrag der sonstigen finanziellen Verpflichtungen (Nr 3)

Den Gesamtbetrag der finanziellen Verpflichtungen, die nicht in der Bilanz ausgewiesen oder vermerkt und nicht unter den Haftungsverhältnissen (§ 251) enthalten sind, haben mittelgroße und große KapGes und die entsprechenden PersHandelsGes iSv § 264a I im Anhang zu nennen, sofern diese Angaben für die Beurteilung der finanziellen Lage von Bedeutung sind. Kleine KapGes und PersHandelsGes iSv § 264a I können auf diese Angaben verzichten (§ 288 I). Zu den sonstigen finanziellen Verpflichtungen gehören zB: mehrjährige Verpflichtungen aus Miet- und Leasingverträgen, Verpflichtungen aus begonnenen, aber noch nicht abgeschlossenen Investitionen, Verpflichtungen aus künftigen Großreparaturen, Verpflichtungen aus Dauerschuldverhältnissen wie Pachtverträge, Erbverträge, Lizenzverträge, Konzessionsverträge, Versicherungsverträge, Abfindungsverpflichtungen, Verpflichtungen zur Leistung von ausstehenden Einlagen, die noch nicht eingefordert sind, soweit diese Verpflichtungen nicht bilanziert oder diese an anderer

§ 285
Drittes Buch. Handelsbücher

Stelle vermerkt sind. Anzugeben sind die **Gesamtbeträge** der noch zu erbringenden Leistung. Bei Dauerschuldverhältnissen wird es allgemein als ausreichend angesehen, wenn die Verpflichtung für das nächste Jahr angegeben wird (*ADS*, § 285 Rz 76). Soweit diese anzugebenden Verpflichtungen gegenüber **verbundenen Unternehmen** bestehen, sind diese **gesondert** zu vermerken.

IV. Aufgliederung der Umsatzerlöse (Nr 4)

5 Aufzugliedern sind die Umsatzerlöse nach Tätigkeitsbereichen und nach geographisch bestimmten Märkten; kleine und mittelgroße KapGes und PershandelsGes iSv § 264a I brauchen diese Angaben nicht zu machen (§ 288). Die Aufgliederung ist nur vorzunehmen, wenn sich die Tätigkeitsbereiche und die geographisch bestimmten Märkte erheblich unterscheiden. Unterscheiden sich verwandte Produkte oder Produktgruppen nur hinsichtlich Größe und Art der Ausführung, besteht keine Pflicht zur Aufgliederung. Ist ein Unternehmen jedoch in verschiedenen abgrenzbaren Bereichen tätig (zB Produktion, Dienstleistungen, Luftfracht oder dgl), sind die Umsatzerlöse entsprechend aufzugliedern. Eine Aufgliederung nach geographisch bestimmten Märkten läßt sich nach Inland und Ausland, aber auch nach verschiedenen Exportgebieten, zB Europa, USA, Asien etc vornehmen.

V. Ausmaß der Beeinflussung des Jahresergebnisses und erheblicher künftiger Belastungen durch Anwendung steuerrechtlicher Vergünstigungen (Nr 5)

6 Ist das Jahresergebnis der KapGes durch steuerlich begründete Bewertungen (§§ 254, 280 II, 273) beeinflußt, ist dies im Anhang darstellen. Kleine KapGes können auf diese Darstellung verzichten (§ 288 1). Mittelgroße KapGes können bei Offenlegung auf diese Angaben verzichten (§ 327 Nr 2). Anzugeben ist, inwieweit steuerliche Abschreibungen (§ 254), aus steuerlichen Gründen unterlassene Zuschreibungen (§ 280 II) und Einstellungen in Sonderposten mit Rücklageanteil das Jahresergebnis oder die Ergebnisse früherer Geschäftsjahre beeinflußt haben. Außerdem sind die künftigen Belastungen aus diesen Inanspruchnahmen darzustellen. Um die Angaben machen zu können, ist eine Doppelrechnung erforderlich; es muß ermittelt werden, wie das Jahresergebnis ausgefallen wäre, wären die steuerlichen Vorschriften bei der Bewertung nicht zugrundegelegt worden (*Winnefeld*, Bilanz-HB, Kap J Rz 225); diese Ergebnisse sind für die Zukunft fortzuschreiben. In Ausnahmefällen kann bei der Ermittlung des Ausmaßes des Einflusses auf eine Schätzung zurückgegriffen werden.

VI. Umfang der Belastung des Ergebnisses der gewöhnlichen Geschäftstätigkeit und des außerordentlichen Ergebnisses durch die Steuern vom Einkommen und vom Ertrag (Nr 6)

Sowohl bei Gliederung der GuV nach dem Gesamtkostenverfahren wie nach dem Umsatzkostenverfahren sieht das Gliederungsschema des § 275 ein „Ergebnis der gewöhnlichen Geschäftstätigkeit" und ein „außerordentliches Ergebnis" vor. Nr 6 verlangt eine Angabe darüber, in welchem Umfang sich die Ergebnissteuern auf diese beiden Posten ausgewirkt haben. Zu diesem Zweck ist die Steuerberechnung zu spalten und die anteilige Steuerbelastung, die sich auf diese beiden Posten bezieht, anzugeben. Nach hM werden verbale Angaben als ausreichend angesehen (*ADS*, § 285 Rz 130; *Winnefeld*, Bilanz-HB, Kap J Rz 246 *Biener/Berneke*, BiRiLiG, S 260). Ergibt sich beispielsweise ein negatives außerordentliches Ergebnis, so ist dieses nicht mit Ertragsteuern belastet, so daß der Hinweis genügt, daß Körperschaft- und Gewerbeertragsteuern nur das Ergebnis der gewöhnlichen Geschäftstätigkeit belastet haben. 7

VII. Durchschnittliche Zahl der während des Geschäftsjahrs beschäftigten Arbeitnehmer, getrennt nach Gruppen (Nr 7)

Die Angaben sind von mittelgroßen und großen KapGes zu machen. Zur Berechnung vgl den Erl zu § 276, da die Anzahl der Mitarbeiter auch für die Größenklassengliederung zugrundezulegen ist. Wie die Aufteilung nach Gruppen auszusehen hat, ist im Gesetz nicht geregelt. In Betracht kommt eine Gliederung nach gewerblichen Arbeitnehmern und Angestellten, aber auch nach Funktionsbereichen (Produktion, Vertrieb, Verwaltung, Forschung- und Entwicklung oä). 8

VIII. Angaben des Material- und Personalaufwands bei Anwendung des Umsatzkostenverfahrens (Nr 8 a und b)

Beim Umsatzkostenverfahren erfolgt im wesentlichen kein Ausweis in der GuV nach Kostenarten sondern nach Funktionsbereichen (Herstellung, allgemeine Verwaltung, Vertrieb), in denen Material- und Personalkosten nicht erkennbar sind. Daher sind diese im Anhang in der Höhe und in der Gliederung anzugeben, wie sie nach dem Gesamtkostenverfahren auszuweisen wären; also: 9
Materialaufwand:
a) Aufwendungen für Roh-, Hilf- und Betriebsstoffe und für bezogene Waren,
b) Aufwendungen für bezogene Leistungen;
Personalaufwand:
a) Löhne und Gehälter,

§ 285 Drittes Buch. Handelsbücher

b) Soziale Abgaben und Aufwendungen für Altersversorgung und für Unterstützung, davon für Altersversorgung.

Kleine KapGes brauchen nur den Personalaufwand anzugeben (§ 288 1). Mittelgroße KapGes brauchen diese Angaben nicht offenzulegen (§ 327 Nr 2).

IX. Bezüge und bestimmte andere Leistungen für aktive und ehemalige Organmitglieder und deren Hinterbliebene (Nr 9 a bis c)

10 Nach **Nr 9 a** sind, jeweils getrennt nach Gruppen, die Gesamtbezüge von Vorstand bzw Geschäftsführung, Aufsichtsrat, Beirat oder eines ähnlichen Gremiums anzugeben. Die Gesamtbezüge umfassen Gehälter, Provisionen, Aufwandsentschädigungen, Versicherungsleistungen und Nebenleistungen jeglicher Art (Nr 9 a 2). Zu den Gesamtbezügen gehören auch freiwillige Vergütungen wie Tantiemen, Sondervergütungen etc, nicht dagegen Zuführungen zu Pensionsrückstellungen, die den Mitgliedern des Vorstands bzw den Geschäftsführern erteilt wurden, und Beiträge zu Rückdeckungsversicherungen, die zur Finanzierung dieser Rückstellungen abgeschlossen wurden.

11 Soweit für Mitglieder von Vorstand oder Geschäftsführung **Arbeitgeberbeiträge** zur gesetzlichen Sozialversicherung geleistet werden, gehören diese **nicht** zu den Gesamtbezügen. Anzugeben sind nach **Nr 9 b** auch die Gesamtbezüge, die an **frühere Mitglieder** von Vorstand, Geschäftsführung, Aufsichtsrat und Beirat und deren Hinterbliebene geleistet werden sowie Pensionsverpflichtungen für diese Personen. **Nr 9 c** verlangt genaue Angaben zu den sog Organkrediten (§ 89, 115 AktG) und zu den Haftungsverhältnissen zugunsten dieser Personen. Bei den Krediten sind neben der Kredithöhe auch Vorschüsse zu vermerken und Angaben zu den Zinsen und zu anderen wesentlichen Bedingungen (zB Laufzeit, gestellte Sicherheiten) zu machen. Haftungsverhältnis zB Bürgschaften, Gestellung von Sicherheiten, die zugunsten von Organmitgliedern eingegangen sind, sind zu erwähnen; eine betragsmäßige Angabe ist hier nicht erforderlich. Während die Angabepflichten zu 9 a und 9 b nur von mittelgroßen und großen KapGes zu erfüllen sind, sind Angaben zu 9 c auch von kleinen KapGes zu machen. Nach § 286 IV können die Angaben nach 9 a und b unterbleiben, wenn durch diese die Bezüge eines Mitglieds der Organe feststellbar sind; dies trifft insbesondere bei Gesellschaften mit nur einem Organmitglied zu.

X. Mitglieder des Geschäftsführungsorgans und des Aufsichtsrats (Nr 10)

12 Anzugeben sind sämtliche Mitglieder von Vorstand oder Geschäftsführung und eines Aufsichtsrats, auch wenn sie im Geschäftsjahr oder später ausgeschieden oder erst im Laufe des Geschäftsjahrs bestellt wurden, mit ihrem Familiennamen und mindestens mit einem ausgeschriebenen Vornamen sowie mit dem ausgeübten Beruf. Der Vorsitzende des Aufsichtsrats und sein Stellvertreter sind ebenso wie ein etwaiger Vorsitzender des Geschäftsführungsorgans als solche zu bezeichnen. Sofern die Gesellschaft anstatt eines Aufsichtsrats einen mit entsprechenden Aufgaben und Befugnissen ausgestatteten **Beirat** besitzt, gilt die Angabepflicht entsprechend (*ADS*, § 285 Rz 207). Bei börsennotierten Gesellschaften sind darüberhinaus auch die Mitgliedschaften von Vorständen oder Aufsichtsräten in anderen Aufsichtsräten oder vergleichbaren in- oder ausländischen Kontrollgremien anzugeben.

XI. Angaben zu anderen Unternehmen, an denen ein Anteilsbesitz besteht (Nr 11)

Besitzt die KapGes an einem anderen Unternehmen mehr als 20% der Anteile, ist dieses Unternehmen mit Namen, dem Sitz des Unternehmens, der prozentualen Höhe des Besitzes, der Höhe des Eigenkapitals und dem Ergebnis des letzten Geschäftsjahrs im Anhang anzugeben. Es muß sich nicht notwendigerweise um ein Beteiligungsunternehmen iSv § 271 I handelt, dh eine Beteiligungabsicht ist für die Angabepflicht im Anhang nicht erforderlich. Bei der Ermittlung der Anteilshöhe sind auch die Anteile mitzurechnen, die von Dritten für Rechnung der Gesellschaft (Treuhänder, Strohmänner) gehalten werden; ferner gilt für die Berechnung des Anteilsbesitzes § 16 II und IV AktG. Ist die KapGes Komplementärin einer AG (GmbH) & Co. KG, kommt es für die Angabepflicht darauf an, ob sie am Kapital der PersGes mit mindestens 20% beteiligt ist; fehlt es an einer solchen Kapitalbeteiligung oder gehören die Anteile der KapGes der PersGes selbst, entfällt eine Angabe unter dieser Nr. Für die Angaben nach Nr 11 gilt die Schutzklausel des § 286 III. Vgl die Erl zu § 286 III. Bei börsennotierten KapGes sind zusätzlich alle Beteiligungen an großen KapGes anzugeben, an denen die KapGes Stimmrechte von mehr als 5 vH besitzt.

13

XII. Beteiligung als persönlich haftender Gesellschafter (Nr 11 a)

Ist die KapGes als phG an einer OHG oder KG beteiligt, so daß aus dieser Gesellschafterstellung eine Inanspruchnahme ihres Vermögens drohen könnte, sind Name, Sitz und Rechtsform dieser Unternehmen zu vermerken.

14

XIII. Nicht gesondert ausgewiesene sonstige Rückstellungen (Nr 12)

Rückstellungen, die unter dem Posten „sonstige Rückstellungen" (§ 266 III B 3) ausgewiesen sind, sind im Anhang zu erläutern, wenn

15

§ 286   Drittes Buch. Handelsbücher

sie einen nicht unerheblichen Umfang ausmachen. Bei dem Maßstab für die „Erheblichkeit" ist nicht allein auf die Position „Rückstellungen" abzustellen, sondern auf die Grössenordnung im Gesamtbild der Bilanz (WPHdb 2000, F Rz 616). Die „Erläuterung" geht über die reine zahlenmäßige Angabe hinaus, sie bedarf einer verbalen Erklärung über die Gründe der Rückstellung (*ADS*, § 285 Rz 242). Kleine KapGes brauchen die Angaben nicht zu machen (§ 288 Nr 1); mittelgroße KapGes können diese Angaben in ihrem Anhang bei Offenlegung weglassen (§ 327 Nr 2).

XIV. Gründe für die planmäßige Abschreibung des Geschäfts- oder Firmenwerts (Nr 13)

16   Wird ein aktivierter Geschäfts- oder Firmenwert nicht innerhalb von 4 Jahren mit mindestens 25 % abgeschrieben (§ 255 IV 2), sondern gem § 255 IV 3 über die voraussichtliche Nutzungsdauer, sind die Gründe, die zur Inanspruchnahme des Wahlrechts geführt haben, im Anhang anzugeben. Wird entsprechend der Regelung des § 7 I 3 EStG der Firmen- oder Geschäftswert auf 15 Jahre abgeschrieben, reicht der Hinweis auf die steuerlichen Vorschriften.

XV. Name und Sitz von Mutterunternehmen (Nr 14)

17   Ist die KapGes als Tochterunternehmen iSd § 290 in einen KA einzubeziehen, ist das Mutterunternehmen mit Namen und Sitz im Anhang zu bezeichnen. Im Falle der Offenlegung des von diesem Mutterunternehmen aufgestellten KA ist der Ort, wo der KA erhältlich ist, zu nennen. Ist die Aufstellung eines KA berechtigterweise unterblieben (§§ 291, 292, 293, 295, 296), entfällt die Angabepflicht im Anhang des Tochterunternehmens; wird dagegen ein KA nicht aufgestellt, obwohl er nach deutschem oder EG-Recht aufzustellen gewesen wäre, bleibt die Angabepflicht beim Tochterunternehmen bestehen (*Ellrott* in Beck-BilKomm § 285 Rz 244).

§ 286 Unterlassen von Angaben

(1) **Die Berichterstattung hat insoweit zu unterbleiben, als es für das Wohl der Bundesrepublik Deutschland oder eines ihrer Länder erforderlich ist.**

(2) **Die Aufgliederung der Umsatzerlöse nach § 285 Nr. 4 kann unterbleiben, soweit die Aufgliederung nach vernünftiger kaufmännischer Beurteilung geeignet ist, der Kapitalgesellschaft oder einem Unternehmen, von dem die Kapitalgesellschaft mindestens den fünften Teil der Anteile besitzt, einen erheblichen Nachteil zuzufügen.**

(3) [1]**Die Angaben nach § 285 Nr. 11 und 11 a können unterbleiben, soweit sie**

Zweiter Abschn. Ergänzende Vorschriften für KapitalGes **§ 286**

1. für die Darstellung der Vermögens-, Finanz- und Ertragslage der Kapitalgesellschaft nach § 264 Abs. 2 von untergeordneter Bedeutung sind oder
2. nach vernünftiger kaufmännischer Beurteilung geeignet sind, der Kapitalgesellschaft oder dem anderen Unternehmen einen erheblichen Nachteil zuzufügen.

²Die Angabe des Eigenkapitals und des Jahresergebnisses kann unterbleiben, wenn das Unternehmen, über das zu berichten ist, seinen Jahresabschluß nicht offenzulegen hat und die berichtende Kapitalgesellschaft weniger als die Hälfte der Anteile besitzt. ³Die Anwendung der Ausnahmeregelung nach Satz 1 Nr. 2 ist im Anhang anzugeben.

(4) Die in § 285 Nr. 9 Buchstabe a und b verlangten Angaben über die Gesamtbezüge der dort bezeichneten Personen können unterbleiben, wenn sich anhand dieser Angaben die Bezüge eines Mitglieds dieser Organe feststellen lassen.

I. Schutzklausel im Interesse der Bundesrepublik Deutschland oder eines ihrer Länder (I)

Ist es für das Wohl der Bundesrepublik Deutschland oder eines ihrer 1
Länder einschließlich der Gemeinden und der Anstalten des öffentlichen Rechts erforderlich, besteht insoweit eine **Pflicht,** derartige Angaben im Anhang zu unterlassen (*Ellrott* in Beck-BilKomm § 286 Rz 2; *ADS,* § 286 Rz 10; WPHdb 2000, F Rz 779 f). Damit aber ist nicht die Erstellung des gesamten Anhangs in Frage gestellt; die Schutzklausel bezieht sich vielmehr nur auf einzelne bestimmte Angaben im Anhang. Der Vorstand bzw die Geschäftsführung hat nach pflichtgemäßem Ermessen zu entscheiden, ob die Voraussetzungen für eine Inanspruchnahme der Schutzklausel vorliegen. In erster Linie wird diese in Betracht kommen bei Aufträgen der Bundeswehr, aber auch bei anderen Aufträgen, die im öffentlichen Interesse liegen, zB Forschungs- und Entwicklungsaufträge, Aufträge zur Beschaffung bestimmter Vermögensgegenstände der öffentlichen Hand. Die Regelung des Abs 1 steht im Zusammenhang mit §§ 94 ff StGB, um Landesverrat und Offenlegung von Staatsgeheimnissen zu verhindern. Über die Inanspruchnahme der Schutzklausel darf nicht berichtet werden (*Ellrott* in Beck-BilKomm § 286 Rz 4).

II. Schutzklauseln im Interesse der Gesellschaft oder anderer Unternehmen

1. Unterlassen der Aufgliederung der Umsatzerlöse (II). Die 2
nach § 285 Nr 4 vorgesehene Aufgliederung der Umsatzerlöse nach Tätigkeitsbereichen und geographisch bestimmten Märkten kann (Wahlrecht) unterbleiben, soweit diese nach vernünftiger kaufmännischer Beurteilung geeignet ist, der KapGes oder einem Unternehmen,

§ 286 Drittes Buch. Handelsbücher

an dem diese mindestens 20% der Anteile besitzt, einen erheblichen Nachteil zuzufügt. Ein solcher erheblicher Nachteil kann zB in einer Schwächung der Wettbewerbssituation oder in einem Verlust des Ansehens der KapGes liegen, aber auch in möglichen Maßnahmen von Konkurrenten oder Lieferanten, die diese ohne die Veröffentlichung nicht ergriffen hätten.

3 **2. Unterlassen der Angaben über den Anteilsbesitz und die Stellung als phG (III).** Sind die Angaben über den Namen, den Sitz, die Höhe des Anteils am Kapital und das Ergebnis des letzten Geschäftsjahrs von den Unternehmen, an denen die KapGes mindestens 20% der Anteile besitzt, und über die Unternehmen, an denen die KapGes als phG beteiligt ist, für die Darstellung der Vermögens-, Finanz- und Ertragslage von untergeordneter Bedeutung, kann (Wahlrecht) auf die Angaben gem § 285 Nr 11 und 11a im Anhang verzichtet werden. Wann derartige Angaben unbedeutend sind, bestimmt sich nach dem Einzelfall; die Grenzen hierfür sind eng zu ziehen (*ADS*, § 286 Rz 33); in Betracht kommen vor allem Gesellschaften ohne Geschäftsbetrieb, Mantelgesellschaften und Gesellschaften mit im Vergleich zur KapGes sehr geringem Geschäftsvolumen. Die Angaben nach § 286 Nr 11 und 11a dürfen ferner unterbleiben, wenn diese nach vernünftiger kaufmännischer Beurteilung dazu geeignet sind, der KapGes oder dem anderen Unternehmen einen erheblichen Nachteil zuzufügen; ausreichend ist ein Nachteil für eines der beteiligten Unternehmen. Ein solcher Fall könnte bespielsweise dann vorliegen, wenn durch das Bekanntwerden des Anteilsbesitzes erhebliche Umsatzeinbußen für eines oder beide Unternehmen zu erwarten sind. Die Inanspruchnahme der Ausnahmeregelung des Abs 3 S 1 Nr 2 ist im Anhang offenzulegen (Abs 3 S 3); eine Begründung für das Unterlassen ist nicht zu geben (*Ellrott* in Beck-BilKomm § 286 Rz 9). Ferner liegt es im Ermessen der KapGes, bei den Angaben nach § 285 Nr 11 die Angabe des Eigenkapitals und des Jahresergebnisses zu unterlassen, wenn das Unternehmen, über das zu berichten ist, seinen JA nicht offenlegen muß und die berichtende KapGes weniger als die Hälfte der Anteile an diesem Unternehmen besitzt. Nicht in Anspruch genommen werden kann demnach die Schutzklausel von Unternehmen, bei denen die Beteiligungsquote über 50% liegt, wobei die Zurechnungsvorschriften des § 16 II und IV AktG auch auf GmbH anzuwenden sind. Die Schutzklausel ist auch nicht anwendbar auf Gesellschaften, die ihren JA offenlegen müssen (*Ellrott* in Beck-BilKomm § 286 Rz 10). Die Schutzklausel des Abs 3 S 2 ist daher im wesentlichen nur auf PersGes anwendbar, bei denen die Beteiligungsquote unter 50% liegt und die keine PershandelsGes iSv § 264a I sind.

4 **3. Unterlassen der Organbezüge (IV).** Kann durch die Anhangangaben auf die Bezüge eines Mitglieds eines Organs geschlossen werden, können die Angaben nach § 285 Nr 9a und b unterbleiben.

Zweiter Abschn. Ergänzende Vorschriften für KapitalGes §§ 287, 288

Bedeutsam ist dies vor allem bei Unternehmen mit lediglich einem Organmitglied.

§ 287 Aufstellung des Anteilsbesitzes

¹**Die in § 285 Nr. 11 und 11 a verlangten Angaben dürfen statt im Anhang auch in einer Aufstellung des Anteilsbesitzes gesondert gemacht werden.** ²**Die Aufstellung ist Bestandteil des Anhangs.** ³**Auf die besondere Aufstellung nach Satz 1 und den Ort ihrer Hinterlegung ist im Anhang hinzuweisen.**

§ 287 gestattet allen KapGes, PershandelsGes iSv § 264a I, Genossenschaften (§ 336 II 1) und Unternehmen, die nach dem PublG (§ 5 II PublG) einen Anhang aufzustellen haben, die nach § 285 Nr 11 und 11a zu machenden Angaben zum Beteiligungsbesitz und den Unternehmen, deren unbeschränkt haftender Gesellschafter die KapGes oder die PershandelsGes iSv § 264a I ist, statt in den Anhang in eine besondere Liste (Aufstellung des Anteilbesitzes) aufzunehmen. Mit diesem Wahlrecht ist vor allem für große KapGes eine Erleichterung verbunden, da diese Aufstellung in einer besonderen Liste nach § 325 II 2 nicht im Bundesanzeigen veröffentlicht werden muß. Die Ausnutzung dieses Wahlrechts hat nach pflichtgemäßem Ermessen zu erfolgen, insbesondere ist der Grundsatz der stetigen Darstellung zu beachten. Nach hM ist es der KapGes auch zu gestatten, einen Teil des Anteilsbesitzes im Anhang, einen anderen Teil in der gesonderten Liste aufzuführen, etwa in der Weise, daß die wesentlichen Beteiligungsunternehmen im Anhang, der Rest in der gesonderten Liste genannt werden. Hierbei ist es jedoch erforderlich, sowohl im Anhang wie in der gesonderten Liste auf die Unvollständigkeit und die Ergänzung, die sich im jeweils anderen Angabeteil befindet, hinzuweisen (vgl *ADS,* § 287 Rz 5; auch *Ellrott* in Beck-BilKomm § 287 Rz 2). Die Aufstellung des Anteilsbesitzes bleibt jedoch Bestandteil des Anhangs (S 2), sie unterliegt damit sämtlichen Vorschriften, die auch für den Anhang als Teil des JA gelten (§ 264 II 1), zB Schutzklausel (§ 286), Abschlußprüfung (§§ 316 I, 267 II und III), Sanktionen (§ 331 Nr 1, § 334 I Nr 1 d, § 335b). Als Bestandteil des Anhangs ist die Anteilsliste dem JA beizufügen und in jedem Fall auch mit den übrigen Unterlagen zum Handelsregister einzureichen. Im Anhang ist auf die gesonderte Auflistung und den Ort der Hinterlegung (Ort und Nr des Handelsregisters) hinzuweisen. 1

§ 288 Größenabhängige Erleichterungen

¹**Kleine Kapitalgesellschaften im Sinne des § 267 Abs. 1 brauchen die Angaben nach § 284 Abs. 2 Nr. 4 § 285 Nr. 2 bis 8 Buchstabe a, Nr. 9 Buchstabe a und b und Nr. 12 nicht zu machen.** ²**Mittelgroße Kapitalgesellschaften im Sinne des § 267 Abs. 2 brauchen die Angaben nach § 285 Nr. 4 nicht zu machen.**

Morck

§ 288

Drittes Buch. Handelsbücher

I. Allgemeines

1   Für kleine und mittelgroße KapGes sieht § 288 bezüglich der Angaben im Anhang Erleichterungen vor; die gleichen Erleichterungen gelten auch für PershandelsGes iSv § 264 a I. Diese sind als Wahlrecht gestaltet, dh die Gesellschaft kann von diesem Wahlrecht, und zwar für jeden einzelnen Angabefall, nach pflichtgemäßem Ermessen Gebrauch machen; der Grundsatz der Darstellungsstetigkeit ist allerdings zu beachten.

II. Der verkürzte Anhang der kleinen Kapitalgesellschaft (S 1)

2   Kleine Kapitalgesellschaften (§ 267 I) brauchen nach S 1 folgende Angaben **nicht** in den Anhang aufzunehmen: Angabe des Unterschiedsbetrags bei Bewertungsvereinfachungsverfahren im Vergleich zur Bewertung mit dem Börsen- oder Marktpreis (§ 284 II Nr 4); Aufgliederung des Gesamtbetrags der Verbindlichkeiten mit einer Restlaufzeit von mehr als fünf Jahren und der gesicherten Verbindlichkeiten nach dem vorgeschriebenen Gliederungsschema (§ 285 Nr 2); Angabe des Gesamtbetrags der sonstigen finanziellen Verpflichtungen (§ 285 Nr 3); Aufgliederung der Umsatzerlöse nach Tätigkeitsbereichen sowie nach geographisch bestimmten Märkten (§ 285 Nr 4); Angabe des Ausmaßes der Beeinflussung des Jahresergebnisses und erheblicher künftiger Belastungen durch die Anwendung steuerrechtlicher Vergünstigungsvorschriften (§ 285 Nr 5); Beeinflussung des Ergebnisses der gewöhnlichen Geschäftstätigkeit und des außerordentlichen Ergebnisses durch Ergebnissteuern (§ 285 Nr 6); Angabe der durchschnittlichen Zahl der während des Geschäftsjahrs beschäftigten Arbeitnehmer getrennt nach Gruppen (§ 285 Nr 7); Angabe des Materialaufwands bei Anwendung des Umsatzkostenverfahrens (§ 285 Nr 8); Angabe der Aufwendungen für Organmitglieder (§ 285 Nr 9 a); Angabe der Aufwendungen sowie der gebildeten und nicht gebildeten Pensionsrückstellungen für ehemalige Organmitglieder und deren Hinterbliebene (§ 285 Nr 9 b); Erläuterung von nicht gesondert ausgewiesenen sonstigen Rückstellungen (§ 285 Nr 12).

III. Der Anhang der mittelgroßen Kapitalgesellschaften (S 2)

3   Mittelgroße KapGes (§ 267 II) können auf die Angaben nach § 285 Nr 4 (Aufgliederung der Umsatzerlöse nach Tätigkeitsbereichen sowie nach geographisch bestimmten Märkten) verzichten. Alle übrigen Angaben sind wie bei großen KapGes zu machen. Allerdings dürfen bei Einreichung des Anhangs zum Handelsregister bestimmte Angaben des Anhangs weggelassen werden (§ 327 Nr 2).

Sechster Titel. Lagebericht

§ 289

(1) Im Lagebericht sind zumindest der Geschäftsverlauf und die Lage der Kapitalgesellschaft so darzustellen, daß ein den tatsächlichen Verhältnissen entsprechendes Bild vermittelt wird; dabei ist auch auf die Risiken der künftigen Entwicklung einzugehen.

(2) Der Lagebericht soll auch eingehen auf:
1. Vorgänge von besonderer Bedeutung, die nach dem Schluß des Geschäftsjahrs eingetreten sind;
2. die voraussichtliche Entwicklung der Kapitalgesellschaft;
3. den Bereich Forschung und Entwicklung;
4. bestehende Zweigniederlassungen der Gesellschaft.

I. Allgemeines

Der von KapGes und PersHandelsGes iSv § 264a I aufzustellende Lagebericht ist zwar nicht Bestandteil des JA, ist jedoch zusammen mit diesem aufzustellen. Kleine KapGes (§ 267 I) und keine PersHandelsGes iSv § 264a I brauchen den Lagebericht nicht aufzustellen (§ 264 I 3). Im Lagebericht sind Geschäftsverlauf und Lage der Gesellschaft so darzustellen, daß durch diese Darstellung ein den tatsächlichen Verhältnissen entsprechendes Bild vermittelt wird; dabei soll auch auf die Risiken der zukünftigen Entwicklung eingegangen werden. Das Gesetz hat weder die äußere Gestaltung noch für den Aufbau und den Umfang des Lageberichts entsprechende Regelungen vorgesehen, so daß weitgehende Gestaltungsfreiheit besteht. Allerdings steht auch der Lagebericht unter dem Gebot der Wahrheit, Klarheit und der Vollständigkeit (*Ellrott* in Beck-BilKomm § 289 Rz 7 f). Außerdem gilt das Gebot der Darstellungsstetigkeit, dh Form und Darstellungsweise sollten nicht ohne Grund jährlich geändert werden. 1

II. Geschäftsverlauf und Lage der Gesellschaft (I)

Die Darstellung des Geschäftsverlaufs und der Lage der Gesellschaft sind nicht voneinander zu trennen, sondern zweckmäßigerweise zusammen zu erörtern, auch wenn der Geschäftsverlauf primär eine zeitraumbezogene, vergangenheitsorientierte Komponente beinhaltet, während die Lage eher auf einen Zeitpunkt orientiert ist. Grundsätzlich sollte über folgende Bereiche berichtet werden: **a)** Gesamtwirtschaftliche und branchentypische Rahmenbedingungen; **b)** Situation im Beschaffungsbereich; **c)** Stand und Entwicklung im Produktionsbereich, insbesondere auch über den Grad der Auslastung; **d)** Verhältnisse auf dem Absatzbereich, hierzu gehören Angaben zum Auftragsbestand und zum 2

§ 289 Drittes Buch. Handelsbücher

Auftragseingang; **e)** Finanzierung und Investitionen; **f)** Personalsituation (Anzahl der Belegschaftsmitglieder, Struktur, Maßnahmen zur Aus- und Fortbildung). Außerdem kann die Bilanzstruktur dargestellt und wichtige Kennzahlen zur Bilanzanalyse aufgezeigt werden. Zur Darstellung des Geschäftsverlaufs und zur Lage der Gesellschaft gehört – eingefügt durch das KonTraG – nunmehr auch die Verpflichtung, auf Risiken der zukünftigen Entwicklung einzugehen. Nach den Vorstellungen des Gesetzgebers soll die Einfügung lediglich klarstellenden Charakter haben, da über die Lage der Gesellschaft und insb über die voraussichtliche Entwicklung (Abs 2 Nr 2) nicht vollständig berichtet werden kann, wenn nicht auch zukünftige Risiken berücksichtigt werden (so auch *Moxter* BB 1997, 722). Die darzustellenden Risiken umfassen sämtliche das Unternehmen betreffende Risiken, zB Risiken aus zukünftigen Marktentwicklungen, aus Anwendungen neuer Technologien, aus Änderungen von Produktionsverfahren, aus Entwicklung oder Auslaufen von Patenten etc. Dagegen wird man das allgemeine Unternehmerrisiko und die Risiken, die sich aus Veränderungen der Wechselkurse ergeben, idR nicht als berichtspflichtig ansehen, es sei denn, das Unternehmen ist in hohem Maße von derartigen Wechselkursveränderungen betroffen. Unstrittig ist, daß nicht nur über bestandsgefährdende Risiken (zB drohende Zahlungsunfähigkeit oder Überschuldung, mögliche Vermögensverluste, Kündigung von Unternehmensverträgen) zu berichten ist, sondern über alle Risiken, die die Entwicklung des Unternehmens beeinträchtigen und somit wesentlichen Einfluß auf die Vermögens-, Finanz- und Ertragslage nehmen können (*Schindler/Rabenhorst* BB 1998, 1891).

III. Zusätzliche Angaben (II)

3 Zusätzlich zur Lage und zum Geschäftsverlauf soll auf verschiedene weitere Sachverhalte im Lagebericht eingegangen werden. Ob mit der Gesetzesformulierung „soll" ein Wahlrecht bezüglich der Darstellung dieser Punkte eingeräumt werden sollte (so *Maul*, WPg 1984, 189 ff), erscheint zweifelhaft; aus dem Gesamtzusammenhang und der Formulierung „soll **auch** eingegangen werden" ist vielmehr zu schließen, daß die dort genannten Punkte in jedem Falle als zur Lage der Gesellschaft gehörig betrachtet werden und nur deren Darstellung im Lagebericht ausdrücklich zur Verpflichtung gemacht werden sollte (*ADS*, § 289 Rz 94; auch WPHdb 2000, F Rz 814). Eingegangen werden soll auf:

4 **a)** Vorgänge von **besonderer Bedeutung,** die **nach** dem Schluß des Geschäftsjahrs eingetreten sind. Damit sind nur solche Ereignisse gemeint, die die Beurteilung der Lage der Gesellschaft, wie sie sich aus dem JA und dem Lagebericht ergibt, wesentlich beeinflussen, also sich auf die Zukunftsaussichten der Gesellschaft nachhaltig – positiv oder negativ – auswirken, zB wesentliche Verschlechterung der Situation des Unternehmens im Markt, geplante Umwandlung oder Verschmelzung, Änderung der Rechtsform etc.

b) Voraussichtliche Entwicklung der Gesellschaft. Hier soll eine 5
Prognose über die weitere Entwicklung der Gesellschaft gegeben werden; notwendig sind keine detaillierten Prognose-Rechnungen, vielmehr reichen verbale Tendenzen aus. Man wird es sicherlich als ausreichend ansehen können, wenn an dieser Stelle auf die wesentlichen Risiken der zukünftigen Entwicklung eingegangen wird.

c) Forschung und Entwicklung. Hier soll über die durchgeführ- 6
ten und geplanten Aktivitäten in diesem Bereich berichtet werden, ohne daß ins einzelne gehende Ausführungen zu Forschungsprojekten gemacht werden müssen. Ferner sollen Ausführungen zum Forschungs- und Entwicklungsaufwand und Angaben über geplante Investitionen in diesem Bereich gemacht werden. Sofern von staatlicher oder dritter Seite Zuschüsse gewährt wurden, sind diese zu nennen; schließlich sollte über die Anzahl der Mitarbeiter berichtet werden, die im Bereich der Forschung und Entwicklung tätig sind (ausführlich: *Kuhn*, DStR 1993, 491 ff).

d) Bestehende **Zweigniederlassungen** der Gesellschaft. Zu nennen 7
sind nicht nur solche Standorte, die im Handelsregister als Zweigniederlassungen eingetragen sind, sondern sämtliche stationäre Niederlassungen der Gesellschaft und damit auch diejenigen, die sich im Ausland befinden.

Zweiter Unterabschnitt. Konzernabschluß und Konzernlagebericht

Erster Titel. Anwendungsbereich

§ 290 Pflicht zur Aufstellung

(1) Stehen in einem Konzern die Unternehmen unter der einheitlichen Leitung einer Kapitalgesellschaft (Mutterunternehmen) mit Sitz im Inland und gehört dem Mutterunternehmen eine Beteiligung nach § 271 Abs. 1 an dem oder den anderen unter der einheitlichen Leitung stehenden Unternehmen (Tochterunternehmen), so haben die gesetzlichen Vertreter des Mutterunternehmens in den ersten fünf Monaten des Konzerngeschäftsjahrs für das vergangene Konzerngeschäftsjahr einen Konzernabschluß und einen Konzernlagebericht aufzustellen.

(2) Eine Kapitalgesellschaft mit Sitz im Inland ist stets zur Aufstellung eines Konzernabschlusses und eines Konzernlageberichts verpflichtet (Mutterunternehmen), wenn ihr bei einem Unternehmen (Tochterunternehmen)

1. die Mehrheit der Stimmrechte der Gesellschafter zusteht,

§ 290

2. das Recht zusteht, die Mehrheit der Mitglieder des Verwaltungs-, Leitungs- oder Aufsichtsorgans zu bestellen oder abzuberufen, und sie gleichzeitig Gesellschafter ist oder
3. das Recht zusteht, einen beherrschenden Einfluß auf Grund eines mit diesem Unternehmen geschlossenen Beherrschungsvertrags oder auf Grund einer Satzungsbestimmung dieses Unternehmens auszuüben.

(3) ¹Als Rechte, die einem Mutterunternehmen nach Abs. 2 zustehen, gelten auch die einem Tochterunternehmen zustehenden Rechte und die den für Rechnung des Mutterunternehmens oder von Tochterunternehmen handelnden Personen zustehenden Rechte. ²Den einem Mutterunternehmen an einem anderen Unternehmen zustehenden Rechten werden die Rechte hinzugerechnet, über die es oder ein Tochterunternehmen auf Grund einer Vereinbarung mit anderen Gesellschaftern dieses Unternehmens verfügen kann. ³Abzuziehen sind Rechte, die

1. mit Anteilen verbunden sind, die von dem Mutterunternehmen oder von Tochterunternehmen für Rechnung einer anderen Person gehalten werden, oder
2. mit Anteilen verbunden sind, die als Sicherheit gehalten werden, sofern diese Rechte nach Weisung des Sicherungsgebers oder, wenn ein Kreditinstitut die Anteile als Sicherheit für ein Darlehen hält, im Interesse des Sicherungsgebers ausgeübt werden.

(4) ¹Welcher Teil der Stimmrechte einem Unternehmen zusteht, bestimmt sich für die Berechnung der Mehrheit nach Absatz 2 Nr. 1 nach dem Verhältnis der Zahl der Stimmrechte, die es aus den ihm gehörenden Anteilen ausüben kann, zur Gesamtzahl aller Stimmrechte. ²Von der Gesamtzahl aller Stimmrechte sind die Stimmrechte aus eigenen Anteilen abzuziehen, die dem Tochterunternehmen selbst, einem seiner Tochterunternehmen oder einer anderen Person für Rechnung dieser Unternehmen gehören.

I. Pflicht zur Aufstellung eines Konzernabschlusses bei einheitlicher Leitung (I)

1 Voraussetzung für das Aufstellen eines Konzernabschlusses (KA) ist die Existenz eines Konzerns (Abs 1 S 1). Das HGB definiert nicht den Konzernbegriff; dies ist im Hinblick auf eine spätere EG-einheitliche Regelung ausgespart worden (vgl *Biener/Berneke,* BiRiLiG, S 286); die Anwendung des aktienrechtlichen Konzernbegriffs (§ 18 AktG) ist umstritten.

2 Den KA aufzustellen hat das **inländische Mutterunternehmen;** dieses kann nach Abs 1 S 1 immer nur eine KapGes, also AG, KGaA oder GmbH, sein; übt eine OHG oder KG die einheitliche Leitung aus,

ist § 290 für eine Konzernrechnungslegung nur dann einschlägig, wenn es sich um eine PershandelsGes iSv § 264 a I handelt; die Anwendung von § 11 PublG für diese Unternehmen, ist nach den dort festgelegten Voraussetzungen zu prüfen. Das Mutterunternehmen muß an dem **Tochterunternehmen** eine Beteiligung nach § 271 I besitzen (vgl hierzu Erl zu § 271 I). Liegt eine Beteiligung nicht vor, weil zB die Vermutung des § 271 I 3 widerlegt worden ist, entfällt zumindest nach Abs 1 die Konzernrechnungslegungspflicht. Als Tochterunternehmen kommt ein Unternehmen jeglicher Rechtsform in Betracht; auch ein Unternehmen mit Sitz im Ausland kann Tochterunternehmen sein. Weiterhin muß durch das Mutterunternehmen eine **einheitliche Leitung** ausgeübt werden. Die Voraussetzungen für eine einheitliche Leitung sind gesetzlich nicht festgelegt; nach hM setzt sie kein Weisungsrecht voraus, es reicht aus, wenn das Mutterunternehmen die Grundzüge der Geschäftspolitik der Konzerngesellschaften bestimmt, also einheitliche Unternehmensziele vorgibt, die Organisationen und die Finanzierungen aufeinander abstimmt und eine Gesamtpersonalplanung durchsetzt (*ADS,* § 290 Rz 12; *Hoyos/Kilgert* in Beck-BilKomm § 290 Rz 20 ff). Die einheitliche Leitung muß tatsächlich ausgeübt werden; die theoretische Möglichkeit zur Ausübung reicht nicht aus. Ob die aktienrechtliche Konzernvermutung (§§ 17, 18 AktG) anwendbar ist, war strittig, ist zwischenzeitlich aber hM (*BauHopt,* § 290 Rz 5; *Hoyos/Kilgert* in Beck-BilKomm § 290 Rz 23; GK *Marsch-Barner* § 290 Rz 6). Liegen diese Voraussetzungen vor, haben die gesetzlichen Vertreter des Mutterunternehmens in den ersten fünf Monaten des Konzerngeschäftsjahrs für das abgelaufene Konzerngeschäftsjahr einen KA (§ 297) und einen Konzernlagebericht (§ 315) aufzustellen.

II. Pflicht zur Aufstellung eines Konzernabschlusses bei bestimmten Kontrollrechten (II)

Eine inländische KapGes ist unabhängig davon, ob eine einheitliche Leitung ausgeübt wird, stets zur Aufstellung eines KA verpflichtet, wenn im Verhältnis zum Tochterunternehmen bestimmte Voraussetzungen vorliegen: 3

1. Mehrheit der Stimmrechte. Diese bezieht sich auf die Gesellschafter- bzw Hauptversammlung. Die Stimmrechte müssen sich aus vertraglichen Vereinbarungen ergeben; reine Präsenzmehrheiten, auch ständige, reichen nicht aus.

2. Recht zur Bestellung und Abberufung von Leitungsorganen. Ist die KapGes Gesellschafter und steht ihr das Recht zu, die Mehrheit der Mitglieder von Vorstand oder Geschäftsführung oder des Aufsichtsrats zu bestellen oder abzuberufen, ist die KapGes zur Aufstellung eines KA verpflichtet. Das Delegationsrecht muß sich aus einer gesicherten Rechtsposition ergeben, rein faktische Möglichkeiten zB

§ 291 Drittes Buch. Handelsbücher

durch Präsenzmehrheiten in den für die Bestellung oder Abberufung zuständigen Organen reichen nicht aus.

3. Beherrschender Einfluß aufgrund von Beherrschungsvertrag oder Satzungsbestimmung. Abs 2 Nr 3 setzt das Vorliegen eines Beherrschungsvertrags iSd § 291 I AktG voraus, bei der eine AG oder KGaA beherrschendes Unternehmen ist; zulässig ist ein solcher Vertrag auch im Verhältnis zu einer GmbH. Gleiche Rechtsfolgen treten ein, wenn sich der beherrschende Einfluß aus einer Satzungsbestimmung ergibt.

III. Zurechnung der Rechte aus II (III)

4   Abs 3 ergänzt Abs 2. Danach werden die einem Tochterunternehmen zustehenden Rechte und die Rechte, die einer Person zustehen, die diese für Rechnung des Mutterunternehmens oder des Tochterunternehmens wahrnimmt, dem Mutterunternehmen zugerechnet (Abs 3 S 1). Bei den nach Abs 3 S 2 hinzuzurechnenden auf Vereinbarungen beruhenden Rechten handelt es sich um Rechte aus Stimmbindungsverträgen, Konsortialverträgen, Poolverträgen ua. Abzuziehen sind Rechte aus Anteilen, die ein Mutter- oder Tochterunternehmen für fremde Rechnung hält (Abs 3 S 3 Nr 1) und Rechte aus Anteilen, die von einem Mutter- oder Tochterunternehmen als Sicherheit gehalten werden (Abs 3 S 3 Nr 2).

IV. Berechnung der Mehrheit der Stimmrechte (IV)

5   Die Stimmrechtsmehrheit bestimmt sich nach dem Verhältnis der einem Mutterunternehmen zustehenden Stimmrechte zur Gesamtzahl der Stimmrechte (Abs 4 S 1). Besitzt das Tochterunternehmen eigene Anteile oder eines von dessen Tochterunternehmen oder halten andere Personen für diese Unternehmen Anteile, sind diese von der Gesamtzahl aller Stimmrechte abzuziehen (Abs 4 S 3).

§ 291 Befreiende Wirkung von EU/EWR-Konzernabschlüssen

(1) [1]Ein Mutterunternehmen, das zugleich Tochterunternehmen eines Mutterunternehmens mit Sitz in einem Mitgliedstaat der Europäischen Union oder in einem anderen Vertragsstaat des Abkommens über den Europäischen Wirtschaftsraum ist, braucht einen Konzernabschluß und einen Konzernlagebericht nicht aufzustellen, wenn ein den Anforderungen des Absatzes 2 entsprechender Konzernabschluß und Konzernlagebericht seines Mutterunternehmens einschließlich des Bestätigungsvermerks oder des Vermerks über dessen Versagung nach den für den entfallenden Konzernabschluß und Konzernlagebericht maßgeblichen Vorschriften in deutscher Sprache offengelegt wird. [2]Ein befreiender Konzernabschluß und ein befreiender Konzernlagebericht können von jedem Unternehmen unabhän-

Zweiter Abschn. Ergänzende Vorschriften für KapitalGes **§ 291**

gig von seiner Rechtsform und Größe aufgestellt werden, wenn das Unternehmen als Kapitalgesellschaft mit Sitz in einem Mitgliedstaat der Europäischen Union oder in einem anderen Vertragsstaat des Abkommens über den Europäischen Wirtschaftsraum zur Aufstellung eines Konzernabschlusses unter Einbeziehung des zu befreienden Mutterunternehmens und seiner Tochterunternehmen verpflichtet wäre.

(2) [1]Der Konzernabschluß und Konzernlagebericht eines Mutterunternehmens mit Sitz in einem Mitgliedstaat der Europäischen Union oder in einem anderen Vertragsstaat des Abkommens über den Europäischen Wirtschaftsraum haben befreiende Wirkung, wenn

1. das zu befreiende Mutterunternehmen und seine Tochterunternehmen in den befreienden Konzernabschluß unbeschadet der §§ 295, 296 einbezogen worden sind,

2. der befreiende Konzernabschluß und der befreiende Konzernlagebericht im Einklang mit der Richtlinie 83/349/EWG des Rates vom 13. Juni 1983 über den konsolidierten Abschluß (ABl. EG Nr. L 193 S. 1) und der Richtlinie 84/253/EWG des Rates vom 10. April 1984 über die Zulassung der mit der Pflichtprüfung der Rechnungslegungsunterlagen beauftragten Personen (ABl. EG Nr. L 126 S. 20) nach dem für das aufstellende Mutterunternehmen maßgeblichen Recht aufgestellt und von einem zugelassenen Abschlußprüfer geprüft worden sind,

3. der Anhang des Jahresabschlusses des zu befreienden Unternehmens folgende Angaben enthält:
   a) Name und Sitz des Mutterunternehmens, das den befreienden Konzernabschluß und Konzernlagebericht aufstellt,
   b) einen Hinweis auf die Befreiung von der Verpflichtung, einen Konzernabschluß und einen Konzernlagebericht aufzustellen, und
   c) eine Erläuterung der im befreienden Konzernabschluß vom deutschen Recht abweichend angewandten Bilanzierungs-, Bewertungs- und Konsolidierungsmethoden.

[2]Satz 1 gilt für Kreditinstitute und Versicherungsunternehmen entsprechend; unbeschadet der übrigen Voraussetzungen in Satz 1 hat die Aufstellung des befreienden Konzernabschlusses und des befreienden Konzernlageberichts bei Kreditinstituten im Einklang mit der Richtlinie 86/635/EWG des Rates vom 8. Dezember 1986 über den Jahresabschluß und den konsolidierten Abschluß von Banken und anderen Finanzinstituten (ABl. EG Nr. L 372 S. 1) und bei Versicherungsunternehmen im Einklang mit der Richtlinie 91/674/EWG des Rates vom 19. Dezember 1991 über den Jahresabschluß und den konsolidierten

§ 291

Drittes Buch. Handelsbücher

Jahresabschluß von Versicherungsunternehmen (ABl. EG Nr. L 374 S. 7) zu erfolgen.

(3) ¹Die Befreiung nach Absatz 1 kann trotz Vorliegens der Voraussetzungen nach Absatz 2 von einem Mutterunternehmen nicht in Anspruch genommen werden, wenn Gesellschafter, denen bei Aktiengesellschaften und Kommanditgesellschaften auf Aktien mindestens zehn vom Hundert und bei Gesellschaften mit beschränkter Haftung mindestens zwanzig vom Hundert der Anteile an dem zu befreienden Mutterunternehmen gehören, spätestens sechs Monate vor dem Ablauf des Konzerngeschäftsjahrs die Aufstellung eines Konzernabschlusses und eines Konzernlageberichts beantragt haben. ²Gehören dem Mutterunternehmen mindestens neunzig vom Hundert der Anteile an dem zu befreienden Mutterunternehmen, so kann Absatz 1 nur angewendet werden, wenn die anderen Gesellschafter der Befreiung zugestimmt haben.

I. Voraussetzungen des befreienden Konzernabschlusses (I)

1 Abs 1 befreit ein Mutterunternehmen iSv § 290, das zugleich Tochterunternehmen eines Mutterunternehmens mit Sitz in einem Mitgliedstaat der Europäischen Union oder in einem anderen Vertragsstaat des Abkommens über den europäischen Wirtschaftsraum ist, von der Aufstellung eines KA und eines Konzernlageberichts, wenn das andere Mutterunternehmen ein den Anforderungen des Abs 2 entsprechenden KA und Konzernlagebericht einschließlich des Bestätigungsvermerks oder des Vermerks über dessen Versagung in deutscher Sprache offenlegt. Diese Befreiungsmöglichkeit wurde geschaffen, um die Aufstellung einer Vielzahl von KA in mehreren Stufen zu vermeiden. Eine Umrechnung des KA in Euro wird vom Gesetz nicht verlangt; er ist lediglich in deutscher Sprache und nach für die Offenlegung geltenden deutschen Vorschriften (§§ 325 ff) offenzulegen. Nach Abs 1 S 1 kann ein befreiender KA von jedem Unternehmen, unabhängig von dessen Rechtsform und Größe, aufgestellt werden, sofern das Unternehmen, würde es KapGes mit Sitz in einem Mitgliedstaat der Europäischen Union oder in einem anderen Vertragsstaat des Abkommens über den Europäischen Wirtschaftsraum sein, zur Aufstellung eines KA unter Einbeziehung des zu befreienden Mutterunternehmens und seiner Tochtergesellschaften verpflichtet wäre. Damit scheiden Privatpersonen aber auch Gebietskörperschaften als Mutterunternehmen aus.

II. Anforderungen an einen befreienden Konzernabschluß (II)

2 Die Befreiung von der Aufstellung eines KA und eines Konzernlageberichts ist unter folgenden Voraussetzungen möglich:

1. Das zu befreiende Mutterunternehmen und seine Tochtergesellschaften müssen unbeschadet der §§ 295, 296 **tatsächlich** in den KA eines Mutterunternehmens mit Sitz in einem anderen Mitgliedsstaat der Europäischen Union oder in einem anderen Vertragsstaat des Abkommens über den Europäischen Wirtschaftsraum einbezogen sein. Wird das untere Mutterunternehmen wegen der §§ 295, 296 nicht in den Konsolidierungskreis des oberen Mutterunternehmens einbezogen, ist ein befreiender KA nicht möglich (strittig; vgl *Hoyos/Lechner* in Beck-BilKomm § 291 Rz 15).

2. Der befreiende KA und Konzernlagebericht müssen entsprechend der 7. (Konzernrechnungslegungsrichtlinie) und der 8. EG-Richtlinie (Abschlußprüferrichtlinie) nach dem **für das aufstellende Mutterunternehmen maßgeblichen Recht** (entweder deutsches oder ein anderes EG-Mitgliedsstaatsrecht) aufgestellt und geprüft worden sein. Für Kreditinstitute und Versicherungsunternehmen gilt entsprechendes, wenn die befreienden KA mit den für diese Unternehmen erlassenen EG-Richtlinien im Einklang stehen.

3. Der Anhang des zu befreienden Konzernunternehmens muß den Namen und **den Sitz des Mutterunternehmens,** das den befreienden KA und Konzernlagebericht aufstellt, und den entsprechenden Hinweis auf die Befreiung enthalten sowie die vom deutschen Recht abweichend angewandten Bilanzierungs-, Bewertungs- und Konsolidierungsmethoden erläutern.

III. Minderheitenschutz (III)

Haben Minderheitsgesellschafter, die bei einer AG oder KGaA mindestens 10 % und bei der GmbH mindestens 20% der Anteile besitzen, spätestens sechs Monate vor Ablauf des Hauptkonzerngeschäftsjahrs den Antrag bei der Geschäftsführung des Mutterunternehmens gestellt, einen KA und einen Konzernlagebericht aufzustellen, entfällt die Befreiung von der Aufstellung gem Abs 1. Gehört dem oberen Mutterunternehmen mindestens 90% des unteren Mutterunternehmens, so ist eine Befreiung für das untere Mutterunternehmen von der Aufstellung des KA und des Konzernlageberichts nur möglich, wenn die restlichen Gesellschafter des unteren Mutterunternehmens der Befreiung zugestimmt haben. Äußern sich nicht alle Minderheitsgesellschafter des unteren Mutterunternehmens, kommt eine Befreiung nicht in Betracht; ein Schweigen des Minderheitsgesellschafters ersetzt nicht dessen Zustimmung. Strittig ist, ob ein Sonderbeschluß der Minderheitsgesellschafter ausreicht (bejahend: *Hoyos/Lechner* in Beck-BilKomm § 291 Rz 41; einschränkend *Biener/Bernecke,* BiRiLiG S 297; ablehnend *Bau-Hopt,* § 291 Rz 8). 3

§ 292 Rechtsverordnungsermächtigung für befreiende Konzernabschlüsse und Konzernlageberichte

(1) ¹**Das Bundesministerium der Justiz wird ermächtigt, im Einvernehmen mit dem Bundesministerium der Finanzen und**

§ 292

dem Bundesministerium für Wirtschaft durch Rechtsverordnung, die nicht der Zustimmung des Bundesrates bedarf, zu bestimmen, daß § 291 auf Konzernabschlüsse und Konzernlageberichte von Mutterunternehmen mit Sitz in einem Staat, der nicht Mitglied der Europäischen Union und auch nicht Vertragsstaat des Abkommens über den Europäischen Union ist, mit der Maßgabe angewendet werden darf, daß der befreiende Konzernabschluß und der befreiende Konzernlagebericht nach dem mit den Anforderungen der Richtlinie 83/349/EWG übereinstimmenden Recht eines Mitgliedstaates der Europäischen Union oder eines anderen Vertragsstaates des Abkommens über den Europäischen Wirtschaftsraum aufgestellt worden oder einem nach diesem Recht eines Mitgliedsstaates der Europäischen Union oder eines anderen Vertragsstaates des Abkommens über den Europäischen Wirtschaftsraum aufgestellten Konzernabschluß und Konzernlagebericht gleichwertig sein müssen. ²Das Recht eines anderen Mitgliedstaates der Europäischen Union oder Vertragsstaates des Abkommens über den Europäischen Wirtschaftsraum kann einem befreienden Konzernabschluß und einem befreienden Konzernlagebericht jedoch nur zugrunde gelegt oder für die Herstellung der Gleichwertigkeit herangezogen werden, wenn diese Unterlagen in dem anderen Mitgliedstaat oder Vertragsstaat anstelle eines sonst nach dem Recht dieses Mitgliedstaates oder Vertragsstaates vorgeschrieben Konzernabschlusses und Konzernlageberichts offengelegt werden. ³Die Anwendung dieser Vorschrift kann in der Rechtsverordnung nach Satz 1 davon abhängig gemacht werden, daß die nach diesem Unterabschnitt aufgestellten Konzernabschlüsse und Konzernlageberichte in dem Staat, in dem das Mutterunternehmen seinen Sitz hat, als gleichwertig mit den dort für Unternehmen mit entsprechender Rechtsform und entsprechendem Geschäftszweig vorgeschriebenen Konzernabschlüssen und Konzernlageberichten angesehen werden.

(2) Ist ein nach Absatz 1 zugelassener Konzernabschluß nicht von einem in Übereinstimmung mit den Vorschriften der Richtlinie 84/253/EWG zugelassenen Abschlußprüfer geprüft worden, so kommt ihm befreiende Wirkung nur zu, wenn der Abschlußprüfer eine den Anforderungen dieser Richtlinie gleichwertige Befähigung hat und der Konzernabschluß in einer den Anforderungen des Dritten Unterabschnitts entsprechenden Weise geprüft worden ist.

(3) ¹In einer Rechtsverordnung nach Absatz 1 kann außerdem bestimmt werden, welche Voraussetzungen Konzernabschlüsse und Konzernlageberichte von Mutterunternehmen mit Sitz in einem Staat, der nicht Mitglied der Europäischen Union und

auch nicht Vertragsstaat des Abkommens über den Europäischen Wirtschaftsraum ist, im einzelnen erfüllen müssen, um nach Absatz 1 gleichwertig zu sein, und wie die Befähigung von Abschlußprüfern beschaffen sein muß, um nach Absatz 2 gleichwertig zu sein. ²In der Rechtsverordnung können zusätzliche Angaben und Erläuterungen zum Konzernabschluß vorgeschrieben werden, soweit diese erforderlich sind, um die Gleichwertigkeit dieser Konzernabschlüsse und Konzernlageberichte mit solchen nach diesem Unterabschnitt oder dem Recht eines anderen Mitgliedstaates der Europäischen Union oder Vertragsstaates des Abkommens über den Europäischen Wirtschaftsraum herzustellen.

(4) ¹Die Rechtsverordnung ist vor Verkündung dem Bundestag zuzuleiten. ²Sie kann durch Beschluß des Bundestages geändert oder abgelehnt werden. ³Der Beschluß des Bundestages wird dem Bundesministerium der Justiz zugeleitet. ⁴Das Bundesministerium der Justiz ist bei der Verkündung der Rechtsverordnung an den Beschluß gebunden. ⁵Hat sich der Bundestag nach Ablauf von drei Sitzungswochen seit Eingang einer Rechtsverordnung nicht mit ihr befaßt, so wird die unveränderte Rechtsverordnung dem Bundesministerium der Justiz zur Verkündigung zugeleitet. ⁶Der Bundestag befaßt sich mit der Rechtsverordnung auf Antrag von so vielen Mitgliedern des Bundestages, wie zur Bildung einer Fraktion erforderlich sind.

§ 292 enthält eine Ermächtigung für das Bundesjustizministerium, im Einvernehmen mit dem Bundesfinanzministerium und dem Bundeswirtschaftsministerium ohne Zustimmung des Bundesrats eine Rechtsverordnung zu erlassen, wonach § 291 (befreiender KA) auch auf KA und und Konzernlageberichte von Mutterunternehmen mit Sitz außerhalb eines Mitgliedstaates der europäischen Union und außerhalb eines Vertragsstaates des Abkommens über den Europäischen Wirtschaftsraum anwendbar ist, wenn dieser nach mit EG-Recht übereinstimmenden Vorschriften aufgestellt worden ist oder nach Regelungen, die dem Recht der Europäischen Union gleichwertig sind (Abs 1). Die Rechtsverordnung kann die Befreiungsmöglichkeit von der Gegenseitigkeit der Befreiungsmöglichkeit durch deutsche KA abhängig machen. Die Befreiungsmöglichkeit kann ferner nur dann eintreten, wenn ein solcher KA von einem nicht in einem EG-Mitgliedsstaat ansässigen Abschlußprüfer, der eine dem EG-Recht entsprechende Befähigung besitzt, entsprechend den deutschen oder EG-Anforderungen geprüft worden ist (Abs 2). In dieser Rechtsverordnung kann außerdem bestimmt werden, welche Voraussetzungen die KA und Konzernlageberichte von Mutterunternehmen mit Sitz außerhalb eines EG-Mitgliedstaates im einzelnen erfüllen müssen, damit sie als gleichwertig iSv Abs 1 anerkannt werden können, und welche Befähigung der Ab- 1

§ 292 a Drittes Buch. Handelsbücher

schlußprüfer besitzen muß, damit diese als gleichwertig iSd Abs 2 gelten kann.

2   Abs 4 regelt das Verfahren zum Erlaß der Rechtsverordnung. Eine Verordnung über befreiende KA und Konzernlageberichte von Mutterunternehmen mit Sitz in einem Staat, der nicht Mitglied der Europäischen Union ist, ist mit Datum vom 15. 11. 1991 erlassen (BGBl 1991 I, 2122) und am 9. 6. 1993 (BGBl 1993 I. 916) geändert worden.

§ 292 a Befreiung von der Aufstellungspflicht

(1) ¹Ein Mutterunternehmen, das einen organisierten Markt im Sinne des § 2 Abs 5 des Wertpapierhandelsgesetzes durch von ihm oder einem seiner Tochterunternehmen ausgegebene Wertpapiere im Sinne des § 2 Abs. 1 Satz 1 des Wertpapierhandelsgesetzes in Anspruch nimmt, braucht einen Konzernabschluß und einen Konzernlagebericht nach den Vorschriften dieses Unterabschnitts nicht aufzustellen, wenn es einen den Anforderungen des Absatzes 2 entsprechenden Konzernabschluß und Konzernlagebericht aufstellt und ihn in deutscher Sprache und Euro nach den §§ 325, 328 offenlegt. ²Satz 1 gilt auch, wenn die Zulassung zum Handel an einem organisierten Markt beantragt worden ist. ³Bei der Offenlegung der befreienden Unterlagen ist ausdrücklich darauf hinzuweisen, daß es sich um einen nicht nach deutschem Recht aufgestellten Konzernabschluß und Konzernlagebericht handelt.

(2) Der Konzernabschluß und der Konzernlagebericht haben befreiende Wirkung, wenn

1. das Mutterunternehmen und seine Tochterunternehmen in den befreienden Konzernabschluß unbeschadet der §§ 295, 296 einbezogen worden sind,
2. der Konzernabschluß und der Konzernlagebericht
   a) nach international anerkannten Rechnungslegungsgrundsätzen aufgestellt worden sind,
   b) im Einklang mit der Richtlinie 83/349/EWG und gegebenenfalls den für Kreditinstitute und Versicherungsunternehmen in § 291 Abs. 2 Satz 2 bezeichneten Richtlinien stehen,
3. die Aussagekraft der danach aufgestellten Unterlagen der Aussagekraft eines nach den Vorschriften dieses Unterabschnitts aufgestellten Konzernabschlusses und Konzernlageberichts gleichwertig ist,
4. der Anhang oder die Erläuterungen zum Konzernabschluß die folgenden Angaben enthält:
   a) die Bezeichnung der angewandten Rechnungslegungsgrundsätze,

b) einen Erläuterung der vom deutschen Recht abweichenden Bilanzierungs-, Bewertungs- und Konsolidierungsmethoden, und

5. die befreienden Unterlagen von dem nach § 318 bestellten Abschlußprüfer geprüft worden sind und von dem Abschlußprüfer außerdem bestätigt worden ist, daß die Bedingungen für die Befreiung erfüllt sind.

(3) [1]Das Bundesministerium der Justiz kann im Einvernehmen mit dem Bundesministerium der Finanzen und dem Bundesministerium für Wirtschaft durch Rechtsverordnung bestimmen, welche Voraussetzungen Konzernabschlüsse und Konzernlageberichte von Mutterunternehmen im einzelnen erfüllen müssen, um nach Absatz 2 Nr. 3 gleichwertig zu sein. [2]Dies kann auch in der Weise geschehen, daß Rechnungslegungsgrundsätze bezeichnet werden, bei deren Anwendung die Gleichwertigkeit gegeben ist.

§ 292 a ist durch das KapCoRiLiG teilweise geändert worden, zukünftig können auch andere nicht börsennotierte Unternehmen einen vom nationalen Recht abweichenden KA aufstellen, wenn das Unternehmen einen organisierten Kapitalmarkt iSv § 2 V WpHG in Anspruch genommen hat. Ein organisierter Kapitalmarkt ist nach dieser Bestimmung „ein Markt, der von staatlich anerkannten Stellen geregelt und überwacht wird, regelmäßig stattfindet und für das Publikum unmittelbar oder mittelbar zugänglich ist". Die Inanspruchnahme durch das Mutter- oder Tochterunternehmen erfolgt durch Zulassung von Wertpapieren iSv § 2 I WpHG zum Handel am organisierten Markt. Wertpapier iSv § 2 I 1 WpHG sind, auch wenn für sie keine Urkunden ausgestellt sind, Aktien, Zertifikate, die Aktien vertreten, Schuldverschreibungen, Genußscheine, Optionsscheine und andere Wertpapiere, die mit Aktien oder Schulscheinen vergleichbar sind, wenn sie an einem Markt gehandelt werden können (vgl *Biener* HGB-BilRecht, 220). Die Voraussetzungen für eine Befreiung von der Aufstellung eines KA und Konzernlageberichts sind im einzelnen im Abs 2 aufgeführt, sie müssen kummulativ erfüllt sein. Mit dieser Regelung soll es weltweit tätigen Unternehmen erspart werden, mehrere KA aufstellen zu müssen. Wesentliche Voraussetzung für eine Befreiung eines nach §§ 290 ff aufzustellenden KA ist, daß der mit befreiender Wirkung aufgestellte KA und Konzernlagebericht nach international anerkannten Rechnungslegungsvorschriften aufgestellt und mit dem EG-Recht in Einklang steht. Die angewandten Rechnungslegungsvorschriften sind zu bezeichnen und die Abweichungen von den deutschen Bilanzierungs-, Bewertungs- und Konsolidierungsmethoden zu erläutern; ausreichend ist dabei eine verbale Beschreibung, eine betragsmäßige Darstellung der Abweichungen kann nicht verlangt werden. Für die Befreiung von der Aufstellungsverpflichtung nach §§ 290 ff ist ferner notwendig, daß der KA und

§ 293

der Konzernlagebericht in deutscher Sprache und in Deutscher Mark bzw in Euro entsprechend §§ 325, 328 offengelegt wird und in der Veröffentlichung darauf hingewiesen wird, daß nicht deutsches Recht angewandt worden ist.

2 Als Ermächtigung gem Abs 3 ist die Konzernabschlußbefreiungsverordnung vom 15. 11. 1991 mit Änderungen vom 9. 6. 1993 erlassen worden. § 292a gilt bis zum 31. 12. 2004; er ist letztmalig auf das Geschäftsjahr anzuwenden, das spätestens am 31. 12. 2004 endet (Art 5 KapAEG).

§ 293 Größenabhängige Befreiungen

(1) ¹Ein Mutterunternehmen ist von der Pflicht, einen Konzernabschluß und einen Konzernlagebericht aufzustellen, befreit, wenn

1. am Abschlußstichtag seines Jahresabschlusses und am vorhergehenden Abschlußstichtag mindestens zwei der drei nachstehenden Merkmale zutreffen:
   a) Die Bilanzsummen in den Bilanzen des Mutterunternehmens und der Tochterunternehmen, die in den Konzernabschluß einzubeziehen wären, übersteigen insgesamt nach Abzug von in den Bilanzen auf der Aktivseite ausgewiesenen Fehlbeträgen nicht 32 270 000 Deutsche Mark.
   b) Die Umsatzerlöse des Mutterunternehmens und der Tochterunternehmen, die in den Konzernabschluß einzubeziehen wären, übersteigen in den zwölf Monaten vor dem Abschlußstichtag insgesamt nicht 64 540 000 Deutsche Mark.
   c) Das Mutterunternehmen und die Tochterunternehmen, die in den Konzernabschluß einzubeziehen wären, haben in den zwölf Monaten vor dem Abschlußstichtag im Jahresdurchschnitt nicht mehr als 250 Arbeitnehmer beschäftigt;
   oder
2. am Abschlußstichtag eines von ihm aufzustellenden Konzernabschlusses und am vorhergehenden Abschlußstichtag mindestens zwei der drei nachstehenden Merkmale zutreffen:
   a) Die Bilanzsumme übersteigt nach Abzug eines auf der Aktivseite ausgewiesenen Fehlbetrags nicht 26 890 000 Deutsche Mark.
   b) Die Umsatzerlöse in den zwölf Monaten vor dem Abschlußstichtag übersteigen nicht 53 780 000 Deutsche Mark.
   c) Das Mutterunternehmen und die in den Konzernabschluß einbezogenen Tochterunternehmen haben in den zwölf Monaten vor dem Abschlußstichtag im Jahresdurchschnitt nicht mehr als 250 Arbeitnehmer beschäftigt.

² Auf die Ermittlung der durchschnittlichen Zahl der Arbeitnehmer ist § 267 Abs. 5 anzuwenden.

(2) (3) *(aufgehoben)*

(4) **Außer in den Fällen des Absatzes 1 ist ein Mutterunternehmen von der Pflicht zur Aufstellung des Konzernabschlusses und des Konzernlageberichts befreit, wenn die Voraussetzungen des Absatzes 1 nur am Abschlußstichtag oder nur am vorhergehenden Abschlußstichtag erfüllt sind und das Mutterunternehmen am vorhergehenden Abschlußstichtag von der Pflicht zur Aufstellung des Konzernabschlusses und des Konzernlageberichts befreit war.**

(5) **Die Absätze 1 und 4 sind nicht anzuwenden, wenn das Mutterunternehmen oder ein in den Konzernabschluß des Mutterunternehmens einbezogenes Tochterunternehmen am Abschlußstichtag einen organisierten Markt im Sinne des § 2 Abs. 5 des Wertpapierhandelsgesetzes durch von ihm ausgegebene Wertpapiere im Sinne des § 2 Abs. 1 Satz 1 des Wertpapierhandelsgesetzes in Anspruch nimmt oder die Zulassung zum Handel an einem organisierten Markt beantragt worden ist.**

§ 293 sieht ähnlich wie § 267 für den JA bei einer bestimmten 1 Größenordnung des Konzerns eine Befreiung von der Konzernrechnungslegungspflicht vor. Sie ist nicht rechtsformabhängig, sondern auf alle KapGes anwendbar. Eine Ausnahme von der größenabhängigen Befreiung besteht dort, wo Aktien oder andere Wertpapiere iSv § 2 I 1 WpHG des Mutterunternehmens oder eines in den KA einzubeziehenden Tochterunternehmens an einem organisierten Markt iSv § 2 V WpHG gehandelt werden oder die Zulassung zum organisierten Markt beantragt ist.

I. Die grundsätzliche Befreiungsregelung (I)

Die Größenmerkmale für die Befreiung von der Aufstellung eines 2 KA sind durch das KapCoRiLiG nahezu halbiert worden; dadurch wirken die Konzernrechnungslegungsvorschriften wesentlich stärker in den mittelständischen Bereich hinein als bisher. Die geänderten Größenmerkmale sind erstmals auf Geschäftsjahre anzuwenden, die am 1. Januar 2000 oder im Laufe des Jahres 2000 beginnen (Art 49 EGHGB). Für Unternehmen, die erstmals einen KA aufstellen müssen, gelten bis 31. Dezember 1999 die größeren Merkmale; sind an diesem Stichtag die bisherigen Größenmerkmale unterschritten, sind diese Unternehmen wegen der Zweijahresfrist des Abs 4 erstmals zum 31. Dezember 2001 zur Aufstellung eines KA verpflichtet. Die Bestimmung der Größenmerkmale kann wahlweise nach zwei Methoden erfolgen: Bruttomethode oder Nettomethode. Bei der **Bruttomethode** werden Bilanzsummen und Umsatzerlöse des Mutterunternehmens und der

§ 293
Drittes Buch. Handelsbücher

einzubeziehenden Tochterunternehmen ohne Konsolidierungsmaßnahmen addiert. Abs 1 Nr 1 sieht hier folgende Größenmerkmale vor:

3 **a)** die **Bilanzsumme** von Mutter- und Tochterunternehmen, die einzubeziehen sind, übersteigen nach Abzug von in den Bilanzsummen auf der Aktivseite ausgewiesenen Fehlbeträgen nicht 32,72 Mio (bisher 63,72 Mio) DM. **b)** die **Umsatzerlöse** des Mutter- und der einzubeziehenden Tochterunternehmen übersteigen in den 12 Monaten vor dem Abschlußstichtag insgesamt nicht 64,54 Mio (bisher 127,44 Mio) DM **c)** Mutter- und einzubeziehende Tochterunternehmen haben in den 12 Monaten vor dem Abschlußstichtag nicht mehr als 250 (bisher 500) **Beschäftigte.** Von diesen Merkmalen müssen am Abschlußstichtag des JA des Mutterunternehmens und am vorangegangenen Abschlußstichtag mindestens zwei der drei Merkmale zutreffen.

4 Bei der **Nettomethode** ist eine Konsolidierung notwendig, um festzustellen, ob die im Gesetz genannten Merkmale für die Befreiung nicht überschritten werden. Nach Abs 1 Nr 2 müssen folgende Merkmale vorliegen: **a)** Die **Bilanzsumme** des KA übersteigt nach Abzug eines auf der Aktivseite ausgewiesenen Fehlbetrags 26,89 Mio (bisher 53,1 Mio) DM nicht, **b)** die **Umsatzerlöse** in den letzten 12 Monaten vor dem Abschlußstichtag übersteigen 53,78 Mio (bisher 106,2 Mio) DM nicht, **c)** Mutter- und einzubeziehende Tochterunternehmen haben in den 12 Monaten vor dem Abschlußstichtag nicht mehr als 250 (bisher 500) **Beschäftigte.** Für die Umrechnung der Größenmerkmale nach Umstellung der Währungseinheit auf den EURO sind ausdrückliche gesetzliche Regelungen bisher nicht getroffen worden; es ist jedoch davon auszugehen, daß die DM-Beträge mit dem vom Rat der Europäischen Union unwiderruflich festgelegten Umrechnungskurs in EURO umzurechnen sind. Für die Ermittlung dieser Merkmale gelten die gleichen Grundsätze wie für die Größenbestimmungen nach § 267. Treffen zwei der drei Merkmale am Abschlußstichtag des KA und am vorangegangenen Abschlußstichtag zu, ist das Mutterunternehmen ebenfalls von der Aufstellung eines KA und eines Konzernlageberichtes befreit. Der Vorteil der Bruttomethode liegt darin, daß kein (Probe)-KA aufgestellt werden muß, sondern lediglich die betreffenden Daten von Mutter- und einzubeziehender Tochterunternehmen zusammenzurechnen sind.

II. Sonderregelung für Kreditinstitute und Versicherungen

5 Sonderregelungen für Kreditinstitute und Versicherungsunternehmen sind in § 340i und § 341i enthalten.

III. Zeitliche Voraussetzung für die Befreiung (IV)

6 Die Größenmerkmale des Abs 1 müssen an zwei aufeinanderfolgenden Stichtagen überschritten sein, damit die Befreiung von der Auf-

Zweiter Abschn. Ergänzende Vorschriften für KapitalGes § 294

stellung des KA und des Konzernlageberichts entfällt. Ein einmaliges Überschreiten schadet nicht.

IV. Wegfall der Befreiung (V)

Keine größenabhängige Befreiung tritt ein, wenn am Abschlußstichtag Aktien oder andere von dem Mutter- oder einem einzubeziehenden Tochterunternehmen ausgegebene Wertpapiere iSv § 2 I 1 WpHG an einem organisierten Markt iSv § 2 V WpHG gehandelt werden (vgl Erl zu § 292 a) oder der Antrag auf Zulassung zum Handel an einem organisierten Markt beantragt worden ist. 7

Zweiter Titel. Konsolidierungskreis

§ 294 Einzubeziehende Unternehmen. Vorlage- und Auskunftspflichten

(1) In den Konzernabschluß sind das Mutterunternehmen und alle Tochterunternehmen ohne Rücksicht auf den Sitz der Tochterunternehmen einzubeziehen, sofern die Einbeziehung nicht nach den §§ 295, 296 unterbleibt.

(2) ¹**Hat sich die Zusammensetzung der in den Konzernabschluß einbezogenen Unternehmen im Laufe des Geschäftsjahrs wesentlich geändert, so sind in den Konzernabschluß Angaben aufzunehmen, die es ermöglichen, die aufeinanderfolgenden Konzernabschlüsse sinnvoll zu vergleichen.** ²**Dieser Verpflichtung kann auch dadurch entsprochen werden, daß die entsprechenden Beträge des vorhergehenden Konzernabschlusses an die Änderung angepaßt werden.**

(3) ¹**Die Tochterunternehmen haben dem Mutterunternehmen ihre Jahresabschlüsse, Lageberichte, Konzernabschlüsse, Konzernlageberichte und, wenn eine Prüfung des Jahresabschlusses oder des Konzernabschlusses stattgefunden hat, die Prüfungsberichte sowie, wenn ein Zwischenabschluß aufzustellen ist, einen auf den Stichtag des Konzernabschlusses aufgestellten Abschluß unverzüglich einzureichen.** ²**Das Mutterunternehmen kann von jedem Tochterunternehmen alle Aufklärungen und Nachweise verlangen, welche die Aufstellung des Konzernabschlusses und des Konzernlageberichts erfordert.**

I. Weltabschluß als Grundsatz (I)

Als Grundsatz für den Konsolidierungskreis gilt, daß das Mutterunternehmen mit Sitz im Inland und sämtliche Tochterunternehmen (iSv § 290) in den KA einzubeziehen sind, unabhängig vom Sitz der Tochterunternehmen und von der Höhe des Anteilsbesitzes des Mutterunternehmens an diesen Unternehmen. Damit ist auch bei Stimm- 1

§ 295 Drittes Buch. Handelsbücher

rechtsmehrheit ohne gleichzeitiger Anteilsmehrheit ebenso eine Konsolidierungspflicht gegeben wie bei mittelbaren Tochterunternehmen, die nach § 290 III aufgrund von Anteilen und Rechten dem Mutterunternehmens zugerechnet werden. Die Einbeziehung in den Konsolidierungskreis entfällt nur bei Einziehungsverbot (§ 295) oder bei Ausübung eines Einbeziehungswahlrechts (§ 296).

II. Angaben bei Veränderung des Konsolidierungskreises (II)

2   Um die aufeinanderfolgenden KA sinnvoll vergleichen zu können, sind über die im Laufe des Geschäftsjahrs erfolgten wesentlichen Veränderungen in der Zusammensetzung der in den KA einzubeziehenden Unternehmen entsprechende Angaben zu machen. Diese Verpflichtung kann auch dadurch erfüllt werden, daß die entsprechenden Beträge des vorausgegangenen KA angepaßt werden.

III. Vorlage und Auskunftspflichten der Tochterunternehmen (III)

3   Die Tochterunternehmen haben die für die Konsolidierung notwendigen Unterlagen dem Mutterunternehmen unverzüglich nach deren Erstellung zur Verfügung zu stellen; diese Unterlagen umfassen JA mit Bilanz, GuV und Anhang, Lagebericht, KA und Konzernlageberichte und – sofern eine Prüfung der JA oder der KA stattgefunden hat – auch die jeweiligen Prüfungsberichte, und sofern ein Zwischenabschluß aufzustellen ist, einen auf den Konzernabschlußstichtag aufgestellten Zwischenabschluß. Die Tochterunternehmen sind verpflichtet, dem Mutterunternehmen sämtliche Auskünfte und Nachweise zu geben, die dieses für die Aufstellung des KA und des Konzernlageberichts für erforderlich hält. Bei ausländischen Tochterunternehmen könnte das Informationsverlangen zu Kollisionen mit entgegenstehendem ausländischen Recht führen; außerdem ist dieses Verlangen des deutschen Rechts dort gerichtlich nicht durchsetzbar.

§ 295 Verbot der Einbeziehung

(1) **Ein Tochterunternehmen darf in den Konzernabschluß nicht einbezogen werden, wenn sich seine Tätigkeit von der Tätigkeit der anderen einbezogenen Unternehmen derart unterscheidet, daß die Einbeziehung in den Konzernabschluß mit der Verpflichtung, ein den tatsächlichen Verhältnissen entsprechendes Bild der Vermögens-, Finanz- und Ertragslage des Konzerns zu vermitteln, unvereinbar ist; § 311 über die Einbeziehung von assoziierten Unternehmen bleibt unberührt.**

(2) **Absatz 1 ist nicht allein deshalb anzuwenden, weil die in den Konzernabschluß einbezogenen Unternehmen teils Industrie-, teils Handels- und teils Dienstleistungsunternehmen sind oder weil diese Unternehmen unterschiedliche Erzeugnisse her-**

stellen, mit unterschiedlichen Erzeugnissen Handel treiben oder Dienstleistungen unterschiedlicher Art erbringen.

(3) **Die Anwendung des Absatzes 1 ist im Konzernanhang anzugeben und zu begründen. Wird der Jahresabschluß oder der Konzernabschluß eines nach Absatz 1 nicht einbezogenen Unternehmens im Geltungsbereich dieses Gesetzes nicht offengelegt, so ist er gemeinsam mit dem Konzernabschluß zum Handelsregister einzureichen.**

I. Verbot der Einbeziehung wegen unterschiedlicher Tätigkeiten (I und II)

Die Einbeziehung eines Tochterunternehmens in den KA hat zu **1** unterbleiben, wenn sich die Tätigkeiten des Unternehmens von der Tätigkeit der anderen einbezogenen Unternehmen derart gravierend unterscheiden, daß bei seiner Einbeziehung kein den tatsächlichen Verhältnissen entsprechendes Bild der Vermögens-, Finanz- und Ertragslage des Konzerns mehr vermittelt werden kann. Allerdings hat die Einbeziehung nicht schon deshalb zu unterbleiben, weil die in den KA einzubeziehenden Unternehmen teils Industrie-, teils Handels- und teils Dientleistungsunternehmen sind oder unterschiedliche Erzeugnisse herstellen, mit unterschiedlichen Erzeugnissen handeln oder Dienstleistungen unterschiedlicher Art erbringen (Abs 2). An die Nichteinbeziehungen sind strenge Maßstäbe anzulegen; sie ist nur dann in Betracht zu ziehen, wenn die negativen Auswirkungen einer Einbeziehung nicht durch andere Maßnahmen vermindert werden können, zB durch eine entsprechende Gliederung des KA. Als Beispiele für die Nichteinbeziehung werden die sog Sozialgesellschaften, wie selbständige Unterstützungskassen, Wohnungsunternehmen und Lebens- und Sachversicherungsunternehmen oder Unternehmen, über dessen Vermögen das Insolvenzverfahren eröffnet ist, genannt (*Förschle/Deubert* in Beck-BilKomm § 295 Rz 15).

II. Angabe und Begründung bei Nichteinbeziehung im Konzernanhang (III)

Werden Unternehmen nach Abs 1 nicht in den KA einbezogen, ist **2** dies im Konzernanhang anzugeben und der Verzicht zu begründen. Wird ein Einzelabschluß eines nichteinbezogenen Tochterunternehmens in Deutschland nicht gesondert offengelegt, so ist dieser gemeinsam mit dem KA zum Handelsregister einzureichen. Diese Verpflichtung gilt auch für sonst nicht offenlegungspflichtige Unternehmen und für ausländische Unternehmen, eine Übersetzung kann bei diesen allerdings nicht gefordert werden (*Biener/Berneke,* BiRiLiG, S 314). Die Verpflichtung zur Offenlegung des JA des Tochterunternehmens hat ausschließlich das Mutterunternehmen zu erfüllen.

§ 296 Verzicht auf die Einbeziehung

(1) Ein Tochterunternehmen braucht in den Konzernabschluß nicht einbezogen zu werden, wenn

1. erhebliche und andauernde Beschränkungen die Ausübung der Rechte des Mutterunternehmens in bezug auf das Vermögen oder die Geschäftsführung dieses Unternehmens nachhaltig beeinträchtigen,
2. die für die Aufstellung des Konzernabschlusses erforderlichen Angaben nicht ohne unverhältnismäßig hohe Kosten oder Verzögerungen zu erhalten sind oder
3. die Anteile des Tochterunternehmens ausschließlich zum Zweck ihrer Weiterveräußerung gehalten werden.

(2) ¹Ein Tochterunternehmen braucht in den Konzernabschluß nicht einbezogen zu werden, wenn es für die Verpflichtung, ein den tatsächlichen Verhältnissen entsprechendes Bild der Vermögens-, Finanz- und Ertragslage des Konzerns zu vermitteln, von untergeordneter Bedeutung ist. ²Entsprechen mehrere Tochterunternehmen der Voraussetzung des Satzes 1, so sind diese Unternehmen in den Konzernabschluß einzubeziehen, wenn sie zusammen nicht von untergeordneter Bedeutung sind.

(3) Die Anwendung der Absätze 1 und 2 ist im Konzernanhang zu begründen.

1 § 296 gewährt als Ausnahme zur Einbeziehungspflicht in drei Fällen das Wahlrecht, auf die Einbeziehung von Tochterunternehmen in den KA zu verzichten, dies insbesondere auch im Hinblick auf die Konzernrechnungslegungspflicht nach § 290 II, da dort die einheitliche Leitung als Voraussetzung für die Rechnungslegung nicht vorgesehen ist.

I. Das Einbeziehungswahlrecht in Ausnahmefällen (I)

2 **1.** Auf die Einbeziehung eines Tochterunternehmens in den KA kann dann verzichtet werden, wenn erhebliche und andauernde Beschränkungen die **Ausübung der Rechte** des Mutterunternehmens in bezug auf das Vermögen oder die Geschäftsführung des Tochterunternehmens nachhaltig beeinträchtigen; dies ist zB bei Wohnungsunternehmen und rechtlich selbständige Unterstützungskassen der Fall, aber auch bei einem Tochterunternehmen, über das ein Insolvenzverfahren eröffnet wurde oder das sich in Liquidation befindet; ferner kann bei Einstimmigkeits- oder Vetoklauseln die Geschäftsführung nachhaltig beeinträchtigt sein.

2. Die Einbeziehung in den KA kann unterbleiben, wenn die für die Aufstellung des KA notwendigen Angaben **nicht** ohne **unverhältnismäßig hohe Kosten** oder Verzögerungen zu erhalten sind. Diese Vorschrift ist als Ausnahmeregelung anzusehen; an ihre Voraussetzungen sind daher strenge Anforderungen zu stellen. Sowohl das Kosten- als auch das Zeitargument können üblicherweise nicht für einen Verzicht auf die Einbeziehung eines Tochterunternehmens in dem KA herangezogen werden.

3. Auf die Einbeziehung in den KA kann verzichtet werden, wenn die Anteile an dem Tochterunternehmen **ausschließlich zum Zwecke ihrer Weiterveräußerung** gehalten werden. Dieser Zweck muß sich aus objektiven Umständen ergeben und nachvollziehbar sein.

II. Einbeziehungswahlrecht wegen untergeordneter Bedeutung (II)

Die Einbeziehung eines Tochterunternehmens in den KA kann ferner unterbleiben, wenn es im Hinblick auf die Vermittlung eines den tatsächlichen Verhältnissen entsprechenden Bildes der Vermögens-, Finanz- und Ertragslage von **untergeordneter Bedeutung** ist. Entsprechen mehrere Tochterunternehmen einzeln der Voraussetzung des S 1, so brauchen sie nur dann nicht einbezogen zu werden, wenn sie auch in ihrer Summe noch von untergeordneter Bedeutung sind. Wann eine solche untergeordnete Bedeutung vorliegt, ist von der Struktur und dem Gesamtbild des Konzerns abhängig. Üben beispielsweise einzelne Tochtergesellschaften unternehmenstypische Funktionen für den Konzern aus (zB Forschung und Entwicklung, Finanzierung), kann von einer untergeordneten Bedeutung nicht mehr gesprochen werden. 3

III. Begründungspflicht im Anhang (III)

Wird auf die Einbeziehung von Tochterunternehmen in den KA nach Abs 1 oder 2 verzichtet, ist dies im Konzernanhang zu begründen. Es wird zur Begründung als ausreichend angesehen, wenn angegeben wird, auf welche der in § 296 eingeräumten Wahlrechte der Verzicht auf die Einbeziehung beruht. 4

Dritter Titel. Inhalt und Form des Konzernabschlusses

§ 297 Inhalt

(1) ¹Der Konzernabschluß besteht aus der Konzernbilanz, der Konzern-Gewinn- und Verlustrechnung und dem Konzernanhang, die eine Einheit bilden. ²Die gesetzlichen Vertreter eines börsennotierten Mutterunternehmens haben den Konzernanhang um eine Kapitalflußrechnung und eine Segmentberichterstattung zu erweitern.

(2) ¹Der Konzernabschluß ist klar und übersichtlich aufzustellen. ²Er hat unter Beachtung der Grundsätze ordnungsmäßiger Buchführung ein den tatsächlichen Verhältnissen entsprechendes Bild der Vermögens-, Finanz- und Ertragslage des Konzerns zu

§ 297 Drittes Buch. Handelsbücher

vermitteln. ³Führen besondere Umstände dazu, daß der Konzernabschluß ein den tatsächlichen Verhältnissen entsprechendes Bild im Sinne des Satzes 2 nicht vermittelt, so sind im Konzernanhang zusätzliche Angaben zu machen.

(3) ¹Im Konzernabschluß ist die Vermögens-, Finanz- und Ertragslage der einbezogenen Unternehmen so darzustellen, als ob diese Unternehmen insgesamt ein einziges Unternehmen wären. ²Die auf den vorhergehenden Konzernabschluß angewandten Konsolidierungsmethoden sollen beibehalten werden. ³Abweichungen von Satz 2 sind in Ausnahmefällen zulässig. ⁴Sie sind im Konzernanhang anzugeben und zu begründen. ⁵Ihr Einfluß auf die Vermögens-, Finanz- und Ertragslage des Konzerns ist anzugeben.

I. Bestandteile des Konzernabschlusses (I)

1 Der KA besteht aus Konzernbilanz, Konzern-GuV und Konzernanhang, die zusammen eine Einheit bilden. Inhaltlich deckt sich damit die Bestimmung mit der des § 264 I 1 für den JA der KapGes. Börsennotierte Mutterunternehmen haben erstmals für Geschäftsjahre, die nach dem 31. 12. 1998 enden (Art 46 EGHGB), den Konzernanhang um eine Kapitalflußrechnung und eine Segmentberichterstattung zu erweitern. Der Gesetzgeber hat es unterlassen, Vorgaben für die Ausgestaltung dieser Rechnungen zu machen, so daß für deren Darstellung den Unternehmern ein gewisser Spielraum verbleibt. Es liegt jedoch nahe, auf berufsständische oder internationale Standards zurückzugreifen, etwa DRS 2 oder IAS 7 für die Kapitalflußrechnung bzw IAS 14 für die Segmentberichterstattung.

II. Grundsätze für den Konzernabschluß (II und III)

3 Abs 2 deckt sich inhaltlich mit den Anforderungen, die an den JA einer KapGes zu stellen sind. Wie jeder JA ist auch der KA klar und übersichtlich aufzustellen (§ 273 II). Außerdem wird die Generalklausel des § 264 II, lediglich bezogen auf den KA, wiederholt. Nach der Fiktion des Abs 3 hat der KA die Vermögens-, Finanz- und Ertragslage so darstellen, als ob die einbezogenen Unternehmen insgesamt ein **einheitliches Unternehmen** wären (**Einheitstheorie**). Als Parallele zu dem für den JA festgelegten Grundsatz der Bewertungsstetigkeit (§ 252 I Nr 6 und II), der über 298 I auch für den KA gilt, legt Abs 3 S 2 den Grundsatz der Stetigkeit der Konsolidierungsmethoden fest. Zu den Konsolidierungsmethoden gehören die einzelnen Formen der Kapitalkonsolidierung (Buchwertmethode, Neubewertungsmethode, Kapitalkonsolidierung in vereinfachter Form; §§ 301–302), die Schuldenkonsolidierung (§ 303), die Eliminierung von Zwischengewinnen (§ 304), die Aufwands- und Ertragskonsolidierung (§ 305), die Quotenkonsolidierung (§ 310) und die Equity-Konsolidierung (§ 312); fer-

Zweiter Abschn. Ergänzende Vorschriften für KapitalGes § 298

ner gehören hierzu die Konsolidierungsmethoden, die aus der Einheitstheorie abgeleitet werden, und die Abgrenzung des Konsolidierungskreises. Abweichungen vom Grundsatz der Methodenstetigkeit sind nur in Ausnahmefällen zulässig. Sie sind im Anhang anzugeben und zu begründen und ihr Einfluß auf die Vermögens-, Finanz- und Ertragslage des Konzerns ist anzugeben; diese Regel entspricht der der §§ 252 I, 204 II Nr 3 für den JA.

§ 298 Anzuwendende Vorschriften. Erleichterungen

(1) Auf den Konzernabschluß sind, soweit seine Eigenart keine Abweichung bedingt oder in den folgenden Vorschriften nichts anderes bestimmt ist, die §§ 244 bis 256, §§ 265, 266, 268 bis 275, §§ 277 bis 283 über den Jahresabschluß die für die Rechtsform und den Geschäftszweig der in den Konzernabschluß einbezogenen Unternehmen mit Sitz im Geltungsbereich dieses Gesetzes geltenden Vorschriften, soweit sie für große Kapitalgesellschaften gelten, entsprechend anzuwenden.

(2) In der Gliederung der Konzernbilanz dürfen die Vorräte in einem Posten zusammengefaßt werden, wenn deren Aufgliederung wegen besonderer Umstände mit einem unverhältnismäßigen Aufwand verbunden wäre.

(3) ¹Der Konzernanhang und der Anhang des Jahresabschlusses des Mutterunternehmens dürfen zusammengefaßt werden. ²In diesem Falle müssen der Konzernabschluß und der Jahresabschluß des Mutterunternehmens gemeinsam offengelegt werden. ³Bei Anwendung des Satzes 1 dürfen auch die Prüfungsberichte und die Bestätigungsvermerke jeweils zusammengefaßt werden.

I. Anzuwendende Vorschriften (I)

Soweit aufgrund der Eigenart des KA keine Abweichungen notwendig sind, sind auf den KA grundsätzlich die Vorschriften über den JA von großen KapGes mit den entsprechenden Spezialregelungen für Rechtsform und Geschäftszweig anzuwenden; es gelten insbesondere die Vorschriften über die Bewertung und die Gliederungs- und Darstellungsvorschriften. Für den Konzernanhang enthalten §§ 313, 314 gesonderte Regelungen.

1

II. Erleichterungen (II und III)

Für die Gliederung der Vorräte erlaubt Abs 2 den **Ausweis in einem Betrag,** sofern deren Aufgliederung wegen besonderer Umstände mit einem unverhältnismäßigen Aufwand verbunden wäre. Solche Schwierigkeiten können im Hinblick auf die Fiktion der wirtschaftlichen Einheit des Konzerns bei vertikal tiefgegliederten Konzer-

2

§ 299 Drittes Buch. Handelsbücher

nen auftreten, wenn Produkte im Prozeß ihrer Fertigstellung mehrere Konzernunternehmen durchlaufen, die Erzeugnisse sowohl innerhalb des Konzerns weiter bearbeitet, als auch an Dritte veräußert werden. Abs 3 gestattet die Möglichkeit, den Konzernanhang und den Anhang des JA des Mutterunternehmens zusammenzufassen. Geschieht dies, müssen KA und JA des Mutterunternehmens gemeinsam offengelegt werden (§ 325). Bei Zusammenfassung von Konzernanhang und Anhang des Mutterunternehmens dürfen auch Prüfungsberichte und Bestätigungsvermerke jeweils zusammengefaßt werden (vgl auch § 315 III).

§ 299 Stichtag für die Aufstellung

(1) **Der Konzernabschluß ist auf den Stichtag des Jahresabschlusses des Mutterunternehmens oder auf den hiervon abweichenden Stichtag der Jahresabschlüsse der bedeutendsten oder der Mehrzahl der in den Konzernabschluß einbezogenen Unternehmen aufzustellen; die Abweichung vom Abschlußstichtag des Mutterunternehmens ist im Konzernanhang anzugeben und zu begründen.**

(2) ¹**Die Jahresabschlüsse der in den Konzernabschluß einbezogenen Unternehmen sollen auf den Stichtag des Konzernabschlusses aufgestellt werden.** ²**Liegt der Abschlußstichtag eines Unternehmens um mehr als drei Monate vor dem Stichtag des Konzernabschlusses, so ist dieses Unternehmen auf Grund eines auf den Stichtag und den Zeitraum des Konzernabschlusses aufgestellten Zwischenabschlusses in den Konzernabschluß einzubeziehen.**

(3) **Wird bei abweichenden Abschlußstichtagen ein Unternehmen nicht auf der Grundlage eines auf den Stichtag und den Zeitraum des Konzernabschlusses aufgestellten Zwischenabschlusses in den Konzernabschluß einbezogen, so sind Vorgänge von besonderer Bedeutung für die Vermögens-, Finanz- und Ertragslage eines in den Konzernabschluß einbezogenen Unternehmens, die zwischen dem Abschlußstichtag dieses Unternehmens und dem Abschlußstichtag des Konzernabschlusses eingetreten sind, in der Konzernbilanz und der Konzern-Gewinn- und Verlustrechnung zu berücksichtigen oder im Konzernanhang anzugeben.**

I. Stichtag für die Aufstellung des Konzernabschlusses (I)

1 **1. Regelfall.** Der KA ist auf den Stichtag des JA des Mutterunternehmens aufzustellen. Dieser Stichtag kann entsprechend dem Wortlaut des Abs 1 immer ohne Begründung gewählt werden, auch wenn die Stichtage sämtlicher anderer Konzernunternehmen davon abweichen würden (*Budde/Lust* in Beck-BilKomm § 299 Rz 4).

Zweiter Abschn. Ergänzende Vorschriften für KapitalGes § 299

2. Vom Stichtag des Mutterunternehmens abweichender 2
Stichtag. Das Gesetz gestattet abweichend vom Stichtag des Mutterunternehmens für den KA als Stichtag den Stichtag der JA der bedeutendsten oder der Mehrzahl der einzubeziehenden Unternehmen zu wählen. Geschieht dies, ist das im Konzernanhang anzugeben und zu begründen. Hierfür reicht es aus, wenn die in Anspruch genommene Ausnahmeregelung („Bedeutung" oder „Mehrzahl") genannt wird. Ein einmal gewählter Stichtag für den KA ist beizubehalten, insoweit gilt der Grundsatz der Stetigkeit. Ein Wechsel des Stichtags für den KA kommt nur in Betracht, wenn hierfür sachliche Gründe vorliegen und wenn mit dem Wechsel nicht Klarheit und Übersichtigkeit beeinträchtigt werden (*ADS*, § 299 Rz 13). Auch wenn – anders als in § 240 II 2 – nicht ausdrücklich im Gesetz bestimmt, darf das Konzerngeschäftsjahr die Dauer von 12 Monaten nicht überschreiten (*Budde/Lust* in BeckBilKomm § 299 Rz 7).

II. Stichtage der Jahresabschlüsse der einbezogenen Unternehmen (II)

Die JA der in den KA einzubeziehenden Unternehmen sollen auf 3
den Stichtag des KA aufgestellt werden. Diese „Soll"-Vorschrift berücksichtigt, daß ein einheitlicher Stichtag insbesondere bei Weltabschlüssen nicht immer durchsetzbar ist (*Biener/Berneke*, BiRiLiG, S 324; *ADS*, § 299 Rz 17 f sehen nicht einmal eine Notwendigkeit, die Stichtage anzupassen, wenn durch die abweichenden Stichtage die Übersichtlichkeit und Klarheit des KA nicht beeinträchtigt wird). Liegt der Abschlußstichtag eines Unternehmens um mehr als drei Monate vor dem Stichtag des KA, so ist dieses Unternehmen aufgrund eines auf den Stichtag und den Zeitraum des KA aufgestellten Zwischenabschlusses in den KA einzubeziehen. Für den Zwischenabschluß gelten dieselben Regeln wir für den JA. Liegt der Abschlußstichtag um höchstens drei Monate vor dem Stichtag des KA, braucht ein Zwischenabschluß nicht aufgestellt zu werden; Grundlage der Konsolidierung ist dann der normale JA des Unternehmens.

III. Vorgänge von besonderer Bedeutung bei abweichenden Stichtagen (III)

Wird zulässigerweise bei abweichenden Stichtagen ein Unternehmen 4
nicht aufgrund eines Zwischenabschlusses in den KA einbezogen, so sind Vorgänge von besonderer Bedeutung für die Vermögens-, Finanz- und Ertragslage eines einbezogenen Unternehmens, die zwischen dem Abschlußstichtag des Unternehmens und dem KA eingetreten sind, wahlweise im KA zu berücksichtigen oder im Konzernanhang anzugeben. Bei diesem Zeitraum kann es sich höchstens um einen Zeitraum von drei Monaten handeln, da andernfalls ein Zwischenabschluß aufzustellen wäre. Als Vorgänge von besonderer Bedeutung sind jedoch

§ 300 Drittes Buch. Handelsbücher

nur solche zu betrachten, die in einem auf den Konzernabschlußstichtag aufgestellten Zwischenabschluß ihren Niederschlag gefunden hätten (*ADS*, § 299 Rz 75).

Vierter Titel. Vollkonsolidierung

§ 300 Konsolidierungsgrundsätze. Vollständigkeitsgebot

(1) ¹In dem Konzernabschluß ist der Jahresabschluß des Mutterunternehmens mit den Jahresabschlüssen der Tochterunternehmen zusammenzufassen. ²An die Stelle der dem Mutterunternehmen gehörenden Anteile an den einbezogenen Tochterunternehmen treten die Vermögensgegenstände, Schulden, Rechnungsabgrenzungsposten, Bilanzierungshilfen und Sonderposten der Tochterunternehmen, soweit sie nach dem Recht des Mutterunternehmens bilanzierungsfähig sind und die Eigenart des Konzernabschlusses keine Abweichungen bedingt oder in den folgenden Vorschriften nichts anderes bestimmt ist.

(2) ¹Die Vermögensgegenstände, Schulden und Rechnungsabgrenzungsposten sowie die Erträge und Aufwendungen der in den Konzernabschluß einbezogenen Unternehmen sind unabhängig von ihrer Berücksichtigung in den Jahresabschlüssen dieser Unternehmen vollständig aufzunehmen, soweit nach dem Recht des Mutterunternehmens nicht ein Bilanzierungsverbot oder ein Bilanzierungswahlrecht besteht. ²Nach dem Recht des Mutterunternehmens zulässige Bilanzierungswahlrechte dürfen im Konzernabschluß unabhängig von ihrer Ausübung in den Jahresabschlüssen der in den Konzernabschluß einbezogenen Unternehmen ausgeübt werden. ³Ansätze, die auf der Anwendung von für Kreditinstitute oder Versicherungsunternehmen wegen der Besonderheiten des Geschäftszweigs geltenden Vorschriften beruhen, dürfen beibehalten werden; auf die Anwendung dieser Ausnahme ist im Konzernanhang hinzuweisen.

1 §§ 300 bis 307 regeln das Verfahren zur **Vollkonsolidierung**. Die Konsolidierungsgrundsätze sind Verfahrensregeln zur Zusammenführung der Einzelabschlüsse in den KA mit dem Ziel, die einbezogenen Unternehmen so darzustellen, als seien sie **ein** Unternehmen. Das Verfahren hierzu ist die Vollkonsolidierung. Die **anteilmäßige oder Quotenkonsolidierung** (§ 310) ist für Gemeinschaftsunternehmen vorgesehen, die sog **Equity-Methode** (§§ 311, 312) wird bei assoziierten Unternehmen angewandt.

I. Zusammenfassung der Jahresabschlüsse (I)

2 § 300 I 1 legt als Grundsatz der Vollkonsolidierung fest, daß im KA der JA des Mutterunternehmens mit den JA der Tochterunternehmen

zusammenzufassen ist. Dabei sind nach Abs 1 S 2 an die Stelle der in der Bilanz des Mutterunternehmens ausgewiesenen Anteile an den einzubeziehenden Tochterunternehmen deren Vermögensgegenstände, Schulden, Rechnungsabgrenzungsposten sowie deren Bilanzierungshilfen und Sonderposten einzusetzen. Ob diese bilanzierungsfähig sind, richtet sich ausschließlich nach dem Recht des Mutterunternehmens; dies ist insbesondere auch bei mehrstufigen Konzernen von Bedeutung. Die vom Gesetz geforderte Einheitlichkeit würde nicht erreicht, wenn für einzelne Tochterunternehmen oder Teilkonzerne abweichendes Recht gelten würde.

II. Ansatz der Posten im Konzernabschluß (II)

Die Werte aus den einzelnen JA der Tochterunternehmen können 3 nicht ohne weiteres in den KA übernommen werden (Abs 2 S 1), sondern die JA der Tochterunternehmen sind praktisch neu aufzustellen, wobei dies nach dem Recht des Mutterunternehmens zu erfolgen hat. Hierbei sind die Vermögensgegenstände, Schulden und Rechnungsabgrenzungsposten sowie die Erträge und Aufwendungen unabhängig von ihrer Berücksichtigung im JA der Unternehmen **vollständig** aufzunehmen, es sei denn, nach dem Recht des Mutterunternehmens besteht ein Bilanzierungsverbot oder ein Bilanzierungswahlrecht. Diese Neuaufnahme erfolgt üblicherweise durch eine Überleitung von der Handelsbilanz I zur Handelsbilanz II bei jedem der beteiligten Konzernunternehmen. In dieser Handelsbilanz II schlägt sich das Ergebnis der Anpassungen des Ansatzes, der Bewertungen und der Gliederung auf der Basis des Rechts des Mutterunternehmens nieder, die bei dem Tochterunternehmen und beim Mutterunternehmen vorgenommen wurden. Da sich die Anpassungen in der Bilanz auch auf Posten in der GuV auswirken, wird idR auch die Aufstellung einer GuV II sinnvoll sein. Der KA ist unabhängig von den einzelnen JA der Tochter-, aber auch des Mutterunternehmens aufzustellen, daher können Bilanzierungswahlrechte unabhängig von der Ausübung in den JA der einbezogenen Unternehmen im KA **neu** ausgeübt werden (§ 300 II 2); dies gilt sowohl für die Ansatz-, wie auch für die Bewertungswahlrechte. Nicht erforderlich ist, daß die Ansatzwahlrechte einheitlich ausgeübt werden; sie können auch im KA beim Mutterunternehmen und den einzelnen Tochterunternehmen unterschiedlich ausgeübt werden. Ob bei der Inanspruchnahme von Ansatzwahlrechten im KA der Grundsatz der Stetigkeit einzuhalten ist, ist umstritten (vgl hierzu *Förschle* in Beck-BilKomm § 300 Rz 47 mwN). Ansätze bei Kreditinstituten oder Versicherungsunternehmen, die auf Besonderheiten des Geschäftszweigs beruhen, dürfen beibehalten werden; hierauf ist im Anhang hinzuweisen.

§ 301 Kapitalkonsolidierung

(1) ¹Der Wertansatz der dem Mutterunternehmen gehörenden Anteile an einem in den Konzernabschluß einbezogenen Tochterunternehmen wird mit dem auf diese Anteile entfallenden Betrag des Eigenkapitals des Tochterunternehmens verrechnet. ²Das Eigenkapital ist anzusetzen

1. entweder mit dem Betrag, der dem Buchwert der in den Konzernabschluß aufzunehmenden Vermögensgegenstände, Schulden, Rechnungsabgrenzungsposten, Bilanzierungshilfen und Sonderposten, gegebenenfalls nach Anpassung der Wertansätze nach § 308 Abs. 2, entspricht, oder

2. mit dem Betrag, der dem Wert der in den Konzernabschluß aufzunehmenden Vermögensgegenstände, Schulden, Rechnungsabgrenzungsposten, Bilanzierungshilfen und Sonderposten entspricht, der diesen an dem für die Verrechnung nach Abs. 2 gewählten Zeitpunkt beizulegen ist.

³Bei Ansatz mit dem Buchwert nach Satz 2 Nr. 1 ist ein sich ergebender Unterschiedsbetrag den Wertansätzen von in der Konzernbilanz anzusetzenden Vermögensgegenständen und Schulden des jeweiligen Tochterunternehmens insoweit zuzuschreiben oder mit diesen zu verrechnen, als deren Wert höher oder niedriger ist als der bisherige Wertansatz. ⁴Bei Ansatz mit den Werten nach Satz 2 Nr. 2 darf das anteilige Eigenkapital nicht mit einem Betrag angesetzt werden, der die Anschaffungskosten des Mutterunternehmens für die Anteile an dem einbezogenen Tochterunternehmen überschreitet. ⁵Die angewandte Methode ist im Konzernanhang anzugeben.

(2) ¹Die Verrechnung nach Absatz 1 wird auf der Grundlage der Wertansätze zum Zeitpunkt des Erwerbs der Anteile oder der erstmaligen Einbeziehung des Tochterunternehmens in den Konzernabschluß oder, beim Erwerb der Anteile zu verschiedenen Zeitpunkten, zu dem Zeitpunkt, zu dem das Unternehmen Tochterunternehmen geworden ist, durchgeführt. ²Der gewählte Zeitpunkt ist im Konzernanhang anzugeben.

(3) ¹Ein bei der Verrechnung nach Absatz 1 Satz 2 Nr. 2 entstehender oder ein nach Zuschreibung oder Verrechnung nach Absatz 1 Satz 3 verbleibender Unterschiedsbetrag ist in der Konzernbilanz, wenn er auf der Aktivseite entsteht, als Geschäfts- oder Firmenwert und, wenn er auf der Passivseite entsteht, als Unterschiedsbetrag aus der Kapitalkonsolidierung auszuweisen. ²Der Posten und wesentliche Änderungen gegenüber dem Vorjahr sind im Anhang zu erläutern. ³Werden Unterschiedsbeträge der Aktivseite mit solchen der Passivseite verrechnet, so sind die verrechneten Beträge im Anhang anzugeben.

(4) ¹ Absatz 1 ist nicht auf Anteile an dem Mutterunternehmen anzuwenden, die dem Mutterunternehmen oder einem in den Konzernabschluß einbezogenen Tochterunternehmen gehören. ² Solche Anteile sind in der Konzernbilanz als eigene Anteile im Umlaufvermögen gesondert auszuweisen.

I. Grundzüge der Kapitalkonsolidierung

Ziel des KA ist es, die einbezogenen Unternehmen so darzustellen, als seien sie **ein** Unternehmen (§ 297 III 1). Dazu reicht lediglich die Addition der Posten aus den Einzelabschlüssen nicht aus, vielmehr sind die sich aus den Verbindungen zwischen den einzelnen Konzernunternehmen ergebenden Posten zu eliminieren und einheitliche Bilanzierungs- und Bewertungsmethoden anzuwenden. Bei der Kapitalkonsolidierung werden die Wertansätze der Anteile an den Tochterunternehmen beim Mutterunternehmen mit dem auf diese Anteile entfallenden Betrag des Eigenkapitals des Tochterunternehmens verrechnet (Abs 1 S 1), damit ersetzen die Aktivposten und die übrigen Passivposten der einbezogenen Tochterunternehmen die Beteiligung und das Kapital. Gemäß Art 19 der 7. EG-Richtlinie liegt der Konzernrechnungslegung die sog **erfolgswirksame Erwerbsmethode** zugrunde, die dem angelsächsischen Recht entstammt. Diese Methode basiert auf der Fiktion, daß mit der erstmaligen Konsolidierung der Konzern die einzelnen Vermögensgegenstände und Schulden des einzubeziehenden Tochterunternehmens erworben hat. Auf diesen Zeitpunkt werden die tatsächlichen Werte der einzelnen Posten ermittelt und diese Vermögensgegenstände, Schulden und sonstigen Posten mit dem Wertansatz der Anteile des Tochterunternehmens beim Mutterunternehmen verrechnet; der danach verbleibende Unterschiedsbetrag wird idR einen positiven oder negativen Geschäfts- oder Firmenwert bilden und erscheint als solcher in der Konzernbilanz (*Förschle/Deubert* in Beck-BilKomm § 301 Rz 6). Die Erstkonsolidierung ist erfolgsneutral. Die bei der Erstkonsolidierung verteilten stillen Reserven und Lasten sowie der aktivische und passivische Unterschiedsbetrag werden in den **Folgekonsolidierungen** fortgeführt, aufgelöst oder abgeschrieben, so daß der KA insoweit erfolgswirksam ist. Ebenso werden die Jahresergebnisse der Tochterunternehmen ergebniswirksam übernommen, so daß das in der Folgezeit erwirtschaftete Eigenkapital als Konzerneigenkapital erscheint. 1

II. Erstkonsolidierung

1. Aufzurechnende Bilanzposten (I S 1). Bei der erstmaligen Kapitalkonsolidierung werden die dem Mutterunternehmen gehörenden Anteile an den in den KA einzubeziehenden Tochterunternehmen mit dem auf diese Anteile entfallenden Betrag des Eigenkapitals der Tochterunternehmen verrechnet. Was unter den Begriff der „Anteile" zu fassen ist, ist gesetzlich nicht geregelt; er wird jedoch weit gefaßt und 2

§ 301 — Drittes Buch. Handelsbücher

umfaßt alle Formen von Kapital-Einlagen (also zB Aktien, Geschäftsanteile, Anteile an Personengesellschaften wie OHG, KG, Partenreedereien). Rein schuldrechtliche Ansprüche fallen nicht unter die Anteile. Zu konsolidieren sind die Anteile, die dem Mutterunternehmen **gehören;** das sind sämtliche Anteile, die dem Mutterunternehmen unmittelbar zuzurechnen sind, wobei für die Bilanzierung das **wirtschaftliche Eigentum** entscheidend ist. Nach hM findet § 16 AktG auch für diese Zurechnung Anwendung (*ADS,* § 301 Rz 13 ff mwN). Sofern dem Mutterunternehmen nicht alle Anteile an dem Tochterunternehmen gehören, ist nach § 307 I ein Ausgleichsposten für die Anteile anderer Gesellschafter zu bilden, da bei der Kapitalkonsolidierung sämtliche Aktiva und Passiva des Tochterunternehmens übernommen werden. Der Wertansatz der zu konsolidierenden Anteile wird mit dem auf diese Anteile entfallenden Betrag des **Eigenkapitals** des Tochterunternehmens verrechnet. Zum Eigenkapital gehört entsprechend § 266 III A das Gezeichnete Kapital, die Kapitalrücklage, Gewinnrücklagen, Gewinn- oder Verlustvortrag, Jahresüberschuß oder Jahresfehlbetrag. Sonderposten mit Rücklageanteil stellen kein Eigenkapital iSv § 266 III A dar und gehören somit nicht zum konsolidierungspflichtigen Eigenkapital. Eigene Anteile von Tochterunternehmen werden gegen das Eigenkapital (Rücklage für eigene Anteile) verrechnet; für eigene Anteile am Mutterunternehmen trifft Abs 4 eine gesonderte Regelung.

3 **2. Methoden der Kapitalkonsolidierung (I S 2).** Die Kapitalkonsolidierung nach der Erwerbsmethode kann wahlweise nach zwei Verfahren durchgeführt werden, entweder nach der Buchwertmethode (Abs 1 S 2 Nr 1) oder nach der Neubewertungsmethode (Abs 1 S 2 Nr 2). Die angewandte Methode ist im Konzernanhang anzugeben (S 1 S 5). **a) Buchwertmethode (I S 2 Nr 1).** Bei der Buchwertmethode werden Aktiva und Passiva des Tochterunternehmens vollständig übernommen, und zwar grundsätzlich zu den in der Bilanz des Tochterunternehmens angesetzten Werten; weichen die Wertansätze allerdings von den konzerneinheitlichen Bewertungsregeln ab, ist nach § 308 II eine entsprechende Anpassung notwendig, ggf ist eine Neubewertung vorzunehmen; bei ausländischen Tochterunternehmen ist eine Währungsumrechnung durchzuführen. Die dem Mutterunternehmen gehörenden Anteile an dem Tochterunternehmen werden mit dem anteiligen Eigenkapital des Tochterunternehmens verrechnet; ein sich hierbei ergebender Unterschiedsbetrag ist den übernommenen Vermögensgegenständen und Schulden bis zu deren Zeitwerten zuzurechnen oder mit diesen zu verrechnen (Abs 1 S 3); ein danach noch verbleibender Unterschiedsbetrag ist – sofern er auf der Aktivseite verbleibt – in der Konzernbilanz als Geschäfts- oder Firmenwert, ein auf der Passivseite verbleibender Unterschiedsbetrag als Unterschiedsbetrag aus der Kapitalkonsolidierung auszuweisen (Abs 3 S 1). **b) Neubewertungsmethode (I S 2 Nr 2).** Bei der Neubewertungsmethode sind – ebenso wie bei der Buchwertmethode – die zu übernehmenden Posten der Aktiva und Passiva entsprechend den vorgegebenen konzerneinheitlichen Bewertungs- und Bilanzierungsregeln im jeweiligen Einzelabschluß der Tochterunternehmen anzupassen. Daran anschließend ist bei der Erstkonsolidierung für jeden einzelnen Posten der beizulegende Wert zu ermitteln, der dem Zeitwert entspricht. Die Summe dieser Zeitwerte darf jedoch die Anschaffungskosten des Mutterunternehmens für die Anteile an dem Tochterunternehmen nicht übersteigen (Abs 1 S 4). Diese Bewertung führt zur Aufdeckung sämtlicher stiller Reserven. Entsteht ein aktivischer Unterschiedsbetrag, ist er nach Abs 3 als Geschäfts- oder Firmenwert in der Konzernbilanz auszuweisen. Ein passiver Unterschiedsbetrag wird durch Abs 1 S 4 verhindert. Für Anteile anderer Gesellschafter ist nach § 307 ein entsprechender Ausgleichsposten zu bilden.

3. Zeitpunkt der Kapitalkonsolidierung (I). Für die erfolgsneutrale Erstkonsolidierung stehen folgende Verrechnungszeitpunkte zur Wahl: Zeitpunkt des Anteilserwerbs; erstmalige Einbeziehung des Tochterunternehmens in den Konzernabschluß; bei Anteilserwerb zu unterschiedlichen Zeitpunkten der Zeitpunkt, zu dem das Unternehmen Tochterunternehmen geworden ist. Der gewählte Zeitpunkt ist im Konzernanhang anzugeben; eine Begründung für die Wahl ist nicht erforderlich. **4**

4. Unterschiedsbetrag (III). Sowohl bei der Buchwert-, als auch bei der Neubewertungsmethode können Unterschiedsbeträge entstehen. Die sich aus der Einbeziehung mehrerer Tochterunternehmen ergebenden Unterschiedsbeträge werden zu einem einheitlichen Unterschiedsbetrag zusammengefaßt. Entsteht dieser auf der Aktivseite, ist er in der Konzernbilanz als Geschäfts- oder Firmenwert auszuweisen; entsteht er auf der Passivseite, ist er als Unterschiedsbetrag aus der Kapitalkonsolidierung auszuweisen. Dieser Posten und seine wesentlichen Veränderungen gegenüber dem Vorjahr sind im Anhang zu erläutern (Abs 3 S 2), ebenso Beträge, die sich aus der Verrechnung von Unterschiedsbeträgen der Aktivseite mit solchen der Passivseite ergeben. Die Bestimmung bezieht sich nur auf den Ausweis in der Konzernbilanz; in der Konzernrechnungslegung sind sie getrennt fortzuschreiben. Zur Behandlung des Unterschiedsbetrags vgl § 309. **5**

5. Anteile an dem Mutterunternehmen (IV). Auf eigene Anteile des Mutterunternehmens, die dem Mutterunternehmen selbst oder einem einzubeziehenden Tochterunternehmen gehören, ist Abs 1 nicht anzuwenden. Diese Anteile sind in der Konzernbilanz als eigene Anteile im Umlaufvermögen gesondert auszuweisen. **6**

III. Folgekonsolidierung

§ 301 regelt unmittelbar nur die Erstkonsolidierung; Konsequenzen ergeben sich hieraus aber auch für die Konsolidierung in den Folge- **7**

§ 302

Drittes Buch. Handelsbücher

jahren. Sind Zuschreibungen aufgrund der Buchwertmethode erfolgt oder sind bei der Neubewertungsmethode Zeitwerte zugrundegelegt worden, sind – wenn es sich um abnutzbare Vermögensgegenstände handelt – zusätzliche Abschreibungen in den Folgejahren erforderlich; der aktivierte Geschäfts- oder Firmenwert ist nach § 309 I abzuschreiben; der passivische Unterschiedsbetrag darf nur unter bestimmten Voraussetzungen aufgelöst werden (§ 309 II).

§ 302 Kapitalkonsolidierung bei Interessenzusammenführung

(1) **Ein Mutterunternehmen darf die in § 301 Abs. 1 vorgeschriebene Verrechnung der Anteile unter den folgenden Voraussetzungen auf das gezeichnete Kapital des Tochterunternehmens beschränken:**

1. **die zu verrechnenden Anteile betragen mindestens neunzig vom Hundert des Nennbetrags oder, falls ein Nennbetrag nicht vorhanden ist, des rechnerischen Wertes der Anteile des Tochterunternehmens, die nicht eigene Anteile sind,**
2. **die Anteile sind auf Grund einer Vereinbarung erworben worden, die die Ausgabe von Anteilen eines in den Konzernabschluß einbezogenen Unternehmens vorsieht, und**
3. **eine in der Vereinbarung vorgesehene Barzahlung übersteigt nicht zehn vom Hundert des Nennbetrags oder, falls ein Nennbetrag nicht vorhanden ist, des rechnerischen Wertes der ausgegebenen Anteile.**

(2) **Ein sich nach Absatz 1 ergebender Unterschiedsbetrag ist, wenn er auf der Aktivseite entsteht, mit den Rücklagen zu verrechnen oder, wenn er auf der Passivseite entsteht, den Rücklagen hinzuzurechnen.**

(3) **Die Anwendung der Methode nach Absatz 1 und die sich daraus ergebenden Veränderungen der Rücklagen sowie Name und Sitz des Unternehmens sind im Konzernanhang anzugeben.**

1 Die Kapitalkonsolidierung bei Interessenausgleich stellt ebenso wie die Methode nach § 301 eine Vollkonsolidierung dar; im Gegensatz zur Erwerbsmethode des § 301 ist sie jedoch erfolgsneutral. Für die auch als Pooling of interests-Methode bezeichnete Kapitalkonsolidierung sind mehrere Voraussetzungen zu erfüllen, so daß ihr Anwendungsbereich begrenzt ist. Die **Methode der Interessenzusammenführung** kann unter **drei Voraussetzungen** angewandt werden, die kumulativ erfüllt sein müssen:

1. Das Mutterunternehmen muß **mindestens 90%** der Anteile an dem Tochterunternehmen besitzen, wobei eigene Anteile unberücksichtigt bleiben;

2. die Anteile müssen aufgrund einer Vereinbarung erworben sein, die die Ausgabe von Anteilen am Mutterunternehmen oder eines in den Konzernabschluß einzubeziehenden anderen Unternehmens, also einen **Anteilsaustausch,** vorsieht;

3. eine in dem Anteilsaustausch vereinbarte **Barzahlung** darf 10% des Nennbetrags der ausgegebenen Anteile nicht übersteigen.

Sind diese Voraussetzungen erfüllt, darf das Mutterunternehmen die Verrechnung nach § 301 I derart beschränken, daß der Wert der Anteile lediglich mit dem gezeichneten Kapital des Tochterunternehmens (Stamm- bzw Grundkapital) verrechnet wird. Die übrigen Eigenkapitalposten und sämtlich verbleibende Bilanzposten werden ohne Veränderung in den KA übernommen. Eine Neubewertung des Eigenkapitals unterbleibt bei dieser Methode.

Entsteht trotz der eingeschränkten Verrechnung nach Abs 1 ein Unterschiedsbetrag zwischen dem Buchwert der Beteiligung und dem gezeichneten Kapital, ist der Unterschiedsbetrag, wenn er aktivisch ist, mit den Rücklagen zu verrechnen, ist er passivisch, ist er den Rücklagen hinzuzurechnen. Im Konzernanhang sind die Methoden der Kapitalkonsolidierung nach Abs 1 und die sich ergebenden Veränderungen der Rücklage darzustellen sowie Name und Sitz der entsprechenden Konzernunternehmen anzugeben. **2**

§ 303 Schuldenkonsolidierung

(1) **Ausleihung und andere Forderungen, Rückstellungen und Verbindlichkeiten zwischen den in den Konzernabschluß einbezogenen Unternehmen sowie entsprechende Rechnungsabgrenzungsposten sind wegzulassen.**

(2) **Absatz 1 braucht nicht angewendet zu werden, wenn die wegzulassenden Beträge für die Vermittlung eines den tatsächlichen Verhältnissen entsprechenden Bildes der Vermögens-, Finanz- und Ertragslage des Konzerns nur von untergeordneter Bedeutung sind.**

I. Verfahren der Schuldenkonsolidierung (I)

Sämtliche Forderungen (gleichgültig ob im Anlage- oder Umlaufvermögen) und sämtliche Verbindlichkeiten (unabhängig ob als Rückstellung oder Verbindlichkeit ausgewiesen), die aus Rechtsbeziehungen zwischen den in den KA einbezogenen Unternehmen resultieren, sind wegzulassen; dies ist die Konsequenz aus der Fiktion des einheitlichen Unternehmens (§ 297 III 1). Decken sich konzerninterne Forderungen und Verbindlichkeiten nicht, entstehen Aufrechnungsdifferenzen. Hierbei kann es sich um sog unechte Aufrechnungsdifferenzen handeln, die zB durch zeitliche Buchungsunterschiede oder Ausweisfehler entstanden sind; sie können durch Umstellungen in den einzelnen Bilanzen der einzubeziehenden Un- **1**

§ 304

ternehmen beseitigt werden. Handelt es sich dagegen um echte Aufrechnungsdifferenzen, die sich zB durch Unterschiede bei der Währungsumrechnung oder nicht zugelassener konzerninterner Rückstellungen ergeben können, sind diese erfolgswirksam zu behandeln.

II. Verzicht auf Schuldenkonsolidierung (II)

2 Beeinträchtigen die nach Abs 1 wegzulassenden Beträge nicht oder nur unwesentlich das tatsächliche Bild der Vermögens-, Finanz- und Ertragslage des Konzerns, braucht die Schuldenkonsolidierung nicht durchgeführt zu werden. Bei der Beurteilung der untergeordneten Bedeutung ist auf das Verhältnis zwischen wegzulassenden Forderungen und Verbindlichkeiten und der Gesamtsumme der Konzernbilanz abzustellen (vgl § 296 II).

§ 304 Behandlung der Zwischenergebnisse

(1) **In den Konzernabschluß zu übernehmende Vermögensgegenstände, die ganz oder teilweise auf Lieferungen oder Leistungen zwischen in den Konzernabschluß einbezogenen Unternehmen beruhen, sind in der Konzernbilanz mit einem Betrag anzusetzen, zu dem sie in der auf den Stichtag des Konzernabschlusses aufgestellten Jahresbilanz dieses Unternehmens angesetzt werden könnten, wenn die in den Konzernabschluß einbezogenen Unternehmen auch rechtlich ein einziges Unternehmen bilden würden.**

(2) [1] **Absatz 1 braucht nicht angewendet zu werden, wenn die Lieferung oder Leistung zu üblichen Marktbedingungen vorgenommen worden ist und die Ermittlung des nach Absatz 1 vorgeschriebenen Wertansatzes einen unverhältnismäßig hohen Aufwand erfordern würde.** [2] **Die Anwendung des Satzes 1 ist im Konzernanhang anzugeben und, wenn der Einfluß auf die Vermögens-, Finanz- und Ertragslage des Konzerns wesentlich ist, zu erläutern.**

(3) **Absatz 1 braucht außerdem nicht angewendet zu werden, wenn die Behandlung der Zwischenergebnisse nach Absatz 1 für die Vermittlung eines den tatsächlichen Verhältnissen entsprechenden Bildes der Vermögens-, Finanz- und Ertragslage des Konzerns nur von untergeordneter Bedeutung ist.**

I. Eliminierung von Zwischengewinnen und -verlusten (I)

1 Beim konzerninternen Lieferungs- und Leistungsverkehr entstehen unterschiedliche Bilanzansätze bei den beteiligten Vertragspartnern, zB durch niedrigere Herstellungskosten auf der einen und höhere Anschaffungskosten auf der anderen Seite; derartige Gewinne würden innerhalb

eines einheitlichen Unternehmens nicht entstehen. Da der KA von der Fiktion eines einzigen Unternehmens ausgeht (§ 297 III 1), sind diese Zwischengewinne zu eliminieren. In der Konzernbilanz sind daher die übernommenen Vermögensgegenstände nach den Bewertungsregeln, wie sie für das Mutterunternehmen gelten, neu zu bewerten (§ 308 I). Die Konzernanschaffungskosten bestimmen sich grundsätzlich nach §§ 253 I, 255 I, nur, daß lediglich die Sicht des Konzerns unterstellt wird, was insbesondere für die im Konzern anfallenden Anschaffungsnebenkosten bedeutsam ist. Gleiches gilt für die Konzernherstellungskosten; sie sind nach § 255 II zu ermitteln. Bewertungswahlrechte, die § 255 II einräumt, sind für die Konzernherstellungskosten in gleicher Weise auszuüben. Die Ausübung dieser Wahlrechte wird vom Mutterunternehmen festgelegt, sie können abweichend vom Einzelabschluß des Mutterunternehmens ausgeübt werden. Liegen die ermittelten Konzernherstellungskosten unter den Herstellungskosten des Einzelabschlusses, ist die Differenz als Zwischengewinn zu eliminieren; liegen die Konzernherstellungskosten über dem Wert des Einzelabschlusses, ist die Differenz als Zwischenverlust zu eliminieren.

II. Verzicht auf die Zwischengewinneliminierung (II und III)

1. Verzicht bei Geltung üblicher Martkbedingungen (II). Ist 2 die Lieferung oder Leistung zwischen Konzernunternehmen zu üblichen Marktbedingungen vorgenommen worden und die Ermittlung der Zwischengewinne mit unverhältnismäßig hohem Aufwand verbunden, darf auf die Zwischengewinneliminierung verzichtet werden. Dieser Verzicht ist im Anhang anzugeben. Ist der Einfluß auf die Vermögens-, Finanz- und Ertragslage wesentlich, ist der Verzicht zu erläutern. Die Erläuterung soll sich darauf beziehen, bei welchem Posten auf die Eliminierung verzichtet wurde und welche Auswirkung damit auf das Ergebnis verbunden ist; ferner ist darzulegen, warum die Zwischeneliminierung einen unverhältnismäßig hohen Aufwand verursacht.

2. Verzicht bei untergeordneter Bedeutung. Sind die Zwischen- 3 gewinne für die Vermittlung eines den tatsächlichen Verhältnissen entsprechenden Bildes der Vermögens-, Finanz-, und Ertragslage des Konzerns von untergeordneter Bedeutung, kann auf die Zwischengewinneliminierung ebenfalls verzichtet werden.

§ 305 Aufwands- und Ertragskonsolidierung

(1) **In der Konzern-Gewinn- und Verlustrechnung sind**

1. bei den Umsatzerlösen die Erlöse aus Lieferungen und Leistungen zwischen den in den Konzernabschluß einbezogenen Unternehmen mit den auf sie entfallenden Aufwendungen zu verrechnen, soweit sie nicht als Erhöhung des Bestands an

§ 306

Drittes Buch. Handelsbücher

fertigen und unfertigen Erzeugnissen oder als andere aktivierte Eigenleistungen auszuweisen sind,

2. andere Erträge aus Lieferungen und Leistungen zwischen den in den Konzernabschluß einbezogenen Unternehmen mit den auf sie entfallenden Aufwendungen zu verrechnen, soweit sie nicht als andere aktivierte Eigenleistungen auszuweisen sind.

(2) Aufwendungen und Erträge brauchen nach Absatz 1 nicht weggelassen zu werden, wenn die wegzulassenden Beträge für die Vermittlung eines den tatsächlichen Verhältnissen entsprechenden Bildes der Vermögens-, Finanz- und Ertragslage des Konzerns nur von untergeordneter Bedeutung sind.

1 Entsprechend der Zwischengewinneliminierung nach § 304 für die Konzernbilanz regelt § 305 gleiches für die Konzern-GuV. Danach sind bei den **Umsatzerlösen** die Erlöse aus Lieferungen und Leistungen zwischen den im KA einbezogenen Unternehmen mit den auf sie entfallenden **Aufwendungen** zu verrechnen, soweit nicht eine Erhöhung des Bestands an fertigen oder unfertigen Erzeugnissen oder andere aktivierte Eigenleistungen auszuweisen sind. Ferner hat eine **Verrechnung** der **anderen Erträge** aus Lieferungen und Leistungen mit den **entsprechenden Aufwendungen** zu erfolgen, soweit nicht auch hier ein Ausweis als andere aktivierte Eigenleistungen in Betracht kommt. Sofern die zu verrechnenden Beträge für die Vermittlung eines den tatsächlichen Verhältnissen entsprechendes Bildes der Vermögens-, Finanz- und Ertragslage von **untergeordneter Bedeutung** sind, darf die Aufwands- und Ertragskonsolidierung unterbleiben (Abs 2).

§ 306 Steuerabgrenzung

¹Ist das im Konzernabschluß ausgewiesene Jahresergebnis auf Grund von Maßnahmen, die nach den Vorschriften dieses Titels durchgeführt worden sind, niedriger oder höher als die Summe der Einzelergebnisse der in den Konzernabschluß einbezogenen Unternehmen, so ist der sich für das Geschäftsjahr und frühere Geschäftsjahre ergebende Steueraufwand, wenn er im Verhältnis zum Jahresergebnis zu hoch ist, durch Bildung eines Abgrenzungspostens auf der Aktivseite oder, wenn er im Verhältnis zum Jahresergebnis zu niedrig ist, durch Bildung einer Rückstellung nach § 249 Abs. 1 Satz 1 anzupassen, soweit sich der zu hohe oder der zu niedrige Steueraufwand in späteren Geschäftsjahren voraussichtlich ausgleicht. ²Der Posten ist in der Konzernbilanz oder im Konzernanhang gesondert anzugeben. ³Er darf mit den Posten nach § 274 zusammengefaßt werden.

1 § 306 ergänzt § 274 bezüglich der latenten Steuern im KA. Weicht aufgrund erfolgswirksamer Konsolidierungsmaßnahmen das Ergebnis

des KA von dem Gesamtbetrag der Einzelergebnisse der in den KA einbezogenen Unternehmen ab, ist eine entsprechende Korrektur des Steueraufwands im KA vorzunehmen. Ist das Konzernergebnis höher als die Summe der Einzelergebnisse, führt dies zu einer Erhöhung des Steueraufwands und damit zu einer Passivierung als Rückstellung gemäß § 249 I 1 in der Konzernbilanz; ist dagegen das Konzernergebnis niedriger als die Summe der Einzelergebnisse der konsolidierten Unternehmen, ist der Steueraufwand im KA entsprechend zu vermindern und ein aktiver Abgrenzungsposten in der Konzernbilanz zu bilden. Voraussetzung ist, daß der im Verhältnis zum Konzernjahresergebnis zu hohe oder zu niedrige Steueraufwand sich in den Folgejahren voraussichtlich wieder ausgleicht (S 1). Diese allgemein als **latente Steuern aus der Konsolidierung** bezeichneten Differenzbeträge sind in der Konzernbilanz oder im Konzernanhang gesondert anzugeben. Nach S 3 ist die Zusammenfassung mit den entsprechenden Beträgen nach § 274 aus den Einzelabschlüssen möglich; dieses Wahlrecht bedeutet nach hM eine Saldierung aller Steuerabgrenzungsposten (*Hoyos/Fischer* in Beck-BilKomm § 306 Rz 33; *ADS*, § 306 Rz 44; WPHdb 2000, M Rz 618; aA *BauHopt*, § 306 Rz 1).

§ 307 Anteile anderer Gesellschafter

(1) ¹**In der Konzernbilanz ist für nicht dem Mutterunternehmen gehörende Anteile an in den Konzernabschluß einbezogenen Tochterunternehmen ein Ausgleichsposten für die Anteile der anderen Gesellschafter in Höhe ihres Anteils am Eigenkapital unter entsprechender Bezeichnung innerhalb des Eigenkapitals gesondert auszuweisen.** ²**In den Ausgleichsposten sind auch die Beträge einzubeziehen, die bei Anwendung der Kapitalkonsolidierungsmethode nach § 301 Abs. 1 Satz Nr. 2 dem Anteil der anderen Gesellschafter am Eigenkapital entsprechen.**

(2) **In der Konzern-Gewinn- und Verlustrechnung ist der im Jahresergebnis enthaltene, anderen Gesellschaftern zustehende Gewinn und der auf sie entfallende Verlust nach dem Posten „Jahresüberschuß/Jahresfehlbetrag" unter entsprechender Bezeichnung gesondert auszuweisen.**

I. Anteile anderer Gesellschafter am Kapital (I)

Bei einer Vollkonsolidierung sind die Vermögensgegenstände und Schulden der Tochterunternehmen unabhängig von der Höhe der Beteiligung des Mutterunternehmens in voller Höhe in den KA einzubeziehen. Gehören jedoch dem Mutterunternehmen weniger als 100% der Anteile eines in den KA einbezogenen Tochterunternehmens, ist dies durch einen entsprechenden Ausgleichsposten für die Anteile der anderen Gesellschafter in Höhe deren Anteile am Eigenkapital gesondert kenntlich zu machen; der Ausgleichsposten ist innerhalb des

1

§ 308 Drittes Buch. Handelsbücher

Eigenkapitals auszuweisen. Nach Abs 1 S 2 bestimmt sich bei einer Konsolidierung nach der Neubewertungsmethode gemäß § 301 I 2 Nr 2 der Ausgleichsposten nach dem neubewerteten Eigenkapital.

II. Anteile anderer Gesellschafter am Jahresergebnis (II)

2   Ist dem Mutterunternehmen nicht das Jahresergebnis in voller Höhe zuzurechnen, ist in der Konzern-GuV der im Jahresergebnis enthaltene Anteil der anderen Gesellschafter am Gewinn oder Verlust nach dem Posten „Jahresüberschuß/Jahresfehlbetrag" unter der entsprechenden Bezeichnung gesondert auszuweisen. Diese Beträge werden als „ideelle" Anteile der anderen Gesellschafter am Ergebnis des jeweiligen Tochterunternehmens angesehen und müssen sich nicht mit den ihnen tatsächlich zustehenden Gewinnansprüchen aus den Einzelabschlüssen decken; die außenstehenden Gesellschafter erhalten damit auch keinen Anspruch auf eine entsprechende Gewinnausschüttung (so WPHdb 2000, M 616; *ADS,* § 307 Rz 68; *Förschle* in Beck-BilKomm § 307 Rz 81).

Fünfter Titel. Bewertungsvorschriften

§ 308 Einheitliche Bewertung

(1) ¹Die in den Konzernabschluß nach § 300 Abs. 2 übernommenen Vermögensgegenstände und Schulden der in den Konzernabschluß einbezogenen Unternehmen sind nach den auf den Jahresabschluß des Mutterunternehmens anwendbaren Bewertungsmethoden einheitlich zu bewerten. ²Nach dem Recht des Mutterunternehmens zulässige Bewertungswahlrechte können im Konzernabschluß unabhängig von ihrer Ausübung in den Jahresabschlüssen der in den Konzernabschluß einbezogenen Unternehmen ausgeübt werden. ³Abweichungen von den auf den Jahresabschluß des Mutterunternehmens angewandten Bewertungsmethoden sind im Konzernanhang anzugeben und zu begründen.

(2) ¹Sind in den Konzernabschluß aufzunehmende Vermögensgegenstände oder Schulden des Mutterunternehmens oder der Tochterunternehmen in den Jahresabschlüssen dieser Unternehmen nach Methoden bewertet worden, die sich von denen unterscheiden, die auf den Konzernabschluß anzuwenden sind oder die von den gesetzlichen Vertretern des Mutterunternehmens in Ausübung von Bewertungswahlrechten auf den Konzernabschluß angewendet werden, so sind die abweichend bewerteten Vermögensgegenstände oder Schulden nach den auf den Konzernabschluß angewandten Bewertungsmethoden neu zu bewerten und mit den neuen Wertansätzen in den Konzernabschluß zu übernehmen. ²Wertansätze, die auf der Anwendung von für Kreditinstitute oder Versicherungsunternehmen wegen

der Besonderheiten des Geschäftszweigs geltenden Vorschriften beruhen, dürfen beibehalten werden; auf die Anwendung dieser Ausnahme ist im Konzernanhang hinzuweisen. ³Eine einheitliche Bewertung nach Satz 1 braucht nicht vorgenommen zu werden, wenn ihre Auswirkungen für die Vermittlung eines den tatsächlichen Verhältnissen entsprechenden Bildes der Vermögens-, Finanz- und Ertragslage des Konzerns nur von untergeordneter Bedeutung sind. ⁴Darüber hinaus sind Abweichungen in Ausnahmefällen zulässig; sie sind im Konzernanhang anzugeben und zu begründen.

(3) ¹Wurden in den Konzernabschluß zu übernehmende Vermögensgegenstände oder Schulden im Jahresabschluß eines in den Konzernabschluß einbezogenen Unternehmens mit einem nur nach Steuerrecht zulässigen Wert angesetzt, weil dieser Wertansatz sonst nicht bei der steuerrechtlichen Gewinnermittlung berücksichtigt werden würde, oder ist aus diesem Grunde auf der Passivseite ein Sonderposten gebildet worden, so dürfen diese Wertansätze unverändert in den Konzernabschluß übernommen werden. ²Der Betrag der im Geschäftsjahr nach Satz 1 in den Jahresabschlüssen vorgenommenen Abschreibungen, Wertberichtigungen und Einstellungen in Sonderposten sowie der Betrag der unterlassenen Zuschreibungen sind im Konzernanhang anzugeben; die Maßnahmen sind zu begründen.

I. Grundsatz der einheitlichen Bewertung (I)

Bei der Vollkonsolidierung nach § 300 II sind die in den KA übernommenen Vermögensgegenstände und Schulden der einzelnen Unternehmen einheitlich zu bewerten, und zwar nach dem Recht des Mutterunternehmens. Das bedingt nicht lediglich ein Zusammenrechnen der Einzelabschlüsse, sondern eine Neuaufstellung des Einzelabschlusses jedes Konzernunternehmens nach dem Recht des Mutterunternehmens. Bewertungswahlrechte entstehen beim KA neu, unabhängig davon, wie sie in den JA der in den KA einbezogenen Unternehmen ausgeübt worden sind. Die Bewertungswahlrechte sind grundsätzlich einheitlich auszuüben, es sei denn, auch im Einzelabschluß ist eine unterschiedliche Ausübung zulässig. Ist der KA unter Anwendung von Bewertungsmethoden aufgestellt worden, die von denen abweichen, die im Einzelabschluß des Mutterunternehmens zugrundegelegt wurden, ist dies im Konzernanhang anzugeben und zu begründen (Abs 1 S 3); Abweichungen von den Bewertungsmethoden bei den Tochterunternehmen sind von der Angabepflicht nicht betroffen.

II. Neubewertung (II)

Abs 2 stellt die nach Abs 1 vorgeschriebene einheitliche Bewertung sicher und verlangt, daß sämtliche Vermögensgegenstände und Schul-

§ 309   Drittes Buch. Handelsbücher

den von Mutterunternehmen und Tochterunternehmen nach den für den KA vorgegebenen Bewertungsmethoden und unter Anwendung einheitlicher Bewertungswahlrechte zu bewerten und mit neuen Wertansätzen in den KA zu übernehmen sind. Diese Neubewertung soll in den einzelnen JA vorgenommen werden; erst dann sind die Vermögensgegenstände und Schulden in den KA zu übertragen. In bestimmten Fällen dürfen die im Einzelabschluß angewandten, aber vom KA abweichenden Bewertungsregeln beibehalten werden; sie betreffen zum einen Beibehaltungswahlrechte für Kreditinstitute und Versicherungsunternehmen (§ 26 a I KWG, § 56 I VAG) (Abs 2 S 2), zum anderen Ausnahmefällen (Abs 2 S 4), die jedoch im Gesetz nicht näher bezeichnet sind (denkbar ist der Fall, daß die Neubewertung wirtschaftlich unzumutbar ist); die Beibehaltung in Ausnahmefällen ist im Konzernanhang anzugeben und zu begründen. Schließlich kann auf die einheitliche Bewertung verzichtet werden, wenn diese für die Vermittlung eines den tatsächlichen Verhältnissen entsprechenden Bildes der Vermögens-, Finanz- und Ertragslage des Konzerns von untergeordneter Bedeutung ist (Abs 2 S 3).

III. Beibehaltung steuerlicher Wertansätze (III)

3   Die in einen KA zu übernehmenden Vermögensgegenstände und Schulden, die in einem Einzelabschluß mit einem steuerlich zulässigen Wert angesetzt wurden, damit dieser bei der steuerlichen Gewinnermittlung berücksichtigt werden kann, dürfen unverändert mit dem Wertansatz aus dem Einzelabschluß in den KA übernommen werden; gleiches gilt für die auf der Passivseite gebildeten Sonderposten mit Rücklageanteil. Die Beträge der im Geschäftsjahr in den Einzelabschlüssen aus steuerlichen Gründen vorgenommenen Abschreibungen, Wertberichtigungen, Einstellungen in Sonderposten sowie der unterlassenen Zuschreibungen sind im Konzernanhang anzugeben; die Maßnahmen sind zu begründen, wobei als Begründung die Sicherung der steuerlichen Vorteile und der Hinweis auf die jeweiligen steuerlichen Bestimmungen ausreicht (*Hoyos/Lechner* in Beck-BilKomm § 308 Rz 41).

§ 309 Behandlung des Unterschiedsbetrags

(1) [1]**Ein nach § 301 Abs. 3 auszuweisender Geschäfts- oder Firmenwert ist in jedem folgenden Geschäftsjahr zu mindestens einem Viertel durch Abschreibungen zu tilgen.** [2]**Die Abschreibung des Geschäfts- oder Firmenwerts kann aber auch planmäßig auf die Geschäftsjahre verteilt werden, in denen er voraussichtlich genutzt werden kann.** [3]**Der Geschäfts- oder Firmenwert darf auch offen mit den Rücklagen verrechnet werden.**

(2) Ein nach § 301 Abs. 3 auf der Passivseite auszuweisender Unterschiedsbetrag darf ergebniswirksam nur aufgelöst werden, soweit

1. **eine zum Zeitpunkt des Erwerbs der Anteile oder der erstmaligen Konsolidierung erwartete ungünstige Entwicklung der künftigen Ertragslage des Unternehmens eingetreten ist oder zu diesem Zeitpunkt erwartete Aufwendungen zu berücksichtigen sind oder**
2. **am Abschlußstichtag feststeht, daß er einem realisierten Gewinn entspricht.**

I. Geschäfts- oder Firmenwert (I)

Ein aus der Erstkonsolidierung nach § 301 I entstehender aktiver Unterschiedsbetrag ist nach § 301 III als Geschäfts- oder Firmenwert in der Konzernbilanz auszuweisen. Die bilanzielle Behandlung dieses Werts entspricht der Regelung in § 255 IV für einen entgeltlich erworbenen Geschäfts- oder Firmenwert. Nach Abs 1 S 1 ist der aus der Kapitalkonsolidierung resultierende Geschäfts- oder Firmenwert in jedem folgenden Geschäftsjahr mindestens zu einem Viertel durch Abschreibungen zu tilgen. Eine Abschreibung bereits im Jahr der Entstehung wird jedoch allgemein für zulässig gehalten (*Förschle* in Beck-BilKomm § 309 Rz 11). Da das Gesetz als Abschreibung „mindestens" ein Viertel vorsieht, bestehen keine Vorbehalte gegen eine höhere jährliche Abschreibung. Zulässig ist nach Abs 1 S 2 aber auch eine planmäßige Abschreibung über die voraussichtliche Nutzungsdauer (vgl im einzelnen Erl zu § 255 IV). Der Geschäfts- oder Firmenwert darf (Wahlrecht) auch – erfolgsneutral – offen mit den Rücklagen verrechnet werden, wobei sowohl eine Verrechnung mit der Kapitalrücklage wie auch mit den Gewinnrücklagen, sofern diese nicht durch Gesetz, Gesellschaftsvertrag oder Satzung gebunden sind, zulässig ist. Für zulässig wird allgemein auch eine Kombination der Auflösungsmöglichkeiten gehalten, also teilweise durch Abschreibung, teilweise durch Verrechnung mit den Rücklagen (*Förschle* in Beck-BilKomm § 309 Rz 30).

II. Passivischer Unterschiedsbetrag aus der Kapitalkonsolidierung (II)

Der nach § 301 I, III entstandene passivische Unterschiedsbetrag aus der Erstkonsolidierung ist grundsätzlich erfolgsneutral zu behandeln. Lediglich in zwei Fällen ist eine erfolgswirksame Auflösung zulässig. Nach Abs 2 Nr 1 darf der Unterschiedsbetrag aufgelöst werden, wenn eine zum Zeitpunkt des Erwerbs der Anteile oder der erstmaligen Konsolidierung erwartete ungünstige Entwicklung eingetreten ist oder zu diesem Zeitpunkt entsprechende Aufwendungen zu berücksichtigen sind; aus der Sicht des Konzerns handelt es sich faktisch um eine Art Rückstellung für drohende Verluste (*ADS*, § 309 Rz 70). Nach Abs 2

§ 310

Nr 2 ist die Auflösung auch zulässig, wenn am Abschlußstichtag feststeht, das der Unterschiedsbetrag einem realisierten Gewinn entspricht, wobei es sich um einen Gewinn aus dem Anteilserwerb handeln muß (*ADS*, § 309 Rz 75).

Sechster Titel. Anteilmäßige Konsolidierung

§ 310

(1) Führt ein in einen Konzernabschluß einbezogenes Mutter- oder Tochterunternehmen ein anderes Unternehmen gemeinsam mit einem oder mehreren nicht in den Konzernabschluß einbezogenen Unternehmen, so darf das andere Unternehmen in den Konzernabschluß entsprechend den Anteilen am Kapital einbezogen werden, die dem Mutterunternehmen gehören.

(2) Auf die anteilmäßige Konsolidierung sind die §§ 297 bis 301, §§ 303 bis 306, 308, 309 entsprechend anzuwenden.

I. Voraussetzungen der Quotenkonsolidierung (I)

1   Die anteilmäßige oder auch Quotenkonsolidierung stellt eine Ausnahmeregelung von der ansonsten zugrundezulegenden Vollkonsolidierung des § 300 dar. Bei anteilmäßiger Konsolidierung werden die Aktiva und Passiva nicht voll, sondern nur anteilig in den KA einbezogen und zwar nur mit dem entsprechenden Anteil des Mutterunternehmens am Tochterunternehmen. Voraussetzung für die Anwendung der Quotenkonsolidierung ist das Vorliegen eines **Gemeinschaftsunternehmens;** als solches bezeichnet man ein Unternehmen, das von einem oder mehreren weiteren Unternehmen gemeinsam, also zu gleichen Anteilen und mit gleichen Rechten geführt wird (*BauHopt*, § 310 Rz 1) und von denen mindestens ein Gesellschafterunternehmen nicht zum Konsolidierungskreis gehört. Ein Gemeinschaftsunternehmen kann sowohl auf der Ebene des Mutterunternehmens, als auch auf der eines Tochterunternehmens bestehen. Die Quotenkonsolidierung ist keine Alternative zur Vollkonsolidierung, sondern zur Equity-Methode der §§ 311, 312 (*Budde/Suhrbier* in Beck-BilKomm § 310 Rz 5 ff); das bedeutet, liegen die Voraussetzungen für eine Vollkonsolidierung vor, entfällt das Wahlrecht zur Quotenkonsolidierung. **Voraussetzung** für das Vorliegen eines Gemeinschaftsunternehmens ist nicht nur eine **kapitalmäßige Beteiligung** der Gesellschafter, sondern auch die **tatsächliche Ausübung der Führung** des Unternehmens, die mit den anderen Gesellschaftern gemeinsam erfolgt. Rechtsgrundlage der gemeinsamen Führung können satzungsmäßige Bestimmungen oder vertragliche Vereinbarungen sein. Die Ermittlung der dem Gesellschafter zustehenden Anteile richtet sich nach § 271 I 4, § 16 IV AktG. Die gemeinschaftliche Führung des Gemeinschaftsunternehmens wird ihre Ursache häufig in den gleichmäßig hohen Anteilen der Gesellschafter

haben, zwingende Voraussetzung sind gleichhohe Kapitalanteile jedoch nicht. Wesentliches Kriterium für das Vorliegen einer gemeinsamen Führung ist vielmehr, daß wichtige Beschlüsse einstimmig gefaßt werden. Eine Begrenzung der Gesellschafterzahl sieht das Gesetz zwar nicht vor, sie ergibt sich jedoch aus der Sache, da eine wirksame gemeinschaftliche Führung eines Unternehmens nur bei einer begrenzten Mitgliederzahl möglich ist. Eine Quotenkonsolidierung kommt ferner nur in Betracht, wenn mindestens ein nicht in den KA einbezogenes Unternehmen am Gemeinschaftsunternehmen Anteile hält. Für die übrigen Anteile ist nicht erforderlich, daß sie lediglich von einem einzigen Konzernunternehmen gehalten werden, entscheidend ist vielmehr die Gesamtheit der Anteile aller Konzernunternehmen am Gemeinschaftsunternehmen.

II. Konsolidierungsverfahren (II)

Für die Durchführung der Quotenkonsolidierung sind die Vorschriften der §§ 297 bis 301, 303 bis 306, 308 und 309 für die Vollkonsolidierung entsprechend anzuwenden. Allerdings bezieht sich die Konsolidierung des Kapitals, der Schulden, der Eliminierung der Zwischengewinne und -verluste und der Aufwendungen und Erträge lediglich auf die Quote. 2

Siebenter Titel. Assoziierte Unternehmen

§ 311 Definition. Befreiung

(1) ¹**Wird von einem in den Konzernabschluß einbezogenen Unternehmen ein maßgeblicher Einfluß auf die Geschäfts- und Finanzpolitik eines nicht einbezogenen Unternehmens, an dem das Unternehmen nach § 271 Abs. 1 beteiligt ist, ausgeübt (assoziiertes Unternehmen), so ist diese Beteiligung in der Konzernbilanz unter einem besonderen Posten mit entsprechender Bezeichnung auszuweisen.** ²**Ein maßgeblicher Einfluß wird vermutet, wenn ein Unternehmen bei einem anderen Unternehmen mindestens den fünften Teil der Stimmrechte der Gesellschafter innehat.**

(2) **Auf eine Beteiligung an einem assoziierten Unternehmen brauchen Absatz 1 und § 312 nicht angewendet zu werden, wenn die Beteiligung für die Vermittlung eines den tatsächlichen Verhältnissen entsprechenden Bildes der Vermögens-, Finanz- und Ertragslage des Konzerns von untergeordneter Bedeutung ist.**

Nach Abs 1 S 1 handelt es sich bei assoziierten Unternehmen um keine Konzernunternehmen iSv § 290. Diese so bezeichneten Beteiligungen sind im KA gesondert auszuweisen und als solche zu bezeich- 1

§ 311

nen. Außerdem ist ihr Wertansatz in der Konzernbilanz gem § 312 nach einem gesonderten Verfahren, der Equity-Methode, zu ermitteln.

I. Voraussetzungen für das Vorliegen von assoziierten Unternehmen (I)

2 **1. Unternehmen außerhalb des Konzerns.** Ein in den Konzernabschluß einbezogenes Unternehmen muß einen maßgeblichen Einfluß auf die Geschäfts- und Finanzpolitik eines **nicht** in den Konzernabschluß einbezogenen Unternehmens ausüben. Bei dem einflußnehmenden Unternehmen braucht es sich nicht um das Mutterunternehmen zu handeln, der maßgebliche Einfluß kann auch von jedem anderen, auch von mehreren Unternehmen des Konzerns ausgeübt werden (*Budde/Raff* in Beck-BilKomm § 311 Rz 10). Bei dem Unternehmen, auf das der Einfluß ausgeübt wird, muß es sich um eine Beteiligung iSv § 271 I handeln; bei KapGes wird eine solche (widerlegbar) vermutet, wenn die Beteiligung am Kapital über 20 % liegt (vgl hierzu Erl zu § 271 I).

3 **2. Maßgeblicher Einfluß auf Geschäfts- und Finanzpolitik.** Das Merkmal des maßgeblichen Einflusses ist schwierig zu definieren. Das Maß der Einflußnahme ist geringer als bei der einheitlichen Leitung des § 290 I. Sie wird idR ausgeübt durch die Mitgliedschaft in den entsprechenden Organen, aber auch in anderer Weise, zB dadurch, daß Führungskräfte ausgetauscht oder gemeinsame Ausschüssse gebildet werden oder ein intensiver Lieferungs- und Leistungsverkehr gepflegt wird; die Einflußnahme geht über die Wahrnehmung reiner Gesellschaftsrechte hinaus (*ADS*, § 311 Rz 18). Eine Teilnahme an einzelnen konkreten unternehmenspolitischen Entscheidungen ist nicht erforderlich, ausreichend ist die Mitwirkung bei Entscheidungen über Grundsatzfragen oder über Geschäfts- oder Firmenpolitik. Der maßgebliche Einfluß muß tatsächlich ausgeübt werden; lediglich die Möglichkeit der Einflußnahme reicht nicht aus. Er muß außerdem auf Dauer angelegt sein; eine einmalige oder vorübergehende Einflußnahme genügt nicht. Wegen der Schwierigkeit der Abgrenzungen im Einzelfall wird gem Abs 1 S 2 vermutet, daß ein maßgeblicher Einfluß ausgeübt wird, wenn das Konzernunternehmen mindestens 20 % der Stimmrechte (§ 290 III) besitzt. Die Vermutung ist widerlegbar.

II. Beteiligung von untergeordneter Bedeutung (II)

4 Ist die Beteiligung für die Vermittlung eines den tatsächlichen entsprechenden Bildes der Vermögens-, Finanz- und Ertragslage des Konzerns von untergeordneter Bedeutung, braucht Abs 1 und § 312 nicht angewendet zu werden, dh es entfällt ein besonderer Ausweis in der Konzernbilanz und eine entsprechende Bewertung. Ob die Beteiligung von untergeordneter Bedeutung ist, bestimmt sich nach dem Gesamtbild und der Bedeutung, die die Beteiligung für den Konzern darstellt; insofern vgl auch die Erl § 303 II.

§ 312 Wertansatz der Beteiligung und Behandlung des Unterschiedsbetrags

(1) ¹Eine Beteiligung an einem assoziierten Unternehmen ist in der Konzernbilanz

1. entweder mit dem Buchwert oder
2. mit dem Betrag, der dem anteiligen Eigenkapital des assoziierten Unternehmens entspricht,

anzusetzen. ²Bei Ansatz mit dem Buchwert nach Satz 1 Nr. 1 ist der Unterschiedsbetrag zwischen diesem Wert und dem anteiligen Eigenkapital des assoziierten Unternehmens bei erstmaliger Anwendung in der Konzernbilanz zu vermerken oder im Konzernanhang anzugeben. ³Bei Ansatz mit dem anteiligen Eigenkapital nach Satz 1 Nr. 2 ist das Eigenkapital mit dem Betrag anzusetzen, der sich ergibt, wenn die Vermögensgegenstände, Schulden, Rechnungsabgrenzungsposten, Bilanzierungshilfen und Sonderposten des assoziierten Unternehmens mit dem Wert angesetzt werden, der ihnen an dem nach Absatz 3 gewählten Zeitpunkt beizulegen ist, jedoch darf dieser Betrag die Anschaffungskosten für die Anteile an dem assoziierten Unternehmen nicht überschreiten; der Unterschiedsbetrag zwischen diesem Wertansatz und dem Buchwert der Beteiligung ist bei erstmaliger Anwendung in der Konzernbilanz gesondert auszuweisen oder im Konzernanhang anzugeben. ⁴Die angewandte Methode ist im Konzernanhang anzugeben.

(2) ¹Der Unterschiedsbetrag nach Absatz 1 Satz 2 ist den Wertansätzen von Vermögensgegenständen und Schulden des assoziierten Unternehmens insoweit zuzuordnen, als deren Wert höher oder niedriger ist als der bisherige Wertansatz. ²Der nach Satz 1 zugeordnete oder der sich nach Absatz 1 Satz 1 Nr. 2 ergebende Betrag ist entsprechend der Behandlung der Wertansätze dieser Vermögensgegenstände und Schulden im Jahresabschluß des assoziierten Unternehmens im Konzernabschluß fortzuführen, abzuschreiben oder aufzulösen. ³Auf einen nach Zuordnung nach Satz 1 verbleibenden Unterschiedsbetrag und einen Unterschiedsbetrag nach Absatz 1 Satz 3 zweiter Halbsatz ist § 309 entsprechend anzuwenden.

(3) ¹Der Wertansatz der Beteiligung und die Unterschiedsbeträge werden auf der Grundlage der Wertansätze zum Zeitpunkt des Erwerbs der Anteile oder der erstmaligen Einbeziehung des assoziierten Unternehmens in den Konzernabschluß oder beim Erwerb der Anteile zu verschiedenen Zeitpunkten zu dem Zeitpunkt, zu dem das Unternehmen assoziiertes Unternehmen geworden ist, ermittelt. ²Der gewählte Zeitpunkt ist im Konzernanhang anzugeben.

§ 312 Drittes Buch. Handelsbücher

(4) ¹Der nach Absatz 1 ermittelte Wertansatz einer Beteiligung ist in den Folgejahren um den Betrag der Eigenkapitalveränderungen, die den dem Mutterunternehmen gehörenden Anteilen am Kapital des assoziierten Unternehmens entsprechen, zu erhöhen oder zu vermindern; auf die Beteiligung entfallende Gewinnausschüttungen sind abzusetzen. ²In der Konzern-Gewinn- und Verlustrechnung ist das auf assoziierte Beteiligungen entfallende Ergebnis unter einem gesonderten Posten auszuweisen.

(5) ¹Wendet das assoziierte Unternehmen in seinem Jahresabschluß vom Konzernabschluß abweichende Bewertungsmethoden an, so können abweichend bewertete Vermögensgegenstände oder Schulden für die Zwecke der Absätze 1 bis 4 nach den auf den Konzernabschluß angewandten Bewertungsmethoden bewertet werden. ²Wird die Bewertung nicht angepaßt, so ist dies im Konzernanhang anzugeben. ³§ 304 über die Behandlung der Zwischenergebnisse ist entsprechend anzuwenden, soweit die für die Beurteilung maßgeblichen Sachverhalte bekannt oder zugänglich sind. ⁴Die Zwischenergebnisse dürfen auch anteilig entsprechend den dem Mutterunternehmen gehörenden Anteilen am Kapital des assoziierten Unternehmens weggelassen werden.

(6) ¹Es ist jeweils der letzte Jahresabschluß des assoziierten Unternehmens zugrunde zu legen. ²Stellt das assoziierte Unternehmen einen Konzernabschluß auf, so ist von diesem und nicht vom Jahresabschluß des assoziierten Unternehmens auszugehen.

I. Grundkonzept der Equity-Methode

1   Die Equity-Methode stellt eine **vereinfachte Form** der **erfolgswirksamen Kapitalkonsolidierung** dar; gleichwohl wird dieses Verfahren in § 312 selbständig und ohne Verweisung auf die Methode der Kapitalkonsolidierung des § 301 geregelt. Die Equity-Methode führt – mindestens bei langfristiger Betrachtung – zu einer Übereinstimmung zwischen dem Buchwert der Beteiligung und dem auf diese Beteiligung entfallenden Eigenkapital der Beteiligungsgesellschaft (*Budde/Raff* in Beck-BilKomm § 312 Rz 1). Der Unterschied zur Vollkonsolidierung besteht darin, daß es sich um eine anteilige Konsolidierung handelt und die Ergebnisse der Konsolidierungsmaßnahmen nicht bei den einzelnen Vermögensgegenständen erfaßt werden, sondern ausschließlich dem Beteiligungsansatz des assoziierten Unternehmens in der Konzernbilanz zugeordnet werden. Die Anwendung der Equity-Methode beschränkt sich ausschließlich auf den KA; für den Einzelabschluß ist sie nicht zulässig, da sie zu einem Beteiligungsansatz führen könnte, der über den Anschaffungskosten liegt. Bei der **erstmaligen** Anwendung der Equity-Methode wird dem Wertansatz der Beteiligung in der Bilanz des Mut-

terunternehmens das anteilige Eigenkapital des assoziierten Unternehmens gegenübergestellt und danach entweder auf Basis der Buchwertmethode (Abs 1 S 1 Nr 1) oder auf der der Neubewertungsmethode (Abs 1 S 1 Nr 2) der Wertansatz für die Konzernbilanz gebildet. In den Folgejahren wird dann der Wertansatz der Beteiligung um den Betrag der Eigenkapitalveränderungen zu- oder abgeschrieben (Abs 4).

II. Buchwertmethode (I S 1 Nr 1, S 2 und 4)

Nach Abs 1 S 1 Nr 1 ist die Beteiligung an dem assoziierten Unternehmen mit ihrem Buchwert in der Konzernbilanz anzusetzen; dies sind idR die Anschaffungskosten. Der Unterschiedsbetrag zwischen dem Buchwert und dem anteiligen Eigenkapital des assoziierten Unternehmens ist im Jahr der erstmaligen Anwendung in der Konzernbilanz zu vermerken oder im Anhang anzugeben (Abs 1 S 4). **2**

III. Neubewertungsmethode (I S 1 Nr 2, 3 und 4)

Anstelle des Buchwerts kann die Beteiligung im KA auch mit dem Betrag, der dem anteiligen Eigenkapital des assoziierten Unternehmens entspricht, angesetzt werden (Abs 1 S 1 Nr 2). Der Wert entspricht gemäß Abs 1 S 3 dem Zeitwert der Vermögensgegenstände und Schulden, Rechnungsabgrenzungsposten, Bilanzierungshilfen und Sonderposten des assoziierten Unternehmens, der ihnen im Zeitpunkt des Erwerbs der Anteile oder der erstmaligen Einbeziehung des assoziierten Unternehmens in den KA beizulegen ist (Abs 3). Dieser Betrag wird jedoch nach oben durch die Anschaffungskosten für die Anteile an dem assoziierten Unternehmen begrenzt. Der bei der Neubewertung entstehende Differenzbetrag zwischen dem Zeitwert und dem Buchwert der Beteiligung ist bei erstmaliger Anwendung in der Konzernbilanz gesondert auszuweisen oder im Konzernanhang anzugeben. Der Unterschiedsbetrag ist idR nicht passivisch, mit Ausnahme des Falls, daß in der Vergangenheit auf den Beteiligungsbuchwert außerordentliche Abschreibungen vorgenommen wurden. Ein aktivischer Unterschiedsbetrag ist zusätzlich zum Betrag des anteiligen Eigenkapitals als Geschäfts- oder Firmenwert zu aktivieren oder mit den offenen Rücklagen zu verrechnen. **3**

IV. Unterschiedsbeträge (II)

Der Unterschiedsbetrag, der sich bei Anwendung der Buchwertmethode ergibt, ist den Wertansätzen der Vermögensgegenstände und Schulden des assoziierten Unternehmens soweit zuzuordnen, als deren Wert höher oder niedriger als der bisherige Wertansatz ist (Abs 1 S 1). Dazu sind die stillen Reserven bei den verschiedenen Posten zu ermitteln. Der insoweit zugeordnete Betrag sowie die Beträge, die sich bei Anwendung der Neubewertungsmethode (Abs 1 S 1 Nr 2) ergeben haben, sind in den folgenden Konzernabschlüssen entsprechend zu **4**

§ 312 Drittes Buch. Handelsbücher

behandeln wie die Wertansätze dieser Vermögensgegenstände oder Schulden im Einzelabschluß des assoziierten Unternehmens, also parallel zu diesen fortzuführen, abzuschreiben oder aufzulösen (Abs 2 S 2). Ein nach Zuordnung gemäß Abs 2 S 1 noch verbleibender Unterschiedsbetrag (bei der Buchwertmethode) und ein nach Abs 1 S 3 2. HS entstandener Unterschiedsbetrag (bei der Neubewertungsmethode) ist gemäß Abs 2 S 3 entsprechend § 309 zu behandeln, also abzuschreiben und aufzulösen.

V. Zeitpunkt für die Ermittlung des Ansatzes (III)

5 Abs 3 entspricht hinsichtlich des Zeitpunkts der Wertermittlung der Regelung des § 301 II; wie dort kann zwischen drei Zeitpunkten gewählt werden.

VI. Fortschreibung des Wertansatzes der Beteiligung (IV)

6 Unabhängig davon, ob der Wertansatz der Beteiligung bei der erstmaligen Wertermittlung nach der Buch- oder der Neubewertungsmethode erfolgt ist, ist der Wertansatz nach Abs 4 S 3 in den Folgejahren erfolgswirksam fortzuschreiben, und zwar um die anteiligen bilanziellen Veränderungen des Eigenkapitals des assoziierten Unternehmens wie zB anteilige Gewinne, Verluste und Gewinnausschüttungen, die nach Abs 4 S 1 2. HS anzusetzen sind. Die Fortschreibung der Beteiligung ist auch in den Konzernanlagespiegel zu übernehmen (*Budde/Raff* in Beck-BilKomm § 312 Rz 72 f). In der Konzern-GuV ist das anteilige Jahresergebnis des assoziierten Unternehmens gesondert auszuweisen (Abs 4 S 2). Ein saldierter Ausweis von anteiligen Jahresergebnissen verschiedener assoziierter Unternehmen ist zulässig, der saldierte Betrag muß jedoch im Konzernanhang aufgegliedert werden.

VII. Neubewertungswahlrecht (V S 1 und 2)

7 Weichen die Bewertungsmethoden im Einzelabschluß des assoziierten Unternehmens von denen des KA ab, so können die Vermögensgegenstände und Schulden für die Zwecke der einheitlichen Bewertung im KA (Abs 1 bis 4) entsprechend den Bewertungsmethoden des Konzerns bewertet werden. Wird von diesem Wahlrecht kein Gebrauch gemacht, ist dies im Konzernanhang anzugeben.

VIII. Zwischengewinneliminierung (V S 3 und 4)

8 Zwischengewinne, die beim Lieferungs- und Leistungsverkehr zwischen Konzernunternehmen (strittig, ob nur das Mutterunternehmen oder auch alle anderen vollkonsolidierten Konzernunternehmen eingeschlossen sind) und dem assoziierten Unternehmen entstehen, sind zu eliminieren; § 304 ist entsprechend anzuwenden; das bedeutet, daß die Zwischengewinneliminierung grundsätzlich vorzunehmen ist, daß aber

Zweiter Abschn. Ergänzende Vorschriften für KapitalGes **§ 313**

aufgrund der Wahlrechte des § 304 II und III auf eine Zwischengewinneliminierung verzichtet werden darf. Darüber hinaus braucht nach Abs 5 S 3 die Zwischengewinneliminierung nicht durchgeführt zu werden, wenn die für die Beurteilung maßgeblichen Sachverhalte nicht bekannt oder nicht zugänglich sind. Die Zwischengewinne dürfen auch anteilig entsprechend den dem Mutterunternehmen gehörenden Anteilen am Kapital des assoziierten Unternehmens weggelassen werden.

IX. Maßgeblicher Jahresabschluß (VI)

Für die Konsolidierung nach der Equity-Methode ist der letzte JA des 9 assoziierten Unternehmens zugrundezulegen; stellt dieses einen KA auf, so ist von diesem, nicht vom JA des assoziierten Unternehmens auszugehen. Damit kann das assoziierte Unternehmen nicht gezwungen werden, einen Zwischenabschluß aufzustellen. Mit dem „letzten" JA ist der JA des assoziierten Unternehmens gemeint, der auf den Stichtag des KA aufgestellt wird oder der auf einen früheren Stichtag des abgelaufenen Geschäftsjahrs des Konzerns aufgestellt worden ist. Sind die Abschlußstichtage des assoziierten Unternehmens und seines Gesellschafters identisch, kann der JA des assoziierten Unternehmens für die Equite-Konsolidierung nur zugrundegelegt werden, wenn dieser von der Unternehmensleitung aufgestellt und – sofern eine Prüfungspflicht besteht – mit dem Bestätigungsvermerk des Abschlußprüfers versehen ist; eine formale Feststellung ist dann nicht erforderlich. Ist dagegen der JA des assoziierten Unternehmens nur „vorläufig" aufgestellt, ist der JA des Vorjahrs zugrunde zulegen (*Budde/Raff* in Beck-BilKomm § 312 Rz 118).

Achter Titel. Konzernanhang

§ 313 Erläuterung der Konzernbilanz und der Konzern-Gewinn- und Verlustrechnung. Angaben zum Beteiligungsbesitz

(1) ¹In den Konzernanhang sind diejenigen Angaben aufzunehmen, die zu einzelnen Posten der Konzernbilanz oder der Konzern-Gewinn- und Verlustrechnung vorgeschrieben oder die im Konzernanhang zu machen sind, weil sie in Ausübung eines Wahlrechts nicht in die Konzernbilanz oder in die Konzern-Gewinn- und Verlustrechnung aufgenommen wurden. ²Im Konzernanhang müssen

1. die auf die Posten der Konzernbilanz und der Konzern-Gewinn- und Verlustrechnung angewandten Bilanzierungs- und Bewertungsmethoden angegeben werden;

2. die Grundlagen für die Umrechnung in Euro angegeben werden, sofern der Konzernabschluß Posten enthält, denen Beträge zugrunde liegen, die auf fremde Währung lauten oder ursprünglich auf fremde Währung lauteten;

§ 313

Drittes Buch. Handelsbücher

3. Abweichungen von Bilanzierungs-, Bewertungs- und Konsolidierungsmethoden angegeben und begründet werden; deren Einfluß auf die Vermögens-, Finanz- und Ertragslage des Konzerns ist gesondert darzustellen.

(2) Im Konzernanhang sind außerdem anzugeben:

1. Name und Sitz der in den Konzernabschluß einbezogenen Unternehmen, der Anteil am Kapital der Tochterunternehmen, der dem Mutterunternehmen und den in den Konzernabschluß einbezogenen Tochterunternehmen gehört oder von einer für Rechnung dieser Unternehmen handelnden Person gehalten wird, sowie der zur Einbeziehung in den Konzernabschluß verpflichtende Sachverhalt, sofern die Einbeziehung nicht auf einer der Kapitalbeteiligung entsprechenden Mehrheit der Stimmrechte beruht. [2]Diese Angaben sind auch für Tochterunternehmen zu machen, die nach den §§ 295, 296 nicht einbezogen worden sind;

2. Name und Sitz der assoziierten Unternehmen, der Anteil am Kapital der assoziierten Unternehmen, der dem Mutterunternehmen und den in den Konzernabschluß einbezogenen Tochterunternehmen gehört oder von einer für Rechnung dieser Unternehmen handelnden Person gehalten wird. [2]Die Anwendung des § 311 Abs. 2 ist jeweils gesondert anzugeben und zu begründen;

3. Name und Sitz der Unternehmen, die nach § 310 nur anteilmäßig in den Konzernabschluß einbezogen worden sind, der Tatbestand, aus dem sich die Anwendung dieser Vorschrift ergibt, sowie der Anteil am Kapital dieser Unternehmen, der dem Mutterunternehmen und den in den Konzernabschluß einbezogenen Tochterunternehmen gehört oder von einer für Rechnung dieser Unternehmen handelnden Person gehalten wird;

4. Name und Sitz anderer als der unter den Nummern 1 bis 3 bezeichneten Unternehmen, bei denen das Mutterunternehmen, ein Tochterunternehmen oder eine für Rechnung eines dieser Unternehmen handelnde Person mindestens den fünften Teil der Anteile besitzt, unter Angabe des Anteils am Kapital sowie der Höhe des Eigenkapitals und des Ergebnisses des letzten Geschäftsjahrs, für das ein Abschluß aufgestellt worden ist. [2]Ferner sind anzugeben alle Beteiligungen an großen Kapitalgesellschaften, die andere als die in Nummer 1 bis 3 bezeichneten Unternehmen sind, wenn sie von einem börsennotierten Mutterunternehmen, einem börsennotierten Tochterunternehmen oder einer für Rechnung eines dieser Unternehmen handelnden Person gehalten werden und fünf vom Hundert der Stimmrechte überschreiten.[3]Diese Anga-

ben brauchen nicht gemacht zu werden, wenn sie für die Vermittlung eines den tatsächlichen Verhältnissen entsprechenden Bildes der Vermögens-, Finanz- und Ertragslage des Konzerns von untergeordneter Bedeutung sind. [4]Das Eigenkapital und das Ergebnis brauchen nicht angegeben zu werden, wenn das in Anteilsbesitz stehende Unternehmen seinen Jahresabschluß nicht offenzulegen hat und das Mutterunternehmen, das Tochterunternehmen oder die Person weniger als die Hälfte der Anteile an diesem Unternehmen besitzt.

(3) [1]Die in Absatz 2 verlangten Angaben brauchen insoweit nicht gemacht zu werden, als nach vernünftiger kaufmännischer Beurteilung damit gerechnet werden muß, daß durch die Angaben dem Mutterunternehmen, einem Tochterunternehmen oder einem anderen in Absatz 2 bezeichneten Unternehmen erhebliche Nachteile entstehen können. [2]Die Anwendung der Ausnahmeregelung ist im Konzernanhang anzugeben.

(4) [1]Die in Absatz 2 verlangten Angaben dürfen statt im Anhang auch in einer Aufstellung des Anteilsbesitzes gesondert gemacht werden. [2]Die Aufstellung ist Bestandteil des Anhangs. [3]Auf die besondere Aufstellung des Anteilsbesitzes und den Ort ihrer Hinterlegung ist im Anhang hinzuweisen.

I. Funktion des Konzernanhangs

Ebenso wie beim JA einer KapGes, der um einen Anhang zu erweitern ist, ist auch im Rahmen des KA ein Konzernanhang aufzustellen, der mit der Konzernbilanz und der Konzern-GuV eine Einheit bildet (§ 297 I). Aufzustellen ist der Konzernanhang von allen KapGes (AG, KGaA, GmbH) und PershandelsGes iSv § 264a I, die Mutterunternehmen sind und bei denen die Voraussetzungen für die Konzernrechnungslegung nach §§ 290 ff erfüllt sind. Der Konzernanhang ist ein gleichwertiger Bestandteil des KA und hat zusammen mit der Konzernbilanz und der Konzern-GuV unter Beachtung der GoB ein den tatsächlichen Verhältnissen entsprechendes Bild der Vermögens-, Finanz- und Ertragslage des Konzerns zu vermitteln. Der Konzernanhang hat die Pflichtangaben der §§ 313 und 314 zu enthalten; darüberhinaus können bestimmte Angaben wahlweise entweder in der Konzernbilanz bzw Konzern-GuV oder in den Konzernanhang aufgenommen werden. Größenabhängige Erleichterungen, wie sie für den Einzelabschluß einer KapGes gelten, gibt es für den Konzernanhang ebensowenig wie Erleichterung bei der Offenlegung. Die Anforderungen an die Berichterstattung sowohl im Hinblick auf Inhalt als auch auf Umfang und Form sind grundsätzlich die gleichen, wie sie auch für den Anhang der KapGes gelten (vgl Erl zu § 284). Nach § 298 III dürfen der Anhang des Mutterunternehmens und der Konzernanhang zusammengefaßt werden, vorausgesetzt KA und JA des Mutterunternehmens werden gemeinsam offengelegt. 1

§ 313 Drittes Buch. Handelsbücher

II. Übersicht über die Angabepflichten im Konzernanhang

2   Die folgende dem WPHdb (2000, M Rz 666) entnommene Übersicht gibt die gesetzlichen Vorschriften wieder, nach denen Angaben im Anhang zu machen sind; Vorschriften, nach denen die Angabe wahlweise in der Konzernbilanz und Konzern-GuV oder im Anhang zu machen sind, sind besonders gekennzeichnet (*):

HGB
§ 292 a II Nr 4	Bezeichnung der angewandten internationalen Rechnungslegungsgrundsätze sowie Erläuterung der Abweichungen zum deutschen Recht
§ 294 II 1*	Änderung des Konsolidierungskreises
§ 295 III 1	Einbeziehungsverbot
§ 296 III	Einbeziehungswahlrechte
§ 297 I 2	Segmentberichterstattung und Kapitalflußrechnung (nur für börsennotierte Mutterunternehmen)
§ 297 II 3	Zusätzliche Angaben zur Vermittlung eines den tatsächlichen Verhältnissen entsprechenden Bildes
§ 297 III 4 und 5	Abweichungen von auf den vorhergehenden KA angewandten Konsolidierungsmethoden
§ 298 I iVm	
– § 265 I 2	Abweichungen beim Aufbau und bei der Gliederung der Konzernbilanz und der Konzern-GuV
– § 264 III Nr 4	Erleichterung bei der Rechnungslegung für Tochterunternehmen
– § 264 b Nr 4	Erleichterung bei der Rechnungslegung für unter § 264 a I HGB fallende Personenhandelsgesellschaft
– § 265 II 2 und 3	Nicht vergleichbare oder angepaßte Vorjahresbeträge
– § 265 III 1*	Vermerk der Mitzugehörigkeit zu anderen Posten der Konzernbilanz
– § 265 IV 2	Gliederung nach verschiedenen Gliederungsvorschriften
– § 265 VII Nr 2	Zusammenfassung von Posten zum Zweck größerer Klarheit der Darstellung
– § 268 I 2 2. HS*	Angabe eines Ergebnisvortrags aus dem Vorjahr
– § 268 II 1*	Anlagenspiegel
– § 268 II 3*	Abschreibungen des Geschäftsjahrs auf Anlagevermögen und Ingangsetzungs-/Erweiterungsaufwendungen
– § 268 IV 2	Antizipative Abgrenzungsposten unter den sonstigen Vermögensgegenständen
– § 268 V 3	Antizipative Abgrenzungsposten unter den Verbindlichkeiten

Zweiter Abschn. Ergänzende Vorschriften für KapitalGes § 313

HGB	
– § 268 VI*	Disagio/Rückzahlungsagio
– § 268 VII*	Haftungsverhältnisse
– § 269 1 2. HS	Ingangsetzungs-/Erweiterungsaufwendungen
– § 273 2 2. HS*	Vorschriften, nach denen der Sonderposten mit Rücklageanteil gebildet worden ist
– § 274 I 1*	Passive Steuerabgrenzungsposten
– § 274 II 2	Aktive Steuerabgrenzungsposten
– § 277 III 1*	Außerplanmäßige Abschreibungen nach § 253 II 3 und III 3 HGB
– § 277 IV 2	Außerordentliche Erträge und Aufwendungen
– § 277 IV 3	Periodenfremde Erträge und Aufwendungen
§ 298 I iVm	
– § 280 III	Aus steuerlichen Gründen unterlassene Zuschreibungen
– § 281 I 2*	Angabe der steuerlichen Vorschriften, wenn steuerliche Abschreibungen in den Sonderposten mit Rücklageanteil einbezogen sind
– § 281 II 1	Steuerliche Abschreibungen des Geschäftsjahrs
– § 281 II 2*	Erträge aus der Auflösung von und Einstellung in Sonderposten mit Rücklageanteil
§ 299 I 2. HS	Abweichung des Konzernabschlußstichtags vom Bilanzstichtag des Mutterunternehmens
§ 299 III*	Vorgänge von besonderer Bedeutung bei fehlendem Zwischenabschluß
§ 300 II 3 2. HS	Beibehaltung von Bilanzansätzen für Kreditinstitute und Versicherungsunternehmen
§ 301 I 5	Methode der Kapitalkonsolidierung
§ 301 II 2	Wahl des Zeitpunkts für die Kapitalkonsolidierung
§ 301 III 2 und 3	Unterschiedsbetrag aus der Kapitalkonsolidierung
§ 302 III	Kapitalkonsolidierung bei Interessenzusammenführung
§ 304 II 2	Unterlassung der Zwischengewinneliminierung
§ 306 2*	Latente Steuern aus der Konsolidierung
§ 308 I 3	Vom Abschluß des Mutterunternehmens abweichende Bewertungen im KA
§ 308 II 2 2. HS	Beibehaltung von Wertansätzen nach KWG oder VAG
§ 308 II 4 2. HS	Abweichung von einheitlicher Bewertung
§ 308 III 2	Betrag der im Geschäftsjahr steuerlich bedingten Abschreibungen, Wertberichtigungen, Einstellungen in Sonderposten sowie unterlassenen Zuschreibungen
§ 310 II	Der Bruttokonsolidierung entsprechende Angabepflichten bei Anwendung der anteilsmäßigen Konsolidierung

HGB

§ 312 I 2 und 3*	Unterschiedsbetrag bei der Equity-Methode
§ 312 I 4	Angewandte Form der Equity-Methode
§ 312 III 2	Wahl des Zeitpunkts zur Ermittlung des Unterschiedsbetrags bei der Equity-Methode
§ 312 V 2	Verzicht auf die Anpassung an einheitliche Bewertung bei einem assoziierten Unternehmen
§ 312 V 3 iVm § 304 II 2	Verzicht auf Zwischengewinneliminierung bei einem assoziierten Unternehmen
§ 313 I Nr 1	Bilanzierungs- und Bewertungsmethoden
§ 313 I Nr 2	Währungsumrechnung
§ 313 I Nr 3	Abweichungen von Bilanzierungs-, Bewertungs- und Konsolidierungsmethoden
§ 313 II Nr 1 S 1	Konsolidierte Tochterunternehmen
§ 313 II Nr 1 S 2	Nichtkonsolidierte Tochterunternehmen
§ 313 II Nr 2 S 1	Assoziierte Unternehmen
§ 313 II Nr 2 S 2	Assoziierte Unternehmen, die wegen untergeordneter Bedeutung nicht nach Equity-Methode bilanziert werden
§ 313 II Nr 3	Gemeinschaftsunternehmen
§ 313 II Nr 4	Angaben zu Unternehmen, an denen ein Anteilsbesitz von 20 % oder mehr besteht
§ 313 III S 2	Schutzklausel
§ 313 IV S 3	Beteiligungsliste
§ 314 I Nr 1 1. HS	Gesamtbetrag der Verbindlichkeiten mit einer Restlaufzeit von mehr als fünf Jahren
§ 314 I Nr 1 2. HS	Gesamtbetrag der Verbindlichkeiten, die durch Pfandrechte und ähnliche Rechte von einbezogenen Unternehmen gesichert sind, einschließlich Art und Form der Sicherheiten
§ 314 I Nr 2 1. HS	Gesamtbetrag der sonstigen finanziellen Verpflichtungen
§ 314 I Nr 2 2. HS	Haftungsverhältnisse gegenüber nichtkonsolidierten Unternehmen
§ 314 I Nr 3	Aufgliederung der Umsatzerlöse
§ 314 I Nr 4 1. HS	Zahl der beschäftigten Arbeitnehmer/Personalaufwand
§ 314 I Nr 4 2. HS	Zahl der Arbeitnehmer von nur anteilmäßig einbezogenen Unternehmen
§ 314 I Nr 5	Beeinflussung des Konzernjahresergebnisses durch steuerliche Bewertungsmaßnahmen
§ 314 I Nr 6 a	Bezüge von Organmitgliedern
§ 314 I Nr 6 b	Bezüge früherer Organmitglieder und Pensionsverpflichtungen für diesen Personenkreis
§ 314 I Nr 6 c	Vorschüsse, Kredite, Haftungsverhältnisse zugunsten von Organmitgliedern

Zweiter Abschn. Ergänzende Vorschriften für KapitalGes § 314

HGB
§ 314 I Nr 7 Eigene Anteile am Mutterunternehmen
§ 314 II 2 Schutzklausel bei fehlenden Segmentangaben

EGHGB Art 28 II Nicht passivierte Pensionsverpflichtungen und ähnliche Verpflichtungen (Fehlbetrag)

III. Schutzklausel (III)

Nach Abs 2 sind über die im KA einbezogenen Unternehmen, aber 3 auch über Unternehmen, die nach §§ 295, 296 nicht einbezogen worden sind, über assoziierte Unternehmen, über Gemeinschaftsunternehmen und über sonstige Unternehmen, bei denen das Mutterunternehmen oder ein Tochterunternehmen mindestens 20% der Anteile besitzen, im Anhang bestimmte Angaben zu machen. Sofern durch diese Angaben dem Mutterunternehmen, einem Tochterunternehmen oder einem anderen in Abs 2 genannten Unternehmen erhebliche Nachteile entstehen können, brauchen die dort verlangten Angaben nicht gemacht zu werden. Die Inanspruchnahme dieser Ausnahmeregelung ist im Konzernanhang anzugeben.

IV. Aufstellung des Konzernanteilsbesitzes (IV)

Die Angaben zum Konsolidierungskreis und zum Konzernanteils- 4 besitz nach Abs 2 dürfen statt im Anhang auch in einer gesonderten Aufstellung des Anteilsbesitzes gemacht werden. Ansonsten entspricht die Regelung der Bestimmung des § 287.

§ 314 Sonstige Pflichtangaben

(1) Im Konzernanhang sind ferner anzugeben:

1. **der Gesamtbetrag der in der Konzernbilanz ausgewiesenen Verbindlichkeiten mit einer Restlaufzeit von mehr als fünf Jahren sowie der Gesamtbetrag der in der Konzernbilanz ausgewiesenen Verbindlichkeiten, die von in den Konzernabschluß einbezogenen Unternehmen durch Pfandrechte oder ähnliche Rechte gesichert sind, unter Angabe von Art und Form der Sicherheiten;**

2. **der Gesamtbetrag der sonstigen finanziellen Verpflichtungen, die nicht in der Konzernbilanz erscheinen oder nicht nach § 298 Abs. 1 in Verbindung mit § 251 anzugeben sind, sofern diese Angabe für die Beurteilung der Finanzlage des Konzerns von Bedeutung ist; davon und von den Haftungsverhältnissen nach § 251 sind Verpflichtungen gegenüber Tochterunternehmen, die nicht in den Konzernabschluß einbezogen werden, jeweils gesondert anzugeben;**

§ 314

3. die Aufgliederung der Umsatzerlöse nach Tätigkeitsbereichen sowie nach geographisch bestimmten Märkten, soweit sich, unter Berücksichtigung der Organisation der Verkaufs von für die gewöhnliche Geschäftstätigkeit des Konzerns typischen Erzeugnissen und der für die gewöhnliche Geschäftstätigkeit des Konzerns typischen Dienstleistungen, die Tätigkeitsbereiche und geographisch bestimmten Märkte untereinander erheblich unterscheiden;
4. die durchschnittliche Zahl der Arbeitnehmer der in den Konzernabschluß einbezogenen Unternehmen während des Geschäftsjahrs, getrennt nach Gruppen, sowie der in dem Geschäftsjahr verursachte Personalaufwand, sofern er nicht gesondert in der Konzern-Gewinn- und Verlustrechnung ausgewiesen ist; die durchschnittliche Zahl der Arbeitnehmer von nach § 310 nur anteilmäßig einbezogenen Unternehmen ist gesondert anzugeben;
5. das Ausmaß, in dem das Jahresergebnis des Konzerns dadurch beeinflußt wurde, daß bei Vermögensgegenständen im Geschäftsjahr oder in früheren Geschäftsjahren Abschreibungen nach den §§ 254, 280 Abs. 2 oder in entsprechender Anwendung auf Grund steuerrechtlicher Vorschriften vorgenommen oder beibehalten wurden oder ein Sonderposten nach § 273 oder in entsprechender Anwendung gebildet wurde; ferner das Ausmaß erheblicher künftiger Belastungen, die sich für den Konzern aus einer solchen Bewertung ergeben;
6. für die Mitglieder des Geschäftsführungsorgans, eines Aufsichtsrats, eines Beirats oder einer ähnlichen Einrichtung des Mutterunternehmens, jeweils für jede Personengruppe:
    a) die für die Wahrnehmung ihrer Aufgaben im Mutterunternehmen und den Tochterunternehmen im Geschäftsjahr gewährten Gesamtbezüge (Gehälter, Gewinnbeteiligungen, Bezugsrechte, Aufwandsentschädigungen, Versicherungsentgelte, Provisionen und Nebenleistungen jeder Art). ²In die Gesamtbezüge sind auch Bezüge einzurechnen, die nicht ausgezahlt, sondern in Anspruche anderer Art umgewandelt oder zur Erhöhung anderer Ansprüche verwendet werden. ³Außer den Bezügen für das Geschäftsjahr sind die weiteren Bezüge anzugeben, die im Geschäftsjahr gewährt, bisher aber in keinem Konzernabschluß angegeben worden sind;
    b) die für die Wahrnehmung ihrer Aufgaben im Mutterunternehmen und den Tochterunternehmen gewährten Gesamtbezüge (Abfindungen, Ruhegehälter, Hinterbliebenenbezüge und Leistungen verwandter Art) der früheren Mitglieder der bezeichneten Organe und ihrer Hinterbliebenen; Buchstabe a Satz 2 und 3 ist entsprechend anzu-

wenden. ²Ferner ist der Betrag der für diese Personengruppe gebildeten Rückstellungen für laufende Pensionen und Anwartschaften auf Pensionen und der Betrag der für diese Verpflichtungen nicht gebildeten Rückstellungen anzugeben;

c) die vom Mutterunternehmen und den Tochterunternehmen gewährten Vorschüsse und Kredite unter Angabe der Zinssätze, der wesentlichen Bedingungen und der gegebenenfalls im Geschäftsjahr zurückgezahlten Beträge sowie die zugunsten dieser Personengruppen eingegangenen Haftungsverhältnisse;

7. der Bestand an Anteilen an dem Mutterunternehmen, die das Mutterunternehmen oder ein Tochterunternehmen oder ein anderer für Rechnung eines in den Konzernabschluß einbezogenen Unternehmens erworben oder als Pfand genommen hat; dabei sind die Zahl und der Nennbetrag oder rechnerische Wert dieser Anteile sowie deren Anteil am Kapital anzugeben.

(2) ¹Die Umsatzerlöse brauchen nicht nach Absatz 1 Nr. 3 aufgegliedert zu werden, soweit nach vernünftiger kaufmännischer Beurteilung damit gerechnet werden muß, daß durch die Aufgliederung einem in den Konzernabschluß einbezogenen Unternehmen erhebliche Nachteile entstehen. ²Die Anwendung der Ausnahme ist im Konzernanhang anzugeben.

Den § 314 vorgeschriebenen Angaben für den Konzernanhang entsprechen weitgehend die Angabepflichten, die für den Anhang von KapGes in § 285 festgelegt sind. Insoweit wird auf die entsprechenden Erläuterungen verwiesen.

I. Verbindlichkeiten mit einer Restlaufzeit von mehr als 5 Jahren und gesicherte Verbindlichkeiten (I Nr 1)

Entspricht § 285 Nr 1.

II. Sonstige finanzielle Verpflichtungen (I Nr 2)

Entspricht § 285 Nr 3. Verpflichtungen gegenüber nicht in den KA einbezogene Tochterunternehmen sind gesondert anzugeben.

III. Aufgliederung der Umsatzerlöse (I Nr 3)

Entspricht § 285 Nr 4.

§ 315 Drittes Buch. Handelsbücher

IV. Zahl der Arbeitnehmer des Konzerns und Personalaufwand bei Umsatzkostenverfahren (I Nr 4)

5   Entspricht § 285 Nr 7, 8 b. Die durchschnittliche Zahl der Arbeitnehmer von Gemeinschaftsunternehmen (§ 310) ist gesondert anzugeben.

V. Beeinflussung des Konzernjahresergebnisses durch steuerrechtliche Bewertungsvorschriften (I Nr 5)

6   Entspricht § 285 Nr 5.

VI. Gesamtbezüge und Kredite für Organmitglieder des Mutterunternehmens und deren Hinterbliebene (I Nr 6)

7   Entspricht § 285 Nr 9.

VII. Eigene Anteile (I Nr 7)

8   Es sind Angaben über den Bestand an Anteilen an dem Mutterunternehmen zu machen, die vom Mutterunternehmen selbst, von einem Tochterunternehmen oder von einem anderen für Rechnung eines in den KA einbezogenen Unternehmens erworben oder als Pfand genommen wurden, unter Angabe der Zahl und des Nennbetrags oder des rechnerischen Werts der Anteile.

VIII. Schutzklausel (II)

9   Abs 2 entspricht der Bestimmung des § 286 II. Soweit nach vernünftiger kaufmännischer Beurteilung damit gerechnet werden muß, daß durch die Aufgliederung der Umsatzerlöse einem in den KA einbezogenen Unternehmen erhebliche Nachteile entstehen, kann auf die Aufteilung der Umsatzerlöse verzichtet werden. Die Anwendung dieser Ausnahmeregel ist jedoch im Konzernanhang anzugeben.

Neunter Titel. Konzernlagebericht

§ 315

(1) **Im Konzernlagebericht sind zumindest der Geschäftsverlauf und die Lage des Konzerns so darzustellen, daß ein den tatsächlichen Verhältnissen entsprechendes Bild vermittelt wird; dabei ist auch auf die Risiken der künftigen Entwicklung einzugehen.**

(2) Der Konzernlagebericht soll auch eingehen auf:
1. Vorgänge von besonderer Bedeutung, die nach dem Schluß des Konzerngeschäftsjahrs eingetreten sind;

2. die voraussichtliche Entwicklung des Konzerns;
3. den Bereich Forschung und Entwicklung des Konzerns.

(3) § 298 Abs. 3 über die Zusammenfassung von Konzernanhang und Anhang ist entsprechend anzuwenden.

I. Konzernlagebericht (I und II)

Abs 1 und 2 entsprechen ihrem Inhalt nach den Bestimmungen des § 289 I und II; die Ausführungen haben sich lediglich auf den Konzern zu beziehen. Vgl die Erl zum § 289. **1**

II. Zusammenfassung von Konzernlagebericht und Lagebericht des Mutterunternehmens (III)

Ebenso wie Konzernanhang und Anhang des Mutterunternehmens (§ 298 III) dürfen (Wahlrecht) auch Konzernlagebericht und Lagebericht des Mutterunternehmens zusammengefaßt werden. Voraussetzung ist jedoch auch hier, daß der KA und der Konzernlagebericht und der JA und der Lagebericht des Mutterunternehmens gemeinsam offengelegt werden. Die Zusammenfassung des Lageberichts ist dann möglich, wenn die Lage des Konzerns und die Lage der Muttergesellschaft im Geschäftsjahr gleich waren und darauf ausdrücklich hingewiesen wird. Weichen Geschäftsverlauf und Lage im Konzern und bei der Muttergesellschaft voneinander ab, sind entweder gesonderte Berichte zu erstellen oder im einheitlichen Lagebericht auf diese Unterschiede und Besonderheiten ausdrücklich hinzuweisen (*Ellrott* in Beck-BilKomm § 315 Rz 27). **2**

Dritter Unterabschnitt. Prüfung

§ 316 Pflicht zur Prüfung

(1) ¹Der Jahresabschluß und der Lagebericht von Kapitalgesellschaften, die nicht klein im Sinne des § 267 Abs. 1 sind, sind durch einen Abschlußprüfer zu prüfen. ²Hat keine Prüfung stattgefunden, so kann der Jahresabschluß nicht festgestellt werden.

(2) Der Konzernabschluß und der Konzernlagebericht von Kapitalgesellschaften sind durch einen Abschlußprüfer zu prüfen.

(3) ¹Werden der Jahresabschluß, der Konzernabschluß, der Lagebericht oder der Konzernlagebericht nach Vorlage des Prüfungsberichts geändert, so hat der Abschlußprüfer diese Unterlagen erneut zu prüfen, soweit es die Änderung erfordert. ²Über das Ergebnis der Prüfung ist zu berichten; der Bestätigungsvermerk ist entsprechend zu ergänzen.

§ 316 Drittes Buch. Handelsbücher

I. Allgemeines

1 § 316 legt die Prüfungspflicht fest und bestimmt grundsätzlich den Gegenstand der Prüfung. Einzelheiten sind in § 317 geregelt; wer Abschlußprüfer sein kann, wird in § 318 festgelegt. Mit der Regelung in § 316 sind erstmals auch mittelgroße und große GmbH und aufgrund des KapCoRiLiG auch bestimmte PershandelsGes (§ 264 a I) prüfungspflichtig geworden. Andererseits entfiel mit Inkrafttreten des BiRiLiG die Prüfungspflicht für bis dahin prüfungspflichtige kleine AG und KGaA. Nach dem Wortlaut des Abs 1 S 1 ist die Prüfung von „einem" Abschlußprüfer durchzuführen; diese Formulierung ist jedoch nicht als zahlenmäßige Beschränkung auf nur einen Abschlußprüfer zu verstehen, sondern bedeutet von „mindestens einem Abschlußprüfer". Die gesetzliche Prüfungspflicht ist erfüllt, wenn die Prüfung von einem Abschlußprüfer vorgenommen wird; die Prüfung durch mehrere Abschlußprüfer ist in jedem Falle zulässig (*Förschle/Kofahl* in Beck-Bil-Komm § 316 Rz 4).

II. Die gesetzlich vorgeschriebenen Prüfungen

2 **1. Jahresabschlußprüfung (I S 1).** Prüfungspflichtig ist der JA und Lagebericht mittelgroßer und großer KapGes und PershandelsGes iSv § 264 a I. Die Prüfungspflicht schließt auch diejenigen JA für Rumpfgeschäftsjahre ein. Nicht prüfungspflichtig ist dagegen die Eröffnungsbilanz, da sie keinen Abschluß darstellt. Die Prüfungspflicht betrifft die JA mittelgroßer und großer AG, KGaA und GmbH sowie Pershandels-Ges iSv § 264 a, aber auch publizitätspflichtiger Unternehmen (§ 6 I PublG) und der Genossenschaften (§ 53 II Gen). Ferner sind prüfungspflichtig Kreditinstitute (§§ 27 ff KWG), unabhängig von Rechtsform und Größe, Versicherungsunternehmen (§ 57 VAG), Eigenbetriebe (aufgrund landesrechtlicher Bestimmungen), Wohnungsunternehmen (§ 26 WGG).

3 **2. Konzernabschlußprüfung (II).** Jeder KA, der nach § 293 oder § 11 PublG aufgestellt werden muß, ist prüfungspflichtig. Die Prüfungspflicht schließt den Konzernlagebericht mit ein. Größenabhängige Befreiungen sind nur für die **Aufstellung** des KA in § 293 vorgesehen, nicht jedoch für die Prüfungspflicht. Konzernabschlußprüfer ist, sofern kein anderer bestellt ist, der Abschlußprüfer des Mutterunternehmens (§ 318 II 1).

III. Nachtragsprüfungen (III)

4 Wird der JA oder der KA nach Vorlage des Prüfungsberichts des Abschlußprüfers (§ 322) von dem zuständigen Organ geändert, hat der Abschlußprüfer diese Unterlagen nochmals zu prüfen, soweit es die Änderung erfordert. Die Nachtragsprüfung bezieht sich nicht auf rein redaktionelle Änderungen, sondern ist nur bei materiellen Änderungen oder bei Berichtigungen durchzuführen. Ohne die Nachtragsprüfung ist ein festgestellter, nachtragsprüfungspflichtiger Abschluß nichtig (§ 256 I Nr 2 AktG, der auch auf GmbH anwendbar ist).

IV. Rechtsfolgen (I S 2)

Ein nicht geprüfter JA kann nicht festgestellt werden, da er als solcher rechtlich nicht existiert; ein wirksamer JA ist jedoch Voraussetzung für seine Feststellung (§§ 172, 173 AktG, § 42 a GmbHG). Ein ohne Prüfung festgestellter JA ist nichtig (§ 256 I Nr 2 AktG, der auch für die GmbH gilt; Ausnahme: § 339 II für Genossenschaften). Ist die Prüfung dagegen durchgeführt worden, der Bestätigungsvermerk jedoch eingeschränkt oder versagt worden, kann der JA dennoch festgestellt werden.

§ 317 Gegenstand und Umfang der Prüfung

(1) ¹In die Prüfung des Jahresabschlusses ist die Buchführung einzubeziehen. ²Die Prüfung des Jahresabschlusses und des Konzernabschlusses hat sich darauf zu erstrecken, ob die gesetzlichen Vorschriften und sie ergänzende Bestimmungen des Gesellschaftsvertrags oder der Satzung beachtet worden sind. ³Die Prüfung ist so anzulegen, daß Unrichtigkeiten und Verstöße gegen die in Satz 2 aufgeführten Bestimmungen, die sich auf die Darstellung des sich nach § 264 Abs. 2 ergebenden Bildes der Vermögens-, Finanz- und Ertragslage des Unternehmens wesentlich auswirken, bei gewissenhafter Berufsausübung erkannt werden.

(2) ¹Der Lagebericht und der Konzernlagebericht sind darauf zu prüfen, ob der Lagebericht mit dem Jahresabschluß und der Konzernlagebericht mit dem Konzernabschluß sowie mit den bei der Prüfung gewonnenen Erkenntnissen des Abschlußprüfers in Einklang stehen und ob der Lagebericht insgesamt eine zutreffende Vorstellung von der Lage des Unternehmens und der Konzernlagebericht insgesamt eine zutreffende Vorstellung von der Lage des Konzern vermittelt. ³Dabei ist auch zu prüfen, ob die Risiken der künftigen Entwicklung zutreffend dargestellt sind.

(3) ¹Der Abschlußprüfer des Konzernabschlusses hat auch die im Konzernabschluß zusammengefaßten Jahresabschlüsse, insbesondere die konsolidierungsbedingten Anpassungen, in entsprechender Anwendung des Absatzes 1 zu prüfen. ²Dies gilt nicht für Jahresabschlüsse, die auf Grund gesetzlicher Vorschriften nach diesem Unterabschnitt oder die ohne gesetzliche Verpflichtungen nach den Grundsätzen dieses Unterabschnitts geprüft worden sind. ³Satz 2 ist entsprechend auf die Jahresabschlüsse von in den Konzernabschluß einbezogenen Tochterunternehmen mit Sitz im Ausland anzuwenden; sind diese Jah-

§ 317
Drittes Buch. Handelsbücher

resabschlüsse nicht von einem in Übereinstimmung mit den Vorschriften der Richtlinie 84/253/EWG zugelassenen Abschlußprüfer geprüft worden, so gilt dies jedoch nur, wenn der Abschlußprüfer eine den Anforderungen dieser Richtlinie gleichwertige Befähigung hat und der Jahresabschluß in einer den Anforderungen dieses Unterabschnitts entsprechenden Weise geprüft worden ist.

(4) Bei einer Aktiengesellschaft, die Aktien mit amtlicher Notierung ausgegeben hat, ist außerdem im Rahmen der Prüfung zu beurteilen, ob der Vorstand die ihm nach § 91 Abs. 2 des Aktiengesetzes obliegenden Maßnahmen in einer geeigneten Form getroffen hat und ob das danach einzurichtende Überwachungssystem seine Aufgaben erfüllen kann.

§ 317 ist durch das KonTraG neu gefaßt worden und ist mit seinem jetzigen Wortlaut gem Art 46 EGHGB auf die nach dem 31. 12. 1998 beginnenden Geschäftsjahre anzuwenden.

I. Jahres- und Konzernabschlußprüfung (I)

1 **1. Gegenstand der Prüfung.** Gegenstand der Prüfung ist der JA bzw KA mit Anhang und Lagebericht; einzubeziehen ist außerdem die dem JA zugrundeliegende Buchführung. Dabei ist Buchführung nicht im rein technischen Sinne zu verstehen, sondern iS der Handelsbücher; das bedeutet, daß sich die Prüfung vor allem auch auf das Inventar erstreckt. Gegenstand der genossenschaftlichen Prüfung sind neben JA und Lagebericht auch die Einrichtungen, die Vermögenslage und die Geschäftsführung zwecks Feststellung der wirtschaftlichen Verhältnisse und der Ordnungsmäßigkeit der Geschäftsführung (§ 53 GenG). Ähnliches gilt für die Prüfung (ehemaliger) gemeinnütziger Wohnungsunternehmen. Bei der Prüfung der Kreditinstitute sind zusätzlich die Einhaltung weiterer gesetzlicher Bestimmungen, insb auch die Einhaltung von Anzeigepflichten zu prüfen (§ 29 I u II KWG).

2 **2. Umfang der Prüfung.** Das Gesetz spricht zwar in der Überschrift zu § 317 vom Umfang der Prüfung, der Inhalt dieser Regelung legt jedoch vielmehr die **Prüfungsziele** fest. Die Prüfung hat sich darauf zu erstrecken, ob die gesetzlichen Vorschriften und die sie ergänzenden Bestimmungen in Gesellschaftsvertrag oder Satzung beachtet worden sind. Die Prüfung erstreckt sich damit grundsätzlich auf die **Einhaltung sämtlicher für die Rechnungslegung geltenden gesetzlichen Regeln** einschließlich der GoB. Die Einhaltung anderer gesetzlicher Bestimmungen, die nicht die Rechnungslegung betreffen, einschließlich der steuerlichen Vorschriften, ist nicht Gegenstand der Abschlußprüfung nach §§ 316 ff. Sofern sich allerdings aus der Nichtbeachtung steuerlicher oder sonstiger Vorschriften Risiken ergeben, sind diese im JA zu berücksichtigen. Auch die Ordnungsmäßigkeit der Geschäftsführung (Ausnahme: Genossenschaften) ist nicht Gegenstand

Zweiter Abschn. Ergänzende Vorschriften für KapitalGes § 317

der Jahresabschlußprüfung, es sei denn, aus Verstößen ergäben sich Auswirkungen auf die Bilanz (zB bei Einlagenrückgewährung oder Unterschlagungen). Der Abschlußprüfer hat zu prüfen, ob die Vermögensgegenstände, Verbindlichkeiten, Rückstellungen und Rechnungsabgrenzungsposten vollständig erfaßt sind, ob Ansatzwahlrechte in zulässigem Umfang ausgeübt worden sind, ob die Vermögensgegenstände, Schulden und Rückstellungen entsprechend den gesetzlichen Vorschriften bewertet wurden, ob die Einzelposten richtig ausgewiesen wurden und ob die Angaben und die Darstellungen im Anhang vollständig und richtig sind. Abs 1 S 3 schreibt nunmehr vor, daß die Prüfung so anzulegen ist, daß Unrichtigkeiten und Verstöße, die **wesentliche** Auswirkungen auf die Vermögens-, Finanz- und Ertragslage haben, bei gewissenhafter Berufsausübung vom Abschlußprüfer erkannt werden. Diese Gesetzesergänzung bringt keine materielle Änderung zur bisherigen Rechtslage (so hM, vgl *Schindler/Rabenhorst,* BB 1998, 1890 mwN), ja sie ist sogar überflüssig (so *Moxter,* BB 1997, 724), da bereits S 2 festlegt, daß Gegenstand der Prüfung die Einhaltung gesetzlicher, gesellschaftsvertraglicher oder satzungsmäßiger Bestimmungen ist und es bisher schon berufsüblich war, die Prüfung so anzulegen, daß der gesetzliche Prüfungszweck erreicht wird. Im übrigen enthält das HGB unmittelbar keine Bestimmungen über die **Art** und dem **Umfang der Prüfung;** auch für den **Zeitraum der Prüfung** und die **Prüfungsdauer** sind im Gesetz keine Hinweise enthalten. Diese hat der Abschlußprüfer nach eigenem Ermessen festzulegen. Da er über die Prüfung schriftlich berichten muß und der Inhalt des Berichts in § 321 I festgelegt ist, hat er Umfang und Dauer der Prüfung so einzurichten, daß er diese Verpflichtungen erfüllen, und seine Prüfungsfeststellungen so zu dokumentieren, daß er die Feststellungen in seinem Prüfungsbericht belegen kann.

II. Lagebericht und Konzernlagebericht (II)

Lagebericht und Konzernlagebericht sind daraufhin zu prüfen, ob sie 3
den in §§ 289, 315 vorgeschriebenen Inhalt aufweisen, maW ob diese mit dem JA/KA und – als Ergänzung zur bisherigen Rechtslage – mit den bei der Prüfung gewonnenen Erkenntnissen des Abschlußprüfers im Einklang stehen und ob der Lagebericht insgesamt ein zutreffendes Bild von der Lage der Gesellschaft/des Konzerns vermittelt. Während bisher zu prüfen war, ob der Lagebericht keine *falsche* Vorstellung von der Lage des Unternehmens erweckt, ist nunmehr zu prüfen, ob er eine *zutreffende* Vorstellung vermittelt. Ob mit diesem Übergang von einer Negativ- zu einer Positivaussage eine grundlegend andere Prüfung verbunden ist, ist strittig; zweifellos kommt der Prüfung des Lageberichts eine höhere Bedeutung zu, zumal der Abschlußprüfer auch zu prüfen hat, ob die Risiken der zukünftigen Entwicklung zutreffend dargestellt worden sind; in diesem Zusammenhang hat er zu prüfen, ob die verfügbaren Informationen zur Ermittlung der Risiken verwendet wur-

den, ob die für die Berichterstattung des Vorstands zugrundegelegten Prämissen realistisch und widerspruchsfrei sind und ob Prognoseverfahren zutreffend angewandt worden sind. Eigene Prognosen und Risikoeinschätzungen hat der Abschlußprüfer nicht vorzunehmen; eine solche Verpflichtung ergibt sich auch nicht aus dem Gesetz. Die Prüfung wird sich damit auf eine Vollständigkeits- und Plausibilitätsprüfung beschränken (im einzelnen vgl *Schindler/Rabenhorst*, BB 1998, 1890 f; *Förschle/ Kofahl* in Beck-BilKomm § 317 Rz 58).

III. Konzernabschluß (III)

4 Die Prüfung des KA umfaßt zwei Bereiche (vgl *Förschle/Kofahl* in Beck-BilKomm § 317 Rz 30 f): Zum einen die Prüfung des KA mit dem Ziel festzustellen, ob die gesetzlichen und satzungsmäßigen Bestimmungen hinsichtlich des KA eingehalten worden sind, zum anderen die Prüfung der in den KA zusammengefaßten JA – und zwar im Gegensatz zur bisherigen Regelung im Umfang des Abs 1 (sog Vollprüfung). Hiervon kann nur abgesehen werden, wenn die in den KA einzubeziehenden Abschlüsse bereits entsprechend Abs 1 geprüft worden sind; dies gilt auch für JA ausländischer Tochterunternehmen, sofern diese von einem Abschlußprüfer geprüft worden sind, der entsprechend der Richtlinie 84/253/EWG zugelassen ist oder eine gleichwertige Befähigung besitzt, und der JA entsprechend den Anforderungen des Abs 1 geprüft worden ist. Ist dies nicht geschehen oder hat der Konzernabschlußprüfer Zweifel hieran, kann er entweder eigene Prüfungshandlungen vornehmen oder eine zusätzliche Prüfung durch den anderen Abschlußprüfer veranlassen.

IV. Zusätzliche Prüfungen (IV)

5 Nach § 91 II AktG hat der Vorstand einer AG geeignete Maßnahmen zu treffen, insb ein Überwachungssystem einzurichten, damit Entwicklungen, die den Fortbestand der Gesellschaft gefährden könnten, frühzeitig erkannt werden. Diese Verpflichtungen trifft jeden Vorstand einer AG, gleich welcher Größe. Bei einer AG, die Aktien mit amtlicher Notierung ausgegeben hat, ist die Erfüllung dieser Verpflichtung im Rahmen der Abschlußprüfung zu prüfen. Danach hat der Abschlußprüfer (1) festzustellen, ob Maßnahmen zur Früherkennung bestandsgefährdender Entwicklungen getroffen worden sind, (2) zu beurteilen, ob die ergriffenen Maßnahmen geeignet sind und (3) ob das eingerichtete Überwachungssystem in der Lage ist, seine Aufgaben zu erfüllen. Mit dieser Prüfungspflicht erlangt die Systemprüfung bei Jahresabschlußprüfungen zunehmende Bedeutung, da sich das geforderte Frühwarn- und Überwachungssystem nicht nur auf das Rechnungswesen, sondern auf sämtliche Bereiche des Unternehmens erstrecken muß. Zu prüfen ist jedoch nicht nur das Vorhandensein eines solchen Systems, sondern auch, ob dieses geeignet und effizient ist und ob das

Überwachungssystem seine Aufgaben erfüllen kann. Da es derzeit keine allgemein gültigen Standards für Früherkennungsmaßnahmen gibt, stellt diese Prüfung eine besondere Schwierigkeit bei der Jahresabschlußprüfung dar. Diese wird sich vorrangig zunächst auf die Prüfung der Dokumentation konzentrieren, etwa das allgemeine Vorgehen bei Erkennen von Risiken, die Identifizierung von Risiken, die Risikomessung und die Festlegung der Verantwortlichkeiten. Die Zweckmäßigkeit des Überwachungssystems ist danach zu beurteilen, ob das Überwachungssystem der Unternehmensstrategie gerecht wird und vor allem, wie mögliche Risikofaktoren übermittelt und wie über sie berichtet wird. Die Prüfung der Funktionsfähigkeit des Überwachungssystems kann letztlich nur eine Prüfung der Plausibilität der Richtlinien zur Risikobewertung und der Einhaltung dieser Richtlinien darstellen. Ob das Überwachungssystem seine Aufgaben erfüllt, wird danach zu messen sein, ob es verläßliche, aussagefähige und zeitnahe Daten liefert, die ein frühzeitiges Erkennen des Gefährdungspotentials ermöglichen (ausführlicher: *Brebeck/Herrmann*, WPg 1997, 341 ff mwN; *Schindler/Rabenhorst*, BB 1998, 1886 ff). Der Konzernprüfer hat festzustellen, ob ein derartiges Risiko- und Überwachungssystem konzernweit vorhanden ist und dieses zu beurteilen.

§ 318 Bestellung und Abberufung des Abschlußprüfers

(1) ¹Der Abschlußprüfer des Jahresabschlusses wird von den Gesellschaftern gewählt; den Abschlußprüfer des Konzernabschlusses wählen die Gesellschafter des Mutterunternehmens. ²Bei Gesellschaften mit beschränkter Haftung und bei offenen Handelsgesellschaften und Kommanditgesellschaften im Sinne des § 264a Abs 1 kann der Gesellschaftsvertrag etwas anderes bestimmen. ³Der Abschlußprüfer soll jeweils vor Ablauf des Geschäftsjahrs gewählt werden, auf das sich seine Prüfungstätigkeit erstreckt. ⁴Die gesetzlichen Vertreter, bei Zuständigkeit des Aufsichtsrats dieser, haben unverzüglich nach der Wahl den Prüfungsauftrag zu erteilen. ⁵Der Prüfungsauftrag kann nur widerrufen werden, wenn nach Absatz 3 ein anderer Prüfer bestellt worden ist.

(2) ¹Als Abschlußprüfer des Konzernabschlusses gilt, wenn kein anderer Prüfer bestellt wird, der Prüfer als bestellt, der für die Prüfung des in den Konzernabschluß einbezogenen Jahresabschlusses des Mutterunternehmens bestellt worden ist. ²Erfolgt die Einbeziehung auf Grund eines Zwischenabschlusses, so gilt, wenn kein anderer Prüfer bestellt wird, der Prüfer als bestellt, der für die Prüfung des letzten vor dem Konzernabschlußstichtag aufgestellten Jahresabschlusses des Mutterunternehmens bestellt worden ist.

(3) ¹Auf Antrag der gesetzlichen Vertreter, des Aufsichtsrats oder von Gesellschaftern, bei Aktiengesellschaften und Kom-

§ 318 Drittes Buch. Handelsbücher

manditgesellschaften auf Aktien jedoch nur, wenn die Anteile dieser Gesellschafter zusammen den zehnten Teil des Grundkapitals oder den anteiligen Betrag in Höhe von einer Millionen Euro erreichen, hat das Gericht nach Anhörung der Beteiligten und des gewählten Prüfers einen anderen Abschlußprüfer zu bestellen, wenn dies aus einem in der Person des gewählten Prüfers liegenden Grund geboten erscheint, insbesondere wenn Besorgnis der Befangenheit besteht. ²Der Antrag ist binnen zwei Wochen seit dem Tage der Wahl des Abschlußprüfers zu stellen; Aktionäre können den Antrag nur stellen, wenn sie gegen die Wahl des Abschlußprüfers bei der Beschlußfassung Widerspruch erklärt haben. ³Stellen Aktionäre den Antrag, so haben sie glaubhaft zu machen, daß sie seit mindestens drei Monaten vor dem Tage der Hauptversammlung Inhaber der Aktien sind. ⁴Zur Glaubhaftmachung genügt eine eidesstattliche Versicherung vor einem Notar. ⁵Unterliegt die Gesellschaft einer staatlichen Aufsicht, so kann auch die Aufsichtsbehörde den Antrag stellen. ⁶Gegen die Entscheidung ist die sofortige Beschwerde zulässig.

(4) ¹Ist der Abschlußprüfer bis zum Ablauf des Geschäftsjahrs nicht gewählt worden, so hat das Gericht auf Antrag der gesetzlichen Vertreter, des Aufsichtsrats oder eines Gesellschafters den Abschlußprüfer zu bestellen. ²Gleiches gilt, wenn ein gewählter Abschlußprüfer die Annahme des Prüfungsauftrags abgelehnt hat, weggefallen ist oder am rechtzeitigen Abschluß der Prüfung verhindert ist und ein anderer Abschlußprüfer nicht gewählt worden ist. ³Die gesetzlichen Vertreter sind verpflichtet, den Antrag zu stellen. ⁴Gegen die Entscheidung des Gerichts findet die sofortige Beschwerde statt; die Bestellung des Abschlußprüfers ist unanfechtbar.

(5) ¹Der vom Gericht bestellte Abschlußprüfer hat Anspruch auf Ersatz angemessener barer Auslagen und auf Vergütung für seine Tätigkeit. ²Die Auslagen und die Vergütung setzt das Gericht fest. ³Gegen die Entscheidung ist die sofortige Beschwerde zulässig. ⁴Die weitere Beschwerde ist ausgeschlossen. ⁵Aus der rechtskräftigen Entscheidung findet die Zwangsvollstreckung nach der Zivilprozeßordnung statt.

(6) ¹Ein von dem Abschlußprüfer angenommener Prüfungsauftrag kann von dem Abschlußprüfer nur aus wichtigem Grund gekündigt werden. ²Als wichtiger Grund ist es nicht anzusehen, wenn Meinungsverschiedenheiten über den Inhalt des Bestätigungsvermerks, seine Einschränkung oder Versagung bestehen. ³Die Kündigung ist schriftlich zu begründen. ⁴Der Abschlußprüfer hat über das Ergebnis seiner bisherigen Prüfung zu berichten; § 321 ist entsprechend anzuwenden.

(7) ¹Kündigt der Abschlußprüfer den Prüfungsauftrag nach Absatz 6, so haben die gesetzlichen Vertreter die Kündigung

Zweiter Abschn. Ergänzende Vorschriften für KapitalGes **§ 318**

dem Aufsichtsrat, der nächsten Hauptversammlung oder bei Gesellschaften mit beschränkter Haftung den Gesellschaftern mitzuteilen. ²Den Bericht des bisherigen Abschlußprüfers haben die gesetzlichen Vertreter unverzüglich dem Aufsichtsrat vorzulegen. ³Jedes Aufsichtsratsmitglied hat das Recht, von dem Bericht Kenntnis zu nehmen. ⁴Der Bericht ist auch jedem Aufsichtsratsmitglied oder, soweit der Aufsichtsrat dies beschlossen hat, den Mitgliedern eines Ausschusses auszuhändigen. ⁵Ist der Prüfungsauftrag vom Aufsichtsrat erteilt worden, obliegen die Pflichten der gesetzlichen Vertreter dem Aufsichtsrat einschließlich der Unterrichtung der gesetzlichen Vertreter.

I. Bestellung des Abschlußprüfers (I, II)

Die Bestellung zum **Abschlußprüfer** erfolgt in **mehreren** Schritten: 1

1. Wahl durch die Gesellschafter;

2. Auftragserteilung durch die gesetzlichen Vertreter;

3. Annahme des Auftrags durch den Abschlußprüfer.

Die **Wahl** des Abschlußprüfers nehmen die Gesellschafter vor. Bei der **AG** ist dies die Angelegenheit der Hauptversammlung (§ 118 I AktG); dieses Recht kann weder durch HV-Beschluß noch durch Satzungsänderung auf andere übertragen werden (*ADS*, § 318 Rz 64). Die Durchführung der Wahl ist im einzelnen in §§ 121 ff AktG geregelt; zur Nichtigkeit oder Anfechtbarkeit vgl §§ 241, 243 AktG. Auch bei der **GmbH und der PershandelsGes iSv** § 264 a I erfolgt die Wahl des Abschlußprüfers grundsätzlich durch die Gesellschafter. Aufgrund der Gestaltungsfreiheit im GmbH-Recht und dem Recht der PersGes kann diese Zuständigkeit jedoch durch Gesellschaftsvertrag auf andere Personen oder Organe übertragen werden, zB Beirat, fakultativer Aufsichtsrat, Gesellschaftergruppe, Seniorgesellschafter. Nach hM ist auch ein Gesellschafter-Geschäftsführer bei der Wahl des Abschlußprüfers stimmberechtigt (*Budde/Steuber* in Beck-BilKomm § 318 Rz 8; *ADS*, § 318 Rz 78 mwN). Auch der Wahlvorgang als solcher ist bei diesen Gesellschaften frei gestaltbar; ist nichts im Gesellschaftsvertrag geregelt, wird der Abschlußprüfer in einer Gesellschafterversammlung (§ 48 I GmbHG) mit einfacher Mehrheit (§ 47 I GmbHG) gewählt. Bei PershandelsGes iSv § 264 a I ist hierfür mangels abweichender Regelung im Gesellschaftsvertrag Einstimmigkeit erforderlich (§ 119).

Für den **Konzernabschlußprüfer** sieht Abs 1 S 2 2. HS vor, daß 2 dieser von den Gesellschaftern des Mutterunternehmens gewählt wird. Erfolgt keine gesonderte Wahl, gilt der Abschlußprüfer des JA des Mutterunternehmens auch als Abschlußprüfer für den KA als bestellt (Abs 2 S 1). Weichen die Stichtage des JA des Mutterunternehmens und des KA voneinander ab, gilt bei fehlender Wahl des Abschlußprüfers der Abschlußprüfer des letzten aufgestellten JA des Mut-

§ 318
Drittes Buch. Handelsbücher

terunternehmens als Konzernabschlußprüfer bestellt (Abs 2 S 2). Der Abschlußprüfer **soll** jeweils **vor Ablauf des Geschäftsjahrs** bestellt werden, auf das sich die Prüfungstätigkeit erstreckt (Abs 1 S 3); eine Wahl für mehrere Geschäftsjahre ist unzulässig. Diese „Soll-Vorschrift" ist faktisch als „Muß" anzusehen; ist die Wahl nicht vor Ablauf des Geschäftsjahrs erfolgt, sind die gesetzlichen Vertreter nach Abs 4 S 1 verpflichtet, bei Gericht die Bestellung eines Abschlußprüfers zu beantragen. Wird der Abschlußprüfer nach Ablauf des Geschäftsjahrs gewählt, ist die Wahl gleichwohl wirksam, so daß dann auch die Antragspflicht der gesetzlichen Vertreter bei Gericht entfällt. Wer als Abschlußprüfer gewählt werden kann, bestimmt § 319. Eine gegen die Bestimmungen des § 319 erfolgte Wahl ist entsprechend § 241 Nr 3 AktG nichtig (*ADS,* § 318 Rz 36).

3 Unverzüglich nach der Wahl haben die gesetzlichen Vertreter bzw der Aufsichtsrat, sofern dieser dafür zuständig ist, dem Abschlußprüfer den **Prüfungsauftrag** zu erteilen (Abs 1 S 4). Ob es sich bei diesem zivilrechtlichen Vertrag um einen Dienst- oder einen Werkvertrag handelt, ist strittig (vgl *Budde/Steuber* in Beck-BilKomm § 318 Rz 14). Für die Auftragserteilung notwendig ist ein die Gesellschaft bindendes **Angebot** (gegenseitiger Vertrag). Mit der **Annahme** dieses Angebots durch den Abschlußprüfer ist der Prüfungsvertrag zustandegekommen. Ein Prüfungsauftrag kann seitens der Gesellschaft nur widerrufen werden, wenn vom Gericht ein anderer Prüfer bestellt worden ist (Abs 1 S 5); der Widerruf ist als Sonderfall der Kündigung aus wichtigem Grund anzusehen. Die zum Abschlußprüfer gewählte Person kann ohne Begründung die Annahme des Prüfungsauftrags verweigern; dies muß jedoch unverzüglich geschehen (§ 51 WPO). In diesem Fall hat das für die Bestellung des Abschlußprüfers zuständige Organ einen anderen Abschlußprüfer zu wählen.

II. Gerichtliche Bestellung eines anderen Abschlußprüfers (III)

4 Das Gericht hat **auf Antrag** einen anderen Abschlußprüfer zu bestellen, wenn dies aus einem in der Person des gewählten Abschlußprüfers liegenden Grund geboten erscheint, insbesondere bei Besorgnis der Befangenheit (Abs 3 S 1). Die Besorgnis der Befangenheit kommt in Betracht zB bei Besitz von Anteilen an dem zu prüfenden Unternehmen, bei persönlichen oder geschäftlichen Beziehungen zu Mitgliedern der Verwaltung, bei Mitwirkung bei der Erstellung des Abschlusses. Weitere in der Person des Abschlußprüfers liegende Gründe können sein mangelnde fachliche Qualifikation, mangelnde personelle und/oder sachliche Ausstattung (vgl im einzelnen *Budde/Steuber* in Beck-BilKomm § 318 Rz 22 ff). Die **antragsberechtigen Personen** sind in Abs 3 S 1 und 5 abschließend genannt. Es sind dies die gesetzlichen Vertreter (Vorstand, Geschäftsführung), der Aufsichtsrat und die Gesellschafter, wobei bei der AG und der KGaA die Aktionäre den Antrag nur stellen können, wenn sie gegen die Wahl des Abschlußprüfers bei der Beschlußfassung Widerspruch erklärt haben (Abs 3 S 2.), sie glaubhaft machen, daß sie seit mindestens 3 Monaten vor dem Tag der Hauptversammlung Inhaber der Aktien sind (Abs 3 S 3) und wenn ihre Anteile am Grundkapital mindestens 10% oder 1,0 Mio. Euro betragen. Sofern die Gesellschaft einer staatlichen Aufsicht, zB durch das BAK und BAV, unterliegt, ist auch die Aufsichtsbehörde antragsberechtigt (Abs 3 S 5). Der Antrag ist innerhalb von zwei Wochen seit dem Tage der Wahl des Abschlußprüfers zu stellen (Abs 3 S 2). Zuständig für dieses Verfahren ist das Amtsgericht des Sitzes des Unternehmens (§ 145 II FGG). Das Gericht entscheidet nach Anhörung der Beteiligten (Organe des Unternehmens, Antragsteller) und des gewählten Abschlußprüfers (Abs 3 S 1). Gegen diese Entscheidung ist entsprechend den Bestimmungen des FGG die sofortige Beschwerde zulässig.

III. Bestellung des Abschlußprüfers durch das Gericht (IV)

Eine Bestellung des Abschlußprüfers durch das Gericht erfolgt in folgenden Fällen: 5

1. Bis zum Ablauf des Geschäftsjahrs ist kein Abschlußprüfer gewählt worden;

2. der gewählte Abschlußprüfer hat die Annahme des Prüfungsauftrags abgelehnt;

3. der Abschlußprüfer ist aus anderen Gründen weggefallen (zB durch Tod);

4. Der Abschlußprüfer ist am rechtzeitigen Abschluß der Prüfung verhindert.

Antragsberechtigt bzw antragsverpflichtet sind die gesetzlichen Vertreter; im Falle, daß bis zum Ablauf des Geschäftsjahrs kein Abschlußprüfer gewählt wurde, kann der Antrag auch von einem einzelnen Aktionär oder Gesellschafter gestellt werden. Die Antragspflicht nach Abs 4 S 3 kann aber auch dadurch erfüllt werden, daß die gesetzlichen Vertreter eine verspätete HV bzw eine Gesellschafterversammlung zur Wahl des Abschlußprüfers einberufen (*Budde/Steuber* in Beck-BilKomm § 318 Rz 26). Das Verfahren gem Abs 4 entspricht dem des Abs 3; gegen eine ablehnende Entscheidung ist die sofortige Beschwerde möglich; ansonsten ist die Bestellung des Abschlußprüfers unanfechtbar (Abs 4 S 4).

IV. Vergütung und Auslagenersatz des gerichtlich bestellten Abschlußprüfers (V)

Die Bestellung durch das Gericht bedarf der Annahme durch den Abschlußprüfer. Dieser kann mit der KapGes entsprechende Vereinbarungen über seine Vergütung und den Auslagenersatz treffen. Geschieht dies nicht, setzt das Gericht Vergütung und Auslagenersatz fest. Gegen 6

§ 319 Drittes Buch. Handelsbücher

diese Entscheidung ist die sofortige Beschwerde zulässig; eine weitere Beschwerde ist ausgeschlossen. Aus einer rechtskräftigen Entscheidung kann der Abschlußprüfer entsprechend den Regeln der ZPO vollstrekken.

V. Kündigung des Prüfungsauftrags (VI, VII)

7 Der Prüfungsauftrag kann seitens der KapGes nur durch Widerruf (Abs 3) gekündigt werden; weitere Kündigungsmöglichkeiten bestehen für die Gesellschaft nicht.

Vom Abschlußprüfer kann der Prüfungsauftrag nur aus wichtigem Grund gekündigt werden (Abs 6 S 1), wobei Meinungsverschiedenheiten über den Inhalt des Bestätigungsvermerks, seine Einschränkung oder Versagung ausdrücklich nicht als wichtiger Grund gelten (Abs 6 S 2). Als wichtige Gründe kommen in Betracht (vgl *Budde/Steuber* in Beck-BilKomm § 318 Rz 34): Gründe, die zur Bestellung eines anderen Abschlußprüfers gem Abs 3 führen können; nachträgliche Ausschließungsgründe nach § 319; schwere persönliche Differenzen mit den Gesellschaftsorganen; Zweifel an der Vertrauenswürdigkeit der Gesellschaft. Der Abschlußprüfer hat seine Kündigung schriftlich zu begründen (Abs 6 S 3). Darüberhinaus hat er über das bisherige Ergebnis seiner Prüfung zu berichten, wobei die Vorschriften des § 321 entsprechend anzuwenden sind; das bedeutet, er hat den gesetzlichen Vertretern einen schriftlichen Bericht vorzulegen und zu unterzeichnen; im Bericht sind, soweit nach dem Stand der Prüfung möglich, entsprechende Erläuterungen zu geben.

8 Nach Abs 7 haben die gesetzlichen Vertreter dem Aufsichtsrat, der nächsten Hauptversammlung oder bei GmbH bzw bei PershandelsGes iSv § 264a I (auch wenn dies im Gesetz nicht ausdrücklich erwähnt ist) den Gesellschaftern die Kündigung durch den Abschlußprüfer mitzuteilen. Sofern der Prüfungsauftrag vom Aufsichtsrat erteilt wurde, trifft diesen die Pflicht zur Unterrichtung. Der Bericht des Abschlußprüfers ist unverzüglich dem Aufsichtsrat vorzulegen, wobei jedes Aufsichtsratsmitglied oder jedes Mitglied eines vom Aufsichtsrat eingesetzten Ausschusses das Recht hat, vom Bericht Kenntnis zu nehmen bzw ihn ausgehändigt zu bekommen. Nach Kündigung ist durch die zuständigen Organe ein neuer Abschlußprüfer zu wählen bzw wenn die Kündigung nach Ablauf des Geschäftsjahrs erfolgt ist, durch das Gericht ein neuer Abschlußprüfer zu bestellen.

§ 319 Auswahl der Abschlußprüfer

(1) [1] **Abschlußprüfer können Wirtschaftsprüfer und Wirtschaftsprüfungsgesellschaften sein.** [2] **Abschlußprüfer von Jahresabschlüssen und Lageberichten mittelgroßer Gesellschaften mit beschränkter Haftung (§ 267 Abs. 2) oder von mittelgroßen Personenhandelsgesellschaften im Sinne des § 264a Abs. 1 können**

auch vereidigte Buchprüfer und Buchprüfungsgesellschaften sein.

(2) ¹Ein Wirtschaftsprüfer oder vereidigter Buchprüfer darf nicht Abschlußprüfer sein, wenn er oder eine Person, mit der er seinen Beruf gemeinsam ausübt,

1. Anteile an der zu prüfenden Kapitalgesellschaft besitzt;
2. gesetzlicher Vertreter oder Mitglied des Aufsichtsrats oder Arbeitnehmer der zu prüfenden Kapitalgesellschaft ist oder in den letzten drei Jahren vor seiner Bestellung war;
3. gesetzlicher Vertreter oder Mitglied des Aufsichtsrats einer juristischen Person, Gesellschafter einer Personengesellschaft oder Inhaber eines Unternehmens ist, sofern die juristische Person, die Personengesellschaft oder das Einzelunternehmen mit der zu prüfenden Kapitalgesellschaft verbunden ist oder von dieser mehr als zwanzig vom Hundert der Anteile besitzt;
4. Arbeitnehmer eines Unternehmens ist, das mit der zu prüfenden Kapitalgesellschaft verbunden ist oder an dieser mehr als zwanzig vom Hundert der Anteile besitzt, oder Arbeitnehmer einer natürlichen Person ist, die an der zu prüfenden Kapitalgesellschaft mehr als zwanzig vom Hundert der Anteile besitzt;
5. bei der Führung der Bücher oder der Aufstellung des zu prüfenden Jahresabschlusses der Kapitalgesellschaft über die Prüfungstätigkeit hinaus mitgewirkt hat;
6. gesetzlicher Vertreter, Arbeitnehmer, Mitglied des Aufsichtsrats oder Gesellschafter einer juristischen oder natürlichen Person oder einer Personengesellschaft oder Inhaber eines Unternehmens ist, sofern die juristische oder natürliche Person, die Personengesellschaft oder einer ihrer Gesellschafter oder das Einzelunternehmen nach Nummer 5 nicht Abschlußprüfer der zu prüfenden Kapitalgesellschaft sein darf;
7. bei der Prüfung eine Person beschäftigt, die nach den Nummern 1 bis 6 nicht Abschlußprüfer sein darf;
8. in den letzten fünf Jahren jeweils mehr als dreißig vom Hundert der Gesamteinnahmen aus seiner beruflichen Tätigkeit aus der Prüfung und Beratung der zu prüfenden Kapitalgesellschaft und von Unternehmen, an denen die zu prüfende Kapitalgesellschaft mehr als zwanzig vom Hundert der Anteile besitzt, bezogen hat und dies auch im laufenden Geschäftsjahr zu erwarten ist; zur Vermeidung von Härtefällen kann die Wirtschaftsprüferkammer befristete Ausnahmegenehmigungen erteilen.

§ 319

²Ein Wirtschaftsprüfer darf ferner nicht Abschlußprüfer sein, wenn er
1. in entsprechender Anwendung von Absatz 3 Nr. 6 ausgeschlossen wäre;
2. über keine wirksame Bescheinigung über die Teilnahme an der Qualitätskontrolle nach § 57a Wirtschaftsprüferordnung verfügt und die Wirtschaftsprüferkammer keine Ausnahmegenehmigung erteilt hat.

(3) Eine Wirtschaftsprüfungsgesellschaft oder Buchprüfungsgesellschaft darf nicht Abschlußprüfer sein, wenn
1. sie Anteile an der zu prüfenden Kapitalgesellschaft besitzt oder mit dieser verbunden ist oder wenn ein mit ihr verbundenes Unternehmen an der zu prüfenden Kapitalgesellschaft mehr als zwanzig vom Hundert der Anteile besitzt oder mit dieser verbunden ist;
2. sie nach Absatz 2 Nr. 6 als Gesellschafter einer juristischen Person oder einer Personengesellschaft oder nach Absatz 2 Nr. 5, 7 oder 8 nicht Abschlußprüfer sein darf;
3. bei einer Wirtschaftsprüfungsgesellschaft oder Buchprüfungsgesellschaft, die juristische Person ist, ein gesetzlicher Vertreter oder ein Gesellschafter, der fünfzig vom Hundert oder mehr der den Gesellschaftern zustehenden Stimmrechte besitzt, oder bei anderern Wirtschaftsprüfungsgesellschaften oder Buchprüfungsgesellschaften ein Gesellschafter nach Absatz 2 Nr. 1 bis 4 nicht Abschlußprüfer sein darf;
4. einer ihrer gesetzlichen Vertreter oder einer ihrer Gesellschafter nach Absatz 2 Nr. 5 oder 6 nicht Abschlußprüfer sein darf;
5. eines ihrer Aufsichtsratsmitglieder nach Absatz 2 Nr. 2 oder 5 nicht Abschlußprüfer sein darf oder
6. sie bei der Prüfung einer Aktiengesellschaft, die Aktien mit amtlicher Notierung ausgegeben hat, einen Wirtschaftsprüfer beschäftigt, der in den dem zu prüfenden Geschäftsjahr vorhergehenden zehn Jahren den Bestätigungsvermerk nach § 322 über die Prüfung der Jahres- oder Konzernabschlüsse der Kapitalgesellschaft in mehr als sechs Fällen gezeichnet hat;
7. sie über keine wirksame Bescheinigung über die Teilnahme an der Qualitätskontrolle nach § 57a Wirtschaftsprüferordnung verfügt und die Wirtschaftsprüferkammer keine Ausnahmegenehmigung erteilt hat.

(4) Die Absätze 2 und 3 sind auf den Abschlußprüfer des Konzernabschlusses entsprechend anzuwenden.

Zweiter Abschn. Ergänzende Vorschriften für KapitalGes **§ 319**

I. Die als Abschlußprüfer zugelassenen Personen (I)

Abschlußprüfer können nur Wirtschaftsprüfer (WP) und Wirtschaftsprüfungsgesellschaften (WPG) sein. Für die Prüfung mittelgroßer GmbH und PershandelsGes iSv § 264 a I läßt Abs 1 S 2 auch vereidigte Buchprüfer (vBP) und Buchprüfungsgesellschaften (BPG) zu. WP ist derjenige, der nach § 1 I WPO öffentlich bestellt ist; WPG unterliegen dem Anerkennungsverfahren nach § 1 III WPO. Für die vBP und BPG gilt nach § 128 I, III WPO entsprechendes. 1

II. Ausschließungsgründe für natürliche Personen (II)

Abs 2 enthält einen Katalog von Ausschließungsgründen, nach denen der WP bzw der vBP – trotz seiner entsprechenden Qualifikation – nicht Abschlußprüfer sein darf. Dabei müssen die Ausschließungsgründe nicht unbedingt in der Person des WP oder vBP vorliegen; sie können auch dann nicht Abschlußprüfer sein, wenn einer der in Abs 2 genannten Ausschließungsgründe in einer Person erfüllt sind, mit denen der WP bzw vBP seinen Beruf gemeinsam ausübt (sog Sozietätsklausel, wonach auch Rechtsanwälte, Steuerberater oder andere Angehörige freier Berufe, mit denen der WP seinen Beruf gemeinsam ausüben kann, entsprechende Ausschließungsgründe liefern können; vgl *Biener/Berneke*, BiRiLiG, S 415). Die Ausschließungsgründe sollen Interessenkonflikte verhindern und die Unabhängigkeit und Unbefangenheit des Abschlußprüfers sicherstellen. Die Aufzählung in Abs. 2 u 3 ist zwar abschließend; weitere Ausschließungsgründe können sich jedoch in Einzelfällen insb aus berufsrechtlichen Gesichtspunkten ergeben (*Budde/Steuber* in Beck-BilKomm § 319 Rz 7). 2

Das Gesetz nennt für WP und vBP folgende Ausschließungsgründe: **Nr 1: Anteilsbesitz.** Als Anteilsbesitz an der zu prüfenden Gesellschaft gilt jede kapitalmäßige Beteiligung; eine bestimmte Mindestquote ist nicht vorgesehen. Nicht unter die Ausschließungsgründe fallen Darlehen, stille Beteiligungen oder dgl. **Nr 2: Funktion in der zu prüfenden Gesellschaft.** Ist der WP/vBP gesetzliche Vertreter (Vorstand oder Geschäftsführer) oder Aufsichtsrat oder steht er als Arbeitnehmer in einem festen Anstellungsverhältnis zur zu prüfenden Gesellschaft, kann er nicht Abschlußprüfer sein; gleiches gilt, wenn eine dieser Funktionen innerhalb der letzten 3 Jahre vor dem Zeitpunkt der Wahl zum Abschlußprüfer ausgeübt worden ist. **Nr 3: Anteilsbesitz oder Funktion bei Unternehmensverbindungen.** Ist der WP/vBP oder ein Sozietätsangehöriger gesetzlicher Vertreter oder Aufsichtsrat oder Gesellschafter eines Unternehmens, das mit der zu prüfenden KapGes verbunden ist, oder das mehr als 20 % der Anteile diese Gesellschaft besitzt, kann der WP/vBP nicht Abschlußprüfer der KapGes sein. **Nr 4: Arbeitnehmer eines Beteiligungsunternehmens.** Ist der WP/vBP oder ein Sozietätsangehöriger Arbeitnehmer eines Unternehmens, das mit der zu prüfenden KapGes verbunden ist oder an der 3

§ 319
Drittes Buch. Handelsbücher

dieses mehr als 20 % der Anteile besitzt, liegt ebenfalls ein Ausschließungsgrund vor. **Nr 5: Mitwirkung bei der Führung der Bücher oder bei Erstellung des JA.** Wer bei der Führung der Bücher oder der Aufstellung des zu prüfenden JA über die Prüfungstätigkeit hinaus mitgewirkt hat, kann nicht Abschlußprüfer sein. Hintergrund dieses Verbots ist der Grundsatz, daß derjenige, der den JA erstellt hat, diesen nicht zugleich prüfen kann. In der Praxis kann dies zu Auslegungsproblemen führen, da für die Abgrenzung zwischen Erstellung und Prüfung keine eindeutigen Abgrenzungskriterien vorgegeben sind. Als zulässige Mitwirkung werden allgemein folgende Tätigkeiten angesehen (*ADS*, § 319 Rz 64 ff): Erstellung versicherungsmathematischer Gutachten; laufende steuerliche Beratung; Gutachten bzw Stellungnahmen zu steuerlichen Spezialfragen; Unternehmensberatung. **Nr 6: Mittelbare Mitwirkung.** Zur Vermeidung von Umgehungen ist ein WP/vBP auch dann als Abschlußprüfer ausgeschlossen, wenn er in einer engen Beziehung (gesetzlicher Vertreter, Aufsichtsrat, Arbeitnehmer oder Gesellschafter) zu denen nach Abs 2 Nr 5 ausgeschlossenen Personen oder Unternehmen steht. **Nr 7: Beschäftigung von ausgeschlossenen Personen.** Setzt der WP/vBP bei der Prüfung Personen ein, die nach Abs 2 Nr 1 bis 6 nicht Abschlußprüfer sein dürfen, kann er selbst nicht Abschlußprüfer sein. Die Tätigkeit dieser Personen muß eindeutig den Prüfungsbereich zugerechnet werden können, also die Mitwirkung bei der Prüfung einschließlich Prüfungsplanung und Berichtskritik betreffen; Hilfskräfte, fallen nicht unter diesen Personenkreis. **Nr 8: Umsatzabhängigkeit.** Hat der WP/vBP in den letzten 5 Jahren mehr als 30 vH der Gesamteinnahmen aus seiner beruflichen Tätigkeit aus Honoraren für die Prüfung und Beratung der zu prüfenden KapGes oder von Unternehmen, an denen diese zu mehr als 20% beteiligt ist, bezogen und ist dies auch für das laufende Geschäftsjahr zu erwarten, kann er nicht Abschlußprüfer der KapGes sein. Der Gesetzgeber geht davon aus, daß die Unabhängigkeit des WP/vBP, der auf Dauer mehr als 30 vH seiner Einnahmen von einem Mandanten bezieht, beeinträchtigt ist. Mit der Zeitspanne von mehr als 5 Jahren läßt das Gesetz dem WP/vBP die Möglichkeit, durch geeignete Maßnahmen die Honorarquote unter die kritische Grenze zu bringen. Als Gesamteinnahmen sind sämtliche Einnahmen zu verstehen, die der Abschlußprüfer aus seiner beruflichen Tätigkeit erzielt; besitzt der Abschlußprüfer zugleich die Qualifikation als Rechtsanwalt, sind auch diese Einnahmen mitzurechnen. Nicht zu den Gesamteinnahmen gehören die aus anderen Einkunftsquellen, zB aus Vermietung und Verpachtung, bezogenen Einkünfte (*Budde/Steuber* in Beck-BilKomm § 319 Rz 31). Wird die berufliche Tätigkeit mit anderen Personen gemeinsam ausgeübt, so sind auch die Einnahmen dieser Personen zu berücksichtigen (*ADS*, § 319 Rz 83). Zur **Vermeidung von Härtefällen** kann die Wirtschaftsprüferkammer befristet Ausnahmegenehmigungen erteilen; solche Härtefälle können bei Beginn der Praxis oder am Ende der beruflichen Tätigkeit bei Verringerung der Praxis auftreten.

Ein WP kann auch dann nicht Abschlußprüfer sein, wenn er bei börsennotierten AG innerhalb von 10 Jahren in mehr als 6 Fällen den Bestätigungsvermerk nach § 322 gezeichnet hat; ein Einzel-WP kann damit bestenfalls 6 Jahre Abschlußprüfer einer börsennotierten AG sein.

III. Ausschließungsgründe bei Prüfungsgesellschaften (III)

Nr 1: Anteilsbesitz. Besitzt die Prüfungsgesellschaft (WPG/BPG) 4 an der zu prüfenden KapGes eine Kapitalbeteiligung – unabhängig von ihrer Höhe – oder ist sie mit dieser verbunden, kann sie nicht Abschlußprüfer der KapGes sein. Darüberhinaus kann die Prüfungsgesellschaft nicht Abschlußprüfer sein, wenn ein mit ihr verbundenes Unternehmen an der zu prüfenden KapGes mehr als 20% der Anteile besitzt oder mit dieser verbunden ist. **Nr 2: Gleichstellung mit natürlichen Personen.** Mit dem Verweis auf Abs 2 Nr 6 sowie Nr 5, 7 und 8 werden Prüfungsgesellschaften den natürlichen Personen bezüglich der Ausschlußgründe gleichgestellt. **Nr 3: Personelle Verpflechtungen.** Eine Prüfungsgesellschaft kann nicht Abschlußprüfer sein, wenn die Ausschlußgründe der Abs 2 Nr 1 bis 4 zutreffen auf einen gesetzlichen Vertreter oder einen Gesellschafter einer Prüfungsgesellschaft in der Rechtsform einer juristischen Person, wenn dieser mindestens 50% der Stimmrechte besitzt oder einen Gesellschafter einer Prüfungsgesellschaft in der Rechtsform einer OHG oder KG. **Nr 4: Unzulässige Mitwirkung.** Liegen die Ausschlußgründe des Abs 2 Nr 5 (unzulässige Mitwirkung) oder Nr 6 (mittelbare Mitwirkung) in der Person eines gesetzlichen Vertreters oder eines Gesellschafters der Prüfungsgesellschaft vor, so kann diese nicht Abschlußprüfer sein. **Nr 5: Ausschlußgründe in der Person eines Aufsichtsratsmitglieds der Prüfungsgesellschaft.** Liegen in der Person eines Aufsichtsratsmitglieds der Prüfungsgesellschaft die Ausschlußgründe des Abs 2 Nr 2 (Ausübung einer Funktion in der zu prüfenden KapGes) oder Nr 5 (unzulässige Mitwirkung) vor, so kann die Prüfungsgesellschaft nicht Abschlußprüfer sein. **Nr. 6: Befangenheit.** Eine WPG kann nicht Abschlußprüfer einer börsennotierten AG sein, wenn sie einen WP beschäftigt (genauer müßte es wohl heißen: bei der Abschlußprüfung einsetzt), der in den 10 vorhergehenden Jahren in mehr als 6 Fällen den Bestätigungsvermerk nach § 322 gezeichnet hat, und zwar unabhängig davon, ob dieser die Prüfung verantwortlich geleitet oder „nur" mitunterzeichnet hat; für eine Differenzierung läßt der Gesetzeswortlaut keinen Raum. Damit soll dem Argument der Betriebsblindheit Rechnung getragen werden.

IV. Ausschlußgründe für den Abschlußprüfer des Konzernabschlusses (IV)

Die Unvereinbarkeitsregelungen der Abs 2 und 3 sind auf den Abschlußprüfer von KA entsprechend anzuwenden. Für den Anteilsbesitz bedeutet dies, daß der WP am Mutterunternehmen kapitalmäßig nicht

§ 320 Drittes Buch. Handelsbücher

beteiligt sein darf. Eine Beteiligung an einem Tochterunternehmen führt dann zum Ausschluß als Abschlußprüfer, wenn der JA des Tochterunternehmens vom Konzernabschlußprüfer nach § 317 II 1 zu prüfen ist (*Budde/Steuber* in Beck-BilKomm § 319 Rz 44).

V. Fehlende Qualitätskontrolle als Ausschließungsgrund

6   Aufgrund des Wirtschaftsprüfungsordnungs-Änderungsgesetzes vom 19. 12. 2000 hat sich der Wirtschaftsprüfer neben seinem Berufsexamen nach §§ 5 ff WPO zukünftig eine Qualitätskontrolle gem § 57 a WPO zu unterziehen, um Abschlußprüfer sein zu können; gleiches gilt für eine Wirtschaftsprüfungsgesellschaft. Damit soll „die Qualität der Berufsausübung gesichert und die Wettbewerbsfähigkeit des Berufsstands weiter gestärkt werden" (RegE-Entwurf, BT-Drucksache 14/3649 S 1). Die Qualitätskontrolle ist durch registrierte WP oder WPG durchzuführen und hat alle drei Jahre zu erfolgen (§ 57 a I WPO). Über die Teilnahme an der Qualitätskontrolle wird eine Bescheinigung ausgestellt. Nach Art 50 I EGHGB gelten Abs 2 S 2 Nr 2 und Abs 3 Nr 7 für Prüfungen von AG, die Aktien mit amtlicher Notierung ausgegegen haben, erstmals für die Prüfung des Abschlusses für das nach dem 31. 12. 2002 beginnende Geschäftsjahr; für alle übrigen gesetzlich vorgeschriebenen Abschlußprüfungen sind die Vorschriften erstmals auf die Prüfung des Abschlusses für das nach dem 31. 12. 2005 beginnende Geschäftsjahr anzuwenden.

Ein Verstoß gegen die Tätigkeitsverbote in Abs 2 S 2 Nr 2 und Abs 3 Nr 7 führt nicht zur Nichtigkeit des Jahresabschlusses (RegE, BT-Drucksache 14/3649 S 33); der WP bzw die WPG geht jedoch das Risiko eines Verlustes des Honorars ein. Wird eine zunächst erteilte Teilnahmebestätigung an der Qualitätskontrolle später widerrufen, bleibt der Honoraranspruch für zwischenzeitlich durchgeführte Abschlußprüfungen bestehen.

§ 320 Vorlagepflicht. Auskunftsrecht

(1) ¹**Die gesetzlichen Vertreter der Kapitalgesellschaft haben dem Abschlußprüfer den Jahresabschluß und den Lagebericht unverzüglich nach der Aufstellung vorzulegen.** ²**Sie haben ihm zu gestatten, die Bücher und Schriften der Kapitalgesellschaft sowie die Vermögensgegenstände und Schulden, namentlich die Kasse und die Bestände an Wertpapieren und Waren, zu prüfen.**

(2) ¹Der Abschlußprüfer kann von den gesetzlichen Vertretern alle Aufklärungen und Nachweise verlangen, die für eine sorgfältige Prüfung notwendig sind. ²Soweit es die Vorbereitung der Abschlußprüfung erfordert, hat der Abschlußprüfer die Rechte nach Absatz 1 Satz 2 und nach Satz 1 auch schon vor Aufstellung des Jahresabschlusses. ³Soweit es für eine sorgfältige Prüfung notwendig ist, hat der Abschlußprüfer die Rechte nach

den Sätzen 1 und 2 auch gegenüber Mutter- und Tochterunternehmen.

(3) ¹Die gesetzlichen Vertreter einer Kapitalgesellschaft, die einen Konzernabschluß aufzustellen hat, haben dem Abschlußprüfer des Konzernabschlusses den Konzernabschluß, den Konzernlagebericht, die Jahresabschlüsse, Lageberichte und, wenn eine Prüfung stattgefunden hat, die Prüfungsberichte des Mutterunternehmens und der Tochterunternehmen vorzulegen. ²Der Abschlußprüfer hat die Rechte nach Absatz 1 Satz 2 und nach Absatz 2 bei dem Mutterunternehmen und den Tochterunternehmen, die Rechte nach Absatz 2 auch gegenüber den Abschlußprüfern des Mutterunternehmens und der Tochterunternehmen.

I. Vorlagepflicht (I S 1)

Dem Abschlußprüfer sind JA und Lagebericht unverzüglich nach deren Aufstellung vorzulegen; dies bedeutet, daß Einzelunterlagen bereits vor Ablauf der Aufstellungsfristen des § 264 I dem Abschlußprüfer vorzulegen sind (*ADS*, § 320 Rz 6), unabhängig davon, ob der JA in seiner Gesamtheit bereits fertiggestellt ist. 1

II. Recht zur Einsichtnahme (I S 2)

Der Abschlußprüfer kann Einsichtnahme in die Bücher und Schriften der KapGes verlangen und die Vermögensgegenstände und Schulden, insbesondere Kassen und Bestände an Wertpapieren und Waren, prüfen. Der Begriff „Bücher und Schriften" ist weit auszulegen; er umfaßt nicht nur die gesamte Buchhaltung mit Hauptbüchern, Nebenbüchern, Belegen, Handelsbriefen und Unterlagen über Bestandsaufnahmen, Verträge uä, sondern auch die Betriebsabrechnung, Kalkulationen, Statistiken und die gesamten Planungsrechnungen wie Investitions-, Produktions- und Finanzplanungen. Das Einsichtsrecht schließt nach hM auch vertrauliche Unterlagen, wie zB Protokolle von Vorstands- und Aufsichtsratssitzungen sowie Personalunterlagen ein (*ADS*, § 320 Rz 42; *Budde/Steuber* in Beck-BilKomm § 320 Rz 8; *Wiedmann*, BilR § 320 Rz 11; *Marsch-Barner* GK § 320 Rz 2). Das Prüfungsrecht umfaßt nach Abs 1 S 2 sämtliche Aktiva und Passiva hinsichtlich Bestandsführung und Bewertung; der Hinweis auf Kassen und Wertpapierbestände ist beispielhaft. Die Prüfung ist im Normalfall in den Geschäftsräumen der Gesellschaft durchzuführen. 2

III. Auskunftsrechte (II)

Von den gesetzlichen Vertretern kann der Abschlußprüfer sämtliche Auskünfte und Nachweise verlangen, die zur Durchführung einer sorgfältigen Prüfung notwendig sind. Dieses Recht besteht gegenüber je- 3

§ 320 Drittes Buch. Handelsbücher

dem einzelnen Mitglied der Geschäftsführungsorgane; nach hM und wie in der Praxis üblich, können mit der Erfüllung der Auskunfts- und Nachweispflichten aber auch sachkundige Mitarbeiter der KapGes betraut werden. Unter Aufklärung versteht man idR mündlich erteilte Auskünfte, Erklärungen und Begründungen; Nachweise sind schriftliche Unterlagen, die dem Abschlußprüfer zugleich auch als Beweismittel dienen (*Budde/Steuber* in Beck-BilKomm § 320 Rz 12). Zur Ergänzung der Abschlußprüfung, jedoch keineswegs als Ersatz für eigene Prüfungshandlungen soll der Abschlußprüfer entsprechend den Grundsätzen ordnungsmäßiger Durchführung von Jahresabschlußprüfungen (IDW/FG 1/1988 Abschn. D II 4 c 3; auch WPHdb 2000, R Rz 657) von den gesetzlichen Vertretern der KapGes eine Vollständigkeitserklärung einholen. In dieser Erklärung wird versichert, daß die vorgelegten Bücher und Schriften sowie die erteilten Auskünfte und Nachweise vollständig sind. Ein Anspruch auf die Erteilung der Vollständigkeitserklärung durch die gesetzlichen Vertreter besteht für den Abschlußprüfer jedoch nicht.

4   Das Recht des Abs 1 S 1 Aufklärungen und Nachweise zu verlangen hat der Abschlußprüfer bereits vor Aufstellung des JA, soweit dies für die Vorbereitung der Abschlußprüfung erforderlich ist. Ein solches Recht besteht zum einen im Hinblick auf eine ordnungsmäßige Prüfungsplanung, zum anderen im Rahmen von Vor- und Zwischenprüfungen, die regelmäßig der Durchführung einer ordnungsmäßigen und fristgerechten Abschlußprüfung dienen. Das Auskunftsrecht des Abs 2 S 1 und 2 besteht auch gegenüber Mutter- und Tochterunternehmen, soweit dies für eine sorgfältige Prüfung notwendig ist. Hierbei handelt es sich **nur** um ein Auskunftsrecht, nicht um ein Prüfungsrecht nach Abs 1 S 2.Die praktische Bedeutung dieses Auskunftsrechts ist gering, da die Tochterunternehmen entweder von einem anderen Abschlußprüfer oder im Rahmen des § 317 III 1 vom Konzernabschlußprüfer geprüft werden.

IV. Vorlagepflicht und Auskunftsrecht bei Konzernabschlußprüfungen (III)

5   Im Rahmen der Prüfung des KA stehen dem Konzernabschlußprüfer gegenüber dem Mutterunternehmen und allen Tochterunternehmen die Prüfungs- und Auskunftsrechte aus Abs 1 S 2 und Abs 2 zu. Das Auskunftsrecht nach Abs 2 ist auch auf die Abschlußprüfer des Mutterunternehmens und der Tochterunternehmen ausgedehnt. Der Konzernabschlußprüfer kann ferner von den gesetzlichen Vertretern der KapGes, die einen KA aufzustellen haben, die Vorlage von KA, Konzernlagebericht, die JA und Lageberichte und, wenn eine Prüfung stattgefunden hat, auch die Prüfungsberichte des Mutterunternehmens und der Tochtergesellschaften verlangen. Darüberhinaus sind die Konsolidierungsunterlagen und – soweit eine Konzernbuchführung angefertigt wurde – auch diese vorzulegen.

§ 321 Prüfungsbericht

(1) ¹Der Abschlußprüfer hat über Art und Umfang sowie über das Ergebnis der Prüfung schriftlich und mit der gebotenen Klarheit zu berichten. ²In dem Bericht ist vorweg zu der Beurteilung der Lage des Unternehmens oder Konzerns durch die gesetzlichen Vertreter Stellung zu nehmen, wobei insbesondere auf die Beurteilung des Fortbestandes und der künftigen Entwicklung des Unternehmens unter Berücksichtigung des Lageberichts und bei der Prüfung des Konzernabschlusses von Mutterunternehmen auch des Konzerns unter Berücksichtigung des Konzernlageberichts einzugehen ist, soweit die geprüften Unterlagen und der Lagebericht oder der Konzernlagebericht eine solche Beurteilung erlauben. ³Außerdem ist darzustellen, ob bei Durchführung der Prüfung Unrichtigkeiten oder Verstöße gegen gesetzliche Vorschriften sowie Tatsachen festgestellt worden sind, die den Bestand des geprüften Unternehmens oder des Konzerns gefährden oder seine Entwicklung wesentlich beeinträchtigen können oder die schwerwiegende Verstöße der gesetzlichen Vertreter oder von Arbeitnehmern gegen Gesetz, Gesellschaftsvertrag oder die Satzung darstellen.

(2) ¹Im Hauptteil des Prüfungsberichts ist darzustellen, ob die Buchführung und die weiteren geprüften Unterlagen, der Jahresabschluß, der Lagebericht, der Konzernabschluß und der Konzernlagebericht den gesetzlichen Vorschriften und den ergänzenden Bestimmungen des Gesellschaftsvertrags oder der Satzung entsprechen und ob die gesetzlichen Vertreter die verlangten Aufklärungen und Nachweise erbracht haben. ²Es ist auch darauf einzugehen, ob der Abschluß insgesamt unter Beachtung der Grundsätze ordnungsmäßiger Buchführung ein den tatsächlichen Verhältnissen entsprechendes Bild der Vermögens-, Finanz- und Ertragslage der Kapitalgesellschaft vermittelt. ³Die Posten des Jahres- und des Konzernabschlusses sind aufzugliedern und ausreichend zu erläutern, soweit dadurch die Darstellung der Vermögens-, Finanz- und Ertragslage wesentlich verbessert wird und diese Angaben im Anhang nicht enthalten sind.

(3) In einem besonderen Abschnitt des Prüfungsberichts sind Gegenstand, Art und Umfang der Prüfung zu erläutern.

(4) ¹Ist im Rahmen der Prüfung eine Beurteilung nach § 317 Abs. 4 abgegeben worden, so ist deren Ergebnis in einem besonderen Teil des Prüfungsberichts darzustellen. ²Es ist darauf einzugehen, ob Maßnahmen erforderlich sind, um das interne Überwachungssystem zu verbessern.

(5) ¹Der Abschlußprüfer hat den Bericht zu unterzeichnen und den gesetzlichen Vertretern vorzulegen. ²Hat der Aufsichts-

§ 321

rat den Auftrag erteilt, so ist der Bericht ihm vorzulegen; dem Vorstand ist vor Zuleitung Gelegenheit zur Stellungnahme zu geben.

1 Auch § 321 ist durch das KonTraG neu gefaßt worden und in dieser Form spätestens auf das nach dem 31. 12. 1998 beginnende Geschäftsjahr anzuwenden (Art. 46 EGHGB). Wesentliche **materielle** Änderungen gegenüber der bisher geltenden Fassung und bisher schon praktizierten Übung im Berufsstand der Wirtschaftsprüfer haben sich durch die Neufassung nicht ergeben, auch wenn das Gesetz nunmehr einen bestimmten Mindestumfang und eine Mindestgliederung für den Prüfungsbericht vorschreibt.

I. Prüfungsbericht

2 Über Art, Umfang und Ergebnis der Prüfung hat der Abschlußprüfer **schriftlich** zu berichten. Das Gesetz sieht zwar für den Prüfungsbericht Pflichtfeststellungen vor, überläßt aber im übrigen Inhalt und Umfang des Berichts weitgehend dem pflichtgemäßen Ermessen des Abschlußprüfers. Der Berufsstand der Wirtschaftsprüfer hat einige allgemeine Grundsätze über die Berichterstattung festgelegt, die aus dem Grundsatz einer gewissenhaften und unparteiischen Prüfung (§ 323 I 1) abgeleitet sind (IDW PS 450).

1. Allgemeine Berichtsgrundsätze. a) Der Grundsatz der **Unparteilichkeit** verlangt eine objektive Berichterstattung, die die Sachverhalte unter Berücksichtigung aller erreichbaren Informationen auswertet. **b)** Der Grundsatz der **Vollständigkeit** verlangt eine umfassende Darstellung aller wesentlichen Tatsachen, die die Prüfung erbracht haben und die das abschließende Urteil des Abschlußprüfers bestimmen. Ein Schweigerecht oder gar eine Schweigepflicht besteht für den Abschlußprüfer nicht, auch wenn die Gesellschaft die Schutzklausel des § 286 in Anspruch genommen hat. **c)** Dem Grundsatz der **Wahrheit** entsprechend hat der Inhalt des Prüfungsberichts die tatsächlichen Verhältnisse der KapGes darzustellen. Konnten bestimmte Sachverhalte trotz intensiver Prüfung nicht aufgeklärt werden, ist dies im Prüfungsbericht anzugeben. **d)** Der Grundsatz der **Klarheit,** der nunmehr ausdrücklich in das Gesetz aufgenommen worden ist (I 1), verlangt eindeutige und verständliche Erläuterungen der berichtspflichtigen Sachverhalte; dazu gehört auch eine übersichtliche Gliederung des Prüfungsberichts.

3 **2. Gesetzliche Mindestgliederung des Prüfungsberichts.** Das Gesetz unterscheidet nunmehr zwischen einem „Vorweg"-Teil (I 2), einen Hauptteil und einem besonderen Teil (III). **(a)** Nach Abs 1 S 2 ist im Prüfungsbericht „**vorweg**" zur Beurteilung der Lage des Unternehmens oder Konzerns durch die gesetzlichen Vertreter Stellung zu nehmen, insb zu deren Beurteilung des Fortbestands und zur zukünftigen Entwicklung. „Vorweg" muß jedoch nicht bedeuten, daß dieser

Berichtsteil sozusagen den Prüfungsbericht eröffnet (so aber *Schindler/ Rabenhorst*, BB 1998, 1939), sondern lediglich, daß er an geeigneter Stelle in den Bericht aufgenommen wird; ein systematischer Aufbau eines Prüfungsberichts verlangt immer noch zunächst die Darstellung des Auftrags und dessen Durchführung. Die geforderte Stellungnahme kann in verbaler Form, aber auch in Verbindung mit betrieblichen Kennzahlen erfolgen; keineswegs hat der Prüfer eine eigene Beurteilung des Fortbestands und der zukünftigen Entwicklung des Unternehmens vorzunehmen. Er hat vielmehr zu beurteilen, inwieweit die Beurteilungen durch die gesetzlichen Vertreter in sich schlüssig und die Schlußfolgerungen plausibel und nachvollziehbar sind. Die Einschränkung „soweit die geprüften Unterlagen und der Lagebericht oder Konzernlagebericht eine solche Beurteilung erlauben" besagt, daß die Stellungnahme auf der Grundlage der vorhandenen verfügbaren Unterlagen erfolgen soll und daß mit der Pflicht zur Vorwegbeurteilung der Prüfungsumfang nicht erweitert werden soll (*Moxter*, BB 1997, 727), das bedeutet, daß im Prüfungsbericht über die tatsächliche Lage nur das festzuhalten ist, was der Prüfer bei gewissenhafter Wahrnehmung seiner Aufgaben darüber erfährt (*Moxter*, BB 1997, 727). Im Vorwegbericht ist ferner darzustellen, ob dem Prüfer im Rahmen seiner Tätigkeit Tatsachen bekannt geworden sind, die den Bestand des geprüften Unternehmens gefährden oder seine Entwicklung wesentlich beeinträchtigen können oder wenn er schwerwiegende Verstöße der gesetzlichen Vertreter oder von Arbeitnehmern gegen Gesetz, Gesellschaftsvertrag oder Satzung festgestellt hat. Mit dieser Redepflicht, die die sog „große Redepflicht" des § 321 II aF ersetzt, soll möglichst frühzeitig über eine gravierende Verschlechterung der Unternehmensentwicklung berichtet werden. Eine **Bestandsgefährdung** liegt vor, wenn ernsthaft zu befürchten ist, daß das Unternehmen seinen Geschäftsbetrieb nicht mehr fortführen kann und damit die Gefahr einer Insolvenz oder einer Liquidation besteht (WPHdb 2000, Q Rz 102 ff; *ADS*, 321 Rz 169; *Budde/Kunz* in Beck-BilKomm § 321 Rz 34 ff). Anzeichen für eine Bestandsgefährdung können zB sein: Erhebliche laufende Verluste, ohne daß deren Ende absehbar ist; keine kostendeckende Fertigung; Liquiditätsengpässe; Kündigung von Krediten; Preisverfall am Absatzmarkt; gravierende Preisänderungen im Beschaffungsbereich; Fehlinvestitionen; Unterlassung notwendiger Investitionen. Die Abgrenzung zur **Gefährdung der zukünftigen Entwicklung** des Unternehmens ist fließend; letztlich kommen die gleichen Indikatoren wie bei der Bestandsgefährdung in Betracht; zusätzlich lassen sich als weitere Kriterien nennen: voraussichtlich länger andauernde Dividendenlosigkeit; Stilllegung von Betriebsteilen; Verkauf von Beteiligungen zur Sicherung der Liquidität; erhebliche Verluste bei Beteiligungsgesellschaften. Außerdem ist über **schwerwiegende Verstöße** der gesetzlichen Vertreter oder Arbeitnehmer gegen Gesetz, Gesellschaftsvertrag oder Satzung zu berichten. Als Gesetzesverstöße kommen vor allem Verstöße gegen Bestimmungen des HGB, AktG, GmbHG, der Steuergesetze, der Straf-

§ 321 Drittes Buch. Handelsbücher

gesetze, des Betriebsverfassungsrechts, des Gesetzes gegen Wettbewerbsbeschränkungen in Betracht. Als Verstöße gegen Gesellschaftsvertrag oder Satzung sind vor allem Maßnahmen zu nennen, die der Zustimmung oder Mitwirkung von Aufsichtsrat, Gesellschafterversammlung oder zuständiger Aufsichtsbehörde (zB BAK, BAV) bedurft hätten. Die Berichtspflicht beschränkt sich auf solche Tatsachen, die bei ordnungsgemäßer Durchführung der Abschlußprüfung bekannt geworden sind. Auch mit dieser Redepflicht ist keine Erweiterung des Gegenstands und des Umfangs der Abschlußprüfung gem § 317 verbunden; die Prüfung ist somit nicht gezielt auf die Feststellung derartiger Tatsachen abzustellen. Unberührt davon bleibt allerdings die Verpflichtung des Abschlußprüfers, im Falle des Risikos einer Bestandsgefährdung des Unternehmens oder von Gesetzesverstößen der gesetzlichen Vertreter oder Arbeitnehmer möglicherweise den Umfang seiner Prüfungshandlungen auszudehnen. Die Berichtspflicht besteht auch dann, wenn die Tatsachen dem Aufsichtsorgan, dem Vorstand oder der Geschäftsführung bereits bekannt sind (WPHdb 2000, Q Rz 134).

4   **(b)** Im **Hauptteil** des Prüfungsberichts ist festzustellen, ob die Buchführung und die übrigen geprüften Unterlagen, der JA, der Lagebericht, der KA und der Konzernlagebericht den gesetzlichen Vorschriften und den ergänzenden Bestimmungen von Gesellschaftsvertrag oder Satzung entsprechen und ob die verlangten Aufklärungen und Nachweise erbracht wurden. Diese Aufzählung im Gesetz bedeutet, daß trotz ansonsten freier inhaltlicher Gestaltung des Prüfungsberichts über diese Punkte in jedem Falle ausdrücklich zu berichten ist. Die Feststellungen zur **Buchführung** umfassen nicht das gesamte Rechnungswesen, sondern nur die Finanzbuchhaltung und die verschiedenen Nebenbuchführungen einschließlich der Belege und Bestandsnachweise, die Grundlage des JA darstellen. Es ist auch eine Stellungnahme darüber abzugeben, inwieweit die GoB eingehalten worden sind. Die Stellungnahme zum **JA** und zum **KA** muß im wesentlichen darauf eingehen, ob die gesetzlichen Bilanzierungs- und Bewertungsvorschriften eingehalten worden sind. Einwendungen gegen den JA bzw KA sind im Prüfungsbericht darzustellen und zu begründen und zwar auch dann, wenn die Mängel nicht zur einer Einschränkung oder Versagung des Bestätigungsvermerks geführt haben. Bezüglich des **Lageberichts** ist festzustellen, ob dieser die nach §§ 289, 315 zu machenden Angaben enthält und ob er mit dem JA/KA in Einklang steht und ob er zusammen mit den anderen Angaben und aufgrund der Erkenntnisse des Abschlußprüfers eine zutreffende Vorstellung von der Lage der Gesellschaft vermittelt. Ausdrücklich festzustellen ist auch, ob die gesetzlichen Vertreter, die nach § 320 II 1 verlangten **Nachweise und Aufklärungen** erbracht haben, die für eine sorgfältige Prüfung erforderlich sind. Schließlich ist darauf einzugehen, ob der Abschluß insgesamt unter Beachtung der GoB ein den **tatsächlichen Verhältnissen** entsprechendes Bild der Vermögens-, Finanz- und Ertragslage vermittelt; falls dies nicht der Fall ist, ist darzulegen, aus welchen Gründen dies nicht der Fall ist.

Die Verpflichtung zur **Aufgliederung und Erläuterung** der Posten 5
des JA im Prüfungsbericht bezieht sich auf alle wesentlichen Punkte
(*ADS*, § 321 Rz 93 mwN). Aufgliederung bedeutet, daß der Inhalt
einzelner Posten insoweit anzugeben ist, wie er zum Verständnis und
zur Beurteilung notwendig ist; idR wird eine zahlenmäßige Darstellung
insb bei heterogen zusammengesetzten Posten erforderlich sein. Mit
einer Darstellung der auf die einzelnen Posten angewandten Bilanzierungs- und Bewertungsmethoden und etwaiger sich ergebender Veränderungen gegenüber dem Vorjahr wird die Erläuterungspflicht erfüllt.
Allerdings schränkt Abs 2 S 3 die Aufgliederungs- und Erläuterungsverpflichtung insoweit ein, als sie nur dann zu erfolgen hat, soweit
dadurch die Darstellung der Vermögens-, Finanz- und Ertragslage wesentlich verbessert wird und diese Angaben nicht im Anhang enthalten
sind. Damit dürfte in der Praxis der Umfang des Erläuterungsteils in
den Prüfungsberichten, der in der Vergangenheit vielfach einem „Zahlenfriedhof" glich, erheblich verringert und Wiederholungen in Bericht
und Anhang vermieden werden.

(c) In einem **besonderen Abschnitt** des Prüfungsberichts sind 6
Gegenstand, Art und Umfang der Prüfung zu erläutern. Diese neu in
das Gesetz aufgenommene Verpflichtung entspricht bereits weitgehend
der Berufsübung. Im wesentlichen wird hier der Hinweis auf die angewandten Prüfungsgrundsätze, wie sie zB in den Fachgutachten und den
Prüfungsstandards des IDW festgelegt sind, ausreichen. Eine Darstellung
einzelner Prüfungshandlungen oder zum Umfang der Stichproben
erscheint nicht angebracht. Sofern vom Aufsichtsrat bestimmte
Prüfungsschwerpunkte vorgegeben wurden, ist an dieser Stelle darauf
einzugehen. Ferner sollte hier vermerkt werden, wenn sich der Prüfer
auf die Ergebnisse anderer Prüfer oder Gutachten (zB versicherungsmathematische Gutachten) gestützt hat.

II. Besonderheiten bei börsennotierten Aktiengesellschaften (IV)

Über die Prüfung nach § 317 IV über das Vorhandensein, die Effi- 7
zienz und die Brauchbarkeit des sog Frühwarnsystems zur Sicherung
des Fortbestands des Unternehmens ist in einem besonderen Teil des
Prüfungsberichts zu berichten; dabei ist nicht das gesamte Überwachungssystem darzustellen, sondern lediglich eine Zusammenfassung
und ein Ergebnis vorzutragen. Die Ausführungen zum Verbesserungsbedarf sollen nur darüber berichten, **ob** derartige Maßnahmen erforderlich sind, nicht aber welche Maßnahmen im einzelnen zu ergreifen
sind.

III. Vorlage und Unterzeichnung (V)

Der Abschlußprüfer hat den Prüfungsbericht zu unterzeichnen; fehlt 8
die Unterschrift, liegt ein Prüfungsbericht im Rechtssinne nicht vor

(*ADS*, § 321 Rz 209). Die Unterzeichnung muß eigenhändig durch Namensunterschrift erfolgen, und zwar üblicherweise mit Angabe von Ort und Tag (WPHdb 2000, Q Rz 1099). Die Unterzeichnung des Prüfungsberichts hat analog § 32 WPO durch den WP zu erfolgen; Prüfungsberichte von mittelgroßen GmbH können auch von einem vBP unterzeichnet werden. Ist allerdings eine WPG Abschlußprüfer einer mittelgroßen GmbH oder einer PershandelsGes iSv § 264a I, ist die Unterzeichnung durch einen vBP unzulässig (*ADS*, § 321 Rz 213; WPHdb 2000, Q Rz 259; *Budde/Kunz* in Beck-BilKomm § 321 Rz 132). Nach Unterzeichnung hat der Abschlußprüfer den Prüfungsbericht den gesetzlichen Vertretern der KapGes vorzulegen. Mit der Vorlage des Prüfungsberichts ist die Abschlußprüfung beendet. Die gesetzlichen Vertreter haben den Prüfungsbericht unverzüglich dem Aufsichtsrat (§ 170 I AktG) bzw den Gesellschaftern (§ 42a I 2 GmbHG) vorzulegen. Hat der Aufsichtsrat den Prüfungsauftrag erteilt, ist dieser Empfänger des Berichts; dem Vorstand muß allerdings zuvor Gelegenheit zu einer Stellungnahme gegeben werden.

§ 322 Bestätigungsvermerk

(1) ¹**Der Abschlußprüfer hat das Ergebnis der Prüfung in einem Bestätigungsvermerk zum Jahresabschluß und zum Konzernabschluß zusammenzufassen.** ²**Der Bestätigungsvermerk hat neben einer Beschreibung von Gegenstand, Art und Umfang der Prüfung auch eine Beurteilung des Prüfungsergebnisses zu enthalten.** ³**Sind vom Abschlußprüfer keine Einwendungen zu erheben, so hat er in seinem Bestätigungsvermerk zu erklären, daß die von ihm nach § 317 durchgeführte Prüfung zu keinen Einwendungen geführt hat und daß der von den gesetzlichen Vertretern der Gesellschaft aufgestellte Jahres- oder Konzernabschluß aufgrund der bei der Prüfung gewonnenen Erkenntnisse des Abschlußprüfers nach seiner Beurteilung unter Beachtung der Grundsätze ordnungsmäßiger Buchführung ein den tatsächlichen Verhältnissen entsprechendes Bild der Vermögens-, Finanz- und Ertragslage des Unternehmens oder des Konzerns vermittelt.**

(2) ¹**Die Beurteilung des Prüfungsergebnisses soll allgemeinverständlich und problemorientiert unter Berücksichtigung des Umstandes erfolgen, daß die gesetzlichen Vertreter den Abschluß zu verantworten haben.** ²**Auf Risiken, die den Fortbestand des Unternehmens gefährden, ist gesondert einzugehen.**

(3) ¹**Im Bestätigungsvermerk ist auch darauf einzugehen, ob der Lagebericht und der Konzernlagebericht insgesamt nach der Beurteilung des Abschlußprüfers eine zutreffende Vorstellung von der Lage des Unternehmens oder des Konzerns vermittelt.** ²**Dabei ist auch darauf einzugehen, ob die Risiken der künftigen Entwicklung zutreffend dargestellt sind.**

(4) ¹Sind Einwendungen zu erheben, so hat der Abschlußprüfer seine Erklärung nach Absatz 1 Satz 3 einzuschränken oder zu versagen. ²**Die Versagung ist in den Vermerk, der nicht mehr als Bestätigungsvermerk zu bezeichnen ist, aufzunehmen.** ³Die Einschränkung und die Versagung sind zu begründen. ⁴Einschränkungen sind so darzustellen, daß deren Tragweite erkennbar wird.

(5) ¹**Der Abschlußprüfer hat den Bestätigungsvermerk oder den Vermerk über seine Versagung unter Angabe von Ort und Tag zu unterzeichnen.** ²**Der Bestätigungsvermerk oder der Vermerk über seine Versagung ist auch in den Prüfungsbericht aufzunehmen.**

Die Regelungen zum Bestätigungsvermerk sind in ihrem wesentlichen Inhalt durch das KonTraG grundlegend neu gefaßt und gem Art 46 EGHGB spätestens auf nach dem 31. 12. 1998 beginnende Geschäftsjahre anzuwenden. Anlaß für die Neufassung war die Auffassung des Gesetzgebers, daß sich die bisherige Regelung des § 322 I 1 mit ihrem sog Formeltestat „nicht bewährt habe"; nach Abs 2 aF sei „dieses zwar zu ergänzen, wenn ansonsten ein falscher Eindruck über den Inhalt der Prüfung und die Tragweite des Bestätigungsvermerkes entstehen" könne; die „Pflicht zur Ergänzung" sei „jedoch von der Praxis kaum beachtet" worden, so daß „die im formelhaften Text des Bestätigungsvermerkes liegende Gefahr der Überschätzung des Textes ... dadurch noch verstärkt" wurde (so die Begründung zum Regierungsentwurf, BR-Drucks 872/97 zu Nr 9, S 77). Ob allerdings mit der Neuregelung des § 322 die „Erwartungslücke" (das ist der Unterschied zwischen dem, was der Bestätigungsvermerk aussagen kann und dem, welche Vorstellung die Öffentlichkeit mit dem Vermerk verbindet) tatsächlich verringern wird (so *Wolz,* WPK-Mitt. 1998, 122 ff), wird erst noch die Zukunft zeigen müssen (sehr kritisch zur Neuregelung: *Moxter,* BB 1997, 727 ff). 1

I. Bedeutung und rechtliche Wirkung des Bestätigungsvermerks

Der Bestätigungsvermerk faßt das Ergebnis der Prüfung zusammen. Im Gegensatz zum Prüfungsbericht, dessen Adressat Aufsichtsrat und Vorstand bzw Geschäftsführung und Gesellschafterversammlung sind, ist der Bestätigungsvermerk nach außen gerichtet. Er ist Gegenstand der Offenlegung (§ 325) und damit an einen Personenkreis gerichtet, dem der Prüfungsbericht nicht zugänglich ist. Entsprechend dem Ergebnis der Prüfung kann ein **uneingeschränkter**, ein **eingeschränkter Bestätigungsvermerk** oder ein **Vermerk über die Versagung** des Bestätigungsvermerks erteilt werden. Mit dem Bestätigungsvermerk wird entsprechend dem Ziel der Abschlußprüfung ein Urteil darüber abgegeben, ob bzw inwieweit der von den gesetzlichen Vertretern aufgestellte JA bzw KA den gesetzlichen Vorschriften entspricht. Eine 2

§ 322

Aussage über die wirkliche wirtschaftliche Lage der KapGes oder der PershandelsGes iSv § 264 a I ist auch nach der Gesetzesänderung mit dem Bestätigungsvermerk nicht verbunden, auch wenn der Abschlußprüfer nach Abs 3 darauf eingehen muß, ob der Lagebericht eine zutreffende Vorstellung von der Gesellschaft vermittelt. Die **rechtliche Wirkung** des Bestätigungsvermerks liegt in einer Feststellungssperre (WPHdb 2000, Q Rz 409); die Feststellung des JA einer prüfungspflichtigen KapGes und die sich daran anschließende Beschlußfassung über die Gewinnverwendung kann solange nicht erfolgen, wie die Prüfungspflicht nach § 316 I und II nicht erfüllt ist, also die Jahresabschlußprüfung nicht durchgeführt und der Prüfungsbericht nicht vorgelegt worden ist, in dem der Bestätigungsvermerk oder der Vermerk über seine Versagung aufgenommen worden ist. Eine ohne Prüfung festgestellter JA ist gem § 241 Nr 3 AktG, der auch auf die GmbH und die PershandelsGes iSv § 264 a I analog anzuwenden ist, nichtig. Ein mit einer Einschränkung versehener JA kann gleichwohl festgestellt werden, ebenso wie ein JA, dem der Bestätigungsvermerk versagt wurde. Bei der AG hat der Aufsichtsrat den Einwendungen des Abschlußprüfers jedoch nachzugehen und dazu Stellung zu nehmen (§ 171 II 3) und, wenn er den JA dennoch feststellt, zu begründen, warum er keine Einwendungen gegen den JA erhebt (WPHdb 2000, Q Rz 410). Die KapGes und die PershandelsGes iSv § 264 a I hat, sofern die Abschlußprüfung durchgeführt worden ist, Anspruch auf Erteilung eines Bestätigungsvermerks oder eines Vermerks über dessen Versagung (*Budde/Kunz* in Beck-BilKomm § 322 Rz 15).

II. Bestätigungsvermerk zum Jahresabschluß

3 Das sog Formeltestat mit seinem gesetzlich vorgeschriebenen Text gehört der Vergangenheit an; das Gesetz schreibt – bis auf den Kernsatz in Abs 1 S 3 – keine Formulierung für den Bestätigungsvermerk mehr vor. Damit nähert sich die deutsche Praxis dem im angelsächsischen Bereich üblichen Bestätigungsbericht (Auditor's-Report) an. Gleichwohl hat der HFA des IDW einen Prüfungsstandard über die „Grundsätze für die ordnungsmäßige Erteilung von Bestätigungsvermerken bei Abschlußprüfungen" verabschiedet (IDW-PS 400), in dem der Berufsstand der Wirtschaftsprüfer Empfehlungen für die Gestaltung des Bestätigungsvermerks gegeben werden und die sich an dem gesetzlich vorgeschriebenen Bestandteilen des Bestätigungsvermerks orientieren. Danach wird zwischen drei Teilen des Bestätigungsvermerks unterschieden: **(1) Einleitender Abschnitt.** Hier sind als Gegenstand der Prüfung der Jahresabschluß unter Einbeziehung der Buchführung sowie der Lagebericht zu nennen und das geprüfte Unternehmen, der Abschlußstichtag und das dem Jahresabschluß zugrundeliegende Geschäftsjahr zu bezeichnen. Außerdem soll die Verantwortung des Abschlußprüfers von derjenigen der Geschäftsführung abgegrenzt werden; es soll deutlich zum Ausdruck kommen, daß die Verantwortung für

Zweiter Abschn. Ergänzende Vorschriften für KapitalGes **§ 322**

Buchführung, JA und Lagebericht bei der Geschäftsführung liegt. Die Aufgabe des Abschlußprüfers ist es, mit dem Bestätigungsvermerk über die Rechnungslegung des geprüften Unternehmens ein zusammenfassendes Urteil abzugeben, das das Ergebnis seiner durchgeführten Prüfung wiedergibt. Um klarzustellen, insb im Hinblick auf die Möglichkeit befreiender KA nach internationalem Rechnungsstandards, nach welchen Rechnungslegungsvorschriften ein JA bzw KA erstellt wurde, sollten diese im einleitenden Abschnitt bezeichnet werden. Der HFA schlägt, sofern keine besonderen Umstände vorliegen, für den einleitenden Abschnitt folgende Formulierung vor: „Ich habe/wir haben den Jahresabschluß unter Einbeziehung der Buchführung und den Lagebericht der ... Gesellschaft für das Geschäftsjahr vom ... bis ... geprüft. Die Buchführung und die Aufstellung von Jahresabschluß und Lagebericht nach den deutschen handelsrechtlichen Vorschriften (und den ergänzenden Regelungen im Gesellschaftsvertrag/in der Satzung) liegen in der Verantwortung der gesetzlichen Vertreter der Gesellschaft. Meine/Unsere Aufgabe ist es, auf der Grundlage der von mir/uns durchgeführten Prüfung eine Beurteilung über den Jahresabschluß unter Einbeziehung der Buchführung und über den Lagebericht abzugeben."

(2) Beschreibender Abschnitt. Der Bestätigungsvermerk muß **4** eine Beschreibung von Art und Umfang der Prüfung enthalten. Der Abschlußprüfer hat darauf hinzuweisen, daß es sich um eine Jahresabschlußprüfung handelt. Bezüglich des Umfangs der Prüfung ist zu vermerken, daß diese so geplant und durchgeführt wurde, daß mit hinreichender Sicherheit ein Urteil darüber abgegeben werden kann, ob die Rechnungslegung frei von wesentlichen Mängeln ist. Dabei sind die Grundsätze zu nennen, nach denen die Prüfungsplanung und die Prüfungsdurchführung erfolgt ist. Ferner gehört zur Beschreibung des Umfangs der Prüfung (a) die Beurteilung der Nachweise für die Angaben in der Rechnungslegung auf der Basis von Stichproben, (b) die Beurteilung der bei der Rechnungslegung angewandten Grundsätze, (c) die Beurteilung der wesentlichen in die Rechnungslegung eingeflossenen Einschätzungen der Geschäftsführung, (d) die Würdigung der Gesamtdarstellung des JA – wie sie sich aus dem Zusammenwirken von Bilanz, Gewinn- und Verlustrechnung und Anhang unter Beachtung der GoB – und des Lageberichts durch den Abschlußprüfer ergibt. Wenn in Einzelfällen wegen außergewöhnlicher Umstände besondere Prüfungen notwendig waren, sollte dies beim Umfang der Prüfung ebenfalls vermerkt werden. Zu Art und Umfang der Prüfung hat der Abschlußprüfer abschließend zu erklären, daß diese nach seiner Meinung eine hinreichend sichere Grundlage für sein Prüfungsurteil bilden. Danach wird, wenn keine besonderen Umstände vorliegen, die folgende Formulierung als Standard vorgeschlagen: „Ich habe meine/Wir haben unsere Jahresabschlussprüfung nach § 317 HGB unter Beachtung der vom Institut der Wirtschaftsprüfer (IDW) festgestellten Grundsätze ordnungsmäßiger Abschlußprüfung vorgenommen. Danach ist die

§ 322 Drittes Buch. Handelsbücher

Prüfung so zu planen und durchzuführen, daß Unrichtigkeiten und Verstöße, die sich auf die Darstellung des durch den Jahresabschluß unter Beachtung der Grundsätze ordnungsmäßiger Buchführung und durch den Lagebericht vermittelten Bildes der Vermögens-, Finanz- und Ertragslage wesentlich auswirken, mit hinreichender Sicherheit erkannt werden. Bei der Festlegung der Prüfungshandlungen werden die Kenntnisse über die Geschäftstätigkeit und über das wirtschaftliche und rechtliche Umfeld der Gesellschaft sowie die Erwartungen über mögliche Fehler berücksichtigt. Im Rahmen der Prüfung werden die Wirksamkeit des internen Kontrollsystems sowie Nachweise für die Angaben in Buchführung, Jahresabschluß und Lagebericht überwiegend auf der Basis von Stichproben beurteilt. Die Prüfung umfaßt die Beurteilung der angewandten Bilanzierungsgrundsätze und der wesentlichen Einschätzungen der gesetzlichen Vertreter sowie die Würdigung der Gesamtdarstellung des Jahresabschlusses und des Lageberichts. Ich bin/Wir sind der Auffassung, daß meine/unsere Prüfung eine hinreichend sichere Grundlage für meine/unsere Beurteilung bildet."

5 **(3) Urteil des Prüfers.** In diesem Teil des Bestätigungsvermerks gibt der Abschlußprüfer ein Urteil über die Beachtung der maßgeblichen Normen durch das geprüfte Unternehmen ab. Abhängig vom jeweiligen Sachverhalt sind drei Formen des Urteils möglich: Uneingeschränkt positive Gesamtaussage (uneingeschränkter Bestätigungsvermerk), eingeschränkt positive Gesamtaussage (eingeschränkter Bestätigungsvermerk), nicht positive Gesamtaussage (Versagungsvermerk).

6 **(a) Uneingeschränkter Bestätigungsvermerk.** Hat der Abschlußprüfer keine Einwendungen zu erheben, erteilt er einen uneingeschränkten Bestätigungsvermerk, für den folgender Formulierungsvorschlag gemacht wird: „Meine/Unsere Prüfung hat zu keinen Einwendungen geführt.

Nach meiner/unserer Überzeugung vermittelt der Jahresabschluß unter Beachtung der Grundsätze ordnungsgemäßer Buchführung ein den tatsächlichen Verhältnissen entsprechendes Bild der Vermögens-, Finanz- und Ertragslage der Gesellschaft. Der Lagebericht gibt insgesamt eine zutreffende Vorstellung von der Lage der Gesellschaft und stellt die Risiken der künftigen Entwicklung zutreffend dar." Sofern kleine Kapitalgesellschaften keinen Lagebericht aufgestellt haben (§ 264 I 3), entfällt die entsprechende Aussage im Bestätigungsvermerk. Die Formulierung kann auch bei solchen gesetzlichen Jahresabschlußprüfungen verwendet werden, bei denen die Vorschriften über dem Bestätigungsvermerk entsprechend anzuwenden sind (zB § 53 II GenG, §§ 340 k I 1, 341 k I 1).

7 **(b) Eingeschränkter Bestätigungsvermerk und Versagungsvermerk (IV).** Der Abschlußprüfer hat den Bestätigungsvermerk einzuschränken oder zu versagen, wenn nach dem Ergebnis seiner Prüfung Einwendungen zu erheben sind. Diese können Verstöße gegen gesetzliche oder gesellschaftsvertragliche Bestimmungen oder Beschlüsse von Hauptversammlungen oder Gesellschafterversammlungen darstellen, zB

fehlende Ordnungsmäßigkeit der Buchführung, Verstöße gegen Ansatz- und/oder Bewertungsvorschriften, fehlende Angaben im Anhang oder Lagebericht, unzulängliche Aufklärungs- und Nachweispflichten der gesetzlichen Vertreter (weitere Beispiele vgl WPHdb 2000, Q Rz 530 ff; *ADS*, § 322 Rz 54 ff). Die Mängel müssen bei Beendigung der Prüfung noch bestehen; wurden Beanstandungen im Rahmen der Abschlußprüfung beseitigt, besteht für die Einschränkung oder Versagung des Bestätigungsvermerks kein Grund mehr. Die Mängel müssen **erheblich** sein, unwesentliche Beanstandungen können nicht zur Einschränkung oder Versagung des Bestätigungsvermerks führen. Wesentlich ist ein Mangel dann, wenn er zu einer unzutreffenden Beurteilung der Rechnungslegung und der Vermögens-, Finanz- und Ertragslage führt (WPHdb 2000, Q Rz 518 ff). Ob dies der Fall ist, hat der Abschlußprüfer nach pflichtgemäßem Ermessen zu beurteilen. Unter welchen Voraussetzungen ein Bestätigungsvermerk einzuschränken oder zu versagen ist, ist gesetzlich nicht geregelt; auch dies obliegt dem pflichtgemäßen Ermessen des Abschlußprüfers. Zu **versagen** ist ein Bestätigungsvermerk dann, wenn die Einwendungen so erheblich sind, daß ein positives Gesamturteil nicht mehr möglich ist. Bei der **Einschränkung** wird insgesamt ein positives Urteil abgegeben und lediglich für einen bestimmten begrenzten Teil dieses aufgehoben; die Formulierung in diesem dritten Teil des Bestätigungsvermerks könnte lauten: „Unsere Prüfung hat zu keinen Einwendungen geführt mit der Einschränkung, daß … (Beschreibung des Mangels). Mit dieser Einschränkung vermittelt der Jahresabschluß nach unserer Überzeugung unter Beachtung der Grundsätze ordnungsmäßiger Buchführung …" oder: „Mit der genannten Einschränkung vermittelt der Lagebericht eine ……." (FN-IDW 1998, 352). Nach Abs 4 sind die Einschränkung und Versagung durch den Abschlußprüfer zu begründen und so darzustellen, daß die Tragweite der Einschränkung oder Versagung deutlich erkennbar wird. Im Einzelfall kann es sachgerecht sein, die Tragweite der Einschränkung oder Versagung durch Zahlenangaben zu quantifizieren (*ADS,* § 322 Rz 51; *Budde/Kunz* in Beck-BilKomm § 322, Rz 53; WPHdb 2000, Q Rz 526 ff). Die Versagung ist durch einen Vermerk zum JA oder KA zu erklären. Die Formulierung des Versagungsvermerks ist gesetzlich nicht vorgeschrieben; sie könnte folgendermaßen lauten (vgl WPH 2000, Q Rz 551): „Nach dem Ergebnis unserer Prüfung sind folgende Einwendungen zu erheben: (Darstellung von Art und Einwendung). Aufgrund der Bedeutung dieses Sachverhalts versagen wir den Bestätigungsvermerk."

(4) Hinweis auf Bestandsgefährdungen. Nach § 322 II 2 hat der 8 Abschlußprüfer auf Risiken, die den Fortbestand des Unternehmens gefährden, **gesondert** hinzuweisen, wobei es ausreicht, wenn dies in einem gesonderten Abschnitt des Bestätigungsvermerkes geschieht. Ein solcher Zusatz ist, wenn keine Einwendungen oder Mängel zu erheben sind, nicht als Einschränkung des Bestätigungsvermerks anzusehen. Ist allerdings die Gefährdung des Fortbestands des Unternehmens im La-

§ 323 Drittes Buch. Handelsbücher

gebericht nicht oder nicht ausreichend dargestellt, sind die Risiken und deren Auswirkungen anzugeben und der Bestätigungsvermerk insoweit ggf einzuschränken.

III. Unterzeichnung (V)

9 Sowohl der Bestätigungsvermerk als auch der Vermerk über seine Versagung sind von Abschlußprüfer unter Angabe von Ort und Tag eigenhändig zu unterzeichnen. Die Vermerke sind auch in den Prüfungsbericht aufzunehmen.

IV. Widerruf des Bestätigungsvermerks

10 Erkennt der Abschlußprüfer nach Beendigung der Prüfung, daß die Voraussetzungen für die Erteilung des Bestätigungsvermerks tatsächlich nicht vorgelegen haben, kommt ein Widerruf des Bestätigungsvermerks in Betracht (*ADS*, § 322 Rz 89; *Budde/Kunz* in Beck-BilKomm § 322 Rz 113, strenger mit grundsätzlicher Verpflichtung zum Widerruf: IDW PS 400 Rz 411; WPHdb 2000, Q Rz 675). Der Widerruf ist im Gesetz nicht geregelt. Eine Verpflichtung zum Widerruf ist dann anzunehmen, wenn die nachträglich bekannt gewordenen Mängel so gravierend sind, daß sie bei frühzeitiger Kenntnis zu einem Versagen des Bestätigungsvermerks geführt hätten, und daß noch die Nichtigkeit des JA nach § 256 VI AktG geltend gemacht werden könnte. Allerdings wird ein einmal festgestellter JA durch den Widerruf nicht unwirksam (*ADS*, § 322 Rz 91; WPHdb 2000, Q Rz 684). Ab dem Zeitpunkt des Widerrufs darf der Bestätigungsvermerk von der Gesellschaft jedoch nicht mehr verwendet werden.

§ 323 Verantwortlichkeit des Abschlußprüfers

(1) ¹**Der Abschlußprüfer, seine Gehilfen und die bei der Prüfung mitwirkenden gesetzlichen Vertreter einer Prüfungsgesellschaft sind zur gewissenhaften und unparteiischen Prüfung und zur Verschwiegenheit verpflichtet; § 57 a der Wirtschaftsprüferordnung bleibt unberührt.** ²**Sie dürfen nicht unbefugt Geschäfts- und Betriebsgeheimnisse verwerten, die sie bei ihrer Tätigkeit erfahren haben.** ³**Wer vorsätzlich oder fahrlässig seine Pflichten verletzt, ist der Kapitalgesellschaft und, wenn ein verbundenes Unternehmen geschädigt worden ist, auch diesem zum Ersatz des daraus entstehenden Schadens verpflichtet.** ⁴**Mehrere Personen haften als Gesamtschuldner.**

(2) ¹**Die Ersatzpflicht von Personen, die fahrlässig gehandelt haben, beschränkt sich auf zwei Millionen Deutsche Mark für eine Prüfung.** ²**Bei Prüfung einer Aktiengesellschaft, die Aktien mit amtlicher Notierung ausgegeben hat, beschränkt sich die Ersatzpflicht von Personen, die fahrlässig gehandelt haben, abweichend von Satz 1 auf acht Millionen Deutsche Mark für eine**

Prüfung. ³Dies gilt auch, wenn an der Prüfung mehrere Personen beteiligt gewesen oder mehrere zum Ersatz verpflichtende Handlungen begangen worden sind, und ohne Rücksicht darauf, ob andere Beteiligte vorsätzlich gehandelt haben.

(3) Die Verpflichtung zur Verschwiegenheit besteht, wenn eine Prüfungsgesellschaft Abschlußprüfer ist, auch gegenüber dem Aufsichtsrat und den Mitgliedern des Aufsichtsrats der Prüfungsgesellschaft.

(4) Die Ersatzpflicht nach diesen Vorschriften kann durch Vertrag weder ausgeschlossen noch beschränkt werden.

(5) Die Ansprüche aus diesen Vorschriften verjähren in fünf Jahren.

I. Pflichten des Abschlußprüfers

Abs 1 legt die Pflichten fest, die der Abschlußprüfer bei der "Prüfung" zu beachten hat; damit sind alle Tätigkeiten im Rahmen der Abschlußprüfung eingeschlossen, und zwar die eigentlichen Prüfungshandlungen, die Einholung von Auskünften, die Berichterstattung und Redepflicht und die Erteilung bzw Versagung eines Bestätigungsvermerks. **1**

1. Der verpflichtete Personenkreis. Die Verpflichtungen des Abs 1 treffen nicht nur den Abschlußprüfer, sondern gleichzeitig auch alle übrigen Personen, die mit der Prüfung befaßt sind, ohne selbst Abschlußprüfer zu sein; das Gesetz bezeichnet diese als „Gehilfen"; hierzu gehören Prüfungsleiter, Prüfer und Prüfungsassistenten, Mitarbeiter aus der Berichtskritik und der Berichtsfertigung, aber auch Sachverständige, die der Abschlußprüfer im Rahmen der Abschlußprüfung zur Mithilfe heranzieht (zB Versicherungsmathematiker, Grundstückssachverständige, EDV-Spezialisten); ein festes Anstellungsverhältnis mit dem Abschlußprüfer ist nicht Voraussetzung, es genügt die Vereinbarung eines Mitarbeiterverhältnisses. Sofern eine Prüfungsgesellschaft Abschlußprüfer ist, trifft die Verpflichtung auch deren gesetzliche Vertreter, die bei der Prüfung mitwirken. **2**

2. Pflicht zur gewissenhaften und unparteiischen Prüfung (I S 1). Die Pflicht zur **gewissenhaften** Durchführung der Prüfung verlangt ein Tätigwerden nach bestem Wissen und Können, so daß der Zweck der Prüfung (Abgabe eines bestimmten Urteils) erreicht wird. Aus den gesetzlichen Bestimmungen sind nur bedingt Kriterien zu entnehmen, die eine gewissenhafte Prüfung ausmachen, im Zweifel muß eine „nähere Konkretisierung anhand der Berufsauffassung unter Berücksichtigung von Sinn und Zweck der Abschlußprüfung erfolgen" (*ADS,* § 323 Rz 10). Zu beachten sind insbesondere die Grundsätze ordnungsmäßiger Durchführung von Abschlußprüfungen (IDW/FG 1/1988), die Grundsätze ordnungsmäßiger Berichterstattung bei Abschlußprüfungen (IDW PS 450) und die Grundsätze für die Erteilung **3**

§ 323 Drittes Buch. Handelsbücher

von Bestätigungsvermerken bei Abschlußprüfungen (IDW PS 400), aber auch alle übrigen Stellungnahmen oder Verlautbarungen nationaler oder internationaler Berufsorganisationen der Wirtschaftsprüfer. Unberührt von diesen Grundsätzen bleibt die Verpflichtung des WP bzw der WPG, sich alle drei Jahre einer Qualitätskontrolle gem § 57 a WPO zu unterziehen (vgl § 319 Rz 6). Da die Prüfung nicht im Interesse einer einzelnen Gruppe durchgeführt wird, sondern im Interesse des gesamten Unternehmens, hat der Abschlußprüfer die Prüfung **unparteiisch** durchzuführen, insbesondere unbeeinflußt von den Ansichten der Organe der Gesellschaft. Er hat nur seinem eigenen Urteil zu folgen und ausschließlich sachliche Gesichtspunkte für seine Beurteilung zugrundezulegen (Berufsrichtlinien Abschn V).

4 **3. Verschwiegenheit (I und III).** Der Abschlußprüfer und die übrigen bei der Prüfung mitwirkenden Personen sind zur Verschwiegenheit verpflichtet; eine Verletzung dieser Verpflichtung ist in § 333 sanktioniert. Im Zusammenhang mit dieser Strafvorschrift trifft den Prüfer eine Geheimhaltungspflicht hinsichtlich aller Geheimnisse, namentlich der Betrieb- und Geschäftsgeheimnisse der Gesellschaft, eines Tochterunternehmens, eines gemeinsam geführten Unternehmens oder eines assoziierten Unternehmens, die ihm im Rahmen seiner Prüfung bekannt werden. Als Geheimnis sind die mit einem Unternehmen im Zusammenhang stehenden Tatsachen zu verstehen, die nach dem Willen der zuständigen Organe geheim gehalten werden sollen (*ADS,* § 323 Rz 15). Der Verschwiegenheitspflicht entspricht prozessual das Zeugnisverweigerungsrecht (zB nach § 383 I Nr 6 ZPO; § 53 I Nr 3 StPO; § 102 I Nr 3 b AO iVm § 34 FGO). Dieser Verpflichtung zur Verschwiegenheit steht unter bestimmten Voraussetzungen eine Redepflicht gegenüber, und zwar zB in §§ 321, 322, 320 II 2; § 258 V 2 iVm 145 II AktG; § 29 II KWG; § 57 I VAG; in diesen Fällen geht die Redepflicht der Verschwiegenheitspflicht vor. Wird der Abschlußprüfer von der Verschwiegenheitspflicht entbunden, steht dem Abschlußprüfer das Recht zu, über den Gegenstand der Verschwiegenheitspflicht zu reden. In diesen Fällen entfällt das Zeugnisverweigerungsrecht und es entsteht eine Verpflichtung des Abschlußprüfers zur Aussage (§ 385 II ZPO; § 53 II StPO; § 102 III AO). Ist der Abschlußprüfer eine Prüfungsgesellschaft, besteht die Verpflichtung zur Verschwiegenheit auch gegenüber derem Aufsichtsrat und den Mitgliedern des Aufsichtsrats der Prüfungsgesellschaft; darüberhinaus besteht die Verpflichtung auch gegenüber einem fakultativen Aufsichtsrat und einem Beirat sowie den Gesellschaftern einer GmbH (*Budde/Hense* in Beck-BilKomm § 323 Rz 38).

5 **4. Verwertungsverbot (I S 2).** In engem Zusammenhang mit der Verschwiegenheitspflicht steht das Verbot, Geschäfts- und Betriebsgeheimnisse, die der Abschlußprüfer bei seiner Tätigkeit erfahren hat, für sich oder andere unbefugt zu verwerten. Vom Wortlaut her ist das Verwertungsverbot zwar enger als die Verschwiegenheitsverpflichtung, da ersteres sich nur auf Betriebs- und Geschäftsgeheimnisse bezieht, während die Verschwiegenheitspflicht sämtliche Tatsachen und Umstände der Gesellschaft umfaßt, die dem Abschlußprüfer bei der Prüfung bekannt werden; faktisch besteht jedoch kein Unterschied, da der Begriff des Betriebs- und Geschäftsgeheimnisses weit zu fassen ist (*Budde/Hense* in Beck-BilKomm § 323 Rz 52). Eine **unbefugte Verwertung** liegt immer dann vor, wenn der Abschlußprüfer für sich oder einen anderen Betrieb- oder Geschäftsgeheimnisse ohne Wissen oder gegen den Willen der gesetzlichen Vertreter dazu nutzt, sich oder dem anderen einen Vermögensvorteil zu verschaffen (Ausnutzung von Insider-Informationen).

II. Haftung des Abschlußprüfers

1. Voraussetzung der Haftung (I S 3). Voraussetzungen für das 6 Entstehen eines Schadenersatzanspruchs gegen den Abschlußprüfer sind: **a) Verletzung der Pflichten** aus Abs 1 S 1 und 2. **b) Schaden:** Es kommt grundsätzlich nur ein Vermögensschaden der Gesellschaft oder eines verbundenen Unternehmens in Betracht. **c) Kausalität.** Der Schaden muß durch die Pflichtverletzung entstanden sein, dh die Pflichtverletzung ist unmittelbare Ursache für den eingetretenen Schaden. Zu ersetzen ist allerdings nur der Schaden, dessen Eintritt in Bereich der Lebenserfahrung liegt (Adäquanz). **d) Verschulden:** Jede Schadensersatz begründende Pflichtverletzung setzt ein Verschulden voraus, dh der Abschlußprüfer muß entweder vorsätzlich oder fahrlässig die Pflichten aus Abs 1 S 1 und 2 verletzt haben; bereits leichte Fahrlässigkeit reicht als Verschuldensgrad aus. Die Ersatzpflicht trifft nicht nur den Abschlußprüfer, sondern auch dessen Gehilfen und die gesetzlichen Vertreter einer Prüfungsgesellschaft, sofern diese in ihrer Person sich einer Pflichtverletzung schuldig gemacht haben. Für Prüfungsgehilfen, denen sich der Abschlußprüfer zur Erfüllung seiner Verpflichtungen aus dem Prüfungsauftrag bedient, haftet er darüberhinaus gem § 278 BGB. Mehrere Personen haften als Gesamtschuldner (Abs 1 S 4). Anspruchsberechtigt ist die geprüfte KapGes bzw die PershandelsGes iSv § 264a I bei der der Schaden entstanden ist und gegebenenfalls ein verbundenes Unternehmen, wenn auch dieses geschädigt worden ist.

2. Haftungsbegrenzung (II und IV). Nach Abs 2 ist die Haftung 7 auf einen Betrag von 2 Mio DM (bei börsennotierten AG: 8 Mio DM) (eine Anpassung des Textes auf Euro ist an dieser Stelle des Gesetzes [noch] nicht erfolgt; im Zweifel ist daher der DM-Betrag mit dem offiziellen Umrechnungskurs in Euro umzurechnen) begrenzt, sofern die Pflichtverletzung lediglich fahrlässig begonnen wurde. Die Haftungsobergrenze gilt für **eine** Abschlußprüfung, unabhängig von der Anzahl der Pflichtverletzungen; die Haftungsobergrenze verändert sich auch nicht dadurch, daß mehrere Personen fahrlässig die Pflichten verletzt oder andere Beteiligte vorsätzlich gehandelt haben. Die Haftungsobergrenze gilt **nicht** für vorsätzliche (auch bedingt vorsätzliche)

§ 324 Drittes Buch. Handelsbücher

Pflichtverletzungen aus Abs 1 und 2 und auch nicht für Schadensersatzansprüche aus anderen Anspruchsgrundlagen (zB §§ 823 II, 826 BGB). Die Ersatzpflicht aus § 323 kann vertraglich weder ausgeschlossen noch beschränkt werden; eine entgegenstehende Vereinbarung ist nach § 134 BGB nichtig. Das bedeutet, es darf weder eine Einschränkung der Pflichten, noch eine Haftung für Prüfungsgehilfen nach § 278 BGB, noch die Haftung für Fahrlässigkeit ausgeschlossen werden. Eine Erweiterung der Haftung ist zwar nach HGB nicht verboten, verstößt jedoch wegen unerlaubter Konkurrenz gegen Berufsgrundsätze (vgl hierzu im einzelnen *ADS*, § 323 Rz 61; *Budde/Hense* in Beck-BilKomm § 323 Rz 136).

III. Verjährung (V)

8 Ansprüche aus § 323 verjähren nach 5 Jahren. Die Verjährungsfrist beginnt gem 198 BGB mit der Entstehung des Anspruchs. Dieser ist bereits dann entstanden, wenn die Voraussetzungen dem Grunde nach vorliegen; notwendig ist nicht, daß die Höhe des Schadens bereits betragsmäßig zu beziffern ist. Auf die Kenntnis der Gesellschaft von der Pflichtverletzung kommt es nicht an.

IV. Haftung gegenüber Dritten

9 Aus Abs 1 S 3 stehen Dritten – Ausnahme: verbundene Unternehmen –, also Gesellschaftern und Gläubigern aus Pflichtverletzungen der Abschlußprüfer keine Schadensersatzansprüche zu. § 323 ist auch kein Schutzgesetz iSv § 823 II BGB. Unberührt bleiben allerdings Schadensersatzansprüche aufgrund andere Rechtsgrundlagen (zB §§ 823 I, 826 BGB).

§ 324 Meinungsverschiedenheiten zwischen Kapitalgesellschaft und Abschlußprüfer

(1) **Bei Meinungsverschiedenheiten zwischen dem Abschlußprüfer und der Kapitalgesellschaft über die Auslegung und Anwendung der gesetzlichen Vorschriften sowie von Bestimmungen des Gesellschaftsvertrags oder der Satzung über den Jahresabschluß, Lagebericht, Konzernabschluß oder Konzernlagebericht entscheidet auf Antrag des Abschlußprüfers oder der gesetzlichen Vertreter der Kapitalgesellschaft ausschließlich das Landgericht.**

(2) [1] **Auf das Verfahren ist das Gesetz über die Angelegenheiten der freiwilligen Gerichtsbarkeit anzuwenden.** [2] **Das Landgericht entscheidet durch einen mit Gründen versehenen Beschluß.** [3] **Die Entscheidung wird erst mit der Rechtskraft wirksam.** [4] **Gegen die Entscheidung findet die sofortige Beschwerde statt, wenn das Landgericht sie in der Entscheidung zugelassen hat.** [5] **Es soll sie nur zulassen, wenn dadurch die Klärung einer**

Rechtsfrage von grundsätzlicher Bedeutung zu erwarten ist. ⁶Die Beschwerde kann nur durch Einreichung einer von einem Rechtsanwalt unterzeichneten Beschwerdeschrift eingelegt werden. ⁷Über sie entscheidet das Oberlandesgericht; § 28 Abs. 2 und 3 des Gesetzes über die Angelegenheiten der freiwilligen Gerichtsbarkeit ist entsprechend anzuwenden. ⁸Die weitere Beschwerde ist ausgeschlossen. ⁹Die Landesregierung kann durch Rechtsverordnung die Entscheidung über die Beschwerde für die Bezirke mehrerer Oberlandesgerichte einem der Oberlandesgerichte oder dem Obersten Landesgericht übertragen, wenn dies der Sicherung einer einheitlichen Rechtsprechung dient. ¹⁰Die Landesregierung kann die Ermächtigung durch Rechtsverordnung auf die Landesjustizverwaltung übertragen.

(3) ¹Für die Kosten des Verfahrens gilt die Kostenordnung. ²Für das Verfahren des ersten Rechtszugs wird das Doppelte der vollen Gebühr erhoben. ³Für den zweiten Rechtszug wird die gleiche Gebühr erhoben; dies gilt auch dann, wenn die Beschwerde Erfolg hat. ⁴Wird der Antrag oder die Beschwerde zurückgenommen, bevor es zu einer Entscheidung kommt, so ermäßigt sich die Gebühr auf die Hälfte. ⁵Der Geschäftswert ist von Amts wegen festzusetzen. ⁶Er bestimmt sich nach § 30 Abs. 2 der Kostenordnung. ⁷Der Abschlußprüfer ist zur Leistung eines Kostenvorschusses nicht verpflichtet. ⁸Schuldner der Kosten ist die Kapitalgesellschaft. ⁹Die Kosten können jedoch ganz oder zum Teil dem Abschlußprüfer auferlegt werden, wenn dies der Billigkeit entspricht.

I. Allgemeines

§ 324 legt ein besonderes Verfahren für die Klärung von Meinungsverschiedenheiten zwischen Abschlußprüfer und geprüfter Gesellschafter fest, das dem Zweck dienen soll, eine schnelle Entscheidung der Streitfrage herbeizuführen. Obwohl dieses Verfahren auch schon in § 169 AktG aF vorgesehen war, ist seine praktische Bedeutung bis heute äußerst gering; hieran dürfte sich auch zukünftig wenig ändern, da derartige Meinungsverschiedenheiten üblicherweise auf anderem Wege (zB durch Stellungnahmen berufsständischer Organisationen) geregelt werden. 1

II. Voraussetzungen für das Verfahren (I)

Das Gericht kann angerufen werden, wenn Meinungsverschiedenheiten über die Auslegung oder die Anwendung gesetzlicher Vorschriften sowie von Bestimmungen des Gesellschaftsvertrags oder der Satzung über JA, Lagebericht, KA oder Konzernlagebericht bestehen. Zu den gesetzlichen Vorschriften über den JA rechnen nicht nur die des HGB (§§ 242–256, 264–289, 290–315), sondern für bestimmte Rechtsfor- 2 men auch die in den Spezialgesetzen niedergelegten Vorschriften (zB §§ 150, 152, 158, 160, 232, 234, 240, 261, 300, 324, 348 AktG; § 42 GmbHG; §§ 27 II, 25 a, 26 a, 26 b, 52 a KWG; §§ 55 III, 56, 56 a, 57 II VAG). Meinungsverschiedenheiten über die **Feststellung** des JA zählen nicht zu den von § 324 erfaßten Regelungen über den JA (*Budde/Hense* in Beck-BilKomm § 324 Rz 12). Die Meinungsverschiedenheit muß zwischen dem Abschlußprüfer und einem gesetzlichen Vertreter (Geschäftsführer, Vorstand, persönlich haftende Gesellschafter) der zu prüfenden Ges bestehen. Da bei der AG der JA idR durch Vorstand und Aufsichtsrat festgestellt wird, sind dort auch Meinungsverschiedenheiten zwischen Aufsichtsrat und Abschlußprüfer betroffen. Eine Entscheidung des Gerichts kann nur verlangt werden, wenn die Meinungsverschiedenheit für das Ergebnis der Prüfung von einiger Bedeutung ist (*ADS,* § 324 Rz 21). Das Gericht wird nur auf Antrag tätig; dieser kann vom Abschlußprüfer oder von der Gesellschaft beim zuständigen Landgericht gestellt werden.

III. Durchführung des Verfahrens (II und III)

3   Die Einzelheiten des durchzuführenden Verfahrens sind in Abs 2 geregelt. Im Interesse der Beschleunigung des Verfahrens kann der Beschluß des Gerichts nur angefochten werden, wenn dies vom Landgericht ausdrücklich zugelassen worden ist. Die Kosten des Verfahrens bestimmen sich nach der Kostenordnung. Schuldner der Kosten ist grundsätzlich die Ges, auch wenn der Abschlußprüfer den Antrag gestellt hat. Aus Billigkeitsgründen kann allerdings eine abweichende Kostenverteilung vom Gericht festgestellt werden, wenn der Abschlußprüfer eine offensichtlich abwegige Rechtsauffassung vertreten hat (*Budde/Hense* in Beck-BilKomm § 324 Rz 51).

Vierter Unterabschnitt. Offenlegung (Einreichung zu einem Register, Bekanntmachung im Bundesanzeiger). Veröffentlichung und Vervielfältigung. Prüfung durch das Registergericht

§ 325 Offenlegung

(1) ¹**Die gesetzlichen Vertreter von Kapitalgesellschaften haben den Jahresabschluß unverzüglich nach seiner Vorlage an die Gesellschafter, jedoch spätestens vor Abschluß des zwölften Monats des dem Abschlußstichtag nachfolgenden Geschäftsjahrs, mit dem Bestätigungsvermerk oder dem Vermerk über dessen Versagung zum Handelsregister des Sitzes der Kapitalgesellschaft einzureichen; gleichzeitig sind der Lagebericht, der Bericht des Aufsichtsrats und, soweit sich der Vorschlag für die Verwendung des Ergebnisses und der Beschluß über seine Ver-**

wendung aus dem eingereichten Jahresabschluß nicht ergeben, der Vorschlag für die Verwendung des Ergebnisses und der Beschluß über seine Verwendung unter Angabe des Jahresüberschusses oder Jahresfehlbetrags einzureichen; Angaben über die Ergebnisverwendung brauchen von Gesellschaften mit beschränkter Haftung nicht gemacht zu werden, wenn sich anhand dieser Angaben die Gewinnanteile von natürlichen Personen feststellen lassen, die Gesellschafter sind. ²Die gesetzlichen Vertreter haben unverzüglich nach der Einreichung der in Satz 1 bezeichneten Unterlagen im Bundesanzeiger bekanntzumachen, bei welchem Handelsregister und unter welcher Nummer diese Unterlagen eingereicht worden sind. ³Werden zur Wahrung der Frist nach Satz 1 der Jahresabschluß und der Lagebericht ohne die anderen Unterlagen eingereicht, so sind der Bericht und der Vorschlag nach ihrem Vorliegen, die Beschlüsse nach der Beschlußfassung und der Vermerk nach der Erteilung unverzüglich einzureichen; wird der Jahresabschluß bei nachträglicher Prüfung oder Feststellung geändert, so ist auch die Änderung nach Satz 1 einzureichen.

(2) ¹Absatz 1 ist auf große Kapitalgesellschaften (§ 267 Abs. 3) mit der Maßgabe anzuwenden, daß die in Absatz 1 bezeichneten Unterlagen zunächst im Bundesanzeiger bekanntzumachen sind und die Bekanntmachung unter Beifügung der bezeichneten Unterlagen zum Handelsregister des Sitzes der Kapitalgesellschaft einzureichen ist; die Bekanntmachung nach Absatz 1 Satz 2 entfällt. ²Die Aufstellung des Anteilbesitzes (§ 287) braucht nicht im Bundesanzeiger bekannt gemacht zu werden.

(3) ¹Die gesetzlichen Vertreter einer Kapitalgesellschaft, die einen Konzernabschluß aufzustellen hat, haben den Konzernabschluß unverzüglich nach seiner Vorlage an die Gesellschafter, jedoch spätestens vor Ablauf des zwölften Monats des dem Konzernabschlußstichtag nachfolgenden Geschäftsjahrs, mit dem Bestätigungsvermerk oder dem Vermerk über dessen Versagung und den Konzernlagebericht im Bundesanzeiger bekanntzumachen und die Bekanntmachung unter Beifügung der bezeichneten Unterlagen zum Handelsregister des Sitzes der Kapitalgesellschaft einzureichen. ²Die Aufstellung des Anteilsbesitzes (§ 313 Abs. 4) braucht nicht im Bundesanzeiger bekannt gemacht zu werden. ³Absatz 1 Satz 3 ist entsprechend anzuwenden.

(4) Bei Anwendung der Absätze 2 und 3 ist für die Wahrung der Fristen nach Absatz 1 Satz 1 und Absatz 3 Satz 1 der Zeitpunkt der Einreichung der Unterlagen beim Bundesanzeiger maßgebend.

(5) Auf Gesetz, Gesellschaftsvertrag oder Satzung beruhende Pflichten der Gesellschaft, den Jahresabschluß, Lagebericht, Konzernabschluß oder Konzernlagebericht in anderer Weise be-

§ 325 Drittes Buch. Handelsbücher

kanntzumachen, einzureichen oder Personen zugänglich zu machen, bleiben unberührt.

I. Allgemeines

1 In die Überschrift zum 4. Unterabschnitt des 3. Buches ist in das Gesetz die Definition des Begriffs „Offenlegung" aufgenommen worden. Danach ist unter Offenlegung die Einreichung zu einem Register und die Bekanntmachung im Bundesanzeiger zu verstehen.

II. Pflicht zur Einreichung und Bekanntmachung

2 Verpflichtet zur Offenlegung sind die gesetzlichen Vertreter von KapGes, also Vorstand und Geschäftsführung. Nach Abs 1 S 1 und 3 sind folgende Unterlagen offenzulegen:
- der JA, bestehend aus Bilanz, GuV und Anhang,
- der Lagebericht,
- bei prüfungspflichtigen KapGes: der Bestätigungsvermerk des Abschlußprüfers oder der Vermerk über dessen Versagung,
- der Bericht des Aufsichtsrats (auch bei der GmbH, sofern ein obligatorischer oder fakultativer Aufsichtsrat besteht; §§ 52 GmbHG iVm 171 I AktG),
- der Vorschlag über die Verwendung des Ergebnisses und der Beschluß über seine Verwendung unter Angabe des Jahresüberschusses oder Jahresfehlbetrags, soweit sich diese nicht aus dem JA ergeben,
- bei einem anders lautenden Feststellungsbeschluß der aufgrund dieses Beschlusses geänderte JA.

3 Diese Unterlagen sind **vollständig nur** von großen KapGes offenzulegen. Kleine KapGes brauchen gem § 326 die GuV, die im Anhang zur GuV gemachten Angaben, den Lagebericht und den Aufsichtsratsbericht nicht offenzulegen. Mittelgroße KapGes können eine verkürzte Bilanz und dementsprechend gekürzte Angaben im Anhang in Anspruch nehmen (§ 327). **Nicht offengelegt** werden müssen die Niederschrift über die Hauptversammlung (§ 130 V AktG) und die Aufstellung des Anteilsbesitzes (§ 287); diese sind nur zum Handelsregister einzureichen; gleiches gilt für die Gesellschafterliste gem § 40 I GmbHG. Sofern sich die Gewinnanteile natürlicher Personen aus den Angaben über die Ergebnisverwendung feststellen lassen, brauchen GmbH hierüber keine Angaben zu machen; entsprechendes wird für PershandelsGes iSv § 264 a I gelten müssen. Kleine und mittelgroße KapGes haben ihre offenzulegenden Unterlagen zum Handelsregister einzureichen und anschließend unverzüglich im Bundesanzeiger einen Hinweis bekanntzumachen, bei welchem Handelsregister und unter welcher Nr die Unterlagen eingereicht worden sind. Große KapGes müssen gem Abs 2 dagegen die Unterlagen zunächst im Bundesanzeiger bekannt machen und anschließend erst zum Handelsregister einreichen.

Für Ges jeglicher Größenklasse gilt, daß die Unterlagen **unverzü-** 4
glich nach Vorlage des JA an die Gesellschafter (Hauptversammlung
oder Gesellschafterversammlung), spätestens jedoch vor Ablauf von 12
Monaten nach dem Abschlußstichtag zum Handelsregister einzureichen
sind; danach ist wiederum unverzüglich der Hinweis im Bundesanzeiger
bekanntzumachen. Abs 1 S 3 gestattet zur Wahrung der Frist lediglich
JA und Lagebericht einzureichen, verlangt jedoch die übrigen Unterlagen nachzureichen, sobald diese vorliegen.

III. Ergänzende Vorschriften für große Kapitalgesellschaften (II)

Große KapGes haben die nach Abs 1 S 1 offenzulegenden Unterla- 5
gen zunächst im Bundesanzeiger zu veröffentlichen und erst danach
zum Handelsregister des Sitzes der Gesellschaft einzureichen. Für Unternehmen, die unter die Rechnungslegungsvorschriften des PublG
(§ 9 I PublG) fallen, gilt gleiches. Eine Erleichterung wird hinsichtlich
der Aufstellung des Anteilsbesitzes (§ 287) eingeräumt, die nicht im
Bundesanzeiger bekannt gemacht zu werden braucht. Zur Fristwahrung
wird bei großen KapGes auf den Zeitpunkt der Einreichung der Unterlagen beim Bundesanzeiger abgestellt, nicht auf den Zeitpunkt der
Veröffentlichung (Abs 4).

IV. Offenlegung der Konzernrechnungslegung (III)

Für die Offenlegung des KA gelten grundsätzlich die gleichen Rege- 6
lungen wie für große KapGes. Da ein KA allerdings nicht festzustellen
und auch keine Gewinnverwendung zu treffen ist, fallen hierfür auch
keine entsprechenden Unterlagen an. Offenlegungspflichtige Unterlagen sind demnach:
- der KA, bestehend aus Konzernbilanz, Konzern-GuV, Konzernanhang,
- der Konzernlagebericht,
- der Bestätigungsvermerk des Abschlußprüfers oder der Vermerk über dessen Versagung.

Auch bei der Konzernpublizität braucht die Aufstellung des Anteilsbesitzes (§ 313 IV) nicht im Bundesanzeiger bekannt gemacht zu werden. Ebenso ist die Frist für die Offenlegung des KA (Abs 3 S 1) mit
dem Zeitpunkt der Einreichung der Unterlagen beim Bundesanzeiger
gewahrt (Abs 4).

V. Bekanntmachung in anderer Weise (V)

Andere gesetzliche, satzungsmäßige oder gesellschaftsvertragliche 7
Verpflichtungen zur Publizität sind von den Regelungen der § 325 ff
nicht berührt. Derartige gesetzliche Pflichten zur Offenlegung ergeben
sich zB aus § 339 für die eG, aus § 59 PublG für offenlegungspflichtige

große Unternehmen oder Konzerne, aus § 25 a KWG für Kreditinstitute oder aus § 55 III VAG für Versicherungsunternehmen.

§ 325 a Zweigniederlassungen von Kapitalgesellschaften mit Sitz im Ausland

(1) ¹Bei inländischen Zweigniederlassungen von Kapitalgesellschaften mit Sitz in einem anderen Mitgliedstaat der Europäischen Wirtschaftsgemeinschaft oder Vertragsstaat des Abkommens über den Europäischen Wirtschaftsraum haben die in § 13 e Abs. 2 Satz 4 Nr. 3 genannten Personen oder wenn solche nicht angemeldet sind, die gesetzlichen Vertreter der Gesellschaft die Unterlagen der Rechnungslegung der Hauptniederlassung, die nach dem für die Hauptniederlassung maßgeblichen Recht erstellt, geprüft und offengelegt worden sind, nach den §§ 325, 328, 329 Abs. 1 offenzulegen. ²Die Unterlagen sind zu dem Handelsregister am Sitz der Zweigniederlassung einzureichen; bestehen mehrere inländische Zweigniederlassungen derselben Gesellschaft, brauchen die Unterlagen nur zu demjenigen Handelsregister eingereicht zu werden, zu dem gemäß § 13e Abs. 5 die Satzung oder der Gesellschaftsvertrag eingereicht wurde. ³Die Unterlagen sind in deutscher Sprache oder in einer von dem Register der Hauptniederlassung beglaubigten Abschrift einzureichen. ⁴Von der Beglaubigung des Registers ist eine beglaubigte Übersetzung in deutscher Sprache einzureichen.

(2) Diese Vorschrift gilt nicht für Zweigniederlassungen, die von Kreditinstituten im Sinne des § 340 oder von Versicherungsunternehmen im Sinne des § 341 errichtet werden.

I. Anwendung der Offenlegungsvorschriften für Zweigniederlassungen von ausländischen Kapitalgesellschaften
(I)

1   Inländische Zweigniederlassungen von KapGes mit Sitz in einem EG-Mitgliedsland oder in einem Vertragsstaat des Abkommens über den Europäischen Wirtschaftsraum haben ebenfalls Offenlegungsregeln zu beachten, und zwar sind die Unterlagen der Rechnungslegung der Hauptniederlassung, die nach dem für die Hauptniederlassung maßgeblichen Recht erstellt, geprüft und offengelegt worden sind, nach §§ 325, 328, 329 I offenzulegen. Diese Unterlagen sind zum Handelsregister am Sitz der Zweigniederlassung einzureichen; sind mehrere inländische Zweigniederlassungen vorhanden, brauchen die Unterlagen nur zu dem Handelsregister eingereicht zu werden, zu dem nach § 13 e V die Satzung oder der Gesellschaftsvertrag eingereicht worden ist. Die Unterlagen sind in deutscher Sprache einzureichen. Sind solche nicht vorhanden, ist eine vom Register der Hauptniederlassung beglaubigte

Zweiter Abschn. Ergänzende Vorschriften für KapitalGes **§§ 326, 327**

Abschrift einzureichen; von der Beglaubigung des Registers ist eine beglaubigte Übersetzung in deutscher Sprache einzureichen. Die Offenlegungsverpflichtung zu erfüllen haben die nach § 13 e II 4 Nr 3 genannten Personen, also solche Personen, die befugt sind, als ständige Vertreter für die Tätigkeit der Zweigniederlassung die Gesellschaft gerichtlich und außergerichtlich zu vertreten; sind solche Personen nicht zum Handelsregister angemeldet, haben die gesetzlichen Vertreter der ausländischen KapGes die Verpflichtung zu erfüllen. Nach § 335 Nr 7 können diese durch Festsetzung von Zwangsgeld zur Erfüllung der Verpflichtung aus § 325 a angehalten werden; sobald die in § 13 e II 4 Nr 3 genannten Personen angemeldet sind, treten diese an die Stelle der Mitglieder der vertretungsberechtigten Organe der KapGes; die Benennung solcher Personen kann nach § 14 durch Festsetzung von Zwangsgeld erzwungen werden.

II. Nichtanwendung für Zweigniederlassungen von Kreditinstituten und Versicherungsunternehmen (II)

Abs 1 ist nicht auf Zweigniederlassungen von Kreditinstituten und von Versicherungsunternehmen anzuwenden. Für diese sind besondere Regelungen in §§ 340 l und 341 l enthalten. 2

§ 326 Größenabhängige Erleichterungen für kleine Kapitalgesellschaften bei der Offenlegung

¹**Auf kleine Kapitalgesellschaften (§ 267 Abs. 1) ist § 325 Abs. 1 mit der Maßgabe anzuwenden, daß die gesetzlichen Vertreter nur die Bilanz und den Anhang einzureichen haben.** ²**Der Anhang braucht die die Gewinn- und Verlustrechnung betreffenden Angaben nicht zu enthalten.**

Gegenüber der allgemeinen Offenlegungsverpflichtung des § 325 gelten für kleine KapGes (§ 267 I) gewisse Erleichterungen. Danach brauchen die gesetzlichen Vertreter dieser Gesellschaften nur die Bilanz und den Anhang zum Handelsregister einzureichen. Soweit der Anhang Angaben über die GuV erhält, können diese in dem einzureichenden Anhang entfallen. Unbeschadet bleibt, daß die kleinen KapGes bereits Bilanz und Anhang in verkürzter Form aufstellen dürfen (§§ 266 I 3, 288 S 1). Ansonsten bleiben die Regelungen des § 325 für die Offenlegung auch für kleine KapGes anwendbar. 1

§ 327 Größenabhängige Erleichterungen für mittelgroße Kapitalgesellschaften bei der Offenlegung

Auf mittelgroße Kapitalgesellschaften (§ 267 Abs. 2) ist § 325 Abs. 1 mit der Maßgabe anzuwenden, daß die gesetzlichen Vertreter

§ 327 Drittes Buch. Handelsbücher

1. die Bilanz nur in der für kleine Kapitalgesellschaften nach § 266 Abs. 1 Satz 3 vorgeschriebenen Form zum Handelsregister einreichen müssen. In der Bilanz oder im Anhang sind jedoch die folgenden Posten des § 266 Abs. 2 und 3 zusätzlich gesondert anzugeben:
   Auf der Aktivseite:
   A I 2   Geschäfts- oder Firmenwert;
   A II 1 Grundstücke, grundstücksgleiche Rechte und Bauten einschließlich der Bauten auf fremden Grundstücken;
   A II 2 technische Anlagen und Maschinen;
   A II 3 andere Anlagen, Betriebs- und Geschäftsausstattung;
   A II 4 geleistete Anzahlungen und Anlagen im Bau;
   A III 1 Anteile an verbundenen Unternehmen;
   A III 2 Ausleihungen an verbundene Unternehmen;
   A III 3 Beteiligungen;
   A III 4 Ausleihungen an Unternehmen, mit denen ein Beteiligungsverhältnis besteht;
   B II 2 Forderungen gegen verbundene Unternehmen;
   B II 3 Forderungen gegen Unternehmen, mit denen ein Beteiligungsverhältnis besteht;
   B III 1 Anteile an verbundenen Unternehmen;
   B III 2 eigene Anteile.
   Auf der Passivseite
   C 1   Anleihen, davon konvertibel;
   C 2   Verbindlichkeiten gegenüber Kreditinstituten;
   C 6   Verbindlichkeiten gegenüber verbundenen Unternehmen;
   C 7   Verbindlichkeiten gegenüber Unternehmen, mit denen ein Beteiligungsverhältnis besteht;
2. den Anhang ohne die Angaben nach § 285 Nr. 2, 5 und 8 Buchstabe a, Nr. 12 zum Handelsregister einreichen dürfen.

1 § 327 gewährt mittelgroßen KapGes für den Umfang der Offenlegung größenabhängige Erleichterungen, sofern diese nicht nach § 267 III 2 als große KapGes gelten.

I. Verkürzter Umfang der Bilanz (S 1 Nr 1)

2 Mittelgroße KapGes brauchen ihre Bilanz nicht in dem Umfang zu veröffentlichen, wie sie aufgestellt ist, sondern können sie in verkürzter Form zum Handelsregister einreichen. Die verkürzte Form entspricht der für kleine KapGes vorgesehenen Gliederung, dh die arabischen Ziffern der Bilanz können zusammengefaßt und nur in der Gliederung nach römischen Ziffern offengelegt werden. Macht die KapGes von dieser Erleichterung Gebrauch, müssen jedoch in der Bilanz oder im Anhang zu bestimmten Posten gesonderte Angaben gemacht werden.

II. Verkürzter Anhang (S 1 Nr 2)

Nicht offengelegt werden müssen die Angaben im Anhang nach § 285 Nr 2 (Aufgliederung der Verbindlichkeiten mit Restlaufzeiten von mehr als 5 Jahren), Nr 5 (Auswirkung steuerlicher Vergünstigungsvorschriften), Nr 8 a (Betrag und Aufgliederung des Materialaufwands bei Umsatzkostenverfahren), Nr 12 (Erläuterung der nicht gesondert ausgewiesenen sonstigen Rückstellungen). 3

§ 328 Form und Inhalt der Unterlagen bei der Offenlegung, Veröffentlichung und Vervielfältigung

(1) Bei der vollständigen oder teilweisen Offenlegung des Jahresabschlusses und des Konzernabschlusses und bei der Veröffentlichung oder Vervielfältigung in anderer Form auf Grund des Gesellschaftsvertrags oder der Satzung sind die folgenden Vorschriften einzuhalten:

1. ¹Der Jahresabschluß und der Konzernabschluß sind so wiederzugeben, daß sie den für ihre Aufstellung maßgeblichen Vorschriften entsprechen, soweit nicht Erleichterungen nach §§ 326, 327 in Anspruch genommen werden; sie haben in diesem Rahmen vollständig und richtig zu sein. ²Das Datum der Feststellung ist anzugeben, sofern der Jahresabschluß festgestellt worden ist. ³Wurde der Jahresabschluß oder der Konzernabschluß auf Grund gesetzlicher Vorschriften durch einen Abschlußprüfer geprüft, so ist jeweils der vollständige Wortlaut des Bestätigungsvermerks oder des Vermerks über dessen Versagung wiederzugeben; wird der Jahresabschluß wegen der Inanspruchnahme von Erleichterungen nur teilweise offengelegt und bezieht sich der Bestätigungsvermerk auf den vollständigen Jahresabschluß, so ist hierauf hinzuweisen.

2. Werden der Jahresabschluß oder der Konzernabschluß zur Wahrung der gesetzlich vorgeschriebenen Fristen über die Offenlegung vor der Prüfung oder Feststellung, sofern diese gesetzlich vorgeschrieben sind, oder nicht gleichzeitig mit beizufügenden Unterlagen offengelegt, so ist hierauf bei der Offenlegung hinzuweisen.

(2) ¹Werden der Jahresabschluß oder der Konzernabschluß in Veröffentlichungen und Vervielfältigungen, die nicht durch Gesetz, Gesellschaftsvertrag oder Satzung vorgeschrieben sind, nicht in der nach Absatz 1 vorgeschriebenen Form wiedergegeben, so ist jeweils in einer Überschrift darauf hinzuweisen, daß es sich nicht um eine der gesetzlichen Form entsprechende Veröffentlichung handelt. ²Ein Bestätigungsvermerk darf nicht beigefügt werden. ³Ist jedoch auf Grund gesetzlicher Vorschriften eine Prüfung durch einen Abschlußprüfer erfolgt, so ist

§ 329 Drittes Buch. Handelsbücher

anzugeben, ob der Abschlußprüfer den in gesetzlicher Form erstellten Jahresabschluß oder den Konzernabschluß bestätigt hat oder ob er die Bestätigung eingeschränkt oder versagt hat. [4]Ferner ist anzugeben, bei welchem Handelsregister und in welcher Nummer des Bundesanzeigers die Offenlegung erfolgt ist oder daß die Offenlegung noch nicht erfolgt ist.

(3) [1]Absatz 1 Nr. 1 ist auf den Lagebericht, den Konzernlagebericht, den Vorschlag für die Verwendung des Ergebnisses und den Beschluß über seine Verwendung sowie auf die Aufstellung des Anteilsbesitzes entsprechend anzuwenden. [2]Werden die in Satz 1 bezeichneten Unterlagen nicht gleichzeitig mit dem Jahresabschluß oder dem Konzernabschluß offengelegt, so ist bei ihrer nachträglichen Offenlegung jeweils anzugeben, auf welchen Abschluß sie sich beziehen und wo dieser offengelegt worden ist; dies gilt auch für die nachträgliche Offenlegung des Bestätigungsvermerks oder des Vermerks über die Versagung.

1 § 328 regelt Form und Inhalt der Unterlagen bei Offenlegung, bei Veröffentlichung oder Vervielfältigung in anderer Form auf Grund des Gesellschaftsvertrags oder der Satzung. Abs 1 betrifft den Fall der Pflichtbekanntmachung. Sofern der JA festgestellt ist, ist das Datum der Feststellung bei der Offenlegung anzugeben. Bei prüfungspflichtigen KapGes ist der vollständige Wortlaut des Bestätigungsvermerks oder der Vermerk über die Versagung anzugeben. Die freiwillige nicht durch Gesetz bestimmte Offenlegung (Abs 2) braucht nicht die Form des Abs 1 einzuhalten; auf eine nicht der Form des Abs 1 entsprechende Offenlegung ist jedoch hinzuweisen. Ein Bestätigungsvermerk darf in diesem Fall nicht beigefügt werden; es ist allerdings anzugeben, ob der Abschlußprüfer den Bestätigungsvermerk erteilt, eingeschränkt oder versagt hat. Auf den Lagebericht, Konzernlagebericht, Gewinnverwendungsvorschlag und Gewinnverwendungsbeschluß sind diese Bestimmungen zur Offenlegung des JA entsprechend anzuwenden. Der Prüfungsvermerk oder der Vermerk über seine Versagung kann bei freiwilliger Offenlegung auch nachträglich offengelegt werden.

§ 329 Prüfungspflicht des Registergerichts

(1) **Das Gericht prüft, ob die vollständig oder teilweise zum Handelsregister einzureichenden Unterlagen vollzählig sind und, sofern vorgeschrieben, bekanntgemacht worden sind.**

(2) [1]Gibt die Prüfung nach Absatz 1 Anlaß zu der Annahme, daß von der Größe der Kapitalgesellschaft abhängige Erleichterungen nicht hätten in Anspruch genommen werden dürfen, so kann das Gericht zu seiner Unterrichtung von der Kapitalgesellschaft innerhalb einer angemessenen Frist die Mitteilung der Umsatzerlöse (§ 277 Abs. 1) und der durchschnittlichen Zahl der Arbeitnehmer (§ 267 Abs. 5) verlangen. [2]Unterläßt die Ka-

pitalgesellschaft die fristgemäße Mitteilung, so gelten die Erleichterungen als zu Unrecht in Anspruch genommen.

I. Prüfung des Gerichts (I)

Die Prüfung durch das Gericht beschränkt sich darauf, ob die zum Handelsregister eingereichten Unterlagen vollzählig sind. Den Umfang der einzureichenden Unterlagen enthält § 325 I bis III. Bei großen KapGes schließt die Prüfung auch die Feststellung darüber ein, ob die vorgeschriebene Bekanntmachung (§ 325 II und III) im Bundesanzeiger erfolgt ist. Die Prüfung durch das Gericht ist eine **rein formale** Prüfung, eine Prüfung des materiellen Inhalts der eingereichten Unterlagen führt das Gericht **nicht** durch. Auch die Inanspruchnahme von Aufstellungserleichterungen (§§ 266 I, 276, 288) sowie größenabhängige Erleichterungen für kleine und mittelgroße KapGes bei Offenlegung der Unterlagen (§§ 326, 327) sind vom Gericht nicht zu prüfen. Selbst eine offenbare Unrichtigkeit (zB fehlende Abschlußprüfung, § 316) prüft das Gericht nicht; allerdings sind bei Fehlen des Bestätigungsvermerks (§ 322) die eingereichten Unterlagen nicht vollständig. Rechtsfolgen für den Fall, daß Unterlagen überhaupt nicht eingereicht werden, sieht § 329 nicht vor; ein solcher Gesetzesverstoß ist bisher nicht sanktioniert.

II. Informationsrecht des Gerichts (II)

Kommt das Gericht bei Prüfung der eingereichten Unterlagen zu der begründeten Annahme, daß von der KapGes größenabhängige Erleichterungen nicht hätten in Anspruch genommen werden dürfen, kann das Gericht zu seiner Unterrichtung von der KapGes die Mitteilung über die Umsatzerlöse (§ 277 I) und die durchschnittliche Zahl der Arbeitnehmer (§ 267 V) verlangen. Die Zweifel, ob die Erleichterungen zu Recht in Anspruch genommen wurden, wird das Gericht idR aus der Bilanzsumme ableiten; selbst wenn diese nicht überschritten ist, könnten sich aus den anderen beiden Kriterien (Umsatzerlöse, Arbeitnehmerzahl) gegenteilige Erkenntnisse ergeben. Werden dem Gericht die angeforderten Informationen nicht oder nicht innerhalb angemessener Frist zur Verfügung gestellt, gilt die gesetzliche Vermutung, daß die Erleichterungen zu Unrecht in Anspruch genommen worden sind. Die zum Registergericht einzureichenden Unterlagen wären damit nicht vollständig. Das Gericht kann bei teilweiser oder vollständiger Verletzung der Offenlegungspflichten ein Zwangsgeld festlegen, jedoch nur, wenn ein entsprechender Antrag eines Berechtigten gestellt wird (§ 335 S 2). Ferner kann es nach § 2 I 2 LöschG das Amtslöschungsverfahren einleiten, das jedoch von der Gesellschaft durch den Nachweis vorhandenen Vermögens abgewendet werden kann.

§ 330 Drittes Buch. Handelsbücher

Fünfter Unterabschnitt. Verordnungsermächtigung für Formblätter und andere Vorschriften

§ 330

(1) ¹Das Bundesministerium der Justiz wird ermächtigt, im Einvernehmen mit dem Bundesministerium der Finanzen und dem Bundesministerium für Wirtschaft durch Rechtsverordnung, die nicht der Zustimmung des Bundesrates bedarf, für Kapitalgesellschaften Formblätter vorzuschreiben oder andere Vorschriften für die Gliederung des Jahresabschlusses oder des Konzernabschlusses oder den Inhalt des Anhangs, des Konzernanhangs, des Lageberichts oder des Konzernlageberichts zu erlassen, wenn der Geschäftszweig eine von den §§ 266, 275 abweichende Gliederung des Jahresabschlusses oder des Konzernabschlusses oder von den Vorschriften des Ersten Abschnitts und des Ersten und Zweiten Unterabschnitts des Zweiten Abschnitts abweichende Regelungen erfordert. ²Die sich aus den abweichenden Vorschriften ergebenden Anforderungen an die in Satz 1 bezeichneten Unterlagen sollen den Anforderungen gleichwertig sein, die sich für große Kapitalgesellschaften (§ 267 Abs. 3) aus den Vorschriften des Ersten Abschnitts und des Ersten und Zweiten Unterabschnitts des Zweiten Abschnitts sowie den für den Geschäftszweig geltenden Vorschriften ergeben. ³Über das geltende Recht hinausgehende Anforderungen dürfen nur gestellt werden, soweit sie auf Rechtsakten des Rates der Europäischen Union beruhen.

(2) ¹Absatz 1 ist auf Kreditinstitute im Sinne des § 1 Abs. 1, 4 oder 5 des Gesetzes über das Kreditwesen, soweit sie nach dessen § 2 Abs. 1 4 oder 5 von der Anwendung nicht ausgenommen sind, und auf Finanzdienstleistungsinstitute im Sinne des § 1 Abs. 1a des Gesetzes über das Kreditwesen, soweit sie nach dessen § 2 Abs. 6 oder 10 von der Anwendung nicht ausgenommen sind, nach Maßgabe der Sätze 3 und 4 ungeachtet ihrer Rechtsform anzuwenden. ²Satz 1 ist auch auf Zweigstellen von Unternehmen mit Sitz in einem Staat anzuwenden, der nicht Mitglied der Europäischen Gemeinschaft und auch nicht Vertragsstaat des Abkommens über den Europäischen Wirtschaftsraum ist, sofern die Zweigstelle nach § 53 Abs. 1 des Gesetzes über das Kreditwesen als Kreditinstitut oder als Finanzinstitut gilt. ³Die Rechtsverordnung bedarf nicht der Zustimmung des Bundesrates; sie ist im Einvernehmen mit dem Bundesministerium der Finanzen und im Benehmen mit der Deutschen Bundesbank zu erlassen. ⁴In die Rechtsverordnung nach Satz 1 können auch nähere Bestimmungen über die Aufstellung des

Zweiter Abschn. Ergänzende Vorschriften für KapitalGes § 330

Jahresabschlusses und des Konzernabschlusses im Rahmen der vorgeschriebenen Formblätter für die Gliederung des Jahresabschlusses und des Konzernabschlusses sowie des Zwischenabschlusses gemäß § 340 a Abs. 3 und des Konzernzwischenabschlusses gemäß § 340 i Abs. 4 aufgenommen werden, soweit dies zur Erfüllung der Aufgaben des Bundesaufsichtsamts für das Kreditwesen oder der Deutschen Bundesbank erforderlich ist, insbesondere um einheitliche Unterlagen zur Beurteilung der von den Kreditinstituten und Finanzdienstleistungsinstituten durchgeführten Bankgeschäfte und erbrachten Finanzdienstleistungen zu erhalten.

(3) [1] Absatz 1 ist auf Versicherungsunternehmen nach Maßgabe der Sätze 3 und 4 ungeachtet ihrer Rechtsform anzuwenden. [2] Satz 1 ist auch auf Niederlassungen im Geltungsbereich dieses Gesetzes von Versicherungsunternehmen mit Sitz in einem anderen Staat anzuwenden, wenn sie zum Betrieb des Direktversicherungsgeschäfts der Erlaubnis durch die deutsche Versicherungsaufsichtsbehörde bedürfen. [3] Die Rechtsverordnung bedarf der Zustimmung des Bundesrates und ist im Einvernehmen mit dem Bundesministerium der Finanzen zu erlassen. [4] In die Rechtsverordnung nach Satz 1 können auch nähere Bestimmungen über die Aufstellung des Jahresabschlusses und des Konzernabschlusses im Rahmen der vorgeschriebenen Formblätter für die Gliederung des Jahresabschlusses und des Konzernabschlusses sowie Vorschriften über den Ansatz und die Bewertung von versicherungstechnischen Rückstellungen, insbesondere die Näherungsverfahren, aufgenommen werden.

(4) [1] In der Rechtsverordnung nach Absatz 1 in Verbindung mit Absatz 3 kann bestimmt werden, daß Versicherungsunternehmen, auf die die Richtlinie 91/674/EWG nach deren Artikel 2 in Verbindung mit Artikel 2 der Richtlinie 73/239/EWG oder in Verbindung mit Artikel 2 Nr. 2 oder 3 oder Artikel 3 der Richtlinie 79/267/EWG nicht anzuwenden ist, von den Regelungen des Zweiten Unterabschnitts des Vierten Abschnitts ganz oder teilweise befreit werden, soweit dies erforderlich ist, um eine im Verhältnis zur Größe der Versicherungsunternehmen unangemessene Belastung zu vermeiden; Absatz 1 Satz 2 ist insoweit nicht anzuwenden. [2] In der Rechtsverordnung dürfen diesen Versicherungsunternehmen auch für die Gliederung des Jahresabschlusses und des Konzernabschlusses, für die Erstellung von Anhang und Lagebericht und Konzernanhang und Konzernlagebericht sowie für die Offenlegung ihrer Größe angemessene Vereinfachungen gewährt werden.

(5) Die Absätze 3 und 4 sind auf Pensionsfonds (§ 112 Abs. 1 des Versicherungsaufsichtsgesetzes) entsprechend anzuwenden.

§ 331 Drittes Buch. Handelsbücher

1 § 330 enthält die Ermächtigungsgrundlage, durch Rechtsverordnung für KapGes Formblätter zu erlassen, die die Gliederung des JA und des KA sowie den Inhalt des Anhangs, des Konzernanhangs, des Lageberichts oder des Konzernlageberichts abweichend von den Regeln in §§ 266, 275 und von den Vorschriften des 1. Abschnitts und des 1. und 2. Unterabschnitts des 2. Abschnitts regeln.

2 Abs 2 enthält die entsprechende Ermächtigung betreffend die Kreditinstitute und Finanzdienstleistungsinstitute; eine solche Verordnung bedarf nicht der Zustimmung des Bundesrats, sie ist jedoch im Einvernehmen mit dem Bundesministerium der Finanzen und im Einvernehmen mit der Deutschen Bundesbank zu erlassen. Für Versicherungsunternehmen ist die Ermächtigungsgrundlage in Abs 3 enthalten; eine auf dieser Basis erlassene Verordnung bedarf der Zustimmung des Bundesrates.

3 Auf der Grundlage der Ermächtigung ist eine Reihe von Verordnungen erlassen worden, die überwiegend auch von Unternehmen zu beachten sind, die nicht die Rechtsform der Kapitalgesellschaft besitzen. Im einzelnen sind im wesentlichen folgende Verordnungen zu nennen:

– Verordnung über die Rechnungslegung von Versicherungsunternehmen (BGBl I 1994, 3778);

– Erste Verordnung zur Änderung der Verordnung über Formblätter für die Gliederung des Jahresabschlusses bei Wohnungsunternehmen (BGBl I 1987, 770);

– Krankenhaus-Buchführungs-Verordnung (BGBl I 1987, 1045);

– Geänderte Verordnung über die Gliederung des Jahresabschlusses von Verkehrsunternehmen (BGBl I 1998, 1057),

– Verordnung über die Rechnungslegung der Kreditinstitute und Finanzdienstleistungsinstute (BGBl I 1998, 3658).

Sechster Unterabschnitt. Straf- und Bußgeldvorschriften. Zwangsgelder

§ 331 Unrichtige Darstellung

Mit Freiheitsstrafe bis zu drei Jahren oder mit Geldstrafe wird bestraft, wer

1. als Mitglied des vertretungsberechtigten Organs oder des Aufsichtsrats einer Kapitalgesellschaft die Verhältnisse der Kapitalgesellschaft in der Eröffnungsbilanz, im Jahresabschluß, im Lagebericht oder im Zwischenabschluß nach § 340 a Abs. 3 unrichtig wiedergibt oder verschleiert,

2. als Mitglied des vertretungsberechtigten Organs oder des Aufsichtsrats einer Kapitalgesellschaft die Verhältnisse des Konzerns im Konzernabschluß, im Konzernlagebericht oder

im Konzernzwischenabschluß nach § 340i Abs. 4 unrichtig wiedergibt oder verschleiert,

3. als Mitglied des vertretungsberechtigten Organs einer Kapitalgesellschaft zum Zwecke der Befreiung nach §§ 291, 292a oder einer nach § 292 erlassenen Rechtsverordnung einen Konzernabschluß oder Konzernlagebericht, in dem die Verhältnisse des Konzerns unrichtig wiedergegeben oder verschleiert worden sind, vorsätzlich oder leichtfertig offengelegt oder

4. als Mitglied des vertretungsberechtigten Organs einer Kapitalgesellschaft oder als Mitglied des vertretungsberechtigten Organs oder als vertretungsberechtigter Gesellschafter eines ihrer Tochterunternehmen (§ 290 Abs. 1, 2) in Aufklärungen oder Nachweisen, die nach § 320 einem Abschlußprüfer der Kapitalgesellschaft, eines verbundenen Unternehmens oder des Konzerns zu geben sind, unrichtige Angaben macht oder die Verhältnisse der Kapitalgesellschaft, eines Tochterunternehmens oder des Konzerns unrichtig wiedergibt oder verschleiert.

§ 331 enthält Straftatbestände, die sich auf unrichtige Darstellungen beziehen. Eine unrichtige Darstellung liegt vor, wenn diese mit den tatsächlichen Verhältnissen nicht übereinstimmt. In Anbetracht der eingeräumten Bewertungs- und Beurteilungsspielräume liegt daher eine unrichtige Wiedergabe nur dann vor, wenn der Fehler nach dem übereinstimmenden Urteil von Fachleuten **eindeutig** feststeht und die Darstellung daher in keinem Fall mehr vertretbar ist (im einzelnen vgl *Budde/Hense* in Beck-BilKomm § 331 Rz 11 ff). 1

Strafbarkeit liegt nur vor, wenn die Mitglieder des vertretungsberechtigten Organs oder des Aufsichtsrats **vorsätzlich** gehandelt haben, wobei bedingter Vorsatz ausreichend ist. 2

§ 332 Verletzung der Berichtspflicht

(1) **Mit Freiheitsstrafe bis zu drei Jahren oder mit Geldstrafe wird bestraft, wer als Abschlußprüfer oder Gehilfe eines Abschlußprüfers über das Ergebnis der Prüfung eines Jahresabschlusses, eines Lageberichts, eines Konzernabschlusses, eines Konzernlageberichts einer Kapitalgesellschaft oder eines Zwischenabschlusses nach § 340 a Abs. 3 oder eines Konzernzwischenabschlusses gemäß § 340 i Abs. 4 unrichtig berichtet, im Prüfungsbericht (§ 321) erhebliche Umstände verschweigt oder einen inhaltlich unrichtigen Bestätigungsvermerk (§ 322) erteilt.**

(2) **Handelt der Täter gegen Entgelt oder in der Absicht, sich oder einen anderen zu bereichern oder einen anderen zu schädigen, so ist die Strafe Freiheitsstrafe bis zu fünf Jahren oder Geldstrafe.**

§§ 333, 334 Drittes Buch. Handelsbücher

1 § 332 bezieht sich auf die Berichtspflicht des Abschlußprüfers gem § 321. Eine Verletzung dieser Verpflichtung ist zivilrechtlich durch § 323 sanktioniert. § 332 betrifft den strafrechtlichen Aspekt der Verletzung der Berichtspflicht. Eine inhaltlich gleiche Regelung findet sich in § 403 AktG; § 332 ist allerdings im Verhältnis zu § 403 AktG als Spezialregelung anzusehen.

§ 333 Verletzung der Geheimhaltungspflicht

(1) **Mit Freiheitsstrafe bis zu einem Jahr oder mit Geldstrafe wird bestraft, wer ein Geheimnis der Kapitalgesellschaft, eines Tochterunternehmens (§ 290 Abs. 1, 2), eines gemeinsam geführten Unternehmens (§ 310) oder eines assoziierten Unternehmens (§ 311), namentlich ein Betriebs- oder Geschäftsgeheimnis, das ihm in seiner Eigenschaft als Abschlußprüfer oder Gehilfe eines Abschlußprüfers bei Prüfung des Jahresabschlusses oder des Konzernabschlusses bekannt geworden ist, unbefugt offenbart.**

(2) **¹Handelt der Täter gegen Entgelt oder in der Absicht, sich oder einen anderen zu bereichern oder einen anderen zu schädigen, so ist die Strafe Freiheitsstrafe bis zu zwei Jahren oder Geldstrafe. ²Ebenso wird bestraft, wer ein Geheimnis der in Absatz 1 bezeichneten Art, namentlich ein Betriebs- oder Geschäftsgeheimnis, das ihm unter den Voraussetzungen des Absatzes 1 bekannt geworden ist, unbefugt verwertet.**

(3) **Die Tat wird nur auf Antrag der Kapitalgesellschaft verfolgt.**

1 Der Abschlußprüfer, seine Gehilfen und die bei der Prüfung mitwirkenden gesetzlichen Vertreter einer Prüfungsgesellschaft trifft nach § 323 I 1 die Verpflichtung zur Verschwiegenheit. Wird diese Verpflichtung verletzt, trifft denjenigen nicht nur eine Schadensersatzverpflichtung nach § 323, sondern die Verletzung ist in § 333 auch strafrechtlich sanktioniert. Um den Straftatbestand zu erfüllen, ist **Vorsatz** erforderlich.

2 Die Tat wird strafrechtlich nur verfolgt, wenn die KapGes dies beantragt hat.

§ 334 Bußgeldvorschriften

(1) **Ordnungswidrig handelt, wer als Mitglied des vertretungsberechtigten Organs oder des Aufsichtsrats einer Kapitalgesellschaft**
1. **bei der Aufstellung oder Feststellung des Jahresabschlusses einer Vorschrift**
    a) **des § 243 Abs. 1 oder 2, der §§ 244, 245, 246, 247, 248, 249 Abs. 1 Satz 1 oder Abs. 3, des § 250 Abs. 1 Satz 1 oder Abs. 2, des § 251 oder des § 264 Abs. 2 über Form und Inhalt,**

§ 334

b) des § 253 Abs. 1 Satz 1 in Verbindung mit § 255 Abs. 1 oder 2 Satz 1, 2 oder 6, des § 253 Abs. 1 Satz 2 oder Abs. 2 Satz 1, 2 oder 3, dieser in Verbindung mit § 279 Abs. 1 Satz 2, des § 253 Abs. 3 Satz 1 oder 2, des § 280 Abs. 1, des § 282 oder des § 283 über die Bewertung,
c) des § 265 Abs. 2, 3, 4 oder 6, der §§ 266, 268 Abs. 2, 3, 4, 5, 6 oder 7, der §§ 272, 273, 274 Abs. 1, des § 275 oder des § 277 über die Gliederung oder
d) des § 280 Abs. 3, des § 281 Abs. 1 Satz 2 oder 3 oder Abs. 2 Satz 1, des § 284 oder des § 285 über die in der Bilanz oder im Anhang zu machenden Angaben,

2. bei der Aufstellung des Konzernabschlusses einer Vorschrift
a) des § 294 Abs. 1 über den Konsolidierungskreis,
b) des § 297 Abs. 2 oder 3 oder des § 298 Abs. 1 in Verbindung mit den §§ 244, 245, 246, 247, 248, 249 Abs. 1 Satz 1 oder Abs. 3, dem § 250 Abs. 1 Satz 1 oder Abs. 2 oder dem § 251 über Inhalt oder Form,
c) des § 300 über die Konsolidierungsgrundsätze oder das Vollständigkeitsgebot,
d) des § 308 Abs. 1 Satz 1 in Verbindung mit den in Nummer 1 Buchstabe b bezeichneten Vorschriften oder des § 308 Abs. 2 über die Bewertung,
e) des § 311 Abs. 1 Satz 1 in Verbindung mit § 312 über die Behandlung assoziierter Unternehmen oder
f) des § 308 Abs. 1 Satz 3, des § 313 oder des § 314 über die im Anhang zu machenden Angaben,

3. bei der Aufstellung des Lageberichts einer Vorschrift des § 289 Abs. 1 über den Inhalt des Lageberichts,

4. bei der Aufstellung des Konzernlageberichts einer Vorschrift des § 315 Abs. 1 über den Inhalt des Konzernlageberichts,

5. bei der Offenlegung, Veröffentlichung oder Vervielfältigung einer Vorschrift des § 328 über Form oder Inhalt oder

6. einer auf Grund des § 330 Abs. 1 Satz 1 erlassenen Rechtsverordnung, soweit sie für einen bestimmten Tatbestand auf diese Bußgeldvorschrift verweist,

zuwiderhandelt.

(2) Ordnungswidrig handelt auch, wer zu einem Jahresabschluß oder einem Konzernabschluß, der auf Grund gesetzlicher Vorschriften zu prüfen ist, einen Vermerk nach § 322 erteilt, obwohl nach § 319 Abs. 2 er oder nach § 319 Abs. 3 die Wirtschaftprüfergesellschaft oder Buchprüfungsgesellschaft, für die er tätig wird, nicht Abschlußprüfer sein darf.

(3) Die Ordnungswidrigkeit kann mit einer Geldbuße bis zu fünfzigtausend Deutsche Mark geahndet werden.

§§ 335, 335 a   Drittes Buch. Handelsbücher

(4) **Die Absätze 1 bis 3 sind auf Kreditinstitute im Sinne des § 340 und auf Versicherungsunternehmen im Sinne des § 341 Abs. 1 nicht anzuwenden.**

1   Bestimmte Verstöße bei der Aufstellung oder Feststellung des JA oder des KA werden nach § 334 als Ordnungswidrigkeit mit einer Geldbuße geahndet.
2   Auch die Ordnungswidrigkeit setzt als Tatbestandsmerkmal Vorsatz voraus.
3   Die sachliche Zuständigkeit für die Verfolgung von Ordnungswidrigkeiten richtet sich anch §§ 35 und 36 OWiG.

§ 335 Festsetzung von Zwangsgeld

¹ **Mitglieder des vertretungsberechtigten Organs einer Kapitalgesellschaft, die**

1. **§ 242 Abs. 1 und 2, § 264 Abs. 1 über die Pflicht zur Aufstellung eines Jahresabschlusses und einen Lageberichts,**
2. **§ 290 Abs. 1 und 2 über die Pflicht zur Aufstellung eine Konzernabschlusses und eines Konzernlageberichts,**
3. **§ 318 Abs. 1 Satz 4 über die Pflicht zur unverzüglichen Erteilung des Prüfungsauftrags,**
4. **§ 318 Abs. 4 Satz 3 über die Pflicht, den Antrag auf gerichtliche Bestellung des Abschlußprüfers zu stellen oder**
5. **§ 320 über die Pflichten gegenüber dem Abschlußprüfer,**

nicht befolgen, sind hierzu vom Registergericht durch Festsetzung von Zwangsgeld nach § 140 a Abs. 1 des Gesetzes über die Angelegenheiten der freiwilligen Gerichtsbarkeit anzuhalten. ² **Das Registergericht schreitet jedoch nur auf Antrag ein; § 14 ist insoweit nicht anzuwenden.** ³ **Das einzelne Zwangsgeld darf den Betrag von fünftausend Euro nicht übersteigen.**

1   Mit der Festsetzung von Zwangsgeld sollen bestimmte Handlungen im Zusammenhang mit der Rechnungslegung erzwungen werden. Ein Zwangsgeld kann jedoch nur verhängt werden, wenn dies beantragt wird. Antragsberechtigt ist jedermann; die Beschränkung auf Gesellschafter, Gläubiger oder den Betriebsrat ist entfallen.

§ 335 a Festsetzung von Ordnungsgeld

¹ **Gegen die Mitglieder des vertretungsberechtigten Organs einer Kapitalgesellschaft, die**

1. **§ 325 über die Pflicht zur Offenlegung des Jahresabschlusses, des Lageberichts, des Konzernabschlusses, des Konzernlageberichts und anderer Unterlagen der Rechnungslegung oder**
2. **§ 325 a über die Pflicht zur Offenlegung der Rechnungslegungsunterlagen der Hauptniederlassung**

nicht befolgen, ist wegen des pflichtwidrigen Unterlassens der rechtzeitigen Offenlegung vom Registergericht ein Ordnungsgeld nach § 140a Abs. 2 des Gesetzes über die Angelegenheiten der freiwilligen Gerichtsbarkeit festzusetzen; im Falle der Nummer 2 treten die in § 13e Abs. 2 Satz 4 Nr. 3 genannten Personen, sobald sie angemeldet sind, an die Stelle der Mitglieder des vertretungsberechtigten Organs der Kapitalgesellschaft. [2]Einem Verfahren nach Satz 1 steht nicht entgegen, daß eine in § 335 Satz 1 bezeichnende Pflicht noch nicht erfüllt ist. [3]Das Registergericht schreitet jedoch nur auf Antrag ein; § 14 ist insoweit nicht anzuwenden. [4]Das Ordnungsgeld beträgt mindestens zweitausendfünfhundert und höchstens fünfundzwanzigtausend Euro; § 140a Abs. 2 Satz 4 des Gesetzes über die Angelegenheiten der freiwilligen Gerichtsbarkeit bleibt unberührt.

Durch das KapCoRiLiG ist die Verletzung der Offenlegungspflicht 1 der §§ 325, 325a verschärft worden. Anstelle eines Zwangsgeldes wird nunmehr vom Registergericht ein Ordnungsgeld nach § 140a II FGG festgesetzt, wenn die Offenlegung nicht innerhalb von sechs Wochen nach Androhung durch die Mitglieder der vertretungsberechtigten Organe der KapGes nachgeholt wird; eine Fristverlängerung ist nicht möglich.

Wie beim Zwangsgeldverfahren wird auch beim Ordnungsgeldverfahren das Registergericht nur auf Antrag tätig. Der Antrag kann von jedermann gestellt werden; er kann nicht zurückgenommen werden.

Besteht das vertragsberechtigte Organ aus mehreren Personen, so 2 sind nur diejenigen Mitglieder verpflichtet, in deren Verantwortungsbereich die Einhaltung der Offenlegungspflicht fällt, es sei denn, die übrigen Mitglieder haben im Rahmen ihrer Gesamtverantwortung nicht für die Einhaltung der Offenlegungspflicht durch das verantwortliche Mitglied gesorgt.

Das Ordnungsgeld kann auch dann festgesetzt werden, wenn eine in § 335 S 1 bezeichnete Pflicht noch nicht erfüllt worden ist. Das Ordnungsgeld beträgt mindestens 2500 Euro, höchstens 25 000 Euro; es kann mehrfach festgesetzt werden.

§ 335 b Anwendung der Straf- und Bußgeldvorschriften sowie der Zwangs- und Ordnungsgeldvorschriften auf bestimmte offene Handelsgesellschaften und Kommanditgesellschaften

Die Strafvorschriften der §§ 331 bis 333, die Bußgeldvorschriften des § 334, die Zwangs- und Ordnungsgeldvorschriften der §§ 335, 335a gelten auch für offene Handelsgesellschaften und Kommanditgesellschaften im Sinne des § 264a Abs. 1.

Das KapCoRiLiG stellt PersHandelsGes iSv § 264a I (Ges, bei der keine natürliche Person unbeschränkt haftet) in jeder Hinsicht den

§ 336

Drittes Buch. Handelsbücher

KapGes gleich. Insofern treffen deren vertretungsberechtigte Organe die gleichen Straf-, Bußgeld-, Zwangsgeld- und Ordnungsvorschriften wie die vertretungsberechtigten Organe einer KapGes.

Dritter Abschnitt. Ergänzende Vorschriften für eingetragene Genossenschaften

§ 336 Pflicht zur Aufstellung von Jahresabschluß und Lagebericht

(1) ¹**Der Vorstand einer Genossenschaft hat den Jahresabschluß (§ 242) um einen Anhang zu erweitern, der mit der Bilanz und der Gewinn- und Verlustrechnung eine Einheit bildet, sowie einen Lagebericht aufzustellen.** ²**Der Jahresabschluß und der Lagebericht sind in den ersten fünf Monaten des Geschäftsjahrs für das vergangene Geschäftsjahr aufzustellen.**

(2) ¹**Auf den Jahresabschluß und den Lagebericht sind, soweit in den folgenden Vorschriften nicht anderes bestimmt ist, § 264 Abs. 1 Satz 3 Halbsatz 1, Abs. 2, §§ 265 bis 289 über den Jahresabschluß und den Lagebericht entsprechend anzuwenden; § 277 Abs. 3 Satz 1, §§ 279, 280, 281, Abs. 2 Satz 1, § 285 Nr. 5, 6 brauchen jedoch nicht angewendet zu werden.** ²**Sonstige Vorschriften, die durch den Geschäftszweig bedingt sind, bleiben unberührt.**

(3) § 330 Abs. 1 über den Erlaß von Rechtsverordnungen ist entsprechend anzuwenden.

I. Aufstellung von Jahresabschluß und Lagebericht (I)

1   Die Regelungen für den JA der Genossenschaften sind nunmehr im HGB eigenständig geregelt. Der JA der eG besteht aus Bilanz, GuV (§ 242) und aus dem Anhang (Abs 1 S 1), die zusammen eine Einheit bilden. Zusätzlich ist ein Lagebericht aufzustellen. Als Frist für die Aufstellung des JA und des Lageberichts schreibt Abs 1 S 2 einen Zeitraum von höchstens 5 Monaten nach Abschluß des Geschäftsjahrs vor.

II. Anwendung der Vorschriften für Kapitalgesellschaften (II)

2   Auf den JA der eG sind die Vorschriften des 1. Abschnitts des 3. Buchs ohne besonderen Hinweis anzuwenden, da die eG nach § 17 II GenG als Kaufmann gilt. Ferner ist ein Teil der Vorschriften für KapGes entsprechend anzuwenden, soweit nicht die Besonderheiten der eG etwas anderes bedingen; ausgenommen sind allerdings insbesondere die Vorschriften über die Unzulässigkeit stiller Reserven (§§ 279, 280, 281).

Dritter Abschnitt. Ergänzende Vorschriften für eGen §§ 337, 338

§ 337 Vorschriften zur Bilanz

(1) ¹An Stelle des gezeichneten Kapitals ist der Betrag der Geschäftsguthaben der Genossen auszuweisen. ²Dabei ist der Betrag der Geschäftsguthaben der mit Ablauf des Geschäftsjahrs ausgeschiedenen Genossen gesondert anzugeben. ³Werden rückständige fällige Einzahlungen auf Geschäftsanteile in der Bilanz als Geschäftsguthaben ausgewiesen, so ist der entsprechende Betrag auf der Aktivseite unter der Bezeichnung „Rückständige fällige Einzahlungen auf Geschäftsanteile" einzustellen. ⁴Werden rückständige fällige Einzahlungen nicht als Geschäftsguthaben ausgewiesen, so ist der Betrag bei dem Posten „Geschäftsguthaben" zu vermerken. ⁵In beiden Fällen ist der Betrag mit dem Nennwert anzusetzen.

(2) An Stelle der Gewinnrücklagen sind die Ergebnisrücklagen auszuweisen und wie folgt aufzugliedern:

1. Gesetzliche Rücklage;
2. andere Ergebnisrücklagen; die Ergebnisrücklage nach § 73 Abs. 3 des Gesetzes betreffend die Erwerbs- und Wirtschaftsgenossenschaften und die Beträge, die aus dieser Ergebnisrücklage an ausgeschiedene Genossen auszuzahlen sind, müssen vermerkt werden.

(3) Bei den Ergebnisrücklagen sind in der Bilanz oder im Anhang gesondert aufzuführen:

1. Die Beträge, welche die Generalversammlung aus dem Bilanzgewinn des Vorjahrs eingestellt hat;
2. die Beträge, die aus dem Jahresüberschuß des Geschäftsjahrs eingestellt werden;
3. die Beträge, die für das Geschäftsjahr entnommen werden.

§ 337 enthält verschiedene Sondervorschriften für die Bilanz der eG. 1
So ist an Stelle des gezeichneten Kapitals der Betrag der Geschäftsguthaben auszuweisen. Rückständige fällige Einzahlungen auf die Geschäftsanteile sind – je nach dem Ausweis der rückständigen fälligen Einzahlungen – entsprechend kenntlich zu machen.

Nach Abs 2 sind an Stelle von Gewinnrücklagen in der Bilanz der eG 2
Ergebnisrücklagen auszuweisen und entsprechend zu gliedern. Abs 3 verlangt wie bei den KapGes eine Darstellung der Entwicklung der Ergebnisrücklagen im abgelaufenen Geschäftsjahr.

§ 338 Vorschriften zum Anhang

(1) ¹Im Anhang sind auch Angaben zu machen über die Zahl der im Laufe des Geschäftsjahrs eingetretenen oder ausgeschiedenen sowie die Zahl der am Schluß des Geschäftsjahrs der Genossenschaft angehörenden Genossen. ²Ferner sind der Gesamtbetrag, um welchen in diesem Jahr die Geschäftsguthaben

sowie die Haftsummen der Genossen sich vermehrt oder vermindert haben, und der Betrag der Haftsummen anzugeben, für welche am Jahresabschluß alle Genossen zusammen aufzukommen haben.

(2) Im Anhang sind ferner anzugeben:
1. Name und Anschrift des zuständigen Prüfungsverbandes, dem die Genossenschaft angehört;
2. alle Mitglieder des Vorstands und des Aufsichtsrats, auch wenn sie im Geschäftsjahr oder später ausgeschieden sind, mit dem Familiennamen und mindestens einem ausgeschriebenen Vornamen; ein etwaiger Vorsitzender des Aufsichtsrats ist als solcher zu bezeichnen.

(3) ¹An Stelle der in § 285 Nr. 9 vorgeschriebenen Angaben über die an Mitglieder von Organen geleisteten Bezüge, Vorschüsse und Kredite sind lediglich die Forderungen anzugeben, die der Genossenschaft gegen Mitglieder des Vorstands oder Aufsichtsrats zustehen. ²Die Beträge dieser Forderungen können für jedes Organ in einer Summe zusammengefaßt werden.

1   Nach § 336 II sind auf eG grundsätzlich auch die Vorschriften über den Anhang, insbesondere auch §§ 284, 285 entsprechend anzuwenden. § 338 enthält Sondervorschriften, die den Besonderheiten der eG Rechnung tragen.

§ 339 Offenlegung

(1) ¹Der Vorstand hat unverzüglich nach der Generalversammlung über den Jahresabschluß, jedoch spätestens vor Ablauf des zwölften Monats des dem Abschlußstichtag nachfolgenden Geschäftsjahrs, den festgestellten Jahresabschluß, den Lagebericht und den Bericht des Aufsichtsrats zum Genossenschaftsregister des Sitzes der Genossenschaft einzureichen. ²Ist die Erteilung eines Bestätigungsvermerks nach § 58 Abs. 2 des Gesetzes betreffend die Erwerbs- und Wirtschaftsgenossenschaften vorgeschrieben, so ist dieser mit dem Jahresabschluß einzureichen; hat der Prüfungsverband die Bestätigung des Jahresabschlusses versagt, so muß dies auf dem eingereichten Jahresabschluß vermerkt und der Vermerk vom Prüfungsverband unterschrieben sein. ³Ist die Prüfung des Jahresabschlusses im Zeitpunkt der Einreichung der Unterlagen nach Satz 1 nicht abgeschlossen, so ist der Bestätigungsvermerk oder der Vermerk über seine Versagung unverzüglich nach Abschluß der Prüfung einzureichen. ⁴Wird der Jahresabschluß oder der Lagebericht nach der Einreichung geändert, so ist auch die geänderte Fassung einzureichen.

(2) ¹Der Vorstand einer Genossenschaft, die die Größenmerkmale des § 267 Abs. 3 erfüllt, hat ferner unverzüglich nach der Generalversammlung über den Jahresabschluß, jedoch spätestens vor Ablauf des zwölften Monats des dem Abschlußstichtag nachfolgenden Geschäftsjahrs, den festgestellten Jahresabschluß mit dem Bestätigungsvermerk in den für die Bekanntmachungen der Genossenschaft bestimmten Blättern bekanntzumachen und die Bekanntmachung zu dem Genossenschaftsregister des Sitzes der Genossenschaft einzureichen. ²Ist die Prüfung des Jahresabschlusses im Zeitpunkt der Generalversammlung nicht abgeschlossen, so hat die Bekanntmachung nach Satz 1 unverzüglich nach dem Abschluß der Prüfung, jedoch spätestens vor Ablauf des zwölften Monats des dem Abschlußstichtag nachfolgenden Geschäftsjahrs, zu erfolgen.

(3) Die §§ 326 bis 329 über die größenabhängigen Erleichterungen bei der Offenlegung, über Form und Inhalt der Unterlagen bei der Offenlegung, Veröffentlichung und Vervielfältigung sowie über die Prüfungspflicht des Registergerichts sind entsprechend anzuwenden.

Die Offenlegung des JA, des Lageberichts und des Aufsichtsratsberichts der Genossenschaft ist in § 339 gesondert geregelt; sie ist durch das KapCoRiLiG den für KapGes getroffenen Regelung in § 325 angepaßt werden. Die Bekanntmachung findet nur in den vorgeschriebenen Genossenschaftsblättern statt; lediglich große eG haben JA und Lagebericht in den für die Bekanntmachungen der Genossenschaft bestimmten Blättern bekanntzumachen (Abs 2 S 1). 1

Nach jeder Generalversammlung über den JA (§ 48 GenG) hat der Vorstand der eG folgende Unterlagen an das Genossenschaftsregister einzureichen: 2

– den festgestellten JA mit Anhang,
– den Lagebericht,
– den Bericht des Aufsichtsrats und bei großen eG den Bestätigungsvermerk des Prüfungsverbands oder den Vermerk über seine Versagung.

Ein Gewinnverwendungsvorschlag oder der Gewinnverwendungsbeschluß braucht nicht eingereicht zu werden.

Vierter Abschnitt. Ergänzende Vorschriften für Unternehmen bestimmter Geschäftszweige

Erster Unterabschnitt. Ergänzende Vorschriften für Kreditinstitute und Finanzdienstleistungsinstitute

Erster Titel. Anwendungsbereich

§ 340

(1) ¹Dieser Unterabschnitt ist auf Kreditinstitute im Sinne des § 1 Abs. 1 des Gesetzes über das Kreditwesen anzuwenden, soweit sie nach dessen § 2 Abs. 1, 4 oder 5 von der Anwendung nicht ausgenommen sind, sowie auf Zweigstellen von Unternehmen mit Sitz in einem Staat, der nicht Mitglied der Europäischen Gemeinschaft und auch nicht Vertragsstaat des Abkommens über den Europäischen Wirtschaftsraum ist, sofern die Zweigstelle nach § 53 Abs. 1 des Gesetzes über das Kreditwesen als Kreditinstitut gilt. ²§ 340l Abs. 2 bis 4 ist außerdem auf Zweigstellen im Sinne von § 53b Abs. 1 Satz 1 und Abs. 7 des Gesetzes über das Kreditwesen, auch in Verbindung mit einer Rechtsverordnung nach § 53c Nr. 1 dieses Gesetzes, anzuwenden, sofern diese Zweigstellen Bankgeschäfte im Sinne des § 1 Abs. 1 Satz 2 Nr. 1 bis 5 und 7 bis 12 dieses Gesetzes betreiben. ³Zusätzliche Anforderungen aufgrund von Vorschriften, die wegen der Rechtsform oder für Zweigstellen bestehen, bleiben unberührt.

(2) Dieser Unterabschnitt ist auf Unternehmen der in § 2 Abs. 1 Nr. 4 und 5 des Gesetzes über das Kreditwesen bezeichneten Art insoweit ergänzend anzuwenden, als sie Bankgeschäfte betreiben, die nicht zu den ihnen eigentümlichen Geschäften gehören.

(3) Dieser Unterabschnitt ist auf Wohnungsunternehmen mit Spareinrichtung nicht anzuwenden.

(4) ¹Dieser Unterabschnitt ist auch auf Finanzdienstleistungsinstitute im Sinne des § 1a des Gesetzes über das Kreditwesen anzuwenden, soweit sie nicht nach dessen § 2 Abs. 6 oder 10 von der Anwendung ausgenommen sind, sowie auf Zweigstellen von Unternehmen mit Sitz in einem anderen Staat, der nicht Mitglied der Europäischen Gemeinschaft und auch nicht Vertragsstaat des Abkommens über den Europäischen Wirtschaftsraum ist, sofern die Zweigstelle nach § 53 Abs. 1 des Gesetzes über das Kreditwesen als Finanzdienstleistungsinstitut

Vierter Abschn. Unternehmen bestimmter Geschäftszweige **§ 340**

gilt. ²§ 340 c Abs. 1 ist nicht anzuwenden auf **Finanzdienstleistungsinstitute und Kreditinstitute, soweit letztere Skontoführer im Sinne des § 8 b Abs. 1 Satz 1 des Börsengesetzes und nicht Einlagenkreditinstitute im Sinne des § 1 Abs. 3 d Satz 1 des Gesetzes über das Kreditwesen sind.** ³§ 340 l ist nur auf **Finanzdienstleistungsinstitute anzuwenden, die Kapitalgesellschaften sind.** ⁴**Zusätzliche Anforderungen auf Grund von Vorschriften, die wegen der Rechtsform oder für Zweigstellen bestehen, bleiben unberührt.**

Der 4. Abschnitt (§§ 340 bis 340 o) erhält ergänzende Vorschriften für Kreditinstitute (KI), die durch das sog Bankbilanzrichtlinie-Gesetz vom 30. 11. 1990 (BGBl 1990 I, 2570) in das HGB eingefügt worden sind. **1**

I. Anwendungsbereich (I)

Die Vorschriften der §§ 340 bis 340 o sind auf KI iSv § 1 I KWG anwendbar, soweit sie nicht durch § 2 KWG von der Anwendung ausgenommen sind (zB Bundesbank, Kreditanstalt für Wiederaufbau etc) und auf Zweigstellen von ausländischen Kreditinstituten, die ihren Hauptsitz nicht in einem Staat der Europäischen Union oder in einem Vertragsstaat des Abkommens über den Europäischen Wirtschaftsraum haben. Die Offenlegungsvorschriften des § 340 l II bis IV gelten auch für im Geltungsbereich des HGB liegende Zweigstellen von KI mit Sitz in einem anderen Mitgliedstaat der Europäischen Union, soweit die Zweigstellen Bankgeschäfte iSd § 1 I 2 N. 1 bis 5 und 7 bis 9 KWG betreiben. **2**

II. Ergänzende Anwendung (II)

Auf Unternehmen iSd § 2 I Nr 5 und 8 KWG, das sind private und öffentlich-rechtliche Versicherungsunternehmen und Unternehmen des Pfandleihgewerbes, sind die Vorschriften der §§ 340–340 o insoweit ergänzend anzuwenden, als sie Bankgeschäfte betreiben, diese jedoch nicht zu ihrem eigentlichen Geschäftsumfang gehören. Ebenso sind diese Vorschriften grundsätzlich auf Finanzdienstleistungsinstitute iS des § 1 I a KWG anzuwenden. Auf Wohnungsunternehmen, die Spareinrichtungen betreiben, sind die ergänzenden Vorschriften für KI dagegen nicht anzuwenden. **3**

Zweiter Titel. Jahresabschluß, Lagebericht, Zwischenabschluß

§ 340 a Anzuwendende Vorschriften

(1) Kreditinstitute, auch wenn sie nicht in der Rechtsform einer Kapitalgesellschaft betrieben werden, haben auf ihren Jahresabschluß die für große Kapitalgesellschaften geltenden Vorschriften des Ersten Unterabschnitts des Zweiten Abschnitts anzuwenden, soweit in den Vorschriften dieses Unterabschnitts nichts anderes bestimmt ist; Kreditinstitute haben außerdem einen Lagebericht nach § 289 aufzustellen.

(2) [1]§ 265 Abs. 6 und 7, §§ 267, 268 Abs. 4 Satz 1, Abs. 5 Satz 1 und 2, §§ 276, 277 Abs. 1, 2, 3 Satz 1, § 279 Abs. 1 Satz 2, § 284 Abs. 2 Nr. 4, § 285 Nr. 8 und 12, § 288 sind nicht anzuwenden. [2]An Stelle von § 247 Abs. 1, §§ 251, 266, 268 Abs. 2 und 7, §§ 275, 285 Nr. 1, 2, 4 und 9 Buchstabe c sind die durch Rechtsverordnung erlassenen Formblätter und anderen Vorschriften anzuwenden. [3]§ 246 Abs. 2 ist nicht anzuwenden, soweit abweichende Vorschriften bestehen. [4]§ 264 Abs. 3 und § 264 b sind mit der Maßgabe anzuwenden, daß das Kreditinstitut unter den genannten Voraussetzungen die Vorschriften des Vierten Unterabschnitts des Zweiten Abschnitts nicht anzuwenden braucht.

(3) Sofern Kreditinstitute Zwischenabschlüsse zur Ermittlung von Zwischenergebnissen im Sinne des § 10 Abs. 3 des Gesetzes über das Kreditwesen aufstellen, gelten die Bestimmungen über den Jahresabschluß und § 340 k über die Prüfung entsprechend.

(4) Zusätzlich haben Kreditinstitute im Anhang zum Jahresabschluß anzugeben:

1. alle Mandate in gesetzlich zu bildenden Aufsichtsgremien von großen Kapitalgesellschaften (§ 267 Abs. 3), die von gesetzlichen Vertretern oder anderen Mitarbeitern wahrgenommen werden;
2. alle Beteiligungen an großen Kapitalgesellschaften, die fünf vom Hundert der Stimmrechte überschreiten.

I. Anzuwendende Vorschriften (I)

1 Unabhängig von der Größe und Rechtsform haben KI auf ihren JA grundsätzlich die Vorschriften für große KapGes (§§ 264 bis 289) anzuwenden, sofern nicht in den ergänzenden Vorschriften für KI der §§ 340 ff Abweichendes geregelt ist; ferner haben sie einen Lagebericht nach § 289 aufzustellen. Daß darüberhinaus die allgemeinen Rech-

nungslegungsvorschriften für Kaufleute nach §§ 246 bis 283 auch auf KI anzuwenden sind, ist nicht ausdrücklich erwähnt, da KI Kaufleute iSv § 1 II sind.

II. Anwendungsausschluß (II)

Abs 2 enthält einen Katalog von Vorschriften des ersten Unterabschnitts des zweiten Abschnitts, die auf KI nicht anwendbar sind; sie werden teilweise durch Spezialregelungen in den durch Rechtsverordnung erlassenen Formblättern und durch andere Vorschriften ersetzt. Ausdrücklich betont Abs 2 S 3, daß das Saldierungsverbot des § 246 II auf KI nicht anwendbar ist, soweit abweichende Vorschriften bestehen.

III. Zwischenabschlüsse (III)

Sofern KI nach § 10 VII 3 KWG wegen abweichendem Geschäftsjahr Zwischenabschlüsse zur Bestimmung des haftenden Eigenkapitals aufstellen müssen, gelten die Bestimmungen über JA und Prüfung (§ 340 k) entsprechend.

IV. Zusätzliche Angabepflichten (IV)

Um die Einflußmöglichkeiten von KI transparenter zu machen, haben diese zusätzlich im Anhang zum JA anzugeben, in welchen Aufsichtsgremien von großen KapGes ihre gesetzlichen Vertreter oder andere Mitarbeiter des KI entsprechende Funktionen ausüben und an welchen großen KapGes das KI mehr als 5 vH der Stimmrechte besitzt.

§ 340 b Pensionsgeschäfte

(1) **Pensionsgeschäfte sind Verträge, durch die ein Kreditinstitut oder der Kunde eines Kreditinstituts (Pensionsgeber) ihm gehörende Vermögensgegenstände einem anderen Kreditinstitut oder einem seiner Kunden (Pensionsnehmer) gegen Zahlung eines Betrags überträgt und in denen gleichzeitig vereinbart wird, daß die Vermögensgegenstände später gegen Entrichtung des empfangenen oder eines im voraus vereinbarten anderen Betrags an den Pensionsgeber zurückübertragen werden müssen oder können.**

(2) **Übernimmt der Pensionsnehmer die Verpflichtung, die Vermögensgegenstände zu einem bestimmten oder vom Pensionsgeber zu bestimmenden Zeitpunkt zurückzuübertragen, so handelt es sich um ein echtes Pensionsgeschäft.**

(3) **Ist der Pensionsnehmer lediglich berechtigt, die Vermögensgegenstände zu einem vorher bestimmten oder von ihm noch zu bestimmenden Zeitpunkt zurückzuübertragen, so handelt es sich um ein unechtes Pensionsgeschäft.**

§ 340 b Drittes Buch. Handelsbücher

(4) ¹Im Falle von echten Pensionsgeschäften sind die übertragenen Vermögensgegenstände in der Bilanz des Pensionsgebers weiterhin auszuweisen. ²Der Pensionsgeber hat in Höhe des für die Übertragung erhaltenen Betrags eine Verbindlichkeit gegenüber dem Pensionsnehmer auszuweisen. ³Ist für die Rückübertragung ein höherer oder ein niedrigerer Betrag vereinbart, so ist der Unterschiedsbetrag über die Laufzeit des Pensionsgeschäfts zu verteilen. ⁴Außerdem hat der Pensionsgeber den Buchwert der in Pension gegebenen Vermögensgegenstände im Anhang anzugeben. ⁵Der Pensionsnehmer darf die ihm in Pension gegebenen Vermögensgegenstände nicht in seiner Bilanz ausweisen; er hat in Höhe des für die Übertragung gezahlten Betrags eine Forderung an den Pensionsgeber in seiner Bilanz auszuweisen. ⁶Ist für die Rückübertragung ein höherer oder ein niedrigerer Betrag vereinbart, so ist der Unterschiedsbetrag über die Laufzeit des Pensionsgeschäfts zu verteilen.

(5) ¹Im Falle von unechten Pensionsgeschäften sind die Vermögensgegenstände nicht in der Bilanz des Pensionsgebers, sondern in der Bilanz des Pensionsnehmers auszuweisen. ²Der Pensionsgeber hat unter der Bilanz den für den Fall der Rückübertragung vereinbarten Betrag anzugeben.

(6) Devisentermingeschäfte, Börsentermingeschäfte und ähnliche Geschäfte sowie die Ausgabe eigener Schuldverschreibungen auf abgekürzte Zeit gelten nicht als Pensionsgeschäfte im Sinne dieser Vorschrift.

I. Definition der Pensionsgeschäfte (I und II)

1 Als Pensionsgeschäfte werden solche Vereinbarungen bezeichnet, durch die ein KI oder der Kunde eines KI (Pensionsgeber) ihm gehörende Gegenstände (häufig Wertpapiere) einem anderen KI oder einem seiner Kunden (Pensionsnehmer) gegen Bezahlung eines Betrags überträgt, bei denen jedoch gleichzeitig vereinbart wird, daß die übertragenen Vermögensgegenstände zu einem späteren Zeitpunkt gegen Entrichtung des empfangenen oder eines anderen im voraus vereinbarten Betrags an den Pensionsgeber zurückübertragen werden müssen oder können. Dabei werden solche Verträge, bei denen der Pensionsnehmer den Vermögensgegenstand zu einem bestimmten vom Pensionsgeber zu bestimmenden Zeitpunkt zurückübertragen **muß**, als **echte Pensionsgeschäfte** (Abs 2) bezeichnet. Vereinbarungen, bei denen der Pensionsnehmer lediglich **berechtigt** ist, zu einem bestimmten oder von ihm noch zu bestimmenden Zeitpunkt die Vermögensgegenstände zurückzuübertragen, werden als **unechte Pensionsgeschäfte** bezeichnet (Abs 3).

Vierter Abschn. Unternehmen bestimmter Geschäftszweige § 340 b

II. Ausweis der aufgrund von Pensionsgeschäften übertragenen Vermögensgegenstände

1. Ausweis bei echten Pensionsgeschäften (IV). Bei echten Pensionsgeschäften ist der übertragene Vermögensgegenstand weiterhin in der Bilanz des Pensionsgebers auszuweisen. In Höhe des für die Übertragung erhaltenen Betrags ist eine Verpflichtung gegenüber dem Pensionsnehmer zu passivieren. Ist der zurückzuzahlende Betrag höher oder niedriger, so ist der Unterschiedsbetrag über die Laufzeit des Pensionsgeschäfts zu verteilen. Eine Verpflichtung, einen höheren Rückzahlungsbetrag gleich in voller Höhe zu passivieren, besteht nicht; insoweit stellt dies eine **Ausnahmeregelung zum Imparitätsprinzip** des § 252 I Nr 4 dar; sie ist damit zu erklären, daß der Aufwand gleichmäßig, also periodengerecht auf die Laufzeit des Vertrags verteilt werden soll. Bei einem niedrigeren Rückzahlungsbetrag entsteht in Höhe der Differenz zum empfangenen Betrag ein Ertrag, der ebenfalls gleichmäßig auf die Laufzeit des Vertrags zu verteilen ist. Nach der hier vertretenen Ansicht handelt es sich nicht um einen Verstoß gegen das Realisationsprinzip des § 252 I Nr 4 2. HS, da mit dem Vertragsschluß der Gewinn bereits realisiert ist und die Festlegung des Rückzahlungszeitpunkts lediglich eine Fälligkeitsregelung darstellt. Der Buchwert des in Pension gegebenen Vermögensgegenstands ist im Anhang des Pensionsgebers anzugeben. In der Bilanz des Pensionsnehmers darf der in Pension genommene Vermögensgegenstand nicht ausgewiesen werden. Er hat in der Höhe des gezahlten Betrags eine Forderung auszuweisen; ist für die Rückzahlung ein höherer oder ein niedrigerer Betrag vereinbart, ist der Unterschiedsbetrag über die Laufzeit des Pensionsgeschäfts zu verteilen. Ein Verstoß gegen das Imparitätsprinzip des § 253 I Nr 4 ist bei einem höheren Rückzahlungsbetrag nicht zu sehen, da der Pensionsnehmer bereits mit der Vereinbarung des Pensionsgeschäfts einen Anspruch auf den höheren Rückzahlungsbetrag erworben hat (auch GK-*Schröer* § 340 b Rz 7).

2. Ausweis bei unechten Pensionsgeschäften (I). Bei unechten Pensionsgeschäften sind die Vermögensgegenstände nur in der Bilanz des Pensionsnehmers auszuweisen, und zwar zu Anschaffungskosten in Höhe des an den Pensionsgeber gezahlten Betrags. Der Pensionsgeber hat lediglich als „Eventualverbindlichkeit" unter der Bilanz den im Falle der Rückübertragung vereinbarten Betrag auszuweisen, und zwar bis zu dem Zeitpunkt, zu dem er die Rückübertragung des Vermögensgegenstands verlangen kann.

III. Umfang der Pensionsgeschäfte (VI)

Devisentermingeschäfte, Börsentermingeschäfte und ähnliche Geschäfte sowie die Ausgabe eigener Schuldverschreibungen auf abgekürzte Zeit sind nach Abs 6 nicht als Pensionsgeschäfte anzusehen.

§ 340 c Vorschriften zur Gewinn- und Verlustrechnung und zum Anhang

(1) ¹Als Ertrag oder Aufwand aus Finanzgeschäften ist der Unterschiedsbetrag der Erträge und Aufwendungen aus Geschäften mit Wertpapieren des Handelsbestands, Finanzinstrumenten, Devisen und Edelmetallen sowie der Erträge aus Zuschreibungen und der Aufwendungen aus Abschreibungen bei diesen Vermögensgegenständen auszuweisen. ²In die Verrechnung sind außerdem die Aufwendungen für die Bildung von Rückstellungen für drohende Verluste aus den·in Satz 1 bezeichneten Geschäften und die Erträge aus der Auflösung dieser Rückstellungen einzubeziehen.

(2) ¹Die Aufwendungen aus Abschreibungen auf Beteiligungen, Anteile an verbundenen Unternehmen und wie Anlagevermögen behandelte Wertpapiere dürfen mit den Erträgen aus Zuschreibungen zu solchen Vermögensgegenständen verrechnet und in einem Aufwand- oder Ertragsposten ausgewiesen werden. ²In die Verrechnung nach Satz 1 dürfen auch die Aufwendungen und Erträge aus Geschäften mit solchen Vermögensgegenständen einbezogen werden.

(3) Kreditinstitute, die dem haftenden Eigenkapital nicht realisierte Reserven nach § 10 Abs. 2 b Satz 1 Nr. 6 oder 7 des Gesetzes über das Kreditwesen zurechnen, haben den Betrag, mit dem diese Reserven dem haftenden Eigenkapital zugerechnet werden, im Anhang zur Bilanz und zur Gewinn- und Verlustrechnung anzugeben.

1   § 340 c enthält ergänzend zu den allgemeinen Regeln in §§ 275 ff einige besondere Regelungen zur GuV bei KI.

I. Finanzgeschäfte (I)

2   Abweichend vom Saldierungsverbot des § 246 II ist als Ertrag oder Aufwand aus **Finanzgeschäften** die **Differenz** zwischen Erträgen und Aufwendungen aus Geschäften mit Wertpapieren des Handelsbestands, Finanzinstrumenten, Devisen und Edelmetall sowie Erträge aus Zuschreibungen und Aufwendungen aus Abschreibungen bei Vermögensgegenständen auszuweisen; in diesen Betrag einzurechnen sind auch Zuführungen zu Rückstellungen für drohende Verluste aus diesen Geschäften und die Erträge aus der Auflösung solcher Rückstellungen.

II. Wertveränderungen bei den Finanzanlagen (II)

3   In **einem** Betrag dürfen Aufwendungen und Erträge, die aus Abschreibungen auf Beteiligungen, Anteile an verbundenen Unternehmen und wie Anlagevermögen behandelte Wertpapiere bzw aus Zuschreibungen zu diesen Vermögensposten resultieren, ausgewiesen werden.

Ebenso dürfen Erträge und Aufwendungen, die aus Geschäften mit den Vermögensgegenständen entstanden sind, in diesen Betrag einbezogen werden.

III. Ausweis der Zurechnung zum haftenden Eigenkapital (III)

KI haben zum Schutz der Gläubiger eine bestimmte Eigenkapitalausstattung auszuweisen. Wie sich diese ermittelt, ist in § 10 KWG geregelt. Nach § 10 II b KWG können bestimmte noch nicht realisierte Reserven bei Vermögensgegenständen des Anlagevermögens dem haftenden Eigenkapital zugerechnet werden; geschieht dies, ist das nach Abs 3 im Anhang zur Bilanz und zur GuV anzugeben. 4

§ 340 d Fristengliederung

Die Forderungen und Verbindlichkeiten sind im Anhang nach der Fristigkeit zu gliedern. Für die Gliederung nach der Fristigkeit ist die Restlaufzeit am Bilanzstichtag maßgebend.

Das KI hat im Anhang sowohl seine Forderungen als auch seine Verbindlichkeiten nach der Fristigkeit zu gliedern. Für die Bestimmung der Fristigkeit sind die Restlaufzeiten am Bilanzstichtag maßgebend. Die Aufgliederung der Forderungen und Verbindlichkeiten ist nach folgender Restlaufzeit vorzunehmen: 1

1. bis 3 Monate,
2. mehr als 3 Monate bis 1 Jahr,
3. mehr als 1 Jahr bis 5 Jahre,
4. mehr als 5 Jahre (vgl § 9 der VO über die Rechnungslegung der Kreditinstitute, BGBl 1992 I, 203).

Dritter Titel. Bewertungsvorschriften

§ 340 e Bewertung von Vermögensgegenständen

(1) ¹**Kreditinstitute haben Beteiligungen einschließlich der Anteile an verbundenen Unternehmen, Konzessionen, gewerbliche Schutzrechte und ähnliche Rechte und Werte sowie Lizenzen an solchen Rechten und Werten, Grundstücke, grundstücksgleiche Rechte und Bauten einschließlich der Bauten auf fremden Grundstücken, technische Anlagen und Maschinen, anderen Anlagen, Betriebs- und Geschäftsausstattung sowie Anlagen im Bau nach den für das Anlagevermögen geltenden Vorschriften zu bewerten, es sei denn, daß sie nicht dazu bestimmt sind, dauernd dem Geschäftsbetrieb zu dienen; in diesem Falle sind sie nach Satz 2 zu bewerten. ²Andere Vermögensgegenstände, insbesondere Forderungen und Wertpapiere, sind nach den für das Umlaufvermögen geltenden Vorschriften zu bewerten, es sei**

§ 340 e

denn, daß sie dazu bestimmt werden, dauernd dem Geschäftsbetrieb zu dienen; in diesem Falle sind sie nach Satz 1 zu bewerten. ³§ 253 Abs. 2 Satz 3 darf auf die in Satz 1 bezeichneten Vermögensgegenstände mit Ausnahme der Beteiligungen und der Anteile an verbundenen Unternehmen nur angewendet werden, wenn es sich um eine voraussichtlich dauernde Wertminderung handelt.

(2) ¹Abweichend von § 253 Abs. 1 Satz 1 dürfen Hypothekendarlehen und andere Forderungen mit ihrem Nennbetrag angesetzt werden, soweit der Unterschiedsbetrag zwischen dem Nennbetrag und dem Auszahlungsbetrag oder den Anschaffungskosten Zinscharakter hat. ²Ist der Nennbetrag höher als der Auszahlungsbetrag oder die Anschaffungskosten, so ist der Unterschiedsbetrag in den Rechnungsabgrenzungsposten auf der Passivseite aufzunehmen; er ist planmäßig aufzulösen und in seiner jeweiligen Höhe in der Bilanz oder im Anhang gesondert anzugeben. ³Ist der Nennbetrag niedriger als der Auszahlungsbetrag oder die Anschaffungskosten, so darf der Unterschiedsbetrag in den Rechnungsabgrenzungsposten auf der Aktivseite aufgenommen werden; er ist planmäßig aufzulösen und in seiner jeweiligen Höhe in der Bilanz oder im Anhang gesondert anzugeben.

I. Bewertungsregelungen für Vermögensgegenstände

1 Die bei den immateriellen Vermögensgegenständen auszuweisenden Posten mit Ausnahme von Geschäfts- oder Firmenwert, die unter dem Sachanlagevermögen enthaltenen Vermögensgegenstände sowie die Beteiligungen und die Anteile an verbundenen Unternehmen sind bei KI nach den für das Anlagevermögen geltenden Vorschriften zu bewerten, sofern diese dazu bestimmt sind, dauernd dem Geschäftsbetrieb zu dienen, also Anlagevermögen darstellen (§ 247 II). Auch Forderungen und Wertpapiere sind nach den Vorschriften für das Anlagevermögen zu bewerten, wenn sie dazu bestimmt sind, dauernd dem Geschäftsbetrieb zu dienen (Abs 1 S 2). Ist dies nicht der Fall, sind Forderungen und Wertpapiere ebenso wie die übrigen nicht zum Anlagevermögen gehörenden Gegenstände nach den Vorschriften für das Umlaufvermögen zu bewerten. Die Abschreibungen gemäß § 253 II 3 (gemildertes Niederstwertprinzip) dürfen auf Gegenstände des Anlagevermögens nur angewandt werden, wenn es sich um eine dauernde Wertminderung handelt; Beteiligungen und Anteile an verbundenen Unternehmen dürfen dagegen grundsätzlich nicht nach § 253 II 3 abgeschrieben werden. Während § 253 II 3 bei einer voraussichtlichen dauernden Wertminderung eine Verpflichtung zu einer außerordentlichen Abschreibung vorsieht, räumt Abs 1 den KI ein Wahlrecht zur Vornahme der außerordentlichen Abschreibungen ein.

Vierter Abschn. Unternehmen bestimmter Geschäftszweige §340f

II. Besonderheiten für Hypothekendarlehen und andere Forderungen (II)

Für Hypothekendarlehen und andere diesen ähnliche Forderungen 2
sieht Abs 2 die Möglichkeit zur Abweichung von der Bewertungsregel
des § 253 I 1 vor. Hypothekendarlehen und andere Forderungen dürfen
mit ihrem Nennbetrag angesetzt werden, wenn der Unterschiedsbetrag
zwischen Nennbetrag und Auszahlungsbetrag oder Anschaffungskosten
Zinscharakter hat; dies ist regelmäßig der Fall, wenn das KI bei Auszahlung des Darlehens an Kunden ein Disagio einbehält. Die Differenz
zwischen **höherem** Nennbetrag und niedrigerem Auszahlungsbetrag
oder Anschaffungskosten ist auf der Passivseite als Rechnungsabgrenzungsposten aufzunehmen und planmäßig über die Laufzeit der Forderungen aufzulösen; die jeweilige Höhe des passiven Rechnungsabgrenzungspostens ist in der Bilanz oder im Anhang gesondert anzugeben
(Abs 2 S 2). Ist dagegen der Nennbetrag **niedriger** als der Auszahlungsbetrag oder die Anschaffungskosten, kann der Unterschiedsbetrag
entweder sofort als Aufwand erfaßt oder als Rechnungsabgrenzungsposten auf der Aktivseite in die Bilanz aufgenommen werden; in diesem
Falle ist der Posten planmäßig aufzulösen und seine jeweilige Höhe in
Bilanz oder Anhang gesondert anzugeben.

§ 340f Vorsorge für allgemeine Bankrisiken

(1) ¹**Kreditinstitute dürfen Forderungen an Kreditinstitute
und Kunden, Schuldverschreibungen und andere festverzinsliche Wertpapiere sowie Aktien und andere nicht festverzinsliche
Wertpapiere, die weder wie Anlagevermögen behandelt werden
noch Teil des Handelsbestands sind, mit einem niedrigeren als
dem nach § 253 Abs. 1 Satz 1, Abs. 3 vorgeschriebenen oder
zugelassenen Wert ansetzen, soweit dies nach vernünftiger kaufmännischer Beurteilung zur Sicherung gegen die besonderen
Risiken des Geschäftszweigs der Kreditinstitute notwendig ist.**
²**Der Betrag der auf diese Weise gebildeten Vorsorgereserven
darf vier vom Hundert des Gesamtbetrags der in Satz 1 bezeichneten Vermögensgegenstände, der sich bei deren Bewertung
nach § 253 Abs. 1 Satz 1, Abs. 3 ergibt, nicht übersteigen.**

(2) ¹Ein niedriger Wertansatz nach Absatz 1 darf beibehalten
werden; § 280 ist auf die in Absatz 1 bezeichneten Vermögensgegenstände nicht anzuwenden. ²In der Bilanz oder im Anhang
brauchen die in § 281 Abs. 1 Satz 2, Abs. 2 verlangten Angaben
und Aufgliederungen nicht gemacht zu werden, soweit Satz 1
angewendet wird.

(3) **Aufwendungen und Erträge aus der Anwendung von Absatz 1 und aus Geschäften mit in Absatz 1 bezeichneten Wertpapieren und Aufwendungen aus Abschreibungen sowie Erträge
aus Zuschreibungen zu diesen Wertpapieren dürfen mit den**

§ 340 f Drittes Buch. Handelsbücher

Aufwendungen aus Abschreibungen auf Forderungen, Zuführungen zu Rückstellungen für Eventualverbindlichkeiten und für Kreditrisiken sowie mit den Erträgen aus Zuschreibungen zu Forderungen oder aus deren Eingang nach teilweiser oder vollständiger Abschreibung und aus Auflösung von Rückstellungen für Eventualverbindlichkeiten und für Kreditrisiken verrechnet und in der Gewinn- und Verlustrechnung in einem Aufwand- oder Ertragsposten ausgewiesen werden.

(4) Angaben über die Bildung und Auflösung von Vorsorgereserven nach Absatz 1 sowie über vorgenommene Verrechnungen nach Absatz 3 brauchen im Jahresabschluß, Lagebericht, Konzernabschluß und Konzernlagebericht nicht gemacht zu werden.

I. Vorsorgeabwertungen (I)

1   Zur Vorsorge für allgemeine Bankrisiken räumt Abs 1 S 1 KI die Möglichkeit ein, bei Forderungen an KI und Kunden, Schuldverschreibungen und andere festverzinsliche und nichtfestverzinsliche Wertpapiere sowie Aktien über den Wertansatz nach § 253 I 1 (Anschaffungskosten) und § 253 III (Börsen- oder Marktpreis bzw niedrigerer beizulegender Wert) hinaus weitere Abwertungen vorzunehmen, soweit dies nach vernünftiger kaufmännischer Beurteilung zur Sicherung der besonderen Risiken eines KI notwendig ist. Diese als Vorsorgereserve bezeichnete Abwertung darf 4 % des Gesamtbetrags der betreffenden Posten, der sich bei einer Bewertung nach § 253 I 1, III ergibt, nicht überschreiten. Die Abwertungsmöglichkeit ist als allgemeine Risikovorsorge zu betrachten, da die Risiken, die in den einzelnen Forderungen oder den anderen Vermögensposten enthalten sind, bereits mit den Abschreibungen nach § 253 III berücksichtigt werden mußten.

II. Beibehaltungswahlrechte (II)

2   Das für KapGes in § 280 vorgeschriebene Wertaufholungsgebot gilt für die in Abs 1 bezeichneten Vermögensgegenstände von Kreditinstituten nicht, vielmehr darf ein niedrigerer Wertansatz nach Abs 1 beibehalten werden (S 1). Angaben zu den aus steuerlichen Gründen vorgenommenen Abschreibungen (§ 281 II 2, III) brauchen im Anhang eines KI nicht gemacht zu werden, soweit sich diese auf die in Abs 1 bezeichneten Vermögensgegenstände beziehen.

III. Saldierungswahlrecht (III)

3   Abs 3 sieht eine umfangreiche Saldierungsmöglichkeit von bestimmten Aufwendungen und Erträgen vor, die in der GuV in einem Aufwands- oder Ertragsposten ausgewiesen werden dürfen:

Vierter Abschn. Unternehmen bestimmter Geschäftszweige § 340 g

- Aufwendungen und Erträge aus der Bildung und Auflösung von Vorsorgereserven,
- Aufwendungen und Erträge aus Geschäften mit den in Abs. 1 bezeichneten Wertpapieren,
- Aufwendungen aus Abschreibungen und Erträge aus Zuschreibungen zu den in Abs. 1 bezeichneten Wertpapieren,
- Aufwendungen und Abschreibungen auf Forderungen,
- Zuführung zur Rückstellung für Eventualverbindlichkeiten und für Kreditrisiken,
- Erträge aus Zuschreibungen zu Forderungen,
- Erträge aus dem Eingang teilweise oder vollständig abgeschriebener Forderungen,
- Erträge aus der Auflösung von Rückstellungen für Eventualverbindlichkeiten und für Kreditrisiken.

IV. Verzicht auf Angabepflichten (IV)

Weder über die Bildung noch über die Auflösung von Vorsorgereserven nach Abs 1 und über die nach Abs 3 vorgenommenen Rechnungen brauchen im JA, Lagebericht, KA und Konzernlagebericht Angaben gemacht zu werden. Damit bleibt der absolute Betrag der Vorsorgereserve für den Bilanzleser unbekannt. Ein Auskunftsverlangen eines Aktionärs in der Hauptversammlung darf der Vorstand nach § 131 III Nr 6 AktG verweigern. **4**

§ 340 g Sonderposten für allgemeine Bankrisiken

(1) Kreditinstitute dürfen auf der Passivseite ihrer Bilanz zur Sicherung gegen allgemeine Bankrisiken einen Sonderposten „Fonds für allgemeine Bankrisiken" bilden, soweit dies nach vernünftiger kaufmännischer Beurteilung wegen der besonderen Risiken des Geschäftszweigs der Kreditinstitute notwendig ist.

(2) Die Zuführung zum Sonderposten oder die Erträge aus der Auflösung des Sonderpostens sind in der Gewinn- und Verlustrechnung gesondert auszuweisen.

Neben der nach § 340 f gebotenen Möglichkeit durch Abwertungen bestimmter Vermögensgegenstände entsprechende Vorsorge für allgemeine Bankrisiken zutreffen, kann ein KI darüberhinaus nach § 340 g zur Sicherung der allgemeinen Bankrisiken auf der Passivseite einen Sonderposten „Fonds für allgemeine Bankrisiken" bilden. Die Höhe dieses Postens bemißt sich nach vernünftiger kaufmännischer Beurteilung aufgrund der besonderen Risiken des Geschäftszweig des jeweiligen KI; dieses Risiko wird bei einer Verbraucherbank höher einzuschätzen sein als bei einer Geschäftsbank; diese wiederum wird ein höheres Risiko abdecken müssen als eine Hypothekenbank. Die Aufwendungen **1**

§ 340 h

Drittes Buch. Handelsbücher

aufgrund der Zuführung zu diesem Posten sowie die Erträge aus der Auflösung dieses Sonderpostens sind in der GuV des KI gesondert auszuweisen (Abs 2). Im Gegensatz zu den Vorsorgemaßnahmen nach § 340 f sind die Maßnahmen nach § 340 g durch den gesonderten Ausweis sowohl in der Bilanz als auch in der GuV aus dem JA erkennbar.

Vierter Titel. Währungsumrechnung

§ 340 h

(1) ¹Auf ausländische Währung lautende Vermögensgegenstände, die wie Anlagevermögen behandelt werden, sind, soweit sie weder durch Verbindlichkeiten noch durch Termingeschäfte in derselben Währung besonders gedeckt sind, mit ihrem Anschaffungskurs in Euro umzurechnen. ²Andere auf ausländische Währung lautende Vermögensgegenstände und Schulden sowie am Bilanzstichtag nicht abgewickelte Kassageschäfte sind mit dem Kassakurs am Bilanzstichtag in Euro umzurechnen. ³Nicht abgewickelte Termingeschäfte sind zum Terminkurs am Bilanzstichtag umzurechnen.

(2) ¹Aufwendungen, die sich aus der Währungsumrechnung ergeben, sind in der Gewinn- und Verlustrechnung zu berücksichtigen. ²Erträge, die sich aus der Währungsumrechnung ergeben, sind in der Gewinn- und Verlustrechnung zu berücksichtigen, soweit die Vermögensgegenstände, Schulden oder Termingeschäfte durch Vermögensgegenstände, Schulden oder andere Termingeschäfte in derselben Währung besonders gedeckt sind. ³Liegt keine besondere Deckung vor, aber eine Deckung in derselben Währung, so dürfen Erträge nach Satz 2 berücksichtigt werden, soweit sie einen nur vorübergehend wirksamen Aufwand aus den zur Deckung dienenden Geschäften ausgleichen. ⁴In allen anderen Fällen dürfen Erträge aus der Währungsumrechnung nicht berücksichtigt werden; sie dürfen auch mit Aufwendungen nach Satz 1 nicht verrechnet werden.

I. Behandlung von Währungsposten in der Bilanz

1 Sämtliche auf ausländische Währungen lautende Vermögensgegenstände, die wie Anlagevermögen behandelt werden, sind mit ihren Anschaffungskosten in Euro umzurechnen, soweit sie nicht durch Verbindlichkeiten oder durch Termingeschäfte in derselben Währung besonders gedeckt sind (Abs 1 S 1). Insoweit gelten die historischen Wechselkurse, also die Kurse, die zum Zeitpunkt Erwerbs der ausländischen Vermögensgegenstände galten. Soweit die wie Anlagevermögen zu behandelnden Vermögensgegenstände durch Verbindlichkeiten oder Termingeschäfte besonders gedeckt sind, ist für die Umrechnung, soweit die Deckung durch Verbindlichkeiten erfolgt, der Stichtagskurs,

ansonsten der Terminkurs zugrundezulegen. Für alle übrigen auf ausländische Währung lautenden Vermögensgegenstände (bei KI ist das die Mehrzahl sämtlicher Aktivposten der Bilanz) und Schulden hat nach Abs 1 S 2 die Umrechnung zum Kassakurs, also zum Stichtagskurs, zu erfolgen. Nicht abgewickelte Termingeschäfte sind nach Abs 1 S 3 zum Terminkurs am Bilanzstichtag umzurechnen. Die Regelung des Abs 1 für KI steht im **Widerspruch zu den allgemeinen Bewertungsvorschriften** der §§ 252 ff (so auch Gebhardt/Breker, DB 1991, 1532 und DB 1992 339), da sie den Ausweis noch nicht realisierter Gewinne ermöglicht.

II. Ausweis in der GuV (II)

Aufwendungen, die sich aus der Währungsumrechnung ergeben, 2 sind in der GuV zu berücksichtigen, dh gesondert auszuweisen. Soweit aus der Währungsumrechnung Erträge entstehen, sind sie mit unrealisierten Kursverlusten auszugleichen, soweit eine „besondere Deckung" in derselben Währung vorliegt. Liegt eine „besondere Deckung" nicht vor, jedoch eine Deckung in derselben Währung, so dürfen Erträge aus der Währungsumrechnung mit einem nur vorübergehend wirksamen Aufwand aus den zur Deckung dienenden Geschäften ausgeglichen werden. Lediglich in den Fällen, in denen keine besondere Deckung und auch keine Deckung in derselben Währung vorliegt, dürfen Erträge aus der Währungsumrechnung nicht berücksichtigt werden und auch nicht mit Aufwendungen aus der Währungsumrechnung verrechnet werden (Abs 2 S 4).

Fünfter Titel. Konzernabschluß, Konzernlagebericht, Konzernzwischenabschluß

§ 340 i Pflicht zur Aufstellung

(1) [1]**Kreditinstitute, auch wenn sie nicht in der Rechtsform einer Kapitalgesellschaft betrieben werden, haben unabhängig von ihrer Größe einen Konzernabschluß und einen Konzernlagebericht nach den Vorschriften des Zweiten Unterabschnitts des Zweiten Abschnitts über den Konzernabschluß und Konzernlagebericht aufzustellen, soweit in den Vorschriften dieses Unterabschnitts nichts anderes bestimmt ist.** [2]**Zusätzliche Anforderungen auf Grund von Vorschriften, die wegen der Rechtsform bestehen, bleiben unberührt.**

(2) [1]**Auf den Konzernabschluß sind, soweit seine Eigenart keine Abweichung bedingt, die §§ 340 a bis 340 g über den Jahresabschluß und die für die Rechtsform und den Geschäftszweig der in den Konzernabschluß einbezogenen Unternehmen mit Sitz im Geltungsbereich dieses Gesetzes geltenden Vorschriften**

§ 340 i

Drittes Buch. Handelsbücher

entsprechend anzuwenden, soweit sie für große Kapitalgesellschaften gelten. ²Die §§ 293, 298 Abs. 1 und 2, § 314 Abs. 1 Nr. 1, 3, 6 Buchstabe c sind nicht anzuwenden.

(3) **Als Kreditinstitute im Sinne dieses Titels gelten auch Mutterunternehmen, deren einziger Zweck darin besteht, Beteiligungen an Tochterunternehmen zu erwerben sowie die Verwaltung und Verwertung dieser Beteiligungen wahrzunehmen, sofern diese Tochterunternehmen ausschließlich oder überwiegend Kreditinstitute sind.**

(4) **Sofern Kreditinstitute Konzernzwischenabschlüsse zur Ermittlung von Konzernzwischenergebnissen im Sinne des § 10 a Abs. 1 Satz 2 in Verbindung mit § 10 Abs. 3 des Gesetzes über das Kreditwesen aufstellen, gelten die Bestimmungen über den Konzernabschluß und § 340 k über die Prüfung entsprechend.**

I. Grundsätzliche Pflicht zur Aufstellung eines Konzernabschlusses (I)

1 Unabhängig von Rechtsform und Größe haben KI grundsätzlich einen KA und einen Konzernlagebericht nach den Vorschriften der §§ 290 bis 315 aufzustellen, sofern sich nicht aus den besonderen Vorschriften für KI etwas anderes ergibt. Zusätzliche Regelungen, die sich aufgrund besonderer Vorschriften wegen der Rechtsform ergeben (zB aus AktG oder GenG), bleiben von den handelsrechtlichen Vorschriften unberührt.

II. Anzuwendende Vorschriften (II)

2 Abs 2 stellt die Parallelvorschrift zu § 298 für KI dar. Danach sind auf den KA – sofern seine Eigenart keine Abweichung bedingt – grundsätzlich die Vorschriften für den JA (§§ 340 a bis 340 h) sowie für die Rechtsform und den Geschäftszweig der in den KA einzubeziehenden Unternehmen entsprechend anzuwenden, soweit sie für große KapGes gelten. Die Vorschriften von § 293 (größenabhängige Befreiungen), § 298 I und II (Anwendungsvorschrift für den allgemeinen KA) und verschiedene Vorschriften des § 314 zu Angabepflichten im Anhang sind auf den KA von KI nicht anzuwenden; sie werden im wesentlichen durch die Formblätter und die Rechtsverordnung über die Rechnungslegung der KI vom 10. 2. 1992 (BGBl 1992 I, 203) ergänzt.

III. Holdinggesellschaften als Kreditinstitute (III)

3 Als KI iSd Vorschriften der §§ 340 e und 340 j gelten auch solche Mutterunternehmen, deren einziger Zweck darin besteht, Beteiligungen an Tochterunternehmen zu erwerben, zu halten und zu verwerten, sofern diese Tochterunternehmen ausschließlich nur oder überwiegend KI sind. Mit dieser Vorschrift werden auch solche Unternehmen –

unabhängig von deren Rechtsform – zur Konzernrechnungslegung gezwungen, die selbst kein KI iSd § 1 KWG sind, wohl aber Beteiligungen an KI halten. Was als Beteiligung iS dieser Vorschrift gilt, bestimmt sich nach dem allgemeinen Beteiligungsbegriff des § 271 I.

IV. Zwischenabschlüsse (IV)

Sofern zur Ermittlung eines angemessenen haftenden Eigenkapitals von Konzerngesellschaften (§ 10 III KWG) Zwischenabschlüsse aufzustellen sind, sind die Vorschriften über den KA und des § 340 k über die Prüfung entsprechend anzuwenden. 4

§ 340j Einzubeziehende Unternehmen

(1) **Eine unterschiedliche Tätigkeit im Sinne des § 295 Abs. 1 liegt nicht vor, wenn das Tochterunternehmen eines Kreditinstituts eine Tätigkeit ausübt, die eine unmittelbare Verlängerung der Banktätigkeit oder eine Hilfstätigkeit für das Mutterunternehmen darstellt.**

(2) **Bezieht ein Kreditinstitut ein Tochterunternehmen, das Kreditinstitut ist, nach § 296 Abs. 1 Nr. 3 in seinen Konzernabschluß nicht ein und ist der vorübergehende Besitz von Aktien oder Anteilen dieses Unternehmens auf eine finanzielle Stützungsaktion zur Sanierung oder Rettung des genannten Unternehmens zurückzuführen, so hat es den Jahresabschluß dieses Unternehmens seinem Konzernabschluß beizufügen und im Konzernanhang zusätzliche Angaben über die Art und die Bedingungen der finanziellen Stützungsaktion zu machen.**

I. Einzubeziehende Tochterunternehmen (I)

Nach § 295, der auch für die Konzernrechnungslegung von KI gilt (§ 340 i II), sind Tochterunternehmen in den KA nicht einzubeziehen, wenn sich deren Tätigkeit von der Tätigkeit der anderen Unternehmen derartig unterscheidet, daß eine Einbeziehung mit der Verpflichtung, ein den tatsächlichen Verhältnissen entsprechendes Bild der Vermögens-, Finanz- und Ertragslage des Konzerns zu vermitteln, unvereinbar ist. Allerdings ist nach Abs 1 ein Tochterunternehmen eines KI, das eine Tätigkeit ausübt, die eine unmittelbare Verlängerung der Banktätigkeit oder eine Hilfstätigkeit für das Mutterunternehmen darstellt, in den KA einzubeziehen, da dies keine unterschiedliche Tätigkeit iSv § 295 I darstellt. Zu solchen Tätigkeiten können beispielsweise gehören: Vermögensverwaltung, Treuhandtätigkeit, Finanzierungsvermittlung, Kapitalbeteiligungsgesellschaften. 1

II. Nichteinbeziehung von sanierungsbedürftigen Kreditinstituten (II)

2   Hat ein KI ein Tochterunternehmen, das Kreditinstitut ist, wegen § 296 I Nr 3 (Anteilserwerb zum Zwecke der Weiterveräußerung) nicht in den KA einbezogen und ist der vorübergehende Besitz von Aktien oder Anteilen dieses Unternehmens auf eine Stützungsaktion zur Sanierung oder Rettung des Tochterunternehmens zurückzuführen, so ist der JA des Tochterunternehmens dem KA des Mutterunternehmens beizufügen; im Anhang sind zusätzliche Angaben über die Art und die Bedingungen der Sanierungs- bzw Rettungsmaßnahmen zu machen. Ist das Tochterunternehmen lediglich deshalb nicht einbezogen worden, weil seine Anteile zur Weiterveräußerung bestimmt sind (§ 296 I Nr 3), reicht dies als Begründung für den Verzicht auf die Einbeziehung aus (§ 296 III).

Sechster Titel. Prüfung

§ 340 k

(1) ¹Kreditinstitute haben unabhängig von ihrer Größe ihren Jahresabschluß und Lagebericht sowie ihren Konzernabschluß und Konzernlagebericht unbeschadet der Vorschriften der §§ 28 und 29 des Gesetzes über das Kreditwesen nach den Vorschriften des Dritten Unterabschnitts des Zweiten Abschnitts über die Prüfung prüfen zu lassen; § 319 Abs. 1 Satz 2 ist nicht anzuwenden. ²Die Prüfung ist spätestens vor Ablauf des fünften Monats des dem Abschlußstichtag nachfolgenden Geschäftsjahrs vorzunehmen. ³Der Jahresabschluß ist nach der Prüfung unverzüglich festzustellen.

(2) ¹Ist das Kreditinstitut eine Genossenschaft oder ein rechtsfähiger wirtschaftlicher Verein, so ist die Prüfung abweichend von § 319 Abs. 1 Satz 1 von dem Prüfungsverband durchzuführen, dem das Kreditinstitut als Mitglied angehört, sofern mehr als die Hälfte der geschäftsführenden Mitglieder des Vorstands dieses Prüfungsverbands Wirtschaftsprüfer sind. ²Hat der Prüfungsverband nur zwei Vorstandsmitglieder, so muß einer von ihnen Wirtschaftsprüfer sein. ³§ 319 Abs. 2 und 3 ist entsprechend anzuwenden; § 319 Abs. 3 Nr. 5 ist nicht anzuwenden, sofern sichergestellt ist, daß der Abschlußprüfer die Prüfung unabhängig von den Weisungen durch das Aufsichtsorgan des Prüfungsverbands durchführen kann. ⁴Ist das Mutterunternehmen eine Genossenschaft, so ist der Prüfungsverband, dem die Genossenschaft angehört, unter den Voraussetzungen der Sätze 1 bis 3 auch Abschlußprüfer des Konzernabschlusses und des Konzernlageberichts.

(3) ¹Ist das Kreditinstitut eine Sparkasse, so dürfen die nach Absatz 1 vorgeschriebenen Prüfungen abweichend von § 319 Abs. 1 Satz 1 von der Prüfungsstelle eines Sparkassen- und Giroverbands durchgeführt werden. ²Die Prüfung darf von der Prüfungsstelle jedoch nur durchgeführt werden, wenn der Leiter der Prüfungsstelle die Voraussetzungen des § 319 erfüllt. ³Außerdem muß sichergestellt sein, daß der Abschlußprüfer die Prüfung unabhängig von den Weisungen der Organe des Sparkassen- und Giroverbands durchführen kann.⁴ Soweit das Landesrecht nichts anderes vorsieht, findet § 319 Abs. 2 Satz 2 Nr. 2 mit der Maßgabe Anwendung, daß die Bescheinigung der Prüfungsstelle erteilt worden sein muß.

(4) Finanzdienstleistungsinstitute, deren Bilanzsumme am Stichtag 300 Millionen Deutsche Mark nicht übersteigt, dürfen auch von den in § 319 Abs. 1 Satz 2 genannten Personen geprüft werden.

I. Grundsätzliche Prüfungspflicht (I u IV)

Unabhängig von ihrer Rechtsform und ihrer Größe haben KI grundsätzlich ihren JA und Lagebericht sowie ihren KA und Konzernlagebericht nach den Vorschriften der §§ 316 bis 324 prüfen zu lassen. Abschlußprüfer von KI können nur Wirtschaftsprüfer und Wirtschaftsprüfungsgesellschaften sein, da die Anwendung von § 319 I 2, wonach bei mittelgroßen GmbH auch vereidigte Buchprüfer und Buchprüfungsgesellschaften Abschlußprüfer sein können, durch Abs 1 S 1 2. HS ausdrücklich ausgeschlossen ist. Lediglich Finanzdienstleistungsinstitute können ihren JA auch von vBP oder BPG prüfen lassen, wenn ihre Bilanzsumme den Betrag von 300 Mio DM nicht übersteigt (Abs 4).

Die Anwendung der §§ 28 und 29 KWG bleibt von diesen Regelungen unberührt; danach ist die Bestellung des Abschlußprüfers unverzüglich dem Bundesaufsichtsamt und der Bundesbank mitzuteilen; diese können innerhalb eines Monats nach Zugang dieser Anzeige verlangen, daß ein anderer Prüfer bestellt wird, wenn dies zur Erreichung des Prüfungszwecks geboten ist (§ 28 I 2 KWG). Nach § 29 I KWG treffen den Abschlußprüfer eines KI besondere Pflichten, insbesondere die Prüfung der Einhaltung verschiedener Anzeigepflichten. § 29 II 2 KWG ist die Rechtsgrundlage für die Durchführung von Depotprüfungen.

Während für den **Zeitraum** der Prüfung oder für die **Frist** für den Abschluß der Prüfung einer KapGes keine ausdrückliche Bestimmung im HGB enthalten ist, bestimmt Abs 1 S 2 ausdrücklich, daß die Prüfung **spätestens** bis zum **Ablauf von 5 Monaten** nach Schluß des Geschäftsjahrs vorzunehmen, dh abzuschließen ist. Ergänzend hierzu verlangt § 26 I KWG, daß der JA innerhalb der ersten 3 Monate des Geschäftsjahres für das vergangene Geschäftsjahr aufzustellen ist. Nach

§ 340 l

Abschluß der Prüfung ist der JA von den dafür zuständigen Organen des KI unverzüglich festzustellen (Abs 1 S 3).

II. Besonderheiten für Kreditinstitute in der Rechtsform der Genossenschaft (II)

2   Ist das KI eine Genossenschaft oder ein rechtsfähiger wirtschaftlicher Verein, so hat anstelle eines Wirtschaftsprüfers oder einer Wirtschaftsprüfungsgesellschaft der Prüfungsverband, dem das KI als Mitglied anhört, die Prüfung durchzuführen. Voraussetzung ist allerdings, daß mehr als die Hälfte der geschäftsführenden Mitglieder des Vorstands dieses Prüfungsverbandes Wirtschaftsprüfer sind; hat der Prüfungsverband nur zwei Vorstandsmitglieder, so muß mindestens einer von Ihnen Wirtschaftsprüfer sein. Die Unvereinbarkeitsregeln des § 319 II und III gelten auch für den Prüfungsverband und deren Wirtschaftsprüfer, wobei lediglich § 319 III Nr 5 nicht anzuwenden ist, wenn sichergestellt ist, daß der Abschlußprüfer unabhängig von den Weisungen seines Aufsichtsorgans die Prüfung durchführen kann. Sofern ein KA und ein Konzernlagebericht aufzustellen und zu prüfen sind, und das Mutterunternehmen eine Genossenschaft ist, ist der Prüfungsverband, dem das Mutterunternehmen angehört, auch Abschlußprüfer des KA.

III. Besonderheiten bei Sparkassen (III)

3   Sofern das KI eine Sparkasse ist, darf anstelle eines Wirtschaftsprüfers oder einer Wirtschaftsprüfungsgesellschaft die nach Abs 1 vorgeschriebenen Prüfungen die Prüfungsstelle eines Sparkassen- und Giroverbandes vornehmen. Im Gegensatz zu den Prüfungen bei Genossenschaften (Abs 2) ist hier ein Wahlrecht eingeräumt worden, so daß diese Prüfungen bei Sparkassen auch von einem Wirtschaftsprüfer oder einer Wirtschaftsprüfungsgesellschaft durchgeführt werden können. Die Prüfung darf von der Prüfungsstelle jedoch nur durchgeführt werden, wenn deren Leiter die Voraussetzungen des § 319 erfüllt, er also Wirtschaftsprüfer ist und die Unvereinbarkeitsregelungen des § 319 II auf ihn nicht zutreffen. Außerdem muß sichergestellt sein, daß der Abschlußprüfer die Prüfung unabhängig von den Weisungen der Organe des Sparkassen- und Giroverbands durchführen kann. Die nach § 57 a WPO erteilte Bescheinigung über die Teilnahme an der Qualitätskontrolle (vgl § 319 Rz 6) muß – sofern nicht Landesrecht etwas anderes vorsieht – nicht dem einzelnen WP sondern der Prüfungsstelle erteilt worden sein.

Siebenter Titel. Offenlegung

§ 340 l

(1) [1]**Kreditinstitute haben den Jahresabschluß und den Lagebericht sowie den Konzernabschluß und den Konzernlage-**

Vierter Abschn. Unternehmen bestimmter Geschäftszweige § 3401

bericht und die anderen in § 325 bezeichneten Unterlagen nach § 325 Abs. 2 bis 5, §§ 328, 329 Abs. 1 offenzulegen. ²Kreditinstitute, die nicht Zweigstellen sind, haben die in Satz 1 bezeichneten Unterlagen außerdem in jedem anderen Mitgliedstaat der Europäischen Gemeinschaft und in jedem anderen Vertragsstaat des Abkommens über den Europäischen Wirtschaftsraum offenzulegen, in dem sie eine Zweigstelle errichtet haben. ³Die Offenlegung (Einreichung zu einem Register, Bekanntmachung in einem Amtsblatt) richtet sich nach dem Recht des jeweiligen Mitgliedstaats oder Vertragsstaats.

(2) ¹Zweigstellen im Geltungsbereich dieses Gesetzes von Unternehmen mit Sitz in einem anderen Staat haben die in Absatz 1 Satz 1 bezeichneten Unterlagen ihrer Hauptniederlassung, die nach deren Recht aufgestellt und geprüft worden sind, nach § 325 Abs. 2 bis 5, §§ 328, 329 Abs. 1 offenzulegen. ²Zweigstellen im Geltungsbereich dieses Gesetzes von Unternehmen mit Sitz in einem Staat, der nicht Mitglied der Europäischen Gemeinschaft und auch nicht Vertragsstaat des Abkommens über den Europäischen Wirtschaftsraum ist, brauchen auf ihre eigene Geschäftstätigkeit bezogene gesonderte Rechnungslegungsunterlagen nach Absatz 1 Satz 1 nicht offenzulegen, sofern die nach Satz 1 offenzulegenden Unterlagen nach einem an die Richtlinie 86/6335/EWG angepaßten Recht aufgestellt und geprüft worden oder den nach einem dieser Rechte aufgestellten Unterlagen gleichwertig sind. ³Die Unterlagen sind in deutscher Sprache oder in einer von dem Register der Hauptniederlassung beglaubigten Abschrift einzureichen. ⁴Von der Beglaubigung des Registers ist eine beglaubigte Übersetzung in deutscher Sprache einzureichen.

(3) ¹Ist das Kreditinstitut eine Genossenschaft, so tritt an die Stelle des Handelsregisters das Genossenschaftsregister. ²§ 339 ist auf Kreditinstitute, die Genossenschaften sind, nicht anzuwenden.

(4) ¹Kreditinstitute, deren Bilanzsumme am Bilanzstichtag 200 Millionen Euro nicht übersteigt, dürfen an Stelle von § 325 Abs. 2 auf die Offenlegung § 325 Abs. 1 anwenden. ²Satz 1 ist auf Zweigstellen im Sinne des Absatzes 2 mit der Maßgabe anzuwenden, daß bei der Offenlegung von Unterlagen der Hauptniederlassung die zum Bilanzstichtag in Euro umgerechnete Bilanzsumme des Kreditinstituts mit Sitz in einem anderen Staat maßgeblich ist.

I. Umfang der Offenlegungspflicht (I)

Für KI gelten bezüglich der Offenlegung von JA und Lagebericht sowie KA und Konzernlagebericht grundsätzlich die gleichen Vor- 1

§ 340 l

Drittes Buch. Handelsbücher

schriften wie für große KapGes (§ 325 II–VI, §§ 328, 329 I); vgl die Erl zu diesen Bestimmungen. Darüberhinaus müssen KI, die nicht Zweigstellen sind, sämtliche in Abs 1 S 1 bezeichneten Unterlagen auch in jedem anderen Mitgliedsstaat der Europäischen Gemeinschaft und in jedem anderen Vertragsstaat des Abkommens über den europäischen Wirtschaftsraum offenlegen, wenn sie dort eine Zweigstelle errichtet haben. Die Offenlegung richtet sich dabei nach dem Recht des jeweiligen Mitglieds- oder Vertragsstaats.

II. Offenlegungspflicht für Zweigstellen (II)

2   Zweigstellen von ausländischen Unternehmen im Geltungsbereich des HGB haben die in Abs 1 S 1 bezeichneten Unterlagen ihrer Hauptniederlassung, die nach dem dort geltenden Recht aufgestellt und geprüft worden sind, entsprechend den Regeln für große KapGes (§ 325 II–V, §§ 328, 329 I) offenzulegen. Zweigstellen von Unternehmen, die ihren Sitz nicht in einem EG-Mitgliedsstaat oder in einem Vertragsstaat des Abkommens über den europäischen Wirtschaftsraum haben, brauchen auf ihre eigene Geschäftstätigkeit bezogene gesonderte Rechnungslegungsunterlagen nicht offenzulegen, wenn die nach S 1 offenzulegenden Unterlagen nach EG-Recht angepaßtem Recht aufgestellt und geprüft oder nach einem dem EG-Recht gleichwertigem Recht aufgestellt worden sind. Die Unterlagen sind entweder in deutscher Sprache oder in einer beglaubigten Abschrift einzureichen, wobei von der Beglaubigung wiederum eine beglaubigte Übersetzung in deutscher Sprache einzureichen ist.

III. Offenlegung bei Genossenschaften (III)

3   KI in der Rechtsform der Genossenschaft haben ihre Unterlagen nicht zum Handelsregister, sondern zum Genossenschaftsregister einzureichen. Der Umfang der offenzulegenden Unterlagen ist der gleiche wie bei KI in anderer Rechtsform. Die nach § 339 gewährten Erleichterungen der Offenlegung bei Genossenschaften sind nach Abs 3 S 2 auf KI in der Rechtsform der Genossenschaft nicht anwendbar.

IV. Erleichterungen für kleinere Kreditinstitute (IV)

4   KI, deren Bilanzsumme am Bilanzstichtag 200 Mio Euro nicht übersteigt, brauchen die Offenlegung nicht nach § 325 II vorzunehmen, sondern dürfen für die Offenlegung die Regelung für mittelgroße KapGes (§ 325 I) anwenden. Gleiches gilt für Zweigstellen iSd Abs 2, wobei die in Euro umgerechnete Bilanzsumme der Hauptniederlassung maßgeblich ist.

Achter Titel. **Straf- und Bußgeldvorschriften, Zwangsgelder**

§ 340 m Strafvorschriften

¹Die Strafvorschriften der §§ 331 bis 333 sind auch auf nicht in der Rechtsform einer Kapitalgesellschaft betriebene Kreditinstitute sowie auf Finanzdienstleistungsinstitute im Sinne des § 340 Abs. 4 Satz 1 anzuwenden. ²§ 331 ist darüber hinaus auch anzuwenden auf die Verletzung von Pflichten durch den Geschäftsleiter (§ 1 Abs. 2 Satz 1 des Gesetzes über das Kreditwesen) eines nicht in der Rechtsform einer Kapitalgesellschaft betriebenen Kreditinstituts oder Finanzdienstleistungsinstituts im Sinne des § 340 Abs. 4 Satz 1, durch den Inhaber eines in der Rechtsform des Einzelkaufmanns betriebenen Kreditinstituts oder Finanzdienstleistungsinstituts im Sinne des § 340 Abs. 4 Satz 1 oder durch den Geschäftsleiter im Sinne des § 53 Abs. 2 Nr. 1 des Gesetzes über das Kreditwesen.

Nachdem die Rechnungslegungsvorschriften für sämtliche KI unabhängig von ihrer Form, gelten, bestimmt § 340 m zwangsläufig, daß Strafvorschriften der §§ 331 bis 333 auch auf KI und Finanzdienstleistungsinstitute anzuwenden sind, die nicht die Rechtsform einer KapGes besitzen. Darüberhinaus ist § 331 (Strafvorschrift bei unrichtiger Darstellung) auch anzuwenden auf Pflichtverletzungen durch Geschäftsleiter (§ 1 II a 1 KWG) eines nicht in der Rechtsform einer KapGes betriebenen KI, durch den Inhaber eines in der Rechtsform des Einzelkaufmanns betriebenen KI oder durch die Geschäftsleitung von Zweigstellen von Unternehmen mit Sitz in einem anderen Staat (§ 53 II KWG). 1

§ 340 n Bußgeldvorschriften

(1) Ordnungswidrig handelt, wer als Geschäftsleiter im Sinne des § 1 Abs. 2 Satz 1 oder des § 53 Abs. 2 Nr. 1 des Gesetzes über das Kreditwesen oder als Inhaber eines in der Rechtsform des Einzelkaufmanns betriebenen Kreditinstituts oder Finanzdienstleistungsinstituts im Sinne des § 340 Abs. 4 Satz 1 oder als Mitglied des Aufsichtsrats

1. bei der Aufstellung oder Feststellung des Jahresabschlusses oder bei der Aufstellung des Zwischenabschlusses gemäß § 340 a Abs. 3 einer Vorschrift
    a) des § 243 Abs. 1 oder 2, der §§ 244, 245, 246 Abs. 1 oder 2, dieser in Verbindung mit § 340 a Abs. 2 Satz 3, des § 247 Abs. 2 oder 3, der §§ 248, 249 Abs. 1 Satz 1 oder Abs. 3, des § 250 Abs. 1 Satz 1 oder Abs. 2, des § 264

Abs. 2, des § 340 b Abs. 4 oder 5 oder des § 340 c Abs. 1 über Form oder Inhalt,
b) des § 253 Abs. 1 Satz 1 in Verbindung mit § 255 Abs. 1 oder 2 Satz 1, 2 oder 6, des § 253 Abs. 1 Satz 2 oder Abs. 2 Satz 1, 2 oder 3, dieser in Verbindung mit § 340 e Abs. 1 Satz 3, des § 253 Abs. 3 Satz 1 oder 2, des § 280 Abs. 1 in Verbindung mit § 340 f Abs. 2, der §§ 282, 283, des § 340 e Abs. 1, des § 340 Abs. 1 Satz 2 oder des § 340 g Abs. 2 über die Bewertung,
c) des § 265 Abs. 2, 3 oder 4, des § 268 Abs. 3 oder 6, der §§ 272, 273, 274 Abs. 1 oder des § 277 Abs. 3 Satz 2 oder Abs. 4 über die Gliederung,
d) des § 280 Abs. 3, des § 281 Abs. 1 Satz 2, dieser in Verbindung mit § 340 f Abs. 2 Satz 2, oder des § 281 Abs. 1 Satz 3 oder Abs. 2 Satz 1, dieser in Verbindung mit § 340 f Abs. 2 Satz 2, des § 284 Abs. 1, 2 Nr. 1, 3 oder 5 oder des § 285 Nr. 3, 5 bis 7, 9 Buchstabe a oder b, Nr. 10, 11, 13 oder 14 über die in der Bilanz oder im Anhang zu machenden Angaben oder

2. bei der Aufstellung des Konzernabschlusses oder des Konzernzwischenabschlusses gemäß § 340 i Abs. 4 einer Vorschrift
   a) des § 294 Abs. 1 über den Konsolidierungskreis,
   b) des § 297 Abs. 2 oder 3 oder des § 340 i Abs. 2 Satz 1 in Verbindung mit einer der in Nummer 1 Buchstabe a bezeichneten Vorschriften über Form oder Inhalt,
   c) des § 300 über die Konsolidierungsgrundsätze oder das Vollständigkeitsgebot,
   d) des § 308 Abs. 1 Satz 1 in Verbindung mit den in Nummer 1 Buchstabe b bezeichneten Vorschriften oder des § 308 Abs. 2 über die Bewertung,
   e) des § 311 Abs. 1 Satz 1 in Verbindung mit § 312 über die Behandlung assoziierter Unternehmen oder
   f) des § 308 Abs. 1 Satz 3, des § 313 oder des § 314 über die im Anhang zu machenden Angaben,

3. bei der Aufstellung des Lageberichts einer Vorschrift des § 289 Abs. 1 über den Inhalt des Lageberichts,

4. bei der Aufstellung des Konzernlageberichts einer Vorschrift des § 315 Abs. 1 über den Inhalt des Konzernlageberichts,

5. bei der Offenlegung, Veröffentlichung oder Vervielfältigung einer Vorschrift des § 328 über Form oder Inhalt oder

6. einer auf Grund des § 330 Abs. 2 in Verbindung mit Abs. 1 Satz 1 erlassenen Rechtsverordnung, soweit sie für einen bestimmten Tatbestand auf diese Bußgeldvorschrift verweist,

zuwiderhandelt.

(2) Ordnungswidrig handelt auch, wer zu einem Jahresabschluß oder einem Konzernabschluß, der auf Grund gesetzlicher Vorschriften zu prüfen ist, einen Vermerk nach § 322 erteilt, obwohl nach § 319 Abs. 2 er, nach § 319 Abs. 3 die Wirtschaftsprüfungsgesellschaft oder nach § 340 k Abs. 2 oder 3 der Prüfungsverband, für die oder für den er tätig wird, nicht Abschlußprüfer sein darf.

(3) Die Ordnungswidrigkeit kann mit einer Geldbuße bis zu fünfzigtausend Deutsche Mark geahndet werden.

§ 340 n ist eine den Bestimmungen des § 334 entsprechende Regelung; er trägt im Vergleich zu § 334 lediglich den Besonderheiten bei Kreditinstituten Rechnung und dehnt die Vorschriften auf Geschäftsleiter i. S. von § 1 II 1 oder § 53 II Nr 1 KWG und auf Inhaber eines in der Rechtsform des Einzelkaufmanns betriebene Kreditinstituts und auf Aufsichtsratsmitglieder eines Kreditinstituts aus. 1

§ 340 o Festsetzung von Zwangs- und Ordnungsgeld

Personen die,
1. als Geschäftsleiter im Sinne des § 1 Abs. 2 Satz 1 des Gesetzes über das Kreditwesen eines Kreditinstituts oder Finanzdienstleistungsinstitut im Sinne des § 340 Abs. 4 Satz 1, das nicht Kapitalgesellschaft ist, oder als Inhaber eines in der Rechtsform des Einzelkaufmanns betriebenen Kreditinstituts oder Finanzdienstleistungsinstitut im Sinne des § 340 Abs. 4 Satz 1
   a) eine der in § 335 Satz 1 Nr. 1, 3 bis 5 bezeichneten Vorschriften oder
   b) § 325 über die Pflicht zur Offenlegung des Jahresabschlusses, des Lageberichts, des Konzernabschlusses, des Konzernlageberichts und anderer Unterlagen der Rechnungslegung oder § 340 i Abs. 1 Satz 1 oder
2. als Geschäftsleiter von Zweigstellen im Sinne des § 53 Abs. 1 des Gesetzes über das Kreditwesen § 340 l Abs. 1 oder 2 über die Offenlegung der Rechnungslegungsunterlagen

nicht befolgen, sind hierzu vom Registergericht in den Fällen der Nummer 1 Buchstabe a und c durch Festsetzung von Zwangsgeld nach § 335 und in den Fällen der Nummer 1 Buchstabe b und der Nummer 2 durch Festsetzung von Ordnungsgeld nach § 335 a anzuhalten.

§ 340 o enthält eine den §§ 335, 335 a vergleichbare Regelung für Kreditinstitute und Finanzdienstleistungsinstituten. Danach kann das Registergericht Geschäftsleiter von Kreditinstituten, die nicht Kapitalgesellschaften sind, oder Inhaber eines in der Rechtsform eines Einzelkaufmanns betriebene Kreditinstituts zu gewissen Handlungen im Rahmen des Jahresabschlusses durch Verhängung eines Zwangs- oder 1

Ordnungsgeldes veranlassen. § 335 S 2 und § 335a S 3 gelten entsprechend, dh daß insbesondere das Gericht nur auf Antrag tätig wird.

Zweiter Unterabschnitt. Ergänzende Vorschriften für Versicherungsunternehmen und Pensionsfonds

Erster Titel. Anwendungsbereich

§ 341

(1) ¹Dieser Unterabschnitt ist, soweit nichts anderes bestimmt ist, auf Unternehmen, die den Betrieb von Versicherungsgeschäften zum Gegenstand haben und nicht Träger der Sozialversicherung sind (Versicherungsunternehmen), anzuwenden. ²Dies gilt nicht für solche Versicherungsunternehmen, die auf Grund von Gesetz, Tarifvertrag oder Satzung ausschließlich für ihre Mitglieder oder die durch Gesetz oder Satzung begünstigten Personen Leistungen erbringen oder als nicht rechtsfähige Einrichtungen ihre Aufwendungen im Umlageverfahren decken, es sei denn, sie sind Aktiengesellschaften, Versicherungsvereine auf Gegenseitigkeit oder rechtsfähige kommunale Schadenversicherungsunternehmen.

(2) Versicherungsunternehmen im Sinne des Absatzes 1 sind auch Niederlassungen im Geltungsbereich dieses Gesetzes von Versicherungsunternehmen mit Sitz in einem anderen Staat, wenn sie zum Betrieb des Direktversicherungsgeschäfts der Erlaubnis durch die deutsche Versicherungsaufsichtsbehörde bedürfen.

(3) Zusätzliche Anforderungen auf Grund von Vorschriften, die wegen der Rechtsform oder für Niederlassungen bestehen, bleiben unberührt.

(4) ¹Die Vorschriften des Ersten bis Siebenten Titels dieses Unterabschnitts sind mit Ausnahme von Absatz 1 Satz 2 auf Pensionsfonds (§ 112 Abs. 1 des Versicherungsaufsichtsgesetzes) entsprechend anzuwenden. ²§ 341d ist mit der Maßgabe anzuwenden, daß Kapitalanlagen für Rechnung und Risiko von Arbeitnehmern mit dem Zeitwert unter Berücksichtigung des Grundsatzes der Vorsicht zu bewerten sind; §§ 341b, 341c sind insoweit nicht anzuwenden.

1 §§ 341 ff enthalten die ergänzenden Bestimmungen für die Rechnungslegung von Versicherungsunternehmen (VU). Als VU werden dabei Unternehmen bezeichnet, die den Betrieb von Versicherungsgeschäften zum Gegenstand haben und nicht Träger der Sozialversicherung sind. Werden allerdings von den VU aufgrund Gesetz, Tarifvertrag

oder Satzung ausschließlich Leistungen an die Mitglieder oder an die durch Gesetz oder Satzung begünstigten Personen erbracht, gelten die Bestimmungen nicht, ebenso dann nicht, wenn die VU als nicht rechtsfähige Einrichtungen ihre Aufwendungen im Umlageverfahren decken. Diese Ausnahmebestimmungen gelten allerdings wiederum dann nicht, wenn diese VU in der Rechtsform der AG, des VVaG oder des rechtsfähigen kommunalen Schadensversicherungsunternehmens betrieben werden. Die Rechnungslegungsvorschriften sind auch auf ausländische VU anzuwenden, wenn diese in Deutschland eine Niederlassung begründet haben und wenn Sie für den Betrieb des Direktversicherungsgeschäfts die Erlaubnis der deutschen Versicherungsaufsichtsbehörde benötigen (*Seitz* in Beck Vers-Komm § 341 Rz 30 ff). Bestehen aufgrund der Rechtsform oder für die Niederlassungen zusätzliche Vorschriften, so sind diese von den Regelungen der §§ 341 ff nicht berührt.

Zweiter Titel. Jahresabschluß, Lagebericht

§ 341 a Anzuwendende Vorschriften

(1) **Versicherungsunternehmen haben einen Jahresabschluß und einen Lagebericht nach den für große Kapitalgesellschaften geltenden Vorschriften des Ersten Unterabschnitts des Zweiten Abschnitts in den ersten vier Monaten des Geschäftsjahres für das vergangene Geschäftsjahr aufzustellen und dem Abschlußprüfer zur Durchführung der Prüfung vorzulegen; die Frist des § 264 Abs. 1 Satz 2 gilt nicht.**

(2) [1] **§ 265 Abs. 6, §§ 267, 268 Abs. 4 Satz 1, Abs. 5 Satz 1 und 2, §§ 276, 277 Abs. 1 und 2, § 279 Abs. 1 Satz 2, § 285 Nr. 8 Buchstabe a und § 288 sind nicht anzuwenden.** [2] **Anstelle von § 247 Abs. 1, §§ 251, 265 Abs. 7, §§ 266, 268 Abs. 2 und 7, §§ 275, 281 Abs. 2 Satz 2, § 285 Nr. 4 und 8 Buchstabe b sowie § 286 Abs. 2 sind die durch Rechtsverordnung erlassenen Formblätter und anderen Vorschriften anzuwenden.** [3] **§ 246 Abs. 2 ist nicht anzuwenden, soweit abweichende Vorschriften bestehen.** [4] **§ 264 Abs. 3 und § 264 b ist mit der Maßgabe anzuwenden, daß das Versicherungsunternehmen unter den genannten Voraussetzungen die Vorschriften des Vierten Unterabschnitts des Zweiten Abschnitts nicht anzuwenden braucht.** [5] **§ 285 Nr. 3 gilt mit der Maßgabe, daß die Angaben für solche finanzielle Verpflichtungen nicht zu machen sind, die im Rahmen des Versicherungsgeschäfts entstehen.**

(3) **Auf Krankenversicherungsunternehmen, die das Krankenversicherungsgeschäft ausschließlich oder überwiegend nach Art der Lebensversicherung betreiben, sind die für die Rechnungslegung der Lebensversicherungsunternehmen geltenden Vorschriften entsprechend anzuwenden.**

§ 341 a Drittes Buch. Handelsbücher

(4) **Auf Versicherungsunternehmen, die nicht Aktiengesellschaften, Kommanditgesellschaften auf Aktien oder kleinere Vereine sind, sind § 152 Abs. 2 und 3 sowie die §§ 170 bis 176 des Aktiengesetzes entsprechend anzuwenden; § 160 des Aktiengesetzes ist entsprechend anzuwenden, soweit er sich auf Genußrechte bezieht.**

(5) **Bei Versicherungsunternehmen, die ausschließlich die Rückversicherung betreiben oder deren Beiträge aus in Rückdeckung übernommenen Versicherungen die übrigen Beiträge übersteigen, verlängert sich die in Absatz 1 erster Halbsatz genannte Frist von vier Monaten auf zehn Monate, sofern das Geschäftsjahr mit dem Kalenderjahr übereinstimmt; die Hauptversammlung oder die Versammlung der obersten Vertretung, die den Jahresabschluß entgegennimmt oder festzustellen hat, muß abweichend von § 175 Abs. 1 Satz 2 des Aktiengesetzes spätestens 14 Monate nach dem Ende des vergangenen Geschäftsjahres stattfinden.**

1   Unabhängig von Größe und Rechtsform haben VU ihren JA nach den Vorschriften für große KapGes innerhalb der ersten 4 Monate des nachfolgenden Geschäftsjahrs aufzustellen (§§ 264–289) und dem Abschlußprüfer zur Prüfung vorzulegen. Insoweit gilt die 3 Monatsfrist des § 264 I 2 nicht; da VU den JA nach Vorschriften für große KapGes entsprechend aufstellen haben, können sie andererseits nicht die Erleichterungsvorschriften für kleine KapGes in Anspruch nehmen, insbesondere nicht die des § 264 I 3 oder § 288. Abs 2 enthält weitere Vorschriften, die auf VU nicht anzuwenden sind. Besondere Fristen gelten nach Abs 5 für Versicherungsunternehmen, die ausschließlich oder überwiegend Rückversicherungen betreiben: 10 Monate für die Aufstellung des JA, 14 Monate für den Termin zur Feststellung des JA. Nach Abs 4 sind die Vorschriften des AktG über die Angaben zu den Kapital- und Gewinnrücklagen (§ 152 II und III) sowie über die Prüfung des JA durch den Aufsichtsrat, die Feststellung des JA, die Gewinnverwendung und die ordentliche Hauptversammlung (§§ 170–176 AktG) und im Falle der Ausgabe von Genußrechten die Vorschriften zu den Anhangangaben (§ 160 AktG) auch auf solche VU anzuwenden, die nicht AG, KGaA oder kleinere Versicherungsvereine sind. Krankenversicherungsunternehmen müssen ihre Rechnungslegung nach den für Lebensversicherungen geltenden Vorschriften vornehmen, wenn sie ihr Geschäft überwiegend nach Art der Lebensversicherung betreiben (Abs 3; im einzelnen: *Seitz* in Beck Vers-Komm § 341 a, Rz 26 ff).

Dritter Titel. Bewertungsvorschriften

§ 341 b Bewertung von Vermögensgegenständen

(1) [1]Versicherungsunternehmen haben immaterielle Vermögensgegenstände, soweit sie entgeltlich erworben wurden, Grundstücke, grundstücksgleiche Rechte und Bauten einschließlich der Bauten auf fremden Grundstücken, technische Anlagen und Maschinen, andere Anlagen, Betriebs- und Geschäftsausstattung, Anlagen im Bau und Vorräte nach den für das Anlagevermögen geltenden Vorschriften zu bewerten. [2]Satz 1 ist vorbehaltlich Absatz 2 und § 341 c auch auf Kapitalanlagen anzuwenden, soweit es sich hierbei um Beteiligungen, Anteile an verbundenen Unternehmen, Ausleihungen an verbundene Unternehmen oder an Unternehmen, mit denen ein Beteiligungsverhältnis besteht, Namensschuldverschreibungen, Hypothekendarlehen und andere Forderungen und Rechte, sonstige Ausleihungen und Depotforderungen aus dem in Rückdeckung übernommenen Versicherungsgeschäft handelt. [3]§ 253 Abs. 2 Satz 3 darf, wenn es sich nicht um eine voraussichtlich dauernde Wertminderung handelt, nur auf die in Satz 2 bezeichneten Vermögensgegenstände angewendet werden.

(2) [1]Auf Kapitalanlagen, soweit es sich hierbei um Aktien einschließlich der eigenen Anteile, Investmentanteile sowie sonstige festverzinsliche und nicht festverzinsliche Wertpapiere handelt, sind die für das Umlaufvermögen geltenden § 253 Abs. 1 Satz 1, Abs. 3, §§ 254, 256, 279 Abs. 1 Satz 1, Abs. 2, § 280 anzuwenden. [2]Satz 1 gilt nicht für Namensschuldverschreibungen. [3]Pensions- und Sterbekassen, die nach § 5 Abs. 1 Nr. 3 des Körperschaftsteuergesetzes von der Körperschaftsteuer befreit sind, brauchen § 280 Abs. 1 Satz 1 nicht anzuwenden.

(3) § 256 Satz 2 in Verbindung mit § 240 Abs. 3 über die Bewertung zum Festwert ist auf Grundstücke, Bauten und im Bau befindliche Anlagen nicht anzuwenden.

I. Grundsätze (I)

Entgeltlich erworbene immaterielle Vermögensgegenstände sowie 1
Sachanlagen iSv § 266 II A II, aber auch Vorräte haben VU nach den allgemeinen Bewertungsvorschriften für das Anlagevermögen zu bewerten (§ 253 II, 254, 279, 280). Dies gilt grundsätzlich auch für einen Großteil der Kapitalanlagen, sofern auf diese nicht die besonderen Vorschriften des Abs 2 oder des § 341 c anzuwenden sind. Das Wahlrecht des § 253 II 3 bei einem niedrigeren beizulegenden Wert eine außerplanmäßige Abschreibung vornehmen zu können, gilt bei VU nicht für

§ 341 c Drittes Buch. Handelsbücher

die Kapitalanlagen und nicht für die Sachanlagen; auf letztere darf diese nur vorgenommen werden (dann allerdings zwingend), wenn es sich um eine voraussichtlich dauernde Wertminderung handelt.

II. Sonderregelungen für Kapitalanlagen (II)

2   Auf bestimmte Kapitalanlagen (Aktien einschließlich eigener Anteile, Investmentanteile sowie sonstige festverzinsliche und nicht festverzinsliche Wertpapiere) sind die für das Umlaufvermögen geltende Bewertungsvorschriften (§ 243 I 1 und III, §§ 254, 256, 279 I 1, 2 280) und damit insbesondere das strenge Niederstwertprinzip und das Wertaufholungsgebot anzuwenden. Für Kapitalanlagen in Form von Namensschuldverschreibungen gelten diese Vorschriften nicht, dh diese sind nach den allgemeinen Bewertungsregelungen für das Anlagevermögen zu bewerten. Auf von der Körperschaftsteuer befreite Pensions- und Sterbekassen ist das Wertaufholungensgebot des § 280 I 1 nicht anzuwenden.

III. Festwertbewertung (III)

3   Grundstücke, Bauten und im Bau befindliche Anlagen dürfen bei VU nicht mit einem Festwert angesetzt werden, wobei die Festwertbewertung ohnehin bei Grundstücken problematisch ist.

§ 341 e Namensschuldverschreibungen, Hypothekendarlehen und andere Forderungen

(1) Abweichend von § 253 Abs. 1 Satz 1 dürfen Namensschuldverschreibungen, Hypothekendarlehen und andere Forderungen mit ihrem Nennbetrag angesetzt werden.

(2) ¹Ist der Nennbetrag höher als die Anschaffungskosten, so ist der Unterschiedsbetrag in den Rechnungsabgrenzungsposten auf der Passivseite aufzunehmen, planmäßig aufzulösen und in seiner jeweiligen Höhe in der Bilanz oder im Anhang gesondert anzugeben. ²Ist der Nennbetrag niedriger als die Anschaffungskosten, darf der Unterschiedsbetrag in den Rechnungsabgrenzungsposten auf der Aktivseite aufgenommen werden; er ist planmäßig aufzulösen und in seiner jeweiligen Höhe in der Bilanz oder im Anhang gesondert anzugeben.

1   Entgegen § 243 I 1, wonach Vermögensgegenstände höchstens mit den Anschaffungskosten zu bewerten sind, dürfen Namensschuldverschreibungen, Hypothekendarlehen und andere Forderungen mit ihrem Nennbetrag angesetzt werden. Wird von diesem Wahlrecht Gebrauch gemacht, so ist im Falle, daß der Nennbetrag über den Anschaffungskosten liegt, der Unterschiedsbetrag in den passiven Rechnungsabgrenzungsposten aufzunehmen und planmäßig erfolgserhöhend aufzulösen; die jeweilige Höhe dieses Postens ist in der Bilanz oder im Anhang

gesondert anzugeben. Liegt der Nennbetrag unter den Anschaffungskosten, so kann der Unterschiedsbetrag wahlweise in einem aktiven Rechnungsabgrenzungsposten aufgenommen und planmäßig aufgelöst werden oder unmittelbar als Aufwand erfaßt werden. Für den Fall der Bildung eines Rechnungsabgrenzungspostens ist dieser in seiner jeweiligen Höhe entweder in der Bilanz oder im Anhang anzugeben.

§ 341 d Anlagestock der fondsgebundenen Lebensversicherung

Kapitalanlagen für Rechnung und Risiko von Inhabern von Lebensversicherungen, für die ein Anlagestock nach § 54 b des Versicherungsaufsichtsgesetzes zu bilden ist, sind mit dem Zeitwert unter Berücksichtigung des Grundsatzes der Vorsicht zu bewerten; die §§ 341 b, 341 c sind nicht anzuwenden.

Abweichend von den Bewertungsvorschriften der §§ 341 b, 341 c sind Kapitalanlagen, für die nach § 54 b VAG ein Anlagestock zu bilden ist, unter Beachtung des Vorsichtsgrundsatzes mit dem Zeitwert zu bewerten. Diese Vorschrift stellt eine Durchbrechung des Bewertungsgrundsatzes des § 253 I 1 dar, wonach Vermögensgegenstände höchstens mit den Anschaffungs- oder Herstellungskosten zu bewerten sind; diese Vorschrift ermöglicht einen über diese Werten liegenden Bilanzansatz (zu den Besonderheiten vgl *Stuirbrink/Schuster* in Beck Vers-Komm § 341 d Rz 7 ff). 1

Vierter Titel. Versicherungstechnische Rückstellungen

§ 341 e Allgemeine Bilanzierungsgrundsätze

(1) ¹Versicherungsunternehmen haben versicherungstechnische Rückstellungen auch insoweit zu bilden, wie dies nach vernünftiger kaufmännischer Beurteilung notwendig ist, um die dauernde Erfüllbarkeit der Verpflichtungen aus den Versicherungsverträgen sicherzustellen. ²Dabei sind die im Interesse der Versicherten erlassenen aufsichtsrechtlichen Vorschriften über die bei der Berechnung der Rückstellungen zu verwendenden Rechnungsgrundlagen einschließlich des dafür anzusetzenden Rechnungszinsfußes und über die Zuweisung bestimmter Kapitalerträge zu den Rückstellungen zu berücksichtigen.

(2) Versicherungstechnische Rückstellungen sind außer in den Fällen der §§ 341 f bis 341 h insbesondere zu bilden

1. für den Teil der Beiträge, der Ertrag für eine bestimmte Zeit nach dem Abschlußstichtag darstellt (Beitragsüberträge);
2. für erfolgsabhängige und erfolgsunabhängige Beitragsrückerstattungen, soweit die ausschließliche Verwendung der Rückstellung zu diesem Zweck durch Gesetz, Satzung, ge-

§ 341 f

schäftsplanmäßige Erklärung oder vertragliche Vereinbarung gesichert ist (Rückstellung für Beitragsrückerstattung);

3. für Verluste, mit denen nach dem Abschlußstichtag aus bis zum Ende des Geschäftsjahres geschlossenen Verträgen zu rechnen ist (Rückstellung für drohende Verluste aus dem Versicherungsgeschäft).

(3) Soweit eine Bewertung nach § 252 Abs. 1 Nr. 3 oder § 240 Abs. 4 nicht möglich ist oder der damit verbundene Aufwand unverhältnismäßig wäre, können die Rückstellungen auf Grund von Näherungsverfahren geschätzt werden, wenn anzunehmen ist, daß diese zu annähernd gleichen Ergebnissen wie Einzelberechnungen führen.

1 Zur Sicherstellung einer dauernden Erfüllbarkeit der Verpflichtungen aus den Versicherungsverträgen haben VU versicherungstechnische Rückstellungen zu bilden; diese werden idR aus den in der Versicherungsperiode vereinnahmten Prämien gebildet, soweit diese nicht bereits durch Schadenszahlungen oder Aufwendungen verbraucht worden sind. Für die Berechnung sind die Anweisungen des Bundesaufsichtsamtes für das Versicherungswesen zu beachten. Neben den Deckungsrückstellungen (§ 341 f) und den Rückstellungen für noch nicht abgewickelte Versicherungsfälle (§ 341g) sind versicherungstechnische Rückstellungen für Beitragsüberträge, Beitragsrückerstattungen und für drohende Verluste aus dem Versicherungsgeschäft zu bilden (Abs 2). Für diese Rückstellungen gilt grundsätzlich auch der Grundsatz der Einzelbewertung. Nur dann, wenn dies nicht oder nur mit unverhältnismäßig hohem Aufwand möglich ist, kann die Rückstellung geschätzt werden (Abs 3).

§ 341 f Deckungsrückstellung

(1) [1]Deckungsrückstellungen sind für die Verpflichtungen aus dem Lebensversicherungs- und dem nach Art der Lebensversicherung betriebenen Versicherungsgeschäft in Höhe ihres versicherungsmathematisch errechneten Wertes einschließlich bereits zugeteilter Überschußanteile mit Ausnahme der verzinslich angesammelten Überschußanteile und nach Abzug des versicherungsmathematisch ermittelten Barwerts der künftigen Beiträge zu bilden (prospektive Methode). [2]Ist eine Ermittlung des Wertes der künftigen Verpflichtungen und der künftigen Beiträge nicht möglich, hat die Berechnung auf Grund der aufgezinsten Einnahmen und Ausgaben der vorangegangenen Geschäftsjahre zu erfolgen (retrospektive Methode).

(2) Bei der Bildung der Deckungsrückstellung sind auch gegenüber den Versicherten eingegangene Zinssatzverpflichtungen zu berücksichtigen, sofern die derzeitigen oder zu erwar-

Vierter Abschn. Unternehmen bestimmter Geschäftszweige **§ 341 g**

tenden Erträge der Vermögenswerte des Unternehmens für die Deckung dieser Verpflichtungen nicht ausreichen.

(3) ¹In der Krankenversicherung, die nach Art der Lebensversicherung betrieben wird, ist als Deckungsrückstellung eine Alterungsrückstellung zu bilden; hierunter fallen auch der Rückstellung bereits zugeführte Beträge aus der Rückstellung für Beitragsrückerstattung sowie Zuschreibungen, die dem Aufbau einer Anwartschaft auf Beitragsermäßigung im Alter dienen. ²Bei der Berechnung sind die für die Berechnung der Prämien geltenden aufsichtsrechtlichen Bestimmungen zu berücksichtigen.

Die für die Verpflichtungen aus dem Lebensversicherungs- und dem nach Art der Lebensversicherung betriebenen Geschäft vorgeschriebenen Deckungsrückstellungen (zum Begriff u Inhalt vgl *Stuirbrink/Johannleweling/Faigle/Reich* in Beck Vers-Komm § 341 f Rz 1 ff) sind entweder nach der prospektiven Methode (Basis zukünftiger Verpflichtungen und künftiger Beiträge) oder – sofern diese Ermittlung nicht möglich ist – der retrospektiven Methode (aufgezinste Einnahmen und Ausgaben aus den vorangegangenen Geschäftsjahren) zu bilden. Sofern den Versicherten gegenüber Zinsverpflichtungen eingegangen sind, sind diese bei der Bildung der Deckungsrückstellung zu berücksichtigen; hierbei sind allerdings die derzeitigen und zukünftigen Erträge der Vermögenswerte gegen diese Verpflichtungen zu verrechnen (Abs 2). Dieses Verrechnungsgebot stellt eine Durchbrechung des Grundsatzes der Einzelbewertung, aber auch des Realisationsprinzips dar. Unter dem Gesichtspunkt jedoch, daß die Vermögenswerte ertragsbringend angelegt werden, um zukünftige Verpflichtungen hieraus abdecken zu können, erscheint diese Regelung sachgerecht. Weitere Besonderheiten für die Berechnung der Deckungsrückstellung gelten für Krankenversicherungen, die nach Art der Lebensversicherung betrieben werden (Abs 3). 1

§ 341 g Rückstellung für noch nicht abgewickelte Versicherungsfälle

(1) ¹Rückstellungen für noch nicht abgewickelte Versicherungsfälle sind für die Verpflichtungen aus den bis zum Ende des Geschäftsjahres eingetretenen, aber noch nicht abgewickelten Versicherungsfällen zu bilden. ²Hierbei sind die gesamten Schadenregulierungsaufwendungen zu berücksichtigen.

(2) ¹Für bis zum Abschlußstichtag eingetretene, aber bis zur inventurmäßigen Erfassung noch nicht gemeldete Versicherungsfälle ist die Rückstellung pauschal zu bewerten. ²Dabei sind die bisherigen Erfahrungen in bezug auf die Anzahl der nach dem Abschlußstichtag gemeldeten Versicherungsfälle und

§ 341 h

die Höhe der damit verbundenen Aufwendungen zu berücksichtigen.

(3) ¹Bei Krankenversicherungsunternehmen ist die Rückstellung anhand eines statistischen Näherungsverfahrens zu ermitteln. ²Dabei ist von den in den ersten Monaten des nach dem Abschlußstichtag folgenden Geschäftsjahres erfolgten Zahlungen für die bis zum Abschlußstichtag eingetretenen Versicherungsfälle auszugehen.

(4) Bei Mitversicherungen muß die Rückstellung der Höhe nach anteilig zumindest derjenigen entsprechen, die der führende Versicherer nach den Vorschriften oder der Übung in dem Land bilden muß, von dem aus er tätig wird.

(5) Sind die Versicherungsleistungen auf Grund rechtskräftigen Urteils, Vergleichs oder Anerkenntnisses in Form einer Rente zu erbringen, so müssen die Rückstellungsbeträge nach anerkannten versicherungsmathematischen Methoden berechnet werden.

1   Abs 1 stellt eine Modifizierung des Grundsatzes aus § 249 I für VU dar, wonach für Verpflichtungen aus bis zum Bilanzstichtag eingetretenen, aber noch nicht abgewickelten Versicherungsfällen eine Rückstellung zu bilden ist. Bei der Bemessung der Rückstellung sind sämtliche zur Schadensabwicklung notwendigen Aufwendungen zu berücksichtigen, nötigenfalls sind sie zu schätzen. Sofern die Versicherungsfälle noch nicht inventurmäßig erfaßt sind, ist die Rückstellung auf Basis bisheriger Erfahrungen pauschal zu ermitteln (Abs 2); bei Krankenversicherungsunternehmen ist ein statistisches Näherungsverfahren zugrundezulegen (Abs 3), wobei von den nach dem Stichtag erfolgten Auszahlungen für die bis zum Stichtag eingetretenen Versicherungsfälle auszugehen ist. Sofern Versicherungsleistungen in Form einer Rente zu erbringen sind, sind die Rückstellungsbeträge nach anerkannten versicherungsmathematischen Methoden zu berechnen.

§ 341 h Schwankungsrückstellung und ähnliche Rückstellungen

(1) **Schwankungsrückstellungen sind zum Ausgleich der Schwankungen im Schadenverlauf künftiger Jahre zu bilden, wenn insbesondere**

1. nach den Erfahrungen in dem betreffenden Versicherungszweig mit erheblichen Schwankungen der jährlichen Aufwendungen für Versicherungsfälle zu rechnen ist,

2. die Schwankungen nicht jeweils durch Beiträge ausgeglichen werden und

3. die Schwankungen nicht durch Rückversicherungen gedeckt sind.

(2) Für Risiken gleicher Art, bei denen der Ausgleich von Leistung und Gegenleistung wegen des hohen Schadenrisikos im Einzelfall nach versicherungsmathematischen Grundsätzen nicht im Geschäftsjahr, sondern nur in einem am Abschlußstichtag nicht bestimmbaren Zeitraum gefunden werden kann, ist eine Rückstellung zu bilden und in der Bilanz als „ähnliche Rückstellung" unter den Schwankungsrückstellungen auszuweisen.

Zum Ausgleich der Schwankungen im Schadensverlauf künftiger Jahre sind Schwankungsrückstellungen zu bilden; die Bildung dieser Rückstellungen ist für alle VU obligatorisch mit Ausnahme von VU mit geringerer wirtschaftlicher Bedeutung und Lebensversicherungsunternehmen. Die Aufzählung der Voraussetzungen in Abs 1 Nr 1 bis 3, unter denen die Schwankungsrückstellung zu bilden ist, ist nicht abschließend. Berechnungsverfahren und Auflösung der Schwankungsrückstellung sind durch besondere Anordnungen des Bundesaufsichtsamtes für das Versicherungswesens geregelt. 1

Unter den Schwankungsrückstellungen sind als „ähnliche Rückstellungen" Rückstellungen für solche Risiken gleicher Art zu bilden, bei denen wegen des hohen Schadenrisikos der Ausgleich von Leistung und Gegenleistung nicht im Geschäftsjahr, sondern nur innerhalb eines bestimmbaren Zeitraums gefunden werden kann (vgl im einzelnen *Warnecke* in Beck Vers-Komm § 341 h Rz 33 ff). 2

Fünfter Titel. Konzernabschluß, Konzernlagebericht

§ 341 i Aufstellung, Fristen

(1) ¹Versicherungsunternehmen, auch wenn sie nicht in der Rechtsform einer Kapitalgesellschaft betrieben werden, haben unabhängig von ihrer Größe einen Konzernabschluß und einen Konzernlagebericht aufzustellen. ²Zusätzliche Anforderungen auf Grund von Vorschriften, die wegen der Rechtsform bestehen, bleiben unberührt.

(2) Als Versicherungsunternehmen im Sinne dieses Titels gelten auch Mutterunternehmen, deren einziger oder hauptsächlicher Zweck darin besteht, Beteiligungen an Tochterunternehmen zu erwerben, diese Beteiligungen zu verwalten und rentabel zu machen, sofern diese Tochterunternehmen ausschließlich oder überwiegend Versicherungsunternehmen sind.

(3) ¹Die gesetzlichen Vertreter eines Mutterunternehmens haben den Konzernabschluß und den Konzernlagebericht abweichend von § 290 Abs. 1 innerhalb von zwei Monaten nach Ablauf der Aufstellungsfrist für den zuletzt aufzustellenden und in den Konzernabschluß einzubeziehenden Abschluß, spätestens jedoch innerhalb von zwölf Monaten nach dem Stichtag des

§ 341j
Drittes Buch. Handelsbücher

Konzernabschlusses, für das vergangene Konzerngeschäftsjahr aufzustellen und dem Abschlußprüfer des Konzernabschlusses vorzulegen. ²§ 299 Abs. 2 Satz 2 ist mit der Maßgabe anzuwenden, daß der Stichtag des Jahresabschlusses eines Unternehmens nicht länger als sechs Monate vor dem Stichtag des Konzernabschlusses liegen darf.

(4) Der Konzernabschluß und der Konzernlagebericht sind abweichend von § 337 Abs. 2 des Aktiengesetzes spätestens der nächsten nach Ablauf der Aufstellungsfrist für den Konzernabschluß und Konzernlagebericht einzuberufenden Hauptversammlung, die einen Jahresabschluß des Mutterunternehmens entgegennimmt oder festzustellen hat, vorzulegen.

1   VU haben unabhängig von ihrer Rechtsform und ihrer Größe grundsätzlich einen KA und einen Konzernlagebericht aufzustellen, dabei bleiben besondere Vorschriften wegen der Rechtsform unberührt. Es gelten auch solche Mutterunternehmen als VU, deren ausschließlicher oder hauptsächlicher Zweck darin besteht, Beteiligungen an solchen Tochterunternehmen zu halten, die ausschließlich oder überwiegend VU sind. Abweichend von der 5 Monatsfrist des § 290 I ist der KA innerhalb von 2 Monaten nach Ablauf der Aufstellungsfrist für den zuletzt aufzustellenden und in den KA einzubeziehenden Abschluß aufzustellen, allerdings spätestens innerhalb von 12 Monaten nach dem Stichtag des KA, und dem Konzernabschlußprüfer vorzulegen. Abweichend von § 299 II 2 ist ein Zwischenabschluß für ein einzubeziehendes VU erst dann aufzustellen, wenn der Stichtag des JA des Unternehmens mehr als 6 Monate vor dem Stichtag des KA liegt. Anders als nach § 337 II AktG, wonach bei gleichem Stichtag für KA und JA des Mutterunternehmens, der KA und Konzernlagebericht der Hauptversammlung vorzulegen ist, die auch den JA des Mutterunternehmens entgegennimmt oder feststellt, ist wegen der längeren Aufstellungsfrist der KA und Konzernlagebericht spätestens der nächsten Hauptversammlung vorzulegen, die einen JA des Mutterunternehmens entgegennimmt oder feststellt.

§ 341 j Anzuwendende Vorschriften

(1) ¹Auf den Konzernabschluß und den Konzernlagebericht sind die Vorschriften des Zweiten Unterabschnitts des Zweiten Abschnitts über den Konzernabschluß und den Konzernlagebericht und, soweit die Eigenart des Konzernabschlusses keine Abweichungen bedingt, die §§ 341a bis 341h über den Jahresabschluß sowie die für die Rechtsform und den Geschäftszweig der in den Konzernabschluß einbezogenen Unternehmen mit Sitz im Geltungsbereich dieses Gesetzes geltenden Vorschriften entsprechend anzuwenden, soweit sie für große Kapitalgesellschaften gelten. ²Die § 293, 298 Abs. 1 und 2 sowie § 314 Abs. 1 Nr. 3 sind nicht anzuwenden. ³§ 314 Abs. 1 Nr. 2 gilt mit der

Vierter Abschn. Unternehmen bestimmter Geschäftszweige § 341 k

Maßgabe, daß die Angaben für solche finanzielle Verpflichtungen nicht zu machen sind, die im Rahmen des Versicherungsgeschäfts entstehen.

(2) § 304 Abs. 2 Satz 1 über die Behandlung der Zwischenergebnisse ist bei Lieferungen und Leistungen, die zu üblichen Marktbedingungen vorgenommen worden sind und die Rechtsansprüche der Versicherungsnehmer begründet haben, auch dann anzuwenden, wenn die Ermittlung des nach § 304 Abs. 1 vorgeschriebenen Wertansatzes keinen unverhältnismäßig hohen Aufwand erfordern würde.

(3) Auf Versicherungsunternehmen, die nicht Aktiengesellschaften, Kommanditgesellschaften auf Aktien oder kleinere Vereine sind, ist § 337 Abs. 1 des Aktiengesetzes entsprechend anzuwenden.

Auf den KA und den Konzernlagebericht von VU sind grundsätzlich 1 die allgemeinen Vorschriften der §§ 290 bis 315 anwendbar sowie die Vorschriften der §§ 341 a bis 341h für den Einzelabschluß von VU, soweit sie für große KapGes gelten. Ausnahmen ergeben sich nur, wenn die Eigenart des KA hierzu Abweichungen bedingen. Bestimmte allgemein geltende Vorschriften sind jedoch nach Abs 1 S 2 nicht anwendbar, und zwar: Größenabhängige Befreiungen (§ 293), ein großer Teil der allgemein für KapGes geltenden Rechnungslegungsvorschriften (§ 298 I und II) sowie die Aufgliederung der Umsatzerlöse nach Tätigkeitsbereichen und geographisch bestimmten Märkten (§ 314 I Nr 3). § 314 I Nr 2 ist nur eingeschränkt anwendbar insofern, als finanzielle Verpflichtungen, die im Rahmen des Versicherungsgeschäfts entstehen, nicht im Anhang genannt werden müssen.

Abs 2 gewährt VU eine zusätzliche Erleichterung in der Weise, daß 2 Zwischenergebnisse bei Lieferungen und Leistungen, die zu Marktbedingungen vorgenommen wurden und die Rechtsansprüche der Versicherungsnehmer begründet haben, auch dann nicht ermittelt werden müssen, wenn deren Ermittlung mit keinem unverhältnismäßig hohen Aufwand verbunden ist. Die Vorschrift des § 337 I AktG, wonach KA und Konzernlagebericht in jedem Falle dem Aufsichtsrat des Mutterunternehmens vorzulegen sind, ist auf VU grundsätzlich unabhängig von der Rechtsform des VU anzuwenden, es sei denn, es handelt sich um einen kleinen Versicherungsverein (Abs 3).

Sechster Titel. Prüfung

§ 341 k

(1) [1]Versicherungsunternehmen haben unabhängig von ihrer Größe ihren Jahresabschluß und Lagebericht sowie ihren Konzernabschluß und Konzernlagebericht nach den Vorschriften

§ 341 l Drittes Buch. Handelsbücher

des Dritten Unterabschnitts des Zweiten Abschnitts prüfen zu lassen. ²§ 319 Abs. 1 Satz 2 ist nicht anzuwenden. ³Hat keine Prüfung stattgefunden, so kann der Jahresabschluß nicht festgestellt werden.

(2) ¹§ 318 Abs. 1 Satz 1 ist mit der Maßgabe anzuwenden, daß der Abschlußprüfer des Jahresabschlusses und des Konzernabschlusses vom Aufsichtsrat bestimmt wird. ²§ 318 Abs. 1 Satz 3 und 4 gilt entsprechend.

(3) In den Fällen des § 321 Abs. 1 Satz 3 hat der Abschlußprüfer die Aufsichtsbehörde unverzüglich zu unterrichten.

1   VU haben ihren JA und Lagebericht sowie den KA und Konzernlagebericht unabhängig von ihrer Größe grundsätzlich prüfen zu lassen; eine Befreiung von der Prüfungspflicht ist nicht vorgesehen. Die Erfüllung der Prüfungspflicht ist Voraussetzung für die Feststellung des JA. Auf die Prüfung sind mit Ausnahme des § 319 I 2 (Prüfungsberechtigung des vBP bei mittelgroßen GmbH) die Vorschriften der §§ 316–324 anwendbar.

2   Als Besonderheiten bei VU gelten:

1. Der Abschlußprüfer wird entgegen § 318 I 1 nicht von den Gesellschaftern bzw der Hauptversammlung, sondern vom Aufsichtsrat bestimmt.

2. Im Falle der Bestandsgefährdung oder wesentlicher Verstöße der gesetzlichen Vertreter gegen Gesetz, Satzung oder Gesellschaftsvertrag hat der Abschlußprüfer unverzüglich die Aufsichtsbehörde, dh das Bundesaufsichtsamt für das Versicherungswesen, zu informieren.

Siebenter Titel. Offenlegung

§ 341 l

(1) ¹**Versicherungsunternehmen haben den Jahresabschluß und den Lagebericht sowie den Konzernabschluß und den Konzernlagebericht und die anderen in § 325 bezeichneten Unterlagen nach § 325 Abs. 2 bis 5, §§ 328, 329 Abs. 1 offenzulegen.** ²**Von den in § 341 a Abs. 5 genannten Versicherungsunternehmen ist § 325 Abs. 2 Satz 1 mit der Maßgabe anzuwenden, daß die Frist für die Einreichung der Unterlagen beim Bundesanzeiger 15 Monate beträgt.**

(2) **Ist das Versicherungsunternehmen nicht in das Handelsregister eingetragen, so sind die Unterlagen bei dem für den Sitz des Unternehmens zuständigen Registergericht einzureichen.**

(3) **Die gesetzlichen Vertreter eines Mutterunternehmens haben abweichend von § 325 Abs. 3 unverzüglich nach der Hauptversammlung oder der dieser entsprechenden Versammlung der**

obersten Vertretung, welcher der Konzernabschluß und der Konzernlagebericht vorzulegen sind, jedoch spätestens vor Ablauf des dieser Versammlung folgenden Monats den Konzernabschluß mit dem Bestätigungsvermerk oder dem Vermerk über dessen Versagung und den Konzernlagebericht mit Ausnahme der Aufstellung des Anteilsbesitzes im Bundesanzeiger bekanntzumachen und die Bekanntmachung unter Beifügung der bezeichneten Unterlagen zum Handelsregister des Sitzes des Mutterunternehmens einzureichen.

VU haben unabhängig von ihrer Größe und Rechtsform JA, Lagebericht, KA und Konzernlagebericht sowie die anderen in § 325 bezeichneten Unterlagen nach den Vorschriften für große KapGes offenzulegen (§§ 325 II bis V, 328, 329 I). Lediglich die Einreichungsfrist beim Bundesanzeiger verlängert sich für solche VU, die ausschließlich das Rückversicherungsgeschäft betreiben oder deren Beiträge aus in Rückdeckung übernommenen Versicherungen die übrigen Beiträge übersteigen (§ 341 a V), auf 15 Monate (Abs 1 S 2). 1

Auch VU, die nicht im Handelsregister eingetragen sind, haben ihre Unterlagen auch für den Sitz ihres Unternehmens zuständigen Registergericht einzureichen. Für die Einreichung des KA mit dem Bestätigungs- oder Versagungsvermerk und des Konzernlageberichts ist nicht die Frist des § 325 III maßgebend, sondern es sind die Unterlagen unverzüglich, spätestens aber vor Ablauf des der Hauptversammlung folgenden Monats im Bundesanzeiger bekanntzugeben und zum Handelsregister einzureichen. 2

Achter Titel. Straf- und Bußgeldvorschriften, Zwangsgelder

§ 341 m Strafvorschriften

¹Die Strafvorschriften der §§ 331 bis 333 sind auch auf nicht in der Rechtsform einer Kapitalgesellschaft betriebene Versicherungsunternehmen und Pensionsfonds anzuwenden. ²§ 331 ist darüber hinaus auch anzuwenden auf die Verletzung von Pflichten durch den Hauptbevollmächtigten (§ 106 Abs. 3 des Versicherungsaufsichtsgesetzes).

Die Strafvorschriften des §§ 331–333 sind auch auf VU und Pensionsfonds anzuwenden, die nicht in der Rechtsform einer KapGes betrieben werden. § 331 ist dabei nicht nur auf die Mitglieder vertretungsberechtigter Organe oder des Aufsichtsrats anzuwenden, sondern auch auf Hauptbevollmächtigte von VU mit Sitz außerhalb eines Mitgliedsstaats der Europäischen Gemeinschaft oder eines anderen Vertragstaats des europäischen Wirtschaftsraums, die faktisch die Funktion der 1 gesetzlichen Vertreter der im Inland zu errichtenden Niederlassung des ausländischen VU ausüben (§ 106 III VAG).

§ 341 n Bußgeldvorschriften

(1) **Ordnungswidrig handelt, wer als Mitglied des vertretungsberechtigten Organs oder des Aufsichtsrats eines Versicherungsunternehmens oder eines Pensionsfonds oder als Hauptbevollmächtigter (§ 106 Abs. 3 des Versicherungsaufsichtsgesetzes)**

1. **bei der Aufstellung oder Feststellung des Jahresabschlusses einer Vorschrift**
    a) des § 243 Abs. 1 oder 2, der §§ 244, 245, 246 Abs. 1 oder 2, dieser in Verbindung mit § 341a Abs. 2 Satz 3, des § 247 Abs. 3, der §§ 248, 249 Abs. 1 Satz 1 oder Abs. 3, des § 250 Abs. 1 Satz 1 oder Abs. 2, des § 264 Abs. 2, des § 341e Abs. 1 oder 2 oder der §§ 341f, 341g oder 341h über Form oder Inhalt,
    b) des § 253 Abs. 1 Satz 1 in Verbindung mit § 255 Abs. 1 oder 2 Satz 1, 2 oder 6, des § 253 Abs. 1 Satz 2 oder Abs. 2 Satz 1, 2 oder 3, dieser in Verbindung mit § 341b Abs. 1 Satz 3, des § 253 Abs. 3 Satz 1 oder 2, des § 280 Abs. 1, der §§ 282, 283, des § 341b Abs. 1 Satz 1 oder des § 341d über die Bewertung,
    c) des § 265 Abs. 2, 3 oder 4, des § 268 Abs. 3 oder 6, der §§ 272, 273, 274 Abs. 1 oder des § 277 Abs. 3 Satz 2 oder Abs. 4 über die Gliederung,
    d) des § 280 Abs. 3, des § 281 Abs. 1 Satz 2 oder 3 oder Abs. 2 Satz 1, des § 284 oder des § 285 Nr. 1, 2 oder 3 in Verbindung mit § 341a Abs. 2 Satz 4, § 285 Nr. 5 bis 7, 9 bis 14 über die in der Bilanz oder im Anhang zu machenden Angaben oder

2. **bei der Aufstellung des Konzernabschlusses einer Vorschrift**
    a) des § 294 Abs. 1 über den Konsolidierungskreis,
    b) des § 297 Abs. 2 oder 3 oder des § 341j Abs. 1 Satz 1 in Verbindung mit einer der in Nummer 1 Buchstabe a bezeichneten Vorschriften über Form oder Inhalt,
    c) des § 300 über die Konsolidierungsgrundsätze oder das Vollständigkeitsgebot,
    d) des § 308 Abs. 1 Satz 1 in Verbindung mit den in Nummer 1 Buchstabe b bezeichneten Vorschriften oder des § 308 Abs. 2 über die Bewertung,
    e) des § 311 Abs. 1 Satz 1 in Verbindung mit § 312 über die Behandlung assoziierter Unternehmen oder
    f) des § 308 Abs. 1 Satz 3, des § 313 oder des § 314 in Verbindung mit § 341j Abs. 1 Satz 2 oder 3 über die im Anhang zu machenden Angaben,

Vierter Abschn. Unternehmen best Geschäftszweige § 341 o

3. bei der Aufstellung des Lageberichts einer Vorschrift des § 289 Abs. 1 über den Inhalt des Lageberichts,
4. bei der Aufstellung des Konzernlageberichts einer Vorschrift des § 315 Abs. 1 über den Inhalt des Konzernlageberichts,
5. bei der Offenlegung, Veröffentlichung oder Vervielfältigung einer Vorschrift des § 328 über Form oder Inhalt oder
6. einer auf Grund des § 330 Abs. 3 und 4 in Verbindung mit Abs. 1 Satz 1 erlassenen Rechtsverordnung, soweit sie für einen bestimmten Tatbestand auf diese Bußgeldvorschrift verweist,

zuwiderhandelt.

(2) Ordnungswidrig handelt auch, wer zu einem Jahresabschluß oder einem Konzernabschluß, der auf Grund gesetzlicher Vorschriften zu prüfen ist, einen Vermerk nach § 322 erteilt, obwohl nach § 319 Abs. 2 oder nach § 319 Abs. 3 die Wirtschaftsprüfungsgesellschaft, für die er tätig wird, nicht Abschlußprüfer sein darf.

(3) Die Ordnungswidrigkeit kann mit einer Geldbuße bis zu fünfzigtausend Deutsche Mark geahndet werden.

(4) [1]Verwaltungsbehörde im Sinne des § 36 Abs. 1 Nr. 1 des Gesetzes über Ordnungswidrigkeiten ist bei Ordnungswidrigkeiten nach den Absätzen 1 und 2 das Bundesaufsichtsamt für das Versicherungswesen für die seiner Aufsicht unterliegenden Versicherungsunternehmen oder eines Pensionsfonds. [2]Unterliegt ein Versicherungsunternehmen oder Pensionsfonds der Aufsicht einer Landesbehörde, so ist diese zuständig.

Die Vorschrift entspricht inhaltlich der des § 334; sie trägt den besonderen Bedingungen für VU Rechnung. Im Gegensatz zu § 334 ist allerdings der Personenkreis, gegen den ein Bußgeld verhängt werden kann, erweitert auf vertretungsberechtigte Organe von VU, die nicht KapGes sind, und auf Hauptbevollmächtigte (§ 106 III VAG). 1

Zuständige Verwaltungsbehörde iSv § 36 I OWiG für die Verfolgung von Ordnungswidrigkeiten ist das Bundesaufsichtsamt für das Versicherungswesen oder, sofern das VU der Aufsicht einer Landesbehörde unterliegt, diese.

§ 341 o Festsetzung von Zwangs- und Ordnungsgeld

Personen, die

1. als Mitglieder des vertretungsberechtigten Organs eines Versicherungsunternehmens oder eines Pensionsfonds, die nicht Kapitalgesellschaften sind,
   a) eine der in § 335 Satz 1 Nr. 1, 3 bis 5 bezeichneten Vorschriften,

Morck 899

§ 342 Drittes Buch. Handelsbücher

  b) § 325 über die Pflicht zur Offenlegung des Jahresabschlusses, des Lageberichts, des Konzernabschlusses, des Konzernlageberichts und anderer Unterlagen der Rechnungslegung oder
  c) § 341 i Abs. 1 Satz 1 oder
2. als Hauptbevollmächtigter (§ 106 Abs. 3 des Versicherungsaufsichtsgesetzes) § 341 l Abs. 1 über die Offenlegung der Rechnungslegungsunterlagen

nicht befolgen, sind hierzu vom Registergericht in den Fällen der Nummer 1 Buchstabe a und c durch Festsetzung von Zwangsgeld nach § 335 und in den Fällen der Nummer 1 Buchstabe b und der Nummer 2 durch Festsetzung von Ordnungsgeld nach § 335 a anzuhalten.

1 Die Vorschrift dehnt die Bestimmung des § 335 (Festsetzung von Zwangsgeld) und des § 335 a (Festsetzung von Ordnungsgeld) auch auf die vertretungsberechtigten Organe von VU aus, die nicht KapGes sind, allerdings nicht in vollem Umfange, sondern nur insoweit, als die Vorschriften der §§ 335 I Nr 1, 3 und 5 verletzt worden sind. Gegen Hauptbevollmächtigte (§ 106 III VAG) kann nur dann ein Ordnungsgeld verhängt werden, wenn sie die Offenlegungspflicht des § 341 l I verletzen.

§ 341 p Anwendung der Straf- und Bußgeldvorschriften sowie der Zwangs- und Ordnungsgeldvorschriften auf Pensionsfonds. Die Strafvorschriften des § 341 m, die Bußgeldvorschriften des § 341 n sowie die Zwangs- und Ordnungsgeldvorschriften des § 341 o gelten auch für Pensionsfonds im Sinne des § 341 Abs. 4 Satz 1.

Fünfter Abschnitt. Privates Rechnungslegungsgremium; Rechnungslegungsbeirat

§ 342 Privates Rechnungslegungsgremium

(1) ¹Das Bundesministerium der Justiz kann eine privatrechtlich organisierte Einrichtung durch Vertrag anerkennen und ihr folgende Aufgaben übertragen:
1. Entwicklung von Empfehlungen zur Anwendung der Grundsätze über die Konzernrechnungslegung,
2. Beratung des Bundesministeriums der Justiz bei Gesetzgebungsvorhaben zu Rechnungslegungsvorschriften und
3. Vertretung der Bundesrepublik Deutschland in internationalen Standardisierungsgremien.

²Es darf jedoch nur eine solche Einrichtung anerkannt werden, die auf Grund ihrer Satzung gewährleistet, daß die Empfehlungen unabhängig und aussschließlich von Rechnungslegern in

Fünfter Abschnitt. Privates Rechnungslegungsgremium § 342 a

einem Verfahren entwickelt und beschlossen werden, das die fachlich interessierte Öffentlichkeit einbezieht. ³Soweit Unternehmen oder Organisationen von Rechnungslegern Mitglied einer solchen Einrichtung sind, dürfen die Mitgliedschaftsrechte nur von Rechnungslegern ausgeübt werden.

(2) Die Beachtung der die Konzernrechnungslegung betreffenden Grundsätze ordnungsmäßiger Buchführung wird vermutet, soweit vom Bundesministerium der Justiz bekanntgemachte Empfehlungen einer nach Absatz 1 Satz 1 anerkannten Einrichtung beachtet worden sind.

§ 342 a Rechnungslegungsbeirat

(1) Beim Bundesministerium der Justiz wird vorbehaltlich Absatz 9 ein Rechnungslegungsbeirat mit den Aufgaben nach § 342 Abs. 1 Satz 1 gebildet.

(2) Der Rechnungslegungsbeirat setzt sich zusammen aus
1. einem Vertreter des Bundesministeriums der Justiz als Vorsitzendem sowie je einem Vertreter des Bundesministeriums der Finanzen und des Bundesministeriums für Wirtschaft,
2. vier Vertretern von Unternehmen,
3. vier Vertretern der wirtschaftsprüfenden Berufe,
4. zwei Vertretern der Hochschulen.

(3) ¹Die Mitglieder des Rechnungslegungsbeirats werden durch das Bundesministerium der Justiz berufen. ²Als Mitglieder sollen nur Rechnungsleger berufen werden.

(4) ¹Die Mitglieder des Rechnungslegungsbeirats sind unabhängig und nicht weisungsgebunden. ²Ihre Tätigkeit im Beirat ist ehrenamtlich.

(5) Das Bundesministerium der Justiz kann eine Geschäftsordnung für den Beirat erlassen.

(6) Der Beirat kann für bestimmte Sachgebiete Fachausschüsse und Arbeitskreise einsetzen.

(7) ¹Der Beirat, seine Fachausschüsse und Arbeitskreise sind beschlußfähig, wenn mindestens zwei Drittel der Mitglieder anwesend sind. ²Bei Abstimmungen entscheidet die Stimmenmehrheit, bei Stimmengleichheit die Stimme des Vorsitzenden.

(8) Für die Empfehlungen des Rechnungslegungsbeirats gilt § 342 Abs. 2 entsprechend.

(9) Die Bildung eines Rechnungslegungsbeirats nach Absatz 1 unterbleibt, soweit das Bundesministerium der Justiz eine Einrichtung nach § 342 Abs. 1 anerkennt.

Auf dem Gebiet der Rechnungslegung ist eine Standardisierung seit 1 langem üblich, idR haben die Gremien, die diese Standards festlegen,

§ 342 a
Drittes Buch. Handelsbücher

einen privaten Träger, wie zB das Financial Accounting Standards Bords (FASB) oder das IASC. Um zukünftig stärkeren Einfluß auf die internationalen Standardisierungsprozesse, insb die des IASC nehmen zu können und somit den deutschen Rechnungslegungsvorstellungen mehr internationales Gewicht zu verschaffen, sehen die durch das KonTraG in das Gesetz eingefügten §§ 342, 342 a die Einrichtung eines solchen Rechnungslegungsgremiums vor. Hierbei hat eine vom Bundesministerium der Justiz durch Vertrag anerkannte privatrechtlich organisierte Einrichtung (§ 342) den Vorrang vor dem Rechnungslegungsbeirat (§ 342 a) unter Beteiligung von Regierungsvertretern (§ 342 a IX).

2 Das Rechnungslegungsgremium hat die Aufgabe, Empfehlungen zur Anwendung der Konzernrechnungslegung zu erarbeiten, das Bundesministerium der Justiz bei entsprechenden Gesetzesvorhaben zu beraten und Deutschland in internationalen Standardisierungsgremien zu vertreten. Damit beschränkt sich die Tätigkeit ausschließlich auf den KA, da internationale Standards auf absehbarer Zeit in Deutschland nur für KA, insb börsennotierter Unternehmen von Bedeutung sein werden (so die Begründung zum Regierungsentwurf zu § 342, ZIP 1998, 490). Eine Auswirkung auf die nationale Rechnungslegung wird jedoch langfristig nicht ausbleiben.

3 Die Anerkennung privatrechtlicher Einrichtungen ist davon abhängig, daß entsprechende Satzungsbestimmungen gewährleisten, daß bei der Ausarbeitung von Empfehlungen sämtliche an der Rechnungslegung interessierte Personen und Organisationen beteiligt werden. Außerdem müssen die Empfehlungen von **unabhängigen** Rechnungslegern entwickelt und beschlossen werden; Rechnungsleger sind dabei alle Personen mit entsprechender Qualifikation, die Handelsbücher oder sonstige nach § 257 I Nr 1 bezeichneten Bücher für KapGes oder für Kaufleute führen, sowie Wirtschaftsprüfer, vereidigte Buchprüfer, Steuerberater etc (Regierungsbegründung zu § 342 ZIP 1998, 490). Werden die vom Bundesministerium der Justiz bekannt gemachten Empfehlungen beachtet, so gilt nach Abs 2 die gesetzliche Vermutung, daß die die Konzernrechnungslegung betreffenden GoB beachtet worden sind. Eine privatrechtlich organisierte Einrichtung ist zwischenzeitlich mit dem „DRSC-Deutsches Rechnungslegungs Standards Commitee" geschaffen worden (vgl WPK-Mitt. 1998, 218). Mit Vortrag vom 3. 9. 1998 ist das DRSC durch das Bundesministerium der Justiz als die iS von § 342 zuständige Standardisierungsorganisation für Deutschland anerkannt worden.

4 Für den Fall, daß es nicht zu einer Anerkennung einer privatrechtlich organisierten Einrichtung nach § 342 kommt, sieht § 342 a die Bildung eines Rechnungslegungsbeirats beim Bundesministerium der Justiz vor. Abs 2 bis 7 regeln im einzelnen die Zusammensetzung, die Qualifikation der Beiratsmitglieder und die Arbeitsweise des Beirats. Empfehlungen des Beirats haben die gleiche Wirkung wie die der anerkannten privatrechtlichen Einrichtung (Abs 8).

Viertes Buch. Handelsgeschäfte

Erster Abschnitt. Allgemeine Vorschriften

Vorbemerkung zu §§ 343–372

I. Anwendungsbereich

1. Handelsgeschäfte. Das Vierte Buch regelt die von einem Kauf- 1
mann mit Bezug zu seinem Betrieb getätigten Rechtsgeschäfte („Handelsgeschäfte", § 343). Der Erste Abschnitt enthält allg Vorschriften, die Abschnitte 2–6 regeln einzelne Vertragstypen.

2. Persönlicher Anwendungsbereich. Mit dem Begriff des Han- 2
delsgeschäfts nimmt das Gesetz Bezug auf den Kaufmannsbegriff des § 1 I. Viele Normen (insbes Kommission, Spedition, Lager- u Frachtgeschäft, aber auch §§ 352 II, 355–357, 358–361, 363–367, 373–376) begnügen sich damit, daß nur **eine** Vertragspartei Kaufmann ist. Damit kommt Handelsrecht in einem weiten Ausmaß **auch für Nichtkaufleute** (auch Verbraucher) zur Anwendung. Mit dem HRefG u dem TRG (1998) wird die Anwendung bestimmter handelsrechtl Normen auf Verträge zwischen Nichtkaufleuten ausgedehnt, soweit auf der einen Seite ein (Klein-)Gewerbetreibender beteiligt ist (§§ 84 IV, 93 III, 383 II, 407 III 2, 453 III 2, 467 III 2). Einige Vorschriften werden auf gewerblich bzw freiberuflich tätige Personen analog angewendet (vor § 1 Rz 13; § 1 Rz 38). Zum Kaufmann kraft Rechtsscheins s § 15 Rz 38 ff, 59.

3. Sachlicher Anwendungsbereich. Die Sondervorschriften der 3
§§ 346 ff greifen nur ein, wenn das Geschäft zum Betrieb des Handelsgewerbes gehört, § 343, also nicht zum Privatbereich zählt. Anders bei §§ 29 II, 38 I ZPO, § 53 I 1 Nr 1 BörsG. Das Gesetz differenziert iü zwischen einseitigen (§ 345) u zweiseitigen Handelsgeschäften (zB § 377). Handelsgeschäfte unterliegen grds auch den Normen des allg Privatrechts (BGB u Nebengesetze, zB AGBG). In ihrem Anwendungsbereich haben die Vorschriften des Vierten Buches Vorrang. Bei einseitigen Handelsgeschäften können auch Verbraucherschutznormen zur Anwendung kommen.

II. Allgemeines Vertragsrecht der Handelsgeschäfte

Für Handelsgeschäfte gelten ggü dem allg Privatrecht **Besonderheiten**. Zu den wichtigsten zählen:

1. Vertragsschluß. a) Bei **Schweigen** eines Kaufmanns auf eine 4
Offerte wird unter den Voraussetzungen des § 362 I 1 bzw 2 die Annahmeerklärung fingiert. S ü § 362 Rz 2–3. **b) Einbeziehung**

Vor §§ 343–372

von AGB. aa) Die in § 2 AGBG formalisierten Einbeziehungsvoraussetzungen gelten nicht für AGB, die ggüber einem Unternehmer (§ 14 BGB) in Ausübung seiner gewerblichen oder beruflichen Tätigkeit verwendet werden, § 24 S 1 Nr 1 AGBG. Indessen können auch im kaufmännischen Geschäftsverkehr (vorbehaltlich unten dd) AGB nur kraft **rechtsgeschäftlicher Vereinbarung** Vertragsbestandteil werden (BGH NJW 92, 1232). AGB müssen nicht beigefügt sein; Partner muß den Inhalt nicht kennen (Kln NJW-RR 98, 926). **bb)** Soweit eine **ausdrückliche** Einbeziehung nicht vorliegt, hängt eine **schlüssige** Vereinbarung (§§ 133, 157 BGB) von zwei Voraussetzungen ab: (1) Der Verwender muß vor Vertragsschluß (bei seinem Angebot; bei Annahmeerklärung ist § 150 II BGB zu beachten) auf das Klauselwerk klar u unzweideutig hinweisen (BGH 102, 304); Bezugnahme auf AGB im Lieferschein genügt nicht. Bei ständiger Geschäftsverbindung reichen Hinweise (auf eine Neufassung der AGB) auf der Rechnung aus (BGH NJW-RR 91, 571). Zum Bestätigungsschreiben s § 346 Rz 22 ff. Ist die Verwendung der AGB durch den Steller **branchenüblich** (Banken, Versicherungen, Speditionen), reicht dies für eine Einbeziehung der AGB allein nicht aus (BGH NJW 85, 1840). Es müssen noch Umstände hinzutreten, die den Schluß auf eine konkludente Vereinbarung zulassen (BGH NJW-RR 92, 626 f; Hbg MDR 97, 811). (2) Der Verwender muß es dem Vertragspartner (zumindest auf dessen Bitte) ermöglichen, von den AGB in zumutbarer Weise **Kenntnis** zu erhalten, ggf muß er sie übersenden. Bloße Möglichkeit zur Kenntnisnahme reicht nicht, wenn AGB auch für künftige Verträge gelten sollen (BGH NJW 92, 1233). **cc)** § 3 AGBG gewährt auch Kaufleuten Schutz vor überraschenden Klauseln (BGH 92, 397; 110, 96). **dd)** Sind AGB zu **Handelsbrauch** erstarkt, werden sie (ohne Hinweis) über § 346 Vertragsinhalt. Bsp: Allg Seeversicherungsbedingungen (ADS); Tegernseer Gebräuche im Holzhandel (s BGH NJW-RR 87, 95: keine AGB, da Handelsbrauch). **ee)** Zum Problem kollidierender AGB *PalHeinrichs* § 2 AGBG Rz 27. **c)** Vom individuellen Vertrag zu unterscheiden ist die laufende **Geschäftsverbindung,** die als gesetzl Schutzverhältnis ohne primäre Leistungspflicht besteht (*BauHopt* Einl v § 343 3; *MKHGB-Schmidt* vor § 343 20–21).

5 **2. Irrtum.** Die Irrtumsanfechtung ist im Handelsverkehr aus Verkehrsschutzgesichtspunkten **einzuschränken** (*MKBGBKramer*[4] § 119 Rz 69 f). **a)** Dies gilt für den **Inhaltsirrtum** iSv § 119 I BGB in folgenden Fällen:

6 **aa)** Bei kraft **Handelsbrauchs** in den Vertrag einbezogenen Handelsklauseln (dazu § 346 Rz 1 ff) liegt bei Mißverstehen auf seiten des Kaufmanns ein Inhaltsirrtum vor; ebenso wenn Termini kraft Handelsbrauchs eine bestimmte, dem Kaufmann nicht bekannte Bedeutung haben (§ 346 Rz 17). Dem Kaufmann ist jedoch die Berufung auf § 119 I BGB zu verwehren, soweit von ihm erwartet werden muß, daß

Erster Abschnitt. Allgemeine Vorschriften **Vor §§ 343–372**

er mit Handelsbräuchen vertraut ist (RG 42, 146; *Flume* § 21 9 c; *Canaris* § 24 31; str aA RG JW 26, 1325; JW 27, 764).

bb) In den Fällen, in denen kraft Gesetzes oder Handelsbrauchs **7** **Schweigen** einer Willenserklärung gleichsteht (bzw eine solche fingiert wird, § 362; Schweigen auf ein kaufmännisches Bestätigungsschreiben), ist unstr, daß der Schweigende sich nicht auf einen Irrtum über die Bedeutung seines Schweigens berufen kann; s § 362 Rz 11. Zum kaufmännischen Bestätigungsschreiben § 346 Rz 34. Grund dafür ist nicht das Fehlen einer Willenserklärung (so aber *SchlHefermehl* § 346 135; es kann hier nur um eine **entspr** Anwendung des § 119 I BGB gehen), sondern das erhöhte Bedürfnis nach Verkehrsschutz im Handelsverkehr, das durch eine Anfechtung konterkariert würde. Ebenso bei § 91 a I (s dort Rz 4).

cc) Weitere Fälle, in denen Normzweck (Verkehrsschutz) Anfechtung wg Inhaltsirrtums ausschließt: § 54 Rz 6, § 56 Rz 6. Dasselbe gilt **7 a** für die Duldungs- und Anscheinsvollmacht (vor § 48 Rz 7–8; *Kindl* 245).

b) Die den in Rz 6–7 a genannten Fällen zugrundeliegende Wertung **8** des **Verkehrsschutzes** legt es nahe, in den sonstigen Fällen des Inhalts- und Erklärungsirrtums u des fehlenden Erklärungsbewußtseins (§ 119 I BGB) zumindest bei Verletzung der im Verkehr gebotenen Sorgfalt, § 347, eine Einschränkung der Irrtumsanfechtung vorzunehmen (Tüb JZ 97, 313, m Anm *Lindemann*; *Flume* § 21 9 c; *MKBGBKramer*[4] § 119 69 f; *Kramer* Jura 84, 249; abl *Schmidt* § 19 IV 2; *Canaris* § 24 32). Erkennt der Erklärungsempfänger den Irrtum, gilt das Gewollte, § 133 BGB (BGH NJW-RR 95, 859). Eine Anfechtung gem §§ 119 II, 123 BGB bleibt uneingeschränkt möglich.

3. Auslegung. Für die Auslegung von Handelsgeschäften kommen **9** die allg Grundsätze gem §§ 133, 157 BGB zur Anwendung; s § 346 Rz 2. Von bes Bedeutung für die Auslegung ist der Handelsbrauch als kaufmännische Verkehrssitte, § 346.

4. Form. Die Formvorschriften des BGB kommen grds auch auf **10** Handelsgeschäfte zur Anwendung; Ausnahme: § 350.

5. Inhaltskontrolle. a) Handelsgeschäfte unterliegen den allg **11** Schranken der §§ 134, 138 I, II BGB. Zu Zinsvereinbarungen s § 352 Rz 4.

b) AGB-Gesetz. Ggüber einem Unternehmer im Betrieb seines **12** Handelsgewerbes verwendete AGB unterliegen nicht den Klauselverboten der §§ 10, 11 AGBG (s § 24 S 1 Nr 1 AGBG), sondern nur der Generalklausel des § 9 I, II AGBG, wobei die Rspr vielfach die in §§ 10, 11 AGBG liegende Wertung mitberücksichtigt (BGH NJW 96, 389; 1538). Bei der Inhaltskontrolle ist gem § 24 S 2 AGBG auch Handelsbrauch mit zu berücksichtigen. Ist Klausel Handelsbrauch (§ 346), scheidet Inhaltskontrolle aus (BGH NJW-RR 87, 94). Im Rahmen des § 9 AGBG ist eine differenzierte Bewertung der Klauseln

§ 343 Viertes Buch. Handelsgeschäfte

danach, ob sie ggüber Privatkunden oder Kaufleuten Verwendung finden, möglich (zB bei Anforderungen an die Transparenz; BGH 140, 247) u uU sogar geboten (Bsp: BGH 92, 398 – Selbstbelieferungsklausel). Die Praxis führt jedoch in vielen Fällen zu einer Gleichbehandlung (BGH NJW 98, 679 – Ausschluß der Wandlung; NJW 92, 1236 – Verkürzung der Verjährungsfrist des § 477 BGB; NJW 92, 2016 – Haftungsausschluß bei Verletzung von Schutzpflichten; DB 99, 1112 – Verkürzung der Verjährungsfrist des § 638 I BGB; WM 00, 625 – unverzügliche Anzeige eines Schadenseratzanspruchs; NJW 91, 2633 – Abbedingen der Rügepflicht; BB 96, 655 – Freizeichnung von wesentlichen Vertragspflichten; NJW 96, 1408 – unklarer Haftungsausschluß; NJW 97, 3168 – Wertstellung; ZIP 97, 838 – Verlagerung von Fälschungsrisiken; BB 98, 2280 – formularmäßige Ausdehnung der Bürgschaft, mit Differenzierungen zwischen Kaufleuten nach Geschäftserfahrung) u läßt so die Unterschiede zurücktreten. Soweit sich Unwirksamkeit auf Verwendung ggüber Verbrauchern beschränkt, bleiben AGB ggüber Unternehmen wirksam (Ffm BB 98, 2230) **Lit:** *Hensen* NJW 87, 1986; *Rabe* NJW 87, 1978; *Lutz,* AGB-Kontrolle im Handelsverkehr (1991).

13   **6. Verjährung. a)** Abw von § 195 BGB (30 Jahre) sieht § 196 I Nr 1 BGB eine zweijährige Verjährungsfrist für Ansprüche der Kaufleute **aus** Lieferung von Waren, Ausführung von Arbeiten u Geschäftsbesorgung vor, sofern der Empfänger der Leistung kein Gewerbetreibender (zum Begriff s § 1 Rz 3 ff) ist; im letzteren Falle verjähren die Ansprüche in vier Jahren, § 196 II BGB. **b)** Der Begriff des Kaufmanns iSv § 196 I Nr 1, II BGB entspricht dem der §§ 1–6, einschl der HandelsGes u des Kaufmanns kraft Rechtsscheins (hier aA RG 129, 403).

§ 343 [Begriff der Handelsgeschäfte]
Handelsgeschäfte sind alle Geschäfte eines Kaufmanns, die zum Betriebe seines Handelsgewerbes gehören.

1   **1. Allgemeines.** Die Vorschriften des Vierten Buches beziehen sich nur auf **Handelsgeschäfte;** diese werden in §§ 343, 344 definiert. Maßgebliche Merkmale sind die Kaufmannseigenschaft u die Zugehörigkeit des Geschäfts zum Betrieb des Handelsgewerbes.

2   **2. Kaufmann.** An dem Geschäft muß ein Kaufmann iSv §§ 1–6 beteiligt sein. Zum Scheinkaufmann s § 15 Rz 39, 58; zur analogen Anwendung einzelner Vorschriften des Vierten Buches auf Nichtkaufleute s § 1 Rz 38. Bei Handeln eines **Vertreters** kommt es auf die Kaufmannseigenschaft des Vertretenen an. Vertretungsberechtigte Gesellschafter einer OHG bzw KG schließen für die OHG, KG als Kaufmann, § 6 I, ab. Gesellschafterstellung vermittelt keine Kaufmannseigenschaft (str; § 1 Rz 18).

3   **3.** Der Begriff des **Geschäfts** verlangt willentliches Verhalten des Kaufmanns im Geschäftsverkehr; er umfaßt (auch: nichtige, *GKSchmidt*

§ 343 8) Rechtsgeschäfte u rechtsgeschäftsähnliche Handlungen, etwa Anzeige von Mängeln, § 377 I, Mahnung, § 284 BGB, auch rechtl relevantes Schweigen, § 362 I, GoA (wg § 347), cic, Prozeßhandlungen. **Nicht:** unerlaubte Handlung, Gefährdungshaftung, Bereicherungsvorgänge; Organisationsgeschäfte (*MKHGBSchmidt* § 343 6–7).

4. Betriebszugehörigkeit. a) Die Geschäfte müssen (in Abgrenzung zu Privatgeschäften, aber auch zu Geschäften für ein anderes Unternehmen) in einem **Funktionszusammenhang** mit dem Handelsgewerbe stehen, das der Kaufmann betreibt (anders zB bei §§ 29 II, 38 I ZPO). Das Geschäft muß den Zweck oder Gegenstand des Handelsgewerbes berühren, wobei ein mittelbarer, auch entfernter Zusammenhang (BGH ZIP 97, 837) genügt. Unentgeltlichkeit bzw Gefälligkeitscharakter steht der Betriebsbezogenheit, Abschluß des Geschäfts in den Geschäftsräumen einem privaten Charakter nicht entgegen. 4

b) Ie zählen dazu: **aa)** Hilfs- u Nebengeschäfte, die den Betrieb fördern; Finanzierungsgeschäfte; Einstellung von Personal; Beschaffung betrieblicher Ausstattung; auch nach Art des Betriebes ungewöhnliche Geschäfte; **bb)** vorbereitende Geschäfte, zB Anmieten (RG JW 08, 207), Erwerb eines Handelsgeschäfts (OGH 1, 64), eines Patents (RG SeuffA 86 Nr 119); **cc)** Abwicklungsgeschäfte, zB Verkauf des Unternehmens (RG 72, 436). 5

c) Handelsgesellschaften haben keine Privatsphäre; ihre Geschäfte sind **stets Handelsgeschäfte** (BGH NJW 60, 1853; Kln MDR 99, 319), auch bei Spenden (str). Zum Handeln der Gesellschafter einer OHG, KG s Rz 2. Abschluß des (OHG-, KG-)GesVertrages ist Privatgeschäft der Gesellschafter (str; anders, wenn Gesellschafter bereits Kaufmann u Gesellschaftsgründung dem Handelsgewerbe dient); ebenso: Geschäfte, die der Gesellschafter in **eigenem** Namen mit der Ges (RG 118, 303), mit anderen Gesellschaftern bzw mit Dritten (RG 139, 252) schließt. 6

d) Für **jur Personen,** die nicht Formkaufmann iSv § 6 II sind, ist § 343 anw, wenn sie Kaufmann gem §§ 1 II, 2 ff sind. 7

5. Bei **Vornahme** des Geschäfts (Abgabe der Willenserklärung; *StKoller* § 343 9) muß der Handelnde schon bzw noch Kaufmann sein; zu Beginn u Ende der Kaufmannseigenschaft s § 1 Rz 25. 8

§ 344 [Vermutung für das Handelsgeschäft]

(1) Die von einem Kaufmanne vorgenommenen Rechtsgeschäfte gelten im Zweifel als zum Betriebe seines Handelsgewerbes gehörig.

(2) Die von einem Kaufmanne gezeichneten Schuldscheine gelten als im Betriebe seines Handelsgewerbes gezeichnet, sofern nicht aus der Urkunde sich das Gegenteil ergibt.

§ 345

I. Vermutung der Betriebszugehörigkeit, I

1 **1. Inhalt.** I ergänzt § 343 durch eine Vermutung: IZw gehören die von einem Kaufmann getätigten (Rechts-)Geschäfte zum Betrieb des Unternehmens. Die Kaufmannseigenschaft wird nicht vermutet.

2 **2. Anwendungsbereich. a) I** greift **nur** zur Abgrenzung ggüber der Privatsphäre des Kaufmanns ein, ist für HandelsGes daher bedeutungslos (s § 343 Rz 6). **b) I gilt nicht:** für die Zuordnung eines Geschäfts; wenn kaufmännische u nichtkaufmännische Unternehmen nebeneinander betrieben werden (RG JW 32, 50; str; aA *StKoller* § 344 9); für die Frage, ob ein Organ bzw ein Gesellschafter für die Ges oder für sich gehandelt hat (dafür § 164 I 2, II BGB).

3 **3.** Trotz des Wortlauts greift **I** bei allen **Geschäften** iSv § 343 Rz 3 ein; bei § 196 I Nr 1, II BGB auch für die Frage, ob eine Leistung für den Gewerbebetrieb des Schuldners erfolgt ist (BGH 63, 34).

4 **4. Vermutung. a) I** greift nur **iZw** ein, dh nur, wenn der private Charakter nicht eindeutig feststeht (BGH 63, 35; BB 98, 2280). **b) Wirkungen. I** streitet für die Betriebszugehörigkeit des Geschäfts iSv § 343. Die Vermutung wirkt **für und gegen** den Kaufmann (hL); Dritte können sich auf **I** berufen. **c)** Die Vermutung ist **widerlegt,** wenn aufgrund objektiver Umstände oder einer Abrede die fehlende Betriebszugehörigkeit feststeht. Der private Charakter des Geschäfts muß für den Geschäftsgegner erkennbar sein (BGH WM 76, 425). Die Darlegungs- u Beweislast trägt diejenige Partei, die sich auf den privaten Charakter des Geschäfts beruft.

II. Schuldschein, II

5 **1. Begriff (vgl §§ 371, 952 I BGB).** Ein Schuldschein iSv II ist eine schuldbegründende bzw -bestätigende Urkunde, die zum Beweis der Schuld (nicht notwendig in Geld) ausgestellt u vom Kaufmann (mit der Firma bzw dem Namen) oder einem Vertreter unterzeichnet (§ 126 BGB) sein muß (BGH ZIP 97, 837). Schuldschein ist ein Verpflichtungsschein (RG 77, 56) jeder Art; auch: Papiere iSv § 363 II; Wertpapiere; Wechsel; Bürgschaftsurkunde (BGH ZIP 97, 837; MDR 98, 1491); Darlehensschein; nicht: Quittung.

6 **2. Vermutung. a) Wirkungen.** Die Schuld ist als betriebszugehörig iSv § 343 anzusehen. **b)** Die Vermutung kann nur durch Umstände **widerlegt** werden, die sich **aus der Urkunde** selbst ergeben (Hamm ZIP 82, 50). Iü greift § 344 II nicht ein, wenn der Empfänger der Erklärung den fehlenden Bezug zum Handelsgewerbe kannte (BGH ZIP 97, 837).

§ 345 [Einseitige Handelsgeschäfte]

Auf ein Rechtsgeschäft, das für einen der beiden Teile ein Handelsgeschäft ist, kommen die Vorschriften über Handels-

geschäfte für beide Teile gleichmäßig zur Anwendung, soweit nicht aus diesen Vorschriften sich ein anderes ergibt.

1. § 345 formuliert den **Grundsatz,** daß die Vorschriften über Handelsgeschäfte immer schon dann Anwendung finden, wenn nur für **einen** Vertragsteil das Geschäft ein Handelsgeschäft iSv § 343 ist („einseitiges Handelsgeschäft"). Dies hat zur Konsequenz, daß Handelsrecht auch auf Nichtkaufleute u uU zu ihren Lasten Anwendung findet. Bsp: §§ 352 II, 355–357, 358–361, 363–365, 366–367, 373–376, 383 ff. 1

2. Ausnahmen. Vom Grundsatz der generellen Anwendbarkeit des Handelsrechts iSv Rz 1 gibt es zwei Ausnahmen: **a)** Normen, die voraussetzen, daß das Geschäft für **beide** Teile ein Handelsgeschäft iSv § 343 I ist; so §§ 346, 352 I, 353, 369–372, 377–379, 391. **b)** Normen, die bei einseitigen Handelsgeschäften festlegen, für welche Partei ein Handelsgeschäft vorliegen muß; zB §§ 347–350, wohl auch § 360 (s § 360 Rz 2). 2

3. Aus § 345 darf **nicht** der Schluß gezogen werden, daß die Vorschriften über Handelsgeschäfte nur zur Anwendung kommen können, wenn zumindest einer der beiden Teile Kaufmann ist; s vor § 343 Rz 2. 3

§ 346 [Handelsbräuche]

Unter Kaufleuten ist in Ansehung der Bedeutung und Wirkung von Handlungen und Unterlassungen auf die im Handelsverkehre geltenden Gewohnheiten und Gebräuche Rücksicht zu nehmen.

Übersicht

	Rz
I. Allgemeines	
1. Bedeutung	1
2. Verhältnis zu §§ 133, 157 BGB	2
3. Abgrenzung	3
II. Entstehung und Feststellung	4
III. Anwendungsbereich	
1. Persönlich	6
2. Sachlich	7
3. Örtlich	8
IV. Anwendungsvoraussetzungen	
1. Kenntnis	11
2. Zwingendes Recht	12
3. Parteiabreden	13
V. Wirkungen	14
VI. Anfechtbarkeit	17
VII. Handelsklauseln	
1. Allgemeines	18

§ 346 Viertes Buch. Handelsgeschäfte

	Rz
2. Trade terms	19
3. Incoterms	20
4. Typische Vertragsklauseln	21
VIII. Kaufmännisches Bestätigungsschreiben	
1. Allgemeines	22
2. Anwendungsbereich	24
3. Voraussetzungen	26
4. Widerspruch des Empfängers	31
5. Wirkungen des Schweigens	32
6. Willensmängel	34

I. Allgemeines

1 **1. Bedeutung.** Der Handelsbrauch als **Verkehrssitte des Handels** ist für die Auslegung von Willenserklärungen wie auch für Rechtsfolgen von Handlungen u Unterlassungen von Bedeutung. Die mit der Heranziehung von Handelsbräuchen verbundene Typisierung kommt dem Bedürfnis nach Klarheit u Sicherheit des Handelsverkehrs entgegen. Der Handelsbrauch ist **nicht** normative Rechtsquelle, wirkt aber normativierend für Verhaltenserwartungen des Handelsverkehrs. **Beispiele** für Handelsbrauch: vor § 343 Rz 4 aE; kfm Bschr (sofern nicht Gewohnheitsrecht s Rz 23); zT Trade Terms (Rz 19); ERA (Rz 21). Zum Schweigen als Zustimmung im Handelsverkehr: § 362 Rz 3; *HeyHorn* § 346 34 ff; *BauHopt* § 346 30 ff; Übergänge von interpretierendem Handelsbrauch (der Tatsachenfeststellung zugänglich; Rz 5) u normativierender Auslegung gem § 242 BGB fließend.

2 **2. Verhältnis zu §§ 133, 157 BGB.** Willenserklärungen, insbes Verträge, sind auch im Handelsverkehr nach §§ 133, 157 BGB auszulegen. **a)** Die „normative" Auslegung gem § 157 BGB (für das Vorliegen u den Inhalt einer Willenserklärung) wird für den Handelsverkehr durch § 346 insofern ergänzt, als dem Handelsbrauch als **kaufmännischer** Verkehrssitte Vorrang vor der **allgemeinen** Verkehrssitte zukommt: Das Verhalten von Kaufleuten ist so zu verstehen, wie es im Handelsverkehr Brauch ist. **b)** Ist für den Vertragspartner **im Einzelfall** das vom Handelsbrauch abw **Gewollte** erkennbar, gilt letzteres gem § 133 BGB. Usancen u Gepflogenheiten zwischen Partnern einer laufenden Geschäftsbeziehung („Geschäftsverbindungsbrauch"; *Schmidt* § 20 II) können zur Ermittlung des vom Handelsbrauch abw Parteiwillens ebenfalls von Bedeutung sein.

3 **3. Abgrenzung. a)** Für den **Handelsbrauch** (Einzelheiten in Rz 6) fehlt es an dem für das Bestehen von **Handelsgewohnheitsrecht** (dazu BGH 22, 328) notwendigen **Rechtsgeltungswillen** der beteiligten Verkehrskreise. Die Übergänge sind allerdings fließend (Bsp: kaufmännisches Bestätigungsschreiben). Der Bildung regional begrenzten Gewohnheitsrechts steht die Kompetenzverteilung Bund – Land nicht im Wege (aA *SchlHefermehl* § 346 2). **b) Handels-(Bran-**

Erster Abschnitt. Allgemeine Vorschriften **§ 346**

chen-)**übung** ist ein gleichförmiges Verhalten der beteiligten Verkehrskreise, das sich im Rahmen vernünftiger kaufmännischer Gepflogenheit hält (BGH NJW 64, 1275), ohne als maßgebliche Regel anerkannt zu sein (Hbg MDR 97, 811). **c)** Der Ausdruck **Usance** ist mehrdeutig; teils wird er gleichbedeutend mit Handelsbrauch verwendet, teils iSv (zB an der Börse üblichen) **Geschäftsbedingungen.**

II. Entstehung und Feststellung

1. Die **Entstehung** von Handelsbräuchen hängt ab: (1) von einer 4
tatsächlichen, von den beteiligten Verkehrskreisen allg u einheitlich befolgten **Übung** (Regelung in AGB steht nicht entgegen; BGH NJW 94, 660), die regional (Rz 8) u branchenspezifisch (Rz 7) begrenzt sein kann; (2) sie muß sich über einen **längeren Zeitraum** gebildet haben (BGH NJW 52, 257; Einzelheiten bei *SchlHefermehl* § 346 9); u (3) von der „Zustimmung von Handel u Gewerbe" getragen (RG 110, 48; vgl auch BGH WM 84, 1002; Merkmal der Freiwilligkeit fehlt bei Verbandsempfehlungen: Ffm NJW-RR 96, 549) u als maßgebliche **Regel** befolgt zu werden (*MKHGBSchmidt* § 346 14; enger BGH NJW 94, 660: verpflichtende Regel; Hbg MDR 97, 811; schwächer *StKoller* § 346 9: machtfreie tatsächliche Befolgung reicht aus). Entfallen die Voraussetzungen (1) u (3), **erlischt** der Handelsbrauch (s Ffm NJW-RR 98, 562).

2. Der Handelsbrauch als tatsächliche Übung gehört – ebenso wie 5
die Handelsübung (BGH NJW 96, 657) – im Gerichtsverfahren zur **Tatsachenfeststellung.** Es gelten die allg Grundsätze über die Darlegungs- u Beweislast (dazu Celle NJW-RR 00, 179). Beweis kann insbes durch Gutachten der IHK erbracht werden (dazu *HeyHorn* § 346 33; vgl. auch BAG JR 95, 395); die Kammer für Handelssachen kann aufgrund eigener Sachkunde entscheiden, § 114 GVG. Als Tatfrage ist die Feststellung des Bestehens, Inhalts u Anwendungsbereichs des Handelsbrauchs **nicht** revisibel (BGH NJW 66, 503); anders das Verfahren seiner Ermittlung (BGH NJW 77, 387), insbes die Schlüssigkeit der Gutachten (BGH NJW 66, 503).

III. Anwendungsbereich

1. Persönlich. a) Handelsbräuche gelten unter Kaufleuten iSv 6
§§ 1–6. Der Kaufmann kraft Rechtsscheins (§ 15 Rz 39) muß sich den Handelsbrauch entgegenhalten lassen, kann sich aber auf ihn nicht berufen. Es muß sich um ein beiderseitiges Handelsgeschäft iSv §§ 343, 344 (vgl § 345 Rz 2) handeln. **b)** Für den **Nichtkaufmann** ist ein Handelsbrauch von Bedeutung (s *SchlHefermehl* § 346 Rz 29): **aa)** aufgrund (auch konkludenter) Vereinbarung; **bb)** kraft Verweisung auf § 346 für die in §§ 383 II, 407 III 1, 453 III 2, 467 III 2 genannten Geschäfte; **cc)** wenn der Handelsbrauch schon zur allg Verkehrssitte erstarkt ist (*BauHopt* § 346 4); **dd)** wenn der Nichtkaufmann (Freibe-

§ 346

Viertes Buch. Handelsgeschäfte

rufler; Kleingewerbetreibender) kaufmannsähnlich (probl) am Geschäftsverkehr teilnimmt (vor § 1 Rz 13; § 1 Rz 38; BGH WM 80, 1123) u von ihm die Kenntnis des Handelsbrauchs erwartet werden kann (RG JW 27, 764; BGH NJW 52, 257); auf tatsächliche Kenntnis kommt es nicht an (str).

7 2. **Sachlich.** Der Handelsbrauch kann im Handelsverkehr allg, aber auch nur in einer bestimmten Branche (zB Marburg NJW-RR 93, 1505: Textilbranche) anerkannt sein. Über die Anwendung des Handelsbrauchs entscheidet die Zugehörigkeit des konkreten Geschäfts zur Branche.

8 3. **Örtlich. a)** Bei **lokalem** Handelsbrauch ist probl, inwieweit er auf gebietsüberschreitende Sachverhalte (u bei Konflikten mit anderen lokalen Handelsbräuchen) anzuwenden ist. Richtschnur ist, ob der Vertrag seinen Schwerpunkt im Verbreitungsgebiet des Brauches hat (*Canaris* § 24 40). Bsp: beide Vertragspartner haben ihren Sitz im Verbreitungsgebiet (Hbg MDR 97, 811); der Vertrag wird über eine Börse, Messe oder einen Markt (RG JW 22, 706; JW 28, 3109) oder mit Bezug zu einem Haupthandelsplatz abgeschlossen (BGH WM 73, 383; WM 76, 292 f). Iü stellt (in Übereinstimmung mit § 359; zu eng Hbg MDR 97, 811) die Rspr darauf ab, ob die Handlung (Erklärung) im örtl Verbreitungsgebiet des Brauchs vorgenommen wird (RG 53, 62; BGH 6, 134), ob der Kaufmann dort eine Geschäftstätigkeit entfaltet, etwa über dort wohnende Agenten anmahnen läßt (Hbg VersR 76, 38) oder ob der Kaufmann sich dem Handelsbrauch unterwerfen will (Hbg IPRspr 1974 Nr 25 S 75). Auch der Erfüllungsort (subsidiär zum Handlungs-, Leistungsort) kann von Bedeutung sein (s § 361 u Wertung des Art 32 II EGBGB; sa *Canaris* § 24 42); dann ist zu prüfen, ob Person, die außerhalb des Geltungsbereichs des Handelsbrauchs ihren Sitz hat, mit dem Brauch rechnen müßte.

9 **b)** Die für die Anwendung **lokaler** Handelsbräuche entwickelten Grundsätze (Rz 8) gelten grds auch für die Anwendung von **nationalen** Handelsbräuchen im Verhältnis zu Geschäftsleuten mit Sitz im Ausland wie auch von **ausländischen** Handelsbräuchen ggüber inländischen Kaufleuten, die Anwendbarkeit deutschen Vertragsrechts gem Art 27, 28 EGBGB vorausgesetzt (s vor § 1 Rz 27). Bisweilen wird auf die Bereitschaft abgestellt, sich einem ausländischen (idR nicht bekannten) Handelsbrauch zu unterwerfen (ROHG 12, 287 f; vgl BGH WM 84, 1003); Bezug zu einem Haupthandelsplatz: ROHG 7, 13 (Einzelheiten bei *SchlHefermehl* § 346 35).

10 **c)** Int Handelsbrauch entsteht, wenn ein Brauch in mehreren Staaten gleichmäßig befolgt u anerkannt wird. Hauptbsp sind int gebräuchliche Handelsklauseln (Rz 18 ff), die aber keineswegs immer eine einheitliche Auslegung erfahren. Maßgeblich für ihre Auslegung ist dann das Vertragsstatut. Bei Anwendbarkeit deutschen Rechts kommen die Grundsätze in Rz 9 zur Anwendung.

IV. Anwendungsvoraussetzungen

1. Kenntnis der Vertragsparteien vom Handelsbrauch ist **keine** Vor- 11
aussetzung seiner Beachtlichkeit (Kln NJW-RR 98, 926); dies ergibt
sich aus den allg Grundsätzen der Auslegung von Willenserklärungen.
Erkennt eine Vertragspartei die fehlende Kenntnis auf seiten der anderen, ist gem § 133 BGB das ersichtlich Gewollte Inhalt der Erklärung,
nicht der Handelsbrauch. Zur Anfechtung s Rz 17.

2. Zwingendes Recht hat Vorrang vor Handelsbrauch (unstr); bei 12
Verstoß gg die guten Sitten, § 138 I BGB, ist ein Handelsbrauch unbeachtlich. Umgekehrt hat der Handelsbrauch Vorrang vor **dispositivem**
Recht (BGH NJW 66, 502). Keine Inhaltskontrolle gem § 9 AGBG (da
keine AGB; BGH BB 86, 1395; Kln NJW-RR 98, 926). Handelsbrauch
muß den Erfordernissen von Treu u Glauben genügen, § 242 BGB. Die
Eigenart des Geschäfts u die Fähigkeit der Parteien zur Risikobewältigung sind zu berücksichtigen (*HeyHorn* § 346 25; vgl BGH NJW 85,
738).

3. Parteiabreden haben Vorrang: Die Parteien können die „Gel- 13
tung" als Handelsbrauch ausschließen, ihren Erklärungen auch eine
andere Bedeutung zuschreiben (*SchlHefermehl* § 346 37).

V. Wirkungen

1. Der Handelsbrauch ist ein Mittel zur **Auslegung** von Willenser- 14
klärungen am Maßstab der kaufmännischen Verkehrssitte: **Interpretierender** Handelsbrauch legt das im Handelsverkehr typische Verständnis
von Fachtermini u Handelsklauseln (Rz 18 ff) fest (für Vermutung, daß
Parteien die Klauseln in diesem Sinne verstehen: *Canaris* § 24 13) u
trägt damit zur Typisierung der Handelsgeschäfte bei.

2. Handelsbrauch wirkt **vertragsergänzend,** wenn er herangezogen 15
wird, um Vertragslücken zu schließen bzw Verpflichtungen zu ergänzen
(BGH NJW 93, 1798: Schiedsabrede; Ffm WM 96, 153: Einbeziehung
der ERA; s Rz 21).

3. Handelsbrauch kann **Formerfordernisse** (*Canaris* § 24 25) vor- 16
sehen u **Rechtsfolgen** für Handlungen bzw Unterlassungen im
Rechtsverkehr anordnen oder aber einer Vertragspartei eine bestimmte
Rechtsstellung einräumen; Bsp: kostenloses Rücktrittsrecht des Reiseveranstalters beim Reservierungsvertrag (Ffm WM 86, 838; aber Mü
NJW-RR 90, 698); Schweigen auf ein kaufmännisches Bestätigungsschreiben, s Rz 22 ff; zum Schweigen iü s § 362 Rz 2 f.

VI. Anfechtbarkeit

Bei fehlender Kenntnis des Handelsbrauchs liegt uU ein Inhaltsirr- 17
tum iSv § 119 I BGB vor (*SchlHefermehl* § 346 32). Die Anfechtung
durch einen Kaufmann ist aus **Verkehrsschutz**gründen **auszuschlie-**

ßen (s vor § 343 Rz 6; ie *Flume* § 21 9 c; *Canaris* § 24 31). S auch Rz 34.

VII. Handelsklauseln

18 **1. Allgemeines.** Der Handelsverkehr verwendet Klauseln, zT in Form von Abkürzungen („fob", „cif"), denen eine standardisierte, oftmals vom internationalen Handelsverkehr geprägte Bedeutung zukommt. Ihre Auslegung (zur Revisibilität: BGH 14, 62) wird zT von Handelsbräuchen beeinflußt; sie kann aber vor allem bei int Verwendung durchaus nach Rechtskreis bzw Ort differieren. Handelsklauseln werden durch (nicht verbindliche) offiziöse Veröffentlichungen, etwa der Internationalen Handelskammer, näher definiert. Übersichten bei *MKHGBSchmidt* § 346 61 ff; *StKoller* § 346 128 ff.

19 **2.** Die **Trade Terms** in der Fassung von 1955, veröffentlicht von der IntHK, sind eine Sammlung wichtiger, im Handelsverkehr üblicher Klauseln („ab Werk", „ab Schiff", „ab Kai", „fob", „c & f", „cif", „for", „fot", „fas"), die die unterschiedliche Bedeutung u Auslegung in verschiedenen Rechtsordnungen dokumentiert. Deutsche Version abgedr bei *StKoller* vor § 373 763–770; *HeyHorn* § 346 135; *SchlHefermehl* § 346 56. Trade Terms müssen von Parteien vertraglich vereinbart werden. Bei grenzüberschreitenden Geschäften entscheidet das Vertragsstatut (Art 27, 28 EGBGB; s vor § 1 Rz 27), welche nationale (Auslegungs-)Version der Trade Terms zur Anwendung kommt (Art 32 I Nr 1 EGBGB), sofern nicht die **Incoterms** (Rz 20) eingreifen.

20 **3.** Die **Incoterms** (International Commercial Terms) sind eine Zusammenstellung it gebräuchlicher Handelsklauseln durch die IntHK zusammen mit Auslegungsregeln, die eine einheitliche Bedeutung fixieren. Mehrfach revidiert (1936, 1953, 1980, 1990, 2000): Text 1953 bei *SchlHefermehl* § 346 Rz 55; Text 1980 bei *StKoller* vor § 373 748–762; Text 1990 bei *BauHopt*[29], 2. Teil (6); Revision 2000 bei *BauHopt,* 2. Teil (6) (deutsch), *MKHGBSchmidt* § 346 116 ff (deutsch); *StKoller* § 346 284 ff (englisch). Die Incoterms werden Vertragsbestandteil durch Abrede der Parteien; sie sind bei Handelsgeschäften von int Zuschnitt aber auch zur Auslegung der im Vertrag verwendeten Basisklauseln heranzuziehen (*StKoller* vor § 373 11). Zur Frage, ob die Incoterms (schon) Handelsbrauch sind, s *Basedow,* RabelsZ 43 (1979), 125. **Typische Vertragsklauseln** sind abgedr bei *StKoller* § 346 128 f; vor § 373 167–298; *HeyHorn* § 346 73–134; *MKHGBSchmidt* § 346 61 ff; *Wörlen/ Metzler-Müller,* Handelsklauseln im nationalen u internationalen Wirtschaftsverkehr (1997). Aus der **Rspr:** „cash on delivery" (BGH NJW 85, 550); „Kasse gg Dokumente" (BGH NJW 87, 2436); „rein netto Kasse ohne Abzug" (Düss NJW-RR 96, 116); „frei Haus" (BGH 114, 252).

21 **4.** Die Einheitlichen Richtlinien u Gebräuche für Dokumenten-Akkreditive **(ERA)**, Text 1993 bei *BauHopt* 2. Teil (11), sind AGB; ihr

Erster Abschnitt. Allgemeine Vorschriften **§ 346**

Inhalt ist teilweise Handelsbrauch; für Einbeziehung aufgrund Handelsbrauchs Ffm WM 96, 153.

VIII. Kaufmännisches Bestätigungsschreiben (Kfm Bschr)

Lit.: *Deckert,* Das kaufmännische und berufliche Bestätigungsschreiben, JuS 1998, 121; *von Dücker,* Das kaufmännische Bestätigungsschreiben in der höchstrichterlichen Rechtsprechung, BB 1996, 3.

1. Allgemeines. a) Funktion. Das kfm Bschr hat den Zweck, den 22 genauen Inhalt eines (oft erst aufgrund längerer Verhandlungen geschlossenen) Vertrages zu Beweiszwecken zu fixieren, um Sicherheit u Klarheit im Handelsverkehr herzustellen. Es ist eine **Beweisurkunde,** die bei **widerspruchsloser Hinnahme** durch den Empfänger eine unwiderlegliche Vermutung für den Abschluß u den (Mindest-)Inhalt des Vertrages schafft. Große Ähnlichkeit besteht mit der Schlußnote des Handelsmaklers, s § 94 Rz 1 f, 5 f.

b) Die Grundsätze über das kfm Bschr entwickelten sich aus Han- 23 delsbrauch, haben sich aber seit langem zu **Gewohnheitsrecht** verdichtet (die Rspr rekurriert nicht mehr auf Handelsbrauch: *Flume* § 36 6; *Schmidt* § 19 III 1 a, b). Die **dogmatische Einordnung** ist str; es handelt sich (ähnlich wie § 362) um einen Fall **normierten Schweigens.** Dies erlaubt eine Einordnung in die allg Rechtsgeschäftslehre (*MKBGBKramer*[4] § 151 21; aA *Flume* § 10 2, § 36 7): Im Schweigen auf ein kfm Bschr kann schon eine konkludente Zustimmung liegen; iü wird bei widerspruchsloser Hinnahme des kfm Bschr eine Zustimmung fingiert (*HeyHorn* § 346 49; aA *Canaris* § 25 9: Rechtsscheinhaftung).

2. Anwendungsbereich. a) Persönlich. Die Grundsätze über das 24 kfm Bschr sind nicht auf Kaufleute iSv §§ 1–6 beschränkt. Daran sollte auch nach dem HRefG festgehalten werden (*Deckert* JuS 98, 122; *Weber/Jacob* ZRP 97, 153; aA *Krebs* DB 96, 2015). Die Grundsätze finden Anwendung in den Fällen der §§ 383 II, 407 III 2, 453 III 2, 467 III 2; wenn der **Empfänger** als Kaufmann kraft Rechtsscheins auftritt (§ 15 Rz 39, 58); entspr Anwendung auch bei Kleingewerbetreibenden, Landwirten u Freiberuflern (vor § 1 Rz 13; § 1 Rz 38). Die Rspr stellt auf kaufmannsähnliche Teilnahme am Geschäftsverkehr ab (RG Gruch 71, 255: Gutsbesitzer; BGH DB 67, 1362: Wirtschaftsprüfer; NJW 87, 1940: Konkursverwalter; WM 73, 1376 u Düss NJW-RR 95, 502: Architekt; Kln CR 91, 541: Rechtsanwalt; hL). Für den **Bestätigenden** reicht es aus, wenn Vertrag zu den in §§ 383 II, 407 III 2, 453 III 2, 467 III 2 genannten gehört. Entspr Anwendung wie beim Empfänger; Rspr stellt auf kaufmannsähnliche Teilnahme am Geschäftsverkehr u darauf ab, ob er erwarten kann, daß ihm ggüber nach kaufmännischer Sitte verfahren wird (BGH 40, 44; vgl NJW 76, 1402 LS; Düss NJW-RR 95, 502; *PalHeinrichs* § 148 10; *Schmidt* § 19 III 2 b; aA *Flume* § 36 2; *Canaris* § 25 45, die jeden Nichtkaufmann ausreichen lassen).

§ 346 Viertes Buch. Handelsgeschäfte

25 **b) Sachlich.** Für beide Teile muß es ein Handelsgeschäft, § 343, bzw ein in die berufliche oder gewerbliche Sphäre fallendes Geschäft sein (vgl. Rz 24; *HeyHorn* § 346 63).

26 **3. Voraussetzungen. a)** Die Parteien müssen in geschäftlichen Kontakt (**Vertragsverhandlungen;** auch Vertragsschluß; *StKoller* § 346 67) getreten sein (BGH NJW 74, 992; NJW 90, 386: vom Bestätigenden zu beweisen). Die Rspr verlangt mündliche, fernmündliche oder telegraphische Kommunikation (BGH NJW 65, 965), läßt es aber auch ausreichen, wenn der Bestätigende auf seine mündliche Offerte eine schriftliche Annahme erhält (BGH 54, 240). Bei rein schriftlichen Verhandlungen soll kein Platz für ein kfm Bschr sein (Hamm DB 68, 795). Dem ist im Hinblick auf die Funktion des kfm Bschr, für Klarheit zu sorgen, jedenfalls bei umfangreicherer Korrespondenz zu widersprechen (*HeyHorn* § 346 50; *Canaris* § 25 21).

27 **b)** Das kfm Bschr muß **aa)** entweder seinem **Inhalt** nach einen **vorangegangenen Vertragsschluß bestätigen** wollen (sog „deklaratorisches" kfm Bschr). Um als kfm Bschr zu gelten, muß der Wille des Bestätigenden, den wesentlichen Inhalt des als geschlossen angesehenen Vertrages (Hamm CR 92, 270) unzweideutig u vollständig widerzugeben, erkennbar sein (BGH NJW 65, 965; ZIP 86, 367). Daran fehlt es, wenn bei Vertragsverhandlungen ein erkennbar wichtiger Punkt offen geblieben ist (Düss NJW-RR 96, 622 f); ebenso wenn um eine Gegenbestätigung gebeten wird (BGH NJW 64, 1270). Auf die (Fehl-) Bezeichnung (als „Auftragsbestätigung") kommt es nicht an (BGH 54, 239; Kln CR 91, 541 f). **bb)** Oder die Parteien sind übereingekommen, daß das mündlich Vereinbarte nur Gültigkeit haben soll, wenn es von einer Partei schriftlich bestätigt wird („konstitutives" kfm Bschr; BGH NJW 64, 1270; *Schmidt* § 19 III 3); das kfm Bschr bestätigt dann nicht einen Vertragsschluß, sondern bewirkt ihn erst.

28 **c)** Das kfm Bschr ist **zu unterscheiden: aa)** von der **Auftragsbestätigung,** die von ihrem *Inhalt* her (§§ 133, 157 BGB; *Bezeichnung* irrelevant; Rz 27) die Annahme eines Angebots (ggf unter Änderungen mit der Folge des § 150 II BGB) darstellt. Auf das Schweigen bzgl einer modifizierenden Auftragsbestätigung finden die Grundsätze über das kfm Bschr keine Anwendung (BGH 61, 285). Schweigen gilt nicht als Zustimmung; anders bei widerspruchsloser Entgegennahme der Vertragsleistung (BGH WM 95, 941). **bb)** Haben die Parteien einen Vertrag abschlußreif verhandelt, liegt im Schweigen auf ein alsbald erfolgendes Angebot idR eine **konkludente Annahme** (BGH NJW 95, 1281; *MKBGBKramer*[4] § 151 4 f; *StKoller* § 346 72; sa § 362 Rz 3).

29 **d)** Das kfm Bschr muß in zeitlich **engem Zusammenhang** mit dem Vertragsschluß (bzw den Vertragsverhandlungen) **abgesandt** (BGH NJW 64, 1224) u dem Empfänger alsbald **zugegangen** sein, § 130 BGB (dafür ist Absender beweispflichtig; BGH 70, 232; zum Telefax s Hamm NJW 94, 3172). Mangelnde Kenntnisnahme entlastet nicht (BGH NJW 65, 966; *StKoller* § 346 74 a), wenn sie auf betrieb-

lichem Organisationsmangel beruht (*Canaris* § 25 35; *StKoller* § 346 74 b). Adressierung an den tätig gewordenen vollmachtlosen Vertreter soll ausreichen (BGH NJW 90, 386; *MKHGBSchmidt* § 346 152; zu Recht aA *Canaris* § 25 30).

e) Immanente Grenzen. Das Schweigen des Empfängers kann **nicht** als (fiktive) Zustimmung angesehen werden, das kfm Bschr (in seiner Gesamtheit) muß daher ohne Wirkung bleiben, wenn **aa)** der Bestätigende das kfm Bschr **bewußt unrichtig** (*MKHGBSchmidt* § 346 162; aA *Canaris* § 25 40), dh abw vom Verhandlungsergebnis (einschl des „Ob" eines Vertragsschlusses) abfaßt (BGH 40, 45; hL; guter Glaube wird vermutet). Die Ergänzung des Verhandlungsergebnisses in Nebenpunkten wie auch die Einbeziehung von AGB des Bestätigenden ist idR unschädlich. **bb)** Wenn der Inhalt des kfm Bschr vom Inhalt des Vereinbarten so **stark abweicht,** daß mit einem Einverständnis des Empfängers nicht gerechnet werden kann (BGH 40, 44; 93, 343; NJW 94, 1288). Dies ist vor allem bei branchenunüblichen oder unzumutbaren Klauseln der Fall; ebenso bei Klauseln, die Empfänger abgelehnt hat. Abweichungen zugunsten des Empfängers sind unschädlich. **cc)** Bei **sich kreuzenden** kfm Bschr, die inhaltlich divergieren, ist eine Zustimmung des Empfängers nicht zu erwarten, dessen Widerspruch daher **nicht** nötig; ebenso bei Bezugnahme auf AGB, deren Einbeziehung (vom Partner; diesen trifft Beweispflicht: BGH NJW 74, 991) widersprochen worden ist (eingehend *StKoller* § 346 75). **dd)** Die Grundsätze über das kfm Bschr greifen nicht, wenn der Empfänger des kfm Bschr sich **schriftliche Annahme vorbehalten** hat (BGH NJW 70, 2104), die Parteien die Wirksamkeit des Vertragsschlusses von einer Beurkundung abhängig machen, § 154 II BGB, der Bestätigende eine Rückbestätigung verlangt oder aus der Gsechäftsverbindung (vor § 343 Rz 4) sich anderes ergibt.

4. Widerspruch des Empfängers. Sollen die Wirkungen der Einverständnisfiktion (Rz 23) verhindert werden, muß der Empfänger **unverzüglich** (§ 121 BGB) widersprechen. Im Handelsverkehr ist schnell zu entscheiden (drei Tage gehen noch hin: BGH NJW 62, 246; eine Woche idR zu spät: BGH NJW 62, 104). Mangelnde Kenntnis entlastet Empfänger nicht, soweit sie auf mangelhafter Organisation beruht (Rz 29). Der Widerspruch muß dem Bestätigenden zugehen, § 130 BGB. **Teilweiser** Widerspruch gg einzelne Klauseln läßt das kfm Bschr iü wirksam werden, sofern nicht der andere Vertragspartner seinerseits widerspricht (BGH WM 84, 640; Kln NJW-RR 92, 762).

5. Wirkungen des Schweigens. a) Geht ein Widerspruch dem Bestätigenden nicht (rechtzeitig) zu, führt die **Einverständnisfiktion** (vorbehaltlich Rz 30) zur Vermutung, daß ein Vertrag mit dem Inhalt des kfm Bschr geschlossen worden ist (BGH 40, 46). Darauf können sich *beide* Vertragsparteien berufen. Das kfm Bschr hat iü die **widerlegliche** Vermutung der Vollständigkeit für sich. Sind weitere Abreden getroffen (u nachgewiesen), dürfen sie dem Inhalt des kfm Bschr nicht widersprechen (BGH NJW-RR 86, 393).

33 b) Das kfm Bschr zeitigt **rechtserzeugende** Wirkung: **aa)** Bei unwirksamem Vertragsschluß (zB Dissens; BGH 54, 241; NJW 74, 992), der dem Bestätigenden nicht bewußt ist (Rz 30), ist von dessen Wirksamkeit auszugehen. **bb)** Das (vom Bestätigenden nicht erkannte; BGH NJW 65, 966) Fehlen der Vertretungsmacht eines auf seiten des Empfängers agierenden Vertreters wird geheilt (BGH 20, 153; NJW 90, 386). **cc)** Der **Vertragsinhalt** wird durch ein vom Vereinbarten abw kfm Bschr festgelegt. Dazu zählt auch die (erstmalige) **Einbeziehung** von AGB durch den Bestätigenden; letztere kann (insges) scheitern, wenn der Empfänger zuvor ihrer Einbeziehung widersprochen hatte (s Rz 30) oder die verwendeten Klauseln überraschend, unzumutbar oder branchenunüblich sind. Iü greift (ohne Verschärfung) § 9 AGBG ein (*Huber* ZHR 161, 163 f).

34 **6. Willensmängel. a)** Obwohl Schweigen (idR) keine Willenserklärung ist, können die §§ 119 BGB (wie auch die §§ 104 ff BGB) **analog** – vorbehaltlich b)–d) – angewendet werden (*PalHeinrichs* § 148 8; *Kindl* 179; *Schmidt* § 19 III 6 b; *Canaris* § 25 38). **b)** Ein Irrtum über die rechtl Bedeutung des Schweigens ist – entgegen der hL (*BauHopt* § 346 33; *Medicus* AT 442: unbeachtlicher Rechtsfolgenirrtum) – zwar ein Fall des § 119 I BGB (als Irrtum über die rechtl Bedeutung des *Verhaltens*). Eine Anfechtung ist aber **ausgeschlossen** (BGH 11, 5), weil sonst der Erklärungsfiktion ihre Bedeutung genommen würde (*Flume* § 36 7; *Canaris* § 25 34) u damit der bezweckte **Verkehrsschutz** konterkariert würde. **c)** Irrtümliche Annahme, daß kfm Bschr das Ergebnis der Verhandlungen zutreffend widerspiegelt, ist Fall des § 119 I; vom **Zweck** des kfm Bschr her, den Inhalt des Vertrags endgültig festzulegen, muß eine Anfechtung (verschuldensunabhängig) ausgeschlossen sein (BGH NJW 69, 1711; 72, 45; *Schmidt* § 19 III 6 b; *MKBGKramer*[4] § 119 65 ff). Dasselbe bei Irrtum, der in den Vertragsverhandlungen wurzelt, soweit Inhalt des kfm Bschr entgegensteht (RG 129, 348; *Deckert*, JuS 98, 124). **d)** Iü ist eine Anfechtung gem § 119 I BGB bei **sorgfaltswidrigem** Verhalten zu versagen (vor § 343 Rz 8). Dies gilt für Irrtum über den Inhalt des kfm Bschr (falsches Verständnis; Verlesen; BGH NJW 72, 45; *MKBGBKramer*[4] § 119 69; *HdHandelsGBatereau* § 2 36; *Brox* 302; aA *Canaris* § 25 38; *Medicus* AT 442; *StKoller* § 346 121) wie auch für Unkenntnis des kfm Bschr (*Schmidt* § 19 III 6 b; anders noch RG 103, 405).

35 **7. Internationaler Handel.** Die Grundsätze über das kfm Bschr gelten bei Maßgeblichkeit deutschen Rechts (dazu vor § 1 Rz 27). Bei gewöhnlichem Aufenthalt des Empfängers des kfm Bschr im Ausland hat das dortige Recht uU ein „Veto", Art 31 II EGBGB; *MKBGBSpellenberg*[3] Art 31 EGBGB 118 f. Zum ausländischen Recht s *Ebenroth* ZvglRWiss 77, 161; Rspr bei *RMMartiny* 205 Fn 44.

§ 347 [Sorgfaltspflicht]

(1) **Wer aus einem Geschäfte, das auf seiner Seite ein Handelsgeschäft ist, einem anderen zur Sorgfalt verpflichtet ist, hat für die Sorgfalt eines ordentlichen Kaufmanns einzustehen.**

(2) **Unberührt bleiben die Vorschriften des Bürgerlichen Gesetzbuchs, nach welchen der Schuldner in bestimmten Fällen nur grobe Fahrlässigkeit zu vertreten oder nur für diejenige Sorgfalt einzustehen hat, welche er in eigenen Angelegenheiten anzuwenden pflegt.**

1. Allgemeines. a) Inhalt. I legt für die Tätigkeit des Kaufmanns 1 einen spezifischen Sorgfaltsmaßstab fest (Rz 5), ohne in der Sache von § 276 I 2 BGB abzuweichen (Rz 2); **I** ist **keine Anspruchsgrundlage**. **II** stellt klar, daß die haftungsbeschränkenden Normen des BGB auch bei Handelsgeschäften greifen (Rz 6).

b) Bürgerliches Recht. aa) Gem § 276 I 2 BGB handelt fahrlässig, 2 wer „die im Verkehr erforderl Sorgfalt" außer acht läßt. Dies heißt: Fahrlässigkeit verlangt Voraussehbarkeit u Vermeidbarkeit des rechtl mißbilligten Erfolgs (*MKBGBEmmerich* § 276 75–76), beides bei Anwendung gebotener Sorgfalt. **bb)** Es gilt ein **objektiver** Maßstab: Der Schuldner hat die nach der Verkehrsanschauung erforderl Fähigkeiten u Kenntnisse mitzubringen u einzusetzen. Diese sind rollen- u berufsspezifisch nach Zugehörigkeit zu den jeweiligen Verkehrskreisen zu differenzieren (BGH 113, 303), wobei der engere Verkehrskreis Vorrang hat. Im Rahmen von Verträgen richtet sich die erforderl Sorgfalt nach der Vereinbarung u dem Vertragstyp. Dieser Ansatz findet sich im HGB durch §§ 347 I, 384 I, 390 I verwirklicht.

cc) Der Maßstab ist **normativ** insoweit, als die **erforderliche** Sorg- 3 falt nicht mit der üblichen gleichzusetzen ist. Er ist **abstrakt** insofern, als persönliche Umstände u Eigenarten nicht entlastend wirken. Besondere Fähigkeiten können zu einer Maßstabsverschärfung führen.

2. Anwendungsbereich des I. a) Normadressat des **I** ist der Kauf- 4 mann iSv §§ 1–6; auch: Kaufmann kraft Rechtsscheins. Es muß sich um ein (auch einseitiges) *Handelsgeschäft* (zum Begriff: § 343 Rz 2f) auf seiten des verpflichteten Kaufmanns (s § 345 Rz 2) handeln. §§ 383 II, 407 III 2, 453 III 2, 467 III 2 verweisen auf § 347. **I** gilt auch bei cic u GoA; bei Delikten, soweit sie mit geschäftlichem Kontakt verbunden. **b) I** ist anwendbar bei Handeln der Erfüllungsgehilfen des Kaufmanns (§ 278 BGB) u seiner ges Vertreter sowie für HandelsGes (§ 6 I), denen das Handeln ihrer Gesellschafter bzw Organe zugerechnet wird. Eigenhaftung von Geschäftsführer u Vorstand: § 43 GmbHG, § 93 AktG.

3. Sorgfalt. a) Entspr den in Rz 2–3 dargelegten Grundsätzen ist 5 der **Maßstab** für die „Sorgfalt eines ordentlichen Kaufmanns" obj, normativ u abstrakt zu ermitteln. Daher ist der Maßstab branchen-, geschäftstyp- u vertragstypbezogen (*HeyHorn* § 347 26), wobei aufgrund vertraglicher Vereinbarung bes Anforderungen gelten mögen.

§ 348

Viertes Buch. Handelsgeschäfte

Der Mindestsorgfaltsmaßstab gilt grds ohne Rücksicht auf Größe u Geschäftsumfang; ggf mögen Großunternehmen schärferen Anforderungen unterliegen (s RG 105, 389). **b) Inhalt.** Für alle Kaufleute geltende Pflichten sind: **ordnungsgemäße Organisation** der Kommunikation (Brief, Telefon, Telefax) betr Empfang, Kenntnisnahme u Verantwortung; Verhinderung des Mißbrauchs von Firmenstempeln u Briefbögen (RG JW 27, 262); Personenidentitätsprüfung (Düss WM 72, 817).

6 4. Die im BGB vorgesehenen **Beschränkungen des Haftungsmaßstabs** gelten auch für Handelsgeschäfte. **a) Grobe Fahrlässigkeit** liegt vor, wenn die (nach **I**) gebotene Sorgfalt in bes schwerem, ungewöhnlich hohem Ausmaß außer acht gelassen wird u dasjenige unbeachtet geblieben ist, was jedem einleuchten mußte (BGH 89, 161). Persönliche Vorwerfbarkeit ist erforderl (BGH NJW 92, 317: „schlechthin unentschuldbar"). Bsp: §§ 300 I, 521, 523, 599, 680, 932 II BGB. **b) Sorgfalt in eigenen Angelegenheiten** (§ 277 BGB): subj Maßstab, der sich am gewohnheitsmäßigen Verhalten der Person (im Geschäftsverkehr) orientiert. Bsp: §§ 690, 708 BGB. Gem § 277 BGB wird für grobe Fahrlässigkeit gehaftet.

§ 348 [Vertragsstrafe]

Eine Vertragsstrafe, die von einem Kaufmann im Betriebe seines Handelsgewerbes versprochen ist, kann nicht auf Grund der Vorschriften des § 343 des Bürgerlichen Gesetzbuchs herabgesetzt werden.

1 1. **Allgemeines. a) Inhalt.** Die Möglichkeit für eine richterliche Herabsetzung eines Vertragsstrafeversprechens auf Antrag des Schuldners, §§ 343 I, II BGB, entfällt, wenn es für den Schuldner ein Handelsgeschäft ist. § 348 ist abdingbar.

2 **b) Vertragsstrafe nach BGB. aa)** Eine Vertragsstrafe kann für den Fall der Nichterfüllung, §§ 339, 340 BGB, oder der (zeitlich, qualitativ) nicht gehörigen Erfüllung, §§ 339, 341 I BGB, versprochen sein; sie kann auf Zahlung einer Geldsumme oder die Erbringung eine anderen Leistung, § 342 BGB, gerichtet sein. Das Versprechen kann eine Verbindlichkeit sichern („unselbständig", „akzessorisch"), § 339 BGB, aber auch die Vornahme oder das Unterlassen einer Handlung, § 343 II BGB. **bb)** Abgrenzung zu **pauschaliertem Schadensersatz:** Das („unselbständige") Versprechen ist Druckmittel zur Erfüllung der Hauptverpflichtung, dient aber (wie die Schadenspauschalierung) auch der Erleichterung der Schadloshaltung des Gläubigers ohne Schadensnachweis (BGH 85, 313). **cc)** Die Vereinbarung bedarf der **Form** des Hauptvertrages; auch in AGB möglich (§ 11 Nr 6 AGBG bei Kaufleuten unanwendbar). Sie ist wirksam nur, wenn die Voraussetzungen der Verwirkung der Strafe bestimmbar sind (BGH WM 75, 470 f). Festsetzung der Vertragsstrafe durch Partei oder Dritte ist möglich,

§ 317 BGB. **dd)** Der Anspruch aus der („unselbständigen") Vertragsstrafe entsteht, wenn die gesicherte Verpflichtung besteht u die Pflichtverletzung vom Schuldner zu vertreten ist (§ 276 BGB; abw Abrede möglich, BGH NJW 85, 57). **ee)** § 343 I BGB sieht die Möglichkeit einer richterlichen Herabsetzung des Versprechens vor, wenn die verwirkte Strafe unverhältnismäßig hoch ist, findet jedoch auf AGB-Klauseln keine Anwendung (BGH 85, 315). Deren Kontrolle richtet sich nach §§ 11 Nr. 6, 9 I AGBG.

2. Anwendungsbereich. a) Der Versprechende muß **Kaufmann** 3 sein, §§ 1–6. § 348 gilt nicht für kaufmannsähnliche Personen (iSv § 1 Rz 38; abw BGH 5, 136 für GmbH-Gesellschafter; *Hopt* AcP 183, 675 f für berufsmäßige Tätigkeit) und nicht für die in §§ 383 II, 407 III 2, 453 III 2, 467 III 2 genannten Personen, wohl aber zu Lasten des Kaufmanns kraft Rechtsscheins, soweit er sich gem §§ 2, 3 eintragen lassen könnte (§ 15 Rz 59; *StKoller* § 348 4). **b)** Das „im Betriebe" des Handelsgewerbes abgegebene Versprechen ist Handelsgeschäft iSv §§ 343, 344. Maßgebender Zeitpunkt: Abgabe des Versprechens (BGH 5, 136).

3. Konsequenzen. a) Sind die Voraussetzungen des § 348 erfüllt 4 (Rz 3), entfällt (vorbehaltlich abw Parteiabrede) die Möglichkeit der richterlichen Herabsetzung des Versprechens gem § 343 I BGB. §§ 134, 138, 242 BGB bleiben unberührt (s BGH NJW 98, 1147). Für Sittenwidrigkeit gem § 138 I BGB müssen zur Unverhältnismäßigkeit der Strafhöhe noch weitere Momente hinzutreten (*SchlHefermehl* § 348 31). Die Geltendmachung des Versprechens kann im Einzelfall (etwa bei Geringfügigkeit; Fehlen schutzwürdiger Interessen) gg § 242 BGB verstoßen. **b)** Da § 343 BGB für **AGB-Klauseln** nicht gilt (BGH 85, 315), ist § 348 unanwendbar. Erfolgt das Versprechen in Ausübung gewerblicher Tätigkeit (vgl § 24 S 1 Nr 1 AGBG), findet § 11 Nr. 6 AGBG keine Anwendung. Vertragsstrafe ist gem § 9 I AGBG unwirksam, wenn in ihrer Höhe unangemessen bzgl Gewicht des Verstoßes u Folgen für Vertragspartner (BGH NJW 99, 2663; WM 97, 1492 betr pauschaler Vertragsstrafe für unterschiedliche Vertragsverletzungen). Bei zeitproportionaler Steigerung (bei Untätigkeit) ist ein angemessener Höchstbetrag erforderl (BGH NJW 97, 3234; NJW 98, 2600). Zur (noch) angemessenen Höhe von Tagessätzen BGH NJW 00, 2107; iü muß Strafe an Umfang der geschuldeten Leistung anknüpfen (BGH NJW 99, 2663). Eine verschuldensunabhängige Vertragsstrafe ist mit § 9 I AGBG nur vereinbar, wenn für sie ein Bedürfnis besteht (BGH 72, 178 f; Konnossement; abl BGH NJW 85, 57 f für den Fall einvernehmlicher Vertragsaufhebung). Gehört das Vertragsstrafeversprechen nicht zur gewerblichen Tätigkeit, gilt § 11 Nr 6 AGBG, subsidiär § 9 I AGBG.

§§ 349, 350

§ 349 [Keine Einrede der Vorausklage]

¹**Dem Bürgen steht, wenn die Bürgschaft für ihn ein Handelsgeschäft ist, die Einrede der Vorausklage nicht zu.** ²**Das gleiche gilt unter der bezeichneten Voraussetzung für denjenigen, welcher aus einem Kreditauftrag als Bürge haftet.**

1 **1. Allgemeines. a) Inhalt.** § 349 läßt für die Bürgschaft, § 765 BGB, u den Kreditauftrag, § 778 BGB, die Einrede der Vorausklage, §§ 771–772 BGB, entfallen, soweit sich ein Kaufmann verpflichtet hat. Der Grund liegt im fehlenden Schutzbedürfnis. § 349 ist abdingbar.

2 **b) Bürgerliches Recht. aa)** Durch den Bürgschaftsvertrag verpflichtet sich der Bürge ggüber dem Gläubiger (zB Bank) eines Dritten, für die Erfüllung der Hauptschuld einzustehen. Davon zu unterscheiden: Beim **Garantievertrag** übernimmt der Garant eine Verpflichtung zur Schadloshaltung, falls der garantierte Erfolg (auch: Ausbleiben eines Schadens) nicht eintritt (BGH NJW 85, 2941). Beim **Schuldbeitritt** verpflichtet sich der Neuschuldner ggüber dem Gläubiger, als Gesamtschuldner wie der bisherige Schuldner einzustehen. **bb)** Die Erklärung des Bürgen ist **formbedürftig:** § 766 S 1 BGB sieht Schriftform vor, § 126 I BGB; § 350 entbindet davon. **cc)** Der (nicht formbedürftige) **Kreditauftrag** ist ein Auftrag iSv § 662 BGB, durch den sich der Beauftragte verpflichtet, einem Dritten (auch: Waren-)Kredit zu gewähren. Die Haftung „als Bürge" ergibt sich als Rechtsfolge aus dem Gesetz, § 778 BGB.

3 **2. Anwendungsbereich. a)** Die Bürgschaftserklärung bzw die Kreditbeauftragung muß ein Handelsgeschäft, §§ 343, 344, sein. § 349 ist nicht auf kaufmannsähnliche Personen (iSv § 1 Rz 38) und nicht auf die in §§ 383 II, 407 III 2, 453 III 2, 467 III 2 genannten Personen anwendbar; wohl aber zu Lasten des Kaufmanns kraft Rechtsscheins (§ 15 Rz 59), soweit Eintragung gem §§ 2, 3 möglich (§ 15 Rz 59; § 348 Rz 3). **b) Maßgebender Zeitpunkt** ist der des Vertragsabschlusses.

4 **3. Konsequenzen.** Sind die Voraussetzungen des § 349 S 1 bzw S 2 erfüllt, haftet der Bürge bzw. Auftraggeber wie ein selbstschuldnerischer Bürge, § 773 I Nr 1 BGB.

§ 350 [Formfreiheit]

Auf eine Bürgschaft, ein Schuldversprechen oder ein Schuldanerkenntnis finden, sofern die Bürgschaft auf der Seite des Bürgen, das Versprechen oder das Anerkenntnis auf der Seite des Schuldners ein Handelsgeschäft ist, die Formvorschriften des § 766 Satz 1 und 2, des § 780 und des § 781 Satz 1 und 2 des Bürgerlichen Gesetzbuchs keine Anwendung.

1 **1. Allgemeines. a) Inhalt.** § 350 läßt wg fehlender Schutzbedürftigkeit des Kaufmanns (im Falle des § 766 BGB) u dem Bedürfnis nach einfacher u schneller Abwicklung des kaufmännischen Handelsverkehrs

Erster Abschnitt. Allgemeine Vorschriften　　　　　　　　**§ 350**

(bei §§ 780, 781 BGB; BGH NJW 93, 585) die Formerfordernisse bei Bürgschaft, Schuldversprechen u Schuldanerkenntnis entfallen. § 350 ist abdingbar (Konsequenz: Rz 4). Andere Formerfordernisse (zB § 313 BGB) bleiben unberührt.

b) Bürgerliches Recht. aa) Das Schriftformerfordernis für das Versprechen des Bürgen dient seiner Warnung (BGH 132, 124 f). Es ist nur gewahrt, wenn sich aus der Urkunde der Wille, für fremde Schuld einzustehen, der Gläubiger, der Hauptschuldner u die verbürgte Hauptschuld im Wege der Auslegung ermitteln lassen (BGH BB 89, 655; zur Bestimmbarkeit der Hauptschuld auch BGH NJW 88, 907; NJW 90, 1910). **bb)** Das Schriftformerfordernis für Schuldversprechen u Schuldanerkenntnis gilt für die Erklärung des Schuldners. Es bezweckt nur Beweissicherung, nicht Übereilungsschutz (arg § 782 BGB; BGH NJW 93, 584; probl). **cc)** Erklärungen in elektronischer Form sind bei aa) und bb) ausgeschlossen. 2

2. Anwendungsbereich. a) § 350 ist nur anwendbar, wenn die Bürgschaftserklärung etc ein Handelsgeschäft, §§ 343, 344, ist. § 350 gilt nicht für kaufmannsähnliche Personen (s § 1 Rz 38), ebensowenig für die in §§ 383 II, 407 III 2, 453 III 2, 467 III 2 genannten Personen (aber Vermutung in § 1 II beachten); wohl aber (wg Verkehrsschutz) für Kaufmann kraft Rechtsscheins, soweit Eintragung gem §§ 2, 3 möglich (§ 15 Rz 39; *StKoller* § 350 4). Falsus procurator haftet gem §§ 179 I BGB, 350 nur, wenn er Kaufmann ist (*Canaris* § 27 6). 3

b) Maßgebender Zeitpunkt für Kaufmannseigenschaft: Wirksamwerden der Willenserklärung. Die Parteien können Schriftform vereinbaren; die Anforderungen des § 766 S 1 BGB (Rz 2) gelten insoweit nicht. Die Erklärung des Bürgen ist auch wirksam, wenn sich der Inhalt der Hauptschuld ausschließlich aus Umständen ergibt, die außerhalb der Urkunde liegen (BGH NJW 93, 725). 4

c) Verbürgt sich ein persönlich haftender **Gesellschafter** einer OHG oder KG (zu deren Kaufmannseigenschaft s § 1 Rz 18) in eigenem Namen für die Ges, greift § 350 nicht ein, weil es an einem Handelsgeschäft des Gesellschafters mangelt (BGH NJW 60, 1853; *HeyHorn* § 350 5; *StKoller* § 350 8; aA *Canaris* § 26 12; *Schmidt* § 18 I 1 d aa für geschäftsführende Gesellschafter; *MKBGBHabersack* § 766 3). Anders wenn der Gesellschafter selbst ein Handelsgewerbe betreibt u mit Bezug darauf sich verbürgt. § 350 ist nicht (auch nicht analog; *StKoller* § 350 9; diff *Canaris* § 26 13) anwendbar, wenn GmbH-Geschäftsführer oder Vorstandsmitglied sich im eigenen Namen verbürgt (BGH 121, 228; 132, 122; Kln BB 98, 13; vgl auch BGH WM 00, 515; aA *Schmidt* § 18 I 1 d aa). Evtl verstößt Berufung auf Formmangel gg § 242 BGB (*HeyHorn* § 350 5; eingehend *Canaris* § 26 16). Bei Verbürgung eines Einmann-Gesellschafts-Geschäftsführers ist Analogie zu erwägen (*Canaris* § 26 13). 5

d) Abstraktes Schuldversprechen ist auch die Bestätigung iSv Art 10 b ERA (Ffm WM 96, 59). 6

§§ 351, 352 Viertes Buch. Handelsgeschäfte

7 **3. Konsequenzen.** Das Schriftformerfordernis der §§ 766 S 1, 780, 781 BGB ist unanwendbar, die Rechtsgeschäfte sind formfrei. Erklärungen in elektronischer Form sind möglich.

§ 351 [Minderkaufleute] *(aufgehoben)*

§ 352 [Gesetzlicher Zinssatz]

(1) ¹**Die Höhe der gesetzlichen Zinsen, mit Ausnahme der Verzugszinsen, ist bei beiderseitigen Handelsgeschäften fünf vom Hundert für das Jahr.** ²**Das gleiche gilt, wenn für eine Schuld aus einem solchen Handelsgeschäfte Zinsen ohne Bestimmung des Zinsfußes versprochen sind.**

(2) **Ist in diesem Gesetzbuche die Verpflichtung zur Zahlung von Zinsen ohne Bestimmung der Höhe ausgesprochen, so sind darunter Zinsen zu fünf vom Hundert für das Jahr zu verstehen.**

Lit.: *Kindler,* Gesetzliche Zinsansprüche im Zivil- und Handelsrecht (1996).

1 **1. Allgemeines. a)** § 352 erhöht für beiderseitige Handelsgeschäfte den Zinssatz für ges Zinsen, mit Ausnahme der Verzugszinsen (dafür gilt § 288 BGB), von 4% (§ 246 BGB) auf 5%, **I 1**; bei den im HGB geregelten Zinspflichten reicht das Vorliegen eines einseitigen Handelsgeschäfts aus, **II**. Kritik an dieser Regelung (Verstoß gg Art 3 I GG) bei *Kindler* 164 ff; *StCanaris* § 352 4. **b) Zins** ist eine idR fortlaufend zu entrichtende Vergütung für die zeitweilige Überlassung von Kapital (Geld; vertretbare Sachen, RG 168, 285), deren Höhe sich nach der Laufzeit der Überlassung richtet. Abgrenzungen: **Kreditgebühren** sind keine Zinsen, ebensowenig die **Tilgungsbeiträge.** Die sog **Annuität** als feste Ratenzahlung umfaßt Tilgung u Zinszahlung. Ob das sog **Disagio** (Abschlag) bzw Agio (Aufschlag auf den Nennbetrag) Zins ist, hängt davon ab, ob es der Abgeltung von Kosten dient oder ein laufzeitabhängiges Entgelt ist (BGH 81, 127; NJW 81, 2180 f). **c)** Über 5% hinausgehender Zins kann verlangt werden aufgrund gesonderter vertraglicher Vereinbarung. **d)** Für **Verzugszinsen** gilt § 288 I BGB (5 Prozentpunkte über Basiszinssatz; *Kiesel* NJW 00, 1681 f). Ergänzend für Verzugsschäden: §§ 288 II, 286 I BGB. **e) Reform.** Art 3 lit e der Rili betr Zahlungsverzug, ABl 2000 L 200/35: 7% über Basiszinssatz; allg *Gsell* ZIP 00, 1861; *Huber* JZ 00, 957; *Krebs* DB 00, 1697.

2 **2. Zinsfuß gemäß I. a) Anwendungsbereich.** Voraussetzung ist das Vorliegen eines Handelsgeschäfts, §§ 343, 344, für beide Vertragsparteien (s § 345 Rz 2). §§ 383 II, 407 III 2, 453 III 2, 467 III 2 verweisen auf § 352. **I** findet zu Lasten des Kaufmanns kraft Rechtsscheins (§ 15 Rz 39), nicht zu seinen Gunsten Anwendung. Maßgebender Zeitpunkt für die Kaufmannseigenschaft ist der Abschluß des Geschäfts. Zum Begriff des **Handelsgeschäfts** s § 343 Rz 3.

Erster Abschnitt. Allgemeine Vorschriften § 353

b) Die **Zinsschuld** kann beruhen **aa)** auf **Gesetz** (nicht HGB; dafür 3
II), I 1; Bsp: §§ 256 (Aufwendungsersatz), 347 S 3 (Rücktritt), 452,
641 IV, 668, 713, 819, 820, 849 BGB. **Zinseszinsen** sind nicht zu
zahlen, §§ 289, 291 S 2 BGB. **Sonderregeln** im Wechsel- u Scheckrecht: Art 48 I Nr 2, 49 Nr 2 WG, Art 45 Nr 2, 46 Nr 2 ScheckG.

bb) auf **Vertrag;** nach hL nicht Bereicherungsansprüche (BGH 4
NJW 83, 1423; aA zu recht *StCanaris* § 352 12; *MKHGBSchmidt* § 352
7, auch für Ansprüche aus Rücktritt u Wandlung). **I 1** greift nur ein,
wenn die Parteien zwar Verzinsung, nicht aber die Höhe des Zinssatzes
vereinbart haben. Vertragliche Vereinbarungen, vor allem in AGB, sind
weitgehend üblich. **Schranken** dafür: **aaa)** § 138 I, II BGB. Die Rspr
geht bei Ratenkreditverträgen von einem wucherähnlichen Geschäft
iSv § 138 I BGB aus, wenn (1) ein auffälliges Mißverhältnis zwischen
Leistung u Gegenleistung besteht (idR wenn die vereinbarten Kreditkosten die marktüblichen relativ um ca 100% übersteigen; BGH NJW
91, 1810), (2) sich der Darlehensschuldner darauf nur wg seiner wirtschaftlichen Schwäche u mangelnden Geschäftsgewandtheit eingelassen
u (3) der Darlehensgeber dies bewußt zu einem Vorteil ausgenutzt bzw
leichtfertig verkannt hat (BGH NJW 91, 1811; eingehend *HeyHorn*
§ 352 20 f). Bei sonstigen Krediten sieht die Rspr idR ein auffälliges
Mißverhältnis iSv (1), wenn die absolute Zinshöhe ca 40% übersteigt
(BGH WM 78, 1350), wobei ggf das mit der Geldhingabe verbundene
Risiko zu berücksichtigen ist (BGH WM 66, 1223). **bbb)** Zinsberechnungsklauseln unterfallen nicht § 8 AGBG. Sie müssen gem § 9 I
AGBG dem Transparenzgebot genügen (BGH 106, 47; 106, 264; 112,
117; NJW 93, 3262).

3. Zinsfuß gemäß II. Die nach dem HGB ges begr Zinsen, §§ 353, 5
354 II, 110 I, 111 I, 161 II, betragen (vorbehaltlich vertraglicher Abrede) 5%. Ausreichend (arg e contrario aus I) ist das Vorliegen eines
einseitigen Handelsgeschäfts, § 345; anders nur bei § 353.

§ 353 [Fälligkeitszinsen]

¹**Kaufleute untereinander sind berechtigt, für ihre Forderungen aus beiderseitigen Handelsgeschäften vom Tage der Fälligkeit an Zinsen zu fordern.** ²**Zinsen von Zinsen können auf Grund dieser Vorschrift nicht gefordert werden.**

1. Allgemeines. Gem S 1 (dispositiv) entsteht abw von §§ 288 I 1
(erst mit Verzug), 291 BGB (ab Rechtshängigkeit) ein Anspruch auf
Zinsen schon vom Tage der Fälligkeit an. **S 2** wiederholt § 289 S 1
BGB. Ratio: der Kaufmann soll nicht von verspäteter Zahlung profitieren (eingehend *StCanaris* § 353 5).

2. Anwendungsbereich. § 353 verlangt ein beiderseitiges Handels- 2
geschäft, §§ 343, 344 (zu recht krit *StCanaris* § 353 6–7). §§ 383 II,
407 III 2, 453 III 2, 467 III verweisen auf § 353. § 353 gilt auch für
Ansprüche aus Rücktritt, Wandlung u Leistungskondiktion. Die Norm

§ 354

Viertes Buch. Handelsgeschäfte

ist zu Lasten, nicht aber zugunsten des Kaufmanns kraft Rechtsscheins (§ 15 Rz 39) anwendbar (*MKHGBSchmidt* § 353 3). Maßgebend für die Kaufmannseigenschaft ist der Zeitpunkt der Entstehung der Forderung.

3 3. Voraussetzungen. a) Als Sonderregelung zu §§ 288, 291 BGB (kein pauschalierter Schadensersatzanspruch) setzt § 353 S 1 eine **Geldforderung** (auch wg Nichterfüllung) voraus (hL), auch Forderung in fremder Währung. **b) Fälligkeit** der Forderung liegt vor, wenn der Gläubiger die Leistung gem vertraglicher Abrede bzw kraft Gesetzes, zB §§ 614, 641, 271 BGB, verlangen kann. Stundung kann Fälligkeit hinausschieben (RG 147, 381; *MKHGBSchmidt* § 353 13; aA RG 116, 376). **c) Einwendungen** lassen Fälligkeit entfallen, **Einreden** berühren sie nicht. Aber: Ist Schuldner nicht zur Vorleistung verpflichtet, läßt § 320 BGB die Zinspflicht gem § 353 entfallen, solange Gläubiger nicht anbietet (s BGH NJW 96, 923; vAw); das Zurückbehaltungsrecht gem § 273 BGB nur, wenn geltend gemacht (BGH 55, 200; WM 71, 1021; *StCanaris* § 353 16; *MKHGBSchmidt* § 353 14; aA Düss NJW-RR 97, 758; str). Ohne Einfluß auf Fälligkeit: staatliches Transferverbot (BGH NJW 64, 101); Wahlschuld (Mü BB 97, 1658; aber konkludente Abbedingung von **S 1** prüfen); pactum de non petendo (aber evtl Verzicht auf Zinsen).

4 4. Rechtsfolge. Verzinsungspflicht ab Fälligkeit, **S 1**. Höhe: § 352 bzw Abrede. Zinspflicht **entfällt**, wenn der Gläubiger in Annahmeverzug kommt, § 301 BGB. Anspruch aus **S 1** (alternativ) neben §§ 288, 291 BGB (*Becker* NJW 96, 646).

§ 354 [Provision; Lagergeld; Zinsen]

(1) **Wer in Ausübung seines Handelsgewerbes einem anderen Geschäfte besorgt oder Dienste leistet, kann dafür auch ohne Verabredung Provision und, wenn es sich um Aufbewahrung handelt, Lagergeld nach den an dem Orte üblichen Sätzen fordern.**

(2) **Für Darlehen, Vorschüsse, Auslagen und andere Verwendungen kann er vom Tage der Leistung an Zinsen berechnen.**

1 1. Allgemeines. a) Während das BGB nur bei einigen Vertragstypen Entgeltlichkeit bestimmt, wenn die Leistung nach den Umständen nur gg eine Vergütung zu erwarten ist, §§ 612 I, 632 I, 653 I, 689 BGB, **generalisiert** das HGB die **Entgeltlichkeit** der Tätigkeit des Kaufmanns aufgrund der allg Anschauung, daß der Kaufmann nichts kostenlos tut. **b)** Wie §§ 612 I etc BGB verhindert § 354 I, daß wg Nichteinigung der Parteien über einen wesentlichen Punkt ein Vertrag nicht zustande kommt (BGH WM 93, 1262 aE). Nimmt eine Partei die Dienste eines Kaufmanns an, kommt idR gem §§ 133, 157 BGB ein Vertrag zustande, wobei **I** Entgeltlichkeit des Vertrages bestimmt. **I** ist keine eigenständige (vertragsunabhängige) Anspruchsgrundlage iSv

Rz 5; vielmehr Auslegungsregel zugunsten der Entgeltlichkeit der Leistung (Düss NJW-RR 96, 288; Ro NJW-RR 00, 1005; *StCanaris* § 354 3; *GKSchmidt* § 354 1; aA RG 122, 232; BGH 95, 398). **c)** § 354 ist abdingbar; abw Handelsbrauch hat Vorrang.

2. Anwendungsbereich. § 354 gilt bei (auch einseitigen) Handels- 2 geschäften von Kaufleuten iSv §§ 1–6, sowie zugunsten der Kleingewerbetreibenden iSv §§ 383 II, 407 III 2, 453 III 2, 467 III 2; nicht zugunsten des Kaufmanns kraft Rechtsscheins (§ 15 Rz 39) sowie Freiberufler (*StCanaris* § 354 6). Maßgebender Zeitpunkt für die Kaufmannseigenschaft: Vertragsschluß (aA *BauHopt* § 354 2: Leistung), bei GoA Leistung.

3. Voraussetzungen des Vergütungsanspruchs, I. a) Der Kauf- 3 mann muß für den anderen **Geschäfte besorgen** bzw **Dienste leisten;** die Begriffe sind **weit** auszulegen. Bsp: Kreditgewährung; Übersendung von Waren zum Gebrauch; Übernahme einer Bürgschaft; Verwahrung (zB bei Annahmeverzug; BGH NJW 96, 1465; str). Handelt es sich um Nebenleistungen, ist immer sorgfältig zu prüfen, ob diese nicht schon durch die Vergütung für die Hauptleistung mit abgedeckt sind. Entspr Anwendung bei Überlassung von Sachen zum Gebrauch (Düss NJW-RR 96, 288; Ro NJW-RR 00, 1005). Nicht bei Abgabe einer Drittschuldnererklärung gem § 840 ZPO (BGH WM 98, 2017).

b) Im Interesse des anderen, zumindest *auch* im Interesse des 4 anderen (BGH NJW 00, 2275). Bei Tätigwerden in eigenem Interesse (oder eines Dritten), fehlt es entweder an einem Vertragsschluß oder – im Rahmen einer Vertragsbeziehung – an einer dem Vertragspartner erbrachten Leistung (vgl BGH NJW 84, 436: Verwertung aufgrund Eigentumsvorbehalts). Tätigwerden auch im Eigeninteresse stört nicht (Selbsthilfeverkauf; *StCanaris* § 354 10).

c) Die Rspr (BGH 95, 398; WM 93, 1262 – aber widersprüchlich) u 5 hL (*GKSchmidt* § 354 10; *HeyHorn* § 354 6; *RvWWagner* § 354 11) verlangen (nur), daß der Kaufmann **befugtermaßen** ggüber dem anderen tätig geworden ist: Ein Vertrag sei nicht (stets) erforderl; ausreichen soll die willentliche Entgegennahme der Dienste durch den anderen (auch bei nichtigem Vertrag gem § 34 GWB aF; Hamm MDR 96, 1024; formunwirksamer Maklervertrag: Hamm VersR 96, 1497; nicht wenn Vertrag gg § 134 BGB verstößt: BGH NJW 00, 2275). Damit wird verkannt, daß **I** nur von der Einigung über die Entgeltlichkeit entbindet, ansonsten (wie §§ 612 I, 632 I etc BGB) einen Vertrag (so auch RG Warn Rspr 38 Nr 58) oder ein ges Schuldverhältnis wie GoA (§§ 677, 683 BGB; hier Anspruch aus **I** neben § 670 BGB; vgl BGH MDR 99, 948; NJW 00, 2275) voraussetzt (in der Sache ebenso Düss NJW-RR 96, 288; *StaudReuter* § 652 (Bearb 1995) 54 ff; weitergehend *StCanaris* § 354 2: **I** als Auslegungsregel zugunsten Vorliegens eines Vertragsschlusses). **I** tritt bei nichtigem Vertrag an die Stelle des § 818 II BGB. Keinesfalls können über **I** aufgedrängte Maklerleistungen (s § 93 Rz 13) verlangt werden.

§ 354a

6 **4. Rechtsfolge. a) I** gewährt einen Anspruch auf Provision; hier aber nicht im Sinne der HGB-Regelungen (zB §§ 86 b–87 c), sondern iSv „Vergütung" (*HeyHorn* § 354 10). Dasselbe gilt für das Lagergeld (vgl § 420 I). Die Höhe der Vergütung bestimmt sich nach **Ortsbrauch** bzw Handelsbrauch, ansonsten nach §§ 315, 316 BGB (billiges Ermessen des Kaufmanns). **b) Zinsen** für Darlehen, Vorschüsse u andere Verwendungen gebühren dem Kaufmann vom Tage der Leistung an, **II. Zinsfuß:** 5%, § 352 II.

§ 354 a [Wirksamkeit der Abtretung einer Geldforderung]

¹**Ist die Abtretung einer Geldforderung durch Vereinbarung mit dem Schuldner gemäß § 399 des Bürgerlichen Gesetzbuchs ausgeschlossen und ist das Rechtsgeschäft, das diese Forderung begründet hat, für beide Teile ein Handelsgeschäft, oder ist der Schuldner eine juristische Person des öffentlichen Rechts oder ein öffentlich-rechtliches Sondervermögen, so ist die Abtretung gleichwohl wirksam.** ²**Der Schuldner kann jedoch mit befreiender Wirkung an den bisherigen Gläubiger leisten.** ³**Abweichende Vereinbarungen sind unwirksam.**

Lit.: *Wagner,* Materiell-rechtliche und prozessuale Probleme des § 354 a HGB, WM Beilage 1/1996; *K. Schmidt,* Zur Rechtsfolgenseite des § 354 a HGB, FS Schimansky (1999) 503.

1 **1. Allgemeines. a)** Die Norm will den Refinanzierungsspielraum mittelständischer Unternehmen ggüber den in Einkaufsbedingungen va von Großunternehmen u der öffentlichen Hand enthaltenen Abtretungsverboten absichern (eingehend *MKHGBSchmidt* § 354 a 1–2). Von daher erklärt sich die Beschränkung im Anwendungsbereich (Rz 2). **S 2** realisiert Schuldnerschutz (gg Doppelzahlung). **b)** Gem **§ 399 Alt 2 BGB** kann, abw von § 137 S 1 BGB, die Unabtretbarkeit einer Forderung, auch in AGB, auch konkludent (zB Einstellung einer Forderung in ein kfm Kontokorrent; s § 355 Rz 6), vereinbart werden. IdR liegt darin weder Verstoß gg § 138 BGB noch § 9 AGBG (BGH 112, 390). **S 1** beläßt es dabei (Rz 3). Eine gg ein Abtretungsverbot verstoßende Abtretung ist absolut, dh ggüber jedermann unwirksam (BGH 40, 159; 102, 301; str). Dies korrigiert **S 1.** Vereinbarung eines Abtretungsverbotes ist dennoch sinnvoll für Schuldner um Wirkungen des **S 2** zu erhalten. **S 1** strahlt auf *obligatorisches* Abtretungsverbot aus; Abtretung ist (unabdingbar, **S 3**) keine Pflichtverletzung (vgl *MKHGBSchmidt* § 354 a 32).

2 **2. Anwendungsbereich. a) Persönlich.** § 354 a greift ein: **aa)** für Forderungen aus **beiderseitigem** Handelsgeschäft (s § 345 Rz 2); dabei ist die Verweisung in §§ 383 II, 407 III 2, 453 III 2, 467 III 2 zu beachten. Der kaufmännische Gläubiger ist (unverständlich; *Canaris* § 28 20) besser gestellt als der nichtkaufmännische. Keine Anwendung zugunsten von Scheinkaufleuten. **bb)** Für Forderungen aus Rechts-

Erster Abschnitt. Allgemeine Vorschriften **§ 354 a**

geschäften, bei denen der **Schuldner** eine jur Person des öffentl Rechts oder ein öffentl-rechtl Sondervermögen ist. Entgegen dem Gesetzeswortlaut ist auch hier erforderl, daß die Forderung einem Handelsgeschäft (bzw der gewerblichen oder beruflichen Tätigkeit; bei Analogie gem cc) des Gläubigers entstammt (*RvWWagner* § 354 a 4; *GKSchmidt* § 354 a 8; *MKHGBSchmidt* § 354 a 9; aA *Wagner* 9). **cc)** Der **analogen** Anwendung von § 354 a zugunsten von nichtkaufmännischen Zedenten steht zwar die klare Entscheidung des Gesetzgebers entgegen. Da Schlechterstellung von Kleingewerbetreibenden und Freiberuflern willkürlich ist, erzwingt Art 3 I GG Erstreckung auf diesen Personenkreis (*Canaris* § 28 20 f; iE *MKHGBSchmidt* § 354 a 8); vorsichtiger *Baukelmann,* FS Brandner (1996) 201, der die Wertung des § 354 a bei Inhaltskontrolle von AGB berücksichtigen will, die ggüber Freiberuflern etc Verwendung finden (iE auch *Schmidt* FS Schimansky (1999) 504). **b) Sachlich.** Für die abgetretene Geld- (nicht: Sach-) forderung ist ein Abtretungsverbot vereinbart (Rz 1). Gleichzustellen: Verpfändung; eingeschränktes Abtretungsverbot (Zustimmungsvorbehalt; Kln DB 97, 2170; Celle NJW-RR 99, 619; nicht dgg bloße Anzeigepflicht: Schlesw BB 01, 63; str). Keine (analoge) Anwendung auf cessio legis, Pfändung, ges Abtretungsverbot (str) u in ein Kontokorrent eingestellte Forderung (hL).

3. Wirkungen. a) S 1 macht die Vereinbarung eines Abtretungsverbotes (bzw einer Beschränkung) nicht unwirksam, erhält der Forderung aber ihre Abtretbarkeit. Die Abtretung ist daher wirksam; dies sowohl im Verhältnis Zedent-Zessionar wie Zessionar-Schuldner (letzterer kann an ersteren befreiend leisten). **S 2** gibt dem Schuldner die Möglichkeit, an den Zedenten als Nichtberechtigtem (auch in Kenntnis der Abtretung) befreiend zu *leisten* (Empfangszuständigkeit des Zedenten); gilt auch bei Aufrechnung durch Schuldner (Bonn MDR 00, 1023), Verrechnung, § 364 I, II BGB. **S 2** kann Einwand des Rechtsmißbrauchs entgegenstehen (Hbg WM 99, 431: in engen Grenzen), zB wenn Schuldner nach Offenlegung der stillen Zession (durch Zessionar) an Zedent *ohne* schutzwürdiges *Eigeninteresse* zahlt (*Schmidt* NJW 99, 401; *Canaris* § 28 13–14; str). Zessionar hat § 816 II BGB gg den Zedenten. Zedent kann Forderung nicht geltend machen (**S 2** gibt keine Einziehungsermächtigung; *Hager* GS Helm (2001) 698), *nicht* über sie einseitig verfügen (aufrechnen, abtreten); ebensowenig Erlaß, Vergleich, Stundungsabrede (*Derleder* BB 99, 1542; *MKHGBSchmidt* § 354 a 22; aA *BauHopt* § 354 a 2; *Canaris* § 28 15), da § 354 a nur vor Doppelzahlung schützen will u ausdehnende Auslegung nicht erforderl (Schutz des Schuldners nur über § 407 BGB). Zessionar muß auf Leistung an sich (oder nach Wahl des Schuldners an den Zedenten) klagen (*Canaris* § 28 11). **b)** § 354 a S 1 soll bewirken, daß die beim verlängerten Eigentumsvorbehalt entstehenden Konflikte zwischen Forderungsschuldner, Verwender des Abtretungsverbots u Vorbehaltslieferanten reduziert werden. **c)** Zu Zwangsvollstreckung und Insolvenz: Bonn

§ 355 Viertes Buch. Handelsgeschäfte

MDR 00, 1023; *Brunn* WM 00, 510 ff; *Canaris* § 28 16–17; *Hager* GS Helm (2001) 710 ff; *MKHGBSchmidt* § 354 a 25–29; *vOlshausen* ZIP 95, 1950; *Wagner* 23 ff.

4   4. **S 1** ist zwingend, **S 3**. Ebenso **S 2**; Begründung dafür unklar. Restriktion des **S 3** auf **S 1** liegt nahe; *Saar* ZIP 99, 993; *GKSchmidt* § 354 a 13. Vorsichtiger *MKHGBSchmidt* § 354 a 31: bei Zustimmung des Zedenten ist **S 3** unanwendbar.

5   5. § 354 a gilt für alle ab dem 30. 7. 1994 vereinbarten Abtretungsverbote. Die Norm ordnet keine (generelle) Rückwirkung an (Kln DB 97, 2170). Sie gilt auch für vorher vereinbarte Verbote bei Forderungen, die ab dem 30. 7. 1994 entstehen, sog antizipierte Abtretungsverbote (Brschw WM 97, 1214; *MKHGBSchmidt* § 354 a 5; Kln DB 97, 2170; *GKSchmidt* § 354 a 9; *Wagner* 4 ff; aA Bonn WM 96, 931; Hamm NJW-RR 98, 1248; Schlesw BB 01, 63 f; *RvWWagner* § 354 a 9; *PalHeinrichs* § 399 9 mwN; offenlassend BGH WM 01, 688): Beschränkte Rückwirkung ist vom Gesetzeszweck her geboten u ist für Dauerschuldverhältnisse erforderl. Schuldnerschutz ist über **S 2** ausreichend gewahrt; Gläubiger des Zedenten sind nicht schutzbedürftig.

§ 355 [Laufende Rechnung, Kontokorrent]

(1) **Steht jemand mit einem Kaufmanne derart in Geschäftsverbindung, daß die aus der Verbindung entspringenden beiderseitigen Ansprüche und Leistungen nebst Zinsen in Rechnung gestellt und in regelmäßigen Zeitabschnitten durch Verrechnung und Feststellung des für den einen oder anderen Teil sich ergebenden Überschusses ausgeglichen werden (laufende Rechnung, Kontokorrent), so kann derjenige, welchem bei dem Rechnungsabschluß ein Überschuß gebührt, von dem Tage des Abschlusses an Zinsen von dem Überschusse verlangen, auch soweit in der Rechnung Zinsen enthalten sind.**

(2) **Der Rechnungsabschluß geschieht jährlich einmal, sofern nicht ein anderes bestimmt ist.**

(3) **Die laufende Rechnung kann im Zweifel auch während der Dauer einer Rechnungsperiode jederzeit mit der Wirkung gekündigt werden, daß derjenige, welchem nach der Rechnung ein Überschuß gebührt, dessen Zahlung beanspruchen kann.**

I. Zweck, Anwendungsbereich

Das Gesetz dient der Vereinfachung des Zahlungsverkehrs und, wie die §§ 387 ff BGB, der Sicherung der ins Kontokorrent (Kkorrent) gestellten Forderungen. Von bes großer praktischer Bedeutung ist das Kkorrent im Verhältnis zu Banken.

Erster Abschnitt. Allgemeine Vorschriften **§ 355**

II. Voraussetzungen

1. Allgemeines. Das Kkorrent beruht auf drei Verträgen: der **ver-** 2
pflichtenden Abrede, die beiderseitigen Ansprüche sowie Leistungen
in Rechnung zu stellen (Rz 3), nicht darüber zu verfügen, sondern sie
zu verrechnen, den Überschuß anzuerkennen sowie uU im Laufe der
Rechnungsperiode ein Debet abzudecken; der **verfügenden** Abrede
der Verrechnung u Lähmung der Einzelforderungen (Rz 6); der **verfügenden** Abrede der Anerkennung des Verrechnungssaldos (Rz 7).

2. Kkorrentzugehörigkeit. Vom Kkorrent werden (nur) solche 3
Ansprüche u Leistungen erfaßt, die nach dem Willen der Parteien
(§ 157 BGB) nicht selbständig geltend gemacht, sondern in bestimmten
Abständen (Rz 7) verrechnet werden und deren Überschuß anerkannt
(Rz 10) werden soll (BGH BB 59, 59; NJW-RR 91, 996; aA St*Canaris*
§ 355 58). Der Wille kann sich aus konkludentem Handeln ergeben
(BGH NJW-RR 91, 996, 1251; NJW-RR 86, 1496; zu eng Düss
OLGR 00, 53). Indizien sind ua Verzinsung des Saldos, obwohl im
Saldo Zinsen enthalten sind, Zusendung der regelmäßigen Abschlüsse
zur Anerkennung, Fortsetzung der Geschäftsverbindung auf der Basis
der Abrechnungen; Gegenindiz: Zahlung auf einzelne Posten. Die
Ansprüche u Leistungen müssen einer auf längere Zeit angelegten
beiderseitigen **Geschäftsverbindung** entspringen, in deren Rahmen
möglicherweise (BGH NJW 56, 17) auf einer der beiden Seiten Ansprüche entstehen oder Leistungen (zB Barzahlung) erbracht werden. Es
genügt, daß nur für eine Partei Ansprüche begründet werden, während
die andere Leistungen erbringt (RG 115, 396; hM). IZw werden alle
der gewöhnlichen Geschäftsverbindung entspringenden Ansprüche erfaßt (BGH NJW 82, 1151); innerhalb der Schranken des § 138 BGB
auch nach der Kkorrentabrede entstandene Ansprüche, die davor oder
danach antizipiert abgetreten worden sind (BGH 73, 263: Forderung
entsteht mit Kkorrentbindung; einschr HdHandelsG*Hammen* § 7
Rz 10 f), ferner unklagbare Ansprüche (zB §§ 762 ff BGB, 52 ff
BörsG).

Ausnahmen: nicht verrechnungs- bzw stundungsfähige Ansprüche 4
und Leistungen (zB ges Aufrechnungsverbot aus § 19 GmbHG; ebenso
entgegen BGH NJW-RR 91, 996 bei AGB-Aufrechnungsverbot [St*Canaris* § 355 90]); aufschiebend bedingte Ansprüche (RG JW 27, 1690;
hM; aA St*Canaris* § 355 84); Ansprüche, die den Umständen nach bar
zu erfüllen sind (vgl BGH WM 71, 179; BB 74, 670) oder durch die
Einstellung in das Kkorrent entwertet werden (zB Anspruch aus Art 28
WG [MKHGB*Hefermehl* § 355 25]; anders Rückbelastungsansprüche
beim Wechseldiskont [BGH NJW-RR 87, 879]) oder nicht gestundet
werden sollen (BGH NJW 85, 3011); Ansprüche, die nur zum Zweck
der Einstellung ins Kkorrent erworben werden (BGH NJW 87, 2998)
oder die mit einer dauernden Einrede behaftet sind (St*Canaris*
§ 355 91); analog § 394 BGB unpfändbare Ansprüche (BGH NJW 88,
709; zu weit Heidelberg NJW-RR 99, 1426); iZw auch buchungs-

Koller

unfähige oder nicht auf Geld gerichtete Posten (St*Canaris* § 355 66, 69). Ansprüche iSd § 354 a sind dgg kkorrentfähig (*Henseler* BB 94, 7).

5 Entgegen dem Wortlaut der §§ 355–357 hängt nur die in § 355 I ausdrücklich normierte Rechtsfolge des Zinseszinses davon ab, daß eine der Parteien **Kaufmann** ist (§ 345, §§ 1–6; weitergehend *Schmidt* HR, § 21 II 2: Unternehmer) oder die §§ 407 III 2, 453 III, 467 III eingreifen. Wo sonstige Elemente des Kkorrentvertrages fehlen, sind ebenfalls die §§ 355 ff mit Ausnahme der Zinseszinsregelung analog heranzuziehen, soweit die Parteiabrede dies als angemessen erweist (§ 157 BGB; St*Canaris* § 355 31).

III. Rechtsfolgen

6 **1. Lähmung.** Die Kkorrentabrede läßt die Rechtsnatur, die Fälligkeit u damit den Zinslauf (zB § 353) der kkorrentzugehörigen Ansprüche unberührt, führt aber dazu, daß die einzelnen Forderungen nicht selbständig geltend gemacht werden können (BGH 58, 260; 73, 263; deshalb kein Verzug), daß vor Beendigung des Kkorrents (Rz 15) nicht auf Leistung (anders: Feststellung) geklagt werden kann (BGH NJW 70, 560: Einrede; aA zutr hM), daß Zahlungen auf Einzelposten nicht zur Tilgung führen, sondern Rechnungsposten bilden (BGH NJW 92, 1631) sowie, daß die **Verjährung** analog § 202 BGB bis zum Ende der Kkorrentperiode bzw dort, wo der Saldo in die neue Periode zu übernehmen ist, bis zum Ende der Kkorrentbindung (Rz 15 ff; BGH 15, 347 f) gehemmt wird (BGH NJW 69, 879 f; z Anerkenntnis [§ 208 BGB] durch Einstellung in die Abrechnung, BGH NJW-RR 91, 996). Die Parteien können allerdings vereinbaren, daß schon vor Ablauf einer Rechnungsperiode ein Debet abgedeckt wird (BGH BB 72, 1164), das aktuelle Tagesguthaben gezahlt wird (zB bei Bankgiro; Rz 8) oder eine Forderung aus dem Kkorrent herausgenommen wird (BGH NJW-RR 87, 879). Die Einzelforderungen sind **unabtretbar, unverpfändbar** u **unpfändbar** (BGH NJW 85, 1219; Beweislast: Schuldner [Düss OLGR 00, 54]); antizipierte Abtretungen von Forderungen, die kkorrentgebunden entstehen (Rz 3), gehen ins Leere (BGH 73, 263). Sicherheiten s § 356. Zwangsvollstreckung s § 357; Insolvenzverfahren, Rz 17.

7 **2. Verrechnung.** Die Buchungen im Kkorrent sind keine Leistungen u begründen keine Forderungen; sie sind aus der Sicht des Kkorrent nur von deklaratorischer Bedeutung (BGH NJW 92, 112). Erst die Verrechnung ist konstitutiver Natur. Allerdings nimmt der BGH in einer vereinzelt gebliebenen Entscheidung (BGH 93, 313) an, daß die Verrechnung nur ein tatsächlicher Rechenakt sei und erst das Saldoanerkenntnis (Rz 10) die Einzelforderungen tilge. Dem BGH 93, 313 zufolge existiert mithin kein selbständiger kausaler Saldo. Nach zutr hM in der Lit und Rspr (BGH 74, 255; NJW 89, 2121; 99, 723; aA MKHGB*Hefermehl* § 355 60) ist die Verrechnung jedoch ein iZw zusammen mit der Kkorrentabrede getroffenes selb-

§ 355

ständiges, antizipiertes Verfügungsgeschäft (Verrechnungsabrede, Rz 1), das in Analogie zu § 389 BGB die Forderungen, soweit sie sich der Höhe nach decken (einschr St*Canaris* § 355 138), automatisch tilgt (BGH NJW 87, 3184; NJW 91, 2705) und uU gem §§ 129 ff InsO anfechtbar ist (BGH DB 89, 2533). Der aufgrund dieser Verrechnung entstehende Überschuß ist der **kausale Saldo** (näher Rz 9). Die Verrechnung erfolgt iZw (St*Canaris* § 355 128) automatisch in den vertraglich vereinbarten **Zeitabständen** (zB alle drei Monate, am Ende jeden Jahres). Es kann auch vereinbart werden, daß nach jeder Einstellung einer Forderung ins Kkorrent verrechnet wird (sog Staffelkkorrent; Analogie zu den §§ 355 ff; str). Da § 355 I vom Perioden-Kkorrent ausgeht, ist die Staffelabrechnung iZw nicht gewollt, selbst wenn täglich ein Saldo errechnet wird (vgl Nr 7 I AGB-Banken; hM).

So stellt nach hM der normale Kontoauszug beim **Bankkontokorrent** nicht die Mitteilung einer kkorrentmäßigen Verrechnung dar, sondern nur die Information (BGH NJW 85, 3011) über die Höhe eines etwaigen Auszahlungsanspruchs gg die Bank, der dem Bankkunden außerhalb des Kkorrents aus dem Girovertrag zusteht (BGH NJW 82, 2195; aA *HeyHorn* § 355 31). Deshalb ist das Schweigen auf einen Tagesauszug nicht als Saldoanerkenntnis zu werten (BGH NJW-RR 97, 1461; s Nr 7 II 2 AGB-Banken) u ist der Anspruch auf das Tagesguthaben (jeweiliger Tagessaldo ohne Rücksicht auf Inhalt des Tagesauszugs) abtretbar u pfändbar (§ 357 Rz 4). Vom Kkorrent unabhängig ist ferner die banktübliche Abrede, daß der Saldo nach Maßgabe des Tagessaldos zu verzinsen ist (BGH 73, 209). 8

Der **kausale Saldo** wird nach der **Rspr** (RG 164, 215; BGH 49, 30; abw NJW 99, 1710 [Interessenabwägung]) nach den Grundsätzen der **verhältnismäßigen Gesamtaufrechnung** gebildet. Er setzt sich mosaikartig aus sämtlichen Forderungen des Inhabers des Aktivsaldos zusammen, soweit diese nicht nach Maßgabe des Verhältnisses der Summe der Forderungen des Saldogläubigers zur Summe der Forderungen des Saldoschuldners getilgt worden sind. Die Rest-Einzelforderungen des Inhabers des Aktivsaldos bleiben kausal, dh mit der je nach Einzelforderung möglicherweise bes Verjährungsfrist und dem bes Gerichtsstand etc erhalten. § 356 ist analog heranzuziehen (§ 356 Rz 3). **Unklagbare Forderungen** (zB §§ 762 ff BGB, 52 ff BörsG) werden in die Verrechnung nur einbezogen, wenn sich der Schuldner dieser Forderungen in Hinblick auf konkret bestimmte unverbindliche Posten ausdrücklich u bewußt u nicht nur antizipiert mit einer Verrechnung einverstanden erklärt hat (BGH NJW 87, 3184: Zweck der Unklagbarkeit). Dem stimmt die ganz hL iE weitgehend zu; allerdings plädiert sie statt der verhältnismäßigen Gesamtaufrechnung dafür, daß die **Verrechnung** der kausalen Posten **analog den §§ 396 I 2, 366 f BGB** erfolgt (grdl *Canaris* DB 72, 469; St*Canaris* § 355 117 ff; abw *Schmidt* § 21 V 2; MKHGB*Hefermehl* § 355 60), so daß nur bestimmte Posten erlöschen. Dem BGH (NJW-RR 91, 564) zufolge können nur die Parteien bes verabreden, daß bestimmte Posten miteinander verrechnet 9 werden; dem sollte man die Fälle gleichstellen, in denen erkennbar iSd § 366 I in Hinblick auf einen bestimmten Posten geleistet wird, dh die Zweckbestimmung erkennbar ist. Die von der **Lit** vertretene Lösung steht besser mit den Wertungen des BGB und der Einzelfallgerechtigkeit im Einklang; sie zwingt aber bei langdauernden Kkorrentverhältnissen uU zur Bewältigung eines eminenten Prozeßstoffes, wenn man auch § 366 II BGB analog heranzieht (aA *Canaris* § 27 23; St*Canaris* § 355 146, 154 ff). Kommt es nicht zu einem Anerkenntnis des Saldos (rz 10) oder kann es nicht bewiesen werden, so muß derjenige, der für sich einen Aktivsaldo behauptet, die in der Rechnungsperiode angefallenen gegenseitigen Ansprüche und Leistungen substantiiert darlegen und seine Aktivposten **beweisen** (BGH NJW 89, 300; *Wessels* WM 97, 1513). Dazu genügt mangels Bestreitens die Behauptung eines anerkannten (Rz 10), kausalen oder rechnerischen (Rz 7, 9) Saldos zu einem bestimmten Zeitpunkt in bestimmter Höhe und der danach eingetretenen Aktiv- u Passivänderungen (BGH NJW 91, 2908; Oldbg NJW-RR 95, 1075; *Wessels* WM 97, 1513). Der Gegner hat, soweit sie nicht zugestanden sind, die ihm zugute kommenden Posten zu beweisen (BGH BB 96, 289), nicht aber Passivposten (BGH ZIP 01, 562). Im Versäumnisverfahren genügt die Behauptung eines Saldos (Oldbg NJW-RR 95, 1075).

10   3. **Saldoanerkenntnis. a)** Die Parteien sind der **Rspr** zufolge einklagbar (BGH DB 70, 484) *verpflichtet,* den richtigen (Beweislast: derjenige, der Anerkenntnis fordert) kausalen bzw rechnerischen (Rz 9) Saldo anzuerkennen; der Inhaber des Aktivsaldos, daß dieser Saldo nicht höher ist (BGH 51, 348), der andere Teil, daß er in Höhe dieses Saldos schulde. Der Rspr zufolge (BGH 93, 313) führt das Anerkenntnis zur **Novation,** dh die im kausalen Saldo enthaltenen kausalen Forderungen erlöschen, auch Forderungen, die „vergessen" worden sind (BGH NJW 85, 3010 f; 95, 321; ZIP 00, 1381; offen BGH NJW 99, 1710). An die Stelle dieser Forderungen tritt eine einzige abstrakte Forderung aus § 781 BGB, die in 30 Jahren einheitlich verjährt (§ 195 BGB) u einen einheitlichen, von den kausalen Forderungen unabhängigen Gerichtsstand u Erfüllungsort aufweist (§§ 269 BGB, 12 ff ZPO; **Vereinfachungseffekt des Kkorrent**). Demgüber wird in der **neueren Lit** herrschend die Ansicht vertreten, daß die mit dem Saldoanerkenntnis begründete Forderung aus § 781 BGB die im kausalen Saldo (Rz 9) steckenden Forderungen nicht berühre (§ 364 II BGB; *Canaris* § 27 30; ähnlich MKHGB*Hefermehl* § 355 58). Soweit die Forderung aus § 781 BGB niedriger sei als der kausale Saldo, gebe der Saldogläubiger kein konstitutive negatives Schuldanerkenntnis (§ 397 II BGB) des Inhalts ab, daß keine den abstrakten Saldo übersteigenden Forderungen bestünden, sondern nur ein deklaratorisches Schuldanerkenntnis mit Beweislastumkehr (St*Canaris* § 355 192). Der Saldoschuldner könne, wie allg im Rahmen des § 364 II BGB, primär aus § 781 BGB, hilfsweise „aus" dem kausalen Saldo in Anspruch genommen werden (St*Canaris*

§ 355 177). Die Novationstheorie hat insbes im Zusammenhang mit der Frage der Sicherheiten gewisse Praktikabilitätsvorzüge; die Lehre von *Canaris* besticht durch Einzelfallgerechtigkeit und Wertungskonsequenz. Der Vorzug der Praktikabilität fällt indessen dort nicht ins Gewicht, wo evident gezielt auf bestimmte Kausalforderungen geleistet worden ist (Rz 9). Jedenfalls hat das Anerkenntnis immer eine *Beweislastumkehr* zur Folge (BGH BB 99, 1626), so daß sich der Gläubiger nur auf das Anerkenntnis zu berufen braucht.

Nach allg Ansicht kann das **Anerkenntnis formlos** (§ 782 BGB) **11** und uU **stillschweigend** erfolgen (BGH WM 56, 1126; BB 58, 1080; NJW-RR 91, 1251), uU auch durch Schweigen auf die Zusendung eines periodischen (Rz 7 f) Rechnungsabschlusses (Angebot z Anerkenntnisvertrag), wenn der Empfänger im Fall der Nichtanerkennung dem Vertrag oder Treu u Glauben zufolge zum Protest verpflichtet war (vgl Nr 7 II AGB-Banken). Beweislast: derjenige, der durch Anerkenntnis begünstigt wird (BGH NJW-RR 97, 1461). Stecken im kausalen Saldo **unklagbare Forderungen,** so bedarf es bei allen Arten von Salden (BGH 93, 312; NJW 89, 2121; *Canaris* ZIP 87, 888) eines ausdrücklichen Anerkenntnisses im Bewußtsein, daß dem Saldo unklagbare Forderungen zugrunde liegen, nicht aber im Bewußtsein der Unklagbarkeit (BGH NJW 89, 2121; Rz 9). Ist letzteres nicht der Fall, so wird lediglich eine neue unklagbare Verbindlichkeit begründet (BGH BB 98, 1021). Immer zu beachten ist, daß der kausale Saldo u der Saldo iSd § 781 BGB als erster Posten der neuen Kkorrentperiode „vorzutragen" sein kann u die Saldoforderungen daher ihrerseits erneut kkorrentgebunden (Rz 6; so iZw bei Kkorrent mit Banken) u somit ein Rechnungsposten in der neuen Rechnungsperiode sein können. Ist der *anerkannte Saldo* nicht seinerseits kkorrentgebunden, so kann aus § 781 BGB **unmittelbar auf Zahlung** geklagt werden (Beweislast für Anerkenntnis: Gläubiger [*Wessels* WM 97, 1509]; die dem Saldo zugrunde liegenden Forderungen braucht der Gläubiger nicht zu beweisen [BGH BB 99, 1626]). Vom Standpunkt der Rspr aus kann die Klage auf Saldoanerkenntnis und auf Zahlung aus § 781 BGB miteinander verbunden werden (St*Canaris* § 355 202). Nach verbreiteter Ansicht schließt die Saldoanerkenntniserklärung auch konkludent das Anerkenntnis aller erkennbar zugrunde liegenden Einzelposten der Rechnungsperiode in (BGH WM 75, 557; St*Canaris* § 355 192). Dem ist nur mit der Maßgabe zuzustimmen, daß deklaratorisch anerkannt wird (Beweislastumkehr; vgl BGH NJW 95, 321). Jedenfalls werden die Einzelposten nicht genehmigt (BGH ZIP 00, 1381). Erhält ein Kkorrentpartner eine Saldoabrechnung zugesandt, so darf er das abstrakte Anerkenntnisangebot nicht teilweise annehmen (§ 150 II BGB; str). Das bloße Anerkenntnisangebot führt allerdings so wie eine teilweise Annahme zur Beweislastumkehr. Das Anerkenntnis ist nach Maßgabe der §§ 119 ff BGB anfechtbar. Solange ein abstrakter Anerkenntnisvertrag nicht zustande gekommen ist, kann der Saldogläubiger auch aus den im kausalen bzw rechnerischen (Rz 7, 9) Saldo steckenden Forderungen Leistung ver-

§ 355

langen (*Wessels* WM 97, 1513; Ausnahme: die Saldoforderungen sind auf die nächste Rechnungsperiode vorzutragen).

12 **b) Unrichtigkeit des Saldos iSd § 781 BGB.** Der Saldo ist unrichtig, wenn Posten zu Unrecht berücksichtigt oder zu Unrecht nicht berücksichtigt worden sind. Ist der **Saldo** des Saldogläubigers **zu niedrig,** so steht dem Saldogläubiger vorbehaltlich der §§ 814, 818 III BGB (BGH BB 67, 1398 f) ein Anspruch aus § 812 II BGB (BGH 51, 348; Beweislast: Gläubiger [BGH NJW-RR 91, 1252; NJW 95, 321; ZIP 01, 562: nicht streitige Passivposten; s auch Rz 9]) auf Aufhebung des Anerkenntnisvertrages sowie Wiederbegründung des kausalen Saldos (str; aA BGH 93, 313: Verrechnung entfällt automatisch; abw die neuere Lit, die die Novationswirkung verneint [Rz 10]) u aus dem Kkorrentvertrag ein Anspruch auf Abgabe des richtigen Saldoanerkenntnisses zu. Dieser Anspruch kann auch für vergangene Abrechnungsperioden geltend gemacht werden. Ist der Saldo nicht seinerseits kkorrentgebunden, so kann in Verbindung dieser Ansprüche sofort auf Zahlung des richtigen Saldobetrags geklagt werden (BGH NJW 97, 3169); immer auf Tagesguthaben (Rz 8). Der Saldoschuldner kann sich auf Wegfall der Bereicherung berufen (§ 818 III BGB), es sei denn, daß er allein den Fehler veranlaßt hat (beachte Stornobefugnis gemäß Nr 8 AGB-Banken). Andererseits darf der Gläubiger Herausgabe der Nutzungen verlangen, die der Schuldner infolge des zu niedrigen Saldos gezogen hat (BGH NJW 98, 2530).

13 Ist der **Saldo** zugunsten des Saldogläubigers **zu hoch,** so kann sich der Saldoschuldner vorbehaltlich der §§ 814, 818 III BGB auf die Bereicherungseinrede (§ 821 BGB; Beweislast: Schuldner [BGH NJW-RR 91, 1212; NJW 95, 321]) berufen; ferner steht ihm aus § 812 II BGB ein Anspruch auf Aufhebung des unrichtigen Anerkenntnisvertrages u aus dem Kkorrentvertrag ein Anspruch auf Anerkenntnis des richtigen Saldos („Buchung des richtigen Saldos"; Hamm NJW-RR 86, 410) zu. Wirkt sich der richtige Saldo in der Form aus, daß der Saldoschuldner zum Saldogläubiger wird, so kann dieser nicht nur die Bereicherungseinrede erheben, sondern auch wie ein Saldogläubiger vorgehen, der zu Unrecht einen zu niedrigen Saldo anerkannt hat (Rz 12). Der Anspruch auf Aufhebung des falschen Saldos u Wiederbegründung der kausalen Forderungen **verjährt** gem § 195 BGB (30 Jahre). Soweit die Unrichtigkeit darauf beruht, daß Posten nicht erfaßt worden sind, ist nach BGH 51, 348 f die Verjährungsfrist der vergessenen Posten maßgebend (Ende der Hemmung gem § 202 BGB [Rz 6]; zutr aA St*Canaris* § 355 227: Verjährungsfrist der im kausalen Saldo steckenden Forderungen; denn der Bereicherungsschuldner ist zur Wiederbegründung der kausalen Saldoforderungen so verpflichtet, wie sie ohne Anerkenntnis bestanden hätten).

14 **4. Verzinsung.** Die im Kkorrent gebundenen (Rz 3) Einzelforderungen sind so zu verzinsen, als ob kein Kkorrent existieren würde (zB Vertrag; §§ 353 f). Die Berechnungsart kann im Kkorrentvertrag bes geregelt sein (zB im Bankkontokorrent die Staffelverzinsung nach dem jeweiligen Tagessaldo). Nach Saldoanerkenntnis ist nur der abstrakte Saldo nach Maßgabe der Parteivereinbarung (Indiz: Aufnahme verzinslicher Forderungen ins Kkorrent), hilfsweise gem § 355 I, wenn der kausale Saldo (Rz 9) zumindest einen verzinslichen Posten enthält, St*Canaris* § 355 208 zu verzinsen. Zinshöhe: Vertrag, § 352 auch zugunsten des Nichtkaufmanns (str). Im Rahmen des abstrakten Saldos kommt es gem § 355 I nicht darauf an, daß der Saldo bereits Zinsbestandteile enthält (Ausnahme von § 248 I BGB). Die Verzinsung gem § 355 I endet mit dem Ende des Kkorrents. Wird der Saldo nicht anerkannt u geht der Saldogläubiger aus dem kausalen bzw rechnerischen Saldo (Rz 7, 9) vor, so kann er neben den fortlaufenden Zinsen der Einzelforderung(en) grds nur Verzugszinsen berechnen (BGH NJW 91, 1288; *Wessels* WM 97, 1515 f). Gleiches gilt nach Ende des Kkorrents.

IV. Ende des Kontokorrents

1. Vertrag, Kündigung, Ende der Geschäftsbeziehung. Das 15 Kkorrentverhältnis kann jederzeit durch **Vertrag** aufgehoben werden. Damit erlischt die Pflicht zur Anerkennung des abstrakten Saldos (Rz 10); es entsteht ein sofort fälliger kausaler Saldoanspruch (Rz 9; St*Canaris* § 355 239). Wenn man mit BGH 93, 313 die Existenz einer selbständigen Verrechnung verneint (Rz 7), so endet sofort (§ 355 III analog) die Lähmung (Rz 6) der bislang gebundenen Einzelposten, die als solche fortbestehen (BGH 49, 26 ff; WM 75, 557; NJW 89, 301; NJW-RR 87, 1186). Es kann jedenfalls der aus den Einzelforderungen abgeleitete Überschuß verlangt werden, wobei es idR unerheblich ist, wie sich dieser Überschuß als kausaler Saldo (Rz 9) zusammensetzt (*Canaris* § 27 20; MKHGB*Hefermehl* § 355 50 a) oder ob nur ein rechnerischer Saldo existiert (*Wessels* WM 97, 1512 f). Zur Darlegungs- u Beweislast im Prozeß, Rz 9. Teilklagen sind möglich (zu weitgehend Karlsr WM 98, 1180, weil nicht dargelegt werden muß, wie sich der Saldo errechnet). Verzinsung, Rz 14. Dieselben Rechtsfolgen entstehen, wenn das Kkorrent, was iZw jederzeit formlos (auch konkludent) möglich ist (§ 355 III; auch Bank-Kkorrent, vom Kunden selbst vor Ablauf der Geschäftsbeziehung oder Rückzahlung eines Kkorrentkredits [BGH NJW-RR 87, 1186]), **gekündigt** wird.

Die Kündigung aus wichtigem Grund kann nicht abbedungen wer- 16 den. Das Ende der **Geschäftsverbindung** löst ipso iure auch das Kkorrentverhältnis (BGH NJW 56, 17) auf, nicht aber der bloße Ablauf einer Rechnungsperiode, das bloße Ruhen der Verbindung (BGH BB 84, 566) oder die Fälligkeit eines Kkorrentkredits (BGH WM 87, 343). Das Kkorrentverhältnis wird nicht deshalb fortgesetzt, weil Zahlungen auf den Sollsaldo eingehen u Abschlüssen nicht widersprochen wird (Nürnb BB 96, 2642).

§ 356 Viertes Buch. Handelsgeschäfte

17 **2. Insolvenzverfahren.** Das Kkorrentverhältnis u damit die Bindung der Einzelforderungen im Rahmen des Kkorrents (Rz 3 ff) endet automatisch mit Eröffnung des Insolvenzverfahrens (§§ 80 f, 87 InsO; vgl BGH 74, 255; ZIP 99, 666 [vor Eröffnung]; diff St*Canaris* § 355 251 ff). Zur Phase vor der Insolvenzeröffnung s *Steinhoff* ZIP 99, 1141. Beachte die Sonderregelung des § 116 S 3 InsO im Zahlungs- u Überweisungsverkehr (*Keller* WM 00, 1276). Der Insolvenzverwalter begründet bei „Fortführung" des Kontos ein neues Kkorrentverhältnis (vgl BGH NJW 91, 1287). Der BGH (74, 254; Kln MDR 95, 375) nahm zur KO an, daß analog § 355 III ein sofort fälliger (MKHGB*Hefermehl* § 355 109; abw St*Canaris* § 355 246) Anspruch auf den Überschuß in Höhe des kausalen Saldos (Rz 9) entstehe. Daran ist nach Inkrafttreten der InsO mit der Modifikation festzuhalten, daß der Anspruch erst nach Eröffnung des Insolvenzverfahrens entsteht (St*Canaris* § 355 245) und daß bei der Ermittlung des Saldos der § 96 I 3 InsO (*Steinhoff* ZIP 00, 1143) sowie § 116 S 3 InsO zu berücksichtigen sind. Beweislast, Rz 9. Dieser Anspruch auf den Überschuß, dh die den Kausalsaldo bildenden Ansprüche (Rz 9), sind im voraus abtretbar und pfändbar (BGH 70, 94 zur KO; aA St*Canaris* § 255 247). Ist im Kkorrent eine Gutschrift enthalten, die der spätere Gemeinschuldner mit fremdem Geld bewirkt hat, so erwirbt der Eigentümer des Geldes uU ein (Ersatz-)Aussonderungsrecht (§§ 47 f InsO; vgl BGH NJW 99, 1711; St*Canaris* § 355 249 f), ebenso dort, wo der Erlös für den Verkauf massefremder Forderungen auf das Bankkonto des Insolvenzverwalters eingezahlt wird (BGH NJW 99, 1710); anders bei Zahlung auf ein Bankkonto des Gemeinschuldners, wenn die zugrunde liegende Forderung bereits abgetreten war (vgl BGH DB 89, 2533). Leistungen, die nach Eröffnung des Insolvenzverfahrens erfolgen, werden nicht mehr verrechnet (§ 96 I 1 InsO; vgl BGH NJW 77, 1346; 78, 699). Beachte auch die §§ 82, 96 I 1 InsO.

§ 356 [Sicherheiten]

(1) **Wird eine Forderung, die durch Pfand, Bürgschaft oder in anderer Weise gesichert ist, in die laufende Rechnung aufgenommen, so wird der Gläubiger durch die Anerkennung des Rechnungsabschlusses nicht gehindert, aus der Sicherheit insoweit Befriedigung zu suchen, als sein Guthaben aus der laufenden Rechnung und die Forderung sich decken.**

(2) **Haftet ein Dritter für eine in die laufende Rechnung aufgenommene Forderung als Gesamtschuldner, so findet auf die Geltendmachung der Forderung gegen ihn die Vorschrift des Absatzes 1 entsprechende Anwendung.**

I. Geltungsbereich, Zweck

1 § 356 betrifft nur Sicherheiten, die für kkorrentgebundene (§ 355 Rz 3 f) Einzelforderungen gegeben worden sind, nicht jedoch Sicher-

Erster Abschnitt. Allgemeine Vorschriften **§ 356**

heiten für den abstrakten Saldo (Rz 10). Der Normzweck ist umstritten. Der Rspr zufolge soll § 356 das Freiwerden der Sicherheiten infolge der Novation verhindern (RG 87, 438); die neuere Lit erblickt in § 356 eine Konkretisierung des § 364 II BGB (St*Canaris* § 366 4).

II. Sicherheiten

1. Fortbestand der Sicherheit. Der **neueren Lit** zufolge läßt das 2 abstrakte Saldoanerkenntnis die gesicherten Einzelposten im Rahmen des § 366 BGB (analog) fortbestehen (§ 355 Rz 10). Soweit demnach die kausale Verrechnung nicht zur Tilgung einer gesicherten Forderung führt, bleibt die Sicherheit trotz des Saldoanerkenntnisses erhalten u sichert weiterhin (nur) die gesicherte Einzelforderung, die in den kausalen Saldo eingegangen ist (§ 355 Rz 7, 9). Diese Lösung vermeidet Wertungswidersprüche zu den §§ 396, 366 BGB u produziert im Einzelfall gerechtere Ergebnisse. Sie schützt den Sicherungsnehmer, der beim Saldoanerkenntnis Posten vergessen hat u daher irrtümlich ein Debetsaldo anerkannt hat. Sie mindert das Risiko des Sicherungsgebers, wg der Kkorrentbindung länger u intensiver als normal zu haften (*Canaris* § 27 37 ff; St*Canaris* § 356 16 ff; *Schmidt* § 21 V 2 b). Sie hat freilich den Nachteil, daß uU über mehrere Kkorrentperioden zurück beweisaufwendig festgestellt werden muß, wie die Einzelforderungen im Licht des § 366 II BGB durch Verrechnung getilgt worden sind. Dieser Nachteil kommt nicht zum Tragen, wenn man mit der **Rspr** (BGH 50, 283) von einer Novation ausgeht (§ 355 Rz 10) u dort, wo nicht erkennbar auf eine bestimmte gesicherte Forderung geleistet worden ist (vgl § 355 Rz 9; ähnlich MKHGB*Hefermehl* § 356 17), nur auf die ursprünglich gesicherte Forderung u auf den anerkannten Saldo abstellt (Fiktion des Fortbestands der Einzelforderung, soweit für den Fortbestand der Sicherung notwendig [RG 87, 438; 162, 251] bzw Forderungsauswechslung). Für die Verjährung kommt es auf die Saldoforderung (§ 355 Rz 10; Stgt BB 85, 1938) an. Daß dann Sicherheiten im Gefolge falscher Saldoanerkenntnisse erlöschen, läßt sich grds mit Rechtssicherheit und Vertrauensschutz rechtfertigen; daß der Sicherungsgeber schärfer haftet, damit, daß er eben eine Sicherheit für eine kkorrentgebundene Forderung gestellt hat (aA *Canaris* § 27 37 ff).

2. Deckung von Forderung und Saldo. Die Sicherheit darf nach 3 der Rspr nicht über den Betrag der (ursprünglich; vgl Rz 2) gesicherten, ins Kkorrent aufgenommenen Einzelforderung (§ 355 Rz 3 ff, 15 ff; Beweislast: Gläubiger, BGH NJW 91, 1287) u den (niedrigsten [MKHGB-*Hefermehl*] § 356 15]) Saldobetrag hinaus beansprucht werden (aA die hL [Rz 1]); der niedrigere Betrag ist maßgeblich. Nach der Rspr ist grds auf den abstrakten Saldo (§ 355 Rz 10) abzustellen (RG LZ 1918, 1213; BB 72, 1164; Beweislast für Saldoanerkenntnis: Sicherungsgeber). Dem BGH (NJW 85, 3008) zufolge soll sich aber dort, wo sich ein Bürge unbefristet für alle zukünftigen Forderungen aus bestimmten Geschäftsverbindungen verbürgt hat, der Bürge auch auf einen niedrigeren Tagessaldo bei Kündigung der Bürgschaft berufen können (zw, weil kein Grund zur Begünstigung ggüber Einzelbürgen). Zum ausgeschiedenen Gesellschafter, Rz 6. Wenn es nicht (zB wg Kkorrentbeendigung) zum Saldoanerkenntnis (§ 355 Rz 11) kommt, ist vom Ansatz der Rspr auf den kausalen Saldo (§ 356 analog) abzuheben (Beweislast: § 355 Rz 9; BGH NJW 88, 906). Dies kann auch ein aus der vorangegangenen Periode übertragener abstrakter Saldo sein. In Fällen, in denen der Saldo jeweils auf die nächste Periode vorzutragen war, ist auf den niedrigsten der Salden abzuheben (BGH 50, 284). Die Parteien können § 356 dadurch abbedingen, daß sie (konkludent) die vorrangige Tilgung der gesicherten Einzelforderung vereinbaren (BGH NJW-RR 91, 564; Rz 2).

4   **3. Arten der Sicherheiten.** § 356 erfaßt unmittelbar oder analog ohne Rücksicht auf Kennen-Müssen des Sicherungsgebers (RG 136, 178 [der Sicherungsgeber muß die gesicherte Forderung bei Begründung der Forderung immer so hinnehmen, wie sie ist; denkbar ist § 119 II BGB]; aA MKHGB*Hefermehl* § 356 23; St*Canaris* § 356 60) Bürgschaft, Pfandrecht, ferner Hypothek, Vormerkung, Zurückbehaltungsrecht (RG 82, 405), Sicherungsgrundschuld (BGH NJW 91, 1287), -eigentum, -zession, die Aufrechnungsmöglichkeit (BGH BB 55, 715), Eigentumsvorbehalt. Wurde die Sicherung *vor* Kkorrentbindung bestellt, so sind die §§ 767 I 2, 3, 1210 I 2 BGB (analog) anzuwenden (enger Karlsr WM 93, 789; vgl auch BGH BB 95, 1711). Daraus folgt ua, daß ein Bürge sich auf die Verjährung der Hauptschuld so berufen darf, als wäre die Hauptschuld nicht in das Kkorrent eingestellt worden (BGH ZIP 00, 1577).

5   **4. Geltendmachung der Sicherheiten.** Die Sicherheit kann mangels abw Abreden nicht vor Ende der Rechnungsperiode bzw, wenn der Saldo jeweils in der neuen Periode vorzutragen ist, nicht vor Beendigung des Kkorrents (§ 355 Rz 15) geltend gemacht werden (RG HRR 1937, Nr 463). Der Sicherungsgeber kann die Einwendungen u Einreden erheben, die ihm gg die „gesicherte" Einzelforderung zustehen (würden) (RG LZ 1918, 1213; Rz 2) oder die der Sicherungsabrede entspringen (St*Canaris* § 356 58). Sie gehen durch das Saldoanerkenntnis nicht verloren (aA Stgt BB 85, 1938). Die Beweislast trägt der Sicherungsgeber auch dann, wenn noch kein Saldoanerkenntnis erfolgt ist u der Sicherungsgeber die Existenz ihm zugute kommender Posten behauptet (vgl BGH BB 96, 289; abw NJW 88, 906). Sicherheiten verschiedener Sicherungsgeber kann der Sicherungsnehmer nach seiner Wahl in Anspruch nehmen (aA St*Canaris* § 356 49). Leistet ein Sicherungsgeber, der nicht zugleich Saldoschuldner ist, so geht im Rahmen der §§ 426, 774, 1143, 1225 BGB der Saldo (§ 355 Rz 10) auf ihn über (aA St*Canaris* § 356 70; MKHGB*Hefermehl* § 356 25: gesicherte Einzelforderung).

III. Gesamtschuld, Gesellschafterhaftung

6   Die Regeln des § 356 I gelten für und gg Gesamtschuldner (§§ 421, 2058 BGB, 25 HGB, 46 ff AktG) sowie Gesellschafter einer BGB-Ges,

Erster Abschnitt. Allgemeine Vorschriften **§ 357**

OHG, KG (§§ 128, 171 I). Ausgeschiedene Gesellschafter sollen nach stdg Rspr maximal in Höhe des Tagessaldos bei Ausscheiden (beachte § 15 I) bzw eines später niedrigeren Periodensaldos haften (BGH 50, 283; zu Recht krit neuere Lit [St*Habersack* § 128 66; St*Canaris* § 356 43]).

IV. Sicherung des Kontokorrentsaldos

Die Parteien können (auch) die **unmittelbare** Sicherung der künfti- 7
gen abstrakten Salden (§ 355 Rz 10) vereinbaren (so zB Nr 17 AGB-Banken; ferner § 397 HGB). Gesichert wird dann die jeweilige Saldoforderung; § 356 ist unanwendbar (St*Canaris* § 356 77; abw BGH 26, 150). Ist der Saldo jeweils in die neue Periode einzubringen, so gelten insoweit die oben entwickelten Regeln. Eine Haftung für später begründete Kkorrentverhältnisse besteht iZw nicht (vgl BGH NJW 91, 1287).

§ 357 [Pfändung des Saldos]

¹ **Hat der Gläubiger eines Beteiligten die Pfändung und Überweisung des Anspruchs auf dasjenige erwirkt, was seinem Schuldner als Überschuß aus der laufenden Rechnung zukommt, so können dem Gläubiger gegenüber Schuldposten, die nach der Pfändung durch neue Geschäfte entstehen, nicht in Rechnung gestellt werden.** ² **Geschäfte, die auf Grund eines schon vor der Pfändung bestehenden Rechtes oder einer schon vor diesem Zeitpunkte bestehenden Verpflichtung des Drittschuldners vorgenommen werden, gelten nicht als neue Geschäfte im Sinne dieser Vorschrift.**

1. Normzweck. § 357 schränkt die Bindungs- u Verrechnungswir- 1
kung der Kkorrentabrede (§ 355 Rz 2 f) zu Lasten des Saldogläubigers ein. § 357 ist auf alle antizipierten Verrechnungsverträge analog anzuwenden (St*Canaris* § 357 10).

2. Pfändung des Zustellungssaldos (§ 357). Voraussetzung ist die 2
Pfändung u Überweisung (§§ 829 ff, 845, 930 ZPO) des Saldos eines hinreichend bestimmten (BGH 80, 181), noch bestehenden (Stgt ZIP 94, 224) Kkorrents. Angabe der Kontonummer ist nicht erforderlich. Im Zweifel sind alle Konten beim Zustellungsempfänger gepfändet. Pfändung ins Blaue ist rechtsmißbräuchlich. Die Pfändung läßt das Kkorrentverhältnis unberührt (RG 140, 222). Der gepfändete Saldo setzt sich aus dem zugunsten des Pfändungsschuldners aktiven hypothetischen (*Canaris* § 27 48) Saldo im Moment der Zustellung des Pfändungsbeschlusses abzüglich (nicht auch zuzüglich [hM]) solcher später entstandener Posten zusammen, deren rechtlicher Grund in Parallele zu § 404 BGB (BGH NJW 97, 2323) schon vor Zustellung des Pfändungsbeschlusses „begründet" worden war (§ 357 S 2; zB wg Anfechtung, Aushändigung von Euroscheckformularen [BGH NJW 85, 864]; Ansprüche aus § 812, selbst bei Stornierung nach Saldierung [*Burghardt*

§ 357 Viertes Buch. Handelsgeschäfte

WuB I C 1.–1.97; aA BGH BB 97, 1502]), sowie abzüglich zweckgebundener Habenposten. Die Erfüllung eines vor Zustellung des Pfändungsbeschlusses begründeten Anspruchs fällt nicht unter § 357 S 2 u ist dem Pfändungsgläubiger ggüber unwirksam (BGH NJW 97, 2323). Pfandrechte für künftige Forderungen (zB Nr 14 AGB-Banken) sind nicht zu berücksichtigen (BGH NJW 97, 2323; aA HdHandelsG *Hammen* § 7 Rz 47). Diesen Zustellungssaldo sichern die Sicherheiten analog § 356 (aA HdHandelsG *Hammen* § 7 Rz 45). Der Saldoschuldner (Drittschuldner) darf nicht mehr an den Pfändungsschuldner (Saldogläubiger) leisten (Ausnahme: §§ 1275, 406, 407 BGB; ebenso bei neuen Schuldposten [St*Canaris* § 357 21]) u muß den Zustellungssaldobetrag am Ende der laufenden Rechnungsperiode (§ 355 Rz 7; hM) an den Pfändungsgläubiger auszahlen, selbst wenn der Saldo nach Kkorrentvertrag auf die neue Periode vorzutragen ist (Pfändungsschutz: insbes §§ 850, 850 a–852 ZPO, 55 I 1 SGB; s BGH NJW 88, 2670).

3 **3. Pfändung des Periodensaldos (§ 355 Rz 10).** Sie erfolgt unabhängig von § 357 nach Maßgabe der §§ 829 ff ZPO; sie erstreckt sich auf alle zukünftigen Aktivsalden zugunsten des Pfändungsschuldners (nur) aus dem im Pfändungsbeschluß benannten Kkorrentverhältnis (BGH 80, 181). Es sind alle, auch die nach Zustellung neu geschaffenen, Debetposten zu berücksichtigen (BGH NJW 81, 1613); die Verbindung mit der Pfändung des Zustellungssaldos (Rz 2) u des Tagesguthabens (Rz 4) ist zulässig.

4 **4. Pfändung des „Tagesguthabens".** Der Anspruch des Bankkunden auf Zahlung in Höhe der künftigen Postensalden (§ 355 Rz 6; *Lwowski* WM 94, Sonderheft S 62) ist (zusätzlich) pfändbar (BGH NJW 82, 2195) u wird gem den §§ 829 ff ZPO gepfändet, wenn dies eindeutig beantragt wurde (BGH 80, 180). Der Pfändungsgläubiger erwirbt einen Anspruch auf Zahlung der aktiven Postensalden bis zur nächsten Periodenverrechnung (§ 355 Rz 7), soweit nicht Nr 14 AGB-Banken entgegensteht. Als Hilfspfändung ist die Pfändung des Anspruchs auf Gutschrift ratsam (BGH NJW 85, 1219; str), ferner des Anspruchs auf Durchführung von Überweisungsaufträgen des Pfändungsschuldners (BGH NJW 85, 1219; aA *Häuser* WM 90, 129) oder sonstigen Aufträgen, um zu verhindern, daß der Pfändungsschuldner im Rahmen des fortbestehenden Kkorrents (Rz 2) Debetposten schafft (BGH NJW 82, 2195). Aufwendungsersatzansprüche aus Lastschriften kann der Pfändungsgläubiger nicht abwehren, wenn man die Lastschrift iSd BGH konstruiert.

5 **5. Pfändung von Kkorrentkrediten.** Solange der Kredit nicht abgerufen worden ist, scheidet eine Pfändung aus, selbst wenn dem Pfändungsschuldner eine Kreditlinie eröffnet worden ist (Schlesw NJW 92, 579 [hM]; aA OLG Kln WM 83, 1050). Der abgerufene Kredit ist pfändbar (BGH BB 01, 1008), außer wenn er einem zwischen den Parteien vereinbarten Zweck dient. Die bloße „Verfügung" über den Kredit steht dem Pfandrecht nicht im Wege (BGH aaO). Beachte § 826 BGB.

§ 358 [Zeit der Leistung]

Bei Handelsgeschäften kann die Leistung nur während der gewöhnlichen Geschäftszeit bewirkt und gefordert werden.

1. Allgemeines. § 358 enthält eine **Auslegungsregel**, wann am Tage der (vertraglich oder ges bestimmten) Leistung (Rz 2) zu leisten ist. § 358 präzisiert den in § 242 BGB enthaltenen Gedanken, daß Leistungen nicht zur Unzeit bewirkt bzw gefordert werden können.

2. Die **Leistungszeit ieS** (Leistungstag) richtet sich primär nach der Parteiabrede, subsidiär nach § 271 BGB bzw §§ 604, 608, 609, 641, 721 BGB, auch Handelsbrauch, § 346; Auslegungsregeln: § 359.

3. Anwendungsbereich. a) § 358 gilt für zweiseitige Handelsgeschäfte, für einseitige (§ 345) auch, wenn der Empfänger Kaufmann ist; die Verweisung in §§ 383 II, 407 III 2, 453 III 2, 467 III 2 ist zu beachten. Die Norm gilt für Leistungen aller Art, nicht für Willenserklärungen (RG 53, 61; dafür § 130 BGB) u Realakte. **b)** § 358 greift nur ein, sofern die Parteien keine abweichende (ausdr oder konkludente) Vereinbarung getroffen haben (RG 91, 67).

4. Gewöhnliche Geschäftszeit ist die branchenübliche Geschäftszeit; entscheidend ist die Verkehrssitte am Leistungsort, nicht die Übung des individuellen Unternehmens. Für Sonn- u Feiertage sowie Samstage gilt § 193 BGB.

5. Rechtsfolgen. Der Gläubiger gerät, wenn er ein Leistungsangebot außerhalb der gewöhnlichen Geschäftszeit ablehnt, nicht in Annahmeverzug, §§ 293 ff BGB; anders, wenn die Zurückweisung gg Treu u Glauben verstößt (§ 242 BGB; RG 92, 211). Nimmt der Gläubiger die Leistung an, ist ordnungsgemäß erfüllt.

§ 359 [Vereinbarte Zeit der Leistung: „acht Tage"]

(1) Ist als Zeit der Leistung das Frühjahr oder der Herbst oder ein in ähnlicher Weise bestimmter Zeitpunkt vereinbart, so entscheidet im Zweifel der Handelsgebrauch des Ortes der Leistung.

(2) Ist eine Frist von acht Tagen vereinbart, so sind hierunter im Zweifel volle acht Tage zu verstehen.

1. Allgemeines. Die **Auslegungsregeln** („im Zweifel") des § 359 betreffen die Leistungszeit ieS (Leistungstag; s § 358 Rz 2).

2. Anwendungsbereich. § 359 gilt für ein- u zweiseitige Handelsgeschäfte. §§ 383 II, 407 III 2, 453 III 2, 467 III 2 verweisen auf § 359.

3. „Frühjahr", „Herbst" uä. Ist die Leistungszeit durch unbestimmte Angaben wie „Herbst" bestimmt, entscheidet der Handelsbrauch am Ort der Leistung (Erfüllungsort, § 269 BGB), **I.** Abweichender Handelsbrauch am Sitz der Parteien ist irrelevant. Abweichende Abreden gehen vor; auch der Vertragszweck ist uU zur

§ 360 Viertes Buch. Handelsgeschäfte

Konkretisierung heranzuziehen. Fehlt es an einem Handelsbrauch, ist die kalendarische Bestimmung maßgebend.

4. „Acht Tage". a) Die Fristberechnung richtet sich nach §§ 187 ff BGB; der Tag der Fristvereinbarung wird **nicht** mitgerechnet, § 187 I BGB. **b) II** legt fest, daß Vereinbarung von „acht Tagen" nicht eine Woche (= 7 Tage), sondern tatsächlich 8 Tage gemeint sein sollen. Da nur Auslegungsregel, hat abweichendes Verständnis des Verkehrs bei „heute in 8 Tagen" (gemeint als eine Woche) Vorrang.

§ 360 [Gattungsschuld]

Wird eine nur der Gattung nach bestimmte Ware geschuldet, so ist Handelsgut mittlerer Art und Güte zu leisten.

1 **1. Allgemeines.** Bei der **Gattungsschuld** ist der Leistungsgegenstand nur nach generellen Merkmalen (bei Stückschuld: individuell) festgelegt. Die Parteien können die Gattungsmerkmale bestimmen (BGH NJW 86, 660); iü entscheidet die Verkehrsanschauung. IdR ist die Gattungsschuld auf die Leistung vertretbarer Sachen (§ 91 BGB) gerichtet. § 243 I BGB: Lieferung von Sachen mittlerer Art u Güte; § 360 präzisiert diese Verpflichtung (*MKHGB/Welter* § 360 19).

2 **2. Anwendungsbereich.** Der Gattungsschuld muß ein zumindest einseitiges Handelsgeschäft zugrundeliegen, wobei erforderl ist, daß der (Gattungs-)Schuldner Kaufmann ist (str). Die Verweisung der §§ 383 II, 407 III 2, 453 III 2, 467 III 2 ist zu beachten. Abweichende Abreden gehen vor (Rz 5).

3 **3. Tatbestand. a)** § 360 setzt eine **Gattungsschuld** (Rz 1) bzgl **Waren** voraus. Dazu zählen Handelskauf u Kauf auf Probe; auch Kauf von Wertpapieren, § 381 I. Auf Dienst- u Werkleistungen ist § 360 entspr anzuwenden. **b) Handelsgut** ist die Ware nur, wenn sie umsatzfähig, dv verwertbar ist u den zwingenden gesetzl Vorschriften entspricht. **c)** Handelsgut **mittlerer Art u Güte** bestimmt sich nach dem im Handelsverkehr am Erfüllungsort Üblichen. Dies kann von dem im Privatverkehr Erforderlichen in positiver wie negativer Richtung abweichen (*Groß K Canaris* § 360 1).

4 **4.** Die **Rechtsfolgen** des § 360 sind dieselben wie bei § 243 I BGB. Entspricht die gelieferte Ware nicht den Anforderungen mittlerer Art u Güte, hat beim Handelskauf der Gläubiger die Rechte aus § 480 I BGB. Konkretisierung iSv § 243 II BGB tritt nicht ein. Die Rügeobliegenheit der §§ 377, 378 ist zu beachten.

5 **5. Abweichende Vereinbarungen.** Bei Klauseln wie „tel quel" (im Binnenverkehr), „die Ware, wie sie steht u liegt" muß sich der Käufer auch mit schlechter Qualität zufriedengeben, sofern es sich noch um Handelsgut (u nicht um Ausschußware) handelt. Die Klauseln „wie besehen", „wie beschaffen" schließen die Haftung des Verkäufers für Mängel aus, die bei ordnungsgem Besichtigung hätten erkannt werden können.

Erster Abschnitt. Allgemeine Vorschriften **§ 361**

§ 361 [Maß, Gewicht, Währung, Zeitrechnung und Entfernungen]

Maß, Gewicht, Währung, Zeitrechnung und Entfernungen, die an dem Orte gelten, wo der Vertrag erfüllt werden soll, sind im Zweifel als die vertragsmäßigen zu betrachten.

1. **Allgemeines.** § 361 enthält eine **Auslegungsregel** für die in einem Vertrag verwendeten Maß-, Gewichts-(etc)einheiten, deren Bedeutung interlokal u international variieren. In kollisionsnormähnlicher Weise (vgl Art 32 II EGBGB) wird die Bedeutung am Erfüllungsort für maßgeblich erklärt. § 361 setzt die Anwendbarkeit deutschen Rechts (Art 27, 28 EGBGB; vor § 1 Rz 27) voraus. 1

2. **Anwendungsbereich. a)** § 361 gilt für ein- u zweiseitige Handelsgeschäfte (§ 345 Rz 1, 2) sowie in den Fällen der §§ 383 II, 407 III 2, 453 III 2, 467 III 2. **b)** Als Auslegungsregel (Rz 1) tritt § 361 hinter Parteiabreden zurück. Für Geldschulden tritt § 244 ergänzend hinzu. 2

3. **Inhalt. a)** § 361 findet Anwendung auf vertragliche Erfüllungsansprüche; entspr anwendbar bei Schadensersatz wg Nichterfüllung, Verzug, pVV, Bereicherungsansprüchen (RG 120, 80; *StaudSchmidt*[13] § 244 17). **b)** Entscheidend ist die Bedeutung am **Erfüllungsort** der Verpflichtung, nicht am Sitz des Schuldners. Erfüllungsort: Parteiabrede bzw §§ 269, 270 BGB; iZw ist es der Ort der gewerblichen Niederlassung bzw Wohnort des Lieferungs-(Zahlungs-)schuldners. Bei Erfüllungsort im Ausland kommen die dort geltenden Regelungen zur Anwendung. **c)** Abzustellen ist auf die einzelne Vertragsverpflichtung, nicht auf die Gegenleistung (RG 106, 100). Der Erfüllungsort des Schadensersatzanspruches wg Nichterfüllung ist unabhängig vom Erfüllungsort der ursprünglichen Verpflichtung. 3

4. **Maßeinheiten** der Länge, der Fläche, des Raums, des Gewichts u der Zeit sind geregelt im Gesetz über die Einheit im Meßwesen, BGBl 1969 I 709. Für Meßgeräte des geschäftlichen Verkehrs gilt für die Eichpflicht das Eichgesetz, BGBl 1969 I 759. Zur Zeitrechnung zählen auch die Feiertage; s auch § 359 II. 4

5. **Währung. a)** § 361 kommt – mangels Parteiabrede (BGH WM 98, 939) – zur Anwendung, wenn die Währung mehrdeutig („Pfund", „Dollar", „Franc") oder gar nicht festgelegt (RG 120, 81) u durch Auslegung Klarheit nicht zu schaffen ist. **b)** Für Fremdwährungsschulden gilt ergänzend § 244 BGB, wonach (vorbehaltlich abweichender Parteiabrede) der Zahlungsschuldner bei inländischem Zahlungsort in der Inlandswährung zahlen kann (Ersetzungsbefugnis). § 244 BGB ist eine einseitige **Kollisionsnorm**, also vom Vertragsstatut unabhängig anzuwenden, Art 34 EGBGB. **c)** Die Eingehung von (auch: alternativen) **Fremdwährungsschulden** bedurfte bis Ende 1998 der Genehmigung der Deutschen Bundesbank (§ 49 II AWG; BGH 101, 302) gem § 3 S 1 WährG, bei Verträgen, bei denen die Parteien ausschließlich Währungsinländer („Inlandsverkehr") waren (vgl §§ 4 I Nr 3, 4, 49 I 5

Roth 945

§ 362 Viertes Buch. Handelsgeschäfte

AWG). **Wertsicherungsklauseln** waren gem § 3 S 2 WähRG genehmigungsbedürftig (ie *HeyHorn* § 361 20 f); dazu zählten DM-Geldschulden, deren Betrag durch den Kurs einer Fremdwährung, den Preis bzw Menge von Feingold oder anderer Güter bzw Leistungen bestimmt wird. Mit (Euro-Einführungs-)Gesetz vom 9. 6. 1998, BGBl I 1242, wurden §§ 49 II AWG, 3 WähRG aufgehoben u durch § 2 PaPkG ersetzt (s *Schmidt-Räntsch* NJW 98, 3166).

§ 362 [Schweigen des Kaufmanns auf Anträge]

(1) ¹**Geht einem Kaufmanne, dessen Gewerbebetrieb die Besorgung von Geschäften für andere mit sich bringt, ein Antrag über die Besorgung solcher Geschäfte von jemand zu, mit dem er in Geschäftsverbindung steht, so ist er verpflichtet, unverzüglich zu antworten; sein Schweigen gilt als Annahme des Antrags.** ²**Das gleiche gilt, wenn einem Kaufmann ein Antrag über die Besorgung von Geschäften von jemand zugeht, dem gegenüber er sich zur Besorgung solcher Geschäfte erboten hat.**

(2) **Auch wenn der Kaufmann den Antrag ablehnt, hat er die mitgesendeten Waren auf Kosten des Antragstellers, soweit er für diese Kosten gedeckt ist und soweit es ohne Nachteil für ihn geschehen kann, einstweilen vor Schaden zu bewahren.**

I. Allgemeines

1 **1. Zweck** des **I** ist **Verkehrssicherheit**. Schweigen ist im Bürgerlichen Recht u im Handelsrecht, sofern sich nicht aufgrund Gesetzes etwas anderes ergibt (Rz 2), nur unter bes Voraussetzungen als rechtsgeschäftlich relevantes Verhalten anzusehen (Rz 3). Mit **I** normiert der Gesetzgeber Verkehrserwartungen, wonach Kaufleute, die ihre Geschäftsbereitschaft erklärt haben, ein ihnen zugehendes Angebot annehmen, wenn sie nicht rechtzeitig ablehnen; insoweit geht **I** über § 663 BGB (nur Vertrauensschaden; RG 104, 267; vgl auch BGH NJW 84, 867) hinaus. **II** normiert – für den Fall des Nichtzustandekommens eines Vertrages – Schutzpflichten des Kaufmanns hinsichtlich mitgesendeter Ware des Anbietenden (Rz 12).

2 **2. Schweigen im Rechtsverkehr. a)** Das Gesetz knüpft an bestimmte Tatbestände des Unterlassens **Erklärungswirkungen** („fingierte Willenserklärungen"), zB §§ 108 II 2, 177 II 2 BGB. Dies beruht zT darauf, daß für den Regelfall ein Schluß auf einen entspr Geschäftswillen gerechtfertigt ist (*MKBGBKramer*[4] vor § 116 32), zB bei §§ 75 h, 91 a u §§ 496 S 2, 516 II 2, 568 BGB. Sinn dieser ges Regelungen ist es, den Rechtsverkehr von der (Unsicherheit der) Prüfung des Vorliegens einer konkludenten Willenserklärung zu entlasten. Von diesen Fällen strikt zu trennen ist § 151 BGB, wo nur auf den Zugang der Annahme, nicht auf die Willensbetätigung verzichtet wird.

b) Schweigen hat auch im **Handelsverkehr** allg nicht die Bedeutung einer Erklärung. Schweigen auf ein Angebot bedeutet Ablehnung (BGH 18, 216: widerspruchslose Hinnahme einer modifizierenden Auftragsbestätigung; BGH 61, 285; Düss NJW-RR 96, 623). Es existiert kein entgegenstehender Handelsbrauch (BGH NJW 96, 920). Schweigen kann als **konkludente Annahmeerklärung** zu verstehen sein, wenn **in der konkreten Situation** gem §§ 133, 157 BGB das Schweigen auf einen entspr Rechtsbindungswillen schließen läßt (eingehend *MKBGBKramer*[4] § 151 4 ff). Bsp: vorangehende Vereinbarung zwischen den Parteien, daß Schweigen auf ein Angebot als Annahme gelten soll; Gepflogenheiten im Rahmen einer laufenden Geschäftsbeziehung; die Vertragsannahme ist für den Schweigenden lediglich vorteilhaft; Schweigen auf eine verspätete Vertragsannahme (RG 103, 13). Die Rspr sieht (für den Handelsverkehr) im Schweigen auf ein Vertragsangebot eine stillschweigende Annahme, wenn nach Treu u Glauben ein Widerspruch des Angebotsempfängers erforderl gewesen wäre (BGH 1, 355), zB bei Angebot aufgrund abschlußreifer Vorverhandlungen (BGH NJW 95, 1291; str; aA *Hanau* AcP 165, 241). Da das Erklärungsbewußtsein nicht zum (subj) Tatbestand der Willenserklärung gehört (BGH 91, 327; aA *Canaris* NJW 84, 228 f; *Singer* JZ 89, 1034 f ganz generell; aA *Flume* § 5 2 e für Fälle konkludenter Willenserklärung), steht einer Willenserklärung nichts im Wege, wenn für das Schweigen **Zurechenbarkeit** gegeben ist, der Schweigende hinsichtlich seines Verhaltens davon ausgehen muß, daß der Partner es als Annahmeerklärung deuten darf.

3. Die **dogmatische Einordnung** des I ist str. Der Wortlaut des I läßt an eine Pflicht- oder Obliegenheitsverletzung denken, doch erklärt dies nicht das Zustandekommen eines Vertrages (*Schmidt* § 19 II 2 c). **I 1** wird als Anwendungsfall der (abstrakten) Rechtsscheinsgrundsätze gedeutet (*Canaris* § 25 3), die (in probl Weise) die Grenze zur Bindung kraft Rechtsgeschäfts verwischen. Näher liegt die Annahme einer **fingierten Willenserklärung** (*Flume* § 10 2; *MKHGBWelter* § 362 15), die einem evtl Streit um das (in diesen Fällen typischerweise gegebene) Vorliegen einer Willenserklärung vorbeugen soll (Rz 9). Der Vertragsschluß gem **I** läßt sich so der **Rechtsgeschäftslehre** zuordnen.

II. Voraussetzungen, I

1. Anwendungsbereich. Der **Empfänger** des Angebots muß im Moment des Zugangs **Kaufmann** iSd §§ 1–6 sein. **I** ist anwendbar auch zu Lasten von Kaufleuten kraft Rechtsscheins (§ 15 Rz 39, 58; *Schl*H*efermehl* § 362 8) sowie für die in §§ 383 II, 407 III 2, 453 III 2, 467 III 2 aufgeführten Personen; ob ebenso auch auf Nichtkaufleute, die in kaufmannsähnlicher Weise am Geschäftsverkehr teilnehmen (s § 1 Rz 38), ist im Hinblick auf die Herausnahme der Kleingewerbetreibenden aus dem Kaufmannsbegriff u dem fehlenden Verweis in § 93 III auf

§ 362 zweifelhaft, aber zu bejahen (*MKHGBWelter* § 362 17; s vor § 1 Rz 13; § 1 Rz 38).

6 **2. Der intendierte Vertrag muß** (entspr dem Antrag) auf eine **Geschäftsbesorgung** gerichtet sein. Der Begriff deckt sich nicht mit dem der §§ 662, 675 BGB; er umfaßt jede selbständige (rechtsgeschäftliche oder rein tatsächliche) Tätigkeit wirtschaftlicher Art für einen anderen u in dessen Interesse (BGH 46, 47). Bsp: Kommissionär (RG 78, 94), Spediteur (BGH 46, 46 f), Lagerhalter, Frachtführer, Treuhänder (RG 91, 16) sowie Bankgeschäfte (RG 114, 270 f). Einfache Verkaufs-, Kauf- oder Kreditangebote fallen nicht unter **I**.

7 **3. Besondere Voraussetzungen. a)** I 1 verlangt als weitere Voraussetzungen: **aa)** das Bestehen einer **Geschäftsverbindung**, dh eine auf eine gewisse Dauer angelegte Beziehung, die einen wiederholten Abschluß von Geschäften erwarten läßt; **bb)** einen **Gewerbebetrieb** des Kaufmanns, der die Besorgung von Geschäften für andere (iSv Rz 6) mit sich bringt; **cc)** einen **Zusammenhang** zwischen der Geschäftsbesorgung (iSv Rz 6) u dem Gewerbebetrieb; dabei reicht aus, daß nach der Verkehrsanschauung mit der Durchführung derartiger Geschäfte gerechnet werden kann. **b)** I 2 läßt es statt einer Geschäftsverbindung ausreichen, daß der Kaufmann sich zur Geschäftsbesorgung (iSv Rz 6) **ggüber dem Antragenden** (nicht nur ggüber der Allgemeinheit, zB durch Plakate) **erboten** hat u der Antrag des Partners diesem Erbieten entspricht. Nicht erforderl (anders bei **I 1**), ist, daß der Betrieb des Kaufmanns die Besorgung von Geschäften für andere mit sich bringt.

8 **4. Keine unverzügliche Antwort.** Die Fiktion des **I 1 2. HS** (Rz 2, 4) tritt nicht ein, wenn aufgrund einer unverzüglich abgesendeten Antwort nicht von einem Schweigen auszugehen ist. **a) Unverzüglich** meint „ohne schuldhaftes Zögern" iSv § 121 I 1 BGB (hL). Der Kaufmann hat eine gewisse (branchenübliche, von der Eilbedürftigkeit des Geschäfts beeinflußte) Überlegungsfrist, die mit Zugang des Antrags zu laufen beginnt. Kenntnis vom Zugang nicht erforderl (evtl Antwort am selben Tag); für Organisationsmängel in seinem Betrieb u das Verschulden seiner Leute hat der Kaufmann einzustehen (*SchlHefermehl* § 362 20; *Schmidt* § 19 II 2 d ff: „Verschulden des Unternehmens"; *Canaris* § 25 5). **b)** Der Fiktionseintritt wird durch die Absendung (uU per Fax geboten) der Antwort gehindert. Verzögerungs- u Verlustgefahr trägt der Antragende (hL). **c)** Enthält die Antwort die Annahmeerklärung, kommt der Vertrag dadurch u nicht aufgrund von **I** zustande. Weicht die Antwort vom Antrag ab, gilt § 150 II BGB. Lehnt der Kaufmann den Antrag ausdr oder konkludent ab (dazu BGH DB 89, 39) oder läßt die Antwort erkennen, daß die Vertragsverhandlungen in der Schwebe gehalten werden sollen, ist **I 1 2. HS** unanwendbar, da der Auftraggeber nicht auf die Ausführung des Auftrags vertrauen kann (BGH NJW 84, 867); ebenso bei unklarer Antwort.

Erster Abschnitt. Allgemeine Vorschriften **§ 362**

III. Rechtsfolgen, I 1 2. HS

1. Schweigen als Annahme. Sind die positiven u negativen Voraussetzungen des **I 1, 2** erfüllt, **fingiert** das Gesetz das Schweigen des Kaufmanns als Annahme des Antrags u macht damit die Prüfung der Frage **entbehrlich**, ob gem §§ 133, 157 BGB eine konkludente Annahmeerklärung gegeben ist. Konsequenz: Der Geschäftsbesorgungsvertrag kommt mit dem Inhalt des Antrags zustande; dies auch, wenn dieser den vom Antragsempfänger üblicherweise verwendeten AGB widerspricht. 9

2. Die Wirkung des **I** tritt zu Lasten, aber auch **zugunsten** des Schweigenden ein (*GroßKCanaris* § 362 18); es besteht **kein Wahlrecht** des Antragenden (hL). **I** ist auch unabhängig davon, ob der Antragende gutgl ist (str); uU kann sich der Kaufmann aber auf § 242 BGB berufen. 10

3. Die Annahme kraft Fiktion unterliegt den allg Regeln über **Willenserklärungen** in entspr Anwendung (str). Die Fiktion (Rz 9) des **I 1 2. HS** bringt die Gleichstellung mit einer Willenserklärung, rechtfertigt es aber nicht, die fingierte Willenserklärung anders als eine ausdr zu behandeln. **a)** Ist der Kaufmann geschäftsunfähig oder beschränkt geschäftsfähig, gelten die §§ 104 ff BGB. **b)** Geht der Antrag einer anderen Person zu, ist Vertretungsmacht vonnöten. **c)** Eine **Anfechtung** der fingierten Annahmeerklärung ist entspr §§ 119 ff grds möglich (hL; *Kindl* 165 ff). **aa)** Zu allg im Handelsrecht geltenden **Schranken für die Irrtumsanfechtung** s vor § 343 Rz 5 ff. Unstr ist, daß ein Irrtum über die Bedeutung des Schweigens („Schlüssigkeitsirrtum") nicht zur Anfechtung berechtigt (BGH 11, 5, abweichend von RG 103, 405; *MKBGBKramer*[4] § 119 62). An sich lägen zwar die Voraussetzungen für eine entspr Anwendung des § 119 I BGB (Inhaltsirrtum) vor, wenn u soweit Kaufmann über die rechtl Relevanz seines Verhaltens (u nicht nur: Rechtsfolgen) irrt. Zurecht folgert aber BGH 11, 5 aus **I**, daß Anfechtung dem **Zweck** der Norm, dem Schweigenden die Erfüllungspflicht aufzuerlegen, zuwiderliefe (*SchlHefermehl* § 362 21; *GroßKCanaris* § 362 13); Verkehrsschutz hat Vorrang. **bb)** Ob darüber hinausgehend für den Kaufmann bei der Anfechtung Schranken bestehen, ist str; s vor § 343 Rz 8 (abl *Canaris* § 24 32; 25 38). Bei Unkenntnis des Antrags („Tatsachenunkenntnis") ist Anfechtung bei sorgfaltswidrigem Verhalten (insbes bez Organisation) ausgeschlossen; ebenso wenn Antrag mißverstanden wird (offen in BGH 11, 6; s vor § 343 Rz 8). 11

IV. Pflichten bei Ablehnung, II

1. Lehnt der Kaufmann den Antrag iSv **I 1, 2** ab, trifft ihn eine **Schadensabwendungspflicht** hinsichtlich vom Antragenden mitgesandter Ware. **a) Mitgesandt** sind alle Waren, die in Beziehung zum Antrag in den Besitz des Kaufmanns gelangt sind; unerheblich ist, wann sie dem Empfänger zugegangen ist. **b)** Der Pflicht zur Schadensabwen- 12 dung kann der Kaufmann durch eigene Verwahrung, Unterbringung an einem anderen Ort oder Hinterlegung in einem öffentl Lagerhaus genügen. Iü muß er geeignete Schutzvorkehrungen treffen, uU eine Versicherung abschließen. **c)** Bei verderblicher Ware ist der Kaufmann nicht verpflichtet, wohl aber gem §§ 677, 683 BGB berechtigt, einen **Notverkauf** durchzuführen. **d)** Die Schadensabwendungspflicht **entfällt**, wenn der Kaufmann für die entstehenden u dem Antragenden zur Last fallenden (Rz 13) Kosten keine Deckung (§ 273 BGB, § 369) hat oder aber ihm sonstige, nicht unerhebliche Nachteile entstehen. **e)** Verletzt der Kaufmann die Pflicht zur Schadensabwendung, ist er bei Verschulden (§ 347, § 276 BGB) aus pVV zum Schadensersatz verpflichtet; uU auch nach § 823 I BGB. Eine Pflichtverletzung liegt auch in der verspäteten oder unterlassenen Information des Antragenden über den Verbleib der Ware (um ggf Weisungen einzuholen).

13 2. Die durch die Schadensabwendung entstehenden **Kosten** hat der Antragende zu tragen, **II.** Bei eigener Verwahrung steht dem Kaufmann Provision u Lagergeld gem § 354 I zu.

§ 363 [Kaufmännische Orderpapiere]

(1) [1] **Anweisungen, die auf einen Kaufmann über die Leistung von Geld, Wertpapieren oder anderen vertretbaren Sachen ausgestellt sind, ohne daß darin die Leistung von einer Gegenleistung abhängig gemacht ist, können durch Indossament übertragen werden, wenn sie an Order lauten.** [2] **Dasselbe gilt von Verpflichtungsscheinen, die von einem Kaufmann über Gegenstände der bezeichneten Art an Order ausgestellt sind, ohne daß darin die Leistung von einer Gegenleistung abhängig gemacht ist.**

(2) **Ferner können Konnossemente der Verfrachter, Ladescheine der Frachtführer, Lagerscheine sowie Transportversicherungspolicen durch Indossament übertragen werden, wenn sie an Order lauten.**

§ 364 [Indossament]

(1) **Durch das Indossament gehen alle Rechte aus dem indossierten Papier auf den Indossatar über.**

(2) **Dem legitimierten Besitzer der Urkunde kann der Schuldner nur solche Einwendungen entgegensetzen, welche die Gültigkeit seiner Erklärung in der Urkunde betreffen oder sich aus dem Inhalte der Urkunde ergeben oder ihm unmittelbar gegen den Besitzer zustehen.**

(3) **Der Schuldner ist nur gegen Aushändigung der quittierten Urkunde zur Leistung verpflichtet.**

§ 365 [Anwendung des Wechselsrechts; Aufgebotsverfahren]

(1) **In betreff der Form des Indossaments, in betreff der Legitimation des Besitzers und der Prüfung der Legitimation sowie in betreff der Verpflichtung des Besitzers zur Herausgabe, finden die Vorschriften der *Artikel 11 bis 13, 36, 74 der Wechselordnung* entsprechende Anwendung.**

(2) ¹**Ist die Urkunde vernichtet oder abhanden gekommen, so unterliegt sie der Kraftloserklärung im Wege des Aufgebotsverfahrens.** ²**Ist das Aufgebotsverfahren eingeleitet, so kann der Berechtigte, wenn er bis zur Kraftloserklärung Sicherheit bestellt, Leistung nach Maßgabe der Urkunde von dem Schuldner verlangen.**

Erläuterung der §§ 363–365

I. Normzweck

Die §§ 363 ff befassen sich mit den handelsrechtlichen Wertpapieren (WP) öffentl Glaubens. Insbes eröffnen sie die Möglichkeit eines gutgläubigen Erwerbs des verbrieften Rechts, der befreienden Leistung an den Nichtberechtigten und schränken die Tragweite des § 404 BGB ein. 1

II. Abgrenzung zu anderen Arten von Wertpapieren (WP)

Nach hM ist sämtlichen Arten von WP gemeinsam, daß das in ihnen verbriefte Recht nur bei Vorlage des WP (Ausnahme: Aufgebot, zB § 365 II) geltend gemacht werden kann (vgl § 364 III). Daraus folgt, daß bei WP § 407 BGB immer unanwendbar ist. WP öffentl Glaubens lassen in Abweichung von den §§ 398 ff BGB darüber hinaus den gutgläubigen Erwerb zu u schließen weitgehend Einwendungen aus (Rz 8). Zu den WP öffentl Glaubens gehören die Inhaberpapiere (zB §§ 793 ff BGB, Inhaberaktie, -scheck) u die echten Orderpapiere. Der Kreis der WP öffentl Glaubens ist beschränkt (*Koller* WM 81, 474 zu Namensschuldverschreibungen des Kapitalmarkts); allerdings sind vorsichtige Analogien zulässig (zB FIATA-Bill of Lading [OGH Wien m Anm *Koller* IPRax 93, 252, 257; beachte jetzt §§ 459, 444]). Bei Orderpapieren ist zwischen echten Orderpapieren (WP öffentl Glaubens) u unechten Orderpapieren zu unterscheiden. Unechte Orderpapiere, die nicht die Voraussetzungen des § 363 HGB, des SchG, WG erfüllen, können im Rahmen der §§ 104 ff BGB mit Hilfe (konkludenter) vertraglicher Einwendungsausschlüsse zugunsten der Erwerber weitgehend den echten Orderpapieren gleichgestellt werden (MK-HGB*Hefermehl* § 363 68). Unter den echten Orderpapieren gibt es geborene, die keiner Orderklausel bedürfen (zB Wechsel) u gekorene, die erst durch den Ordervermerk zu echten Orderpapieren werden (§ 363). Fehlt bei letzteren die Orderklausel, so fallen sie in die Gattung 2 der einfachen WP, auf die die §§ 398 ff BGB mit Ausnahme des § 407 BGB anzuwenden sind (s o).

III. Wertpapiere des § 363

3 **1. Anweisung.** Die Anweisung iSd § 363 I ist eine BGB-Anweisung (§ 783 BGB), die die Besonderheit aufweist, daß sie von einem Kaufmann (§§ 1–6; auch Scheinkaufmann [str]) ausgestellt worden ist, eine Orderklausel (zB „an X oder dessen Order", „durch Indossament übertragbar", „an eigene Order") u keinen Wechselvermerk (Art 1 WG) trägt. Die Anweisung darf von keiner Gegenleistung abhängig sein. Zur vertretbaren Sache s in Auseinandersetzung mit RG 101, 299 zutr GroßK*Canaris* § 363 10. Zu unechten Orderpapieren, Rz 2.

4 **2. Verpflichtungsschein.** Er enthält ein schriftliches (§§ 126, 793 II 2 BGB [analog]) Schuldversprechen eines Kaufmanns bes Inhalts (Rz 3) samt Orderklausel (Rz 3). Unechte Orderpapiere, Rz 2.

3. Konnossement. Seetransporte (§§ 642 ff).

4. Ladescheine, s Erl zu §§ 444 ff.

5. Lagerschein. Siehe Erl zu § 475 c

6. Transportversicherungspolice. §§ 784 HGB, 3 VVG.

IV. Rechtsfolgen bei Papieren iSd § 363

5 **1. Allgemeines.** Die §§ 363–365 durchbrechen die §§ 398 ff BGB. Die Verweisung des § 365 auf die inzwischen aufgehobene Wechselordnung ist durch die Art 11–14, 16 WG zu ersetzen.

2. Aktivlegitimation. Aktivlegitimiert ist der Inhaber der verbrieften Forderung, sei es, daß er die Forderung bei erstmaliger Begebung des Orderpapiers aufgrund wirksamen Begebungsvertrages mit dem Schuldner, sei es, daß er sie aufgrund späteren (ggf gutgläubigen, einwendungsfreien) Erwerbs per Übertragung des Papiers (Rz 7) erlangt hat. Zugunsten des Inhabers des WP, der im Papier genannt ist oder auf den eine ordnungsgemäße Reihe von Indossamenten hinweist, wird vermutet, daß er aktivlegitimiert ist (Art 16 I WG).

6 **3. Passivlegitimation.** Schuldner ist regelmäßig der Aussteller des WP, bei Anweisungen der Annehmende (§ 784 BGB). Anders als beim Wechsel (Art 15 WG) garantiert das Indossament weder Annahme der Anweisung noch Erfüllung der angewiesenen Leistung.

7 **4. Übertragung.** Das WP kann durch einfache Zession (§ 398 BGB, nach hM ist auch eine Übergabe[surrogat] erforderlich) ohne die Folgen der §§ 364 f oder aber durch Indossament (schriftliche Übertragungserklärung auf dem WP, auch ohne Benennung des Empfängers [Blanko] sogar unter Beschränkung auf Einzug, Pfand [Art 11 ff WG]), das den Begebungsvertrag beurkundet (hM), unter Übergabe (§§ 854, 930 f BGB) des WP übertragen werden. Mit der Übertragung geht das

Erster Abschnitt. Allgemeine Vorschriften **§ 365**

verbriefte Recht auf den Erwerber über. Ergibt sich die Legitimation des Veräußerers daraus, daß er im WP als Gläubiger benannt ist oder ist er durch eine ununterbrochene Kette von Indossamenten (Art 16 I WG) legitimiert bzw ist das letzte Indossament ein Blankoindossament, so erwirbt (nur) der nicht grob fahrlässige Erwerber, der das WP per Indossament des Veräußerers (dies ist bei Legitimation des Veräußerers durch Blankoindossament nicht erforderlich) übertragen erhält, das WP samt verbrieftem Recht (nicht jedoch konkurrierende Ansprüche, außer bei gesonderter Abtretung; str), selbst dann, wenn das WP dem wahren Inhaber abhandengekommen war (Art 16 II WG). Nach hM wird der Erwerber außerdem beim Erwerb von einem Nichtverfügungs- oder -vertretungsberechtigten sowie vor den Folgen eines Identitätsirrtums, fehlender Geschäftsfähigkeit des Veräußerers (BGH WM 68, 4) geschützt (str). Art 15 WG (Garantiewirkung) ist nicht analog anwendbar. Beachte die Möglichkeit eines Einwendungsausschlusses, der jeweils gesondert zu prüfen ist.

5. Einwendungsausschluß. Der Wortlaut des § 364 II ist **8** mißglückt (str). Es gelten folgende Regeln: Wurde ein im WP verbrieftes Recht nicht (voll) wirksam oder einredebehaftet begründet, weil der Vertrag mit dem ersten Gläubiger (bzw Anweisungsempfänger) einen Mangel aufweist, so darf sich der Schuldner ggüber späteren gutgläubigen Erwerbern, die das WP in Form des § 364 I (Rz 7) erlangt haben, nur auf den Mangel berufen, wenn (1) die §§ 104 ff, 177 BGB eingreifen oder wenn (2) das WP gefälscht oder soweit es verfälscht war (*Koller* WM 81, 210; Ausnahme: Schaffung eines Rechtsscheins; str) oder (3) der Mangel im WP dokumentiert war oder (4) der Mangel dem ersten Gläubiger oder dessen Erben bzw dem Anweisungsempfänger entgegengehalten wird oder (5) beim Zwischenerwerb kein echtes Verkehrsgeschäft vorliegt oder (6) typusbedingte Einwendungen beim Lade-Lagerschein, Konnossement (zB Zerstörung des Guts) geltend gemacht werden oder wenn (7) dem Schuldner aus einem Kausalgeschäft mit dem letzten Erwerber eine Einwendung zusteht. Im übrigen ist in Abweichung vom Wortlaut der §§ 364 II HGB, 794, 796 BGB nach zutr hM zu differenzieren: Beruht der Einwand darauf, daß der Vertrag des Schuldners mit dem ersten Gläubiger bzw Anweisungsempfänger über die Begründung des Rechts aus sonstigen, oben nicht genannten Gründen unwirksam ist (zB §§ 123, 138 BGB) oder daß der verbriefte Anspruch erfüllt ist (str), so darf sich nach hM der Schuldner darauf nicht berufen, wenn ein nicht grob fahrlässig handelnder (Art 10, 16 II WG analog), gutgläubiger Erwerber iSd § 364 I das WP vom ersten Gläubiger bzw Anweisungsempfänger bzw von einem Zwischenerwerber erworben hat. Art 10 WG ist in Fällen des Blankettmißbrauchs analog heranzuziehen. Hatte schon ein früherer Erwerber iSd § 364 I das WP einwendungsfrei erlangt, so schadet späteren Erwerbern selbst die Kenntnis des Mangels nicht mehr. Wird der Einwand oder die Einrede auf ein Kausalgeschäft (zB Kaufvertrag), auf Stundung oder

§ 821 BGB gestützt, so kann ihn der Schuldner nur solchen Erwerbern des WP entgegenhalten, mit denen er die Kausal- oder Stundungsvereinbarung getroffen hat, die ungerechtfertigt bereichert sind oder die das WP bewußt zum Nachteil des Schuldners erworben haben (Art 17 WG analog; hM).

9 **6. Erfüllung.** Der nicht grob fahrlässig handelnde Schuldner bzw Angewiesene leistet befreiend auch an einen durch (Blanko)Indossament legitimierten, bei Zwischenerwerb durch eine ununterbrochene Kette von (Blanko)Indossamenten legitimierten Nichtberechtigten (vgl Rz 7). Der Schuldner zahlt in einem solchen Fall befreiend (auch) im Fall des Identitätsirrtums, ferner bei mangelnder Geschäftsfähigkeit und Verfügungsberechtigung des Empfängers (str), außer bei grober Fahrlässigkeit (§ 365 I iVm Art 40 III WG). Er braucht grds nur gg Quittung auf dem WP zu leisten (§ 364 III), um die Gefahr erneuter Zahlungspflicht zu vermeiden (Rz 8; Sonderregeln bei Ladeschein [§ 445] und Lagerschein [§ 475 e]). Notfalls Aufgebot.

10 **7. Aufgebot.** Siehe §§ 1003 ff ZPO, Art 16 II, 40 III WG greifen bis zum Ausschlußurteil analog ein (str).

§ 366 [Gutgläubiger Erwerb von beweglichen Sachen]

(1) **Veräußert oder verpfändet ein Kaufmann im Betriebe seines Handelsgewerbes eine ihm nicht gehörige bewegliche Sache, so finden die Vorschriften des Bürgerlichen Gesetzbuchs zugunsten derjenigen, welche Rechte von einem Nichtberechtigten herleiten, auch dann Anwendung, wenn der gute Glaube des Erwerbers die Befugnis des Veräußerers oder Verpfänders, über die Sache für den Eigentümer zu verfügen, betrifft.**

(2) **Ist die Sache mit dem Rechte eines Dritten belastet, so finden die Vorschriften des Bürgerlichen Gesetzbuchs zugunsten derjenigen, welche Rechte von einem Nichtberechtigten herleiten, auch dann Anwendung, wenn der gute Glaube die Befugnis des Veräußerers oder Verpfänders, ohne Vorbehalt des Rechtes über die Sache zu verfügen, betrifft.**

(3) **Das gesetzliche Pfandrecht des Kommissionärs, des Frachtführers, des Spediteurs und des Lagerhalters steht hinsichtlich des Schutzes des guten Glaubens einem gemäß Absatz 1 durch Vertrag erworbenen Pfandrecht gleich, das gesetzliche Pfandrecht des Frachtführers, des Spediteurs und des Lagerhalters an Gut, das nicht Gegenstand des Vertrages ist, aus dem die durch das Pfandrecht zu sichernde Forderung herrührt, jedoch nur insoweit, als der gute Glaube des Erwerbers das Eigentum des Vertragspartners betrifft.**

1 **1. Zweck.** § 366 erweitert den Schutz des gutgläubigen Erwerbers gem den §§ 932–936, 1207 f BGB um den guten Glauben an die „Verfügungsbefugnis" (Ausnahme: im Schiffsregister eingetragene

Schiffe, BGH NJW 90, 3209); § 367 schränkt ihn ein. Neben § 366 sind die Regeln der Anscheinsermächtigung anwendbar.

2. Erwerb von Eigentum, Vertragspfandrechten. a) Der Verfü- 2 gende (zum Vertreter s unten) muß **Kaufmann** iSd §§ 1–6 (str), ferner kleingewerblicher Kommissionär (auch bei sog Ausführungsgeschäften [§ 383 II] hM); Frachtführer (§ 407 III); Spediteur (§ 453 III); Lagerhalter (§ 467 III) oder Scheinkaufmann (§ 15 Rz 60; aA Düss NJW-RR 99, 616 [hM]; beachte auch § 15 [str]) in dem gem den §§ 932 ff BGB für den guten Glauben maßgeblichen Zeitpunkt gewesen sein; er muß (scheinbar; aA MKHGB*Welter* § 366 34 [hM]) ein **Handelsgeschäft** iSd §§ 343 f getätigt haben. Auf den kleingewerblichen Warenhändler ist § 366 analog anzuwenden (*Canaris* § 29 7; MKHGB*Welter* § 366 32); jedenfalls gelten die allg Rechtsscheinsregeln. § 366 I betrifft nur Veräußerungen (§§ 929 ff BGB) beweglicher Sachen (§§ 90 ff BGB) und Pfandrechte an ihnen im Wege eines sog Verkehrsgeschäftes (zB nicht bei Rechtsformwechsel). Ein gutgläubiger Erwerb setzt gem § 366 I ferner voraus, daß die Tatbestandsmerkmale der **§§ 932–936 BGB** erfüllt sind, mit Ausnahme des Umstands, daß der gute Glaube an das Eigentum des Verfügenden nicht erforderlich ist, sondern daß der gute Glaube an die vom Eigentümer abgeleitete (BGH NJW 92, 2575) rechtsgeschäftliche (str; offen BGH NJW 92, 2572) Befugnis des Veräußerers (Verpfänders) genügt, die fremde Sache im eigenen Namen zu übereignen (verpfänden) (BGH NJW 80, 2246; abw bei ges Pfandrechten, Rz 6). Nach verbreiteter Ansicht soll im Einklang mit dem historischen Gesetzgeber auch der gute Glaube an die **Vertretungsmacht** genügen (*Schmidt* JuS 87, 936; einschr *Reinicke* AcP 189 [1989], 102; zutr ganz abl *Canaris* § 29 16).

b) Guter Glaube fehlt, wenn der Erwerber die fehlende Verfü- 3 gungsmacht kannte oder grob fahrlässig nicht kannte (§ 932 II BGB), weil zB ihr Fehlen evident war. Evident ist der Mangel vielfach, wenn die Veräußerung bzw Verpfändung für den Veräußerer berufsuntypisch ist; wenn es für den Erwerber offensichtlich ist, daß es sich um Eigentumsvorbehalts- oder Sicherungsgut handelt u das Gut vom Eigentümer evident nicht zur Weiterveräußerung erworben worden ist (BGH LM 4 zu § 366), wenn das Gut üblicherweise nur mit Genehmigung (§ 185 II BGB) des Eigentümers veräußert wird oder wenn bei bestimmten Arten von Sicherungsgut eine Weiterveräußerung unüblich ist. Außerhalb des gewöhnlichen oder ordnungsgemäßen Geschäftsbetriebs des Veräußerers (BGH NJW 99, 426) hat sich der Erwerber grds nach dessen Verfügungsbefugnis zu erkundigen (vgl BGH 51, 116); nicht aber schon immer beim Verkauf unter Wert (zB bei Ausverkauf; anders Schleuderpreis), ebenso nur bei konkretem Verdacht des Eigentumsvorbehalts ohne Verfügungsermächtigung, der Sicherungsübereignung (BGH 86, 312; aA MKHGB*Welter* § 366 52). Wird von Produzenten oder im Streckengeschäft erworben, so müssen Kaufleute ohne weiteres mit verlängertem Eigentumsvorbehalt und uU mit üblicher Einschränkung

§ 366 Viertes Buch. Handelsgeschäfte

der Verfügungsmacht rechnen (BGH 77, 278; NJW 99, 426; beachte § 354 a [*Schmidt* NJW 99, 401]). Verdacht erweckt bei evident schlechter wirtschaftlicher Lage des Veräußerers die Verfügung über Gut, das typischerweise verleast ist, vor Ablauf des typischen Finanzierungszeitraums (Düss NJW-RR 99, 617); der nicht auf den Veräußerer lautende Kfz-Brief (Stgt NJW-RR 90, 635; Ausnahme: Händler-Letztverbraucher [BGH NJW-RR 87, 635] bei gebrauchten Kfz [BGH NJW 75, 736; vgl aber NJW 94, 2022 f]); die Nichtvorlage des Kfz-Briefs sogar im Verhältnis unter Händlern bei gebrauchten Kfz (BGH NJW 96, 2227) oder uU die unübliche Barzahlung hoher Beträge (Mü OLGR 97, 60). Trotz Vorlage des Briefes können bes Umstände Verdacht erregen (Düss NJW-RR 97, 247). Beim Erwerb neuer Kfz oder Vorführwagen (Ffm NJW-RR 99, 928) vom autorisierten Vertragshändler entfällt der gute Glaube nicht allein deshalb, weil der Kfz-Brief nicht vorgelegt worden ist (Düss NJW-RR 92, 382; abw Ffm OLGR 97, 122). Der Erwerber, der in Hinblick auf das Eigentum des Verfügenden bösgläubig ist, wird bei Verpfändungen u Sicherungsübereignungen meist auch in Hinblick auf die Verfügungsbefugnis bösgläubig sein. **Darlegungs- und Beweislast** für den fehlenden guten Glauben: der Eigentümer.

4 c) **Kein Schutz** des guten Glaubens an **(1)** Genehmigung (§ 185 II BGB); **(2)** an Verwertungsrecht des Pfandgläubigers und Notverkaufsrecht (insoweit § 1244 BGB [analog]; *Canaris* § 29 13 ff gg hM); **(3)** an sonstige ges Verfügungs- oder Vertretungsmacht kraft Amtes (hM); **(4)** an fehlende Verfügungsbeschränkungen iSd §§ 81 InsO, 135, 1365 ff, 1984 BGB (aA MKHGB*Welter* § 366 40) bzw Geschäftsfähigkeit (§§ 104 ff BGB).

5 **3. Lastenfreier Erwerb.** § 366 II erweitert in Parallele zu § 366 I (Rz 2) den § 936 BGB. Es kann sich auch um eine Sache handeln, die dem Veräußerer (Verpfänder) gehört.

6 **4. Gesetzliche Pfandrechte (§ 366 III).** Vgl §§ 397, 441, 464, 475 b, 623 HGB. Unerheblich ist, ob diese Personen ein Handelsgewerbe betreiben. Außer im Fall des § 935 BGB genügt der gute Glaube (Rz 3) an das Eigentum (hM; zutr krit *Canaris* § 29 44 bei inkonnexen Forderungen) des Kommittenten oder Versenders, Absenders, etc (nicht Pfändungsgläubigers) bzw zumindest an dessen Befugnis im Verhältnis zum Eigentümer, das Gut einem Kommissionär (Spediteur, Frachtführer, etc) im Rahmen dessen Gewerbes zu übergeben (Stgt WM 78, 1332; einschr §§ 4, 30 DepG). Der Kommittent, etc muß nicht Kaufmann sein (*Canaris* § 29 30). Der Gutglaubensschutz greift in Hinblick auf die bloße Befugnis des Absenders, Versenders, Einlagerers und Kommittenten (*Canaris* § 29 47), das Gut zu übergeben (diese zB bei Spedition iSd § 460 nur unter der Bedingung, daß die Forderung gerade auf das Gut bezogen ist [*Ko* TR § 441 3]), nur zur Sicherung konnexer (zB § 441 I 1 HS 1) Forderungen ein. Auf sonstige

Erster Abschnitt. Allgemeine Vorschriften **§§ 367, 368**

ges Besitzpfandrechte (zB § 647 BGB) ist § 366 III nicht analog anzuwenden (BGH 100, 101; sehr str).

§ 367 [Gutgläubiger Erwerb gewisser Wertpapiere]

(1) ¹**Wird ein Inhaberpapier, das dem Eigentümer gestohlen worden, verlorengegangen oder sonst abhanden gekommen ist, an einen Kaufmann, der Bankier- oder Geldwechslergeschäfte betreibt, veräußert oder verpfändet, so gilt dessen guter Glaube als ausgeschlossen, wenn zur Zeit der Veräußerung oder Verpfändung der Verlust des Papiers im Bundesanzeiger bekanntgemacht und seit dem Ablauf des Jahres, in dem die Veröffentlichung erfolgt ist, nicht mehr als ein Jahr verstrichen war.** ²**Inhaberpapieren stehen an Order lautende Anleiheschuldverschreibungen sowie Namensaktien, Zwischenscheine und Reichsbankanteilscheine gleich, falls sie mit einem Blankoindossament versehen sind.**

(2) **Der gute Glaube des Erwerbers wird durch die Veröffentlichung im Bundesanzeiger nicht ausgeschlossen, wenn der Erwerber die Veröffentlichung infolge besonderer Umstände nicht kannte und seine Unkenntnis nicht auf grober Fahrlässigkeit beruht.**

(3) **Auf Zins-, Renten- und Gewinnanteilscheine, die nicht später als in dem nächsten auf die Veräußerung oder Verpfändung folgende Einlösungstermin fällig werden, auf unverzinsliche Inhaberpapiere, die auf Sicht zahlbar sind, und auf Banknoten sind diese Vorschriften nicht anzuwenden.**

1. Zweck. Konkretisierung der Sorgfaltsanforderungen im Rahmen 1
der §§ 932 ff BGB, 366 HGB.

2. Anwendungsbereich. Inhaberpapiere (§§ 793 ff, 1195, 1199 BGB, 10 AktG, 18 KAGG, sowie vergleichbare ausländische Papiere; Ausnahme: § 363 III), Verpflichtungsscheine iSd § 363 I mit Blankoindossament (Art 13 II 1 WG), Namensaktien, Zwischenscheine (§ 10 AktG), Investmentanteilscheine auf Namen (§ 367 analog) jeweils mit Blankoindossament sowie zeitlich beschränkt (§ 367 III) Zins-, Renten- und Gewinnanteilscheine (vgl § 799 I 2 BGB); nicht Legitimationspapiere und Inhaberkarten bzw -marken iSd §§ 805, 807, 808 BGB. Die Papiere müssen dem unmittelbaren Besitzer (§ 854 BGB, nicht notwendig Eigentümer) abhandengekommen sein (§ 935 I BGB; Art 16 I WG [§ 363 Rz 5]). Kaufmann iSd § 1 II 4. Zur anderweitigen Veröffentlichung des Abhandenkommens Ffm OLG-Report 97, 199.

§ 368 [Pfandverkauf]

(1) **Bei dem Verkauf eines Pfandes tritt, wenn die Verpfändung auf der Seite des Pfandgläubigers und des Verpfänders ein Handelsgeschäft ist, an die Stelle der in § 1234 des Bürgerlichen**

Koller 957

Gesetzbuchs bestimmten Frist von einem Monat eine solche von einer Woche.

(2) Diese Vorschrift findet auf das gesetzliche Pfandrecht des Kommissionärs, des Spediteurs, des Lagerhalters und des Frachtführers entsprechende Anwendung, auf das Pfandrecht des Spediteurs und des Frachtführers auch dann, wenn nur auf ihrer Seite der Speditions- oder Frachtvertrag ein Handelsgeschäft ist.

1 Bei im Rahmen von beiderseitigen Handelsgeschäften (§ 343 f, weitergehend §§ 407 III 2; 453 III 2) begründeten vertraglichen (§ 1204 BGB) und ges (§§ 397, 441, 464, 475 b, 623 HGB) Pfandrechten wird die Frist des § 1234 BGB verkürzt; im Fall der §§ 441, 464 auch bei einseitigen Handelsgeschäften (vgl § 345) bzw im Fall des § 407 III 2; § 453 III 2. Vgl im übrigen Erl zu den §§ 1204 ff, 1257 BGB.

§ 369 [Kaufmännisches Zurückbehaltungsrecht]

(1) [1] Ein Kaufmann hat wegen der fälligen Forderungen, welche ihm gegen einen anderen Kaufmann aus den zwischen ihnen geschlossenen beiderseitigen Handelsgeschäften zustehen, ein Zurückbehaltungsrecht an den beweglichen Sachen und Wertpapieren des Schuldners, welche mit dessen Willen auf Grund von Handelsgeschäften in seinen Besitz gelangt sind, sofern er sie noch im Besitze hat, insbesondere mittels Konnossements, Ladescheins oder Lagerscheins darüber verfügen kann. [2] Das Zurückbehaltungsrecht ist auch dann begründet, wenn das Eigentum an dem Gegenstande von dem Schuldner auf den Gläubiger übergegangen oder von einem Dritten für den Schuldner auf den Gläubiger übertragen, aber auf den Schuldner zurückzuübertragen ist.

(2) Einem Dritten gegenüber besteht das Zurückbehaltungsrecht insoweit, als dem Dritten die Einwendungen gegen den Anspruch des Schuldners auf Herausgabe des Gegenstandes entgegengesetzt werden können.

(3) Das Zurückbehaltungsrecht ist ausgeschlossen, wenn die Zurückbehaltung des Gegenstandes der von dem Schuldner vor oder bei der Übergabe erteilten Anweisung oder der von dem Gläubiger übernommenen Verpflichtung, in einer bestimmten Weise mit dem Gegenstande zu verfahren, widerstreitet.

(4) [1] Der Schuldner kann die Ausübung des Zurückbehaltungsrechts durch Sicherheitsleistung abwenden. [2] Die Sicherheitsleistung durch Bürgen ist ausgeschlossen.

§ 370 [Außerordentliches Zurückbehaltungsrecht]
(aufgehoben)

§ 371 [Befriedigungsrecht]

(1) ¹Der Gläubiger ist kraft des Zurückbehaltungsrechts befugt, sich aus dem zurückbehaltenen Gegenstande für seine Forderung zu befriedigen. ²Steht einem Dritten ein Recht an dem Gegenstande zu, gegen welches das Zurückbehaltungsrecht nach § 369 Abs. 2 geltend gemacht werden kann, so hat der Gläubiger in Ansehung der Befriedigung aus dem Gegenstande den Vorrang.

(2) ¹Die Befriedigung erfolgt nach den für das Pfandrecht geltenden Vorschriften des Bürgerlichen Gesetzbuchs. ²An die Stelle der in § 1234 des Bürgerlichen Gesetzbuchs bestimmten Frist von einem Monate tritt eine solche von einer Woche.

(3) ¹Sofern die Befriedigung nicht im Wege der Zwangsvollstreckung stattfindet, ist sie erst zulässig, nachdem der Gläubiger einen vollstreckbaren Titel für sein Recht auf Befriedigung gegen den Eigentümer oder, wenn der Gegenstand ihm selbst gehört, gegen den Schuldner erlangt hat; in dem letzteren Falle finden die den Eigentümer betreffenden Vorschriften des Bürgerlichen Gesetzbuchs über die Befriedigung auf den Schuldner entsprechende Anwendung. ²In Ermangelung des vollstreckbaren Titels ist der Verkauf des Gegenstandes nicht rechtmäßig.

(4) Die Klage auf Gestattung der Befriedigung kann bei dem Gericht, in dessen Bezirke der Gläubiger seinen allgemeinen Gerichtsstand oder den Gerichtsstand der Niederlassung hat, erhoben werden.

§ 372 [Eigentumsfiktion und Rechtskraftwirkung bei Befriedigungsrecht]

(1) In Ansehung der Befriedigung aus dem zurückbehaltenen Gegenstande gilt zugunsten des Gläubigers der Schuldner, sofern er bei dem Besitzerwerbe des Gläubigers der Eigentümer des Gegenstandes war, auch weiter als Eigentümer, sofern nicht der Gläubiger weiß, daß der Schuldner nicht mehr Eigentümer ist.

(2) Erwirbt ein Dritter nach dem Besitzerwerbe des Gläubigers von dem Schuldner das Eigentum, so muß er ein rechtskräftiges Urteil, das in einem zwischen dem Gläubiger und dem Schuldner wegen Gestattung der Befriedigung geführten Rechtsstreit ergangen ist, gegen sich gelten lassen, sofern nicht der Gläubiger bei dem Eintritte der Rechtshängigkeit gewußt hat, daß der Schuldner nicht mehr Eigentümer war.

§§ 369–372 Viertes Buch. Handelsgeschäfte

Erläuterung der §§ 369–372

I. Zweck

1   Dem Sicherungsbedürfnis des Handelsverkehrs soll ggüber Heraus(Weiter)gabeansprüchen des Schuldners (**Schuldner** iSd § 369) durch ein insolvenzfestes, pfandähnliches Zurückbehaltungsrecht des Gläubigers (**Gläubiger** iSd § 369) Rechnung getragen werden. Neben den §§ 369, 371 ff können die §§ 441, 464, 475 b, 632 HGB u 273 BGB anwendbar sein. Das kaufmännische ZBR kann abbedungen, aber auch erweitert (Rz 2) werden.

II. Voraussetzungen des Entstehens

2   **1. Kaufmann, Besitz an beweglichen Sachen oder Wertpapieren.** Gläubiger und Schuldner müssen bei Entstehen des ZBR **Kaufleute** (§§ 1–6) sein bzw es müssen die §§ 383 II, 407 III, 453 III, 467 III eingreifen; der Schuldner kann Scheinkaufmann (Erl zu §§ 5, 15) sein (str). **Sache** (§ 90 BGB). Nur **Wertpapiere** öffentl Glaubens (§ 363 Rz 2), auch Wechselakzepte des Schuldners (Art 28 WG; hM; aA RG JW 28, 232); nicht aber sonstige WP, wie zB Grundschuldbrief außer § 1195 BGB; BGH BB 73, 307). Durch Vertrag kann der Kreis der insolvenzfest (GroßK *Canaris* § 369 73; aA die hM) sichernden Gegenstände ausgedehnt werden. Mit dem Willen (§§ 104 ff, 116 ff, 164, 185 BGB analog) des Schuldners der gesicherten Forderung (Rz 4) oder dessen Vertreters muß der Gläubiger der gesicherten Forderung (Rz 4) den unmittelbaren **Besitz** (§§ 854, 855 BGB) vom Schuldner oder von einem Dritten oder in den Grenzen des § 1206 BGB (Ffm OLGR 96, 200) den Mitbesitz oder unter Anzeige analog § 1205 II BGB vom Schuldner den mittelbaren Besitz ggüber einem dritten Besitzmittler (*Canaris* § 30 Rz 6 gg die hM, derzufolge nur unmittelbarer Besitz des Schuldners schadet) erworben haben. Bei Traditionspapieren (§§ 448, 475 g) ist dem Besitzerwerb der Erwerb des verbrieften Rechts gleichgestellt; die Vermutung der Aktivlegitimation (§ 363 Rz 5) genügt entgegen hM nicht. Eigenmächtige Besitzverschaffung eröffnet nur den Weg des § 230 II BGB. Der Besitz muß **aufgrund** eines zumindest einseitigen (Ffm BB 76, 333; hM) **Handelsgeschäfts** (§§ 343, 344, 383 II, 407 III, 453 III, 467 III) erlangt worden sein. Mit Ausnahme des Tatbestandselements „Besitz des Gläubigers" besteht Vertragsfreiheit.

3   **2. Eigentum des Schuldners, Gläubigers.** Das ZBR kann grds nur das (Mit)Eigentum des Schuldners betreffen, außer bei Zustimmung des dritten Eigentümers (§ 185 BGB analog) oder dort, wo der Schuldner Handelsgeschäfte auf Rechnung (vgl § 383) des dritten Eigentümers getätigt hatte (RG 152, 121) oder zwar der Gläubiger Eigentümer ist, dieser aber das Eigentum an den Schuldner zu über-

tragen hat (Generalisierung des § 369 I 2; hM). Gutgläubigkeit schützt nicht (RG 69, 17). Ist der Schuldner erkennbar Treuhänder, so entsteht ZBR nur in Hinblick auf Forderungen, die sich auf das Treugut beziehen.

3. Gesicherte Forderung. In dem Moment, in dem die obigen 4 (Rz 2, 3) Voraussetzungen erfüllt sind, muß dem Gläubiger im Unterschied zu § 273 BGB eine nicht notwendig im wirtschaftlichen Zusammenhang mit dem Herausgabeanspruch des Schuldners stehende (Brdbg ZIP 96, 142; Ausnahme: §§ 30, 4 DepG) klagbare (vgl § 764 BGB), unverjährte Forderung zustehen, die auf Geld geht oder zur Geldforderung werden kann (MKHGB*Welter* § 369 31). Die Forderung muß analog § 1204 II BGB (erst) bei Geltendmachung des ZBR fällig sein (RG 106, 249; hM). Die gesicherte Forderung aus Vertrag oder kraft Gesetzes (zB cic) muß einem Verhältnis entspringen, das sowohl für den Schuldner als auch für den Gläubiger ein Handelsgeschäft (§§ 343, 344) darstellt (weitergehend §§ 383 II, 407 III, 453 III, 467 III). Das Verhältnis muß **unmittelbar** zwischen Schuldner und Gläubiger bestehen, um die künstliche Schaffung von ZBR durch den Gläubiger zu verhindern (*Canaris* § 30 Rz 16 ff). Die Unmittelbarkeit ist deshalb nach dem Zweck der Regel auch bei solchen Forderungen gegeben, die der Gläubiger im Weg der Gesamtrechtsnachfolge (zB § 1922 BGB) oder aufgrund von WP öffentlichen Glaubens (§ 363 Rz 2; RG 9, 45) erworben hat, deren Einzelübertragung der Schuldner zugestimmt hat oder bei Forderungen, die der Schuldner übernommen (zB §§ 414 ff BGB, 25 HGB) hat, nicht aber bei Forderungserwerb gem § 398 BGB. War das ZBR entstanden u die Forderung später abgetreten worden, so ist das ZBR analog § 1250 BGB (nur) samt Forderung übertragbar. § 401 BGB ist unanwendbar, da § 369 inkonnexe Forderungen betrifft (aA die hM, wenn Forderungserwerber auch Besitz erlangt, aber es werden uU auch andere Forderungen gesichert; aA auch *Canaris* § 30 Rz 33 f: wenn Zedent Einrede aus § 369 erhoben hat oder erhebt, aber Einrede konkretisiert nicht bindend).

4. Ausschluß, Wegfall des ZBR. a) Die Einrede ggüber der Her- 5 aus(Weiter)gabepflicht wird **ausgeschlossen** durch Vertrag, bes Weisung oder bes Pflichtübernahme, auf deren Befolgung der Schuldner bes intensiv vertraut (§ 369 III; BGH BB 63, 160; MKHGB*Welter* § 369 58), solange die Weisung bzw Pflicht besteht (Düss, BB 90, 1087). Ferner Ausschluß dort, wo Wert der Sicherung außer Verhältnis zur Forderung (BGH BB 66, 180), bei ausreichender anderweitiger Sicherung (BGH 7, 127), dort, wo Gläubiger mit Rückgabe in Verzug gerät, bevor seine Gegenforderung fällig ist oder dort, wo die Sache arglistig erlangt worden (zB § 826 BGB) oder ohne Verkehrswert ist (Karlsr BB 72, 1163).

b) Wegfall des ZBR. Jeder Verlust des (mittelbaren) Besitzes (hM); 6 Begründung eines Besitzmittlungsverhältnisses zum Schuldner, der unmittelbarer Besitzer wird; analog § 1252 BGB das Erlöschen der Forderung (nicht bloß Stundung; GroßK*Canaris* § 369 70 gg hM); nicht aber Ende des Einverständnisses des Schuldners mit Besitz des Gläubigers nach Forderungserwerb oder daß ein Dritter gem § 931 BGB nachträglich Eigentümer wird (§§ 369 II HGB, 986 II BGB). Erwirbt der Dritte gem § 930 BGB Eigentum, so ist § 369 II analog (hM) anzuwenden, ebenso grds auch bei Erwerb durch Traditionspapier (*Canaris* § 30 Rz 28 gg hM). Übertragung der Forderung, o Rz 4. Die Sicherheitsleistung gibt nur eine Einwendung gem § 369 IV.

III. Rechtsfolgen

7   **1. Zurückbehaltungseinrede (§ 369 I). a) Gegenüber Schuldner** (Rz 1). Nur der Gläubiger, der sich als Schuldner des Herausgabeanspruchs (konkludent) auf ZBR beruft, erwirbt eine echte Einrede gg die Herausgabeansprüche des Schuldners (Rz 1), ein Recht zum Besitz (*Canaris* § 30 Rz 23), kommt nicht in Verzug. Er kann auf Leistung Zug um Zug verklagt werden (Kln MDR 99, 319). War er bereits mit der Herausgabe in Verzug geraten, so endet dieser nur, wenn der Gläubiger Herausgabe Zug um Zug anbietet (§ 274 BGB analog; BGH NJW 71, 421). Verjährung: §§ 202 II, 223 BGB.

8   **b) Gegenüber Dritten.** Dieselben Rechte stehen Gläubigern ggüber dritten Eigentümern zu, wenn das ZBR trotz Eigentumswechsel bestehen blieb (Rz 6). Gesetzliche Pfandrechte Dritter gehen unter den (analog anwendbaren) Voraussetzungen des § 443 vor (GroßK*Canaris* § 369 51; str).

9   **2. Befriedigung.** Nach Wahl des Gläubigers entweder in Form u unter den Voraussetzungen der Vollstreckung (§§ 809, 814 ff ZPO) oder in Form des § 371 II. Letzterenfalls bedarf es in Abweichung von den analog heranzuziehenden §§ 1228 ff BGB (§ 371 II 1) grds (MKHGB*Welter* § 371 9) eines Titels (§§ 371 III HGB, 704, 794 ZPO) auf Duldung der Befriedigung (RG 95, 334), wobei eine Bezifferung der Forderung unnötig ist (Hmbg MDR 60, 315). Die Klage (§ 253 ZPO) ist gg den jeweiligen Eigentümer bei Rechtshängigkeit (§ 261 ZPO) zu richten, es sei denn, der Gläubiger ist selbst Eigentümer (§ 371 III). § 372 schützt den im Moment der Rechts- bzw Prozeßhandlung unwissenden Gläubiger, indem § 372 den Fortbestand der Eigentumlage bei Besitzerwerb (Rz 2) fingiert. Ergeht gem § 372 ein Urteil gg den Schuldner, kann es angesichts des § 371 III HGB analog § 727 ZPO gg den Eigentümer umgeschrieben werden (hM).

10 **3. Insolvenzverfahren, Zwangsvollstreckung.** Sofern ZBR vor Eröffnung des Insolvenzverfahrens entstanden war (Kln NJW-RR 94, 544), Absonderungsrecht gem § 51 Nr 3 InsO (Kln MDR 99, 319). Spätere Pfändungspfandrechte überlagern das ZBR analog § 805 BGB (MKHGB*Welter* § 369 74: § 771 ZPO).

Zweiter Abschnitt. Handelskauf

Vorbemerkung zu §§ 373–376

Lit.: *Emmerich,* Der Handelskauf, JuS 1997, 98; *U. Huber,* Wandlungen im Recht des Handelskaufs, ZHR 161 (1997) 160.

1. Begriff und Anwendungsbereich. a) §§ 373 ff enthalten Sonderregeln für den Handelskauf. Der **Begriff** des Handelskaufs ergibt sich aus der Zusammenschau von BGB u HGB: Handelskauf ist jeder Kauf (§§ 433 ff BGB), der zumindest für einen Vertragspartner ein Handelsgeschäft (§§ 343, 344) ist u eine Ware (§ 373) oder ein Wertpapier (§ 381 I) zum Gegenstand hat. **b)** Aus dem **Geschäftsgegenstand** (Ware/Wertpapier) ergeben sich wesentliche Beschränkungen: Da Ware nur eine bewegliche Sache sein kann (§ 1 II 2 Nr 1 aF; vgl § 375 I u die in § 373 I geregelte Hinterlegung), fallen Grundstücksgeschäfte ebensowenig in den Anwendungsbereich der §§ 373 ff wie der Kauf eines Unternehmens als Sachgesamtheit. Beim Kauf von Standardsoftware sind die §§ 377, 378 zumindest entspr anwendbar (BGH NJW 90, 1291; Kln NJW 91, 2156). „Ware" erfaßt auch Stückkauf (arg § 378; str). Der Verkauf von Rechten wird nur dann von der ges Regelung erfaßt, wenn die Rechte wertpapiermäßig verbrieft sind (*Canaris* § 31 1). **c)** Die Bestimmungen des Handelskaufs gelten außerdem für den **Werklieferungsvertrag** bei vertretbaren (§ 651 I BGB) u nichtvertretbaren Sachen (§ 381), sowie für den **Tausch** (§ 515 BGB), sofern es sich bei diesen Geschäften um Handelsgeschäfte handelt.

2. Systematische Stellung. a) Die bruchstückhafte Regelung des Handelskaufs in den §§ 373 ff hat **historische** Gründe: Die im ADHGB enthaltene Regelung des Handelskaufs (Art 337 ff) ist großenteils in das BGB übernommen u damit auf den allg Rechtsverkehr ausgedehnt worden. Von daher bauen die §§ 373 ff auf der kaufrechtl Regelung in den §§ 433 ff BGB auf, ergänzen u modifizieren sie. Im HGB verblieben sind nur diejenigen Regelungen, die der **Beschleunigung** der Vertragsabwicklung dienen. **b)** Während die §§ 377, 378 nur auf **beiderseitige** Handelsgeschäfte Anwendung finden, reicht es für die §§ 373–376 aus, wenn der Vertrag für **nur eine** Partei Handelsgeschäft ist; daß insoweit auch heute noch handelsrechtl Sonderregelungen (ggüber dem BGB) zugleich auf Verträge mit **Konsumenten** (als Käufer) angewendet werden, ist ein Wertungs- u Systembruch (*Schmidt* § 29 I 2 b; s aber vor § 1 Rz 8, 9). **c)** Die **Praxis** des Handelskaufs wird geprägt von der Verwendung Allgemeiner Einkaufs- u Verkaufsbedingungen (Nachw bei *StKoller* vor § 373 2), von Formularverträgen sowie von Handelsbräuchen (Usancen), s § 346 Rz 1 ff, die sich vor allem im **internationalen Handelsverkehr** entwickelt u zT in Klauselwerken („Incoterms") niedergeschlagen haben (s § 346 Rz 18 ff; umfassend *StKoller* vor § 373 4 bis 298, 748 bis 770).

3. Internationales Kaufrecht. Zum anwendbaren Recht bei Kaufverträgen mit Auslandsberührung s vor § 1 Rz 27. **Vorrang** (Art 3 II EGBGB) hat aber das **UN-Kaufrecht** (= CISG), BGBl 1989 II S 588 (deutsche Übersetzung; nicht authentisch), das unmittelbar anwendbar ist.

a) Anwendungsbereich. aa) In **geographischer** Hinsicht: bei Verträgen zwischen Parteien mit Niederlassungen (s Art 10) in *verschiedenen* CISG-Vertragsstaaten, Art 1 I lit a; oder wenn IPR des Gerichtsstaates (in BRD: Art 27, 28 EGBGB) das Recht eines CISG-Vertragsstaates zur Anwendung beruft, Art 1 I lit b. **bb) Sachlich** werden nur Kaufverträge über Waren erfaßt, die nicht für den persönlichen Gebrauch bestimmt sind, Art 2. **cc) Zeitlich** s Art 100; für BRD ab 1. 1. 1991.

b) Abdingbarkeit. Das CISG findet von selbst (also ohne Wahl durch Vertragspartner!) Anwendung. Abwahl (ganz oder teilweise, auch konkludent) ist möglich, Art 6. Rechtswahl zugunsten eines CISG-Vertragsstaates bedeutet allein keinen Ausschluß (BGH NJW 97, 3310; hL), wohl aber Wahl eines Nichtvertragsstaates (Düss RIW 93, 845; allgM). Bei Rechtswahl ist Klarstellung notwendig, wenn CISG abbedungen werden soll. Ob Abwahl in AGB überraschend, § 3 AGBGB (*Schlechtriem*[3] Art 6 17), ist fraglich. Bezugnahme auf nationale Gesetze („Es gilt das BGB") spricht für konkludente Abwahl (aA *Witz/Salger/Lorenz* Art 6 11 f), ebenso Verwendung von AGB, die auf eine Rechtsordnung abgestimmt sind (*StaudMagnus* Art 6 42, hL; aA *Witz/Salger/Lorenz* Art 6 13). Plädieren von BGB/HGB im Prozeß kann konkludente Abwahl darstellen, wenn hinreichender Rechtsbindungswille erkennbar (vgl Kln RIW 92, 1023).

c) Inhalt. Vertragsschluß Art 14–24; Rechte des Käufers bei Pflichtverletzung, Art 45 ff, des Verkäufers Art 61 ff. Art 57 I a gestaltet Zahlungspflicht des Käufers als Bringschuld mit Niederlassung des Gläubigers als Erfüllungsort aus. Zur Untersuchungs- und Rügelast: Art 38, 39; BGH 129, 85; NJW-RR 00, 1361 f; Oldbg DB 01, 1088.

Lit.: *Schlechtriem,* Kommentar zum Einheitlichen UN-Kaufrecht[3] (2000); *Honsell* (Hrsg), Kommentar zum UN-Kaufrecht (1997); *Schlechtriem,* Internationales UN-Kaufrecht (1996); *Staudinger(-Magnus),* Wiener UN-Kaufrecht (CISG) (1999); *Witz/Salger/Lorenz,* International einheitliches Kaufrecht (2000).

§ 373 [Annahmeverzug des Käufers]

(1) Ist der Käufer mit der Annahme der Ware im Verzuge, so kann der Verkäufer die Ware auf Gefahr und Kosten des Käufers in einem öffentlichen Lagerhaus oder sonst in sicherer Weise hinterlegen.

(2) ¹Er ist ferner befugt, nach vorgängiger Androhung die Ware öffentlich versteigern zu lassen; er kann, wenn die Ware einen Börsen- oder Marktpreis hat, nach vorgängiger Androhung den Verkauf auch aus freier Hand durch einen zu solchen Verkäufen öffentlich ermächtigten Handelsmakler oder durch eine zur öffentlichen Versteigerung befugte Person zum laufenden Preise bewirken. ²Ist die Ware dem Verderb ausgesetzt und Gefahr im Verzuge, so bedarf es der vorgängigen Androhung nicht; dasselbe gilt, wenn die Androhung aus anderen Gründen untunlich ist.

(3) Der Selbsthilfeverkauf erfolgt für Rechnung des säumigen Käufers.

(4) Der Verkäufer und der Käufer können bei der öffentlichen Versteigerung mitbieten.

(5) ¹Im Falle der öffentlichen Versteigerung hat der Verkäufer den Käufer von der Zeit und dem Orte der Versteigerung vorher zu benachrichtigen; von dem vollzogenen Verkaufe hat er bei jeder Art des Verkaufs dem Käufer unverzüglich Nachricht zu geben. ²Im Falle der Unterlassung ist er zum Schadensersatze verpflichtet. ³Die Benachrichtigungen dürfen unterbleiben, wenn sie untunlich sind.

§ 374 [Vorschriften des BGB über Annahmeverzug]

Durch die Vorschriften des § 373 werden die Befugnisse nicht berührt, welche dem Verkäufer nach dem Bürgerlichen Gesetzbuche zustehen, wenn der Käufer im Verzuge der Annahme ist.

Erläuterung der §§ 373, 374

I. Allgemeines

1. Inhalt. § 373 erweitert die Rechtsposition des Verkäufers bei **Annahmeverzug** des Käufers durch ein (über §§ 372 ff, §§ 383 ff BGB hinausgehendes) Recht zur **Hinterlegung** u zum **Selbsthilfeverkauf.** Die Norm dient dem Verkäuferschutz. Die sich aus dem BGB ergebenden Rechtsfolgen des Annahmeverzuges bleiben unberührt, § 374; der Verkäufer kann zwischen den Rechten nach HGB u BGB wählen. Erst recht unberührt bleiben die Rechte des Verkäufers, wenn der Käufer mit seiner Abnahmepflicht, § 433 II BGB, in **Schuldnerverzug** kommt, §§ 284 ff BGB. 1

2. Anwendungsbereich. § 373 kommt auch bei **einseitigen** Handelsgeschäften, § 345 (iVm §§ 343, 344), zur Anwendung (evtl Verstoß gg § 242 BGB; *Schmidt* § 29 II 2 b; str). Die Vorschrift ist **abdingbar.** 2

3. Die **Voraussetzungen** des **Annahmeverzuges** richten sich allein nach §§ 293 ff BGB. Dem Käufer muß durch den Verkäufer die Leistung ordnungsgemäß (§ 294 BGB) angeboten worden sein; dh: am 3

§ 374

rechten Ort zur rechten Zeit (§§ 269 bis 271 BGB); vollständig; in richtiger Beschaffenheit; in rechter Art u Weise.

4   **4. Rechtsfolgen** des Annahmeverzuges **nach BGB** sind insbes §§ 300 (Haftungserleichterung), 304 (Ersatz der Mehraufwendungen), 324 II (Behalt des Anspruchs auf Gegenleistung), 372 (Hinterlegungsrecht), 383 (öffentl Versteigerung nicht hinterlegungsfähiger Waren u Hinterlegung des erzielten Erlöses).

II. Hinterlegungsrecht, I

5   **1. Allgemeines. a) Zweck.** Bei Annahmeverzug des Käufers hat der Verkäufer ein berechtigtes Interesse, sein Lager zu entlasten u die Ware aus seiner Obhut zu entlassen. Dies kann er durch Hinterlegung in den Formen des § 372 BGB u **I** erreichen, ohne die ihn treffende Obhutspflicht zu verletzen.

6   **b) BGB.** Eine Hinterlegung nach § 372 S 1 BGB ist nur möglich bei Geld, Wertpapieren, sonstigen Urkunden u Kostbarkeiten. Sie kann nur erfolgen beim **Amtsgericht** als Hinterlegungsstelle; § 1 II 2 HintO; § 374 I BGB: Hinterlegungsstelle des Leistungsorts. Sie ist unverzüglich anzuzeigen, § 374 II BGB. Der Verkäufer kann grds die hinterlegte Sache zurücknehmen; ist die Rücknahme ausgeschlossen (§ 376 II BGB; bei Verzicht des Verkäufers; Annahmeerklärung durch den Gläubiger; Vorlage eines rechtskräftigen Urteils bei der Hinterlegungsstelle, das die Hinterlegung für rechtmäßig erklärt), wirkt die Hinterlegung schuldbefreiend, § 378 BGB.

7   **2. Einzelheiten. a) Hinterlegungsfähig** sind gem I **Waren** (bewegliche Sachen; vor § 373 Rz 1) aller Art; über § 381 I auch **Wertpapiere.**
b) Die Hinterlegung kann erfolgen bei der Hinterlegungsstelle, in einem öffentl Lagerhaus (dh bei einem Lagerhalter, § 467, der sein Geschäft für die Öffentlichkeit betreibt) oder bei Dritten in sonst sicherer Weise. Den Verkäufer trifft die Pflicht, eine sichere Hinterlegungsstätte auszusuchen. Bei Verletzung dieser Pflicht hat der Käufer ggf einen Anspruch aus pVV (Sorgfalt: § 347; § 300 I BGB ist entspr anwendbar; *StKoller* § 373/4 30; *BauHopf* § 373 4; str). Eigene Verwahrung ist möglich, jedoch scheidet § 373 I als Anspruchsgrundlage aus (BGH NJW 96, 1465). Nach § 374 stehen Verkäufer die Befugnisse aus §§ 302–304 BGB zu; ergänzend gilt § 354 (BGH NJW 96, 1495). **c)** Die Hinterlegung hat (anders als bei § 378 BGB) keine Erfüllungswirkung (hL). Die Gefahr trägt der Käufer: Bei unverschuldetem Untergang der Ware verliert er den Anspruch auf Leistung (§ 300 I BGB), bleibt seinerseits aber zur Zahlung verpflichtet (§ 300 II BGB). **d)** Die **Kosten** der Hinterlegung (zB Versicherung, Lagergebühren) trägt der Käufer. **e)** Die Hinterlegung ist dem Käufer **anzuzeigen,** § 374 II BGB.

III. Selbsthilfeverkauf, II, III, V

1. Allgemeines. Mittels Selbsthilfeverkaufs kann sich der Verkäufer 8
der Ware entledigen. Das Recht erstreckt sich auf alle, auch hinterlegungsfähige (anders § 383 I BGB) Waren (u Wertpapiere, § 381 I), hinsichtlich deren sich der Käufer in Annahmeverzug befindet. Nach vorheriger Androhung (Rz 9) kann der Selbsthilfeverkauf entweder im Wege öffentl Versteigerung oder durch freihändigen Verkauf (Rz 10) durchgeführt werden. Zu den Rechtswirkungen eines ordnungsgemäßen Selbsthilfeverkaufs s Rz 14.

2. Androhung. a) Zweck. Der Selbsthilfeverkauf ist idR nur ord- 9
nungsgemäß, wenn er zuvor dem Käufer angedroht worden ist, **I 1.**
„Androhung" meint Ankündigung (ROHG 19, 293). **b)** Die Androhung ist eine **empfangsbedürftige Willensäußerung,** nicht Willenserklärung (str). Sie ist **formlos** möglich. Da der Zugang der Androhung vom Verkäufer für die Ordnungsgemäßheit des Selbsthilfeverkaufs nachzuweisen ist, empfiehlt sich ein Einschreiben mit Rückschein. Die Androhung muß so **rechtzeitig** erfolgen, daß der Käufer noch schadensverhütende Maßnahmen treffen kann. Sie kann mit dem Angebot der Leistung verbunden werden. **c) Inhalt.** Die Androhung muß nur den geplanten Selbsthilfeverkauf an sich, nicht aber eine bestimmte Art des Verkaufs (RG 109, 135) erkennen lassen. Eine insoweit unbestimmte Ankündigung ist als Androhung einer öffentl Versteigerung auszulegen (RG 109, 136). Der Verkäufer kann auch nach Androhung noch Abnahme u Zahlung verlangen (RG LZ 08, 224). Bei Durchführung des Selbsthilfeverkaufs ist er an die (stillschweigend) angedrohte Art des Verkaufs gebunden (RG 109, 36); bei Änderung ist erneute Androhung nötig. **d) Entbehrlichkeit, II 2.** Einer Androhung bedarf es nicht: **aa)** wenn die Ware dem Verderb ausgesetzt u (kumulativ) Gefahr im Verzug oder **bb)** wenn die Androhung aus anderen Gründen untunlich ist (Käuferadresse nicht ermittelbar; Gefahr eines bevorstehenden Preissturzes).

3. Arten des Selbsthilfeverkaufs. a) Öffentliche Versteigerung, 10
II 1, 1. HS. Legaldefinition: **§ 383 III 1 BGB.** Die dort genannten Formalia sind einzuhalten, damit der Selbsthilfeverkauf ordnungsgemäß ist; ebenso die Bekanntmachungspflicht gem § 383 III 2 BGB. **Öffentl** heißt, daß die Teilnahme allg möglich ist. Über Zeit u Ort der Versteigerung hat der Verkäufer den Käufer zu benachrichtigen, **V 1, 1 HS.** Anders nur, wenn untunlich, **V 3.** Schadensersatz: **V 2.** Verkäufer u Käufer können mitbieten, **IV. b) Freihändiger Verkauf, II 1, 2. HS,** durch einen zu solchen Verkäufen ermächtigten Handelsmakler oder durch eine zur öffentl Versteigerung befugte Person ist möglich bei Ware, die einen Börsen- oder Marktpreis hat (s RG 34, 120), sofern der Verkauf zu laufendem Preis (iSv tatsächlichem Durchschnittspreis) bewirkt wird (eingehend *StKoller* § 373/4 40 ff); vgl auch § 385 BGB. Ein **Markt**preis bildet sich nur, wenn an einem bestimmten Ort eine größere Anzahl von Geschäften gleicher Art getätigt wird. **c)** Zu einer

§ 375 Viertes Buch. Handelsgeschäfte

Benachrichtigung des Käufers ist der Verkäufer bei jeder Art des Verkaufs verpflichtet, **V 1, 2 HS**; sonst evtl Schadensersatzpflicht, **V 2**.

11 **4. Gegenstand** des Selbsthilfeverkaufs kann nur **Vertragsware** sein, hinsichtlich derer sich der Käufer in **Annahmeverzug** befindet. Beim Gattungskauf muß dies nicht die schon ausgesonderte Ware sein, es reichen gleichartige Stücke, die von der vertraglichen Beschaffenheit u im Besitz des Verkäufers sind oder (etwa vom Lieferanten) zu seiner Disposition gehalten werden.

12 **5.** Der **Verkaufsort** liegt (anders bei § 383 BGB) im (pflichtgemäßen) Ermessen des Verkäufers. Unnötige (Transport-)Kosten zu Lasten des Käufers sind zu vermeiden, es sei denn, die Ware könnte zu höherem Erlös verkauft werden. Den **Zeitpunkt** des Verkaufs kann der Verkäufer bestimmen, da der Käufer jederzeit den Annahmeverzug durch Abnahme beenden kann.

13 **6. Verkaufsbedingungen.** Der Verkauf, der für Rechnung des Käufers erfolgt, soll dessen Interessen sichern. Auszugehen ist vom Inhalt des Kaufvertrages; Abweichungen sind möglich, wenn sie durch Besonderheiten des Selbsthilfeverkaufs bedingt oder aber dem Käufer günstig sind. Der Verkäufer muß sich sorgfältig verhalten.

14 **7. Wirkungen. a) Ordnungsgemäßer Verkauf. aa)** Der nach **I, II** vorgenommene Verkauf erfolgt **für Rechnung des Käufers, III**; dh der Verkäufer hat die Stellung eines Beauftragten mit den daraus resultierenden Rechten u Pflichten, §§ 666, 667, 670 BGB. **bb)** Der Selbsthilfeverkauf wirkt wie eine **Erfüllung** der Lieferschuld durch den Verkäufer. Der Kaufpreisanspruch bleibt bestehen. Der Käufer hat Anspruch auf Herausgabe des Erlöses, § 667 BGB. Der Verkäufer kann mit dem Kaufpreisanspruch aufrechnen, § 389 BGB. Der Mehrerlös ist an den Käufer herauszugeben. Bleibt der Erlös unter dem Kaufpreis, kann der Verkäufer den Restbetrag verlangen. **b)** Wird beim Verkauf **gegen I, II verstoßen,** tritt – vorbehaltlich d) – keine Erfüllungswirkung ein (s a) bb)) ein. Der Käufer hat weiterhin Anspruch auf Lieferung. Bei Unmöglichkeit kann sich der Käufer auf §§ 325, 323 BGB berufen. **c)** Bei **Zahlungsverzug** des Käufers (u evtl erfolgter Fristsetzung) kann der Verkäufer – ohne Rücksicht auf **I, II** – den Selbsthilfeverkauf als **Deckungsverkauf** im Rahmen des § 326 I BGB behandeln; dann bleibt ihm auch der Mehrerlös (s BGH 126, 134). **d)** Ein nicht den **I, II** entspr Verkauf kann gerechtfertigt sein, wenn die Voraussetzungen der berechtigten GoA erfüllt sind, §§ 677, 683 BGB (vgl RG 66, 197). Es treten die unter **a)** genannten Wirkungen ein.

§ 375 [Bestimmungskauf]

(1) **Ist bei dem Kaufe einer beweglichen Sache dem Käufer die nähere Bestimmung über Form, Maß oder ähnliche Verhältnisse vorbehalten, so ist der Käufer verpflichtet, die vorbehaltene Bestimmung zu treffen.**

§ 375

(2) ¹Ist der Käufer mit der Erfüllung dieser Verpflichtung im Verzuge, so kann der Verkäufer die Bestimmung statt des Käufers vornehmen oder gemäß § 326 des Bürgerlichen Gesetzbuchs Schadensersatz wegen Nichterfüllung fordern oder vom Vertrage zurücktreten. ²Im ersteren Falle hat der Verkäufer die von ihm getroffene Bestimmung dem Käufer mitzuteilen und ihm zugleich eine angemessene Frist zur Vornahme einer anderweitigen Bestimmung zu setzen. ³Wird eine solche innerhalb der Frist von dem Käufer nicht vorgenommen, so ist die von dem Verkäufer getroffene Bestimmung maßgebend.

1. Allgemeines. a) § 375 ist eine bes Ausprägung des in §§ 315 ff BGB geregelten **Bestimmungsrechts** für einen Kaufvertrag, bei dem dem Käufer ein Recht zur Spezifikation des geschuldeten Gegenstands eingeräumt ist. **I** verstärkt das Recht zur Spezifikation zu einer **Pflicht** des Käufers. **II** umschreibt die Rechte des Verkäufers für den Fall, daß der Käufer mit der Erfüllung seiner Verpflichtung in Verzug gerät. **b)** § 375 kommt (auch) bei **einseitigen** Handelsgeschäften (§§ 343, 344) zur Anwendung, § 345. 1

2. Bestimmungsrecht des Käufers, I. Ein Spezifikationskauf iSv I liegt vor, wenn beim Kauf einer beweglichen Sache dem **Käufer** die nähere Bestimmung über Form, Maß oder ähnliche Verhältnisse der Kaufsache vorbehalten ist. **a)** Die vom Käufer vorzunehmende **Bestimmung** ist eine einseitige, empfangsbedürftige Willenserklärung. Sie ist formlos möglich. Wann u wie die Bestimmung zu treffen ist, ergibt sich aus Vertrag, Handelsbrauch (§ 346) sowie den Umständen des Einzelfalls. Die Bestimmung kann nach freiem Ermessen getroffen werden (str). **b)** Das Bestimmungsrecht muß dem **Käufer,** nicht Dritten eingeräumt sein. **c)** Es muß sich auf einen Kaufvertrag über bewegliche Sachen oder Wertpapiere (§ 381 I) beziehen. Es kann um einen Vertrag über Gattungsware (zB Eisen, Papier, Stoffe), aber auch um einen Stückkauf gehen (wo die Bestimmung die bes Art der Ausführung betrifft). **d) Inhaltlich** bezieht sich das Bestimmungsrecht auf Form, Maß u ähnliche Verhältnisse innerhalb eines durch Vertrag festgelegten Rahmens (etwa innerhalb einer Grundform oder eines Grundstoffes). „Ähnliche Verhältnisse" betreffen Farben, Quantität u Verarbeitung, nicht aber vom Käufer zu bestimmende Leistungsmodalitäten (Leistungsort, -zeit). Bsp: Spezifikation betr unterschiedlicher Ausführung einer Maschine (BGH WM 76, 124); Sorten oder Qualitäten eines Garns. Dies unterscheidet den Bestimmungskauf von einer **Wahlschuld** gem § 262 BGB, die gegeben ist, wenn der Käufer die Wahl zwischen verschiedenen Gegenständen oder unterschiedlichen Warengattungen hat. Die schwierigen Abgrenzungsprobleme – unterschiedliche **Gattungen** (Wahlschuld) oder nur unterschiedliche **Arten** im Rahmen ein u derselben Gattung (Bestimmungsschuld) – sind wie bei §§ 377, 378 (§ 378 Rz 5 ff) nach der Verkehrsanschauung zu lösen. **e)** Die Bestimmungspflicht des Käufers ist **Hauptpflicht.** Dies ergibt sich aus 2

§ 376 Viertes Buch. Handelsgeschäfte

II 1. Einer Klage gg den Käufer auf Vornahme der Spezifikation dürfte im Hinblick auf das Spezifikationsrecht des Verkäufers gem **II 1** (Rz 4) das Rechtsschutzbedürfnis fehlen (*StKoller* § 375 14).

3 **3. Rechte des Verkäufers, II. a) Überblick. aa)** Bei **Verzug** (§§ 284 f BGB) des Käufers mit der Erfüllung der Bestimmungspflicht hat der Verkäufer die Wahl zwischen Vertragserfüllung, die ihm durch die Möglichkeit der Selbstspezifikation eröffnet wird, u den Rechten aus § 326 BGB. **bb)** Daneben hat der Verkäufer Anspruch auf Ersatz seines **Verzugsschadens** (§ 286 BGB; aber § 254 II BGB). **cc)** Der Käufer kommt in **Annahmeverzug**, wenn ihn der leistungsbereite Verkäufer auffordert, die gem § 295 S 1 BGB zur Bewirkung der Leistung erforderl Bestimmung vorzunehmen; Konsequenzen: § 373 I (Hinterlegung) u § 304 BGB.

4 **b) Selbstspezifikation durch den Verkäufer, II.** Mit Eintritt des Bestimmungs**verzugs** des Käufers (Rz 3) hat der Verkäufer das Recht, die Bestimmung aus eigenem Recht (u nicht etwa als Vertreter des Käufers) wahrzunehmen. **aa)** Hinsichtlich Form, Frist u Inhalt der Bestimmung gilt das zu Rz 2 Gesagte entspr. Die Bestimmung kann der Verkäufer nach freiem Ermessen vornehmen (*StKoller* § 375 17). **bb)** Das **Wirksamwerden** der Selbstspezifikation hängt von folgenden Voraussetzungen ab: (1) Der Verkäufer muß dem Käufer die Selbstspezifikation **mitteilen** (nicht androhen), **II 2**, u dabei die bestimmte Ware genau bezeichnen. Die Mitteilung ist eine empfangsbedürftige Willenserklärung. (2) Der Verkäufer hat **mit** der Mitteilung (Trennung nicht zulässig) dem Käufer eine angemessene Frist zur Vornahme einer anderweitigen Bestimmung zu setzen, dies selbst dann, wenn sich der Käufer nachhaltig geweigert hat, die Bestimmung vorzunehmen (*SchlHefermehl* § 375 18). Bei zu kurz gesetzter Frist läuft eine angemessene Frist (*HeyEmmerich* § 375 10). (3) Nimmt der Käufer innerhalb der Frist die Bestimmung nicht vor, wird die Selbstspezifikation des Verkäufers wirksam. **cc)** Mit Wirksamwerden der Selbstbestimmung durch den Verkäufer **wandelt sich** der Vertrag in einen **normalen Kaufvertrag.** Der Käufer muß die spezifizierte Ware abnehmen; ansonsten hat Verkäufer Rechte aus § 326 BGB, § 373. Hat der Käufer rechtzeitig die Bestimmung vorgenommen, wird die Bestimmung des Verkäufers nicht wirksam. **c)** Will der Verkäufer – anstelle der Selbstspezifikation – die **Rechte aus § 326 BGB** geltend machen, bedarf es zunächst der Setzung einer angemessenen Frist zur Nachholung der Bestimmung durch den Käufer, verbunden mit der **Ablehnungsandrohung,** § 326 I 1 BGB. Läuft die Frist ab, ohne daß der Käufer die Bestimmung getroffen hat, kann der Verkäufer zurücktreten oder Schadensersatz wg Nichterfüllung verlangen.

§ 376 [Fixhandelskauf]

(1) ¹**Ist bedungen, daß die Leistung des einen Teiles genau zu einer festbestimmten Zeit oder innerhalb einer festbestimmten**

Frist bewirkt werden soll, so kann der andere Teil, wenn die Leistung nicht zu der bestimmten Zeit oder nicht innerhalb der bestimmten Frist erfolgt, von dem Vertrage zurücktreten oder, falls der Schuldner im Verzug ist, statt der Erfüllung Schadensersatz wegen Nichterfüllung verlangen. ²Erfüllung kann er nur beanspruchen, wenn er sofort nach dem Ablaufe der Zeit oder der Frist dem Gegner anzeigt, daß er auf Erfüllung bestehe.

(2) Wird Schadensersatz wegen Nichterfüllung verlangt und hat die Ware einen Börsen- oder Marktpreis, so kann der Unterschied des Kaufpreises und des Börsen- oder Marktpreises zur Zeit und am Orte der geschuldeten Leistung gefordert werden.

(3) ¹Das Ergebnis eines anderweit vorgenommenen Verkaufs oder Kaufes kann, falls die Ware einen Börsen- oder Marktpreis hat, dem Ersatzanspruche nur zugrunde gelegt werden, wenn der Verkauf oder Kauf sofort nach dem Ablaufe der bedungenen Leistungszeit oder Leistungsfrist bewirkt ist. ²Der Verkauf oder Kauf muß, wenn er nicht in öffentlicher Versteigerung geschieht, durch einen zu solchen Verkäufen oder Käufen öffentlich ermächtigten Handelsmakler oder eine zur öffentlichen Versteigerung befugte Person zum laufenden Preise erfolgen.

(4) ¹Auf den Verkauf mittels öffentlicher Versteigerung findet die Vorschrift des § 373 Abs. 4 Anwendung. ²Von dem Verkauf oder Kaufe hat der Gläubiger den Schuldner unverzüglich zu benachrichtigen; im Falle der Unterlassung ist er zum Schadensersatze verpflichtet.

I. Allgemeines

1. Überblick. a) § 376 regelt, wie auch § 361 BGB, das sog **relative** (einfache; eigentliche) **Fixgeschäft**. Es liegt vor, wenn für die Parteien die **Leistungszeit so wesentlich** ist, daß mit ihrer Einhaltung der Vertrag **als Ganzes stehen und fallen** soll (Rz 5), obwohl Erfüllung noch möglich ist. **b)** Beim gesetzl nicht geregelten sog **absoluten** (uneigentlichen) **Fixgeschäft** führt nach Ablauf der Lieferfrist bzw nach dem Lieferzeitpunkt die Leistung nicht mehr zur Erfüllung (zB Hotelzimmerreservierung); sie ist unmöglich. Es gelten die §§ 275, 323 ff BGB. 1

2. Anwendungsbereich. § 376 gilt beim einseitigen (§ 345) wie auch zweiseitigen Handelsgeschäft. Die Vereinbarung eines Fixgeschäfts kann sich auch auf Pflichten des Käufers (etwa der Bestimmungspflicht im Sinne von § 375 I) beziehen. § 376 ist ggüber § 361 BGB lex specialis. 2

3. Zweck. § 376 zielt (im Vergleich zur Auslegungsregel des § 361 BGB) auf **rasche Abwicklung** des Vertrages bei Ausbleiben der Leistung zum vereinbarten Zeitpunkt: Der Gläubiger hat ein gesetzl Rücktrittsrecht (Rz 8); bei Verzug des Schuldners kann der Gläubiger 3

§ 376 Viertes Buch. Handelsgeschäfte

ohne Nachfristsetzung Schadensersatz wg Nichterfüllung verlangen, dessen Berechnung erleichtert wird (Rz 9). Der Erfüllungsanspruch bleibt nur bei sofortiger Anzeige durch den Gläubiger bestehen (Rz 7).

II. Voraussetzungen des Fixhandelskaufs

4 1. **Festbestimmte Leistungszeit/-frist, I.** Das eigentliche Fixgeschäft setzt voraus, daß die Parteien für die Leistung des Verkäufers bzw Käufers einen kalendermäßig **fest bestimmbaren** Termin setzen. Das Datum selbst muß nicht genannt sein. Es genügt, wenn sich der Tag/die Frist von einem (künftigen) Ereignis (zB Abruf durch den Käufer) her bestimmen läßt. Daß der Gläubiger die Leistung auch schon vorher verlangen kann, schadet nicht. Dem Schuldner darf kein Spielraum offenstehen. Klauseln wie „prompt", „umgehend", „schleunigst", aber auch „sofort", „sogleich" **fehlt** die notwendige Bestimmtheit (s aber Rz 6). Sie verpflichten nur zu schneller Lieferung; anders bei „Lieferung im Mai", da Fristablauf eindeutig (RG 101, 363). „Liefertermin Ernte 1991" ist wohl zu unbestimmt (Hamm NJW-RR 95, 351).

5 2. Die Parteien müssen bei Vereinbarung der festbestimmten Leistungszeit/-frist **zusätzlich** darüber **einig** sein, daß mit der Einhaltung dieser Zeit/Frist der Vertrag **stehen und fallen** (BGH 110, 96), bei Nichteinhaltung also der Vertrag **ohne weiteres beendet** werden soll. Mangels ausdr Abrede ist anhand aller vertragsbegleitender Umstände zu ermitteln, ob die Parteien einen entspr weitgehenden Willen hatten (BGH WM 89, 1181). Dabei kommt den Klauseln u Formeln eine **Indizwirkung** zu; ihre Aussagekraft ist aber im Rahmen aller Umstände zu bestimmen. Dabei kann auch Handelsbrauch eine Rolle spielen. Aus der Vereinbarung einer festen Lieferzeit/-frist allein folgt noch nichts. Zweifel wirken gg die Annahme eines Fixgeschäfts (BGH 110, 96).

6 3. **Bsp:** „Genau", „präzise" mit Angabe eines Zeitpunktes; ebenso „spätestens", „Nachlieferung ausgeschlossen"; „fix" ist Indiz für eine Einigung der Parteien über ein Fixgeschäft (BGH WM 82, 1385; anders bei Verwendung der Klausel in AGB, BGH 110, 97). Wird bei einem internationalen **Abladegeschäft** ein genauer Zeitpunkt oder eine Frist für die Abladung genannt, liegt darin kraft **Handelsbrauchs** die Vereinbarung eines Fixgeschäfts. Die Klauseln „ohne Nachfrist" oder „cif" bedeuten für sich allein noch keine Fixschuld. Wird für pünktliche Belieferung ein höherer Preis vereinbart, spricht dies für Fixschuld (BGH WM 82, 1385). Börsentermingeschäfte, §§ 50 ff BörsG, sind Fixgeschäfte.

III. Rechtsfolgen

7 1. Der **Anspruch auf Erfüllung, I 2, erlischt,** sofern nicht der Gläubiger durch sofortige Anzeige an den Schuldner auf Erfüllung besteht. **Anzeige:** eine einseitige, empfangsbedürftige, formlose Willenserklärung, die klar erkennen lassen muß, daß der Gläubiger auf Erfüllung besteht; auch Nachfristsetzung (BGH NJW-RR 98, 1490). „Sofort": mehr als unverzüglich iSv § 121 I BGB (nicht nachholbar; BGH WM 82, 1386). Die rechtzeitig zugehende Anzeige wandelt das Fixgeschäft in einen normalen Kaufvertrag. Die Rechte des Gläubigers aus I 1 entfallen; für Verzugsschaden: §§ 284 ff BGB. Die Vereinbarung einer Fristverlängerung führt nicht ohne weiteres zu einem neuen Fixtermin (BGH WM 89, 1181).

2. Der **Rücktritt, I 1 1. Alt,** wird vom Gesetz als normale Folge 8 des Ausbleibens der Leistung zum Fixtermin angesehen. **a)** Die Ausübung des Rücktrittsrechts durch den Gläubiger ist von **keinen** weiteren **Voraussetzungen** (Verzug oder Verschulden) abhängig. Ggf kann bei Geringfügigkeit § 242 BGB entgegenstehen. Das Rücktrittsrecht besteht nicht, wenn die vom Schuldner zu erbringende Leistung von einer Vorleistung des Gläubigers abhängig u diese nicht erbracht worden ist oder wenn dem Schuldner ein Leistungsverweigerungsrecht zusteht (BGH DB 65, 138). **b)** Der Rücktritt erfolgt durch einseitige empfangsbedürftige, formlose Willenserklärung des Gläubigers. Mit ihrem Wirksamwerden (§ 130 BGB) kann der Gläubiger nicht mehr zu Schadensersatz wg Nichterfüllung übergehen. **c)** Die **Ausübung** des Rücktrittsrechts ist an keine **Frist** gebunden. Der Schuldner kann dem Gläubiger gem § 355 BGB (über § 327 BGB) eine Frist zur Ausübung des Rücktrittsrechts setzen (*HeyEmmerich* § 376 14; *StKoller* § 376 21: analog); aA: Rücktritt nur „unverzüglich", *JauVollkommer* § 361 5 bzw „alsbald"; *PalHeinrichs* § 361 4; BGH NJW 91, 1294, läßt offen; ggf „sofortiger" Rücktritt gem § 242 BGB geboten (RG 30, 62).

3. Schadensersatz, I 1 2. Alt, II bis IV. a) Der Gläubiger kann 9 Schadensersatz wg Nichterfüllung nur bei **Verzug** (§§ 284 ff BGB) des Schuldners verlangen. Es bedarf (anders als bei § 326 BGB) **keiner** Fristsetzung. **b) Schadensberechnung.** Im kaufmännischen Verkehr ist bei § 326 BGB **neben** der konkreten auch die abstrakte Schadensberechnung möglich. Grundlage: § 252 S 2 BGB. Widerlegbare Vermutung (BGH WM 98, 931). Schadensberechung erfolgt auf der Grundlage hypothetischer Deckungsgeschäfte (s im einzelnen BGH WM 98, 931; *PalHeinrichs* § 325 16–17). Bei § 376 gilt: **aa)** Für „Ware" ohne einen Markt- oder Börsenpreis ist der Schaden nach allg Grundsätzen zu berechnen (Preis, der bei Deckungskauf erzielt bzw gezahlt worden ist bzw erzielt/gezahlt worden wäre). **bb)** Hat die Ware einen **Markt- oder Börsenpreis,** kommt es für die abstrakte Schadensberechnung (dazu *PalHeinrichs* § 325 14, 16 f) **allein** auf die Differenz von Kaufpreis u Markt-(Börsen-)Preis zur Zeit u am Ort der geschuldeten Leistung an, **II.** Die **konkrete** Schadensberechnung ist nur zulässig, wenn das Deckungsgeschäft **sofort** nach dem Fixtermin erfolgt, **III 1,** u die in **III 2, IV** vorgeschriebenen Formen eingehalten werden. Der **Deckungsverkauf** erfolgt durch öffentl Versteigerung (iSv § 383 III BGB), **III 2**, wobei Gläubiger u Schuldner mitbieten können, **IV 1** iVm § 373 IV, oder durch freihändigen Verkauf zum laufenden Preis (§ 374 Rz 10) durch einen zu solchen Verkäufen ermächtigten Handelsmakler oder eine zur öffentl Versteigerung befugte Person, **III 2**. Der **Deckungskauf** erfolgt mittels freihändigen Kaufs durch die genannten Personen, **III 2**. Hält der Gläubiger die Formalia nicht ein, braucht der Schuldner das Geschäft nicht gelten zu lassen; der Gläubiger kann seinen Schaden nur nach **II** berechnen. Der Gläubiger hat den Schuldner vom Deckungsgeschäft unverzüglich zu benachrichtigen; anderenfalls macht er sich uU schadensersatzpflichtig, **IV 2**.

§ 377 [Untersuchungs- und Rügepflicht]

(1) **Ist der Kauf für beide Teile ein Handelsgeschäft, so hat der Käufer die Ware unverzüglich nach der Ablieferung durch den Verkäufer, soweit dies nach ordnungsmäßigem Geschäftsgange tunlich ist, zu untersuchen und, wenn sich ein Mangel zeigt, dem Verkäufer unverzüglich Anzeige zu machen.**

(2) **Unterläßt der Käufer die Anzeige, so gilt die Ware als genehmigt, es sei denn, daß es sich um einen Mangel handelt, der bei der Untersuchung nicht erkennbar war.**

(3) **Zeigt sich später ein solcher Mangel, so muß die Anzeige unverzüglich nach der Entdeckung gemacht werden; anderenfalls gilt die Ware auch in Ansehung dieses Mangels als genehmigt.**

(4) **Zur Erhaltung der Rechte des Käufers genügt die rechtzeitige Absendung der Anzeige.**

(5) **Hat der Verkäufer den Mangel arglistig verschwiegen, so kann er sich auf diese Vorschriften nicht berufen.**

Übersicht

	Rz
I. Allgemeines	
1. Inhalt	1
2. Zweck	2
3. Anwendungsbereich	3
II. Voraussetzungen der Rügelast	
1. Mangel	5
2. Ablieferung	6
3. Kenntnis, Erkennbarkeit	
a) Allgemeines	7
b) Anfängliche Kenntnis, Erkennbarkeit	8
c) Spätere Kenntnis, Erkennbarkeit	9
III. Rüge	
1. Zweck	10
2. Rechtsnatur	11

Zweiter Abschnitt. Handelskauf **§ 377**

	Rz
3. Modalitäten	
a) Inhalt	12
b) Form	13
c) Beteiligte	14
d) Frist	15
IV. Rechtsfolgen	
1. Ordnungsgemäße Rüge	19
2. Nicht ordnungsgemäße Rüge	20
a) Rechtsnatur	21
b) Rechtsfolgen	22
c) Ausnahmen	26
V. Dispositivität	
1. Handelsbräuche	29
2. AGB-Regelungen	30
3. Verzicht	31

Lit.: *Niedrig,* Die Mangelrüge (1993) (va historisch).

I. Allgemeines

1. Inhalt. §§ 377, 378 belasten den Käufer mit einer **Rügeobliegenheit** bei Lieferung mangelhafter (§ 377 I, III) oder in Quantität oder Art von der Bestellung abweichender Ware (§ 378). Die in I geregelte **Untersuchung** hat nur eine Hilfsfunktion für die Rügeobliegenheit (Rz 7). §§ 377, 378 bauen auf den Regelungen des BGB über die Sachmängelgewährleistung (§§ 459 ff, 480 BGB) bzw Nichterfüllung (§ 326 I BGB) auf, ohne dafür eigenständige Regeln zu entwickeln. Die Erfüllung der Rügeobliegenheit dient der Erhaltung dieser Rechte (Rz 20 f). Zur Frage, ob § 378 zu einer Modifizierung der Rechtsfolgen bei Lieferung eines aliud führt, s § 378 Rz 5 ff. 1

2. Zweck. Die Rüge**obliegenheit** (nicht: -pflicht) der §§ 377, 378 2 dient dem allg Interesse des Handelsverkehrs an einer raschen u endgültigen Abwicklung von Rechtsgeschäften sowie dem Schutz des Verkäufers, der in die Lage versetzt werden soll, die notwendigen Dispositionen zur Beweissicherung u zur Schadensabwendung zu treffen, u der ü vor späteren Beanstandungen bewahrt werden soll (BGH WM 98, 938; NJW 00, 1416). Es geht um eine sachgerechte Risikoverteilung zwischen Käufer u Verkäufer (BGH 66, 213). Daher kann jenseits der §§ 377, 378 eine Prüfungs- und Rügeobliegenheit aus § 242 BGB (§ 378 Rz 10; *BauHopt* § 377 1; *Oetker* § 8 E) und zur Schadensvermeidung aus § 254 BGB (Düss NJW 00, 1655) folgen.

3. Anwendungsbereich. a) Die §§ 377, 378 gelten für den Han- 3 delskauf. Das Geschäft muß (Stück- oder Gattungs-)Kauf (§ 433 BGB), kaufähnlicher Vertrag (§ 493 BGB; BGH NJW 85, 2417), Tausch (§ 515 BGB) oder Werklieferungsvertrag (§ 651 BGB, § 381 II; BGH NJW 93, 2437) sein u Waren bzw Wertpapiere (§ 381 I) betreffen.

§ 377 Viertes Buch. Handelsgeschäfte

§§ 377, 378 finden auf den Handelskauf auch dann Anwendung, wenn die Kaufsache vom (kaufmännischen) Käufer an einen Nichtkaufmann verleast wird (BGH 110, 137: Leasingnehmer als Erfüllungsgehilfe des Leasinggebers; str; Überblick: *Knops* JuS 94, 108 mwN; für teleologische Reduktion, wenn Leasingnehmer kein Kaufmann ist: *Canaris* AcP 190, 428 ff; für stillschweigende Abbedingung *Hager* AcP 190, 349). Der Käufer/Leasinggeber sollte mit dem Leasingnehmer die Geltung des § 377 vereinbaren (*Lieb* DB 88, 2501).

4 **b)** Es muß für **beide Seiten** ein Handelsgeschäft sein, §§ 377 I, 343, 344. **aa)** §§ 377, 378 greifen zum Nachteil des Scheinkaufmanns (s § 15 Rz 39) als Käufer, nicht zu seinem Vorteil (als Verkäufer) ein. Analoge Anwendung zulasten eines kaufmannsähnlich agierenden Käufers (s § 1 Rz 38) ist nicht möglich: Nicht eingetragene Kleingewerbetreibende iSv § 2 sind vom HRefG bewußt aus dem Anwendungsbereich des § 377 herausgenommen worden (*Canaris* § 31 30). Dies gilt auch für die früheren Minderkaufleute iSv § 4 I aF. Die RegBegr, BR-Dr 340/97 S 30, nimmt diese rechtspolitisch fragwürdige Konsequenz ausdr hin. Iü beschränken §§ 407 III 2, 453 III 2, 467 III 2 die Anwendung handelsrechtl Normen auf den speziellen Vertragstyp. Weitergehend vor dem HRefG: für selbständig beruflich am Markt auftretende Personen *Hopt* AcP 183, 689 ff; *Deckert* JuS 98, 121 f; für Geschäfte, an denen Unternehmen beteiligt sind, *Schmidt* § 29 III 2 b. Gg eine Analogie RG 104, 96 (stattdessen § 242 BGB; s Rz 2 aE). **bb)** Beweispflichtig für die Kaufmannseigenschaft des Käufers ist der Verkäufer (BGH JZ 96, 257); aber Beweislastumkehr in § 1 II. Diese gilt auch für Kaufmannseigenschaft des Verkäufers (zu dessen Gunsten); aber Käufer kann sich auf § 15 I berufen (RegBegr BR-Dr 340/97 S 48).

II. Voraussetzungen der Rügelast

5 **1. Mangel. a)** Der **Begriff** des Mangels in I nimmt Bezug auf den Sachmangel- (nicht: Rechtsmangel-)begriff der §§ 459 ff, 480 BGB: **aa)** „Fehler" iSv § 459 I BGB ist jede nicht unerhebliche Abweichung des tatsächlichen Zustands (Istzustand) von der vertraglich vereinbarten bzw vorausgesetzten (subj Fehlerbegriff; BGH 98, 104) oder gewöhnlichen (obj Fehlerbegriff; BGH NJW 84, 2289) Beschaffenheit, die den Wert der Sache oder ihre Gebrauchstauglichkeit mindert bzw aufhebt (BGH 90, 202). Der subj-obj Fehlerbegriff gilt für Stück- u Gattungsschuld. **bb)** Einen Mangel begr auch das Fehlen einer zugesicherten Eigenschaft iSv §§ 459 II, 480 II BGB (dazu *Soergel/Huber* vor § 459 76 ff, § 459 128 ff) bei Gefahrübergang. **b)** Die Sachmängelhaftung des BGB greift auch im Falle der Nachlieferung oder Nachbesserung durch den Verkäufer (BGH NJW 83, 1496; BB 85, 1354), beim Kauf nach Probe (BGH WM 70, 1401) bzw Kauf mit Ausfallmustervereinbarung (BGH WM 81, 848). **c)** Schadhafte oder fehlende Verpackung (Rz 25) ist als Mangel der Sache anzusehen, wenn sie die Möglichkeit der

Weiterverwendung oder des Weiterverkaufs erschwert oder die Brauchbarkeit bzw Wertschätzung beeinträchtigt (BGH 66, 212; 87, 91; WM 83, 1155).

2. Ablieferung. a) Bedeutung. Die Ablieferung bestimmt den Zeitpunkt, ab dem den Käufer die Untersuchungs- u Rügelast trifft (BGH NJW 93, 2438) u der Fristablauf für die Rügelast beginnt. **b) Begriff.** Inhaltsgleich mit § 477 BGB (BGH 93, 345). **aa)** Die Ablieferung ist ein **tatsächlicher Vorgang;** sie ist gegeben, wenn der Käufer bei obj Betrachtung anstelle des Verkäufers die **Verfügungsmöglichkeit** über die Sache enthält (Kln NJW-RR 99, 566: Möglichkeit zur Gewahrsamsverschaffung durch Käufer) u er damit tatsächlich imstande ist, die Ware zu untersuchen (BGH 93, 346; WM 85, 1419), bei Software durch Übergabe der Datenträger (BGH NJW 00, 1417). Daß die Ware einer (evtl intensiven) Erprobung bedarf, hat auf Ablieferung keinen (wohl aber auf Länge der Untersuchungspflicht) Einfluß (zutr BGH NJW 00, 1416; auch zur abw Rspr). Der Ablieferungsvorgang muß **äußerlich erkennbar** sein. Verweigert der Käufer die Annahme, liegt keine Ablieferung vor (ROHG 24, 29; RG 5, 32), evtl (nur) Annahmeverzug. Die Ablieferung muß **am rechten Ort** u **zur rechten Zeit** (vgl BGH NJW 61, 731) u im wesentlichen **vollständig** erfolgen (BGH NJW-RR 90, 1465; NJW 93, 2438), einschl Bedienungsanleitungen (Kln NJW 99, 1288), Dokumentation (BGH WM 93, 1853), Programmen, die zur Untersuchung erforderl sind, sowie Handbüchern (BGH NJW 93, 462). Bei Übernahme weiterer Pflichten, zB Installations- u Montagepflicht des Verkäufers erst mit Aufstellung der Maschine (BGH NJW 61, 730) bzw Installation der Software (nicht später; *Fritzsche* JuS 95, 500 f). Die Ablieferung fällt idR mit der Übergabe der Sache an den Käufer zusammen, ist aber mit ihr nicht identisch; ebensowenig mit der Abnahme (§ 433 II BGB) oder dem Gefahrübergang (§ 446 I BGB; BGH 60, 6). Die Parteien können Ort u Zeitpunkt der Ablieferung vereinbaren (Kln NJW-RR 99, 565). **bb)** Ein Wechsel in der Verfügungsmöglichkeit ist (wenn die Ware beim Verkäufer liegt) auch möglich durch **Parteiabrede** (BGH 93, 346). **c) Einzelheiten. aa)** Bei Holschuld gilt: Bei Abholung am Ort der Niederlassung des Verkäufers liegt Ablieferung erst mit Übergabe vor (nicht schon mit Termin bzw Annahmeverzug; BGH JZ 96, 258). Für Abholung bei Drittem: Wie bei Versendungskauf (BGH aaO); s bb). **bb)** Bei Einschaltung von **Transportpersonen** ist zu unterscheiden: Beauftragt der Verkäufer einen Transporteur oder Spediteur, liegt Ablieferung in der Auslieferung an den Käufer (RG 91, 290) bzw dann vor, wenn die Ware am Bestimmungsort dem Käufer in vertragsmäßiger Weise angeboten u (bei Vorleistungspflicht des Käufers nur gg Zahlung) zur Verfügung gestellt wird (BGH WM 88, 1025; JZ 96, 257). Beauftragt der Käufer, liegt Ablieferung in der Übergabe an die Transportperson (BGH WM 85, 1419). **cc)** Beim „fob"-Geschäft (Käufer stellt den Schiffsraum) ist die Ware mit Übernahme an Bord abgeliefert

§ 377

Viertes Buch. Handelsgeschäfte

(BGH 60, 6 f). Ist sofortige Untersuchung auf dem Schiff (zB bei seemäßiger Verpackung der Ware) untunlich iSv **I,** ist sie erst am Bestimmungshafen vorzunehmen (BGH 60, 7 – stillschweigende Abrede). Iü ist eine anderweitige Parteiabrede zu beachten. „Cif"-Klausel: Ablieferung am Bestimmungshafen. **dd)** Im **Streckengeschäft** (Auslieferung an eine vom Käufer bestimmte Person) liegt Ablieferung in der Auslieferung an den Empfänger. Entspr verlängert sich die Frist in **I,** weil die (unverzügliche) Mitteilung des Abnehmers über den Käufer erfolgt (RG 102, 91). **ee)** Bei **Nachbesserung** im Machtbereich des Käufers: Abschluß der Nachbesserungsarbeiten tritt an die Stelle der Ablieferung (BGH NJW 00, 1417).

7 **3. Kenntnis, Erkennbarkeit, I. a) Allgemeines. aa)** Die Rügeobliegenheit steht im Zentrum des § 377. Dgg hat die in **I** ebenfalls angesprochene **Untersuchungsobliegenheit** (nicht: -pflicht; unscharf Düss NJW-RR 97, 1346) nur eine (beschränkte) Hilfsfunktion: Sie spielt – neben der Berechnung der Rügefrist (Rz 15, 17) – va eine Rolle für die **Erkennbarkeit** des Mangels, die Voraussetzung der Rügelast ist, **II.** Die Untersuchung ist ein rein tatsächlicher Vorgang. Der vom Umfang her gebotene Ge- u Verbrauch der Ware zum Zwecke der Untersuchung stellt keine Genehmigung des Käufers dar u steht einer Wandlung nicht entgegen (RG 68, 370; s §§ 351, 352 BGB). Die **Nichterfüllung** der Untersuchungsobliegenheit zeitigt unmittelbar keine negativen Konsequenzen: Weder ist sie Anerkenntnis der Vertragsmäßigkeit der Ware (RG 106, 360) noch ist die Wirksamkeit einer Mängelanzeige von einer vorherigen Untersuchung abhängig (RG 99, 249). Eine Mängelanzeige auf Verdacht ist möglich (muß aber bestimmt genug sein; Rz 12). **bb)** Die Rügelast des Käufers gem **I, III** hängt ab von der **Kenntnis** bzw **Erkennbarkeit** des Mangels. Sie entsteht: (1) nach Ablieferung der Ware für dem Käufer bekannte bzw ohne oder mit Untersuchung erkennbare Mängel; (2) in einem späteren Zeitpunkt, wenn der Mangel vom Käufer erkannt wird oder bei entspr Verdacht (aufgrund einer evtl Untersuchung) hätte erkannt werden müssen. Die Unterscheidung zwischen anfänglich u später erkennbaren Mängeln hat Bedeutung für den Fristlauf.

8 **b) Anfängliche Kenntnis, Erkennbarkeit. aa)** Dem Käufer bei Ablieferung bekannte Mängel sind zu rügen (gleich, woher die Kenntnis stammt), ebenso alle Mängel, die **ohne** Untersuchung der Ware offen zu Tage treten bzw u von einem sorgfältigen Kaufmann hätten erkannt werden müssen (RG 73, 168); gleichfalls alle Mängel, die bei einer im ordnungsmäßigen Geschäftsgang tunlichen **Untersuchung** nach Ablieferung entdeckt werden oder hätten entdeckt werden müssen, **II.** Zur Rügefrist siehe Rz 15 f. **bb)** Die **Modalitäten** der Untersuchung richten sich nach dem im „ordnungsmäßigen" Geschäftsgang **„Tunlichen", I.** Für Art u Umfang der Untersuchung kommt es nicht auf subj Fähigkeiten u Kenntnisse des Käufers an, sondern auf die obj Sachlage (BGH WM 70, 1402): Maßgeblich ist, was nach der Verkehrsauffassung für die Untersuchung im Geschäftsgang eines branchentypischen Käufers (Oldbg NJW 98, 388) geboten erscheint. Parteiabreden u Handelsbrauch (BGH NJW 76, 626) sind von Bedeutung; iü Interessenabwägung unter Berücksichtigung der Umstände des Einzelfalls (BGH WM 77, 556). **Von Bedeutung** sind: Art u Menge der gelieferten Ware; der technische, zeitliche, organisatorische u finanzielle Aufwand der Untersuchung; frühere Schwachstellen; mögliche oder sichere Beschädigung der Ware u der damit entstehende Wertverlust; Fehlerwahrscheinlichkeit; Gefahr u Ausmaß von Schäden (für Leib u Leben; Düss NJW-RR 97, 1346) als Folge einer unterbliebenen Untersuchung. Die Interessen von Verkäufer u Käufer sind gegeneinander abzuwägen (BGH WM 77, 556). In jedem Fall muß die Untersuchung, soweit nach Art u Umfang geboten, sachgemäß u dh sorgfältig (§ 347) durchgeführt werden. **cc) Einzelheiten. aaa)** Eine nach der Natur der Ware gebotene Untersuchung ist durchzuführen, auch wenn die Ermittlung der (uU seltenen) Fehler schwierig ist (RG 68, 369). Die Art der Ware kann technische oder chemische Untersuchungsmethoden erforderl machen (BGH WM 70, 1402, auch unter Verbrauch einzelner Stücke; RG 68, 370). Bei Lebensmitteln nicht, sofern Aussehen, Geruch u Geschmack keine Verdachtsgründe ergeben (BGH NJW 91, 2633 f); anders als bei tiefgefrorenem Fleisch (Auftauen geboten; für Zwischenhändler: Oldbg NJW 98, 388). Ggf ist ein Sachverständiger heranzuziehen (aber nicht als Regel). An den fachmännischen Käufer sind erhöhte Anforderungen zu stellen (BGH NJW 76, 626). **bbb)** Bei Lieferung größerer Mengen genügen repräsentativ gezogene (Mü BB 55, 748) **Stichproben** (BGH WM 77, 556; Kln NJW-RR 99, 566: 20 von 20 000 Disketten reichen nicht). Wird Ware beschädigt bzw verbraucht, genügt eine geringe Zahl von Stichproben (RG 57, 10; BGH BB 77, 1019: 5 aus 2400 Pilzkonserven ausreichend, wenn alle 5 mangelhaft). Bei originalverpackter Markenware mag uU (ohne Anhaltspunkte für eine Schlechtlieferung) keine Untersuchung nötig sein (*Schmidt* § 29 III 3 a). **ccc)** Bei **Teil- u Sukzessivlieferungen** ist jede Teillieferung zu untersuchen (BGH 101, 339). Ebenso bei wiederholtem Bezug derselben Ware im Rahmen langjähriger Geschäftsverbindungen. BGH 132, 178 verneint Untersuchungsobliegenheit, insoweit Verkäufer *Hinweispflicht* bzgl Beschaffenheitsveränderung verletzt (Rügelast bleibt bei Erkennbarkeit der Änderung bestehen; BGH 132, 179; **III** entspr). Zurecht krit *vOlshausen* JR 97, 64, im Hinblick auf § 377 V. Vorzugswürdig: keine Einschränkung von **I**; pVV des Käufers unabhängig von **II** iVm § 254 BGB.

c) Spätere Kenntnis, Erkennbarkeit, III. Liegt kein Fall anfänglicher Erkennbarkeit iSv **I** vor (Rz 8), entsteht die Rügelast, wenn der Mangel später vom Käufer entdeckt wird, **III,** oder aufgrund des später aufkommenden Verdachts der Mangelhaftigkeit (zB bei Rügen der Abnehmer des Käufers; BGH 132, 179) aufgrund einer nach Art u

§ 377 Viertes Buch. Handelsgeschäfte

Umfang gehörigen Untersuchung (Rz 8) entdeckt werden kann (RG 99, 250) bzw worden ist. Dasselbe gilt in den Fällen der Nachbesserung (Mü NJW 86, 1111).

III. Rüge

10 **1. Zweck.** Die Mängelrüge erfüllt zwei Funktionen: Sie soll den Verkäufer über die Mängel der Ware (**nicht** aber über die Geltendmachung von Rechten des Käufers; BGH NJW 96, 2227) informieren (Rz 12) u dem durch Schweigen des Käufers entstehenden Anschein, er billige die Ware, entgegenwirken (*Marburger* JuS 83, 6). Dadurch wird Verkäufer vor Beweisnot (bei zunehmendem Zeitablauf) geschützt (BGH NJW 96, 2228).

11 **2. Rechtsnatur.** Die Mängelanzeige ist **geschäftsähnliche Handlung** (*Schl*Hefermehl § 377 53). Die meisten Vorschriften über Willenserklärungen können entspr angewendet werden: Geschäftsunfähigkeit schadet (aber kein Verschulden betreff unverzüglicher Rüge; Rz 16). Obliegenheit trifft gesetzl Vertreter). Die Anzeige ist empfangsbedürftig (BGH 101, 52 f); Vertreter können mitwirken. Da eine fehlerhafte oder unvollständige Rüge korrigiert bzw ergänzt werden kann (wenn die Frist noch läuft, Rz 15 ff), ist für eine Anfechtung der Anzeige kein Raum (*Stewing/Schütze* BB 89, 2130).

12 **3. Modalitäten. a) Inhalt.** Von ihrer Informationsfunktion her bedarf die Mängelanzeige eines Mindestmaßes an inhaltlicher **Bestimmtheit**. Ein bloßes Zurverfügungstellen (Zurückweisung) der Ware reicht nicht, ebensowenig eine allg Beanstandung („derselbe Mist"; Düss NJW-RR 01, 822); externe Umstände sind dabei zu berücksichtigen (Naumb MDR 98, 1300). Sie muß so abgefaßt sein, daß der Verkäufer Art u Umfang der Mängel erkennen, diese überprüfen u ggf abstellen kann; so konkret, daß der Verkäufer gg ein Nachschieben von Gründen geschützt ist (BGH WM 98, 938). Daher ist **jeder einzelne Mangel** gesondert zu rügen. Bei Lieferung mehrerer Geräte ist genau zu bezeichnen, welche Mängel an welchen Geräten (ggf Mengenangabe) aufgetreten sind (Kln NJW 93, 2628; BB 98, 396); anders, wenn überall derselbe Mangel auftritt. Bei **Teillieferungen** ist wiederholt zu rügen (BGH NJW 83, 1496). Spätere Rügen müssen zumindest erkennen lassen, ob sie sich auf dieselben Mängel beziehen wie frühere; pauschale Beanstandungen reichen nicht (BGH WM 85, 977). Bei mehreren selbständigen Lieferungen ist klarzustellen, auf welche sich die Rüge beziehen soll (s BGH WM 78, 1053). Mängel einer Nachbesserung sind erneut anzuzeigen (BGH NJW 98, 938); auch wenn Käufer im Einverständnis mit Verkäufer nachgebessert hat (Düss NJW-RR 96, 304). Der Käufer braucht die **Ursache** des Mangels nicht aufzudecken, muß ihn nur in laienhafter Form (BGH WM 86, 416) beschreiben („Fehlerbild" bei EDV; Kln NJW-RR 98, 1257). Nicht erforderl ist eine in alle Einzelheiten gehende, fachlich den Mangel korrekt bezeichnende Rüge

Zweiter Abschnitt. Handelskauf **§ 377**

(BGH NJW 86, 3137). Dem Verkäufer bekannte Einzelheiten sind entbehrlich (BGH NJW 96, 2229). Bei Normabweichungen ist das ungefähre Ausmaß der Abweichung anzugeben (BGH WM 78, 1053). Funktionsstörungen sind nach Art u Umfang zu beschreiben (BGH NJW 86, 3137). Treten die Mängel erst bei Abnehmern auf, gehört zur Anzeige des Käufers die Weitergabe der Reklamationen des Abnehmers, die Angabe, wann den Kunden der Gegenstand geliefert wurde u aus welcher Lieferung des Verkäufers er stammt (BGH NJW 86, 3137).

b) Form. Die Anzeige bedarf keiner Form, ist daher auch mündlich **13** (telefonisch; BGH NJW 80, 783) möglich (u wg kurzer Rügefrist evtl geboten). Schriftformvereinbarungen in AGB sind zulässig.

c) Beteiligte. Die Rüge ist vom Käufer (oder seinem bevollmäch- **14** tigten Vertreter; §§ 54, 55 I; bei Vertretern sind die §§ 174, 180 S 1, 2 BGB bes zu beachten) geltend zu machen; Zweitabnehmer u Leasingnehmer (BGH NJW 90, 1292) können zur Geltendmachung der vertraglichen Rechte ermächtigt sein. Bei Abtretung der Käuferrechte trifft die Rügelast den Zessionar. Die Rüge ist dem Verkäufer oder seinem Bevollmächtigten (§§ 54, 55 IV, 91 II; BGH 93, 348) zuzuleiten.

d) Frist. aa) Dem Interesse des Verkäufers an schneller Information **15** dient das Gesetz, indem es dem Käufer eine **unverzügliche** Untersuchung u **unverzügliche** Rüge aufgibt, **I, III.** Da den Käufer keine Untersuchungspflicht trifft, spielt die Unverzüglichkeit der Untersuchung nur im Rahmen der **Berechnung** der **Rügefrist** eine Rolle. Ie ist zwischen anfänglich (Rz 8) u später (Rz 9) erkannten bzw erkennbaren Mängeln sowie zwischen offen zu Tage tretenden u solchen Mängeln zu unterscheiden, die erst bei gehöriger Untersuchung (Rz 8) aufgedeckt werden können.

bb) Offen zu Tage tretende Mängel (dh Mängel, die der Käufer **16** kennt oder **ohne** Untersuchung erkennen könnte) sind **unverzüglich** anzuzeigen. Der Käufer kann nicht die Ergebnisse einer laufenden Untersuchung der Ware abwarten (RG 106, 361), etwa um in einer einzigen Anzeige alle Mängel zu rügen. Es ist selbst dann sofort zu rügen, wenn weitere Mängel noch zu erwarten sind (RG 62, 258). **aaa) Unverzüglich:** „ohne schuldhaftes Zögern", § 121 BGB. Für obj Maßstab („alsbald"): *Schmidt* § 29 III 3 a. Dgg verlangt BGH 93, 348 (wohl) noch Verschulden; dafür strenger Maßstab (RG 106, 360): Jede Nachlässigkeit in der Erfüllung der Anzeigeobliegenheit geht zu Lasten des Käufers. Der Käufer hat seinen Geschäftsbereich so zu organisieren, daß eine alsbaldige Anzeige erfolgen kann. Der Käufer, der eine unverzügliche Anzeige versäumt, kann sich nicht auf Rechtsirrtum berufen (RG 106, 362). Eine (hypothetische) Frist zur Untersuchung steht dem Käufer nicht zu. **bbb)** Die Anzeigefrist **beginnt** bei anfänglicher Erkennbarkeit, **I,** mit der Ablieferung der Ware (Rz 6). Bei Auslieferung am falschen Ort entsteht die Rügeobliegenheit erst, wenn die Ware zum vertragsgemäßen Ort der Ablieferung gebracht ist, bei Lieferung zur Unzeit mit Beginn der Geschäftszeit. Im Falle des **Strek-**

kengeschäfts („Durchlieferung": Verkäufer sendet auf Geheiß des Käufers unmittelbar an den Zweitabnehmer) muß der Verkäufer mit einem etwas längeren Zeitraum für die Anzeige rechnen; hier reicht für die Fristwahrung unverzügliche Mängelanzeige des Zweitabnehmers an den Käufer u unverzügliche Weiterleitung an den Verkäufer aus (RG 96, 15; BGH BB 54, 954; eingehend *Schmidt* § 29 III 4). Der Käufer trägt das Risiko, von seinen (nicht kaufmännischen) Abnehmern die Rüge zu spät zu erhalten. Im Rahmen des § 121 BGB wird das Verschulden der Abnehmer dem Käufer über § 278 BGB zugerechnet. Entspr gilt, wenn der Käufer die Sache verleast u der Verkäufer direkt an den Leasingnehmer liefert (vgl auch BGH 110, 139; Rz 3). **ccc)** Bei **Nachbesserung** durch Verkäufer (BGH NJW 00, 1417) oder Käufer (Düss NJW-RR 96, 304) beginnt Frist mit endgültigem Scheitern der Nachbesserung (Düss ebd). **ddd)** Im Falle **nachträglicher** Erkennbarkeit, **III** (Rz 9), beginnt die Anzeigefrist mit dem Zeitpunkt der Kenntnis bzw des Kennenmüssens des offen zu Tage tretenden Mangels.

17   **cc) Nur durch Untersuchung erkennbare Mängel.** Die Rügefrist **verlängert** sich nur für solche Mängel, die ohne Untersuchung nicht erkennbar sind, um diejenige Frist, die für die Untersuchung erforderl ist. Ob eine Untersuchung tatsächlich stattfindet, spielt für die Fristberechnung keine Rolle (RG 106, 360; 138, 336). **aaa)** Für Zwecke der Fristberechnung ist davon auszugehen, daß mit der ersten groben Untersuchung unverzüglich, § 121 BGB, nach Ablieferung zu beginnen ist (Öffnen der Verpackungen; Vergleich mit Begleitpapieren; erste Stichproben). Zeigt sich dabei ein Mangel, ist zu rügen. Iü ist eine intensive Untersuchung anzuschließen, soweit dies nach **ordnungsmäßigem Geschäftsgang** tunlich ist. Die Untersuchung ist am Ablieferungsort vorzunehmen. Untersucht der Käufer an einem anderen Ort, geht dies bei der Fristberechnung idR zu seinen Lasten. Beim „fob"-Geschäft kann eine Untersuchung der Ware uU erst im Bestimmungshafen tunlich sein (BGH 60, 7 arbeitet mit stillschweigender Abrede). Die für Zwecke der Fristberechnung zulässige Dauer (Richtwert: eine Woche; RG 47, 21; *HeyEmmerich* § 377 22; bei aufwendigen Untersuchungsverfahren entspr länger: BGH LM § 377 Nr. 9; Düss NJW-RR 99, 1714 (LS): 2 Monate) ist begrenzt durch den gebotenen Umfang der Untersuchung (RG 99, 249; BGH WM 77, 556; Rz 8). Bei einer darüber hinausreichenden Untersuchung geht der Mehraufwand an Zeit zu Lasten des Käufers (RG 106, 361). Der Käufer muß unter Einsatz seiner vorhandenen personellen u sachlichen Mittel die Untersuchung ohne jede vermeidbare Verzögerung durchführen (obj Maßstab); dabei können auch die Verhältnisse des Käufers (Kleinbetrieb) Berücksichtigung finden. Von Einfluß ist die **Art der Ware:** leichtverderbliche Ware erfordert kürzeste Untersuchungsdauer; zu verarbeitende Ware: vor Verarbeitung (Kln NJW-RR 98, 1496); bei Maschinen mögen langwierige Probeläufe erforderl sein, ebenso bei Software (BGH NJW 00, 1416: „hinreichend großzügig"; für komplexes

Serienmuster Mü NJW-RR 99, 331: 5 Wochen). Beim **Streckengeschäft** trägt der Käufer das volle Risiko, wenn der (vom Käufer mit der Untersuchung beauftragte) Zweitabnehmer nicht unverzüglich untersucht (BGH 110, 138) u den Mangel mitteilt. Darlegungs- u Beweislast für Zeitpunkt der Ablieferung u Unverzüglichkeit der Untersuchung durch Empfänger trägt Käufer (Kln NJW-RR 95, 29). Nach Abschluß der Untersuchung ist die Mängelanzeige unverzüglich vorzunehmen. Hierfür sind strenge Maßstäbe anzulegen (BGH 93, 348; Rz 16). **bbb)** In Fällen **späterer** Erkennbarkeit des Mangels, **III** (Rz 9), tritt für Zwecke der Fristberechnung an die Stelle der Ablieferung der Zeitpunkt, in dem erste Anhaltspunkte (zB Kundenreklamationen) für einen Mangel vorliegen (Rz 9). Iü gilt das unter aaa) Ausgeführte.

dd) Fristwahrung bei rechtzeitiger Absendung, IV. Für die 18 schriftliche Anzeige bestimmt **IV**, daß der Verkäufer die Gefahr der Verzögerung bei der Übermittlung der Anzeige trägt, sofern der Käufer die Anzeige rechtzeitig, dh nach den in Rz 15–17 dargestellten Grundsätzen fristgerecht u ordnungsgemäß (richtige Adresse; frankiert) abgesendet hat. Die Anzeige muß dem Verkäufer zugehen (Rz 11); die Beweislast dafür (u das Verlustrisiko) trägt der Käufer (BGH 101, 54 f; *Canaris* § 31 36; str, s *Michalski* DB 97, 82 f). Um sich auf **IV** berufen zu können, muß der Käufer die Übermittlung der Rüge überwachen u bei Verzögerung oder Verlust eine neue Rüge abschicken (*J. Hager* JR 88, 289; *Mössle* NJW 88, 1191); für diese gilt wieder **IV**. Läßt sich der Verkäufer telefonisch nicht erreichen, muß schriftlich gerügt werden (BGH NJW 80, 783). Bei (Urlaubs-)Abwesenheit des Empfangsvertreters ist die Anzeige unmittelbar dem Verkäufer zuzusenden (BGH 93, 349).

IV. Rechtsfolgen

1. Rügt der Käufer **ordnungsgemäß** (Rz 12) u **fristgerecht** iSv **I,** 19 **III** (Rz 15 ff), erhält er sich die aus dem BGB ergebenden Rechte (Rz 1). Neue Rechte des Käufers entstehen nicht. Die Rügemöglichkeit geht nicht dadurch verloren, daß die gelieferte Ware zT schon weiterverarbeitet worden ist (aber §§ 350 ff. BGB beachten), erst recht nicht dadurch, daß die genommenen Stichproben nicht zurückgegeben werden können.

2. Erfüllt der Käufer seine Rügeobliegenheit **nicht** oder **zu spät,** 20 tritt ein **Rechtsverlust** bez Mangels ein: Der (anfangs oder später) erkannte bzw erkennbare Mangel (nicht: „die Ware") „gilt ... als genehmigt", **II, III**. Genehmigung meint Billigung der Ware (wie bei § 495 BGB; *Müller* ZIP 97, 662) hinsichtlich des konkreten Mangels. Nicht erkannte bzw nicht erkennbare Mängel bleiben hiervon unberührt (Kln NJW 96, 1683).

§ 377 — Viertes Buch. Handelsgeschäfte

21 **a) Rechtsnatur.** Das Gesetz statuiert eine **Fiktion** der Genehmigung (BGH 101, 347; BB 89, 1434; aA: unwiderlegliche Vermutung: *Schmidt* § 29 III 5 a; Ausschlußfrist: *Marburger* JuS 83, 10). Ihre Funktion liegt in der Abkürzung der Gewährleistungsfristen; eine (analoge) Anwendung des Anfechtungsrechts (s vor § 343 Rz 5–8) ist wg des Zwecks des § 377 ausgeschlossen.

22 **b) Rechtsfolgen. aa) Allgemeines.** Die Fiktion stellt den Verkäufer so, als habe er mangelfrei (bei § 378: die richtige Menge/Gattung) geliefert (BGH NJW 80, 784). Dies gilt unabhängig davon, ob sich der Verkäufer darauf beruft. Stillschweigender Verzicht ist möglich (BGH NJW 91, 2634; vgl auch Kln NJW-RR 98, 1133). Die Fiktion wirkt allseitig, also auch im Verhältnis zu Dritten (zB ggüber Bank bei finanziertem Kauf; BGH NJW 80, 784). Die Fiktion bezieht sich immer nur auf einzelne Mängel, nicht auf die Ware insges.

23 **bb)** Der **Umfang des Rechtsverlusts** auf Seiten des Käufers muß am Zweck der Obliegenheit (Rz 2) orientiert werden, die vertragsmäßige Beschaffenheit der Sache (u nur diese) baldmöglichst außer Streit zu stellen (BGH 101, 343). Er muß einer sachgerechten Risikoverteilung entsprechen (BGH 66, 213). Dazu gehört, daß ein Rechtsverlust nur hinsichtlich solcher Ansprüche (u Rechte) eintritt, die auf dem Mangel (§ 378: Falschlieferung; Mengenabweichung) **beruhen** (BGH 66, 213; NJW 92, 914) u daß der Käufer nicht schlechter stehen darf als ein Dritter in vergleichbarer Position (BGH 101, 346). Ie gilt:

24 **aaa)** Die **Genehmigungsfiktion schließt aus:** Sachmängelgewährleistungsansprüche (auch Schadensersatzanspruch aus §§ 463, 480 BGB), Ansprüche aus cic u pVV, soweit sie auf dem Mangel (oder Falschlieferung bzw abweichender Menge, § 378 1. HS; in BGH 107, 338 nicht geprüft) beruhen (BGH 66, 212; hL; aA *Canaris* § 31 40; *Müller* ZIP 97, 669; mittelbar einschr BGH 132, 178 f bei Verletzung einer Hinweispflicht; s Rz 8 aE), auch Mangelfolgeschäden (Rz 27), Ansprüche aus Vertragsstrafe, Rücktrittsrecht (RG 65, 53), Recht zur Anfechtung aus § 119 I, II BGB – jeweils beschränkt auf den Mangel. Der Empfänger eines Sachdarlehens ist nicht befugt, entspr mängelbehaftete Ware zurückzuliefern (BGH WM 85, 837).

25 **bbb) Nicht ausgeschlossen** sind Schadensersatzansprüche aus pVV, die aus einer Verletzung weiterer kaufvertraglicher **Nebenpflichten** resultieren (BGH 66, 213; NJW 92, 914). Dies gilt zB für mangelhafte Verpackung, die zu Schäden führt, soweit der Käufer diese Ansprüche auch hätte, wenn mangelfrei geliefert worden wäre. Gehört dgg Verpackung zur Ware, greift **I** ein; ebenso bei Beschädigungen an der Ware aufgrund mangelhafter Verpackung. Nicht ausgeschlossen ist pVV, cic wg Verletzung (vor-)vertraglicher Aufklärungs-, Hinweis- u Beratungspflichten über Eigenschaften der Sache u ihre Änderung (BGH 132, 178 f), selbst wenn Änderung zu einer Lieferung anderer oder möglicherweise mangelhafter Ware führt (BGH NJW 89, 2534). § 254 BGB kann uU zu Lasten des Käufers eingreifen (BGH NJW 92, 914). Auf

Ausgleichs- u Rückgriffsansprüche aus § 426 BGB (Käufer u Verkäufer haften dem Zweitabnehmer deliktisch) ist § 377 nicht anzuwenden (zT aA Nürnb-Fürth NJW 90, 3024).

ccc) Deliktische Ansprüche des Käufers, die auf dem Mangel beruhen, werden durch **II** nicht berührt (BGH 101, 341 ff; 105, 357; *H Roth* JuS 88, 938; aA *RvWWagner* § 377 50 f). Für eine Präklusion spricht zwar, daß damit Fragen der Mangelhaftigkeit baldmöglichst außer Streit gestellt wären, doch würde dies den Käufer in seinem Rechtsgüterschutz ungerechtfertigt schlechter stellen als einen Dritten, zu dessen Lasten **II** nicht wirken kann (anders *Schmidt* § 29 III 5b: deliktische Ansprüche (nur), soweit innere Grenzen der Präklusion überschritten sind). Dies gilt auch bei den sog Weiterfresserschäden (BGH 101, 349). Als Korrektiv wirkt § 254 BGB.

ddd) Die in Rz 26 bezogene Position zwingt nicht dazu, **Mangelfolgeschäden** (iSv Rz 24; nicht: Rz 25), die über pVV geltend gemacht werden, von der Wirkung des **II** auszunehmen (so aber *H Roth* JuS 88, 939 f); zwar handelt es sich insoweit zT um deliktische Ansprüche in vertraglichem Gewande, doch ist Rechtsgrund der Haftung Vertrag u nicht Delikt. **II** nimmt den Käufer nur die Vorteile vertraglicher Ansprüche, um es bei Deliktsrecht iü zu belassen.

c) Ausnahmen. aa) Arglist des Verkäufers, V. Die Genehmigungsfiktion greift nicht, wenn der Verkäufer den Mangel arglistig (auch: im Zeitpunkt der Ablieferung; BGH NJW 86, 316) verschwiegen hat (eingehend *StBrüggemann* § 377 173 ff; zur Substantiierung: BGH NJW 96, 1827). Gleichzustellen: Verschweigen des Fehlens einer zugesicherten Eigenschaft (BGH WM 85, 1420); arglistiges Vorspiegeln nichtvorhandener Eigenschaften (BGH NJW 80, 784). Arglist ist gegeben, wenn der Verkäufer nach Treu u Glauben verpflichtet war, den ihm bekannten u nach seiner Ansicht dem Käufer unbekannten, aber wesentlichen Umstand des Fehlens der Eigenschaft zu offenbaren (BGH WM 85, 1420). Bloße Kenntnis des Verkäufers vom Mangel reicht nicht (BGH NJW 90, 1292); anders, wenn der Verkäufer mit einem Rügeversäumnis rechnet u weiß, daß der Käufer die Ware nicht gebrauchen kann. Arglist des Vertreters oder Erfüllungsgehilfen ist dem Verkäufer zuzurechnen (vgl BGH 117, 318 zu § 638 BGB). Die Arglist braucht weder für den Vertragsschluß noch für das Unterlassen der Rüge kausal gewesen zu sein (RG 55, 217).

bb) Zwecklosigkeit der Rüge entbindet von der Rügelast kraft § 242 BGB. Bsp: Der Verkäufer verlegt seinen Geschäftssitz, ohne dies dem Käufer mitzuteilen; Geschäftsaufgabe (BGH NJW 80, 784; BGH 93, 350).

cc) Hat sich der Verkäufer bei Vertragsabschluß zur Mangelbeseitigung verpflichtet, bedarf es **keiner** Mängelanzeige (BGH NJW-RR 90, 1464).

§ 377 Viertes Buch. Handelsgeschäfte

V. Dispositivität

31 1. § 377 ist **dispositiv.** Handelsbrauch u Parteivereinbarungen können Abweichendes vorsehen, ebenso (in Grenzen) Regelungen in AGB. **Handelsbräuche** (§ 346) können für Art u Umfang der Untersuchung (Rz 8) bedeutsam sein, etwa die Rügeobliegenheit verschärfen; Entbindung von jeglicher Untersuchung (RG 125, 79), ggf auch von der Unverzüglichkeit, wäre mißbräuchlich (anders bei Individualabrede; Rz 33).

32 2. AGB-Regelungen wird von § 9 AGBG Grenzen gesetzt. **Wirksam** sind: Schriftformerfordernis für Mängelanzeige; Verstärkung der Untersuchungs- u Rügeobliegenheit zu einer Hauptleistungspflicht (vgl RG 92, 270); Konkretisierung der Unverzüglichkeit durch bestimmte Rügefrist (BGH BB 77, 14) bei offen zu Tage tretenden Mängeln; ebenso für nur durch Untersuchung erkennbare Mängel, wenn die Frist dem für die Untersuchung notwendigen Zeitraum angepaßt ist (BGH NJW 85, 3016: zumutbare Obliegenheiten). Für später erkennbare Mängel iSv **III** (Rz 9) kann in Verkäufer-AGB die Frist bestimmt werden, wenn diese dem Zeitraum Rechnung trägt, innerhalb dessen zunächst verborgene Mängel erkennbar werden (*SchlHefermehl* § 377 81). **Unwirksam** sind: Rügeverlust bez verborgener Mängel bei Be- oder Verarbeitung der Ware (BGH NJW 96, 1538), bez fehlendem Verschulden des Verkäufers (BGH NJW 85, 3017). In Verkäufer-AGB ist Verzicht auf Einhaltung der Rügefrist möglich. Dgg ist in Käufer-AGB die Abbedingung der Rügeobliegenheit bei anfänglich erkennbaren Mängeln (Rz 8) mit § 9 II Nr 1 AGBG unvereinbar (BGH NJW 91, 2634; vgl auch BGH NJW 81, 223, für anfänglich nicht erkennbare Mängel). Bei **Qualitätssicherungsvereinbarungen** (s *D Schmidt* NJW 91, 144) paßt wg des kooperativen Charakters (der Lieferant übernimmt die Qualitätssicherung) das Leitbild des § 377 nicht; insoweit ist die Aussage der Rspr auf offen zu Tage tretende oder tatsächlich erkannte Mängel zu beschränken. Ob sie ganz aufzugeben ist (so *Steinmann* BB 93, 873 ff; *Lehmann* BB 90, 1852 f für just-in-time-Vereinbarungen; s auch *Ensthaler* NJW 94, 820; aA *Grunewald* NJW 95, 1783 f), ist zweifelhaft, weil § 377 wenigstens für Transportschäden u Fehler im Qualitätssicherungssystem des Lieferanten seinen guten Sinn behält (*Steckler* BB 93, 1228; *Wellenhofer-Klein* 338 ff). **Lit:** *Lange,* Das Recht der Netzwerke (1998); *Rohe,* Netzverträge (1998); *Martinek,* Moderne Vertragstypen, Bd III (1993) 326 ff; *Merz,* Qualitätssicherungsvereinbarungen (1993); *Steinmann* Qualitätssicherungsvereinbarungen zwischen Endproduktherstellern u Zulieferern (1993); *Wellenhofer-Klein* Zulieferverträge im Privat- u Wirtschaftsrecht (1999).

33 3. Ein **Verzicht** des Verkäufers auf die Rechtsfolgen der **II, III** ist jederzeit möglich (BGH NJW 91, 2635). Für **stillschweigenden** Verzicht sind **eindeutige** Hinweise erforderl (BGH NJW 78, 2394; DB 99, 687): zB vorbehaltlose Rücknahme der beanstandeten Ware; Versprechen vorbehaltloser Nachbesserung; Einwand verspäteter Rüge wird nicht erhoben. In der bloßen Aufnahme von Verhandlungen ist idR kein Verzicht zu sehen (BGH NJW 91, 2634; DB 99, 687; Olbg DB 01, 1089); ebensowenig, wenn der Verkäufer sich zur Nachbesserung bereit erklärt, aber zugleich auf sofortiger Bezahlung des Kaufpreises besteht (BGH NJW 78, 2395) oder wenn sich der Verkäufer in erster Instanz nicht auf **II** beruft (BGH NJW 78, 2395).

§ 378 [Untersuchungs- und Rügepflicht bei Falschlieferung oder Mengenfehlern]

Die Vorschriften des § 377 finden auch dann Anwendung, wenn eine andere als die bedungene Ware oder eine andere als die bedungene Menge von Waren geliefert ist, sofern die gelieferte Ware nicht offensichtlich von der Bestellung so erheblich abweicht, daß der Verkäufer die Genehmigung des Käufers als ausgeschlossen betrachten mußte.

I. Zweck

§ 378 erweitert die Rügeobliegenheit des § 377 auf Fälle der Falschlieferung („aliud"; **1. HS, 1. Alt**) u der Mengenabweichung (Quantitätsmangel; **1. HS, 2. Alt**), soweit die Lieferung genehmigungsfähig ist. Da die Rspr die Gleichstellung der Falsch- u Schlechtlieferung auch auf die Rechtsfolgen des BGB erstreckt u Sachmängelgewährleistungsansprüche an die Stelle von Nichterfüllungsansprüchen treten läßt (RG 98, 159; BGH 115, 296), wird die Abgrenzung von Falsch- u Schlechtlieferung (beim Gattungskauf) immer dann entbehrlich, wenn Genehmigungsfähigkeit (Rz 10 f) gegeben ist. Darin ist der wesentliche Zweck des § 378 zu sehen, zumal die Interessenlage für eine Gleichbehandlung von Falsch- u Schlechtlieferung spricht (BGH 115, 295 f). § 378 ist auf die (krasse) Schlechtleistung nicht anzuwenden (Rz 10); insoweit ist aliud u Mangel zu unterscheiden. Die Bedeutung des § 378 reduziert sich wesentlich, wenn bei Gattungsschulden der subj Fehlerbegriff ernst genommen wird (Rz 5). **1**

II. Anwendungsbereich, Voraussetzungen

1. Die **Verweisung** in § 378 auf § 377 bedeutet, daß für die Genehmigungsfiktion sämtliche in § 377 genannten Voraussetzungen (beiderseitiger Handelskauf; Ablieferung; Nichtvorliegen arglistigen Verhaltens; Rechtzeitigkeit der Rüge) gegeben sein müssen. **2**

2. Falschlieferung. a) Allgemeines. Die Abgrenzung von Schlecht- u Falschlieferung ist eine Frage des bürgerlichen Rechts. Handelsrechtl Natur ist allein die Bestimmung der Genehmigungsfähigkeit (Rz 10 ff). Die Abgrenzung von peius u aliud hat im Bereich des Handelskaufs insoweit eine Bedeutung, als es beim peius (bei § 377) auf die Genehmigungsfähigkeit **nicht** ankommt. **3**

§ 378

4 **b)** Beim **Stückkauf** ist eine **Falschlieferung** gegeben, wenn der Verkäufer dem Käufer einen **anderen Gegenstand** als den vereinbarten liefert, eine **Schlechtlieferung,** wenn der vereinbarte Gegenstand in Abweichung von der Sollbeschaffenheit (§ 377 Rz 5) von schlechter Qualität, einer anderen Gattung zugehörig (RG 99, 148; 135, 342) oder von anderer Herkunft (zB anderer Maler; RG 114, 243; BGH 63, 371) ist.

5 **c)** Beim **Gattungskauf** hängt die Abgrenzung von Schlecht- u Falschlieferung von der **Reichweite** des **subjektiven Fehlerbegriffs** ab. Ie gehen die Meinungen weit auseinander (s *SoeHuber* vor § 459 110–123).

6 **aa)** Die **Rspr** stellt darauf ab, ob die gelieferte Ware der vereinbarten Gattung angehört. Welche Gattung geschuldet ist, bestimmt sich nach dem ausdr vereinbarten oder dem Verkäufer wenigstens bekannten Vertragszweck u den danach erforderl Merkmalen (BGH NJW 97, 1915) unter Berücksichtigung der (u begrenzt durch die) Verkehrsanschauung (BGH NJW 75, 2011; NJW 86, 660). Die Vertragspartner haben es damit „weitgehend" (BGH NJW 97, 1915) in der Hand, durch die genaue Bestimmung der für die zu liefernden Waren maßgeblichen Eigenschaften eng begrenzte Warengattungen festzulegen (BGH NJW 89, 219: zu „Auslese"). **Falschlieferung** liegt bei Lieferung von Ware mit **anderen** Gattungsmerkmalen vor (RG 103, 77; BGH NJW 68, 640: Winterweizen/Sommerweizen; BGH NJW 69, 788: Inlands-/Auslandsschrott; BGH NJW 86, 660: ges festgelegte Qualitätsmerkmale; BGH NJW 94, 2230: EG-Ursprungsware als Voraussetzung zollfreier Einfuhr), **Schlechtlieferung** bei Ware **mit** den vereinbarten Gattungsmerkmalen, die nur in ihrer „Art" von der bestellten Ware abweichen (BGH LM BGB § 477 Nr 5); auch bei Abweichungen vom Muster (Düss NJW-RR 01, 822). Die Rspr **korrigiert** diese Abgrenzung beim Handelskauf im Bereich der **Rechtsfolgen,** indem sie auf die genehmigungsfähige Falschlieferung § 480 BGB anwendet (RG 86, 92 f; BGH 115, 295).

7 **bb) Stellungnahme:** Vom Standpunkt des **subjektiven Fehlerbegriffs** (§ 377 Rz 5) ist bereits **im bürgerlichen Recht** die Lieferung eines aliud (als Abweichung von der Sollbeschaffenheit) als Fehler anzusehen (*SoeHuber* vor § 459 124 ff; aA BGH 115, 295 f). Die von der Rspr vorgenommene Unterscheidung zwischen Art- u Gattungsabweichungen ist vom subj Fehlerbegriff her inkonsequent; sie entbehrt der Klarheit u führt zu willkürlicher Verschiedenbehandlung gleichliegender Fälle (zutr *Singer* ZIP 92, 1059 ff). Soweit die Rspr mit der Annahme einer aliud-Lieferung der kurzen Verjährung des § 477 BGB ausweichen will (BGH NJW 68, 640: Sommerweizen/Winterweizen), ist diese **Verbiegung** bürgerlichrechtl Institutionen durch das Verjährungsrecht nicht hinzunehmen: Im Fall der Schlechtlieferung (Bsp: pilzbefallener Sommerweizen) trifft die Verjährung den Käufer ebenso hart.

cc) **Abweichungen** von der vereinbarten Gattung sind erst dann als **8**
aliud u nicht als peius zu qualifizieren, wenn die Lieferung sinnvollerweise nicht mehr als Erfüllung angesehen werden kann; hierzu kann man im BGB auf die (eng gehandhabten) Fälle des nichtgenehmigungsfähigen aliud iSv § 378 (Rz 11), also der **krassen Abweichung** vom vertraglich Vereinbarten, zurückgreifen (*Schmidt* § 29 III 6 b bb; hL). Um ein aliud (nicht peius) handelt es sich bei Lieferung höherwertiger Ware.

3. Quantitätsmängel. Eine Mengenabweichung liegt vor, wenn die **9**
Lieferung nach Zahl, Maß oder Gewicht von den geschuldeten Größen abweicht (BGH NJW 92, 913). **a)** Eine solche Mengenabweichung kann Sachmangel iSv § 377 sein, wenn Lieferobjekt aus mehreren Einzelstücken besteht u Abweichungen bzw Umschichtungen im Gewicht, Volumen etc vorliegen. Bsp: Lieferung von Schuhschäften ohne Schnürsenkel (BGH NJW 96, 1827); zu kurz oder zu lang geschnittene Bretter. Entspr dem in Rz 5 Gesagten gilt dies auch bei stärkeren Abweichungen, es sei denn, es lägen die Voraussetzungen der Nichtgenehmigungsfähigkeit vor; dann aliud, für das eine Rüge nicht erforderl ist. **b)** Bei Abweichungen in der Stückzahl ist zu unterscheiden: **aa)** Bei **Minderlieferung** ist § 378 anwendbar, es sei denn, der Verkäufer hat seine Leistung als Minderleistung deklariert (*StBrüggemann* § 378 25). Dann liegt im Schweigen des Käufers das Einverständnis zu einer Vertragsänderung. **bb)** Bei **Mehrlieferung** ist zu differenzieren: Läßt sich das Zuvielgelieferte ausscheiden, ist § 378 nicht anwendbar (str), die überschießende Menge ist wie unbestellt zugesandte Ware zu behandeln; im Falle „offener" Mehrlieferung kann eine konkludente Vertragserweiterung anzunehmen sein (*Mailänder* ZHR 126, 96 ff, 106 f; s Rz 19). Die unausscheidbare Zuviellieferung muß der Käufer (als aliud) rügen (*StBrüggemann* § 378 29). Zum Kaufpreisanspruch s Rz 19.

III. Genehmigungsunfähigkeit

1. Allgemeines. Die Erstreckung der Rügeobliegenheit des § 377 **10**
auf Fälle der Falschlieferung u der Mengenabweichung in § 378 gilt nicht für genehmigungs**unfähige** Lieferungen, **2. HS.** Die Genehmigungsunfähigkeit ist ein **Ausnahme**tatbestand (BGH WM 70, 1401) u daher eng auszulegen (RG 98, 159; Oldbg NJW-RR 96, 1529). **Keine Anwendung** auf krasse **Schlechtleistung** (hL). Die Berufung des Käufers auf § 378 2. HS hängt (mangels entspr ges Vorgabe) nicht davon ab, daß er die Ware untersucht hat (*Schmidt* § 29 III 2 e; aA RG 99, 38; offen BGH NJW 86, 37). Greift die Rügeobliegenheit nicht ein, kann sich eine solche aus § 242 BGB ergeben (§ 377 Rz 2; s BGH WM 92, 70).

2. Maßstab. Eine Falschlieferung (iSd Rspr: Rz 6; nach Rz 7–8 **11**
liegt idR Schlechtlieferung vor) bzw Mengenabweichung ist **genehmigungsunfähig**, wenn die gelieferte Ware von der bestellten so **kraß** abweicht, daß eine Genehmigung vernünftigerweise als schlechthin

ausgeschlossen erscheinen muß (BGH 115, 296), dh wenn die Lieferung als Erfüllungsobjekt auf keinen Fall (**„offensichtlich"**) in Betracht gezogen werden kann (BGH NJW 89, 219; NJW 94, 2231), so daß es sich der Sache nach um einen Fall der Zusendung unbestellter Ware handelt (Denkschrift 243). Das (krasse) Ausmaß der Abweichung ist anhand **objektiver Kriterien** (BGH NJW 69, 788), nicht nach der Auffassung einer der Parteien zu bestimmen („Durchschnittskaufmann"; Oldbg NJW-RR 96, 1529). Auf die Erkennbarkeit der Abweichung kommt es dabei nicht an. Bei Mengenabweichungen entscheidet die Relation zwischen gelieferter u geschuldeter Ware. Ein vom Käufer verfolgter Verwendungszweck kann keine Rolle spielen (zutr *Marburger* JuS 83, 4; aA hL); dies auch, wenn er dem Verkäufer bekannt ist (aA RG 93, 46; BGH BB 75, 798), da ansonsten die Gleichstellung durch § 378 1. HS weitgehend entwertet würde.

12 3. **Einzelfälle.** Die Rspr hat Genehmigungsfähigkeit **bejaht** bei Lieferung von verdorbenen Lebensmitteln (BGH WM 77, 821), von Sendai- anstelle von Kawamatta-Seide (RG 86, 92), bei Beimischungen fremder Stoffe in Textilien (BGH BB 70, 1416) bzw Öl (RG 98, 159). Sie wurde (zT zu großzügig) **verneint** bei Lieferung eines Gemischs aus Pfeffer u Kokosschale statt gemahlenen Pfeffers (BGH DB 60, 1387), Chloralaluminium statt Aluminiumchlorat (RG 84, 356), Anastase statt Rutile (BGH BB 67, 434), Inlandsschrott statt Auslandsschrott (BGH NJW 69, 788), Drittlandware statt EG-Ursprung (BGH NJW 94, 2231).

13 4. Die im **2. HS** vorgesehene Ausnahme ist **abdingbar,** so daß durch Parteiabrede die Rügeobliegenheit auch auf offensichtlich vertragswidrige Ware erstreckt werden kann (BGH DB 69, 1057).

14 5. Die **Darlegungs- und Beweislast** für das Vorliegen des Ausnahmetatbestands trifft diejenige Partei, die sich auf ihn als ihr günstig beruft (str; ohne Stellungnahme: Oldbg NJW-RR 96, 1529).

IV. Rechtsfolgen

15 1. Die **genehmigungsunfähige** Lieferung iSv § 378 2. HS ist schlichte **Nichterfüllung;** die Rechtsfolgen (Erfüllungsanspruch; Verzug; pVV: BGH NJW 94, 2231) richten sich nach BGB. UU trifft den Käufer gem § 242 BGB eine Hinweisobliegenheit (s BGH WM 92, 70).

16 2. Bei **genehmigungsfähiger** Lieferung ist zu unterscheiden: **a)** Bei **rechtzeitiger Rüge** behält der Käufer seine Ansprüche gg den Verkäufer. **aa) Falschlieferung. aaa)** Wird beim **Stückkauf** eine andere als die vereinbarte Sache geliefert (s Rz 4), handelt es sich um einen Fall der Nichterfüllung, der nach allg Nichterfüllungsregeln (Verzug, Unmöglichkeit) zu behandeln ist. Eine Anwendung der §§ 459 ff BGB kommt nicht in Betracht (BGH NJW 79, 811; hL). **bbb)** Beim **Gattungskauf** ersetzt die Rspr, soweit sie von einer Falsch- (u nicht

Zweiter Abschnitt. Handelskauf **§ 378**

Schlecht-)lieferung ausgeht (s Rz 6), im Hinblick auf die Schwierigkeiten der Abgrenzung von aliud u Schlechtlieferung die Rechtsfolgen der Nichterfüllung durch § 480 BGB (RG 86, 92 f; BGH 115, 295). Folgt man dem subj Fehlerbegriff bei Gattungsschulden (Rz 7), ist § 480 BGB unmittelbar (u damit § 377) anzuwenden, soweit es nicht um ganz krasse Abweichungen geht, die nicht einmal als Erfüllungsversuch gewertet werden können (dann Nichterfüllung); im letzteren Fall greift der Ausnahmetatbestand des § 378 2. HS ein, ansonsten § 377 (u nicht § 378 1. HS). **bb) Mengenabweichung.** Hier gelten wiederum die allg Regeln nach BGB. Liegt in der Mengenabweichungen ein Sachmangel (Rz 9), greifen die Gewährleistungsrechte ein. Bei **Minderlieferung** liegt teilweise Nichterfüllung vor, der Erfüllungsanspruch besteht fort. Der Käufer kann die Rechte aus §§ 284 ff, 320 ff BGB geltend machen. Bei **Mehrlieferung** kann der Käufer die gesamte Lieferung zurückweisen u Neulieferung verlangen, wenn die geschuldete Menge nicht ohne weiteres ausgesondert werden kann (*Marburger* JuS 83, 10). Ansonsten ist der Käufer nur zur Bezahlung der geschuldeten Menge verpflichtet; den Rest muß er nach §§ 812 ff BGB herausgeben.

b) Die **Versäumung der Rügefrist** bewirkt, daß – vorbehaltlich 17 § 377 V (§ 377 Rz 28) – der Käufer die gelieferte Ware als „genehmigt" u damit vertragsgemäß hinnehmen muß (§ 377 Rz 22 f), nicht aber, daß er sie gg den Willen des Verkäufers behalten darf. § 378 will den Verkäufer begünstigen, ihn nicht schlechter stellen. Verkäufer kann auf Rechtsfolgen des § 377 verzichten (§ 377 Rz 33). Ie ist zu unterscheiden:

aa) Falschlieferung. aaa) Der **Verkäufer** kann ein Interesse daran 18 haben, die gelieferte Ware zurückzuerhalten u durch vertragsgemäße zu ersetzen. Bei **Gattungsschulden** hat er, soweit § 480 BGB zur Anwendung kommt (Rz 7–8), kein Recht der zweiten Andienung (*Soe-Huber* § 480 1). Ein Verzicht auf die Rechtsfolgen des § 377 hilft nicht (anders, soweit bei aliud genehmigungsfähige Lieferung gegeben ist, Rz 6. Verzicht auf § 377 II, III bewirkt, daß Lieferungspflicht u Andienungsrecht aus § 433 BGB fortbesteht). Ggf (zB bei Verwechslung in der Auslieferung) kann Verkäufer die Übereignung nach § 119 I BGB anfechten (Frist: § 121 BGB) u das Gelieferte nach § 985 BGB vindizieren. Wird bei **Stückschuld** ein genehmigungsfähiges aliud geliefert, steht § 378 einer Kondiktion (§ 812 BGB; ggf Vindikation) des aliud nicht entgegen (Verzicht auf § 377 II, III). Der Verkäufer hat insoweit ein **Wahlrecht**, das er unverzüglich nach Kenntniserlangung von der Falschlieferung ausüben muß (§ 121 BGB analog). Der Käufer kann sich analog § 466 BGB Klarheit darüber verschaffen, ob der Verkäufer das aliud zurückhaben will (*Marburger* JuS 83, 11). **bbb)** Der **Käufer** schuldet bei Lieferung eines **minder- oder gleichwertigen** aliud den vereinbarten Kaufpreis; dies gilt auch, wenn der Verkäufer das aliud (gem aaa) zurücknimmt. Eine Minderung ist ausgeschlossen. Dies folgt aus § 377 II

§ 379
Viertes Buch. Handelsgeschäfte

(hL). Bei Lieferung eines **höherwertigen** aliud schuldet der Käufer – abgesehen von einer konkludenten Vertragsänderung – nicht einen höheren Kaufpreis (*Canaris* § 31 42; aA *SchlHefermehl* § 378 10, 23: §§ 316, 315 BGB analog), da das Rügeversäumnis nur zu einem Verlust der Käuferrechte führt, die §§ 377, 378 dgg keine weitergehenden Verkäuferrechte begründen können. Ist der Verkäufer mit dem vereinbarten Kaufpreis nicht zufrieden, bleibt ihm die Kondiktion des Gelieferten (*HeyEmmerich* § 378 22). Zur **Präklusion** der auf Falschlieferung beruhenden Ansprüche des Käufers s § 377 Rz 23–24.

19 **bb) Mengenabweichung. aaa)** Bei nicht gerügter **Minderlieferung** steht der Käufer so, als sei vollständig geleistet; daher kann er weder die fehlende Menge nachfordern noch den Kaufpreis mindern (BGH 91, 300; hL); dies auch, wenn sich Minderlieferung unschwer feststellen läßt. Anders bei „offener" Minderlieferung, die aus Lieferschein, Rechnung oder aufgrund Information des Verkäufers ersichtlich ist: Hier liegt bei Schweigen des Käufers eine konkludente Vertragsänderung vor (*G H Roth* § 31 4 d). Dann kann der Käufer nicht mehr Volllieferung verlangen, braucht aber auch nur einen entspr reduzierten Kaufpreis zu bezahlen (*Schmidt* § 29 III 5 d; aA *Werner* BB 84, 223). **bbb) Mehrlieferung.** Da die §§ 377, 378 nur Käuferrechte einschränken, nicht aber Verkäuferrechte erweitern u den Vertragsinhalt ändern, kann der Verkäufer nicht einen (der Mehrlieferung entspr) erhöhten Kaufpreis verlangen (*Canaris* § 31 44; aA *BauHopt* § 378 9; Hamm BB 78, 1748, läßt offen), vielmehr (unter Verzicht auf die Rechtsfolgen des § 377 II, III) das Zuvielgelieferte, wenn ohne weiteres aussonderbar, ansonsten die gesamte Lieferung kondizieren (*HeyEmmerich* § 378 26). Im letzteren Falle muß der Verkäufer erneut leisten. Bei offen deklarierter Mehrleistung kann konkludente Vertragsänderung vorliegen (Oldbg NJW-RR 96, 1528); Darlegungs- u Beweislast für diese bei demjenigen, für den sie günstig ist. Im Schweigen des Käufers kann Einverständnis zu einer Vertragserweiterung liegen. Dann ist ein entspr erhöhter Kaufpreis zu zahlen (*Canaris* § 31 44; *BauHopt* § 378 9).

§ 379 [Einstweilige Aufbewahrung; Notverkauf]

(1) **Ist der Kauf für beide Teile ein Handelsgeschäft, so ist der Käufer, wenn er die ihm von einem anderen Orte übersendete Ware beanstandet, verpflichtet, für ihre einstweilige Aufbewahrung zu sorgen.**

(2) **Er kann die Ware, wenn sie dem Verderb ausgesetzt und Gefahr im Verzug ist, unter Beobachtung der Vorschriften des § 373 verkaufen lassen.**

1 **1. Allgemeines.** Nach BGB-Kaufrecht kann der Käufer die Abnahme mangelhafter Ware verweigern („Zurückweisung"; dazu *Ernst* NJW 97, 896). Mangels Inbesitznahme trifft ihn keine Aufbewahrungspflicht. Nimmt der Käufer die Ware ab (ohne sie damit schon als

Erfüllung iSv § 363 BGB zu akzeptieren), kann er diese, wenn mangelhaft, jederzeit auf Kosten u Gefahr des Verkäufers an diesen zurücksenden; ansonsten ist er gem § 242 BGB zur Aufbewahrung verpflichtet (Sorgfalt: § 690 BGB analog). Abw davon verpflichtet § 379 I den Käufer, die in Besitz genommene Ware trotz Rüge nach § 377 II 2 einstweilen zu verwahren. Damit soll der Verkäufer vor Nachteilen bewahrt werden, die durch eine Rücksendung der Ware entstünden. Mit der (unbedingten) Aufbewahrungspflicht des Käufers korrespondiert das Recht, unter bestimmten Umständen einen Notverkauf vorzunehmen, § 379 II.

2. Aufbewahrungspflicht, I. a) Voraussetzungen. aa) Vorliegen 2 eines **beiderseitigen Handelsgeschäfts**, §§ 343, 344; **bb) Distanzkauf. aaa)** I verlangt Übersendung der Ware an den Käufer von einem anderen Ort aus, kommt also nicht beim Platzgeschäft zur Anwendung. Ort iSd I ist idR die politische Gemeinde, bei wirtschaftlich verbundenen Gemeinden der dadurch gebildete Wirtschaftsraum (*StBrüggemann* § 379 11). Für das Vorliegen eines Distanzgeschäfts entscheidet nicht der Sitz der Vertragspartner, sondern die Verbringung der Ware von einem Ort zum anderen. Die Art der Übersendung ist gleichgültig: I gilt für den Versendungskauf, den Transport durch den Verkäufer u den Käufer, wenn die Ware von ihm an einen anderen Ort zur Überprüfung gebracht werden soll. **bbb)** Die Übersendung geschieht **in Erfüllung** eines Kaufvertrages; I gilt auch bei Mehrlieferung, nicht jedoch für die Zusendung unbestellter Ware. **cc)** I setzt voraus, daß der Käufer die Ware **in Besitz** genommen (also nicht zurückgewiesen) hat (BGH NJW 79, 812). Bei unberechtigter Zurückweisung gerät der Käufer in Annahme- u Schuldnerverzug. Der Käufer muß sich dann (bei §§ 249 ff BGB) so behandeln lassen, als ob er abgenommen hätte u § 379 anwendbar wäre (*SchlHefermehl* § 379 5; s auch BGH NJW 79, 812). **dd)** Der Käufer muß die Ware **beanstandet**, dh zu erkennen gegeben haben, daß er die Ware nicht behalten will („zur Verfügung stellen"). Dies ist von der Mängelrüge zu unterscheiden, kann mit ihr aber verbunden werden. Verlangt der Käufer Minderung oder den „kleinen Schadensersatz" (s *PalPutzo* § 463 18), ist für **I** kein Raum. Iü muß die Beanstandung **berechtigt** sein. Ist sie dies nicht, muß der Käufer die Ware behalten, eine Aufbewahrung für den Verkäufer kommt nicht in Betracht.

b) Inhalt. Der zur Aufbewahrung verpflichtete Käufer darf die Ware 3 nicht an den Verkäufer zurücksenden. Er kann die Sache entweder selbst verwahren oder bei einem verläßlichen Dritten (zB Lagerhaus) einlagern (RG 98, 70).

c) Dauer: „einstweilen". Die Zeitspanne bemißt sich danach, wann 4 im regelmäßigen Geschäftsgang eine Entscheidung des Verkäufers erwartet werden kann. Mit Ablauf der Frist erlischt die Aufbewahrungspflicht aus **I.** Der Verkäufer gerät in Annahmeverzug; zugunsten des Käufers greift § 300 BGB ein. Der Käufer kann nun die Ware auf

§ 379 Viertes Buch. Handelsgeschäfte

Gefahr u Kosten des Verkäufers zurücksenden. Tut er dies nicht, bleibt er gem § 242 BGB zu sorgfältiger Verwahrung verpflichtet. Verzug des Verkäufers begr kein Recht zum Notverkauf nach **II**.

5 d) Die **Kosten** der Aufbewahrung (evtl auch der Versicherung) kann der Käufer beim Verkäufer liquidieren, § 354; ggf auch gem § 304 BGB.

6 e) Bei **Verletzung** der Aufbewahrungspflicht, **I**, haftet der Käufer aufgrund von pVV. Verschulden: § 347. Beauftragt er Dritte mit der Aufbewahrung, haftet er nur für sorgfältige Auswahl, nicht aber nach § 278 BGB, da er nicht selbst zur Aufbewahrung verpflichtet ist, sondern für diese nur „zu sorgen" hat. Die Pflichtverletzung des Käufers schränkt nicht seine Rechte wg des Mangels ein.

7 3. **Notverkauf, II. a)** II gibt dem Käufer unter engen Voraussetzungen das **Recht** zum Notverkauf. Ihn trifft **keine** Pflicht zum Verkauf.

8 b) **Voraussetzungen.** Der Notverkauf ist zulässig, wenn (1) eine Aufbewahrungspflicht gem **I** (Rz 2–4) besteht, (2) die Ware dem Verderb (nicht unerhebliche Verschlechterung) ausgesetzt, (3) Gefahr im Verzug ist u (4) der Verkäufer dem Notverkauf (nicht: der Beanstandung) nicht widersprochen hat (RG 96, 73). Das Notverkaufsrecht bezieht sich nur auf die vom Verderb betroffene Ware. Es steht dem Käufer zu, solange die Voraussetzungen des **II** gegeben sind (RG 66, 192); iü ist er bei der Wahl des Zeitpunkts frei. Zum rechtmäßigen Notverkauf aus anderen Gründen s Rz 12.

9 c) **Durchführung.** II verweist auf die Formen des § 373; vorherige Androhung entfällt, § 373 II. Der Käufer hat die Stellung eines Beauftragten, aber grds (außer bei § 373 IV) keine ges Vertretungsmacht (*HeyEmmerich* § 379 15; aA RG 66, 194, zu § 373 IV). Der Steigerer erwirbt Ansprüche nur ggüber dem Käufer (str). Der Käufer darf die Durchführung nicht verzögern (RG 66, 192).

10 d) **Rechtsfolgen. aa)** Der zulässige (Rz 8), ordnungsgemäß durchgeführte (Rz 9) Notverkauf geschieht auf Rechnung des Verkäufers. Der Erlös tritt an die Stelle der Ware; er gebührt dem Verkäufer, § 373 III. Der Käufer ist ggü dem Verkäufer auf Wandlung bzw großen Schadensersatz festgelegt; er kann nicht mindern.

11 bb) Bei **unrechtmäßigem** Notverkauf verliert der Käufer wg §§ 467, 351 BGB das Recht auf Wandlung u „großen Schadensersatz" (s *PalPutzo* § 463 19). Ihm bleibt das Recht auf Minderung u „kleinen Schadensersatz" (*SchlHefermehl* § 379 13). Der Notverkauf geschieht auf Rechnung u im Namen des Käufers. Ggf ist der Käufer schadensersatzpflichtig; dies auch bei schuldhafter Verzögerung bei der Durchführung (RG 66, 192).

12 e) Der Notverkauf kann aus **anderen Gründen** rechtmäßig sein: als berechtigte GoA, §§ 677 ff BGB, als Selbsthilfeverkauf gem § 383 BGB. Rechtsfolgen: Rz 10.

§ 380 [Taragewicht]

(1) Ist der Kaufpreis nach dem Gewichte der Ware zu berechnen, so kommt das Gewicht der Verpackung (Taragewicht) in Abzug, wenn nicht aus dem Vertrag oder dem Handelsgebrauche des Ortes, an welchem der Verkäufer zu erfüllen hat, sich ein anderes ergibt.

(2) Ob und in welcher Höhe das Taragewicht nach einem bestimmten Ansatz oder Verhältnisse statt nach genauer Ausmittelung abzuziehen ist, sowie, ob und wieviel als Gutgewicht zugunsten des Käufers zu berechnen ist oder als Vergütung für schadhafte oder unbrauchbare Teile (Refaktie) gefordert werden kann, bestimmt sich nach dem Vertrag oder dem Handelsgebrauche des Ortes, an welchem der Verkäufer zu erfüllen hat.

1. Allgemeines. Das **Recht der Verpackung** (Überblick: *StBrüggemann* § 380 10–16) ist nur rudimentär geregelt. § 448 I BGB läßt beim Versendungskauf die Kosten der Verpackung u der Abnahme den Käufer tragen, es sei denn die Verpackung ist Teil der verkauften Ware. Wer Eigentümer der Verpackung ist u ob sie dem Verkäufer zurückzugeben ist (zB bei Lieferung in Säcken, Flaschen, Paletten etc), hängt von den (oft nur stillschweigend getroffenen) Vereinbarungen der Parteien (in Frage kommen Miete; Darlehen; Kauf) ab (Überblick: *HeyEmmerich* § 380 4–10). Die Verpackungspflicht trifft grds den Verkäufer. Zu den Rechtsfolgen bei schadhafter Verpackung s § 377 Rz 5, 23. I betrifft die Preisberechnung bei Kauf nach Gewicht, II verweist für Einzelfragen auf den Handelsbrauch am Erfüllungsort des Verkäufers. 1

2. Preisbestimmung. I enthält eine **Auslegungsregel**, wonach beim Kauf nach Gewicht sich der Preis nach dem Nettogewicht der Ware, also abzüglich des Gewichts der Verpackung („Taragewicht") bestimmt. Vertragliche Abreden („Brutto für Netto") u Handelsbrauch am Erfüllungsort des Verkäufers (§ 269 BGB) gehen vor. 2

3. Für die in II angesprochenen Fragen der **Gewichtsermittlung** – Taragewicht, Gutgewicht, Refaktie – verweist das Gesetz auf den Vertrag bzw Handelsbrauch am Erfüllungsort des Verkäufers (§ 269 BGB). II ist keine Auslegungsregel. Für das **Taragewicht** (Rz 2) kommt anstelle der genauen Gewichtsermittlung („rein netto tara") die Bestimmung nach einem pauschalierenden Ansatz (Prozentsatz des Bruttogewichts) in Frage. Das sog **Gutgewicht** ist eine Zugabe, die der Verkäufer für erfahrungsgemäß (während des Transports) eintretenden Gewichtsschwund unentgeltlich gewährt. Die **Refaktie** stellt einen (pauschalierten) Abzug vom Nettogewicht (u entspr vom Kaufpreis) dar, der für typisch zu erwartende Schäden (Verunreinigungen, Bruch etc) an der Ware zu gewähren ist, ohne daß der Käufer rügen müßte (ROHG 7, 8). 3

§§ 381, 382 Viertes Buch. Handelsgeschäfte

§ 381 [Kauf von Wertpapieren; Werklieferungsvertrag]
(1) **Die in diesem Abschnitte für den Kauf von Waren getroffenen Vorschriften gelten auch für den Kauf von Wertpapieren.**
(2) **Sie finden auch Anwendung, wenn aus einem von dem Unternehmer zu beschaffenden Stoffe eine nicht vertretbare bewegliche Sache herzustellen ist.**

1 1. **Wertpapierkauf, I.** I erstreckt die §§ 373 ff, soweit sie passen, auf den Kauf von **Wertpapieren**. Dazu gehören alle marktgängigen Handelspapiere (Orderpapiere; Schuldverschreibungen auf den Inhaber; Aktien); **nicht:** GmbH-Anteile; hypothekarisch gesicherte Forderungen. Es muß ein Handelskauf vorliegen. Von bes Bedeutung ist § 376. Für § 377 ist zu beachten, daß diese Norm nur für Sach-, nicht Rechtsmängel (zB Kraftloserklärung, Aufgebot, Zahlungssperre) eingreift, bei Wertpapieren also nur bei Beschädigungen der Urkunde. Die **Fälschung** ist beim Stückkauf Sachmangel (hL; aA *BauHopt* § 381 1: Rechtsmangel); beim Gattungskauf liegt eine krasse Vertragsabweichung (iSv § 378 Rz 11) u damit aliud vor; § 378 2. HS ist anzuwenden.

2 2. **Werklieferungsvertrag, II. a) Anwendungsbereich.** Der Werklieferungsvertrag über **vertretbare Sachen** (Begriff § 91 BGB) untersteht gem § 651 I 2, 1. HS dem Kaufrecht u, wenn Handelsgeschäft (§§ 343, 344), auch den §§ 373 ff. Für den Werklieferungsvertrag über **unvertretbare** Sachen (zB Herstellung von Werbefilmen u -drucksachen), der teils Kauf-, teils Werkvertragsrecht untersteht (§ 651 I 2, 2. HS BGB), ordnet II die Anwendung der §§ 373 ff an. Standardsoftware ist „bewegliche Sache" iSv II (BGH 102, 144; 109, 101; *Lehmann* NJW 92, 1723; aA *Junker* NJW 93, 828; *Fritzsche* JuS 95, 501: geistiges Werk), auch wenn den speziellen Wünschen des Bestellers angepaßt. II gilt nicht für reine Werkverträge; entspr Anwendung nur unter ganz bes Voraussetzungen (BGH NJW-RR 92, 626; analoge Anwendung liegt fern: BVerfG ZIP 95, 1852). Vgl auch § 377 Rz 2 aE.

3 b) **Rechtsfolgen.** II führt zur Anwendung der §§ 373 ff, nicht aber dazu, daß die in § 651 I 2 2. HS BGB enthaltene Verweisung auf Werkvertragsrecht durch Kaufrecht ersetzt würde. § 376 enthält eine Sonderregelung zu § 363 BGB. „Abnahme" des Werkes iSv § 640 BGB ist nicht zugleich Billigung iSv § 377 II (*BauHopt* § 381 2). Hat der Abnehmer dgg die Rügefrist iSv § 377 II versäumt, ist die Leistung als abnahmereif anzusehen, die Abnahme iSv § 640 BGB kann nicht verweigert werden (Düss NJW 90, 1306; s auch Mü NJW 89, 1287: nach Fristablauf ist von Abnahme auszugehen).

§ 382 [Viehmängel]
Die Vorschriften der §§ 481 bis 492 des Bürgerlichen Gesetzbuchs über die Gewährleistung bei Viehmängeln werden durch die Vorschriften dieses Abschnitts nicht berührt.

1. Für den **Viehkauf** enthält das BGB eine Sonderregelung in den §§ 481 bis 492, die die Gewährleistungshaftung des Verkäufers auf bestimmte, in §§ 1, 2 der Verordnung betr die Hauptmängel u Gewährfristen beim Viehhandel vom 27. 3. 1899, RGBl 219, abschließend (Düss NJW-RR 90, 733) aufgezählte Fehler („Hauptmängel") beschränkt, die sich innerhalb der „Gewährfrist" (zwischen 3 u 28 Tagen je nach Mangel variierend) zeigen müssen (§ 482 I BGB) u idR spätestens zwei Tage nach ihrem Ablauf vom Käufer anzuzeigen sind (s § 485 BGB). Für andere Mängel haftet der Verkäufer nur, wenn dies vertraglich vereinbart wurde, § 492 BGB.

2. § 382 ordnet den **Vorrang** der BGB-Regelung über die Gewährleistung ggü den Bestimmungen betr den Handelskauf an. Die §§ 373, 375, 376, 378, 379 sind, da nicht die Gewährleistung betr, davon unberührt. § 377 wird durch § 485 BGB verdrängt; dies auch im Falle des § 492 S 1 BGB, wenn eine Gewährfrist vereinbart wurde. § 377 bleibt (über § 378) anwendbar bei aliud-Lieferung u Mengenabweichung; ebenso im Falle des § 492 S 1 BGB, wenn keine Gewährfrist vereinbart wurde.

Dritter Abschnitt. Kommissionsgeschäft

§ 383 [Kommissionär; Kommissionsvertrag]

(1) Kommissionär ist, wer es gewerbsmäßig übernimmt, Waren oder Wertpapiere für Rechnung eines anderen (des Kommittenten) in eigenem Namen zu kaufen oder zu verkaufen.

(2) Die Vorschriften dieses Abschnittes finden auch Anwendung, wenn das Unternehmen des Kommissionärs nach Art oder Umfang einen in kaufmännischer Weise eingerichteten Geschäftsbetrieb nicht erfordert und die Firma des Unternehmens nicht nach § 2 in das Handelsregister eingetragen ist. In diesem Fall finden in Ansehung des Kommissisonsgeschäfts auch die Vorschriften des Ersten Abschnittes des Vierten Buches mit Ausnahme der §§ 348 bis 350 Anwendung.

I. Allgemeines

1. Reform. Persönlicher Anwendungsbereich. a) Nach altem Recht definierte § 383 I den Kommissionär als Kaufmann kraft Geschäftstyps iSv § 1 II Nr 6 aF. Kleingewerbliche Kommissionäre waren Minderkaufleute, § 4 I aF. Mit dem HRefG ist ein **Funktionswandel** des **I** insofern eingetreten, als über den Kaufmannsstatus jetzt allein §§ 1–6 entscheiden. **I** fällt es nun zu, den **„Kommissionär"** anhand der (zu engen; vgl § 406 I 1) Merkmale des Kommissionsvertrags (Rz 2) **als Gewerbetreibenden** zu typisieren. Die Beschränkungen im Anwendungsbereich des **I** u die sie korrigierende Verweisung in § 406 I

§ 383 Viertes Buch. Handelsgeschäfte

machen nicht viel Sinn. **b)** Die sich aus dem Wegfall des Minderkaufmanns, § 4 I aF, u § 1 II nF ergebende Konsequenz, daß **kleingewerbliche Kommissionäre** (vorbehaltlich § 2) nicht mehr Kaufleute sind u daher keine Handelsgeschäfte (§§ 343, 344) tätigen, korrigiert **II** dahingehend, daß §§ 383 ff sowie §§ 343–372 mit Ausnahme von §§ 348–350 (nur) für das „Kommissionsgeschäft" (zu dem wohl auch das Ausführungsgeschäft gehört; wichtig bei § 366; dort Rz 2) Anwendung finden. **Gewerbsmäßige** Tätigkeit ist für die Anwendung der §§ 383 ff allemal erforderl, I. **c)** Zu § 406 I 2 dort Rz 1.

2 **2. Sachlicher Anwendungsbereich.** Der **Kommissionsvertrag** ist ein von einem Gewerbetreibenden (§ 1 II, 2, 5; § 383 II; § 406 Rz 1) – nicht notwendig: einem Kommissionär; § 406 I 2 – im Betriebe seines Gewerbes abgeschlossener Vertrag, in dem dieser es (**gewerbsmäßig, I**; oder auch nur im Einzelfall, § 406 I 2) übernimmt, in eigenem Namen u für Rechnung eines anderen **(Kommittent)** ein Geschäft – An- oder Verkauf von Waren oder Wertpapieren (zum Werklieferungsvertrag s § 406 II) – mit einem Dritten (sog Ausführungsgeschäft) zu tätigen. § 406 I 1 erstreckt die §§ 383 ff auf Geschäfte anderer Art (sog **uneigentliche** Kommission; zB Kommissionsverlag: Herstellung u Vertrieb eines Buches für Rechnung des Autors; RG 78, 300). Der Kommittent muß nicht Kaufmann sein. Die Spedition als Spezialfall der uneigentlichen Kommission regeln die §§ 407 ff.

II. Kommissionsvertrag

3 **1. Rechtsnatur.** Die Kommission ist **entgeltliche Geschäftsbesorgung** iSv § 675 BGB. Sie kann Werkvertrag (bei Einzelauftrag; RG 71, 78) oder Dienstvertrag (bei längerer Verbindung; RG 69, 364; 110, 123; so vor allem der Kommissionsagent) sein; Umstände des Einzelfalls, insbes die vertragliche Ausgestaltung entscheiden. Bedeutung hat die Differenzierung vor allem im Hinblick auf die unterschiedlichen Kündigungs- (§§ 649, 627 BGB) u Verjährungsvorschriften (§§ 638, 195 BGB). Bei fehlender Selbständigkeit (vgl § 84 I 2) bzw wirtschaftlicher Abhängigkeit vom Kommittenten ist „Kommissionär" Arbeitnehmer oder arbeitnehmerähnliche Person (BAG AP § 5 ArbGG 1979 Nr. 38).

4 **2. Abgrenzung zu anderen Vertragstypen. a) Handelsmakler** (§§ 93 ff) u **Handelsvertreter** (§§ 84 ff) handeln im Namen des Auftraggebers bzw Geschäftsherrn, nicht im eigenen Namen. **b)** Der **Kommissionsagent** steht zwischen Kommissionär u HV: Er schließt Verträge in eigenem Namen ab (§§ 383 ff anwendbar), ist zugleich (wie ein HV) auf Dauer für den Lieferanten tätig. Typischerweise übernimmt er Lager- u Vertriebspflichten. Einige Normen des Handelsvertreterrechts sind entspr anzuwenden (BGH 29, 86; zB § 87 II; § 87 a: *Wuppt* NJW 66, 1130; § 89 b; s § 396 Rz 4; **nicht** § 88: BGH 79, 97). **c) Eigengeschäft.** Im Einzelfall kann die Abgrenzung des Kommis-

sionsvertrags zum Eigengeschäft des „Mittlers" als einem Umsatzgeschäft auf eigene Rechnung schwierig sein. Für Vorliegen eines Kommissionsvertrages ist nicht die Bezeichnung durch die Parteien, sondern der Inhalt der Vereinbarung u die darin von den Parteien übernommenen Pflichten maßgebend (RG 94, 66; 114, 10). **aa) Warenumsatz.** Wird Rückgabemöglichkeit ausgeschlossen, liegt nicht Verkaufskommission, sondern Kauf vor (Ffm BB 82, 208); ebenso bei fehlender Weisungsbefugnis, ua hinsichtlich der Preisgestaltung (BGH 1, 79; NJW 75, 777). Ein bestehendes Rückgaberecht schließt **Kauf** nicht aus, wenn zwischen den Beteiligten ein bestimmter bzw bestimmbarer Preis vereinbart worden ist (RG 94, 60). Ist bei Mindestpreisgarantie vereinbart, daß ein darüber hinausgehender Erlös als Provision anzusehen ist, liegt Kommission vor (RG 110, 121; BGH BB 81, 1670).
bb) Den An- u Verkauf von **Wertpapieren** führt die Bank für ihre Kunden entweder als Kommissionär (Nr 1–8 AGB Wertpapiergeschäfte) oder als Eigenhändler auf (gem Nr 9 AGB Wertpapiergeschäfte gilt dies nur mehr für sog Festpreisgeschäfte [festverzinsliche Wertpapiere; Investmentzertifikate]). Zum Erwerb von Optionsscheinen s Kln WM 95, 381. **d)** Von einem **Gesellschaftsverhältnis** (§§ 705 ff BGB) ist die partiarische Kommission (mit Gewinnbeteiligung des Kommissionärs) zu unterscheiden, bei der es an einem gemeinsamen Zweck (Vereinbarung einer Gewinn- u Verlustgemeinschaft) fehlt.

3. Inhalt. Die §§ 383 ff konkretisieren weitgehend die mit der Geschäftsbesorgung verbundene Interessenwahrungspflicht des Kommissionärs (§§ 384 I, II, 385, 387, 388, 395, 396). Sie stellen teils den Kommissionär (§§ 389, 391, 397–399), teils den Kommittenten (§§ 390 I, 392 II) besser als nach BGB. Besondere Regeln für das Wertpapiergeschäft in §§ 31 ff WpHG; Art. 11 Rili 93/22/EWG, ABl 1993 L 141/27. Den Kommittenten treffen ggüber dem Kommissionär Mitwirkungspflichten hinsichtlich des Ausführungsgeschäfts (Oldbg NJW-RR 00, 507; § 396 Rz 12). **5**

a) Für den Vertrags**abschluß** gelten die allg Regeln (§§ 145 ff BGB). **6**
Schweigen des Kommissionärs: § 362 I 1.

b) Erfüllungsort für die Verpflichtungen der Vertragspartner ist **7** mangels einer vertraglichen Vereinbarung ihr jeweiliger Wohnsitz (bzw gewerbliche Niederlassung), § 269 I, II BGB. Kontrahiert ein Nichtkaufmann mit einem Kommissionär, soll idR die Niederlassung des Kommissionärs der Erfüllungsort der Provisions- u Aufwendungsersatzansprüche sein (*StKoller* § 383 65). Die Rspr tendiert dazu, bei gegenseitigen Verträgen auf den Erfüllungsort der vertragscharakteristischen Leistung abzustellen (*PalHeinrichs* § 269 13–14 mwN).

c) Die aus dem Kommissionsvertrag resultierenden Pflichten **enden: 8
aa)** durch **Zeitablauf** (Befristung, insbes bei Effektenkommission).
bb) durch **Widerruf** (nur) des Kommittenten gem § 649 BGB, falls Werkvertrag (jederzeit; bis zum Beginn der Ausführung des Auftrags; RG 107, 139; maßgeblich ist Zeitpunkt des Zugangs der Widerrufser-

§ 383 Viertes Buch. Handelsgeschäfte

klärung). **cc)** durch **Kündigung** gem §§ 627 (weil „Dienste höherer Art"; RG 110, 123), 621 Nr 5 (auch § 626) BGB des Kommittenten oder Kommissionärs. Kündigung zur Unzeit durch Kommissionär ist wirksam (str), begr aber Schadensersatzanspruch, § 627 II 2 BGB. Beim Kommissionsagenten ggf §§ 89 ff analog; s Rz 4. **dd)** Durch **Rücktritt** vom Vertrag nach §§ 323 ff, 326 BGB. **ee)** Bei **Unmöglichkeit** der Durchführung des Auftrags, die der Kommissionär nicht zu vertreten hat, §§ 275, 323 BGB. **ff)** Der **Tod** des **Kommittenten** hat auf die vertraglichen Verpflichtungen keinen Einfluß, §§ 675, 672 BGB; anders, wenn das Geschäft für die Erben ohne jedes Interesse ist. Bei **Tod** des **Kommissionärs** greift die Auslegungsregel des § 673 BGB (Beendigung des Vertragsverhältnisses) nicht ein, wenn für den Kommittenten bei Auftragsvergabe die Person des Trägers der Firma keine entscheidende Rolle gespielt hat (hL). **gg)** Bei **Insolvenz** des **Kommittenten** erlischt der Auftrag gem § 115 I InsO, soweit dieser noch nicht ausgeführt ist. Gem § 115 II, III InsO gilt der Auftrag als nicht erloschen, wenn u solange der Kommissionär die Insolvenzeröffnung nicht kennt oder nicht kennen muß bzw bei Einstellung der Tätigkeit Gefahr droht. Bei **Insolvenz** des **Kommissionärs** bleibt der Kommissionsvertrag bestehen (RG 78, 91; str). Der Insolvenzverwalter hat aufgrund § 103 I InsO ein Wahlrecht zwischen Eintritt u Ablehnung mit Ersatzpflicht (Einzelheiten bei *StKoller* § 383 93).

9 4. Der Vertragsabschluß u die damit ggf verbundene Vollmacht bzw Ermächtigung nach § 185 I BGB bedürfen grds **keiner Form,** auch wenn das Ausführungsgeschäft (Rz 11) formbedürftig ist (vgl § 167 II BGB); anders bei unwiderruflichem Auftrag.

10 5. **Kartellrechtliche Schranken.** Ausschließlichkeitsbindungen u Wettbewerbsverbote zu Lasten des Kommissionärs können gem § 16 GWB untersagt werden; Art 81 I EG ist ebenfalls anwendbar. Preis- u Konditionenvorgaben des Kommittenten sind von § 14 GWB auszunehmen (Immanenzgedanke), solange der Kommissionsvertrag dem Leitbild der §§ 384 ff entspricht; § 14 GWB greift dgg ein, wenn Absatzrisiken auf den Kommissionär verlagert werden bzw der Vertrag sonstwie atypisch ausgestaltet ist (KG BB 83, 457; *Kevekordes* DB 88, 1885); ebenso Art 81 EG.

III. Ausführungsgeschäft

11 1. **Zuordnung. a)** Das Ausführungsgeschäft, zu dem der Kommissionär sich verpflichtet, soll er **in eigenem Namen** abschließen. Ob Handeln in eigenem oder fremdem Namen vorliegt, richtet sich nach dem obj Erklärungswert; § 164 I, II BGB sind zu berücksichtigen. Erklärt der Kommissionär „auf Rechnung eines anderen" zu handeln, liegt idR Handeln im eigenen Namen vor (*SchlHefermehl* § 383 19; aA RG 97, 261). Bei Handeln in fremdem Namen gilt § 179 BGB.

Dritter Abschnitt. Kommissionsgeschäft § 383

b) Liegt Handeln des Kommissionärs in **eigenem** Namen vor, ist zu 12 fragen, ob das Geschäft dem Kommissionsvertrag zuzuordnen (u damit als **Ausführungsgeschäft** zu qualifizieren) ist oder ob ein Geschäft auf eigene Rechnung (**Eigengeschäft**) vorliegt. **aa)** Die Vornahme eines Ausführungsgeschäftes ist Vertrags**erfüllung** durch den Kommissionär. Ob ein konkretes Geschäft der Erfüllung der aus einem Kommissionsverhältnis resultierenden Pflichten dienen soll, bestimmt gem §§ 362 ff BGB der Kommissionär. Er setzt die **Tilgungsbestimmung** u ordnet damit das getätigte Geschäft dem bzw einem Kommissionsvertrag zu. Aufzeichnungspflicht: § 34 WpHG. **bb)** Maßgeblich ist insoweit der (nicht rechtsgeschäftliche) **Wille** des Kommissionärs (RG 18, 21 f), der (wg §§ 384 II, 392 II) nach außen (nicht notwendig ggü dem Kommittenten) in Erscheinung getreten sein muß; zB Ausführungsanzeige (§ 384 II); bei **Verkaufskommission:** Vornahme des Geschäfts, da anderenfalls §§ 246, 266 StGB erfüllt wären. Erklärung ggüber Dritten, es handele sich um ein Eigengeschäft, steht nicht entgegen (RG 148, 192), wohl aber entspr Mitteilung an den Kommittenten (Rechtsfolgen: §§ 687 II, 816 I 1, 823 I BGB). **Einkaufskommission:** Wille, das Geschäft als Ausführungsgeschäft (u nicht als Eigengeschäft) vorzunehmen, läßt sich aus dem vorgenommenen Geschäft selbst entnehmen, wenn dieses den vertraglichen Vereinbarungen sowie den Weisungen des Kommittenten entspricht u so eine eindeutige Zuordnung (evtl auch bei mehreren Kommissionserhältnissen) erlaubt. Anderenfalls kommt es auf andere Manifestationen des Willens (ggf auch in den Handelsbüchern des Kommissionärs) an. **cc)** Eine nachträgliche **Änderung** der Zuordnung des Geschäfts als Ausführungsgeschäft ist im Hinblick auf die eingetretenen Erfüllungswirkungen nur mit Einverständnis des Kommittenten möglich (*BauHopt* § 383 12).

2. Rechtsverhältnis zwischen Kommissionär und Drittem. 13 **a)** Das Ausführungsgeschäft ist vom Kommissionsvertrag **rechtlich unabhängig.** Rechtswirkungen treten nur im Verhältnis von Kommissionär u Drittem ein. Der Kommittent wird durch das Ausführungsgeschäft weder berechtigt (vgl § 392 I) noch verpflichtet; dies auch, wenn Dritter weiß, daß der Kommissionär für Rechnung des Kommittenten tätig wird (BGH NJW 65, 250). Der Kommittent kann gem § 826 BGB gehalten sein, bei finanziellen Schwierigkeiten des Kommissionärs (bei der Einkaufskommission) einen Schaden des Dritten zu vermeiden (BGH NJW 65, 251). Leistungskondiktion des Dritten richtet sich nur gg den Kommissionär.

b) Für **Willensmängel** kommt es auf den Kommissionär u nicht auf 14 den Kommittenten an. Der Kommittent ist nicht „Dritter" iSv § 123 II 1 BGB, da ihn die Vor- u Nachteile des Ausführungsgeschäftes treffen. Willensmängel des Kommittenten bei Abschluß des Kommissionsvertrages berühren das Ausführungsgeschäft nicht.

c) Für das Vorliegen von **Kenntnis** (vgl § 460 BGB) u **Ken-** 15 **nenmüssen** kommt es auf die Person des Kommissionärs an; dies auch

§ 383 Viertes Buch. Handelsgeschäfte

dann, wenn der Kommissionär das Geschäft mit dem Dritten als echten Vertrag zugunsten des Kommittenten abschließt (BGH NJW 71, 1703). Handelt Kommissionär nach Weisung des Kommittenten, gilt § 166 II BGB analog.

16 **d) Leistungsstörungen. aa)** Ansprüche des Dritten wg Leistungsstörungen treffen nur den Kommissionär. Der Kommittent ist nicht Erfüllungsgehilfe (§ 278 BGB) des Kommissionärs (ihn treffen aber Mitwirkungspflichten ggüber dem Kommissionär; § 383 Rz 5). Er haftet dem Dritten nur aus Delikt. Zu Ansprüchen des Kommissionärs gg den Kommittenten s § 396 Rz 12. **bb)** Bei Vertragsverletzungen des Dritten hat nur der Kommissionär einen Ersatzanspruch (§ 325 I BGB; pVV). Der Kommissionär hat zwar idR keinen eigenen Schaden, da ihm seine Aufwendungen zu ersetzen sind (§ 396 II, § 670 BGB) u er für unverschuldete Unmöglichkeit der Ausführung (der Dritte ist nicht Erfüllungsgehilfe des Kommissionärs) nicht haftet. Die Rspr läßt für diesen Fall aber eine Liquidierung des Schadens des Kommittenten (einschl des entgangenen Gewinns) durch den Kommissionär (allerdings nicht gg den Willen des Kommittenten) zu (sog „Drittschadensliquidation"; RG 58, 42; BGH WM 87, 582 – Treuhänder ganz hL; aA *Peters,* AcP 180, 350 ff), wobei der Schadensumfang sich nach den Verhältnissen des Kommittenten bemißt (hL; *StKoller* § 383 73; aA *MKBGBGrunsky* vor § 249 119: nur typische Schäden). § 254 II BGB ist zu beachten; das Verhalten des Kommittenten ist dem Kommissionär zuzurechnen (BGH NJW 72, 289). Ein Deliktsanspruch des Kommittenten ggüber dem Dritten schließt die Liquidierung des Drittschadens durch den Kommissionär nicht aus (BGH NJW 85, 2412). Beide Ansprüche stehen gleichwertig nebeneinander. Bei Tilgung des einen Anspruchs durch den Dritten wird dieser von seiner Verpflichtung zur Leistung ggüber dem anderen frei.

IV. Eigentumsverhältnisse

17 **1. Verkaufskommission. a)** IdR fehlt es an einer Übereignung des Kommissionsgutes an den Kommissionär. Dieser wird vom Kommittenten gem § 185 BGB (konkludent) ermächtigt, die zur Ausführung des Geschäfts notwendigen Verfügungen zu treffen (RG 110, 123; BGH WM 59, 1006). Dazu kann auch Sicherungsübereignung an Vierten zum Zwecke der Finanzierung des Ausführungsgeschäftes gehören (RG 132, 198). **b)** Wird der Rahmen der Verfügungsermächtigung durch Kommissionär überschritten, ist das Verfügungsgeschäft unwirksam. **Eigentumserwerb** des Dritten ist möglich gem § 932 BGB, wenn Dritter den Kommissionär für den Eigentümer hält, sonst über § 366. Kommittent als vormaliger Eigentümer hat Kondiktionsanspruch gg Kommissionär aus § 816 I 1 BGB. **c)** Veräußert Kommissionär als Nichtberechtigter wirksam Kommissionsgut, das nicht dem Kommittenten gehört, geben Rspr u hL dem vormaligen Eigentümer Anspruch aus § 816 I 1 BGB gg den **Kommissionär** (Hbg MDR 54, 356) auf

Dritter Abschnitt. Kommissionsgeschäft § 383

den Erlös (abzüglich der Provision; *Plaubeck* JuS 87, 794); der Kommissionär kann sich auf § 818 III BGB berufen, soweit er den Erlös an den Kommittenten abgeführt hat (BGH 47, 131). Für einen *zusätzlichen* Anspruch gg den **Kommittenten** aus §§ 816 I 1 bzw 822 BGB *Schmidt* § 31 V 2 c bzw *StKoller* § 383 86. Für *alleinigen* Anspruch gg Kommittenten überzeugend *Canaris* § 32 44 f im Hinblick auf § 392 II, wonach Forderung aus dem Ausführungsgeschäft im Verhältnis zu Dritten dem Kommittenten zusteht (ebenso *StaudLorenz* § 816 4; *MKBGBLieb* § 816 20 a).

2. Einkaufskommission. a) Der Dritte erfüllt seine Verpflichtungen aus dem Ausführungsgeschäft dadurch, daß er die Waren bzw Wertpapiere gem §§ 929, 398 BGB, 364 HGB, 18 ff DepotG, Art 11 WG an den **Kommissionär** übereignet. Ein Eigentumserwerb durch ihn ist auch in der Weise möglich, daß die Ware auf Geheiß des Kommissionärs dem Kommittenten übergeben wird (vgl BGH NJW 73, 141 f). 18

b) Unmittelbarer Eigentumserwerb des **Kommittenten** („Direkterwerb") setzt dessen dingliche Einigung mit dem Dritten voraus (Handeln des Kommissionärs im Namen des Kommittenten; damit korrespondierende Erklärung des Dritten, an den Kommittenten übereignen zu wollen). Daran fehlt es in den Fällen des „Geheißerwerbs". Auf Offenkundigkeit des Vertreterhandelns kann nach den Grundsätzen des „Geschäfts für den, den es angeht" (s *PalBassenge* § 929 25) verzichtet werden; Voraussetzung dafür: (1) Dem Dritten ist Person des dinglichen Erwerbers gleichgültig; dies ist nur der Fall, wenn der Dritte das Eigentum Zug-um-Zug gg Erwerb der Gegenleistung überträgt. (2) Der Kommissionär muß Vertretungsmacht für die dingliche Einigung haben u für den Kommittenten handeln wollen (RG 100, 192). Für Vertretungswillen des Kommissionärs müssen sich (ohne daß Offenlegung ggüber Drittem zu verlangen ist; dann schon § 164 I BGB) Anhaltspunkte (zB wenn Kommittent auf Provisionsansprüche vorgeleistet hat; *StKoller* § 383 90) finden lassen (str). 19

c) Hat **Kommissionär** vom Dritten **Eigentum** an der Ware erworben, ist er gem § 384 II zur Weiterübertragung verpflichtet. Eigentumserwerb des Kommittenten: §§ 929 ff BGB. Anders als beim „Direkterwerb" des Kommittenten (Rz 19) können Gläubiger des Kommissionärs auf das Kommissionsgut Zugriff nehmen, solange der Kommissionär Eigentümer ist (zu § 392 II s dort Rz 6). Diese **Zeitspanne** läßt sich auf dreierlei Weise **verkürzen:** (1) Kommissionsgut wird auf Geheiß des Kommissionärs vom Dritten an Kommittenten übergeben (BGH NJW 73, 141). Kommissionär erwirbt für eine „logische Sekunde" Eigentum im Zeitpunkt der Übergabe an Kommittenten. (2) Erfolgt Übergabe des Kommissionsguts an Kommissionär, kann Eigentum gem §§ 929, 930 BGB an Kommittenten übertragen werden. Der Kommissionsvertrag ist ein Besitzmittlungsverhältnis iSv § 868 BGB. Einigung mit Kommittenten durch **Insichgeschäft** des Kommissionärs (als Eigentümer); § 181 BGB steht nicht entgegen, da Einigung 20

§ 384 Viertes Buch. Handelsgeschäfte

in Erfüllung der Verbindlichkeit aus § 384 II. Insichgeschäft ist nur wirksam, wenn Vertreterwillen nach außen erkennbar getätigt wird (BGH BB 91, 936; NJW 89, 2543). (3) Vereinbart werden kann ein sog **antizipiertes Besitzkonstitut** bei Abschluß des Kommissionsvertrages durch Einigung (iSv § 929 BGB) u Begründung eines Besitzmittlungsverhältnisses (§ 868 BGB), bevor Kommissionär Besitzer u Eigentümer des Kommissionsgutes wird. Einer **Ausführungshandlung** bedarf es nur insoweit, als der **Bestimmtheitsgrundsatz** (s *PalBassenge* § 930 2) dies verlangt (BGH NJW 64, 398); dies ist bei individualisierten Sachen nicht der Fall. Ausführungshandlungen: (vereinbarungsgem) Absondern der Ware; Inventarisierung.

21 d) Eigentumserwerb an **Wertpapieren** durch Kommittenten kann auch durch Absendung des Stückeverzeichnisses gem § 18 III DepotG (Zugang nicht erforderl; RG 95, 257) sowie durch Eintragung des Übertragungsvermerks (Datum entscheidet) in das Verwahrungsbuch der Bank, § 24 II 1 DepotG, erfolgen. Früherer Rechtsübergang nach allg Regeln des BGB wird dadurch nicht ausgeschlossen. Gem Nr 11 AGB Wertpapiergeschäfte erhält bei der inländischen Anschaffung der Wertpapiere der Kunde Miteigentum am Girosammelbestand der Deutschen Kassenverein (GS-Gutschrift); zur ausländischen Anschaffung: Nr 12.

§ 384 [Pflichten des Kommissionärs]

(1) **Der Kommissionär ist verpflichtet, das übernommene Geschäft mit der Sorgfalt eines ordentlichen Kaufmanns auszuführen; er hat hierbei das Interesse des Kommittenten wahrzunehmen und dessen Weisungen zu befolgen.**

(2) **Er hat dem Kommittenten die erforderlichen Nachrichten zu geben, insbesondere von der Ausführung der Kommission unverzüglich Anzeige zu machen; er ist verpflichtet, dem Kommittenten über das Geschäft Rechenschaft abzulegen und ihm dasjenige herauszugeben, was er aus der Geschäftsbesorgung erlangt hat.**

(3) **Der Kommissionär haftet dem Kommittenten für die Erfüllung des Geschäfts, wenn er ihm nicht zugleich mit der Anzeige von der Ausführung der Kommission den Dritten namhaft macht, mit dem er das Geschäft abgeschlossen hat.**

I. Allgemeines

1 I u II nennen einige (keineswegs alle) Pflichten des Kommissionärs, die sich weitgehend schon aus §§ 675, 666, 667 BGB ergeben. Eigenständige Bedeutung hat die in III geregelte Selbsthaftung des Kommissionärs, die dem Interesse des Kommittenten an der Nennung des Partners des Ausführungsgeschäftes dient.

Dritter Abschnitt. Kommissionsgeschäft § 384

II. Ausführungspflicht

1. Sachlicher Umfang. Das Gesetz unterscheidet zwischen „Ausführung der Kommission" (zB §§ 384 II, III, 400 II, III, 404, 405) u „Ausführung des Geschäfts" (§§ 386, 396 I). Der erste Begriff meint den **Abschluß** des Ausführungsgeschäfts, der zweite jedenfalls in § 396 I dessen **Abwicklung**. Die in I angesprochene Ausführungspflicht kann sich auf beides beziehen. Sie gilt auf jeden Fall für den Abschluß des Ausführungsgeschäftes; ob auch dessen Abwicklung erfaßt ist, richtet sich nach den vertraglichen Abreden bzw der Interessenlage, wobei zu berücksichtigen ist, daß der Kommittent sich idR die Geschäftserfahrung des Kommissionärs gerade auch bzgl der Abwicklung des Ausführungsgeschäfts zunutze machen will (*HeyHerrmann* § 384 2; abweichend BGH LM § 384 Nr 2). 2

2. Persönliche Ausführung. Der Kommissionär verpflichtet sich zu persönlicher Tätigkeit, wobei er Hilfspersonen (Haftung nach § 278 BGB) heranziehen kann. Die Einschaltung eines Zwischen-(Unter-) Kommissionärs ist iZw pflichtwidrig (§ 664 I 1 BGB); anders, wenn der Kommissionär an einem bestimmten Platz (Börse) nicht handeln kann u dies für den Kommittenten erkennbar ist; hier ist eine Substitution vom Vertrag gedeckt. Der Kommissionär haftet dann nur für Auswahl- (§ 664 I 2 BGB; RG 78, 313; 109, 302) u Überwachungsverschulden (auch bei Nichtweiterleitung von Weisungen). Weitergehend Nr 8 S 1 AGB Wertpapiergeschäfte. Vertragliche Ansprüche gg den Unterkommissionär sind an den Kommittenten abzutreten, **II 2 HS**. 3

3. Leistungsstörungen. Der Kommissionsvertrag ist ein gegenseitiger Vertrag, bei dem die Pflicht zur Ausführung der Kommission u der Provisionsanspruch im Gegenseitigkeitsverhältnis stehen (*SchlHefermehl* § 384 46). ZT wird die Pflicht zur Herausgabe des Erlangten als im Synallagma stehend angesehen (RG 53, 371; *StKoller* § 384 57) mit der Folge, daß bei unverschuldeter Unmöglichkeit der Herausgabe des Kommissionsguts für den Provisionsanspruch § 323 BGB gilt; dazu s Rz 18. Zum Aufwendungsersatzanspruch s § 396 Rz 7 ff. 4

III. Interessenwahrungspflicht

1. Die Interessenwahrungspflicht des **I 2. HS** setzt einen Vertragsschluß voraus. **a)** Im **Vorfeld des Vertragsschlusses** können vor allem bei der Effekten- (Einkaufs-, Verkaufs-) Kommission den Kommissionär Pflichten zur **Aufklärung** über nicht ohne weiteres erkennbare Risiken oder günstigere Geschäftsabschlüsse treffen (s RG 83, 204; BGH 8, 235); sog (vorvertragliche) „Sachwalter"- oder „Expertenhaftung" (dazu BGH NJW 89, 294; *Damm* JZ 91, 373) aus cic. 5

b) Diese Beratungs- u Aufklärungspflichten werden intensiver im Rahmen **bestehender Geschäftsverbindungen** (auch wenn letztere kein eigenständiges Rechtsinstitut sind). Die Rspr tendiert zur Annahme eines Auskunfts- oder Beratungs**vertrages,** wenn Auskunft für 6

§ 384 Viertes Buch. Handelsgeschäfte

den anderen erkennbar von erheblicher Bedeutung u Auskunftgeber bes sachkundig bzw selbst wirtschaftlich interessiert ist (zB BGH NJW 91, 32; auch BGH 100, 118 f).

7 **c)** Mögliche **Interessenkonflikte** hat der Kommissionär dem Kommittenten **vor** Vertragsabschluß offenzulegen (BGH 79, 345). Will oder darf er das nicht, muß er vom Vertragsschluß Abstand nehmen.

8 **2. Mit Vertragsabschluß** entsteht die Pflicht des Kommissionärs, das übernommene Geschäft so auszuführen, wie es das Interesse des Kommittenten gebietet. **a)** Dabei hat er zuvörderst den **Weisungen** des Kommittenten (s § 385 Rz 2) zu folgen, **I 2. HS**, auch, soweit sie nach Vertragsschluß erfolgen. Dabei kann der Kommissionär verpflichtet sein, auf Nachteile u Gefahren hinzuweisen, die mit der Ausführung der Weisung verbunden sind.

9 **b)** Ansonsten hat der Kommissionär zu tun, was sinnvoll u zumutbar ist, um den Abschluß des Geschäfts (u ggf dessen Ausführung; Rz 2) zu erreichen. Ie mag sich eine Pflicht zur Beratung bzw Aufklärung über geänderte Verhältnisse ergeben; ebenso über bes Risiken, die mit dem Geschäft verbunden sind.

10 **c)** Der Kommissionär hat mit der **Sorgfalt** eines ordentlichen Kaufmanns zu agieren, **I 1. HS;** s auch § 347 I.

11 **d) Interessenkonflikte** bei **Ausführung** des Kommissionsauftrags (zur Übernahme: Rz 7) können sich aus der Konkurrenz mehrerer Kommittenten (parallele Einkaufskommission; Übernahme entgegengesetzter Aufträge) oder der Konkurrenz zwischen Kommittent u Kommissionär ergeben. Bei letzterem Konflikt hat der Kommissionär hinter den Interessen des Kommittenten zurückzustehen (Einzelheiten: *Koller* BB 78, 1736); vgl auch § 31 I Nr 2 WpHG. Bei Interessenkonflikten zwischen Kommittenten wird vorgeschlagen: Bestimmungsrecht des Kommissionärs nach pflichtgem Ermessen (*Düringer/Hachenburg/Lehmann* § 401 17); Gleichbehandlungspflicht in Form verhältnismäßiger Aufteilung (*SchlHefermehl* § 401 11); Prioritätsprinzip (*Schmidt* § 31 IV 1 a). Es ist zu differenzieren: Ist Konflikt schon bei Übernahme zeitlich nachfolgender Aufträge erkennbar, liegt Pflichtverletzung vor, wenn spätere Kommittenten darüber nicht aufgeklärt werden (Rz 7). Der Kommissionär hat den prioritätsältesten Vertrag zunächst zu erfüllen. Hat der Kommissionär aufgeklärt, gelten die vertraglichen Vereinbarungen, ansonsten Priorität, da davon die Kommittenten ausgehen können. Bei der Zuteilung günstiger Ausführungsgeschäfte ist ebenfalls dem Prioritätsprinzip der Vorzug zu geben. **Organisationspflicht** dahingehend, Interessenkonflikte zu vermeiden: § 33 Nr 2 WpHG.

IV. Benachrichtigungspflicht, II 1

12 **1. Reichweite.** Die Benachrichtigungspflicht gem **II** betrifft alle Umstände, die für den Kommittenten von Bedeutung sein, insbes Anlaß für die Erteilung von Weisungen geben können. Sie setzt **vor** Abschluß des Ausführungsgeschäfts ein. **Nach** Abschluß des Geschäfts hat der Kommissionär Nachrichten über den Zustand der Ware (bei der Einkaufskommission) oder eine drohende Insolvenz des Dritten zu geben.

2. Die **Ausführungsanzeige, II 1. HS,** ist stets erforderl. **a)** Sie soll 13 verhindern, daß dem Kommittenten nachträglich ein ungünstigeres Geschäft unterschoben wird. Deshalb ist die Anzeige **unverzüglich,** dh ohne schuldhaftes Zögern abzusenden (§ 121 BGB), wobei schnellster Benachrichtigungsweg gewählt werden muß. Diese Grundsätze gelten iü für die Benachrichtigungspflicht insges. **b)** Die Ausführungsanzeige ist einfache **Tatsachenmitteilung** (vgl RG JW 26, 1961), die berichtigt (nicht: angefochten; str) werden kann; Berichtigung nur möglich aus den in §§ 119 ff BGB genannten Gründen; § 122 BGB analog. Bei Verschulden auch Anspruch aus pVV (s Rz 20). **c)** Die Ausführungsanzeige ist von der **Zuordnung** des Ausführungsgeschäfts zum Kommissionsvertrag (§ 383 Rz 11 f) streng zu trennen. Sie gibt Auskunft über diese Zuordnung, kann aber auch als konkludente Zuordnung selbst zu werten sein. Mit Absendung der Anzeige hat der Kommissionär seine Pflicht aus **II 2. HS** erfüllt (str).

3. Nennung des Dritten. Die Pflicht zur Benachrichtigung aus **II** 14 umfaßt auch die Nennung des Dritten (BGH BB 64, 823; *StKoller* § 384 31; *HeyHerrmann* § 384 14; aA *Grundmann,* Der Treuhandvertrag (1997) 412). Sie bleibt auch bei Verwirklichung der Selbsthaftung nach **III** bestehen. Sie ist abdingbar (ggf stillschweigend, wo Gefahr späterer Umgehung des Kommissionärsdiensts naheliegt), wobei iZw Haftung nach **III** bestehen bleibt (Rz 21).

4. Zu **Selbsteintritt** des Kommissionärs s § 400 Rz 1 ff. 15

V. Rechenschaftspflicht, II 2. HS

II 2. HS wiederholt die für den Geschäftsbesorger in §§ 675, 666 16 BGB statuierte Pflicht, **Rechenschaft** abzulegen. Sie besteht unabhängig von einem Verlangen des Kommittenten u bezieht sich auf die **gesamte Tätigkeit** des Kommissionärs: Abschluß des Ausführungsgeschäfts; Rechtfertigung von Preisen u Konditionen; Unterbleiben bestimmter Abschlüsse (Celle WM 74, 736). Rechenschaft (schriftlich; *RvWLenz* § 384 8) umfaßt Rechnungslegung gem § 259 I BGB (ggf auch eidesstattliche Versicherung, § 259 II BGB). Der Kommissionär hat Belege (soweit solche verkehrsüblich sind) vorzulegen (nicht: herauszugeben), wenn nicht Handelsbrauch entgegensteht. Handelsbücher braucht er nur auf gerichtliche Anordnung vorzulegen (§ 258 BGB), für Einsicht gem § 810 BGB fehlt es idR am erforderl rechtl Interesse (*HeyHerrmann* § 384 17). Anspruch auf Rechnungslegung: Stufenklage gem § 254 ZPO. **Anerkennung** der Abrechnung kann abstraktes Schuldanerkenntnis iSv § 781 BGB sein. Dgg ist die Abrechnung selbst (auch an den falschen Kommittenten) kein (selbständiges) Schuldaner-

§ 384

kenntnis (Ffm WM 72, 1475). Nach Ablauf einer angemessenen Frist sind gg die Abrechnung keine Einwendungen mehr möglich (*SchlHefermehl* § 384 33). Im Bankverkehr sind Nr 7 II, 11 II ABG-Banken (neu) u Nr 32 AGB-Banken (alt) zu beachten. S iü §§ 34, 37 II S 2 WpHG.

VI. Herausgabepflicht, II 2. HS

17   **1. Umfang. II 2. HS** (ebenso §§ 675, 667 BGB) verpflichtet den Kommissionär zur Herausgabe desjenigen, was er durch das Ausführungsgeschäft (Rz 2) erlangt hat, insbes: **a)** vom Kommittenten erhaltenes u nicht veräußertes Kommissionsgut; nicht verbrauchte Vorschüsse; **b)** aus dem Ausführungsgeschäft erlangte Ansprüche gg den Dritten (durch Abtretung an den Kommittenten; vgl § 392 I; bei Abtretungsverbot greift § 354 a ein) u, soweit der Kommissionär nicht zur Abwicklung des Ausführungsgeschäfts verpflichtet ist, auch das Recht auf Wandlung u Minderung. Anfechtungsrechte sind, da nicht abtretbar, vom Kommissionär auszuüben. **c)** Einkaufskommissionsware, inklusive Früchte u Nutzungen, sowie deren Surrogate (zB Versicherungssumme für untergegangenes Kommissionsgut), eingezogene Verkaufserlöse (mit Zinsen seit Fälligkeit, § 353) u alle sonstigen Vorteile, die mit der Geschäftsbesorgung in innerem Zusammenhang stehen (auch Schmiergelder; RG 96, 55; *SchlHefermehl* § 384 36).

18   **2. Unmöglichkeit und Verzug.** Die Pflicht zur Herausgabe steht nicht im Synallagma mit dem Provisionsanspruch (str; Rz 4). Wird Herausgabe unmöglich, sind die §§ 323 ff BGB nicht anwendbar, der Provisionsanspruch bleibt erhalten (*Knütel* ZHR 137, 311 ff; aA *Canaris* § 32 19). Kommittent hat ggf Schadensersatzanspruch aus § 280 BGB. Verzug: §§ 286 ff BGB.

19   **3. Sonstiges. a) Erfüllungsort** für den Herausgabeanspruch ist der Geschäftssitz des Kommissionärs, § 269 BGB. **b) Fälligkeit.** Das Erlangte ist **unverzüglich** (§ 121 BGB) herauszugeben. **c) Einwendungen.** Der Kommissionär kann mit seinen Ansprüchen auf Provision u Aufwendungsersatz aufrechnen, sein Zurückbehaltungsrecht gem § 369, § 273 (evtl § 320) BGB, u seine Pfand- u Befriedigungsrechte nach §§ 397–399 geltend machen. **d)** Der Herausgabeanspruch **verjährt** gem § 195 BGB in 30 Jahren (BGH 79, 91).

VII. Pflichtverletzungen iü

20   Bei schuldhafter Verletzung der Pflichten des **Kommissionärs** haftet dieser aus pVV. Darlegungs- u Beweislast für Pflichtverletzung, deren Kausalität für den Schaden sowie für den Schaden selbst trägt Kommittent (anders bei § 390 I); Verschulden: § 282 BGB, der Kommissionär muß sich entlasten. Zur Haftung des **Kommittenten** aus pVV: s § 396 Rz 12.

Dritter Abschnitt. Kommissionsgeschäft § 385

VIII. Selbsthaftung des Kommissionärs, III

1. **Inhalt und Zweck.** Der Kommissionär haftet dem Kommittenten für die **Erfüllung** des Ausführungsgeschäftes, wenn er mit der Ausführungsanzeige den **Dritten** (pflichtwidrig oder -gem; s Rz 14) nicht namhaft macht. Sinn der Regelung ist es zu verhindern, daß dem Kommittenten nachträglich ein weniger leistungsfähiger Dritter untergeschoben wird. 21

2. **Voraussetzungen. a)** Die Selbsthaftung des Kommissionärs greift nur ein, wenn die **Ausführungsanzeige** iSv **II 1. HS** dem Kommittenten zugegangen ist. Fehlt es daran, kommt allein eine Schadensersatzpflicht des Kommissionärs wg Verletzung der Benachrichtigungspflicht (s Rz 12 f, 20) in Frage. Haftung auch bei unklarer oder fehlerhafter Bezeichnung des Dritten; auch wenn kein Ausführungsgeschäft abgeschlossen wurde oder unwirksamer Selbsteintritt gegeben ist (BGH, LM § 675 Nr 3). Berichtigung möglich (Rz 13); dann Haftung gem § 122 BGB anstelle von **III. b)** Die Benennung des Dritten muß, um eine Haftung nach III zu vermeiden, **zeitgleich** mit der Absendung (*StKoller* § 384 72), nicht mit dem Zugang (hL) der Ausführungsanzeige (oder vorher) erfolgen. Dies folgt aus dem Schutzzweck des **III,** einer Unterschiebung (Rz 21) vorzubeugen. Spätere Nennung läßt Haftung aus **III** nicht entfallen. **c)** Die Haftung auf Erfüllung ist verschuldensunabhängig und abdingbar. Im Verzicht auf Nennung des Dritten gem **II** liegt kein konkludenter Ausschluß der Haftung nach **III.** 22

3. **Rechtsfolgen. a)** Die Erfüllungshaftung des Kommissionärs bezieht sich auf die **mitgeteilten Konditionen** des Ausführungsgeschäfts. Der Kommissionär haftet persönlich u unmittelbar. Die Haftung erlischt, wenn der Kommittent das Geschäft gem § 385 I 2 HS zurückweist. **b)** Neben die Selbsthaftung gem **III** kann auch ein Anspruch aus pVV treten. **c)** Die Geltendmachung der Selbsthaftung nach **III** schließt einen Anspruch auf Namhaftmachung des Dritten u Herausgabe gem **II** nicht aus; anders beim Selbsteintritt gem § 400 (*SchlHefermehl* § 384 57). 23

§ 385 [Weisungen des Kommittenten]

(1) **Handelt der Kommissionär nicht gemäß den Weisungen des Kommittenten, so ist er diesem zum Ersatze des Schadens verpflichtet; der Kommittent braucht das Geschäft nicht für seine Rechnung gelten zu lassen.**

(2) **Die Vorschriften des § 665 des Bürgerlichen Gesetzbuchs bleiben unberührt.**

Lit.: *Knütel,* Weisungen bei Geschäftsbesorgungsverhältnissen, insbesondere bei Kommission und Spedition, ZHR 137 (1973) 285.

1. **Allgemeines.** Gem § 384 I 2. HS hat der Kommissionär den Weisungen des Kommittenten zu folgen. Verletzt er diese Pflicht, kann 1

§ 385 Viertes Buch. Handelsgeschäfte

der Kommittent das Geschäft zurückweisen oder Schadensersatz verlangen, **I**. Bei Verstoß gg eine Preisweisung gilt § 386.

2 **2. Weisung. a) Begriff.** Bindende Anordnung des Kommittenten, nicht bloßer Hinweis oder Empfehlung. Str, ob als Weisung nur **einseitige** Anordnungen des Kommittenten **bei** oder **nach** (RG, Warn 40 Nr 20) Vertragsabschluß oder auch Vertragsabreden, einschl dispositivem Recht (*Knütel* ZHR 137, 289 f; diff *StKoller* § 384 22), anzusehen sind. Richtigerweise ist zwischen der Weisung als einseitiger Anordnung, die der Kommissionär zu befolgen hat, u der Vertragserklärung, die er bei Vertragsschluß ablehnen kann, zu unterscheiden (*MKBGBSeiler* § 665 9). Folgt man diesem **engen** Weisungsbegriff, ist **II** iVm § 665 BGB analog auf Vertragserklärungen anzuwenden. **b)** § 385 betrifft nur Weisungen für das **Ausführungsgeschäft**, nicht die Abwicklung des Herausgabeanspruchs des Kommittenten (str). **c) Rechtsnatur.** Die (ausdr oder konkludent erklärbare) Weisung ist ein die vertraglichen Pflichten ausfüllendes (nicht: modifizierendes) Gestaltungsrecht des Kommittenten. **d)** Die Weisung entfaltet eine **Folgepflicht** des Kommissionärs in den durch den Vertrag gesteckten Grenzen. Diese entbindet ihn nicht von seiner weitreichenden Informationspflicht (s § 384 Rz 12). Bedenken gg eine Weisung müssen vom Kommissionär geltend gemacht werden (sonst pVV).

3 **3. Abweichung von Weisungen. a)** Will der Kommissionär von einer Weisung (wie auch von einer vertraglichen Verpflichtung) abweichen, hat er dem Kommittenten davon **Anzeige** zu machen, ihn über die Gründe der Abweichung aufzuklären u ihm die Entscheidung zu überlassen, **II** iVm § 665 BGB (vgl BGH, VersR 85, 84). **b)** Der Kommissionär ist berechtigt u verpflichtet, von den Weisungen des Kommittenten **ohne** Anzeige abzuweichen, wenn **Gefahr im Verzug** ist, § 665 BGB, die Abweichung im Interesse des Kommittenten liegt u davon auszugehen ist, daß der Kommittent die Abweichung billigen würde. **c)** Die Rechtsfolgen des § 385 treten iü **nicht** ein: **aa)** bei einer hinreichenden Ausgleichserbietung des Kommissionärs gem § 386 II entspr (BGH WM 89, 711); **bb)** wenn der Kommittent die Abweichung ausdr oder konkludent (Schweigen auf Ausführungsanzeige reicht nicht; RG, Gruch 48, 1010; *StKoller* § 385 7 anders bei Preisabweichung, § 386 I 2. HS) genehmigt hat; **cc)** wenn bloße Nebenpflichten verletzt werden u der wirtschaftliche Erfolg des Geschäfts den Interessen des Kommittenten entspricht (RG, SeuffA 85 Nr 52; *SchlHefermehl* § 385 9).

4 **4. Rechtsfolgen bei Weisungsverstoß. a)** Der Anspruch auf **Schadensersatz, I 1. HS,** geht auf das positive Interesse. Er setzt ein weisungswidriges u schuldhaftes (RG 56, 151; Beweislast wie bei § 390 Rz 2) Verhalten des Kommissionärs voraus. Kein Schadensersatzanspruch in den Fällen der Rz 3.

5 **b)** Der Kommittent braucht (außer bei Rz 3) das Geschäft unabhängig von einem Verschulden (hL; aA *Koller* BB 79, 1730) des Kommis-

Dritter Abschnitt. Kommissionsgeschäft § 386

sionärs nicht für seine Rechnung gelten zu lassen, I 2. HS. aa) Das
Zurückweisungsrecht des I 2. **HS** ist eine (auch nach allg BGB-Regeln mögliche; dazu *Ernst* NJW 97, 896) **Ablehnung der Erfüllung
bei untauglichem Erfüllungsversuch.** I 2. **HS** stellt nur klar, daß auch
ein weisungswidrig abgeschlossenes Ausführungsgeschäft keine Erfüllung darstellt. Die Zurückweisung muß nicht sofort erfolgen (**anders
gem** § 386 I bei Verstoß gg **Preislimit**). Genehmigung der Abweichung durch Annahme als Erfüllung ist möglich. **bb)** Geringfügige
Abweichungen von der Weisung sind unbeachtlich (§ 242 BGB; BGH
WM 76, 632). **cc)** Bei wirksamer Zurückweisung bleibt Kommissionär
(soweit möglich) zur Ausführung des Auftrags verpflichtet (RG, JW 32,
2608). Für das zurückgewiesene Geschäft schuldet der Kommittent
weder Provision noch Aufwendungsersatz. **c)** Zurückweisung des Geschäfts u Anspruch auf Schadensersatz (Rz 4) schließen sich nicht aus
(*Schl*H*efermehl* § 385 13).

§ 386 [Preisgrenzen]

(1) **Hat der Kommissionär unter dem ihm gesetzten Preise
verkauft oder hat er den ihm für den Einkauf gesetzten Preis
überschritten, so muß der Kommittent, falls er das Geschäft als
nicht für seine Rechnung abgeschlossen zurückweisen will, dies
unverzüglich auf die Anzeige von der Ausführung des Geschäfts
erklären; anderenfalls gilt die Abweichung von der Preisbestimmung als genehmigt.**

(2) ¹**Erbietet sich der Kommissionär zugleich mit der Anzeige
von der Ausführung des Geschäfts zur Deckung des Preisunterschieds, so ist der Kommittent zur Zurückweisung nicht berechtigt.** ²**Der Anspruch des Kommittenten auf den Ersatz eines den
Preisunterschied übersteigenden Schadens bleibt unberührt.**

1. Inhalt. Hat der Kommissionär eine im **Vertrag** vorgegebene oder 1
auf **Weisung** beruhende Preissetzung zum Nachteil des Kommittenten
nicht beachtet, wird das Zurückweisungsrecht des Kommittenten
(§ 385 I 2. HS) aus den in I u II genannten Gründen eingeschränkt.

2. Sofortige Zurückweisung, I. Da die Abweichung von der 2
Preisfestsetzung aufgrund der Ausführungsanzeige leicht erkennbar ist,
hat der Kommittent die Zurückweisung iSv § 385 I 2. HS **unverzüglich** (§ 121 BGB; hL) nach Erhalt der (vollständigen) Anzeige eindeutig
zu erklären. Wird sie nicht fristgerecht erklärt (maßgeblich ist die
Absendung; str), gilt die Abweichung von der Preisbestimmung als
genehmigt, I 2. HS. Anfechtung gem §§ 119ff BGB analog möglich
(vgl § 346 Rz 34; § 362 Rz 11; str), jedoch **nicht** wg Irrtums über die
Rechtsfolge der Fiktion (BGH 20, 154) bzw Bedeutung des Verhaltens
(§ 119 I BGB; arg: Zweck von I 2. HS). Zur Einschränkung der Irrtumsanfechtung bei § 119 I allg vor § 343 Rz 8, § 346 Rz 17, § 362

Rz 11. Die Fiktion schließt auch einen Schadensersatzanspruch wg Abweichung von der Preisfestsetzung aus.

3. Das Zurückweisungsrecht aus § 385 I 2. HS wird durch eine **Deckungszusage** des Kommissionärs ausgeschlossen, **II.** Voraussetzung dafür ist, daß die Zusage mit der Ausführungsanzeige erfolgt, der Kommissionär leistungsfähig u leistungswillig ist (*StKoller* § 386 14), die Zusage die vertraglichen Vorgaben bzw die Weisung voll erfüllt u ohne Bedingung abgegeben wird.

§ 387 [Vorteilhafterer Abschluß]

(1) Schließt der Kommissionär zu vorteilhafteren Bedingungen ab, als sie ihm von dem Kommittenten gesetzt worden sind, so kommt dies dem Kommittenten zustatten.

(2) Dies gilt insbesondere, wenn der Preis, für welchen der Kommissionär verkauft, den von dem Kommittenten bestimmten niedrigsten Preis übersteigt oder wenn der Preis, für welchen er einkauft, den von dem Kommittenten bestimmten höchsten Preis nicht erreicht.

1. Die **Interessenwahrungspflicht** des Kommissionärs (s § 384 Rz 5 ff) gebietet ihm, das Ausführungsgeschäft zu möglichst vorteilhaften Bedingungen abzuschließen. Die vom Kommittenten gesetzten Vorgaben sind iZw als **Mindestbedingungen** zu verstehen. Der Kommissionär darf u muß zum Vorteil des Kommittenten abweichen. **I** stellt klar (was sich zT auch aus § 384 II 2. HS ergibt), daß die Vorteile dem Kommittenten zustehen. **Bedingungen** sind ua Vereinbarungen über Stundung, Zugaben u insbes über den (Höchst-, Mindest-)Preis, für den **II** eine klarstellende Regelung enthält.

2. I u II sind abdingbar. Vereinbaren die Parteien, daß der Kommissionär die Vorteile als Provision behalten darf, kann uU Eigengeschäft statt Kommission vorliegen; s § 383 Rz 4. Hier ist Kommissionär bes zur Aufklärung über Chancen u Risiken bzgl des Ausführungsgeschäftes verpflichtet (ggf Anspruch aus pVV in Höhe des vom Kommissionär realisierten Vorteils).

§ 388 [Beschädigtes oder mangelhaftes Kommissionsgut]

(1) Befindet sich das Gut, welches dem Kommissionär zugesendet ist, bei der Ablieferung in einem beschädigten oder mangelhaften Zustande, der äußerlich erkennbar ist, so hat der Kommissionär die Rechte gegen den Frachtführer oder Schiffer zu wahren, für den Beweis des Zustandes zu sorgen und dem Kommittenten unverzüglich Nachricht zu geben; im Falle der Unterlassung ist er zum Schadensersatze verpflichtet.

(2) Ist das Gut dem Verderb ausgesetzt oder treten später Veränderungen an dem Gute ein, die dessen Entwertung befürchten lassen, und ist keine Zeit vorhanden, die Verfügung

Dritter Abschnitt. Kommissionsgeschäft **§ 388**

des Kommittenten einzuholen, oder ist der Kommittent in der Erteilung der Verfügung säumig, so kann der Kommissionär den Verkauf des Gutes nach Maßgabe der Vorschriften des § 373 bewirken.

1. Rechtewahrungs-, Beweissicherungs- und Benachrichtigungspflicht. a) I konkretisiert die allg Interessenwahrungspflicht des Kommissionärs (§ 384 Rz 5), ohne eine abschließende Regelung zu enthalten. **b) Voraussetzungen.** Die Norm gilt für die Einkaufs- u Verkaufskommission. **aa) Gut** iSv I sind Waren u Wertpapiere. **bb)** Es darf dem Kommissionär nicht durch den Kommittenten oder dem Partner des Ausführungsgeschäftes (Dritten) übergeben worden sein, sondern durch eine **Zwischenperson** (Frachtführer, Schiffer; aber auch Spediteur, Lagerhalter). Ggüber dem Dritten hat der Kommissionär die Rügeobliegenheit gem §§ 377 ff zu erfüllen. **cc)** Das Gut muß **mangelhaft** oder (nicht notwendig aufgrund des Transports) **beschädigt** sein. Auf Quantitätsmängel ist **I** analog anzuwenden, ebenso wenn andere Güter geliefert werden. **dd) Äußerlich erkennbar** ist der Mangel dann, wenn er vom Kommissionär, der über keine Fachkenntnis verfügt, ohne Öffnung der Verpackung erkannt werden muß. Insoweit besteht eine (reduzierte) Untersuchungsobliegenheit. Besteht Verdacht, daß das Gut mangelhaft bzw beschädigt ist, muß Kommissionär dem gem § 384 I 2. HS nachgehen. **c) Pflichtenumfang.** Der Kommissionär hat **aa)** ggüber der Zwischenperson (Frachtführer, Schiffer; aber auch Spediteur) die Rechte zu wahren, die ihm zustehen (zB §§ 421 ff, 425 ff, 458, 461, 606 ff, §§ 78 ff BSchG), etwa durch Vorbehalt bei Empfang der Ware (vgl § 438 I) oder Mängelrüge (§§ 377, 378); **bb)** ggf für den Beweis des Zustands zu sorgen (durch einen amtlich bestellten Sachverständigen, § 438 II ZPO, bzw durch gerichtliche Anordnung der Beweissicherung, §§ 485 ff ZPO); **cc)** den Kommittenten zur Ermöglichung von Weisungen unverzüglich zu **benachrichtigen. d)** Bei schuldhaftem Pflichtverstoß: pVV. Der Kommittent kann nicht das Ausführungsgeschäft gem § 385 I zurückweisen; anders, wenn zugleich Weisungsverstoß vorliegt.

2. Notverkaufsrecht, II. a) Voraussetzungen. aa) Das (nicht notwendig gem **I** zugesandte) Kommissionsgut ist dem **Verderb** ausgesetzt oder es treten **Veränderungen** ein, die eine Entwertung des Gutes befürchten lassen. Bsp: Änderungen der Sachsubstanz; Umstände, die den wirtschaftlichen Wert beeinträchtigen (str), zB Salmonellenverdacht bei Fleisch; **nicht:** gewöhnliche Markt(preis)veränderungen. **bb)** Es ist nicht genügend Zeit, eine Weisung („Verfügung") des Kommittenten einzuholen oder der Kommittent ist mit seiner Weisung säumig. **b) Rechtsfolgen.** Der Kommissionär ist berechtigt (u ggf gem § 384 I verpflichtet; *BauHopt* § 388 4), einen Notverkauf vorzunehmen. **aa)** Selbsthilfeverkauf: § 373. Einer vorgängigen Androhung iSv § 373 II 2 bedarf es nur, wenn der Kommittent mit der Erteilung der Weisung säumig u keine Gefahr im Verzuge ist. **bb)** Der Kommissionär

kann eine von § 373 abweichende Verwertung wählen, wenn diese im Interesse des Kommittenten liegt; Beweislast trifft Kommissionär (Mü MDR 57, 679). Ggf schuldet Kommissionär Schadensersatz aus pVV.
cc) Die Durchführung des Notverkaufs ist dem Kommittenten gem § 384 II anzuzeigen.

§ 389 [Hinterlegung; Selbsthilfeverkauf]
Unterläßt der Kommittent über das Gut zu verfügen, obwohl er dazu nach Lage der Sache verpflichtet ist, so hat der Kommissionär die nach § 373 dem Verkäufer zustehenden Rechte.

1 Bei durchgeführter Einkaufskommission oder erfolgloser Verkaufskommission kann dem Kommissionär mangels vertraglicher Vereinbarung eine **Verwahrung** des Gutes nur eine begrenzte Zeit zugemutet werden. § 389 gibt ihm die Möglichkeit, sich von der Pflicht zur Aufbewahrung zu befreien. Vorausgesetzt wird von § 389 eine Obliegenheit des Kommittenten, aufgrund einer Ausführungsanzeige bzw Nachricht, daß sich die Ausführung des Auftrags als unmöglich erweist, dem Kommissionär Weisungen hinsichtlich des Kommissionsgutes zu erteilen oder dieses abzunehmen. Unterläßt der Kommittent solche „Verfügungen", gibt § 389 ihm das **Recht zur Hinterlegung** (§ 373 I) u **zum Selbsthilfeverkauf** (§ 373 II). Da der Kommittent idR im Gläubigerverzug sein wird, können auch die §§ 293 ff, 383 ff BGB zur Anwendung kommen, die §§ 326, 286 BGB dgg nur, wenn die Mitwirkungshandlung des Kommittenten vertraglich zu einer Pflicht ausgestaltet worden ist.

§ 390 [Haftung des Kommissionärs für das Gut]
(1) Der Kommissionär ist für den Verlust und die Beschädigung des in seiner Verwahrung befindlichen Gutes verantwortlich, es sei denn, daß der Verlust oder die Beschädigung auf Umständen beruht, die durch die Sorgfalt eines ordentlichen Kaufmanns nicht abgewendet werden konnten.

(2) Der Kommissionär ist wegen der Unterlassung der Versicherung des Gutes nur verantwortlich, wenn er von dem Kommittenten angewiesen war, die Versicherung zu bewirken.

1 **1. Allgemeines.** Die in I statuierte Verantwortlichkeit des Kommissionärs für Verlust oder Beschädigung des Kommissionsgutes ist ein Fall der **pVV**. II begrenzt die Interessenwahrungspflicht des Kommissionärs hinsichtlich der Versicherung des Gutes.

2 **2. Beweislast, I.** Der Kommittent muß nur beweisen, daß der Verlust oder die Beschädigung (Substanzveränderung, nicht bloßer Wertverlust) während der vertraglichen Verwahrungszeit eingetreten ist (RG 126, 74; BGH 41, 153). Dgg ist die Beweislast für die Pflichtverletzung des Kommissionärs, ihre Kausalität für den Schaden u das Verschulden zu Lasten des Kommissionärs umgekehrt (so auch die Rspr zur pVV

Dritter Abschnitt. Kommissionsgeschäft § 391

allg). Das bedeutet: Der Kommittent muß (nur) beweisen, daß er das Kommissionsgut dem Kommissionär vollständig u unversehrt ausgehändigt u unvollständig bzw beschädigt zurückerhalten hat. Der Kommissionär kann sich nur dann entlasten, wenn er beweist, daß Verlust oder Beschädigung auch bei Anwendung kaufmännischer Sorgfalt unabwendbar gewesen wäre, was die Darlegung der einzelnen zum Schaden führenden Umstände erfordert (vgl RG 11, 134; Brdbg NJW-RR 96, 358 f). Die Haftung nach § 390 I ist abdingbar, durch AGB allerdings nur sehr beschränkt, §§ 9, 11 Nr 7 u Nr 15 AGBG.

3. Der Kommissionär ist idR berechtigt, im Interesse u auf Kosten 3 des Kommittenten eine **Versicherung** abzuschließen. Der Abschluß der Versicherung hebt die Haftung des Kommissionärs nicht auf, mindert sie aber in dem Umfang, wie die Versicherung zahlt. Eine **Versicherungspflicht, II,** trifft den Kommissionär nur bei entspr **Weisung** des Kommittenten (auch bei vertraglicher Festlegung, uU Handelsbrauch; allg BGH NJW 66, 502; str, vgl *StKoller* § 390 9), die auch Art u Umfang festlegt; iZw muß voller Wert des Kommissionsgutes abgedeckt sein. Schuldhafte Verletzung der Versicherungspflicht: pVV, nicht Zurückweisungsrecht (s § 385 Rz 4). Herausgabe der ausgezahlten Versicherungssumme: § 384 II.

§ 391 [Untersuchungs- und Rügepflicht; Aufbewahrung; Notverkauf]

¹**Ist eine Einkaufskommission erteilt, die für beide Teile ein Handelsgeschäft ist, so finden in bezug auf die Verpflichtung des Kommittenten, das Gut zu untersuchen und dem Kommissionär von den entdeckten Mängeln Anzeige zu machen, sowie in bezug auf die Sorge für die Aufbewahrung des beanstandeten Gutes und auf den Verkauf bei drohendem Verderbe die für den Käufer geltenden Vorschriften des §§ 377 bis 379 entsprechende Anwendung.** ²**Der Anspruch des Kommittenten auf Abtretung der Rechte, die dem Kommissionär gegen den Dritten zustehen, von welchem er das Gut für Rechnung des Kommittenten gekauft hat, wird durch eine verspätete Anzeige des Mangels nicht berührt.**

1. Allgemeines. § 391 betrifft nur die **Einkauf**skommission, bei 1 der die Stellung des Kommittenten der eines Käufers ähnelt, u der Kommissionär (ebenso wie der Verkäufer) schnell Gewißheit darüber haben möchte, ob der Kommittent die Ware akzeptiert. Zur Verkaufskommission s § 396 Rz 12.

2. Untersuchungs- und Rügeobliegenheit, S 1. a) Den Kom- 2 mittenten treffen diese Obliegenheiten nur, wenn es sich um ein **beiderseitiges Handelsgeschäft** handelt. Für den Kommissionär ist § 383 II zu beachten. **b)** § 391 gilt nur für den Einkauf von **Waren**. **c)** Die Untersuchungs- u Rügeobliegenheit setzt eine **Ablieferung**

§ 392 Viertes Buch. Handelsgeschäfte

voraus. Sie muß nicht durch den Kommissionär erfolgen. Wird die Ware vom Verkäufer geliefert, muß der Kommittent uU ggüber dem Kommissionär u dem Verkäufer rügen. Iü gelten die für §§ 377, 378 maßgeblichen Grundsätze. **d)** Als zu rügende **Mängel** kommen in Frage: (1) Beschädigungen der Ware, die beim Kommissionär entstanden sind (vgl § 390 I); (2) Mängel, die der Kommissionär ggüber dem Verkäufer, § 377, oder ggüber der Zwischenperson, § 388 I, rügen mußte (gleichgültig ist, ob sie gerügt worden sind); nicht nur Sachmängel, sondern auch Mengenabweichung u Lieferung einer anderen Ware. (3) Abweichungen vom Kommissionsauftrag, da § 391 Mängel iSd Kommissionsgeschäfts meint.

3 **3. Rechtsfolgen.** Die **rechtzeitige** Rüge wahrt die Rechte des Kommittenten aus dem Kommissionsvertrag (Zurückweisungsrecht gem § 385 I 2 HS; pVV wg unterlassener Rüge des Kommissionärs ggüber Drittem). Verweis auf § 379 I ergibt **Pflicht** des Kommittenten zur **Aufbewahrung** der gerügten Ware. Gem § 379 II ist er zum Notverkauf berechtigt. Bei **verspäteter** Rüge gilt das Gut als genehmigt (§ 377 II); der Kommittent verliert **alle** mit dem Mangel zusammenhängenden Schadensersatzansprüche gg den Kommissionär (s § 377 Rz 22 ff). Er kann das Ausführungsgeschäft nicht nach § 385 I 2. HS zurückweisen. **S 2** stellt klar, daß die Genehmigungsfiktion sich nicht auf die Gewährleistungsrechte des Kommissionärs gg den Dritten erstreckt. Diese sind gem § 384 II 2. HS an den Kommittenten abzutreten.

§ 392 [Forderungen aus dem Kommissionsgeschäft]

(1) **Forderungen aus einem Geschäfte, das der Kommissionär abgeschlossen hat, kann der Kommittent dem Schuldner gegenüber erst nach der Abtretung geltend machen.**

(2) **Jedoch gelten solche Forderungen, auch wenn sie nicht abgetreten sind, im Verhältnis zwischen dem Kommittenten und dem Kommissionär oder dessen Gläubigern als Forderungen des Kommittenten.**

1 **1. Allgemeines.** § 392 betrifft die Frage, wem die Forderungen aus dem Ausführungsgeschäft zustehen. Da der Kommissionär beim Ausführungsgeschäft im eigenen Namen (als mittelbarer Stellvertreter) handelt, bestehen nur zwischen ihm u dem Dritten vertragliche Beziehungen, wird nur der Kommissionär, u nicht der Kommittent, berechtigt u verpflichtet. Zwar ist der Kommissionär gem § 384 II 2. HS verpflichtet, das aus der Geschäftsbesorgung Erlangte herauszugeben (§ 384 Rz 17), doch hat dies nur schuldrechtl Bedeutung. **I** stellt klar, daß der Kommittent Forderungen aus dem Ausführungsgeschäft gg den Dritten nur nach Abtretung an ihn geltend machen kann (Rz 2–4). **II** schränkt **I** durch eine Verdinglichung der Rechtsstellung des Kommittenten ein (Rz 5–7).

Dritter Abschnitt. Kommissionsgeschäft § 392

2. Außenverhältnis, I. a) Forderungen sind solche aus dem Ausführungsgeschäft (Kaufpreis-, Lieferungsanspruch) u aus Neben-, Hilfsu Sicherungsgeschäften sowie Schadensersatzansprüche, die aus dem Ausführungsgeschäft herrühren. Keine Forderung iSv **I** ist das Kommissionsgut. Abtretungsverbot bzgl Forderungen aus Ausführungsgeschäft hindert nicht Abtretung an Kommittenten, § 354 a S 1. 2

b) Vor einer Abtretung kann **nur** der **Kommissionär** diese Forderungen geltend machen. Er kann mit ihnen gg konnexe u nichtkonnexe Forderungen des Dritten (der Vertragspartner u Gläubiger ist) aufrechnen (*HeyHerrmann* § 392 3 mwN; unklar BGH NJW 69, 276; zweifelnd *Schmidt* § 31 V 4 b). Dies ist wichtig in Fällen drohender Zahlungsunfähigkeit des Dritten. Er kann die Forderungen auch abtreten (Grenze: § 138 BGB), macht sich aber uU schadensersatzpflichtig. Bei Abtretung an einen **Gläubiger** des Kommissionärs greift **II** ein (Rz 6). Der **Dritte** kann nur an den Kommissionär mit befreiender Wirkung leisten, auch wenn er das Kommissionsverhältnis kennt. Er kann nicht mit einer Forderung gg den Kommittenten aufrechnen, auch dann nicht, wenn der Kommissionär einen Schadensersatzanspruch im Interesse des Kommittenten (s § 383 Rz 16) geltend macht. 3

c) Nach der Abtretung (Vorausabtretung möglich) kann nur der Kommittent die Forderung geltend machen. Leistet der Dritte an den Kommissionär, wird er gem § 407 BGB gg eine Inanspruchnahme durch den Kommittenten geschützt (BGH NJW 69, 276). Bei Abtretungsverbot zulasten des Kommissionärs kann Dritter auch an Kommissionär zahlen, § 354 a S 2 (s dort Rz 3). 4

3. Innenverhältnis, II. a) Forderung. Der Begriff in **II** entspricht dem in **I**, bezieht sich damit auf noch existierende Forderungen. Str ist, ob **II** analog auf Erfüllungssurrogate (Kommissionsgut bei Einkaufskommission; Bankguthaben) anwendbar ist (abl BGH 79, 94; NJW 74, 458; *BauHopt* § 392 3; *SchlHefermehl* § 392 2). **II** regelt nur Beginn, nicht Beendigung des Kommittentenschutzes. Zweck des **II** spricht für Erstreckung auf unterscheidbar vorhandene (vgl § 48 S 2 InsO; *Schmidt* § 31 V 4 c) Surrogate. Damit bedarf es auch nicht der in § 383 Rz 19–20 angesprochenen Konstruktionen bei der Einkaufskommission (*Canaris* § 32 40 mit Verweis auf §§ 422 II, 457 S 2; *StKoller* § 392 2, 19). Zum Verhältnis von § 48 InsO zu **II:** *Gundlach/Frenzel/Schmidt* DZWiR 00, 449. 5

b) Der Kommittent gilt **als Forderungsinhaber: aa) gegenüber** dem **Kommissionär.** Letzterer ist gem § 384 II 2. HS verpflichtet, die Forderung gg den Dritten an den Kommittenten abzutreten. Die Fiktion des **II** bewirkt aber nicht, daß dem Kommissionär für eine Abtretung die Verfügungsmacht fehlt (Rz 3) – mit Ausnahme der in bb) genannten Fälle. **bb) Gegenüber** den **Gläubigern** des Kommissionärs. **II** bewirkt eine **Verdinglichung** des Anspruchs des Kommittenten aus § 384 II 2. HS dadurch, daß der Kommittent bei Pfändung der Forderung **Drittwiderspruchsklage** (§ 771 ZPO) erheben u in der Insol- 6

§ 393 Viertes Buch. Handelsgeschäfte

venz des Kommissionärs **Aussonderung** (§ 47 InsO) verlangen kann (BGH 104, 127). Die **Abtretung** der Forderung an einen Gläubiger des Kommissionärs zu dessen Deckung (erfüllungshalber) oder Sicherung (zB Globalzession) ist dem Kommittenten ggüber unwirksam (BGH, aaO; RG 148, 191; ebenso eine dem Gläubiger erteilte Einziehungsermächtigung; BGH WM 59, 1007; Nürnb NJW 72, 2044; einschr *Canaris* § 32 34: nicht bei Neugeschäften des Kommissionärs). Eine nachfolgende Abtretung der Forderung an den Kommittenten ist daher wirksam (BGH 104, 128). Zahlung des Dritten an den Gläubiger des Kommissionärs als Forderungsinhaber bewirkt Erfüllung. Eine **Aufrechnung** durch Dritte (als Vertragspartner u Gläubiger) mit aus dem Ausführungsgeschäft stammenden (konnexen) Gegenforderungen wird von **II** nicht verhindert (unstr). ZT wird eine Anwendung des **II** auf sog **inkonnexe** Forderungen des Dritten (die nicht aus dem Ausführungsgeschäft stammen) ggüber dem Komissionär bejaht (*Schmidt* § 31 V 4 b): der Vertragspartner sei insoweit Gläubiger des Kommissionärs wie jeder andere auch. Die Rspr wendet **II** nicht an u läßt zum Schutze des Dritten (selbst bei Kenntnis vom Kommissionsvertrag) eine Aufrechnung auch mit inkonnexen Forderungen zu (BGH NJW 69, 276; (wohl auch) BGH 104, 128; *StKoller* § 392 20); dem ist im Hinblick auf die Wertung der §§ 404, 406 BGB zu folgen (*Canaris* § 32 35 f). Kommittent hat Ansprüche aus §§ 281, 816 II BGB.

7 **4. Abdingbarkeit.** I ist zwingender Natur, **II** hingegen abdingbar (*RvWLenz* § 393 10): der Kommittent kann ggüber dem Kommissionär auf seine Rechte aus **II verzichten.** Von **II** unberührt bleibt das Vorwegbefriedigungsrecht des Kommissionärs gem §§ 397, 399.

§ 393 [Vorschuß; Kredit]

(1) **Wird von dem Kommissionär ohne Zustimmung des Kommittenten einem Dritten ein Vorschuß geleistet oder Kredit gewährt, so handelt der Kommissionär auf eigene Gefahr.**

(2) **Insoweit jedoch der Handelsgebrauch am Orte des Geschäfts die Stundung des Kaufpreises mit sich bringt, ist in Ermangelung einer anderen Bestimmung des Kommittenten auch der Kommissionär dazu berechtigt.**

(3) [1] **Verkauft der Kommissionär unbefugt auf Kredit, so ist er verpflichtet, dem Kommittenten sofort als Schuldner des Kaufpreises die Zahlung zu leisten.** [2] **Wäre beim Verkaufe gegen bar der Preis geringer gewesen, so hat der Kommissionär nur den geringeren Preis und, wenn dieser niedriger ist als der ihm gesetzte Preis, auch den Unterschied nach § 386 zu vergüten.**

1 **1. Allgemeines.** Der Abschluß des Ausführungsgeschäfts wird häufig von der Möglichkeit der Kreditgewährung an den Dritten abhängen. Aufgrund der Pflicht zur Interessenwahrung (§ 384 I) wäre es an sich Sache des Kommissionärs, darüber zu entscheiden. Wg des in der Beur-

Dritter Abschnitt. Kommissionsgeschäft § 394

teilung der Bonität liegenden bes Risikos behält § 393 diese Entscheidung jedoch weitgehend dem Kommittenten vor u bestimmt Sanktionen für eigenmächtiges Handeln des Kommissionärs.

2. Kreditgewährung. a) Der **Kreditbegriff** des § 393 umfaßt: **2** **aa)** Warenkredite (insbes Stundung des Kaufpreises) bei der Verkaufskommission; **bb)** bei der Einkaufskommission: geleistete Vorschüsse; **cc)** die Stellung eines Akkreditivs (vgl BGH LM 384 Nr 2); **dd)** Vorschüsse an Vierte, zB Frachtführer.

b) Die **Kreditgewährung** ist nur zulässig, wenn der Kommittent **3** vorher zugestimmt hat (§ 183 S 1 BGB; auch konkludent; zB bei Delkrederevereinbarung, § 394 I) oder später genehmigt (§ 184 I BGB). Lediglich zur **Stundung** (nicht: Vorschußleistung) kann der Kommissionär **kraft Handelsbrauchs** am Abschluß- oder Erfüllungsort des Ausführungsgeschäfts berechtigt sein, **II.**

c) Bei **unberechtigter** Kreditgewährung kann der Kommittent: **4** **aa)** das Ausführungsgeschäft gem § 385 I 2. HS **zurückweisen** (s § 385 Rz 5); **bb)** Schadensersatz verlangen (§ 385 I 1. HS), wobei der Kommissionär den Kommittenten so zu stellen hat, wie dieser ohne die Kreditgewährung stünde. Abweichend von § 385 I 1. HS kommt es wg I (Handeln „auf eigene Gefahr") auf Verschulden nicht an (str). Für die **Verkaufskommission** statuiert III eine unmittelbare Einstandspflicht des Kommissionärs: Dieser schuldet (verschuldensunabhängig) sofort den Kaufpreis unabhängig davon, ob er ihn vom Dritten erlangt hat bzw entgegen § 387 auch den Barpreis, wenn (was der Kommissionär zu beweisen hat) dieser geringer gewesen wäre (Grund: Kompensation für die Übernahme des Insolvenzrisikos), mindestens den vom Kommittenten gesetzten Limitpreis. Der Kommissionär kann alle dem Dritten zustehenden Einwendungen (außer Stundung) geltend machen. Bei der **Einkaufs**kommission kann Kommissionär Aufwendungsersatz erst bei erfolgter Lieferung durch Dritten verlangen.

§ 394 [Delkredere]

(1) **Der Kommissionär hat für die Erfüllung der Verbindlichkeit des Dritten, mit dem er das Geschäft für Rechnung des Kommittenten abschließt, einzustehen, wenn dies von ihm übernommen oder am Orte seiner Niederlassung Handelsgebrauch ist.**

(2) ¹**Der Kommissionär, der für den Dritten einzustehen hat, ist dem Kommittenten für die Erfüllung im Zeitpunkte des Verfalls unmittelbar insoweit verhaftet, als die Erfüllung aus dem Vertragsverhältnisse gefordert werden kann.** ²**Er kann eine besondere Vergütung (Delkredereprovision) beanspruchen.**

1. Allgemeines. I u II 1 sehen (ähnlich wie § 384 III u § 393 III) **1** eine **unmittelbare Einstandspflicht** des Kommissionärs für die Verbindlichkeit des Dritten vor, was vor allem bei der Warenkommission

§ 394

von Bedeutung ist. Bei der Effektenkommission liegt meist Selbsteintritt iSv §§ 400 ff vor.

2 **2. Delkredere, I, II 1. a)** Die dogmatische Einordnung der Delkrederehaftung ist str: Bürgschaft bzw bürgenähnliche Haftung (*Schmidt* § 31 IV 2 b); im Einzelfall auch Garantie oder Schuldbeitritt (*Canaris* § 32 12); Haftung sui generis, auf die §§ 765 ff BGB zT analog anzuwenden sind (*StKoller* § 394 2). Letztere Ansicht trifft zu, da Kommissionär kein Eigeninteresse an der Erfüllung der Verbindlichkeit haben muß u iü Inhaber der Forderung aus dem Ausführungsgeschäft ist.

3 **b)** Das Delkredere wird **übernommen: aa)** kraft ausdr oder konkludenter Vereinbarung; **bb)** kraft Handelsbrauchs am Ort der Niederlassung des Kommissionärs.

4 **c) Form.** § 350; Schriftformerfordernis des § 766 BGB (analog) greift nicht für die in § 383 II genannten Kleingewerbetreibenden, für die § 346 gilt, weil **I** formlose Übernahme kraft Handelsbrauchs zuläßt.

5 **d)** Der Kommissionär **haftet: aa) unmittelbar, II 1,** ohne daß der Kommittent den Dritten (nach erfolgter Abtretung) erfolglos in Anspruch genommen haben muß; **bb)** auf Erfüllung, **I,** bei der Einkaufskommission auf Lieferung (ohne daß Kommissionsvertrag zum Kaufvertrag wird); auch für Gewährleistung u vertragliche Schadensersatzansprüche; **cc) neben dem Dritten,** wenn der Kommissionär die Ansprüche aus dem Ausführungsgeschäft an den Kommittenten abgetreten hat. **dd)** Die Haftung ist eine **akzessorische** (§§ 767 f BGB analog), setzt also eine bestehende Verpflichtung des Dritten voraus. Der Kommissionär kann sich auf alle dem Dritten zustehenden **Einwendungen** u **Einreden** (Erfüllung; Leistung Zug-um-Zug; Stundung; Anfechtbarkeit; Aufrechenbarkeit) berufen, es sei denn, sie beruhen auf schuldhaftem Verhalten des Kommissionärs, § 242 BGB (aA *StKoller* § 394 7: nur Schadensersatzanspruch gg den Kommissionär). **e) Erfüllt** Kommissionär Anspruch aus § 394, erlischt seine Herausgabepflicht aus § 384 II 2. HS. Der bereits an den Kommittenten abgetretene Anspruch aus dem Ausführungsgeschäft geht gem § 774 BGB analog auf ihn über.

6 **3. Delkredereprovision, II 2.** Der Provisionsanspruch des Kommissionärs, **II 2,** ist das Entgelt für die Übernahme der Gefahr, gem **I, II 1** vom Kommittenten in Anspruch genommen zu werden. Der (abdingbare; RG 20, 113) Anspruch entsteht mit Ausführung des Geschäfts (§ 396 I). Er setzt nicht voraus, daß der Kommittent den Kommissionär tatsächlich in Anspruch genommen hat. Höhe der Provision: Parteiabrede; sonst Handelsbrauch am Ort der Niederlassung des Kommissionärs; § 354 I; Verkehrsüblichkeit; hilfsweise §§ 315 ff BGB. **II 2** greift bei Selbsteintritt (str), nicht aber bei einer Haftung gem § 384 III ein.

§ 395 [Wechselindossament]

Ein Kommissionär, der den Ankauf eines Wechsels übernimmt, ist verpflichtet, den Wechsel, wenn er ihn indossiert, in üblicher Weise und ohne Vorbehalt zu indossieren.

1. § 395 begr keine Pflicht zu indossieren. Hat der Kommissionär einen Wechsel durch Ankauf oder Annahme erfüllungshalber aus dem Ausführungsgeschäft erlangt, genügt er seiner Herausgabepflicht, § 384 II, durch eine in üblicher Weise vorgenommene Indossierung an den Kommittenten. Dabei darf er jedoch keinen seine eigene Regreßhaftung (Art 15 I WG) ausschließenden Zusatz („ohne Obligo") hinzufügen, damit der Wert des Wechsels nicht gemindert wird. Verstößt der Kommissionär gg diese Pflicht, haftet er uU auf Schadensersatz. § 395 kommt nicht zur Anwendung, wenn der Kommissionär einen Wechsel mit Blankoindossament erhält (Art 13 II 1 WG).

2. Die Indossierung des Wechsels durch den Kommissionär ist nicht als konkludente Übernahme der Delkrederehaftung iSv § 394 I anzusehen.

§ 396 [Provision des Kommissionärs; Ersatz von Aufwendungen]

(1) ¹Der Kommissionär kann die Provision fordern, wenn das Geschäft zur Ausführung gekommen ist. ²Ist das Geschäft nicht zur Ausführung gekommen, so hat er gleichwohl den Anspruch auf die Auslieferungsprovision, sofern eine solche ortsgebräuchlich ist; auch kann er die Provision verlangen, wenn die Ausführung des von ihm abgeschlossenen Geschäfts nur aus einem in der Person des Kommittenten liegenden Grunde unterblieben ist.

(2) Zu dem von dem Kommittenten für Aufwendungen des Kommissionärs nach den §§ 670 und 675 des Bürgerlichen Gesetzbuchs zu leistenden Ersatze gehört auch die Vergütung für die Benutzung der Lagerräume und der Beförderungsmittel des Kommissionärs.

I. Provision, I

1. Der **Provisionsanspruch** des Kommissionärs beruht auf einem wirksamen Kommissionsvertrag. **Kein Anspruch:** bei unverbindlichen Börsentermingeschäften gem §§ 50 ff BörsG, 762 BGB; bei wirksamer Kündigung des Kommissionsvertrages (s § 383 Rz 8) vor Abschluß des Ausführungsgeschäfts. Schließt daraufhin der Kommittent mit Drittem unter Ausnutzung der vom Kommissionär geleisteten Vermittlungsdienste ab, ist uU § 826 BGB gegeben. **Höhe:** nach Vereinbarung, ansonsten § 354 I. Zur Delkrederprovision s § 394 Rz 6.

§ 396 Viertes Buch. Handelsgeschäfte

2 2. **I 1** läßt den Provisionsanspruch erst mit **Ausführung** des Geschäfts entstehen. Ausführung ist nicht Abschluß des Ausführungsgeschäfts (zur unterschiedlichen Bedeutung s § 384 Rz 2), sondern Bewirkung des wirtschaftlichen Erfolges durch den Dritten (zB durch Schadensersatzzahlung wg Nichterfüllung). „Ausführung" iSv **I** ist nur eine vertragsgem, nicht notwendig vollständige Erfüllung. Unwesentliche Leistungsrückstände des Dritten schaden nicht.

3 3. Von der in **I 1** formulierten Regel, daß der Kommissionär das volle **Provisionsrisiko bis** zur **Ausführung** des Geschäfts (iSv Rz 2) trägt, sind **Ausnahmen** zu machen: a) Bei **Teilausführung** kann der Kommissionär iZw eine Teilprovision verlangen (vgl § 87 a I 1, 3). b) **Ohne Ausführung** des Geschäfts besteht Anspruch auf **volle** Provision, wenn ein Ausführungsgeschäft abgeschlossen, aber die Ausführung des Geschäfts aus einem (allein) **in der Person** des Kommittenten liegenden Grunde (Verschulden nicht erforderl) unterblieben ist, **I 2 2. HS** (zB durch grundloses Abstandnehmen des Kommittenten von der Durchführung des Geschäfts). **Nicht** bei: Lieferschwierigkeiten beim Vorlieferanten bzw Ausübung des Wandlungsrechts (durch den Kommittenten oder den Kommissionär auf Weisung) bei mangelhafter Leistung des Dritten (*StKoller* § 396 10). Bei Minderung ermäßigt sich der Provisionsanspruch entspr § 323 I BGB. Bei **nicht in der Person** des Kommittenten liegendem Grund besteht Anspruch auf (idR kleinere sog Auslieferungs-)Provision nur, wenn diese an der Niederlassung des Kommissionärs (RG 17, 33) ortsüblich ist (zB bei unverschuldetem Untergang des Kommissionsgutes bei der Verkaufskommission oder bei Kündigung des Kommissionsvertrages vor Ausführung der Kommission). c) Beim **Kommissionsagenten** kann sich Provisionsanspruch aus entspr Anwendung der §§ 87 II, 89 b ergeben (Pflicht zur Nennung des Dritten steht nicht entgegen; BGH BB 64, 823; s § 384 Rz 14).

4 4. **I** stellt eine **abschließende** Regelung des Provisionsanspruchs dar; dies auch bei Kündigung des Kommissionsvertrages vor Ausführung der Kommission: §§ 628, 649 S 2 BGB werden verdrängt (str).

5 5. Trotz Ausführung des Geschäfts **entfällt** Provisionsanspruch, wenn Ausführungsgeschäft aufgrund Rücktritts oder Anfechtung des Dritten rückabgewickelt wird oder Kommittent (bzw Kommissionär auf Weisung des Kommittenten) das Wandlungsrecht ausübt. Dgg entfällt Provisionsanspruch nicht, wenn dem Kommissionär Herausgabe des Kommissionsguts unmöglich wird. §§ 323 ff BGB finden keine Anwendung (§ 384 Rz 18). Bei Verschulden hat Kommittent Anspruch aus § 280 BGB.

6 6. Der Provisionsanspruch **verjährt** in zwei Jahren (§ 196 I Nr 1 BGB), bei Kommission für den Gewerbebetrieb des Kommittenten in vier Jahren (§ 196 II BGB).

Dritter Abschnitt. Kommissionsgeschäft § **396**

II. Aufwendungsersatz, II

Dem Kommissionär steht ein Aufwendungsersatzanspruch aus §§ 675, 670 BGB zu. Dieser Anspruch wird von **II** vorausgesetzt u hinsichtlich einzelner Aufwendungen konkretisiert.

1. Voraussetzungen. Anders als der Provisionsanspruch (Rz 1) ist 7 der Aufwendungsersatzanspruch **nicht** von der **Ausführung** des Geschäfts durch den Kommissionär abhängig. Dies folgt aus dem von **I 1** abweichenden Wortlaut des **II**. Der Anspruch besteht daher auch, wenn der Kommittent den Vertrag kündigt. Die Aufwendungen müssen idR vor Zugang der Kündigungserklärung getätigt worden sein (sonst nicht „erforderlich", Rz 8).

2. Aufwendung. a) Aufwendung ist jedes freiwillig erbrachte 8 Vermögensopfer, das zum Abschluß (zB Telefon- u Reisekosten) oder zur Durchführung (Transport- u Lagerkosten; Versicherungsentgelte betr Kommissionsgut) des Ausführungsgeschäftes getätigt wird (BGH 8, 228); auch die vom Kommissionär eingegangenen Verpflichtungen (zB Kaufpreis bei der Einkaufskommission), ebenso die ihn treffenden Schadensersatzansprüche wg Nicht- u Schlechterfüllung. **b) Schäden** des Kommissionärs sind keine freiwilligen Vermögensopfer. Sie sind gem § 670 BGB analog zu ersetzen, wenn sie sich unmittelbar aus der Durchführung des Kommissionsauftrags ergeben, nicht zum allg Lebensrisiko zu rechnen u bei Anwendung pflichtgem Sorgfalt unabwendbar sind (hL). **c)** Zu den Aufwendungen zählen nur solche Vermögensopfer, die durch die Provision **nicht abgedeckt** sind. Vertragliche Regelungen sind daher bes zu beachten. Eine ungewöhnlich hohe Provision kann als Abgeltung bestimmter Aufwendungen in pauschalierter Form gewollt sein. Durch die Provision **abgedeckt** u daher nicht als Aufwendung anzusehen: Einsatz eigener Arbeitskraft; Fix- u allg Geschäftskosten (Personalkosten; Miete der Geschäftsräume). Davon macht **II** eine Ausnahme, wenn für die Benutzung eigener Lagerräume u Beförderungsmittel eine Vergütung verlangt werden kann. **d) Vorschüsse** an Dritte sind wg § 393 keine Aufwendungen, ebensowenig sind es an einen Unterkommissionär (§ 384 II 2) gezahlte Provisionen (*StKoller* § 384 20). **e)** Erstattungsfähig sind nur solche Aufwendungen, die Kommissionär (nach den Umständen) für **erforderlich** halten durfte; dazu gehören Aufwendungen, die Kommissionär aufgrund Weisung getätigt hat. Anders aber alle Kosten, die durch Abschluß eines gem § 385 I zurückgewiesenen Geschäftes entstanden sind. Schmiergelder sind, weil sittenwidrig, nicht „erforderlich" (BGH NJW 65, 293).

3. Inhalt des Anspruchs. **a)** Bei Geldaufwendungen des Kommis- 9 sionärs ist aufgewendeter Betrag einschl Zinsen (gem § 354 II) zu ersetzen. **b)** Von eingegangenen Verbindlichkeiten ist Kommissionär zu befreien, § 257 BGB. Kommittent kann wahlweise die Schuld des Kommissionärs übernehmen (§§ 414, 415 BGB), dem Kommissionär

§ 397 Viertes Buch. Handelsgeschäfte

das Geld zur Verfügung stellen oder an den Dritten zahlen (§§ 267 I, 362 I BGB). Zahlung an sich kann Kommissionär (anders als bei a)) nicht verlangen (BGH NJW 65, 251). **c)** Gem §§ 669, 675 BGB kann Kommissionär einen **Vorschuß** für erforderl Aufwendungen verlangen; bis zu dessen Auszahlung kann er Ausführung verweigern, § 273 BGB (RG 82, 403).

10   **4. Untergang.** Der Aufwendungsersatzanspruch entfällt weder dadurch, daß die Aus- bzw Durchführung der Kommission, noch dadurch, daß die Herausgabe des Kommissionsguts durch den Kommissionär unmöglich wird. Der Aufwendungsersatzanspruch steht nicht im Synallagma (RG 82, 403; hL).

11   **5. Verjährung:** in zwei bzw vier Jahren, § 196 I Nr 1, II BGB.

III. Schadensersatz

12   Bei der **Verkaufs**kommission ist der Kommittent zu wahrheitsgemäßen Angaben über das Kommissionsgut verpflichtet, um Schaden vom Kommissionär abzuwenden; ansonsten Haftung aus pVV. Kommittenten treffen Mitwirkungspflichten (Herausgabe des KFZ-Briefes bei Kommissionär; Olbg NJW-RR 00, 507). Kommissionsrecht kennt keine §§ 459 ff BGB entspr Normen. Parteien können ihre Anwendung vereinbaren (Zweibr JZ 98, 196 mAnm *Braun;* Ffm NJW 93, 1477).

§ 397 [Gesetzliches Pfandrecht]

Der Kommissionär hat an dem Kommissionsgute, sofern er es im Besitze hat, insbesondere mittels Konnossements, Ladescheins oder Lagerscheins darüber verfügen kann, ein Pfandrecht wegen der auf das Gut verwendeten Kosten, der Provision, der auf das Gut gegebenen Vorschüsse und Darlehen, der mit Rücksicht auf das Gut gezeichneten Wechsel oder in anderer Weise eingegangenen Verbindlichkeiten sowie wegen aller Forderungen aus laufender Rechnung in Kommissionsgeschäften.

1   **1. Allgemeines.** Zur Sicherung der bezeichneten Ansprüche des Kommissionärs gg den Kommittenten aus einem Kommissionsvertrag (§§ 383 I 1, 406 I 1) begr § 397 ein ges Pfandrecht am Kommissionsgut. Bedeutung hat § 397 va für die Einkaufskommission. § 397 greift auch zugunsten der in § 383 II genannten Kleingewerbetreibenden sowie für Gelegenheitskommissionäre iSv § 406 I 2 ein.

2   **2. Kommissionsgut** sind nur **Sachen und Wertpapiere** (nicht: Papiere nach § 952 BGB, Legitimationspapiere, § 808 BGB, u andere nicht verkörperte Rechte, § 399), u nur soweit sie Gegenstand des Ausführungsgeschäfts sind (zB nicht: vom Kommittenten gestellte Transportfahrzeuge).

3   **3. Erwerb** des Pfandrechts setzt voraus, daß Kommittent **Eigentümer** des Kommissionsgutes ist. Ist Kommissionär (bei der Ein-

Dritter Abschnitt. Kommissionsgeschäft   § 397

kaufskommission) Eigentümer (s § 383 Rz 19–20), gilt § 398. Kommissionär kann ein Pfandrecht an nicht dem Kommittenten gehörenden Kommissionsgut gem §§ 932, 1207 BGB, 366 III gutgl erwerben.

4. Kommissionär muß unmittelbarer oder mittelbarer **Besitzer** des Gutes oder der in § 397 genannten Traditionspapiere (vgl §§ 424, 450, 640) sein. Wird das Gut auf dem Weg zum Kommissionär zerstört, hat dieser keinen Besitz erlangt u daher keine pfandrechtl Sicherung des Schadensersatzanspruches gg den Schädiger (RG 105, 127). Der Besitz muß **vor Beendigung** der Kommission (zB durch Kündigung, Eröffnung des Insolvenzverfahrens, § 115 I InsO; iü § 91 I InsO; vgl RG 71, 77) erlangt sein. Durch **freiwilligen** Besitzverlust erlischt das Pfandrecht, durch spätere Besitzerlangung lebt es nicht wieder auf (RG 44, 120 – Spediteur; *StKoller* § 397 16). **Unfreiwilliger** Besitzverlust schadet nicht (*StKoller* § 397 16; *RvWLenz* § 397 4 mwN; aA *SchlHefermehl* § 397 27); insofern besteht kein Unterschied zu § 1253 BGB (eingehend *Altmeppen* ZHR 157, 541 ff).

5. Umfang. Das Pfandrecht sichert: **a) konnexe** Forderungen, die aus dem Ausführungsgeschäft stammen, welches das verhaftete Gut zum Gegenstand hat. Dazu gehören: Anspruch auf Provision u Aufwendungsersatz (insbes die zum Erwerb oder zur Unterhaltung des Gutes aufgewendeten Kosten); an Dritte gewährte Darlehen u Vorschüsse (soweit nach § 393 zulässig); mit Rücksicht auf das Gut vom Kommissionär eingegangene Wechsel ua Verbindlichkeiten, von denen der Kommissionär nach § 396 II zu befreien ist. **b)** Das Pfandrecht sichert auch **nicht konnexe** Forderungen gg den Kommittenten aus anderen Kommissionsgeschäften, die im Rahmen eines Kontokorrentverhältnisses (§ 355) verrechnet werden sollten oder aus anderen Gründen noch nicht geltend gemacht wurden (RG 9, 430).

6. Rang des Pfandrechts: Zeitpunkt des Entstehens, §§ 1257, 1209 BGB. Es gilt das Prioritätsprinzip, das von § 443 durchbrochen wird.

7. Wirkungen. a) Verwertung des Pfandrechts: §§ 1257, 1220 ff BGB. Droht Verderb oder wesentliche Wertminderung, kann Kommittent Herausgabe des Kommissionsgutes verlangen, § 1218 BGB. Bei der Pfandverwertung hat Kommissionär die Interessen des Kommittenten soweit als möglich zu wahren; ihm steht beim Pfandverkauf eine angemessene Provision zu, § 354. **b)** Der Kommissionär kann aufgrund des Pfandrechts Ansprüche des Kommittenten aus § 384 II, § 985 BGB abwehren, in der Insolvenz des Kommittenten gem §§ 50 I, 166 ff InsO Absonderung verlangen, bei Zwangsvollstreckung in das Kommissionsgut widersprechen, § 771 ZPO, sowie (bei nur mittelbarem Besitz) gem § 805 I ZPO Klage auf vorzugsweise Befriedigung aus dem Erlös erheben. Weitere Absicherung des Kommissionärs: Zurückbehaltungsrechte aus § 273 BGB u (soweit zweiseitiges Handelsgeschäft) §§ 369 ff, Befriedigungsrecht gem § 399. Bei der Effektenkommisson tritt neben § 397 das weitergehende vertragliche Pfandrecht aus Nr 14 I AGB-Banken (neu).

§§ 398, 399 Viertes Buch. Handelsgeschäfte

8   **8. Untergang** des Kommissionärpfandrechts: allg Vorschriften betr den Untergang ges Pfandrechte, § 1257 BGB. Bsp: Untergang des Gutes; Erlöschen der gesicherten Forderung, § 1252 BGB; einseitiger Verzicht des Kommissionärs, § 1255 BGB. Zum Besitzverlust s Rz 4 (u *SchlHefermehl* § 397 27).

9   **9. Dispositivität.** Das Pfandrecht kann rechtsgeschäftlich beschränkt (auch durch AGB; Grenze: § 9 AGBG) u erweitert werden.

§ 398 [Befriedigung aus eigenem Kommissionsgut]

Der Kommissionär kann sich, auch wenn er Eigentümer des Kommissionsguts ist, für die in § 397 bezeichneten Ansprüche nach Maßgabe der für das Pfandrecht geltenden Vorschriften aus dem Gute befriedigen.

1   **1.** Abweichend von den allg zivilrechtl Regeln (§§ 1257, 1256 I 1) begr § 398 ein § 397 entspr **pfandrechtsähnliches Recht** auch an Kommissionsgut, das im Eigentum des **Kommissionärs** steht (va bei der Einkaufskommission; s aber § 383 Rz 18); iü gelten die Voraussetzungen des § 397 (Besitz; Umfang der gesicherten Forderungen). Überträgt der Kommissionär das Eigentum an den Kommittenten gem §§ 929, 930 BGB (s § 383 Rz 20), geht das pfandrechtsähnliche Recht nach § 398 in ein Pfandrecht gem § 397 über. Befriedigt sich der Kommissionär aus dem Gut (wozu keine Pflicht besteht), muß er die Erfordernisse der Pfandverwertung (§§ 1220 ff BGB) beachten. Ein Rücktritt nach § 326 BGB zum Zwecke der Befriedigung aus dem Kommissionsgut ist nach hL ausgeschlossen (RG 105, 127; *BauHopt* § 397 1), da die Pflicht zur Herausgabe des Kommissionsguts nicht mit der Provisions- u Vorschußpflicht im Synallagma steht (*GKAchilles* § 398 16; aA zu Recht *StKoller* § 398 5, wonach §§ 383 ff keine Einschränkung des § 326 BGB enthalten).

2   **2.** Ist der Kommittent Kaufmann, hat der Kommissionär auch das kaufmännische Zurückbehaltungsrecht, §§ 369–372.

§ 399 [Befriedigung aus Forderungen]

Aus den Forderungen, welche durch das für Rechnung des Kommittenten geschlossene Geschäft begründet sind, kann sich der Kommissionär für die in § 397 bezeichneten Ansprüche vor dem Kommittenten und dessen Gläubigern befriedigen.

1   **1. Forderungen aus dem Ausführungsgeschäft** (auch aus Hilfs- u Nebengeschäften; nicht: Ersatzanspruch gg den Frachtführer; RG 105, 127) sind nicht Kommissionsgut iSd §§ 397, 398. Deshalb gibt § 399 (ähnlich wie § 398 u in Einschränkung des § 392 II) dem Kommissionär ein **pfandrechtsähnliches Befriedigungsrecht** an solchen Forderungen zur Sicherung der in § 397 bezeichneten Ansprüche.

2   **2. Inhalt. a)** Der Kommissionär kann die Abtretung der Forderung ggüber dem Kommittenten **verweigern. b)** Er kann die Forderung, auch wenn ihm die Durchführung des Ausführungsgeschäfts (§ 383 Rz 11 ff) nicht obliegt, **einziehen** (im Außenverhältnis ist er Inhaber der Forderung; § 1282 I 2 BGB schränkt nicht ein) u gg den dadurch entstandenen Herausgabeanspruch des Kommittenten aus § 384 II mit seiner eigenen Forderung **aufrechnen**. Er kann an durch Einziehung erlangten Gegenständen entstehende Rechte nach §§ 397, 398 geltend machen. **c)** § 399 gibt dem Kommissionär kein Recht zum unmittelbaren Verkauf der Forderung. Vielmehr kann er die Forderung nur gem §§ 1282 II, 1277 BGB, 844 ZPO aufgrund gerichtlicher Anordnung (zB durch freihändigen Verkauf) verwerten.

3. Erlöschen. a) Das Recht aus § 399 erlischt durch Wegfall der gesicherten Forderung; ebenso bei Abtretung der sichernden Forderung an den Kommittenten. **b)** Zediert der Kommissionär die gesicherten Forderungen an einen Vierten, gehen die sichernden Forderungen aus dem Ausführungsgeschäft wg fehlender Publizität nicht auf den Zessionar über; das Befriedigungsrecht erlischt (str).

3

§ 400 [Selbsteintritt des Kommissionärs]

(1) **Die Kommission zum Einkauf oder zum Verkaufe von Waren, die einen Börsen- oder Marktpreis haben, sowie von Wertpapieren, bei denen ein Börsen- oder Marktpreis amtlich festgestellt wird, kann, wenn der Kommittent nicht ein anderes bestimmt hat, von dem Kommissionär dadurch ausgeführt werden, daß er das Gut, welches er einkaufen soll, selbst als Verkäufer liefert oder das Gut, welches er verkaufen soll, selbst als Käufer übernimmt.**

(2) ¹**Im Falle einer solchen Ausführung der Kommission beschränkt sich die Pflicht des Kommissionärs, Rechenschaft über die Abschließung des Kaufes oder Verkaufs abzulegen, auf den Nachweis, daß bei dem berechneten Preise der zur Zeit der Ausführung der Kommission bestehende Börsen- oder Marktpreis eingehalten ist.** ²**Als Zeit der Ausführung gilt der Zeitpunkt, in welchem der Kommissionär die Anzeige von der Ausführung zur Absendung an den Kommittenten abgegeben hat.**

(3) **Ist bei einer Kommission, die während der Börsen- oder Marktzeit auszuführen war, die Ausführungsanzeige erst nach dem Schlusse der Börse oder des Marktes zur Absendung abgegeben, so darf der berechnete Preis für den Kommittenten nicht ungünstiger sein als der Preis, der am Schlusse der Börse oder des Marktes bestand.**

(4) **Bei einer Kommission, die zu einem bestimmten Kurse (erster Kurs, Mittelkurs, letzter Kurs) ausgeführt werden soll, ist der Kommissionär ohne Rücksicht auf den Zeitpunkt der Absendung der Ausführungsanzeige berechtigt und verpflichtet, diesen Kurs dem Kommittenten in Rechnung zu stellen.**

§ 400 Viertes Buch. Handelsgeschäfte

(5) **Bei Wertpapieren und Waren, für welche der Börsen- oder Marktpreis amtlich festgestellt wird, kann der Kommissionär im Falle der Ausführung der Kommission durch Selbsteintritt dem Kommittenten keinen ungünstigeren Preis als den amtlich festgestellten in Rechnung stellen.**

1 **1. Allgemeines.** §§ 400–405 regeln das Recht des Kommissionärs zum **Selbsteintritt** als eine bes Art der Ausführung, bei der der Kommissionär sich selbst unmittelbar zum Käufer oder Verkäufer des Kommissionsgutes macht. Für den **Kommissionär** kann dies wg der schnelleren Abwicklung (Einkaufskommissonär hat das Gut selbst am Lager), vor allem aber deshalb vorteilhaft sein, weil er das von ihm abgeschlossene Deckungsgeschäft nicht offenlegen muß u damit der Gefahr des Eindringens in seine Geschäftsbeziehungen durch den Kommittenten vorgebeugt wird. Für den **Kommittenten** kann der Selbsteintritt wg der beschleunigten Abwicklung u der leichter zu beurteilenden Solvenz des Kommissionärs interessant sein. Wg der beschränkten Rechenschaftspflicht des Kommissionärs besteht insbes bei der Effektenkommission die Gefahr, daß der Kommissionär die Vorteile eines günstigen Deckungsgeschäftes nicht an den Kommittenten weitergibt („Kursschnitt"). Auch kann der Kommissionär uU den Abrechnungskurs selbst manipulieren. Diesen Gefahren wollen die (halb-)zwingenden §§ 400 ff Rechnung tragen, was nur unzureichend gelungen ist (*StKoller* § 400 7 ff; dort auch zu den Reformbestrebungen). Aufgrund der AGB Wertpapiergeschäfte (abgedr bei *BauHopt* [8]) führen die Banken den Auftrag ohne Selbsteintritt aus.

2 **2. Selbsteintritt. a) Rechtsnatur.** Der Selbsteintritt ist ein ges (oder vertraglich) eingeräumtes **Gestaltungsrecht**, dessen Ausübung dazu führt, daß sich die Abwicklung der Kommission nach Kaufrecht richtet. **b)** Der Selbsteintritt erfolgt durch **ausdrückliche** (s § 405 Rz 2) Erklärung des Kommissionärs, das Kommissionsgut selbst liefern oder übernehmen zu wollen. Die Parteien können Abweichendes vereinbaren. **c)** Die Erklärung ist **nicht formbedürftig**.

3 **3. Voraussetzungen des Selbsteintritts, I. a) Allgemeines.** Aufgrund Gesetzes besteht ein Recht zum Selbsteintritt nur bei der Einkaufs- u Verkaufskommission über Waren, die einen Börsen- oder Marktpreis haben sowie über Wertpapiere, bei denen der Börsen- oder Marktpreis amtlich festgestellt wird (vgl §§ 29 ff BörsG). Durch Vereinbarung (**I** ist dispositiv; vgl § 402) kann das Selbsteintrittsrecht erweitert u beschränkt werden: Kommissionär kann sich zum Selbsteintritt verpflichten, Kommittent kann Selbsteintritt verbieten. Iü kann der Selbsteintritt von anderen als den in **I** genannten Voraussetzungen abhängig gemacht werden.

4 **b)** Für den **Markt-** bzw **Börsenpreis** kommt es auf den Ort an, wo der Kommissionär nach dem Vertrag bzw einer Weisung gem tätig werden soll, ansonsten auf den Ort seiner gewerblichen Niederlassung. Ein Markt- oder Börsenpreis muß zu dem für die Ausführung der

Kommission durch Selbsteintritt maßgebenden Zeitpunkt tatsächlich feststellbar sein, vgl **II 2**. Dies setzt eine größere Anzahl tatsächlich getätigter Geschäfte (RG 34, 121), nicht nur unerledigter Aufträge, am maßgeblichen Ort voraus.

c) Dem Selbsteintritt darf nicht eine anderweitige (auch konkludente) Bestimmung des Kommissionärs entgegenstehen, **I**. Eine **Untersagung** des Selbsteintritts kann auch nach Abschluß des Kommissionsvertrages noch bis zur Absendung der Ausführungsanzeige erfolgen, § 405 III, ist aber nur dann beachtlich, wenn Vertragsinhalt nicht entgegensteht.

d) Die wirksame Ausübung des Selbsteintrittsrechts wird von der **Interessenwahrungspflicht** (§ 384 I 2 HS) beeinflußt. Sie kann dem Selbsteintritt entgegenstehen, zB bei Kommission zum Verkauf auf Kredit bei mangelnder Kreditwürdigkeit des Kommissionärs (*BauHopt* § 400 4).

e) Die unwirksame Erklärung des Selbsteintritts führt idR zur Selbsthaftung gem § 384 III. Der Kommittent kann den unwirksam erklärten Selbsteintritt genehmigen.

4. Rechtsfolgen. a) Vor Wirksamwerden des Selbsteintritts gilt Kommissionsrecht. Insoweit hat Kommissionär die Weisungen des Kommittenten zu befolgen. Für den Preis gilt § 401. Bei pflichtwidrigem Verhalten des Kommissionärs: § 385 oder pVV (Oldbg WM 93, 1880).

b) Nach Wirksamwerden des Selbsteintritts: **aa)** Statt der Herausgabe des Erlangten (§ 384 II) schuldet Kommissionär den Kaufpreis oder Lieferung des Gutes nach § 433 BGB (BGH 89, 135; WM 88, 404). Verjährung des Zahlungsanspruchs: § 196 I Nr 1 BGB. Gefahrübergang: §§ 446 f BGB (nicht aber vor Wirksamkeit des Selbsteintritts). Bei Mängeln des Kommissionsguts greifen die Gewährleistungsvorschriften des Kaufrechts ein; ist Kommittent Kaufmann, treffen ihn bei der Einkaufskommission (bei der Verkaufskommission den Kommissionär) die Pflichten aus §§ 377 f (anders bei § 391). **bb)** Kommissionsrecht bleibt anwendbar (Oldbg WM 93, 1880), soweit nicht dem Kaufrecht Vorrang zukommt (Einzelheiten: *StKoller* § 400 43–65). Kommissionär hat Weisungen des Kommittenten hinsichtlich der Lieferung des Kommissionsgutes zu befolgen u vom Selbsteintritt Nachricht zu geben (§ 405). Die Rechenschaftspflicht des § 384 II ist gem **II** weitgehend beschränkt. Kommissionär hat Anspruch auf Provision u Aufwendungsersatz (§ 403); Kommittent kann sich auf sein Zurückweisungsrecht berufen, wenn der Selbsteintritt gg eine von ihm erteilte Weisung verstößt.

5. Bestimmung des Preises bei Selbsteintritt, II–V. Zum Schutze des Kommittenten (s § 402) bestimmen die **II–V** u § 401 den (Mindest-, Höchst-)Preis, zu dem der Kommissionär den Selbsteintritt ausüben darf. **a)** Es kommt auf den zum Zeitpunkt des Selbsteintritts

§ 401

Viertes Buch. Handelsgeschäfte

bestehenden Markt- bzw Börsenkurs an, wobei die **Absendung** der Ausführungsanzeige entscheidet, **II 2.** Eine **während** der Markt- oder Börsenzeit auszuführende Kommission darf nicht zu einem ungünstigeren Kurs als dem Schlußkurs abgerechnet werden, wenn die Absendung der Ausführungsanzeige erst nach Markt- bzw Börsenschluß erfolgt, **III.** Trotz § 402 wird **III** für die Effektenkommission restriktiv ausgelegt: Die Bank kann dem Kommittenten den ungünstigeren Kurs des Deckungsgeschäftes nach § 401 berechnen (*StKoller* § 400 27–28).

b) Sollte die Kommission zu einem bestimmten Kurs ausgeführt werden, ist dieser maßgeblich, auch wenn der Kurs zum Zeitpunkt der Absendung oder der Schlußkurs günstiger gewesen wäre, **IV.** Die Interessenwahrungspflicht des Kommissionärs ist weitgehend ausgeschaltet.

c) Erfolgt eine **amtliche Feststellung** des Preises, so darf mit keinem ungünstigeren Preis als dem amtlich festgestellten abgerechnet werden.

d) Eine Preisstellung des Kommissionärs im Widerspruch zu a)–c) macht den Selbsteintritt nicht unwirksam. Der Kommittent hat kein Zurückweisungsrecht, sondern vielmehr einen Anspruch auf eine vorschriftsmäßige Preisbestimmung (RG 114, 15).

§ 401 [Deckungsgeschäft]

(1) **Auch im Falle der Ausführung der Kommission durch Selbsteintritt hat der Kommissionär, wenn er bei Anwendung pflichtmäßiger Sorgfalt die Kommission zu einem günstigeren als dem nach § 400 sich ergebenden Preise ausführen konnte, dem Kommittenten den günstigeren Preis zu berechnen.**

(2) **Hat der Kommissionär vor der Absendung der Ausführungsanzeige aus Anlaß der erteilten Kommission an der Börse oder am Markte ein Geschäft mit einem Dritten abgeschlossen, so darf er dem Kommittenten keinen ungünstigeren als den hierbei vereinbarten Preis berechnen.**

1   **1. Allgemeines.** § 401 ist Ausdruck der **Interessenwahrungspflicht** des Kommissionärs. Dieser soll sich nicht auf die formalisierte Preisberechnung des § 400 II–V zurückziehen können, wenn er ein Ausführungsgeschäft zu günstigeren Bedingungen hätte abschließen können (u müssen). § 401 ist halbzwingend (zugunsten des Kommittenten), § 402.

2   **2. Erzielbarer Preis, I.** Der Selbsteintritt soll Kommittenten nicht schlechter stellen, als er bei Abschluß eines Ausführungsgeschäfts stünde (RG 112, 31). Deshalb kann Kommittent Abrechnung zu dem Preis verlangen, den Kommissionär bei Anwendung pflichtgem kaufmännischer Sorgfalt am Ausführungsort in zumutbarer Weise hätte erzielen können. Darlegungs- u Beweislast dafür, daß dem Kommissionär bei pflichtigem Verhalten günstigere Abschlußmöglichkeiten offengestanden haben, trifft den Kommittenten (hL).

Dritter Abschnitt. Kommissionsgeschäft §§ 402, 403

3. Preis des abgeschlossenen Deckungsgeschäfts, II. Kommit- 3
tent kann auch Abrechnung zu dem Preis verlangen, den Kommissionär
an der Börse (oder am Markt) bei einem Deckungsgeschäft erzielt hat,
wenn dieses Geschäft aus Anlaß des erteilten Kommissionsauftrags u vor
Absendung der Ausführungsanzeige getätigt wurde. Der Kommissionsauftrag muß kausal für den Abschluß des Deckungsgeschäfts gewesen
sein, bei inhaltlicher Übereinstimmung der beiden besteht eine entspr
Vermutung. Die Darlegungs- u Beweislast trifft den Kommittenten.

§ 402 [Unabdingbarkeit]
**Die Vorschriften des § 400 Abs. 2 bis 5 und des § 401 können
nicht durch Vertrag zum Nachteile des Kommittenten abgeändert werden.**

1. § 402 gestaltet zum Schutze des Kommittenten die §§ 400 II–V, 1
401 als **halbzwingende** Normen aus. Vertragliche Vereinbarungen, die
zum Nachteil des Kommissionärs über §§ 400 II–V, 401 hinausgehen,
sind möglich. Iü können die Parteien die § 401 I zugrundeliegende
Interessenwahrungspflicht konkretisieren.

2. Verstoß gg § 402 macht Vereinbarung unwirksam. Statt § 139 2
BGB ist § 6 AGBG analog anzuwenden, um dem Schutzzweck des
§ 402 gerecht zu werden. Ist Selbsteintritt wirksam, ist ein nachträglicher **Verzicht** auf Einhaltung der §§ 400 II–V, 401 möglich.

§ 403 [Provision bei Selbsteintritt]
**Der Kommissionär, der das Gut selbst als Verkäufer liefert
oder als Käufer übernimmt, ist zu der gewöhnlichen Provision
berechtigt und kann die bei Kommissionsgeschäften sonst regelmäßig vorkommenden Kosten berechnen.**

1. Allgemeines. Durch den Selbsteintritt soll Kommittent nicht 1
schlechter (RG 112, 31), aber auch nicht besser gestellt werden, als er
beim Abschluß eines Ausführungsgeschäftes mit einem Dritten stünde
(RG 108, 193). Daher läßt § 403 den Anspruch des Kommissionärs auf
Provision u Aufwendungsersatz im Grundsatz unberührt.

2. Der Kommissionär hat (neben den kaufrechtl Ansprüchen) einen 2
Anspruch auf **Provision,** die er bei Ausführung der Kommission durch
ein Geschäft mit einem Dritten hätte fordern können. Provision ist
nicht schon mit der Selbsteintrittsanzeige, sondern entspr § 396 I 1 erst
mit der Durchführung des Ausführungsgeschäfts, also der Erfüllung der
wesentlichen (§ 396 Rz 2) kaufvertraglichen (§ 400 Rz 9) Verpflichtungen des Kommissionärs verdient. § 396 I 2 2. HS ist anwendbar.
Hatte Kommissionär Delkredere (§ 394) übernommen, hat er auch bei
Selbsteintritt den Anspruch auf Delkredereprovision.

3. Der Kommissionär kann die **regelmäßig vorkommenden Ko-** 3
sten (hypothetische Aufwendungen, die Kommissionär bei Abschluß
eines Ausführungsgeschäftes gemacht hätte) berechnen. Den Ersatz

§§ 404, 405   Viertes Buch. Handelsgeschäfte

außergewöhnlicher Kosten kann der Kommissionär verlangen, wenn sie ihm tatsächlich entstanden sind u er die Aufwendungen nach den Umständen für erforderl halten durfte (str).

§ 404 [Gesetzliches Pfandrecht]
Die Vorschriften der §§ 397 und 398 finden auch im Falle der Ausführung der Kommission durch Selbsteintritt Anwendung.

1   § 404 stellt klar, daß die Sicherungsrechte der §§ 397 f auch dem selbsteintretenden Kommissionär zustehen. Zum Kreis der gesicherten Forderungen gehört auch der durch den Selbsteintritt entstandene kaufrechtl Zahlungsanspruch. Bei der Einkaufskommission ist § 398 anzuwenden, solange Kommissionär (als Verkäufer) noch Eigentümer des Kommissionsgutes ist. Nach Eigentumserwerb durch Kommittenten (gem §§ 930, 929 BGB) gilt § 397.

§ 405 [Ausführungsanzeige und Selbsteintritt; Widerruf der Kommission]

(1) **Zeigt der Kommissionär die Ausführung der Kommission an, ohne ausdrücklich zu bemerken, daß er selbst eintreten wolle, so gilt dies als Erklärung, daß die Ausführung durch Abschluß des Geschäfts mit einem Dritten für Rechnung des Kommittenten erfolgt sei.**

(2) **Eine Vereinbarung zwischen dem Kommittenten und dem Kommissionär, daß die Erklärung darüber, ob die Kommission durch Selbsteintritt oder durch Abschluß mit einem Dritten ausgeführt sei, später als am Tage der Ausführungsanzeige abgegeben werden dürfe, ist nichtig.**

(3) **Widerruft der Kommittent die Kommission und geht der Widerruf dem Kommissionär zu, bevor die Ausführungsanzeige zur Absendung abgegeben ist, so steht dem Kommissionär das Recht des Selbsteintritts nicht mehr zu.**

1   **1. Zweck.** I u II sollen den Kommittenten vor der Ungewißheit bewahren, die bestünde, wenn der Kommissionär die Ausführung der Kommission anzeigen könnte (wozu er gem § 384 II verpflichtet ist), ohne **klarzustellen,** ob dies durch Abschluß eines Ausführungsvertrages oder durch Selbsteintritt geschehen ist. III schränkt das Widerrufsrecht des Kommittenten ein.

2   **2. Selbsteintrittserklärung und Ausführungsanzeige, I, II. a)** Die (nicht formbedürftige) **Erklärung** des **Selbsteintritts** ist Ausübung eines Gestaltungsrechts (§ 400 Rz 2). Sie muß **ausdrücklich** erfolgen, **I,** dh unzweideutig erkennen lassen, daß der Kommissionär selbst die Pflichten betr des Ausführungsgeschäftes übernimmt (RG 63, 30; 112, 29). Das Wort „Selbsteintritt" muß dabei nicht verwendet werden. **b)** I bestimmt, daß **spätestens** mit der nach § 384 II notwen-

Dritter Abschnitt. Kommissionsgeschäft **§ 406**

digen **Ausführungsanzeige** die Erklärung des Selbsteintritts zu erfolgen hat. Eine unbestimmte Ausführungsanzeige ist kein Selbsteintritt. Späterer Selbsteintritt ist nicht möglich, da die Kommission als ausgeführt gilt. c) I ist für einen **nach** einer unbestimmten Ausführungsanzeige erklärten Selbsteintritt nur in engen Grenzen (nur für die Absendung am gleichen Tage) abdingbar, II. Dgg ist Vereinbarung möglich, daß eine Ausführungsanzeige iZw zugleich die Erklärung über den Selbsteintritt enthält (RG 96, 7).

3. Widerruf der Order, III. Der Kommittent kann den Kommissionsvertrag (gem §§ 649, 621, 627, 626 BGB) bis zum wirksamen Abschluß des Ausführungsgeschäfts mit Dritten (s § 384 Rz 2) kündigen („widerrufen"). Maßgebend ist der Zeitpunkt des Zugangs der Kündigung (des Widerrufs) beim Kommissionär. Da der Selbsteintritt erst **mit Zugang** der Erklärung beim Kommittenten wirksam wird, schränkt III das Kündigungs- (Widerrufs-) recht des Kommittenten dahingehend ein, daß Kündigungs- (Widerrufs-) erklärung dem Kommissionär zugegangen sein muß, **bevor** die Ausführungsanzeige abgesendet worden ist. Im Hinblick auf II muß Selbsteintritt noch nicht erklärt sein. Ist Selbsteintritt wirksam geworden, bevor Kündigung (Widerruf) erklärt worden ist, geht Kündigung (Widerruf) ins Leere.

§ 406 [Ähnliche Geschäfte]

(1) ¹**Die Vorschriften dieses Abschnitts kommen auch zur Anwendung, wenn ein Kommissionär im Betriebe seines Handelsgewerbes ein Geschäft anderer als der in § 383 bezeichneten Art für Rechnung eines anderen in eigenem Namen zu schließen übernimmt.** ²**Das gleiche gilt, wenn ein Kaufmann, der nicht Kommissionär ist, im Betriebe seines Handelgewerbes ein Geschäft in der bezeichneten Weise zu schließen übernimmt.**

(2) **Als Einkaufs- und Verkaufskommission im Sinne dieses Abschnitts gilt auch eine Kommission, welche die Lieferung einer nicht vertretbaren beweglichen Sache, die aus einem von dem Unternehmer zu beschaffenden Stoffe herzustellen ist, zum Gegenstande hat.**

1. I S 1 erweitert den **sachlichen Anwendungsbereich** der §§ 383 ff auf andere Geschäfte für Rechnung eines anderen in eigenem Namen (zB Kreditbeschaffung, Celle WM 74, 736; Buchproduktion, RG 78, 300; Vermietung, BGH NJW 88, 3203) für solche Personen, die unter den Typ „Kommissionär" fallen, sog **uneigentliche Kommission**; § 383 Rz 2. Da § 383 II auf § 406 I 1 verweist, kommen §§ 383 ff auch für den in § 383 II genannten Personenkreis zur Anwendung. S 2 bestimmt die Anwendung der §§ 383 ff für einen Kaufmann, der nicht dem Typ des Kommissionärs (dazu § 383 Rz 1) unterfällt, aber einen Kommissionsvertrag iSv § 383 I bzw § 406 I 1 (§ 383 Rz 2) schließt (sog **Gelegenheitskommissionär**). Der Regierungsentwurf

§ 407

des HRefG von 1997 (BR-Dr 340/97) hatte vorgesehen, die Begriffe „Kaufmann" durch „Gewerbetreibender" u „Handelsgewerbe" durch „Gewerbe" zu ersetzen, um die §§ 383 ff (vergleichbar §§ 407 III 2, 453 III, 467 III) auf den Kommissionsvertrag eines nichtkaufmännischen Gewerbetreibenden, der nicht unter § 383 II fällt, anwenden zu können. Der Rechtsausschuß hat dies im Hinblick auf das damals noch ausstehende TRG rückgängig gemacht (BT-Dr 13/10332, S 30; sa *von Olshausen* NJW 01, 1842). Dieses **Versehen** (*Bydlinski* ZIP 98, 1174) ist durch **analoge** Anwendung des § 406 I 2 auf sonstige Gewerbetreibende zu korrigieren. **S 2** bezieht sich dabei nicht nur auf die in § 383 I umschriebenen, sondern auch auf die in **S 1** genannten Vermittlungen (aA *HeyHerrmann* § 406 2).

2 **2. II** stellt den Werklieferungsvertrag über eine nicht vertretbare Sache dem Kaufvertrag gleich. Bei Werklieferungsverträgen über vertretbare Sachen folgt die Anwendbarkeit der §§ 383 ff schon aus § 651 I BGB.

Vierter Abschnitt. Frachtgeschäft

Lit: Kommentare: *Andresen/Valder,* Speditions-, Fracht- und Lagerrecht (Loseblatt); *Ebenroth/Boujong/Joost* HGB (2001; zit EBJ*Bearbeiter*; *Fremuth/Thume,* Kommentar zum Transportrecht (2000; abgekürzt zit *FreTh*); *Giemulla/Schmid,* Warschauer Abkommen (Loseblatt); *Goltermann,* Eisenbahnverkehrsordnung (Loseblatt); *Hein/Eichhoff/Pukall/Krien,* Güterkraftverkehrsrecht (Loseblatt); *Herber/Piper,* CMR (1996); *Koller,* Transportrecht, Kommentar zu Spedition und Gütertransport (4. Aufl 2000; abgekürzt zit *Ko TR*); *Lammich/Pöttinger,* Gütertransportrecht (Loseblatt); *Müglich,* Das neue Transportrecht (1999); Münchener Kommentar, HGB (Bd 7, 1997; Aktualisierungsband, 2000); *Rabe,* Seehandelsrecht (4. Aufl 2000); *Spera,* CIM (Loseblatt).

Speziallehrbücher: *Herber,* Seehandelsrecht (1999); *Puttfarken,* Seehandelsrecht (1997); *Ruhwedel,* Der Luftbeförderungsvertrag (3 Aufl 1998).

Handbücher: *Gass,* Das neue Transport- und Speditionsrecht; *Knorre/Temme/Müller/Schmid/Demuth,* Praxishandbuch Transportrecht (Loseblatt); *Pfeiffer* (Hrsg), Handbuch der Handelsgeschäfte (1999).

Erster Unterabschnitt. Allgemeine Vorschriften

§ 407 Frachtvertrag

(1) **Durch den Frachtvertrag wird der Frachtführer verpflichtet, das Gut zum Bestimmungsort zu befördern und dort an den Empfänger abzuliefern.**

(2) Der Absender wird verpflichtet, die vereinbarte Fracht zu zahlen.

(3) ¹Die Vorschriften dieses Unterabschnitts gelten, wenn
1. das Gut zu Lande, auf Binnengewässern oder mit Luftfahrzeugen befördert werden soll und
2. die Beförderung zum Betrieb eines gewerblichen Unternehmens gehört. ²Erfordert das Unternehmen nach Art oder Umfang einen in kaufmännischer Weise eingerichteten Geschäftsbetrieb nicht und ist die Firma des Unternehmens auch nicht nach § 2 in das Handelsregister eingetragen, so sind in Ansehung des Frachtgeschäfts auch insoweit die Vorschriften des Ersten Abschnitts des Vierten Buches ergänzend anzuwenden; dies gilt jedoch nicht für die §§ 348 bis 350.

1. Für den **Frachtvertrag** ist die Pflicht zur Ortsveränderung in 1 Richtung auf u zum Empfänger, auch über minimale Entfernungen (zB Kranarbeit [BGH NJW-RR 95, 415]; Gabelstapler [Nürnb TranspR 00, 428]), u die Pflicht, das Gut vor Schaden zu bewahren (§ 425) charakteristisch. Auch der Umschlagsvertrag ist idR Frachtvertrag (*Herber* TranspR 00, 141; *Brüggemann* TranspR 00, 53). Absender ist jeder Auftraggeber eines Frachtführers. Als Absender kann auch jemand fungieren, der selbst Frachtführerpflichten übernommen hat. Zum Empfänger s § 421. Die Ortsveränderung muß iSd § 633 BGB als Erfolg (nicht bloß Organisation [§ 453 f]) geschuldet sein. Zum Gut gehören auch Paletten, Container sowie deren Verpackung (aA Düss TranspR 96, 287). Für Frachtvertrag spricht Frachtbrief (BGH VersR 91, 1038), exakte Vereinbarung der Konditionen und des Ablaufs des Transports (Mü VersR 99, 342), kein Hinweis auf speditionelle Tätigkeit (Düss TranspR 93, 287); *dagegen,* daß Auftragnehmer sich (mittelbar) als Spediteur bezeichnet und (aA Hamm NJW-RR 95, 1000) vom Kunden Kenntnis des Unterschieds zwischen einer Spedition iSd HGB u der ADSp erwartet werden kann (näher *Koller* NJW 88, 1756; *Ko* TR § 453 16). Bei Miete von Transportmitteln mit oder ohne Bemannung greift § 407 nicht ein, weil keine Pflicht zur Obhut (BGH NJW-RR 96, 1204) besteht; zur Lohnfuhr mit Obhut *Ko* TR § 407 18. Ist die Lagerung nicht bloß transportbedingte Nebenpflicht (BGH TranspR 94, 281), so sind insoweit die §§ 467 ff einschlägig (*Ko* TR § 407 17, 71). Der Vertrag muß sich auf die Beförderung zu Lande (zB Körperkraft, Kfz, Bahn), auf Binnengewässern (§ 450; *Ko* TR § 407 20) oder mittels Luftfahrzeugen (§ 1 LuftVG) beziehen. Die Transportmittel und -strecken können kombiniert werden (§ 452). Bei grenzüberschreitenden Transporten kommen idR vorrangig die CMR (*Ko* TR), CIM oder das WA (*Ko* TR) zum Tragen. Zum Umzugstransport § 451. Maßgeblich ist die vereinbarte (§ 157 BGB; iZw die verkehrsübliche [Karlsr TranspR 94, 238]) Form der Beförderung, die auch in das billige Ermessen des FrachtF gestellt sein kann (BGH NJW-RR 89, 1271). Zur Gestellung des Transportmittels s *Ko* TR § 407 50. Bei vertrags-

§ 408

Viertes Buch. Handelsgeschäfte

widrigen Transportformen haftet der FrachtF nach dem Recht der vertragsgemäßen und der tatsächlichen Beförderungsart (BGH VersR 90, 331; *Ko* TR § 407 26), nicht aus pFV (aA BGH TranspR 95, 285; str). Der Vertrag muß (Hilfs)Geschäft eines Gewerbebetriebes (§§ 1, 6 II, 105 II) sein; der Umfang des Gewerbebetriebs ist irrelevant. Zur Abgrenzung von Arbeitnehmern BGH BB 99, 73; BAG BB 99, 587. § 407 ist nicht abdingbar, soweit er mit zwingenden Vorschriften verknüpft ist (§ 449). Zu den ADSp, VBGL, AGB/BSK s *Ko* TR, Teil A.

2   2. **Vertragsschluß.** Formfrei gem §§ 145 ff BGB, 362 HGB; uU greift das FernAbsG ein. Fahrer sind zu normalen Geschäften bei Transportabwicklung bevollmächtigt, uU weitergehend; nicht Schiffer (§ 15 BinSchG). Den FrachtF treffen schon vor Vertragsschluß **Pflichten** aus cic (BGH NJW-RR 89, 1271), danach Pflicht zur rechtzeitigen (§ 423), schadensfreien (§ 425) Ablieferung an Ablieferungsstelle an Empfänger (§ 421). Grds darf FrachtF (selbständige) Hilfspersonen einschalten (§ 428). Er braucht nicht zu rügen (außer uU bei Übernahme von anderem FrachtF [*Ko* TR § 407 77; str]) oder das Gut zu behandeln (anders § 451 a), muß es aber mangels bes Abrede nur gem § 7 a GüKG versichern. Der FrachtF braucht mangels bes Abrede weder Paletten überlassen (§ 4 ADSp) noch zurückzugeben (Celle TranspR 94, 350). Zu Paletten-Rückgabeverträgen s *Ko* TR § 407 56; *Knorre* TranspR 01, 1. **Leistungsstörungen** nach Übernahme des Guts: §§ 419, 420 II, 422, 425, 433 sowie das allg Leistungsstörungsrecht (*Ko* TR § 407 82 ff). **Beweislast:** Anspruchsinhaber; Vermutung des § 409. **3.** Die Höhe der **Vergütung** ergibt sich aus dem Vertrag, hilfsweise aus § 354. Fälligkeit: § 420. Schuldner: § 421 II, IV; Aufwendungsersatz: §§ 409 III 2, 410 II 2, 414 I–420.

§ 408 Frachtbrief

(1) ¹**Der Frachtführer kann die Ausstellung eines Frachtbriefs mit folgenden Angaben verlangen:**

1. **Ort und Tag der Ausstellung;**
2. **Name und Anschrift des Absenders;**
3. **Name und Anschrift des Frachtführers;**
4. **Stelle und Tag der Übernahme des Gutes sowie die für die Ablieferung vorgesehene Stelle;**
5. **Name und Anschrift des Empfängers und eine etwaige Meldeadresse;**
6. **die übliche Bezeichnung der Art des Gutes und die Art der Verpackung, bei gefährlichen Gütern ihre nach den Gefahrgutvorschriften vorgesehene, sonst ihre allgemein anerkannte Bezeichnung;**
7. **Anzahl, Zeichen und Nummern der Frachtstücke;**

Vierter Abschnitt. Frachtgeschäft § 409

8. das Rohgewicht oder die anders angegebene Menge des Gutes;
9. die vereinbarte Fracht und die bis zur Ablieferung anfallenden Kosten sowie einen Vermerk über die Frachtzahlung;
10. den Betrag einer bei der Ablieferung des Gutes einzuziehenden Nachnahme;
11. Weisungen für die Zoll- und sonstige amtliche Behandlung des Gutes;
12. eine Vereinbarung über die Beförderung in offenem, nicht mit Planen gedecktem Fahrzeug oder auf Deck.

²In den Frachtbrief können weitere Angaben eingetragen werden, die die Parteien für zweckmäßig halten.

(2) ¹Der Frachtbrief wird in drei Originalausfertigungen ausgestellt, die vom Absender unterzeichnet werden. ²Der Absender kann verlangen, daß auch der Frachtführer den Frachtbrief unterzeichnet. ³Nachbildungen der eigenhändigen Unterschriften durch Druck oder Stempel genügen. ⁴Eine Ausfertigung ist für den Absender bestimmt, eine begleitet das Gut, eine behält der Frachtführer.

Pflicht zur Ausstellung und Unterzeichnung nur auf Verlangen (verhaltener Anspruch). Der Versender (§ 453), Ablader sind Vertreter des Absenders. Der Frachtbrief ist nicht deshalb ungültig, weil er nicht alle Angaben (zutreffend) enthält (beachte § 414). Bei Nichtausstellung greifen § 273 BGB und bei Weigerung die Rechte aus pFV ein; uU Rücktritt vom Vertrag; das Zustandekommen des Vertrages bleibt unberührt. Der FrachtF kann als Gehilfe des Absenders tätig werden u haftet aus pFV; beachte § 414 II. Der Absender oder dessen Vertreter (zB Versender) kann wg § 409 auch Unterzeichnung durch FrachtF fordern; Vorbehalte (§ 409). Der Frachtbrief ist formgültig, wenn unabhängig von der Vollständigkeit der Angaben zumindest eine Ausfertigung iSd § 408 II unterzeichnet ist. **Rechtsfolgen:** uU §§ 416, 440 ZPO, ferner §§ 414, 421 II 1; bei Unterzeichnung auch durch FrachtF: § 409. Formungültige Frachtbriefe liefern Indiz (§ 286 ZPO), als Unterschrift nur des FrachtF wirken sie als Empfangsquittung (§ 368 BGB; Düss TranspR 98, 31). Zum „blinden" Unterzeichnen s Düss TranspR 98, 31. Bei grenzüberschreitenden Transporten beachte Art 4 ff CMR, 12 CIM, 5 ff WA. 1

§ 409 Beweiskraft des Frachtbriefs

(1) **Der von beiden Parteien unterzeichnete Frachtbrief dient bis zum Beweis des Gegenteils als Nachweis für Abschluß und Inhalt des Frachtvertrages sowie für die Übernahme des Gutes durch den Frachtführer.**

§ 409

(2) ¹Der von beiden Parteien unterzeichnete Frachtbrief begründet ferner die Vermutung, daß das Gut und seine Verpackung bei der Übernahme durch den Frachtführer in äußerlich gutem Zustand waren und daß die Anzahl der Frachtstücke und ihre Zeichen und Nummern mit den Angaben im Frachtbrief übereinstimmen. ²Der Frachtbrief begründet diese Vermutung jedoch nicht, wenn der Frachtführer einen begründeten Vorbehalt in den Frachtbrief eingetragen hat; der Vorbehalt kann auch damit begründet werden, daß dem Frachtführer keine angemessenen Mittel zur Verfügung standen, die Richtigkeit der Angaben zu überprüfen.

(3) ¹Ist das Rohgewicht oder die anders angegebene Menge des Gutes oder der Inhalt der Frachtstücke vom Frachtführer überprüft und das Ergebnis der Überprüfung in den von beiden Parteien unterzeichneten Frachtbrief eingetragen worden, so begründet dieser auch die Vermutung, daß Gewicht, Menge oder Inhalt mit den Angaben im Frachtbrief übereinstimmt. ²Der Frachtführer ist verpflichtet, Gewicht, Menge oder Inhalt zu überprüfen, wenn der Absender dies verlangt und dem Frachtführer angemessene Mittel zur Überprüfung zur Verfügung stehen; der Frachtführer hat Anspruch auf Ersatz seiner Aufwendungen für die Überprüfung.

1   Die (nur; Ausnahme: § 242 BGB) durch vollen Gegenbeweis widerlegliche **Vermutung** des § 409 I–III setzt einen formgültigen Frachtbrief (§ 408) voraus, der auch vom FrachtF iSd § 408 II 2, 3 unterzeichnet ist. Der formelle **Konsens** u der **Inhalt** des Frachtvertrages (§ 409 I) werden nur so weit vermutet, wie er sich aus dem Frachtbrief ergibt (Hmbg VersR 82, 556). **Frachtstücke** (§ 408) sind alle Einzelstücke sowie die vom Absender hergestellten Einheiten, gleichgültig, ob durch Verpackung oder zur Transporterleichterung, nicht die in den Einheiten (sichtbar) enthaltenen Kartons etc (Hamm TranspR 00, 424). Äußerlich ist der **Zustand,** der an der Oberfläche der (verpackten) Frachtstücke ohne bes Warenkenntnisse nach den Verhältnissen bei Übergabe mit den Sinnesorganen erkennbar ist. Prüfgeräte sind nur bei Kühltransporten einzusetzen (so hM zur CMR). **Vorbehalte,** auch in Form abw Angaben, zerstören im Fall des § 409 I immer (*Ko* TR § 409 5), im Fall des § 409 II nur dann die Vermutung, wenn sie ausreichend (nicht notwendig zutr) begründet sind. Die Begründung muß grds für Außenstehende nachvollziehbar konkret auf einen Mangel bezogen sein (Düss TranspR 93, 54), außer bei konkreter Begründung mit obj unzureichender Prüfungsmöglichkeit (Unbekannt-Vermerk), die derjenige zu beweisen hat, der sich auf die Wirksamkeit des Vorbehalts beruft (*Ko* TR § 409 11). Obj falsche Vorbehalte sind einer Weigerung zur Unterzeichnung gleichzusetzen (§ 408); außerdem Beweisvereitelung. Im Fall des **§ 409 III** kann der Absender einseitig zur Prüfung anweisen. Rohgewicht (§ 408 I 8) ist das Gewicht samt Ver-

Vierter Abschnitt. Frachtgeschäft § 410

packung. „Inhalt" sind alle äußerlich (s o) nicht erkennbaren Eigenschaften. Die Ergebnisse der Prüfung sind im Frachtbrief einzutragen. Die widerlegliche Vermutung des § 409 reicht nur so weit wie der Absender im Frachtbrief Angaben gemacht hat, darüber hinaus gelten uU die §§ 416, 440 ZPO. Der FrachtF hat gem § 242 BGB das Recht zur Überprüfung auf eigene Kosten, darf aber außer im Fall des § 683 BGB oder § 410 II 1 HGB nicht die Verpackung öffnen. Zu **formungültigen Frachtbriefen,** § 408 Rz 1. Unterzeichnet der FrachtF **falsche Absenderangaben ohne Vorbehalt,** so haftet er bei Vorsatz analog den §§ 172, 405 BGB sowie gem § 826 BGB (BGH NJW 87, 588; Mü TranspR 83, 19; Hmbg VersR 86, 385; *Koller* TranspR 94, 186). Bei Fahrlässigkeit kommt cic mit Schutzwirkung für Dritte in Betracht. Beachte bei grenzüberschreitenden Transporten Art 9 CMR, 11 WA.

§ 410 Gefährliches Gut

(1) **Soll gefährliches Gut befördert werden, so hat der Absender dem Frachtführer rechtzeitig schriftlich oder in sonst lesbarer Form die genaue Art der Gefahr und, soweit erforderlich, zu ergreifende Vorsichtsmaßnahmen mitzuteilen.**

(2) **Der Frachtführer kann, sofern ihm nicht bei Übernahme des Gutes die Art der Gefahr bekannt war oder jedenfalls mitgeteilt worden ist,**

1. **gefährliches Gut ausladen, einlagern, zurückbefördern oder, soweit erforderlich, vernichten oder unschädlich machen, ohne dem Absender deshalb ersatzpflichtig zu werden, und**

2. **vom Absender wegen dieser Maßnahmen Ersatz der erforderlichen Aufwendungen verlangen.**

1. Gefährlich sind alle Güter, die in den einschlägigen Gefahrgutnormen (§ 408 I 6) genannt sind; ferner alle Güter, die im Rahmen der Beförderung eine unmittelbare Gefahr einer Art erzeugen, mit der ein ordentlicher FrachtF normalerweise nicht zu rechnen braucht (*Ko* TR § 410 2; str). Die **Information** muß zumindest lesbar sein. Lesbar sind auch Piktogramme etc (Bilderschrift). Die Information muß nicht im Frachtbrief enthalten sein. Sie ist iSd § 410 I **rechtzeitig,** wenn sie so zugeht (§ 130 BGB), daß der FrachtF der erhöhten Gefahr sachgerecht begegnen u nutzlose Aufwendungen vermeiden kann (*Ko* TR § 410 4; abw 3.3, 3.5 ADSp). Sie muß sich immer auf Intensität der Gefahr u Art des drohenden Schadens beziehen, auf Vorsichtsmaßnahmen nur, wenn ihre Kenntnis von einem FrachtF nicht zu erwarten ist. Beweislast für fehlende Information: FrachtF. Die Informationspflicht entfällt bei rechtzeitiger anderweitiger Kenntnis. § 410 ist abdingbar (*Ko* TR § 410 22). 1

2. Rechtsfolge: § 414. Der FrachtF kann außerdem **ausladen etc** (§ 410 II 1) u Aufwendungsersatz nach Maßgabe des § 414 fordern. Es 2 gilt das Verhältnismäßigkeitsprinzip (hM). Der Anspruch aus § 410 II 1 besteht nicht, wenn bei Übernahme des Gutes (§ 425 [*Ko* TR § 410 11]) die Information über die Gefahr (nicht: Vorsichtsmaßnahmen) dem FrachtF (Fahrer etc sind Empfangsvertreter) zugegangen war (§ 130 BGB) oder der FrachtF bzw sein Wissensvertreter (zB Fahrer) Kenntnis erlangt hat (Beweislast: Absender). Beachte bei grenzüberschreitenden Transporten CMR, CIM.

§ 411 Verpackung, Kennzeichnung

¹**Der Absender hat das Gut, soweit dessen Natur unter Berücksichtigung der vereinbarten Beförderung eine Verpackung erfordert, so zu verpacken, daß es vor Verlust und Beschädigung geschützt ist und daß auch dem Frachtführer keine Schäden entstehen.** ²**Der Absender hat das Gut ferner, soweit dessen vertragsgemäße Behandlung dies erfordert, zu kennzeichnen.**

1 Mangels abw (konkludenter) Abreden (*Ko* TR § 411 18) oder Bräuche (§§ 346 HGB, 157 BGB) sind Güter durch Verpackung u Frachtstücke auch durch Kennzeichnung den vertraglich geschuldeten, vorhersehbaren Transportbedingungen (*Koller* VersR 93, 519) so anzupassen, daß sie die Beförderung unbeschädigt u ohne Schädigung des FrachtF überstehen (BR-Drs 368/97, S 39) u keine Verwechslungen provozieren. Vorhersehbar sind zB Notbremsungen (Celle VersR 77, 911), vertraglich zulässige Umladungen, nicht aber Diebstähle (Mü VersR 86, 678), Unfälle, Beförderungshindernisse (§ 419). Die Verpackung braucht nicht unangemessen aufwendig zu sein (*Ko* TR § 411 6). Der FrachtF hat uU über die Transportverhältnisse aufzuklären (*Koller* VersR 93, 519), jedenfalls auf erkannte oder evidente Verpackungs-, Kennzeichnungsmängel hinzuweisen (hM). Wenn der FrachtF bei Vertragsschluß die Verpackungsqualität kennen mußte, kann sich daraus auch eine Pflicht zur besonders vorsichtigen Beförderung ergeben. Rechtsfolgen: § 273 BGB, pFV, §§ 414, 425 II, 427. Beweislast für Mängel: FrachtF. Der FrachtF ist grds nicht verpflichtet, die Verpackung zu verbessern (beachte § 419).

§ 412 Verladen und Entladen

(1) ¹**Soweit sich aus den Umständen oder der Verkehrssitte nicht etwas anderes ergibt, hat der Absender das Gut beförderungssicher zu laden, zu stauen und zu befestigen (verladen) sowie zu entladen.** ²**Der Frachtführer hat für die betriebssichere Verladung zu sorgen.**

(2) **Für die Lade- und Entladezeit, die sich mangels abweichender Vereinbarung nach einer den Umständen des Falles angemessenen Frist bemißt, kann keine besondere Vergütung verlangt werden.**

Vierter Abschnitt. Frachtgeschäft **§ 412**

(3) **Wartet der Frachtführer auf Grund vertraglicher Vereinbarung oder aus Gründen, die nicht seinem Risikobereich zuzurechnen sind, über die Lade- oder Entladezeit hinaus, so hat er Anspruch auf eine angemessene Vergütung (Standgeld).**

(4) **Das Bundesministerium der Justiz wird ermächtigt, im Einvernehmen mit dem Bundesministerium für Verkehr durch Rechtsverordnung, die nicht der Zustimmung des Bundesrates bedarf, für die Binnenschiffahrt unter Berücksichtigung der Art der zur Beförderung bestimmten Fahrzeuge, der Art und Menge der umzuschlagenden Güter, der beim Güterumschlag zur Verfügung stehenden technischen Mittel und der Erfordernisse eines beschleunigten Verkehrsablaufs die Voraussetzungen für den Beginn der Lade- und Entladezeit, deren Dauer sowie die Höhe des Standgeldes zu bestimmen.**

1. Beförderungssichere Verladung, Entladung (§ 412 I 1). Der 1 Absender kann als Warenfachmann oder als dessen Beauftragter iZw am besten beurteilen (BR-Drs 368/97, S 39 f), wie das Gut so zu be- u entladen ist, daß es nicht durch die normalen, vorhersehbaren, vertragskonformen (*Ko* TR § 412 5), beförderungsbedingten Einwirkungen geschädigt wird. Normal sind zB Notbremsungen (Hamm VersR 80, 966), schlechte Wegstrecken (Hmbg 87, 436), nicht aber Unfälle, instabiles Gut anderer Absender (Düss VersR 73, 178). Der Empfänger ist bei der Entladung Erfüllungsgehilfe des Absenders. Der FrachtF ist zur Be-, Entladung verpflichtet, wenn dies (konkludent; AGB) vereinbart, üblich (§§ 157 BGB, 346 HGB; keine faktische Fortwirkung des § 17 KVO [str]) ist, den Umständen entspricht (zB Beförderungsmittel mit Be-, Entladevorrichtungen [BGH VersR 85, 1036; *Ko* TR § 412 9, 29]) oder § 451 a eingreift. Wirkt FrachtF bei dem Absender obliegender Be-, Entladung mit, so erfolgt dies nach hM (BGH VersR 71, 755; zum Streitstand *Ko* TR § 412 11) aus Gefälligkeit, bei Mitwirkung von Gehilfen des FrachtF sind diese nach hM (*FreTh* § 412 9) Erfüllungs(Verrichtungs)gehilfen des Absenders. Es sollte jedoch darauf ankommen, wem die Weisungsbefugnis u Oberaufsicht zusteht (*Ko* TR § 412 11 ff, 31 ff); der Absender besitzt sie jedenfalls nicht, wenn die Leute des FrachtF „auf eigene Faust" gehandelt haben. Spiegelbildliches gilt bei Ver- u Entladepflicht des FrachtF (*Ko* TR § 412 15, 36). Auf erkannte oder evidente Verlademängel hat der FrachtF hinzuweisen (§ 427 Rz 3; bei sonstigen Schäden: § 433; beachte auch § 419). Rechtsfolge mangelhafter Be-, Entladung: Traf den Absender die Ent-, Beladepflicht, so greifen die §§ 419, 427 I 3, 434 ein; in Hinblick auf Transportmittel pFV, § 823 BGB, nicht § 414 HGB; Haftung dem UnterFrachtF ggüber nur gem § 823 BGB (Hamm NJW-RR 99, 1123). Traf den FrachtF die Be-, Entladepflicht, so sind die §§ 419, 425, 434 heranzuziehen; bei sonstigen Schäden: § 433.

2. Betriebssicherheit (§ 412 I 2). Insoweit ist der FrachtF Fach- 2 mann. Nach der Verladung muß das Beförderungsmittel jeder Verkehrs-

Koller 1041

§ 413 Viertes Buch. Handelsgeschäfte

lage gewachsen sein, mit der auf dem in Aussicht genommenen Transport zu rechnen ist (BGH VersR 70, 459). Die Verladung darf daher zB nicht die Stabilität (Kln TranspR 96, 380), Bremsfähigkeit gefährden oder Belastungsgrenzen überschreiten. Der FrachtF hat sich ggf zu erkundigen (zB Gewicht; Düss TranspR 98, 169), die Befestigungen zu kontrollieren (Düss TranspR 96, 39) u den Absender darauf hinzuweisen, was für die Betriebssicherheit zu beachten ist. Bei erkennbarer (wahrscheinlicher) Betriebsunsicherheit darf Transport nicht begonnen werden, nach Beginn des Transports greift § 419 ein. Rechtsfolgen: §§ 425 I, 426 (Betriebsunsicherheit trotz größter Sorgfalt unerkennbar), 434; bei betriebs- u zugleich beförderungsunsicherer Verladung §§ 425 II, 427 I 3. Beweislast für Betriebssicherheit: FrachtF (Düss TranspR 96, 39).

3 **3. Lade-, Entladezeit, Standgeld.** Angemessen ist der Zeitraum, den ein ordentlicher Absender benötigt, um das Gut sicher zu verladen und schadensfrei zu entladen (näher *Ko* TR § 412 46). Grds muß das Gut zur Verladung bereitstehen (Düss TranspR 93, 98). Ist bei Vertragsschluß erkennbar damit zu rechnen, daß es mit großer Wahrscheinlichkeit zu Verzögerungen kommt, so hat dies der FrachtF in die Fracht einzukalkulieren (BR-Drs 368/97, S 40). Abw (konkludente) Vereinbarungen (AGB, zB VBGL) sind zulässig. Standgeld für die Zeit des Wartens nach Ablauf der Be-, Entladefrist kann er mangels konkreter (konkludenter) Abreden in üblicher Höhe fordern; dort wo sich das übliche Standgeld in einer Spanne bewegt, den Mittelwert (BGH 94, 104); mangels einer Übung den Betrag, der die Bereithaltung von Kapital u Arbeitskraft u die Durchkreuzung anderweitiger Dispositionen angemessen ausgleicht; iZw der übliche Vergütungssatz; § 315 BGB greift nicht ein (näher *Ko* TR § 412 58). Beweislast: FrachtF. Der FrachtF wartet nicht, wenn er obj nicht in der Lage ist, den Be-, Entladeort zu verlassen (*Ko* TR § 412 51; anders, wenn bloß alle Arten von Gütern nicht be-, entladen werden können). In den Risikobereich des FrachtF fällt zB, daß das Beförderungsmittel ungeeignet ist, daß er nicht alle Informationen zur betriebssicheren Verladung erteilt hat oder seinen sonstigen Pflichten nicht nachkommt (*Ko* TR § 412 53). Verschulden ist unerheblich. Passivlegitimation: § 421 I, IV. Binnenschiff: VO v 23. 11. 99 BGBl I 2389.

§ 413 Begleitpapiere

(1) **Der Absender hat dem Frachtführer Urkunden zur Verfügung zu stellen und Auskünfte zu erteilen, die für eine amtliche Behandlung, insbesondere eine Zollabfertigung, vor der Ablieferung des Gutes erforderlich sind.**

(2) ¹**Der Frachtführer ist für den Schaden verantwortlich, der durch Verlust oder Beschädigung der ihm übergebenen Urkunden oder durch deren unrichtige Verwendung verursacht worden ist, es sei denn, daß der Verlust, die Beschädigung oder die**

Vierter Abschnitt. Frachtgeschäft § 414

unrichtige Verwendung auf Umständen beruht, die der Frachtführer nicht vermeiden und deren Folgen er nicht abwenden konnte. ²Seine Haftung ist jedoch auf den Betrag begrenzt, der bei Verlust des Gutes zu zahlen wäre.

1. Urkunden, Auskünfte (§ 413 I). Erforderlich sind alle Urkunden, deren Vorlage Behörden in Hinblick auf das Gut auf dem vertragskonformen Transportweg zwischen Übernahme u Ablieferung rechtmäßig (BGH TranspR 98, 154) verlangen können. Üblichkeit oder Vorhersehbarkeit ist unerheblich. Die Urkunden müssen rechtzeitig verfügbar sein (*Ko* TR § 413 3). Der FrachtF braucht nicht auf Mängel der Urkunden oder ihre Vollständigkeit hin zu kontrollieren. Auf erkannte oder evidente Unzulänglichkeiten hat er hinzuweisen; er kann sich zur Beschaffung der Urkunden verpflichten (§§ 675 BGB, 454 HGB). Gleiches gilt für die keiner Form bedürftigen **Auskünfte** über Verhältnisse, deren Kenntnis von einem ordentlichen FrachtF (zu den §§ 458–460 *Ko* TR § 413 9) nicht zu erwarten ist oder die er ersichtlich nicht besitzt. **Rechtsfolge:** §§ 273, 642 f BGB, 414 I 4 HGB. § 413 ist voll abdingbar. 1

2. Haftung des FrachtF (§ 413 II). § 413 II ist auf Auskünfte nicht analog anzuwenden (*Ko* TR § 413 13), wohl aber auf Unterlassen der Verwendung von Urkunden. §§ 425 II, 426 sind entspr heranzuziehen. § 413 II ist lex specialis zu §§ 425 I, 426 ff außer zu § 435 (*Ko* TR § 413 16). § 413 II ist grds unabdingbar (§ 449); § 413 ist dispositiv. 2

§ 414 Verschuldensunabhängige Haftung des Absenders in besonderen Fällen

(1) ¹Der Absender hat, auch wenn ihn kein Verschulden trifft, dem Frachtführer Schäden und Aufwendungen zu ersetzen, die verursacht werden durch

1. ungenügende Verpackung oder Kennzeichnung,
2. Unrichtigkeit oder Unvollständigkeit der in den Frachtbrief aufgenommenen Angaben,
3. Unterlassen der Mitteilung über die Gefährlichkeit des Gutes oder
4. Fehlen, Unvollständigkeit oder Unrichtigkeit der in § 413 Abs. 1 genannten Urkunden oder Auskünfte.

²Für Schäden hat der Absender jedoch nur bis zu einem Betrag von 8, 33 Rechnungseinheiten für jedes Kilogramm des Rohgewichts der Sendung Ersatz zu leisten; § 431 Abs. 4 und die §§ 434 bis 436 sind entsprechend anzuwenden.

(2) Hat bei der Verursachung der Schäden oder Aufwendungen ein Verhalten des Frachtführers mitgewirkt, so hängen die Verpflichtung zum Ersatz sowie der Umfang des zu leistenden

Koller

§ 415

Ersatzes davon ab, inwieweit dieses Verhalten zu den Schäden und Aufwendungen beigetragen hat.

(3) Ist der Absender ein Verbraucher, so hat er dem Frachtführer Schäden und Aufwendungen nach den Absätzen 1 und 2 nur zu ersetzen, soweit ihn ein Verschulden trifft.

1 1. **Haftungsvoraussetzungen. a) Ungenügende Verpackung, Kennzeichnung (§ 411).** Der Absender muß die obj verkehrserforderliche Sorgfalt außer Acht gelassen haben (BR-Drs 13/8445, Anl 3, S 138). Wenn das Gut unverpackt, nicht gekennzeichnet war, so muß ihn eine Pflicht zur Verpackung etc (vgl § 411) getroffen haben (*Ko* TR § 414 6; *BauHopt* § 414 2); der Nicht-Verpackungspflichtige muß sich uU pFV vorwerfen lassen (*Ko* TR § 414 7). **b) Unrichtigkeit oder Unvollständigkeit der Angaben (§ 413 I).** Dort, wo Angaben ihrer Art nach gänzlich fehlen, wird nicht gehaftet (*Ko* TR § 414 9). § 413 I ist abdingbar. **c) Gefährlichkeit des Guts.** Verstoß gg § 410 I bzw die vertragsgemäße eingeschränkte Informationspflicht (zu Erweiterungen s *Ko* TR § 414 10). Bei fehlenden Informationen über Vorsichtsmaßnahmen greift § 414 analog ein. **d) Fehlen, Mangelhaftigkeit von Urkunden, Auskünften.** Verstoß des Absenders gg die Pflicht aus § 413 I; zur Erweiterung der Pflichten s *Ko* TR § 414 12. Dort, wo FrachtF behilflich war: § 414 II bzw Gegenanspruch aus pFV.

2 2. **Rechtsfolgen.** Zu ersetzen sind nur kausale Schäden (§§ 249 ff BGB) u Aufwendungen (vgl BGH 65, 390) des FrachtF (keine Schutzwirkung zugunsten UnterfrachtF). Drittschadensliquidation ist zT möglich (*Ko* TR § 414 15; aA *FreTh* § 414 13). Die Haftung ist der Höhe nach beschränkt (§ 414 I S 2; Ausnahme: § 435) auch in Hinblick auf Aufwendungen (*Ko* TR § 414 16; aA: hM), die als Schäden iSd §§ 249 ff BGB zu qualifizieren sind (Verstoß gg Art 3 GG [*Canaris* § 33 58]). § 414 ist daher bei Ansprüchen gg den Absender lex specialis zur pFV; in Hinblick auf § 823 BGB gelten die §§ 434, 436. Verschulden (§ 276 BGB) ist außer bei Verbrauchern (§ 414 III HGB, § 13 BGB) ebenso unerheblich wie Wahrung größter Sorgfalt (aA *Canaris* § 33 59). Mitverschulden des FrachtF (§ 414 II) ist in Parallele zu § 254 BGB zu berücksichtigen, insbes, daß FrachtF zB Pflicht zur Verpakkung, zu Hinweisen bei Kenntnis u Evidenz des Mangels getroffen oder daß der FrachtF den Frachtbrief mangelhaft ausgefüllt hatte (näher *Ko* TR § 414 19). §§ 417, 419 I 3 bleiben unberührt. Zur Abdingbarkeit s § 449; die in den §§ 408–413 I genannten Pflichten sind grds dispositiv (*Ko* TR § 414 10).

§ 415 Kündigung durch den Absender

(1) **Der Absender kann den Frachtvertrag jederzeit kündigen.**

(2) ¹**Kündigt der Absender, so kann der Frachtführer entweder**

1. **die vereinbarte Fracht, das etwaige Standgeld sowie zu ersetzende Aufwendungen unter Anrechnung dessen, was er in-**

folge der Aufhebung des Vertrages an Aufwendungen erspart oder anderweitig erwirbt oder zu erwerben böswillig unterläßt, oder

2. ein Drittel der vereinbarten Fracht (Fautfracht) verlangen. ²Beruht die Kündigung auf Gründen, die dem Risikobereich des Frachtführers zuzurechnen sind, so entfällt der Anspruch auf Fautfracht nach Satz 1 Nr. 2; in diesem Fall entfällt auch der Anspruch nach Satz 1 Nr. 1, soweit die Beförderung für den Absender nicht von Interesse ist.

(3) ¹Wurde vor der Kündigung bereits Gut verladen, so kann der Frachtführer auf Kosten des Absenders Maßnahmen entsprechend § 419 Abs. 3 Satz 2 bis 4 ergreifen oder vom Absender verlangen, daß dieser das Gut unverzüglich entlädt. ²Der Frachtführer braucht das Entladen des Gutes nur zu dulden, soweit dies ohne Nachteile für seinen Betrieb und ohne Schäden für die Absender oder Empfänger anderer Sendungen möglich ist. ³Beruht die Kündigung auf Gründen, die dem Risikobereich des Frachtführers zuzurechnen sind, so ist abweichend von den Sätzen 1 und 2 der Frachtführer verpflichtet, das Gut, das bereits verladen wurde, unverzüglich auf eigene Kosten zu entladen.

§ 415 verdrängt nicht die §§ 326, 361 BGB sowie die Regeln der pFV (BR-Drs 368/97, S 45; *FreTh* § 415 35). IZw werden die aus diesen Vorschriften entspringenden Rechte geltend gemacht (*Ko* TR § 415 10). Außerdem ist denkbar, daß sich der Absender lediglich auf die Tatsache der Unmöglichkeit der Beförderung beruft. Ferner kann er analog § 419 bei Beförderungshindernissen den Transport für beendet erklären (Rechtsfolge: § 420 II analog). Das Wahlrecht gem § 415 II S 1 wird durch Erklärung bindend (*Ko* TR § 415 15) ausgeübt. In Hinblick auf die Aufwendungen ist § 420 I 2 analog anwendbar; zum Standgeld § 412 III. Die Beweislast hinsichtlich der (möglichen) Ersparnisse: FrachtF (*Ko* TR § 415 16; aA *FreTh* § 415 39). Zur Risikosphäre des Frachtfs Erl zu §§ 412, 417, 419. **Nach Übernahme** des **Gutes** fallen Erklärungen uU unter die §§ 418, 419. Denkbar ist auch, daß der Absender seine Rechte aus den §§ 326, 361 wg pFV geltend macht oder sich auf die Unmöglichkeit des Transportes beruft (s o). 1

§ 416 Anspruch auf Teilbeförderung

¹Wird nur ein Teil der vereinbarten Ladung verladen, so kann der Absender jederzeit verlangen, daß der Frachtführer mit der Beförderung der unvollständigen Ladung beginnt. ²In diesem Fall gebührt dem Frachtführer die volle Fracht, das etwaige Standgeld sowie Ersatz der Aufwendungen, die ihm infolge der Unvollständigkeit der Ladung entstehen; von der vollen Fracht kommt jedoch die Fracht für dasjenige Gut in Abzug, welches der Frachtführer mit demselben Beförderungsmittel anstelle des

§ 417

nicht verladenen Gutes befördert. ³Der Frachtführer ist außerdem berechtigt, soweit ihm durch die Unvollständigkeit der Ladung die Sicherheit für die volle Fracht entgeht, die Bestellung einer anderweitigen Sicherheit zu fordern. ⁴Beruht die Unvollständigkeit der Verladung auf Gründen, die dem Risikobereich des Frachtführers zuzurechnen sind, so steht diesem der Anspruch nach den Sätzen 2 und 3 nur insoweit zu, als tatsächlich Ladung befördert wird.

1   Dem Verlangen des Absenders darf der FrachtF nicht analog § 418 I 3 Nachteile seines Betriebes entgegensetzen, sondern nur Unzumutbarkeit (§ 242 BGB). Zum Risikobereich s Erl zu §§ 412, 417, 419 (Ko TR § 416 7). Unabhängig von § 416 S 4 kann der Absender Ersatzansprüche wg § 325 f BGB, pFV geltend machen (Ko TR § 416 4). Neben den Sonderaufwendungen wg Unvollständigkeit der Ladung sind gem § 420 I 2 die auf die Teilladung entfallenden Aufwendungen sowie gem § 412 III Standgeld zu ersetzen. „Dasselbe Beförderungsmittel" ist auch ein Lkw-Anhänger. § 415 II Nr 1 ist nicht analog anwendbar (allg M). Beweislast für anzurechnende Fracht: Absender. Sicherheit: §§ 232 f BGB. Nach Beginn der Reise greift § 418 ein.

§ 417 Rechte des Frachtführers bei Nichteinhaltung der Ladezeit

(1) **Verlädt der Absender das Gut nicht innerhalb der Ladezeit oder stellt er, wenn er zur Verladung nicht verpflichtet ist, das Gut nicht innerhalb der Ladezeit zur Verfügung, so kann ihm der Frachtführer eine angemessene Frist mit der Erklärung setzen, daß er nicht länger warten werde, wenn das Gut nicht bis zum Ablauf dieser Frist verladen oder zur Verfügung gestellt werde.**

(2) **Wird bis zum Ablauf der nach Absatz 1 gesetzten Frist keine Ladung verladen oder zur Verfügung gestellt, so kann der Frachtführer den Vertrag kündigen und die Ansprüche nach § 415 Abs. 2 geltend machen.**

(3) **Wird bis zum Ablauf der nach Absatz 1 gesetzten Frist nur ein Teil der vereinbarten Ladung verladen oder zur Verfügung gestellt, so kann der Frachtführer mit der Beförderung der unvollständigen Ladung beginnen und die Ansprüche nach § 416 Satz 2 und 3 geltend machen.**

(4) **Dem Frachtführer stehen die Rechte nicht zu, wenn die Nichteinhaltung der Ladezeit auf Gründen beruht, die seinem Risikobereich zuzurechnen sind.**

1   Hat der Absender zu verladen (§ 412), so kommt es ausschließlich darauf an, ob innerhalb der Ladezeit (§ 412 II) die Verladung beendet ist. Ein Verschulden des Absenders ist nicht erforderlich. Der Transport

etc darf nicht unmöglich geworden sein (*Ko* TR § 417 5). In den Risikobereich des FrachtF fällt zB, daß er kein geeignetes Transportmittel stellt, in aller Regel nicht aber bloß, daß die Verladung jeder Art von Gütern unmöglich ist (*Ko* TR § 417 3). Die Nachfrist muß eindeutig sein u kann uU vor Ablauf der Lade- bzw Bereitstellungszeit gesetzt werden. Beweislast: FrachtF. Der Anspruch auf Standgeld (§ 412 III) endet mit der Kündigung. Die Kündigung kann verwirkt werden; sie geht im Fall des § 415 etc ins Leere. Außerdem ist eine fristlose **Kündigung aus wichtigem Grund** möglich (zB Weigerung [*Ko* TR § 417 10]).

§ 418 Nachträgliche Weisungen

(1) ¹**Der Absender ist berechtigt, über das Gut zu verfügen.** ²**Er kann insbesondere verlangen, daß der Frachtführer das Gut nicht weiterbefördert oder es an einem anderen Bestimmungsort, an einer anderen Ablieferungsstelle oder an einen anderen Empfänger abliefert.** ³**Der Frachtführer ist nur insoweit zur Befolgung solcher Weisungen verpflichtet, als deren Ausführung weder Nachteile für den Betrieb seines Unternehmens noch Schäden für die Absender oder Empfänger anderer Sendungen mit sich zu bringen droht.** ⁴**Er kann vom Absender Ersatz seiner durch die Ausführung der Weisung entstehenden Aufwendungen sowie eine angemessene Vergütung verlangen; der Frachtführer kann die Befolgung der Weisung von einem Vorschuß abhängig machen.**

(2) ¹**Das Verfügungsrecht des Absenders erlischt nach Ankunft des Gutes an der Ablieferungsstelle.** ²**Von diesem Zeitpunkt an steht das Verfügungsrecht nach Absatz 1 dem Empfänger zu.** ³**Macht der Empfänger von diesem Recht Gebrauch, so hat er dem Frachtführer die entstehenden Mehraufwendungen zu ersetzen sowie eine angemessene Vergütung zu zahlen; der Frachtführer kann die Befolgung der Weisung von einem Vorschuß abhängig machen.**

(3) **Hat der Empfänger in Ausübung seines Verfügungsrechts die Ablieferung des Gutes an einen Dritten angeordnet, so ist dieser nicht berechtigt, seinerseits einen anderen Empfänger zu bestimmen.**

(4) **Ist ein Frachtbrief ausgestellt und von beiden Parteien unterzeichnet worden, so kann der Absender sein Verfügungsrecht nur gegen Vorlage der Absenderausfertigung des Frachtbriefs ausüben, sofern dies im Frachtbrief vorgeschrieben ist.**

(5) **Beabsichtigt der Frachtführer, eine ihm erteilte Weisung nicht zu befolgen, so hat er denjenigen, der die Weisung gegeben hat, unverzüglich zu benachrichtigen.**

§ 419 Viertes Buch. Handelsgeschäfte

(6) ¹Ist die Ausübung des Verfügungsrechts von der Vorlage des Frachtbriefs abhängig gemacht worden und führt der Frachtführer eine Weisung aus, ohne sich die Absenderausfertigung des Frachtbriefs vorlegen zu lassen, so haftet er dem Berechtigten für den daraus entstehenden Schaden. ²Die Vorschriften über die Beschränkung der Haftung finden keine Anwendung.

1 Weisungen sind der Abänderung (nicht der [vereinbarten] Vervollständigung) des Frachtvertrages dienende einseitige, grds formlose, empfangsbedürftige (§ 130 BGB) Erklärungen (*Ko* TR § 418 4), uU durch Dritte (§§ 164, 185 BGB). Sie sind unzulässig, wenn sie gg die §§ 134, 138 BGB verstoßen oder für den FrachtF unzumutbare (aA *FreTh* § 418 18), nicht durch Aufwendungsersatz u Vergütung ausgeglichene Beeinträchtigungen oder Gefahren mit sich bringen (*Ko* TR § 418 11), zB Abwanderung anderer Kunden. Bei teilweise unbeachtlichen Weisungen gilt § 139 BGB analog. Unzumutbare Weisungen enthalten zugleich ein Angebot zur Abänderung des Frachtvertrages. Die gem § 418 I 4 ersatzfähigen Aufwendungen (freiwillige Vermögensopfer, nicht Schäden) mußte der FrachtF ohne Verschulden für erforderlich halten dürfen (*Ko* TR § 418 24 f). Angemessen ist iZw die übliche Vergütung für den erhöhten Arbeits- u Kapitaleinsatz. Ersparnisse sind analog § 415 II 1 Nr 1 zu verrechnen, uU mit der Fracht. Vorschuß (§ 669 BGB) kann nur im Rahmen von § 242 BGB gefordert werden. Gegenanspruch uU aus §§ 425, 433 wg Provokation der Weisung. Haftung bei Nichtbeachtung von Weisungen: §§ 425, 433 je nach Art des Schadens (*Ko* TR § 418 30; aA *BauHopt* § 418 4). Haftung bei Befolgung von Weisungen Nichtberechtigter: §§ 425, 433 je nach Art des Schadens (aA *BauHopt* § 418 4; Ausnahme: *Sperrpapier*; § 418 IV, VI). Zum grenzüberschreitenden Transport s Art 12 CMR, 12 WA (*Ko* TR, Teil B).

§ 419 Beförderungs- und Ablieferungshindernisse

(1) ¹Wird vor Ankunft des Gutes an der für die Ablieferung vorgesehenen Stelle erkennbar, daß die Beförderung nicht vertragsgemäß durchgeführt werden kann, oder bestehen nach Ankunft des Gutes an der Ablieferungsstelle Ablieferungshindernisse, so hat der Frachtführer Weisungen des nach § 418 Verfügungsberechtigten einzuholen. ²Ist der Empfänger verfügungsberechtigt und ist er nicht zu ermitteln oder verweigert er die Annahme des Gutes, so ist Verfügungsberechtigter nach Satz 1 der Absender; ist die Ausübung des Verfügungsrechts von der Vorlage eines Frachtbriefs abhängig gemacht worden, so bedarf es in diesem Fall der Vorlage des Frachtbriefs nicht. ³Der Frachtführer ist, wenn ihm Weisungen erteilt worden sind und das Hindernis nicht seinem Risikobereich zuzurech-

nen ist, berechtigt, Ansprüche nach § 418 Abs. 1 Satz 4 geltend zu machen.

(2) Tritt das Beförderungs- oder Ablieferungshindernis ein, nachdem der Empfänger auf Grund seiner Verfügungsbefugnis nach § 418 die Weisung erteilt hat, das Gut an einen Dritten abzuliefern, so nimmt bei der Anwendung des Absatzes 1 der Empfänger die Stelle des Absenders und der Dritte die des Empfängers ein.

(3) ¹Kann der Frachtführer Weisungen, die er nach § 418 Abs. 1 Satz 3 befolgen müßte, innerhalb angemessener Zeit nicht erlangen, so hat er die Maßnahmen zu ergreifen, die im Interesse des Verfügungsberechtigten die besten zu sein scheinen. ²Er kann etwa das Gut entladen und verwahren, für Rechnung des nach § 418 Abs. 1 bis 4 Verfügungsberechtigten einem Dritten zur Verwahrung anvertrauen oder zurückbefördern; vertraut der Frachtführer das Gut einem Dritten an, so haftet er nur für die sorgfältige Auswahl des Dritten. ³Der Frachtführer kann das Gut auch gemäß § 373 Abs. 2 bis 4 verkaufen lassen, wenn es sich um verderbliche Ware handelt oder der Zustand des Gutes eine solche Maßnahme rechtfertigt oder wenn die andernfalls entstehenden Kosten in keinem angemessenen Verhältnis zum Wert des Gutes stehen. ⁴Unverwertbares Gut darf der Frachtführer vernichten. ⁵Nach dem Entladen des Gutes gilt die Beförderung als beendet.

(4) Der Frachtführer hat wegen der nach Absatz 3 ergriffenen Maßnahmen Anspruch auf Ersatz der erforderlichen Aufwendungen und auf angemessene Vergütung, es sei denn, daß das Hindernis seinem Risikobereich zuzurechnen ist.

1. Beförderungshindernis. Die Beförderung ist in der vereinbarten Art nach Übernahme des Guts unmöglich geworden oder mit unzumutbarem Aufwand verbunden u dies wurde für den FrachtF erkennbar (*Ko* TR § 419 2). 1

2. Ablieferungshindernis. Es muß an der Ablieferungsstelle (§ 421 I) bestehen, die Ursache ist unerheblich. Beispiele: Empfänger ist trotz angemessener Anstrengungen nicht zu ermitteln (Hmbg TranspR 88, 277), Überschreiten der Entladezeit, endgültige Verweigerung vertragskonformer Annahme (*Ko* TR § 419 10, 14). Die bei Einholung der (formlosen) Weisung (§ 418) entstehenden **Kosten** sind nicht zu vergüten (Umkehrschluß aus § 419 I 3; Ausnahme: § 414), wohl aber Aufwendungen wg Befolgung der Weisung (Ausnahme: Risikobereich des FrachtF, zB Mängel des Transportmittels, vorhersehbare Mängel des gewählten Transportweges (*Ko* TR § 419 27). § 254 BGB ist analog anwendbar. Fracht, Standgeld: § 420 II, III. § 419 I 3 läßt die Ansprüche aus § 425 I sowie aus pFV iVm § 433 unberührt. 2

3. Keine bindenden Weisungen (§ 419 III). Angemessen ist die Zeit, die den FrachtF nicht übermäßig im Ungewissen und Maßnahmen iSd § 419 III 1 nicht illusorisch werden läßt. In Extremfällen braucht keinerlei Weisung eingeholt zu werden. Es ist auf das aus der Sicht des FrachtF mutmaßliche Interesse des Verfügungsberechtigten (§ 418 II) abzustellen. Der FrachtF kann nur Ersatz der obj erforderlichen **Aufwendungen** sowie eine **Vergütung** verlangen, die den Kapital- u Arbeitseinsatz angemessen ausgleicht (*Ko* TR § 419 39 ff); *Ausnahme:* Risikobereich des FrachtF (s o). Die Wartezeit ist gem § 420 III zu vergüten, die Transportleistung gem § 420 II. Verpflichtet ist nur der Absender, es sei denn, daß in Hinblick auf den Empfänger die Voraussetzungen des § 683 BGB vorliegen. Beweislast für Anspruch aus § 419 IV: FrachtF, auch in Hinblick auf Ursache der Störung (*Ko* TR § 419 52; str). Der **FrachtF haftet** gem §§ 425 ff, für Schäden nach dem Entladen (nur) gem pFV (§ 433), bei Drittverwahrung nur wg Auswahlverschuldens.

§ 420 Zahlung, Frachtberechnung

(1) **Die Fracht ist bei Ablieferung des Gutes zu zahlen.** ²**Der Frachtführer hat über die Fracht hinaus einen Anspruch auf Ersatz von Aufwendungen, soweit diese für das Gut gemacht wurden und er sie den Umständen nach für erforderlich halten durfte.**

(2) ¹**Wird die Beförderung infolge eines Beförderungs- oder Ablieferungshindernisses vorzeitig beendet, so gebührt dem Frachtführer die anteilige Fracht für den zurückgelegten Teil der Beförderung.** ²**Ist das Hindernis dem Risikobereich des Frachtführers zuzurechnen, steht ihm der Anspruch nur insoweit zu, als die Beförderung für den Absender von Interesse ist.**

(3) **Tritt nach Beginn der Beförderung und vor Ankunft an der Ablieferungsstelle eine Verzögerung ein und beruht die Verzögerung auf Gründen, die dem Risikobereich des Absenders zuzurechnen sind, so gebührt dem Frachtführer neben der Fracht eine angemessene Vergütung.**

(4) **Ist die Fracht nach Zahl, Gewicht oder anders angegebener Menge des Gutes vereinbart, so wird für die Berechnung der Fracht vermutet, daß Angaben hierzu im Frachtbrief oder Ladeschein zutreffen; dies gilt auch dann, wenn zu diesen Angaben ein Vorbehalt eingetragen ist, der damit begründet ist, daß keine angemessenen Mittel zur Verfügung standen, die Richtigkeit der Angaben zu überprüfen.**

1. Fracht. §§ 407 II, 354. Die Fracht ist Zug um Zug gg Ablieferung (§ 425) zu zahlen (§ 421 I). Auch bei „unfrei"-Vermerk darf der FrachtF das Gut nach zw (*Ko* TR § 420 5) hM ohne vorherige Frachtzahlung abliefern. Frachtnachnahme: § 422. Passivlegitimation:

§ 421 II, IV. Erfüllungsort: iZw beim Absender (§§ 269, 270 BGB), wenn dieser in Anspruch genommen wird (str). **Aufwendungen** setzen voraus, daß der FrachtF wie ein Geschäftsbesorger (§ 675 BGB) (freiwillige) Vermögensopfer in Hinblick auf das Gut selbst gemacht hat, deshalb nicht Kosten der Beförderung, der Obhut, selbst wenn sie normalerweise nicht entstehen (*Ko* TR § 420 9). Der FrachtF mußte die Aufwendungen ohne Verschulden für erforderlich halten. Sonderregeln: §§ 410 II, 414 I, 415 II, 416, 418 I, 419 IV.

2. Beförderungs-, Ablieferungshindernis. § 419. Der Transport 2 ist mit dem endgültigen Entladen (§ 419 III 5), der Kündigung (§ 415) oder dem Verlust des Gutes beendet. Maßgeblich ist das Verhältnis an Kosten, Zeit, Mühen zwischen der zurückgelegten u der nicht zurückgelegten Strecke (*Ko* TR § 420 20). Ausnahme: Risikosphäre des FrachtF; s § 419; *Canaris* § 33 51 (Beweislast: FrachtF). Ansprüche aus § 326 BGB, pFV gg den FrachtF werden durch § 420 II 2 nicht verdrängt (*Ko* TR § 420 24), wohl aber aus § 415 II 1 (aA *FreTh* § 420 19). Traf den Absender ein Verschulden, so haftet dieser aus pFV (iE *Canaris* § 33 49).

3. Verzögerung (§ 420 III). Kein Hindernis iSd § 419. Die Verzö- 3 gerung ist aus der Perspektive des FrachtF zu beurteilen; sie muß erheblich sein (BR-Drs 368/97). Zur Sphäre des Absenders zählen alle Störungsursachen, die ohne Rücksicht auf Verschulden unmittelbar im Organisationsbereich des Absender entstanden sind oder sich in ihm zuerst ausgewirkt haben oder die gänzlich unvorhersehbar gewesen sind (*Ko* TR § 420 26). Beweislast: FrachtF. Weitergehend uU § 414. Zu Entladeverzögerungen s §§ 412, 419.

§ 421 Rechte des Empfängers, Zahlungspflicht

(1) [1]**Nach Ankunft des Gutes an der Ablieferungsstelle ist der Empfänger berechtigt, vom Frachtführer zu verlangen, ihm das Gut gegen Erfüllung der Verpflichtungen aus dem Frachtvertrag abzuliefern.** [2]**Ist das Gut beschädigt oder verspätet abgeliefert worden oder verlorengegangen, so kann der Empfänger die Ansprüche aus dem Frachtvertrag im eigenen Namen gegen den Frachtführer geltend machen; der Absender bleibt zur Geltendmachung dieser Ansprüche befugt.** [3]**Dabei macht es keinen Unterschied, ob Empfänger oder Absender im eigenen oder fremden Interesse handeln.**

(2) [1]**Der Empfänger, der sein Recht nach Absatz 1 Satz 1 geltend macht, hat die noch geschuldete Fracht bis zu dem Betrag zu zahlen, der aus dem Frachtbrief hervorgeht.** [2]**Ist ein Frachtbrief nicht ausgestellt oder dem Empfänger nicht vorgelegt worden oder ergibt sich aus dem Frachtbrief nicht die Höhe der zu zahlenden Fracht, so hat der Empfänger die mit dem Absender**

§ 421

vereinbarte Fracht zu zahlen, soweit diese nicht unangemessen ist.

(3) **Der Empfänger, der sein Recht nach Absatz 1 Satz 1 geltend macht, hat ferner ein Standgeld oder eine Vergütung nach § 420 Abs. 3 zu zahlen, ein Standgeld wegen Überschreitung der Ladezeit und eine Vergütung nach § 420 Abs. 3 jedoch nur, wenn ihm der geschuldete Betrag bei Ablieferung des Gutes mitgeteilt worden ist.**

(4) **Der Absender bleibt zur Zahlung der nach dem Vertrag geschuldeten Beträge verpflichtet.**

1   **1. Aktivlegitimation des Empfängers.** Ablieferungsstelle ist der Ort vor oder auf dem Grundstück (§ 157 BGB; iZw auf Grundstück, soweit zumutbar erreichbar), an der FrachtF (str, ob auch UnterfrachtF) das Gut abliefern (§ 425) soll. Pflicht zur Ablieferung an den Empfänger (§§ 407, 408 I 5, 418) Zug um Zug gg Erfüllung aller Verpflichtungen, die den Absender oder Empfänger treffen (Ausnahme: Sonderabreden, zB „frei", „franko", „freight prepaid" [*Ko* TR § 421 11]). Der Empfänger, der das Verfügungsrecht erlangt hat (§§ 418 II 2, 419 I 2), kann vorher Besichtigung des Guts verlangen. § 334 BGB gilt analog (§ 419). Der Anspruch des Empfängers auf Schadensersatz wg Verspätung u Beschädigung (§ 425 I) entsteht im Zeitpunkt der Ablieferung (*Ko* TR § 421 14; anders BGH BB 99, 444 [CMR]; *FreTh* § 421 7), im Fall des (Teil)Verlusts sofort (Ausnahme: § 422 II). Neben dem Empfänger ist grds der Absender aktivlegitimiert (§ 428 HGB; anders §§ 418 IV, 444). Sonstige Ersatzansprüche stehen nur dem jeweils Geschädigten zu. Passivlegitimation. (Haupt)FrachtF, uU auch UnterfrachtF (§ 437). **Drittschadensliquidation** ist gem § 421 I 2 großzügig zu erlauben (BGH VersR 89, 1168; NJW 84, 2034; *Canaris* § 33 61; *Ko* TR § 421 18; *FreTh* § 421 17 [hM]; aA *Homann* JA 99, 978; *Büdenbender* NJW 00, 987), auch im Fall des § 437. Zur Prozeßstandschaft s § 425.

2   **2. Zahlungspflicht des Empfängers (§ 421 II).** Verlangen der Ablieferung ist Willenserklärung (§§ 116 ff BGB). Sie begründet mangels Sonderabreden (Rz 1) die Zahlungspflicht des Empfängers in Hinblick auf die Fracht (§ 420 I 1), soweit sie aus vorgelegtem Frachtbrief (§ 408) ersichtlich oder marktüblich (*Ko* TR § 421 29) ist u vom Absender (noch) geschuldet wird, nicht aber in Hinblick auf Aufwendungen, sonstige Vergütungen oder Nachnahmen (Ausnahme: im vorgelegten Frachtbrief eingetragen [*Ko* TR § 421 31 ff]). Außerdem schuldet dem Empfänger nach Maßgabe des § 418 II 3 Vergütung u Aufwendungsersatz, ferner uU Standgeld u Vergütung (§§ 421 III, 420 III, 412 III) wg Verzögerungen. Weitergehende Ansprüche nur, wenn Empfänger das Gut entgegengenommen hat, das ihm ersichtlich unter der Voraussetzung der Zahlung ausgeliefert worden ist (BGH VersR 59, 660) oder bei dauernden Geschäftsbeziehungen (BGH VersR 91, 1038). Ausnahmsweise greifen die §§ 683 f BGB ein (*Koller*

TranspR 93, 45). § 421 IV kann abbedungen werden (str, inwieweit bei „unfrei" [*Ko* TR § 420 5]).

§ 422 Nachnahme

(1) Haben die Parteien vereinbart, daß das Gut nur gegen Einziehung einer Nachnahme an den Empfänger abgeliefert werden darf, so ist anzunehmen, daß der Betrag in bar oder in Form eines gleichwertigen Zahlungsmittels einzuziehen ist.

(2) Das auf Grund der Einziehung Erlangte gilt im Verhältnis zu den Gläubigern des Frachtführers als auf den Absender übertragen.

(3) Wird das Gut dem Empfänger ohne Einziehung der Nachnahme abgeliefert, so haftet der Frachtführer, auch wenn ihn kein Verschulden trifft, dem Absender für den daraus entstehenden Schaden, jedoch nur bis zur Höhe des Betrages der Nachnahme.

Nachnahme. Die formlose Vereinbarung (§§ 145 ff BGB; *Ko* TR 1 § 422 11) des Einzugs (§ 667 BGB) oder die Weisung (§ 418) zum Einzug von Geld oder gleichwertigen Zahlungsmitteln gg Auslieferung des Guts. § 422 III greift auch bei sonstigen Vereinbarungen ein, die von den Parteien ausdrücklich als Nachnahme (cash on delivery; cod; pod) bezeichnet werden (*Ko* TR § 422 3; *BauHopt* § 422 1; *FreTh* § 422 9). *Gleichwertige Zahlungsmittel:* Bestätigter Bankscheck, electronic cash. § 422 greift nicht ein, wenn der FrachtF nur die Organisation des Einzugs durch Dritte übernommen hat (*Ko* TR § 422 10). Zur Unmöglichkeit Hamm TranspR 83, 151; aA *Ko* TR § 422 14. **Nach Einzug** ist das Geld etc gem §§ 675, 667 herauszugeben. Es gelten (nur) hinsichtlich des Geldes u der gleichwertigen Zahlungsmittel die §§ 771 ZPO, 47 InsO iVm §§ 422 II, 135 I 1 BGB analog. Der FrachtF kann im Rahmen des § 441 aufrechnen. **Haftung.** Gem § 422 III bis zur Grenze des § 426 (*BauHopt* § 422 3; str). Zu ersetzen ist der konkret nachgewiesene Schaden (§§ 249 ff BGB). Drittschadensliquidation ist zulässig. Aktivlegitimiert ist nur der Absender. Die Haftungshöchstsumme entfällt im Fall des § 435. § 254 BGB greift ein. Bei Verlust eingezogenen Geldes etc Haftung gem § 280 BGB, nicht § 433 HGB. **Nachnahmeähnliche Vereinbarungen** bei Ablieferung unter Bedingung, auf die nach dem Willen der Parteien der § 422 HGB nicht anzuwenden ist. Haftung wg pFV (§ 433), nicht gem §§ 425 ff HGB (*Ko* TR § 422 26; *FreTh* § 422 17).

§ 423 Lieferfrist

Der Frachtführer ist verpflichtet, das Gut innerhalb der vereinbarten Frist oder mangels Vereinbarung innerhalb der Frist abzuliefern, die einem sorgfältigen Frachtführer unter Berück-

sichtigung der Umstände vernünftigerweise zuzubilligen ist (**Lieferfrist**).

1 § 423 betrifft nicht die Übernahmefrist (pFV). Frachtbrief: § 409 I. Vereinbarte Frist verstößt nur unter bes Umständen gg § 138 BGB (*Ko TR* § 423 6). Die Frist wird durch Hindernisse (§ 419) nicht verlängert. Maßgeblich ist iZw das, was ex ante vernünftigerweise aufgrund der vorhersehbaren Umstände unter Berücksichtigung eines angemessenen Zeitpuffers zuzubilligen ist. Weisungen (§ 418) verlängern oder verkürzen die Lieferzeit analog § 423. Haftung: §§ 424, 425.

§ 424 Verlustvermutung

(1) **Der Anspruchsberechtigte kann das Gut als verloren betrachten, wenn es weder innerhalb der Lieferfrist noch innerhalb eines weiteren Zeitraums abgeliefert wird, der der Lieferfrist entspricht, mindestens aber zwanzig Tage, bei einer grenzüberschreitenden Beförderung dreißig Tage beträgt.**

(2) **Erhält der Anspruchsberechtigte eine Entschädigung für den Verlust des Gutes, so kann er bei deren Empfang verlangen, daß er unverzüglich benachrichtigt wird, wenn das Gut wiederaufgefunden wird.**

(3) **[1] Der Anspruchsberechtigte kann innerhalb eines Monats nach Empfang der Benachrichtigung von dem Wiederauffinden des Gutes verlangen, daß ihm das Gut Zug um Zug gegen Erstattung der Entschädigung, gegebenenfalls abzüglich der in der Entschädigung enthaltenen Kosten, abgeliefert wird. [2] Eine etwaige Pflicht zur Zahlung der Fracht sowie Ansprüche auf Schadenersatz bleiben unberührt.**

(4) **Wird das Gut nach Zahlung einer Entschädigung wiederaufgefunden und hat der Anspruchsberechtigte eine Benachrichtigung nicht verlangt oder macht er nach Benachrichtigung seinen Anspruch auf Ablieferung nicht geltend, so kann der Frachtführer über das Gut frei verfügen.**

1 Das Gut muß in der Rolle als FrachtF **übernommen** (§ 425) worden sein. Ursache der **Nicht-Ablieferung** ist unerheblich; der Aufenthaltsort des Guts kann bekannt sein (*Ko TR* § 424 4); bei Beförderungs- u Ablieferungshindernissen schützen die §§ 419, 425 II, 426 (*Ko TR* § 424 8 f). **Für verloren betrachten:** Gestaltungserklärung des Verfügungsberechtigten (§ 418; *Ko TR* § 424 10, 16), spätestens bis Ablieferung des Guts. Entschädigung: §§ 425 ff. **Vorbehalt (§ 424 II)**: formlos, auch konkludent, spätestens bei Empfang der Entschädigung; zulässig auch für den Fall, daß Ablieferung noch möglich wird. Bei Verbrauchern hat FrachtF über Möglichkeit des Vorbehalts aufzuklären. **Benachrichtigung (§ 424 III)**. Zugang (§ 130 BGB) erforderlich. Verspätete Benachrichtigung: pFV iVm § 433.

Vierter Abschnitt. Frachtgeschäft **§ 425**

§ 425 Haftung für Güter- und Verspätungsschäden. Schadensteilung

(1) Der Frachtführer haftet für den Schaden, der durch Verlust oder Beschädigung des Gutes in der Zeit von der Übernahme zur Beförderung bis zur Ablieferung oder durch Überschreitung der Lieferfrist entsteht.

(2) Hat bei der Entstehung des Schadens ein Verhalten des Absenders oder des Empfängers oder ein besonderer Mangel des Gutes mitgewirkt, so hängen die Verpflichtung zum Ersatz sowie der Umfang des zu leistenden Ersatzes davon ab, inwieweit diese Umstände zu dem Schaden beigetragen haben.

Verlust, Beschädigung. Das Gut ist verloren, wenn es zerstört ist, 1 § 424 eingreift, nicht an den Empfangsberechtigten abgeliefert worden ist (BGH VersR 98, 345) oder wenn mit an Sicherheit grenzender Wahrscheinlichkeit nicht zu erwarten ist, daß der FrachtF es innerhalb zumutbarer Zeit abliefert (Sonderregelung: § 422; z gemischten Vertrag *Ko* TR § 425 21). Zur Pfandverwertung BGH VersR 98, 344; abw *Ko* TR § 425 7. Unerheblich ist, daß der Geschädigte sich das Gut aus der Hand eines Dritten beschafft hat (Düss VersR 96, 1394; *Ko* TR § 425 11). Beschädigung ist die Substanzbeeinträchtigung (Verdacht genügt [BGH TranspR 00, 456]) in jeder Form, nicht reine Wertminderungen. Der Schaden bzw die Schadensursache muß nach Übernahme (Besitzerwerb aufgrund Frachtvertrags; zum gemischten Vertrag *Ko* TR § 425 21) u vor der Ablieferung des Gutes (Verschaffung ungestörter Sachherrschaft durch den Empfänger mit dessen Einverständnis; BGH, NJW 82, 1284) enstanden sein. „Abgeliefert" ist das Gut auch bei auftragsgemäßer, nicht transportbedingter Nachlagerung etc; ferner § 419 III 2. § 425 ist lex specialis. **Lieferfristüberschreitung.** Ablieferung nach Ende der Frist des § 423, nicht bloße verspätete Übernahme des Gutes (insoweit § 433). **Beweislast** für die Übernahme des vollzähligen, schadensfreien Gutes (beachte § 409) trägt der Ersatzberechtigte (§ 421 I). Der FrachtF hat die Ablieferung beliebigen Guts zu beweisen (§ 363 BGB). Gelingt ihm das, so greift § 438 ein. Die Beweislast für die Verspätung trägt der Geschädigte. **Vertreten-Müssen des Schadens.** §§ 426, 428. **Umfang des Schadens.** §§ 249 BGB, 429 ff HGB, 4 ff BinSchG. Drittschadensliquidation ist möglich (§ 421 Rz 1), solange der wahre Geschädigte Abführung des Ersatzes fordern kann (enger Hmbg TranspR 93, 386). Mit ihrer Hilfe kann uU ein FrachtF ggüber einem UnterfrachtF einen höheren Betrag geltend machen als er selbst dem Erstabsender schuldet (*Ko* TR § 425 58 [hM]; aA *Herber* TranspR 00, 142). **Haftungsausschlüsse, -milderungen.** §§ 425 II, 427, 438 III nicht § 300 BGB (aA *Ramming* TranspR 01, 55), da lex specialis. § 425 II ist eine Parallelvorschrift zu § 254 BGB. Dem Absender u Empfänger ist (nur) sozialinadäquates (*Ko* TR § 425 72; unklar *FreTh* § 425 64 f; aA *Ramming* TranspR 01, 66). Ver-

Koller 1055

halten (auch ihrer Leute; § 428) zuzurechnen, etwa unterlassene Warnung (Ffm TranspR 01, 212). Nicht sozialinadäquat ist die Nichtbefolgung einseitiger Weisungen des FrachtF ohne Rechtsgrundlage (BGH VersR 01, 261). Bes Mängel: für die Gattung des Gutes atypische Eigenschaften, zB unzureichende Vorkühlung (*Koller* TranspR 00, 449 [hM]; aA Brdbg TranspR 00, 358; *Ramming* TranspR 01, 67). Beweislast: FrachtF. **Aktiv-, Passivlegitimation.** §§ 421 I, 437; Prozeßstandschaft möglich (BGH, NJW 81, 2640). Bei Regressen im Verhältnis Haupt-UnterfrachtF kann grds nur Freistellung verlangt werden (*Ko* TR § 425 57; str). **Ansprüche aus Eigentum, pFV.** § 434. Ansprüche aus pFV wg Güter(folge)schäden, die vor Ablieferung u nach Übernahme entstanden sind, sowie wg Lieferfristüberschreitungen werden durch die §§ 425 ff verdrängt (vgl § 433). **Verjährung.** § 439. **Abdingbarkeit:** § 449.

§ 426 Haftungsausschluß

Der Frachtführer ist von der Haftung befreit, soweit der Verlust, die Beschädigung oder die Überschreitung der Lieferfrist auf Umständen beruht, die der Frachtführer auch bei größter Sorgfalt nicht vermeiden und deren Folgen er nicht abwenden konnte.

1   Der Schaden ist dem FrachtF nur dann nicht ganz oder teilweise (analog § 254 BGB) zuzurechnen, wenn ihn auch ein bes gewissenhafter FrachtF bei Anwendung der äußersten ihm zumutbaren Sorgfalt nicht hätte vermeiden bzw die Folgen nicht hätte abwenden können. Die bloße Wahrung der verkehrserforderlichen Sorgfalt iSd § 347 genügt nicht (*Ramming* TranspR 01, 54 [hM]). Maßstab ist ein IdealfrachtF, der im Rahmen des Menschenmöglichen Vorsicht übt (*Canaris* § 33 16; näher *Ko* TR § 426 4; vgl BGH TranspR 00, 408). Es muß auf der Hand liegen, daß ein Verhalten, das den Schaden verhindert hätte, absurd u damit unzumutbar ist, um eine (teilweise) Entlastung des FrachtF zu bejahen. Die Haftung gem § 426 wird nur gem den §§ 425 II, 427 gemildert (aA *Ramming* TranspR 01, 55), nicht gem § 347 II (lex specialis). Insbes greift § 300 BGB nicht ein (arg e § 419). *Beweislast:* FrachtF.

§ 427 Besondere Haftungsausschlußgründe

(1) Der Frachtführer ist von seiner Haftung befreit, soweit der Verlust, die Beschädigung oder die Überschreitung der Lieferfrist auf eine der folgenden Gefahren zurückzuführen ist:

1. vereinbarte oder der Übung entsprechende Verwendung von offenen, nicht mit Planen gedeckten Fahrzeugen oder Verladung auf Deck;

2. ungenügende Verpackung durch den Absender;

Vierter Abschnitt. Frachtgeschäft § 427

3. Behandeln, Verladen oder Entladen des Gutes durch den Absender oder den Empfänger;
4. natürliche Beschaffenheit des Gutes, die besonders leicht zu Schäden, insbesondere durch Bruch, Rost, inneren Verderb, Austrocknen, Auslaufen, normalen Schwund, führt;
5. ungenügende Kennzeichnung der Frachtstücke durch den Absender;
6. Beförderung lebender Tiere.

(2) ¹Ist ein Schaden eingetreten, der nach den Umständen des Falles aus einer der in Absatz 1 bezeichneten Gefahren entstehen konnte, so wird vermutet, daß der Schaden aus dieser Gefahr entstanden ist. ²Diese Vermutung gilt im Falle des Absatzes 1 Nr. 1 nicht bei außergewöhnlich großem Verlust.

(3) Der Frachtführer kann sich auf Absatz 1 Nr. 1 nur berufen, soweit der Verlust, die Beschädigung oder die Überschreitung der Lieferfrist nicht darauf zurückzuführen ist, daß der Frachtführer besondere Weisungen des Absenders im Hinblick auf die Beförderung des Gutes nicht beachtet hat.

(4) Ist der Frachtführer nach dem Frachtvertrag verpflichtet, das Gut gegen die Einwirkung von Hitze, Kälte, Temperaturschwankungen, Luftfeuchtigkeit, Erschütterungen oder ähnlichen Einflüssen besonders zu schützen, so kann er sich auf Absatz 1 Nr. 4 nur berufen, wenn er alle ihm nach den Umständen obliegenden Maßnahmen, insbesondere hinsichtlich der Auswahl, Instandhaltung und Verwendung besonderer Einrichtungen, getroffen und besondere Weisungen beachtet hat.

(5) Der Frachtführer kann sich auf Absatz 1 Nr. 6 nur berufen, wenn er alle ihm nach den Umständen obliegenden Maßnahmen getroffen und besondere Weisungen beachtet hat.

1. Offene Fahrzeuge. Der Laderaum ist nicht nach allen Seiten hin 1 mit Planen oder in sonstiger Weise umschlossen, nicht notwendig verschlossen. Das offene Fahrzeug (*Ramming* TranspR 01, 56) bzw die Decksverladung muß vertragskonform (§§ 157 BGB, 346 HGB; *Ko* TR § 427 8; aA *BauHopt* § 427 2) eingesetzt werden. Der FrachtF hat zu beweisen, daß die Benutzung offener Fahrzeuge erlaubt war, daß er alle konkreten anfänglichen oder nachträglichen Weisungen (*Ramming* aaO 58; Beweislast für Existenz von Weisungen: Geschädigter [aA *FreTh* § 427 14]) beachtet hat (§ 427 III) u daß der weisungskonforme Transport wg der Offenheit des Fahrzeugs eine denkbare, nicht nur theoretische, fernliegende Ursache für den (Teil)schaden sein kann (vgl BGH TranspR 00, 462 [CMR]). Es ist dann Sache des Geschädigten, mangelnde Kausalität zu beweisen. Gelingt ihm dies, so hat sich der FrachtF gem § 426 zu entlasten. Die Beweislast für ein „Mitverschulden" iSd Mißachtung größter Sorgfalt (§ 426) des FrachtF trägt der Geschädigte.

§ 427
Viertes Buch. Handelsgeschäfte

2 **2. Verpackung.** Entscheidend ist, daß der Absender tatsächlich (BR-Drs 368/97, S 62) mangelhaft (§ 411) verpackt hat oder bei gänzlich fehlender oder einer vom FrachtF nicht als Transportverpackung anzusehender Verpackung zur Verpackung verpflichtet (§ 411) war (*Ko* TR § 427 20; *BauHopt* § 427 2). Verhalten Dritter ist analog § 278 BGB zuzurechnen (näher *Ko* TR § 427 24). Verschulden ist irrelevant. § 254 BGB greift ein, zB wenn der FrachtF nicht auf evidenten Mangel hinweist oder aus eigenem Antrieb schlecht verpackt. *Beweislast.* Der FrachtF hat den Verpackungsmangel, die Verpackungspflicht sowie die nicht fernliegende Möglichkeit der Kausalität (s o) zu beweisen. Der Geschädigte kann die Kausalitätsvermutung widerlegen u hat das „Mitverschulden" (s o) zu beweisen.

3 **3. Behandeln, Verladen, Entladen.** Maßgeblich ist ohne Rücksicht auf Verschulden die tatsächliche, mangelhafte (*Ko* TR § 427 46) Verladung etc. Behandeln ist Einwirkung (Tun; aA *Ramming* TranspR 01, 60) auf das Gut anläßlich des Transports (*Ko* TR § 427 45). Dem Absender etc ist das Handeln Dritter zuzurechnen, falls er sie eingeschaltet hat oder die Oberaufsicht führt. Der FrachtF, der, obwohl nicht verladepflichtig, verlädt etc, ist nicht Gehilfe des Absenders (*Ko* TR § 427 49), haftet jedenfalls aus pFV, cic. Absender, Empfänger können Gehilfen des verladepflichtigen etc FrachtF sein (*Ko* TR § 427 50; aA *FreTh* § 427 22). Der FrachtF muß sich analog § 254 die Evidenz des Mangels, seine Einmischung entgegenhalten lassen (Beweislast: s o). Der FrachtF hat zu seiner Entlastung (nur) die Mangelhaftigkeit der Verladung etc und daß diese die nicht fernliegende (s o) Ursache für den Schaden sein kann, zu beweisen.

4 **4. Natürliche Beschaffenheit etc.** Das Transportrisiko muß nach der Verkehrsauffassung bei vertragskonformer Beförderung (ähnlich *Ramming* TranspR 01, 61) außergewöhnlich sein (*Ko* TR § 427 67, 76), wobei das Fehlen der Maßnahmen iSd § 427 IV zu unterstellen ist. § 427 I 4 greift nicht bei Diebstählen ein (*Ramming* TranspR 01, 61). § 254 BGB ist analog anzuwenden. Der Geschädigte hat den Nachweis des „Mitverschuldens" (s o) des FrachtF zu führen. § 427 IV betrifft alle Arten bes Schutzmaßnahmen. Insoweit gilt § 347. Grds hat der FrachtF nur die außergewöhnliche Gefahr u die konkrete, nicht fernliegende Möglichkeit (s o) zu beweisen, daß der Schaden wg der bes Eigenschaften des Gutes entstanden ist. Im Fall des § 427 IV (Beweislast: Geschädigte) hat er zusätzlich mangelndes Verschulden zu beweisen. Ihn trifft auch die Beweislast für mangelnde Vorkühlung (§ 425 Rz 1).

5 **5. Ungenügende Kennzeichnung.** Parallele zu §§ 427 I 3, 411. Ist die Kennzeichnung mangelhaft, so muß sie der Absender vorgenommen haben.

Vierter Abschnitt. Frachtgeschäft **§§ 428, 429**

§ 428 Haftung für andere

¹Der Frachtführer hat Handlungen und Unterlassungen seiner Leute in gleichem Umfange zu vertreten wie eigene Handlungen und Unterlassungen, wenn die Leute in Ausübung ihrer Verrichtungen handeln. ²Gleiches gilt für Handlungen und Unterlassungen anderer Personen, deren er sich bei Ausführung der Beförderung bedient.

Leute sind Arbeitnehmer, einschl Leiharbeitnehmer u sonstige in 1
den Betrieb des FrachtF eingegliederte Personen. Zwischen dem Fehlverhalten der Leute u der übertragenen Verrichtung muß ein innerer Zusammenhang bestehen. Daß die Leute vorsätzlich geschädigt haben, läßt den inneren Zusammenhang nicht notwendig entfallen. **Andere Personen** sind alle übrigen (selbständigen) Personen, deren sich der FrachtF bedient. Notwendig ist hier, daß die anderen Personen konkret in Hinblick auf das betroffene Gut eingeschaltet worden sind. Für ges Vertreter hat der FrachtF gem §§ 278, 31 BGB einzustehen. § 428 kommt nur im Rahmen der §§ 413 II, 422, 425, 447 sowie bei pFV der in den §§ 408 ff normierten Pflichten zum Tragen (*BauHopt* § 428 1; aA *FreTh* § 428 3). Zu Ansprüchen gg die Hilfspersonen, §§ 436, 437.

§ 429 Wertersatz

(1) Hat der Frachtführer für gänzlichen oder teilweisen Verlust des Gutes Schadensersatz zu leisten, so ist der Wert am Ort und zur Zeit der Übernahme zur Beförderung zu ersetzen.

(2) ¹Bei Beschädigung des Gutes ist der Unterschied zwischen dem Wert des unbeschädigten Gutes am Ort und zur Zeit der Übernahme zur Beförderung und dem Wert zu ersetzen, den das beschädigte Gut am Ort und zur Zeit der Übernahme gehabt hätte. ²Es wird vermutet, daß die zur Schadensminderung und Schadensbehebung aufzuwendenden Kosten dem nach Satz 1 zu ermittelnden Unterschiedsbetrag entsprechen.

(3) ¹Der Wert des Gutes bestimmt sich nach dem Marktpreis, sonst nach dem gemeinen Wert von Gütern gleicher Art und Beschaffenheit. ²Ist das Gut unmittelbar vor Übernahme zur Beförderung verkauft worden, so wird vermutet, daß der in der Rechnung des Verkäufers ausgewiesene Kaufpreis abzüglich darin enthaltener Beförderungskosten der Marktpreis ist.

Es ist (nur) im Fall des § 425 I im wesentlichen lediglich Wertersatz 1
zu leisten. Der Wert des Gutes ist der obj Beschaffungswert aus der Marktposition des Empfängers, der idR mit dem Einkaufspreis (§ 429 III 2) identisch ist. Zur Wertermittlung beim „Streckengeschäft" bei staatlichen Abgaben, Exportsubventionen sowie zu Fällen, in denen dem Transport kein Veräußerungsgeschäft zugrunde liegt, BGH VersR

Koller 1059

90, 182; *Koller* 50 Jahre BGH, Festgabe aus der Wissenschaft (2000) II, S 198 ff. Der Wert des Gutes stellt zugleich den ersatzfähigen Mindestschaden dar (allg M). Bei Wiedererlangung des Gutes ist im Fall des § 424 III der Vorteil auszugleichen, nicht aber bei Wiedererlangung auf eigene Faust (*Ko* TR § 425 11). Setzt sich die Sendung aus mehreren Teilen zusammen, so ist der Wert dieser Teile maßgeblich, wenn höher, der Wertverlust der Gesamtsendung (*Ko* TR § 429 19; *FreTh* § 429 24, 29; enger BGH NJW-RR 97, 1122 [CMR]). Folgeschäden u sonstiger entgangener Gewinn sind nur im Rahmen des § 435 auszugleichen (§ 432). Bei Beschädigung des Gutes ist anteilig Ersatz zu leisten. Die Vermutung des § 429 II 2 ist widerleglich u ohne weiteres dort widerlegt, wo die Schadensminderung nicht den gesamten Sachschaden behoben hat. Im übrigen kann der FrachtF beweisen, daß die Schadensbehebungs- bzw Schadensminderungskosten samt Restschaden den Wertverlust übersteigen. Haftungshöchstsumme: § 431. Abdingbarkeit: § 449. Beweislast: Ersatzberechtigte (vgl BGH VersR 86, 381).

§ 430 Schadensfeststellungskosten

Bei Verlust oder Beschädigung des Gutes hat der Frachtführer über den nach § 429 zu leistenden Ersatz hinaus die Kosten der Feststellung des Schadens zu tragen.

1 Kosten von Sachverständigen, Kosten des Geschädigten (auch uU Zeitaufwand [*Ko* TR § 430 3]) zur Ermittlung des ersatzfähigen Schadens, *nicht* Schadensanmeldekosten, der Bergung des Gutes im Rahmen des § 1004 BGB, Feststellung der Schadensursache (aA *FreTh* § 430 4), Schadensminderungskosten (vgl § 429 II 2). Überhöhte Kosten sind gem § 254 II BGB zu mindern. Haftungshöchstsumme: § 431 auch (*Starosta* TranspR 99, 390) im Fall des § 431 II (Ausnahme: § 435). Die §§ 91 ff ZPO bleiben unberührt.

§ 431 Haftungshöchstbetrag

(1) **Die nach den §§ 429 und 430 zu leistende Entschädigung wegen Verlust oder Beschädigung der gesamten Sendung ist auf einen Betrag von 8, 33 Rechnungseinheiten für jedes Kilogramm des Rohgewichts der Sendung begrenzt.**

(2) **Sind nur einzelne Frachtstücke der Sendung verloren oder beschädigt worden, so ist die Haftung des Frachtführers begrenzt auf einen Betrag von 8, 33 Rechnungseinheiten für jedes Kilogramm des Rohgewichts**

1. **der gesamten Sendung, wenn die gesamte Sendung entwertet ist,**

2. **des entwerteten Teils der Sendung, wenn nur ein Teil der Sendung entwertet ist.**

Vierter Abschnitt. Frachtgeschäft § 432

(3) **Die Haftung des Frachtführers wegen Überschreitung der Lieferfrist ist auf den dreifachen Betrag der Fracht begrenzt.**

(4) [1]**Die in den Absätzen 1 und 2 genannte Rechnungseinheit ist das Sonderziehungsrecht des Internationalen Währungsfonds.** [2]**Der Betrag wird in Deutsche Mark entsprechend dem Wert der Deutschen Mark gegenüber dem Sonderziehungsrecht am Tag der Übernahme des Gutes zur Beförderung oder an dem von den Parteien vereinbarten Tag umgerechnet.** [3]**Der Wert der Deutschen Mark gegenüber dem Sonderziehungsrecht wird nach der Berechnungsmethode ermittelt, die der Internationale Währungsfonds an dem betreffenden Tag für seine Operationen und Transaktionen anwendet.**

Totalverlust (§ 425). Sendung ist die Summe der Güter, die aufgrund eines bestimmten Frachtvertrages zu einem bestimmten Empfänger zu transportieren sind (*Ko* TR § 431 3; abw *FreTh* § 431 7). Rohgewicht ist das Gewicht der gesamten Sendung (vgl BGHZ 79, 302) einschl Verpackung (vgl BGH VersR 69, 704). Rechnungseinheiten: §§ 431 IV, 449. Zur Drittschadensliquidation s § 421 Rz 1. Beachte §§ 432 S 1, 435; 4 ff BinSchG. Beweislast: FrachtF. Verfassungsrechtliche Bedenken: *Canaris* § 33 23. **Teilverlust.** Maßgeblich ist die Summe des Rohgewichts der verlorenen u der durch den Teilverlust entwerteten (§ 429 Rz 1) Güter ohne Rücksicht auf den Wert der einzelnen Stücke. Beachte §§ 432 S 1, 435. **Beschädigung (§ 425).** Maßgeblich ist die Summe des Rohgewichts der beschädigten Sachen (nicht notwendig Frachtstücke) einschl anteiliger Verpackung (*Ko* TR § 431 15). Hat die Beschädigung die Entwertung anderer Teile (s o) der Sendung zur Folge, so ist das Gewicht dieser Teile hinzuzuzählen. Beachte §§ 432 S 1, 435. Zur Beweislast, Drittschadensliquidation s o. **Zusammentreffen von Beschädigung und Teilverlust.** Entscheidend ist die Summe des Rohgewichts der (teilweise) entwerteten u verlorengegangenen Stücke. Beachte §§ 432 S 1, 435. **Überschreitung der Lieferfrist (§ 423).** Ersatzfähig ist der Schaden iSd §§ 249 ff BGB (dazu gehören auch alle mittelbare Schäden; aA Mü TranspR 00, 31) bis zur Höhe der dreifachen Fracht (§§ 407 II, 418 I 4) ohne Aufwendungen (§ 420 I 2) unabhängig davon, ob die Fracht für eine oder mehrere Sendungen vereinbart worden ist. Dort, wo Güter- u Verspätungsschäden (der Geschädigte hat das beschädigte Gut bzw Restgut nicht innerhalb der Lieferfrist erhalten) zusammentreffen, sind die Schäden kumulativ gem § 431 II, III zu ersetzen.

§ 432 Ersatz sonstiger Kosten

[1]**Haftet der Frachtführer wegen Verlust oder Beschädigung, so hat er über den nach den §§ 429 bis 431 zu leistenden Ersatz hinaus die Fracht, öffentliche Abgaben und sonstige Kosten aus Anlaß der Beförderung des Gutes zu erstatten, im Fall der Be-**

§ 433 Viertes Buch. Handelsgeschäfte

schädigung jedoch nur in dem nach § 429 Abs. 2 zu ermittelnden Wertverhältnis. ²Weiteren Schaden hat er nicht zu ersetzen.

1 Zu ersetzen sind nicht alle schadensbedingten Kosten, sondern ohne Rücksicht auf die §§ 429, 431 nur Kosten, die unter Ausblendung des Verlusts u der Beschädigung des Gutes beförderungsbedingt sind (BR-Drs 368/97, S 67). Darunter fallen alle Kosten, deren Aufwendung typischerweise ihrer Art nach den Wert des Gutes am Ablieferungsort erhöht hätten. Die Kosten müssen nach Übernahme des Gutes entstanden sein. Beispiele: Transportversicherungsprämien, Standgeld, Maut, Nachnahmegebühren, Verladekosten, Wiegegelder, Begleitung des Gutes, Beseitigung von Beförderungshindernissen (*Ko* TR § 432 8). Zur Fracht: § 407; öffentl Abgaben: Verpflichtungen, die Absender oder Empfänger treffen bei hypothetisch schadensfreiem Transport. Hatte der Absender oder Empfänger die Kosten etc noch nicht gezahlt, so erlischt insoweit der Anspruch (allg M). Auf Verspätungsschäden ist § 432 nicht analog anwendbar.

§ 433 Haftungshöchstbetrag bei sonstigen Vermögensschäden

Haftet der Frachtführer wegen der Verletzung einer mit der Ausführung der Beförderung des Gutes zusammenhängenden vertraglichen Pflicht für Schäden, die nicht durch Verlust oder Beschädigung des Gutes oder durch Überschreitung der Lieferfrist entstehen, und handelt es sich um andere Schäden als Sach- oder Personenschäden, so ist auch in diesem Falle die Haftung begrenzt, und zwar auf das Dreifache des Betrages, der bei Verlust des Gutes zu zahlen wäre.

1 § 433 erfaßt die Verletzung von Hauptleistungs- (*Ko* TR § 433 2; aA MKHGB-*Dubischar* § 433 3) u Nebenleistungspflichten frachtvertraglicher Natur, nicht aber cic, es sei denn, die Abwicklung des Vertrages ist betroffen (*Ko* TR § 433 3). Spezialgesetzlich ist der Schadensersatz in §§ 413 II, 422, 425, 447 geregelt. In unbegrenzter Höhe wird für Schäden an Sachen (§ 90 BGB) gehaftet, die der FrachtF nicht als Gut übernommen hat oder die er bereits abgeliefert hatte (aA *FreTh* § 425 53), u für Schäden an Leben, Körper, Gesundheit, Freiheit iSd § 823 I BGB sowie an sonstigen Rechten iSd § 823 I BGB (*Ko* TR § 433 5). Die Haftungsbegrenzung greift nur bei Tätigkeiten ein, die dem typischen Frachtvertrag, so wie ihn das HGB konzipiert hat, eigentümlich sind (BR-Drs 368/97, S 68). Dazu gehört auch das Be-, Entladen. Ob ein ausreichender (nicht notwendig eng u unmittelbar [*BauHopt* § 433 2; aA *Herber* NJW 98, 3304]) Zusammenhang mit der Ausführung der Beförderung besteht, ist in einer Interessenabwägung zu ermitteln (*Ko* TR § 433 7). Zu verneinen ist ein solcher Zusammenhang bei branchenfremden Tätigkeiten (hM), fehlerhaften Auskünften aufgrund von Bürofehlern (aA *FreTh* § 425 54 f), Verstößen gg Wettbewerbsabreden oder gg Verschwiegenheitspflichten, zu bejahen bei

Ansprüchen aus §§ 325 f BGB wg Dispositionsfehlern (anders Erfüllungsverweigerung [hM]). Kommt § 433 zum Tragen, so sind die konkreten Schranken der Haftung anhand der §§ 429, 431 I, 432 S 1, 435 zu ermitteln.

§ 434 Außervertragliche Ansprüche

(1) **Die in diesem Unterabschnitt und im Frachtvertrag vorgesehenen Haftungsbefreiungen und Haftungsbegrenzungen gelten auch für einen außervertraglichen Anspruch des Absenders oder des Empfängers gegen den Frachtführer wegen Verlust oder Beschädigung des Gutes oder wegen Überschreitung der Lieferfrist.**

(2) ¹**Der Frachtführer kann auch gegenüber außervertraglichen Ansprüchen Dritter wegen Verlust oder Beschädigung des Gutes die Einwendungen nach Absatz 1 geltend machen.** ²**Die Einwendungen können jedoch nicht geltend gemacht werden, wenn**

1. **der Dritte der Beförderung nicht zugestimmt hat und der Frachtführer die fehlende Befugnis des Absenders, das Gut zu versenden, kannte oder fahrlässig nicht kannte oder**
2. **das Gut vor Übernahme zur Beförderung dem Dritten oder einer Person, die von diesem ihr Recht zum Besitz ableitet, abhanden gekommen ist.**

1. Außervertragliche Ansprüche des Absenders, Empfängers 1
gg den (Unter)FrachtF (Ansprüche gg Hilfspersonen: § 436), zB aus §§ 677 ff, 812 ff, 823 ff, 904, 989 ff BGB, nicht aber cic (§ 433 Rz 1). Voraussetzung sind Schäden iSd § 425 I; auf Schäden iSd §§ 422, 413 II ist § 434 analog anzuwenden (*Ko* TR § 434 3; aA *FreTh* § 434 6). In Hinblick auf sonstige vertragliche Ansprüche beachte § 433, der konkurrierende deliktische, etc Ansprüche unberührt läßt. § 434 I unterwirft die in § 434 genannten außervertraglichen Ansprüche den Schranken der §§ 413 II, 414, 419, 422, 425 II, 426, 427, 429, 430–432, 438, 439 sowie automatisch den gem § 449 zulässigerweise vertraglich vereinbarten Beschränkungen. Letztere gehen vor. Beachte § 435. Abdingbarkeit, § 449. Beweislast für Anwendbarkeit des § 434: FrachtF.

2. Außervertragliche Ansprüche Dritter. Dritte sind Personen, 2
die nicht gem den §§ 421 I, 437, 447 aktivlegitimiert sind. Für Zustimmung genügt, daß der Transport vertragsgemäß (§ 157 BGB) ist (*Ko* TR § 434 13; abw *FreTh* § 434 17). Abhandenkommen: § 935 I BGB. § 434 II 2 kollidiert mit § 991 II BGB (*Hübsch* VersR 97, 799). Beweislast für § 434 II S 2: Geschädigte.

§ 435 Wegfall der Haftungsbefreiungen und -begrenzungen

Die in diesem Unterabschnitt und im Frachtvertrag vorgesehenen Haftungsbefreiungen und Haftungsbegrenzungen gelten nicht, wenn der Schaden auf eine Handlung oder Unterlassung zurückzuführen ist, die der Frachtführer oder eine in § 428 genannte Person vorsätzlich oder leichtfertig und in dem Bewußtsein, daß ein Schaden mit Wahrscheinlichkeit eintreten werde, begangen hat.

1 **Leichtfertigkeit in dem Bewußtsein, daß ein Schaden mit Wahrscheinlichkeit eintreten werde.** § 435 läßt die Haftungseinschränkungen bei (bedingtem) Vorsatz (Hmbg TranspR 01, 96; Essen TranspR 01, 77) u bewußter grober Fahrlässigkeit entfallen (*FreTh* § 435 4, 12; *Ko* TR § 435 1, 6; einschr *BauHopt* § 435 2), zB groben Organisationsmängeln (vgl BGH VersR 00, 1043). Die Wahrscheinlichkeit des Schadenseintritts muß nicht überwiegen (*Ko* TR § 435 16; *BauHopt* § 435 2; aA *FreTh* § 435 16). Die subj Elemente können aus den Umständen (*Ko* TR § 435 20) gefolgert werden (BT-Drs 13/8445, S 72; BGH NJW 79, 2477; 94, 2291; Hmbg TranspR 01, 79, 96; Duisb TranspR 01, 218). Der FrachtF braucht nicht zu wissen, daß er leichtfertig handelt (*Ko* TR § 435 15). **Haftungsbefreiungen und -begrenzungen** sind alle gesetzlichen u vertraglichen Regeln, die vom Grundsatz des vollen Schadensausgleichs (§§ 249 ff BGB) abweichen. § 425 II bleibt anwendbar (aA *Ramming* TranspR 01, 53). Bei Einschaltung evident unzuverlässiger FrachtF ist § 254 II BGB heranzuziehen (BGH NJW 99, 3627; aA *Thume* TranspR 99, 85); ebenso mangels Hinweises auf außergewöhnliche Schadenshöhe (Nürnb TranspR 00, 126). **Beweislast:** Der Geschädigte für qualifiziertes Verschulden. Der Schädiger hat jedoch sein Verhalten substantiiert darzulegen, soweit der Geschädigte die Schadensentstehung nicht erkennen kann u dem Schädiger die Darlegung seiner Schadensverhütungsvorkehrungen zugemutet werden kann (Berlin TranspR 00, 181; *Ko* Tr § 435 21; allg M). Der Hinweis, daß das Gut durch Dritte nur verplombt befördert wird, genügt nicht (Karlsr TranspR 00, 266). Kausalität wird vermutet (BGH TranspR 99, 22). **Abdingbarkeit,** § 449.

§ 436 Haftung der Leute

¹Werden Ansprüche aus außervertraglicher Haftung wegen Verlust oder Beschädigung des Gutes oder wegen Überschreitung der Lieferfrist gegen einen der Leute des Frachtführers erhoben, so kann sich auch jener auf die in diesem Unterabschnitt und im Frachtvertrag vorgesehenen Haftungsbefreiungen und -begrenzungen berufen. ²Dies gilt nicht, wenn er vorsätzlich oder leichtfertig und in dem Bewußtsein, daß ein Schaden mit Wahrscheinlichkeit eintreten werde, gehandelt hat.

Vierter Abschnitt. Frachtgeschäft § 437

§ 436 erstreckt § 434 (nur) auf die Leute (§ 428 S 1) des FrachtF. 1
Eine Analogie ist in den Fällen der §§ 413 II, 422, 447 zu ziehen (*Ko*
TR § 436 3). Es kommen die den Leuten günstigsten ges oder vertraglichen (BR-Drs 368/97, S 72) Haftungsbeschränkungen zugute. Die Einschränkungen des § 434 II 2 greifen analog ein (allg M). Die Vorschrift ist auf Ansprüche aus § 413 II analog anzuwenden. Die Organe und ges Vertreter des FrachtF werden unmittelbar durch § 434 geschützt. Selbständige Hilfspersonen (§ 428 S 2) werden nicht erfaßt (UnterfrachtF, Spediteure: §§ 434, 437 IV, 461); damit ist grds auch eine vertragliche Drittwirkung von Haftungsbegrenzungsabreden ausgeschlossen (*Ko* TR § 436 9). Zu § 436 S 2 s § 435; maßgeblich ist die Hilfsperson.

§ 437 Ausführender Frachtführer

(1) ¹**Wird die Beförderung ganz oder teilweise durch einen Dritten ausgeführt (ausführender Frachtführer), so haftet dieser für den Schaden, der durch Verlust oder Beschädigung des Gutes oder durch Überschreitung der Lieferfrist während der durch ihn ausgeführten Beförderung entsteht, in gleicher Weise wie der Frachtführer.** ²**Vertragliche Vereinbarungen mit dem Absender oder Empfänger, durch die der Frachtführer seine Haftung erweitert, wirken gegen den ausführenden Frachtführer nur, soweit er ihnen schriftlich zugestimmt hat.**

(2) **Der ausführende Frachtführer kann alle Einwendungen geltend machen, die dem Frachtführer aus dem Frachtvertrag zustehen.**

(3) **Frachtführer und ausführender Frachtführer haften als Gesamtschuldner.**

(4) **Werden die Leute des ausführenden Frachtführers in Anspruch genommen, so gilt für diese § 436 entsprechend.**

Schadensformen. § 425; analog anwendbar auf §§ 418 IV, 422 1
(*Ko* TR § 437 10; aA: hM). **Aktivlegitimation.** Absender, Empfänger des HauptfrachtF. § 421 I bleibt ebenso wie die Möglichkeit zur Drittschadensliquidation unberührt (*Ramming* TranspR 00, 293; *Thume* VersR 00, 1078 [hM]). **Ausführender (ausf) FrachtF** ist derjenige, in dessen Obhut das Gut einen Schaden erlitten hat (*Thume* VersR 00, 1073). Er muß selbständiger, geschäftsfähiger (aA *Ramming* TranspR 00, 278) Gewerbetreibender sein (*Ko* TR § 437 12), der entgeltlich (aA *Ramming* TranspR 00, 279), aber nicht notwendig rechtswirksam, bereit gewesen ist, das Gut in der (faktischen) Rolle eines FrachtF iSd §§ 407, 451, 452 (*Ko* TR § 437 12; aA *Ramming* TranspR 00, 279) zu befördern. Der Auftrag kann von einem vorgeschalteten UnterfrachtF (auch TeilfrachtF) stammen. Allerdings muß der ausf FrachtF in der Lage gewesen sein, seine Funktion in der Frachtführerkette zu erkennen (*Ko* TR § 437 14; aA *Ramming* TranspR 00, 279). Im Bereich der

§ 438　　　　　　　　　　　　　　Viertes Buch. Handelsgeschäfte

CMR, WA gilt § 437 nicht (*Thume* VersR 00, 1072; *Koller* TranspR 00, 355; abw *Ramming* TranspR 00, 279). **Lieferfrist.** Maßgeblich ist immer die aus der Sicht des ausf FrachtF angemessene Frist iSd § 423 Alt 2 (es sei denn, der ausf FrachtF hat eine kürzere Frist vereinbart), höchstens aber die für den HauptfrachtF geltende Frist iSd § 423 (*Ko TR* § 437 19; abw *Thume* VersR 00, 1075; *Ramming* TranspR 00, 281). **Haftungsausschlüsse.** §§ 426, 428 in der Person des ausf FrachtF (aA BT-Drs 13/8445, S 75), § 425 II (wobei es auf den Urabsender, den Auftraggeber des ausführenden FrachtF u Empfänger im Rahmen des Unterfrachtvertrages ankommt), § 427 (nach Maßgabe des Unterfrachtvertrages) u § 437 II (*Ramming* TranspR 00, 284; aA *Thume* VersR 00, 1074). **Reklamation** (§ 438) ist ggüber dem ausf FrachtF erforderlich (beachte § 438 V; *Ramming* TranspR 00, 286). § 435 muß in der Person des ausf FrachtF oder dessen Hilfspersonen (§ 428) erfüllt sein (*Ramming* TranspR 00, 284 [hM]). **Haftungsvereinbarungen.** Siehe § 449. Vereinbarungen des HauptfrachtF mit seinem Auftraggeber über Haftungserhöhungen (anders Haftungseinschränkungen: § 437 II) sind dem ausf FrachtF ggüber unerheblich (§ 437 I 2). Zu Haftungsvereinbarungen mit dem ausf FrachtF *Thume* VersR 00, 1076; *Ko TR* § 437 36. **Rechtsfolgen:** § 421 ff BGB; die Verjährung (§ 439) beginnt mit der Ablieferung durch den ausf FrachtF bzw nach Maßgabe des Vertrages mit dem ausf FrachtF (*Ko TR* § 437 38; aA *Ramming* TranspR 00, 286); sie wird nur durch Reklamation ggüber dem ausf FrachtF gehemmt (*Ko TR* § 437 38; *Ramming* TranspR 00, 287). § 437 II ist auf die Verjährung des Anspruches gg den vertraglichen FrachtF unanwendbar (zutr *Ramming* aaO). **Regresse** ggüber dem Auftraggeber sind aufgrund von Sonderabreden u im Rahmen des § 426 BGB möglich (*Ko TR* § 437 43 ff; abw *Thume* VersR 00, 1077; *Ramming* TranspR 00, 295).

§ 438 Schadensanzeige

(1) ¹**Ist ein Verlust oder eine Beschädigung des Gutes äußerlich erkennbar und zeigt der Empfänger oder der Absender dem Frachtführer Verlust oder Beschädigung nicht spätestens bei Ablieferung des Gutes an, so wird vermutet, daß das Gut in vertragsgemäßem Zustand abgeliefert worden ist.** ²**Die Anzeige muß den Schaden hinreichend deutlich kennzeichnen.**

(2) **Die Vermutung nach Absatz 1 gilt auch, wenn der Verlust oder die Beschädigung äußerlich nicht erkennbar war und nicht innerhalb von sieben Tagen nach Ablieferung angezeigt worden ist.**

(3) **Ansprüche wegen Überschreitung der Lieferfrist erlöschen, wenn der Empfänger dem Frachtführer die Überschreitung der Lieferfrist nicht innerhalb von einundzwanzig Tagen nach Ablieferung anzeigt.**

Vierter Abschnitt. Frachtgeschäft § 439

(4) ¹Eine Schadensanzeige nach Ablieferung ist schriftlich zu erstatten; die Übermittlung der Schadensanzeige kann mit Hilfe einer telekommunikativen Einrichtung erfolgen. ²Einer Unterschrift bedarf es nicht, wenn aus der Anzeige der Aussteller in anderer Weise erkennbar ist. ³Zur Wahrung der Frist genügt die rechtzeitige Absendung.

(5) Werden Verlust, Beschädigung oder Überschreitung der Lieferfrist bei Ablieferung angezeigt, so genügt die Anzeige gegenüber demjenigen, der das Gut abliefert.

Fehlende, verspätete, formwidrige Rügen lösen die widerlegliche **1** Vermutung des § 438 I aus. Der Ersatzberechtigte hat jedoch **Teilverluste, Beschädigungen** selbst bei formgerechten, rechtzeitigen Rügen voll zu beweisen (vgl § 363 BGB; BR-Drs 368/97, S 75; aA Kln TranspR 01, 94), es sei denn, er hat die Schäden sofort bei Ablieferung formgerecht beanstandet (*Ko* TR § 438 17). Die Rüge muß nicht ins Detail gehen; Schlagworte genügen (zB Nässe), nicht aber bloß allg Vorbehalte oder nur auf die Verpackung bezogene Rügen (Kln TranspR 01, 94). **Lieferfristüberschreitungen** muß der Empfänger (nicht Absender) oder sein Vertreter fristgerecht (ausschließlich) ggüber dem HauptfrachtF (*Ko* TR § 438 31; im Fall des § 437 ggüber dem ausführenden FrachtF) ohne Rücksicht auf deren Kenntnis der Verspätung beanstanden. Die Beanstandung kann ggüber den abliefernden UnterfrachtF oder Gehilfen erfolgen (*Ko* TR § 438 30). Dies ist von Amts wegen zu berücksichtigen (Beweislast: Geschädigter). Die Anzeige kann vor der Ablieferung erfolgen. Im Regreß unter den FrachtF bedarf es keiner Anzeige iSd § 438 (*Ko* TR § 438 31), wohl aber gem § 242 BGB einer Nachricht. Beachte § 435.

§ 439 Verjährung

(1) ¹Ansprüche aus einer Beförderung, die den Vorschriften dieses Unterabschnitts unterliegt, verjähren in einem Jahr. ²Bei Vorsatz oder bei einem dem Vorsatz nach § 435 gleichstehenden Verschulden beträgt die Verjährungsfrist drei Jahre.

(2) ¹Die Verjährung beginnt mit Ablauf des Tages, an dem das Gut abgeliefert wurde. ²Ist das Gut nicht abgeliefert worden, beginnt die Verjährung mit dem Ablauf des Tages, an dem das Gut hätte abgeliefert werden müssen. ³Abweichend von den Sätzen 1 und 2 beginnt die Verjährung von Rückgriffsansprüchen mit dem Tag des Eintritts der Rechtskraft des Urteils gegen den Rückgriffsgläubiger oder, wenn kein rechtskräftiges Urteil vorliegt, mit dem Tag, an dem der Rückgriffsgläubiger den Anspruch befriedigt hat, es sei denn, der Rückgriffsschuldner wurde nicht innerhalb von drei Monaten, nachdem der Rückgriffsgläubiger Kenntnis von dem Schaden und der Person des Rückgriffsschuldners erlangt hat, über diesen Schaden unterrichtet.

§ 439

(3) ¹Die Verjährung eines Anspruchs gegen den Frachtführer wird durch eine schriftliche Erklärung des Absenders oder Empfängers, mit der dieser Ersatzansprüche erhebt, bis zu dem Zeitpunkt gehemmt, in dem der Frachtführer die Erfüllung des Anspruchs schriftlich ablehnt. ²Eine weitere Erklärung, die denselben Ersatzanspruch zum Gegenstand hat, hemmt die Verjährung nicht erneut.

(4) Die Verjährung kann nur durch Vereinbarung, die im einzelnen ausgehandelt ist, auch wenn sie für eine Mehrzahl von gleichartigen Verträgen zwischen denselben Vertragsparteien getroffen ist, erleichtert oder erschwert werden.

1   **Ansprüche.** Gleichgültig, welcher Rechtsgrund zugrunde liegt u ob sie dem FrachtF zustehen oder gg ihn gerichtet sind, regeln die Art 32 CMR, 29 WA, § 612 HGB die Verjährung in ihrem Anwendungsbereich abschließend (*Otte* TranspR 01, 37; aA Ffm TranspR 01, 35); Ausnahme: § 452 b. **Aus Beförderung.** Unmittelbarer (BR-Drs 368/97, S 76; Einzelheiten: *Ko* TR § 439 4 ff) Zusammenhang mit der Beförderung (§ 407 I), nicht notwendig mit dem Beförderungsvertrag, ist erforderlich. **Ablieferung.** Siehe § 425 I. Unerheblich ist, daß die Sendung nur teilweise abgeliefert worden ist; bei sukzessiver Ablieferung ist der letzte Ablieferungsakt maßgeblich (BGH 18, 104). Mangels Ablieferung kommt es auf die Lieferfrist (§ 423) an. Ein Ablieferungshindernis (§ 419) ist der Ablieferung nicht gleichzusetzen (näher *Ko* TR § 439 16); im Fall des § 424 greift § 439 II 2 ein, es sei denn, das Gut wird noch vor Ablauf der Frist des § 439 abgeliefert (*Ko* TR § 439 17). Zu Ansprüchen, die erst nach Ablauf der Frist des § 439 fällig werden oder entstehen s *Ko* TR § 439 19 f. Zu Regreßansprüchen unter FrachtF s § 439 II 3 (zur Kenntnis vgl § 852 BGB). Die Fälligkeit des Anspruchs ist grds irrelevant. Das **qualifizierte Verschulden** iSd § 439 I 2 bezieht sich auf die Nichterfüllung der Pflicht (*Ko* TR § 439 27 [aA die hM zum vergleichbaren Art 32 CMR]). **Hemmung.** Neben den §§ 202 ff BGB gilt § 439 III. Der Ersatzanspruch muß von einem Anspruchsinhaber (auch Zessionar, Prozeßstandschafter; str, so auch Versender vor Abtretung) hinreichend konkret ggüber dem FrachtF oder dessen Vertreter (§ 164 BGB; zB Fahrer des FrachtF; Haftpflichtversicherer) erhoben worden sein. Es genügt die Form des § 438 IV. § 438 V ist nicht analog anwendbar (*Ko* TR § 439 41). Die Verjährung ist nur zugunsten des jeweils Reklamierenden gehemmt (allg M). Erhebungen des Anspruchs u Ablehnung müssen zugehen (§ 130 BGB). Für die **Unterbrechung** gelten die allg Regeln des BGB. **Aufrechnung:** § 390 S 2 BGB bleibt unberührt; beachte uU Ziff 19 ADSp. **Arglisteinwand** ist zulässig, wenn Vertrauen auf die Nichtberufung auf die Verjährungseinrede erweckt u nach Zerstörung des Vertrauens binnen angemessener Frist Klage erhoben worden ist (vgl BGH VersR 94, 203). **Vereinbarungen.** § 439 IV ist lex specialis zu § 225 BGB. Zum Aushandeln s § 449. Nach Entstehung des Schadens

Vierter Abschnitt. Frachtgeschäft **§§ 440, 441**

greift § 225 BGB ein, es sei denn, die Erschwerung der Verjährung ist individuell ausgehandelt (§ 439 IV analog).

§ 440 Gerichtsstand

(1) **Für Rechtsstreitigkeiten aus einer Beförderung, die den Vorschriften dieses Unterabschnitts unterliegt, ist auch das Gericht zuständig, in dessen Bezirk der Ort der Übernahme des Gutes oder der für die Ablieferung des Gutes vorgesehene Ort liegt.**

(2) **Eine Klage gegen den ausführenden Frachtführer kann auch in dem Gerichtsstand des Frachtführers, eine Klage gegen den Frachtführer auch in dem Gerichtsstand des ausführenden Frachtführers erhoben werden.**

§ 440 statuiert einen zusätzlichen örtlichen Gerichtsstand für alle 1 Streitigkeiten „aus einer Beförderung" (§ 439 Rz 1). Zur Übernahme, Ablieferung s § 425. § 440 II bezieht sich auf alle Gerichtsstände der §§ 12 ff ZPO einschl des § 440 I. Zum ausführenden FrachtF s § 437; *Ramming* TranspR 01, 159. Der Gerichtsstand ist derogierbar (arg e § 449; s Ziff 30.2 ADSp).

§ 441 Pfandrecht

(1) ¹**Der Frachtführer hat wegen aller durch den Frachtvertrag begründeten Forderungen sowie wegen unbestrittener Forderungen aus anderen mit dem Absender abgeschlossenen Fracht-, Speditions- oder Lagerverträgen ein Pfandrecht an dem Gut.** ²**Das Pfandrecht erstreckt sich auf die Begleitpapiere.**

(2) **Das Pfandrecht besteht, solange der Frachtführer das Gut in seinem Besitz hat, insbesondere solange er mittels Konnossements, Ladescheins oder Lagerscheins darüber verfügen kann.**

(3) **Das Pfandrecht besteht auch nach der Ablieferung fort, wenn der Frachtführer es innerhalb von drei Tagen nach der Ablieferung gerichtlich geltend macht und das Gut noch im Besitz des Empfängers ist.**

(4) ¹**Die in § 1234 Abs. 1 des Bürgerlichen Gesetzbuchs bezeichnete Androhung des Pfandverkaufs sowie die in den §§ 1237 und 1241 des Bürgerlichen Gesetzbuchs vorgesehenen Benachrichtigungen sind an den Empfänger zu richten.** ²**Ist dieser nicht zu ermitteln oder verweigert er die Annahme des Gutes, so haben die Androhung und die Benachrichtigung gegenüber dem Absender zu erfolgen.**

Gesetzliches Pfandrecht (§ 1257 BGB) wg aller konnexen Forderun- 1 gen (*Ko* TR § 441 3, 9) aus dem Frachtvertrag u wg inkonnexer, im Moment des Pfandrechtserwerbs (*Ko* TR § 441 11) unbestrittener Forderungen aus anderen Fracht-, Speditions-, Lagerverträgen (Ausnah-

§§ 442–444 Viertes Buch. Handelsgeschäfte

men: §§ 418 IV, 422 I iVm 441 III, 444; zu freight prepaid *Ko* TR § 421 12). Gutgläubiger Erwerb nach Maßgabe des § 366 III, falls Absender Gut befördern etc lassen durfte (Stgt WM 78, 1333). Erlöschen des Pfandrechts: §§ 441 II, 442 I 2. Beachte Ziff 20 ADSp.

§ 442 Nachfolgender Frachtführer

(1) ¹Hat im Falle der Beförderung durch mehrere Frachtführer der letzte bei der Ablieferung die Forderungen der vorhergehenden Frachtführer einzuziehen, so hat er die Rechte der vorhergehenden Frachtführer, insbesondere auch das Pfandrecht, auszuüben. ²Das Pfandrecht jedes vorhergehenden Frachtführers bleibt so lange bestehen wie das Pfandrecht des letzten Frachtführers.

(2) Wird ein vorhergehender Frachtführer von einem nachgehenden befriedigt, so gehen Forderung und Pfandrecht des ersteren auf den letzteren über.

(3) Die Absätze 1 und 2 gelten auch für die Forderungen und Rechte eines Spediteurs, der an der Beförderung mitgewirkt hat.

1 § 442 I 1 setzt entgegen seinem klaren Wortlaut zufolge nicht voraus, daß der letzte FrachtF aufgrund bes Abrede (zB § 422) zum Einzug von Forderungen verpflichtet ist (BT-Drs 13/8445, S 81). § 442 III erfaßt auch den Spediteur (§ 453) als Absender, nicht aber den Empfangsspediteur (s § 465).

§ 443 Rang mehrerer Pfandrechte

(1) Bestehen an demselben Gut mehrere nach den §§ 397, 441, 464, 475 b und 623 begründete Pfandrechte, so geht unter denjenigen Pfandrechten, die durch die Versendung oder durch die Beförderung des Gutes entstanden sind, das später entstandene dem früher entstandenen vor.

(2) Diese Pfandrechte haben Vorrang vor dem nicht aus der Versendung entstandenen Pfandrecht des Kommissionärs und des Lagerhalters sowie vor dem Pfandrecht des Spediteurs, des Frachtführers und des Verfrachters für Vorschüsse.

1 Durchbrechung des § 1209 BGB.

§ 444 Ladeschein

(1) ¹Über die Verpflichtung zur Ablieferung des Gutes kann von dem Frachtführer ein Ladeschein ausgestellt werden, der die in § 408 Abs. 1 genannten Angaben enthalten soll. ²Der Ladeschein ist vom Frachtführer zu unterzeichnen; eine Nachbildung der eigenhändigen Unterschrift durch Druck oder durch Stempel genügt.

Vierter Abschnitt. Frachtgeschäft §§ 445–447

(2) ¹Ist der Ladeschein an Order gestellt, so soll er den Namen desjenigen enthalten, an dessen Order das Gut abgeliefert werden soll. ²Wird der Name nicht angegeben, so ist der Ladeschein als an Order des Absenders gestellt anzusehen.

(3) ¹Der Ladeschein ist für das Rechtsverhältnis zwischen dem Frachtführer und dem Empfänger maßgebend. ²Er begründet insbesondere die widerlegliche Vermutung, daß die Güter wie im Ladeschein beschrieben übernommen sind; § 409 Abs. 2, 3 Satz 1 gilt entsprechend. ³Ist der Ladeschein einem gutgläubigen Dritten übertragen worden, so ist die Vermutung nach Satz 2 unwiderleglich.

(4) Für das Rechtsverhältnis zwischen dem Frachtführer und dem Absender bleiben die Bestimmungen des Frachtvertrages maßgebend.

Siehe Erl zu § 448. 1

§ 445 Ablieferung gegen Rückgabe des Ladescheins

Der Frachtführer ist zur Ablieferung des Gutes nur gegen Rückgabe des Ladescheins, auf dem die Ablieferung bescheinigt ist, verpflichtet.

Siehe Erl zu § 448. 1

§ 446 Legitimation durch Ladeschein

(1) Zum Empfang des Gutes legitimiert ist derjenige, an den das Gut nach dem Ladeschein abgeliefert werden soll oder auf den der Ladeschein, wenn er an Order lautet, durch Indossament übertragen ist.

(2) ¹Dem zum Empfang Legitimierten steht das Verfügungsrecht nach § 418 zu. ²Der Frachtführer braucht den Weisungen wegen Rückgabe oder Ablieferung des Gutes an einen anderen als den durch den Ladeschein legitimierten Empfänger nur Folge zu leisten, wenn ihm der Ladeschein zurückgegeben wird.

Siehe Erl zu § 448. 1

§ 447 Ablieferung und Weisungsbefolgung ohne Ladeschein

¹Der Frachtführer haftet dem rechtmäßigen Besitzer des Ladescheins für den Schaden, der daraus entsteht, daß er das Gut abliefert oder einer Weisung wegen Rückgabe oder Ablieferung Folge leistet, ohne sich den Ladeschein zurückgeben zu lassen. ²Die Haftung ist auf den Betrag begrenzt, der bei Verlust des Gutes zu zahlen wäre.

Siehe Erl zu § 448. Beachte § 435. 1

§ 448 Traditionspapier

Die Übergabe des Ladescheins an denjenigen, den der Ladeschein zum Empfang des Gutes legitimiert, hat, wenn das Gut von dem Frachtführer übernommen ist, für den Erwerb von Rechten an dem Gut dieselben Wirkungen wie die Übergabe des Gutes.

1 Der Ladeschein kann als WP öffentl Glaubens ausgestellt werden (§§ 793 BGB, 363 HGB). Er verbrieft nach Maßgabe des § 444 III das Versprechen des FrachtF, das Gut abzuliefern (§ 444 I 1). Das Versprechen wird im Ladeschein dem Absender zugunsten des Empfängers gegeben (BGH 33, 367; str). Der Anspruch aus dem Ladeschein ist grds vom Frachtvertrag unabhängig. Wurde das Gut beschädigt etc, so steht der Ersatzanspruch dem legitimierten Inhaber des Ladescheins zu (§§ 446, 421 I 2). Auf die Nichtübernahme des Gutes darf sich der FrachtF gutgläubigen Erwerbern des Ladescheins nicht berufen (§ 444 III 3), auch wenn es sich nicht um einen Inhaber- oder Orderladeschein handelt. § 448 greift nicht ein, wenn der FrachtF nicht mehr Besitz besaß.

§ 449 Abweichende Vereinbarungen

(1) ¹Ist der Absender ein Verbraucher, so kann nicht zu dessen Nachteil von § 413 Abs. 2, den §§ 414, 418 Abs. 6, § 422 Abs. 3, den §§ 425 bis 438 und 447 abgewichen werden, es sei denn, der Frachtvertrag hat die Beförderung von Briefen oder briefähnlichen Sendungen zum Gegenstand. ²§ 418 Abs. 6 und § 447 können nicht zu Lasten gutgläubiger Dritter abbedungen werden.

(2) ¹In allen anderen als den in Absatz 1 Satz 1 genannten Fällen kann, soweit der Frachtvertrag nicht die Beförderung von Briefen oder briefähnlichen Sendungen zum Gegenstand hat, von den in Absatz 1 Satz 1 genannten Vorschriften nur durch Vereinbarung abgewichen werden, die im einzelnen ausgehandelt ist, auch wenn sie für eine Mehrzahl von gleichartigen Verträgen zwischen denselben Vertragsparteien getroffen ist. ²Die vom Frachtführer zu leistende Entschädigung wegen Verlust oder Beschädigung des Gutes kann jedoch auch durch vorformulierte Vertragsbedingungen auf einen anderen als den in § 431 Abs. 1 und 2 vorgesehenen Betrag begrenzt werden, wenn dieser Betrag

1. zwischen zwei und vierzig Rechnungseinheiten liegt und in drucktechnisch deutlicher Gestaltung besonders hervorgehoben ist oder
2. für den Verwender der vorformulierten Vertragsbedingungen ungünstiger ist als der in § 431 Abs. 1 und 2 vorgesehene

Vierter Abschnitt. Frachtgeschäft **§ 450**

Betrag. ³Gleiches gilt für die vom Absender nach § 414 zu leistende Entschädigung.

(3) Unterliegt der Frachtvertrag ausländischem Recht, so sind die Absätze 1 und 2 gleichwohl anzuwenden, wenn nach dem Vertrag der Ort der Übernahme und der Ort der Ablieferung des Gutes im Inland liegen.

Bei Briefen und briefähnlichen Sendungen gilt immer im Rahmen 1
der §§ 138 BGB, 9 AGBG, PostG Vertragsfreiheit (einschr *Ko* TR § 449 30). Ansonsten darf zu Lasten gutgläubiger Dritter (§ 365 Rz 7 f) nicht von den §§ 418 VI, 447 abgewichen werden. In Hinblick auf **Verbraucher** (§ 13 BGB) sind Abweichungen von den §§ 413 II, 414, 418 VI, 422 III, 425–438 nur zu deren Gunsten wirksam. Diese begünstigenden Abweichungen können auch durch AGB des FrachtF erfolgen. Zu Lasten u zugunsten von **Nicht-Verbrauchern** darf von den §§ 413 II, 414, 418 VI, 422 III, 425–438, 447 im Rahmen des § 138 BGB ohne weiteres durch im einzelnen ausgehandelte Abreden abgewichen werden. Die Vereinbarung ist „ausgehandelt", wenn beide Teile auf die Abrede gestaltend Einfluß genommen oder vorformulierte Klauseln einzeln samt denkbaren Alternativen erörtert haben, selbst wenn schließlich die vorformulierte Klausel akzeptiert wurde (Parallele zu § 1 II AGBG; näher *Ko* TR § 449 41 ff; enger *FreTh* § 449 20 ff). Durch nicht im einzelnen ausgehandelte, vorformulierte Klauseln kann im Rahmen des § 449 II 2 nur in Hinblick auf Haftungshöchstsummen iSd § 431 oder die Haftung iSd § 414 abgewichen werden. Voraussetzung ist insoweit, daß die Abweichung zugunsten des AGB-Verwenders entweder drucktechnisch deutlich durch Farbe oder Größe in nicht zu übersehender Weise hervorgehoben ist *und* in dieser Weise dem anderen Teil übermittelt wird (*Koller* TranspR 00, 1 [str]) oder die Abweichung zu Lasten des AGB-Verwenders geht. § 9 AGBG greift nicht ein (*Koller* TranspR 00, 5; aA die hM). In den Fällen der Art 27, 28 EGBGB kommen die halbzwingenden in § 449 aufgezählten Normen wie bei reinen Inlandssachverhalten zum Tragen, wenn der Ort der Übernahme u Ablieferung (vgl § 425) im Inland liegt.

§ 450 Anwendung von Seefrachtrecht

Hat der Frachtvertrag die Beförderung des Gutes ohne Umladung sowohl auf Binnen- als auch auf Seegewässern zum Gegenstand, so ist auf den Vertrag Seefrachtrecht anzuwenden, wenn

1. ein Konnossement ausgestellt ist oder

2. die auf Seegewässern zurückzulegende Strecke die größere ist.

Zum Begriff der Seegewässer *Ko* TR § 407 20. Unerheblich ist die 1
Zeitdauer; maßgeblich ist vielmehr die bei Vertragsschluß geschuldete oder durch Vertragsänderung modifizierte reale Strecke.

Zweiter Unterabschnitt. Beförderung von Umzugsgut

§ 451 Umzugsvertrag
Hat der Frachtvertrag die Beförderung von Umzugsgut zum Gegenstand, so sind auf den Vertrag die Vorschriften des Ersten Unterabschnitts anzuwenden, soweit die folgenden besonderen Vorschriften oder anzuwendende internationale Übereinkommen nichts anderes bestimmen.

1 Umzugsgut ist eine Sachgesamtheit, die bereits ganz oder teilweise als Gesamtheit einem einheitlichen Zweck gedient hat u weiterhin diesem Zweck dienen soll (*Ko* TR § 451 3). Der Zweck kann auch gewerblicher Art sein. Zum multimodalen Umzugstransport s § 452 c.

§ 451 a Pflichten des Frachtführers
(1) **Die Pflichten des Frachtführers umfassen auch das Ab- und Aufbauen der Möbel sowie das Ver- und Entladen des Umzugsgutes.**

(2) **Ist der Absender ein Verbraucher, so zählt zu den Pflichten des Frachtführers ferner die Ausführung sonstiger auf den Umzug bezogener Leistungen wie die Verpackung und Kennzeichnung des Umzugsgutes.**

1 Primär gilt § 407 I. Der weitere Kreis der Pflichten ergibt sich aus dem Vertrag (§§ 157 BGB, 451 h HGB) sowie aus cic, §§ 451 a, 451 b, 451 g. Die Pflichten zum Auf-, Abbau von Möbeln, zum Ver-, Entladen (§ 412) u bei Verbrauchern (§ 13 BGB) die Pflichten zum Verpacken, Kennzeichnen (§ 411; zur Aufklärung *Ko* TR § 451 a 22) sind iZw dem FrachtF zugewiesen. Auf die sonstigen umzugsbezogenen Leistungen, die verkehrsüblich bei Umzügen von Verbrauchern erbracht werden (*Ko* TR § 451 a 24; uU Aufklärung), sind die §§ 425 ff, 451 h anzuwenden, nicht aber auf Leistungen, die auch ohne Umzug denkbar sind (*Andresen* TranspR 98, 99), auch nicht Versicherung (arg e § 451 g). Beachte §§ 451 g Nr 1 und 7 a GüKG.

§ 451 b Frachtbrief. Gefährliches Gut. Begleitpapiere. Mitteilungs- und Auskunftspflichten

(1) **Abweichend von § 408 ist der Absender nicht verpflichtet, einen Frachtbrief auszustellen.**

(2) [1] **Zählt zu dem Umzugsgut gefährliches Gut und ist der Absender ein Verbraucher, so ist er abweichend von § 410 lediglich verpflichtet, den Frachtführer über die von dem Gut ausgehende Gefahr allgemein zu unterrichten; die Unterrichtung**

bedarf keiner Form. ²Der Frachtführer hat den Absender über dessen Pflicht nach Satz 1 zu unterrichten.

(3) ¹Der Frachtführer hat den Absender, wenn dieser ein Verbraucher ist, über die zu beachtenden Zoll- und sonstigen Verwaltungsvorschriften zu unterrichten. ²Er ist jedoch nicht verpflichtet zu prüfen, ob vom Absender zur Verfügung gestellte Urkunden und erteilte Auskünfte richtig und vollständig sind.

Die Verletzung der Pflicht zu für typische Verbraucher (§ 13 BGB) rechtzeitigen, deutlichen und verständlichen (*Ko* TR § 451 b 5) Hinweisen aus § 451 b II 2, III 1 begründet einen Anspruch aus pFV (§ 433; Ausnahme: § 425), während ohne Hinweise die Haftung des Verbrauchers regelmäßig mangels Verschuldens entfällt (§ 414 III). Beachte § 451 c. Zur Abdingbarkeit *Ko* TR § 451 b 9.
1

§ 451 c Haftung des Absenders in besonderen Fällen

Abweichend von § 414 Abs. 1 Satz 2 hat der Absender dem Frachtführer für Schäden nur bis zu einem Betrag von 1200 Deutsche Mark je Kubikmeter Laderaum, der zur Erfüllung des Vertrages benötigt wird, Ersatz zu leisten.

§ 451 c gilt bei allen Arten von Absendern. Zur Abdingbarkeit s § 451 h.
1

§ 451 d Besondere Haftungsausschlußgründe

(1) Abweichend von § 427 ist der Frachtführer von seiner Haftung befreit, soweit der Verlust oder die Beschädigung auf eine der folgenden Gefahren zurückzuführen ist:

1. Beförderung von Edelmetallen, Juwelen, Edelsteinen, Geld, Briefmarken, Münzen, Wertpapieren oder Urkunden;
2. ungenügende Verpackung oder Kennzeichnung durch den Absender;
3. Behandeln, Verladen oder Entladen des Gutes durch den Absender;
4. Beförderung von nicht vom Frachtführer verpacktem Gut in Behältern;
5. Verladen oder Entladen von Gut, dessen Größe oder Gewicht den Raumverhältnissen an der Ladestelle oder Entladestelle nicht entspricht, sofern der Frachtführer den Absender auf die Gefahr einer Beschädigung vorher hingewiesen und der Absender auf der Durchführung der Leistung bestanden hat;
6. Beförderung lebender Tiere oder von Pflanzen;
7. natürliche oder mangelhafte Beschaffenheit des Gutes, der zufolge es besonders leicht Schäden, insbesondere durch

Bruch, Funktionsstörungen, Rost, inneren Verderb oder Auslaufen, erleidet.

(2) Ist ein Schaden eingetreten, der nach den Umständen des Falles aus einer der in Absatz 1 bezeichneten Gefahren entstehen konnte, so wird vermutet, daß der Schaden aus dieser Gefahr entstanden ist.

(3) **Der Frachtführer kann sich auf Absatz 1 nur berufen, wenn er alle ihm nach den Umständen obliegenden Maßnahmen getroffen und besondere Weisungen beachtet hat.**

1 § 451 d verdrängt § 427. § 451 d I Nr 2, 3 greift nur ein, wenn den Absender die Pflicht zur Verpackung etc traf oder der Absender tatsächlich verpackt etc hat. Der Absender hat sich das Handeln seiner Hilfspersonen einschl des Empfängers zurechnen zu lassen. § 451 d I Nr 4 kommt auch dann zum Tragen, wenn der FrachtF verpackungspflichtig war. Zur Vermutung aus § 451 d II s Erl zu § 427. Die Beweislast für Sorgfalt (§ 347 HGB) u Beachtung der Weisungen (auch Vereinbarungen [*Ko* TR, § 451 d 11]) gem § 451 d III trifft den FrachtF (BT-Drs 13/8445, S 94 f). Bei Mitverschulden des Absenders ist § 425 II anzuwenden. Beachte § 451 g Nr 1. Abdingbarkeit, § 451 h.

§ 451 e Haftungshöchstbetrag

Abweichend von § 431 Abs. 1 und 2 ist die Haftung des Frachtführers wegen Verlust oder Beschädigung auf einen Betrag von 1200 Deutsche Mark je Kubikmeter Laderaum, der zur Erfüllung des Vertrages benötigt wird, beschränkt.

1 Maßgeblich ist der Laderaum, den ein ordentlicher FrachtF benötigt. Beachte § 451 g. Abdingbarkeit, § 451 h.

§ 451 f Schadensanzeige

Abweichend von § 438 Abs. 1 und 2 erlöschen Ansprüche wegen Verlust oder Beschädigung des Gutes,

1. **wenn der Verlust oder die Beschädigung des Gutes äußerlich erkennbar war und dem Frachtführer nicht spätestens am Tag nach der Ablieferung angezeigt worden ist,**
2. **wenn der Verlust oder die Beschädigung äußerlich nicht erkennbar war und dem Frachtführer nicht innerhalb von vierzehn Tagen nach Ablieferung angezeigt worden ist.**

1 **Äußerliche Erkennbarkeit.** Schäden, die bei einer zumutbaren Untersuchung (ohne Öffnung der Verpackung) bei der Ablieferung (Ende der Arbeiten des FrachtF) erkannt werden konnten. **Anzeige.** Zur Form s § 438 I 2, IV. Für die Rechtzeitigkeit genügt Absendung (§ 438 IV 3). **Aufklärung,** § 451 g Nr 2.

§ 451 g Wegfall der Haftungsbefreiungen und -begrenzungen

¹Ist der Absender ein Verbraucher, so kann sich der Frachtführer oder eine in § 428 genannte Person

1. auf die in den §§ 451 d und 451 e sowie in dem Ersten Unterabschnitt vorgesehenen Haftungsbefreiungen und Haftungsbegrenzungen nicht berufen, soweit der Frachtführer es unterläßt, den Absender bei Abschluß des Vertrages über die Haftungsbestimmungen zu unterrichten und auf die Möglichkeiten hinzuweisen, eine weitergehende Haftung zu vereinbaren oder das Gut zu versichern,

2. auf § 451 f in Verbindung mit § 438 nicht berufen, soweit der Frachtführer es unterläßt, den Empfänger spätestens bei der Ablieferung des Gutes über die Form und Frist der Schadensanzeige sowie die Rechtsfolgen bei Unterlassen der Schadensanzeige zu unterrichten. ²Die Unterrichtung nach Satz 1 Nr. 1 muß in drucktechnisch deutlicher Gestaltung besonders hervorgehoben sein.

Die Information muß ggüber Verbrauchern (§ 13 BGB) auffällig u 1 verständlich (BGH TranspR 94, 281; VersR 95, 322) erfolgen. „Bei Abschluß" des Vertrages heißt „vor" Vertragsschluß (*Ko* TR § 451 g 6). „Bei Ablieferung" bedeutet vor Ende der Ablieferung, aber nicht vor Beginn der Ablieferung (*Ko* TR § 451 g 11). Mangels Unterrichtung haftet der FrachtF, ohne sich auf die §§ 451 d, e bzw § 451 f berufen zu dürfen; grds selbst, wenn der Informationsmangel für den Schaden nicht kausal ist (*FreTh* § 451 g 7; einschr *Ko* TR § 451 g 12).

§ 451 h Abweichende Vereinbarungen

(1) Ist der Absender ein Verbraucher, so kann von den die Haftung des Frachtführers und des Absenders regelnden Vorschriften dieses Unterabschnitts sowie den danach auf den Umzugsvertrag anzuwendenden Vorschriften des Ersten Unterabschnitts nicht zum Nachteil des Absenders abgewichen werden.

(2) ¹In allen anderen als den in Absatz 1 genannten Fällen kann von den darin genannten Vorschriften nur durch Vereinbarung abgewichen werden, die im einzelnen ausgehandelt ist, auch wenn sie für eine Mehrzahl von gleichartigen Verträgen zwischen denselben Vertragsparteien getroffen ist. ²Die vom Frachtführer zu leistende Entschädigung wegen Verlust oder Beschädigung des Gutes kann jedoch auch durch vorformulierte Vertragsbedingungen auf einen anderen als den in § 451 e vorgesehenen Betrag begrenzt werden. ³Gleiches gilt für die vom Absender nach § 414 in Verbindung mit § 451 c zu leistende Entschädigung. ⁴Die in den vorformulierten Vertragsbedingungen enthaltene Bestimmung ist jedoch unwirksam, wenn sie

§ 452

Viertes Buch. Handelsgeschäfte

nicht in drucktechnisch deutlicher Gestaltung besonders hervorgehoben ist.

(3) Unterliegt der Umzugsvertrag ausländischem Recht, so sind die Absätze 1 und 2 gleichwohl anzuwenden, wenn nach dem Vertrag der Ort der Übernahme und der Ort der Ablieferung des Gutes im Inland liegen.

1 Soweit § 451 auf die §§ 413 II, 414, 418 VI, 422 III, 425–438 verweist, greift ebenfalls § 451 h ein. Vgl im übrigen § 449, wobei zu beachten ist, daß abw von § 449 II die Haftungshöchstbeträge durch AGB unbegrenzt über- oder unterschritten werden dürfen. § 9 AGBG bleibt unberührt. Zur Verjährung s § 439.

Dritter Unterabschnitt. Beförderung mit verschiedenartigen Beförderungsmitteln

§ 452 Frachtvertrag über eine Beförderung mit verschiedenartigen Beförderungsmitteln

¹ Wird die Beförderung des Gutes auf Grund eines einheitlichen Frachtvertrages mit verschiedenartigen Beförderungsmitteln durchgeführt und wären, wenn über jeden Teil der Beförderung mit jeweils einem Beförderungsmittel (Teilstrecke) zwischen den Vertragsparteien ein gesonderter Vertrag abgeschlossen worden wäre, mindestens zwei dieser Verträge verschiedenen Rechtsvorschriften unterworfen, so sind auf den Vertrag die Vorschriften des Ersten Unterabschnitts anzuwenden, soweit die folgenden besonderen Vorschriften oder anzuwendende internationale Übereinkommen nichts anderes bestimmen. ²Dies gilt auch dann, wenn ein Teil der Beförderung zur See durchgeführt wird.

1 § 452 normiert einen **selbständigen** Vertragstypus (*Ko* TR § 452 1 [str]). **Einheitlicher Frachtvertrag.** Der FrachtF (§§ 407, 458–460) hat sich in einem Vertrag zur Beförderung über die Gesamtstrecke (nur ein Übernahme- u Ablieferungsort) verpflichtet. Anders beim sog gebrochenen Verkehr, bei dem (mehrere) Verträge über Teilstrecken abgeschlossen werden. **Verschiedenartige Beförderungsmittel.** Die Verkehrsmittel müssen nach der Verkehrsanschauung (*Ko* TR § 452 13; *BauHopt* § 452 5) nicht nur nach der Art der Teilstrecke verschiedenartig sein. Außerdem müßten bei einem hypothetischen(!) Vertrag über eine Teilstrecke (Umladung, Huckepack) unter Ausblendung etwaiger Parteivereinbarungen unter Berücksichtigung der realen Abwicklung des Transportes *unterschiedliche,* nicht notwendig zwingende Rechtsvorschriften zum Tragen kommen. Der Umschlag von einem Transportmittel auf das andere ist grds keine selbständige Teilstrecke (anders bei besonderer Intensität [*Ko* TR § 452 16; *Brüggemann* TranspR 00, 53]).

Vierter Abschnitt. Frachtgeschäft §§ 452 a, 452 b

Soweit die Gültigkeit u der Inhalt des hypothetischen Vertrages von Formalitäten abhängt, ist deren Erfüllung zu unterstellen (*Koller* VersR 00, 1192 [str]). **Rechtsfolgen.** Wenn HGB anwendbar (Art 27 f EGBGB), grds §§ 407–450, sofern nicht §§ 452 a–d eingreifen. Danach haftet der FrachtF bei unbekanntem Schadensort grds gem den §§ 425 ff. Den §§ 407–452 a gehen (nur [str]) die Art 2 CMR, 18, 31 WA 1955, 28, 48 CIM vor (*Ko* TR § 452 19; *FreTh* § 452 32; enger *Herber* TranspR 01, 102). **Abdingbarkeit,** § 452 d.

§ 452 a Bekannter Schadensort

¹ **Steht fest, daß der Verlust, die Beschädigung oder das Ereignis, das zu einer Überschreitung der Lieferfrist geführt hat, auf einer bestimmten Teilstrecke eingetreten ist, so bestimmt sich die Haftung des Frachtführers abweichend von den Vorschriften des Ersten Unterabschnitts nach den Rechtsvorschriften, die auf einen Vertrag über eine Beförderung auf dieser Teilstrecke anzuwenden wären.** ² **Der Beweis dafür, daß der Verlust, die Beschädigung oder das zu einer Überschreitung der Lieferfrist führende Ereignis auf einer bestimmten Teilstrecke eingetreten ist, obliegt demjenigen, der dies behauptet.**

Maßgeblich ist der Ort der Schadensentstehung iSd § 425. Dabei ist **1** in Hinblick auf den Umschlag davon auszugehen, daß der FrachtF zum Ver- und Entladen verpflichtet ist, es sei denn, der Umschlag ist als selbständige Teilstrecke zu werten (§ 452 Rz 1). Die transportbedingte Lagerung ist als Vor- bzw. Nachlagerung aus der Perspektive des Teilstreckentransportes zu betrachten. Bei bekanntem Schadensort kommt es auf das einschlägige Teilstreckenrecht an (näher *Koller* VersR 00, 1187; *Herber* TranspR 01, 101); beachte § 452 b. Wird zum Schadensort nichts vorgetragen oder kann er von demjenigen, der ihn für sich ins Feld führt, nicht bewiesen werden, greifen über § 452 die §§ 425–437 ein. Gleiches gilt, wenn im bekannten Schadenszeitpunkt eine Zuordnung zu einer Beförderungsphase nicht möglich ist.

§ 452 b Schadensanzeige, Verjährung

(1) ¹ **§ 438 ist unabhängig davon anzuwenden, ob der Schadensort unbekannt ist, bekannt ist oder später bekannt wird.** ² **Die für die Schadensanzeige vorgeschriebene Form und Frist ist auch gewahrt, wenn die Vorschriften eingehalten werden, die auf einen Vertrag über eine Beförderung auf der letzten Teilstrecke anzuwenden wären.**

(2) ¹ **Für den Beginn der Verjährung des Anspruchs wegen Verlust, Beschädigung oder Überschreitung der Lieferfrist ist, wenn auf den Ablieferungszeitpunkt abzustellen ist, der Zeitpunkt der Ablieferung an den Empfänger maßgebend.** ² **Der**

§§ 452 c, 452 d   Viertes Buch. Handelsgeschäfte

Anspruch verjährt auch bei bekanntem Schadensort frühestens nach Maßgabe des § 439.

1   **Rüge.** Die Vorschrift gilt in Hinblick auf den Inhalt der Rüge analog. Unerheblich ist, mit welcher Art von Transportmittel das Gut abgeliefert wird. Alternativ kann nach dem Recht gerügt werden, das maßgeblich wäre, wenn über die letzte Teilstrecke ein gesonderter Vertrag geschlossen worden wäre. § 452b I gilt auch im Fall des Art 18 III WA (*Koller* TranspR 01, 69). Er wird nicht verdrängt, wenn im Fall des § 452a das WA oder die CMR, CIM zum Tragen kommen (*Koller* TranspR 01, 70; *FreTh* § 452b 4). **Verjährung.** § 452b 1 modifiziert § 439 bei bekanntem Schadensort, weil nicht auf die Ablieferung im Rahmen der Teilstrecke, sondern auf die Ablieferung im Rahmen des Gesamttransportes abzustellen ist (Ausnahmen dort, wo es wie bei Art 29 WA nicht auf Ablieferung, sondern auf Ankunft, Lieferfrist, Übernahme des Gutes ankommt). Gleiches gilt erst recht bei unbekanntem Schadensort (auch im Fall des Art 18 III WA [*Koller* TranspR 01, 71]). Bei bekanntem Schadensort kann sich der Geschädigte, wenn das für ihn günstiger ist, auf das Teilstreckenrecht berufen. Auch im Rahmen der Art 18 III, 31 WA ist § 452b 2 heranzuziehen (*Koller* TranspR 01, 71).

§ 452 c Umzugsvertrag über eine Beförderung mit verschiedenartigen Beförderungsmitteln

¹Hat der Frachtvertrag die Beförderung von Umzugsgut mit verschiedenartigen Beförderungsmitteln zum Gegenstand, so sind auf den Vertrag die Vorschriften des Zweiten Unterabschnitts anzuwenden. ²§ 452a ist nur anzuwenden, soweit für die Teilstrecke, auf der der Schaden eingetreten ist, Bestimmungen eines für die Bundesrepublik Deutschland verbindlichen internationalen Übereinkommens gelten.

1   Parallelvorschrift zu § 452, die statt auf die §§ 407 ff primär auf die §§ 451 ff verweist. Eine Differenzierung nach dem Schadensort scheidet aus (Ausnahmen Art 28, 48 CIM, 18, 31 WA).

§ 452 d Abweichende Vereinbarungen

(1) ¹Von der Regelung des § 452b Abs. 2 Satz 1 kann nur durch Vereinbarung abgewichen werden, die im einzelnen ausgehandelt ist, auch wenn diese für eine Mehrzahl von gleichartigen Verträgen zwischen denselben Vertragsparteien getroffen ist. ²Von den übrigen Regelungen dieses Unterabschnitts kann nur insoweit durch vertragliche Vereinbarung abgewichen werden, als die darin in Bezug genommenen Vorschriften abweichende Vereinbarungen zulassen.

(2) **Abweichend von Absatz 1 kann jedoch auch durch vorformulierte Vertragsbedingungen vereinbart werden, daß sich die Haftung bei bekanntem Schadensort (§ 452 a)**

1. **unabhängig davon, auf welcher Teilstrecke der Schaden eintreten wird, oder**
2. **für den Fall des Schadenseintritts auf einer in der Vereinbarung genannten Teilstrecke nach den Vorschriften des Ersten Unterabschnitts bestimmt.**

(3) **Vereinbarungen, die die Anwendung der für eine Teilstrecke zwingend geltenden Bestimmungen eines für die Bundesrepublik Deutschland verbindlichen internationalen Übereinkommens ausschließen, sind unwirksam.**

Grundsatz (§ 452 d I). In Hinblick auf die gem § 452 anzuwenden- 1 den §§ 407 ff greifen die §§ 449, 439, 452 b II 2 iVm § 439 ein. Soweit in § 452 c auf die §§ 451 ff verwiesen wird, kommt § 451 h zum Tragen. Das Teilstreckenrecht u internationale Übereinkommen, auf die in §§ 452 a, 452 b I verwiesen wird, sind abdingbar, soweit sie dies erlauben (beachte § 452 d II [*Looks* VersR 99, 35]). Außerdem ist § 452 b II 1 in Parallele zu § 449 II 1 durch im einzelnen ausgehandelte Abreden abdingbar, selbst wenn gem § 452 a internationale Übereinkommen einschlägig sind (*Ko* TR § 452 d 7). **Weitergehende** (nur) pauschale (*Basedow* TranspR 98, 61; *Ko* TR § 452 d 5) **Abdingbarkeit** (§ 452 d II) durch Vereinbarung der §§ 407 ff bei bekanntem Schadensort, außer bei zwingenden internationalen Übereinkommen (zB CMR [*Looks* VersR 99, 35]) oder Umzugstransporten. Soweit die §§ 407 ff gem den §§ 439, 449 abdingbar sind, können sie auch im Rahmen des § 452 d II abbedungen werden (*Ko* TR § 452 d 5; aA *Herber* TranspR 99, 94). **Unabdingbar** sind die §§ 452, 452 b I 2, 452 c, 452 d.

Fünfter Abschnitt. Speditionsgeschäft

§ 453 Speditionsvertrag

(1) **Durch den Speditionsvertrag wird der Spediteur verpflichtet, die Versendung des Gutes zu besorgen.**

(2) **Der Versender wird verpflichtet, die vereinbarte Vergütung zu zahlen.**

(3) ¹**Die Vorschriften dieses Abschnitts gelten nur, wenn die Besorgung der Versendung zum Betrieb eines gewerblichen Unternehmens gehört.** ²**Erfordert das Unternehmen nach Art oder Umfang einen in kaufmännischer Weise eingerichteten Geschäftsbetrieb nicht und ist die Firma des Unternehmens auch nicht nach § 2 in das Handelsregister eingetragen, so sind in Ansehung des Speditionsgeschäfts auch insoweit die Vorschrif-**

ten des Ersten Abschnitts des Vierten Buches ergänzend anzuwenden; dies gilt jedoch nicht für die §§ 348 bis 350.

§ 454 Besorgung der Versendung

(1) Die Pflicht, die Versendung zu besorgen, umfaßt die Organisation der Beförderung, insbesondere

1. die Bestimmung des Beförderungsmittels und des Beförderungsweges,
2. die Auswahl ausführender Unternehmer, den Abschluß der für die Versendung erforderlichen Fracht-, Lager- und Speditionsverträge sowie die Erteilung von Informationen und Weisungen an die ausführenden Unternehmer und
3. die Sicherung von Schadenersatzansprüchen des Versenders.

(2) [1] Zu den Pflichten des Spediteurs zählt ferner die Ausführung sonstiger vereinbarter auf die Beförderung bezogener Leistungen wie die Versicherung und Verpackung des Gutes, seine Kennzeichnung und die Zollbehandlung. [2] Der Spediteur schuldet jedoch nur den Abschluß der zur Erbringung dieser Leistungen erforderlichen Verträge, wenn sich dies aus der Vereinbarung ergibt.

(3) Der Spediteur schließt die erforderlichen Verträge im eigenen Namen oder, sofern er hierzu bevollmächtigt ist, im Namen des Versenders ab.

(4) Der Spediteur hat bei Erfüllung seiner Pflichten das Interesse des Versenders wahrzunehmen und dessen Weisungen zu befolgen.

§ 455 Behandlung des Gutes. Begleitpapiere. Mitteilungs- und Auskunftspflichten

(1) [1] Der Versender ist verpflichtet, das Gut, soweit erforderlich, zu verpacken und zu kennzeichnen und Urkunden zur Verfügung zu stellen sowie alle Auskünfte zu erteilen, deren der Spediteur zur Erfüllung seiner Pflichten bedarf. [2] Soll gefährliches Gut versendet werden, so hat der Versender dem Spediteur rechtzeitig schriftlich oder in sonst lesbarer Form die genaue Art der Gefahr und, soweit erforderlich, zu ergreifende Vorsichtsmaßnahmen mitzuteilen.

(2) [1] Der Versender hat, auch wenn ihn kein Verschulden trifft, dem Spediteur Schäden und Aufwendungen zu ersetzen, die verursacht werden durch

1. ungenügende Verpackung oder Kennzeichnung,
2. Unterlassen der Mitteilung über die Gefährlichkeit des Gutes oder

3. Fehlen, Unvollständigkeit oder Unrichtigkeit der Urkunden oder Auskünfte, die für eine amtliche Behandlung des Gutes erforderlich sind. ²§ 414 Abs. 1 Satz 2 und Abs. 2 ist entsprechend anzuwenden.

(3) Ist der Versender ein Verbraucher, so hat er dem Spediteur Schäden und Aufwendungen nach Absatz 2 nur zu ersetzen, soweit ihn ein Verschulden trifft.

§ 456 Fälligkeit der Vergütung

Die Vergütung ist zu zahlen, wenn das Gut dem Frachtführer oder Verfrachter übergeben worden ist.

§ 457 Forderungen des Versenders

¹Der Versender kann Forderungen aus einem Vertrag, den der Spediteur für Rechnung des Versenders im eigenen Namen abgeschlossen hat, erst nach der Abtretung geltend machen. ²Solche Forderungen sowie das in Erfüllung solcher Forderungen Erlangte gelten jedoch im Verhältnis zu den Gläubigern des Spediteurs als auf den Versender übertragen.

§ 458 Selbsteintritt

¹Der Spediteur ist befugt, die Beförderung des Gutes durch Selbsteintritt auszuführen. ²Macht er von dieser Befugnis Gebrauch, so hat er hinsichtlich der Beförderung die Rechte und Pflichten eines Frachtführers oder Verfrachters. ³In diesem Fall kann er neben der Vergütung für seine Tätigkeit als Spediteur die gewöhnliche Fracht verlangen.

§ 459 Spedition zu festen Kosten

¹Soweit als Vergütung ein bestimmter Betrag vereinbart ist, der Kosten für die Beförderung einschließt, hat der Spediteur hinsichtlich der Beförderung die Rechte und Pflichten eines Frachtführers oder Verfrachters. ²In diesem Fall hat er Anspruch auf Ersatz seiner Aufwendungen nur, soweit dies üblich ist.

§ 460 Sammelladung

(1) Der Spediteur ist befugt, die Versendung des Gutes zusammen mit Gut eines anderen Versenders auf Grund eines für seine Rechnung über eine Sammelladung geschlossenen Frachtvertrages zu bewirken.

(2) ¹Macht der Spediteur von dieser Befugnis Gebrauch, so hat er hinsichtlich der Beförderung in Sammelladung die Rechte und Pflichten eines Frachtführers oder Verfrachters. ²In

diesem Fall kann der Spediteur eine den Umständen nach angemessene Vergütung verlangen, höchstens aber die für die Beförderung des einzelnen Gutes gewöhnliche Fracht.

§ 461 Haftung des Spediteurs

(1) ¹Der Spediteur haftet für den Schaden, der durch Verlust oder Beschädigung des in seiner Obhut befindlichen Gutes entsteht. ²Die §§ 426, 427, 429, 430, 431 Abs. 1, 2 und 4, die §§ 432, 434 bis 436 sind entsprechend anzuwenden.

(2) ¹Für Schaden, der nicht durch Verlust oder Beschädigung des in der Obhut des Spediteurs befindlichen Gutes entstanden ist, haftet der Spediteur, wenn er eine ihm nach § 454 obliegende Pflicht verletzt. ²Von dieser Haftung ist er befreit, wenn der Schaden durch die Sorgfalt eines ordentlichen Kaufmanns nicht abgewendet werden konnte.

(3) Hat bei der Entstehung des Schadens ein Verhalten des Versenders oder ein besonderer Mangel des Gutes mitgewirkt, so hängen die Verpflichtung zum Ersatz sowie der Umfang des zu leistenden Ersatzes davon ab, inwieweit diese Umstände zu dem Schaden beigetragen haben.

§ 462 Haftung für andere

¹Der Spediteur hat Handlungen und Unterlassungen seiner Leute in gleichem Umfang zu vertreten wie eigene Handlungen und Unterlassungen, wenn die Leute in Ausübung ihrer Verrichtungen handeln. ²Gleiches gilt für Handlungen und Unterlassungen anderer Personen, deren er sich bei Erfüllung seiner Pflicht, die Versendung zu besorgen, bedient.

§ 463 Verjährung

Auf die Verjährung der Ansprüche aus einer Leistung, die den Vorschriften dieses Abschnitts unterliegt, ist § 439 entsprechend anzuwenden.

§ 464 Pfandrecht

¹Der Spediteur hat wegen aller durch den Speditionsvertrag begründeten Forderungen sowie wegen unbestrittener Forderungen aus anderen mit dem Versender abgeschlossenen Speditions-, Fracht- und Lagerverträgen ein Pfandrecht an dem Gut. ²§ 441 Abs. 1 Satz 2 bis Abs. 4 ist entsprechend anzuwenden.

§ 465 Nachfolgender Spediteur

(1) Wirkt an einer Beförderung neben dem Frachtführer auch ein Spediteur mit und hat dieser die Ablieferung zu bewirken,

Fünfter Abschnitt. Speditionsgeschäft §§ 453–466

so ist auf den Spediteur § 442 Abs. 1 entsprechend anzuwenden.

(2) Wird ein vorhergehender Frachtführer oder Spediteur von einem nachfolgenden Spediteur befriedigt, so gehen Forderung und Pfandrecht des ersteren auf den letzteren über.

§ 466 Abweichende Vereinbarungen

(1) Ist der Versender ein Verbraucher, so kann nicht zu dessen Nachteil von § 461 Abs. 1, den §§ 462 und 463 abgewichen werden, es sei denn, der Speditionsvertrag hat die Versendung von Briefen oder briefähnlichen Sendungen zum Gegenstand.

(2) ¹In allen anderen als den in Absatz 1 genannten Fällen kann, soweit der Speditionsvertrag nicht die Versendung von Briefen oder briefähnlichen Sendungen zum Gegenstand hat, von den in Absatz 1 genannten Vorschriften nur durch Vereinbarung abgewichen werden, die im einzelnen ausgehandelt ist, auch wenn sie für eine Mehrzahl von gleichartigen Verträgen zwischen denselben Vertragsparteien getroffen ist. ²Die vom Spediteur zu leistende Entschädigung wegen Verlust oder Beschädigung des Gutes kann jedoch auch durch vorformulierte Vertragsbedingungen auf einen anderen als den in § 431 Abs. 1 und 2 vorgesehenen Betrag begrenzt werden, wenn dieser Betrag

1. zwischen zwei und vierzig Rechnungseinheiten liegt und in drucktechnisch deutlicher Gestaltung besonders hervorgehoben ist oder

2. für den Verwender der vorformulierten Vertragsbedingungen ungünstiger ist als der in § 431 Abs. 1 und 2 vorgesehene Betrag.

(3) Von § 458 Satz 2, § 459 Satz 1, § 460 Abs. 2 Satz 1 kann nur insoweit durch vertragliche Vereinbarung abgewichen werden, als die darin in Bezug genommenen Vorschriften abweichende Vereinbarungen zulassen.

(4) Unterliegt der Speditionsvertrag ausländischem Recht, so sind die Absätze 1 bis 3 gleichwohl anzuwenden, wenn nach dem Vertrag der Ort der Übernahme und der Ort der Ablieferung des Gutes im Inland liegen.

Erläuterungen zu den §§ 453–466 HGB

I. Abgrenzung der Spedition zu anderen Geschäften

Spediteur iSd HGB ist, wer gewerbsmäßig im eigenen oder fremden Namen (§ 454 III) durch Abschluß von Verträgen mit Dritten den 1

§§ 453–466 Viertes Buch. Handelsgeschäfte

Transport des Gutes organisiert (§ 454 I). Die Dritten können zB FrachtF (§ 407), Verfrachter (§ 556), carrier (Art 1 CMR), Transporteur (LuftfrachtF; Art 1 WA) sein, die den Transport des Gutes durchführen, oder ihrerseits Spediteure (§ 453) oder Lagerhalter (§ 467). Die Besorgung der Versendung muß im Rahmen eines Gewerbes (auch § 105 II) erfolgen, nicht notwendig aber in einer Weise, die einen kaufmännisch eingerichteten Geschäftsbetrieb (§ 1 II) erfordert. Der Spediteur darf nicht die Beförderung als solche (§ 407 I) versprechen, weil er sonst als FrachtF (§ 407) etc gilt. Indizien für Spedition: Speditionsauftragsformulare (BGH VersR 85, 158; str), Auftrag zum Transport von Gütern geringen Gewichts, Umfangs (BGH VersR 85, 1138), frühere Tätigkeit als Spediteur für Auftraggeber (OLG Stgt VersR 72, 536; s auch § 407 Rz 1).

II. Arten der Spedition

2   Die sog Geschäftsbesorgungsspedition, bei der der Spediteur auf Rechnung des Versenders handelt (§ 457 I), ist in der Praxis weitgehend ausgestorben. In der Regel übernehmen Spediteure nach Abschluß eines Geschäftsbesorgungsspeditionsvertrages den Transport selbst (§ 458), führen den Auftrag im Weg der Sammelladung aus (§ 460) oder schließen einen Speditionsvertrag zu festen Kosten (§ 459). Auf die drei zuletzt genannten Varianten des Speditionsvertrages kommt, soweit nicht AGB (ADSp) eingreifen, in vollem Umfang bzw weitgehend Frachtrecht zur Anwendung (s unten). Primär ist mithin zu prüfen, ob u welche Art von Speditionsvertrag vorliegt.

III. Geschäftsbesorgungsspedition

3   **1.** Der **Speditionsvertrag** kommt wie der Kommissionsvertrag zustande (§ 383). **2.** Der Spediteur ist Interessenwahrer (§§ 454 IV HGB, 675 I BGB). Er ist **verpflichtet,** Transportmittel u Transportweg (§ 454 I Nr 1) so auszuwählen, wie dies am besten den erkennbaren, hilfsweise typischen Interessen des Versenders entspricht (§ 454 IV), u die zum Einsatz der Transportmittel nötigen Verträge mit zuverlässigen FrachtF etc oder Zwischenspediteuren etc zu schließen (§ 454 I Nr 2). Seine Pflichten hat er mit dem Abschluß dieser Verträge erfüllt. Die FrachtF etc sind deshalb nicht seine Erfüllungsgehilfen (BGH NJW 88, 640). Der Spediteur hat aufgrund bes Abrede (*Ko TR* § 454 22) das Gut abzuholen oder zu lagern, um es samt Begleitpapieren (*Ko TR* § 454 14) dem FrachtF etc zu übergeben; er hat Nachnahmeweisungen weiterzugeben (§ 454 I Nr 2), Weisungen zu befolgen, notfalls rückzufragen (§§ 454 IV HGB, 665 BGB), Rechnung zu legen u all das, was er erlangt hat, herauszugeben (§§ 675, 666 BGB, 457 HGB). Zu versichern braucht er das Gut grds nur aufgrund bes Abrede (§ 454 II 1), uU muß er aber aufklären (*Ko TR* § 454 35). Gleiches gilt für die Verpackung, Kennzeichnung u Zollbehandlung (§ 454 II 1 [*Ko TR* § 454 28]; be-

Fünfter Abschnitt. Speditionsgeschäft **§§ 453–466**

achte § 455). Existieren solche Abreden, so schuldet er iZw nicht bloße Organisation, so daß die vom Spediteur Beauftragten seine Gehilfen (§ 462) sind (§ 452 II 2; zu Ziff 2.2 ADSp s § 4 AGBG [*Ko* TR Ziff 2 ADSp 16]). Wird dem Spediteur das Gut von einer anderen Person als dem Versender übergeben, so muß er es auf äußerlich erkennbare Schäden u Verluste (§ 454 I Nr 3) hin überprüfen u die Ersatzansprüche wahren sowie den Versender informieren (§§ 675, 666 BGB). Der Spediteur hat den Empfang des Guts zu quittieren (§ 368 BGB analog). Verwiegen braucht der Spediteur das Gut nur, soweit dies zu Beweiszwecken oder zur gefahrlosen Beförderung notwendig ist. Beachte ADSp (Kommentierung dazu bei *Ko* TR, Teil A). Für Pflichten nichtbeförderungsbezogener Art (*Ko* TR § 454 21; abw *Valder* TranspR 98, 52) gelten die §§ 611, 631 BGB (*Ko* TR § 454 37). **3. Pflichtverletzungen.** Verletzt der Spediteur seine Pflichten, so kann der Versender das Geschäft mit den Dritten zurückweisen (§§ 406 I 2, 385 I HGB; § 675 BGB) und/oder bei schuldhaftem Verhalten (§ 347) Schadensersatz fordern (§ 461 II; pFV). Dabei hat der Spediteur zu beweisen, daß er sich pflichtgemäß verhalten hat (BGH VersR 87, 1214). Bei Verzögerungen greifen die §§ 284 ff, 326 BGB ein (*Ko* TR § 454 41). Im Fall des (teilweisen) Verlusts des Guts oder dessen Beschädigung haftet der Spediteur (nur) gem § 461 I, wenn der Schaden entstand, während sich das Gut in seiner Obhut (vgl § 425) oder der seiner Erfüllungsgehilfen (§ 462) befand. Die gem § 454 I Nr 2 eingeschalteten UnterfrachtF etc zählen nicht dazu. Daneben haftet der Spediteur für Eigentumschäden in den Grenzen der §§ 461 I, 434 gem § 823 BGB. Beachte ADSp (Kommentierung dazu bei *Ko* TR, Teil A). **4. Rechte des Spediteurs.** Der Geschäftsbesorgungsspediteur erwirbt einen Anspruch auf Vergütung (§§ 453 II, 456). § 396 I 2 ist über § 406 I 2 anwendbar. Außerdem kann er gem §§ 675, 670 BGB vom Versender, nicht aber vom Empfänger (uU §§ 677 ff BGB [BGH VersR 91, 1038] oder Vertrag mit Empfänger) Aufwendungsersatz und ggf Schadensersatz (beachte § 455; zum Verbraucher § 13 BGB) verlangen (*Ko* TR § 453 48). Gem § 464 erwirbt er ein Pfandrecht für konnexe, uU auch für inkonnexe Forderungen (beachte § 366 III sowie § 441). Zur Verpackung, Kennzeichnung (vgl § 412), Begleitpapieren (vgl § 413), Auskunft s § 455 (näher *Ko* TR § 455 2 ff). Zur Haftung gem § 455 vgl Erl zu § 414. **5. Rechte des Spediteurs gg Dritte (zB FrachtF)** aus dem Speditionsvertrag erlangt der Versender im Fall des § 454 III Alt 1 erst nach Abtretung (§ 457). Der Versender wird durch § 457 geschützt (vgl § 422). Soweit der Dritte Güter des Versenders oder anderer Personen schädigt oder dem Versender sonst durch vertragswidriges Verhalten Schaden zufügt, ist der Schaden in großzügiger Weise anhand der Regeln der Drittschadensliquidation zu bemessen (BGH NJW 85, 2412; *Piper* VersR 88, 201; *Ko* TR § 454 49). Das gilt auch bei Ansprüchen aus § 823 BGB. **6.** Der Speditionsvertrag **endet** iZw wie ein normaler Werkvertrag. Die **Verjährung** erfolgt nach den Regeln des Frachtvertrages (§ 463). **Abdingbarkeit:** § 466 (vgl § 449).

§§ 453–466 Viertes Buch. Handelsgeschäfte

IV. Selbsteintritt (§ 458)

4 **1. Wesen.** Der Spediteur, der einen Vertrag iSd § 454 III abgeschlossen hat (Rz 1), kann, sofern dies nicht wirksam (§ 466 I, II) abbedungen worden ist u sofern die Interessen des Versenders dadurch nicht beeinträchtigt werden (§ 454 IV), statt auf Rechnung des Versenders einen Vertrag mit einem FrachtF etc zu schließen, auf eigene Rechnung selbst transportieren oder Dritte mit dem Transport auf eigene Rechnung beauftragen. Der Selbsteintritt kann auf Teilstrecken beschränkt werden; es erfolgt keine Gesamtbetrachtung (*Ko* TR § 458 13; aA *FreTh* § 458 21). **2. Der Selbsteintritt** erfolgt durch manifestierte, nicht zugangsbedürftige (§ 151 BGB) Willenserklärung. **3. Pflichten des Spediteurs.** Der Spediteur hat im Vorfeld des Transports dieselben Pflichten wie ein Geschäftsbesorgungsspediteur (Rz 3). In Hinblick auf die Beförderung (diejenigen Aktivitäten, die bei einer Geschäftsbesorgungsspedition [Rz 3] mittels Ausführungsgeschäft einem FrachtF übertragen werden [*Ko* TR § 458 10; aA *FreTh* § 458 21]) u auf den Ersatz von damit im Zusammenhang stehenden Schäden gilt das Frachtrecht der jeweils vereinbarten Transportart u -wege, bzw, falls diese nicht vereinbart worden sind, das Recht der eingesetzten Transportmittel u eingeschlagenen Transportwege (BGH NJW 88, 640; § 425 Rz 3 ff). Soweit das Frachtrecht zwingender Natur ist (zB CMR), kann es auch im Verhältnis zum Spediteur nicht abbedungen werden. (§ 466 III). Ist unklar, auf welchem Transport– bzw Speditionsabschnitt der Schaden entstanden ist, gilt das für den Versender günstigste Recht (vgl BGH NJW 88, 640). Zu beachten ist, daß der Spediteur die Rolle eines FrachtF iSd §§ 452–452 d übernommen haben kann. Im übrigen (zB Schutz des Gutes in der Vor-, Nachlaufphase [aA *FreTh* § 458 19], Verzollung, Verpackung, Herausgabe von Ersatzansprüchen) gelten die §§ 454 I, II, IV, 457, 461 (*Ko* TR § 458 10, 23). Beachte uU die ADSp. **4. Rechte des Spediteurs.** Fracht (§ 407 II), die üblicherweise am Markt gezahlt wird, hilfsweise eine angemessene Fracht (str), die nicht von der Fracht gedeckten, typischerweise gesondert zu erstattenden Aufwendungen (zB § 420 I 2), außerdem die Vergütung, die ihm für seine Besorgung der Versendung (§§ 453 II, 454 I, 456) sowie für beförderungsnahe Leistungen (§ 454 II) zusteht. Ersatzfähig sind auch Aufwendungen im Zusammenhang mit der reinen Besorgung (§ 454 I) der Versendung (§§ 675, 670 BGB). § 455 (Rz 3) bleibt anwendbar. **5. Verjährung,** § 463; **Abdingbarkeit,** §§ 466, 449.

V. Sammelladung (§ 460)

5 **1. Wesen.** Die Sammelladungsspedition ist eine Mischform aus Speditions- u Frachtgeschäft (BT-Drs 13/8445, S 112). Sie setzt ebenfalls den Abschluß eines Speditionsvertrages (Rz 1), darüber hinaus die planmäßige Zusammenstellung von Gütern verschiedener Versender u

den Abschluß eines Frachtvertrages mit einem Dritten auf eigene Rechnung voraus. Der Spediteur ist, es sei denn, daß dies der Verkehrssitte entspricht, nicht zur Sammelladung verpflichtet (weitergehend OLG Düss VersR 82, 1077); sofern sie interessegemäß ist (Rz 3), ist er aber dazu berechtigt. Die Sammelladung kann auf eine Teilstrecke beschränkt werden (keine Gesamtbetrachtung [*Ko* TR § 460 7]). **2. Der Sammelladungsspediteur** hat zunächst dieselben Pflichten wie der Geschäftsbesorgungsspediteur (Rz 3). Das gilt insbes für den sog Vorlauf, die Lagerung beim Spediteur. Von dem Moment an, in dem das Gut dem Sammelbeförderer (FrachtF [§ 407]) übergeben worden ist (BGH NJW-RR 89, 992; *Ko* TR § 460 4), der mit dem Spediteur nicht identisch sein darf (sonst § 458), ergeben sich die Pflichten des Spediteurs (ggf zwingend [§ 466 III]) während der Sammelbeförderung aus dem Frachtrecht, das nach Transportmittel u -strecke einschlägig ist (Testfrage: Wie stünde Versender, wenn er über die Strecke einen Frachtvertrag abgeschlossen hätte?). Für die Schadensanzeige u Verjährung gilt § 452 b analog. Ist unbekannt, ob die Pflichtverletzung in der Phase der Besorgung der Beförderung oder in der Transportphase erfolgte, so gilt das dem Versender günstigere Recht (Rz 4). Werden bei der Sammelbeförderung verschiedenartige Transportmittel eingesetzt, greifen die §§ 452–452 d ein. Mit Ablieferung des Gutes durch den FrachtF an den ihm vom Spediteur benannten Empfänger kommt wieder Speditionsrecht des Geschäftsbesorgungsspediteurs (Rz 3; insbes § 461) zum Tragen (*Ko* TR § 460 11; *FreTh* § 460 14). Denkbar ist, daß sich daran eine weitere Sammelladungsphase anschließt (*Valder* TranspR 98, 54). **3. Rechte des Spediteurs.** Er kann eine angemessene Vergütung (§ 460 II 2) fordern, bei der der Versender ausreichend an den Vorteilen der Sammelladung beteiligt wird. Zusätzlich darf er Aufwendungsersatz (§§ 675, 670 BGB) (nur) dort verlangen, wo er spezifisch speditionell tätig geworden ist oder wo auch ein FrachtF Aufwendungsersatz hätte fordern können (zB § 421 I 2). § 455 ist anwendbar, in Hinblick auf die Beförderung nicht aber die §§ 410, 415, 417. **4. Verjährung,** § 463. **Abdingbarkeit,** § 466.

VI. Spedition zu festen Spesen, Fixkostenspedition (§ 459)

1. Wesen. Der Spediteur verspricht auch hier nur den Transport zu **6** organisieren (§ 453 I), im Unterschied zur Geschäftsbesorgungsspedition aber von vornherein wie ein FrachtF etc auf eigene Rechnung zu handeln, weil er seine Aufwendungen grds nicht auf den Versender abwälzen darf. **2. Beförderungskosten.** Der Spediteur muß mit dem Versender den Preis für das Bewirken, nicht bloß für die Organisation des Transports vereinbart haben. Dafür genügen Abreden über den Preis pro Einheit (BGH NJW 72, 1003), pro Transportabschnitt (BGH VersR 82, 845). Die Abrede muß sich nicht auf die ganze Strecke beziehen (Düss VersR 78, 1016) u darf Preisvorbehalte oder Abreden über außergewöhnliche Aufwendungen (§ 459 S 2) enthalten (BGH VersR 82,

846). Die Vereinbarung von Vergütung u Aufwendungsersatz für Nebentätigkeiten stellt die Fixkostenabrede nicht in Frage (BGH VersR 76, 435). Spätere Fixkostenvereinbarungen genügen jedenfalls dann, wenn sie vor Übernahme des Guts erfolgten (str). Die Ausstellung einer pauschalierten Rechnung ist ein starkes Indiz für eine Fixkostenvereinbarung (Düss TranspR 90, 64). Beweislast: wer sich auf § 459 beruft.
3. Pflichten des Spediteurs. Der Spediteur hat *in Hinblick auf die Beförderung* (Testfrage: Wäre die konkrete Pflicht, wenn von vornherein ein Frachtvertrag geschlossen worden wäre, frachtrechtlicher Natur [*Ko* TR § 459 4 ff; abw *FreTh* § 459 16]?) ausschließlich die Pflichten, die sich aus dem Frachtrecht (§§ 407 ff) ergeben, das je nach vereinbartem, hilfsweise eingesetztem Transportmittel u -strecke einschlägig ist (zB § 407 HGB, CMR, WA, CIM). Beispiele für beförderungsbezogene Pflichten: Transport; transportbedingte Lagerung; Zwischenspedition (*Ko* TR § 460 8); Vor-, Nachlauf (*Valder* TranspR 98, 54; *Ko* TR § 459 11 [str]); Umschlag; Verzollung (aA *Valder* TranspR 98, 54); Nachnahme (aA *Valder* TranspR 98, 54); *nicht* Verpacken, Beschaffung von Begleitpapieren, Versicherung. Unerheblich ist, ob die Pflichten iSd § 454 II beförderungsbezogen sind. Die Pflichten sind nicht abdingbar, soweit das Frachtrecht zwingend gilt (§ 466 III). Die vom Spediteur eingesetzten Unternehmen sind dessen Erfüllungsgehilfen (§ 462). **4. Rechte des Spediteurs.** Vereinbarte Vergütung u ausnahmsweise Aufwendungsersatz (§ 459). **5. Verjährung,** § 463, soweit nicht Frachtrecht anzuwenden ist. **Abdingbarkeit,** §§ 466, 449.

Sechster Abschnitt. Lagergeschäft

§ 467 Lagervertrag

(1) **Durch den Lagervertrag wird der Lagerhalter verpflichtet, das Gut zu lagern und aufzubewahren.**

(2) **Der Einlagerer wird verpflichtet, die vereinbarte Vergütung zu zahlen.**

(3) [1] **Die Vorschriften dieses Abschnitts gelten nur, wenn die Lagerung und Aufbewahrung zum Betrieb eines gewerblichen Unternehmens gehört.** [2] **Erfordert das Unternehmen nach Art oder Umfang einen in kaufmännischer Weise eingerichteten Geschäftsbetrieb nicht und ist die Firma des Unternehmens auch nicht nach § 2 in das Handelsregister eingetragen, so sind in Ansehung des Lagergeschäfts auch insoweit die Vorschriften des Ersten Abschnitts des Vierten Buches ergänzend anzuwenden; dies gilt jedoch nicht für die §§ 348 bis 350.**

1   1. **Der Lagervertrag** stellt eine Variante des Verwahrungsvertrages (§§ 688 ff BGB) dar, kraft dessen der Lagerhalter im Rahmen seines Gewerbebetriebes (§ 467 III 1 [§§ 1–6, 105 II]) die Verwahrung und

Obhut über das Gut als Hauptpflicht (anders zB transportbedingte kurze Vor-, Zwischen-, Nachlagerung durch FrachtF) übernimmt. Die bloße Bereitstellung von Lagerraum (Miete) genügt mithin nicht. Vielmehr muß sich der Lagerhalter auch verpflichten, das Gut gg Gefahren zu schützen. Ist die Lagerung Nebenpflicht eines anderen Vertrages, so kommen die §§ 467 ff nur nach den Regeln des gemischten Vertrages (*PalHeinrichs* BGB, vor § 305 19 ff) zum Tragen. Die §§ 467 ff können nur eingeschränkt (§ 475 h) abbedungen werden. **2. Lagervertrag, Pflichten des Lagerhalters.** Der Lagervertrag kommt nach den allg Regeln zustande. § 362 greift ein. Der Lagerhalter hat die Obhut über das Gut primär so auszuüben, wie dies, ggf nach Aufklärung, der Vereinbarung entspricht (BGH TranspR 92, 230). Mangels bes Vereinbarung hat der Lagerhalter das Gut so zu lagern, daß vorhersehbare mit zumutbarem Aufwand vermeidbare Schäden verhindert werden (BGH NJW-RR 89, 991; WM 74, 436; LM 1 zu § 417): Dabei ist zu berücksichtigen, daß der Lagerhalter kein Warenfachmann ist. Das Gut muß mangels ausdr abw Abrede im unmittelbaren Besitz des Lagerhalters verbleiben (§ 472 II). Haftung für Verlust oder Beschädigung des Gutes gem § 475; im übrigen gem §§ 286, 325 f BGB, pFV. Der Lagerhalter hat über die §§ 470, 471 II hinaus Gefahren, die er nicht sachgerecht in Schach halten kann oder muß, unverzüglich anzuzeigen. Weisungen hat er in zumutbarem Umfang zu befolgen. Die Besichtigung des Gutes u Entnahme von Proben hat er zu gestatten (§ 471 I) sowie das Gut auf Verlangen zu versichern (§ 472). Er hat das Gut auf Verlangen dem Einlagerer zurückzugeben (§ 473), es sei denn, es wurde ein Vertrag iSd § 328 BGB geschlossen, der Herausgabeanspruch abgetreten oder vom Einlagerer eine Anweisung zur Herausgabe an einen Dritten erteilt. Der Lagerhalter hat die Rechtsposition des Dritten sorgfältig zu prüfen (BGH VersR 84, 848; *Koller* TranspR 85, 1). Zur Herausgabe gepfändeter und vom Gläubiger eingelagerter Ware s BGH NJW-RR 99, 1410. Beachte, daß AGB (zB ADSp) einschlägig sein können. **3. Pflichten des Einlagerers.** Vergütung, Aufwendungsersatz, §§ 467 II, 474; Rücknahmepflicht, § 473 II. Er hat ferner bei Einlagerung gefährlichen Gutes den Lagerhalter zu warnen (§ 468 I 1; eingeschränkt bei Verbrauchern [§ 13 BGB], § 468 II Nr 2 [§ 451 b II], das Gut zu verpacken, zu kennzeichnen (§ 468 I 2 [§ 411]; Ausnahme: Verbraucher [§ 468 II Nr 1]) sowie zu informieren (§ 468 I 2 [§ 413]; bei Verbrauchern s § 468 II 2 [§ 451 b]).

§ 468 Behandlung des Gutes. Begleitpapiere. Mitteilungs- und Auskunftspflichten

(1) ¹**Der Einlagerer ist verpflichtet, dem Lagerhalter, wenn gefährliches Gut eingelagert werden soll, rechtzeitig schriftlich oder in sonst lesbarer Form die genaue Art der Gefahr und, soweit erforderlich, zu ergreifende Vorsichtsmaßnahmen mit-**

§ 469

Viertes Buch. Handelsgeschäfte

zuteilen. ²Er hat ferner das Gut, soweit erforderlich, zu verpakken und zu kennzeichnen und Urkunden zur Verfügung zu stellen sowie alle Auskünfte zu erteilen, die der Lagerhalter zur Erfüllung seiner Pflichten benötigt.

(2) ¹Ist der Einlagerer ein Verbraucher, so ist abweichend von **Absatz 1**

1. der Lagerhalter verpflichtet, das Gut, soweit erforderlich, zu verpacken und zu kennzeichnen,
2. der Einlagerer lediglich verpflichtet, den Lagerhalter über die von dem Gut ausgehende Gefahr allgemein zu unterrichten; die Unterrichtung bedarf keiner Form.

²Der Lagerhalter hat in diesem Falle den Einlagerer über dessen Pflichten nach Satz 1 Nr. 2 sowie über die von ihm zu beachtenden Verwaltungsvorschriften über eine amtliche Behandlung des Gutes zu unterrichten.

(3) ¹Der Einlagerer hat, auch wenn ihn kein Verschulden trifft, dem Lagerhalter Schäden und Aufwendungen zu ersetzen, die verursacht werden durch

1. ungenügende Verpackung oder Kennzeichnung,
2. Unterlassen der Mitteilung über die Gefährlichkeit des Gutes oder
3. Fehlen, Unvollständigkeit oder Unrichtigkeit der in § 413 Abs. 1 genannten Urkunden oder Auskünfte.

²§ 414 Abs. 1 Satz 2 und Abs. 2 ist entsprechend anzuwenden.

(4) Ist der Einlagerer ein Verbraucher, so hat er dem Lagerhalter Schäden und Aufwendungen nach Absatz 3 nur zu ersetzen, soweit ihn ein Verschulden trifft.

1 **1. Einlagerer ist kein Verbraucher iSd § 13 BGB.** Gefährliches Gut, vgl §§ 410 I, 414 I 1 Nr 3, I 2, II. Verpackung, Kennzeichnung, vgl §§ 411, 414 I 1 Nr 2, I 2, II. Begleitpapiere, vgl §§ 413 I, 414 I 1 Nr 4, I 2, II. Auskünfte, vgl §§ 455 I, 414 I 1 Nr 4, I 2, II.

2. Einlagerer ist Verbraucher iSd § 13 BGB. Gefährliches Gut (§ 468 II 1 Nr 2), vgl §§ 451 b II, 414 III. Verpackung, Kennzeichnung (§ 468 II 1 Nr 1), vgl § 451 a II. Begleitpapiere (§ 468 II 2), vgl § 451 b III. Auskünfte, § 468 II 2 analog.

§ 469 Sammellagerung

(1) Der Lagerhalter ist nur berechtigt, vertretbare Sachen mit anderen Sachen gleicher Art und Güte zu vermischen, wenn die beteiligten Einlagerer ausdrücklich einverstanden sind.

(2) Ist der Lagerhalter berechtigt, Gut zu vermischen, so steht vom Zeitpunkt der Einlagerung ab den Eigentümern der eingelagerten Sachen Miteigentum nach Bruchteilen zu.

Sechster Abschnitt. Lagergeschäft §§ 470, 471

(3) **Der Lagerhalter kann jedem Einlagerer den ihm gebührenden Anteil ausliefern, ohne daß er hierzu der Genehmigung der übrigen Beteiligten bedarf.**

§ 1008 BGB. Mit der berechtigten Auslieferung an den Einlagerer, der Miteigentümer geworden war, wird dieser Alleineigentümer. Das Einverständnis bedarf nicht der Schriftform; es muß eindeutig erklärt werden. Zum gutgläubigen Erwerb *Schmidt* § 34 VI.

§ 470 Empfang des Gutes

Befindet sich Gut, das dem Lagerhalter zugesandt ist, beim Empfang in einem beschädigten oder mangelhaften Zustand, der äußerlich erkennbar ist, so hat der Lagerhalter Schadenersatzansprüche des Einlagerers zu sichern und dem Einlagerer unverzüglich Nachricht zu geben.

Vgl §§ 388 I, 454 I 3. Aufwendungen: § 474.

§ 471 Erhaltung des Gutes

(1) ¹**Der Lagerhalter hat dem Einlagerer die Besichtigung des Gutes, die Entnahme von Proben und die zur Erhaltung des Gutes notwendigen Handlungen während der Geschäftsstunden zu gestatten.** ²**Er ist jedoch berechtigt und im Falle der Sammellagerung auch verpflichtet, die zur Erhaltung des Gutes erforderlichen Arbeiten selbst vorzunehmen.**

(2) ¹**Sind nach dem Empfang Veränderungen an dem Gut entstanden oder zu befürchten, die den Verlust oder die Beschädigung des Gutes oder Schäden des Lagerhalters erwarten lassen, so hat der Lagerhalter dies dem Einlagerer oder, wenn ein Lagerschein ausgestellt ist, dem letzten ihm bekannt gewordenen legitimierten Besitzer des Scheins unverzüglich anzuzeigen und dessen Weisungen einzuholen.** ²**Kann der Lagerhalter innerhalb angemessener Zeit Weisungen nicht erlangen, so hat er die angemessen erscheinenden Maßnahmen zu ergreifen.** ³**Er kann insbesondere das Gut gemäß § 373 verkaufen lassen; macht er von dieser Befugnis Gebrauch, so hat der Lagerhalter, wenn ein Lagerschein ausgestellt ist, die in § 373 Abs. 3 vorgesehene Androhung des Verkaufs sowie die in Absatz 5 derselben Vorschriften vorgesehenen Benachrichtigungen an den letzten ihm bekannt gewordenen legitimierten Besitzer des Lagerscheins zu richten.**

§ 471 I. Das Recht darf nur ausgeübt werden, wenn der Lagerbetrieb nicht unzumutbar gestört wird. Der Entnahme von Proben steht § 475 b grds nicht entgegen. Eine bes Vergütung darf nicht gefordert werden.

Koller 1093

§ 471 II. Im Unterschied zu § 388 II genügt die unmittelbare Gefahr von Veränderungen. Zur Einholung von Weisungen vgl § 419 II 1, III.

§ 472 Versicherung. Einlagerung bei einem Dritten

(1) ¹**Der Lagerhalter ist verpflichtet, das Gut auf Verlangen des Einlagerers zu versichern.** ²**Ist der Einlagerer ein Verbraucher, so hat ihn der Lagerhalter auf die Möglichkeit hinzuweisen, das Gut zu versichern.**

(2) **Der Lagerhalter ist nur berechtigt, das Gut bei einem Dritten einzulagern, wenn der Einlagerer ihm dies ausdrücklich gestattet hat.**

1   **Versicherung.** Vgl § 390 II. Die bloße Wertangabe verpflichtet nicht. **Hinweis** bei Verbrauchern (§ 13 BGB): Keine Form; Haftung nach pFV-Regeln. **Drittlagerung.** Vgl § 691 BGB. § 278 bleibt unberührt; § 475 S 2. Fragwürdig Ziff 15.1 ADSp (§ 9 AGBG).

§ 473 Dauer der Lagerung

(1) ¹**Der Einlagerer kann das Gut jederzeit herausverlangen.** ²**Ist der Lagervertrag auf unbestimmte Zeit geschlossen, so kann er den Vertrag jedoch nur unter Einhaltung einer Kündigungsfrist von einem Monat kündigen, es sei denn, es liegt ein wichtiger Grund vor, der zur Kündigung des Vertrags ohne Einhaltung der Kündigungsfrist berechtigt.**

(2) ¹**Der Lagerhalter kann die Rücknahme des Gutes nach Ablauf der vereinbarten Lagerzeit oder bei Einlagerung auf unbestimmte Zeit nach Kündigung des Vertrags unter Einhaltung einer Kündigungsfrist von einem Monat verlangen.** ²**Liegt ein wichtiger Grund vor, so kann der Lagerhalter auch vor Ablauf der Lagerzeit und ohne Einhaltung einer Kündigungsfrist die Rücknahme des Gutes verlangen.**

(3) **Ist ein Lagerschein ausgestellt, so sind die Kündigung und das Rücknahmeverlangen an den letzten dem Lagerhalter bekannt gewordenen legitimierten Besitzer des Lagerscheins zu richten.**

1   **Herausgabeanspruch.** Vgl § 695 BGB, auch vor Ablauf des Lagervertrages (BT-Drs 13/8445, S 121). §§ 273 BGB, 369, 475 b sind zu beachten. Siehe auch § 467 Rz 1. **Kündigung.** Zugang (§ 130 BGB); Frist (§§ 187 ff BGB). **Rücknahmepflicht.** Haftung des Einlagerers, § 286 BGB. Die Haftung des Lagerhalters mindert sich uU gem §§ 475 S 2, 425 II.

Sechster Abschnitt. Lagergeschäft §§ 474–475 b

§ 474 Aufwendungsersatz

Der Lagerhalter hat Anspruch auf Ersatz seiner für das Gut gemachten Aufwendungen, soweit er sie den Umständen nach für erforderlich halten durfte.

Aufwendungen iSd § 670 BGB sind nur insoweit zu erstatten, als der Lagerhalter mit ihnen nach Art oder Höhe nicht zu rechnen brauchte oder sie nicht beeinflussen konnte (Zoll, Fracht) oder er sie im unmittelbaren Interesse des Einlagerers getätigt hatte. Keine Aufwendungen sind alle Investitionen zur Erfüllung der Obhutspflicht (Düss VersR 94, 332) oder die im eigenen Interesse des Frachtführers getätigt werden. Vgl § 420 I 2. Zu unvorhergesehenem Aufwand s *Koller* VersR 95, 1385. 1

§ 475 Haftung für Verlust oder Beschädigung

¹Der Lagerhalter haftet für den Schaden, der durch Verlust oder Beschädigung des Gutes in der Zeit von der Übernahme zur Lagerung bis zur Auslieferung entsteht, es sei denn, daß der Schaden durch die Sorgfalt eines ordentlichen Kaufmanns nicht abgewendet werden konnte. ²Dies gilt auch dann, wenn der Lagerhalter gemäß § 472 Abs. 2 das Gut bei einem Dritten einlagert.

Vgl § 425. Im Unterschied zum FrachtF haftet der Lagerhalter bei Güter(folge)schäden (nur) im Rahmen der §§ 347 HGB, 254, 278, 249 ff BGB. Abdingbarkeit, § 475 h. Für sonstige Schäden wird gem den §§ 280, 286, 325 f BGB, pFV, 347 HGB gehaftet. Beachte uU Ziff 24 ADSp (dazu *Ko* TR Ziff 24 ADSp Rz 10). 1

§ 475 a Verjährung

¹Auf die Verjährung von Ansprüchen aus einer Lagerung, die den Vorschriften dieses Abschnitts unterliegt, findet § 439 entsprechende Anwendung. ²Im Falle des gänzlichen Verlusts beginnt die Verjährung mit Ablauf des Tages, an dem der Lagerhalter dem Einlagerer oder, wenn ein Lagerschein ausgestellt ist, dem letzten ihm bekannt gewordenen legitimierten Besitzer des Lagerscheins den Verlust anzeigt.

Erfaßt werden alle Ansprüche gleich welcher Rechtsnatur. Außer bei Totalverlust beginnt die Verjährungsfrist grds mit Ablieferung des Gutes zu laufen. Maßgeblich ist der Zugang der Anzeige. 1

§ 475 b Pfandrecht

(1) ¹Der Lagerhalter hat wegen aller durch den Lagervertrag begründeten Forderungen sowie wegen unbestrittener Forderungen aus anderen mit dem Einlagerer abgeschlossenen Lager-, Fracht- und Speditionsverträgen ein Pfandrecht an dem Gut.

§ 475 c

Viertes Buch. Handelsgeschäfte

²Das Pfandrecht erstreckt sich auch auf die Forderung aus einer Versicherung sowie auf die Begleitpapiere.

(2) Ist ein Orderlagerschein durch Indossament übertragen worden, so besteht das Pfandrecht dem legitimierten Besitzer des Lagerscheins gegenüber nur wegen der Vergütungen und Aufwendungen, die aus dem Lagerschein ersichtlich sind oder ihm bei Erwerb des Lagerscheins bekannt oder infolge grober Fahrlässigkeit unbekannt waren.

(3) Das Pfandrecht besteht, solange der Lagerhalter das Gut in seinem Besitz hat, insbesondere solange er mittels Konnossements, Ladescheins oder Lagerscheins darüber verfügen kann.

1 Siehe § 366 III; vgl § 441. Die Versicherung muß gem § 472 eingedeckt worden sein.

§ 475 c Lagerschein

(1) Über die Verpflichtung zur Auslieferung des Gutes kann von dem Lagerhalter, nachdem er das Gut erhalten hat, ein Lagerschein ausgestellt werden, der die folgenden Angaben enthalten soll:

1. Ort und Tag der Ausstellung des Lagerscheins;
2. Name und Anschrift des Einlagerers;
3. Name und Anschrift des Lagerhalters;
4. Ort und Tag der Einlagerung;
5. die übliche Bezeichnung der Art des Gutes und die Art der Verpackung, bei gefährlichen Gütern ihre nach den Gefahrgutvorschriften vorgesehene, sonst ihre allgemein anerkannte Bezeichnung;
6. Anzahl, Zeichen und Nummern der Packstücke;
7. Rohgewicht oder die anders angegebene Menge des Gutes;
8. im Falle der Sammellagerung einen Vermerk hierüber.

(2) In den Lagerschein können weitere Angaben eingetragen werden, die der Lagerhalter für zweckmäßig hält.

(3) ¹Der Lagerschein ist vom Lagerhalter zu unterzeichnen. ²Eine Nachbildung der eigenhändigen Unterschrift durch Druck oder Stempel genügt.

1 Der Lagerschein kann als Namens-, Inhaber- (§ 793 BGB) oder Orderlagerschein (§ 475 f) ausgestellt werden. Vgl im übrigen § 444. Die Angaben in § 475 c I sind keine Wirksamkeitserfordernisse. Allerdings muß die Verbriefung des Auslieferungsanspruchs gg einen bestimmten Lagerhalter erkennbar sein. Lieferscheine stellen bloße Anweisungen (§§ 783 BGB, 363 HGB) dar (BGH NJW 71, 1609; uU auch Abtretung der Herausgabeansprüche, BGH NJW 66, 1969), ebenso Freistellungserklärungen des Einlagerers (Ffm DB 81, 636). In Freistellungserklärungen des Lagerhalters kann ein Angebot zum Abschluß eines Lagervertrages enthalten sein (BGH WM 84, 1278). Der Lagerempfangsschein ist eine Quittung (§ 368 BGB; aA *FreTh-Teutsch* § 475 c Rz 4: § 808 BGB).

§ 475 d Wirkung des Lagerscheins

(1) **Der Lagerschein ist für das Rechtsverhältnis zwischen dem Lagerhalter und dem legitimierten Besitzer des Lagerscheins maßgebend.**

(2) **¹Der Lagerschein begründet insbesondere die widerlegliche Vermutung, daß das Gut und seine Verpackung in bezug auf den äußerlichen Zustand sowie auf Anzahl, Zeichen und Nummern der Packstücke wie im Lagerschein beschrieben übernommen worden sind. ²Ist das Rohgewicht oder die anders angegebene Menge des Gutes oder der Inhalt vom Lagerhalter überprüft und das Ergebnis der Überprüfung in den Lagerschein eingetragen worden, so begründet dieser auch die widerlegliche Vermutung, daß Gewicht, Menge oder Inhalt mit den Angaben im Lagerschein übereinstimmt. ³Ist der Lagerschein einem gutgläubigen Dritten übertragen worden, so ist die Vermutung nach den Sätzen 1 und 2 unwiderleglich.**

(3) **Für das Rechtsverhältnis zwischen dem Lagerhalter und dem Einlagerer bleiben die Bestimmungen des Lagervertrages maßgebend.**

Vgl § 444 III, IV. 1

§ 475 e Auslieferung gegen Rückgabe des Lagerscheins

(1) **Ist ein Lagerschein ausgestellt, so ist der Lagerhalter zur Auslieferung des Gutes nur gegen Rückgabe des Lagerscheins, auf dem die Auslieferung bescheinigt ist, verpflichtet.**

(2) **¹Die Auslieferung eines Teils des Gutes erfolgt gegen Abschreibung auf dem Lagerschein. ²Der Abschreibungsvermerk ist vom Lagerhalter zu unterschreiben.**

(3) **Der Lagerhalter haftet dem rechtmäßigen Besitzer des Lagerscheins für den Schaden, der daraus entsteht, daß er das Gut ausgeliefert hat, ohne sich den Lagerschein zurückgeben zu lassen oder ohne einen Abschreibungsvermerk einzutragen.**

Vgl § 445. § 407 BGB ist unanwendbar. Haftung, vgl § 447. Die 1
Haftung greift auch bei Bösgläubigkeit ein.

§ 475 f Legitimation durch Lagerschein

¹**Zum Empfang des Gutes legitimiert ist derjenige, an den das Gut nach dem Lagerschein ausgeliefert werden soll oder auf den der Lagerschein, wenn er an Order lautet, durch Indossament**

übertragen ist. ²Der Lagerhalter ist nicht verpflichtet, die Echtheit der Indossamente zu prüfen.

1   Vgl § 446. Im Fall des Inhaberlagerscheins ist der Besitz maßgeblich (§ 793 I 2 BGB), im Fall der Übertragung des Namenslagerscheins eine zusammenhängende Kette von Zessionen (§ 410 BGB).

§ 475 g Traditionsfunktion des Orderlagerscheins

Ist von dem Lagerhalter ein Lagerschein ausgestellt, der durch Indossament übertragen werden kann, so hat, wenn das Gut vom Lagerhalter übernommen ist, die Übergabe des Lagerscheins an denjenigen, den der Lagerschein zum Empfang des Gutes legitimiert, für den Erwerb von Rechten an dem Gut dieselben Wirkungen wie die Übergabe des Gutes.

1   Vgl § 448.

§ 475 h Abweichende Vereinbarungen

(1) Ist der Einlagerer ein Verbraucher, so kann nicht zu dessen Nachteil von den §§ 475 a und 475 e Abs. 3 abgewichen werden.

1   Vgl §§ 449, 451 h.

Sachverzeichnis

Fette Zahlen = §§, magere Zahlen = Randnummern

Abhängigkeit s Konzern
Abladegeschäft 376 6
Ablieferung 425 1
Ablieferungshindernisse 419
**Abrechnung der Provision
87 c 3** ff
Abschichtungsbilanz 138 5
Abschlußfreiheit s Privatautonomie
Abschlußprüfer 120 3
– Abberufung des **318** 7
– Ausschließungsgründe **319** 2
– Bestellung des **318** 1
– Bestellung des – durch Gericht **318** 5
– gerichtliche Bestellung eines anderen **318** 4
– Haftung des **323** 6
– Qualifikation des **319** 1
– Verantwortlichkeit des **323** 1 ff
Abschlußvertreter 55 1 ff
– mangelnde Vertretungsmacht **91 a** 5
– Vollmacht **91** 2
Abschreibungen
– Abschreibungsmethoden **253** 8
– Abschreibungspflicht **253** 9
– Abschreibungsplan **253** 6
– Allgemeine Bankrisiken Vorsorge für – im Jahresabschluß der Kreditinstitute **340 f** 1 ff
– beim Anlagevermögen **253** 6
– Ausweis bestimmter – in der GuV **277** 4
– Beibehaltungswahlrechte **253** 12
– bei Gebäuden **253** 8
– des Geschäfts- oder Firmenwerts **255** 13
– Jahresabschluß der Kreditinstitute **340 f** 1 ff
– im Rahmen vernünftiger kaufmännischer Beurteilung **253** 11
– steuerliche **254** 1

Abschreibungsgesellschaft s Publikumsgesellschaft
Abtretung von Geldforderungen 354 a
Actio pro socio s OHG, Kommanditgesellschaft, stille Gesellschaft
AG – Firma der **20** 1
AGB
– Handelsmaklervertrag **93** 42
– Rügeobliegenheit **377** 30
– Schweigen **362** 9
aliud
– Abgrenzung zur Schlechtlieferung **378** 3 ff
– Genehmigungsfähigkeit **378** 10 ff
– und Qualitätsmangel **378** 9
– und Rügeobliegenheit **378** 1 ff
Allgemeine Bankrisiken
– Sonderposten für **340 g** 1
– Vorsorge für – im Jahresabschluß der Kreditinstitute **340 g** 1 ff
Amtshaftung – des Registergerichts **8** 28
Änderung
– des Gesellschaftsvertrages **13 g** 5
– der Satzung **13 f** 5
Anfechtung
– fingierte Genehmigung bei mangelnder Vertretungsmacht **91 a** 4
– Handelsbrauch **346** 17
– wegen Irrtums **vor 343** 5 ff
– kfmBschr **346** 34
– Prokura **48** 10
– und Rechtsschein **15** 61
– Schweigen **vor 343** 7
Angestellte 56 1 ff
– Abgrenzung zum HV **84** 3
Anhang
– Angaben zu Bilanzierungs- und Bewertungsmethoden **284** 6

Sachverzeichnis

Fette Zahlen = §§

- Funktion des **284** 1
- bei Genossenschaften **338** 1
- größenabhängige Erleichterungen **288** 1 ff
- Inhalt **284** 2
- Pflichtangaben **284** 3
- sonstige Pflichtangaben **285** 1 ff
- Unterlassen von Angaben im **286** 1 ff

Anlagenspiegel 268 4

Anlagestock fondgebundener Lebensversicherungen 341 d 1

Anlagevermögen
- Abschreibungen **253** 6
- Begriff **247** 4
- Darstellung der Entwicklung des **268** 2 ff
- Finanzanlagen **266** 4
- Immaterielle Gegenstände des **266** 2
- Sachanlagen **266** 3

Anmeldung 13 f 2; **13 e** 3; **13 g** 2; **13 h** 2; **15** 29; **106** 1; **107** 1; **125** 5; **143; 162**
- Anmeldepflichten **16** 2, 5

Annahme 425 1
- -verzug **374** 1 ff

Anschaffungskosten
- Begriff **255** 1
- Umfang der **255** 2 ff

Anscheinsvollmacht 15 41, 58; vor **48** 8

Anteil s Kapitalanteil, OHG, Kommanditgesellschaft

Anteile anderer Gesellschafter
- Behandlung im Konzernabschluß **307** 1

Anteilsbesitz
- Angaben im Anhang **285** 13
- gesonderte Aufstellung des **287** 1

Anwachsung 138 2
Anweisung 363
Arbeitgeber 59
Arbeitnehmerschutz 62
Arthandlungsvollmacht 54 9; s Vollmacht

Assoziierte Unternehmen 311 1 ff
- Wertansatz der Beteiligung an **312** 1 ff

atypische stille Gesellschaft 230 1

Aufbewahrungspflichten 257 1 ff
- des Handelsmaklers **96**

Auflösung
- Anmeldung **143**
- Ausscheiden statt Auflösung **131** 7
- Beschluß **131** 3
- Fortbestehen **131** 7; **139** 1, 3; **144** 1
- gerichtliche Entscheidung **131** 4; **133** 3
- Gründe **131**
- Klage **133**
- Übernahme statt Auflösung **140** 5
- Vereinbarung **131** 6, 20; **133** 4
- wichtiger Grund **133**
- Wirkung **145; 156**
- Zeitablauf **131** 2

Aufsichtsratsmitglied
- Angaben im Anhang **285** 12
- Bevollmächtigung durch Hvm **54** 5

Aufwands- und Ertragskonsolidierung 305 1

Aufwendungen
- Ersatz für **87 d; 93** 42
- des Gesellschafters **110**
- des HV **87 d** 2
- Schmiergelder **87 d** 5

Aufwendungen für die Ingangsetzung
- Abschreibungen der **287** 1
- Aktivierungswahlrecht **269** 1
- Ausschüttungssperre **269** 4
- Besonderheiten **268** 5

Auseinandersetzung s Abfindung, Auflösung OHG, Kommanditgesellschaft, stille Gesellschaft
- Abfindungsklauseln **131** 16 ff; **235** 4
- Art und Weise nach Auflösung **145; 158**
- Aufschub **145** 4
- mit Ausgeschiedenen **131** 10 ff; **235** 1 ff
- bei Ausschließung **140** 3 f
- Bilanz **138** 5
- Buchwertklausel **131** 18; **235** 4
- Einbringung **131** 9; **235** 5 ff

Magere Zahlen = Randnummern

- Fehlbetrag **131** 15
- Freistellung von Haftung **131** 9
- Pfändung **124** 2; **135**
- schwebende Geschäfte **131** 14; **235** 3
- Übernahme durch Gesellschafter **145** 4

Ausgleichsanspruch 84 10; **89 b**
Auskunft 118 2; **131** 11; **166; 235** 2
Auskunftsrecht des Abschlußprüfers
- Auskunftsrechte **320** 3
- Einsichtsrechte **320** 2
- Vorlagepflicht **320** 1

Auskunftsrecht des HV 87 c 12 ff
Auslegung des Gesellschaftsvertrages 105 7
Ausscheiden (OHG, Kommanditgesellschaft) s auch Auseinandersetzung, Ausschließung, Kündigung
- Abfindung **131** 10 ff
- Anmeldung **143** 4
- Auskunft **118** 2; **166** 2
- Austritt s OHG, Kommanditgesellschaft
- Haftung s OHG, Kommanditgesellschaft, stille Gesellschaft
- Handelsregister **143**
- Informationsrechte **118** 2; **138** 11; **166** 2
- schwebende Geschäfte **131** 14
- statt Auflösung **131** 7; **139** 1
- Treuepflicht **138** 23 ff; **145** 2
- Übernahme **138** 8; **140** 4 ff
- Vereinbarung **131** 27

Ausschließung (OHG, Kommanditgesellschaft) s auch Ausscheiden, Auseinandersetzung, Konkurs
- nach Auflösung **140** 1
- Klage **140** 1 ff; **142** 1 ff
- Vereinbarung **140** 5

Außendienst 55 4
Außerordentliche Erträge und Aufwendungen 277 6
Ausstehende Einlagen 272 4
- Ausweis der **272** 6

Austritt 105 28, 42; **133** 3; **139** 17; **161** 17

Sachverzeichnis

Banken 355 8; **357 f**
- Bankvertragsrecht **Einl** 4

Bausparkassenvertreter 92 7
- Ausgleichsansprüche **89 b** 21 ff

Beförderung 407
Begleitpapiere 413
Beherrschung s Konzern; OHG Gesellschafter, herrschender; Kommanditgesellschaft, Gesellschafter, herrschender

Beibehaltungswahlrechte 253 12
Beirat 114 4
Bekanntmachung 13 f 4; **13 d** 6; **13 g** 4; **15** 20; **106**; **125**; **143**; **162**
- unrichtige **15** 28, 44; **16** 7

Bemühenspflicht 86 3
Berufsbezeichnungen – und Firma **18** 13

Beschäftigte
- Angabe der Zahl der – im Anhang **285** 8
- im Konzernanhang **314** 5

Bestandsveränderungen in der GuV 277 3
Bestätigungsvermerk
- Bestandteile des – **322** 3 ff
- Einschränkung und Versagung **322** 7
- Rechtliche Wirkung **322** 2
- Widerruf des **322** 10

Bestimmtheitsgrundsatz 119 9
Beteiligungen
- Voraussetzung für das Vorliegen einer **271** 2 ff

Betriebsaufspaltung s OHG, Kommanditgesellschaft **1** 7
Betriebsgeheimnis 90 1
Bewertung
- Einschränkung allgemeiner Bewertungsvorschriften **279** 2
- von Schulden **253** 2
- von Vermögensgegenständen **253** 1
- von Vermögensgegenständen bei Versicherungsunternehmen **341 b** 1 ff
- von Vermögensgegenständen der Kreditinstituten **340 e** 1 f

Bewertungsgrundsätze

1101

Sachverzeichnis

Fette Zahlen = §§

- Allgemeine **252** 2
- Bewertungsstetigkeit **252** 7
- Bilanzidentität **252** 2
- Einzelbewertung **252** 4
- Going-Concern **252** 3
- Grundsatz der Vorsicht **252** 5
- im Konzernabschluß **308** 1 ff
- Periodenabgrenzung **252** 6

Bewertungsvereinfachungsverfahren
- Festbewertung **256** 5
- Gruppenbewertung **256** 5
- Verbrauchs- und Veräußerungsfolgeverfahren **256** 1

Bezeichnungen 17 5
- des Etablissements **17** 5
- firmenähnliche **17** 8
- des Inhabers **17** 5

Bezirksschutz – des HV **92** 4

BGB-Gesellschaft 105 2, 10, 19

Bilanz
- Aufgliederung der **247** 2
- Eröffnungsbilanz **242** 1
- der Genossenschaften **337** 1
- Gliederung **266** 2 ff
- Gliederungsgrundsätze **266** 1
- Inhalt der **247** 1 ff
- Jahresbilanz **242** 2
- Pflichten zur Aufstellung einer **242** 1 ff

Bilanzierungs- und Bewertungsmethoden
- Abweichungen von **284** 9
- Angaben im Anhang **284** 6

Bilanzierungspflicht 246 10
- bei Eigentumsvorbehalt **246** 11
- von Rechnungsabgrenzungsposten **250** 5

Bilanzierungsverbote
- Abschlußaufwendungen von Versicherungsverträgen **248** 6
- Gründungskosten **248** 2
- immaterielle Vermögensgegenstände des Anlagevermögens **248** 4

Bilanzierungswahlrechte
- Ansatzwahlrecht **246** 10

Branchenfremdheit 54 11

Briefbögen
- alte **15** 51

- ohne haftungsbeschränkenden Zusatz **15** 50; **125 a** 1

Buchauszug 87 c 7 ff

Buchführung
- andere Formen der **239** 4
- Anforderungen an **238** 5
- Inhalt der **238** 4
- verpflichtete Personen **238** 1

Buchführungspflicht
- Beginn und Ende der **238** 3
- Folgen der Verletzung der **238** 10
- steuerliche **238** 2

Buchwertmethode 312 2

Bundesländer, neue Einl 18; **vor 84** 2

Bürgschaft
- Einrede der Vorausklage **349**
- Form des -versprechens **350**

DDR Einl 17 ff

Deckungskauf 376 9

Delkredere 86 b 1 ff; **394** 1 ff; s Provision

Drittinteressen, Beeinträchtigung von 15 60

Drittschadensliquidation 383 16; **421** 1

Duldungsvollmacht 15 41; **vor 48** 7; **54** 20

Eigene Anteile
- Angaben im Konzernanhang **314** 8
- Einziehung erworbener – **272** 7
- Rücklage für **272** 9

Eigenkapital 105 31; **171** 3; **172 a** 18; **272** 1 ff
- Bestandteile **266** 9
- Gewinnrücklagen **272** 8
- Gezeichnetes Kapital **272** 2 ff
- haftendes – bei Kreditinstituten **340 c** 4
- Kapitalrücklagen **272** 7
- nicht durch – gedeckter Fehlbetrag **268** 6
- Rücklage für eigene Anteile **272** 9
- Wertansatz des **283** 1

einheitliche Bewertung
- im Konzernabschluß **308** 1

Magere Zahlen = Randnummern

Sachverzeichnis

Einheitsgesellschaft 161 2
Einlage 105 9; 171 4; **172 ff;**
230 10; s Eigenkapital
Einsichtsrecht des HV 87 c 15 ff
Eintragung
– Anmeldung zur **12** 1 ff
– Bekanntmachung der **11** 1 ff
– ins Handelsregister **13 f** 3; **13 d** 6;
13 g 3; **15** 20; **106; 107; 125;**
143; 162; 172
– Prüfungsrecht/-pflicht **8** 22 ff
– vor Rechtskraft einer Entscheidung **16** 3
– Rechtsmittel im -sverfahren
8 25 ff
– unrichtige **15** 44
– Verfahren **8** 20 ff; **12** 1 ff
– Wirkung **8** 11 ff
Einzelbewertung
– Ausnahmen 240 6
– Grundsatz der 240 6
Einzelkaufmann
– Firma des -s **18** 2 ff
– Geschäft des -s **28** 5
Eisenbahn 407
Empfangsbote vor 48 3
Enthaftung, des Veräußerers
26 7
Entnahme 122 2
Entscheidung
– rechtskräftige **16** 8
– vorläufige vollstreckbare **16** 8
Entstehung von Firmen 17 18
Equity-Methode 312 1
Erbenhaftung 27 1 ff, 6 ff; **131** 9;
139 10 ff; **177** 4
Erfüllungsgehilfen 428; 462
Ergänzungssätze 15 44
Ergebnisübernahmeverträge
– Erträge und Aufwendungen aus
277 5
Ergebnisverwendung
– Berücksichtigung der – bei der
Bilanzierung 268 1
Erkenntnisverfahren und Firma
17 23
Erklärungen an Dritte 15 45
Erklärungsbote vor 48 3
Erlöschen von Firmen 17 19
Ersatzbevollmächtigung 59 2

EURO
– Aufwendungen für Währungsumstellung 248 6
– Umrechnung der Vorjahreszahlen
265 3
– Umstellung auf Euro **268** 4;
272 3
– Währungseinheit **244** 3

Fahrlässigkeit
– grobe **15** 55
– und guter Glaube **15** 55
– Sorgfaltsmaßstab 347
Familienname 18 3
Festbewertung 240 6; **256** 5
Fiktivkaufmann 5 1 ff
– OHG als **5** 8
Finanzgeschäfte 340 c 2
Firma 17 1 ff
– Änderung **17** 20 a; **27** 1 ff
– Angabe auf Geschäftsbriefen
37 a 1 ff
– Anmeldung **29** 1 ff
– Beständigkeit der **17** 14
– Eintragung **29** 4
– Einzel- **17** 11; **19** 2
– des Einzelkaufmanns **18** 2 ff
– Entstehen, Erlöschen der **17** 18 ff
– Fantasie- **17** 1, 10; **18** 4
– Firmenfähigkeit **17** 2
– Firmengrundsätze **17** 13 ff
– Firmenwahrheit **17** 13; **18** 6
– Gebrauch der **17** 2
– Gesellschafts- **17** 11; **19** 3
– Insolvenz **17** 21, 25; **22** 13
– Irreführungsverbot **18** 5 ff
– der KGaA **20** 1
– Klarheit **17** 16
– Mantelübertragung **22** 3
– Minder- **17** 8
– Namensfunktion **18** 3
– Personen- **17** 10
– Persönlichkeitsrecht der **17** 3
– Prozeß, Zwangsversteigerung und
Insolvenz **17** 23 ff
– Publizität **17** 14, 17
– Rechtsformzusatz **17** 9; **19** 2
– Rechtsnatur der **17** 3
– Sach- **17** 10

Sachverzeichnis

Fette Zahlen = §§

- Schutz der **17** 27
- Sitzrecht der Firmenbildung **17** 26
- Übertragung **17** 21
- Unterscheidbarkeit **17** 16; **18** 4; **30** 2 ff
- ursprüngliche **17** 12
- Veräußerung **23** 1 ff
- Zeichnung **29** 3; **54** 7
- Zusätze **17** 9; **18** 1, 4; **19** 2 f
- Zweigniederlassung **13** 8

Firma-KG 19 3; **105** 11; **161** 4
Firma-OHG 19 3; **105** 11
Firmenbeständigkeit 17 14
Firmeneinheit 17 15
Firmenfähigkeit 17 2
- fehlende **17** 8

Firmenfortführung 21 ff
- Änderung des Gesellschafterbestands **24**
- Einwilligung **22** 6 ff; **24** 8 ff
- Erwerb eines Handelsgeschäfts **22** 4, 16 ff
- Haftung des Erwerbers **25**
- Namensänderung **21**

Firmenführung
- Pflicht zur **17** 7, 22
- unzulässige **15** 47

Firmenkontinuität 25 6
Firmenrecht
- Reform **17** 1
- Zweck des **17** 4

Firmenzusätze 17 9; **18** 1, 4; **19** 2 f
- bei Zweigniederlassungen **17** 15

Fixhandelskauf 376
- Abladegeschäft **376** 6
- Rücktritt **376** 8

Fixkostenspedition 459
Forderungen
- Vermerkpflichten bei **268** 7

Formkaufmann 1 1, 28; **6** 1 ff
- und EWIV **6** 3

Frachtbrief 408; 414; 418; 421
Frachtführer 407
Freier Beruf
- als Gewerbe **Einl vor 1** 12; **1** 12 ff
- Gewinnerzielungsabsicht **1** 9

Fremdkapitalzinsen

- Angaben über Einbeziehung im Anhang **284** 13
- Ausnahmen von Einbeziehungsverbot **255** 12
- Verbot der Einbeziehung in die Herstellunsgkosten **255** 12

Fürsorgepflicht, Arbeitgeber 62

Gattungskauf 378 5 ff
Gattungsschuld 360
Gebrauch
- von Bezeichnungen **17** 7
- von Firmen **17** 22

Gehalt, Arbeitnehmer 64
Geheimhaltungspflicht 90 2; **105** 35
Gemeinschaftsrecht Einl 13
- Vorlage zum EuGH **9** 6; **13** 2

Generalvertreter 84 7
Genossenschaften
- Anhang bei **338** 1
- Besonderheiten der Bilanz der **337** 1
- Erteilung der Hvm **54** 3
- Jahresabschluß der **336** 1

Geschäfts- oder Firmenwert
- Angaben zu den Abschreibungen auf den – im Anhang **285** 15
- Ausweis in der Bilanz **255** 13
- Bewertung **255** 13
- im Konzernabschluß **309** 1

Geschäftsbezeichnung 17 5
Geschäftseinstellung 27 9
Geschäftsfähigkeit
- fehlende – und Rechtsschein **15** 54
- Rechtsschein der **15** 44

Geschäftsführer
- GmbH **164** 2; **170** 2; **172** 20

Geschäftsführung (OHG, Kommanditgesellschaft, stille Gesellschaft) 114–117; 164; 230 16
- Auskunft **114** 7; **118** 3; **131** 11; **166** 2
- außergewöhnliche Geschäfte **116** 2; **164** 4; **230** 20
- Beschränkung **114; 115; 117; 164**
- Entziehung **117; 230** 20
- Fortdauer nach Auflösung **149; 234** 13

Magere Zahlen = Randnummern

- Gesamtgeschäftsführung **115; 164**
- Gesellschafterbeschlüsse **116** 2; **119**
- Grundlagengeschäfte **114** 2
- Haftung der Gesellschafter **105** 35 ff; **114** 7; **161** 8 ff
- Kontrollrecht s Auskunft
- Kündigung **117** 5
- Niederlegung **114** 6
- Notmaßnahmen **114** 8; **117** 4
- Pflichten **114** 7; **164** 3
- Prokura **116** 3; **164** 4; **170** 1
- Rechenschaft s Auskunft
- Selbstorganschaft **114** 5
- Sorgfaltspflicht **105** 35 ff; **114** 7
- Stimmrecht **119** 2 ff
- Übertragbarkeit **109** 3; **114** 6
- Umfang **114** 6; **116**
- Widerspruch **115** 3; **164** 4

Geschäftsjahr
- Dauer **240** 5

Geschäftsumfang 18 13
Geschäftsverbindung 355 3
Gesellschaft s OHG, Kommanditgesellschaft, stille Gesellschaft
- ausländische **105** 17
- bürgerlichen Rechts s BGB-Gesellschaft
- Ehegattengesellschaft **105** 16

Gesellschafter 105 15 ff; **161** 5; **230** 8 f
- Ausscheiden **24** 8
- Haftung beim Eintritt in Geschäft des Einzelkaufmanns **28** 11
- Kaufmannseigenschaft des **1** 23

Gesellschafterdarlehen 129 a; **172** a; **236** f

Gesellschaftsanteil s Anteil
Gesellschaftsschulden, Verbindlichkeiten s OHG, Kommanditgesellschaft, stille Gesellschaft
Gesellschaftsvermögen 124 1
Gesellschaftsvertrag 105 5; **109** 1; **161** 5 ff; **230** 7 ff

Gewerbe
- Begriff **1** 3 ff
- -betrieb **Einl vor 1** 11
- freie Berufe **1** 12 ff
- Gewinnerzielungsabsicht **1** 8 ff
- Handels- **1** 16

Sachverzeichnis

- mehrere **1** 24
- Umfang **1** 24

Gewinn s OHG, Kommanditgesellschaft, stille Gesellschaft

Gewinn- und Verlustrechnung (GuV)
- Aufgliederung der GuV **247** 3
- Aufstellungsgrundsatz **242** 3
- Besonderheiten der – bei Kreditinstituten **340 c** 1
- Form der **275** 2
- Gesamtkostenverfahren **275** 6
- Gliederung bei Kapitalgesellschaften **275** 1 ff
- Umsatzkostenverfahren **275** 7
- Vollständigkeit **246** 9

Gewinnrücklagen
- Bestandteile des Eigenkapitals **272** 8
- Darstellung in der Bilanz **270** 3
- Veränderungen der **275** 8

Gewohnheitsrecht 15 44
GmbH & Co KG 161 2, 6, 9, 14, 16, 22; **164** 2, 5; **166** 4, 6; **170** 2; **172 a**
GmbH und Still 230 8; **236** 7
GmbH-Geschäftsführer 172 a 22

Größenklassen
- beim Bilanzausweis **274 a** 1
- Erleichterungen bei der Gliederung der GuV **276** 1 f
- Erleichterungen für kleine Kapitalgesellschaften beim Bilanzausweis **274 a** 1
- Umschreibung der **267** 1 ff

Grundsätze ordnungsmäßiger Buchführung (GoB)
- Begriff **243** 1
- Inhalt der Buchführung **238** 4
- Klarheit und Übersichtlichkeit **243** 4
- normierte **243** 2
- Rechtsnatur **243** 1

Gründungskosten
- Verbot der Bilanzierung **248** 2

Gruppenbewertung 240 7; **256** 5
- Angabe von Unterschiedsbeträgen im Anhang **284** 12

Gutgewicht 380 3
gutgläubiger Erwerb 363 7; **366; 367**

Sachverzeichnis

Fette Zahlen = §§

Haftung s OHG, Kommanditgesellschaft, stille Gesellschaft
Haftungsverhältnisse
– Ausweis in der Bilanz von Kapitalgesellschaften **268** 10
– Ausweispflicht **251** 1
– Bestellung von Sicherheiten **251** 5
– Bürgschaften **251** 3
– Gewährleistungsverträge **251** 4
– Wechselobligo **251** 2
Handelsbrauch 346
– und AGB **vor 343** 4
– Anwendungsbereich **346** 6 ff
– ausländischer **346** 9
– Begriff **Einl 11; 346** 1 ff
– Beweis eines -s **346** 5
– Einbeziehung in den Vertrag **346** 2, 11 ff
– Handelsfirma **17** 1 ff
– Handelsklauseln **346** 18 ff
– int – **346** 10
– Irrtum über **vor 343** 6; **346** 17
Handelsbücher
– Aufbewahrungsfristen **257** 5
– Aufbewahrungspflichten **257** 1 ff
– lebende Sprache **239** 1
– Umfang der **238** 8
– Veränderungen in den **239** 3
– Vollständigkeit der **239** 2
– Vorlage im Rechtsstreit **258** 1; **259** 1; **260** 1; **261** 1
Handelsgeschäft 25 3; **27** 3; **28** 5; **105** 10; **161** 5; **230** 8; **vor 343** 1 ff
– Begriff **343**
– einseitiges **vor 343** 1; **345**
– Fortführung **27** 5
– Übergang im Erbfall **27** 4
– Zinssatz **352**
Handelsgesellschaft s OHG, Kommanditgesellschaft
Handelsgewerbe 1 2, 16, 39 ff; **5** 1
Handelskauf
– Begriff **vor 373** 1
– Rügeobliegenheit **377**
– UN-Kaufrecht **vor 373** 3
– Viehkauf **382**
– Werklieferungsvertrag **381** 2
– Wertpapierkauf **383** 1

Handelsklauseln 346 18 ff
– Incoterms **346** 29
Handelsmakler 93 ff
– Abgrenzung zum HV **84** 5
– Abschlußpflicht **93** 30; **97** 5
– Alleinauftrag **93** 12, 17
– Aufbewahrungspflicht **96**
– Begriff **93** 1
– Doppelbeauftragung **93** 32
– Haftung **95** 10; **98**
– Handelsmaklervertrag **93** 13 f
– Identität **93** 37
– Inkassovollmacht **97**
– Kaufmann **93** 3
– Lohnanspruch **99**
– Ordnungswidrigkeiten **103**
– Pflicht des Auftraggebers **93** 27 ff
– Pflichten des -s **93** 16 ff
– Pflichtverletzungen **93** 26
– Proben **96**
– Provision **93** 32
– Schweigepflicht **93** 22, 29
– Selbsteintritt **93** 38
– Tagebuch **100 ff**
– Tätigkeiten **93** 7 ff
– Untermakler **93** 15
Handelsrecht
– Analoge Anwendung auf Nichtkaufleute **Einl vor 1** 13
– Charakter **Einl vor 1** 5 ff
– Gerichtsbarkeit des -s **Einl vor 1** 19 ff
– interlokales **Einl vor 1** 22 ff
– internationales **Einl vor 1** 26 ff
– Rechtsquellen **Einl vor 1** 14 ff
– Reform **Einl vor 1** 30 f
Handelsregister s OHG, Kommanditgesellschaft
– allg **8** 1 ff
– Auszug aus dem **9** 6
– Beweiswirkung **9** 7
– und EDV **8 a** 1 ff; **9 a** 1 ff
– Einsicht ins **9** 1 ff
– Eintragung ins **8** 11 ff; **12** 1 ff
– eintragungspflichtige/-fähige Tatsachen **8** 3 ff
– Gerichtsbarkeit **Einl 15**
– Kosten **8** 24; **53** 5 a
– Löschung **8** 21
– Rechtsschein **15** 3

Magere Zahlen = Randnummern **Sachverzeichnis**

- Reform **33** 6; **34** 5
- Registergericht **8** 16 ff
- Registerverfahren **8** 20 ff
- Wirkung der Eintragung **8** 11 ff

Handelsstand 1 ff
Handelsvertreter 84 ff
- Abgrenzungen **84** 5 ff
- Abschlußvertreter **55** 1 ff
- Aufwendungsersatz **87 d** 1 ff
- Ausgleichsanspruch **89 b**
- Auskunftsrecht **87 c** 12 ff
- ausländischer **92 c** 2
- Begriff **84** 1 ff
- Bemühungspflicht **86** 3
- Betrauung **84** 6
- Einsichtsrecht **87 c** 15
- Franchisenehmer **vor 84** 11
- Gewerbe **84** 2
- Interessenwahrung **86** 4
- Kartellrecht **vor 84** 4
- Nebenberuf **92 b**
- Pflichten **86** 3, 7 ff; **86 a** 2 ff; **90**
- Provision **89 b** 9
- Selbständigkeit **84** 3
- Untervertretung **84** 7 ff
- Vergütung **87 ff**; s Provision
- Wettbewerbsabrede **90 a**
- Wettbewerbsverbot **86** 6

Handelsvertretervertrag
- AGB **vor 84** 3
- Beendigung **89** 1; **89 a** 7; **89 b** 4
- Form **85** 1
- fortgesetzter Zeitvertrag **89 a** 6
- Insolvenz **89** 1
- Kündigung **89**; **89 a**; **90 a** 10
- Mangel der Vertretungsmacht **91 a**
- Mindestarbeitsbedingungen **92 a**
- Provision **87** 5
- Rechtsnatur **86** 2
- Verjährung **88**
- Vollmacht **91**
- Zurückbehaltungsrecht **88 a**

Handlungsgehilfe 59 1 ff
- Abgrenzung zum HV **84** 3
- als Abschlußvertreter **55** 1 ff

Handlungslehrling 59
Handlungsreisender 59
Handlungsvollmacht 54; 58;
  s Vollmacht

- Anfechtung der **54** 6
- Generalhandlungsvollmacht **54** 9
- Gesamthandlungsvollmacht **54** 10
- Nachlaßverwalter u Personenhandelsgesellschaft **54** 3
- Spezialhandlungsvollmacht **54** 9

Hauptniederlassung 13 d 5; **15** 35
Herstellungskosten
- Begriff **255** 5
- Einbeziehung von Fremdkapitalzinsen in die **255** 12
- Umfang der **255** 6

Hinauskündigung s Kommanditgesellschaft, OHG
Hinterlegung
- Annahmeverzug **374** 5 ff
- von Wertpapieren **374** 7

HV-Rili vor 84 1; **86** 1

Incoterms 346 20
Inhaberbezeichnung 17 5
Inhaberkontinuität 28 1
Insolvenz s auch OHG, Kommanditgesellschaft
- der Firma **17** 25
- Hvm durch -verwalter **54** 3
- HV-Vertrag **89** 1
- und Immaterialgüterrecht der Firma **22** 13
- des Kaufmanns **32** 1 ff
- Prokura durch -verwalter **48** 3
- Verwertungsbefugnis des Insolvenzverwalters **17** 25

Inventar
- Fristen zur Aufstellung des **240** 4
- Pflicht zur Aufstellung **240** 1

Inventur
- andere Inventurverfahren **241** 3
- Grundsätze und Verfahren **240** 2
- permanente Inventar **241** 3
- Stichprobeninventar **241** 2
- Vereinfachungsverfahren **241** 1
- Vor- und nachgelagert Stichtagsinventur **241** 4

IPR Einl 17 ff, **21** ff
- zu Art. 34 EGBGB **361** 5
- Auslegung von Handelsklauseln **346** 19
- Handelsbräuche **346** 9 f
- Handelskauf **vor 373** 3

1107

Sachverzeichnis

Fette Zahlen = §§

Jahresabschluß
- Aufstellungsfristen **243** 5
- Bestandteile des – bei Kapitalgesellschaften **246** 2 ff
- Darstellungskontinuität **265** 2
- Einblicke in die Vermögens-, Finanz- und Ertragslage **264** 6 ff
- erweiterte Gliederung **265** 6
- für Genossenschaften **336** 1, 2
- Gliederung bei mehreren Geschäftszweigen **265** 5
- Gliederung des **265** 1 ff
- der – bei Kapitalgesellschaften **264** 1, 2
- der Kreditinstitute **340 a** 1 ff
- Leerposten **265** 10
- Mitzugehörigkeitsvermerk **265** 4
- Sprache des **244** 1
- Umfang des **242** 4
- Unterzeichnung **245** 1
- der Versicherungsunternehmen **341 a** 1
- Vollständigkeit **246** 1
- Währungseinheit im **244** 2
- Zusammenfassung von Posten **265** 9

Jahresfehlbetrag 266 9; **275** 6
Jahresüberschuß 266 9; **275** 6
Juristische Person 33 2; **105** 17
- Änderungen **34** 1 ff
- Anmeldung **33** 3
- Eintragung **33** 4

Kapitalgesellschaften 13 e 2
- Erteilung einer Hvm **54** 3
Kapitalkonsolidierung
- Erstkonsolidierung **300** 2
- Folgekonsolidierung **300** 7
- Grundsätze der **301** 1
- bei Interessenzusammenführung **302** 1
Kapitalkonto
- negatives **120** 4; **155** 2
Kapitalrücklagen
- Bestandteil des Eigenkapitals **272** 7
- Darstellung in der Bilanz **270** 1
- Veränderungen der **275** 8
Karenz, Handlungsgehilfe 74
Karenzentschädigung 90 a 7

Kaufmann
- Abschlußvertreter **55** 3
- Beginn/Ende **1** 25
- Begriff **Einl vor 1** 9; **1** 1 ff
- Einzelfälle/Beispiele **1** 18 ff
- Fiktiv- **5** 1 ff
- Form- **1** 1, 28
- Funktion **1** 1
- Gesellschaft **105; 123; 161**
- Gesellschafter **1** 23; **105** 10
- Handelsmakler **93** 3
- Hilfspersonen **vor 84** 5 ff
- Hvm **54** 1 ff
- Ist- **1** 39
- Kann- **2** 1 ff; **3** 1 ff
- kaufmännische Organisation und Rechtsschein **15** 49
- Kommanditist **1** 23
- Komplementär **1** 23; **105** 10
- Muß-/Ist- **1** 39 ff
- Name **17** 2
- Pflicht zur Bilanzierung **242** ff
- Pflicht zur Buchführung **238** 1
- -sähnliche Person **1** 38
- Schein- **1** 38; **15** 39; **56** 3
- -seigenschaft **1** ff; **13 d** 5 a
Kaufmännisches Bestätigungsschreiben 346 22 ff
- Irrtum **346** 34
- Wirkung des Schweigens auf **346** 32 ff
Kausalität 15 13
- des Rechtsscheintatbestands **15** 57
Kenntnis
- positive **15** 12, 31, 55, 56
- des Rechtsscheintatbestands **15** 56
- Zumutbarkeit **15** 55
KG s Kommanditgesellschaft
Kleingewerbetreibende 1 39; **2** 1; **15** 59
kombinierter Transport 452
Kommanditgesellschaft 161 ff; s auch OHG
- Abfindung **105** 51, 53; **131** 10 ff
- Abtretung **171** 17
- Auflösung **145** ff; **159**; **161** 21
- Aufrechnung **171** 15, 18
- Aufwendungen **161** 8
- Auseinandersetzungsvereinbarung **140** 6

Magere Zahlen = Randnummern

Sachverzeichnis

- Ausscheiden **161** 18; **171** 21, 29
- Außenhaftung s Haftung
- außergewöhnliche Geschäfte **164** 4
- Austritt **105** 28, 42; **133** 3; **139** 17; **161** 17
- Beendigung **161** 21
- Beirat **161** 12
- Beitrag **161** 8
- Beitritt **161** 18; **173** 1; **176** 9
- Bestimmtheitsgrundsatz **119** 9
- Betriebsaufspaltung **105** 11; **172 a** 15
- Bilanz **167** 2
- Darlehen, eigenkapitalersetzende **171** 25; **172 a** 11, 32; s Eigenkapitalersatz
- Durchgriff **172 a** 3, 37
- Eigenkapital **105** 31; **171** 3; **172 a** 18
- Eigenkapital materielles **172 a** 18
- Eigenkapitalersatz **171** 25; **172 a** 11, 32
- eigenkapitalersetzende Darlehen **172 a** 11, 32
- Einbuchung **171** 15
- Einheitsgesellschaft **161** 2
- Einlage **171** 4; **172 ff**; s Eigenkapital
- Einsicht, Bilanz, Bücher etc. **166** 1 ff
- Eintritt **161** 18 ff; **173** 1; **176** 9
- Entnahme **169**
- Entstehen **161** 5, 13
- Erbe **176** 9; **177**
- Finanzplankredit **172 a** 18
- Fortsetzung s OHG
- Geschäftsbeginn **176**
- Geschäftsbriefe **177 a**
- Geschäftsführung **164**
- Gesellschafter **161** 8
- Gesellschafter, herrschender **105** 36, 38, 50; **109** 4; **112** 2; **116** 2; **118** 3; **128** 15; **166** 3; **172 a** 6
- Gesellschafterbeschlüsse **161** 8
- Gesellschaftsvertrag **161** 5
- Gesellschaftsvertrag, Änderung **161** 15
- Gewinn **167**–**169**; **171** 25

- GmbH & Co **172 a**
- GmbH-Anteile **172 a** 10
- GmbH-Geschäftsführer **172 a** 20
- Grundlagengeschäfte **164** 4
- Haftsumme **171** 5
- Haftung, allgemein **161** 13; **171 ff**; **356**
- Haftung, vor Eintragung **176**
- Haftung, Wiederaufleben **171** 22
- Handelsregister **143**; **162**; **171** 5; **176**
- herrschender Gesellschafter s Gesellschafter, herrschender
- Hinauskündigung **140** 6
- Informationsrechte **166**
- Inhaltskontrolle **161** 7
- Innenverhältnis **163**
- Insolvenz **172** 8; **172 a** 19
- Kapitalanteil **167** 2
- Kapitalaufbringung **171**; **172 a**
- Kapitalkonto s Kapitalanteil
- Kaufmann **161** 13
- Kommanditist **161** 4
- Kontrollrecht **166**
- Konzern **165** 3; **172** 19; s OHG, Konzern
- Konzernhaftung s Kommanditgesellschaft, Gesellschafter, herrschender
- konzernspezifische Haftung **172 a** 6
- Leistungen an Kommanditisten **172 a** 35
- materielles Eigenkapital **172 a** 34
- Minderjährige s OHG
- Minderjährigkeit **15** 11, 54; **105** 15; **128** 4; **133** 1
- Nachlaßverwaltung **177** 8
- Nießbrauch **105** 22; **106** 2; **107** 1; **109** 3 f; **112** 2; **114** 3; **119** 2; **120** 5; **122** 2; **124** 2; **171** 7
- Organe **170**
- Partei **124** 7
- Parteifähigkeit **161** 14
- persönlich haftende Gesellschafter **161** 4
- Pfändung **171** 17
- Pfändung, Gesellschaftsanteil **161** 18
- Pflichteinlage **171** 4

1109

Sachverzeichnis

Fette Zahlen = §§

- Privatautonomie **163**
- Prokura **164** 4; **170** 1
- Prospekthaftung **161** 7
- Prozeß **161** 14
- Rechtsscheinshaftung **171** 10
- Rechtsstreitigkeiten **161** 12
- Rechtsverhältnisse unter Gesellschaftern **161** 8
- Schäden **161** 8
- Scheingesellschaft **105** 29; **171** 10
- Schenkung s OHG
- Schiedsgericht **105** 30; **124** 9
- Sphärenvermischung **172 a** 4
- Teilungsanordnung **177** 9
- Testamentsvollstreckung **177** 7
- Tod, Kommanditisten **177**
- Tod, Komplementär s OHG
- Überschuldung **177 a**
- Übertragung, Gesellschaftsanteils **161** 18; **171** 26; **176** 9
- Umbuchung **171** 15
- Umwandlung in Kommanditanteil s Wechsel in Kommanditistenposition
- Unterkapitalisierung **172 a** 5, 34
- Unterlassen **128** 5
- Vergleichsverfahren **172** 9
- Verlust **167**–**169**
- Vermächtnis **177** 5
- Verpfändung, Gesellschaftsanteil **161** 18
- Verschulden **105** 34, 37; **114** 7; **161** 7; **172 a** 20
- Vertretung **170**
- Voreintragung **176**
- Vorerbe **177** 6
- Vor-GmbH **172 a** 23
- Vor-Gründungsgesellschaft **172 a** 27
- Wechsel in Kommanditistenposition **171** 15
- Wettbewerbsverbot **165**
- Widerspruch des Kommanditisten **164** 3
- Wiederaufleben, Haftung **171** 22
- Zahlungsunfähigkeit **177 a**
- Zeuge **124** 7
- Zwangsvollstreckung **161** 14

Kommanditist 161 4; s auch Kommanditgesellschaft

- Gläubigergefährdung **171** 10
- Haftung **171**–**176**
- Kaufmann **1** 23
- Rechtsschein **171** 10
- einer Schein-KG **15** 58

Kommissionär 383 ff
- Aufwendungsersatz **396** 7 ff
- Ausführungsanzeige **384** 13
- Ausführungspflicht **384** 2 ff
- Befriedigung **398**; **399**
- Begriff **383** 1
- Benachrichtigungspflicht **384** 12 ff; **388** 1
- Deckungszusage **386** 3
- Delkredere **394**
- Gelegenheitskommissionär **406** 1
- Haftung für das Gut **390**
- Herausgabepflicht **384** 17 ff
- Hinterlegungsrecht **389** 1
- Interessenwahrungspflicht **384** 5 ff; **388** 1
- Notverkaufsrecht **388** 2
- Pfandrecht, gesetzliches **397**; **404**
- Pflichten des -s **384**
- Preisgrenzen **386**
- Provision **396** 1 ff
- Rechenschaftspflicht **384** 16
- Rechtsverhältnis zu Drittem **383** 13 ff
- Selbsteintritt **400 ff**
- Selbsthaftung **384** 21 ff
- Selbstheverkauf **389** 1
- sofortige Zurückweisung **386** 2
- Untersuchungs- und Rügepflicht **391**
- Vorschuß; Kredit **393**
- Wechselindossament **395**

Kommissionsgeschäft 383 ff
- Ausführungsgeschäft **383** 11 ff
- Eigentumsverhältnisse **383** 17 ff
- Forderungen aus dem K. **392**
- Kommissionär **383** 1
- Kommissionsgut, beschädigtes oder mangelhaftes **388**
- Kommissionsvertrag **383** 2 ff
- Kommittent **383** 2
- Rechtsverhältnis zwischen Kommissionär und Dritten **383** 13 ff
- vorteilhafter Abschluß **387**

Kommissionsvertrag 383 2 ff

Magere Zahlen = Randnummern

Sachverzeichnis

- Abgrenzung zu anderen Vertragstypen **383** 4
- Inhalt **383** 5 ff
- Rechtsnatur **383** 3
- sachlicher Anwendungsbereich **383** 2; **406**

Kommittent 383 2
- Weisungen des -en **385**

Komplementäre 161 4
Konkurrenzvertretung 89 b 11
Konnossement 363
Konsolidierungsgrundsätze
- assoziierte Unternehmen **311** 1 ff
- Quotenkonsolidierung **310** 1
- Vollkonsolidierung **300** 2

Konsolidierungskreis
- einzubeziehende Unternehmen **294** 1 ff
- einzubeziehende Unternehmen beim Konzernabschluß von Kreditinstituten **340 j** 1
- Verbot der Einbeziehung **295** 1
- Verzicht auf Einbeziehung **296** 1
- Weltabschluß **294** 1

Kontokorrent 355 ff
Konzern 105 36, 38; **109** 4; **114** 4; **117** 3; **118** 3; **119** 3; **128** 15; **164** 4; **165** 3; **166** 4; **172 a** 6; s auch Gesellschafter, herrschender

Konzernabschluß
- befreiender **291** 1 ff
- Befreiung von der Aufstellung eines **292 a** 1 ff; **293** 1 ff
- Einzubeziehende Unternehmen **294** 1 ff
- Erleichterung bei der Aufstellung des **298** 2
- Inhalt des **297** 1 ff
- der Kreditinstitute **340 i** 1 ff
- Stichtag des **299** 1 ff
- Verbot der Einbeziehung **295** 1
- der Versicherungsunternehmen **341 i** 1; **341 j** 1 f
- Verzicht auf Einbeziehung **296** 1 ff
- Voraussetzungen für die Aufstellung eines **290** 1 ff

Konzernanhang
- Angabepflichten im **313** 2

- sonstige Angabepflichten **314** 1 ff

Konzernlagebericht 316 1
- der Kreditinstitute **340 i** 1 ff
- der Versicherungsunternehmen **341 i** 1

Krämermakler 104
Kreditinstitute
- Jahresabschluß der **340 a** 1

Kündigung
- Ausschluß **89** 6
- Erklärung **89** 3; **89 a** 2
- Frist **89 a** 4
- der Gesellschaft **131** 24 f; **133**; **234**
- durch HV **89 a** 5; **89 b** 16
- des HV-Vertrages **89**; **89 a**; **90 a** 10
- Nebenberuf **92 b**
- Rechtsfolgen **89** 7
- Schadensersatz **89 a** 8
- durch Unternehmer **89 a** 4; **89 b** 17
- Wettbewerbsabrede **90 a** 10

Ladeschein, Lagerschein 363; **444**
Lagebericht
- Inhalt des **289** 1 ff
- der Kreditinstitute **340 a** 1
- der Versicherungsunternehmen **341 a** 1

Lagerhalter 467
Latente Steuern
- aktive Steuerabgrenzung **274** 3
- Berechnung der Steuerabgrenzung **274** 4
- im Konzernabschluß **306** 1
- passive Steuerabgrenzung **274** 2

laufende Rechnung 355 ff
Leasing
- Ausweis **255** 4
- Bilanzierung von **246** 5
- und Rügeobliegenheit **377** 3, 14

Leerübertragung 22 2, 15; **23** 1; **24**

Leute 428; **462**
Liquidation s OHG, Kommanditgesellschaft, stille Gesellschaft, Auflösung, Auseinandersetzung

Luftverkehr 92 c 3; **407**

1111

Sachverzeichnis

Fette Zahlen = §§

Makler
- -dienstvertrag **93** 16
- -mehrheit **93** 15
- -recht **93** 4
- -werkvertrag **93** 16

Mantelkauf 23 2
Marken 17 5
Maßeinheiten 361
- Taragewicht **380**

Massen-Kommanditgesellschaft
s Publikumsgesellschaft, Kommanditgesellschaft

Minderfirma 17 8
Minderjährigenschutz 15 11, 54; **105** 15; **128** 4; **133** 1; **155** 4
Mindestarbeitsbedingungen 92 a
multimodaler Transport 452
Muß-/Istkaufmann 1 39 ff
Mutterunternehmen
- Bezeichnung im Anhang **285** 16

Nachforschungspflicht 15 55
Nachhaftungsbegrenzung 160 1 ff
Nachlaßverwalter s OHG, Kommanditgesellschaft

Name
- Handels- **17** 2
- des Kaufmanns **17** 2
- nsänderung bei Firmenfortführung **21**

Nebenberuf des HV 92 b
Nebenbetrieb 3 4 ff
Neubewertung 308 2; **312** 3
Nießbrauch 106 2; **107** 1; **109** 3; **112** 2; **114** 3; **119** 2; **120** 5; **122** 2; **124** 2; **171** 7; s OHG; Kommanditgesellschaft, stille Gesellschaft

Notverkauf
- mangelhafter Ware **379** 7 ff
- mitgesandter Ware **362** 12

Offene Handelsgesellschaft
s OHG

Offenlegung
- Bekanntmachung in anderer Weise **325** 7
- Erleichterungen der – für kleine Kapitalgesellschaften **326** 1
- Erleichterungen der – für mittelgroße Kapitalgesellschaften **327** 1 ff
- Form der **328** 1
- bei Genossenschaften **339** 1
- des Konzernabschlusses **325** 6
- bei Kreditinstituten **340 i** 1 ff
- Pflicht zur **325** 2
- Prüfung durch das Gericht **329** 1
- bei Versicherungsunternehmen **341 l** 1 f
- zusätzliche Vorschriften zur – für große Kapitalgesellschaften **325** 5
- für Zweigniederlassungen ausländischer Kapitalgesellschaften **325 a** 1

Öffentliche Unternehmen
- als Kaufmann **1** 30 ff

OHG 105 ff
- Abfindung **105** 51, 53; **131** 10 ff
- Abgrenzung **105** 2
- Abspaltung **109** 3
- actio pro socio **105** 34
- Anfechtungsklage **105** 30
- Anteil, Bewertung **120** 4; **131** 11
- Anteil, einzelne Gegenstände **124** 2
- Anteil, Gesellschaftsvermögen, Gesellschaft **124** 2
- Anteil, Nießbrauch s OHG-Nießbrauch
- Anteil, Pfändung s OHG-Pfändung
- Anteil, Übertragung s OHG-Übertragung
- Anteil, Vererbung **131** 8 ff, 20; **139; 177**
- Anteil, Verpfändung s OHG-Verpfändung
- Anwachsung **131** 9; **140** 3 ff
- Auflösung **128** 14; **131; 133; 139** 18; **143; 145 ff; 159**
- Aufwendungen **110**
- Auseinandersetzungsvereinbarung **140** 6
- Ausland **105** 3, 17
- Auslegung, Gesellschaftsvertrag **105** 7
- Ausscheiden **105** 48; **128** 10; **131** 8 ff; **143; 160**

Magere Zahlen = Randnummern **Sachverzeichnis**

- Ausschluß **140**
- Außenverhältnis **123**
- außergewöhnliche Geschäfte **116** 2
- Austritt **105** 28, 42; **133** 3; **139** 17
- Beherrschung, Konzern **105** 36; **109** 4; **118** 3; **128** 15
- Beirat **114** 4
- Beitrag **105** 9, 31
- Beitritt **105** 46; **130**
- Beschluß, Gesellschafter **119**
- Besitz **124** 4
- Bestimmtheitsgrundsatz **119** 9
- Betriebsaufspaltung **105** 11
- Bilanz **120** 1; **154**
- Bücher, Papiere **118** 3; **157**
- Buchwert **131** 18
- Darlehen, eigenkapitalersetzende **129 a**
- Delikt **124** 6
- Dienstvertrag **114** 6
- Drittgläubiger, Drittgeschäft **124** 5
- eigenkapitalersetzende Leistung **129 a**
- Einsicht **118**
- Einstimmigkeit **119** 8
- Eintritt **139** 19
- Enthaftung **160**
- Entnahme, Gewinn, sonstiges Vermögen **120–122**
- Entstehen der OHG **105** 4; **123**
- Entziehung, Geschäftsführungsbefugnis **117**
- Entziehung, Vertretungsmacht **127**
- Erbengemeinschaft **105** 19; **131** 8 ff; **139** 5
- Erbfall s Tod
- fehlerhafte Gesellschaft **105** 25
- Firma **105** 11
- Fortsetzung **131** 7 ff
- Gehalt **114** 6
- gemeinsamer Zweck **105** 8
- Gesamtabrechnung **145** 3
- Geschäftsbriefe **125 a**
- Geschäftschancen s Wettbewerbsverbot
- Geschäftsführung **114–117**

- Geschäftsgrundlage **105** 45
- Gesellschafter **105** 13 ff
- Gesellschafter, Änderung **107**
- Gesellschafter, Gäubiger des **135**
- Gesellschafter, Gesellschaftsschulden des **110** 3; **128**
- Gesellschafter, herrschender **105** 36, 38, 50; **109** 4; **112** 2; **116** 2; **118** 3; **128** 15; **130 a**; **172 a** 6
- Gesellschafter, Rechte des **105** 30
- Gesellschafter, Schäden des **110** 4
- Gesellschaftsaktivitäten, Änderung der **105** 44
- Gesellschaftsanteil, Pfändung des **135** 2
- Gesellschaftsvermögensverteilung **155**
- Gesellschaftsvertrag **105** 5; **109**
- Gesellschaftsvertrag, Änderung **105** 40
- Gewinn **120–122**
- Gleichbehandlung **105** 38
- Grundhandelsgewerbe **105** 10
- Grundlagengeschäfte **114** 2
- Haftung, Gesellschafter im Außenverhältnis **128–130**; **356** 6
- Haftung, Gesellschafter untereinander **110** 3; **114** 7; **128** 8, 12
- Haftungsbeschränkung **105** 12
- Handelsgewerbe **105** 10
- Handelsregister **105** 13; **106**; **107**; **108**; **123** 3; **125** 5; **143**; **144**; **157**
- herrschender Gesellschafter s Gesellschafter, herrschender
- Hinauskündigung **140** 6
- Informationsrecht, Gesellschafter **118**
- Inhaltskontrolle **105** 7; **109** 6
- Insolvenz **124** 9; **128** 7; **130 a**; **131** 4 f; **144**
- Interessenkonflikt **114** 7; **119** 3; s Wettbewerbsverbot
- Kapitalanteil **120** 4; **139** 8
- Kapitalkonto **120** 4; **139** 8; **155** 4
- Kenntnis; Kennen-Müssen **124** 5; **125** 7
- Kernbereich **109** 5
- Kontrollrecht des Gesellschafters **118**

1113

Sachverzeichnis

Fette Zahlen = §§

- Konzerns Gesellschafter, herrschender
- Kündigung **132**–135; **138**
- Lebenszeit **134**
- Leistungsstörungen **105** 31; **124** 5
- Liquidations Auflösung
- Liquidatoren **146**–153
- Löschung **131** 5
- Mängel, Gesellschaftsvertrags des **105** 33
- Mehrheit der Stimmen **119** 8
- Minderjährige **105** 15; **128** 4; **133** 1; **155** 4
- Minderjährigkeit **15** 11, 54; **105** 15; **128** 4; **133** 1
- Mißbrauch der Vertretungsmacht **126** 2
- mögliche Gesellschafter **105** 13
- Nachfolgeklausel **139** 3
- Nachlaßgläubiger **139** 10 ff
- Nachlaßinsolvenz **135** 2
- Nachlaßverwaltung **135** 2; **139** 16
- Nachschuß **109** 5
- Nießbrauch **105** 22; **106** 2; **107** 1; **109** 3; **112** 2; **114** 3; **119** 2; **120** 5; **122** 2; **124** 2
- Notgeschäftsführung **114** 8
- Organe **125**–127
- Partei **124** 7
- Parteifähigkeit **124** 7
- Pfandgläubiger **105** 23
- Pfändung **105** 54
- Pflichten der Gesellschafter **105** 30
- Positive Forderungsverletzung **105** 33
- Privatautonomie **109** 2
- Privatgläubiger **131** 25; **135**
- Prokura **116** 3
- Prozeß **105** 30; **124** 7; **128** 6
- Rechte der Gesellschafter **105** 30; **124**
- Rechtsfähigkeit **124**
- Rechtsformzwang **105** 8
- Rechtsstreitigkeiten unter Gesellschaftern **105** 30
- Regreß gegen (frühere) Mitgesellschafter **110** 3; **128** 8, 12
- Schädigung der OHG, des Gesellschafters **124** 3
- Scheingesellschaft(er) **105** 29
- Schenkung **105** 5 f, 50; **131** 16 f; **140** 6
- Schiedsgericht **105** 6, 30; **124** 9
- Schlußverteilung **155** 2
- Schuldbefreiung **138** 3
- Sorgfaltspflicht **105** 37
- Stimmbindung **119** 5
- Stimmrecht **119** 2
- Stimmrechtsausschluß **119** 3
- Teilrechtsfähigkeit **124**
- Testamentsvollstreckung **139** 15
- Tochtergesellschafts Konzern
- Tod **131** 8; **139; 143**
- Treuepflicht **105** 35
- Treuhänder **105** 20
- Übernahme des Geschäfts **140** 4 f
- Überschuldung **130 a**
- Übertragung der Anteile **105** 50
- Übertragung von Rechtes Abspaltung
- Überwachungs Kontrollrecht
- Umwandlung **105** 29, 55, 56; **128** 13; **160**
- unerlaubte Handlung **124** 6
- Unmöglichkeit, Beitragsleistung **105** 32
- Unterbeteiligung **105** 21
- Unterlassen **128** 5
- Verbandssouveränität **109** 4
- Verbindlichkeiten **124; 128**
- Verfügung über Rechtes Abspaltung
- Vergleichs Insolvenz
- Vergütung, Geschäftsführer **114** 6
- Verhältnis zu Mitgesellschaftern **109** 4
- Verjährung, Auflösung, Ausscheiden **159; 160**
- Verlust **120**–122; **138** 11; **155** 4
- Verpfändung **105** 53
- Versammlung der Gesellschafter **119** 6
- Vertragsfreiheit **109** 2; **158**
- Vertreter, Stimmabgabe des **119** 7
- Vertretung der OHG **125**–127
- Verzinsung **111**
- Verzug, Einlage **105** 33
- Wettbewerbsverbot **112**–113
- Zahlungsunfähigkeit **130 a**

Magere Zahlen = Randnummern   **Sachverzeichnis**

- Zeuge 124 7
- Zwangsvollstreckung 124 8; 128 6

Ordnungsgeld 335 a 1 f
Organisation
- kaufmännische – und Rechtsschein 15 49

Organmitglieder
- Angaben der Bezüge im Anhang 285 10 f
- Angaben im Konzernanhang 314 7
- Bezeichnung der – im Anhang 285 12

Paletten 407 1
Partiarische Verträge 230 5
Patentanwaltsgesellschaft
 s Rechtsanwaltsgesellschaft
Pensionsgeschäfte 340 b 1 ff
Periodenfremde Aufwendungen und Erträge 277 7
Personenfirma 17 10
Persönlichkeitsrecht
- der Firma 17 3

Pfandrecht 366 2; **368; 441; 464; 475 b**
Pfändung, Kontokorrent 357
Prioritätsgrundsatz 30 4
Prokura 48 ff
- Abgrenzung zur Hvm 54 1
- Anfechtung 48 10
- Anmeldepflicht 53 1 ff
- Anscheins- 48 27
- Duldungs- 48 26
- Eintragung 48 9
- Erlöschen 52 6 ff
- Erteilung 48 2 f; 50 8; 116 3; 164 4
- Erweiterung 49 6
- Gesamtprokura 48 19; 51 1; 54 5
- Grundstücksgeschäfte 49 7
- Gutglaubensschutz 54 14 ff
- Mißbrauch 50 10 ff
- Niederlassungsprokura 50 1, 7; 54 5
- Rechtsscheins- 15 45 f; 48 23 ff
- Schranken 49 5
- Umdeutung 48 11; 54 6
- Umfang 49 2 ff; 50 2

- Widerruf 52 1

Prokurist 53 7; **54** 3 f, 10
- Zeichnung 51

Provision 65; 452
- Abrechnung 87 c 1 ff
- Auskunftsrecht 87 c 12 ff
- Bezirksprovision 87 10 ff
- Buchauszug 87 c 7 ff
- Dauerschuldverhältnis 87 b 4
- Delkredere 86 b 1 ff
- Einsichtsrecht 87 c 15 ff
- Fälligkeit 87 a 8
- bei fehlerhaftem HV-Vertrag 87 5
- des Handelsmaklers 93 32
- Häufung 93 40
- Höhe 87 b 1 ff
- des HV 86 b ff
- Inkasso- 87 16
- -steilung 87 15
- Verlust 89 b 8 ff
- des Versicherungsvertreters 92 4
- im Vorfeld eines HV-Vertrages 87 5

Prüfung
- Gegenstand der 317 1 ff
- Jahresabschlußprüfung 316 2
- Konzernabschlußprüfung 316 3
- bei Kreditinstituten 340 k 1 ff
- Nachtragsprüfungen 316 4
- bei Versicherungsunternehmen 341 k 1 f

Prüfungsbericht
- Mindestgliederung 321 3

Publikumsgesellschaft 161 3, 7, 10, 14, 17, 20, 22; **164** 2, 6; **166** 4; **172 a; 230** 1, 15

Publizität
- des Handelsregisters 15
- negative 15 2, 5 ff
- positive 15 2, 25 ff

Qualitätskontrolle 319 6
Quotenkonsolidierung
- Grundsatz der 310 1
- Konsolidierungsverfahren 310 2

Rechnungsabgrenzungsposten
- besonderer Art 250 6
- Bilanzierungspflicht 250 5

1115

Sachverzeichnis

Fette Zahlen = §§

- Disagio **268** 9
- Inhalt **250** 1
- Zweck **250** 1

Rechnungslegungsgremium, Rechnungslegungsbeirat 342; 342 a 1 ff
Rechtsanwaltsgesellschaft 1 13; **6** 5; **17** 1; **18** 1
Rechtsfähigkeit 13 d 3
Rechtsmittel
- im Eintragungsverfahren **8** 25 ff
- gegen Verweigerung der Einsicht **9** 5

Rechtsquellen Einl 9 ff
Rechtsschein 1 11; **5** 2, 5; **15** 3, 36 ff; s OHG, Kommanditgesellschaft
- Anfechtung **15** 61
- Anscheinsvollmacht **15** 41, 58
- Geschäftsfähigkeit **15** 44
- Haftung **15** 3, 24, 50; **54** 2; **56** 2; **176** 2
- Handelsregister **15** 3
- kaufmännischer Organisation **15** 49
- Kausalität **15** 57
- Kenntnis **15** 56
- Prokura **15** 45; **48** 23 ff
- Rechtsfolgen **15** 58
- Reflexwirkung **15** 55
- Scheingesellschaft **15** 40; **105** 29; **170** 1; **171** 10
- Scheinkaufmann **1** 38; **15** 39, 46, 48 f, 58; **56** 3
- Scheinvollmacht **54** 20 ff; **55** 10; **56** 12
- Schweigen **362** 4
- sgrundsätze **15** 36
- Stehenlassen des -s **15** 51
- Tatbestand **15** 43
- der unbeschränkten Haftung **15** 42, 50
- Veranlassung **15** 53
- Vertreterhandeln **15** 50
- zwingendes Recht **15** 59

Rechtsschutz, vorbeugender 16 9
Refaktie 380 3
Reklamation 438
Rosinentheorie 15 16

Rücklage für eigene Anteile, Bildung der 272 9
Rückstellungen
- Aufwandsrückstellungen **249** 10
- Begriff und Abgrenzungen **249** 1 ff
- Bewertung von **253** 4 f
- Deckungsrückstellungen **341 f** 1
- für drohende Verluste **249** 6; Verbot in der Steuerbilanz **249** 7
- Erläuterung der sonstigen – im Anhang **285** 14
- für Gewährleistungen **249** 9
- Gewinn **120** 2; **167** 3
- für noch nicht abgewickelte Versicherungsfälle **341 g** 1
- Schwankungsrückstellungen **341 h** 1
- für ungewisse Verbindlichkeiten **249** 6
- für unterlassene Instandhaltungen **249** 8
- Verbot der Bildung von anderen **249** 12
- versicherungstechnische **341 e** 1
- Zusammensetzung **266** 10

Rüge 377 10 ff; **438**
- Form **377** 13; **438** 1
- Frist **377** 15 ff; **378** 17; **438** 1
- Rechtsnatur **377** 11

Rügeobliegenheit 377 f; **438**
- AGB **377** 32
- bei aliud/Quantitätsabweichungen **378;** s auch aliud
- Dispositivität **377** 31 ff
- Handelsbrauch **377** 8, 29
- Leasing **377** 3, 14
- Stellvertretung **377** 14
- Streckengeschäft **377** 6, 17
- Untersuchungsobliegenheit **377** 7, 17
- Verzicht **377** 33
- Voraussetzungen **377** 5 ff
- Zession **377** 14

Sachfirma 17 10
Saldierungsverbot 243 4; **246** 12
Saldo 355 9 ff
Sammelladung 460
Sammellagerung 469

Magere Zahlen = Randnummern **Sachverzeichnis**

Schadensersatz
- -anspruch des HV gegen Unternehmer **86 a**; **86 b**
- Delkredereprovision **86 b** 5
- bei Gesellschaft **105** 37; **112** 4; **114** 7; **161** 8
- Kündigung **89 a** 8
- bei Pflichtverstoß des HV **86** 13

Scheingesellschaft 15 40; **105** 29; **170** 1; **171** 10

Scheinkaufmann 15 39, 46, 48 f, 58

Schein-Nichtkaufmann 15 42, 47; **37 a** 3

Schenkung s Kommanditgesellschaft; OHG; stille Gesellschaft

Schiffahrtsvertreter 92 c 3

Schlußnote 94; 95
- anonyme **95** 2
- Bedeutung **94** 5
- Parteiunterschrift **94** 4
- Schweigen **95** 8

Schulden
- Bestandteile der **266** 1
- Bewertung von **253** 2
- Bilanzierung von **246** 7
- der Gesellschaft **124** 5; **161** 13

Schuldenkonsolidierung
- Verfahren der **303** 1
- Verzicht auf **303** 2

Schutzklausel 313 3; **314** 9

Schutzlandprinzip 17 27

Schwankungsrückstellung 314 h 1

Schwebende Geschäfte 131 16; **235** 2

Schweigen 362 1 ff
- Anfechtung **vor 343** 5 ff; **362** 11
- auf ein kfm Bschr **346** 32 ff
- Einbeziehung von AGB durch **362** 9
- auf eine Schlußnote **95** 8
- Rechtsschein **362** 4
- Vertragsschluß durch **362** 3 ff
- und Vertragsaufhebung **348** 4
- als Willenserklärung **362** 4, 11

Selbsteintritt 93 38; **400 ff**; **458**

Selbsthilfeverkauf 374 1, 8 ff
- Arten **374** 10

Sicherheiten, Kontokorrent 356

Sitzrecht, bei Firmenbildung 17 26

Sitztheorie 13 d 3; **105** 3

Sonderposten mit Rücklagenteil
- Auflösung des **281** 3
- Ausweis als **281** 1, 5
- Begriff **247** 6
- Bildung des **281** 1
- Erläuterungspflichten **281** 5
- bei Kapitalgesellschaften **273** 1 ff
- Veränderungen des **270** 2

Sonstige finanzielle Verpflichtungen
- Angaben im Anhang **285** 4
- im Konzernanhang **314** 3

Spedition 453 ff

Spezifikationskauf 375
- Abgrenzung zur Wahlschuld **375** 2

Steuern
- Berücksichtigung des Gewinnverwendungsbeschlusses **278** 2

Stille Gesellschaft 230 ff
- Abfindung **235**
- actio pro socio **230** 22
- Änderung des Handelsgeschäfts **230** 21
- Anlagevermögen **230** 18
- Anteil, Gesellschaft **230** 18, 25; **231** 1
- atypische **230** 1, 14, 17 f; **235** 4
- Auflösung **234**–**237**
- Aufwendungsersatz **230** 20
- Auseinandersetzung **235**
- Auseinandersetzungsvereinbarung **235** 5
- Ausschließung **234** 4
- Belastung **230** 25
- Besitz **230** 18
- Bilanz **232** 2
- Bilanzgewinn **230** 11
- Buchführungspflicht **232** 2
- Eigenkapitalersatz **236** 4, 5
- Eigentum **230** 18
- Einlage **230** 10, 16; **232** 5; **237**
- Einsicht **233**
- Ende, stille Gesellschaft **234**
- Fehlerhaftigkeit, Gesellschaftsvertrag **230** 15

1117

Sachverzeichnis

Fette Zahlen = §§

- Firma **230** 8
- Formbedürftigkeit, Gesellschaftsvertrag **230** 14
- gemeinsamer Zweck **230** 7
- Geschäftsfähigkeit **230** 13
- Geschäftsführung **230** 20
- Geschäftsgrundlage **230** 24
- Geschäftsschulden **230** 19
- Geschäftsvermögen **230** 18
- Gesellschafter **230** 8 f
- Gesellschafterdarlehen, eigenkapitalersetzende s Eigenkapitalersatz
- Gesellschaftsvertrag **230** 12
- Gewinn **231** 1; **232**
- GmbH, GmbH & Co KG und Still **236** 4 ff, 7
- Haftung gegenüber Dritten **230** 19
- Handelsgewerbe **230** 8
- Informationsrecht **233**
- Inhaber **230** 8
- Innengesellschaft **230** 7
- Insolvenz **234** 6; **236**
- Kontrollrecht **233**
- Kündigung **234**
- materielles Eigenkapital **236** 4 ff
- Minderjährige **230** 13
- Nichtigkeit s Fehlerhaftigkeit
- Nießbrauch **223** 25
- Rechtsfähigkeit **230** 23
- Rechtsverhältnis zu Dritten **230** 18 f
- Schenkung **230** 14
- Steuern **232** 4
- stiller Gesellschafter **230** 9
- Tod **230** 25; **234**
- Treuepflicht **230** 20
- Typus **230** 2, 3
- Übertragung, Gesellschaftsanteil **230** 25
- Überwachung **233**; **235**
- Umwandlung **234** 7, 10
- Unternehmensveräußerung **234** 11
- Vererbung **230** 25
- Vergleich s Insolvenz
- Verlust **231**; **232**
- Wettbewerb **230** 16
- Zweckerreichung **234** 5

Stimmbindung 119 5
Stimmrecht 119 2
Straf- und Bußgeldvorschriften
- bei Kreditinstituten **340 m** 1; **341 n** 1
- Ordnungswidrigkeiten **334** 1 f
- bei unrichtiger Darstellung **331** 1 f
- bei Verletzung der Berichtspflicht **332** 1
- bei Verletzung der Geheimhaltungspflicht **333** 1 f
- bei Versicherungsunternehmen **341 m** 1; **341 n** 1
- Zwangsgeld **335** 1
- Zwangsgeld bei Kreditinstituten **340 o** 1
- Zwangsgeld bei Versicherungsunternehmen **340 o** 1

Taragewicht 380
Tatsachen
- Eintragung und Bekanntmachung **15** 17 ff
- eintragungsfähige/-pflichtige **8** 3 ff
- einzutragende **15** 27
- nicht eintragbare **15** 44

Testamentsvollstreckung s OHG, Kommanditgesellschaft
Tochterunternehmen s Konzern
Trade Terms 346 19
Transport 407 ff; 453 ff
Transportversicherungspolice 363
Treuepflicht, OHG, Kommanditgesellschaft, stille Gesellschaft 105 35; **230** 20
- eigennützige Rechte **105** 36
- einstweilige Verfügung **105** 37
- Gleichbehandlung **105** 38
- herrschender Gesellschafter, Konzern **105** 35 f
- Rechtsfolgen **105** 37
- Unterlassung von Geschäftsführungsakten **105** 37
- Verschulden **105** 37

Treuhand (OHG, Kommanditgesellschaft) 105 20; **161** 10

Magere Zahlen = Randnummern

Sachverzeichnis

Übernahme 140 1
Übertragung, von Firmen 17 21
Umdeutung
– einer Prokura 48 11; 54 6
Umlaufvermögen
– Bewertung 253 10
– Forderungen 266 6
– Vorräte 266 5
Umsatzerlöse 277 1 f
– Aufgliederung der – im Anhang 285 5
Umwandlung 105 44, 55 f;
s OHG, Kommanditgesellschaft
Unterbevollmächtigung 59 3
Unterlassen 128 5
Untermakler 93 15
Unternehmen Einl vor 1 10
Unternehmensidentität 15 52
Unternehmenskontinuität 25 5; 28 8
Unternehmensübernahme, vorübergehende 22 18
Untersuchungsobliegenheit 377 7, 17
Untervertretung 84 7 f

Veranlassung 15 10, 29
– des Rechtsscheins 15 53
verbundene Unternehmen
s OHG, Gesellschafter, herrschender; Kommanditgesellschaft, Gesellschafter, herrschender
– Begriff 271 6
Verfügung, einstweilige 16 6
Verjährung
– Beförderung 439
– Frachtgeschäft 439
– Haftung des früheren Inhabers 26 6 f
– Kommanditgesellschaft 159; 160 3
– Lagerhaltung 475 a
– OHG 159; 160 3
– Spedition 463
Verlegung
– ins Ausland 13 h 4
– ins Inland 13 h 5
– einer Zweigniederlassung 13 h 3
Vermittlungsmakler 93 3
Vermittlungsvertreter

– mangelnde Vertretungsmacht 91 a 2
– Vollmacht 91 a 3
Vermögensgegenstand
– Bewertung von 253 1
– Bewertung von – bei Kreditinstituten 340 e 1 f
– Bewertung von – bei Versicherungsunternehmen 341 b 1
– Bilanzierung von 246 2
– immaterielle, Verbot der Bilanzierung 248 4
Vermögensverwaltung 1 4
Verpfändung 105 53; 161 18; 366
Verpflichtungsschein 363
Versicherungsmakler 93 21
Versicherungsvertreter
– Ausgleichsansprüche 89 b 21 ff
– Begriff 92 2
– Provisionsanspruch 92 4 ff
– Vertrag 92 3 ff
Verspätung 428 f
Vertrags-(Eigen-)händler
– Abgrenzung zu anderen Hilfspersonen des Kaufmanns vor 84 5 ff
– Abgrenzung zum HV 84 7 ff
– Ausgleichsanspruch 84 10
Vertragsschluß
– allg vor 343 4
– Einbeziehung von AGB bei Schweigen 362 9
– durch kfm Bschr s dort und 346 22
– durch Schweigen 362 3 ff
Vertragsstrafe 348
– Handlungsgehilfe 75 d
Vertrauen 15 13; 176 2
– -statbestand 15 43
Vertreterhandeln – und Rechtsschein 15 50
Verzinsung, Kontokorrent 355 14
Viehkauf 382
Vollmacht vor 48 6
– des Abschlußvertreters 55 6 ff
– Anscheins- 15 41; vor 48 8
– Außen- vor 48 6
– Duldungs- 15 41; vor 48 7
– Ersatzbevollmächtigung 59 2
– Geschäftsunfähigkeit 54 5

1119

Sachverzeichnis

Fette Zahlen = §§

- HV **91**; **91a**
- Inkasso- **97**
- Innen- **vor 48** 6
- isolierte **vor 48** 9
- Mißbrauch **54** 19
- Umfang **15** 41
- Unter- **59** 3
- Vermittlungsvertreter **91 a** 3
- **Voreintragung 15** 9
- **Vorgesellschaft**
- Erteilung einer Hvm **54** 3
- Erteilung einer Prokura **48** 2
- Haftung **172 a** 24 ff

Währung 361
- Genehmigungsbedürftigkeit **361** 5

Währungsumrechnung 340 h 1
Warenlager 56 1 ff
Warenzeichen 17 5
Weisungen 384; 418 f
Werklieferungsvertrag
- als Handelskauf **vor 373** 1; **381** 2
- Rügeobliegenheit **377** 3

Wertaufhellende Tatsachen 252 4
Wertaufholung
- Angabepflicht im Anhang **280** 4
- Verzicht auf **280** 3
- Wertaufholungsgebot **280** 1

Wertbeeinflussende Tatsachen 252 4

Wertpapiere 367
Wertsicherungsklausel 361 5
Wettbewerbsabrede 90 a; 112
- Begriff **90 a** 4
- Beschränkungen **90 a** 6
- Form **90 a** 5
- Unabdingbarkeit **90 a** 11 ff

Wettbewerbsverbot
- Analogiefähigkeit **vor 84** 10
- Arbeitnehmer **60 f; 74**–**75 d; 83**
- Gesellschafter **112 f; 165**

- des HV **86** 6
- Volontär **82 a**

Wirtschaftlicher Eigentümer
- Begriff **246** 3
- Zurechnung **246** 6

Zeichnung
- bei Firmenänderung **53** 8
- des Handlungsbevollmächtigten **57** 1 ff
- des Prokuristen **53** 7

Zeuge 124 7
Zeugnis des Handlungsgehilfen 73

Zivilmakler 93 1, 23
Zubringergeschäft 93 15
Zurechenbarkeit 15 30; s auch Veranlassung

Zurückbehaltungsrecht 369 ff
Zurückbehaltungsrecht, des HV 88 a

Zusatz, der Haftungsbeschränkung 19 10 f; **171** 10
Zuständigkeit, int Einl 14
Zwangsgeld 14 1 ff; **335 f**
Zwangsvollstreckung 14 5
- und Firma **17** 24

Zweigniederlassung 13 d 4; **13 e** 5; **13 h** 3; **15** 35
- Begriff **13** 4 ff
- Eintragung **13** 11; **13 b** 3; **13 c** 2
- Errichtung/Aufhebung **13** 7, 14
- Firma **13** 8; **13 d** 7
- Firmeneinheit **17** 15
- Firmenzusätze **17** 15
- Haftung des Erwerbers **25** 7
- Verlegung **13 c** 5; **13 h** 3, 5

Zwischenergebnisse
- Eliminierung von Zwischengewinnen und -verlusten **304** 1
- Verzicht auf Zwischengewinneliminierung **304** 2